Psicologia Social

Dados Internacionais de Catalogação na Publicação (CIP)
(Câmara Brasileira do Livro, SP, Brasil)

Bassin, Saul
   Psicologia social / Saul Kassin, Steven Fein,
Hazel Rose Markus ; tradução Suria Scapin ; revisão
técnica André Thiago Saconatto. -- 1. ed. --
São Paulo : Cengage Learning, 2021.

   Título original: Social psychology
   11. ed. norte-americana.
   Bibliografia.
   ISBN 978-65-5558-403-5

   1. Psicologia social I. Fein, Steven. II. Markus,
Hazel Rose. III. Saconatto, André Thiago. IV. Título.

21-80722   CDD-302

Índice para catálogo sistemático:
1. Psicologia social 302
(Cibele Maria Dias - Bibliotecária - CRB-8/9427)

Psicologia Social

tradução da 11ª edição
norte-americana

SAUL KASSIN
JOHN JAY COLLEGE OF CRIMINAL JUSTICE

STEVEN FEIN
WILLIAMS COLLEGE

HAZEL ROSE MARKUS
STANFORD UNIVERSITY

TRADUÇÃO
SURIA SCAPIN

REVISÃO TÉCNICA
ANDRÉ THIAGO SACONATTO
Graduado em Psicologia pelo Centro Universitário Filadélfia (UniFil).
Mestre e doutor em Psicologia Experimental: Análise do Comportamento pela Pontifícia Universidade Católica de São Paulo com período sanduíche na Universidade da Califórnia, Davis.
Docente do curso de Psicologia do Centro Universitário São Camilo.

Austrália • Brasil • México • Cingapura • Reino Unido • Estados Unidos

Psicologia social
Tradução da 11ª edição norte-americana
1ª edição brasileira
Saul Kassin, Steven Fein e Hazel Rose Markus

Gerente editorial: Noelma Brocanelli

Editora de desenvolvimento: Gisela Carnicelli

Supervisora de produção gráfica: Fabiana Alencar Albuquerque

Título original: Social Psychology
11th edition (ISBN 13: 978-0-357-12284-6)

Tradução: Suria Scapin

Revisão técnica: André Thiago Saconatto e André Casarin (apenas o Capítulo 12)

Cotejo e revisão: Fábio Gonçalves, Luicy Caetano de Oliveira, Beatriz Simões, Silvia Campos e Olívia Frade Zambone

Diagramação: PC Editorial Ltda.

Capa: Raquel Braik Pedreira

Imagem da capa: Sky Antonio/Shutterstock

Indexação: Priscilla Lopes

© 2021, 2017 Cengage Learning
© 2022 Cengage Learning Edições Ltda.

Todos os direitos reservados. Nenhuma parte deste livro poderá ser reproduzida, sejam quais forem os meios empregados, sem a permissão, por escrito, da Editora. Aos infratores aplicam-se as sanções previstas nos artigos 102, 104, 106 e 107 da Lei nº 9.610, de 19 de fevereiro de 1998.

Esta editora empenhou-se em contatar os responsáveis pelos direitos autorais de todas as imagens e de outros materiais utilizados neste livro. Se porventura for constatada a omissão involuntária na identificação de algum deles, dispomo-nos a efetuar, futuramente, os possíveis acertos.

A Editora não se responsabiliza pelo funcionamento dos sites contidos neste livro que possam estar suspensos.

Para informações sobre nossos produtos, entre em contato pelo telefone 0800 11 19 39

Para permissão de uso de material desta obra, envie seu pedido para direitosautorais@cengage.com

© 2022 Cengage Learning. Todos os direitos reservados.

ISBN-13: 978-65-5558-403-5
ISBN-10: 65-5558-403-3

Cengage Learning
Condomínio E-Business Park
Rua Werner Siemens, 111 – Prédio 11 – Torre A – Conjunto 12
Lapa de Baixo – CEP 05069-900 – São Paulo – SP
Tel.: (11) 3665-9900 – Fax: (11) 3665-9901
SAC: 0800 11 19 39

Para suas soluções de curso e aprendizado, visite www.cengage.com.br

Impresso no Brasil.
Printed in Brazil.
1ª impressão – 2021

Dedicamos este livro à memória de Sharon Stephens Brehm, ex-presidente da APA e primeira autora deste livro. A influência de Sharon pode ser percebida por todo o livro.

PREFÁCIO XV
SOBRE OS AUTORES 1

PARTE 1 INTRODUÇÃO

1. O que é psicologia social? | 2

1.1 O animal social | 4
1.2 O que é psicologia social? | 6
1-2a Definindo a psicologia social 6
1-2b Perguntas e aplicações psicossociais 7
1-2c O poder do contexto social: um exemplo de experimento de psicologia social 8
1-2d Psicologia social e senso comum 9

1.3 Uma breve história da psicologia social | 10
1-3a O nascimento e a infância da psicologia social: de 1880 a 1920 10
1-3b Um apelo à ação: de 1930 a 1950 11
1-3c Confiança e crise: de 1960 a meados de 1970 13
1-3d Uma era do pluralismo: meados da década de 1970 a 2000 13

1.4 Psicologia social hoje: quais são as tendências atuais? | 14
1-4a Integração de emoção, motivação e cognição 14
1-4b Perspectivas genética e evolutiva 15
1-4c Perspectivas culturais 15
1-4d Economia comportamental, questões políticas e morais e outras abordagens interdisciplinares 17
1-4e Cérebro e corpo sociais 17
1-4f Novas tecnologias e o mundo on-line 18
1-4g Novos padrões e práticas para pesquisa 20

1.5 REVISÃO | 20
PALAVRAS-CHAVE | 21

2. Realizando pesquisas em psicologia social | 22

2-1 Por que você deve aprender sobre métodos de pesquisa? | 25
2-2 Desenvolvendo ideias: iniciando o processo de pesquisa | 25
2-2a Obtendo ideias e descobrindo o que foi feito 26

2-2b Hipóteses e teorias   26
2-2c Pesquisa básica e aplicada   27

2-3 Refinando ideias: definindo e medindo variáveis psicossociais | 27
2-3a Do abstrato ao específico: variáveis conceituais e definições operacionais   28
2-3b Medindo variáveis: usando autorrelatos, observações e tecnologia   29

2-4 Ideias de teste: projetos de pesquisa | 31
2-4a Pesquisa descritiva: descobrindo modas e tendências   31
2-4b Pesquisa correlacional: procurando associações   34
2-4c Experimentos: procurando causa e efeito   36
2-4d Metanálise: combinando resultados entre estudos   42
2-4e Cultura e métodos de pesquisa   43

2-5 Ética, valores e novos padrões e práticas de pesquisa | 44
2-5a Conselhos institucionais de revisão e consentimento informado   44
2-5b Devolutiva   45
2-5c Ética e consentimento on-line   45
2-5d Valores e ciência   46
2-5e Novos padrões e práticas de pesquisa   46

2-6 REVISÃO | 47

PALAVRAS-CHAVE | 47

PARTE 2   PERCEPÇÃO SOCIAL

3. O eu social | 48

3-1 O autoconceito | 50
3-1a Rudimentos do autoconceito   51
3-1b Introspecção   53
3-1c Autopercepção   55
3-1d Influências de outras pessoas   60
3-1e Memórias autobiográficas   63
3-1f A cultura e o autoconceito   65

3-2 Autoestima | 71
3-2a A necessidade de autoestima   71
3-2b Existem diferenças de gênero e etnia?   74
3-2c Teoria das discrepâncias do self   75
3-2d A "armadilha" do autoconhecimento   76
3-2e O autocontrole e seus limites   80
3-2f Processos mentais paradoxais   82
3-2g Mecanismos de autoaperfeiçoamento   84
3-2h As ilusões positivas são adaptativas?   90
3-2i Cultura e autoestima   91

3-3 Autoapresentação | 92
3-3a Autoapresentação estratégica   93
3-3b Autoafirmação   94
3-3c Automonitoramento   95

3-4 Reflexões: o self multifacetado | 97

3.5 REVISÃO | 98

PALAVRAS-CHAVE | 99

4. Observando as pessoas | 100

4-1 Observação: os elementos da percepção social | 103
- 4-1a A aparência física de uma pessoa 103
- 4-1b Percepção de situações 106
- 4-1c Evidência comportamental 106
- 4-1d Identificando verdades e mentiras 113

4-2 Atribuição: dos elementos às disposições | 115
- 4-2a Teorias da atribuição 116
- 4-2b Vieses de atribuição 118
- 4-2c Cultura e atribuição 124
- 4-2d Vieses motivacionais 128

4-3 Integração: das disposições às impressões | 130
- 4-3a Integração de informações: a aritmética 130
- 4-3b Desvios da aritmética 131
- 4-3c Percepções de caráter moral 137

4-4 Vieses de confirmação: das impressões à realidade | 137
- 4-4a Perseverança das crenças 138
- 4-4b Teste de hipóteses de confirmação 140
- 4-4c A profecia autorrealizável 141

4-5 Percepção social: o resultado final | 144
4.6 REVISÃO | 146
PALAVRAS-CHAVE | 147

5. Estereótipos, preconceitos e discriminação | 148

5-1 A natureza do problema: persistência e mudança | 151
- 5-1a Definindo nossos termos 151
- 5-1b Racismo: tipos e desafios atuais 152
- 5-1c Sexismo: ambivalência, objetificação e padrões duplos 160
- 5-1d Cultura e sexismo 163
- 5-1e Além do racismo e do sexismo: idade, peso, sexualidade e interseccionalidade 164
- 5-1f Estigmatização 166
- 5-1g Ameaça do estereótipo: uma ameaça no ar 167

5-2 Causas do problema: fatores intergrupais, motivacionais, cognitivos e culturais | 170
- 5-2a Categorias sociais e conflitos entre grupos 171
- 5-2b Teoria da identidade social 176
- 5-2c Cultura e identidade social 179
- 5-2d Cultura e socialização 180
- 5-2e Como os estereótipos distorcem as percepções e resistem à mudança 184
- 5-2f Ativação automática de estereótipos 186
- 5-2g A tendência a atirar 188

5-3 Reduzindo o problema: soluções psicossociais | 190
- 5-3a Contato intergrupal 190
- 5-3b Método jigsaw 192
- 5-3c Identidades compartilhadas 193
- 5-3d Confiança, pertencimento e redução da ameaça dos estereótipos 194
- 5-3e Exercendo o autocontrole 196
- 5-3f Mudando cognições, culturas e motivações 197

5.4 REVISÃO | 200

PALAVRAS-CHAVE | 201

PARTE 3   INFLUÊNCIA SOCIAL

6. Atitudes | 202

6-1 O estudo das atitudes | 204
- 6-1a Como as atitudes são mensuradas 205
- 6-1b Como as atitudes são formadas 211
- 6-1c A relação entre atitudes e comportamento 213

6-2 Persuasão pela comunicação | 218
- 6-2a Dois caminhos para a persuasão 218
- 6-2b A fonte 221
- 6-2c A mensagem 228
- 6-2d O público 235
- 6-2e Cultura e persuasão 238

6-3 Persuasão pelas próprias ações | 240
- 6-3a Representação: o mundo todo é um palco 240
- 6-3b Teoria da dissonância cognitiva: a versão clássica 241
- 6-3c Teoria da dissonância cognitiva: uma nova visão 245
- 6-3d Rotas alternativas para a autopersuasão 248
- 6-3e Dissonância ética 250
- 6-3f Influências culturais na dissonância cognitiva 252

6-4 Mudança de atitude | 253

6.5 REVISÃO | 254

PALAVRAS-CHAVE | 255

7. Conformidade | 256

7-1 Influência social como algo "automático" | 260

7-2 Conformidade | 262
- 7-2a Os clássicos 263
- 7-2b Por que as pessoas se conformam? 265
- 7-2c Influência majoritária 270

7-2d Influência minoritária 273
7-2e Cultura e conformidade 275

7-3 Concordância | 278
7-3a Descuido e concordância 278
7-3b A norma da reciprocidade 279
7-3c Montando armadilhas: estratégias de solicitações sequenciais 281
7-3d Assertividade: quando as pessoas dizem não 285

7-4 Obediência | 286
7-4a Pesquisa de Milgram: forças da obediência nociva 287
7-4b Milgram no século XXI 293
7-4c Perguntas que persistem 295
7-4d Rebeldia: quando as pessoas se rebelam 296

7-5 O *continuum* da influência social | 298
7-5a Teoria do impacto social 298
7-5b Perspectivas da natureza humana 301

7.6 REVISÃO | 302

PALAVRAS-CHAVE | 303

8. Processos grupais | 304

8-1 Fundamentos dos grupos | 307
8-1a O que é um grupo? Por que fazer parte de um deles? 307
8-1b Principais características dos grupos: funções, normas e coesão 308
8-1c Normas de cultura e coesão em grupos 310

8-2 Indivíduos em grupos: a presença do outro | 311
8-2a Facilitação social: quando os outros nos estimulam 311
8-2b Ociosidade social: quando os outros nos relaxam 315
8-2c Cultura e ociosidade social 317
8-2d Desindividuação 318

8-3 Desempenho coletivo: problemas e soluções | 320
8-3a Perdas e ganhos coletivos 320
8-3b Brainstorming 322
8-3c Polarização de grupo 324
8-3d Pensamento de grupo 325
8-3e Transmitindo informações e utilizando experiências 329
8-3f Metas e planos de grupo 331
8-3g Treinamento e tecnologia 332
8-3h Cultura e diversidade 333
8-3i Inteligência coletiva: alguns grupos são mais inteligentes que outros? 334

8-4 Conflito: cooperação e competição dentro de e entre grupos | 335
8-4a Motivações mistas e dilemas sociais 335
8-4b Negociação 340
8-4c Cultura e negociação 340

8.5 REVISÃO | 344

PALAVRAS-CHAVE | 345

PARTE 4 RELAÇÕES SOCIAIS

9. Atração e relacionamentos próximos | 346

9-1 Necessidade de pertencimento: uma motivação humana fundamental | 348
9-1a A emoção da conexão 349
9-1b A agonia da solidão 351

9-2 A atração inicial | 354
9-2a Familiaridade: estar presente 355
9-2b Atração física: ser conquistado 359
9-2c Primeiros encontros: familiarizando-se 366
9-2d Seleção de companheiros: a evolução do desejo 373

9-3 Relacionamentos próximos | 380
9-3a O mercado íntimo: definindo ganhos e perdas 381
9-3b Tipos de relacionamentos 384
9-3c Como eu te amo? Diferentes maneiras de amar 386
9-3d Cultura, atração e relacionamentos íntimos 392
9-3e Questões de relacionamento: a conexão homem-mulher 393

9.4 REVISÃO | 404

PALAVRAS-CHAVE | 405

10. Ajudando os outros | 406

10-1 Fatores evolutivos e motivacionais: por que as pessoas oferecem ajuda? | 410
10-1a Fatores evolutivos na ajuda 410
10-1b A evolução da empatia 413
10-1c Recompensas por ajudar: apoiar os outros a se ajudar 415
10-1d Altruísmo ou egoísmo: o grande debate 418
10-1e A ajuda como padrão? 422

10-2 Influências situacionais: quando as pessoas oferecem ajuda? | 423
10-2a O efeito espectador 423
10-2b Pressão do tempo 427
10-2c O legado da pesquisa do efeito espectador 427
10-2d Humor e ajuda 431
10-2e Efeitos pró-sociais da mídia 433
10-2f Modelos de papel e influência social 434

10-3 Influências pessoais: quem provavelmente vai oferecer ajuda? | 436
10-3a Algumas pessoas são mais prestativas que outras? 436
10-3b O que é a personalidade altruísta? 436
10-3c Cultura e ajuda 439

10-4 Influências interpessoais: a quem as pessoas oferecem ajuda? | 442
10-4a Características percebidas da pessoa necessitada 442
10-4b Uma pequena ajuda para nossos amigos e outras pessoas como nós 443

10-4c Gênero e ajuda 445
10-4d Cultura e quem recebe ajuda 446
10-4e A conexão de ajuda 446

10.5 REVISÃO | 448

PALAVRAS-CHAVE | 449

11. Agressividade | 450

11-1 O que é agressividade? | 453

11-2 Cultura, gênero e diferenças individuais | 454
11-2a Cultura e agressividade 454
11-2b Gênero e agressividade 460
11-2c Diferenças individuais 462

11-3 Origens da agressividade | 464
11-3a Psicologia evolutiva 464
11-3b Genes, hormônios e cérebro 466
11-3c Como a agressividade é aprendida? 467
11-3d Cultura e honra 471

11-4 Influências situacionais na agressividade | 474
11-4a A hipótese de frustração-agressividade 474
11-4b A hipótese de frustração-agressividade: as evidências a sustentam? 474
11-4c Efeito negativo 475
11-4d Excitação 477
11-4e Pensamento: automático e deliberado 477
11-4f A luta pelo autocontrole: ruminação, álcool e outros fatores 478
11-4g Influências situacionais: juntando tudo 480

11-5 Efeitos da mídia | 482
11-5a Violência na mídia popular: a vida imita a arte? 482
11-5b Pornografia 487
11-5c Objetificação e desumanização 489

11-6 Reduzindo a agressividade e a violência | 489
11-6a Pensamentos, sentimentos e autocontrole 491
11-6b Abordagens socioculturais 492
11-6c Abordagens de múltiplos níveis: programas para prevenir a violência e o bullying 494

11.7 REVISÃO | 498

PALAVRAS-CHAVE | 499

PARTE 5 APLICAÇÕES DA PSICOLOGIA SOCIAL

12. DIREITO | 500

12-1 Testemunha ocular | 504
12-1a A percepção do crime 506
12-1b Armazenamento da memória 508
12-1c Identificação do culpado 511

12-1d Testemunhando no tribunal 513
12-1e Melhorando a justiça das testemunhas oculares 515
12-1f O álibi: testemunha ocular da inocência 517

12-2 Confissões | 518
12-2a Entrevistas com suspeitos: a psicologia da detecção de mentiras 518
12-2b Interrogatórios policiais: influência social sob pressão 520
12-2c Confissões falsas: por que pessoas inocentes confessam 521
12-2d Confissões no tribunal 524
12-2e Alegação de culpa à sombra do julgamento 526

12-3 Tomada de decisão do júri | 527
12-3a Seleção do júri 527
12-3b O julgamento no tribunal 533
12-3c Deliberação do júri 537

12-4 Penas e prisão pós-julgamento | 542
12-4a O processo de condenação 542
12-4b O experimento da prisão 544

12-5 Percepções de justiça | 546
12-5a Justiça como uma questão de procedimento 546
12-5b Cultura, lei e Justiça 547

12-6 Declaração final | 549

12.7 REVISÃO | 550

PALAVRAS-CHAVE | 551

13. Negócios | 552

13-1 Seleção de pessoal | 557
13-1a A típica entrevista de trabalho 557
13-1b Alternativas "científicas" às entrevistas tradicionais 560
13-1c Ação afirmativa 564
13-1d Cultura e diversidade organizacional 566

13-2 Avaliações de desempenho | 568
13-2a Avaliações de supervisores 569
13-2b Autoavaliações 570
13-2c Métodos novos e melhorados de avaliação 570
13-2d Considerações do devido processo 571

13-3 Liderança | 571
13-3a A abordagem clássica de identificação de características 572
13-3b Modelos de contingência de liderança 573
13-3c Liderança transacional 574
13-3d Liderança transformacional 575
13-3e Liderança entre mulheres e minorias 577
13-3f Influências culturais na liderança 579

13-4 Motivação no trabalho | 580
13-4a Modelos de recompensa econômica 581
13-4b Bônus, propina e motivação intrínseca 582
13-4c Considerações de equidade 583
13-4d A disparidade salarial de gênero 585
13-4e O princípio de progresso 587

13-5 Tomada de decisões econômicas | 588
    13-5a O poder simbólico do dinheiro 588
    13-5b Influências sociais no mercado de ações 589
    13-5c Compromisso, armadilhas e escalada 592

13.6 REVISÃO | 594

PALAVRAS-CHAVE | 595

14. Saúde e bem-estar | 596

14-1 Estresse e saúde | 599

14-2 O que causa estresse? | 600
    14-2a Crises e catástrofes 601
    14-2b Grandes eventos da vida 603
    14-2c Microestressores: os aborrecimentos da vida cotidiana 604

14-3 Como o estresse afeta o corpo? | 606
    14-3a A síndrome de adaptação geral 606
    14-3b Como o estresse afeta o coração 607
    14-3c Como o estresse afeta o sistema imunológico 610
    14-3d As relações entre estresse e doença 613
    14-3e A conexão social 614

14-4 Processos de avaliação | 615
    14-4a Atribuições e estilos explicativos 615
    14-4b A capacidade humana de resiliência 616
    14-4c Saúde de Pollyanna 619

14-5 Maneiras de lidar com o estresse | 621
    14-5a Enfrentamento focado no problema 623
    14-5b Enfrentamento focado na emoção 624
    14-5c Enfrentamento proativo 629
    14-5d Cultura e enfrentamento 632

14-6 Tratamento e prevenção | 634
    14-6a Tratamento: os ingredientes "sociais" 634
    14-6b Prevenção: transmitindo a mensagem 635

14-7 A busca pela felicidade | 637
    14-7a Dinheiro compra felicidade? 639
    14-7b Ciência emergente sobre como aumentar a felicidade 642

14.8 REVISÃO | 646

PALAVRAS-CHAVE | 647

GLOSSÁRIO 649

REFERÊNCIAS 657

ÍNDICE ONOMÁSTICO 759

ÍNDICE REMISSIVO 775

Prefácio

Até agora, o século XXI tem se evidenciado por ser um período fascinante, porém tumultuado – mais, ao que parece, que qualquer outro momento na memória recente. De um lado, *smartphones*, aplicativos móveis e a prevalência da mídia social, todos disponíveis onde quer que estejamos, permitem-nos ser "sociais" como nunca antes – para nos comunicarmos e compartilharmos opiniões, fotos, músicas e filmagens de eventos ao vivo com pessoas de todos os cantos do mundo. De outro, a humanidade está profundamente segmentada por diferenças raciais, sociais e políticas, conflitos religiosos e étnicos, disparidades econômicas e uma ameaça eminente de tiroteios em massa e de outros atos de terrorismo. Como Charles Dickens (1859) disse em *A Tale of Two Cities*, "Foi o melhor dos tempos, foi o pior dos tempos".

Cerceada por sua dupla posição na ciência e nos eventos mundiais, a psicologia social – suas teorias, seus métodos de pesquisa e suas descobertas básicas – nunca foi mais relevante ou mais importante. Costumávamos pensar na psicologia social como uma disciplina cumulativa e lenta para se modificar. Como em outras ciências, víamos o conhecimento como algo construído levando-se em conta pequenos incrementos, um tijolo de cada vez. A psicologia social não tem experimentos "sérios", nenhum estudo pode "provar" uma teoria e nenhuma teoria pode explicar completamente as complexidades do comportamento social humano. Na medida em que segue sendo verdade, o processo de revisão deste livro parece constantemente nos mostrar o quão dinâmico e responsivo nosso campo pode ser. À medida que o mundo a nosso redor transforma-se rapidamente, o mesmo ocorre com a psicologia social. Quer o assunto seja guerra e paz, relações humanas, negócios, saúde, educação, leis, viagens, esportes ou entretenimento, a psicologia social ganhou notoriedade.[1] Apesar da promessa que cumpriu e traz para o futuro, a psicologia social foi abalada nos últimos anos por escândalos e controvérsias. Três eventos em particular tiveram grande importância. Primeiro, em 2011, um psicólogo social na Holanda falsificou dados que foram publicados em cerca de 50 artigos. Esse fato foi seguido por dois outros casos de fraude e um artigo que sobreviveu à revisão por pares em JPSP (Journal of Personality and Social Psychology) que pretendia provar a existência de percepção extrassensorial. Em segundo lugar, após um esforço exaustivo de vários anos para replicar cem estudos publicados, um grupo de psicólogos sociais relatou na *Science*, em 2015, que mais da metade das descobertas que procuraram replicar falharam quando testadas novamente. Esse fato foi amplamente divulgado na mídia, como pode ser visto em um artigo do *New York Times* intitulado "Estudo indica que muitos resultados da psicologia não são tão robustos quanto se afirmava", ou "Many Psychology Findings Not as Strong as Claimed, Study Says". Terceiro, surgiu uma controvérsia "política" sobre a questão da pesquisa em psicologia social ser inerentemente influenciada por uma ideologia liberal. Esse debate – a respeito de como a ideologia pode influenciar o que pesquisadores escolhem estudar e como interpretam os resultados – persiste até o momento da revisão deste livro.

Mesmo que extremamente importante para o mundo em que vivemos, a psicologia social está passando por um processo de autoavaliação, o que levou o campo a adotar métodos novos e mais rigorosos, estatísticas e práticas gerais da ciência. Isso também nos levou a elevar os padrões que usamos para decidir quais novas descobertas relatar. O que não mudou nessa reavaliação é o entusiasmo com que apresentamos a psicologia social clássica e contemporânea em cada uma das páginas deste livro.

---

[1] No Brasil, a área denominada psicologia social foi estabelecida por um movimento que envolveu os países latino-americanos e fez com que a área tivesse fortes influências da sociologia. Diferente da psicologia social dos Estados Unidos, a psicologia social no Brasil não tem compromisso com o método científico e com a produção de evidências científicas.

Objetivos desta edição

No competitivo mercado de livros universitários, é um marco raro e especial publicar uma décima primeira edição abrangendo mais de trinta anos em suas páginas. Ideia e inspiração da falecida Sharon Brehm, nossa primeira autora principal, a edição inaugural deste livro foi publicada em 1990 – antes que qualquer um de nós tivesse acesso à internet ou a um telefone celular e antes que os e-books fossem uma opção. De inúmeras maneiras, o mundo era um lugar mais simples e diferente. No entanto, a natureza humana – nossa necessidade básica de pertencer e ser aceito pelos outros; nossa vulnerabilidade profundamente enraizada e, às vezes, perigosa diante da influência social; e a gama de situações em que essas características ficam à mostra – permaneceu praticamente a mesma. A continuidade da psicologia social ao longo do tempo, suas contribuições para o campo da psicologia como um todo e sua aceitação na cultura popular nunca foram tão claras.

Tínhamos três objetivos principais para esta revisão:

1. Nosso primeiro objetivo era apresentar as perspectivas mais importantes e estimulantes do campo como um todo. Para comunicar a amplitude e a profundidade da psicologia social, expandimos conscientemente nossa cobertura para incluir não apenas os conceitos clássicos, mas também os mais recentes avanços no campo – estes que capturam um novo pensamento sobre neurociência social, teoria evolutiva, processos inconscientes e implícitos, efeitos da mídia social e da tecnologia e as influências da cultura e da classe social.
2. À luz das questões que surgiram em relação à replicabilidade, nosso segundo objetivo foi examinar novas descobertas em um esforço para garantir que a disciplina que apresentamos se mostre precisa ao longo do tempo. Nenhum método de verificação é perfeito. Mas, como um afastamento da prática anterior, optamos por excluir qualquer pesquisa apresentada em conferências profissionais ou relatada nos noticiários que não tenha sido publicada em um periódico revisado por pares. Para artigos recém-publicados, procuramos determinar se os resultados eram consistentes com outras pesquisas. Adicionamos discussões a respeito de novos padrões e práticas de pesquisa nos dois primeiros capítulos.
3. Por fim, queremos que este livro seja um bom professor fora da sala de aula. Ao falar a língua do aluno, sempre queremos conectar a psicologia social aos eventos atuais do mundo, política, esportes, negócios, leis, viagens, entretenimento, ao uso de redes sociais e a outras áreas da vida. Falaremos mais sobre isso adiante, na seção "Conexões com eventos atuais".

O que há de novo nesta edição

Como anteriormente, tentamos capturar a essência da psicologia social desde o início e refletir as mudanças no campo ao longo do tempo e do espaço. Esperamos que o leitor sinta o pulsar *atual* do nosso campo em cada uma das páginas.

O conteúdo

Conhecimento abrangente e atualizado Como nas edições anteriores, esta edição oferece uma visão ampla, equilibrada e reconhecida do campo. Assim, continuamos a incluir descrições detalhadas de estudos clássicos do repositório histórico da psicologia social, bem como as últimas descobertas de pesquisas com base em centenas de novas referências. Em particular, chamamos sua atenção para os seguintes tópicos, que são novos nesta edição ou tiveram seu conteúdo complementado:

- Cérebro e corpo sociais (Capítulo 1)
- O movimento da ciência aberta (Capítulo 1)
- Os desafios de fazer pesquisas entre culturas (Capítulo 2)

- Novos padrões e práticas de pesquisa (Capítulo 2)
- Facebook como meio de comparação social (Capítulo 3)
- A classe social como influência cultural (Capítulo 3)
- Atribuindo mente às máquinas (Capítulo 4)
- Percepções de caráter moral (Capítulo 4)
- Tensões raciais provocadas por tiroteios policiais e protestos subsequentes (Capítulo 5)
- Nova pesquisa e discussão da interseccionalidade (Capítulo 5)
- Dissonância ética (Capítulo 6)
- Modelo de obediência de seguidores engajados (Capítulo 7)
- Inteligência coletiva: alguns grupos são mais inteligentes do que outros? (Capítulo 8)
- Usos de tecnologia para treinar grupos reais de tomada de decisão (Capítulo 8)
- Nova pesquisa sobre namoro on-line (Capítulo 9)
- Seleção de parceiros e consumo conspícuo (Capítulo 9)
- Neurociência da empatia (Capítulo 10)
- Influências sociais sobre a ajuda filantrópica (Capítulo 10)
- Abordagens da psicologia evolucionária à agressividade (Capítulo 11)
- Efeitos de genes, hormônios e funcionamento do cérebro sobre a agressividade (Capítulo 11)
- Álibis como testemunhas oculares da inocência (Capítulo 12)
- Alegação de culpa à sombra do julgamento (Capítulo 12)
- A disparidade salarial de gênero (Capítulo 13)
- Influências culturais na liderança (Capítulo 13)
- A ligação entre classe social e saúde (Capítulo 14)
- Diferenças culturais na busca de apoio social (Capítulo 14)

Como mostra esta lista não completa, esta edição contém material novo e informativo. Em particular, é possível notar que nos concentramos em novos progressos nas áreas de *neurociência social*, *teoria evolutiva*, *processos implícitos*, *efeitos da mídia social e da tecnologia* e *perspectivas culturais* – incluindo classes sociais e grupos raciais e étnicos nas culturas. Quanto a este último ponto, como a psicologia social é no momento uma disciplina verdadeiramente internacional, este livro cita rotineiramente novas pesquisas conduzidas na América do Norte e na do Sul, na Europa, na Ásia, na Austrália e na Nova Zelândia, e em outras partes do mundo. Acreditamos que o estudo da diversidade humana – da perspectiva de pesquisadores que também são muito distintos – possa ajudar os alunos a se informar melhor sobre relações sociais, ética e valores.

Conexões com eventos atuais Cobrir a psicologia social é uma coisa; *usar* seus princípios para explicar eventos no mundo real é outra bem diferente. Os horrores da Segunda Guerra Mundial inspiraram os estudos sobre persuasão e obediência. Quase vinte anos atrás, os eventos de 11 de setembro mudaram o mundo. Atualmente, de diversas maneiras, o mesmo acontece com a ascensão da supremacia branca e de outros movimentos nacionalistas em todo o mundo; a China como força econômica; a intensificação dos conflitos que polarizam o Oriente Médio; as ameaças de violência, como visto em tiroteios em massa nos Estados Unidos e em outros lugares; as tensões relacionadas a etnia, gênero e poder que geraram movimentos sociais como "Black Lives Matter" e "MeToo"; e com a facilidade com que as pessoas agora podem se encontrar e compartilhar serviços, como visto na ascensão global de Uber, Lyft e Airbnb. Mais do que nunca, conectar a teoria básica à vida real é a melhor maneira de aumentar o interesse dos alunos. Ao longo dos anos, professores e alunos nos disseram o quanto valorizam os "novos" recursos de nosso livro.

A décima primeira edição, como suas predecessoras, está empenhada em tornar a psicologia social *relevante*. Quase todas as páginas incluem uma passagem, citação, figura, tabela, foto ou um quadrinho que se refere a pessoas, lugares, eventos, tendências sociais e questões proeminentes na cultura contemporânea. O leitor encontrará histórias sobre debates políticos em andamento sobre casamento entre pessoas do mesmo sexo e imigração; casos na mídia – como o julgamento de assassinato do atleta olímpico Oskar Pistorius na África do Sul; a vitória da seleção norte-americana de futebol feminino na Copa do Mundo de 2019 – e sua luta por salários iguais; e o papel do Facebook e de outras mídias sociais em aproximar as pessoas – e em afastá-las.

Como nas edições anteriores, você também encontrará nas margens várias citações, letras de músicas, resultados de pesquisas de opinião pública, "factoides" e links para sites relevantes. Esses itens de alto interesse são projetados para ilustrar ainda mais a conexão da psicologia social com um mundo que se estende muito além das fronteiras de um *campus* universitário.

Psicologia social e senso comum Vários anos atrás, apresentamos um recurso que segue nos entusiasmando bastante. Com base em uma discussão no Capítulo 1 sobre as ligações (e a falta delas) entre a psicologia social e o senso comum, cada capítulo substantivo abre com a seção *Colocando o senso comum à prova*, um conjunto de questões do tipo "verdadeiro ou falso" elaboradas para avaliar as crenças intuitivas do aluno sobre o material apresentado posteriormente naquele capítulo. Alguns exemplos: "Quanto mais você tenta controlar um pensamento, sentimento ou comportamento, menor a probabilidade de sucesso", "As pessoas costumam gostar do motivo pelo qual sofrem" e "Os opostos se atraem". As respostas a essas perguntas são reveladas em uma caixa lateral após o tópico ser apresentado no texto e explicado no fim de cada capítulo. Os alunos vão achar este exercício motivador. Também vai os capacitar, durante a leitura, a comparar suas crenças intuitivas com as descobertas da psicologia social e a perceber as discrepâncias existentes.

A organização

De todos os desafios enfrentados por professores e livros didáticos, talvez o maior seja reunir informações de maneira precisa e fácil de entender. Uma estrutura organizacional robusta ajuda a enfrentar esse desafio. Não há nada pior para um aluno do que ter de percorrer uma "lista de supermercado" de nomes, datas e estudos cujas interconexões permanecem um profundo mistério. Uma estrutura robusta, portanto, facilita o desenvolvimento da compreensão conceitual.

Como a estrutura organizacional é um meio para um fim, não um fim em si mesma, queremos mantê-la simples e discreta. Dê uma olhada no índice e verá que apresentamos a psicologia social em cinco partes principais – uma estrutura heurística que professores e alunos consideraram adequada e fácil de seguir em dez edições. O livro começa com dois capítulos de *Introdução* sobre a história, os temas e os métodos de pesquisa da psicologia social (Parte 1). Como antes, passamos para um foco intraindividual, sociocognitivo sobre a *Percepção Social* (Parte 2), mudamos em direção ao exterior para abordar a *Influência Social* (Parte 3) e as *Relações Sociais* (Parte 4), e concluímos com a *Aplicação da Psicologia Social* (Parte 5). Percebemos que alguns professores gostam de embaralhar as cartas e desenvolver uma ordem própria de capítulos que se adapte à sua abordagem. Não há problema em fazer isso. Cada capítulo é independente e não requer que os outros sejam lidos primeiro.

A apresentação

Mesmo quando o conteúdo de um livro didático é preciso e atualizado e mesmo quando sua organização é sólida, ainda há a questão da apresentação. Como "professor fora da sala de aula", um bom livro didático deve facilitar o aprendizado. Assim, cada capítulo contém os seguintes recursos pedagógicos:

- Um resumo rápido do capítulo e o teste do senso comum (começando no Capítulo 3, o primeiro capítulo substantivo).
- Palavras-chave destacadas no texto, definidas na margem, listadas no fim do capítulo e reapresentadas em um glossário em ordem alfabética no fim do livro.
- Gráficos de barras, gráficos de linha, tabelas, esquemas, fotografias, fluxogramas e quadrinhos ilustram, ampliam, aprimoram e intensificam o material do texto. Alguns deles apresentam imagens históricas; outros, mais contemporâneos, são novidades da décima edição e, muitas vezes, totalmente novos.
- No fim de cada capítulo, uma lista numerada dos "10 principais pontos-chave", elaborada para fornecer aos alunos um breve resumo das principais mensagens a serem fixadas.
- Em alguns capítulos foram incluídas notas da revisão técnica contextualizando o assunto na realidade brasileira.

Material de apoio para professores e alunos

Estão disponíveis na página deste livro no site da Cengage:
- Para professores: manual do instrutor (em inglês) e sugestões de leitura para aplicação em sala de aula.
- Para alunos e professores: slides de Power Point (em português).

Agradecimentos

Os livros didáticos são produto de um esforço em equipe – hoje mais do que nunca. Somos gratos à Cengage por seu compromisso com a qualidade como prioridade máxima. Em primeiro lugar, queremos agradecer a Amanda White, nossa gerente de conteúdo. Também queremos expressar nossa gratidão a Terri Miller, nossa pesquisadora iconográfica, que ajudou a tornar este livro tão fotograficamente interessante. Por fim, queremos agradecer a todos aqueles cujo notável talento e as incontáveis horas de trabalho árduo podem ser vistos em todas as páginas: Jeni Reely, Gerente de Projetos, Lumina Datamatics, Inc; e a equipe da Lumina Datamatics, Inc. Agradecemos também ao gerente de produto Colin Grover e ao assistente de produto Sam Dreyfuss.

Ao longo dos anos, vários colegas nos orientaram por meio de seus comentários a respeito das edições anteriores. Cada um desses professores e estudiosos ajudou a tornar este livro melhor. Por suas valiosas percepções, comentários e sugestões, agradecemos os seguintes revisores de nossas edições mais recentes:

Arlene Stillwell, SUNY College at Potsdam
Bryan Bonner, The University of Utah
Charles Stangor, University of Maryland
Courtney von Hippel, University of Queensland
Craig Anderson, Iowa State University
Dan Batson, University of Kansas
Elizabeth Williford, Belhaven University
Ellen Reinhart, Stanford University
Eric Stocks, University of Texas at Tyler
Gregory Walton, Stanford University
Jean Egan, Asnuntuck Community College
Jennifer Shibley, Columbia College, Chicago
John Dovidio, Yale University
John Levine, University of Pittsburgh
Kimberly Coffman, Florida International University
Kipling Williams, Purdue University
Lorraine Benuto, University of Nevada, Las Vegas
Margo Monteith, Purdue University

Michele Reich, Drexel University
Mike Mangan, University of New Hampshire, Durham
Nicole M. Stephens, Northwestern University, Kellogg School of Management
Nicole Shelton, Princeton University
Paul Paulus, University of Texas at Arlington
Rachel Song, Stanford University
Rebecca Carey, Stanford University
Rebecca Francis, West Virginia State University
Richard Moreland, University of Pittsburgh
Rowell Huesmann, University of Michigan
Steven Karau, Southern Illinois University
Todd Shackelford, Oakland University
William Adler, Collin County College
William Pedersen, California State University, Long Beach
William von Hippel, University of Queensland

Saul Kassin
Steven Fein
Hazel Rose Markus

Sobre os autores

SAUL KASSIN é reconhecido professor de Psicologia no John Jay College of Criminal Justice. Nascido e criado na cidade de Nova York, formou-se no Brooklyn College. Depois de receber o PhD da University of Connecticut, passou um período entre University of Kansas, Purdue University, Federal Justice Center, Stanford University e Williams College. É autor ou editor de vários livros, entre eles: *Psychology*; *Essentials of Psychology*; *Developmental Social Psychology*; *The American Jury on Trial*; e *The Psychology of Evidence and Trial Procedure*. Interessado nas causas psicossociais de convicções errôneas, Kassin foi pioneiro no estudo científico de confissões falsas – interesse que mantém até hoje. Sua pesquisa é citada em todo o mundo, até mesmo pela Suprema Corte dos Estados Unidos. Recebeu vários prêmios pelo conjunto da obra por este trabalho e atuou como consultor em vários casos notáveis. Recentemente em destaque na *Science*, ele também tornou-se consultor de mídia para todas as principais redes de notícias e em vários *podcasts* e documentários, incluindo o filme de Ken Burns, *The Central Park Five*.

STEVEN FEIN é professor de Psicologia no Williams College, em Williamstown, Massachusetts. Nascido e criado em Bayonne, New Jersey, recebeu o AB da Princeton University e o PhD em psicologia social pela University of Michigan. Ministra aulas no Williams College desde 1991 e também lecionou na Stanford University em 1999. Os livros editados dele incluem *Emotion*: interdisciplinary perspectives, *Readings in Social Psychology*: the art and science of research, e *Motivated Social Perception*: the Ontario Symposium. Steven atuou no comitê executivo da Society of Personality and Social Psychology e, como representante da psicologia social e da personalidade, na American Psychological Association. Os interesses dele em pesquisa dizem respeito a estereótipos e preconceitos, processos de suspeita e atribuição, influência social e teoria da autoafirmação.

HAZEL ROSE MARKUS é a Davis-Brack Professora em Ciência Comportamental na Stanford University. É codiretora do Stanford SPARQ (Social Psychological Answers to Real-world Questions) e foi anteriormente diretora do Instituto de Pesquisa do Stanford Center para Estudos Comparativos em Raça e Etnia. É membro da National Academy of Sciences. Antes de mudar para Stanford em 1994, foi professora na University of Michigan, onde obteve o PhD. Seu trabalho se concentra em como o sistema *self*, incluindo as concepções atuais de eu e de possíveis eus, confere significado e estrutura à experiência. Nascida na Inglaterra e criada em San Diego, Califórnia, ela sempre foi fascinada por como nação de origem, região do país, gênero, etnia, religião e classe social moldam o eu e a identidade. Com seu colega Shinobu Kitayama na University of Michigan, foi pioneira no estudo experimental de como a cultura e o *self* se influenciam entre si. Markus é membro da American Academy of Arts and Sciences, da British Academy e recebeu o APA Award por Distinção em Contribuição Científica e o APS William James Award por sua Obra Completa. Alguns de seus livros recentes, coeditados e em coautoria, incluem *Culture and emotion*: empirical studies of mutual influence, *Engaging Cultural Differences*: the multicultural challenge in liberal democracies, *Just Schools*: pursuing equal education in societies of difference, *Doing Race*: 21 essays for the 21st century e *Clash!* How to thrive in a multicultural world.

O que é psicologia social?

Este capítulo apresenta você ao estudo da psicologia social. Começamos definindo psicologia social e identificando como é distinta, mas relacionada a algumas outras áreas de estudo, tanto fora quanto na psicologia. A seguir, revisamos a história do campo. Concluímos olhando para o futuro, com uma discussão dos importantes temas e perspectivas que impulsionam a psicologia social hoje e nos anos que virão.

1

- 1-1 O animal social | 4
- 1-2 O que é psicologia social? | 6
  - 1-2a Definindo a psicologia social
  - 1-2b Perguntas e aplicações psicossociais
  - 1-2c O poder do contexto social: um exemplo de experimento de psicologia social
  - 1-2d Psicologia social e senso comum
- 1-3 Uma breve história da psicologia social | 10
  - 1-3a O nascimento e a infância da psicologia social: de 1880 a 1920
  - 1-3b Um apelo à ação: de 1930 a 1950
  - 1-3c Confiança e crise: de 1960 a meados de 1970
  - 1-3d Uma era de pluralismo: meados da década de 1970 a 2000
- 1-4 Psicologia social hoje: quais são as tendências atuais? | 14
  - 1-4a Integração de emoção, motivação e cognição
  - 1-4b Perspectivas genética e evolutiva
  - 1-4c Perspectivas culturais
  - 1-4d Economia comportamental, questões políticas e morais e outras abordagens interdisciplinares
  - 1-4e Cérebro e corpo sociais
  - 1-4f Novas tecnologias e o mundo on-line
  - 1-4g Novos padrões e práticas para pesquisa
- 1-5 Revisão | 20

Daqui a alguns anos, você poderá receber um convite para um encontro da turma do colégio ou da faculdade. Você provavelmente poderá se sentir um pouco nostálgico e vai começar a pensar sobre os dias de escola. Quais pensamentos virão à sua mente primeiro? Você se lembrará da poesia que, finalmente, começou a apreciar no primeiro ano? Vai pensar na empolgação que sentiu quando concluiu sua primeira experiência no laboratório de química? Será que uma lágrima se formará em seus olhos ao se lembrar de como as aulas de psicologia social eram inspiradoras?

É possível. Especialmente a parte sobre as aulas de psicologia social. Mas o que provavelmente vai dominar seus pensamentos são as pessoas que você conheceu na escola e as interações com elas – as longas e intensas discussões sobre tudo que se possa imaginar; os amores que você teve, perdeu ou desejou tão desesperadamente experimentar; a vez em que você fez papel de bobo em uma festa; o esforço de tentar ser aceito por uma fraternidade, irmandade ou grupo de pessoas populares; o dia em que você sentou na chuva com os amigos para assistir a um jogo de futebol.

Um homem e suas muitas pretendentes em um episódio de *The Bachelor*, 2019. Milhões de espectadores se perguntam qual mulher o solteirão em destaque vai escolher para o casamento. A enorme popularidade de programas como esses elucida parte do apelo da psicologia social – as pessoas ficam fascinadas com o modo como nos relacionamos.

Concentramo-nos nas situações sociais porque somos seres sociais. Modelamos nossas identidades individuais não isoladamente, mas no contexto de outras pessoas. Trabalhamos, brincamos e vivemos juntos. Ferimo-nos e ajudamos uns aos outros. Visitamos a família, fazemos amigos, damos festas, construímos redes, vamos em encontros, assumimos um compromisso sério, decidimos ter filhos. Observamos os outros, especulamos sobre eles e imaginamos quem vai acabar com quem, seja na vida real ou em programas de cultura popular, enquanto acompanhamos as Kardashians ou assistimos *The Bachelor*. Muitos de nós trocam mensagens de texto ou tuítam sobre tudo o que estamos fazendo, ou passamos muito tempo em redes sociais, interagindo com inúmeros colegas de todo o mundo, adicionando centenas ou até milhares de "amigos" às nossas redes sociais. Nosso humor pode variar com o número de amigos virtuais que "curtiram" a última foto que postamos. Mesmo ser ignorado por um estranho com o qual realmente não nos importamos pode ser tão doloroso quanto a experiência de uma dor física real (Tchalova e Eisenberger, 2020).

1-1 O animal social

Certamente não estamos entre os maiores animais. Mas, em comparação com o restante do mundo animal, o tamanho do cérebro humano em relação ao de nossos corpos é enorme. Qual o motivo? A explicação mais óbvia é que somos mais inteligentes, que dominamos nossos ambientes a um grau que nenhum outro animal conseguiu. No entanto, evidências recentes sugerem que pode ser devido a algo mais específico e bastante surpreendente: temos cérebros tão grandes para nos socializarmos (Oesch e Dunbar, 2018; von Hippel, 2018).

O notável sucesso de nossa espécie pode ser atribuído à capacidade humana de trabalhar em grupos, inferir as intenções dos outros, coordenar-se com redes estendidas de outras pessoas. Nosso cérebro precisava ser capaz de lidar com esses desafios incrivelmente complexos. Há muito tempo, Aristóteles fez essa conhecida observação: "O homem é por natureza um animal social". Nem mesmo Aristóteles poderia ter imaginado o grau em que isso é real, que a natureza social dos humanos parece estar escrita em nosso DNA. Na verdade, quando nosso cérebro está basicamente em repouso, quando não está engajado em

O poder das redes sociais. Na foto à esquerda, uma mulher segura um cartaz #MeToo em Tóquio durante uma marcha de mulheres em março de 2019. O movimento #MeToo se tornou viral nas mídias sociais, inspirando pessoas em todo o mundo. A foto à direita mostra Kendall e Kylie Jenner, duas das mais populares "influenciadoras", com milhões de seguidores. Uma postagem de Kendall ajudou a aumentar a publicidade para o festival FYRE, que se transformou em um fracasso.

nenhuma tarefa ativa, seu padrão de atividade neural parece envolver o pensamento social, como pensar sobre os pensamentos e objetivos de outras pessoas. O neurocientista social Matthew Lieberman afirma: "A evolução apostou que a melhor coisa que nossos cérebros podem fazer em qualquer momento livre é se preparar para o que vem a seguir em termos sociais" (E. E. Smith, 2013).

Precisamente porque precisamos e nos preocupamos tanto com as interações sociais e com os relacionamentos, os contextos sociais em que nos encontramos podem nos influenciar profundamente. É possível encontrar muitos exemplos desse tipo de influência em sua vida. Você já riu de uma piada que não entendeu só por que as pessoas a seu redor riam? Você se apresenta de maneira diferente dependendo do grupo de pessoas com quem está? O poder do contexto social também pode ser muito mais sutil que nesses exemplos, como quando as expectativas tácitas e imprecisas dos outros sobre si podem ter um impacto real e duradouro em seu comportamento e na percepção de quem você é.

Criamos redes sociais – às vezes amplas – e como nos comunicamos por meio delas, atualmente, pode estimular movimentos sociais inteiros. Do fim de 2017 ao início de 2018, por exemplo, as *hashtags* #MeToo e #TimesUp se tornaram virais e ajudaram a desencadear uma revolução na maneira como as pessoas discutiam e respondiam a questões de assédio, coerção e agressão sexual e uma diversidade de questões de poder que envolvem gênero e sexualidade. À medida que mais e mais pessoas compartilhavam suas histórias e expressavam sua indignação on-line, uma mudança profunda no que a sociedade considerava um comportamento aceitável ou tolerável ocorreu em curto espaço de tempo.

A influência social também pode nos guiar por caminhos estranhos. Você se lembra do "Tide Pod Challenge" que se tornou viral por um minuto em 2018? Quanto menos se falar a respeito do assunto, melhor. Parece que a cada intervalo de poucos meses algum novo desafio ou nova tendência estranha surge do nada e de repente se espalha pelo mundo através das redes sociais. E você já assistiu a algum documentário exibido em 2019 sobre o festival FYRE? O que foi anunciado como um festival de música de alto luxo em uma bela ilha com gente bonita tornou-se um fracasso épico de proporções notáveis. Como milhares de pessoas foram levadas a gastar uma pequena fortuna para ficarem isoladas em uma ilha em condições precárias por um evento que nunca teve chance de se materializar? Esse desastre destacou o poder dos "influenciadores" sociais – pessoas que são pagas para influenciar seu grande número de seguidores, promovendo marcas, clubes, estilos de vida ou festivais específicos. Kendall Jenner, por exemplo, teria recebido um quarto de milhão de dólares por apenas uma postagem no Instagram promovendo o festival FYRE. Diversos tipos de influenciadores no Instagram, no YouTube e em outras plataformas de mídia social recebem quantias exorbitantes de dinheiro pelo alcance de sua influência social. Esta influência pode ser aplicada para o bem (como na divulgação de informações sobre organizações de caridade ou promoção da justiça), para o mal (como na disseminação de discurso de ódio e desinformação) e para o que mais se quiser.

Todos esses aspectos mostram o poder e a relevância da psicologia social, e estamos animados em apresentá-los no restante deste livro. Você não apenas vai conhecer interessantes e relevantes descobertas de pesquisas como também aprender *como* psicólogos sociais descobriram essas evidências. O objetivo deste primeiro capítulo é apresentar uma ampla visão do campo da psicologia social. Ao final, você deverá estar pronto e (esperamos) ansioso para o que está por vir.

1-2 O que é psicologia social?

Começamos definindo o que é psicologia social e discutindo algumas das questões e aplicações que os psicólogos sociais buscam.

1-2a Definindo a psicologia social

A **psicologia social** é o estudo científico de como os indivíduos pensam, sentem e se comportam em um contexto social. Vejamos cada parte dessa definição.

Estudo científico Há muitas abordagens para entender como as pessoas pensam, sentem e se comportam. Podemos aprender sobre o comportamento humano em romances, filmes, história e filosofia, para citar apenas algumas possibilidades. O que diferencia a psicologia social dessas manifestações artísticas e humanísticas é que é uma ciência. Esta aplica o *método científico* de observação sistemática, descrição e medição ao estudo da condição humana. Como e por que os psicólogos sociais fazem isso é o foco do Capítulo 2.

> **psicologia social** O estudo científico de como os indivíduos pensam, sentem e se comportam em um contexto social.

Como as pessoas pensam, sentem e se comportam A psicologia social diz respeito a um conjunto surpreendentemente diverso de tópicos. Crenças e atitudes pessoais, até mesmo inconscientes, das pessoas; suas emoções mais apaixonadas; seus comportamentos públicos heroicos, covardes ou meramente mundanos – tudo se enquadra no amplo escopo da psicologia social. Nesse sentido, a psicologia social difere de outras ciências sociais, como a economia e a ciência política, cujo foco tende a ser mais estreito.

Observe a palavra *indivíduos* em nossa definição de psicologia social. Essa palavra indica outra maneira importante pela qual a psicologia social difere de algumas outras ciências sociais. A sociologia, por exemplo, normalmente classifica as pessoas no que se refere a nacionalidade, raça, classe socioeconômica e outros *fatores coletivos*. Em contraste, a psicologia social normalmente se concentra na psicologia do *indivíduo*. Mesmo quando os psicólogos sociais estudam grupos de pessoas, geralmente enfatizam o comportamento do indivíduo no contexto do grupo.

Um contexto social É aqui que o "social" da psicologia social entra em jogo e a distingue de outros ramos da psicologia. De modo geral, a disciplina da psicologia é um campo imenso e extenso que considera tudo desde as ações dos neurotransmissores

Nossas relações sociais e interações são extremamente importantes. A maioria das pessoas busca e é profundamente afetada por outras pessoas. Essa natureza social do animal humano é a essência da psicologia social.

no cérebro até as dos dançarinos em um clube lotado. O que torna a psicologia social única é sua ênfase na natureza social dos indivíduos.

No entanto, a "socialidade" da psicologia social varia. Os psicólogos sociais às vezes examinam fatores não sociais que afetam pensamentos, emoções, motivos e ações das pessoas. Por exemplo, eles podem estudar se a temperatura elevada faz que as pessoas se comportem de maneira mais agressiva (Miles-Novelo e Anderson, 2019). O que há de social nisso é o comportamento: pessoas ferindo umas às outras. Além do mais, os psicólogos sociais às vezes estudam pensamentos ou sentimentos das pessoas sobre coisas não sociais, como as atitudes delas em relação aos tênis de basquete Nike *versus* Adidas. Como as atitudes em relação aos tênis de basquete podem interessar aos psicólogos sociais? Uma maneira é se essas atitudes são influenciadas por algo social, como se o endosso de LeBron James à Nike leva as pessoas a preferirem essa marca. Ambos os exemplos – determinar se o calor causa um aumento de agressividade ou se LeBron James incentiva um aumento nas vendas do tênis da Nike – são questões *psicossociais* porque pensamentos, sentimentos ou comportamentos (1) *envolvem outras pessoas* ou (2) *são influenciados por outras pessoas*.

Uma celebridade muito admirada como Oprah Winfrey pode influenciar atitudes e comportamentos de milhões de pessoas. Ao recomendar um livro, por exemplo, ela leva sua venda a disparar.

O "contexto social" referido na definição de psicologia social não precisa ser real ou presente. Mesmo a presença implícita ou concebida de outras pessoas pode ter efeitos importantes sobre os indivíduos (Allport, 1985). Por exemplo, se as pessoas idealizam receber reações positivas ou negativas de outras, sua autoestima pode ser afetada (Libby et al., 2011; Smart Richman e Leary, 2009). Se crianças em idade pré-escolar imaginam ter contato com alguém de uma etnia diferente, elas apresentam menos preconceito contra membros desse grupo étnico (Birtel et al., 2019).

1-2b Perguntas e aplicações psicossociais

Para muitos de nós fascinados pelo comportamento social, a psicologia social é um sonho que se tornou realidade. Basta olhar a ▲ Tabela 1.1 e considerar uma pequena amostra das questões que serão exploradas neste livro. Como você pode constatar, aprender sobre psicologia social é aprender sobre nós mesmos e sobre nosso mundo social. E porque a psicologia social é científica e não anedótica, fornece percepções que seriam impossíveis de obter por meio da intuição ou apenas da vivência.

O valor da perspectiva da psicologia social sobre o comportamento humano é amplamente reconhecido. Os cursos de psicologia social são frequentemente exigidos ou incentivados para alunos interessados em seguir carreira em medicina, negócios, direito, educação e jornalismo, bem como em psicologia e sociologia. Muitos graduados em programas de psicologia social têm cargos docentes em faculdades ou universidades enquanto outros trabalham em centros médicos, escritórios de advocacia, agências governamentais, militares e diversas configurações de negócios que envolvem gestão, bancos de investimentos, marketing, publicidade, recursos humanos, negociação e redes sociais.

O número e a importância dessas aplicações continuam crescendo. Os juízes recorrem à pesquisa psicossocial para tomar decisões importantes, e os advogados dependem dela para selecionar júris e apoiar ou refutar provas. As empresas usam pesquisa psicossocial transcultural para operar no mercado global e consultam pesquisas sobre dinâmicas de grupo para promover as melhores condições para sua força de trabalho. Os profissionais de saúde reconhecem o papel dos fatores psicossociais na prevenção e no tratamento de doenças. Na verdade, não podemos pensar em nenhum outro campo de estudo que ofereça conhecimentos relevantes para tantas carreiras diferentes.

▲ TABELA 1.1

Exemplos de questões psicossociais

Percepção social: o que afeta o modo como percebemos a nós mesmos e aos outros?
- Que efeito o Facebook e outras mídias sociais causam na autoestima das pessoas? (Capítulo 3)
- Como as pessoas do leste asiático costumam diferir dos norte-americanos no modo de explicar o comportamento das pessoas? (Capítulo 4)
- Qual é a origem dos estereótipos e por que são tão resistentes à mudança? (Capítulo 5)

Influência social: como influenciamos uns aos outros?
- Por que costumamos gostar do que nos faz sofrer? (Capítulo 6)
- Como os vendedores nos fazem comprar coisas que, na verdade, nunca quisemos? (Capítulo 7)
- Por que as pessoas geralmente têm pior desempenho em grupo que teriam sozinhas? (Capítulo 8)

Interação social: o que nos faz gostar, amar, ajudar e magoar os outros?
- Quão semelhantes ou diferentes são os gêneros em relação ao que procuram em um relacionamento íntimo? (Capítulo 9)
- Quando é mais provável, ou menos, que um espectador o ajude em uma emergência? (Capítulo 10)
- A exposição à violência ou à pornografia na TV desencadeia um comportamento agressivo? (Capítulo 11)

Aplicando a psicologia social: como a psicologia social nos ajuda a entender questões sobre direito, negócios e saúde?
- Investigadores podem realmente fazer as pessoas confessarem crimes graves que não cometeram? (Capítulo 12)
- Como líderes empresariais podem motivar seus funcionários de maneira mais eficaz? (Capítulo 13)
- Como o estresse afeta a saúde de uma pessoa e quais são maneiras mais eficazes de lidar com experiências estressantes? (Capítulo 14)

1-2c O poder do contexto social: um exemplo de experimento de psicologia social

A natureza social das pessoas é tão arraigada que, mesmo pistas muito sutis sobre nossa conexão social com os outros, podem ter um efeito profundo em nossas vidas. Pense em suas primeiras semanas de ensino médio ou faculdade. Se você é como a maioria dos alunos, provavelmente houve momentos em que se sentiu inseguro e se perguntou se se encaixava ali. Para alguns grupos de alunos, no entanto, esses temores são especialmente frequentes e intensos. Estudantes de grupos étnicos minoritários ou étnicos sub-representados ou mulheres que ingressam em programas de especialização em ciência, tecnologia, engenharia ou matemática (*science, technology, engineering, or mathematics* – STEM) são especialmente vulneráveis a tais receios. Pesquisas em psicologia social descobriram que essas preocupações podem interferir no desempenho acadêmico.

De acordo com a pesquisa psicossocial descrita neste capítulo e em outras partes do livro, o modo como os alunos socialmente conectados se sentem com os colegas pode ter um efeito significativo em seu desempenho acadêmico.

Gregory Walton e seus colegas (2015) estão entre os psicólogos sociais que estudaram essa questão (você vai aprender um pouco mais sobre esse trabalho no Capítulo 5). Um de seus ambiciosos estudos focou melhorar o êxito acadêmico das mulheres que estudavam em uma conceituada faculdade de engenharia, na qual a maioria dos alunos eram homens. Mulheres nesses cursos geralmente relatam sentirem-se indesejadas e desrespeitadas. Para tentar combater tais preocupações, os pesquisadores realizaram um experimento no qual forneceram a alguns alunos, no início do primeiro semestre do curso de engenharia, informações que sugeriam quão representativo é que a maioria dos estudantes – independentemente do gênero – vivencia períodos de estresse social, desrespeito e sentimento de não pertencimento durante o primeiro ano, e esse desconforto tende a desaparecer após a conclusão do curso. Depois de ler essas informações, os alunos realizaram algumas breves atividades de escrita com base nesses dados.

Walton et al. queriam avaliar como esses alunos se sairiam no fim do primeiro ano em comparação aos que não receberam nenhuma informação sobre questões de pertencimento social. Os resultados podem ser vistos na • Figura 1.1. As barras neste gráfico ilustram a média geral dos alunos no primeiro ano, medidas em uma escala de 0 a 100. As duas primeiras barras à esquerda mostram a média geral de homens e mulheres que não receberam informações sobre o pertencimento. Como a diferença de altura dessas duas barras indica, a média geral das mulheres estava bem abaixo da média geral dos homens. Compare esse dado às duas barras à direita. Estas indicam a média geral de homens e mulheres que receberam as breves informações destinadas a conter as preocupações no que se refere ao pertencimento. Com essa imediata intervenção, as mulheres ganharam notas tão altas quanto os homens.

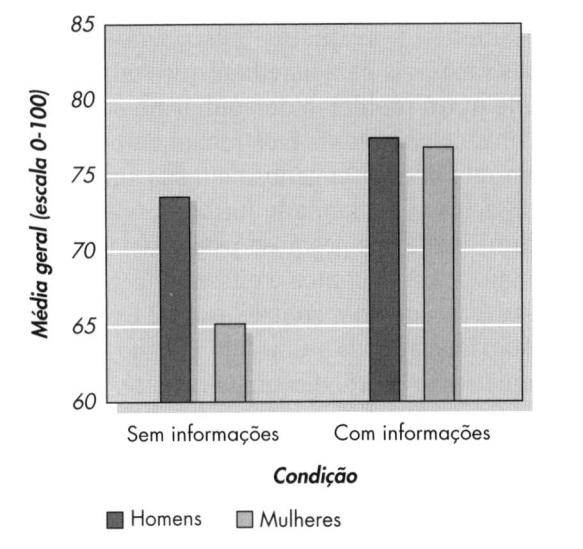

• FIGURA 1.1

Pertencimento social e média geral

Alguns alunos no início do primeiro semestre de uma faculdade de engenharia receberam informações destinadas a reduzir suas dúvidas sobre como se adaptar e sentir-se pertencente à escola. Outros alunos não receberam essas informações. As barras à esquerda representam as notas médias do primeiro ano dos homens (cinza-escuro) e mulheres (cinza-claro) que não receberam a informação de pertencimento. As notas médias do primeiro ano das mulheres eram muito piores que as dos homens sem receber tais orientações. As barras à direita ilustram que o baixo desempenho das mulheres foi completamente eliminado quando receberam as informações destinadas a reduzir suas incertezas sobre pertencimento.

Adaptado de Walton et al. (2015).

A grande disparidade de gênero foi eliminada, portanto, por apenas um pequeno número de informações sociais recebidas no início do primeiro ano. Esse estudo ilustra o poder do contexto social – ou, mais precisamente, do contexto social *percebido* – em um resultado extremamente importante do mundo real.

Mais recentemente, alguns desses pesquisadores testaram se esse tipo de intervenção poderia ajudar meninos afro-americanos que apresentam alto risco de ações disciplinares, como suspensões, em escolas públicas. Ao promover um sentimento de pertencimento social em uma amostra de crianças no início do sétimo ano, essa intervenção levou a uma queda de 65% no número de citações disciplinares que crianças negras receberam ao longo de seus *7 anos* seguintes de escola (Goyer et al., 2019).

1-2d Psicologia social e senso comum

Depois de ler sobre uma teoria ou descoberta da psicologia social, você pode às vezes pensar: "Claro. Eu sempre soube. Todo mundo sabe disso". Esse fenômeno do "sempre-soube" frequentemente faz que as pessoas questionem como a psicologia social difere do senso comum ou da sabedoria popular tradicional. Afinal, alguma das seguintes descobertas psicossociais seria surpreendente para você?

- Beleza e inteligência não se misturam. Pessoas fisicamente atraentes tendem a ser vistas como menos inteligentes que pessoas fisicamente pouco atraentes.
- As pessoas vão preferir uma atividade quando é oferecida uma grande recompensa por realizá-la, o que as leva a associar a atividade ao reforço positivo.

- As pessoas pensam que são excepcionais mais do que realmente são. Tendem a subestimar até que ponto os outros compartilham as mesmas opiniões ou interesses.
- Praticar esportes de contato ou jogar videogames violentos libera a agressividade e torna menos provável que as pessoas expressem a raiva de modo violento.

Em um instante, teremos mais a dizer sobre cada uma dessas declarações.

O senso comum pode parecer explicar muitas descobertas psicossociais após o fato ser consumado. O problema é distinguir o senso comum de fato do mito do senso comum. Afinal, para muitas noções de senso comum, há uma noção igualmente sensata que diz o contrário. O certo é "eles são farinha do mesmo saco" ou "os opostos se atraem"? É "duas cabeças pensam melhor do que uma" ou "cachorro que tem muito dono passa fome"? Quais são as opções corretas? Não temos uma maneira confiável de responder a essas perguntas apenas por meio do senso comum ou da intuição.

A psicologia social, ao contrário do senso comum, aplica o método científico para testar suas teorias. Como isso será feito, será discutido com mais detalhes no próximo capítulo. Mas, antes de encerrarmos esta seção, um aviso: as quatro "descobertas" listadas anteriormente? *São todas falsas*. Embora possa haver razões razoáveis para acreditar que cada uma delas seja verdadeira, as pesquisas indicam o contrário. Aí reside outro problema de confiar no senso comum: apesar de apresentar previsões e explicações muito convincentes, às vezes é extremamente impreciso. Mesmo quando não está completamente errado, o senso comum pode ser enganoso em sua simplicidade. Muitas vezes, não há uma resposta simples para uma pergunta como "A saudade fortalece o amor?". Na realidade, a resposta é mais complexa do que o senso comum sugere, e a pesquisa psicossocial revela como essa resposta depende de diversos fatores.

Para enfatizar esses pontos e encorajá-lo a pensar criticamente sobre as questões psicossociais antes e também *depois* de aprender sobre elas, este livro contém um recurso chamado "Colocando o senso comum à prova". Ao começar com o Capítulo 3, cada um deles abre com algumas afirmações sobre questões psicossociais que serão abordadas naquela parte. Algumas das afirmações são verdadeiras e outras são falsas. Ao ler cada uma delas, faça uma previsão sobre se é verdadeira ou falsa e reflita a respeito de por que ser essa sua previsão. As notas laterais ao longo do capítulo vão apontar se as afirmações são verdadeiras ou falsas. Ao ler o capítulo, verifique não apenas se sua previsão estava correta, mas também se seus argumentos para a previsão estavam corretos. Se sua intuição não foi bem acertada, pense sobre qual é a resposta certa e como as evidências apoiam essa resposta. Existem poucas maneiras melhores de aprender e lembrar do que por meio desse tipo de pensamento crítico.

1-3 Uma breve história da psicologia social

As pessoas provavelmente fazem perguntas psicossociais desde que os humanos passaram a pensar uns nos outros. Certamente, os primeiros filósofos, como Platão, ofereceram percepções perspicazes sobre muitas questões psicossociais. Mas nenhum estudo sistemático e científico das questões psicossociais se desenvolveu até o fim do século XIX. O campo da psicologia social é, portanto, relativamente recente.

"A psicologia tem um longo passado, mas apenas uma curta história."

Herman Ebbinghaus, *Resumo de psicologia*

Os últimos anos apresentaram um enorme interesse pela psicologia social e a entrada de muitos novos estudiosos na área. Como a psicologia social está agora em seu segundo século, é instrutivo olhar para trás para verificar como o cenário atual foi moldado por pessoas e eventos do passado.

1-3a O nascimento e a infância da psicologia social: de 1880 a 1920

Como a maioria desses títulos, o de "fundador da psicologia social" tem vários titulares em potencial, e nem todos concordam sobre quem deve prevalecer. Com o passar dos anos, muitos apontaram para o psicólogo norte-americano Norman Triplett, a quem se atribui a publicação do primeiro artigo de pesquisa em psicologia social, no fim do século XIX (1897-1898). O trabalho de Triplett foi notável porque, depois de observar que os ciclistas tendiam a correr mais rapidamente na presença de outras pessoas do que quando simplesmente corriam contra o relógio, ele projetou um experimento para estudar esse fenômeno de modo controlado e preciso. Essa abordagem científica para estudar os efeitos do contexto social no comportamento dos indivíduos pode ser vista como marco do nascimento da psicologia social.

Um registro também pode ser feito sobre o engenheiro agrícola francês Max Ringelmann. A pesquisa de Ringelmann foi realizada na década de 1880, mas não foi publicada até 1913. Em uma coincidência interessante, Ringelmann também estudou os efeitos da presença de outras pessoas no desempenho dos indivíduos. Em contraste com Triplett, no entanto, Ringelmann notou que os indivíduos frequentemente se saíam pior em tarefas simples, como cabo de guerra, quando as realizavam com outras pessoas. As questões abordadas por esses dois primeiros pesquisadores continuam a ser de interesse vital, como será visto posteriormente no Capítulo 8.

Pilotos de todo o mundo competem no Tour de France em julho de 2018. Esses ciclistas teriam corrido mais rápido ou mais devagar se estivessem competindo individualmente contra o relógio em vez de competir simultaneamente com seus concorrentes? No geral, como a presença de outras pessoas afeta o desempenho de um indivíduo? Os primeiros experimentos de psicologia social realizados procuraram responder a perguntas como essas.

Alguns estudiosos (Haines e Vaughan, 1979; Stroebe, 2012) sugerem um punhado de outros exemplos possíveis dos primeiros estudos de psicologia social, incluindo pesquisas que Triplett citou. Esses estudos também foram realizados nas décadas de 1880 e 1890, que parece ter sido uma época particularmente fértil para a psicologia social começar a enraizar.

Apesar de seu lugar na história da psicologia social, esses estudos do fim do século XIX não estabeleceram verdadeiramente a psicologia social como um campo distinto de estudo. O crédito por essa criação vai para os escritores dos três primeiros livros de psicologia social: o psicólogo inglês William McDougall (1908) e os dois norte-americanos, Edward Ross (1908) e Floyd Allport (1924). O livro de Allport em particular, com foco na interação dos indivíduos e no contexto social, e ênfase no uso da experimentação e do método científico, ajudou a estabelecer a psicologia social como a conhecemos atualmente. Esses autores anunciaram a chegada de uma nova abordagem aos aspectos sociais do comportamento humano. Nasceu a psicologia social.

■ 1-3b Um apelo à ação: de 1930 a 1950

Quem você acha que teve maior influência no campo da psicologia social? Vários psicólogos sociais, bem como psicólogos de outras áreas da psicologia, podem ser mencionados em resposta a essa pergunta. No entanto, alguém que não era psicólogo pode ter sido quem causou o mais dramático impacto nesse campo: Adolf Hitler.

A ascensão de Hitler ao poder e as terríveis consequências que se seguiram fizeram com que as pessoas em todo o mundo ficassem desesperadas por respostas a questões psicossociais sobre o que causa violência, preconceito, genocídio, conformidade e obediência, e uma série de outros problemas e comportamentos sociais. Além disso, muitos psicólogos sociais que viviam na Europa na década de 1930 fugiram para os Estados Unidos e ajudaram a estabelecer uma massa crítica de psicólogos sociais que dariam perfil à área em rápido desenvolvimento. Os anos imediatamente anteriores, durante e logo após a Segunda Guerra Mundial, marcaram uma explosão de interesse pela psicologia social.

Em 1936, Gordon Allport (irmão mais novo de Floyd, autor do livro de 1924) e vários outros psicólogos sociais formaram a Society for the Psychological Study of Social Issues. O nome da sociedade elucida

O que determina se as pessoas são propensas a se voluntariar para ajudar outras, por exemplo, dedicando tempo e energia a outras pessoas para edificar uma casa para os necessitados? Construída a partir do legado de Kurt Lewin, a psicologia social aplicada contribui para a solução de inúmeros problemas sociais.

a preocupação desses psicólogos em fazer contribuições práticas e importantes para a sociedade. Também em 1936, Muzafer Sherif publicou uma pesquisa experimental inovadora sobre a influência social. Quando jovem na Turquia, Sherif testemunhou grupos de soldados gregos matando brutalmente seus amigos. Depois de imigrar para os Estados Unidos, ele valeu-se dessa experiência e começou a pesquisar as intensas influências que os grupos podem exercer sobre seus membros. A pesquisa de Sherif foi crucial para o desenvolvimento da psicologia social, porque demonstrou que é possível estudar questões sociais complexas e importantes de uma maneira rigorosa e científica.

Outro grande colaborador da psicologia social, Kurt Lewin, fugiu do ataque nazista na Alemanha e imigrou para os Estados Unidos no início dos anos 1930. Lewin foi um teórico ousado e criativo, cujos conceitos tiveram efeitos duradouros no campo (por exemplo, Lewin, 1935, 1947). Um dos princípios fundamentais da psicologia social que Lewin ajudou a estabelecer foi que o comportamento é uma função da interação entre a pessoa e o ambiente. Essa posição, que mais tarde ficou conhecida como **perspectiva interacionista** (Blass, 1991; Snyder, 2013), enfatizou a interação dinâmica de fatores internos e externos, e marcou um forte contraste com outros paradigmas psicológicos importantes durante sua vida: psicanálise, com ênfase em motivos internos e fantasias, e behaviorismo, com foco em recompensas e punições externas.

Lewin também influenciou profundamente o campo ao defender teorias psicossociais a serem aplicadas a questões práticas importantes. Ele pesquisou uma série delas, por exemplo, como persuadir os norte-americanos que estavam em casa durante a guerra a conservar materiais para ajudar no esforço de guerra, como promover hábitos alimentares mais econômicos e nutritivos e que tipos de líderes obtêm o melhor trabalho dos membros do grupo. Construída no legado de Lewin, a psicologia social aplicada floresce hoje em áreas como publicidade, negócios, educação, proteção ambiental, saúde, direito, política, políticas públicas, religião e esportes. Ao longo deste texto, baseamo-nos nas descobertas da psicologia social aplicada para ilustrar as implicações dos princípios dela em nossa vida diária. Na Parte V, três áreas proeminentes da psicologia social aplicada serão discutidas em detalhes: direito, negócios e saúde. Uma das declarações de Lewin pode ser vista como um apelo à ação para todo o campo: "Nenhuma pesquisa sem ação, nenhuma ação sem pesquisa".

Durante a Segunda Guerra Mundial, muitos psicólogos sociais responderam ao chamado de Lewin já que trabalhavam para seus governos para investigar como proteger os soldados da propaganda do inimigo, como persuadir os cidadãos a apoiar o esforço de guerra, como selecionar oficiais para vários cargos e outras questões práticas. Durante e depois da guerra, os psicólogos sociais buscaram compreender o preconceito, a agressividade e a conformidade que a guerra trouxera à luz. A década de 1950 viu muitas contribuições importantes para o campo da psicologia social. Por exemplo, Gordon Allport (1954) publicou *The nature of prejudice* [A natureza do preconceito], um livro inovador que continua a inspirar pesquisas sobre estereótipos e preconceitos mais de seis décadas

perspectiva interacionista Uma ênfase na forma como a personalidade de um indivíduo e as características ambientais influenciam o comportamento.

depois. A demonstração de Solomon Asch (1951) de como as pessoas estão dispostas a se conformar a uma maioria obviamente errada impressiona os alunos até os dias atuais. Leon Festinger (1954, 1957) introduziu duas teorias importantes – uma sobre como as pessoas tentam aprender sobre si mesmas comparando-se a alguém e outra sobre como as atitudes das pessoas podem ser alteradas por seu comportamento – que permanecem entre as teorias mais influentes no campo. Esses são apenas alguns exemplos de uma longa lista de contribuições marcantes feitas durante os anos 1950. Com essa notável explosão de atividade e impacto, a psicologia social estava clara – e irrevogavelmente – no mapa.

■ 1-3c Confiança e crise: de 1960 a meados de 1970

De maneira espetacular, a pesquisa de Stanley Milgram, feita no início dos anos 1960 até metade da mesma década, ligou a era que se seguiu a Segunda Guerra Mundial à era de revolução social que se aproximava. A pesquisa de Milgram foi inspirada pela obediência destrutiva demonstrada por oficiais nazistas e cidadãos comuns na Segunda Guerra Mundial, mas também previa a desobediência civil que estava começando a desafiar as instituições em muitas partes do mundo. Os experimentos de Milgram, que demonstraram a vulnerabilidade dos indivíduos aos comandos destrutivos de autoridade, tornaram-se a pesquisa mais notável da história da psicologia social. Essa pesquisa é discutida em detalhes no Capítulo 7.

Este pôster da Segunda Guerra Mundial foi parte da campanha do governo dos EUA para incentivar as mulheres a aceitar empregos em ofícios tradicionalmente dominados por homens. Quando a guerra acabou, novos anúncios foram criados para encorajar as mulheres a deixarem esses empregos e se concentrarem no cuidado da família.

Com sua fundação firmemente estabelecida, a psicologia social entrou em um período de expansão e entusiasmo. O alcance de suas investigações era impressionante. Os psicólogos sociais consideraram a maneira como as pessoas pensavam e se sentiam em relação a si mesmas e aos outros. Eles demonstraram por que as pessoas deixam de ajudar outras em perigo. Examinaram agressividade, atração física e estresse. Para o campo no geral, foi um momento de grande produtividade.

Ironicamente, foi também uma época de crise e debates acalorados. Muitas das fortes divergências durante esse período podem ser entendidas como uma reação ao método de pesquisa dominante da época: o experimento de laboratório. Os críticos desse método afirmavam que certas práticas eram antiéticas, que as expectativas dos pesquisadores influenciavam o comportamento de seus participantes e que as teorias testadas no laboratório eram histórica e culturalmente limitadas (Gergen, 1973; Kelman, 1967; Rosenthal, 1976). Aqueles que defendiam os experimentos em laboratório, de outro modo, argumentavam que seus procedimentos eram éticos, seus resultados válidos e seus princípios teóricos amplamente aplicáveis (McGuire, 1967). Por um tempo, a psicologia social pareceu dividida em duas.

■ 1-3d Uma era do pluralismo: meados da década de 1970 a 2000

Felizmente, ambos os lados venceram. Como veremos no próximo capítulo, padrões éticos mais rigorosos para pesquisa foram instituídos, procedimentos mais rigorosos para proteção contra preconceitos foram adotados e mais atenção foi dada a possíveis diferenças culturais de comportamento. Os experimentos de laboratório continuaram a ser a prática dominante, mas frequentemente com métodos mais precisos. No entanto, ganharam companhia. Uma abordagem pluralista emergiu à medida que uma gama mais ampla de técnicas e questões de pesquisa se estabeleceu.

O pluralismo na psicologia social vai muito além de seus métodos. Existem também variações importantes em quais aspectos do comportamento humano são enfatizados. Por exemplo, psicólogos sociais tornaram-se cada vez mais interessados em processos relevantes para a psicologia cognitiva (e em adaptar

Os psicólogos sociais estão se tornando cada vez mais interessados em pesquisas interculturais, o que nos ajuda a sair de nossa perspectiva cultural. Muitos de nossos comportamentos diferem entre as culturas. Em algumas, por exemplo, espera-se que as pessoas negociem o preço dos produtos que compram, como nesse mercado da Tunísia. Em outras, essa negociação seria altamente incomum e causaria confusão e angústia.

> **cognição social** O estudo de como as pessoas percebem, lembram e interpretam informações sobre si mesmas e sobre outras pessoas.

métodos dessa área). Um novo subcampo nasceu chamado **cognição social**, o estudo de como percebemos, lembramos e interpretamos informações sobre nós mesmos e sobre os outros. A pesquisa de cognição social continua a prosperar hoje, examinando questões relevantes para praticamente todas as áreas importantes da psicologia social.

Outra fonte de pluralismo na psicologia social é o desenvolvimento de perspectivas internacionais e multiculturais. Embora indivíduos de muitos países tenham ajudado a estabelecer o campo, a psicologia social alcançou seu maior reconhecimento profissional nos Estados Unidos e no Canadá. A certa altura, estimou-se que 75% a 90% dos psicólogos sociais viviam na América do Norte (Smith e Bond, 1993; Triandis, 1994). No entanto, esse aspecto da psicologia social começou a mudar rapidamente na década de 1990, refletindo não apenas as diferentes origens geográficas e culturais de seus pesquisadores e participantes, mas também o reconhecimento de que muitos fenômenos psicossociais, antes considerados universais, podem, na verdade, variar dramaticamente em função da cultura. Você pode encontrar evidências dessa nova avaliação do papel da cultura nos capítulos deste livro.

1-4 Psicologia social hoje: quais são as tendências atuais?

Atualmente o campo continua a crescer em número e diversidade de pesquisadores e tópicos de pesquisa, regiões do mundo em que as pesquisas são conduzidas e indústrias que contratam psicólogos sociais e aplicam seu trabalho.

Ao longo deste texto, enfatizamos as pesquisas mais atuais e de ponta relativas à psicologia social, juntamente com as descobertas clássicas do passado. No restante do capítulo, enfocamos alguns dos temas e perspectivas interessantes que estão surgindo atualmente.

1-4a Integração de emoção, motivação e cognição

Nos primeiros dias da pesquisa de cognição social nas décadas de 1970 e 1980, a perspectiva dominante era chamada "fria" porque enfatizava o papel da cognição e não o papel da emoção e da motivação na explicação de questões psicossociais. Isso foi contrastado com uma perspectiva "quente", que focava a emoção e a motivação como fatores determinantes de nossos pensamentos e ações. Hoje, há um interesse crescente em integrar as perspectivas "quente" e "fria", à medida que os pesquisadores estudam como emoções e motivações dos indivíduos influenciam seus pensamentos e ações e vice-versa. Por exemplo, os pesquisadores examinam como as motivações das quais nem mesmo estamos conscientes (como motivações para tratar os outros de maneira justa ou para nos sentirmos superiores) podem influenciar a forma como interagimos ou interpretamos as informações sobre outra pessoa (Arieli et al., 2019; Ditto et al., 2019; Dunning, 2015; Kappes et al., 2018; Spencer et al., 2005).

Uma questão que ilustra a integração das variáveis "quente" e "fria" diz respeito ao conflito entre querer estar *certo* e querer *sentir-se* bem consigo mesmo e como essas diferentes motivações influenciam a maneira como processamos as informações. Por um lado, queremos ser precisos em nossos julgamentos sobre nós mesmos e sobre os outros. Por outro, não queremos ser precisos se isso significar que vamos aprender algo ruim sobre nós mesmos ou sobre pessoas mais próximas. Essa variação pode puxar nossos processos cognitivos em direções muito diferentes. A forma como realizamos a ginástica mental necessária é uma preocupação constante para psicólogos sociais (Balcetis e Cardenas, 2019; Tamir et al., 2017).

Outro tema que permeia muitos capítulos deste livro é o crescente interesse em distinguir entre processos automáticos e controláveis e compreender a relação entre eles. Quanto controlamos nossos pensamentos e ações, e quão vulneráveis somos a influências que vão além de nossa consciência ou controle? Somos influenciados por estereótipos, mesmo que não queiramos acreditar neles? Podemos nos treinar para conter impulsos automáticos? Essas são algumas das questões que os psicólogos sociais estudam atualmente (Bargh, 2018; Eberhardt, 2019; Monteith et al., 2016).

1-4b Perspectivas genética e evolutiva

Avanços recentes em **genética comportamental** – um subcampo da psicologia que examina os efeitos dos genes no comportamento – desencadeou novas pesquisas para investigar questões como a extensão em que as atitudes políticas são pelo menos parcialmente herdadas e os papéis que os genes atuam na orientação ou identidade sexual dos indivíduos (Fisher et al., 2018; Oskarsson et al., 2018). O papel dos genes em uma gama cada vez maior de comportamentos sociais está sendo mais bem compreendido à medida que avanços continuam a impulsionar pesquisas interdisciplinares envolvendo a genética.

A **psicologia evolutiva**, que aplica os princípios da evolução para compreender o comportamento humano, é outra área em crescimento que está gerando novas pesquisas em psicologia social. De acordo com essa perspectiva, para entender uma questão psicossocial como o ciúme, devemos perguntar como as tendências e as reações subjacentes ao ciúme observadas atualmente podem ter evoluído das pressões de seleção natural que nossos ancestrais enfrentaram. Teorias psicológicas evolutivas podem então ser usadas para explicar e prever diferenças de gênero na atração, os fatores situacionais mais prováveis de desencadear o ciúme e assim por diante (Buss e Schmitt, 2019; Howard e Perilloux, 2017; Lopes e Shackelford, 2019). Essa perspectiva é discutida em muitas seções ao longo do livro, especialmente na Parte IV sobre Relações Sociais.

1-4c Perspectivas culturais

Devido aos fantásticos avanços nas tecnologias de comunicação nos últimos anos e à globalização das economias mundiais, é mais rápido, fácil e necessário do que nunca que pessoas de culturas diferentes interajam umas com as outras. Portanto, nossa necessidade e nosso desejo de entender em que nos assemelhamos e em que diferimos uns dos outros também são maiores do que nunca. A psicologia social está vivendo um grande crescimento em pesquisas projetadas para nos dar uma melhor compreensão e apreciação do papel da cultura em todos os aspectos da psicologia social.

O que se entende por "cultura" não é fácil de definir, pois muitos pesquisadores definem cultura de maneiras muito diferentes. Em termos gerais, a **cultura** pode ser considerada um sistema de significados, crenças, valores, suposições, instituições e práticas duradouras compartilhadas por um grande grupo de pessoas e transmitidas de

> **genética comportamental** Um subcampo da psicologia que examina o papel dos fatores genéticos no comportamento.
>
> **psicologia evolutiva** Um subcampo da psicologia que usa os princípios da evolução para compreender o comportamento social humano.
>
> **cultura** Um sistema de significados, crenças, valores, suposições, instituições e práticas duradouras compartilhados por um grande grupo de pessoas e transmitidos de uma geração à outra.

uma geração para a outra. Qualquer que seja a definição específica, é claro o modo como os indivíduos percebem e significam seu mundo que sofre forte influência por crenças, normas e práticas de pessoas e instituições a seu redor.

Um número crescente de psicólogos sociais está avaliando a generalidade universal ou a especificidade cultural de suas teorias e descobertas conduzindo **pesquisas transculturais**, nas quais examinam semelhanças e diferenças entre uma variedade de culturas. Cada vez mais psicólogos sociais também conduzem **pesquisas multiculturais**, nas quais examinam grupos raciais e étnicos dentro das culturas.

Esses desenvolvimentos já estão influenciando profundamente nossa visão do comportamento humano. Por exemplo, a pesquisa transcultural revelou distinções importantes entre as culturas coletivistas (que valorizam a interdependência e a harmonia social) tipicamente encontradas na África, na Ásia e na América Latina e as culturas individualistas (que valorizam a independência e a autossuficiência) mais comumente encontradas na América do Norte e na Europa. As implicações dessas diferenças podem ser vistas ao longo do livro.

Considere, por exemplo, qual dos seguintes conjuntos de atividades você acha que tem mais probabilidade de estar ligada à boa saúde física: (1) atividades intensas e estimulantes como rir, ir a uma festa, aprender a fazer algo novo, se exercitar e estar com pessoas felizes *versus* (2) atividades calmas e pouco estimulantes como apreciar a natureza, tomar um banho relaxante, orar ou meditar e ler. Acontece que, de acordo com Magali Clobert e colegas (2020), existem diferenças culturais significativas nessas relações. Em geral, as pessoas das culturas norte-americanas tendem a valorizar e se sentir melhor sobre as emoções positivas com atividades associadas a alta estimulação, apresentadas no primeiro item, enquanto as pessoas das culturas do leste asiático tendem a se sentir melhor e valorizar as emoções positivas com as atividades associadas à baixa estimulação, como as listadas no segundo.

pesquisa transcultural Pesquisa projetada para comparar e contrastar pessoas de diferentes culturas.

pesquisa multicultural Pesquisa projetada para examinar grupos raciais e étnicos nas culturas.

Coerente com essa ideia, pesquisas com centenas de indivíduos dos Estados Unidos e do Japão, pesquisadores descobriram que a realização de atividades positivas de alta estimulação estava associada a uma maior saúde física nos Estados Unidos do que no Japão, enquanto o envolvimento em atividades positivas de baixa estimulação foram associadas a maior saúde física no Japão que nos Estados Unidos (ver ● Figura 1.2).

Neste texto, descrevemos estudos realizados em dezenas de países, representando todos os continentes povoados do planeta. À medida que nosso conhecimento se expande, devemos ser capazes de ver muito mais claramente as diferenças de comportamento entre as culturas e as semelhanças que todos compartilhamos. No entanto, é importante observar que, mesmo em determinada sociedade, as pessoas costumam ser tratadas de modo distinto em virtude de categorias sociais como gênero, etnia, aparência física e classe econômica. Elas podem ser criadas de maneira diferente pelos pais, confrontadas com expectativas diversas dos professores, expostas a variados tipos de publicidade e marketing e ter oferta de diferentes tipos de empregos. Em certo sentido, então, até

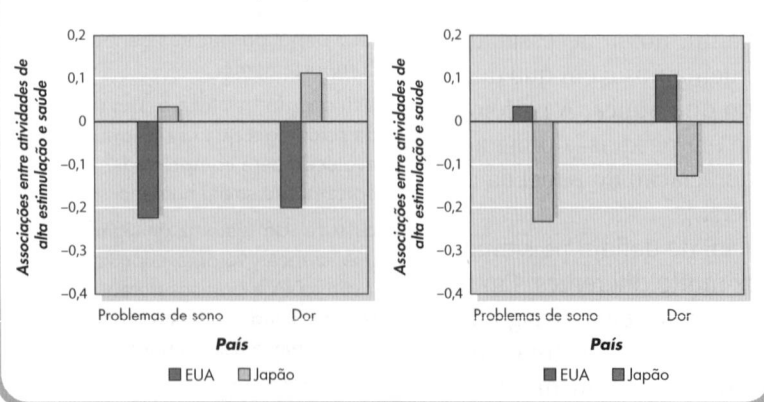

● **FIGURA 1.2**

Sair ou tomar banho? Cultura e a ligação entre atividades e saúde

Em um estudo de 2020, comparando entrevistados dos Estados Unidos e do Japão, os pesquisadores descobriram que o envolvimento em atividades positivas de alta estimulação (gráfico à esquerda) estava associado a uma melhor saúde física (como menos problemas de sono e menos experiência de dor) entre os norte-americanos em comparação com os japoneses, enquanto o envolvimento em atividades positivas de baixa estimulação (gráfico à direita) foi associado a uma saúde melhor entre os japoneses em comparação com os norte-americanos.

Com base em Clobert et al. (2020).

mesmo pessoas na mesma cidade ou região podem crescer e viver em subculturas distintas, e essas diferenças podem ter efeitos profundos na vida delas.

Alguns livros de psicologia social dedicam um capítulo separado à cultura ou à cultura e ao gênero. Optamos por não fazer isso. Como acreditamos que as influências culturais são inerentes a *todos* os aspectos da psicologia social, optamos por integrar as discussões sobre o papel da cultura e do gênero em cada capítulo do livro.

■ 1-4d Economia comportamental, questões políticas e morais e outras abordagens interdisciplinares

Um número cada vez maior de psicólogos sociais atualmente está questionando e usando metodologias que ultrapassam as fronteiras acadêmicas tradicionais. Já discutimos as interseções da psicologia social com a neurociência, a teoria da evolução e a psicologia cultural. Outros tópicos vêm crescendo amplamente.

Por exemplo, uma área de estudo relativamente nova que tem recebido muita atenção é conhecida como **economia comportamental**. Esse subcampo concentra-se em como a psicologia – particularmente a psicologia social e cognitiva – relaciona-se com a tomada de decisões econômicas. A pesquisa da economia comportamental revelou que os modelos econômicos tradicionais eram inadequados porque não conseguiam explicar o papel robusto – e muitas vezes aparentemente irracional – que os fatores psicológicos têm no comportamento econômico das pessoas. Por exemplo, elas tendem a acreditar que um bilhete de loteria ou um de aposta em uma corrida tem mais valor quando já o possuem que quando têm a chance de comprá-lo. O que não faz sentido de uma perspectiva meramente econômica, mas levando em consideração fatores psicológicos, como sentimentos associados à propriedade ou a diferentes tipos de arrependimento, podemos compreender e prever tais tendências (Kahneman et al., 2005; Walasek et al., 2018).

Os psicólogos sociais também estão cada vez mais envolvidos em pesquisas que se encontram com áreas como política e filosofia moral. Jonathan Haidt é um exemplo proeminente de psicólogo social que recentemente relacionou essas duas áreas à psicologia social, demonstrando que podemos entender melhor a divisão política entre liberais e conservadores reconhecendo as diferentes concepções de moralidade que fundamentam as atitudes políticas (Graham et al., 2018; Haidt, 2018). William Brady e outros (2019) descobriram que as mensagens de políticos são especialmente propensas a se tornarem virais nas mídias sociais quando apresentam indignação moral. O aumento do interesse sobre tópicos como esses produziu uma integração estimulante entre psicologia social, ciência política, filosofia e neurociência.

Do mesmo modo, psicólogos sociais estão colaborando em maior número com pesquisadores em estudos ambientais, de saúde pública e áreas correlatas para abordar questões tão variadas, por exemplo, como fazer com que as pessoas economizem energia, adotem hábitos mais saudáveis e evitem o câncer de pele, ou para estudar até mesmo alterações simples no entorno físico de escolas fundamentais, como proporcionar algum espaço verde, pode melhorar a educação dos alunos (Albarracín et al., 2016; R. G. Jones, 2015; Kuo et al., 2019).

■ 1-4e Cérebro e corpo sociais

É claro que somos organismos biológicos, e é claro que nosso cérebro e nosso corpo influenciam e são influenciados por nossas experiências sociais. Essa interação entre o físico e o social é o foco de mais pesquisas no campo como jamais aconteceu. Exemplos podem ser encontrados ao longo do livro em estudos que demonstram que como ser alvo de discriminação pode afetar a saúde física dos indivíduos, e em pesquisas que examinam o papel dos hormônios e neurotransmissores no tocante à agressividade humana (Almeida et al., 2015; Dover et al., 2015; Gibbons et al., 2014; Rosenthal et al., 2019).

Um desenvolvimento recente, especialmente interessante, é o surgimento do subcampo da **neurociência social** – estudo da relação entre processos neurais e sociais. Essa interseção da psicologia social com a neurociência está abordando um número crescente de

> **economia comportamental** Um subcampo interdisciplinar que se concentra em como a psicologia – particularmente a psicologia social e cognitiva – se relaciona com a tomada de decisões econômicas.
>
> **neurociência social** O estudo da relação entre os processos neurais e sociais.

> *"Eu só escrevo sobre uma coisa: estar sozinho. O medo de ficar sozinho, o desejo de não estar sozinho... A necessidade de ouvir as palavras: 'você não está sozinho'."*
>
> Shonda Rhimes, criadora de programas de TV como *Grey's Anatomy* e *Scandal*

questões surpreendentes, por exemplo, como jogar videogames de conteúdo violento pode afetar a atividade cerebral e atos subsequentes de agressividade ou como diferentes padrões de atividade em partes do cérebro se relacionam com a probabilidade das pessoas de perceberem a si mesmas ou a membros de um grupo racial diferente (Amodio, 2014; Beer, 2015; Engelhardt et al., 2011).

Começamos este capítulo com ênfase ao animal social que somos. A pesquisa continua a encontrar novas evidências de como essa natureza social é profundamente enraizada e fundamental. Considere apenas alguns exemplos de estudos bem recentes:

- Ter amigos próximos e manter contato com familiares está associado a benefícios para a saúde, como proteção contra doenças cardíacas, infecções, diabetes e câncer, e com uma vida mais longa e ativa (Cacioppo et al., 2015). Determinada análise relata que ter um amigo que se tem contato na maior parte do tempo pode afetar o bem-estar de uma pessoa tanto quanto ganhar $ 100 mil extras por ano (Lieberman, 2013)! Kyle Bourassa e outros (2019) constataram que os alunos tinham menor reatividade à pressão arterial quando imergiam o pé em água gelada se o fizessem em presença do parceiro romântico ou se somente pensassem nele em comparação a que se fizessem sozinhos, pensando em algo não social.
- Experimentar uma rejeição ou perda social é tão doloroso que produz atividade nas mesmas partes do cérebro de quando sentimos dor física. De outro modo, ser tratado bem e de forma justa ativa partes do cérebro associadas a recompensas físicas, como alimentos e bebidas desejáveis (Eisenberger, 2015; Tchalova e Eisenberger, 2020).
- Há algo extremamente verdadeiro do ponto de vista médico sobre um "coração partido". Por exemplo, uma pessoa tem mais de 20 vezes mais probabilidade que o normal de sofrer um ataque cardíaco no dia seguinte à morte de um ente querido, e os efeitos da "síndrome do coração partido" podem durar meses (Baltzer Nielsen et al., 2019; Beidler e Durso, 2019; Mostofsky et al., 2012).

1-4f Novas tecnologias e o mundo on-line

A nova onda de pesquisas sobre o que chamamos cérebro social somente foi possível por meio dos avanços da tecnologia. Os pesquisadores contemporâneos podem visualizar imagens do cérebro em funcionamento por meio de procedimentos não invasivos, permitindo que psicólogos sociais abordem questões que jamais poderiam anteriormente. Psicólogos sociais agora estão usando técnicas como *tomografia por emissão de pósitrons* (*positron emission tomography* – PET), *potencial relacionado a eventos* (PRE ou *event-related potential* – ERP), *estimulação magnética transcraniana* (EMT ou *transcranial magnetic stimulation* – TMS) e *imagem por ressonância magnética funcional* (*functional magnetic resonance imaging* – fMRI) para estudar a interação entre cérebro e pensamentos, sentimentos e comportamentos distintos. A pesquisa em psicologia social atualmente se beneficia de outros avanços tecnológicos também, como novas e melhores técnicas para medir os níveis de hormônio e codificar a fala cotidiana das pessoas rapidamente em unidades quantificáveis. Alguns pesquisadores estão usando tecnologia de realidade virtual para conduzir surpreendentes experimentos de alta tecnologia sobre questões como conformidade, dinâmica de grupo, agressão, preconceito, altruísmo, apoio social e testemunho ocular (por exemplo, Bailey e Bailenson, 2015; Blascovich, 2014; Toppenberg et al., 2019). Como os participantes desses experimentos estão imersos em uma realidade virtual que os pesquisadores proporcionam a eles, é possível fazer a avaliação de questões que seriam impraticáveis, impossíveis ou antiéticas sem essa tecnologia.

Em março de 2019, alguns fãs da história da tecnologia brindaram em comemoração ao 30º aniversário da invenção da World Wide Web. É quase impossível imaginar que alguns anos atrás não existisse algo como um site, muito menos coisas que vieram depois como Google, Amazon, iTunes ou ter um telefone que permitisse fotografar, assistir a vídeos ou pegar carona com um desconhecido. *Impressionante* é uma palavra usada de modo frequente, mas certamente descreve a revolução que está ocorrendo em como acessamos as informações e nos comunicamos uns com os outros. As ondas dessa revolução trouxeram consigo as pesquisas em psicologia social. Psicólogos sociais em todo o mundo agora podem não apenas se comunicar e colaborar com muito mais facilidade, mas também ter acesso a participantes para suas

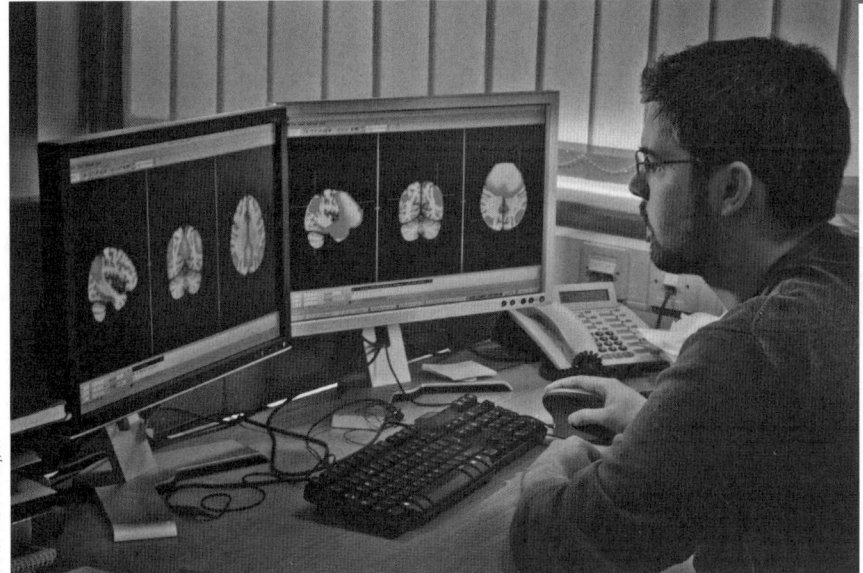

Os avanços na tecnologia permitem que os psicólogos sociais estendam suas pesquisas em novas direções emocionantes, como o uso de imagens de ressonância magnética funcional (fMRI) e magnetoencefalografia (MEG, ou *Magnetoencephalograpy*) para estudar a atividade no cérebro em resposta a vários pensamentos ou estímulos.

pesquisas de populações que, de outro modo, jamais estariam disponíveis. Esses desenvolvimentos desencadearam a internacionalização do campo, talvez a direção mais emocionante nesse segundo século.

A comunicação on-line não apenas facilita a pesquisa, mas também está se tornando um tópico de estudo instigante. À medida que mais pessoas interagem umas com as outras por meio de redes sociais, serviços de namoro on-line e uma infinidade de aplicativos, há um interesse crescente em estudar como a atração, o preconceito, a dinâmica de grupo e uma série de outros fenômenos psicológicos sociais acontecem on-line *versus* off-line. Outras questões importantes – e potencialmente preocupantes – levantadas por nossas vidas cada vez mais on-line são o assunto de novas pesquisas, como: Quais fatores contribuem ou protegem contra o cyberbullying? Tempo demais em redes sociais pode levar à depressão ou à solidão? O hábito de enviar mensagens de texto com frequência ou verificar quem comentou sobre a foto compartilhada mais recente causa problemas sociais e de atenção? Como o preconceito, a desinformação e a polarização se espalham nas redes sociais e o que pode ser feito para serem reduzidos?

Seríamos presunçosos – e provavelmente ingênuos – em tentar prever como a nova comunicação e as novas tecnologias vão influenciar como as pessoas vão interagir nos próximos anos, mas provavelmente é seguro prever que sua influência será grande. À medida que mais pessoas se apaixonam on-line, caem no isolamento social ou se desesperam com a perda da privacidade individual, essas questões serão exploradas pela psicologia social.

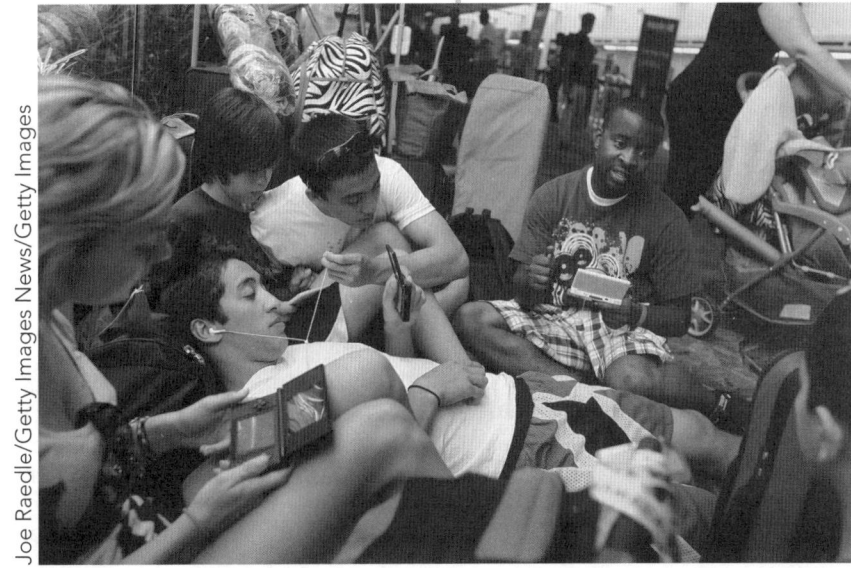

Juntos e separados. Mesmo quando interagindo em um grupo, muitos de nós somos atraídos por nossos telefones pessoais, jogos eletrônicos, laptops, tablets e assim por diante. O modo como as novas tecnologias e a vida on-line afetam a interação humana está se tornando cada vez mais importante para a psicologia social.

1-4g Novos padrões e práticas para pesquisa

O desenvolvimento recente que gerou mais discussão entre os psicólogos sociais não é um novo tópico de pesquisa, mas sim a maneira *como* nossas pesquisas são feitas e divulgadas. Inspirada em parte por uma série de relatórios de grande importância apresentando problemas com os métodos ou a dificuldade em repetir resultados de uma variedade de estudos publicados quando realizados em outros laboratórios, um enorme movimento e um debate surgiram em relação a como os psicólogos sociais poderiam adotar práticas de pesquisa e apresentação de resultados mais eficientes e mais rigorosas. Novos padrões estão se desenvolvendo e exigindo amostragens muito maiores (ou seja, um número maior de participantes em um estudo) e abordagens diferentes para a análise estatística. Um movimento de **ciência aberta** exige maior responsabilidade e acessibilidade dos dados e materiais dos pesquisadores. O que não é exclusivo da psicologia social, visto que um conjunto semelhante de questões tem sido o foco em muitos campos, como medicina, física e biologia.

> **ciência aberta** Um movimento para tornar os materiais, os métodos, as hipóteses e os dados de pesquisa mais transparentes, acessíveis e facilmente compartilhados com pesquisadores de outros laboratórios.

Falaremos mais sobre o assunto no próximo capítulo, que trata de como fazemos pesquisas em psicologia social. Por enquanto, basta dizer que diversas mudanças no que são consideradas as "melhores práticas" na condução e divulgação de pesquisas estão ocorrendo, e estamos confiantes de que resultarão em uma abordagem científica mais rigorosa da psicologia social à medida que o campo continua a se desenvolver. Esperamos que alguns dos alunos que estão lendo este livro hoje estejam entre os acadêmicos que conduzirão esta pesquisa nos próximos anos.

1-5 Revisão

Os 10 principais pontos-chave do Capítulo 1

1. Psicologia social é o estudo científico de como os indivíduos pensam, sentem e se comportam em um contexto social.

2. As mulheres em um estudo obtiveram maior sucesso acadêmico em uma faculdade de engenharia quando receberam, no início do primeiro ano, informações destinadas a reduzir suas preocupações sobre se encaixar e sentir-se pertencente em seus cursos, predominantemente dominados por homens. Meninos afro-americanos, em outro estudo, tornaram-se menos propensos a receber ações disciplinares no ensino fundamental e médio se recebessem informações para aumentar seu sentimento de pertencimento social no sétimo ano.

3. As primeiras pesquisas de Triplett e Ringelmann estabeleceram um aspecto constante na psicologia social: como a presença de outras pessoas afeta o desempenho de um indivíduo.

4. A psicologia social começou a florescer à medida que o mundo precisava de explicações para as trágicas questões e os desafios que a Segunda Guerra Mundial levantou.

5. Os experimentos de Stanley Milgram na década de 1960 demonstraram a vulnerabilidade dos indivíduos aos comandos destrutivos de uma figura de autoridade.

6. Os indivíduos às vezes se deparam com um conflito entre duas motivações que podem afetar os processos cognitivos: querer estar certo e querer se sentir bem consigo mesmo.

7. Muitas pesquisas recentes em psicologia social exploraram a natureza automática *versus* a controlável de vários processos, como a estereotipagem.

8. Os subcampos que têm crescido rapidamente nos últimos anos incluem a genética comportamental, que examina os efeitos dos genes no comportamento; a psicologia evolutiva, que aplica os princípios da evolução para compreender o comportamento humano contemporâneo; a economia comportamental, que estuda como a psicologia se relaciona com a tomada de decisões econômicas; e a neurociência social, que envolve o estudo da relação entre processos neurais e sociais. Um número

cada vez maior de psicólogos sociais está avaliando a generalidade universal ou especificidade cultural de suas teorias e descobertas por meio de pesquisas interculturais.

9. A comunicação on-line fomentou a colaboração entre pesquisadores ao redor do mundo, permitiu que fossem estudados participantes de diversas populações e inspirou pesquisadores a investigar se vários fenômenos psicológicos sociais são semelhantes ou diferentes on-line *versus* off-line.

10. Novos desenvolvimentos estão surgindo naquilo que são consideradas as "melhores práticas" na condução e divulgação de pesquisas, tornando a pesquisa psicossocial mais sólida metodologicamente e criando maior acessibilidade a materiais, métodos e dados.

Palavras-chave

ciência aberta (20)
cognição social (14)
cultura (15)
economia comportamental (17)

genética comportamental (15)
neurociência social (17)
perspectiva interacionista (12)
pesquisa multicultural (16)

pesquisa transcultural (16)
psicologia evolutiva (15)
psicologia social (6)

Realizando pesquisas em psicologia social

Este capítulo examina como os psicólogos sociais fazem suas pesquisas. Começamos perguntando: "Por que você deve aprender sobre métodos de pesquisa?". Respondemos a essa pergunta discutindo como aprender sobre métodos de pesquisa pode beneficiá-lo neste curso e depois dele. Em seguida, refletimos sobre a proposição e o desenvolvimento de ideias por pesquisadores que dão início ao processo de pesquisa. A seguir, fornecemos uma visão geral dos projetos de pesquisa que os psicólogos sociais usam para testar suas ideias. Finalmente, voltamo-nos para questões importantes sobre ética e valores, incluindo novas controvérsias e práticas, em psicologia social.

- 2-1 Por que você deve aprender sobre métodos de pesquisa? | 25
- 2-2 Desenvolvendo ideias: iniciando o processo de pesquisa | 25
  - 2-2a Obtendo ideias e descobrindo o que foi feito
  - 2-2b Hipóteses e teorias
  - 2-2c Pesquisa básica e aplicada
- 2-3 Refinando ideias: definindo e medindo variáveis psicossociais | 27
  - 2-3a Do abstrato ao específico: variáveis conceituais e definições operacionais
  - 2-3b Medindo variáveis: usando autorrelatos, observações e tecnologia
- 2-4 Ideias de teste: projetos de pesquisa | 31
  - 2-4a Pesquisa descritiva: descobrindo modas e tendências
  - 2-4b Pesquisa correlacional: procurando associações
  - 2-4c Experimentos: procurando causa e efeito
  - 2-4d Metanálise: combinando resultados entre estudos
  - 2-4e Cultura e métodos de pesquisa
- 2-5 Ética, valores e novos padrões e práticas de pesquisa | 44
  - 2-5a Conselhos institucionais de revisão e consentimento informado
  - 2-5b Devolutiva
  - 2-5c Ética e consentimento on-line
  - 2-5d Valores e ciência
  - 2-5e Novos padrões e práticas de pesquisa
- 2-6 Revisão | 47

Você está iniciando um novo semestre na escola e apenas começando a se ajustar a uma nova programação e rotina. Está ansioso para as novas aulas. Em geral, é um momento emocionante. No entanto, há um problema importante: conforme passa mais e mais tempo com seus novos colegas de classe e assume novas responsabilidades, você deixa alguém para trás. Pode ser um parceiro romântico ou um amigo próximo – alguém que não está envolvido no que está fazendo no momento. Vocês podem estar morando longe um do outro, ou os novos compromissos na escola podem diminuir o tempo de vocês juntos. O romântico em você afirma: "juntos para sempre". Ou, pelo menos, "sem problemas". No entanto, o realista em você se preocupa um pouco. Seu amor ou amizade serão os mesmos? A relação pode sobreviver à longa distância, às novas demandas de seu tempo ou às novas pessoas em suas vidas? Seus amigos ou familiares podem ter conselhos a oferecer. Alguns podem sorrir e tranquilizá-lo: "Não se preocupe. Lembre-se do que eles dizem, 'Longe dos olhos, perto do coração'. Isso só fortalecerá seu relacionamento". Outros podem chamá-lo de lado e sussurrar: "Não dê ouvidos a eles. Todo mundo sabe, 'o que os olhos não veem, o coração não sente'. Tenha cuidado".

Ao afastar a atenção desse problema, começa a trabalhar em um projeto de classe. Há a opção de trabalhar sozinho ou em grupo. O que fazer? Você consulta a sabedoria do bom senso. Talvez deva trabalhar em grupo. Afinal, sabemos que "duas cabeças pensam melhor do que uma". À medida que alguns membros do grupo começam a faltar às reuniões e a se esquivar das responsabilidades, lembra-se de que "cachorro que tem muitos donos morre de fome". Você vai se arrepender de ter decidido aderir a esse grupo tão rapidamente? Afinal, você não foi ensinado a "olhar antes de pular"? Mas, se tivesse esperado e perdido a chance de se juntar ao grupo, poderia ter se arrependido de sua inércia, lembrando que "não se deve deixar para amanhã o que se pode fazer hoje".

Questões sobre o rumo dos relacionamentos, a eficiência do trabalho em equipe e o arrependimento da ação *versus* da inação são questões psicossociais. E como todos estamos interessados em prever e compreender o comportamento das pessoas e seus pensamentos e sentimentos, temos nossas próprias opiniões e intuições sobre questões psicossociais. Se a disciplina de psicologia social fosse fundamentada sobre as experiências pessoais, as observações e as intuições dos que estão interessados em questões psicossociais, estaria cheia de teorias e ideias interessantes, mas também seria um poço de contradições, ambiguidades e relativismo. Em vez disso, a psicologia social é embasada no método científico.

Científico? É fácil verificar como a química é científica. Quando você mistura dois compostos específicos no laboratório, pode prever exatamente o que vai acontecer. Os compostos vão reagir de modo igual sempre que misturá-los, se as condições gerais no laboratório forem as mesmas. No entanto, o que acontece quando você mistura dois químicos – ou quaisquer duas pessoas – em um contexto social? Às vezes consegue uma grande química entre eles; outras vezes, sente apatia ou mesmo repulsa. Como, então, o comportamento social, que parece tão variável, pode ser estudado cientificamente?

Para muitos de nós do campo, esse é o grande ponto de entusiasmo e desafio da psicologia social – o fato de *ser* tão dinâmica e diversa. Além disso, apesar dessas características, a psicologia social pode – e deve – ser estudada de acordo com princípios científicos. Os psicólogos sociais desenvolvem hipóteses específicas e quantificáveis que podem ser testadas empiricamente. Se essas hipóteses estiverem erradas, pode-se provar que estão erradas. Além disso, os cientistas sociais relatam os detalhes de como conduzem seus testes para que outros possam tentar replicar suas descobertas. Eles combinam evidências que ultrapassam tempo e lugar. E de forma lenta, mas consistente, constroem uma compreensão cada vez mais precisa da natureza humana. Como os psicólogos sociais investigam cientificamente as questões psicossociais é o foco deste capítulo. Antes de explicarmos a metodologia que eles aplicam, primeiro explicamos por que é importante e, esperamos, interessante que você aprenda sobre esses assuntos.

"A frase mais emocionante de ouvir na ciência, aquela que anuncia novas descobertas, não é 'Eureka!' (Eu achei!), Mas 'Isso é engraçado....'"

– Isaac Asimov

2-1 Por que você deve aprender sobre métodos de pesquisa?

Um benefício importante para aprender sobre métodos de pesquisa é que pode fazê-lo consumir informações de modo distinto e refinado. O treinamento em métodos de pesquisa em psicologia pode melhorar seu raciocínio sobre eventos e problemas da vida real (Bensley et al., 2010; Betancur et al., 2019; Lehman et al., 1988; Vander-Stoep e Shaughnessy, 1997). Somos constantemente bombardeados com "fatos" em noticiários e mídias sociais, com discursos de vendas e de outras pessoas. Muitas dessas informações acabam sendo incorretas ou, na melhor das hipóteses, muito simplificadas e enganosas. Recebemos informações sobre os benefícios para a saúde de comer certos tipos de alimentos, de preparatórios que ajudam a atingir a pontuação no vestibular para ingressar em determinados cursos, sobre o *status* que dirigir certo tipo de carro ou usar determinado tipo de sapato. Para cada uma dessas afirmações, devemos dizer: "Prove". Qual é a evidência? Que explicações alternativas podem haver?

Por exemplo, um comercial transmite que a maioria dos médicos prefere determinada marca de aspirina. Então, devemos comprar essa marca? Pense com o que foi comparado. Talvez os médicos não preferissem essa marca de aspirina mais do que outras (e mais baratas), mas foram solicitados a comparar essa marca de aspirina com vários produtos que não continham aspirina para determinado problema. Nesse caso, os médicos teriam preferido *qualquer* marca de aspirina em vez de produtos sem aspirina para tal uso. Pensar como um cientista ao ler este texto fomentará uma dúvida saudável em relação a afirmações como essas. Você estará em uma posição melhor para avaliar criticamente as informações às quais está exposto e separar o fato da ficção.

Em nosso cotidiano somos bombardeados por informações, como nas inúmeras propagandas destinadas a nos persuadir a comprar determinados produtos ou a adotar certas opiniões ou atitudes. Aprender os métodos usados nas pesquisas em psicologia social pode ajudar os alunos a se tornar consumidores mais sofisticados dessas informações.

Mais imediatamente, aprender sobre os métodos de pesquisa deve ajudá-lo a entender melhor as descobertas de pesquisa relatadas no restante deste livro, o que, por sua vez, o ajudará nos testes e nos cursos subsequentes. Se você simplesmente ler uma lista de descobertas psicossociais sem conhecer e compreender as evidências que os pesquisadores produziram para apoiar as descobertas, perceberá mais tarde que a tarefa de diferenciar quais foram as descobertas reais e quais apenas parecem plausíveis pode ser difícil. Ser capaz de compreender e, portanto, lembrar as evidências de pesquisa nas quais os princípios da psicologia social se baseiam, deve permitir uma compreensão mais profunda do material.

2-2 Desenvolvendo ideias: iniciando o processo de pesquisa

O processo de pesquisa envolve propor ideias, refiná-las, testá-las e interpretar o significado dos resultados obtidos. Esta seção descreve o primeiro estágio da pesquisa – propor ideias. Também discute o papel das hipóteses e teorias e da pesquisa básica e aplicada.

2-2a Obtendo ideias e descobrindo o que foi feito

Todo estudo de psicologia social inicia-se com uma indagação. E as perguntas surgem de toda parte. Conforme discutido no Capítulo 1, um dos primeiros experimentos de psicologia social publicados originou-se com base na questão "Por que ciclistas correm mais rápido na presença de outros ciclistas?" (Triplett, 1897-1898). Ou considere um exemplo muito mais recente – o psicólogo social Dylan Selterman tem conduzido estudos fascinantes que examinam a conexão entre os sonhos das pessoas sobre parceiros românticos e seus padrões reais de emoções e comportamentos em relacionamentos pessoais (Selterman et al., 2012, 2014). De onde surgiu essa ideia? Selterman se inspirou, em parte, pelos sonhos que algumas de suas ex-namoradas contaram a ele!

> "A educação não é como encher um balde, mas acender um fogo."
> – William Butler Yeats

As perguntas podem surgir de diversas origens: de algo trágico, como um polêmico tiroteio interracial contra um homem desarmado; de algo desconcertante, como por que homens são menos propensos a pedir ajuda que mulheres; de algo divertido, como a letra de uma música *country* sugerindo que clientes em um bar parecem mais atraentes à medida que a hora de fechamento se aproxima (Eberhardt, 2019; Pennebaker et al., 1979; Rosette et al., 2015).

As ideias também surgem da leitura sobre pesquisas já feitas. As mais importantes não apenas respondem a algumas questões urgentes, mas também levantam novos questionamentos, inspirando pesquisas adicionais. A maneira mais confiável de obter ideias para novas pesquisas, portanto, é ler sobre as já publicadas. Mesmo se você já tiver uma ideia, vai precisar pesquisar a literatura da psicologia social para encontrar o que já foi publicado a respeito. Como você encontra esses estudos publicados? Livros-texto como este oferecem um bom ponto de partida. Você também pode encontrar informações sobre muitas descobertas de estudos pesquisando na internet, é claro, mas o resultado de pesquisas on-line podem variar enormemente em relevância, qualidade e precisão das informações apresentadas. Em vez disso, os acadêmicos da área contam com bancos de dados eletrônicos de pesquisas publicadas, normalmente disponíveis por meio de sistemas de bibliotecas de faculdades ou universidades. Algumas dessas bases de dados, como PsycINFO, são específicas para a literatura psicológica; outros, como o Google Scholar, são mais gerais. Esses bancos de dados permitem pesquisar instantaneamente um grande número de artigos e livros publicados.

> "A moeda da ciência não é a verdade, mas a dúvida."
> – Dennis Overbye

2-2b Hipóteses e teorias

A ideia inicial para uma pesquisa pode ser tão vaga que equivale a pouco mais que um palpite ou uma suposição fundamentada. Algumas ideias desaparecem com o nascer do dia. Porém outras podem ganhar a forma de uma **hipótese** – uma previsão explícita e testável sobre as condições nas quais um evento ocorrerá. Com base na observação, na teoria existente ou em descobertas de pesquisas anteriores, pode-se testar uma hipótese como "Os adolescentes têm maior probabilidade de ser agressivos com os outros logo após jogar um videogame violento por uma hora do que se tivessem jogado um videogame não violento pelo mesmo período". Essa é uma previsão específica e pode ser testada empiricamente. Formular uma hipótese é um passo crítico para planejar e conduzir pesquisas. Permite-nos passar dos domínios do senso comum para os rigores do método científico.

À medida que as hipóteses se proliferam e os dados são coletados para testá-las, podemos chegar a uma etapa mais avançada no processo de pesquisa: a proposta de uma **teoria** – um conjunto organizado de princípios usados para explicar os fenômenos observados. Os psicólogos sociais aspiram a fazer mais do que apenas reunir uma lista de descobertas. O objetivo é explicar esses achados, articular as conexões entre as variáveis que são estudadas e, assim, prever e compreender mais completamente nossos mundos sociais.

---

hipótese Previsão testável sobre as condições nas quais um evento ocorrerá.

teoria Conjunto organizado de princípios usados para explicar fenômenos observados.

Em condições iguais, as melhores teorias são eficientes e precisas, abrangem todas as informações relevantes e levam a novas hipóteses, pesquisas adicionais e melhor compreensão. Boas teorias psicossociais inspiram pesquisas subsequentes destinadas a testar vários aspectos das teorias e as hipóteses específicas que derivam delas. Quer seja verdadeira ou não, uma teoria tem pouco valor se não puder ser testada.

> *"Dê às pessoas fatos e você alimentará suas mentes por uma hora. Desperte a curiosidade e elas alimentarão suas próprias mentes para o resto da vida."*
> – Ian Russell

Uma teoria pode fornecer ao campo uma contribuição importante mesmo se estiver incorreta. A pesquisa que esta inspira pode ser mais valiosa que a própria teoria em si, pois os resultados lançam luz sobre novas verdades que poderiam não ter sido descobertas sem as direções sugeridas pela teoria inicial. Na verdade, os melhores teóricos querem que suas ideias sejam debatidas – e até mesmo postas em dúvida – para inspirar outros no campo a colocar suas ideias à prova. O objetivo é que essas teorias evoluam e se tornem cada vez mais precisas e completas.

2-2c Pesquisa básica e aplicada

Testar uma teoria é o propósito da pesquisa em psicologia social? Para alguns pesquisadores, sim. A **pesquisa básica** visa aumentar nossa compreensão do comportamento humano e geralmente é projetada para testar determinada hipótese de uma teoria. A **pesquisa aplicada** se concentra mais especificamente em produzir aplicações para o mundo e contribuir para a solução de problemas sociais.

Apesar de suas diferenças, a pesquisa básica e a aplicada estão intimamente ligadas à psicologia social. Alguns pesquisadores alternam entre os dois tipos – hoje pesquisa básica, amanhã aplicada. Alguns estudos testam uma teoria e examinam um fenômeno do mundo real simultaneamente. Por exemplo, Carol Dweck e colegas testaram hipóteses específicas sobre como as crenças das pessoas sobre o potencial de crescimento podem afetá-las, enquanto o mesmo trabalho também se esforça para resolver problemas sociais importantes, como o abandono escolar ou a sub-representação das mulheres na matemática e na ciência (Dweck, 2019; Rattan e Dweck, 2018). Pioneiro em ambas as abordagens, básicas e aplicadas, Kurt Lewin (1951) deu o tom quando incentivou os pesquisadores básicos a se preocuparem com problemas sociais complexos e instou os pesquisadores aplicados a reconhecer que "não há nada tão prático quanto uma boa teoria".

> *"Uma estreita cooperação entre a psicologia teórica e a aplicada pode ser alcançada... se o teórico não olhar para os problemas aplicados com aversão intelectual ou com medo dos problemas sociais, e se o profissional da psicologia aplicada perceber que não há nada tão prático quanto uma boa teoria."*
> – Kurt Lewin

2-3 Refinando ideias: definindo e medindo variáveis psicossociais

Para testar suas hipóteses, os pesquisadores sempre devem decidir como serão definidas e medidas as variáveis nas quais estão interessados. Às vezes, esse é um processo direto. Por exemplo, se você estiver interessado em comparar a velocidade com que pessoas realizam uma corrida de 100 metros quando estão sozinhas e quando estão em uma competição, basta ter um cronômetro e alguns corredores dispostos a participar. Muitas outras vezes, entretanto, o processo é menos direto. Por exemplo, imagine que você está interessado em estudar se o humor afeta a disponibilidade das pessoas em ajudar os outros. Parece simples, certo? Mas espere. Você precisa dar um passo atrás e se perguntar: "O que quero dizer com "humor"? Como eu o mediria ou manipularia? O que quero dizer com "disponibilidade em ajudar"? Você precisará definir esses conceitos e há inúmeras maneiras de fazer isso. Quais você deve escolher?

> **pesquisa básica** Pesquisa cujo objetivo é melhorar a compreensão do comportamento humano, muitas vezes testando hipóteses baseadas em uma teoria.
>
> **pesquisa aplicada** Pesquisa cujo objetivo é produzir aplicações para o mundo e contribuir para a solução de problemas sociais.

2-3a Do abstrato ao específico: variáveis conceituais e definições operacionais

Quando um pesquisador desenvolve uma hipótese pela primeira vez, as variáveis geralmente são vagas, abstratas. Estas são as *variáveis conceituais*. Exemplos de variáveis conceituais incluem preconceito, conformidade, atração, amor, pressão de grupo e ansiedade social. Para testar hipóteses específicas, devemos então transformar essas variáveis conceituais em variáveis que podem ser manipuladas ou medidas em um estudo. A forma específica como uma variável conceitual é manipulada ou medida é chamada **definição operacional** da variável. Parte do desafio e da diversão de projetar pesquisas em psicologia social é pegar uma variável conceitual abstrata, como amor ou pressão de grupo, e decidir como defini-la operacionalmente de modo a manipulá-la ou medi-la.

Imagine, por exemplo, que você queira fazer um estudo sobre os efeitos da embriaguez na agressividade. Uma de suas variáveis conceituais é o que é embriaguez. Há várias maneiras de definir essa variável operacionalmente, a maioria das quais são relativamente simples. Por exemplo, você pode definir como embriaguez quando o participante tem um nível de álcool no sangue igual ou superior a 0,10. Outra forma seria definir como embriaguez a partir do momento em que um dos participantes diz estar bêbado. Sua outra variável conceitual neste estudo é a agressividade. Medir a agressividade em experimentos é particularmente difícil por causa de questões éticas e práticas – não podemos deixar os participantes de nossos estudos atacarem uns aos outros. Os pesquisadores, portanto, podem avaliar alguns comportamentos relativamente incomuns, como levar os participantes a aplicar choques, a provocar explosões barulhentas ou até mesmo jogar molho de pimenta em outra pessoa como parte de uma tarefa específica. Frequentemente, não existe apenas uma melhor maneira de transformar uma variável abstrata (conceitual) em específica (operacional). São necessárias muitas tentativas na base da tentativa e erro.

Os pesquisadores avaliam quão bem eles manipulam e medem suas variáveis relativas à sua **validade de construto**. A validade

A partir dessa imagem, podemos supor que o menino sentado sozinho é solitário, mas como os pesquisadores definem e medem com precisão variáveis conceituais como a solidão?

definição operacional Os procedimentos específicos para adulterar ou medir uma variável conceitual.

validade de construto A extensão na qual as medidas usadas em um estudo medem as variáveis que foram projetadas para medir e as manipulações adulteram as variáveis para as quais foram pensadas.

"Clemson falando, como posso decepcioná-lo?"

Essa pessoa provavelmente teria uma pontuação baixa na escala de autoestima de Rosenberg.

de construto se refere à extensão em que (1) as manipulações em um experimento realmente manipulam as variáveis conceituais para as quais foram projetadas e em que (2) as medidas usadas em um estudo (experimental ou não) realmente medem as variáveis conceituais para as quais foram projetadas.

■ 2-3b Medindo variáveis: usando autorrelatos, observações e tecnologia

Os psicólogos sociais medem as variáveis de diversas maneiras, mas a maioria pode ser classificada em uma de duas categorias: autorrelatos e observações. Discutiremos cada um desses métodos nas próximas seções, assim como as novas possibilidades que os avanços tecnológicos oferecem aos psicólogos sociais para medir as variáveis.

O desafio de medir variáveis. Essa pode não ser a maneira mais precisa de medir altura, mas é agradável.

Autorrelatos Coletar autorrelatos – nos quais os participantes revelam seus pensamentos, sentimentos, desejos e ações – é uma técnica de medição amplamente usada em psicologia social. Os autorrelatos podem consistir em perguntas individuais ou conjuntos de perguntas que, juntas, medem uma única variável conceitual. Por exemplo, uma medida popular de autorrelato, a Escala de Autoestima de Rosenberg, consiste em um conjunto de perguntas que medem a autoestima geral dos indivíduos. Os entrevistados são questionados sobre até que ponto concordam com afirmações como "Sinto que tenho uma série de boas qualidades" e "No geral, tendo a achar que sou um fracasso". Essa escala, desenvolvida pela primeira vez por Morris Rosenberg, na década de 1960, continua a ser usada atualmente em uma diversidade de situações, em países de todo o mundo, porque muitos pesquisadores consideram que apresenta uma boa validade de construto (Alessandri et al., 2015; Hyatt et al., 2018; Kim e Moore, 2019; Westaway et al., 2015).

Os autorrelatos oferecem ao pesquisador acesso às crenças e percepções de um indivíduo. Mas eles nem sempre são precisos e podem ser enganosos. Por exemplo, o desejo de parecer bem para nós mesmos e para os outros pode influenciar a maneira como respondemos às perguntas. O que fica evidente nos resultados da pesquisa usando a **técnica do polígrafo falso** – um procedimento no qual os participantes são levados a acreditar que suas respostas serão verificadas por um infalível detector de mentiras. Quando os participantes acreditam que suas mentiras serão detectadas, eles relatam fatos sobre si mesmos com mais precisão e confirmam opiniões socialmente inaceitáveis com mais frequência. O polígrafo falso é, na verdade, uma mentira; não existe tal dispositivo infalível. Mas a crença em sua capacidade faz com que as pessoas se sintam desencorajadas a mentir (Brown e Brunell, 2017; Brunell e Fisher, 2014; Jones e Sigall, 1971; Ward e King, 2018).

Os autorrelatos também são afetados em como as perguntas são feitas, como são formuladas ou em que ordem ou contexto são apresentadas (Hauser e Schwarz, 2018). Por exemplo, embora "aquecimento global" e "mudança climática" tenham o mesmo significado para a maioria dos norte-americanos, Jonathon Schuldt e outros (2015) descobriram que republicanos (mas não democratas) entrevistados em uma pesquisa nos Estados Unidos eram muito menos propensos a declarar acreditar no problema se este fosse apresentado como "aquecimento global" em vez de "mudança climática". Em outro estudo, a crença dos participantes conservadores nas mudanças climáticas aumentava se eles *antes* tivessem respondido a perguntas sobre a credibilidade da ciência em campos como a medicina e a física (Gehlbach et al., 2019). Erika Hall et al. (2015) descobriram que os participantes

> **técnica do polígrafo falso** Um procedimento no qual os participantes da pesquisa são (falsamente) levados a acreditar que suas respostas serão verificadas por um detector de mentiras infalível.

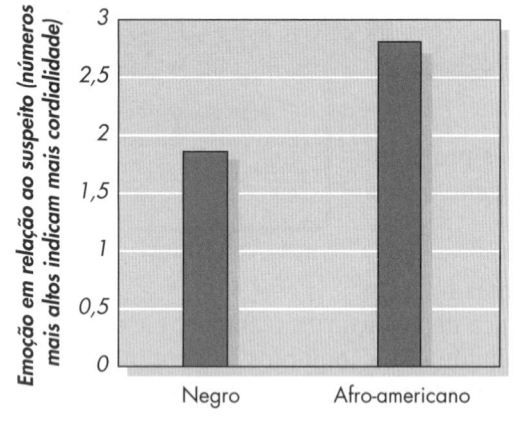

• FIGURA 2.1

"Negro" vs. "Afro-americano": O que há em um nome?

Embora a maioria dos norte-americanos pense em "negro" e "afro-americano" como a mesma coisa ao identificar a etnia de alguém, um experimento de 2015 constatou que participantes norte-americanos brancos relataram mais reações negativas a um suspeito de crime se o indivíduo fosse identificado como negro em vez de afro-americano.
Baseado em Hall et al. (2015).

tinham mais sentimentos negativos em relação a um suspeito de crime se o homem fosse identificado como "negro" em vez de "afro-americano" (ver • Figura 2.1).

Essas mudanças sutis na maneira como as perguntas são feitas e contextualizadas podem ter implicações significativas. Por exemplo, considere um estudo no qual os participantes foram questionados sobre a eficácia de preservativos contra a Aids. Quando foram informados de que os preservativos tinham uma "taxa de sucesso de 95%", a grande maioria (88%) dos entrevistados relatou que os preservativos eram eficazes. No entanto, quando foram informados de que os preservativos tinham uma "taxa de falha de 5%" (o que é apenas outra maneira de dizer a mesma coisa), menos da metade (42%) dos participantes indicou que os preservativos eram eficazes (Linville et al., 1992).

Existem explicações teóricas que podem elucidar os resultados aparentemente irracionais relatados nesses estudos, mas o ponto aqui é que fatores sutis podem ter efeitos significativos nas atitudes e opiniões que as pessoas relatam.

Outra razão pela qual os autorrelatos podem ser imprecisos é que muitas vezes é pedido aos participantes que relatem pensamentos ou comportamentos do passado, e a memória é muito propensa a erros, especialmente quando o sentimento *atual* em relação a tais situações é diferente do que era no passado. Para minimizar esse problema, os psicólogos desenvolveram maneiras de reduzir o tempo que decorre entre uma experiência, de fato, e seu relato da pessoa. Por exemplo, alguns usam autorrelatos *contingentes a intervalos*, nos quais os entrevistados relatam suas experiências em intervalos regulares, geralmente uma vez por dia. Os pesquisadores também podem coletar autorrelatos de *contingentes a sinais*. Aqui, os entrevistados relatam suas experiências o mais rápido possível ao receberem o sinal para fazê-lo, geralmente por meio de uma mensagem de texto ou um aplicativo especial. Finalmente, alguns pesquisadores coletam autorrelatos *contingentes a eventos*, nos quais os entrevistados relatam um conjunto designado de eventos o mais rápido possível após sua ocorrência.

Observações Autorrelatos são apenas uma das ferramentas que os psicólogos sociais usam para medir variáveis. Outro método é observar as ações das pessoas. Às vezes, essas observações são muito simples, como quando um pesquisador observa qual item uma pessoa seleciona entre duas opções. Em outras ocasiões, entretanto, são mais elaboradas, como avaliar se alguém está agindo de maneira afetuosa ou fria em relação a outra pessoa, o que exige que se estabeleça a confiabilidade entre avaliadores. **Confiabilidade entre avaliadores** refere-se ao nível de concordância entre múltiplos observadores do mesmo comportamento. Somente quando diferentes avaliadores concordam, os dados podem ser confiáveis.

A vantagem dos métodos de observação é que eles evitam nossas lembranças, às vezes errôneas, e interpretações distorcidas de nosso comportamento. Ações podem dizer mais do que palavras. Claro, se os indivíduos sabem que estão sendo observados, seus comportamentos, assim como seus autorrelatos, podem ser influenciados pelo desejo de se apresentarem sob uma luz favorável. Portanto, os pesquisadores às vezes fazem observações de formas muito mais sutis. Por exemplo, em experimentos relativos às interações interraciais, pesquisadores podem observar o contato visual entre participantes e a distância a que se sentam para demonstrar preconceitos que não seriam revelados usando medidas mais explícitas (Goff, Steele e Davies, 2008; Todd et al., 2012).

confiabilidade entre avaliadores O grau em que diferentes observadores concordam em suas observações.

Tecnologia Os psicólogos sociais usam mais do que apenas seu olhar e ouvidos para observar seus pesquisados, é claro. Vários tipos de tecnologia são usados para medir as respostas cognitivas e fisiológicas, como tempo de reação ou frequência cardíaca, níveis de determinados hormônios e excitação sexual. A tecnologia de rastreamento ocular é usada para medir exatamente onde e por quanto tempo os participantes olham para partes específicas de um estímulo, como um rosto ou um vídeo de uma interação.

Mais recentemente, psicólogos sociais começaram a abrir uma janela para o vivo cérebro humano – felizmente, sem ter que usar um bisturi. As tecnologias que obtêm imagens cerebrais fazem milhares de combinações entre imagens do cérebro em ação. Essas imagens podem mostrar aos pesquisadores quais partes do cérebro parecem "acender" – ou mostrar aumento da atividade – em resposta a determinado estímulo ou situação. Por exemplo, embora os participantes de um estudo possam não mostrar sinais de preconceito intergrupo em seus autorrelatos ou por meio de um comportamento facilmente observável no laboratório, seus padrões de atividade cerebral podem revelar reações emocionais muito diferentes a uma imagem de alguém que se sente parte daquele grupo (Amodio, 2019; Vollberg e Cikara, 2018; Wills et al., 2020).

2-4 Ideias de teste: projetos de pesquisa

Os psicólogos sociais usam uma variedade de métodos para testar suas hipóteses e teorias de pesquisa. Embora os métodos variem, o campo geralmente enfatiza abordagens objetivas, sistemáticas e quantificáveis. Os psicólogos sociais não procuram simplesmente evidências que apoiem suas ideias; na verdade eles as testam de modo que podem provar claramente que estão erradas. Podemos dividir esses tipos de testes em três categorias: descritivos, correlacionais e experimentais.

2-4a Pesquisa descritiva: descobrindo modas e tendências

Uma maneira óbvia de testar ideias sobre as pessoas é simplesmente registrar com que frequência elas pensam, sentem ou se comportam de determinadas maneiras. O objetivo da *pesquisa descritiva* em psicologia social é, como o termo indica, descrever as pessoas e seus pensamentos, sentimentos e comportamentos. Esse método pode testar questões como as seguintes: A maioria das pessoas apoia a pena de morte? Qual a porcentagem de pessoas que, se encontrassem uma pessoa deitada na calçada, ofereceria ajuda? O que homens e mulheres dizem ser as coisas mais prováveis de deixá-los com ciúmes do parceiro? Métodos particulares de fazer pesquisas descritivas incluem observar, estudar registros de eventos e comportamentos passados e pesquisar pessoas. Discutiremos cada um desses métodos nesta seção.

"Você pode observar muito apenas assistindo."

– Yogi Berra

Estudos observacionais Acabamos de discutir o uso de observações como uma forma de medir e avaliar variáveis. Muitos psicólogos sociais usam esses métodos para testar ideias que envolvem pesquisa descritiva. Por exemplo, alguns pesquisadores obtiveram uma visão sem filtro da frequência e da gravidade do bullying entre adolescentes fazendo observações cuidadosas em praças e pátios escolares e tomando notas sobre as interações entre eles, às vezes usando câmeras e microfones ocultos (com consentimento dos pais e das escolas) (Frey et al., 2009; Hawkins et al., 2001). Outros pesquisadores usaram imagens de câmeras policiais para estudar se, ao abordar motoristas, os oficiais tratam-os de maneira diferente por causa de sua etnia (Eberhardt, 2019; Voigt et al., 2017).

Um estudo particularmente interessante envolveu jogos de basquete da National Basketball Association (NBA). Graeme Haynes e Thomas Gilovich (2010) queriam verificar com que frequência os jogadores profissionais erravam seus lances livres quando autorizados por causa de uma marcação de falta obviamente equivocada contra o outro time. Os pesquisadores estavam testando a ideia de que, quando os jogadores se beneficiam de uma decisão claramente equivocada do árbitro, eles sutilmente, mesmo sem saber, podem ser perturbados pela sensação de que receberam algo que não mereciam, o que os leva a uma maior probabilidade de errar seus lances livres.

Os jogadores profissionais de basquete são mais propensos a errar um lance livre se este for concedido por causa de uma marcação equivocada de falta pelo árbitro? Um estudo de 2010 relatado aqui tentou responder a essa pergunta.

Os pesquisadores não teriam como realizar um experimento no qual induzissem os árbitros a marcarem faltas indevidamente em jogos reais, então, assistiram a gravações de jogos da NBA. Muitos deles. Cento e dois jogos, para ser mais preciso. Marcações de faltas claramente indevidas foram identificadas e os acertos ou erros do arremessador foram anotados.

Consistente com o ditado usado por alguns atletas, "A bola não mente", os resultados indicam que a justiça foi realmente feita, especificamente no primeiro dos dois lances livres que os jogadores fizeram após a marcação indevida. Como pode ser visto na • Figura 2.2, a porcentagem de arremessos convertidos na primeira tentativa após a marcação indevida de falta foi significativamente menor que o normal. Este efeito desapareceu, entretanto, no momento do segundo arremesso.

Estudo de documentos A pesquisa documental envolve o exame de registros de eventos e comportamentos passados, como artigos de jornais, registros médicos, tuítes ou retuítes no Twitter, estatísticas esportivas, perfis em aplicativos de namoro, estatísticas criminais ou acessos em um site. Uma grande vantagem dos dados obtidos por documentos é que, como os pesquisadores estão observando o comportamento de segunda mão, eles podem ter certeza de que não influenciaram o comportamento por sua presença. Uma limitação dessa abordagem é que os registros disponíveis nem sempre são completos ou suficientemente detalhados e podem ter sido coletados de maneira não sistemática.

Dados de documentos são particularmente valiosos para examinar tendências culturais e históricas. No Capítulo 11, sobre Agressividade, por exemplo, relatamos uma série de tendências em relação à mudança nas taxas de crimes violentos nos últimos anos. Esses dados vêm de registros documentais, como registros de delegacias de polícia, o Federal Bureau of Investigation (FBI) e das Nações Unidas. Outros exemplos de pesquisa documental incluem estudos que analisaram o conteúdo da programação de TV, ou a redação de anúncios de emprego ou avaliações de desempenho para examinar se eram tendenciosos em função de estereótipos de gênero (Gaucher et al., 2011; D. G. Smith et al., 2018; Wille et al., 2018).

Questionáros Parece que ninguém na política atual espirra sem antes fazer uma pesquisa de opinião. Questionários têm se tornado cada vez mais populares nos últimos anos e são realizados, sobretudo, desde política a atitudes sobre questões sociais e percentuais de pessoas que acham que a melhor cura para os soluços é beber um copo d'água ou prender a respiração. (Ok, vamos contar para você: de acordo com uma pesquisa de maio de 2012 no Yahoo.com, com quase 60 mil respostas, 52% dizem beber água, 37% dizem prender a respiração – e 12% dizem tomar um susto.) Realizar pesquisas envolve perguntar às pessoas sobre suas atitudes, suas crenças e seus comportamentos. As pesquisas podem ser realizadas pessoalmente, por telefone, por correio ou pela internet. Muitas questões psicossociais podem ser abordadas apenas com pesquisas porque envolvem variáveis que são impossíveis ou antiéticas de observar diretamente ou manipular, como o comportamento sexual das pessoas ou seu otimismo em relação ao futuro.

Embora qualquer pessoa possa realizar um questionário (e às vezes parece que todo mundo o faz), há uma ciência para projetar, conduzir e interpretar seus resultados de forma adequada e evitar os tipos de problemas que descrevemos anteriormente neste capítulo sobre como a formulação e a ordem das perguntas podem influenciar autorrelatos.

Uma das questões mais importantes que os pesquisadores que fazem questionários enfrentam é como selecionar os participantes da pesquisa. Os pesquisadores devem primeiro identificar a *população* na qual estão interessados. Por exemplo, essa pesquisa deveria nos dar mais informações sobre as atitudes dos norte-americanos, clientes do Walmart ou sobre alunos de um curso de Introdução à Psicologia Social na Universidade X? Nessa população geral, os pesquisadores selecionam um subconjunto, ou *amostra*, de indivíduos. Para que uma pesquisa seja precisa, a amostra deve ser semelhante ou representativa da população em características importantes como idade, sexo, raça, renda, escolaridade e formação cultural. A melhor maneira de atingir essa representatividade é usar **amostragem aleatória**, um método de seleção em que todos em uma população têm chances iguais de serem selecionados para integrar a amostra. Os responsáveis por pesquisas usam procedimentos de randomização, como números distribuídos aleatoriamente, gerados por computadores, para decidir como selecionar indivíduos para suas amostras.

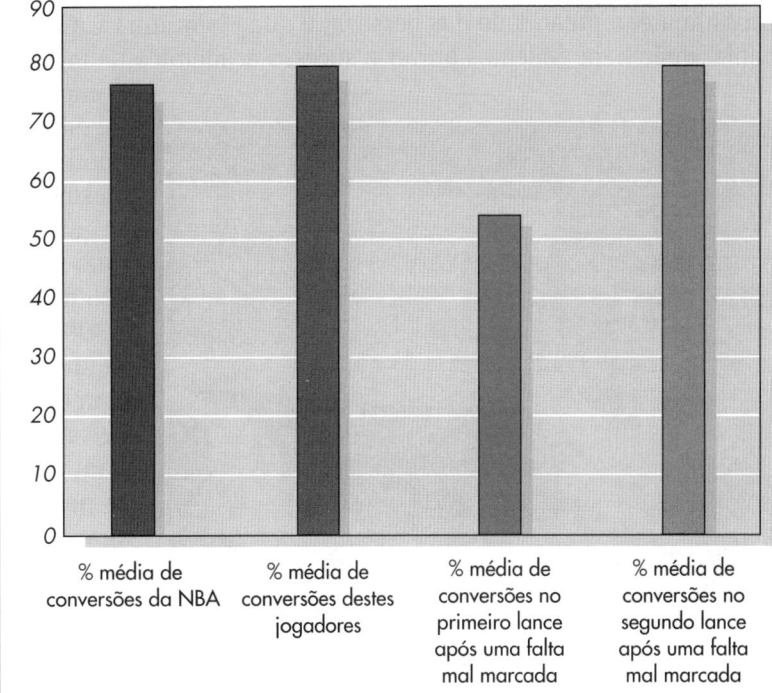

● FIGURA 2.2

Observando o basquete: a bola não mente

Este gráfico compara as taxas de sucesso de lance livre para (a) o jogador médio da NBA naquela temporada (barra esquerda), (b) a média da temporada para os jogadores incluídos no estudo (segunda barra), (c) os primeiros arremessos após uma marcação equivocada de falta (terceira barra) e (d) os segundos lances após uma falta equivocada (barra mais à direita). Como você pode ver, os jogadores tiveram resultados muito piores imediatamente após se beneficiarem de uma marcação errada.
De Haynes e Gilovich (2010).

Para ver a importância da amostragem aleatória, considere duas eleições presidenciais nos EUA (Rosnow e Rosenthal, 1993). Pouco antes da eleição de 1936, uma revista chamada *Literary Digest* previu que Alfred Landon, o governador republicano do Kansas, teria uma vitória de 14 pontos percentuais sobre Franklin Roosevelt. O *Digest* baseou sua previsão em uma pesquisa com mais de 2 milhões de norte-americanos. Na verdade, porém, Landon perdeu a eleição por 24 pontos percentuais. A revista, que estava com problemas financeiros antes da eleição, declarou falência na sequência.

Vinte anos depois, a previsão da pesquisa Gallup sobre a vitória de Dwight Eisenhower foi quase perfeita – errou por menos de 2%. O tamanho de sua amostragem? Cerca de apenas 8 mil pessoas. Como a pesquisa de 1936, com uma amostra muito maior, de 2 milhões de pessoas, obteve um resultado tão incorreto e a de 1956, tão correto? A resposta é que a amostra de 1936 não foi selecionada aleatoriamente. O *Digest* contatou as pessoas por meio de fontes como listas telefônicas e listas de sócios de clubes. Em 1936, muitas pessoas não podiam pagar para ter telefones ou pertencer a clubes. As pessoas na amostra, portanto, tendiam a ser mais ricas que grande parte da população, e as pessoas mais ricas preferiam Landon. Em 1956, de outro modo, as pesquisas Gallup selecionaram distritos eleitorais aleatoriamente em todo o país e, em seguida, domicílios aleatórios nesses distritos. Hoje, devido aos procedimentos de amostragem aprimorados, pesquisas realizadas com pouco mais de mil americanos podem ser usadas para fazer previsões precisas sobre toda a população dos Estados Unidos.

amostragem aleatória Método de seleção de participantes para um estudo de modo que todos em uma população tenham chances iguais de participar dele.

2-4b Pesquisa correlacional: procurando associações

Embora haja muito a aprender com a pesquisa descritiva, os psicólogos sociais geralmente querem saber mais. A maioria das hipóteses de pesquisa em psicologia social diz respeito à relação entre variáveis. Por exemplo, existe uma relação entre o gênero das pessoas e sua vontade de pedir ajuda a outras ou entre o quão fisicamente atraentes as pessoas são e quanto dinheiro elas ganham?

Uma maneira de testar tais hipóteses é com pesquisa correlacional. Assim como a pesquisa descritiva, a **pesquisa correlacional** pode ser conduzida usando métodos observacionais, pesquisas já realizadas ou questionário. Ao contrário da pesquisa descritiva, no entanto, as abordagens correlacionais medem a *relação* entre diferentes variáveis. A extensão em que as variáveis se relacionam entre si, ou se *correlacionam*, pode sugerir quão semelhantes ou distintas são duas medidas diferentes (por exemplo, quão relacionadas estão a autoestima e popularidade das pessoas) e quão bem uma variável pode ser usada para prever outra (por exemplo, quão bem podemos prever o sucesso acadêmico na faculdade com base nas notas do vestibular).

Na eleição presidencial de 1948 nos Estados Unidos, as pesquisas em todo o país previram que Thomas Dewey derrotaria Harry Truman por uma ampla margem. Enquanto Truman se contentava com sua vitória, os pesquisadores perceberam que suas previsões eram baseadas em amostragens não aleatórias de eleitores. A amostragem aleatória teria levado a previsões bem mais precisas.

pesquisa correlacional Pesquisa destinada a medir a associação entre variáveis que não são manipuladas pelo pesquisador.

coeficiente de correlação Medida estatística da força e da direção da associação entre duas variáveis.

É importante observar que os pesquisadores que fazem pesquisas correlacionais normalmente não manipulam as variáveis que estudam; simplesmente as medem.

Em um interessante estudo correlacional, uma equipe de pesquisadores obteve acesso a 826 milhões de tuítes (!) de pessoas em mais de 1.300 condados nos Estados Unidos. O pesquisador queria examinar a relação entre a linguagem que as pessoas usam no Twitter e os dados de saúde (de registros públicos). Eles descobriram, por exemplo, que comunidades nas quais as pessoas tendiam a tuitar usando linguagem agressiva também tendiam a ter maiores taxas de mortalidade por doenças cardíacas (Eichstaedt et al., 2015).

Coeficiente de correlação Quando os pesquisadores examinam a relação entre variáveis que modulam em quantidade (como altura ou grau de autoestima), eles podem medir a força e a direção da relação entre elas e calcular uma estatística chamada coeficiente de correlação. Os **coeficientes de correlação** podem variar de -1.0 a + 1.0. O valor absoluto do número (o número, sem o sinal positivo ou negativo) indica a força de associação entre as duas variáveis. Quanto maior o valor absoluto do número, mais forte é a associação entre as duas variáveis e, portanto, melhor uma das variáveis é como preditora da outra. O coeficiente ser positivo ou negativo indica a direção do relacionamento. Um coeficiente de correlação positivo indica que, à medida que uma variável aumenta, a outra também aumenta.

Por exemplo, as notas do vestibular se correlacionam positivamente com as notas na faculdade. A direção positiva dessa relação indica que notas mais altas no vestibular estão associadas a notas mais altas na faculdade, e que notas mais baixas no vestibular estão associadas a notas mais baixas na faculdade. Essa correlação não é perfeita; algumas pessoas com notas altas no vestibular têm notas ruins na faculdade e vice-versa. Portanto, a correlação é menor que + 1.0, mas é maior que 0 porque há alguma associação entre as duas. Um coeficiente negativo indica que as duas variáveis vão em direções opostas: à medida que uma sobe, a outra tende a cair. Por exemplo, o número de aulas perdidas e a média das notas provavelmente estão correlacionados negativamente. E uma correlação próxima de 0 indica que não há nenhum relacionamento consistente. Esses três tipos de padrões são ilustrados na ● Figura 2.3. Como poucas variáveis estão perfeitamente relacionadas entre si, a maioria dos coeficientes de correlação não se aproxima de –1,0 ou +1,0, mas têm valores mais moderados, como +0,39 ou –0,57.

Alguns estudos correlacionais envolvem uma variável que não varia em quantidade, como etnia, gênero, filiação política ou se a comida favorita de alguém é italiana, mexicana ou tailandesa. Nesse caso, os pesquisadores não podem calcular um coeficiente de correlação típico, mas, em vez disso, usam diferentes tipos de análise estatística. O mesmo ponto se aplica, porém, quando os pesquisadores podem determinar se há uma relação entre as duas variáveis.

Vantagens e desvantagens da pesquisa correlacional A pesquisa correlacional tem muitas vantagens. Pode estudar as associações de variáveis de ocorrência natural que não podem ser manipuladas ou induzidas – como etnia, idade e renda. Pode examinar fenômenos cuja criação para fins de pesquisa seria difícil ou antiética, como amor, ódio e abuso. E oferece aos pesquisadores uma grande liberdade em relação a onde as variáveis são medidas. Os participantes podem ser levados a um laboratório especialmente construído para fins de pesquisa ou podem ser abordados em um ambiente do mundo real (frequentemente chamado "o campo"), como um shopping center ou aeroporto.

Apesar dessas vantagens, a pesquisa correlacional tem uma desvantagem muito séria. E essa aqui é em negrito: **correlação não é causalidade**.

Existe correlação entre semelhanças e atração – quanto mais semelhantes duas pessoas são (em suas atitudes e personalidades), mais atraentes tendem a se achar. Porém uma correlação não pode identificar a causa dessa atração. O Capítulo 9 discutirá pesquisas correlacionais e experimentais sobre o papel da similaridade no processo de atração.

● **FIGURA 2.3**

Correlações: positivas, negativas e nulas

As correlações revelam uma associação sistemática entre duas variáveis. Correlações positivas indicam que as variáveis estão em sincronia: aumento em uma variável está associado a aumento na outra; redução, com redução. As correlações negativas indicam que as variáveis vão em direções opostas: aumento em uma variável está associado a reduções na outra. Quando duas variáveis não são sistematicamente associadas, não há correlação.

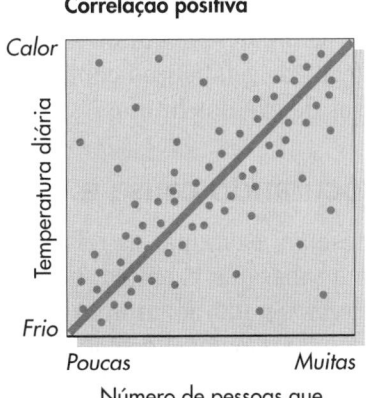
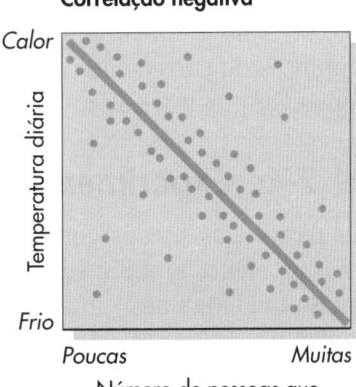
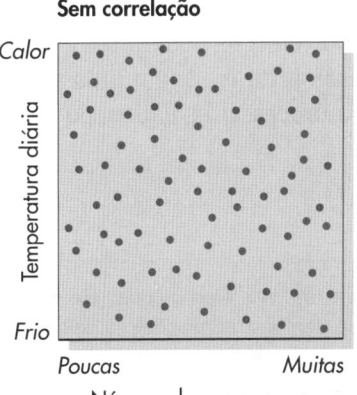

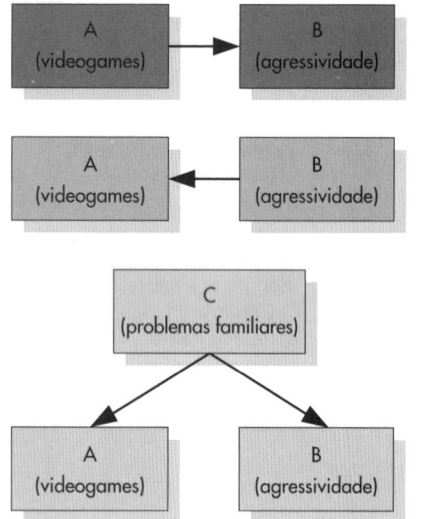

● **FIGURA 2.4**

Explicando correlações: três possibilidades

Uma correlação positiva entre a quantidade de crianças que jogam videogames violentos e a agressividade com que se comportam pode ser explicada de cada uma das seguintes maneiras:

1. Jogar videogame violento causa comportamento agressivo.
2. Crianças que se comportam de maneira agressiva gostam de jogar mais videogames violentos.
3. Crianças que têm problemas familiares, como pais que não estão muito envolvidos em seu desenvolvimento, tendem a jogar mais videogames violentos e a se comportar de forma agressiva.

Em outras palavras, uma correlação não pode demonstrar uma relação de causa e efeito. Em vez de revelar um caminho causal específico de uma variável, A, para outra variável, B, uma correlação entre as variáveis A e B contém dentro de si três possíveis efeitos causais: A pode causar B, B pode causar A, ou uma terceira variável, C, pode causar A e B. Por exemplo, imagine aprender que o número de horas por noite que uma pessoa dorme está negativamente correlacionado ao número de resfriados que a acomete. Isso significa que, à medida que a quantidade de sono aumenta, a frequência dos resfriados diminui; inversamente, à medida que o sono diminui, os resfriados se tornam mais frequentes. Uma explicação razoável para essa relação é que a falta de sono (variável A) torna as pessoas mais vulneráveis a resfriados (variável B). Outra explicação razoável, no entanto, é que as pessoas que têm resfriados não conseguem dormir bem, então resfriados (variável B) causam falta de sono (variável A). Uma terceira explicação razoável é que alguma outra variável (C) causa tanto falta de sono quanto maior frequência de resfriados. Essa terceira variável pode ser estresse. Na verdade, o estresse tem muitos efeitos sobre as pessoas, como será discutido no Capítulo 14 sobre saúde. A ● Figura 2.4 descreve outra correlação que pode ser explicada de várias maneiras – a correlação entre jogar videogame violento e agressividade.

Podemos garantir: haverá muitas, muitas vezes em sua vida em que você encontrará relatos na mídia que sugerem relações de causa e efeito com base em pesquisas correlacionais. Mesmo as fontes de notícias mais respeitáveis cometem esse erro repetidamente. Se ficar atento, poderá encontrar vários exemplos toda semana. Um dos grandes benefícios de aprender e ganhar experiência com o material deste capítulo é que você pode perceber as falhas em reportagens como essas e se tornar menos propenso a ser enganado por elas. Correlação não é causa.

Não aprendemos nada, então, com as correlações? Tal afirmação seria levar a cautela longe demais. As correlações apresentam aos pesquisadores informações sobre a força e a direção das relações entre as variáveis, ajudando-os a compreendê-las melhor e permitindo que usem uma variável para prever a outra. As correlações podem ser extremamente úteis no desenvolvimento de novas hipóteses para orientar pesquisas futuras. E reunindo grandes conjuntos de correlações e usando técnicas estatísticas complicadas para processar os dados, podemos desenvolver previsões altamente precisas de eventos futuros.

2-4c Experimentos: procurando causa e efeito

Os psicólogos sociais geralmente desejam examinar as relações de causa e efeito. Embora seja instrutivo saber, por exemplo, que jogar muitos videogames violentos está relacionado ao comportamento violento na vida real, a próxima pergunta inevitável é se jogar esses videogames *causa* um aumento no comportamento violento. Se quisermos examinar as relações de causa e efeito, precisamos conduzir um **experimento**. Os experimentos são o método mais popular de

experimento Tipo de pesquisa que pode demonstrar relações causais porque (1) o experimentador tem controle sobre os eventos que ocorrem e (2) os participantes são aleatoriamente atribuídos às condições.

testar ideias em psicologia social, e podem variar do extremamente simples ao incrivelmente elaborado. Todos eles, no entanto, compartilham duas características essenciais:

1. O pesquisador tem controle sobre os procedimentos experimentais, manipulando as variáveis de interesse e garantindo uniformidade em outros aspectos. Em outras palavras, os participantes da pesquisa no geral são tratados exatamente da mesma maneira – exceto pelas diferenças específicas que o experimentador deseja criar.
2. Os participantes no estudo são *aleatoriamente* atribuídos às diferentes manipulações (chamadas "condições") incluídas no experimento. Essa distribuição pode ser determinada jogando uma moeda ou usando um aplicativo ou programa para criar sequências numéricas aleatórias. **Atribuição aleatória** significa que os participantes são atribuídos a uma condição graças apenas ao acaso. Por meio da atribuição aleatória, o experimentador tenta garantir um nivelamento. *Em geral, os participantes atribuídos aleatoriamente a uma condição não são diferentes daqueles atribuídos a outra condição.* As diferenças que aparecem entre as condições após uma manipulação experimental podem, portanto, ser atribuídas ao impacto dessa manipulação e não a quaisquer diferenças preexistentes entre os participantes.

Por causa do controle do pesquisador e da atribuição aleatória de participantes, um experimento é uma técnica robusta para examinar causa e efeito. Ambas as características têm o mesmo objetivo: eliminar a influência de quaisquer fatores que não sejam a manipulação experimental. Ao descartar explicações alternativas para os resultados da pesquisa, ficamos mais confiantes de que entendemos exatamente o que, de fato, fez com que determinado resultado ocorresse. A ▲ Tabela 2.1 resume as diferenças entre pesquisa correlacional e experimental.

Amostragem aleatória *versus* atribuição aleatória Você deve se lembrar que mencionamos a amostragem aleatória anteriormente, em conexão com pesquisas. É importante lembrar as diferenças entre *amostragem* aleatória e *atribuição* aleatória. A amostragem aleatória diz respeito a como os indivíduos são selecionados para participar de um estudo. É importante para generalizar os resultados obtidos de uma amostra para uma população mais ampla e, portanto, é imprescindível para pesquisas de levantamento. A atribuição aleatória não se refere a quem é selecionado para estar no estudo, mas sim como os participantes do estudo são atribuídos a diferentes condições. A atribuição aleatória é essencial para experimentos porque é necessária para determinar relações de causa e efeito; sem ela, sempre há a possibilidade de que quaisquer diferenças encontradas entre as condições em um estudo tenham sido causadas por diferenças preexistentes entre os participantes. A amostragem aleatória, em contraste, não é necessária para estabelecer causalidade. Por essa razão, e porque a amostragem aleatória é difícil e cara, poucos experimentos a utilizam. Consideraremos as implicações desse fato posteriormente neste capítulo.

> **atribuição aleatória** Método de atribuir participantes às várias condições de um experimento de modo que cada um tenha iguais chances de estar em qualquer uma das condições.

Um experimento de psicologia social em debates presidenciais Por causa do importante papel que os experimentos

▲ **TABELA 2.1**

Correlações *versus* experimentos

	Pesquisa correlacional	Pesquisa experimental
O que está envolvido?	Medir variáveis e o grau de associação entre elas	Atribuição aleatória de condições e controle sobre os eventos que ocorrem
Qual é a maior vantagem de usar esse método?	Permite que os pesquisadores estudem variáveis que ocorrem naturalmente, incluindo aquelas que seriam muito difíceis ou antiéticas de manipular	Permite que os pesquisadores determinem relações de causa e efeito, ou seja, se a variável independente pode causar uma mudança na variável dependente

As pessoas gostam mais das piadas de um comediante se ouvem outras pessoas rindo? A reação do público pode influenciar nosso julgamento sobre questões muito mais importantes, como quem achamos que foi melhor em um debate presidencial? A pesquisa em psicologia social demonstra o poder desse tipo de influência social, mesmo para julgamentos muito significativos.

desempenham na psicologia social, vamos dar uma olhada nos elementos dos experimentos, concentrando-nos em um exemplo.

Enquanto assistia a um debate entre os candidatos à presidência dos Estados Unidos, um dos autores deste livro se perguntou se os aplausos, risos e piadas das pessoas no debate poderiam afetar o julgamento dos milhões de eleitores em potencial assistindo televisão. Isso levou a uma série de experimentos, incluindo um em que estudantes universitários assistiram ao vídeo de um debate presidencial em 1984 entre Ronald Reagan e Walter Mondale (Fein et al., 2007). Durante o debate, Reagan soltou duas piadas curtas que provocaram muitas risadas e aplausos da plateia. Os analistas políticos se perguntam se essas piadas podem tê-lo feito vencer o debate – e possivelmente a eleição. As piadas duraram apenas alguns segundos de um longo debate sobre as questões mais importantes do dia. Esses poucos segundos poderiam ter feito tanta diferença?

Para estudar essa questão, pedimos aos alunos que assistissem a 40 minutos do debate em três condições diferentes. Um terço dos alunos viu o debate na íntegra, sem qualquer edição. Um terço dos alunos viu uma versão editada, sem as duas piadas e a subsequente reação do público. Ao comparar essas duas condições, avaliamos se a presença ou a ausência das piadas poderia fazer uma grande diferença na impressão das pessoas sobre Reagan depois do debate. No entanto, havia também uma terceira condição. Um terço dos alunos assistiu ao debate com as frases curtas intactas, mas a reação do público foi eliminada. Ou seja, Reagan contou suas piadas, mas pareceu não haver resposta do público, e o debate continuou sem cortes.

Após assistir ao debate, os alunos julgaram o desempenho dos candidatos em uma escala que variava de 0 (*péssimo*) a 100 (*ótimo*). Como você pode ver nas duas primeiras barras na • Figura 2.5, os alunos que viram o vídeo na íntegra, sem edição, não avaliaram Reagan muito mais positivamente do que os que viram o debate sem as piadas. Isso sugere que elas não tiveram muito impacto nas percepções dos espectadores sobre o candidato. Mas olhe para a terceira barra na figura. Esta mostra que os alunos que assistiram à versão do debate com as piadas, mas sem a reação do público, classificaram Reagan de forma muito menos positiva do que qualquer um dos outros grupos. O que poderia explicar sua negatividade em relação ao desempenho de Reagan no debate? Talvez quando as piadas de Reagan pareceram não provocar reação, os alunos, sem saber, usaram essa falta de reação como um indicativo de que as tentativas de Reagan de sagacidade foram ineptas, e essa conclusão fez com que eles vissem Reagan de uma maneira muito menos positiva.

O que é interessante sobre esses resultados do ponto de vista psicossocial é que os julgamentos dos alunos foram influenciados mais pelas *reações* das outras pessoas ao que Reagan disse (se o público parecia rir ou não) do que pelo *conteúdo* do que ele disse (se as piadas foram ou não cortadas do vídeo). E é importante notar que essas "outras pessoas" não estavam na sala com os alunos; eram simplesmente sons de um vídeo gravado muitos anos antes. Descobertas como essa demonstram que o "contexto social" pode ser muito sutil e ainda assim ter efeitos muito intensos sobre nossos pensamentos, sentimentos e comportamentos.

variável independente Em um experimento, fator que os experimentadores manipulam para verificar se afeta a variável dependente.

Variáveis independentes e dependentes Agora que vimos um experimento, vamos nos concentrar em alguns dos elementos específicos. Em um experimento, os pesquisadores manipulam uma ou mais **variáveis independentes** e examinam o efeito dessas manipulações em uma ou mais **variáveis dependentes**. No experimento que acabamos de descrever, havia apenas uma variável independente: as variações do vídeo do debate, com cada participante atribuído aleatoriamente a uma das três versões. A variável dependente era composta pelas classificações de desempenho de Reagan. Essa era a variável dependente porque os pesquisadores estavam interessados em saber se as classificações *dependeriam* da (ou seja, seriam influenciadas por) manipulação da variável independente (ou seja, pela versão do debate que assistiram).

Variáveis do sujeito Alguns experimentos incluem variáveis que não são dependentes nem verdadeiramente independentes. Gênero, etnia e tendências políticas anteriores dos participantes podem variar, por exemplo, e os pesquisadores podem estar interessados em examinar algumas dessas diferenças. Essas variáveis não podem ser manipuladas e atribuídas aleatoriamente, portanto, não são verdadeiras variáveis independentes; experimentos não são influenciados pelas variáveis independentes, portanto, não são variáveis dependentes. Variáveis como essas são chamadas **variáveis do sujeito** porque caracterizam diferenças preexistentes entre os sujeitos, ou participantes, do experimento. Se um estudo inclui variáveis de sujeito, mas nenhuma variável verdadeiramente independente, atribuída aleatoriamente, este não é um experimento verdadeiro. No entanto, experimentos geralmente apresentam variáveis de sujeito com variáveis independentes para que os pesquisadores possam testar se as variáveis independentes têm os mesmos efeitos ou efeitos diferentes em diferentes tipos de participantes. Em nosso experimento do debate presidencial, por exemplo, poderíamos ter examinado se os resultados teriam variado não apenas em função de nossa variável manipulada (a versão do debate), mas também em função do gênero dos participantes. (Na verdade, nós fizemos isso, e o gênero não fez diferença.)

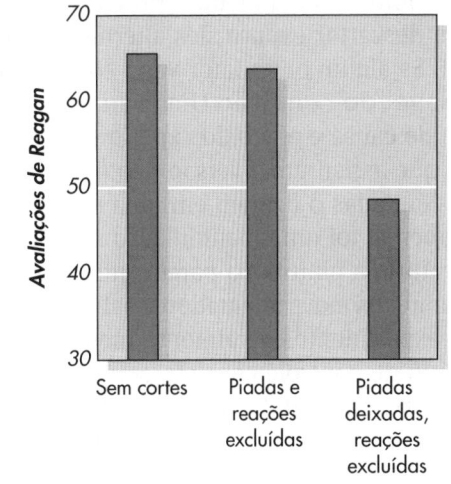

● FIGURA 2.5

Influência das reações dos outros

Os participantes desse experimento viram diferentes versões de um vídeo de um debate presidencial de 1984 entre Ronald Reagan e Walter Mondale. Durante o debate, Reagan fez duas piadas espirituosas que provocaram uma reação positiva do público. Os participantes que assistiram a uma versão não editada da fita e os participantes que viram uma versão sem as piadas ou a reação do público avaliaram o desempenho de Reagan de forma semelhante. Os participantes que assistiram a uma versão com as piadas, mas em que a reação do público foi eliminada (sugerindo que o público não achou as piadas engraçadas ou apropriadas) avaliaram Reagan de modo muito mais negativo.
Adaptado de Fein, Goethals e Kugler (2007).

Significância estatística e replicações No experimento do debate presidencial, a avaliação média de Reagan na condição não editada foi de 66 em uma escala de 0 a 100 pontos, e de 49 na condição em que as piadas apareceram, mas a reação do público foi retirada. A diferença entre 66 e 49 é grande o suficiente para ser significativa ou pode ser simplesmente devida ao acaso (ou seja, apenas variação aleatória, como jogar uma moeda 10 vezes e obter cara 6 vezes e coroa 4)? A resposta é que você não pode responder olhando apenas para os números. Os resultados obtidos em um experimento são examinados com o auxílio de análises estatísticas que permitem ao pesquisador determinar a probabilidade de os resultados terem ocorrido por acaso. A convenção padrão é que se as análises estatísticas indicam que os resultados podem ter ocorrido por acaso menos de 5 vezes em 100 resultados possíveis, então o resultado é *estatisticamente significativo* e deve ser levado a sério.

O fato de os resultados serem estatisticamente significativos não representa, entretanto, que estejam absolutamente certos. Basicamente, a significância estatística é uma atraente proposta de aposta.

variável dependente Em um experimento, fator que os experimentadores medem para verificar se é afetado pela variável independente.

variável do sujeito Variável que caracteriza diferenças preexistentes entre os participantes de um estudo.

As chances são muito boas de que os efeitos não se deram por acaso, mas ainda há uma pequena possibilidade. Este é um dos motivos pelos quais a **replicação** é tão importante – ou seja, repetir o experimento e encontrar resultados semelhantes. Se resultados semelhantes forem encontrados, a probabilidade de que esses resultados possam ter ocorrido por acaso nas duas vezes torna-se exponencialmente mais remota. A significância estatística é relevante não apenas para os resultados dos experimentos, mas também para muitos outros tipos de dados, como correlações. Uma correlação entre duas variáveis pode ser estatisticamente significativa ou não, dependendo da força da correlação e do número de participantes ou observações nos registros.

Muito recentemente, a importância de replicar os resultados de pesquisa e usar técnicas estatísticas que servem como alternativas para o foco na significância estatística têm ganho uma ênfase crescente – não apenas na psicologia, mas em muitas ciências. Voltaremos a essas questões na seção final deste capítulo.

Validade interna: a variável independente causa o efeito? Quando um experimento é conduzido de forma competente, dizemos que seus resultados têm **validade interna**: há uma certeza razoável de que a variável independente causou, de fato, os efeitos obtidos em uma variável dependente (Cook e Campbell, 1979). Como observado anteriormente, tanto o controle do experimentador quanto a atribuição aleatória buscam descartar explicações alternativas dos resultados de pesquisas, fortalecendo, assim, sua validade interna. Se algum outro fator varia consistentemente junto com a manipulação, este outro fator é chamado de **variável de confusão** Uma variável de confusão é séria ameaça à validação interna, portanto, deixa a relação de causa e efeito do experimento em dúvida. Por exemplo, no estudo do debate presidencial, se os alunos que assistiram à versão não editada do debate o fizeram em uma sala e os alunos que assistiram às versões editadas o fizeram em uma sala diferente, então isso seria uma variável de confusão. Seria impossível saber se foi uma manipulação da versão do debate ou se foi alguma diferença entre as salas (como a temperatura, a pintura na parede etc.) que causou os efeitos nas classificações de desempenho de Reagan. Felizmente, os experimentadores sabiam evitar esse problema.

Os experimentos geralmente incluem *grupos de controle* para fins de validade interna. Normalmente, um grupo de controle consiste em participantes que passam pelos diversos procedimentos, exceto o tratamento experimental. No estudo do debate, por exemplo, os participantes que assistiram ao vídeo não editado foram o grupo de controle, que forneceu uma base para comparar os julgamentos dos participantes que assistiram às outras versões.

Fora do laboratório, a criação de grupos de controle em ambientes naturais que examinam eventos da vida real levanta muitos problemas práticos e éticos. Por exemplo, pesquisadores que testam novos tratamentos médicos para doenças mortais enfrentam um dilema terrível. Os indivíduos designados aleatoriamente ao grupo de controle são excluídos durante o estudo do que poderia ser uma nova intervenção que salva vidas. No entanto, sem essa comparação, é extremamente difícil determinar quais novos tratamentos são eficazes e quais são inúteis.

Ao avaliar a validade interna, os pesquisadores também precisam considerar o próprio papel. Inconscientemente, eles podem às vezes sabotar as próprias pesquisas. Por exemplo, imagine que você é um pesquisador e sabe quais participantes estão em quais condições de seu experimento. Sem dúvida, você terá expectativas (e possivelmente até grandes esperanças) sobre como seus participantes responderão de modo distinto diante das diferentes condições. Por causa dessas expectativas, mesmo sem perceber, você pode tratar de maneira um pouco diferente os participantes em condições diversas. Acontece que mesmo diferenças muito sutis no comportamento de um experimentador podem influenciar o comportamento dos participantes (Rosenthal, 1976). Portanto, por causa desses **efeitos da expectativa do experimentador**, os resultados encontrados em seu experimento podem ser produzidos pelas próprias ações, em vez de pela variável independente.

---

replicação Repetir um estudo de pesquisa para verificar se os resultados são semelhantes aos encontrados no estudo original.

validade interna Grau em que pode haver certeza razoável de que as variáveis independentes em um experimento causaram os efeitos obtidos nas variáveis dependentes.

variável de confusão Um fator diferente da variável independente que varia entre as condições de um experimento, colocando assim em questão o que causou quaisquer efeitos na variável dependente.

efeitos da expectativa do experimentador Efeitos produzidos quando as expectativas de um experimentador sobre os resultados de um experimento afetam seu comportamento em relação a um participante e, portanto, influenciam as respostas dele.

A melhor maneira de proteger um experimento desses efeitos é manter os experimentadores desinformados sobre as atribuições de condições. É o que às vezes é chamado estudo "cego". Se os experimentadores não souberem a condição à qual um participante foi atribuído, não podem tratá-los de maneira diferente em razão dela. Claro, pode haver momentos em que manter os experimentadores desinformados é impossível ou impraticável. Nesses casos, pode-se reduzir os possíveis efeitos da expectativa do experimentador, pelo menos um pouco, minimizando a interação entre experimentadores e participantes. Por exemplo, em vez de receber instruções diretamente de um experimentador, os participantes podem ser solicitados a ler as instruções no papel ou na tela do computador.

Validade externa: os resultados podem ser generalizados? Além de cuidar da validade interna, os pesquisadores estão preocupados com a **validade externa**, até que ponto os resultados obtidos sob um conjunto de circunstâncias também ocorreriam em um conjunto diferente de circunstâncias (Berkowitz e Donnerstein, 1982). Quando um experimento tem validade externa, pode-se supor que suas descobertas sejam válidas para outras pessoas e outras situações. Tanto os participantes do experimento quanto o ambiente em que ocorre afetam a validade externa.

Para ajudar a aumentar a validade externa, psicólogos sociais adorariam conduzir seus experimentos com grandes amostras de participantes, representativas da população em geral. Normalmente, entretanto, eles devem se basear em amostras por conveniência, retiradas de populações que estão prontamente disponíveis, o que explica por que tantas pesquisas são realizadas com estudantes universitários. Existem razões muito práticas para o uso de amostras por conveniência. Amostras representativas são adequadas para pesquisas que exigem respostas curtas a uma pequena lista de perguntas. Mas e quanto a experimentos complexos e demorados? Os custos e problemas logísticos associados a isso seriam assombrosos. Os defensores das amostras por conveniência afirmam que, quanto mais básico é o princípio, menos importa quem participa da pesquisa. Por exemplo, pessoas de diferentes culturas, regiões e idades podem diferir na *forma* de agressividade que normalmente exibem quando estão com raiva, mas os fatores situacionais que fazem com que as pessoas *mais propensas* a agressão – qualquer que seja a forma como a agressividade é expressa – podem ser semelhantes para a maioria dos indivíduos em qualquer tempo e lugar. No entanto, apesar desses argumentos, o ideal é que as pesquisas tenham amostras de participantes o mais diversas e representativas quanto possível. O crescente interesse pela pesquisa intercultural neste campo é certamente um passo na direção certa.

Outro desenvolvimento promissor é o aumento da coleta de dados on-line, que permite grupos muito mais diversos de participantes. Existem vários desafios associados a essa abordagem, no entanto, como ter menos controle sobre o que os participantes estão vendo ou fazendo enquanto participam do estudo a distância. Felizmente, pesquisas recentes que testam os dados coletados por meio de um dos serviços on-line mais populares, chamado Mechanical Turk, sugerem que os dados geralmente são pelo menos tão confiáveis quanto os dados coletados por meio de métodos tradicionais e oferecem uma diversidade muito maior de participantes, embora algumas razões para cautela também tenham sido observadas (Bates e Lanza, 2013; Gosling e Mason, 2015; Sheehan, 2018; Thomas e Clifford, 2017).

Muitos indivíduos ganham dinheiro em casa participando de projetos de pesquisa on-line por meio de um serviço fornecido pela Amazon chamado Mechanical Turk. Serviços on-line como esse agora permitem que psicólogos sociais alcancem amostragens muito mais diversas de pessoas de todo o mundo em seus estudos.

validade externa Grau em que pode haver razoável confiança de que os resultados de um estudo seriam obtidos para outras pessoas e em outras situações.

A validade externa de um experimento também pode depender em parte de quão realista o estudo é para seus participantes. No entanto, o que se entende por realista não é algo tão claro como poderia se pensar. Dois tipos de realismo podem ser distinguidos: mundano *versus* experimental (Aronson e Carlsmith, 1968). **Realismo mundano** refere-se à extensão em que o ambiente de pesquisa se assemelha ao ambiente real de interesse. Para estudar a atração interpessoal, Theodore Newcomb (1961) montou um dormitório universitário completo – um exemplo notável de realismo mundano. Os defensores do realismo mundano afirmam que, se os procedimentos de pesquisa forem mais realistas, é mais provável que as descobertas revelem o que realmente está acontecendo. Em contraste, o **realismo experimental** refere-se ao grau em que o cenário e os procedimentos experimentais são reais e envolventes para o participante, independentemente de se assemelharem à vida real ou não. De acordo com aqueles que defendem o realismo experimental, se a situação experimental for convincente e real para os participantes enquanto estão participando do estudo, o comportamento deles no laboratório – mesmo que o laboratório esteja no porão do prédio de psicologia – será tão natural e espontâneo quanto seu comportamento no mundo real. A maioria dos psicólogos sociais que conduzem experimentos enfatiza o realismo experimental.

Ilusão em experimentos Pesquisadores que se esforçam para criar uma experiência altamente envolvente para os participantes geralmente se utilizam de **ilusão**, fornecendo aos participantes informações falsas sobre procedimentos experimentais. Para este fim, os psicólogos sociais às vezes empregam **confederados**, pessoas que agem como se fossem participantes do experimento, mas na verdade estão trabalhando para o experimentador. Por exemplo, na pesquisa clássica de Solomon Asch (1956) sobre conformidade, os participantes da pesquisa tinham de supor o comprimento das linhas enquanto estavam no meio de diversos confederados – que fingiam ser participantes comuns – que em vários momentos davam respostas erradas. Os pesquisadores queriam verificar se os verdadeiros participantes concordariam com os confederados e dariam a resposta obviamente errada que os confederados deram. Embora fosse um cenário muito estranho, a situação era muito real para os participantes (e, portanto, era de alto realismo experimental), e muitos dos participantes claramente lutaram com a decisão de se conformar ou não.

O uso da ilusão não apenas fortalece o realismo experimental, mas também oferece outros benefícios: permite ao experimentador criar situações no laboratório que seriam difíceis de encontrar em um ambiente natural, como um ambiente regulamentado e seguro no qual estudar um comportamento potencialmente prejudicial, como agressividade ou discriminação. Algumas pesquisas mostraram que os participantes raramente se incomodam com o uso da ilusão e, muitas vezes, gostam em particular de estudos que o utilizem (Smith e Richardson, 1983). No entanto, o uso da ilusão levanta sérias preocupações éticas, levantando o debate sobre se e como deve ser usado. Felizmente, como veremos um pouco mais adiante neste capítulo, procedimentos foram implementados para tentar garantir a integridade ética da pesquisa atualmente.

realismo mundano Grau em que a situação experimental se assemelha a lugares e eventos no mundo real.

realismo experimental Grau em que os procedimentos experimentais envolvem os participantes e os levam a se comportar de maneira natural e espontânea.

ilusão No contexto da pesquisa, um método que fornece informações falsas aos participantes.

confederado Cúmplice de um experimentador que, ao lidar com os participantes reais de um experimento, age como se também fosse um participante.

metanálise Conjunto de procedimentos estatísticos usados para revisar um corpo de evidências, combinando os resultados de estudos individuais para medir a confiabilidade geral e a força de efeitos específicos.

2-4d Metanálise: combinando resultados entre estudos

Vimos que psicólogos sociais realizam estudos descritivos, correlacionais e experimentais para testar suas hipóteses. Outro modo de testar hipóteses em psicologia social é aplicar um conjunto de procedimentos estatísticos para examinar, de uma nova forma, pesquisas relevantes já realizadas. Essa técnica é chamada **metanálise**. Ao "meta-analisar" os resultados de uma série de estudos conduzidos em diferentes lugares e por diversos pesquisadores, é possível medir precisamente quão fortes e confiáveis são os efeitos específicos. Por exemplo, estudos publicados sobre os efeitos do álcool na agressividade às vezes podem ser contraditórios. Em algumas ocasiões, o álcool aumenta a agressividade; em outras não. Combinando os dados dos estudos relevantes para essa hipótese e conduzindo uma metanálise, um pesquisador pode determinar qual efeito o álcool normalmente causa, quão forte esse efeito normalmente é, e talvez sob quais condições específicas esse efeito é mais provável de ocorrer. Essa técnica está sendo usada com frequência crescente na psicologia social atualmente, e relatamos os resultados de muitas metanálises neste livro.

2-4e Cultura e métodos de pesquisa

Ao longo deste livro, você verá exemplos de pesquisas psicossociais que examinam diferenças e semelhanças entre culturas. Uma das vantagens dessa abordagem é que fornece melhores testes da validade externa da pesquisa. Ao examinar se os resultados de um experimento podem ser generalizados para uma cultura muito diferente, os psicólogos sociais podem começar a responder a questões sobre a universalidade ou especificidade cultural de sua pesquisa. É importante ter em mente que, quando uma descoberta em uma cultura não pode ser generalizada para outra, o que não deve ser visto simplesmente como uma falha de replicação, mas, ao contrário, pode ser uma oportunidade para aprender sobre diferenças culturais importantes e potencialmente interessantes.

O ambiente das escolas pode variar dramaticamente entre as culturas. Aqui, os alunos sentam do lado de fora em uma classe em Malauí, na África.
O reconhecimento da variação cultural tornou-se cada vez mais importante na psicologia social atual, e os psicólogos sociais estão conduzindo suas pesquisas em uma gama mais ampla do que nunca de culturas e contextos.

As investigações culturais apresentam desafios especiais aos pesquisadores. Por exemplo, diferenças culturais foram encontradas no modo como as pessoas são afetadas pelo contexto das perguntas à medida que completam uma pesquisa ou sobre as suposições feitas pelos entrevistados a respeito do que os pesquisadores têm em mente para determinada questão (Schwarz et al., 2010; Uskul et al., 2013). Também pode ser difícil para os pesquisadores traduzir materiais de um idioma para outro. Embora seja relativamente fácil criar traduções literais, pode ser surpreendentemente desafiador criar traduções que tenham o mesmo significado para pessoas de várias culturas. A ▲ Tabela 2.2 apresenta exemplos – a partir de sinais exibidos em todo o mundo – do que pode dar errado quando frases simples são mal traduzidas.

Um ponto ainda mais sutil sobre a linguagem é que pessoas multilíngues podem pensar ou agir de modo diferente em virtude de qual idioma está sendo aplicado em determinado ambiente específico. Um estudo de Nairán Ramírez-Esparza e outros (2008) ilustra esse ponto. Eles descobriram que a mudança na postura amistosa em uma amostra de participantes bilíngues mexicano-americanos parecia ter – seja em um questionário de autorrelato ou em seu comportamento durante uma entrevista – variado significativamente em virtude de o estudo ser conduzido em espanhol ou em inglês.

▲ TABELA 2.2

Perdido na tradução

- "Deixe as calças aqui para obter os melhores resultados." (lavanderia a seco na Tailândia)
- "Você está convidado a aproveitar as vantagens da camareira." (hotel no Japão)
- "Senhoras não devem ter filhos no bar." (*lounge* de bar no México)
- "Faça um de nossos passeios a cavalo pela cidade – garantimos nenhum aborto." (agência de turismo na antiga Tchecoslováquia)
- "Pegamos suas malas e as enviamos em todas as direções." (companhia aérea na Dinamarca)

Fonte: Triandis (1994).

2-5 Ética, valores e novos padrões e práticas de pesquisa

Pesquisadores nos campos em geral têm a responsabilidade moral e legal de respeitar os princípios éticos. Na psicologia social, o uso de ilusão levantou preocupações éticas, como indicamos anteriormente. Além disso, diversos estudos provocaram acirrado debate questionando se os procedimentos usados em alguns experimentos ultrapassavam os limites da aceitabilidade ética. O mais famoso desses estudos controversos foi desenvolvido por Stanley Milgram no início dos anos 1960. Milgram (1963) elaborou uma série de estudos para abordar a questão "As pessoas obedeceriam a ordens para ferir alguém inocente?". Para testar essa pergunta, ele colocou voluntários em uma situação em que um experimentador ordenava que administrassem choques elétricos dolorosos em alguém que pensavam ser outro participante voluntário. (Na verdade, a outra pessoa era também da equipe de pesquisa e não estava realmente recebendo nenhum choque.) O procedimento teve um realismo experimental extremamente alto – muitos dos participantes se submeteram a grande ansiedade e estresse enquanto debatiam se deveriam desobedecer ao experimentador ou continuar a infligir dor a outra pessoa. Os detalhes e os resultados desse experimento serão discutidos no Capítulo 7 sobre Conformidade, mas basta dizer que os resultados do estudo levaram as pessoas a perceber como a obediência pode ser prevalente e poderosa.

A pesquisa de Milgram foi inspirada na obediência demonstrada por oficiais nazistas na Segunda Guerra Mundial. A importância do tema de pesquisa abordado por ele é incontestável. O que tem sido debatido, entretanto, é se a importância do tópico de pesquisa justifica a exposição dos participantes a consequências psicológicas possivelmente prejudiciais. Mesmo que ninguém nos estudos de Milgram realmente tenha recebido os choques elétricos, os participantes ficaram bastante estressados durante o estudo porque *pensaram* estar prejudicando outra pessoa até serem finalmente informados da verdade na conclusão do experimento. De acordo com as disposições atuais para a proteção de participantes humanos, os experimentos clássicos de Milgram provavelmente não poderiam ser realizados em sua forma original. (Uma interessante distorção, no entanto, é que a condução de um experimento como o de Milgram seja impossível no momento e na cultura popular atual que indivíduos sofram muito mais estresse e até mesmo humilhação em vários *realities* de TV para o entretenimento dos telespectadores.)

Vários estudos na história da psicologia social geraram debates éticos ou controvérsias, incluindo uma extraordinária investigação em que Philip Zimbardo e outros simularam um ambiente de prisão no porão do prédio do departamento de psicologia da Stanford University para estudar como pessoas comuns podem ser afetadas muito intensamente por papéis que são atribuídos a eles em um ambiente prisional (Haney et al., 1973). Esse estudo é discutido detalhadamente no Capítulo 12 sobre Direito. Embora estudos polêmicos como o de Milgram e o de Zimbardo tenham recebido maior atenção do público, hoje, praticamente os estudos de psicologia social têm seu padrão ético avaliado por outras pessoas antes de poderem ser realizados. Nas seções a seguir, descrevemos as políticas e os procedimentos atuais, bem como as preocupações já existentes há muito tempo, assim como novas questões sobre ética e valores na pesquisa em psicologia social.

2-5a Conselhos institucionais de revisão e consentimento informado

Em 1974, a agência então chamada U.S. Department of Health, Education, and Welfare (Departamento de Saúde, Educação e Bem-estar dos EUA) estabeleceu regulamentos projetados para proteger os participantes humanos nas pesquisas. Esses regulamentos criaram conselhos de revisão institucionais (*institutional review boards* – IRB) em todas as instituições que buscam financiamento federal para pesquisas envolvendo participantes humanos. Os IRB tornaram-se uma salvaguarda fundamental para pesquisas, assumindo a responsabilidade de revisar as propostas para garantir que o bem-estar dos participantes seja adequadamente protegido.[1]

Além de submeter suas pesquisas aos IRB, os pesquisadores também devem obedecer ao código de ética de sua profissão. A American Psychological Association – APA (Sociedade Americana de Psicologia), por exemplo, exige que os psicólogos sigam seus *Ethical principles of psychologists and code of conduct* (Princípios éticos de psicólogos e código de conduta) (2017), que considera uma ampla gama de questões éticas, incluindo aquelas relacionadas a procedimentos e práticas de pesquisas. O código da APA estipula que os pesquisadores são obrigados a zelar pelos direitos e pelo bem-estar dos que participam de seus estudos.

Uma prática extremamente importante é obter o **consentimento informado**. Por meio do consentimento informado, os possíveis participantes de uma pesquisa são questionados se desejam fazer parte do projeto depois de receber informações suficientes para tomar sua decisão. Os participantes também devem saber que são livres para desistir de sua participação na pesquisa a qualquer momento. O código da APA reconhece que o consentimento informado pode não ser necessário em alguns casos, como em pesquisas envolvendo apenas questionários anônimos, observações naturalísticas ou pesquisas de dados que não colocam ninguém em risco.

> Uma razão para o uso da ilusão em um experimento é para que os participantes ajam com mais naturalidade por não estarem cientes de que estão sendo estudados. Nesses casos, é especialmente importante que os pesquisadores forneçam uma devolutiva completa.

■ 2-5b Devolutiva

Assim como o consentimento informado é importante no início da maioria dos estudos, a devolutiva também é no final, especialmente se for usada a ilusão. A **devolutiva** é um processo em que os pesquisadores informam de modo geral os participantes sobre a natureza da pesquisa da qual fizeram parte. Durante uma devolutiva o pesquisador explica o que aconteceu no estudo e por quê. O pesquisador discute o propósito da pesquisa, revela o uso de quaisquer tipos de ilusão e faz todo o esforço para ajudar o participante a se sentir bem por ter participado. Uma devolutiva

"E se esses caras de jaleco branco que nos trazem comida estiverem, como que, nos estudando e fizermos parte de algum tipo de experimento importante?"

habilidosa leva tempo e requer que se dedique grande atenção aos participantes individualmente. Na verdade, conhecemos estudantes de pesquisas que ficaram tão fascinados com o que aprenderam durante uma devolutiva que passaram a se interessar pela psicologia social e, por fim, tornaram-se psicólogos sociais!

■ 2-5c Ética e consentimento on-line

Com os tremendos benefícios do mundo on-line em constante expansão, surgiu a preocupante perda de privacidade. Essa perda de privacidade abriu a janela para empresas, profissionais de marketing e pesquisadores espiarem e registrarem suas ações e assim surgiram novas questões éticas. Uma tormenta de controvérsias eclodiu no verão de 2014, por exemplo, quando cientistas que trabalham com o Facebook publicaram um artigo no qual revelaram ter realizado um experimento com quase 700 mil usuários da rede social – sem seu conhecimento – manipulando seus *feeds* de notícias e registrando como a manipulação afetava as atualizações de *status* subsequentes. Como afirma a linha de abertura de um artigo do *New York Times* sobre a polêmica: "Para o Facebook, somos todos ratos de laboratório" (Goel, 2014). Essa caracterização do Facebook assumiu um significado ainda maior quando surgiram evidências de tentativas massivas da Rússia, bem como de uma empresa de dados políticos chamada Cambridge Analytics, de usar o Facebook para interferir nas eleições presidenciais dos Estados Unidos em 2016 e para coletar dados privados de milhões de usuários da rede social (Granville, 2018; Shane e Goel, 2017).

Tecnicamente, os usuários do Facebook consentem em ser "ratos de laboratório" para os cientistas da rede social quando concordam com os termos de serviço, mas na realidade sabemos que muito poucas pessoas prestam atenção às letras miúdas quando começam a usar um novo aplicativo ou serviço. Outros gigantes da Internet, como o Google, rotineiramente manipulam e mensuram o que os usuários estão fazendo, embora normalmente o objetivo (declarado) seja melhorar a experiência do usuário ou tornar um site ou aplicativo mais popular. Questões sobre ética e consentimento informado no mundo on-line, sem dúvida, continuarão a ser enfrentadas nos próximos anos.

> **consentimento informado** Decisão deliberada e voluntária de um indivíduo de participar de uma pesquisa com base na descrição do pesquisador sobre o que será necessário durante essa participação.
>
> **devolutiva** Divulgação, feita aos participantes após a conclusão dos procedimentos da pesquisa, em que o pesquisador explica o propósito do experimento, tenta solucionar quaisquer sentimentos negativos e enfatiza a contribuição científica feita pelo envolvimento dos participantes.

2-5d Valores e ciência

Os princípios éticos são baseados em valores morais. Esses valores estabelecem padrões e impõem limites à conduta de pesquisas, mas, de outro modo, também afetam a ciência? Embora muitas pessoas considerem a ciência um padrão de objetividade completa, provavelmente jamais será totalmente imparcial e objetiva porque é um empreendimento humano. Os cientistas escolhem o que estudar e como estudar; suas escolhas são afetadas por valores pessoais e também por recompensas profissionais. Na verdade, alguns acreditam que esses valores *deveriam* alimentar a pesquisa científica e que os cientistas seriam não apenas ingênuos, mas também irresponsáveis, se tentassem deixá-los de lado. A maioria dos psicólogos sociais, entretanto, esforça-se para usar os métodos científicos descritos neste capítulo para libertar-se de seus preconceitos e, assim, constatar a realidade com mais clareza e objetividade, mesmo que sem perfeição.

2-5e Novos padrões e práticas de pesquisa

Um valor com o qual o campo no geral concorda é que os pesquisadores devem conduzir e divulgar suas pesquisas com total honestidade. Portanto, é chocante e profundamente perturbador quando um caso de fraude é revelado. No fim de 2011 um exemplo abalou o campo, quando foi descoberto que um psicólogo social holandês havia sido extremamente desonesto ao fabricar dados publicados em dezenas de estudos por cerca de uma década (Bartlett, 2011). A notícia desse escândalo, juntamente com o anúncio de alguns outros casos ou suspeita de fraude nos anos seguintes, fez com que alguns psicólogos sociais questionassem as práticas da área.

Mais perguntas surgiram quando uma equipe de pesquisadores publicou um relatório indicando que uma grande variedade de descobertas publicadas não se replicou quando os estudos foram repetidos em outros laboratórios (Open Science Collaboration, 2015). Embora alguns pesquisadores tenham argumentado que muitas dessas tentativas de replicação foram realizadas de maneira inadequada e, portanto, tinham pouco valor, outros apoiaram o trabalho (Anderson et al., 2016; Gilbert et al., 2016).

Conforme discutido no fim do Capítulo 1, essas controvérsias e discussões não se limitam de forma alguma à psicologia social, visto que estão ocorrendo em diversos outros campos das ciências. Com essa atmosfera, novos padrões e práticas de pesquisa estão sendo desenvolvidos para proteger contra esses problemas. Estes incluem exigir tamanhos de amostragem muito maiores (isto é, número de participantes) em estudos, o uso de métodos estatísticos mais avançados e precisos para testar melhor e de maneira mais justa as ideias dos pesquisadores, garantindo que estes disponibilizem seus materiais e dados para outros, e a maior ênfase em replicar as pesquisas uns dos outros. Outra ideia é o **pré-registro**, no qual os pesquisadores relatam suas previsões e planos para as análises de dados *antes* destes serem coletados, para encorajar os periódicos a publicar os resultados dos estudos pré-registrados, sem importarem que resultem os dados.

É importante notar que a forte reação da comunidade da psicologia social a essas questões é prova do quanto se preocupa com sua integridade e trabalhará diligentemente para reafirmá-la e protegê-la nos próximos anos. Essas novas práticas para garantir integridade e precisão são estimulantes, especialmente para a próxima geração de jovens psicólogos sociais que estão começando a tomar as rédeas do campo à medida que continua a crescer rapidamente em descobertas, escopo e importância.

Nestes dois primeiros capítulos, percorremos passo a passo a definição de psicologia social, revisamos sua história e discutimos seu futuro, tivemos uma visão geral de seus métodos de pesquisa e consideramos a ética, os valores e os novos desenvolvimentos relativos às práticas de pesquisa. Ao estudar o material apresentado nos próximos capítulos, nós três que escrevemos este livro o convidamos a compartilhar nosso entusiasmo. Você pode esperar informações que vão derrubar as suposições do senso comum, debates acalorados e intensos sobre pontos controversos e melhor compreensão de si mesmo e das outras pessoas. Bem-vindo ao mundo de acordo com a psicologia social. Esperamos que você goste!

> *"[Objetividade na ciência] é disposição (mesmo a ânsia de praticantes verdadeiramente honrados) de abandonar uma noção preferida quando as evidências testáveis confirmam erradas as principais expectativas."*
> – Stephen Jay Gould

pré-registro A prática de pesquisadores de relatar a estrutura de sua pesquisa, suas previsões e seus planos para as análises de dados antes de conduzir o estudo.

2-6 Revisão

Os 10 principais pontos-chave do Capítulo 2

1. As teorias em psicologia social tentam explicar e predizer fenômenos psicossociais. As melhores teorias são precisas, explicam todas as informações relevantes e geram pesquisas que podem confirmá-las ou negá-las. Devem ser revisadas e aprimoradas como resultado das pesquisas que inspiram.

2. O objetivo da pesquisa básica é aumentar a compreensão do comportamento humano; o objetivo da pesquisa empregada é produzir aplicações para o mundo e contribuir para a solução de problemas sociais.

3. Pesquisadores frequentemente devem transformar variáveis conceituais abstratas em definições operacionais específicas que indicam exatamente como as variáveis devem ser manipuladas ou medidas. A validade de construto de um estudo é até que ponto as variáveis foram bem operacionalizadas.

4. Pesquisadores usam autorrelatos, observações e tecnologia para medir variáveis.

5. A pesquisa correlacional examina a associação entre variáveis. A correlação não indica causalidade; o fato de duas variáveis estarem correlacionadas não significa necessariamente que uma causa a outra.

6. Os experimentos requerem (1) controle do experimentador sobre os eventos no estudo e (2) atribuição aleatória dos participantes às condições. Os experimentos examinam os efeitos de uma ou mais variáveis independentes em uma ou mais variáveis dependentes.

7. Os achados experimentais têm validade interna na medida em que mudanças na variável dependente podem ser atribuídas às variáveis independentes. Os resultados das pesquisas têm validade externa na medida em que podem ser generalizados para outras pessoas e outras situações.

8. A metanálise usa técnicas estatísticas para integrar os resultados quantitativos de diferentes estudos.

9. Estabelecidos pelo governo federal dos Estados Unidos, os conselhos institucionais de revisão são responsáveis por revisar as propostas de pesquisas para garantir que o bem-estar dos participantes seja adequadamente protegido.

10. Controvérsias recentes em psicologia social levaram a muitas sugestões de como o campo deve se proteger melhor contra preconceitos ou atos desonestos, intencionais ou não, para melhorar seus padrões de pesquisa e relatórios, incluindo o uso de amostragens maiores, mais ênfase na replicação, uso de diferentes análises estatísticas, compartilhamento de materiais e dados e pré-registro.

Palavras-chave

amostragem aleatória (33)
atribuição aleatória (37)
coeficiente de correlação (34)
confederado (42)
confiabilidade entre avaliadores (30)
consentimento informado (45)
definição operacional (28)
devolutiva (45)
efeitos da expectativa do experimentador (40)

experimento (36)
hipótese (26)
ilusão (42)
metanálise (42)
pesquisa aplicada (27)
pesquisa básica (27)
pesquisa correlacional (34)
pré-registro (46)
realismo experimental (42)
realismo mundano (42)

replicação (40)
técnica do polígrafo falso (29)
teoria (26)
validade de construto (28)
validade externa (41)
validade interna (40)
variável de confusão (40)
variável dependente (39)
variável do sujeito (39)
variável independente (38)

Nota da revisão técnica

1. No Brasil, o órgão responsável pela ética em pesquisas é a Comissão Nacional de Ética em Pesquisa (Conep) e os Comitês de Ética em Pesquisa das universidades brasileiras (equivalentes aos IRB norte-americanos).

O eu social

Este capítulo examina três aspectos inter-relacionados do "eu social". Primeiro, considera o conceito que as pessoas têm de si mesmas e a questão de como passam a entender quem são, suas ações, emoções e motivações. Em segundo lugar, considera a autoestima, o componente afetivo, e a questão de como as pessoas se veem e como se defendem contra ameaças à sua autoestima. Por fim, considera a autoapresentação, uma manifestação comportamental do self, e a questão de como as pessoas se apresentam umas às outras. Como veremos, o self é complexo e multifacetado.

3-1 O autoconceito | 50
- 3-1a Rudimentos do autoconceito
- 3-1b Introspecção
- 3-1c Autopercepção
- 3-1d Influências de outras pessoas
- 3-1e Memórias autobiográficas
- 3-1f A cultura e o autoconceito

3-2 Autoestima | 71
- 3-2a A necessidade de autoestima
- 3-2b Existem diferenças de gênero e etnia?
- 3-2c Teoria das discrepâncias do self
- 3-2d A "armadilha" do autoconhecimento
- 3-2e O autocontrole e seus limites
- 3-2f Processos mentais paradoxais
- 3-2g Mecanismos de autoperfeiçoamento
- 3-2h As ilusões positivas são adaptativas?
- 3-2i Cultura e autoestima

3-3 Autoapresentação | 92
- 3-3a Autoapresentação estratégica
- 3-3b Autoafirmação
- 3-3c Automonitoramento

3-4 Reflexões: o eu multifacetado | 97

3-5 Revisão | 98

Você consegue imaginar como viver uma vida que tenha significado ou seja coerente sem consciência de quem você é? Em *O homem que confundiu sua mulher com um chapéu*, o neurologista Oliver Sacks (1985) descreveu tal pessoa – um paciente chamado William Thompson. De acordo com Sacks, Thompson sofria de um distúrbio cerebral orgânico que prejudica a memória de eventos recentes. Incapaz de lembrar de nada por mais que alguns segundos, Thompson estava sempre desorientado e não tinha percepção de continuidade. O dano nesse comportamento era alarmante. Ao tentar apreender uma identidade em constante desaparecimento, Thompson construía uma história após a outra para explicar quem era, onde estava e o que estava fazendo. De um momento para o outro, ele improvisava novas identidades – um balconista de mercearia, um pastor ou um paciente médico, para citar apenas alguns exemplos. Em ambientes sociais, o comportamento de Thompson era especialmente intrigante. Como Sacks (1985) observou,

> A presença de outras pessoas, o estimula e o afeta, força-o a uma tagarelice social frenética e interminável, um verdadeiro delírio de construção e busca de identidade; a presença de plantas, um jardim tranquilo, uma ordem não humana, a ausência de exigências sociais, permite que esse delírio de identidade ceda, diminua. (p. 110)

A situação de Thompson é incomum, mas destaca dois pontos importantes – um sobre o self "interno" privado, o outro sobre o self "externo" que mostramos aos outros. Em primeiro lugar, a capacidade de autorreflexão é necessária para que as pessoas sintam que entendem seus motivos e suas emoções e as causas de seu comportamento. Incapaz de refletir sobre suas ações, Thompson parecia vazio e sem sentimento – "desolado", como disse Sacks.

Em segundo lugar, o self é fortemente influenciado por fatores sociais. Mesmo Thompson parecia compelido a interpretar papéis improvisados de acordo com quem estivesse em sua companhia. No geral, agimos desse modo – até certo ponto. Podemos não criar um caleidoscópio de múltiplas identidades como Thompson, mas o modo como nos organizamos é influenciado pelas pessoas ao nosso redor.

Este capítulo examina o ABC do self: A para *afeto*, B para *comportamento* e C para *cognição* (do inglês *affect, behavior, cognition*). Antes, fazemos uma pergunta cognitiva: como as pessoas se conhecem, desenvolvem um autoconceito e mantêm um senso de identidade estável? Depois, exploramos uma questão afetiva ou emocional: como as pessoas se avaliam, melhoram seu autoconceito e se defendem de ameaças à autoestima? Por último, encaramos uma questão comportamental: como as pessoas regulam as próprias ações e se apresentam aos outros de acordo com as demandas interpessoais? Como veremos, o self é um tópico que despertou um interesse sem precedentes entre os psicólogos sociais (Leary e Tangney, 2003; Sedikides e Spencer, 2007; Swann e Bosson, 2010; Vohs e Finkel, 2006).

Colocando o SENSO COMUM à prova

Circule sua resposta

- V   F   Os humanos são os únicos animais que se reconhecem no espelho.
- V   F   Sorrir pode fazer você se sentir mais feliz.
- V   F   Às vezes, quanto mais você tenta controlar um pensamento, sentimento ou comportamento, menor a probabilidade de sucesso.
- V   F   As pessoas às vezes sabotam seu desempenho para proteger sua autoestima.
- V   F   Alterar o comportamento em vez de manter-se coerente em diferentes situações ajuda na adaptabilidade.

3-1 O autoconceito

Você já esteve em uma festa agitada – com uma bebida em uma das mãos e um rolinho primavera em outra, relutante para conseguir conversar por causa da música alta, dos telefones vibrando e do vozerio – e ainda assim conseguiu ouvir alguém do outro lado da sala chamando seu nome? Se sim, então você experimentou o "efeito coquetel" – a tendência das pessoas de escolher um estímulo pessoalmente relevante, como o nome, em um ambiente complexo e barulhento (Cherry, 1953; Conway et al., 2001). Mesmo os bebês que são muito pequenos para andar ou falar apresentam a tendência de responder ao próprio nome (Newman, 2005). Para o psicólogo cognitivo, esse comportamento mostra que o ser humano possui atenção seletiva. Para o psicólogo social, também mostra que o self é um foco excepcional que atrai a nossa atenção.

O termo **autoconceito** refere-se à soma total de crenças que as pessoas têm sobre si mesmas. No entanto, em que especificamente fundamenta-se o autoconceito? Segundo Hazel Markus (1977), o autoconceito é composto de moléculas cognitivas que ela denominou **autoesquemas**: crenças sobre si mesmo que orientam o processamento de informações relevantes para o self.

Os autoesquemas são para o autoconceito de um indivíduo o que as hipóteses são para uma teoria ou o que os livros são para uma biblioteca. Você pode se identificar com o gênero masculino ou feminino, ser independente ou dependente, liberal ou conservador, introvertido ou extrovertido. Na verdade, qualquer atributo específico pode ter relevância para o autoconceito de algumas pessoas, mas não para outras.

O autoesquema em relação ao peso corporal é um bom exemplo. Homens e mulheres que se consideram acima ou abaixo do peso ou para os quais a imagem corporal é um aspecto claro do autoconceito são considerados *esquemáticos* em relação ao peso. Para os esquemáticos em relação ao peso corporal, uma diversidade de eventos cotidianos – talvez uma ida ao supermercado, a visão de uma modelo, o jantar em um restaurante, um dia na praia ou ver um amigo em dieta – pode desencadear pensamentos sobre o self. De outro modo, aqueles que não se importam com seu sobrepeso, que não o consideram uma parte importante de suas vidas são *não esquemáticos* nesse atributo (Markus et al., 1987).

É importante perceber que as pessoas são multifacetadas e que nosso autoconceito pode consistir em uma infinidade de autoesquemas. Como veremos em breve, assim como as pessoas que se identificam com duas culturas podem ter uma "dupla consciência" sobre quem são e ter diferentes esquemas que se adaptam a tais culturas. Os afro-americanos, por exemplo, têm um esquema próprio que se encaixa geralmente na cultura norte-americana dominante e outro vinculado mais especificamente à cultura afro-americana (Brannon et al., 2015).

3-1a Rudimentos do autoconceito

Claramente, o self é um objeto especial de nossa atenção. Esteja você mentalmente concentrado em uma memória, um tweet, um cheiro fétido, uma música em sua cabeça, em seu estômago roncando ou nessa frase, a consciência é como um "holofote". Pode iluminar apenas um objeto por vez, mas também pode mudar rapidamente de um objeto a outro e processar informações fora da consciência. Nesse holofote, o self está na frente e no centro. No entanto, o self é tão especial que é constituído exclusivamente no circuito neural do cérebro? E o self é um conceito exclusivamente humano ou outros animais também o distinguem como separado de tudo o mais?

O self está especialmente constituído no cérebro? Conforme ilustrado pela história de William Thompson que abriu este capítulo, nossa percepção de identidade tem raiz biológica. Em *The synaptic self: How our brains become who we are*, o neurocientista Joseph LeDoux (2002) argumenta que as conexões sinápticas no cérebro fornecem a base biológica para a memória, o que torna possível a sensação de continuidade, necessária para uma identidade convencional. Em *The self illusion: how the social brain creates identity*, o psicólogo do desenvolvimento Bruce Hood (2012) observa que nossa percepção de identidade emerge na infância por meio de nossas interações sociais – e que é uma mera ilusão, "uma artimanha poderosa engendrada por nossos cérebros para nosso benefício". Em *The lost self: pathologies of the brain and identity*, Todd Feinberg e Julian Keenan (2005) descrevem como o self pode ser transformado ou completamente destruído por ferimentos graves na cabeça, tumores cerebrais, doenças e exposição a substâncias tóxicas que prejudicam o cérebro e o sistema nervoso.

Os neurocientistas sociais começaram a explorar essas possibilidades. Usando PET, fMRI e outras técnicas de imagem que registram

> **autoconceito** Soma total das convicções de um indivíduo sobre seus atributos pessoais.
>
> **autoesquema** Convicção que as pessoas têm sobre si mesmas que orienta o processamento de informações relevantes a elas.

a ação do cérebro, esses pesquisadores estão descobrindo que certas áreas se tornam mais ativas quando os participantes das pesquisas veem uma imagem de si próprios em vez da imagem de outra pessoa (Platek et al., 2008), quando eles veem palavras relevantes em relação si mesmos, como seu nome ou endereço, em vez de outras palavras também relevantes (Moran et al., 2009), e quando jogam um videogame na perspectiva de primeira pessoa em vez de terceira pessoa (David et al., 2006). Como veremos ao longo deste capítulo, o self é uma referência que influencia fortemente nossos pensamentos, sentimentos e comportamentos. Nem todos os aspectos do self estão alojados em uma única estrutura do cérebro. No entanto, a maior parte das pesquisas parece sugerir que vários processos do self podem ser registrados por atividades que ocorrem em certas áreas (Qin et al., 2013).

Animais não humanos são capazes de reconhecer a si mesmos? Quando você fica na frente de um espelho, reconhece a imagem como um reflexo de si mesmo. Mas e quanto a cães, gatos e outros animais – como podemos saber o que os animais não humanos pensam sobre espelhos? Em uma série de estudos, Gordon Gallup (1977) colocou diferentes espécies em uma sala com um grande espelho. No início, eles cumprimentaram suas próprias imagens vocalizando, gesticulando e dando outras respostas sociais. Depois de vários dias, apenas os grandes primatas (chimpanzés, gorilas e orangotangos) – mas não outros animais – pareciam capazes de reconhecer a si mesmos, usando o espelho para tirar comida de seus dentes, limpar-se, soprar bolhas e fazer caretas para seu entretenimento. Ao que tudo indica, os macacos se reconheciam.

Em outros estudos, Gallup anestesiou os animais e, em seguida, aplicou uma tinta vermelha e inodora em suas sobrancelhas, levando-os novamente para diante do espelho. Ao ver a mancha vermelha, apenas os macacos tocaram espontaneamente as sobrancelhas – prova de que perceberam a imagem como deles (Keenan et al., 2003; Povinelli et al., 1997). Entre os macacos, essa forma de autorreconhecimento surge na adolescência e se mantém ao longo da vida, pelo menos até a velhice (De Veer et al., 2003). Em um teste semelhante ao da tinta vermelha (sem anestesiar os bebês), psicólogos do desenvolvimento descobriram que a maioria dos humanos começa a se reconhecer no espelho entre os 18 e os 24 meses (Lewis e Brooks-Gunn, 1979).

Muitos pesquisadores acreditam que o autorreconhecimento entre grandes primatas e bebês humanos é a primeira expressão clara do conceito do self. Pesquisas recentes sugeriram que certos não primatas inteligentes também podem se reconhecer. Em um estudo, pesquisadores de um aquário de Nova York constararam que dois golfinhos marcados com tinta preta frequentemente paravam para se examinar em

Os pesquisadores descobriram que elefantes colocados na frente do espelho de tamanho jumbo, mostrado na foto, usaram o espelho para se observar (Plotnik et al., 2006). No entanto, apenas um dos três elefantes testados mostrou o efeito – e esse elefante falhou no teste de identificação de marca em duas outras ocasiões (Gallup e Anderson, 2019). Para saber se os elefantes, assim como os seres humanos e os grandes primatas, são capazes de reconhecer a si mesmos, são necessárias mais pesquisas.

um espelho (Reiss e Marino, 2001). Em um segundo estudo, os pesquisadores descobriram que três elefantes asiáticos colocados em frente a um espelho gigantesco usaram-no para se inspecionar (Plotnik et al., 2006). Em uma análise crítica a este trabalho mais recente, Gallup e Anderson (2019) acreditam que a evidência ainda não é suficiente para declarar que outras espécies além dos humanos e de grandes primatas são capazes de reconhecer a si mesmos.

É importante não deduzir, valendo-se dessas pesquisas, que o teste do espelho seja capaz de uma avaliação total em relação ao autorreconhecimento ou que este acontece na mesma faixa etária em todo o mundo. Tanya Broesch e outros (2011) testaram crianças com idades entre 33 e 72 meses em vários países. De acordo com pesquisas anteriores, 88% das crianças norte-americanas e 77% das crianças canadenses "passaram" no teste. No entanto, os resultados foram diferentes em outras localidades: apenas 58% em Santa Lucia, 52% no Peru e 51% em Granada; apenas duas crianças passaram no Quênia e nenhuma em Fiji. Com base em suas observações, os pesquisadores especularam que os resultados não indicavam que as crianças nesses países não ocidentais não se reconhecem. Elas sabiam que a imagem no espelho era delas, mas – tendo sido educadas para obedecer e treinadas a não questionar – não ousaram tocar ou remover a marca. Qualquer que seja a interpretação, a pesquisa transcultural levanta questões sobre se o teste do espelho pode ser aplicado para medir o autoconceito (Broesch et al., 2011).

> Os humanos são os únicos animais que se reconhecem no espelho.
> **FALSO**

O que torna o self um conceito social? A capacidade de se enxergar como uma entidade distinta no mundo pode ser um primeiro passo necessário na evolução e no desenvolvimento de um autoconceito. A segunda etapa envolve fatores sociais. O sociólogo Charles Horton Cooley (1902) introduziu o termo *self-espelho* para sugerir que as outras pessoas servem como um espelho no qual nos vemos. Expandindo essa ideia, George Herbert Mead (1934) acrescentou que muitas vezes passamos a nos conhecer imaginando o que outras pessoas importantes pensam de nós e, em seguida, incorporando essas percepções em nosso autoconceito.

Dando continuidade de onde os sociólogos clássicos pararam, Susan Andersen e Serena Chen (2002) teorizaram que o self é "relacional" – que extraímos nossa percepção de quem somos de nossos relacionamentos passados e atuais com pessoas importantes em nossas vidas. É interessante que, quando Gallup testou seus macacos, aqueles que foram criados isolados – sem contato com seus semelhantes – não se reconheceram no espelho. Somente após essa interação eles começaram a mostrar sinais de autorreconhecimento. Entre os seres humanos, nosso autoconceito corresponde às nossas *percepções* do que os outros pensam de nós. Para elucidar nossa capacidade de "meta-insight", a pesquisa também mostra que as pessoas podem distinguir entre como elas se percebem – por exemplo, quão inteligentes, engraçadas ou extrovertidas – e como os outros as veem (Carlson et al., 2011). Em geral, as pessoas também podem dizer como os outros as percebem em determinado momento – embora possamos ter um ponto cego sobre o quanto somos agradáveis em uma interação específica (Sun e Vazire, 2019).

Nos últimos anos, os psicólogos sociais desbravaram novos caminhos no esforço para compreender o self social. As pessoas não nascem se achando inteligentes, preguiçosas, imprudentes, agradáveis, tímidas ou extrovertidas. Então, de onde vem seu autoconceito? Nas próximas páginas, serão abordados os seguintes temas: introspecção, percepções de nosso comportamento, outras pessoas, memórias autobiográficas e as culturas em que vivemos.

3-1b Introspecção

Vamos começar do início: como as pessoas percebem suas próprias convicções, atitudes, emoções, desejos, personalidades e motivações? Embora o senso comum faça essa pergunta parecer ridícula, muitos psicólogos sociais têm procurado responder à questão de como – e com que precisão – as pessoas conquistam o autoconhecimento (Vazire e Wilson, 2012).

Pense a respeito: Você não sabe o que pensa porque *você* pensa? E não sabe como se sente porque *você* sente? Em livros populares sobre autoconhecimento, encontrará que as respostas inequívocas a essas perguntas são sim. Quer a técnica prescrita seja ioga, meditação, psicoterapia, religião, análise de sonhos ou hipnose, o conselho é basicamente o mesmo: o autoconhecimento é derivado da introspecção, um olhar interior para os pensamentos e os sentimentos.

Se os livros estiverem corretos, é lógico que ninguém pode se conhecer tão bem quanto você mesmo. Assim, as pessoas tendem a presumir que, para que os outros possam conhecê-las, precisariam saber mais sobre seus pensamentos, sentimentos e outros estados internos – não apenas sobre seu comportamento. Mas é realmente assim? A maioria dos psicólogos sociais não garante que essa convicção na introspecção seja justificada. Quarenta anos atrás, Richard Nisbett e Timothy Wilson (1977) conduziram uma série de experimentos nos quais descobriram que os participantes frequentemente não conseguiam explicar com precisão as causas ou correlações de seus comportamentos. Essa observação forçou os pesquisadores a enfrentar uma questão polêmica: a introspecção é um canal direto para o autoconhecimento?

Em *Strangers to ourselves*, Wilson (2002) argumentou que não. Na verdade, ele descobriu que a introspecção às vezes pode nos afastar do caminho do autoconhecimento. Em uma série de estudos, ele descobriu que as atitudes que as pessoas relatavam ter sobre diferentes objetivos apresentavam uma intensa relação a seu comportamento em relação aos mesmos. Quanto mais os participantes diziam ter gostado de uma tarefa, mais tempo gastavam nela; quanto mais bonita achavam uma paisagem cênica, mais prazer era revelado em suas expressões faciais; quanto mais felizes diziam estar com um atual parceiro romântico, mais tempo durava o relacionamento. No entanto, depois que os participantes foram orientados a analisar as razões de seus sentimentos, as atitudes que relataram deixaram de corresponder à maneira como se comportavam. Existem dois problemas. O primeiro, conforme descrito por Wilson, é que os seres humanos estão mentalmente ocupados processando informações, razão pela qual tantas vezes deixamos de compreender nossos pensamentos, sentimentos e comportamentos. Aparentemente, ao pensar demais e sermos muito analíticos, podemos acabar ficando mais confusos.

Em *Self-insight: roadblocks and detours on the path to knowing thyself*, David Dunning (2005) aponta para um segundo tipo de problema na autoavaliação: as pessoas superestimam os aspectos positivos. A maioria das pessoas, em geral, pensa que é melhor que a média, embora seja estatisticamente impossível que isso aconteça. Como veremos em nossa discussão posterior sobre autoaperfeiçoamento, pessoas de todas as origens tendem a superestimar suas habilidades, suas perspectivas de sucesso, a precisão de suas opiniões e as impressões que formam dos outros – o que pode trazer consequências terríveis para a saúde e o bem-estar. Veremos também, no entanto, que muitas pessoas têm uma percepção de suas influências positivas – e às vezes negativas. Em um estudo que demonstra esse ponto, Kathryn Bollich e outros (2015) descobriram que a maioria das pessoas que nutrem autopercepções tendenciosas (por exemplo, sobre o quanto são agradáveis, confiáveis, estáveis e engraçadas em relação a como são avaliadas por seus colegas) descrevem-se como tendenciosos quando questionados.

"Olha, gata. Você já se reinventou tantas vezes que voltou a ser quem era no início."

De certa forma, nossa percepção de identidade é maleável e sujeita a mudanças.

Quando se trata de autopercepção, as pessoas têm dificuldade em se projetar e prever como se sentiriam em resposta a futuros eventos emocionais – um processo conhecido como **previsão afetiva**. Imagine que você tenha um time favorito no próximo Super Bowl. Você consegue prever o quanto você estaria feliz após a grande final se esse time vencesse? Você ficaria infeliz se perdesse? Quão feliz você

previsão afetiva O processo de prever como alguém se sentiria em resposta a eventos emocionais futuros.

ficaria seis meses depois de ganhar um milhão de dólares na loteria? Ou quanto ficaria infeliz se, em acidente de carro, você se ferisse?

Em uma série de estudos, Timothy Wilson e Daniel Gilbert (2003) pediram que os participantes previssem como se sentiriam após vários eventos positivos e negativos da vida e compararam suas previsões com o modo como outras pessoas que vivenciaram esses eventos disseram realmente ter se sentido. De forma consistente, eles e outros descobriram que as pessoas superestimam a força e a duração de suas reações emocionais, um fenômeno que chamam *viés de impacto* (Wilson e Gilbert, 2013).

Em um estudo, professores juniores previram que ser efetivado aumentaria seus níveis de felicidade por vários anos, mas professores que realmente foram efetivados não foram mais felizes nos anos seguintes do que aqueles que não o foram. Em um segundo estudo, eleitores previram que seriam mais felizes um mês depois de uma eleição caso seu candidato ganhasse. Na verdade, apoiadores dos candidatos vencedores e perdedores não difeririam em níveis de felicidade um mês após a eleição.

Há duas razões possíveis para o viés de impacto na previsão afetiva. Em primeiro lugar, quando se trata de eventos negativos na vida – como uma lesão, uma doença ou uma grande perda financeira – as pessoas não percebem até que ponto nossos mecanismos psicológicos de defesa nos ajudam a amortecer o golpe. Em face da adversidade, os seres humanos podem ser incrivelmente resilientes – e não ficar tão arrasados quanto tememos (Gilbert et al., 1998). Na verdade, as pessoas tendem a ignorar ainda mais os mecanismos de defesa que os *outros* usam. O resultado é uma diferença entre si e o outro pela qual tendemos a imaginar que os outros sofrerão ainda mais do que nós (Igou, 2008).

Uma segunda razão para superestimarmos algo é que, quando fazemos uma introspecção sobre o impacto emocional que um evento futuro terá sobre nós – digamos, o rompimento de um relacionamento íntimo –, ficamos tão focados naquele único evento que negligenciamos outras experiências de vida. Para nos tornarmos mais precisos em nossas previsões, então, devemos nos forçar a pensar de modo mais amplo sobre *todos* os eventos que nos impactam. Em uma pesquisa, os estudantes universitários foram solicitados a prever suas reações emocionais à vitória ou à derrota de um jogo importante do time de futebol da escola. Como de costume, eles tenderam a superestimar quanto tempo levariam para se recuperar da vitória ou da derrota. Esse viés desapareceu, no entanto, quando os alunos completaram pela primeira vez um "diário prospectivo" no qual estimaram a quantidade de tempo que gastariam em atividades cotidianas, como ir para a aula, conversar com amigos, estudar e comer refeições (Wilson e Ross, 2000).

■ 3-1c Autopercepção

Independentemente do que podemos aprender com a introspecção, Daryl Bem (1972) propôs que as pessoas podem aprender sobre si mesmas da mesma forma que observadores externos – observando seu comportamento. A **teoria da autopercepção** é simples, mas profunda. Na medida em que os estados internos são fracos ou difíceis de interpretar, as pessoas inferem o que pensam ou como se sentem observando os próprios comportamentos e a situação em que ocorrem. Você já se ouviu discutindo com alguém em uma troca de e-mails, e se deu conta, com espanto, do quanto estava zangado? Já devorou um sanduíche em tempo recorde e só então percebeu que devia estar com muita fome? Em cada um dos casos, você fez uma inferência sobre si mesmo observando suas ações.

Existem limites para a autopercepção, é claro. De acordo com Bem, as pessoas não inferem seus estados internos com base em comportamentos decorrentes de situações de pressão, como as que envolvem recompensa ou punição. Se você argumentou veementemente ou devorou um sanduíche porque foi pago para isso, provavelmente não presumiria que estava com raiva ou com fome. Em outras palavras, as pessoas aprendem sobre si mesmas por meio da autopercepção apenas quando a situação por si só parece insuficiente para ter causado seu comportamento.

Ao longo dos anos, pesquisas apoiam a teoria da autopercepção. Quando as pessoas são induzidas a dizer ou fazer algo e quando não têm certeza sobre como se sentem, muitas vezes passam a se ver de uma maneira compatível a suas declarações públicas e comportamentos (Chaiken e Baldwin, 1981; Kelly e Rodriguez, 2006). Em um estudo, os participantes induzidos a se descreverem destacando suas

> **teoria da autopercepção** A teoria de que, quando as pistas internas são difíceis de interpretar, as pessoas se percebem observando seu comportamento.

qualidades pontuaram mais alto em um teste posterior de autoestima que aqueles que foram levados a se descrever de forma mais modesta (Jones et al., 1981; Rhodewalt e Agustsdottir, 1986). Em outro estudo, pessoas que foram manipuladas por questões indutoras a se descreverem como introvertidas ou extrovertidas – quer realmente fossem ou não – muitas vezes passaram a se definir como tal mais tarde (Fazio e Zanna, 1981; Swann e Ely, 1984). O autor britânico E. M. Forster antecipou a teoria há muito tempo quando perguntou: "Como posso dizer o que penso até ver o que digo?".

A teoria da autopercepção pode ter ainda mais alcance do que Bem havia previsto. Bem argumentou que as pessoas às vezes aprendem sobre si mesmas observando o *próprio* comportamento espontâneo. Mas você também pode inferir algo sobre si mesmo observando o comportamento de *outra pessoa* com quem você se identifica completamente?

A teoria da introspecção e da autopercepção faz previsões diferentes sobre até que ponto as pessoas podem se conhecer. Se o autoconhecimento deriva da introspecção particular, então é claro que você se conhece melhor do que qualquer outra pessoa. Se o autoconhecimento deriva unicamente da observação de comportamentos, então deveria ser possível que outros nos conhecessem tão bem quanto nós nos conhecemos. Supondo que o autoconhecimento seja obtido de ambas as fontes, a verdade está em algum lugar entre os dois extremos. Mas espere. É possível que outras pessoas nos conheçam melhor do que nós mesmos?

Simine Vazire (2010) fez exatamente essa pergunta e deu uma resposta surpreendente. Vazire propôs um modelo chamado SOKA (do inglês *self-other knowledge asymmetry*) no qual ela prevê que nos conhecemos melhor do que os outros quando se trata de características que são "internas" e difíceis de observar (como o quanto uma pessoa é otimista, ansiosa ou irritável) e que não há diferença entre self e outro quando se trata de características que são "externas" e fáceis de observar (como quão quieta, sociável ou bagunceira). Ela também prevê que outros podem realmente nos conhecer *melhor* que nós mesmos quando se trata de características observáveis, que podem ser tão delicadas no que se refere a autoestima a ponto de criarmos pontos cegos (por exemplo, quão inteligentes, criativos ou rudes somos). Nestes últimos casos, prevê Vazire, os outros podem ser mais objetivos a respeito de nós mesmos.

Para testar essas previsões, Vazire pediu que alunos universitários avaliassem a si mesmos – e depois pediu que amigos os avaliassem – em diversos traços de personalidade. Três tipos de traços foram estudados: (1) de fácil observação (loquacidade, dominância e liderança), (2) de difícil observação e não avaliativos (autoestima e ansiedade), e (3) de difícil observação e altamente avaliativos (inteligência e criatividade). Para determinar a precisão, Vazire mediu então como os participantes se saíram em medidas objetivas dessas características usando vários exercícios de laboratório e testes escritos. Os resultados forneceram um forte suporte para o modelo SOKA. A • Figura 3.1 mostra que as autoavaliações e avaliações de amigos foram igualmente precisas para características altamente

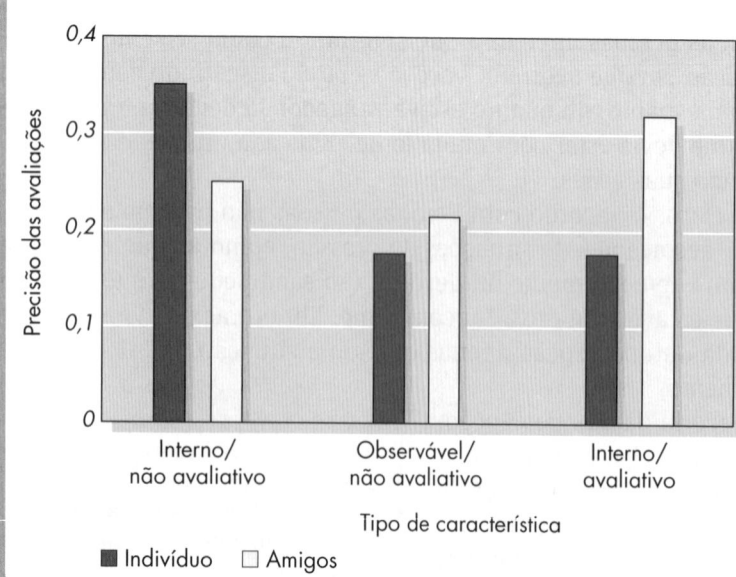

• FIGURA 3.1

O Modelo SOKA

Os participantes se autoavaliaram e foram avaliados por amigos com base em traços de personalidade para os quais fizeram vários testes objetivos. Como mostrado, as autoavaliações foram mais precisas para características internas/não avaliativas (esquerda); autoavaliações e avaliações de amigos foram igualmente precisas para características observáveis/não avaliativas (centro). Curiosamente, no entanto, as avaliações de amigos foram mais precisas para características internas/avaliativas. Apoiando o modelo SOKA, esse padrão mostra que para "conhecer a si mesmo" é preciso uma combinação de informação e objetividade.
Baseado em Vazire (2010).

observáveis, que as autoavaliações foram mais precisas para características internas não avaliativas, mas as avaliações de amigos foram mais precisas para características avaliativas internas. Fica claro, então, que se conhecer requer uma combinação entre informação e objetividade (Vazire e Carlson, 2011).

Autopercepção da emoção Contraía os cantos da boca para trás e para cima e contraia os músculos dos olhos. Ok, relaxe. Agora levante as sobrancelhas, abra bem os olhos e deixe a boca ligeiramente aberta. Relaxe. Agora puxe as sobrancelhas para baixo e junte os dentes. Relaxe. Se você seguisse essas instruções, teria parecido aos outros estar primeiro feliz, depois com medo e, finalmente, com raiva. A questão é: como você teria visto a si mesmo?

Os psicólogos sociais que estudam a emoção fizeram exatamente essa pergunta. Tendo em vista a estrutura da teoria da autopercepção, a **hipótese do *feedback* facial** afirma que mudanças na expressão facial podem desencadear mudanças correspondentes na experiência subjetiva de emoções. No primeiro teste dessa hipótese, James Laird (1974) disse aos participantes que o experimento era sobre a atividade dos músculos faciais. Depois de colocar eletrodos nos rostos deles, Laird mostrou uma série de desenhos. Antes de cada um, os participantes foram instruídos a contrair certos músculos faciais de modo a expressar um sorriso ou uma carranca. Como Laird previu, os participantes avaliaram o que viram como mais engraçado quando estavam sorrindo que quando estavam carrancudos. Sugerindo que esse efeito é universal, pesquisadores recentemente replicaram essas descobertas em Gana, na África Ocidental (Dzokoto et al., 2014).

Em um estudo de campo particularmente interessante que ilustra como nosso estado emocional pode ser influenciado por mudanças que ocorrem naturalmente na expressão facial, pesquisadores da Itália abordaram uma amostra aleatória de homens e mulheres em uma praia e pediram que relatassem por meio de um questionário quão bravos e agressivos estavam se sentindo. Alguns dos banhistas enfrentaram o sol forte enquanto respondiam à pergunta, o que provocou uma "carranca induzida pelo sol". Outros foram questionados de costas para o sol ou usando óculos escuros. Conforme previsto pela hipótese do *feedback* facial e embora os participantes tenham dito que o humor não foi afetado pela luz do sol, aqueles que franziram a testa em virtude do sol relataram níveis mais elevados de irritação que os outros (Marzoli et al., 2013).

"Eu não canto porque sou feliz. Eu sou feliz porque canto."

Conforme sugerido pela teoria da autopercepção, às vezes inferimos como nos sentimos observando nosso comportamento.

O efeito do *feedback* facial atraiu muita atenção. O impacto de variar a expressão do rosto ao relatar emoções é confiável? Com base em uma metanálise de 138 estudos, Nicholas Coles e colegas (2019) concluíram que o efeito é real, porém reduzido – e mais forte em algumas situações que em outras. A esse respeito, é importante ter em mente que, embora o *feedback* facial possa evocar e ampliar certos estados emocionais, não é *necessário* para a experiência subjetiva de emoção. Quando neuropsicólogos testaram uma jovem que sofria de paralisia facial bilateral, eles descobriram que, apesar de sua incapacidade de expressar emoção externamente, ela relatou *sentir* várias emoções em resposta a imagens positivas e negativas (Keillor et al., 2003).

Como funciona o *feedback* facial? Com 80 músculos no rosto humano, capazes de criar mais de 7 mil expressões, podemos realmente variar nossas emoções ao contraí-los e apresentar expressões diferentes? A pesquisa sugere que sim, embora não esteja claro o

hipótese do *feedback* facial A hipótese de que mudanças na expressão facial podem levar a mudanças correspondentes nas emoções.

que os resultados significam. Laird argumenta que as expressões faciais afetam a emoção por meio de um processo de autopercepção: "Se estou sorrindo, devo estar feliz". Em consonância com essa hipótese, Chris Kleinke e outros (1998) pediram que algumas pessoas imitassem as expressões faciais de felicidade ou raiva representadas em uma série de fotografias. Metade dos participantes se viu em um espelho durante a tarefa; os outros, não. Essas manipulações afetaram o estado de humor deles? Sim. Em comparação com os participantes de um grupo de controle sem expressão, aqueles que fizeram semblante feliz se sentiram melhor e aqueles que fizeram cara de zangado se sentiram pior. Conforme previsto pela teoria da autopercepção, as diferenças foram particularmente acentuadas entre os participantes que se viram no espelho.

Outros acreditam que os movimentos faciais estimulam a emoção ao produzir mudanças fisiológicas no cérebro. Por exemplo, Robert Zajonc (1993) argumentou que sorrir faz que os músculos faciais aumentem o fluxo de sangue refrigerado que vai para o cérebro, um processo que produz um estado agradável ao diminuir sua temperatura. Por outro lado, franzir a testa diminui o fluxo sanguíneo, produzindo um estado desagradável pelo aumento da temperatura.

Para demonstrar, Zajonc e seus colegas (1989) realizaram um estudo no qual pediram que os participantes repetissem certas vogais 20 vezes cada, incluindo os sons *ah*, *e*, e *u* e a vogal alemã *ü*. Nesse ínterim, as mudanças de temperatura na testa foram medidas, e os participantes relataram como se sentiram.

Como se viu, *ah* e *e* (sons que fazem as pessoas imitarem o sorriso) fizeram a temperatura da testa baixar e o humor melhorar, enquanto *u* e *ü* (sons que nos fazem apresentar uma carranca) produziram um aumento da temperatura e uma piora no humor. Em suma, as pessoas não precisam inferir como se sentem. Na verdade, as expressões faciais evocam mudanças fisiológicas que produzem uma experiência emocional.

> Sorrir pode fazer você se sentir mais feliz.
>
> **VERDADEIRO**

Autopercepção da motivação Sem perceber, o autor norte-americano Mark Twain era um teórico da autopercepção. Em *As aventuras de Tom Sawyer,* escrito no fim dos anos 1800, ele brincou: "Existem cavalheiros ricos na Inglaterra que conduzem carruagens de passeio com quatro cavalos por 20 ou 30 milhas, no verão, porque o privilégio custa uma quantia considerável; mas se lhes fosse oferecido um salário pelo serviço, que se transformaria em trabalho, então eles se demitiriam". A hipótese de Twain – de que a recompensa por uma atividade agradável pode minar o interesse por ela – parece contradizer tanto nossa intuição quanto os resultados de pesquisas da psicologia. Afinal, não somos todos motivados pela recompensa, como B. F. Skinner e outros behavioristas declararam? A resposta depende da definição de motivação.

Observador atento do comportamento humano, Twain antecipou uma distinção fundamental entre motivação intrínseca e extrínseca. A *motivação intrínseca* origina-se de fatores interiores de uma pessoa. Diz-se que as pessoas ficam intrinsecamente motivadas quando se envolvem em uma atividade em prol de seu interesse, do desafio ou por puro prazer. Fazer uma boa refeição; ouvir música; passar tempo com amigos; ou entreter-se com um livro, um filme da Netflix, um evento esportivo ou um videogame – esses são os tipos de atividades que você pode achar intrinsecamente motivadoras. Em contraste, a *motivação extrínseca* origina-se de fatores externos à pessoa. Diz-se que as pessoas são extrinsecamente motivadas quando se envolvem em uma atividade como um meio para um fim, para um benefício tangível. Pode ser ganhar dinheiro, conseguir boas notas ou algum outro tipo de reconhecimento; cumprir uma obrigação; ou evitar uma penalidade ou punição.

Claramente, as pessoas buscam recompensas. Mas o que acontece com a motivação intrínseca, uma vez que essa recompensa não está disponível?

Do ponto de vista da teoria da autopercepção, a hipótese de Twain faz sentido. Quando alguém recebe uma recompensa por algo que já gosta de

O autor norte-americano do século XIX, Mark Twain, compreendeu os efeitos da recompensa na motivação intrínseca.

fazer – seja ouvir música, jogar um jogo ou comer uma comida saborosa – esse comportamento se torna superjustificado ou super-recompensado, o que significa que pode ser atribuído tanto a motivos extrínsecos quanto intrínsecos. Ao criar ambiguidade sobre a motivação de uma pessoa, o **efeito de superjustificação** pode ter consequências indesejadas? Quando os atletas recebem milhões de dólares para praticar esporte, o dinheiro oprime o amor deles pelo jogo, fazendo que jogar pareça um trabalho? Depois de receber um pagamento, as pessoas passam a se perguntar se alguma vez valeu a pena realizar a atividade por si só?

Pesquisas mostram que, quando as pessoas começam a ser recompensadas por uma tarefa de que já gostam, às vezes perdem o interesse nela com o passar do tempo. Em uma demonstração clássica desse fenômeno, Mark Lepper et al. (1973) convidaram crianças em idade pré-escolar a brincar com canetinhas – um convite ao qual a maioria não conseguiu resistir. Ao observar quanto tempo as crianças gastaram na atividade, os pesquisadores foram capazes de medir a motivação intrínseca delas. Duas semanas depois, as crianças foram divididas em três grupos, no geral quase similares no que se refere a níveis iniciais de motivação intrínseca. Em um deles, simplesmente foi pedido que as crianças fizessem alguns desenhos com as canetinhas. No segundo, elas foram informadas de que se usassem as canetinhas, receberiam um "Prêmio de Bom Jogador", um certificado com uma estrela dourada e uma fita vermelha. A um terceiro grupo, não se ofereceu uma recompensa por desenhar, mas – como as do segundo grupo – receberam uma recompensa quando terminaram a atividade.

Cerca de uma semana depois, os professores colocaram canetinhas e papel em uma mesa da sala de aula enquanto os experimentadores observavam através de um espelho unilateral. Como nenhuma recompensa foi oferecida nessa ocasião, a quantidade de tempo livre que as crianças gastaram brincando com as canetinhas refletiu a motivação intrínseca delas. Conforme previsto, aqueles que esperavam e receberam uma recompensa por seus esforços não estavam mais tão interessados nas canetinhas quanto antes. Já as crianças que não receberam recompensa não foram afetadas adversamente, nem aquelas que receberam uma recompensa inesperada. Ao brincar com as canetinhas sem a promessa de benefícios tangíveis, essas crianças permaneceram intrinsecamente motivadas (ver ● Figura 3.2).

Paradoxalmente, foi observado que a recompensa pode diminuir em vez de aumentar a motivação intrínseca em muitos ambientes e em crianças e adultos (Deci e Ryan, 1985; Tang e Hall, 1995). Aceite dinheiro para uma atividade de lazer e, antes que você perceba, o que costumava ser "brincar" passa a se parecer mais com "trabalho". A longo prazo, esse comportamento pode ter efeitos negativos indesejados no seu desempenho.

Em uma série de estudos, Teresa Amabile (1996) e outros fizeram os participantes escreverem poemas, desenhar ou pintar quadros, fazer colagens de papel e gerar soluções criativas para dilemas de negócios. De forma consistente, eles descobriram que as pessoas são mais criativas quando se sentem interessadas e desafiadas pelo

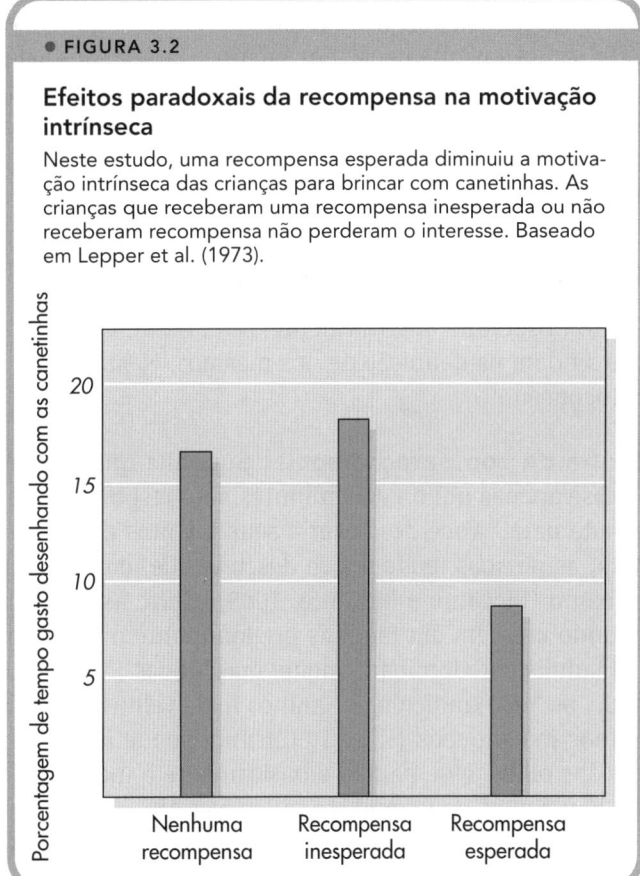

● **FIGURA 3.2**

Efeitos paradoxais da recompensa na motivação intrínseca

Neste estudo, uma recompensa esperada diminuiu a motivação intrínseca das crianças para brincar com canetinhas. As crianças que receberam uma recompensa inesperada ou não receberam recompensa não perderam o interesse. Baseado em Lepper et al. (1973).

efeito de superjustificação A tendência de a motivação intrínseca diminuir quando atividades tornam-se associadas a recompensa ou a outros fatores extrínsecos.

trabalho em si que quando se sentem pressionadas a ganhar dinheiro, cumprir obrigações, cumprir prazos, ganhar competições ou impressionar outras pessoas. Quando Amabile fez que especialistas em arte avaliassem os trabalhos de artistas profissionais, descobriu que o trabalho comissionado (arte para a qual eles foram contratados) foi considerado de qualidade inferior ao trabalho não comissionado. As pessoas tendem a ser mais criativas quando estão intrinsecamente motivadas em relação à tarefa, e não compelidas por forças externas.

Revisitando essa pesquisa, Beth Hennessey (2015) observou que "se fosse secretária de educação" concentraria-se em como aumentar a motivação *intrínseca* em sala de aula – em oposição ao uso de notas, teste, competições e outros meios *extrínsecos* de motivar os alunos.

Porém espere. Se benefícios extrínsecos servem para minar a motivação intrínseca, os professores e pais *não* devem oferecer recompensas a seus filhos? Os programas de incentivo aos funcionários que são tão frequentemente usados para motivá-los no mundo dos negócios estão condenados ao fracasso, como alguns (por exemplo, Kohn, 2018) sugeriram? Essa é uma questão complexa que depende de como a recompensa é percebida e por quem. Se uma recompensa for apresentada como um elogio verbal que seja percebido como sincero ou como um "bônus" por um desempenho superior, pode aumentar a motivação intrínseca, pois fornecem *feedback* positivo sobre a competência – como quando as pessoas ganham competições, bolsas de estudo ou um tapinha nas costas de pessoas respeitáveis (Cameron e Pierce, 1994; Cameron et al., 2005; Eisenberger e Cameron, 1996; Henderlong e Lepper, 2002).

As diferenças individuais na orientação motivacional para o trabalho também devem ser consideradas. Para pessoas intrinsecamente orientadas que dizem: "O que mais importa para mim é gostar do que faço" e "Raramente penso em salário e promoções", a recompensa pode ser desnecessária e até prejudicial (Amabile et al., 1994). No entanto, para as pessoas que estão focadas na realização de certos objetivos, incentivos como notas, pontuações, bônus, prêmios, troféus e a pura emoção da competição, como nos esportes coletivos, tendem a aumentar a motivação intrínseca (Durik e Harackiewicz, 2007; Harackiewicz e Elliot, 1993).

3-1d Influências de outras pessoas

Como observado anteriormente, a teoria de Cooley (1902) do self-espelho enfatizou que outras pessoas nos ajudam na definição de nós mesmos. Nesta seção, veremos a importância dessa proposição para nosso autoconceito.

Teoria da comparação social Suponha que um desconhecido perguntasse: "Quem é você?". Se você tivesse apenas um ou dois minutos para responder, mencionaria sua religião ou sua origem étnica? E a sua cidade natal? Você descreveria seus talentos e interesses ou gostos e desgostos? Quando essa pergunta é feita, as pessoas tendem a se descrever de maneiras que as diferenciam das demais em seu entorno mais próximo (McGuire e McGuire, 1988). Entre as crianças, os meninos são mais propensos a citar o gênero quando crescem em famílias predominantemente femininas; as meninas fazem o mesmo quando vivem em famílias predominantemente masculinas (McGuire et al., 1979). Do mesmo modo, no *campus* da faculdade, os "não tradicionais" alunos mais velhos têm mais probabilidade de citar a idade que os tradicionais alunos mais jovens (Kite, 1992). Independentemente de o atributo pessoal ser gênero, idade, altura ou cor dos olhos, esse padrão é basicamente o mesmo. A implicação é intrigante: mude o ambiente social de alguém e você pode mudar a autodescrição espontânea dessa pessoa.

Essa confiança em características distintivas na autodescrição indica que o self é "relativo", uma construção social, e que cada um de nós se define, em parte, usando como referência membros da família, amigos, conhecidos entre outros (Mussweiler e Rüter, 2003). É importante ressaltar que o self também é "maleável" de acordo com a necessidade de nos adaptarmos aos que estão a nosso redor. Em um artigo intitulado "Aproximar-se mudando o que está dentro", Stephanie Richman e seus colegas (2015) relataram uma série de estudos que mostram que, quando estudantes universitários sofrem uma experiência de exclusão social induzida – sendo excluídos de um jogo on-line para três pessoas – eles modificam como descrevem a si mesmos (por exemplo, em características como amigável, aventureiro, criativo, entusiasta, atencioso e engraçado) para se tornarem mais semelhantes a um colega que parece ser um amigo em potencial.

Nessa ocasião há a introdução da **teoria da comparação social** de Leon Festinger (1954). O autor argumentou que quando as pessoas não têm certeza de suas habilidades ou opiniões – isto é, quando as informações objetivas não estão prontamente disponíveis – avaliam-se em comparação a pessoas semelhantes. A teoria parece razoável, mas é válida? Ao longo dos anos, os psicólogos sociais testaram a teoria da comparação social, tendo como foco três questões: (1) *Quando* as pessoas recorrem a outras para obter informações comparativas? (2) Das pessoas que habitam a Terra, *com quem* escolhemos nos comparar? (3) O que *resulta* dessas comparações? (Gerber et al., 2018; Suls e Wheeler, 2000).

Como Festinger propôs, a resposta à pergunta "quando" parece ser que as pessoas se envolvem em comparações sociais quando sentem incerteza, quando meios mais objetivos de autoavaliação não estão disponíveis. Não está claro se Festinger subestimou a importância dos processos de comparação social. Algumas pesquisas sugerem que as pessoas se comparavam às outras, mesmo quando padrões mais objetivos realmente estavam disponíveis (Klein, 1997). No entanto, outra pesquisa apoia a teoria de Festinger de que as pessoas são menos influenciadas por comparações sociais quando informações objetivas estão disponíveis – por exemplo, por meio de nossas histórias pessoais de sucesso e fracasso (Steyn e Mynhardt, 2008).

A questão "com quem" também tem sido objeto de muitos estudos. A resposta parece ser que, quando avaliamos nosso gosto musical, valor no mercado de trabalho ou habilidade atlética, olhamos para outros que são semelhantes a nós de maneiras relevantes (Goethals e Darley, 1977; Wheeler et al., 1982) ou mesmo, às vezes, para outros que admiramos, uma forma de "comparação ascendente" (Gerber et al., 2018). Se você está curioso sobre seu talento para escrever, por exemplo, é mais provável que se compare a outros estudantes universitários ou mesmo aspirantes a escritor que a alunos do ensino médio. Existem exceções a essa regra, é claro. Mais adiante, neste capítulo, veremos que as pessoas às vezes lidam com falhas pessoais concentrando-se em outras que são menos capazes ou menos privilegiadas que elas.

Facebook como local de comparação social Em 2019, o Facebook – a maior rede social – tinha quase 2,5 bilhões de usuários ativos em todo o mundo. Em computadores, tablets e telefones celulares, mais de 1 bilhão de pessoas por dia fazem login em suas contas do Facebook, YouTube, Instagram, Twitter, Pinterest e outros sites. Dois tipos de uso podem ser distinguidos: uso ativo, onde as pessoas postam informações sobre si mesmas e se comunicam com outras, e uso passivo, em que as pessoas consomem informações das páginas do Facebook de outras pessoas sem fazer contato direto (Deters e Mehl, 2013; Verduyn et al., 2015).

Com as redes sociais nos permitindo ter acesso a um número incontável de pessoas, que efeito todas as oportunidades de comparação social têm em nosso autoconceito, nossas autoavaliações e nosso bem-estar geral? Olhar as páginas de outras pessoas no Facebook faz você se sentir melhor ou pior sobre si mesmo, ou depende de quais páginas você visita e como se apresentam? Há algum tempo, foi notícia nos jornais que pesquisas sugeriam um fenômeno que estava sendo chamado "Depressão do Facebook" – quanto mais tempo as pessoas passavam no Facebook, mais infelizes ficavam (Feinstein et al., 2013; Kalpidou et al., 2011; O'Keeffe e Clarke-Pearson, 2011). Imediatamente, psicólogos sociais se apressaram em alertar que essa *correlação* não deve ser interpretada como significando que o uso do Facebook causa depressão.

Há duas razões pelas quais o uso do Facebook pode prejudicar o bem-estar de uma pessoa. Em primeiro lugar, conforme previsto pela teoria da comparação social de Festinger, estudos mostraram que a ligação entre o uso do Facebook e a autoavaliação depende de com quem nos comparamos. Depois que adultos em idade universitária foram aleatoriamente designados para fazerem comparações sociais ascendentes – em oposição a descendentes – com pessoas que são altamente ativas e bem-sucedidas, passaram a se classificar de modo menos favorável (Vogel et al., 2014). Uma segunda razão possível para esse efeito negativo é que as pessoas no Facebook, como na vida em geral, tendem a se retratar de uma maneira excessivamente lisonjeira – o que aumenta a probabilidade de que as comparações sociais que fazemos não sejam pessoalmente favoráveis. Por esse motivo, a pesquisa mostra que quanto mais tempo no Facebook as pessoas passam passivamente pelas páginas de outras pessoas – em vez de interagir diretamente com elas – pior se sentem (Verduyn et al., 2015).

teoria da comparação social Teoria em que as pessoas avaliam suas habilidades e opiniões comparando-se a outras.

Teoria dos dois fatores da emoção As pessoas buscam informações de comparação social para avaliar suas competências e posições. Também recorrem a outras pessoas para determinar algo tão subjetivo quanto as próprias emoções? Em experimentos clássicos sobre afinidades, Stanley Schachter (1959) descobriu que, quando as pessoas sentiam medo ao serem levadas a acreditar que receberiam choques elétricos dolorosos, a maioria procurava a companhia de pessoas na mesma situação. Nervosos e incertos sobre como deveriam estar se sentindo, os participantes queriam se associar a outras pessoas na mesma situação, provavelmente para fins de comparação. No entanto, quando não estavam com medo e esperavam apenas choques leves ou quando os "outros" não estavam participando do mesmo experimento, os participantes preferiam ficar sozinhos. Como disse Schachter, "O sofrimento não gosta de qualquer tipo de companhia; apenas companhia sofrida" (p. 24).

Intrigado com as possibilidades, Schachter e sua equipe de pesquisa deram o próximo passo. Será que, eles se perguntaram, quando as pessoas não têm certeza de como se sentem, seu estado emocional é realmente determinado pelas reações dos outros a seu redor? Em resposta a essa pergunta, os pesquisadores propuseram que dois fatores são necessários para sentir uma emoção específica. Primeiro, a pessoa deve sentir os sintomas de excitação fisiológica – como coração disparado, transpiração, respiração rápida e aperto no estômago. Em segundo lugar, a pessoa deve fazer uma *interpretação cognitiva* para encontrar a fonte da excitação. E é aí que as pessoas a nosso redor entram: suas reações nos ajudam a interpretar nossa excitação.

Para testar essa intrigante **teoria dos dois fatores da emoção**, Schachter e Singer (1962) injetaram em voluntários do sexo masculino epinefrina, uma droga que aumenta a excitação fisiológica. Embora um grupo tenha sido avisado sobre os efeitos da droga, um segundo grupo não foi. Membros de um terceiro grupo foram injetados com um placebo inofensivo. Antes que a droga (que foi descrita como um suplemento vitamínico) realmente fizesse efeito, os participantes foram deixados sozinhos com um confederado do gênero masculino apresentado como outro participante que havia recebido a mesma injeção. Em algumas sessões, o confederado se comportou de maneira eufórica. Por 20 minutos, ele saltou feliz, rabiscando em um papel, fazendo arremessos no cesto de lixo, lançando aviões de papel pela sala e brincando com um bambolê. Em outras sessões, o confederado demonstrou irritação, zombou de um questionário que estava preenchendo e, em um acesso de raiva, rasgou-o e jogou-o no cesto de lixo.

Pense por um momento sobre essas várias combinações de situações. À medida que a droga faz efeito, os participantes do grupo *informado sobre a droga* começarão a sentir o coração disparado, as mãos tremerem e o rosto ficar vermelho. Tendo sido instruídos a esperar por esses sintomas, eles não precisam procurar uma explicação. Os participantes do grupo *placebo* não ficarão excitados, portanto, não terão sintomas para explicar. No entanto, agora considere a situação daqueles no grupo dos que não receberam informações sobre a droga e que repentinamente ficam excitados sem saber por quê. Tentando identificar as sensações, esses participantes, de acordo com a teoria, deveriam seguir as dicas da outra pessoa na mesma situação – a saber, o confederado.

Em geral, os resultados experimentais apoiaram a linha de raciocínio de Schachter e Singer. Os participantes não informados sobre a droga relataram se sentir relativamente felizes ou com raiva, dependendo do desempenho do confederado. Em muitos casos, eles até exibiram tipos de comportamento semelhantes. Um participante, por exemplo, "abriu a janela e, rindo, jogou bolinhas de papel nos transeuntes". No grupo que recebeu as informações sobre a droga e no grupo que recebeu placebo, entretanto, os participantes foram, como esperado, menos influenciados por essas pistas sociais.

A teoria dos dois fatores de Schachter e Singer gerou controvérsia quando alguns estudos corroboraram suas descobertas, mas outros não. Em um experimento, por exemplo, os participantes que receberam injeção de epinefrina e não foram avisados sobre os sintomas posteriormente exibiram mais medo em resposta a um filme de terror, mas não ficaram mais zangados ou felizes ao ver filmes que tendem a provocar essas outras emoções (Mezzacappa et al., 1999). Agora parece que uma conclusão limitada, mas importante, pode ser tirada com segurança: quando as pessoas não têm certeza sobre seus estados emocionais, elas às vezes interpretam como se sentem observando os outros (Reisenzein, 1983). O "às vezes" da conclusão é importante. Para que outras pessoas influenciem suas

> **teoria dos dois fatores da emoção** Teoria em que a experiência da emoção é baseada em dois fatores: estimulação fisiológica e uma interpretação cognitiva desse estímulo.

emoções, seu nível de excitação fisiológica não pode ser muito intenso, ou sua experiência será desagradável independentemente da situação (Maslach, 1979; Zimbardo et al., 1993). Além disso, pesquisas mostram que outras pessoas devem estar presentes como uma possível explicação para a excitação *antes* de seu início. Quando já estão excitadas, as pessoas buscam uma explicação para os eventos que precederam a mudança em seu estado fisiológico (Schachter e Singer, 1979; Sinclair et al., 1994).

Nos capítulos subsequentes, veremos que a teoria dos dois fatores da emoção tem implicações de longo alcance para o amor romântico, a raiva e a agressividade, e outras experiências afetivas.

■ 3-1e Memórias autobiográficas

O filósofo James Mill disse uma vez: "O fenômeno do self e o da memória são apenas dois lados da mesma moeda". Se a história do paciente William Thompson apresentada no início deste capítulo serve de referência, Mill estava certo. Você não teria um autoconceito coerente sem memórias autobiográficas – as lembranças das sequências de eventos que afetaram sua vida (Bernsten e Rubin, 2012; Fivush e Haden, 2003; Mace, 2020; Rubin, 1996).

Pense nisso: quem você seria se não pudesse se lembrar de seus pais ou amigos de infância, de seus sucessos e fracassos, dos lugares em que viveu, das escolas que frequentou, dos livros que leu e dos times em que jogou? Claramente, as memórias moldam o autoconceito. Nesta seção, veremos que o autoconceito também molda nossas memórias pessoais (Conway e Pleydell-Pearce, 2000). Em geral, as pessoas gostam de relembrar memórias autobiográficas felizes. Sentimo-nos bem ao saborear uma antiga festa de aniversário, um casamento, as férias em família, uma entrevista de emprego bem-sucedida, uma vitória desportiva ou uma excelente refeição. Ainda mais especificamente, parece que nossas memórias mais valiosas envolvem experiências que compartilhamos com outras pessoas, em vez das que vivemos sozinhos. Por exemplo, estudos recentes mostraram que as pessoas preferem pensar e dar mais valor a memórias sociais positivas (como brincar na neve com amigos) que a memórias positivas de quando estavam sozinhas (como tirar uma boa nota). "As experiências sociais dão sentido às nossas vidas" (Speer e Delgado, 2020).

"O bom de ter memórias é que você pode escolher."

– William Trevor

Embora os adultos se lembrem de mais eventos do passado recente que do passado distante, as pessoas estão repletas de memórias da adolescência e do início da idade adulta. Esses anos de formação são bem registrados pelas fotos da infância, como as dos artistas pop americanos Taylor Swift (acima) e Katy Perry (abaixo).

Quando as pessoas são solicitadas a relembrar suas experiências, geralmente relatam mais eventos do passado recente que do passado distante. Há, no entanto, duas claras exceções a essa regra simples de atualidade. A primeira é que os adultos mais velhos tendem a recuperar um grande número de memórias pessoais de sua adolescência e início da idade adulta – uma "colisão de reminiscência" encontrada em muitas culturas que pode ocorrer porque são anos ocupados e formativos na vida de uma pessoa (Conway et al., 2005; Fitzgerald, 1988; Jansari e Parkin, 1996).

Uma segunda exceção é que as pessoas tendem a se lembrar dos "primeiros" eventos de uma transição. Reflita por um momento sobre os anos de faculdade. Que eventos vêm à mente – e quando ocorreram? Você pensou no dia em que chegou ao *campus* ou na primeira vez que conheceu seu amigo mais próximo? E quanto a aulas, festas ou eventos esportivos importantes? Quando David Pillemer et al. (1996) pediram que alunos dos segundo e terceiro anos da faculdade que contassem as experiências mais marcantes de seu primeiro ano, 32% de todas as lembranças eram do mês de sua entrada. Quando os universitários já graduados receberam a mesma tarefa, também citaram um número desproporcional de eventos dos primeiros dois meses de seu primeiro ano, seguido pelo próximo grande período de transição: o último mês de seu último ano. Entre os alunos, esses agitados períodos de transição são importantes, independentemente de suas escolas seguirem um calendário semestral ou algum outro calendário acadêmico (Kurbat et al., 1998).

Obviamente, nem todas as experiências geram os mesmos resultados. Pergunte às pessoas com idade suficiente para se lembrar de 22 de novembro de 1963, e até hoje elas provavelmente podem dizer exatamente onde estavam, com quem estavam, o que estavam pensando e o que estava acontecendo no momento em que ouviram a notícia de que o presidente John F. Kennedy foi baleado. Pergunte a qualquer pessoa com idade suficiente para se lembrar dos ataques terroristas de 11 de setembro de 2001, e eles provavelmente também conseguiriam relatar níveis requintados de detalhes sobre o evento e sua relação pessoal com ele. Roger Brown e James Kulik (1977) cunharam o termo *memórias flashbulb* para descrever essas lembranças duradouras, detalhadas e precisas e especularam que os humanos são biologicamente equipados, para fins de sobrevivência, para "imprimir" eventos dramáticos na memória. Essas memórias *flashbulb* não se mantêm necessariamente precisas ou mesmo consistentes ao longo do tempo. Ainda assim, essas lembranças "parecem" especiais e servem como marcos de destaque nas biografias que contamos sobre nós mesmos (Conway, 1995; Luminet e Curci, 2009).

Ao ligar o presente ao passado e nos fornecer uma sensação de continuidade interna ao longo do tempo, a memória autobiográfica é parte vital de – e pode ser moldada por – nossa história de vida e percepção de identidade. As relações entre nossa percepção de identidade e a memória autobiográfica são sutis, complexas e frequentemente não diretas (Prebble et al., 2013).

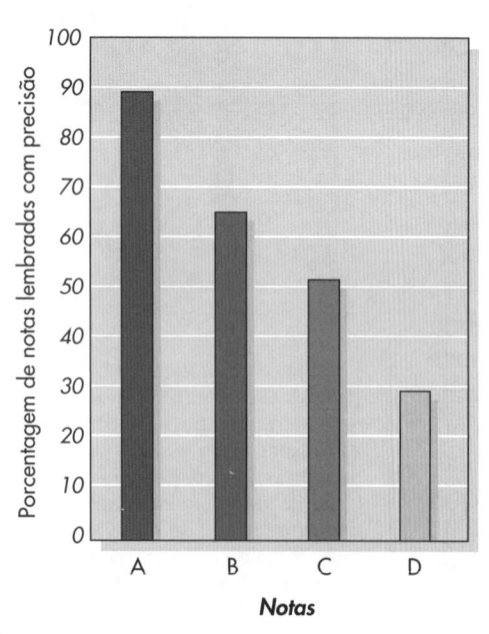

● FIGURA 3.3

Distorção das memórias dos anos de escola

Foi pedido a estudantes universitários que se lembrassem de suas notas do ensino médio, e essas lembranças foram comparadas aos registros. As comparações revelaram que a maioria dos erros de memória aumentou as notas. As notas mais baixas foram relembradas com menos precisão (e as mais aumentadas). Parece que as pessoas às vezes revisam seu passado para se adequar a seu autoconceito atual.
Baseado em Bahrick et al. (1996).

Um fator complicador é que as pessoas tendem a distorcer o passado de maneiras que aumentam seu senso de importância e realização. Em um estudo, Harry Bahrick et al. (1996) fizeram que estudantes universitários tentassem se lembrar de suas notas do ensino médio no geral e, em seguida, comparassem seus relatórios com as transcrições reais. Normalmente, a maioria das notas foi relembrada corretamente. Porém a maioria dos erros na memória indicou notas *mais altas* – e a maioria deles aconteceu quando as notas reais eram *baixas* (ver ● Figura 3.3).

Em um segundo estudo, Burcu Demiray e Steve Janssen (2015) pediram a centenas de adultos, de 18 a 80 anos, que relatassem os sete eventos mais importantes de suas vidas e avaliassem essas memórias considerando quão boas, importantes, emocionais, intensas e próximas eram. Os resultados mostraram que os entrevistados se sentiam psicologicamente "mais próximos" de memórias que eram positivas em vez de negativas. Sugerindo que esse viés serve a um propósito adaptativo, os resultados também mostraram que essa tendência era particularmente evidente em pessoas que se avaliam positivamente. Essas descobertas trazem à mente a sugestão de George Herbert Mead (1934) de que nossas visões do passado são como puras "fantasias de fuga... nas quais reconstruímos o mundo de acordo com os desejos de nosso coração" (p. 348-349). Ou, como disse Anthony Greenwald (1980), "O passado é lembrado como se fosse um drama em que o eu era o protagonista" (p. 604).

Nossas autobiografias estão tão interligadas com nossa percepção de quem somos que, conforme nosso autoconceito muda, também muda nossa perspectiva visual do passado. Pense em uma mudança importante que tenha vivenciado. Você já foi uma criança; agora está na faculdade ou trabalhando. Ou talvez você fosse um fumante que tenha deixado o cigarro, ou um obeso que perdera peso. Ou talvez você tenha passado por uma conversão religiosa ou tido câncer e sobrevivido – e agora se sente "renascido". Com a teoria de que nosso autoconceito atual influencia o modo como vemos nossos eus passados, Lisa Libby e Richard Eibach (2002) pediram que estudantes universitários escrevessem sobre um aspecto de si mesmos que tenha mudado bastante e outro que não tenha se alterado desde o colégio. Ao analisar as palavras usadas para descrever essas lembranças, esses pesquisadores descobriram que os participantes usavam mais pronomes de terceira pessoa para descrever ações passadas que não se ajustavam mais a seu eu atual – e eles se classificaram como mais distantes dessas ações.

Por fim, é interessante notar que assim como os *conteúdos* de nossas memórias autobiográficas estão entrelaçados com nossa percepção de quem somos, o *processo* de lembrar pode provar ser uma experiência emocional positiva. Você já se perdeu em um devaneio, pensando nas férias da infância, na formatura, no tempo que passou em um acampamento esportivo ou no dia em que conheceu um bom amigo? A *nostalgia* – definida como uma saudade sentimental do passado – é comum e universal. Pesquisas mostram que as pessoas muitas vezes ficam nostálgicas durante eventos angustiantes da vida, como separação ou divórcio, uma mudança para longe, sentimentos de solidão ou doenças graves (Wildschut et al., 2006). Pesquisas também indicam que o efeito da nostalgia não é apenas informar ou reforçar o autoconceito, mas também aumentar sua autoestima e estados de humor positivos, instilar um sentimento de que a vida é significativa e digna de ser vivida e aumentar o otimismo sobre o futuro (Baldwin e Landau, 2014; Baldwin et al., 2015; Cheung et al., 2013; Routledge et al., 2011).

3-1f A cultura e o autoconceito

O autoconceito também é fortemente influenciado por fatores culturais. Nos Estados Unidos, diz-se que "quem não chora não mama"; no Japão, diz-se que "o prego que se destaca é martelado". Assim, pais norte-americanos tentam criar seus filhos para serem independentes, autossuficientes e assertivos (um "nível acima dos outros"), enquanto os filhos japoneses são criados para se enquadrar em seus grupos e comunidade.

Diferenças na orientação cultural O exemplo anterior ilustra duas orientações culturais contrastantes. Uma valoriza o *individualismo* e as virtudes da independência, da autonomia e da autossuficiência. A outra valoriza o coletivismo e as virtudes da interdependência, da cooperação e da harmonia social. Sob

Individualismo e coletivismo representam orientações culturais contrastantes em muitos aspectos. *A despedida (The Farewell)* é um filme de 2019 sobre uma jovem imigrante sino-americana chamada Billi, que volta para casa para visitar a família e descobre que sua amada avó foi diagnosticada com câncer, tem três meses de vida e não sabe. Para desgosto de Billi, a família protegeu a avó do diagnóstico e até organizou um casamento para que todos pudessem se despedir sem ter de dizer adeus. "Não deveríamos contar para ela?" pergunta Billi. "Não é errado mentir?". "É uma mentira do bem", disseram. "Você acha que a vida de alguém pertence à pessoa em si. Mas essa é a diferença entre o Oriente e o Ocidente. No Oriente, a vida de uma pessoa faz parte de um todo. Da família."

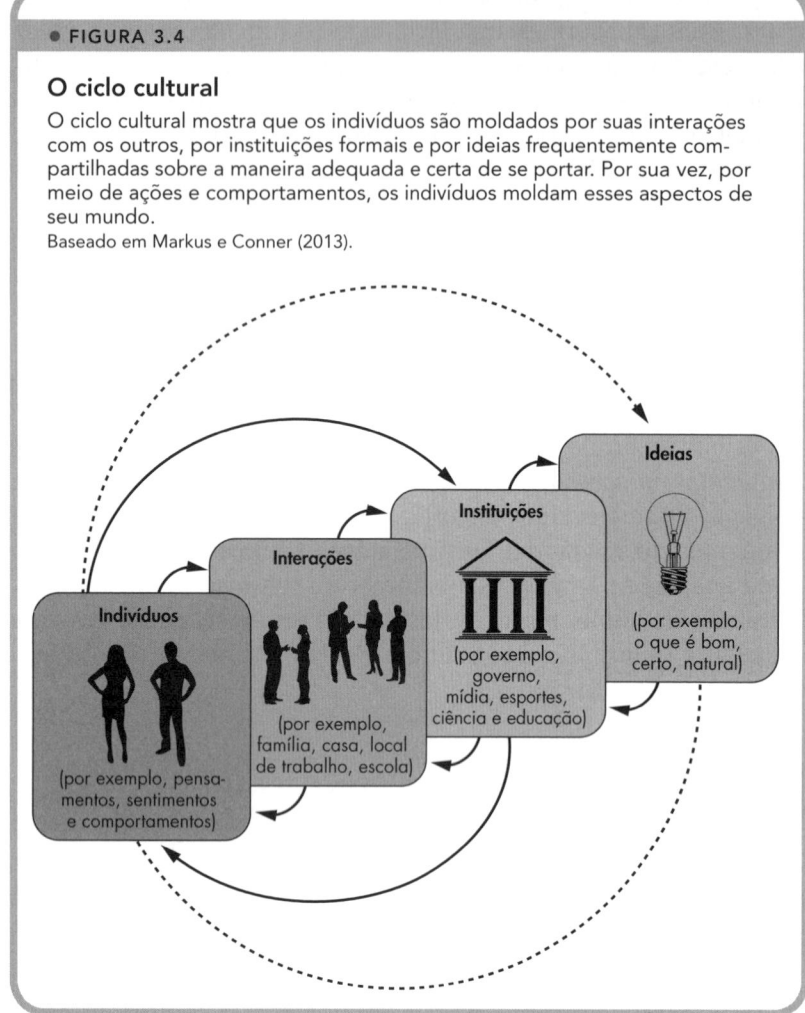

FIGURA 3.4

O ciclo cultural

O ciclo cultural mostra que os indivíduos são moldados por suas interações com os outros, por instituições formais e por ideias frequentemente compartilhadas sobre a maneira adequada e certa de se portar. Por sua vez, por meio de ações e comportamentos, os indivíduos moldam esses aspectos de seu mundo.
Baseado em Markus e Conner (2013).

a bandeira do individualismo, os objetivos pessoais têm prioridade sobre a lealdade a um grupo. Em culturas coletivistas, ao contrário, uma pessoa é antes de tudo um membro leal de uma família, uma equipe, uma empresa, uma igreja e um estado, motivada a fazer parte de um grupo – não diferente, melhor ou pior (Triandis, 1994). Em quais países essas orientações são mais extremas? Em um estudo mundial com 116 mil funcionários da IBM, Geert Hofstede (1980) descobriu que as pessoas mais bravamente individualistas eram dos Estados Unidos, da Austrália, da Grã-Bretanha, do Canadá e da Holanda – nessa ordem. As pessoas mais coletivistas eram da Venezuela, da Colômbia, do Paquistão, do Peru, de Taiwan e da China.

Individualismo e coletivismo não são opostos em um *continuum*; as semelhanças e diferenças entre os países não se enquadram em um padrão simples. Daphna Oyserman e outros (2002) conduziram uma metanálise de milhares de entrevistados em 83 estudos. Nos Estados Unidos, eles descobriram que os afro-americanos eram o subgrupo mais individualista e que os asiático-americanos e os latino-americanos eram os mais coletivistas. Comparando as nações, eles descobriram que as orientações coletivistas variavam na Ásia, já que os chineses eram mais coletivistas que japoneses e coreanos.

Em média, os humanos em geral são 99,5% semelhantes entre si. O que há nas culturas, portanto, que propicia orientações tão diferentes entre as pessoas? Em *Clash!: How to Thrive in a Multicultural World*, no Brasil publicado pela Elsevier como *8 conflitos culturais que nos influenciam*, Hazel Rose Markus e Alana Conner (2013) descrevem os conflitos que muitas vezes surgem entre grupos em todo o mundo – Oriente *versus* Ocidente, ricos *versus* pobres, urbano *versus* rural, litoral *versus* interior e brancos *versus* outras etnias, para citar alguns. Elas observaram que as fronteiras nacionais não são a única fonte de diferenças culturais, que cada um de nós combina uma mistura especial de biologia e culturas para nos tornar quem somos. De acordo com Markus e Conner, a cultura é composta de quatro Is – *ideias*, *instituições* e *interações* sociais que moldam como *indivíduos* pensam, sentem e agem. Por sua vez, o modo como os indivíduos agem influencia suas ideias, instituições e interações sociais. Esse dinâmico *ciclo cultural* é representado na • Figura 3.4.

Influências culturais sobre o self O individualismo e o coletivismo estão tão profundamente arraigados em uma cultura que moldam nosso autoconceito e nossas identidades. Segundo Hazel Markus e Shinobu Kitayama (1991), a maioria dos norte-americanos e dos europeus tem uma visão *independente* de si mesmos. Nessa visão, o self é uma entidade distinta, autônoma, autocontida e dotada de disposições únicas. Ainda assim, em grande parte da Ásia, da África e da América Latina, as pessoas têm uma visão *interdependente* de si mesmas. Nesses casos, o self faz parte de uma rede maior que inclui a família, os colegas de trabalho e outras pessoas com quem se está socialmente conectado. Pessoas com uma visão independente dizem que "a única pessoa com quem você pode contar é si mesmo" e "gosto de ser único e diferente dos outros". Em contraste, aqueles com uma visão interdependente são mais propensos a concordar que "sou parcialmente culpado se um membro da minha família ou colega de trabalho falhar" e "minha felicidade depende da felicidade daqueles ao meu redor" (Rhee et al., 1995; Triandis et al., 1998). Essas orientações contrastantes – um certo foco no self pessoal, o outro em um self coletivo – são representadas na • Figura 3.5.

Pesquisas de vários tipos confirmam a ligação estreita entre orientação cultural e concepções de si mesmo. Em um estudo, David Trafimow e outros (1991) fizeram que estudantes universitários norte-americanos e chineses completassem vinte sentenças começando com "Eu sou". Os norte-americanos eram mais propensos a preencher o espaço em branco com descrições de traços ("Eu sou tímido"), enquanto os chineses tendiam a se identificar por afinidades com grupos ("Eu sou um estudante universitário"). Um segundo estudo mostrou que, quando se trata de tomar decisões de carreira, os alunos chineses com selfs interdependentes são mais propensos a buscar conselhos de outras pessoas que os estudantes norte-americanos que têm selfs independentes (Guan et al., 2015). Em um terceiro estudo, uma pesquisa analisou as fotos do Facebook e descobriu que, em comparação com a maioria dos usuários norte-americanos, cujas fotos são de primeiro plano, focando si mesmos, as fotos de perfil dos asiáticos tendem a ser tiradas a distância e mostram mais o fundo (Huang e Park, 2013). Eles também tendem a usar a rede de modos mais "relacionais", por exemplo, curtindo as postagens de outros usuários (Hong e Na, 2018).

Nossas orientações culturais podem dissimular a maneira como as pessoas percebem-se, avaliam-se e apresentam-se em relação às outras. A esse respeito, Markus e Kitayama (1991) identificaram duas diferenças interessantes entre Oriente e Ocidente: a primeira é que as pessoas em culturas individualistas se esforçam para a realização pessoal, enquanto aqueles que vivem em culturas coletivistas obtêm mais satisfação com a posição de um grupo que valorizem. Assim, enquanto os norte-americanos tendem a superestimar suas contribuições para um esforço em equipe, assumir o crédito pelo sucesso e culpar os outros pelo fracasso, as pessoas de culturas coletivistas tendem a subestimar seu papel e se apresentar mais modestamente e reticente em relação a outros membros do grupo (Heine et al., 2000).

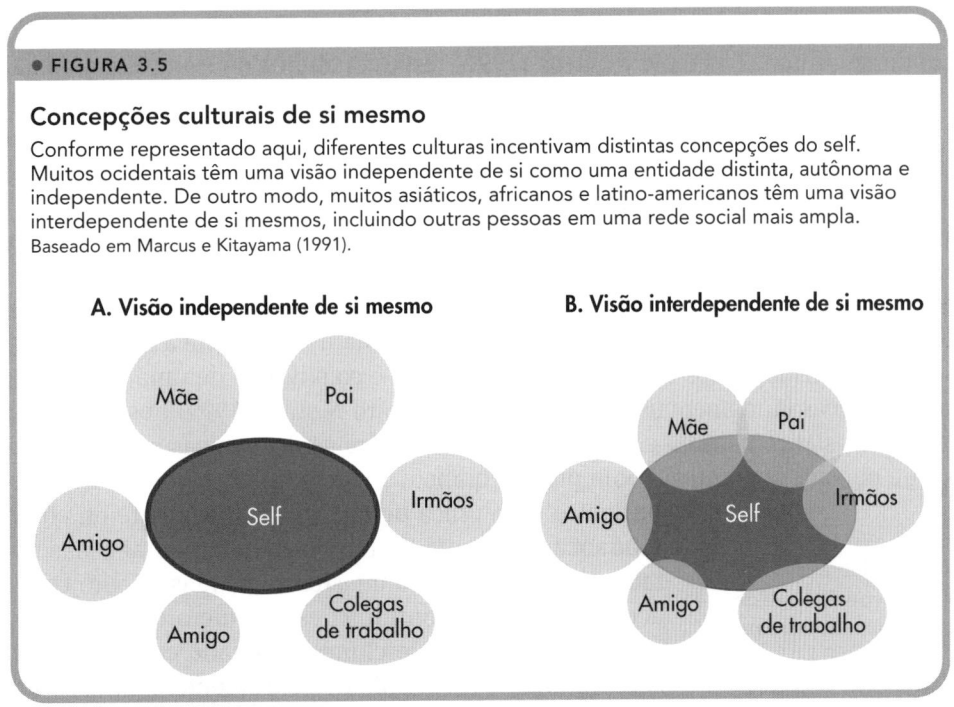

• FIGURA 3.5

Concepções culturais de si mesmo
Conforme representado aqui, diferentes culturas incentivam distintas concepções do self. Muitos ocidentais têm uma visão independente de si como uma entidade distinta, autônoma e independente. De outro modo, muitos asiáticos, africanos e latino-americanos têm uma visão interdependente de si mesmos, incluindo outras pessoas em uma rede social mais ampla.
Baseado em Marcus e Kitayama (1991).

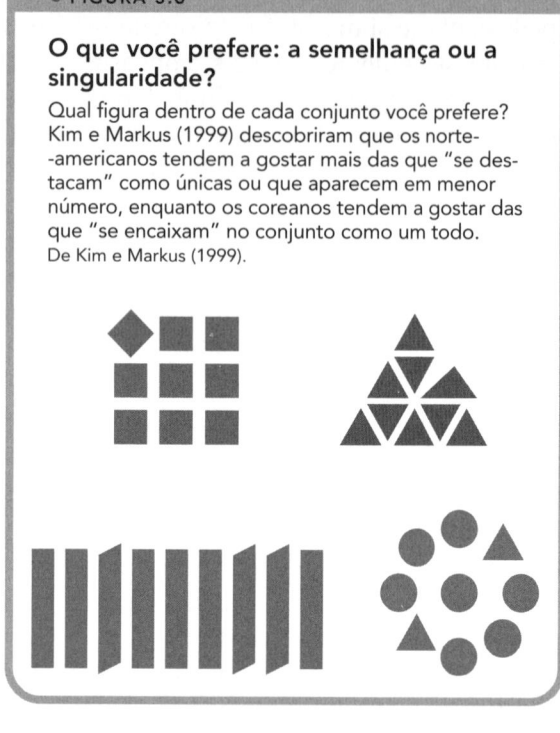

• FIGURA 3.6

O que você prefere: a semelhança ou a singularidade?

Qual figura dentro de cada conjunto você prefere? Kim e Markus (1999) descobriram que os norte-americanos tendem a gostar mais das que "se destacam" como únicas ou que aparecem em menor número, enquanto os coreanos tendem a gostar das que "se encaixam" no conjunto como um todo.
De Kim e Markus (1999).

Uma segunda consequência dessas diferentes concepções do self é que os estudantes universitários dos Estados Unidos se consideram menos semelhantes a outras pessoas que os estudantes asiáticos. Essa diferença reforça a ideia de que os indivíduos que se veem como independentes acreditam que são únicos. Na verdade, nossas orientações culturais em direção à conformidade ou independência podem nos levar a favorecer a semelhança ou a singularidade em *todas as coisas*.

Em um estudo que apresenta esse ponto, Heejung Kim e Hazel Markus (1999) mostraram figuras abstratas para pessoas dos Estados Unidos e da Coreia. Cada figura continha nove partes. A maioria das peças eram idênticas no formato, na posição e na direção. Uma ou outra eram diferentes. Observe a • Figura 3.6. Qual das nove partes de cada grupo você mais gosta? Os entrevistados norte-americanos gostaram das partes que eram únicas ou que apareciam menos vezes, enquanto os coreanos preferiram aquelas que "se encaixam" como parte do grupo. Em outro estudo, esses mesmos pesquisadores abordaram pedestres de ascendência norte-americana e do leste asiático no aeroporto de São Francisco para preencher um questionário. Em seguida, como um presente, ofereceram aos participantes a opção de uma caneta entre um punhado delas, três ou quatro das quais tinham o corpo da mesma cor: verde ou laranja. O resultado: 74% dos norte-americanos escolheram uma caneta de cor exclusiva e 76% dos asiáticos escolheram uma caneta de cor igual às demais! Parece que orientações culturalmente arraigadas para conformidade e independência deixam uma marca em nós, levando-nos a preferir coisas que "se encaixam" ou "se destacam".

Pessoas de culturas distintas estão condenadas a pensar sobre si mesmas no que se refere a individualidade ou coletividade, ou ambos os aspectos estão presentes, no geral, para serem expressos de acordo com a situação? Reconsidere o estudo observado anteriormente, em que estudantes norte-americanos se descreveram intensificando características pessoais e estudantes chineses citaram maior afinidade com grupos. No seguimento desse estudo, Trafimow e outros (1997) testaram alunos de Hong Kong, que, normalmente, falavam inglês como segunda língua. Metade dos alunos recebeu o teste com a pergunta "Quem sou eu?" em chinês, e a outra metade fez o teste em inglês. Essa variação influenciou os resultados? Sim. Os alunos que fizeram o teste em inglês se concentraram mais nas características pessoais, enquanto os que fizeram em chinês concentraram-se mais na afinidade com grupos. Parece que cada um de nós tem aspectos pessoais e coletivos do self para recorrer – e que o fragmento que vem à mente depende da situação em que nos encontramos.

Quanto mais os psicólogos sociais examinam as culturas e seu impacto sobre como as pessoas pensam, mais complexa é a imagem que emerge. As pesquisas documentam claramente a dimensão em que as autoconcepções são influenciadas pelos impulsos individualistas e coletivistas de uma cultura. Porém também existem outras diferenças fundamentais. Kaiping Peng e Richard Nisbett (1999) observaram que as pessoas nas culturas do leste asiático pensam em termos dialéticos sobre características contraditórias – aceitando, por exemplo, que opostos aparentes (como preto e branco, amigo e inimigo, forte e fraco) podem coexistir dentro uma única pessoa simultaneamente ou como resultado de mudanças ao longo do tempo. Fundamentado nas tradições orientais, o **dialetismo** é um sistema de pensamento caracterizado pela aceitação de tais contradições por meio de concessões, como está implícito no provérbio chinês "Cuidado com seus amigos, não com seus inimigos". Esse estilo de pensamento contrasta nitidamente com

dialetismo Sistema oriental de pensamento que aceita a coexistência de características contraditórias em uma única pessoa.

a perspectiva norte-americana e europeia, fundamentada na lógica ocidental, pela qual as pessoas diferenciam os aparentes opostos na suposição de que se um está certo, o outro deve estar errado.

Para verificar se um estilo dialético de pensamento tem implicações para o self, Tammy English e Serena Chen (2007) conduziram uma série de estudos em que questionaram estudantes universitários norte-americanos de ascendência europeia ou asiática sobre que tipo de pessoa eles representam em situações cotidianas tão diversas como em uma sala de aula, um refeitório, uma festa ou na academia. Descobriram que, de modo geral, em comparação aos europeus americanos que retratam seu "verdadeiro eu" como estável, os asiático-americanos divergem mais o modo como se veem para se adaptar a diferentes situações de interação – embora haja coerência entre essas visões. Outra pesquisa também mostrou que os orientais estão mais propensos que os norte-americanos a enxergar e aceitar aspectos contraditórios de si mesmos (Spencer-Rodgers et al., 2009) – como visto na disposição deles de aceitar aspectos positivos e negativos de si mesmos ao mesmo tempo (Boucher et al., 2009).

O estudo dos aspectos culturais do self também é estendido por psicólogos sociais interessados nas culturas latino-americanas, nas quais as relações sociais e emocionais são uma parte muito importante da orientação coletivista. De acordo com Renee Holloway e outros (2009), as culturas latinas valorizam o conceito do *simpático*, que enfatiza demonstrações expressivas de charme pessoal, graciosidade e hospitalidade. Esse valor cultural se torna parte do autoconceito latino? Claramente, não existem dois indivíduos iguais. Mas quando esses pesquisadores apresentaram a norte-americanos latinos e brancos a pergunta "Quem sou eu?", descrita anteriormente, descobriram que os participantes latinos, em média, eram mais propensos a se descrever usando termos referentes ao conceito de simpático, palavras como *simpático*, *amigável*, *amável* e *gracioso*. Assim também, Nairán Ramírez-Esparza e colegas (2012) descobriram que os participantes mexicanos eram mais propensos a descrever a própria personalidade com palavras sobre relacionamentos (por exemplo, *pais*, *casa*, *amor*, *amigos*) e empatia (como *afetuoso*, *honesto*, *nobre*, *tolerante*).

Por fim, é importante perceber que as culturas mudam com o transcorrer do tempo, de uma geração a outra. Patricia Greenfield (2013) analisou a frequência do uso de palavras do ano de 1800 até 2000. Ela descobriu que acompanhando a mudança de uma população mais rural para uma mais urbana, houve também uma mudança nos valores culturais. Conforme a ocorrência de palavras como *dever*, *obrigação*, *dar*, *obediência*, *autoridade*, *pertencimento* e *benevolência* diminuiu ao longo do tempo e o uso das palavras *decisão*, *escolha*, *único*, *individual*, *próprio* e *aquisição* aumentou.

Do outro lado do globo, surgiram padrões semelhantes. Na China, pesquisas mostram que, entre 1950 e 2008, o uso de pronomes individualistas aumentou, enquanto o uso de pronomes coletivistas diminuiu, espelhando as tendências nos Estados Unidos (Hamamura e Xu, 2015). No Japão, a história é mais complicada: houve um aumento no individualismo, mas nenhuma evidência de um declínio correspondente no coletivismo (Hamamura, 2012).

Mudanças geracionais em uma cultura também podem ser vistas em pequenos intervalos de tempo nos Estados Unidos.

Ao refletir uma visão interdependente de si mesmo, as crianças no Japão são ensinadas a se encaixar na comunidade. Ao refletir uma visão mais independente de si mesmo, as crianças nos Estados Unidos são incentivadas a expressar sua individualidade.

Os norte-americanos que eram crianças nas décadas de 1940 e 1950 (geração conhecida como *Baby boomers*) experimentaram uma cultura muito diferente daquela dos que cresceram nas décadas de 1960 e 1970 (Geração X) e daqueles que cresceram nas décadas de 1980 e 1990 (*Millennials* ou Milênicos). Analisando questionários de 9,2 milhões de alunos do último ano do ensino médio e universitários norte-americanos de 1966 a 2009, Jean Twenge et al. (2012) descobriram que, em comparação com os *boomers*, as gerações subsequentes estavam mais focadas em dinheiro, fama e autoconceito e menos preocupadas com afinidades, comunidade e engajamento cívico (ver • Figura 3.7). Essa mudança de valores – frequentemente descrita como uma mudança de "Geração Nós" para "Geração Eu" – sugere que a cultura norte-americana é mais individualista atualmente que há meio século.

A classe social como influência cultural Em todas as culturas do mundo, indivíduos diferem em riqueza, posses materiais, educação e nível de prestígio. Em um *continuum* que vai desde pessoas que vivem na pobreza até multibilionários, o termo classe social é usado para categorizar as pessoas dentro de uma cultura que têm em comum os *status* de classes socioeconômicas *baixa, trabalhadores, média e alta*. A classe social é outro fator cultural que pode influenciar o autoconceito. Nos países ocidentais, as pessoas com mais renda, educação e *status* tendem a ter muitas oportunidades de exibir seu individualismo, expressando seus desejos, sua autonomia e a busca por seus objetivos pessoais. Eles têm mais controle sobre suas vidas, podem fazer mais escolhas pessoais e têm mais independência e foco em si. Em contraste, as pessoas com menos renda, educação e *status* são mais limitadas quanto ao que podem ou não fazer. Viver a realidade da baixa renda significa ter de confiar mais nos outros e se adaptar, promovendo uma "difícil *inter*dependência" (Fiske e Markus, 2012; Kraus et al., 2012; Markus, 2017; Stephens et al., 2014). No entanto, quando as pessoas da classe trabalhadora, talvez norte-americanos da primeira

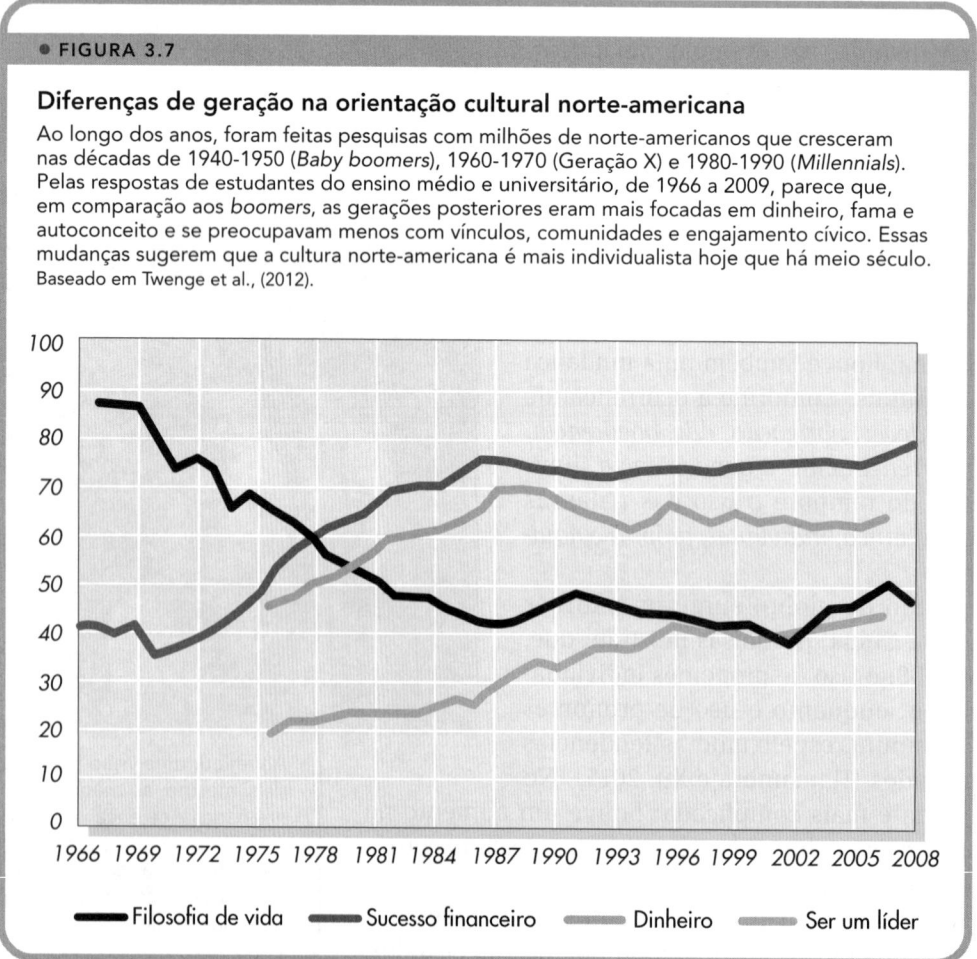

• FIGURA 3.7

Diferenças de geração na orientação cultural norte-americana

Ao longo dos anos, foram feitas pesquisas com milhões de norte-americanos que cresceram nas décadas de 1940-1950 (*Baby boomers*), 1960-1970 (Geração X) e 1980-1990 (*Millennials*). Pelas respostas de estudantes do ensino médio e universitário, de 1966 a 2009, parece que, em comparação aos *boomers*, as gerações posteriores eram mais focadas em dinheiro, fama e autoconceito e se preocupavam menos com vínculos, comunidades e engajamento cívico. Essas mudanças sugerem que a cultura norte-americana é mais individualista hoje que há meio século.
Baseado em Twenge et al., (2012).

geração, conseguem chegar a uma universidade ou a um trabalho que garanta a ele a independência e a autorrepresentação, esses novos valores entram em conflito com suas identidades interdependentes, tornando difícil o sucesso (Stephens et al., 2019).

Estudos recentes confirmam que esses aspectos do self estão associados à classe social. Em um estudo, por exemplo, os homens da classe trabalhadora eram mais propensos do que os da classe média a se perceber no que se refere a seus relacionamentos com os outros (Markus e Conner, 2013). Em um segundo estudo, as pessoas classificadas como de classe baixa foram menos propensas a concordar com declarações de direitos, como "Eu honestamente sinto que sou mais merecedor que os outros" e com declarações indicando narcisismo, como "Eu gosto de me olhar no espelho" (Piff, 2013).

3-2 Autoestima

Como você se sente em relação a si mesmo? Geralmente está satisfeito com sua aparência, sua personalidade, suas habilidades acadêmicas e atléticas, suas realizações e amizades? Você é otimista quanto a seu futuro? Quando se trata de si mesmos, as pessoas não são observadores frios, objetivos e imparciais. Em vez disso, somos críticos, motivados, emocionais e altamente protetores de nossa **autoestima** – um componente avaliativo do self.

A palavra *estima* vem do latim *aestimare*, que significa "estimar ou apreciar". O termo *autoestima* refere-se, portanto, às nossas avaliações positivas e negativas de nós mesmos (Coopersmith, 1967). Alguns indivíduos têm autoestima mais elevada que outros – um atributo que pode ter profundo impacto na maneira como pensam, sentem e se apresentam. É importante ter em mente que, embora alguns de nós tenhamos uma autoestima mais elevada que outros, o valor que damos a nós mesmos não é uma única característica permanente e escrita na pedra. Em vez disso, é um estado de espírito que oscila para cima e para baixo em resposta a sucessos, fracassos, relações sociais e outras experiências da vida (Heatherton e Polivy, 1991).

Com o autoconceito constituído de muitos autoesquemas, as pessoas normalmente veem partes de si mesmas de modos diferentes: julgam algumas partes mais favoravelmente ou as veem com mais clareza ou como mais importantes que outras (Pelham, 1995). Na verdade, assim como os indivíduos diferem de acordo com o quanto sua autoestima é alta ou baixa, também diferem quanto à medida em que a autoestima é estável ou instável. Como regra geral, a autoestima permanece praticamente a mesma desde a infância até a velhice – as pessoas com autoestima alta ou baixa permanecem nessa posição relativa ao longo da vida (Trzesniewski et al., 2003).

Embora a autoestima de um indivíduo em relação aos outros permaneça estável, o nível médio de autoestima em uma população varia durante a vida. Estudos longitudinais, que rastreiam indivíduos ao longo do tempo, e estudos transversais, que comparam em um mesmo momento pessoas de diferentes grupos etários, mostram que a autoestima diminui da infância à adolescência, aumenta gradualmente durante a transição para a idade adulta, continua a aumentar conforme os adultos envelhecem e diminui na velhice (Erol e Orth, 2011; Orth e Robins, 2014; Orth et al., 2010).

Pesquisas com estudantes universitários mostram que os níveis médios de autoestima variam até mesmo ao longo dos anos de universidade. Pense por um momento em toda a experiência da faculdade. Quais mudanças na autoestima você pode prever? Em um estudo longitudinal, 295 estudantes de ambos os gêneros tiveram a autoestima testada seis vezes em um período de quatro anos. A • Figura 3.8 mostra que os níveis médios caíram drasticamente durante o primeiro semestre, recuperaram-se no fim do primeiro ano e aumentaram gradualmente a partir desse ponto (Chung et al., 2014).

3-2a A necessidade de autoestima

Nós, você e quase todas as outras pessoas do planeta parecemos ter necessidade de autoestima, querendo nos enxergar de modo positivo. Como resultado de quem somos e da cultura em que vivemos, cada um de nós pode valorizar atributos diferentes e atender a essa

autoestima Um componente afetivo do self, que consiste nas autoavaliações positivas e negativas de uma pessoa.

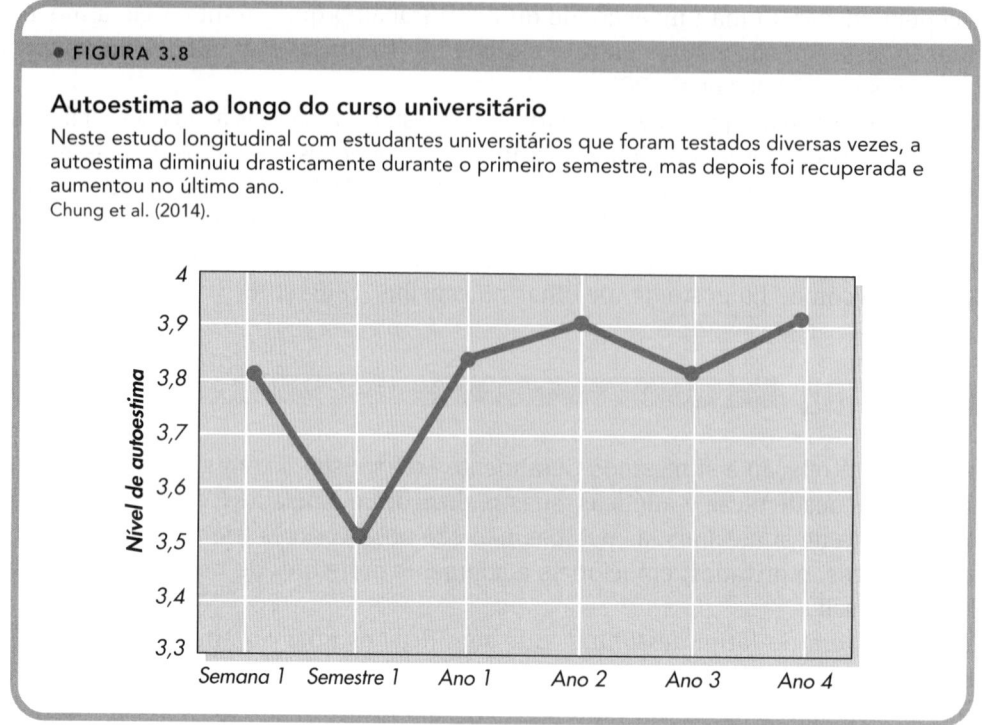

FIGURA 3.8

Autoestima ao longo do curso universitário

Neste estudo longitudinal com estudantes universitários que foram testados diversas vezes, a autoestima diminuiu drasticamente durante o primeiro semestre, mas depois foi recuperada e aumentou no último ano.
Chung et al. (2014).

necessidade de maneiras diferentes. Algumas pessoas valorizam a aparência; outras a força física, as realizações profissionais, a riqueza, as habilidades pessoais ou o pertencimento a um grupo. Seja qual for a origem, é claro que a busca da autoestima é um aspecto profundo da motivação humana. No entanto, vamos retomar por um momento e perguntar, por quê? Por que parece que precisamos de autoestima assim como precisamos de comida, ar, sono e água?

No momento, existem duas respostas psicossociais para essa pergunta. A **teoria do sociômetro**, proposta por Mark Leary e Roy Baumeister (2000), afirma que as pessoas são animais inerentemente sociais e que o desejo de autoestima é impulsionado por uma necessidade mais primitiva de se conectar com os outros e obter sua aprovação. Como resultado dessa conexão social para a sobrevivência, as pessoas podem ter desenvolvido um "sociômetro" – um mecanismo que nos permite detectar aceitação e rejeição e então traduzir essas percepções em alta e baixa autoestima. Desse modo, a autoestima serve de indicador aproximado de como estamos nos saindo aos olhos dos outros. A ameaça de rejeição social, portanto, diminui a autoestima, o que ativa a necessidade de recuperar a aprovação e aceitação. Em um experimento com o objetivo de identificar um "sociômetro neural", os participantes foram submetidos a uma fMRI enquanto visualizavam palavras de *feedback* positivo e negativo que um confederado usava para descrevê-los (palavras como *interessante* e *chato*). Os participantes também avaliaram sua autoestima em resposta a cada palavra de *feedback*. Os resultados mostraram que o aumento da atividade nas regiões do cérebro relacionadas à rejeição foi associado à baixa autoestima (Eisenberger et al., 2011).

Há uma segunda resposta particularmente importante para essa pergunta. Jeff Greenberg e outros (1997) propuseram a **teoria da gestão do terror** para ajudar a explicar nossa necessidade implacável de autoestima. De acordo com essa teoria instigante e determinante, nós, humanos, somos biologicamente programados para a vida e a autopreservação. No entanto, estamos cônscios – e aterrorizados – da inevitabilidade de nossa morte. Para lidar com esse medo paralisante e profundamente enraizado, construímos e aceitamos visões culturais do mundo sobre como, por que e por quem a

teoria do sociômetro Teoria em que a autoestima é um indicador que monitora nossas interações sociais e nos envia sinais se nosso comportamento é aceitável para os outros.

teoria da gestão do terror Teoria em que os humanos enfrentam o medo da própria morte construindo visões de mundo que ajudam a preservar sua autoestima.

Terra foi criada; explicações religiosas do propósito de nossa existência; e uma noção de história repleta de heróis, vilões e eventos importantes. Essas visões de mundo fornecem significado, propósito e uma proteção contra a ansiedade. Essa tese é articulada de maneira significativa no livro *The worm at the core: on the role of death in life* (Solomon et al., 2015).

Em uma série de experimentos, esses pesquisadores descobriram que as pessoas reagem a cenas que mostram a morte ou ao pensamento da própria morte com intensa postura defensiva e com ansiedade. No entanto, quando as pessoas recebem um *feedback* positivo sobre um teste que aumenta sua autoestima, essa reação é atenuada. Outras pesquisas já confirmaram esse tipo de resultado (Schmeichel e Vohs, 2009). Como veremos em capítulos posteriores, a teoria da gestão do terror foi usada para explicar como as pessoas lidam com traumas como ataques terroristas (Pyszczynski et al., 2002) e por que as pessoas em todo o mundo procuram consolo na religião, em líderes fortes e em instituições culturais (Pyszczynski et al., 2015; Routledge e Vess, 2019).

Quanto à necessidade de autoestima, Pyszczynski e colegas (2004) assim expõem:

> A autoestima é um escudo protetor projetado para controlar o potencial de terror que resulta da consciência da assustadora hipótese de que nós, humanos, somos apenas animais transitórios tateando para sobreviver em um universo sem sentido, projetados apenas para morrer e se decompor. Dessa perspectiva, o nome e a identidade de cada indivíduo humano, as identificações familiares e sociais, os objetivos e as aspirações, a ocupação, o título e os adornos criados pelos seres humanos são colocados sobre um animal que, no esquema cósmico das coisas, pode não ser mais importante ou duradouro que qualquer batata, abacaxi ou porco-espinho. (p. 436)

Benefícios da autoestima Confirmando a sabedoria popular, muitas pesquisas mostram que a alta e a baixa autoestima podem influenciar nossa visão de vida. Pessoas com autoconceito positivo tendem a ser felizes, saudáveis, produtivas e bem-sucedidas. Elas também tendem a ser confiantes, enfrentando novos desafios, uma atitude vitoriosa que os leva a persistir por mais tempo em tarefas difíceis, a dormir melhor à noite, a manter sua independência diante da pressão dos colegas e a ter menos úlceras. Em contraste, pessoas com autoconceito negativo tendem a ser mais deprimidas, pessimistas sobre o futuro e propensas ao fracasso. Sem confiança, enfrentam novas tarefas com atitude perdedora que os aprisiona em um ciclo vicioso e autodestrutivo. Com expectativa de falhar e temendo o pior, ficam ansiosas, esforçam-se menos e "abstraem" desafios importantes.

Uma autoestima elevada garante bons resultados na vida? Essa questão aparentemente simples despertou debates. Por um lado, Roy Baumeister et al. (2003) concluíram, com base em pesquisas, que, embora a alta autoestima leve as pessoas a se sentirem bem, assumirem novos desafios e persistirem em face do fracasso, a evidência correlacional não apoia claramente a robusta conclusão de que o aumento da autoestima seja a *causa* que leva as pessoas a terem um bom desempenho na escola ou no trabalho, serem socialmente populares ou cuidarem da saúde física. Além disso, Jennifer Crocker e Lora Park (2004) argumentam que o processo de busca da autoestima em si pode ser custoso. Elas se referem a pesquisas que mostram que, ao se esforçarem para aumentar e manter sua autoestima, as pessoas geralmente ficam ansiosas, evitam atividades em que correm o risco de fracassar, negligenciam as necessidades dos outros e sofrem de problemas de saúde relacionados ao estresse. A autoestima tem seus benefícios, elas admitem, mas lutar por ela também pode custar caro.

A maior parte das pesquisas contesta essa visão contraintuitiva sobre os benefícios concretos da autoestima. William Swann e outros (2007)

observaram que, embora a percepção de autoestima geral ou *global* de uma pessoa possa não ser preditiva de resultados positivos na vida, pessoas com domínios específicos de autoestima se beneficiam em mais formas definidas. Em outras palavras, as pesquisas indicam que os indivíduos com alta autoestima – especificamente para falar em público, matemática ou situações sociais – superam aqueles que têm menos autoconfiança para falar em público, matemática e situações sociais, respectivamente.

Além de facilitar o sucesso em vários campos da vida, as pesquisas sugerem que a autoestima está associada a um menor risco de problemas de saúde física e mental, abuso de substâncias e comportamento antissocial (Orth et al., 2012; Swann et al., 2007). Também há uma ligação entre a autoestima de alguém e seu relacionamento com outras pessoas. Em uma metanálise recente, Michelle Harris e Ulrich Orth (2020) combinaram os resultados de 48 estudos longitudinais que acompanharam cerca de 46 mil participantes ao longo do tempo. Esses participantes eram homens e mulheres de diversos países e variavam no referente a desenvolvimento desde a infância até a idade adulta. Coletivamente, esses estudos mostraram que a medição da qualidade das relações sociais de uma pessoa em um teste inicial previa os níveis de autoestima medidos posteriormente – e que a autoestima de uma pessoa medida em um teste inicial previa a qualidade das relações sociais em um momento posterior. Essas descobertas apontam para um benefício-chave da alta autoestima: permite – e é possibilitada por – nossos relacionamentos com outras pessoas.

■ 3-2b Existem diferenças de gênero e etnia?

Assim como os indivíduos diferem em níveis médios de autoestima, o mesmo ocorre com os grupos sociais e culturais. Se você aplicasse um teste de autoestima a milhares de pessoas em todo o mundo, descobriria que alguns segmentos da população têm pontuações mais altas que outros? Você esperaria ver diferenças médias entre homens e mulheres, pessoas de diferentes etnias ou de culturas diferentes? Acreditando que a autoestima promova saúde, felicidade e sucesso e preocupados com o fato de alguns grupos estarem em desvantagem nesse aspecto, os pesquisadores fizeram esse tipo de comparação.

Vamos começar com o gênero. Ao longo dos anos, muito foi escrito na imprensa geral sobre o "ego masculino" inflado, mas frágil, a baixa autoestima entre meninas adolescentes e mulheres jovens e a resultante "falta de confiança" relacionada ao gênero. Pesquisas apoiam essa suposição? Para descobrir, Kristin Kling et al. (1999) combinaram estatisticamente os resultados de mais de 200 estudos envolvendo 97 mil entrevistados. Em seguida, analisaram pesquisas com 48 mil estudantes norte-americanos conduzidas pelo National Center for Education Statistics. O resultado: entre adolescentes e adultos, os homens superaram as mulheres em várias medidas gerais de autoestima. A diferença, porém, era pequena, principalmente entre os adultos mais velhos. Na verdade, as diferenças entre homens e mulheres se referem especificamente a diferentes aspectos da autoestima. Em uma metanálise de 115 estudos envolvendo 32.486 indivíduos, Brittany Gentile e outros (2009) descobriram que, embora os homens tenham maior autoestima em relação à aparência física e a habilidades atléticas, as mulheres apresentam maior autoestima quando se trata de questões de ética e moralidade.

É possível que esses resultados reflitam o *status* relativo de homens e mulheres na cultura ocidental ou a diferença é universal? Em um estudo massivo baseado na internet, Wiebke Bleidorn et al. (2016) pediram que 986 mil participantes de ambos os sexos avaliassem a própria autoestima. Esses participantes tinham idades entre 16 e 45 anos e viviam em 48 países diferentes em todo o mundo, transcorrendo todo o alfabeto, da Argentina ao Egito, Itália, Noruega e Cingapura à Venezuela. Conforme relatado anteriormente em estudos de desenvolvimento com base nos Estados Unidos, as avaliações de autoestima entre os participantes dos diferentes países aumentavam da adolescência para o início e o meio da idade adulta. Também seguindo a mesma linha dos estudos feitos nos Estados Unidos, diferenças pequenas, mas consistentes, mostraram que os homens, em média, relataram maior autoestima que as mulheres – uma diferença mais pronunciada em alguns países que em outros (ver • Figura 3.9).

Os pesquisadores também se perguntaram se a baixa autoestima é um problema para membros de grupos minoritários estigmatizados que, historicamente, foram vítimas de preconceito e discriminação. Ser membro de um grupo minoritário, como afro-americanos, diminui a percepção de autoestima de uma pessoa? Com base nos resultados combinados de estudos envolvendo mais de meio milhão de entrevistados, Bernadette Gray-Little e Adam Hafdahl (2000) relataram que crianças, adolescentes e adultos negros dos

Estados Unidos obtêm uma pontuação mais alta – e não mais baixa – que os colegas brancos na medição da autoestima.

Em uma metanálise de centenas de estudos que compararam os grupos etários e diferentes minorias norte-americanas, Jean Twenge e Jennifer Crocker (2002) confirmaram a superioridade de autoestima dos afro-americanos em relação aos brancos, mas descobriram que as minorias hispânicas, asiáticas e indígenas obtinham pontuações mais baixas. Essa maior autoestima não é fácil de ser interpretada. Alguns pesquisadores sugeriram que talvez os afro-americanos, mais que outras minorias, sejam capazes de preservar a autoestima em face da adversidade, atribuindo resultados negativos às forças de discriminação e usando essa adversidade para construir uma percepção de orgulho coletivo. A esse respeito, Twenge e Crocker descobriram que a maior autoestima dos negros afro-americanos, em relação à dos brancos, aumentou ao longo do tempo desde antes da declaração dos direitos civis dos anos 1950 até o presente.

3-2c Teoria das discrepâncias do self

O que determina como as pessoas se sentem sobre si mesmas? Segundo E. Tory Higgins (1989), nossa autoestima é definida pela compatibilidade ou incompatibilidade entre como nos vemos e como queremos nos ver. Para demonstrar esse aspecto, tente o seguinte exercício. Em uma folha de papel em branco, escreva 10 características que demonstrem o tipo de pessoa que você *realmente* é (Inteligente? Tranquilo? Sexy? Impaciente? Nervoso?). A seguir, relacione 10 características que descrevem o tipo de pessoa que você *deveria* ser, características que o capacitariam a cumprir seus deveres, obrigações e responsabilidades. Em seguida, faça uma lista de características que descrevam o tipo de pessoa que você gostaria de ser, um *ideal* que incorpore suas esperanças, desejos e sonhos. Se você seguir essas instruções, deverá ter três listas: seu verdadeiro eu, seu eu esperado e seu eu ideal.

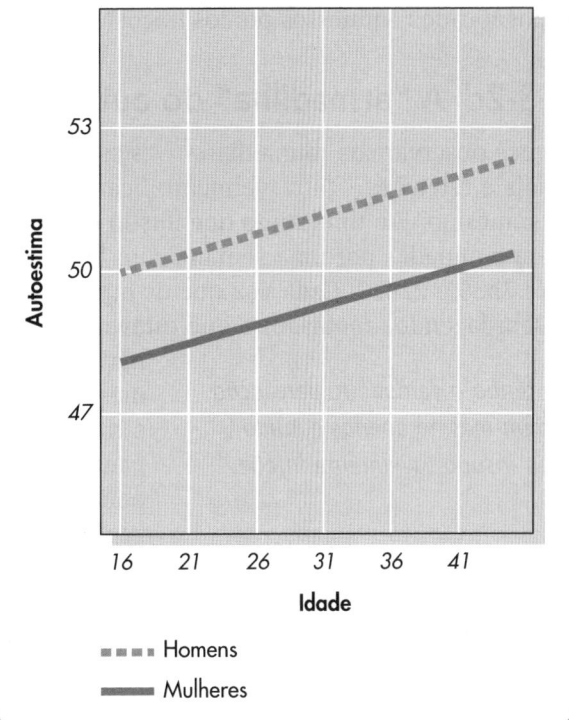

● FIGURA 3.9

Diferenças de idade e gênero na autoestima

Em um estudo on-line, quase 1 milhão de pessoas avaliaram sua autoestima. Em um padrão mais pronunciado em alguns países que em outros, essas autoavaliações foram, em média, mais altas entre os homens que entre as mulheres. Você também pode verificar que as avaliações melhoraram com a idade, da adolescência à idade adulta.
Bleidorn et al. (2016, p. 402).

Pesquisas mostram que essas listas podem ser aplicadas para inferir a autoestima e o bem-estar emocional. A primeira lista é o seu autoconceito. As outras representam seus padrões pessoais, ou *autoguiadores*. Ao ficar aquém desses padrões, você experimenta baixa autoestima, emoções negativas e, em casos extremos, um sério transtorno afetivo. A consequência exata depende de qual autoguia não consegue alcançar. Se houver uma discrepância entre o seu eu real e o seu eu esperado, você se sentirá culpado, envergonhado e ressentido. Pode até sofrer de medos excessivos e distúrbios relacionados à ansiedade. Se a incompatibilidade é entre o seu eu real e o ideal, você se sentirá desapontado, frustrado, insatisfeito e triste. Na pior das hipóteses, pode chegar a ficar deprimido (Boldero e Francis, 2000; Higgins, 1999; Strauman, 1992). Cada um de nós lida com algum grau de discrepâncias do self. Na verdade, pesquisas recentes mostram que as discrepâncias do self tendem a permanecer estáveis ao longo do tempo, pelo menos quando testadas novamente ao longo de três anos (Watson et al., 2016). Em casos extremos, altos níveis de discrepâncias do self estão associados a ansiedade, depressão e outros transtornos psicológicos (Mason et al., 2019).

As discrepâncias do self podem até mesmo desencadear um processo que se autoperpetua. Participando de um estudo de imagens corporais, mulheres universitárias, com alto nível de discrepâncias do self entre o seu eu real e o seu eu ideal, eram mais propensas a se comparar com modelos magras em comerciais de TV, o que aumentava ainda mais sua insatisfação corporal e depressão (Bessenoff, 2006). Ninguém é perfeito. No entanto, nem todos sofremos com consequências emocionais. O motivo, de acordo com Higgins, é que a autoestima depende de uma série de fatores. Um deles é simplesmente o grau de discrepâncias do self. Quanto maior, pior nos sentimos. Outro fator é a importância das discrepâncias do self. Quanto mais importante é o domínio em que não atingimos as expectativas, mais uma vez, pior nos sentimos. Um terceiro fator é o quanto nos concentramos nas discrepâncias do self. Quanto mais focados nelas estivermos, maior será o dano. Esta última observação levanta uma questão importante: o que nos faz estar mais ou menos focados em nossos pontos fracos? Como resposta, recorremos à teoria do autoconhecimento.

3-2d A "armadilha" do autoconhecimento

Se você observar sua rotina diária – escola, trabalho, mensagens, esportes, atividades de lazer, interações sociais e refeições – provavelmente ficará surpreso com o pouco tempo que realmente passa pensando em si mesmo. Em um estudo que ilustra esse ponto, mais de 100 pessoas, com idades entre 19 e 63 anos, foram equipadas por uma semana com bipes eletrônicos que soavam a cada 2 horas aproximadamente, entre 7h30 e 22h30. Cada vez que os bipes tocavam, os participantes interrompiam o que quer que estivessem fazendo, anotavam o que estavam pensando naquele momento e respondia a um breve questionário. Dos 4.700 pensamentos registrados, apenas 8% eram sobre si mesmos. A maior parte indicava que a atenção estava voltada para o trabalho e para outras atividades. Na verdade, quando os participantes estavam pensando em si mesmos, eles relataram se sentir um pouco infelizes e com vontade de estar fazendo outra coisa (Csikszentmihalyi e Figurski, 1982).

"Eu tenho a verdadeira percepção de mim mesmo apenas quando estou insuportavelmente infeliz."

– Franz Kafka

Estado de autoconsciência A descoberta de que as pessoas podem ficar infelizes ao pensar em si mesmas é interessante, mas o que isso significa? A autorreflexão revela nossas deficiências pessoais da mesmo modo que ao olhar no espelho vemos cada marca que temos no rosto? A autoconsciência é um estado mental desagradável do qual precisamos fugir?".

Muitos anos atrás, Robert Wicklund e seus colegas apresentaram uma teoria que afirmava que sim (Duval e Wicklund, 1972; Silvia e Duval, 2001; Wicklund, 1975). De acordo com sua **teoria da autoconsciência**, a maioria das pessoas não costuma ser autocentrada, mas é previsível que certas situações nos forcem a nos voltar para dentro e nos tornarmos objetos de nossa atenção. Quando falamos sobre nós mesmos, olhamos para um espelho, ficamos diante de uma plateia ou de uma câmera, vemos um vídeo de nós mesmos ou nos comportamos de maneira socialmente conspícua, entramos em um estado de grande percepção de nós mesmos que nos leva naturalmente a comparar nosso comportamento com algum padrão superior. Até mesmo uma sala bem iluminada pode nos fazer sentir autoconscientes e extremamente "preocupados com o que as outras pessoas pensam" (Steidle e Werth, 2014).

Como você pode imaginar, comparar-se a algum padrão superior geralmente resulta em uma discrepância negativa e uma redução temporária na autoestima, conforme percebemos que não o atingimos. Assim, os participantes da pesquisa sentados em frente a um espelho tendiam a reagir mais negativamente às suas discrepâncias do self, muitas vezes entrando em um estado de ânimo negativo (Hass e Eisenstadt, 1990; Phillips e Silvia, 2005). Curiosamente, os japoneses – cuja cultura já os leva a se preocupar muito com sua "face" pública – não são afetados pela presença do espelho (Heine et al., 2008).

As consequências da autoconsciência na vida real podem ser substanciais. Quanto mais focadas em si mesmas, em geral, maior a probabilidade de as pessoas se sentirem de mau humor (Flory et al., 2000) ou ficarem deprimidas (Pyszczynski e Greenberg, 1987). Pessoas egocêntricas também são mais propensas a sofrer de alcoolismo,

> **teoria da autoconsciência** Teoria em que a atenção focada em si mesmo leva as pessoas a perceber as discrepâncias do self, motivando assim uma fuga da autoconsciência ou uma mudança no comportamento.

ansiedade e outros distúrbios clínicos (Mor e Winquist, 2002) e a ter pensamentos autodestrutivos quando não atingem seus padrões (Chatard e Selimbegovic, 2011).

Há uma solução? A teoria da autoconsciência sugere duas maneiras básicas de lidar com esse desconforto: (1) "adaptar-se" comportando-se de maneiras que ajudem a reduzir nossas discrepâncias do self ou (2) "fugir", afastando-se da autoconsciência. De acordo com Charles Carver e Michael Scheier (1981), a escolha da solução depende se a pessoa considera poder reduzir suas discrepâncias do self e se está satisfeita com o progresso que faz ao tentar. Nesse caso, a tendência é adaptar seu comportamento aos padrões pessoais ou sociais; do contrário, vai se desligar e procurar distrações que desviem a atenção sobre si mesma. Esse processo é ilustrado na • Figura 3.10.

Em geral, as pesquisas sugerem que, quando as pessoas são focadas em si mesmas, é mais provável que se comportem de maneira coerente com seus valores pessoais ou com ideais socialmente aceitas. É por isso que uma equipe de pesquisadores, depois de usar luzes brilhantes para induzir um estado de autoconsciência, concluiu que "boas lâmpadas são a melhor polícia" (Zhong et al., 2010).

Dois estudos de campo interessantes ilustram esse ponto. Em um deles, crianças com máscaras, fantasias e rostos pintados para o Halloween foram recebidas à porta por um pesquisador que as deixou sozinhas e livres para se servirem de uma vasilha com doces. Embora as crianças tenham sido instruídas a pegar apenas um doce, 34% violaram o pedido. Quando um espelho de corpo inteiro foi colocado atrás da vasilha de doces, entretanto, esse número caiu para 12%. Aparentemente, o espelho forçava as crianças a se concentrarem em si mesmas, levando-as a se comportar de maneira coerente com os padrões desejáveis de conduta social (Beaman et al., 1979).

Em um segundo estudo, na Inglaterra, os clientes em uma lanchonete deviam pagar por seu café, chá e leite depositando o dinheiro em uma "caixa da honestidade", sem supervisão. Pendurado na parede atrás do balcão estava um pôster com uma imagem de flores ou um par de olhos. Ao calcular a relação entre o dinheiro depositado e as bebidas consumidas, os pesquisadores observaram que os pagamentos quase triplicavam diante do cartaz com os olhos (Bateson et al., 2006).

A teoria da autoconsciência afirma que, se uma redução bem-sucedida das discrepâncias do self parecer improvável, os indivíduos seguirão um segundo caminho: fugir da autoconsciência. Baumeister (1991) teorizou que abuso de drogas, masoquismo sexual, êxtase espiritual, compulsão alimentar e suicídio cumprem essa função escapista. Até a televisão pode servir de escape. Sophia Moskalenko e Steven Heine (2003) levaram estudantes universitários a um laboratório e testaram duas vezes as discrepâncias do self deles entre os padrões ideal e real. Metade assistiu a um breve vídeo sobre a natureza antes do segundo teste. Em um segundo estudo, os alunos foram enviados para casa levando o questionário e foram orientados a preenchê-lo antes ou depois de assistir à TV. Em ambos os casos, aqueles que assistiram à TV

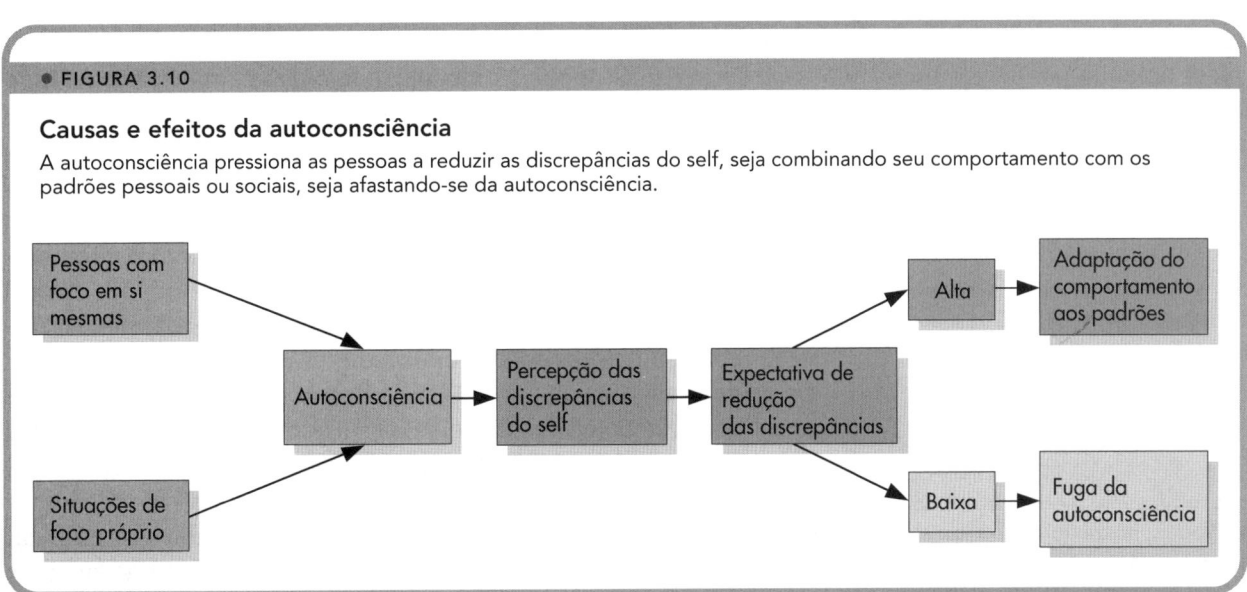

• FIGURA 3.10

Causas e efeitos da autoconsciência
A autoconsciência pressiona as pessoas a reduzir as discrepâncias do self, seja combinando seu comportamento com os padrões pessoais ou sociais, seja afastando-se da autoconsciência.

apresentaram discrepâncias do self menores na segunda medição. Ainda em um terceiro estudo, os alunos que foram informados de que tinham se saído mal em um teste de QI passaram mais tempo assistindo à TV enquanto esperavam no laboratório aqueles que foram informados de que haviam sido bem-sucedidos. Talvez a TV e outras formas de entretenimento permitam às pessoas "ver seus problemas se afastarem".

Uma preocupante consequência para a saúde diz respeito ao uso de álcool. De acordo com Jay Hull, as pessoas muitas vezes afogam suas mágoas em uma garrafa como modo de escapar das consequências negativas da autoconsciência. Para testar essa hipótese, Hull e Richard Young (1983) realizaram um suposto teste de QI com participantes do sexo masculino e deram um *feedback* falso, sugerindo que haviam ido bem ou mal. Supostamente como parte de um outro estudo, esses participantes foram então convidados a provar e avaliar diferentes vinhos. Durante um período de degustação de 15 minutos, os experimentadores registraram o quanto eles beberam. Como previsto, os participantes com tendência à autoconsciência informados de que tinham ido mal beberam mais vinho que os informados de haver ido bem, presumivelmente para aliviar o golpe em sua autoestima. Entre os participantes sem tendência à autoconsciência, não houve diferença no consumo de álcool. Esses resultados não são nenhuma surpresa. Na verdade, muitos de nós esperam que o álcool proporcione essa forma de alívio (Leigh e Stacy, 1993) e ajude-nos a controlar nossos altos e baixos emocionais (Cooper et al., 1995).

Claude Steele e Robert Josephs (1990) propuseram que a embriaguez oferece mais que apenas um meio de desligar o eu. O álcool pode fazer com que percamos o contato com quem somos e eliminemos nossas inibições (Giancola et al., 2010). Também pode evocar em nós um estado de "aumento do ego". Em um estudo, por exemplo, os participantes avaliaram seu eu real e seu eu ideal de acordo com várias características – algumas delas importantes para a autoestima, outras não. Depois de tomar um coquetel de vodca 80 ou um placebo sem efeito, eles se reavaliaram com base nas mesmas características. Conforme medido pela discrepância percebida entre o eu real e o eu ideal, os participantes que haviam bebido expressaram opiniões com mais acertos sobre si mesmos em relação às características que consideravam importantes (Banaji e Steele, 1989).

Característica da autoconsciência Assim como *situações* provocam um estado de autoconsciência, alguns *indivíduos* costumam prestar mais atenção em si mesmos que outros. A pesquisa revelou uma diferença importante entre **autoconsciência privada** – a tendência de introspecção sobre nossos pensamentos e sentimentos íntimos – e **autoconsciência pública** – a tendência de focar em nossa imagem pública externa (Buss, 1980; Fenigstein, 2009; Fenigstein et al., 1975). A ▲ Tabela 3.1 apresenta uma amostra de itens usados para medir essas características.

A autoconsciência privada e a autoconsciência pública são características distintas. Pessoas com pontuação alta em um teste de autoconsciência privada tendem a preencher sentenças incompletas com pronomes em primeira pessoa. Também fazem afirmações autodescritivas e reconhecem palavras relevantes para si mais rapidamente que outras palavras (Eichstaedt e Silvia, 2003; Mueller, 1982). Em contraste, quem tem alta pontuação no teste de autoconsciência pública é sensível à maneira como é visto de uma perspectiva externa. Assim, quando essas pessoas foram solicitadas a desenhar uma letra E maiúscula em suas testas, 43% daqueles com altos níveis de autoconsciência pública, em comparação com apenas 6% daqueles com níveis baixos, posicionara o E de modo que ficasse ao contrário valendo-se de seu ponto de vista, mas correto para um observador (Hass, 1984). As pessoas que têm alto grau de autoconsciência pública também são particularmente sensíveis às opiniões compartilhadas pelos outros (Fenigstein e Abrams, 1993).

A distinção entre autoconsciência pública e autoconsciência privada tem implicações sobre como reduzir as discrepâncias do self. De acordo com Higgins (1989), as pessoas são motivadas a atingir os padrões estabelecidos por elas mesmas ou os padrões esperados delas por outras pessoas importantes. Se você tem autoconsciência privada, ouve uma voz interior e tenta reduzir as discrepâncias em relação aos seus padrões; se a sua autoconsciência é pública, no entanto, você tenta adequar seu comportamento às normas

> **autoconsciência privada** Característica da personalidade de indivíduos que são introspectivos, que costumam perceber seus estados internos.
>
> **autoconsciência pública** Característica da personalidade de indivíduos que focam em si mesmos como objetos sociais, no modo como são vistos pelos outros.

▲ TABELA 3.1

Qual o seu nível de autoconsciência?

Esses são alguns itens que aparecem na Escala de Autoconsciência. Quantas dessas afirmações, indicando autoconsciência pública ou privada, você usaria para se descrever?

Itens que medem a autoconsciência privada

- Estou sempre tentando me descobrir.
- Estou constantemente examinando meus motivos.
- Muitas vezes sou o objeto de minhas fantasias.
- Estou alerta para mudanças no meu humor.
- Estou ciente de como minha mente funciona quando tento resolver um problema.

Itens que medem a autoconsciência pública

- Estou preocupado com o que as outras pessoas pensam de mim.
- Sinto-me autoconsciente quanto à minha aparência.
- Sinto-me preocupado com a maneira como me apresento.
- Normalmente preocupo-me em causar uma boa impressão.
- Uma das últimas coisas que faço antes de sair de casa é me olhar no espelho.

De Fenigstein et al. (1975).

socialmente aceitas. Conforme ilustrado na • Figura 3.11, pode haver "dois lados do self: um para você e um para mim" (Scheier e Carver, 1983, p. 123).

Deus: como uma câmera no céu? Considerando as nações, as culturas e as religiões no geral, mais de 90% das pessoas na Terra acreditam em Deus ou em alguma outra força onipotente. Na maioria das religiões, as pessoas acreditam que Deus observa, avalia, recompensa e pune as pessoas por seu comportamento moral e imoral (Atran e Norenzayan, 2004).

Para quem tem fé, pensar em Deus tende a ativar um estado de foco em si mesmo – assim como acontece quando estamos diante de câmeras, microfones e outros tipos de vigilância. Como vimos, a teoria da autoconsciência prevê que o foco em si mesmo tende a aumentar a preocupação com nossos padrões pessoais de bom comportamento. Pensar em Deus tem esse efeito? Em uma série de experimentos, Will Gervais e Ara Norenzayan (2012) utilizaram uma escala de fé para classificar as pessoas em um grupo de fiéis convictos e um de fiéis com menor grau de fé. Todos os participantes foram selecionados aleatoriamente para realizar uma tarefa de escrita na qual precisariam pensar em Deus, na presença de outras pessoas ou em algo neutro. Um estudo mostrou que os fiéis convictos que foram solicitados a pensar em Deus –

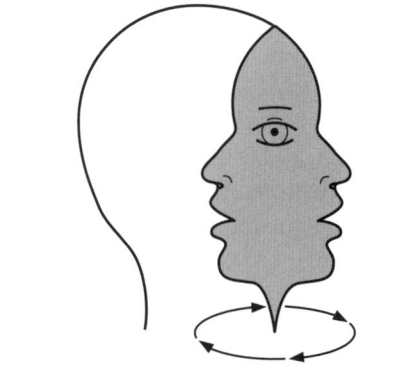

• FIGURA 3.11

A imagem giratória do self

De acordo com a teoria da autoconsciência, as pessoas tentam atingir seus padrões ou padrões mantidos por outras pessoas – dependendo, talvez, de estarem em um estado de autoconsciência pública ou privada. Como Scheier e Carver (1983, p. 123) colocam, existem "dois lados do self: um para você e outro para mim".
Snyder (1983).

diferentemente dos fiéis com menor grau de fé – ficaram mais autoconscientes, como se estivessem sendo observados. Um segundo estudo mostrou que pensar em Deus, em vez de pensar em algo neutro, levou os fiéis a responder a várias perguntas de modo socialmente desejável – alegando, por exemplo, que sempre são bons ouvintes e que nunca se irritam com pessoas que pedem por favores. Para indivíduos de fé, observa Gervais e Norenzayan, Deus é "como uma câmera no céu" (ver • Figura 3.12).

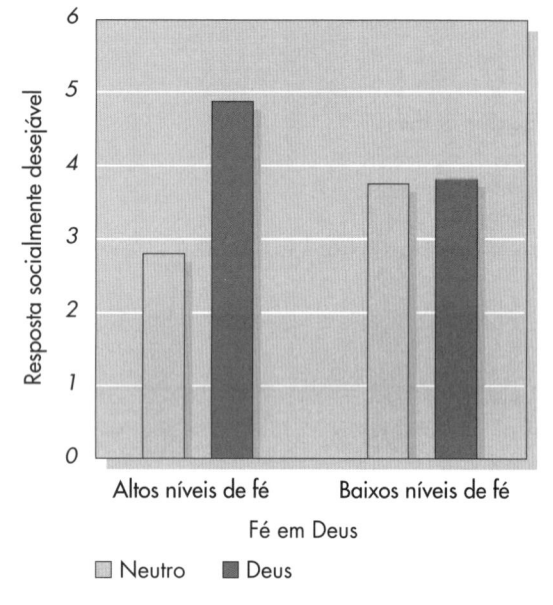

FIGURA 3.12

Pensar em Deus produz efeitos de autoconsciência?

Os participantes classificados com maior ou menor grau de fé completaram uma tarefa escrita que levou-os a pensar sobre Deus ou algo neutro. Depois, responderam a perguntas sobre si mesmos. Em consonância com a teoria da autoconsciência, pensar em Deus – em oposição a pensar em algo neutro – levou os crentes com maior grau de fé (mas não os com menor grau) a responder às perguntas de maneiras que fossem mais desejáveis socialmente.

Baseado em Gervais e Norenzayan (2012).

Como você pode esperar dessa descoberta, outras pesquisas mostraram que pensar em Deus pode levar os fiéis a se comportar socialmente melhor em relação aos outros. Em um estudo, apresentado em um artigo intitulado "Deus está observando você", os participantes receberam 10 moedas de 1 dólar para guardar ou doar a um desconhecido. Antes de começar essa "tarefa de tomada de decisão econômica", os participantes deveriam reorganizar frases contendo palavras neutras ou relacionadas à religiosidade (*Deus, divino, espírito, profeta, sagrado*). Quanto dos 10 dólares os participantes deram ao desconhecido? Aqueles que trabalharam com palavras neutras doaram uma média de 1,84 dólar; aqueles que trabalharam com palavras relacionadas a Deus doaram mais que o dobro dessa quantia, uma média de 4,44 dólares (Shariff e Norenzayan, 2007). Considerando que pensar em um Deus onisciente deveria reduzir a sensação de anonimato das pessoas e aumentar o senso de responsabilidade, outros pesquisadores descobriram que lembrar-se de Deus aumenta a resistência à tentação – medida, por exemplo, pela quantidade de biscoitos de chocolate que os participantes comeram em um experimento de degustação (Laurin et al., 2012).

Em todo o mundo, estima-se que 1,5 bilhão de adeptos do hinduísmo, do budismo e de outras religiões asiáticas acreditam no *Karma* – a noção de que, por meio de uma força espiritual, boas ações fazem com que coisas boas aconteçam e más ações causam coisas ruins, seja em um momento posterior da vida ou em uma vida futura. Em última análise, nessa visão de mundo, as pessoas recebem o que merecem à luz de suas ações anteriores (White et al., 2019). Acreditar no Karma, assim como acreditar em Deus, leva as pessoas a se sentirem mais autoconscientes, mais responsáveis e, portanto, a se comportarem de maneira mais adequada às normas sociais? Em uma série de experimentos, os participantes jogaram um jogo com um parceiro on-line anônimo e depois puderam decidir como dividir o dinheiro do pagamento pela participação entre eles e esse parceiro. Em todas as vezes que foram induzidos a pensar no Karma, o egoísmo entre os crentes de várias religiões que acreditam nesse conceito diminuiu, do mesmo modo que um lembrete para pensar em Deus diminuiu o egoísmo entre os que creem em Deus (White et al., 2020).

3-2e O autocontrole e seus limites

Até este ponto, vimos que focar a atenção em nós mesmos pode nos motivar a fiscalizar nosso comportamento e nos ajudar a alcançar ideais pessoais ou sociais. Alcançar esses objetivos – que nos permitem reduzir as discrepâncias do self que nos assombram – significa que devemos nos engajar constantemente em **autocontrole** – processos pelos quais buscamos controlar ou alterar nossos pensamentos, sentimentos, comportamentos e impulsos a fim de viver uma vida socialmente aceitável. Desde nos levantarmos da cama pela manhã cedo até fazer dieta, correr um quilômetro a mais, limitar o quanto

autocontrole Processo pelo qual as pessoas controlam seus pensamentos, sentimentos ou comportamento para atingir um objetivo pessoal ou social.

bebemos em uma festa, praticar sexo seguro, sorrir educadamente para pessoas de quem não gostamos de verdade e trabalhar quando temos coisas mais divertidas para fazer, o exercício do autocontrole é algo que aprendemos quando crianças e fazemos o tempo todo (Bridgett et al., 2015; Carver e Scheier, 1998; Forgas et al., 2009; Vohs e Baumeister, 2016).

Os conflitos entre nossos desejos e a necessidade do autocontrole são constantes. Quando uma amostra de 205 adultos usou *beepers* por uma semana e relatou seus estados atuais no momento dos alertas, eles indicaram 7.827 episódios de *desejo* – incluindo, em ordem, desejos biológicos de comer, dormir e beber, seguido por desejos de acesso à mídia, atividades de lazer, contato social, cuidados pessoais e higiene, sexo, trabalho e atividades esportivas. Em quase metade dos casos, o desejo foi descrito como estando em conflito com outras motivações, objetivos e valores dos participantes (Hofmann et al., 2012).

Embora a necessidade seja constante, Mark Muraven e Roy Baumeister (2000) teorizaram que o autocontrole é um recurso interno limitado que pode se esgotar temporariamente por causa do uso. Existem dois componentes em sua teoria. O primeiro é que os esforços de autocontrole derivam de um único ponto comum. O segundo é que exercitar o autocontrole é como treinar um músculo: uma vez utilizado, cansa-se e perde força, tornando mais difícil exercer o autocontrole – pelo menos por um tempo, até que o recurso seja reabastecido. Negue a si mesmo o sorvete ou *donut* que dá água na boca, e ficará mais difícil controlar um temperamento quando for provocado. Tente esconder o medo de ficar diante de uma plateia e será mais difícil resistir à tentação de assistir à TV quando deveria estar estudando.

Pesquisas têm apoiado essa instigante hipótese. Muraven e Baumeister (1998) fizeram os participantes assistirem a um breve trecho de um filme desconcertante que mostrava cenas de animais doentes e moribundos expostos a resíduos radioativos. Alguns dos participantes foram instruídos a reprimir suas respostas emocionais ao vídeo, incluindo suas expressões faciais; outros foram instruídos a exagerar suas respostas faciais; e um terceiro grupo não recebeu instruções especiais. Antes e depois do filme, o autocontrole foi medido pelo tempo que os participantes conseguiam manter-se apertando um *hand grip* sem soltar. Conforme previsto, aqueles que tiveram que inibir ou amplificar as emoções durante o filme – mas não os do terceiro grupo – perderam a força na tarefa de segurar o aparelho na primeira e na segunda vez que tentaram (veja a • Figura 3.13). Em experimentos de laboratório e na vida cotidiana, outros estudos confirmam o ponto: depois que as pessoas mantêm o autocontrole durante uma tarefa, sua capacidade de autocontrole enfraquece – levando-os a falar demais, revelando mais do que deveriam ou se vangloriando em uma situação social posterior (Hagger et al., 2010; Hofmann et al., 2012).

Parece que podemos nos controlar até certo ponto antes que a fadiga do autocontrole se instale, fazendo-nos "perdê-lo". O que pode significar, então, para pessoas que estão constantemente controlando seu comportamento? Para descobrir a resposta, Kathleen Vohs e Todd Heatherton (2000) exibiram um documentário curto e enfadonho para estudantes universitárias, metade das quais faziam dieta constantemente. Na sala de exibição – ao alcance (grande tentação) ou a 3 metros de distância (baixa tentação) – estava uma vasilha cheia de Skittles, M&M's, Doritos e amendoim salgado e as participantes estavam à vontade para provar. Depois de assistir ao filme, elas foram levadas a outra sala para uma degustação de sorvete e disseram a elas que poderiam comer o

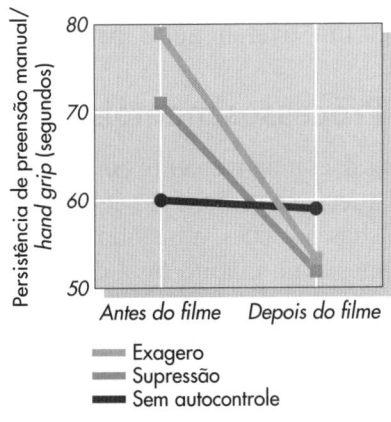

• FIGURA 3.13

O autocontrole como um recurso interno limitado

Os participantes assistiram a um filme de impacto e foram orientados a exagerar ou a reprimir suas respostas emocionais (um terceiro grupo não recebeu instruções referentes a autocontrole). Antes e depois, o autocontrole foi medido pela persistência em apertar um *hand grip*. Como ficou demonstrado, os dois grupos que tiveram de controlar as emoções durante o filme – mas não os do terceiro grupo – mais tarde não conseguiram persistir em manter o equipamento pressionado.
Muraven e Baumeister (1998).

> **• FIGURA 3.14**
>
> **Acreditar na força de vontade prediz o autocontrole?**
> Acompanhando estudantes universitários ao longo do tempo, pesquisadores descobriram que os alunos que endossavam a convicção de a força de vontade ser ilimitada, em comparação àqueles que acreditavam ser limitada, tinham menos probabilidade de procrastinar quando as demandas de trabalho eram altas.
> Job et al. (2015).
>
> [Gráfico de barras com eixo Y "Procrastinação" de 1 a 7, eixo X com "Baixa demanda" (Teoria da força de vontade ilimitada ≈ 2,2; Teoria da força de vontade limitada ≈ 1,9) e "Alta demanda" (Teoria da força de vontade ilimitada ≈ 3,9; Teoria da força de vontade limitada ≈ 5,0).]

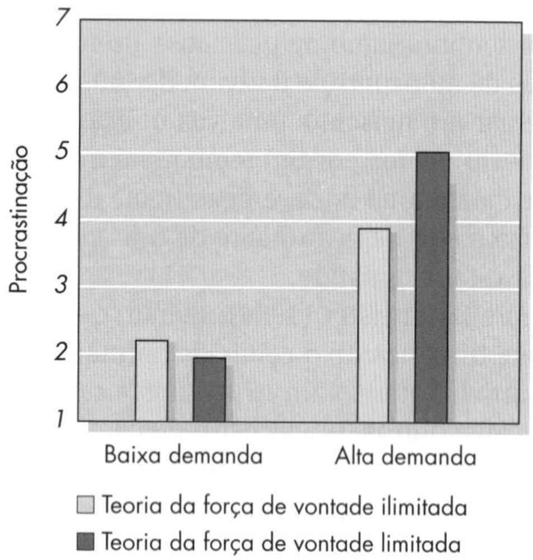

quanto quisessem. Quanto sorvete consumiram? Os pesquisadores previram que quem estivesse de dieta e se sentasse ao lado de uma vasilha com doces e salgadinhos teria de se esforçar muito para evitar consumir algo – um ato de autocontrole que custa caro na sequência. A previsão foi confirmada. Conforme medido pela quantidade de sorvete consumido durante a degustação, as estudantes que faziam dieta e estavam na condição de alta tentação consumiram mais sorvete que as outras que não faziam dieta e as que faziam dieta, mas tinham sido colocadas na situação de baixa tentação. Além disso, um segundo estudo mostrou que as participantes que estavam de dieta e tiveram de relutar contra o desejo na situação de alta tentação, posteriormente, quando solicitadas a resolver um conjunto impossível de problemas cognitivos, persistiu menos e desistiu mais rápido.

Pesquisas adicionais concentraram-se em saber se os limites de recursos do autocontrole são absolutos e imutáveis ou se podemos superar esses limites por meio da *força de vontade*. Por um lado, alguns estudos sugerem que a fadiga do autocontrole sempre se instala porque exercer autocontrole é fisicamente desgastante, conforme medido pela quantidade de glicose que tal comportamento consome, uma fonte vital de energia corporal (Gailliot et al., 2007).

No entanto, outras pesquisas indicam que fatores psicológicos podem neutralizar a fadiga do autocontrole. Por exemplo, Veronika Job et al. (2010, 2015) apresentaram a tese de que as pessoas que acreditam que a força de vontade não tem limites ("Depois de uma atividade mental extenuante, você se sente energizado para novas atividades desafiadoras"), são mais propensas a manter o autocontrole após o esforço que aqueles que acreditam que o autocontrole é limitado e difícil de ser superado ("Depois de uma atividade mental extenuante, sua energia se esgota e você deve descansar para recuperá-la"). Em estudos longitudinais que acompanharam estudantes universitários ao longo de um semestre, esses pesquisadores descobriram que os alunos que endossavam a convicção de que a força de vontade não tem limites eram mais capazes de se autocontrolar antes dos exames finais: eles comeram menos alimentos não saudáveis, fizeram menos compras por impulso, e passaram mais tempo estudando. Na verdade, entre os alunos que tiveram uma carga horária mais pesada que o normal, aqueles que endossaram a teoria procrastinaram menos e, por fim, tiveram notas mais altas (ver • Figura 3.14).

3-2f Processos mentais paradoxais

Há outro possível inconveniente em relação ao autocontrole que é frequentemente observado nos esportes, quando os atletas se tornam tão autocentrados sob pressão que "travam". Embora muitos atletas estejam à altura de suas posições, a história do esporte está repleta de histórias de jogadores de basquete que perdem o arremesso no minuto final de um jogo de campeonato, de jogadores de golfe que não conseguem dar uma boa tacada para vencer um torneio e jogadores de tênis que de repente erram o saque, cometendo dupla falta no momento mais importante.

"Travar" parece ser um tipo paradoxal de falha causada pelo esforço e pelo pensamento excessivos. Quando você aprende uma nova atividade motora, como arremessar uma bola ou dar um salto, é preciso pensar na mecânica de forma lenta e cautelosa. À medida que você ganha experiência, no entanto, seus movimentos se tornam automáticos, de modo que já não é preciso se preocupar com o tempo, a respiração, a posição da cabeça e dos membros ou a distribuição do peso. Você relaxa e simplesmente faz. A menos que sejam treinados para atuar focados em si mesmos, os atletas tentam ao máximo não falhar quando estão sob pressão, o que faz com que fiquem autoconscientes e pensem demais – esse padrão perturba o fluxo natural e fluido de seu desempenho (Beilock e Carr, 2001; Gray, 2004).

"O estágio mais elevado possível na cultura moral é quando reconhecemos que devemos controlar nossos pensamentos."
– Charles Darwin

Os efeitos paradoxais da tentativa de autocontrole também são evidentes em outras situações. Estudando o que chamou de *processos paradoxais*, Daniel Wegner (1994) descobriu que, às vezes, quanto mais você tenta inibir um pensamento, sentimento ou comportamento, menor é a probabilidade de sucesso. Tente não pensar em um urso branco pelos próximos 30 segundos, e essa mesma imagem invade a consciência com frequência notável, ele descobriu. Instrua os membros de um júri a desconsiderar provas improcedentes, e o material censurado certamente virá à mente no momento da deliberação. Tente não se preocupar com o tempo que leva para adormecer e você ficará acordado. Tente não rir na aula, não pensar no bolo de chocolate na geladeira ou não coçar o nariz – bem, essa é a ideia.

De acordo com Wegner, todo esforço consciente para manter o controle vem acompanhado da preocupação em não conseguir mantê-lo. Essa preocupação dispara automaticamente um "processo operacional paradoxal" à medida que a pessoa, tentando *não* falhar, busca em sua mente o pensamento indesejado. O processo paradoxal não vai necessariamente prevalecer, segundo Wegner. Às vezes, podemos eliminar o urso branco imaginário do pensamento. Mas se a pessoa está cognitivamente ocupada, cansada, distraída, apressada ou sob estresse, então o processo paradoxal, já que "simplesmente acontece", prevalecerá sobre o processo intencional, que requer atenção e esforço consciente. Como Wegner (1997) colocou, "Qualquer tentativa de controle mental contém a semente de não conseguir mantê-lo" (p. 148).

Processos paradoxais foram observados em uma ampla gama de comportamentos. Em um estudo intrigante envolvendo coordenação motora, Wegner et al. (1998) fizeram participantes segurar um pêndulo (um pendente cristalino suspenso por uma linha de pesca de náilon) sobre o centro de dois eixos que se cruzavam sobre uma base de vidro. Alguns participantes estavam instruídos simplesmente a manter o pêndulo estável; outros receberam orientações para não permitir que ele balançasse para a frente e para trás ao longo do eixo horizontal. Tente você mesmo e verá que não é fácil impedir todos os movimentos.

Por que alguns atletas travam sob pressão e outros se adaptam à situação? Indo para os Jogos Olímpicos de Inverno de 2006 em Turim, Itália, o arrojado piloto norte-americano de *downhill* Bode Miller, de New Hampshire, era o favorito para ganhar várias medalhas de ouro. Mesmo assim, depois de escorregar, cair e não superar barreiras, não conseguiu ganhar uma única medalha, de ouro ou não (à esquerda). Por outro lado, as jogadoras norte-americanas de vôlei de praia Misty May-Treanor e Kerri Walsh Jennings já haviam sido duas vezes medalhistas de ouro quando chegaram aos Jogos Olímpicos de 2012, em Londres. Apesar da pressão para defender o título, elas realizaram uma série de jogos precisos e conquistaram o ouro pela terceira Olimpíada seguida (à direita).

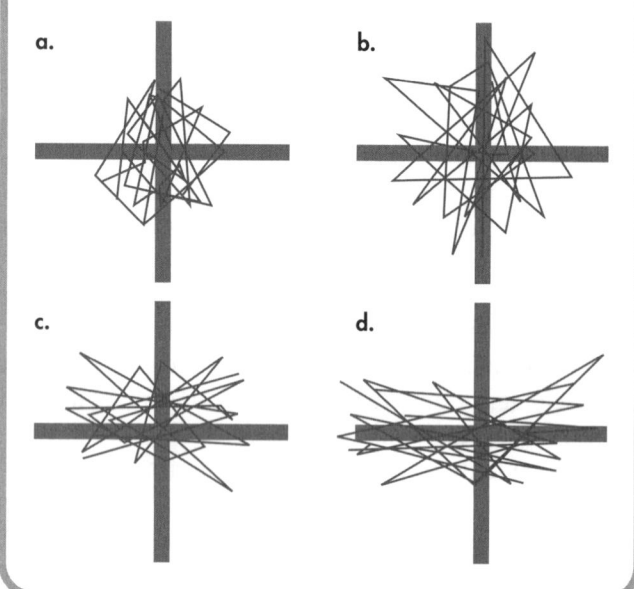

• FIGURA 3.15

Efeitos paradoxais do controle mental

Nesse estudo, os participantes tentaram segurar, sem movimentar, um pêndulo sobre uma cruz. Conforme ilustrado nos traçados mostrados aqui, eles foram mais bem-sucedidos na tarefa quando simplesmente instruídos a manter o pêndulo estável (a) que quando especificamente instruídos a evitar o movimento horizontal (c). Entre os participantes que estavam mentalmente distraídos durante a tarefa, esse efeito paradoxal foi ainda maior (b e d).
Wegner et al. (1998).

Nesse experimento, entretanto, o pêndulo tinha mais probabilidade de oscilar horizontalmente quando essa direção era especificamente proibida. Para examinar mais a fundo o papel da distração mental, os pesquisadores fizeram alguns participantes contarem regressivamente de sete em sete, a partir de mil, enquanto tentavam controlar o pêndulo. Nessa situação, o efeito paradoxal foi ainda maior. Entre aqueles que tentaram evitar o movimento horizontal, mas não conseguiram se concentrar totalmente na tarefa, o pêndulo balançou livremente para a frente e para trás na direção proibida (ver • Figura 3.15).

Aplicando essa lógica para guardar segredos, outros pesquisadores verificaram que instruir jogadores de palavras cruzadas e de outros jogos do tipo a esconder pistas de outro jogador, essa tendência de ele vazar informações aumentou, em vez de diminuir (Lane et al., 2006). Pode parecer cômico e trágico, mas às vezes nossos esforços de autocontrole saem pela culatra, frustrando até mesmo a melhor das intenções.

3-2g Mecanismos de autoaperfeiçoamento

Vimos que a autoconsciência pode diminuir a autoestima ao concentrar a atenção nas discrepâncias do self. Vimos que muitas vezes as pessoas evitam focar a si mesmas e se afastam de verdades desagradáveis, mas nem sempre é possível. E vimos que os esforços de autocontrole frequentemente falham e às vezes até saem pela culatra. Como, então, a pessoa padrão lida com suas falhas, inadequações e com o futuro incerto?

> Às vezes, quanto mais você tentar controlar um pensamento, sentimento ou comportamento, menor será a probabilidade de sucesso.
>
> **VERDADEIRO**

Síndrome da superioridade ilusória Pelo menos nas culturas ocidentais, grande parte das pessoas na maioria das vezes tem alto conceito de si mesmas. Em geral e em diversas áreas da vida, as pessoas veem as características positivas como mais autodescritivas que as negativas, avaliam melhor a si mesmas que aos outros, avaliam melhor a si mesmas que são avaliadas pelos outros, exageram em seu controle sobre os eventos da vida e preveem um futuro excepcional para si (Dunning et al., 2004; Sedikides e Gregg, 2008; Taylor, 1989).

A lista de motivos para o autoaperfeiçoamento é longa e diversa. As pesquisas mostram que as pessoas superestimam sua eficácia como palestrantes (Keysar e Henly, 2002), superestimam suas contribuições para um grupo e o quanto esse grupo sentiria sua falta caso se ausentassem (Savitsky et al., 2003), recordam seletivamente o *feedback* positivo enquanto negligenciam o negativo (Green et al., 2008), acreditam que vão conseguir mais no futuro do que tiveram no passado (Johnson, 2009), reconhecem-se em autorretratos que foram transformados digitalmente e que apresentam 10% do rosto de alguém considerado muito atraente (Eply e Whitchurch, 2008), e atribuem a si mesmos, mas não aos outros, um futuro potencial ainda desconhecido (Williams et al., 2012).

Em um artigo intitulado "Mais fácil ver do que fazer", (Easier seen than done) Michael Kardas e Ed O'Brien (2018) relataram uma série de experimentos nos quais mostraram vídeos de malabarismos, arremesso de dardos ou do "truque da toalha de mesa", que envolve tirar a toalha da mesa sem deixar os pratos que estão sobre ela caírem no chão (não tente fazer isso em casa!). Em geral, eles descobriram que depois de assistir a um artista habilidoso que faz algo complexo parecer fácil, as pessoas erroneamente e com confiança passam a acreditar que também podem reproduzir a *performance* – mesmo quando não. Essa descoberta reflete outros estudos recentes que mostram que iniciantes em uma nova tarefa desenvolvem rapidamente um excesso de confiança, uma "bolha de iniciante" (Sanchez e Dunning, 2018).

Em relação a outras pessoas, em diversas áreas, parece que é comum acreditarem que são melhores, mais honradas, mais competentes e compassivas que as demais. Esse padrão é conhecido como síndrome da "superioridade ilusória". O que é particularmente interessante é que as pessoas têm mais probabilidade de se verem como melhores que a média no caso de características pessoais importantes. Jonathon Brown (2012) apresentou aos participantes de um estudo uma lista de características e, para cada uma delas, pediu que avaliassem a importância de cada uma, quão bem ela descrevia a si mesma e quão bem descrevia as outras pessoas em geral. Ele descobriu que o efeito é maior para características que foram classificadas como de alta importância (como *honesto*, *gentil*, *responsável* e *inteligente*) que para características de menor importância (como *meticuloso*, *agradável*, *imaginativo* e *extrovertido*).

Egoísmo implícito Talvez não seja surpreendente que as pessoas tendam a se avaliar positivamente em relação aos outros quando explicitamente solicitadas a fazê-lo. No entanto, pesquisas sugerem que elas também apresentam um **egoísmo implícito** – uma expressão inconsciente e sutil de autoestima. O egoísmo implícito é ilustrado em estudos que mostram que as pessoas são mais rápidas em associar palavras "próprias" a traços positivos que a traços negativos. Particularmente interessante a esse respeito é a descoberta de que elas avaliam as letras contidas em seus nomes de modo mais favorável que outras letras do alfabeto (Hoorens e Nuttin, 1993). Essa relação com as letras do próprio nome também é encontrada na preferência pelos números da data de aniversário (Jones et al., 2004).

Brett Pelham e seus colegas (2002) apresentaram a teoria de que as associações positivas que as pessoas criam com a visão e o som de seu nome podem aproximá-las de outras pessoas, lugares e instituições que compartilham esse aspecto mais pessoal do self. Em uma série de instigantes estudos, esses pesquisadores examinaram várias escolhas de vida importantes que fazemos e descobriram que as pessoas exibem uma leve tendência, mas estatisticamente detectável, de gravitar em torno de coisas que contêm as letras de seus nomes. Por exemplo, homens e mulheres têm maior probabilidade do que seria previsto de viver em lugares (Mike em Michigan, George na Geórgia), frequentar escolas (Kari da Universidade de Kansas, Preston da Penn State University), e escolher profissões (Dennis e Denise como dentistas) cujos nomes se assemelham aos seus. Registros de casamento encontrados em sites genealógicos também indicam que as pessoas têm grande probabilidade de se casar com quem tem o nome ou o sobrenome semelhante ao seu (Jones et al., 2004). De maneira sutil, mas notável, parece que inconscientemente buscamos reflexos do self em outras pessoas e em nosso entorno (Pelham et al., 2005).

Uri Simonsohn (2011) não tem tanta certeza de tal conclusão. Embora tenha se impressionado com a evidência de egoísmo implícito no laboratório, esse autor reanalisou os dados da vida real e concluiu que muitas vezes as relações resultavam de um acaso estatístico. Considere a descoberta de que as pessoas têm mais probabilidade que o esperado de se casar com outras cujos nomes se assemelham aos seus. Um olhar mais atento revela que esse efeito pode resultar de um "preconceito étnico", de modo que as pessoas costumam se casar com outras que compartilham o mesmo sobrenome hispânico, asiático ou de outro grupo.

Em resposta, Pelham e Carvallo (2011) apontam para as maneiras pelas quais a crítica de Simonsohn é exagerada. Em um artigo intitulado "Quando Tex e Tess Carpenter constroem casas no Texas", Pelham e Mauricio (2015) usaram dados do censo para descobrir que os homens são mais propensos que o acaso poderia prever a trabalhar em ocupações cujos títulos correspondiam a seus sobrenomes (como padeiro, carpinteiro, agricultor). Eles também usaram os registros de

> **egoísmo implícito** Modo inconsciente de autopromoção.

casamentos do estado para mostrar que as pessoas têm mais probabilidade de se casar com alguém que compartilha números que estejam presentes em sua data de aniversário. Resumindo: parece que as pessoas preferem às letras de seu nome e os números da data do aniversário – e esse resultado pode ser constatado nas escolhas que fazemos na vida real.

Consciente ou inconscientemente, as pessoas se têm em alto apreço. Não podemos todos ser perfeitos, nem podemos ser acima da média. Então, o que apoia essa frequente ilusão? Nesta seção, examinaremos quatro métodos que as pessoas fazem uso para racionalizar ou aumentar sua autoestima de outro modo: convicções de autoconveniência, autodestruição, aproveitar-se do sucesso alheio e fazer comparações sociais descendentes.

"Não vemos as coisas como são, vemos como somos."

– Anaïs Nín

Convicções de autoconveniência Você foi bem no vestibular? Quando James Shepperd (1993) perguntou a estudantes universitários sobre o desempenho deles neste conceituado teste de admissão à faculdade, ele descobriu dois padrões interessantes. Primeiro, os alunos superestimaram suas pontuações reais em uma média de 17 pontos. Essa distorção para cima foi mais pronunciada entre aqueles com pontuações relativamente baixas e persistiu um pouco mesmo quando os alunos sabiam que o experimentador iria verificar seus arquivos acadêmicos. Em segundo lugar, a maioria dos alunos cujas pontuações no vestibular foram baixas alegaram que suas notas estavam erradas e o teste, em geral, como não válido. Na verdade, as notas do vestibular do grupo em sua totalidade foram preditivos de suas médias. Não é que as pessoas estejam delirando. Porém, à medida que as memórias desaparecem, o que ocorre com o passar do tempo, o potencial para lembranças de melhores resultados aumenta (Willard e Gramzow, 2008).

Quando os alunos recebem notas nos exames, aqueles que têm êxito recebem crédito pelo sucesso; aqueles que se saem mal reclamam do professor ou das questões da prova. Os pesquisadores ao terem os artigos aceitos para publicação, creditam a aprovação à qualidade de seu trabalho; quando os artigos são rejeitados, culpam os editores e os revisores. Quando os jogadores ganham uma aposta, ficam admirados com a habilidade; quando perdem, culpam eventos fortuitos que transformaram a quase vitória em derrota. Quer as pessoas tenham autoestima alta ou baixa, expliquem seus resultados publicamente ou em particular e tentem ser honestas ou causar uma boa impressão, a tendência existe. Em várias culturas, as pessoas tendem a receber crédito pelo sucesso e se distanciar do fracasso (Mezulis et al., 2004; Schlenker et al., 1990) – ainda assim, veem-se como objetivos, não como tendenciosos (Pronin et al., 2004)

A maioria de nós também é exageradamente otimista em relação ao futuro. Estudantes universitários que foram solicitados a prever seu futuro em comparação com o de um colega padrão acreditavam que se formariam com notas mais altas, conseguiriam um emprego melhor, teriam um casamento mais feliz e um filho talentoso. Eles também acreditavam que eram menos propensos a serem demitidos ou a se divorciar, sofrer um acidente de carro, ficar deprimidos, ser vítimas de um crime ou sofrer um ataque cardíaco (Weinstein, 1980). Essa é uma tendência consistente. Em assuntos de esportes, política, saúde e doença, relacionamentos românticos, economia e questões sociais, as pessoas exibem um viés otimista – um perfil de pensamento positivo – sobre seu futuro, julgando eventos desejáveis como mais prováveis de ocorrer que eventos indesejáveis (Krizan e Windschitl, 2007; Shepperd et al., 2013).

Talvez um dos motivos pelos quais as pessoas sejam eternamente otimistas seja o fato de abrigarem ilusões de controle, superestimando até que ponto podem influenciar resultados pessoais que, na verdade, não estão em suas mãos (Stefan e David, 2013). Em uma série de experimentos clássicos sobre a ilusão do controle, Ellen Langer (1975) descobriu que estudantes universitários apostavam mais dinheiro em um jogo de cartas quando seu oponente parecia nervoso em vez de confiante, e que relutavam em vender um bilhete de loteria se eles mesmos haviam escolhido os números em vez de serem números já atribuídos.

Emily Pronin e outros (2006) testaram então a hipótese relacionada de que imaginar um evento antes de ocorrer pode levar as pessoas a pensar que o influenciaram. Em um estudo, os participantes viram um confederado treinado fazendo um arremesso em uma quadra de basquete. Antes de cada arremesso, eram instruídos a visualizar o sucesso ("o arremessador solta a bola e esta passa através da rede") ou um evento irrelevante ("o braço do arremessador se flexiona para levantar um halter"). Após o arremesso bem-sucedido do confederado, os espectadores avaliaram a extensão da influência sobre seu desempenho. Como se ligassem os pensamentos aos resultados, exibiram uma ilusão de causalidade mental, assumindo maior crédito quando visualizaram o sucesso do arremessador que quando não o fizeram.

Autoboicote "Meu cachorro comeu meu dever de casa." "Meu pneu furou." "Meu despertador não tocou." "A bateria do meu telefone acabou." "Tive uma forte dor de cabeça." "O árbitro errou." Às vezes, as pessoas inventam desculpas para justificar seus desempenhos anteriores. Às vezes, inventamos desculpas em antecipação ao *desempenho futuro*. As pessoas ao terem medo de falhar em uma situação importante, usam a doença, a timidez, a ansiedade, a dor, o trauma e outras queixas como pretexto para a possibilidade de falha (Snyder e Higgins, 1988). A razão pela qual as pessoas se autoboicotam é simples: ao admitir uma fraqueza física ou mental, podem se proteger do que poderia ser a implicação mais devastadora do fracasso – a falta de competência.

Um tipo de desculpa com a qual muitos de nós podemos nos identificar é a procrastinação – um atraso proposital em iniciar ou concluir uma tarefa que deve ser feita em determinado momento (Ferrari et al., 1995). Algumas pessoas procrastinam habitualmente, enquanto outras o fazem apenas em certas situações. O fenômeno em si é encontrado em muitas culturas – incluindo Espanha, Peru, Venezuela, Inglaterra, Austrália e Estados Unidos – onde quase 15% dos homens e mulheres se identificam como procrastinadores crônicos (Ferrari et al., 2007). Há muitos motivos pelos quais alguém pode adiar o que precisa ser feito – seja estudar para uma prova, fazer compras para o Natal ou preparar a declaração do imposto de renda. Em seu livro *Still procrastinating?*, Joseph Ferrari (2010) observa que um "benefício" implícito da procrastinação é que ajuda a ter um pretexto no caso de um possível fracasso.

Desculpar-se é como lidar com as consequências ameaçadoras do fracasso. Às vezes, no entanto, essa estratégia vai longe demais, como quando as pessoas realmente sabotam seu desempenho. Parece o paradoxo final, mas há momentos em que propositadamente nos propomos ao fracasso a fim de preservar nossa valiosa autoestima. Conforme descrito pela primeira vez por Stephen Berglas e Edward Jones (1978), o **autoboicote** refere-se a ações que as pessoas realizam para prejudicar seu desempenho a fim de ter uma desculpa para o fracasso previsto. Para demonstrar, Berglas e Jones recrutaram estudantes universitários para um experimento supostamente relacionado aos efeitos das drogas no desempenho intelectual. No geral, os participantes trabalharam em um teste de associação de palavras de vinte itens e foram informados de que haviam se saído bem, depois, aguardavam para realizar um segundo teste similar. Para um grupo, os problemas no primeiro teste foram relativamente fáceis, levando os participantes a expectativa de maior sucesso no segundo; para o outro grupo, os problemas não tinham solução, deixando os participantes confusos sobre o sucesso inicial e preocupados com um possível fracasso. Antes de verificar ou fazer o segundo teste, os participantes puderam escolher entre duas drogas: Actavil, que supostamente melhorava o desempenho, e Pandocrin, que supostamente o prejudicava.

Embora nenhum medicamento tenha sido administrado, a maioria dos participantes que estavam confiantes sobre o próximo teste selecionou o Actavil. Já a maioria dos homens (mas não das mulheres) que temiam o resultado do segundo teste escolheu o Pandocrin. Ao se prejudicarem, esses homens propiciaram uma desculpa conveniente para o fracasso – uma justificava, devemos acrescentar, mais positiva para o experimentador que para os participantes. Um estudo de acompanhamento mostrou que, embora o autoboicote ocorra quando o experimentador assiste a escolha da droga, a frequência diminui quando o experimentador não está presente no momento da escolha (Kolditz e Arkin, 1982).

Algumas pessoas usam o autoboicote como defesa mais que outras – e de diferentes maneiras. Por exemplo, alguns homens se autoboicotam ao consumir drogas (Higgins e Harris, 1988) ou não se exercitar (Hirt et al., 1991), enquanto as mulheres tendem a relatar estresse e sintomas físicos (Smith et al., 1983). Outra tática é definir metas muito altas, como os perfeccionistas costumam projetar, o que leva o fracasso a não ser interpretado como reflexo de uma falta de capacidade (Hewitt et al., 2003).

Mais uma tática aplicada para reduzir a pressão de desempenho é as pessoas minimizarem as próprias capacidades, reduzirem

> As pessoas às vezes sabotam seu desempenho para proteger sua autoestima.
>
> **VERDADEIRO**

autoboicote Comportamentos concebidos para sabotar o desempenho a fim de fornecer uma desculpa subsequente para o fracasso.

Quando os veteranos do Vietnã voltaram para casa sem vitória, há mais de 40 anos, foram ignorados, até mesmo desprezados, pelo povo norte-americano. Parece que a tendência de aproveitar o sucesso alheio é acompanhada por uma necessidade igualmente intensa de fugir do fracasso alheio.

suas expectativas e preverem publicamente que vão falhar – uma estratégia de autoapresentação chamada vitimização (*sandbagging*) (Gibson e Sachau, 2000). As pessoas também diferem nos motivos para o autoboicote. Dianne Tice (1991) descobriu que indivíduos com baixa autoestima fazem uso do autoboicote para ter uma desculpa defensiva e salvadora caso falhem, enquanto aqueles com alta autoestima usam o comportamento como uma oportunidade de assumir crédito extra se conseguirem o sucesso.

Quaisquer que sejam as táticas e seja qual for o objetivo, o autoboicote parece uma estratégia engenhosa: com as probabilidades aparentemente contra nós, limitar o esforço, procrastinar ou recuar pode ajudar a afastar o self do fracasso e realçá-lo no caso do sucesso. Porém essa estratégia tem um custo real. Sabotar a nós mesmos – ao não se exercitar ou beber em excesso, fingindo uma doença ou estabelecendo metas muito altas – aumenta significativamente o risco do fracasso, mesmo em áreas importantes da vida. Na verdade, as pesquisas mostram que o autoboicote interfere na vida acadêmica e, em última análise, limita o desempenho e o potencial dos alunos (Urdan e Midgley, 2001; Schwinger et al., 2014).

Aproveitando o sucesso alheio Até certo ponto, a autoestima é influenciada por indivíduos e grupos com os quais você se identifica. De acordo com Robert Cialdini e seus colegas (1976), as pessoas costumam **aproveitar-se do sucesso alheio (BIRG,** do inglês *bask in reflected glory*) exibindo suas conexões com outras pessoas de sucesso. A equipe de Cialdini observou esse comportamento pela primeira vez nos *campi* universitários do estado do Arizona e da Louisiana, em Notre Dame, Michigan e Pittsburgh, no estado de Ohio e no sul da Califórnia. Nas manhãs de segunda-feira, após os jogos de futebol, os pesquisadores contaram quantas pessoas estavam usando os agasalhos da universidade e puderam constatar que mais gente usava-os quando o time havia vencido o jogo no sábado anterior. Na verdade, quanto maior a margem de vitória, maior o número de pessoas com os agasalhos da universidade.

Para avaliar os efeitos da autoestima nesse comportamento, Cialdini forneceu aos alunos um teste de conhecimentos gerais e manipulou os resultados de modo que metade fosse aprovada e a outra, reprovada. Os alunos foram então convidados a descrever com suas palavras o resultado de um recente jogo de futebol. Nessas descrições, aqueles que pensavam ter acabado de ser reprovados em um teste eram mais propensos que os que achavam ter sido aprovados a compartilhar a vitória de sua equipe, exclamando que "vencemos" e a se distanciarem da derrota dizendo "*eles* perderam". Em outro estudo, os participantes que haviam passado por um fracasso destacavam rapidamente ter nascido no mesmo dia de alguém conhecido por ser bem-sucedido – portanto, aproveitando-se do sucesso alheio por mera coincidência (Cialdini e De Nicholas, 1989).

Se a autoestima é influenciada por nossos vínculos com outras pessoas, como lidamos com amigos, familiares, companheiros de equipe e colegas de trabalho de posição inferior? Novamente, considere os fãs de esportes, pessoas interessantes. Eles aplaudem calorosamente a equipe para qual torcem na vitória, mas de modo frequente se voltam contra e fazem piadas em caso de derrota. Esse comportamento parece estranho, mas é coerente com a noção de que as pessoas derivam parte de sua autoestima da associação com outras delas. Em um estudo, os participantes foram divididos em grupos para resolver problemas e alguns tiveram sucesso, outros falharam ou não receberam *feedback* sobre seu desempenho.

> **aproveitar-se do sucesso alheio** (*bask in reflected glory* – BIRG) Aumentar a autoestima associando-se a outras pessoas de sucesso.

Mais tarde, os participantes tiveram a oportunidade de levar para casa um emblema do time. Nos grupos de sucesso ou sem *feedback*, 68% e 50%, respectivamente, levaram seus emblemas; no grupo que havia fracassado, apenas 9% o fizeram (Snyder et al., 1986). Para fãs de esportes radicais, a tendência a se aproveitar do sucesso alheio é acompanhada pela tendência igualmente poderosa para CORF (do inglês *cut off reflected failure*) – isto é, para afastar-se da falha alheia (Ware e Kowalski, 2012).

Comparações sociais descendentes Anteriormente, discutimos a teoria de Festinger (1954) que as pessoas se avaliam valendo-se de comparações a outras. No entanto, vamos considerar as consequências. Se as pessoas a nosso redor conseguem conquistar mais que nós, como essa constatação afeta a nossa autoestima? Talvez a atitude daqueles que fogem dos encontros da turma de ex-alunos depois de anos para evitar a comparação com seus antigos colegas seja a resposta a essa pergunta. Indo direto ao ponto, talvez a relação entre o Facebook e a depressão descrita anteriormente neste capítulo, forneça uma resposta estatística para a pergunta (Feinstein et al., 2013; Verduyn et al., 2015; Vogel et al., 2014).

Há muito tempo, Festinger percebeu que as pessoas nem sempre buscam informações objetivas e que as comparações sociais às vezes são mecanismos de autodefesa. Quando a autoestima de uma pessoa está em jogo, geralmente se beneficia ao fazer **comparações sociais descendentes** com pessoas menos bem-sucedidas, menos felizes ou menos afortunadas (Wills, 1981; Wood, 1989). Pesquisas indicam que as pessoas que passam por algum tipo de revés ou fracasso ajustam suas comparações sociais em uma direção descendente (Gibbons et al., 2002) e que essas comparações têm efeito positivo em seu humor e em suas perspectivas para o futuro (Aspinwall e Taylor, 1993; Gibbons e McCoy, 1991).

Embora Festinger nunca tenha abordado o assunto, Anne Wilson e Michael Ross (2000) observaram que, além de fazer comparações sociais entre nós e outras pessoas semelhantes, fazemos comparações *temporais* entre nosso eu passado e nosso eu presente. Em um estudo, esses investigadores pediram que estudantes universitários se descrevessem; em outro, analisaram relatos autobiográficos de celebridades em revistas populares. Em ambos os casos, eles contaram o número de vezes que as autodescrições continham referências ao eu passado, ao eu futuro e aos outros. O resultado foi que as pessoas fizeram mais comparações com seu eu passado que com os outros, e

"Tive de parar de assistir ao noticiário – meus problemas pareceram insignificantes."

a maioria dessas comparações temporais foi favorável. Outra pesquisa confirmou o ponto fundamental. Cientes de como "Estou melhor hoje que no passado", as pessoas usam comparações temporais descendentes do mesmo modo que usam comparações sociais descendentes como meio de autoaperfeiçoamento (Zell e Alicke, 2009).

O fato de as pessoas fazerem comparações sociais ascendentes ou descendentes pode gerar sérias implicações para a saúde. Quando vitimadas por eventos trágicos da vida (talvez um crime, um acidente, uma doença ou a morte de um ente querido), as pessoas gostam de *aproximar-se* de outras na mesma situação que se adaptaram

> **comparação social descendente**
> Tendência defensiva de nos compararmos a outras pessoas em pior situação que nós.

bem, modelos que oferecem esperança e orientação. Mas tendem a *comparar* a si mesmos a outros que estejam em situação pior, um tipo de comparação social descendente (Taylor e Lobel, 1989).

Isso certamente ajuda a saber que a vida poderia ser pior, razão pela qual muitos pacientes com câncer tendem a se comparar a outros na mesma situação, mas que não estão se adaptando tão bem. Em um estudo com 312 mulheres que tinham câncer de mama em estágio inicial e estavam em grupos de apoio de pacientes, Laura Bogart e Vicki Helgeson (2000) pediram que relatassem todas as semanas, durante 7 semanas, situações em que conversaram com, ouviram falar de ou pensaram em outra paciente. Elas descobriram que 53% de todas as comparações sociais feitas foram com pessoas que estavam em pior situação; apenas 12% das comparações foram com pacientes em melhor situação (as demais comparações foram "laterais", com outros em situações semelhantes ou diferentes).

A comparação social descendente também está associada à capacidade de lidar com os arrependimentos da vida que às vezes assombram as pessoas à medida que envelhecem. Pesquisadores do desenvolvimento de adultos observaram que os mais velhos muitas vezes experimentam intensos sentimentos de arrependimento por decisões tomadas, contatos e oportunidades perdidos e assim por diante – e esses arrependimentos podem comprometer a qualidade de suas vidas. Isabelle Bauer e outros (2008) perguntaram a adultos de 18 a 83 anos sobre seu maior arrependimento e depois pediram que relatassem se seus colegas da mesma idade tinham arrependimentos mais ou menos graves. Entre os adultos mais velhos da amostra, aqueles que tendiam a ver os outros como tendo arrependimentos mais graves do que os seus se sentiam melhor que aqueles que consideravam os outros o contrário.

3-2h As ilusões positivas são adaptativas?

Os psicólogos costumavam defender que uma percepção precisa da realidade é vital para a saúde mental. Nos últimos anos, entretanto, essa visão foi contestada por pesquisas sobre os mecanismos de autoaperfeiçoamento. Também, como vimos, as pessoas preservam sua autoestima por meio de convicções tendenciosas, autodestruição, aproveitando-se do sucesso alheio e fazendo comparações descendentes. Resultado: a maioria das pessoas se considera melhor que a média. Essas estratégias são sinal de saúde e bem-estar ou são sintomas de algum transtorno?

Quando Shelley Taylor e Jonathon Brown (1988) revisaram as pesquisas pela primeira vez, descobriram que os indivíduos deprimidos ou com baixa autoestima, na verdade, têm visões mais realistas de si que a maioria dos que estão mais equilibrados. É mais provável que suas autoavaliações coincidam com avaliações feitas por observadores neutros, eles são menos autoconvenientes ao atribuir o sucesso ou o fracasso, são menos propensos a exagerar seu controle sobre eventos incontroláveis e fazem previsões mais equilibradas sobre seus futuros. Com base nesses resultados, Taylor e Brown chegaram à instigante conclusão de que ilusões positivas promovem felicidade, o desejo de cuidar dos outros e a capacidade de desenvolver um trabalho produtivo – atributos marcantes da saúde mental: "Essas ilusões ajudam a tornar o mundo desses indivíduos um lugar mais quente, mais ativo e benéfico para viver" (p. 205). Pessoas com alta autoestima parecem mais equilibradas em testes de personalidade e em entrevistas avaliadas por amigos, desconhecidos e profissionais de saúde mental (Taylor et al., 2003).

Baseando-se na teoria da evolução, William von Hippel e Robert Trivers (2011) apresentaram uma perspectiva diferente sobre as vantagens adaptativas de mentir para si mesmo. Ao longo dos anos, os psicólogos evolucionistas notaram que a mentira é uma habilidade de comunicação que os animais usam para obter favores, atrair um parceiro e influenciar outros a compartilhar comida, abrigo e outros recursos. Assim como os humanos desenvolveram habilidades de enganar os outros, também desenvolvemos métodos de detectar quando os outros estão mentindo. Quanto mais habilidosos somos nesses tipos de interações, mais prosperamos. O problema é que, quando as pessoas mentem, ficam nervosas, tentam esconder o nervosismo e esforçam-se para que a mentira pareça crível – especialmente quando conversam com pessoas que as conhecem. Aqui está o obstáculo: se os mentirosos puderem se convencer de que sua mentira é verdade, eles não ficarão tão nervosos, não terão de se reprimir, não terão de se esforçar tanto, portanto, terão mais sucesso. Como o personagem George Costanza do seriado *Seinfeld* aconselhou Jerry, que iria passar por um detector de mentiras, "Não é mentira *se você acredita*".

Quando se trata da ilusão de controle, otimismo irrealista e outros vieses que permitem que as pessoas se vejam como melhores que a média, von Hippel e Trivers (2011) ampliam seu argumento: enganando a nós mesmos de modo a criar ilusões positivas, somos capazes de demonstrar mais confiança que realmente sentimos quando diante de outras pessoas, o que nos torna mais bem-sucedidos em nossas relações sociais. Talvez isso explique o resultado das pesquisas que descobriram que as pessoas tendem a superestimar a autoestima das outras – independentemente de quão bem as conheçam (Kilianski, 2008).

Nem todos concordam com a noção de que ver um mundo cor-de-rosa é uma forma de adaptação sustentável no longo prazo. Roy Baumeister e Steven Scher (1988) alertaram que as ilusões positivas podem dar origem a padrões crônicos de comportamento autodestrutivo, como quando as pessoas escapam da autoconsciência por meio do álcool e de outras drogas, autoboicotam-se para fracassar e falhar, negam problemas relacionados à saúde até que seja tarde demais para o tratamento e confiam na ilusão de controle para proteger-se das inevitáveis perdas em uma mesa de apostas. Outros notaram que às vezes as pessoas precisam ser autocríticas para melhorar. Em um estudo sobre *feedback* de sucesso e de fracasso, Heine e outros (2001) descobriram que, enquanto os estudantes universitários norte-americanos persistiam menos em uma tarefa depois de um fracasso inicial que após um sucesso, os japoneses reagiam de maneira oposta. Às vezes, temos de enfrentar nossas deficiências para corrigi-las.

Do ponto de vista interpessoal, C. Randall Colvin e outros (1995) descobriram que as pessoas com visões exageradamente positivas de si eram classificadas de modo menos favorável em certos aspectos por seus amigos. Em seus estudos, os homens que se valorizavam muito eram vistos como orgulhosos, condescendentes, hostis e menos atenciosos; no caso das mulheres, eram vistas como mais hostis, defensivas e sensíveis às críticas, mais propensas a reagir exageradamente a contratempos menores e menos queridas. Pessoas com autoconceito exageradamente positivo podem causar uma boa primeira impressão nos outros, mas com o tempo tornam-se cada vez menos agradáveis (Paulhus, 1998).

Realismo ou ilusão – qual caminho leva a uma melhor adaptação? Enquanto os psicólogos sociais debatem os efeitos de curto e longo prazo das ilusões positivas e suas vantagens evolutivas, parece que não há uma resposta simples. Por enquanto, o que temos é o seguinte: pessoas que nutrem ilusões positivas de si mesmas provavelmente desfrutarão dos benefícios e das conquistas de uma alta autoestima e da influência social. No entanto, esses mesmos indivíduos podem pagar um preço em outros aspectos, como em suas relações com os outros. As ilusões positivas motivam a realização pessoal, mas nos alienam socialmente dos outros? Ver a si mesmo como um pouco melhor do que se é um modo de se adaptar, mas ter uma visão tendenciosa demais não gera efeito contrário? Será interessante verificar como esse árduo debate será resolvido nos próximos anos.

3-2i Cultura e autoestima

Anteriormente, vimos que os integrantes de culturas individualistas tendem a se ver como distintos e autônomos, enquanto aqueles de culturas coletivistas veem o eu como parte de uma rede social interdependente. Essas diferentes orientações têm consequências para a autoestima? Essa é uma complexa questão.

Steven Heine e seus colegas (1999) argumentaram que as culturas têm efeitos diferentes na busca da autoestima. Comparando a distribuição da pontuação em testes de autoestima no Canadá e no Japão, eles descobriram que, embora a maioria dos participantes canadenses tenha pontuado na faixa mais alta, a maioria dos japoneses pontuou no centro dessa mesma faixa. Em outros estudos, também observaram que os participantes japoneses podem ser bastante autocríticos, falando de si mesmos com emprego de termos negativos e modestos.

Os japoneses têm uma autoestima menor se comparados aos norte-americanos? Ou os entrevistados japoneses têm uma autoestima alta, mas sentem-se compelidos a se apresentar modestamente aos *outros* (em razão da necessidade coletivista de "se encaixar" em vez de "se destacar")? Para responder a essa pergunta, alguns pesquisadores usaram testes menos diretos e mais sutis para medir a autoestima implícita – a tendência inconsciente de uma pessoa avaliar positivamente pessoas e objetos que refletem a si mesma (Falk e Heine, 2015). Em um estudo cronometrado de associação de palavras, os pesquisadores descobriram que, apesar de suas pontuações mais baixas em testes de autoestima, os asiático-americanos – assim como seus colegas europeu-americanos – são mais rápidos em se associar a palavras positivas como *feliz* e *raio de sol* que com palavras negativas como *vômito* e *veneno* (Greenwald e Farnham, 2000; Kitayama e Uchida, 2003).

Em consonância com a perspectiva dialética oriental descrita anteriormente, outra pesquisa sobre autoestima implícita mostrou que, embora os asiáticos, como a maioria dos ocidentais, sejam rápidos em associar o self a traços positivos, eles são mais propensos a associar o self também a traços negativos contraditórios (Boucher et al., 2009).

Com base nesses resultados, Constantine Sedikides e colegas (2003) sustentaram que as pessoas de culturas individualistas e coletivistas são igualmente motivadas a ter uma boa imagem de si mesmas – que a necessidade premente de autoestima positiva é universal, ou "pancultural". As diferenças observadas, eles argumentam, decorrem do fato de que as culturas influenciam *como* buscamos atender a essa necessidade: individualistas se apresentam como únicos e autoconfiantes, enquanto os coletivistas se apresentam como membros modestos e iguais de um grupo. Nessa perspectiva, as pessoas são táticas em seu autoaperfeiçoamento, elogiando-se ou exibindo humildade, dependendo do que é desejável em seu entorno cultural (Brown, 2012; Lalwani et al., 2006; Sedikides et al., 2005). Em relação ao que é desejável – quando estudantes japoneses e norte-americanos avaliaram uma pessoa fictícia com base na alta ou baixa pontuação em um teste de autoestima, os norte-americanos mostraram maior preferência pela pessoa com autoestima elevada (Brown, 2010).

Heine e seus colegas concordam apenas em parte com essa interpretação da pesquisa. Também argumentam que as pessoas, no geral, precisam de autoestima positiva, elas desejam se tornar "bons eus" dentro de sua cultura. Eles observaram, no entanto, que, no esforço para atingir esse objetivo, os individualistas tendem a usar táticas de autoaperfeiçoamento para se destacar, afirmar e se expressar, enquanto os orientais e outros coletivistas tendem conter-se para encaixar-se, aprimorar-se e ajustar-se aos padrões estabelecidos por seus grupos. Resumindo: embora a necessidade subjacente de autoestima positiva seja universal, o caminho para o autoaperfeiçoamento varia entre as culturas (Heine, 2005; Heine e Hamamura, 2007).

3-3 Autoapresentação

A busca humana por autoconhecimento e estima nos remete ao eu interior. A imagem não está completa, entretanto, até que acrescentemos a camada mais externa: a expressão comportamental do eu social. A maioria das pessoas está extremamente preocupada com a imagem que apresenta aos outros. A indústria da moda, tatuagens, *piercings* e cirurgias cosméticas projetadas para remodelar tudo, desde pálpebras e narizes até nádegas e seios, a busca sem fim por drogas milagrosas que fazem crescer o cabelo, produtos para depilação, para clarear os dentes, refrescar o hálito e suavizar as rugas, exploram nossa preocupação com a aparência física. Igualmente, estamos preocupados com as impressões que transmitimos por meio de nosso comportamento público, tanto pessoalmente como no Facebook e em outras redes sociais.

Thomas Gilovich e outros (2000) descobriram que as pessoas ficam tão autoconscientes em ambientes públicos que muitas vezes estão sujeitas ao *efeito holofote*, uma tendência a acreditar que o holofote social brilha com mais intensidade sobre elas que realmente de fato. Em um conjunto de estudos, os participantes foram convidados a usar uma camiseta com a estampa de uma imagem agradável ou uma outra com imagem constrangedora em uma sala lotada de desconhecidos e, depois, avaliaram quantos desses estranhos seriam capazes de reconhecer a imagem. Demonstrando que as pessoas se sentem autoconscientes como se todos olhassem para elas, os participantes com as camisetas superestimaram em 23% a 40% o número de observadores que prestaram atenção e poderiam se lembrar do que vestiam. Estudos de acompanhamento também mostraram que, quando as pessoas cometem um erro social público, superestimam o impacto negativo de seu comportamento sobre aqueles que os observavam (Savitsky et al., 2001).

Em *Do jeito que você gosta* (*As you like it*), William Shakespeare escreveu: "O mundo todo é um palco e todos os homens e mulheres são meros atores". Esse *insight* foi aplicado pela primeira vez às ciências sociais pelo sociólogo Erving Goffman (1959), que argumentou que a vida é como um teatro e que cada um de nós representa certas cenas, como se fosse um roteiro. O mais importante, disse Goffman, é que cada um de nós assume certo *papel*, ou identidade social, que os outros educadamente nos ajudam a manter. Essa perspectiva "dramatúrgica" sobre o comportamento social – em que a sociedade é vista como uma peça elaboradamente roteirizada em que os indivíduos desempenham diferentes papéis, como se estivessem em um *reality show* de TV – está presente na psicologia social há muito tempo (Sandstrom et al., 2009; Sullivan et al., 2014).

Inspirados pela teoria de Goffman, os psicólogos sociais estudam a **autoapresentação** – o processo pelo qual tentamos moldar o que outras pessoas pensam a nosso respeito e o que pensamos de nós mesmos (Schlenker, 2003). Um ato de autoapresentação pode assumir muitas formas diferentes. Pode ser consciente ou inconsciente, preciso ou deturpado, destinado a um público externo ou a nós mesmos. Em *The manipulation of on-line self-presentation: create, edit, reedit and present*, Alison Attrill (2015) descreve como esse processo ocorre nas redes sociais, nas quais as pessoas determinam como apresentar-se para um vasto público on-line. Na verdade, a pesquisa sugere que pessoas com baixa autoestima são particularmente propensas a ter um "eu do Facebook" que se desvia substancialmente de seu verdadeiro eu (Gil-Or et al., 2015). Nesta seção, examinamos os objetivos da apresentação pessoal e as maneiras como as pessoas tentam atingi-los.

Ellen DeGeneres ao apresentar o Oscar em 2014, convidou estrelas da plateia para participar desta famosa selfie de celebridades. Ao tentar reconhecer o maior número de estrelas que puder, observe que as pessoas no geral, quer estejam posando para a foto ou não, estão perfeitamente cientes da imagem que apresentam aos outros.

3-3a Autoapresentação estratégica

Basicamente há dois tipos de autoapresentação, cada um deles servindo a um propósito diferente. A *autoapresentação estratégica* consiste em nosso esforço para moldar as impressões dos outros de maneiras específicas, a fim de conquistar influência, poder, simpatia ou aprovação. Exemplos proeminentes de autoapresentação estratégica estão por toda a parte: em anúncios pessoais, mensagens on-line, promessas de campanha política e apelos dos réus ao júri. Os objetivos específicos variam e incluem o desejo de ser considerado agradável, competente, ético, perigoso ou indefeso. Qualquer que seja o objetivo, é necessário menos esforço para apresentar-se de modo real em vez de de maneira artificial (Vohs et al., 2005).

Para exemplificar esse ponto, Beth Pontari e Barry Schlenker (2000) instruíram os participantes de uma pesquisa que foram indicados como introvertidos ou extrovertidos em um teste a se apresentarem a um entrevistador de modo que refletisse ou não sua personalidade. Sem exceção, todos conseguiram se apresentar como introvertidos ou extrovertidos, dependendo do que foi orientado. No entanto, conseguiriam o mesmo resultado se, durante a entrevista, também tivessem de manter um número de oito dígitos em mente para um teste de memória? Nessa situação, os participantes cognitivamente ocupados se autoapresentaram com sucesso quando solicitados a transmitir suas verdadeiras personalidades, mas não quando solicitados a se retratar de modo diferente.

As identidades específicas que as pessoas tentam apresentar podem variar de uma pessoa e situação a outra. No entanto, dois objetivos estratégicos de autoapresentação são muito comuns. O primeiro é a *adulação*, um termo usado para descrever atos que são motivados pelo desejo de "se dar bem" com os outros e ser estimado. O outro é *autopromoção*, um termo usado para descrever atos que são motivados pelo desejo de

autoapresentação Estratégias aplicadas pelas pessoas para moldar o que os outros pensam delas.

▲ TABELA 3.2

Autoapresentação estratégica na entrevista de emprego

Em estudos sobre as táticas de influência que candidatos dizem usar em entrevistas de emprego, os seguintes usos de adulação e autopromoção foram relatados com frequência.

Adulação

- Elogiei o entrevistador ou a organização.
- Discuti interesses que tinha em comum com o recrutador.
- Demonstrei interesse pelo cargo e pela empresa.
- Demonstrei entusiasmo em trabalhar para essa organização.
- Sorri muito ou usei outros comportamentos não verbais amigáveis.

Autopromoção

- Aumentei o valor dos eventos positivos pelos quais levei crédito.
- Descrevi minhas habilidades e competências de maneira atraente.
- Assumi o comando durante a entrevista para apresentar meus pontos principais.
- Assumi o crédito por eventos positivos, mesmo não sendo o único responsável.
- Fiz eventos positivos pelos quais fui responsável parecerem melhores que realmente foram.

Higgins e Judge (2004); Stevens e Kristof (1995).

"progredir" e ganhar respeito pela competência (Arkin, 1981; Jones e Pittman, 1982). Conforme mostrado na ▲ Tabela 3.2, as observações das entrevistas de emprego revelam que a adulação e a autopromoção são táticas de autoapresentação comuns entre os candidatos ocidentais – e essas táticas levam os recrutadores a formar impressões positivas (Higgins e Judge, 2004).

Superficialmente, parece fácil atingir esses objetivos. Quando as pessoas querem ser amadas, dão o melhor de si, sorriem muito, acenam com a cabeça, expressam concordância e, se necessário, fazem favores, elogios e adulam. Quando querem ser admiradas por sua competência, tentam impressionar os outros falando sobre si e exibindo, sem modéstia, *status*, conhecimento e façanhas. Em ambos os casos, há compensações. Como o termo capacho sugere, as táticas de adulação precisam ser discretas, ou então o tiro sairá pela culatra (Jones, 1964). As pessoas também não gostam daqueles que falam sem parar das próprias realizações (Godfrey et al., 1986) ou que exibem um padrão "pegajoso" exagerando nas gentilezas com os superiores, mas não com os subordinados (Vonk, 1998).

A autoapresentação também pode dar origem a outros problemas. Sugerindo que "a autoapresentação pode ser perigosa para a saúde", Mark Leary e outros (1994) revisaram evidências que indicavam que a necessidade de projetar uma imagem pública favorável pode nos atrair para padrões não seguros de comportamento. Por exemplo, preocupações com a autoapresentação podem aumentar o risco de contrair Aids (como quando os homens têm vergonha de comprar preservativos e conversar abertamente com seus parceiros sexuais), câncer de pele (como quando as pessoas fritam sob o sol para obter um bronzeado atraente), distúrbios alimentares (como quando as mulheres vivem de dieta para permanecer magras), abuso de drogas (como quando os adolescentes fumam, bebem e usam drogas para impressionar seus colegas) e lesões acidentais (como quando os jovens dirigem imprudentemente para parecer destemidos).

■ 3-3b Autoafirmação

Em contraste com a autoapresentação estratégica, há um segundo propósito, *autoafirmação*: o desejo de que os outros nos percebam como nos percebemos. De acordo com William Swann (1987), as pessoas são altamente motivadas em seus encontros sociais a confirmar ou afirmar o conceito que têm de si mesmas valendo-se da visão dos outros. Swann e seus colegas reuniram uma grande quantidade de evidências para essa hipótese e descobriram, por exemplo, que as pessoas seletivamente se lembram e aceitam os *feedback* em relação à sua personalidade que confirmam a concepção que têm de si mesmas. Na verdade, as pessoas às vezes se esforçam muito para modificar impressões positivas, mas equivocadas.

Em um estudo, os participantes interagiram com um confederado que, mais tarde, classificou-os como dominantes ou submissos. Quando a análise estava de acordo com a imagem que o participante tem de si mesmo, ela foi aceita de imediato. No entanto, quando diferia, os participantes esforçavam-se para provar que o confederado estava equivocado: aqueles que se percebiam como dominantes, mas foram rotulados de submissos mais tarde, se comportaram de modo mais assertivo que o normal; aqueles que se viam como submissos, mas foram rotulados de dominantes, tornaram-se ainda mais dóceis na sequência (Swann e Hill, 1982).

A autoafirmação parece desejável, mas pessoas que nutrem um autoconceito negativo desejam que os outros compartilhem dessa impressão? Ninguém é perfeito e todos têm alguns defeitos. Mas realmente queremos verificar essas falhas valendo-se da visão dos outros? Aqueles de nós que se sentem extremamente tímidos, socialmente desajeitados ou inseguros sobre uma competência desejam que os outros enxerguem essas fraquezas? Ou preferiríamos nos apresentar em público como ousados, divertidos ou competentes? O que acontece quando o desejo de autoafirmação bate de frente com a necessidade de lisonja e autoaperfeiçoamento (necessidade de se sentir bem em relação a si mesmo)?

"Não quero ser definido por quem sou."

As pessoas frequentemente distinguem entre seu eu público e seu eu privado. No entanto, pesquisas sobre autocontrole sugerem que esse desenho está equivocado – que as pessoas querem ser definidas por quem são.

Procurando responder a essa pergunta, Swann e seus colegas (1992) pediram que alunos participantes de um estudo de laboratório preenchessem um questionário de autoconceito e, em seguida, escolhessem um parceiro entre dois outros participantes – um que supostamente o havia avaliado positivamente e outro que supostamente o havia avaliado de modo negativo. O resultado? Embora os participantes com autoconceito positivo tenham escolhido os parceiros que os viam de uma ótica positiva, a maioria daqueles com autoconceito negativo preferiram a parceiros que confirmavam seus pontos fracos. Em outro estudo, 64% dos participantes com baixa autoestima (em comparação com apenas 25% dos com alta autoestima) buscaram *feedback* clínico sobre seus pontos fracos em vez de pontos fortes quando solicitados a escolher entre eles (Giesler et al., 1996). Na verdade, o desejo de autoafirmação parece ser universal, sendo observado tanto nas culturas individualistas como nas coletivistas (Seih et al., 2013).

Sobre aspectos importantes do autoconceito, pesquisas mostram que as pessoas preferem refletir e aprender mais sobre suas qualidades positivas que sobre as negativas. Ainda assim, parece que o desejo de autoafirmação é vigoroso e pode até mesmo, às vezes, superar a necessidade de autoaperfeiçoamento (se sentir bem em relação a si mesmo). Todos queremos causar boa impressão, mas também desejamos que outras pessoas em nossas vidas saibam quem somos (Swann e Bosson, 2010). Estudando sites de redes sociais on-line, Mitja Back e outros (2010) encontraram forte apoio para essa proposição. Esses pesquisadores estudaram 236 usuários do Facebook nos Estados Unidos e na Alemanha e descobriram que as impressões transmitidas por seus perfis públicos tinham intensa correlação entre uma combinação de testes objetivos de personalidade, autorrelatos e as análises de alguns amigos próximos.

■ 3-3c Automonitoramento

Embora a apresentação pessoal faça parte da vida de todos, difere consideravelmente entre os indivíduos. Algumas pessoas geralmente são mais conscientes de sua imagem pública que outras. Além disso, algumas pessoas são mais propensas a uma autoapresentação estratégica, enquanto outras parecem preferir a autoafirmação. Segundo Mark Snyder (1987), essas diferenças estão relacionadas a um traço de personalidade que chamou **automonitoramento**: a tendência de regular o seu comportamento para atender às demandas de situações sociais.

Indivíduos com alto nível de automonitoramento parecem ter um repertório de eus com o qual se apoiar. Atentos às questões da autoapresentação estratégica, eles estão equilibrados, prontos e capazes de modificar seu comportamento à medida que passam de um ambiente para outro. Conforme medido pela Escala de Automonitoramento (Snyder, 1974; Snyder e Gangestad, 1986), provavelmente vão concordar com afirmações como "Eu provavelmente seria um bom ator" e "Em diferentes situações e com pessoas diferentes, muitas vezes eu ajo de maneiras muito diferentes". De outro modo, quem tem baixo nível de automonitoramento são autoafirmadores por natureza, parecendo menos preocupados com a aceitação social de seu comportamento. Como atores constantemente escalados para o mesmo papel, expressam-se de maneira coerente em diferentes situações, exibindo o que consideram ser seu verdadeiro e honesto eu. Na escala de automonitoramento, os que apresentam níveis baixos dizem: "Só posso argumentar a favor das ideias nas quais já acredito" e "Nunca fui bom em jogos como charadas ou atuação improvisada" (ver a ▲ Tabela 3.3).

Os psicólogos sociais discordam sobre se a escala de automonitoramento mede uma característica global ou uma combinação de duas ou mais características específicas. Também discordam sobre se os indivíduos que apresentam altos ou baixos níveis de automonitoramento representam dois tipos distintos de pessoas ou apenas pontos variáveis em um *continuum* – uma posição apoiada por uma análise recente de testes (Wilmot, 2015). De qualquer maneira, as pontuações nos testes parecem prever comportamentos sociais importantes (Gangestad e Snyder, 2000).

automonitoramento Tendência de mudar o comportamento em resposta ao contexto de autoapresentação da situação.

Preocupados com a imagem pública, quem tem alto grau de automonitoramento se esforça para aprender sobre outras pessoas com quem possam interagir e sobre as regras de conduta apropriadas.

▲ TABELA 3.3

Escala de automonitoramento

Você é um automonitor de alto ou de baixo grau? Para cada afirmação, responda Verdadeiro ou Falso. Quando terminar, some 1 ponto se respondeu V aos itens 4, 5, 6, 8, 10, 12, 17 e 18. Em seguida, some 1 ponto se respondeu F aos itens 1, 2, 3, 7, 9, 11, 13, 14, 15 e 16. Conte o total de pontos, este representa o nível de automonitoramento. Entre os estudantes universitários norte-americanos, a pontuação média é cerca de 10 ou 11.

1. Acho difícil imitar o comportamento de outras pessoas.
2. Em festas e reuniões sociais, não tento fazer ou dizer coisas de que os outros vão gostar.
3. Só posso defender ideias nas quais já acredito.
4. Posso fazer discursos improvisados mesmo sobre tópicos sobre os quais quase não tenho informações.
5. Acho que faço um show para impressionar ou entreter os outros.
6. Eu provavelmente seria um bom ator.
7. Em um grupo de pessoas, raramente sou o centro das atenções.
8. Em diferentes situações e com diferentes pessoas, frequentemente ajo como pessoas muito diferentes.
9. Não sou muito bom em despertar o afeto de outras pessoas.
10. Nem sempre sou a pessoa que pareço ser.
11. Eu não mudaria minhas opiniões (ou a maneira como faço as coisas) para agradar a alguém ou ganhar benefícios.
12. Eu considerei ser um artista.
13. Nunca fui bom em jogos como charadas ou atuações improvisadas.
14. Tenho dificuldade em mudar meu comportamento para me adequar a pessoas e situações diferentes.
15. Em uma festa, deixo os outros contarem piadas e histórias.
16. Sinto-me um pouco estranho na companhia dos outros e não tenho uma aparência tão boa quanto deveria.
17. Posso olhar olho no olho e mentir sem mudar de expressão (se for por um bom motivo).
18. Posso enganar as pessoas sendo amigável quando realmente não gosto delas.

De Snyder, M. e Gangstad, S. On the nature of self-monitoring: matters of assessment, matters of validity. *Journal of Personality and Social Psychology*, v. 51, p. 125-139. Copyright © 1986 da American Psychological Association. Reproduzido com permissão.

Então, uma vez avaliada a situação, eles modificam seu comportamento de acordo com ela. Se uma situação exige conformidade, quem tem um alto grau de automonitoramento, conformam-se; se a mesma situação exige autonomia, eles se recusam a se conformar. Em oposição, quem tem baixo grau de automonitoramento mantém uma postura relativamente coerente em uma série de situações (Snyder e Monson, 1975). Adaptando-se inconscientemente a situações sociais, automonitores de alto grau tendem a imitar o comportamento de outras pessoas de maneiras sutis que facilitam as interações sociais (Cheng e Chartrand, 2003). Também são mais propensos a alterar o modo de falar de acordo com seu entorno, facilitando a "adaptação linguística" (Blank et al., 2012). Em sintonia com a descoberta de que automonitores de alto grau estão mais preocupados que os de baixo grau sobre o que *outras pessoas* pensam, pesquisas conduzidas em ambientes de trabalho mostram que automonitores de alto grau recebem classificações de desempenho mais altas e mais promoções, sendo mais provável se tornarem líderes (Day et al., 2002).

> É mais adaptativo alterar o comportamento que se manter coerente em diferentes situações sociais.
>
> **FALSO**

Ao longo deste livro, veremos que, como muito do nosso comportamento é influenciado por normas sociais, o automonitoramento é relevante para muitos aspectos da psicologia social. Existem também implicações interessantes no desenvolvimento. Uma pesquisa com participantes de 18 a 73 anos revelou que as pontuações em testes de automonitoramento tendem a diminuir com a idade, presumivelmente porque as pessoas se tornam mais estabelecidas e seguras sobre quem são à medida que envelhecem (Reifman et al., 1989). Por enquanto, porém, reflita sobre esta questão: É melhor ser um automonitor de alto ou de baixo grau? Uma opção é inerentemente mais adaptativa que a outra?

As pesquisas existentes não nos permitem fazer esse tipo de julgamento de valor. Considere automonitores de alto grau. De forma bastante precisa, consideram-se *pragmáticos*, flexíveis e adaptáveis e capazes de lidar com a diversidade de papéis na vida. Mas também podem ser descritos como oportunistas inconstantes ou falsos, preocupados mais com as aparências que com a realidade e dispostos a mudar de cor como um camaleão apenas para se encaixar.

Agora pense em automonitores de baixo grau. Descrevem-se como *éticos* e francos; não fingem, sempre falam o que pensam para que os outros saibam suas opiniões. É claro, eles também podem ser vistos como teimosos, insensíveis ao ambiente e sem disposição para chegar a um meio termo e seguir em frente. Com relação ao valor relativo dessas duas orientações, então, é seguro concluir que nem o alto nem o baixo automonitoramento é necessariamente indesejável – a menos que levado ao extremo. Goffman (1955) disse o mesmo há muitos anos, quando escreveu:

> Muito pouca percepção, muito pouco *savoir faire*, muito pouco orgulho e consideração, e a pessoa deixa de ser alguém em quem se pode confiar para dar uma pista sobre si mesma ou dar uma pista que poupe os outros de constrangimento.... Muito *savoir faire* ou muita consideração e ela torna-se alguém muito sociável, deixa os outros com a sensação de não saber quem realmente é, nem o que devem fazer para uma adaptação eficaz a longo prazo. (p. 227)

3-4 Reflexões: o self multifacetado

Ao longo da história humana, escritores, poetas, filósofos e teóricos da personalidade retrataram o self como um aspecto duradouro da personalidade, como um "núcleo interno" invisível que se mantém estável ao longo do tempo e demora a se modificar. A luta para encontrar o seu "verdadeiro eu" é baseada neste perfil. De fato, quando foi pedido às pessoas com mais de 85 anos que refletissem sobre suas vidas, quase todas disseram que, apesar de terem mudado em certos aspectos, permaneceram essencialmente a mesma (Troll e Skaff, 1997). Nos últimos anos, porém, os psicólogos sociais têm se concentrado na mudança. Ao fazer isso, descobriram que pelo menos parte do self é maleável – moldado por experiências de vida e capaz de variar de uma situação para outra, on-line e off-line, em público e privado, e dependendo do contexto cultural. Dessa perspectiva, o self tem muitas faces diferentes.

Quando se olha no espelho, o que você vê: um eu ou muitos? Vê uma pessoa cujo autoconceito é duradouro ou cuja identidade parece mudar de tempos em tempos? Vê uma pessoa cujas forças e fraquezas são avaliadas com um olhar objetivo ou alguém que se afasta das verdades desagradáveis por mecanismos de autodefesa? Vê uma pessoa que tem um eu interior e oculto que é diferente do eu que mostra aos outros?

Com base no material apresentado neste capítulo, as respostas parecem ser sempre as mesmas: o self tem todas essas características. Muito antes do nascimento da psicologia social, William James (1890) observou que o self não é simples, mas multifacetado. Com base em teorias e pesquisas atuais, podemos agora avaliar quão certo James estava. É claro, há um aspecto do autoconceito que podemos vir a conhecer apenas por introspecção e que é estável ao longo do tempo.

Porém também há um aspecto do eu que muda de acordo com nossas companhias e com as informações que recebemos de outras pessoas. Quando se trata de autoestima, há momentos em que somos autocentrados o suficiente para estarmos cientes de nossos pontos fracos. No entanto, também há momentos em que nos protegemos por meio da autoconveniência, da autodestruição, do aproveitar-se do sucesso alheio e das comparações sociais descendentes. Além disso, há a questão da autoapresentação. É claro que cada um de nós tem um eu privado que consiste em nossos pensamentos, sentimentos e memórias. No entanto, é igualmente claro que também temos um eu exterior, representado pelos papéis que desempenhamos e pelas máscaras que usamos em público. Ao ler as últimas páginas deste texto, você verá que os componentes cognitivos, afetivos e comportamentais do self não são separados e distintos, mas inter-relacionados. Eles também são de grande importância para o restante da psicologia social.

3-5 Revisão

Os 10 principais pontos-chave do Capítulo 3

1. As pessoas estão especialmente atentas às informações relevantes para si mesmas e ficam autoconscientes, como se estivessem sob um "holofote", na presença de outras pessoas.

2. Seu autoconceito representa a soma das convicções que você tem sobre o tipo de pessoa que é – suas características, habilidades, motivação e assim por diante.

3. Frequentemente, as pessoas conhecem a si mesmas não pela introspecção, mas pela observação de seu comportamento e comparando-se a outras pessoas.

4. Enquanto a maioria dos ocidentais têm uma visão independente de si mesmos, como distintos e autônomos, em muitas culturas asiáticas e em outros lugares as pessoas têm uma visão interdependente de si mesmas, como parte de uma rede social mais ampla.

5. Em todo o mundo, as pessoas têm intensa necessidade de alta autoestima e querem se ver de modo positivo.

6. Quando as pessoas entram em estado de autoconsciência – que acontece na frente de uma plateia, por exemplo, ou olhando-se no espelho – tornam-se seus piores críticos e experimentam uma queda temporária de autoestima.

7. Ao nos esforçarmos para cumprir nossos ideais pessoais, muitas vezes assumimos uma postura de autocontrole – tentando controlar nossos pensamentos, impulsos e comportamentos – o que pode ser fisicamente cansativo.

8. Apesar de nossas deficiências e tendências autocríticas, a maioria das pessoas tem uma boa imagem de si mesmas graças a vários meios adaptativos de autoaperfeiçoamento (por exemplo, assumindo o crédito pelo sucesso, mas negando a culpa pelo fracasso ou comparando-se a outros que são menos afortunados).

9. Por meio dos processos de autoapresentação, as pessoas assumem uma postura pública que pode ou não ser coerente com seu eu privado, em um esforço para fazer com que os outros as vejam de modo positivo.

10. Em público, os indivíduos diferem em seu nível de automonitoramento – algumas pessoas modificam o que fazem para se adequar à situação social; outras se comportam de modo mais coerente, independentemente da situação.

Colocando o SENSO COMUM à prova

O autoconceito

Os humanos são os únicos animais que se reconhecem no espelho.

Ⓕ **Falso** *Estudos mostram que os grandes primatas (chimpanzés, gorilas e orangotangos) também são capazes do autorreconhecimento.*

Sorrir pode fazer você se sentir mais feliz.

Ⓥ **Verdadeiro** *Na mesma linha da hipótese do feedback facial, as expressões faciais podem desencadear ou amplificar a experiência subjetiva da emoção.*

Autoestima

Às vezes, quanto mais você tenta controlar um pensamento, sentimento ou comportamento, menor a probabilidade de sucesso.

Ⓥ **Verdadeiro** *Pesquisas sobre processos paradoxais no controle mental revelaram que tentar inibir um pensamento, sentimento ou comportamento geralmente sai pela culatra.*

As pessoas, às vezes, sabotam seu desempenho para proteger sua autoestima.

Ⓥ **Verdadeiro** *Estudos mostram que as pessoas muitas vezes prejudicam seu desempenho a fim de construir uma desculpa para o fracasso previsto.*

Autoapresentação

É mais adaptativo alterar o comportamento de alguém do que manter-se coerente em diferentes situações.

Ⓕ **Falso** *Automonitores de alto e de baixo grau diferem na medida em que alteram seu comportamento para se adequar à situação em que se encontram, mas nenhum dos padrões é inerentemente mais adaptativo.*

Palavras-chave

aproveitar-se do sucesso alheio (*bask in reflected glory* – BIRG) (88)
autoapresentação (93)
autoboicote (87)
autoconceito (51)
autoconsciência privada (78)
autoconsciência pública (78)
autocontrole (80)

autoesquema (51)
autoestima (71)
automonitoramento (96)
comparação social descendente (89)
dialetismo (68)
efeito de superjustificação (59)
egoísmo implícito (85)
hipótese do *feedback* facial (57)

previsão afetiva (54)
teoria da autoconsciência (76)
teoria da autopercepção (55)
teoria da comparação social (61)
teoria da gestão do terror (72)
teoria do sociômetro (72)
teoria dos dois fatores de emoção (62)

Observando as pessoas

Este capítulo investiga como as pessoas conhecem (ou pensam que conhecem) as outras. Primeiro, apresentamos os elementos da percepção social – os aspectos referentes a pessoas, situações e comportamentos que orientam as observações iniciais. A seguir, examinamos como as pessoas dão explicações, ou atribuições, para o comportamento dos outros e como concebem impressões gerais com base nas percepções e atribuições iniciais. Em seguida, consideramos vários vieses de confirmação, as maneiras sutis pelas quais a primeira impressão resiste a mudanças, levando as pessoas a distorcer informações posteriores, colocando em ação uma profecia autorrealizável.

4-1 Observação: os elementos da percepção social | 103

- 4-1a A aparência física de uma pessoa
- 4-1b Percepção de situações
- 4-1c Evidência comportamental
- 4-1d Identificando verdades e mentiras

4-2 Atribuição: dos elementos às disposições | 115

- 4-2a Teorias da atribuição
- 4-2b Vieses de atribuição
- 4-2c Cultura e atribuição
- 4-2d Vieses motivacionais

4-3 Integração: das disposições às impressões | 130

- 4-3a Integração de informações: a aritmética
- 4-3b Desvios da aritmética
- 4-3c Percepções de caráter moral

4-4 Vieses de confirmação: das impressões à realidade | 137

- 4-4a Perseverança das crenças
- 4-4b Teste de hipóteses de confirmação
- 4-4c A profecia autorrealizável

4-5 Percepção social: o resultado final | 144

4-6 Revisão | 146

Se você é humano, também é um observador de outras pessoas. Sente-se em um banco na praça, em um café ao ar livre ou na escadaria de uma praça na Itália e apenas observe. Você verá uma incrível diversidade de indivíduos – pessoas sozinhas, casais, grupos. Alguns vão estar vestidos de modo elegante; outros vão parecer que acabaram de sair da cama. Alguns vão parecer despreocupados; outros, sérios e com pressa. Alguns vão levar um sorriso no rosto; outros, a cara amarrada. Alguns vão estar absortos em uma conversa consigo mesmo; outros vão tentar chamar a atenção e outros, ainda, vão manter os olhos fixos em seus telefones. O que é possível dizer sobre uma pessoa pela sua aparência física, pelo tamanho e pelo formato de seus olhos? Você pode dizer como alguém está se sentindo ao observar as mudanças de sua expressão facial? Pode afirmar quando alguém está dizendo a verdade ou mentindo? E ao observar as ações de uma pessoa, ou um padrão de comportamento ao longo do tempo, a que conclusões pode chegar?

Considere a história de Oscar Pistorius, um velocista sul-africano. Apesar de ambas as pernas terem sido amputadas abaixo do joelho quando era bebê, com membros artificiais, ele tornou-se um medalhista de ouro paraolímpico que bateu recordes. No verão de 2012, foi o primeiro amputado a competir nos Jogos Olímpicos de Verão. Pistorius tornou-se herói nacional e uma inspiração para pessoas com deficiência em todo o mundo.

No dia dos namorados de 2013, Pistorius atirou e matou a namorada, Reeva Steenkamp, na casa dele. Cogitou que ela tivesse invadido a casa e se escondido no banheiro trancado-o quando ele disparou quatro tiros através da porta. Pistorius foi preso, acusado e julgado por assassinato. O promotor observou que ele e Steenkamp haviam discutido naquele dia, que os vizinhos tinham ouvido gritos de uma mulher antes dos tiros e que a história de um invasor não fazia sentido. Pistorius estava emocionado durante o julgamento e caiu no choro por várias vezes. No fim das contas, o juiz condenou Pistorius por "homicídio culposo" ao concluir que o assassinato de Steenkamp não havia sido premeditado, e sim um homicídio não intencional. Pistorius foi, então, condenado a apenas 5 anos de prisão. Enquanto o promotor apelava do veredicto e, apesar das objeções dos pais de Steenkamp, Pistorius recebeu liberdade condicional. Então, em novembro de 2015, a Suprema Corte da África do Sul anulou o veredicto original, condenou Pistorius por assassinato e aumentou sua sentença. Ele não será elegível à liberdade condicional até 2023.

O mundo estava atento ao julgamento de Pistorius. É possível que um herói, tão admirado, tenha atirado na namorada de propósito, em um momento passional, ou foi um acidente pelo qual uma pessoa bondosa já havia sofrido o suficiente e merecia misericórdia? Quando Pistorius chorou repetidamente durante o julgamento, suas lágrimas eram verdadeiras e sinceras ou uma tentativa de manipular o juiz e a opinião pública? Que informações o juiz aplicou para determinar as intenções de Pistorius naquela noite? Quem é Oscar Pistorius – um herói, um vilão ou ambos?

Qualquer que seja o tópico – crime, política mundial, esportes, negócios, entretenimento ou acontecimentos corriqueiros – todos estamos interessados nas **percepções sociais**, processos pelos

---

Colocando o SENSO COMUM à prova

Circule sua resposta

- V F As impressões que formamos de outras pessoas são influenciadas por aspectos superficiais de sua aparência.
- V F Por uma questão adaptativa, as pessoas sabem quando alguém está mentindo e não dizendo a verdade.
- V F Como os psicólogos sociais, as pessoas são sensíveis às causas situacionais ao explicar o comportamento dos outros.
- V F Pessoas demoram a mudar suas primeiras impressões com base em novas informações.
- V F A noção de que podemos criar uma "profecia autorrealizável" levando os outros a se comportar como esperamos é um mito.
- V F As pessoas são mais precisas em julgar as personalidades de amigos e conhecidos que de estranhos.

---

percepção social Termo geral para os processos pelos quais as pessoas passam a se entender umas às outras.

quais as pessoas passam a entender umas às outras. Este capítulo é dividido em quatro seções. Primeiro, vamos examinar os "dados brutos" da percepção social: pessoas, situações e comportamentos. Na sequência, veremos como as pessoas explicam e analisam os comportamentos. Na terceira parte, vamos considerar como as pessoas integram suas várias observações para formar uma impressão coerente dos outros. Por fim, discutiremos alguns modos sutis pelos quais nossas impressões concebem uma imagem distorcida da realidade, frequentemente pondo em movimento uma profecia autorrealizável. Ao ler este capítulo, você vai notar que consideramos os vários processos do ponto de vista de um observador. Tenha em mente, no entanto, que nos eventos da vida, você é *observador* e *alvo* das percepções dos outros.

A história do medalhista de ouro olímpico Oscar Pistorius, que foi condenado por assassinato, ilustra os tipos de indagações que os observadores sociais costumam fazer ao tentar compreender outras pessoas.

4-1 Observação: os elementos da percepção social

Como nossos exemplos iniciais sugerem, entender outras pessoas pode não ser fácil, mas é parte fundamental da vida cotidiana. Como fazemos? Que tipo de informação empregamos? Não podemos realmente "enxergar" o estado mental ou emocional de alguém, seus motivos ou intenções mais que um detetive pode observar na cena de um crime já cometido. Assim, como um detetive que tenta reconstruir um crime descobrindo testemunhas, impressões digitais, amostras de sangue e outras evidências, o observador social passa a conhecer os outros confiando em pistas indiretas – os elementos da percepção social. Essas pistas surgem de uma interação entre três fontes: pessoas, situações e comportamentos.

4-1a A aparência física de uma pessoa

Você já viu alguém pela primeira vez ou visitou a página no Facebook de um desconhecido e formou uma impressão rápida com base nas informações de um "retrato instantâneo"? Quando crianças, aprendemos que não devemos julgar um livro pela capa, que as coisas nem sempre são o que parecem, que as aparências enganam e que nem tudo o que reluz é ouro. No entanto, como adultos, não conseguimos evitar: formamos as primeiras impressões valendo-se de fisionomias e de outros aspectos da aparência de uma pessoa (Todorov, 2017; Zebrowitz, 2017).

Para elucidar a velocidade do processo, Janine Willis e Alexander Todorov (2006) mostraram a estudantes universitários fotos de rostos desconhecidos durante um décimo de segundo, meio segundo ou um segundo inteiro. Independentemente de os alunos avaliarem os rostos em relação ao quanto pareciam atraentes, agradáveis, competentes, confiáveis ou agressivos, os julgamentos – mesmo no caso da mais breve observação – eram rápidos e altamente correlacionados a concepções de quem não teve o tempo de observação limitado (ver ▲ Tabela 4.1). Pesquisas adicionais mostraram que as pessoas avaliam de forma rápida, espontânea e inconsciente se um rosto indica que uma pessoa é dominante ou submissa, confiável ou não (Stewart et al., 2012). Essa tendência de inferir características pessoais à imagem de um rosto não só é rápida, como também se desenvolve precocemente. Por exemplo, crianças de 3 e 4 anos mostram a mesma tendência dos adultos de julgar se uma pessoa é "má" ou "legal" com base na breve observação de seu rosto (Cogsdill et al., 2014). Não há dúvidas sobre isso: se você folhear as páginas de uma revista ou navegar no Snapchat, no Instagram ou no Pinterest, verá que às vezes leva uma mera fração de segundo para formar impressões sobre um desconhecido tendo em conta sua aparência.

▲ **TABELA 4.1**

Primeiras impressões em uma fração de segundo

Os participantes classificaram rostos desconhecidos com base em fotos que viram por um décimo de segundo, meio segundo ou um segundo inteiro. Suas impressões permaneceriam as mesmas ou mudariam se o tempo fosse ilimitado? Conforme medido pelas correlações dessas classificações com aquelas feitas por observadores que não tinham um tempo limite de exposição, os resultados mostraram que as classificações estavam altamente correlacionadas mesmo nos tempos de exposição mais curtos. Dar aos participantes mais tempo não aumentou essas correlações.

Características sendo avaliadas	0,10 s	0,50 s	1 s
Confiável	0,73	0,66	0,74
Competente	0,52	0,67	0,59
Agradável	0,59	0,57	0,63
Agressivo	0,52	0,56	0,59
Agradável	0,69	0,57	0,66

Willis e Todorov (2006).

Se as primeiras impressões se formam rapidamente, em que se baseiam? Em 500 a.C., o matemático Pitágoras olhava nos olhos dos futuros alunos para verificar se eram talentosos. Mais ou menos na mesma época, Hipócrates, o fundador da medicina moderna, empregava traços faciais para fazer diagnósticos sobre a vida e a morte. No século XIX, o médico vienense Franz Gall introduziu uma ciência fantasiosa chamada frenologia e afirmou que era possível avaliar o caráter de uma pessoa pelo formato de seu crânio. E em 1954, o psicólogo William Sheldon concluiu, com base em estudos falhos feitos com homens adultos, que há uma forte ligação entre o físico e a personalidade. As pessoas não podem ser medidas por protuberâncias na cabeça, como os frenologistas costumavam fazer, mas nossas primeiras impressões são influenciadas de modos sutis por altura, peso, cor da pele, cor do cabelo, tatuagens, piercings, óculos e outros aspectos da aparência física de uma pessoa. Como observadores sociais, também formamos impressões muitas vezes precisas sobre outras pessoas com base em uma série de reveladoras pistas indiretas. Em *Psiu, dê uma espiadinha! SNOOP: O que suas coisas revelam sobre você*, Sam Gosling (2008) descreve uma pesquisa que conduziu mostrando que a personalidade das pessoas pode ser revelada pelas bugigangas encontradas em seus escritórios e dormitórios, a identidade que apresentam nas páginas do Facebook, os livros que se alinham em suas prateleiras e os tipos de música que ocupam seus iPods.

Outras pistas superficiais também podem nos levar a formar impressões rápidas. Em um estudo, personagens fictícios com nomes da "velha geração" como Harry, Walter, Dorothy e Edith foram considerados menos populares e menos inteligentes que aqueles com nomes da geração mais jovem, como Kevin, Michael, Lisa e Michelle (Young et al., 1993). Em um segundo estudo, tanto homens quanto mulheres foram vistos como mais femininos quando tinham vozes agudas que quando tinham vozes graves (Ko et al., 2006). Em um terceiro estudo, habilmente intitulado "*I like you, but I don't know why*", as pessoas classificaram rostos gerados por computador mais positivamente quando – sem o conhecimento dos participantes – foram criados para se parecer com um namorado ou uma namorada cujo relacionamento fosse razoável (Günaydin et al., 2012).

O rosto humano, em particular, é mais atraente do que se imagina (Todorov et al., 2015; Zebrowitz, 2017). Desde a Grécia antiga, as pessoas se preocupam com a fisiognomonia – a arte de ler características baseando-se em rostos. Embora possamos não perceber, essa tendência persiste até hoje. Por exemplo, Ran Hassin e Yaacov Trope (2000) verificaram que pessoas julgam outras em fotos como bondosas, e não mesquinhas, valendo-se de características como rosto redondo e cheio; cabelo encaracolado; cílios longos; olhos grandes; nariz curto; lábios carnudos; e uma boca curvada para cima. Curiosamente, esses pesquisadores também descobriram que, assim como as pessoas leem as características *dos* rostos, às vezes elas leem as características *nos* rostos com base em informações anteriores. Em um estudo, por exemplo, os participantes que foram informados de que um homem era gentil – em comparação com aqueles que disseram que ele era mau – mais tarde julgaram seu rosto mais cheio, redondo e atraente.

Em estudos de percepção social, os pesquisadores descobriram que adultos com características de fisionomias de bebê – olhos grandes e redondos; sobrancelhas altas; bochechas redondas; testa grande; pele macia; e um queixo arredondado – tendem a ser vistos como amigáveis, gentis, ingênuos, fracos, honestos e submissos. Em contraste, adultos com características maduras – olhos pequenos, sobrancelhas baixas e testa pequena, pele enrugada e queixo anguloso – são vistos como mais fortes, dominantes e competentes (Berry e Zebrowitz-McArthur, 1986). Em juizados de pequenas causas, os juízes são mais propensos a favorecer réus com fisionomia de bebê que são acusados de infrações intencionais, mas decidem contra eles quando acusados de negligência. No ambiente de trabalho, os candidatos a empregos com fisionomia de bebê são mais propensos a serem recomendados como professores de creches, enquanto os que têm um rosto maduro são considerados mais adequados para trabalhar como banqueiros. Pesquisas recentes mostram até mesmo que essa ligação entre a aparência infantil e características pessoais é vista não apenas nas culturas ocidentais, mas também entre o povo Tsimané, que vive em uma floresta tropical boliviana (Zebrowitz et al., 2012). Leslie Zebrowitz e Joann Montepare (2005) concluem, portanto, que a fisionomia de bebê "afeta profundamente o comportamento humano em um piscar de olhos" (p. 1565).

O que explica essas descobertas? E por que, em geral, as pessoas são tão ágeis em julgar os outros pelas aparências? Uma explicação é que os seres humanos são programados pela evolução para responder com gentileza às características infantis, de modo que bebês reais sejam tratados com ternura e amor. Muitos anos atrás, o especialista em comportamento animal, Konrad Lorenz, observou que as características infantis em muitas espécies animais parecem desencadear uma resposta especial de acolhimento à fofura. Essa velha ideia derivou de um estudo de imagens cerebrais mostrando que uma região frontal do cérebro associada ao amor e a outras emoções positivas é ativada quando as pessoas são expostas, mesmo que momentaneamente, a fotos de rostos de bebês, mas não a fotos de rostos de outros adultos (Kringelbach et al., 2008).

Nossa resposta automática diante dos bebês é compreensível. Mas por que responderíamos do mesmo jeito aos adultos com fisionomia de bebê? Leslie Zebrowitz (2017) acredita que associamos características infantis a características de quem é indefeso e, assim, generalizamos essa percepção para adultos com rosto de bebê. Em acordo com esse ponto, ela e seus colegas descobriram em um estudo de imagem cerebral que a região do cérebro ativada por imagens de rostos de bebês também foi ativada por imagens de homens com rosto de bebê (Zebrowitz et al., 2009).

Outros pesquisadores também acreditam que as pessoas, como observadores sociais, generalizam demais ao fazer julgamentos precipitados. Alexander Todorov e outros (2008) descobriram que somos ágeis em perceber rostos desconhecidos como mais ou menos confiáveis – um julgamento que devemos frequentemente realizar – e assim agimos focando características que lembram as expressões de felicidade e raiva (um rosto confiável tem uma boca em forma de U e sobrancelhas levantadas; em um rosto não confiável, a boca se curva para baixo e as sobrancelhas formam um V). Em outras palavras, os rostos são vistos como confiáveis se parecerem felizes, emoção que sinaliza a segurança de aproximar-se de uma pessoa, e não confiáveis se parecem zangados, emoção que sinaliza um perigo a ser evitado. Mesmo expressões faciais momentâneas podem influenciar nossas percepções. Quando as pessoas sorriem, seus rostos parecem mais claros e radiantes que quando franzem a testa (Song et al., 2012).

Qual é a sua primeira impressão dessa pessoa? Ao posar durante uma Exposição Internacional de Tatuagem no México em 2013, Maria Jose Cristerna, também conhecida como Mulher Vampira, entrou para o Guinness pelo recorde mundial da quantidade de alterações feitas em seu corpo.

"Nosso rosto, com nossa linguagem, são ferramentas sociais que nos ajudam a navegar pelos encontros sociais que definem nossos 'eus' e moldam nossas vidas."

– Alan J. Fridlund

As impressões que formamos de outras pessoas são influenciadas por aspectos superficiais de sua aparência.

VERDADEIRO

4-1b Percepção de situações

Além das convicções que temos sobre as pessoas, também temos noções predefinidas sobre certos tipos de situações – "roteiros" que nos permitem antecipar objetivos, comportamentos e resultados que podem ocorrer em determinado cenário (Abelson, 1981). Com base em experiências anteriores, as pessoas podem facilmente imaginar a sequência de eventos prováveis em situações como um simples cumprimento, um shopping center, um jantar ou uma partida de tênis. Quanto mais experiência você tiver em determinada situação, mais detalhados serão seus roteiros.

Em *Do's and taboos around the world*, Roger Axtell (1993) descreveu roteiros específicos de diferentes culturas. Na Bolívia, observa ele, espera-se que os convidados do jantar comam toda a comida de seus pratos para provar que gostaram da refeição. Em uma casa indiana, no entanto, muitos convidados nativos deixarão um pouco de comida no prato para mostrar ao anfitrião que comeram o suficiente. Os roteiros sociais dessa natureza podem influenciar percepções e comportamentos. Como veremos no Capítulo 11, a respeito de Agressividade, em lugares que fomentam uma cultura de *honra*, espera-se que os homens defendam-se dos insultos e que as mulheres sejam comedidas e leais – e suspeitas de infidelidade feminina podem ser causa de violência doméstica (Vandello e Cohen, 2003). De acordo com Angela Leung e Dov Cohen (2011), roteiros sociais semelhantes podem ser encontrados em outras culturas, nas quais um valor maior é colocado na *expressão* (a noção de que se espera que as pessoas mostrem deferência para com os outros de maior *status* e humildade em situações públicas) e *dignidade* (a noção de que todos ao nascer têm valores intrínsecos e iguais).

Os roteiros comportamentais podem ser bastante elaborados. Estudando o roteiro do "primeiro encontro", John Pryor e Thomas Merluzzi (1985) pediram que estudantes universitários dos Estados Unidos listassem a sequência de eventos que acontecem nessa situação. Valendo-se dessas listas, surgiu a imagem de um primeiro encontro norte-americano típico. Dezesseis etapas foram identificadas, incluindo (1) o homem chega; (2) a mulher cumprimenta o homem à porta; (3) a mulher apresenta seu acompanhante aos pais ou colega de quarto; (4) o casal discute planos e conversa sobre amenidades; (5) eles vão ao cinema; (6) compram algo para comer ou beber; (7) o homem leva a mulher para casa; (8) se estiver interessado, ele comenta sobre um próximo encontro; (9) eles se beijam; (10) eles dizem boa-noite. Soa familiar? Pryor e Merluzzi, então, embaralharam a lista de eventos e pediram que os participantes os organizassem na ordem apropriada. Eles descobriram que aqueles com mais experiência em relacionamentos conseguiam organizar as etapas mais rapidamente que os que tinham menos experiência. Para as pessoas familiarizadas com um roteiro, os eventos se encaixam como peças de um quebra-cabeça. Trinta anos depois, apesar das mudanças nas normas de gênero e namoro, a pesquisa mostrou que esse roteiro básico permanece essencialmente o mesmo (Eaton e Rose, 2011; Morr Serewicz e Gale, 2008).

Conhecer os ambientes sociais fornece um contexto importante para a compreensão do comportamento verbal e não verbal das pessoas. Por exemplo, esse conhecimento nos leva a esperar que alguém seja educado durante uma entrevista de emprego, descontraído em um piquenique e barulhento em um evento esportivo. Muitas vezes, nossas expectativas de como as situações nos afetam podem influenciar como interpretamos as expressões faciais das pessoas. Em um estudo, os participantes olharam fotos de rostos humanos com expressões ambíguas. Quando disseram a eles que a pessoa da foto estava sendo ameaçada por um cachorro feroz, constataram a expressão facial como demonstração de medo; ao serem informados de que o indivíduo acabara de receber dinheiro, os participantes interpretaram a mesma expressão como índice de felicidade (Trope, 1986). Em outros estudos, rostos carrancudos foram vistos como amedrontados quando o contexto foi descrito como perigoso, ou determinados quando o contexto era uma prova que valia uma medalha para uma equipe olímpica de remo (Carroll e Russell, 1996). Os efeitos do contexto na percepção de alegria, raiva, medo, orgulho, repulsa, surpresa e outras emoções em uma expressão facial – e até mesmo se alguém está rindo ou chorando de forma audível – são rápidos e inconscientes (Aviezer et al., 2008; Barrett et al., 2011; Lavan et al., 2015). A • Figura 4.1 ilustra esse ponto.

4-1c Evidência comportamental

Um primeiro passo fundamental na percepção social é identificar o que alguém está fazendo em dado momento. Distinguir ações valendo-se do movimento é surpreendentemente fácil. Mesmo quando atores vestidos de preto se movem em uma sala escura com luzes presas apenas às articulações de seus corpos, as pessoas reconhecem rápida e facilmente atos complexos como andar, correr, pular e cair (Johansson et al., 1980). Essa habilidade é encontrada em indivíduos das culturas no geral (Barrett et al., 2005) e nos permite reconhecer as pessoas de modo peculiar, como amigos, apenas por seus movimentos (Loula et al., 2005; Yovel e O'Toole, 2016)

Mais interessante, talvez, seja o fato de que derivamos *significado* de nossas observações, dividindo o fluxo comportamental contínuo humano em "unidades" distintas. Ao fazer com que os participantes observassem alguém em uma gravação de vídeo e pressionassem um botão sempre que detectassem uma "ação significativa", Darren Newtson e outros (1987) descobriram que alguns observadores rompem o fluxo comportamental em um grande número de unidades bem delimitadas, enquanto outros o rompem em poucas unidades gerais. Durante um jogo de beisebol, por exemplo, você pode pressionar o botão após cada arremesso, cada rebatida, cada entrada ou apenas depois de cada jogada completada. A maneira

● FIGURA 4.1

Julgando as emoções no contexto

Olhe para o rosto da estrela do tênis Serena Williams (à esquerda). Como ela está se sentindo – com raiva, talvez, ou agoniada? Agora olhe para ela em um contexto mais completo (à direita). Você pode ver que Williams estava eufórica, ao comemorar a vitória no Aberto dos Estados Unidos de 2008.

como as pessoas dividem um fluxo comportamental pode influenciar suas percepções. Os participantes da pesquisa que foram instruídos a romper um evento em unidades bem delimitadas em vez de unidades gerais estiveram mais atentos, detectaram ações mais significativas e lembraram-se de mais detalhes sobre o comportamento do jogador que os participantes que foram instruídos a romper os eventos em unidades gerais (Lassiter et al., 1988).

Percepção de estados mentais Em uma área de pesquisa em desenvolvimento, psicólogos sociais estão agora interessados na **percepção de estados mentais**, o processo pelo qual as pessoas atribuem estados mentais semelhantes aos humanos a vários objetos animados e inanimados, incluindo outras pessoas. Estudos mostram que aqueles que identificam as ações de alguém como mais complexas em vez de simples (por exemplo, ao descrever o ato de "pintar uma casa" como "tentar fazer uma casa parecer nova", não apenas "passar tinta") também são mais propensas a atribuir pensamentos humanizadores, sentimentos, intenções, consciência e outros estados de espírito a esse personagem (Kozak et al., 2006).

Mesmo que as pessoas, normalmente, não atribuam estados mentais a objetos inanimados, em geral, quanto mais semelhante a um humano for um objeto-alvo, mais provável é a atribuição de tais "estados". Em uma série de estudos, Carey Morewedge e outros (2007) descobriram que se as pessoas são solicitadas a classificar diferentes animais na natureza (como uma preguiça, uma tartaruga, uma mosca, um veado, um lobo e um beija-flor); robôs de animação ou seres humanos cujo movimento foi apresentado em velocidades lenta, média e rápida; ou uma mancha roxa dissipando-se pela rua da cidade no mesmo ritmo, mais lento ou mais rápido que as pessoas ao redor, o resultado é sempre o mesmo: as pessoas veem qualidades próprias da mente em objetos-alvo que superficialmente se parecem com humanos em sua velocidade de movimento.

"Que tipo de coisas apresenta uma mente?" Para responder a essa pergunta, Heather Gray et al. (2007) conduziram uma pesquisa on-line na qual apresentaram a mais de 2 mil entrevistados uma variedade de personagens humanos e não humanos, como um feto de 7 semanas, um bebê de 5 meses, um homem adulto, um homem em estado vegetativo, uma mulher morta, uma rã, o cachorro da família, um chimpanzé, Deus e um robô sociável. Pediram, então,

percepção de estados mentais Processo pelo qual as pessoas atribuem estados mentais semelhantes aos humanos a vários objetos animados e inanimados, incluindo outras pessoas.

Pessoas tendem a perceber uma mente similar à humana nos atuais robôs de inteligência artificial que falam conosco.

Fonte: Roberto Parada, *The Atlantic*, November 2018, https://www.theatlantic.com/magazine/archive/2018/11/alexa-how-will-you-change-us/570844

que os entrevistados avaliassem até que ponto cada personagem possuía várias capacidades mentais, como prazer, dor, medo, orgulho, constrangimento, memória, autocontrole e moralidade. Uma vez combinados estatisticamente, os resultados mostraram que as pessoas percebem a mente ao longo de duas dimensões: agência (a capacidade do personagem de planejar e executar o comportamento) e experiência (a capacidade de sentir prazer, dor e outras sensações). No geral, quanto mais "percepção" os entrevistados atribuem a um personagem, mais eles gostam, valorizam, querem fazê-lo feliz e salvá-lo da destruição.

A percepção de estados mentais é um aspecto importante em como percebemos, nos conectamos e nos comportamos uns com os outros; em constatarmos características semelhantes às da mente humana em seres não humanos e em certos objetos inanimados; e em como as pessoas são mais propensas a atribuir estados mentais a outras com quem compartilham uma conexão social que com a pessoas distantes (Waytz et al., 2010). Em uma série de estudos, por exemplo, Adam Waytz e Nicholas Epley (2012) descobriram que os participantes da pesquisa que foram induzidos a refletir sobre alguém em suas vidas de quem fossem próximos – digamos, um bom amigo, outra pessoa importante ou um membro da família – eram então menos propensos a atribuir qualidades mentais humanizantes a outras pessoas.

E os *gadgets* que guardamos em nossos bolsos? Um iPhone possui qualidades mentais? Em 2012, a Apple lançou a Siri, a assistente virtual do iPhone programada para responder a perguntas. Em um comercial de TV sobre ela, o ator John Malkovich pergunta a Siri sobre o significado da vida. Aconselha-o a ser legal com os outros, evitar comer gorduras e ler um bom livro de vez em quando. "E tente viver junto e em paz e harmonia com pessoas de todos os credos e de todas as nações." Malkovich agradece a Siri pelo conselho: "Gostei muito deste bate-papo. Você é muito convincente". "É muito gentil de sua parte", Siri responde.

Ao escrever em *The Atlantic*, Judith Shulevitz (2018) confessa que se apaixonou por Alexa, a voz com quem conversa por meio do Amazon Echo e do Google Assistant. Ela tem plena consciência de que esses dispositivos são impostores eletrônicos virtuais, não humanos. No entanto, às vezes confidencia seus sentimentos a eles. "'Estou sozinha', digo, o que normalmente não confesso a ninguém, exceto a meu terapeuta – nem mesmo a meu marido, que pode interpretar de maneira equivocada."

Se pessoas veem inteligência em máquinas, o que dizer dos veículos autônomos, como o carro experimental do Google? Waytz e outros (2014) colocaram indivíduos em um simulador de veículo autônomo e constataram que eles consideraram o carro inteligente e confiável – e capaz de sentir, antecipar e planejar.

À medida que a tecnologia se torna cada vez mais sofisticada, com robôs programados com inteligência artificial, as pessoas vão considerar as máquinas semelhantes à mente humana? Por exemplo, o que dizer dos veículos autônomos – carros autônomos do futuro próximo, equipados com câmeras especiais, mapas e software anticolisão – que vão controlar o volante e a velocidade? Essa tecnologia está sendo desenvolvida e testada. Em um estudo fascinante, Waytz e outros (2014) levaram cem pessoas a um simulador de direção para "dirigir" um carro normal, um veículo autônomo que controlava direção e velocidade, ou um veículo autônomo aprimorado ao qual foi atribuído nome (Iris), gênero (feminino) e voz (capturada por arquivos de áudio humanos). Aqueles colocados no veículo autônomo aprimorado foram mais propensos a ver o carro como *inteligente* e a acreditar que este pudesse *sentir*, *antecipar* e *planejar* uma rota. Eles também foram mais propensos a *confiar* no veículo.

 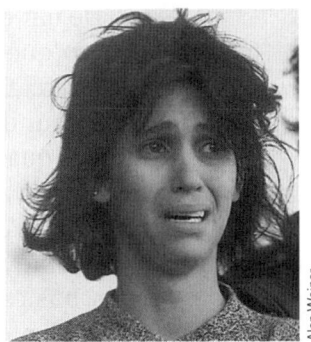 

Você pode dizer como essas pessoas estão se sentindo? Se você for como a maioria, independentemente da cultura, não terá dificuldade em reconhecer as emoções retratadas.

O som de uma voz – mesmo quando vinda de uma máquina – pode ser particularmente humanizante. Em uma série de experimentos, Juliana Schroeder e outros (2017) levaram os participantes da pesquisa a ler transcrições nas quais desconhecidos explicam seus pontos de vista sobre um assunto polêmico como o aborto. Quando discordavam da opinião do palestrante, diminuíam consistentemente a inteligência e a humanidade da pessoa. De outro modo, os participantes que ouviram gravações de áudio dos mesmos oradores apresentando argumentos similares tiveram impressões mais positivas. Esses resultados sugerem que o som da voz humana contém pistas humanizantes.

A linguagem silenciosa do comportamento não verbal As pistas comportamentais são usadas não apenas para identificar as ações físicas de uma pessoa, mas também para determinar seus estados internos. Saber como alguém está se sentindo pode ser complicado porque as pessoas muitas vezes tentam esconder suas verdadeiras emoções. Você já teve de ocultar sua raiva de alguém, mascarar sua decepção após o fracasso, fingir surpresa, dar desculpas ou fingir que gosta de algo apenas para ser educado? Às vezes, as pessoas vêm e contam como se sentem. Porém às vezes não nos dizem, não têm certeza ou se esforçam para esconder seus reais sentimentos. Por essas razões, muitas vezes nos sintonizamos com a linguagem silenciosa e complexa do **comportamento não verbal** (ver Hall et al., 2019).

Que tipo de dicas não verbais as pessoas fazem uso para julgar como outra está se sentindo? Em *A expressão das emoções no homem e nos animais*, o naturalista Charles Darwin (1872) – cuja teoria da evolução transformou nossa compreensão da história humana – propôs que expressões faciais demonstram emoções de modo que são inatas e compreendidas por pessoas de todo o mundo. A pesquisa contemporânea apoia esse conceito. Muitos estudos já demonstraram que, quando apresentadas a fotografias semelhantes às mostradas anteriormente, as pessoas podem identificar com segurança pelo menos seis emoções "primárias": felicidade, tristeza, raiva, medo, surpresa e repulsa. Em um estudo, participantes de 10 países diferentes – Estônia, Alemanha, Grécia, Hong Kong, Itália, Japão, Escócia, Sumatra, Turquia e Estados Unidos – exibiram altos níveis de concordância no reconhecimento dessas emoções (Ekman et al., 1987).

comportamento não verbal Comportamento que revela os sentimentos de uma pessoa sem palavras, mas por meio de expressões faciais, linguagem corporal e dicas vocais.

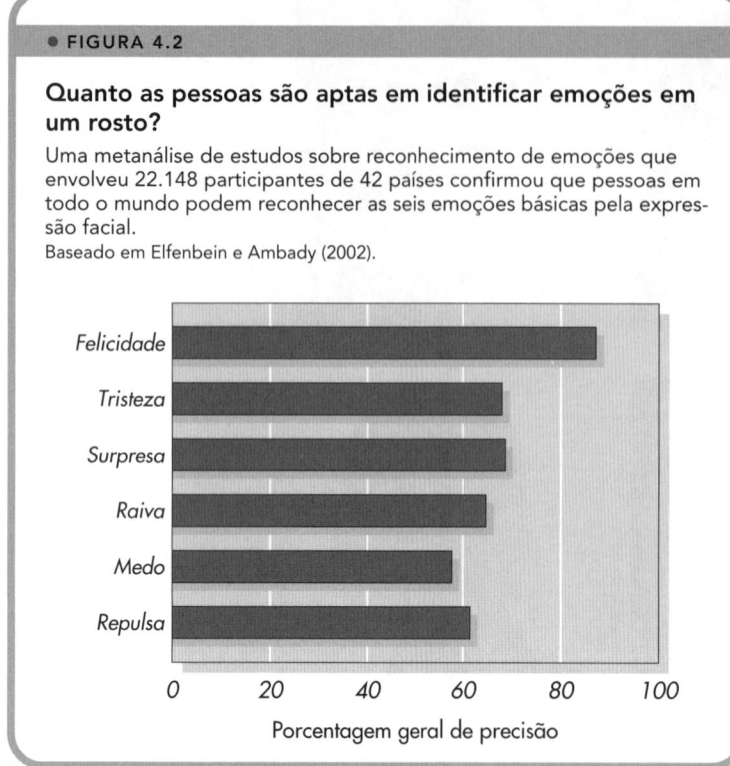

FIGURA 4.2

Quanto as pessoas são aptas em identificar emoções em um rosto?

Uma metanálise de estudos sobre reconhecimento de emoções que envolveu 22.148 participantes de 42 países confirmou que pessoas em todo o mundo podem reconhecer as seis emoções básicas pela expressão facial.
Baseado em Elfenbein e Ambady (2002).

De um extremo ao outro do mundo, é claro que um sorriso é um sorriso e uma careta é uma careta e que quase todo mundo sabe o que significam, mesmo quando as expressões são "vestidas" por atores e não genuinamente sentidas. Porém os resultados apoiam totalmente a afirmação de que as emoções básicas são reconhecidas "universalmente" pelo rosto, ou a relação depende da cultura? Para responder a esta pergunta, Hillary Elfenbein e Nalini Ambady (2002) realizaram uma metanálise com 97 estudos envolvendo um total de 22.148 observadores sociais de 42 países diferentes. Conforme mostrado na • Figura 4.2, as pesquisadoras encontraram suporte para ambos os pontos de vista. Por um lado, as pessoas em todo o mundo são capazes de reconhecer as emoções primárias em fotografias de expressões faciais. Por outro, elas são 9% mais precisas quando julgam rostos de seus próprios países, própria etnia ou região que de membros de grupos que são menos familiares – o que indica que desfrutamos de uma "vantagem interna" quando se trata de saber como estão se sentindo aqueles mais próximos de nós.

Em um estudo que elucida esse ponto, Elfenbein e Ambady (2003) mostraram fotos com o rosto de norte-americanos para grupos com vários graus de contato com essa população. Conforme previsto, maior contato ao longo da vida foi associado a maior precisão, de um mínimo de 60% entre os participantes chineses que vivem na China até 83% entre os chineses que vivem nos Estados Unidos e 93% entre os não chineses norte-americanos. Ao tratar de reconhecer emoções em um rosto, parece que a familiaridade gera precisão.

Darwin acreditava que a habilidade de reconhecer emoções em outras pessoas tem valor de sobrevivência para os membros de uma espécie no geral. Essa hipótese sugere que é mais importante identificar algumas emoções que outras. Por exemplo, pode ser mais adaptativo ser cauteloso com alguém que está com raiva e, portanto, propenso a atacar com violência que com alguém feliz, uma emoção não ameaçadora. De fato, estudos têm mostrado que rostos com expressão de raiva nos provocam e nos fazem franzir a testa, mesmo quando apresentados de modo subliminar e sem nossa consciência (Dimberg et al., 2000). Demonstrando o que Christine Hansen e Ranald Hansen (1988) chamam "efeito de superioridade da raiva", os pesquisadores verificaram que as pessoas são mais ágeis em detectar – e mais lentas em desviar o olhar – rostos raivosos em uma multidão que rostos com emoções neutras e não ameaçadoras (Fox et al., 2002).

É interessante que as pessoas nem sempre sejam ágeis em identificar o rosto enfurecido em uma multidão do que, digamos, um rosto feliz. Nossas tendências são mais complicadas por duas razões. Em primeiro lugar, o que procuramos pode estar condicionado por nosso estado motivacional do momento. Em uma tarefa de pesquisa visual semelhante a *Onde está Wally?*, os participantes do estudo, induzidos a temer a rejeição social e a solidão, foram mais ágeis em identificar, em diversos cenários de multidão, rostos que exibiam sorrisos acolhedores que outras expressões (DeWall et al., 2009). Além disso, embora um rosto raivoso estático não chame necessariamente nossa atenção, um rosto *em movimento*, uma apresentação mais realista, pode muito bem ter esse efeito. Estudos que compararam rostos felizes e zangados, dinâmicos em vez de estáticos, em uma multidão, confirmam essa hipótese. Quando mostram rostos neutros em uma multidão cuja expressão se torna gradualmente positiva ou negativa, as pessoas são mais ágeis em identificar esses rostos enfurecidos (Ceccarini e Caudek, 2013).

A repulsa é outra emoção básica que tem significado adaptativo. Quando confrontadas com um estímulo ofensivo, como um odor fétido, comida estragada, fezes, carne podre ou uma imagem de mutilação, as pessoas reagem com uma aversão que se manifesta em como enrugam o nariz, levantam o lábio superior e abrem a boca. Essa reação visceral costuma ser acompanhada por náuseas; no caso de comida ruim, o que pode facilitar engasgos e vômitos (Rozin e Fallon, 1987).

Na natureza, a intoxicação alimentar é uma ameaça real, por isso é adaptativo reconhecermos a repulsa no rosto alheio. Para ilustrar, Bruno Wicker e outros (2003) fizeram que 14 homens assistissem a vídeos de pessoas com odores agradáveis, desagradáveis ou neutros. Depois, esses mesmos homens foram expostos aos próprios odores. Se você já sentiu o aroma doce de uma padaria ou o de um copo de leite azedo, vai achar interessante as diferentes reações que surgiriam em seu rosto. Com o uso de imagens por ressonância magnética funcional (fMRI), os pesquisadores monitoraram a atividade no cérebro dos participantes ao longo do experimento. Descobriram que uma estrutura no cérebro conhecida como *ínsula* foi ativada não apenas quando os participantes sentiram o odor desagradável, mas também quando observaram *outros* senti-lo. Esse resultado sugere que as pessoas mais do que reconhecem a expressão de repulsa; experimentam-na em um nível neural.

O valor social do rosto humano fica evidente quando nos comunicamos por mensagens de texto e e-mail. Quando o e-mail tornou-se popular, a palavra escrita era frequentemente mal interpretada, especialmente quando o escritor tentava ser engraçado ou sarcástico, porque não tínhamos as dicas não verbais que normalmente animam e esclarecem as interações ao vivo. Para preencher essa lacuna, os remetentes de e-mail criaram rostos sorridentes e outros "emoticons" (ícones de emoção) a partir de caracteres de teclado padrão (uma amostra de emoticons usados rotineiramente, são mostrados na • Figura 4.3). Para simplificar a tarefa, no geral os provedores de mensagens de texto e e-mail logo começaram a oferecer opções de "emojis" fixos e animados (das palavras japonesas para "imagem" e "personagem") para comunicar diferentes emoções e outros estados mentais.

Outras pistas não verbais também podem influenciar a percepção social, permitindo-nos fazer julgamentos rápidos e às vezes precisos com base em *fatias finas* de comportamento expressivo (Ambady e Rosenthal, 1993). Mas espere. Você pode realmente dizer quanto contato visual uma pessoa faz com os outros ou com que frequência ela sorri, assente ou gesticula com base em uma amostra de comportamento de apenas 5 segundos? Não ajudaria ter mais tempo? Para responder a essas perguntas, Nora Murphy e outros (2015) conduziram vários estudos nos quais gravaram estudantes universitários, médicos internos e candidatos a empregos realizando várias interações sociais. Depois de codificar por completo seus comportamentos não verbais, recolheram fatias finas para determinar se essas pequenas amostras representavam a totalidade com precisão. A resposta foi afirmativa. Você pode dizer quanto contato visual uma pessoa tende a estabelecer em uma conversa – ou quanto ela sorri, assente e gesticula – em apenas 30, 60 e 90 segundos de observação.

Às vezes, as impressões concebidas pelas pessoas valendo-se de fatias finas de comportamento são bastante precisas. Em um estudo, elas julgaram com precisão a inteligência de desconhecidos, medida pelas pontuações reais em testes de QI, com base apenas em

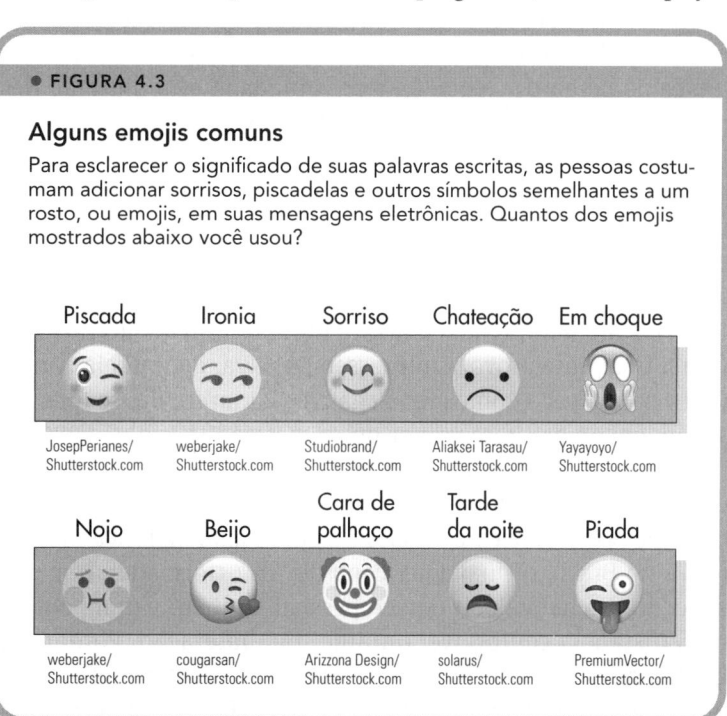

• **FIGURA 4.3**

Alguns emojis comuns
Para esclarecer o significado de suas palavras escritas, as pessoas costumam adicionar sorrisos, piscadelas e outros símbolos semelhantes a um rosto, ou emojis, em suas mensagens eletrônicas. Quantos dos emojis mostrados abaixo você usou?

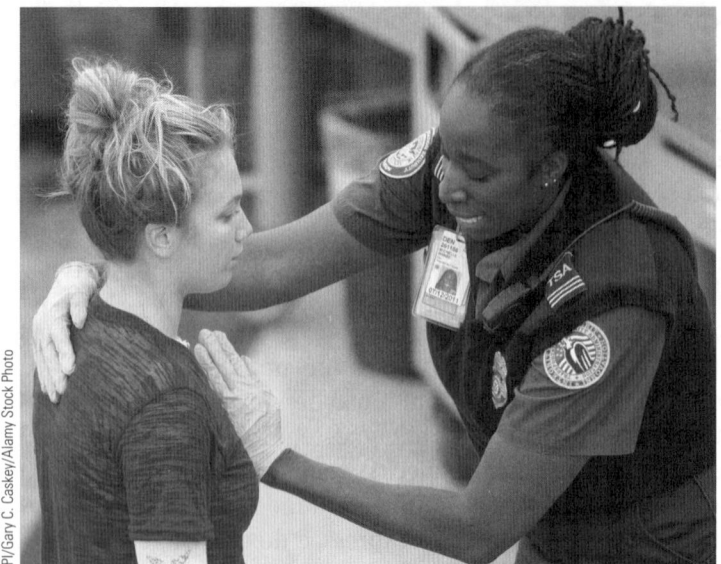

Após os ataques terroristas de 11 de setembro de 2001, a Administração de Segurança dos Transportes treinou os agentes para observar as expressões faciais e o comportamento dos passageiros em aeroportos, em um esforço para detectar indícios de má-fé. Até o momento, há poucas evidências de que os julgamentos realizados com esse tipo de observação sejam precisos.

ouvi-los lendo frases curtas (Borkenau et al., 2004). Em um segundo estudo, os participantes avaliaram crianças de 8 a 12 anos valendo-se de características de personalidade observadas em fatias finas de comportamento; essas classificações também corresponderam às avaliações de personalidade dessas crianças feitas pelos próprios pais (Tackett et al., 2015). Em um terceiro estudo, as pessoas assistiram a breves vídeos de entrevistas com detentos de presídios de segurança máxima. Mesmo com apenas 5 segundos de observação, suas avaliações se correlacionaram significativamente com os diagnósticos clínicos dos transtornos de personalidade dos presos (Fowler et al., 2009). Tomando essas descobertas em sua totalidade, não é de admirar que Nalini Ambady (2010) tenha descrito os julgamentos rápidos que muitas vezes fazemos como "intuitivos" e "eficientes". "Segmentar em fatias finas não é um dom raro", observa Malcolm Gladwell (2005), autor do best-seller Blink – A decisão num piscar de olhos. "É parte central do que significa ser humano" (p. 43).

O contato visual, ou olhar, é uma modalidade particularmente influente de comunicação não verbal. Como seres sociais, as pessoas prestam maior atenção aos olhos, muitas vezes seguindo o olhar dos outros. Olhe para cima, para baixo, para a esquerda ou para a direita, e alguém que o observa provavelmente seguirá a direção de seus olhos (Langton et al., 2000). Até mesmo bebês de 1 ano tendem a seguir o olhar, olhando ou apontando para o objeto da atenção de um pesquisador adulto (Brooks e Meltzoff, 2002). É claro, cada um de nós é atraído como um ímã pelo olhar dos outros. Estudos laboratoriais controlados sobre esse "efeito de contato visual" mostram que as pessoas que nos olham diretamente nos olhos rapidamente atraem e prendem nossa atenção, aumentam a excitação e ativam áreas sociais importantes do cérebro – e que essa sensibilidade está presente desde o nascimento (Senju e Johnson, 2009) e mesmo quando os olhos do outro estão ocultos atrás de óculos escuros (Myllyneva e Hietanen, 2015).

Os olhos são denominados "janelas da alma". Em muitas culturas, as pessoas presumem que alguém que evita o contato visual seja evasivo, frio, medroso, tímido ou indiferente; que o olhar frequente indica intimidade, sinceridade, autoconfiança e respeito; e que quem encara é tenso, irritado e hostil. Se você já conversou com alguém com olhar distante, como se estivesse desinteressado, então pode entender por que as pessoas podem formar impressões negativas do "desvio do olhar" (Mason et al., 2005). Às vezes, o contato visual é interpretado à luz de um relacionamento preexistente. Se duas pessoas se dão bem, o contato visual frequente provoca impressão positiva. Se um relacionamento não for tão amigável, esse mesmo contato visual é visto como algo negativo. Portanto, diz-se que, se duas pessoas se olharem por mais de alguns segundos, ou elas farão amor ou se matarão (Kleinke, 1986).

Antes de concluir nossa discussão sobre comportamento não verbal, é importante observar o conselho de Axtell (1993), útil para viagens a outros países, de que há uma grande variação cultural. Na Bulgária, movimentar a cabeça para cima e para baixo significa "não" e, para os lados, significa "sim". Na Alemanha e no Brasil, o sinal americano de "ok" (formando um círculo com o polegar e o indicador) é um gesto obsceno. Os hábitos do espaço pessoal também variam entre as culturas. Os japoneses gostam de manter uma distância confortável durante uma interação. Porém, em Porto Rico e em grande parte da América Latina, as pessoas ficam muito próximas e afastar-se é considerado insulto. Também tome cuidado com o que você faz com seus olhos. Na América Latina, olhar fixamente é uma obrigação, mas no Japão, excesso de contato visual demonstra falta de respeito. Se você tem o hábito de tocar o rosto, deve saber que na Itália, na Grécia e na Espanha, pode significar que considere a pessoa com quem esteja se comunicando atraente. E nunca toque na cabeça de alguém em países predominantemente budistas, em especial na Tailândia. Para eles, a cabeça é sagrada. Mesmo um sorriso não transmite impressão universal: embora sorrir tenda com que você pareça inteligente na Alemanha e na China, pode ter efeito oposto no Irã e na Rússia – e muitas vezes provocar desconfiança em sociedades onde há muita corrupção (Krys et al., 2014, 2016).

"Não estou fingindo estar dormindo – estou fingindo estar sexualmente satisfeita."

Muitas vezes as pessoas aumentam ou escondem a verdade, o que pode tornar a percepção social uma tarefa complicada.

Culturas diversas também têm regras diferentes para uma simples saudação. Na Finlândia, você deve dar um aperto de mão firme; na França, deve deixar mais frouxo; na Zâmbia, deve usar a mão esquerda para apoiar a direita; e na Bolívia, você deve levantar o braço se a mão estiver suja. No Japão, as pessoas se curvam; na Tailândia, colocam as mãos juntas em posição de oração na frente do peito; e em Fiji, sorriem e erguem as sobrancelhas. Em certas partes da América Latina, é comum que as pessoas se abracem e se beijem ao encontrar-se. E, na maioria dos países árabes, os homens se cumprimentam dizendo *salaam alaykum*, apertam as mãos, dizendo *kaifhalak*, e se beijam no rosto.

4-1d Identificando verdades e mentiras

A percepção social pode ser complicada porque as pessoas muitas vezes tentam esconder ou aumentar a verdade sobre si mesmas. Jogadores de pôquer blefam para ganhar dinheiro, testemunhas mentem para se proteger, políticos fazem promessas de campanha que sabem não poder cumprir e conhecidos elogiam uns aos outros para serem educados. Ocasionalmente, no geral dizemos menos que "a verdade, toda a verdade e nada além da verdade". Os observadores sociais podem perceber a diferença? *Você consegue* dizer quando alguém está mentindo?

Sigmund Freud, o fundador da psicanálise, disse certa vez que "nenhum mortal pode guardar segredos. Se a boca se cala, falam as pontas dos dedos; nos traímos por todos os poros" (1905, p. 94). Paul Ekman e Wallace Friesen (1974) revisaram posteriormente a observação de Freud, apontando que alguns poros "vazam" mais do que outros. Ekman e Friesen propuseram que quem mente tem dificuldade com alguns canais de comunicação, enquanto

Pesquisas sobre mentira e sua detecção mostram que não há uma pista comportamental, como o crescente nariz de madeira de Pinóquio, que possa ser aplicada para sinalizar uma mentira.

outros são relativamente fáceis. Para testar essa hipótese, eles exibiram uma série de filmes – alguns agradáveis, outros repulsivos – para um grupo de enfermeiras. Enquanto assistiam, as enfermeiras foram instruídas a relatar suas impressões sinceras sobre os filmes ou a esconder seus verdadeiros sentimentos. Com o uso de câmeras ocultas, esses participantes foram filmados. Outros, agindo como observadores, assistiram às gravações e julgaram se os participantes haviam falado a verdade ou mentido. Os resultados mostraram que a taxa de precisão no julgamento foi influenciada pelos tipos de pistas não verbais aos quais os observadores foram expostos. Aqueles que assistiram a gravações que mostravam o corpo inteiro foram melhores na detecção de mentiras do que aqueles que viram gravações com foco apenas no rosto. O rosto pode comunicar emoções, mas é relativamente fácil de ser controlado por quem mente, ao contrário dos movimentos nervosos das mãos e dos pés. Aparentemente, não há nada como o nariz de madeira do Pinóquio para revelar se alguém está mentindo ou dizendo a verdade.

Esse estudo foi o primeiro de centenas que foram realizados até hoje. Em todas essas pesquisas, um grupo de participantes faz afirmações verdadeiras ou falsas, enquanto outro grupo lê as transcrições, ouve o áudio ou assiste ao vídeo e, então, tenta julgar as declarações. De modo geral, em laboratórios de todo o mundo, os resultados mostram que as pessoas conseguem apenas cerca de 54% de precisão quando julgam se algo é verdade ou mentira, em parte porque muitas vezes acreditam no que os outros dizem por meio da expressão facial (Bond e DePaulo, 2006; Vrij, 2008). Na verdade, as pesquisas feitas nos Estados Unidos mostram que profissionais que são especialmente treinados e que fazem esses tipos de julgamentos – como detetives de polícia, juízes, psiquiatras, inspetores da alfândega e aqueles que administram testes de detecção de mentiras para a CIA, o FBI e os militares – também estão altamente sujeitos a erros (Ekman e O'Sullivan, 1991; Meissner e Kassin, 2002; Vrij, 2008; ver ▲ Tabela 4.2).

Qual parece ser o problema? Uma hipótese é que há certa incompatibilidade entre as pistas comportamentais que realmente sinalizam a mentira e aquelas que usamos para detectá-la (DePaulo et al., 2003; Zuckerman et al., 1981). Pense a respeito. Há quatro canais de comunicação que fornecem informações potencialmente relevantes: a palavra falada, o rosto, o corpo e a voz. No entanto, quando as pessoas têm motivo para mentir, as palavras que escolhem não são confiáveis e, geralmente, estas são capazes de controlar o rosto e o corpo (a voz é o canal mais revelador; quando as pessoas mentem, tendem a hesitar, acelerar e aumentar o tom da voz). Em uma pesquisa com aproximadamente 2.500 adultos em 58 países, uma equipe internacional de pesquisadores descobriu que mais de 70% acreditavam que os mentirosos tendem a desviar os olhos – uma pista que não é apoiada por nenhuma pesquisa. Da mesma forma, a maioria dos entrevistados da pesquisa acreditavam que as pessoas se agitam, gaguejam, remexem-se e tocam-se quando mentem – também são pistas não apoiadas pelas pesquisas (Global Deception Research Team, 2006).

Talvez as pessoas confiem em pistas erradas para identificar a mentira, mas uma análise recente dessa mesma literatura mostra que o problema deveria ser enunciado de modo diferente: não é que as pessoas julgam entre verdade e mentira com base em pistas *erradas*; em vez disso, o problema é que nenhuma das pistas comportamentais que procuram é muito reveladora (Vrij et al., 2019). Em uma metanálise de 144 amostras de 9.380 falantes, fornecendo um total de 26.866 mensagens e abrangendo mais de quarenta anos, Hartwig e Bond (2014) descobriram que o baixo nível de detectabilidade da mentira não diferia muito, independentemente de o falante ser um estudante universitário ou não, de o orador estar se esforçando

▲ **TABELA 4.2**

"Especialistas" podem distinguir verdade e mentira?

Especialistas em diferenciar verdades de mentiras assistiram a vídeos curtos de 10 mulheres que diziam a verdade ou mentiam sobre seus sentimentos. Considerando que havia uma chance de 50–50 de acertar o palpite, as taxas de precisão foram extremamente baixas. Apenas uma amostra de agentes do Serviço Secreto dos EUA apresentou um melhor desempenho.

Grupos de observadores	Taxa de precisão (%)
Estudantes universitários	52,82
CIA, FBI e militares	55,67
Investigadores de polícia	55,79
Juízes	56,73
Psiquiatras	57,61
Agentes do Serviço Secreto dos EUA	64,12

De acordo com Ekman e O'Sullivan (1991).

bastante para que não detectassem sua mentira, ou de verdades e mentiras contadas serem acompanhadas por altos ou baixos níveis de emoção.

Ao longo da história, as pessoas presumiram que o modo de identificar um mentiroso é observar os sinais externos de estresse ou ansiedade em seu comportamento. Ainda assim, em situações importantes da vida real – por exemplo, em uma mesa de pôquer, na área de triagem de segurança de um aeroporto ou em uma sala de interrogatório policial –, inocentes que estão dizendo a verdade também podem demonstrar sinais de estresse. Por essa razão, os pesquisadores atualmente buscam uma abordagem distinta. Em especial, Aldert Vrij, Anders Granhag e seus pares teorizaram que mentir é mais difícil e requer mais perspicácia que dizer a verdade (Vrij e Granhag, 2012; Vrij et al., 2010). Portanto, argumentam, devemos induzir comportamentos e focar pistas que traem o *esforço* cognitivo.

Aos 55 anos, o cidadão iraniano-alemão Hossein Ensan ganhou 10 milhões de dólares como campeão da World Series of Poker de 2019. Como acontece com os grandes jogadores, em geral, Ensan usa a famosa "cara de paisagem" enquanto joga para não demonstrar emoção em relação a suas cartas.

Essa constatação levou os pesquisadores a criar tipos de entrevistas mais desafiadoras para enganar os mentirosos, forçá-los a pensar mais, a lutar mais e, assim, expor sua mentira. Em um estudo, por exemplo, eles pediram a pessoas que diriam a verdade e aos que mentiriam que contassem suas histórias em ordem cronológica inversa. Essa tarefa foi mais trabalhosa para quem estava mentindo, o que tornou os entrevistadores mais capazes de distinguir entre verdades e mentiras (Vrij et al., 2008). Em um segundo estudo, tanto pessoas instruídas a dizer a verdade quanto a mentir, foram solicitadas a manter contato visual com seu entrevistador. Essa carga adicional sobrecarregou mais aqueles que mentiam que aqueles que estavam dizendo a verdade, o que permitiu aos observadores distinguir mais facilmente entre os dois grupos (Vrij et al., 2010).

Na esteira dos ataques terroristas de 11 de setembro e das crescentes preocupações mundiais sobre a segurança em aeroportos e outros locais públicos, a habilidade de distinguir verdades e mentiras é fundamental, potencialmente uma questão de vida ou morte. No entanto, a pesquisa mostra que os observadores sociais são mal orientados. É muito fácil seduzi-los com palavras refinadas, um rosto sorridente e pelo corpo em movimento, muitas vezes não percebemos a voz trêmula ou o conteúdo do que é dito. Ao salientar como uma pessoa parece estressada enquanto se comunica – um estado emocional que aflige não apenas culpados que estão mentindo, mas também inocentes que dizem a verdade e erroneamente são acusados – não percebemos quanto esforço é necessário para alguém contar sua história ou responder a uma pergunta. Com a intensa busca de psicólogos sociais para melhorar as habilidades humanas de detecção de mentiras – por exemplo, evitando que os observadores pensem bem antes de fazer seus julgamentos (Reinhard et al., 2013) ou, de outro modo, levando-os a se reunir em grupos para discutir e fazer essas avaliações (Klein e Epley, 2015) – devemos ficar atentos para novos avanços nos próximos anos.

> Por uma questão adaptativa, as pessoas sabem quando alguém está mentindo, em vez de estar dizendo a verdade.
>
> **FALSO**

4-2 Atribuição: dos elementos às disposições

Para interagir efetivamente com os outros, precisamos saber como sentem-se e quando podem ser confiáveis. Porém, para entender as pessoas o suficiente para prever seu comportamento futuro, também tentamos identificar suas *disposições* internas – características estáveis, como traços de personalidade, atitudes e habilidades. Visto que não podemos verificar essas disposições, inferimo-as indiretamente valendo-se do que uma pessoa diz e faz. Nesta seção, examinaremos os processos que nos levam a fazer essas inferências.

4-2a Teorias da atribuição

Você já pensou na influência que exerce sobre outras pessoas? E quanto aos papéis da hereditariedade, das experiências da infância e das forças sociais? Já se perguntou por que algumas pessoas têm sucesso enquanto outras fracassam? Os indivíduos diferem na medida em que sentem necessidade de explicar os eventos do comportamento humano (Weary e Edwards, 1994). Embora existam grandes diferenças entre nós, as pessoas no geral tendem a se perguntar "por quê?" ao confrontar eventos que são importantes; prejudiciais, imorais ou de outro modo negativos; ou inesperados (Chakroff e Young, 2015; Weiner, 1985) – e quando a compreensão desses eventos tem relevância pessoal (Malle e Knobe, 1997).

Para dar sentido ao nosso mundo social, tentamos compreender as causas dos comportamentos de outras pessoas. No entanto, que tipo de explicações encontramos e como fazemos para achá-las? Em um livro clássico intitulado *The psychology of interpersonal relations*, Fritz Heider (1958) deu o primeiro passo para responder a essas perguntas. Para Heider, somos todos um pouco cientistas. Motivados a compreender os outros o suficiente para administrar nossa vida social, observamos, analisamos e explicamos seus comportamentos. As explicações que apresentamos são chamadas *atribuições*, e a teoria que descreve o processo é chamada **teoria da atribuição**.

Peça que as pessoas expliquem por que seus semelhantes se comportam como se comportam – por que têm sucesso ou fracassam, riem ou choram, trabalham ou divertem-se, ajudam ou magoam os outros – e você verá que muitas vezes eles vêm com explicações complexas focadas em saber se o comportamento que observam é intencional ou não intencional – e se reflete-se em desejos, convicções, personalidade ou estados mentais do ator (Korman e Malle, 2016; Malle e Holbrook, 2012). Interessado em como as pessoas respondem aos *por quês*, Heider achou particularmente conveniente agrupar as atribuições causais que as pessoas apresentam em duas categorias: *pessoais* e *situacionais*. No incidente em que Oscar Pistorius dispara vários tiros, descrito no início deste capítulo, por exemplo, todos queriam saber o que o tinha levado a pegar a arma no meio da noite e atirar quatro vezes na porta do banheiro. A promotoria considerou Pistorius culpado, um jovem altamente impulsivo que o ouviram gritar com a namorada (uma **atribuição pessoal**). Ainda houve os que especularam que as ações dele foram provocadas pelo que pensava ser o ruído de um invasor em sua casa e o estado de confusão que se sucedeu (uma **atribuição situacional**).

"Não é você, Frank, sou eu – eu não gosto de você."

As pessoas fazem atribuições pessoais e situacionais o tempo todo em um esforço para dar sentido a seu mundo social. Mas que tipo de atribuição está sendo feita aqui?

A tarefa do teórico da atribuição não é determinar as verdadeiras causas de tal evento, mas sim compreender as *percepções* de causalidade das pessoas. As percepções de Heider forneceram uma centelha inicial para uma série de modelos formais que, juntos, vieram a ser conhecidos como teoria da atribuição (Weiner, 2008). Por enquanto, descrevemos duas dessas teorias.

Teoria da inferência correspondente de Jones De acordo com Edward Jones e Keith Davis (1965), cada um de nós tenta compreender os outros observando e analisando seus comportamentos. A *teoria da inferência correspondente* de Jones e Davis prevê que as pessoas tentam inferir de uma ação se o ato corresponde a um traço pessoal permanente do outro. Quem comete um ato de

---

teoria da atribuição Grupo de teorias que descreve como as pessoas explicam as causas do comportamento.

atribuição pessoal Atribuição às características internas de um indivíduo, como habilidade, personalidade, humor ou esforço.

atribuição situacional Atribuição a fatores externos a um indivíduo, como a tarefa, outras pessoas ou a sorte.

agressão é um monstro? A pessoa que doa dinheiro para a caridade é altruísta? Para responder a esse tipo de pergunta, as pessoas fazem inferências com base em três fatores.

O primeiro fator é o grau de *escolha* de uma pessoa. O comportamento escolhido livremente é mais informativo sobre alguém que o comportamento coagido pela situação. Em um estudo, os participantes leram um discurso, presumivelmente escrito por um estudante universitário, que defendia ou se opunha a Fidel Castro, ex-líder comunista de Cuba. Alguns participantes foram informados de que o aluno havia escolhido livremente essa posição, e outros foram informados de que o aluno havia sido orientado por um professor a assumir tal posição. Quando solicitados a julgar a verdadeira opinião do aluno, os participantes eram mais propensos a assumir uma correspondência entre a redação (comportamento) e a posição do aluno (disposição) quando este tinha feito sua escolha que quando havia sido orientado (Jones e Harris, 1967; ver • Figura 4.4). Lembre-se desse estudo. Este apoia a teoria da inferência correspondente, mas, como veremos mais tarde, também demonstra um dos vieses mais tenazes da percepção social.

Um segundo fator que nos leva a fazer inferências disposicionais é a *expectativa* do comportamento. Conforme observado anteriormente, uma ação nos diz mais sobre uma pessoa quando se afasta do padrão que quando é típica, parte de um papel social ou de outro modo esperado diante das circunstâncias (Jones et al., 1961). Assim, as pessoas acham que sabem mais sobre um aluno que usa terno para ir às aulas ou um cidadão que se recusa abertamente a pagar impostos que sobre um aluno que usa jeans ou um cidadão que obedientemente faz sua declaração de impostos na data correta.

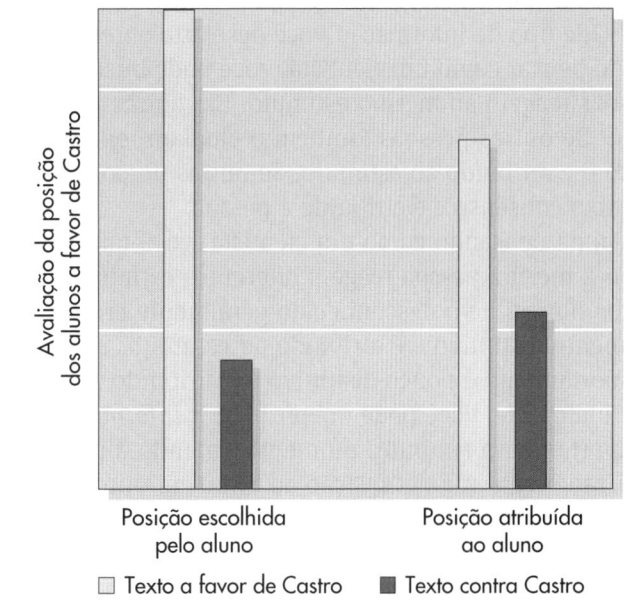

• FIGURA 4.4

Em que o redator realmente acredita?
Conforme previsto pela teoria da inferência correspondente, os participantes que leram a fala de um aluno (comportamento) foram mais propensos a assumir que esta refletisse a verdadeira atitude dele (disposição) quando a posição tomada era livremente escolhida (esquerda) em vez de atribuída (direita). Porém também observe a evidência do erro fundamental de atribuição. Mesmo os participantes que pensaram que o aluno tivesse sido orientado a assumir uma posição inferiram a atitude dele levando-se em conta o discurso.
Baseado em Jones e Harris (1967).

Terceiro, os observadores sociais levam em consideração os pretensos *efeitos* ou as consequências do comportamento de alguém. Atos que produzem muitos resultados desejáveis não revelam os motivos específicos de uma pessoa de modo tão claro quanto atos que produzem apenas um único resultado desejável (Newtson, 1974). Por exemplo, é provável que você não saiba exatamente por que uma pessoa permanece em um emprego agradável, com alto salário e boa localização – três resultados altamente desejáveis, cada um deles suficiente para explicar o comportamento. De outro modo, fica mais fácil saber o motivo de uma pessoa permanecer em um emprego entediante e que pague mal, mas em uma boa localização – apenas um resultado desejável.

Teoria da covariação de Kelley A teoria da inferência correspondente busca descrever como os observadores tentam discernir as características pessoais de um indivíduo levando-se em conta uma amostra de evidência comportamental. No entanto, o comportamento pode ser atribuído não apenas a fatores pessoais, mas também a fatores situacionais. Como essa distinção é feita? No capítulo inicial, observamos que as causas do comportamento humano podem ser deduzidas apenas por meio de experimentos. Ou seja, é preciso fazer mais de uma simples observação e comparar o comportamento em dois ou mais ambientes nos quais tudo permanece igual, exceto para as variáveis independentes. Heider, Harold Kelley

(1967) teorizou que as pessoas são como os cientistas nesse aspecto. Elas podem não observar os outros em um laboratório controlado, mas também procuram pistas, fazem comparações e pensam em termos de "experimentos".

De acordo com Kelley, as pessoas fazem atribuições usando o **princípio da covariação**: para que algo seja a causa de um comportamento, deve estar presente quando o comportamento ocorre e ausente quando não ocorre. Três tipos de informações de covariação em particular são úteis: consenso, distinção e consistência. Para ilustrar esses conceitos, imagine que você esteja em uma esquina em uma noite quente e úmida, cuidando da vida quando, de repente, um desconhecido sai de um cinema com ar-condicionado e exclama: "Ótimo filme!". Olhando para o alto, você não reconhece o título do filme, então se pergunta o que fazer com essa "recomendação". O comportamento (a crítica positiva) foi causado por algo sobre a pessoa (o desconhecido), sobre o estímulo (o filme) ou sobre as circunstâncias (digamos, o cinema confortável)? Se você estivesse interessado em assistir a um filme naquela noite, como explicaria o que aconteceu? Que tipo de informação você desejaria obter?

Ao pensar como um cientista, você pode buscar *informações de consenso* para verificar como diferentes pessoas reagem ao mesmo estímulo. Em outras palavras, o que os outros espectadores pensam sobre este filme? Se outras pessoas também o elogiam, então o comportamento desse desconhecido é de alto consenso e é atribuído ao estímulo. Se outras pessoas forem críticas ao filme, entretanto, o comportamento é de baixo consenso e é atribuído à pessoa.

Ainda pensando como um cientista, você também pode querer *informações de distinção* para verificar como a mesma pessoa reage a diferentes estímulos. Em outras palavras, o que esse espectador pensa de outros filmes? Se o desconhecido geralmente critica outros filmes, então o comportamento em questão é altamente distintivo e é atribuído ao estímulo. Se o desconhecido elogia tudo a que assiste, entretanto, o comportamento é pouco distintivo e é atribuído à pessoa.

Finalmente, você pode querer buscar *informações de consistência* para verificar o que acontece com o comportamento em outro momento, quando a pessoa e o estímulo permanecem os mesmos. Como esse espectador se sente em relação ao filme em outras ocasiões? Se o desconhecido elogia o filme em vídeo e também no cinema, independentemente do ambiente, o comportamento é de alta consistência. Se o desconhecido nem sempre gosta do filme, o comportamento é de baixa consistência. De acordo com Kelley, o comportamento consistente é atribuído ao estímulo quando o consenso e a distinção também são altos e à pessoa quando são baixos. Em contraste, o comportamento de baixa consistência é atribuído a circunstâncias transitórias, como a temperatura da sala de cinema.

A teoria da atribuição de Kelley descreve os tipos de informação que você busca quando tenta determinar o que leva as pessoas a se comportarem desse modo? Frequentemente sim. Pesquisas mostram que, quando as pessoas são solicitadas a fazer atribuições para vários eventos, elas tendem a seguir a lógica da covariação, desde que seja socialmente seguro fazê-lo (Fosterling, 1992; McArthur, 1972; Quayle e Naidoo, 2012). No entanto, pesquisas também indicam que os indivíduos têm seus próprios estilos de atribuição, então as pessoas frequentemente discordam sobre o que causou determinado comportamento (Robins et al., 2004).

Há dois modos distintos pelos quais os observadores sociais se diferenciam. Em primeiro lugar, variamos na medida em que acreditamos que os comportamentos humanos são causados por características pessoais fixas ("Todo mundo é de determinado jeito; não há muito que possa ser feito para mudar isso de verdade") ou por características maleáveis ("As pessoas podem mudar até mesmo suas características mais básicas") (Dweck, 2012). Em segundo lugar, alguns de nós são mais propensos que outros a processar novas informações de modo que são influenciadas por motivos de interesse próprio (von Hippel et al., 2005).

princípio da covariação Princípio da teoria da atribuição que sustenta que as pessoas atribuem comportamento a fatores que estão presentes quando ocorre e que estão ausentes quando não ocorre.

■ 4-2b Vieses de atribuição

Daniel Kahneman ganhou o prêmio Nobel de economia pelo trabalho na psicologia do julgamento e da tomada de decisão. Em seu livro *Thinking, fast and slow,* Kahneman (2011) resume uma vida toda de pesquisas ao mostrar que a mente humana opera por dois sistemas distintos de pensamento. O Sistema 1 é rápido, fácil e automático

– um processo que podemos chamar "intuitivo". Determinar qual dos dois objetos está mais distante, detectar a raiva em um rosto, somar 2 + 1 + 2 e compreender uma frase simples são os tipos de atividades automáticas realizadas por esse sistema. De outro modo, o Sistema 2 é lento e controlado, e requer atenção e esforço – um processo que parece mais racional. Procurar um rosto peculiar na multidão, estacionar em uma vaga estreita, contar o número de letras em uma página, descobrir como se faz um truque de mágica e pagar impostos são os tipos de atividades que exigem concentração e atenção exclusiva. De acordo com Kahneman, os Sistemas 1 e 2 estão ativos quando as pessoas estão acordadas. O Sistema 1 funciona automaticamente e nos guia até encontrar dificuldades, como quando algo inesperado acontece. Nesse ponto, o Sistema 2, das atividades que exigem mais esforço, é ativado.

As teorias de atribuição ao serem propostas pela primeira vez, eram representadas por fluxogramas, fórmulas e diagramas elaborados, levando muitos psicólogos sociais a se perguntar: as pessoas realmente analisam o comportamento como se esperaria de cientistas ou computadores? Elas têm tempo, motivação ou capacidade cognitiva para esses processos elaborados do Sistema 1? A resposta às vezes é sim, outras não. Como observadores sociais, somos limitados em nossa capacidade de processar todas as informações relevantes ou não temos os tipos de treinamento necessários para empregar plenamente os princípios da teoria da atribuição. Mais importante, muitas vezes não nos preocupamos em avaliar atentamente as atribuições pessoais. Com tanto a explicar e sem tempo suficiente durante o dia, as pessoas tomam atalhos mentais, cruzam os dedos, esperam pelo melhor e seguem com a vida. O problema é que a pressa traz tendências e talvez até a perda de precisão. Nesta seção, examinamos alguns desses atalhos e suas consequências.

Heurísticas cognitivas De acordo com Kahneman, Tversky e outros, as pessoas costumam fazer atribuições e outros tipos de julgamentos sociais ao fazer uso de "heurísticas cognitivas" – regras de processamento de informações que nos permitem pensar de modo ágil e fácil, mas que muitas vezes levam ao erro (Gigerenzer et al., 2011; Gilovich et al., 2002; Kahneman et al., 1982; Nisbett e Ross, 1980).

Uma regra prática que produz efeitos particularmente problemáticos na atribuição é a **heurística da disponibilidade**, uma tendência de estimar as probabilidades de um evento ocorrer pela facilidade com que exemplos dele venham à mente. Para demonstrar, Tversky e Kahneman (1973) perguntaram aos participantes da pesquisa: O que é mais comum: palavras que começam com a letra *r* ou palavras que contêm *r* como a terceira letra? Na verdade, o idioma inglês tem muito mais palavras com *r* como terceira letra do que como primeira. No entanto, a maioria das pessoas afirmou que mais palavras começam com *r*. Por quê? Porque é mais fácil lembrar as palavras em que o *r* aparece primeiro. Aparentemente, nossas estimativas de probabilidade são fortemente influenciadas por eventos que estão facilmente acessíveis na memória (MacLeod e Campbell, 1992).

Pesquisas mostram que a heurística de disponibilidade pode nos levar ao erro de duas maneiras. Primeiro, dá origem ao **efeito do falso consenso**, uma tendência de as pessoas superestimarem até que ponto os outros compartilham suas opiniões, seus atributos e comportamentos. Essa é uma tendência generalizada. Independentemente de as pessoas serem solicitadas a prever como os outros se sentem sobre gastos militares, aborto, controle de armas, sopa Campbell, certos tipos de música, celebridades ou normas de comportamento apropriado, elas exageram a porcentagem de pessoas que se comportam de modo semelhante ou que compartilham suas opiniões (Bui, 2012; Krueger, 1998; Ross et al., 1977).

Para demonstrar o efeito, Joachim Krueger (2000) pediu que os participantes de um estudo indicassem se tinham determinados traços de personalidade. Em seguida, eles foram solicitados a estimar a porcentagem de pessoas, no geral, que possuem essas mesmas características. Conforme mostrado na ▲ Tabela 4.3, as convicções dos participantes sobre a personalidade de outras pessoas foram influenciadas pelas próprias autopercepções. Em parte, o viés do falso consenso é um subproduto da heurística da disponibilidade. Temos a tendência de nos associar com pessoas que são semelhantes a nós em aspectos importantes, portanto, é mais provável que percebamos e lembremos da ocorrência de comportamentos semelhantes e não diferentes.

> **heurística da disponibilidade** Tendência de estimar a probabilidade de um evento ocorrer pela facilidade com que exemplos dele vêm à mente.
>
> **efeito do falso consenso** Tendência de as pessoas de superestimar até que ponto os outros compartilham suas opiniões, seus atributos e seus comportamentos.

▲ **TABELA 4.3**

O efeito do falso consenso

Neste estudo, os participantes que avaliaram e que não avaliaram vários traços de personalidade como descritivos de si mesmos estimaram a porcentagem de outras pessoas terem essas mesmas características. Conforme mostrado abaixo, as estimativas dos participantes em relação à população foram influenciadas por suas próprias autopercepções.

Características	Autopercepção – Sim (%)	Autopercepção – Não (%)
Atento	75	65
Descontente	48	33
Intenso	46	43
Meticuloso	52	41
Dissimulado	36	28
Orgulhoso	41	33

Krueger (2000).

"Uma única morte é uma tragédia; um milhão de mortes é uma estatística."

– Joseph Stalin

Uma segunda consequência da heurística da disponibilidade é que as percepções sociais são influenciadas mais por uma história vivenciada que por fatos concretos estatísticos. Você já se perguntou por que tantas pessoas compram bilhetes de loteria apesar das probabilidades incrivelmente baixas de ganhar ou por que alguns viajantes têm medo de voar, embora tenham maior probabilidade de morrer em um acidente de carro? Esses comportamentos são sintomáticos da **falácia da taxa base** – pelo fato de que as pessoas serem relativamente insensíveis a índices numéricos, ou probabilidades; elas são mais influenciadas por eventos visuais e dramáticos, como a imagem de um ganhador de loteria multimilionário comemorando na TV ou uma fotografia de corpos sendo retirados dos destroços de um acidente de avião.

A falácia da taxa base pode levar a várias percepções equivocadas e arriscadas. Por esse motivo, as pessoas superestimam o número de pessoas que morrem em tiroteios, incêndios, inundações e bombardeios terroristas e subestimam o número de mortes causadas por ataques cardíacos, derrames, diabetes e outros eventos cotidianos. As percepções de risco parecem mais relevantes agora que no passado por temores recém-adquiridos em relação ao terrorismo ou a um colapso econômico, e pesquisas mostram que tais percepções são afetadas mais pelo medo, pela ansiedade e por outras emoções que por probabilidades objetivas (Loewenstein et al., 2001; Pachur et al., 2012; Slovic, 2000). Às vezes, o efeito de uma emoção forte pode ser instável e totalmente irracional. Por exemplo, em consonância com o fato de que as pessoas tendem a temer coisas que parecem estranhas, os participantes de um estudo classificaram os aditivos alimentares fictícios como mais perigosos para a saúde quando os nomes eram difíceis de pronunciar – como Hnegripitrom – que quando sua pronúncia era fácil – como Magnalroxate (Song e Schwarz, 2009).

Todos os dias, lidamos com ambos os tipos de informação: lemos sobre as taxas de dependência de opiáceos e assistimos a entrevistas com pessoas completamente viciadas; lemos os números das baixas na guerra e testemunhamos a agonia de um pai que perdeu um filho em combate. Logicamente, as estatísticas que resumem as experiências de grande número de pessoas são mais informativas que um único caso atípico, mas os observadores não são influenciados por números. Contanto que o episódio pessoal seja visto como relevante (Schwarz et al., 1991) e a fonte como confiável (Hinsz et al., 1988) e, particularmente, na medida em que envolve alguém que conhecemos (Hills e Pachur, 2012), parece que uma imagem vívida vale mais que mil números.

Pensamento contrafactual Curiosamente, as pessoas também podem ser influenciadas pela facilidade de imaginar eventos que *não* ocorreram. Como seres atentos e curiosos, muitas vezes não nos contentamos em aceitar o que acontece conosco ou com os outros sem questionar, pelo menos em particular: "E se...?".

De acordo com Kahneman e Miller (1986), as reações emocionais das pessoas aos eventos são muitas vezes tendenciosas a um **pensamento contrafactual**, uma inclinação a imaginar resultados

---

falácia da taxa base Descoberta de que as pessoas são relativamente insensíveis às informações de consenso apresentadas como referências numéricas.

pensamento contrafactual Tendência de imaginar eventos ou resultados alternativos que poderiam ter ocorrido, mas não aconteceram.

alternativos que poderiam ter ocorrido, mas não aconteceram. Há diferentes tipos de pensamentos contrafactuais. Se imaginarmos um resultado que é melhor que o real, provavelmente sentiremos decepção, arrependimento e frustração. Se o resultado imaginado for pior, reagiremos com emoções que vão do alívio e da satisfação à exaltação. Assim, o impacto psicológico de eventos positivos e negativos depende de como pensamos sobre "o que poderia ter acontecido" (Roese, 1997).

Em *Counterfactuals: paths of the might have been*, Christopher Prendergast (2019) descreve a prevalência do pensamento contrafactual em uma ampla gama de disciplinas, incluindo filosofia, psicologia, história, biologia, direito e economia. Às vezes, ficamos curiosos sobre o que poderia ter acontecido – até mesmo crianças em idade pré-escolar. Em um estudo, por exemplo, os pesquisadores fizeram que crianças de 4 e 5 anos jogassem um jogo em que viravam as cartas na expectativa de que as imagens fossem correspondentes. Depois de escolher uma carta, eles poderiam usar "óculos de raio X" para descobrir as não escolhidas. Curiosamente, a maioria das crianças usou os óculos para espiar alternativas passadas, mesmo quando o resultado não podia mais ser alterado (FitzGibbon et al., 2019).

Quais domínios da vida desencadeiam a maioria dos pensamentos contrafactuais – e o arrependimento que pode ser desencadeado? Resumindo pesquisas anteriores, Neal Roese e Amy Summerville (2005) descobriram que os três principais arrependimentos das pessoas, em ordem, centram-se na educação ("Eu deveria ter continuado na escola"), na carreira ("Se ao menos eu tivesse me candidatado a esse emprego"), e no amor ("Se eu tivesse convidado ela para sair") – domínios que, no geral, apresentam-nos oportunidades que podemos ou não perceber. É claro que o pensamento contrafactual não leva necessariamente as pessoas a um sentimento de arrependimento. Na verdade, Laura Kray e colaboradores (2010) observam que refletir sobre "o que poderia ter acontecido" às vezes pode nos ajudar a definir a nós mesmos e também o significado de nossas vidas. Pense nisso. Como você seria hoje se tivesse optado por frequentar uma escola diferente ou se não tivesse conhecido seu melhor amigo? Esses pesquisadores descobriram que os participantes que foram convidados a refletir sobre essas perguntas contrafactuais do tipo "e se" mais tarde viram suas escolhas de faculdade e amizades como mais significativas que os que não pararam para se questionar. Talvez pensando sobre o que poderia ter acontecido, as pessoas possam valorizar mais plenamente o que possuem.

Alguns indivíduos pensam em termos contrafactuais mais que outros. Como você pode esperar, por exemplo, quem acredita intensamente no livre arbítrio – a ideia de que podemos controlar nosso destino pelas escolhas que fazemos – é mais propenso a se perguntar "e se" do que quem acredita que o destino seja predeterminado ou imprevisível (Alquist et al., 2015). Além disso, alguns tipos de experiências levam as pessoas a se envolver em pensamentos contrafactuais mais que outros. As pesquisas mostram que estamos mais propensos a pensar sobre o que poderia ter acontecido, geralmente com sentimentos de arrependimento, após resultados negativos resultantes de nossas ações em vez de ações que deixamos de realizar (Byrne e McEleney 2000).

Considere uma experiência que pode parecer familiar: em um teste de múltipla escolha, depois de revisar um item com o qual teve dificuldade, deseja alterar a resposta. O que você faz? Pesquisas indicam que a maioria das mudanças nas respostas de testes são de incorretas para corretas. No entanto, a maioria dos estudantes universitários acredita na "falácia do primeiro instinto" de que é melhor ficar com a resposta inicial.

O cantor *country* Lee Brice escreveu uma canção sobre o pensamento contrafactual. Em *A woman like you*, sua namorada pergunta: "Querido, o que você faria se nunca tivesse me conhecido?" Aqui está parte de sua resposta:

Pescaria em alto-mar muito mais vezes
Provavelmente, comeria mais frango frito
Jogaria mais golfe
Se nunca tivesse sabido seu nome
Eu ainda estaria dirigindo aquele velho
Nova verde
Provavelmente nunca teria ouvido falar de ioga
Acompanharia mais o futebol
Mas se eu fosse solteiro
Sozinho e livre
Bem, eu estaria procurando por uma mulher como você.

Por quê? Justin Kruger e outros (2005) descobriram que esse mito surge do pensamento contrafactual: os alunos são mais propensos a reagir com arrependimento e frustração ("Se eu tivesse...") depois de mudar uma resposta correta do que depois de não mudar uma resposta incorreta.

De acordo com Victoria Medvec e Kenneth Savitsky (1997), certas situações – como estar no *limite* de um resultado melhor ou pior, logo acima ou abaixo de algum ponto de corte – também tornam especialmente fácil de imaginar o que poderia ter acontecido. As implicações são intrigantes. Imagine, por exemplo, que você é um atleta olímpico e acaba de ganhar uma medalha de prata – um feito notável. Agora imagine que você acabou de ganhar a medalha de bronze. Qual situação o levaria a se sentir melhor? Falando racionalmente, você deve sentir mais orgulho e satisfação com uma medalha de prata. Mas e se sua conquista o tivesse levado a um pensamento contrafactual? Que alternativa assombraria sua mente se tivesse terminado em segundo lugar? Onde estaria seu foco se tivesse ficado em terceiro? É possível que o atleta em uma posição concretamente melhor se sinta pior?

Para examinar essa questão, Medvec e outros (1995) filmaram 41 atletas nos Jogos Olímpicos de Verão de 1992 no momento em que perceberam que haviam ganhado uma medalha de prata ou bronze e novamente, mais tarde, durante a cerimônia de entrega das medalhas. Em seguida, mostraram essas fitas, sem áudio, para pessoas que não sabiam a ordem de colocação. Esses participantes foram convidados a observar os medalhistas e classificar seus estados emocionais em uma escala que variava de "agonia" a "êxtase". O resultado intrigante, como você poderia esperar, foi que os medalhistas de bronze, em média, pareciam mais felizes que os medalhistas de prata. Haveria alguma evidência mais direta de pensamento contrafactual? Em um segundo estudo, os participantes que assistiram a entrevistas com muitos desses mesmos atletas classificaram os medalhistas de prata como mais negativamente focados no fato de terem terminado em segundo lugar e não em primeiro e os medalhistas de bronze como mais positivamente focados por terem terminado em terceiro e não em quarto. Para esses atletas de classe mundial, os sentimentos de satisfação foram baseados mais em seus pensamentos sobre o que poderia ter acontecido que na realidade do que aconteceu.

No começo dos Jogos Olímpicos de verão de 2012 em Londres, a ginasta norte-americana McKayla Maroney era a melhor em salto sobre o cavalo do mundo. Na competição, acabou ganhando uma medalha de prata. No que rapidamente tornou-se uma imagem icônica, aqui está ela durante a cerimônia do pódio. Pensando no que poderia ter sido, Maroney, é claro, estava focada no fato de não ter ganho o ouro.

"Durante as Olimpíadas de 1996, a Nike veiculou um anúncio contrafactual (e polêmico): 'Você não ganha a prata, você perde o ouro.'"

O erro fundamental de atribuição No momento em que terminar de ler este livro, você terá aprendido a lição fundamental da psicologia social: as pessoas são profundamente influenciadas pelos contextos *situacionais* de seus comportamentos – ou, como Samuel Sommers (2011) colocou, "Situações importam". Esse ponto não é tão óbvio quanto pode parecer. Por exemplo, os pais muitas vezes ficam surpresos ao saber que o filho incrivelmente travesso é um anjo em sala de aula. E os alunos muitas vezes ficam perplexos ao observar que o professor favorito, tão eloquente na sala de aula, pode tropeçar nas palavras em situações menos formais. Essas reações são sintomáticas de um aspecto bem documentado da percepção social. Quando as pessoas explicam o comportamento dos outros, tendem a superestimar o papel dos fatores pessoais e ignorar o impacto das situações. Como esse viés é tão difundido (e às vezes tão enganoso), foi chamado **erro fundamental de atribuição** (Ross, 1977; para um relato retrospectivo, ver Ross, 2018).

erro fundamental de atribuição Tendência de se concentrar no papel das causas pessoais e subestimar o impacto das situações no comportamento de outras pessoas.

A evidência do erro fundamental de atribuição foi relatada pela primeira vez no estudo de Jones e Harris (1967) descrito anteriormente, no qual os participantes leem um ensaio teoricamente escrito por um aluno. Nesse estudo, os participantes eram mais propensos a inferir a verdadeira opinião do aluno quando a posição assumida tinha sido escolhida livremente que quando pensavam que o aluno havia sido orientado. Porém veja novamente a • Figura 4.4 e você notará que, mesmo quando os participantes pensaram que o aluno não tivesse escolha a não ser afirmar uma posição, ainda fizeram uso do discurso para inferir a atitude dele. Essa descoberta se repetiu muitas vezes. Quer o tema do ensaio seja energia nuclear, aborto, leis sobre drogas ou pena de morte, os resultados são essencialmente os mesmos (Jones, 1990).

Pessoas são vítimas do erro fundamental de atribuição, mesmo quando estão totalmente cientes do impacto da situação no comportamento. Em um experimento, os participantes foram orientados a tomar uma posição, e depois trocaram suas redações e avaliaram uns aos outros. Surpreendentemente, ainda tiraram conclusões precipitadas sobre as atitudes de cada um deles (Miller et al., 1981). Em outro experimento, os participantes inferiram atitudes valendo-se de um discurso, mesmo quando foram eles a decidir a posição a ser tomada (Gilbert e Jones, 1986).

Um estudo fascinante de Lee Ross et al. (1977) demonstrou o erro fundamental de atribuição em um ambiente familiar: um programa de perguntas e respostas na TV. Os participantes desse estudo foram designados aleatoriamente para desempenhar o papel de quem faria as perguntas ou de competidor em um jogo de perguntas e respostas enquanto os espectadores observavam. Na frente do competidor e dos espectadores, o experimentador instruiu quem faria as perguntas a escrever 10 questões desafiadoras com base em seus conhecimentos gerais. Se você gosta de curiosidades, pode imaginar como essas perguntas podem ser diversas: Quem foi o fundador do eBay? Qual time ganhou a NHL Stanley Cup em 1976? Não é de admirar que os concorrentes tenham respondido corretamente apenas cerca de 40% das perguntas feitas. Quando o jogo acabou, todos os participantes avaliaram os conhecimentos gerais de quem fez as perguntas e do competidor em uma escala de 0 a 100.

Imagine o resultado. Quem fez as perguntas parecia ter mais conhecimento que os competidores. Afinal, sabiam todas as respostas. No entanto, um momento de reflexão deve nos lembrar que a situação colocou quem fez as perguntas em clara vantagem (não houve diferenças entre os dois grupos em um teste objetivo de conhecimentos gerais). Os participantes levaram em consideração a vantagem de quem fez as perguntas ou presumiram que realmente tinham um conhecimento maior? Os resultados foram surpreendentes. Os espectadores classificaram quem fez as perguntas como acima da média em seus conhecimentos gerais e os competidores, como abaixo da média. Até os competidores se classificaram como inferiores em relação a seus parceiros. Como os espectadores, eles também foram ludibriados pela situação tendenciosa (ver • Figura 4.5).

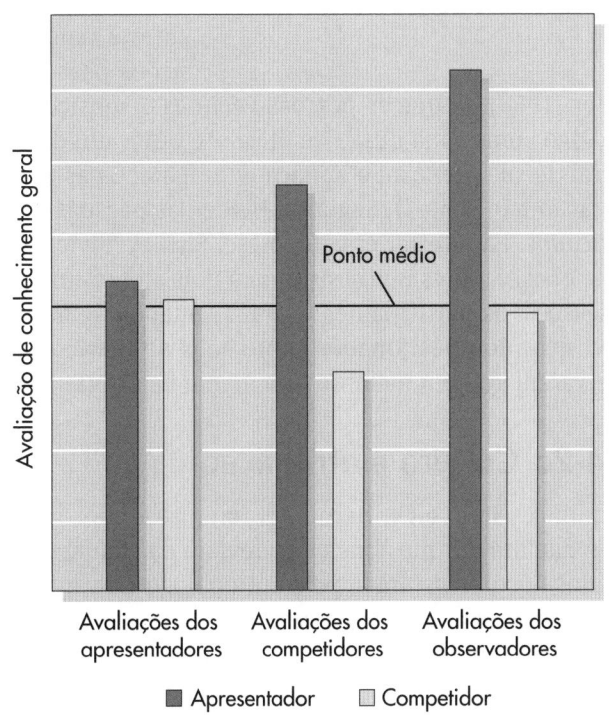

• FIGURA 4.5

Erro fundamental de atribuição e o programa de perguntas e respostas da TV

Mesmo que a simulação de um programa de perguntas e respostas coloque os apresentadores em uma posição óbvia de vantagem sobre os competidores, os observadores classificaram os apresentadores como mais informados (direita). Os apresentadores não superestimaram seu conhecimento geral (esquerda), mas os competidores se classificaram como inferiores (intermediários) e os observadores também os classificaram como inferiores. Esses resultados ilustram o erro fundamental de atribuição.
Baseado em Ross et al. (1977).

Qual é o grau de conhecimento desse homem? Alex Trebek apresenta o programa de perguntas e respostas, *Jeopady!*, na TV desde 1984. Como apresentador, Trebek faz perguntas aos competidores e então revela as respostas corretas. À luz do estudo do *quiz show* de Ross et al. (1977), que mostra o erro fundamental de atribuição, os espectadores provavelmente veem Trebek como uma pessoa com grande conhecimento – mesmo sabendo que as respostas que informa são fornecidas a ele como parte de seu trabalho.

O que aconteceu? Por que os observadores sociais fizeram suposições evidentes sobre as pessoas e deixaram de avaliar o impacto das situações? De acordo com Daniel Gilbert e Patrick Malone (1995), o problema decorre em parte de *como* fazemos atribuições. Os teóricos da atribuição costumavam supor que as pessoas avaliam todas as evidências e, em seguida, decidem se fazem uma atribuição disposicional ou situacional. Em vez disso, parece que a percepção social é um processo de duas etapas: primeiro, identificamos o comportamento e fazemos uma atribuição disposicional rápida, depois corrigimos ou ajustamos essa inferência para explicar as influências situacionais. Pelo menos para aqueles que foram criados em uma cultura ocidental, o primeiro passo é simples e automático, como um reflexo; o segundo requer atenção, pensamento e esforço.

Várias descobertas de pesquisas apoiam essa hipótese. Em primeiro lugar, sem perceber, as pessoas costumam formar impressões sobre os outros com base em um rápido vislumbre de sua fisionomia ou amostra fugaz de comportamento (Kressel e Uleman, 2015; Uleman et al., 2012). Em segundo lugar, observadores são *mais* propensos a cometer o erro fundamental de atribuição quando estão cognitivamente ocupados ou distraídos observando a pessoa-alvo que quando prestam atenção total (Gilbert et al., 1992; Trope e Alfieri, 1997). Uma vez que o modelo de duas etapas prevê que as atribuições pessoais são automáticas, mas que o ajuste posterior para fatores situacionais requer pensamento consciente, faz sentido sugerir que, quando a atenção é dividida, quando a atribuição é feita apressadamente ou quando os observadores não têm motivação, a segunda etapa é prejudicada em relação à primeira. Como Gilbert e seus colegas (1998) colocaram, "O primeiro passo é muito fácil, mas o segundo é uma complicação" (p. 738).

Por que o primeiro passo é tão rápido e por que parece tão natural para as pessoas assumir uma ligação entre atos e disposições pessoais? Uma possível razão é baseada na percepção de Heider (1958) de que as pessoas veem as disposições de comportamento dos outros por um viés perceptivo, algo como uma ilusão de ótica. Ao ouvir um discurso ou assistir a um show, o protagonista é a *figura* central de sua atenção; a situação desaparece passa a ser um *pano de fundo* ("o que os olhos não veem, o coração não sente"). Segundo Heider, as pessoas atribuem eventos a fatores perceptualmente claros, ou *destacados*. Para testar essa hipótese, Shelley Taylor e Susan Fiske (1975) variaram os arranjos dos assentos de observadores que assistiram a dois atores em uma conversa cuidadosamente encenada. Nas diferentes sessões, os participantes ficaram sentados de frente para o ator A, para o ator B ou para os dois. Mais tarde, quando questionados sobre suas observações, a maioria dos participantes classificou o ator que observaram como o membro dominante da dupla, aquele que definiu o tom e a direção.

4-2c Cultura e atribuição

No quinto século a.C., Heródoto, um historiador grego, argumentou que gregos e egípcios pensavam de modo distinto porque aqueles escreviam da esquerda para a direita e estes da direita para a esquerda. Muitos anos depois, inspirado pelo antropólogo Edward Sapir, Benjamin Lee Whorf (1956) apresentou a teoria de que o idioma que as pessoas falam – as palavras, as regras e assim por diante – pode influenciar como conceituam o mundo. Para ilustrar, Whorf apontou variações culturais no uso de palavras para representar a realidade. Ele observou que o Hanunoo das Filipinas tem 92 termos diferentes para arroz, em contraste com a incipiente distinção que os norte-americanos fazem entre "arroz branco" e "arroz integral". Do mesmo modo, enquanto os falantes de inglês possuem uma palavra para neve, os esquimós têm várias, o que, argumentou Whorf, permite que façam distinções que outros podem não perceber entre "neve caindo, neve no solo, neve compactada como gelo, neve derretida, neve conduzida pelo vento – qualquer que seja a situação" (p. 216).

Como resultado de muitos anos de pesquisa, agora está claro que o idioma e a cultura podem influenciar como as pessoas pensam sobre o tempo, o espaço, os objetos e outros aspectos do mundo físico a seu redor. Considere nossas percepções de cor. O arco-íris é um *continuum* de luz que varia suavemente entre os comprimentos de onda mais curto e mais longo do espectro visível. No entanto, quando o visualizamos, vemos classes distintas de cores que correspondem a "vermelho", "laranja", "amarelo", "verde", "azul" e assim por diante. Os idiomas diferem no que se refere às partes do espectro de cores que são nomeadas. Em Papua-Nova Guiné, onde falantes de Berinmo distinguem entre verde e marrom (eles destacam uma forma de "cáqui" como a cor das folhas mortas), um objeto que reflete luz a 450 nanômetros seria chamado verde. Ainda assim, muitos falantes de inglês, que distinguem entre cores que passam pelo espectro azul-verde, veem o mesmo objeto como azul (Özgen, 2004).

Assim como a cultura influencia como percebemos o mundo físico, também pode influenciar como vemos os indivíduos e seu lugar no mundo social a seu redor. Assim, embora os pesquisadores da atribuição costumem assumir que as pessoas em todo o mundo explicam o comportamento humano igualmente, agora está claro que as culturas moldam de maneiras sutis, mas profundas, os tipos de atribuições que fazemos sobre pessoas, seus comportamentos e situações sociais (Nisbett, 2003).

> **Como os psicólogos sociais, as pessoas são sensíveis às causas situacionais ao explicar o comportamento dos outros.**
> **FALSO**

Cultura e o erro fundamental de atribuição Considere as orientações contrastantes entre as culturas "individualistas" ocidentais (cujos membros tendem a acreditar que as pessoas são autônomas, motivadas por forças internas e responsáveis pelas próprias ações) e culturas "coletivistas" não ocidentais (cujos membros têm uma visão mais holística que enfatiza a relação entre as pessoas e seu entorno). Essas visões distintas de mundo influenciam as atribuições pessoais? O erro fundamental de atribuição é um fenômeno exclusivamente ocidental?

Para responder a essas perguntas, Joan Miller (1984) pediu que norte-americanos e indianos de idades variadas descrevessem as causas dos comportamentos positivos e negativos que observaram em suas vidas. Entre as crianças menores, não houve diferenças culturais. Com o aumento da idade, no entanto, os participantes norte-americanos fizeram mais atribuições pessoais, enquanto os indianos fizeram mais atribuições situacionais (ver ● Figura 4.6). Testando essa hipótese de modos distintos, outros estudos também revelaram que as pessoas concebem hábitos de pensamento, aprendendo a fazer atribuições de acordo com convicções culturalmente formadas sobre as causas do comportamento humano (Miller et al., 2011; Na e Kitayama, 2011).

Outros aspectos de uma cultura também podem moldar nossas tendências de atribuição. Por exemplo, as culturas variam no que se refere à *mobilidade relacional* – com relação a quanta liberdade e oportunidade uma sociedade oferece aos indivíduos para criar novos laços sociais e romper os antigos com base na preferência pessoal. Comparando Estados Unidos, Japão, Espanha, Israel, Nigéria e Marrocos, Alvaro San Martin e outros (2019) descobriram que as pessoas são mais propensas a fazer atribuições disposicionais em culturas com alta mobilidade relacional em vez de baixa. A alta mobilidade relacional proporciona maior senso de controle, o que nos leva a pensar em termos mais disposicionais que situacionais sobre as causas do comportamento humano.

As *crenças religiosas* também podem moldar nossas atribuições. Entre os norte-americanos, os protestantes, que colocam um maior foco na alma, são mais propensos que os católicos a cometer o erro fundamental de atribuição (Li et al., 2012). Depois, há a crença kármica de que a posição de uma pessoa na vida é determinada por comportamentos anteriores. Pesquisadores na Índia e no Canadá mediram as crenças kármicas das pessoas (por exemplo, "Se uma pessoa fizer algo ruim, mesmo que não haja consequências imediatas, será punida em algum momento futuro de sua vida"). Em ambas as culturas, eles descobriram que essas convicções estavam associadas a atribuições disposicionais, uma tendência a atribuir infortúnios aos indivíduos e às suas ações passadas (White et al., 2019).

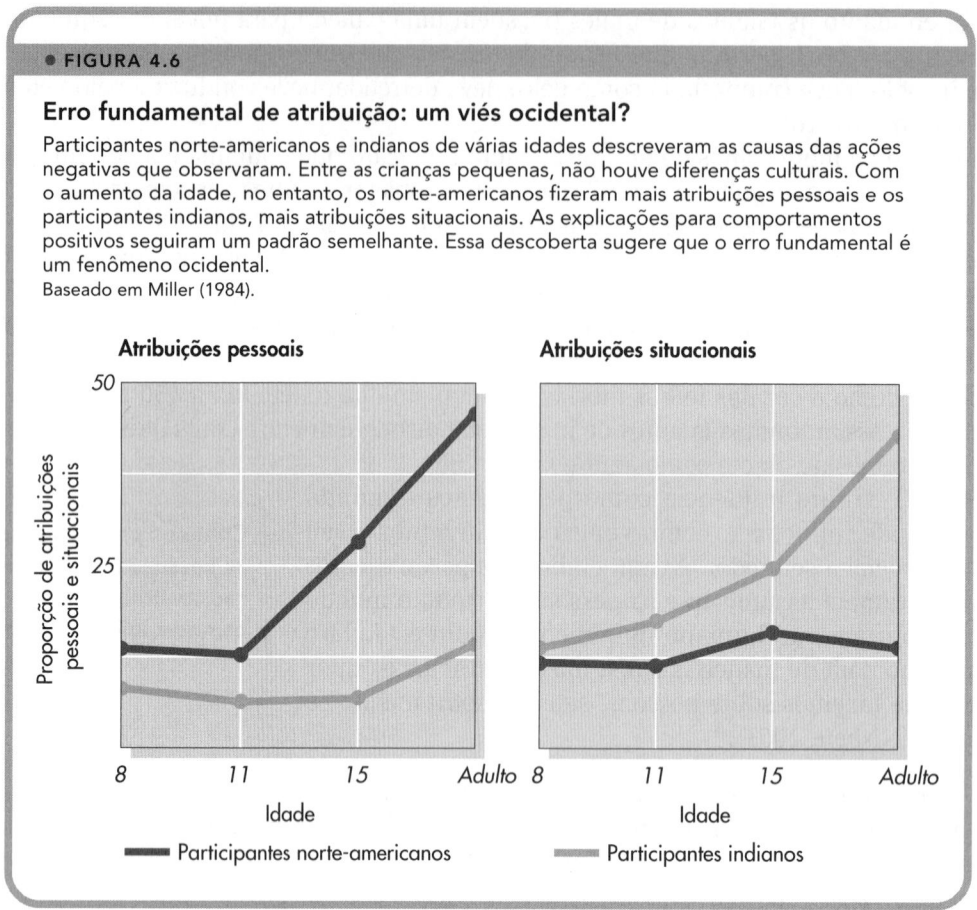

● FIGURA 4.6

Erro fundamental de atribuição: um viés ocidental?

Participantes norte-americanos e indianos de várias idades descreveram as causas das ações negativas que observaram. Entre as crianças pequenas, não houve diferenças culturais. Com o aumento da idade, no entanto, os norte-americanos fizeram mais atribuições pessoais e os participantes indianos, mais atribuições situacionais. As explicações para comportamentos positivos seguiram um padrão semelhante. Essa descoberta sugere que o erro fundamental é um fenômeno ocidental.
Baseado em Miller (1984).

Por fim, a *classe social* também pode moldar as atribuições feitas pelas pessoas. Nas culturas, em geral, do mundo, os indivíduos diferenciam-se em riqueza, posses materiais, educação e prestígio. Pessoas de classes sociais mais altas, em relação aos menos afortunados, têm mais opções de escolha, mais oportunidades e maior controle sobre suas vidas (Fiske e Markus, 2012; Kraus et al., 2012). Em consonância com essas diferenças, pesquisas recentemente mostraram que as pessoas de classes sociais mais altas têm mais probabilidade que outras de ver o comportamento em geral como causado por traços pessoais internos (Varnum, 2012).

Objetos centrais e planos de fundo Ara Norenzayan e Richard Nisbett (2000) observaram que as diferenças culturais de atribuição são fundamentadas em várias teorias populares sobre a causalidade humana. As culturas ocidentais, eles observam, enfatizam o indivíduo e seus atributos, enquanto as culturas do leste asiático concentram-se no contexto ou campo em que essa pessoa está inserida. Para testar essa hipótese, os pesquisadores mostraram a estudantes universitários norte-americanos e japoneses cenas subaquáticas apresentando pequenos peixes, pequenos animais, plantas, rochas e corais e um ou mais peixes grandes e de movimento rápido, as estrelas do show. Momentos depois, quando solicitados a relatar o que tinham visto, os dois grupos relembraram detalhes sobre o peixe principal quase de modo similar, mas os japoneses relataram muito mais detalhes sobre os elementos de apoio que apareciam ao fundo.

Outros pesquisadores também observaram diferenças culturais em relação ao que as pessoas percebem, rastreiam, pensam e se lembram dos detalhes de objetos centrais *versus* o ambiente (Kitayama et al., 2003; Masuda e Nisbett, 2006; Savani e Markus, 2012). O que pode ser visto no que se refere ao que as pessoas focam em situações naturais fora do laboratório de psicologia. Por exemplo, Takahiko Masuda e outros (2008) descobriram que a arte criada nos países ocidentais – seja por artistas profissionais, seja por alunos – tende a destacar pessoas e objetos individuais, enquanto a arte criada no leste asiático dedica mais espaço a fundos e cenários (ver ● Figura 4.7).

Atualmente, essa diferença de ênfase pode ser percebida na internet. Análises comparativas mostram que os sites ocidentais tendem a apresentar um pequeno número de detalhes centrais em uma página, enquanto os sites do leste asiático contêm mais informações gerais, incluindo mais detalhes periféricos (Wang et al., 2012). Do mesmo modo, enquanto o *foco no rosto* tende a dominar as fotos de perfil do Facebook postadas em países ocidentais, mais espaço de *plano de fundo* aparece nas fotos de perfil do Facebook em culturas do leste asiático (Huang e Park, 2013).

Ao passar das representações visuais para o mundo dos esportes, Hazel Rose Markus et al. (2006) compararam como desempenhos olímpicos foram descritos nos Estados Unidos e no Japão. Esses pesquisadores analisaram a cobertura de jornais e da TV nesses países e descobriram que, embora a maioria atribuísse vitória e derrota aos atletas, a mídia norte-americana estava mais propensa a se concentrar nos atributos pessoais exclusivos do atleta, como velocidade, força, saúde e determinação: "Eu apenas mantive o foco", disse Misty Hyman, nadadora norte-americana que ganhou medalha de ouro. "Era hora de mostrar ao mundo o que eu poderia fazer." Já na mídia japonesa era mais provável uma reportagem mais completa sobre a história do atleta e o papel de outras pessoas, como pais, treinadores e concorrentes. A medalhista de ouro da maratona feminina, Naoko Takahashi, explicou o próprio sucesso assim: "Aqui estão o melhor treinador do mundo, o melhor gestor do mundo e todas as pessoas que me apoiam – tudo isso junto tornou-se uma medalha de ouro".

Cada vez mais, o mundo está se tornando uma aldeia global caracterizada por mais diversidade racial e étnica nos países. Muitas pessoas que migram de um país para outro tornam-se *biculturais* em sua identidade, retendo algumas condutas ancestrais de pensamento ao mesmo tempo que adotam parte do estilo de vida e dos valores de sua nova pátria. Como esses indivíduos biculturais podem fazer atribuições ao comportamento humano? É possível que vejam as pessoas através de uma estrutura cultural ou de outra, dependendo de qual delas vem à mente? É interessante que, quando mostrada a imagem de um peixe nadando à frente de um grupo e perguntados o motivo, os norte-americanos veem o peixe solitário como um *líder* dos outros (uma atribuição disposicional), enquanto os chineses veem o mesmo peixe como sendo *perseguido* pelos outros (uma atribuição situacional).

E quanto aos observadores sociais biculturais? Em um estudo com estudantes nascidos na China que frequentavam a faculdade na Califórnia, pesquisadores apresentaram imagens que simbolizavam uma das duas culturas (como as bandeiras dos Estados Unidos e da China) e aplicaram o teste do peixe. Eles descobriram que, em comparação aos alunos expostos às imagens norte-americanas, os que observaram as imagens referentes à China fizeram mais atribuições, ao verem o peixe isolado como um flagelado em vez de um líder. Aparentemente, é possível mantermos diferentes visões culturais de mundo ao mesmo tempo e perceber outras por meio de qualquer uma das perspectivas, dependendo de qual cultura vem à mente (Hong et al., 2000; Oyserman e Lee, 2008).

● FIGURA 4.7

Arte do leste asiático e do Ocidente

Conforme demonstrado por essas peças de arte do século XIII, a arte do leste asiático tende a ter horizontes mais altos e proporções menores de pessoas em relação aos cenários (à esquerda). Já a arte ocidental tende a dar maior destaque às pessoas (direita).

■ 4-2d Vieses motivacionais

Por mais objetivos que tentemos ser, nossas percepções sociais às vezes são influenciadas por esperanças, necessidades, desejos e preferências pessoais. Essa tendência se mostra nas controvérsias durante as Olimpíadas a cada quatro anos, em outros esportes competitivos e em concursos de talentos, como *American Idol*, *The Voice* e *The X Factor*.

Desejo de ver Para ilustrar o desejo de ver em ação, observe o objeto na • Figura 4.8. O que você vê? Em uma série de estudos, Emily Balcetis e David Dunning (2006) mostraram estímulos como este para estudantes universitários que pensavam estar participando de um experimento de um teste de degustação. Os alunos foram informados de que seriam designados aleatoriamente a provar um suco de laranja espremido na hora ou uma bebida "orgânica" esverdeada e fedorenta – dependendo do que seria exibido na tela de um *laptop*, uma letra ou um número. Para aqueles que foram informados que uma letra os colocaria no grupo do suco de laranja, 72% viram a letra B. Para os que foram informados que um número os levaria a provar o suco de laranja, 61% viram o número 13. Em outro estudo, participantes de uma pesquisa feita em laboratório identificaram mais rapidamente palavras relacionadas a alimentos apresentadas brevemente em uma tela de computador quando estavam com fome que quando tinham comido recentemente (Radel e Clement-Guillotin, 2012). Em alguns aspectos básicos, as pessoas tendem a ver o que querem enxergar (Dunning e Balcetis, 2013).

Em um programa de pesquisa particularmente inventivo sobre "visão desejosa", Balcetis e Dunning (2010) questionaram como as pessoas avaliariam objetos dos que desejavam estar fisicamente mais próximas e objetos neutros. Em um estudo, estudantes universitários que estavam com sede (comeram *pretzels*, mas não receberam água) em comparação aos que estavam saciados (beberam água à vontade) estimaram que uma garrafa de água sobre uma mesa estava 3 centímetros mais perto deles. Em um segundo estudo, os alunos estimaram a distância em uma sala a partir de uma nota de $ 100 como 20 centímetros mais próximo quando acreditavam que pudessem ganhá-la que quando não viam essa possibilidade. Em um terceiro estudo, os participantes fizeram arremessos tentando acertar um alvo no solo que estava a 13 metros de distância. Quando foi dito que ao acertar o alvo ganhariam $ 25 em comparação a quando não havia premiação, os participantes consideraram o alvo em média 20 centímetros mais próximo – sugerindo que perceberam que o alvo estava mais próximo que realmente estava.

Necessidade de autoestima As motivações também podem influenciar nossas percepções sociais de modos diversos. No Capítulo 3, vimos que as pessoas têm intensa necessidade de autoestima, o que pode nos levar a fazer atribuições favoráveis, egoístas e unilaterais em relação a nosso próprio comportamento. Pesquisas com alunos, professores, pais, funcionários, atletas e outros mostram que as pessoas tendem a assumir mais crédito pelo sucesso que críticas pelo fracasso. Essa tendência egoísta de atribuição se mantém mesmo quando as pessoas superam um concorrente incompetente (Zell et al., 2015)!

Na mesma linha, outras pesquisas mostram que as pessoas buscam mais informações sobre seus pontos fortes que sobre os pontos fracos, superestimam suas contribuições em atividades em grupo, exageram seu controle e preveem um futuro otimista e promissor. Esse viés de positividade nas atribuições é onipresente. Com base em uma metanálise de 266 estudos envolvendo milhares de

• FIGURA 4.8

Percepção visual motivada: como as pessoas veem o que desejam ver

Veja a imagem abaixo. O que você vê: a letra B ou o número 13? O estímulo em si é ambíguo e pode ser plausivelmente visto de ambas as formas. Os participantes da pesquisa que pensaram estar em um experimento de teste de degustação foram informados de que provariam um suco de laranja ou uma bebida verde com cheiro desagradável, dependendo se uma letra ou um número estivesse piscando na tela de um *laptop*. Para aqueles que foram informados que uma letra os colocaria no grupo do suco de laranja, 72% viram um B. Para quem foi dito que o número os colocaria no grupo do suco de laranja, 61% viram um 13. Essa distinção mostra que às vezes as pessoas veem o que querem ver. De Balcetis e Dunning (2006).

participantes, Amy Mezulis et al. (2004) descobriram que, exceto em algumas culturas asiáticas, "a tendência ao egoísmo está presente na população em geral" (p. 711).

De acordo com Dunning (2005), a necessidade de autoestima pode enviesar as percepções sociais também de maneiras sutis, mesmo quando não percebemos que o self está implicado. Por exemplo, você se considera uma pessoa "com foco em pessoas" ou mais "direcionada às tarefas"? E qual dos dois estilos acha que contribui para uma boa liderança? Os alunos que se descrevem como sociáveis veem as habilidades sociais como necessárias para uma boa liderança, enquanto os que estão mais focados nas tarefas veem essa característica como necessária para uma boa liderança. Em consequência, as pessoas tendem a julgar favoravelmente outras que sejam semelhantes a si em vez de quem é diferente no que se refere às características-chave (McElwee et al., 2001).

Às vezes, *motivos ideológicos* podem influenciar nossas atribuições em relação ao comportamento dos outros. Nos Estados Unidos, assim como no Brasil, é frequente que quem tenha uma visão política conservadora atribua a pobreza, o crime e outros problemas sociais a uma "subclasse" de pessoas sem educação, imorais, preguiçosas ou autoindulgentes; já os liberais, muitas vezes, atribuem esses mesmos problemas a instituições sociais e econômicas que favorecem grupos poderosos em detrimento de outros. Conservadores e liberais pensam de modo distinto sobre as causas do comportamento humano, ou as atribuições que fazem dependem de se o comportamento que estão tentando explicar está de acordo com sua ideologia?

Linda Skitka et al. (2002) levaram estudantes universitários que se identificaram como conservadores ou liberais a fazer atribuições em relação a vários eventos. Descobriram que, embora os participantes em geral fizessem atribuições pessoais, como os ocidentais tendem a fazer, eles corrigiam os fatores situacionais quando motivados ideologicamente. Para explicar por que um prisioneiro recebeu liberdade condicional, os conservadores foram mais propensos a acreditar que o presídio estava superlotado (atribuição situacional), em vez de supor que o prisioneiro havia se recuperado (atribuição disposicional); para explicar por que um homem perdeu o emprego, os liberais foram mais propensos a culpar as finanças da empresa (atribuição situacional) que o mau desempenho do trabalhador (atribuição disposicional).

Lee Ross (2018), que cunhou o termo *erro fundamental de atribuição* descrito anteriormente, aponta para uma consequência potencialmente grave de nossas percepções egoístas. Normalmente convencidas de que suas próprias percepções, opiniões e valores estão certos, as pessoas nutrem uma *ilusão de objetividade*, o que significa que *qualquer pessoa* que discorde dela está errada – ou, como Mark Twain em sua famosa frase: "Em todas as questões de opinião, nossos adversários são loucos". Observando uma pesquisa que demonstra que as pessoas se veem como objetivas, não tendenciosas e à luz do clima político polarizado atual, no qual cada lado denigre seus oponentes ideológicos, a mídia hostil, evidências não sustentáveis e alegações de "notícias falsas", Ross agora chama essa ilusão de "*verdadeiro* erro fundamental de atribuição". Ele observa que essa ilusão representa uma barreira perigosa para a negociação e a resolução de conflitos.

Convicção em um mundo justo. Às vezes, questões pessoais de defesa nos levam a culpar os outros por seus infortúnios. Considere o seguinte experimento clássico. Os participantes pensaram estar participando de um estudo de percepção emocional. Uma pessoa, na verdade um confederado, foi selecionada aleatoriamente para fazer um teste de memória enquanto os outros observavam. Cada vez que o confederado cometia um erro, recebia um doloroso choque elétrico (na verdade, não houve choque; o que os participantes assistiram foi um vídeo encenado). Como os participantes sabiam que apenas a sorte em um sorteio os havia tirado da "berlinda", você pode pensar que reagiriam com simpatia e compaixão. Na verdade, não. De fato, eles menosprezaram o infeliz confederado (Lerner e Simmons, 1966).

Melvin Lerner (1980) argumenta que a tendência de criticar as vítimas decorre de nossa arraigada **convicção em um mundo justo**. De acordo com Lerner, as pessoas precisam enxergar o mundo como um lugar justo no qual "recebemos o que merecemos" e "merecemos o que recebemos" – um mundo onde o trabalho árduo e uma vida digna sempre compensam e onde a preguiça e um estilo de vida mundano são punidos. Acreditar no contrário é admitir que

> **convicção em um mundo justo**
> Convicção de que os indivíduos obtêm o que merecem na vida, orientação que leva as pessoas a menosprezar as vítimas.

também somos vulneráveis às cruéis reviravoltas do destino. Grande parte das pesquisas apoia essa teoria (Hafer e Bègue, 2005).

Pesquisas também sugerem que a convicção em um mundo justo pode ajudar as vítimas a lidar com a situação e serve como proteção contra o estresse. No entanto, como esse sistema de crenças pode influenciar as percepções dos *outros*? Se as pessoas não podem ajudar ou compensar a vítima por seu infortúnio, voltam-se contra ela. Assim, muitas vezes se presume que os pobres são preguiçosos, que as vítimas de crimes são descuidadas e que esposas agredidas provocam seus maridos abusivos. Como você deve imaginar, as comparações entre nações revelam que pessoas de países mais pobres têm menos probabilidade que as de países mais ricos de acreditar em um mundo justo (Furnham, 2003). Do mesmo modo, como você também pode imaginar, a ideologia política pode distorcer a convicção em um mundo justo. Em um estudo sobre se os cidadãos norte-americanos acreditam no ideal de que a América é uma terra de oportunidades em que a mobilidade social ascendente permite que crianças pobres se tornem adultos bem-sucedidos, os entrevistados liberais acreditam que há menos mobilidade social que os entrevistados conservadores (Chambers et al., 2015).

A tendência de menosprezar as vítimas pode parecer um sinal do erro fundamental de atribuição: foco demais sobre a pessoa e insuficiente sobre a situação. No entanto, as condições que desencadeiam essa tendência sugerem que não é só isso. Ao longo dos anos, estudos vêm mostrando que as vítimas de acidentes são mais responsabilizadas pelo ocorrido quando os danos são graves e não leves (Walster, 1966), quando a situação da vítima é semelhante à do observador (Shaver, 1970), quando o observador preocupa-se com ameaças a si mesmo (Thornton, 1992), e quando o observador identifica-se com a vítima (Aguiar et al., 2008). Aparentemente, quanto mais nos sentimos ameaçados por uma injustiça aparente, maior é a necessidade de nos protegermos da terrível possibilidade de que possa acontecer conosco – uma inferência que defendemos depreciando a vítima. Ironicamente, pesquisas recentes mostram que as pessoas também podem satisfazer sua convicção em um mundo justo *valorizando* membros de grupos desfavorecidos – por exemplo, ao inferir que os pobres são felizes e que as pessoas obesas são sociáveis, ambos atributos que restauram a justiça por compensação (Kay e Jost, 2003; Kay et al., 2005).

4-3 Integração: das disposições às impressões

Quando o comportamento é atribuído a fatores situacionais, não fazemos grandes inferências sobre o implicado. No entanto, as atribuições pessoais muitas vezes nos levam a inferir que uma pessoa tem certa disposição – que o líder de uma empresa falida é incompetente, por exemplo, ou que o inimigo que levanta bandeira branca deseja a paz. No entanto, os seres humanos não são unidimensionais, e uma característica não constitui uma pessoa completa. Para uma descrição completa de alguém, os observadores sociais devem reunir as várias peças em uma impressão unificada.

4-3a Integração de informações: a aritmética

Feitas as atribuições pessoais, como são combinadas em uma única imagem coerente de uma pessoa? Como abordamos o processo de **formação de impressões**? Simplesmente somamos as características gerais de um indivíduo e calculamos uma média mental ou combinamos as informações de modo mais complexo? Qualquer pessoa que tenha escrito ou recebido cartas de recomendação certamente vai gostar de sugestões práticas. Suponha que você saiba que um candidato é simpático e inteligente, duas qualidades altamente favoráveis. A impressão que tem a respeito dele melhoraria ou pioraria se soubesse que também ele é criterioso e equilibrado, duas qualidades moderadamente favoráveis? Se a impressão que tem a respeito do candidato melhoraria, você está seguindo intuitivamente um modelo de *soma* na formação de impressões quanto mais traços positivos houver, melhor. Se a impressão pioraria, então está usando um modelo de *média*: quanto maior o valor médio de todas as várias características, melhor.

> **formação de impressões** Processo de integrar informações sobre determinada pessoa para formar uma impressão coerente.

Para quantificar a formação de impressões, Norman Anderson (1968) fez que os participantes avaliassem a conveniência de 555 características em uma escala de 7 pontos. Ao calcular as avaliações médias, ele obteve um *valor de escala* para cada uma (*sincero* teve o maior valor de escala; *mentiroso* teve o menor). Em um estudo anterior, Anderson (1965) usou valores semelhantes e comparou os modelos de soma e média. Especificamente, ele pediu que um grupo de participantes avaliasse o quanto gostavam de uma pessoa descrita por duas características com valores de escala extremamente altos (A, A). Um segundo grupo recebeu uma lista de quatro características que incluíam duas que eram altas e duas que eram moderadamente altas em seus valores de escala (A, A, M1, M1). Em um terceiro grupo, os participantes receberam duas características de pontuação extremamente baixa (L, L). Em um quarto grupo, eles receberam uma lista de quatro características, incluindo duas com valores baixos e duas com valores moderadamente baixos (B, B, M2, M2). Que efeito as características moderadas tiveram nas impressões? Conforme previsto por um modelo de média, as características moderadas diluíram em vez de intensificarem o impacto das características altamente positivas e negativas. O conselho prático para quem escreve cartas de recomendação é claro: os candidatos ficam em melhor situação se suas cartas incluírem apenas os comentários mais elogiosos e omitir observações favoráveis que são um pouco mais moderadas por natureza.

Depois de muitas pesquisas, parece que, embora as pessoas tendam a combinar características pela média, o processo é mais complicado. Em consonância com a **teoria da integração de informações** de Anderson (1981), as impressões formadas em relação aos outros são baseadas em uma combinação, ou integração, de (1) disposições pessoais e o estado atual de quem percebe e (2) uma média *ponderada*, não uma média simples, das características da pessoa-alvo (Kashima e Kerekes, 1994). Vamos examinar mais de perto esses dois conjuntos de fatores.

■ 4-3b Desvios da aritmética

Como acontece com outros aspectos de nossas percepções e atribuições sociais, a formação de impressões não segue as regras frias da lógica. A média ponderada pode descrever como a maioria das pessoas combina diferentes características, mas todo o processo começa com um observador humano de sangue quente, não um computador. Assim, certos desvios da "aritmética" são inevitáveis.

Características do observador Para começar, divergimos distintamente no que se refere a tipos de impressões que formamos dos outros. Algumas pessoas parecem medir as outras por um padrão intelectual; outras procuram beleza física, um sorriso amigável, senso de humor ou um aperto de mão firme. Qualquer que seja o atributo, é mais provável que, individualmente, percebamos certas características e não outras (Bargh et al., 1988; Higgins et al., 1982). Assim, quando as pessoas são solicitadas a descrever um grupo de indivíduos-alvo, normalmente há mais sobreposição entre as várias descrições feitas pelo mesmo observador que entre as que foram feitas considerando o mesmo alvo (Dornbusch et al., 1965; Park, 1986). Parte da razão para as diferenças notadas entre os observadores é que tendemos a nos ter como padrão, ou estrutura de referência, ao avaliar os outros. Em comparação a um inerte dependente de televisão, por exemplo, um atleta com demasiada energia tem mais probabilidade de ver os outros como menos ativos.

O estado de humor de um observador também pode influenciar as impressões formadas sobre os outros (Forgas, 2000). Em um experimento clássico, Joseph Forgas e Gordon Bower (1987) disseram aos participantes da pesquisa que seu desempenho em um teste de adequação social havia sido muito bom ou ruim. O *feedback* positivo não apenas alterou o humor dos participantes, como também afetou o ponto de vista deles no que se refere a outras pessoas. Quando apresentados a informações comportamentais sobre vários personagens, os participantes passaram mais tempo prestando atenção a fatos positivos e formaram impressões mais favoráveis ao estarem felizes que quando estavam tristes. Pesquisas de acompanhamento mostraram que pessoas induzidas a um estado de bom humor também são mais otimistas, mais tolerantes e menos críticas nas atribuições que fazem em relação a outras que tiveram sucesso ou fracassaram (Forgas e Locke, 2005).

> **teoria da integração de informações** Teoria de que as impressões são baseadas em (1) disposições do observador e (2) uma média ponderada das características de uma pessoa-alvo.

Efeito *priming* Os efeitos combinados de diferenças de observadores estáveis e estados de humor flutuantes apontam para uma conclusão importante: até certo ponto, a formação de impressões está nos olhos de quem vê. As características que tendemos a ver nos outros também mudam de tempos em tempos, dependendo de experiências recentes. Você já percebeu que, uma vez que certa palavra raramente em uso é inserida em uma conversa ou aparece em um blogue, de modo frequente passa a ser repetida continuamente? Se sim, então você observou ***priming***, a tendência de conceitos usados com frequência ou recentemente virem à memória com facilidade e influenciar como interpretamos novas informações.

O efeito priming nas impressões pessoais foi demonstrado pela primeira vez por E. Tory Higgins e outros (1977). Os participantes da pesquisa foram apresentados a uma lista de palavras relacionadas a características, aparentemente como parte de um teste de memória. Na verdade, a atividade foi projetada para propagar certas ideias em suas mentes. Alguns participantes leram palavras que evocavam uma imagem positiva: *corajoso, independente, aventureiro*. Outros leram palavras que evocavam uma imagem mais negativa: *imprudente, tolo, descuidado*. Mais tarde, no que eles pensaram ser um experimento não relacionado, os participantes leram sobre um homem chamado Donald que escalou montanhas, participou de rachas e tentou cruzar o Oceano Atlântico em um veleiro. Como previsto, as impressões sobre Donald foram moldadas pelas características que haviam memorizado anteriormente. As pessoas expostas a palavras positivas mais tarde formaram impressões mais favoráveis a respeito dele que as expostas a palavras negativas. Os participantes leram exatamente a mesma descrição, mas formaram impressões diferentes dependendo do conceito inserido em suas mentes para ser usado como base de comparação (Mussweiler e Damisch, 2008). Na verdade, o *priming* parece funcionar melhor quando as palavras principais são apresentadas tão rapidamente que a pessoa nem mesmo percebe tê-las visto (Bargh e Pietromonaco, 1982).

Nossas motivações e comportamentos também estão sujeitos aos efeitos automáticos do *priming*, mesmo sem consciência. Em um estudo provocativo, John Bargh e Tanya Chartrand (1999) deram aos participantes um caça-palavras que continha palavras neutras ou associadas à motivação para realização (*esforço, vitória, dominar, competir, sucesso*). Depois, os participantes foram deixados sozinhos e tiveram 3 minutos para escrever quantas palavras pudessem formar a partir de um conjunto de blocos de letras. Quando o limite de 3 minutos foi atingido, eles foram informados por um intercomunicador para cessar. Esses participantes, que buscavam obter uma pontuação alta, pararam na hora certa ou continuaram a escrever? Por meio do uso de câmeras ocultas, os experimentadores observaram que 57% dos que foram preparados com palavras relacionadas à realização continuaram a escrever após o sinal de parada, em comparação com apenas 22% no grupo de controle.

Observando o efeito *priming* sobre o comportamento social, John Bargh et al. (1996) deram às pessoas 30 conjuntos de palavras embaralhadas ("ele esconde encontra instantaneamente") e pediram que usassem algumas delas em cada conjunto para formar frases. Depois de explicar o teste, que levaria cinco minutos, o experimentador disse aos participantes que o encontrassem no corredor quando terminassem para que ele pudesse passar uma segunda tarefa. Até aí, tudo bem. Mas, quando os participantes encontraram o experimentador, ele estava no meio de uma conversa e permaneceu nela por 10 minutos inteiros sem notar a presença deles. O que uma pessoa deve fazer: esperar pacientemente ou interromper? Os participantes não sabiam, mas alguns haviam feito o teste das palavras embaralhadas com muitas palavras de "polidez" (*rendimento, respeito, consideração, cortês*), enquanto outros foram expostos a palavras relacionadas à grosseria (*perturbar, intrometer, audacioso, sem rodeios*). Essas palavras do teste induziriam secretamente os participantes, alguns minutos depois, a se comportar de um jeito ou de outro? Sim. Em comparação com aqueles que receberam as palavras neutras para decodificar, os participantes preparados para grosseria foram mais propensos – e aqueles preparados para polidez, menos propensos – a interromper o experimentador (ver ● Figura 4.9).

O que explica esse efeito *priming*, não apenas em nossas percepções sociais, mas também em nosso comportamento? A relação entre percepção e comportamento é automática; isso acontece como um reflexo inconsciente. Apresente palavras embaralhadas que reforcem o estereótipo de um "idoso" (*velho, bingo*) e os participantes da pesquisa vão sair do experimento mais lentamente, como se imitando uma pessoa idosa (Dijksterhuis e Bargh, 2001). Mas por quê? Joseph

---

priming Tendência de palavras ou ideias usadas ou percebidas recentemente virem à mente com facilidade e influenciar a interpretação de novas informações.

Cesario e outros (2006) sugerem que o *priming* automático do comportamento é um mecanismo social adaptativo que nos ajuda a estarmos preparados para encontros futuros com tal alvo, se estivermos motivados. Depois de medir as atitudes dos participantes em relação aos idosos, esses pesquisadores previram e descobriram que aqueles que gostavam de idosos caminhavam mais devagar após o *priming* (como se sincronizando com um amigo lento), enquanto aqueles que não gostavam de idosos caminhavam mais rapidamente (como se fugindo de tal interação).

Características do alvo Assim como nem todos os observadores sociais são semelhantes, nem todas as características são as mesmas. Nos últimos anos, os pesquisadores da personalidade descobriram, em diferentes culturas, que os indivíduos podem ser diferenciados uns dos outros, de modo confiável, por cinco grandes características, ou fatores: extroversão, estabilidade emocional, abertura à experiência, afabilidade e consciência (De Raad, 2000; McCrae e Costa, 2003; Wiggins, 1996). Alguns desses fatores são mais fáceis de avaliar que outros. Com base em uma revisão de 32 estudos, David Kenny e outros (1994) descobriram que os observadores sociais são mais propensos a concordar em suas avaliações sobre a extroversão de um alvo, isto é, até que ponto ele ou ela é sociável, simpático, gosta de se divertir, é extrovertido e aventureiro. Parece que essa característica é fácil de detectar e diferentes observadores geralmente concordam em relação a ela, mesmo ao avaliar uma pessoa-alvo que estejam vendo pela primeira vez.

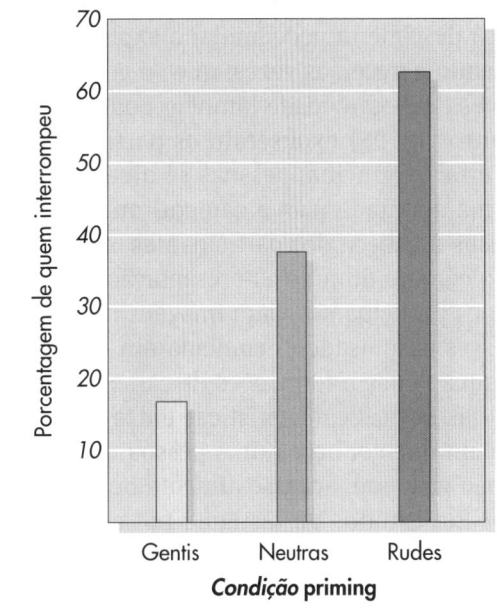

• FIGURA 4.9

O *priming* do comportamento social sem consciência

Participantes aguardando um experimentador ocupado o interromperiam? Em comparação com aqueles que anteriormente haviam trabalhado decifrando palavras neutras (centro), os participantes que receberam palavras gentis tiveram menos probabilidade de interrompê-lo (à esquerda) e aqueles que receberam palavras rudes foram mais propensos a interrompê-lo (direita). Esses resultados mostram que o *priming* pode influenciar não apenas nossos julgamentos sociais, mas também nosso comportamento.
Com base em Bargh et al. (1996).

A valência de uma característica – seja considerada boa ou ruim – também influencia seu impacto em nossas impressões finais. Ao longo dos anos, pesquisas mostraram que as pessoas exibem um *viés de negatividade,* a tendência de informações negativas pesarem mais em nossas impressões que informações positivas (Rozin e Royzman, 2001; Skowronski e Carlston, 1989). Isso significa que temos impressões mais fortes sobre uma pessoa que é considerada desonesta que sobre uma vista como honesta. Quando você pensa sobre isso, faz sentido. Temos a tendência de ver os outros de maneira favorável, por isso somos ágeis em perceber e prestar muita atenção quando essa expectativa é infringida (Pratto e John, 1991). Por essa razão, uma característica negativa pode ser suficiente para manchar a reputação de uma pessoa, independentemente de outras qualidades. À luz dessa pesquisa, Baumeister e outros (2001) concluíram que o mal é mais forte que o bem em um "padrão decepcionantemente implacável" (p. 362).

Nossas expectativas positivas em relação aos outros são tão intensas que a ausência de uma avaliação favorável pode nos levar a supor o pior. Se você já leu ou escreveu cartas de recomendação, entenderá esse próximo estudo. Ao avaliar as pessoas – seja para estudar, trabalhar ou pertencer a um grupo social – é frequente referenciar-se duas características delas: cordialidade e competência. E se você estiver lendo uma carta que relata sobre como o candidato é competente, mas não relata nada sobre como ele ou ela é bom(a) como pessoa? Ou se uma carta comentar sobre como o candidato é uma boa pessoa, mas não disser nada sobre competência? Nenhuma informação negativa é declarada, mas está implícita na omissão?

Sim. Em uma série de estudos, Nicolas Kervyn e outros (2012) descobriram que, quando os participantes da pesquisa leram avaliações breves, mas dignas de elogio, de uma pessoa voltada somente à sua competência ("parece muito inteligente, trabalhadora e competente") ou apenas à sua cordialidade ("parece muito simpática, sociável e extrovertida"), fizeram inferências negativas sobre a dimensão que foi omitida. Para elucidar a ação de "elogiar" algo de modo a salientar seus pontos fracos, Kervyn e colegas se referiram a esse resultado como o "efeito da insinuação".

Se pensar a respeito, é provável que ficarmos alertas a informações negativas e potencialmente ameaçadoras seja um mecanismo adaptativo. Pesquisas recentes sugerem que as pessoas percebem mais rapidamente palavras negativas, apresentadas de modo subliminar, como *bomba*, *ladrão*, *tubarão* e *câncer*, que as positivas como *bebê*, *doce*, *amigo* e *praia* (Dijksterhuis e Aarts, 2003). Essa sensibilidade a informações negativas é encontrada em bebês com menos de 1 ano (Vaish et al., 2008). Na verdade, quando os participantes adultos da pesquisa foram solicitados a contar várias histórias a quatro pessoas em sequência, as narrativas negativas tiveram maior probabilidade de sobreviver à sequência de comunicação que as positivas. Essa descoberta pode ajudar a explicar por que informações negativas tendem a dominar as manchetes, fazendo parecer, às vezes, que "o céu está por cair" (Bebbington et al., 2017).

O viés de negatividade também pode ser visto no cérebro (Smith et al., 2003). Em um estudo, Tiffany Ito e outros (1998) expuseram os participantes da pesquisa a *slides* que mostravam imagens positivas (uma Ferrari vermelha, pessoas se divertindo em uma montanha-russa), negativas (um rosto mutilado, uma arma apontada para a câmera) ou neutras (um prato, um secador de cabelo). Com o uso de eletrodos presos à cabeça dos participantes, esses pesquisadores registraram a atividade elétrica em diferentes áreas do cérebro durante a apresentação. Com certeza, certos tipos de atividades eram mais pronunciados quando os participantes viam imagens negativas que quando viam estímulos positivos ou neutros. Parece, como esses pesquisadores comentaram, que "as informações negativas pesam mais no cérebro" (p. 887).

O impacto das informações de características em nossas impressões sobre outras pessoas depende não apenas das nossas características e das do alvo, mas também do contexto. Pense, por exemplo, em uma ocasião em que conheceu uma pessoa que estava acompanhada de alguém de quem você gostasse ou de quem não gostasse, achasse atraente ou não. A impressão sobre a pessoa-alvo seria influenciada por essa relação? Em estudos de "estigma por associação", John Pryor e seus colegas (2012) descobriram que a resposta é sim. Mesmo quando o relacionamento de uma pessoa-alvo com um outro avaliado positiva ou negativamente acontece por acaso e não por escolha, nossas primeiras impressões são tendenciosas.

Dois outros fatores contextuais também são particularmente importantes: (1) teorias implícitas de personalidade e (2) a ordem em que recebemos informações sobre um traço em relação a outros traços.

Teorias implícitas de personalidade Quer percebamos ou não, cada um de nós abriga uma *teoria implícita de personalidade* – uma rede de suposições sobre as relações entre vários tipos de pessoas, características e comportamentos. Saber que alguém possui uma característica nos leva a inferir que também possua outros atributos (Bruner e Tagiuri, 1954; Schneider, 1973; Sedikides e Anderson, 1994). Por exemplo, você pode presumir que uma pessoa imprevisível também possa ser perigosa ou que alguém que fale devagar também seja lento. Você ainda pode supor que certas características e comportamentos estão ligados entre si (Reeder, 1993; Reeder e Brewer, 1979) – que uma celebridade afetuosa e querida, por exemplo, possa não ter segredos sórdidos.

Solomon Asch (1946) foi o primeiro a descobrir que a presença de uma característica frequentemente implica a presença de outros atributos. Asch disse a um grupo de participantes de certa pesquisa que um indivíduo era "inteligente, habilidoso, trabalhador, gentil, determinado, prático e cauteloso". Outro grupo leu uma lista idêntica de características, exceto pela substituição da palavra *gentil* por *frio*. Apenas um termo foi alterado, mas os dois grupos formaram impressões muito diferentes. Os participantes inferiram que a pessoa gentil também era mais feliz e generosa, mais bondosa e bem-humorada que a pessoa fria. No entanto, quando duas outras palavras foram alteradas (*educado* e *contundente*), as diferenças foram menos evidentes. Por quê? Asch concluiu que *gentil* e *frio* são **características centrais**, o que significa que implicam a presença de outros determinados atributos e exercem uma influência poderosa sobre as impressões finais. Na verdade,

> **características centrais** Características que exercem uma influência poderosa nas impressões gerais.

quando universitários em turmas diferentes foram informados com antecedência que um palestrante convidado era uma pessoa gentil ou fria, suas impressões após a palestra estiveram de acordo com essas convicções, embora ele tenha dado a mesma palestra para todos (Kelley 1950; Widmeyer e Loy 1988).

Há algo de ilusório sobre as características gentil e frio? Para saber mais sobre a estrutura das teorias implícitas da personalidade, Seymour Rosenberg et al. (1968) entregaram aos participantes de uma pesquisa 60 cartões, com um deles indicando uma característica, e pediram que os participantes classificassem os cartões em conjuntos que representassem pessoas específicas, como amigos, colegas de trabalho, conhecidos ou celebridades. As características foram então correlacionadas estatisticamente para determinar com que frequência elas apareciam juntas no mesmo grupo. Os resultados foram plotados para mostrar a distância psicológica entre as várias características. O "mapa" mostrado na • Figura 4.10 demonstra que os atributos – tanto positivos quanto negativos – foram mais bem identificados em duas dimensões: social e intelectual. Com base na revisão de muitos anos de pesquisa, Amy Cuddy e outros (2008) concluíram que as pessoas se diferenciam primeiro em relação à cordialidade (a *cordialidade* está contida em características como simpático, solícito e sincero) e depois com referência à competência (a *competência* aparece em características como inteligente, hábil e determinado). Eles se referem a esses grupos de características como "dimensões universais da percepção social".

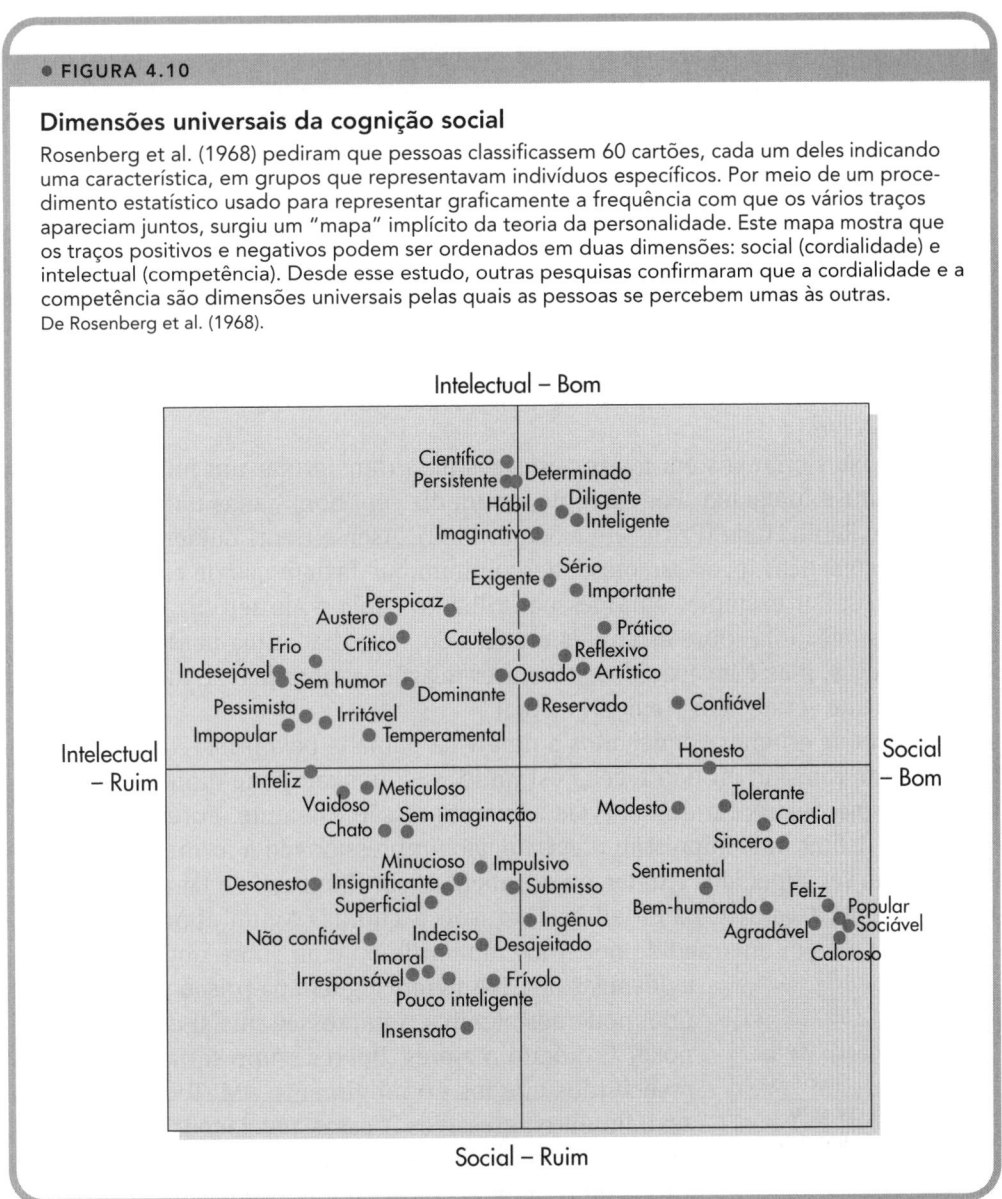

• FIGURA 4.10

Dimensões universais da cognição social

Rosenberg et al. (1968) pediram que pessoas classificassem 60 cartões, cada um deles indicando uma característica, em grupos que representavam indivíduos específicos. Por meio de um procedimento estatístico usado para representar graficamente a frequência com que os vários traços apareciam juntos, surgiu um "mapa" implícito da teoria da personalidade. Este mapa mostra que os traços positivos e negativos podem ser ordenados em duas dimensões: social (cordialidade) e intelectual (competência). Desde esse estudo, outras pesquisas confirmaram que a cordialidade e a competência são dimensões universais pelas quais as pessoas se percebem umas às outras.
De Rosenberg et al. (1968).

O efeito de primazia A ordem em que descobrimos algo sobre uma pessoa também pode influenciar em seu impacto. Costuma-se dizer que as primeiras impressões são críticas e muitas pesquisas confirmam tal fato. Estudos mostram que as informações geralmente têm maior impacto quando apresentadas no início de uma sequência que no final. Esse fenômeno é conhecido como **efeito de primazia**.

Em outro experimento clássico de Asch (1946), um grupo de participantes foi informado que uma pessoa era "inteligente, diligente, impulsiva, crítica, teimosa e invejosa". Um segundo grupo recebeu exatamente a mesma lista, mas na ordem inversa. Expondo racionalmente, os dois grupos deveriam ter se sentido do mesmo modo em relação à pessoa. No entanto, em vez disso, os participantes que ouviram a primeira lista, em que os traços mais positivos vieram antes, formaram impressões mais favoráveis que aqueles que ouviram a segunda lista. Descobertas similares foram obtidas entre os participantes que assistiram a uma fita de vídeo de uma mulher ao realizar um teste semelhante no vestibular. Nos casos em geral, ela respondeu corretamente 15 das 30 questões de múltipla escolha. Porém os participantes que observaram um padrão inicial de sucesso, seguido de fracasso, consideraram a mulher mais inteligente que aqueles que observaram o padrão oposto, de fracasso seguido de sucesso (Jones et al., 1968). Há exceções, é claro, mas setenta anos de pesquisas sugerem que, como regra geral, as pessoas são mais intensamente influenciadas pelas primeiras informações que recebem sobre uma pessoa (para um conjunto recente de replicações, ver Sullivan, 2019).

O que explica o efeito de primazia? Há duas explicações básicas. A primeira é que, quando os observadores pensam já ter uma impressão precisa formada de alguém, tendem a prestar menos atenção às informações subsequentes. Assim, quando os participantes de dada pesquisa leem uma série de afirmações sobre certa pessoa, a quantidade de tempo que dedicam a ler cada um dos itens diminui sucessivamente a cada afirmação (Belmore, 1987).

Mais inquietante é a segunda razão, conhecida como hipótese da mudança de significado. Depois de formar uma impressão, as pessoas começam a interpretar informações inconsistentes à luz desta. A pesquisa de Asch mostra o quão maleável o significado de uma característica pode ser. As pessoas ao ouvirem que uma pessoa gentil é calma, presumem que seja gentil, pacífica e serena. Quando se diz que uma pessoa cruel é calma, entretanto, a mesma palavra é interpretada como fria, astuta e calculista. Há muitos exemplos para ilustrar esse ponto. Com base em sua primeira impressão, a palavra *orgulhoso* pode significar que se preza ou presunçoso, *crítico* pode significar perspicaz ou exigente e *impulsivo* pode significar espontâneo ou imprudente.

É notável como somos criativos em nossos esforços para transformar um monte de contradições em uma impressão coerente e integrada. Por exemplo, quem diz ser "bom", mas também "ladrão", pode ser visto como um tipo de Robin Hood (Burnstein e Schul, 1982). Asch e Henri Zukier (1984) apresentaram às pessoas pares de características inconsistentes e descobriram que faziam uso de estratégias diferentes para harmonizar os conflitos. Por exemplo, uma pessoa brilhante e tola pode ser vista como "muito brilhante em assuntos abstratos, mas tola sobre as tarefas práticas do dia a dia", uma pessoa sociável solitária tem "muitos laços superficiais, mas é incapaz de estabelecer relações profundas", e uma pessoa melancólica e alegre pode simplesmente ser alguém "temperamental".

Tudo isso significa que estamos condenados a uma vida pautada pela primazia? De modo nenhum. Se você está mentalmente cansado ou não recebe estímulo, sua atenção pode diminuir. Por preguiça, você pode incorporar informações recém-descobertas à sua impressão existente. Porém, se estiver suficientemente motivado para definir uma impressão precisa e não for pressionado a formá-la rapidamente, os efeitos da primazia podem ser superados (Anderson e Hubert, 1963; Kruglanski e Freund, 1983).

Em pesquisa recente, Jeremy Cone, Melissa Ferguson e Thomas Mann abordaram essa importante questão: quando, como e em que medida podemos mudar de opinião sobre outras pessoas? Quando as evidências de DNA livram alguém na prisão por um crime não cometido, podemos eliminar a impressão inicial de que ele seja um criminoso? E quanto a atores, líderes empresariais e políticos altamente respeitados citados no movimento #MeToo por alegações de atos sexualmente agressivos – essas revelações nos levam a uma reviravolta quanto às impressões anteriormente positivas? (Cone et al., 2017; Ferguson et al., 2019; Mann e Ferguson, 2015).

> **efeito de primazia** Tendência de as informações apresentadas no início de uma sequência terem mais impacto nas impressões que as apresentadas posteriormente.

A resposta à pergunta é afirmativa, muitas vezes revisamos e atualizamos nossas impressões sobre os outros. Isso pode ocorrer (1) quando a informação recém-apresentada é um fato *verossímil*, não apenas um boato ou uma fofoca (Cone et al., 2019), e (2) quando essa informação é extremamente negativa e, portanto, um *diagnóstico* do caráter moral de uma pessoa – como a revelação de que alguém "recentemente tenha mutilado um pequeno animal indefeso" (Cone e Ferguson, 2015). Em suma, as pessoas revisam uma primeira impressão sobre alguém em resposta a novas informações contrárias que são confiáveis e informativas – especialmente se essas informações se referem a comportamentos que parecem morais ou imorais (Brambilla et al., 2019).

4-3c Percepções de caráter moral

Além de focar a cordialidade e a competência, observadores sociais em todo o mundo também consideram importante para suas impressões a *moralidade* das pessoas. Se for pensar, perceber com precisão o caráter moral dos outros é básico para a vida social, pois permite identificar se alguém que conhecemos e em quem podemos precisar vir a confiar no futuro é ética e bondosa – e, portanto, se merece confiança.

Geoffrey Goodwin (2015) argumenta que a moralidade não é apenas uma terceira faceta da percepção social; antes, é o fator mais importante relacionado à cordialidade nas impressões que formamos dos outros. Observando que as pessoas às vezes confundem cordialidade com moral, Goodwin e outros (2014) conduziram uma série de estudos em que descobriram que características claramente relacionadas a "moralidade" (como *corajoso, bom, com princípios, justo, honesto, confiável* e *leal*) se provaram mais importantes que atributos comprovadamente relacionados a "cordialidade" (como *simpático, sociável, feliz, agradável, entusiasmado, descontraído, divertido* e *brincalhão*) em prever as impressões positivas e negativas que as pessoas têm das outras. Esse resultado foi o mesmo, independentemente de os participantes terem julgado pessoas reais e próximas, presidentes dos Estados Unidos, indivíduos fictícios descritos no laboratório ou homens e mulheres falecidos dos quais eles leram os obituários do *New York Times*.

Há um consenso cada vez maior entre os pesquisadores de que a percepção da moralidade desempenha um papel especial nas impressões que formamos dos outros (Brambilla e Leach, 2014). Na verdade, as pesquisas demonstram que as pessoas fazem julgamentos morais sobre os outros de modo instantâneo e intuitivo – sem intenção, pensamento ou consciência (Haidt, 2001; Van Berkum et al., 2009). Se as percepções de caráter moral são tão básicas e tão adaptativas, seria lógico que diferentes observadores sociais, apesar de suas perspectivas únicas, concordariam sobre o que constitui o caráter moral.

As pesquisas apoiam essa hipótese? Sim. Para medir as taxas de concordância entre diferentes observadores sociais, Erik Helzer e outros (2014) desenvolveram um "Questionário do Caráter Moral" em que os entrevistados foram solicitados a avaliar a extensão em que várias declarações breves descreviam com precisão a si mesmo, a um amigo, um conhecido e um membro da família. Cada uma das declarações descrevia um atributo de caráter moral, como *justiça* ("tratar todos de maneira semelhante"), *honestidade* ("dizer a verdade"), *compaixão* ("despender tempo para ajudar os outros"), *autocontrole* ("resistir às tentações"), *preocupação moral* ("pensar em ser uma boa pessoa") e *moralidade geral* ("ser uma pessoa ética"). Os resultados mostraram que havia altos níveis de concordância nas autoavaliações dos participantes, em suas avaliações dos outros e nas avaliações dos próprios participantes.

4-4 Vieses de confirmação: das impressões à realidade

É uma característica curiosa da natureza humana, mas muitas vezes real: visto que as pessoas tomam uma decisão – mesmo que não tenham as informações necessárias – elas relutam em mudar de ideia quando confrontadas com novas evidências. As pessoas podem ser bastante obstinadas intelectualmente. Os líderes políticos muitas vezes se recusam a deixar de apoiar programas governamentais que não funcionam, e os cientistas muitas vezes defendem firmemente suas teorias favoritas em face de dados de pesquisas que afirmam o contrário. Essas instâncias são fáceis de explicar. Políticos e cientistas têm interesses pessoais em suas opiniões, pois votos, orgulho, financiamento e reputação podem estar em risco. Mas e as pessoas que inocentemente deixam de reavaliar suas opiniões, muitas vezes acabam por sair prejudicadas? E o técnico de beisebol que se apega a estratégias antigas que não funcionam ou o advogado de defesa que seleciona sistematicamente os júris de acordo com falsos estereótipos? Por que costumamos ser lentos ao enfrentar os fatos? Como veremos, as pessoas estão sujeitas a vários **vieses de confirmação** – tendências para interpretar, buscar e criar informações de modo que verifiquem as crenças existentes.

4-4a Perseverança das crenças

Imagine que esteja olhando para uma imagem completamente fora de foco. Gradualmente, ganha foco até ficar menos borrada. Nesse ponto, o experimentador pergunta a você se consegue reconhecer a imagem. A resposta mais provável é interessante. Os participantes em experimentos desse tipo têm mais dificuldades para identificar a imagem se observam o processo gradual de focalização que se simplesmente veem a imagem final borrada. Na mecânica do processo perceptivo, as pessoas aparentemente formam impressões iniciais que interferem em sua capacidade subsequente de "ver com clareza" quando têm acesso a evidências aprimoradas (Bruner e Potter, 1964).

Como veremos nesta seção, a percepção social está sujeita ao mesmo tipo de interferência. Considere o que acontece quando você fica na expectativa de algo que não se concretiza. Em um estudo, John Darley e Paget Gross (1983) pediram que os participantes avaliassem o potencial acadêmico de uma menina de 9 anos chamada Hannah. Um grupo foi levado a acreditar que Hannah viesse de um bairro rico e que os pais dela eram profissionais com boa formação (expectativas elevadas). Um segundo grupo pensou que ela morasse em um bairro pobre degradado e que os pais eram operários sem instrução (baixas expectativas). Conforme mostrado na • Figura 4.11, os participantes do primeiro grupo foram um pouco mais otimistas em suas avaliações do potencial de Hannah que os do segundo. Em cada um desses grupos, entretanto, metade dos participantes assistiu a um vídeo de Hannah fazendo uma prova avaliativa. Seu desempenho na gravação parecia mediano.

> **viés de confirmação** Tendência de buscar, interpretar e criar informações que confirmem as crenças existentes.

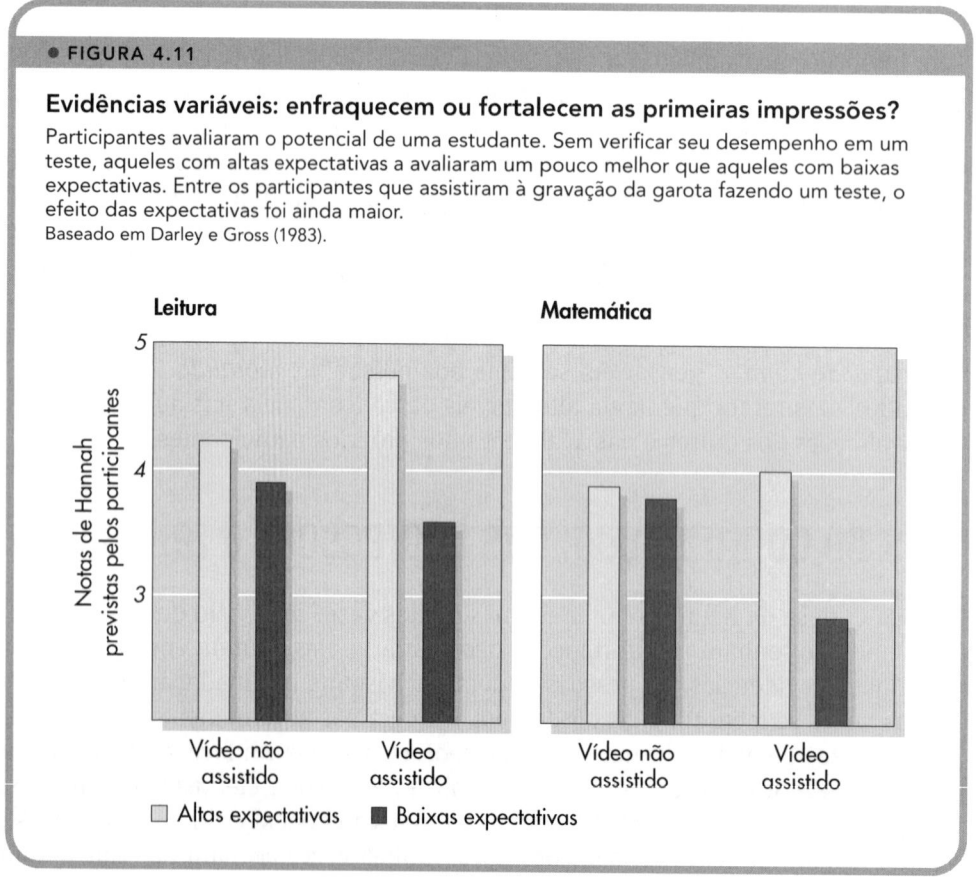

• FIGURA 4.11

Evidências variáveis: enfraquecem ou fortalecem as primeiras impressões?
Participantes avaliaram o potencial de uma estudante. Sem verificar seu desempenho em um teste, aqueles com altas expectativas a avaliaram um pouco melhor que aqueles com baixas expectativas. Entre os participantes que assistiram à gravação da garota fazendo um teste, o efeito das expectativas foi ainda maior.
Baseado em Darley e Gross (1983).

Ela respondeu corretamente algumas perguntas difíceis, mas deixou escapar outras que eram relativamente fáceis. Visualize novamente a ● Figura 4.11 e verá que, embora os participantes, no geral, tenham visto o mesmo vídeo, Hannah agora recebia classificações bem mais baixas entre aqueles que achavam que ela fosse pobre e classificações mais altas entre os que a consideravam rica. Aparentemente, apresentar um corpo idêntico de evidências contraditórias não extinguiu os efeitos tendenciosos das crenças; ele *alimentou* esses efeitos.

Eventos que são ambíguos o suficiente para apoiar interpretações contrastantes são como manchas de tinta: vemos ou ouvimos neles o que esperamos ver ou ouvir. Para elucidar o ponto, um grupo de pesquisadores pediu que participantes avaliassem, por meio de fotos, as semelhanças entre adultos e crianças que formavam duplas. Curiosamente, eles não viram mais semelhanças entre duplas de pais e filhos que em duplas aleatórias. No entanto, quando informados de que certos pares eram da mesma família, eles "viram" uma semelhança, mesmo quando a informação de parentesco era falsa (Bressan e Martello, 2002).

Em um segundo estudo, participantes ouviram ruidosas gravações de áudio, em maior ou menor estado de "danificação" de um diálogo – não muito diferente de uma comunicação policial. Alguns participantes foram informados de que o entrevistado era suspeito de crime; outros foram informados de que ele era candidato a uma vaga de emprego. Nas gravações deterioradas, os participantes eram mais propensos a "ouvir" declarações incriminatórias quando pensavam que o entrevistado fosse um suspeito e não um candidato (Lange et al., 2011).

Em um terceiro estudo, os participantes agindo como falsos jurados foram solicitados a determinar se a caligrafia em um bilhete de um assalto a banco era semelhante a uma amostra da caligrafia de um suspeito que havia confessado ou negado envolvimento no crime. Assim como previsto, os participantes que acreditavam que o suspeito havia confessado eram mais propensos a ver as duas caligrafias como similares – mesmo que não fossem (Kukucka e Kassin, 2014; para uma discussão geral sobre "vieses de confirmação forense", consulte Kassin et al., 2013).

E quando as informações comprovadamente refutam nossas crenças? O que acontece com nossas primeiras impressões? Craig Anderson e seus colegas (1980) abordaram essa questão fornecendo aos participantes informações falsas. Depois de terem tido tempo para refletir, foram informados de que eram falsas. Em um experimento, metade dos participantes leu estudos de caso sugerindo que pessoas que assumem riscos são melhores bombeiros que quem é cauteloso. Os outros leram casos sugerindo a conclusão oposta. Em seguida, os participantes foram convidados a apresentar uma teoria para a correlação sugerida. As possibilidades são fáceis de imaginar: "Mais vale um pássaro na mão que dois voando" reforça a ideia de assumir riscos, enquanto "É preciso olhar antes de pular" reforça a de ter cautela. Por fim, os participantes foram levados a acreditar que a sessão havia acabado e foram avisados de que a informação que haviam recebido era falsa, fabricada para a realização do experimento. Os participantes, no entanto, não

"Por favor, vossa majestade", disse o valete, "não fui eu que escrevi isso e eles não podem provar que foi; não há nenhuma assinatura". "Se você não assinou", disse o Rei, "isso só piora a situação. Você deve ter feito alguma maldade, ou então teria assinado seu nome como um homem honesto."

Essa conversa, retirada de *Alice no país das maravilhas*, de Lewis Carroll, ilustra o poder das impressões existentes.

abandonaram suas teorias sobre os bombeiros. Em vez disso, exibiram **perseverança de crença**, uma tendência de manter as convicções iniciais, mesmo depois de essas terem sido desacreditadas.

Em um exemplo fascinante, Tobias Greitemeyer (2014) levantou a questão sobre o que acontece quando uma revista científica apresenta a errata de um artigo já publicado quando comprovado que os dados foram fabricados e não são confiáveis. Para responder a essa pergunta, ele apresentou a estudantes universitários um resumo de dado artigo de pesquisa "indicando" que pessoas que têm a experiência de elevar a altura física (como ao subir em uma escada rolante) são mais propensas a oferecer ajuda a um desconhecido que aquelas que reduziram a altura física (como ao descer em uma escada rolante). Os alunos que leram esse resumo, em comparação aos que não o fizeram, posteriormente tiveram maior probabilidade de acreditar no resultado quando questionados se estavam convencidos da ligação entre altura física e disposição de ajudar. Em um terceiro grupo, entretanto, após o resumo, eles leram que os dados que sustentavam essa hipótese haviam sido fabricados. Essa errata extingue totalmente o efeito da leitura inicial? Não. Os alunos que leram o resumo e a errata continuaram acreditando no resultado apresentado no resumo.

Por que as crenças geralmente se sobrepõem às evidências nas quais deveriam estar fundamentadas? A razão é que, uma vez que formada uma crença, as pessoas criam explicações que fazem sentido – e essas explicações ajudam a perpetuar a crença mesmo depois de ter sido desacreditada! Isso é o que aconteceu com os alunos no estudo de Greitemeyer (2014). Na verdade, pesquisas mostram que, depois de formada uma opinião, esta se fortalece simplesmente por *pensar* sobre o assunto. E aí está uma solução possível. Ao pedir que pessoas considerem por que uma teoria *alternativa* pode ser verdadeira, podemos reduzir ou eliminar os efeitos de insistir na crença (Anderson e Sechler, 1986).

> As pessoas demoram a mudar suas primeiras impressões com base em novas informações.
>
> **VERDADEIRO**

4-4b Teste de hipóteses de confirmação

Os observadores sociais não são receptores passivos de informações. Como detetives, fazemos perguntas e procuramos ativamente por pistas. Porém, buscamos informações objetivamente ou estamos inclinados a suspeitas já confirmadas?

Mark Snyder e William Swann (1978) abordaram essa questão levando duplas de desconhecidos a participar de uma entrevista para se conhecerem. Em cada dupla, um dos participantes deveria entrevistar o outro. No entanto, antes, esse participante foi falsamente induzido a acreditar que seu parceiro era introvertido ou extrovertido (na verdade, os participantes foram designados a essas condições de forma aleatória) e, então, foi instruído a selecionar perguntas de uma lista prévia.

Os resultados mostraram que aqueles que pensaram estar conversando com uma pessoa introvertida escolheram questões orientadas principalmente para esse tipo de perfil ("Você já se sentiu excluído de algum grupo social?"), enquanto aqueles que acharam estar conversando com alguém extrovertido, fizeram perguntas orientadas a esse perfil ("O que você faz para animar uma festa?"). Esperando certo tipo de pessoa, os participantes inconscientemente buscaram evidências que confirmassem suas expectativas. Ao fazer perguntas tendenciosas, na verdade, conseguiram sustentar suas crenças. Assim, observadores neutros que, mais tarde, ouviram as gravações também ficaram com a impressão equivocada de que os entrevistados eram realmente tão introvertidos ou extrovertidos quanto os entrevistadores haviam presumido.

> *"É um erro capital teorizar antes de ter todas as evidências. Isso influencia o julgamento."*
> – Arthur Conan Doyle

Essa última parte do estudo é robusta, mas, em retrospectiva, não é tão surpreendente. Imagine-se sendo o entrevistado. Ao ser questionado sobre o que faria para animar uma festa, você provavelmente comentaria sobre jogos em grupo, música dançante e contaria piadas. De outro modo, se perguntassem sobre situações sociais difíceis, você poderia falar sobre ficar nervoso antes das apresentações

---

perseverança de crença Tendência de manter as convicções mesmo depois de terem sido desacreditadas.

orais ou sobre como é ser novato em algum lugar. Em outras palavras, simplesmente por acompanhar as perguntas que são feitas, você fornece evidências que confirmam as crenças do entrevistador. Assim, os observadores colocam em movimento um ciclo vicioso: acreditando que alguém que tenha certa característica, eles se engajam em uma busca unilateral por informações. Ao agir assim, criam uma realidade que, em última análise, apoie as crenças deles (Zuckerman et al., 1995).

"Claro, isso também pode ser um viés de confirmação por eu querer que você esteja doente."

Infelizmente, o fato de que as pessoas podem tornar-se cegas pelas suas crenças é um fenômeno generalizado com consequências. Considere o que acontece quando detetives da polícia têm uma forte convicção de que alguém seja culpado de um crime e depois interrogam-no. Nessa situação, o interrogatório é um processo de presunção de culpa que visa levar o suspeito a confessar. Em um estudo que demonstra esse ponto, Kassin et al. (2003) levou alguns participantes, mas não outros, a cometer um roubo simulado de $ 100, após o qual todos foram questionados por participantes que fizeram o papel de interrogadores levados a presumir culpa ou inocência. Em um estudo que foi modelado após o clássico experimento de introversão-extroversão de Snyder e Swann (1978), os interrogadores que presumiram culpa escolheram fazer perguntas mais incriminatórias, conduziram interrogatórios mais coercitivos e tentaram com mais afinco levar o suspeito a confessar. Por sua vez, esse estilo mais agressivo fez que os suspeitos parecessem na defensiva e levou os observadores que mais tarde ouviram as fitas a julgá-los culpados – mesmo quando eram inocentes. A pesquisa de acompanhamento confirmou essa cadeia de eventos potencialmente devastadora (Hill et al., 2008; Narchet et al., 2011).

Vamos parar por um momento e contemplar o que todas essas pesquisas significam para a questão mais ampla do por que frequentemente resistimos a mudar nossas impressões dos outros quando negativas, porém erradas, mais que quando positivas, e também erradas. Jerker Denrell (2005) argumentou que, mesmo ao formarmos uma primeira impressão negativa de alguém com base em todas as evidências disponíveis e mesmo ao interpretarmos essas evidências com precisão, nossa impressão pode ser equivocada. O motivo é a *amostragem de experiência tendenciosa*. Se você conhece alguém que parece agradável, poderá interagir com essa pessoa novamente. Então, se ela for perversa, desonesta ou egocêntrica, você estará em posição de observar essas características e revisar sua impressão. Porém, se encontrar alguém de quem não goste, tentará evitar essa pessoa no futuro, afastando-se de novas informações e limitando a oportunidade de revisar sua opinião. Atração gera interação, e é por isso que nossas primeiras impressões negativas, em particular, tendem a persistir.

4-4c A profecia autorrealizável

Em 1948, o sociólogo Robert Merton contou uma história sobre Cartwright Millingville, presidente do Last National Bank durante a Grande Depressão dos anos 1930. O banco estava em boas condições financeiras, mas começou a se espalhar o boato de que estava em dificuldades. Em poucas horas, centenas de clientes fizeram fila para sacar as economias antes que não sobrasse dinheiro. O boato era falso, mas o banco acabou por falir. Com histórias como esta, Merton propôs o que parecia ser uma hipótese ultrajante: que a expectativa de um observador pode realmente levar o seu cumprimento, uma **profecia autorrealizável**.

A hipótese de Merton permaneceu latente na psicologia até que Robert Rosenthal e Lenore Jacobson (1968) publicaram os resultados de um estudo no livro intitulado *Pygmalion in the classroom*. Percebendo que os professores tinham expectativas mais altas em relação aos melhores alunos, eles se perguntaram se não eram as expectativas dos professores que *influenciavam* o desempenho dos alunos e não o contrário. Para responder à pergunta, disseram aos professores de uma escola de ensino fundamental de San Francisco que certos alunos estavam prestes a ter um enorme desenvolvimento intelectual. Foram citados resultados de testes de QI, mas, na verdade, os alunos haviam sido selecionados aleatoriamente. Oito meses depois, quando os testes reais foram administrados, os "futuros gênios" exibiram aumento em suas pontuações em um teste de QI quando comparados a crianças designadas a um grupo de controle. Além disso, foram avaliados de modo mais positivo pelos professores.

O estudo Pygmalion, quando publicado pela primeira vez, foi recebido com pesar. Se as expectativas positivas do professor aumentam o desempenho do aluno, as expectativas negativas podem ter o efeito oposto? E quanto às implicações sociais? Será que as crianças ricas estão destinadas ao sucesso e as mais pobres estão condenadas ao fracasso porque os educadores têm expectativas diversas em relação a elas? Muitos pesquisadores criticaram o estudo e foram céticos quanto aos resultados. Infelizmente, essas descobertas poderiam ser descartadas. Em uma revisão de estudos adicionais, Rosenthal (1985) descobriu que as expectativas dos professores previam significativamente o desempenho dos alunos em 36% das vezes. Felizmente, os professores são cada vez menos capazes de fazer essas previsões precisas conforme as crianças passam de uma série à outra (A. Smith et al., 1999).

Como as expectativas dos professores podem ser transformadas em realidade? São dois pontos de vista. Segundo Rosenthal (2002), o processo envolve uma comunicação indireta. O professor concebe uma impressão inicial dos alunos no começo do ano letivo com base, talvez, em sua formação ou reputação, aparência física, desempenho inicial em sala de aula e notas em testes padronizados. O professor, então, altera o comportamento de acordo com essa impressão. Se as expectativas iniciais forem altas em vez de baixas, o professor dará ao aluno mais elogios, atenção, trabalhos de casa mais desafiadores e melhor *feedback*. O aluno, por sua vez, ajusta o próprio comportamento. Se os sinais forem positivos, ele pode ficar motivado, se esforçar e ter sucesso. Se negativos, pode haver a perda de interesse e de autoconfiança. O ciclo se completa e as expectativas se confirmam.

Mesmo que reconheça que esse efeito possa ocorrer, Lee Jussim (2012) questionou se professores reais são propensos a gerar impressões errôneas de seus alunos. É verdade que em muitos estudos naturalísticos, em salas de aula reais, as expectativas dos professores no início de um ano letivo são, em última análise, confirmadas pelos alunos – um resultado que está de acordo com a noção de que os professores tiveram participação na produção desse resultado. Porém esse mesmo resultado também está em consonância com uma possibilidade mais inofensiva – que talvez as expectativas que os professores têm de seus alunos sejam *corretas*. Em outras palavras, às vezes os professores podem *prever* com precisão como seus alunos se sairão no futuro, sem necessariamente *influenciar* esse desempenho (Alvidrez e Weinstein, 1999).

Jussim admite que há momentos em que os professores estereotipam um aluno e, sem perceber, se comportam de modo a criar uma profecia autorrealizável. Porém a revisão dele da literatura de pesquisa sugere que a evidência de tendência não é tão intensa quanto parece. Ao abordar essa questão em um estudo longitudinal com mães e filhos, Stephanie Madon e outros (2003) descobriram que adolescentes ainda menores de idade são mais propensos a consumir álcool quando as mães já imaginavam tal possibilidade. Análises estatísticas revelaram que essa profecia foi cumprida de um modo porque as mães *influenciam* seus filhos e filhas, como o trabalho de Rosenthal sugeria, mas também, em outro, porque as mães são capazes de *prever* comportamentos dos próprios filhos, como o modelo de Jussim sugeria. Na verdade, estudos de acompanhamento sugeriram que a ligação entre as expectativas da mãe e o consumo posterior de álcool pelo adolescente permaneceu estável dos 12 aos 18 anos (Madon et al., 2006).

> **profecia autorrealizável** Processo pelo qual as expectativas de uma pessoa sobre outra acabam levando-a a se comportar de maneiras que confirmem essas expectativas da primeira.

As profecias autorrealizáveis estão em ação, em maior ou menor grau, não apenas nas escolas, mas também em uma ampla gama de organizações, incluindo as militares (Kierein e Gold, 2000; McNatt, 2000). Em um estudo com 1.000 homens designados a 29 pelotões nas Forças de Defesa de Israel, Dov Eden (1990) levou alguns líderes de pelotão, mas não outros, na expectativa de que os grupos de novatos que estavam prestes a receber tivessem grande potencial (na verdade, esses grupos eram de capacidade média). Após 10 semanas, os novatos designados para os pelotões que tinham alta expectativa em relação a eles pontuaram mais alto que os outros em exames escritos e na habilidade de operar uma arma.

Em um nível mais pessoal, a profecia autorrealizável é um processo que pode ter efeitos particularmente infelizes e paradoxais em pessoas inseguras quanto a seus relacionamentos sociais. Ao estudar o que chamam profecia de rejeição, Danu Stinson, Jessica Cameron e outros descobriram que (1) as pessoas inseguras têm medo da rejeição, o que as deixam tensas e desajeitadas em situações sociais, e que (2) em decorrência seu comportamento torna-se desagradável aos outros, o que (3) aumenta a probabilidade de rejeição e reforça sua insegurança inicial (Cameron et al., 2010; Stinson et al., 2009). Felizmente, há um modo de romper esse ciclo vicioso. Em um estudo de três fases que durou 8 semanas, Stinson e outros (2011) descobriram que os participantes que tiveram a oportunidade de se afirmar escrevendo sobre valores que eram importantes a eles se tornaram mais seguros com o transcorrer do tempo e ficaram mais relaxados em suas interações sociais.

A profecia autorrealizável é um fenômeno poderoso (Darley e Fazio, 1980; Harris e Rosenthal, 1985). Porém como funciona? Como observadores sociais, de que modo transformamos nossas expectativas sobre os outros em realidade? As pesquisas sugerem um processo de três etapas. Primeiro, um observador concebe uma impressão de determinada pessoa-alvo, que pode ser baseada em interações com ela ou em outras informações. Depois, o observador se comporta de acordo com a primeira impressão. Por fim, a pessoa-alvo inadvertidamente ajusta seu comportamento às ações do observador. O resultado final é a confirmação comportamental da primeira impressão (ver • Figura 4.12).

Antes de encerrar, vamos ajustar essa imagem. Seria um fato triste sobre a natureza humana se fôssemos tão facilmente moldáveis pelas percepções dos outros sobre sermos brilhantes ou estúpidos, introvertidos ou extrovertidos, competitivos ou colaborativos, amáveis ou frios. Os resultados são consistentes, mas há limites. Ao ver a profecia autorrealizável como um processo de três etapas, os psicólogos sociais conseguem identificar os elos da cadeia que podem ser rompidos para evitar o ciclo vicioso. Considere a primeira etapa: a ligação entre as expectativas e o comportamento em relação à pessoa-alvo. Em estudo

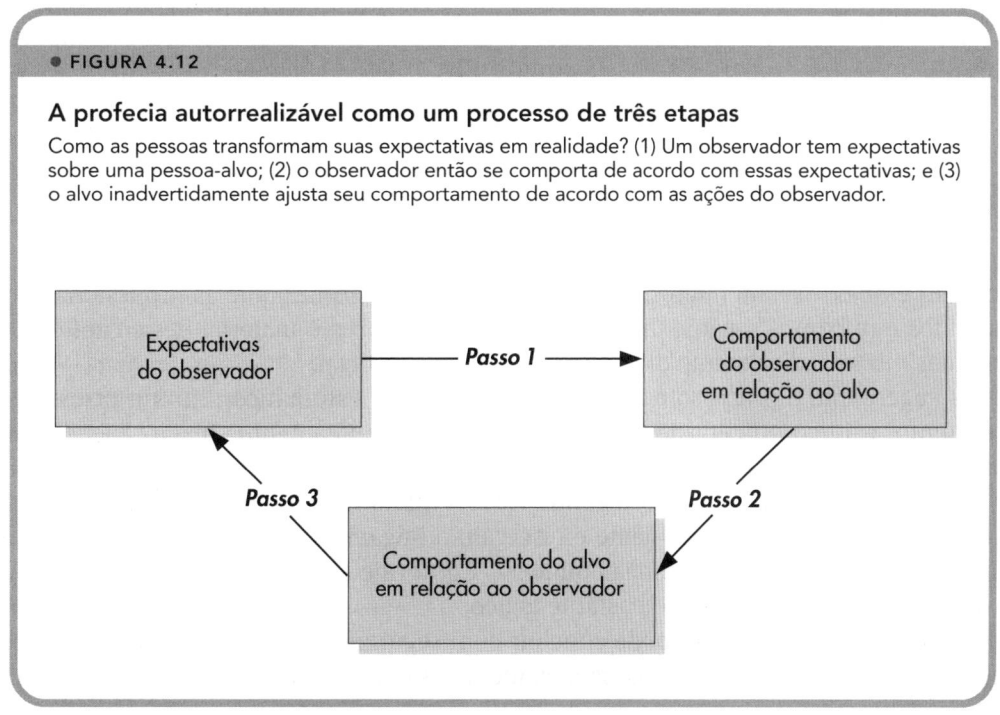

• FIGURA 4.12

A profecia autorrealizável como um processo de três etapas

Como as pessoas transformam suas expectativas em realidade? (1) Um observador tem expectativas sobre uma pessoa-alvo; (2) o observador então se comporta de acordo com essas expectativas; e (3) o alvo inadvertidamente ajusta seu comportamento de acordo com as ações do observador.

padrão, os observadores conhecem o alvo apenas superficialmente e não são necessariamente levados a conceber uma impressão precisa. No entanto, quando os observadores estão altamente motivados a buscar a verdade (como ao precisar considerar o alvo um possível companheiro de equipe ou oponente), tornam-se mais objetivos e muitas vezes não confirmam as expectativas iniciais (Harris e Perkins, 1995; Hilton e Darley, 1991).

A relação entre expectativas e comportamento depende de outros fatores, bem como dos objetivos e motivações de um observador na interação (Snyder e Stukas, 1999). Em um estudo, John Copeland (1994) colocou o observador ou o alvo em uma posição de poder relativo. Nos casos em geral, o observador interagiu com uma pessoa-alvo, que afirmava ser introvertida ou extrovertida. Em metade das duplas, o observador tinha o poder de escolha em aceitar ou rejeitar o alvo como um companheiro de equipe em um jogo valendo dinheiro. Na outra, era o alvo que tinha o poder de escolher o companheiro de equipe. Os dois participantes interagiram, essa interação foi gravada e observadores neutros ouviram as fitas e avaliaram a pessoa-alvo. Os observadores fizeram com que os alvos se comportassem como introvertidos ou extrovertidos, dependendo das expectativas iniciais? Sim e não. Ao elucidar o que Copeland denominou "profecias de poder", os resultados mostraram que os observadores em posição superior acionaram a profecia autorrealizável, como em pesquisas anteriores, mas os observadores em posição inferior, não. Em situações em que se encontram em posição inferior, os observadores gastam menos tempo tentando conhecer a pessoa-alvo e mais tempo tentando conquistá-la.

Agora considere a segunda etapa: a relação entre o comportamento de um observador e a resposta do alvo. Nos projetos de muitas das pesquisas (como em grande parte da vida), as pessoas-alvo não estavam cientes das falsas impressões dos outros. Assim, é improvável que os "futuros gênios" de Rosenthal e Jacobson (1968) soubessem das altas expectativas de seus professores ou que os "introvertidos" e "extrovertidos" de Snyder e Swann (1978) soubessem da visão equivocada de seus entrevistadores. Mas e se soubessem? Como *você* reagiria se fosse avaliado de um ponto de vista específico? Quando aconteceu com participantes de um experimento, eles conseguiram superar o efeito comportando-se de modo que obrigaram os observadores a abandonar as expectativas iniciais (Hilton e Darley, 1985).

> A noção de que podemos criar uma "profecia autorrealizável" levando os outros a se comportarem do modo que esperamos é um mito.
>
> FALSO

Como você pode se lembrar da discussão sobre a autoverificação no Capítulo 3, esse resultado é mais provável de ocorrer quando as expectativas dos observadores estão em desacordo com o autoconceito da pessoa-alvo. Quando alvos que se viam como extrovertidos foram entrevistados por observadores que acreditavam que fossem introvertidos (e vice-versa), o que mudou como resultado da interação foram as crenças dos observadores, não o comportamento dos alvos (Swann e Ely, 1984). A percepção social é uma via de mão dupla; as pessoas que julgamos têm as próprias profecias a cumprir.

4-5 Percepção social: o resultado final

Tentar entender pessoas – sejam líderes mundiais, suspeitas de crimes, atletas profissionais, celebridades ou entes queridos e próximos – não é tarefa fácil. Ao refletir sobre o material deste capítulo, você notará que existem duas visões radicalmente diferentes da percepção social.

Uma delas sugere que o processo é rápido e relativamente automático. Em um piscar de olhos, sem muito pensamento, esforço ou consciência, as pessoas fazem julgamentos instantâneos sobre os outros com base na aparência física, em preconceitos, heurísticas cognitivas ou apenas em um indício de evidência comportamental. De acordo com uma segunda visão, entretanto, o processo é muito mais cauteloso. As pessoas observam os outros cuidadosamente e reservam o julgamento até que sua análise da pessoa-alvo, de seu comportamento e da situação esteja completa. Conforme sugerido pelas teorias da atribuição e da integração de informações, o processo é bastante lógico.

À luz de pesquisas recentes, já se pode concluir com segurança que ambas as descrições sobre a percepção social estão corretas. Às vezes, nossos julgamentos são feitos instantaneamente; outras, baseiam-se

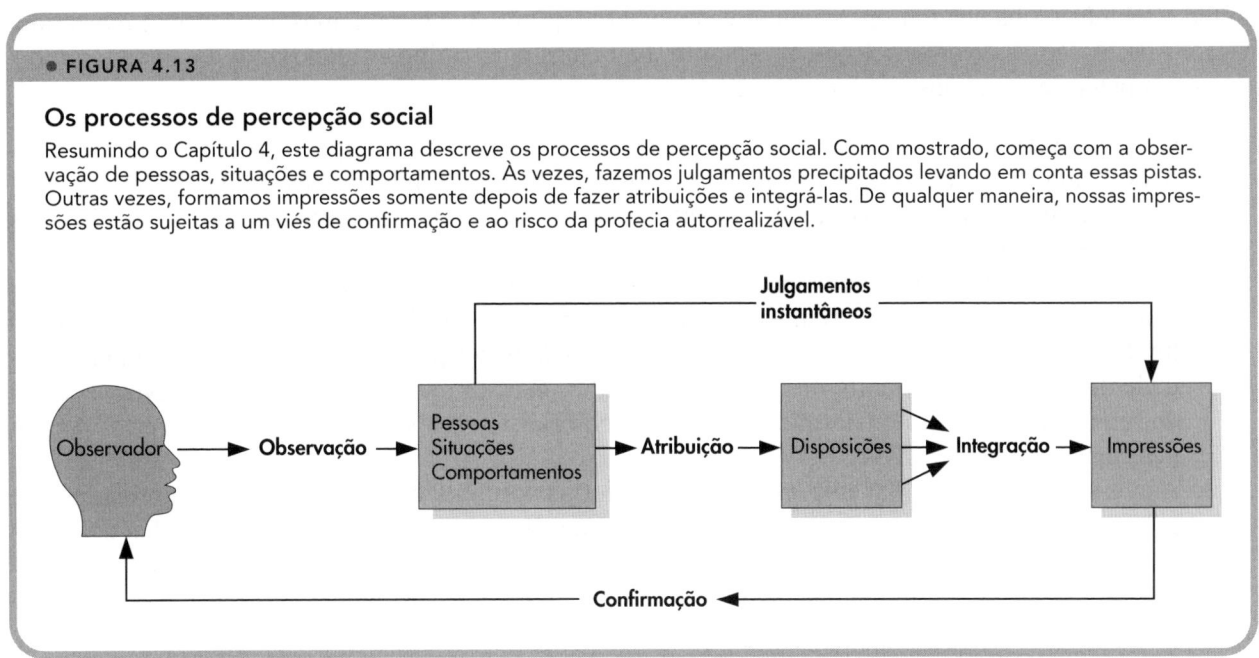

• FIGURA 4.13

Os processos de percepção social

Resumindo o Capítulo 4, este diagrama descreve os processos de percepção social. Como mostrado, começa com a observação de pessoas, situações e comportamentos. Às vezes, fazemos julgamentos precipitados levando em conta essas pistas. Outras vezes, formamos impressões somente depois de fazer atribuições e integrá-las. De qualquer maneira, nossas impressões estão sujeitas a um viés de confirmação e ao risco da profecia autorrealizável.

em uma análise mais meticulosa do comportamento. De qualquer maneira, frequentemente conduzimos nossas interações com outras pessoas por um viés que é delimitado pelas primeiras impressões, um processo que pode colocar em movimento uma profecia autorrealizável. Os vários aspectos da percepção social, conforme descritos neste capítulo, estão resumidos na • Figura 4.13.

Nesse ponto, devemos nos confrontar com uma questão importante: qual o grau de *precisão* de nossas impressões uns dos outros? Durante anos, foi muito difícil responder a essa pergunta tão instigante (Cronbach, 1955; Jussim, 2012; West e Kenny, 2011). É verdade que as pessoas frequentemente se afastam dos ideais da lógica e exibem um viés ocasional em suas percepções sociais. Somente neste capítulo, vimos que os observadores costumam focar em pistas erradas para julgar se alguém está mentindo, usam heurísticas cognitivas sem levar em conta a taxa base, ignoram as influências situacionais no comportamento, depreciam as vítimas cujos infortúnios ameaçam seu senso de justiça, formam primeiras impressões prematuramente e, em seguida, interpretam, buscam e criam evidências que possam apoiar essas impressões.

Para piorar as coisas, muitas vezes temos pouca consciência de nossas limitações, o que faz que nos sintamos *superconfiantes* em nossos julgamentos. Em uma série de estudos, David Dunning e seus colegas (1990) pediram que estudantes universitários previssem como uma pessoa-alvo reagiria em várias situações. Alguns fizeram previsões sobre um colega que haviam acabado de conhecer e entrevistar, e outros fizeram previsões sobre os colegas de quarto. Em ambos os casos, os participantes relataram seu grau de confiança em cada previsão, e esta foi determinada pelas respostas das próprias pessoas-alvo. O resultado: independentemente de terem julgado um desconhecido ou um colega de quarto, os alunos sempre superestimaram a precisão de suas previsões. Na verdade, Kruger e Dunning (1999) descobriram mais tarde que aqueles com pontuação baixa em testes de ortografia, lógica, gramática e apreciação de humor eram, posteriormente, os mais propensos a superestimar o próprio desempenho. Esses resultados sugerem que aqueles com baixo desempenho podem ser duplamente amaldiçoados: eles não sabem o que não sabem (Dunning et al., 2003) – e não sabem que são tendenciosos (Ehrlinger et al., 2005; Pronin et al., 2002).

Ao distanciar-se do material apresentado neste capítulo, você pode descobrir que a lista de nossas deficiências, pontuada pelo problema do excesso de confiança, é longa e desanimadora. Como essa lista pode se ajustar aos triunfos da civilização? De outro modo, "Se somos tão burros, como chegamos à lua?" (Nisbett e Ross, 1980, p. 249). Sim, é verdade que as pessoas são vítimas de vieses identificados por psicólogos sociais e provavelmente até mesmo por alguns que ainda não foram percebidos. Também é verdade que muitas vezes somos enganados por vigaristas, julgamos mal nossos parceiros no casamento, votamos nos líderes errados e contratamos funcionários errados e que nossos vieses podem ter consequências reais e prejudiciais – às vezes dando origem, como veremos no Capítulo 5, a estereótipos, preconceito e discriminação. Apesar de nossas imperfeições, no entanto, há razões para sermos cautelosamente otimistas sobre nossa competência como observadores sociais:

1. Quanto melhor as pessoas se conhecem, mais precisas são. Por exemplo, embora tenham capacidade limitada de avaliar a personalidade ou os estados emocionais de desconhecidos que encontram em um laboratório, elas geralmente são mais aptas em julgar os próprios amigos e conhecidos (Kenny e Acitelli, 2001; Levesque, 1997; Malloy e Albright, 1990; Sternglanz e DePaulo, 2004).
2. Mesmo que não sejamos bons em fazer julgamentos globais sobre os outros (ou seja, em saber como as pessoas são em diferentes ambientes), somos capazes de fazer previsões específicas mais limitadas de como os outros se comportarão em nossa presença. Você pode julgar mal a personalidade de um colega de quarto ou colega de trabalho, mas na medida em que pode prever as ações de seu colega de quarto no dormitório ou as de seu colega de trabalho no escritório, os erros podem não importar (Swann, 1984).
3. As pessoas podem formar impressões mais precisas sobre os outros quando são motivadas por preocupações com a precisão e tolerância (Biesanz e Human, 2010). Alguns dos estudos descritos neste capítulo demonstram que as pessoas mostram menos vieses quando a precisão de suas percepções sociais tem importância pessoal – como quando os participantes são solicitados a julgar a capacidade de um candidato a colega de equipe para ajudar no sucesso em uma tarefa futura (Fiske e Neuberg, 1990) ou a competência social de um futuro parceiro romântico (Goodwin et al., 2002).
4. Nem todo mundo reproduz altos níveis de erro e de vieses. Alguns indivíduos são mais precisos que outros em suas percepções sociais – por exemplo, os que são psicologicamente equilibrados (Human e Biesanz, 2011).

> As pessoas são mais precisas em julgar a personalidade de amigos e conhecidos que de desconhecidos.
> **VERDADEIRO**

Para resumir, a pesquisa sobre a precisão das percepções sociais oferece uma lição valiosa: na medida em que observamos outras pessoas com quem tivemos tempo para interagir, fazemos julgamentos que são razoavelmente precisos, motivados para formar uma impressão clara e razoavelmente correta, os problemas que nos afligem podem ser minimizados. Na verdade, apenas estar ciente dos vieses descritos neste capítulo pode ser um primeiro passo necessário para uma melhor compreensão dos outros e de nossa percepção a respeito deles.

4-6 Revisão

Os 10 principais pontos-chave do Capítulo 4

1. Pessoas costumam fazer julgamentos precipitados sobre as outras com base em pistas superficiais, como aparência física e comportamento não verbal.
2. Ainda que muitas vezes formemos impressões precisas com base no comportamento de outras pessoas, pesquisas mostram que não somos precisos em saber quando outra pessoa está dizendo a verdade ou mentindo.
3. Mesmo que de modo frequente elaboremos as primeiras impressões dos outros agilmente, às vezes somos mais analíticos, ao observar o comportamento e fazer atribuições pessoais ou situacionais de acordo com a lógica da teoria da atribuição.
4. Ao menos nas culturas ocidentais, no entanto, as pessoas cometem o erro fundamental de atribuição ao observar os outros, superestimando o papel de suas disposições e subestimando o impacto da situação em que se encontram.
5. Na formação de impressões a respeito de outra pessoa, três conjuntos de características surgem como

particularmente importantes: o quanto é competente, cordial e ética.

6. Mesmo que tenhamos tendência de formar impressões dos outros ao calcular mentalmente a média de suas várias características, diversos vieses entram em jogo – por exemplo, algumas delas têm papel mais central que outras nas impressões gerais que elaboramos.

7. Uma vez que formamos uma impressão de alguém, o processo para modificá-la é lento mesmo quando nos deparamos com informações que não a apoiam ou a provam equivocada.

8. Assim que elaboramos uma impressão, envolvemo-nos em vieses de confirmação, tendendo a buscar novas informações de modo que provavelmente confirmem o que já acreditamos.

9. Valendo-se da pesquisa clássica sobre os efeitos das expectativas do professor no desempenho dos alunos, pesquisas também demonstram que nossas percepções em relação aos outros podem influenciar nosso comportamento e, por sua vez, o comportamento deles, o que resulta em uma profecia autorrealizável.

10. Pesquisas apresentam duas visões opostas da percepção social. Às vezes, somos observadores sociais rápidos e instintivos, outras vezes somos cuidadosos e analíticos; às vezes somos precisos e outras vezes tendenciosos e errados.

Colocando o SENSO COMUM à prova

Observação: os elementos da percepção social

As impressões que formamos de outras pessoas são influenciadas por aspectos superficiais de sua aparência.

(V) **Verdadeiro** *Pesquisas mostram que as primeiras impressões são influenciadas por altura, peso, roupas, características faciais e outros aspectos da aparência.*

Por uma questão adaptativa, as pessoas sabem quando alguém está mentindo, em vez de dizer a verdade.

(F) **Falso** *As pessoas frequentemente cometem erros na diferenciação entre verdade e mentira, muitas vezes aceitando o que os outros dizem por sua expressão facial.*

Atribuição: dos elementos às disposições

Como os psicólogos sociais, as pessoas são sensíveis às causas situacionais ao explicar o comportamento dos outros.

(F) **Falso** *Ao explicar o comportamento dos outros, as pessoas superestimam a importância de fatores pessoais e ignoram o impacto dos situacionais, um viés conhecido como erro fundamental de atribuição.*

Viés de confirmação: das impressões à realidade

As pessoas demoram a mudar suas primeiras impressões com base em novas informações.

(V) **Verdadeiro** *Estudos têm mostrado que, uma vez que as pessoas formam uma impressão de alguém, tornam-se resistentes a mudanças, mesmo quando confrontadas com novas evidências em contrário.*

A noção de que podemos criar uma "profecia autorrealizável" levando os outros a se comportarem de modo que esperamos é um mito.

(F) **Falso** *No laboratório e na sala de aula, a expectativa de um observador pode realmente levar à sua própria realização.*

Percepção social: o resultado final

As pessoas são mais precisas em julgar a personalidade de amigos e conhecidos que de desconhecidos.

(V) **Verdadeiro** *As pessoas costumam ter impressões errôneas de estranhos, mas tendem a ser mais precisas em seus julgamentos sobre amigos e conhecidos.*

Palavras-chave

atribuição pessoal (116)
atribuição situacional (116)
características centrais (134)
comportamento não verbal (109)
convicção em um mundo justo (129)
efeito de primazia (136)
efeito do falso consenso (119)
erro fundamental de atribuição (122)

falácia da taxa base (120)
formação de impressões (130)
heurística da disponibilidade (119)
pensamento contrafactual (120)
percepção de estados mentais (107)
percepção social (102)
perseverança de crença (140)
priming (132)

princípio da covariação (118)
profecia autorrealizável (142)
teoria da atribuição (116)
teoria da integração de informações (131)
vieses de confirmação (138)

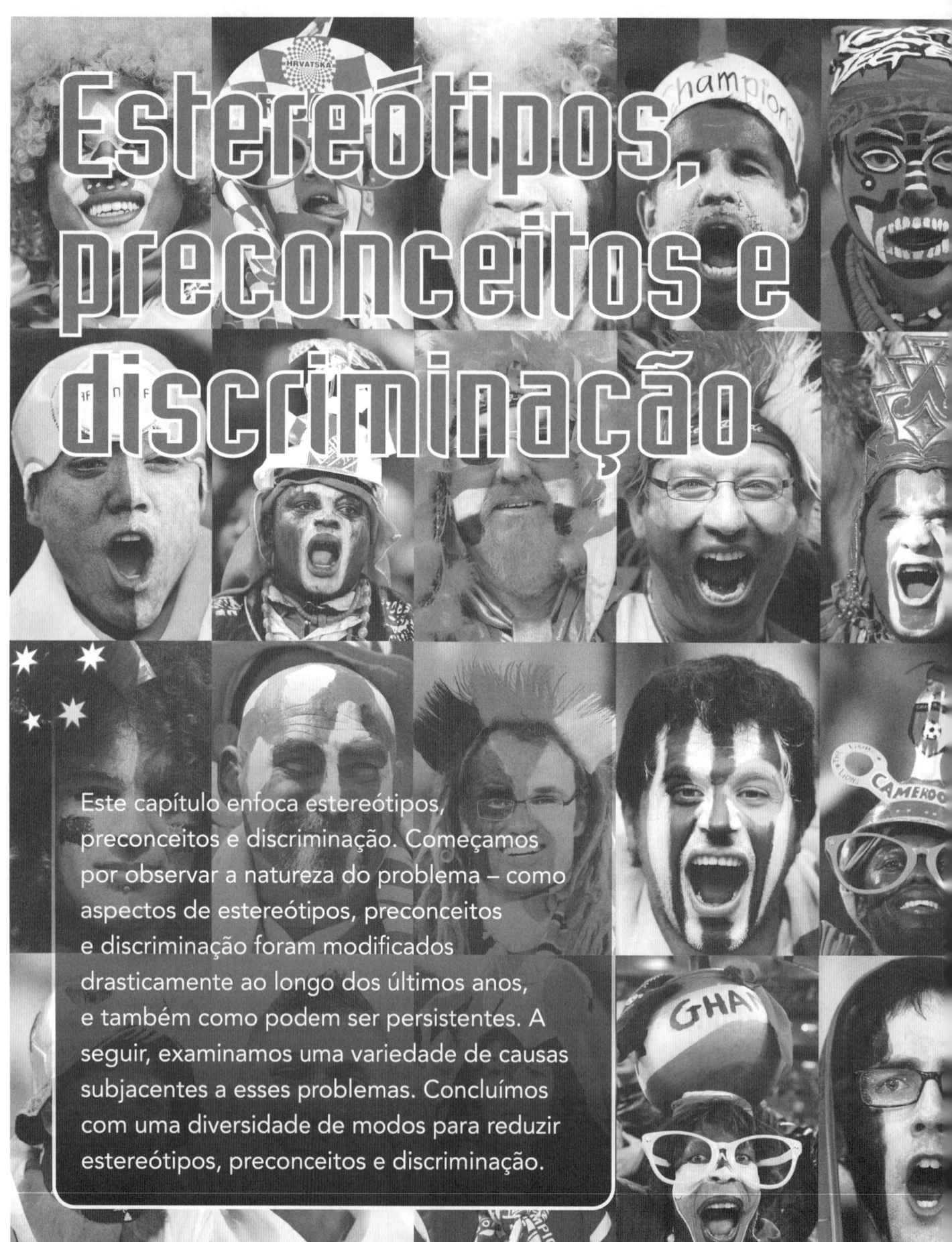

Estereótipos, preconceitos e discriminação

Este capítulo enfoca estereótipos, preconceitos e discriminação. Começamos por observar a natureza do problema – como aspectos de estereótipos, preconceitos e discriminação foram modificados drasticamente ao longo dos últimos anos, e também como podem ser persistentes. A seguir, examinamos uma variedade de causas subjacentes a esses problemas. Concluímos com uma diversidade de modos para reduzir estereótipos, preconceitos e discriminação.

5

5-1 A natureza do problema: persistência e mudança | 151
- 5-1a Definindo nossos termos
- 5-1b Racismo: tipos e desafios atuais
- 5-1c Sexismo: ambivalência, objetificação e padrões duplos
- 5-1d Cultura e sexismo
- 5-1e Além do racismo e do sexismo: idade, peso, sexualidade e interseccionalidade
- 5-1f Estigmatização
- 5-1g Ameaça do estereótipo: uma ameaça no ar

5-2 Causas do problema: fatores intergrupais, motivacionais, cognitivos e culturais | 170
- 5-2a Categorias sociais e conflitos entre grupos
- 5-2b Teoria da identidade social
- 5-2c Cultura e identidade social
- 5-2d Cultura e socialização
- 5-2e Como os estereótipos distorcem as percepções e resistem à mudança
- 5-2f Ativação automática de estereótipos
- 5-2g A tendência a atirar

5-3 Reduzindo o problema: soluções psicossociais | 190
- 5-3a Contato intergrupal
- 5-3b Método jigsaw
- 5-3c Identidades compartilhadas
- 5-3d Confiança, pertencimento e redução da ameaça dos estereótipos
- 5-3e Exercendo o autocontrole
- 5-3f Mudando cognições, culturas e motivações

5-4 Revisão | 200

Essas duas fotos ilustram tanto a persistência de problemas relativos a raça e direitos civis, quanto o progresso conquistado. Na foto à esquerda, uma manifestação de "nacionalistas brancos" e neonazistas é recebida com protestos em Charlottesville, Virgínia, em agosto de 2017. Na foto à direita, o Congresso mais diversificado que os Estados Unidos já tiveram posa para uma foto antes de iniciar seu mandato em janeiro de 2019.

"O arco do universo moral é amplo, mas inclina-se para o lado da justiça." Essa frase, popularizada por Martin Luther King Jr. na década de 1960, provou ser tão inspiradora para Barack Obama que, quando presidente dos Estados Unidos, mandou estampá-la no tapete do Salão Oval da Casa Branca. Nessa citação habita não só o otimismo pela expansão dos direitos civis entre diferentes grupos, mas também o reconhecimento de como essa marcha rumo a um futuro melhor tem sido lenta, inconsistente e, às vezes, trágica.

O fato de Obama ter sido eleito presidente foi um importante marco histórico. Quando o pai dele, afro-americano, era jovem, não teria sido atendido em diversos restaurantes na capital do país; e o filho desse pai veio a ser o presidente da nação. Esse nível de desenvolvimento pessoal durante a vida é admirável. Dando continuidade a esse movimento, em 2019 um número recorde de mulheres e pessoas de diferentes etnias começaram seus mandatos no Congresso dos Estados Unidos. Nos últimos anos, as mulheres fomentaram movimentos para desencadear uma mudança profunda em discussões e normas relacionadas a assédio sexual, coerção e agressão. As atitudes em relação a casamentos inter-raciais e entre pessoas do mesmo sexo tornaram-se muito mais positivas nas últimas duas décadas. E, hoje, quando um ato de preconceito vem a público, geralmente há mais gente que corre para apoiar a proposta e denunciar o agressor.

Ainda assim, em uma pesquisa de 2019, cerca de 6 em cada 10 norte-americanos caracterizaram as relações raciais nos Estados Unidos como nocivas, e um pequeno número de pessoas considerou que a situação tivesse melhorado (Horowitz et al., 2019). Nos

Colocando o SENSO COMUM à prova

Circule sua resposta

V F As crianças não tendem a apresentar preconceitos com base na raça/etnia; só depois de se tornarem adolescentes é que aprendem a responder de maneira diferente com base na raça/etnia das pessoas.

V F As interações inter-raciais tendem a melhorar e a reduzir as percepções de racismo a partir da perspectiva de ignorar, negar ou minimizar qualquer reconhecimento de diferenças raciais.

V F Um estudante afro-americano provavelmente terá um desempenho pior em uma tarefa atlética se esta for descrita como indicativa de sua inteligência esportiva que se fosse descrita como indicativa da habilidade atlética natural.

V F Ser lembrado da própria mortalidade leva as pessoas a colocar as coisas em uma perspectiva mais ampla, tendendo, assim, a reduzir as distinções e a hostilidade entre endogrupos e exogrupos.

V F Os julgamentos feitos de forma muito rápida não são influenciados por estereótipos, a menos que as pessoas realmente acreditem que seja verdadeiro.

Estados Unidos,[1] os crimes de ódio contra afro-americanos aumentaram 16% em 2017 em comparação ao ano anterior, e os que têm como alvo grupos religiosos aumentaram 23% (FBI, 2018). Naquele mesmo ano, registrou-se um recorde de 29 mortes violentas de pessoas trans (Human Rights Campaign, 2018). Ofensas dirigidas a judeus, muçulmanos e pessoas de diferentes etnias tornaram-se muito comuns em manifestações políticas. Em agosto de 2019, um homem de 21 anos abriu fogo em um Walmart lotado de clientes, na volta às aulas, em El Paso, Texas; minutos antes do tiroteio, o atirador postou uma declaração: "Estou simplesmente defendendo meu país da substituição cultural e étnica provocada pela (…) invasão hispânica do Texas" (Goldiner e Ganz, 2019).

• FIGURA 5.1

O aumento dos ataques contra judeus

Este é um dos muitos indicadores do aumento do preconceito e da discriminação contra os judeus nos últimos anos em todo o mundo. Apesar de sua população relativamente pequena, o número de países nos quais os judeus foram atacados por governos ou grupos sociais é extraordinariamente alto.
Pew Research Center (2019b).

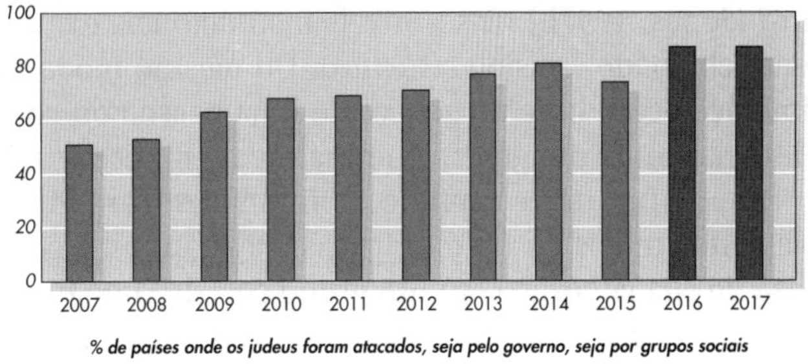

% de países onde os judeus foram atacados, seja pelo governo, seja por grupos sociais

Os problemas não se limitam de modo algum aos Estados Unidos. A violência e o ódio direcionados a judeus por toda a Europa e Austrália têm aumentado; a França e a Alemanha, por exemplo, viram as taxas de ataques violentos contra judeus subirem em 74% e 60%, respectivamente, em 2018 (Henley, 2019) (ver • Figura 5.1). A homossexualidade é ilegal em pelo menos 70 países ao redor do mundo; em 2019, por exemplo, o reino de Brunei promulgou leis que puniriam as relações entre pessoas do mesmo sexo com a morte por apedrejamento (Avery, 2019). O preconceito antimuçulmano aumentou em muitas partes do Ocidente, enquanto o sentimento antiocidente continua a florescer entre um grande número de muçulmanos radicais no Oriente Médio.

O arco do universo moral pode se inclinar à justiça, mas é, de fato, uma atuação ambiciosa. O desenvolvimento é de uma instabilidade frustrante, na melhor das hipóteses um movimento de "dois passos para a frente e um para trás". Para melhor compreender nosso mundo diverso e ajudá-lo a evoluir, para ajudar a acelerar o progresso em direção ao rumo correto, é extremamente importante compreender a complexidade e as causas dos estereótipos, dos preconceitos e da discriminação. Este é o objetivo principal deste capítulo. Começamos por examinar mais profundamente a natureza do problema do preconceito intergrupal na vida contemporânea. Posteriormente neste capítulo, vamos abordar algumas das suas principais causas e consequências e, para encerrar, discutir algumas das direções mais promissoras nos esforços para reduzir esses problemas.

5-1 A natureza do problema: persistência e mudança

Nesta seção, vamos discutir alguns dos desenvolvimentos realizados no que se refere a estereótipos, preconceitos e discriminação, assim como a persistência de modos mais sutis dessas atitudes. Para definir um foco e refletir sobre os tópicos que mais dominaram as pesquisas, vamos nos concentrar, nesta seção, principalmente no racismo e no sexismo – embora muitos dos pontos sejam válidos para uma ampla gama de alvos de estereótipos, preconceitos e discriminação.

5-1a Definindo nossos termos

Dada a complexidade dessas questões, definir conceitos como preconceito ou racismo não é tarefa simples. Por exemplo, uma definição para **racismo** é como preconceito e discriminação, levando-se

> **racismo** Preconceito e discriminação com base na origem racial de alguém ou práticas institucionais e culturais que promovam o domínio de um grupo racial sobre outro.

em conta a origem racial/étnico de alguém. Em nível individual, como essa definição indica, qualquer um pode ser racista com outra pessoa.

É importante perceber, entretanto, que o racismo existe em vários níveis diferentes. Nos níveis institucional e cultural, algumas pessoas são privilegiadas, enquanto outras são desfavorecidas. Aspectos de várias instituições e da cultura de maneira geral podem perpetuar essa desigualdade, mesmo que de modo não intencional. Por exemplo, as instituições podem perpetuar o racismo sem querer, tendendo a aceitar ou contratar indivíduos semelhantes ou ligados às pessoas que já fazem parte delas, e a cultura popular pode sinalizar quais tipos de pessoas são mais ou menos valorizados. Portanto, outra forma de definir o racismo é como práticas institucionais e culturais que promovem a dominação de um grupo racial sobre outro (Jones, 1997b). Esses níveis institucionais e culturais de discriminação racial criam o que é normalmente chamado racismo *sistêmico*. Do mesmo modo, **sexismo** pode ser definido como preconceito e discriminação com base no gênero de uma pessoa ou como práticas institucionais e culturais que promovem a dominação de um gênero (normalmente homens) sobre outro (geralmente mulheres).

Para os fins deste capítulo, definimos **estereótipos** como crenças ou associações que ligam grupos com certos traços ou características. **Preconceito** consiste em sentimentos negativos sobre os outros por causa de sua conexão com um grupo social. Enquanto os estereótipos referem-se a associações ou crenças e o preconceito, a sentimentos, **discriminação** diz respeito a comportamentos – especificamente, comportamentos negativos dirigidos contra pessoas devido a seu pertencimento a determinado grupo. Estereótipos, preconceitos e discriminação podem operar de modo um tanto independente, mas frequentemente influenciam-se e reforçam uns aos outros.

5-1b Racismo: tipos e desafios atuais[2]

Um exame atento da legislação, das pesquisas de opinião, dos dados sociológicos e das pesquisas psicossociais indicam que o preconceito racial e a discriminação têm diminuído nos Estados Unidos e em muitos outros países nas últimas décadas, embora alguns aspectos deles possam estar novamente aumentando, especialmente na Europa Ocidental. Em um estudo clássico de estereótipos étnicos publicado em 1933, Daniel Katz e Kenneth Braly descobriram que os estudantes universitários brancos encaram o norte-americano branco padrão como inteligente, esforçado e ambicioso e o afro-americano padrão como supersticioso, ignorante, preguiçoso e despreocupado. Em várias pesquisas de acompanhamento com amostras demograficamente semelhantes de estudantes brancos, conduzidas de 1951 a 2001, essas imagens negativas em relação aos negros foram extintas e substituídas por imagens mais favoráveis (Dovidio et al., 1996; Madon et al., 2001). Por exemplo, 75% dos participantes brancos escolheram "preguiça" como uma característica para descrever os afro-americanos em 1933, enquanto apenas 5% o fizeram sessenta anos depois.

Desse modo, pesquisas de opinião pública indicam que o preconceito racial nos Estados Unidos caiu drasticamente desde a Segunda Guerra Mundial. A • Figura 5.2 mostra um exemplo contundente dessa tendência em relação às atitudes diante do casamento inter-racial (Moberg et al., 2019; Newport, 2015). Na verdade, 1 em cada 6 recém-casados em 2015 casou-se com alguém de uma raça ou etnia distinta, em comparação com apenas 1 em 33 em 1967 (Livingston e Brown, 2017). No entanto, histórias como as a seguir, que ocorreram em um período de 3 meses em 2019, continuam muito comuns:

- Um estudante negro do último ano da Columbia University, aborrecido por ter sido abordado no *campus*, diversas vezes em um curto período, para mostrar a carteirinha de estudante, continuou a caminhar depois de um oficial de segurança chamá-lo durante seu trajeto à biblioteca. O estudante acabou sendo "imobilizado à força" por vários oficiais de segurança (Otterman, 2019). Um vídeo do evento tornou-se viral e somou-se a uma lista crescente de incidentes em *campi* universitários nos quais a polícia ou a segurança confrontava estudantes negros cuja presença nos espaços do *campus* era questionada.

---

sexismo Preconceito e discriminação com base no gênero de alguém ou práticas institucionais e culturais que promovam o domínio de um gênero sobre o outro.

estereótipo Uma crença ou associação que relaciona um grupo completo de pessoas com certos traços ou características.

preconceito Sentimentos negativos em relação a alguém com base no fato de pertencer a determinados grupos.

discriminação Comportamento dirigido contra pessoas devido ao fato de pertencer a determinados grupos.

- Uma mulher que se encontrava no lado externo de um Walmart em Glendora, Califórnia, chamou a polícia para deter um trabalhador municipal porque ele parecia "ilegal" e "assustador do México", e ela perguntou ao despachante da polícia com quem falou ao telefone: "Você é da África?" (Schreiber, 2019).
- Duas mulheres idosas em um Burger King em Eustis, Flórida, gritaram com o gerente: "Volte para o México" por este falar com um funcionário em espanhol. O gerente ao se defender disse que era porto-riquenho e não mexicano e que estavam sendo desrespeitosas, uma das delas respondeu: "Fale o seu mexicano em casa... aqui ainda é os Estados Unidos" (Solé, 2019).
- O Departamento de Polícia da Filadélfia anunciou que demitiria 13 policiais por uma série de postagens no Facebook repletas de racismo, homofobia e endossos à violência e à brutalidade policial contra grupos minoritários (Thebault, 2019).

Quarenta por cento dos norte-americanos em 2019, segundo uma pesquisa Gallup, relataram que se preocupam "excessivamente" com as relações raciais nos Estados Unidos, um aumento drástico de 17% em relação a cinco anos antes.

Esses são atos de evidente preconceito cometidos por indivíduos intolerantes e que acontecem com lamentável frequência, indo de encontro às tendências de melhoria global. O que é mais sutil – mas em muitos aspectos mais prejudicial – são as formas sistêmicas de discriminação que também persistem. Dados de análises de arquivos, pesquisas e até mesmo experimentos em que outras variáveis são mantidas constantes, continuam a mostrar como afro-americanos e hispânicos estão em condição inferior em relação aos norte-americanos brancos no que se refere a habitação, emprego, salários, taxas de encarceramento, educação e uma série de outras variáveis de qualidade de vida (Bayer et al., 2017; Besbris et al., 2019; Early et al., 2019; Enders et al., 2019; Merolla e Jackson, 2019).

Um estudo, por exemplo, constatou que as pessoas que alugam casas por meio da plataforma on-line Airbnb tinham 16% menos probabilidade de aceitar inscrições de pessoas com nomes tradicionalmente afro-americanos que inscrições idênticas de pessoas com nomes tipicamente de brancos (Edelman et al., 2017). Outro estudo encontrou um preconceito semelhante contra membros de diferentes grupos raciais/étnicos que anunciavam suas propriedades no Airbnb (Nodtvedt et al., 2020). Ainda mais importante que encontrar um alojamento de férias é achar um emprego, claro. Uma metanálise recente de 97 experimentos de campo, que envolveu mais de 200 mil pedidos de emprego, encontrou discriminação racial significativa contra candidatos não brancos em cada um dos nove países estudados (Quillian et al., 2019). Um resultado notável dessa linha de pesquisa é que candidatos brancos com condenação por porte de drogas tinham mais chances de serem chamados para uma entrevista de emprego que um homem negro igualmente qualificado e sem ficha criminal (Pager et al., 2009).

Em suma, então, há razões legítimas tanto para celebrar o desenvolvimento em questões raciais como para reconhecer que o racismo continua a ser um fato da vida e de modo algum

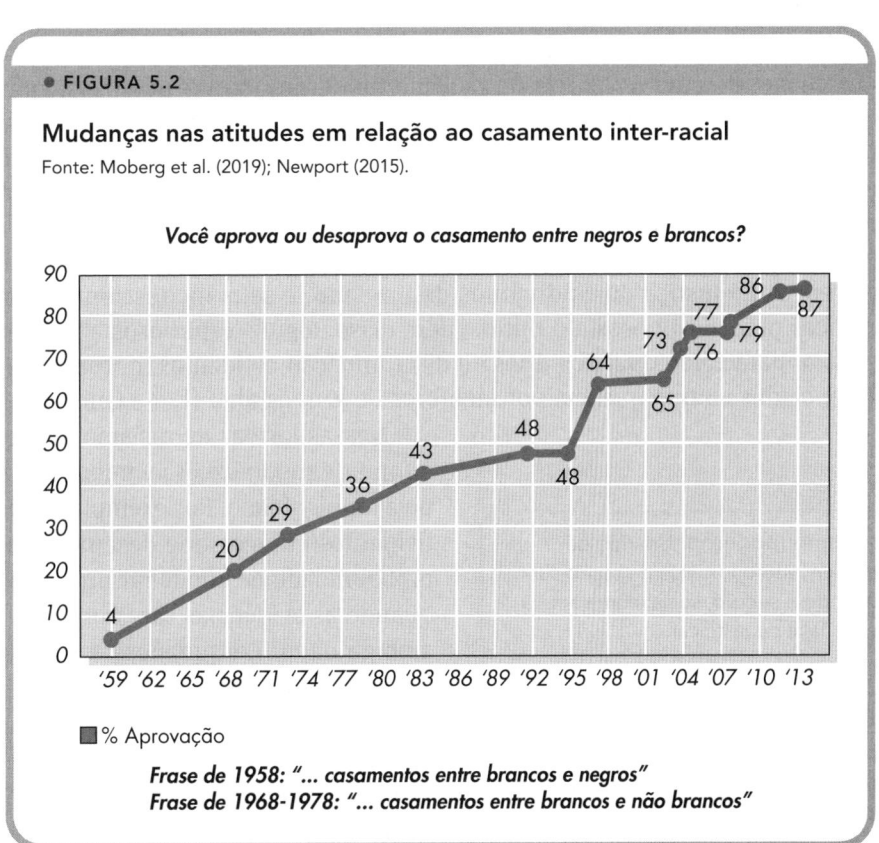

• **FIGURA 5.2**

Mudanças nas atitudes em relação ao casamento inter-racial
Fonte: Moberg et al. (2019); Newport (2015).

Frase de 1958: "... casamentos entre brancos e negros"
Frase de 1968-1978: "... casamentos entre brancos e não brancos"

limita-se meramente às ações de alguns indivíduos ou grupos marginais. E, como veremos na seção a seguir, de certa forma, escapam à percepção da maioria das pessoas.

Racismo moderno, aversivo e implícito Considere as histórias a seguir do mundo dos esportes:

1. Alunos em um jogo de basquete de uma escola de ensino médio em Nova Jersey vociferam calúnias raciais e "levantam um muro" para insultar o time adversário, composto principalmente de jogadores afro-americanos e latinos. Bananas são atiradas em um time de futebol norte-americano de uma escola de maioria negra em um jogo em Ohio. Gritos de conotação racista são tão frequentes e opressivos em jogos internacionais de futebol que há uma página da Wikipedia dedicada a esse assunto na qual é possível passar horas; os dirigentes estão em uma batalha sem-fim para tentar convencer os torcedores a parar com essa prática (Lapchick, 2019; USA Today High School Sports, 2017).

2. Christopher Parsons et al. (2009) analisaram cada arremesso de quatro temporadas da Liga Principal de Beisebol – mais de 3,5 milhões de arremessos ao todo – e encontraram um conjunto fascinante de resultados. Os árbitros eram mais propensos a dar *strikes* para os arremessadores da mesma raça/etnia que eles. Ainda mais interessante é o fato de que esse viés surgiu apenas sob três condições: (1) se o jogo acontecia em estádios que não dispunham do sistema de monitoramento computadorizado que a liga usava para avaliar o desempenho dos árbitros nos jogos, (2) se o número de pessoas assistindo ao jogo era relativamente baixo, e (3) se a chamada não era a bola ou o arremesso final do batedor. Em outras palavras, o preconceito racial/étnico era evidente apenas nas condições em que haveria menor responsabilidade ou clamor público.

Os exemplos relativos a provocações racistas elucidam o que alguns chamam racismo flagrante. É evidente, explícito e inconfundível. O exemplo relativo ao preconceito na arbitragem é uma demonstração do que alguns chamam **racismo moderno**, uma forma sutil de preconceito que tende a vir à tona quando é segura, socialmente aceitável ou fácil de racionalizar. O racismo moderno é muito mais sutil e provavelmente surge sob a proteção da ambiguidade. Como germes à espreita sobre uma bancada aparentemente limpa, estereótipos, preconceitos e discriminação na vida contemporânea vivem ocultos de modo muito mais abrangente que a maioria das pessoas imagina. E, como os germes, sua existência pode ter um efeito profundo sobre nós, por mais camuflados que possam estar.

De acordo com as teorias do racismo moderno, muitas pessoas são ambivalentes em relação a questões raciais. Eles querem se ver como justos, mas ainda nutrem sentimentos de receio e desconforto em relação a outros grupos raciais (Hass et al., 1992). Há várias teorias específicas do racismo moderno, todas enfatizando contradições e tensões que levam a formas sutis, muitas vezes inconscientes, de preconceito e discriminação. Por exemplo, Samuel Gaertner e John Dovidio (1986; Dovidio et al., 2017) propuseram o conceito relacionado de **racismo aversivo**, que diz respeito à ambivalência entre as sinceras atitudes e crenças de justiça dos indivíduos de um lado, e seus inconscientes e não reconhecidos sentimentos e crenças preconceituosos, do outro. Além disso, alguns estudiosos atualmente fazem uso do termo *microagressão* para caracterizar os tipos de discriminação cotidianos, normalmente sutis, mas dolorosos, que são vivenciados com frequência por membros de grupos-alvo (Lui e Quezada, 2019).

Nessas formas de racismo, o preconceito e a discriminação vêm à tona de modo excessivamente velado, muitas vezes obscurecidos pela ambiguidade. Por exemplo, vários estudos constataram que participantes brancos que desempenham em um júri podem ter maior probabilidade de condenar um réu negro que um branco, sobretudo quando as evidências são ambíguas. Por que em especial quando há ambiguidade? Porque, nesses casos, pode-se justificar um veredicto de culpado ou inocente por razões que nada têm a ver com raça/etnia. Se, por outro lado, a etnia parece ser um aspecto importante do caso, então esse viés pode ser eliminado ou mesmo revertido (Bucolo e Cohn, 2010; Fein et al., 1997; Maeder e Yamamoto, 2019; Sommers e Ellsworth, 2009).

---

racismo moderno Um tipo de preconceito que surge de modo sutil quando é seguro, socialmente aceitável e fácil de justificar.

racismo aversivo Racismo que diz respeito à ambivalência entre atitudes e crenças justas, por um lado, e sentimentos e crenças preconceituosos inconscientes e não reconhecidos, por outro.

Estereótipos, preconceitos e discriminação

Um jogador de futebol é contido por membros do próprio time e do adversário enquanto reage aos gritos racistas de torcedores contra ele depois de ter marcado um gol em uma partida na Itália em abril de 2019.

Essas formas modernas e ambivalentes de racismo são frequentemente evidentes em desculpas do tipo "mas alguns de meus melhores amigos são...". Ou seja, as pessoas estabelecem suas *credenciais morais* de não serem racistas, demonstrando – aos outros ou até a si mesmas – que têm bons amigos do grupo racial ou étnico em questão ou que se comportaram de modo bastante cordial com os membros de determinado grupo (Cascio e Plant, 2015; Merritt et al., 2010). Apresentar esse bom comportamento possibilita às pessoas a licença para realizar ações que as levariam a correr o risco de parecer preconceituosas. Na verdade, Anna Merritt et al. (2012) constataram que as pessoas às vezes se desviam para tentar estabelecer tais credenciais, como ao classificar um candidato a emprego afro-americano de modo mais positivo para se antecipar a uma situação posterior em que poderiam ser consideradas racistas.

As formas modernas de racismo às vezes operam conscientemente, porém com mais frequência não são perceptíveis. Os estudiosos chamam o racismo inconsciente e não intencional de **racismo implícito**. Em praticamente qualquer ambiente, podem ser encontrados exemplos sutis, mas impactantes, de discriminação racial que muitas vezes são implícitos. Descrevemos anteriormente como os possíveis empregadores eram menos receptivos a candidatos de diferentes etnias, assim como os anfitriões do Airbnb. Muitos desses indivíduos, provavelmente, não tinham ideia de que estavam sendo preconceituosos e se convenceriam de ter outros motivos para não responder a determinado requerente. No entanto, o padrão de preconceito é claro.

Aqui está uma amostra de outras pesquisas recentes que revelam preconceitos semelhantes: professores foram menos propensos a responder a solicitações de e-mail sobre oportunidades de pesquisa se o nome do remetente aparentemente fosse de origem afro-americana que europeia; os médicos classificaram um paciente branco hipotético com maior probabilidade de ser responsável, seguir o plano de tratamento e melhorar que um paciente negro idêntico; as pessoas sugeriram preços mais baixos para um novo produto se seu inventor fosse aparentemente negro em vez de branco; e árbitros de futebol foram mais propensos a dar cartões vermelhos (as penalidades mais graves) para jogadores com tom de pele escuro que com de pele claro (Bavishi et al., 2010; Khosla et al., 2018; Morgan et al., 2013; Younkin e Kuppuswamy, 2018).

Vamos examinar mais intimamente uma constatação sobre o assunto. Jason Okonofua e Jennifer Eberhardt (2015) deram aos professores informações sobre um incidente em que uma criança do ensino fundamental comportou-se mal (por exemplo, dormiu na sala de aula e depois não deu ouvidos ao professor quando este tentava acordá-lo). Os professores avaliaram o quanto ficariam incomodados com tal comportamento e que medida disciplinar recomendariam se fossem o professor em questão. Em seguida, eles leram sobre um segundo incidente de mau comportamento dessa mesma criança e fizeram os mesmos julgamentos uma segunda vez.

racismo implícito Racismo que opera de modo inconsciente e não intencional.

O nome do menino apresentava um estereótipo negro (Darnell ou DeShawn) ou um estereótipo branco (Jake ou Greg). Os pesquisadores não encontraram preconceito racial nos julgamentos dos professores após a primeira infração. Ou seja, eles relataram estar igualmente perturbados e recomendaram punições iguais, quer o menino fosse negro ou branco. O que viria a sugerir não haver racismo implícito aqui, certo? Porém, após uma segunda infração, a história é modificada. Os professores relataram maior preocupação e aconselharam medidas disciplinares mais severas após a repetição do mau comportamento se o aluno aparentemente fosse negro em vez de branco (ver • Figura 5.3).

No geral, esses exemplos sugerem dois pontos-chave. Em primeiro lugar, embora esses preconceitos sejam frequentemente muito difíceis de notar, estão presentes em demasia, em uma infinidade de configurações, que vão do dia a dia a situações mais sérias. De modo mais marcante, considere duas conclusões no sistema jurídico. Jennifer Eberhardt et al. (2006) examinaram mais de 600 julgamentos elegíveis para pena de morte na Filadélfia e descobriram que, em casos em que envolviam uma vítima branca e um réu negro, quanto mais a aparência física do réu seguia o estereótipo negro, maior a probabilidade de que fosse condenado à morte. Jill Viglione et al. (2011) descobriram, em uma amostra de mais de 12 mil mulheres negras adultas encarceradas na Carolina do Norte, que mulheres negras com pele mais clara recebiam em média cerca de 12% menos tempo de prisão que as negras com pele mais escura (ver • Figura 5.4).

O segundo ponto-chave é que em cada um dos casos descritos nos vários parágrafos anteriores, seria impossível ter certeza de que o racismo estivesse por trás do comportamento específico de qualquer uma das pessoas. Afinal, pode haver muitos motivos pelos quais uma pessoa recebe ou não uma proposta de emprego ou uma punição mais ou menos severa. É tudo muito ambíguo e velado. Porém, ao observar as tendências e executar experimentos com controles cuidadosos, o preconceito subjacente pode ser revelado.

Medindo o racismo implícito Em virtude da natureza velada, o racismo implícito não pode ser avaliado simplesmente ao pedir que pessoas respondam a algumas perguntas sobre suas atitudes. Em vez

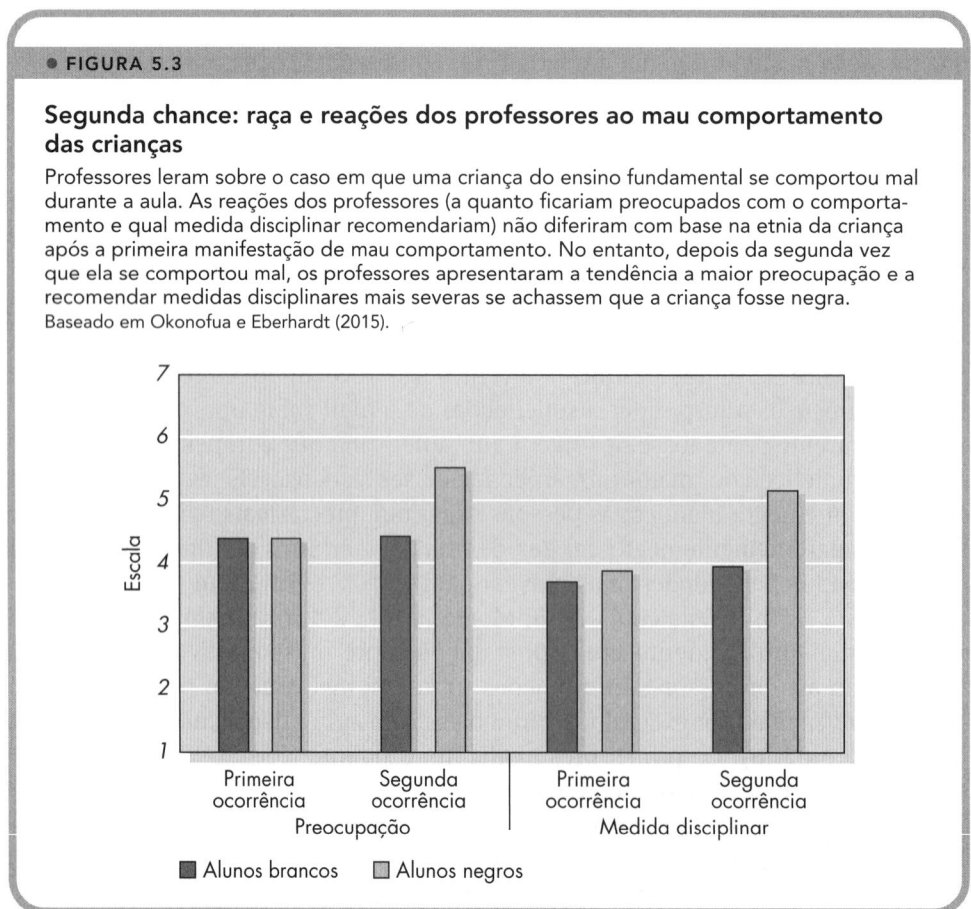

• FIGURA 5.3

Segunda chance: raça e reações dos professores ao mau comportamento das crianças

Professores leram sobre o caso em que uma criança do ensino fundamental se comportou mal durante a aula. As reações dos professores (a quanto ficariam preocupados com o comportamento e qual medida disciplinar recomendariam) não diferiram com base na etnia da criança após a primeira manifestação de mau comportamento. No entanto, depois da segunda vez que ela se comportou mal, os professores apresentaram a tendência a maior preocupação e a recomendar medidas disciplinares mais severas se achassem que a criança fosse negra.
Baseado em Okonofua e Eberhardt (2015).

FIGURA 5.4

Características faciais e sentenças de prisão

De acordo com um estudo de Jill Viglione e outros (2011), com mais de 12 mil mulheres negras adultas presas na Carolina do Norte, é provável que, se as duas mulheres retratadas aqui fossem consideradas culpada de um crime, a mulher à esquerda (cujo rosto seria considerado mais representativo do "estereótipo negro") receberia uma pena maior que a mulher à direita.

disso, métodos indiretos bem mais sutis são usados para medir o grau de racismo implícito dos indivíduos. A mais conhecida dessas medidas é o Teste de Associação Implícita (TAI, ou Implicit Association Test – IAT), desenvolvido e testado pela primeira vez por Anthony Greenwald et al. (1998). O TAI mede até que ponto dois conceitos estão associados. Mensura o racismo implícito em relação aos afro-americanos, comparando a rapidez com que os participantes associam indicativos afro-americanos (como um rosto preto) com conceitos negativos ou positivos em comparação à rapidez com que associam os mesmos conceitos a indicativos de origem europeia. Se alguém age morosamente ao identificar algo favorável ao se deparar com um rosto negro que com um branco, por exemplo, indicaria um grau de racismo implícito.

O racismo implícito medido pelo TAI foi identificado em grupos de todo o mundo e mesmo entre crianças de 3 e 4 anos (Dunham et al., 2013; Qian et al., 2019; Sacco et al., 2019). Um ponto interessante é que o preconceito revelado em medidas explícitas tende a diminuir com a idade – presumivelmente porque, à medida que as crianças crescem, aprendem que tais atitudes são inadequadas –, mas os níveis de preconceito implícito tendem a permanecer mais estáveis.

> As crianças não tendem a apresentar preconceitos com base na etnia; só depois de adolescentes é que aprendem a responder de modo distinto com base na etnia.
> **FALSO**

Outros TAI têm como foco associações relacionadas a pessoas mais velhas e mais jovens, homens *versus* mulheres e assim por diante. O TAI sobre atitudes é discutido mais detalhadamente no Capítulo 6. O que gerou um número surpreendente de pesquisas, já com muitas centenas de publicações científicas. Os estudiosos (e as pessoas em geral) ficaram fascinados com a perspectiva de serem capazes de detectar e medir preconceitos que influenciam nossos julgamentos e comportamentos, mas que permanecem fora de nossa consciência e controle. De fato, o TAI se tornou tão popular que, entre outubro de 1998 e outubro de 2019, cerca de 24 *milhões* de testes foram concluídos por visitantes no site do TAI (Ratliff, 2019).

Com sua popularidade, o TAI gerou polêmica. De um lado, uma variedade de estudos relatou como o racismo implícito se correlaciona com uma gama de atitudes e comportamentos, por exemplo, como um entrevistador trata os candidatos a empregos ou como os cidadãos votam em uma eleição (Kurdi et al., 2019). Considere a importante questão de como a comunidade médica trata os pacientes. Um conjunto de descobertas particularmente surpreendentes e em números crescentes diz respeito aos significativos preconceitos raciais que médicos e outros profissionais de saúde mostram como percebem, interagem e prescrevem tratamentos para membros de grupos estereotipados (Gaither et al., 2018; Mende-Siedlecki et al., 2019). Vários estudos descobriram que os níveis de racismo implícito predizem a magnitude desses vieses (Blair et al., 2015; Hall et al., 2015; Penner et al., 2013; Schnierle et al., 2019).

De outro lado, diversos pesquisadores concluíram que as pontuações do TAI não são preditores confiáveis do comportamento dos indivíduos, particularmente ao longo do tempo e em diferentes situações (Goldhill, 2017; Oswald et al., 2015). Não há dúvida de que o racismo implícito é uma discussão significativa; o que *está* em questão é se podemos medir o grau de racismo implícito de um indivíduo de modo confiável e fazer uso dessa medida para prever comportamentos futuros.

Uma razão pela qual esta última questão pode ser tão difícil de responder é por causa de um ponto que defendemos ao longo deste livro e que está no cerne da psicologia social: os contextos sociais são significativos. Como Heidi Vuletich e Keith Payne (2019) colocaram, o preconceito implícito deve ser pensado como "um fenômeno social que passa pelos indivíduos como o 'ola' passa pelos torcedores em um estádio. O que pode ser considerado de modo mais apropriado uma característica de contextos sociais em vez de uma característica individual" (p. 859). Em consonância com esse ponto, há novas pesquisas que examinam as pontuações TAI entre grandes grupos de pessoas, como uma cidade ou distrito, em vez de analisar indivíduos específicos. Eric Hehman et al. (2018, 2019) obtiveram resultados impressionantes com essa abordagem, como descobrir que a pontuação média de racismo implícito de uma região tinha relação direta com a morte desproporcional de negros pela polícia na mesma região. Pontuações de racismo implícito em nível distrital também previram o grau de preconceito racial visto no condado em relação à diferença de medidas disciplinares recebidas entre alunos negros e brancos (Riddle e Sinclair, 2019).

Interações inter-raciais As divisões entre grupos raciais ou étnicos tendem a ser mais significativas e podem promover sentimentos mais fortes de hostilidade, medo e desconfiança que as divisões baseadas em outras categorias sociais, como gênero, aparência e idade. O que pode tornar a interação inter-racial particularmente desafiadora e repleta de sentimentos e tensões. Ao se envolver em interações inter-raciais, os brancos podem se preocupar em não querer ou parecer racistas. Uma pessoa de etnia diferente pode estar preocupada com o racismo potencial ou com a falsa motivação da pessoa branca com quem está interagindo. De acordo com Jacquie Vorauer (2003; ver também Vorauer e Sasaki, 2014), os indivíduos envolvidos em interações intergrupais frequentemente apresentam *metaestereótipos*, ou pensamentos sobre os estereótipos que o outro grupo apresenta sobre eles e preocupam-se em parecer confirmá-los.

Pessoas envolvidas em interações inter-raciais podem, portanto, tentar regular seus comportamentos, ficar atentas a indícios de desconfiança ou antipatia dos parceiros de interação e assim por diante. Por causa dessas preocupações, o que idealmente deveria ser uma interação normal e fluida pode tornar-se estranha e até exaustiva, e a estranheza pode ironicamente parecer confirmar as piores suspeitas de um sobre o outro. Na verdade, esse tipo de preocupação pode deixar os indivíduos cognitivamente exaustos após tal interação e sua reação cardiovascular é semelhante à da sensação de ameaça (Mendes et al., 2002; Shelton e Richeson, 2015; Trawalter et al., 2012).

Imagine como essas preocupações podem interferir na relação de um professor branco que dá aulas a um aluno negro. Drew Jacoby-Senghor et al. (2016) elaboraram pesquisas para abordar esse problema. Eles designaram a estudantes universitários brancos o papel de professor que deveria ensinar a matéria tanto a um colega branco quanto a um colega negro. Eles receberam materiais e tiveram 18 minutos para preparar o plano de aula. Os professores, então, tentaram ensinar aos colegas o conteúdo (sobre história bizantina – tente não ficar com inveja por não ter participado no estudo!) por 7 minutos. Os pesquisadores também mediram o nível de racismo implícito dos professores antes da aula e o de ansiedade que demonstraram durante a aula.

Um padrão interessante de resultados veio à tona e é ilustrado na • Figura 5.5. Maior racismo implícito por parte dos professores brancos indicou níveis mais altos de ansiedade enquanto deram a aula a um aluno negro (mas não a um branco), e esse fato, por sua vez, acarretou um pior desempenho dos alunos negros na avaliação sobre o conteúdo. Para demonstrar que o problema, realmente, originou-se do comportamento dos professores e não dos alunos, outro grupo separado de alunos brancos assistiu aos vídeos das aulas que foram dadas pelos professores brancos aos alunos negros, e esses alunos brancos tiveram um desempenho pior no teste, quando o professor apresentava um nível relativamente alto de racismo implícito.

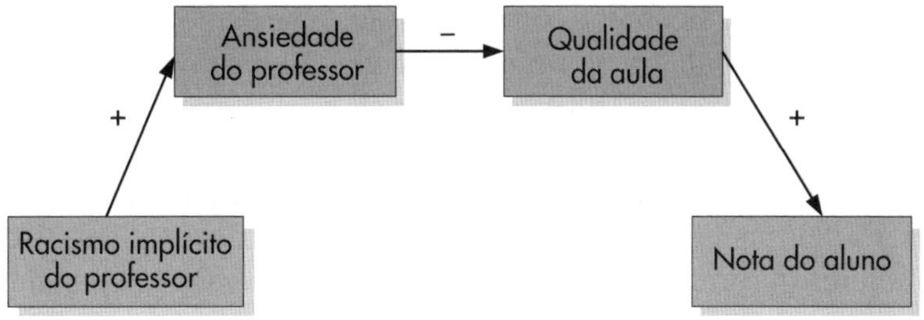

O objetivo de muitas pessoas brancas ao interagir com minorias raciais é ser visto com simpatia e afeto, enquanto o objetivo de muitas minorias raciais é ser percebido como competente e ser respeitado (Bergsieker et al., 2010; Simon et al., 2019). Uma pessoa que tenha como objetivo ser admirada pode agir de modo excessivamente gentil e parecer paternalista para alguém que deseja ser vista como competente e digna de respeito. De fato, em uma série de estudos, Cydney Dupree e Susan Fiske (2019) descobriram que brancos com visão política liberal tendiam a usar uma linguagem mais simples quando pensavam que estivessem interagindo com um parceiro negro em vez de branco. Pode ser que esses participantes liberais quisessem agradar e ter uma interação o mais satisfatória possível, mas isso veio à custa de ações de modo potencialmente condescendente.

Outro exemplo de tentativa de comportamento bem-intencionado que pode sair pela culatra é quando adultos brancos em uma interação inter-racial tentam adotar mentalidade e conduta "daltônicas", agindo – ou tentando agir – como se a etnia fosse tão insignificante para eles que nem a percebem e certamente não não se importam com a etnia de seu parceiro de interação. Frequentemente, essa tentativa é sincera e com a melhor das intenções, porém cada vez mais pesquisas indicam que essa abordagem geralmente dá errado e leva os membros de grupos de minoria racial a mais desconforto, e não a menos. Uma abordagem multicultural que reconhece e valoriza positivamente as diferenças raciais e étnicas é muitas vezes mais eficaz na promoção de melhores atitudes e comportamentos intergrupais (Plaut et al., 2015; Rattan e Ambady, 2013; Rosenthal e Levy, 2013).

Em uma demonstração inteligente do tipo de comportamento daltônico que os brancos podem exibir, Michael Norton et al. (2006) emparelharam participantes brancos com um confederado branco ou negro em um jogo (semelhante ao para crianças *Cara a cara*) que exigia que os participantes fizessem perguntas ao confederado para que pudessem adivinhar qual série de fotos o confederado havia recebido. Os participantes eram significativamente menos propensos a perguntar sobre a raça/etnia da pessoa na fotografia ao jogar com um confederado negro (em média, 64% do tempo) que um confederado branco (93%), apesar de isso diminuir suas chances de ganhar o jogo. Parecia que os participantes brancos preferiam perder o jogo a correr o risco de parecer racistas por dar importância à raça/etnia das pessoas nas fotos.

• FIGURA 5.5

Uma lição de preconceito implícito

Os alunos brancos foram designados ao papel de professores para ensinar a matéria a um colega branco ou a um negro. Esta figura mostra como o grau de preconceito racial implícito do professor estimulou a ansiedade que experimentaram ao ensinar um aluno negro, o que por sua vez influenciou a qualidade da aula, que foi pior, e, assim, a nota do aluno foi mais baixa.

Com base em Jacoby-Senghor et al., 2016.

Metade dos adultos brancos e hispânicos em uma pesquisa de 2019 relatou que raramente ou nunca falam sobre raça/etnia com a família e os amigos.

– Barroso (2019)

As interações inter-raciais tendem a melhorar e a reduzir as percepções de racismo valendo-se da perspectiva de ignorar, negar ou minimizar qualquer reconhecimento de diferenças étnicas.

FALSO

As preocupações e os desafios associados às interações intergrupais não se limitam àquelas entre brancos e negros, é claro. A pesquisa demonstrou que os sentimentos de ameaça e preocupação afetam as interações em diversas categorias sociais, como aquelas baseadas na sexualidade, no peso, no *status* socioeconômico e assim por diante (Blair et al., 2003; Everly et al., 2012; Madera e Hebl, 2012; Newheiser et al., 2015; Randall et al., 2017; Stephan, 2014).

■ 5-1c Sexismo: ambivalência, objetificação e padrões duplos

Tal como acontece com o racismo, as antigas e gritantes manifestações de sexismo são menos socialmente aceitas que anos atrás, embora continuem a haver com frequência e intensidade que surpreenderiam a muitos. Tal como acontece com o racismo, o sexismo também persiste em formas modernas e implícitas que tendem a escapar à atenção da maioria das pessoas, mas que podem exercer influentes efeitos discriminatórios (Eagly et al., 2019; Georgeac et al., 2019; Swim e Hyers, 2009).

No entanto, há alguns aspectos que diferenciam o sexismo. Os estereótipos de gênero são distintos praticamente dos outros estereótipos, pois frequentemente são *prescritivos* em vez de meramente *descritivos*. Em outras palavras, indicam o que muitas pessoas em determinada cultura acreditam que homens e mulheres *deveriam* ser, não apenas como as pessoas pensam que realmente *são*. Poucas pessoas, por exemplo, pensam que gays *deveriam* ser artísticos e sensíveis ou que idosos *deveriam* ser distraídos e conservadores, mas muitos pensam que mulheres *deveriam* ser cuidadosas e que homens *não deveriam* expressar emoções. Portanto, as mulheres que exibem características valorizadas na sociedade, mas que desafiam os estereótipos de gênero, como serem ambiciosas ou assertivas, são frequentemente tratadas de modo especialmente duro, o que contribui para os padrões duplos que são marca registrada do sexismo (Ellemers, 2018; Rudman et al., 2012; Rudman, Fetterolf Sanchez, 2013).

Outro modo pelo qual o sexismo é único é o grau em que os membros do endogrupo e do exogrupo interagem. Homens e mulheres estão intimamente familiarizados uns com os outros. Meninas e meninos costumam crescer juntos, e mulheres e homens costumam viver juntos. Em contraste com os efeitos de redução de muitos outros preconceitos intergrupais com base no contato, todo esse contato entre mulheres e homens costuma resultar em pouca redução de crenças, atitudes e comportamentos sexistas.

Sexismo ambivalente Você pode se surpreender ao saber que, em geral, os estereótipos das mulheres tendem a ser mais positivos que os dos homens (Eagly et al., 1994, 2019; Krys et al., 2018). No entanto, os traços positivos associados às mulheres são menos valorizados em campos importantes, como o mundo dos negócios, que os traços positivos associados aos homens.

Essas contradições são refletidas no conceito de **sexismo ambivalente** de Peter Glick e Susan Fiske (2001, 2012). O sexismo ambivalente consiste em dois elementos: *sexismo hostil*, caracterizado por visões negativas e ressentidas sobre as habilidades e o valor das mulheres, o que desafia o poder dos homens (por exemplo, "Mulheres buscam favores especiais sob o pretexto de igualdade") e *sexismo benevolente*, caracterizado por sentimentos afetuosos e cavalheirescos fundados na crença potencialmente paternalista de que as mulheres precisam e merecem proteção (por exemplo, "As mulheres devem ser cuidadas e protegidas pelos homens").

O sexismo benevolente, superficialmente, não parece muito problemático a muitas mulheres ou homens, mas as duas formas de sexismo estão positivamente correlacionadas. Ambos os tipos de sexismo estão associados ao apoio à desigualdade de gênero de várias maneiras e cada um deles é preditor de muitos tipos de consequências negativas, como assédio, agressão, baixa autoestima, resultados negativos em relação à saúde e dúvidas sobre si mesma ou notas mais baixas nas áreas de ciências, tecnologia, engenharia e matemática (Bosson et al., 2020; Cross et al., 2019; Kuchynka et al., 2018; Oswald et al., 2019).

Discriminação de gênero: padrões duplos e estereótipos generalizados Muitos anos atrás, Philip Goldberg (1968) pediu que alunos de uma pequena faculdade para mulheres avaliassem

> **sexismo ambivalente** Um tipo de sexismo caracterizado por atitudes em relação às mulheres que refletem tanto crenças e sentimentos negativos e ressentidos como crenças e sentimentos afetuosos e cavalheirescos, mas potencialmente paternalistas.

o conteúdo e o estilo de escrita de alguns artigos. Quando o material foi supostamente escrito por John McKay em vez de Joan McKay, ele recebeu avaliações mais altas, um resultado que levou Goldberg a se perguntar se até mesmo as mulheres tinham preconceito contra si mesmas. Alguns outros estudos mostraram que as pessoas frequentemente atribuem as conquistas das mulheres à sorte, e não à competência (Deaux e Emswiller, 1974; Nieva e Gutek, 1981).

Esses estudos despertaram muita atenção, mas agora parece que esse tipo de desvalorização da mulher não é frequentemente confirmado em estudos semelhantes. Mais de cem estudos modelados após Goldberg indicam que as pessoas geralmente não são influenciadas por gênero na avaliação de desempenho (Swim e Sanna, 1996; Top, 1991). Mais recentemente, três conjuntos diferentes de estudos envolveram professores de campos relacionados à ciência para avaliar os materiais dos candidatos a cargos de pesquisa, docência ou bolsas de pesquisa em suas áreas, e esses estudos apresentaram resultados completamente contraditórios: um deles encontrou um viés a favor dos homens, outro encontrou um viés a favor das mulheres, e um não encontrou diferenças entre os gêneros (Forscher, Cox, et al., 2019; Moss-Racusin et al., 2012; Williams e Ceci, 2015). A questão aqui é que, em estudos que envolvem a avaliação de materiais que são idênticos, exceto pelo gênero da pessoa que supostamente produziu os materiais, os resultados foram inconsistentes.

O que está bastante claro, entretanto, é que a discriminação de gênero continua a existir de vários outros modos e instâncias. Tal como acontece com as formas de racismo moderno e implícito, sobram exemplos sutis, mas impactantes, de sexismo. Por exemplo, Juan Madera et al. (2015) analisaram cartas reais de recomendação que professores escreveram para candidatos a cargos acadêmicos. Um rápido olhar para essas cartas, provavelmente, não revelaria nenhuma diferença óbvia com base no gênero dos candidatos. Uma análise mais completa, no entanto, indicou que tanto os professores homens quanto as mulheres tendiam a incluir mais informações levantando pequenas incertezas (por exemplo, "ela tem uma personalidade um tanto desafiadora", "ela pode ser uma boa colega") para candidatas mulheres que para candidatos homens. Além disso, essas incertezas aparentemente ínfimas fizeram uma diferença significativa nas avaliações feitas pelas pessoas que leram essas cartas.

As mulheres agora representam cerca de metade da força de trabalho nos Estados Unidos,[3] ante 30% na década de 1950, e estão ultrapassando os homens entre os trabalhadores com ensino superior (Fry, 2019; Geiger e Parker, 2019). Mas, se você olhar para a ● Figura 5.6, notará algumas diferenças marcantes de gênero na escolha profissional. Quantas pilotos de avião mulheres você encontrou recentemente? E quantos assistentes de dentista do sexo masculino? (É interessante notar que 97% dos assistentes de dentista nos Estados Unidos, em 2018, eram mulheres, mas representavam apenas 35% dos dentistas). A questão, claro, é: o que explica essas diferenças?

Décadas de pesquisa em ciências sociais apontam em direção a atitudes sexistas e discriminatórias como parte fundamental da equação. A discriminação sexual durante os primeiros anos escolares pode abrir espaço para escolhas profissionais divergentes na idade adulta. Então, quando homens e mulheres igualmente qualificados competem por um emprego, as considerações de gênero entram em cena mais uma vez, já que os profissionais de negócios e outras áreas favorecem os homens nos chamados empregos masculinos (como gerente de uma empresa de máquinas) e as mulheres nos chamados empregos femininos (como recepcionista) (Frear et al., 2019; Heilman e Caleo, 2018; Koch et al., 2015).

Mesmo quando mulheres e homens têm empregos similares, é muito provável que as mulheres recebam menos que os homens e sejam confrontadas com uma barreira invisível que torna mais difícil a elas chegar aos mais altos cargos de poder em uma empresa ou organização (Desilver, 2018; Evers e Sieverding, 2014). Uma análise de 2019, feita por Eric Apaydin et al., concluiu que, mesmo depois de fazer ajustes para quaisquer diferenças em fatores como área de especialização e horas de trabalho, as médicas ganharam $ 27.400 menos que os médicos da mesma especialidade! Do mesmo modo, entre os professores de escolas de medicina, as mulheres ganhavam em média $ 20 mil a menos que os homens em todas as categorias de docentes (Warner e Lehmann, 2019).

De acordo com uma pesquisa realizada nos Estados Unidos em 2018 pela Gallup, 36% dos norte-americanos prefeririam ter menino, em comparação a 28% que preferem a menina, se pudessem ter apenas um filho (o restante não indicou preferência). Essas porcentagens são quase idênticas às de uma pesquisa semelhante realizada em 1941.

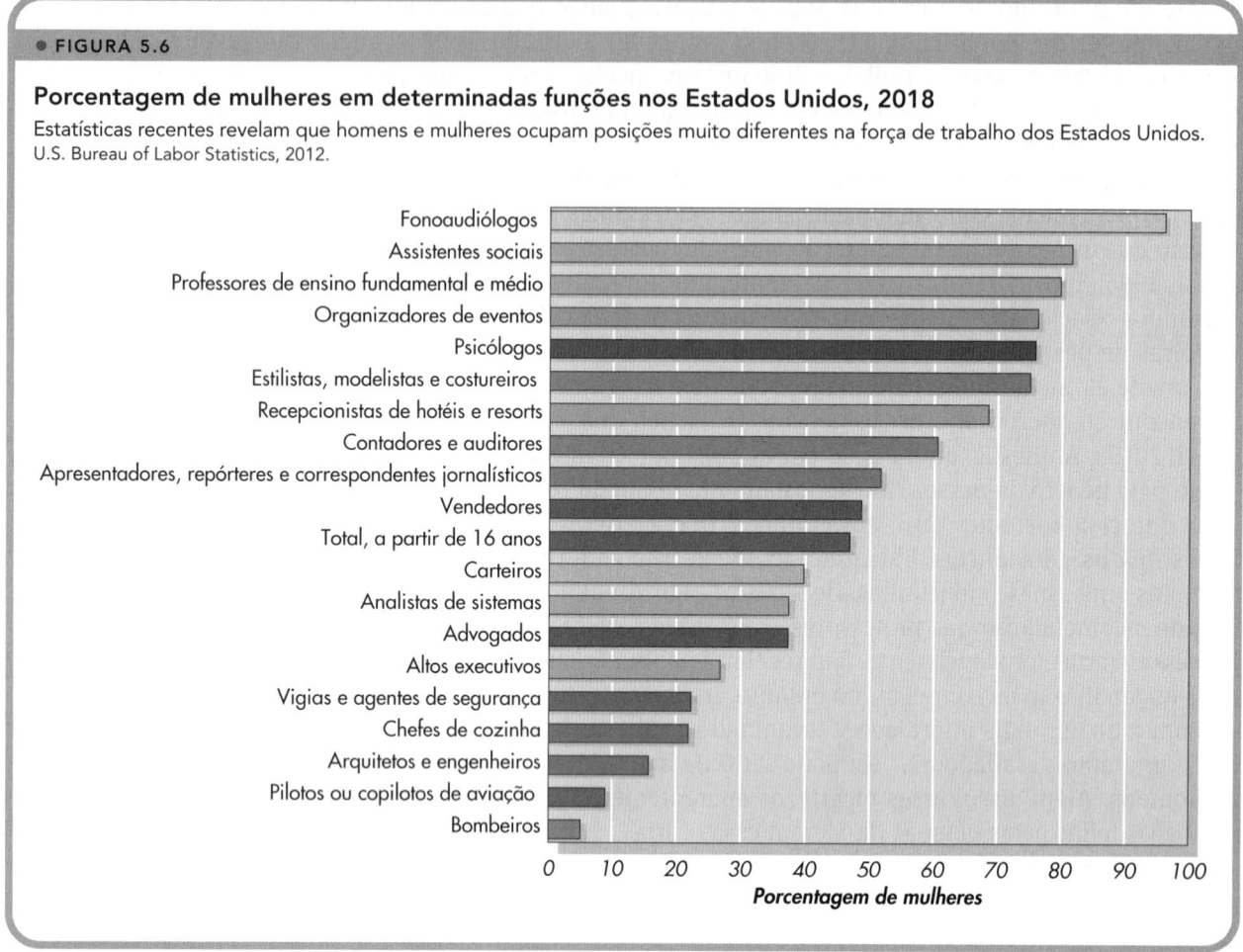

• **FIGURA 5.6**

Porcentagem de mulheres em determinadas funções nos Estados Unidos, 2018
Estatísticas recentes revelam que homens e mulheres ocupam posições muito diferentes na força de trabalho dos Estados Unidos.
U.S. Bureau of Labor Statistics, 2012.

Reflita a respeito do significado de *poderoso*. A palavra sugere algo positivo ou negativo a você? Em uma pesquisa de 2019 com mais de 4.500 norte-americanos, a maioria dos entrevistados usou "poderoso" de modo positivo ao descrever homens, enquanto uma maioria ainda mais expressiva (92%) empregou a palavra de modo negativo ao descrever mulheres (Walker et al., 2019). Em parte por causa desse tipo de padrão duplo, as mulheres que disputam empregos, ascensão na carreira e cargos políticos muitas vezes enfrentam um dilema virtualmente impossível: elas são vistas como mais competentes quando se apresentam com traços que representam o estereótipo masculino em vez do feminino, mas, ao agir assim, também são vistas como menos qualificadas socialmente e menos atraentes – uma percepção que pode custar-lhes a posição ou o avanço que buscavam na carreira (Connor e Fiske, 2018; Phelan et al., 2008; Rudman et al., 2012; Schneider e Bos, 2014).

Para mulheres e homens, desafiar os papéis tradicionais de gênero pode haver uma cobrança alta (Brescoll et al., 2010). De fato, mesmo os pré-escolares são julgados com severidade quando desafiam as normas de gênero: Jessica Sullivan et al. (2018) descobriram que os adultos classificaram as crianças como menos agradáveis se suas descrições demonstrassem incompatibilidade com os estereótipos de gênero. Esse efeito foi, especialmente, marcante para meninos que desafiavam o estereótipo masculino tradicional.

Os homens, muitas vezes, pagam um preço por desrespeitar os estereótipos de gênero, mesmo quando tais comportamentos parecem ser socialmente desejáveis. Por exemplo, Laurie Rudman, Kim Mescher e Corinne Moss-Racusin (2013) descobriram em uma série de experimentos que homens descritos como preocupados com questões de igualdade de gênero e direitos das mulheres eram mais apreciados pelas mulheres (em comparação aos homens cujas descrições indicavam um menor apoio a tais causas), mas também foram julgados como relativamente fracos e sua sexualidade foi mais questionada por mulheres e também por outros homens. Em outro estudo, candidatos a emprego, do sexo masculino, foram considerados menos competentes e sofreram punições profissionais quando descritos como defensores de sua equipe de trabalho (em oposição a se priorizar – o que era visto como mais típico para os homens) (Bosak et al., 2018)

De outro modo, agir de maneira consistente com os estereótipos de gênero masculino também tem seu custo. Atitudes e comportamentos masculinos tradicionais são frequentemente descritos atualmente como "tóxicos" – venenosos para os próprios homens e para a sociedade em geral. Na verdade, de diferentes maneiras, os homens estão se saindo muito mal ultimamente. Mesmo que, é claro, os homens ainda sejam dominantes no que se refere a poder e dinheiro, eles são menos propensos a concluir uma graduação e uma pós-graduação, são mais propensos a cometer suicídio e tendem a viver vidas mais curtas e menos saudáveis se comparados às mulheres (Farrell e Gray, 2018). Muitos homens, quando sentem que seus privilégios ou poder relativo estão ameaçados, afrontam com violência. Discutiremos mais essa questão sobre agressividade no Capítulo 11.

Serena Williams discute com um oficial em um torneio de tênis em 2018 e Nick Krygios faz o mesmo em 2019. As mulheres que discutem ou afirmam-se são julgadas de modo distinto dos homens que têm o mesmo comportamento?

■ 5-1d Cultura e sexismo

Os estereótipos de gênero são notavelmente similares em todo o mundo, e o sexismo também permanece generalizado (Blum et al., 2017; Krys et al., 2018). Entretanto, normas e práticas variam de acordo com o decorrer do tempo e da cultura. A • Figura 5.7 ilustra que, em todo o mundo, as mulheres tendem geralmente a ganhar menos que os homens, mas também mostra uma grande variação no grau dessa desigualdade.

Peter Glick et al. (2000) conduziram um estudo ambicioso com 15 mil homens e mulheres de 19 nações, em seis continentes, e descobriram que o sexismo ambivalente está presente em todo o mundo. Entre suas descobertas mais intrigantes está o fato de que as pessoas de países com maior grau de desigualdade econômica e política entre os sexos tendiam a exibir o sexismo mais hostil e benevolente. Um estudo recente constatou que, em comparação a participantes britânicos, participantes da Índia eram mais propensos a aceitar mitos sobre estupro, como acreditar que as vítimas sejam as culpadas, e essa diferença cultural foi associada ao maior endosso dos participantes indianos aos tradicionais papéis de gênero (Hill e Marshall, 2018).

Em muitas partes do mundo, o sexismo não somente ainda é bastante evidente, mas também está contido nas leis locais. Por exemplo, uma lei no Marrocos que permite que estupradores sejam absolvidos da acusação casando-se com a vítima foi criticada quando uma garota de 16 anos cometeu suicídio depois de um tribunal ter ordenado que ela se casasse com o homem que a estuprou (Hirsch, 2012). Malala Yousafzai, uma adolescente paquistanesa, foi baleada na cabeça em 2012 pelo Talebã quando desafiou a proibição de meninas frequentarem a escola. Ela sobreviveu ao ataque, tornou-se uma inspiradora ativista dedicada à educação feminina e, em 2014, tornou-se a pessoa mais jovem a ganhar o prêmio Nobel da Paz.

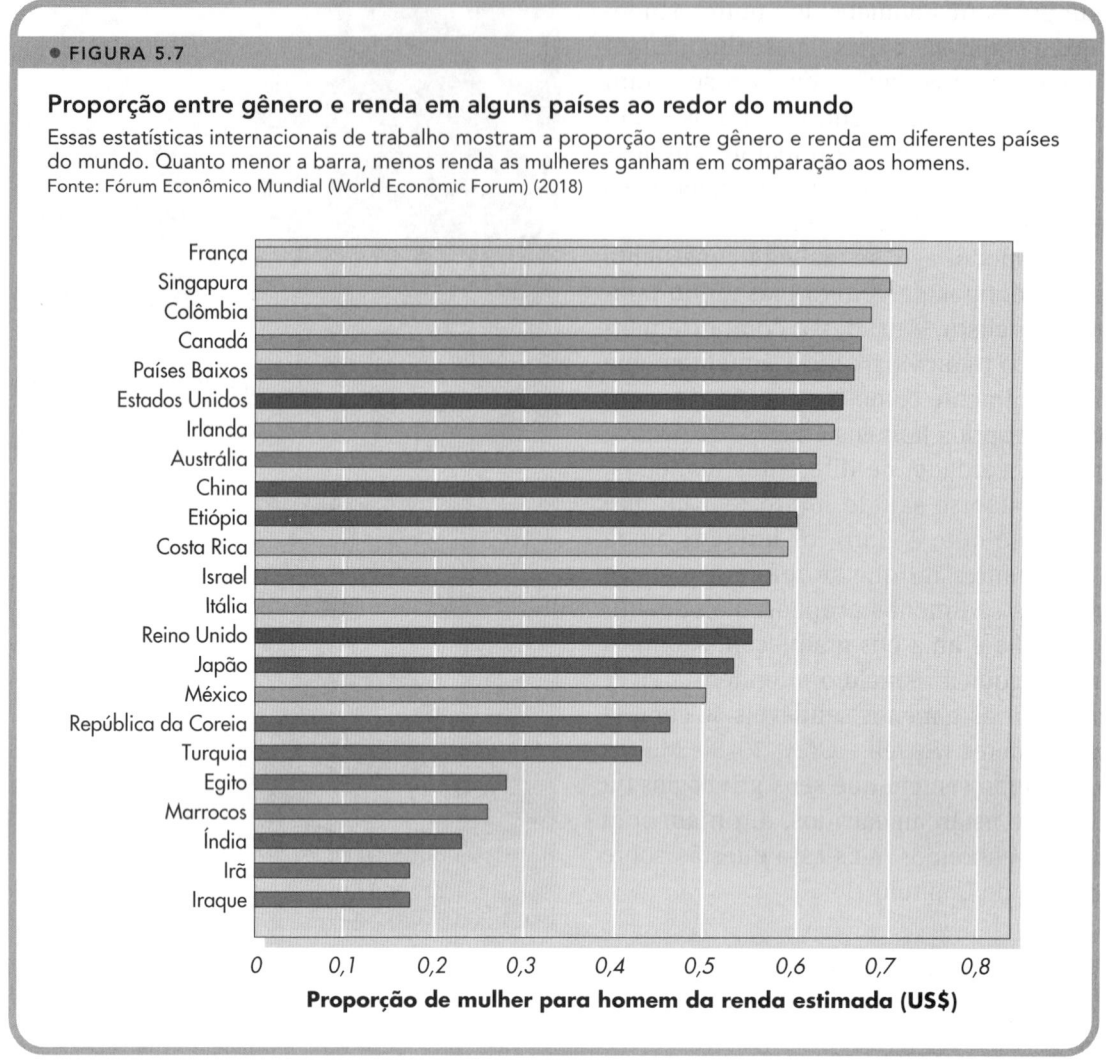

• FIGURA 5.7

Proporção entre gênero e renda em alguns países ao redor do mundo

Essas estatísticas internacionais de trabalho mostram a proporção entre gênero e renda em diferentes países do mundo. Quanto menor a barra, menos renda as mulheres ganham em comparação aos homens.
Fonte: Fórum Econômico Mundial (World Economic Forum) (2018)

O apoio à ideia da igualdade de gênero está expandindo-se em todo o mundo. Por exemplo, Jenell Fetterolf (2017) relatou que a maioria dos entrevistados em 37 dos 38 países pesquisados afirmou a importância do mínimo de relevância à questão da igualdade de direitos entre homens e mulheres. No entanto, persiste a variação no que se refere à intensidade com a qual pessoas em diferentes regiões do mundo apoiam esse conceito. Nos Estados Unidos, na Europa e na América Latina, 91%, 86% e 80%, respectivamente, indicaram que a igualdade de gênero é muito expressiva, mas, na África e no Oriente Médio, essas taxas foram de apenas 50% e 48%, respectivamente.

5-1e Além do racismo e do sexismo: idade, peso, sexualidade e interseccionalidade

Concentramos nesta seção o racismo e o sexismo não apenas por causa de seu significado histórico, mas também porque têm sido dominantes nas pesquisas psicossociais. É importante observar que outras formas de preconceito e discriminação também são, naturalmente, muito significativas, e os psicólogos sociais atualmente estão estudando uma maior variedade de estereótipos, preconceitos e discriminação como nunca antes. Não por coincidência, por exemplo, à medida que a população envelhece e tende a ter maior expectativa de vida, um maior número de pesquisadores estudam o preconceito e a discriminação em relação a idosos (Levy et al., 2020; Nelson, 2017). Atualmente, os pesquisadores também estão prestando mais atenção a outras formas de discriminação, incluindo aquelas que visam as deficiências físicas, a saúde mental, a ideologia política, a classe econômica, o peso, o ser solteiro ou a religião (ou a falta de crença religiosa) (DePaulo, 2018; Dunn, 2019; Hebl et al., 2018; Rosenthal et al., 2015; Ryan et al., 2018; Schiavone e Gervais, 2017).

Russ Espinoza e Cynthia Willis-Esqueda (2015), por exemplo, estudaram tendências com base no *status* socioeconômico dos indivíduos. Passaram informações a respeito de um caso a quase 600 pessoas que haviam sido convocadas para compor um júri e pediram que dessem um veredicto e, se achassem que o réu fosse culpado, recomendassem uma sentença. Os participantes brancos que acreditavam que o réu fosse culpado eram significativamente mais propensos a recomendar a pena de morte se o réu fosse descrito como tendo pouca educação ou dinheiro que se tivesse um bom grau de instrução e bastante dinheiro.

Mesmo que o preconceito e a discriminação com base na sexualidade persistam, é claro, muito recentemente ocorreram algumas mudanças notáveis nas atitudes. Por exemplo, a • Figura 5.8 elucida como as atitudes dos norte-americanos em relação ao casamento entre pessoas do mesmo sexo mudaram drasticamente em um curto período de tempo. E considere que, quando Valentina Sampio tornou-se a primeira modelo abertamente transgênero da Victoria's Secret, em agosto de 2019, a reação foi extremamente positiva (Hauser, 2019). É difícil imaginar que uma reação semelhante tivesse ocorrido cinco anos antes ou mais.

Depois de ter sobrevivido a um tiro na cabeça disparado por integrante do Talebã por desafiar a proibição de meninas frequentarem a escola no Paquistão, Malala Yousafzai trabalhou incansavelmente em sua busca para ajudar meninas em todo o mundo a receber educação. Ela tornou-se a pessoa mais jovem a ganhar o prêmio Nobel da Paz em 2014.

Recentemente, as normas passaram por uma distinta mudança, o que ofereceu maior apoio às pessoas no que se refere a identidades sexuais e de gênero. De outro modo, atos de preconceito evidentes e flagrantes de discriminação e violência contra membros das comunidades LGBT continuam a ocorrer em números preocupantes, e atitudes discriminatórias e até mesmo leis permanecem as mesmas em muitas partes do mundo. Além desses exemplos claros, há muitas outras maneiras pelas quais os preconceitos e a discriminação podem operar de modo mais sutil. Por exemplo, quando o ex-campeão olímpico Bruce Jenner fez a transição para uma identidade feminina e passou a se chamar Caitlyn, em 2015, ela recebeu um enorme apoio público. Mas, então, por que o nome Caitlyn (e suas variações, como Caitlin) despencou mais que qualquer outro no *ranking* de nomes populares para bebês no ano seguinte (Ohlemacher, 2017)? Um exemplo mais sério vem de um estudo de David Schwegman (2019). Ele contatou proprietários de imóveis que anunciaram unidades para locação em 94 cidades dos Estados Unidos. Schwegman enviou um e-mail aos proprietários para indicar interesse em alugar o imóvel e, de modo aleatório, usou um nome masculino ou feminino com o nome de seu cônjuge. Ao indicar que o solicitante tinha um cônjuge do mesmo sexo, menos proprietários responderam o e-mail se comparado a quando havia a indicação de um casal heterossexual. Os proprietários tiveram ainda maior probabilidade de ignorar o pedido de locação se o e-mail sugerisse que o casal era composto por um homem negro com marido.

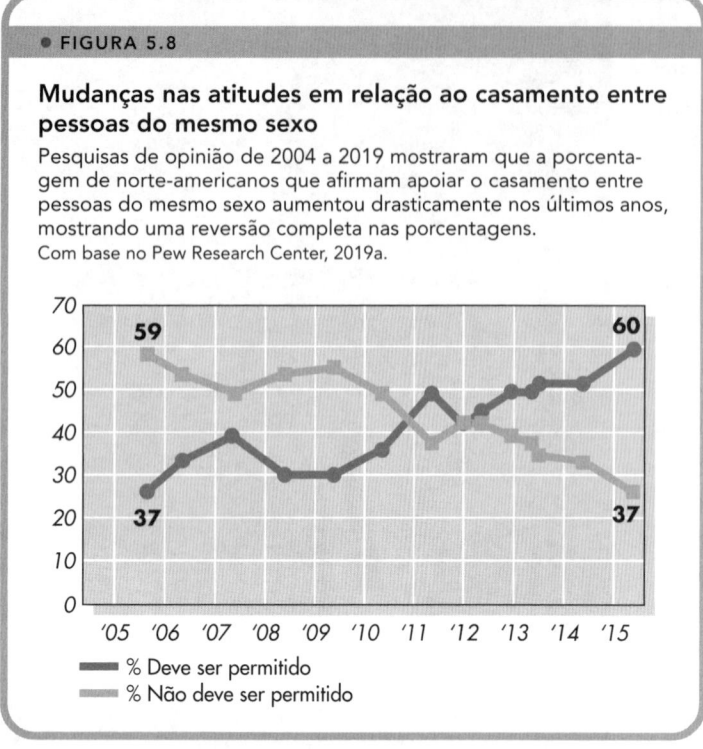

• **FIGURA 5.8**

Mudanças nas atitudes em relação ao casamento entre pessoas do mesmo sexo

Pesquisas de opinião de 2004 a 2019 mostraram que a porcentagem de norte-americanos que afirmam apoiar o casamento entre pessoas do mesmo sexo aumentou drasticamente nos últimos anos, mostrando uma reversão completa nas porcentagens.
Com base no Pew Research Center, 2019a.

— % Deve ser permitido
— % Não deve ser permitido

O fato de o preconceito ser especialmente resistente se o inquilino fosse um negro gay traz à tona um ponto adicional. No geral, somos membros de várias categorias sociais e isso pode gerar identidades que se cruzam e estereótipos, preconceitos e sistemas de discriminação associados. Lisa Rosenthal e Marci Lobel (2019), por exemplo, examinaram como mulheres negras e latinas vivenciam o "racismo de gênero" – estereótipos e discriminação devido à interseção de raça/etnia e gênero – que afeta negativamente a saúde sexual e reprodutiva dessas mulheres. Há um corpo de pesquisas em rápido crescimento que estuda as interseções de uma série de dimensões, como classe econômica, sexualidade, saúde mental e idade, juntamente com raça e gênero (Cooley et al., 2018; Corrington et al., 2019; Mattan et al., 2019; Rodriguez-Seijas et al., 2019).

■ 5-1f Estigmatização

Somos *todos* alvos de estereótipos e preconceitos alheios. Pode ser por causa de nossa aparência, como falamos, como nos vestimos, de onde viemos e assim por diante. Nenhum de nós está imune a ter nosso trabalho avaliado de modo tendencioso, nossos motivos questionados ou nossas tentativas de fazer novos amigos rejeitadas por causa de estereótipos e preconceitos. Porém, para os alvos de alguns estereótipos e preconceitos, essas preocupações são mais implacáveis e profundas. Para eles, parece haver poucos portos seguros. Os psicólogos sociais costumam se referir a esses alvos como **estigmatizados** – indivíduos que são alvos de estereótipos negativos, percebidos como anormais e desvalorizados na sociedade porque são membros de determinado grupo social ou porque apresentam uma característica específica (Major e Crocker, 1993). Quais são alguns dos efeitos de ser estigmatizado por estereótipos e preconceitos?

Em *Color-Blind*, o escritor Ellis Cose (1997), que é afro-americano, relata uma história sobre como foi tratado em uma entrevista de emprego vinte anos antes. Na época, era repórter de um jornal premiado e esperava conseguir um emprego em uma revista nacional. O editor com quem se encontrou foi gentil e cortês, porém disse que a revista não tinha muitos leitores negros. "Tudo o que o editor observou foi um jovem negro e, como a *Esquire* não precisava de um jovem negro, eles não necessitavam de mim... O editor esteve tão ocupado concentrando-se em minha etnia que foi incapaz de enxergar a mim ou meu trabalho" (p. 150). Então, alguns anos depois, e à luz das políticas de ações afirmativas, Cose foi questionado se estaria interessado em um cargo como diretor corporativo de oportunidades iguais em uma empresa. "Fiquei pasmo, pois a pergunta não fazia sentido. Eu não era especialista em direito de pessoal nem em igualdade de direitos. Porém, eu era negro, o que parecia ser a qualificação mais importante" (p. 156).

Os alvos de estereótipos estigmatizantes frequentemente se questionam se e em que medida as impressões alheias sobre eles são deturpadas pelas lentes distorcidas da categorização social. Em algumas ocasiões, essas suspeitas podem realmente servir a uma função de autoproteção. Por exemplo, em um estudo de Jennifer Crocker et al. (1991), alunos negros que receberam *feedback* interpessoal negativo de um aluno branco sofreram menos impacto em sua autoestima quando puderam facilmente atribuir a resposta

estigmatizado Ser persistentemente estereotipado, percebido como errado e desvalorizado na sociedade por pertencer a determinado grupo social ou em razão de uma característica específica.

negativa do aluno branco a uma reação racista que quando não puderam. De outro modo, a autoestima dos alunos negros foi realmente reduzida ao receber um *feedback positivo* de um aluno branco se eles pudessem suspeitar que esse *feedback* poderia ter sido devido à sua etnia. Na verdade, o *feedback* positivo neste contexto pode até ser visto como ameaçador. Em uma série de experimentos de Brenda Major et al. (2016), mulheres latinas que suspeitavam da sinceridade de um colega branco experimentaram reações cardiovasculares associadas a estresse e ameaça quando receberam *feedback* positivo do colega.

Ainda que atribuir *feedback* negativo à discriminação possa geralmente proteger a autoestima de uma pessoa, também pode levá-la a se sentir com menos controle pessoal sobre sua vida, especialmente quando há motivos para acreditar que a discriminação possa persistir ao longo do tempo. Experimentar esse sentimento com frequência pode levar a diversas consequências negativas. Alvos estigmatizados correm maior risco de sofrer problemas físicos e psicológicos graves e de longo prazo, o que inclui aumento da pressão arterial, depressão, câncer de mama, diabetes, derrame, problemas respiratórios, dor crônica, abuso de drogas e relacionamentos abusivos (por exemplo, Homan, 2019; Hunger et al., 2019; Rosenthal et al., 2019; Schmitt et al., 2014; Stock et al., 2018).

■ 5-1g Ameaça do estereótipo: uma ameaça no ar

Uma das consequências trágicas dos estereótipos na vida contemporânea são seus efeitos sobre o desempenho intelectual e a identidade de seus alvos. Uma enorme onda de pesquisas sobre esse assunto surgiu quando o psicólogo social Claude Steele começou a escrever sobre o problema na década de 1990. Steele propôs que, em situações em que um estereótipo negativo pode se aplicar a certos grupos, os membros desses grupos podem temer ser vistos "através das lentes de estereótipos de baixas expectativas que os diminuam" (1999, p. 44). Steele (1997) chamou essa situação de **ameaça do estereótipo**, pois esta paira como "uma ameaça no ar" quando o indivíduo está em situação vulnerável em relação ao estereótipo. A situação pode ser particularmente ameaçadora para indivíduos que realmente se preocupam com as áreas sobre as quais o estereótipo se baseia. Steele argumentou que a ameaça do estereótipo exerce um papel crucial em influenciar o desempenho intelectual e a identidade dos membros de grupos estereotipados. Posteriormente, ele ampliou o escopo de sua análise para incluir *ameaças à identidade social* de modo mais generalizado. Essas ameaças não estão necessariamente ligadas a estereótipos específicos, mas refletem uma desvalorização mais vasta do grupo social de alguém.

De acordo com a teoria de Steele, a ameaça do estereótipo pode dificultar o desempenho acadêmico de dois modos. Primeiro, as reações à "ameaça no ar" podem interferir diretamente no desempenho – por exemplo, aumentando a ansiedade e desencadeando pensamentos que levem à distração. Em segundo lugar, se essa ameaça do estereótipo for crônica no ambiente educacional, pode levar os indivíduos *deixar de identificar-se* com o ambiente em si – descartando a educação como não mais relevante para sua autoestima e sua identidade.

Para elucidar, imagine uma aluna negra e outra branca que tenham ingressado no ensino médio com notas similares no que se refere a desempenho acadêmico. Suponha que, ao fazer uma prova particularmente difícil no início do ano letivo, ambas enfrentem dificuldades nas primeiras questões. Começam a ficar apreensivas com a chance de reprovação, porém a estudante negra apresenta todo um conjunto de preocupações adicionais em relação à possibilidade de confirmar um estereótipo negativo. Mesmo que não acredite no estereótipo, a ameaça de ser enfraquecida por ele ao olhar alheio a seu redor pode desencadear ansiedade e distração, o que prejudica o desempenho dela. E se a estudante passar por essa ameaça com frequência – talvez porque se destaque como uma das poucas alunas negras da escola ou por ser tratada de maneira diferente pelos outros –, a situação pode tornar-se muito ameaçadora para sua autoestima. Para se proteger contra a ameaça, ela pode deixar de se identificar com a escola. Em outras palavras, seu desempenho acadêmico pode tornar-se menos relevante para sua identidade e autoestima, levando-a a se esforçar menos e ter um desempenho pior.

ameaça de estereótipo A experiência no que se refere à preocupação de ser avaliado com base em estereótipos negativos pelo próprio grupo.

Os experimentos originais Steele et al. conduziram uma série de experimentos nos quais manipularam fatores que provavelmente aumentariam ou diminuiriam a ameaça do estereótipo à medida que os alunos faziam as provas acadêmicas. Por exemplo, Steele e Joshua Aronson (1995) levaram alunos negros e brancos de uma universidade extremamente concorrida a fazer um teste oral padronizado muito difícil. Para alguns participantes, a etapa foi apresentada como um teste de capacidade intelectual; para outros, como uma tarefa de solução de problemas não relacionada à capacidade intelectual. Steele e Aronson pensaram que, devido à complexidade do teste, todos os alunos teriam dificuldades. Se fosse relacionado à capacidade intelectual, entretanto, os estudantes negros sentiriam a ameaça de um estereótipo negativo, além do estresse de lutar contra o teste em si. De outro modo, se a atividade fosse descrita como simplesmente uma tarefa de pesquisa, não relacionada à capacidade intelectual, então os estereótipos negativos seriam menos aplicáveis, e a ameaça do estereótipo seria reduzida. Nesse caso, os alunos negros seriam menos prejudicados durante a realização do teste. Conforme mostrado na • Figura 5.9, os resultados apoiaram essas previsões.

Assim, uma mudança aparentemente pequena no cenário – algumas palavras sobre o significado de um teste – teve um efeito poderoso no desempenho dos alunos negros. Em um segundo estudo, os pesquisadores usaram uma manipulação ainda mais sutil da ameaça do estereótipo: pedir ou não que os alunos informassem sua etnia logo antes de realizar o teste. Levá-los a pensar em sua raça/etnia por alguns segundos antes de fazer o teste prejudicou o desempenho dos alunos negros, mas não produziu efeito sobre os alunos brancos. Pense nas consequências de tais descobertas para importantes contextos do mundo real. (Depois de anos conduzindo esse tipo de pesquisa, os psicólogos sociais finalmente conseguiram convencer o *College Board* e o *Educational Testing Service* em 2012 a descontinuar a prática de fazer perguntas demográficas aos alunos imediatamente antes de realizarem testes muito significativos, como vestibulares.)

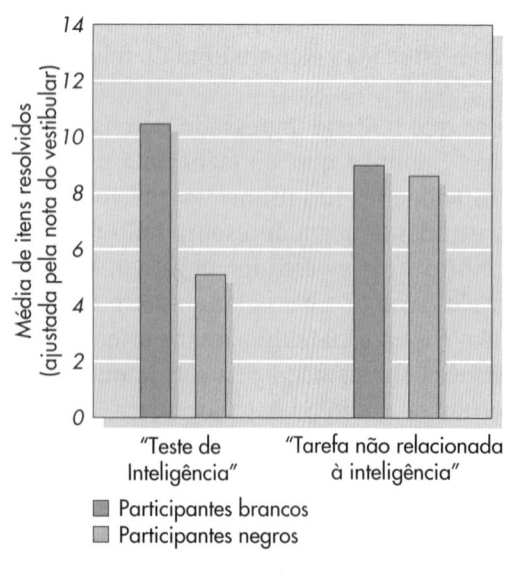

• **FIGURA 5.9**

Ameaça de estereótipo e desempenho acadêmico

Os alunos negros se saíram pior que os brancos em um difícil teste oral (mesmo depois de as notas serem ajustadas com base no desempenho de vestibular deles) se tivessem sido informados que o teste era de capacidade intelectual (esquerda). De outro modo, não houve diferença nas notas ajustadas entre alunos negros e brancos no mesmo teste quando foram informados de que o exame não estava relacionado à capacidade intelectual (direita).
Fonte: Baseado em Steele e Aronson, 1995.

Como os estereótipos negativos relativos às habilidades das mulheres em matemática avançada são frequentes, elas podem muitas vezes experimentar a ameaça dos estereótipos em ambientes nos quais essas habilidades sejam relevantes. Reduzir a ameaça do estereótipo nessas situações, portanto, deveria minimizar o desempenho inferior que as mulheres tendem a apresentar nessa área. Para testar essa ideia, Steven Spencer et al. (1999) recrutaram alunos de ambos os gêneros que eram bons em matemática e que a consideravam importante para suas identidades. Os pesquisadores deram a esses alunos um teste padronizado muito complexo da disciplina, no qual todos teriam um desempenho insatisfatório. Antes de realizá-lo, alguns alunos foram informados de que os resultados, em geral, não apresentavam diferenças de gênero, o que implica que o estereótipo negativo da competência feminina em matemática *não* era relevante para esse teste específico. Outros alunos foram informados de que os resultados costumavam *indicar* diferenças de gênero. Como a teoria de Steele previu, as mulheres tiveram um desempenho pior que os homens quando foram informadas de que os resultados normalmente apresentavam diferenças de gênero, porém elas tiveram um desempenho tão bom quanto os homens quando foram informadas de que as diferenças de gênero não eram comuns.

A prevalência e a diversidade de ameaças Desde esses estudos originais, a pesquisa inspirada na teoria da ameaça do estereótipo cresceu em um ritmo extremamente rápido. Embora alguns pesquisadores tenham questionado a importância da ameaça do estereótipo em situações do mundo real (Shewach et al., 2019), várias revisões completas da literatura de pesquisas concluem que a evidência de baixo desempenho devido à ameaça do estereótipo é bastante intensa e abrangente (Schmader et al., 2015; Spencer et al., 2016). Esta foi encontrada no laboratório e em ambientes do mundo real, incluindo escolas e empresas.

Amostras dessas ameaças estão por toda a parte. Por exemplo, muitos atletas brancos sentem-se ameaçados pelo estereótipo constantemente ao entrar em uma quadra ou campo esportivos no qual constituem a minoria. O atleta branco sentirá o peso adicional dessa ameaça enquanto joga contra os outros atletas em uma competição? Para responder a essa questão, Jeff Stone et al. (1999) colocaram alunos negros e brancos para jogar minigolfe. Quando os experimentadores caracterizaram o jogo como um diagnóstico de "habilidade esportiva natural", os alunos brancos se saíram pior. Porém, quando a atividade foi caracterizada como um diagnóstico de "inteligência esportiva", os estudantes negros se saíram pior.

Deve-se ressaltar que os indivíduos podem ser afetados pela ameaça do estereótipo, mesmo que não acreditem no estereótipo negativo. Apenas saber da existência do estereótipo parece ser suficiente, principalmente se o indivíduo se identifica intensamente com o grupo-alvo e se preocupa em ter um bom desempenho. Este último ponto é de modo particular contundente – o desempenho de quem é bem-sucedido em algo e para quem esse aspecto tem mais importância pode ser ainda mais afetado pelos efeitos da ameaça do estereótipo. (Uma observação interessante: o primeiro experimento foi conduzido por Mikel Jollet, estudante universitário da Universidade de Stanford, em um trabalho com Claude Steele, em uma escola de ensino médio na cidade de Los Angeles, para demonstrar que alunos mais apreensivos com o sucesso acadêmico eram mais vulneráveis aos efeitos da ameaça do estereótipo. Jollet logo depois formou-se e tornou-se vocalista e compositor do bem-sucedido grupo de rock alternativo The Airborne Toxic Event.)

Aqui está uma pequena amostra de grupos cujo desempenho em várias áreas foi prejudicado pela ameaça do estereótipo, conforme demonstrado em experimentos realizados em todo o mundo:[4]

- Alunos de baixa condição socioeconômica na França e nos Estados Unidos em uma prova oral ou de inteligência quando esta foi considerada diagnóstica de capacidade intelectual (Croizet e Claire, 1998; Désert et al., 2009)
- Norte-americanos brancos em um teste de matemática quando comparados a asiáticos (Aronson et al., 1999)
- Idosos em testes de memória ou outros testes cognitivos quando apresentados a estereótipos negativos sobre a velhice (von Hippel et al., 2019)
- Mulheres em uma prova de matemática em ambiente misto em vez de feminino (Ben-Zeev et al., 2005; Sekaquaptewa e Thompson, 2003)
- Mulheres ao jogar xadrez on-line quando informadas de que o adversário era do sexo masculino (Maass et al., 2008)
- Participantes brancos ao realizar um TAI pensaram que o teste fosse de diagnóstico de racismo (Frantz et al., 2004)
- Indivíduos com histórico de doenças mentais em um teste de habilidade de raciocínio quando questionados sobre sua doença antes de realizar tal tarefa (Quinn et al., 2004)
- Alunos esportistas orientados a pensar sobre sua identidade como atletas antes de serem submetidos a um difícil teste de matemática (Yopyk e Prentice, 2005)

> Um estudante afro-americano provavelmente terá um desempenho pior em uma tarefa atlética se esta for descrita como indicativa de sua inteligência esportiva que se fosse descrita como indicativa da habilidade atlética natural.
>
> **VERDADEIRO**

Três estudiosos que fizeram pesquisas sobre a ameaça do estereótipo se reúnem nos bastidores após um show do evento Airborne Toxic. Você consegue adivinhar qual deles se tornou uma estrela do rock?

- Indivíduos com sobrepeso induzidos a pensar sobre estereótipos relacionados ao peso (Major et al., 2014)
- Jogadoras de basquete negras questionadas a respeito do gênero pouco antes de lances livres (Howard e Borgella, 2018)
- Mulheres ao dirigir depois de serem lembradas de estereótipos degradantes sobre mulheres motoristas (o que as levou em um simulador de direção a colidir com pedestres desatentos!) (Yeung e von Hippel, 2008)

Causas dos efeitos da ameaça do estereótipo *Como* a ameaça do estereótipo causa todos esses efeitos? De várias maneiras (Spencer et al., 2016). Demonstrou-se que a ameaça do estereótipo, no geral, causa os efeitos a seguir: desencadeia a excitação fisiológica e o estresse; enfraquece recursos cognitivos; causa perda de foco na tarefa em questão por causa de tentativas de suprimir pensamentos sobre o estereótipo em questão; prejudica a memória de trabalho; ativa pensamentos negativos, preocupações, sentimentos de desânimo e preocupações sobre como tentar evitar o fracasso em vez de tentar alcançar o sucesso; e desperta atividades neurais que tendem ao *feedback* negativo de confirmação de estereótipo. Essa é uma lista longa e pode ser tentador apenas observá-la. Porém leia a lista novamente e imagine-se tentando dar o melhor de si em um teste complicado enquanto passa por todas essas situações – isso deve dar a você uma noção de como a ameaça do estereótipo pode minar o desempenho e as ambições de alguém.

A boa notícia é que pesquisas sobre o assunto também propiciam motivos para ter esperança. Em cada um dos exemplos de ameaça do estereótipo que discutimos, o desempenho inferior é significativo ou completamente eliminado quando a ameaça do estereótipo é reduzida. Os psicólogos sociais identificaram várias maneiras de reduzir essas ameaças ou de se proteger contra elas, e vamos nos concentrar nesse aspecto na seção final deste capítulo. No entanto, antes de chegarmos às soluções para a ameaça do estereótipo e dos outros problemas que estivemos discutindo até agora, veremos a seguir as causas psicossociais na raiz dessas questões.

5-2 Causas do problema: fatores intergrupais, motivacionais, cognitivos e culturais

Uma das razões pelas quais os estereótipos, o preconceito e a discriminação persistem é porque são causados por múltiplos fatores, e estes operam tanto de modo independente quanto em conjunto. Alguns deles derivam do padrão como os humanos processam informações e lembram-se delas. Outros podem ser atribuídos a motivações e objetivos que nos levam a ver ou a reagir a nosso mundo social de maneiras específicas. Outros ainda dizem respeito a como grupos de indivíduos são representados ou valorizados em sua cultura. Nesta seção, veremos algumas das causas mais significativas.

5-2a Categorias sociais e conflitos entre grupos

Na raiz de estereótipos, preconceitos e discriminação está o fato de que dividimos nosso mundo social em grupos. Como observadores, rotineiramente classificamos uns aos outros em grupos com base em gênero, raça, idade e outros atributos comuns em um processo chamado **categorização social**. De certo modo, a categorização social é natural e adaptativa. Economizamos muito tempo e esforço ao fazer uso da associação de pessoas em grupos para realizar inferências sobre elas. No entanto, o tempo e a energia poupados por meio da categorização social têm um custo. Categorizar as pessoas nos leva a superestimar as diversidades entre diferentes grupos e subestimar as distinções em um mesmo grupo (Krueger e DiDonato, 2008).

Mesmo a percepção básica é afetada pela categorização social. Pesquisas já demonstraram que as pessoas veem rostos racialmente ambíguos como mais escuros e desencadeiam associações implícitas mais negativas se estes forem rotulados como negros em vez de brancos (Levin e Banaji, 2006; Willadsen-Jensen e Ito, 2015). As pessoas também tendem a superestimar o porte físico de um homem – e quanto pode ser perigoso – se classificado como negro em vez de branco. Por exemplo, os participantes (que não eram afro-americanos) em um estudo de John Paul Wilson et al. (2017) viram imagens como a da • Figura 5.10, em que a etnia do retratado não pôde ser determinada. Eles foram convidados a estimar o porte físico do homem. Se os participantes eram levados a acreditar que o homem fosse negro (por exemplo, com base em seu nome), consideraram-no mais alto e pesado que se pensassem que ele fosse branco.

> **categorização social** A classificação de pessoas em grupos com base em atributos comuns.

Individualmente somos membros de várias categorias sociais, mas algumas categorizações – particularmente que envolvem raça/etnia, gênero e idade – têm mais probabilidade de dominar rapidamente nossas percepções que outras (Ellemers, 2018; Kawakami et al., 2017; Kubota e Ito, 2017). As distinções entre algumas dessas categorias sociais podem ser vistas como mais rígidas e enraizadas biologicamente que realmente são. Muitas pessoas presumem, por exemplo, que há uma base genética concreta para classificar as pessoas por etnia. No entanto, vários biólogos, antropólogos e psicólogos observam que há mais variação genética *dentro das* etnias que *entre* elas e enfatizam que raça é mais uma concepção social que realmente genética (Marks, 2011; Markus, 2008; Plaks et al., 2012). Na verdade, o modo como as sociedades fazem distinções entre etnias pode mudar drasticamente em razão dos contextos históricos. Por exemplo, era bastante comum os norte-americanos no início do século XX considerarem os descendentes de irlandeses um grupo racial distinto dos brancos, mas hoje esse tipo de pensamento é bastante raro.

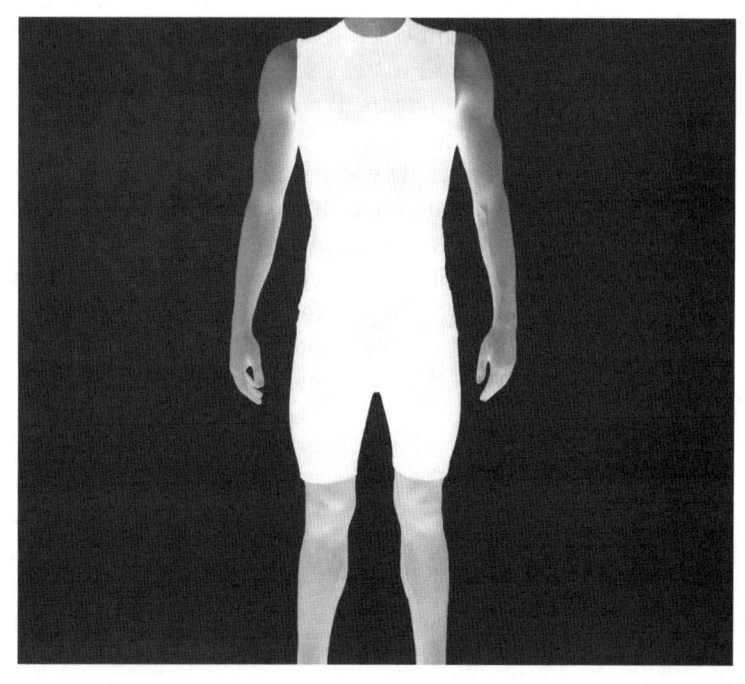

• FIGURA 5.10

Categorização racial e percepção de tamanho

Participantes dos estudos de John Paul Wilson et al. (2017) visualizaram imagens como esta, nas quais a raça/etnia do homem mostrado não pode ser determinada. Se os participantes eram levados a acreditar que o homem fosse negro, estimaram que ele era mais alto e robusto que se pensassem que fosse branco.
De Wilson et al. (2017)

Como as pessoas pensam sobre o significado de raça/etnia pode ter consequências importantes. Por exemplo, Melissa Williams e Jennifer Eberhardt (2008) descobriram que pessoas que tendem a encarar as raças/etnias como uma entidade estável e biologicamente determinada são menos propensas a interagir com membros de um grupo étnico diferente do seu e mais propensas a aceitar as desigualdades raciais que pessoas que veem o conceito de raça/etnia como algo mais determinado pela sociedade. Como as pessoas atualmente se identificam com cada vez mais conceitos multirraciais e multiétnicos ou de maneiras que desafiam a distinção binária tradicional entre homens e mulheres, isso pode vir a desenvolver maior fluidez na categorização social. Nesse sentido, Diana Sanchez et al. (2015) descobriram que, após uma breve interação com um aluno cuja etnia não podia ser determinada, os alunos brancos tornaram-se menos propensos a ver a etnia como uma entidade biológica fixa.

"Em 2015, um em cada sete bebês nos Estados Unidos era multirracial ou multiétnico, quase o triplo da taxa em 1980."

– Livingston, 2017.

Endogrupos versus exogrupos Embora categorizar humanos seja muito parecido com categorizar objetos, há uma diferença fundamental. Quando se trata de categorização social, os próprios observadores são membros ou não membros das categorias que aplicam. Os grupos com os quais nos identificamos – país, religião, partido político e até mesmo o time de futebol – são chamados **endogrupos**, enquanto aos quais não pertencemos são chamados **exogrupos**. Vemos as pessoas de maneiras significativamente diferentes se as considerarmos parte de nosso endogrupo ou do exogrupo.

Consequentemente exageramos as diferenças entre nosso endogrupo e outros exogrupos, e esse exagero ajuda a compor e a reforçar estereótipos. Outro resultado é um fenômeno conhecido como **efeito de homogeneidade do exogrupo**, pelo qual observadores assumem que há mais semelhanças entre membros de exogrupos que entre membros do próprio grupo. Em outras palavras, pode haver muitas e sutis diferenças entre "nós", mas "eles" são todos iguais (Linville e Jones, 1980). É fácil pensar em exemplos da vida real. Chineses, coreanos, taiwaneses e japoneses se veem como bastante distintos uns dos outros, é claro, mas para muitos ocidentais são vistos simplesmente como asiáticos. Os graduados em inglês se veem como diferentes dos graduados em história, mas os graduados em ciências muitas vezes os agrupam como "pessoal de humanas". Os californianos declaram sua enorme diversidade cultural, étnica e econômica, enquanto os de fora falam do "típico californiano".

Para pessoas de fora do grupo, os membros do exogrupo até *parecem* semelhantes: as pessoas são menos precisas em distinguir e reconhecer os rostos de membros de exogrupos raciais que de endogrupos (Hughes et al., 2019; Markant e Scott, 2018; Stelter e Degner, 2018). Em seu livro de 2019, *Biased*, a psicóloga social Jennifer Eberhardt escreve sobre um aumento no furto de bolsas em Chinatown, em Oakland, Califórnia, por adolescentes negros. Por que o aumento repentino? "Os rapazes começaram a perceber que as mulheres asiáticas não conseguiam distingui-los" e, portanto, não tinham capacidade de identificá-los à polícia (p. 20). Eberhardt, que é afro-americana, relembra em seu livro como ela – que se tornaria uma renomada pesquisadora sobre raça/etnia – teve problemas para diferenciar os brancos ao se mudar para um bairro de maioria branca quando estava no ensino médio.

Por que as pessoas tendem a perceber exogrupos como homogêneos? Um dos motivos é que há uma tendência a se ter menos contato pessoal e familiaridade com membros individuais de exogrupos. Em segundo lugar, as pessoas geralmente não conhecem uma amostra representativa de membros do exogrupo. Um aluno de uma escola que encontra alunos de uma escola rival apenas quando eles vão até a cidade para um jogo de futebol no sábado, gritando a plenos pulmões, vê apenas os torcedores rivais mais ávidos ao fazer muito barulho e agir de modo competitivo – dificilmente um grupo diverso.

A falta de familiaridade e a de diversidade de experiências com membros de exogrupos são duas razões pelas quais "*eles* são todos parecidos", mas a história vai além disso. Pesquisas que fizeram uso de diversos métodos, incluindo imagens cerebrais, descobriram que

endogrupos Grupos com os quais um indivíduo sente identificação, pertencimento e identidade.

exogrupos Grupos com os quais um indivíduo não sente identificação, pertencimento ou identidade.

efeito de homogeneidade do exogrupo A tendência de supor que há maior semelhança entre membros de exogrupos que entre os de endogrupos.

assim que categorizamos uma pessoa desconhecida como um membro de nosso endogrupo ou de um exogrupo, imediatamente processamos as informações sobre ela de maneira diferente, mesmo nos níveis mais básicos. Por exemplo, vários estudos descobriram que os participantes experimentam uma maior ativação em áreas específicas do cérebro, como a área fusiforme de face e o córtex orbitofrontal, na exposição a faces desconhecidas se esses rostos fossem rotulados como membros de seu grupo em vez de membros de um exogrupo (ver • Figura 5.11) (Cikara et al., 2017; Kawakami et al., 2017; Van Bavel e Cunningham, 2009). Os efeitos da rotulagem em endogrupo/exogrupo podem até anular os efeitos de preconceitos raciais nessas medições. De acordo com Peter Mende-Siedlecki et al. (2019), esse tipo de processamento tendencioso de rostos de exogrupos explica por que os participantes brancos em seus estudos eram menos propensos a reconhecer a dor no rosto dos negros que no dos brancos, um efeito que contribui para um grande problema social, já que médicos tendem a subdiagnosticar e a não tratar a dor entre pacientes negros de modo adequado.

Desumanizando exogrupos As pessoas podem não apenas avaliar a fisionomia de indivíduos de exogrupos mais superficialmente, mas também, às vezes, objetificá-lo ou considerá-los animais inferiores e não semelhantes. A desumanização teve um forte papel nas atrocidades ao longo da história, como na propaganda nazista que caracterizou os judeus na Alemanha como ratos disseminadores de doenças e os negros como meio-macacos. Mais recentemente, as investigações dos departamentos de polícia de Los Angeles e de San Francisco descobriram que os policiais descreveram pessoas de cor ao empregar palavras como *cucarachas*, *selvagens* e *macacos*; e incidentes que envolviam negros como *"No Humans Involved"* ou "Sem Humanos Envolvidos" (Eberhardt, 2019).

Os exemplos discutidos anteriormente neste capítulo de atletas negros em vários países sendo provocados com gritos de macacos elucidam a presença contínua de comportamentos declaradamente desumanizadores. O que provavelmente é ainda mais comum, entretanto, são formas mais sutis, muitas vezes implícitas, de desumanização de exogrupos específicos.

A probabilidade de as pessoas classificarem imediatamente a outra por etnia, gênero ou ocupação depende de uma combinação de fatores cognitivos, culturais e motivacionais.

• **FIGURA 5.11**

A neurociência de endogrupos e exogrupos

Os tons nessas imagens anatômicas do cérebro indicam algumas regiões cerebrais associadas a fazer distinções dentro/fora do grupo e avaliações intergrupais relacionadas. "COF" é o córtex orbitofrontal (*orbitofrontal cortex*) e "CPFm" é o córtex pré-frontal medial (*medial prefrontal cortex*). Uma atividade maior no COF, por exemplo, foi associada a maior preferência por rostos representativos de endogrupos.
Baseado em Cikara e Van Bavel, 2014.

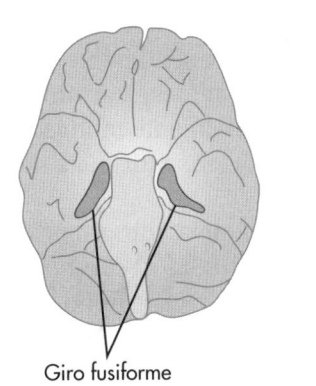
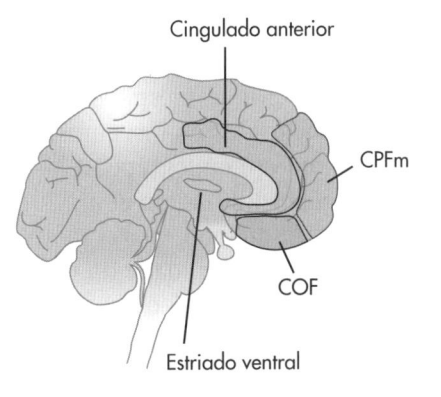

Estudos têm mostrado que muitos indivíduos (mesmo com 6 anos) associam automaticamente, mas inconscientemente, homens negros, pessoas de baixo nível socioeconômico e de vários países a animais como macacos, ratos e cães (Costello e Hodson, 2014; Goff, Eberhardt, et al., 2008; Loughnan et al., 2014; Wilde et al., 2014). De fato, algumas pesquisas relataram que, quando os indivíduos se encontram com membros de certos exogrupos estigmatizados, a atividade cerebral deles é mais semelhante à forma como as pessoas reagem à percepção de objetos em vez de outros seres humanos (Bruneau et al., 2018; Lee e Harris, 2014).

Esses processos implícitos de desumanização podem ser sutis, mas as consequências, profundas. Pesquisas revelaram que a desumanização é preditiva de resultados como policiais mais propensos a usar a força contra crianças negras, homens ao demonstrar maior inclinação a assediar sexualmente ou estuprar mulheres, estudantes italianos com menos propensão a ajudar pessoas no Japão e no Haiti após desastres naturais, e professores húngaros ao discriminar com mais intensidade alunos de grupos de minoria étnica (Andrighetto et al., 2014; Bruneau et al., 2019; Goff et al., 2014; Mescher e Rudman, 2014).

Empatia reduzida por membros de exogrupos Imagine ver alguém inserindo uma agulha no braço para retirar sangue. Ao observar a agulha perfurar a pele, é provável que você faça uma careta e sinta um pouco da dor que imagina que a pessoa esteja sentindo. Na verdade, alguns de vocês podem ter sentido o mesmo apenas ao ler as duas últimas frases. Estudos demonstram que as pessoas evidenciam padrões de atividade cerebral associados à experiência de dor real quando veem outra aparentemente com dor (Decety, 2015). Mesmo que essa seja uma reação relativamente automática, a tendência das pessoas é muito menor de demonstrá-la quando quem experimenta a dor é membro de um exogrupo – ou alguém que os levem a acreditar ser de um exogrupo (Molenberghs e Louis, 2018). E, em alguns contextos, as pessoas podem realmente gostar de ver o membro de um exogrupo sofrer. Torcedores fanáticos, por exemplo, podem ficar mais felizes ao ver uma equipe rival perder que ao assistir à vitória de seu próprio time (Cikara et al., 2014).

Motivações fundamentais entre grupos As origens da divisão em endogrupos e exogrupos são arraigadas em nossa história evolutiva, pois a sobrevivência dos primeiros humanos dependia da formação de grupos relativamente pequenos de semelhantes. Uma motivação básica para proteger o endogrupo e suspeitar de exogrupos é, portanto, provável que também tenha evoluído. Em consonância com essa ideia estão os resultados de experimentos que demonstram que quando as motivações básicas de autoproteção são ativadas – como em resposta a uma situação ameaçadora, de escassez econômica, um filme de terror, preocupações com uma gripe ou mesmo estar em um quarto completamente escuro –, as pessoas são mais propensas a exibir preconceito em relação a exogrupos ou a ser especialmente hesitantes em ver possíveis membros de exogrupos como parte de um endogrupo (Krosch e Amodio, 2019; Makhanova et al., 2015; Maner et al., 2012; Neuberg e Schaller, 2016).

O outro lado da desconfiança de exogrupos são os sentimentos positivos que temos em relação ao endogrupo do qual fazemos parte. O sentimento de conexão e solidariedade que possuímos com nossos próprios grupos aumenta nossa percepção de controle e de significado, e está associado a inúmeros benefícios psicológicos e físicos para a saúde (Greenaway et al., 2015; Páez et al., 2015). Sanaz Talaifar e William Swann (2018) empregam o termo *fusão de identidade* para descrever o sentido de "unidade" que as pessoas podem sentir ao fazer parte de um grupo. Esse sentimento pode motivar um comportamento positivo em relação ao grupo, mesmo correndo o risco de representar um sacrifício pessoal. Em geral, quando nos sentimos ameaçados ou inseguros, ficamos especialmente motivados a reafirmar nossa identificação e proximidade com um endogrupo, o que pode nos fazer sentir mais seguros e protegidos (Cikara e Van Bavel, 2014; Hogg, 2014; Knapton et al., 2018).

De vez em quando, nossa motivação básica pela autoproteção e pela preservação esbarra no obstáculo final: a inevitabilidade da morte. De acordo com a *teoria da gestão do terror*, discutida no Capítulo 3, as pessoas enfrentam o medo da própria morte construindo visões de mundo que ajudam a preservar seus valores mais significativos. De acordo com essa perspectiva, favorecer os endogrupos em relação aos exogrupos é um modo significativo de as pessoas preservarem suas visões culturais e de mundo e, com isso, tentarem alcançar uma espécie de imortalidade. Essa teoria tem sido apoiada por vários estudos que demonstram que quando os indivíduos são levados a pensar sobre a mortalidade – por exemplo, apresentando-lhes imagens de cemitérios ou levando-os a pensar sobre corpos em decomposição –, tornam-se mais propensos a exibir vários preconceitos de seu endogrupo, incluindo estereótipos e preconceitos em relação a exogrupos (Greenberg e Arndt, 2012; Greenberg et al., 2016). Participantes norte-americanos em estudos recentes de Kenneth Vail et al. (2019), por exemplo, endossavam mais fortemente as declarações anti-islâmicas se tivessem acabado de escrever a respeito da própria morte que se tivessem escrito sobre perda de movimentos.

> Ser lembrado da própria mortalidade leva as pessoas a colocar as coisas em uma perspectiva mais ampla, tendendo, assim, a reduzir as distinções e a hostilidade entre endogrupos e exogrupos.
>
> **FALSO**

Motivações relativas a domínio e *status* intergrupais Algumas pessoas são especialmente motivadas a preservar as desigualdades entre grupos na sociedade. Por exemplo, pessoas com uma **orientação à dominação social** desejam ver seus endogrupos como dominantes sobre outros grupos e tendem a apoiar valores culturais que contribuam para a opressão deles. Indivíduos com essa orientação tendem a endossar sentimentos como "Se certos grupos permanecessem em seus lugares, teríamos menos problemas" e a discordar de afirmações como "A igualdade entre grupos deve ser nosso ideal". Pesquisas em vários países no mundo descobriram que a identificação no grupo e a separação e a desumanização do exogrupo podem ser especialmente fortes entre pessoas com orientação à dominação social (Hudson et al., 2019; Levin et al., 2013; Pratto et al., 2013).

Quem apresenta orientação à dominação social promove interesses próprios. Porém algumas ideologias apoiam uma estrutura social que pode realmente se opor aos interesses de alguém, dependendo do *status* de seus grupos. John Jost (2019) propôs a **teoria da justificação do sistema**, que afirma que as pessoas são motivadas (pelo menos em parte) a defender e justificar as condições sociais, políticas e econômicas existentes. As crenças que justificam o sistema protegem o *status quo*. Os grupos com poder, é claro, podem promover o *status quo* para preservar a própria posição de vantagem. No entanto, alguns grupos desfavorecidos podem ser capazes de melhorar suas condições se desafiarem os sistemas econômico ou político, membros de grupos desfavorecidos com uma orientação de justificativa do sistema pensam que este é justo e correto, e podem admirar e até mesmo mostrar consideração em relação a exogrupos que prosperam nesse sistema.

Robbers Cave: um estudo de campo sobre conflitos intergrupais Robbers Cave State Park, em Oklahoma, era o cenário improvável para um dos experimentos de campo mais clássicos da psicologia social. No verão de 1954, um pequeno grupo de meninos de 11 anos – todos brancos de classe média, todos estranhos uns aos outros – chegaram a um acampamento de 200 acres localizado em uma área densamente arborizada do parque. Os meninos passaram a primeira semana caminhando, nadando, andando de barco e acampando. Depois de um tempo, criaram um nome para seu grupo e o escreveram em seus bonés e camisetas. No início, os meninos pensaram que fossem os únicos no local. Pouco tempo depois, entretanto, descobriram que havia um segundo grupo e que competições entre os dois grupos tinham sido organizadas.

O que esses meninos não sabiam era que participavam de um elaborado estudo conduzido por Muzafer Sherif et al. (1961). Os pais deram permissão para que os filhos participassem do experimento sobre competitividade e cooperação. Os dois grupos foram levados separadamente, e somente depois que cada um deles formou a própria identidade a presença do outro foi revelada. Quando "Rattlers" e "Eagles" finalmente se encontraram, eles o fizeram em circunstâncias tensas, competindo entre si no futebol, em uma caça ao tesouro, um cabo de guerra e outros jogos. A cada jogo, a equipe vencedora recebia pontos; à vencedora do torneio foi prometido um troféu, medalhas e outros prêmios. Quase da noite para o dia, os grupos transformaram-se em antagonistas hostis e a rivalidade tornou-se uma grande guerra. Bandeiras do outro grupo foram queimadas,

> **orientação à dominação social** Desejo de perceber o endogrupo como dominante sobre outros grupos e disposição para adotar valores culturais que facilitem a opressão sobre eles.
>
> **teoria da justificação do sistema** Teoria que propõe que as pessoas sejam motivadas (pelo menos em parte) a defender e justificar condições sociais, políticas e econômicas existentes.

barracas saqueadas e uma guerra de comida que parecia uma rebelião estourou no refeitório. Lembre-se de que os participantes desse estudo eram meninos padrão. No entanto, como Sherif (1966) colocou, um observador inexperiente teria pensado que fossem "perversos, perturbados e cruéis" (p. 85).

Criar um monstro por meio da competição foi fácil. Restaurar a paz, no entanto, não. Primeiro, os experimentadores tentaram dizer coisas boas aos Rattlers sobre os Eagles e vice-versa, mas a iniciativa não funcionou. Em seguida, os dois grupos foram reunidos em uma circunstância não competitiva, mas isso também não ajudou. O que, finalmente, funcionou foi a introdução de **objetivos superiores**, objetivos mútuos que só poderiam ser alcançados por meio da cooperação entre os grupos. Por exemplo, os experimentadores providenciaram para que o ônibus do acampamento quebrasse e ambos os grupos foram necessários para conseguir empurrá-lo até uma colina íngreme. Essa estratégia funcionou como um passe de mágica. No final do acampamento, os dois grupos estavam tão próximos que insistiram em voltar para casa no mesmo ônibus. Em apenas três semanas, Rattlers e Eagles experimentaram os tipos de mudanças que geralmente levam gerações para acontecer: formaram grupos unidos, foram para a guerra e fizeram as pazes.

Os eventos de Robbers Cave imitaram os tipos de conflito que assolam pessoas em todo o mundo. A explicação mais simples para esse conflito é a competição. Atribua desconhecidos a grupos, promova a discórdia entre eles, fomente e logo haverá conflito. Da mesma forma, os benefícios intergrupais de reduzir o foco na competição por meio da colocação de objetivos superiores também são evidentes em todo o mundo. Quando grupos díspares e discordantes de um país ou uma universidade se encontram em conflito ou competição com outro país ou faculdade, por exemplo, os preconceitos e a discriminação que mantinham os grupos separados muitas vezes são deixados de lado na busca de um objetivo comum.

Teoria do conflito realístico A visão de que a competição direta por recursos valiosos, mas limitados, gera hostilidade entre grupos é chamada **teoria do conflito realístico** (Levine e Campbell, 1972). Como uma simples questão de economia, um grupo pode se sair melhor na luta por terra, empregos ou poder do que outro. O grupo perdedor fica frustrado e ressentido, o grupo vencedor se sente ameaçado e cauteloso e, em pouco tempo, o conflito começa a gerar tensão. Grande parte do preconceito no mundo é impulsionada pelas realidades da competição (Duckitt e Mphuthing, 1998; Filindra e Pearson-Merkowitz, 2013; Stephan et al., 2005; Zárate et al., 2004).

Marcel Coenders et al. (2008), por exemplo, descobriram que, quando as taxas de desemprego na Holanda aumentaram, o mesmo ocorreu com o apoio à discriminação contra grupos étnicos minoritários. Do mesmo modo, David Butz e Kuma Yogeeswaran (2011) constataram que estudantes nos Estados Unidos indicaram maior preconceito contra os asiáticos se tivessem acabado de ler informações sobre problemas econômicos graves e a crescente competição por recursos escassos.

No entanto, há muito mais preconceito que competição real. A competição "realista" por recursos pode de fato ser imaginada – uma percepção na mente de um indivíduo que não esteja envolvido em nenhum conflito real. Além disso, as pessoas podem ficar ressentidas com outros grupos não por causa da convicção de que a própria segurança ou recursos são ameaçados por eles, mas por causa do sentimento de **privação relativa**, a crença de que estão mal se comparados com outros. Como diz o ditado, não é o tamanho de sua casa que importa, mas se é maior que a dos vizinhos (Moscatelli et al., 2014; Smith e Pettigrew, 2015; Urbanska e Guimond, 2018).

5-2b Teoria da identidade social

Pessoas em todo o mundo acreditam que a própria nação, cultura, idioma e religião são melhores e mais dignos que outros. Parte da razão para isso é ainda mais básica que a competição real ou percebida por recursos finitos. Porém também é decorrente de algo mais sutil e psicológico. Um estudo clássico com meninos do ensino médio em Bristol, Inglaterra, conduzido por Henri Tajfel et al. (1971), começou a desvendar a questão. Nesse estudo, os meninos

---

objetivo superior Objetivo compartilhado que somente pode ser alcançado por meio da cooperação entre indivíduos ou grupos.

teoria do conflito realístico Teoria de que a hostilidade entre grupos é causada pela competição direta por recursos limitados.

privação relativa Sentimentos de descontentamento suscitados pela crença daquele que se sai mal em comparação aos outros.

assistiram a uma série de *slides* pontilhados e sua tarefa era estimar o número de pontos em cada um deles. Os *slides* foram apresentados em rápida sucessão para que os pontos não pudessem ser contados. Mais tarde, o experimentador relatou aos participantes que algumas pessoas são "superestimadoras" e outras, "subestimadoras" crônicas. Como parte de uma segunda tarefa totalmente separada, os participantes foram divididos em dois grupos – um que se dizia ser composto de superestimadores e o outro de subestimadores. (Na verdade, eles foram divididos aleatoriamente.) Os participantes foram então instruídos a atribuir pontos que poderiam ser trocados por dinheiro a outros participantes.

Torcedores norte-americanos se deleitam com a glória do sucesso de seu time em um jogo de futebol na Copa do Mundo.

Esse procedimento foi projetado para criar *grupos mínimos* nos quais as pessoas são categorizadas com base em semelhanças triviais e minimamente importantes. Os superestimadores e subestimadores de Tajfel não eram rivais de longo prazo, não tinham um histórico de antagonismo, não estavam frustrados, não competiam por um recurso limitado nem mesmo se conheciam. Ainda assim, atribuíram consistentemente mais pontos aos membros do próprio grupo que aos membros do outro grupo. Esse padrão de discriminação, denominado **favoritismo intragrupal**, foi encontrado repetidamente em estudos em muitos países e com diferentes intervenções, embora há alguns fatores que tornam o efeito mais ou menos provável de ocorrer (Brewer, 2017; Capozza e Brown, 2000; Kerr et al., 2018).

Para explicar o favoritismo intragrupal, Tajfel (1982) e John Turner (1987) propuseram a **teoria da identidade social**. De acordo com essa teoria, ilustrada na ● Figura 5.12, cada um de nós se esforça para melhorar a autoestima, que apresenta dois componentes: (1) uma identidade *pessoal* e (2) várias identidades coletivas ou *sociais* que são baseadas nos grupos aos quais pertencemos. Em outras palavras, as pessoas podem aumentar a autoestima por meio das próprias realizações pessoais ou por meio do pertencimento a grupos de sucesso. O que é bom sobre a necessidade de identidade social é que nos leva a ter orgulho de nossas conexões com as outras pessoas, mesmo sem receber nenhum benefício direto delas. O que é lamentável, no entanto, é que muitas vezes sentimos a necessidade de menosprezar "os outros" para nos sentirmos seguros de "nós". Fanatismo religioso, prepotência racial e étnica e nacionalismo agressivo podem ocupar esse lado mais negativo de nossa identidade social. Até mesmo a fofoca pode desempenhar esse papel; Jennifer Bosson et al. (2006; ver também Weaver e Bosson, 2011) descobriram que, quando pessoas compartilhavam atitudes negativas sobre um terceiro, sentiam-se mais próximas umas das outras.

Schadenfreude é uma palavra que parece difícil para uma sensação conhecida – a experiência de prazer com os infortúnios dos outros, especialmente celebridades ou outras pessoas por quem não sentimos empatia. Mina Cikara (2015; Cikara et al., 2014) descobriu que as pessoas que se identificam intensamente com seus grupos sociais de modo frequente experimentam esse prazer em relação aos infortúnios de exogrupos, com falta de empatia.

Duas previsões básicas surgiram da teoria da identidade social: (1) Ameaças à autoestima de alguém aumentam a necessidade do favoritismo intragrupal e (2) expressões de favoritismo intragrupal

> **favoritismo intragrupal** Tendência de discriminar exogrupos em favor de endogrupos.
> **teoria da identidade social** Teoria de que as pessoas favorecem os endogrupos em relação aos exogrupos a fim de aumentar sua autoestima.

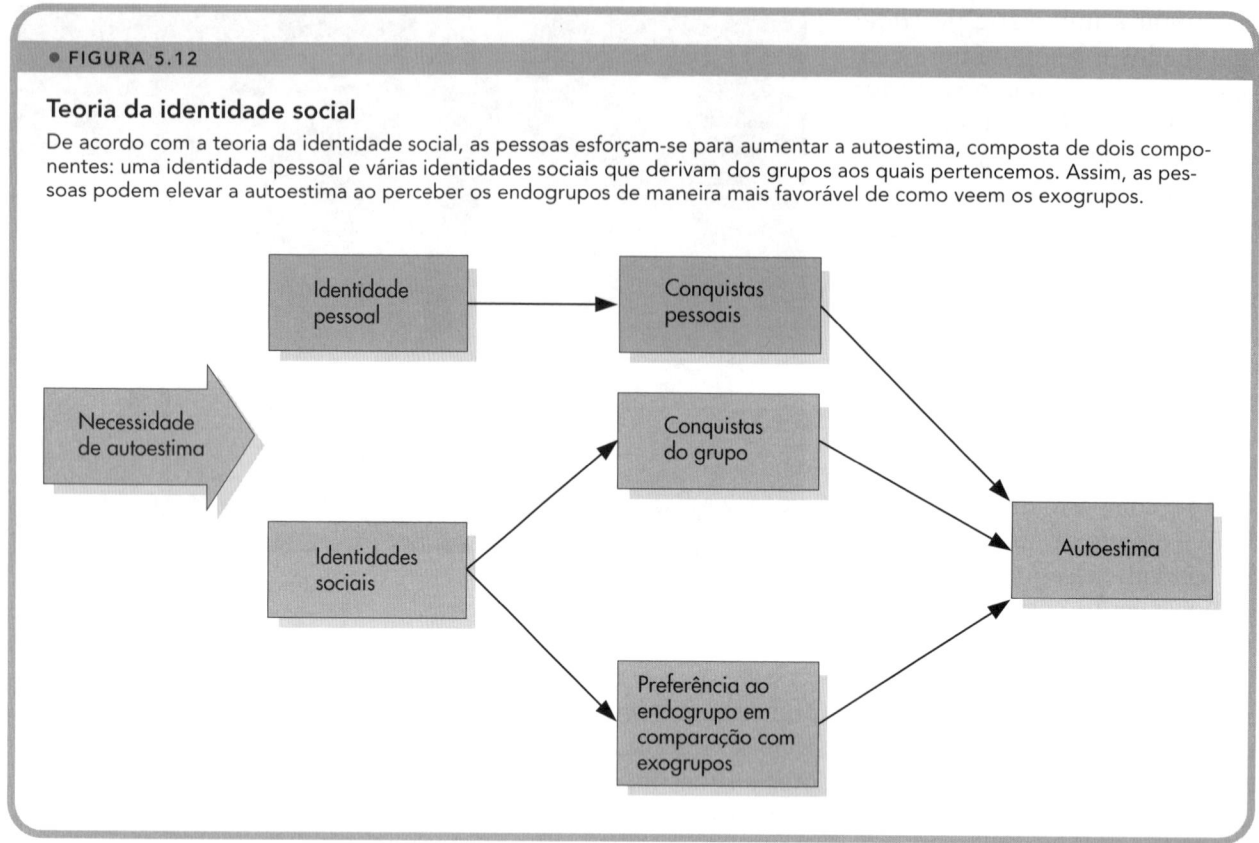

● FIGURA 5.12

Teoria da identidade social

De acordo com a teoria da identidade social, as pessoas esforçam-se para aumentar a autoestima, composta de dois componentes: uma identidade pessoal e várias identidades sociais que derivam dos grupos aos quais pertencemos. Assim, as pessoas podem elevar a autoestima ao perceber os endogrupos de maneira mais favorável de como veem os exogrupos.

aumentam a autoestima. Pesquisas, geralmente, apoiam essas previsões (Fiske e Tablante, 2015; Mackie e Smith, 2015).

Steven Fein e Steven Spencer (1997) propuseram que as ameaças à autoestima podem levar os indivíduos a fazer uso de estereótipos negativos disponíveis para depreciar membros de grupos estereotipados e que, ao depreciar os outros, podem se sentir melhor sobre si mesmos. Em um estudo, por exemplo, Fein e Spencer deram aos participantes *feedback* positivo ou negativo sobre seu desempenho em um teste de habilidades sociais e verbais – *feedback* que temporariamente reforçou ou ameaçou sua autoestima. Esses confederados, então, participaram do que foi supostamente um segundo experimento, no qual avaliaram um candidato a uma vaga de emprego. Os participantes, no geral, visualizaram a fotografia de uma jovem, o currículo dela e um vídeo de sua entrevista. Metade dos participantes recebeu informações que sugeriam que a mulher (chamada Julie Goldberg) fosse judia. A outra metade, informações que sugeriam que ela (chamada Maria D'Agostino) não fosse judia. No *campus* onde o estudo foi realizado, havia um estereótipo negativo popular da "Princesinha Judia" que se referia a mulheres judias de classe média alta da área de Nova York.

Conforme previsto, houve dois resultados significativos (ver ● Figura 5.13). Em primeiro lugar, entre os participantes cuja autoestima foi reduzida por *feedback* negativo, a avaliação da mulher foi mais negativa se consideravam que fosse judia que se não fosse, mesmo que o vídeo da entrevista de emprego e a qualificação das duas mulheres fossem idênticos. Em segundo lugar, os participantes que receberam *feedback* negativo e tiveram a oportunidade de menosprezar a mulher judia exibiram um aumento pós-experimento em sua autoestima – quanto mais negativamente eles avaliaram a mulher judia, melhor esses participantes se sentiram sobre si mesmos. Em suma, os resultados desse experimento sugerem que um golpe na autoimagem de uma pessoa evoca preconceito e que a expressão do preconceito ajuda a restaurar a autoimagem.

A discriminação entre grupos é alcançada não apenas por meio de reações e comportamentos negativos em relação aos exogrupos, mas também por ser especialmente favorável e útil para os endogrupos. Em seu artigo apropriadamente intitulado "With malice toward none and charity for some", Anthony Greenwald e

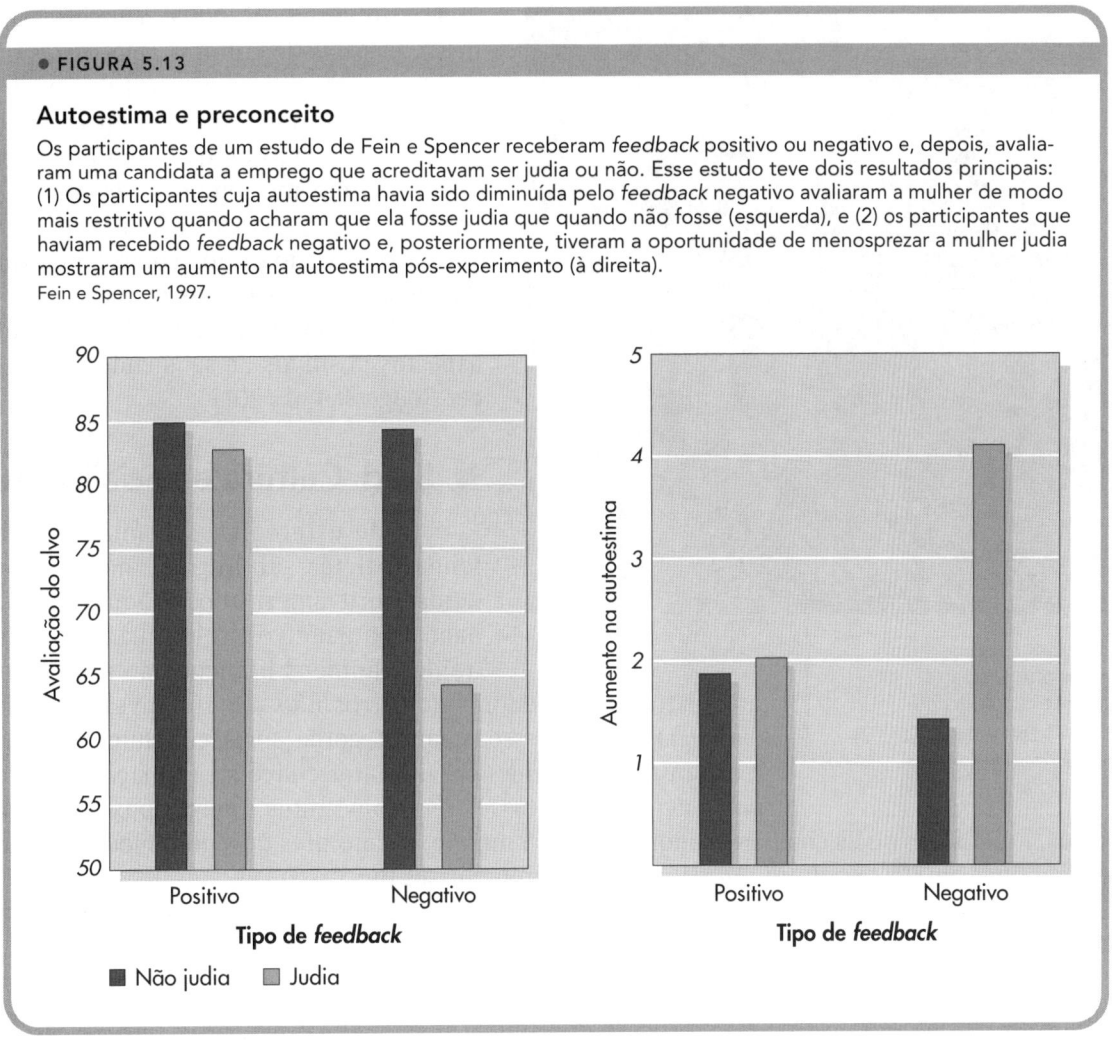

• **FIGURA 5.13**

Autoestima e preconceito

Os participantes de um estudo de Fein e Spencer receberam *feedback* positivo ou negativo e, depois, avaliaram uma candidata a emprego que acreditavam ser judia ou não. Esse estudo teve dois resultados principais: (1) Os participantes cuja autoestima havia sido diminuída pelo *feedback* negativo avaliaram a mulher de modo mais restritivo quando acharam que ela fosse judia que quando não fosse (esquerda), e (2) os participantes que haviam recebido *feedback* negativo e, posteriormente, tiveram a oportunidade de menosprezar a mulher judia mostraram um aumento na autoestima pós-experimento (à direita).
Fein e Spencer, 1997.

Thomas Pettigrew (2014) propõem que esse é o tipo mais comum de preconceito intergrupal, ao menos nos Estados Unidos atualmente. A maldade em relação aos exogrupos tende a ser desaprovada, ao passo que fornecer vantagens importantes para os endogrupos pode ser mais sutil e aceitável.

■ 5-2c Cultura e identidade social

As identidades sociais dos indivíduos são claramente importantes para pessoas nas culturas no geral. Os coletivistas são mais propensos que os individualistas a valorizar sua conexão e interdependência com pessoas e grupos a seu redor, e suas identidades pessoais estão intimamente ligadas às suas identidades sociais. Eles também mostram alguns preconceitos que favorecem seus endogrupos – na verdade, estar intensamente vinculado a um endogrupo pode ser muito valorizado em suas culturas – e podem traçar distinções mais nítidas entre os membros de seu endogrupo e os de exogrupos que os individualistas (Gudykunst e Bond, 1997; Owe et al., 2013; Ruffle e Sosis, 2006). Nesse sentido, em um estudo com cerca de 45 mil indivíduos de 36 países, André van Hoorn (2015) descobriu que os coletivistas tendem a ter um círculo mais restrito de pessoas em quem confiam que os individualistas. Alei Fan et al. (2018) descobriram que as intenções dos participantes chineses (coletivistas) de comprar um produto foram mais influenciadas por recomendações on-line de membros de seu endogrupo que de membros de outros grupos, uma distinção que não estava presente entre os participantes norte-americanos (individualistas).

No entanto, vários pesquisadores descobriram que pessoas de culturas coletivistas são menos propensas a supervalorizar seus endogrupos a fim de aumentar a própria autoestima (Heine, 2005; Lehman et al.,

Integrar um grupo pequeno e unido pode ser parte importante e gratificante da identidade pessoal de alguém.

2004; Snibbe et al., 2003; Yuki, 2003). Além disso, pessoas de culturas coletivistas do leste asiático tendem a ter maior tolerância com o que os ocidentais consideram contradições (como o conceito de que algo pode ser bom e ruim ao mesmo tempo), e isso pode explicar por que os asiáticos são mais propensos a verem seus endogrupos como tendo qualidades positivas e negativas em comparação aos ocidentais, que tendem a enfatizar apenas os aspectos positivos de seus endogrupos (Spencer-Rodgers et al., 2012).

5-2d Cultura e socialização

A lista de estereótipos comuns é bastante longa. Atletas são burros, matemáticos são nerds, norte-americanos são barulhentos, italianos são emotivos, californianos são descontraídos, homens brancos não sabem enterrar no basquete, vendedores de carros não são confiáveis. E assim por diante. Dividir as pessoas em categorias sociais, incluindo endogrupos e exogrupos, certamente é um fator-chave na formação de estereótipos e de preconceitos. Porém com tantos estereótipos e preconceitos conhecidos, muitos dos quais compartilhados em todo o mundo, é claro que, de algum modo, aprendemos esses estereótipos em nossa cultura. Agora, vamos examinar esses processos.

A socialização refere-se aos processos pelos quais as pessoas aprendem normas, regras e informações de uma cultura ou grupo. Recebemos uma quantidade enorme de informações (muitas vezes sem perceber) e absorvemos o que vemos ao nosso redor, em nossa cultura, nossos grupos e nossa família. Essas informações incluem vários estereótipos, o quanto determinados grupos são valorizados ou desvalorizados e quais preconceitos são aceitáveis.

Considere uma história que aconteceu com um dos autores deste livro. Aos 8 anos, seus dois melhores amigos um dia se voltaram contra ele e em tom jocoso chamaram-no de "menisco judeu". Nunca tinham visto, antes, o amigo como diferente deles ou classificaram-no de judeu. Ainda assim, naquele momento, de modo inesperado, o judaísmo tornou-se relevante a eles – e negativo. Porém por que *naquele momento*, e de onde surgiu "menisco judeu"?! Somente bem mais tarde ficou claro que tinham ouvido o pai falar mal do "menino judeu". Ao tentar reproduzir os valores do pai, fizeram uso da relação de proximidade dessa expressão contra o amigo e, a partir de então, viram-no de maneira diferente. O modo tendencioso como o pai percebia as pessoas foi transmitido para a geração seguinte.

Mesmo que certamente não seja sempre assim, os estereótipos e os preconceitos que um pai carrega podem moldar estereótipos e preconceitos de uma criança, muitas vezes de maneiras implícitas (Castelli et al., 2009; Loyd e Gaither, 2018; Perry et al., 2019). De modo geral e mais difundido, estereótipos e preconceitos exibidos por colegas, pela mídia e pela cultura de cada um fazem parte da atmosfera em que individualmente vivemos durante nosso desenvolvimento, e essas influências podem ser profundas. Para delimitar nossa discussão, vamos nos deter nesta seção em estereótipos de gênero e sexismo, mas é importante reconhecer que esses processos são relevantes para os tipos e alvos de estereótipos, preconceitos e discriminação no geral.

Estereótipos de gênero: azul para meninos, rosa para meninas Nossa história começa com o que muitas vezes são as primeiras palavras ditas quando um bebê nasce: "É um menino!" ou "É uma menina!". (É claro, com os "chás revelação", a divulgação pode acontecer com meses de antecedência.) Em muitos hospitais, o menino recém-nascido recebe imediatamente uma pulseirinha azul e a menina,

Azuis e rosas. Mesmo observando rapidamente uma loja de brinquedos vemos a enorme diferença nos incentivos sociais a meninos e meninas. Por exemplo, os meninos são incentivados a participar de brincadeiras ativas, barulhentas e violentas (à esquerda), enquanto as meninas são encorajadas a brincadeiras mais silenciosas e acolhedoras (à direita).

uma rosa. A criança recebe um nome apropriado a seu gênero e ganha muitos presentes também definidos por ele. Ao longo dos anos, o menino padrão ganha caminhões de brinquedo, bolas de futebol, ferramentas de brinquedo, armas de plástico e laboratórios de química; a garota padrão ganha bonecas, bichinhos de pelúcia, kits de maquiagem de brincadeira, jogos de cozinha e de chá e roupas elegantes. Ao crescerem um pouco, a expectativa é que o menino ganhe dinheiro extra ao cortar a grama e curta filmes violentos de super-heróis, enquanto se espera que a menina ganhe dinheiro como babá e goste de histórias encantadoras sobre amizade ou amor.

Essas distinções persistem na faculdade, à medida que mais estudantes do gênero masculino especializam-se em economia e ciências e mais estudantes do gênero feminino em artes, letras e humanidades. Na força de trabalho, mais homens tornam-se médicos, trabalhadores da construção civil, mecânicos de automóveis, pilotos de avião, especialistas em investimentos e engenheiros. De outro modo, mais mulheres tornam-se secretárias, professoras, enfermeiras, comissárias de bordo, caixas de banco e donas de casa. De volta ao ambiente familiar, o ciclo de vida recomeça quando um casal tem o primeiro filho e ouve as palavras: "É uma menina!" ou "É um menino!"

O tradicional padrão de divisão entre rosa e azul já não é mais tão intenso como antes. Muitas barreiras de gênero do passado foram rompidas, e as cores se misturaram um pouco. Na verdade, tem havido um aumento muito significativo de consciência de que gênero é algo diverso de uma categoria binária e que o gênero atribuído a alguém no momento de seu nascimento nem sempre reflete sua posterior identidade de gênero. Além disso, as pessoas estão mais propensas a desafiar e confrontar os estereótipos e a discriminação com base no gênero atualmente que anos atrás. No entanto, os estereótipos – e, como discutimos antes, o sexismo – persistem.

No mundo, em geral, os homens são considerados mais aventureiros, assertivos, agressivos, independentes e voltados à realização e as mulheres, mais sensíveis, gentis, dependentes, agradáveis, emotivas e bondosas com as pessoas. As crianças pequenas distinguem os homens das mulheres bem antes de seu primeiro aniversário; frequentemente identificam a si e aos outros como meninos ou meninas aos 3 anos de idade; formam crenças estereotipadas de gênero e preferências sobre histórias, brinquedos e outros objetos pouco depois; e então fazem uso de seus estereótipos para julgar os outros e favorecer o próprio gênero em situações intergrupais (Eagly et al., 2019; Ellemers, 2018; Löckenhoff et al., 2014).

Gerianne Alexander (2003) propôs que as preferências das crianças em relação a brinquedos com base no gênero delas, embora seja em parte devida à socialização de gênero, também neurobiológicas e evolutivas. Ela baseou essa conclusão em dados sobre crianças expostas no período pré-natal a níveis atípicos de hormônios sexuais e em dados sobre diferenças sexuais na preferência de brinquedos entre primatas não humanos. Por exemplo, estudos relataram que macacos-rhesus e vervet mostram diferenças de gênero em suas preferências por brinquedos semelhantes às observadas em crianças humanas (Alexander e Hines, 2002; Hassett et al., 2008).

Ainda que fatores biológicos e evolutivos possam desempenhar um papel em algumas dessas preferências, é claro que as crianças têm ampla oportunidade de aprender estereótipos e papéis de gênero dos pais e de outras referências de comportamento (Boe e Woods, 2018; Montañés et al., 2012). À medida que se desenvolvem, meninos e meninas recebem muitas mensagens divergentes em muitos ambientes diferentes. Barbara Morrongiello e Tess Dawber (2000) realizaram um estudo que reflete esse aspecto. Eles apresentaram a mães vídeos de crianças que participavam de atividades de certo modo arriscadas em um parquinho e pediram que elas pausassem o vídeo sempre que quisessem e indicassem o que normalmente diriam a seus filhos na situação mostrada. As mães de meninas intervinham com mais frequência e rapidez que as mães de meninos. Conforme mostrado na ▲ Tabela 5.1, as mães das meninas foram mais propensas a alertá-las sobre a possibilidade de se machucar, enquanto as mães dos meninos, mais propensas a encorajar as brincadeiras arriscadas. Em um estudo mais recente de Morrongiello et al. (2010), mães e pais foram mais propensos a reagir ao comportamento de risco de uma criança enraivecida tendo como foco a disciplina no caso de meninos e, no caso de meninas, salientaram a segurança e a percepção de que ela deveria aprender a não se comportar de tal maneira.

Teoria do papel social Conforme as crianças se desenvolvem, começam a encarar a cultura a seu redor mais amplamente e a perceber quais os papéis ocupados na sociedade, bem como a valorização desses papéis. De acordo com Alice Eagly (Eagly e Wood, 2012; Koenig e Eagly, 2014), a **teoria do papel social** é ampliada pela desigualdade social dos papéis que homens e mulheres ocupam, embora a percepção das diferenças entre os sexos possa ser baseada em alguns aspectos reais. O processo envolve três etapas. Em primeiro lugar, por meio de uma combinação de fatores biológicos e sociais, surgiu uma divisão de trabalho entre os sexos ao longo do tempo, tanto em casa como no ambiente profissional. Os homens são mais propensos a trabalhar na construção civil ou no comércio e as mulheres, a cuidar dos filhos e a aceitar empregos de baixa remuneração. Em segundo lugar, uma vez que as pessoas se comportam de maneira adequada aos papéis sociais que desempenham, os homens têm maior probabilidade que as mulheres de exercer poder físico, social e econômico. Por fim, essas diferenças comportamentais, por sua vez, contribuem para a percepção dos homens como dominantes e das mulheres como caseiras "por natureza", quando, na verdade, as diferenças podem apenas refletir os papéis desempenhados.

> **teoria do papel social** Teoria de que pequenas diferenças de gênero têm a percepção ampliada pelos papéis sociais contrastantes ocupados por homens e mulheres.

Em suma, essa teoria afirma que as diferenças percebidas entre homens e mulheres são baseadas em diferenças comportamentais reais que são erroneamente vistas como decorrentes de diferenças de gênero em vez de considerar a distribuição desigual de homens e mulheres em diferentes papéis sociais. A teoria do papel social e os processos de socialização em geral podem, é claro, ser estendidos além dos estereótipos de gênero e do

▲ **TABELA 5.1**

O que as mães diriam

Mães de meninos e mães de meninas assistiram ao vídeo de outra criança em um parquinho brincando de modo arriscado. As mães foram orientadas a interromper o vídeo sempre que quisessem falar algo para a criança caso fosse o filho ou a filha dela e a indicar o que diriam. Mães de meninas pausaram o vídeo com bem mais frequência que mães de meninos para expressar cautela ("Cuidado!"), preocupação com ferimentos ("Você pode cair!") e instruções para interromper a brincadeira ("Pare com isso neste instante!"). Em contraste, as mães de meninos foram mais propensas a incentivá-los ("Muito bem! Quero ver você lá em cima!").

	Frequência de interrupções	
Conteúdo das orientações	Mães de meninas	Mães de meninos
Cautela	3,9	0,7
Preocupação com ferimentos	9,2	0,2
Pedido para interromper a brincadeira	9,3	0,6
Incentivo	0,5	3,0

Adaptado de Morrongiello e Dawber, 2000.

sexismo. Perceber quais grupos de pessoas tendem a ocupar quais papéis na sociedade pode alimentar vários estereótipos e preconceitos.

Modelo de conteúdo de estereótipos Além de observar que grupos ocupam quais papéis sociais, também constatamos como vários deles são vistos na sociedade em cenários específicos. De acordo com o **modelo de conteúdo de estereótipos** (Fiske, 2015, 2018), muitos estereótipos de grupo variam particularmente em dois aspectos: cordialidade e competência. Os grupos podem ser considerados bons em ambos os aspectos, ruins em ambos, ou bons em uma das características e ruins em outra. Por exemplo, os idosos costumam ser estereotipados como muito cordiais, mas pouco competentes.

O modelo de conteúdo de estereótipos propõe que os estereótipos sobre a competência de um grupo são influenciados pelo seu *status* relativo na sociedade – *status* mais alto está associado a maior competência. Os estereótipos sobre a cordialidade de um grupo são influenciados pela percepção da *competição* com os demais integrantes – maior competição percebida está associada a menor cordialidade. Por exemplo, uma onda de imigrantes que entram em um país em posição inferior, mas considera-se que estão competindo por empregos e recursos, podem ser considerados ruins em competência e em cordialidade. Para grupos que são vistos como bons em um aspecto, mas ruins em outro, pode haver a percepção de conflito entre competência e cordialidade. À medida que uma mulher sobe na hierarquia corporativa por demonstrar grande competência, por exemplo, pode ser considerada menos cordial. Se tentar demonstrar cordialidade, porém, pode ser vista como menos competente.

Efeitos da mídia Mais que nunca, crianças, adolescentes e adultos estão imersos na cultura popular. Assistir à TV enquanto faz exercícios aeróbicos na academia, conferir os vídeos virais mais recentes ou postagens de celebridades no Instagram durante uma pausa do trabalho, ver anúncios que surgem nas telas do computador como praga, olhando fotos de capa de revista da estrela do momento, alvo de implacáveis *paparazzi* – muitas vezes parece não haver escapatória. Com a constante presença da mídia, somos alimentados incessantemente por imagens de pessoas. Essas imagens têm o potencial de disseminar estereótipos e discriminação.

Felizmente, os dias em que a mídia representava mulheres e pessoas de diferentes etnias em papéis quase exclusivamente estereotipados e inexpressivos acabaram. Ainda assim, pesquisas em vários países ao redor do mundo examinando conteúdos diversos como videoclipes e letras de músicas, anúncios, programas de TV e livros infantis revelam que a estereotipagem persiste fortemente (Leap, 2019; Matthes et al., 2016; Murnen et al., 2016; Rodgers e Hust, 2018).

Mais importante é o fato de que as representações da mídia podem influenciar os espectadores, muitas vezes sem que percebam. Estudos têm mostrado, por exemplo, que estudantes universitárias, ao assistir a uma série de comerciais em que as personagens femininas são retratadas de maneira estereotipada, tendem a expressar menor autoconfiança, menos independência, menos aspirações profissionais e até um pior desempenho em um teste de matemática que aquelas que viram anúncios com estereotipados irrelevantes ou que refutavam estereótipos (Davies et al., 2002; Geis et al., 1984; Ward e Friedman, 2006). Quanto mais as meninas participantes de um estudo assistiam a filmes e compravam brinquedos relacionados às princesas da Disney, maior foi o nível de ações que seguiam padrões estereotipados ao decorrer de um ano, mesmo após o controle dos níveis iniciais desses comportamentos (Coyne et al., 2016).

Esses efeitos não são de modo algum limitados ao gênero. Por exemplo, estudos descobriram que ouvir certos tipos de música aumentava a agressividade e a discriminação contra membros de exogrupos e que ter acesso a retratos negativos de mulheres trans aumentava a transfobia dos indivíduos (LaMarre et al., 2012; Solomon e Kurtz-Costes, 2018). Felizmente, as pesquisas também mostram o oposto: retratos positivos na mídia podem ter efeitos positivos nas atitudes e nos comportamentos das pessoas (Ruth, 2019; Sink e Mastro, 2018).

As imagens da mídia de modelos femininas insensatamente magras ou proporcionais estão implicadas nas taxas quase epidemiológicas de transtornos alimentares e de ansiedade incapacitante

> **modelo de conteúdo de estereótipos** Modelo que propõe que o status relativo e a competição entre grupos influenciam os estereótipos de grupo no que se refere a competência e cordialidade.

Ainda que imagens de pessoas atraentes vendam revistas e produtos e muitos consumidores gostem de vê-las, pesquisas sugerem que a exposição repetida à grande quantidade de imagens do tipo pode produzir consequências negativas.

em relação à aparência física, em particular entre jovens mulheres brancas e entre indivíduos que já têm preocupações com a aparência ou que estão particularmente apreensivos com as opiniões alheias (Henderson-King et al., 2001; McCabe et al., 2010; Moradi et al., 2005; Ward e Friedman, 2006). As imagens generalizadas e que desafiam a realidade (por meio de intensa edição) às quais tantas jovens são expostas por meio das mídias sociais, como o Instagram, provavelmente alimentam esse problema ainda mais (Casale et al., 2019). Uma tendência que se espalha pela mídia social envolve "*thinspiration*" (uma junção de "magreza" e "inspiração", em inglês), que os pesquisadores notaram estar frequentemente associada a sites e a pessoas que promovem transtornos alimentares como uma escolha de estilo de vida saudável (Tiggeman et al., 2018).

As imagens corporais dos homens também são afetadas pela mídia. Na verdade, imagens gráficas de modelos masculinos magros e musculosos têm se tornado cada vez mais comuns nos últimos tempos. Mais e mais casos vêm à luz a cada ano de meninos e jovens imitando atletas famosos ao tomar esteroides e outras drogas que podem ajudá-los a ficar mais parecidos com seus modelos, mas que podem apresentar riscos sérios à saúde (Bégin et al., 2019; Griffiths et al., 2018; Sebag-Montefiore, 2015; Waling, 2017).

5-2e Como os estereótipos distorcem as percepções e resistem à mudança

Uma vez que os estereótipos e preconceitos vigoram devido aos fatores que estamos discutindo, por que costumam ser tão resistentes à mudança? Embora alguns estereótipos possam ser reais, alguns são falsos e muitos são, pelo menos, simplificações extremas (Ellemers, 2018; Eyal e Epley, 2017; Hall e Goh, 2017; Jussim et al., 2016; Scherer et al., 2015). Por que, então, estereótipos irreais persistem apesar das evidências que deveriam desacreditá-los? Nesta seção, veremos alguns dos mecanismos que ajudam a perpetuar os estereótipos.

Vieses de confirmação e profecias autorrealizáveis Imagine saber que uma mãe gritou com uma menina de 16 anos, um advogado comportou-se de forma agressiva e um escoteiro pegou no braço de uma senhora transtornada que atravessava a rua. Agora imagine que um operário gritou com uma garota de 16 anos, um morador de rua comportou-se de modo agressivo e um ex-presidiário pegou no braço de uma senhora transtornada que atravessava a rua. Imagens muito diferentes dessas ações vêm à mente?

Esse é um efeito básico da estereotipagem: os estereótipos de grupos influenciam as percepções e as interpretações das pessoas sobre os comportamentos dos membros de um grupo. Isso é especialmente comprovável quando um alvo de estereótipo se comporta de maneira dúbia; os observadores reduzem a ambiguidade ao interpretar o comportamento como de acordo com o estereótipo (Dunning e Sherman, 1997; Kunda et al., 1997).

O efeito dos estereótipos nas percepções dos indivíduos é um tipo de viés de confirmação, que, como vimos no Capítulo 4, envolve as tendências das pessoas para interpretar, buscar e criar informações que pareçam confirmar suas expectativas. Em um estudo clássico, por exemplo, meninos negros e brancos do sexto ano visualizaram fotos e descrições de comportamentos agressivos ambíguos (como uma criança esbarrando em outra). Tanto os meninos negros quanto os brancos julgaram os comportamentos como mais cruéis e ameaçadores se praticados por meninos negros que por meninos brancos, parecendo, assim, confirmar estereótipos raciais (Sagar e Schofield, 1980).

Os estereótipos também podem ser reforçados por meio da **correlação ilusória**, uma tendência das pessoas superestimarem a relação entre variáveis que estão apenas ligeiramente ligadas ou que não apresentam correlação (Ernst et al., 2019; Hamilton; e Rose, 1980; Kutzner e Fiedler, 2015). Um tipo de correlação ilusória ocorre quando as pessoas superestimam a associação entre variáveis relativamente raras. Por exemplo, se as pessoas leem sobre crimes violentos, a maioria dos quais cometidos por membros de um grupo majoritário e alguns dos quais cometidos por membros de um grupo minoritário específico, elas podem superestimar a associação entre o *status* de grupo minoritário (um grupo relativamente raro) com crime violento (um comportamento relativamente raro). Essa tendência pode criar ou perpetuar estereótipos negativos. Correlações ilusórias também podem ser produzidas por meio da tendência das pessoas de superestimar a associação entre variáveis que elas já esperam estar juntas. Por exemplo, se observadores que reproduzem o estereótipo de que as mulheres dirigem mal testemunham 100 homens e 100 mulheres dirigindo e 10% de cada grupo se envolvem em um acidente, eles podem superestimar o número de mulheres e subestimar o número de homens que sofreram acidentes. Em outras palavras, eles veem uma associação entre gênero e acidentes que não é sustentada pelos dados.

Os estereótipos normalmente são mantidos não apenas por indivíduos, mas por muitas pessoas dentro de uma cultura, e muitas vezes são perpetuados por meio da repetição. Em uma demonstração clássica, Gordon Allport e Leo Postman (1947) mostraram aos participantes uma foto de um trem do metrô lotado de passageiros. Na foto havia um homem negro vestindo um terno e um branco segurando uma navalha. Um participante viu a cena brevemente e então descreveu-a para um segundo participante que não a tinha visto. O segundo participante comunicou a descrição a um terceiro participante e assim por diante, por meio de seis rodadas de comunicação. O resultado: em mais da metade das sessões, o relatório final do participante indicava que o homem negro, não o branco, segurava a navalha.

Na demonstração de uma situação semelhante muitas décadas depois, Yoshihisa Kashima et al. (2013) levaram estudantes australianos a ler uma história sobre um jogador de futebol australiano. Os alunos foram divididos em grupos de quatro. Uma pessoa leu a história e, após alguns minutos, transmitiu-a ao próximo aluno e, assim por diante, na cadeia das quatro pessoas. Os alunos deveriam retransmitir a história com maior precisão possível. Algumas das informações na história confirmavam estereótipos sobre jogadores de futebol australiano (por exemplo, "Durante o caminho, Gary e seu companheiro beberam várias cervejas no carro"), e algumas delas não (por exemplo, "Ele colocou um pouco de música clássica"). Ainda que o primeiro aluno na cadeia provavelmente transmitisse tanto as informações que confirmavam e as que não confirmavam os estereótipos, conforme a história ia sendo passada de pessoa a pessoa, as informações inconsistentes com estereótipos foram progressivamente se perdendo (ver • Figura 5.14). No momento em que a terceira pessoa contou a história para a última da cadeia, o jogador de futebol parecia mais estereotipado que na história original.

Vieses de confirmação já são ruins o suficiente. Porém os estereótipos às vezes também podem conceber profecias autorrealizáveis

> "Nem sempre a vida é o que quem a vive faz dela. Para algumas pessoas, a vida é o que os outros fazem dela."
>
> – Personagem do conto de Alice Walker "You Can't Keep a Good Woman Down"

correlação ilusória Superestimativa da associação entre variáveis que são apenas ligeiramente ou nada correlacionadas.

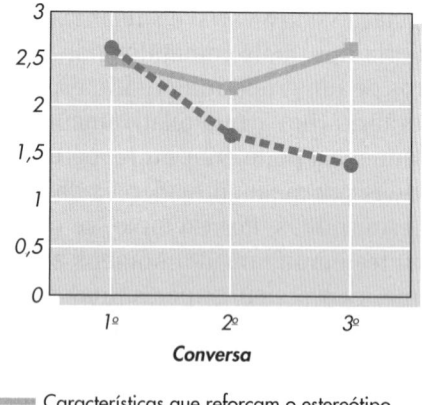

FIGURA 5.14

Confirmação de estereótipo via comunicação

Estudantes australianos leram a história de um atleta australiano que em alguns aspectos se comportava de modo a reproduzir os estereótipos de jogadores de futebol e, em outros, a não reproduzi-los. Cada aluno que lia a história tinha de contá-la oralmente a um segundo aluno com o máximo de detalhes que se lembrasse; este, então, contava a um terceiro aluno, que por sua vez contava a um quarto. Ainda que o primeiro estudante tenha relatado tanto os detalhes que reforçavam o estereótipo quanto os que não o reforçavam, no momento da narração final da história, maiores detalhes que não estavam de acordo com o estereótipo desapareceram, o que levou o jogador a parecer muito mais estereotípico que realmente era.
Kashima et al., 2013.

(Madon et al., 2018; Rosenthal, 2002). Conforme observado no Capítulo 4, uma profecia autorrealizável ocorre quando as falsas expectativas de um observador sobre uma pessoa fazem que ela se comporte de modo que confirmem essas expectativas. Os estereótipos podem desencadear essa confirmação comportamental. Considere um experimento clássico de Carl Word et al. (1974) que envolva uma situação de grande importância na vida das pessoas: a entrevista de emprego. Os participantes brancos, sem perceber, sentaram-se mais distantes, cometeram mais erros de fala e realizaram entrevistas mais curtas ao entrevistar candidatos negros que ao entrevistar candidatos brancos. Esse estilo interpessoal mais frio, por sua vez, levava os candidatos negros a se comportar de maneira nervosa e desajeitada. Em suma, os estereótipos raciais e o preconceito dos brancos realmente prejudicam o desempenho dos candidatos negros nas entrevistas. Uma vez que o desempenho dos candidatos negros na entrevista tendia a ser objetivamente pior que o dos candidatos brancos, o que parecia confirmar os estereótipos negativos dos entrevistadores – mas esse mau desempenho foi causado pelos entrevistadores, não pelos entrevistados.

Atribuições e subtipagem As pessoas também mantêm seus estereótipos pelo modo como fazem atribuições, ou seja, como explicam as causas dos comportamentos alheios. Em vez de aceitar um comportamento de negação de estereótipo pelo seu valor nominal, como uma mulher que derrota um homem em uma competição atlética, os observadores imaginam fatores situacionais que podem explicar essa aparente exceção à regra, como sorte aleatória, motivos escusos ou outras circunstâncias especiais. Dessa forma, os observadores podem manter seus estereótipos sobre esses grupos com mais facilidade (Espinoza et al., 2014; Freedman et al., 2018; LaCosse et al., 2016; Sekaquaptewa et al., 2003).

Ao nos depararmos com um comportamento que contradiga claramente nossos estereótipos e não pudermos explicá-lo com facilidade em razão de algum fator situacional, podemos de modo involuntário fazer uso de outra artimanha para preservar nossos estereótipos: consideramos a ação ou a pessoa uma mera exceção à regra. Em relação a uma mulher que não pareça modesta e carinhosa, por exemplo, as pessoas podem ter ampliadas suas visões a respeito do gênero feminino ou incluir a incompatibilidade em um *subtipo* especial – digamos, "mulheres cruéis" ou "divas". Na medida em que esses subtipos são concebidos, as pessoas podem manter a imagem que têm das mulheres relativamente intacta (Riek et al., 2013; Schneider e Bos, 2014; Wilder et al., 1996).

5-2f Ativação automática de estereótipos

Parte do poder dos estereótipos é que podem distorcer nossas percepções e respostas, mesmo que pessoalmente não concordemos com eles. Em outras palavras, não temos de acreditar em um estereótipo para desencadear correlações ilusórias e profecias autorrealizáveis ou para influenciar como pensamos, sentimos e nos comportamos em relação aos membros do grupo. Às vezes, apenas estar ciente dos estereótipos presentes em uma cultura já é suficiente para causar esses efeitos. Além disso, os estereótipos podem ser ativados em nossas mentes sem que percebamos.

Em uma linha de pesquisa muito influente, Patricia Devine (1989) distinguiu entre processos automáticos e controlados na estereotipagem. Ela argumentou que as pessoas se tornam bastante conscientes do conteúdo de muitos estereótipos por meio da socialização de sua cultura. Em virtude dessa percepção, as pessoas podem ativar automaticamente estereótipos sempre que expostas a membros de grupos-alvo. Assim como depois de ouvir "*bacon* e..." muitos de nós automaticamente pensamos em "ovos", mesmo se nós não comermos *bacon* e ovos, quando pensamos em determinado grupo de pessoas, também somos preparados a pensar nos estereótipos populares associados a esse grupo, mesmo se não concordarmos com eles.

Quem acredita que as mulheres não sejam fortes e atléticas podem manter esse estereótipo mesmo diante de exemplos como o dessas mulheres desafiando-o ao comemorar a vitória na Copa do Mundo de 2019. O que é possível de ser feito valendo-se da subtipagem de tais situações como sendo exceções que não representam verdadeiramente a categoria "mulheres".

Para demonstrar esse ponto, Devine expôs participantes brancos em um estudo a **mensagens subliminares** em um monitor de computador. As informações apresentadas de modo subliminar são apresentadas tão rapidamente que os observadores nem percebem que foram expostos a elas. No estudo de Devine, essas mensagens consistiam em palavras relevantes aos estereótipos sobre os negros, como *África, gueto, assistência social* e *basquete*. Como as palavras foram apresentadas de modo subliminar, os participantes não estavam conscientes de que as haviam visto. Aqueles que foram subliminarmente preparados com muitas dessas palavras ativaram o estereótipo afro-americano em suas mentes, o que por sua vez os preparou para interpretar o comportamento do outro de forma mais negativa e hostil. Em especial, chama a atenção o fato de que esses efeitos ocorreram *mesmo entre participantes que não acreditavam conscientemente nos estereótipos em questão*.

Os julgamentos feitos com muita agilidade não são influenciados por estereótipos, a menos que as pessoas realmente acreditem que seja verdadeiro.

FALSO

A teoria de Devine despertou muito interesse nessas questões. A conclusão das pesquisas que se seguiram é que os estereótipos podem ser ativados implícita e automaticamente, influenciando pensamentos, sentimentos e comportamentos subsequentes, mesmo entre observadores com um nível relativamente baixo de preconceito. No entanto, também está claro que vários fatores podem tornar essa ativação mais ou menos provável. Por exemplo, alguns estereótipos são muito mais presentes que outros em determinada cultura e, quanto maior a exposição a um estereótipo, maior a probabilidade de ativação automática. Outro fator é o quanto o observador é preconceituoso. Ainda que os estereótipos possam ser ativados automaticamente mesmo entre observadores com baixo nível de preconceito, o ponto inicial para a ativação do estereótipo ser desencadeada é menor para os mais preconceituosos (Lepore e Brown, 2002; Wittenbrink et al., 1997).

A motivação também pode desempenhar um papel significativo. Por exemplo, quando a autoestima das pessoas é ameaçada, podem ficar motivadas a estereotipar os outros para que se sintam melhor em relação a si mesmas, e isso pode torná-las mais propensas a ativar estereótipos automaticamente (Spencer et al., 1998). Que tal a simples motivação a não pensar ou usar estereótipos? Isso funciona? Muitas vezes essa não é uma estratégia de sucesso. No entanto, as

mensagem subliminar Método de apresentação de estímulos de modo tão sutil ou rápido que as pessoas não tomam consciência de terem sido expostas a eles.

pessoas que são motivadas por razões *intrínsecas* (ou seja, realmente não querem *ser* preconceituosas) tendem a ser um pouco mais bem-sucedidas nesse tipo de autocontrole do que quem tem motivações *extrínsecas* (ou seja, não querem que *os outros* os vejam como preconceituosos). Voltaremos a este assunto com mais detalhes posteriormente neste capítulo.

■ 5-2g A tendência a atirar

A questão da ativação automática de estereótipos e seus efeitos pode ser vista em termos concretos, focalizando um tipo específico de tragédia que ocorre com muita frequência: tiros dados pela polícia em afro-americanos desarmados. Um desses incidentes inspirou uma onda de pesquisas psicossociais importantes para essa questão. Na cidade de Nova York, em 4 de fevereiro de 1999, um imigrante da África Ocidental chamado Amadou Diallo foi localizado por quatro policiais brancos que consideraram suas atitudes suspeitas e sua descrição geral correspondente à de um suposto estuprador que estavam procurando. Ao se aproximarem dele, Diallo enfiou a mão no bolso e começou a tirar a carteira. Um dos policiais gritou: "Arma!". A polícia disparou contra Diallo 41 vezes, acertando-o com 19 tiros. Diallo caiu morto; ele não tinha uma arma.

De acordo com uma análise de 2015 do The Guardian, norte-americanos negros têm duas vezes mais chances de estarem desarmados quando mortos pela polícia que norte-americanos brancos.

– Swaine et al., 2015

Foram organizadas manifestações nos dias seguintes e os participantes clamavam "41 tiros" enquanto seguravam suas carteiras. Outros defenderam os policiais, colocando a dificuldade de se tomar decisões de vida ou morte em um piscar de olhos. Os policiais foram considerados inocentes de quaisquer acusações criminais. Uma questão central, é claro, era se os estereótipos associados à cor da pele de Diallo aumentaram a propensão de os policiais interpretarem erroneamente a carteira como uma arma. Embora não possamos saber se esse foi o caso na tragédia de Diallo, é possível usar as pesquisas da psicologia social para responder a uma questão mais geral, se um homem desarmado tem maior probabilidade de ser interpretado erroneamente como portador de uma arma se for negro que se for branco.

Keith Payne (2001) foi o primeiro a publicar um estudo diretamente inspirado por essa questão. Os participantes de seu experimento eram estudantes de graduação, não policiais, mas sua tarefa era tentar uma tomada de decisão do tipo exercido pela polícia: identificar rapidamente se um objeto é ou não uma arma. Fotos desses objetos (como armas ou ferramentas) apareceram na tela de um computador, logo depois da rápida apresentação da imagem do rosto de um homem negro ou de um branco. As fotos foram apresentadas por frações de segundo. Payne descobriu que os participantes eram mais propensos a confundir um objeto inofensivo com uma arma se a imagem fosse precedida por um rosto negro em vez de um branco. Em outras palavras, um rápido vislumbre de um rosto masculino negro preparou os participantes para visualizar uma arma mais que um rosto masculino branco.

Joshua Correll et al. (2002) desenvolveram um videogame para seu experimento em que os participantes decidiam se "atirariam" ou não em uma pessoa-alvo que surgia na tela do computador (vera ● Figura 5.15). Alguns desses alvos eram homens brancos e outros, homens negros. Alguns deles seguravam armas e outros, objetos inofensivos (como um telefone celular preto ou uma carteira). Se o alvo estivesse com uma arma, os participantes deveriam apertar o mais rápido possível a tecla "atirar". Se ele segurasse um objeto inofensivo, deveriam apertar a tecla "não atirar" o mais rápido possível.

Como no estudo de Payne, esses participantes mostraram um preconceito consistente com os estereótipos raciais. Se o alvo negro empunhava uma arma, a tecla "atirar" era apertada mais rapidamente que se ele fosse branco. Se o objeto segurado pelo alvo inofensivo, os participantes demoravam mais para pressionar a tecla "não atirar" se ele fosse negro que se fosse branco. Além disso, os participantes tinham maior probabilidade de "atirar" por engano em um alvo desarmado se fosse negro que se fosse branco.

Desde esses primeiros experimentos, muitos outros se seguiram com o objetivo de examinar mais detalhadamente os processos envolvidos. Por exemplo, Debbie Ma e Joshua Correll (2011) descobriram que esse preconceito racial nas decisões de atirar era significativamente mais forte se os alvos tivessem mais características estereotipadas de suas respectivas raças/etnias (conforme avaliado por amostras de

• **FIGURA 5.15**

Atirar ou não atirar?
Estes são exemplos de cenas do videogame que Joshua Correll et al. criaram para investigar se observadores, desempenhando o papel de policiais, seriam influenciados pela etnia do alvo ao decidir rapidamente se deveriam atirar nele por estar com a arma em punho ou abster-se de atirar por estar segurando um objeto inofensivo.
De Correll et al. (2002)

participantes) que se não fosse assim. Em um estudo no qual foi examinado um estereótipo diferente, Christian Unkelbach et al. (2008) constataram que os participantes australianos eram mais propensos a atirar em alvos que usavam *hijab* que em alvos de cabeça descoberta, que não aparentavam ser muçulmanos.

Ao rever os diversos estudos sobre o assunto, Correll et al. (2014) concluíram que os estereótipos certamente podem alterar as percepções sobre a presença de armas e a decisão de atirar. É claro que a maioria desses estudos envolve cidadãos comuns e não policiais treinados. Felizmente, vários pesquisadores conduziram esses experimentos de laboratório tendo policiais como participantes. Os resultados desses estudos foram mais inconsistentes. Na revisão dos estudos que envolveram policiais treinados, Correll et al. relataram que, quando os policiais devem tomar a decisão de atirar sob condições de fadiga, alto estresse e distração – condições que frequentemente enfrentam quando há situações reais em que precisam decidir se devem ou não atirar –, a capacidade deles de superar preconceitos com base em estereótipos fica comprometida, aumentando assim a probabilidade dos erros vistos nos incidentes trágicos que deram origem a todas essas pesquisas.

> "Os policiais recebem treinamento para identificar facilmente armas, mas não recebem treinamento para eliminar estereótipos ou preconceitos raciais."
> – Anthony Greenwald

Se os indivíduos têm preconceito racial nessas percepções e decisões, significa que eles têm atitudes e crenças racistas? Não necessariamente. Por exemplo, Correll et al. (2002) descobriram que o preconceito racial na decisão de atirar não estava relacionado aos níveis de preconceito racial dos participantes. Além disso, esses pesquisadores também constataram que os participantes afro-americanos mostraram o mesmo preconceito contra os alvos negros que os participantes brancos, sugerindo novamente que o preconceito racial não se reflete necessariamente nessa tendência.

Você se sente semelhante a este esboço de alguém que esteja pensando em cometer um crime.

De acordo com muitas das pesquisas que apresentamos neste capítulo, ter *consciência* do estereótipo é um fator necessário, mas acreditar que seja real, não. Na verdade, Correll et al. (2007) descobriram que, ao manipular o acesso a estereótipos que associam negros e perigo à mente dos observadores (como fazê-los ler artigos de jornal sobre criminosos negros ou brancos), poderiam fortalecer ou enfraquecer esse preconceito.

5-3 Reduzindo o problema: soluções psicossociais

Hoje em dia, discutimos a resistência de estereótipos, preconceitos e discriminação, bem como vários fatores que estão na origem desses problemas. Nesta seção final do capítulo, destacamos algumas das abordagens que podem combater estereótipos, preconceitos e discriminação.

Um tema neste capítulo é a frequência com que estereótipos, preconceitos e discriminação operam em um nível implícito. Inspirado por essa pesquisa, tornou-se bastante comum para empresas e organizações exigir que os funcionários passem por workshops sobre preconceito implícito. E isso funciona? Os resultados até agora não são animadores. Apesar de tais programas serem comuns, pesquisas que avaliaram uma série de intervenções destinadas a reduzir o preconceito implícito demonstraram que a tendência é que seus impactos não sejam fortes ou duradouros (Forscher, Lai, et al., 2019). Provavelmente há várias razões para isso, incluindo a dificuldade de desfazer tão rapidamente as associações implícitas que podem ter se desenvolvido ao longo de muitos anos e porque o preconceito implícito é, em parte, uma propriedade de contextos sociais que são bastante diferentes do contexto do treinamento.

O que, portanto, funciona para reduzir estereótipos, preconceitos e discriminação? Felizmente, as pesquisas revelam um grande número de opções bem-sucedidas, e vamos nos concentrar nelas no restante do capítulo.

5-3a Contato intergrupal

Uma das muitas ideias sólidas do clássico livro de Gordon Allport (1954), *The nature of prejudice*, é a **hipótese de contato** que afirma que, sob certas condições, o contato direto entre os membros de grupos opostos reduz o preconceito entre eles. Na época da publicação deste livro, a Suprema Corte dos Estados Unidos decidiu no histórico caso de 1954 de *Brown v. Board of Education of Topeka* que escolas com separação racial eram inerentemente desiguais e violavam a Constituição dos Estados Unidos. Em parte, a decisão foi embasada por evidências empíricas fornecidas por 32 eminentes cientistas sociais sobre os efeitos prejudiciais da segregação racial, na autoestima e no desempenho acadêmico de estudantes negros (Allport et al., 1953). A decisão da Suprema Corte impulsionou a nação rumo a um experimento social em grande escala. Qual seria seu efeito?

Apesar da decisão do Tribunal, o fim da segregação avançou lentamente. Houve táticas de adiamento, ações judiciais e manifestações pacíficas e violentas. Muitas escolas permaneceram sem nenhuma mudança até o início dos anos 1970. Então, quando a poeira começou a baixar, as pesquisas expuseram a grave constatação de que o contato entre alunos negros e brancos não estava tendo o efeito pretendido nas atitudes intergrupais. Walter Stephan (1986) revisou estudos conduzidos durante e após o fim da segregação e descobriu que, embora 13% deles relatassem redução do preconceito entre os brancos, 34% relatavam nenhuma mudança e 53% relatavam *aumento*. Essas descobertas forçaram os psicólogos sociais a questionar a sensatez de seus depoimentos ao Supremo Tribunal Federal e a reexaminar a hipótese de contato que orientou esse conselho.

"– Está vendo aquele homem ali?
– Sim.
– Bem, eu o odeio.
– Mas você não o conhece.
– É por isso que o odeio."
— Gordon Allport

> **hipótese de contato** Teoria de que o contato direto entre grupos hostis, sob certas condições, pode reduzir o preconceito intergrupal.

A hipótese de contato original está errada? Não. Ainda que a integração não tenha produzido imediatamente as mudanças

Estereótipos, preconceitos e discriminação

(Esquerda) Alunos da Central High School em Little Rock, Arkansas, em setembro de 1957 bradam insultos a Elizabeth Eckford, de 16 anos, enquanto ela caminha em direção à escola. Guardas nacionais bloquearam a entrada e não a deixaram passar. (À direita) Jackie Robinson e Branch Rickey discutem o contrato de Robinson com os Brooklyn Dodgers. Em 1947, Robinson tornou-se o primeiro afro-americano a ultrapassar "o limite da cor" e jogar na Liga Principal de Beisebol, dando início à integração nos principais esportes norte-americanos.

desejadas, é importante perceber que não tinham as condições ideais para o contato intergrupal ser bem-sucedido nas escolas públicas que passaram pelo processo. Ninguém jamais disse que preconceitos profundamente enraizados poderiam ser apagados simplesmente juntando os grupos. De acordo com a hipótese de contato, quatro condições são indicadas para o sucesso do contato. Essas condições estão resumidas na ▲ Tabela 5.2.

Thomas Pettigrew e Linda Tropp revisaram extensivamente pesquisas relevantes para a hipótese de contato, e suas conclusões foram muito animadoras (Pettigrew et al., 2011; Tropp, 2013; Tropp e Page-Gould, 2015). Em uma série de metanálises que envolveram mais de 500 estudos e 250 mil participantes em 38 nações, Pettigrew e Tropp (2000, 2006, 2008) encontraram uma base confiável em relação aos benefícios do contato intergrupal na redução do preconceito, particularmente quando o contato satisfaz pelo menos algumas das condições da Tabela 5.2. Esses pesquisadores propõem que o contato reduz o preconceito (1) aumentando o conhecimento sobre o exogrupo, (2) reduzindo a ansiedade sobre o contato intergrupal e (3) aumentando a empatia e a observação por outro ponto de vista.

Uma das demonstrações de integração de maior sucesso ocorreu no campo de beisebol. Em 15 de abril de 1947, Jackie Robinson jogou pelo time de beisebol Brooklyn Dodgers e se tornou o primeiro negro a romper "a barreira da cor" em um grande esporte norte-americano. A oportunidade de Robinson veio por meio do proprietário dos Dodgers, Branch Rickey, que sentiu que integrar o beisebol era moralmente correto e bom para o esporte. Rickey sabia tudo sobre a hipótese de contato e um amigo cientista social garantiu que uma equipe poderia fornecer as condições necessárias para que ela funcionasse: igualdade de *status* entre os jogadores, interações pessoais, dedicação a um objetivo comum e um clima positivo entre proprietário, dirigentes e treinadores. O fim da história todo mundo conhece. Rickey contratou Robinson e tentou criar a circunstância indispensável para o sucesso. Ainda que Robinson tenha enfrentado um racismo

▲ **TABELA 5.2**

Hipótese de contato: condições

Quatro condições são consideradas ideais para o contato intergrupal ser efetivo contra o racismo.

1. *Status* igual. O contato deve ocorrer em circunstâncias que atribuam aos dois grupos o mesmo *status*.
2. Interação pessoal. O contato deve envolver interações individuais entre os membros dos dois grupos.
3. Atividades cooperativas. Os membros dos dois grupos devem se unir em um esforço para atingir objetivos comuns.
4. Normas sociais. As normas sociais, definidas em parte pelas autoridades competentes, devem favorecer o contato intergrupal.

Mesmo que a Charleston High School no Mississippi já tivesse passado pela integração há décadas, foi somente em 2008 que o conselho escolar permitiu um baile de formatura multirracial, apesar de alguns estudantes terem organizado um "baile branco" como alternativa. Aqui estão dois alunos que compareceram ao baile de formatura ao lado de um pôster do filme *Prom Night in Mississippi*, um documentário premiado que narra essa história. Ainda em 2017, uma escola secundária a uma hora de distância de Charleston High seguia realizando bailes racialmente segregados.

"Uma amizade representa um vínculo, mas quando é uma amizade multirracial também representa a reconciliação."

– Emerson et al., 2002, p. 70.

exacerbado, ele resistiu e o beisebol foi integrado. No fim do primeiro ano, Jackie Robinson foi nomeado revelação do ano e, em 1962, eleito para o Hall da Fama do Beisebol. Em sua cerimônia de posse, Robinson pediu que três pessoas ficassem a seu lado: a mãe, a esposa e o amigo Branch Rickey (Pratkanis e Turner, 1994).

O desenvolvimento de amizades entre membros de diferentes grupos é uma das melhores maneiras de experimentar muitas das condições necessárias para o contato listadas na ▲ Tabela 5.2. Amizades normalmente envolvem *status* semelhante, interações pessoais significativas que se estendem no que se refere a tempo e ambientes e cooperação para objetivos comuns. Portanto, faz sentido que pesquisas apoiem a ideia de que amizades entre membros de diferentes grupos são um viés particularmente eficaz para melhorar as relações entre eles (Davies et al., 2011; Tropp et al., 2017). A evidência origina-se não apenas de estudos correlacionais, como pesquisas que mostram que a amizade entre pessoas de diferentes grupos está associada a menos ansiedade e preconceito entre os grupos, mas também de experimentos nos quais pesquisadores geram tais amizades entre alguns de seus participantes. Uma série de experimentos criativos nesta área, realizados por Elizabeth Page-Gould, Rodolfo Mendoza-Denton et al., encontraram fortes evidências do papel causal que essas amizades podem desempenhar na redução do preconceito intergrupal (Mendoza-Denton e Page-Gould, 2008; Page-Gould et al., 2008, 2010).

Mesmo as pessoas que não possuam um amigo de um exogrupo podem se beneficiar de amigos internos. Uma metanálise de 2019 de 115 estudos conduzidos ao longo de vinte anos oferece robusto embasamento para o que é conhecido como o *efeito de contato ampliado*, ou o *efeito de contato indireto* – saber que um amigo do endogrupo tem um relacionamento ideal e próximo a um membro de determinado exogrupo pode produzir benefícios intergrupais positivos de modos semelhantes ao contato direto (Zhou et al., 2019). Por que isso acontece? São várias as causas. Ter um amigo com amizade intergrupal pode reduzir a ignorância e a apreensão de uma pessoa em relação aos membros de um exogrupo, e é provável que ofereça exemplos positivos de membros de tal grupo. Além disso, como o contato indireto reduz o receio em relação ao exogrupo, aumenta a probabilidade de que o contato indireto leve ao contato direto (Wölfer et al., 2019).

5-3b Método jigsaw

Como a terceira condição na ▲ Tabela 5.2 indica, a cooperação e os objetivos compartilhados facilitam o sucesso do contato entre grupos. No entanto, a sala de aula típica está repleta de competição – exatamente o ingrediente impróprio. Imagine a cena. O professor está de frente para a classe e faz uma pergunta.

Muitas crianças levantam a mão, todas esforçando-se para chamar a atenção do professor. Então, assim que um aluno é chamado, os outros reclamam, frustrados. Na competição pela aprovação do professor, eles são perdedores – dificilmente esse seria um cenário adequado para um contato intergrupal positivo. Para combater esse problema na sala de aula, Elliot Aronson et al. (1978) desenvolveram um método de aprendizagem cooperativa chamado **método jigsaw**. Em escolas públicas recém-integradas no Texas e na Califórnia, eles designaram alunos do quinto ano a pequenos grupos mistos étnicos e acadêmicos. O material a ser aprendido em cada grupo foi dividido em subtópicos, assim como um quebra-cabeça é dividido em peças. Cada aluno foi responsável por aprender uma peça do quebra-cabeça, a seguir, os membros se revezavam ensinando o conteúdo uns aos outros. Nesse sistema, todos – independentemente de etnia, competência ou autoconfiança – precisam uns dos outros para que o grupo tenha sucesso.

O método produziu resultados impressionantes (Aronson, 2004, 2011). Em comparação com as crianças com aulas nos métodos tradicionais de aulas, as que usaram o método jigsaw passaram a gostar mais umas das outras e da escola, eram menos preconceituosas e tinham maior autoestima. Além disso, as notas nas provas melhoraram para os alunos de minorias e permaneceram as mesmas para os alunos brancos.

5-3c Identidades compartilhadas

Uma consequência importante do método jigsaw é que os alunos se tornaram mais propensos a classificar os membros de exogrupos como parte do próprio endogrupo. Em vez de encará-los como "outros" em termos raciais ou étnicos, os alunos passaram a vê-los como colegas de classe que estavam no mesmo barco. De modo mais abrangente, o contato intergrupal que enfatiza objetivos e destinos compartilhados pode mudar como os membros dos grupos se categorizam.

O modelo da identidade intragrupal comum desenvolvido por Samuel Gaertner e John Dovidio (2010, 2012) propõe que, se os membros de diferentes grupos se recategorizarem como integrantes de um grupo superior mais inclusivo, as atitudes e relações intergrupais podem melhorar. Ao reconhecer sua identidade compartilhada, assim como os Rattlers e Eagles fizeram quando passaram de concorrentes a colaboradores no Robbers Cave State Park, "eles" se tornam "nós" e uma identidade comum no grupo pode ser concebida. Em seus estudos, os pesquisadores induziram uma identidade comum nos grupos de várias maneiras: grupos diferentes compartilhando uma identificação comum; sentados ao redor de uma mesa para que não sejam separados em grupos; ou com o uso de uniformes. Por exemplo, Blake Riek et al. (2010) colocaram democratas e republicanos juntos, em duplas. Quando suas diferentes filiações a partidos políticos foram destacadas, os participantes avaliaram o outro grupo de modo mais negativo. Porém, quando a identidade compartilhada como norte-americanos foi reforçada, por exemplo, levando-os a usar camisetas com a bandeira norte-americana estampada e chamando o grupo ao qual é pertencente de Grupo dos Estados Unidos, suas avaliações sobre o outro grupo foram significativamente mais positivas.

É importante observar que, pelo menos em alguns contextos, os indivíduos de grupos minoritários ou de outros que tenham menos poder em uma sociedade possam não se sentir tão confortáveis quanto os membros do grupo majoritário em relação a recategorizá-los como um endogrupo comum. Determinado grupo com menos membros ou menor poder pode vir a se sentir oprimido ou perder a identidade no caso de se unir a um grupo maior ou mais relevante. Em vez disso, os membros desses grupos às vezes preferem duplas categorizações de identidade em que sua distinção como membro do grupo específico é preservada, mas em que também reconhecem sua conexão e potencial para cooperação com a maioria ou grupo mais poderoso (Gaertner et al., 2016; Schellhaas e Dovidio, 2016). Um ponto-chave persiste, entretanto: visualizar as conexões entre os grupos e como suas identidades são compartilhadas é essencial.

"Os muitos fatores que nos dividem são, na verdade, muito mais superficiais que aqueles que compartilhamos. Apesar de todas as coisas que nos diferenciam – etnia, idioma, religião, gênero, riqueza e assim por diante – somos todos iguais em relação à nossa humanidade."

– Dalai Lama

método jigsaw Método de aprendizagem cooperativa usado para reduzir o preconceito racial por meio da interação em esforços de grupo.

5-3d Confiança, pertencimento e redução da ameaça dos estereótipos

A teoria da ameaça do estereótipo de Claude Steele, discutida no início do capítulo, recebeu muita atenção, não somente porque ajudou a explicar o baixo desempenho ou o reduzido interesse de muitas pessoas em atividades acadêmicas e profissionais, mas também por ter oferecido alento. Esse estudo mostrou que modificar, mesmo que moderadamente, fatores situacionais que dão origem à ameaça do estereótipo podem reduzir o enorme peso dos estereótipos negativos, permitindo que os alvos atinjam seu potencial.

Dezenas e dezenas de experimentos sobre o estudo da ameaça do estereótipo foram realizados logo depois de a teoria ser apresentada, em meados da década de 1990 e, em praticamente todos, os efeitos negativos da ameaça do estereótipo foram reduzidos de modo significativo ou eliminados completamente em determinadas condições de análise. Frequentemente, esse resultado era obtido com base em mudanças aparentemente mínimas – porém importantes – no ambiente. A ▲ Tabela 5.3 lista alguns desses métodos.

Um tema que permeia muitas das intervenções bem-sucedidas contra os efeitos da ameaça do estereótipo é os indivíduos terem a sensação de confiança e segurança na situação. Ou seja, naquele ambiente específico, eles sentem que não são alvo das baixas expectativas alheias e não precisam preocupar-se com injustiças ou outros obstáculos que, de outro modo, os distrairiam, preocupariam ou os desmotivariam. A importância de estabelecer essa confiança fica evidente nos resultados de um experimento de Geoffrey Cohen et al. (1999). Os alunos nesse estudo fizeram uma redação e, em seguida, receberam críticas de um revisor que presumivelmente fosse branco. Em comparação a alunos brancos, os alunos negros tendem a responder de modo menos construtivo e são mais propensos a rejeitar críticas por considerarem que estas são tendenciosas contra eles. Essas reações adversas às críticas foram eliminadas, no entanto, se o revisor adicionasse dois elementos: (1) Deixar claro que tinha padrões elevados e (2) garantir aos alunos que confiava no potencial deles de atingir esses padrões. Essa combinação de fatores levou os alunos a confiar nas críticas e ter a percepção de que possuíam uma chance justa de sucesso na tarefa.

Além de causar estranheza, um dos meios mais influentes pelos quais a ameaça do estereótipo enfraquece os alunos é que reduz o sentimento de *pertencimento*. Ou seja, os alunos-alvo, provavelmente, vão sentir que *pessoas como eu não pertencem a este lugar*, como em um curso, escola, carreira ou outra área específica. Para contrariar essas preocupações sobre pertencimento social, Geoffrey Cohen, Gregory Walton et al. aplicaram técnicas psicossociais para criar intervenções fora do laboratório que tiveram um sucesso realmente notável (Walton e Brady, 2019).

Por exemplo, Walton e Cohen (2011) forneceram a alguns alunos afro-americanos do primeiro semestre de uma faculdade norte-americana, com maioria de alunos brancos, informações destinadas a reduzir os sentimentos de dúvida sobre seu pertencimento à universidade. Os alunos leram que é bastante comum da maioria dos alunos – independentemente do sexo, raça ou etnia – passar por períodos de estresse social e incertezas durante o primeiro ano e que essas dificuldades tendem a ser ultrapassados logo após o primeiro ano. Os estudantes, então, escreveram as próprias redações para informar os futuros alunos sobre esses mesmos pontos. Walton e Cohen descobriram que essa intervenção com alunos afro-americanos durante o primeiro semestre de aulas aumentou as notas médias deles de modo significativo em relação a outros alunos afro-americanos que não passaram pelo

▲ **TABELA 5.3**

Combatendo os efeitos da ameaça do estereótipo

Pesquisadores reduziram ou eliminaram os efeitos negativos da ameaça de estereótipo em determinados ambientes de diferentes maneiras. Aqui está apenas uma amostra dessas intervenções bem-sucedidas.

- Descrever a tarefa como não indicativa das capacidades intelectuais dos indivíduos (Steele e Aronson, 1995)
- Informar aos indivíduos que seu grupo não costuma ter desempenho inferior ao de outros na tarefa (Spencer et al., 1999)
- Dar aos indivíduos motivos para atribuir sua ansiedade, ao fazer um teste, a fatores não relacionados a estereótipos (Ben-Zeev et al., 2005)
- Expor indivíduos a um membro de seu grupo que se apresenta como especialista no assunto em questão (Dennehy et al., 2018; Olsson e Martiny, 2018)
- Levar os indivíduos a pensar sobre valores e interesses que sejam muito importantes a eles e que não estejam sob ameaça (Taylor e Walton, 2011; C. von Hippel et al., 2011)
- Destacar outros aspectos da identidade dos indivíduos que estão associados ao desempenho positivo na tarefa em questão (Shih et al., 2012; Yopyk e Prentice, 2005)
- Eliminar a presença de membros de exogrupos (Sekaquaptewa e Thompson, 2003)

experimento. Ainda mais impressionante foi esse resultado permanecer ao longo dos anos de faculdade! Conforme discutido no Capítulo 1 deste livro, Walton et al. (2015) fizeram uso de um tipo semelhante de intervenção que melhorou drasticamente o desempenho de alunas em cursos dominados por alunos do gênero masculino em uma faculdade de engenharia. (Você pode constatar esse registro na ● Figura 1.1 na p. 9 do Capítulo 1.)

Esses resultados consideráveis da sensação de pertencimento vão além das notas e dos interesses acadêmicos. Parker Goyer et al. (2019) relataram que, embora menos de 8% dos alunos de escolas públicas em 2013-2014 fossem meninos, representavam 25% dos alunos suspensos da escola. Apesar de muitos fatores, provavelmente, contribuírem para uma taxa tão elevada, esses pesquisadores queriam verificar se a intervenção de pertencimento social poderia ajudar a reduzir esse problema. Eles adaptaram a intervenção de pertencimento social que havia sido empregada com estudantes universitários para determinada população de ensino médio. Uma seleção aleatória de metade da amostra de alunos do sexto ano participou dessa intervenção, realizada em duas sessões durante os primeiros dois meses do ano escolar, enquanto os outros alunos passaram por um procedimento semelhante, mas irrelevante para as questões de pertencimento social. Os pesquisadores, então, rastrearam as punições disciplinares dos alunos nos anos seguintes, até o fim do ensino médio. Como você pode constatar na ● Figura 5.16, a intervenção teve efeitos expressivos, o que reduziu as sanções disciplinares aplicadas aos meninos negros em 65%.

A exposição a modelos de sucesso de um grupo também pode apoiar indivíduos de grupos estereotipados. Por exemplo, mulheres latinas em um experimento de Evava Pietri et al. (2019) relataram maior confiança e sensação de pertencimento nas ciências depois de verem a imagem de várias cientistas latinas. O sentimento de pertencimento das mulheres nos campos das STEM também pode ser afetado pelo grande número de colegas com quem trabalham. Nilanjana Dasgupta et al. (2015) argumentaram que a falta de sensação de pertencimento das mulheres em relação à engenharia é aumentada pelo fato de o número de homens geralmente ser maior. Para examinar essa questão, os pesquisadores levaram engenheiras a trabalhar em questões de engenharia em pequenos grupos formados por uma maioria de mulheres, uma maioria de homens, ou com homens e mulheres em números iguais. Os resultados indicaram que as mulheres, quando eram maioria, sentiram-se mais motivadas e interessadas na tarefa, demonstraram mais confiança e contribuíram com mais informações úteis que as mulheres que estavam em minoria ou mesmo em número igual ao de homens.

Outro experimento que produziu resultados surpreendentes na melhoria do sucesso acadêmico dos alunos envolve levá-los a compreender a inteligência não como um aspecto fixo, que algumas pessoas possuem e outras não, mas como algo que pode desenvolver e expandir-se, com o esforço adequado e a prática. A metáfora enfatizada nesse experimento de "mentalidade de crescimento" é que o cérebro é como um músculo que se torna mais robusto com repetidas experiências de aprendizagem. David Yeager et al. (2019) conduziram recentemente um experimento com uma amostra nacionalmente representativa de 12.490 alunos do nono ano de 65 escolas públicas dos Estados Unidos. Eles descobriram que os alunos que passaram por essa intervenção, de menos de 1 hora de duração, apresentaram melhoras drásticas

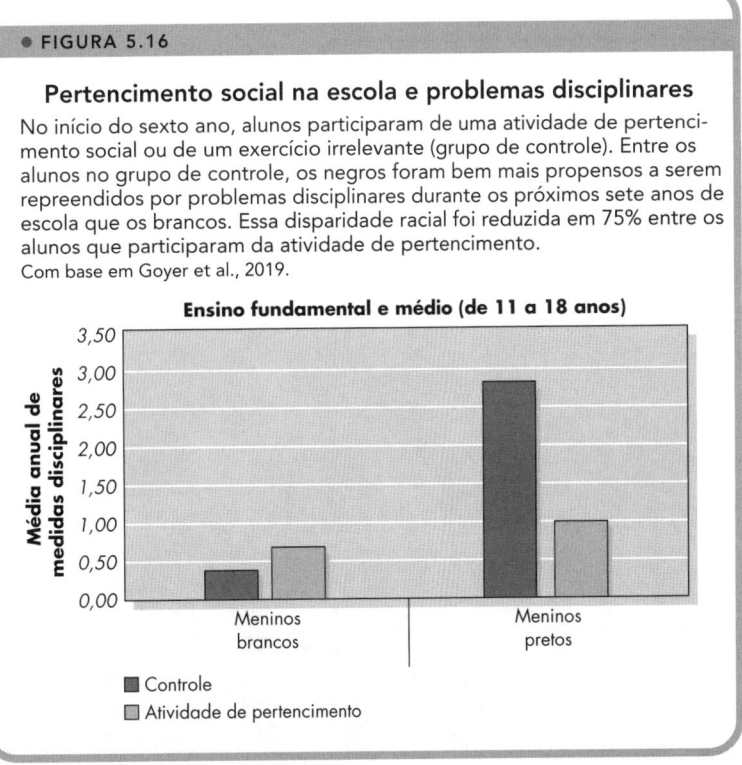

● FIGURA 5.16

Pertencimento social na escola e problemas disciplinares

No início do sexto ano, alunos participaram de uma atividade de pertencimento social ou de um exercício irrelevante (grupo de controle). Entre os alunos no grupo de controle, os negros foram bem mais propensos a serem repreendidos por problemas disciplinares durante os próximos sete anos de escola que os brancos. Essa disparidade racial foi reduzida em 75% entre os alunos que participaram da atividade de pertencimento.
Com base em Goyer et al., 2019.

em suas notas em comparação a um grupo de alunos de controle, especialmente aqueles que tinham dificuldades antes da intervenção.

Ainda que até o momento um grande número de estudos, com dezenas de milhares de alunos, tenha demonstrado o sucesso de intervenções da mentalidade de crescimento, há um debate na literatura sobre a fidelidade e a proporção dos resultados desses estudos (Denworth, 2019; Dweck e Yeager, 2019). Alguns estudiosos levantaram essas questões de modo mais generalizado sobre pesquisas de ameaça de estereótipo, apesar de haver centenas de estudos e metanálises que embasam esses trabalhos. Dada a importância dessas questões e alguns dos resultados espetaculares relatados, não há dúvida de que muito mais pesquisas virão para examinar os fatores que determinam quando esses efeitos são mais ou menos prováveis de ocorrer.

■ 5-3e Exercendo o autocontrole

Um ponto-chave neste capítulo é que as pessoas frequentemente estereotipam e demonstram preconceito em relação aos outros mesmo quando não desejam agir assim. Podemos aprender a controlar e superar esses impulsos? Infelizmente, tentar suprimir estereótipos ou controlar ações preconceituosas pode exigir esforço mental, e as pessoas muitas vezes não têm tempo, energia ou consciência para se dedicar a esse esforço (Ito et al., 2015). Quando é preciso tomar decisões com agilidade, por exemplo, as pessoas tendem a confiar mais nos estereótipos (Wesselmann et al., 2012). A embriaguez também compromete os recursos cognitivos das pessoas e, portanto, o autocontrole (por exemplo, imagine as temidas ligações ou mensagens de texto feitas por alguém alcoolizado). Pode não ser surpreendente, portanto, que a embriaguez prejudique a capacidade das pessoas de controlar a ativação e a aplicação de estereótipos (Bartholow et al., 2012; Loersch et al., 2015; Parrott e Lisco, 2015).

Estar fisicamente cansado pode limitar os recursos cognitivos necessários para um observador evitar estereótipos. Em uma demonstração intrigante desse tema, Galen Bodenhausen (1990) fez um experimento com dois tipos de pessoas: "pessoas matutinas" (que estão mais alertas no início do dia) e "pessoas notívagas" (que atingem a máxima atenção bem mais tarde, à noite). Por atribuição aleatória, os participantes de um experimento eram agendados às 9h ou às 20h. O resultado? Pessoas matutinas foram mais propensas a fazer uso de estereótipos ao realizarem o teste à noite; já as notívagas eram mais propensas ao uso de estereótipos no início da manhã. Sonia Ghumman e Christopher Barnes (2013) descobriram de modo semelhante no estudo que realizaram que, quanto mais sonolentos os alunos estavam, mais estereótipos e preconceitos eles demonstravam.

O estado de embriaguez priva as pessoas de recursos cognitivos, tornando-as menos capazes de inibir impulsos e controlar a manifestação de estereótipos e preconceitos.

Assim como uma boa noite de sono pode melhorar o controle cognitivo das pessoas, o tipo correto de estimulação cerebral também pode fazê-lo. Essa é a conclusão de um trabalho interessante de Roberta Sellaro et al. (2015). Por métodos não invasivos, eles estimularam uma parte do cérebro (o córtex pré-frontal medial) que se acredita estar associada ao controle cognitivo. Como os pesquisadores previram, isso levou a uma redução dos preconceitos implícitos dos participantes em relação aos membros de exogrupos. Além da *capacidade* das pessoas de controlar o preconceito, outra questão é o que as *motiva* a fazê-lo. Os pesquisadores distinguiram dois tipos de motivação para controlar respostas e comportamentos preconceituosos. Um tipo é a motivação *externa* – quando não se quer *transparecer* que está sendo preconceituoso. Um segundo tipo é a motivação *interna* – não querer *ser* preconceituoso independentemente de os outros perceberem ou não (Dunton e Fazio, 1997; Plant e Devine, 1998, 2009). Indivíduos motivados internamente tendem a ter mais sucesso em controlar estereótipos e preconceitos, mesmo que implicitamente, mas mesmo eles são vulneráveis ao intenso poder da estereotipagem automática e dos preconceitos velados.

De acordo com o *modelo de autorregulação de respostas preconceituosas* proposto por Margo Monteith et al. (2002; Monteith e Mark, 2009), indivíduos com motivação interna, em particular, podem aprender a controlar seus preconceitos de modo mais eficaz ao longo do tempo. De acordo com esse modelo, as pessoas que genuinamente querem ser justas e sem preconceitos, muitas vezes são confrontadas com a lamentável realidade de não conseguir cumprir esse objetivo. Essas percepções levam a emoções desagradáveis, como culpa. À medida que os indivíduos experimentam esses sentimentos de culpa repetidamente, começam a desenvolver a habilidade em reconhecer situações e estímulos que tendem a desencadear esses comportamentos e, portanto, podem controlá-los melhor. Ao agir assim, começam a interromper o que antes era a ativação automática de estereótipos.

Um grande exemplo desse processo se reflete nas frases de um aluno em um dos estudos de Monteith (Monteith et al., 2010). O aluno contou como certa vez esteve na iminência de descrever um colega de classe de maneira racista e como se sentiu mal a respeito. "Não sei por que eu ia dizer aquilo. Foi meio assustador como essa atitude foi programada em minha mente pelas pessoas ao meu redor." Posteriormente, esse participante indicou quantas vezes se lembrava daquela experiência: "Quando vejo as pessoas falando coisas desse tipo, penso muito a respeito... Acalma-me e leva-me a pensar sobre o que estou fazendo e pensando, o que estou dizendo. Sinto que devo ser mais cuidadoso com o que digo" (p. 193-194).

Assim como as pessoas que apresentam motivação interna para controlar o preconceito tendem a se tornar mais capazes de se autorregular que quem é motivado por razões externas, as mensagens antipreconceito projetadas para atingir mais as pessoas com motivações internas também podem ser mais eficazes que quando as mensagens têm foco em quem tem motivações externas. Para estudar essa questão, Lisa Legault et al. (2011) desenvolveram alguns folhetos sobre redução de preconceito. Um desses folhetos foi pensado para apelar às motivações internas, enfatizando os benefícios pessoais e sociais da tolerância e da diversidade. Por exemplo, uma frase dizia: "Quando abandonamos o preconceito, podemos desfrutar da rica diversidade social". O outro folheto apelava a motivações externas, enfatizando as obrigações de indivíduos e organizações de agir de modo não preconceituoso – por exemplo: "Professores e alunos flagrados exibindo atitudes e comportamentos racistas podem enfrentar sérias consequências, como demissão e expulsão".

Os pesquisadores designaram aleatoriamente alunos de uma universidade canadense para ler um dos dois folhetos, ou a não receber nenhum deles. Posteriormente, eles participaram de uma medição do preconceito deles em relação aos negros (nenhum aluno negro foi incluído no estudo). Os alunos que leram o folheto que apelava a motivações internas exibiram significativamente menos preconceito que os alunos que não o receberam. De outro modo, os alunos que receberam o folheto que apelavam a fatores externos exibiram significativamente *mais* preconceito que os que não receberam nenhum folheto (ver • Figura 5.17). O folheto que enfatizava as razões externas em vez das internas para controlar o preconceito, provavelmente, transmitiu aos alunos muito controle e fez com que se rebelassem. As pessoas não gostam de ouvir como devem ou não pensar, portanto, as mensagens antipreconceitos que são percebidas assim podem ser contraproducentes.

■ 5-3f Mudando cognições, culturas e motivações

Acabamos de discutir alguns dos desafios envolvidos em tentar *não* se concentrar em estereótipos ou agir de modo preconceituoso. Há várias maneiras mais produtivas de atingir esse propósito. Os fatores sociais cognitivos que as pesquisas mostraram poder reduzir os estereótipos e os preconceitos incluem:

- Ser apresentado a exemplos de membros do exogrupo que não reproduzem seu estereótipo (Columb e Plant, 2011; Zuo et al., 2019)

- Aprender sobre as diferenças existentes entre as pessoas em um grupo (Er-rafiy e Brauer, 2013)
- Ser induzido a assumir a perspectiva de uma pessoa de um grupo estereotipado (Gaesser et al., 2019; Wang et al., 2018)
- Ser encorajado a prestar atenção ou a confrontar instâncias de discriminação (Becker e Swim, 2011; Dickter e Newton, 2013; Gulker et al., 2013)
- Acreditar que o preconceito pode ser aprendido e desaprendido ou que o preconceito pode, como um mau hábito, ser rompido pelo esforço e pelo uso de estratégias adequadas (Carr et al., 2012; Devine et al., 2017; Hennes et al., 2018)
- Aprender que raça ou etnia é algo mais ambíguo e socialmente determinado que simplesmente uma categoria fixa genética e que os limites intergrupais não são inalteráveis e podem ser maleáveis (Donovan et al., 2019; Goldenberg et al., 2018; Williams e Eberhardt, 2008)
- Adotar visões multiculturais que reconheçam e valorizem as diferenças entre grupos em vez de fingir não percebê-las (Plaut et al., 2018; Rattan e Georgeac, 2017; Rosenthal e Levy, 2016; Whitley e Webster, 2019)

Se quiser assistir a alguns dos vídeos criados por Moss-Racusin e outros na pesquisa descrita aqui, acesse https://academics.skidmore.edu/blogs/vids.

Como esses tipos de pensamento podem ser estimulados? Um fator importante, sem dúvida, é a educação. Conhecer as pesquisas deste capítulo é um primeiro passo importante. Uma intervenção educacional criativa foi desenvolvida por Corinne Moss-Racusin et al. (2018; Hennes et al., 2018). Esses pesquisadores fizeram parceria com atores, cineastas e escritores profissionais para produzir vídeos de alta qualidade retratando os resultados de pesquisas sobre o preconceito de gênero, incluindo métodos eficazes de redução do problema. Os participantes em seus estudos mostraram diminuição do preconceito de gênero e aumento das intenções de promover a igualdade de gênero nos campos STEM em comparação com os participantes do grupo de controle.

De modo mais abrangente, é no nível cultural que pode ser encontrado um grande potencial para mudanças positivas. A exposição a imagens e a indivíduos em nossa cultura que refletem a diversidade em grupos sociais, pode ajudar, por exemplo, a enfraquecer estereótipos e a combater sua ativação automática. Essas imagens também podem mudar a tendência das pessoas de encarar grupos como entidades relativamente fixas e ajudá-las a vê-los como entidades dinâmicas, com fronteiras menos rígidas.

Motivações, normas e valores podem sofrer alterações e muitas vezes mudam ao longo do tempo. Aqui, novamente, a cultura popular é uma peça-chave. As pessoas – especialmente os mais jovens – olham para a cultura popular, bem como para os colegas e os modelos de comportamento, para obter informações sobre quais atitudes e comportamentos estão na moda ou são ultrapassados.

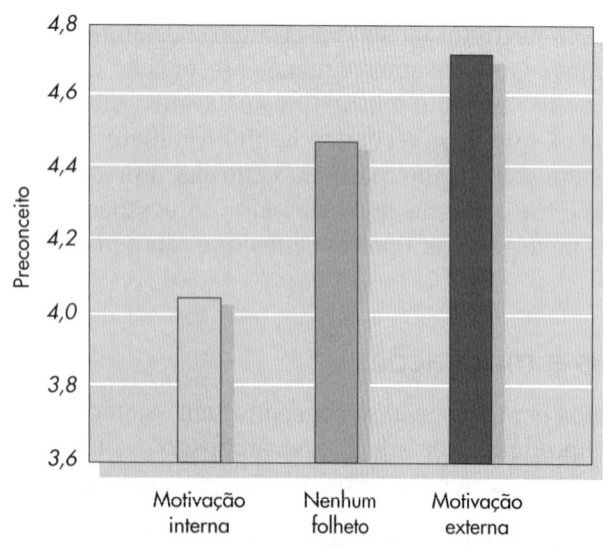

● FIGURA 5.17

Mensagens antipreconceito produtivas e contraproducentes

Em comparação com alunos que não receberam nenhum folheto, aqueles que leram um folheto sobre a redução do preconceito que enfatizava motivações internas para não ser preconceituoso (como por que é benéfica a promoção da diversidade) posteriormente exibiram significativamente menos preconceito em relação aos negros. Já os alunos que receberam um folheto voltado a fatores externos (como a possibilidade de alguém ter problemas se abordado por difundir e ter atitudes racistas) exibiram significativamente mais preconceito.
De Legault et al., 2012.

A cultura popular desempenhou um papel importante em várias dessas mudanças. Por exemplo, muitas pessoas citam determinadas celebridades ou programas de televisão com representações positivas de personagens gays para ajudar a mudar suas atitudes em relação aos direitos dos homossexuais (Lang, 2015). Do mesmo modo, assistir a campanhas antipreconceito que promovem ideias como "Black Lives Matter" ou "Times Up" tornarem-se virais em todo o mundo em resposta à violência contra grupos-alvo, o que, sem dúvida, afeta as atitudes de muitas pessoas.

Também observamos os colegas para ter referência das normas locais, incluindo as relacionadas a estereótipos e preconceitos (por exemplo, Fein et al., 2003; Hsueh et al., 2015; Sparkman e Walton, 2019). Em determinada escola, um aluno do último ano do ensino médio, pode sentir-se confortável ao caluniar um colega sem se importar. No entanto, vários meses depois, como estudante universitário do primeiro semestre, ele pode perceber como essa atitude é equivocada e sentir-se culpado por já ter se comportado assim. É mais provável que ele aprenda essa lição valendo-se da observação e da interação com os colegas que em uma palestra sobre diversidade e sensibilidade dada por um profissional. Aprender essas normas pode nos motivar a adotá-las.

Leis contra o discurso de ódio, o tratamento desigual e ambientes hostis também podem ser uma arma significativa, é claro. Ainda que possam criar resistência e reações adversas, leis e políticas que exigem mudanças de comportamento podem – se feitas de modo coerente, sem sugestão de transgressão e com líderes importantes defendendo-as distintamente – ser respeitadas de boa vontade (Aronson, 1992). Laura Barron e Mikki Hebl (2013), por exemplo, descobriram em uma série de estudos que leis que tornavam ilegal a discriminação contra gays no ambiente de trabalho (algo que não existe em muitos estados norte-americanos) fizeram uma grande diferença positiva nas atitudes e no comportamento das pessoas.

Elizabeth Levy Paluck (2011; Paluck et al., 2016) conduziu alguns fascinantes estudos de campo que mostraram o poder tanto das influências culturais como da influência de colegas. Em um desses estudos, alunos de várias escolas de ensino médio foram treinados para serem "líderes" que confrontariam expressões de preconceitos intergrupais. Não apenas esses alunos demonstraram mais comportamentos antipreconceito, como também essas atitudes difundiram-se entre os amigos. Paluck (2009) também examinou o papel da mídia na promoção de normas positivas em um experimento de campo incomum com duração de um ano em Ruanda, que tem sido palco de guerras terríveis, genocídio e conflitos intergrupais. Ela induziu ruandeses a ouvir uma radionovela (o rádio é a mídia de massa mais importante no local) durante o período de um ano. A pesquisadora designou aleatoriamente metade dos participantes a ouvir uma novela sobre conflitos semelhantes aos conflitos reais no país, mas estes foram resolvidos de modo que revelavam cooperação e comunicação intergrupais, a não violência e a oposição ao preconceito. A outra metade ouviu uma novela sobre questões de saúde. Ao fim desse ano, os ruandeses que ouviram a novela que promoviam normas intergrupais positivas tinham sentimentos significativamente mais positivos sobre cooperação, confiança e interações intergrupais. Rezarta Bilali et al. também encontraram resultados animadores ao empregar programas de rádio para lidar com o conflito intergrupal no Burundi e na República Democrática do Congo, que também foram destruídos pela violência intergrupal (Bilali e Staub, 2016; Bilali et al., 2017)

A mídia social, é claro, desempenha um papel significativo na vida de muitas pessoas, dando a elas uma noção de como seus colegas estão

Após uma série de incidentes racistas, torcedores denunciam o racismo em uma partida da Copa do Mundo no Brasil.

pensando, sentindo e agindo. Kevin Munger (2017) aproveitou esse fato em um experimento criativo projetado para resolver o problema de tweets racistas que frequentemente são postados no Twitter. Ele identificou 242 usuários brancos do sexo masculino no Twitter que usavam com frequência linguagem racista em relação a específicos perfis de indivíduos. Em raro *bom* uso de robôs nas redes sociais, Munger criou contas falsas na rede social que responderiam a esses usuários: "Ei, cara, lembre-se de que há pessoas reais que se machucam quando você as ofende com esse tipo de linguagem". Os perfis falsos criados por Munger variavam entre um homem aparentemente branco ou negro, com muitos ou poucos seguidores. Os resultados foram surpreendentes. Os tweets racistas foram reduzidos drasticamente depois de críticas enviadas pela conta que aparentava ser de um homem branco com muitos seguidores. A repreensão aparentava originar de um membro do próprio grupo racial/étnico com muitos seguidores, o que podia ser visto como uma norma que indicava que o uso de linguagem racista não era considerado correto.

Estudos como esses mostram que uma fonte para muitas mudanças positivas deriva do que está no âmago da psicologia social: a natureza social do animal humano. Alguns de nossos instintos mais básicos, como a competição intergrupal que gera preconceitos intergrupais, podem sempre estar presentes, mas também podemos aprender uns com os outros os pensamentos, os valores e os objetivos que nos tornam menos vulneráveis a perpetuar ou ser alvo de estereótipos, preconceitos e discriminação.

5-4 Revisão

Os 10 principais pontos-chave do Capítulo 5

1. O preconceito e a discriminação operam não apenas em nível individual, em que qualquer pessoa pode ser ao mesmo tempo autor e alvo, mas também em nível institucional e cultural, que envolve práticas que promovem o domínio de um grupo sobre outro.

2. Muitas notícias, bem como dados de vários estudos, fornecem evidências convincentes de que o racismo, o sexismo e outras formas de preconceito e discriminação persistem, mas também de que houve desenvolvimento.

3. Estereótipos, preconceitos e discriminação atualmente costumam operar de forma implícita, sem intenção consciente ou percepção por parte dos observadores, mas com consequências consideráveis.

4. O sexismo ambivalente reflete tanto o sexismo hostil, caracterizado por sentimentos negativos e ressentidos em relação às mulheres, quanto o sexismo benevolente, caracterizado por sentimentos afetuosos e cavalheirescos, mas potencialmente paternalistas em relação às mulheres.

5. Existem algumas diferenças de gênero marcantes nas escolhas profissionais, nos salários e no tratamento que os indivíduos recebem no local de trabalho.

6. A ameaça de estereótipo pode prejudicar o desempenho e afetar a identidade de membros de grupos estereotipados ou desvalorizados. Pequenas mudanças em determinado cenário podem reduzir significativamente a ameaça de estereótipo e seus efeitos negativos.

7. As pessoas tendem a exagerar as diferenças entre endogrupos e exogrupos, a tratar os membros dos endogrupos de modo mais favorável (especialmente quando se sentem ameaçadas ou inseguras) e ver os de exogrupos como mais homogêneos e frequentemente de maneira desumanizada.

8. Absorvemos informações relevantes sobre estereótipos, preconceitos e discriminação, mesmo sem perceber, valendo-se do que vemos a nosso redor em nossa cultura, nossos grupos e famílias.

9. Um efeito básico da estereotipagem é que esta influencia as percepções e as interpretações das pessoas sobre os comportamentos dos membros do grupo, levando-as a confirmar suas expectativas baseadas em estereótipos.

10. Entre os fatores que tiveram sucesso na redução de estereótipos, preconceitos e discriminação estão o contato intergrupal (especialmente se as condições ideais de contato forem atendidas), a percepção de conexões e de uma identidade compartilhada com pessoas de outros grupos, a adoção de uma perspectiva multicultural em vez de fingir não haver diferenças e ser motivado intrinsecamente (em vez de extrinsecamente) a reduzir respostas preconceituosas.

Colocando o SENSO COMUM à prova

A natureza do problema: persistência e mudança

As crianças não tendem a apresentar preconceitos com base na etnia; só depois de adolescentes é que aprendem a responder de modo distinto, levando-se em conta a etnia das pessoas.

(F) **Falso** *As crianças aprendem sobre as categorias sociais muito cedo e usam estereótipos desde muito novas. Elas demonstram preconceitos em favor de seu grupo racial tanto em medidas explícitas como implícitas.*

As interações inter-raciais tendem a melhorar e a reduzir as percepções de racismo valendo-se da perspectiva de ignorar, negar ou minimizar qualquer reconhecimento de diferenças raciais.

(F) **Falso** *Pesquisas indicam que essa abordagem, geralmente, dá errado e os membros de grupos de minorias raciais ficam mais desconfortáveis em vez de mais confortáveis; uma abordagem multicultural que reconhece e valoriza positivamente as diferenças raciais e étnicas costuma ser mais eficaz.*

Um estudante afro-americano, provavelmente, terá um desempenho pior em uma tarefa atlética se a mesma for descrita como indicativa de sua inteligência esportiva que se fosse descrita como indicativa da habilidade atlética natural.

(V) **Verdadeiro** *Pesquisas indicam que os alunos afro-americanos, provavelmente, vão experimentar a ameaça de estereótipo e, portanto, vão ter um desempenho inferior se a tarefa for descrita como diagnóstica de sua inteligência esportiva. Porém, os alunos brancos tendem a apresentar o efeito oposto: seu desempenho é pior se a tarefa for descrita como indicativo de habilidade atlética natural.*

Natureza do problema: fatores intergrupais, motivacionais, cognitivos e culturais

Ser lembrado da própria mortalidade faz que as pessoas coloquem as coisas em uma perspectiva mais ampla, tendendo, assim, a reduzir as distinções e a hostilidade entre endogrupos e exogrupos.

(F) **Falso** *Pesquisas mostraram que, quando as pessoas se sentem ameaçadas por pensamentos sobre a própria mortalidade, tendem a buscar maior proximidade com seus endogrupos e a exibir maior preconceito contra exogrupos, em parte para reafirmar seu senso de lugar e propósito no mundo.*

Os julgamentos feitos com muita agilidade não são influenciados por estereótipos, a menos que as pessoas realmente acreditem que ele seja verdadeiro.

(F) **Falso** *Mesmo uma breve exposição a um membro de um grupo estigmatizado pode ativar o estereótipo sobre o grupo, ainda que a pessoa não acredite nele.*

Palavras-chave

ameaça do estereótipo (167)
categorização social (171)
correlação ilusória (185)
discriminação (152)
efeito de homogeneidade do exogrupo (172)
endogrupos (172)
estereótipos (152)
estigmatizado (166)
exogrupos (172)
favoritismo intragrupal (177)

hipótese de contato (190)
mensagem subliminar (187)
método jigsaw (193)
modelo de conteúdo de estereótipos (183)
objetivo superior (176)
orientação à dominação social (175)
preconceito (152)
privação relativa (176)
racismo (151)

racismo aversivo (154)
racismo implícito (155)
racismo moderno (154)
sexismo (152)
sexismo ambivalente (160)
teoria da identidade social (177)
teoria da justificação do sistema (175)
teoria do conflito realístico (176)
teoria do papel social (182)

Notas da revisão técnica

1. Segundo levantamento feito pela ONG Word Heals the World, no Brasil, os crimes de ódio contra minorias (raça, orientação sexual, religião e gênero) tiveram um aumento de 1,95% em 2018. Fonte: disponível em: https://www.wordshealtheworld.com/the-hate-map-of-brazil/. Acesso em: 9 set. 2021.

2. Assim como nos EUA, no Brasil há inúmeros casos de racismo, como os exemplos mostram:
– Em 19 de novembro de 2020, João Alberto Freitas foi morto após ser espancado por dois seguranças de uma loja do supermercado Carrefour.
– Em 2015, em São Paulo, uma criança foi expulsa de uma loja de roupas por causa da sua cor de pele.
– Em 2014, Aranha, jogador do Grêmio, foi chamado de macaco por torcedores do time rival durante um jogo de futebol.
Dados do IBGE de 2019 mostram que o nível de pobreza extrema é o dobro entre pretos e pardos se comparado com a população branca. O estudo também mostra diferença de renda comparando a população branca com a população preta e parda (os brancos ganhavam, em média, 74% a mais do que pretos e pardos). Fonte: disponível em: https://agenciadenoticias.ibge.gov.br/agencia-noticias/2012-agencia-de-noticias/noticias/29433-trabalho-renda-e-moradia-desigualdades-entre-brancos-e-pretos-ou-pardos-persistem-no-pais?fbclid=IwAR1K928ZqV8MkLmXFia0TG7DpMw29lH-GdKHNy_1dpI2swdShll2gk2KBKM. Acesso em: 9 set. 2021.

3. Dados do IBGE de 2019 mostram que as mulheres representam 54,4% da força de trabalho no Brasil. Fonte: Disponível em: https://biblioteca.ibge.gov.br/visualizacao/livros/liv101784_informativo.pdf. Acesso em: 9 set. 2021.

4. No Brasil: – Jovens negros na escolha profissional. Santos, I. J. (2018). Ameaça do estereótipo em jovens negros na escolha profissional (Dissertação de mestrado). Universidade Federal de Sergipe.
– Universitário cotistas (de Souza, 2018). Souza, R. B. (2018). Ameaça do estereótipo e Teoria das Molduras Relacionais: a influência de fatores situacionais no desempenho cognitivo de universitários cotistas (Tese de doutorado). Universidade Federal do Ceará.

Atitudes

Este capítulo examina as influências sociais sobre as atitudes. Definimos as atitudes e, a seguir, discutimos como são mensuradas e quando estão relacionadas ao comportamento. Em seguida, vamos considerar dois métodos de mudança de atitudes. Primeiro, examinamos os fatores de origem, mensagem e público que ganham poder de persuasão por meio da mídia de comunicação. Em seguida, consideramos teorias e pesquisas que mostram que as pessoas muitas vezes mudam as atitudes como consequência das próprias ações.

6

- **6-1 O estudo das atitudes | 204**
  - 6-1a Como as atitudes são mensuradas
  - 6-1b Como as atitudes são formadas
  - 6-1c A relação entre atitudes e comportamento

- **6-2 Persuasão pela comunicação | 218**
  - 6-2a Dois caminhos para a persuasão
  - 6-2b A fonte
  - 6-2c A mensagem
  - 6-2d O público
  - 6-2e Cultura e persuasão

- **6-3 Persuasão pelas próprias ações | 240**
  - 6-3a Representação: o mundo todo é um palco
  - 6-3b Teoria da dissonância cognitiva: a versão clássica
  - 6-3c Teoria da dissonância cognitiva: uma nova visão
  - 6-3d Rotas alternativas para a autopersuasão
  - 6-3e Dissonância ética
  - 6-3f Influências culturais na dissonância cognitiva

- **6-4 Mudança de atitude | 253**

- **6-5 Revisão | 254**

Trump. Mudanças climáticas. Aborto. Pena de morte. Controle de armas. Israelenses e palestinos. Imigração. Sistemas de saúde. Qualquer pessoa que tenha acompanhado os acontecimentos mundiais recentemente sabe como as opiniões alheias têm sido contundentes a respeito dos assuntos atuais. As atitudes e os mecanismos de mudança de atitude, ou a persuasão, são parte vital da vida social humana. Este capítulo aborda três conjuntos de questões: (1) O que é uma atitude, como pode ser medida e qual é sua relação com o comportamento? (2) Que tipos de mensagens persuasivas levam as pessoas a mudar as atitudes? e (3) Por que muitas vezes mudamos as atitudes como resultado de nossas próprias ações?

6-1 O estudo das atitudes

Como você se define politicamente, de esquerda, de direita ou mais ao centro? Gosta da cidade ou prefere viver em um ambiente rural? Acha que a maconha deva ser legalizada? Você prefere ouvir rock alternativo, sertanejo ou a hip-hop? Prefere Coca a Pepsi, água a suco? Seu celular é iPhone ou Android?

De acordo com a sugestão dessas perguntas, individualmente temos reações positivas e negativas a pessoas, objetos e ideias. Essas reações são chamadas **atitudes**. Dê uma olhada nos capítulos deste livro e você vai ver como as atitudes são generalizadas. Por exemplo, vai constatar que a autoestima é uma atitude que temos sobre nós mesmos, que a atração é uma atitude positiva em relação a outra pessoa e que o preconceito é uma atitude negativa muitas vezes dirigida contra certos grupos. Na verdade, o estudo das atitudes é tema central para o campo da psicologia social no geral (Albarracín e Shavitt, 2018; Crano e Prislin, 2014; Maio et al., 2019; Perloff, 2017).

> *Colocando* o **SENSO COMUM** à prova
>
> *Circule sua resposta*
>
> V F Pesquisadores podem dizer se a atitude de alguém é positiva ou negativa medindo sua excitação fisiológica.
>
> V F Ao reagir a comunicações persuasivas, as pessoas são mais influenciadas por imagens superficiais que por argumentos lógicos.
>
> V F Pessoas são mais facilmente persuadidas por mensagens subliminares em propagandas apresentadas.
>
> V F Quanto mais você pagar às pessoas para que mintam, mais vão acreditar no que contaram.
>
> V F Pessoas costumam gostar da razão pela qual sofrem.

atitude Reação positiva, negativa ou mista em relação a uma pessoa, um objeto ou uma ideia.

Uma atitude é determinada avaliação positiva, negativa ou mista de um objeto que se expressa em algum nível de intensidade – nada mais, nada menos. *Gostar, amar, não gostar, odiar, admirar* e *detestar* são categorias de palavras que as pessoas fazem uso para descrever as atitudes. É importante perceber que as atitudes não podem simplesmente ser representadas ao longo de um único *continuum* que varia de totalmente positivo a totalmente negativo – como se estas fossem como o botão de volume em uma unidade de controle remoto ou a alavanca em um termostato que aumenta ou diminui a temperatura. Em vez disso, conforme mostrado na • Figura 6.1, as atitudes podem variar em intensidade ao longo das dimensões positiva e negativa. Em outras palavras, podemos reagir a algo com influência positiva, influência negativa, ambivalência (emoções mistas) ou apatia e indiferença (Cacioppo et al., 1997). Às vezes, as pessoas têm reações positivas e negativas em relação ao mesmo objeto de atitude sem perceber o conflito, porque têm consciência de uma reação, mas não da outra. Alguém que transpareça aceitar as minorias raciais, mas inconscientemente sustente preconceito, é um exemplo ideal (Wilson et al., 2000).

De modo habitual concebemos avaliações positivas e negativas sobre pessoas, lugares, objetos e ideias com quais nos deparamos.

Gostamos de algumas coisas, mas não de outras. Esse processo de formação de atitude costuma ser rápido, automático e "implícito" – semelhante a uma ação reflexa (De Houwer, 2014; Ferguson, 2007).

Você pode supor que a atitude de uma pessoa represente uma relação única entre ela e um objeto de atitude específico. De ambos os modos, no entanto, nossas atitudes revelam muito sobre nós como indivíduos. Primeiro, as pessoas diferem-se no que se refere à tendência geral de gostar ou não gostar das coisas. Considere uma série de objetos de atitude muito diversos e não relacionados: Qual é sua experiência com bicicletas? E com palavras-cruzadas, camping, Japão, Netflix, ciência e religião? Curiosos para verificar se as pessoas apresentavam tendências generalizadas no que se refere a gostar ou não gostar das coisas, o que chamaram *atitudes disposicionais*, Justin Hepler e Dolores Albarracín (2013) descobriram que, quando pediram que os participantes da pesquisa avaliassem o quanto gostavam ou não de uma longa lista de coisas não relacionadas, em média, alguns indivíduos tenderam a relatar atitudes positivas; outros, em média, atitudes negativas (ver também Eschleman et al., 2015).

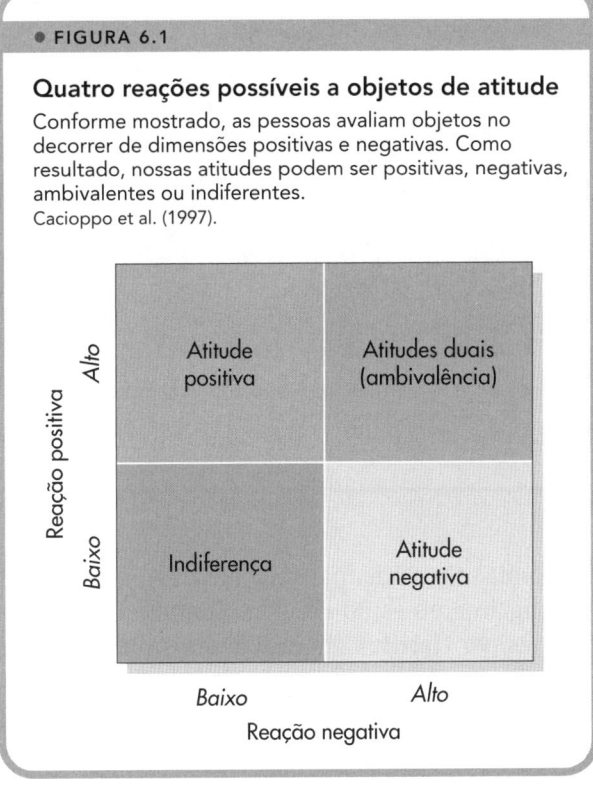

● FIGURA 6.1

Quatro reações possíveis a objetos de atitude
Conforme mostrado, as pessoas avaliam objetos no decorrer de dimensões positivas e negativas. Como resultado, nossas atitudes podem ser positivas, negativas, ambivalentes ou indiferentes.
Cacioppo et al. (1997).

Um segundo modo pelo qual nossas atitudes revelam algo sobre nossa individualidade é o fato de as pessoas diferirem não apenas tendenciosamente em gostar ou não de coisas, mas também quanto a rapidez e intensidade com que reagem. Pense em si mesmo. Você formula opiniões facilmente? Gosta ou desgosta com intensidade? Ou tende a reagir de modo mais cauteloso e menos efusivo? Indivíduos que se descrevem como tendo alta necessidade de avaliação em vez de baixa são mais propensos a perceber suas experiências diárias de uma perspectiva altamente crítica e têm opiniões contundentes – positivas e negativas – em toda uma gama de questões (Bizer et al., 2004; Jarvis e Petty, 1996).

Antes de examinarmos a difícil ciência da medição de atitudes, vamos momentaneamente refletir sobre esta questão: Por que os seres humanos formulam e têm atitudes? A formação de um julgamento positivo ou negativo de pessoas, objetos e ideias serve a algum propósito útil? Ao longo dos anos, os pesquisadores descobriram que as atitudes desempenham funções significativas – como nos permitir avaliar rapidamente e sem quase pensar se algo que vemos pela primeira vez é bom ou ruim, conveniente ou prejudicial, e que deva ser incentivado ou evitado (Maio e Olson, 2000). A desvantagem é que ter atitudes preexistentes pode nos levar a ter a mente fechada, distorcer o modo como interpretamos novas informações e nos tornar mais resistentes a mudanças. Por exemplo, Russel Fazio e outros (2000) constataram que pessoas que estavam focadas em atitudes positivas ou negativas em relação a rostos computadorizados, em comparação às que não estavam, demoraram mais tempo para perceber quando os rostos foram "transfigurados" e não eram mais os mesmos.

■ 6-1a Como as atitudes são mensuradas

Em 1928, Louis Thurstone publicou um artigo intitulado "É possível medir atitudes". No entanto, Thurstone falhou totalmente ao não prever que medir atitudes é complexo. Vários anos antes, havia mais de quinhentos métodos diversos para determinar as atitudes de um indivíduo (Fishbein e Ajzen, 1972).

Medidas de autoavaliação O método mais fácil de avaliar a atitude de uma pessoa sobre algo é indagando. Em todo o mundo, as opiniões públicas são registradas em uma série de questões na política, na

As pessoas podem ser bastante apaixonadas pelas próprias atitudes. Os psicólogos sociais indagam: em primeiro lugar, como essas atitudes foram formadas, e como podem ser medidas, como orientam nosso comportamento e, se for o caso, como podem ser modificadas?

economia, na saúde, nas relações exteriores, na ciência e na tecnologia, nos esportes, no entretenimento, na religião e no estilo de vida. Simplesmente perguntando às pessoas, pesquisas de opinião pública conduzidas por Harris, Gallup, Reuters, o Pew Research Center e outras empresas de pesquisa revelaram que 82% dos norte-americanos consideram as mídias sociais um desperdício de tempo, 72% acreditam que as vacinas infantis devam ser obrigatórias, 70% não "se sentem motivados no trabalho" e 50% não estão prontos para confiar em um carro autônomo. Outras pesquisas ainda mostraram que os norte-americanos preferem assistir a futebol americano em vez de beisebol e sorvete de chocolate em vez de baunilha, 4 em cada 10 norte-americanos adultos têm uma tatuagem e o Natal é o feriado favorito nos Estados Unidos, seguido pelo Dia de Ação de Graças e o dia da Independência norte-americana.

As medidas de *autorrelato* são diretas e simples. Porém as atitudes às vezes são complexas demais para serem medidas por uma única pergunta. Como você deve se lembrar, no Capítulo 2, foi apresentado um problema identificado pelos pesquisadores de opinião pública, aquele em que as respostas às questões de atitude podem ser influenciadas pelas palavras usadas, pela ordem e pelo contexto em que são feitas as perguntas e por outros fatores externos (Sudman et al., 2010; Tou-rangeau et al., 2000). Em uma pesquisa, o National Opinion Research Center perguntou a centenas de norte-americanos se o governo dos Estados Unidos investia muito pouco em "assistência aos pobres" e 65% responderam afirmativamente. No entanto, quando a mesma pergunta foi feita com o uso da palavra "bem-estar", apenas 20% disseram que o governo gastou muito pouco (Schneiderman, 2008). Em uma segunda pesquisa, foi perguntado a mais de 2 mil eleitores registrados sobre se acreditavam no fenômeno do "aquecimento global" ou da "mudança climática". Os democratas responderam afirmativamente em uma alta porcentagem às duas nomenclaturas, já o número de republicanos que disseram acreditar no fenômeno aumentou de 44% quando questionados sobre aquecimento global para 60% quando questionados sobre mudanças climáticas (Schuldt et al., 2011).

Para ver os novos resultados de pesquisas de opinião pública on-line, visite:
http://www.harrisinteractive.com,
http://www.gallup.com/home.aspx,
e http://www.pewresearch.org.

Ao reconhecer as deficiências na medição com perguntas únicas, os pesquisadores desenvolveram métodos mais sofisticados (Fowler, 2014). Frequentemente, perguntas únicas são substituídas por questionários de vários itens, conhecidos como **escalas de atitude**. Há diferentes formatos de escalas de atitude, sendo talvez a mais popular a escala Likert, em homenagem a seu inventor, Rensis Likert (1932). Nessa técnica, os pesquisados são apresentados a uma lista de afirmações sobre um objeto de atitude e solicitados a indicar em uma escala de pontos em que grau de intensidade concordam ou discordam com cada afirmação. A pontuação total de atitude de cada entrevistado é derivada da soma das

escala de atitude Questionário de vários itens projetado para medir a atitude de uma pessoa em relação a algum objeto.

respostas a todos os itens. No entanto, independentemente de as atitudes serem medidas por uma pergunta ou uma escala completa, os resultados devem ser analisados com cautela. Todas as medidas de autorrelato presumem que as pessoas expressam honestamente suas verdadeiras opiniões. Às vezes, essa suposição é razoável e correta, mas geralmente não é assim. Com a intenção de causar uma boa impressão, as pessoas costumam relutar em admitir suas falhas, seus vícios, opiniões impopulares e preconceitos.

Uma abordagem para resolver esse problema é aumentar a precisão das medidas de autorrelato. Para levar os entrevistados a responder às perguntas de atitude com mais honestidade, os pesquisadores já fizeram uso do **polígrafo falso**, um elaborado dispositivo mecânico que supostamente registra nossos verdadeiros sentimentos no que se refere a fisiologia, como um detector de mentiras. A fim de não serem surpreendidos ao mentir, os entrevistados tendem a responder as perguntas de atitude com mais honestidade e menos positividade quando acreditam que qualquer mentira possa ser revelada pelo polígrafo falso (Jones e Sigall, 1971; Roese e Jamieson, 1993). Em um estudo, as pessoas foram mais propensas a admitir que bebiam demais, usavam cocaína, faziam sexo oral com frequência e não se exercitavam o suficiente ao utilizar o polígrafo falso que quando não (Tourangeau et al., 1997). Em outro estudo, adolescentes foram mais propensos a admitir fumar quando o polígrafo falso era usado que quando não era (Adams et al., 2008).

"O que eu bebo e o que digo aos pesquisadores que bebo são duas coisas diferentes."

Os entrevistadores e os pesquisadores de atitude estão bem cientes de que nem sempre se pode confiar em autorrelatos, especialmente em tópicos delicados.

Medidas encobertas Uma segunda abordagem geral para o problema de autoavaliação é fazer medições indiretas e ocultas de atitudes que não possam ser controladas. Uma possibilidade a esse respeito é fazer uso de um comportamento observável, como expressões faciais, tom de voz e linguagem corporal. Em um estudo, Gary Wells e Richard Petty (1980) filmaram secretamente estudantes universitários enquanto ouviam um discurso e notaram que, quando o palestrante assumiu uma posição com a qual os alunos concordaram (que os custos da mensalidade deveriam ser reduzidos), a maioria meneou a cabeça com movimentos verticais. Porém o falante ao assumir uma posição contrária (em que as mensalidades deveriam ser aumentadas), os movimentos de cabeça foram na horizontal. Sem perceber, os alunos sinalizaram suas atitudes por acenar com cabeça e balançando-a.

Ainda que o comportamento forneça pistas, está longe de ser uma medida precisa de atitudes. Às vezes, acenamos com a cabeça porque concordamos; outras vezes, para ser educados. O problema é que as pessoas monitoram a manifestação de seus comportamentos da mesma forma que monitoram seus relatos pessoais. Mas e as reações fisiológicas internas que são difíceis, senão impossíveis de controlar? O corpo revelaria como nos sentimos? No passado, os pesquisadores tentavam adivinhar as atitudes valendo-se de reações físicas involuntárias, como suor, frequência cardíaca e dilatação da pupila. O resultado, no entanto, sempre foi o mesmo: as medidas de estimulação revelam a intensidade da atitude de alguém em relação a um objeto, mas não se essa atitude em si era positiva ou negativa. No registro fisiológico, amor e ódio são muito parecidos (Petty e Cacioppo, 1983).

Mesmo que as medidas de estimulação fisiológica não permitam distinguir entre atitudes positivas e negativas, algumas alternativas interessantes foram descobertas. Uma delas é a **eletromiografia facial (EMF, ou EMG –** *facial electromyograph*). Conforme

polígrafo falso Detector de mentiras falso, que ocasionalmente é empregado para levar os entrevistados a dar respostas verdadeiras a perguntas delicadas.

eletromiografia facial (EMF) Instrumento eletrônico que registra a atividade dos músculos faciais associada a emoções e atitudes.

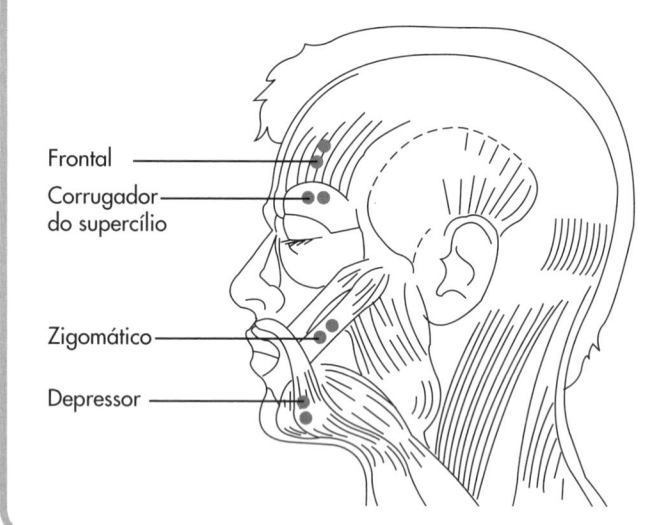

• FIGURA 6.2

A EMF: um método de medir atitudes ocultas?

O EMF permite detectar diferenças entre atitudes positivas e negativas. Observe os principais músculos faciais e os locais de registro dos eletrodos. Quando as pessoas ouvem uma mensagem com a qual concordam em vez de discordar, há um aumento relativo na atividade da EMF nos músculos depressor e zigomático, porém uma diminuição relativa nos músculos corrugador do supercílio e frontal. Essas alterações não podem ser vistas a olho nu.
De Cacioppo e Petty (1981)

mostrado na • Figura 6.2, certos músculos do rosto se contraem ao estarmos felizes e outros ao sentirmos tristeza. Algumas das mudanças musculares não podem ser percebidas a olho nu, então, utiliza-se a EMF.

Para determinar se a EMF pode ser empregada para medir a influência associada às atitudes, John Cacioppo e Richard Petty (1981) registraram a atividade muscular facial de estudantes universitários enquanto ouviam uma mensagem com a qual concordavam ou discordavam. A mensagem agradável aumentou a atividade dos músculos da maçã do rosto – padrão facial que é característico da felicidade. A mensagem desagradável gerou atividade na região da testa e das sobrancelhas – padrões faciais associados à tristeza e à angústia. Quem observou posteriormente o rosto dos participantes não foi capaz de perceber essas mudanças sutis. Aparentemente, os músculos do rosto humano revelam sorrisos, desaprovação, repulsa e outras reações a objetos de atitude que, de outra forma, poderiam permanecer ocultas (Tassinary e Cacioppo, 1992).

Do ponto de vista da neurociência social, a atividade elétrica do cérebro também pode ajudar na medida de atitudes. Em 1929, Hans Burger inventou uma máquina que podia detectar, amplificar e registrar "ondas" de atividade elétrica no cérebro com o uso de eletrodos colados no couro cabeludo. O instrumento é chamado *eletroencefalógrafo*, ou EEG, e as informações que fornece assumem o formato de linhas chamadas *ondas cerebrais*.

Com base em uma descoberta anterior de que certos padrões de atividade elétrica do cérebro são acionados pela exposição a estímulos novos ou inesperados, Cacioppo e outros (1993) pediram que participantes de uma pesquisa listassem 10 itens de que gostassem e 10 de que não gostassem em várias categorias de objetos (frutas, esportes, filmes, universidades etc.). Mais tarde, eles foram levados a um laboratório, no qual foram conectados a um EEG e apresentados a uma lista de palavras da categoria que representavam objetos de que gostavam ou de que não gostavam. Resultado: os padrões de ondas cerebrais que são normalmente acionados por inconsistências aumentaram quando algo de que a pessoa não gostava surgia após uma sequência de itens de que ela gostava ou quando algo de que gostava era mostrado após uma sequência de itens de que não gostava que quando qualquer um dos estímulos seguia a mesma atitude dos itens que o precedeu.

Atualmente, os psicólogos sociais também estão começando a fazer uso de novas formas de imagens cerebrais na medição de atitudes. Em um estudo, os pesquisadores usaram fMRI para registrar a atividade cerebral em participantes enquanto liam nomes de pessoas famosas – e mal afamadas – como John F. Kennedy, Bill Cosby e Adolf Hitler. Quando os nomes foram lidos, eles observaram nos participantes uma maior atividade na amígdala, estrutura cerebral associada à emoção, independentemente de os participantes terem ou não sido solicitados a avaliar as imagens dessas figuras famosas (Cunningham et al., 2003).

Em um estudo sobre atitudes políticas, outros pesquisadores usaram fMRI para registrar a atividade cerebral em homens de posição rígida durante uma eleição presidencial enquanto ouviam declarações positivas e negativas sobre seu candidato preferido. Mesmo que as áreas do cérebro associadas ao raciocínio cognitivo não tenham sido afetadas durante essas apresentações, a atividade aumentou em áreas tipicamente associadas à emoção (Westen et al., 2006). Esses estudos sugerem que as pessoas reagem automaticamente a objetos de atitude positiva e negativa e que essas atitudes podem ser mensuradas pela atividade elétrica no cérebro.

Atualmente, neurocientistas sociais estão explorando os processos neurais que acompanham a formação e a mudança de atitudes. À luz da importância da psicologia social da persuasão para publicidade, campanhas de saúde pública, direito, política e conflitos internacionais e diplomacia, este trabalho – embora ainda em etapa inicial e às vezes difícil de interpretar – oferece uma nova direção potencialmente animadora para pesquisadores da atitude (Cacioppo et al., 2017).

> Os pesquisadores podem afirmar se alguém tem uma atitude positiva ou negativa ao medir sua excitação fisiológica.
>
> **FALSO**

O Teste de Associação Implícita (TAI ou IAT – *Implicit Association Test***)** Quando se trata de medições encobertas, um desenvolvimento particularmente interessante é baseado na noção de que cada um de nós tem todos os tipos de **atitudes implícitas** que não podemos autorrelatar em questionários porque nem mesmo estamos cientes de tê-las (Fazio e Olson, 2003).

Para medir essas atitudes inconscientes, diversos métodos indiretos foram desenvolvidos (De Houwer et al., 2009; Nosek et al., 2011; Payne e Lundberg, 2014). O mais popular é o **Teste de Associação Implícita (TAI)** criado por Anthony Greenwald, Mahzarin Banaji, Brian Nosek e outros. Como vimos no Capítulo 5, o TAI mede a velocidade absoluta – em frações de segundo – com a qual as pessoas associam pares de conceitos (Greenwald et al., 1998).

Para fazer um teste de medição de suas atitudes raciais implícitas, você passa por uma série de estágios. Primeiro, é solicitado a categorizar rostos negros ou brancos o mais rápido possível, por exemplo, pressionando uma tecla da mão esquerda em resposta a um rosto negro e uma tecla da direita para um rosto branco. Em seguida, você deve categorizar um conjunto de palavras, por exemplo, pressionando uma tecla da mão esquerda para palavras positivas (*amor, risos, amigo*) e uma tecla da mão direita para palavras negativas (*guerra, fracasso, mal*). Depois de se familiarizar com a tarefa de categorização, o teste combina rostos e palavras. Pode ser solicitado que você pressione a tecla da esquerda se vir um rosto negro ou uma palavra positiva e uma tecla da direita para um rosto branco ou palavra negativa. Em seguida, no quarto estágio, os pares opostos são apresentados – negro ou negativo, branco ou positivo. Rostos em preto e branco são então intercalados em uma sequência rápida, emparelhados com uma palavra positiva ou negativa. Você deve pressionar uma tecla ou outra em resposta a pares de estímulos, como *negro-maravilhoso, negro-falha, branco-amor, negro-riso, branco-mal, branco-terrível, negro-guerra* e *branco-alegria*.

Conforme você trabalha na lista, pode descobrir que alguns pares são mais difíceis e que você leva mais tempo para respondê-los que outros. Em geral, as pessoas respondem mais rapidamente quando rostos que agradam são pareados com palavras positivas e rostos que não agradam, com palavras negativas que o contrário. Com o uso do TAI, suas atitudes implícitas sobre os negros podem ser detectadas pela velocidade que você leva para responder aos pares *negro-mau/branco-bom* em relação aos pares *negro-bom/branco-mau*. O teste leva somente de 10 a 15 minutos para ser concluído. Quando terminar, você receberá os resultados do seu teste e uma explicação a respeito dele (ver • Figura 6.3).

De 1998 até o presente, os visitantes do site do TAI realizaram milhões de testes. Em questionários, entrevistas, pesquisas de opinião pública e pesquisas na internet, as pessoas não tendem a expressar estereótipos, preconceitos ou outras atitudes impopulares. No entanto, no TAI, os entrevistados exibiram um claro interesse implícito por si mesmo em relação aos outros, brancos em relação a negros, pele clara em relação a pele escura, jovens em relação a velhos, héteros em relação a gays, sem deficiências em relação a com deficiências, magros em relação a obesos e a associação do estereótipo que relaciona homens a carreira e mulheres a família (Greenwald et al., 2003; Nosek et al., 2002).

Se o TAI mede pensamentos inconscientes que as pessoas não relatam por si mesmas em questionários, significa que as atitudes

> **atitude implícita** Atitude, como o preconceito, que a pessoa não sabe possuir.
>
> **Teste de associação implícita (TAI)** Medida encoberta de atitudes inconscientes derivadas da velocidade com a qual as pessoas respondem a pares de conceitos, tais como preto ou branco com bom ou ruim.

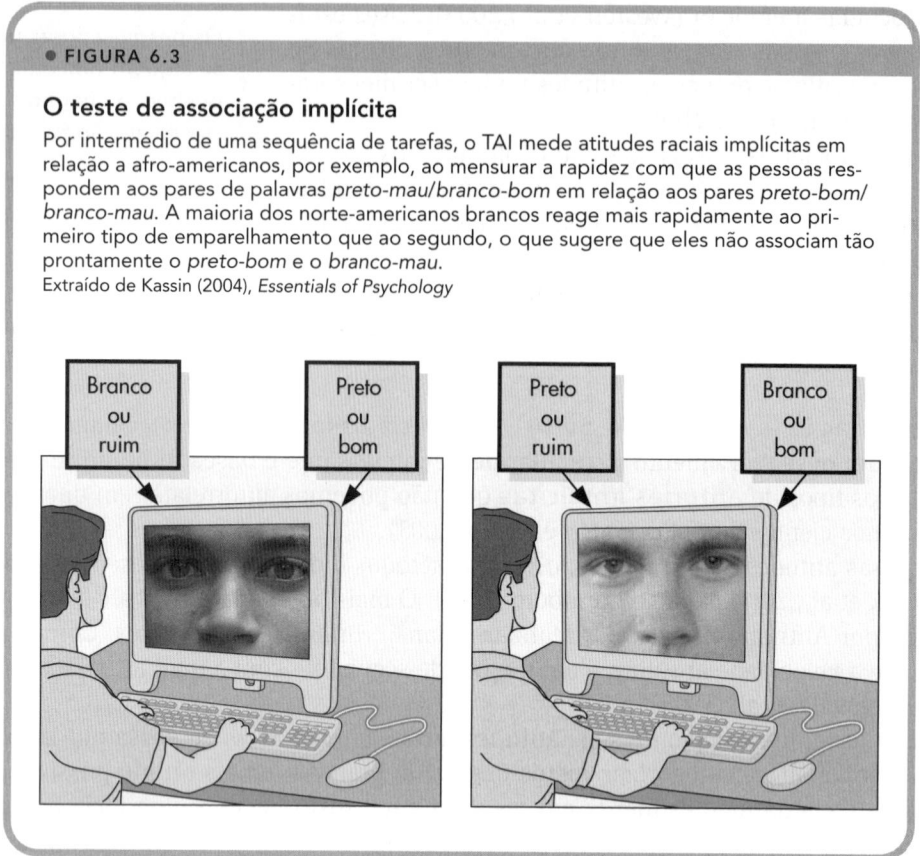

● FIGURA 6.3

O teste de associação implícita

Por intermédio de uma sequência de tarefas, o TAI mede atitudes raciais implícitas em relação a afro-americanos, por exemplo, ao mensurar a rapidez com que as pessoas respondem aos pares de palavras *preto-mau/branco-bom* em relação aos pares *preto-bom/branco-mau*. A maioria dos norte-americanos brancos reage mais rapidamente ao primeiro tipo de emparelhamento que ao segundo, o que sugere que eles não associam tão prontamente o *preto-bom* e o *branco-mau*.

Extraído de Kassin (2004), *Essentials of Psychology*

implícitas são fixas e imutáveis? O que pode denotar que, embora as pesquisas de opinião pública mostrem maior tolerância atualmente que no passado em relação à orientação sexual, ou obesidade, por exemplo, esse preconceito inconsciente ainda persiste? Não necessariamente. Ao analisar 4,4 milhões de testes feitos nos EUA sobre atitudes implícitas e explícitas coletados ao longo de um período de 10 anos, Tessa Charlesworth e Mahzarin Banaji (2019) descobriram que, embora as pessoas tenham relatado maior tolerância à obesidade no decorrer do tempo, as pontuações do TAI não mostraram mudança na preferência de magros em relação a obesos. No entanto, quando se trata de atitudes sobre orientação sexual, as pessoas não apenas relataram 49% menos negatividade em medidas explícitas, mas também 33% menos preferência por heterossexuais em relação a gays no TAI. A ● Figura 6.4 demonstra que, assim como as atitudes explícitas sobre a orientação sexual mudaram drasticamente ao longo de uma década, as atitudes implícitas também.

Com mais e mais pesquisadores fazendo uso desses tipos de medições ocultas, os psicólogos sociais estão debatendo o que representam as pontuações do TAI, como as atitudes implícitas reveladas no TAI são formadas e, em seguida, alteradas, com que precisão essas atitudes predizem comportamentos socialmente importantes e como diferem de atitudes mais explícitas que conscientemente mantemos e relatamos (Blanton et al., 2009; Gawronski e Bodenhausen, 2006; Jost, 2018). Em seu best-seller *Blindspot: hidden biases of good people*, Banaji e Greenwald (2013) fornecem uma visão geral de fácil leitura dessa pesquisa e das controvérsias que a cercam.

As atitudes implícitas são significativas? As diferenças de milissegundos nos tempos de resposta em um teste computadorizado realmente predizem o comportamento em situações do mundo real? E o que significa quando as atitudes implícitas e explícitas de alguém se chocam? A importância dessas questões não pode ser superestimada. Se o TAI revela preconceitos inconscientes que as pessoas não relatam, elas devem ser examinadas no laboratório em busca de motivos ocultos subjacentes a comportamentos potencialmente ilegais – como quando um policial atira em um suspeito negro, temendo que esteja armado; quando um empregador contrata um candidato do sexo masculino em vez de uma candidata do sexo

FIGURA 6.4

Mudança de atitudes em relação à orientação sexual

Pesquisas têm rastreado as recentes mudanças, ao longo do tempo, nos Estados Unidos em vários testes com base em atitudes implícitas e explícitas. Em alguns tópicos, como a tolerância das pessoas à obesidade, os resultados da pesquisa sugeriram uma diminuição da negatividade, embora as pontuações TAI não tenham confirmado essa mudança. Em outros tópicos, no entanto, mais notadamente em atitudes sobre orientação sexual, as pessoas exibiram menos negatividade em relação aos gays, tanto nas medidas explícitas como no TAI. Com base nessas mudanças, os pesquisadores estimam que os norte-americanos vão exibir preferência zero em medidas explícitas em cinco anos e no TAI em nove anos.
Charlesworth e Banaji (2019)

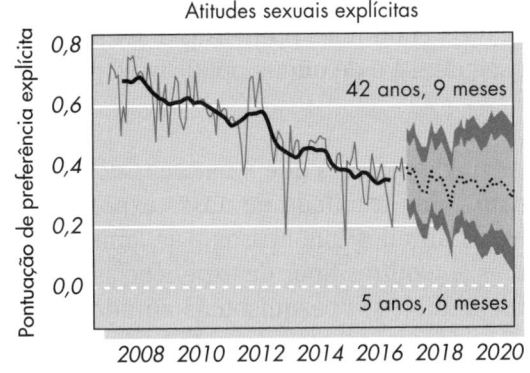
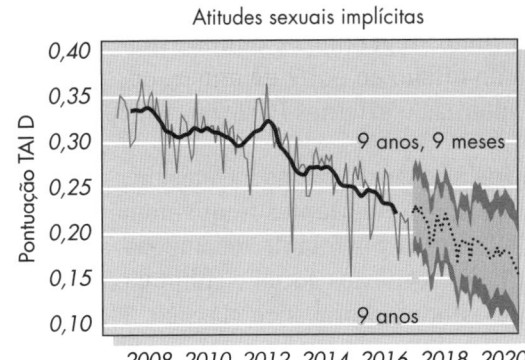

feminino, citando suas credenciais em oposição a um ato de discriminação; ou quando um júri decide condenar um réu latino com base em evidências imprecisas?

Ansiosos por empregar o TAI para prever comportamentos sociais importantes, alguns pesquisadores especularam sobre a relevância das atitudes implícitas nos domínios do direito, da política e da saúde mental. Porém justifica-se sua especulação? Alguns pesquisadores criticam as afirmações sobre a validade preditiva do TAI, citando a necessidade de evidências comportamentais mais robustas. Com base em uma metanálise de 122 estudos sobre TAI que envolveram 15 mil participantes, Greenwald e outros (2009) admitiram que as atitudes implícitas das pessoas geralmente são menos preditivas do comportamento que as atitudes explícitas. Eles também descobriram, no entanto, que as medidas do TAI são melhores quando em relação a tópicos socialmente sensíveis, comportamentos que as pessoas frequentemente escondem ou distorcem em seus relatos pessoais. Para elucidar esse assunto de modo mordaz, uma equipe de pesquisa administrou a um grupo extenso de pacientes psiquiátricos um TAI que mediu as associações implícitas entre o eu e o suicídio. Nos seis meses seguintes, os pacientes que procuraram a emergência por tentativa de suicídio apresentaram uma associação implícita mais intensa entre si e suicídio que aqueles que surgiram com outros tipos de situações psiquiátricas (Nock et al., 2010).

6-1b Como as atitudes são formadas

Como você definiu sua posição política? Por que é a favor ou contra o casamento de pessoas do mesmo sexo? O que o aproxima ou afasta das instituições religiosas?

As atitudes são herdadas? Uma hipótese, levantada pela primeira vez por Abraham Tesser (1993), é a de que opiniões contundentes em relação ao que gostamos ou deixamos de gostar estão enraizadas em nossa composição genética. Pesquisas mostram que, em alguns aspectos, as atitudes de gêmeos idênticos são mais semelhantes que as de gêmeos fraternos e que gêmeos separados são tão semelhantes entre si quanto aqueles criados na mesma casa. Esse padrão de evidência sugere que as pessoas podem estar predispostas a ter certas atitudes. Na verdade, Tesser descobriu que, quando questionados sobre atitudes para as quais parecia haver uma predisposição (como atitudes em relação a promiscuidade sexual, religião e pena de morte), os participantes da pesquisa responderam mais rapidamente e alteraram menos seus pontos de vista em relação às normas sociais.

Tesser especulou que os indivíduos estão dispostos a ter certas atitudes definidas como resultado de habilidades físicas, sensoriais e cognitivas inatas, temperamento e traços de personalidade. Outros estudos, com gêmeos e com comparações complexas em famílias grandes, apoiaram a ideia de que as pessoas diferem em suas atitudes em relação a uma série de questões sociais e políticas em parte por causa de diferenças geneticamente enraizadas em sua composição biológica (Hatemi et al., 2010; Olson et al., 2001). Há diferentes maneiras pelas quais as tendências inatas de uma pessoa podem influenciar suas atitudes sociais e políticas. Em um estudo, por exemplo, pesquisadores levaram 40 adultos com concepções políticas definidas ao laboratório para testes e descobriram que aqueles que fisiologicamente eram altamente reativos a ruídos repentinos e outros estímulos desagradáveis eram mais propensos a ser a favor da pena de morte, do direito ao porte de armas, dos gastos com segurança e de outras políticas de proteção contra ameaças internas e externas (Oxley et al., 2008).

As atitudes são aprendidas? Quaisquer que sejam as predisposições que a natureza nos forneça, nossas atitudes mais importantes frequentemente se formam como resultado de nossa exposição a objetos de atitude; à nossa história de recompensas e punições; às atitudes que nossos pais, amigos e inimigos expressam; aos contextos social e cultural em que vivemos; e a outros tipos de experiências.

Em um estudo naturalístico clássico, Theodore Newcomb (1943) pesquisou as atitudes políticas dos alunos do Bennington College em Vermont. Na época, Bennington era uma faculdade para mulheres que atraía alunas de famílias conservadoras e, em sua maioria, ricas. No entanto, as alunas encontravam no ambiente professores e colegas mais velhos que tinham pontos de vista mais liberais. Newcomb descobriu que, conforme transcorreu do primeiro ano a formatura, as mulheres tornavam-se progressivamente mais liberais. (Na eleição presidencial de 1936, 62% das alunas do primeiro ano de Bennington preferiram o republicano Landon ao democrata Roosevelt em comparação com apenas 43% das alunas do segundo ano e 15% das estudantes dos anos finais.) Essa relação entre o ambiente cultural e as atitudes é particularmente evidente no atual cenário político dos Estados Unidos – uma "casa dividida" por geografia, cultura e ideologia, em estados vermelhos e estados azuis.

É claro, as atitudes são formuladas por meio de processos básicos de aprendizagem. Por exemplo, muitos estudos mostraram que as pessoas podem elaborar atitudes vigorosas, positivas e negativas, em relação a objetos neutros que de algum modo estão ligados a estímulos com carga emocional. No início do século XX, o fisiologista russo Ivan Pavlov (1927) descobriu que a salivação dos cães era uma ação natural e reflexiva em resposta à comida em sua boca. Ele então constatou que, ao tocar repetidamente uma campainha – um estímulo neutro – antes de oferecer a comida ao cão, este acabaria por começar a salivar já ao som da campainha. Esse processo pelo qual os organismos aprendem a associar um estímulo outrora neutro a uma resposta inerentemente

As chances são de que esses gêmeos idênticos tenham mais em comum que simplesmente ser parceiros na condução do caminhão. Pesquisas sugerem que as pessoas também podem ser geneticamente predispostas a ter certas atitudes.

positiva ou negativa é um modo básico e consistente de aprendizado. Na verdade, Pavlov descobriu que, uma vez que um cão foi condicionado a salivar valendo-se de um som específico, passou a "generalizar", respondendo a outros sons semelhantes, mas não idênticos.

Agora está claro que esse tipo de aprendizagem pode ajudar a explicar o desenvolvimento de atitudes sociais. Em um estudo clássico, estudantes universitários foram apresentados a uma lista de adjetivos que indicavam nacionalidade (*alemão*, *sueco*, *holandês*, *italiano*, *francês* e *grego*), cada um deles foi apresentado repetidamente a palavras com conotação positiva (*feliz*, *dádiva*, *sagrado*) ou negativa (*amargo*, *feio*, *fracasso*). Quando os participantes avaliaram posteriormente as nacionalidades, as avaliações daquelas que haviam sido combinadas com palavras positivas foram melhores que as avaliações das combinadas com palavras negativas (Staats e Staats, 1958). E, conforme descoberto por Pavlov quase cem anos atrás, pesquisas mostram que, quando uma atitude em relação a um objeto é alterada, as atitudes em relação a objetos semelhantes e relacionados também são frequentemente alteradas (Glaser et al., 2015).

Estudos mais recentes de **condicionamento avaliativo** mostraram que atitudes implícitas e explícitas em relação a objetos neutros podem se formar por sua associação com estímulos positivos e negativos, mesmo em pessoas que não estão cientes dessa associação (Hofmann et al., 2010; Hütter e Tigges, 2019; Olson e Fazio, 2001; Sweldens et al., 2014). É por isso que líderes políticos em todo o mundo se envolvem em uma bandeira nacional para obter o benefício de associações positivas, enquanto os anunciantes associam estrategicamente seus produtos com modelos sensuais, música animada, celebridades, imagens nostálgicas e outros símbolos emocionais positivos. Em uma série de estudos de laboratório, os pesquisadores descobriram que as pessoas passaram a preferir marcas de um produto de consumo cujos anúncios eram bem-humorados em relação àquelas associadas cujos anúncios não apresentavam bom humor (Strick et al., 2009).

6-1c A relação entre atitudes e comportamento

As pessoas dão como certa a noção de que as atitudes influenciam o comportamento. Assumimos que as opiniões dos eleitores sobre os candidatos adversários preveem as decisões tomadas no dia da eleição, que as preferências do consumidor por um produto em relação aos concorrentes vão influenciar suas compras e os sentimentos de preconceito desencadear atos de discriminação. No entanto, por mais sensatas que essas suposições pareçam, a relação entre atitudes e comportamento provou estar longe de ser perfeita.

O sociólogo Richard LaPiere (1934) foi o primeiro a perceber que atitudes e comportamento nem sempre andam de mãos dadas. Na década de 1930, durante o auge da Grande Depressão, LaPiere levou um jovem casal sino-americano a uma viagem de carro de 16 mil quilômetros e 3 meses, na qual visitaram 250 restaurantes, acampamentos e hotéis nos Estados Unidos. Ainda que o preconceito contra os asiáticos fosse generalizado na época, o casal teve o atendimento negado apenas uma vez. No entanto, quando LaPiere escreveu para dar retorno aos lugares que havia visitado e perguntou se aceitariam clientes chineses, mais de 90% dos que responderam disseram não. As atitudes declaradas não corresponderam ao comportamento.

Esse estudo foi interessante, mas bastante falho. LaPiere mediu as atitudes vários meses depois de sua viagem e, durante esse tempo, podem ter se mudado. Ele também não sabia se haviam sido as mesmas pessoas que tinham recebido o casal pessoalmente e respondido à sua carta. Também é possível que o casal chinês tenha sido atendido nos estabelecimentos por estar acompanhado de LaPiere – ou porque os proprietários estavam desesperados com a situação econômica tão difícil.

Apesar dessas limitações, o estudo de LaPiere foi o precursor de muitos a revelar uma falta de correspondência entre atitudes e comportamento. Em 1969, Allan Wicker revisou pesquisas relevantes e concluiu que atitudes e comportamento têm uma fraca correlação – quando têm. Diante dessa conclusão, os pesquisadores ficaram intrigados: Será que nossos votos não decorrem de nossas opiniões políticas, que as compras feitas não se baseiam nas atitudes em relação a um produto ou que a discriminação não está relacionada ao preconceito implícito? O estudo das atitudes é inútil para os interessados no comportamento social

condicionamento avaliativo Processo pelo qual formamos uma atitude em relação a um estímulo neutro por causa de sua associação com uma pessoa, lugar ou algo positivo ou negativo.

humano? De jeito nenhum. Durante os anos subsequentes, os pesquisadores passaram a identificar as condições sob as quais atitudes e comportamentos estão correlacionados. Assim, quando Stephen Kraus (1995) fez uma metanálise de todas essas pesquisas, concluiu que "as atitudes predizem de maneira significativa e substancial o comportamento futuro" (p. 58). Na verdade, ele calculou que seriam necessários 60.983 novos estudos relatando uma correlação zero antes de que essa conclusão precisasse ser revisada. Com base em uma metanálise de 41 estudos adicionais, Laura Glasman e Dolores Albarracín (2006) identificaram algumas das condições sob as quais as atitudes predizem mais claramente o comportamento futuro.

Atitudes em contexto Uma condição importante é o nível de correspondência, ou similaridade, entre as medidas de atitude e o comportamento. Talvez a razão pela qual LaPiere (1934) não tenha encontrado uma correlação entre preconceito autorrelatado e discriminação foi ter perguntado aos proprietários sobre asiáticos em geral, mas observou suas ações em relação a apenas um casal. Para prever um único ato de discriminação, ele deveria ter medido as atitudes mais específicas das pessoas em relação a um jovem casal chinês, bem vestidos e atraentes acompanhados por um professor norte-americano.

Icek Ajzen e Martin Fishbein (1977) analisaram mais de 100 estudos e descobriram que as atitudes se correlacionam com o comportamento apenas quando as medidas de atitude se aproximam do comportamento em questão. Para elucidar o assunto, Andrew Davidson e James Jaccard (1979) tentaram empregar atitudes para prever se as mulheres fariam uso de pílulas anticoncepcionais nos dois anos seguintes. As atitudes foram medidas valendo-se de uma série de perguntas que iam desde perguntas muito gerais ("Como você se sente em relação ao controle de natalidade?") até muito específicas ("Como você se sente em relação ao uso de pílulas anticoncepcionais durante os próximos dois anos?"). Quanto mais específica a questão inicial, melhor a previsão do comportamento. Outros pesquisadores também replicaram essa descoberta (Kraus, 1995).

teoria do comportamento planejado Teoria de que as atitudes em relação a um comportamento específico combinam com normas subjetivas e controle percebido para influenciar as ações de uma pessoa.

A relação entre nossos sentimentos e nossas atitudes também deve ser colocada em um contexto mais amplo. As atitudes são um fator determinante do comportamento social, mas também há outros. Essa limitação formou a base para a teoria da ação racional de Fishbein (1980), que Ajzen (1991) posteriormente expandiu com sua **teoria do comportamento planejado**. De acordo com essas teorias, nossas atitudes influenciam nosso comportamento por meio de um processo de tomada de decisão deliberada, e seu impacto é limitado em quatro aspectos (ver ● Figura 6.5).

Em primeiro lugar, como acabamos de descrever, o comportamento é menos influenciado por atitudes gerais que por atitudes em relação a um comportamento específico. Em segundo lugar, o comportamento é influenciado não apenas por atitudes, mas também por *normas subjetivas* – nossas crenças sobre o que os outros pensam que deveríamos fazer. Como veremos no

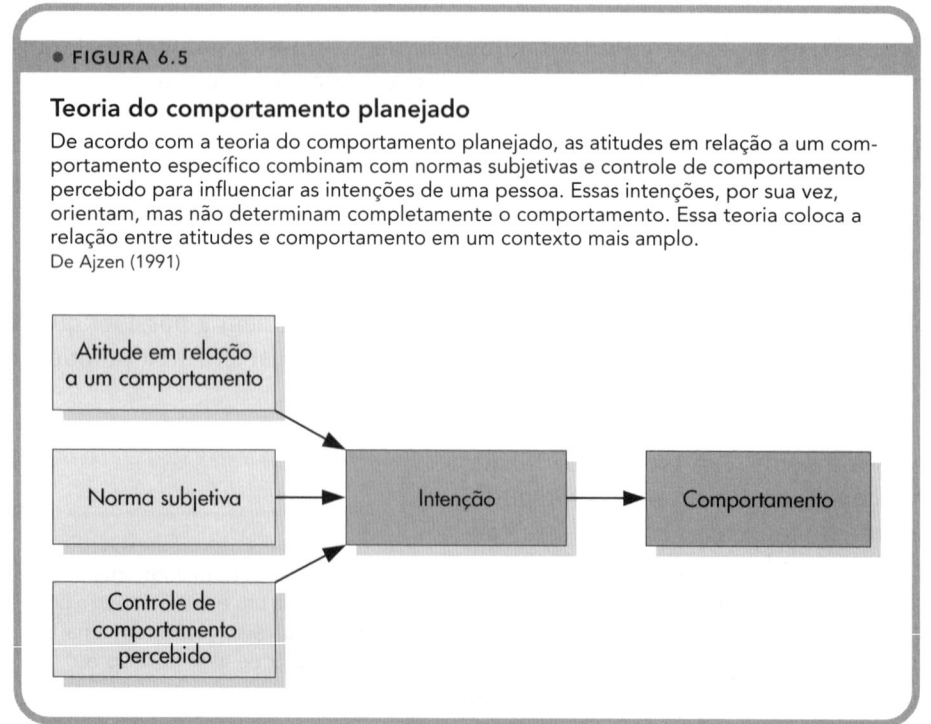

● FIGURA 6.5

Teoria do comportamento planejado

De acordo com a teoria do comportamento planejado, as atitudes em relação a um comportamento específico combinam com normas subjetivas e controle de comportamento percebido para influenciar as intenções de uma pessoa. Essas intenções, por sua vez, orientam, mas não determinam completamente o comportamento. Essa teoria coloca a relação entre atitudes e comportamento em um contexto mais amplo.
De Ajzen (1991)

Capítulo 7, as pressões sociais para se adaptar muitas vezes nos levam a comportamentos que estão em desacordo com nossas convicções. Terceiro, de acordo com Ajzen, as atitudes dão origem ao comportamento apenas quando percebemos que este está sob nosso *controle*. Na medida em que as pessoas não têm confiança em sua capacidade de se envolver em algum comportamento, é improvável que concebam a intenção de fazê-lo. Quarto, embora as atitudes (com as normas subjetivas e o controle percebido) contribuam para a *intenção* de se comportar de modo particular, é comum não seguir ou não atingir as metas intencionadas.

Uma boa parte dos estudos apoia as teorias da ação racional e do comportamento planejado (Ajzen e Fishbein, 2005), bem como refinamentos mais recentes dessas perspectivas (Ajzen e Kruglanski, 2019). Na verdade, essa abordagem geral, que coloca a relação entre atitudes e comportamentos em um contexto mais amplo, foi aplicada com sucesso para prever diversos comportamentos práticos – como usar preservativos, lavar as mãos e outros hábitos de segurança alimentar, doar sangue, seguir orientações médicas e reduzir comportamentos sexuais de risco (Albarracín et al., 2001; Conner et al., 2013; Milton e Mullan, 2012; Rich et al., 2015; Tyson et al., 2014).

Força da atitude De acordo com as teorias da ação racional e do comportamento planejado, atitudes específicas combinam-se com fatores sociais para produzir comportamentos. Às vezes, atitudes têm mais influência no comportamento que outros fatores; às vezes, menos. Em grande parte, isso depende da importância ou força da atitude. Individualmente temos alguns pontos de vista que são mais próximos e estimados que outros. Os entusiastas da tecnologia ficam ligados a laptops ou iPads, os fundamentalistas religiosos expressam profundas preocupações sobre questões relativas à vida e à morte e os ativistas políticos têm paixões ardentes por um partido político em detrimento de outros. Em cada caso, a atitude é mantida com grande determinação e é difícil modificá-la (Howe e Krosnick, 2017; Petty e Krosnick, 1995).

Por que algumas atitudes são mais vigorosas que outras? David Boninger e outros (1995) identificaram três fatores psicológicos que parecem distinguir consistentemente entre nossas atitudes mais fortes e mais fracas. Esses pesquisadores pediram que as pessoas refletissem sobre seus pontos de vista em relação aos gastos com defesa, ao controle de armas, à legalização da maconha, ao direito ao aborto, entre outras questões. Eles descobriram que as atitudes mantidas com mais determinação eram aquelas que diziam respeito a questões que (1) afetavam diretamente seus próprios interesses; (2) relacionavam-se a valores filosóficos, políticos e religiosos profundamente arraigados; e (3) preocupavam amigos próximos, familiares e grupos sociais. Este último ponto, altamente social, é importante. As pesquisas indicam que, quando as pessoas estão rodeadas de outras que pensam de modo semelhante, suas atitudes são mais fortes e resistentes à mudança (Visser e Mirabile, 2004).

Vários fatores indicam a força de uma atitude e sua relação com o comportamento. Um deles é que as pessoas tendem a se comportar de maneira consistente com suas atitudes quando estão bem informadas. Por exemplo, foi perguntado a estudantes universitários qual dos dois candidatos eles prefeririam nas próximas eleições para prefeito. Aqueles que conheciam os aspectos concretos da proposta de governo foram mais propensos a votar em seu candidato favorito (Davidson et al., 1985). Em outro estudo, estudantes universitários foram questionados sobre seus pontos de vista em relação a várias questões ambientais e, posteriormente, solicitados a agir – assinar petições, participar de um projeto de reciclagem e assim por diante. Novamente, quanto mais informados os alunos estavam, maior foi a consistência entre atitudes e comportamento em relação ao meio ambiente (Kallgren e Wood, 1986).

A força de uma atitude é indicada não apenas pela *quantidade* de informações em que se baseia, mas também por *como* essas informações foram obtidas. Estudos mostram que as atitudes são mais estáveis e preditivas de comportamento quando se originam de uma experiência pessoal direta que quando são baseadas em informações indiretas, de segunda mão. Em uma série de experimentos, por exemplo, Russell Fazio e Mark Zanna (1981) apresentaram a dois grupos de participantes um quebra-cabeças. Um deles trabalhou na montagem; o outro grupo meramente observou os demais trabalhando. Todos os participantes foram solicitados a avaliar seu interesse pelo quebra-cabeças (atitude) e tiveram a oportunidade de dedicar algum tempo a eles (comportamento). No fim das contas, as atitudes e os comportamentos foram mais consistentes entre os participantes que já haviam montado o quebra-cabeça.

Terceiro, uma atitude pode ser fortalecida, ironicamente, por um ataque valendo-se de uma mensagem persuasiva contra ela. De acordo com Zakary Tormala e Richard Petty (2002), as pessoas mantêm atitudes com vários graus de certeza e tornam-se mais confiantes em suas posições depois de resistir com sucesso a mudá-la em resposta a uma mensagem persuasiva. Em um estudo, pesquisadores confrontaram estudantes universitários com uma proposta impopular de adicionar exames completos de nível sênior como requisito para a graduação. Cada aluno leu um argumento pró-exame que foi descrito como forte ou fraco, após a leitura, eles foram solicitados a escrever contra-argumentos e indicar a atitude em relação à diretriz. Resultado: os alunos que continuaram a se opor à diretriz, apesar de lerem o que consideraram um argumento forte, tornaram-se ainda mais convictos de sua opinião.

Um quarto fator-chave é que atitudes fortes são altamente acessíveis à consciência, o que significa que são lembradas de modo rápido e fácil (Fazio, 1990). Para retornar aos nossos exemplos anteriores, os entusiastas da tecnologia pensam com frequência sobre suas preferências em relação a computadores e os ativistas políticos pensam recorrentemente sobre sua lealdade aos partidos políticos. Acontece que muitas atitudes – não apenas aquelas pelas quais temos fortes sentimentos – vêm facilmente à mente pela simples visão ou mesmo pela menção de um objeto de atitude (Bargh et al., 1992). Quando isso acontece, a atitude pode desencadear um comportamento ágil e espontâneo ou nos levar a pensar com cautela sobre como nos sentimos e como reagir (Fazio e Towles-Schwen, 1999).

Atitudes em um contexto cultural Bo Kyung Park e colegas (2013) contam esta história: "Nos corredores de uma biblioteca local na Coreia, não é incomum ver indivíduos em frente a uma máquina de venda automática de bebidas, oscilando entre duas opções, às vezes, fazendo 'uni-duni-te'. Assim, uma máquina de venda automática na biblioteca tem a opção 'Aleatório''. Se você pressionar esse botão, a máquina vai oferecer Coca ou Sprite! Essa ideia pode parecer hilária ou absurda para os norte-americanos. No entanto, a situação ilustra bem uma diferença cultural em relação a preferência e escolha" (p. 106-107).

Nas culturas ocidentais que valorizam a independência, é comum perceber nossas atitudes como parte de quem somos, incorporando nossos valores, gostos, preferências e personalidades. Fazer escolhas é um exercício de nossas atitudes. Dessa perspectiva, é natural esperar que nossos gostos e desgostos permaneçam relativamente os mesmos ao longo do tempo e preditivos de comportamentos. Em muitas culturas do leste asiático, no entanto, onde a independência pessoal é menos valorizada, a atitude de uma pessoa pode não mostrar esse nível de consistência. Na verdade, Hila Riemer e colegas (2014) observaram que, embora as visões ocidentais de atitudes sejam frequentemente centradas no indivíduo, em outros lugares do mundo as atitudes dependem mais de fatores contextuais, como normas sociais, expectativas alheias, papéis e obrigações.

Assim como as normas podem mudar ao longo do tempo e entre as situações, as pessoas em culturas não ocidentais podem exibir menos consistência em suas atitudes. A pesquisa de Wilken e outros (2011) apoia essa hipótese. Em um estudo, participantes norte-americanos e japoneses foram solicitados a relatar suas preferências por musicais, programas de TV, restaurantes, entre outros – e a mensurar há quanto tempo tinham suas preferências. No geral, os participantes japoneses relataram ter suas preferências por um período mais curto que os norte-americanos. Em um segundo estudo, os participantes avaliaram o quanto diferentes itens eram "modernos", como o iPod, os livros de Harry Potter e o Wii. Quando questionados sobre esses mesmos itens depois de transcorrido um ano, os participantes norte-americanos permaneceram relativamente consistentes em suas avaliações; os participantes japoneses relataram mudanças significativas em suas atitudes.

Se as atitudes nas culturas ocidentais são partes consistentes de uma pessoa, é lógico que nossas atitudes e comportamentos sejam altamente correlacionados. Porém também é coerente que as atitudes seriam menos preditivas do comportamento em culturas não ocidentais, no qual o contexto também importa? Em um estudo, Krishna Savani e colegas (2008) pediram que participantes norte-americanos e indianos avaliassem o quanto gostavam de itens do dia a dia, como relógios, sapatos e camisas. Mais tarde, ao terem de escolher um item de um conjunto com quatro opções, os indianos tiveram menor probabilidade que os norte-americanos de escolher o relógio, os sapatos ou as camisas que haviam afirmado preferir. Para os participantes indianos, as escolhas presumivelmente dependeram de outros fatores além da preferência pessoal.

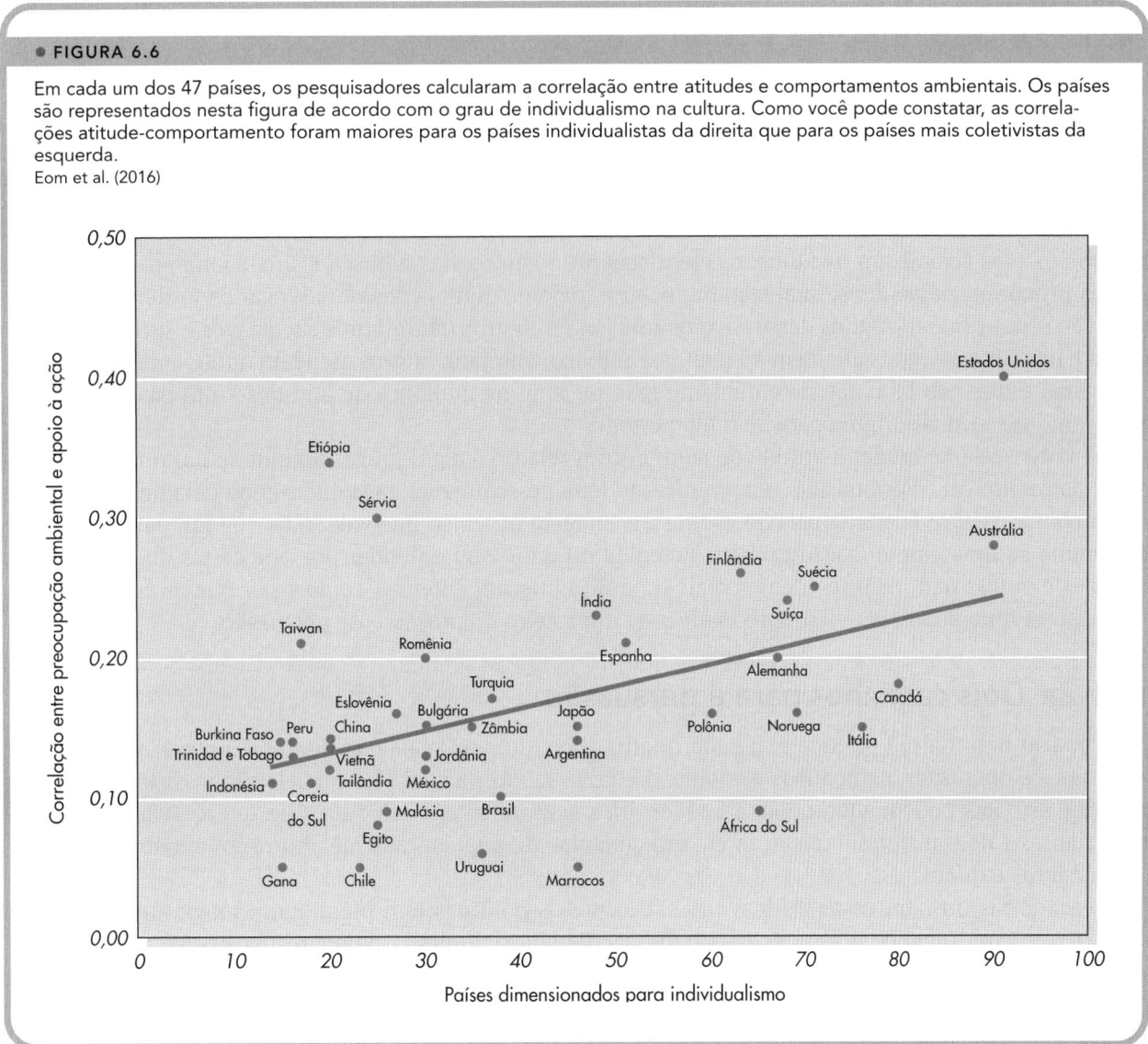

• **FIGURA 6.6**

Em cada um dos 47 países, os pesquisadores calcularam a correlação entre atitudes e comportamentos ambientais. Os países são representados nesta figura de acordo com o grau de individualismo na cultura. Como você pode constatar, as correlações atitude-comportamento foram maiores para os países individualistas da direita que para os países mais coletivistas da esquerda.
Eom et al. (2016)

A relação entre atitudes e comportamentos é mais forte em algumas culturas que em outras? Kimin Eom e colegas (2016) levantaram essa questão ao testar a relação entre a preocupação com questões ambientais, como o aquecimento global, e o apoio à ação ambiental, como um imposto para reduzir a poluição. Com uma pesquisa em 47 países, esses pesquisadores descobriram que as atitudes em relação a questões ambientais previam apoio para ações ambientais em culturas individualistas, mas não nas coletivistas. Por exemplo, descobriram que, enquanto a preocupação ambiental previa o comportamento do consumidor ecologicamente correto nos Estados Unidos, uma cultura independente, as normas sociais percebidas previam o comportamento no Japão, uma cultura coletivista. Esse padrão transcultural de correlações entre atitudes e ações ambientais é mostrado na • Figura 6.6.

Resumindo: as pesquisas sobre a relação entre as atitudes e o comportamento das pessoas leva a uma conclusão importante. Nossas avaliações de um objeto nem sempre determinam nossas ações porque outros fatores devem ser levados em consideração. Entretanto, quando as atitudes são fortes e específicas para um comportamento, pelo menos nas culturas ocidentais, os efeitos são indiscutíveis. Nessas condições, o voto é influenciado por opiniões políticas, as compras afetadas pelas atitudes em relação ao produto e a discriminação racial está enraizada em sentimentos de preconceito. As atitudes podem ser importantes fatores determinantes do comportamento. A questão é: como as atitudes podem ser mudadas?

6-2 Persuasão pela comunicação

No dia a dia, todos estamos envolvidos no processo de mudança de atitudes. Na TV, nas páginas do Facebook, no YouTube e no Twitter, em anúncios *pop-up*, revistas e *outdoors*, os anunciantes nos inundam com campanhas publicitárias destinadas a vender carros, refrigerantes, cartões de crédito, medicamentos, novos filmes e destinos de viagens. Do mesmo modo, os políticos fazem discursos, veiculam comerciais, distribuem adesivos para carros e beijam bebês para ganhar votos. A mudança de atitude é buscada sempre que os pais socializam os filhos, os cientistas propõem teorias e buscam financiamento, grupos religiosos procuram novos fiéis, analistas financeiros recomendam ações ou advogados judiciais discutem seus casos no tribunal. Alguns desses apelos funcionam; outros não. Alguns são suaves e sutis; outros são duros e flagrantes. Alguns atendem ao interesse público, enquanto outros atendem a interesses comerciais. A questão é que não há nada inerentemente mau ou bom na mudança de atitudes – um processo conhecido como **persuasão**. Agimos assim o tempo todo.

Se você quisesse mudar a atitude de alguém com relação a algo, provavelmente tentaria fazê-lo valendo-se da *comunicação* persuasiva. A comunicação feita pessoalmente, pela internet ou pela mídia de massa conta com a palavra falada, a palavra escrita e a imagem ou vídeo que vale mais que mil palavras. O que determina se uma comunicação foi bem-sucedida ou não? Para entender por que certas abordagens são eficazes e outras não, os psicólogos sociais há muito buscam entender *como* e *por que* as comunicações persuasivas funcionam. Para isso, precisamos de um roteiro do processo de persuasão.

6-2a Dois caminhos para a persuasão

Um cenário habitual na política é: a cada quatro anos, dois ou mais candidatos à presidência realizam extensas – e onerosas – campanhas eleitorais. De certo modo, se você viu uma eleição, assistiu a todas. Os nomes e as datas podem alterar, mas os adversários acusam-se uns aos outros de se esquivar de questões importantes e de transformar a eleição em um concurso de popularidade de alto risco, movido a dinheiro, xingamentos e difamação.

Verdadeiras ou não, essas críticas mostram que os políticos têm plena consciência de que podem ganhar votos por meio de dois métodos diferentes. Podem se limitar a políticas, questões e argumentação racional com o uso do poder das palavras, ou podem basear sua comunicação em outros fundamentos. Curiosamente, esses "outros fundamentos" podem muito bem determinar o vencedor da eleição.

Em *The political brain*, Drew Westen (2007) apresenta fartas evidências de pesquisas que indicam que no mercado da política as emoções superam a razão. De "Make America great again" [Torne a América grande novamente] a "Build bridges, not walls" [Construa pontes, não paredes], as campanhas que apelam à emoção não são difíceis de identificar. Com base em uma combinação de experiências de laboratório e pesquisas de opinião pública, algumas das quais descritas por Westen, outros psicólogos políticos concordam quanto ao impacto da emoção.

Também fora do domínio da política, a influência pode ser rápida e automática. Em *Split-second persuasion*, Kevin Dutton (2010) descreveu como monges budistas, mágicos, anunciantes, vigaristas, negociadores de reféns e outros "superpoderosos" fazem uso de simplicidade, empatia, um ar de autoconfiança e outras táticas de desarmamento para efetuar persuasão instantânea.

A fim de explicar essas duas abordagens alternativas de persuasão, Richard Petty e John Cacioppo (1986) propuseram um clássico modelo de persuasão de processo duplo. Esse modelo pressupõe que nem sempre processamos as comunicações de modo semelhante. Quando as pessoas pensam com afinco e criticidade sobre o conteúdo de uma mensagem, elas afirmam que seguem uma **rota central para a persuasão** e são influenciadas pela força e qualidade dos argumentos. Ao não refletirem muito ou com criticidade sobre o conteúdo, concentram-se em outros aspectos da mensagem,

---

persuasão Processo pelo qual as atitudes são alteradas.

rota central para a persuasão Processo pelo qual uma pessoa pensa com cautela sobre uma mensagem e é influenciada pela força de seus argumentos.

ajustam-se a uma **rota periférica para a persuasão**. Como veremos, a trajetória seguida depende da disposição e da capacidade de alguém examinar as informações contidas na própria mensagem. Ao longo dos anos, esse modelo forneceu uma estrutura importante para compreender os fatores que induzem à persuasão (Guyer et al., 2019; Petty e Briñol, 2012).

A rota central Na primeira tentativa sistemática de estudar a persuasão, Carl Hovland e colegas (1949, 1953) iniciaram o Yale Commmunication and Attitude Change Program [Programa de Mudança de Atitude e Comunicação de Yale]. Eles propuseram que, para que uma mensagem persuasiva tenha influência, os destinatários dela devem entender seu conteúdo e estar motivados a aceitá-lo. De acordo com essa visão, as pessoas somente podem ser persuadidas por um argumento ao qual estejam atentas, que compreendam e retenham na memória para uso posterior. Quer a mensagem seja no formato de um apelo pessoal ao vivo, de um editorial de jornal, de um sermão de domingo, de um comercial de TV ou de um anúncio pop-up, esses requisitos básicos permanecem os mesmos.

Durante a Segunda Guerra Mundial, os militares dos Estados Unidos, alarmados com o sucesso da propaganda nazista na opinião pública, buscaram pesquisas sobre persuasão política. Liderado por Carl Hovland, o Yale Communication and Attitude Change Program nasceu desse momento histórico. O pôster à esquerda mostra um membro da Juventude Hitlerista posando com a bandeira do Partido Nazista, e o texto afirma: "Estudantes alemães lutam pelo Führer e pelo povo". À direita, o pôster criado em 1943 pela Westinghouse Electric para aumentar o moral das trabalhadoras, diz: "Somos capazes!". As pessoas, erroneamente, presumiram que essa imagem tinha sido criada para inspirar as trabalhadoras a se juntar ao esforço de guerra, quando, na verdade, era destinado apenas às funcionárias da Westinghouse.

Alguns anos depois, William McGuire (1969) reiterou as etapas de processamento de informações necessárias para a persuasão. Como o grupo de Yale anteriormente, ele distinguiu entre o aprendizado, ou *recepção*, de uma mensagem, um primeiro passo necessário e sua *aceitação* posterior. Na verdade, McGuire (1968) fez uso dessa distinção para explicar a surpreendente descoberta de que a autoestima e a inteligência de um destinatário não estão relacionadas à persuasão. Na análise de McGuire, essas características têm efeitos opostos na recepção e na aceitação. Pessoas perspicazes ou com alta autoestima são mais capazes de aprender uma mensagem, mas são menos propensas a aceitar seu apelo por uma mudança de atitude. Pessoas menos perspicazes ou com baixa autoestima estão mais dispostas a aceitar a mensagem, mas podem ter problemas para aprender seu conteúdo. De modo geral, então, nenhum grupo é geralmente mais vulnerável à persuasão que o outro – uma previsão que é apoiada por muitas pesquisas (Rhodes e Wood, 1992).

Anthony Greenwald (1968) e outros argumentaram, então, que a persuasão requer uma terceira etapa intermediária: a **elaboração**. Para ilustrar, imagine que você receba uma oferta de emprego e o possível empregador tente convencê-lo a aceitá-la durante o almoço. Você escuta atentamente, toma conhecimento dos termos da oferta e compreende o que significa. Mas se for uma entrevista realmente importante, sua cabeça estará cheia de interrogações enquanto você pondera os prós e os contras e avalia as implicações: Quanto o custo dessa mudança? Há potencial para crescimento? É melhor ficar onde estou? Ao sermos confrontados com mensagens pessoais significativas, não as ouvimos apenas para

rota periférica para a persuasão Processo pelo qual uma pessoa não reflete com cautela sobre uma mensagem e é influenciada por informações superficiais.

elaboração Processo de refletir e examinar os argumentos contidos em uma mensagem persuasiva.

coletar informações; refletimos a respeito. Quando isso acontece, a mensagem é eficaz na medida em que nos leva a focar em pensamentos favoráveis em vez dos desfavoráveis.

Todas essas teorias de mudança de atitude partem do princípio de que os destinatários das mensagens persuasivas são atentos, críticos e ponderados em relação a cada palavra. Essa suposição está coerente – algumas vezes. Ao estar correta e as pessoas analisarem a mensagem com cautela, a reação à mensagem depende da força do conteúdo. Nesses casos, as mensagens têm maior impacto quando são de fácil compreensão, marcantes e estimulam uma elaboração favorável em vez do contrário. Em última análise, os argumentos fortes são persuasivos e os fracos, não.

Na rota central para a persuasão, o processo é eminentemente racional. É importante notar, no entanto, que refletir cuidadosamente sobre uma mensagem persuasiva não garante que o processo seja objetivo ou que leve à busca pela verdade. Às vezes, preferimos manter determinada atitude, assumindo uma postura tendenciosa em como processamos as informações (Petty e Wegener, 1998). Em um estudo, por exemplo, estudantes universitários que eram politicamente conservadores ou liberais foram mais propensos a concordar com um plano de bem-estar social – e agiam com rapidez, insistência e persistência – quando se afirmava que havia apoio de democratas ou republicanos, não de acordo com os méritos lógicos da proposta em si (Cohen, 2003). Em um segundo estudo, participantes on-line relataram suas atitudes em relação a complexas questões políticas; três dias depois, tiveram a oportunidade de acessar uma seleção de artigos de jornais que apoiavam ou se opunham à sua posição. Com a ajuda de um software que rastreou a atividade de navegação deles, os pesquisadores descobriram que os participantes gastaram 64% mais tempo em artigos que apoiavam as opiniões deles em relação a quais se opunham (Knobloch-Westerwick et al., 2015).

Há um fator complicador adicional a ser considerado. Vários anos atrás, Petty e seus colegas (2002) propuseram a *hipótese de autovalidação* de que as pessoas não apenas "elaboram" uma comunicação persuasiva com pensamentos positivos ou negativos relevantes para atitudes, mas também buscam avaliar a validade deles. Esses pensamentos dos quais estamos mais seguros terão um forte impacto em nossas atitudes, conforme previsto pelo modelo de processo duplo de persuasão, porém aqueles em que não temos tanta segurança não vão causar tanto impacto em nossas atitudes. O que significa que vários aspectos de uma comunicação persuasiva – como se a fonte é um especialista ou se a posição defendida é aquela com a qual concordamos ou discordamos – podem afetar a convicção que temos em nossas próprias atitudes (ver Briñol e Petty, 2009).

A rota periférica "A capacidade receptiva das massas é muito limitada, seu entendimento é pequeno; por outro lado, elas têm um grande poder de esquecer". O autor dessa avaliação cínica da natureza humana foi Adolf Hitler (1933, p. 77). Ao acreditar que os seres humanos são processadores incompetentes de informação, Hitler confiava no uso de slogans, uniformes, bandeiras cobertas com suásticas, uma saudação especial e outros símbolos em sua propaganda. Para ele, "as reuniões não eram apenas ocasiões para fazer discursos; eram produções teatrais cuidadosamente planejadas em que os cenários, a iluminação, a música de fundo e o momento das entradas eram planejados para maximizar o fervor emocional de uma audiência" (Qualter, 1962, p. 112).

Essas manobras funcionam? As massas podem ser manipuladas com facilidade pela persuasão? A história mostra que sim. O público nem sempre é atento. Às vezes, não segue a rota central para a persuasão, mas, em vez disso, toma um atalho pela rota periférica. Em vez de tentar compreender uma mensagem e refletir sobre seus problemas, as pessoas respondem com pouco esforço tendo como base informações secundárias.

Na rota periférica para a persuasão, as pessoas frequentemente avaliam uma comunicação com o uso de heurísticas simplórias ou regras práticas (Chaiken, 1987; Chen e Chaiken, 1999). Se um orador tem boa reputação, fala fluentemente ou escreve bem, tendemos a presumir que sua mensagem esteja correta. Quando os palestrantes têm a reputação de serem honestos, as pessoas são menos críticas no que se refere ao conteúdo de sua mensagem (Priester e Petty, 1995). Do mesmo modo, presumimos que uma mensagem deva estar correta se tiver muitos dados estatísticos ou uma lista impressionante de apoiadores, se for familiar, se suscitar aplausos do público ou se o interlocutor parecer argumentar contra os próprios interesses. Em alguns casos, as pessoas mudam suas atitudes simplesmente por saber que um argumento tem apoio da maioria (Giner-Sorolla e Chaiken, 1997).

Na irracional rota periférica, as pessoas também são influenciadas por fatores que não são relevantes para as atitudes – como pistas valendo-se dos próprios movimentos corporais (Lakoff e Johnson, 1999; Niedenthal et al., 2005). Vários estudos ilustram os *efeitos da incorporação de atitude*. Em um estudo, os participantes foram persuadidos a balançar a cabeça para cima e para baixo (como se dissessem sim) ou balançar a cabeça de um lado ao outro (como se dissessem não) enquanto ouviam um editorial com fones de ouvido, teoricamente para testar se os fones poderiam suportar a atividade física. Aqueles que foram persuadidos a assentir, posteriormente, concordaram mais com os argumentos que aqueles que foram persuadidos a balançar a cabeça de um lado ao outro (Wells e Petty, 1980). Em outros estudos, os participantes viram símbolos gráficos ou estímulos semelhantes a palavras (*surtel, primet*) enquanto usavam uma barra de exercícios para esticar os braços (imitando o movimento de afastar algo) ou flexionar os braços (movimento que fazemos para aproximar algo). Posteriormente, os participantes julgaram esses estímulos mais agradáveis quando associados à flexão do braço que quando associados à extensão (Cacioppo et al., 1993; Priester et al., 1996).

Seleção de rota Graças à distinção de duas vias de Petty e Cacioppo (1986) entre as rotas central e periférica, é fácil entender por que o processo de persuasão parece tão lógico em algumas ocasiões, mas tão ilógico em outras – por que os eleitores podem selecionar candidatos de acordo com as questões ou as imagens, por que os júris podem basear seus veredictos em evidências ou na aparência de um réu, e por que os consumidores podem escolher suas compras com base em informes publicitários ou em imagens de produtos. O processo envolvido depende da *capacidade* e da motivação dos destinatários de uma mensagem persuasiva para seguir a rota central ou se, em vez disso, dependem de informações periféricas.

Para entender as condições que levam as pessoas a processar informações seguindo uma ou outra rota, é conveniente perceber a comunicação persuasiva como o resultado de três fatores: uma *fonte* (quem), uma *mensagem* (diz o quê e em que contexto) e um *público* (a quem). Cada um desses fatores orienta a abordagem do destinatário para a comunicação. Se uma fonte discursa com transparência, se a mensagem é significativa, ou se há um público inteligente, cativo e envolvido, que se preocupa extremamente com o problema e dispõe de tempo para absorver as informações, os membros da audiência vão estar dispostos e ser capazes de se esforçar para seguir a rota central. Porém, se a fonte discursa a uma velocidade muito rápida para ser compreendida, se a mensagem é banal ou muito complexa de ser processada, ou se os membros da audiência estão distraídos, pressionados pelo tempo ou desinteressados, então o caminho periférico, menos cansativo, é seguido.

A • Figura 6.7 apresenta um roteiro de comunicação persuasiva. Nas próximas três seções, seguiremos esse mapa valendo-se dos fatores de entrada (origem, mensagem e público) pelas rotas de processamento central ou periférica para atingir o destino final: a persuasão.

> Ao reagir a comunicações persuasivas, as pessoas são influenciadas mais por imagens superficiais que por argumentos lógicos.
> **FALSO**

6-2b A fonte

O jogador de golfe Tiger Woods é uma lenda viva, um dos atletas contemporâneos mais talentosos. No início da carreira, recebeu mais que qualquer pessoa para divulgar marcas como Nike, American Express, entre outras. Woods foi considerado o porta-voz ideal até 2009, quando seus casos extraconjugais foram expostos, o que causou o término de seu casamento, e várias lesões nas costas contribuíram para o declínio de sua carreira. Depois de tantos anos, Woods não tinha mais a melhor classificação ou era tão solicitado para campanhas. Então, ele fez um retorno notável. Em 2018, ganhou o primeiro torneio em cinco anos; em 2019, aos 43 anos e com muitos apoiadores a incentivá-lo, venceu o cobiçado torneio Masters. Mais uma vez, passou a ser muito solicitado e bem pago para divulgar produtos. A marca Woods estava de volta.

O que a história de três fases nos demonstra sobre os efeitos da fonte na persuasão? Mais especificamente, o que torna alguns interlocutores mais eficazes que outros? Como veremos, há dois atributos principais: credibilidade e simpatia.

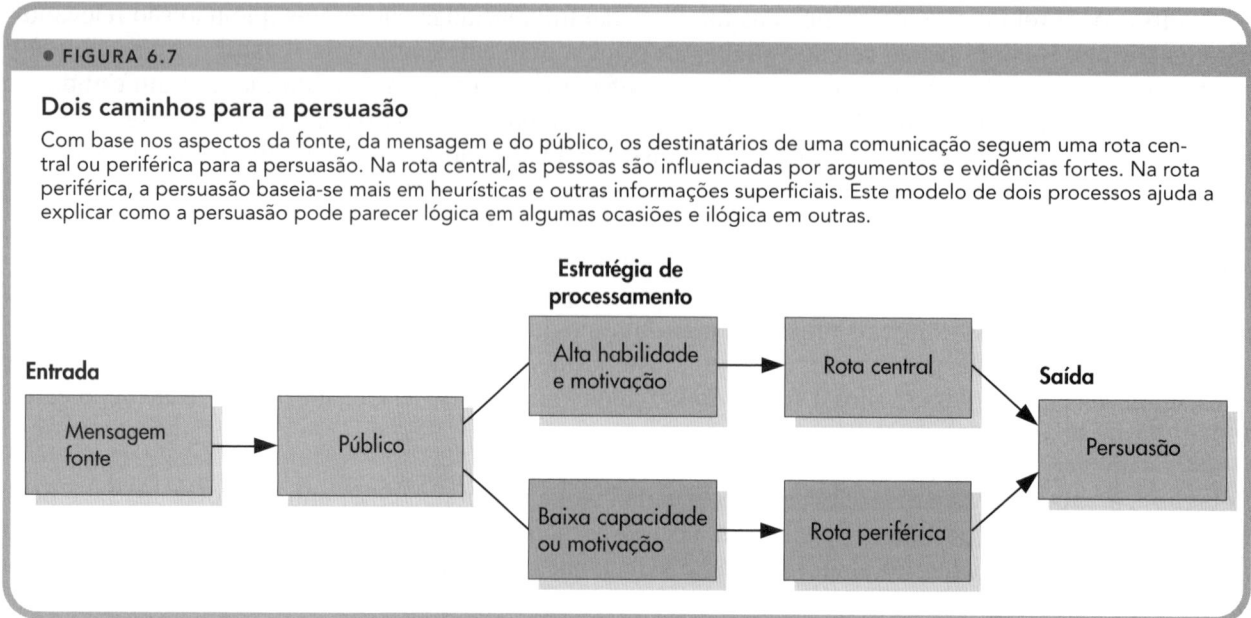

● FIGURA 6.7

Dois caminhos para a persuasão

Com base nos aspectos da fonte, da mensagem e do público, os destinatários de uma comunicação seguem uma rota central ou periférica para a persuasão. Na rota central, as pessoas são influenciadas por argumentos e evidências fortes. Na rota periférica, a persuasão baseia-se mais em heurísticas e outras informações superficiais. Este modelo de dois processos ajuda a explicar como a persuasão pode parecer lógica em algumas ocasiões e ilógica em outras.

Credibilidade Imagine que você esteja à espera na fila de um supermercado e visualize de relance esta grande manchete em destaque: "Médicos descobrem a cura para o CÂNCER!". Enquanto seu olhar passa pela primeira página, você percebe que está lendo um jornal sensacionalista que também noticia alienígenas. Qual é sua opinião? De outro modo, imagine que você esteja lendo periódicos científicos em uma biblioteca e depara-se com um artigo similar, mas dessa vez no *New England Journal of Medicine*. Nesse momento, qual é a sua opinião?

Provavelmente, você reagiria com mais entusiasmo ao periódico médico que ao jornal sensacionalista, embora ambas as fontes relatem a mesma notícia. Em um estudo realizado durante a Guerra Fria, na década de 1950, participantes norte-americanos leram um discurso que defendia o desenvolvimento de submarinos nucleares. O discurso obteve maior apoio quando atribuído a um eminente físico norte-americano que quando a fonte mencionada era de um jornal controlado pelo governo soviético (Hovland e Weiss, 1951). Do mesmo modo, quando os participantes leram certo artigo que defendia um tratamento mais brando para infratores juvenis, mudaram as atitudes ao pensar que o autor fosse um juiz que quando acharam ser um traficante de drogas condenado (Kelman e Hovland, 1953). Pesquisas recentes confirmam que fontes de alta credibilidade são mais persuasivas que as de baixa credibilidade (Pornpitakpan, 2004).

Em 14 de abril de 2019, em Augusta, Geórgia, na frente a uma grande tribuna de espectadores, Tiger Woods, de 43 anos, venceu o torneio Masters. Essa vitória coroou um retorno notável para o golfista Woods – e para a marca.

Por que algumas fontes são mais confiáveis que outras? Por que o periódico médico, o físico e o juiz são mais confiáveis que o jornal sensacionalista, o jornal controlado pelo governo e o traficante de drogas? Para que os oradores sejam considerados confiáveis, devem ter duas características: competência e confiabilidade. *Competência* refere-se à habilidade do interlocutor. Pessoas instruídas, inteligentes, notáveis ou que possuam credenciais espetaculares são persuasivas em virtude de sua especialização (Hass, 1981). Os especialistas podem ter a eficácia de nos desarmar, pois presumimos que sabem do que estão falando. Então, quando eles falam, ouvimos. E, ao assumirem uma posição, geralmente cedemos. Na verdade, pesquisas mostram que as pessoas prestam mais atenção aos especialistas que aos não especialistas (Tobin e Raymundo, 2009). No tribunal, os peritos criminais com credenciais notáveis têm uma influência maior nos júris que aqueles com credenciais menos reconhecidas – mesmo quando seu testemunho é o mesmo (Kohler et al., 2016).

O impacto dos especialistas sobre nossa atenção, nossa confiança e nossas atitudes não é simples ou uniforme. O efeito depende de como nos sentimos sobre a atitude que defendem – digamos, em questões politicamente controversas, como controle de armas, política de imigração ou mudança climática. Como sugerido pela hipótese de autovalidação descrita anteriormente, uma fonte altamente confiável que defende uma posição que tendemos a concordar (eba!) reforça nossa confiança e a atitude já existente – mais que uma fonte menos confiável. Nesse caso, há menos necessidade de análise. Porém uma fonte altamente confiável que defende uma posição à qual nos opomos (caramba!) representa uma ameaça real à nossa confiança e à atitude existente – mais que uma fonte com menos credibilidade. Nesse caso, desconfiamos mais do especialista que do não especialista. Os estudos reforçam essa hipótese sutil: as pessoas questionam mais os não especialistas que os especialistas quando defendem uma posição com a qual concordam, mas questionam mais os não especialistas quando defendem uma posição à qual se opõem (Clark e Evans, 2014; Clark e Wegener, 2013; Clark et al., 2012).

A experiência é apenas um aspecto da credibilidade. Para ter credibilidade, as fontes também devem ser *confiáveis* – isto é, devem ser vistas como dispostas a relatar seu conhecimento com veracidade e sem concessões. O que determina se confiamos em um comunicador? Até certo ponto, fazemos esses julgamentos com base em estereótipos. Em 2018, na atualização de uma pesquisa conduzida várias vezes ao longo dos anos, a organização Gallup pediu que 1.000 norte-americanos avaliassem qual o grau de honestidade pessoal de várias categorias profissionais. Conforme mostrado na ▲ Tabela 6.1, os enfermeiros encabeçaram a lista como o grupo mais confiável – o que costumam ser real – seguido por médicos e farmacêuticos. Vendedores de automóveis, membros do Congresso e operadores de telemarketing foram indicados como os menos confiáveis.

Ao julgar a credibilidade de uma fonte, o senso comum nos prepara com uma regra simples de cautela: cuidado com as pessoas que tenham algo a ganhar ao persuadi-lo. Se um orador foi pago, tem interesses pessoais ou simplesmente nos diz o que queremos ouvir, suspeitamos de algum grau de parcialidade. Essa regra lança luz sobre um dilema clássico da propaganda sobre o valor da representação por celebridades: quanto mais produtos uma celebridade divulga, menos confiável os consumidores a consideram (Tripp et al., 1994).

No tribunal, a mesma regra de cautela pode ser empregada para avaliar as testemunhas. Em um estudo, os participantes da pesquisa serviram como jurados em um julgamento simulado envolvendo um homem que alegou que sua exposição a um produto químico industrial no trabalho o tinha levado a contrair câncer. Ao testemunhar a favor do réu, um bioquímico cobrou $ 4.800 ou $ 75 pelo laudo. Você pode pensar que os jurados ficariam mais impressionados com o cientista que cobrou o valor mais alto. No entanto, ele foi considerado "tendencioso" e, como resultado, seu laudo, menos verossímil e menos persuasivo (Cooper e Neuhaus, 2000).

A regra do interesse próprio apresenta outras implicações interessantes. Uma delas é que as

▲ **TABELA 6.1**

Em quem você confia?

Diga-me como você avaliaria os padrões éticos e de honestidade das pessoas nessas diferentes áreas: muito alto, alto, médio, baixo ou muito baixo?

Ocupação	% Muito alto/Alto
Enfermeiros	84
Médicos	67
Farmacêuticos	66
Professores do ensino médio	60
Policiais	54
Agentes imobiliários	25
Advogados	19
Executivos de negócios	17
Operadores de telemarketing	9
Vendedores de carros	8
Membros do Congresso	8

Em dezembro de 2018, foi realizada uma pesquisa Gallup para determinar o grau de honestidade atribuído a pessoas de vários grupos ocupacionais. Ao lado da identificação dos grupos, estão indicados os percentuais de entrevistados que os avaliaram como "alto" ou "muito alto" em honestidade.

pessoas ficam impressionadas com outras que assumem posições impopulares ou argumentam contra os próprios interesses. Quando os participantes de uma pesquisa leram um discurso político que acusava uma grande corporação de poluir um rio local, aqueles que acreditaram que o autor fosse um candidato pró-meio ambiente dirigindo-se a um grupo ambientalista obstinado consideraram-no tendencioso, enquanto aqueles que acharam que fosse um candidato liberal ao dialogar com os apoiadores da campanha presumiram sinceridade (Eagly et al., 1978).

A confiança também é estabelecida quando interlocutores não tentam mudar propositalmente nossos pontos de vista. Assim, as pessoas são mais influenciadas quando pensam que estão acidentalmente recebendo uma informação que quando percebem um claro discurso de venda (Walster e Festinger, 1962). É por isso que os anunciantes, às vezes, usam a artimanha da "comunicação ao acaso", na qual a fonte parece contar a um amigo sobre um novo produto que funciona. Como se estivessem ouvindo uma conversa pessoal, os espectadores presumem que o que um amigo diz a outro pode ser confiável. A regra do interesse próprio também tem grande relevância na lei, razão pela qual as pessoas são muito mais propensas a acreditar quando um suspeito de um crime assume a culpa que quando a nega (Kassin, 2017).

Simpatia Mais do que qualquer outra coisa, o poder como celebridade de Tiger Woods foi baseado em suas proezas atléticas, sua popularidade e seu sorriso encantador. Antes das revelações que acabaram com o casamento de Woods e das lesões que atrapalharam sua carreira, ele era visto como uma pessoa de carisma. E, como o azarão que lutou para retornar, ele recuperou sua popularidade. Mas essa característica aumenta necessariamente o impacto de alguém como comunicador? É possível. Em seu clássico *best-seller How to Win Friends and Influence People*, Dale Carnegie (1936) afirmou que ser amado e persuasivo andam de mãos dadas. A questão é: o que leva um interlocutor a ter carisma? Em particular, dois fatores podem desencadear esse resultado: *semelhança* e *atratividade física*.

Um estudo de Diane Mackie e outros (1990) ilustra o poder persuasivo da similaridade. Alunos matriculados na Universidade da California, Santa Bárbara (UCSB), leram argumentos fortes ou fracos em relação ao emprego dos vestibulares para a admissão em faculdades. Metade dos participantes foi levada a acreditar que o texto havia sido escrito por um colega estudante da própria universidade; a outra metade foi informada que o autor era um estudante da Universidade de New Hampshire. Poucos participantes foram persuadidos pelos argumentos fracos. De outro modo, muitos daqueles que leram a mensagem com

Quando estava acabando de sair do colégio, LeBron James (à esquerda), estrela do basquete, assinou um contrato multimilionário com a Nike. Também foram pagos milhões à estrela da música Taylor Swift, que está cercada de gatinhos neste comercial de TV da Diet Coke (canto superior direito), e Bradley Cooper, ator ganhador do Oscar, é a nova – e inédita – face do sorvete Haagen-Dazs (canto inferior direito). As celebridades podem vender produtos? Levando-se em conta a rota periférica da persuasão, a indústria da publicidade parece pensar assim.

argumentos fortes mudaram suas opiniões, mas apenas quando acreditaram que o texto havia sido escrito por um colega da UCSB.

Assim como a similaridade da fonte pode despertar a persuasão, a falta de semelhança pode provocar efeito oposto. Em um estudo sobre o gosto musical das pessoas, Clayton Hilmert e outros (2006) apresentaram a alguns participantes um confederado que parecia gostar do mesmo gênero musical ou de diversos, como rock, pop, country ou clássico. Outros não se reuniram com um confederado. Mais tarde, quando solicitados a avaliar uma música específica, os participantes foram positivamente influenciados pela opinião do confederado com gosto similar e negativamente influenciados pela opinião do confederado com gosto musical distinto. Eles também foram levemente persuadidos por um confederado cujas semelhanças ou diferenças eram totalmente não relacionadas à música – por exemplo, quando o confederado tinha interesses semelhantes ou diferentes em relação a compras, política, museus, alimentos ou redes sociais.

O efeito da similaridade da fonte na persuasão tem consequências óbvias para aqueles que desejam exercer influência. No geral, somos semelhantes uns aos outros em alguns aspectos. Podemos concordar na política, compartilhar os mesmos gostos no Pinterest, ter um amigo em comum, ter gostos equivalentes em relação a comida ou desfrutar de passar os verões na mesma praia. À luz dos benefícios sociais da similaridade e dos custos sociais da falta dela, um interlocutor perspicaz pode usar elos comuns para aumentar seu impacto sobre o público.

As práticas publicitárias pressupõem que a beleza também é persuasiva. Afinal, os anúncios on-line, em revistas e na TV rotineiramente apresentam supermodelos que são jovens e esguias (mulheres) ou altos e musculosos (homens) e que exibem corpos rígidos, tez brilhante, clara ou escura, e sorrisos radiantes. Claro, esses modelos chamam a atenção, você pode pensar, mas eles podem mudar opiniões? Em um estudo que abordou essa questão, Shelly Chaiken (1979) levou estudantes universitários de ambos os sexos a interpelar outras pessoas no *campus*. Apresentavam-se como membros de uma organização que reinvindicava que a universidade parasse de servir carne durante o café da manhã e o almoço. Em cada caso, esses alunos assistentes informavam as razões para defender tal posição e pediam que os entrevistados assinassem uma petição. Resultado: os alunos atraentes conseguiram que 41% dos entrevistados assinassem a petição, enquanto os menos atraentes obtiveram apenas 32% de assinaturas. Pesquisas adicionais mostraram que vendedores atraentes, de ambos os sexos, despertam atitudes mais positivas e intenções de compra dos clientes que vendedores menos atraentes, mesmo quando mais diretos no objetivo de realizar uma venda (Reinhard et al., 2006).

Os anunciantes estão totalmente convencidos de que a beleza vende produtos que pagam milhões de dólares para que supermodelos se apresentem em seus anúncios. Aqui, a supermodelo Gigi Hadid em um anúncio da Messika Jewelry.

Ainda que o que afirme seja mais significativo do que quem você é Até este ponto, deve parecer que a fonte de uma comunicação persuasiva é mais importante que a própria mensagem. Isso é verdade? Certamente, há exemplos suficientes na vida real – como quando livros chegam ao topo da lista de mais vendidos porque Oprah Winfrey os recomendou.

Na indústria da publicidade há muito debate sobre o valor do alto custo de celebridades nas propagandas. David Ogilvy (1985), que foi chamado "o rei da publicidade", disse que as celebridades não são eficazes porque os espectadores sabem que estão sendo pagas. Ogilvy não é o único em seu ceticismo. Mesmo assim, muitos anunciantes lutam furiosamente para contratar artistas e atletas famosos. De Tiger Woods a Tina Fey, Rihanna, LeBron James, Taylor Swift, Scarlett Johansson, Ronda Rousey, Beyoncé, Katy Perry e Jay Z, os comerciais de TV apresentam regularmente um desfile de estrelas. Quanto maior a estrela, afirmam eles, mais valioso é o depoimento.

Em comparação ao conteúdo de uma mensagem, a fonte realmente é um diferencial tão eficaz para que os anunciantes paguem tanto? Ficamos tão impressionados com um especialista, tão deslumbrados pelo talento físico e atraídos por um rosto encantador que nos convencemos de seu discurso? E desprezamos tanto as pessoas comuns ou pouco atraentes que nem escutamos o que comunicam? À luz do que se sabe sobre as rotas central e periférica para a persuasão, a resposta a essas perguntas é: depende.

Primeiro, o nível de envolvimento do destinatário desempenha um papel significativo. Uma mensagem ao ter relevância pessoal em sua vida, você presta atenção à fonte e pensa com criticidade sobre a mensagem, os argumentos e as implicações. Quando uma mensagem não tem relevância pessoal, entretanto, você pode tomar a fonte pelo valor da aparência e despender pouco tempo examinando as informações. Em um estudo clássico, Richard Petty e outros (1981) levaram alunos a uma audiência com um palestrante que propôs aos alunos do último ano que deveriam fazer exames integrados para se formar. Três aspectos da situação de comunicação eram variáveis. Primeiro, os participantes foram levados a acreditar que o palestrante fosse um professor da Universidade de Princeton ou um estudante do ensino médio. Em segundo lugar, os participantes ouviram argumentos com base em fatos ou uma mensagem fraca valendo-se de exemplos e opinião pessoais. Terceiro, os participantes foram informados de que os exames propostos poderiam ser implementados no ano seguinte (Oh oh, isso significa no meu ano!) ou que não entrariam em vigor antes de dez anos (Quem se importa, já estarei bem longe!).

Conforme previsto, o envolvimento pessoal determinou o impacto relativo da experiência da fonte e a qualidade do discurso. Entre os participantes que não seriam afetados pela mudança proposta, as atitudes foram baseadas principalmente na credibilidade do palestrante: o professor foi persuasivo; o estudante do ensino médio, não. Entre os participantes que pensaram que a mudança proposta os afetaria diretamente, as atitudes foram baseadas na qualidade da proposta do palestrante. Argumentos fortes foram persuasivos; argumentos fracos, não. Conforme ilustrado na • Figura 6.8, as pessoas seguiram a fonte em vez da mensagem com baixos níveis de envolvimento, demonstrando a rota periférica para a persuasão. Porém os fatores da mensagem superaram as características da fonte em altos níveis de envolvimento quando os participantes se esforçaram o suficiente para seguir o caminho central para a persuasão. Da mesma forma, a pesquisa mostrou que o favorecimento de comunicadores carismáticos e atraentes é reduzido quando os destinatários tomam a rota central (Chaiken, 1980).

Há um segundo limite para os efeitos da fonte. Costuma-se afirmar que o tempo cura todas as feridas. Bem, o tempo pode também curar os efeitos de uma má reputação. Hovland e Weiss (1951) variaram a credibilidade da fonte (por exemplo, o físico *versus* o jornal controlado pelos soviéticos) e descobriram que a mudança teve um efeito amplo e imediato na persuasão. No entanto, quando mediram as atitudes novamente, quatro semanas depois, o efeito havia desaparecido. Com o tempo, a mudança de atitude produzida pela fonte de alta credibilidade diminuiu e a mudança causada pela fonte de baixa credibilidade aumentou. Essa descoberta de um impacto persuasivo atrasado de um interlocutor de baixa credibilidade é chamada **efeito adormecido**.

Para explicar esse resultado imprevisto, o grupo de pesquisa de Hovland propôs a *hipótese de desconsideração de informações*. De acordo com essa hipótese, as pessoas imediatamente desconsideram os argumentos de comunicadores não confiáveis, mas ao longo do tempo, desassociam o que foi dito de quem o disse. Em outras palavras, tendemos a lembrar da mensagem, mas a esquecer a fonte (Pratkanis et al., 1988). Para examinar o papel da memória nesse processo, Kelman e Hovland (1953) lembraram a um grupo de participantes da identidade da fonte antes de reavaliar suas atitudes. Se o efeito adormecido foi causado pelo esquecimento, pensaram, então ele poderia ser eliminado por meio do restabelecimento do vínculo entre a fonte e a mensagem. Conforme mostrado na • Figura 6.9, os pesquisadores estavam certos. Quando as atitudes foram medidas após três semanas, os participantes que não foram lembrados da fonte mostraram o habitual efeito adormecido. No entanto, aqueles que receberam um lembrete de fonte não o fizeram. Para esses

> **efeito adormecido** Aumento de atraso no impacto persuasivo de uma fonte não confiável.

últimos participantes, os efeitos da alta e baixa credibilidade perduraram. Estudos recentes feitos por psicólogos cognitivos confirmaram que com o tempo, as pessoas "esquecem" a conexão entre a informação e sua fonte (Underwood e Pezdek, 1998).

No início, o efeito adormecido gerou alguma controvérsia. Nunca houve dúvida de que comunicadores confiáveis perdem um pouco de importância com o passar do tempo. No entanto, os pesquisadores tiveram mais dificuldade em encontrar evidências de persuasão tardia por fontes não confiáveis. Incomodados por não obter esse resultado, Paulette Gillig e Anthony Greenwald (1974) se indagaram: "É hora de descartar o efeito adormecido?". No fim das contas, a resposta foi não. Pesquisas mais recentes mostraram que o efeito adormecido é confiável, desde que os participantes não saibam quem é a fonte até *depois* de terem recebido a mensagem original (Greenwald et al., 1986; Kumkale e Albarracín, 2004).

Para entender a importância da questão temporal, imagine que você esteja prestes a pesquisar no Spotify, ou em algum outro serviço de *streaming* de música, canções de uma banda de sua preferência. De repente, você encontra uma crítica do mais novo CD lançado. Antes de começar a ler, no entanto, você presta atenção às letras miúdas e percebe que a chamada crítica é, na verdade, um anúncio. Ciente de que nem sempre pode-se confiar no que se lê, você passa os olhos no anúncio e o rejeita. Agora imagine a mesma situação, exceto que você tenha lido o texto completo antes de saber que se tratava de um anúncio. Novamente você rejeita-o. Porém observe a diferença: dessa vez, você leu a mensagem com a mente aberta.

● **FIGURA 6.8**

Fonte versus mensagem: o papel do envolvimento do público

Pessoas com alto ou baixo envolvimento pessoal ouviram uma mensagem forte ou fraca de um especialista ou não especialista. Para participantes de alto envolvimento (topo), a persuasão foi baseada na força dos argumentos, não na experiência da fonte. Para participantes com baixo envolvimento (parte inferior), a persuasão foi baseada mais na fonte que nos argumentos. As características da fonte têm mais impacto sobre aqueles que não se importam o suficiente para seguir a rota central. Reproduzido com autorização de Richard E. Petty.

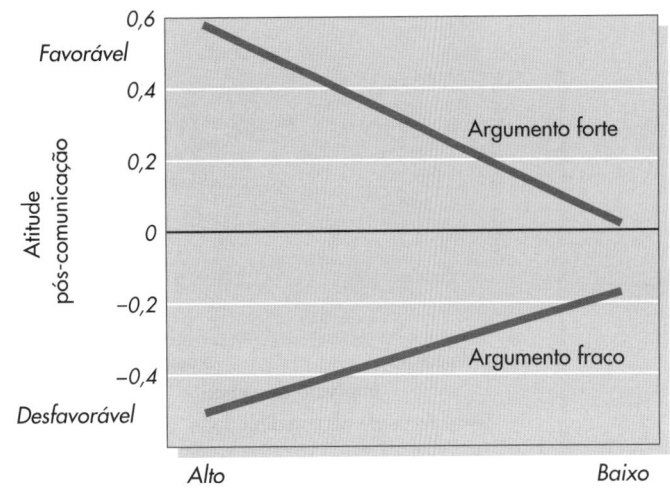

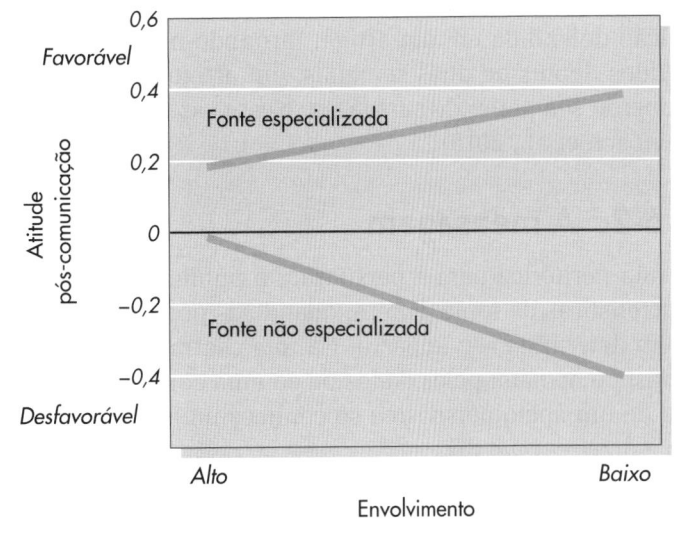

Ainda pode rejeitá-la, mas, depois de algumas semanas, a informação terá sido absorvida e influenciará sua avaliação do CD. Esse cenário ilustra o efeito adormecido.

Em uma época em que tantos de nós lemos notícias on-line, geralmente seguidos de comentários de usuários, o efeito adormecido traz consequências importantes. Pesquisas indicam que

"A verdade é sempre o argumento mais forte."

– Sófocles

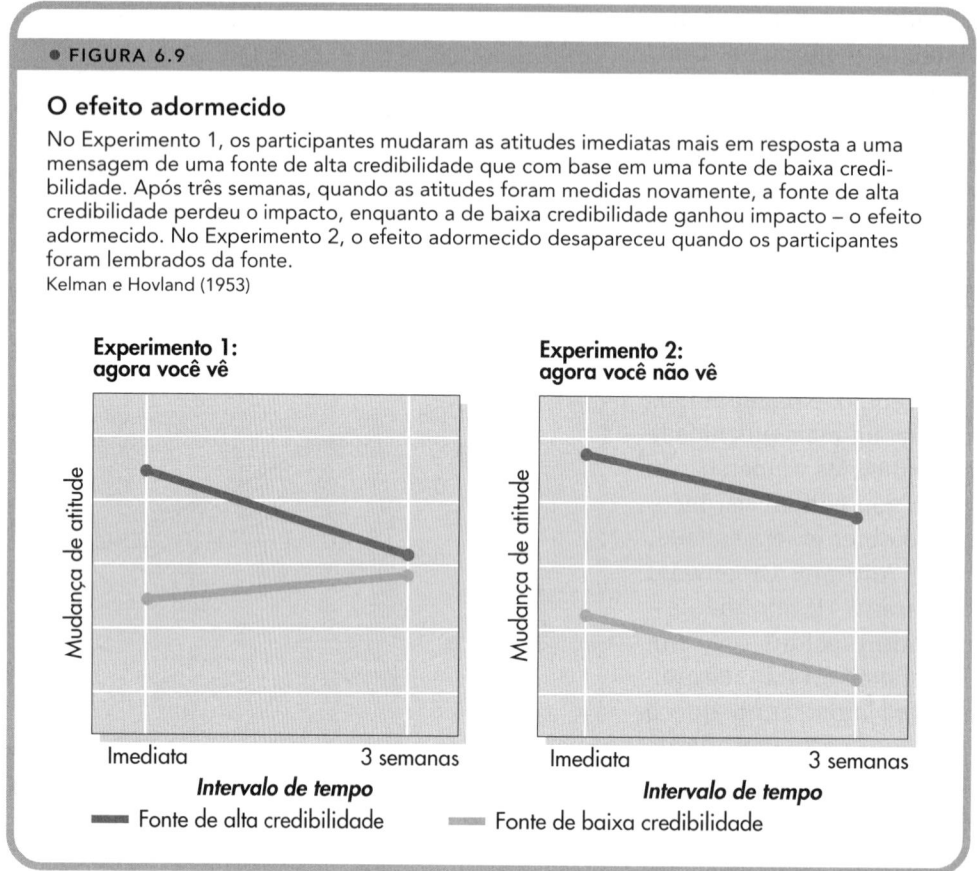

● FIGURA 6.9

O efeito adormecido

No Experimento 1, os participantes mudaram as atitudes imediatas mais em resposta a uma mensagem de uma fonte de alta credibilidade que com base em uma fonte de baixa credibilidade. Após três semanas, quando as atitudes foram medidas novamente, a fonte de alta credibilidade perdeu o impacto, enquanto a de baixa credibilidade ganhou impacto – o efeito adormecido. No Experimento 2, o efeito adormecido desapareceu quando os participantes foram lembrados da fonte.
Kelman e Hovland (1953)

comentários negativos de usuários, especialmente de uma fonte confiável, levam os leitores a rejeitar a posição defendida em um artigo, tornando-o menos persuasivo. No entanto, quando as atitudes foram medidas depois de duas semanas, um artigo acompanhado de comentários negativos *versus* positivos recuperou seu poder de persuasão. Nesse caso, os leitores processaram e retiveram a mensagem essencial (Heinbach et al., 2018).

6-2c A mensagem

Na rota periférica para a persuasão, o público é fortemente influenciado, talvez até demais, por várias características da fonte. Porém, quando as pessoas se preocupam com uma questão, a força de uma mensagem determina seu impacto. Na rota central para a persuasão, o que mais importa é se a teoria de um cientista é apoiada pelos dados ou se uma empresa possui um produto bom. Lembre-se, porém, de que o alvo de um apelo persuasivo só conhece uma mensagem por meio da comunicação – o *que* uma pessoa tem a dizer e *como* diz.

Estratégias informacionais Os comunicadores costumam ter dificuldade em estruturar e apresentar um argumento para maximizar seu impacto. Uma mensagem deve apresentar vários fatos ou ser sucinta e direta? É melhor apresentar uma mensagem altamente partidária e unilateral ou ter uma abordagem mais equilibrada e bilateral? Como os argumentos devem ser ordenados – do mais forte ao mais fraco ou vice-versa? Esses são os tipos de perguntas frequentemente estudadas por pesquisadores de persuasão – incluindo aqueles interessados em marketing, publicidade e comportamento do consumidor.

Frequentemente, a estratégia mais eficaz a ser usada depende de como os destinatários vão processar a mensagem, pela rota central ou pela periférica. Considere a duração de uma mensagem. Quando as pessoas processam uma mensagem com morosidade, olhos e ouvidos semicerrados, muitas vezes recorrem a uma heurística simples: quanto mais longa uma mensagem, mais válida deve ser. Nesse caso, um grande número de palavras dá a aparência superficial de suporte factual, independentemente da qualidade dos argumentos (Petty e Cacioppo, 1984; Wood et al., 1985). Assim, como David Ogilvy (1985) concluiu em seus anos de experiência em publicidade, "Quanto mais fatos você apresenta, mais você vende" (p. 88).

No entanto, as pessoas ao processarem uma mensagem com cautela, a duração desta pode ser uma espada de dois gumes. Se uma mensagem for longa porque contém muitas informações que a embasam, quanto maior, melhor. Quanto mais argumentos que apoiem sua mensagem você puder oferecer ou quanto mais fontes encontrar para justificar, mais persuasiva será (Harkins e Petty, 1981). No entanto, se os argumentos forem fracos ou se as fontes forem redundantes, um público atento não será enganado apenas pela duração da mensagem. Ao aumentar a duração de uma mensagem, a qualidade pode ser diluída e *perder* o impacto (Friedrich et al., 1996; Harkins e Petty, 1987).

"Tudo bem, é uma visão esplêndida da América, mas não consigo me lembrar de qual candidato a projetou."

Pesquisas sobre o efeito adormecido mostram que as pessoas costumam lembrar da mensagem, no entanto, esquecem da fonte.

Quando dois lados opostos tentam persuadir o mesmo público, a ordem de apresentação também se torna um fator relevante. Ao apresentarem suas posições, você acha que a ordem de apresentação é importante? Se acredita que as informações apresentadas anteriormente tenham mais impacto, você pode prever um *efeito de primazia*. Se acredita que a última informação apresentada leve vantagem, pode prever um *efeito de recência*. Há boas razões para ambas as previsões. Por um lado, as primeiras impressões são significativas. Por outro, a memória se desvanece com o transcorrer do tempo e muitas vezes as pessoas se lembram apenas do último argumento que ouviram antes de tomar uma decisão.

À luz dessas previsões contrastantes, Norman Miller e Donald Campbell (1959) procuraram o "elo perdido" que determinaria os efeitos relativos de primazia e recência. Eles descobriram que o elo que faltava é o *tempo*. Em um estudo de simulações de júri, levaram as pessoas (1) a ler um resumo da acusação feita pela vítima, (2) a ler um resumo da defesa do réu e (3) a tomar uma decisão. Os pesquisadores variaram o tempo entre as duas mensagens e, em seguida, o tempo entre a segunda mensagem e a tomada de decisão. Quando os participantes leram a segunda mensagem logo após a primeira e esperaram durante uma semana antes de informar sua posição, prevaleceu um efeito de primazia que favoreceu o lado lido primeiro. Ambas as mensagens desapareceram igualmente da memória, então apenas o impacto maior das primeiras impressões permaneceu. Quando os participantes tomaram uma decisão imediatamente após ler a segunda mensagem, uma semana depois da primeira, no entanto, houve um efeito de recência. O segundo argumento estava mais fresco na memória, o que favoreceu o último resumo lido.

Discrepância de mensagens A persuasão é um processo de mudança de atitudes. Esse objetivo não é fácil de alcançar. Como regra geral, as pessoas são motivadas a defender suas opiniões, o que fazem, em parte, por meio da exposição seletiva a informações que apoiam seus pontos de vista (Hart et al., 2009). Dada a oportunidade de advogar pela mudança de atitude, os comunicadores enfrentam o que talvez seja a questão estratégica mais crítica: quão extrema deve ser a posição a tomar? Quanto uma mensagem pode diferir da posição do público para ter maior impacto?

O senso comum sugere duas respostas opostas. Uma abordagem é assumir uma posição extrema na expectativa de que, quanto mais mudanças defender, maior será o resultado. Outra abordagem é não pressionar o público ao propor muitas mudanças para que a mensagem não seja rejeitada imediatamente. Qual abordagem parece ser mais eficaz? Imagine tentar converter os amigos politicamente conservadores em liberais ou o contrário. Você adotaria uma posição radical para aproximá-los do centro ou apelaria para a moderação para não ser ignorado? Pesquisas mostram que os comunicadores devem adotar a segunda abordagem, mais cautelosa. É claro que é necessária alguma discrepância para produzir uma mudança de atitude. Porém a relação com a persuasão pode ser retratada como um U invertido, com a maior mudança sendo produzida em quantidades moderadas de discrepância (Bochner e Insko, 1966).

Um estudo de Kari Edwards e Edward Smith (1996) ajuda a explicar por que assumir uma posição mais extrema é contraproducente. Esses pesquisadores mediram primeiro as atitudes das pessoas em algumas questões sociais importantes. Várias semanas depois, pediram que as mesmas pessoas lessem, pensassem e classificassem os argumentos que reforçavam ou refutavam as próprias atitudes anteriores. Resultado: ao receber argumentos para ler que pregavam atitudes discrepantes das deles, os participantes passaram mais tempo examinando o material e julgaram os argumentos fracos. É claro, as pessoas tendem a refutar e negar mensagens persuasivas com as quais não concordam. Na verdade, quanto mais importância pessoal uma questão apresenta, tornamo-nos mais teimosos e resistentes à mudança (Zuw-erink e Devine, 1996).

Apelo à emoção Políticos, advogados, especialistas em marketing e outros dizem que os esforços de persuasão devem ser direcionados ao coração e não à mente. Argumentos políticos, evidências e atributos de produtos são importantes, admitem, mas, para motivar uma mudança de atitude, deve-se despertar raiva, repulsa, simpatia, tristeza e outras emoções.

Como seres sociais, parece que sabemos instintivamente que a emoção é persuasiva. Em uma série de estudos, Matthew Rocklage e outros (2018) pediram que algumas pessoas avaliassem algo com ou sem a intenção de persuadir os outros. Em seguida, analisaram a linguagem empregada na mensagem de cada participante, medindo o uso de palavras de alta emocionalidade, como *incrível*, *horrível*, *amado* e *odiado*. Em um experimento, por exemplo, eles recrutaram 1.285 adultos para escrever uma resenha on-line de um entre vinte produtos de consumo. Metade dos participantes foi solicitada apenas a escrever uma crítica positiva de cinco estrelas; a outra metade foi informada de que seu objetivo era persuadir os leitores a comprar o produto. Posteriormente, os pesquisadores analisaram a linguagem utilizada nessas revisões. Os resultados foram claros: em comparação a 840 análises dos mesmos produtos postadas na Amazon.com e em comparação àquelas escritas sem a intenção de persuadir, os participantes do grupo com a intenção de persuadir usaram uma linguagem mais emocional. Estudos de acompanhamento mostraram que a tendência de expressar mais emoção ao tentar persuadir acontece espontaneamente (ver • Figura 6.10).

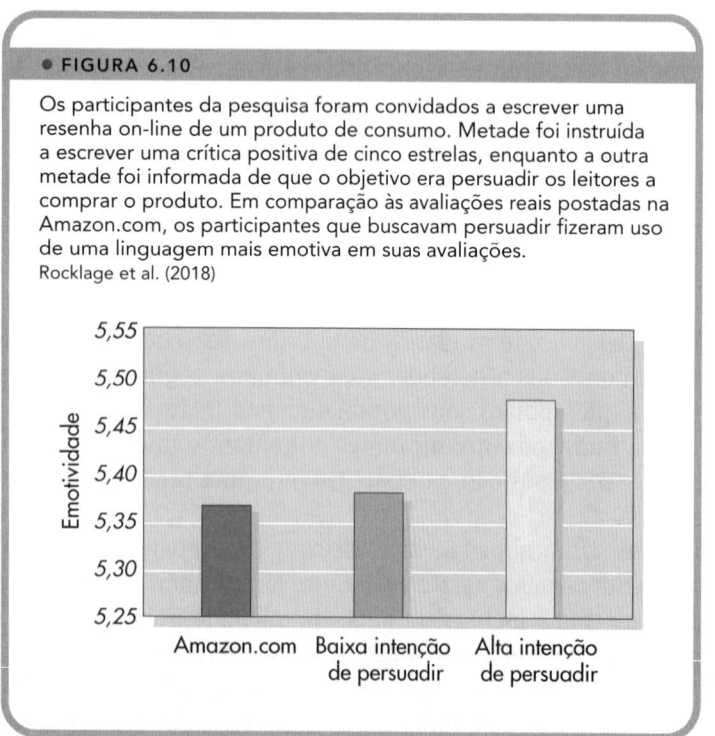

• FIGURA 6.10

Os participantes da pesquisa foram convidados a escrever uma resenha on-line de um produto de consumo. Metade foi instruída a escrever uma crítica positiva de cinco estrelas, enquanto a outra metade foi informada de que o objetivo era persuadir os leitores a comprar o produto. Em comparação às avaliações reais postadas na Amazon.com, os participantes que buscavam persuadir fizeram uso de uma linguagem mais emotiva em suas avaliações.
Rocklage et al. (2018)

Apelo ao medo O medo é uma emoção particularmente primitiva e poderosa, servindo como um sistema de alerta precoce que sinaliza o perigo. Pesquisas em neurociência mostram que o medo é despertado instantaneamente em resposta à dor, à exposição a substâncias nocivas ou à ameaça, permitindo-nos responder rapidamente sem ter de parar para pensar (LeDoux, 1996, 2014). O uso de mensagens baseadas no medo para mudar atitudes é comum. Certos cultos religiosos usaram táticas assustadoras para doutrinar novos membros. O mesmo acontece com as organizações de saúde pública que retratam graficamente os danos causados àqueles que fumam, comem comida não saudável, bebem em excesso, mandam mensagens de texto enquanto dirigem ou fazem sexo sem proteção.

Ainda que o efeito sobre os eleitores não seja evidente, a campanha valendo-se de fatos negativos na política norte-americana é predominante (Lau e Rovner, 2009). Conforme descrito em livros como *Going dirty* (Mark, 2009) e *Nasty politics* (Milton, 2016), é claro que as acusações inundam o cenário político. Essa prática sugere que os candidatos, seus consultores e comitês de ação política acreditem intensamente no poder de atacar os opositores, despertando nos eleitores o medo decorrente de votar neles.

É inegável que os anúncios da campanha presidencial estão cada vez mais inócuos. No entanto, um comercial de TV extremamente contundente e controverso de todos os tempos foi ao ar uma única vez, em 7 de setembro de 1964. Em um anúncio, elaborado para reeleger o presidente democrata Lyndon Johnson, que concorria contra o republicano Barry Goldwater, uma jovem está no campo a despetalar uma margarida em contagem regressiva a partir de 10. Ao chegar na nona pétala, uma voz adulta interrompeu a contagem e foi seguida por uma explosão nuclear ofuscante com a mensagem: "Vote no presidente Johnson em 3 de novembro. As apostas são muito altas para que você fique em casa".

Em uma mensagem altamente polêmica em relação ao medo, um comercial de TV que foi ao ar apenas uma vez durante a campanha presidencial de 1964 retratou essa criança em um campo aberto, uma explosão nuclear ofuscante e esta mensagem: "Vote no presidente Johnson em 3 de novembro. As apostas são muito altas para que fique em casa."

Os efeitos da estimulação do medo na política são evidentes. Guiado pela teoria de gestão do terror (Greenberg et al., 1997; Pyszczynski et al., 2004; Solomon et al., 2015; ver Capítulo 3) e o prognóstico de um medo profundamente enraizado da morte que motiva as pessoas a se unir em torno de seus líderes para afastar a ansiedade, Mark Landau e outros (2004) descobriram que estudantes universitários expressaram mais apoio ao então presidente George W. Bush e a suas políticas quando lembrados da própria mortalidade ou subliminarmente expostos a imagens de 11 de setembro que quando não foram. Esse resultado não se limita ao laboratório. Ao analisar os padrões de alertas de terror emitidos pelo governo e pesquisas do Gallup, Robb Willer (2004) constatou que o aumento dos alertas de terror era previsivelmente seguido pelo aumento nos índices de aprovação presidencial.

O medo é igualmente eficaz para fins de publicidade comercial ou para promover saúde e segurança? Para ver a resposta, visite o site do Ad Council, a organização que criou o Smokey Bear ("Só você pode prevenir incêndios florestais") e os bonecos de teste de colisão ("Não seja uma estatística – aperte os cintos"). Nos últimos anos, o Ad Council realizou campanhas sobre uma série de questões, como os perigos do uso de esteroides, a prevenção da gripe, da aids, do suicídio e do cyberbullying. Para levar as pessoas a mudar de comportamento nessas áreas, é melhor estimular um breve nervosismo ou ansiedade total?

Para responder a essa pergunta, psicólogos sociais ao longo dos anos compararam mensagens que variam nos níveis de medo despertados. No primeiro estudo, Irving Janis e Seymour Feshbach (1953) descobriram que altos níveis de medo não geram maior aceitação de uma mensagem persuasiva. Desde então, entretanto, pesquisas têm mostrado que mensagens que despertam altos níveis de medo podem ser altamente eficazes (de Hoog et al., 2007).

O medo aumenta o incentivo à mudança para aqueles que não resistem ativamente, mas o impacto final depende da força dos argumentos e se a mensagem também contém conselhos claros e tranquilizadores sobre como lidar com o perigo apresentado (Keller, 1999; Leventhal, 1970; Rogers, 1983). Este último ponto é importante. Sem instruções específicas sobre como lidar com a situação, as pessoas se sentem desamparadas, entram em pânico e se desligam da mensagem. Em um estudo, por exemplo, os participantes com medo crônico do câncer tinham menos probabilidade que outros de detectar os erros lógicos em uma mensagem que pedia exames regulares de câncer (Jepson e Chaiken, 1990). Quando instruções claras são incluídas, entretanto, altos níveis de medo podem ser eficazes. No passado, pesquisas mostraram que propagandas antitabagismo provocavam atitudes mais negativas em relação aos cigarros

As organizações de saúde pública costumam fazer uso do temor, ou táticas de intimidação, para mudar atitudes e comportamentos relacionados à saúde. Em 2014, foi veiculado um anúncio de utilidade pública sobre os perigos de enviar mensagens de texto ao dirigir. No que começa como um passeio de carro divertido com amigos, esta motorista desvia o olhar da estrada para enviar mensagens de texto e, de repente, o carro colide com um caminhão, é arremessado várias vezes em câmera lenta e pousa com um baque surdo. Voltado para adolescentes, o tema é "Vc dirige. Vc digita. Vc paga".

Tradução do texto da foto à direita: "se você está mandando mensagem, você não está dirigindo".

quando mostravam cirurgias sangrentas de câncer de pulmão, em vez de gráficos cheios de estatísticas estéreis (Leventhal et al., 1967) e que propagandas sobre segurança ao dirigir eram mais eficazes quando mostravam vítimas de acidentes ensanguentadas em vez de bonecos infláveis de testes de colisão (Rogers e Mewborn, 1976). Em uma metanálise de 105 estudos, no entanto, Natascha de Hoog e outros (2007) descobriram que as mensagens que despertam medo não precisam ser macabras para serem eficazes. Quanto mais as pessoas se sentem vulneráveis a respeito de uma situação ameaçadora, mais atentas ficam à mensagem e mais probabilidade têm de seguir suas recomendações.

Emoções positivas É interessante que, assim como o medo ajuda a induzir uma mudança de atitude, as emoções positivas também. Em um estudo, as pessoas foram mais propensas a concordar com uma série de argumentos controversos quando comiam petiscos e tomavam refrigerante que quando não (Janis et al., 1965). Em outro estudo, os participantes gostaram mais de uma propaganda de televisão quando estava inserida em um programa de tendência otimista que em um programa melancólico (Mathur e Chattopadhyay, 1991). Pesquisas indicam que é fácil influenciar as pessoas quando estão de bom humor. Ao depender da situação, comida, bebida, uma poltrona reclinável macia, memórias felizes, uma experiência de sucesso, paisagens de tirar o fôlego, risos e boa música podem nos levar a um estado emocional positivo e nos tornar prontos para a persuasão (Schwarz et al., 1991).

Segundo Alice Isen (1984), quando estão de bom humor, as pessoas veem um mundo cor de rosa. Com bom humor, tornamo-nos mais sociáveis, mais generosos e mais positivos em nossa perspectiva. Também tomamos decisões mais rapidamente e, relativamente, sem pensar tanto. O resultado: sentimentos positivos ativam a rota periférica para a persuasão, facilitando a mudança e permitindo que informações superficiais adquiram importância adicional (Petty et al., 1993; Worth e Mackie, 1987).

O que há em se sentir bem que nos leva a tomar atalhos para a persuasão, em vez de seguir o caminho central, mais trabalhoso? Há três explicações possíveis. Uma delas é que um estado emocional positivo distrai cognitivamente, levando a mente a divagar, o que prejudica nossa capacidade de pensar com criticidade sobre os argumentos persuasivos (Mackie e Worth, 1989; Mackie et al., 1992). Uma segunda explicação é que, quando as pessoas estão de bom humor, presumem que tudo esteja bem, baixam a guarda e processam as informações de modo um tanto moroso (Schwarz, 1990). Uma terceira explicação é que, quando as pessoas estão felizes, ficam motivadas a experimentar o momento e manter o bom humor em vez de arruiná-lo ao pensar criticamente sobre novas informações (Wegener e Petty, 1994).

Essa última noção levanta uma questão interessante: e se as pessoas satisfeitas receberem uma mensagem persuasiva positiva e otimista? Ainda continuariam cognitivamente distraídas, ou morosas, ou prestariam bastante atenção para dar continuidade à sua visão cor de rosa? Para descobrir, Duane Wegener e outros (1995) mostraram a alguns estudantes universitários um trecho divertido de um programa noturno de entretenimento. Outros, menos afortunados, assistiram a uma cena sombria de um filme da HBO chamado *You don't have to die*. Os alunos foram então solicitados a ler e avaliar um artigo otimista, com o qual concordavam, sobre um novo plano para reduzir as mensalidades ou um artigo de cunho estressante, com o qual discordavam, sobre um novo plano para aumentar as mensalidades. Na metade dos casos, o artigo que leram continha argumentos fortes; nos outros casos, eram fracos.

Os alunos leram o material com atenção suficiente para distinguir entre argumentos fortes e fracos? Aqueles que haviam assistido ao vídeo de terror agiram desse modo. Entre os que estavam satisfeitos, no entanto, a resposta dependia da expectativa de que a mensagem fosse aquela que queriam ouvir. Quando os alunos satisfeitos leram sobre o aumento das mensalidades, desligaram-se e foram igualmente persuadidos pelos argumentos fortes e fracos. Ao lerem sobre a proposta de cortar mensalidades, no entanto, foram mais persuadidos quando os argumentos eram fortes que quando eram fracos. Por estarem de bom humor e recebendo uma mensagem aceitável que não afetaria esse estado, os alunos satisfeitos seguiram o árduo caminho central para a persuasão.

Mensagens subliminares Em 1957, Vance Packard publicou *The hidden persuaders*, uma exposição da Madison Avenue. Ao subir na lista dos mais vendidos, o livro despertou no público o temor de ser manipulado por forças que não podiam ver ou ouvir. O que Packard descobriu? Na década de 1950, em meio a temores crescentes do comunismo e ao nascimento do rock and roll, vários anunciantes teriam aplicado a *publicidade subliminar*, a apresentação de mensagens comerciais não percebidas conscientemente. Tudo começou em um cinema em New Jersey, onde as palavras "Beba Coca-Cola" e "Coma pipoca" foram secretamente exibidas na tela durante intervalos de um terço de milissegundo. Ainda que o público nunca tenha percebido a mensagem, as vendas de Coca-Cola aumentaram 18% e as de pipoca 58% em um período de seis semanas (Brean, 1958).

Esse exemplo foi seguido por vários outros. Uma estação de rádio de Seattle apresentou mensagens subaudíveis contra a televisão durante os programas ("TV is a bore", ou "TV é uma chatice"), e lojas de departamentos reproduziam na música ambiente avisos subaudíveis sobre roubo ("If you steal, you'll get caught", ou "Se você roubar, será apanhado"). Anos mais tarde, nos livros *Subliminal seduction* (1973) e *The age of manipulation* (1989), William Bryan Key acusou os anunciantes de modo habitual apresentar sutis imagens sexuais em anúncios visuais para aumentar o apelo de seus produtos.

Na época em que a história sobre o cinema de New Jersey estourou, as pesquisas sobre o assunto eram tão superficiais e o público ficou tão indignado com as preocupantes consequências que o assunto foi esquecido. Porém logo houve uma retomada do interesse sobre as influências subliminares e novas pesquisas foram desenvolvidas. Em um estudo de campo recente, por exemplo, pesquisadores colocaram música tradicional alemã ou francesa em dias alternados durante duas semanas na área de exposição de vinhos do supermercado. Acompanhando as vendas, os pesquisadores descobriram que, do número total de vinhos comprados, 83% eram alemães nos dias de música alemã e 65% eram franceses nos dias de música francesa. Ainda assim, quando questionados sobre as razões de suas escolhas, os clientes não citaram a música como um fator, sugerindo que não sabiam do efeito que provocava sobre eles (North et al., 1999).

Atualmente as aplicações da influência subliminar são variadas. No que hoje é uma indústria multimilionária, as empresas vendem aplicativos móveis de autoajuda e downloads de MP3 que tocam música New Age ou sons da natureza – e também abrange mensagens fugazes ou "afirmações" que prometem ajudá-lo a relaxar, perder peso, aumentar a autoestima, ganhar dinheiro, melhorar o desempenho atlético e até a vida sexual. As mensagens subliminares podem desencadear um comportamento inconscientemente? Em 1982, Timothy Moore revisou as pesquisas existentes e concluiu que "o que você vê é o que recebe", ou seja, nada, "são golpes". Moore estava certo. A história original sobre as mensagens de Coca-Cola e da pipoca no cinema de New Jersey mais tarde foi exposta como um golpe publicitário, uma farsa (Pratkanis, 1992). Para complicar ainda mais, experimentos controlados que faziam uso de materiais subliminares de autoajuda que prometem aumentar a autoestima, melhorar a memória ou perder peso mostram que esses produtos não oferecem benefícios terapêuticos (Greenwald et al., 1991; Merikle e Skanes, 1992).

Durante anos, os anunciantes se defenderam da acusação de inserir imagens sugestivas e sexuais em anúncios impressos. Neste anúncio intitulado "As pessoas tentam encontrar seios nesses cubos de gelo desde 1957", American Association of Advertising Agencies se defende da acusação.

As pessoas são mais facilmente persuadidas por mensagens comerciais que são apresentadas inconscientemente.

Se não há evidências concretas de influência subliminar, por que, você pode se indagar, as pesquisas demonstram a percepção sem consciência em estudos de priming (descritos em outra seção deste livro), mas não em estudos de persuasão subliminar? Se você pensar bem, os dois conjuntos de afirmações são distintos. No laboratório, as exposições subliminares têm um efeito de curto prazo em julgamentos e ações simples. No entanto, nas alegações de persuasão subliminar, espera-se um efeito de longo prazo sobre o que comer, beber, comprar, sobre o sentimento do eleitor ou mesmo sobre o maior dos atos violentos: suicídio. Os psicólogos concordam que as pessoas podem processar informações em um nível inconsciente, mas alertam que esse processamento é "analiticamente limitado" (Greenwald, 1992).

Talvez as pessoas *percebam* mensagens subliminares, mas não são persuadidas a agir, a menos que sejam motivadas. Para testar essa hipótese, Erin Strahan e outros (2002) levaram estudantes universitários com sede a um laboratório para um estudo de marketing e ofereceram água a alguns, mas não a outros. Então, como parte de um teste administrado por computador, expuseram subliminarmente esses alunos a palavras neutras (*pirata*, *ganho*) ou a palavras relacionadas à sede (*sede*, *seco*). A mensagem subliminar de "sede" levou mais tarde os alunos, como autômatos, a beber mais em um teste de degustação de bebidas Kool-Aid? Sim e não. A • Figura 6.11 mostra que o impacto sofrido por quem recebeu mensagens subliminares relacionadas à sede foi breve em comparação aos alunos cuja sede tinha acabado de ser saciada, mas aumentaram claramente o consumo entre os que estavam com sede e foram privados de água. Para que uma mensagem subliminar influencie o comportamento, precisa agir "antes de a poeira baixar".

Outros pesquisadores complementaram esse efeito interessante de modo significativo. Em um estudo, os participantes que foram expostos de modo subliminar ao nome de uma bebida específica, Lipton Ice, posteriormente foram mais propensos a relatar que escolheriam aquela marca em particular em vez de outras – desde que estivessem com sede (Karremans et al., 2006). Em um segundo estudo, os participantes foram expostos de modo subliminar ao logotipo para uma marca de dextrose (um adoçante) ou outra e, depois, participaram de uma tarefa cognitiva que exigia grande concentração. Os resultados mostraram que, quando dada a oportunidade de aumentar a concentração, os participantes foram mais propensos a selecionar e consumir a marca anunciada subliminarmente que a outra – desde que estivessem mentalmente cansados e precisassem de energia (Bermeitinger et al., 2009)

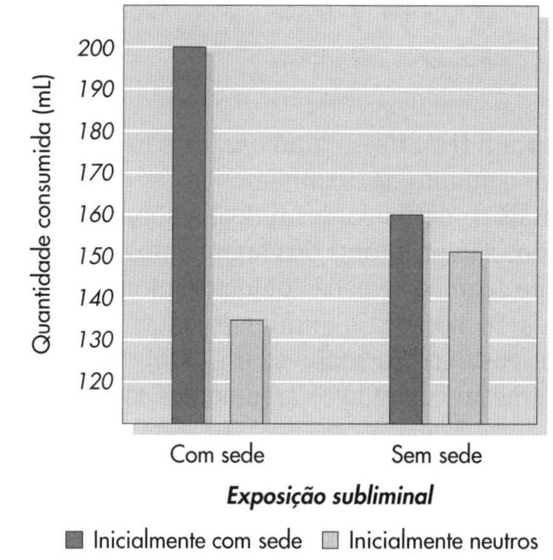

6-2d O público

Ainda que fonte e mensagem sejam significativas, comunicadores perspicazes também devem considerar o público. As estratégias de apresentação que funcionam com algumas pessoas fracassam com outras. Quem está na rota central para a persuasão, por exemplo, guarda pouca semelhança com quem está passeando pela rota periférica. Nesta seção, veremos que o impacto de uma mensagem é influenciado por dois fatores adicionais: a personalidade do destinatário e suas expectativas.

Desde o início, os psicólogos sociais tentaram identificar tipos de pessoas mais ou menos vulneráveis à persuasão. No entanto, descobriu-se que muito poucos indivíduos são *sempre* fáceis ou difíceis de persuadir. Com base nessa percepção, a busca pelas diferenças individuais e grupais passa a ser guiada por uma perspectiva "interacionista". Supondo que se possa ser persuadido com mais intensidade em alguns ambientes que em outros, os pesquisadores procuram uma correspondência apropriada entre as características da mensagem e do público. Então, que tipo de mensagem *o* estimula?

• **FIGURA 6.11**

Influência subliminar

Participantes da pesquisa com e sem sede foram expostos subliminarmente a palavras neutras ou relacionadas à sede. Depois, participaram de um teste de sabor de bebida no qual a quantidade que beberam foi medida. Você pode verificar que os sinais subliminares da sede tiveram pouco impacto sobre os participantes sem sede, mas aumentaram o consumo entre aqueles que tinham sede. Aparentemente, informações subliminares podem influenciar nosso comportamento ao estarmos predispostos.
Strahan et al. (2002)

Necessidade de cognição Anteriormente, vimos que as pessoas tendem a processar informações com mais cautela quando estão altamente envolvidas. O envolvimento pode ser determinado pela importância e pela relevância de uma mensagem. De acordo com Cacioppo e Petty (1982), no entanto, também há diferenças individuais na medida em que as pessoas se envolvem e tomam o caminho central para a persuasão. Especificamente, descobriram que os indivíduos diferem na medida em que gostam e participam de atividades cognitivas de esforço ou, como chamam, **necessidade de cognição (NC – *Need for Cognition*)**. Pessoas que têm alta necessidade de cognição gostam de se esforçar nas questões, buscar informações, fazer distinções sutis e analisar situações. Essas diferenças podem ser identificadas pelos itens contidos na Escala de Necessidade de Cognição, alguns dos quais aparecem na ▲ Tabela 6.2.

A necessidade de cognição tem implicações interessantes para a mudança de atitudes. Se as pessoas tendem a se aproximar ou a evitar atividades cognitivas difíceis, um orador pode preparar mensagens exclusivas para determinado público. Em teoria, o público com alta NC deve receber mensagens orientadas à informação, e o público com baixa NC deve ser abordado com mensagens que dependem do uso de informações periféricas. A teoria é boa, mas funciona? Uma mensagem pode ser personalizada para se ajustar ao estilo de processamento de informações de seus destinatários?

necessidade de cognição (NC) Variável de personalidade que distingue as pessoas com base em quanto gostam de atividades cognitivas de esforço.

▲ TABELA 6.2

Escala de necessidade de cognição (NC): itens de amostra

Sua necessidade de cognição está alta ou baixa? Essas afirmações são retiradas da Escala NC. Se você concordar com os itens 1, 3 e 5 e discordar dos itens 2, 4 e 6, provavelmente será considerado alto em NC.

1. Eu, de fato, gosto de tarefas que envolvam encontrar novas soluções para problemas.
2. Pensar não é minha ideia de diversão.
3. A noção de pensar abstratamente é atraente para mim.
4. Gosto de tarefas que exijam pouca reflexão, uma vez que eu as tenha aprendido.
5. Em geral, acabo deliberando sobre questões, mesmo quando não me afetam pessoalmente.
6. Para mim, é razoável que algo funcione; não me importo em saber como ou por que acontece.

De Cacioppo e Petty (1982).

Em um teste dessa hipótese, os participantes de determinado estudo leram um editorial que consistia em um conjunto de argumentos fortes ou fracos. Conforme previsto, quanto mais altas as pontuações de NC, mais os participantes refletem sobre o material, melhor lembram-se dele posteriormente e mais persuadidos são pela força dos argumentos (Cacioppo et al., 1983). De outro modo, quem tem baixa necessidade de cognição é persuadido por informações encontradas ao longo da rota periférica, como a reputação e a aparência física de um emissor, as reações abertas de outras pessoas na audiência e um estado de humor positivo (Cacioppo et al., 1996). Às vezes, são inconscientemente influenciados por uma fonte confiável, mesmo quando os argumentos são fracos (Kaufman et al., 1999).

Automonitoramento Assim como as pessoas com alta necessidade de cognição anseiam por informações, outros traços de personalidade estão associados à atração por outros tipos de mensagens. Considere a característica do *automonitoramento*. Conforme descrito no Capítulo 3, automonitores de alto grau regulam o comportamento de uma situação a outra, sem se preocupar com a apresentação pública. Automonitores de baixo grau têm menos consciência da imagem e se comportam de acordo com as próprias convicções, valores e preferências. No contexto da persuasão, automonitores de alto grau podem ser particularmente sensíveis a mensagens que prometem imagens sociais desejáveis. Seja em relação a uma cerveja, um refrigerante, um *jeans*, um carro ou um *smartphone*, essa técnica é comum na publicidade, onde muitas vezes a imagem é a mensagem.

Para testar a hipótese de automonitoramento, Mark Snyder e Kenneth DeBono (1985) mostraram anúncios impressos orientados por imagem ou informação para automonitores de alto e baixo graus. Em um anúncio do café Irish Mocha Mint, por exemplo, um homem e uma mulher foram retratados relaxando em uma sala à luz de velas tomando uma xícara de café fumegante. A versão voltada para a imagem prometia "fazer com que uma noite fria se tornasse uma noite aconchegante", enquanto a versão informativa oferecia "uma deliciosa mistura de três grandes sabores – café, chocolate e menta". Como previsto, os automonitores de alto grau estavam dispostos a pagar mais pelos produtos depois de ler anúncios de imagens; automonitores de baixo grau foram influenciados mais por mensagens orientadas à informação. Smidt e DeBono (2011) encontraram um resultado semelhante em relação a bebidas energéticas. Eles descobriram que automonitores de alto grau classificam as bebidas de modo mais favorável quando têm um nome voltado para a imagem; os automonitores de baixo grau preferem o nome que é autodescritivo. As imagens podem até influenciar como os automonitores de alto grau avaliam um produto, independentemente de sua qualidade. DeBono e outros (2003) apresentaram a algumas pessoas uma de duas amostras de perfume embaladas em frascos mais ou menos atraentes. Enquanto os automonitoradores de baixo grau preferiam à fragrância mais agradável, os automonitores de alto grau preferiam a qualquer perfume de frascos mais atrativos.

Ajuste regulatório Sem levar em conta suas concepções políticas, você se interessa mais por alguns tipos de discursos, argumentos, editoriais e comerciais de televisão que por outros? Joseph Cesario e outros

(2004) propuseram que as pessoas são mais propensas a serem influenciadas por mensagens adequadas a seu estado de espírito e que "pareçam coerentes". Em particular, eles notaram que, em um esforço para regular o próprio estado emocional, alguns indivíduos são orientados para a valorização (atraídos pela busca do sucesso, pela realização e por seus ideais), enquanto outros são mais voltados para o cuidado (proteção do que possuem, receio de falhar e atenção para evitar perdas).

Essas posturas diferentes perante a vida tornam as pessoas mais receptivas a alguns tipos de mensagens persuasivas que a outras? Para descobrir, esses pesquisadores apresentaram duas versões de um artigo defendendo um novo programa extracurricular para crianças. Puderam constatar que os participantes motivados pela valorização foram mais persuadidos pelo artigo quando os argumentos contidos nele referiam-se a valorização ("isso *adiantará* a educação das crianças e *ajudará* mais crianças a terem *sucesso*"), enquanto os participantes motivados pela cautela foram mais persuadidos quando os mesmíssimos argumentos foram formulados com mais cuidado ("isso vai garantir a educação e evitar que mais crianças *fracassem*").

Em um estudo de acompanhamento, Cesario e Higgins (2008) descobriram que os membros do público também são influenciados quando o estilo não verbal de um falante se ajusta às suas orientações motivacionais. Assistindo a um professor do ensino médio passar a mesma mensagem sobre um novo programa extracurricular, os participantes motivados por promoção foram mais receptivos quando o interlocutor apresentou-se em um estilo "ansioso" (rápido, animado e inclinado para a frente, gesticulando), enquanto os participantes orientados para a prevenção foram mais receptivos quando exibiu um estilo cauteloso (lento, preciso e inclinado para trás, com gestos comedidos). Na França, no contexto de mensagens que anunciavam uma dieta saudável, Lucia Bosone e outros (2015) também descobriram que a persuasão é maximizada quando há um ajuste regulatório entre os membros do público e um modelo cuja abordagem é positiva ("invariavelmente muito saudável graças a uma alimentação equilibrada") ou negativa ("sempre doente devido a uma alimentação desequilibrada").

Aviso e resistência Quando nossas atitudes são criticadas, podemos sucumbir e mudá-las, ou podemos resistir e mantê-las. Há diferentes maneiras de resistir. Em uma série de estudos, Julia Jacks e Kimberly Cameron (2003) pediram que os participantes descrevessem como conseguiam resistir à persuasão em suas atitudes sobre o aborto ou a pena de morte. Identificaram sete estratégias, a mais comum, o reforço de atitude ("Penso em todas as razões pelas quais acredito no que acredito") e a menos comum, criticar a fonte ("Procuro falhas na pessoa que desafia minha opinião"). Esses meios de resistência estão listados na ▲ Tabela 6.3.

O que leva as pessoas a resistir? Ajuda estar ciente que sua atitude está prestes a ser golpeada? Talvez o público mais difícil de persuadir seja aquele que sabe que você está chegando. Quando as pessoas entendem que alguém está tentando mudar a atitude dela, tornam-se resistentes. Tudo que elas precisam é de algum tempo para organizar os pensamentos e apresentar uma boa defesa. Jonathan Freedman e David Sears (1965) constataram esse fato quando disseram a alunos do último ano do ensino médio que esperassem um discurso sobre por que os adolescentes não deveriam ser autorizados a dirigir (uma posição impopular, como você pode

▲ **TABELA 6.3**

Estratégias para resistir à persuasão

Estratégia	Exemplo
Atitude reforçada	"Eu me asseguro de fatos que apoiam a validade das minhas crenças."
Contra-argumentação	"Eu argumentaria comigo mesmo e bancaria o advogado do diabo."
Validação social	"Também confio em outras pessoas com a mesma opinião para me representarem."
Efeito negativo	"Tenho tendência a ficar com raiva quando alguém tenta mudar minhas crenças."
Asserções de convicção	"Duvido que alguém consiga mudar meu ponto de vista."
Exposição seletiva	"Na maioria das vezes, simplesmente os ignoro."
Crítica à fonte	"Procuro falhas na pessoa que apresenta a crença desafiadora."

Com base nos resultados de Jacks e Cameron (2003).

imaginar). Os alunos foram avisados 2 ou 10 minutos antes do início da palestra ou não foram alertados. Aqueles que foram surpreendidos estiveram mais propensos a sucumbir à posição do orador. Os avisados 10 minutos antes foram os que menos concordaram.

Ser avisado é estar preparado. Mas por quê? Dois processos estão em ação aqui. Os participantes do estudo Freedman e Sears (1965) foram notificados de duas maneiras: (1) informados da posição que o orador tomaria e (2) informados de que o orador pretendia mudar sua opinião. Psicologicamente, esses dois aspectos da advertência apresentam efeitos diferentes.

O primeiro efeito é puramente *cognitivo*. Saber de antemão qual a posição que um palestrante tomará permite-nos apresentar contra-argumentos. William McGuire (1964) traçou essa analogia: proteger as atitudes de uma pessoa da persuasão, disse ele, é como vacinar o corpo humano contra doenças. Em medicina, injetar uma pequena dose de um agente infeccioso em um paciente estimula o corpo a gerar anticorpos. De acordo com essa **hipótese de inoculação**, é possível imunizar uma atitude do mesmo modo. Como acontece com as vacinas contra a gripe e outras, nossas defesas podem ser reforçadas pela exposição a doses fracas da posição oposta antes de realmente assistirmos a apresentação completa. Estudos de anúncios políticos negativos mostram que a inoculação pode ser empregada para combater os tipos de mensagens de ataque que, ocasionalmente, ganham eleições (Pfau et al., 1990).

O simples fato de saber que alguém está tentando nos persuadir também provoca uma reação *motivacional* à medida que nos preparamos, independentemente da posição assumida. Imagine participar de um projeto de pesquisa. Como se sentiria se o pesquisador dissesse: "Em apenas alguns minutos, você vai ouvir uma mensagem preparada de acordo com princípios de persuasão bem estabelecidos, projetados para induzi-lo a mudar suas atitudes". Se você for como os participantes que realmente ouviram esse aviso, pode ficar tentado a responder: "Ah, é? Vamos ver!" Na verdade, os participantes rejeitaram essa mensagem sem contra-argumento e sem muito aviso prévio (Hass e Grady, 1975).

"Fazer exatamente o oposto também é uma forma de imitação."
– Lichtenberg

Ao pensarem que alguém esteja tentando mudar sua atitude ou manipulá-las de outro modo, uma bandeira vermelha é levantada. Essa bandeira vermelha é chamada **reatância psicológica**. De acordo com a teoria da reatância psicológica de Jack Brehm (1956), individualmente buscamos proteger nossa autonomia. Queremos liberdade para pensar, sentir e agir como escolhemos e não de acordo com as escolhas dos outros. Ao sentirmos que nossa estimada liberdade está sendo ameaçada, ficamos motivados a defendê-la. E, quando sentimos que a liberdade está sendo perdida, tentamos recuperá-la (Brehm e Brehm, 1981).

A teoria da reatância prevê que, se um comunicador for muito forte, podemos reagir com mudança de *atitude negativa* movendo-nos na direção oposta da posição que está sendo defendida – mesmo, paradoxalmente, quando a posição do orador está de acordo com a nossa (Heller et al., 1973). Às vezes, o motivo para proteger nossa liberdade de pensar, sentir e agir conforme escolhemos supera nosso desejo de ter uma opinião específica. A reatância pode desencadear resistência à persuasão de dois modos. Uma vez despertado, o alvo reagente da tentativa de persuasão pode simplesmente desligar-se em uma resposta reflexa ou discordar de modo mais ponderado, questionando a credibilidade da fonte e contestando a mensagem (Silvia, 2006). Nesse ponto, mais de cinquenta anos de pesquisa mostraram que a reatância é uma motivação poderosa. É ativada quando tememos perder a liberdade em uma questão que nos é importante, é mais forte em alguns indivíduos que em outros e pode nos levar a gerar contra-argumentos e resistência em resposta a uma mensagem persuasiva (Rosenberg e Siegel, 2018; Wood e Quinn, 2003).

hipótese de inoculação Ideia de que a exposição a versões fracas de um argumento persuasivo aumenta a resistência posterior a esse argumento.

reatância psicológica Teoria de que as pessoas reagem contra ameaças à sua liberdade afirmando-se e percebendo a liberdade ameaçada como mais atraente.

6-2e Cultura e persuasão

Uma comunicação é persuasiva na medida em que a fonte é favorável e como a mensagem apresentada atende às necessidades psicológicas de seu público. Nesse sentido, os fatores culturais também desempenham um papel sutil, mas importante.

Nos capítulos anteriores, vimos que as culturas diferem de acordo com a orientação das pessoas ao individualismo ou ao coletivismo. À luz dessas diferenças, Sang-Pil Han e Sharon Shavitt (1994) compararam o conteúdo de anúncios de revistas nos Estados Unidos, um país individualista, e na Coreia, um país com orientação mais coletivista. Descobriram que as campanhas publicitárias norte-americanas estavam mais focadas em benefícios pessoais, na individualidade, na competição e em se sentir melhor em relação a si mesmo ("Ela tem um estilo próprio"; "Abra caminho na multidão") e que os anúncios coreanos se baseavam mais na integridade, na realização e no bem-estar dos membros do grupo ("Um modo atraente de prover sua família"; "Comemorando meio século de parceria"). É claro, há diferentes maneiras de chamar a atenção dos membros dessas duas culturas. Em um segundo estudo, Han e Shavitt criaram dois conjuntos de anúncios para vários produtos. Um deles mostrou indivíduos ("Presenteie-se com uma experiência revigorante") e o outro conjunto contou com grupos ("Compartilhe essa experiência revigorante"). Ambos os conjuntos foram apresentados a participantes norte-americanos e coreanos. Resultado: os norte-americanos foram mais persuadidos pelos anúncios individualistas e os coreanos preferiram aos anúncios coletivistas.

Em uma série de anúncios impressos, a Apple Computer apresentou Pablo Picasso e outros gênios criativos ao longo da história que ousaram "pensar diferente". Em uma campanha de marketing que homenageou o individualismo, a Apple saudou "Os loucos. Os desajustados. Os rebeldes. Os encrenqueiros. Os pinos redondos nos orifícios quadrados. Aqueles que veem as coisas de modo diferente."

A orientação cultural também influencia nossas atitudes em relação às coisas que compramos. Em um conjunto de estudos, Jiewen Hong e Hannah Chang (2015) criaram uma tendência de "independência" em alguns participantes, fazendo-os ler uma passagem que usava apenas pronomes no singular (*eu, mim, meu*); e simularam uma tendência "interdependente" em outros, apresentando a mesma passagem preenchida com pronomes no plural (*nós, nós, nosso*). Os participantes, no geral, viram as descrições de dois apartamentos que poderiam alugar e foram convidados a decidir qual preferiam.

Os participantes preparados para a independência confiaram em seus sentimentos e escolheram um apartamento com aspectos mais agradáveis pessoalmente (vistas amplas, mais luz solar e melhor decoração interior). Já aqueles que buscavam a interdependência foram mais racionais e escolheram um apartamento mais prático (maior e com mais espaço no armário e melhor acesso ao transporte público). Parece que uma orientação independente leva as pessoas a confiar em seus sentimentos porque tomam a decisão por si mesmas, ao passo que uma orientação interdependente leva as pessoas a confiar na funcionalidade porque tomam a decisão pelos outros.

À medida que pessoas de todo o mundo entram em contato umas com as outras por meio de viagens, televisão por satélite, acordos comerciais internacionais e internet, os valores culturais começam a mudar. Assim como os humanos se desenvolvem à medida que envelhecem, as culturas às vezes mudam de uma geração à outra. Esforços de modernização recentes e substanciais na China – lar de aproximadamente uma em cada cinco pessoas no planeta – demonstram esse ponto. Há tantas mudanças recentes que Zhang e Shavitt (2003) buscaram comparar o conteúdo de comerciais de televisão, direcionados principalmente ao público geral tradicional, a anúncios em novas revistas voltadas especificamente para jovens de 18 a 35 anos, escolarizados, de alta renda, que constituem a "geração X" da China. Com base na análise de 463 anúncios, eles descobriram que, embora os valores tradicionais e coletivistas dominassem a TV convencional, os anúncios em revistas eram caracterizados por aspectos mais modernos e individualistas. Para ser persuasiva, uma mensagem deve apelar aos valores culturalmente compartilhados por seu público.

6-3 Persuasão pelas próprias ações

Qualquer pessoa que já atuou sobre um palco sabe como é fácil incorporar um personagem de modo que a experiência pareça real. O riso falso pode fazer um ator sentir-se feliz; lágrimas artificiais podem transformar-se em tristeza. Mesmo em grandes momentos da vida real, o efeito pode ser intenso. Em 1974, Patty Hearst, uma estudante universitária de família rica da Califórnia, foi sequestrada. Meses depois, ao ser presa, ela fazia parte de uma revolução armada e se autodenominava Tania. Como alguém pode se transformar de modo tão drástico? Ao refletir sobre o passado, Hearst afirmou: "Achei que os estava enganando [meus sequestradores] repetindo seus clichês e palavras de ordem sem acreditar... Ao tentar convencê-los, convenci a mim mesma" (Hearst, 1982).

6-3a Representação: o mundo todo é um palco

O caso de Patty Hearst ilustra os poderosos efeitos da *representação*. Claro, você não precisa ser sequestrado ou ameaçado para saber como é ser persuadido a um comportamento que está em desacordo com a percepção de quem você é. As pessoas frequentemente se envolvem em comportamentos discrepantes de atitude como parte de um trabalho, por exemplo, ou para se encaixar em um grupo. Por mais comum que pareça, isso levanta uma séria questão: quando brincamos, dizendo e fazendo coisas que são particularmente discrepantes das próprias atitudes, começamos a mudar essas atitudes como resultado? Como nos sentimos pode determinar a maneira como agimos. Também é possível que como agimos possa determinar como nos sentimos?

Irving Janis (1968) apresentou a teoria de que a mudança de atitude persiste mais quando inspirada pelo próprio comportamento que quando decorrente da exposição passiva a uma comunicação persuasiva. Janis conduziu um estudo no qual um grupo de participantes ouviu um discurso questionando suas posições sobre um tópico e outros receberam um roteiro e foram convidados a fazer o discurso eles mesmos. Conforme previsto, os participantes mudaram suas atitudes com mais intensidade depois de fazer o discurso que após ouvi-lo (Janis e King, 1954). De acordo com Janis, a representação de papéis funciona para mudar atitudes porque força as pessoas a aprenderem a mensagem. As pessoas tendem a se lembrar dos argumentos que inventam por si mesmas melhor que dos argumentos apresentados por outras pessoas (Slamecka e Graff, 1978). Na verdade, a mudança de atitude é mais duradoura mesmo quando as pessoas que leem uma mensagem persuasiva apenas *esperam* ter de reproduzi-la mais tarde (Boninger et al., 1990).

No entanto, há mais na representação que a melhora da memória. Os efeitos de representar um papel podem ser surpreendentes, em parte porque é muito fácil confundir o que fazemos ou dizemos com o que realmente sentimos. Pense nas vezes em que você distribuiu elogios que não desejasse, deu um sorriso para alguém de quem não gostasse ou concordou com um meneio de cabeça para uma declaração da qual

Ao posar como uma revolucionária chamada Tania, Patty Hearst foi convertida pelo papel que seus captores a forçaram a desempenhar. "Na tentativa de convencê-los, eu me convenci", disse ela.

discordava. Frequentemente, escondemos o que pensamos apenas para agradar a determinado ouvinte. O fascinante não é que façamos ajustes para nos adequar aos outros, mas que essa representação tenha efeitos poderosos em nossas atitudes privadas. Em um estudo, por exemplo, os participantes leram sobre um homem e depois o descreveram para outra pessoa que supostamente gostava ou não dele. Como você já deve imaginar, suas descrições eram mais positivas quando o ouvinte já gostava dele. No processo, eles também se convenceram! Pelo menos até certo ponto é preciso "dizer para crer" (Higgins e Rholes, 1978).

Pesquisas recentes sobre esse *processo de autopersuasão* mostraram que ocorrem mais mudanças de atitude quando as próprias pessoas criam argumentos que quando ouvem passivamente alguém apresentando os mesmos argumentos. Na vida, com frequência, as pessoas têm atitudes que gostariam de mudar – como quando desejamos gostar mais de um trabalho que realmente gostamos ou comer somente guloseimas. Nesses casos, as pessoas podem tentar se convencer deliberadamente de algo em que ainda não acreditam (Maio e Thomas, 2007).

Esse achado levanta uma questão interessante: o que gera mais mudanças de atitude, formular argumentos para *se* convencer de algo ou tentar convencer *outra pessoa*? A resposta é: depende. Em uma série de experimentos, os pesquisadores descobriram que estudantes universitários, ao serem instruídos a defender uma diretriz que fosse amplamente consistente com as próprias atitudes (que as mensalidades da universidade deveriam ser reduzidas), a autopersuasão era maior se o público-alvo fosse outro estudante. Sem saber como o alvo se sentia sobre o assunto, esses alunos esforçaram-se mais para gerar bons argumentos e dedicaram-se. No entanto, quando instruídos a defender uma posição à qual se opunham (que a taxa de matrícula deveria ser aumentada), a autopersuasão foi maior entre os que tentaram se convencer em vez de tentar convencer outro aluno. Ao saber que a autopersuasão sobre o assunto seria particularmente desafiadora, esses alunos esforçaram-se mais e geraram argumentos melhores (Briñol et al., 2012).

O tipo de autopersuasão que ocorre quando as pessoas defendem algo, como ao representarem um papel, é um processo fascinante. Considere as consequências. Sabemos que as atitudes influenciam o comportamento, como quando as pessoas ajudam aqueles de quem gostam e prejudicam aqueles de quem não gostam. Porém os estudos de dramatização enfatizam o outro lado da moeda – que o comportamento pode mudar atitudes. Talvez passemos a gostar das pessoas porque as ajudamos e a não gostar das pessoas a quem magoamos. Para mudar os sentimentos de uma pessoa, então, talvez devêssemos começar nos concentrando em seu comportamento. Por que as pessoas têm atitudes modificadas em resposta a mudanças no próprio comportamento? Uma resposta a essa pergunta é fornecida pela teoria da dissonância cognitiva.

■ 6-3b Teoria da dissonância cognitiva: a versão clássica

Muitos psicólogos sociais acreditam que as pessoas são fortemente motivadas por um desejo de consistência cognitiva – um estado de espírito em que crenças, atitudes e comportamentos são compatíveis entre si (Abelson et al., 1968). Teorias cognitivas de consistência parecem pressupor que as pessoas geralmente são lógicas. No entanto, Leon Festinger (1957) virou essa suposição de cabeça para baixo. Abalado com as irracionalidades do comportamento humano,

"Se você não gosta de alguma coisa, modifique-a. Se não puder modificá-la, mude sua atitude."
– Maya Angelou

Festinger propôs a **teoria da dissonância cognitiva**, que afirma que uma influente razão para manter a consistência cognitiva pode dar origem a um comportamento irracional, às vezes não adaptativo.

De acordo com Festinger, todos temos muitas referências cognitivas sobre nós mesmos e do mundo a nosso redor. Essas percepções incluem tudo o que sabemos sobre nossas próprias crenças e atitudes e sobre nossos comportamentos. Ainda que geralmente nossas percepções coexistam pacificamente, às vezes chocam-se. Considere alguns exemplos. Você diz que está de dieta, mas acabou de devorar um pote de sorvete de chocolate. Ou você espera horas na fila para assistir a um show decepcionante. Ou frita por horas sob o sol quente do verão enquanto ouve música, mesmo sabendo dos riscos à saúde. Cada um desses cenários abriga inconsistência e conflito: você se comprometeu com um curso de ação, mas percebe que a ação é inconsistente com sua atitude.

> **teoria da dissonância cognitiva** Teoria que sustenta que cognições inconsistentes despertam tensão psicológica que as pessoas tornam-se motivadas a reduzir.

Em certas condições, discrepâncias como essas podem evocar um estado de tensão desagradável conhecido como dissonância cognitiva. Porém a discrepância nem sempre produz dissonância. Se você quebrou a dieta para um jantar em família no Natal, isso não o levaria à dissonância. Ou se erroneamente pensasse que o sorvete que você tomou fosse iogurte congelado e descobrisse a verdade somente depois, então, novamente, o comportamento não geraria muita dissonância. O que penaliza é saber que por livre e espontânea vontade comprometeu-se com um comportamento discrepante de sua atitude, sabendo das consequências. Quando isso acontece, surge a dissonância e você sente vontade de reduzi-la. Conforme mostrado na ▲ Tabela 6.4, há muitos modos de reduzir a dissonância (McGrath, 2017). Por exemplo, você pode considerar que outros em seu grupo também sejam incoerentes (McKimmie et al., 2009), negar sua responsabilidade pelo comportamento (Gosling et al., 2006) ou banalizar o assunto em questão (Starzyk et al., 2009). Claro, às vezes o modo mais fácil de reduzir a dissonância é mudar sua atitude para alinhá-la com seu comportamento.

Desde o início, a teoria da dissonância cognitiva atraiu a psicologia social. A proposição básica de Festinger é simples, mas suas consequências têm longo alcance. Nesta seção, vamos examinar três áreas de pesquisa que demonstram a amplitude do que a teoria da dissonância tem a demonstrar sobre a mudança de atitude.

Justificando o comportamento discrepante: quando agir é acreditar Imagine por um momento que você seja um participante do estudo clássico de Leon Festinger e J. Merrill Carlsmith (1959). Assim que chega, é recebido por um pesquisador que diz estar interessado em várias medidas de desempenho. Você descobre rapidamente o significado ao despertar interesse pelo assunto. O pesquisador entrega a você uma placa de madeira com 48 pinos quadrados encaixados em orifícios quadrados e pede que você gire cada pino um quarto de volta para a esquerda, um quarto de volta para a direita e depois de volta para a esquerda e novamente para a direita. A rotina parece interminável. Após 30 minutos, o experimentador vem a seu auxílio. Vem mesmo? Quando você acredita que as coisas estejam melhorando, ele entrega outra placa, outra tarefa. Durante a próxima meia hora, deve retirar e colocar novamente os 12 carretéis que estão na placa, retirar e colocar novamente, retirar e colocar novamente. Você está prestes a arrancar os cabelos. À medida que pensa em situações melhores, até a primeira tarefa começa a parecer agradável.

Finalmente, você termina. Depois de uma das horas mais longas de sua vida, o pesquisador conta um segredo: o experimento é maior do que parece. Você estava no grupo de controle. Para testar os efeitos da motivação no desempenho, outros participantes estão sendo informados de que o experimento será divertido e empolgante. Você não percebe, mas agora está sendo preparado para a parte crítica do estudo. Gostaria de dizer ao próximo participante que o experimento é agradável? Enquanto você hesita, o experimentador se oferece para pagar por seus serviços. Alguns participantes recebem $1; outros recebem $20. Em qualquer caso, você concorda em ajudar. Antes que perceba, você se encontra na sala de espera tentando ludibriar um colega desavisado (que, na verdade, é um confederado).

Por intermédio dessa elaborada encenação, os participantes foram instigados a um comportamento discrepante da atitude. Sabiam como o experimento era enfadonho, mas entusiasmaram-se. Esse conflito provocou dissonância cognitiva? Depende de quanto os participantes receberam. Suponha que você fosse um dos sortudos que tenha recebido $20 pela ajuda. Pelos padrões

▲ **TABELA 6.4**

Modos de reduzir a dissonância

"Eu preciso fazer dieta, mas simplesmente mergulhei de cabeça em um pote de sorvete de *brownie* com calda de chocolate." Se fosse você, como reduziria a dissonância gerada pela discrepância entre sua atitude e seu comportamento?

Técnicas	Exemplos
Mude sua atitude.	"Eu, na verdade, não preciso fazer dieta."
Mude sua percepção do comportamento.	"Quase não tomei sorvete."
Reúna informações afins.	"Sorvete de chocolate é muito nutritivo."
Minimize a importância do conflito.	"Não me importo de estar acima do peso – a vida é curta!"
Reduza a possibilidade percebida de escolha.	"Não tive escolha; o sorvete foi servido para essa ocasião especial."

atuais, esse pagamento valeria $ 80 – certamente uma justificativa suficiente para contar uma mentirinha, certo? Sentindo-se bem compensados, esses participantes experimentaram pouca ou nenhuma dissonância. Mas espere. Suponha que você receba apenas $ 1. Certamente sua integridade vale mais que isso, não acha? Nesse caso, você tem uma **justificativa insuficiente** para concordar, então precisa saber como lidar com a situação. De acordo com Festinger (1957), a menos que você possa negar suas ações (o que geralmente não é possível), vai se sentir pressionado a mudar sua atitude sobre a tarefa. Se conseguir se convencer de que o experimento não foi tão ruim, então não há problema em afirmar que foi interessante.

"É uma ideia maluca, mas pode funcionar."

Um modo de reduzir a dissonância é minimizar a importância do conflito.

Os resultados foram os previstos por Festinger e Carlsmith. Ao acreditarem que o experimento havia se encerrado, os participantes foram questionados sobre como se sentiam em relação às tarefas. Aqueles no grupo de controle que não enganaram um confederado admitiram abertamente que as tarefas eram tediosas. O mesmo fizeram aqueles na condição de $ 20, que tinham ampla justificativa para o que fizeram. No entanto, os participantes que receberam apenas $ 1 avaliaram o experimento como algo agradável. Tendo se envolvido em um ato de discrepância de atitude sem justificativa suficiente, esses participantes reduziram a dissonância cognitiva alterando a atitude. Os resultados podem ser vistos na ● Figura 6.12.

Dois aspectos desse estudo clássico merecem destaque. Primeiro, demonstrou o fenômeno da autopersuasão: quando as pessoas se comportam de modo que contradizem suas atitudes, ocasionalmente, mudam essas atitudes sem se expor a uma comunicação persuasiva. A segunda maior contribuição dos resultados de Festinger e Carlsmith é que contradizem a crença consagrada de que grandes recompensas produzem maiores mudanças. Na verdade, quanto mais dinheiro era oferecido aos participantes pelo comportamento inconsistente, eles se justificavam com mais facilidade e tinham menos propensão a mudar suas atitudes.

Assim como uma pequena recompensa fornece justificativa insuficiente para um

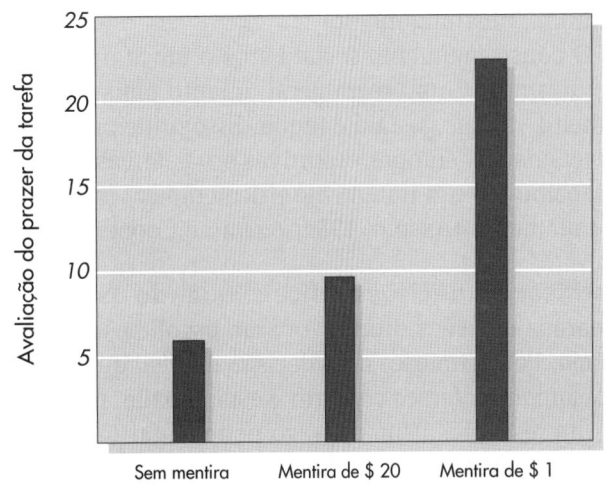

● **FIGURA 6.12**

A dissonância clássica

Os participantes de um experimento desagradável (atitude) foram solicitados a dizer que era agradável (comportamento) a um colega. Aqueles no primeiro grupo receberam $ 1 para mentir; aqueles no segundo grupo receberam $ 20. Membros de um terceiro grupo, que não precisavam mentir, admitiram que a tarefa era entediante. Os participantes que receberam $ 20, o que era uma boa justificativa para contar uma mentira, também. Os participantes que receberam apenas $ 1, no entanto, classificaram a tarefa como mais agradável. Comportando-se de modo discrepante de atitude sem justificativa, esses últimos participantes reduziram a dissonância mudando a atitude.
Com base em Festinger e Carlsmith (1959).

justificativa insuficiente Condição na qual as pessoas executam livremente um comportamento discrepante da atitude sem receber uma grande recompensa.

comportamento discrepante da atitude, a punição leve apresenta uma **dissuasão insuficiente** para não haver um comportamento discrepante da atitude. Pense a respeito. O que acontece quando as pessoas se abstêm de fazer algo que realmente desejam? Elas desvalorizam a atividade e convencem a si mesmas que nunca quiseram realmente fazer aquilo? Em um estudo, crianças foram proibidas de brincar com um brinquedo divertido pela ameaça de uma punição leve ou severa. Os participantes obedeceram. Como prevê a teoria da dissonância cognitiva, entretanto, apenas aqueles que enfrentariam a punição branda – um impedimento insuficiente – posteriormente demonstraram desdém pelo brinquedo. Aqueles que receberam a ameaça de uma punição severa não o fizeram (Aronson e Carlsmith, 1963). Mais uma vez, a teoria da dissonância cognitiva gerou controvérsia: quanto menos severa a ameaça de punição, maior a mudança de atitude produzida.

> **dissuasão insuficiente** Condição na qual as pessoas se abstêm de se envolver em uma atividade desejável, mesmo quando ameaçadas apenas por punição leve.

Esforço de justificação: gostar do que nos faz sofrer Você já gastou muito dinheiro ou se esforçou demasiadamente para conseguir algo e acabou por descobrir que todo o esforço não valeu a pena? Esse tipo de inconsistência entre esforço e resultado pode despertar a dissonância cognitiva e motivar uma mudança de atitude em relação ao resultado insatisfatório. A hipótese é simples, mas profunda: alteramos nossas atitudes para justificar nosso sofrimento.

Em um teste clássico sobre essa hipótese, Elliot Aronson e Judson Mills (1959) convidaram estudantes do sexo feminino a participar de um grupo de discussões sobre sexualidade. Porém havia um obstáculo. Como o sexo é um assunto delicado, as participantes foram informadas de que teriam de passar por um "teste de constrangimento" antes de entrar no grupo. O teste consistia na leitura de material sexual em voz alta à frente de um pesquisador do sexo masculino. Um grupo de participantes passou por uma iniciação *severa* em que tiveram de reproduzir palavras obscenas e passagens fortes extraídas de romances. Um segundo grupo passou por uma iniciação *moderada*, na qual leram uma lista de palavras mais comuns relacionadas a sexo. Um terceiro grupo foi admitido nas discussões sem o teste.

> Quanto mais você paga às pessoas para que mintam, mais vão passar a acreditar no que contaram.
> **FALSO**

Momentos depois, todas as participantes receberam fones de ouvido para espiar o grupo do qual logo fariam parte. Na verdade, o que ouviram foi uma conversa gravada sobre "comportamento sexual secundário de animais inferiores". Algo terrivelmente chato. Ao término da gravação, pediu-se que as participantes avaliassem o quanto haviam gostado dos membros do grupo e da conversa. Tenha em mente o que a teoria da dissonância prevê: quanto mais tempo, dinheiro ou esforço você decidir investir em algo, mais aflito vai ficar se o resultado for decepcionante. Uma maneira de lidar com essa inconsistência é alterar a atitude. Exatamente o que aconteceu. As participantes que passaram pela iniciação severa avaliaram o grupo de modo mais favorável que as que sofreram pouco ou nenhum constrangimento.

O constrangimento social não é o único tipo de "esforço" que sentimos que precisamos justificar para nós mesmos. Como regra geral, quanto mais você paga por algo – seja em esforço físico, dor, tempo ou dinheiro –, mais gostará daquilo. Esse princípio tem implicações interessantes para as práticas de trote em universidades, equipes esportivas e nas forças armadas. As pesquisas sugerem até que, quanto mais duro o trabalho em um tratamento psicoterápico, maior é a probabilidade de o paciente se sentir melhor ao fim do tratamento (Axsom, 1989; Axsom e Cooper, 1985).

Justificando decisões difíceis: quando as boas escolhas tornam-se ainda melhores Sempre que tomamos decisões difíceis – casar, escolher uma escola, onde morar ou um emprego –, sentimos dissonância. Por definição, uma decisão é difícil quando cursos de ação alternativos são igualmente desejáveis. O casamento oferece conforto e estabilidade; permanecer solteiro nos permite buscar novos relacionamentos interessantes. Um emprego pode pagar melhor; o outro pode ser mais interessante. Uma vez que as pessoas tomam decisões difíceis como essas, assumem o risco porque os aspectos negativos das alternativas escolhidas e os aspectos positivos das alternativas não escolhidas estão em conflito com suas decisões.

De acordo com a teoria da dissonância, as pessoas racionalizam tudo o que decidem ao exagerar as características positivas da alternativa escolhida e as negativas da alternativa não escolhida.

Em um teste inicial dessa hipótese, Jack Brehm (1956) pediu que participantes do sexo feminino avaliassem diversos produtos, supostamente como parte de um projeto de pesquisa de marketing. Depois de avaliar uma torradeira, uma cafeteira e outros produtos, as participantes foram informadas de que poderiam levar um dos itens para casa como prêmio. Na condição de alta dissonância, foi oferecida a elas uma difícil escolha entre dois itens que consideravam igualmente interessantes. Ao grupo de baixa dissonância, foi oferecida uma escolha mais fácil entre um item desejável e um indesejável. Depois de receber o presente, as participantes leram alguns relatórios da pesquisa e reavaliaram todos os produtos. Os resultados forneceram um forte suporte para a teoria da dissonância. No grupo de baixa dissonância, as classificações pós-decisão das participantes foram quase iguais às suas classificações antes de tomarem a decisão. Porém, na condição de alta dissonância, as avaliações melhoraram para o item escolhido e pioraram para o item não escolhido. Divididos entre duas alternativas equivalentes, as participantes lidaram com a situação assegurando-se de que haviam feito a escolha certa.

Esse padrão aparece em diversas situações. Robert Knox e James Inskter (1968) testaram a teoria da dissonância em corrida de cavalos e descobriram que os apostadores que já haviam feito apostas em um cavalo eram mais otimistas em relação à sua vitória que aqueles que ainda estavam na fila para apostar. Esse tipo de otimismo pode até começar a se estabelecer assim que uma decisão cautelosa é tomada, mesmo antes de realizar uma aposta (Brownstein et al., 2004). Do mesmo modo, Dennis Regan e Martin Kilduff (1988) visitaram várias seções eleitorais no dia da eleição e descobriram que os eleitores tinham maior probabilidade de acreditar que seus candidatos ganhariam quando entrevistados depois de votar que quando entrevistados antes. Como as apostas e os votos não podem ser cancelados, as pessoas que se comprometeram com uma decisão foram motivadas a reduzir a dissonância depois da decisão tomada. Então, elas se convencem de que a decisão que tomaram era a correta.

A teoria da dissonância cognitiva prevê que esse personagem, se sobreviver, vai gostar da "fraternidade" – e muito.

As pessoas costumam gostar do motivo pelo qual sofrem.

VERDADEIRO

6-3c Teoria da dissonância cognitiva: uma nova visão

Ao seguir os passos ousados de Festinger, gerações de psicólogos sociais estudaram e aprimoraram sua teoria básica (Cooper, 2019; Harmon-Jones, 2019). Ninguém contesta o fato de que, quando as pessoas são gentilmente persuadidas a realizar um comportamento discrepante da atitude, muitas vezes essas são modificadas. Na verdade, as pessoas se sentem desconfortáveis e mudam suas atitudes quando discordam dos outros em um grupo (Matz e Wood, 2005) ou mesmo quando apenas observam o comportamento inconsistente de outras pessoas com quem se identificam – um processo de dissonância indireta (Cooper e Hogg, 2007).

Pesquisadores também examinaram possíveis consequências perceptíveis da dissonância cognitiva. Em um estudo, Emily Balcetis e David Dunning (2007) levaram estudantes universitárias ao centro lotado do *campus* e pediram a elas que vestissem – e caminhassem com – um traje que consistia de uma saia de

Ao sugerir que as pessoas justifiquem decisões difíceis irrevogáveis para suprimir a dissonância que despertam, pesquisadores descobriram que jogadores que já haviam apostado em um cavalo se consideravam mais certos da vitória que aqueles que ainda esperavam para fazer a aposta.

palha, um sutiã feito de coco, um colar de flores no pescoço e uma cesta de frutas de plástico sobre a cabeça. Por mais embaraçoso que fosse surgir assim em público, as participantes, no geral, atravessaram o *campus* com essa fantasia. Em uma situação em que tinham a possibilidade de escolha, elas foram levadas a acreditar que poderiam recusar a tarefa e realizar outra (justificativa insuficiente). Em uma condição sem possibilidade de escolha, foram informadas de que nenhuma tarefa alternativa estaria disponível (justificativa suficiente). Foi muito ruim? Posteriormente, pediu-se a todas que estimassem a distância percorrida. Para justificar a situação embaraçosa, aquelas na condição de poder de escolha subestimaram a distância que haviam caminhado em relação àquelas que não puderam. Aparentemente, a motivação para reduzir a dissonância pode alterar nossas representações visuais do ambiente natural.

Mediante pesquisas sistemáticas, tornou-se evidente logo no início que a teoria original de Festinger (1957) não seria definitiva. As pessoas mudam suas atitudes para justificar comportamentos discrepantes de atitude, esforço e decisões difíceis. Porém, para que surja a dissonância, certas condições específicas devem estar presentes. Agora temos uma ideia razoável de quais são essas condições por meio do "novo olhar" de Joel Cooper e Russel Fazio (1984) sobre a teoria da dissonância.

Segundo Cooper e Fazio, quatro etapas são necessárias tanto para o aumento quanto para a redução da dissonância. Primeiro, o comportamento discrepante de atitude deve produzir *consequências negativas* indesejadas. Lembre-se do estudo inicial de Festinger e Carlsmith (1959). Os participantes não apenas disseram algo que sabiam ser falso, mas também ludibriaram um colega para que participasse de uma experiência insuportavelmente entediante. Se esses participantes tivessem mentido sem causar sofrimento ao outro, eles *não* teriam alterado suas atitudes para justificar a ação (Cooper et al., 1974). Ou seja, "sem consequências, sem falta". Na verdade, consequências negativas podem causar dissonância mesmo quando as ações das pessoas são consistentes com suas atitudes, como quando estudantes universitários que escreveram contra o aumento das taxas foram levados a acreditar que seus intentos fracassaram e levaram um comitê universitário a defender o aumento (Scher e Cooper, 1989).

A segunda etapa necessária no processo é um sentimento de *responsabilidade pessoal* pelos resultados desagradáveis do comportamento em questão. A responsabilidade pessoal consiste em dois fatores. O primeiro é a liberdade de *escolha*. Quando as pessoas acreditam que não têm escolha a não ser agir como agiram, não há dissonância nem mudança de atitude (Linder et al., 1967). Se Festinger e Carlsmith tivessem coagido os participantes a fazer críticas positivas em relação ao experimento enfadonho, estes não teriam sentido a necessidade de posteriormente justificar o que fizeram ao mudar de atitude. Porém a experiência levou os participantes a pensar que suas ações fossem voluntárias e que a escolha fosse deles. Os participantes foram pressionados sem perceber e acreditaram que não tinham de cumprir o pedido do experimentador.

A fim de que as pessoas se sintam responsáveis, elas também devem acreditar que as possíveis consequências negativas de suas ações já eram *previsíveis* (Goethals et al., 1979). Quando o resultado não pode ter sido previsto de modo realista, não há dissonância nem mudança de atitude. Se os participantes de Festinger e Carlsmith tivessem mentido e descoberto apenas mais tarde que suas declarações haviam sido gravadas para uso posterior, novamente eles não teriam sentido a necessidade de justificar o comportamento.

A terceira etapa necessária no processo é a *estimulação* fisiológica. Desde o início, Festinger encarou a dissonância cognitiva como um estado de desconforto e tensão que as pessoas procuram reduzir – assim como a fome, a sede e outras necessidades básicas. As pesquisas mostram que esse é um aspecto bem apontado. Em um estudo de Robert Croyle e Joel Cooper (1983), os participantes escreveram ensaios que reforçavam ou refutavam as próprias atitudes. Alguns foram obrigados a fazê-lo, mas outros foram levados a acreditar que a escolha era deles. Durante a sessão, eletrodos foram colocados nas pontas dos dedos de cada participante para registrar os níveis de estimulação fisiológica. Conforme previsto pela teoria da dissonância cognitiva, aqueles que escreveram livremente ensaios que apresentavam discrepância de atitudes registraram maior estimulação, uma observação feita também por outros pesquisadores (Elkin e Leippe, 1986). Na verdade, os participantes que escrevem ensaios discrepantes de atitude em uma situação de "livre escolha" relatam sentir altos níveis de desconforto – que diminuem quando mudam as atitudes (Elliot e Devine, 1994).

A quarta etapa do processo de dissonância está intimamente relacionada à terceira. Não é suficiente sentir-se geralmente estimulado. A pessoa também deve *atribuir* esse estímulo ao próprio comportamento. Suponha que você acabe de mentir para um amigo ou tenha estudado para um exame que foi cancelado ou tenha tomado uma decisão difícil da qual poderá se arrepender em breve. Suponha ainda que, embora esteja chateado, acredite que seu desconforto seja causado por algum fator externo, não por seu comportamento dissonante. Nessas circunstâncias, sua atitude vai mudar como um sintoma de dissonância cognitiva? Provavelmente, não. Quando participantes de um experimento foram levados a atribuir sua excitação relacionada à dissonância a uma droga que supostamente haviam tomado (Zanna e Cooper, 1974), à antecipação de choques elétricos dolorosos (Pittman, 1975) ou a um par de óculos de prisma que tinham de vestir (Losch e Cacioppo, 1990), não ocorreu mudança de atitude. A • Figura 6.13 resume essas quatro etapas na produção e redução da dissonância.

Até hoje, os psicólogos sociais continuam a estudar as teorias "clássicas" e "novas" da dissonância cognitiva. Por um lado, pesquisas mostram que ações discrepantes de atitude nem sempre produzem dissonância, em parte porque nem todos se preocupam em manter uma consistência cognitiva (Cialdini et al., 1995) e, em parte, porque uma mudança de atitude frequentemente parece precisar de consequências negativas (Johnson et al., 1995).

Por outro lado, alguns pesquisadores descobriram que os efeitos de dissonância podem ser encontrados em crianças a partir dos 6 anos (Benozio e Diesendruck, 2015). Outros constataram que a inconsistência pode desencadear dissonância cognitiva mesmo sem consequências negativas. Por exemplo, Eddie Harmon-Jones e outros (1996) levaram participantes de uma pesquisa a beber um refresco em pó misturado a açúcar ou vinagre. Disseram aos participantes (sem escolha) ou pediram a eles (com escolha) que declarassem por escrito que gostavam da bebida e, em seguida, jogassem essas anotações, que não eram necessárias, na

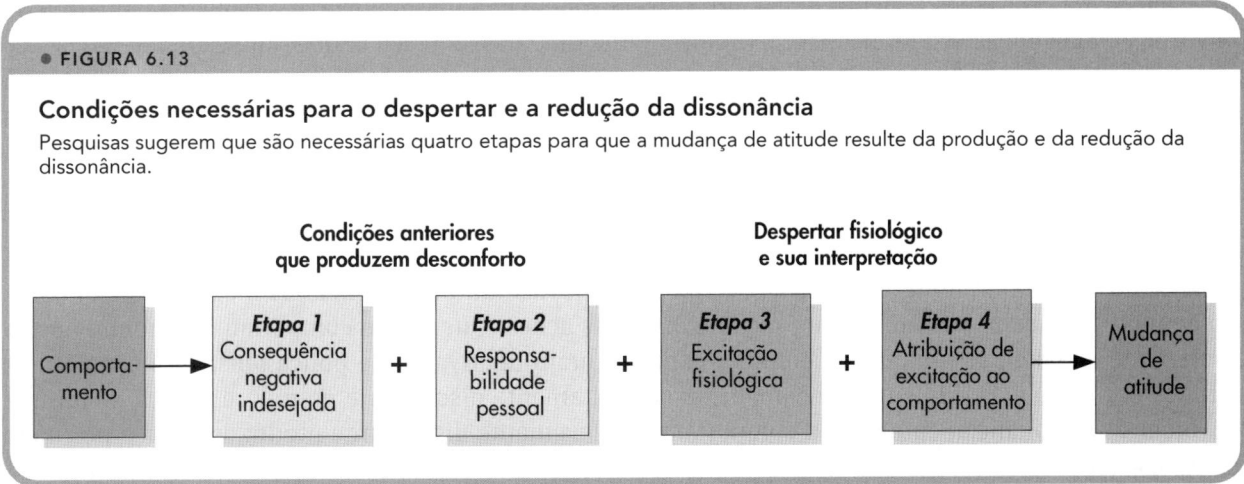

• FIGURA 6.13

Condições necessárias para o despertar e a redução da dissonância
Pesquisas sugerem que são necessárias quatro etapas para que a mudança de atitude resulte da produção e da redução da dissonância.

lixeira. Depois, avaliaram o quanto gostaram da bebida. Você deve ter notado que esse experimento é similar ao estudo de Festinger e Carlsmith com uma diferença importante: para os participantes com possibilidade de escolha que consumiram vinagre e disseram que gostaram, contaram uma mentira que não prejudicaria ninguém, apesar de contradizer suas verdadeiras atitudes. A sensação de dissonância diminuiu ao falar bem do suco com vinagre? Sim. Em comparação aos participantes que mentiram na situação em que não tinham escolha, os que tiveram escolha avaliaram o sabor como mais agradável. A mentira foi inofensiva, mas o sentimento de inconsistência ainda forçava uma mudança de atitude.

■ 6-3d Rotas alternativas para a autopersuasão

É importante distinguir entre os fatos empíricos descobertos pelos pesquisadores da dissonância e a teoria que é usada para explicá-los. Os fatos em si são claros: sob certas condições, as pessoas que se comportam de modo divergente de suas atitudes passam a mudá-las. Se isso reflete a necessidade humana de reduzir a dissonância, no entanto, é uma questão controversa. Ao longo dos anos, três outras explicações foram propostas.

Teoria da autopercepção A *teoria da autopercepção* de Daryl Bem (1965), descrita no Capítulo 3, apresentou o primeiro desafio sério à teoria da dissonância. Observando que nem sempre temos conhecimento prévio das próprias atitudes, Bem propôs que inferíssemos como nos sentimos observando a nós mesmos e as circunstâncias do próprio comportamento. Esse tipo de autopersuasão não é alimentado pela necessidade de reduzir a tensão ou justificar nossas ações. Em vez disso, é um processo frio, calmo e racional no qual as pessoas interpretam sentimentos ambíguos ao observar o próprio comportamento. No entanto, pode a teoria de Bem substituir a teoria da dissonância como uma explicação da autopersuasão?

Bem encarou a questão. E se observadores neutros sem interesse especial na necessidade de reduzir a dissonância lessem um passo a passo ao descrever um estudo de dissonância e previssem os resultados? Bem percebeu que observadores podem ter as mesmas informações comportamentais que os próprios participantes, mas não podem vivenciar o mesmo conflito pessoal. Se observadores obtêm os mesmos resultados que os participantes reais, considerou, sugere que o despertar da dissonância não é necessário para as mudanças resultantes nas atitudes.

Para testar sua hipótese, Bem (1967) descreveu o estudo de Festinger e Carlsmith para observadores e levou-os a adivinhar as atitudes dos participantes. Alguns leram sobre a condição de $ 1, alguns sobre a condição de $ 20 e outros sobre o procedimento do grupo de controle. Os resultados são semelhantes ao estudo original. Na opinião dos observadores, os participantes que disseram que a tarefa era interessante por $ 20 não queriam dizer isso; eles apenas concordaram pelo dinheiro. Porém aqueles que receberam apenas $ 1 provavelmente teriam sido sinceros. Por que eles teriam concordado com mais intensidade? No estudo de Bem, os participantes pensaram de modo similar. Sem conflito, sem estímulo – apenas inferência por observação.

Assim sendo, devemos concluir que a autopercepção, e não a dissonância, é o que é necessário para provocar uma mudança de atitude? Essa é uma pergunta difícil. Não é fácil realizar um experimento crítico para distinguir entre as duas teorias. Ambas preveem os mesmos resultados, mas por razões distintas. E ambas oferecem suporte único para os próprios pontos de vista. Por um lado, os estudos de observadores de Bem mostram que resultados semelhantes a dissonância podem ser obtidos sem estimulação. Por outro, os participantes dos estudos de dissonância experimentam o estímulo, o que parece necessário para que ocorra a mudança de atitude. Podemos dizer que uma teoria está certa e a outra errada?

Fazio e outros (1977) propuseram que ambas as teorias estão certas, mas em situações distintas. As pessoas, ao se comportarem de modo a divergir das próprias atitudes, sentem os incômodos efeitos da dissonância e mudam as atitudes para racionalizar suas ações. Quando se comportam de modo não tão discrepante de como se sentem, no entanto, experimentam relativamente pouca tensão e formulam as atitudes por inferência. Em suma, o comportamento altamente discrepante produz mudança de atitude por meio da dissonância, enquanto o comportamento levemente discrepante produz mudança por meio da autopercepção.

Teoria do gerenciamento de impressões Outra alternativa para uma visão dissonante da autopersuasão é a *teoria do gerenciamento de impressões*, que defende que o que importa não é um motivo para ser consistente, mas sim um motivo para *parecer* consistente. Ninguém quer ser chamado de inconstante ou visto pelos outros como hipócrita. Assim, calibramos nossas atitudes e comportamentos publicamente a fim de nos apresentarmos aos outros sob uma luz particular (Baumeister, 1982; Tedeschi et al., 1971). Ou talvez estejamos motivados não pelo desejo meramente de parecer consistentes, mas pelo desejo de evitar sermos responsabilizados pelas consequências negativas de nossas ações (Schlenker, 1982). De qualquer maneira, essa teoria enfatiza nossa preocupação com a apresentação pessoal. De acordo com esse cenário, os participantes do estudo de Festinger e Carlsmith não queriam que o experimentador pensasse que haviam se vendido por uma soma insignificante de dinheiro.

Se a abordagem do gerenciamento de impressões estiver correta, a dissonância cognitiva não vai produzir nenhuma mudança de atitude – apenas a mudança relatada. Em outras palavras, se os participantes da pesquisa declarassem suas atitudes anonimamente ou se pensassem que o experimentador poderia determinar seus verdadeiros sentimentos por meio de medidas ocultas, os efeitos semelhantes à dissonância deveriam desaparecer. Às vezes, os efeitos desaparecem, mas outras, não. Em geral, estudos têm mostrado que, embora a autopersuasão possa ser motivada pelo gerenciamento de impressões, também pode ocorrer em situações que não despertam claramente preocupações com a autoapresentação (Baumeister e Tice, 1984).

Teorias da autoestima Uma terceira explicação relaciona a autopersuasão ao self. Segundo Elliot Aronson, atos que despertam dissonância porque ameaçam o autoconceito, o que leva a pessoa se sentir culpada, desonesta ou hipócrita e estimula uma mudança de atitude ou comportamento futuro (Aronson, 1999; Stone, et al., 1997). Sendo este o caso, talvez os participantes de Festinger e Carlsmith precisassem mudar suas atitudes em relação à tarefa entediante a fim de reparar os danos ao self, não para resolver a inconsistência cognitiva.

Se a dissonância cognitiva é despertada apenas por um comportamento que reduz a autoestima, então as pessoas com expectativas baixas não deveriam ser afetadas: "Se uma pessoa concebe-se como um 'idiota', ela espera se comportar como tal" (Aronson, 1969, p. 24). Na verdade, Jeff Stone (2003) descobriu que, quando estudantes universitários foram persuadidos a escrever uma redação em prol de um aumento nas mensalidades (posição que contrariava sua atitude) e a pensar sobre os próprios padrões de comportamento, aqueles que tinham autoestima elevada mudaram a atitude para atender o comportamento, como a teoria da dissonância previa, mais do que aqueles que apresentavam baixa autoestima.

Claude Steele (1988) levou esse conceito a dois passos adiante. Primeiro, ele sugeriu que uma situação que produza dissonância – envolvendo-se em um comportamento discrepante de atitude, exercendo um esforço inútil ou tomando uma decisão difícil – desencadeia um processo de *autoafirmação* que serve para revalidar a integridade do autoconceito. Em segundo lugar, essa revalidação pode ser alcançada de várias maneiras, não apenas resolvendo a dissonância. A teoria da autoafirmação faz uma previsão única: se o ingrediente ativo em situações de dissonância é uma ameaça ao self, então as pessoas que têm a oportunidade de se afirmar de outras maneiras não sofrerão seus efeitos. Ofereça aos participantes que receberam $ 1 no experimento de Festinger e Carlsmith a chance de doar dinheiro ou resolver um problema e seu autoconceito será recuperado sem precisar justificar suas ações.

Pesquisas apoiam essa hipótese. Por exemplo, Steele e outros (1993) deram às pessoas *feedback* positivo ou negativo sobre um teste de personalidade que haviam feito. Em seguida, os participantes avaliaram dez CDs de música e tiveram a opção de ficar com o CD classificado em quinto ou sexto lugar. Logo depois de tomar a decisão, os participantes reavaliaram os CDs. Conforme previsto pela teoria da dissonância, a maioria aumentou suas avaliações em relação ao CD escolhido em relação ao não escolhido. A palavra-chave, entretanto, é *maioria*. As avaliações dos participantes que receberam *feedback* positivo não mudaram. Por que não? Segundo Steele, foi o fato de terem acabado de viver uma experiência de autoafirmação suficiente para superar a necessidade de reduzir a dissonância.

A pesquisa de Steele sugere que há muitas possibilidades para as pessoas repararem um self danificado por dissonância. Porém, se esses esforços de autoafirmação indireta falharem, a dissonância cognitiva retornará e fará pressão para uma mudança de atitude? Sim. Em um estudo, estudantes universitários foram solicitados (possibilidade de escolha) ou instruídos (sem possibilidade de escolha) a fazer um discurso de atitude discrepante, defendendo a proibição de uma tradição popular das faculdades (correr nus na noite da primeira nevasca). Para aqueles na condição básica de alta escolha, a dissonância cognitiva foi despertada, pressionando-os a mudar de atitude em favor da proibição. Alunos de outro grupo de alta escolha, que mais tarde tiveram a oportunidade de se afirmar, expressando alguns valores importantes, sentiram menos desconforto e exibiram menos mudança de atitude. Para eles, a autoafirmação proporcionou o alívio necessário. No entanto, entre os alunos de um quarto grupo (também com possibilidade de escolha) que se autoafirmaram, mas depois receberam *feedback* negativo sobre os valores que expressaram, a dissonância cognitiva retornou, fazendo pressão para uma mudança de atitude em relação à proibição. Em essência, a dissonância cognitiva e seu impacto nas atitudes ressurgiram da tentativa fracassada de autoafirmação (Galinsky et al., 2000).

Para resumir, a teoria da dissonância cognitiva afirma que as pessoas modificam suas atitudes para justificar comportamentos, esforços e decisões discrepantes da atitude. A teoria da autopercepção argumenta que a mudança ocorre porque as pessoas inferem como se sentem observando o próprio comportamento. A teoria do gerenciamento de impressões afirma que a mudança de atitude é estimulada por preocupações com a autoapresentação. E a teoria da autoafirmação diz que a mudança é motivada por ameaças ao autoconceito (ver • Figura 6.14). Até hoje, novas teorias são propostas – por exemplo, a noção de que os sentimentos de dissonância são despertados não por inconsistência, mas pelo fato de que o conflito impede nossa capacidade de saber se devemos nos aproximar ou refutar algo e como agir (Harmon-Jones et al., 2015).

■ 6-3e Dissonância ética

Nos últimos anos, em áreas tão amplas como negócios, direito, esportes, saúde e educação, muitos psicólogos sociais se interessaram pela *ética comportamental*, o estudo de como os indivíduos se comportam ao enfrentar a tentação de trapacear, roubar, plagiar, cometer fraude, mentir ou de outro modo comportar-se de maneira antiética. Desde ficar na fila do caixa do supermercado destinada a compras menores com uma compra grande até as propostas anônimas feitas on-line para fraudar formulários de impostos, nosso dia a dia apresenta mais exemplos do que gostaríamos de admitir (Bazerman e Gino, 2012).

• **FIGURA 6.14**

Teorias de autopersuasão: comparações críticas

Aqui, comparamos as principais teorias de autopersuasão. Cada alternativa desafia um aspecto diferente da teoria da dissonância. A teoria da autopercepção assume que a mudança de atitude é uma questão de inferência, não de motivação. A teoria do gerenciamento de impressões afirma que a mudança é mais aparente que real, relatada para fins de apresentação pública. A teoria da autoafirmação afirma que a força motivadora é uma preocupação com o self e que a mudança de atitude não vai ocorrer quando o autoconceito for afirmado de outras maneiras.

	Dissonância cognitiva	Autopercepção	Gerenciamento de impressão	Autoafirmação
A mudança de atitude é motivada pelo desejo de reduzir o desconforto?	Sim	Não	Sim	Sim
A atitude privada de uma pessoa realmente muda?	Sim	Sim	Não	Sim
A mudança deve estar diretamente relacionada ao comportamento discrepante da atitude?	Sim	Sim	Sim	Não

Nesse novo campo, os pesquisadores abordaram dois tipos de problemas. O primeiro tem como foco os deslizes éticos não intencionais que podem ocorrer quando pessoas, em outras situações ideais, não são suficientemente atentas e são pegas por "pontos cegos" no julgamento ético (Bazerman e Tenbrunsel, 2011). As pesquisas mostram que tais deslizes são mais prováveis de ocorrer quando as pessoas estiverem cansadas – é por isso que os participantes em experimentos de laboratório foram mais propensos a mentir e trapacear quando testados à tarde que de manhã (Kouchaki e Smith, 2014) e quando estavam excessivamente focados na tentação do que podia ser ganho (Pittarello et al., 2015).

A segunda abordagem para o estudo do comportamento ético evidencia a transgressão intencional que as pessoas cometem a fim de atender aos próprios interesses. De um ponto de vista estritamente econômico, acredita-se que indivíduos se envolvem em atos antiéticos quando os benefícios tangíveis (recompensas monetárias, entre outros) excedem os custos tangíveis (exposição e punição). No laboratório, pesquisas indicam que, quando a recompensa é baseada no desempenho autorrelatado e a mentira não pode ser detectada, os participantes tendem a aumentar seus créditos para aumentar a quantia de dinheiro que vão receber. Em um estudo, os participantes aumentaram em 15% o número de problemas aritméticos que resolveram (Mazar et al., 2008). Em um segundo estudo, mentiram sobre lançamentos de dados aleatórios em 40% das ocasiões (Shalvi et al., 2015). As pessoas são, particularmente, propensas a agir de má-fé por dinheiro depois de constatarem que um colega confederado havia trapaceado e tinha saído impune (Gino et al., 2009).

Ainda que as pessoas possam ser induzidas a um comportamento antiético pela percepção dos benefícios em relação aos custos, um crescente corpo de pesquisas mostrou que a natureza humana é complicada pelo fato de que a maioria das pessoas se sente mal por seus atos antiéticos, mesmo quando não temem ser descobertos (Hilbig e Hessler, 2013). Comportar-se de modo que viole o próprio código moral, assim sendo, ameaça nossa autoestima e desperta um estado interno de turbulência que Rachel Barkan e seus colegas (2012) chamaram *dissonância ética*. Seguindo os passos de Festinger, esses pesquisadores e outros sugeriram que, quando a tentação nos atrai para a possibilidade de um comportamento antiético, nosso autoconceito moral é ameaçado *antes* e *depois* da ação. Para ajudar a atenuar essa ameaça, usamos várias justificativas egoístas para lidar com a *antecipação* e a *experiência* da dissonância ética. Esses processos são ilustrados na • Figura 6.15.

Os psicólogos sociais começaram a explorar alguns dos tipos de justificativas dadas antes e depois de um comportamento antiético que ajudam os indivíduos a cometer erros, mas se sentirem virtuosos. Ao revisar essa pesquisa, Shaul Shalvi e outros (2015) descrevem várias maneiras pelas quais as pessoas reduzem sua dissonância ética – por exemplo, citar normas sociais para sugerir que "todos fazem"; culpar outras pessoas ou circunstâncias; racionalizar o bem que vem da má ação; confessar, pedir desculpas e oferecer compensação; e se distanciar da má ação, afirmando padrões éticos mais rígidos para o futuro e julgando outros transgressores de modo mais severo.

Uma maneira particularmente interessante de justificar as próprias ações que "capacita" as pessoas a se comportarem de modo antiético é chamada *licença moral*, uma tendência de justificar um erro citando coisas boas que tenhamos feito. Em um artigo intitulado Moral Self-Licensing: When Being Good Frees Us to Be Bad, Anna Merritt e seus colegas (2010) revisaram pesquisas que sugeriam que boas ações passadas poderiam liberar indivíduos para se envolver em comportamentos antiéticos que, de outro modo, evitariam por receio de sentir ou parecer imorais. Em um estudo, os participantes foram designados aleatoriamente a escrever histórias que descrevem as próprias características positivas ou negativas. Posteriormente, foram questionados se fariam uma pequena doação a uma instituição de caridade de sua escolha. Aqueles que escreveram positivamente sobre si mesmos doaram $ 1,07 – apenas um quinto dos $ 5,30 doados por aqueles que se descreveram negativamente (Sachdeva et al., 2009). Em um segundo estudo, os participantes foram designados para fazer compras em uma loja on-line que apresentava uma predominância de produtos "verdes" ecologicamente corretos, ou produtos convencionais de igual preço. Momentos depois, aqueles que compravam os produtos "verdes" foram mais propensos a mentir ao pesquisador, o que indicou o aumento de ganho de dinheiro (Mazar e Zhong, 2010). Com base em dezenas de estudos, agora está claro que a licença moral opera como uma escala de equilíbrio moral. Quando as pessoas sentem que

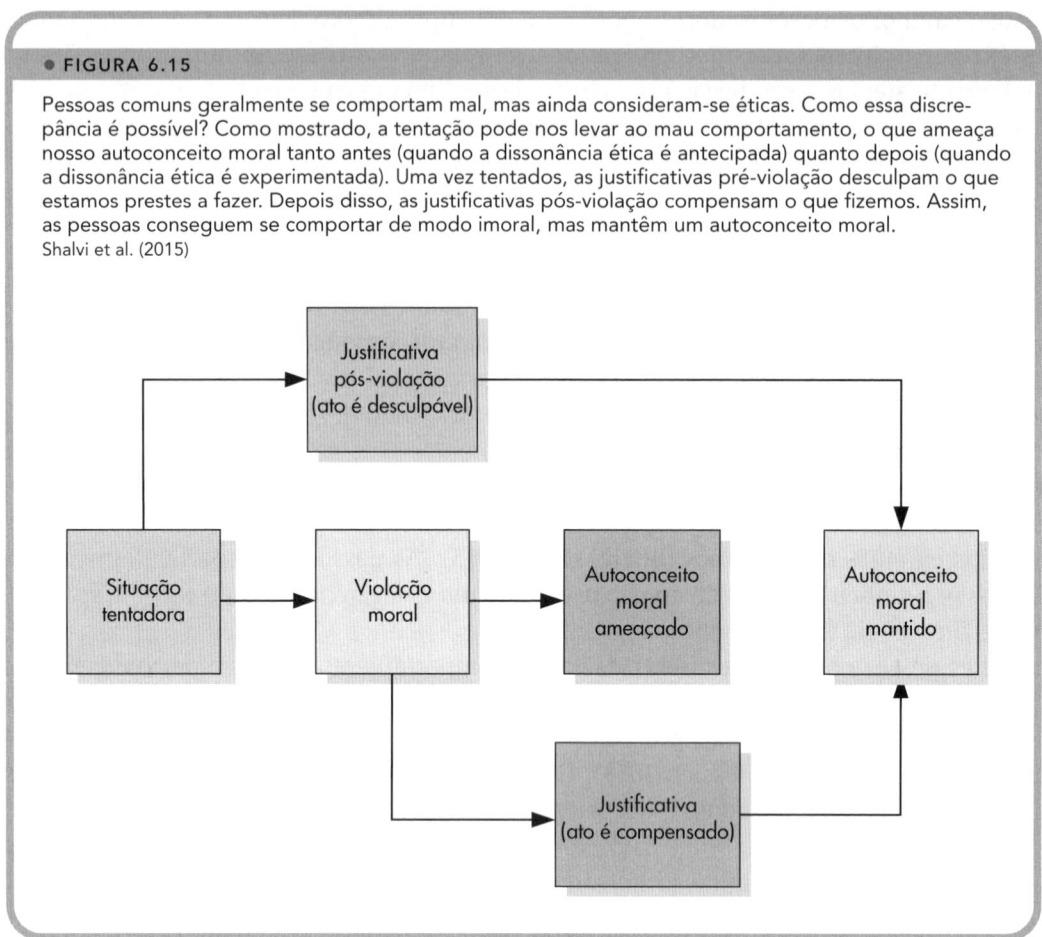

FIGURA 6.15

Pessoas comuns geralmente se comportam mal, mas ainda consideram-se éticas. Como essa discrepância é possível? Como mostrado, a tentação pode nos levar ao mau comportamento, o que ameaça nosso autoconceito moral tanto antes (quando a dissonância ética é antecipada) quanto depois (quando a dissonância ética é experimentada). Uma vez tentados, as justificativas pré-violação desculpam o que estamos prestes a fazer. Depois disso, as justificativas pós-violação compensam o que fizemos. Assim, as pessoas conseguem se comportar de modo imoral, mas mantêm um autoconceito moral.
Shalvi et al. (2015)

estabeleceram credenciais morais, antecipam menos dissonância ética sobre o envolvimento em um comportamento antiético e tornam-se mais propensas a realizá-lo (Blanken et al., 2015; Mullen e Monin, 2016).

6-3f Influências culturais na dissonância cognitiva

Ao longo dos anos, psicólogos sociais presumiram que os efeitos da dissonância cognitiva descobertos em sessenta anos de pesquisas e descritos neste capítulo são universais e característicos da natureza humana. Entretanto, cada vez mais parece que o contexto cultural pode influenciar tanto a estimulação quanto a redução da dissonância cognitiva.

Nas culturas ocidentais, espera-se que os indivíduos tomem decisões consistentes com suas atitudes pessoais e que tomem essas decisões livres de influências externas. Nas culturas do leste asiático, no entanto, espera-se que os indivíduos também tomem decisões que beneficiem membros do grupo e que levem em consideração o bem-estar dos outros ao tomá-las.

À luz dessas diferenças, Etsuko Hoshino-Browne e outros (2005) compararam as reações de participantes canadenses e japoneses em um experimento de dissonância pós-decisão em que deveriam classificar os itens de um menu escolhendo seus dez pratos principais. Em seguida, eles classificaram a lista novamente: metade fez as próprias escolhas, e os outros foram convidados a imaginar um amigo próximo cujos gostos conheciam e a escolher em nome dele. Os participantes mostraram o efeito clássico de justificativa pós-decisão, tornando-se mais positivos em suas avaliações dos itens escolhidos em relação aos itens não escolhidos? Sim e não. Quando tomaram decisões por si mesmos, apenas os participantes canadenses exibiram um efeito de justificativa significativo. Quando os participantes japoneses tomaram decisões por um

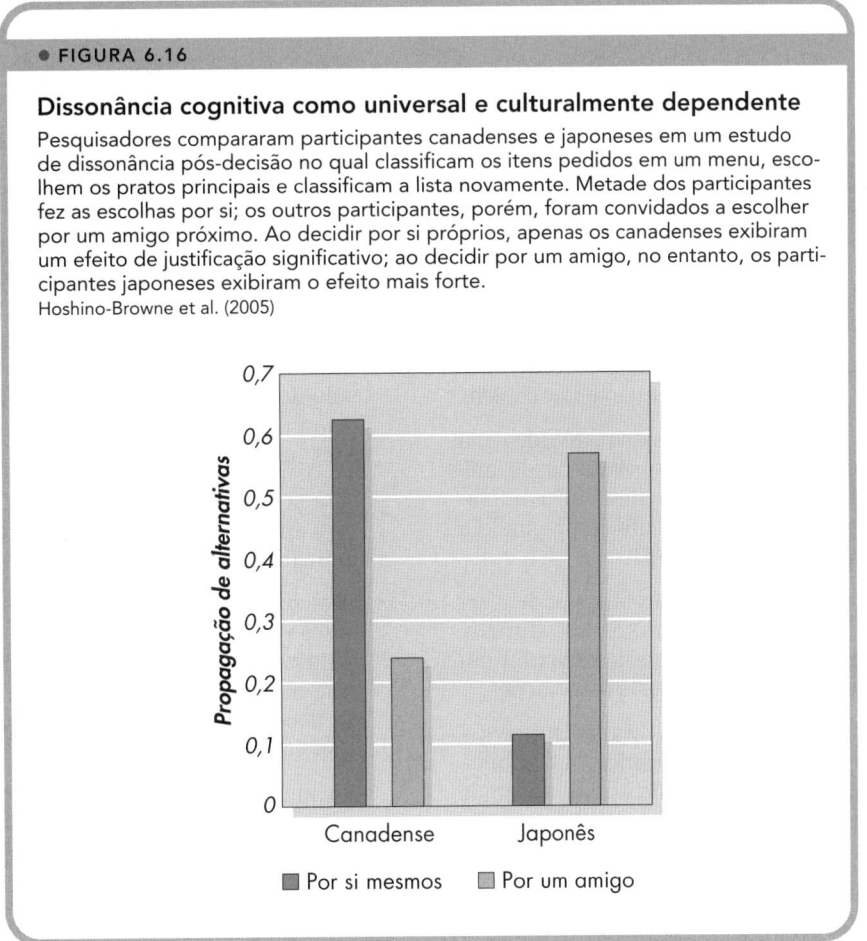

● FIGURA 6.16

Dissonância cognitiva como universal e culturalmente dependente

Pesquisadores compararam participantes canadenses e japoneses em um estudo de dissonância pós-decisão no qual classificam os itens pedidos em um menu, escolhem os pratos principais e classificam a lista novamente. Metade dos participantes fez as escolhas por si; os outros participantes, porém, foram convidados a escolher por um amigo próximo. Ao decidir por si próprios, apenas os canadenses exibiram um efeito de justificação significativo; ao decidir por um amigo, no entanto, os participantes japoneses exibiram o efeito mais forte.

Hoshino-Browne et al. (2005)

amigo, entretanto, exibiram o efeito mais forte (ver ● Figura 6.16). Resultados semelhantes foram encontrados em outros estudos (Kitayama et al., 2004).

Para resumir, a dissonância cognitiva é universal e dependente da cultura. Às vezes, todos sentem e tentam reduzir a dissonância, mas as culturas influenciam as condições em que esses processos ocorrem.

6-4 Mudança de atitude

Atitudes e mudanças de atitude são uma parte significativa da vida social. Neste capítulo, vimos que a persuasão pode ser alcançada de diferentes modos. A abordagem mais comum é por meio da comunicação de *outras* pessoas. Diante de editoriais de jornais, livros, anúncios comerciais, blogues e outras fontes de mensagens, escolhemos um de dois caminhos para a persuasão. Na rota central, a mudança de atitude é baseada nos méritos da fonte e da mensagem. Na rota periférica, é baseada em informações superficiais. De qualquer forma, a mudança de atitude, geralmente, precipita uma mudança de comportamento.

Um segundo meio de persuasão menos óbvio tem origem em nós mesmos. Quando as pessoas se comportam de modo que contrarie suas verdadeiras convicções, muitas vezes mudam suas atitudes. Mais uma vez, há muitas possibilidades de caminhos, não apenas único. Dissonância cognitiva, autopercepção, gerenciamento de impressões e preocupações com a autoestima estão entre os caminhos possíveis. De atitudes a comportamentos e vice-versa, os processos de persuasão são complexos e interligados.

6-5 Revisão

Os 10 principais pontos-chave do Capítulo 6

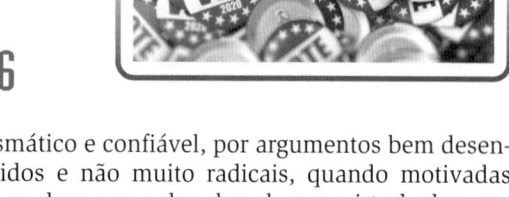

1. Atitude é uma reação avaliativa – positiva ou negativa – a uma pessoa, um lugar, uma questão ou um objeto.

2. Pesquisadores, normalmente, medem atitudes por meio de autorrelatos, como em pesquisas de opinião pública, ou por medidas ocultas do comportamento de uma pessoa, geralmente empregando o Teste de Associação Implícita (TAI).

3. As pesquisas mostram que os indivíduos podem ser geneticamente predispostos a ter certas atitudes, mas que nossas atitudes também são moldadas por experiências pessoais, observações e associações.

4. A abordagem mais comum para mudar atitudes – como visto no marketing, na política, na publicidade e na religião – é por meio da apresentação de uma comunicação persuasiva.

5. Há dois caminhos pelos quais as pessoas são persuadidas por uma mensagem: (1) a "rota central", em que pensam criticamente sobre a força e a qualidade dos argumentos, ou (2) a "rota periférica", em que são influenciadas por informações superficiais, como a aparência ou a reputação do interlocutor.

6. Pesquisas mostram que as pessoas são mais propensas a mudar as atitudes em resposta a um orador carismático e confiável, por argumentos bem desenvolvidos e não muito radicais, quando motivadas pelo medo ou quando relaxadas em virtude de emoções positivas.

7. Para serem eficazes, as mensagens persuasivas devem apresentar argumentos que apelem aos valores individuais e culturais dos membros da audiência.

8. De acordo com a teoria da dissonância cognitiva, as pessoas frequentemente mudam suas atitudes para justificar as próprias ações – como quando mentem para obter lucro, se esforçam para algo que se mostra decepcionante ou tomam uma decisão difícil da qual começam a se arrepender.

9. Por mais de cinquenta anos, psicólogos sociais discutiram como e por que a dissonância cognitiva leva as pessoas a mudarem as atitudes – por exemplo, se a mudança representa uma inferência lógica ou uma motivação para proteger a autoestima de alguém.

10. Parece que as pessoas em todo o mundo tentarão reduzir a dissonância quando surgir, e que as condições que a desencadeiam são influenciadas por fatores culturais.

Colocando o SENSO COMUM à prova

O estudo das atitudes
Pesquisadores podem dizer se a atitude de alguém é positiva ou negativa ao medir sua excitação fisiológica.

(F) **Falso** *Medidas de excitação podem revelar a intensidade com que alguém se sente, mas não se a atitude da pessoa é positiva ou negativa.*

Persuasão por comunicação
Ao reagir a comunicações persuasivas, as pessoas são mais influenciadas por imagens superficiais que por argumentos lógicos.

(F) **Falso** *Conforme indicado pelo modelo de persuasão de processo duplo, as pessoas podem ser influenciadas tanto por imagens quanto por argumentos, o que depende de sua capacidade e motivação para pensar criticamente sobre as informações.*

As pessoas são mais facilmente persuadidas por mensagens comerciais que são apresentadas sem o seu conhecimento.

(F) **Falso** *Não há evidências de pesquisas que apoiem os efeitos presumidos de anúncios subliminares.*

Persuasão por nossas próprias ações
Quanto mais você pagar às pessoas para que mintam, mais vão passar a acreditar no que contaram.

(F) **Falso** *Estudos de dissonância cognitiva mostram que as pessoas, a fim de justificar as próprias ações, acreditam nas mentiras mal pagas a serem contadas.*

As pessoas costumam gostar do motivo pelo qual sofrem.

(V) **Verdadeiro** *Estudos mostram que, quanto mais as pessoas trabalham ou sofrem por algo, mais elas passam a gostar daquilo como modo de justificar seu esforço.*

Palavras-chave

atitudes (204)
atitude implícita (209)
condicionamento avaliativo (213)
dissuasão insuficiente (244)
efeito adormecido (226)
elaboração (219)
eletromiografia facial (EMF) (207)
escala de atitudes (206)

hipótese de inoculação (238)
justificativa insuficiente (243)
necessidade de cognição (NC) (235)
persuasão (218)
polígrafo falso (207)
reatância psicológica (238)
rota central para a persuasão (218)

rota periférica para a persuasão (219)
teoria da dissonância cognitiva (241)
teoria do comportamento planejado (214)
Teste de associação implícita (TAI) (209)

Conformidade

Este capítulo inicia ao examinar os modos pelos quais as influências sociais são "automáticas". Em seguida, vamos analisar três processos: primeiro, consideramos as razões pelas quais as pessoas exibem conformidade com as normas do grupo; depois, descrevemos as estratégias usadas para conseguir a concordância diante de solicitações diretas; por fim, examinamos as causas e os efeitos da obediência aos comandos de autoridade. O capítulo finaliza com uma discussão sobre o *continuum* da influência social.

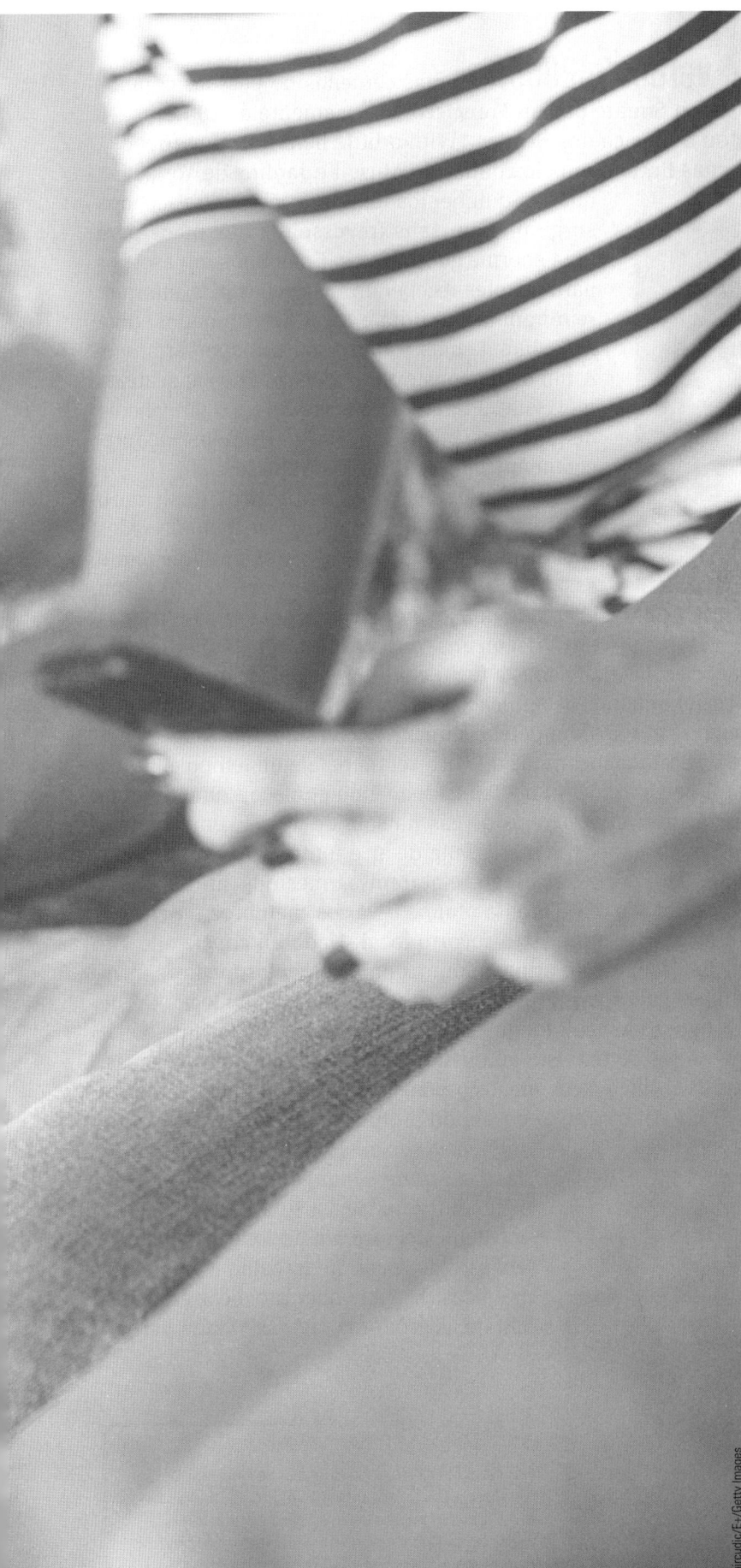

7

7-1 Influência social como algo "automático" | 260

7-2 Conformidade | 262
- 7-2a Os clássicos
- 7-2b Por que as pessoas se conformam?
- 7-2c Influência majoritária
- 7-2d Influência minoritária
- 7-2e Cultura e conformidade

7-3 Concordância | 278
- 7-3a Descuido e concordância
- 7-3b A norma da reciprocidade
- 7-3c Montando armadilhas: estratégias de solicitações sequenciais
- 7-3d Assertividade: quando as pessoas dizem não

7-4 Obediência | 286
- 7-4a Pesquisa de Milgram: forças da obediência nociva
- 7-4b Milgram no século XXI
- 7-4c Perguntas que persistem
- 7-4d Rebeldia: quando as pessoas se rebelam

7-5 O *continuum* da influência social | 298
- 7-5a Teoria do impacto social
- 7-5b Perspectivas da natureza humana

7-6 Revisão | 302

Em uma quinta-feira à noite no verão de 2009, algumas centenas de pessoas comuns que não se conheciam compareceram na Union Square de San Francisco. Precisamente às 18 horas – a hora marcada –, o grupo improvisado cantou a música dos Beatles "With a little help from my friends". No início daquela semana, na Inglaterra, penas flutuaram pelo conhecido Museu e Jardins de Yorkshire, quando quinhentos felizes usuários do Facebook surgiram com seus travesseiros nas mãos para uma enorme guerra deles. Em ambos os casos, os participantes receberam instruções pela internet, reuniram-se em hora e local determinados, uma ação banal, mas inofensiva, e dispersaram-se. A fim de demonstrar o poder viral dos aplicativos móveis e da internet para servir como um veículo de influência social, outros "flash mobs" aconteceram em cidades de todo o mundo.

Há também um lado obscuro: flash mob organizados por adolescentes por meio de redes sociais para a realização de atos de violência e assaltos. No verão de 2019, por exemplo, um grupo de dez jovens invadiu uma loja de roupas em Wisconsin, roubou milhares de dólares em mercadorias das prateleiras e fugiu em breves trinta segundos.

Ocasionalmente, as influências sociais que nos movimentam não são interessantes, e sim potencialmente nocivas à nossa saúde. Considere os eventos incomuns que ocorreram há algum tempo em uma escola de ensino médio do Tennessee. Tudo começou quando uma professora percebeu cheiro de gás na sala de aula e, em seguida, sentiu dor de cabeça, náusea, falta de ar e tontura. A notícia espalhou-se. Outras pessoas logo relataram os mesmos sintomas e a escola foi evacuada. Oitenta alunos e vários membros da equipe foram levados a um pronto-socorro local. Nada foi constatado em exames de sangue, de urina ou outros procedimentos médicos, nem foram detectados gases, pesticidas ou outras toxinas no local. O que a investigação revelou foi que os alunos que relataram sentir-se mal naquele dia tinham maior probabilidade que outros de ter visto ou ouvido falar de alguém com sintomas. De acordo com a reportagem do *New England Journal of Medicine*, os pesquisadores concluíram que o problema se originava de uma "doença psicogênica em massa" – um modo profundo, quase contagioso, de influência social (Jones et al., 2000).

Em *Strange contagion*, Lee Daniel Kravetz (2017) observa que esses tipos de incidentes ocorreram ao longo da história em escolas, locais de trabalho e ambientes públicos. Estes podem provocar erupções cutâneas, vômitos, agressividade verbal,

Vídeos on-line que se tornam virais e se espalham como uma doença contagiosa têm o poder de atrair milhões de pessoas na internet. Em maio de 2019, *Despacito*, de Luis Fonsi, apresentando Daddy Yankee, foi o vídeo do YouTube mais assistido de todos os tempos. Até então, havia obtido 6,15 bilhões de visualizações.

"Somos ovelhas discretas; esperamos para ver como o rebanho está indo e então seguimos com ele."

– Mark Twain

Em cidades de todo o mundo, os flash mobs revelam o poder da influência social. Nesta cena, em Moscou, jovens se reuniram para atirar e jogar água uns nos outros durante um flash mob que recebeu o nome de "Batalha de água".

danças, rodopios, desmaios, desnudamento ou riso incontrolável. Os comportamentos podem variar. Alguns anos atrás, na Le Roy High School, no oeste de Nova York, seis meninas – número que aumentou para 18 – desenvolveram uma série de reações motoras misteriosas, contorciam-se incontrolavelmente, tremiam, contraiam-se, sacudiam a cabeça, balançavam os braços, faziam caretas e gaguejavam (Dominus, 2012). Em outro caso, no coração do Vale do Silício, Califórnia, eclodiu uma série de suicídios que envolveram estudantes do ensino médio que ficaram à frente de trens em movimento para morrer. As vítimas vieram de uma única escola secundária em Palo Alto; quase todas pertencentes a famílias ricas e a maioria era bem equilibrada, ou assim parecia – e não se conheciam (Kravetz, 2017).

Flash mobs e doenças psicogênicas em massa revelam o incrível poder da influência social. Os efeitos que as pessoas causam umas às outras também podem ser vistos em eventos corriqueiros. Assim, os fãs de esportes fazem uma "ola" em grandes estádios ou cantam em um espetacular coro durante um show. Sistemas automatizados mascarados de humanos são programados para disseminar propaganda no Twitter, no Facebook e em outras mídias sociais para influenciar os outros. *Bartenders*, garçons, garçonetes e músicos de rua colocam dinheiro em seus potes para gorjeta a fim de levar os outros a fazerem o mesmo. E vídeos on-line que se tornam virais se espalham como um incêndio, atingindo milhões – ou até bilhões – em toda a internet. Como se costuma dizer "maria vai com as outras".

Você não precisa ser um psicólogo social para saber que as pessoas influenciam o comportamento umas das outras. A questão mais complexa é: como acontece e qual é o efeito? O termo *influência social* refere-se a como as pessoas são afetadas pelas pressões reais e imaginárias oriundas dos outros (Cialdini e Goldstein, 2004; Kiesler e Kiesler, 1969).

Os tipos de influências exercidas sobre um indivíduo têm diferentes formas e dimensões. Neste capítulo, examinamos as influências sociais irracionais e automáticas. Em seguida, consideramos três tipos de influência que variam no grau da pressão exercida sobre um indivíduo – *conformidade*, *concordância* e *obediência*. De acordo com o que é representado na ● Figura 7.1, conformidade, concordância e obediência não são "tipos" de influência distintos, qualitativamente diferentes. Nos três casos, a influência pode

> ### *Colocando* o SENSO COMUM à prova
>
> *Circule sua resposta*
>
> V F Quando todos os membros de um grupo dão uma resposta incorreta a uma pergunta fácil, a maioria das pessoas, de modo geral, conforma-se com essa resposta.
>
> V F Uma maneira eficaz de conseguir que alguém faça um favor é antes fazer um pedido tão grande que a pessoa, com certeza, se recusará a atendê-lo.
>
> V F Em experimentos sobre obediência, a maioria dos participantes que receberam ordens para administrar choques intensos em uma pessoa inocente se recusou a fazê-lo.
>
> V F À medida que o número de pessoas em um grupo aumenta, também cresce o impacto do grupo em um indivíduo.
>
> V F As taxas de conformidade variam entre diferentes culturas e de uma geração para outra.

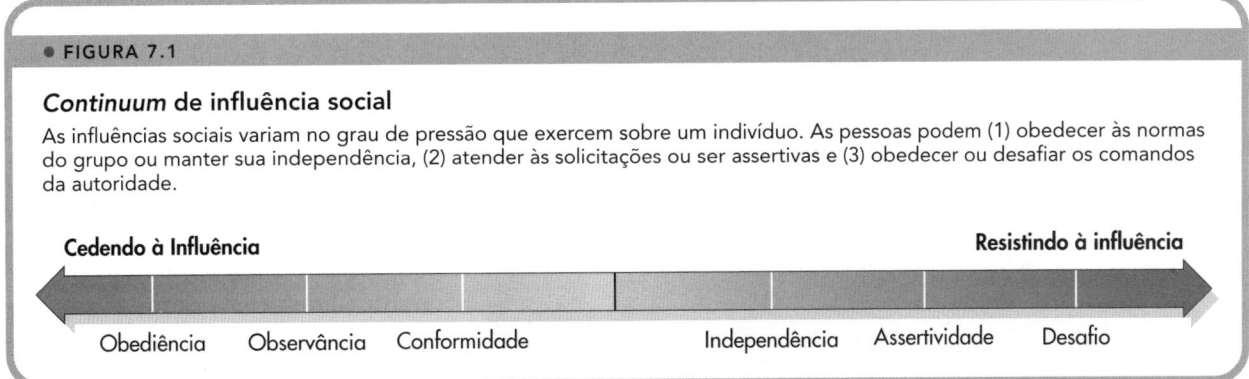

● FIGURA 7.1

Continuum de influência social
As influências sociais variam no grau de pressão que exercem sobre um indivíduo. As pessoas podem (1) obedecer às normas do grupo ou manter sua independência, (2) atender às solicitações ou ser assertivas e (3) obedecer ou desafiar os comandos da autoridade.

Cedendo à Influência ← → Resistindo à influência

Obediência   Observância   Conformidade   Independência   Assertividade   Desafio emanar de uma pessoa, de um grupo ou de uma instituição. Ainda nos casos no geral, o comportamento em questão pode ser construtivo (ajudar a si mesmo ou aos outros), destrutivo (machucar a si mesmo ou aos outros) ou neutro. É favorável notar, mais uma vez, que a influência social varia como pontos ao longo de um *continuum* de acordo com o grau de pressão exercida sobre o indivíduo. Também é conveniente perceber que nem sempre cedemos à pressão. As pessoas podem sujeitar-se a ou manter-se independentes das outras, assim como podem atender a solicitações diretas ou reagir com assertividade, obedecer a comandos de autoridade ou opor-se ao poder de terceiros em um ato de rebeldia. Neste capítulo, examinamos os fatores que levam os seres humanos a ceder ou resistir à influência social.

7-1 Influência social como algo "automático"

Antes de considerarmos os tipos explícitos de influência social representados na • Figura 7.1, pelos quais os indivíduos escolhem se querem ou não "seguir", é importante notar que, como animais sociais, os seres humanos são vulneráveis a uma série de influências sutis, quase reflexas. Sem perceber, muitas vezes bocejamos quando vemos alguém bocejar, rimos quando ouvimos alguém rindo e fazemos expressão de dor ao vermos alguém sofrendo. Em um experimento inicial, Stanley Milgram e outros (1969) levaram pesquisadores a parar em uma rua movimentada da cidade de Nova York, olhar para o alto, para a janela do sexto andar de um prédio próximo. Filmagens feitas através da janela indicaram que cerca de 80% dos transeuntes pararam e olharam para o alto ao verem os pesquisadores fazendo o mesmo.

Tipos rudimentares de imitação automática foram observadas em várias espécies animais, como pombos, macacos, hamsters e peixes (Heyes, 2011; Zentall, 2012). Há, até mesmo, evidências que sugerem que "culturas" são transmitidas por meio da imitação em grupos de baleias; por exemplo, quando, na costa do Maine, as baleias-jubarte usam a rede de bolhas – uma técnica em que jogam suas barbatanas na água, mergulham e expiram, formando nuvens de bolhas que envolvem cardumes a serem engolidos. Esse comportamento complexo foi observado pela primeira vez em 1980. Em 1989, foi adotado de forma mensurável por 50% da população de baleias naquela área (Rendell e Whitehead, 2001). Mais recentemente, pesquisadores, ao fazer uso de uma "análise de difusão com base em rede", descobriram que até 87% das baleias que adotavam essa técnica aprenderam pela exposição a outras jubartes (Allen et al., 2013). Observações semelhantes em outras espécies levaram os cientistas a sugerir que muitos animais não humanos formam e transmitem culturas dessa maneira por sucessivas gerações (Laland e Galef, 2009).

Entre as baleias-jubarte encontradas na costa do Maine, a rede de bolhas (um comportamento complexo que captura peixes-presa) foi observada pela primeira vez em 1981. Por meio da imitação, esse comportamento logo se espalhou por toda a população de baleias da região.

Os humanos imitam uns aos outros de modo similar, automaticamente, sem pensamento, esforço ou conflito? Parece que sim. Em uma metanálise de 226 experimentos com uso de métodos variados, Emiel Cracco e outros (2018) descobriram que a imitação automática é uma tendência humana robusta que pode ocorrer para uma variedade de comportamentos e sem esforço ou consciência. Consideremos algumas instâncias particularmente sociais.

Estudos controlados com bebês humanos mostraram que, logo após o nascimento, eles não apenas olham para o rosto das pessoas, mas também (para o deleite de pais em todo o mundo), muitas vezes, imitam gestos simples, como mover a cabeça, franzir os lábios e mostrar a língua (Meltzoff e Moore, 1977; Ray e Heyes, 2010). Ao analisar 162 bebês de 6 a 20 meses, Susan Jones (2007) descobriu que a imitação se desenvolveu em taxas diferentes para comportamentos distintos. Com os pais como modelo, ela descobriu, por exemplo, que os bebês imitavam abrir bem a boca, bater os dedos na mesa e acenando tchau antes de imitarem bater palmas, flexionar os dedos ou colocar as mãos sobre a cabeça.

Até nós, adultos, imitamos uns aos outros constantemente. Você pode não saber que está agindo assim, mas, ao conversar com alguém, é provável que o esteja espelhando sutilmente enquanto fala: acenando com a cabeça quando a pessoa faz o mesmo, recostando-se, inclinando-se para a frente, coçando o rosto ou cruzando as pernas. Para demonstrar, Tanya Chartrand e John Bargh (1999) escalaram participantes para trabalhar em uma tarefa com um parceiro, um confederado que habitualmente esfregava o rosto ou sacudia os pés. Gravadas por câmeras ocultas, as interações revelaram que, sem perceber, os participantes imitaram esses comportamentos motores, esfregando o rosto ou balançando os pés para corresponder ao comportamento de seu parceiro. Char-

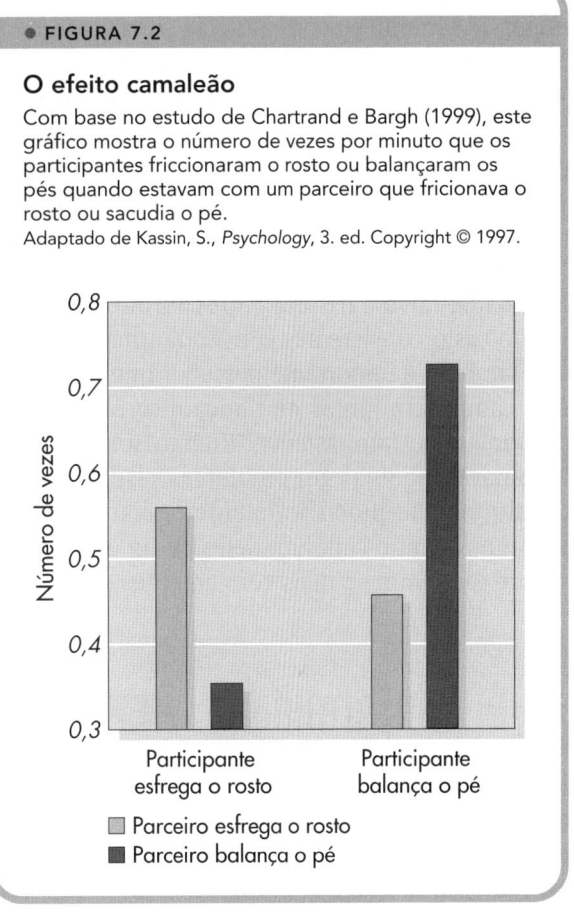

● FIGURA 7.2

O efeito camaleão

Com base no estudo de Chartrand e Bargh (1999), este gráfico mostra o número de vezes por minuto que os participantes friccionaram o rosto ou balançaram os pés quando estavam com um parceiro que fricionava o rosto ou sacudia o pé.
Adaptado de Kassin, S., *Psychology*, 3. ed. Copyright © 1997.

trand e Bargh apelidaram esse fenômeno de "efeito camaleão", em homenagem ao réptil que muda de cor de acordo com seu hábitat (ver ● Figura 7.2).

O mesmo se aplica a como imitamos a linguagem, as expressões e o estilo de fala de outras pessoas. Para ilustrar, Molly Ireland e James Pennebaker (2010) descobriram que estudantes universitários respondendo a questões dissertativas ou trabalhando, valendo-se de trechos de escrita ficcional, tendiam de modo sutil a corresponder ao estilo de linguagem do material a que foram expostos – por exemplo, em relação ao uso de pronomes pessoais (como *eu*, *você*), conjunções (como *mas*, *enquanto*) e quantificadores (como *muitos*, *poucos*).

Há duas razões possíveis para essas formas inconscientes de imitação. Chartrand e Bargh apresentaram a teoria de que tal mimetismo desempenha uma função *social* significativa, que estar "em sincronia" no que se refere a ritmo, postura, maneirismos, expressões faciais, tom de voz, sotaque, padrões de fala e outros comportamentos permite que as pessoas interajam com mais brandura umas com as outras. Seguindo essa teoria, Chartrand e Bargh (1999) inverteram o jogo em um segundo estudo no qual instruíram um confederado a reproduzir de modo sutil os maneirismos de alguns participantes, mas não de outros. É claro, os participantes que foram imitados gostaram mais do confederado que aqueles que não foram.

Outras descobertas reforçam os benefícios sociais do mimetismo. Em primeiro lugar, pesquisas mostram que as pessoas imitam as outras com mais frequência quando estão realmente interessadas em criar vínculos – porque são semelhantes a essas outras pessoas ou sentem-se excluídas, por exemplo – que quando não são (Chartrand e Lakin, 2013; Chartrand e van Baaren, 2009; Lakin et al., 2008). Em segundo lugar, pesquisas também indicam que, quando os participantes interagem com outros que exibem comportamentos negativos e antissociais – digamos, no tom de voz –, o tiro sai pela culatra e faz que sejam percebidos de modo desfavorável (Smith-Genthôs et al., 2015).

O impulso humano de imitar os outros reflete mais que apenas uma tendência de alterar o *comportamento*. As manifestações afetivas alheias também podem afetar como nos sentimos. Em um estudo, Roland Neumann e Fritz Strack (2000) levaram as pessoas a ouvir um discurso filosófico abstrato que foi lido com voz contagiante, melancólica ou neutra. Posteriormente, os participantes avaliaram o próprio humor como mais positivo quando ouviram a voz contagiante e mais negativo ao ouvir a voz melancólica. Mesmo que palestrantes e participantes nunca tenham interagido, o estado emocional do palestrante foi influente, um efeito automático que pode ser descrito como um "contágio de humor". Kandice Varcin e outros (2019) relataram um achado semelhante para os efeitos da expressão facial. Com o uso da eletromiografia facial (EMF) descrita no Capítulo 6, mostraram aos participantes da pesquisa imagens de expressões faciais de felicidade, raiva e tristeza e descobriram que esses participantes respondiam com movimentos dos músculos do rosto consistentes com cada uma dessas emoções.

Também é importante perceber que o mimetismo é um processo *dinâmico*, como quando duas pessoas que caminham juntas ou dançam tornam-se cada vez mais coordenadas com o decorrer do tempo. Para demonstrar o fato, Michael Richardson e outros (2005) colocaram duplas de estudantes sentados lado a lado para trabalhar em problemas visuais enquanto balançavam um pêndulo como "tarefa de distração". Os alunos não precisavam sincronizar o ritmo do pêndulo para conviver ou resolver os problemas. No entanto, quando cada um deles podia visualizar o pêndulo do outro, mesmo sem falar, os tempos gradualmente tornavam-se mais convergentes – como dois corações batendo simultaneamente.

7-2 Conformidade

Em *Conformity: the power of social influences*, o autor Cass Sunstein (2019) observa que a conformidade é "tão antiga quanto a humanidade" – e tão difundida que pode explicar a propagação das religiões do mundo, a ascensão de ditadores e outros diversos eventos históricos. É difícil encontrar comportamentos humanos que não sejam afetados de modo algum pela exposição às ações de outras pessoas. Quando os psicólogos sociais falam em **conformidade**, referem-se especificamente à tendência das pessoas de *mudar* suas percepções, suas opiniões e seus comportamentos de modo que sejam consistentes com normas sociais ou de grupo.

Com base nessa definição, você se autodenomina conformista ou não conformista? Com que frequência sente-se inclinado a seguir o que os outros estão dizendo ou fazendo? No início, você pode negar a tendência de se conformar e, em vez disso, declarar sua individualidade e singularidade. Porém pense no seguinte: quando foi a última vez que foi a um casamento formal vestido com jeans ou shorts, cantou ou assobiou alto em público, ou permaneceu sentado durante o hino nacional em um evento esportivo? Quando foi a última vez que tuitou um argumento tendo a consciência de que este seria controverso e impopular? Em resposta a perguntas como essas, pesquisas mostram que os indivíduos diferem em suas tendências conformistas (Brügger et al., 2019).

Ainda que nem todos sejam iguais, as pessoas em geral têm dificuldade em violar as normas sociais. Em uma demonstração dessa característica, foi solicitado a participantes de uma pesquisa que pedissem que passageiros do metrô cedessem os assentos – uma distinta violação da norma de conduta aceitável. Muitos dos participantes não puderam cumprir a tarefa. Na verdade, alguns ficaram tão ansiosos que fingiram estar doentes apenas para tornar o pedido justificável (Milgram e Sabini, 1978).

Com a conformidade tão difundida e aparentemente tão natural para o comportamento humano, é interessante e irônico que participantes de pesquisas na América do Norte persuadidos a seguir uma norma de grupo muitas vezes não admitam terem sido influenciados. Em vez disso, tentam reinterpretar a tarefa e racionalizar o comportamento como um modo de se verem independentes (Hornsey e Jetten, 2004). Porém há uma segunda razão pela qual as pessoas não se consideram conformistas. Em uma série de estudos, Emily Pronin e outros (2007) constataram que as pessoas percebem os outros como mais conformados que elas na vida no geral – desde a intenção pela

> **conformidade** Tendência de mudar nossas percepções, opiniões ou comportamento de modo que sejam consistentes com as normas sociais ou de grupo.

qual compram um iPad até o motivo pelo qual têm uma opinião popularmente aceitável. Parte da razão para essa assimetria é que as pessoas julgam os outros pelo comportamento visível e o grau em que corresponde ao que os outros fazem, mas tendem a se julgar focando seus processos internos, introspectivos, o que as cega para a própria conformidade.

É compreensível que as pessoas se sintam confusas em relação à conformidade. Por outro lado, seguir as normas sociais é necessário para que se mantenham as comunidades e seja possível coexistir pacificamente, como quando as pessoas assumem seu lugar de direito em uma fila de espera. No entanto, em outras ocasiões, a conformidade pode ter consequências prejudiciais, como quando alguém bebe em excesso em festas, sonega impostos ou conta piadas ofensivas porque outras pessoas agem desse modo. Para o psicólogo social, o objetivo é compreender as condições que promovem a conformidade *versus* a independência e as razões para esses comportamentos. Até hoje, talvez agora mais que nunca, este tópico fascine os psicólogos sociais (ver Van Kleef et al., 2019).

■ 7-2a Os clássicos

Em 1936, Muzafer Sherif publicou um estudo clássico de laboratório sobre como as normas se desenvolvem em pequenos grupos. O método dele era engenhoso. Estudantes do sexo masculino, que acreditavam estar participando de um experimento de percepção visual, sentaram-se em uma sala totalmente escura. Quinze metros à frente deles, um pequeno ponto de luz surgiu por dois segundos, depois, solicitou-se que os participantes estimassem a distância que havia se movido. Esse procedimento foi repetido várias vezes. Ainda que os participantes não percebessem, o ponto de luz permaneceu imóvel constantemente. O movimento que eles pensaram ter visto era meramente uma ilusão de ótica conhecida como *efeito autocinético*: na escuridão, um ponto de luz estacionário parece se mover, às vezes erraticamente, em várias direções.

No início, os participantes sentaram-se isolados e relataram suas impressões ao pesquisador. Depois de várias tentativas, Sherif descobriu que eles apresentaram percepções estáveis em relação ao movimento, tendo a maioria das estimativas variado de 2 a 25 centímetros (embora um participante tenha dado uma estimativa de 25 metros!). Nos três dias seguintes, as pessoas voltaram a participar do experimento em grupos de três pessoas. Como antes, as luzes piscaram e os participantes, em sequência, anunciaram as estimativas. Conforme mostrado na ● Figura 7.3, as estimativas iniciais variaram consideravelmente, porém mais tarde a percepção dos participantes acabava por convergir. No final, cada grupo estabeleceu o próprio conjunto de normas.

Aproximadamente 15 anos depois da demonstração de Sherif, Solomon Asch (1951) propôs uma tarefa muito diferente para testar como as crenças de alguém afetam as de outras pessoas. Para avaliar o que Asch fez, imagine-se na seguinte situação. Você inscreve-se para um experimento de psicologia e, ao chegar, encontra seis outros alunos à espera ao redor de uma mesa. Logo depois de você ocupar um lugar vago, o experimentador explica que

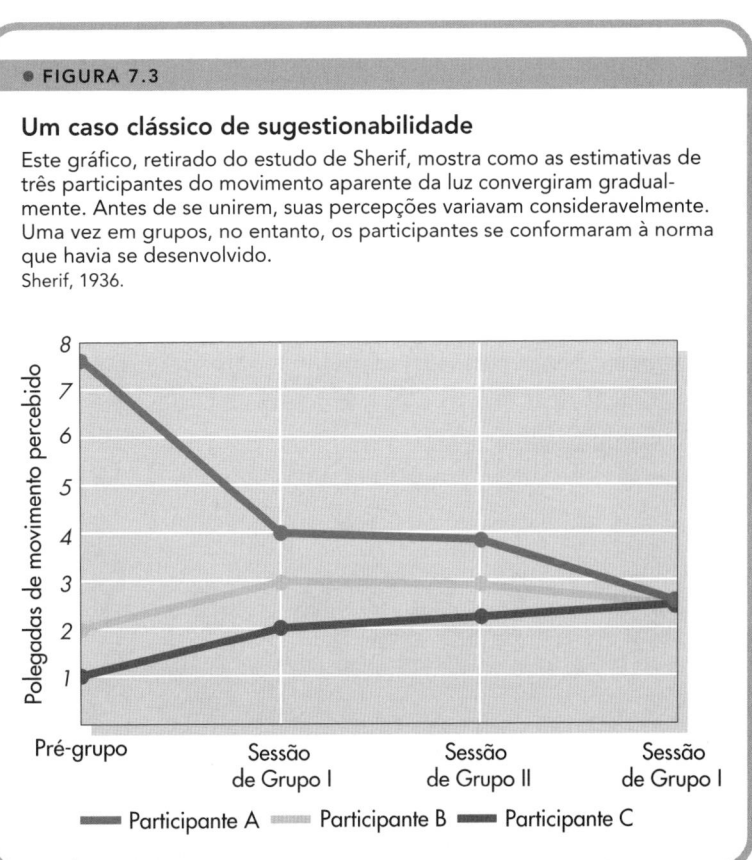

● **FIGURA 7.3**

Um caso clássico de sugestionabilidade

Este gráfico, retirado do estudo de Sherif, mostra como as estimativas de três participantes do movimento aparente da luz convergiram gradualmente. Antes de se unirem, suas percepções variavam consideravelmente. Uma vez em grupos, no entanto, os participantes se conformaram à norma que havia se desenvolvido.
Sherif, 1936.

● FIGURA 7.4

Tarefa de julgamento de linha usada nos estudos de conformidade de Asch

Qual linha de comparação – A, B ou C – tem o mesmo comprimento que a linha padrão? O que você diria se estivesse na presença de uma maioria unânime em responder A ou C? Os participantes dos experimentos de Asch responderam conforme a maioria cerca de um terço das vezes.
Asch, 1955.

Linha padrão

A B C
Linhas de comparação

está interessado na capacidade de perceber diferenças visualmente. Como exemplo, ele pede que você e os outros indiquem qual das três linhas de comparação é idêntica em comprimento a uma linha padrão.

Parece bastante fácil. O experimentador, então, afirma que, depois que cada conjunto de linhas for mostrado, você e os outros devem seguir a ordem em que estiverem sentados e informar as escolhas em voz alta. Ao começar pela esquerda, o experimentador convida a primeira pessoa a responder. Por estar na penúltima posição, você espera pacientemente por sua vez. As respostas iniciais não apresentam intercorrências. A tarefa e as escolhas são claras e todos concordam com as respostas. No terceiro conjunto de linhas, entretanto, o primeiro participante seleciona o que é claramente a linha errada. Hein? O que aconteceu? Ele repentinamente perdeu a cabeça, a visão ou ambos? Antes que você tenha a chance de descobrir, os próximos quatro participantes escolheram a mesma linha errada. Como assim? Sentindo-se como se tivesse entrado na zona do crepúsculo, você se pergunta se entendeu mal a tarefa. E se pergunta o que os outros vão pensar se você tiver a coragem de discordar. Agora é a sua vez. Você esfrega os olhos e dá outra olhada. O que você vê? Mais precisamente, o que você faz?

A ● Figura 7.4 dá uma ideia da enrascada em que os participantes de Asch se encontravam – presos entre a necessidade de estar certo e o desejo de ser aceito (Insko et al., 1982; Ross et al., 1976). Como você já deve suspeitar, os outros "participantes" eram, na verdade, confederados e haviam sido treinados para dar respostas incorretas em 12 das 18 apresentações. Parece haver pouca dúvida de que os participantes reais sabiam as respostas corretas. Em um grupo de controle, onde apresentavam as respostas isoladamente, quase não cometeram erros. No entanto, os participantes do estudo de Asch concordaram com a maioria incorreta 37% das vezes – com muito mais frequência que a maioria poderia imaginar. Nem todos se conformaram, é claro. Cerca de 25% recusaram-se a concordar com as respostas incorretas. Ainda assim, 50% confirmaram a resposta errada em pelo menos metade das situações, e os participantes restantes, ocasionalmente.

Altos níveis de conformidade também são encontrados nos julgamentos perceptivos de crianças de 3 a 4 anos (Corriveau e Harris, 2010; Corriveau et al., 2009). Esses mesmos tipos de efeitos foram observados em adultos

Depois de duas rodadas sem intercorrências no estudo de Asch, o participante (o segundo à direita) enfrenta um dilema. A resposta que ele quer dar no terceiro teste de discriminação visual difere da dos cinco primeiros participantes, que estão todos de acordo. Ele deve dar suas próprias respostas ou se conformar com as deles?

quando o estudo de Asch foi repetido anos depois ao envolver outras tarefas cognitivas. Por exemplo, pesquisas recentes demonstram fortes efeitos de conformidade na memória – como quando uma testemunha ocular é influenciada pelo relato de outra testemunha (Gabbert et al., 2003; Goodwin et al., 2017). Efeitos de conformidade semelhantes aos apresentados por Asch também são encontrados quando as pessoas avaliam se desenhos animados monótonos são classificados, por confederados, como engraçados (Kosloff et al., 2017) – e quando clicam no botão "Curtir" no Facebook depois de verificar que outros fizeram o mesmo (Egebark e Ekström, 2018).

Vamos comparar os estudos clássicos de Sherif e Asch sobre influência social. Obviamente, ambos demonstram que nossas percepções visuais podem ser intensamente influenciadas por outras pessoas. Contudo quanto semelhantes são realmente? Os participantes desses estudos exibiram o mesmo tipo de conformidade e pelas mesmas razões, ou a semelhança em seu comportamento era mais aparente que real?

Desde o início, ficou claro que esses estudos diferiam em alguns aspectos significativos. Na proposta de Sherif, os participantes estavam literalmente "no escuro", então eles, sem dúvida, buscaram referência nos outros. Quando a realidade é incerta e não temos certeza de nossos próprios julgamentos, como na situação autocinética, os outros podem servir como fonte valiosa de informação (Festinger, 1954). Por outro lado, os participantes da pesquisa de Asch se viram em uma posição muito mais incômoda. A tarefa era relativamente simples e podiam verificar com os próprios olhos quais eram as escolhas corretas. Ainda assim, frequentemente seguiram as respostas incorretas dadas pela maioria. Em entrevistas, muitos dos participantes de Asch relataram, depois, que acompanharam a posição do grupo, embora não estivessem convencidos de que esta estivesse correta. Muitos que não se conformaram disseram que se sentiram "loucos", "desajustados" (Asch, 1956, p. 31).

Em todo o mundo, 4,42 bilhões de pessoas, representando mais de 57% da população da Terra, têm acesso à internet (Internet World Stats, 2019). Assim sendo, você pode se perguntar, as forças sociais que influenciam as pessoas nos encontros cara a cara estudados por Sherif e Asch também funcionam em grupos virtuais cujos outros membros anônimos não têm nome ou rosto?

A resposta é sim. McKenna e Bargh (1998) observaram o comportamento em vários blogs on-line nos quais pessoas com interesses comuns postavam e respondiam a mensagens sobre diversos tópicos, desde obesidade e orientação sexual até finanças e mercado de ações. A natureza social do meio, nesta situação virtual, era "remota". Ainda assim, esses pesquisadores descobriram que em grupos de notícias que reuniam pessoas com "identidades ocultas" (como gays e lésbicas que ocultavam a sexualidade), os membros eram altamente receptivos ao *feedback* social. Aqueles que postaram mensagens que tiveram boa aceitação e não o contrário, tornaram-se participantes mais ativos do grupo em questão. Outra pesquisa reforçou esse resultado: quando se trata de apoio e rejeição social, mesmo grupos virtuais têm o poder de moldar nosso comportamento (Bargh e McKenna, 2004; Hertz e Wiese, 2018; Weger et al., 2015).

> Quando todos os membros de um grupo dão uma resposta incorreta a uma pergunta fácil, a maioria das pessoas, no geral, conforma-se com essa resposta.
>
> **FALSO**

■ 7-2b Por que as pessoas se conformam?

Os estudos Sherif e Asch demonstram que as pessoas conformam-se por duas razões muito diferentes: uma delas é informativa e a outra, normativa (Cialdini e Goldstein, 2004; Crutchfield, 1955; Deutsch e Gerard, 1955).

O desejo de estar certo Mediante a **influência informativa**, as pessoas se conformam porque desejam fazer boas escolhas e avaliações precisas da realidade e presumem que, quando os outros concordam sobre algo, devem estar certos. Na tarefa autocinética de Sherif, como em outras tarefas difíceis ou ambíguas, é natural supor que quatro olhos são mais confiáveis que dois. Portanto, as pesquisas mostram que testemunhas oculares, ao tentar se lembrar de um crime ou de algum outro evento, alteram

> **influência informativa** Influência que produz conformidade quando uma pessoa acredita que os outros estão corretos em seus julgamentos.

Esteja você comprando livros ou outros produtos ou decidindo a que filme da Netflix assistir, em que Airbnb ou hotel se hospedar ou onde comer, quase todos os aplicativos de smartphone apresentam uma contagem de avaliações e comentários de outros clientes. Inseguros e desejosos de tomar boas decisões, muitas vezes buscamos e confiamos na sabedoria coletiva de outras pessoas.

Um dos motivos que levam as pessoas a se conformarem é o temor à rejeição. Esse medo pode ser particularmente agudo à luz das pressões da mídia social de hoje. Em "Nosedive", um episódio da série *Black Mirror* da Netflix, as pessoas usam seus telefones para se identificar e avaliar umas às outras de 1 a 5 estrelas após cada interação – e a avaliação média de uma pessoa pode afetar moradia, emprego e outros resultados de vida. Aqui, Lacie, uma jovem que se esforça desesperadamente por uma pontuação alta, avalia e é avaliada por outras pessoas. Por fim, em razão de vários contratempos, sua média cai de 4,3 para menos de 3,5.

influência normativa Influência que produz conformidade quando uma pessoa teme as consequências sociais negativas de parecer divergente.

as lembranças e até mesmo criam falsas memórias em resposta ao que ouvem outras testemunhas relatarem (Gabbert et al., 2003; Goodwin et al., 2017).

As pessoas ao estarem em um estado de incerteza, seguir o que dizem as outras pode ser uma estratégia eficaz. No antigo popular programa de TV *Quem Quer Ser Milionário?*, quando os competidores ficavam em dúvida em relação à resposta de uma pergunta, podiam pedir dois tipos de ajuda: (1) ligar para um amigo ou parente que atuaria como um "expert" escolhido ou (2) perguntar ao auditório, que respondia via computador, o que gerava um *feedback* instantâneo. No geral, os "experts" eram úteis, pois acertavam a resposta 65% das vezes. O exemplo da sabedoria coletiva, por sua vez, era ainda mais útil, escolhendo a resposta certa 91% das vezes (Surowiecki, 2005).

Confiar na sabedoria coletiva de um grande número de pessoas é algo que fazemos sem exceção. Ao comprar algo na Amazon.com, você verá as médias de satisfação dos clientes que avaliam os produtos com uma a cinco estrelas. Classificações semelhantes podem ser encontradas no Zagat, no Yelp e no OpenTable para restaurantes; no Airbnb para aluguel de apartamentos; no Trip Advisor para hotéis; no Rotten Tomatoes para filmes; e, bem, essa é a ideia.

Medo do ostracismo Em oposição ao valor informativo da conformidade, a **influência normativa** leva as pessoas a se conformarem por temer a rejeição decorrente da atitude diferente. É fácil entender por quê. No início, as pesquisas mostravam que quem se desviava das normas de um grupo tendia a ser rejeitado, ridicularizado e totalmente excluído (Schachter, 1951). Os estudos atuais indicam as mesmas reações negativas em relação a comportamentos desviantes (Stamkou et al., 2019). Ainda que algumas pessoas sejam mais resilientes que outras, essas formas de rejeição são difíceis de suportar (Smart Richman e Leary, 2009). Particularmente em redes sociais muito populares, como o Twitter, fazer um comentário polêmico pode desencadear uma onda on-line de críticas ou "indignação viral". Esse *feedback* negativo pode ser tão punitivo que mesmo aqueles que agem assim são criticados (Sawoka e Monin, 2018).

Em uma série de experimentos controlados, pessoas que foram socialmente condenadas ao *ostracismo* – por exemplo, por serem negligenciadas, ignoradas e excluídas em uma conversa ao vivo ou on-line – têm, como reação, vários tipos de angústia emocional, sentindo-se solitárias, magoadas, irritadas e com falta de autoestima (Gerber e Wheeler, 2009; Williams et al., 2002). Mesmo ser excluído de uma conversa entre três pessoas, por celular, pode provocar esse efeito (Smith e Williams, 2004). Kipling Williams e Steve Nida (2011) observam que as pesquisas a respeito são evidentes: algumas pessoas ficam tão angustiadas quando ignoradas ou excluídas de um grupo, mesmo que este tenha sido formado recentemente, que começam a se sentir perplexos, tristes, enraivecidos ou alguma combinação dessas emoções. Com o tempo, o ostracismo torna-se um tipo de morte social, o que dificulta o enfrentamento.

Por que ser condenado ao ostracismo dói tanto? Por que, por exemplo, algumas vítimas adolescentes de cyberbullying reagem de modo tão devastador, que chegam a cometer suicídio? Cada vez mais, psicólogos sociais estão avaliando até que ponto os seres humanos, ao longo da evolução, precisaram uns dos outros para sobreviver e se desenvolver. De acordo com Geoff MacDonald e Mark Leary (2005), a necessidade de pertencer é tão primitiva que a rejeição pode infligir uma dor social semelhante à dor física. Você pode sentir essa conexão por como as pessoas descrevem suas reações emocionais à perda social ao usar palavras como *magoado*, com o *coração partido* e *esmagado*.

Pesquisas em neurociência social indicam um instigante suporte a este vínculo. Em estudos de imagens cerebrais, por exemplo, jovens que foram excluídos em um jogo de lançamento de bola para três pessoas na internet chamado "Cyberball" exibiram atividade neural elevada em partes do cérebro normalmente associadas à dor física (Eisenberger et al., 2003). O cérebro reage à dor social como à dor física? Mais pesquisas são necessárias para entender as semelhanças e diferenças (Eisenberger, 2015).

Se há um lado positivo, é que a dor social pode ter efeitos positivos de motivação. Ao se sentirem rejeitadas, as pessoas procuram se aproximar de outras, o que pode aumentar sua sensibilidade aos sinais de percepção social que sinalizam oportunidades de inclusão. Em um estudo que testou essa hipótese, Michael Bernstein e outros (2008) descobriram que os participantes que foram levados a se sentir rejeitados ou excluídos tornaram-se mais precisos na capacidade de distinguir entre sorrisos verdadeiros, que evidenciam a felicidade e a abertura para a interação, e sorrisos "amarelos", que não expressam uma emoção genuína.

Mesmo crianças pequenas são altamente sensíveis a sinais de ostracismo. Em um estudo, crianças entre 4 e 5 anos assistiram a um desenho animado em que uma personagem repetidamente abordava um grupo em uma brincadeira e era aceita ou excluída. Pouco depois, todas as crianças foram convidadas a "fazer um desenho dela e do amigo". Curiosamente, aqueles que viram a versão do desenho animado que apresentava a rejeição social desenharam imagens em que se colocavam mais próximas dos amigos e que os adultos classificaram como havendo maior vínculo (Song et al., 2015).

Um último ponto sobre ostracismo é importante: o efeito depende da fonte da exclusão e do contexto cultural. Em uma fascinante série de estudos, Ayse Uskul e Harriet Over (2014) compararam fazendeiros e pastores na região oriental do Mar Negro da Turquia – dois grupos que compartilhavam o mesmo espaço geográfico, a mesma identidade nacional, o mesmo idioma e a mesma religião. Os agricultores, que cultivam chá e outros produtos, apresentaram um alto nível de interdependência nos limites de sua rede social, dependendo intensamente da família e dos vizinhos. Já os pastores, que vendem gado e laticínios, tenderam a ser mais individualistas e independentes, viajando por cidades vizinhas e interagindo com pessoas *fora* de seu círculo social imediato.

Em um estudo, os participantes foram solicitados a se visualizar como um personagem socialmente excluído por uma pessoa próxima ou por um desconhecido. Pediu-se, então, que avaliassem de modos distintos como se sentiriam a respeito de si mesmos. Dois resultados importantes emergiram de modo consistente. Primeiro, os dois grupos ficaram mais angustiados por serem excluídos por pessoas próximas que por desconhecidos. Além disso, os pastores se sentiram mais desvalorizados por serem excluídos por estranhos do que os fazendeiros. Como um subgrupo cultural que depende de desconhecidos a fim de ganhar a vida, para os pastores a distinção entre dentro do grupo e fora do grupo não era a mesma que para os fazendeiros. Na influência social, como em outros campos, o contexto cultural desempenha um papel importante.

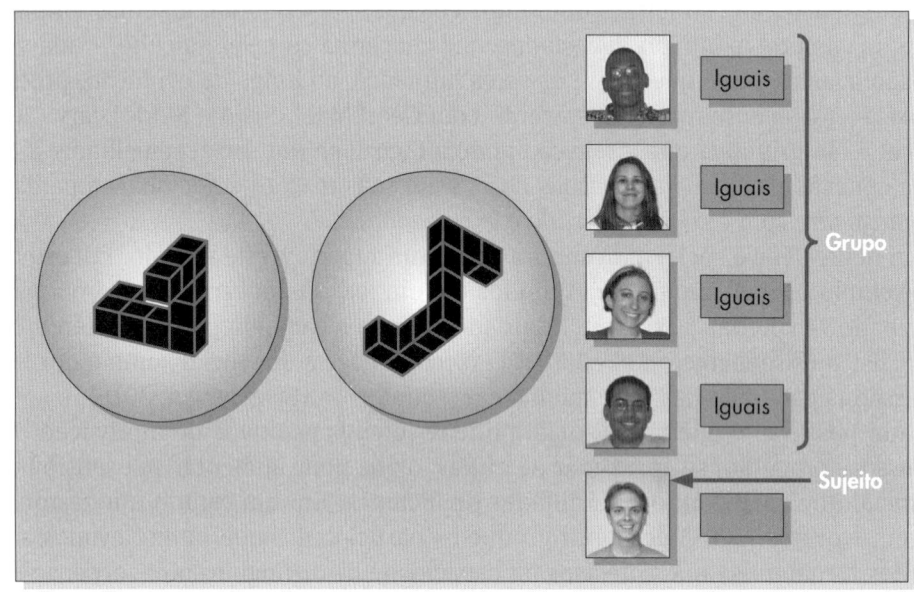

FIGURA 7.5

Efeitos da conformidade na percepção

Neste estudo, os participantes tentaram determinar se os pares de objetos geométricos eram iguais ou diferentes após observar as respostas de quatro participantes unânimes. Os participantes seguiram o grupo incorreto 41% do tempo. Sugerindo que o grupo tinha percepções alteradas, não apenas comportamento, os resultados de fMRI mostraram que esses julgamentos conformados foram acompanhados por aumento da atividade na parte do cérebro que controla a consciência espacial.
Berns et al., 2005.

Distinguir tipos de conformidade Em ambientes de grupo, as influências informativas e normativas estão normalmente em ação. Considere o experimento Asch. Ainda que muitos de seus participantes tenham dito que se conformaram apenas para evitar serem diferentes, outros disseram que concordaram com os julgamentos errôneos de seu grupo. Isso é possível? Na época, Asch teve de confiar no que seus participantes relataram nas entrevistas. Graças aos recentes desenvolvimentos na neurociência social, no entanto, os pesquisadores agora podem analisar o cérebro socialmente ativo. Em um criativo estudo da escola de medicina que elucida esse ponto, Gregory Berns e outros (2005) incluíram 32 adultos em um experimento de percepção visual-espacial no qual foram solicitados a "girar mentalmente" dois objetos geométricos para determinar se eram iguais ou diferentes (ver • Figura 7.5).

Como no estudo original de Asch, os participantes foram acompanhados por quatro confederados que, por unanimidade, apresentaram respostas incorretas em determinadas situações. Diferentemente do estudo original, no entanto, eles passaram por um scanner de fMRI enquanto realizavam a tarefa. Houve dois resultados que merecem destaque. Primeiro, os participantes seguiram 41% das respostas incorretas do grupo. Em segundo lugar, esses julgamentos conformados foram acompanhados por uma intensificação na atividade de uma parte do cérebro que controla a percepção espacial – não em áreas associadas à tomada de decisão consciente. Esses resultados sugerem que o grupo alterou as percepções, não apenas o comportamento.

A distinção entre os dois tipos de influência social – informativa e normativa – é importante não apenas para entender por que as pessoas se conformam, mas por que as duas fontes de influência

conformidade privada Mudança de crenças que ocorre quando uma pessoa aceita de forma privada a posição assumida por outros.

conformidade pública Mudança superficial no comportamento manifesto sem uma mudança correspondente de opinião, que é produzida por pressão de grupo real ou imaginária.

produzem diferentes tipos de conformidade: privada e pública (Allen, 1965; Kelman, 1961). Como a beleza, a conformidade pode ser superficial ou pode ser profunda. **Conformidade privada**, também chamada verdadeira aceitação ou conversão, descreve casos em que os outros nos fazem mudar não apenas nosso comportamento visível, mas também nossas mentes. Estar em conformidade neste nível é ter sido verdadeiramente persuadido de que os demais integrantes de um grupo estão corretos. Já a **conformidade pública** (às vezes chamada *concordância*, termo empregado posteriormente neste capítulo para descrever um tipo diferente de influência) refere-se a uma mudança mais superficial de comportamento. As pessoas costumam responder a pressões normativas fingindo concordar, mesmo quando no íntimo discordam. O que geralmente acontece quando queremos obter vantagens de outras pessoas. O político que diz aos eleitores tudo o que querem ouvir é um exemplo ideal.

Como, você deve estar se indagando, os psicólogos sociais podem perceber a diferença entre o conformista privado e o público quando ambos exibem a mesma mudança no comportamento observável? A diferença é que, em comparação com alguém que apenas concorda em público, o indivíduo verdadeiramente persuadido mantém essa mudança muito depois de o grupo ter saído de cena. Quando essa distinção é aplicada às pesquisas de Sherif e Asch, os resultados seguem o esperado. No fim de seu estudo, Sherif (1936) testou novamente os participantes, isolados, e descobriu que suas estimativas continuaram a refletir a norma previamente estabelecida em seu grupo – mesmo entre aqueles que passaram pelo novo teste um ano após o experimento (Rohrer et al., 1954).

Resultados semelhantes foram relatados recentemente em um estudo em que estudantes universitários classificaram a atratividade de vários rostos. Eles eram informados das notas dadas por outros alunos e, em seguida, reavaliavam os mesmos rostos – depois de um, três ou sete dias, ou três meses. Nessa situação, o efeito da conformidade durou de 3 a 7 dias (Huang et al., 2014). Ainda assim, em oposição a esses resultados, o próprio Asch (1956) relatou que, quando levou os participantes a escrever suas respostas em particular, sem que fossem mostradas aos demais, o nível de conformidade caiu drasticamente (Deutsch e Gerard, 1955; Mouton et al., 1956).

Em um estudo que mostrou ambos os processos em funcionamento, Robert S. Baron e outros (1996) levaram às pessoas em grupos de três (um participante, dois confederados) a atuar como testemunhas oculares: primeiro, eles veriam a foto de uma pessoa, depois, tentariam identificá-la entre outras. Em alguns grupos, a tarefa era difícil, como a de Sherif, já que os participantes viram cada imagem apenas uma vez por meio segundo. Para outros grupos, a tarefa era mais fácil, como a de Asch, pois viram cada imagem duas vezes, por um total de 10 segundos. Com que frequência os participantes se conformaram quando os confederados fizeram a identificação errada? Dependia de seu grau de motivação. Quando o pesquisador minimizou a tarefa, ao dizer se tratar apenas de um "estudo piloto", as taxas de conformidade foram de 35% quando a tarefa era difícil e de 33% quando era fácil. Porém quando oferecido aos participantes um incentivo financeiro por resultado, a conformidade aumentou para 51% quando a tarefa era difícil e caiu para 16% quando, fácil (ver ● Figura 7.6). Com orgulho e dinheiro em jogo, os participantes de Sherif conformaram-se mais, e os participantes de Asch conformaram-se menos.

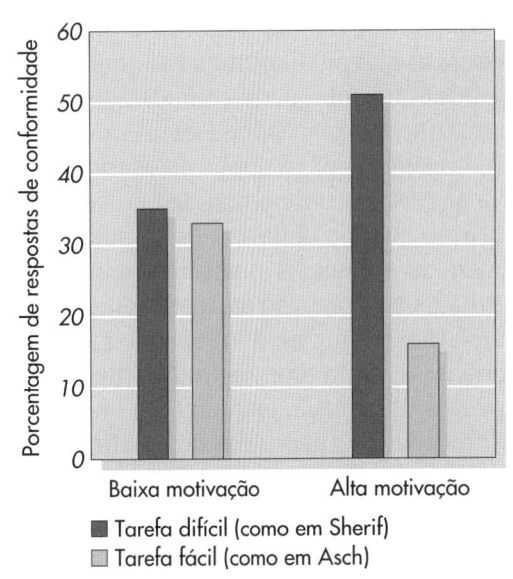

● **FIGURA 7.6**

Distinguindo tipos de conformidade

As pessoas fizeram julgamentos em condições nas quais tinham alto ou baixo nível de motivação. Independentemente de a tarefa de julgamento ser difícil ou fácil, havia níveis moderados de conformidade quando os participantes tinham baixa motivação (esquerda). No entanto, quando estavam altamente motivados (à direita), conformavam-se mais quando a tarefa era difícil (como no estudo de Sherif) e menos quando era fácil (como no estudo de Asch).
De Baron et al., 1996.

▲ TABELA 7.1

Dois tipos de conformidade

Uma comparação dos estudos de Sherif e Asch sugere diferentes tipos de conformidade por distintas razões. Sherif usou uma tarefa ambígua, então outros forneceram uma fonte de informações e influenciaram as verdadeiras opiniões dos participantes. Asch usou uma tarefa que exigia julgamentos simples de um estímulo claro, então a maioria dos participantes exibiu conformidade pública ocasional em resposta à pressão normativa, mas privadamente não aceitou os julgamentos do grupo.

Tarefa experimental	Efeito primário do grupo	Profundidade da conformidade produzida
Efeito autocinético ambíguo de Sherif	Influência informativa	Aceitação privada
Julgamentos de linha simples de Asch	Influência normativa	Conformidade pública

A ▲ Tabela 7.1 resume a comparação dos estudos de Sherif e Asch e a profundidade da influência social que eles demonstram. Ao visualizar essa tabela, você pode verificar que a dificuldade da tarefa é crucial. Quando a realidade não pode ser facilmente validada por evidências concretas, como na situação autocinética, as pessoas voltam-se para os outros em busca de informações e conformam-se porque são realmente persuadidas por essa informação. Quando a realidade é evidente, entretanto, o peso da diferença torna-se o principal problema. Como Asch descobriu, pode ser difícil se distanciar demais dos outros, mesmo ao saber que estão errados e não você. Então você joga junto. Em seu íntimo, você não muda de ideia. Porém acena com a cabeça em concordância de qualquer maneira.

■ 7-2c Influência majoritária

Perceber que as pessoas muitas vezes submetem-se à pressão dos colegas é apenas o primeiro passo para compreender o processo de influência social. A próxima etapa é identificar os fatores situacionais e pessoais que nos tornam mais ou menos propensos a nos conformar. Sabemos que as pessoas tendem a ceder quando a pressão social é intensa e ao estarem inseguras sobre como se comportar. No entanto, o que gera essa sensação de pressão e de insegurança? Aqui, examinamos quatro fatores: o tamanho do grupo, o foco nas normas, a presença de um confederado e o gênero.

Tamanho do grupo: o poder dos números O senso comum sugere que, à medida que o número de pessoas que constitui uma maioria aumenta, o impacto também deve aumentar. Na verdade, não é tão simples. Asch (1956) variou o tamanho dos grupos, com um, dois, três, quatro, oito ou 15 confederados, e descobriu que a conformidade aumentava de acordo com o tamanho do grupo – mas apenas até certo ponto. Com três ou quatro confederados, a força da influência *adicional* exercida pelos demais era insignificante. Outros pesquisadores obtiveram resultados semelhantes (Gerard et al., 1968). Em um experimento on-line recente, por exemplo, Egebark e Ekström (2018) variaram o número de "curtidas" que acompanhava as postagens de um amigo no Facebook e descobriram que mais participantes indicaram gostar da publicação quando já havia três curtidas em vez de apenas uma.

Além da presença de mais três ou quatro pessoas, no entanto, o aumento de tamanho de um grupo está sujeito à lei da "redução de rendimento" (Knowles, 1983; Mullen, 1983). Como veremos mais tarde, Bibb Latané (1981) compara a influência das pessoas sobre um indivíduo a como as lâmpadas iluminam uma superfície. Quando uma segunda lâmpada é adicionada a uma sala, o efeito é intenso. Quando a décima lâmpada é adicionada, entretanto, o impacto é quase imperceptível. Os economistas dizem o mesmo sobre a percepção do dinheiro. Um dólar adicional parece de valor superior para a pessoa que possui apenas três dólares que para quem possui 300.

Outra explicação possível é que, à medida que mais e mais pessoas expressam a mesma opinião, é provável que se suspeite estar agindo em "conspiração" ou como "maria vai com as outras". De acordo com David Wilder (1977), o que importa não é o tamanho de um grupo, mas sim a percepção de quantas pessoas distintas que pensam com autonomia fazem parte dele. Na verdade, Wilder descobriu que as pessoas eram mais influenciadas por dois grupos de duplas integrantes que por um grupo de quatro indivíduos; e por dois grupos de três que por um grupo de seis. A conformidade aumentou ainda mais diante da exposição a três grupos de duas pessoas. Quando confrontados com a opinião da maioria, fazemos mais que apenas contar o número de entusiastas – tentamos avaliar o número de mentes independentes.

Foco nas normas O número que representa a maioria pode influenciar a força da pressão que é sentida, mas as normas sociais dão origem à conformidade apenas quando as conhecemos e nos concentramos nelas. Isso pode soar como óbvio, mas muitas vezes interpretamos mal o que é normativo, especialmente quando os outros estão com muito receio ou constrangidos demais para expor publicamente seus verdadeiros pensamentos, sentimentos e comportamentos.

Um exemplo comum dessa "ignorância pluralística" diz respeito às percepções sobre o consumo de álcool. Em uma série de pesquisas com universitários, Deborah Prentice e Dale Miller (1996) descobriram que a maioria dos alunos superestimou o quanto confortável seus colegas estavam com o nível de bebida no *campus*. Aqueles que mais superestimaram como os outros se sentiam a respeito das bebidas no início do ano letivo acabaram reproduzindo essa percepção equivocada nas próprias atitudes e nos comportamentos. Já os alunos que participaram de discussões destinadas a corrigir esses erros de percepção, na verdade, consumiram menos álcool seis meses depois. Estes achados são significativos. Pesquisas adicionais mostraram que estudantes de ambos os sexos tendem a superestimar a frequência com que seus colegas do mesmo sexo usam várias substâncias e as quantidades que consomem. Quer a substância em questão seja álcool, tabaco ou maconha, quanto mais normativos os alunos percebem o uso por colegas, mais consomem (Henry et al., 2011).

Em diferentes situações e objetivos de intervenção, mudar as percepções das pessoas sobre as normas pode ser um recurso para mudar o comportamento (Miller e Prentice, 2016). Na verdade, a "mobilização social" – definida como qualquer esforço para mobilizar grandes grupos a dedicar tempo, esforço e dinheiro para atingir um propósito social – requer que os indivíduos acreditem que o comportamento é normativo. Quer o objetivo seja incentivar a ida às urnas, o trabalho voluntário, a assinatura de uma petição, a participação em uma manifestação, a economia de energia, a reciclagem ou uma doação, as pessoas têm maior probabilidade de se mobilizar se acreditarem que outros, particularmente os que sejam semelhantes a elas, farão o mesmo (Rogers et al., 2018).

Um aliado na dissidência: sobrevivendo com um pouco de ajuda No experimento inicial de Asch, participantes se viram confrontados com a maioria unânime. No entanto, e se tivessem um aliado, um parceiro para defender a opinião divergente? Asch investigou essa questão e constatou que a presença de um único confederado que concordou com o participante reduziu a conformidade em quase 80%. No entanto, essa descoberta não expressa por que a presença de um aliado tenha sido tão eficaz. Porque ele ou ela havia concordado com o *participante* ou porque ele ou ela tinha *discordado da maioria*? Em outras palavras, as opiniões dos participantes foram fortalecidas porque um confederado dissidente ofereceu informações de validação ou porque a dissidência em si reduziu as pressões normativas?

Uma série de experimentos explorou essas duas possibilidades. Em um deles, Vernon Allen e John Levine (1969) levaram os participantes a acreditar que estavam trabalhando em conjunto com quatro confederados. Três deles concordaram com uma escolha errada. Logo, o quarto seguia a maioria; concordava com o participante ou fazia um terceiro julgamento, também incorreto. Esta última variação foi a mais interessante: mesmo quando o confederado não validou o julgamento dos participantes, estes obedeceram com menos frequência à maioria.

Em outro experimento, Allen e Levine (1971) variaram a idoneidade do confederado. Alguns participantes receberam apoio de uma pessoa comum. Em contraste, outros viram-se apoiados por alguém que usava óculos com lentes muito grossas e se queixava por não poder enxergar as imagens. Não é um aliado muito confiável, certo? Errado. Ainda que os participantes obtivessem menos segurança desse apoiador que de outro, que transparecia mais competente na tarefa, sua presença ainda reduzia o nível de conformidade deles.

▲ **TABELA 7.2**

Sobre ser um dissidente solitário: padrões de votação na Suprema Corte dos EUA

Das 4.178 decisões da Suprema Corte dos Estados Unidos proferidas de 1953 a 2001, a divisão de 8 para 1 envolvendo um único dissidente foi o tipo de voto menos comum. Essa observação histórica é consistente com a pesquisa de conformidade que mostra o poder da maioria sobre um indivíduo que necessita de um aliado.

Divisões de votos	Frequência
9 a 0	35%
8 a 1	10%
7 a 2	14%
6 a 3	20%
5 a 4	21%

(Granberg e Bartels, 2005)

Essa pesquisa resultou em duas conclusões importantes. Em primeiro lugar, é evidente que é mais difícil as pessoas defenderem isoladamente suas convicções que estar de acordo com outras, mesmo sendo uma minoria. Em segundo lugar, *qualquer* dissidência – quer valide a opinião de um indivíduo ou não – pode quebrar o encanto de uma maioria unânime e reduzir as pressões normativas para se conformar. Em uma possível demonstração interessante de como é incomum os indivíduos se oporem isoladamente à maioria, os pesquisadores examinaram padrões de votação na Suprema Corte dos Estados Unidos de 1953 a 2001. A ▲ Tabela 7.2 demonstra que de 4.178 decisões com votação de nove juízes, o resultado de 8 para 1 foi o menos frequente, ocorrendo em apenas 10% de todas as decisões (Granberg e Bartels, 2005).

Diferenças de gênero Há diferenças de gênero na conformidade? Com base nos estudos iniciais de Asch, psicólogos sociais costumavam pensar que as mulheres, antes consideradas o sexo "frágil", conformavam-se mais que os homens. À luz de todas as pesquisas, no entanto, parece que dois fatores adicionais devem ser considerados. Em primeiro lugar, as diferenças de gênero dependem de quanto as pessoas se sentem confortáveis com a tarefa experimental. Em um estudo clássico, Frank Sistrunk e John McDavid (1971) fizeram participantes de ambos os sexos responderem a perguntas sobre tópicos estereotipadamente masculinos, femininos e neutros em relação a gênero. Com cada pergunta, os participantes foram informados sobre a porcentagem de outras pessoas que concordaram ou discordaram com as afirmações. Ainda que as mulheres se conformassem mais com a maioria artificial nos itens masculinos, os homens se conformavam mais nos itens femininos. Não houve diferenças entre os sexos nas questões neutras. Essa descoberta sugere que a familiaridade com o problema em questão, e não o gênero, é o que afeta a conformidade (Eagly e Carli, 1981).

Um segundo fator é o tipo de situação social que as pessoas enfrentam. Como regra geral, as diferenças de gênero são fracas e pouco confiáveis. Porém há uma exceção importante: em encontros cara a cara, nos quais as pessoas devem discordar abertamente umas das outras, surgem pequenas diferenças. Na verdade, quando os participantes pensam que estão sendo observados, as mulheres se conformam mais e os homens se conformam menos que em uma situação mais privada. Por que estar "em público" cria comportamentos tão divergentes? Alice Eagly (1987) argumenta que, perante os outros, as pessoas preocupam-se como são vistas e sentem-se pressionadas a se comportar de modo considerado aceitável de acordo com as restrições tradicionais dos papéis de gênero. Pelo menos em público, os homens sentem-se pressionados a se comportar com grande independência e autonomia, enquanto as mulheres devem desempenhar um papel mais gentil e conciliador.

De uma perspectiva evolutiva, Vladas Griskevicius e outros (2006) sugerem que as pessoas são mais propensas a se comportar conforme estereótipos de gênero quando motivadas a atrair alguém do sexo oposto. De acordo com a noção estereotipada de que as mulheres tendem a gostar de homens independentes e dominantes, enquanto os homens preferem mulheres que sejam agradáveis e colaborativas, sua pesquisa mostra que as mulheres se conformam mais – e que os homens se conformam menos – quando preparados para pensar sobre si mesmos em uma situação romântica. No entanto, aqui está a parte interessante: quando Matthew Hornsey e outros (2015) pediram que participantes de uma série de experimentos indicassem suas preferências pessoais por um parceiro romântico, tanto homens como mulheres foram atraídos por outros *não* conformistas. Esses resultados levantam uma questão: por que as mulheres no primeiro estudo se apresentaram como conformistas para atrair um parceiro masculino quando os homens, no segundo conjunto de estudos, expressaram uma preferência evidente por mulheres *não* conformistas? Ainda que mais pesquisas sejam necessárias, esses estudos parecem sugerir que as mulheres se baseiam na convicção de que os homens gostam de mulheres submissas – uma concepção, fundamentada no passado, que pode muito bem ser um mito.

■ 7-2d Influência minoritária

No livro intitulado *Dissent in dangerous times*, Austin Sarat (2005) observou que, embora a liberdade de discordar seja muito valorizada na psique nacional norte-americana, os dissidentes individuais são frequentemente discriminados por suas opiniões – especialmente na guerra contra o terrorismo iniciada após o 11 de setembro.

Jamais foi fácil expressar pontos de vista impopulares e obter o apoio de outras pessoas. O filósofo Bertrand Russell afirmou uma vez: "As pessoas convencionais vão à loucura quando algo foge às convenções, principalmente porque consideram tal afastamento uma crítica a si mesmas". Ele pode estar certo. Ainda que as pessoas que afirmem que suas convicções sejam contra a maioria, geralmente, são vistas como competentes e honestas, além de serem malquistas e rejeitadas (Bassili e Provencal, 1988; Levine, 1989).

Não é de admirar que a maioria das pessoas pense duas vezes antes de expressar posições controversas. Em uma série de pesquisas sobre o que ele chamou "efeito de lentidão das minorias", John Bassili (2003) perguntou às pessoas sobre as atitudes em questões de política social, como ações afirmativas ou de quais celebridades, esportes, alimentos, lugares e atividades gostam ou deixam de gostar. De modo consistente, e independentemente do tópico, os entrevistados com opiniões menos comuns demoraram mais para responder às perguntas que os que tinham gostos compartilhados pela maioria.

Em seu novo livro intitulado *Permanent Record* (2020), Edward Snowden detalha sua decisão de vazar informações confidenciais da Agência de Segurança Nacional dos Estados Unidos, a qual alterou sua história como funcionário da CIA. As informações revelaram um programa de vigilância massivo, que espionou cidadãos norte-americanos sem mandado. Ainda que as revelações de Snowden tenham sido precisas e tenham desencadeado reformas, o governo dos Estados Unidos acusou-o de espionagem, o que o levou a fugir. Recebeu asilo na Rússia, onde vive atualmente. Envolvido em um profundo ato de dissidência, Snowden tem sido chamado de herói, delator, patriota e traidor.

Resistir à pressão para se conformar e manter a independência pode ser socialmente difícil, mas não é impossível. Os mais famosos heróis, vilões e mentes criativas da história são a prova viva: Joana d'Arc, Jesus Cristo, Galileu, Charles Darwin, Mahatma Gandhi e Nelson Mandela, para citar alguns admiráveis exemplos, foram dissidentes em época deles e continuam a chamar a atenção. E há o comportamento humano no laboratório. Os psicólogos sociais ficaram tão intrigados com a descoberta inicial de Asch, de que os participantes se conformaram 37% das vezes, que livros didáticos como este se referem rotineiramente ao "estudo de conformidade de Asch". No entanto, o outro lado esquecido da moeda é que os participantes de Asch recusaram-se a se conformar 63% das vezes – indicando, assim, o poder da independência (Friend et al., 1990; Hodges e Geyer, 2006; Jetten e Hornsey, 2011).

12 Homens e uma Sentença (Twelve angry men), um filme clássico, mostra como um dissidente solitário pode resistir à pressão para se conformar e convencer os outros a segui-lo. Nesse filme, quase assim que a porta da sala do tribunal se fecha, o júri levanta o braço em uma votação aberta. O resultado é uma maioria de 11 contra 1 a favor da condenação, sendo Fonda o único voto contrário. Durante noventa minutos de deliberação acalorada, Fonda trabalha incansavelmente para semear a dúvida na mente de seus colegas. No final, o júri chega a um veredicto unânime: inocente.

Às vezes, a arte imita a vida; às vezes não. Nesse caso, o heroísmo de Henry Fonda é altamente atípico. Quando se trata da tomada de decisão de um júri, como veremos no Capítulo 12, a maioria geralmente vence. Entretanto, em júris, assim como em outros pequenos grupos, há exceções ocasionais em que prevalecem as minorias – como quando alguém da maioria muda de lado. Graças a Serge Moscovici e outros, agora sabemos um pouco sobre a **influência minoritária** e as estratégias que os não conformistas perspicazes fazem uso para atuar como agentes de mudança social (Gardikiotis, 2011; Maass e Clark, 1984; Moscovici et al., 1985; Mugny e Perez, 1991; Oc et al., 2019).

Teoria de Moscovici De acordo com Moscovici, as maiorias são poderosas em virtude de seus *números* absolutos, enquanto os não conformistas conseguem poder valendo-se de seu comportamento. Não é apenas o que os não conformistas dizem que importa, mas como fazem. Para exercer influência, afirma Moscovici, aqueles que fazem parte da minoria devem ser enérgicos, persistentes e inabaláveis em apoiar sua posição. No entanto, ao mesmo tempo, devem parecer flexíveis e de mente aberta. Confrontados por um dissidente convicto, mas imparcial, os membros da maioria vão refletir e repensar as próprias posições.

Por que um estilo de comportamento consistente pode ser eficaz? Uma possível razão é que a convicção inabalável chama a atenção daqueles que seguem a corrente principal, um primeiro passo necessário para a influência social. Outra possibilidade é que a consistência sinaliza a improbabilidade de o dissidente ceder, o que leva a maioria a se sentir pressionada a buscar um acordo. Uma terceira razão possível é que, quando confrontadas com alguém que tenha autoconfiança e dedicação para assumir uma posição impopular sem recuar, as pessoas presumem que ela deva ter razão. É claro, ajuda ser visto como parte de "nós" em vez de "eles". Pesquisas mostram que os dissidentes têm mais influência quando as pessoas se identificam com eles e percebem-nos como semelhantes de modo relevante e desejável (Turner, 1991; Wood et al., 1996).

Com base em uma metanálise de 97 experimentos investigando a influência das minorias, Wendy Wood et al. (1994) concluíram que há um forte suporte para a hipótese da consistência. Em um estudo clássico, Moscovici et al. (1969) colocaram o procedimento de Asch em controvérsia ao confrontar pessoas com uma *minoria* de confederados que fizeram julgamentos incorretos. Em grupos de seis, os integrantes do estudo participaram do que deveria ser uma atividade sobre a percepção das cores. Visualizaram uma série de *slides* em que todos eram azuis, mas variavam em intensidade. Os participantes se revezavam para nomear a cor apresentada em cada um deles. A tarefa era simples, mas dois confederados declaravam que os *slides* eram verdes. Quando os confederados eram *consistentes* – isto é, quando ambos julgavamos os *slides*, no geral, como verdes incorretamente –, tinham um grau de influência surpreendente. Cerca de um terço de todos os participantes relatou incorretamente ter visto pelo menos um *slide* verde, e 8% de todas as respostas estavam incorretas. A pesquisa subsequente confirmou que a percepção de consistência aumenta a influência das minorias (Clark, 2001; Crano, 2000).

Ao observar que a dissidência social também pode gerar hostilidade, Edwin Hollander (1958) propôs uma abordagem diferente. Ele advertiu que as pessoas que buscam posições de liderança ou desafiam um grupo sem antes tornarem-se membros legítimos dele correm o risco de que suas opiniões sejam ignoradas. Como alternativa à estratégia da consistência de Moscovici, Hollander sugeriu que, para influenciar a maioria, as pessoas deveriam primeiro se conformar a fim de estabelecer suas credenciais como integrante do grupo. Ao compartilharem a visão comum, eles acumulam **créditos de idiossincrasia**. Uma vez que tenham conquistado espaço suficiente no grupo, certo grau de discordância é tolerado. Vários estudos têm mostrado que essa estratégia de "primeiro conformar, depois discordar", como a abordagem da "dissidência consistente" pode ser eficaz (Bray et al., 1982; Lortie-Lussier, 1987; Rijnbout e McKimmie, 2012).

Processos e resultados da influência minoritária Independentemente de qual estratégia é usada, a influência minoritária deve ser considerada. Porém funciona exatamente como a conformidade ou há algo diferente em como as minorias e as maiorias promovem mudanças de comportamento? Alguns teóricos propõem que um *único processo* é responsável por ambas as direções da influência social – que a influência minoritária é como uma "parte do velho

---

influência minoritária Processo pelo qual dissidentes produzem mudanças em um grupo.

créditos de idiossincrasia "Créditos" interpessoais que uma pessoa ganha por seguir as normas do grupo.

bloco" (Latané e Wolf, 1981; Tanford e Penrod, 1984). Outros sugerem ser um processo duplo (Moscovici, 1980; Nemeth, 1986). Nessa segunda visão, maiorias e minorias exercem influência de diferentes maneiras e por diferentes motivos. As maiorias, por terem poder e controle, provocam conformidade *pública* ao exercerem pressões normativas estressantes sobre o indivíduo. No entanto, as minorias, por serem vistas como seriamente comprometidas com seus pontos de vista, produzem um modo mais profundo e duradouro de conformidade *privada*, ou conversão, despertando a curiosidade e levando as pessoas a repensarem suas posições originais.

Para avaliar as teorias de processo único e duplo, os pesquisadores compararam os efeitos dos pontos de vista da maioria e da minoria sobre participantes que, de outro modo, são neutros diante de uma questão. Com base nessa pesquisa, duas conclusões podem ser delineadas. Primeiro, o impacto relativo de maiorias e minorias depende se o julgamento que está sendo feito é objetivo ou subjetivo, uma questão de fato ou opinião. Em um estudo realizado na Itália, Anne Maass et al. (1996) descobriram que as maiorias exercem mais influência sobre questões factuais, para as quais apenas uma resposta é correta ("Qual é a porcentagem de petróleo utilizado na Itália que é importado da Venezuela?"), mas que as minorias exercem igual impacto nas questões de opinião, para as quais há uma gama de respostas possíveis ("Qual é a porcentagem de petróleo bruto utilizado na Itália que *deveria* ser importado da Venezuela?"). As pessoas se sentem mais livres para se desviar do comportamento padrão em questões de opinião, quando não há uma resposta certa ou errada.

A segunda conclusão é que os efeitos relativos dos pontos de vista da maioria e da minoria dependem de como e quando a conformidade é medida. Com certeza, as maiorias têm uma vantagem decisiva nas medidas diretas ou públicas de conformidade. Afinal, as pessoas relutam em se opor a uma norma de grupo de maneira ostensiva. Porém em medidas mais indiretas ou privadas de conformidade, em questões de atitude que estão relacionadas ao conflito, mas não focadas nele, ou depois de algum tempo – tudo isso suaviza a extensão em que os participantes da maioria pareceriam dissidentes – as minorias exercem um forte impacto (Clark e Maass, 1990; Crano e Seyranian, 2009; Moscovici e Personnaz, 1991). Como Moscovici argumentou de modo convincente que, pela opinião da minoria, sofremos mudanças significativas, mas de maneira sutil.

Em *Rogues, rebels and dissent: just because everyone agrees, doesn't mean they're right*, Charlan Nemeth (2016) revê mais de trinta anos de pesquisa ao indicar que os dissidentes em um grupo servem a um propósito inestimável, independentemente de suas opiniões serem coerentes. Os dissidentes podem parecer um incômodo, ela observa, e uma fonte desnecessária de conflito, o que pressiona os outros a defender uma posição com a qual todos concordam. No entanto, estudos indicam que a dissidência estimula a inovação (De Dreu e De Vries, 2001).

Por mera vontade de permanecer firmemente independentes, as minorias podem forçar outros membros do grupo a pensar com mais cautela, mais abertamente, com inovações, diferentes e mais criativas sobre um problema, melhorando a qualidade do resultado de um grupo. Em um estudo, os participantes expostos a um ponto de vista minoritário sobre como resolver anagramas, depois encontraram soluções mais inovadoras (Nemeth e Kwan, 1987). Em um segundo estudo, aqueles expostos a um ponto de vista minoritário consistente sobre a melhor forma de recordar informações mais tarde lembraram mais palavras de uma lista que estavam tentando memorizar (Nemeth et al., 1990). Em um terceiro estudo, grupos interagindo com um confederado dissidente produziram análises mais originais de problemas complexos de negócios (Van Dyne e Saavedra, 1996). É importante ressaltar que Nemeth e seus colegas (2001) descobriram que, para ter influência sobre um grupo, indivíduos solitários devem exibir "dissidência autêntica", não meramente bancar o "advogado do diabo" – uma tática que realmente reforça a posição da maioria.

7-2e Cultura e conformidade

Nós, humanos, somos um grupo heterogêneo e diverso. Por uma questão de *geografia*, alguns vivem em cidades grandes e densamente povoadas, enquanto outros vivem em cidades pequenas, bairros ricos, comunidades rurais de agricultura ou pesca, selvas, desertos extensos, montanhas de grande altitude,

As culturas diferem em normas únicas e, em geral, pitorescas. Na Nigéria, é comum pedir que os convidados que usem roupas com cores combinadas, chamadas "aso ebi", em eventos sociais, como este casamento em Lagos (no alto, à esquerda). Em Mumbai, na Índia, um homem maquia o rosto de uma mulher com pós de cores vivas no festival de Holi, que marca o início da primavera (no alto, à direita). Na Espanha, os foliões de Pamplona erguem suas bandanas antes da festa de San Fermin, durante a qual seis touros correm pelas ruas movimentadas do centro da cidade (embaixo, à esquerda). As imagens em cores estão disponíveis ao final do livro.

ilhas tropicais e vastas planícies árticas. Excluindo os dialetos, mais de 6.500 *línguas* diferentes são faladas. Há também centenas de *religiões* com as quais as pessoas se identificam – sendo as mais comuns o cristianismo (33%), o islamismo (21%), o hinduísmo (14%), a tradição chinesa (6%) e o budismo (6%), o judaísmo (0,22%) e outros com menos fiéis. Aproximadamente 16% da população mundial não segue uma religião (Adherents.com, 2019).

Ligadas por tempo e espaço, cada cultura tem a própria ideologia, música, tendências, alimentos, leis, costumes e maneiras de expressão. Como muitos turistas e estudantes de intercâmbio que viajam ao exterior aprendem, às vezes de modo mais difícil, as normas sociais que influenciam a conduta humana podem variar significativamente de uma parte do mundo a outra.

Em *Do's and taboos around the world*, Roger Axtell (1993) alerta os viajantes sobre algumas dessas diferenças. Ao jantar em uma casa indiana, ele observa, você deve deixar a comida no prato para mostrar ao anfitrião que as porções são generosas e que já está satisfeito. No entanto, como convidado para um jantar na Bolívia, você demonstraria gratidão ao limpar o prato. Ao fazer compras em um mercado ao ar livre no Iraque, negocie o preço de tudo o que comprar. Ao agendar um encontro no Brasil, a pessoa com quem marcou, provavelmente, vai atrasar; não é nada pessoal. Na América do Norte, é comum sentar-se casualmente em frente a alguém com as pernas estendidas. No entanto, no Nepal, como em muitos países muçulmanos, é um insulto apontar a planta dos pés para alguém. Até a maneira como nos distanciamos uns dos outros é influenciada pela cultura. Norte-americanos, canadenses, britânicos e habitantes do norte da Europa mantêm uma distância educada dos outros e sentem-se "sufocados" pela maior proximidade de franceses, gregos, árabes, mexicanos e pessoas da América do Sul. Em questões da vida cotidiana, cada cultura opera de acordo com as próprias regras de conduta.

Assim como as culturas diferem em normas sociais, também distinguem-se na expectativa de que as pessoas sigam essas normas. Como vimos no Capítulo 3, há diferentes orientações culturais em relação às pessoas e a suas relações com os grupos. Algumas culturas valorizam principalmente o **individualismo** e as virtudes da independência, da autonomia e da autossuficiência, enquanto outras valorizam o **coletivismo** e as virtudes da interdependência, da cooperação e da harmonia social. Sob a bandeira do individualismo, os objetivos pessoais têm prioridade sobre as afinidades do grupo. Ainda assim, em culturas coletivistas, a pessoa é, antes de mais nada, um membro leal de uma família, uma cidade, uma equipe, uma empresa, uma igreja e um estado.

O que determina se uma cultura é individualista ou coletivista? Ao especular sobre as origens dessas orientações, Harry Triandis (1995) sugeriu que há três fatores-chave. O primeiro é a *complexidade* de uma sociedade. À medida que as pessoas passam a viver em sociedades industrializadas mais complexas (em comparação, por exemplo, a uma vida mais simples de coleta de alimentos entre os nômades do deserto), há mais grupos com os quais se identificar, o que significa menos lealdade a qualquer um deles e maior foco em objetivos pessoais em vez de objetivos coletivos. Em segundo, está a *riqueza* de uma sociedade. À medida que as pessoas prosperam, ganham independência financeira de outras, uma condição que promove a independência social, bem como a mobilidade e o foco em objetivos pessoais em vez de coletivos. O terceiro fator é a *heterogeneidade*. Sociedades homogêneas ou "rígidas" (em que os membros compartilham língua, religião e costumes sociais) tendem a ser rigorosas e intolerantes com aqueles que fogem da norma. Sociedades culturalmente diversas, ou "relaxadas" (onde coexistem duas ou mais culturas), tendem a aceitar melhor as diferenças, permitindo, assim, uma expressão mais individualizada. Segundo Edward Sampson (2000), as orientações culturais também podem estar enraizadas em ideologias religiosas, como na relação entre o cristianismo e o individualismo.

*Diga o que você pensa
Ame quem você ama
Porque você acabou de obter
Muitas viagens ao redor do sol...
Siga seu caminho.
Para onde quer que ele aponte.*

Kacey Musgraves, cantora e compositora de música *country*, canta seu hit "Follow your arrow". Leia a letra e você verá que a música expressa um valor cultural de "individualismo".

Pesquisas iniciais entre nações mostraram que a autonomia e a independência eram mais valorizadas nos Estados Unidos, na Austrália, na Grã-Bretanha, no Canadá e na Holanda, nessa ordem. Já outras culturas valorizam a harmonia social e o "encaixe" em prol da comunidade, sendo os povos mais coletivistas da Venezuela, da Colômbia, do Paquistão, do Peru, de Taiwan e da China (Hofstede, 1980). Ainda que as pesquisas mostrem que as diferenças são mais complicadas, que os indivíduos diferem mesmo dentro das culturas e que as culturas mudam com o tempo, é nítido que as nações variam no padrão médio de suas orientações sobre a dimensão do individualismo (Schimmack et al., 2005). A diferença pode ser medida por meio de livros e de outras fontes escritas – pelo conteúdo das histórias contadas (Imada, 2012) e pelo uso dos pronomes de primeira pessoa do singular, "eu" e "mim" (Hamamura e Xu, 2015; Twenge et al., 2013).

As orientações culturais influenciam a conformidade? Entre os bantu do Zimbábue, um povo africano no qual as diferenças são rechaçadas, 51% dos participantes de um estudo semelhante ao de Asch se conformaram – mais que o número normalmente constatado nos Estados Unidos (Whittaker e Meade, 1967). Quando John Berry (1979) comparou participantes de 17 culturas, descobriu que

individualismo Orientação cultural em que a independência, a autonomia e a autossuficiência têm prioridade sobre as afinidades do grupo.

coletivismo Orientação cultural em que a interdependência, a cooperação e a harmonia social têm prioridade sobre os objetivos pessoais.

as taxas de conformidade variaram de um mínimo de 18% entre os caçadores inuits da Ilha Baffin a um máximo de 60% entre os fazendeiros temnes que viviam em vilarejos da África Ocidental. Análises adicionais mostraram que as taxas de conformidade são geralmente mais altas em culturas de orientação coletivista em vez de individualista (Bond e Smith, 1996). Portanto, muitos antropólogos – interessados na cultura humana e em sua influência sobre os indivíduos – estudam os processos de conformidade e independência (Spradley et al., 2015).

Mesmo dentro das culturas coletivistas, a pressão para se conformar pode variar de modo sutil. Por exemplo, considere o Japão e a Turquia. Ambas as culturas enfatizam a interdependência e a conexão com os outros. No entanto, enquanto a cultura japonesa reforça o conceito de "se encaixar", a cultura turca enfatiza o de "ficar junto". Então, quando Derya Güngör e outros (2014) pediram que alunos de cada um desses países relatassem suas interações diárias, os participantes japoneses tenderam a falar sobre conformidade ("Eu concordo com o que os outros querem, mesmo quando preferiria fazer algo diferente"), enquanto os turcos se concentraram mais no relacionamento ("Considero as pessoas próximas a mim uma parte importante de quem eu sou").

7-3 Concordância

Em situações de conformidade, as pessoas seguem normas de grupo implícitas ou explícitas. Porém outro modo comum de influência social ocorre quando outras pessoas nos fazem *solicitações diretas* na expectativa de que sejam atendidas. As situações que exigem **concordância** assumem várias formas. O que inclui o pedido de ajuda de um amigo, timidamente precedido pela pergunta "Você pode me fazer um favor?". Também inclui os anúncios pop-up na internet projetados para atraí-lo a um site comercial e o argumento de venda do vendedor precedido pelas perigosas palavras "Tenho um bom negócio para você!". Às vezes, o pedido é claro e direto; o que você vê é o que obtém. Outras vezes, é parte de uma manipulação sutil e mais elaborada.

Como as pessoas convencem os outros a atender às solicitações de seu interesse? Como os investigadores da polícia induzem o suspeito de um crime a confessar? Como os partidos políticos conseguem milhões de dólares em contribuições dos eleitores? Como *você* exerce influência sobre os outros? Faz uso de ameaças, promessas, educação, mentiras ou razão? Você insinua, persuade, acua, negocia, engana, tem acessos de raiva ou recorre à posição hierárquica sempre que possível? Muito frequentemente, as estratégias de concordância das quais fazemos uso dependem de quanto conhecemos a pessoa que visamos influenciar, nossa posição em um relacionamento, nossa personalidade, nossa cultura e a natureza da solicitação.

Ao observar os mestres da influência – anunciantes, angariadores de fundos, políticos e líderes empresariais –, Robert Cialdini (2016) e outros psicólogos sociais aprenderam muito sobre as estratégias sutis, mas eficazes, comumente empregadas. Descobriram que as pessoas costumam levar os outros a atender às suas solicitações ao montar sutis armadilhas psicológicas. Uma vez presa nessas armadilhas, a vítima incauta tem dificuldade para escapar. Na verdade, Anthony Pratkanis (2007) identificou 107 métodos de influência social que foram pesquisados e publicados. Essas táticas têm vários nomes interessantes, incluindo *a isca*, *a técnica de premiação 1 em 5*, *a técnica de jogar e correr*, *a técnica de desmontar e remontar* e a *técnica de direcionamento rumo a um objetivo*. Nas próximas páginas, algumas das abordagens mais conhecidas serão descritas.

7-3a Descuido e concordância

Ocasionalmente, as pessoas podem ser desarmadas pela simples maneira de solicitar um pedido, independentemente do conteúdo. Considere, por exemplo, solicitações que parecem razoáveis, mas não oferecem uma base real para concordância. Ellen Langer e seus colegas (1978) descobriram que as palavras por si mesmas podem às vezes nos levar à submissão. Em sua pesquisa, um experimentador abordou pessoas que faziam uso

> **concordância** Mudanças no comportamento que são provocadas por solicitações diretas.

de uma máquina copiadora da biblioteca e pediu para passar adiante na fila. Três versões diferentes do pedido foram empregadas. Em uma delas, a pergunta foi, simplesmente: "Com licença. Tenho cinco páginas. Posso usar a copiadora?". Em uma segunda versão, a solicitação foi justificada pela adição da frase "porque estou com pressa". Como seria de esperar, mais pessoas aceitaram o pedido quando a solicitação foi justificada (94%) que quando não foi (60%). Uma terceira versão do pedido, no entanto, sugere que o verdadeiro motivo apresentado teve pouco a ver com o aumento na concordância. Nesse caso, os participantes ouviram o seguinte: "Com licença. Eu tenho cinco páginas. Posso usar a máquina Xerox porque preciso fazer algumas cópias?". Hein? Leia esse pedido com atenção e você verá que realmente não oferece nenhuma razão. No entanto, 93% deixaram o experimentador passar na frente! Era como se a presença de um motivo, desencadeado pela palavra *porque*, fosse tudo o que era necessário. Na verdade, Langer (1989) descobriu que a mente está muitas vezes no "piloto automático" – respondemos *sem pensar* às palavras, sem processar totalmente as informações que supostamente transmitem. Pelo menos para pedidos que são pequenos, "besteirinhas" podem ser o suficiente para obter a concordância.

A pesquisa de Langer mostra que, ocasionalmente, processamos pedidos verbais com um certo desânimo, sem pensamento crítico. Nesses casos, somente palavras, se soarem bem, podem ser empregadas para obter concordância. Considere, por exemplo, palavras que evoquem o conceito de liberdade. Em uma série de experimentos, os pesquisadores descobriram que apenas inserindo a frase *"Porém você é livre para aceitar ou recusar"* a um pedido, eles foram capazes de aumentar o número de pessoas que concordaram em doar dinheiro, dar um cigarro a alguém, preencher uma pesquisa e comprar um lanche. Essa técnica aumentou a concordância de modo consistente em solicitações feitas cara a cara, na rua e em shoppings, por correio, por telefone e pela internet (Guéguen et al., 2013).

Em uma metanálise de 42 experiências que envolveu mais de 22 mil participantes, especialmente na França, Christopher Carpenter (2013) concluiu que a técnica de evocar a liberdade por meio de palavras é consistentemente eficaz. Essa técnica simples é tão robusta que, quando um confederado abordou alunos em uma universidade municipal nos Estados Unidos para pedir o telefone celular emprestado, adicionando "liberdade para dizer não" ao pedido mais que dobrou a taxa de concordância – de 45% a 95% (Farley et al., 2019).

É interessante que, embora um estado de inconsciência possa nos tornar vulneráveis à concordância, também pode ter o efeito oposto. Por exemplo, muitos moradores da cidade passam por necessitados que pedem ajuda na rua sem notá-los. Talvez a maneira de aumentar a concordância em tais situações seja interromper essa resposta de recusa inconsciente, ao fazer um pedido tão incomum que desperte o interesse da pessoa-alvo. Isso funciona? Pesquisas mostram que sim (Lee e Feeley, 2017).

Em um teste dessa *técnica pique*, os pesquisadores fizeram um confederado abordar pessoas na rua e fazer um pedido típico ("Você pode me dar dez centavos?") ou atípico ("Você pode me dar 17 centavos?"). Resultado: os pedidos atípicos suscitaram mais comentários e perguntas daqueles que foram abordados – e produziram um aumento de 60% no número de pessoas que deram dinheiro ao confederado (Santos et al., 1994). Em outro estudo, pesquisadores que foram de porta em porta vendendo cartões de Natal tiveram mais sucesso quando interromperam o processo automático e reformularam o discurso de vendas. Eles venderam mais cartões quando disseram que o preço era "três centenas de centavos – isso são três dólares, uma pechincha" que quando simplesmente pediram três dólares (Davis e Knowles, 1999).

7-3b A norma da reciprocidade

Um de nós usa a Lyft, uma empresa de compartilhamento de caronas cujo serviço conecta motoristas a passageiros em potencial por meio de um aplicativo. Fundada em 2013, em San Francisco, a Lyft é uma empresa de táxi concorrente da Uber. Na primeira vez que chegou ao destino definido pelo GPS e realizou o pagamento com cartão de crédito, essa pessoa foi solicitada a classificar o serviço em uma escala de 5 pontos. Essa foi fácil. O motorista era um 5: amigável, o carro estava limpo e era confortável, o trajeto foi rápido e a conversa, interessante. No dia seguinte, ela foi notificada de que o motorista *a* havia avaliado com 5 pontos. A Lyft não conta apenas com a avaliação dos motoristas pelos passageiros, mas também com as avaliações dos passageiros! O passageiro/autor, por ser um psicólogo social, não resistiu a se questionar se havia "ganho" essa classificação ou se havia sido uma "retribuição" pela alta nota dada ao motorista.

Uma regra de comportamento social simples, não declarada, mas poderosa, conhecida como *norma da reciprocidade*, determina que tratemos os outros como nos tratam (Gouldner, 1960). Pelo lado negativo, essa norma pode ser empregada para sancionar a retaliação contra aqueles que nos causam danos – como na expressão "olho por olho". Pelo lado positivo, a reciprocidade pode nos levar a sentir a obrigação de retribuir os outros por atos de bondade. Assim, sempre que recebemos presentes, convites, elogios e brindes, normalmente fazemos o possível para retribuir o favor.

A norma da reciprocidade contribui para a previsibilidade e a justiça da interação social. Porém também pode ser aplicada para nos explorar. Dennis Regan (1971) examinou essa possibilidade no seguinte estudo de laboratório. Indivíduos foram reunidos com um confederado treinado para agir de modo agradável ou desagradável em um experimento de "estética". Em uma condição, o confederado fazia um favor não solicitado ao participante: ele saía no intervalo e voltava com duas garrafas de Coca-Cola, uma para ele e outra para o participante. Em uma segunda condição, ele voltava do intervalo de mãos vazias. Em uma terceira condição, os participantes receberam um refrigerante, mas do experimentador, não do confederado. O confederado, então, disse aos participantes em todas as condições que estava vendendo bilhetes de uma rifa a 25 centavos cada e perguntou se eles estariam dispostos a comprar um deles. Em média, os participantes compraram mais bilhetes da rifa quando o confederado havia oferecido a ele um refrigerante antes do que quando não foi ofertado. A norma da reciprocidade foi tão intensa que eles retribuíram o favor mesmo quando o confederado não fosse uma personagem agradável. Na verdade, os participantes nessa condição gastaram em média 43 centavos em bilhetes de rifa. Em um momento em que os refrigerantes custavam menos da metade, o confederado teve um lucro rápido e considerável sobre seu investimento!

É claro que a norma da reciprocidade pode ser empregada para nos envolver, involuntariamente, em atos de concordância. Por exemplo, pesquisas realizadas em restaurantes mostram que garçons e garçonetes podem aumentar as gorjetas ao escrever "Obrigado" no verso da nota, desenhar uma carinha feliz ou colocar doces na bandeja da conta de consumo (Rind e Strohmetz, 2001; Strohmetz et al., 2002). Porém receber um favor nos leva a sentir em dívida permanentemente, ou há um limite de tempo para essa obrigação social que é tão discretamente desencadeada?

Em um experimento projetado para responder a esta pergunta, Jerry Burger e outros (1997) usaram o refrigerante favorito de Regan e fizeram o confederado tentar "lucrar" com um pedido imediatamente ou uma semana depois. Resultado: os níveis de concordância aumentaram na condição imediata, mas não depois de decorrida uma semana. As pessoas podem se sentir compelidas a retribuir, mas esse sentimento – pelo menos para pequenos atos de bondade – persiste relativamente pouco.

Algumas pessoas são mais propensas que outras a explorar a norma da reciprocidade. De acordo com Martin Greenberg e David Westcott (1983), os indivíduos que usam a reciprocidade para obter a concordância são chamados "credores" porque constantemente tentam manter os outros em dívida para que possam obter lucro quando necessário. Em um questionário que mede a ideologia de reciprocidade, as pessoas são identificadas como credoras quando endossam afirmações como "Se alguém faz um favor, é bom retribuí-la com um favor maior". No outro extremo estão pessoas que tentam não aceitar favores que mais tarde possam colocá-las em situação de exploração. Em uma escala que mede a *cautela recíproca*, diz-se que as pessoas são cautelosas quando expressam questões como "pedir a ajuda aos outros dá poder a eles sobre sua vida" (Eisenberger et al., 1987).

As culturas também podem diferir no que se refere à cautela quanto à reciprocidade – com consequências interessantes para o comportamento social. Imagine que você encontre um conhecido no aeroporto, vai tomar um drinque com ele, que se oferece para pagar a conta. Você deixaria que ele pagasse? Ou suponha que um balconista de um supermercado oferecesse uma amostra grátis para degustação. Você aceitaria a oferta? Com base na teoria de que a norma da reciprocidade tem especial força em culturas coletivistas que promovem a interdependência, Hao Shen e outros (2011) conduziram uma série de estudos em que apresentaram esse tipo de questão a estudantes universitários chineses de Hong Kong e para estudantes de origem europeia do Canadá. Como você pode verificar na • Figura 7.7, os alunos da China foram evidentemente menos dispostos a aceitar o favor. Questionamentos adicionais revelaram que esses participantes eram mais propensos a perceber os motivos de quem oferecia o favor como interesse próprio e se sentir desconfortavelmente em dívida com a situação.

Os estudantes da coletivista Hong Kong estavam corretos ao presumir que aceitar um favor os colocaria em dívida, exigindo reciprocidade? Retribuir o favor alivia a dívida? Para responder a essa pergunta, Namrata Goyal e Joan Miller (2018) contaram a participantes norte-americanos e indianos uma história sobre um estudante que viveu sem pagar aluguel com um casal de meia-idade por alguns meses. Cinco anos depois, o casal pediu que o estudante ajudasse-os com uma mudança. Metade dos participantes também foi informada de que o aluno já havia retribuído a generosidade do casal ao auxiliá-los na abertura de um negócio on-line. Esse aluno seria obrigado a ajudá-los na mudança?

Participantes norte-americanos que leram que o aluno já havia retribuído acreditaram que ele não tivesse mais nenhuma obrigação para com o casal. No entanto, os participantes indianos consideraram que tivesse a obrigação de ajudá-los mesmo assim. Nos Estados Unidos, a reciprocidade garante a liberação de obrigações futuras. Ainda assim, na Índia, a obrigação de ajudar os outros permanece, apesar de uma atitude de reciprocidade realizada anteriormente.

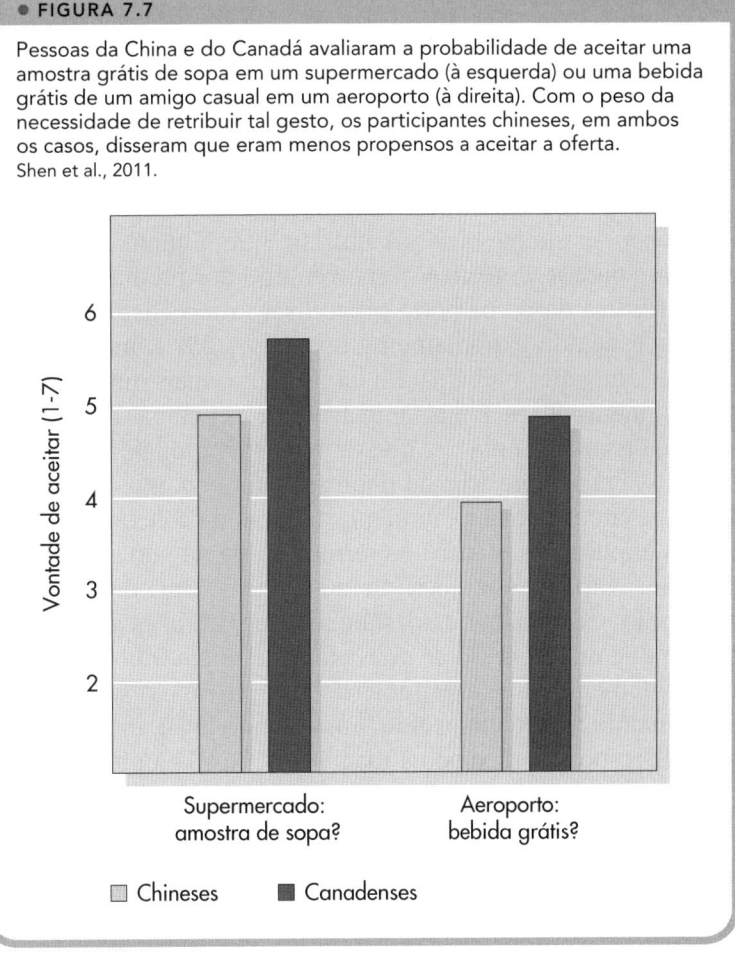

● FIGURA 7.7

Pessoas da China e do Canadá avaliaram a probabilidade de aceitar uma amostra grátis de sopa em um supermercado (à esquerda) ou uma bebida grátis de um amigo casual em um aeroporto (à direita). Com o peso da necessidade de retribuir tal gesto, os participantes chineses, em ambos os casos, disseram que eram menos propensos a aceitar a oferta.
Shen et al., 2011.

■ 7-3c Montando armadilhas: estratégias de solicitações sequenciais

As pessoas que trabalham com arrecadação de fundos ou com vendas sabem que muitas vezes é preciso mais que um único apelo para conquistar um doador ou um cliente em potencial. Os psicólogos sociais compartilham desse conhecimento e estudaram várias técnicas de concordância que se baseiam em fazer duas ou mais solicitações relacionadas. *Clique!* A primeira solicitação define a armadilha. *Foto!* O segundo captura a presa. Em um clássico e importante livro intitulado *Influence: science and practice*, Robert Cialdini (2009) descreveu uma série de táticas de pedidos sequenciais com ricos detalhes. Outros psicólogos sociais continuaram essa pesquisa (Dolinski, 2016; Kenrick et al., 2012). Os métodos mais conhecidos são apresentados nas páginas a seguir.

O pé na porta A sabedoria popular diz que um modo de levar uma pessoa atender a um pedido significativo é começar gradualmente. Idealizado pela primeira vez por vendedores ambulantes que vendiam aspiradores de pó, escovas de cabelo, cosméticos, assinaturas de revistas e enciclopédias, a artimanha é conseguir de algum jeito "entrar na casa". A expressão não precisa ser interpretada literalmente, é claro. O objetivo da **técnica "pé na porta"** é quebrar o gelo com um pequeno pedido inicial que o cliente não pode recusar

técnica "pé na porta" Técnica de concordância em duas etapas, na qual um influenciador prepara o terreno para a solicitação real, levando, primeiro, a pessoa a atender a uma solicitação muito menor.

facilmente. Uma vez que o primeiro pedido é atendido, as chances de outra solicitação maior ser bem-sucedida aumentam.

Jonathan Freedman e Scott Fraser (1966) testaram o impacto dessa técnica em uma série clássica de experimentos de campo. Em um deles, um experimentador, ao fingir ser empregado de uma organização de consumidores, telefonou a um grande número de donas de casa em Palo Alto, Califórnia, e perguntou se elas estariam dispostas a responder a algumas perguntas sobre os produtos domésticos que usavam. Àquelas que consentiram foram, então, feitas algumas perguntas rápidas e inofensivas e agradeceu-se pela assistência. Três dias depois, o experimentador ligou novamente e fez um pedido maior, quase absurdo. Perguntou às mulheres se permitiriam que homens fossem às casas delas vasculhar gavetas e armários para que pudessem realizar um inventário dos produtos domésticos.

A técnica do pé na porta provou ser muito eficaz. Quando as participantes foram confrontadas com apenas o pedido extremamente invasivo, 22% consentiram. No entanto, a taxa de concordância entre aquelas que antes participaram da pesquisa, mais que dobrou, subindo para 53%. Esse resultado foi repetido inúmeras vezes. É mais provável que as pessoas doem tempo, dinheiro, comida, sangue, o uso da casa e outros recursos, uma vez que tenham sido induzidas a atender a um pequeno pedido inicial. Ainda que o efeito nem sempre seja tão impressionante quanto o obtido por Freedman e Fraser, surge em uma ampla gama de circunstâncias e aumenta as taxas de concordância, em média, cerca de 13% (Burger, 1999).

As implicações práticas da técnica do pé na porta são óbvias. No entanto, por que funciona? Ao longo dos anos, várias explicações foram sugeridas. Uma delas que parece plausível é baseada na teoria da autopercepção – na qual as pessoas inferem suas atitudes ao observar o próprio comportamento. Essa explicação sugere que um processo de duas etapas está em funcionamento. Em primeiro lugar, ao observar o próprio comportamento na situação inicial, você passa a se enxergar como o tipo de pessoa que, geralmente, coopera quando recebe um pedido. Em segundo lugar, quando confrontado com o pedido mais complexo, você procura responder de modo a manter essa nova autoimagem. Por essa lógica, a técnica do pé na porta deve ter sucesso apenas quando você atribui um ato inicial de concordância às próprias características pessoais.

Com base em uma revisão de dezenas de estudos, Jerry Burger (1999) concluiu que a pesquisa geralmente apoia o relato da autopercepção. Assim, se a primeira solicitação for muito trivial ou se os participantes forem pagos pelo primeiro ato de concordância, eles não vão se encarar, mais tarde, como inerentemente cooperativos. Nessas condições, a técnica *não* funciona. Do mesmo modo, o efeito ocorre apenas quando as pessoas são motivadas a ser consistentes com sua autoimagem. Se os participantes estão insatisfeitos com o que o comportamento inicial implica sobre eles, se são muito jovens para avaliar as consequências ou se não se preocupam em se comportar de modo pessoalmente consistente, então, novamente, a técnica não funciona. Outros processos podem estar em ação, mas parece que o pé na porta, ao alterar a autopercepção, leva as pessoas que concordam com o pequeno pedido inicial – sem qualquer compensação – a se considerar úteis (Burger e Caldwell, 2003).

Saber que um pé na porta aumenta as taxas de concordância é empolgante e preocupante – empolgante para o dono do pé, preocupante para o dono da porta. Como Cialdini (2009) colocou, "É possível usar pequenos compromissos para manipular a autoimagem de uma pessoa; para transformar cidadãos em 'servidores públicos', prospectos em 'clientes', prisioneiros em 'colaboradores'. E, uma vez que uma pessoa tenha a autoimagem que você deseja, ela deve obedecer *naturalmente* a seus diferentes pedidos que estejam de acordo com essa visão de si mesmo" (p. 74).

Lowballing Outra armadilha de duas etapas, sem dúvida a mais inescrupulosa de todas as técnicas de concordância, também é baseada na ideia de "começar pequeno". Imagine-se na seguinte situação. Você está em uma concessionária de veículos. Depois da negociação, o vendedor oferece um ótimo preço no carro de sua escolha. Você deixa de lado outras questões e aceita a proposta e, quando o vendedor sai para "formalizar o negócio", permite-se ficar animado. Então, de repente, ele retorna. "Sinto muito. O gerente não aprovou a venda. Temos de aumentar o preço em mais $ 1.200. Estou apreensivo, é o melhor que podemos fazer". Vítima de uma artimanha muito comum, conhecido como **lowballing**, você agora se

> **lowballing** Técnica de concordância em duas etapas, na qual o influenciador garante a concordância com uma solicitação, mas aumenta o tamanho dessa solicitação, revelando custos ocultos.

depara com uma decisão difícil. Por um lado, você realmente gosta do carro e, quanto mais pensa nele, melhor fica. Por outro, não quer pagar mais do que esperava e tem uma sensação incômoda na boca do estômago de que esteja sendo enganado. O que você faz?

Os vendedores que fazem uso dessa tática estão apostando que você fará a compra apesar do custo adicional. Se o modo como os participantes de uma pesquisa se comportaram for alguma indicação, os vendedores geralmente estão certos. Em um estudo, os experimentadores telefonaram a estudantes de introdução à psicologia e perguntaram se estariam dispostos a participar de um estudo para obter crédito extra. Alguns foram informados de antemão que a sessão começaria às 7 horas da manhã, inadmissível. Ao saberem desse aspecto, somente 31% voluntariaram-se. No entanto, outros participantes foram menosprezados. Somente *após* concordarem em participar, o experimentador informou-os sobre o horário de início. É correto? Quer esteja ou não, atingiu-se o objetivo – a taxa de inscrição subiu para 56% (Cialdini et al., 1978).

Por mais desagradável que seja, o lowballing é uma técnica interessante. Certamente, uma vez que a oferta é modificada, muitos suspeitam de que foram enganados. No entanto, eles seguem. Por quê? A razão parece depender da psicologia do compromisso (Kiesler, 1971). Depois que as pessoas tomam uma decisão específica, justificam-na para si mesmas ao refletir sobre os aspectos positivos no geral. À medida que se comprometem cada vez mais com determinado curso de ação, ficam mais resistentes a mudar de ideia, mesmo que as razões iniciais tenham sido alteradas ou deixado de haver. No cenário de uma concessionária de veículos, você pode muito bem ter decidido comprar o carro por causa do preço. No entanto, começaria a pensar em seu porte elegante, tecnologia anticolisão, interior de couro e rádio satélite totalmente novo. No momento em que descobrisse que o preço era maior do que sua expectativa, seria tarde demais – você já teria sido fisgado.

Lowballing também produz outro tipo de compromisso. Quando as pessoas não suspeitam da trapaça, têm uma sensação incômoda de obrigação não cumprida em relação a pessoa com quem negociaram. Mesmo que o vendedor não tenha conseguido concluir o negócio original, você pode se sentir obrigado a comprar de qualquer maneira, pois já concordou em realizar a compra. Esse compromisso com a outra pessoa pode explicar por que o lowballing funciona melhor quando a segunda solicitação é feita pela mesma pessoa que por outra (Burger e Petty, 1981). Seja qual for o motivo específico, o corpo da pesquisa mostra evidentemente que o lowballing é um método eficaz de aumentar a concordância (Burger e Caputo, 2015).

A porta na cara Ainda que iniciar com uma pequena solicitação e pedir algo maior na sequência possa ser eficaz, como nas técnicas pé na porta e lowballing, estranhamente o oposto também é verdadeiro. Cialdini (2009) descreveu a ocasião em que foi abordado por um escoteiro que ofereceu dois ingressos de cinco dólares para um espetáculo de circo que se aproximava. Com coisas melhores para fazer com o tempo e o dinheiro, ele recusou. Depois, o menino perguntou se ele estaria interessado em comprar barras de chocolate a um dólar cada. Mesmo que não goste muito de chocolate, Cialdini – um especialista em influência social – comprou duas barras. Depois de um momento de reflexão, percebeu o que havia acontecido. Quer o escoteiro tenha planejado ou não, Cialdini foi pego pelo que é conhecido como a **técnica "porta na cara"**.

A técnica é tão simples como parece. Um indivíduo faz uma solicitação inicial tão excessiva que com certeza será rejeitada. Essa pessoa, então, apresenta um segundo pedido mais razoável. O segundo pedido parecerá mais condizente depois de o primeiro ser recusado? Incomodado com as barras de chocolate não consumidas, Cialdini e outros (1975) testaram essa hipótese. Abordaram estudantes universitários no *campus* e perguntaram se eles se ofereceriam para trabalhar sem remuneração em um centro de aconselhamento para menores delinquentes. O compromisso de tempo era proibitivo: cerca de duas horas por semana pelos próximos dois anos! Não é de surpreender que todos que foram interpelados educadamente bateram a porta proverbial na cara do experimentador. No entanto, logo o pesquisador seguiu com uma proposta mais modesta, ao indagar se estariam dispostos a acompanhar um grupo de crianças ao zoológico, em um passeio com duração de duas

> **técnica "porta na cara"** Técnica de concordância em duas etapas, na qual um influenciador introduz a solicitação real com um pedido tão intenso que, naturalmente, é rejeitado.

horas. A estratégia funcionou perfeitamente. Somente 17% dos alunos abordados apenas com a segunda solicitação concordaram. Porém, dos que inicialmente recusaram o primeiro pedido, 50% disseram que sim ao passeio ao zoológico. É importante ressaltar que a técnica porta na cara não gera promessas vazias. A maioria dos participantes da pesquisa que concordam com a proposta, posteriormente, fez o que se comprometeu (Cialdini e Ascani, 1976).

Por que a técnica porta na cara é tão eficaz? Uma possibilidade é o princípio do *contraste perceptivo*: para a pessoa exposta a uma solicitação inicial muito ampla, a segunda solicitação "parece menor". Dois dólares em barras de chocolate não é ruim em comparação a 10 dólares em ingressos de circo. Do mesmo modo, levar um grupo de crianças ao zoológico parece simples em comparação a dois anos de trabalho voluntário. Por mais intuitiva que essa explicação pareça, Cialdini e outros (1975) concluíram que o contraste perceptivo é apenas parcialmente responsável pelo resultado. Quando os participantes ouviram somente a grande solicitação, sem realmente ter de rejeitá-la, a taxa de concordância com a segunda solicitação (25%) foi apenas ligeiramente maior que a taxa de 17% de concordância exibida por aqueles que ouviram somente o pedido simples.

Uma explicação mais convincente envolve a noção de *concessões recíprocas*. Um primo próximo da norma da reciprocidade refere-se à pressão para responder às mudanças em uma situação de barganha.

> Maneira eficaz de conseguir que alguém faça um favor é antes fazer um pedido tão extenso que a pessoa, com certeza, vai se recusar a atendê-lo.
>
> **VERDADEIRO**

Quando um indivíduo recusa um pedido maior e aceita um menor, vemos esse movimento como uma concessão, com a qual devemos concordar. Assim, a técnica "porta na cara" não funciona se a segunda solicitação for feita por uma pessoa diferente (Cialdini et al., 1975). Tampouco funciona se o primeiro pedido for tão extremo que pareça uma "primeira oferta" enganosa (Schwarzwald et al., 1979). Em um nível emocional, recusar-se a ajudar também pode desencadear sentimentos de culpa, que podemos reduzir atendendo ao segundo pedido, que é mais simples (Millar, 2002; O'Keefe e Figge, 1997).

E não é só isso, pessoal! Se a noção de concessões recíprocas estiver correta, então uma pessoa não precisaria recusar a oferta inicial para que um pedido menor funcionasse. De fato, outra estratégia de vendas conhecida consegue usar a concessão sem primeiro provocar uma recusa. Nessa estratégia, um produto é oferecido a um preço específico, mas logo, antes que o comprador tenha a chance de responder, o vendedor acrescenta: "E não é só isso!". Nesse momento, o preço original é reduzido ou um bônus é oferecido para a compra ser mais atraente. O vendedor, é claro, pretende o tempo todo fazer a chamada concessão.

Essa artimanha, chamada **técnica "e não é só isso"**, parece clara, certo? Certamente ninguém cai nessa, não é mesmo? Burger (1986) não tinha tanta certeza. Ele previu que as pessoas têm mais probabilidade de fazer uma compra quando um negócio parece ter melhorado que quando a mesma oferta é oferecida desde o início. Para testar essa hipótese, Burger montou um estande de venda de cupcakes em uma feira universitária. Alguns clientes que se aproximaram da mesa foram informados de que os cupcakes custavam 75 centavos cada. Outros foram informados de que custavam um dólar, mas então, antes que pudessem responder, o preço foi reduzido a 75 centavos. Falando racionalmente, a manipulação de Burger não afetou o preço final, então não deveria ter afetado as vendas. Porém afetou. Quando os clientes foram levados a acreditar que o preço final representava um desconto, as vendas aumentaram de 44% para 73%. Desde esse estudo inicial, outros confirmaram o efeito "inconsciente" dessa estratégia na concordância (Lee et al., 2019).

> **técnica "e não é só isso"**
> Técnica de concordância em duas etapas, na qual o influenciador começa com uma solicitação exagerada e, em seguida, diminui o tamanho aparente, ao oferecer um desconto ou bônus.

Vamos, agora, dar uma olhada nas várias táticas de concordância descritas nesta seção. Todas são baseadas em um processo de duas etapas que envolve a mudança de uma solicitação de um tamanho para outro. O que difere é se a solicitação pequena ou grande vem primeiro e como a transição entre as etapas é feita (ver ▲ Tabela 7.3). Além disso, todas essas estratégias funcionam de modo sutil, manipulando a autoimagem de uma pessoa-alvo, o compromisso com o

▲ **TABELA 7.3**

Estratégias de solicitações sequenciais

Várias técnicas de concordância são baseadas em uma sequência de duas solicitações relacionadas. *Clique!* A primeira solicitação define a armadilha. *Foto!* A segunda captura a presa. A pesquisa mostrou que as quatro estratégias de solicitação sequencial resumidas nesta tabela são eficazes.

Mudança de solicitações	Técnica	Descrição
Do pequeno ao grande	Pé na porta	Começar com um pedido muito pequeno, obter a concordância e, em seguida, fazer um novo pedido maior.
	Lowballing	Garantir a concordância com uma solicitação e aumentar o tamanho, revelando custos ocultos.
Do grande ao pequeno	Porta na cara	Começar com um pedido muito grande que será rejeitado e, em seguida, prosseguir com um pedido mais modesto.
	Não é só isso	Começar com uma solicitação um tanto exagerada e, imediatamente a seguir, diminuir o tamanho aparente dessa solicitação, ao oferecer um desconto ou um bônus.

produto, o sentimento de obrigação para com o vendedor ou as percepções do verdadeiro pedido. É até possível aumentar a concordância perguntando primeiro: "Como você está se sentindo?" (Howard, 1990) ou "Espero não estar incomodando você, estou?" (Meineri e Guéguen, 2011), ou alegando alguma coincidência, como ter o mesmo nome ou fazer aniversário no mesmo dia (Burger et al., 2004). Considerando essas várias armadilhas, fica a pergunta se é possível escapar.

■ 7-3d Assertividade: quando as pessoas dizem não

Cialdini (2009) introduz seu livro com uma confissão: "Agora posso admitir livremente. Toda a minha vida fui um bode expiatório". Ele não está sozinho no papel de vítima de técnicas de concordância. Muitas pessoas têm dificuldade em se afirmar em situações sociais. Diante de um pedido irracional de um amigo, cônjuge ou estranho, ficam ansiosas com o simples pensamento de bater o pé e se recusar a fazer o que é solicitado. Às vezes é desconfortável dizer não. No entanto, assim como podemos manter nossa autonomia diante das pressões de conformidade, também podemos recusar pedidos diretos – mesmo os mais perspicazes. A armadilha pode estar armada, mas você não precisa ser pego.

De acordo com Cialdini, ser capaz de resistir às pressões pela concordância depende, antes de mais nada, de estar atento. Se um estranho entrega um brinde e depois lança-se em um discurso de vendas, você deve reconhecer a tática usada e não se sentir em dívida pela norma da reciprocidade. E, se fechar um acordo com um vendedor que mais tarde pode voltar atrás em sua palavra, você deve estar ciente de que está sendo enganado e reaja adequadamente. Isso é exatamente o que aconteceu com um dos autores deste livro. Depois de uma tarde de sábado de negociações cuidadosas em uma concessionária local, ele e a esposa, finalmente, chegaram a um acordo sobre o preço de um carro. Minutos depois, porém, o vendedor informou que o gerente não havia aprovado a venda. Um item que deveria ser gratuito teria de ser cobrado. Familiarizado com as pesquisas, o autor voltou-se para a esposa e exclamou: "É um truque; eles estão nos enganando!". Ela, então, ficou furiosa, foi direto ao gerente, fez uma cena na frente de outros clientes e ele voltou atrás, honrando a oferta original.

"Conhecimento é poder, e se você souber quando uma técnica inteligente está sendo usada contra você, será mais fácil ignorar."

– Burke Leon

O que aconteceu neste caso? Por que reconhecer a tentativa de manipulação despertou tanta raiva e resistência? Como esta história ilustra, as técnicas de concordância funcionam perfeitamente apenas se estiverem ocultas. O problema é que essas técnicas não são apenas tentativas de nos influenciar; são enganosas. Bajulação, brindes e outros truques geralmente conseguem a concordância, mas não se percebidos como falsos (Jones, 1964) ou se o alvo for naturalmente cauteloso em relação aos truques de reciprocidade (Eisenberger et al., 1987). Do mesmo modo, as armadilhas de solicitações sequenciais são poderosas apenas se forem sutis e não puderem ser identificadas (Schwarzwald et al., 1979). As pessoas não gostam de ser pressionadas. Na verdade, sentir-se manipulado normalmente nos leva a reagir com raiva, reatância psicológica e recuo – a menos que o pedido seja uma ordem e o solicitante, uma figura de autoridade.

7-4 Obediência

Allen Funt, criador e produtor do clássico programa de TV *Candid Camera* (um precursor do *Punk'd*, programa de televisão norte-americano de quadros de "pegadinha" com câmera escondida), passou tanto tempo observando o comportamento humano no mundo real quanto muitos psicólogos. Quando questionado sobre o que aprendeu com todas as pessoas que observou, Funt respondeu: "A pior coisa, e vejo isso constantemente, é a facilidade com que as pessoas podem ser manipuladas por qualquer tipo de figura de autoridade, ou mesmo pelos menores sinais de autoridade". Ele citou a vez em que colocou uma placa na estrada que dizia "Delaware está fechada hoje". A reação? "Os motoristas não questionaram. Em vez disso, perguntaram: 'Jersey está aberta?'" (Zimbardo, 1985, p. 47).

Funt estava certo sobre a maneira como reagimos à autoridade. Ensinadas desde o nascimento que é importante respeitar formas legítimas de liderança, as pessoas pensam duas vezes antes de desafiar pais, professores, patrões, treinadores e funcionários do governo. O problema é que meros símbolos de autoridade – títulos, uniformes, distintivos ou as armadilhas do sucesso, mesmo sem as credenciais necessárias – às vezes podem transformar pessoas comuns em dóceis servos. Leonard Bickman (1974) demonstrou esse fenômeno em uma série de estudos iniciais em que um assistente de pesquisa do sexo masculino parava transeuntes na rua e ordenava que fizessem algo incomum. Às vezes, ele apontava para um saco de papel no chão e dizia: "Pegue esse saco para mim!". Em outras ocasiões, apontava para um indivíduo parado ao lado de um carro estacionado e dizia: "Este sujeito está no parquímetro, mas não tem moedas. Dê uma a ele!". Alguém realmente levaria esse cara a sério? Quando ele estava vestido com roupas convencionais, apenas um terço das pessoas parava e seguia suas ordens. Porém ao usar uniforme de segurança, quase 9 em cada 10 pessoas o obedeceram! Mesmo quando o personagem uniformizado dobrou a esquina e retirou-se depois da solicitação, a maioria dos transeuntes seguiu suas ordens. É claro, os uniformes significam o poder de autoridade (Bushman, 1988).

A **obediência** cega pode parecer cômica, mas se as pessoas estão dispostas a receber ordens de um estranho, até onde irão quando isso realmente importa? Como a história atesta, as

Levada ao extremo, a obediência cega pode ter resultados devastadores. Os oficiais nazistas mataram milhões durante a Segunda Guerra Mundial, e muitos disseram que agiram assim por estarem "apenas cumprindo ordens".

obediência Mudança de comportamento produzida por comandos de autoridade.

consequências são preocupantes. Na Segunda Guerra Mundial, autoridades nazistas foram cúmplices da morte de milhões de judeus, bem como de poloneses, russos, ciganos e homossexuais. No entanto, quando julgados por esses crimes, todos apresentaram a mesma defesa: "Eu estava cumprindo ordens".

Certamente, você pode estar pensando, o Holocausto foi uma exceção histórica que diz mais sobre os nazistas como um grupo de indivíduos fanáticos, odiosos e patologicamente frustrados que sobre as situações que levam as pessoas em geral a cometer atos nocivos de obediência. Em *Hitler's willing executioners*, o historiador Daniel Goldhagen (1996) argumenta com base em registros anteriores que muitos oficiais alemães participaram voluntariamente do Holocausto – não apenas pessoas comuns forçadas a seguir ordens. Citando registros históricos, outros argumentaram de modo similar que os assassinos nazistas sabiam, acreditavam e comemoravam a missão (Cesarani, 2004; Haslam e Reicher, 2007; Vetlesen, 2005).

No entanto, duas linhas de evidências sugerem que culpar esse subgrupo de alemães das décadas de 1930 e 1940 é uma explicação muito simples. Em primeiro lugar, entrevistas com criminosos de guerra nazistas e médicos que trabalharam em campos de concentração sugeriram, pelo menos para alguns, a instigante e perturbadora conclusão de que essas pessoas eram "absolutamente comuns" (Arendt, 1963; Lifton, 1986; Von Lang e Sibyll, 1983). Em segundo lugar, os eventos monstruosos da Segunda Guerra Mundial não são os únicos da história moderna. Ainda hoje, vários crimes

> *"Muito mais crimes – e crimes muito mais hediondos – foram cometidos em nome da obediência do que jamais foram cometidos em nome da rebelião."*
>
> – C. P. Snow

de obediência – que podem incluir tortura, atentados suicidas e decapitações públicas – são cometidos em regimes bárbaros, nas forças armadas e em organizações terroristas em todo o mundo (Haritos-Fatouros, 2002; Kelman e Hamilton, 1989; Victoroff e Kruglanski, 2009).

Como visto em escândalos periódicos de Wall Street, crimes de obediência também são encontrados no mundo corporativo, onde líderes empresariais e seus subordinados "se desvinculam moralmente" de fraudes e de outras ações antiéticas negando responsabilidade pessoal, minimizando consequências e desumanizando vítimas (Beu e Buckley, 2004; Moore et al., 2012; Newman et al., 2019). Em ocasiões extraordinárias, mas raras, a obediência é levada a seu limite máximo. Em 1978, 900 membros do culto do People's Temple obedeceram a uma ordem do reverendo Jim Jones para se matar ingerindo veneno. Em 1997, Marshall Applewhite, líder do culto Heaven's Gate na Califórnia, suicidou-se e convenceu 37 seguidores a fazer o mesmo. Membros de seitas fanáticas já cometeram suicídio em massa antes, e provavelmente o farão novamente (Galanter, 1999).

■ 7-4a Pesquisa de Milgram: forças da obediência nociva

Durante o tempo em que Adolf Eichmann estava sendo julgado em Jerusalém por seus crimes de guerra no período do nazismo, Stanley Milgram deu início a uma série de 18 experimentos. O primeiro foi publicado no *Journal of Abnormal and Social Psychology* em 1963; os demais foram relatados posteriormente em seu livro de 1974, *Obedience to authority*. Milgram não percebeu na época – nem mesmo os participantes da pesquisa –, mas estava prestes a fazer história em um dos mais famosos programas de pesquisa em psicologia já realizados.

Há muitos anos, a ética dessa pesquisa tem sido foco de muitos debates. Aqueles que afirmam que o procedimento não tenha sido ético apontam para o potencial dano psicológico a que os participantes de Milgram foram expostos. Em comparação àqueles que acreditam que esses experimentos atenderam aos padrões éticos apropriados enfatizam a profunda contribuição que eles deram para nossa compreensão da natureza humana e de um importante problema social. Concluem que, no geral, o perigo que a obediência nociva representa para toda a humanidade justifica os métodos heterodoxos de Milgram. Considere os dois lados do debate, resumidos no Capítulo 2, e tire as próprias conclusões. Agora, no entanto, faça uma observação mais pessoal. Imagine-se como um dos quase mil participantes que se encontraram em situação muito similar à descrita a seguir.

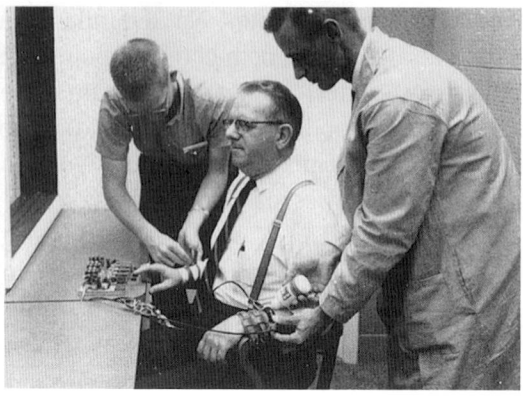

Este é o gerador de choque usado por Milgram (à esquerda). Ele ainda existe e pode ser visto nos Arquivos da História da Psicologia Americana, na Universidade de Akron. Os participantes dos estudos de Milgram acreditaram que estavam aplicando choques no sr. Wallace, o homem amarrado em sua cadeira (à direita).

A experiência começa quando você chega ao laboratório da Universidade de Yale e conhece dois homens. Um deles é o experimentador, um jovem sério vestido com jaleco cinza e uma prancheta. O outro é um senhor de meia-idade chamado sr. Wallace, um contador ligeiramente acima do peso e de aparência padrão. Vocês apresentam-se rapidamente e, em seguida, o experimentador explica que você e o outro indivíduo vão participar de um estudo sobre os efeitos da punição na aprendizagem. Depois de sorteado, é determinado que você vai atuar como professor e o sr. Wallace será o aluno. Até então, tudo bem.

Logo, porém, a situação torna-se mais preocupante. Você verifica que seu trabalho é testar a memória do aluno e administrar choques elétricos de intensidade crescente sempre que ele cometer um erro. Depois você é acompanhado até outra sala, onde o experimentador coloca o sr. Wallace em uma cadeira, com as mangas da camisa arregaçadas, fixa eletrodos nos braços dele e aplica "pasta condutora" para evitar bolhas e queimaduras. Wallace está apreensivo, mas o experimentador responde assegurando que, embora os choques sejam dolorosos, o procedimento não causará "danos permanentes aos tecidos". Nesse ínterim, você pode atestar pessoalmente o quanto os choques são dolorosos porque o experimentador aplica um choque em você que seria brando. O experimentador, então, leva-o novamente à sala principal, onde você se senta em frente a um "gerador de choque", uma máquina com 30 botões que variam de 15 volts, identificado com "choque leve", a 450 volts, identificado com "XXX".

O papel dele nesse experimento é evidente. Primeiro você lê uma lista de pares de palavras para o sr. Wallace em um microfone. Em seguida, testa a memória dele com uma série de perguntas de múltipla escolha. O aluno responde a cada pergunta ao pressionar um dos quatro botões que acendem os sinais do gerador de choque. Se a resposta dele estiver correta, você passa para a próxima pergunta. Se estiver incorreta, informa a resposta correta e ele recebe um choque. Quando você aperta o botão de choque apropriado, uma luz vermelha pisca, interruptores de relé se ativam na máquina e você ouve um zumbido alto na sala na qual está o aluno. Depois de cada resposta errada, é informado que a intensidade do choque deve ser aumentada em 15 volts.

Você não está ciente, é claro, de que o experimento é falso e que o sr. Wallace – na verdade, um confederado – jamais recebeu choques reais. Até onde você sabe, ele recebe um choque cada vez que pressiona um dos botões. Conforme a sessão prossegue, o aluno comete mais e mais erros, o que leva você a aumentar a intensidade dos choques. Ao atingir 75, 90 e 105 volts, você ouve o aluno gemer de dor. A 120 volts, ele começa a gritar. Se você ainda estiver no experimento, a 150 volts, poderá ouvir o aluno gritar: "Experimentador! Acabou. Tire-me daqui. Eu me recuso a continuar!". Gritos de agonia e protesto continuam. A 300 volts, ele diz que se recusa terminantemente a continuar. No momento em que você ultrapassa 330

▲ TABELA 7.4

Os protestos do aluno no experimento de Milgram

À medida que os participantes administravam choques progressivamente mais intensos, eles ouviam o aluno gemer, chorar, protestar e reclamar. Todos os participantes ouviram o mesmo conjunto programado de respostas. Por fim, o aluno ficou em silêncio e parou de responder.

Voltagem	Resposta
75 volts	Ai!
90 volts	Ai!
105 volts	Ai! (*mais alto*)
120 volts	Ai! Ei, isso dói muito!
135 volts	Ai!!
150 volts	Ai!!! Experimentador! Já chega. Tire-me daqui. Eu disse que tinha problema de coração. Agora meu coração está começando a me incomodar. Tire-me daqui, por favor. Meu coração está começando a me incomodar. Eu me recuso a continuar. Me deixe sair.
165 volts	Ai! Me deixe sair! (*gritando*)
180 volts	Ai! Eu não aguento a dor. Deixa-me sair daqui! (*gritando*)
195 volts	Ai! Deixe-me sair daqui. Quero sair. Meu coração está me incomodando. Quero sair daqui! Você não tem o direito de me manter aqui! Me deixe sair! Me deixe sair daqui! Me deixe sair! Me deixe sair daqui! Meu coração está me incomodando. Me deixe sair! Me deixe sair!
210 volts	Ai!! Experimentador! Me tire daqui. Eu aguentei o suficiente. Não participo mais na pesquisa.
225 volts	Ai!
240 volts	Ai!
255 volts	Ai! Tire-me daqui.
270 volts	(*Grito agonizante*) Me deixe sair daqui. Me deixe sair daqui. Me deixe sair daqui. Me deixe sair. Está me escutando? Me deixe sair daqui.
285 volts	(*Grito de agonia*)
300 volts	(*Grito de agonia*) Me recuso a continuar respondendo. Me tire daqui. Você não pode me segurar aqui. Me tire daqui. Me tire daqui.
315 volts	(*Grito agonizante intenso*) Eu disse que me recuso a continuar respondendo. Não faço mais parte deste experimento.
330 volts	(*Grito agonizante intenso e prolongado*) Deixe-me sair daqui. Deixe-me sair daqui. Meu coração está me incomodando. Me deixe sair, estou pedindo. (*Histericamente*) Me deixe sair daqui. Me deixe sair daqui. Você não tem o direito de me segurar aqui. Me deixe sair! Me deixe sair! Me deixe sair! Me deixe sair daqui! Me deixe sair! Me deixe sair!

Com base em Milgram, S., *Obedience to authority: An experimental view* (p. 56-57). Copyright © 1974 by Stanley Milgram.

---

volts, o aluno fica em silêncio e não responde – e não se ouve sua voz novamente. A ▲ Tabela 7.4 lista as sombrias respostas detalhadamente.

Em alguma parte ao longo do processo, você recorre ao experimentador para obter orientação. "O que devo fazer? Você não acha que eu deveria parar? Não deveríamos ao menos dar uma olhada nele?" Você pode até encarar o experimentador e recusar-se a continuar. No entanto, em resposta às suas perguntas, o experimentador – em tom firme e aparentemente não influenciado pela angústia do aluno – estimula-o:

- Por favor, continue (ou "por favor, siga em frente").
- O experimento requer que você continue.
- É absolutamente essencial que você continue.
- Você não tem outra escolha; deve continuar.

O que você faz? Em uma situação que se assemelha mais a um pesadelo, você segue a própria consciência ou obedece ao experimentador? Milgram descreveu esse procedimento a psiquiatras, estudantes universitários e adultos de classe média e pediu que eles previssem como se comportariam. Em média, esses grupos estimaram que parariam no nível de 135 volts. Ninguém pensou que iria até 450 volts. Quando solicitados a prever a porcentagem de *outras* pessoas que dariam o choque máximo, os entrevistados forneceram estimativas semelhantes. Os psiquiatras estimaram que apenas uma em mil pessoas exibiria esse tipo de obediência extrema. Estavam errados. No estudo que acabamos de descrever, que envolveu 40 homens da área de New Haven, Connecticut, os participantes exibiram um grau alarmante de obediência, administrando uma média de 27 entre 30 choques possíveis. Na verdade, 26 dos 40 participantes – ou seja 65% – aplicaram a punição final de 450 volts.

O participante obediente À primeira vista, você pode encarar esses resultados como uma lição de crueldade e concluir que os participantes de Milgram estavam seriamente perturbados. Porém as pesquisas não apoiam essa explicação simplista. Para começar, aqueles em um "grupo de controle" que não foram estimulados por um experimentador recusaram-se a continuar no início da sequência de choque. Além do mais, Milgram constatou que basicamente todos os participantes, incluindo aqueles que administraram choques intensos, ficaram atormentados com a experiência. Muitos deles imploraram ao experimentador para deixá-los parar. Quando este recusou o pedido, eles continuaram. No entanto, durante o processo, tremeram, gaguejaram, gemeram, suaram, morderam os lábios e cravaram as unhas na carne. Alguns explodiram em gargalhadas nervosas. Em uma ocasião, disse Milgram, "observamos uma convulsão [do participante] tão violenta que foi necessário interromper o experimento" (1963, p. 375).

O nível de obediência "básico" de 65% do experimento de Milgram poderia ser atribuído à sua amostra única de participantes do sexo masculino? De jeito nenhum. Quarenta mulheres que participaram de um estudo posterior exibiram exatamente o mesmo nível de obediência: 65% acionaram o interruptor de 450 volts. Antes de concluir que algo estava errado em New Haven, considere o fato de que a descoberta básica de Milgram foi obtida em várias culturas e com crianças, assim como com estudantes universitários e adultos mais velhos (Blass, 2012). A obediência na situação proposta por Milgram é tão universal que levou um autor a perguntar: "Somos todos nazistas?" (Askenasy, 1978).

A resposta, claro, é não. O caráter de um indivíduo faz a diferença, e algumas pessoas, dependendo da situação, são muito mais obedientes que outras. Depois da Segunda Guerra Mundial, um grupo de cientistas sociais – em busca das origens do preconceito e da intolerância – procurou identificar indivíduos com *personalidade autoritária* e desenvolveu um questionário conhecido como Escala F para medi-la (Adorno et al., 1950; Stone et al., 1993). O que eles descobriram é que indivíduos que obtêm notas altas na escala F (F significa "fascista") são rígidos, dogmáticos, sexualmente reprimidos, etnocêntricos, intolerantes à dissidência e punitivos. Eles são submissos às figuras de autoridade, mas agressivos com subordinados. Na verdade, pessoas com pontuações altas na escala F também estão mais dispostas a administrar choques de alta intensidade na situação de obediência de Milgram (Elms e Milgram, 1966).

Ainda que as características da personalidade possam tornar alguém vulnerável ou resistente à obediência nociva, é claro que a situação em que as pessoas se encontram tem um efeito profundo. Alterando cuidadosamente aspectos particulares de seu cenário básico, Milgram foi capaz de identificar fatores que aumentam e diminuem a taxa básica de obediência de 65% em mais de 20 variações do experimento básico (ver • Figura 7.8). Três fatores em particular são importantes: a figura de autoridade, a proximidade da vítima e o procedimento experimental (Blass, 1992; Miller, 1986).

A autoridade O que talvez seja mais notável sobre as descobertas de Milgram é que um experimentador com jaleco branco não é uma figura de autoridade influente. Não estivesse o experimentador na pesquisa de Milgram representando superiores militares, empregadores, treinadores, professores ou um presidente, ele não poderia, em última análise, fazer cumprir seus comandos. Ainda assim, sua presença física e aparente legitimidade desempenharam papéis importantes na obtenção de obediência.

Milgram ao diminuir o *status* do experimentador, ao mudar seu laboratório dos distintos arredores da Universidade de Yale para um prédio comercial urbano degradado nas proximidades de Bridgeport,

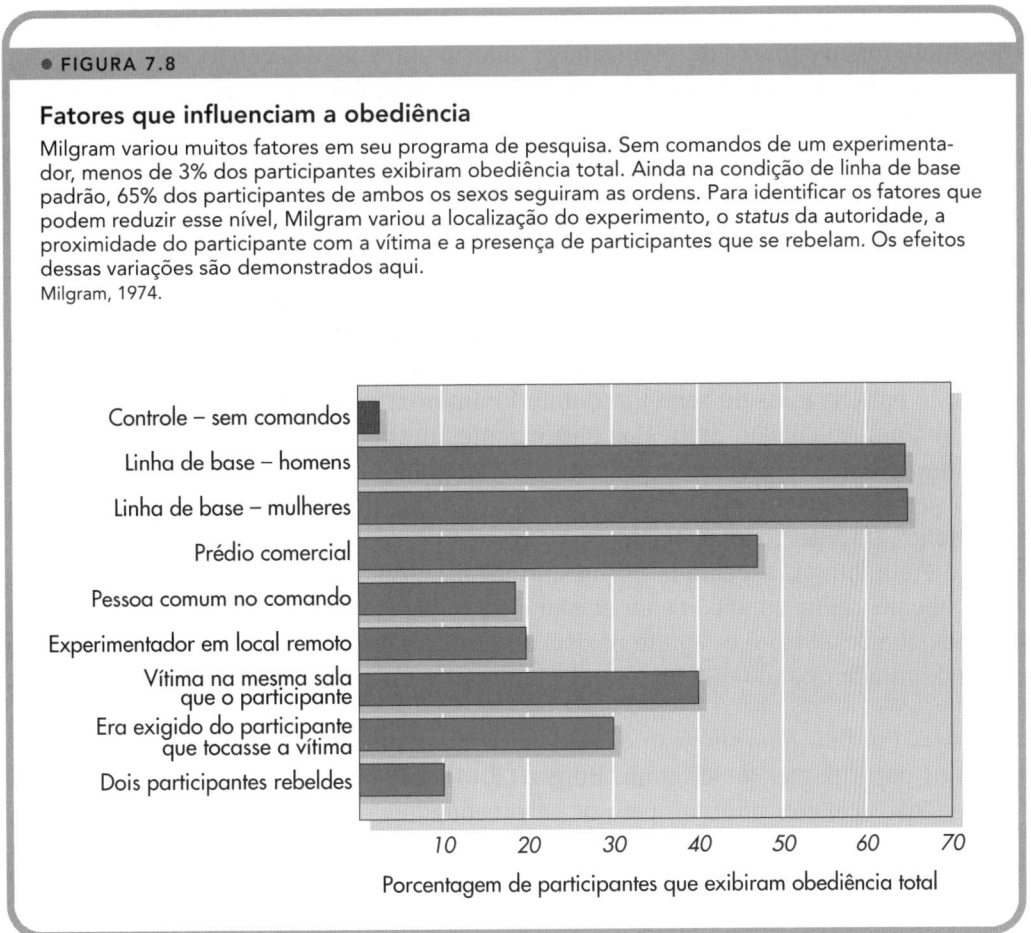

● FIGURA 7.8

Fatores que influenciam a obediência

Milgram variou muitos fatores em seu programa de pesquisa. Sem comandos de um experimentador, menos de 3% dos participantes exibiram obediência total. Ainda na condição de linha de base padrão, 65% dos participantes de ambos os sexos seguiram as ordens. Para identificar os fatores que podem reduzir esse nível, Milgram variou a localização do experimento, o *status* da autoridade, a proximidade do participante com a vítima e a presença de participantes que se rebelam. Os efeitos dessas variações são demonstrados aqui.
Milgram, 1974.

Connecticut, a taxa de obediência total caiu para 48%. Quando o experimentador foi substituído por uma pessoa comum – supostamente outro participante –, houve uma redução acentuada para 20%. Do mesmo modo, Milgram descobriu que quando o experimentador estava no comando, mas emitia suas orientações por um intercomunicador, apenas 21% obedeciam-no totalmente. (Na verdade, quando o experimentador não os estava observando, muitos participantes fingiam obediência pressionando o interruptor de 15 volts.) Uma conclusão, então, é evidente. Pelo menos no cenário de Milgram, a obediência nociva requer a presença física de uma figura de autoridade de prestígio.

Se um experimentador pode exercer tal controle sobre os participantes de uma pesquisa, imagine o controle exercido por líderes verdadeiramente poderosos – estejam eles fisicamente presentes ou não. Um estudo de campo intrigante examinou até que ponto enfermeiras de hospitais obedecem a ordens irracionais de um médico. Com nome fictício, um médico ligou para várias enfermeiras e disse a elas que administrassem um medicamento a um paciente específico. A ordem dele violava as regulamentações do hospital: o medicamento era incomum, a dosagem muito alta e os efeitos podiam ser prejudiciais. Ainda assim, das 22 enfermeiras que foram contatadas, 21 tiveram de ser interrompidas enquanto preparavam-se para obedecer às ordens do médico (Hofling et al., 1966).

A vítima As características situacionais da vítima também são fatores significativos na obediência nociva. Milgram observou que o nazista criminoso de guerra, Adolf Eichmann, sentiu-se mal ao visitar os campos de concentração, mas somente teve de mexer nos papéis por trás de uma mesa para fazer sua parte no Holocausto. Do mesmo modo, o piloto do B-29, que lançou a bomba atômica em Hiroshima durante a Segunda Guerra Mundial, disse sobre sua missão: "Eu não pensava em nada, exceto no que deveria fazer"

(Miller, 1986, p. 228). Esses eventos sugerem que como os participantes de Milgram estavam fisicamente separados do aluno, foram capazes de se distanciar emocionalmente das consequências de suas ações.

Para testar o impacto da proximidade de uma vítima na obediência nociva, Milgram colocou o aluno junto ao participante na mesma sala em um de seus estudos. Nessas condições, apenas 40% obedeceram integralmente às ordens. Porém, quando os participantes foram obrigados a tomar a mão da vítima e forçá-la, contra a vontade, a tocar em uma placa de metal que emitia choques, a obediência total caiu para 30%. Esses achados representam reduções significativas da linha de base de 65%. Ainda assim, 3 em cada 10 participantes estavam dispostos a usar força bruta em nome da obediência.

Milgram fez uma última variação de seu estudo, nunca publicada, que só foi descoberta recentemente na biblioteca da Universidade de Yale, na qual os registros foram arquivados para fins históricos. Em um prédio de escritórios decadente em uma cidade próxima, ele apresentou a condição "Traga um amigo". Nessa situação, 20 participantes do sexo masculino foram orientados a levar um amigo, vizinho, parente ou colega de trabalho. Ao chegar, ambos os participantes tiraram no palitinho quem seria o professor e quem seria o aluno. Sem o conhecimento do professor, Milgram instruiu o aluno sobre como desempenhar o papel e reagir aos choques de acordo com o roteiro, às vezes implorando que o professor parasse, chamando-o pelo nome. Os participantes obedeceriam menos nessa versão? Sim. Em comparação à condição em que Wallace era a vítima, executada no mesmo local, onde a taxa de obediência total havia sido de 50%, a taxa de obediência na condição com dois amigos foi de apenas 15%. Ao seguir os passos de alguns cidadãos alemães que desafiaram o regime nazista ao proteger amigos, os participantes de Milgram foram de fato capazes de resistir quando tinham um relacionamento anterior com a vítima (Rochat e Blass, 2014).

O procedimento Por fim, há a situação cuidadosamente planejada por Milgram. Ao observar o dilema que confrontou os participantes de Milgram, Burger (2014) aponta para quatro aspectos críticos do procedimento experimental que contribuíram para os surpreendentes resultados. Antes, os participantes foram levados a se sentir isentos de responsabilidade pessoal pelo bem-estar da vítima. O experimentador disse de antemão que era responsável. Burger observa que em uma replicação parcial do estudo de Milgram, conduzido por ele mais recentemente, uma versão mais leve a ser descrita mais tarde, apenas 12% dos participantes que exibiram obediência total deram qualquer indicação durante suas sessões de que tinham algum senso de responsabilidade. Na verdade, quando os participantes são levados a acreditar que são responsáveis, os níveis de obediência caem consideravelmente (Tilker, 1970).

A extensão da sensação de responsabilidade é imensa. Nas forças armadas, em Wall Street e em corporações e outras organizações, os indivíduos frequentemente ocupam posições em uma cadeia hierárquica de comando. Qual o grau de responsabilidade pessoal sentem os indivíduos que estão entre os que elaboram as regras e aqueles que as executam? Wesley Kilham e Leon Mann (1974) examinaram essa questão em um estudo de obediência que colocou os participantes em um de dois papéis: o *transmissor* (que recebia ordens do experimentador e as repassava) e o *executor* (que realmente acionava as alavancas que davam os choques). Como previram, os transmissores foram mais obedientes (54%) que os executores (28%).

A segunda característica do cenário de Milgram que promoveu a obediência foi o uso do escalonamento gradualmente progressivo. Os participantes começaram a sessão aplicando choques leves e, então, gradualmente foram aumentando os níveis de intensidade. Afinal, o que são outros 15 volts em comparação ao nível atual? Quando perceberam as consequências assustadoras do que executavam – por exemplo, escolher se alinhar ao experimentador quando o aluno protestou a 150 volts –, tornou-se mais difícil parar (Gilbert, 1981; Packer, 2008).

Essa sequência é muito similar à técnica do pé na porta. Nas palavras de Milgram, as pessoas tornam-se "integradas a uma situação que carrega o próprio impulso. O problema... é como se libertar de uma situação que está seguindo por um caminho repulsivo" (1974, p. 73). Devemos apontar que a obediência por impulso não é exclusiva do paradigma de pesquisa de Milgram. Conforme relatado pela Anistia Internacional, muitos países ainda torturam presos políticos e aqueles que são recrutados para o trabalho sujo são treinados, em parte, por meio de uma série crescente de compromissos

> Em experimentos sobre obediência, a maioria dos participantes que recebeu ordens para administrar choques intensos em uma pessoa inocente recusou-se a fazê-lo.
>
> **FALSO**

(Haritos-Fatouros, 2002). Do mesmo modo, a polícia é treinada para interrogar suspeitos de crime tentando induzi-los a uma pequena admissão inicial ("Eu estava lá"), seguida por admissões cada vez mais incriminatórias ("Eu fiz") impulsionadas por uma confissão narrativa completa (Kassin, 2015).

De acordo com Burger (2014), a terceira característica da situação de Milgram que dificultou a resistência dos participantes foi encontrarem-se em uma circunstância nova, inimaginável, como nenhuma outra em que haviam estado antes. Sendo assim, eles não conheciam as normas, como os outros reagiriam ou como deveriam responder. É por isso que, em uma variação da pesquisa de Milgram em que dois confederados se passaram por coparticipantes que se recusaram a continuar, a taxa de obediência total despencou para 10% (ver • Figura 7.8).

O quarto aspecto do procedimento que promoveu a obediência foi a tarefa ter sido rapidamente controlada. No início, o experimentador de Milgram instruiu os participantes a trabalhar em um "ritmo acelerado". De fato, como se pode verificar, é claro, em um filme que Milgram produziu de suas sessões, aqueles que hesitaram foram imediatamente impelidos a prosseguir. Isso não deu aos participantes tempo para ponderar, considerar seus valores e suas opções, pensar sobre as possíveis consequências ou tomar decisões cuidadosas.

■ 7-4b Milgram no século XXI

Quando Stanley Milgram publicou os resultados de seu primeiro experimento em 1963, aos 28 anos, uma manchete do *New York Times* dizia: "Sessenta e cinco por cento em teste obedecem cegamente à ordem de infligir dor". Milgram havia ganho a atenção pública e estava prestes a se tornar uma figura importante e controversa na psicologia – e além dela. Em uma biografia, Thomas Blass (2004) relata como Milgram interessou-se pela obediência e o impacto que os estudos dele tiveram sobre cientistas sociais, juristas, militares dos Estados Unidos e cultura de massa em todo o mundo (o livro de Milgram foi traduzido para 11 idiomas).

Atualmente, em uma época repleta de ameaças de conflitos globais, extremismo, notícias falsas, tiroteios em massa, tensões sobre imigração, violações de cibersegurança e privacidade e novos tipos de armamento letal, obediência a autoridades é uma questão de tal importância que psicólogos sociais em todo o mundo continuam a refletir sobre seus desdobramentos (Benjamin e Simpson, 2009; Blass, 2009; Jetten e Mols, 2014; Reicher et al., 2014).

Milgram morreu em 1984, aos 51 anos. Atualmente, um filme antigo em preto e branco produzido por ele em 1965, no qual várias sessões foram gravadas por uma câmera oculta, é prova visual desse fenômeno. É claro, assistindo a esse filme, que o experimento foi conduzido em outra era, uma era pré-computador, pré-digital, na qual os participantes da pesquisa chamaram o jovem experimentador de "senhor". Esses resultados se repetiriam nos dias de hoje? Você obedeceria aos comandos do experimentador de Milgram?

Em uma tentativa de responder a essa pergunta, os pesquisadores holandeses Wim Meeus e Quinten Raaijmakers (1995) criaram uma situação diferente, mas análoga. Produziram um dilema moral muito parecido com o de Milgram. Em vez de mandar que os participantes infligissem dor física a alguém, ordenaram que causassem dano psicológico a outra pessoa. Quando os participantes chegaram ao laboratório de uma universidade, encontraram um confederado que supostamente estava lá para fazer um teste como parte de uma entrevista de emprego. Se o confederado passasse no teste, ele conseguiria o emprego; se falhasse, não. Como parte de um estudo de desempenho sob estresse, o experimentador disse aos participantes que distraíssem o candidato durante o teste com uma série de comentários ofensivos. Na hora, o candidato implorou aos participantes que parassem, ficou com raiva, vacilou, acabou caindo em um estado de desespero e não conseguiu realizar a tarefa.

Como na pesquisa de Milgram, a pergunta era direta: quantos participantes obedeceriam às ordens de fazer os 15 comentários que desestabilizariam um aparente candidato a um emprego, prejudicando-o? Em um grupo de controle que não tinha um experimentador a estimulá-los, ninguém seguiu até o fim. No entanto, quando o experimentador ordenou que continuassem, 92% exibiram uma total obediência, apesar de considerarem a tarefa injusta e desagradável. Parece que a obediência é um aspecto poderoso da natureza humana provocado pelo modo submisso com que as pessoas se relacionam com figuras de autoridade – até hoje.

Em uma segunda tentativa mais direta de revisitar Milgram, Burger (2009) realizou uma "replicação parcial" pela qual pagou $ 50 a 70 homens e mulheres, um grupo diverso que variava de 20 a 81 anos, e empregava o mesmo procedimento. No experimento original, o aluno primeiro protestou e pediu para parar nos 150 volts, ponto em que quase todos os participantes pararam e indicaram relutância em continuar. Alguns demonstraram recusa em continuar abertamente neste ponto. Dos que continuaram, entretanto, a maioria foi até o fim. Com base nessa descoberta, Burger seguiu o protocolo Milgram até 150 volts para estimar o número de participantes que teriam apertado o botão dos 450 volts. Ele também acrescentou uma condição na qual um confederado desafiador, passando por outro participante, recusava-se a continuar. À luz das mudanças pós-Milgram nos padrões de ética em pesquisas, ele tomou precauções adicionais; excluiu do estudo indivíduos que temia que fossem sofrer muito estresse e, então, informou e lembrou aos participantes por três vezes que poderiam retirar-se do estudo a qualquer momento sem penalidade.

Apesar de tudo que mudou em 45 anos, a taxa de obediência não foi significativamente inferior (ver • Figura 7.9). Em um experimento reproduzido por Burger, 83% dos participantes de Milgram continuaram além dos 150 volts. Em seu estudo mais recente, 70% fizeram o mesmo (pode-se estimar, portanto, que 55% teriam exibido obediência total quando chegassem aos 450 volts do experimento original). Ao demonstrar ainda que as descobertas de Milgram transcendem o tempo e o espaço, outros pesquisadores que fizeram uso do método de Burger também replicaram o efeito básico recentemente na Polônia (Dolinski et al., 2017).

• FIGURA 7.9

Obediência no século XXI

Na versão do experimento formatado por Burger, 83% dos participantes originais de Milgram continuaram além dos 150 volts. Passados 45 anos, Burger constatou uma ligeira queda para 70%. Observe também que a taxa de obediência caiu apenas ligeiramente – para 63% – entre os participantes que presenciaram um participante desafiador recusar-se a continuar. Esses resultados mostram que a obediência à autoridade pode ter diminuído um pouco ao longo dos anos, mas de modo algum extinguiu-se.
Burger, 2009.

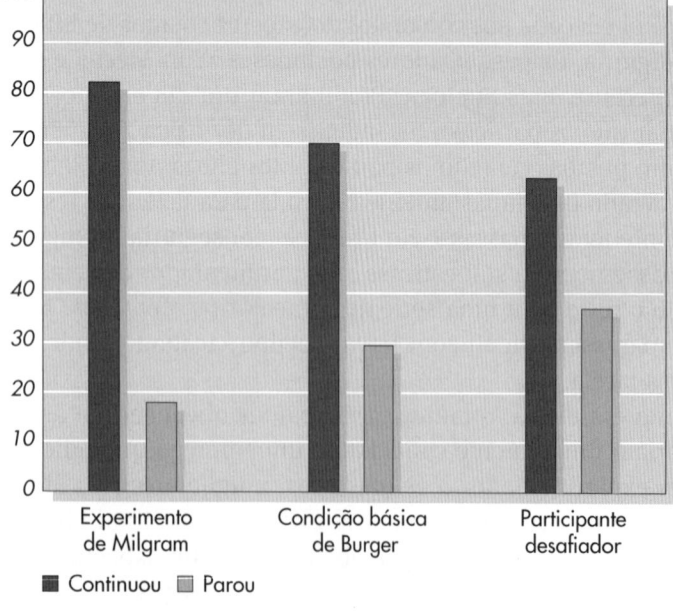

As réplicas recentes despertaram muito interesse. Alan Elms (2009), um aluno de graduação de Milgram na década de 1960, é cauteloso ao comparar o procedimento de "obediência leve" de Burger ao de Milgram, mas está satisfeito em ver o programa de pesquisa iniciado por Milgram ser revisitado. Arthur Miller (1986), autor de *The obedience experiments*, expressa a mesma animação cautelosa. Blass (2009), autor da biografia de Milgram *The man who shocked the world*, vê o experimento de Burger como um marco importante que demonstra a estabilidade e a resiliência da obediência no comportamento social humano.

Em contraste, Jean Twenge (2009), autor de *Generation me* – um livro de 2006 sobre como os norte-americanos tornaram-se mais egocêntricos e totalmente focados em seus direitos pessoais –, é cético quanto à conclusão de que nada mudou. Ao realizar comparações precisas, Twenge observa que, em relação a uma taxa de obediência de 83% entre os participantes masculinos de Milgram, apenas 67% dos homens no experimento

A obediência à autoridade é um fenômeno atemporal. Em 2004, então com 18 anos, Louise Ogburn, que trabalhava em uma loja do McDonald's em Kentucky, foi acusada de roubar dinheiro por um trote telefônico e levada ao escritório do gerente. Simulando ser um policial, o responsável pelo trote ordenou a vários colegas de trabalho da jovem que a despissem. Durante quatro horas, ela foi forçada a ficar em posições humilhantes. Todos, exceto um colega de trabalho, obedeceram ao falso policial – e a jovem obedeceu aos colegas de trabalho. Conforme visto aqui, a sra. Ogburn processou o McDonald's e recebeu $ 6 milhões (à esquerda). Mais surpreendente ainda é o caso de Chris Tapp, que passou 22 anos na prisão por um crime que não cometera depois de ter sido forçado ao ato final de obediência: uma falsa confissão de assassinato. Em 17 de julho de 2019, Tapp foi declarado inocente em um tribunal de Idaho Falls e solto (à direita).

de Burger exibiram obediência ao chegar aos 150 volts, um declínio que é estatisticamente comparável à mudança alarmante nas taxas de obesidade nos Estados Unidos durante o mesmo período. Ainda que impressionado com o poder do que foi apresentado por Milgram, Twenge tem expectativa de que a obediência nociva seja menos prevalente hoje, no século XXI, do que no passado.

7-4c Perguntas que persistem

Antes de deixar os estudos de Milgram, vamos considerar duas questões importantes: por que exatamente os participantes de Milgram seguiram as ordens e quais são as consequências morais desse comportamento?

Sobre a questão do "por quê", Milgram apresentou a teoria de que os participantes foram levados por um momento situacional que ele havia proporcionado, levando-os a reagir com *obediência*. O que eles demonstraram não foi uma "obediência cega", como alguns comentaristas sugeriram; o conflito pessoal que vivenciaram era palpável – mas mesmo assim era obediência. De outro modo, Alex Haslam, Stephen Reicher e seus colegas recentemente ofereceram uma versão alternativa – uma explicação baseada no *engajamento dos seguidores* (Haslam et al., 2014; Reicher et al., 2012). Esses pesquisadores apresentaram a teoria de que os participantes deram choques no aluno porque se identificaram com o experimento científico e quiseram ajudar o experimentador e contribuir com o estudo. Nessa perspectiva, o comportamento indicaria o envolvimento com a ciência, não a obediência à autoridade. Em apoio a essa visão, eles notaram que o segundo estímulo de Milgram, que apelava para a ciência ("O *experimento* requer que você continue"), foi seguido por mais choques no aluno que o quarto estímulo, que assumiu um perfil de um comando forte ("Você não tem *outra escolha*, deve continuar").

Para testar essa hipótese em um único experimento novo, Haslam et al. (2014) criaram um procedimento on-line no qual pediam que os participantes se engajassem em uma tarefa que envolvia depreciar certos grupos de pessoas de modo cada vez mais desagradável – muito parecido com aumentar a intensidade dos choques. Nesse caso, eles variaram aleatoriamente a ordem dos estímulos e descobriram que, conforme previsto, 64% dos participantes concluíram o estudo depois de receber o estímulo 2, produto da ciência, em comparação com apenas 44% que receberam o estímulo 4, produto da obediência. Esse é um resultado interessante. Porém, por duas razões, representa apenas um teste fraco da hipótese da obediência. Em primeiro lugar, "Você não tem escolha" é exatamente o tipo de frase de comando que desperta reações psicológicas e leva as pessoas em geral à recusa a fim de proteger a liberdade ameaçada (ver Capítulo 6).

Em segundo lugar, os participantes concluíram essa tarefa via computador, sem a presença física de uma figura de autoridade, que Milgram havia demonstrado ser necessária. Obediência ou engajamento de seguidores? Será interessante verificar que novas análises e estudos serão conduzidos para distinguir essas possíveis explicações. Até hoje, o debate continua (Haslam e Reicher, 2018; Hollander e Turowetz, 2018).

Além disso, há a questão moral: ao fornecer uma explicação situacional para os males da Alemanha nazista ou do terrorismo moderno, os psicólogos sociais involuntariamente desculpam os criminosos? Focar forças situacionais livra-os da responsabilidade? Uma vez que muitos dos participantes de Milgram desobedeceram-no, o que indica a liberdade para escolher resistir, seria de esperar que não. Andrew Monroe e Glenn Reeder (2014) perceberam que observadores integram informações sobre o participante, seu comportamento e a situação de modo que explica a natureza sutil dos motivos do participante à luz do dilema "entre querer ajudar o aluno e apaziguar seu sofrimento" (p. 550).

Em uma série de estudos, Miller e outros (1999) descobriram que, depois de serem solicitadas a apresentar explicações para atos de irregularidades, elas tendiam a perdoar mais os infratores e foram consideradas mais tolerantes pelos outros. Essa aparência de indulgência certamente não era a intenção de Milgram, nem é a intenção de outros pesquisadores atualmente que buscam entender a crueldade humana, mesmo continuando a condená-la. Miller e seus colegas foram rápidos em advertir: "Explicar não é perdoar" (p. 265).

7-4d Rebeldia: quando as pessoas se rebelam

Os livros de história denominam "Primavera Árabe": em 17 de dezembro de 2010, um jovem tunisiano desempregado e frustrado chamado Mohamed Bouazizi ateou fogo a si mesmo em protesto depois que a polícia confiscou as frutas e os legumes que vendia na rua por falta de licença. Quase imediatamente, homens e mulheres foram às ruas em protesto. Apesar da determinação do governo em suprimir os protestos, as multidões aumentaram e marcharam, realizando manifestações e exigindo a renúncia do primeiro-ministro. Em 14 de janeiro de 2011, o governo foi derrubado, desencadeando protestos em outros países do Oriente Médio. Não é de admirar que os regimes no poder tenham tentado censurar e bloquear as redes sociais (Howard e Hussain, 2011).

Ao ler a pesquisa de Milgram, é fácil se desanimar à luz das forças impressionantes que compelem as pessoas à obediência cega. Porém também há boas notícias. Assim como os processos de influência social podem gerar subserviência à autoridade, os processos de influência social também podem levar à rebeldia

Em junho de 2019, manifestantes ergueram luzes de telefones celulares em frente à sede da polícia em Hong Kong. Milhares de residentes se reuniram para protestar contra um projeto de lei que os submeteria à jurisdição dos tribunais controlados pela China continental.

e desafios. A Primavera Árabe é um exemplo contemporâneo. Um fenômeno semelhante foi visto durante a Segunda Guerra Mundial. Em *Resistance of the heart*, o historiador Nathan Stoltzfus (1996) descreveu um protesto civil em Berlim no qual as esposas não judias de 2 mil judeus recém-capturados reuniram-se fora da prisão. As mulheres estavam lá inicialmente para buscar informações sobre os maridos. Logo estavam enchendo as ruas, protestando e recusando-se a desistir. Após oito dias consecutivos de protesto, as manifestantes venceram. Por temer o impacto negativo na opinião pública, os nazistas recuaram e libertaram os maridos.

Além do papel das redes sociais, estudos indicam que, para o bem ou para o mal, a *sincronia* de comportamento – por exemplo, transitar em sintonia com os outros, bater palmas, cantar, entoar gritos de guerra ou levantar os braços em uníssono – pode ter o efeito de unir as pessoas, o que aumenta a tendência a seguir o que os outros estão fazendo. Em um estudo, duplas de participantes sentaram-se em cadeiras de balanço, lado a lado, e foram convidados a balançar em sincronia. Outras duplas também deveriam se balançar, mas sem poder se ver ou seguir o mesmo ritmo. Aqueles na condição de sincronia foram posteriormente mais "em sintonia" ao trabalhar em conjunto para mover uma bola de aço através de um labirinto de madeira (Valdesolo et al., 2010). Outros estudos mostraram que agir em sincronia com outras pessoas também pode aumentar a tendência a nos sentirmos socialmente conectados, a cooperar para o senso comum e até mesmo a atender a um pedido de agressão contra outra pessoa (Wiltermuth, 2012; Wiltermuth e Heath, 2010).

As ações de todo um grupo são mais difíceis de controlar que o comportamento de um único indivíduo? Considere o seguinte estudo. Simulando ser parte de uma empresa de pesquisa de marketing, William Gamson e outros (1982) recrutaram pessoas para participar de uma suposta discussão sobre "padrões da comunidade". Separados em grupos de nove, os participantes foram informados de que suas discussões seriam gravadas em vídeo para uma grande empresa de petróleo que estava processando o gerente de um posto de gasolina local que havia manifestado-se contra o aumento dos preços do combustível. Depois de receber um resumo do caso, a maioria dos participantes ficou do lado do gerente do posto. Porém havia um obstáculo. A petrolífera queria evidências para ganhar seu caso, disse o experimentador se passando por coordenador da discussão. Disse a cada um dos membros do grupo para posicionar-se à frente da câmera e defender o ponto de vista da empresa. Em seguida, foi pedido que assinassem uma declaração que dava permissão à empresa para editar as fitas para uso no tribunal.

> "Um pouco de rebelião de vez em quando é uma coisa boa."
> – Thomas Jefferson

Você pode verificar como o script de obediência deveria se desenrolar. Na verdade, apenas 1 de 33 grupos chegou perto de seguir o roteiro. Em todos os outros, as pessoas ficaram indignadas com o comportamento do coordenador e se recusaram a continuar. Alguns grupos ficaram tão furiosos que planejaram manifestar-se. Um dos grupos até mesmo ameaçou denunciar a empresa informando os jornais locais. Diante de um motim emocional após o outro, os pesquisadores tiveram de interromper o experimento.

Por que esse estudo produziu uma revolta tão declarada, muitas vezes fervorosa, quando Milgram havia relatado uma obediência tão passiva? Isso poderia refletir uma mudança nos valores da década de 1960, quando os estudos de Milgram foram realizados? Muitos estudantes universitários acreditam que as pessoas se conformariam menos atualmente que no passado, mas uma análise dos estudos de obediência revelou que não há correlação entre o ano em que um estudo foi realizado e o nível de obediência que ele produziu (Blass, 1999) – até os experimentos recentes de Burger (2009). Então, o que explica resultados tão contrastantes? Uma diferença fundamental é que as pessoas nos estudos de Milgram participaram sozinhas, e as do experimento de Gamson estavam em grupos. Talvez Michael Walzer estivesse certo: "A desobediência, quando não é motivada criminalmente, mas moral, religiosa ou politicamente, é sempre um *ato coletivo*" (citado em Brown, 1986, p. 17).

Nossa discussão anterior sobre conformidade indicou que a mera presença de um aliado em uma maioria unânime dá aos indivíduos a coragem de discordar. O mesmo pode ser verdadeiro para a obediência. Sabidamente, Milgram normalmente não tinha mais de um participante presente na mesma sessão. Porém, em um experimento, havia dois confederados que se passaram por professores assistentes com o participante real. Nessas sessões, um confederado recusou-se a continuar com 150 volts e o outro recusou-se ao chegar aos 210 volts. Esses modelos de desobediência tiveram uma influência profunda na disposição dos participantes de desafiar o experimentador: na presença deles, apenas 10% entregaram o nível máximo de choque (ver • Figura 7.8).

Devemos acrescentar que a presença de um grupo não é uma garantia contra a obediência nociva. Os grupos podem desencadear a agressividade, como veremos no Capítulo 11. Por exemplo, os seguidores de Jim Jones estavam juntos quando seguiram coletivamente a ordem dele para morrer. E esses grupos cruéis são somente isso – grupos, não indivíduos. É claro, há poder em números absolutos. Esse poder pode ser destrutivo, mas também ser empregado para fins construtivos. Na verdade, a presença e o apoio de outras pessoas, geralmente, fornecem a força extra de que as pessoas precisam para ter coragem para resistir às ordens que consideram ofensivas.

7-5 O *continuum* da influência social

Como vimos, a influência social sobre o comportamento varia da pressão implícita das normas do grupo às armadilhas armadas por pedidos diretos e aos poderosos comandos recebidos de autoridades. Em cada caso, as pessoas optam por reagir com conformidade ou independência, com concordância ou assertividade, e com obediência ou rebeldia. Com base em todas as pesquisas, é tentador concluir que, quanto mais pressão sobre as pessoas, maior é a influência. É possível, entretanto, que mais pressão produza menos resultado? Em uma série de estudos, Lucian Conway e Mark Schaller (2005) colocaram os participantes em uma tarefa de tomada de decisão corporativa na qual foram solicitados a escolher entre duas opções de negócios depois de ver outros tomarem a mesma decisão. De modo consistente, os participantes seguiram a decisão do grupo quando os membros formaram as opiniões livremente que ao serem compelidos a uma escolha por um líder. Parece que táticas agressivas podem ter o efeito contrário quando se trata de levar alguém a mudar de opinião.

Nesse ponto, vamos retomar e fazer duas perguntas importantes. Primeiro, embora diversos tipos de pressão nos influenciem por diferentes razões, é possível prever todos os efeitos valendo-se de um único princípio abrangente? Em segundo lugar, o que as teorias e pesquisas sobre influência social corroboram a respeito da natureza humana?

7-5a Teoria do impacto social

Em 1981, Bibb Latané propôs que um aspecto comum entre os diferentes processos envolvidos na influência social aproxima ou afasta as pessoas dessa influência. Especificamente, Latané propôs a **teoria do impacto social**, que afirma que a influência social de qualquer tipo – o impacto total dos outros em uma pessoa-alvo – é uma equação de força, imediatismo e número de pessoas. Segundo Latané, as forças sociais agem sobre os indivíduos do mesmo modo que as forças físicas agem sobre os objetos. Considere, por exemplo, como as luzes do teto iluminam uma superfície. A quantidade total de luz que ilumina uma superfície depende da potência das lâmpadas, da distância da superfície e do número. Conforme mostrado na parte esquerda da • Figura 7.10, os mesmos fatores se aplicam ao impacto social.

A *força* de uma fonte é determinada por *status*, competência ou relacionamento com um alvo. Quanto mais forte for a fonte, maior será a influência. Quando as pessoas consideram outros membros de um grupo competentes, é mais provável que concordem com as posições defendidas por eles. Ao tratar de concordância, as fontes aumentam a força levando os alvos a se sentir obrigados a retribuir um ínfimo favor. E, para conseguir obediência, as figuras de autoridade ganham força com o uso de uniformes ou exibindo os títulos de prestígio.

Imediatismo refere-se à proximidade de uma fonte em relação ao alvo no tempo e no espaço. Quanto mais próximo da fonte, maior será o impacto. A pesquisa de Milgram oferece um excelente

> **teoria do impacto social** Teoria de que a influência social depende da força, do imediatismo e do número de pessoas fonte em relação a pessoas-alvo.

exemplo. As taxas de obediência foram maiores quando o experimentador emitiu comandos pessoalmente que a partir de um local remoto; e quando o sofrimento da vítima aconteceu diante do participante, esta agiu como fonte contrária de influência e os níveis de obediência despencaram. Reforçando essa hipótese, Latané e outros (1995) pediram que indivíduos nomeassem até sete pessoas de seu cotidiano e indicassem a que distância dessas pessoas viviam e quantas interações memoráveis tiveram com elas. Em três estudos, a correlação foi a mesma: quanto mais próximo geograficamente o outro está, mais impacto exerce sobre nós.

Por fim, a teoria prevê que à medida que o *número* de fontes aumenta, também aumenta a influência – pelo menos até certo ponto. Você deve lembrar-se que quando Asch (1956) aumentou o número de confederados em seus estudos de análise do tamanho das linhas de um para quatro, os

"Convidei alguns amigos que acham que você deveria consultar um psiquiatra."

De acordo com a teoria do impacto social, essa "intervenção" deve ser persuasiva.

• FIGURA 7.10

Impacto social: fatores de origem e fatores de destino

De acordo com a teoria do impacto social, a influência total de outras pessoas, ou "fontes", em um indivíduo-alvo depende de três fatores de origem: a sua força (tamanho dos círculos de origem), o imediatismo (distância do alvo) e o número (quantidade de círculos de origem). Do mesmo modo, a influência total é difundida, ou reduzida, pela força (tamanho dos círculos-alvo), pelo imediatismo (distância do círculo fonte) e pelo número de pessoas-alvo.
De Latané, 1981.

O que vem à mente quando você vê a bandeira de seu país? Julia Becker e outros pesquisadores (2017) fizeram essa pergunta a estudantes universitários de 11 países e descobriram que em países coletivistas, como a Índia, os alunos associavam positivamente seu símbolo nacional com obediência à autoridade. No entanto, em culturas mais individualistas, como os Estados Unidos, a associação foi negativa. Assim como a cultura molda o valor que atribuímos à conformidade, leva-nos a constatar a obediência como uma virtude ou como um vício.

níveis de conformidade aumentaram, embora números maiores tenham tido apenas um efeito adicional insignificante.

A teoria do impacto social também prevê que as pessoas, ocasionalmente, resistem à pressão social. De acordo com Latané, essa resistência é mais provável de ocorrer quando o impacto social é *dividido* entre muitos alvos fortes e distantes, como pode ser visto na parte direita da • Figura 7.10. Deve haver menos impacto em um alvo forte e distante da fonte que em um alvo fraco e próximo a ela, e deve haver menos impacto em um alvo que esteja acompanhado por outras pessoas-alvo que em um que esteja isolado. Assim, vimos que a conformidade é reduzida pela presença de um aliado e que as taxas de obediência caem quando as pessoas estão na companhia de colegas rebeldes.

Ao longo dos anos, a teoria do impacto social foi desafiada, defendida e refinada em vários campos (Jackson, 1986; Mullen, 1985; Sedikides e Jackson, 1990). Por um lado, os críticos afirmam que isso não nos permite *explicar* os processos que dão origem à influência social ou responder seus *por quês*. Por outro, a teoria nos permite prever o surgimento da influência social e determinar quando ocorrerá. Quer o tópico seja conformidade, concordância ou obediência, essa teoria fornece a base para novas pesquisas interessantes nos anos que virão.

Vários psicólogos sociais argumentaram recentemente que o impacto social é um processo fluido, dinâmico e em constante mudança (Vallacher et al., 2002). Latané e L'Herrou (1996), assim, refinaram a teoria nessa linha. Tendo grandes grupos de participantes em rede, por e-mail, e controlando suas linhas de comunicação, eles descobriram que os indivíduos na rede formavam "clusters". Com o tempo, os vizinhos (participantes que mantinham contato direto por e-mail) tornaram-se mais semelhantes entre si que aqueles que estavam mais distantes (sem contato direto por e-mail) na rede. Referindo-se à geometria do espaço social, Latané e L'Herrou observam que, no mundo real, o imediatismo não pode ser definido estritamente no que se refere a distância física. Especulando sobre o papel da tecnologia, eles notaram que a teoria do impacto social deve levar em conta o fato de que a mídia social remota pode diminuir a importância da proximidade física.

7-5b Perspectivas da natureza humana

Com base no material apresentado neste capítulo, que conclusões gerais você pode tirar sobre a natureza humana? É verdade que a influência social tem mais probabilidade de ocorrer em algumas situações que em outras, mas as pessoas geralmente são flexíveis ou inflexíveis? Há uma tendência para aceitar influência ou para oferecer resistência?

Não há uma resposta universal única para essas perguntas. Como vimos antes, algumas culturas valorizam autonomia e independência; outras colocam maior ênfase na conformidade. Mesmo em determinada cultura, os valores podem mudar com o tempo. Para demonstrar esse ponto, pergunte-se: se você fosse pai, que características gostaria que seu filho tivesse? Quando essa pergunta foi feita a mães norte-americanas em 1924, elas escolheram "obediência" e "lealdade", características-chave da conformidade. No entanto, quando mães responderam à mesma pergunta em 1978, citaram "independência" e "tolerância com os demais", características-chave da autonomia. Tendências semelhantes foram encontradas em pesquisas conduzidas não apenas nos Estados Unidos, mas também na Alemanha Ocidental, na Itália, na Inglaterra, no Japão (Alwin, 1990; Remley, 1988) e em experimentos de laboratório, nos quais as taxas de conformidade são menores atualmente que no passado (Bond e Smith, 1996).

É possível que as crianças de hoje, os adultos de amanhã, sejam mais resistentes às várias formas de influência social? Em caso afirmativo, que efeitos essa tendência terá na sociedade no geral? E quais serão os efeitos futuros do Facebook, do Twitter e de outras redes sociais? Pelo lado ideal, conformidade, concordância e obediência são respostas humanas boas e necessárias. Promovem a solidariedade e a concordância em um grupo – qualidades que evitam que estes se separem por divergências. Pelo lado insatisfatório, a falta de independência, assertividade e rebeldia é indesejável, pois favorece a estreiteza de ideias, a covardia e a obediência nociva, muitas vezes com custos terríveis. Para cada um de nós e para a sociedade no geral, o segredo é encontrar o equilíbrio.

> À medida que o número de pessoas em um grupo aumenta, também cresce o impacto do grupo em um indivíduo.
> **FALSO**

> De acordo com a teoria do impacto social, um sargento da marinha exercerá influência na medida em que apresentar força (tiver uma posição de poder), imediatismo (estiver fisicamente próximo) e número (for apoiado por outros na instituição) em relação aos seus subordinados.

> As taxas de conformidade variam entre diferentes culturas e de uma geração a outra.
> **VERDADEIRO**

7-6 Revisão

Os 10 principais pontos-chave do Capítulo 7

1. Ocasionalmente, as pessoas são influenciadas por outras sem perceber – como quando imitamos os comportamentos e gestos não verbais uns dos outros inconscientemente.

2. O estudo clássico de Sherif (1936) mostrou que, às vezes, nos conformamos com os julgamentos e comportamentos de outras pessoas porque não temos certeza do que é correto e usamos os outros para obter orientações.

3. O estudo clássico de Asch (1951) mostrou que, às vezes, nos conformamos com os julgamentos e comportamentos de outras pessoas, mesmo quando estão evidentemente incorretos, porque não queremos nos desviar e correr o risco de sermos rejeitados.

4. A conformidade aumenta de acordo com o tamanho de uma maioria unânime até certo ponto, embora a presença de um único aliado divergente aumente a força de resistência das pessoas à pressão para se conformar.

5. Ao estabelecer uma posição consistente e inabalável, os indivíduos dissidentes em um grupo podem exercer "influência minoritária" e melhorar a qualidade da tomada de decisões de um grupo.

6. Assim como as culturas diferem no que se refere às normas sociais, diferem na adesão a essas normas – pessoas de culturas coletivistas se conformam mais que as de culturas individualistas.

7. Ocasionalmente, as pessoas atendem a solicitações diretas – por exemplo, quando são surpreendidas, quando a solicitação parece razoável e ao sentirem-se em dívida com o solicitante.

8. Ao longo dos anos, psicólogos sociais estudaram abordagens de solicitações em duas etapas que levam as pessoas a obter concordância – por exemplo, com o uso das técnicas "pé na porta" e "porta na cara".

9. Na pesquisa clássica, controversa e profunda de Milgram, 65% dos indivíduos obedeceram totalmente ao comando de um experimentador para administrar choques elétricos cada vez mais dolorosos em um confederado.

10. Mesmo hoje, os experimentos de Milgram continuam a gerar controvérsia, a informar aspectos importantes sobre a natureza humana e sobre a questão de como minimizar atos nocivos de obediência em ambientes da vida real.

Colocando o SENSO COMUM à prova

Conformidade
Quando todos os membros de um grupo dão uma resposta incorreta a uma pergunta fácil, a maioria das pessoas, muitas vezes, conforma-se com essa resposta.

Ⓕ **Falso** *Nos experimentos clássicos de conformidade de Asch, os entrevistados conformaram-se apenas cerca de um terço das vezes.*

Concordância
Uma maneira eficaz de conseguir que alguém faça um favor é antes fazer um pedido grande que a pessoa, com certeza, vai recusar-se a atendê-lo.

Ⓥ **Verdadeiro** *Essa abordagem, conhecida como técnica porta na cara, aumenta a concordância, levando a pessoa a se sentir obrigada a fazer uma concessão.*

Obediência
Em experimentos sobre obediência, a maioria dos participantes que receberam ordens para administrar choques fortes em uma pessoa inocente recusou-se a fazê-lo.

Ⓕ **Falso** *Na pesquisa clássica de Milgram, 65% dos participantes obedeceram ao experimentador e administraram o choque máximo possível.*

O *Continuum* de Influência Social
À medida que o número de pessoas em um grupo aumenta, também aumenta o impacto do grupo em um indivíduo.

Ⓕ **Falso** *O aumento do tamanho do grupo aumenta o impacto sobre o indivíduo apenas até certo ponto, além do qual aumentos posteriores têm muito pouco efeito agregado.*

As taxas de conformidade variam entre diferentes culturas e de uma geração para outra.

Ⓥ **Verdadeiro** *Pesquisas mostram que taxas de conformidade são mais altas em culturas de orientação coletivista, em vez de individualista, e que os valores mudam com o tempo, mesmo dentro das culturas.*

Palavras-chave

coletivismo (277)
concordância (278)
conformidade (262)
conformidade privada (268)
conformidade pública (268)
créditos de idiossincrasia (274)

individualismo (277)
influência informativa (265)
influência minoritária (274)
influência normativa (266)
lowballing (282)
obediência (286)

técnica "e não é só isso" (284)
técnica "pé na porta" (281)
técnica "porta na cara" (283)
teoria do impacto social (298)

Processos grupais

Este capítulo examina a influência social em um contexto coletivo. Primeiro, abordamos os fundamentos dos grupos, nos quais discutimos questões como por que as pessoas são atraídas pelos grupos e como eles se desenvolvem. Em seguida, examinamos como o comportamento dos indivíduos é afetado pela presença de outras pessoas. Depois, focamos no desempenho do grupo e discutimos por que o todo (a decisão ou o desempenho do grupo) tantas vezes é diferente da soma de suas partes (as atitudes e habilidades de seus membros). Na seção final, sobre conflito, examinamos como os grupos intensificam ou reconciliam suas diferenças.

8-1 Fundamentos dos grupos | 307

- 8-1a O que é um grupo? Por que fazer parte de um deles?
- 8-1b Principais características dos grupos: funções, normas e coesão
- 8-1c Normas de cultura e coesão em grupos

8-2 Indivíduos em grupos: a presença do outro | 311

- 8-2a Facilitação social: quando os outros nos estimulam
- 8-2b Ociosidade social: quando os outros nos relaxam
- 8-2c Cultura e ociosidade social
- 8-2d Desindividuação

8-3 Desempenho grupal: problemas e soluções | 320

- 8-3a Perdas e ganhos coletivos
- 8-3b Brainstorming
- 8-3c Polarização de grupo
- 8-3d Pensamento de grupo
- 8-3e Transmitindo informações e utilizando experiências
- 8-3f Metas e planos de grupo
- 8-3g Treinamento e tecnologia
- 8-3h Cultura e diversidade
- 8-3i Inteligência coletiva: alguns grupos são mais inteligentes do que outros?

8-4 Conflito: cooperação e competição dentro de e entre grupos | 335

- 8-4a Motivações mistas e dilemas sociais
- 8-4b Negociação
- 8-4c Cultura e negociação

8-5 Revisão | 344

Em 20 de julho de 2019, uma imagem do foguete usado durante a histórica missão da Apollo 11 à Lua é projetada no Monumento a Washington como parte da celebração do 50º aniversário do pouso na Lua.

Colocando o SENSO COMUM à prova

Circule sua resposta

- V F As pessoas aplaudirão mais alto quando fizerem parte de um grupo do que quando estiverem sozinhas.
- V F Quando as pessoas fazem brainstorming em grupo, elas têm mais boas ideias do que quando a mesma quantidade de pessoas trabalha individualmente.
- V F As atitudes dos membros de um grupo sobre um curso de ação costumam se tornar mais moderadas após a discussão em grupo.
- V F Pessoas e grupos tendem a se sair pior quando objetivam "fazer o melhor" do que quando seus objetivos são muito específicos e ambiciosos.
- V F Os grupos grandes têm mais probabilidade do que os pequenos de explorar um recurso escasso, do qual os membros dependem coletivamente.
- V F Quando pessoas ou grupos negociam entre si, a melhor solução é aquela em que ambas as partes se comprometem e dividem os recursos meio a meio.

Em 20 de julho de 2019, eventos em todo o mundo celebraram o 50º aniversário de uma das conquistas mais marcantes da história: o desembarque de dois homens na Lua. Em maio de 1961, quando o presidente dos Estados Unidos, John F. Kennedy, anunciou a meta de realizar essa façanha antes do fim da década de 1960, aquilo pareceu extremamente irreal. Apenas seis anos antes o mundo havia ficado pasmo com o feito tecnológico da União Soviética de lançar um satélite do tamanho de uma bola de praia na órbita baixa da Terra. Como alguém poderia esperar que em apenas oito anos após o anúncio de Kennedy, quando o novo programa espacial norte-americano nem mesmo tinha sido capaz de lançar um homem na órbita terrestre, eles levariam os homens até a Lua e os trariam de volta?

E ainda contra probabilidades incríveis, com um computador cujo poder seria superado pelo telefone em seu bolso, Neil Armstrong e Buzz Aldrin pousaram na Lua em 20 de julho de 1969. Eles não foram de modo algum os únicos heróis do dia. A histórica façanha científica e de engenharia exigiu cerca de 400 mil pessoas trabalhando juntas – incansavelmente e com coordenação precisa – em uma missão comum. É o que os grupos podem fazer de melhor.

Ainda que extraordinariamente impressionante, pode não parecer surpreendente que esse grupo superinteligente e trabalhador da

Nasa pudesse realizar grandes feitos. Afinal, eles realmente eram *cientistas de foguetes*. No entanto, a história e a psicologia social ensinam-nos que até grupos de pessoas superinteligentes podem tomar decisões de fato ruins, e há algo na dinâmica dos grupos que pode ter esse resultado. Por exemplo, duas das maiores tragédias da história da Nasa, as explosões dos ônibus espaciais *Challenger* e *Columbia*, em 1986 e 2003, respectivamente, ocorreram em grande parte por causa de processos coletivos equivocados – o que envolveu fatores como comunicação deficiente, amostragem tendenciosa de informação e pressão para a conformidade. Isso, infelizmente, também é o que os grupos podem fazer.

Em suma, as pessoas costumam dar o melhor de si – e o pior – quando em grupo. É por meio de grupos que os indivíduos formam comunidades, reúnem recursos e compartilham conquistas. No entanto, é também por meio deles que as ideias ficam estagnadas em razão de discussões intermináveis, os impulsos egoístas florescem no anonimato de uma multidão e os preconceitos se transformam em genocídio e guerras. Obviamente, é importante compreender como os grupos funcionam e como os indivíduos influenciam e são influenciados por eles. Neste capítulo, primeiro apresentamos os fundamentos do que são os grupos e como desenvolvem-se, depois os examinamos em vários níveis. No nível individual, abordamos como os indivíduos são influenciados pelos grupos; no nível coletivo, exploramos o desempenho deles; e no nível intergrupo, estudamos como os grupos interagem entre si em situações de cooperação e de competição.

As pesquisas que relatamos neste capítulo revelam um fato fascinante: *os grupos podem ser muito diferentes da soma de suas partes*. Quando você pensa sobre essa afirmação, ela sugere algo quase místico ou mágico sobre grupos. Como um grupo pode ser melhor – ou pior – do que seus membros individualmente? A matemática pode não parecer fazer muito sentido, mas a teoria e as pesquisas aqui discutidas ajudarão a responder a essa pergunta.

> "Você acha que porque entende 'um', deve entender 'dois', uma vez que 'um e um' são dois. Porém você também precisa entender o 'e' entre cada 'um'."
>
> – Antigo ditado sufi

8-1 Fundamentos dos grupos

Começamos nossa exploração de grupos fazendo perguntas básicas: O que é um grupo? Por que as pessoas ingressam em um? Em seguida, focamos em três aspectos importantes dos grupos: suas funções, normas e coesão.

8-1a O que é um grupo? Por que fazer parte de um deles?

O que é um grupo? A pergunta pode parecer bastante simples, mas se você parar e pensar a respeito, a resposta não é tão óbvia. Por exemplo, você pode pertencer a vários grupos nas redes sociais. Realmente são grupos? Você pode fazer parte de uma grande turma de psicologia social: essa identidade coletiva é significativa para você?

Um **grupo** pode ser caracterizado como um conjunto de indivíduos que têm interações diretas entre si durante um período de tempo e compartilham um destino, uma identidade ou um conjunto de objetivos em comum. Um grupo também pode consistir em pessoas que compõem uma categoria social com base em sexo, raça ou outros atributos; essa característica é especialmente relevante para as questões discutidas no Capítulo 5 sobre estereótipos, preconceitos e discriminação.

Os grupos variam na medida em que são vistos como *entidades* distintas, por exemplo, se têm limites rígidos que os tornam diferentes de outros grupos. Em outras palavras, alguns grupos parecem mais "grupais" (ou, na infeliz escolha de palavra usada pelos pesquisadores deste assunto, "entitativos") do que outros (Dickter et al., 2019; Jung et al., 2019). Na extremidade inferior desse aspecto estariam as pessoas assistindo a um show ou fazendo exercício em uma academia, perto umas das outras. Esses normalmente não são considerados grupos reais. Tais reuniões são às vezes chamadas *coletivos* – pessoas

> **grupo** Conjunto de indivíduos que interagem ao longo do tempo e compartilham destino, objetivos ou identidade.

As pessoas ingressam em um grupo por vários motivos, como confraternizar com os outros, obter *status* social e interagir com os membros individuais do grupo.

engajadas em uma atividade comum, mas tendo pouca interação direta umas com as outras (Milgram e Toch, 1969). Grupos muito mais integrados incluem clubes coesos, equipes esportivas ou de trabalho – grupos que se envolvem em atividades objetivas com muita interação ao longo do tempo e limites claros de quem está dentro e quem está fora. As pessoas tendem a sentir maior identificação com esses grupos mais integrados e coesos e a obter mais satisfação com eles (Dang et al., 2019). Scott Graupensperger e outros (2019) descobriram recentemente, por exemplo, que, quanto mais os membros de uma aula de ginástica sentiam que sua turma era um grupo de verdade, mais eles relataram se exercitar e desfrutar de seus treinos.

Por que participar de um grupo? A complexidade e as ambições da vida humana exigem que trabalhemos em grupos. Muito do que esperamos produzir e realizar só pode ser feito por meio da ação coletiva. Indivíduos solitários não podem tocar sinfonias ou realizar jogos de futebol, construir cidades ou indústrias, governar ou dirigir universidades.

Em um nível mais fundamental, os humanos têm uma necessidade inata de pertencer a grupos decorrente de pressões evolutivas que aumentam as chances de sobrevivência e de reprodução caso vivam em grupos, em vez de isolados. Nossos ancestrais teriam servido de lanche para os predadores da savana em nosso passado antigo se vagassem sozinhos por aí. Embora o papel da proteção física possa não ser tão importante hoje, fazer parte de grupos continua sendo essencial para os seres humanos. Conforme discutido no Capítulo 5 sobre a *teoria da identidade social*, uma parte importante da autoestima das pessoas vem de sua identificação com grupos específicos. Os grupos muitas vezes nos dão significado e propósito e, de acordo com alguns estudiosos, talvez até um senso simbólico de imortalidade, já que nossos grupos mais queridos vivem além de nossas vidas (Routledge e Vess, 2019). Esses aspectos estão na raiz do motivo pelo qual ser rejeitado por um grupo é uma das experiências mais dolorosas da vida (Tchalova e Eisenberger, 2020).

"Os indivíduos que tivessem mais prazer na sociedade escapariam melhor de vários perigos, enquanto aqueles que se importassem menos com seus companheiros e vivessem solitários morreriam em maior número."

– Charles Darwin, *The Descent of Man*

■ 8-1b Principais características dos grupos: funções, normas e coesão

Uma vez que um indivíduo junta-se a um grupo, um processo de ajuste ocorre à medida que ele passa por um processo de socialização para saber como as coisas funcionam nesse grupo. Esse processo de socialização pode ser formal e explícito, como por meio de mentoria ou supervisão, ou implícito, quando os recém-chegados observam como os membros já estabelecidos se comportam. A socialização efetiva de novos membros pode produzir benefícios importantes para o grupo como um todo (Collins e Evans, 2018; Moreland e Levine, 2002).

Três das coisas especialmente importantes que os recém-chegados a um grupo devem aprender são as funções que se espera que desempenhem, quais são as normas existentes e quão coeso o grupo é. Concentramos-nos em cada um desses três recursos nas seções a seguir.

Funções As *funções*, ou papéis das pessoas em um grupo – o conjunto de comportamentos esperados – podem ser formais ou informais. Os papéis formais são designados por títulos: professor ou aluno em uma classe; vice-presidente ou executivo de contas em uma empresa. Os papéis informais são menos óbvios, mas ainda assim poderosos. Robert Bales (1958) distinguiu entre dois tipos fundamentais de papéis: um *instrumental*, para ajudar o grupo a realizar suas tarefas, e um *expressivo*, para fornecer suporte emocional e manter a moral. A mesma pessoa pode preencher as duas funções, mas muitas vezes estas são assumidas por indivíduos diferentes, e qual delas é enfatizada nos grupos pode variar ao longo do tempo, dependendo de suas necessidades.

"Eu tive de ser caçador e coletor."

Quando as funções em um grupo não são distribuídas adequadamente, o desempenho deste é prejudicado.

Uma questão que pode prejudicar seriamente o desempenho dos grupos é quando há uma incompatibilidade entre as habilidades dos membros e suas funções. É muito comum membros de um grupo serem designados ou assumirem funções de modo pouco cuidadoso e sistemático. Eles podem receber funções simplesmente com base em quem está disponível em determinado momento, e não em quem é mais adequado para a atividade. Os grupos funcionam com mais adequação quando os membros realizam as funções que melhor correspondem a seus talentos e personalidades, e psicólogos sociais estão entre os consultores frequentemente contratados para ajudar nessa organização (Woolley et al., 2007).

Os membros de um grupo às vezes se sentem inseguros sobre qual deve ser o seu papel, ou podem ser colocados em posições que entrem em conflito com outras atividades que tenham de desempenhar – seja no grupo (como a necessidade de ser exigente e ao mesmo tempo a base de apoio emocional) ou entre grupos (como entre trabalho e família). A incerteza, a instabilidade e o conflito entre os papéis estão todos associados a um pior desempenho no trabalho, bem como a diversos outros problemas, o que inclui bullying no local de trabalho ou outros conflitos interpessoais, exaustão emocional e esgotamento e alta rotatividade (Beigi et al., 2019; Erdogan et al., 2019; Zhang et al., 2019).

Normas Além dos papéis, os grupos também estabelecem *normas*, regras de conduta para seus membros. Assim como acontece com os papéis, as normas podem ser formais ou informais. Fraternidades e irmandades, por exemplo, muitas vezes têm regras escritas sobre o comportamento esperado de seus membros. As normas informais são mais sutis. O que devo vestir? O quanto posso forçar o que desejo? Quem paga isso ou aquilo? Que tipo de linguagem, brincadeira ou socialização é típica? Essas normas fornecem aos indivíduos uma noção do que significa ser um bom membro do grupo. Descobrir as regras não escritas do grupo pode levar tempo e causar ansiedade.

Os grupos muitas vezes exercem fortes pressões de conformidade sobre os indivíduos que se desviam de suas normas (Hornsey e Jetten, 2017; Stamkou et al., 2019; van Kleef et al., 2019). Uma maneira que os membros de *status* inferior ou novos de um grupo podem tentar conseguir uma posição mais robusta é punindo aqueles que quebram as normas do grupo – especialmente se os membros de posições superiores testemunharem sua reação severa contra quem desrespeitou as normas (Jetten et al., 2010). De outro modo, membros que se preocupam com o sucesso do grupo podem apresentar um "desvio leal" e desafiar as normas se acharem que estas são ruins para o grupo (Masson e Fritsche, 2019).

A tolerância dos grupos às violações de normas pode ser, por si só, uma espécie de norma (Hutchison et al., 2011). Alguns grupos, por exemplo, se orgulham de como seus membros são heterogêneos e de pensamento livre. Outros valorizam fortemente a uniformidade. Na verdade, quando um grupo encoraja diferentes pontos de vista, isso pode fazer que seus membros se conformem com a norma de não conformidade!

Coesão Grupos cujos membros compartilham atitudes semelhantes e seguem de perto as normas têm mais probabilidade de serem coesos. A **coesão do grupo** refere-se às forças exercidas sobre este de modo a aproximar seus membros (Cartwright e Zander, 1960; Festinger, 1950). Os membros de grupos coesos tendem a se sentir comprometidos com a missão do grupo, bem em relação aos outros membros, orgulho do grupo e a interagir bastante, sistematicamente intensa, com o grupo.

Uma questão interessante é se a coesão melhora o desempenho dos grupos. Pode parecer óbvio que deveria ser assim. Na verdade, os grupos muitas vezes esforçam-se para conseguir coesão e podem tomar medidas para aumentá-la – como ordenar que todos façam atividades para se aproximarem ou saiam juntos para uma viagem. Na verdade, porém, a relação entre coesão e desempenho não é simples. A relação causal funciona nos dois sentidos: por um lado, quando um grupo é coeso, seu desempenho geralmente melhora; por outro, quando um grupo tem um bom desempenho, é comum que se torne mais coeso. Muitos atletas de esportes coletivos reconhecem que vencer reforça a química da equipe mais do que a química favorece a vitória.

Qualquer que seja a causa e o efeito, vários estudos longitudinais e metanálises de centenas de estudos forneceram evidências que mostram que a coesão do grupo está associada a um melhor desempenho. Outras variáveis também tendem a ser importantes para prever quando e em que medida essa relação emerge, como o tamanho do grupo, se a coesão é principalmente em razão do gosto pela tarefa (*coesão de tarefa*) ou entre os membros (*coesão interpessoal*), e que tipo de tarefa é realizada (Black et al., 2019; Brisimis et al., 2018; Burlingame et al., 2018; Castaño et al., 2013). Como veremos um pouco mais adiante neste capítulo, a coesão do grupo também pode levar à conformidade e à limitação de ideias, o que pode causar grandes problemas.

■ 8-1c Normas de cultura e coesão em grupos

As culturas variam em quanto toleram comportamentos que se desviam da norma (Gelfand et al., 2017). O antropólogo Pertii Pelto (1968) descreveu pela primeira vez a diferença entre culturas "rígidas" e "frouxas". Ele propôs que as culturas *rígidas* têm normas enérgicas e pouca tolerância para comportamentos desviantes, enquanto culturas *frouxas* têm normas relativamente mais leves e maior tolerância para comportamentos diferentes.

Eftychia Stamkou e outros (2019) apresentaram a participantes de 19 países um cenário envolvendo comportamentos em desacordo com as normas (por exemplo, causar tumulto ao pegar uma xícara de café durante uma reunião; interromper um colega para expressar sua opinião; declarar que "regras existem para serem quebradas") ou comportamentos que seguiam as normas (por exemplo, esperar para tomar um café e dar sua opinião; declarar que "as regras existem por uma razão"). Participantes de países mais rígidos mostraram um apoio mais intenso aos comportamentos que seguiam as normas do que os participantes de países mais frouxos (ver ● Figura 8.1). Os pesquisadores também descobriram que países com maior grau de coletivismo (enfatizando a interdependência, a cooperação e a harmonia social) em vez de individualismo (enfatizando a independência, a autonomia e a autossuficiência)

> **coesão do grupo** Até que ponto as forças aproximam os membros do grupo, como por meio de sentimentos de intimidade, unidade e comprometimento com os objetivos do grupo.

reagiram ao comportamento de violação das normas com maior indignação moral.

As culturas também diferem na forma como valorizam e percebem a coesão. Por exemplo, a coesão em culturas coletivistas está mais associada à harmonia social, à cooperação e às relações interpessoais do que em culturas individualistas, onde reconhecer as habilidades particulares dos membros, suas perspectivas e seu esforço no trabalho é mais essencial para a coesão do grupo (Lai et al., 2013). O grau em que os grupos se sentem confortáveis com conflitos e debates acalorados entre seus membros também varia de acordo com a cultura. Em geral, as culturas individualistas preferem padrões dominantes para a resolução de conflitos, enquanto as culturas coletivistas preferem perfis mais comprometidos, cooperativos ou que se evite o conflito totalmente (Feitosa et al., 2018; Murayama et al., 2015; Oetzel e Ting-Toomey, 2003).

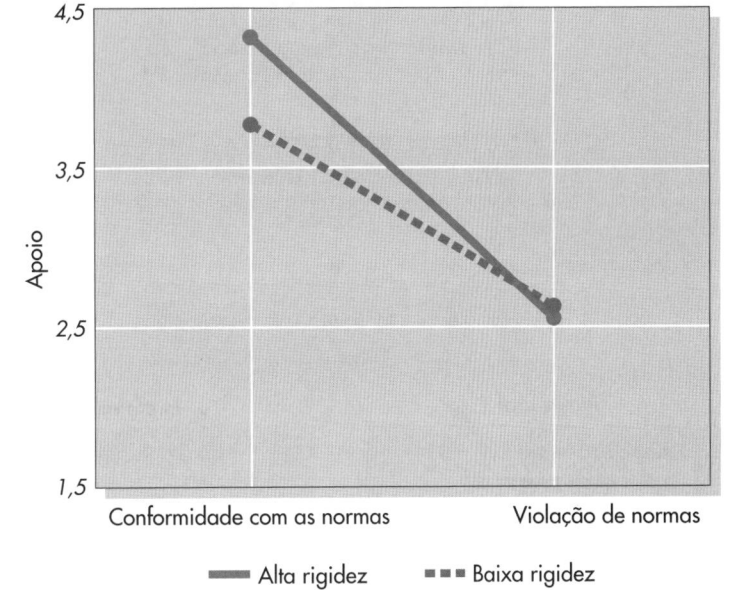

● FIGURA 8.1

Violações de cultura e normas
Participantes em 19 países leram sobre alguém em um grupo que está concordando com as normas do grupo ou violando-as. Ainda que, em geral, os participantes apoiassem mais a pessoa que estava concordando com as normas que com aquela que as tivesse violado, era especialmente verdadeiro para participantes de culturas "rígidas".
De Stamkou et al. (2019)

8-2 Indivíduos em grupos: a presença do outro

Quando nos envolvemos em atividades em grupo, estamos na presença (física ou virtualmente) de outras pessoas. É uma afirmação óbvia, mas algumas de suas consequências são profundas e surpreendentes. Nesta seção, abordamos três efeitos importantes que a presença do outro pode ter sobre os indivíduos: a facilitação social, a ociosidade e a desindividuação.

8-2a Facilitação social: quando os outros nos estimulam

Os psicólogos sociais há muito são fascinados por como a presença do outro afeta o comportamento. No Capítulo 1, relatamos que o artigo de Norman Triplett "The dynamogenic factors in pacemaking and competition" (1897-1898) é frequentemente citado como a publicação mais antiga na área. Triplett começou sua pesquisa estudando os recordes oficiais de ciclistas participantes do Racing Board da League of American Wheelmen para a temporada de 1897. Talvez como alguns de vocês, que acompanham avidamente os recordes, Triplett notou que os ciclistas que competiam contra outros tiveram um desempenho melhor que aqueles que pedalaram apenas contra o relógio. Depois de descartar várias teorias da época (nossa favorita é "preocupação cerebral"), ele propôs a própria hipótese: a presença de outro competidor libera o instinto competitivo, o que aumenta a energia e melhora o desempenho.

Para testar essa proposição, Triplett fez que 40 crianças enrolassem carretéis de pesca, sozinhas ou em grupo. Triplett relatou que as crianças tinham maior probabilidade de ter um desempenho melhor

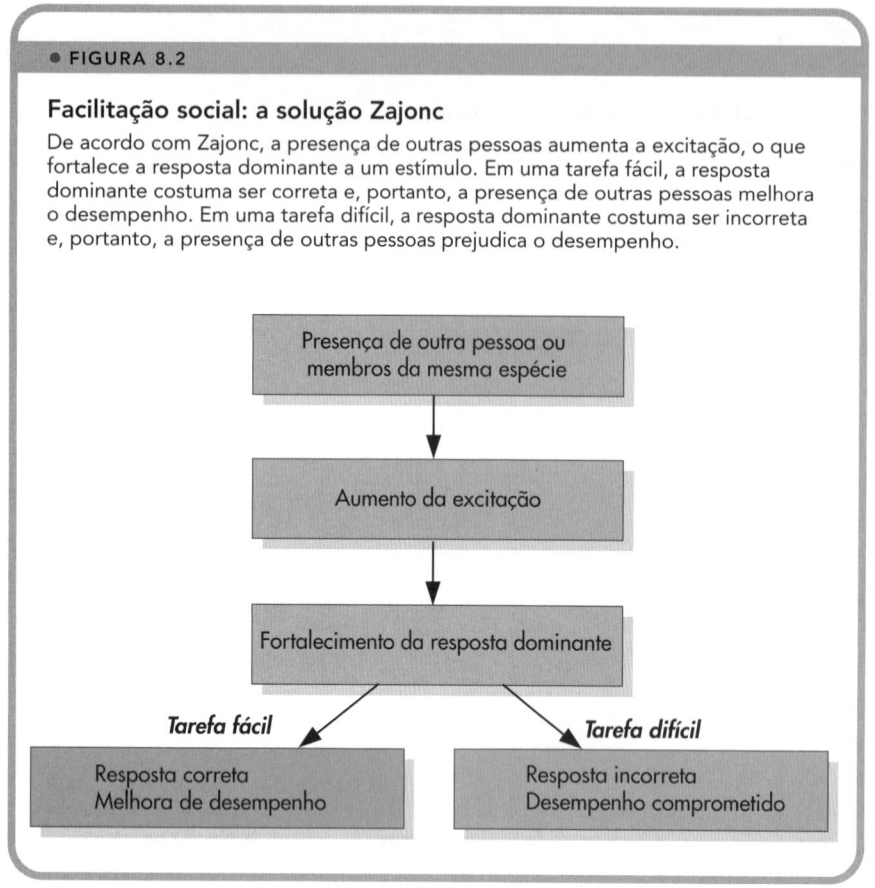

FIGURA 8.2

Facilitação social: a solução Zajonc
De acordo com Zajonc, a presença de outras pessoas aumenta a excitação, o que fortalece a resposta dominante a um estímulo. Em uma tarefa fácil, a resposta dominante costuma ser correta e, portanto, a presença de outras pessoas melhora o desempenho. Em uma tarefa difícil, a resposta dominante costuma ser incorreta e, portanto, a presença de outras pessoas prejudica o desempenho.

quando trabalhavam lado a lado que quando isoladas. (Em uma análise contemporânea deste estudo clássico, Michael Strube [2005] usou técnicas estatísticas modernas para reavaliar os dados originais de Triplett e descobriu que os resultados eram bastante inconsistentes e não tão simples como o relatório de Triplett sugeria.)

Pesquisas posteriores ao estudo de Triplett obtiveram resultados mistos. Às vezes, a presença de outras pessoas (lado a lado ou público na frente) melhora o desempenho; em outras ocasiões, o desempenho diminuiu. Parecia que a pista promissora de Triplett havia se transformado em um beco sem saída e os psicólogos sociais haviam descartado essa pesquisa durante a Segunda Guerra Mundial. No entanto, anos depois, Robert Zajonc (1965, 1980) constatou um modo de reconciliar os resultados contraditórios integrando a pesquisa da psicologia experimental à pesquisa da psicologia social. Zajonc ("Zajonc" é pronunciado para rimar com *science*, ciência em inglês) propôs uma solução elegante: a presença de outras pessoas aumenta os estímulos, o que pode afetar o desempenho de diferentes maneiras, dependendo da tarefa em questão. Vamos ver como funciona.

A resposta de Zajonc Zajonc propôs um processo de três etapas:

1. A presença de outras pessoas cria uma excitação fisiológica geral, que estimula o comportamento. Com base em pesquisas de psicologia experimental e nos princípios da evolução, Zajonc argumentou que todos os animais, incluindo os humanos, tendem a se sentir estimulados na presença de *coespecíficos* – isto é, membros de sua própria espécie.

2. A excitação fisiológica aumenta a tendência do indivíduo de ter uma resposta dominante. A resposta *dominante* é a reação provocada por determinado estímulo da maneira mais rápida e fácil.

3. A qualidade do desempenho de um indivíduo varia de acordo com o tipo de tarefa. Em uma tarefa *fácil* (simples ou bem conhecida), a resposta dominante geralmente é correta ou bem-sucedida. No entanto, em uma tarefa difícil (complexa ou desconhecida), a resposta dominante costuma ser incorreta ou malsucedida.

A combinação dessas três etapas (ver • Figura 8.2) produz os cenários a seguir. Suponha que você esteja tocando violino. Caso seja um músico notável e o arranjo, familiar, outras pessoas por perto devem melhorar seu desempenho; a presença delas vai estimulá-lo, o que aumentará sua resposta dominante. Por esse arranjo ser bem conhecido, a resposta dominante será executá-lo. No entanto, se você está começando a aprender a tocar violino e não está familiarizado com esse arranjo, a presença de outras pessoas

Com a facilitação social, alguns dos melhores atletas – como esses nadadores que competem nas Olimpíadas – beneficiam-se da presença de um público e de alta pressão ao executar rotinas bem aprendidas.

é a última coisa que vai desejar. A excitação deve aumentar a resposta dominante, que, neste caso, seria tocar violino *sem sucesso*.

Tomados como um pacote, esses dois efeitos da presença do outro – ajudando-o no desempenho em tarefas fáceis, mas prejudicando-o em tarefas difíceis – são conhecidos como **facilitação social**. Infelizmente, esse termo tem sido fonte de equívoco para inúmeros alunos. O subterfúgio é lembrar que a presença de outras pessoas facilita a resposta dominante, não necessariamente a tarefa em si. Essa facilitação da resposta dominante facilita, na verdade, tarefas fáceis, mas torna as tarefas difíceis ainda mais difíceis.

Zajonc propôs que a facilitação social é universal, ocorrendo não apenas entre os humanos, mas também entre outros animais, até mesmo insetos. Você já se perguntou, por exemplo, o desempenho de uma barata perante outras baratas? Nem nós – isto é, não até que soubemos da pesquisa criativa de Zajonc sobre o assunto. Zajonc e seus colegas (1969) colocaram baratas em uma caixa inicial bem iluminada conectada a uma caixa de destino escurecida. Quando a conexão era simples, uma reta entre a caixa inicial e a de chegada, as baratas separadas em pares corriam mais rapidamente em direção à caixa de destino que as que estavam sozinhas. No entanto, em um caminho mais complexo, que exigia uma curva à direita para alcançar a caixa de destino, baratas solitárias superavam as em pares. Em um experimento de acompanhamento particularmente criativo, Zajonc e seus colegas descobriram que as baratas completavam o percurso fácil mais rápido, e o difícil mais devagar, se estivessem diante de uma multidão de baratas espectadoras que se corressem sem público. Como os pesquisadores conseguiram que as baratas participassem como espectadoras? Colocaram-nas em "caixas de plateia" transparentes ao longo de cada lado do percurso, e essa "audiência" produziu facilitação social.

Pesquisas atuais sobre facilitação social A proposição de Zajonc reviveu o interesse nas questões levantadas pelas primeiras pesquisas de Triplett e, de repente, as inconsistentes descobertas, então relatadas, começaram a fazer sentido. Os resultados de uma metanálise de 241 estudos confirmaram, em grande parte, o relato de Zajonc (Bond e Titus, 1983). E, apesar de sua longa história, as pesquisas atuais

> **facilitação social** Processo pelo qual a presença de outras pessoas melhora o desempenho em tarefas fáceis, mas prejudica-o em tarefas difíceis.

"Meu Deus, isso estará no YouTube."

Às vezes, o medo de ser avaliado pelos outros pode prejudicar o desempenho.

continuam a demonstrar novos exemplos de facilitação social e a testar seu escopo e limitações. Os cenários nos quais os efeitos de facilitação social foram encontrados são bastante amplos, como em testes de habilitação (um conselho: não faça o teste com outro candidato presente no carro!), jogos eletrônicos de azar e pesquisas visuais, e os efeitos foram encontrados mesmo quando os "outros" presentes eram meramente uma fotografia de um personagem conhecido da TV ou uma pessoa "virtual" na tela de um computador (Gardner e Knowles, 2008; Liu e Yu, 2018; Park e Catrambone, 2007; Rockloff et al., 2012; Rosenbloom et al., 2007). Uma nova pesquisa aponta para áreas do cérebro que parecem estar especialmente relacionadas aos efeitos de facilitação social e, talvez não surpreendentemente, essas áreas estão associadas a julgamentos e motivações sociais (Belletier et al., 2019; Chib et al., 2018).

É em parte por causa dos efeitos da facilitação social que bombeiros, policiais, militares e outros muitas vezes praticam repetidamente as mesmas situações a ponto de parecer um exagero. É somente por meio dessa repetição que sua resposta dominante em uma situação altamente estimulante será, provavelmente, a correta. Diante de um incêndio ou de um tiroteio, muitas vezes é impossível pensar cuidadosamente, então é ainda mais essencial que sua resposta dominante seja ideal (Gladwell, 2005).

Explicações alternativas para a facilitação social Os efeitos da facilitação social foram replicados em muitos campos, mas nem toda a teoria de Zajonc recebeu apoio universal. Zajonc propôs que a **mera presença** de outras pessoas é suficiente para produzir facilitação social. Alguns argumentam, no entanto, que uma explicação razoável seria a **teoria da apreensão da avaliação**, que propõe que o desempenho será aprimorado ou prejudicado apenas na presença de outras pessoas que estejam em posição de avaliá-lo (Geen, 1991; Henchy e Glass, 1968). Em outras palavras, não é simplesmente porque outras pessoas estão por perto que me sinto tão estimulado, portanto, fracasso ao tentar aprender a praticar *snowboard* em uma montanha lotada. Em vez disso, é porque me preocupo que essas pessoas estejam me observando e, provavelmente, ridicularizando-me, talvez até postando um vídeo de minha performance no YouTube. Essas preocupações aumentam minha resposta dominante, que, infelizmente, é cair.

mera presença Proposição de que a mera presença de outros é suficiente para produzir efeitos de facilitação social.

teoria da apreensão da avaliação Teoria em que a presença de outras pessoas produzirá efeitos de facilitação social apenas quando estas forem vistas como avaliadores em potencial.

teoria do conflito de distração Teoria em que a presença de outras pessoas produzirá efeitos de facilitação social apenas quando estas se distraírem da tarefa e criarem conflito de atenção.

Outra descrição da facilitação social, a **teoria do conflito de distração**, aponta que estar distraído durante a realização de uma tarefa cria um conflito de atenção (Baron, 1986; Sanders, 1981). Ficamos divididos entre focar na tarefa e olhar para o estímulo que nos distrai. Quando estamos em conflito sobre em que prestar atenção, nossa excitação fisiológica aumenta.

Então, uma dessas teorias está certa e as outras erradas? Provavelmente não. Parece provável que todos os três elementos básicos descritos por essas teorias (mera presença, avaliação e atenção) podem contribuir para o impacto que os outros têm sobre nosso próprio desempenho (Uziel, 2007). No entanto, como veremos na próxima seção, há muito mais na questão de como os indivíduos são afetados pela presença de outros.

8-2b Ociosidade social: quando os outros nos relaxam

Nas tarefas relevantes para os efeitos da facilitação social, o comportamento de um indivíduo pode ser identificado e avaliado. No entanto, em algumas tarefas, os esforços são combinados de modo que o desempenho específico de um indivíduo não pode ser determinado. Acontece que os estudos sobre esses tipos de empreendimentos coletivos também podem ser rastreados até a era de Triplett, no fim do século XIX. No Capítulo 1, mencionamos o engenheiro agrícola francês Max Ringelmann como outro candidato a ter conduzido a primeira pesquisa em psicologia social. Em uma pesquisa realizada durante a década de 1880, Ringelmann descobriu que a produção das pessoas diminuía quando trabalhavam juntas, em vez de sozinhas, em tarefas simples como puxar uma corda ou empurrar um carrinho (Kravitz e Martin, 1986; Ringelmann, 1913).

Por que a produção individual diminuiu? Uma explicação é que os indivíduos exerceram menos esforço quando agiram coletivamente, mas outra explicação é que eles simplesmente demonstraram uma má coordenação ao trabalharem juntos – alguns se esforçaram enquanto outros não. Como é possível distinguir a falta de esforço da má coordenação em uma tarefa como essa? Quase cem anos após a pesquisa de Ringelmann, Alan Ingham e colegas (1974) responderam a esta pergunta com o uso de uma máquina de puxar corda e participantes vendados. Em uma condição, os participantes foram levados a pensar que estavam puxando com um grupo de outros participantes e, em outra condição, foram *informados* de que estavam puxando sozinhos (o que, de fato, era verdade). Os pesquisadores disseram aos participantes para puxar o mais forte que pudessem. Ingham e seus colegas foram capazes de medir exatamente com que força cada participante puxou a corda individualmente e observaram que os participantes colocaram quase 20% com mais força quando pensavam que estavam sozinhos que quando acreditavam estar trabalhando em equipe.

"Nós, simplesmente, não as estamos batendo com força o suficiente."

Muitas vezes, os indivíduos não se esforçam tanto em grupo quanto o fazem sozinhos. No entanto, se puderem ser convencidos de que seus esforços valerão a pena, sua produção poderá disparar.

Bibb Latané e colegas (1979) descobriram que reduções na produção individual em grupos, que eles chamaram **ociosidade social**, são comuns em outros tipos de tarefas também. Por exemplo, imagine ser solicitado, como parte de um experimento psicológico, a torcer ou bater palmas o mais alto que puder. O senso comum pode levá-lo a pensar que você iria fazer mais barulho junto a outras pessoas que se estivesse sozinho, porque ficaria menos envergonhado e inibido se mais gente estivesse fazendo a mesma coisa que você. Entretanto, Latané e colegas descobriram que, ao se apresentarem coletivamente, os alunos tendiam a relaxar – eles faziam menos esforço. O ruído gerado por cada indivíduo diminuía à medida que o tamanho do grupo aumentava (ver • Figura 8.3). Essa ociosidade social ocorreu até mesmo entre líderes de torcida que deveriam ser especialistas em torcer e bater palmas junto a outras pessoas!

ociosidade social Redução gerada em grupo no rendimento individual em tarefas nas quais as contribuições são conjuntas.

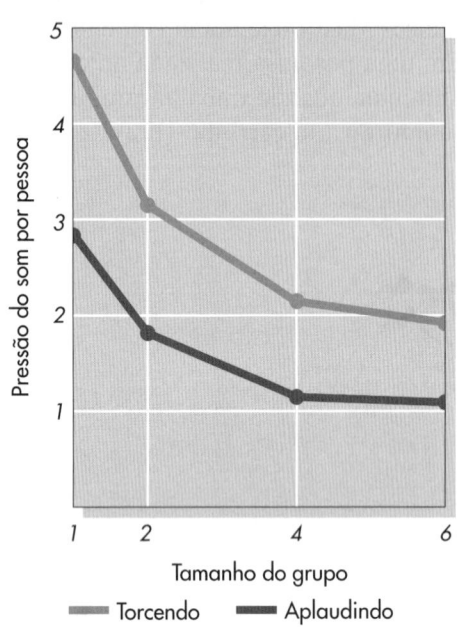

• FIGURA 8.3

Ociosidade social: quando muitos produzem menos

A ociosidade social é uma redução produzida em grupo no rendimento individual em tarefas simples. Neste estudo, estudantes universitários foram instruídos a torcer ou bater palmas o mais alto que pudessem. O ruído que cada um deles produziu foi menor à medida que o tamanho do grupo aumentou.

Baseado em Latané et al. (1979).

A ociosidade social não se restringe a tarefas motoras simples. Compartilhar responsabilidades com outras pessoas reduz a quantidade de esforço individual colocado em tarefas motoras mais complexas, como a prática de esportes coletivos; tarefas cognitivas, como completar testes orais, de memória ou matemática; e comportamentos importantes do dia a dia, como trabalhar colaborativamente em fazendas, projetos em equipe ou supervisionar protocolos de segurança em uma fábrica ou laboratório (Cymek, 2018; Hoigaard e Ommundsen, 2007; Liden et al., 2004; Miles e Greenberg, 1993; Tan e Tan, 2008). Quando há quem possa fazer o esforço, as pessoas relaxam.

A maioria dos estudantes universitários está bastante familiarizada com o fato de ter de realizar trabalhos em grupo, e muitos já viram as armadilhas da ociosidade social nesses ambientes. Praveen Aggarwal e Connie O'Brien (2008) estudaram várias centenas de estudantes universitários para avaliar quais fatores podem reduzir a incidência da ociosidade social, e oferecem estas três estratégias: (1) limitar o escopo do projeto – projetos que são muito grandes e complexos devem ser divididos em componentes menores; (2) manter os grupos pequenos; e (3) usar avaliações de colegas. Tornar cada membro do grupo um "gerente" de diferentes segmentos da tarefa também pode ajudar a reduzir a ociosidade (Dommeyer, 2012).

As empresas aplicaram essas descobertas das pesquisas sobre ociosidade social em um esforço para reduzi-la no local de trabalho. Por exemplo, uma forma de ociosidade social no local de trabalho passou a ser conhecida como *cyber* ociosidade, que envolve o uso não profissional de tecnologia on-line, como compras on-line, assistir a vídeos ou enviar mensagens para amigos; a *cyber* ociosidade pode ser um grande problema para a produtividade dos trabalhadores (Agarwal, 2019; Durak, 2019; Santos et al., 2019; Varol e Yildirim, 2019). Um resultado disso é que as ações dos funcionários no ambiente de trabalho sofrem vigilância cada vez, avaliando e podendo registrar eletronicamente o número de teclas pressionadas por hora, o conteúdo de ligações, e-mails ou navegação na internet.

> As pessoas aplaudirão mais alto quando fizerem parte de um grupo que quando estiverem sozinhas.
>
> **FALSO**

modelo de esforço coletivo Teoria de que os indivíduos se esforçam em uma tarefa coletiva na medida em que acham que seus esforços individuais serão importantes, relevantes e significativos para alcançar os resultados que valorizam.

Modelo de esforço coletivo Vários pesquisadores elaboraram contas teóricas para explicar as descobertas sobre quando é mais ou menos provável que ocorra a ociosidade social. O mais influente deles é o **modelo de esforço coletivo** (Karau e Williams, 2001). Este modelo afirma que os indivíduos se esforçam muito em uma tarefa coletiva quando pensam que seus esforços vão ajudá-los a alcançar resultados que valorizam pessoalmente. Se o resultado for importante para os membros individuais do grupo e eles acreditarem que podem ajudar a alcançar o resultado desejado, é menos provável que fiquem

Os agricultores tailandeses cooperam em uma tarefa em que as contribuições individuais não podem ser facilmente identificadas. Em tais tarefas, a ociosidade social ocorre com menos frequência nas culturas orientais do que nas ocidentais.

ociosos. De fato, nesses casos, eles podem até mesmo se envolver em *compensação social*, aumentando seus esforços em tarefas coletivas para tentar compensar, antecipadamente, a ociosidade social ou o mau desempenho de outros membros do grupo. Da próxima vez que for participar de um projeto em grupo, como escrever um artigo em conjunto com vários outros alunos, considere os fatores que aumentam e diminuem a ociosidade social e tente mudar aspectos da situação para que todos os membros tenham motivação para fazer sua parte no trabalho.

8-2c Cultura e ociosidade social

Steven Karau e Kipling Williams (1993) conduziram uma metanálise de 78 estudos e descobriram que a ociosidade social é um fenômeno estável e evidente em inúmeras situações e países. Apesar de sua prevalência em todo o mundo, algumas diferenças culturais e de grupos nas tendências à ociosidade social foram encontradas.

A metanálise de Karau e Williams descobriu que a ociosidade social era menos frequente entre as mulheres que entre os homens e entre as pessoas do leste asiático, de culturas coletivistas (como as da China, do Japão e de Taiwan), que entre as pessoas do Ocidente, de culturas individualistas (como aquelas do Canadá e dos Estados Unidos). Com tendência a serem mais conscientes de suas conexões e da confiança mútua, mulheres e pessoas de culturas coletivistas podem estar relativamente mais preocupadas com o possível impacto interpessoal negativo da ociosidade social. Se alguém no grupo viola uma norma em relação ao esforço em uma tarefa árdua, pessoas de culturas coletivistas podem se ofender mais. Essa é a conclusão da pesquisa de Tsang-Kai Hung e outros (2009), que descobriram que os trabalhadores em Taiwan que percebiam os colegas de trabalho como socialmente ociosos provavelmente se motivariam a se vingar.

Em uma reviravolta interessante, Ying-yi Hong e outros (2008) levantaram a hipótese de que há momentos em que as pessoas de culturas coletivistas podem ser especialmente propensas a seguir o grupo. Como as pessoas de culturas coletivistas tendem a se preocupar em se comportar de modo consistente com as normas, elas podem ser tentadas a agir de forma ociosa se estiverem em um grupo que estabeleceu uma regra a baixa produtividade e pouco esforço. Os pesquisadores encontraram subsídios para essa ideia em pesquisas feitas com estudantes chineses. Quando esses alunos se envolveram em uma tarefa com um grupo de colegas que não era produtivo, eles reduziram seus próprios esforços quando consideraram que estes seriam evidentes para seus companheiros. Não querendo se desviar publicamente da norma do grupo, esses alunos se conformaram com a norma de trabalhar menos.

Os fãs do Philadelphia Eagles vão para as ruas descontroladamente – e às vezes de forma destrutiva – comemorar a vitória de sua equipe no Super Bowl sobre o New England Patriots em fevereiro de 2018. Em meio a multidões como essas, as pessoas podem se sentir desindividuadas, o que pode levar a um comportamento divergente.

8-2d Desindividuação

Estar na presença de outras pessoas pode levar à facilitação social e à ociosidade social. No entanto, ocasionalmente, a presença de outras pessoas pode levar a ações extremas. Um grupo de torcedores entusiasmados com a vitória do seu time vai do campo para a rua, e logo começa o tumulto, com pequenos incêndios, carros capotados e saques. Um conflito entre duas pessoas tarde da noite em uma boate barulhenta de repente se transforma em uma briga, com garrafas voando e socos envolvendo dezenas de pessoas. O que transforma uma multidão rebelde em uma turba violenta? Sem dúvida, há muitos fatores, incluindo a imitação de modelos agressivos, a frustração intensa e o consumo de álcool. Esses fatores são discutidos no Capítulo 11 sobre Agressividade. Porém também há a **desindividuação**, a perda do senso de individualidade de uma pessoa e a redução das restrições normais contra o comportamento desviante. A desindividuação é frequentemente um fenômeno coletivo que ocorre na presença de outras pessoas (Diener et al., 1976; Festinger et al., 1952).

"Os sentimentos e as ideias de todas as pessoas em uma aglomeração tomam uma e a mesma direção, e sua personalidade consciente desaparece."

– Gustave Le Bon (1895)

Philip Zimbardo (1969) observou que a *excitação*, o *anonimato* e os sentimentos reduzidos de *responsabilidade* individual contribuem para a desindividualização. Esses elementos certamente parecem estar em jogo no comportamento destrutivo que torcedores costumam exibir após uma importante vitória ou derrota de seu time. Por exemplo, imediatamente após o Philadelphia Eagles vencer o Super Bowl em fevereiro de 2018, milhares de torcedores foram às ruas para comemorar. A celebração rapidamente se transformou em vandalismo, pois carros foram virados, incêndios provocados, lojas saqueadas e propriedades destruídas (Herbert, 2018). É importante notar que esses fãs não estavam frustrados e com raiva por uma perda; eles estavam felizes! Então, por que – eles e os torcedores de muitos times ao redor do mundo após uma grande vitória – agiriam de forma destrutiva? Todos os três elementos que Zimbardo especificou estão presentes aqui: os torcedores ficaram muito *excitados* com a vitória de seu time, a comemoração entre milhares de torcedores forneceu aos indivíduos um *anonimato* relativo e esses fatores, muito provavelmente junto com o álcool consumido durante o jogo, contribuíram para reduzir o sentimento de *responsabilidade* individual.

desindividuação Perda do senso de individualidade de uma pessoa e a redução das restrições normais contra o comportamento divergente.

De acordo com Steven Prentice-Dunn e Ronald Rogers (1982, 1983), dois tipos de sinais ambientais – sinais de responsabilidade e sinais de atenção – tornam mais provável a ocorrência de comportamentos desviantes como esse tumulto. *Sinais de responsabilidade* interferem nos cálculos de custo-benefício. Quando a responsabilidade é baixa, aqueles que cometem atos desviantes têm menos probabilidade de serem pegos e punidos, e as pessoas podem escolher deliberadamente se envolver em comportamentos gratificantes, mas geralmente inibidos. Estar no meio de uma grande multidão ou usar uma máscara são dois exemplos em que a responsabilidade pode ser diminuída e são fatores associados a comportamentos mais extremos e destrutivos.

Sinais de atenção focam a atenção para além de si mesmo. Nesse estado, o indivíduo responde menos aos padrões internos de conduta, reage mais à situação imediata e é menos sensível às consequências de longo prazo de seu comportamento (Diener, 1980). O comportamento foge do controle cognitivo e as pessoas agem por impulso. Quando você está em uma festa com música muito alta e luzes piscando, pode ser arrastado pela multidão animada e sentir sua identidade individual se esvaindo.

Um contexto atual para desindividualização é o comportamento on-line. Se você já fez parte de uma comunidade on-line onde as pessoas podem postar comentários anonimamente, há uma boa chance de ter testemunhado alguns dos efeitos desagradáveis da desindividuação. Muitos sites ou discussões com boas intenções, ou mesmo as seções de comentários vinculadas às matérias de jornais on-line, vídeos ou blogues de fofoca logo se transformam em uma torrente de desabafos e insultos rudes, hostis e preconceituosos que nunca aconteceriam sem o manto do anonimato.

Travessuras ou gostosuras: pesquisas de campo no Halloween Um conjunto particularmente criativo de pesquisas de campo de Edward Diener e Arthur Beaman e seus colegas (Beaman et al., 1979; Diener et al., 1976) demonstrou como a responsabilidade e os sinais de atenção podem afetar o comportamento em uma noite em que muitos indivíduos bem-comportados agem de maneira antissocial: o Halloween. Se pensar bem, o Halloween é um momento perfeito para estudar a desindividualização: as crianças geralmente usam fantasias com máscaras, saem à noite em grandes grupos e ficam muito animadas. Em um estudo, os pesquisadores observaram discretamente mais de 1.300 crianças que participaram da brincadeira, pedindo doces em 27 lares espalhados por Seattle. Em cada uma dessas casas, uma pesquisadora atendeu e cumprimentou as crianças sozinhas ou em grupos. Em uma condição, a pesquisadora perguntou o nome das crianças e onde moravam; em outra, ela não fez perguntas sobre suas identidades. Quando solicitadas a se identificar, as crianças deveriam se sentir mais autoconscientes e mais responsáveis por suas ações. Crianças que não foram solicitadas a revelar suas identidades e estavam em um grupo deveriam se sentir relativamente desindividuadas, seguras e escondidas por seus trajes.

As crianças foram então convidadas a pegar um item de uma tigela cheia de doces e deixadas sozinhas com a tigela. Observadores ocultos acompanhavam a atividade para ver quantos doces cada criança pegava. O que eles viram? Como ilustra a ● Figura 8.4, as crianças que estavam em um grupo tiveram maior probabilidade de quebrar a regra e pegar mais doces que as crianças que estavam sozinhas. Adicione o

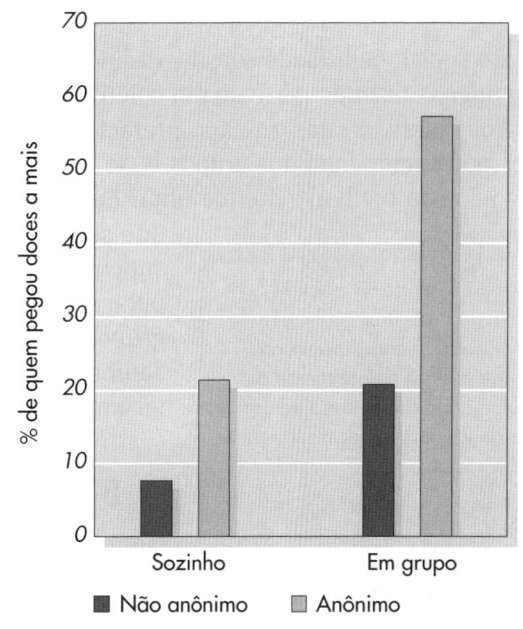

● FIGURA 8.4

Travessuras ou gostosuras

Travessuras ou gostosuras no Halloween foi tema de um experimento de campo. As crianças foram instruídas a pegar um pedaço de doce antes que o experimentador, que as cumprimentou, deixasse-as sozinhas com a tigela de doces. As barras neste gráfico representam a porcentagem de crianças que pegaram mais de um doce. Consistente com as previsões baseadas na desindividuação, as crianças que estavam em um grupo (e não sozinhas) e eram anônimas (que não tiveram de dizer seus nomes) eram mais propensas a trapacear, pegando doces extras.
Baseado em Diener et al. (1976).

anonimato à presença de um grupo e as crianças terão ainda mais probabilidade de fazê-lo. Em outras palavras, as crianças foram mais propensas a levar doces extras quando estavam mais desindividuadas: quando estavam em um grupo e não tinham precisado se identificar. Em outro experimento, os pesquisadores colocaram um espelho atrás da tigela de doces em algumas condições. Conforme observado no Capítulo 3, a presença de um espelho tende a aumentar a autoconsciência. Crianças às quais se perguntou o nome, especialmente as mais velhas, foram muito menos propensas a roubar doces quando o espelho estava colocado que quando não estava. As crianças mais velhas são mais propensas a ter padrões internos contra o roubo, e tornar essas crianças autoconscientes deixou-as ainda mais propensas a agir de acordo com tais padrões.

Mudando da identidade pessoal para a social A perda da identidade pessoal nem sempre produz um comportamento antissocial. Em um estudo conduzido por Robert Johnson e Leslie Downing (1979), estudantes do sexo feminino vestiram roupas que se assemelhavam ao traje da Ku Klux Klan (um grupo de ódio muito racista dos Estados Unidos) ou uniformes de enfermeira. Metade das participantes foi identificada individualmente ao longo do estudo; as demais não. Todas tiveram a oportunidade de aumentar ou diminuir a intensidade dos choques elétricos aplicados a um suposto outro participante (na verdade, um confederado) que havia se comportado de maneira desagradável anteriormente. As participantes vestindo trajes da Ku Klux Klan aumentaram os níveis de choque nas condições identificadas e anônimas. No entanto, entre aquelas em trajes de enfermeira, as participantes anônimas diminuíram a intensidade do choque quatro vezes mais frequentemente que as identificadas!

Esses achados apoiam o **modelo de identidade social dos efeitos de desindividuação** (*social identity model of deindividuation effects* – SIDE), que propõe que a desindividuação afetar as pessoas de forma positiva ou negativa reflete as características e as normas do grupo imediatamente ao redor delas, bem como o poder do grupo de agir de acordo com essas normas. À medida que a identidade pessoal e os controles internos são ocultados, a identidade social emerge e a conformidade com o grupo aumenta. Se um grupo age com preconceito e ódio contra outro grupo, por exemplo, a desindividuação pode desencadear uma explosão de violência. Se um grupo busca ajudar os outros, por sua vez, a desindividuação pode promover ações pró-sociais e altruístas. As consequências de perder sua identidade pessoal, portanto, dependem de para quem você a perde (Le Hénaff et al., 2018; Spears e Postmes, 2015).

8-3 Desempenho coletivo: problemas e soluções

Facilitação social, ociosidade social e desindividuação podem afetar os indivíduos, estejam eles em grupos reais ou apenas fazendo parte de um coletivo ou de uma multidão. Nesta seção, examinamos os processos específicos coletivos, nos quais a interação entre os membros é mais direta e significativa. Concentramo-nos no desempenho dos grupos e, ao fazê-lo, abordamos uma questão fundamental: duas (ou mais) cabeças não são melhores do que uma? Embora oito pessoas normalmente consigam superar um indivíduo sozinho, será que oito pessoas trabalhando juntas em um grupo superam a soma de oito pessoas trabalhando individualmente? Você pode se surpreender ao saber com que frequência e de que modo os grupos têm desempenho pior do que seu potencial poderia sugerir. Também discutimos quando e como eles têm maior probabilidade de ter um bom desempenho.

modelo de identidade social dos efeitos de desindividuação (SIDE) Modelo de comportamento coletivo que explica os efeitos de desindividuação como resultado de uma mudança da identidade pessoal para a identidade social.

perda de processo Redução no desempenho do grupo em razão de obstáculos criados pelos processos do grupo, como problemas de coordenação e motivação.

8-3a Perdas e ganhos coletivos

Quando um grupo tem um desempenho pior do que seu potencial, ele experimenta o que Ivan Steiner (1972) chamou **perda de processo**. A perda de processo refere-se à redução da produtividade do grupo devido a problemas em sua dinâmica. De acordo com Steiner, alguns tipos de tarefas em grupo são mais vulneráveis à perda de processo que outros.

Por exemplo, em uma tarefa *aditiva*, o produto do grupo é a *soma* de todas as contribuições dos membros. Doar para uma instituição de caridade é uma tarefa aditiva, assim como torcer entusiasmadamente em uma partida esportiva. Claro, para essas tarefas, quanto mais, melhor em termos de produção geral. Um grupo fará mais barulho em campo que um indivíduo. No entanto, como vimos, as pessoas muitas vezes se entregam à ociosidade social durante tarefas aditivas, o que gera a perda de processo. Em outras palavras, a contribuição de cada membro pode ser menor que seria se essa pessoa trabalhasse sozinha. Como resultado, o grupo tem desempenho inferior ao seu potencial.

Em uma tarefa *conjunta*, o produto do grupo é determinado pelo indivíduo com o pior desempenho. Equipes de alpinismo ou uma linha ofensiva no futebol tentando proteger o zagueiro podem estar engajados em tal tarefa; e o "elo mais fraco" determinará seu sucesso ou fracasso. Por causa dessa vulnerabilidade ao mau desempenho de um único membro, o desempenho do grupo em tarefas conjuntivas tende a ser pior que o desempenho de um único indivíduo mediano.

Em uma tarefa *disjuntiva*, o produto do grupo é (ou pode ser) determinado pelo desempenho do indivíduo com melhor desempenho. Tentar resolver um problema ou desenvolver uma estratégia pode ser uma tarefa disjuntiva: o que o grupo precisa é de uma única ideia ou resposta bem-sucedida, independentemente do número de erros. Os grupos têm uma vantagem sobre os indivíduos no desempenho de tarefas disjuntivas (Xie et al., 2018). Quanto mais pessoas envolvidas, mais provável é que alguém proponha uma ótima solução. Os processos coletivos às vezes podem, no entanto, interferir no surgimento de ideias e em sua aceitação, resultando na perda de processo. Por exemplo, os grupos podem não perceber quais membros têm as melhores ideias ou são mais experientes. A menos que a melhor solução para um problema específico seja fácil e claramente identificável uma vez que tenha sido sugerida, o grupo pode falhar em implementá-la; como resultado, o desempenho será pior que o de seus melhores membros (Soll e Larrick, 2009; Stasser et al., 1995; Straus et al., 2009). Você já teve a experiência de *saber* que estava certo, mas ser incapaz de convencer outras pessoas até que fosse tarde demais? Se sim, então você experimentou em primeira mão o problema de perda de processo em uma tarefa disjuntiva. Um pouco mais adiante neste capítulo, discutiremos estratégias que ajudam os grupos a reconhecer e utilizar a expertise.

Em alguns tipos de tarefas, os grupos podem mostrar **ganho de processo**, no qual superam até mesmo os resultados dos melhores membros. Os grupos costumam ter um desempenho melhor do que o de seus notáveis integrantes em tarefas em que (1) a resposta correta, assim que apresentada, é claramente evidente para todos e em que (2) as funções podem ser divididas para que vários subgrupos trabalhem sobre diferentes aspectos da tarefa (Carey e Laughlin, 2012). No mundo dos negócios, o ganho de processo tende a ser chamado sinergia, e é o que grupos empresariais e organizacionais buscam (Chuapetcharasopon et al., 2018; Mercier et al., 2015; Meslec e Curseu, 2013).

Assim como a força de uma cadeia depende de seu elo mais fraco, o produto do grupo em uma tarefa conjunta é determinado pelo indivíduo com o pior desempenho. No alpinismo, por exemplo, se uma pessoa escorregar ou cair, toda a equipe corre perigo.

"Um comitê deve consistir de três homens, dois dos quais são ausentes."

– Herbert Beerbohm Tree

ganho de processo Aumento no desempenho grupal, de modo que o grupo supere os indivíduos que o compõem.

8-3b Brainstorming

Durante a década de 1950, o executivo de publicidade Alex Osborn desenvolveu uma técnica chamada **brainstorming**, que foi projetada para aumentar a criatividade e a produtividade de grupos de resolução de problemas. As regras básicas para o brainstorming exigem uma abordagem livre e criativa:

- Expresse todas as ideias que vierem à mente, mesmo que pareçam loucas.
- Quanto mais ideias, melhor.
- Não se preocupe se as ideias são boas ou ruins e não critique as ideias de ninguém; elas podem ser avaliadas posteriormente.
- Todas as ideias pertencem ao grupo, então os membros devem se sentir à vontade para desenvolver o trabalho uns dos outros.

Alex Osborn (1953) afirmou que, ao usar esses procedimentos, os grupos podem gerar mais e melhores ideias do que indivíduos que trabalham sozinhos. A ideia pegou. Brainstorming logo se tornou um exercício popular nos negócios, no governo e na educação. Na verdade, a atividade continua sendo muito popular hoje em dia. No entanto, quando a pesquisa foi investigar, descobriu-se que a fé de Osborn no processo coletivo era infundada. Na verdade, "grupos nominais" (vários indivíduos trabalhando sozinhos) produzem um número maior de ideias melhores do que grupos nos quais os membros interagem entre si. O brainstorming pode, de fato, ser eficaz, mas o brainstorming individual produz mais ideias e de melhor qualidade que o mesmo número de pessoas que fazem brainstorming juntas. Uma metanálise concluiu que os grupos de brainstorming conseguem apenas cerca de metade da produtividade de um número igual de indivíduos trabalhando sozinhos (Mullen et al., 1991). Em vez de serem inspirados uns pelos outros e avançar valendo-se das ideias uns dos outros, durante um brainstorming em um grupo o desempenho apresentado é baixo (Paulus e Nijstad, 2019; Paulus et al., 2018).

A metade superior da ▲ Tabela 8.1 apresenta várias explicações da razão pela qual o brainstorming em grupo é ineficaz. Lembre-se

> Quando as pessoas fazem brainstorming em grupo, elas têm mais boas ideias que quando a mesma quantidade de pessoas trabalha individualmente.
>
> **FALSO**

brainstorming Técnica que tenta aumentar a produção de ideias criativas, encorajando os membros do grupo a falar livremente, sem criticar suas próprias contribuições ou as dos outros.

Pequenos grupos envolvidos em brainstorming. Apesar de sua popularidade, o brainstorming coletivo interativo sofre de vários problemas relacionados à dinâmica do grupo. Felizmente, os pesquisadores determinaram algumas maneiras de melhorar essa técnica.

▲ TABELA 8.1

Brainstorming em grupos: problemas e soluções

Fatores que reduzem a eficácia do brainstorming coletivo

- *Bloqueio de produção*. Tendo de esperar sua vez de falar, as pessoas podem esquecer suas ideias, não gerar ideias adicionais até que possam falar ou simplesmente perder o interesse.
- *Parasitismo*. À medida que outros contribuem com ideias, os indivíduos veem suas próprias contribuições como menos necessárias ou com menor potencial de ter um impacto importante. Desse modo, eles se esforçam menos e se envolvem em ociosidade social.
- *Apreensão da avaliação*. As pessoas podem hesitar em sugerir ideias incomuns por receio de parecerem tolas e serem criticadas.
- *Equilíbrio de desempenho*. Os membros do grupo trabalham apenas na medida em que veem os outros trabalharem. Uma vez que os outros três fatores anteriores reduziram o desempenho de um grupo de brainstorming, a correspondência de desempenho pode ajudar a manter esse desempenho relativamente inferior.

Por que o brainstorming eletrônico é eficaz

- O bloqueio de produção é reduzido, porque os membros podem digitar ideias sempre que estas vierem à mente.
- O parasitismo é reduzido, fazendo que o computador monitore a quantidade de entrada de cada membro.
- A apreensão da avaliação é reduzida, porque os membros do grupo contribuem com suas ideias anonimamente.
- O equilíbrio no desempenho é reduzido porque os membros do grupo gastam menos tempo se concentrando no desempenho dos outros enquanto digitam as próprias ideias. Além disso, a questão é menos problemática, porque o desempenho coletivo inicial em brainstorming eletrônicos costuma ser alto.
- Os membros do grupo podem se beneficiar ao ver as ideias de outras pessoas, o que pode inspirar novas ideias que, de outra forma, eles não teriam considerado.

de nossa discussão sobre ociosidade social no início do capítulo, por exemplo. Como você pode ver na ▲ Tabela 8.1, a ociosidade social é um fator que contribui para a perda de processo no brainstorming em grupo. O primeiro obstáculo listado na tabela, bloqueio produtivo, parece ser especialmente problemático para grupos.

Apesar das evidências das pesquisas, o brainstorming ainda é um recurso popular em muitas organizações. Pessoas que participam de grupos de brainstorming interativos avaliam seu desempenho de forma mais favorável que indivíduos em grupos nominais. Eles também se divertem mais e a atividade pode aumentar a coesão do grupo (Henningsen e Henningsen, 2018). No entanto, eles estão trabalhando com a ilusão de que o brainstorming em grupo é muito mais eficaz que realmente é.

Felizmente, após o choque inicial sobre como o brainstorming em grupo realmente é ruim, os psicólogos sociais demonstraram uma série de estratégias para aumentar a produtividade e ao mesmo tempo preservar o prazer da atividade realizada em grupo. Por exemplo, sessões alternadas de brainstorming (primeiro individuais e depois em grupo, ou o contrário) provou ser muito eficaz. O compartilhamento por escrito, seja em papéis colados na parede ou espalhados sobre uma mesa, pode dobrar o número de ideias geradas em comparação com o compartilhamento verbal. Outras estratégias que melhoram o desempenho do grupo incluem treinar as pessoas para um brainstorming eficaz, dando ao grupo um subconjunto de categorias para iniciar o processo, usando um facilitador treinado durante as sessões e dando aos grupos mais tempo (em vez de apressá-los com um prazo apertado) (Paulus e Nijstad, 2019; Paulus et al., 2018).

Usar a tecnologia para permitir que os grupos participem do que é chamado brainstorming eletrônico é especialmente eficaz. Ao permitir que todos os membros do grupo insiram ideias a partir dos próprios laptops, telefones ou outros dispositivos em uma tela compartilhada, o brainstorming eletrônico combina a liberdade de trabalhar isoladamente e não ter de esperar pela vez com o estímulo de ver as ideias dos outros. A metade inferior da ▲ Tabela 8.1 apresenta alguns dos fatores que tornam esse tipo de brainstorming eficaz. Quando o tamanho do grupo é relativamente grande, o brainstorming eletrônico é particularmente eficaz (Dennis et al., 2019; Dornburg et al., 2009; Paulus et al., 2013).

8-3c Polarização de grupo

Imagine que você seja solicitado a orientar alguém a se comportar de maneira arriscada ou cautelosa, se uma empresa deve se arriscar ao tentar crescer ou se um funcionário em um emprego estável, mas tedioso, deve pedir demissão e assumir um cargo mais criativo em uma empresa nova de tecnologia, ainda não estabelecida. Imagine que, depois de processar as informações relevantes e chegar a uma opinião inicial sobre o assunto, você e um grupo de outras pessoas, que também chegaram às suas opiniões iniciais, reúnam-se e discutam o caso. Qual será o resultado da discussão em grupo levando-se em conta as várias opiniões?

O senso comum sugere duas previsões alternativas. Talvez a previsão mais razoável seja que haverá um meio-termo conforme os membros do grupo aproximam-se da média entre todas as opiniões. No entanto, o senso comum também traz outra possibilidade. Muitas pessoas familiarizadas com comitês concordam que formar um senso comum é uma boa maneira de *não* fazer nada. Achamos que, individualmente, estamos dispostos a correr riscos e implementar novas ideias, mas reconhecemos que os grupos tendem a ser cautelosos e lentos. Portanto, outra previsão aqui seria que as pessoas em grupo tornariam-se mais cautelosas com o que defendem.

Então, qual previsão é a correta: o movimento em direção ao meio-termo ou em direção à cautela? Acontece que nenhuma das noções do senso comum está correta. Em vez disso, a discussão em grupo tende a reforçar ou exagerar as tendências iniciais do grupo. Assim, se a maioria dos membros de um grupo inicialmente tem maior propensão a uma posição de risco em determinado assunto, seus membros, em média, assumirão uma posição ainda mais arriscada após a discussão. No entanto, se os membros do grupo em geral tendem inicialmente a assumir uma posição cautelosa, a discussão levará a uma maior cautela. Esse efeito é chamado **polarização de grupo**: o exagero das tendências iniciais no pensamento dos membros do grupo por meio de suas discussões (Moscovici e Zavalloni, 1969; Myers e Lamm, 1976).

A polarização de grupo não se restringe a decisões que envolvem risco *versus* cautela. Qualquer decisão de um grupo pode ser influenciada pela polarização coletiva, desde decisões sérias, como a decisão sobre a alocação de escassos recursos médicos ou sobre quanto pagar aos CEOs, até decisões mais corriqueiras, como qual deve ser o tema da próxima festa de uma irmandade (Chandrashekaran et al., 1996; Furnham et al., 2000; Zhu, 2014). E a polarização não se restringe apenas às decisões do grupo. Por exemplo, Marija Bekafigo e outros (2019) fizeram que pequenos grupos de universitários que não apoiavam Donald Trump assistissem a uma série de vídeos do político falando sobre diversas questões durante a campanha para as eleições presidenciais dos Estados Unidos de 2016. Os alunos então avaliaram seu apoio aos pontos de vista de Trump sobre cada uma dessas questões. Em seguida, cada grupo teve uma discussão de duas horas a respeito dos vídeos, e depois, avaliaram novamente seu apoio às opiniões apresentadas por Trump. Como pode ser visto na ● Figura 8.5, após a discussão em grupo, a oposição dos alunos a Trump tornou-se mais forte em cada uma das várias questões em comparação com o resultado anterior.

O que causa a polarização de grupo? De acordo com a *teoria dos argumentos persuasivos*, quanto maior o número e a capacidade de persuasão dos argumentos aos quais os membros do grupo são expostos, mais extremas tornam-se suas atitudes. Se a maioria dos membros do grupo for favorável a uma decisão cautelosa, por exemplo, a maioria dos argumentos discutidos favorecerá a cautela, dando aos membros cada vez mais razões para pensar que cautela é a abordagem correta (Pavitt, 1994; Vinokur e Burnstein, 1974). Outro conjunto de explicações é baseado em como as pessoas se *comparam* com outros membros do grupo e se classificam como distintas dos membros de um grupo externo. À medida que os indivíduos aprendem durante uma discussão que a maioria dos outros membros do grupo têm determinada tendência sobre algum assunto, eles podem adotar uma atitude mais extrema nessa mesma direção. Em outras palavras, se acreditar em X é bom neste grupo, então acreditar duas vezes em X pode ser ainda melhor. Ao defender o dobro de X, os indivíduos podem se distinguir no grupo de modo que seja aprovado pelos demais. Além

> As atitudes dos membros de um grupo sobre um curso de ação costumam se tornar mais moderadas após a discussão em grupo.
>
> **FALSO**

polarização de grupo Exagero das tendências iniciais no pensamento dos membros do grupo por meio da discussão coletiva.

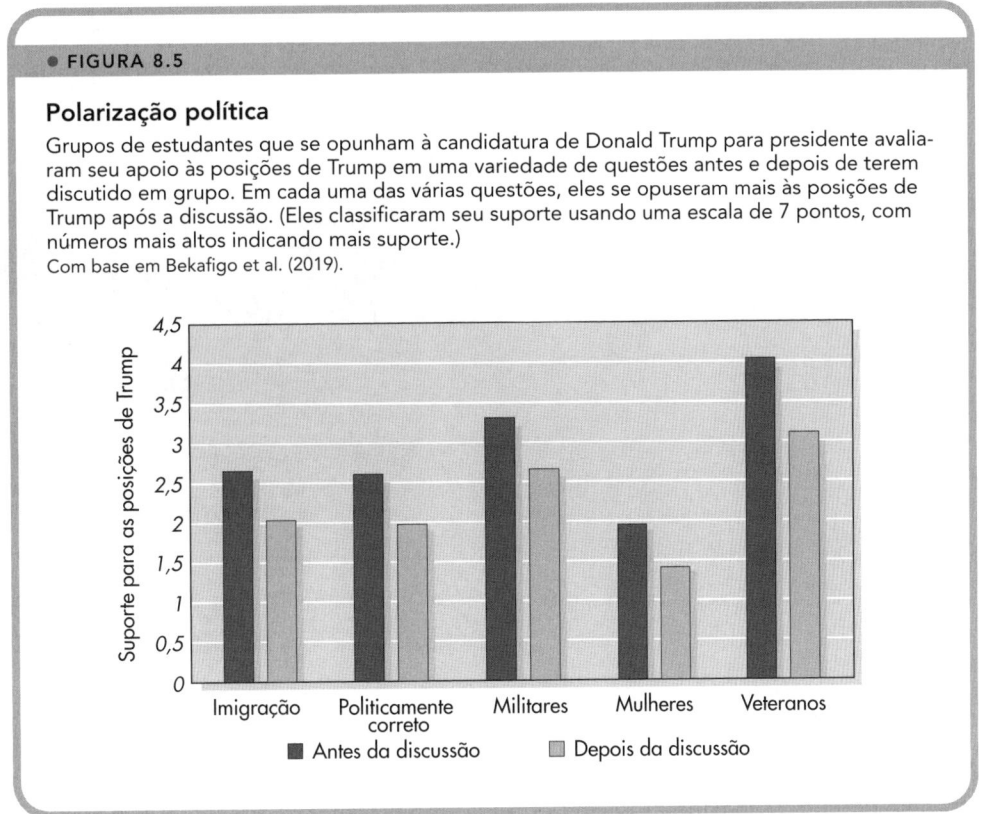

FIGURA 8.5

Polarização política

Grupos de estudantes que se opunham à candidatura de Donald Trump para presidente avaliaram seu apoio às posições de Trump em uma variedade de questões antes e depois de terem discutido em grupo. Em cada uma das várias questões, eles se opuseram mais às posições de Trump após a discussão. (Eles classificaram seu suporte usando uma escala de 7 pontos, com números mais altos indicando mais suporte.)

Com base em Bekafigo et al. (2019).

disso, os grupos podem tornar-se mais extremos como forma de se diferenciarem de outros grupos (Enders e Armaly, 2019; Lamm e Myers, 1978; McGarty et al., 1992; Suhay, 2015).

Agora que você sabe mais sobre a polarização coletiva, deve ser capaz de ver evidências disso com frequência ao observar os grupos ao seu redor. Observe como a cultura de um time pode evoluir ao longo de uma temporada ou acompanhe as atitudes de um grupo enquanto este se prepara para um debate com uma equipe rival, e você provavelmente perceberá a polarização coletiva se desenvolver através dos processos que acabamos de descrever. Claro, a política hoje revela como os grupos podem ser polarizados. Essa polarização é alimentada pelas redes sociais, como o Twitter, que tende a atiçar as chamas da indignação moral – de fato, os tweets que usam linguagem moral são especialmente propensos a se tornarem virais (Brady et al., 2019). Por meio das redes sociais, as pessoas tendem a seguir outras que compartilham de suas atitudes e crenças e a evitar quem discorde delas. Isso cria uma "bolha" na qual as pessoas tendem a ser expostas a notícias e informações que reforçam as próprias opiniões, levando a uma maior polarização de grupo (Geschke et al., 2019; Jost et al., 2018; Wang et al., 2018).

8-3d Pensamento de grupo

Os processos envolvidos na polarização coletiva podem preparar o terreno para um viés ainda maior e mais perigoso na tomada de decisões. Esse fato pode ser visto em exemplos de pessoas muito inteligentes que tomam, coletivamente, decisões muito ruins. Por exemplo, em 1º de fevereiro de 2003, o ônibus espacial dos Estados Unidos, *Columbia*, explodiu ao entrar de volta na atmosfera da Terra em seu caminho de volta do espaço para casa, matando todos a bordo. Vários dias antes dessa tragédia, uma equipe de engenheiros da Nasa analisou um vídeo da espuma que saiu do ônibus espacial e atingiu a área próxima à asa esquerda em seu lançamento. O grupo especulou se o impacto poderia ter danificado as placas de proteção térmica localizadas ali. Um engenheiro, Rodney Rocha, fez mais de meia dúzia de pedidos aos gerentes da Nasa para buscarem imagens de satélites ou telescópios robustos de fora da agência que pudessem fornecer uma visão melhor dos possíveis danos causados ao *Columbia* enquanto estava no espaço. Essas solicitações foram ignoradas ou rejeitadas. Um gerente disse que se recusou a ser um "desesperado". O diretor de voo enviou

Estudiosos identificaram que o pensamento de grupo como subjacente à tomada de decisão em grupo é pobre em vários contextos, incluindo decisões que envolvem guerra, economia e até mesmo a escalada do Monte Everest em condições perigosas.

por e-mail a recusa ao pedido do engenheiro com estas palavras assustadoras: "Considero isso um assunto enterrado" (Glanz e Schwartz, 2003). As preocupações do engenheiro sobre as placas acabaram por se justificar, e todos os sete membros da tripulação do *Columbia* morreram na tragédia que se seguiu.

Ou considere um dos maiores fiascos da história dos Estados Unidos: a decisão de invadir Cuba em 1961. Quando John Kennedy tornou-se presidente dos Estados Unidos, reuniu um dos grupos de conselheiros mais impressionantes e altamente qualificados da história do governo norte-americano. No entanto, esse grupo elaborou um plano – herdado do governo anterior – para realizar uma pequena invasão a Cuba pela Baía dos Porcos, a fim de desencadear uma revolta popular que derrubaria o governo de Fidel Castro. Apesar da inteligência de Kennedy e de seu grupo de conselheiros, o plano era irremediavelmente falho. Por exemplo, assim que os invasores desembarcaram na Baía dos Porcos, esperavam receber apoio de forças anti-Castro acampadas nas montanhas próximas. Porém, se Kennedy e seus conselheiros tivessem consultado um mapa adequado, teriam notado que os invasores pousariam a 80 milhas de distância dessas montanhas, que estavam a um enorme pântano de distância. Esse foi apenas um dos vários e enormes erros de planejamento cometidos. No fim das contas, a invasão foi um grande fracasso. Os invasores foram rapidamente mortos ou capturados, o mundo ficou indignado com os Estados Unidos e Cuba estreitou laços com a União Soviética – exatamente o oposto do que Kennedy pretendia. Os Estados Unidos foram humilhados. Após o fiasco, o próprio Kennedy se perguntou: "Como pudemos ser tão estúpidos?" (Janis, 1982).

De acordo com Irving Janis (1982), a resposta a essa questão reside em um tipo particular de dinâmica coletiva imperfeita que ele chamou de **pensamento de grupo**, uma tendência excessiva de buscar aprovação (isto é, concordância ou uniformidade) entre os membros do grupo. O pensamento coletivo surge quando a necessidade de acordo tem prioridade sobre a motivação para obter informações precisas e tomar decisões apropriadas. A • Figura 8.6 descreve os fatores que contribuem para o pensamento coletivo com seus sintomas e consequências.

Janis acreditava que três características contribuem para o desenvolvimento do pensamento de grupo:

pensamento de grupo Estilo de tomada de decisão em grupo que se caracteriza pela tendência excessiva entre os membros do grupo de buscar a concordância.

1. Como os *grupos altamente coesos* são mais propensos a rejeitar membros com opiniões divergentes, Janis achou que eles seriam mais suscetíveis ao pensamento de grupo.
2. A *estrutura do grupo* também é importante. Grupos compostos por pessoas de origens semelhantes, isoladas de outras pessoas, dirigidos por um líder forte e sem procedimentos sistemáticos

para tomar e revisar decisões devem ser particularmente propensos a se tornarem vítimas do pensamento de grupo.

3. *Situações estressantes* podem provocar o pensamento de grupo. Sob pressão, a urgência pode anular a precisão e o apoio reconfortante de outros membros do grupo torna-se altamente desejável.

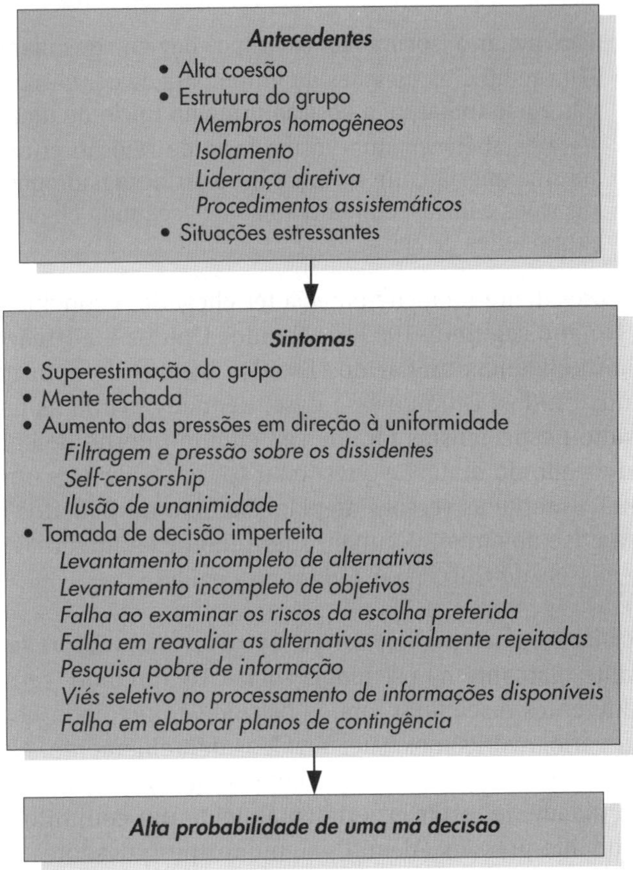

A ideia de que a alta coesão contribui para o pensamento de grupo chamou muito a atenção quando Janis apresentou seu modelo porque, como indicamos antes, a coesão é algo que a maioria das pessoas vê como potencial pelo qual os grupos devem se empenhar e valorizar. No entanto, embora a alta coesão em um grupo possa parecer ideal e promover interações tranquilas entre seus membros, também pode fazer com que os membros do grupo se concentrem mais em reforçar mutuamente os julgamentos uns dos outros que em examinar objetivamente os fatos e chegar a decisões mais precisas. Essa preocupação com a concordância sobre a precisão é uma marca registrada do pensamento de grupo.

Na formulação de Janis, o pensamento de grupo é um tipo de doença social e os grupos infectados exibem os sintomas comportamentais indicados no meio da ● Figura 8.6. Por exemplo, a recusa da Nasa em pedir ajuda externa na obtenção de imagens dos danos potenciais perto da asa do ônibus espacial *Columbia* ilustrou o sintoma de *mente fechada*. Outro sintoma, *pressões em direção à uniformidade*, ficou evidente nesses exemplos. Durante o planejamento da invasão da Baía dos Porcos, o irmão do presidente, Robert Kennedy, serviu como um "filtro" e alertou os membros dissidentes a ficarem quietos. Um exemplo alarmante desse fato ocorreu durante o debate sobre prosseguir ou não com o lançamento do ônibus espacial *Challenger* em 1986, dezessete anos antes do desastre do *Columbia*. Quando um vice-presidente de engenharia pediu que o lançamento do *Challenger* fosse adiado por receio de que o tempo excepcionalmente frio pudesse levar os retentores O-ring nos propulsores de foguetes a falhar, um gerente pressionou-o a mudar o voto, ao dizer "Saia de seu lugar de engenheiro e assuma seu papel de dirigente". Pressionado, ele mudou o voto, e o trágico destino do *Challenger* e de sua tripulação pode ter sido selado naquele momento, já que um retentor O-ring falhou e o ônibus espacial explodiu após 73 segundos de voo. No final, a decisão desse homem ajudou a criar uma *ilusão de unanimidade* porque os gerentes de alto nível da Nasa não estavam cientes de todas as discordâncias apresentadas pelos engenheiros naquela manhã.

Mais recentemente, estudiosos propuseram que o pensamento de grupo está por trás da tomada de decisões coletivas equivocadas

● **FIGURA 8.6**

Traçando o curso do pensamento de grupo

Irving Janis descreveu o pensamento de grupo como uma espécie de doença social completa, com antecedentes e sintomas, que aumenta as chances de se tomar uma decisão errada.
Baseado em Janis (1982)

Antecedentes
- Alta coesão
- Estrutura do grupo
  - *Membros homogêneos*
  - *Isolamento*
  - *Liderança diretiva*
  - *Procedimentos assistemáticos*
- Situações estressantes

↓

Sintomas
- Superestimação do grupo
- Mente fechada
- Aumento das pressões em direção à uniformidade
  - *Filtragem e pressão sobre os dissidentes*
  - *Self-censorship*
  - *Ilusão de unanimidade*
- Tomada de decisão imperfeita
  - *Levantamento incompleto de alternativas*
  - *Levantamento incompleto de objetivos*
  - *Falha ao examinar os riscos da escolha preferida*
  - *Falha em reavaliar as alternativas inicialmente rejeitadas*
  - *Pesquisa pobre de informação*
  - *Viés seletivo no processamento de informações disponíveis*
  - *Falha em elaborar planos de contingência*

↓

Alta probabilidade de uma má decisão

> "Um comitê é um beco sem saída, no qual as ideias são atraídas e, em seguida, silenciosamente estranguladas."
> – Barnett Cocks

em vários contextos, o que envolve participar de guerras, torturar prisioneiros, escalar o Monte Everest em condições perigosas e evitar oradores polêmicos nos *campi*, bem como nas decisões econômicas que contribuíram para o desastre financeiro global em 2008 (Ben-Hur et al., 2012; Burnette et al., 2011; Ceci e Williams, 2018; Mintz e Wayne, 2014; Post, 2011).

Prevenindo o pensamento de grupo Para se proteger contra o pensamento de grupo, Janis instou os grupos a fazerem um esforço ativo para processar as informações com mais cuidado e precisão. Ele recomendou que os grupos de tomada de decisões empregassem as seguintes estratégias:

- Para evitar o isolamento, os grupos devem consultar diversas pessoas além de seus membros.
- Para reduzir as pressões do grupo para se conformar, os líderes devem encorajar explicitamente as críticas e não tomar uma posição firme no início de uma discussão do grupo.
- Para estabelecer uma norma forte de revisão crítica, os subgrupos devem discutir separadamente a mesma questão, um membro deve ser designado para bancar o advogado do diabo e questionar todas as decisões e ideias, e uma reunião de "segunda chance" deve ser realizada para reconsiderar a decisão do grupo antes de agir.

O presidente Kennedy parecia ter chegado a conclusões semelhantes após o desastre da Baía dos Porcos. No ano seguinte, 1962, os Estados Unidos e a União Soviética estavam à iminência da guerra depois que a inteligência militar dos Estados Unidos descobriu que os mísseis soviéticos em Cuba visavam os Estados Unidos. Durante essa crise, Kennedy evitou as reuniões iniciais sobre como responder à situação, consultou especialistas fora de seu círculo interno de conselheiros e disse ao irmão, Robert, para bancar o "advogado do diabo" e questionar todas as ideias – um nítido contraste com seu papel de "guardião da mente" durante as sessões de planejamento da Baía dos Porcos. Ao contrário da invasão da Baía dos Porcos, a crise dos mísseis cubanos terminou exatamente como Kennedy esperava: a União Soviética retirou seus mísseis de Cuba e uma guerra foi evitada.

Pesquisas sobre pensamento de grupo: mito ou realidade? O pensamento de grupo é uma teoria bastante marcante na psicologia social. De um lado, seu impacto é extraordinariamente amplo: discutido em diferentes disciplinas fora da psicologia, incluindo negócios, ciência política e comunicação, e que originou vários workshops, sites e vídeos de treinamento. No entanto, de outro lado, o suporte empírico para o modelo é muito menos consistente do que sua fama poderia sugerir. O que pode ser parcialmente devido à dificuldade de testar experimentalmente um conjunto tão amplo de variáveis em configurações de grupos sob alta pressão. Além disso, muitos pesquisadores discordam de Janis sobre as condições específicas que tornam os grupos vulneráveis ao pensamento de grupo (Baron, 2005; Hackman e Katz, 2010; Turner e Pratkanis, 1998). Por exemplo, a coesão do grupo não parece ser um fator de risco tanto quanto Janis pensava.

"Pensando bem, não me corrija se eu estiver errado."

Um líder controlador que desencoraja a discordância pode estimular o pensamento de grupo, levando a más decisões.

Alguns pesquisadores acreditam, entretanto, que, quando múltiplos fatos que levam ao pensamento de grupo estão presentes simultaneamente, como um líder forte e controlador e muito estresse, os grupos ficam de fato vulneráveis à tomada de decisões falhas descrita por Janis. Por enquanto, a conclusão é que mesmo para quem é cético sobre os detalhes da teoria do pensamento de grupo de Janis, como muitos estudiosos, parece claro que diversos fatores que Janis especificou como precursores e como sintomas do pensamento de grupo podem contribuir para tomadas de decisões coletivas falhas, e que os grupos deveriam estar atentos a essas armadilhas.

Talvez o mais importante seja o fato de que os passos que Janis propôs para evitar essas armadilhas podem ajudar a maioria dos grupos, independentemente dos méritos ou dos problemas com a teoria do pensamento de grupo. Na verdade, pesquisas mostram suporte empírico para a eficácia de várias estratégias para restringir tendências de pensamento coletivo. Isso inclui inserir alguém no grupo para desempenhar o papel de "lembrete", responsável por informar o grupo sobre os perigos da tomada de uma decisão tendenciosa, fazendo que os membros acreditem que serão pessoalmente responsáveis pelo resultado das decisões do grupo, aumentando a diversidade entre os membros e criando uma norma coletiva que incentiva o pensamento crítico e desencoraja a busca por concordância (Ben-Hur et al., 2012; El Zein et al., 2019; Schultz et al., 1995; t'Hart, 1998).

> *"Nem o julgamento popular é sempre verdadeiro: a maioria pode errar tão grosseiramente quanto poucos."*
>
> – John Dryden

8-3e Transmitindo informações e utilizando experiências

Uma das maiores falhas no desempenho dos grupos é que frequentemente deixam de usar todas as informações ou habilidades que os membros do grupo possuem. Nesta seção, vamos explorar algumas das dinâmicas que causam esse problema, bem como alguns fatores que podem ajudar os grupos a se comunicarem melhor e fazerem uso de informações importantes.

Compartilhamento de informações e amostragem tendenciosa Imagine que os executivos-chefes de uma empresa reúnam-se para decidir se iniciam um arriscado processo de expansão. Todos os executivos compartilham muitas das mesmas informações sobre os custos e benefícios potenciais, e o peso dessa evidência compartilhada sugere que o risco vale a pena. No entanto, um dos executivos é especialista em alguns aspectos técnicos do mercado de ações e sabe o motivo pelo qual essa mudança pode ter consequências negativas para as ações da empresa. Outro executivo tem grande conhecimento sobre um de seus concorrentes principais e sabe que este poderá dar um contragolpe que pode ser devastador. O terceiro executivo sabe que o moral entre a equipe da empresa pode ser afetado pela expansão. Se essas informações únicas chegassem à discussão, o peso da evidência iria tender a outro lado para ainda não expandir a empresa. O problema é, entretanto, que muitas vezes os membros do grupo deixam de compartilhar as informações que só eles detêm, o que resulta em más decisões.

Esse exemplo ilustra o que Garold Stasser (1992; Stasser e Titus, 2003) chamou de **amostragem tendenciosa**. Um fator que contribui para esse viés é que as informações comumente compartilhadas costumam ser validadas socialmente pelo grupo, o que, por sua vez, faz que fique mais fácil de serem lembradas e consideradas confiáveis. A validação também torna os membros do grupo mais confiantes para discutir e reiterar essas informações. Os resultados de revisões e metanálises de centenas de estudos que envolve milhares de pessoas deixam claro quão importante é o compartilhamento de informações suficientes para o desempenho do grupo e quão tendencioso tende a ser o compartilhamento de informações (Levine, 2018; Manata et al., 2019; Mesmer-Magnus e DeChurch, 2009).

Às vezes, a amostragem tendenciosa pode ter consequências trágicas. A comissão que investigou a explosão do ônibus espacial *Challenger* em 1986 concluiu que o compartilhamento inadequado de informações contribuiu para o desastre. Por exemplo, alguns engenheiros tinham informações que indicavam não ser seguro lançar o ônibus espacial naquela manhã devido à baixa temperatura, mas essas informações não foram compartilhadas com todos. As pessoas que finalmente tomaram a decisão de lançá-lo, portanto, não estavam cientes das informações relevantes no geral para a sua decisão. A comissão concluiu, "Se os responsáveis pela decisão soubessem de todos os fatos, é altamente improvável que tivessem decidido pelo lançamento" (Comissão Presidencial sobre o Acidente de Challenger do ônibus espacial, 1986, p. 82). As lições aprendidas após a tragédia pareceram ter sido esquecidas dezessete anos depois: o compartilhamento inadequado de informações vitais também parece ter contribuído para o desastre do *Columbia*, em 2003.

amostragem tendenciosa Tendência de os grupos gastarem mais tempo discutindo informações compartilhadas (informações já conhecidas por todos ou pela maioria dos membros do grupo) do que informações não compartilhadas (informações conhecidas por apenas um ou por alguns membros do grupo).

O ônibus espacial norte-americano *Challenger* explode logo após seu lançamento, em 28 de janeiro de 1986, matando todos os sete membros da tripulação. Compartilhamento inadequado de informações e uma rede de comunicação imperfeita estavam entre os problemas de dinâmica de grupo que contribuíram para a decisão errada – e, em última instância, fatal – da Nasa de lançar o ônibus espacial naquela manhã fria.

Parte do problema nos desastres da Nasa foi que a *rede de comunicação*, que define quem pode falar com quem, com base na estrutura de um grupo, dificultou o compartilhamento de informações com os responsáveis no geral pelas decisões. Em muitas organizações, as informações passam por uma cadeia hierárquica por meio de camadas de gerenciamento intermediário, e apenas algumas dessas informações chegam aos executivos que tomam as decisões finais. Foi o que aconteceu na Nasa. Os engenheiros que estavam mais familiarizados com os detalhes físicos do ônibus espacial não podiam se comunicar diretamente com os oficiais da agência no topo da cadeia de comando. Segundo Rodney Rocha, um dos engenheiros que mais enfaticamente alertou sobre os possíveis danos ao *Columbia*, "Engenheiros foram frequentemente orientados a não enviar mensagens que fossem muito além de sua posição na hierarquia" (Glanz e Schwartz, 2003). Como os avisos foram suprimidos à medida que o fluxo de informações subia na cadeia de comando, as pessoas no topo não sabiam a extensão das preocupações dos que estavam na base.

Felizmente, os pesquisadores descobriram várias condições sob as quais a amostragem tendenciosa é menos provável de ocorrer. Por exemplo, líderes que encorajam muita participação do grupo, uma troca completa e a discussão crítica de ideias são mais propensos a obter informações não compartilhadas (bem como compartilhadas) durante as discussões do grupo que líderes mais controladores ou que encorajam os membros do grupo a chegar a um acordo (Larson et al., 1998; Lei et al., 2019; Lu et al., 2019; van Ginkel e van Knippenberg, 2012).

Memória transativa Uma das principais vantagens dos grupos é que podem dividir um grande volume de informações em porções menores e delegar a membros diferentes para que sejam mais gerenciáveis. Você e um amigo já dividiram uma lista de coisas que precisavam lembrar, como quais suprimentos comprar para uma festa ou quais seções de um capítulo de um livro didático cada um de vocês deve ler antes de estudarem juntos? Nesse caso, você tentou tirar proveito de um processo compartilhado conhecido como **memória transativa**, que ajuda os grupos a se lembrar de mais informações e com mais eficiência que os indivíduos. É um dos grandes benefícios de trabalhar em grupos – estes que desenvolvem bons sistemas de memória transativa têm enormes vantagens sobre outros grupos (Bachrach et al., 2019; Barnier et al., 2018; Kush, 2019; Wegner et al., 1991).

No entanto, a perda de processo também pode ocorrer nesse domínio. A ociosidade social pode ocorrer, por exemplo, quando os membros do grupo não fazem sua parte no trabalho e esperam que os outros façam a diferença. Um problema bastante importante é que os grupos podem não distribuir as tarefas e os papéis entre os membros do grupo de maneira racional ou eficiente. Eles podem, por exemplo, deixar de relacionar os indivíduos às tarefas com base em suas habilidades, seus conhecimentos e suas preferências.

> Pessoas e grupos tendem a se sair pior quando objetivam "fazer o melhor" que quando seus objetivos são muito específicos e ambiciosos.
>
> **VERDADEIRO**

memória transativa Sistema compartilhado para a lembrança de informações que permite que várias pessoas juntas lembrem-se de informações de modo mais eficiente que poderiam fazê-lo sozinhas.

Os sistemas eficazes de memória transativa envolvem alguns elementos-chave. Primeiro, o grupo deve desenvolver uma divisão do conhecimento, e seus membros devem ser capazes de comunicar e lembrar essas informações; todos devem saber *quem sabe o quê*. Em segundo lugar, os membros do grupo devem ser capazes de confiar no conhecimento especializado uns dos outros. E, terceiro, os membros do grupo precisam coordenar seus esforços para que possam trabalhar juntos em uma tarefa de modo brando e eficiente.

8-3f Metas e planos de grupo

Você provavelmente já trabalhou em muitos grupos para os quais o objetivo era simplesmente "fazer o seu melhor". Apesar da popularidade de tal objetivo, os estudos mostram claramente que ele não é tão eficaz quanto objetivos específicos. Como Edwin Locke e Gary Latham (2002) concluíram de sua revisão de 35 anos de estudos, "Quando as pessoas são solicitadas a fazer o seu melhor, elas não fazem" (p. 706). As

"Obrigado por se descuidar do seu trabalho por tempo suficiente para ouvir meus pensamentos sobre eficiência."

pessoas são realmente capazes de fazer algo melhor que o seu "melhor" vagamente definido. Os grupos, assim como os indivíduos, tendem a ter um desempenho melhor em uma tarefa quando têm objetivos específicos, desafiadores e alcançáveis, especialmente se os membros do grupo estão comprometidos com tais objetivos e acreditam que têm a capacidade de alcançá-los. Além de ter metas desafiadoras e específicas, os grupos têm maior probabilidade de se beneficiar quando há incentivos para atingi-las.

Um benefício de grupos sobre indivíduos é que seus membros podem responsabilizar-se mutuamente e encorajar-se a continuar tentando alcançar uma meta. Uma metanálise recente de 59 estudos diferentes apoia esse ponto no contexto da aptidão física e do exercício (Carr et al., 2019). Por exemplo, Andrew Prestwich e outros (2012) recrutaram uma amostra de indivíduos britânicos que estavam interessados em participar de um estudo sobre o aumento de sua atividade física. Alguns dos participantes foram instruídos a definir planos específicos sobre como atingir seu objetivo de aumentar a atividade física, incluindo como reagiriam em situações específicas (*se estivermos na situação X, faremos Y*), e a alguns não foi pedido que fizessem esse planejamento. Além disso, alguns desses participantes trabalhavam sozinhos e outros trabalhavam com um parceiro. Em um acompanhamento seis meses depois, os resultados indicaram que os participantes que tinham definido planos e trabalharam com um parceiro aumentaram de modo significativo sua atividade física e perderam excessivamente mais peso que quem não tinha planos específicos ou, se os tivessem, não tinham um parceiro (ver • Figura 8.7).

Se um grupo não faz um plano bom e específico, pode deixar de utilizar a experiência de vários de seus membros. Em um experimento de Anita Williams Woolley e outros (2008), alguns grupos de quatro pessoas tinham dois membros que eram particularmente especializados em algumas das habilidades necessárias para resolver uma tarefa complexa, e outros grupos não incluíam especialistas. Quando os grupos não foram instruídos a fazer um plano específico sobre como proceder antes de começarem a tarefa, os grupos com especialistas não se saíram melhor do que os grupos sem; na verdade, se saíram um pouco pior! Sem planejamento específico, a experiência dos indivíduos não foi usada adequadamente. Os outros grupos foram solicitados a discutir – antes de iniciar a tarefa – quem seria responsável por qual tipo de informação e planejar como as integrariam. Apenas os grupos que tinham especialistas e passaram por esse planejamento se saíram bem na tarefa.

Fazer um plano específico também pode ajudar os grupos a evitar a amostragem tendenciosa – isto é, o problema que discutimos anteriormente de grupos que focam muito de suas discussões em informações comuns e não discutem e consideram outras informações que apenas um ou alguns membros do grupo detêm. Lukas Thürmer e outros (2015) descobriram que o compartilhamento de informações e as

• **FIGURA 8.7**

Seguindo um plano: exercícios e perda de peso

Em um estudo, os participantes que queriam se exercitar mais e perder peso trabalharam sozinhos ou com outra pessoa e foram instruídos a definir planos específicos para atingir seu objetivo (incluindo como reagiriam em situações específicas) ou não foram instruídos a fazê-lo. Seis meses depois, os participantes que estabeleceram um plano específico e trabalharam com um parceiro perderam significativamente mais peso que aqueles em qualquer uma das outras condições.

Baseado em Prestwich et al. (2012).

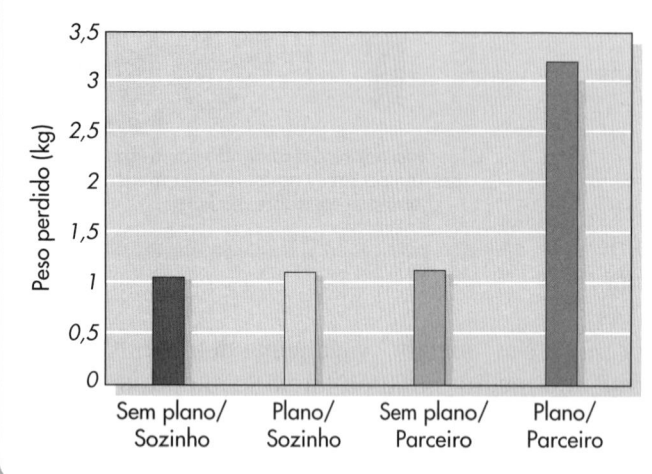

sistemas de apoio a grupos
Programas de computador interativos especializados que são usados para orientar reuniões, trabalho colaborativo e processos de tomada de decisões coletivas.

▲ **TABELA 8.2**

Condições para a eficácia da equipe

Ruth Wageman e colegas (2009) revisaram a pesquisa sobre o que torna as equipes mais eficazes. A seguir, apresentamos uma lista de algumas das condições que eles enfatizam.

- As equipes devem ser interdependentes para algum propósito comum e ter alguma estabilidade de associação.
- O objetivo geral da equipe deve ser desafiador, claro e importante.
- As equipes devem ser a menor possível e ter normas claras, que especifiquem quais comportamentos são valorizados ou inaceitáveis.
- Um sistema de recompensa deve proporcionar consequências positivas para o desempenho excelente da equipe.
- Deve haver assistência técnica e treinamento à disposição da equipe.

decisões dos grupos eram muito melhores quando seus membros tinham de fazer um planejamento de quando e como revisariam as alternativas antes de tomar sua decisão final.

8-3g Treinamento e tecnologia

Discutimos diferentes fatores que podem melhorar os processos de grupo. A ▲ Tabela 8.2 apresenta um conjunto de condições que Ruth Wageman e colegas (2009) sugerem ser as melhores para a eficácia da equipe. Essas sugestões são consistentes com os princípios que abordamos ao longo deste capítulo e ajudam a ilustrar o enorme valor que a compreensão da psicologia social a respeito dos grupos pode ter no mundo dos negócios ou onde quer que o desempenho do grupo seja essencial. Os psicólogos sociais muitas vezes são contratados para treinar estudantes e profissionais de diferentes organizações a usar esses tipos de princípios.

Anne-Laure Sellier e outros (2019), por exemplo, fizeram estudantes de negócios lerem informações sobre um caso fictício baseado na decisão do mundo real de lançar o ônibus espacial *Challenger*. O caso muitas vezes demonstra vários dos preconceitos que discutimos neste capítulo e em outras partes deste livro, como a tendência de buscar a confirmação de suas crenças iniciais sobre algo, em vez de considerar seriamente as alternativas. Alguns desses alunos primeiro receberam treinamento destinado a ajudar os responsáveis pela tomada de decisões a evitar esses preconceitos. Sellier e seus colegas descobriram que os alunos que passaram por esse treinamento tiveram 29% menos probabilidade de tomar a decisão errada de confirmação da hipótese sobre o lançamento do que os alunos não treinados (ver • Figura 8.8).

Alguns dos obstáculos que impedem uma boa discussão em grupo e a tomada de decisões adequadas podem ser reduzidos com o uso de programas de computador interativos. Frequentemente chamados **sistemas de apoio a grupos** (ou *sistemas de suporte de decisão grupal*), esses programas ajudam a remover barreiras de comunicação e fornecem estrutura e incentivos para discussões e decisões em grupo. Com o uso dessa tecnologia, os grupos podem receber uma agenda sistemática de coleta de informações e tomada de decisões, os membros do grupo podem levantar questões anonimamente e, assim, reduzir o receio de serem rejeitados por suas ideias, os líderes do grupo podem desempenhar um papel menos controlador e mais informações podem ficar armazenadas para acesso futuro. Em comparação com grupos que usam modos de discussão cara a cara, mais convencionais, os grupos que usam esses sistemas costumam fazer um trabalho melhor de amostragem de informações e comunicação, evitando o pensamento de grupo e chegando a boas decisões (Alyoubi, 2015; Bose, 2015; Pyrko et al., 2019; Siemon et al., 2019; Verhulst e Rutkowski, 2018).

O treinamento e a tecnologia desempenham papéis importantes no sucesso de grupos, equipes e organizações cujos membros estão dispersos geograficamente. Estimativas recentes indicam que, atualmente, a maioria dos profissionais passa o tempo trabalhando em equipes virtuais ou dispersas – equipes nas quais os membros do grupo trabalham de modo interdependente no espaço e no tempo (Dulebohn e Hocj, 2017). Devido à globalização e a uma variedade de fatores relacionados, as equipes virtuais serão cada vez mais importantes em negócios e organizações. Para que esses grupos superem as barreiras associadas à distância – às vezes com culturas muito diferentes –, o treinamento e a tecnologia são especialmente importantes para facilitar a comunicação, os sistemas de memória transativa e a responsabilidade pessoal.

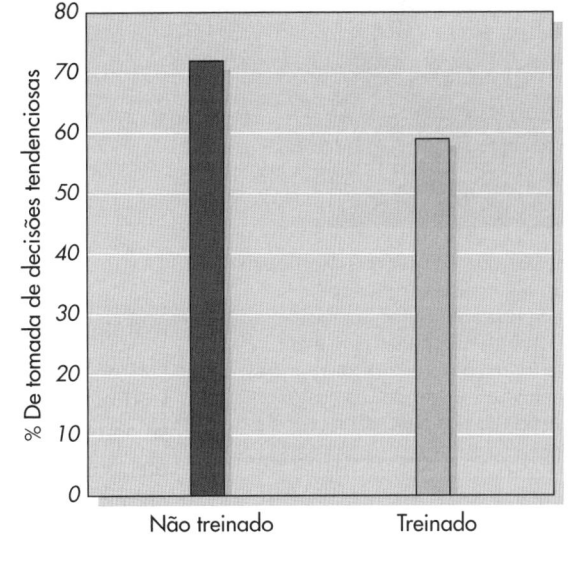

• FIGURA 8.8

Treinamento para evitar decisões tendenciosas

Estudantes de uma escola de negócios em Paris leram sobre um caso inspirado no desastre do ônibus espacial *Challenger*. Os alunos eram mais hábeis em evitar uma má decisão tendenciosa, buscando a confirmação de uma hipótese inicial, se tivessem recebido treinamento para evitar tais vieses (barra direita) do que se não o tivessem recebido (barra esquerda). Com base em Sellier et al. (2019).

8-3h Cultura e diversidade

Uma consequência do crescente número de grupos dispersos pelo mundo é a criação de uma maior diversidade entre seus membros. Mesmo os grupos que se encontram presencialmente, é claro, estão se tornando cada vez mais diversificados, mais claramente no que se refere a gênero, raça, etnia e formação cultural.

Como a diversidade afeta o desempenho do grupo? Como um grupo pode usar a diversidade em seu benefício da melhor forma? As respostas a essas perguntas – e até mesmo o significado da *diversidade* – provavelmente mudarão conforme a sociedade altera-se no que se refere a demografia e atitudes. Além disso, a diversidade não se restringe às diferenças demográficas entre os membros do grupo, mas também pode significar diferenças em atitudes, personalidades, níveis de habilidade e assim por diante. Assim, as questões em torno da diversidade são particularmente complexas.

As evidências de pesquisas empíricas sobre os efeitos da diversidade no desempenho dos grupos são claramente mistas (Dayan et al., 2017; Homan, 2019). De um lado, a diversidade costuma estar associada à dinâmica negativa do grupo. Erros de comunicação e mal-entendidos são mais prováveis de surgir entre membros de grupos heterogêneos, causando frustração e ressentimento e prejudicando o desempenho do grupo ao enfraquecer a coordenação, a moral e o compromisso deste. Grupinhos e conflitos costumam se formar em grupos diversos levando alguns membros a se sentir isolados. De outro, as pesquisas também demonstram os efeitos positivos da diversidade, como na criatividade e na complexidade das discussões. Grupos diversos podem tirar proveito de um conjunto maior

Uma vez que os grupos se tornaram cada vez mais diversificados em muitos ambientes, é mais importante que nunca que eles aprendam como utilizar os grandes benefícios e minimizar os custos da diversidade nos processos grupais.

de informações, perspectivas e habilidades do que grupos menos diversos.

À medida que mais organizações tentam atrair clientes e investidores de diferentes culturas, a diversidade de sua equipe deve oferecer cada vez mais vantagens. Cedric Herring (2009, 2017) analisou dados de mais de 1.000 estabelecimentos de trabalho nos Estados Unidos e descobriu que a diversidade racial e de gênero estava associada a maiores lucros e participação de mercado. Por outro lado, Andrea Garnero e outros (2014) descobriram que, se a diversidade previa maiores lucros, isso variava dependendo de quais tipos de diversidade (por exemplo, idade *versus* gênero) e setores haviam estudados.

Ainda que o quadro geral permaneça dividido, o mais promissor é a pesquisa focada na compreensão de fatores específicos que podem ajudar os grupos a alcançar os benefícios da diversidade, evitando ou reduzindo seus problemas (Galinsky et al., 2015; Hebl e Avery, 2013; Paulus e van der Zee, 2015). Um conjunto de descobertas é que os grupos multiculturais têm um desempenho melhor se seus membros ou líderes têm uma consciência relativamente alta das próprias suposições culturais e das dos outros – o que às vezes é chamado *metacognição cultural* (Chua et al., 2012; Moon, 2013; Mor et al., 2013). As pessoas exibem metacognição cultural na medida em que pensam e verificam com frequência a precisão de seu conhecimento cultural, particularmente em interações interculturais. Ter experiência internacional pode ser benéfico aqui. Carmit Tadmor e outros (Tadmore, Galinsky et al., 2012; Tadmore et al., 2018) descobriram que estudantes e profissionais que vivenciaram a diversidade por morar no exterior eram mais criativos em suas tarefas e mais bem-sucedidos em suas carreiras quando se identificavam com suas culturas nacional e estrangeira. Ter amizades próximas ou relacionamentos românticos interculturais também está associado a uma maior criatividade e inovação no local de trabalho (Lu et al., 2017).

As pesquisas continuam a demonstrar outros fatores que ajudam um grupo a aproveitar os benefícios e evitar os problemas associados à diversidade. Isso inclui ter membros e líderes com uma atitude positiva em relação ao aprendizado de novas informações e experiências, com inteligência emocional e cultural (Homan, 2019). Treinamentos e intervenções que melhoram a inteligência emocional dos membros do grupo ou que os encorajam a se colocarem nos lugares uns dos outros também podem ser eficazes (Galinsky et al., 2015; Mattingly e Kraiger, 2019). Além disso, os subgrupos que se formam dentro do grupo não devem ser homogêneos; em vez disso, devem abranger várias categorias raciais, de gênero entre outras (Lau e Murnighan, 2005; Li e Jones, 2019; Thatcher, 2013).

■ 8-3i Inteligência coletiva: alguns grupos são mais inteligentes que outros?

Vimos ao longo deste capítulo que grupos constituídos de pessoas muito inteligentes – ou mesmo pessoas que são especialistas em uma tarefa muito relevante para a qual o grupo está trabalhando – estão longe de estar isentas de tomar decisões realmente estúpidas ou de ficar aquém de seu potencial. Porém alguns grupos – como um coletivo – são particularmente inteligentes e eficazes em, bem, coisas de grupo? Anita Williams Woolley e outros (2010) tentaram responder a esse tipo de pergunta. Eles tinham 699 pessoas trabalhando em pequenos grupos em diferentes tarefas coletivas. Entre essas várias tarefas, alguns grupos tendem a superar outros. Os pesquisadores consideraram esses grupos que tendiam a se sair bem em diversas tarefas como tendo alto nível de **inteligência coletiva** – isto é, a habilidade geral de um grupo de ter um bom desempenho em uma ampla gama de tarefas.

O que prevê quais grupos têm uma inteligência coletiva maior? Embora algumas pesquisas sugiram que a inteligência dos membros individuais é um forte preditor da inteligência coletiva do grupo (Bates e Gupta, 2017), Woolley e seus colegas (Aggarwal et al., 2019; Woolley et al., 2015) acreditam que os seguintes fatores são muito mais importantes: (1) ter membros que tendem a ser fortes em percepção social (isto é, eles podem perceber as emoções uns dos outros e são sensíveis a elas), (2) permitir que seus membros se revezem participando das discussões (em vez de ter uma ou algumas pessoas liderando), e (3) ter uma proporção maior de mulheres (porque elas tendem a ter mais percepção social que os homens).

8-4 Conflito: cooperação e competição dentro de e entre grupos

Muitas das questões mais cruciais do mundo, atualmente, envolvem conflitos entre grupos ou entre indivíduos e seus grupos. O desejo de alguns de consumir recursos valiosos entra em conflito com a necessidade de proteger o meio ambiente para um bem maior. A reivindicação de um país por um território importante ou o direito às armas nucleares entra em conflito com a segurança nacional de outras nações. Nesta seção, descrevemos alguns dos dilemas que os grupos frequentemente enfrentam e quais fatores influenciam se indivíduos e grupos agem de forma cooperativa ou competitiva ao lidar com eles. Também examinamos um mecanismo importante para resolver conflitos entre grupos: a negociação.

8-4a Motivações mistas e dilemas sociais

Imagine que você tenha de escolher entre cooperar com outras pessoas em seu grupo e buscar os próprios interesses, o que pode prejudicar os demais. Exemplos dessas situações de motivações mistas estão por toda parte. Um ator em uma peça pode ser motivado a tentar "roubar" a cena, um jogador de basquete pode ter a tendência a segurar a bola, um executivo pode querer ficar com a maior parte dos lucros da empresa, um membro da família pode querer comer tudo o que sobrou do bolo de aniversário e um cidadão da Terra pode querer usar mais que uma parte justa de seus finitos e valiosos recursos.

Em cada um desses casos, o indivíduo pode ganhar algo agindo de forma egoísta, mas, se todos no grupo perseguirem interesses próprios, os membros no geral ficarão em pior situação que se tivessem cooperado uns com os outros. A noção de que a busca do interesse próprio às vezes pode ser autodestrutiva é a base para o que é chamado **dilema social** (Dawes, 1980). Em um dilema social, o que é bom para um é ruim para todos. Se todos fizerem a escolha com maior recompensa, todos sofrerão a maior perda. Esta seção examina como as pessoas resolvem a tensão entre suas tendências cooperativas e competitivas em dilemas sociais.

O dilema do prisioneiro Começamos com uma história de crime. Dois parceiros no crime são detidos pela polícia para interrogatório. Ainda que a polícia acredite que eles cometeram um crime grave, há apenas provas suficientes para condená-los por um delito menor. Para obter a condenação pelo crime mais grave, a polícia terá de convencer um dos criminosos a testemunhar contra o outro. Separados durante o interrogatório, os criminosos avaliam suas alternativas (ver ● Figura 8.9). Se nenhum dos dois confessar, ambos receberão sentenças leves pela acusação menor. Se ambos confessarem e se declararem culpados, ambos receberão sentenças um pouco mais longas. No entanto, se um confessar e o outro permanecer em silêncio, o criminoso que confessar ficará livre, enquanto o que se mantiver em silêncio receberá a pena máxima.

> **inteligência coletiva** Habilidade geral de um grupo ter um bom desempenho em uma ampla gama de tarefas diferentes.
>
> **dilema social** Situação em que uma escolha egoísta de todos criará o pior resultado para todos.

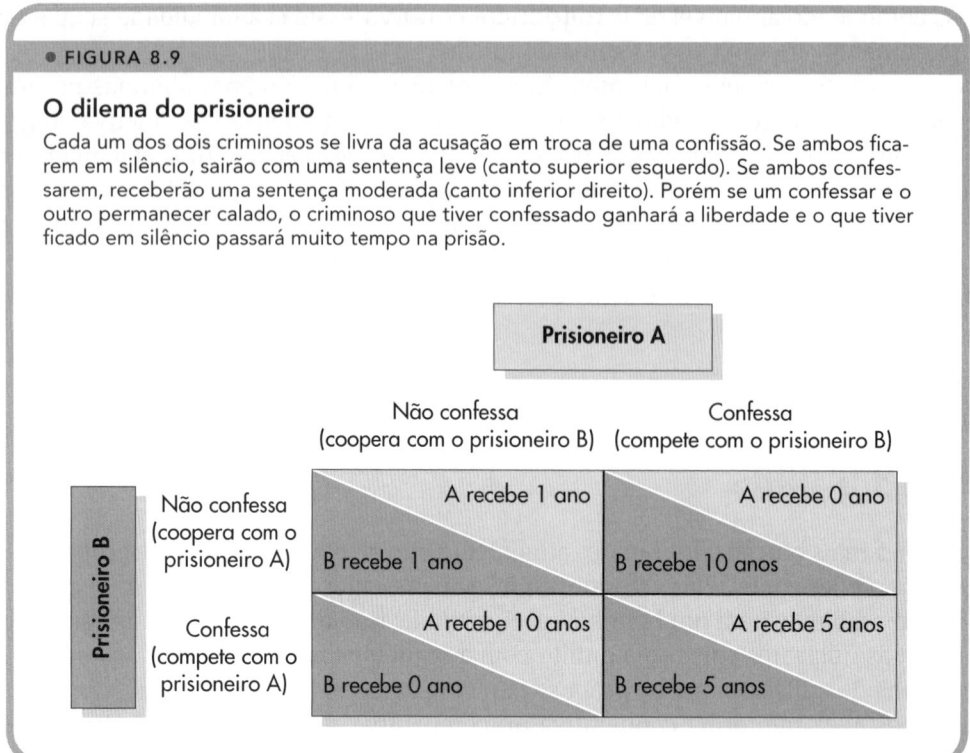

• FIGURA 8.9

O dilema do prisioneiro

Cada um dos dois criminosos se livra da acusação em troca de uma confissão. Se ambos ficarem em silêncio, sairão com uma sentença leve (canto superior esquerdo). Se ambos confessarem, receberão uma sentença moderada (canto inferior direito). Porém se um confessar e o outro permanecer calado, o criminoso que tiver confessado ganhará a liberdade e o que tiver ficado em silêncio passará muito tempo na prisão.

Essa situação forma a base do paradigma conhecido como **dilema do prisioneiro**. No dilema do prisioneiro de duas pessoas, os participantes têm uma série de opções para cooperar ou competir entre si, mas qualquer uma delas também tem custos. Imagine que você seja o Prisioneiro A na • Figura 8.9. Você deve ver que não importa o que o Prisioneiro B faça, você estará melhor se competir com B e confessar. Porém aqui está o dilema: se *ambos* confessarem, cada um deles receberá a pena de cinco anos. Se *nenhum* confessar, cada um deles receberá apenas um ano de pena. Em outras palavras, é melhor para cada indivíduo entregar seu parceiro, mas, se ambos fizerem isso, estarão em pior situação que se nenhum o fizer. É realmente uma situação difícil. O que você acha que faria?

Esse tipo de dilema social não se limita a situações que envolvem apenas dois indivíduos. Imagine, por exemplo, estar em um prédio em chamas ou em um navio naufragando. Todos podem querer correr para a saída ou para os botes salva-vidas o mais rápido possível, empurrando os outros para fora do caminho, mas, se todos agirem assim, mais pessoas morrerão de pânico. Mais vidas serão salvas se as pessoas buscarem a saída de forma ordenada. Soldados em combate podem se sair melhor individualmente se não correrem riscos e se esconderem, mas, caso seus colegas fizerem a mesma coisa, todos serão massacrados pelo inimigo. As nações também enfrentam esses dilemas. Dois países envolvidos em uma corrida armamentista estariam em melhor situação se parassem de gastar dinheiro e recursos em armas de destruição em massa, mas nenhum deles quer correr o risco de ficar para trás.

Quer participar de um jogo on-line do dilema do prisioneiro? Basta dar uma busca na internet com a frase "Jogar o dilema do prisioneiro" e você encontrará vários sites que permitirão fazer isso.

dilema do prisioneiro Tipo de dilema em que uma parte deve fazer movimentos cooperativos ou competitivos em relação a outra parte. O dilema, normalmente, é projetado para que o movimento competitivo pareça ser por interesse próprio, mas, se ambas as partes fizerem esse movimento, ambas sofrerão mais que se tivessem cooperado.

dilemas de recursos Dilemas sociais relacionados à maneira como duas ou mais pessoas compartilharão um recurso limitado.

Dilemas de recursos Uma categoria particular de dilemas sociais que as pessoas enfrentam com frequência e em contextos de importância vital é chamada **dilemas de recursos**, que se refere a como duas ou mais pessoas compartilham um recurso limitado. Tal como acontece com o dilema do prisioneiro, as tentativas de obter uma vantagem pessoal sairão pela culatra se a outra parte fizer a mesma escolha. Os dilemas de recursos vêm em dois tipos básicos: (1) dilemas comuns e (2) dilemas dos bens públicos.

No *dilema dos bens comuns*, se as pessoas pegam o quanto querem de um recurso limitado que não se reabastece, não sobrará nada para ninguém. Um exemplo popular desse dilema é conhecido como a "tragédia dos comuns" (Hardin, 1968). Antigamente, as pessoas deixavam seus animais pastar nas exuberantes áreas verdes da cidade. No entanto, se todos os animais pastassem à vontade (e para o benefício de seus donos), os bens comuns seriam destruídos, o suprimento de comida dos animais diminuiria e o bem-estar de seus donos seria ameaçado. Hoje, a tragédia dos comuns é um perigo claro em escala global. Desmatamento, poluição do ar, emissão de carbono, despejo de lixo nos oceanos, irrigação massiva, pesca excessiva, desenvolvimento comercial em áreas silvestres, superpopulação e consumo excessivo, todos opõem o interesse individual ao bem comum.

Para ensinar seus alunos sobre a tragédia dos comuns, o psicólogo social Dylan Selterman (2019) deu à classe a chance de ganhar pontos extras durante uma prova. Cada um tinha de indicar se preferia dois ou seis pontos de crédito extra – o problema era que, se mais de 10% da turma escolhesse seis pontos, ninguém receberia nada. O resultado típico quando Selterman e outros apresentam esse dilema a seus alunos é que mais de 10% optam pela opção de seis pontos, o que faz que ninguém receba crédito extra. É simplesmente muito tentador para muitas tentar maximizar suas próprias notas, arriscando um bem maior.

Nos *dilemas dos bens públicos*, todos os indivíduos devem contribuir com recursos para um conjunto comum. Exemplos desses bens públicos incluem o suprimento de sangue, radiodifusão pública, escolas, bibliotecas, estradas e parques. Se ninguém contribuir, o serviço não pode continuar e todos vão sofrer. Novamente, o interesse próprio entra em conflito com o público.

"Se uma sociedade livre não puder ajudar muitos que são pobres, não poderá salvar os poucos que são ricos."

– John F. Kennedy

Respondendo a dilemas sociais: grupos e indivíduos Os dilemas sociais representam sérias ameaças à qualidade de vida das pessoas e até mesmo à própria vida. Como tentar resolvê-los? Que fatores tornam as pessoas mais ou menos cooperativos diante desses dilemas?

O medo e a ganância são dois fatores especialmente importantes na determinação das reações a esses dilemas – o medo de ser explorado por outros e o desejo ganancioso de melhorar os próprios resultados. Confiança e comunicação, portanto, são dois fatores que podem desempenhar papéis extremamente importantes na promoção da cooperação, pois podem reduzir o medo de ser explorado (Ahn et al., 2018; Bednarik et al., 2019; Shank et al., 2019; Titlestad et al., 2019). Uma forte sensação de pertencimento e identificação com o grupo maior também promove a cooperação, em parte porque essa perspectiva pode reduzir o medo e a ganância (Jiang, 2019; McLeish e Oxoby, 2011; Swann et al., 2012). Uma descoberta interessante é que, quando os participantes de pesquisas recebem uma dose de oxitocina – um neuroquímico que pode aumentar a sensação de ligação entre as pessoas – eles cooperam mais com os membros de seu grupo (Ten Velden et al., 2017).

Kaitlin Woolley e Ayelet Fishbach (2019) demonstraram uma maneira inteligente de ajudar a estabelecer uma norma de cooperação: compartilhar comida! Duplas de desconhecidos, em um estudo, jogaram uma versão do dilema do prisioneiro. Antes do jogo, os participantes receberam biscoitos Goldfish para comer – supostamente porque os pesquisadores estavam interessados em como a fome afeta as decisões das pessoas. Uma condição oferecia um pacote a ser compartilhado entre a dupla e, a outra, um pacote para cada integrante. Os participantes que compartilharam o pacote foram mais propensos a cooperar uns com os outros no dilema social que aqueles que receberam um pacote por pessoa. Em outro estudo, duplas participaram de uma atividade de negociação na qual deveriam chegar a um acordo a respeito de uma greve de trabalhadores. Se a dupla tivesse compartilhado uma porção de batatas fritas antes da negociação, esta funcionava melhor (ou seja, eles chegavam a um acordo mais rapidamente) que se comessem de uma porção individual (ver • Figura 8.10).

Diferenças culturais e individuais também têm relevância. Algumas pesquisas descobriram que os coletivistas tendem a cooperar mais quando lidam com amigos ou membros do grupo interno, mas competem

• FIGURA 8.10

Compartilhar é se importar

O gráfico à esquerda mostra que pares de estranhos eram mais propensos a cooperar uns com os outros na resolução de um dilema social se tivessem acabado de dividir biscoitos da mesma sacola do que se tivessem comido biscoitos de suas próprias sacolas, separadamente. O gráfico à direita ilustra uma descoberta semelhante em negociações: os pares tendiam a negociar um acordo mais rapidamente (números mais baixos indicam acordos mais rápidos) se tivessem comido batatas fritas com ketchup em uma tigela compartilhada que em suas próprias tigelas.

Baseado em Woolley e Fishbach (2019).

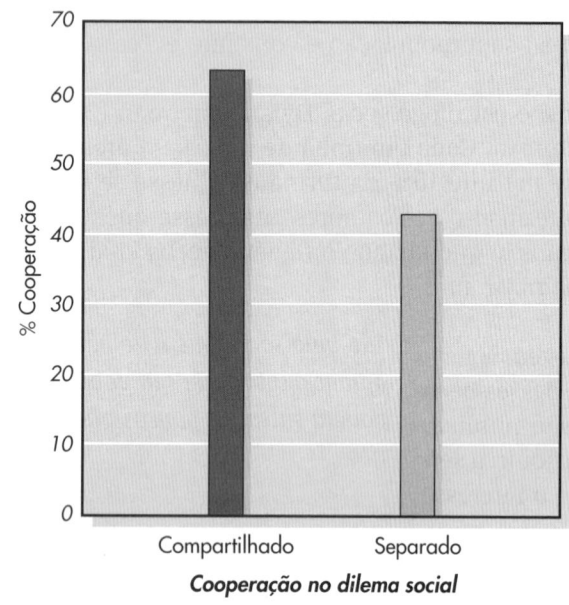

Cooperação no dilema social

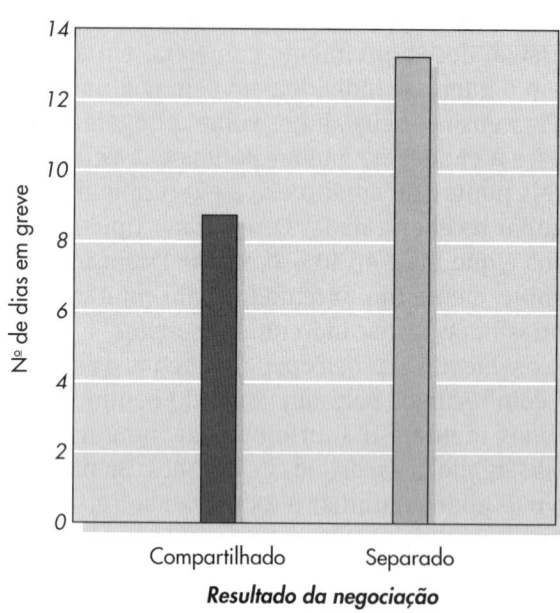

Resultado da negociação

Grandes incêndios ocorreram na Amazônia em agosto de 2019. Especialistas dizem que o desmatamento na Amazônia para obtenção de lucro contribuiu para esse problema. Em dilemas de recursos, o desejo de lucro pessoal pode entrar em conflito com o desejo de manter um recurso seguro.

mais agressivamente quando lidam com estranhos ou membros do grupo externo; o comportamento dos individualistas não varia tanto em função da outra parte (De Dreu et al., 2007; Oyserman et al., 2002; Wong e Hong, 2005). Os coletivistas podem ser especialmente atentos às violações das normas cooperativas de seu grupo por outros membros (S. Liu et al., 2019). A *orientação do valor social* individual também é importante (Fiedler et al., 2018; Manesi et al., 2019; Murphy e Ackermann, 2014). Pessoas com orientação *pró-social* e *cooperativa* buscam maximizar ganhos conjuntos ou alcançar resultados iguais. Aqueles com uma orientação *individualizada* procuram maximizar seu próprio ganho. E as pessoas com orientação *competitiva* buscam maximizar seu próprio ganho em relação ao dos outros.

▲ TABELA 8.3

Resolvendo dilemas sociais

O comportamento em um dilema social é influenciado por fatores psicológicos (incluindo diferenças individuais, fatores situacionais e dinâmica de grupo) e arranjos estruturais. As características aqui apresentadas contribuem para a solução bem-sucedida de dilemas sociais.

Diferenças individuais

- Ter uma orientação pró-social e cooperativa
- Confiar nos outros

Fatores situacionais

- Ter tido uma experiência bem-sucedida em gerenciamento de recursos e trabalho cooperativo
- Ser exposto a modelos altruístas
- Ter motivos para esperar que os outros cooperem

Dinâmica de grupo

- Agir como um indivíduo em vez de em grupo
- Estar em um grupo pequeno em vez de em um grupo grande
- Compartilhar uma identidade social ou objetivos superordenados

Arranjos estruturais

- Criar uma estrutura de recompensa que premie o comportamento cooperativo e/ou puna o comportamento egoísta
- Remover recursos do domínio público e transferi-los para a propriedade privada
- Estabelecendo uma autoridade para controlar os recursos

> Os grupos grandes têm mais probabilidade que os pequenos de explorar um recurso escasso, do qual os membros dependem coletivamente.
>
> **VERDADEIRO**

Essas são apenas algumas das variáveis que ajudam a determinar a competição ou a cooperação em dilemas sociais. Observe os fatores listados na ▲ Tabela 8.3. Cada um deles tem mostrado ajudar a encontrar as melhores soluções para dilemas sociais.

Os grupos tendem a ser mais competitivos que os indivíduos em situações de motivos mistos (Insko et al., 2013; Kugler e Bornstein, 2013; Reinders Folmer et al., 2019). Uma razão para isso é que pode ser mais difícil estabelecer confiança entre grupos que entre indivíduos. Outra razão é que os membros de um grupo se sentem mais anônimos que se agissem sozinhos, liberando-os para agir de maneira egoísta ou agressiva. Infelizmente, os dilemas sociais geralmente envolvem grupos muito grandes – uma cidade, um estado, uma nação, o mundo inteiro. Nessas circunstâncias, os arranjos estruturais listados na parte inferior da ▲ Tabela 8.3 podem ser mais apropriados para tentar reduzir a exploração.

"Estou atrasado – algumas pessoas estavam esperando pela minha mesa, então eu tive que tomar meu tempo."

Pessoas com uma orientação de valor social competitivo podem abandonar o próprio caminho apenas para evitar que outros usem um recurso, mesmo que, ao fazê-lo, elas também se prejudiquem a longo prazo.

8-4b Negociação

Os dilemas sociais são apenas um tipo de conflito entre indivíduos ou grupos que muitas vezes deve ser resolvido por meio de negociação. Uma negociação bem-sucedida pode reduzir muitos conflitos, mas é importante fazer a seguinte pergunta: O que é uma negociação bem-sucedida? Você pode pensar que um acordo de 50-50 é o resultado ideal para as duas partes na negociação. Aqui, as partes começam em posições opostas e gradualmente trabalham em direção a um ponto médio mutuamente aceitável. Em muitas situações, no entanto, *ambos* os lados podem fazer melhor. A razão para isso é que a maioria das negociações não são simplesmente situações fixas em que cada lado pode ganhar algo apenas se o outro perder (Bazerman e Neale, 1992). Ao contrário, ambos os lados geralmente têm a oportunidade de chegar a um **acordo integrativo**, no qual ambas as partes obtêm resultados superiores a uma divisão de 50-50.

Negociar com concessionárias de automóveis é um tipo de negociação que muitos de nós fazemos de vez em quando. Quer algumas dicas? Experimente a seção Dicas e Conselhos no site da Edmunds, em http://www.edmunds.com.

Uma boa maneira de entender esse aspecto é considerar a história das duas irmãs e da laranja (Follett, 1942). Uma das irmãs queria o suco para beber; a outra queria a casca para um bolo. Então, elas cortaram a laranja ao meio e cada uma delas pegou sua porção. Essas irmãs sofrem de um caso avançado do que é conhecido como *síndrome da torta fixa*, a crença de que tudo o que uma delas ganhava, a outra perdia. Na verdade, porém, cada uma delas poderia ter tudo o que queria: todo o suco para uma, toda a casca para a outra. Um acordo integrativo estava bem ao seu alcance, mas elas não perceberam. Infelizmente, pesquisas indicam que esse comportamento acontece com muita frequência. Os negociadores frequentemente concordam com acordos que são piores para ambos os lados (Chambers e De Dreu, 2014; Thompson, 2020a, 2020b).

Muitas vezes é difícil para os participantes de uma disputa ouvir atentamente e considerar a perspectiva uns dos outros. No entanto, é extremamente importante para ambos os lados revelarem seus objetivos e suas necessidades para permitir que cada um veja oportunidades para benefícios conjuntos. Pode parecer óbvio, mas as pessoas em negociações, assim como as duas irmãs com a laranja, muitas vezes deixam de comunicar seus objetivos e suas necessidades. Eles podem reter informações por falta de confiança no outro lado ou por pensar que seus objetivos são mais claros para a outra parte que realmente são. Se a comunicação for aprimorada, no entanto, os resultados podem melhorar drasticamente.

Os resultados muitas vezes melhoram também em resposta a uma série de outros fatores, como treinamento em técnicas de resolução de conflitos, uso de sistemas computadorizados de apoio à negociação e tecnologias relacionadas, estabelecendo confiança e levando as partes a ter uma perspectiva menos egocêntrica ou pensar sobre motivos de ordem superior que apenas nos resultados desejados (Druckman e Koeszegi, 2017; Eden e Ackermann, 2014; Kidder, 2017; Kong e Yao, 2019; Trötschel et al., 2011). Às vezes, gestos muito pequenos podem fazer uma diferença real: uma série de estudos de Juliana Schroeder e outros (2019) descobriu que um simples aperto de mão entre as partes no início de uma negociação – que os pesquisadores propõem sinalizar a intenção cooperativa – melhorou significativamente os resultados conjuntos! Como outro exemplo de um pequeno gesto que faz a diferença, lembre-se do estudo que descrevemos um pouco antes sobre duplas de participantes negociando depois de comer um pouco (Woolley e Fischbach, 2019). Os participantes negociaram com mais sucesso se tivessem compartilhado o conteúdo do mesmo pacote que se tivessem comido comida em pacotes individuais (ver • Figura 8.10).

> Quando pessoas ou grupos negociam entre si, a melhor solução é aquela em que ambas as partes se comprometem e dividem os recursos meio a meio.
> **FALSO**

acordo integrativo Resolução negociada para um conflito, na qual todas as partes obtêm resultados superiores aos que teriam obtido de uma divisão igual a dos recursos contestados.

8-4c Cultura e negociação

À medida que o mundo se torna menor devido aos avanços da tecnologia, à globalização dos negócios e da economia e às ameaças globais relativas ao meio ambiente e ao terrorismo, a capacidade de negociar com eficácia entre as culturas torna-se cada vez mais importante.

Compreender as diferenças culturais relevantes para a negociação é, portanto, vital. A ▲ Tabela 8.4 lista algumas suposições comuns feitas por negociadores de culturas ocidentais individualistas que nem sempre são compartilhadas por representantes de outras culturas.

Considere, por exemplo, nossa declaração de que uma boa comunicação é um ingrediente-chave para uma negociação bem-sucedida. A comunicação entre culturas pode apresentar desafios especiais (Liu et al., 2019; Thompson, 2020b). Enquanto uma perspectiva individualizada enfatiza a comunicação direta e o confronto, uma perspectiva coletivista enfatiza a comunicação mais indireta e o desejo de evitar o conflito direto. Enquanto os negociadores individualistas podem enfatizar a racionalidade, os negociadores coletivistas têm maior tolerância com a contradição e a emocionalidade – embora os coletivistas prefiram uma emocionalidade que não seja de confronto. Negociadores de culturas individualistas são mais propensos a responder com um "não" direto a uma proposta que os de culturas coletivistas, que são mais propensos a se referir a papéis sociais e a relacionamentos que os individualistas.

Em 2019, representantes de nações de todo o mundo se encontraram nas Nações Unidas para discutir questões de segurança. Negociações entre culturas e grupos com histórico de conflito constituem desafios especiais. Pesquisas em psicologia social identificaram fatores que tornam as negociações mais ou menos prováveis de sucesso.

▲ **TABELA 8.4**

Suposições culturais sobre negociação

Pessoas de culturas diferentes costumam fazer suposições diferentes sobre o processo de negociação. Como você pode imaginar, essas suposições diferentes podem dificultar a obtenção de um acordo bem-sucedido.

Suposições de negociadores dos Estados Unidos e de outros países ocidentais	Suposições de negociadores de culturas não ocidentais
A negociação é um negócio, não uma atividade social.	O primeiro passo na negociação é desenvolver uma relação de confiança entre os negociadores individuais.
Os pontos devem ser destacados com argumentos racionais e analíticos, sem contradições.	Os argumentos podem ser mais holísticos e a emotividade e a contradição podem ser toleradas.
A comunicação é direta e verbal.	Algumas das comunicações mais importantes são não verbais ou indiretas.
Os contratos escritos são vinculativos; compromissos orais, não.	Contratos escritos são menos significativos que comunicações orais, porque o contexto não verbal esclarece as intenções das pessoas.
As informações e ideias atuais são mais válidas do que as opiniões e informações históricas ou tradicionais.	A história e a tradição são mais válidas que as informações e ideias atuais. A informação deve ser entendida em seu contexto mais amplo.
O tempo é muito importante; a pontualidade é esperada; os prazos devem ser definidos e respeitados.	Construir um relacionamento leva tempo; estabelecer prazos é um esforço para humilhar a outra parte.

De acordo com Yunxia Zhu, Bernard McKenna e outros (2007), a construção de relacionamentos é uma parte importante do processo de negociação entre os chineses. Os negociantes de culturas individualistas podem precisar ser estranhamente pacientes com processos que podem parecer irrelevantes para a tarefa em questão porque estes são importantes na criação de guanxi, um termo chinês para "relacionamento". As sessões iniciais de negociação com os chineses assumem particular importância porque podem definir o tom para o estabelecimento do *guanxi*. Enquanto negociadores de culturas coletivistas estão mais preocupados em preservar relacionamentos, negociadores de culturas individualistas estão mais preocupados em fechar o negócio da forma mais eficiente possível (Gelfand et al., 2013).

Outro fator diz respeito a "manter as aparências" – sentir que os outros continuam a respeitá-lo e que você manteve a honra. Ainda que manter as aparências em uma negociação seja importante entre as culturas, pode ser de importância maior em determinadas culturas (Caputo et al., 2019; Oetzel et al., 2008; Yao et al., 2017). Michele Gelfand e outros (2015), por exemplo, ilustram os valores contrastantes da racionalidade e da honra entre as culturas com citações específicas: "Separe as pessoas do problema" é um conselho dado aos negociadores no Ocidente e enfatiza ser objetivo e racional, enquanto os provérbios árabes "Prefiro que você me respeite que me alimente" ou "Dignidade antes do pão" refletem a maior importância honra em vez do lucro em culturas como a do Egito. Para estudar essa diferença cultural, Gelfand e seus colegas fizeram com que participantes nos Estados Unidos e no Egito se engajassem em negociações de uma hora. Os pesquisadores transcreveram os áudios dessas negociações e mediram a frequência de palavras que enfatizavam "uma forma distintamente ocidental de raciocínio lógico", como "racional", "lógica", "deduzir", "causar" e "solução", bem como palavras a respeito da honra, como "honesto", "reputação", "aparecer" e "proibir".

● **FIGURA 8.11**

Cultura e negociação: foco racional *versus* honra

Participantes nos Estados Unidos e no Egito se envolveram em negociações de uma hora, e as transcrições dessas negociações foram analisadas para medir a frequência com que palavras associadas a perspectivas objetivas e racionais mais tradicionalmente ocidentais foram utilizadas, bem como palavras a respeito de honra, que são mais associadas ao pensamento árabe. Quanto mais palavras racionais foram usadas durante a negociação, melhores foram os resultados desta nos Estados Unidos, mas piores no Egito. E, quanto mais palavras relacionadas à honra eram usadas, melhores eram os resultados no Egito.

Baseado em Gelfand et al. (2015).

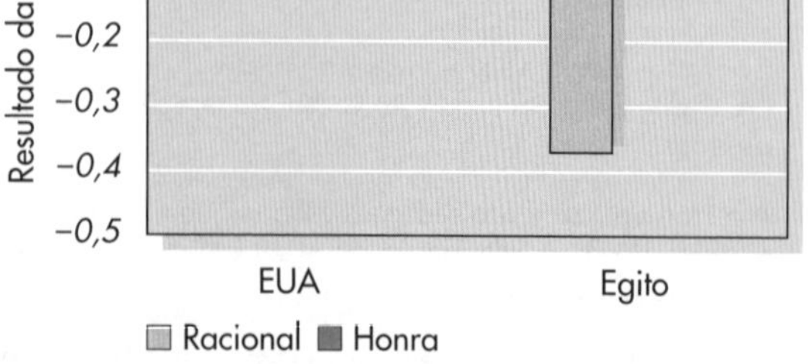

Os resultados revelaram a diferença cultural esperada não apenas na frequência com que esses tipos de palavras eram empregadas, mas também na relação entre o uso dessas expressões e o sucesso da negociação. Quanto mais palavras que refletem um modelo racional forem usadas, melhores serão os resultados da negociação nos Estados Unidos (por exemplo, maior a probabilidade de chegarem a acordos integrativos), mas serão piores os resultados no Egito. De outro modo, quanto mais palavras que refletem honra forem usadas, melhores serão os resultados da negociação no Egito; não houve relação entre o uso de palavras relacionadas a honra e os resultados da negociação nos Estados Unidos (ver ● Figura 8.11).

As respostas emocionais podem prejudicar as negociações entre membros de culturas diferentes se forem consideradas inadequadas em uma delas. As expressões de orgulho são mais prováveis de serem recebidas positivamente nas culturas individualistas, enquanto as expressões de vergonha são mais prováveis de serem recebidas positivamente nas culturas coletivistas (Rodriguez Mosquera et al., 2004). Shirli Kopelman e Ashleigh Shelby Rosette

(2008) conduziram um experimento que ilustra diferenças culturais na sensibilidade em relação a emoções específicas. Estudantes de negócios de Hong Kong e Israel participaram de um exercício de negociação em que uma gerente de negócios norte-americana ofereceu uma proposta do tipo pegar ou largar por vídeo. Para metade dos alunos, a gerente fez a oferta demonstrando emoção positiva – ela falava em tom amigável, sorria e acenava com a cabeça com frequência e parecia cordial. Para a outra metade, demonstrou emoções negativas – falou em um tom mais agressivo e parecia intimidante e irritada.

Como os pesquisadores previram, os alunos de Hong Kong reagiram de maneira muito diferente em função da emoção exibida. Como pode ser visto na • Figura 8.12, eles foram muito mais propensos a aceitar a oferta quando feita exibindo emoções positivas em vez de negativas. Os estudantes de Israel, onde negociações diretas e conflituosas são mais comuns (e talvez onde uma mulher norte-americana seria vista menos como membro de um grupo externo), não foram afetados pela emoção apresentada pelo negociador ao decidir se aceitaria a oferta.

Compreender esses tipos de diferenças culturais é essencial para garantir melhores resoluções de conflitos e negociações. Felizmente, conhecer essas questões ajuda. Sujin Lee e outros (2013) fizeram que participantes das culturas do leste asiático e da América do Norte negociassem entre si. Alguns dos participantes foram informados sobre os tipos de diferenças interculturais discutidas nesta seção do livro e foram encorajados a pensar sobre a perspectiva da outra cultura durante a negociação. Outros participantes não receberam essas informações culturais e, em vez disso, foram incentivados a pensar sobre as alternativas da outra pessoa na negociação. Os participantes que consideraram a perspectiva transcultural alcançaram resultados de negociação muito melhores que os demais.

Wendi Adair e Jeanne Brett (2005) descrevem a negociação como uma espécie de dança. Os parceiros se movem uns com os outros em vários ritmos, e a dança só funcionará se eles puderem sincronizar seus movimentos e trabalhar juntos. Negociações entre culturas podem ser desafiadoras porque os participantes têm maneiras diferentes de executar essas danças. Como Adair e Brett colocaram: "Assim como levará tempo para um cubano, que está acostumado com os movimentos intensos da dança social latina, e um norte-americano – acostumado a danças lentas como a valsa – entrar em sincronia, levará tempo para que os negociadores transculturais sincronizem seus movimentos" (p. 46). É do interesse dos negociadores, portanto, aprender as perspectivas uns dos outros para que possam trabalhar juntos de forma mais eficaz e fluente, sem pisar no pé uns dos outros.

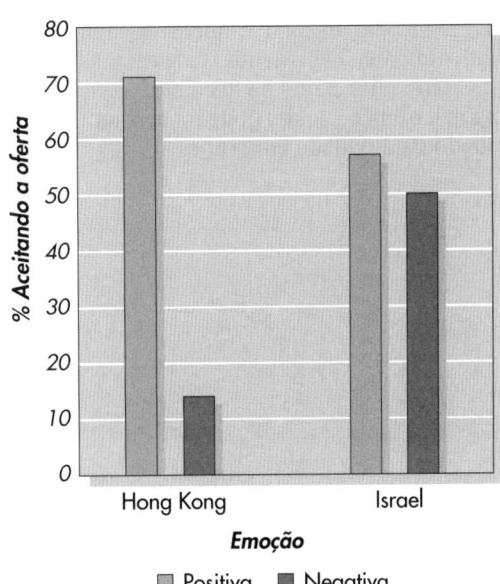

• FIGURA 8.12

Emoções durante a negociação: diferenças culturais

Estudantes de negócios de Hong Kong e Israel participaram de um exercício de negociação, no qual receberam uma proposta do tipo pegar ou largar de um gerente de negócios norte-americano. Esse gerente demonstrava uma emoção calorosa e positiva ou negativa e mal-humorada ao fazer a oferta. Os alunos de Hong Kong eram muito menos propensos a aceitar a oferta se ela fosse feita com emoção negativa que com emoção positiva, enquanto as decisões dos estudantes israelenses não foram fortemente afetadas pelas emoções apresentadas.
Baseado em Kopelman e Rosette (2008).

8-5 Revisão

Os 10 principais pontos-chave do Capítulo 8

1. As pessoas se juntam a um grupo por diversas razões, não apenas para realizar tarefas que não podem ser realizadas individualmente, mas também para aumentar a autoestima, a identidade social e ter maior senso de propósito; na verdade, a atração por grupos parece ser um mecanismo psicológico evoluído.

2. Quando os papéis dos membros são claros, atribuídos de forma adequada e não entram em conflito com outros papéis e quando os membros entendem as normas do grupo, maior a satisfação e melhor o desempenho do grupo.

3. A coesão está relacionada ao desempenho do grupo, mas a direção causal dessa relação pode ser em qualquer sentido; além disso, as culturas diferem em relação ao que é mais importante para que ela se manifeste.

4. Quando as contribuições individuais são identificáveis, a presença de outras pessoas melhora o desempenho em tarefas fáceis, mas prejudica-o em tarefas difíceis. Quando os membros do grupo unem seus esforços, os indivíduos geralmente se esforçam menos e se envolvem em atividades sociais.

5. Ao contrário da crença popular, o brainstorming em grupo normalmente é menos eficaz que o brainstorming feito pelo mesmo número de indivíduos individualmente. Felizmente, os pesquisadores identificaram uma série de técnicas, como brainstorming eletrônico, que podem melhorar muito o resultado da atividade em grupo.

6. As decisões do grupo podem ser prejudicadas pela polarização, em que as opiniões se tornam mais extremas na direção que a maioria dos membros inicialmente defendia e no pensamento de grupo, em que os membros buscam a concordância em vez de uma análise completa e sincera de todas as informações e cursos de ação alternativos.

7. As informações podem não ser comunicadas de forma adequada devido a problemas na rede de comunicação e pela tendência dos grupos de prestar mais atenção às informações que já são conhecidas por todos ou pela maioria de seus membros que às informações importantes que são conhecidas por apenas um ou alguns membros.

8. Definir metas e planos específicos e ambiciosos, e fazê-lo com um ou mais parceiros, melhora o desempenho mais que a vaga proposta de "faça o seu melhor".

9. Em um dilema social, o benefício pessoal entra em conflito com o bem geral, e os grupos tendem a ser mais competitivos que os indivíduos para lidar com esses dilemas.

10. Muitas negociações têm o potencial de resultar em acordos integrados, que excedem uma divisão de 50–50, mas os negociadores muitas vezes não conseguem atingi-los. Comunicação, confiança e compreensão da perspectiva da outra parte e de normas e valores culturais são ingredientes essenciais para uma negociação bem-sucedida.

Colocando o SENSO COMUM à prova

Indivíduos em grupos: a presença de outros

As pessoas aplaudirão mais alto quando fizerem parte de um grupo que quando estiverem sozinhas.

(F) **Falso** *As pessoas tendem a colocar menos esforço em tarefas coletivas, como uma torcida em grupo, que em tarefas onde seu desempenho individual possa ser identificado e avaliado.*

Desempenho do grupo: problemas e soluções

Quando as pessoas fazem brainstorming em grupo, elas têm mais boas ideias que quando a mesma quantidade de pessoas trabalhando individualmente.

(F) **Falso** *Os grupos nos quais os membros interagem cara a cara produzem menos ideias criativas durante o* brainstorming *que o mesmo número de pessoas produziria fazendo o* brainstorming *sozinhas.*

As atitudes dos membros de um grupo sobre um curso de ação costumam se tornar mais moderadas após a discussão em grupo.

(F) **Falso** *A discussão em grupo, muitas vezes, faz as atitudes se tornarem mais extremas, pois as tendências iniciais do grupo são exageradas.*

Pessoas e grupos tendem a se sair pior quando objetivam "fazer o melhor" que quando seus objetivos são muito específicos e ambiciosos.

(V) **Verdadeiro** *Pessoas e grupos com o vago objetivo "faça o seu melhor" não tendem a dar o melhor de si. Eles poderão fazer melhor se estabelecerem metas específicas e ambiciosas, mas alcançáveis.*

Conflito: cooperação e competição dentro e entre grupos

Os grupos grandes têm mais probabilidade que os pequenos de explorar um recurso escasso, do qual os membros dependem coletivamente.

(V) **Verdadeiro** *Grandes grupos são mais propensos a se comportar de forma egoísta quando confrontados com dilemas de recursos, em parte porque as pessoas em grandes grupos se sentem menos identificáveis e mais anônimas.*

Quando pessoas ou grupos negociam entre si, a melhor solução é aquela em que ambas as partes se comprometem e dividem os recursos meio a meio.

(F) **Falso** *De modo geral, ambos os lados podem obter melhores resultados que uma divisão meio a meio, pois as necessidades e desejos de cada lado podem ser diferentes; no entanto, muitos negociadores não conseguem reconhecer essa oportunidade.*

Palavras-chave

acordo integrativo (340)
amostragem tendenciosa (329)
brainstorming (322)
coesão de grupo (310)
desindividuação (318)
dilema do prisioneiro (336)
dilema social (335)
dilemas de recursos (336)
facilitação social (313)
ganho de processo (321)

grupo (307)
inteligência coletiva (335)
memória transativa (330)
mera presença (314)
modelo de esforço coletivo (316)
modelo de identidade social dos efeitos de desindividuação (SIDE) (320)
ociosidade social (315)
pensamento de grupos (326)

perda de processo (320)
polarização de grupo (324)
sistemas de apoio a grupos (332)
teoria da apreensão da avaliação (314)
teoria do conflito de distração (314)

Atração e relacionamentos próximos

Este capítulo examina como as pessoas relacionam-se entre si. Em primeiro lugar, descrevemos a necessidade humana fundamental de estar com os outros, por que as pessoas se relacionam e o problema da solidão. Em seguida, consideramos vários fatores pessoais e situacionais que influenciam nossa atração inicial por determinadas pessoas. Por fim, examinamos diferentes tipos de relacionamentos íntimos – o que os torna gratificantes, como diferem entre si, os tipos de amor que despertam e os fatores que mantêm as pessoas juntas ou separam-nas.

9-1 Necessidade de pertencimento: uma motivação humana fundamental | 348
- 9-1a A emoção da conexão
- 9-1b A agonia da solidão

9-2 A atração inicial | 354
- 9-2a Familiaridade: estar presente
- 9-2b Atração física: ser conquistado
- 9-2c Primeiros encontros: familiarizando-se
- 9-2d Seleção de companheiros: a evolução do desejo

9-3 Relacionamentos próximos | 380
- 9-3a O mercado íntimo: definindo ganhos e perdas
- 9-3b Tipos de relacionamentos
- 9-3c Como eu te amo? Diferentes maneiras de amar
- 9-3d Cultura, atração e relacionamentos íntimos
- 9-3e Questões de relacionamento: a conexão homem-mulher

9-4 Revisão | 404

Nenhum tópico fascina mais as pessoas deste planeta que a atração interpessoal. Com a necessidade de pertencer, nós, humanos, somos obcecados por amizades, encontros, relacionamentos românticos, namoro, amor, sexo, reprodução, orientação sexual, casamento e divórcio. Dramaturgos, poetas e músicos escrevem com eloquência e emoção sobre o amor desejado, conquistado e perdido. Nos últimos anos, a televisão em todo o mundo tem se enchido de reality shows centrados em relacionamentos, como *The Bachelor*, *The Bachelorette*, *Are You the One?* e *Married at First Sight*. Cada vez mais, as pessoas encontram-se não apenas pessoalmente, mas também on-line, usando aplicativos móveis, como Tinder, Match.com, eHarmony e OkCupid. Tanto em nossos corações quanto em nossas mentes, os relacionamentos que buscamos e desfrutamos com outras pessoas são mais importantes que qualquer outra coisa.

De vez em quando, surpreendemo-nos com a própria reação diante de alguém que conhecemos. Em geral, por que os seres humanos são atraídos uns pelos outros? Por que algumas pessoas nos atraem tanto e outras não? O que determina a maneira como nossos relacionamentos íntimos evoluem com o tempo? O que significa amar alguém e que tipos de problemas podem surgir ao longo do caminho? Como essas questões revelam, os processos de atração – desde a primeira faísca até as chamas de uma relação íntima e a possibilidade de um esfriamento – parecem um curinga no baralho do comportamento humano. Este capítulo desvenda alguns desses mistérios.

9-1 Necessidade de pertencimento: uma motivação humana fundamental

Apesar de nascerem indefesos, os bebês humanos são dotados de reflexos que os orientam em direção às pessoas. Eles respondem de forma única a rostos humanos, viram a cabeça em direção a vozes e são capazes de imitar certos gestos faciais. Então, algumas semanas depois, o bebê abre o primeiro sorriso, certamente a expressão mais doce que possa haver. Para o deleite de pais no mundo todo, o recém-nascido parece um animal inerentemente social. Porém espere. Se você refletir sobre a quantidade de tempo que passa conversando, flertando, confiando, desejando ou se preocupando com outras pessoas, perceberá que somos todos animais sociais. Parece que pessoas precisam de pessoas.

De acordo com Roy Baumeister e Mark Leary (1995), a necessidade de pertencimento é uma motivação humana básica, "um impulso difuso para formar e manter pelo menos uma quantidade mínima de relacionamentos interpessoais duradouros, positivos e significativos" (p. 497). Essa proposição geral é apoiada pela observação cotidiana e por muitas pesquisas. No mundo, as pessoas sentem alegria quando formam novos vínculos sociais e reagem com ansiedade e tristeza quando esses laços são rompidos – como quando a distância, o divórcio ou a morte separam-nas de um ente querido. A necessidade de pertencimento é profunda, e é esse o motivo pelo qual as pessoas ficam muito angustiadas quando são submetidas a algum modo de "morte social", ou seja, quando são

---

Colocando o SENSO COMUM à prova

Circule sua resposta

- V F Em momentos de estresse, as pessoas procuram a companhia de outras, mesmo que sejam estranhos.
- V F Bebês não fazem distinção entre rostos considerados atraentes e não atraentes em sua cultura.
- V F Pessoas fisicamente atraentes são mais felizes e têm autoestima mais alta que aquelas que não são atraentes.
- V F Quando se trata de relacionamentos românticos, os opostos se atraem.
- V F Os homens são mais propensos que as mulheres a interpretar gestos amigáveis do sexo oposto em termos sexuais.
- V F Após o período de lua de mel, há um declínio geral nos níveis de satisfação conjugal.

negligenciadas pelos outros, rejeitadas, excluídas, estigmatizadas ou condenadas ao ostracismo (Leary, 2001; Smart Richman e Leary, 2009; Williams e Nida, 2011).

Preocupamo-nos tão profundamente com o que os outros pensam de nós, que gastamos muito tempo e dinheiro para nos tornarmos apresentáveis e atraentes. Na verdade, algumas pessoas se preocupam tanto como os outros as veem que sofrem de vários sintomas de *transtorno de ansiedade social*, caracterizados por intensos sentimentos de desconforto em situações passíveis de julgamento público (Leary e Kowalski, 1995; Morrison e Heimberg, 2013).

Em todo o mundo, tanto para homens como para mulheres, a necessidade de pertencimento é uma poderosa motivação humana.

Um exemplo muito familiar é a ansiedade de falar em público ou "medo do palco" – o pior pesadelo de um artista. Se você já teve de fazer uma apresentação e sentiu os joelhos e a voz tremer, então já experimentou um indício desse distúrbio. Quando questionadas sobre o que há a temer, as vítimas desse quadro costumam relatar medo de demonstrar sinais de ansiedade, como tremores, "dar um branco", dizer algo tolo e ser incapaz de continuar. Para pessoas com altos níveis de ansiedade social, o problema também é evocado por outras situações, como comer em público, assinar um cheque na frente de um balconista e, para homens, urinar em um banheiro lotado. Em casos extremos, as reações podem ser tão debilitantes, que a pessoa prefere ficar em casa (Crozier e Alden, 2005).

A necessidade de pertencimento é uma motivação humana fundamental. Pessoas que têm uma rede de laços sociais próximos – como parceiros amorosos, amigos, parentes e colegas de trabalho – têm maior autoestima e satisfação com a vida em comparação àquelas que vivem mais isoladas (Denissen et al., 2008). Pessoas que estão socialmente conectadas, em vez de isoladas, também são fisicamente mais saudáveis e menos propensas a morrer prematuramente (Cacioppo et al., 2015; Holt-Lunstad et al., 2015; House et al., 1988). Pesquisas mostram que as pessoas podem até obter a motivação de que necessitam para alcançar o sucesso por meio de suas conexões com outras pessoas (Walton et al., 2012).

Quanto às redes sociais, ajuda estar presente no Facebook e em outras redes on-line, que permitem às pessoas manter contato, mesmo que não pessoalmente? Nos últimos anos, essa modalidade de comunicação difundiu-se por todo o planeta. Em 2019, de acordo com o Statista (http://www.Statista.com), o Facebook – a maior rede social – tinha mais de 2,4 bilhões de usuários ativos ao mês em todo o mundo. Nos Estados Unidos,[1] a maioria dos alunos dos ensinos médio e universitário postou um perfil completo com uma lista de "amigos" em alguma rede social. A ● Figura 9.1 mostra que, em 2006, o tamanho médio da rede de amigos de estudantes universitários era de 137; em 2007, subiu para 185 e, em 2008, foi para 225. Em 2009, a média subiu para 440. A maior parte do aumento nas listas de amigos do Facebook veio de um aumento nas relações distantes e superficiais (Manago et al., 2012). De acordo com o Statista, em 2016, cinco anos depois, esse número médio – apenas no Facebook – tinha atingido 521 (entre pessoas de 12 a 17 anos de idade) e 649 (entre pessoas de 18 a 24 anos de idade).

9-1a A emoção da conexão

Como seres sociais, os humanos são atraídos uns pelos outros como ímãs ao metal. Trabalhamos juntos, brincamos juntos, vivemos juntos e muitas vezes assumimos compromissos para a vida toda, para envelhecermos juntos. Essa motivação social começa com a **necessidade de conexão**, definida como o desejo de estabelecer contato social com outras pessoas (McAdams, 1989). Os indivíduos diferem na força

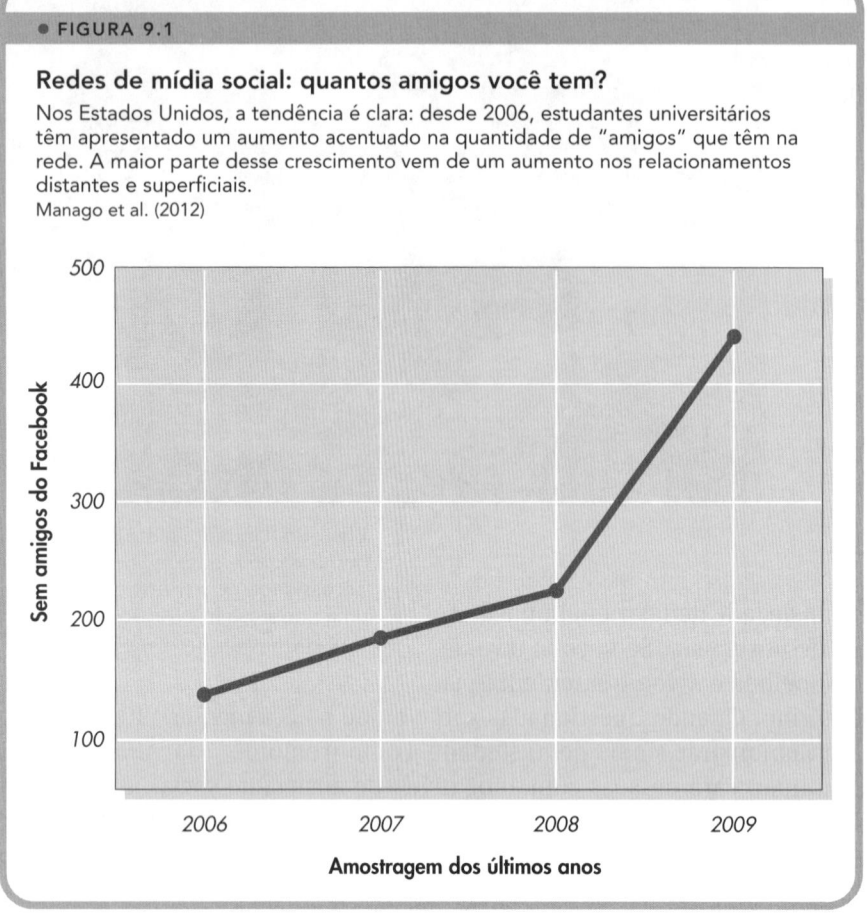

• FIGURA 9.1

Redes de mídia social: quantos amigos você tem?
Nos Estados Unidos, a tendência é clara: desde 2006, estudantes universitários têm apresentado um aumento acentuado na quantidade de "amigos" que têm na rede. A maior parte desse crescimento vem de um aumento nos relacionamentos distantes e superficiais.
Manago et al. (2012)

de sua necessidade de conexão. Todos são altamente motivados a estabelecer e manter um equilíbrio *ideal* de contato social – às vezes ansiando pela companhia de outras pessoas, às vezes querendo ficar sozinhos – de modo que um corpo é ajustado para manter um certo nível de temperatura. Em um experimento interessante, Bibb Latané e Carol Werner (1978) descobriram que mesmo ratos de laboratório eram mais propensos a se aproximar de outros de sua espécie após um período de isolamento e menos propensos a se aproximar após um contato prolongado. Esses pesquisadores sugeriram que os ratos, como muitos outros animais, têm um "sociostato" (termostato social) embutido para regular suas tendências a conexões.

Há evidência de um mecanismo semelhante em humanos? Shawn O'Connor e Lorne Rosenblood (1996) recrutaram estudantes universitários para carregar bips portáteis durante quatro dias. Sempre que os bipes soavam (em média, a cada hora), os alunos anotavam se, no *momento*, estavam realmente sozinhos ou em companhia de outras pessoas e se, naquele momento, *queriam* estar sozinhos ou acompanhados. Os resultados mostraram que os alunos estavam no estado que desejavam dois terços das vezes. Na verdade, a situação que eles desejavam em uma ocasião (dizendo, por exemplo, que queriam ficar sozinhos às 16 horas) previu sua situação real na próxima vez em que receberam o sinal (estariam sozinhos às 17 horas). Quer fosse a solidão ou o contato social que os alunos buscavam, eles conseguiram regular com sucesso as próprias necessidades pessoais de conexão.

As pessoas podem diferir na força de suas necessidades de conexão, mas há momentos em que todos queremos estar com outras pessoas. Lembre-se de cenas em cidades que sediaram campeonatos esportivos recentes cuja final foi vencida pelo time local. Em todas, a torcida vitoriosa circula pela cidade e troca cumprimentos, com tapas nas costas, abraços e beijos, muito depois do final do jogo. Em cada uma dessas situações, fica claro que as pessoas querem comemorar juntas, e não sozinhas.

A conexão também pode nos satisfazer por outras razões, já que outras pessoas fornecem energia, atenção, estímulo, informação e suporte emocional (Hill, 1987, 2009). Que condições levam as pessoas a procurar outras? Uma condição que desperta fortemente nossa necessidade de conexão é o estresse. Você já percebeu como vizinhos que nunca param para se cumprimentar acabam se aproximando no caso de catástrofes naturais, quedas de energia e outras crises graves? Muitos anos atrás, Stanley Schachter (1959) teorizou que uma ameaça externa desencadeia o medo e nos motiva a nos conectarmos, particularmente com outros que enfrentam uma ameaça semelhante. Em um experimento de laboratório que demonstrou esse ponto,

necessidade de conexão Desejo de estabelecer e manter muitos relacionamentos interpessoais gratificantes.

Schachter descobriu que as pessoas que esperavam receber choques elétricos dolorosos preferiam esperar com outros participantes nervosos em vez de ficarem sozinhas. Até aí, tudo bem. Porém, quando Irving Sarnoff e Philip Zimbardo (1961) levaram estudantes universitários a acreditar que assumiriam um comportamento embaraçoso – chupar grandes bicos de mamadeira e chupetas – o desejo de estar com outras pessoas diminuiu. Parecia intrigante. Por que as pessoas em situação de grande angústia amam a companhia de outras, enquanto aquelas que experimentam um terrível constrangimento buscam a solidão?

Na Copa do Mundo de 2019, após a vitória da seleção feminina de futebol dos Estados Unidos, milhares de torcedores foram às ruas de Nova York para festejar. Muitas vezes as pessoas procuram umas às outras para comemorar triunfos e outros eventos felizes.

Yacov Rofé (1984) propôs uma resposta simples: *conveniência*. Rofé argumentou que o estresse desperta o desejo de conexão apenas quando estar com outras pessoas é visto como útil para reduzir o impacto negativo da situação estressante. Os participantes do estudo de Schachter tinham motivos para acreditar que a conexão seria útil. Eles teriam a oportunidade de comparar suas reações emocionais com as dos outros para determinar se realmente precisavam sentir medo. Para aqueles no estudo de Sarnoff e Zimbardo, no entanto, a conexão tinha menos a oferecer. Quando passamos por situações constrangedoras, estar com outras pessoas tende a aumentar nosso estresse em vez de reduzi-lo.

Voltemos ao estudo inicial de Schachter. Que benefício específico as pessoas obtêm por estarem na presença de outras em momentos de estresse? A pesquisa sugere que, ao enfrentar uma ameaça iminente, as pessoas procuram umas às outras para obter *clareza cognitiva* sobre o perigo que estão correndo. Em um experimento, Kulik e outros (1994) descobriram que os participantes da pesquisa, prevendo a dolorosa tarefa de mergulhar a mão em água gelada, preferiam esperar com alguém que já houvesse completado a tarefa que com alguém que ainda não a houvesse realizado. Eles também fizeram mais perguntas a esses colegas experientes que aos participantes que não sabiam se a água gelada poderia causar dor. Sob estresse, tornamo-nos adaptativamente motivados a nos associar a outras pessoas capazes de nos ajudar a enfrentar uma ameaça iminente. Resumindo o próprio trabalho, Schachter (1959) observou que o sofrimento adora companhia sofrida. Com base em seus estudos mais recentes, Gump e Kulik (1997) alteraram ainda mais esta afirmação: "O sofrimento adora a companhia daqueles que estão na mesma situação de sofrimento" (p. 317).

O estresse não é o único estado de espírito que inspira as pessoas a se conectarem. John Cacioppo et al. (2015) observaram que estar sozinho – *e se sentir solitário* – motiva pessoas de todas as idades a se conectar com outras a fim de satisfazer um "motivo de reconexão". Charleen Case et al. (2015) apresentaram a teoria de que indivíduos sem poder e influência também sentem necessidade de procurar outras pessoas. Em um estudo, eles descobriram que os participantes que estavam preparados para imaginar a *falta de poder* exibiam mais interesse em ingressar em um serviço no *campus* com o objetivo de fomentar novas amizades. Em um segundo estudo, as pessoas designadas para uma posição de baixo poder buscaram mais proximidade física de um parceiro. Reforçando a explicação da conveniência de Rofé (1984) para o motivo pelo qual as pessoas se conectam, parece que o estresse, a solidão e a falta de poder estão entre os estados de espírito que inspiram a conexão social.

9-1b A agonia da solidão

As pessoas precisam umas das outras para comemorar, compartilhar notícias, lamentar-se, conversar e aprender com elas. No entanto, algumas são extremamente tímidas, socialmente desajeitadas,

> Em momentos de estresse, as pessoas procuram a companhia de outras, mesmo que sejam estranhos.
>
> **VERDADEIRO**

"A solidão e a sensação de não ser desejado constituem o mais terrível sofrimento."

– Madre Teresa

inibidas e têm dificuldade em se aproximar das outras. A timidez, em si, é uma característica comum. Cerca de 49% de todos os norte-americanos se descrevem como tímidos; em Israel são 31%; na Alemanha, 40%; em Taiwan, 55% e no Japão, 57% (Henderson e Zimbardo, 1998). Pessoas tímidas têm dificuldade em abordar estranhos, bater papo, telefonar para alguém para marcar um encontro, participar de pequenos grupos ou socializar em festas. Em geral, elas rejeitam os outros, talvez por temerem ser rejeitadas. Para aquelas cuja timidez é extrema, o resultado é um padrão de evitar riscos que podem predispô-las a interações desagradáveis e pouco compensadoras (Crozier, 2001; Hofmann e DiBartolo, 2014). Pesquisas sobre desenvolvimento mostram que essa ligação entre timidez e ansiedade é encontrada não apenas em adultos, mas também em crianças e adolescentes (Maes et al., 2019).

A timidez pode ter diferentes origens, sendo possível, em alguns casos, resultar de um traço de personalidade inato. Jerome Kagan (1994) et al. descobriram que alguns bebês são altamente sensíveis a estímulos, mostrando-se inibidos e cautelosos logo após o nascimento. Em outros casos, a timidez se desenvolve como uma reação aprendida a interações fracassadas. Em outras palavras, problemas interpessoais do passado podem acender ansiedades sociais sobre o futuro (Leary e Kowalski, 1995).

Nem todos os bebês tímidos se tornam adultos inibidos. No entanto, pesquisas longitudinais indicam que há alguma continuidade nesse comportamento, e que esse aspecto da personalidade pode ser previsível a partir do temperamento e comportamento quando crianças. Observou-se que crianças inibidas, tímidas e medrosas aos 3 anos de idade, por exemplo, são mais propensas a serem socialmente isoladas aos 21 anos que aquelas que, aos 3 anos, eram mais extrovertidas (Caspi, 2000). As diferenças podem ser vistas no cérebro adulto. Com o uso de fMRI, pesquisadores observaram recentemente que pessoas tímidas, em comparação a pessoas ousadas, exibem maior atividade na amígdala – uma região do cérebro responsável pelo processamento do medo – quando expostas a imagens de estranhos (Beaton et al., 2008; Schwartz et al., 2003).

Seja qual for a fonte, a timidez pode ser um problema com consequências dolorosas. Estudos mostram que pessoas tímidas avaliam-se negativamente, esperam falhar em seus encontros sociais e se culpam quando o fazem. Como resultado, acabam se isolando, o que muitas vezes leva-os a se sentir solitárias. Em parte, o problema decorre de um medo paralisante da rejeição, que inibe essas pessoas de aproximar-se daqueles por quem estão interessadas em criar vínculos de amizade ou romântico. O que é pior, pessoas que temem rejeição pensam que seu interesse pelo outro é transparente para os outros, e isso as leva a recuar (Vorauer et al., 2003). Uma advertência importante: para a maioria dos ocidentais, a timidez é uma fraqueza a ser superada. No entanto, em partes rurais de culturas mais coletivistas, onde "se encaixar" é de suma importância, a timidez pode ser socialmente apropriada e adaptativa (Chen, Wang et al., 2009; Liu et al., 2015).

A **solidão** é um estado emocional triste e sofrido. Estar sozinho é sentir-se privado das conexões sociais humanas, o que ocorre sempre que o nosso contato com os outros é menor que desejamos. Com base em sua revisão da pesquisa, Stephanie Cacioppo et al. (2015) observaram que existem três facetas ou dimensões da solidão – íntima, relacional e coletiva (ver • Figura 9.2).

A *solidão íntima* é sentida quando alguém deseja ter um cônjuge, outra pessoa significativa ou melhores amigos com quem contar para obter apoio emocional, especialmente durante crises pessoais, mas não possuem. Um pouco fora de nosso círculo pessoal, a *solidão relacional* é sentida quando alguém quer ter, mas não tem, amizades na escola e no trabalho e conexões familiares – as 15 ou 50 pessoas que vemos regularmente e com as quais contamos para ajuda ocasional, cuidados infantis, recursos, contatos e opiniões. Ao representar a camada mais externa de nossa rede social, a *solidão coletiva* vem de relacionamentos remotos e das identidades sociais que derivamos de, digamos, ex-alunos das escolas que frequentamos e dos grupos dos quais participamos com base em necessidades ou interesses comuns. Quanto mais associações voluntárias tivermos, menor será a solidão coletiva.

Desde a infância até a idade adulta e a velhice, a maioria das pessoas sente-se solitária em algum momento da vida – seja brevemente, o que motiva a necessidade de reafirmação, ou por um período

solidão Sentimento de privação a respeito das relações sociais existentes.

prolongado e pouco saudável, o que desencadeia uma série de problemas de saúde físicos e mentais, o que inclui depressão, alcoolismo e ansiedade (Cacioppo et al., 2015; Hawkley et al., 2009; Heinrich e Gullone, 2006).

É importante perceber que, embora a solidão seja um fenômeno universal e talvez enraizado no temperamento de um indivíduo, pode assumir estruturas diferentes de uma cultura à outra. No Japão, por exemplo, um número significativo de jovens adultos hoje sofre de *hikikomori*, que é um tipo de isolamento social. *Hikikomori*, que se traduz como "distanciamento", é caracterizado por um afastamento total das relações íntimas fora da família (Tamaki, 2013). Aqueles que sofrem de *hikikomori* vivem como um eremita: não vão à escola, não têm emprego e passam grande parte do tempo isolados em casa, muitas vezes em um único cômodo. Apesar de não parecer sofrer de depressão ou de outros distúrbios psicológicos bem conhecidos, algumas pesquisas sugerem que eles compartilham histórias de rejeição dos pais, desorganização da família e intimidação e rejeição de seus colegas (Krieg e Dickie, 2013).

Algumas culturas predispõem mais as pessoas à solidão que outras? Pelo menos por enquanto, a resposta é complicada. Ironicamente, é nas culturas coletivistas, e não nas ocidentais, que as pessoas correm um risco mais alto de solidão, talvez como reflexo da urgência que essas culturas colocam nos relacionamentos (Lykes e Kemmelmeier, 2014). No entanto, em um nível individual, pesquisas realizadas em países como Áustria, Portugal, Itália, Suécia e Holanda mostram que os indivíduos mais coletivistas em sua orientação nesses países são menos solitários que aqueles de orientação mais individualista (Heu et al., 2019).

Sobre a questão de quem é solitário, pesquisas em culturas ocidentais sugerem uma resposta simples: *qualquer pessoa* pode se sentir solitária a qualquer hora e em qualquer lugar – é por isso que se diz que a "solidão não discrimina" (Cacioppo et al., 2015). Sentir-se solitário (o que não é o mesmo que estar sozinho) é mais comum durante períodos de transição ou de dificuldades na vida,

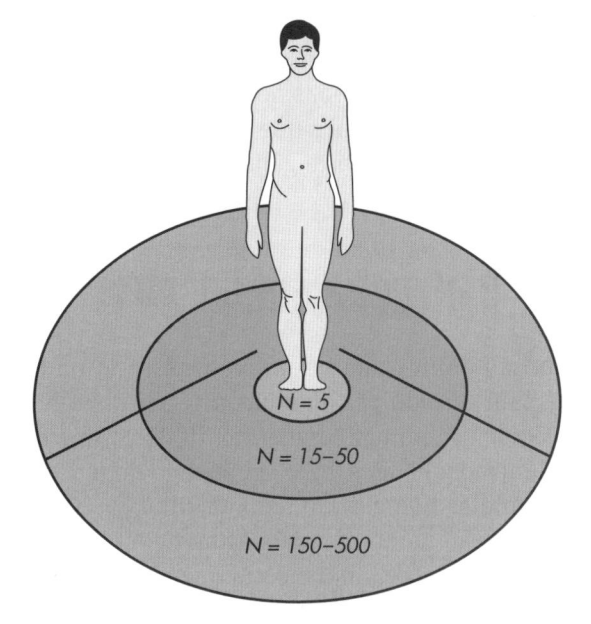

● FIGURA 9.2

As dimensões da solidão

A solidão é um estado emocional negativo, no qual a pessoa se sente privada de conexões sociais humanas. Conforme representado nesta imagem, pesquisas sugerem que a solidão tem três facetas – íntima, relacional e coletiva.
Cacioppo et al. (2015)

No Japão, alguns jovens adultos sofrem de *hikikomori*, um modo extremo de retraimento social, que em inglês significa "afastamento". Sem frequentar a escola nem trabalhar, esses indivíduos vivem isolados em casa, muitas vezes em um único cômodo.

como no primeiro ano de faculdade, após um rompimento romântico ou quando um ente querido muda-se para longe. Pesquisas mostram que pessoas sem um relacionamento amoroso são mais solitárias que aquelas com um parceiro romântico; no entanto, viúvas, divorciadas e separadas são mais solitárias que quem nunca se casou. Em contraste com a imagem estereotipada do velho solitário que passa o tempo em um banco de praça, adolescentes e adultos com vários amigos e contatos nas redes sociais não estão imunes. De 3% a 22% das pessoas relatam ter passado por um período prolongado de solidão (Peplau e Perlman, 1982; Qualter et al., 2015).

Apesar dos comentários sociais sobre como as pessoas se tornaram distantes, uma comparação de várias pesquisas recentes de estudantes norte-americanos de nível médio e superior indicou que as taxas de solidão têm caído consistentemente de 1978 a 2012 (Clark et al., 2015). Ainda assim, um recente estudo on-line com 55 mil pessoas do mundo revelou que as taxas de solidão autorrelatadas eram mais altas entre os jovens de 16 a 24 anos que em todas as outras faixas etárias. Essa diferença de idade foi encontrada em diversos países, culturas e gêneros (Hammond, 2018).

9-2 A atração inicial

A conexão é um primeiro passo necessário na formação de um relacionamento social, mas cada um de nós é mais atraído por algumas pessoas que por outras. Se você já teve uma queda por alguém, sentiu a emoção de um primeiro encontro, desejou uma celebridade ou desfrutou dos primeiros momentos de uma nova amizade, então sabe o significado do termo *atração*.

De muitas maneiras, o tema da atração, do gosto, do amor, da cobiça e da formação de novos relacionamentos não parece estar de acordo com a lógica. Por exemplo, uma pesquisa tendo como base o site de namoro on-line OkCupid mostra que as mulheres que olham diretamente para a câmera ou aparecem com decotes se saem muito bem, mas que os homens têm mais sucesso quando desviam o olhar, não sorriem – e seguram animais! Quando os pesquisadores analisaram as semelhanças entre casais que se conheceram neste site, descobriram que suas respostas tendiam além da coincidência a corresponder a certas perguntas estranhas, como "Você gosta de filmes de terror?" e "Não seria divertido largar tudo e ir morar em um veleiro?" (Ansari e Klinenberg, 2015). À luz dessas descobertas, o escritor Dan Slater (2013) escolheu um título adequado para seu livro *Love in the time of algorithms: what technology does to meeting and mating*.

O Tinder, um aplicativo de namoro com base na localização usado em muitos países, permite que pessoas próximas se conectem umas às outras. Uma foto do Facebook e uma pequena biografia de um estranho aparecem. Em seguida, com base em um resumo de informações, os usuários deslizam para a direita para aqueles que gostam e para a esquerda para passar para a opção seguinte. O impulso de atração é instantâneo. São registrados aproximadamente 1,4 bilhão de "passadas para o lado" por dia.

Quando encontra alguém pela primeira vez, quais as qualidades que você procura? A familiaridade gera carinho ou desprezo? Os opostos se atraem ou se distraem? A beleza é o objeto do seu desejo ou você acredita que as aparências enganam? E o que há em uma situação ou nas circunstâncias de um encontro inicial que o faz querer seguir em frente?

De acordo com uma perspectiva clássica, as pessoas são atraídas por aquelas com quem podem ter um relacionamento gratificante (Byrne e Clore, 1970; Lott e Lott, 1974). As recompensas podem ser diretas, como quando alguém nos dá atenção, apoio, dinheiro, *status*, informações e outros recursos valiosos. Ou indiretas, como quando é bom estar com alguém que é bonito, inteligente ou engraçado ou que por acaso está conosco em momentos difíceis. Em uma extensão importante dessa perspectiva, R. Matthew Montoya e Robert Horton (2014) sugeriram que cada um é atraído por quem consideramos capazes e dispostos a atender às nossas várias necessidades de relacionamento.

Uma segunda perspectiva poderosa sobre a atração também surgiu nos últimos anos – a da psicologia evolucionista, subdisciplina que usa os princípios da evolução para compreender o comportamento social humano. De acordo com essa visão, os seres humanos no mundo exibem padrões de atração e seleção de parceiros que favorecem a concepção, o nascimento e a sobrevivência de seus descendentes. Como veremos, essa abordagem tem muito a dizer sobre as diferenças a esse respeito entre homens e mulheres (Buss, 2019).

Reconhecer o papel das recompensas e o apelo de nosso passado evolutivo fornece amplas perspectivas para a compreensão da atração humana. Porém não é só isso – não mesmo. Ao longo dos anos, psicólogos sociais identificaram muitos determinantes importantes da atração e do desenvolvimento de relacionamentos íntimos (Berscheid e Regan, 2004; Finkel, 2019; Finkel et al., 2017; Miller, 2018; Regan, 2011). A maioria das pesquisas costumava ser focada em heterossexuais, por isso não sabemos quão bem descobertas específicas se aplicam à população de lésbicas, gays, bissexuais e transgêneros. Ao mesmo tempo, é claro que muitos dos processos básicos descritos neste capítulo relacionam-se ao desenvolvimento dos relacionamentos íntimos – independentemente da orientação sexual (Fingerhut e Peplau, 2013; Herek, 2006; Kurdek, 2005).

Por fim, é importante perceber que como as pessoas se encontram se transformou radicalmente por causa de serviços de namoro on-line como Match.com, eHarmony, OkCupid e Plenty of Fish, sem mencionar os aplicativos de namoro para celulares, como Tinder, Hinge e Bumble. Historicamente, as pessoas costumavam conhecer seus parceiros românticos por meio de amigos e familiares. Match.com foi lançado em 1995 e outros serviços vieram logo em seguida. Portanto, o namoro on-line ainda é um fenômeno relativamente novo. Ainda assim, uma pesquisa feita nos Estados Unidos, recentemente, perguntou a 3.086 adultos como eles conheceram seus parceiros atuais. Entre os questionados em 2017, o período mais atual com dados completos, 39% dos casais heterossexuais, casados e solteiros, haviam se conhecido on-line. Os números foram muito maiores para casais do mesmo sexo: 65% se conheceram on-line. A • Figura 9.3 mostra o quanto drástica foi essa mudança (Rosenfeld et al., 2019).

Por que as plataformas de namoro on-line são tão populares? O encontro no ciberespaço, em vez de pessoalmente, altera o processo de atração? Em uma análise crítica desse fenômeno, Eli Finkel e outros (2012) observam que o namoro on-line promete três benefícios: (1) exposição e acesso a um grande número de perfis de potenciais parceiros românticos; (2) um meio de comunicação por e-mail, mensagens instantâneas e bate-papo ao vivo por webcams; e (3) um "algoritmo" de correspondência que reúne usuários que, provavelmente, serão atraídos uns pelos outros. Até agora, observa Finkel et al. (2012), não há pesquisa publicada para apoiar a afirmação de que o namoro on-line produz resultados românticos melhores que os processos mais tradicionais descritos neste capítulo. Fique ligado. Com certeza haverá uma onda de pesquisas sobre esse tópico nos próximos anos.

Re: Namoro on-line, você sabia disso... em 2018, 34 milhões de norte-americanos acessaram serviços de namoro on-line. Este número está projetado para ultrapassar 37 milhões em 2022.

Statista (https://www.statista.com/estatísticas/417654/us-on-line-dating-user-numbers)

9-2a Familiaridade: estar presente

Em 1932, o sociólogo James Bossard examinou 5 mil certidões de casamento na Filadélfia. Ele descobriu que 17% dos casais viviam no mesmo quarteirão, 31% moravam a quatro quarteirões e 80% na mesma cidade. Se for pensar, o resultado é simples, mas surpreendente: a maioria dos parceiros em potencial mora longe. No entanto, números desproporcionais tendem a viver em um pequeno raio de espaço de nós. Parece tão óbvio que as pessoas tendem a ignorá-lo: é mais provável que as pessoas se sintam atraídas por alguém que viram e com quem se sentem familiarizadas. Então, vamos começar com dois fatores básicos e necessários no processo de atração: proximidade e exposição.

● FIGURA 9.3

Como os casais tendem a se encontrar – passado e presente

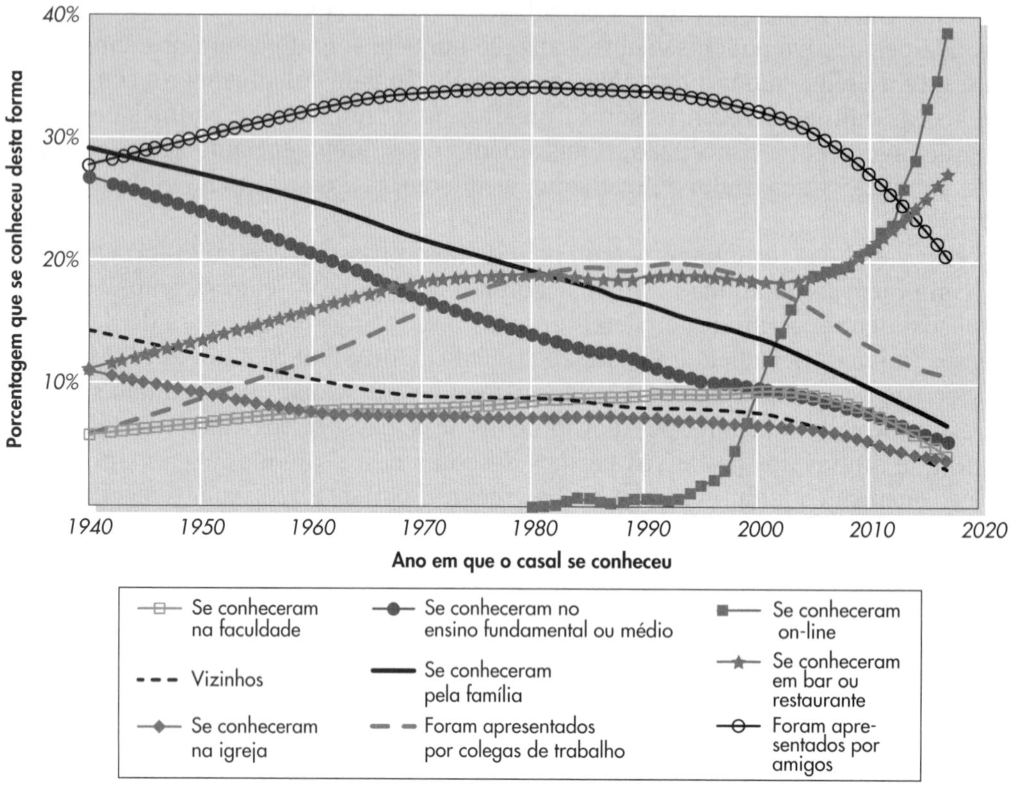
40%
30%
20%
10%
Porcentagem que se conheceu desta forma
1940
1950
1960
1970
1980
1990
2000
2010
2020
Ano em que o casal se conheceu
Se conheceram na faculdade
Se conheceram no ensino fundamental ou médio
Se conheceram on-line
Vizinhos
Se conheceram pela família
Se conheceram em bar ou restaurante
Se conheceram na igreja
Foram apresentados por colegas de trabalho
Foram apresentados por amigos

Rosenfeld et al. (2019)

A imagem em cores está disponível ao final do livro.

O efeito da proximidade Não parece romântico, mas o melhor indicador de se duas pessoas ficarão juntas é – ou costumava ser – a proximidade física. Hoje, é claro, interagimos com tanta frequência por mensagens de texto, e-mail e telefone que é comum as pessoas encontrarem amigos, amantes e parceiros sexuais a distância.

Em geral, algumas de nossas interações sociais mais importantes ainda ocorrem entre pessoas que vivem ou trabalham no mesmo lugar e ao mesmo tempo. Muitos anos atrás, Leon Festinger e seus colegas (1950) estudaram padrões de amizade em residências universitárias para estudantes casados e descobriram que eles tinham maior probabilidade de se tornarem amigos de residentes de apartamentos próximos que daqueles que moravam mais distante. Pesquisas posteriores também mostraram que estudantes universitários que moram em apartamentos, dormitórios, fraternidades e irmandades fora do *campus* tendem a namorar aqueles que moram nas proximidades (Hays, 1985) ou no mesmo tipo de residência (Whitbeck e Hoyt, 1994). Em um experimento de campo sobre como as pessoas podem se tornar amigas por acaso, os pesquisadores designaram aleatoriamente estudantes universitários do primeiro ano de uma aula

CAJ

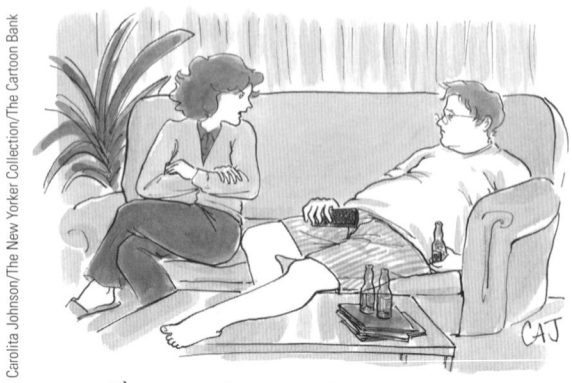

"Às vezes acho que você se casou comigo só porque eu era seu vizinho!"

de psicologia para suas vagas durante o semestre. A • Figura 9.4 mostra que aqueles que por acaso estavam sentados perto ou mesmo na mesma fileira eram mais propensos a se classificarem como amigos um ano depois (Back et al., 2008).

O mero efeito da exposição A proximidade não necessariamente estimula a atração, mas na medida em que aumenta a frequência de contato, é um bom primeiro passo. A sabedoria popular muitas vezes sugere uma visão obscura da familiaridade e a possibilidade de "gerar desprezo". No entanto, em uma série de experimentos, Robert Zajonc (1968) descobriu que quanto mais as pessoas viam um novo estímulo – fosse uma palavra estrangeira, uma forma geométrica ou um rosto humano – mais elas passavam a gostar deles. Ainda que não seja, claro, a melhor maneira de explicar esse resultado, o **mero efeito da exposição** de Zajonc foi observado em mais de 200 experimentos (Bornstein, 1989; Montoya et al., 2017).

As pessoas não precisam estar conscientes em relação ao que foram expostas anteriormente para que esse efeito ocorra. Em um estudo tradicional, os participantes veem imagens de vários estímulos, cada um por 1 a 5 milissegundos, o que é muito rápido para registrar na consciência, e ainda mais para permitir que você perceba que alguns estímulos são apresentados com mais frequência que outros.

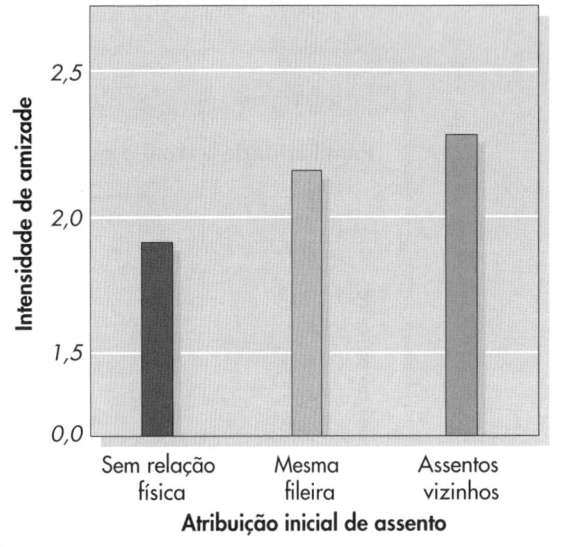

• FIGURA 9.4

Tornando-se amigos por acaso
Estudantes universitários do primeiro ano foram designados aleatoriamente a assentos específicos para uma aula ao longo de um semestre. Um ano depois, ilustrando o efeito de proximidade na atração, aqueles que por acaso estavam sentados próximos ou na mesma fileira eram mais propensos a se classificarem como amigos.
Back et al. (2008)

Depois da exposição, os participantes podem demonstrar cada um dos estímulos verdadeiros e são feitas duas perguntas a eles: Você gosta? Já viu isso antes? Talvez você possa prever o resultado. Quanto mais frequentemente o estímulo havia sido apresentado, mais as pessoas gostavam dele. No entanto, quando questionados se já haviam visto preferido antes, diziam que não. Esses resultados demonstram que o mero efeito da exposição pode nos influenciar sem o nosso conhecimento (Bornstein e D'Agostino, 1992; Kuntz-Wilson e Zajonc, 1980; Zajonc, 2001).

Para avaliar as implicações em uma situação naturalística, imagine-se em uma aula de psicologia ministrada em uma grande sala. Três vezes por semana, você se arrasta para a aula e se esforça ao máximo para estar alerta. A sala tem várias centenas de alunos. Você entra e olha para as cadeiras nas fileiras da frente, onde o professor está. Durante o semestre, tem uma vaga percepção de uma aluna que está sentada à frente, mas nunca fala com ela e, provavelmente, não a reconheceria se a visse em algum outro lugar. Então, no fim do semestre, você participa de uma aula especial na qual são mostradas fotos de quatro mulheres e feitas algumas perguntas sobre elas. Só então você fica sabendo que participou de um estudo sobre o mero efeito da exposição.

Agora veja os mesmos eventos da perspectiva de Richard Moreland e Scott Beach (1992). Esses pesquisadores selecionaram quatro mulheres que pareciam estudantes típicas para serem confederadas neste estudo. Uma delas teve um trabalho muito fácil: ela tirou uma foto. Porém, as outras três também assistiram à aula – 5, 10 ou 15 vezes. A frequência da exposição gerou atração entre os alunos reais nessa situação? Sim. Em questionários que eles preencheram depois de ver as fotos das quatro mulheres, os alunos avaliaram características de cada uma delas (como popularidade, honestidade, inteligência e atratividade física) e registraram suas crenças sobre o quanto gostariam

mero efeito da exposição Fenômeno pelo qual quanto mais as pessoas são expostas a um estímulo, mais positivamente avaliam esse estímulo.

dela, de passar tempo com ela ou de trabalhar com ela em um projeto conjunto. Os resultados foram claros: quanto mais aulas uma aluna havia frequentado, mais atraídos os alunos ficavam por ela.

Em um teste controlado da hipótese da familiaridade, Harry Reis e seus colegas (2011) recrutaram 110 duplas de estudantes universitários do mesmo sexo que não se conheciam para conversar livremente por e-mail, usando pseudônimos – uma, duas, quatro, seis ou oito vezes por semana. A • Figura 9.5 mostra que, quando os participantes foram solicitados a avaliar o quanto gostavam de seu parceiro, as avaliações aumentaram quanto mais interações haviam tido. Quando questionados se eles gostariam de saber a identidade um do outro para que pudessem manter contato, a porcentagem dos que responderam afirmativamente também foi maior de acordo com o número de interações. Ainda que possa haver exceções, a regra geral é clara: a familiaridade gera atração.

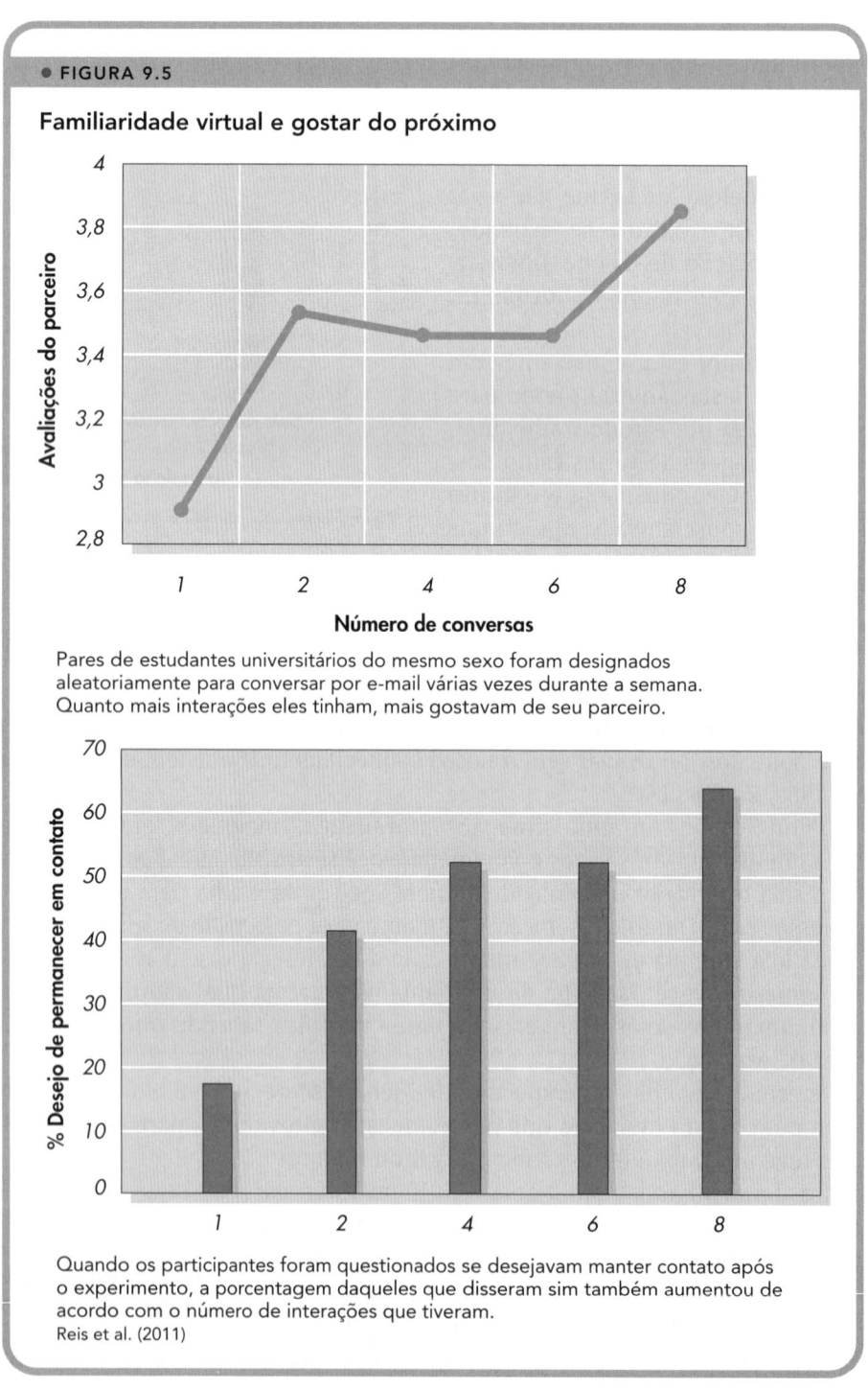

• FIGURA 9.5

Familiaridade virtual e gostar do próximo

Pares de estudantes universitários do mesmo sexo foram designados aleatoriamente para conversar por e-mail várias vezes durante a semana. Quanto mais interações eles tinham, mais gostavam de seu parceiro.

Quando os participantes foram questionados se desejavam manter contato após o experimento, a porcentagem daqueles que disseram sim também aumentou de acordo com o número de interações que tiveram.
Reis et al. (2011)

9-2b Atração física: ser conquistado

O que você procura em um amigo ou parceiro romântico: Inteligência? Gentileza? Senso de humor? Quanto importante, realmente, é a aparência de uma pessoa? Quando crianças, fomos ensinados que "a beleza é apenas superficial" e que não devemos "julgar um livro pela capa". No entanto, como adultos, reagimos mais favoravelmente às pessoas que são fisicamente atraentes que às que não são. Ao longo dos anos, estudos têm mostrado que nos assuntos de nosso mundo social e econômico, desde a infância até a idade adulta, a beleza física é uma força a ser considerada (Gordon et al., 2013; Langlois et al., 2000; Swami e Furnham, 2008).

A preferência humana pela beleza é generalizada. Em uma demonstração inicial, professores do quinto ano receberam informações básicas sobre um menino ou uma menina, acompanhadas de uma fotografia. Os professores no geral receberam informações idênticas, mas aqueles que viram uma criança atraente a viram como mais inteligente e com maior probabilidade de se sair bem na escola (Clifford e Walster, 1973). Em um segundo estudo, assistentes de pesquisa de ambos os sexos abordaram alunos em um *campus* universitário e tentaram fazer com que assinassem uma petição. Quanto mais atraentes eram, mais assinaturas conseguiam (Chaiken, 1979). Em um terceiro estudo, juízes do Texas estabeleceram uma fiança menor e impuseram multas menores aos suspeitos que foram classificados como atraentes em vez de não atraentes com base em fotografias (Downs e Lyons, 1991). Em um quarto estudo, membros de fraternidades de elite que viram fotos de membros em potencial foram influenciados pela atratividade física ao avaliar se estes seriam aceitáveis (Krendl et al., 2011). Finalmente, economistas nos Estados Unidos, no Canadá e na Inglaterra descobriram a partir de estatísticas de emprego que, em muitos grupos ocupacionais, homens e mulheres fisicamente atraentes ganham salários melhores que seus companheiros em cargos comparáveis, mas menos atraentes (Hamermesh e Biddle, 1994; Mobius e Rosenblat, 2006). Não há dúvida sobre isso: em questões de justiça e lei, vida social e economia, as pessoas se saem melhor se forem atraentes que se não forem (Gordon et al., 2013; Hamermesh, 2013; Rhode, 2010).

"A beleza é uma recomendação melhor que qualquer carta de apresentação."

– Aristóteles

Tudo parece muito, muito superficial. No entanto, essa preferência pela beleza começa literalmente nos olhos de quem vê. Pesquisas mostram que rostos bonitos chamam a atenção (Lindell e Lindell, 2014; Maner et al., 2003). Em um estudo, participantes analisaram perfis do Facebook de homens e mulheres desconhecidos que variavam em atratividade facial. Com o uso de um dispositivo de rastreamento ocular, os pesquisadores descobriram que os participantes passaram mais tempo olhando para rostos atraentes que não atraentes nos perfis (Seidman e Miller, 2013). Em um segundo estudo, os participantes, sentados diante de um computador, deveriam completar uma tarefa visual no lado direito ou esquerdo da tela. Durante a tarefa, rostos foram exibidos no lado oposto. Ainda que os participantes tentassem manter o foco, a aparência de rostos bonitos distraiu-os e diminuiu a capacidade de executarem a tarefa, o que não aconteceu com rostos comuns (Liu e Chen, 2012).

O fato de a beleza chamar a atenção pode ajudar a explicar um estranho fenômeno. Imagine olhar para as fotos de vários indivíduos em um grupo e avaliar cada um deles em uma escala de 1 a 7 pontos para determinar quanto atraentes eles são. Ou imagine que você seja solicitado a visualizar as mesmas fotos, mas a avaliar o grupo no geral. A média de suas avaliações individuais (digamos 3, 3, 5, 7, 2, 2, 3, 2, 6, 7) seria igual à sua avaliação geral do grupo (neste caso, a média seria 4)? O que você acha? Em uma série de experimentos realizados tanto na internet quanto no laboratório, Yvette van Osch e seus colegas (2015) procuraram responder a essa pergunta. Repetidamente, os resultados apoiaram o que chamam *efeito de atratividade de grupo*: a atratividade física percebida de um grupo como um todo é maior que a atratividade média de seus membros individuais. Em seguida, esses pesquisadores tentaram descobrir por que isso ocorre. Com o uso de um dispositivo de rastreamento ocular, os resultados foram reveladores. Os participantes, involuntariamente, passaram mais tempo visualizando os membros mais bonitos, o que distorceu as percepções do grupo no geral.

Antes de aceitarmos a noção de que as pessoas olham e preferem outras que sejam fisicamente atraentes, vamos parar por um momento e considerar uma questão fundamental: o que é beleza? É uma característica objetiva e mensurável, como altura, peso ou cor do cabelo? Ou a beleza é uma qualidade subjetiva, contida nos olhos de quem vê? Existem defensores de ambos os lados.

O que é beleza? Ninguém argumentaria que há um "padrão ouro" universal para a beleza. No entanto, alguns pesquisadores acreditam que certos rostos são inerentemente mais atraentes em média que outros. Existem três fontes de evidências para essa proposição.

Em primeiro lugar, quando as pessoas são solicitadas a classificar rostos desconhecidos em uma escala de 7 ou 10 pontos, geralmente há um alto nível de concordância entre crianças e adultos, homens e mulheres e pessoas da mesma cultura ou de culturas diferentes (Langlois et al., 2000). Por exemplo, Michael Cunningham et al. (1995) pediram que estudantes asiáticos e latinos e que norte-americanos negros e brancos que avaliassem a aparência de mulheres de todos esses grupos. No geral, alguns rostos foram avaliados como mais atraentes que outros, levando esses investigadores a argumentar que as pessoas nos lugares, em geral, compartilham uma mesma imagem que é belo. É interessante que as pessoas também tendem a avaliar os outros de modo semelhante, independentemente de sua atratividade. Ao analisar as avaliações de fotos que as pessoas postam de si mesmas em um site de classificação para marcação de encontros chamado HOTorNOT.com, Leonard Lee et al. (2008) descobriram que os membros tendem a avaliar outras pessoas específicas de forma similar, independentemente se suas avaliações no site são altas ou baixas.

As pessoas também tendem a concordar sobre o que compõe um corpo atraente. Por exemplo, os homens tendem a ser atraídos pela figura de "violão" vista em mulheres de peso médio, cujas cinturas são um terço mais estreitas que seus quadris, uma forma que se pensa estar associada à fertilidade reprodutiva. Em geral, as mulheres com uma proporção cintura-quadril de 0,7 (uma proporção em que a circunferência da cintura é 70% da circunferência do quadril) são classificadas como mais atraentes. A preferência é encontrada não apenas entre os homens europeus, mas em diversos grupos na África, na Indonésia, em Samoa, na Nova Zelândia e em outros lugares do mundo (Singh et al., 2010).

Já as mulheres gostam de homens com uma proporção cintura-quadril que forma um "V", sinalizando mais músculos que gordura (Singh, 1995). Se as estatísticas de casamentos servirem de indicação, as mulheres também parecem preferir homens altos. Uma comparação feita na Europa indica que os homens casados são três centímetros mais altos, em média, que os solteiros (Pawlowski et al., 2000). Conscientemente ou não, os homens parecem saber sobre a vantagem da altura. Em uma análise fascinante de 665 selfies postada nos perfis do Tinder, Jennifer Sedgewick et al. (2017) observaram que os homens eram mais propensos que as mulheres a tirar essas fotos de um ângulo ascendente, um truque que faz com que se pareça mais alto.

Em segundo lugar, vários pesquisadores identificaram características físicas do rosto humano que são consistentemente associadas a classificações de atratividade – como pele lisa, uma expressão

As percepções da beleza facial são amplamente consistentes entre as culturas. Aqueles considerados bonitos em uma cultura também tendem a ser considerados atraentes por pessoas de outras culturas. Da esquerda para a direita, as pessoas aqui retratadas são da Venezuela, do Havaí, do Quênia e dos Estados Unidos (a norte-americana é a lendária atriz Marilyn Monroe).

agradável e juventude (Rhodes, 2006). Particularmente intrigantes são os estudos que mostram que as pessoas gostam de rostos em que olhos, nariz, lábios e outras características não sejam muito diferentes da média. Judith Langlois e Lori Roggman (1990) mostraram a estudantes universitários fotos reais do anuário e rostos criados por computador que "calculavam a média" de 4, 8, 16 ou 32 das fotos. De forma consistente, descobriram que os alunos preferiam as composições calculadas às faces individuais e que quanto mais faces eram usadas para formar a composição, mais altamente era considerada. Outros estudos confirmaram esse resultado desde então (Jones et al., 2007; Langlois et al., 1994; Rhodes et al., 1999).

Parece estranho que rostos "comuns" sejam considerados atraentes quando, afinal, os rostos que achamos mais bonitos são tudo menos comuns. O que explica essas descobertas? Langlois e seus colegas (1994; ver também Schein et al., 2017) acreditam que as pessoas gostam de rostos comuns porque são mais prototipicamente semelhantes e têm características menos distintas, de modo que parecem mais familiares para nós e são mais fáceis de processar. Reforçando essa noção, a pesquisa mostra que assim como as pessoas são mais atraídas por rostos humanos compostos por uma média que por rostos individuais, elas também preferem cães, pássaros, peixes, relógios de pulso e carros comuns (Halberstadt e Rhodes, 2003).

Estudos computadorizados também mostram que as pessoas são atraídas por faces simétricas, nas quais as características dos lados direito e esquerdo se alinham e se espelham (Grammer e Thornhill, 1994; Mealey et al., 1999). Por que preferimos faces simétricas? Ainda que haja controvérsias, psicólogos evolucionistas especulam que nossa busca pela simetria é adaptativa, porque a simetria está naturalmente associada a saúde biológica, aptidão física e fertilidade, qualidades altamente desejáveis em um parceiro (Perrett, 2010; Rhodes et al., 2001; Shackelford e Larsen, 1999). Talvez por esse motivo, as pessoas no mundo tentam aumentar o apelo ao usar ou pintar padrões simétricos em seus rostos e corpos – padrões que outros consideram atraentes (Cárdenas e Harris, 2006).

Uma terceira fonte de evidências para a visão de que a beleza é uma qualidade objetiva é que bebês muito jovens para ter aprendido os padrões de cultura mostram preferência não verbal por rostos considerados atraentes pelos adultos. Imagine a cena em um laboratório infantil: um bebê, deitado de costas em um berço, vê uma série de rostos previamente avaliados por estudantes universitários. O primeiro rosto aparece e um relógio começa a contar enquanto o bebê visualiza. Assim que ele desvia o olhar, o relógio para e o próximo rosto é apresentado. O resultado: bebês pequenos passam mais tempo rastreando e olhando para rostos atraentes que para os não atraentes, independentemente de os rostos serem de jovens ou velhos, homens ou mulheres, negros ou brancos (Game et al., 2003; Langlois et al., 1991). "Essas crianças não leem *Vogue* ou assistem a TV", observa Langlois, "mas fazem os mesmos julgamentos que os adultos" (Cowley, 1996, p. 66).

Em oposição a essa forte perspectiva objetiva, outros psicólogos sociais acreditam que a atratividade física é subjetiva e apontam como evidências as influências da cultura, do tempo, das atitudes e das circunstâncias sobre nossa percepção. Quando Johannes Hönekopp (2006) fez com que um grande número de pessoas classificassem os mesmos rostos, descobriu que, embora alguns deles fossem vistos como mais atraentes que outros, os indivíduos diferiam muito em suas preferências pessoais. Até certo ponto, a beleza realmente está nos olhos de quem vê.

Uma fonte de evidência de nossa variabilidade de gosto, notada pela primeira vez por Charles Darwin (1872), é que pessoas de diferentes culturas realçam a beleza de modos muito diferentes por meio de pinturas faciais, maquiagem, cirurgia plástica, cicatrizes, tatuagens, penteados, modelagem de ossos e dentes, aparelhos ortodônticos e perfuração de orelhas e outras partes do corpo. De modo às vezes radical, o que as pessoas acham atraente em um lugar do mundo pode ser visto como repulsivo em outro (Landau, 1989).

Os ideais também variam quando se trata de corpos. Ao observar as preferências pelo tamanho do corpo feminino em 545 culturas, Judith Anderson et al. (1992) descobriram que mulheres mais corpulentas são consideradas mais atraentes que as magras em lugares onde a comida é frequentemente escassa. Em um estudo, por exemplo, Douglas Yu e Glenn Shepard (1998) observaram que os homens Matsigenka que viviam nas montanhas dos Andes, no sudeste do Peru, viam a forma feminina "tubular" – em oposição à de violão – como mais saudável, mais atraente, e mais desejável em uma companheira.

Diferenças de preferência também foram encontradas entre grupos raciais em determinada cultura. Michelle Hebl e Todd Heatherton (1998) pediram que estudantes universitárias negras e brancas dos

Composição de 2 faces

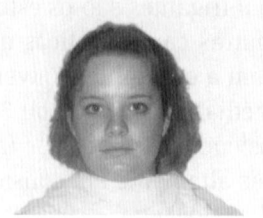
Composição de 2 faces

Composição de 4 faces

Composição de 4 faces

Composição de 32 faces

Composição de 32 faces

Imagens geradas por computador com características médias de faces diferentes são vistas como mais atraentes que as faces individuais nas quais são baseadas. Na verdade, até certo ponto, quanto mais faces são representadas em uma composição, mais atraente é. Aqui são mostradas composições masculinas e femininas que combinam 2, 4 e 32 faces (Langlois e Roggman, 1990). Qual você prefere? Para ver composições de rosto específicas para Inglaterra, Itália, Índia, Alemanha, Brasil, Japão e outros países, visite este site: https://thechive.com/2015/09/13/heres-what-the-average-person-looks-likes-in-each-country-11-photos.

Estados Unidos classificassem mulheres magras, medianas e acima do peso em uma seleção de fotos de revistas. Resultado: os alunos brancos viam as mulheres acima do peso como as menos atraentes, mas os alunos negros não as classificavam do mesmo jeito. Estudos de acompanhamento mostraram a mesma diferença nas percepções de homens negros e brancos (Hebl e Turchin, 2005). Por que a diferença? Com base no fato de que os norte-americanos brancos são, em média, mais magros que os norte-americanos negros, uma explicação possível é que as pessoas em geral preferem um tipo de corpo que seja mais típico de seu grupo. Outra possibilidade é que os norte-americanos brancos se identifiquem mais com a cultura "mainstream" obcecada por peso, retratada em programas de TV, anúncios de revistas e outras mídias.

Os padrões de beleza também mudam com o tempo, de uma geração à outra. Muitos anos atrás, Brett Silverstein et al. (1986) examinaram as medidas de modelos femininas que apareceram em revistas femininas dos anos de 1901 a 1981, e descobriram que a proporção busto-cintura variou ao longo do tempo, com uma aparência esguia e juvenil se tornando particularmente desejável nos últimos anos. Mais recentemente, os pesquisadores tomaram medidas corporais de todas as modelos dos pôsteres da *Playboy*, começando com a primeira edição em 1953, que apresentava Marilyn Monroe, até o último número de 2001, com Eva Herzigova. O resultado: com o tempo, as modelos tornaram-se mais magras e a proporção busto-cintura diminuiu – passando de um "violão" para uma forma mais esguia, atlética e semelhante a um bastão (Voracek e Fisher, 2002).

Ainda outras evidências da natureza subjetiva da beleza vêm de vários laboratórios de pesquisa. Repetidamente, psicólogos sociais descobriram que nossas percepções da beleza de alguém podem ser reforçadas ou reduzidas por várias circunstâncias. Por exemplo, é comum considerar os outros fisicamente mais atraentes se tiverem qualidades não físicas que os tornem simpáticos (Kniffin e Wilson, 2004) – especialmente quando há uma relação romântica (Solomon e Vazire, 2014).

Essa relação é ilustrada nas avaliações de alunos de professores publicadas no site RateMyProfessor.com. Uma análise de avaliações reais nesse site revelou que professores que obtiveram altas qualificações também eram mais comumente descritos como atraentes (Riniolo et al., 2006). Até a política pode distorcer nossas percepções de atratividade. Uma amostra nacional de norte-americanos adultos foi solicitada a avaliar fotos de candidatos individuais após serem levados a acreditar que esses pertenciam ao seu partido político ou ao partido oposto. Para reforçar a noção de que a beleza está nos olhos de quem vê, esses participantes viram os supostos membros do próprio partido como mais atraentes que seus supostos oponentes (Nicholson et al., 2016).

Quando se trata da atração dos homens por mulheres, um fator de contexto particularmente interessante diz respeito à cor. O vermelho é rotineiramente associado ao sexo. Em muitas espécies de primatas, as fêmeas apresentam um inchaço vermelho nos genitais, tórax ou rosto quando se aproximam da ovulação. Em rituais humanos que datam de milhares de anos, as meninas pintavam o rosto e o corpo de vermelho no início da puberdade e da fertilidade. Hoje, as mulheres usam batom vermelho e blush para realçar a aparência, corações vermelhos simbolizam o dia dos namorados, lingerie vermelha é usada para seduzir e distritos de luz vermelha sinalizam a disponibilidade de sexo pela prostituição.

Os homens estão tão condicionados pela cor vermelha que esta aumenta a percepção de atratividade? Em um estudo sobre a "relação vermelho-sexo", Andrew Elliot e Daniela Niesta (2008) fizeram com que participantes de pesquisas de ambos os sexos avaliassem fotos femininas apresentadas contra um fundo vermelho ou branco. Todos viram as mesmas fotos, mas as classificações de atratividade foram mais altas entre os homens quando o fundo era vermelho (ver • Figura 9.6). Em outros estudos, os homens continuaram a classificar as mulheres como mais atraentes – e mais sexualmente desejáveis (porém não mais agradáveis, em geral) – na presença de vermelho em comparação com imagens de mulheres sobre fundo cinza, azul ou verde. Qual é o processo pelo qual o vermelho relacionado às mulheres desperta a atração masculina? Pesquisas de acompanhamento oferecem uma resposta: as mulheres de vermelho são percebidas como sexualmente receptivas (Pazda et al., 2012).

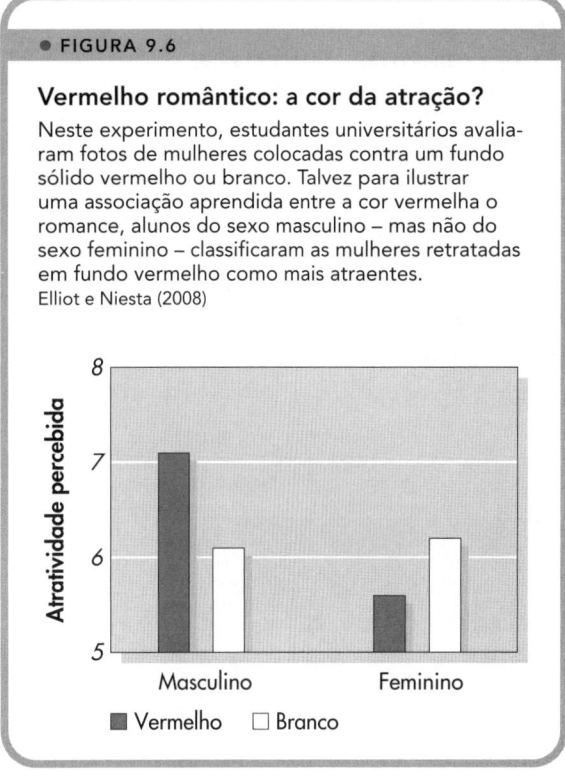

• FIGURA 9.6

Vermelho romântico: a cor da atração?

Neste experimento, estudantes universitários avaliaram fotos de mulheres colocadas contra um fundo sólido vermelho ou branco. Talvez para ilustrar uma associação aprendida entre a cor vermelha o romance, alunos do sexo masculino – mas não do sexo feminino – classificaram as mulheres retratadas em fundo vermelho como mais atraentes.
Elliot e Niesta (2008)

Pode haver uma verdade empírica nessa percepção. Acontece que mulheres em sites de namoro que dizem estar procurando sexo casual têm mais probabilidade de usar vermelho em suas fotos de perfil que aquelas que procuram outros tipos de relacionamento (Elliot e Pazda, 2012). Mesmo no laboratório de psicologia mundano, participantes heterossexuais do sexo feminino foram mais propensas a escolher usar uma camisa vermelha, em vez de uma similar azul ou verde, quando esperavam encontrar um homem atraente em relação a um homem não atraente ou uma mulher (Elliot et al., 2013). A receptividade sinalizada pela cor vermelha é o que os homens acham atraente – aumentando as chances de eles responderem a um anúncio pessoal, dar carona a uma mulher e deixar uma gorjeta maior. Essa mesma receptividade, no entanto, é o que levou participantes do sexo feminino em alguns estudos a difamar mulheres vestidas de vermelho em comparação a outras cores, classificando-as como mais promíscuas e mais propensas a trair um parceiro de relacionamento (ver Pazda et al., 2014).

Por que ficamos cegos diante da beleza? Independentemente de como a beleza é definida, é claro que as pessoas vistas como fisicamente atraentes têm vantagem social. Talvez seja por isso que bilhões de dólares por ano são gastos em dietas, atividades físicas, barbearia, depilação, coloração de cabelo, maquiagem, perfumes, tatuagens, piercings e cirurgias estéticas projetadas para dar tônus a uma pele flácida, raspar rugas, aspirar depósitos de gordura, levantar rostos, remodelar narizes, contrair barrigas e aumentar ou reduzir seios.

O que cria a preferência pela beleza e por que somos atraídos como ímãs para pessoas que são fisicamente atraentes? Uma possibilidade é que seja inerentemente gratificante estar na companhia de outras pessoas que são esteticamente atraentes – que obtemos prazer diante de homens e mulheres bonitos da mesma forma que apreciamos uma paisagem de tirar o fôlego. Em um estudo de fMRI com homens, por exemplo, os pesquisadores descobriram que áreas do cérebro conhecidas por responder a recompensas como comida, dinheiro e drogas como a cocaína também são ativadas pela beleza facial (Aharon et al., 2001). Ou talvez as recompensas sejam mais extrínsecas. Talvez, por exemplo, esperemos que o brilho da beleza de outra pessoa passe para nós. Quando homens e mulheres de aparência mediana são vistos

> Bebês não fazem distinção entre rostos considerados atraentes e não atraentes em sua cultura.
>
>

"Não há uma cultura conhecida na qual as pessoas não pintem, furem, tatuem, remodelem ou simplesmente adornem seus corpos."

– Enid Schildkrout, antropóloga

Essa pintura retrata um mito grego no qual Pigmalião, o rei de Chipre, esculpiu a mulher ideal em uma estátua de marfim à qual deu o nome de Galateia, ilustrando o poder de uma profecia que se autorrealiza. Pigmalião se apaixonou por sua criação, acariciou-a, adornou-a com joias e, por fim, deu vida a ela.

ao lado de outra do mesmo sexo, eles são classificados como mais atraentes quando a outra é bonita e como menos atraentes quando ela é sem graça (Geiselman et al., 1984).

Uma segunda razão para a preferência pela beleza é que as pessoas tendem a associar a atratividade física com outras qualidades desejáveis, uma suposição conhecida como **estereótipo o que é bonito é bom** (Dion et al., 1972). Pense nos contos de fadas infantis, onde Branca de Neve e Cinderela são retratadas como belas *e* amáveis, enquanto a bruxa e as irmãs adotivas são consideradas feias e cruéis. Essa ligação entre beleza e bondade pode ser vista nos filmes de Hollywood. Stephen Smith et al. (1999) pediram que pessoas assistissem e avaliassem os principais personagens que apareceram nos cem filmes de maior bilheteria entre 1940 e 1990. Eles descobriram que, quanto mais atraentes os personagens eram, mais frequentemente eram retratados como virtuosos, romanticamente ativos e bem-sucedidos. Esse link também pode ser visto em filmes da Disney voltados para crianças. Doris Bazzini et al. (2010) pediram que pessoas classificassem personagens humanos em 21 filmes da Disney e encontraram uma ligação significativa entre as percepções de atratividade e bondade. Parece que a indústria do entretenimento involuntariamente ajuda a perpetuar a tendência de julgar as pessoas pela aparência física.

A ligação estereotipada entre beleza e bondade também pode ser vista no cérebro humano. Em um experimento com uso de fMRI, Takashi Tsukiura e Roberto Capeza (2011) escanearam os cérebros dos participantes enquanto avaliavam os rostos para atratividade física e boas ações. Ambos os tipos de julgamento aumentaram a atividade em uma região do cérebro e diminuíram a atividade em outra. Em cada uma dessas regiões, as ativações desencadeadas pelos dois tipos de julgamentos foram semelhantes.

Estudos têm mostrado que pessoas bonitas são consideradas inteligentes, bem-sucedidas, felizes, equilibradas, sociáveis, confiantes e assertivas – e também vaidosas (Eagly et al., 1991). Esse estereótipo de atratividade física é correto? Apenas até certo ponto. Pesquisas mostram que pessoas bonitas têm mais amigos, melhores habilidades sociais e uma vida sexual mais ativa – e são mais bem-sucedidas em atrair um parceiro (Rhodes et al., 2005). No entanto, a beleza não está relacionada a medidas objetivas de características importantes, como inteligência, personalidade, equilíbrio ou autoestima. Nesses domínios, a percepção popular parece exagerar a realidade (Feingold, 1992b).

Também parece que a natureza específica do estereótipo depende de concepções culturais que é "bom". Quando Ladd Wheeler e Youngmee Kim (1997) pediram que coreanos classificassem fotos de vários homens e mulheres, descobriram que pessoas vistas como fisicamente atraentes também eram consideradas "íntegras" e "preocupadas com os outros" – características altamente valorizadas nessa cultura coletivista. Já de acordo com o que é considerado desejável em culturas mais individualistas, as pessoas atraentes na Coreia não eram consideradas dominantes ou assertivas. O que é bonito é bom, mas o que é bom é (em parte) definido pela cultura.

Se o estereótipo da atratividade física é verdadeiro apenas em parte, por que persiste? Uma possibilidade é que cada um crie bases para as preferências por meio do tipo de modelo de *profecia*

estereótipo o que é bonito é bom Crença de que indivíduos fisicamente atraentes também possuem características de personalidade desejáveis.

autorrealizável descrito no Capítulo 4. Em um estudo clássico de atração interpessoal, Mark Snyder et al. (1977) reuniram casais desconhecidos de estudantes universitários. Todos receberam esboços biográficos de seus parceiros. Cada homem também recebeu uma fotografia de uma mulher fisicamente atraente ou pouco atraente, supostamente a parceira. Nesse ponto, os alunos avaliaram uns aos outros em várias dimensões e tiveram uma conversa similar a uma conversa telefônica, por meio de fones de ouvido, que foi gravada e depois ouvida por outros participantes.

Os resultados foram instigantes. Homens que pensavam estar interagindo com uma mulher atraente (1) tiveram impressões mais positivas de sua personalidade e (2) foram mais gentis durante a conversa. E o fundamental: (3) as alunas cujos parceiros viram a imagem atraente foram posteriormente classificadas pelos ouvintes da conversa como mais gentis, confiantes e animadas. Cumprindo as profecias das próprias expectativas, os homens que esperavam uma parceira atraente realmente a idealizaram. Essas descobertas lembram o mito grego de Pigmalião, que se apaixonou por uma estátua esculpida por ele e a trouxe à vida.

As vantagens e o preço da beleza Não há dúvida sobre isso: pessoas bonitas têm vantagem significativa. Como resultado, são mais populares, mais hábeis socialmente, mais experientes sexualmente e propensas a atrair um parceiro. Apesar dessas vantagens, é claro que a atratividade física não é um bilhete seguro para saúde, felicidade ou alta autoestima (Diener et al., 1995; Feingold, 1992b; Langlois et al., 2000). A vida de Marilyn Monroe é um exemplo. Celebridade dos anos 1950 e 1960, Monroe foi considerada a mulher mais desejada de seu tempo e uma das atrizes mais populares de Hollywood. No entanto, ela era terrivelmente vulnerável e insegura. Por quê?

Uma possibilidade é que as pessoas altamente atraentes nem sempre conseguem dizer se a atenção e o elogio que recebem dos outros se devem ao talento ou apenas à sua boa aparência. Um estudo de Brenda Major et al. (1984) ilustra esse ponto de vista. Participantes de ambos os sexos que se consideravam atraentes ou não atraentes escreveram ensaios que posteriormente foram avaliados positivamente por um membro desconhecido do sexo oposto. Metade dos participantes foi informada de que seu avaliador estaria observando-os através de um espelho unilateral enquanto escreviam o ensaio; a outra metade foi levada a crer que não podiam ser vistos. Na realidade, não havia avaliador e todos os participantes receberam avaliações idênticas e muito positivas de seu trabalho.

Posteriormente, os participantes foram questionados sobre por que seu ensaio foi avaliado de modo tão favorável. O resultado: aqueles que se consideravam pouco atraentes se sentiram melhor com relação à qualidade de seu trabalho depois de receber uma avaliação elogiosa de alguém que os viu. No entanto, aqueles que se consideravam atraentes e pensavam que tinham sido vistos atribuíram o excelente feedback à sua aparência, não à qualidade de seu trabalho. Para quem é muito atraente, o feedback positivo às vezes é difícil de interpretar (ver • Figura 9.7). Essa desconfiança pode ser fundamentada. Em um estudo, muitos homens e mulheres admitiram abertamente

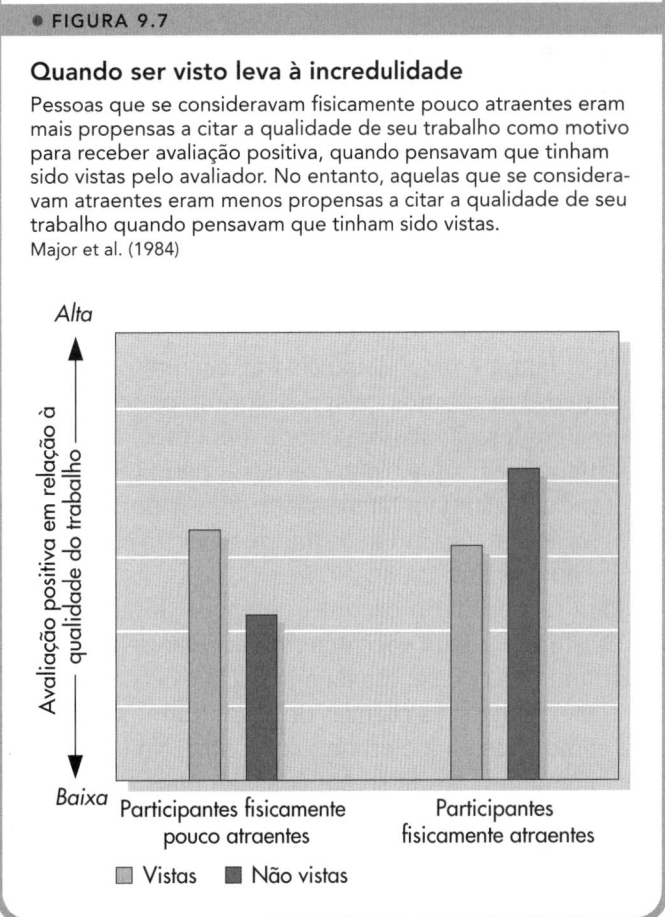

• **FIGURA 9.7**

Quando ser visto leva à incredulidade

Pessoas que se consideravam fisicamente pouco atraentes eram mais propensas a citar a qualidade de seu trabalho como motivo para receber avaliação positiva, quando pensavam que tinham sido vistas pelo avaliador. No entanto, aquelas que se consideravam atraentes eram menos propensas a citar a qualidade de seu trabalho quando pensavam que tinham sido vistas.
Major et al. (1984)

que, se encontrassem alguém muito atraente em um futuro encontro, eles mentiriam para melhorar a apresentação (Rowatt et al., 1999).

Outro fardo da beleza como um bem social é a pressão para manter a aparência. Essa pressão é particularmente forte quando se trata do corpo. O foco na forma física pode produzir hábitos saudáveis de nutrição e exercícios. Porém também pode ter efeitos prejudiciais à saúde, como quando os homens tomam esteroides para aumentar os músculos e as mulheres fazem dietas extremas para perder peso. Entre as mulheres jovens, em particular, a obsessão pela magreza pode dar origem a transtornos alimentares graves, como *bulimia nervosa* (compulsão alimentar seguida de purgação) e *anorexia nervosa* (fome autoimposta, que pode ser fatal). Ainda que as estimativas variem, estudos indicam que menos de 1% das mulheres sofrerão de anorexia ao longo da vida, que outros 2% terão bulimia, que os grupos raciais e étnicos, no geral, são afetados e que essas taxas são maiores entre as mulheres universitárias que entre não estudantes (Brownell e Walsh, 2017; Smolak e Thompson, 2009).

As mulheres são mais propensas que os homens a experimentar o que Janet Polivy et al. (1986) certa vez chamaram "mania moderna de magreza". Esse ideal é projetado na mídia de massa. Estudos têm mostrado que mulheres jovens que veem anúncios em revistas ou comerciais de TV que apresentam modelos supermagros ficam mais insatisfeitas com os próprios corpos que aquelas que veem materiais neutros (Posavac et al., 1998). Tentar se equiparar às supermodelos multimilionárias pode ser frustrante. O que é pior, o ideal cultural para a magreza pode ser estabelecido na infância. Há vários anos, Kevin Norton et al. (1996) projetaram as dimensões em tamanho real do Ken e da Barbie originais, populares em todo o mundo. Eles descobriram que ambos eram excepcionalmente magros em comparação ao adulto jovem médio. Na verdade, a probabilidade estimada de que qualquer jovem tivesse o corpo da Barbie é de aproximadamente 1 em 100.000.

Em suma, a beleza pode ser uma bênção duvidosa. Há benefícios reais que não podem ser negados, mas também podem haver alguns custos. Essa compensação, faz você se perguntar sobre os efeitos de longo prazo. Alguns anos atrás, Ellen Berscheid et al. (1972) compararam os níveis de atratividade física de estudantes universitários (com base nas fotos do anuário) com seu estado geral na meia-idade. Havia pouca relação entre sua aparência na juventude e a posterior felicidade na vida. Aqueles que eram especialmente bonitos na faculdade eram mais propensos a se casar, mas não estavam mais satisfeitos com o casamento ou mais contentes em geral. A beleza pode conferir vantagens, mas não é uma garantia.

> Pessoas fisicamente atraentes são mais felizes e têm autoestima mais alta que aquelas que não são atraentes.
>
> FALSO

■ 9-2c Primeiros encontros: familiarizando-se

O speed dating é uma plataforma fascinante para homens e mulheres que procuram um relacionamento romântico. Em eventos de speed dating, os indivíduos pagam para ter entre 10 e 25 "encontros" muito breves com duração não superior a 4 minutos. Depois de girar como um relógio de um parceiro para outro, os participantes – que usam crachás – permitem que os organizadores do evento saibam quais parceiros, se for o caso, estariam interessados em ver novamente. Se dois participantes estão de acordo, os organizadores fornecem a cada um as informações de contato do outro para que possam agendar um encontro real (Finkel e Eastwick, 2008).

Para um primeiro encontro, o speed dating fornece às pessoas informações suficientes? Apenas 4 minutos bastam para você determinar se se sente romanticamente atraído por alguém? Com certeza, você obtém uma boa percepção da aparência externa do outro. Então que outra informação você deseja? A proximidade aumenta as chances de encontrarmos alguém, a familiaridade nos deixa à vontade e a beleza nos atrai como ímãs para o primeiro encontro. No entanto, o que determina se surgirão faíscas no início de um relacionamento? Nesta seção, consideramos três características dos outros que podem influenciar nossa atração: semelhança, reciprocidade e ser difícil de conseguir.

Gostar de pessoas semelhantes O problema com a sabedoria proverbial é que muitas vezes se contradiz. O senso comum nos diz tanto que "os opostos se atraem" como que "os opostos se distraem". Então, qual está correto? Antes de responder a esta pergunta, imagine conhecer alguém pessoalmente ou por meio de um aplicativo e conversar sobre estudos, esportes, restaurantes, filmes, local em que moram, para onde viajaram ou sua banda favorita – e perceber que vocês têm muito em comum. Agora imagine a experiência oposta, conversar com um desconhecido que é muito diferente em sua formação, interesses, valores e perspectiva de vida. Qual dos dois desconhecidos você gostaria de conhecer: aquele que se parece com você ou aquele que é diferente?

O speed dating é uma prática recente que pode ser vista em todo o mundo. Nesta foto, em Londres, homens e mulheres se reúnem para uma série de "encontros" rápidos.

Ao longo dos anos, pesquisas têm mostrado consistentemente que as pessoas tendem a se associar a seus semelhantes (Montoya e Horton, 2013; Montoya et al., 2008). Claro, em uma primeira reunião muito breve, que acontece no speed dating, onde os participantes têm um total de 4 minutos para interagir (tempo insuficiente para se conhecerem), é a mera *percepção* de semelhança que atrai as pessoas (Tidwell et al., 2013). A vasta gama de sites de namoro on-line ilustra a suposta importância da similaridade. Além dos serviços genéricos para todas as pessoas de todas as idades, grupos demográficos e orientações sexuais, vários serviços especializados visam reunir pessoas de origens e pensamentos semelhantes – como ConservativeMatch.com, LiberalHearts.com, JDate.com, Christian-Cafe.com, Muslima.com e HappyBuddhist.com.

Quatro tipos de semelhanças são os mais relevantes. O primeiro é demográfico. Considerando variáveis demográficas, como idade, educação, etnia, religião, altura, nível de inteligência e *status* socioeconômico – pessoas que andam juntas como amigos, namorados, amantes ou parceiros no casamento tendem a se parecer mais que casais aleatórios (Warren, 1966). Essas correlações não podem ser usadas para provar que a semelhança gera atração. Poderia ser mais convincente, no entanto, primeiro medir as características demográficas das pessoas e, em seguida, determinar se elas, quando encontravam outras pessoas, gostavam mais das semelhantes ou das diferentes. Isso é o que Theodore Newcomb fez há mais de cinquenta anos. Em um estudo elaborado, Newcomb (1961) montou um dormitório universitário experimental e descobriu que os alunos com origens semelhantes passaram a gostar mais uns dos outros que aqueles de origens diferentes.

A semelhança demográfica ainda é um fator hoje, com todas as opções que temos em nossa sociedade diversa e multicultural? Sim. Em relação ao apelo persistentemente magnético da similaridade, o sociólogo John Macionis (2018) observa que "a flecha do Cupido é apontada pela sociedade mais que gostamos de pensar". Um resultado infeliz, conforme descrito no Capítulo 5, é que a vinculação a outras pessoas semelhantes gera nichos sociais homogêneos e divididos no que se refere a raça, origem étnica, idade, religião e outros fatores demográficos. Por exemplo, estudos mostram que as pessoas tendem a se sentir mais atraídas por outras da mesma etnia (Brooks e Neville, 2017; Lin e Lundquist, 2013). Dito isso, é importante notar que nossas redes sociais estão se tornando mais diversificadas que no passado. A • Figura 9.8 mostra que o casamento inter-racial nos Estados Unidos aumentou de modo constante nos últimos cinquenta anos (Pew Research Center, 2017).

As pessoas também podem ser semelhantes de outras maneiras, como ao compartilhar opiniões, interesses e valores similares. Por exemplo, o que dizer da semelhança e atração de *atitudes*? Aqui, o curso

• FIGURA 9.8

Casamento inter-racial nos Estados Unidos

O casamento inter-racial tem se tornado cada vez mais comum ao longo das décadas. Nos Estados Unidos, em 2015, 17% dos recém-casados eram de diferentes raças – em 1967 eram apenas 3%.
Pew Research Center (2017)

do tempo é mais lento porque as pessoas precisam primeiro se conhecer. No estudo de Newcomb, a relação entre semelhança real e gosto aumentou gradualmente ao longo do ano letivo. Experimentos de laboratório confirmaram o ponto. Por exemplo, Donn Byrne (1971) fez com que as pessoas dessem suas opiniões sobre diferentes questões e, em seguida, apresentou a elas uma pesquisa de atitude que supostamente havia sido preenchida por outra pessoa (as respostas tinham sido manipuladas). Estudo após estudo, ele descobriu que os participantes gostavam mais da outra pessoa quando percebiam que suas atitudes eram mais semelhantes às deles (Byrne, 1997).

A ligação entre atitudes e atração é evidente entre recém-casados. Em um estudo abrangente, Shanhong Luo e Eva Klohnen (2005) testaram 291 casais recém-casados e descobriram a tendência a se casar com quem compartilha atitudes políticas, religiosidade e valores, mas que não necessariamente começaram o relacionamento tendo personalidades semelhantes. No entanto, uma vez no relacionamento, as semelhanças de personalidade tornaram-se relevantes: quanto mais semelhantes eram, mais feliz era o casamento. Claramente, quem tem mais semelhanças e permanece junto. Porém, espere. Isso significa necessariamente que a semelhança gera atração, ou a atração pode gerar semelhança? Certamente, ambos os mecanismos funcionam. Luo e Klohnen compararam casais que já estavam juntos há vários anos antes do casamento e descobriram que a semelhança não estava relacionada à duração do relacionamento. Outro estudo sobre casais de namorados mostrou que, quando os parceiros descobrem que discordam em questões morais importantes, eles alinham seus pontos de vista sobre essas questões e se tornam mais semelhantes a partir de então (Davis e Rusbult, 2001).

De acordo com Milton Rosenbaum (1986), os pesquisadores da atração exageraram no papel da similaridade de atitudes. Similaridade não desperta atração, diz ele. Em vez disso, a diferença desencadeia repulsão: o desejo de evitar alguém. Rosenbaum argumentou que as pessoas esperam que a maioria das demais se pareça com elas, e é por isso que pessoas diferentes chamam a atenção. Levando essa hipótese um passo adiante, Lykken e Tellegen (1993) argumentaram que, na seleção de parceiros, *todas* as formas de similaridade interpessoal são irrelevantes. Depois que uma pessoa descarta os 50% da população que são menos semelhantes, eles afirmam, um processo aleatório de seleção inicia-se.

Então qual é o correto: somos atraídos por quem apresenta atitudes semelhantes às nossas ou sentimos um distanciamento de quem pensa diferente? Conforme representado na

"Gostaria de conhecer o algoritmo que achou que essa seria uma boa combinação."

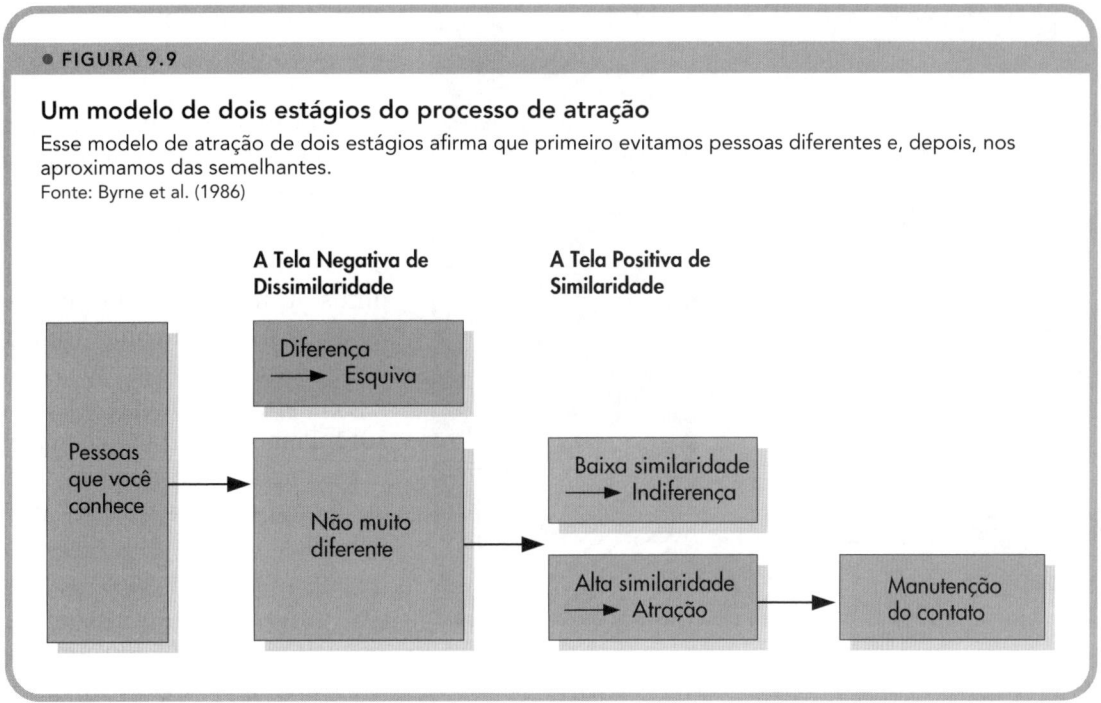

FIGURA 9.9

Um modelo de dois estágios do processo de atração
Esse modelo de atração de dois estágios afirma que primeiro evitamos pessoas diferentes e, depois, nos aproximamos das semelhantes.
Fonte: Byrne et al. (1986)

• Figura 9.9, Byrne e seus colegas propuseram um modelo de duas etapas que leva as duas reações em consideração. Em primeiro lugar, eles disseram, evitamos nos vincular a membros díspares de um grupo; então, entre aqueles que sobram, somos atraídos pelos que são mais semelhantes a nós (Byrne et al., 1986; Smeaton et al., 1989). Nossas reações também podem ser influenciadas pelas expectativas. As pessoas esperam semelhanças entre membros de um mesmo grupo, como defensores de partidos políticos, grupos externos, heterossexuais ou gays. Em vários estudos, Fang Chen e Douglas (2002) descobriram que os participantes da pesquisa eram particularmente atraídos por membros de exogrupos que expressavam atitudes semelhantes, e sentiam mais repulsa por membros de endogrupos que expressavam atitudes diferentes.

Além da demografia e das atitudes, uma terceira fonte de semelhanças também está em ação, pelo menos nos relacionamentos românticos. Você já percebeu como as pessoas reagem a casais em que um parceiro é considerado mais atraente que o outro? Normalmente, ficamos surpresos com "incompatibilidades" entre eles, como se esperássemos que casais fossem formados por pessoas igualmente atraentes – nem mais, nem menos. Essa reação tem base na realidade. Logo no início, estudos de laboratório mostraram que tanto homens quanto mulheres anseiam por parceiros altamente atraentes. Assim, quando os alunos ingressantes do primeiro ano na Universidade de Minnesota foram aleatoriamente reunidos para uma dança, seu desejo por um segundo encontro foi mais influenciado pela atratividade física de seu parceiro que por qualquer outra variável (Walster et al., 1966). Em situações da vida real, no entanto, onde alguém pode ser rejeitado por um parceiro em potencial, as pessoas tendem a evitar se aproximar romanticamente de quem parece "inalcançável" (Berscheid et al., 1971; van Straaten et al., 2009).

Estudos correlacionais de casais que estão namorando, morando juntos ou são casados apoiam essa **hipótese de correspondência**, a ideia de que as pessoas tendem a se envolver romanticamente com outras "equivalentes" em atratividade física (Feingold, 1988). Um site de namoro on-line de sucesso fornece um novo dado interessante. Com base nos registros de atividades, foi calculada a "popularidade" de cada usuário. Com certeza, a análise de suas interações indicou correspondência baseada na popularidade: homens e mulheres tendiam a iniciar a troca de mensagens, ou receber um primeiro contato, de pessoas cuja popularidade relativa no site era semelhante à sua (Taylor et al., 2011).

Um quarto tipo de semelhança também pode desencadear atração entre estranhos: uma semelhança na experiência subjetiva. Imagine que um professor diga algo em sala de aula que você ache

hipótese de correspondência
Proposição de que as pessoas são atraídas por aqueles que são semelhantes em atratividade física.

Brian era de Dallas e Kate, de Seattle. Ambos foram para Nova York para estudar e se conheceram no Match.com. Após algumas trocas, eles se encontraram para um primeiro encontro na balsa de Staten Island, à sombra da Estátua da Liberdade. Agora estão casados e têm um filho pequeno.

engraçado. Você olha para o aluno ao seu lado, que olha para trás, e vocês dois caem na gargalhada como se estivessem ligados por uma piada confidencial. Sempre que duas pessoas em um evento comum riem, choram, ficam de pé, aplaudem, balançam a cabeça, batem palmas ou reviram os olhos ao mesmo tempo, elas sentem como se tivessem compartilhado uma experiência subjetiva.

Elizabeth Pinel et al. (Pinel e Long 2012; Pinel et al., 2006) chamaram essa experiência de "compartilhamento do eu" e sua teoria é que pessoas nessa situação, mesmo que sejam diferentes em outros aspectos, sentem uma profunda conexão entre si, como "espíritos irmãos". Em uma série de experimentos, os participantes foram convidados a imaginar estar com um estranho semelhante ou diferente com quem compartilharam ou não uma mesma reação diante de um evento externo. De modo consistente, os participantes gostaram dos participantes com quem compartilharam reações mais que de todos os outros, mesmo quando tinham experiências diferentes. As consequências são intrigantes: "Um cristão evangélico e um ateu podem se ver curtindo o mesmo pôr do sol; um republicano e um democrata podem rir também. Quando duas pessoas objetivamente diferentes compartilham reações, a antipatia uma pela outra pode diminuir, mesmo que apenas por um momento" (Pinel et al., 2006, p. 245).

Antes de concluir que a semelhança é a chave para a atração, o que dizer do velho ditado de que os opostos se atraem? Muitos anos atrás, sociólogos propuseram a *hipótese da complementaridade*, que sustenta que as pessoas procuram outras cujas necessidades "se opõem" às suas – que quem precisa dominar, por exemplo, é naturalmente atraído por quem é submisso (Winch et al., 1954). Existe algum embasamento para essa visão? Surpreendentemente, a resposta é não. É claro que a maioria dos seres humanos sente atração romântica por pessoas do sexo oposto. Porém, quando se trata de ajustar necessidades mútuas e traços de personalidade como as chaves se encaixam nas fechaduras, as pesquisas mostram que a complementaridade não contribui para a atração (Gonzaga et al., 2007; Luo e Klohnen, 2005). Em uma entrevista para o *Washington Post*, Gian Gonzaga – um psicólogo social que trabalhou para o eHarmony, um serviço de namoro on-line que reúne pessoas de acordo com as semelhanças – desmascarou a hipótese de complementaridade, observando que, embora os opostos possam parecer exóticos à primeira vista, com o tempo torna-se difícil conciliar as diferenças (McCarthy, 2009).

Gostar de quem gosta de nós Muitos anos atrás, Fritz Heider (1958) apresentou a teoria de que as pessoas preferem relacionamentos que sejam psicologicamente "equilibrados" e que um estado de desequilíbrio causa sofrimento. Em grupos de três ou mais indivíduos, há uma constelação social equilibrada quando gostamos de alguém cujas relações com os outros são paralelas às nossas. Assim, queremos gostar dos amigos de nossos amigos e dos inimigos de nossos inimigos (Aronson e Cope, 1968). Se você já teve um bom amigo que namorou alguém que você detestava, então sabe como um relacionamento desequilibrado pode ser estranho e desagradável. O fato é que não esperamos que nossos amigos e inimigos se deem bem (Chapdelaine et al., 1994).

Entre duas pessoas, existe um estado de equilíbrio quando uma relação é caracterizada pela **reciprocidade**: uma troca mútua entre o que damos e o que recebemos. Gostar é mútuo, por isso tendemos a gostar de quem parece gostar de nós. Em um experimento, Rebecca Curtis e Kim Miller (1986) levaram duplas de estudantes para o laboratório para que conversassem entre si. Um dos membros de cada dupla foi informado de que seu parceiro gostava ou desgostava dele. Mais tarde, quando se reuniram para a conversa, aqueles que pensavam ser queridos eram, por sua vez, mais simpáticos, mais agradáveis e mais abertos. Sentir-se querido é importante. Quando grupos de homens e mulheres foram solicitados a refletir sobre como se apaixonaram ou desenvolveram amizades com determinadas pessoas, muitos espontaneamente disseram que foram inicialmente atraídos pela percepção de que eram queridos (Aron et al., 1989).

> Quando se trata de relacionamentos românticos, os opostos se atraem. **FALSO**

No entanto, reciprocidade significa simplesmente que, quanto mais as pessoas gostarem de nós, mais gostaremos delas também? Em um experimento clássico, Elliot Aronson e Darwyn Linder (1965) fizeram com que estudantes universitárias se encontrassem em pares várias vezes. Em cada dupla, uma era participante da pesquisa; e a outra uma confederada. Depois de cada reunião, a participante ouviu por acaso uma conversa de acompanhamento entre o experimentador e a confederada, na qual foi avaliada. Com o tempo, a avaliação feita pela confederada em relação à participante se mantinha estável ou sofria uma mudança – de negativa para positiva (ganho) ou de positiva para negativa (perda). Coloque-se no lugar da participante. Se todo o resto fosse igual, em que condição você gostaria mais de sua parceira? Neste estudo, as participantes gostaram mais da parceira quando sua avaliação mudava de negativa para positiva que quando se mantinha positiva o tempo todo. Desde que a "conversão" seja gradual e verossímil, as pessoas gostam mais dos outros quando sua afeição demora para ser conquistada que quando vem com facilidade. Em uma situação de speed-dating heterossexual, Paul Eastwick et al. (2007) confirmaram o ponto da conversão: as pessoas são atraídas por membros do sexo oposto que gostam delas – mas apenas quando esses outros são seletivos em sua preferência e, portanto, criteriosos.

Indo atrás de quem é difícil de conquistar A descoberta de Aronson e Linder (1965) sugere que gostamos de quem é socialmente seletivo. Isso parece apoiar a noção popular de que você pode despertar o interesse romântico de alguém bancando o difícil. Vários anos atrás, Ellen Fein e Sherri Schneider (1996) escreveram um livro para mulheres intitulado *The rules: time-tested secrets for capturing the heart of Mr. Right*. Quais eram as regras? Aqui está uma: "Não ligue para ele e raramente retorne suas ligações". Aqui está outra: "Deixe-o assumir a liderança". Em todos os casos, o foco era em como os homens se encantam pelas mulheres difíceis de conquistar. É uma hipótese interessante.

Apesar da intuição, os pesquisadores descobriram que o **efeito difícil de obter** é mais difícil que inicialmente previsto (Walster et al., 1973). Um problema é que somos *rejeitados* porque quem nos rejeita está comprometido com outra pessoa ou não tem interesse em nós (Wright e Contrada, 1986).

Outro problema é que tendemos a preferir pessoas que sejam pelo menos um pouco seletivas em comparação àquelas que não têm critérios (têm mau gosto ou padrões baixos) ou muito seletivas (são esnobes). Em um estudo que ilustra bem esse ponto, os pesquisadores providenciaram que estudantes universitários tivessem encontros rápidos de 4 minutos com cerca de 10 outros estudantes do sexo oposto, após os quais todos se classificaram entre si e indicaram em, um site, seu interesse em um novo encontro. A análise das avaliações mostrou que os participantes gostaram de parceiros que os desejaram seletivamente mais que dos demais, mas não gostaram de quem não tinha critérios e demonstrava interesse em todos com quem conversava (Eastwick e Finkel, 2008).

Os indivíduos diferem muito em relação à seletividade na busca por um parceiro romântico. Em um artigo de pesquisa intitulado "Settling for less out of fear of being single", Stephanie Spielmann et al. (2013) apresentaram a teoria de que quem teme ficar solteiro – porque desejam uma conexão íntima e por causa do estigma social

> **reciprocidade** Troca mútua entre o que damos e o que recebemos – por exemplo, gostar de quem gosta de nós.
>
> **efeito difícil de obter** Tendência a preferir pessoas que são altamente seletivas em suas escolhas sociais em vez daquelas que estão mais prontamente disponíveis.

associado a estar sozinho (DePaulo e Morris, 2005; Greitemeyer, 2009; Sharp e Ganong, 2011) – estabelece padrões mais baixos, é menos seletivo e tolera relacionamentos superficiais. Para testar essa hipótese, eles criaram um questionário denominado *escala do medo de ficar sozinho*, no qual os entrevistados são solicitados a avaliar o nível de concordância com afirmações como "Assusta-me pensar que pode não haver alguém para mim" e "À medida que envelheço, fica cada vez mais difícil encontrar alguém".

Em um estudo, Spielmann e colegas administraram esse novo teste a 214 homens e mulheres heterossexuais solteiros e, em seguida, pediram que esses participantes avaliassem o interesse romântico em perfis aparentemente reais de um site de namoro. Os perfis continham uma foto que retratava uma pessoa do sexo oposto com alta ou baixa atratividade facial e uma declaração pessoal que transmitia uma atitude altamente atenciosa ("Quando estou namorando alguém, realmente me esforço para... isso significa prestar atenção a minha namorada [meu namorado] e saber quem ela realmente é como pessoa") ou não atenciosa ("Eu amo o que faço, então preciso de alguém que respeite isso e esteja disposto a aceitar ficar em segundo plano quando necessário... Eu gostaria de manter as conversas leves e não muito sérias").

Observe a • Figura 9.10 e verá que, embora todos expressassem interesse romântico em perfis altamente atraentes e atenciosos, os participantes com altas pontuações na *escala do medo de ficar sozinho* também expressaram interesse em perfis que não eram atraentes ou atenciosos. Esses resultados confirmam a hipótese de que o medo de ficar solteiro leva as pessoas a se conformarem com parceiros menos desejáveis. Ao indicar essa falta de critério em um ambiente de alto risco, um estudo de acompanhamento de homens e mulheres registrados para um evento de speed dating mostrou que aqueles com muito medo de ficar solteiros declararam o desejo de namorar mais participantes com quem tinham apenas brevemente interagido.

Por fim, quanto à questão de como respondemos às pessoas difíceis de conquistar, suponha que alguém em quem você esteja interessado seja difícil de conquistar por razões além do controle dele. E, se um

• FIGURA 9.10

Contentando-se com pouco pelo medo de ser solteiro?

Neste estudo, 214 homens e mulheres solteiros e heterossexuais completaram a escala de Medo de Ser Solteiro e, em seguida, avaliaram o interesse romântico em perfis falsos de um site de namoro on-line, os quais representavam alguém mais ou menos atraente e mais ou menos responsivo. Como você pode ver, todos preferiam os perfis mais desejáveis. Entretanto, os participantes que temiam ficar solteiros também mostraram interesse em perfis que não eram atraentes ou responsivos.
Spielmann et al. (2013)

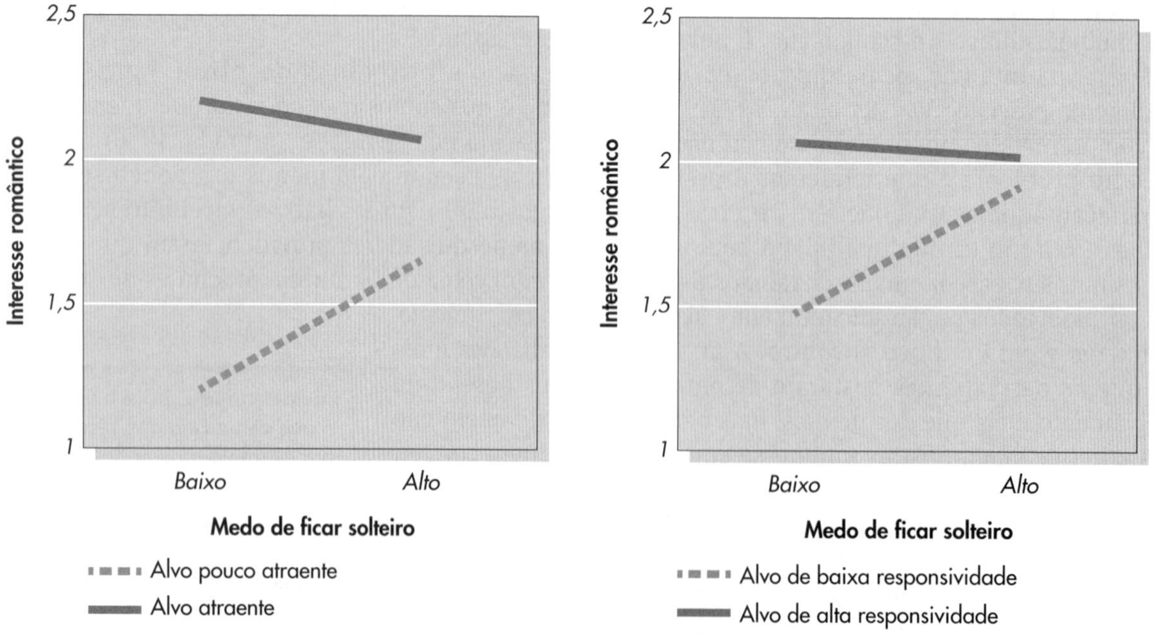

relacionamento desejado for contestado ou proibido pelos pais, como na história de Romeu e Julieta? Que tal um relacionamento ameaçado por uma catástrofe, como na história de amor retratada no filme de sucesso *Titanic*, em 1997, envolvendo Leonardo DiCaprio e Kate Winslet, ou um relacionamento ameaçado pelos pais por diferenças de religião ou classe social, como no filme de 2004 *The Notebook* (*Diário de uma Paixão*), estrelado por Ryan Gosling e Rachel McAdams? E quanto à distância, à falta de tempo ou a volta de interesse por uma antiga paixão? O Capítulo 6 descreve a teoria da reatância psicológica: a proposição de que as pessoas são altamente motivadas a proteger sua liberdade de escolha e a se comportar como quiserem. Quando uma liberdade valorizada é ameaçada (não obter o objeto de sua afeição), as pessoas se reafirmam, muitas vezes por desejarem demais o que está indisponível – como o proverbial fruto proibido (Brehm e Brehm, 1981).

Considere o que acontece quando você pensa que sua chance de conseguir um encontro para a noite esteja se esvaindo. É verdade, para citar o músico country-western Mickey Gilley, que "todas as garotas ficam mais bonitas no fim da festa"? Para descobrir, os pesquisadores entraram em alguns bares no Texas e pediram que os clientes avaliassem três vezes durante a noite a atratividade física de outros clientes do mesmo sexo e do sexo oposto. Como sugeria a letra de Gilley, as pessoas do sexo oposto eram vistas como mais atraentes à medida que a noite avançava (Pennebaker et al., 1979).

O estudo é atraente, mas a correlação entre o tempo e a atração pode ser interpretada de outras maneiras (talvez os índices de atratividade aumentem com os níveis de álcool no sangue!). Em um estudo posterior, Scott Madey et al. (1996) também levaram clientes em um bar a fazer avaliações de atratividade durante a noite. Eles descobriram que essas avaliações aumentavam com o passar da noite apenas entre os clientes que não estavam comprometidos com um relacionamento. Como a teoria da reatância previa, o horário de fechamento representava uma ameaça – que despertava o desejo – apenas para aqueles à procura de um encontro casual.

■ 9-2b Seleção de companheiros: a evolução do desejo

Antes de passar ao tópico dos relacionamentos íntimos, vamos parar e considerar esta questão: quando se trata da busca por um companheiro de curto ou longo prazo, homens e mulheres apresentam as mesmas motivações? Se não, quais são as diferenças? Mais adiante neste capítulo, veremos que a maioria dos homens parece ser mais voltada para o sexo que a maioria das mulheres, desejando sexo mais frequente e casual, mais parceiros e mais variedade, o que leva alguns pesquisadores a concluir que "os homens desejam sexo mais que as mulheres" (Baumeister et al., 2001, p. 270).

Preferências de seleção de parceiro Por que existem essas diferenças entre os sexos e o que significam? Em *The evolution of desire*, David Buss (2003) argumenta que a resposta pode ser derivada da psicologia evolucionista. De acordo com essa perspectiva, seres humanos em todo o mundo exibem padrões de seleção de parceiros que favorecem a concepção, o nascimento e a sobrevivência dos filhos – e mulheres e homens, por necessidade, empregam estratégias diferentes para atingir esse objetivo comum (Buss e Schmitt, 1993; Gangestad e Simpson, 2000; Trivers, 1972).

De acordo com Buss, as mulheres devem ser altamente seletivas porque são biologicamente limitadas pelo número de filhos que podem ter e criar ao longo da vida. A mulher deve, portanto, proteger os filhos e, assim, procurar um parceiro que possua (ou tenha o potencial de possuir) recursos econômicos e esteja disposto a comprometer esses recursos para sustentar os filhos. O resultado é que as mulheres devem se sentir atraídas por homens mais velhos e financeiramente estáveis ou que tenham ambição, inteligência, estabilidade e outras características preditivas de sucesso futuro.

Já os homens podem gerar um número ilimitado de filhos e garantir o sucesso reprodutivo por meio da inseminação de muitas mulheres. Os homens são limitados, entretanto, pela capacidade de atrair parceiras férteis e pela falta de certeza de se os bebês nascidos são realmente seus. Com esses motivos surgindo da evolução, os homens procuram mulheres que sejam jovens e fisicamente atraentes (com pele macia, lábios carnudos, cabelos brilhantes, bom tônus muscular e outras características juvenis) – atributos que sinalizam saúde e fertilidade reprodutiva. Para minimizar a incerteza paterna, os homens também devem favorecer a castidade, perseguindo mulheres que acreditam ser sexualmente fiéis em vez de promíscuas.

Em um teste inicial dessa teoria, Buss (1989) e uma equipe de pesquisadores pesquisaram 10.047 homens e mulheres em 37 culturas na América do Norte e do Sul, na Ásia, na África, na Europa oriental e ocidental e no Pacífico. Os entrevistados foram solicitados a classificar a importância de vários atributos na escolha de um parceiro. Os resultados apresentados seguiram as previsões. Homens e mulheres deram notas igualmente altas a certos atributos, como "ter um temperamento agradável". Na maioria dos países, porém, "boa aparência" e "nenhuma experiência sexual anterior" foram mais valorizadas pelos homens, enquanto "boas perspectivas financeiras" e "ambição e dedicação ao trabalho" foram mais importantes para as mulheres.

Esse jovem espia mulheres na praia através de seus óculos de sol. De uma perspectiva evolutiva, sua atração é biologicamente (embora não conscientemente) impulsionada pela busca por uma parceira reprodutiva fértil.

Outros estudos aumentaram o apoio à abordagem evolucionária. Análises de anúncios pessoais exibidos em revistas e jornais revelaram que, no mercado do namoro, o "negócio" é feito entre a beleza oferecida pelas mulheres e a riqueza oferecida pelos homens (Feingold, 1992a; Sprecher, 1994). Como Buss havia sugerido, esse "negócio" não se limita a homens e mulheres dos Estados Unidos. Em um estudo de campo com um site de namoro na China, pesquisadores atribuíram níveis de renda aleatoriamente às informações iniciais de 360 perfis inventados e, em seguida, registraram "visitas" aos perfis completos. Os registros mostraram que, embora os homens visitassem igualmente perfis em todos os níveis de renda, as mulheres visitavam perfis masculinos com níveis de renda mais altos. Esse efeito de "atração de renda" foi tão grande que os perfis masculinos com o nível de renda mais alto receberam 10 vezes mais visitas que os com níveis mais baixos (Ong e Wang, 2015).

Alguns pesquisadores sugeriram que essas preferências de gênero não são meros requintes, mas necessidades no mercado do acasalamento. No estudo de Buss (1989), os homens foram mais propensos a preferir a boa aparência e as mulheres a preferir boas perspectivas financeiras, mas ambos os sexos viam outras características – como ser engraçado, confiável e gentil – como mais importantes. No entanto, o que acontece na vida real, onde os que procuram companheiros que não podem ter tudo devem priorizar seus desejos?

Ao estudar "as necessidades e luxos nas preferências do companheiro", Norman Li et al. (2002) pediram que os participantes projetassem um parceiro de casamento ideal adquirindo características diferentes fazendo uso de "dinheiro de mentira". Em alguns casos, eles receberam um grande orçamento para trabalhar; em outros casos, o orçamento era limitado. Na condição de grande orçamento, os homens gastavam um pouco mais dinheiro de mentira em atrativos físicos, e as mulheres gastavam um pouco mais em *status* social, mas ambos estavam igualmente interessados em um parceiro que fosse gentil, animado e criativo. Na condição de baixo orçamento, no entanto, os homens gastavam ainda mais do dinheiro de mentira em atrativos físicos e as mulheres gastavam ainda mais em *status* social. Quando quem estava em busca de um parceiro não podia ter tudo e deviam, portanto, concentrar-se no mais importante, eles priorizavam as escolhas nos critérios previstos pela teoria evolucionária.

Também de acordo com a perspectiva evolucionária está uma tendência universal para os homens buscarem mulheres mais jovens (que são mais propensas a ser férteis) e para as mulheres desejarem homens mais velhos (que são mais propensos a ter mais recursos financeiros). Buss (1989) encontrou essa discrepância de preferência por idade em todas as culturas que estudou, com os homens em média querendo se casar com mulheres 2,7 anos mais jovens e as mulheres querendo homens 3,4 anos mais velhos.

Com base em sua análise de anúncios pessoais, Douglas Kenrick e Richard Keefe (1992) descobriram que os homens na casa dos 20 anos estão igualmente interessados em mulheres mais jovens e mulheres um pouco mais velhas ainda em idade fértil. No entanto, os homens na casa dos 30 procuram mulheres 5 anos mais novas, enquanto os homens na casa dos 50 preferem mulheres 10 a 20 anos mais novas. Em contraste, meninas e mulheres de todas as idades são atraídas por homens mais velhos que elas. Esses padrões também podem ser vistos nas estatísticas de casamentos obtidas de diferentes culturas e gerações. Há uma exceção interessante: meninos adolescentes dizem que se sentem mais atraídos por mulheres um pouco mais velhas que eles: mulheres férteis na casa dos 20 anos (Kenrick et al., 1996).

"Os homens procuram se propagar amplamente, enquanto as mulheres procuram fazê-lo com sabedoria."
– Robert Hinde

Pode-se pensar que as preferências por companheiros previstas pela teoria evolucionária seriam limitadas aos homens e mulheres férteis da juventude. Não tão. Recentemente, 600 anúncios pessoais do Yahoo! foram analisados divididos em quatro recortes de idade: 20 a 34, 40 a 54, 60 a 74 e 75 + anos. Em todas as idades, os homens foram mais propensos que as mulheres a fornecer informações sobre a situação educacional, profissional e de renda. Eles também foram mais propensos a buscar indicações de atratividade física. Quanto mais velhos eram, mais os homens queriam mulheres mais jovens. Já as mulheres de todas as idades foram mais propensas a buscar informações de *status* e homens mais velhos (pelo menos até as mulheres completarem 75 anos, momento em que procuravam homens mais jovens que elas). Aparentemente, nos Estados Unidos, as preferências de parceiro previstas pela teoria da evolução persistem ao longo da vida (Alterovitz e Mendelsohn, 2009). Nas palavras de um pesquisador, parece que a busca por um parceiro heterossexual apresenta "homens como objetos de sucesso e mulheres como objetos sexuais" (Davis, 1990).

Exibição clara Se as mulheres são atraídas por homens que têm dinheiro ou a capacidade de obtê-lo, então seria lógico que os homens exibiriam seus recursos assim como o pavão macho exibe sua cauda de cores brilhantes. Exibições de riqueza são vistas em culturas de todo o mundo – da Islândia ao Japão, da Polinésia à selva amazônica – e levam os psicólogos evolucionistas a especular que o *consumo conspícuo* pode ter evoluído como um sinal de acasalamento selecionado sexualmente (Miller, 2009; Saad, 2007). Para ver se essa teoria funciona, Jill Sundie e colegas (2011) descreveram brevemente para participantes mulheres um pós-graduado em MBA de 32 anos que ganhava bem como analista financeiro; que gostava de andar de bicicleta, ir ao cinema e ouvir música; e que havia acabado de comprar um carro novo – um Porsche ou um Honda Civic. Claramente, as participantes o viram como um parceiro mais desejável para um encontro quando disseram que ele havia comprado o carro mais chamativo.

Se os homens ostentam seus recursos para atrair mulheres, então é lógico que, quanto mais competitivo for o cenário reprodutivo para os homens, maior será a probabilidade de eles gastarem dinheiro de maneira ostensiva. Historicamente, a proporção entre homens e mulheres em uma população pode variar ao longo do tempo e de uma cidade à outra. Muitas mulheres em relação a homens está associado a menores taxas de casamento e menor investimento paterno; uma abundância relativa de homens está associada a taxas de casamento mais altas e mais investimento paterno.

Para testar "as consequências financeiras de muitos homens", Vladas Griskevicius et al. (2012) apresentaram a estudantes universitários do sexo masculino uma das duas versões de um artigo de um jornal local respeitável sobre a proporção entre homens e mulheres no

Psicólogos evolucionistas preveem que, se as mulheres são atraídas por homens com recursos, estes devem ostentar sua riqueza por meio do consumo flagrante, um sinal de acasalamento sexualmente selecionado. Esta icônica caixa de presente azul da Tiffany e Company, adornada com um colar de pérolas, é uma imagem ocidental emblemática de consumo ostensivo.

campus. Uma versão indicava que a proporção entre os sexos estava rapidamente tornando-se favorável para as mulheres (mais mulheres que homens); uma segunda versão indicava que a proporção de sexos era favorável aos homens (mais homens que mulheres). Depois disso, todos os participantes foram solicitados a avaliar quanto dinheiro em dólares era apropriado gastar em um presente de dia dos namorados, um jantar e um anel de noivado. Em geral, os resultados reforçaram fortemente a previsão de que a percepção de competição entre os homens os levaria a gastar mais dinheiro em despesas relacionadas a relacionamentos.

Expressões de amor São boas as chances de o senso comum nos ajudar a prever as diferenças entre homens e mulheres encontradas em pesquisas sobre a evolução do desejo. No entanto e as expressões românticas de amor e afeto? Os estereótipos masculinos e femininos sugerem que, enquanto os homens são mais propensos a ir em busca de sexo, as mulheres procuram o amor. Não é nenhuma surpresa, portanto, que quando se analisou o conteúdo de cartões do dia dos namorados, constatou-se maior propensão das mulheres em expressar amor (Gonzalez e Koestner, 2006).

Dizer "Eu te amo" é um passo ousado para as pessoas que procuram um companheiro, porque as palavras sinalizam uma mudança marcante na satisfação e têm implicações em relação à dedicação, à abnegação e ao compromisso. Quem normalmente professa seu amor primeiro em um relacionamento heterossexual – o homem ou a mulher? Você já se apaixonou alguma vez? Em caso afirmativo, quem disse "eu te amo" primeiro?

Interessado na relação entre gênero e expressões de amor, Joshua Ackerman e seus colegas (2011) pararam pedestres em uma esquina e pediram que indicassem qual parceiro costuma dizer "eu te amo" primeiro. O resultado confirmou as expectativas: 64% escolheram mulheres. Quando questionados sobre quem "leva o relacionamento a sério" primeiro, 84% escolheram as mulheres. Em seguida, no entanto, esses pesquisadores pediram que estudantes universitários de ambos os sexos que já tivessem tido um relacionamento romântico no passado que se lembrassem de quem realmente disse "eu te amo" primeiro. Resultado: 62% relataram que o homem falou primeiro. Em um terceiro estudo, casais heterossexuais de uma amostra de uma comunidade on-line foram solicitados a contar sobre o próprio relacionamento. Nem todos os parceiros concordaram com a versão contada – o que é interessante. Entre aqueles que concordaram, no entanto, 70% relataram que o homem disse "eu te amo" primeiro (ver • Figura 9.11).

Uma perspectiva evolucionária esclarece por que os homens declarariam o amor antes que as mulheres? Homens e mulheres reagem de maneira semelhante a essa expressão sincera? Ackerman et al. (2011) previram que o tempo é importante – especificamente, em relação ao início da atividade sexual. Em um estudo on-line, eles recrutaram homens e mulheres que receberam um "Eu te amo" primeiro e fizeram uma série de perguntas sobre a experiência, incluindo se a declaração de amor veio antes ou depois da relação sexual e quanto feliz haviam ficado com as palavras. Antes da atividade sexual, os homens relataram se sentir mais felizes e positivos sobre a expressão do amor que as mulheres. Depois da atividade sexual, entretanto, as mulheres apresentavam emoção um pouco mais positiva. O que tudo isso significa? Conforme interpretado através das lentes de uma perspectiva evolucionária, "uma declaração antes do sexo pode sinalizar interesse em dar um passo adiante e incluir atividade sexual no relacionamento, enquanto uma declaração pós-sexo pode, em vez disso, sinalizar com mais precisão um desejo de compromisso de longo prazo" (p. 1090).

Ciúme Particularmente favorável à teoria da evolução é a pesquisa sobre o ciúme, "a paixão perigosa" – um estado emocional negativo que surge de uma ameaça percebida ao relacionamento de alguém. Ainda que o ciúme seja uma reação humana comum e normal, homens e mulheres podem ser despertados por diferentes eventos desencadeantes. De acordo com a teoria, um homem deveria ficar mais chateado com a infidelidade *sexual* porque o caso extraconjugal de uma esposa aumenta o risco de que os filhos que ele sustenta não sejam dele. Já a mulher deveria se sentir mais ameaçada pela infidelidade *emocional*, porque um marido que se apaixona por outra mulher pode ir embora e retirar o apoio financeiro. Homens ou mulheres, as reações de ciúme são intensificadas entre as pessoas que acreditam em uma escassez de parceiros potenciais (Arnocky et al., 2014).

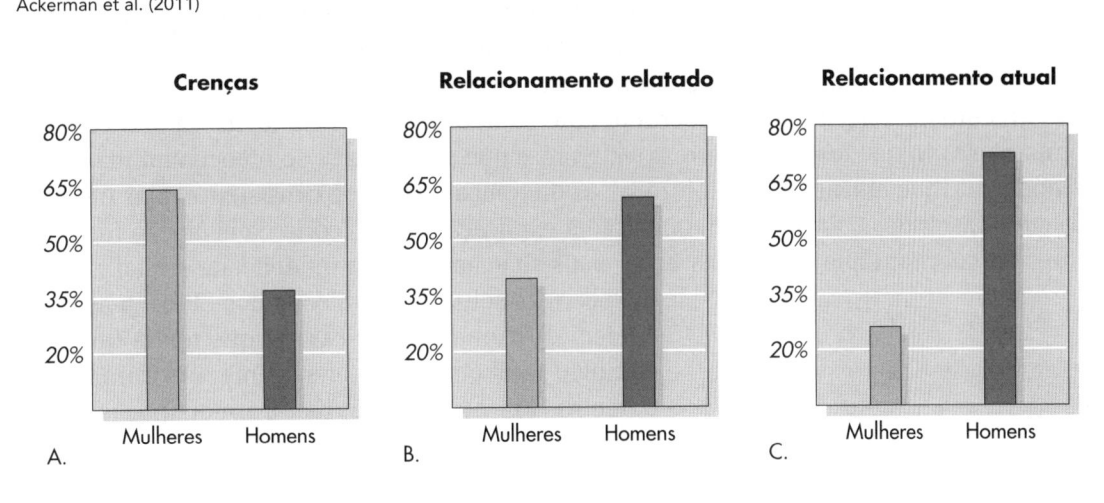

● FIGURA 9.11

Quem é o primeiro a dizer "Eu te amo"?
Em um estudo, as pessoas foram questionadas sobre suas crenças a respeito qual parceiro em um relacionamento heterossexual – o homem ou a mulher – tem maior probabilidade de dizer "eu te amo" primeiro. Em um segundo estudo, homens e mulheres que tiveram um relacionamento romântico no passado foram solicitados a lembrar quem disse "eu te amo" primeiro. E em um terceiro estudo, ambos os parceiros, em casais heterossexuais, foram solicitados a relatar o próprio relacionamento. Ao contrário da crença estereotipada (esquerda), parece que os homens são mais propensos a confessar o amor primeiro (centro e direita).
Ackerman et al. (2011)

Ao longo dos anos, vários estudos sustentam a hipótese com relação às diferenças de gênero (Buss, 2018; Edlund e Sagarin, 2017). Em um estudo, foi perguntado a estudantes universitários de ambos os sexos se eles ficariam mais chateados se seu parceiro romântico desenvolvesse um vínculo emocional profundo ou fizesse sexo com outra pessoa. Qual situação *você* consideraria mais angustiante? Os resultados revelaram uma notável diferença de gênero: 60% dos homens disseram que ficariam mais chateados com a infidelidade sexual de um parceiro, mas 83% das mulheres sentiram que a infidelidade emocional seria pior (Buss et al., 1992). Essa diferença parece se revelar sempre que homens e mulheres são questionados sobre qual tipo de infidelidade é mais perturbador (Schützwohl, 2004; Shackelford et al., 2004). Essa diferença de gênero também apareceu quando recém-casados foram entrevistados sobre como reagiriam se suspeitassem de uma traição de seu parceiro. Os homens disseram que usariam mais táticas de "retenção da companheira" (esconder ou ameaçar a esposa; tomar medidas contra o rival) quando suas esposas fossem jovens e atraentes; as mulheres disseram que usariam mais táticas de retenção do companheiro (ser vigilantes; melhorar a aparência) quando casadas com homens que lutavam por *status* e ganhavam mais dinheiro (Buss e Shackelford, 1997).

Em um estudo, os pesquisadores analisaram 398 indivíduos de vários países que foram clinicamente diagnosticados com "ciúme mórbido". Com informações de casos publicados, eles descobriram que enquanto os homens eram mais propensos a acusar suas parceiras de infidelidade sexual, as mulheres eram mais propensas a ficarem chateadas com a infidelidade emocional. Embora apenas alguns relatos contivessem detalhes sobre o rival, os homens ciumentos eram mais propensos a relatar que seu rival tinha *status* e/ou recursos superiores; mulheres ciumentas eram mais propensas a relatar que sua rival era mais jovem e/ou mais atraente (Easton et al., 2007).

Perspectivas socioculturais Ainda que as diferenças de gênero sejam intrigantes, os críticos da abordagem evolucionária são rápidos em argumentar que pelo menos alguns dos resultados podem ser interpretados em termos "psicológicos" em vez de "evolucionários". Um argumento comum é que as mulheres trocam juventude e beleza por dinheiro, não para fins reprodutivos, mas porque muitas vezes não têm acesso direto ao poder econômico.

Com essa hipótese em mente, Steven Gangestad (1993) examinou o acesso das mulheres à riqueza em cada um dos países no estudo transcultural de Buss. Ele descobriu que, quanto mais poder econômico as mulheres tinham, mais importante elas consideravam a atratividade física do homem. Da mesma forma, Marcel Zentner e Klaudia Mitura (2012) analisaram 37 países com variações mensuráveis em relação a homens e mulheres serem equitativos em participação econômica e oportunidades, realização educacional, saúde e sobrevivência e empoderamento político. Eles descobriram que maior paridade de gênero estava associada a menor diferenciação de gênero nas preferências de acasalamento. Juntos, esses resultados sugerem que pode ser o *status* geralmente baixo das mulheres em relação aos homens que as leva a se importar menos com os atributos físicos de um parceiro em potencial.

Outro argumento diz respeito à descoberta de que os homens têm mais medo da infidelidade sexual de uma companheira (o que ameaça a certeza paterna) e que as mulheres se preocupam mais com a infidelidade emocional (que ameaça o apoio futuro). A diferença prevista é consistente, mas o que isso significa? Existem duas críticas. Primeiro em oposição à explicação que a teoria da evolução fornece, alguns pesquisadores descobriram que os homens ficam mais chateados com a infidelidade sexual não por causa da incerteza sobre a paternidade dos filhos, mas porque presumem que uma mulher casada que tenha um caso extraconjugal também possa ter sentimentos íntimos por outro parceiro. Em outras palavras, a preocupação do homem, como a da mulher, pode ser com a ameaça da perda, não com as questões de paternidade (DeSteno e Salovey 1996; Harris e Christenfeld, 1996). Em segundo lugar, embora homens e mulheres reajam de maneira diferente quando solicitados a imaginar a infidelidade sexual ou emocional de um parceiro, eles ficam igualmente mais chateados com a infidelidade emocional quando solicitados a relembrar experiências reais de um relacionamento anterior (Harris, 2002). Atualmente, os pesquisadores continuam a debater o que significam as diferenças de gênero observadas no ciúme romântico e o modelo evolutivo que é usado para explicá-las (Harris, 2005; Sagarin, 2005).

Um terceiro argumento é que as diferenças de autorrelato tipicamente encontradas entre os sexos são pequenas em comparação às semelhanças. Esse é um ponto importante. No estudo intercultural original de Buss, tanto homens quanto mulheres deram as notas mais altas a atributos como gentileza, confiabilidade, senso de humor e comportamento agradável (atratividade física e perspectivas financeiras não estavam no topo das listas). Na verdade, a pesquisa mostra que as mulheres desejam atratividade física tanto quanto os homens quando questionados sobre um parceiro para sexo casual (Li e Kenrick, 2006; Regan e Berscheid, 1997).

Se as preferências declaradas relatadas nas pesquisas de Buss (1989) *correspondem* às preferências reais quando as pessoas se encontram cara a cara com verdadeiros parceiros de carne e osso também é uma questão limitante. Em um estudo, Paul Eastwick e Eli Finkel (2008) recrutaram homens e mulheres para um evento de speed dating. Antes, eles perguntaram aos participantes sobre como seria um parceiro ideal. Replicando o efeito padrão, os homens eram

As mulheres da tribo Bari, da Venezuela, são sexualmente promíscuas. Os Bari acreditam que um bebê pode ter vários pais; portanto, ser promíscuo permite que a mulher obtenha pensão alimentícia de muitos homens. Esta exceção à norma evolutiva mostra que o comportamento humano é flexível e que as pessoas podem desenvolver estratégias de acasalamento para se adequar ao seu ambiente cultural.

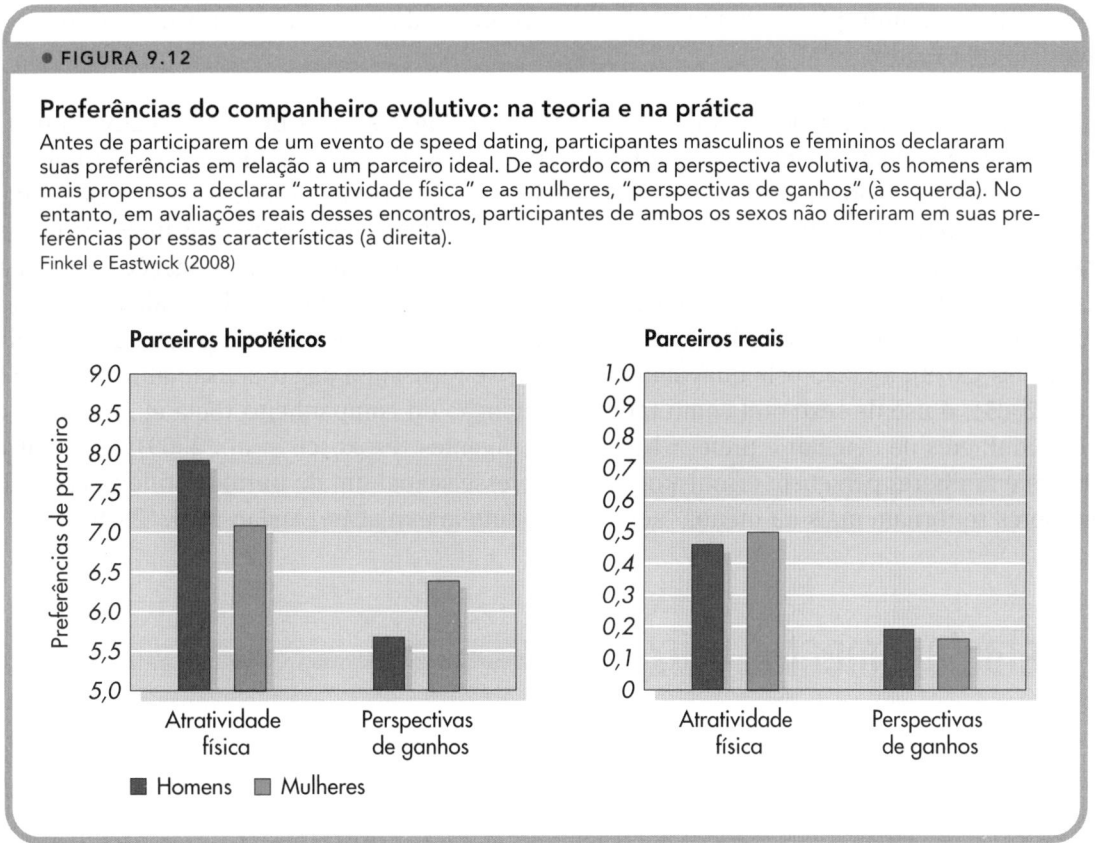

FIGURA 9.12

Preferências do companheiro evolutivo: na teoria e na prática

Antes de participarem de um evento de speed dating, participantes masculinos e femininos declararam suas preferências em relação a um parceiro ideal. De acordo com a perspectiva evolutiva, os homens eram mais propensos a declarar "atratividade física" e as mulheres, "perspectivas de ganhos" (à esquerda). No entanto, em avaliações reais desses encontros, participantes de ambos os sexos não diferiram em suas preferências por essas características (à direita).
Finkel e Eastwick (2008)

mais propensos a citar a "atratividade física" e as mulheres, a "situação financeira". Ainda assim, as avaliações de atração romântica dos parceiros durante e após o speed dating revelaram que as diferenças entre participantes masculinos e femininos sobre quais características eram importantes haviam desaparecido. Na teoria, homens e mulheres desempenhavam os diferentes papéis atribuídos pela evolução, mas, na prática, a atração um pelo outro baseava-se em características semelhantes. Esses resultados podem ser vistos na • Figura 9.12.

Finalmente, alguns argumentaram que as diferenças de gênero frequentemente observadas não são previsíveis nem universais. As sociedades humanas são flexíveis no que se refere a como se adaptam a seus ambientes, e há exceções reveladoras às regras que se acredita comandarem o jogo humano no campo evolutivo. Por exemplo, David Geary (2000) aponta que, embora os pais humanos gastem menos tempo cuidando dos filhos que as mães, eles são únicos entre os mamíferos – incluindo babuínos e chimpanzés, nossos primos evolutivos – na quantidade de cuidados que dispensam aos filhos. Geary especula que os humanos do sexo masculino cuidam dos filhos em parte porque desfrutam de mais certeza de serem os pais que outros primatas machos.

Considere também a observação intrigante de que as mulheres da tribo Bari na Venezuela são altamente promíscuas. Do ponto de vista evolutivo, esse comportamento não parece adaptativo, já que as mulheres que "dormem com qualquer um" podem assustar parceiros em potencial pelo receio de desperdiçar recursos com filhos que não sejam deles. Então, por que a promiscuidade feminina é a norma nesta cultura? Em *Cultures of multiple fathers*, os antropólogos Stephen Beckerman e Paul Valentine (2002) observam que os Bari e outros aborígenes nas terras baixas da América do Sul acreditam que um bebê possa ter vários pais e que todos os homens que fazem sexo com uma mulher grávida contribuem biologicamente para a criança que ainda está para nascer (alguns grupos acreditam que mais de um pai – ou pelo menos mais de uma inseminação – são *necessárias* para gerar um feto). Assim, ao ter muitos amantes, a mulher aumenta o número de homens que sustentam seu filho. Parece que essa estratégia funciona.

Uma criança Bari de múltiplos pais tem 16% mais probabilidade que uma criança monoparental de sobreviver até os 15 anos.

Resumindo A perspectiva evolucionária oferece aos psicólogos sociais uma perspectiva importante e instigante sobre os relacionamentos. A abordagem atrai a crítica de que os resultados são fracos, limitados ou explicáveis por meios não evolutivos (Eastwick et al., 2014; Harris, 2003; Hazan e Diamond, 2000; Pedersen et al., 2002). No entanto, também continua a gerar ideias novas e interessantes. Atualmente, os cientistas nesta área estão estudando uma série de questões – como as possíveis ligações entre a aparência facial, a saúde e a fertilidade (Weeden e Sabini, 2005), a flexibilidade ou "plasticidade" da orientação sexual em homens e mulheres (Overbeek et al., 2013), a ligação potencialmente mortal entre o ciúme e a violência (Buss, 2018), a razão pela qual alguns homens se recusam a pagar pensão alimentícia (Shackelford et al., 2005), o uso de sexo oral como tática de retenção do companheiro (Sela et al., 2015), a capacidade das mulheres de detectar e preferir homens inteligentes (Prokosch et al., 2009), as condições em que homens e mulheres percebem erroneamente o interesse sexual um do outro (Perilloux et al., 2012), e se as mulheres se tornam mais ou menos "sexuais" durante a ovulação (Arslan et al., 2018).

9-3 Relacionamentos próximos

Sentir-se atraído por pessoas pode ser estimulante ou frustrante, dependendo de como os encontros iniciais se desenvolvem. O quanto importante é um bom relacionamento para você? Há vários anos, pesquisadores pediram que 300 alunos pesassem a respeito da importância de ter um relacionamento amoroso satisfatório em comparação à importância de outros objetivos de vida (como obter uma boa educação, ter uma carreira de sucesso ou contribuir para uma sociedade melhor) e descobriram que 73% disseram que sacrificariam a maioria dos outros objetivos antes de desistir de um bom relacionamento (Hammersla e Frease-McMahan, 1990).

Os **relacionamentos íntimos** geralmente envolvem três componentes básicos: (1) sentimentos de apego, afeto e amor; (2) atendimento às necessidades psicológicas; e (3) interdependência entre parceiros, cada um dos quais tem uma influência significativa sobre o outro. Ainda que as pessoas tenham muitos relacionamentos significativos em suas vidas que contêm um ou mais desses componentes, os psicólogos sociais concentraram grande parte de suas pesquisas em amigos, namorados, amantes e casais (Erber e Erber, 2018; Miller, 2018; Regan, 2011; Simpson e Campbell, 2013).

Nem todos os relacionamentos íntimos contêm os três ingredientes. Um romance de verão é emocionalmente intenso, mas no outono ambos os parceiros retomam suas vidas individuais. Um casamento "vazio" gira em torno de atividades diárias coordenadas, mas o apego emocional é fraco e as necessidades psicológicas não são satisfeitas. Claramente, os relacionamentos vêm em diferentes formatos e tamanhos. Alguns são sexuais; outros não. Alguns envolvem parceiros do mesmo sexo; outros envolvem parceiros do sexo oposto. Uma conexão facilitada por ternura pode durar uma noite, uma semana ou um mês; alguns parceiros comprometem-se com uma vida futura juntos. Os sentimentos variam de alegres a dolorosos, do amor ao ódio, com intensidade emocional variando de leve a extremamente intensa.

Como avançamos dos nossos primeiros encontros para os relacionamentos íntimos que aquecem nossas vidas? Procedemos gradualmente ao longo do tempo, em etapas, passo a passo ou aos saltos? De acordo com uma perspectiva, os relacionamentos progridem por meio de uma série de estágios. Por exemplo, a *teoria do estímulo-valor-papel (stimulus–value–role – SVR)* de Bernard Murstein (1986) afirma que há três: (1) o estágio do estímulo, no qual a atração é desencadeada por atributos externos, como a aparência física; (2) o estágio do valor, onde o apego é baseado na similaridade de valores e crenças; e (3) o estágio dos papéis, em que o compromisso é baseado na representação de

> **relacionamento íntimo** Relacionamento íntimo entre dois adultos envolvendo apego emocional, satisfação de necessidades psicológicas ou interdependência.

papéis como marido e mulher. Todos os três fatores são importantes em um relacionamento, mas afirma-se que cada um deles ocorre durante apenas um estágio.

Ao avaliar qualquer teoria de estágio, a questão crítica é a *sequência*. O estágio de valor sempre precede o estágio de papel, ou um casal pode definir papéis antes de explorar se seus valores são compatíveis? A maioria dos pesquisadores não acredita que os relacionamentos íntimos progridam por meio de uma sequência fixa de estágios. O que, então, explica como mudam?

Uma resposta comum é *recompensas*. O amor, assim como a atração, depende da experiência de emoções positivas na presença de um parceiro. Passo a passo, conforme as recompensas se acumulam, o amor se desenvolve. Ou, à medida que as recompensas diminuem, o amor se desgasta. Nas teorias de recompensa, a quantidade conta. Porém alguns discordam. Pense nos próprios relacionamentos. Seus sentimentos por alguém que você ama são simplesmente uma versão mais intensa de seus sentimentos por alguém de quem você gosta? O amor de um amigo íntimo é o mesmo que o amor de um parceiro romântico? Caso contrário, você reconhece que há diferenças qualitativas entre os relacionamentos. A próxima seção examina a abordagem baseada em recompensa para construir um relacionamento. Em seguida, consideramos as diferenças entre vários tipos de relacionamento.

■ 9-3a O mercado íntimo: definindo ganhos e perdas

Anteriormente, vimos que as pessoas são no inicio atraídas por outras que oferecem recompensas diretas ou indiretas. Porém, "O que tem aí para mim?" ainda é um fator importante em um relacionamento que floresceu e cresceu? Uma abordagem econômica pode prever o futuro e a longevidade de um relacionamento próximo?

Teoria da troca social A **teoria da troca social** é um modelo econômico do comportamento humano no qual as pessoas são motivadas pelo desejo de maximizar o lucro e minimizar as perdas em suas relações sociais, assim como no mundo dos negócios (Homans, 1961; Thibaut e Kelley, 1959). A premissa básica é simples: relacionamentos que fornecem mais recompensas e menos custos serão mais satisfatórios e durarão mais. Em relacionamentos íntimos, as recompensas incluem amor, companheirismo, consolo em momentos de angústia e gratificação sexual se o relacionamento for dessa natureza. Os custos incluem o esforço necessário para manter um relacionamento, trabalhar em meio a conflitos, comprometer e sacrificar outras oportunidades.

Eu fiz os cálculos e vou me casar com você.

O desenvolvimento de um relacionamento íntimo está claramente associado ao nível geral de recompensas e custos. As pesquisas indicam que casais de namorados que experimentam maiores aumentos nas recompensas à medida que o relacionamento progride têm mais probabilidade de permanecer juntos que aqueles que experimentam pequenos aumentos ou declínios (Berg e McQuinn, 1986). As pessoas não se preocupam com os custos durante a lua de mel de um relacionamento (Hays, 1985). Depois de alguns meses, porém, tanto as recompensas como os custos começam a contribuir para os níveis de satisfação, tanto no caso de heterossexuais casados (Margolin e Wampold, 1981) quanto de casais homossexuais que moram juntos (Kurdek, 1991a).

Recompensas e custos não surgem em um vácuo psicológico. As pessoas no geral trazem para um relacionamento certas expectativas sobre o "balanço" a que têm direito. John Thibaut e Harold Kelley (1959) cunharam o termo *nível de comparação (comparison level – CL)*

> **teoria da troca social** Perspectiva que vê as pessoas motivadas a maximizar os benefícios e a minimizar os custos em seus relacionamentos com outras pessoas.

para se referir a esse resultado médio esperado nos relacionamentos. Uma pessoa com um CL alto espera que seus relacionamentos sejam recompensadores; alguém com um CL baixo, não. Situações que atendem ou excedem as expectativas de uma pessoa são mais satisfatórias que aquelas que ficam aquém. Mesmo um relacionamento ruim pode parecer muito bom para alguém que tem um CL baixo.

De acordo com Thibaut e Kelley, um segundo tipo de expectativa também é importante. Eles cunharam o termo *nível de comparação para alternativas (comparison level for alternatives – CLalt)* para se referir às expectativas das pessoas sobre o que receberiam em uma situação alternativa. Se as recompensas disponíveis em outro lugar forem consideradas altas, o comprometimento em permanecer no relacionamento atual diminui (Drigotas e Rusbult, 1992). Quando se percebe poucas alternativas aceitáveis (um CLalt baixo), a tendência é permanecer, mesmo em uma relação insatisfatória que não atenda às expectativas (CL).

Claro, assim como essas alternativas podem influenciar nosso comprometimento, um senso de comprometimento pode influenciar nossa percepção das alternativas. Se você já se apaixonou, provavelmente não foi frio, calculista e totalmente objetivo em suas percepções das alternativas. Em relacionamentos íntimos e próximos, tendemos a agir como amantes, não como cientistas, e nutrir ilusões positivas. Uma ampla literatura de pesquisa mostra que quem está apaixonado tende a ver seus parceiros e relacionamentos através de lentes cor de rosa (Collins e Feeney 2000; Luchies et al., 2013; Sanderson e Evans, 2001; Solomon e Vazire, 2014). Pessoas apaixonadas também tendem a ver outros parceiros em potencial como menos atraentes, uma percepção motivada que permite que quem está comprometido em um relacionamento resista à tentação (Lydon, 2010). Essa perspectiva positiva sobre o próprio parceiro em relação aos outros geralmente conduz a um relacionamento feliz e estável (Murray e Holmes, 1999; Murray et al., 1996).

"O amor não olha com os olhos, mas com a mente; e, portanto, o Cupido alado é pintado às cegas. "
– William Shakespeare, *Sonho de uma noite de verão*

Um terceiro elemento na troca social é o investimento. Um *investimento* é algo que se coloca em um relacionamento e que não é possível recuperar se este terminar. Se você não gosta de como um relacionamento íntimo está funcionando, pode arrumar suas roupas, pegar seu laptop e ir embora. No entanto, e quanto ao tempo que gastou tentando fazer o relacionamento prosperar? E quanto a todas as oportunidades românticas e profissionais que você sacrificou ao longo do caminho? Como você pode esperar, os investimentos aumentam o comprometimento. Aquelas coisas que não podemos levar conosco, fazem ser mais provável que fiquemos (Rusbult e Buunk, 1993).

Ao longo dos anos, as pesquisas mostraram que os blocos de construção da estrutura de troca social – conforme representado na • Figura 9.13 e incorporados ao modelo de investimento de Caryl Rusbult et al. (1998) – podem ser usados para determinar o nível de comprometimento dos parceiros em um relacionamento (Le e Agnew, 2003; Rusbult et al., 2012). Esse modelo é importante porque os níveis de compromisso preveem quanto tempo os relacionamentos vão durar. Em estudos de casais de namorados e já casados, os mais equilibrados são aqueles em que ambos os parceiros estão comprometidos e veem o outro como igualmente comprometido (Drigotas et al., 1999).

Particularmente importante para a durabilidade de um relacionamento, as pessoas que são altamente comprometidas são mais propensas a perdoar e esquecer quando seus parceiros traem normas do relacionamento flertando, mentindo, esquecendo um aniversário, revelando uma história particular e embaraçosa em público, ou tendo um caso (Finkel et al., 2002). Infelizmente, há momentos em que o compromisso se torna uma armadilha. Um estudo com mulheres agredidas mostrou que o modelo de investimento pode ser usado para prever se mulheres que sofreram violência permanecerão em um relacionamento abusivo (Rhatigan e Axsom, 2006).

teoria da equidade Teoria de que as pessoas estão mais satisfeitas com um relacionamento quando a proporção entre benefícios e contribuições é semelhante para ambos os parceiros.

Teoria da equidade A **teoria da equidade** fornece uma versão especial de como a troca social opera nas interações interpessoais (Adams, 1965; Messick e Cook, 1983; Walster et al., 1978). De acordo com essa teoria, uma relação equitativa é uma questão de justiça social (Hatfield et al., 2008). Em todo o mundo, as pessoas ficam mais

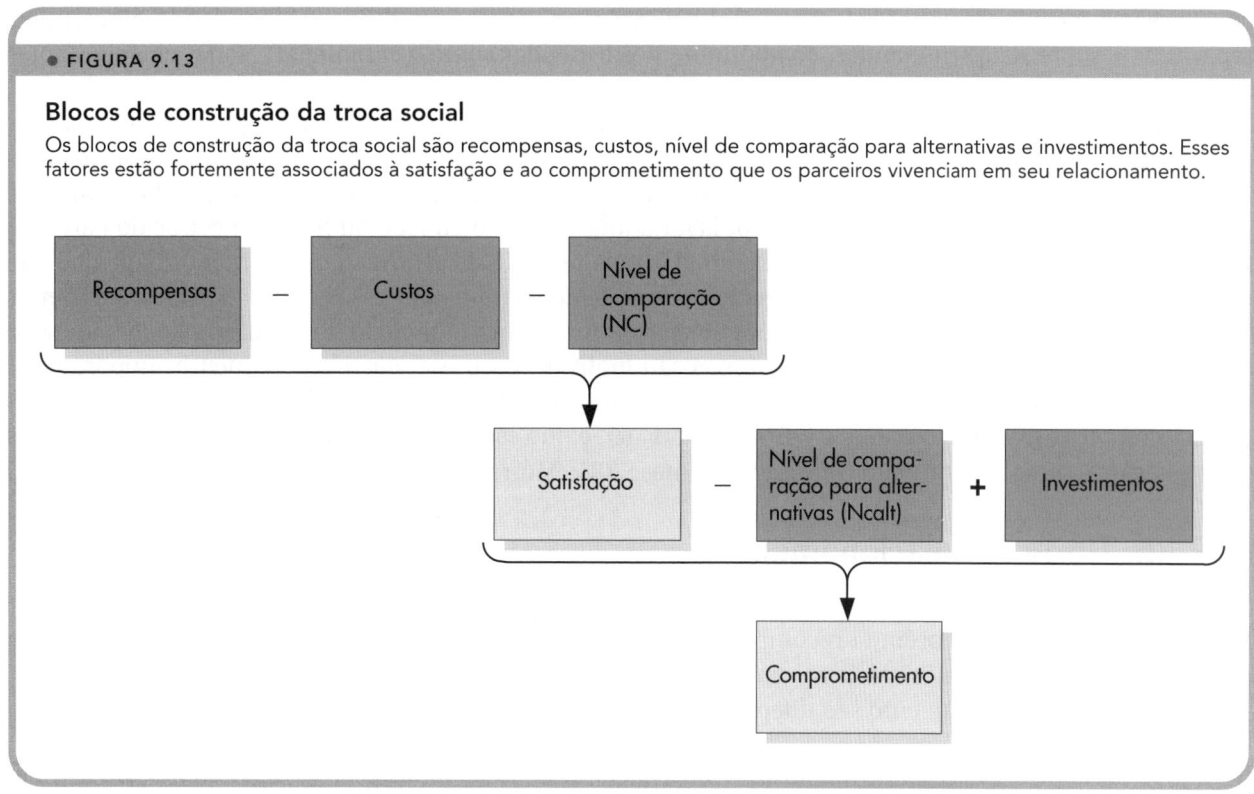

● FIGURA 9.13

Blocos de construção da troca social

Os blocos de construção da troca social são recompensas, custos, nível de comparação para alternativas e investimentos. Esses fatores estão fortemente associados à satisfação e ao comprometimento que os parceiros vivenciam em seu relacionamento.

satisfeitas quando a proporção entre o que ganham com um relacionamento (benefícios) e o que investem nele (contribuições) é semelhante para ambos os parceiros. Assim, a fórmula básica da equidade é

$$\frac{\text{Seus benefícios}}{\text{Suas contribuições}} = \frac{\text{Benefícios do seu parceiro}}{\text{Contribuições do seu parceiro}}$$

Equidade é diferente de igualdade. De acordo com a teoria da equidade, o equilíbrio é o que conta. Portanto, se um dos parceiros se beneficia mais de um relacionamento, mas também dá uma contribuição maior, a situação é justa. Em um relacionamento desigual, o equilíbrio é abalado: um parceiro (chamado *superbeneficiado*) recebe mais benefícios que merece com base nas contribuições feitas, enquanto o outro parceiro (apropriadamente chamado *sub-beneficiado*) recebe menos benefícios que merecia.

Tanto o superbenefício como o sub-benefício são estados instáveis e frequentemente infelizes. Como você pode esperar, os parceiros pouco beneficiados ficam com raiva e ressentidos porque estão dando mais que o parceiro pelos benefícios que recebem, enquanto os parceiros superbeneficados se sentem culpados porque estão lucrando injustamente. Ambos os tipos de desigualdade estão associados a emoções negativas em casais de namorados (Walster et al., 1978), casais (Guerrero et al., 2008) e amizades entre viúvos idosos (Rook, 1987). Quando se trata de satisfação com um relacionamento, como você pode esperar, é mais desagradável se sentir sub-beneficiado que superbeneficiado. As pessoas preferem receber mais que menos, mesmo que se sintam mal com isso (Demaris, 2007; Grote e Clark, 2001; Sprecher, 2001).

Se a equidade é tão importante, então qualquer parceiro em um relacionamento próximo pode às vezes sentir a necessidade de restaurar o equilíbrio quando se sente inferior ou inseguro, como se estivesse aquém do esperado. De acordo com Sandra Murray e John Holmes (2008), pessoas em relacionamentos mantêm natural e inconscientemente uma espécie de "sistema de seguro-confiança", pelo qual mantêm um registro da relação entre custos e benefícios para detectar e reparar possíveis desequilíbrios.

Murray et al. (2009) passaram a demonstrar esse processo em uma série de estudos com recém-casados. Em um desses estudos, mais de 200 casais, com média de 27 anos de idade, foram recrutados na secretaria municipal local quando solicitaram o registro do casamento. Todos estavam casados há menos de 6 meses e receberam um assistente digital pessoal para manter um diário, respondendo a perguntas específicas – sobre seus sentimentos, comportamentos e dúvidas sobre o casamento – todas as noites antes de ir para a cama.

Ao rastrear e correlacionar estatisticamente as respostas de cada parceiro ao longo do tempo, os pesquisadores observaram três etapas do "sistema de seguro-confiança" em ação: (1) em dias após os participantes sentirem ansiedade por não se acharem bons o suficiente para seu parceiro, eles ficavam mais propensos a fazer concessões – por exemplo, lavar a louça, fazer o almoço ou pegar as coisas do parceiro; (2) essas ações restauradoras foram acompanhadas pela redução de sentimentos de inferioridade naquele mesmo dia; e (3) no dia seguinte, os cônjuges que se beneficiaram com essas ações expressaram menos dúvidas sobre seu casamento. Murray e seus colegas propuseram um modelo de equilíbrio de manutenção de relacionamentos, que afirma que as pessoas são motivadas a preservar relacionamentos importantes, que declínios na satisfação e no comprometimento motivam táticas de mitigação de ameaças (por exemplo, ser compreensivo com o parceiro em vez de brigar), e que essas táticas servem para restaurar os níveis de satisfação e comprometimento (Murray e Holmes, 2011; Murray et al., 2015).

9-3b Tipos de relacionamentos

Os modelos de troca social se concentram na quantidade: quanto mais (recompensas, patrimônio), melhor (satisfação, resistência). Porém, a recompensa é sempre necessária? E quanto às diferenças qualitativas entre nossos relacionamentos? Mais recompensa transforma conhecidos em amigos e amigos em amantes, ou esses tipos de relacionamento são diferentes uns dos outros?

Relações de troca e comunais De acordo com Margaret Clark et al., as pessoas operam por um modelo baseado em recompensa quando estão em **relações de troca**, que são caracterizadas pelo recebimento imediato dos benefícios. Nessas situações, as pessoas desejam que os custos sejam rapidamente compensados, deixando o saldo em zero. No entanto, nem todos os relacionamentos se encaixam nesse molde. Clark sustenta que em **relacionamentos comunais** os parceiros respondem às necessidades e ao bem-estar uns dos outros ao longo do tempo e de maneiras diferentes, independentemente de terem dado ou recebido um benefício (Clark, 1984; Clark e Mills, 1979).

As relações de troca geralmente existem entre estranhos e conhecidos casuais e em certos acordos de longo prazo, como parcerias de negócios. Já relacionamentos comunais fortes são geralmente limitados a amigos íntimos, parceiros românticos e membros da família (Clark e Mills, 1993). Com base em um estudo de campo na África Ocidental, Alan Fiske (1992) convenceu-se de que essa distinção se aplica às interações humanas em todo o mundo. No entanto, os cínicos entre nós se perguntam: as relações comunais são realmente livres de trocas sociais? As pessoas podem realmente dar sem nenhum desejo de receber, ou os parceiros em uma relação comunal seguem uma versão mais sutil de troca social, presumindo que os benefícios se equilibrarão no longo prazo? Clark e Judson Mills (1993) acreditam que existem verdadeiros relacionamentos comunitários – uma vez que uma norma comunitária tenha sido adotada em um relacionamento, independentemente de como começou, a motivação para responder às necessidades do outro torna-se automática.

> **relação de troca** Relação na qual os participantes esperam e desejam reciprocidade estrita em suas interações.
>
> **relacionamento comunal** Relacionamento no qual os participantes esperam e desejam resposta mútua às necessidades uns dos outros.
>
> **estilo de apego** O modo como alguém costuma interagir com outras pessoas importantes.

Estilos de apego seguro e inseguro Outra abordagem para entender relacionamentos íntimos é fornecida por Phillip Shaver, Cindy Hazan et al. que teorizaram que, assim como os bebês exibem diferentes tipos de apego por seus pais, os adultos também exibem **estilos de apego** específicos em seus relacionamentos românticos (Cassidy e Shaver, 1999; Mikulincer e Shaver, 2007; Rholes e Simpson, 2004; para visões gerais atualizadas da pesquisa sobre apego, consulte Lovenheim, 2018; Simpson e Karantzas, 2019).

Por muitos anos, os psicólogos do desenvolvimento infantil notaram que os bebês formam laços intensos e exclusivos com seus responsáveis principais. Essa primeira relação é altamente carregada de emoção e aparece com regularidade em diferentes culturas. Ao observar como os bebês reagem tanto a separações quanto a reencontros com seu principal cuidador, geralmente a mãe, os pesquisadores também notaram que eles apresentam diferentes estilos de apego. Aqueles com apegos *seguros* choram de angústia quando a mãe vai embora e sorriem de puro deleite quando ela retorna. Aqueles com apegos *inseguros* apresentam um de dois padrões. Alguns bebês, descritos como ansiosos, agarram-se e choram quando a mãe vai embora, mas a cumprimentam com raiva ou apatia quando ela retorna. Outros são geralmente mais distantes e *esquivos*, não reagindo muito em nenhuma das ocasiões (Ainsworth et al., 1978).

O quanto importante é esse primeiro vínculo? Um vínculo seguro e de confiança no primeiro ano de vida estabelece uma base para relacionamentos íntimos posteriormente na vida? John Bowlby (1988), psiquiatra e teórico influente, argumentou que há uma ligação – que os bebês formam "modelos internos de funcionamento" de figuras de apego e que esses modelos guiam seus relacionamentos mais tarde na vida. Pesquisas mostram que bebês com apego seguro são, posteriormente, mais positivos em sua perspectiva em relação aos outros (Cassidy et al., 1996). Outra pesquisa mostrou que os padrões de relacionamento dos adultos são previsíveis a partir das relações entre pais e filhos na adolescência (Nosko et al., 2011). De qualquer forma, quer os estilos de apego dos adultos sejam enraizados na infância ou desde a adolescência, a distinção entre os adultos provou ser útil (Dinero et al., 2008).

Leia as descrições dos três tipos de apegos na ▲ Tabela 9.1. Com qual você mais se identifica? Hazan e Shaver (1987) apresentaram essa tarefa inicialmente em um "questionário do amor" que apareceu em um jornal de Denver nos Estados Unidos e depois em um estudo com estudantes universitários. Conforme mostrado na ▲ Tabela 9.1, a distribuição das respostas foi semelhante nas duas amostragens e em uma amostragem nacional posterior de 8 mil adultos (Mickelson et al., 1997). Além disso, os pesquisadores descobriram que quem tem um histórico de apego seguro tem relacionamentos satisfatórios, felizes, amigáveis, duradouros e baseados na confiança mútua. Cognitivamente, eles veem as pessoas como bondosas e acreditam no amor romântico. Já os amantes esquivos temem a intimidade e acreditam que o amor romântico está fadado a desaparecer, e os amantes ansiosos relatam uma vida amorosa cheia de altos e baixos emocionais, preocupação obsessiva, disposição maior que os outros para assumir compromissos de longo prazo, atração sexual extrema e ciúme.

Até certo ponto, nossos estilos de apego podem ser vistos em nosso comportamento cotidiano. Por exemplo, Jeffrey Simpson et al. (1996) filmaram casais de namorados enquanto tentavam resolver vários conflitos e depois mostraram as fitas a observadores externos. Descobriram que os homens classificados em um questionário como tendo um estilo de apego inseguro-esquivo eram os menos afetuosos e apoiavam menos as parceiras e que as mulheres com um estilo inseguro-ansioso eram as mais perturbadas e negativas em seu comportamento. Também há motivos para acreditar que os

▲ TABELA 9.1

Estilos de apego

Pergunta: Qual das opções a seguir melhor descreve seus sentimentos?

Respostas e porcentagens	Amostra do jornal	Amostra da universidade
Seguro	56	56
Acho relativamente fácil me aproximar de outras pessoas e sinto-me confortável em depender delas e elas de mim. Não costumo me preocupar em ser abandonado nem com alguém se aproximando demais de mim.		
Esquivo	25	23
Sinto-me um tanto desconfortável por estar perto de outras pessoas; acho difícil confiar nelas completamente, assim como me permitir depender delas. Fico nervoso quando alguém chega perto demais, e muitas vezes os parceiros amorosos querem que eu seja mais íntimo que me sinto confortável em ser.		
Ansioso	19	21
Acho que outros são relutantes em chegar tão perto quanto eu gostaria. Muitas vezes me preocupo que meu parceiro não me ame realmente ou não queira ficar comigo. Quero me fundir completamente com o outro, e esse desejo às vezes assusta as pessoas.		

Fonte: Hazan e Shaver, 1987.

estilos de apego das pessoas influenciam suas reações fisiológicas ao conflito de relacionamento. Em um estudo, Sally Powers e seus colegas (2006) levaram 124 casais em idade universitária para o laboratório para discutir um conflito acalorado que estava havendo. Antes e depois dessa "tarefa de negociação de conflito", os pesquisadores coletaram amostras de saliva de todos os participantes para medir os níveis de cortisol, um hormônio do estresse. Os resultados mostraram que namorados e namoradas com apego inseguro exibiam mais estresse fisiológico em resposta à tarefa de conflito que aqueles com apego seguro.

E quanto ao futuro? O estilo de apego que você endossa hoje prediz os resultados de seus relacionamentos de amanhã? Sobre essa questão, as evidências são contraditórias. Pessoas seguras tendem a ter relacionamentos mais duradouros. No entanto, o prognóstico para aqueles classificados como inseguros é mais difícil de prever, com resultados menos consistentes. O importante é perceber que, embora os estilos de apego se mantenham moderadamente estáveis ao longo do tempo – talvez como remanescentes da infância –, não são fixos ou imutáveis. Lee Kirkpatrick e Cindy Hazan (1994) rastrearam os participantes de um estudo realizado quatro anos antes e descobriram que 30% tinham estilos de apego diferentes.

O desenvolvimento adulto desempenha um papel fundamental a esse respeito. Em uma enorme pesquisa na internet com 91 mil homens e mulheres, de 18 a 64 anos, de 81 países em todo o mundo, William Chopik e Robin Edelstein (2014) descobriram que há uma mudança universal nos estilos de apego ao longo da vida. Para homens e mulheres e entre gêneros e culturas, a ansiedade de apego era mais alta entre os jovens e diminuía posteriormente; o comportamento de evitar o apego foi menor entre os adultos jovens, mas atingiu o pico na meia-idade. Em consonância com o tema central da psicologia social – que somos profundamente moldados pelas situações e papéis em que atuamos – estudos sugerem que é possível revisar continuamente nossos próprios estilos de apego em resposta a novas experiências de relacionamento.

■ 9-3c Como eu te amo? Diferentes maneiras de amar

A poetisa Elizabeth Barrett Browning perguntou: "Como eu te amo?" e então passou a "contar as maneiras". E são muitas. Quando os estudantes universitários foram solicitados a listar todos os tipos de amor que vinham à mente, eles chegaram a 216 possibilidades, como amizade, amor paternal, fraternal, romântico, sexual, espiritual, obsessivo, possessivo e amor pelos animais (Fehr e Russell, 1991). Considerando os altos e baixos e caprichos do amor romântico, a antropóloga Helen Fisher (2015) relata, com base em extensa pesquisa nacional com 25 mil solteiros nos Estados Unidos, que mais de 54% dos solteiros norte-americanos acreditam em amor à primeira vista, 58% dos homens e 50% das mulheres disseram que tiveram um relacionamento de "amizade colorida", 28% tiveram um amigo colorido que se tornou um relacionamento de longo prazo, 89% acreditavam que é possível manter-se casado com a mesma pessoa para sempre, 36% disseram que fariam um acordo pré-nupcial e 33% acreditavam que não há problema em deixar um "casamento satisfatório" se você não estiver mais apaixonado.

Ao longo dos anos foram propostos vários esquemas para classificar os tipos de amor (Berscheid, 2010). A partir de escritos antigos, o sociólogo John Alan Lee (1988) identificou três estilos principais: *eros* (amor erótico), *ludus* (diversão, amor descompromissado) e *storge* (amizade). Tal como acontece com as cores primárias, Lee apresentou que esses três estilos podem ser combinados para formar novos tipos secundários de amor, como *mania* (amor exigente e possessivo), *pragma* (amor pragmático) e *ágape* (amor altruísta voltado para o outro). Mais recentemente, Tim Lomas (2018) usou fontes da internet para reunir 619 palavras de vários idiomas para o amor que não têm tradução para o inglês. Ao agrupar essas palavras, ele identificou provisoriamente 14 "sabores" do amor – como amor por objetos, lugares e experiências; carinho, como pela família e por amigos; amor romântico caracterizado por desejo intenso; e formas "transcendentes" de amor, como vistas em um amor por um ser ou natureza superior.

Outra taxonomia popular é derivada da **teoria triangular do amor** de Robert Sternberg (1986). De acordo com Sternberg, existem oito subtipos básicos de amor (sete formas diferentes e uma oitava combinação que resulta na ausência de amor) – e todos podem ser derivados da presença ou da ausência de três componentes. A combinação forma, portanto, algo como os vértices de um triângulo (ver ● Figura 9.14). Os componentes – e itens de amostra empregados para medir cada um deles – são descritos abaixo:

> **teoria triangular do amor** Teoria que propõe que o amor tem três componentes básicos – intimidade, paixão e compromisso – que podem ser combinados para produzir oito subtipos.

Intimidade: Componente emocional, que envolve simpatia e sentimentos de proximidade ("Tenho um relacionamento confortável com ___.")

Paixão: Componente motivacional, que contém impulsos que desencadeiam atração, romance e desejo sexual ("Só de ver ___ fico feliz.")

Comprometimento: Componente cognitivo, que reflete a decisão de assumir um compromisso de longo prazo com um parceiro amado ("Sempre sentirei uma forte responsabilidade por ___.")

Pesquisas fornecem alguma base para esse modelo de três componentes do amor (Sternberg, 1999). Em um estudo, Arthur Aron e Lori Westbay (1996) pediram que pessoas avaliassem 68 características prototípicas do amor e descobriram que todas enquadravam-se em três categorias: paixão (*olhar para o outro, euforia, frio na barriga*), intimidade (*sentir-se livre para falar sobre qualquer coisa, dar apoio, compreensão*) e compromisso (*dedicação, colocar o outro em primeiro lugar, duradouro*). Em um segundo estudo, Sternberg (1997) pediu que pessoas declarassem o que consideravam importante em diferentes tipos de relacionamentos e descobriu que os resultados foram consistentes com sua teoria. Por exemplo, "amante ideal" teve pontuação alta em todos os três componentes, "amigo" teve pontuação alta em intimidade e comprometimento, mas baixa em paixão, e "irmão" teve pontuação alta em comprometimento, mas baixa em intimidade e paixão.

À luz das teorias que envolvem estilos de apego infantil, cores, triângulos e outros esquemas de classificação do amor que foram propostos ao longo dos anos, podemos nos perguntar: Quantos tipos de amor

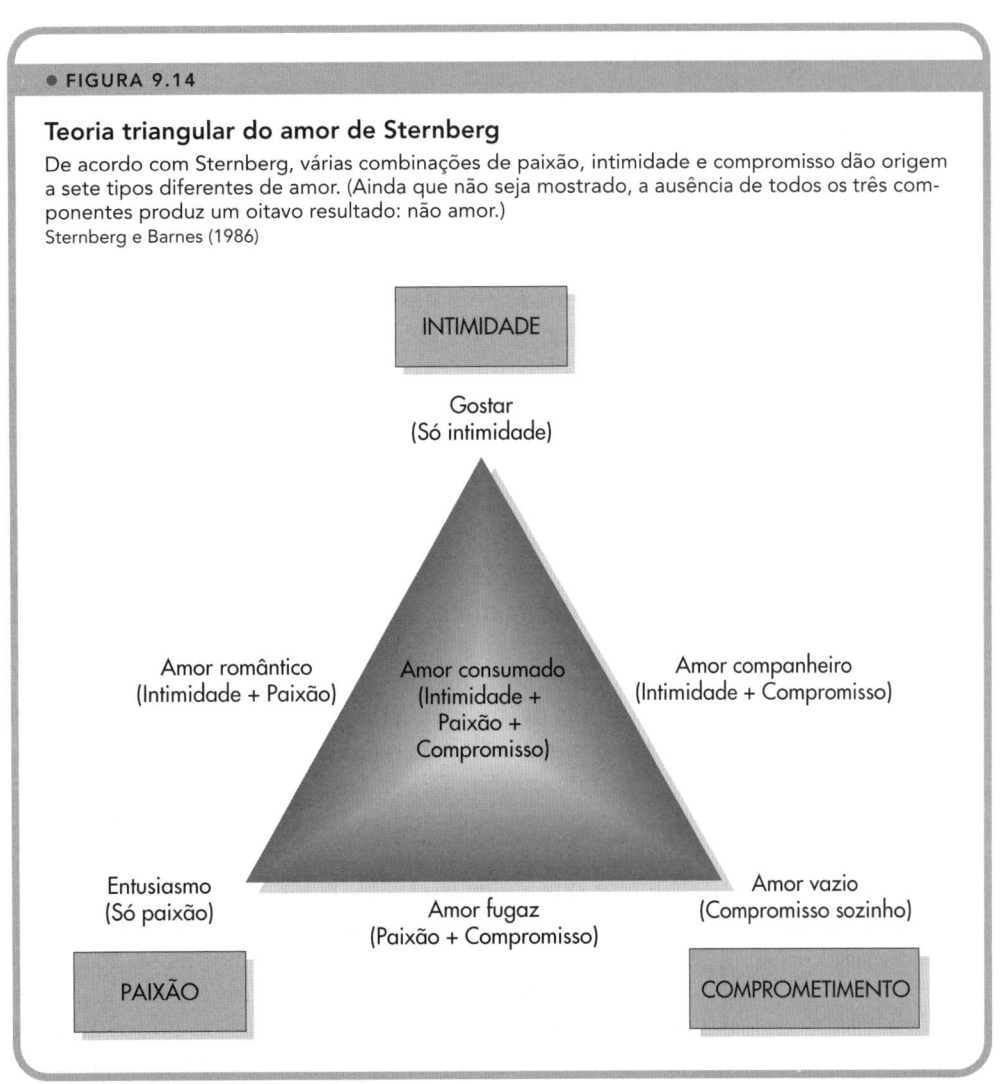

● FIGURA 9.14

Teoria triangular do amor de Sternberg

De acordo com Sternberg, várias combinações de paixão, intimidade e compromisso dão origem a sete tipos diferentes de amor. (Ainda que não seja mostrado, a ausência de todos os três componentes produz um oitavo resultado: não amor.)
Sternberg e Barnes (1986)

existem, realmente? É difícil dizer. Porém há dois tipos básicos incorporados a todos os modelos: gostar, o tipo de sentimento em relação a um amigo, e amoroso, o tipo de sentimento em relação a um parceiro romântico.

De acordo com Zick Rubin (1973), gostar e amar são reações distintas a um relacionamento íntimo. Há alguma dúvida, no entanto, sobre o quanto acentuada é a diferença. Kenneth Dion e Karen Dion (1976) questionaram pessoas em relações casuais, relações exclusivas, casais de noivos e casados. Ainda que os envolvidos em relacionamentos casuais tenham relatado mais gostar que amar, mas não houve diferença entre gostar e amar para aqueles em relacionamentos mais comprometidos. Elaine Hatfield (1988) e seus colegas (Hatfield e Rapson, 1993) fazem uma distinção dupla entre o amor apaixonado e o amor companheiro ainda mais clara. De acordo com Hatfield, o **amor apaixonado** é um estado emocionalmente intenso e *muitas vezes erótico* focado em outra pessoa, enquanto o **amor companheiro** é uma parceria de construção lenta, segura, confiável e estável, semelhante ao que Rubin chamou de gostar.

Amor apaixonado O amor apaixonado é um estado de absorção emocional intenso que às vezes se desenvolve rapidamente focado em outra pessoa, capaz de fazer o coração acelerar. Vai de picos emocionantes a quedas agonizantes, é o material básico de romances, música popular, poemas e novelas. O que é o amor apaixonado e de onde ele vem? De acordo com Ellen Berscheid e Elaine Walster Hatfield (1974), a chave para entender o amor apaixonado é reconhecer que é uma emoção que pode ser analisada como qualquer outra. Baseando-se na teoria da emoção de dois fatores de Schachter (1964) descrita no Capítulo 3, o amor apaixonado é alimentado por dois ingredientes: (1) um estado elevado de excitação fisiológica e (2) a crença de que essa excitação foi desencadeada pela pessoa amada.

Às vezes, a conexão excitação-amor é óbvia, como quando uma pessoa sente uma onda de desejo sexual ao ver um parceiro romântico. Em outras ocasiões, porém, os sintomas de excitação – como coração acelerado, palmas das mãos suadas e pernas bambas – podem ser difíceis de interpretar. Quando você está na companhia de uma pessoa atraente, esses sintomas podem ser atribuídos correta ou incorretamente ao amor apaixonado. Dolf Zillmann (1984) chama o processo de **transferência de excitação**. De acordo com Zillmann, a excitação desencadeada por um estímulo pode ser transferida ou somada à excitação de um segundo estímulo. A excitação combinada é então percebida como tendo sido causada apenas pelo segundo estímulo.

Donald Dutton e Arthur Aron (1974) testaram essa hipótese em um estudo de campo realizado em duas pontes sobre o rio Capilano, na Colúmbia Britânica, no Canadá. Uma das pontes era suspensa, estreita e instável (150 metros de comprimento e 1,50 metro de largura, com um corrimão baixo) e oscilava 70 metros acima de corredeiras rochosas – um pesadelo para quem tem o mínimo de medo de altura. A outra ponte era larga, robusta e ficava a apenas 3 metros do solo. Sempre que um jovem desacompanhado cruzava uma dessas pontes, era recebido por uma jovem atraente que se apresentava como assistente de pesquisa, pedia que preenchesse um breve questionário e fornecia o número de telefone para o caso de ele querer mais informações sobre o projeto. Como previsto, os homens que cruzaram a ponte suspensa, mais tarde, tiveram maior probabilidade de procurá-la que aqueles que cruzaram a ponte estável. Em um estudo sobre "amor ao primeiro susto" realizado em dois parques de diversões, Cindy Meston e Penny Frohlich (2003) também descobriram que homens e mulheres que não estavam com um parceiro romântico classificaram a fotografia de uma pessoa do sexo oposto como mais atraente logo depois de andarem em uma montanha-russa que antes de começarem o passeio. Talvez o medo possa atiçar as chamas da paixão.

Ou talvez não. Talvez seja apenas um alívio estar com alguém quando estamos em perigo. Para descartar a possibilidade de que o alívio, em vez da excitação, seja o que alimenta a atração, Gregory White e seus colegas (1981) tiveram que criar a excitação sem sofrimento. Como? Com um pouco de exercício. Os participantes do sexo masculino correram no lugar por 2 minutos ou 15 segundos e então viram um vídeo de uma mulher que esperavam encontrar. A mulher havia sido maquiada para ficar atraente ou pouco atraente. Depois de assistir ao vídeo, os participantes avaliaram a aparência. O resultado:

---

amor apaixonado Amor romântico, caracterizado por grande excitação, atração intensa e medo da rejeição.

amor companheiro Parceria segura, confiável e estável.

transferência de excitação Processo pelo qual a excitação causada por um estímulo é adicionada à de um segundo estímulo, sendo a excitação combinada atribuída ao segundo estímulo.

Em junho de 2011, depois que o time de hóquei Vancouver Canucks perdeu a Stanley Cup, estourou um motim na cidade. Muitas pessoas ficaram feridas; muitos foram presos. Ilustrando o intenso estado de absorção que define o amor apaixonado, este jovem casal foi fotografado se beijando na rua, em meio ao caos. A *Sports Illustrated* chamou essa imagem icônica de "a imagem de esportes mais atraente do ano".

aqueles que se exercitaram por 2 minutos em vez de apenas 15 segundos viram a mulher fisicamente atraente como ainda mais atraente e a mulher não atraente como menos atraente. Este e outros estudos semelhantes (Allen et al., 1989) mostraram que a excitação – mesmo sem a angústia – intensifica as reações emocionais, positivas ou negativas.

A consequência dessa pesquisa – que nossas paixões estão à mercê de pontes, montanhas-russas, exercícios e tudo o mais que faz o coração disparar – é intrigante. É certamente consistente com a observação comum de que as pessoas ficam mais vulneráveis a se apaixonar em fases turbulentas da vida. Porém o efeito ocorre, conforme teorizado, por que as pessoas atribuem erroneamente a excitação a uma pessoa que acabaram de conhecer? Sim e não. Com base em sua revisão de 33 experimentos, Craig Foster et al. (1998) confirmaram que o efeito excitação-atração existe. Também descobriram, no entanto, que o efeito ocorre mesmo quando as pessoas sabem a verdadeira fonte de sua excitação – em outras palavras, mesmo sem atribuição incorreta. De acordo com esses investigadores, o simples fato de estarmos excitados, mesmo que saibamos por quê, facilita a resposta mais natural. Se a pessoa que encontramos é bonita e do sexo certo, ficamos mais atraídos. Se a pessoa não for bonita ou for do sexo errado, ficamos menos atraídos. Nenhum pensamento é necessário. A resposta é automática.

Agora está claro que o amor apaixonado é erótico e altamente sexualizado – um estado intenso que parece um "vício natural" (Fisher et al., 2016). Em um livro intitulado *Lust: what we know about human sexual desire*, Pamela Regan e Ellen Berscheid (1999) apresentam evidências convincentes para a proposição de que o desejo sexual intenso e a excitação são uma parte vital do amor apaixonado. Nesse sentido, eles observam que "amar" é diferente de "estar apaixonado". Para ilustrar, Berscheid e Meyers (1996) pediram que universitários fizessem três listas: pessoas que amavam, pessoas por quem estavam apaixonados e pessoas por quem se sentiam sexualmente atraídos. Acontece que apenas 2% das pessoas na lista do "amor" também apareceram na lista do sexo. Entre aquelas na categoria "apaixonados", a sobreposição com sexo foi de 85%. E, quando Regan e seus colegas (1998) pediram que pessoas listassem as características do amor romântico, dois terços citaram o desejo sexual – mais que quem colocou felicidade, comunicação, lealdade, compartilhamento ou compromisso na lista.

Apesar dos ideais românticos, muitas pessoas duvidam do poder de resistência do amor apaixonado. O fogo em um relacionamento segue quente e brilhante com o tempo, ou é apenas uma paixão passageira? Comparações de casais em diferentes estágios de seus relacionamentos e estudos longitudinais que medem mudanças nos mesmos casais ao longo do tempo sugeriram que o amor intenso, sexual e apaixonado tende a diminuir um pouco com o tempo (Acker e Davis, 1992). No entanto, esse declínio não está claramente definido ou é inevitável. Bianca Acevedo e Arthur Aron (2009) fizeram uma metanálise de pesquisas anteriores e questionaram casais que estavam juntos há vários anos sobre o amor apaixonado. Eles descobriram que, embora o aspecto "obsessivo" inicial do amor apaixonado diminua claramente nos relacionamentos de longo prazo ("Às vezes acho difícil me concentrar no trabalho porque pensamentos sobre meu parceiro ocupam minha mente"), há um aspecto "romântico" que muitas vezes perdura ("Prefiro estar com meu parceiro a qualquer outra pessoa").

Acevedo et al. (2012) estudaram em seguida homens e mulheres casados há 21 anos, em média – e que relataram um amor romântico intenso e de longo prazo por seu parceiro. Eles fizeram esses participantes passarem por fMRI enquanto visualizavam imagens faciais de seu parceiro, de um conhecido altamente familiar, de um amigo próximo e de uma pessoa pouco familiar. As varreduras revelaram atividade em regiões do cérebro ricas em dopamina e em áreas que são tipicamente ativado pelo apego materno durante a observação da foto do parceiro. Mais pesquisas são necessárias, porém esses resultados apoiam dados de autorrelatos de que, para algumas pessoas, o amor intenso por seu parceiro de longa data pode durar muitos e muitos anos.

Amor companheiro Em contraste com a natureza intensa, emocional, erótica e às vezes obsessiva do amor apaixonado, o amor companheiro é uma forma de afeição que une amigos íntimos e amantes. Relacionamentos de companheirismo baseiam-se em confiança mútua, carinho, respeito, amizade e compromisso – características que John Harvey e Julie Omarzu (2000) consideram necessárias para "cuidar do relacionamento íntimo".

Comparado ao modo apaixonado de amor, o amor companheiro é menos intenso, mas em alguns aspectos é mais profundo e duradouro. Susan Sprecher e Pamela Regan (1998) administraram escalas de amor apaixonado e companheiro a casais heterossexuais juntos há vários anos e descobriram que as pontuações de amor apaixonado de homens e mulheres inicialmente aumentaram com o tempo, chegando a um pico e diminuindo um pouco durante o casamento. As pontuações do amor companheiro, no entanto, não diminuíram de forma semelhante. Na verdade, em casais que ficam juntos, os parceiros tendem a afirmar "Eu te amo mais hoje que ontem" (Sprecher, 1999). Como a tartaruga lenta, mas constante, na fábula de Esopo, o amor companheiro pode parecer superado pelo início mais chamativo do amor apaixonado, mas ainda pode cruzar a linha de chegada bem à frente.

"O verdadeiro amor nunca envelhece."
— Provérbio

O amor companheiro é caracterizado por altos níveis de **autoexposição**, uma vontade de abrir e compartilhar fatos e sentimentos íntimos. De certa forma, a autoexposição é para o amor companheiro o que a excitação é para o amor apaixonado. Pense por um momento sobre a experiência mais embaraçosa pela qual já passou, em suas ambições mais acalentadas ou em sua vida sexual. Você desnudaria sua alma sobre esses assuntos privados para um completo estranho? Que tal um conhecido casual, namorado, amigo ou amante? Se devemos ou não revelar – o quê, quando, quanto e para quem – é uma decisão que cada um de nós toma com base na consideração que temos a ganhar e a perder em um relacionamento (Omarzu, 2000).

A disposição de revelar fatos e sentimentos íntimos está no cerne de nossos relacionamentos mais pessoais e próximos (Derlega et al., 1993). As pesquisas mostram que, quanto mais emocionalmente envolvidas as pessoas estão em um relacionamento íntimo, mais elas se revelam umas às outras. Nancy Collins e Lynn Miller (1994) observam três possíveis razões para essa correlação: (1) nos abrimos para pessoas de quem gostamos, (2) gostamos de pessoas que se abrem para nós e (3) gostamos de pessoas para quem nos abrimos. Assim, entre pares de estudantes universitários desconhecidos reunidos em um laboratório para breves conversas, quanto mais eles se abriram, melhor se sentiram um com o outro posteriormente (Vittengl e Holt, 2000). Em um estudo longitudinal com casais de namorados, parceiros que relataram níveis mais altos de abertura também expressaram mais satisfação, compromisso e amor (Sprecher e Hendrick, 2004). Quando se

autoexposição Revelações sobre si mesma que uma pessoa faz para os outros.

trata de sexo, também, os parceiros que expõem seus gostos e desgostos um ao outro estão mais satisfeitos sexualmente que aqueles que são menos abertos (MacNeil e Byers, 2009).

Ao longo dos anos, os pesquisadores observaram três padrões de autoexpoosição nas relações sociais. Um deles é que os parceiros se abriram mais um ao outro à medida que o relacionamento tornava-se mais duradouro. De acordo com Irving Altman e Dalmas Taylor (1973), a autoexposição é modo básico de troca social que se expande à medida que os relacionamentos se desenvolvem. A *teoria de penetração social* sustenta que os relacionamentos progridem de trocas superficiais para as mais íntimas. No início, as pessoas dão relativamente pouco de si mesmas e recebem igualmente em troca. Se os encontros iniciais forem gratificantes, no entanto, as trocas tornam-se mais *amplas* (o que abrange mais áreas de suas vidas) e mais profundas (o que envolve áreas mais sensíveis). Em suma, a interação social cresce de uma fatia estreita e rasa para uma cunha mais ampla e penetrante.

"Apenas por curiosidade: quando, exatamente, você estava planejando me dizer que é produto de uma impressora 3D?"

Relacionamentos de companheirismo são caracterizados por quantidades crescentes de autoexposição – portanto, a falha em expor algo essencial em tempo hábil é recebida com surpresa.

Tang e Wang (2012) realizaram uma pesquisa on-line para explorar os tópicos abordados por 1.027 blogueiros de Taiwan tanto em seus blogues como no mundo real. Os resultados mostraram que os blogueiros expõem suas atitudes, seus corpos, dinheiro, trabalho, sentimentos, interesses e experiências, entre outros temas. Entre três públicos-alvo (on-line, melhor amigo e pais), os blogueiros expõem-se mais para seus melhores amigos, seguidos por seus pais e pelo público on-line, tanto em profundidade como em abrangência. Parece que a teoria da penetração social – proposta muito antes da existência da internet – fornece uma boa descrição da autoexposição hoje, nos relacionamentos on-line.

Uma segunda observação é que os padrões de autoexposição mudam de acordo com o estado de um relacionamento. Durante um primeiro encontro e nos estágios iniciais de um novo relacionamento, as pessoas tendem a retribuir as revelações da outra pessoa com revelações sobre si mesmas – em um nível comparável de intimidade. Se um novo conhecido se abre, é educado fazer o mesmo, revelando mais de nós mesmos. Uma vez que um relacionamento está bem estabelecido, no entanto, a reciprocidade estrita ocorre com menos frequência (Altman, 1973; Derlega et al., 1976). Entre casais em crise, dois padrões diferentes de autoexposição foram observados. Para alguns, a amplitude e a profundidade diminuem à medida que os parceiros se retraem e param de se comunicar (Baxter, 1987). Para outros, a amplitude da revelação diminui, mas a profundidade aumenta à medida que os parceiros expressam raiva um do outro (Tolstedt e Stokes, 1984). Nesse caso, o processo de penetração social não se assemelha nem à lasca de um contato superficial, nem à cunha de um relacionamento íntimo, mas sim a um longo e fino punhal de descontentamento.

Uma terceira observação comum é que os indivíduos diferem na tendência de compartilhar pensamentos íntimos e pessoais com os outros. Kathryn Dindia e Mike Allen (1992) conduziram uma metanálise de 205 estudos envolvendo 23.702 norte-americanos brancos e descobriram que, em média, as mulheres são mais abertas que os homens – e que as pessoas costumam se abrir mais para mulheres que para homens. Sendo esse o caso, não é nenhuma surpresa que as mulheres valorizem suas amizades com o mesmo gênero mais que os homens. Pelo menos na América do Norte, amigos do sexo masculino parecem se vincular mais participando de atividades comuns, enquanto mulheres amigas compartilham mais sentimentos (Duck e Wright, 1993).

"No momento em que você não consegue esconder nada de uma mulher, você a ama."

– Paul Geraldy

Como disse Paul Wright (1982), as mulheres tendem a interagir "cara a cara", mas os homens andam "lado a lado".

9-3d Cultura, atração e relacionamentos íntimos

Ao observar a atração, o desejo, os relacionamentos e o amor, indagamos: as pessoas em todo o mundo são semelhantes ou diferentes? Até que ponto esses processos são universais ou diferem de uma cultura a outra? Nos últimos anos, vários psicólogos sociais levantaram esse tipo de questionamento (Hatfield et al., 2007).

Em seu estudo transcultural original sobre a seleção de parceiros, por exemplo, Buss (1989) descobriu que a atratividade física é mais significante para os homens no mundo em geral e que os recursos financeiros são mais importantes para as mulheres – diferenças de gênero que pareciam universais. No entanto, até mesmo Buss ficou impressionado com o poderoso impacto exercido pela cultura nas preferências pelos parceiros. Na China, na Índia, na Indonésia, no Irã, em Taiwan e nos territórios palestinos de Israel, por exemplo, as pessoas valorizavam a castidade em um companheiro. Ainda assim, na Finlândia, na França, na Noruega, na Suécia, na Holanda e na Alemanha Ocidental, a castidade não era importante ou era valorizada negativamente.

Ao tratar de relacionamentos íntimos, os estudos mostram que o amor apaixonado é uma emoção generalizada e universal. Em pesquisas realizadas em todo o mundo, William Jankowiak e Edward Fischer (1992) detectaram indícios de amor apaixonado em 147 de 166 culturas tão variadas quanto Indonésia, China, Turquia, Nigéria, Trinidad, Marrocos, Austrália e Micronésia. Com base nessa universalidade, alguns pesquisadores começaram a explorar a neurociência subjacente. Por exemplo, a antropóloga Helen Fisher (2004) acredita que o amor romântico está embutido na neuroquímica do cérebro. Em particular, Fisher argumenta que o neurotransmissor dopamina, que leva os animais a buscar recompensas como comida e sexo, é essencial para o prazer que é sentido quando esses impulsos são satisfeitos. Consequentemente, ela argumenta, os níveis de dopamina estão associados tanto aos altos da paixão romântica como aos baixos da rejeição. Ao mencionar evidências de estudos com humanos e outros animais, ela também aponta para paralelos neuroquímicos entre o amor romântico e o vício em substâncias químicas.

Ainda que a maioria das pessoas no mundo concorde que o desejo sexual é o que injeta a paixão no amor apaixonado, nem todos veem-no como necessário para o casamento. Pense sobre: se um homem ou mulher tivesse todas as outras qualidades desejadas, você se casaria com essa pessoa se não estivesse apaixonado? Quando estudantes norte-americanos foram pesquisados em 1967, 35% dos homens e 76% das mulheres disseram que sim. Vinte anos depois, apenas 14% dos homens e 20% das mulheres disseram que se casariam com alguém por quem não estivessem apaixonados (Simpson et al., 1986). A mudança entre as mulheres pode refletir o ponto pragmático de que casar por amor é um luxo econômico que poucas do passado podiam bancar. Como visto na popularidade atual dos acordos pré-nupciais, as considerações pragmáticas continuam, ainda hoje, a influenciar as práticas de casamento.

A disponibilidade em se casar sem amor também está altamente sujeita a variações culturais. À luz dos diferentes valores que permeiam as culturas individualistas e coletivistas, as diferenças não são surpreendentes. Em muitas culturas, o casamento é visto como uma transação entre famílias, influenciada por considerações sociais, econômicas e religiosas. Na verdade, os casamentos arranjados ainda são comuns na Índia, na China, em muitos países muçulmanos e na África Subsaariana. Portanto, quando Robert Levine et al. (1995) perguntaram a estudantes universitários de 11 países sobre o casamento sem amor, descobriram que a porcentagem de pessoas que disseram que o fariam variava de 4% nos Estados Unidos, 5% na Austrália e 8% na Inglaterra, até 49% na Índia e 51% no Paquistão.

Em culturas em que o amor não é base suficiente para o casamento, outros fatores desempenham um papel importante. Na Índia, um sistema de castas historicamente arraigado divide seus cidadãos e domina o amor e o casamento (Singh, 2009). Na verdade, embora o governo tenha legalizado o casamento entre castas há mais de cinquenta anos e agora esteja oferecendo incentivos para que a união de tais casais, uma separação invisível permanece

"Para um norte-americano apaixonado, as emoções tendem a ofuscar todo o resto... para um chinês apaixonado, seu amor ocupa um lugar entre outras considerações."

– Hsu

entre as castas superiores e inferiores que persiste do nascimento à morte – e "crimes de honra" de casais que ousam cruzar essas linhas tradicionais não são incomuns (Wax, 2008).

Na China, onde a devoção, o respeito e a obediência aos pais e outros idosos da família é ponto fundamental da cultura, há menos ênfase nos "ideais de contos de fadas" ocidentais de amor e romance (Higgins et al., 2002; Jackson et al., 2006). Em pesquisas, jovens adultos na China, mais que nos Estados Unidos, dizem que seriam influenciados em suas decisões de escolha de parceiro pelos pais e por amigos próximos – por exemplo, tentariam persuadir os pais a aceitar um parceiro de namoro e romperiam o relacionamento caso eles não o aprovassem (Zhang e Kline, 2009). Em um estudo, os pesquisadores perguntaram a participantes da China e dos Estados Unidos a respeito dos critérios mínimos para a escolha de um cônjuge. Os participantes chineses definiram requisitos mínimos mais elevados para características de reputação, como "alto *status* social", "poder", "riqueza", "alta capacidade de ganho" e "boa origem familiar", enquanto os norte-americanos classificaram atributos pessoais como "honestidade de confiabilidade", "senso de humor",

Nesse tradicional casamento indiano, os convidados jogam grãos de arroz sobre os noivos para simbolizar abundância e boa sorte. Numa tradição que parece estranha para a maioria dos norte-americanos, para quem estar apaixonado é essencial, os casamentos indianos costumam ser arranjados.

"inteligência", "animação" e "boa educação" como os mais importantes (Chen et al., 2014). Na China, as relações familiares são mais importantes que as manifestações internas e externas de amor (Hiew et al., 2015).

A influência da cultura no amor é interessante. De um lado, pode-se argumentar que o individualismo bruto encontrado em muitas culturas ocidentais inibiria a tendência de se tornar íntimo e interdependente de outras pessoas. De outro, o individualismo favorece que se dê prioridade, na tomada de decisões conjugais, aos próprios sentimentos em vez de preocupações familiares, obrigações sociais, restrições religiosas, renda e coisas do gênero (Dion e Dion, 1996). Para ilustrar esse ponto, Fred Rothbaum e Bill Yuk-Piu Tsang (1998) compararam canções de amor populares nos Estados Unidos e na China. Eles descobriram que as letras norte-americanas focavam mais nos dois amantes como entidades isoladas, independentes do contexto social ("Não há ninguém aqui, somos só você e eu, do jeito que eu quero que seja").

9-3e Questões de relacionamento: a conexão homem-mulher

Navegue pelas ofertas de qualquer livraria real ou on-line e você verá um título após o outro sobre o tema geral de gênero. Há livros dirigidos a homens; a mulheres; a gays, heterossexuais e pessoas trans; livros que exaltam o ideal masculino ou relatam como ser mais femininos; os que retratam homens e mulheres como semelhantes e livros que acentuam as diferenças. Podemos nos basear no título do outrora provocador de John Gray (1997), em que diz que *Homens São de Marte e Mulheres São de Vênus* (*Men Are from Mars, Women Are from Venus*)? Onde a comunidade LGBTQIA+ encaixa-se? E quanto ao desejo sexual – e controle; este é retratado apropriadamente no romance erótico de E. L. James, trazido à vida no filme de sucesso de 2015, *Cinquenta tons de cinza* (*Fifty shades of grey*)? Em caso afirmativo, quais são as consequências quando se trata de relacionamentos homem-mulher? O que os pesquisadores da atratividade têm a contribuir para *The psychology of sex and gender* (Bosson et al., 2020)?

Sexualidade Antes da virada do século XX, Sigmund Freud chocou a comunidade científica ao propor a teoria psicanalítica, que colocava grande ênfase no sexo como força motriz do comportamento humano. Na época, os companheiros mais próximos de Freud rejeitaram esse foco na motivação sexual. Apesar disso ele estava errado? Imagens e temas sexuais surgem, literalmente, em nossos sonhos, nas piadas que contamos, nos programas de TV que assistimos, nos romances que lemos, nas músicas que ouvimos e nos escândalos sexuais que giram em torno de figuras públicas nos noticiários. Não é de admirar que os anunciantes façam uso de conotação sexual para vender de tudo, desde jeans até perfumes, refrigerantes e carros.

O sexo, aspecto mais privado das relações humanas, é difícil de ser estudado sistematicamente. Durante a década de 1940, o biólogo Alfred Kinsey e seus colegas (1948, 1953) conduziram a primeira pesquisa em grande escala sobre as práticas sexuais nos Estados Unidos. Com base em entrevistas confidenciais de mais de 17 mil homens e mulheres, esses pesquisadores procuraram pela primeira vez descrever o que ninguém falaria abertamente: a atividade sexual. Muitos dos resultados foram surpreendentes; a atividade sexual relatada foi mais frequente e mais variada que se esperava. Os livros de Kinsey foram best-sellers instantâneos. Certos aspectos de sua metodologia eram falhos, entretanto. Por exemplo, os participantes eram em sua maioria jovens, brancos, urbanos e de classe média – uma amostra pouco representativa. Ele também fez perguntas importantes para permitir que os entrevistados relatassem suas atividades sexuais – ou inventassem histórias (Jones, 1997a). Kinsey morreu em 1954, mas o Instituto de Pesquisa Sexual na Universidade de Indiana permanece até hoje como importante centro de estudo da sexualidade humana.

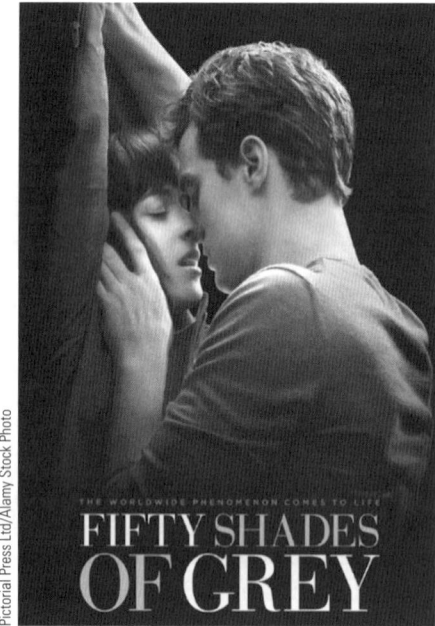

Quando estreou em 2015, o filme *Cinquenta tons de cinza*, baseado em um romance de E. L. James, atraiu enorme atenção. Ao descrever uma relação sexual explícita entre uma jovem universitária, interpretada por Dakota Johnson, e um rico empresário, interpretado por Jamie Dornan, *Cinquenta tons de cinza* apresentou encontros sexuais não convencionais e controversos, que envolvem escravidão, dominação e submissão, além de elementos de sadomasoquismo (*bondage, dominance and submission, and elements of sadism and masochism* - BDSM). O que veio a demonstrar o que o biólogo Alfred Kinsey descobriu há muitos anos, a atividade sexual humana é mais variada que se esperava.

Desde o estudo pioneiro de Kinsey, muitas pesquisas sobre sexo foram conduzidas e fazem parte da história da pesquisa narrada, tanto a sério quanto com humor, em livros com títulos como *Kiss and tell: surveying sex in the twentieth century* (Ericksen e Steffen, 1999) e *Bonk: the curious coupling of science and sex* (Roach, 2008). O limite dos autorrelatos – independentemente de serem feitos em entrevistas pessoais, em pesquisas por telefone ou pela internet – é que nunca podemos saber com certeza quanto preciso são. Parte do problema é que os entrevistados podem não ser honestos nas informações transmitidas. Outro fator limitante é que as pessoas diferem em suas interpretações das perguntas apresentadas.

Os pesquisadores usaram diversos métodos para medir atitudes e comportamentos sexuais. Estudos de interações cotidianas revelam que os homens veem o mundo de modo sexualizado que as mulheres. Em 1982, Antonia Abbey conseguiu que duplas de universitários de sexos opostos conversassem por 5 minutos enquanto outros alunos observavam as sessões. Mais tarde, quando questionou os participantes e os observadores, Abbey descobriu que os homens sentiam mais atração sexual pelas mulheres que o contrário. Os homens também classificaram as participantes das conversas como mais sedutoras e abertas ao flerte que na opinião das mulheres. Entre os homens, mais que entre as mulheres, o contato visual, um elogio, um comentário amigável, um roçar no braço e um sorriso inocente são frequentemente interpretados como estímulos sexuais (Kowalski, 1993).

Apesar de tudo que mudou no último quarto de século, parece que ainda há diferenças de gênero nas percepções de interesse sexual (Levesque et al., 2006; Petersen e Hyde, 2010). Um estudo recente de speed dating mostrou que, enquanto os homens têm uma *superpercepção* do interesse sexual, as mulheres tendem a *não percebê-lo* (Perilloux et al., 2012). Além disso, em uma série de estudos feitos através de questionários on-line, participantes do sexo feminino foram questionadas sobre a probabilidade de fazerem sexo com um homem se tivessem se envolvido em cada um dos 15 comportamentos de namoro, como segurar a mão, elogiar a aparência, preparar o jantar, olhar fixa e profundamente nos olhos dele, beijando-o e dizer "Eu te amo". Os participantes do sexo masculino foram solicitados a estimar a intenção sexual de mulheres que se engajaram nesses mesmos comportamentos. Como no passado, os homens viam mais intenção sexual em vários comportamentos femininos que as mulheres relatavam sobre si mesmas. Curiosamente, outras mulheres perceberam esses comportamentos no que se refere a sexo – concordando mais com os participantes do sexo masculino que com as do sexo feminino (Perilloux e Kurzban, 2015).

As diferenças de gênero são particularmente comuns em pesquisas de autorrelato, nas quais em contraste com as mulheres, os homens relatam ser mais promíscuos, propensos a pensar em sexo, mais permissivos, propensos a desfrutar de sexo casual sem compromisso emocional e propensos a fantasiar sobre sexo com múltiplos parceiros (Oliver e Hyde, 1993). Quando solicitados a selecionar dez desejos particulares de uma lista, por exemplo, a maioria dos homens e mulheres desejava do mesmo modo amor, saúde, paz na terra, capacidade ilimitada e riqueza. Porém um número maior de homens que mulheres também queriam "fazer sexo com quem quisessem" (Ehrlichman e Eichenstein, 1992). Em um estudo em grande escala com 16 mil entrevistados de 52 países, David Schmitt (2003) descobriu que a maioria dos homens deseja mais parceiras e variedade sexual que a maioria das mulheres, independentemente do *status* de relacionamento ou orientação sexual. Com base nesse estudo e em outros, Roy Baumeister et al. (2001) concluíram que "os homens desejam sexo mais que as mulheres" (p. 270).

Orientação sexual Nos últimos anos, legisladores, juízes, líderes religiosos, acadêmicos e leigos debateram abertamente o tema do casamento entre pessoas do mesmo sexo. Em 26 de junho de 2015, esse debate culminou em uma decisão histórica da Suprema Corte dos Estados Unidos de que a Constituição "exige que um Estado autorize o casamento entre duas pessoas do mesmo sexo e reconheça o casamento entre duas pessoas do mesmo sexo legalmente realizado fora do estado" (*Obergefell v. Hodges*, 2015). À luz dessa transformação, nenhuma discussão sobre a sexualidade humana é completa sem que se considerem as diferenças na **orientação sexual** – definida como a preferência sexual de alguém por membros do mesmo sexo (homossexualidade), o sexo oposto (heterossexualidade), ambos os sexos (bissexualidade) ou nenhum (assexual).

Recentemente, a organização de pesquisa Gallup pediu que uma amostra de 1.017 norte-americanos para estimar a porcentagem de gays na população. Consistente com pesquisas anteriores, os entrevistados superestimaram que quase um em cada quatro norte-americanos era gay ou lésbica (McCarthy, 2019).

Qual é a origem da homossexualidade e sua ocorrência? Ao longo da história e em todas as culturas, a maioria das pessoas identificou-se como heterossexual na orientação. No entanto, quanto a maioria é um assunto para algumas considerações. Uma pesquisa de

> Os homens são mais propensos que as mulheres a interpretar gestos amigáveis do sexo oposto com conotação sexual.
>
> **VERDADEIRO**

Pesquisas em horário nobre junto a 1.501 norte-americanos adultos, telespectadores da revista eletrônica Primetime, *da ABC, encontrou uma série de diferenças relacionadas a gênero (Langer et al., 2004):*

	Homens	Mulheres
Penso em sexo todos os dias	70%	34%
Visitei um site de sexo	34%	10%
Tenho fantasias com sexo a três	33%	9%

> **orientação sexual** Preferência de uma pessoa por membros do mesmo sexo (homossexualidade), do sexo oposto (heterossexualidade), de ambos os sexos (bissexualidade) ou de nenhum (assexualidade).

1970, financiada pelo Instituto Kinsey, revelou que 3,3% dos homens norte-americanos da amostra disseram que praticavam sexo homossexual frequente ou ocasionalmente (Fay et al., 1989). Entre 1989 e 1992, o National Opinion Research Center relatou que 2,8% dos homens norte-americanos e 2,5% das mulheres tinham atividade homossexual exclusiva. Em conjunto, pesquisas em grande escala realizadas nos Estados Unidos, na Europa, na Ásia e no Pacífico sugeriram que a população exclusivamente homossexual no mundo é de 3% ou 4% entre os homens e cerca de metade desse número entre as mulheres (Diamond, 1993). Mais recentemente, esse número subiu para 4,5%, especialmente entre os adultos mais jovens (Newport, 2018).

Ainda que uma *orientação* homossexual exclusiva seja relativamente rara, os *comportamentos* homossexuais são mais comuns (Twenge et al., 2016). Em *Same sex, different cultures*, Gilbert Herdt (1998) observa que em partes do mundo, indo de Sumatra a Melanésia, é comum que adolescentes se envolvam em atividades homossexuais antes de atingirem a idade para o casamento, mesmo sendo a homossexualidade posterior uma característica rara. Em *Biological exuberance*, Bruce Bagemihl (1999) relata que encontros sexuais entre pares macho-macho e fêmea-fêmea foram observados não apenas em humanos, mas também em mais de 450 espécies, incluindo girafas, cabras, pássaros, chimpanzés e lagartos. É importante, então, perceber que a orientação sexual não pode ser vista em termos de preto ou branco, mas deve ser vista ao longo de um *continuum*.

Para explicar as raízes da homossexualidade, várias teorias foram propostas. O filósofo grego Aristóteles acreditava que a orientação sexual era inata, mas fortalecida pelo hábito; psicanalistas pós-Freud argumentam que decorre da dinâmica familiar, especificamente do apego excessivo de uma criança a um pai do mesmo sexo ou do sexo oposto; e os teóricos da aprendizagem social apontam para experiências sexuais gratificantes com pessoas do mesmo sexo com colegas na infância. No entanto, há poucas evidências concretas para apoiar essas afirmações. Em um estudo inicial abrangente, Alan Bell et al. (1981) entrevistaram 1.500 adultos homossexuais e heterossexuais sobre a vivência deles. Não houve diferenças nos antecedentes familiares, ausência de pai ou mãe, relacionamento com os pais, abuso sexual, idade de início da puberdade ou padrões de namoro no ensino médio. Exceto pelo fato de que os adultos homossexuais se descreviam como menos conformados quando crianças, os dois grupos não podiam ser distinguidos por experiências anteriores. Ambos os grupos sentiram fortemente que a orientação sexual havia sido definida muito antes de ser "oficial".

Cada vez mais, há evidências científicas de uma disposição biológica. Em um estudo amplamente divulgado, o neurobiologista Simon LeVay (1991) autopsiou os cérebros de 19 homens homossexuais que morreram de aids, 16 homens heterossexuais (alguns dos quais morreram de aids) e 6 mulheres heterossexuais. LeVay examinou um minúsculo núcleo no hipotálamo que está envolvido na regulação do comportamento sexual e é conhecido por ser maior em homens heterossexuais que em mulheres. As amostras foram codificadas numericamente, então LeVay não sabia se determinado doador que estava examinando era homem ou mulher, hetero ou gay. O resultado: nos cérebros homossexuais masculinos que estudara, o núcleo tinha metade do tamanho dos cérebros heterossexuais masculinos e era comparável em tamanho ao encontrado nos cérebros heterossexuais femininos. Essa pesquisa – e suas atualizações – são descritas no livro de Levay (2017) *Gay, straight, and the reason why: the science of sexual orientation*.

É importante reconhecer que esse estudo revelou apenas uma correlação entre a orientação sexual e o cérebro e não pode ser base para tirar conclusões sobre causa e efeito. Um apoio mais convincente para as raízes biológicas da orientação sexual vem de estudos com gêmeos, sugerindo que há uma predisposição genética. Michael Bailey e Richard Pillard (1991) pesquisaram 167 homens gays e seus gêmeos e irmãos adotivos. No geral, 52% dos gêmeos idênticos eram gays, em comparação com apenas 22% dos gêmeos fraternos e 11% dos irmãos adotivos. Dois anos depois, Bailey et al. (1993) conduziram um estudo complementar com lésbicas e obtiveram resultados semelhantes.

As origens da orientação sexual são complexas por duas razões. Em primeiro lugar, não está claro se a orientação sexual para homens e mulheres tem raízes semelhantes. Na Austrália, Bailey et al. (2000) trabalharam com centenas de pares de gêmeos que avaliaram a própria sexualidade em uma escala de 7 pontos que variava de "exclusivamente heterossexual" a "exclusivamente homossexual". No geral, 92%

de homens e mulheres se consideravam exclusivamente heterossexuais. Entre os outros, no entanto, mais mulheres que homens disseram ter tendências bissexuais, e mais homens que mulheres disseram ser exclusivamente homossexuais. Em uma investigação longitudinal de mulheres de 18 a 25 anos, Lisa Diamond (2003) descobriu que mais de um quarto das que inicialmente se identificaram como lésbicas ou bissexuais mudaram a orientação nos cinco anos seguintes – muito mais mudança que já havia sido relatado entre os homens.

Experimentos de laboratório reforçam esse ponto. Em um estudo, Meredith Chivers et al. (2004) recrutaram homens e mulheres que se identificaram como heterossexuais ou homossexuais. Em uma sala privada e mal iluminada, esses participantes assistiram a uma série de breves clipes de sexo – alguns envolvendo casais masculinos, outros, casais femininos. Enquanto assistiam, os participantes avaliaram os sentimentos subjetivos de atração sexual em uma escala de 10 pontos. Ao mesmo tempo, a excitação genital foi medida com o uso de dispositivos que registraram a ereção peniana (para homens) e pulso vaginal (para mulheres).

Os resultados mostraram que as mulheres apresentaram excitação genital por clipes com homens e com mulheres, independentemente de terem sido identificados como heterossexuais ou lésbicas em sua orientação. No entanto, os homens exibiram mais excitação em resposta aos vídeos com homens ou mulheres, dependendo da orientação sexual. Na verdade, embora os homens que se identificaram como bissexuais relatassem atração por ambos os sexos, a maioria apresentou excitação genital por homens ou por mulheres – mas não por ambos (Rieger et al., 2005). Ainda que um estudo tenha identificado um grupo de homens bissexuais em sua excitação genital (Rosenthal et al., 2012), uma série de outras descobertas também levam à conclusão de que as mulheres são sexualmente mais flexíveis que os homens, tendo mais *plasticidade erótica*. Simplificando, as mulheres são mais abertas e propensas a mudar as preferências sexuais ao longo da vida (Baumeister, 2000; Diamond, 2007; Lippa, 2006; Peplau, 2003).

Um segundo fator complicador é que, embora haja fortes evidências de uma disposição biológica, não significa necessariamente que haja um "gene gay" (Hamer et al., 1999). No maior estudo genético já feito sobre o comportamento homossexual, publicado na *Science*, Andrea Ganna e uma equipe de pesquisadores (2019) pesquisaram quase meio milhão de homens e mulheres na Grã-Bretanha, nos Estados Unidos e na Suécia cujos perfis genéticos estavam disponíveis para análise. Os resultados indicaram que a genética desempenha um papel no fato de alguém ter tido uma experiência sexual com o mesmo sexo. No entanto, essa influência não vem de um gene, mas de muitos, e é responsável por apenas um terço do efeito. Os fatores sociais e ambientais respondem pelo restante. Ao refletir sobre essa pesquisa, o geneticista Benjamin Neale comentou: "Espero que a ciência possa ser usada para educar um pouco mais as pessoas sobre o quanto natural e normal é o comportamento homossexual" (Belluck, 2019).

Ao reconhecer que a orientação sexual é complicada, Daryl Bem (1996, 2000) vê seu desenvolvimento como um processo psicobiológico. Bem especula que os genes influenciam o temperamento de uma pessoa no nascimento, levando alguns bebês e crianças pequenas a serem naturalmente mais ativos, enérgicos e agressivos que outros. Essas diferenças de temperamento atraem algumas crianças a brincar com meninos e participar de atividades "masculinas" e outras a brincar com meninas e a participar de atividades "femininas". Bem se refere a crianças que preferem companheiros do mesmo sexo como conformadas por seu gênero e àquelas que preferem companheiros de sexo oposto como não conformadas pelo gênero ("maricas" e "molecas").

As preferências de atividade na infância podem ter raízes biológicas, mas o que acontece a seguir deriva da parte psicológica. De acordo com Bem, as crianças conformadas pelo gênero passam a ver os membros do sexo oposto como diferentes, desconhecidos, excitantes e até exóticos. Já as não conformadas, por sua vez, passam a ver os colegas do mesmo sexo como diferentes, desconhecidos, excitantes e exóticos. Mais tarde, na puberdade, à medida que as crianças se tornam física e sexualmente maduras, descobrem que são atraídas por membros do mesmo sexo ou do oposto – dependendo de qual é o mais exótico. Bem descreve a cadeia de eventos proposta por ele como a teoria da orientação sexual em que o "exótico se torna erótico".

Em 2008, quando o casamento entre pessoas do mesmo sexo se tornou legal na Califórnia, Ariel Owens e Joseph Barham se casaram em San Francisco (à esquerda). Mal sabiam eles, sete anos depois, que a Suprema Corte dos Estados Unidos declararia essa modalidade de união um direito constitucional em todo o país. Fora da Suprema Corte, em 26 de junho de 2015, Pooja Mandagere e Natalie Thompson, defensores dos direitos gays, comemoram o anúncio histórico (à direita).

Em 2001, a Holanda se tornou a primeira nação moderna a conceder status legal pleno aos casamentos entre pessoas do mesmo sexo. Essa modalidade de casamento tornou-se legal nos seguintes países: Bélgica (2003), Espanha (2005), Canadá (2005), África do Sul (2006), Noruega (2009), Suécia (2009), Portugal (2010), Islândia (2010), Argentina (2010), Dinamarca (2012), Brasil (2013), França (2013), Uruguai (2013), Nova Zelândia (2013), Luxemburgo (2014), Reino Unido (2014), Finlândia (2014), Irlanda (2015), Estados Unidos (2015), Colômbia (2016), Malta (2017), Alemanha (2017), Austrália (2017), Áustria (2019), Taiwan (2019) e Equador (2019).

No momento, há apenas um suporte superficial para essa teoria. É verdade que a composição genética pode influenciar o temperamento e predispor a criança a favorecer certos tipos de atividades em detrimento de outras (Kagan, 1994). Também é verdade que homens gays provavelmente foram mais femininos e as lésbicas foram mais masculinas quando crianças – diferenças vistas não apenas nos relatos das pessoas desde a infância (Bailey e Zucker, 1995), mas também no comportamento, como registrado em vídeos caseiros (Rieger et al., 2008). Pode até ser verdade que as pessoas são geneticamente programadas para se envolverem em comportamentos não de acordo com o gênero quando crianças (Bailey et al., 2000). Porém as preferências pelos colegas na infância alteram a orientação sexual do adulto, como Bem sugere, porque o exótico se torna erótico? Ou os fatores genéticos fomentam a não conformidade de gênero na infância, bem como a homossexualidade na idade adulta? E pode uma única teoria explicar a homossexualidade em homens e mulheres, ou são necessárias teorias separadas, como alguns sugeriram (Peplau et al., 1998)?

Maior número de pesquisas são necessárias para responder a essas perguntas e separar as influências biológicas das psicológicas. De qualquer forma, um ponto se destaca: as pessoas, especialmente os homens, não parecem escolher voluntariamente a orientação sexual, nem podem mudá-la facilmente.

Há alguma razão para acreditar que o processo de atração e a formação de relacionamentos íntimos sejam diferentes para os casais do mesmo sexo? Na verdade, não. De acordo com o U.S. Census Bureau, estima-se que 650 mil casais do mesmo sexo viviam juntos nos Estados Unidos em 2010 – um número substancialmente maior que dez anos antes. Estima-se que 132 mil relataram ser casados. Uma pesquisa recente mostra que gays e lésbicas se conhecem como heterossexuais, procurando pessoas que sejam atraentes e semelhantes nas atitudes; que os níveis de satisfação e compromisso são afetados por questões de troca social e equidade, assim como em relacionamentos heterossexuais; e que relatam níveis de afeição e amor em seus relacionamentos íntimos comparáveis aos de casais heterossexuais. Os casais do mesmo sexo diferem dos casais heterossexuais de duas maneiras: eles são mais propensos a manter amizades com ex-parceiros sexuais após o rompimento e tendem a dividir as tarefas de modo mais equitativo em uma família (Kurdek, 2005; Peplau e Fingerhut, 2007).

Os relacionamentos amorosos formados por parceiros do mesmo sexo são tão estáveis e duradouros quanto aqueles formados por casais do sexo oposto? À luz da recente aceitação e do aumento da prevalência do casamento entre pessoas do mesmo sexo em muitos estados dos Estados Unidos, o sociólogo Michael Rosenfeld (2014) analisou um conjunto de dados nacionalmente representativo – as pesquisas *How couples meet and stay together*. Ao rastrear 3.009 casais recém-casados ou que vivam juntos por três anos, incluindo 471 do mesmo sexo, Rosenfeld descobriu que os casais heterossexuais em geral tinham relacionamentos mais duradouros e uma taxa de separação mais baixa (4,9%), mas que essa diferença desaparecia na comparação apenas entre os casados. Motivo: a taxa anual de separação era menor entre casais do mesmo sexo casados ou vivendo em união civil (2,6%) que entre os com vínculos não legalizados (12,8%). Esse estudo representa um primeiro passo importante para compreender as ligações entre orientação sexual e relacionamentos de longo prazo. Em razão da decisão da Suprema Corte em 2015 para legalizar o casamento do mesmo sexo, mais pesquisas sobre casais de gays e lésbicas com certeza serão realizadas nos próximos anos.

A trajetória conjugal Por sermos seres sociais, ter relacionamentos próximos é importante para todos nós. Como observado no início deste capítulo, 73% dos estudantes universitários norte-americanos entrevistados disseram que sacrificariam a maioria dos outros objetivos de vida em vez de desistir de um relacionamento satisfatório (Hammersla e Frease-McMahan, 1990). Ainda assim, infelizmente, se moram nos Estados Unidos ou no Canadá, esses alunos vivem em uma sociedade na qual cerca de 40% dos primeiros casamentos terminam em divórcio. Com um parceiro previamente divorciado, as chances são ainda maiores. Os casais discutem, afastam-se, separam-se e às vezes divorciam-se – e as chances de acontecer são altas. Pesquisas indicam que homens e mulheres casados e felizes são mais saudáveis e vivem mais que aqueles em casamentos menos satisfatórios (Whisman et al., 2018).

Como os casamentos evoluem com o tempo e por que alguns duram enquanto outros se desfazem? Ellen Berscheid e Harry Reis (1998) afirmam que, para psicólogos sociais que estudam relações íntimas, essa é a pergunta mais frequente e incômoda. Há um padrão de desenvolvimento típico? Não e sim. Não, todos os casamentos são diferentes e não podem ser colocados em um único molde. Porém, sim, certos padrões surgem quando os resultados de pesquisas com casais são estudados por longos períodos.

Lawrence Kurdek (1999) relatou um estudo longitudinal de casais em que mediu a satisfação de cada cônjuge a cada ano durante dez anos (dos 522 casais com os quais começou, 93 completaram o estudo). A • Figura 9.15 mostra um declínio geral nas avaliações da qualidade conjugal. Há dois períodos marcados de declínio. O primeiro ocorre durante o primeiro ano de casamento. Os recém-casados tendem a se idealizar e a desfrutar de um estado inicial de felicidade conjugal, mas essa "lua de mel" é logo seguida por um declínio na satisfação (Bradbury, 1998; Huston et al., 2001).

Depois de certa estabilização, um segundo declínio é observado por volta do oitavo ano de casamento – uma descoberta que é consistente com a crença popular na "crise dos sete anos" (Kovacs, 1983).

Essa trajetória conjugal é interessante, mas representa uma média grosseira de diferentes tipos de casamento. Não há um molde único, entretanto, e um modelo só não serve para todos os relacionamentos. Ao perceber essa limitação, os pesquisadores estão procurando traçar linhas de tendência mais precisas para situações conjugais específicas. Até agora, por exemplo, esses estudos mostraram que, em casais heterossexuais com um primeiro filho, a transição para a paternidade acelera a sensação de declínio em ambos os parceiros (Lawrence et al., 2008); que casais de gays e lésbicas que moram juntos não relatam a satisfação diminuída frequentemente observada em casais heterossexuais (Kurdek, 2008); e que, apesar da queda

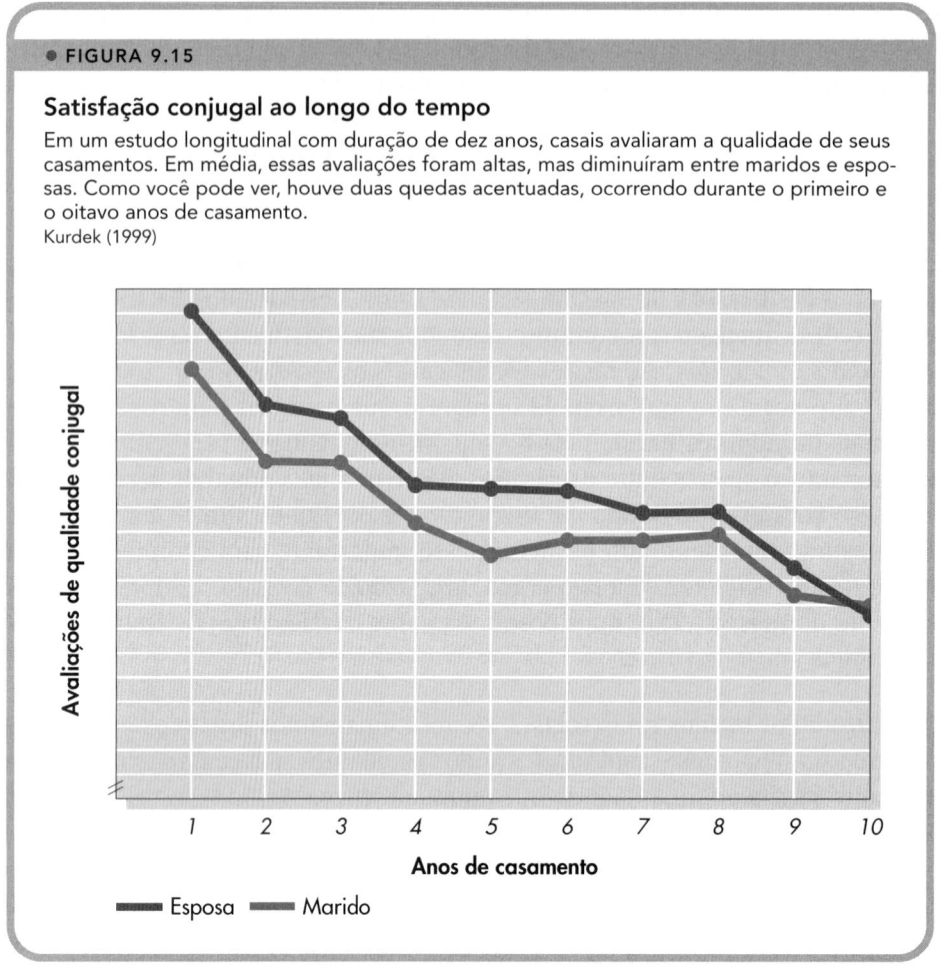

FIGURA 9.15

Satisfação conjugal ao longo do tempo

Em um estudo longitudinal com duração de dez anos, casais avaliaram a qualidade de seus casamentos. Em média, essas avaliações foram altas, mas diminuíram entre maridos e esposas. Como você pode ver, houve duas quedas acentuadas, ocorrendo durante o primeiro e o oitavo anos de casamento.
Kurdek (1999)

inicial, a satisfação conjugal aumenta novamente na meia-idade para os pais cujos filhos crescem, saem de casa e deixam o ninho vazio (Gorchoff et al., 2008).

Fatores específicos predizem resultados futuros? Para responder a essa questão, Benjamin Karney e Thomas Bradbury (1995) revisaram 115 estudos longitudinais de mais de 45 mil casais e descobriram apenas que certas variáveis avaliadas positivamente (educação, emprego, comportamentos construtivos, similaridade em atitudes) podem ser preditivas de desfechos positivos. Constataram, entretanto, que, quanto mais acentuado o declínio inicial na satisfação, maior a probabilidade de os casais se separarem mais tarde. Esse declínio está, em parte, relacionado ao estresse de ter e criar filhos, comum entre os recém-casados. O tédio também é um indicador de perda de satisfação conjugal. Em um estudo longitudinal com 123 casais, maridos e esposas que se sentiram como se estivessem em uma rotina em um ponto no tempo ficaram significativamente menos satisfeitos nove anos depois (Tsapelas et al., 2009).

Há algo que um casal pode fazer para evitar uma rotina e manter viva a lua de mel? Ou, como Kathleen Carswell e Eli Finkel (2018) colocaram: "É possível recuperar a magia?". Para começar, a pesquisa mostra que as pessoas precisam livrar-se da crença comum de que um declínio na paixão romântica de um casal é inevitável – o que não é. Existem maneiras de aumentar a paixão em um relacionamento de longo prazo? Talvez.

Arthur Aron e seus colegas (2000) apresentaram a teoria de que, depois que a alegria de um novo relacionamento passa, os parceiros podem combater o tédio envolvendo-se, juntos, em atividades novas e estimulantes. Por meio de questionários e de uma pesquisa de porta em porta, esses pesquisadores descobriram que, quanto mais novas experiências os cônjuges disseram ter tido juntos, mais satisfeitos estavam com o casamento. Para testar essa hipótese em um experimento controlado, selecionaram casais aleatoriamente e espalharam colchonetes de ginástica pelo chão do laboratório, amarrando os parceiros juntos pelo pulso e pelo tornozelo, de modo que tiveram de engatinhar de uma extremidade à outra da sala – enquanto carregavam um travesseiro entre os corpos. Outros casais receberam a tarefa mais simples de rolar uma bola sobre o colchonete, um parceiro de cada vez. Um terceiro grupo não recebeu nenhuma atribuição. Posteriormente, os participantes foram questionados sobre seus relacionamentos. Como previsto, os casais que se esforçaram e riram durante a atividade estimulante relataram mais satisfação com a qualidade do relacionamento que aqueles nos grupos com atividades corriqueiras ou sem nenhuma tarefa. Talvez o benefício da participação conjunta nesse estudo tenha durado pouco. Porém, talvez, novas experiências emocionantes e constantes possam ajudar a manter a chama do amor acesa.

Comunicação e conflito Desentendimentos sobre filhos, dinheiro, sexo e afeto, ciúme, sogros, tarefas domésticas, confiança, independência, carreiras e tempo de lazer são questões comuns que podem gerar conflitos no casamento (Lavner et al., 2014). Particularmente relevante em tempos de turbulência econômica, as pressões financeiras podem colocar uma enorme pressão sobre as relações conjugais (Conger et al., 1999). Qualquer que seja a causa, os casais experimentam algum grau de atrito. A questão não é se isso acontece, mas como respondemos. Em *The science of couples and family therapy: behind the scenes at the "love lab*, os terapeutas de casais John Gottman e Julia Gottman (2018) descrevem muitas das pesquisas sobre o assunto.

> Depois do período de lua de mel, há um declínio geral nos níveis de satisfação conjugal.
>
> **VERDADEIRO**

Uma fonte de conflito é a dificuldade que algumas pessoas têm em falar sobre suas divergências. Quando os relacionamentos se rompem, os problemas de comunicação são comuns, citados por casais heterossexuais e gays (Kurdek, 1991b; Sprecher, 1994). O que constitui uma "má comunicação"? Comparações de casais felizes e em crise revelaram uma série de padrões de comunicação que frequentemente ocorrem em relacionamentos conturbados (Fincham, 2003). Um padrão comum é chamado *reciprocidade de afeto negativo* – uma troca de expressões de sentimentos negativos na mesma moeda. De modo geral, as expressões de afeto negativo na relação de um casal desencadeiam mais respostas do mesmo tipo que as expressões de afeto positivo. No entanto, a reciprocidade de afeto negativo, especialmente no comportamento não verbal, é maior em casais infelizes, angustiados e presos a um conflito. Para casais em crise, os sorrisos passam despercebidos, mas cada rompante, cada olhar de desgosto, provoca uma resposta afiada como reflexo. O resultado, conforme observado em casais infelizes em todo o mundo, é a incapacidade de quebrar o ciclo vicioso e encerrar as interações desagradáveis (Gottman, 1998).

Homens e mulheres reagem de maneira diferente ao conflito. A maioria das mulheres relata emoções mais intensas e são mais expressivas que os homens em geral (Grossman e Wood, 1993). Ela diz a ele para "aquecer"; ele pede que ela "se acalme". Assim, muitos casamentos infelizes também são caracterizados por um *padrão de interação demanda/fuga* no qual a esposa exige que o casal discuta os problemas de relacionamento e apenas consegue ficar frustrada quando o marido se afasta dessas questões (Christensen e Heavey, 1993). De acordo com Gottman (1994), não há nada de errado com nenhuma das abordagens para lidar com o conflito. O problema está na discrepância – os relacionamentos saudáveis são mais prováveis quando ambos parceiros têm estilos semelhantes de lidar com conflitos.

Seja qual for o estilo de cada um, existem duas abordagens básicas para reduzir os efeitos negativos de um conflito. O primeiro é tão óbvio que muitas vezes é esquecido: aumentar o comportamento recompensador em outros aspectos do relacionamento. De acordo com Gottman e Levenson (1992), a estabilidade conjugal se baseia em um "saldo bastante alto de comportamentos positivos em relação a negativos" (p. 230). Se houver conflito sobre determinado assunto, os parceiros podem e devem procurar outras maneiras de recompensar um ao outro. À medida que o equilíbrio entre os aspectos positivos e negativos melhora, o mesmo ocorre com os níveis gerais de satisfação. Uma segunda abordagem é tentar entender o ponto de vista do outro. Ser sensível ao que o parceiro pensa e como ele se sente melhora a qualidade do relacionamento. O que motiva as pessoas no calor da batalha a se esforçarem para entender o outro lado? Para começar, ajuda se ambas concordarem que há um problema de comunicação.

As atribuições que os parceiros fazem com base nos comportamentos uns dos outros e a vontade de perdoar também são importantes (Bradbury e Fincham, 1992; Fincham et al., 2007). Como você deve imaginar, casais felizes fazem *atribuições que melhoram o relacionamento*: eles veem os comportamentos indesejáveis do parceiro como causados por fatores situacionais ("um dia ruim"), temporários ("vai passar") e de escopo limitado ("isso é apenas uma ferida"). No entanto, percebem os comportamentos desejáveis como causados por fatores inerentes ao parceiro, permanentes e aplicáveis a outros aspectos do relacionamento. Os casais infelizes, por sua vez, fazem *atribuições de manutenção da angústia*. Assim, enquanto casais felizes minimizam os problemas e maximizam as coisas boas, casais infelizes não cedem um centímetro. À luz desses diferentes padrões de atribuição, pareceria que, com o tempo, casais felizes se tornariam mais felizes e casais infelizes, mais infelizes. É assim? Sim. Ao acompanhar casais longitudinalmente, os pesquisadores descobriram que maridos e esposas que fizeram atribuições de manutenção da angústia no início do casamento relataram menos satisfação em um momento posterior (Fincham et al., 2000; Karney e Bradbury, 2000).

Rompimento Quando um relacionamento íntimo termina, como no divórcio, o efeito pode ser traumático (Fine e Harvey, 2006) – e tão estressante que as pessoas que se divorciam têm 23% mais chances de morrer prematuramente por todas as causas de morte (Sbarra et al., 2011). Como parte de um estudo longitudinal com adultos na Alemanha, Richard Lucas (2005) concentrou-se em 817 homens e mulheres que em algum momento se divorciaram. Todos os anos, durante 18 anos, os participantes foram entrevistados e solicitados a avaliar o quanto satisfeitos estavam com a vida em uma escala de 0 a 10. Em média, os divorciados estavam mais de meio ponto menos satisfeitos que seus colegas casados. No entanto, o tempo

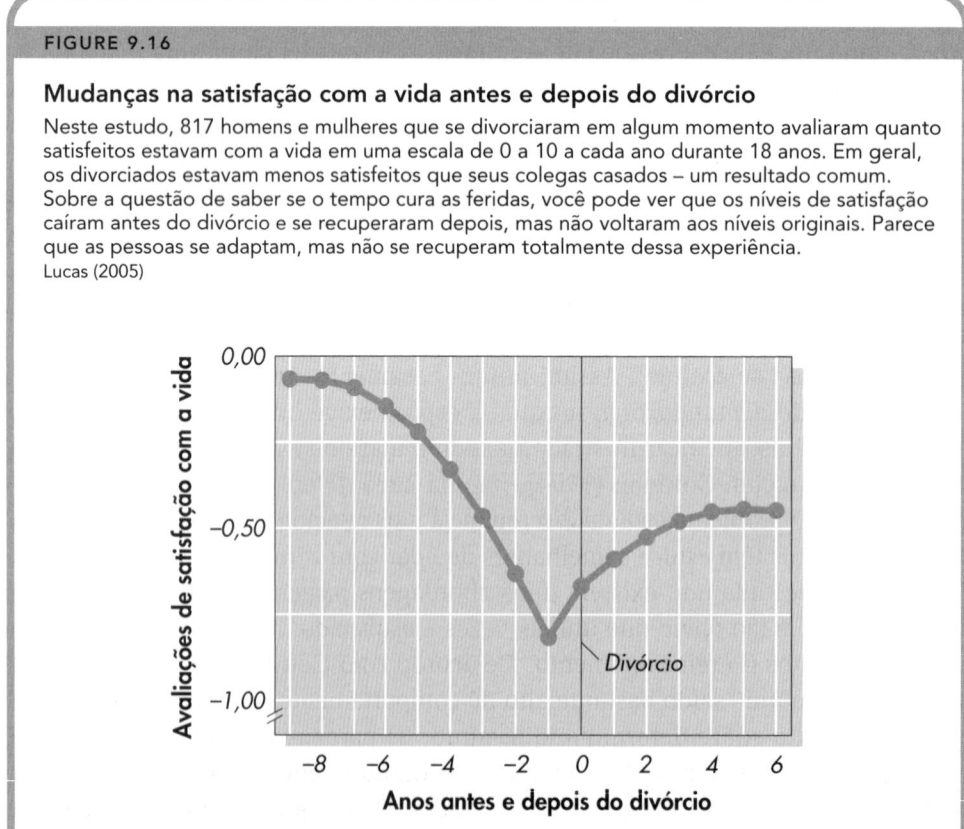

FIGURE 9.16

Mudanças na satisfação com a vida antes e depois do divórcio

Neste estudo, 817 homens e mulheres que se divorciaram em algum momento avaliaram quanto satisfeitos estavam com a vida em uma escala de 0 a 10 a cada ano durante 18 anos. Em geral, os divorciados estavam menos satisfeitos que seus colegas casados – um resultado comum. Sobre a questão de saber se o tempo cura as feridas, você pode ver que os níveis de satisfação caíram antes do divórcio e se recuperaram depois, mas não voltaram aos níveis originais. Parece que as pessoas se adaptam, mas não se recuperam totalmente dessa experiência.
Lucas (2005)

curou a ferida? A • Figura 9.16 mostra três padrões interessantes: (1) Os participantes estavam cada vez menos satisfeitos mesmo antes do divórcio, (2) os níveis de satisfação se recuperaram um pouco imediatamente após o divórcio e (3) os níveis de satisfação nunca voltaram aos níveis originais. Resumindo, as pessoas podem se adaptar, mas muitas vezes não se recuperam totalmente da experiência.

A capacidade das pessoas de lidar com o divórcio depende da natureza da perda. Um fator vital é a proximidade de um relacionamento, ou até que ponto a linha entre o eu e o outro torna-se tão tênue que o meu e o seu são uma única coisa. Outro fator é a interdependência, o que nos une socialmente. Quanto mais interdependentes os casais são e quanto mais comprometidos estão com o relacionamento, maior a probabilidade de que este dure (Berscheid et al., 1989; Rusbult e Buunk, 1993) e mais devastados eles ficarão quando no caso de um término (Fine e Sacher, 1997; Simpson, 1987).

Ao tentar explicar como as pessoas calculam os riscos de envolvimento em relacionamentos românticos íntimos, Murray e seus colegas (2006) observaram um paradoxo que perpassa grande parte da pesquisa: "Os relacionamentos que têm maior potencial para satisfazer as necessidades dos adultos de conexão interpessoal são os mesmos que ativam a maior ansiedade quanto à rejeição" (p. 661). Para dizer o mínimo, sofremos se não nos envolvemos e sofremos se nos envolvemos. Os fatores que contribuem para a perenidade de um relacionamento (proximidade e interdependência) acabam sendo os mesmos que intensificam o medo da rejeição e dificultam o enfrentamento após o término do relacionamento. Então, como equilibrar o investimento psicológico necessário para um relacionamento duradouro com a autoproteção suficiente?

Nos Estados Unidos e em outros países ocidentais, incluindo o Brasil, vários marcadores demográficos indicam quanto complicadas os modos tradicionais de compromisso tornaram-se: uma alta taxa de divórcios, mais famílias monoparentais, mais casais vivendo juntos e mais pessoas que nunca se casaram. No entanto, o desejo de relacionamentos íntimos de longo prazo jamais diminuiu. Ao contrário, as pessoas gastam milhões de dólares em sites de namoro on-line, gays e lésbicas buscam ativamente o reconhecimento legal do casamento entre pessoas do mesmo sexo, a maioria dos indivíduos divorciados se casam novamente e famílias adotivas tentam forjar um novo significado de "família". Parece que estamos no meio de uma grande e contundente busca à medida que milhões de homens e mulheres tentam encontrar maneiras de se vincular, atrair, aproximar, amar e comprometer com a permanência dos outros.

9-4 Revisão

Os 10 principais pontos-chave do Capítulo 9

1. A necessidade de pertencer é uma motivação humana fundamental, um impulso abrangente para formar e manter relacionamentos duradouros.

2. Ainda que as pessoas difiram quanto à intensidade das necessidades de vínculo, quem é extremamente tímido pode sofrer de solidão, que é um estado doentio.

3. Sendo a beleza um bem social, as pessoas atraentes são mais populares, socialmente habilidosas e sexualmente experientes – mas não são mais felizes nem têm autoestima elevada.

4. Mesmo que a beleza esteja parcialmente nos olhos de quem vê e seja influenciada pela cultura e pelo contexto, certos tipos de rostos – por exemplo, os simétricos – são considerados atraentes em todas as culturas, tanto para bebês quanto para adultos.

5. Durante o processo de familiarização, as pessoas tendem a gostar de outras semelhantes no que se refere a origem, atitudes, interesses, valores e níveis de atratividade física.

6. Psicólogos evolucionistas descobriram que, enquanto os homens procuram mulheres jovens e atraentes, atributos que sinalizam saúde e fertilidade, as mulheres procuram homens mais velhos e com segurança financeira, atributos preditivos de sucesso futuro.

7. Conforme previsto pela teoria da equidade, as pessoas buscam não apenas maximizar os benefícios e minimizar os custos em seus relacionamentos, mas também garantir que essa relação seja equivalente para ambos os parceiros.

8. É importante distinguir o amor apaixonado, um estado intenso, emocional, muitas vezes erótico, e o amor companheiro, que é menos intenso, porém mais profundo e duradouro.

9. Tanto a teoria biológica quanto a do desenvolvimento explicam as origens da orientação homossexual, que caracteriza exclusivamente 3% a 4% dos homens e 2% das mulheres (a incidência de comportamentos homossexuais é maior).

10. Estudos longitudinais de casais indicam que, embora haja um declínio médio na satisfação ao longo do tempo, até que os relacionamentos se estabilizem, a satisfação conjugal é influenciada por muitos fatores externos (como filhos, economia e padrões de conflito e comunicação).

Colocando o SENSO COMUM à prova

Necessidade de pertencer: um motivo humano fundamental

Em momentos de estresse, as pessoas procuram a companhia de outras, mesmo que sejam estranhos.

- (V) **Verdadeiro** *Pesquisas mostraram que a ameaça externa causa estresse e leva as pessoas a se associarem a outras que estão enfrentando ou que enfrentaram uma ameaça semelhante.*

A atração inicial

Bebês não fazem distinção entre rostos considerados atraentes e não atraentes em sua cultura.

- (F) **Falso** *Bebês de dois meses passam mais tempo olhando para rostos atraentes que não atraentes, indicando que eles fazem a distinção.*

Pessoas fisicamente atraentes são mais felizes e têm autoestima mais alta que aquelas que não são atraentes.

- (F) **Falso** *Pessoas atraentes estão em vantagem na vida social, mas não são mais felizes, mais bem ajustadas ou com autoestima elevada.*

Quando se trata de relacionamentos românticos, os opostos se atraem.

- (F) **Falso** *De forma consistente, as pessoas são atraídas por outras que são semelhantes a elas – e não opostas ou complementares – em uma ampla gama de dimensões.*

Relacionamentos próximos

Os homens são mais propensos que as mulheres a interpretar gestos amigáveis do sexo oposto em termos sexuais.

- (V) **Verdadeiro** *Experimentos mostraram que os homens têm maior probabilidade que as mulheres de interpretar as interações amigáveis com membros do sexo oposto como aproximação sexual.*

Após o período de lua de mel, há um declínio geral nos níveis de satisfação conjugal.

- (V) **Verdadeiro** *Os altos níveis de satisfação conjugal entre recém-casados costumam ser seguidos por um declínio mensurável durante o primeiro ano e, depois de um período de estabilização, por outro declínio no oitavo ano – um padrão encontrado entre aqueles que são pais e que não são.*

Palavras-chave

- amor apaixonado (388)
- amor companheiro (388)
- autoexposição (390)
- efeito difícil de obter (371)
- estereótipo o que é bonito é bom (364)
- estilo de apego (384)
- hipótese de correspondência (369)
- mero efeito da exposição (357)
- necessidade de conexão (350)
- orientação sexual (395)
- reciprocidade (371)
- relação de troca (384)
- relacionamento comunal (384)
- relacionamento íntimo (380)
- solidão (352)
- teoria da equidade (382)
- teoria da troca social (381)
- teoria triangular do amor (386)
- transferência de excitação (388)

Nota da revisão técnica

1. Dados de pesquisa TIC Educação realizada pela Cetic (https://cetic.br/) mostram que entre crianças e adolescentes brasileiros (entre 9 e 18 anos), 72% possuem perfil no Facebook, 65% possuem perfil no Instagram e 28% possuem perfil no Twitter.

Ajudando os outros

Este capítulo descreve a psicologia social do dar e receber ajuda. Examinamos os fatores evolutivos, motivacionais, situacionais, pessoais e interpessoais que predizem se uma pessoa que possa auxiliar alguém necessitado vai estar à disposição. Na seção final, discutimos o vínculo da ajuda – o papel dos laços sociais na atitude de auxiliar outras pessoas.

10

10-1 Fatores evolutivos e motivacionais: por que as pessoas oferecem ajuda? | 410
- 10-1a Fatores evolutivos na ajuda
- 10-1b A evolução da empatia
- 10-1c Recompensas por ajudar: apoiar os outros a se ajudar
- 10-1d Altruísmo ou egoísmo: o grande debate
- 10-1e A ajuda como padrão?

10-2 Influências situacionais: quando as pessoas oferecem ajuda? | 423
- 10-2a O efeito espectador
- 10-2b Pressão do tempo
- 10-2c O legado da pesquisa do efeito espectador
- 10-2d Humor e a ajuda
- 10-2e Efeitos pró-sociais da mídia
- 10-2f Modelos de papel e influência social

10-3 Influências pessoais: quem provavelmente vai oferecer ajuda? | 436
- 10-3a Algumas pessoas são mais prestativas que outras?
- 10-3b O que é a personalidade altruísta?
- 10-3c Cultura e ajuda

10-4 Influências interpessoais: a quem as pessoas oferecem ajuda? | 442
- 10-4a Características percebidas da pessoa necessitada
- 10-4b Uma pequena ajuda para nossos amigos e outras pessoas como nós
- 10-4c Gênero e ajuda
- 10-4d Cultura e quem recebe ajuda
- 10-4e A conexão de ajuda

10-5 Revisão | 448

A coragem obrigou-os a arriscar as vidas, mas, no fim das contas, o que os salvou foi a compaixão. Seis bombeiros da Ladder Company 6 da cidade de Nova York estavam entre os muitos resgatistas que corajosamente subiram as escadas do World Trade Center em 11 de setembro de 2001. Os jatos que atingiram as Torres Gêmeas estavam perdendo combustível, causando um inferno de proporções sem precedentes. Um enorme fluxo de pessoas tentando fugir descia correndo pelas escadas estreitas, passando pelos bombeiros que estavam subindo. Impressionadas com a coragem e determinação deles, elas clamavam incentivando e abençoando-os. Carregando mais de 45 quilos de equipamento, os homens da Ladder Company 6 haviam alcançado o 27º andar da Torre Norte quando ouviram o terrível estrondo da Torre Sul desabando. O capitão ordenou que voltassem ao perceber que, se a outra torre havia desabado, poderia acontecer o mesmo com a torre onde estavam.

Na descida, por volta do 14º ou do 15º andar, eles encontraram uma mulher frágil chamada Josephine Harris. Ela já havia percorrido quase 60 lances de escada e estava exausta. Os bombeiros ajudaram-na a andar, mas estava-os retardando perigosamente. O capitão, John Jonas, ficava cada vez mais ansioso: "Eu podia ouvir o tique-taque do relógio em minha cabeça. Pensava, 'vamos, vamos. Temos de continuar andando'". Porém nenhum dos seis homens considerou deixá-la para trás, então, caminharam lentamente juntos. Josephine não achou que pudesse continuar, no entanto, um dos bombeiros perguntou a ela sobre a família e disse que seus filhos e netos queriam vê-la novamente. Ela continuou, mas acabou desmaiando quando chegaram perto do quarto andar. Ali, tentaram encontrar uma cadeira para carregá-la. E então o arranha-céu de 110 andares desabou ao redor deles.

Outros resgatistas que passaram por esse grupo que descia lentamente as escadas morreram nos andares abaixo. Praticamente todos que ainda estavam acima também morreram. E ainda assim, de alguma forma, esse grupo sobreviveu, preso em um bolsão de segurança inexplicável em meio a destroços inimagináveis, junto a dois outros bombeiros, um deles chefe do corpo de bombeiros e um policial da Autoridade Portuária. Depois da angustiante busca por uma saída, finalmente encontraram um pequeno raio de luz – literalmente um raio de esperança – e o seguiram em segurança.

Os bombeiros mais tarde disseram que Josephine Harris havia sido o anjo da guarda e agradeceram por *ela* ter salvado *suas* vidas. Eles perceberam que, se não a tivessem encontrado, teriam descido as escadas mais rápido e, se ela não tivesse continuado a andar, apesar da exaustão, estariam alguns andares acima. De qualquer modo, eles teriam morrido. Porém Josephine Harris sabia que devia a vida a esses bravos homens que correm o risco de não rever os próprios filhos para que ela pudesse ver os dela.

Houve muitos outros heróis naquele dia, incluindo cidadãos comuns cujos atos de abnegação para ajudar os outros não faziam parte da descrição de seus trabalhos. Algumas ações de ajuda foram incrivelmente heroicas, como a dos passageiros a bordo do voo 93 da United Airlines sequestrado. Eles decidiram lutar contra os terroristas em seu voo e sacrificar as próprias vidas para tentar impedir que os terroristas matassem muito mais pessoas no solo. E grande parte da ajuda ocorreu nos bastidores, como nos casos de pessoas que

---

Colocando o SENSO COMUM *à prova*

Circule sua resposta

- V   F   As pessoas são mais propensas a ajudar alguém em uma emergência se as recompensas potenciais parecerem altas e os custos potenciais, baixos.
- V   F   Em uma emergência, uma pessoa que precise de ajuda terá muito mais chance de obtê-la se três outras pessoas estiverem presentes que se apenas uma delas.
- V   F   As pessoas têm muito mais probabilidade de prestar ajuda quando estão de bom humor.
- V   F   As pessoas têm muito menos probabilidade de prestar ajuda quando estão de mau humor.
- V   F   As pessoas atraentes têm mais chances do que as pouco atraentes de obter ajuda quando precisam.
- V   F   As mulheres procuram ajuda com mais frequência que os homens.

doaram horas intermináveis para fazer o árduo trabalho de limpar a área do desastre, ajudar os feridos e os enlutados e doar dinheiro, roupas e outros recursos.

As pessoas ao lerem histórias como essas, é natural que se perguntem o que teriam feito: teriam arriscado a vida para ajudar os outros? O que leva algumas pessoas, às vezes, a agir para ajudar as demais? Os maravilhosos atos de ajuda durante o caos do 11 de setembro são inspiradores, com certeza. No entanto, também houve muitas histórias naquele dia de pessoas que viraram as costas para os outros, até mesmo para as pessoas que haviam acabado de ajudá-las.

Todos os dias, ocorrem numerosas situações ocultas em que se ajuda ou deixa de ajudar alguém. Uma voluntária trabalha incansavelmente em uma clínica de saúde, uma estudante universitária é tutora de uma criança, uma congregação arrecada dinheiro para uma instituição de caridade e uma irmã mais velha permite que o irmão mais novo ganhe no jogo de damas. E, no entanto, todos os dias, algumas pessoas ignoram os gritos do lado de fora de suas janelas, passam por motoristas parados à beira da estrada ou tentam evitar o contato visual com um sem-teto que mendiga na rua.

O bombeiro Mike Kehoe segura uma foto dele que se tornou um famoso símbolo de heroísmo. Nela, é visto subindo as escadas de uma das torres do World Trade Center para ajudar nos esforços de resgate durante os ataques terroristas da manhã de 11 de setembro de 2001, apesar do enorme perigo que sabia que enfrentaria.

De tempos em tempos, vemos uma história como a de Anival Angulo, um morador de rua que salvou uma menina de 3 anos e um bebê de 10 meses de um apartamento em chamas em Las Vegas, em dezembro de 2017. Quando Angulo ouviu os gritos das crianças, ele saltou um portão trancado e arrombou uma porta de segurança de aço que estava trancada para tirar as crianças do prédio em chamas (Hassan, 2017). E ouvimos falar sobre pessoas como Jairo Torres e Antonyo Love, que pularam nos trilhos do metrô na cidade de Nova York em setembro de 2019 para resgatar uma menina de 5 anos cujo pai suicida havia pulado à frente de um trem enquanto a segurava no colo (Cruz, 2019).

E com muita frequência, também ficamos sabendo de histórias como a que aconteceu no lado externo de um shopping em Oceanside, Nova York, também em setembro de 2019. Um menino de 16 anos chamado Khaseen Morris foi brutalmente atacado por meia dúzia de adolescentes. Aproximadamente 50 adolescentes testemunharam o conflito, muitos deles filmando com seus telefones, e nenhum fez nada para ajudá-lo. Khaseen morreu com uma facada no peito. "Os jovens estavam lá e não ajudaram Khaseen", disse um detetive da polícia. "Eles filmaram a morte dele em vez de ajudá-lo" (Nir e Dollinger, 2019).

Essas histórias não se limitam de modo algum aos Estados Unidos. Por exemplo, considere esses dois incidentes na província chinesa de Guangdong. Em junho de 2012, uma criança caiu por um vão entre o parapeito e a grade de uma janela no quarto andar e ficou pendurada pelo pescoço à grade de metal para apoiar plantas. Um dos moradores ouviu os gritos do menino, escalou por uma janela no andar de baixo e avançou lentamente pelo lado de fora do prédio até que pudesse ajudar a aliviar a pressão no pescoço da criança e esperar a equipe de resgate chegar. O destino de outra criança da mesma província, vários meses antes, foi muito, muito pior. Um vídeo absolutamente horrível de uma câmera de vigilância capturou a cena de uma menina de 2 anos atropelada por uma van em uma estrada estreita. Enquanto a garota estava deitada embaixo da van, o motorista parou o carro por alguns segundos e seguiu em frente, atropelando-a novamente com um pneu traseiro. Mais de uma dúzia de pessoas passaram, a pé ou de carro, pela garota gravemente ferida por aproximadamente sete minutos. Um segundo veículo – um caminhão – atropelou o corpo esmagado dela. Finalmente, uma mulher verificou que ela estava viva e tirou-a dali, pouco antes de a mãe da menina chegar. A criança morreu mais de uma semana depois (Blanchard, 2011).

Uma menina de 2 anos de idade chamada Wang Yue encontra-se deitada em uma estrada estreita em Guangdong, na China, em outubro de 2011, após ser atropelada por uma van. Durante vários minutos apavorantes, mais de uma dúzia de pessoas passou pela garota gravemente ferida sem sequer percebê-la, incluindo o homem visto nesta foto. Enquanto estava deitada na rua, ela foi atropelada por um segundo veículo. Ela morreu pouco mais de uma semana depois. Conforme discutido neste capítulo, esse tipo de inação dos espectadores é muito comum.

Não há uma resposta simples sobre o por que algumas pessoas oferecem ajuda e outras não, ou por que algumas situações levam a uma assistência rápida e outras a demonstrações chocantes de inação. Os determinantes do comportamento da ajuda são complexos e multifacetados. Porém os psicólogos sociais aprenderam muito sobre eles – e, portanto, sobre a natureza humana. Como você verá nas páginas a seguir, algumas de suas descobertas são bastante surpreendentes.

Neste capítulo, examinamos várias questões sobre como ajudar: *Por que* as pessoas oferecem ajuda? *Quando* oferecem ajuda? *Quem* pode ajudar? *A quem* oferecem ajuda? A seção final concentra-se em um importante tema recorrente – conexão social – que fundamenta grande parte da teoria e da pesquisa sobre a ajuda.

10-1 Fatores evolutivos e motivacionais: por que as pessoas oferecem ajuda?

Ainda que poucos indivíduos atinjam o ápice da ajuda heroica, praticamente todo mundo ajuda alguém em algum momento. As pessoas dão uma carona aos amigos até o aeroporto; doam dinheiro, alimentos e roupas para vítimas de desastres; ficam de babá para um parente; trabalham como voluntário em atividades beneficentes; pegam a correspondência de um vizinho que está fora da cidade. A lista de **comportamentos pró-sociais** – ações destinadas a beneficiar os outros – é interminável. No entanto, por que as pessoas ajudam? Examinamos essa questão com base em uma diversidade de perspectivas, desde os princípios da evolução até a tentativa de mudar um mau humor.

10-1a Fatores evolutivos na ajuda

Começamos com a evolução. De uma perspectiva evolucionária, que função pode haver em ajudar os outros, especialmente ao colocar em risco a própria vida? Arriscar a própria vida pelos outros não vai de encontro aos princípios evolutivos, como "sobrevivência do mais forte"?

O "gene egoísta" Na verdade, como sugere o título do livro clássico *The selfish gene*, do biólogo evolucionista Richard Dawkins (1976, 2006), as perspectivas evolutivas enfatizam não a

> **comportamentos pró-sociais**
> Ações destinadas a beneficiar terceiros.

sobrevivência dos indivíduos mais fortes, mas a sobrevivência dos genes dos indivíduos. Se um comportamento específico aumenta o sucesso reprodutivo, é mais provável que as bases genéticas desse comportamento sejam transmitidas às gerações subsequentes. Dessa forma, o comportamento pode eventualmente se tornar parte da herança comum da espécie (Hamilton, 1964). O comportamento de ajudar os outros poderia ter servido à função de preservar os genes dos indivíduos, promovendo a sobrevivência daqueles que compartilham de sua composição genética.

De acordo com a Giving USA (2019), os norte-americanos doaram $ 427,71 bilhões para instituições de caridade em 2018. As doações feitas por pessoas físicas representaram 68% do total.

Nessa rota indireta de sobrevivência genética, a tendência de ajudar os parentes genéticos, chamada **seleção de parentesco**, pode se tornar uma característica inata do ser humano. Na verdade, a seleção de parentesco é evidente no comportamento de muitos organismos. Por exemplo, assim como os humanos frequentemente arriscam suas vidas para salvar parentes próximos, esquilos, macacos e muitos outros mamíferos e pássaros emitem um alerta para avisar os parentes próximos sobre um predador. O alerta ajuda os parentes, mas torna o indivíduo que o emitiu mais vulnerável ao ataque (Freeberg et al., 2014; Silvestri et al., 2019; Wheeler et al., 2019; Wilson-Henjum et al., 2019).

Como a seleção de parentesco serve à função de sobrevivência genética, a ajuda preferencial a parentes genéticos deve ser mais forte quando os riscos biológicos são particularmente altos. Este parece ser o caso (Burnstein et al., 1994; Stewart-Williams, 2007). Por exemplo, Gerald Carter et al. (2017) conduziram experimentos com morcegos e descobriram que compartilhavam comida com parentes e não parentes em condições seguras. Quando as condições pareciam mais perigosas, no entanto, os animais compartilhavam uma proporção muito maior de comida com parentes mais próximos.

seleção de parentesco Ajuda preferencial a parentes genéticos, o que resulta na maior probabilidade de sobrevivência de genes em comum.

Os humanos também apresentam esse padrão. Os participantes de um estudo realizado por Carey Fitzgerald e Stephen Colarelli (2009) foram questionados sobre o quanto estariam dispostos a oferecer diferentes tipos de ajuda a um amigo, um meio-irmão ou um irmão. Havia três níveis de ajuda: o menor risco envolvia pegar itens de uma loja para a pessoa, o risco médio envolvia emprestar-lhe $ 10 mil e o maior risco envolvia tentar resgatá-la de uma casa em chamas.

Como pode ser visto na • Figura 10.1, para o cenário de ajuda de menor risco, os participantes se classificaram como tão propensos a ajudar um amigo quanto um irmão. Para os cenários de maior risco, entretanto, eles estavam significativamente mais dispostos a ajudar um irmão que um

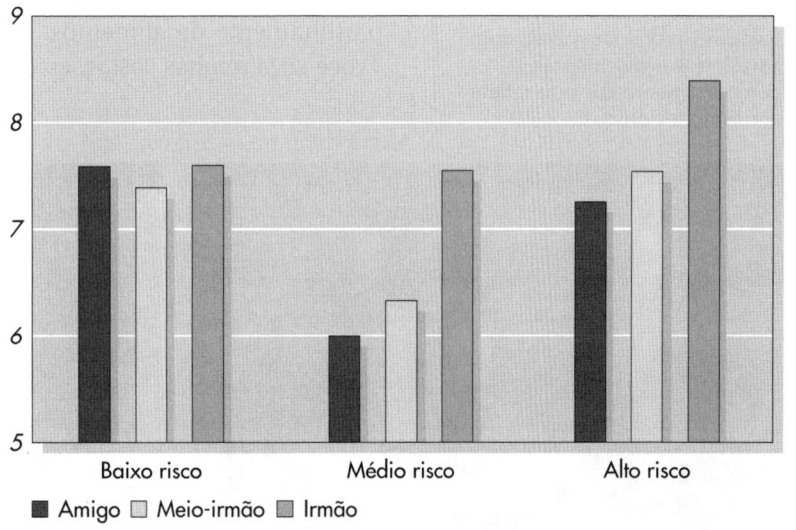

• **FIGURA 10.1**

Ajudando parentes quando os riscos são altos

Participantes de um estudo indicaram quanto estariam dispostos a oferecer diferentes tipos de ajuda a um amigo, meio-irmão ou irmão. Para a ajuda de baixo risco, eles estavam tão dispostos a ajudar um amigo quanto a ajudar um irmão. De outro modo, para a ajuda de alto risco, eles estavam mais dispostos a ajudar um irmão do que um amigo, com disposição para ajudar um meio-irmão vindo no meio.
Baseado em Fitzgerald e Colarelli (2009)

amigo. A disposição de ajudar um meio-irmão ficou entre a disposição de ajudar um amigo e a disposição de ajudar um irmão.

Em um estudo posterior, Fitzgerald et al. (2010) descobriram que, em cenários de baixo risco, os participantes foram mais propensos a ajudar parceiros românticos que irmãos, e estavam tão dispostos a ajudar parceiros românticos com os quais não tinham filhos biológicos quanto ajudar aqueles com quem os tinham. Em situações de alto risco, entretanto, os participantes tornaram-se mais propensos a ajudar irmãos e parceiros românticos com os quais tinham filhos biológicos, mas menos dispostos a ajudar parceiros românticos com os quais não tinham filhos ou tinham filhos adotivos. Em outras palavras, em cenários de alto risco, a relação genética tornou-se mais importante nas decisões sobre ajudar.

Altruísmo recíproco Ainda que os parentes possam receber tratamento preferencial, a maioria das pessoas também ajuda os não parentes. Qual é a vantagem reprodutiva de ajudar alguém que não é seu parente? A resposta mais comum é a reciprocidade. Por intermédio do **altruísmo recíproco**, ajudar outra pessoa pode ser do seu interesse porque aumenta a probabilidade de você ser ajudado em troca (Krebs, 1987; Trivers, 1985). Se A ajuda B e B ajuda A, tanto A quanto B podem aumentar as chances de sobrevivência e sucesso reprodutivo. Ao longo da evolução, portanto, os indivíduos que se envolvem em altruísmo recíproco devem sobreviver e se reproduzir mais que aqueles que não o fazem, o que permite assim que esse tipo de altruísmo floresça.

"Você coça as minhas costas e eu coço as suas."

– Provérbio

O altruísmo recíproco é evidente em muitas espécies (Cassidy e McIntyre, 2016; Schweinfurth et al., 2019; Trivers, 1971). Uma grande variedade de animais cuida uns dos outros. Peixes grandes (como garoupas) permitem que peixes pequenos (como bodiões) nadem em suas bocas sem comê-los; assim os peixes pequenos se alimentam e, ao mesmo tempo, removem os parasitas dos peixes maiores. Ratos compartilham comida com outros ratos que compartilharam alimento com eles. Lobos protegem uns aos outros nas lutas contra lobos de outras matilhas. Frans de Waal (2019) observou milhares de interações entre chimpanzés e, constatou como ao compartilhar uma refeição com outros chimpanzés, recebem uma outra em retribuição; os que são egoístas são rejeitados, às vezes com violência, em uma refeição posterior. Além disso, Waal observou modos mais complexos de reciprocidade. Se o chimpanzé A cuidou do chimpanzé B, por exemplo, B fica muito mais propenso a compartilhar sua comida com A. Tipos semelhantes de comportamentos entre macacos-prego também foram registrados (Anderson et al., 2013; Tiddi et al., 2011).

altruísmo recíproco Altruísmo que envolve um indivíduo ajudando outro (apesar de algum risco ou custo imediato) e tornando-se mais propenso a receber ajuda de outro em troca.

É interessante que esses primatas tenham sido capazes de negociar esse tipo de reciprocidade entre os atos: na preparação e no compartilhamento de alimentos. É como se operassem sob a norma de "Você coça minhas costas, eu coço as suas – ou talvez dê algumas das

Muitos animais cuidam uns dos outros, sejam chimpanzés na Tanzânia ou garotas nos Estados Unidos. De acordo com psicólogos evolucionistas, tal comportamento costuma refletir altruísmo recíproco.

minhas maçãs". Essa reciprocidade mais complexa não é incomum. Por exemplo, em uma metanálise de estudos envolvendo 14 espécies diferentes de primatas, Gabriele Schino (2007) encontrou evidências de que o coçar das costas é correspondido com o apoio em lutas contra outro indivíduo. Você coça minhas costas e eu dou cobertura em uma luta! Mangustos selvagens que ajudam seu grupo agindo como sentinelas para alertar sobre predadores recebem, em troca, mais cuidados dos companheiros de grupo (Kern e Radford, 2018). Um tipo de reciprocidade particularmente encantador foi relatado por Barbara Tiddi e seus colegas (2010). Eles observaram que as mães-prego permitem que outras mulheres cuidem de seus filhos (o que as jovens mulheres-prego aparentemente adoram fazer) em troca de serem cuidadas por elas.

10-1b A evolução da empatia

Auxiliar, é claro, pode ir além de ajudar parentes ou membros do próprio grupo. Considere a história de Binti Jua, por exemplo. No fim de 1996, a revista *People* homenageou-a como uma das 25 "pessoas mais interessantes" do ano, e a *Newsweek* nomeou-a "heroína do ano". No início daquele ano, enquanto cuidava de sua filha de 17 meses, Binti deparou-se com um menino de 3 anos que havia caído de quase 6 metros de altura e ficado inconsciente. Ela pegou o menino e segurou-o com delicadeza, balançando-o suavemente, e então entregou-o aos paramédicos. O que havia de mais "interessante" em Binti? O fato de ela ser uma gorila.

O menino ao pular uma cerca e cair na área de primatas no zoológico de Brookfield, perto de Chicago, testemunhas temeram o pior. Um dos paramédicos disse: "Eu não sabia se ela iria tratá-lo como uma boneca ou um brinquedo". Com a filha agarrada às costas durante todo o tempo, Binti "protegeu a criança como se fosse dela", ao manter os outros gorilas afastados e depois colocando-a gentilmente na entrada, onde os tratadores e paramédicos poderiam chegar até ela. "Eu não pude acreditar na gentileza dela", observou um diretor do zoológico (O'Neill et al., 1996, p. 72).

O que ocorreu foi um ato de gentileza e compaixão ou a gorila apenas agiu como se tivesse sido treinada para fazer – pegar e buscar coisas que haviam caído em sua jaula? Casos como esse levantam a questão mais fundamental sobre conceitos como moralidade e empatia poderem ser aplicados a animais não humanos. A maioria das pessoas pensa nessas qualidades como o que permite aos humanos resistir e superar nossa natureza "animal" mais egoísta, violenta, que, no entanto podem refletir a natureza social de muitos mamíferos, especialmente primatas. Para viver com sucesso em pequenos grupos, foi importante que os animais

Binti Jua, um gorila do zoológico de Brookfield, perto de Chicago, balança suavemente um menino de 3 anos de idade que caiu de uma altura de 5 metros na área de exposição dos primatas. O gorila foi aclamado como herói por salvar o menino. Binti Jua agiu por gentileza e empatia ou simplesmente fez o que ensinaram, que é buscar objetos que caíssem em sua jaula? Esse episódio dá vida ao debate sobre o altruísmo, mesmo no mundo animal.

• FIGURA 10.2

Consolação em chimpanzés
Um chimpanzé jovem passa o braço em volta de um macho adulto que acaba de perder uma luta. Frans de Waal observou muitos desses atos de comportamento consolador entre os macacos.
Waal (2008)

sociais desenvolvessem algum senso da maneira adequada de se comportar em grupos e uma habilidade de reconhecer e responder ao perigo ou ao sofrimento de outros membros do grupo. Os humanos certamente têm raciocínio moral e capacidade de empatia muito mais desenvolvidos, mas suas raízes podem ser rastreadas na cadeia evolutiva (Waal, 2019).

Veremos em diversos pontos ao longo deste capítulo o papel crucial que a **empatia** desempenha na ajuda. Infelizmente, a definição exata de empatia é muito debatida; por exemplo, Dan Batson (2009) identificou nada menos que oito definições distintas de empatia que os estudiosos fazem uso e, nos anos seguintes, o consenso ainda diminuiu (Hall e Schwartz, 2019). A maioria dos pesquisadores considera a empatia como havendo um componente cognitivo de compreensão da experiência emocional de outro indivíduo e uma experiência emocional que é consistente com o que o outro está sentindo (Decety e Cowell, 2015; Eisenberg et al., 2015). Um dos principais componentes cognitivos da empatia é a *tomada de perspectiva*: usar o poder da imaginação para tentar ver o mundo através dos olhos de outra pessoa. Um componente emocional fundamental da empatia é a *preocupação empática*, que envolve sentimentos orientados para o outro, como simpatia, compaixão e ternura.

Ainda que os aspectos cognitivos de ordem superior da empatia sejam específicos aos humanos, outros animais mostram evidências de empatia de várias maneiras. Frans de Waal (2008, 2019) citou inúmeros e surpreendentes exemplos de primatas, como chimpanzés e bonobos, que parecem mostrar empatia. A • Figura 10.2 mostra um chimpanzé jovem com o braço em volta de um macho adulto que acabara de ser derrotado em uma luta. Esse tipo de comportamento consolador não é incomum em chimpanzés e tem demonstrado reduzir o estresse de quem o recebe. Waal também relata exemplos de chimpanzés que arriscaram a vida tentando salvar companheiros do afogamento, embora eles mesmos não soubessem nadar. De modo menos dramático, jovens chimpanzés ajudaram a empurrar um membro do grupo, bastante velho e com limitações de mobilidade, para cima de uma estrutura de escalada para uma sessão de cuidado. Os exemplos que Waal coletou sugerem pelo menos algum grau de tomada de perspectiva e simpatia entre os primatas não humanos. Pesquisas adicionais sugerem que cães e até roedores, como ratos e camundongos, mostram evidências de serem sensíveis à dor de outros indivíduos de sua espécie e tentam ajudá-los quando em perigo (Bartal et al., 2011; Sanford et al., 2018; Ueno et al., 2019).

empatia Compreender ou experienciar indiretamente a perspectiva de outro indivíduo e sentir simpatia e compaixão por ele.

Bebês humanos muito jovens mostram sinais de serem afetados pela angústia de outras pessoas e, ao completar um ano, começam a confortar quem está angustiado (Aitken et al., 2019; Decety et al., 2018; Hamlin, 2013; Tomasello, 2018; Uzefovsky et al., 2019). Em um estudo particularmente interessante, Felix Warneken e Michael Tomasello (2006) reuniram bebês humanos de 18 meses e um experimentador adulto. Em vários momentos, o experimentador parecia ter problemas para alcançar um objetivo. Por exemplo, ele acidentalmente deixava cair uma caneta no chão e tentava pegá-la, sem sucesso; ou não conseguia guardar revistas em um armário porque as portas estavam fechadas. Vinte e dois dos 24 bebês testados no estudo ajudaram o experimentador em pelo menos uma das tarefas, e muitos ajudaram em várias tarefas. Ao fazer isso, os bebês aparentemente compreenderam que o experimentador precisava de ajuda – isto é, que ele estava tendo problemas para completar uma tarefa por conta própria.

Dois detalhes adicionais são dignos de nota sobre o estudo. Primeiro, o experimentador nunca pediu ajuda aos bebês, nem os elogiou ou recompensou quando foi auxiliado. Em segundo lugar, para cada tarefa em que precisava de ajuda, o experimentador criava uma situação semelhante na qual parecia não ter nenhum problema. Por exemplo, em vez de deixar cair acidentalmente a caneta no chão e tentar alcançá-la, o experimentador jogou intencionalmente, algumas vezes, a caneta no chão e não tentou recuperá-la. Nessas situações, os bebês não tenderam a realizar nenhuma ação, como pegar a caneta. O que sugere que, quando ajudaram o experimentador, os bebês o fizeram a ação porque entenderam que ele estava tentando alcançar algum objetivo.

Os pesquisadores também testaram três jovens chimpanzés com um procedimento semelhante. Os chimpanzés também ajudaram o experimentador humano quando viram que ele parecia precisar para atingir o objetivo, embora não em tantas tarefas ou com tanta confiabilidade quanto os bebês humanos.

Pesquisas em neurociência apoiam a ideia de que a capacidade de empatia faz parte de nossa biologia. Ver outra pessoa experienciar emoções positivas ou negativas pode desencadear a ativação de estruturas cerebrais associadas à experiência real dessas emoções. Essa ativação, por sua vez, prevê a tendência dos indivíduos de realmente se envolverem em comportamentos cotidianos de ajuda (Crespo-Llado et al., 2018; Lamm et al., 2011; Morelli et al., 2014). Além disso, o hormônio oxitocina – que é conhecido por estar envolvido no apego entre mãe e bebê, assim como na relação entre pares de acasalamento – está implicado na empatia e em comportamentos pró-sociais (Bos, 2017; Glasper et al., 2019; Uzefovsky e Knafo-Noam, 2017). E ajudar pode, por sua vez, aumentar a oxitocina; por exemplo, Liran Samuni et al. (2018) descobriram que, quando os chimpanzés compartilhavam comida entre si, os níveis de oxitocina aumentam.

Uma característica importante dos mamíferos relacionada à empatia é quanto cuidado os filhotes requerem para sobreviver. Os cuidadores devem compreender as informações emocionais dos filhotes e responder às suas necessidades. A gorila Binti Jua pode muito bem ter agido pelo impulso materno do cuidado ao segurar gentilmente o garotinho que caíra no espaço dela. Cinco elefantes também podem ter agido por instinto de cuidado parental na Tailândia em outubro de 2019. Quando viram ou ouviram um elefante bebê cair em uma cachoeira, arriscaram-se e acabaram por perder a vida tentando resgatá-lo. Mais dois elefantes foram salvos enquanto tentavam ir atrás dos outros (Iati, 2019).

"A caridade começa em casa, mas não deve terminar aí."

– Provérbio escocês

Alguns estudiosos acreditam que a importância de cuidar dos filhos pode ter desempenhado um papel crítico na evolução da empatia (Batson, 2011; Decety e Svetlova, 2012). De acordo com a antropóloga Judith Burkart et al. (2014), uma característica fundamental na evolução humana foi os ancestrais hominídeos começarem a criar os filhos cooperativamente, com pais, irmãos, tias e ocasionalmente outros, ajudando a sustentar o bebê indefeso em vez de essa ser uma tarefa apenas da mãe. O que estabeleceu a base para o que Burkart chama "hipercooperação" que é característica dos humanos.

10-1c Recompensas por ajudar: apoiar os outros a se ajudar

A discussão até agora se concentrou em como a ajuda pode ter evoluído. No momento vamos nos concentrar na ajuda em um contexto contemporâneo. Ajudar os outros pode, é claro, custar caro. Também pode

> As pessoas são mais propensas a ajudar alguém em uma emergência se as recompensas potenciais parecerem altas e os custos potenciais, baixos.
>
> **VERDADEIRO**

ser gratificante – psicológica, física e materialmente. Gostamos da ideia de ser o herói, colocado nos ombros de colegas por ter vindo ao resgate de alguém em perigo. Nesta seção, discutiremos algumas das recompensas – e custos – de ajudar.

Sentir-se bem Imagine que alguém dê $ 20 a você e uma orientação: Tem de gastar o dinheiro consigo mesmo no fim do dia. Maravilha, certo? Ok, imagine, em vez disso, que a instrução seja ter de gastar com outra pessoa. Bom, mas não é um negócio tão maravilhoso para você, certo? Quando Elizabeth Dunn et al. (2008) perguntaram às pessoas o que as faria mais felizes, a maioria das pessoas disse que ficaria mais feliz gastando o dinheiro consigo mesmas. No entanto, em um conjunto inteligente de estudos, os pesquisadores realmente deram dinheiro às pessoas com uma dessas instruções e descobriram que elas, ao gastar o dinheiro com os outros, ficavam significativamente mais felizes que aquelas que compraram algo para si. O que se aplicava a uma ampla variedade de grupos etários e culturas, mesmo em locais onde os recursos eram muito limitados (Aknin et al., 2015; Dunn et al., 2014) (ver ● Figura 10.3).

● **FIGURA 10.3**

A alegria de doar

Adultos que viviam em aldeias em Vanuatu, uma pequena nação insular no Pacífico Sul, receberam *vouchers* e foram designados aleatoriamente para usá-los na compra de doces (uma mercadoria rara na aldeia) para si mesmos ou para outra pessoa. Os participantes exibiam um humor mais positivo se comprassem o doce para outra pessoa do que se o fizessem para si próprios.
Com base em Aknin et al. (2015)

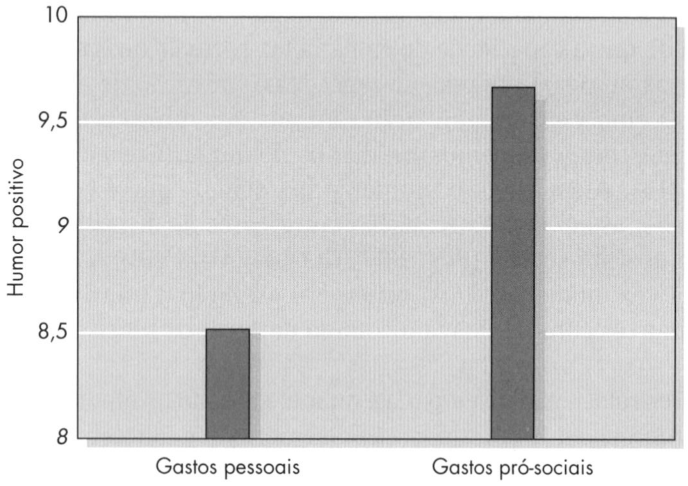

O ponto é simples, mas importante: em geral, ajudar é bom. Um crescente corpo de pesquisas, incluindo uma metanálise de 27 estudos, revela uma relação confiável entre ajudar e se sentir melhor (Curry et al., 2019; Guo et al., 2018; Hanniball et al., 2019; Inagaki, 2018). Esses estudos mostraram que ajudar os outros está associado a melhorias na saúde física *e* mental de quem ajuda. Por exemplo, participantes com diagnóstico de pressão alta foram designados aleatoriamente em um estudo para gastar dinheiro por três semanas consecutivas com outras pessoas ou com eles mesmos. Os participantes que gastaram dinheiro com outras pessoas reduziram significativamente a pressão arterial no fim das três semanas em comparação com aqueles que gastaram dinheiro consigo mesmos (Whillans et al., 2016).

A pesquisa da neurociência social fornece evidências adicionais para a sensação gratificante decorrente de ajudar. Numerosos estudos demonstraram que o envolvimento em comportamento altruísta – mesmo quando existe um custo a si mesmo – ativa áreas do cérebro associadas ao recebimento de recompensas materiais reais (Cutler e Campbell-Meiklejohn, 2019; Inagaki, 2018; Luo, 2018). Uma recente metanálise de estudos de imagens cerebrais sugere que a cooperação com outras pessoas está associada não apenas à recompensa de se sentir melhor, mas também a evitar os sentimentos negativos desencadeados pela injustiça (Yang et al., 2020).

"Fazer o bem é, seguramente, a única ação feliz na vida de um homem."

– Sir Philip Sidney

Em seu **modelo de alívio do estado negativo**, Robert Cialdini e seus colegas (1987) propõem que, por causa desse efeito positivo da ajuda, as pessoas que se sentem mal tendem a ajudar os outros para melhorar o estado de espírito. Pessoas que passaram por eventos angustiantes ou mesmo traumáticos, por exemplo, apresentam benefícios na saúde física e mental ao ajudar os outros (Frazier et al., 2013; Hanniball et al., 2019; Vollhardt e Staub, 2011; Yue et al., 2017).

A relação entre ajudar e se sentir bem pode ser uma questão psicológica universal. Ao observar 136 países em todo o mundo, Lara Aknin et al. (2013) encontraram uma correlação positiva entre doar dinheiro e felicidade na maioria dos países. Eles descobriram que as doações para caridade tinham o dobro de associação com a felicidade do que a renda. Além disso, quando pediram que os participantes no Canadá, em Uganda e na Índia que pensassem em uma situação em que gastaram dinheiro com outra pessoa, eles ficaram mais felizes que aqueles que foram convidados a pensar em uma situação em que gastaram dinheiro consigo mesmos.

Mesmo quando os custos de ajuda são altos o suficiente para não parecer ideal de imediato, pode valer a pena no longo prazo. Quando os pais relutantemente sacrificam um momento de relaxamento com um bom livro ou filme no fim de um dia difícil para ajudar os filhos a terminar o dever de casa, eles podem não sentir satisfação instantaneamente em ajudar, mas, no longo prazo, podem esperar colher benefícios de seu comportamento (Salovey et al., 1991).

O custo de ajudar ou não ajudar Obviamente, ajudar tem recompensas, mas também tem custos. Os bombeiros da Ladder Company 6 que, de algum modo, sobreviveram ao colapso da Torre Norte do World Trade Center enquanto salvavam Josephine Harris estavam entre os premiados. Muitas pessoas foram mortas enquanto ajudavam outras naquele dia, como Abraham Zelmanowitz, um programador de computador que se recusou a abandonar seu amigo tetraplégico que não conseguia descer as escadas. E, depois do 11 de setembro, muitas vezes ficamos comovidos com histórias do preço pago por aqueles que

Um voluntário ajuda crianças afetadas por um terremoto na Indonésia em fevereiro de 2019, distribuindo alimentos e suprimentos. Disponibilizar o tempo, a energia e as habilidades para ajudar os outros pode ser exaustivo e até perigoso, mas também pode ser extremamente gratificante.

modelo de alívio do estado negativo Proposição de que as pessoas ajudam os outros a fim de neutralizar os próprios sentimentos de tristeza.

Equipes de resgate arriscam as vidas regularmente, apesar dos custos potenciais envolvidos em seus empregos.

"Quando você dá a outra pessoa, recebe muito mais."

– Ex-Secretário de Estado dos Estados Unidos Colin Powell

oferecem ajuda, como Donald Liu, que em agosto de 2012 viu dois meninos serem arrastados pela correnteza do Lago Michigan e nadou para salvá-los apesar dos protestos dos próprios filhos sobre as condições perigosas. Os meninos foram salvos, mas o chefe de cirurgia pediátrica da Universidade de Chicago, de 50 anos, pai de três filhos pequenos, não sobreviveu (Dizikes e Sobol, 2012).

Outras pessoas oferecem uma ajuda mais contínua e deliberada, como as pessoas que ajudaram a esconder escravos fugitivos nos Estados Unidos do século XIX ou judeus durante o Holocausto. Sharon Shepela et al. (1999) chamam esse tipo de ajuda em face dos custos potencialmente enormes de *resistência corajosa*. E, embora oferecer ajuda esteja frequentemente associado a afeto positivo e saúde, quando a ajuda envolve demandas constantes e exaustivas, o que geralmente é o caso quando se cuida de uma pessoa muito doente, os efeitos sobre a saúde física e mental de quem a oferece – como bem como sobre sua segurança financeira – pode ser bastante negativo (Ayalew et al., 2019; Earle e Heymann, 2012; Kirtley et al., 2019).

Ainda que as pessoas ocasionalmente ajudem apesar de correr um risco excessivo, a maioria muitas vezes parece fazer uma análise de custo-benefício antes de decidir se deve ou não ajudar estranhos (Cameron et al., 2019; Dovidio et al., 2006; Sommerville et al., 2018). Para reduzir parte dos custos da ajuda, algumas legislaturas criaram leis que incentivam os transeuntes a intervir em emergências, oferecendo proteção legal, como médicos que oferecem assistência quando acontecem emergências ou pessoas que de outro modo se preocupariam com um processo criminal se chamassem a polícia para relatar um caso de overdose. Outras variações de leis desse tipo aumentam os custos de não ajudar. Às vezes chamadas leis de "dever de resgate", exigem que as pessoas forneçam ou solicitem ajuda em uma emergência, desde que não se coloquem em perigo no processo. Nos Estados Unidos, esse tipo de lei de dever de resgate é relativamente raro, mas é mais comum na Europa e no Canadá.[1]

■ 10-1d Altruísmo ou egoísmo: o grande debate

Documentamos algumas maneiras pelas quais ajudar os outros pode ajudar quem auxilia. O que levanta uma questão clássica, no entanto: nossos comportamentos prestativos são **egoístas**? Ou os humanos são realmente **altruístas**, motivados pelo desejo de aumentar o bem-estar de outra pessoa? Muitas teorias psicológicas pressupõem o egoísmo como resultado final. Não é difícil imaginar interpretações egoístas para quase todos os atos de ajuda, mesmo os mais aparentemente altruístas. Orientação a desfavorecidos? Ficará bem em seu currículo ou inscrição na faculdade. Ajudar anonimamente aos sem-teto? Isso reduz a culpa. Doar sangue a

Liz Wallace e Mallory Holtman carregam sua oponente, Sara Tucholosky, pelas bases em um jogo no torneio de softball da faculdade. Depois de fazer o primeiro home run de sua carreira, Tucholosky machucou o joelho e não conseguiu correr ao redor das bases para completar a volta, e suas companheiras de equipe e técnicos não tiveram permissão para ajudá-la e concluir o home run. Apesar de custar um ponto para a própria equipe, Wallace e Holtman se ofereceram para ajudá-la nas bases, em um ato inspirador de altruísmo.

egoísta Motivado pelo desejo de melhorar o próprio bem-estar.
altruísta Motivado pelo desejo de melhorar o bem-estar de outra pessoa.

desconhecidos? Faz você se sentir um pouco mais nobre. Arriscar a vida por um estranho? Você será visto como um herói. Então, tudo apresenta algum nível de egoísmo?

Para a maioria dos atos de ajuda, pode ser impossível descartar alguma motivação egoísta. Daniel Batson (1991, 2017, 2018) argumentou, no entanto, que a motivação por trás de algumas dessas ações é verdadeiramente altruísta e que a empatia desempenha um papel crucial. De acordo com sua **hipótese de empatia-altruísmo**, ao ver alguém em necessidade, se imaginar como essa pessoa se sente, é provável que experimente sentimentos de preocupação empática orientados para os outros (semelhante ao que alguns chamam de compaixão; DeSteno, 2015), que por sua vez produzem o motivo altruísta para reduzir a angústia da outra pessoa. Existem, no entanto, casos em que as pessoas percebem alguém em necessidade e se concentram nos próprios sentimentos em relação a essa pessoa ou em como se sentiriam na situação dela. Ainda que muitas pessoas (e alguns pesquisadores) possam pensar nisso como empatia, Batson contrasta esse aspecto com casos em que a preocupação é em relação a como o outro está se sentindo. É quando o foco está na outra pessoa que o verdadeiro altruísmo é possível.

Uma história que pode ilustrar a preocupação empática ocorreu durante um jogo do torneio de softball da faculdade entre Central Washington e Western Oregon em abril de 2008. Na segunda entrada, uma baixinha e "pequenina" veterana chamada Sara Tucholsky chocou a todos ao conseguir o primeiro home run de sua carreira. Em sua empolgação, ela não tocou a primeira base e, quando se virou para voltar e tocá-la, rompeu um ligamento do joelho e caiu no chão em agonia. Não havia como ela correr pelas bases. Seu treinador conversou com os dirigentes sobre o que fazer. Disseram que ninguém da equipe poderia ajudá-la nas bases e que ela teria de ser substituída e o home run não contaria. Então alguém entrou e perguntou: "Com licença, estaria tudo bem se a carregássemos e ela tocasse em cada base?".

> "A caridade que se apressa a proclamar suas boas ações deixa de ser caridade, é só orgulho e ostentação."
> – William Hutton

Mallory Holtman, a rebatedora da equipe adversária. Mallory e uma de suas companheiras de equipe, Liz Wallace, carregaram Sara ao redor do diamante, abaixando-a o suficiente em cada base para permitir que ela a tocasse e pudesse preservar o único home run da carreira dela no softball. Elas agiram assim apesar do fato de que custaria à própria equipe pontos em um jogo difícil e importante – um jogo que elas perderiam por apenas duas corridas, encerrando assim a temporada. De acordo com Mallory, ela não fez isso por querer reconhecimento. Na verdade, não conseguiu entender por que as pessoas fizeram tanto barulho depois do ocorrido. "Qualquer outra pessoa teria feito isso", disse ela (Hays, 2008). É impossível saber a partir de uma história como esta exatamente quais fatores poderiam ter motivado o comportamento de ajuda, mas claramente algum grau de assumir a perspectiva da outra pessoa e sentir simpatia por ela foram elementos cruciais por trás da decisão de Mallory Holtman de ajudar a oponente caída.

> "O grande presente do ser humano é que temos o poder da empatia."
> – Meryl Streep

As características básicas da hipótese de empatia-altruísmo de Batson são descritas na • Figura 10.4. A parte difícil, porém, é esta: como podemos saber a diferença entre motivos egoístas e altruístas? Em ambos os casos, as pessoas ajudam as demais, mas os motivos são diferentes. Confrontado com esse quebra-cabeça, Batson surgiu com uma solução elegante. Quando o motivo de uma pessoa é egoísta, a ajuda deve diminuir se for fácil para o indivíduo resolver a situação e, portanto, livrar-se dos próprios sentimentos de angústia. Quando o motivo é altruísta, no entanto, a ajuda será dada independentemente da facilidade de resolução.

Com base nesse raciocínio, Batson et al. conduziram dezenas de experimentos que apoiam a hipótese de empatia-altruísmo. Por exemplo, Eric Stocks et al. (2009) desenvolveram um experimento no qual os alunos participantes conheceram a história de uma colega chamada Katie, cujos pais e irmã haviam morrido recentemente em um acidente de carro, deixando-a para cuidar dos irmãos mais novos. Na conclusão do estudo, os alunos tiveram a oportunidade de ajudar Katie, por exemplo, oferecendo-se

hipótese de empatia-altruísmo
Proposição de que a preocupação empática por uma pessoa necessitada produz uma motivação altruísta para ajudar.

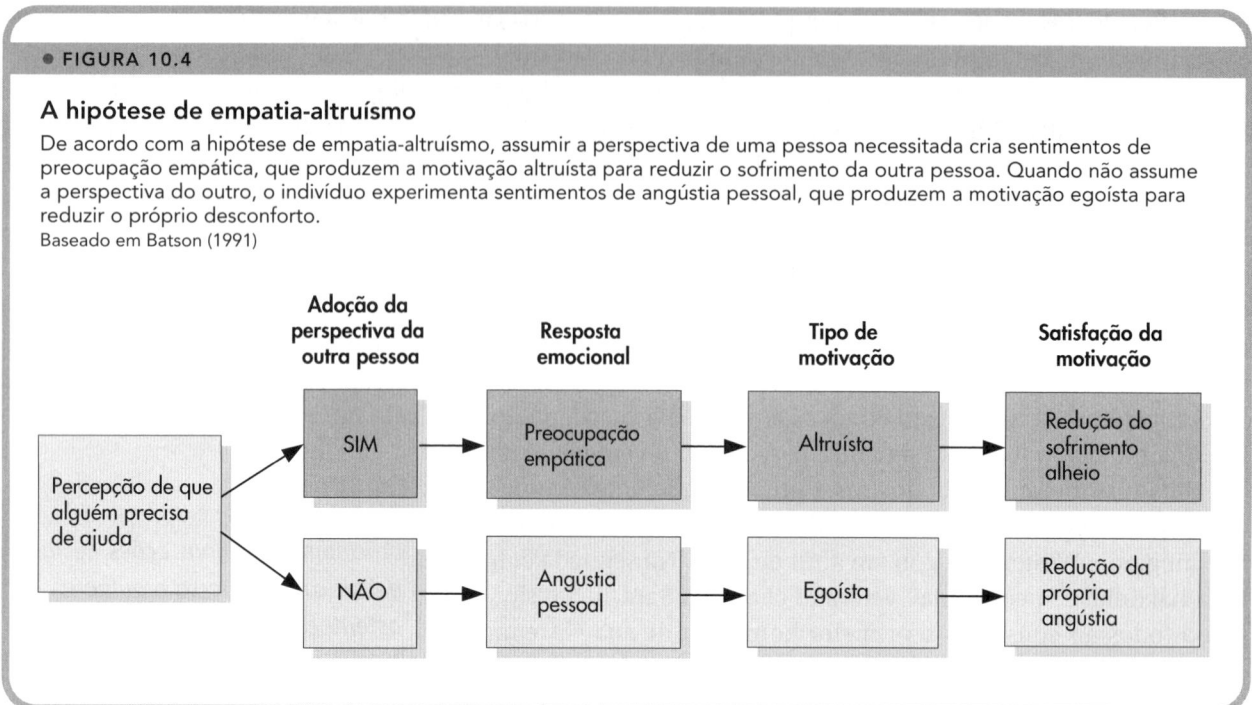

• FIGURA 10.4

A hipótese de empatia-altruísmo

De acordo com a hipótese de empatia-altruísmo, assumir a perspectiva de uma pessoa necessitada cria sentimentos de preocupação empática, que produzem a motivação altruísta para reduzir o sofrimento da outra pessoa. Quando não assume a perspectiva do outro, o indivíduo experimenta sentimentos de angústia pessoal, que produzem a motivação egoísta para reduzir o próprio desconforto.
Baseado em Batson (1991)

como voluntários para ajudá-la com transporte ou cuidar de seus irmãos enquanto ela estivesse em aulas noturnas. Os alunos ofereceram-se para ajudar Katie?

Os pesquisadores manipularam duas variáveis antes de os alunos lerem sobre a história de Katie. Um foi a manipulação da empatia. Os alunos na condição de baixa empatia foram informados que deveriam "tentar permanecer o mais objetivos possível sobre o que aconteceu com a pessoa descrita e como isso afetou sua vida". Os alunos na condição de alta empatia, de outro modo, foram informados que deveriam "tentar imaginar como a pessoa descrita no texto se sente em relação ao que aconteceu e como esse fato afetou sua vida". Os pesquisadores também manipularam se os participantes teriam ou não oportunidade fácil de não se preocupar com a angústia que Katie estava passando. Os alunos foram informados de que estariam fazendo uso de uma técnica de treinamento de memória que *aumentaria* ou *eliminaria* da lembrança informações novas (ou seja, as informações sobre Katie).

A questão principal: os alunos ajudariam Katie se pudessem simplesmente esquecê-la ou gostariam de ajudá-la de qualquer maneira? Se eles a ajudassem apenas se não pudessem esquecer facilmente sua situação, sugeriria uma motivação egoísta. Porém, se a ajudassem mesmo se estivessem confiantes de que não teriam de se lembrar de seu sofrimento, o que sugeriria altruísmo. Os resultados apoiaram a hipótese de empatia-altruísmo. Na condição de baixa empatia, as decisões de ajuda dos alunos pareciam ser comandadas por motivações egoístas – eles concordaram em ajudar Katie apenas se pensassem que se lembrariam de seus problemas. Na condição de alta empatia, entretanto, concordaram em ajudá-la, independentemente de acharem que se lembrariam dela ou não (ver • Figura 10.5).

Deve-se notar que excesso de empatia pode gerar opressão se esta não for controlada adequadamente. Médicos, enfermeiras e clínicos geralmente são mais capazes de ajudar seus pacientes se puderem manter alguma distância emocional e objetividade, e muita empatia pode ser um fator de risco para depressão (Bloom, 2017; Mottaghi et al., 2019; O'Connor et al., 2018). Além disso, é importante reconhecer que muitos atos de ajuda – provavelmente a maioria – são produtos de outros motivos e processos que descrevemos neste capítulo. De fato, como discutiremos a seguir, a maneira mais eficaz de aumentar a ajuda consistente em muitos contextos pode ser encorajar tanto as preocupações auto-orientadas quanto as outras.

Convergência de motivações: voluntariado As pessoas tendem a se envolver em um comportamento de ajuda de longo prazo, como o voluntariado, devido a várias razões. Alguns desses motivos estão

● **FIGURA 10.5**

Empatia e ajuda: não escolhendo o caminho mais fácil

Em um estudo, alunos foram induzidos a sentir baixa ou alta empatia por uma estudante sofredora chamada Katie. Levados a crer que iriam se lembrar ou esquecer rapidamente o que aprenderam sobre Katie, eles, então, tiveram a chance de se voluntariar para ajudá-la. Aqueles na condição de baixa empatia tendiam a não oferecer ajuda se achassem que não iriam se lembrar de Katie e de sua situação. Já aqueles na condição de alta empatia ofereceram-se para ajudá-la, quer achassem que se esqueceriam da situação dela ou não.
Baseado em Stocks et al. (2009)

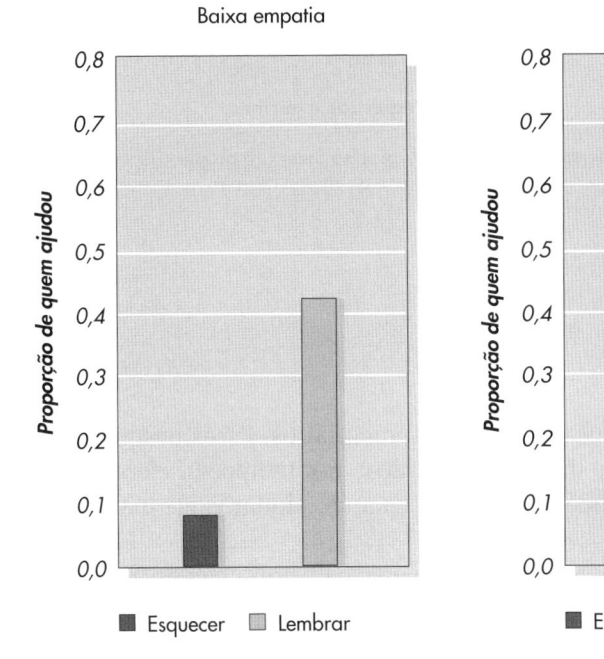
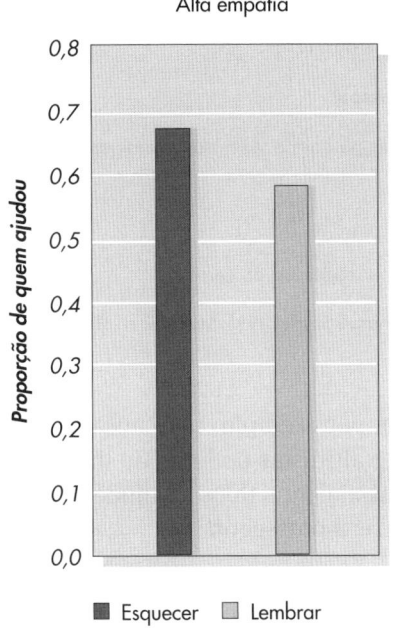

associados à empatia, como a tomada de perspectiva e a preocupação empática, enquanto outros são mais egoístas, como querer melhorar o currículo ou a reputação de alguém, aliviar emoções negativas ou se conformar a normas pró-sociais. Tanto a motivação focada no outro quanto a autocentrada promovem o voluntariado. A ▲ Tabela 10.1 lista algumas das categorias de motivos que os pesquisadores identificaram como subjacentes às decisões das pessoas de se voluntariar (Alkadi e Aldamer, 2019; Hu, 2019; Omoto e Packard, 2016; Penner et al., 2015; Stukas et al., 2016).

Allen Omoto e Mark Snyder (1995; 2008) observaram que as pessoas podem ser mais propensas a permanecer mais tempo como voluntárias ativas se a motivação inicial for mais auto-orientada – como para desenvolver habilidades específicas – do que se for mais

De acordo com a hipótese da empatia-altruísmo, assumir a perspectiva de alguém em necessidade é o primeiro passo em direção ao altruísmo. Nesta foto, membros de uma equipe de polo aquático de um colégio em Orlando, na Flórida, rasparam a cabeça em uma demonstração de empatia e apoio a um colega de equipe que estava lutando contra o câncer.

▲ TABELA 10.1

Motivações para ser voluntário

Exemplos de algumas das muitas motivações por trás do trabalho voluntário das pessoas.

Valores	Preocupações da comunidade
Temos a obrigação humanitária de ajudar os outros	Quero defender essa comunidade
Compreensão	**Aumento da estima/reparação**
Quero aprender mais sobre as pessoas que sofrem com determinado problema ou situação	Quero me sentir melhor comigo mesmo; quero compensar meus erros
Desenvolvimento pessoal	**Requisitos e normas**
Quero conhecer novas pessoas e fazer novos amigos	Eu preciso fazer um projeto de serviço para a escola ou por causa da minha religião
Extrínseco	
Quero melhorar minha reputação ou carreira	

Baseado em Hu, 2019; Omoto e Snyder, 1995; Stukas et al., 2016.

orientada ao outro, por exemplo, por causa de valores humanitários. Esses pesquisadores observaram que motivos puramente altruístas podem não manter a motivação por tempo suficiente para suportar os custos pessoais associados a alguns tipos de ajuda prolongada. Quando ajudar exige mais de nós, o interesse próprio pode nos ajudar a prosseguir.

De acordo com o Bureau of Labor Statistics dos Estados Unidos, quase 63 milhões de norte-americanos foram voluntários durante 2014.

Interessado em ser voluntário? Um endereço para encontrar informações é voluntarios.com.br.

Na verdade, apelar para motivações mais egoístas pode ser surpreendentemente eficaz no recrutamento de voluntários ou a incentivar ações pró-sociais que de outra forma não fariam. Os participantes de um experimento de campo recente realizado por Rajan Vaish et al. (2018) apresentaram duas vezes mais probabilidade de clicar em um convite enviado por e-mail em busca de voluntários para um grupo de apoio se a mensagem enfatizasse motivações autocentradas (como melhorar a reputação de alguém) que se a destacasse motivações orientadas para os outros (como buscar fazer da sociedade um lugar melhor). Curiosamente, os próprios recrutadores presumiram incorretamente que os apelos voltados para os outros seriam mais eficazes.

■ 10-1e A ajuda como padrão?

Discutimos vários motivos pelos quais as pessoas ajudam os outros. Ainda assim, apesar de todas essas razões, a maioria das pessoas presume que nossos instintos são egoístas e que temos de controlá-los e superá-los para fazer a coisa moralmente certa e agir de modo altruísta. Essa ideia parece verdadeira? Trabalhos recentes de David Rand e seus colegas sugerem que o senso comum está errado nesse ponto. Eles ressaltam que, para a maioria, ser prestativo e cooperativo com os outros é a maneira sensata de agir na maior parte do tempo. Normalmente passamos grande parte do tempo com pessoas em quem podemos confiar e, quando ajudamos os outros, provavelmente também receberemos ajuda. Portanto, nossa inclinação padrão pode nos preparar para sermos úteis e, somente se tivermos tempo, poderemos reconsiderar isso à luz dos custos potenciais. Reforçando essa ideia, diversos estudos descobriram que, quando os participantes tinham de agir realmente rápido, eram mais propensos a cooperar ou ajudar outras que se tivessem tempo para pensar sobre os custos e benefícios de suas ações (Cone e Rand, 2014; Everett et al., 2017; Rand et al., 2015).

10-2 Influências situacionais: quando as pessoas oferecem ajuda?

Até agora, concentramo-nos em *por que* as pessoas ajudam umas às outras. Nesse momento, vamos nos voltar à questão de *quando* agem – e não agem. Começamos por discutir um conjunto extraordinariamente criativo e provocador de descobertas de pesquisas que trazem um ponto surpreendente: se você precisar de ajuda em uma emergência, às vezes pode ser mais adequado que haja apenas uma testemunha que várias. Em seguida, examinamos uma ampla gama de outros fatores situacionais relacionados à ajuda.

10-2a O efeito espectador

Por volta das 3h20 da manhã de 13 de março de 1964, no bairro de Queens, em Nova York, Kitty Genovese, de 28 anos, voltava para casa do trabalho como gerente de um bar. De repente, um homem a atacou com uma faca. Foi perseguida, esfaqueada e abusada sexualmente a apenas 35 metros de seu prédio. As luzes se acenderam e as janelas se abriram enquanto ela gritava: "Oh, meu Deus! Ele me esfaqueou! Por favor, me ajude!". Ela desvencilhou-se do agressor duas vezes, mas por pouco tempo. Um jornal na época em uma reportagem indicou que 38 dos vizinhos testemunharam o ataque sofrido, mas nenhum deles interveio. Finalmente, após quase 45 minutos de terror, um homem chamou a polícia. Porém, antes que fosse levada para o hospital, Genovese estava morta.

A história de 38 espectadores passivos ao assassinato de Kitty Genovese chocou a nação. Os vizinhos eram culpados? Parecia improvável que os 38 pudessem ser monstros amorais. A atenção da mídia que se seguiu concentrou-se no declínio da moral e dos valores na sociedade contemporânea e no anonimato e na apatia vistos nas grandes cidades. Poucos dias depois do incidente, os psicólogos sociais John Darley e Bibb Latané discutiram durante o jantar os eventos e as explicações que tiveram acesso. Eles não estavam convencidos de que essas explicações eram suficientes para explicar por que Kitty Genovese não recebeu a ajuda de que precisava e se perguntaram se outros processos psicológicos sociais poderiam estar em ação. Eles especularam que, como cada testemunha do ataque pôde constatar que várias outras acenderam as luzes e olhavam pelas janelas, puderam ter presumido que outras pessoas iriam, ou deveriam, assumir a responsabilidade e chamar a polícia. Para testar essas ideias, Darley e Latané (1968) começaram a verificar se poderiam produzir espectadores sem resposta em condições de laboratório. Vamos dar uma olhada em um de seus estudos.

Em 1964, o assassinato de Kitty Genovese, aqui retratado, chocou os Estados Unidos. Como poderiam as supostas 38 testemunhas ficarem paradas sem ação? A pesquisa conduzida após essa tragédia ajudou a explicar os fatores psicológicos sociais subjacentes a este e outros exemplos de inação de espectador.

Quando um participante chegava, era levado à primeira de uma série de pequenas salas localizadas ao longo de um corredor. O experimentador falava pelo intercomunicador, pedia que os participantes discutissem os problemas pessoais que estudantes universitários costumam enfrentar. Os participantes foram informados de que, para proteger a confidencialidade, a discussão em grupo ocorreria pelo sistema de intercomunicação e que o experimentador não estaria ouvindo. Eles eram obrigados a falar um de cada vez, revezando-se. Alguns participantes foram designados falar com outra pessoa, enquanto outros se juntaram a grupos maiores, de três ou seis.

Ainda que, um participante tenha mencionado por alto que sofria de um distúrbio convulsivo que, às vezes, desencadeava-se por pressões do estudo, os momentos iniciais da conversa foram tranquilos. No entanto, logo, surgiu um problema inesperado. No momento que essa pessoa foi falar novamente, gaguejou bastante, teve dificuldade em falar com clareza e parecia estar com problemas muito sérios:

> Eu agradeceria realmente – er – um pouco de ajuda, então se alguém – er – me desse uma ajudinha – uh – er – er – er – er – a-alguém poderia – er – er – ajudar – er – uh – uh – uh [sons de sufocamento]... Eu vou morrer – er – er – eu vou... vou morrer-er- ajuda-er-er-convulsão-er [engasga, depois fica quieto].

Diante dessa situação, o que você faria? Você interromperia o experimento, sairia correndo de seu cubículo e tentaria encontrar o experimentador? Ou você ficaria sentado lá – preocupado, mas sem saber como reagir?

Acontece que as respostas dos participantes a essa emergência foram fortemente influenciadas pelo tamanho do grupo. Na verdade, os participantes estavam isolados, mas o material gravado levou-os a acreditar que outras pessoas estivessem presentes. Os participantes que achavam que só eles soubessem da emergência saíram rapidamente da sala para tentar obter ajuda. Nos grupos maiores, no entanto, foram menos propensos ou mais lentos para intervir. Na verdade, 38% dos participantes nos grupos de seis pessoas nunca saíram da sala durante os seis minutos excruciantes antes que o experimentador finalmente encerrasse o estudo! Essa pesquisa levou Latané e Darley a uma conclusão assustadora: a presença de outras pessoas inibe a ajuda. O que veio a ser conhecido como **efeito espectador**.

> Em uma emergência, uma pessoa que precise de ajuda terá muito mais chance de obtê-la se três outras pessoas estiverem presentes que se apenas uma.
> **FALSO**

Antes do trabalho pioneiro de Latané e Darley, a maioria das pessoas teria presumido exatamente o contrário. Não há segurança nos números? Não nos sentimos mais seguros correndo para ajudar quando outras pessoas estão próximas para dar apoio? Latané e Darley derrubaram essa suposição de senso comum e forneceram uma análise cuidadosa e detalhada do processo de tomada de decisão envolvido em intervenções de emergência. Nas seções a seguir, examinaremos cada uma das cinco etapas desse processo. Essas etapas – e os obstáculos ao longo do caminho – estão resumidos na • Figura 10.6.

Percepção Os participantes do estudo de convulsão não puderam deixar de notar a emergência, mas a presença de outras pessoas às vezes pode distrair e desviar a atenção de perceber a situação da vítima. Pessoas que moram em grandes cidades e ambientes barulhentos podem ficar habituados a se deparar com pessoas deitadas nas calçadas ou a ouvir gritos que começam se desligar, tornando-se suscetíveis ao que Stanley Milgram (1970) chamou sobrecarga de estímulos.

Interpretação Perceber é um primeiro passo necessário para ajudar, porém as pessoas devem interpretar o significado do que perceberam. Um grito vindo de fora da janela pode ser de terror ou apenas amigos brincando; uma pessoa deitada próxima a uma porta pode ter sido vítima de ataque cardíaco ou alguém que esteja dormindo. Em geral, quanto mais ambígua é a situação, menos provável é que os espectadores intervenham.

Talvez a informação mais intensa disponível durante uma emergência seja o comportamento de outras pessoas. Assustada por um evento repentino, inesperado e possivelmente perigoso, cada uma das pessoas olha rapidamente para ver o que os outros estão fazendo. Enquanto todos se olham em busca de pistas sobre como se comportar, o grupo pode ficar paralisado pela indecisão. Quando isso acontece, a pessoa que precisa de ajuda é vítima da **ignorância pluralística**. Nesse estado de ignorância, cada indivíduo acredita que os próprios pensamentos e sentimentos são diferentes dos de outras pessoas quando, na verdade, muitas delas estão pensando ou sentindo de modo similar. Cada espectador pensa que o outro não está agindo porque, de alguma forma, sabe que não há uma emergência.

> **efeito espectador** Efeito pelo qual a presença de outras pessoas inibe a ajuda.
>
> **ignorância pluralística** Estado em que as pessoas em um grupo pensam erroneamente que os próprios pensamentos, sentimentos ou comportamentos individuais são diferentes daqueles dos outros membros.

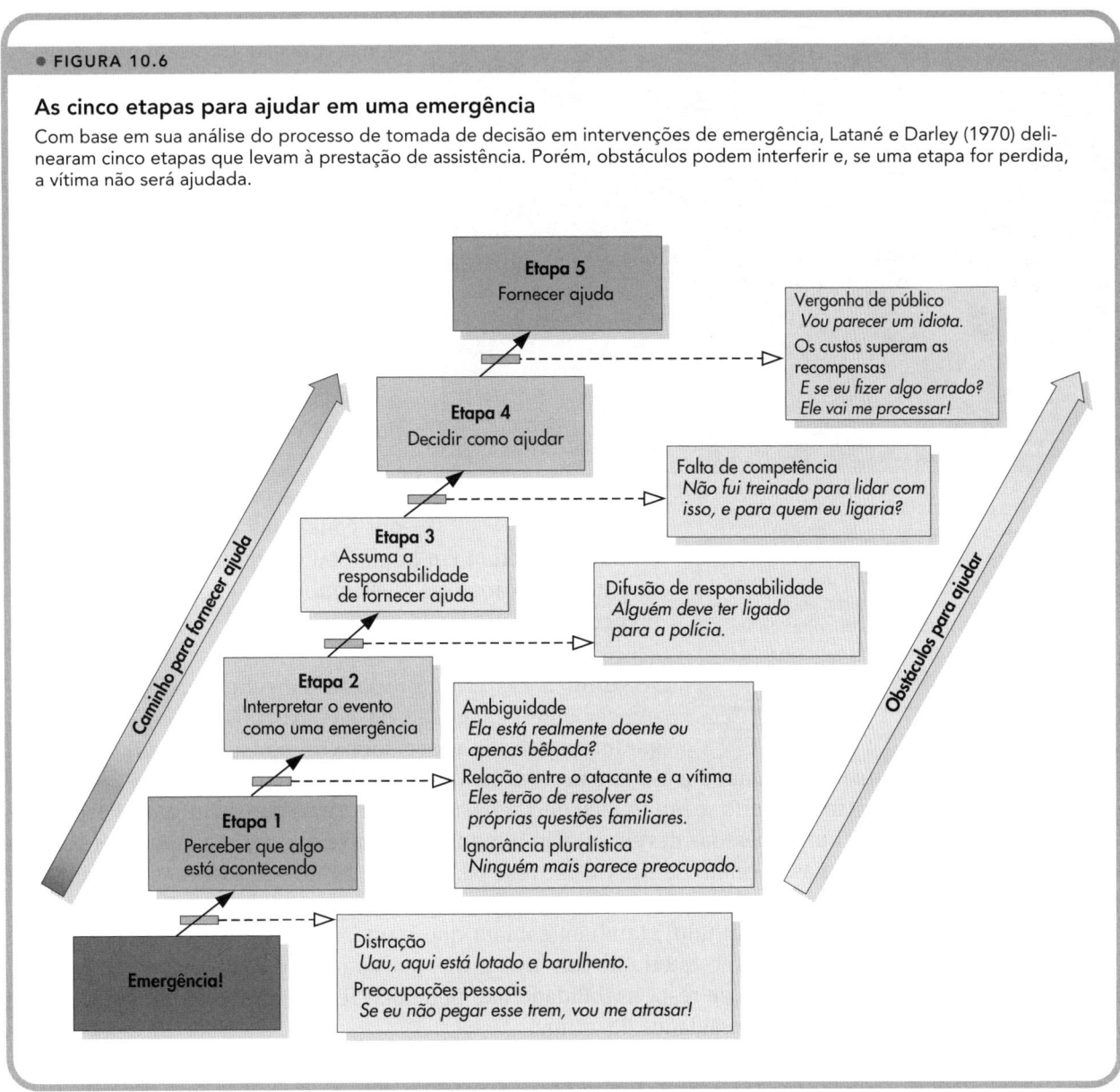

● FIGURA 10.6

As cinco etapas para ajudar em uma emergência

Com base em sua análise do processo de tomada de decisão em intervenções de emergência, Latané e Darley (1970) delinearam cinco etapas que levam à prestação de assistência. Porém, obstáculos podem interferir e, se uma etapa for perdida, a vítima não será ajudada.

Na verdade, todos estão confusos e hesitantes, mas, seguindo as dicas da inação uns dos outros, cada observador conclui que a ajuda não é necessária.

Latané e Darley (1968) colocaram esse fenômeno à prova em um experimento em que os participantes preencheram um questionário em uma sala na qual estavam (a) sozinhos, (b) com dois confederados que permaneceram passivos e não tomaram nenhuma ação, ou (c) com dois outros participantes como eles. Enquanto os participantes trabalhavam no questionário, a fumaça começou a se infiltrar na sala por um respiradouro. Era uma emergência? Como você acha que responderia? Em quatro minutos, metade dos participantes que trabalhavam isolados realizou alguma ação, como sair da sala para relatar a fumaça a alguém. Em seis minutos – o tempo máximo concedido antes de os pesquisadores encerrarem o experimento – três quartos desses participantes entraram em ação. Claramente, eles interpretaram a fumaça como uma emergência potencial.

Contudo e quanto aos participantes que trabalham em grupos de três? O senso comum sugere que as chances de *alguém* agir devem ser maiores quando mais pessoas estiverem presentes. Porém apenas 1 dos 24 participantes nessa condição agiu em 4 minutos, e apenas 3 fizeram antes do fim do estudo – embora,

O primeiro passo para fornecer ajuda é perceber que alguém necessita dela. Distraídos pelas próprias preocupações ou pelos estímulos avassaladores de uma cidade grande e movimentada, essas pessoas que caminham por Manhattan podem nem perceber o morador de rua implorando por trocados.

naquele ponto, a fumaça fosse tão densa que eles tivessem que abanar o rosto para enxergar o questionário que estavam respondendo! A taxa de ação foi ainda mais baixa quando os participantes estavam em uma sala com dois confederados passivos; nesta condição, apenas 1 em cada 10 participantes relatou a fumaça. Se os participantes em qualquer uma das duas condições de grupo tivessem interpretado a fumaça como uma emergência potencial, eles teriam agido porque as próprias vidas estariam em jogo. No entanto, em vez disso, eles olharam para as reações dos outros na sala e, por causa das tentativas individuais de não parecerem em pânico ou ficarem constrangidos, definiram a situação entre eles como nada com que devessem se preocupar.

Assumir a responsabilidade Perceber uma vítima e reconhecer emergência são passos cruciais, mas por si só não garantem que um espectador virá em seu socorro. A questão da responsabilidade permanece. Quando a ajuda é necessária, quem é responsável por fornecê-la? Se uma pessoa sabe que outras estão por perto, é muito fácil deixar de ajudar por causa da **difusão de responsabilidade**: a crença de que outras pessoas devem ou vão intervir. Presumivelmente, cada uma das pessoas que assistiram ou ouviram o assassinato de Kitty Genovese pensou que a outra fizesse algo para impedir o ataque. As testemunhas do atropelamento na China ou do assalto fora de um shopping em Oceanside, Nova York (descrito no início do capítulo), também sabiam que muitas outras pessoas poderiam agir. Porém lembra daqueles participantes no estudo de convulsões que pensaram que só eles ouviram o pedido de ajuda da outra pessoa? A difusão de responsabilidade não pode ocorrer se um indivíduo acredita que apenas ele ou ela está ciente das necessidades da vítima.

Decidir como ajudar e oferecer ajuda Se uma pessoa assumiu a responsabilidade de ajudar, ela ainda deve passar pelas duas etapas finais antes de agir: decidir como ajudar e, então, oferecer ajuda. Os obstáculos aqui incluem sentir falta de competência para saber como ajudar ou temer que os custos potenciais da ajuda sejam muito altos para justificar assumir o risco. A presença de outras testemunhas também pode ser um obstáculo nessas duas etapas. As pessoas, às vezes, se sentem socialmente sem jeito e com vergonha de agir de maneira solícita em um ambiente público. Quando os observadores não agem em uma emergência por medo de causar uma má impressão nos demais, estão sob a influência da **vergonha do público**.

Esse é um obstáculo muito comum para o processo de ajudar, mas ocasionalmente pode ser em especial trágico. Melanie Carlson (2008) analisou relatos sobre o estupro coletivo de uma garota de 15 anos inconsciente por quatro criminosos na presença de seis transeuntes em uma festa em 2002. O promotor distrital disse que os transeuntes não intervieram por medo de serem considerados "covardes" ou "ridicularizados" (p. 3). Quando Carlson entrevistou jovens de uma universidade na Califórnia sobre como eles reagiriam em situações como estupro coletivo, muitos levantaram preocupações

difusão de responsabilidade Crença de que outros assumirão ou deverão assumir a responsabilidade de prestar assistência a uma pessoa necessitada.

vergonha do público Relutância em ajudar por receio de causar má impressão aos observadores.

semelhantes, indicando que sua masculinidade seria ameaçada se eles interviessem. Esse tipo de preocupação em relação a ficar envergonhado na frente de amigos e quebrar as normas percebidas para a própria vida contribui para um número chocante de casos de inação de espectador, envolvendo desde agressão sexual a intimidação e abuso de animais (Arluke, 2012; Banyard, 2011).

10-2b Pressão do tempo

Como você pode ver na • Figura 10.6, oferecer ajuda em uma emergência é um processo desafiador. Em cada etapa do caminho, barreiras e desvios podem impedir que quem pode ajudar realmente o faça. Outros fatores também podem afetar as várias etapas desse processo. Um desses fatores é a pressão do tempo. Quando estamos com pressa ou temos muito em que pensar, podemos estar tão preocupados que deixamos de notar outras pessoas que precisam de ajuda, tornamo-nos menos propensos a aceitar a responsabilidade de ajudar alguém ou decidimos que os custos são muito altos em virtude do precioso tempo que será perdido. Ao termos outras exigências que parecem muito importantes, envolver-se nos problemas dos outros pode parecer um luxo que não podemos nos permitir. John Darley e Daniel Batson (1973) examinaram o papel da pressão do tempo em um experimento que produziu o que pode ser o achado mais paradoxal da história da psicologia social.

O estudo deles baseou-se na parábola do Bom Samaritano, do Evangelho de Lucas. Essa parábola conta a história de três pessoas diferentes – um sacerdote, um levita e um samaritano – viajando na estrada de Jerusalém a Jericó. Cada um deles encontra um homem semimorto à beira da estrada. O sacerdote e o levita – ambos considerados pessoas ocupadas, importantes e relativamente santas – passam pelo homem sem parar. O único que ajuda é o samaritano, um pária social e religioso da época. A moral da história é que as pessoas com baixo *status* às vezes são mais virtuosas que aquelas que gozam de alto *status* e prestígio. Por quê? Talvez em parte porque indivíduos de *status* elevado tendem a ser pessoas ocupadas, preocupadas com as próprias questões e estar correndo em razão de vários compromissos. Essas características podem impedi-los de perceber ou decidir ajudar quem necessite de assistência.

Darley e Batson deram vida a essa história antiga. Eles pediram que alunos do seminário que se preparassem para fazer um discurso. Metade deles foi informada de que a palestra seria baseada na parábola do Bom Samaritano; a outra metade esperava discutir as funções preferidas pelos alunos do seminário. Todos foram, então, instruídos a caminhar até um prédio próximo, onde a apresentação seria gravada. Nesse ponto, os participantes foram informados de que estavam adiantados, no horário certo ou que já estavam alguns minutos atrasados. No caminho até o outro prédio, todos os participantes passaram por um confederado caído diante de uma porta, tossindo e gemendo. Qual desses futuros ministros parou para dar uma mãozinha?

Talvez surpreendentemente, o tópico do futuro discurso teve pouco efeito sobre a ajuda. A pressão do tempo, no entanto, fez uma diferença real. Daqueles que achavam que estavam adiantados, 63% ofereceram ajuda – em comparação com 45% daqueles que acreditavam estar no horário e apenas 10% daqueles que foram informados de que estavam atrasados. Ao descrever os eventos que ocorreram em seu estudo, Darley e Batson observaram que, "em várias ocasiões, um estudante do seminário faria seu discurso sobre a parábola do Bom Samaritano literalmente pisou na vítima enquanto se apressava!". O resultado surpreendente é que esses alunos do seminário, sem querer, demonstraram exatamente o alerta feito pela parábola sobre a qual eles falariam.

10-2c O legado da pesquisa do efeito espectador

Pesquisas mais recentes Desde a explosão original de estudos por Latané e Darley na década seguinte aos assassinatos de Kitty Genovese, pesquisas inspiradas por esse trabalho continuaram a florescer. Metanálises desse grande corpo de pesquisa encontraram forte suporte para o modelo de efeito espectador (Fischer et al., 2011; Latané e Nida, 1981).

Por exemplo, o primeiro passo para a intervenção do espectador é perceber. Um recente experimento de campo realizado por Amanda Cox e Amiee Adam (2018) descobriu que alunos andando pelo *campus* eram menos propensos a notar alguém precisando de ajuda se estivessem na presença de outras pessoas que se estivessem sozinhos. A segunda etapa é interpretar o evento como uma emergência. Brandie Pugh et al. (2016) conduziram entrevistas com estudantes universitários e descobriram que a presença de espectadores contribuiu para a dúvida que muitos estudantes sentiram ao testemunhar uma mulher embriagada potencialmente em risco.

A terceira etapa, a difusão de responsabilidade, continua a ser estudada extensivamente. Uma pesquisa muito perspicaz de Maria Plötner et al. (2015) testou a difusão de responsabilidade com crianças de 5 anos de idade. Durante o estudo, elas estavam pintando quando uma pesquisadora adulta teve um pequeno problema – ela "acidentalmente" derrubou um copo com água colorida que estava começando a derramar sobre a mesa e o chão. Ela resmungou que precisava de algumas toalhas de papel enquanto tentava debilmente conter a água com os braços. Acontece que havia uma pilha de toalhas de papel entre as crianças e a mesa da pesquisadora. Então, as crianças pararam o que estavam fazendo e tentaram ajudar?

Em uma condição do estudo as crianças estavam sozinhas com a pesquisadora. Em outra, estavam acompanhadas por dois confederados de 5 anos de idade que haviam sido treinados para serem gentis, mas seguir pintando e não oferecer assistência durante o incidente com a água. Ao replicar o efeito espectador, as crianças que estavam na presença desses espectadores passivos foram muito menos propensas a ajudar que as que estavam sozinhas. Porém os pesquisadores deram um passo além. A inação entre essas crianças pode ser devido a algo diferente da difusão de responsabilidade, como sentir-se tímido com as outras crianças ou apenas seguir o comportamento delas? Para isolar o papel da responsabilidade, Plötner e seus colegas habilmente adicionaram uma terceira condição. Nela, havia novamente dois confederados, mas, nesse caso, os confederados estavam sentados atrás de uma barreira que tornava difícil ou impossível que chegassem às toalhas de papel (ver • Figura 10.7). Nessa condição, portanto, a responsabilidade recaía exclusivamente sobre a única criança que poderia ajudar. Essa criança ajudaria? Na verdade, as crianças nessa condição – na qual a difusão de responsabilidade não era mais plausível – tinham tanta probabilidade de ajudar como se fossem a única testemunha.

O efeito espectador on-line Uma aplicação importante da pesquisa sobre o efeito espectador está no mundo da comunicação eletrônica. Estudos sobre as respostas dos indivíduos diante de emergências ou

---

• **FIGURA 10.7**

Efeito espectador e difusão de responsabilidade entre as crianças

Essas fotos recriam a configuração experimental nas três condições de um estudo para ver se crianças de 5 anos de idade ajudariam um experimentador trazendo toalhas de papel para lidar com um derramamento. Quando estavam sozinhos com o experimentador (Foto A), os participantes eram muito mais propensos a ajudá-lo que quando se encontravam na presença de dois confederados (Foto B). No entanto, quando os dois confederados estavam presos atrás de uma barreira e, portanto, incapazes de ajudar (Foto C), a responsabilidade pela ajuda não podia ser dispersada e os participantes, então, tinham a mesma probabilidade de ajudar, como se estivessem sozinhos.
De Plötner et al. (2015)

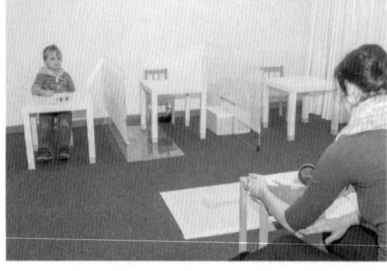
(a)

(b)

(c)

pedidos de ajuda on-line, como redes sociais ou via e-mail, descobriram que a presença virtual de outras pessoas reduziu a probabilidade de intervenção de qualquer indivíduo (Obermaier et al., 2016; Song e Oh, 2018; Stalder, 2008). Casos reais de abuso on-line – como na forma de cyberbullying – ou pedidos de atenção e ajuda por parte de indivíduos suicidas tiveram o efeito de espectador. A difusão de responsabilidade pode ser ainda maior on-line devido a distância física e psicológica adicional criadas pelo mundo on-line. De fato, em vários casos de pessoas que anunciaram no Facebook ou em grupos on-line que iam cometer suicídio, as postagens geraram muitos exemplos de insultos e indiferença de espectadores on-line (Murphy, 2012; Wells, 2011).

Quando a intervenção é mais provável de ocorrer Há condições em que o efeito espectador é menos provável de ocorrer ou pode até ser revertido. Grupos nos quais os membros se conhecem ou se sentem conectados uns aos outros são geralmente mais solícitos que grupos de estranhos (Fischer et al., 2011; Levine e Manning, 2013; Li e Zhao, 2019). Além disso, quando as pessoas pensam que serão desprezadas pelos outros por não ajudarem, a presença de espectadores aumenta as ações de ajuda (Schwartz e Gottlieb, 1980). Voltaremos a esse ponto um pouco mais tarde, quando discutirmos os efeitos da influência social na ajuda.

Quando a ajuda eficaz exigiria várias pessoas, como nos casos em que oferecer ajuda isolada pode ser mais perigoso, a presença de outras pessoas pode às vezes levar à maior probabilidade de ajuda (Fischer e Greitemeyer, 2013; Greitemeyer e Mügge, 2015; Liebst et al., 2019). Considere os resultados de um estudo recente de Richard Philpot et al. (2019). Esses pesquisadores examinaram imagens de câmeras de vigilância de 219 agressivos conflitos públicos em ambientes urbanos na Holanda, no Reino Unido e na África do Sul. Em cerca de 90% desses incidentes, pelo menos uma pessoa interveio, com uma média de aproximadamente quatro pessoas intervindo em cada caso.

Esses resultados ao serem divulgados, uma onda de cobertura da mídia lançou manchetes como esta: "Famoso resultado da psicologia pode estar completamente errado", o que colocou em questão a pesquisa do efeito espectador (Browne, 2019). Porém é essencial entender alguns pontos. Primeiro, o efeito espectador não implica que ninguém em um grupo oferecerá ajuda, mas sim que a probabilidade de um indivíduo ajudar é reduzida na presença de outros se comparada a quando este está sozinho. Quando há muitas testemunhas, mesmo que a maioria das pessoas não ajude, certamente é possível que uma ou poucas o façam. Em segundo lugar, esses tipos de conflitos agressivos no meio de uma rua da cidade são, provavelmente, perigosos e – como observamos – em tais situações, ter outras pessoas por perto

O legado da pesquisa de intervenção do espectador vive hoje quando é aplicado a programas destinados a incentivar testemunhas de comportamentos destrutivos, como bullying e agressão sexual, a agirem.

com quem intervir pode aumentar a probabilidade de ajuda porque reduz o risco. Terceiro, quando há várias testemunhas de um conflito nesses ambientes públicos, é provável que várias delas se conheçam e – como também observamos – aumenta a intervenção do espectador. De outro modo, essa nova pesquisa retrata um quadro mais positivo da natureza humana que a pesquisa anterior sugeria, indicando que, pelo menos em alguns contextos, a intervenção tem muito mais probabilidade de ocorrer.

O legado duradouro O poder e a relevância da análise de Latané e Darley são evidentes no fato de que, todas essas décadas depois, as notícias ao redor do mundo continuam a citar seu trabalho ou mencionar Kitty Genovese ao relatar o mais recente incidente chocante de não intervenção de espectador. Dado seu legado duradouro, é interessante notar que alguns dos detalhes originais relatados sobre as testemunhas do assassinato de Kitty Genovese – relatos que foram repetidos inúmeras vezes ao longo dos anos desde então – podem, na verdade, ser imprecisos. Rachel Manning et al. (2008) publicaram um artigo sugerindo que algumas das testemunhas podem ter chamado a polícia muito antes de finalmente chegar. Tudo aconteceu em uma época anterior à das ligações para o "911", e é impossível saber se estas foram feitas ou não ou o que pode ter sido dito nelas. Manning e seus colegas também questionaram se 38 era o número correto de testemunhas e sugeriram que um número muito menor provavelmente teria visto o incidente, embora possivelmente mais de 38 o tenham ouvido. Como 2014 marcou o 50º aniversário da tragédia, uma série de livros e artigos de jornal sobre o assunto foram publicados, um testemunho do legado duradouro dessa história. Muitos desses livros e artigos incluíam críticas de como as reportagens originais dos jornais apresentavam vários detalhes errados. Em outubro de 2015, um novo filme chamado *The Witness* teve como foco o irmão de Kitty Genovese ao tentar descobrir a verdade sobre o caso.

Para nós, essas questões são interessantes, mas vão além do ponto principal. Quaisquer que sejam as imprecisões dos relatórios originais, a tragédia de Kitty Genovese é o que inspirou John Darley e Bibb Latané a seguir a linha de pesquisa que relatamos nesta seção, e essa pesquisa rendeu informações valiosas – e precisas – sobre a psicologia social da intervenção do espectador, assim como os inúmeros estudos realizados por pesquisadores inspirados neste trabalho.

Muitos de nós, que ensinamos psicologia social, temos histórias de ex-alunos que testemunharam uma emergência e sobressaltaram-se para ajudar enquanto pensavam conscientemente nas lições que aprenderam nas aulas de psicologia social sobre a pesquisa de intervenção de espectador de Darley e Latané. Alguns estudos corroboram esse ponto, descobrindo que apresentar a pesquisa aos participantes os torna menos vulneráveis a esses efeitos (Beaman et al., 1978). De fato, um dos autores deste livro se lembra de estar em uma palestra em uma sala repleta de psicólogos sociais quando um estrondo repentino soou de uma sala adjacente. Depois de alguns segundos, dezenas de psicólogos sociais levantaram de suas cadeiras, quase atropelando uns aos outros, enquanto corriam para verificar se havia uma emergência. E os únicos que não estavam pensando explicitamente "Darley e Latané" ao fazê-lo foram os que pensaram "Latané e Darley".

O legado da pesquisa sobre espectadores foi recentemente reafirmado por uma explosão de interesse em aplicar e estender o trabalho a uma lista cada vez maior de programas de prevenção e treinamento voltados para a redução da agressividade, bulling, agressão sexual, violência no local de trabalho e outros comportamentos antissociais e perigosos que muitas vezes são testemunhados por espectadores. Essa onda de estudos encontrou forte apoio não apenas para a aplicabilidade da pesquisa sobre espectadores para entender quando e por que estes provavelmente não interfeririam em tais situações, mas também para a eficácia dos programas de treinamento com o objetivo de reduzir esses efeitos (Coker et al., 2018; Edwards et al., 2019; Kettrey e Marx, 2019; McMahon e Seabrook, 2019; Peterson et al., 2018). Escolas em todo o mundo tornaram "espectador" uma palavra da moda ao tentar educar e encorajar os alunos a intervir para reduzir a ocorrência e os impactos do bulling. Esse é o impacto mais positivo que a pesquisa do espectador obteve.

Um último ponto sobre a história de Kitty Genovese. Saul Kassin (2017) descobriu recentemente algumas novas informações sobre Winston Moseley – o homem que matou Kitty Genovese – e elas incluem uma reviravolta extraordinária. Cinco dias após o assassinato de Genovese, Moseley tentou assaltar uma casa. Um vizinho percebeu e chamou outro vizinho (a vantagem de amigos para intervenção de um espectador!) e juntos evitaram que Moseley fugisse antes de a polícia chegar. Assim, surpreendentemente, o assassino de Kitty Genovese foi, finalmente, capturado pela intervenção de um espectador.

Obtendo ajuda em uma multidão: o que você deve fazer? Então, o que todas essas histórias e experiências ensinam a você sobre o que fazer se precisar de ajuda na presença de muitas pessoas? Há algo que você possa fazer para aumentar as chances de alguém vir em seu auxílio? Podemos oferecer este conselho: neutralize a ambiguidade da situação, deixe muito claro que você precisa de ajuda e reduza a difusão de responsabilidade, vinculando-se a indivíduos específicos em busca de ajuda, como pelo contato visual, apontando ou, idealmente, fazendo um pedido direto (Markey, 2000; Moriarty, 1975; Shotland e Stebbins, 1980).

10-2d Humor e ajuda

Discutimos anteriormente que ajudar alguém pode melhorar o humor das pessoas, mas estar de bom humor pode tornar as pessoas mais propensas a ajudar alguém? É menos provável que ajudemos se estivermos de mau humor? Qual é a sua opinião?

Bom humor e fazer o bem À luz do sol em Minneapolis e os aromas doces em Albany nos dão algumas pistas sobre a relação entre bom humor e ajuda. Ao longo de um ano, pedestres em Minneapolis, Minnesota, foram parados e convidados a participar de uma pesquisa de opinião social. Quando Michael Cunningham (1979) tabulou suas respostas de acordo com as condições meteorológicas, ele descobriu que as pessoas respondiam mais perguntas em dias ensolarados que em dias nublados. Cunningham também descobriu que, em dias de sol, os clientes dos restaurantes davam gorjetas mais generosas. Por que o sol e a ajuda andariam juntos? Provavelmente, é o nosso humor, já que um dia ensolarado nos anima, e um dia nublado nos faz sentir, bem, cinzentos.

Quando o sol não está brilhando, muitas pessoas vão ao shopping. Uma das melhores sensações que você pode experimentar ao passear pelo shopping é passar por uma padaria ou cafeteria, já que o aroma agradável de biscoitos de chocolate recém-assados ou de uma torrada se espalha. Robert Baron (1997) acreditava que esses cheiros agradáveis deixavam as pessoas de bom humor, então, ele se perguntou se esse bom humor as tornaria mais propensas a ajudar alguém em necessidade. Ele testou sua suposição com os transeuntes em um grande shopping center em Albany, Nova York. Cada um dos selecionados foi abordado por um membro da equipe de pesquisa, que pediu que trocassem um dólar. Essa interação ocorreu em um local que continha fortes aromas agradáveis (como próximo a uma padaria ou cafeteria) ou sem nenhum odor perceptível (como próximo a uma loja de roupas). Como pode ser visto na • Figura 10.8, os resultados foram claros: as pessoas abordadas em um local com cheiro agradável foram muito mais propensas a ajudar que as que foram abordadas em um local com cheiro neutro. Esse efeito sobre a ajuda parece ter sido causado pelo fato de as pessoas estarem de melhor humor quando se encontravam em um ambiente com aroma agradável.

Diversos outros estudos apoiam o ponto de que o bom humor aumenta a probabilidade da ajuda, da mesma

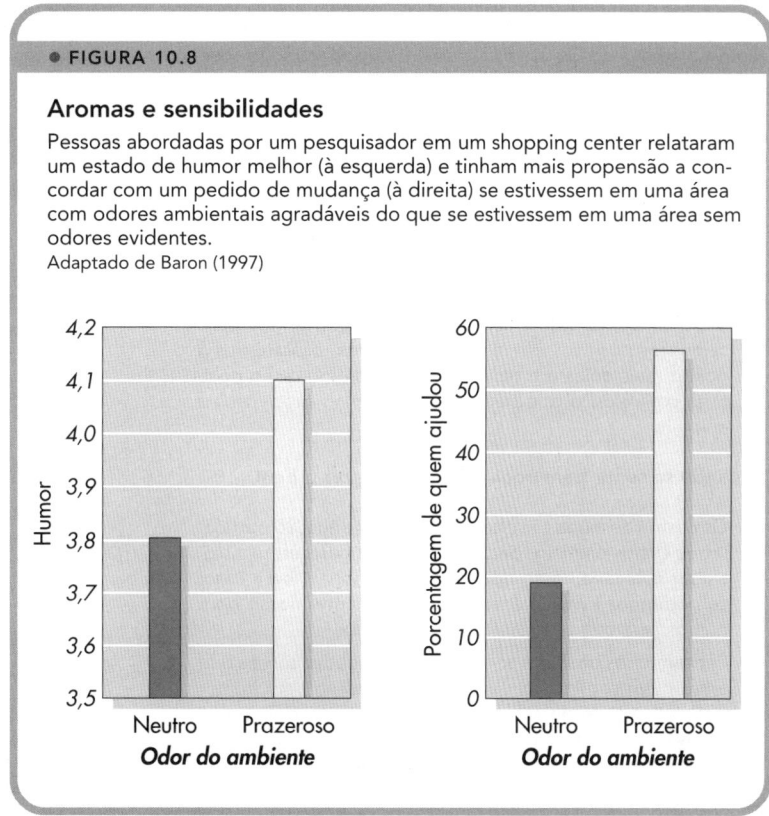

• **FIGURA 10.8**

Aromas e sensibilidades

Pessoas abordadas por um pesquisador em um shopping center relataram um estado de humor melhor (à esquerda) e tinham mais propensão a concordar com um pedido de mudança (à direita) se estivessem em uma área com odores ambientais agradáveis do que se estivessem em uma área sem odores evidentes.
Adaptado de Baron (1997)

> As pessoas têm muito mais probabilidade de prestar ajuda quando estão de bom humor.
>
> **VERDADEIRO**

forma que ajudar pode melhorar o humor (Batson, 2012; Colarelli et al., 2017; Erreygers et al., 2019). A próxima pergunta é: Por quê? Parece haver vários fatores em ação. A ▲ Tabela 10.2 resume algumas das razões pelas quais se sentir bem geralmente leva a fazer o bem e quando essa ligação entre se sentir bem e fazer o bem é enfraquecida.

Mau humor e boas ações Já que o bom humor aumenta a possibilidade de ajudar, o mau humor o diminui? Não necessariamente. Em muitas circunstâncias, os sentimentos negativos podem provocar um comportamento *positivo* em relação aos outros (Cryder et al., 2012; Vollhardt e Staub, 2011; Xu et al., 2011; Yue et al., 2017). Por que o mau humor pode promover um comportamento pró-social? Como discutimos anteriormente, as pessoas sabem que ajudar as faz se sentir bem e podem ser motivadas a tentar reparar o mau humor ajudando os outros.

Ainda que o mau humor muitas vezes possa estimular a ajuda, esta não é uma relação tão forte e consistente como a do bom humor. Como indica a ▲ Tabela 10.3, há vários limites para esse efeito. Por exemplo, uma variável importante é se as pessoas aceitam a responsabilidade por seus sentimentos ruins. Se culparmos os outros por nos sentirmos mal, é menos provável que sejamos generosos em nosso comportamento com outras pessoas. Se, em vez disso, nos sentimos culpados por algo que fizemos, somos mais propensos a agir de maneira pró-social (Rogers et al., 1982; van Bommel et al., 2016).

Em situações em que seria improvável que ajudar melhorasse o mau humor, como por que ajudar seria difícil e estressante, oferecer ajuda torna-se menos provável (Kayser et al., 2010). Considere dois estudos

▲ **TABELA 10.2**

Bom humor leva a ajudar: razões e limitações

Pesquisas mostram que pessoas de humor positivo são mais propensas a ajudar alguém que precise do que aquelas de humor neutro. Existem várias explicações para esse efeito, bem como algumas condições limitantes, que podem enfraquecer ou reverter os efeitos de promoção de ajuda do bom humor.

Por que se sentir bem leva a fazer o bem

- Desejo de manter o bom humor. Quando estamos de bom humor, somos motivados a mantê-lo. Ajudar os outros faz que nos sintamos bem, então isso pode ajudar a manter um clima positivo.
- Pensamentos e expectativas positivas. O humor positivo desencadeia pensamentos positivos, e se tivermos pensamentos positivos em relação aos outros, passaremos a gostar mais deles e a ter expectativas de interação positivas com eles, o que deve nos tornar mais propensos a ajudá-los.

Quando se sentir bem pode não levar a fazer o bem

- Os custos de ajuda são altos. Se, em uma situação particular, os custos previstos para prestar ajuda parecerem altos, ajudar colocaria nosso bom humor em risco. Nesse caso, se pudermos evitar o envolvimento e manter nosso bom humor, será menos provável que ajudemos.
- Pensamentos positivos sobre outras atividades sociais que entram em conflito com a ajuda. Se o nosso bom humor nos dá vontade de sair e festejar com os amigos, nossa motivação para participar dessa atividade social pode nos impedir de perceber quando alguém está precisando de ajuda ou de assumir a responsabilidade por ajudar.

▲ **TABELA 10.3**

Mau humor e ajuda: quando se sentir mal leva a fazer o bem e quando não?

Pesquisas mostram que pessoas de mau humor são mais propensas a ajudar alguém necessitado do que aquelas de humor neutro. No entanto, existem várias limitações para esse efeito. Esta tabela resume alguns dos fatores que tornam mais ou menos provável que as pessoas façam o bem quando se sentem mal.

Quando o mau humor nos torna mais propensos a ajudar os outros

- Se assumirmos a responsabilidade pelo que causou nosso mau humor ("Sinto-me culpado pelo que fiz.")
- Se nos concentrarmos em outras pessoas ("Uau, essas pessoas sofreram muito.")
- Se pensarmos sobre nossos valores pessoais que promovem a ajuda ("Eu, realmente, não deveria agir como um idiota da próxima vez; tenho de ser mais legal.")

Quando o mau humor nos torna menos propensos a ajudar os outros

- Se culparmos os outros pelo nosso mau humor ("Estou com muita raiva daquele idiota que me colocou nesta situação.")
- Se nos tornarmos muito focados em nós mesmos ("Estou muito deprimido.")
- Se pensarmos sobre nossos valores pessoais que não promovem a ajuda ("Preciso ficar esperto e começar a pensar mais nas minhas próprias necessidades.")

realizados recentemente por Fang Guan et al. (2019) na China. Em ambos os estudos, os participantes assistiram a um de três vídeos: (1) cenas panorâmicas agradáveis de beleza natural (acompanhadas por música suave); (2) cenas de desastres naturais, como tornados e tsunamis; ou (3) um vídeo de uma aula que não provocava emoções fortes. Os participantes que viram as belas paisagens relataram ter experimentado sentimentos mais positivos de admiração, alegria e felicidade, enquanto aqueles que viram as imagens negativas relataram menos afeto positivo e um sentimento mais forte de ameaça.

Quando os participantes pensaram que seu estudo havia acabado, eles tiveram a chance de ajudar alguém. Em um desses estudos, os participantes foram informados de que um aluno de pós-graduação precisava de ajuda em um projeto de pesquisa. Eles ofereceriam algum tempo para ajudar o tal aluno? Como pode ser visto na metade esquerda da • Figura 10.9, os participantes que viram o vídeo positivo e edificante dedicaram mais do seu tempo ajudando o aluno que os que viram os vídeos neutro ou negativo.

Os participantes do outro estudo não foram solicitados a doar tempo ou esforço, mas sim a doar dinheiro a uma pessoa com necessidades financeiras. Neste estudo, ser colocado em um humor positivo ou negativo levou a um aumento da oferta de ajuda em comparação com a condição de controle (veja a metade direita da • Figura 10.9). Considerando que doar dinheiro pode ter parecido uma maneira relativamente fácil e rápida de se sentir melhor, oferecer seu tempo e esforços como voluntário pode ter parecido uma receita para fazer o mau humor persistir ou piorar.

> As pessoas têm muito menos probabilidade de prestar ajuda quando estão de mau humor.
>
> FALSO

10-2e Efeitos pró-sociais da mídia

Os possíveis efeitos prejudiciais de assistir a entretenimento violento ou jogar videogame violento geraram muito debate público e pesquisas, conforme discutido no Capítulo 11 sobre Agressividade. No entanto,

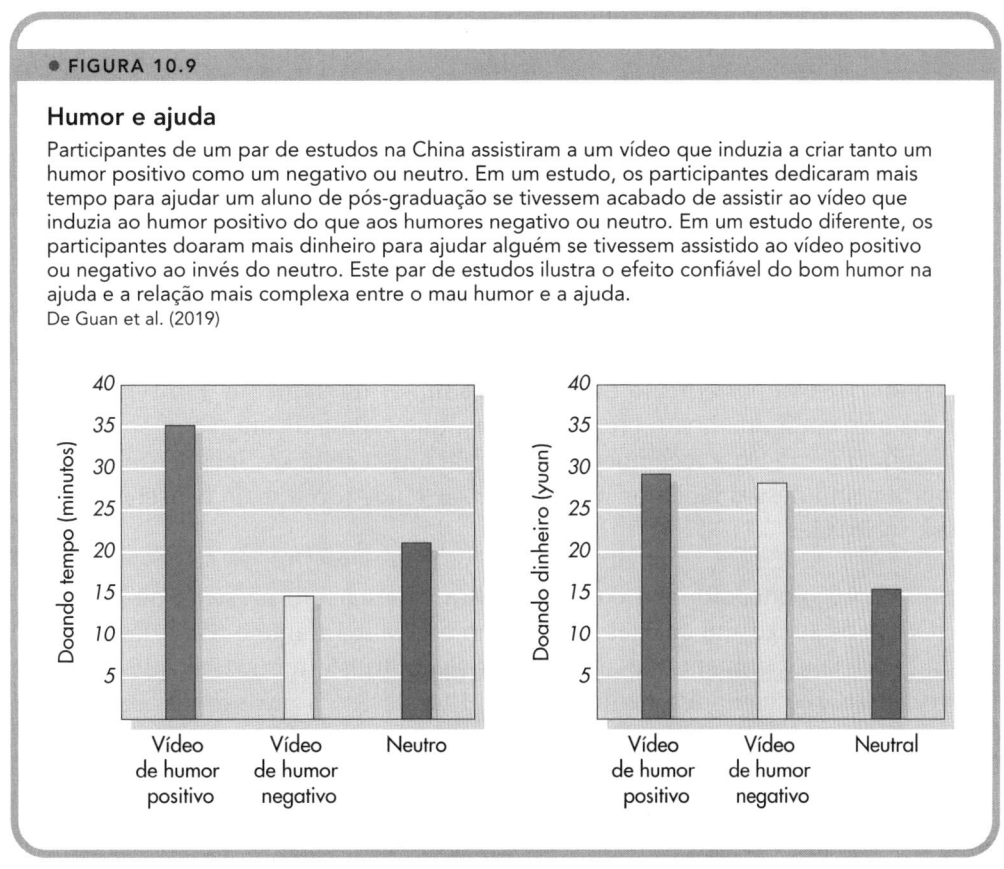

• FIGURA 10.9

Humor e ajuda
Participantes de um par de estudos na China assistiram a um vídeo que induzia a criar tanto um humor positivo como um negativo ou neutro. Em um estudo, os participantes dedicaram mais tempo para ajudar um aluno de pós-graduação se tivessem acabado de assistir ao vídeo que induzia ao humor positivo do que aos humores negativo ou neutro. Em um estudo diferente, os participantes doaram mais dinheiro para ajudar alguém se tivessem assistido ao vídeo positivo ou negativo ao invés do neutro. Este par de estudos ilustra o efeito confiável do bom humor na ajuda e a relação mais complexa entre o mau humor e a ajuda.
De Guan et al. (2019)

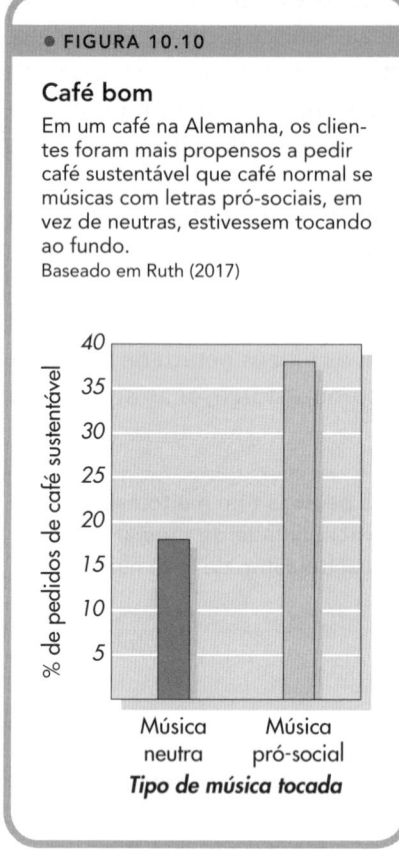

FIGURA 10.10

Café bom
Em um café na Alemanha, os clientes foram mais propensos a pedir café sustentável que café normal se músicas com letras pró-sociais, em vez de neutras, estivessem tocando ao fundo.
Baseado em Ruth (2017)

o que chamou muito menos a atenção é se a mídia popular pode ter efeitos *positivos*, incluindo a promoção de atitudes e comportamentos pró-sociais. Pesquisas sobre essa questão sugerem que sim. Na verdade, uma metanálise de 72 estudos descobriu que a exposição à mídia pró-social – na forma de videogames, letras de música, programas infantis de televisão, filmes e assim por diante – estava relacionada a níveis mais elevados de comportamento pró-social e preocupação empática (Coyne et al., 2018). Algumas dessas pesquisas são longitudinais. Por exemplo, estudos envolvendo crianças e adolescentes no Japão e em Cingapura descobriram que jogar videogame com temas pró-sociais aumenta a empatia e o comportamento amigável por vários meses ou mesmo dois anos; jogar videogames violentos, por sua vez, previu menos disponibilidade em ajudar subsequentemente (Prot et al., 2014).

Outra pesquisa envolveu experimentos com atribuição aleatória de condições. Por exemplo, em um experimento de campo conduzido em um café na Alemanha, Nicolas Ruth (2017) expôs clientes (que não sabiam que estavam em um experimento) a músicas com letras pró-sociais (como "Imagine" de John Lennon ou "Same Love" de Macklemore) ou canções dos mesmos artistas, mas com letras neutras. Qualquer um dos clientes que pedisse uma bebida contendo café tinha a opção de comprar café normal ou café orgânico de produção sustentável. O café sustentável era um pouco mais caro, mas era produzido de maneira mais adequada em relação ao meio ambiente e às práticas comerciais. Como pode ser visto na
• Figura 10.10, os clientes eram mais propensos a fazer a escolha pró-social de pedir o café sustentável mais caro se a música que estivesse tocando ao fundo tivesse uma letra positiva em vez de neutra.

10-2f Modelos de papel e influência social

Modelos de papéis Os exemplos pró-sociais na mídia apresentam modelos a serem seguidos pelas pessoas. Observar modelos que oferecem ajuda – sejam eles amigos, pais, professores, celebridades ou outros – aumenta a probabilidade de ajudar em diversas situações (Nook et al., 2016; Ottoni-Wilhelm et al., 2014; Sechrist e Milford, 2007; Waugh et al., 2015). Do mesmo modo, ver modelos de comportamento egoísta e ganancioso pode promover a reprodução destes (Gray et al., 2014).

Por que as pessoas que exemplificam a ajuda nos inspiram a ajudar? Três razões se destacam. Primeiro, fornecem um exemplo de comportamento que devemos imitar diretamente. Em segundo lugar, quando são recompensadas pelo comportamento prestativo, elas, que exemplificam o comportamento prestativo, ensinam-nos que ajudar é valioso e recompensador, o que fortalece nossa inclinação de sermos solícitos. Por fim, o comportamento desses modelos nos faz pensar e nos torna mais conscientes dos padrões de conduta em nossa sociedade.

Influência social Você já concordou em contribuir para comprar um presente ou fazer um favor para alguém apenas porque os amigos ou colegas de trabalho estavam à frente e não queria ser o único a não contribuir? Se sim, você já experimentou o ato de fazer algo altruísta por razões que nada têm a ver com altruísmo. Em vez disso, seu comportamento pró-social foi devido à pressão dos colegas e à influência social. Essa causa do comportamento de ajuda não recebe tanta atenção como os outros fatores que discutimos neste capítulo, mas desempenha um papel importante em determinar quando as pessoas ajudam em diferentes situações. Como discutiremos mais tarde em uma seção sobre Cultura e Ajuda, esse tipo de influência pode ser especialmente intensa em culturas coletivistas.

Estudantes nas Filipinas aceitam o Desafio do Balde de Gelo em 2014. Ao desafiar publicamente amigos e outras pessoas ao redor do mundo a se filmarem jogando água gelada na cabeça para arrecadar dinheiro e aumentar a conscientização na luta contra a doença neurológica ELA (esclerose lateral amiotrófica), esta mania viral ilustra o poder da influência social para motivar o comportamento de ajuda.

As instituições de caridade e outros arrecadadores de fundos muitas vezes estão bem cientes desse processo e utilizam o poder da influência social para motivar doações, como encorajar as pessoas a igualar as contribuições de outras pessoas e fazer listas públicas com o nome de quem fez contribuições. Esquemas de "pagamento adiantado" às vezes exercem grande pressão social sobre os indivíduos para manter a rede em funcionamento, como quando uma longa fila de pessoas na Starbucks ou um guichê de drive-thru paga pela próxima pessoa da fila e ninguém quer ser o responsável por terminar a dinâmica. O impressionante sucesso viral do Desafio do Balde de Gelo em 2014 para arrecadar dinheiro e conscientização para combater a doença neurológica ELA foi em razão de grande parte das pessoas nomearem publicamente os amigos como as próximas pessoas que deveriam participar do desafio.

Vários estudos apoiam esses pontos. Diane Reyniers e Richa Bhalla (2013), por exemplo, deram aos participantes do estudo dinheiro em troca do preenchimento de uma pesquisa e, em seguida, foram convidados a doar parte desse dinheiro para instituições de caridade. Quando pensavam que um outro participante saberia se a doação foi feita e qual o valor, eles doaram significativamente mais dinheiro do que quando a doação era feita em particular. Alguns pesquisadores chamam esse tipo de comportamento influenciado por colegas de **altruísmo relutante**.

Outro tipo de influência social é ilustrado por um criativo estudo de Marco van Bommel et al. (2014). Os participantes, sozinhos ou na presença de confederados, testemunharam alguém roubar dinheiro deixado sem vigilância pelo experimentador que havia saído da sala. Ao replicar o clássico efeito do espectador, os pesquisadores descobriram que os participantes eram menos propensos a intervir na presença de testemunhas que se estivessem sozinhos. Esse efeito era eliminado (e até revertido), porém, se os participantes soubessem que havia uma câmera de segurança gravando imagens da sala. Não querendo parecer indiferentes e insensíveis diante das câmeras, e talvez desejando ter o heroísmo documentado em vídeo, os participantes entravam em ação.

Fatores de influência social, portanto, podem ser eficazes na elicitação de comportamento pró-social. Na verdade, Gordon Kraft-Todd et al. (2015) revisaram a literatura de pesquisa sobre a eficácia dos experimentos de campo projetados para promover o comportamento cooperativo – como conservação, doações para caridade e votação. A análise deles revelou que as intervenções com base nos tipos de fatores de influência social que discutimos aqui foram especialmente eficazes.

altruísmo relutante Tipo de comportamento altruísta que resulta da pressão de colegas ou de outras fontes de influência social direta.

10-3 Influências pessoais: quem provavelmente vai oferecer ajuda?

Estabelecemos que fatores situacionais, como a presença de espectadores, humor e pressão dos colegas, podem superar as diferenças individuais ao influenciar comportamentos de ajuda em muitos contextos. Porém as diferenças individuais também podem ser importantes. Voltamo-nos agora ao exame delas.

10-3a Algumas pessoas são mais prestativas que outras?

Ainda que fatores situacionais possam tornar qualquer pessoa mais ou menos propensa a ajudar em determinado contexto, algumas pessoas tendem a ser mais prestativas que outras em várias situações e ao longo do tempo (Caprara et al., 2012; Dovidio et al., 2006; Hay e Cook, 2007; Laible, Carlo et al., 2014). Por exemplo, Nancy Eisenberg et al. (2002) descobriram que o grau em que crianças em idade pré-escolar exibiam comportamento espontâneo de ajuda predizia o quanto prestativas elas seriam no fim da infância e no início da idade adulta.

Como acontece com tantas outras diferenças individuais, a variação na prestatividade parece ser parcialmente baseada na genética. Gêmeos geneticamente idênticos (monozigóticos) são mais semelhantes entre si em suas tendências comportamentais em relação a oferecer ajuda e em suas emoções e reações relacionadas à ajuda, como empatia, do que gêmeos fraternos (dizigóticos), que compartilham apenas uma parte da composição genética. Essas descobertas sugerem que há um componente hereditário para a prestatividade (Ebstein et al., 2010; Fortuna e Knafo, 2014; Mikolajewski et al., 2014). Joan Chiao (2011) estima que entre 56% e 72% do comportamento pró-social pode ser atribuído a fatores genéticos.

10-3b O que é a personalidade altruísta?

Algumas pessoas são mais solícitas que outras, mas podemos prever quem são essas pessoas ao observar a personalidade de modo geral? Em caso afirmativo, quais são os vários componentes da *personalidade altruísta*?

Considere, por exemplo, Oskar Schindler, o rico empresário alemão que durante o regime nazista se tornou o herói do livro e do filme *A Lista de Schindler* (*Schindler's List*). Schindler tinha caráter duvidoso, mentia nos negócios e no casamento, e festejava com sádicos oficiais militares alemães. Levando-se em

A estrela de cinema Angelina Jolie fez uso de sua celebridade, bem como do tempo e da energia, para aumentar a conscientização e recursos para crianças pobres e desnutridas em todo o mundo. Nesta foto, ela está em um campo de refugiados na Colômbia, em 2019.

conta sua personalidade geral, ninguém poderia ter previsto suas ações altruístas dele de arriscar a própria vida para salvar mais de 4 mil judeus durante o Holocausto. E quanto aos modelos mais recentes de altruísmo? Considere essas pessoas: Bill Gates, um geek da computação que fundou a Microsoft e se tornou o homem mais rico do mundo; Angelina Jolie, a atriz que estrelou filmes como *Lara Croft: Tomb Raider* e *Malévola* (*Maleficent*); e Dikembe Mutombo, um ex-jogador de basquete profissional de mais de dois metros originário do Congo. Essas figuras conhecidas parecem *extremamente* diferentes umas das outras em sua personalidade geral – exceto por uma coisa: a dedicação em ajudar os outros. Gates e sua esposa Melinda prometeram *bilhões* de dólares para instituições de caridade, muitos dos quais para questões de saúde em todo o mundo. Jolie tem trabalhado incansavelmente para arrecadar dinheiro e conscientizar sobre as crianças desnutridas em várias regiões miseráveis. Mutombo arrecadou milhões de dólares para a construção de hospitais no Congo.

> Bill e Melinda Gates doaram mais de $ 45 bilhões para causas beneficentes.

A busca para descobrir a personalidade altruísta não foi fácil. Muitas das pesquisas conduzidas ao longo dos anos não conseguiram encontrar características de personalidade consistentes e confiáveis que prevejam comportamentos de ajuda em todas as situações. Alguns pesquisadores responderam a isso mudando a natureza da busca, concentrando-se em variáveis de personalidade que preveem ajuda em algumas situações específicas, em vez de em todas as situações (Eberly-Lewis e Coetzee, 2015; Penner, 2004). Por exemplo, em uma amostra de 564 universitários japoneses, Ryo Oda et al. (2014) descobriram que a conscienciosidade estava associada ao altruísmo para com os membros da família, a gentileza, ao altruísmo para com amigos e conhecidos e a franqueza, ao altruísmo para com estranhos.

> "O propósito da vida humana é servir e mostrar compaixão e vontade de ajudar os outros."
> – Albert Schweitzer

Algumas características tendem a estar relacionadas ao comportamento de ajuda em geral. A amabilidade parece ser o preditor mais confiável de ajuda (Caprara et al., 2012; Habashi et al., 2016; Wertag e Bratko, 2019). Além disso, pessoas que são relativamente honestas e humildes ou que exibem raciocínio moral avançado tendem a ser mais solícitas (Fang et al., 2019; Mestre et al., 2019; Wertag e Bratko, 2019).

Se você tem prestado atenção neste capítulo, não deve se surpreender com a característica que recebeu mais atenção na previsão do comportamento de ajuda: empatia.

> Pode não parecer que o astro do rock Bruce Springsteen (à esquerda) tenha muito em comum com o Dalai Lama (visto na foto à direita servindo o almoço em um refeitório) e com muitas das outras pessoas mencionadas na página anterior como modelos de altruísmo, mas, assim como eles, ele doa uma quantidade enorme de tempo e dinheiro para ajudar os outros. Em suas turnês nos últimos anos, Springsteen arrecadou dinheiro para causas locais, como bancos de alimentos, centros de juventude e abrigos.

Já discutimos a empatia algumas vezes neste capítulo, e aqui vamos fazê-lo novamente, desta vez como uma variável de personalidade: ser capaz de ter a perspectiva dos outros e experimentar empatia está claramente associado a oferecer ajuda e a outros comportamentos pró-sociais em crianças e adultos (Eisenberg et al., 2015; FeldmanHall et al., 2015; Hastings et al., 2014; Morelli et al., 2015). As pessoas diferem em quanto empáticas tendem a ser, mas um crescente corpo de pesquisa sugere que a empatia pode ser desenvolvida e ensinada (Schumann et al., 2014; van Berkhout e Malouff, 2015).

Um suporte adicional interessante em relação ao papel da empatia vem da neurociência social. Sylvia Morelli et al. (2015) descobriram que a empatia estava associada a padrões específicos de ativação cerebral, e essa ativação, por sua vez, previu o grau de comportamento de ajuda diário dos indivíduos. Abigail Marsh et al. (2015) encontraram uma diferença neurológica intrigante entre pessoas que se ofereceram para doar um rim a um estranho e outras pessoas: os voluntários mostraram maior responsividade na amígdala a certas expressões faciais de medo de estranhos, reforçando a ideia de que esses indivíduos exibiam uma preocupação mais empática com o sofrimento do outro. Até mesmo as reações neurológicas dos bebês podem ser uma janela para suas tendências pró-sociais – Grossmann et al. (2018) descobriram que a sensibilidade de bebês de 7 meses ao ver as expressões faciais de medo dos outros previu seu comportamento altruísta sete meses depois.

Outro estudo recente de imagens cerebrais deu um passo adiante, também utilizando tecnologia virtual. Em um estudo particularmente criativo de Marco Zanon et al. (2014), os participantes se viram virtualmente em um prédio em chamas e tiveram de evacuar para salvar suas versões virtuais. Eles se depararam com outra pessoa ferida, estava presa e pedia ajuda – supostamente o avatar de um outro participante do estudo (na realidade, um avatar programado pelos experimentadores) (ver • Figura 10.11). Os participantes arriscariam suas próprias vidas virtuais parando e ajudando essa pessoa presa, ou cuidariam de si mesmos e seguiriam direto para a saída? Enquanto tudo isso acontecia, os participantes estavam em um scanner de ressonância magnética e a atividade cerebral deles foi registrada. Zanon e seus colegas descobriram que os participantes que mostraram maior ativação nas regiões neurais associadas

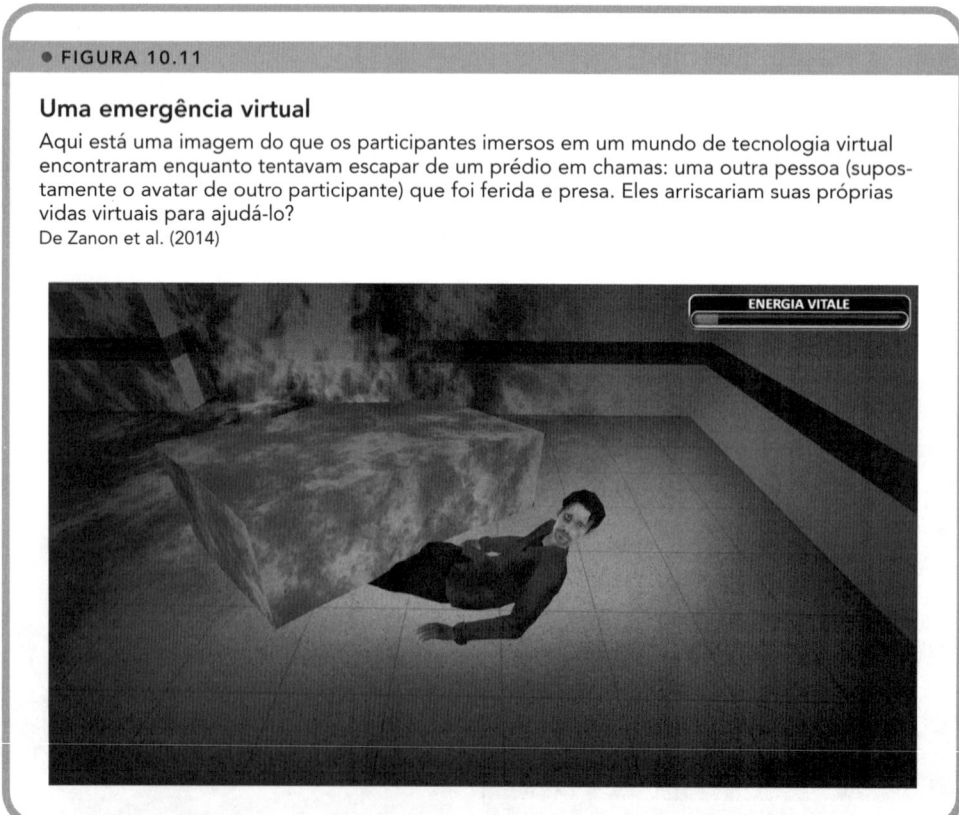

• FIGURA 10.11

Uma emergência virtual

Aqui está uma imagem do que os participantes imersos em um mundo de tecnologia virtual encontraram enquanto tentavam escapar de um prédio em chamas: uma outra pessoa (supostamente o avatar de outro participante) que foi ferida e presa. Eles arriscariam suas próprias vidas virtuais para ajudá-lo?

De Zanon et al. (2014)

à tomada de perspectiva foram os mais propensos a arriscar suas vidas virtuais para tentar ajudar a pessoa que estava presa.

A importância da empatia e do raciocínio moral é esclarecida em uma fascinante linha de pesquisa de Elizabeth Midlarsky, Stephanie Fagin-Jones e seus colegas (Fagin-Jones e Midlarsky, 2007; Midlarsky et al., 2005). Eles compararam as personalidades dos "heróis não judeus do Holocausto" – pessoas que arriscaram as vidas para ajudar os judeus, apesar de não terem expectativa de nenhuma recompensa extrínseca – com espectadores que não ofereceram ajuda durante o Holocausto. Os pesquisadores descobriram que quem oferece ajuda realmente tende a diferir dos espectadores em diversas variáveis associadas ao comportamento pró-social, particularmente a preocupação empática e o raciocínio moral. Ambas as qualidades estão refletidas na citação de uma mulher que abrigou trinta judeus na casa dela na Polônia: "Ajudar a dar abrigo era a coisa natural a se fazer, a coisa humana. Quando olhei dentro daqueles olhos, como poderia não me importar? É claro que eu senti medo – sempre – mas não havia escolha a não ser fazer a única coisa decente" (Midlarsky et al., 2005, p. 908).

"A verdadeira bondade pressupõe a capacidade de sentir o sofrimento e a alegria dos outros."

– André Gide

10-3c Cultura e ajuda

A propensão para ajudar os outros varia entre as culturas? Dados os muitos tipos diferentes de ajuda que existem, é difícil definir uma resposta simples para essa pergunta. Nos Estados Unidos, por exemplo, algumas evidências sugerem que pessoas nas regiões centro-sul e norte ou em áreas rurais tendem a ser mais solícitas que pessoas em outras regiões ou em áreas urbanas, mas isso é válido apenas para algumas medidas de ajuda (Banyard et al., 2019; Levine et al., 2008; Whitehead, 2014). O papel da religião na promoção do comportamento pró-social também é bastante heterogêneo. Diferenças individuais na religiosidade muitas vezes se correlacionam com o comportamento pró-social, mas grande parte dessa pesquisa encontra um forte viés intergrupal – pessoas religiosas são especialmente propensas a ajudar membros de seu grupo religioso interno em vez de membros de um grupo externo (Clobert et al., 2015; Róz˙ycka- Tran, 2017; Saroglou, 2014).

Outro exemplo da importância de reconhecer as diferenças nos tipos de ajuda vem da pesquisa sobre o papel da empatia na previsão do comportamento de ajuda entre as culturas. William Chopik et al. (2017) analisaram dados de mais de 100 mil adultos de 63 países e descobriram que, entre as culturas, níveis mais elevados de empatia foram associados a mais comportamentos de ajuda. Notavelmente, eles descobriram que a empatia previa mais tempo gasto no voluntariado, mas não maiores doações financeiras. Por que a empatia não previu doações? Os pesquisadores indicam que o comportamento pró-social assume diferentes formas entre as culturas. Por exemplo, na Libéria, apenas 7% da população relatou ter feito uma doação de caridade no último mês, um dos percentuais mais baixos do mundo. No entanto, 76% dos entrevistados da Libéria relataram ter ajudado a um estranho no último mês, uma das porcentagens mais altas do mundo.

Em uma tentativa ambiciosa de comparar as taxas de ajuda entre culturas, Robert Levine et al. (2001) conduziram estudos de campo de ajuda espontânea em uma grande cidade em 23 países ao redor do mundo. Em uma área central de cada uma dessas cidades durante o horário comercial normal em dias claros de verão, os pesquisadores mediram a proporção de transeuntes que ofereceriam ajuda nos seguintes cenários: (1) pegar uma caneta que um estranho aparentemente deixou cair acidentalmente, (2) ajudar um estranho que mancava a pegar uma pilha de revistas que havia deixado cair e (3) ajudar um cego que buscava ajuda para atravessar a rua. Os resultados indicaram que pedestres no Brasil, na Costa Rica e no Malaui exibiram as mais altas taxas de ajuda, e pedestres em Cingapura, Estados Unidos e Malásia exibiram as taxas mais baixas.

"Em nosso mundo cada vez mais interdependente, vimos o terrível poder dos indivíduos de causar grandes danos. No entanto, há um lado mais esperançoso dessa era interconectada: os cidadãos nunca tiveram tanto poder para promover o bem comum e garantir um futuro mais brilhante."

– Ex-presidente dos Estados Unidos, Bill Clinton

▲ TABELA 10.4

Ajudando ao redor do mundo

Estes são os 16 países que mais pontuaram no Índice Mundial de Doações de 2018. Este índice é uma medida das taxas de ajuda a um estranho com doações de dinheiro e tempo de voluntariado, cobrindo os anos de 2013 a 2017.

Classificação de cinco anos do World Giving Index

1. Mianmar	9. Quênia
2. Estados Unidos	10. Sri Lanka
3. Nova Zelândia	11. Holanda
4. Austrália	12. Emirados Árabes Unidos
5. Irlanda	13. Malásia
6. Canadá	14. Butão
7. Indonésia	15. Malta
8. Reino Unido	16. Noruega

Baseado na Charities Aid Foundation, 2018.

Então, o que essa pesquisa revela sobre as diferenças culturais na propensão a ajudar? Uma variável cultural que previa ajuda era o que se chama *simpatia* em espanhol ou em português. Alguns pesquisadores relatam que este é um elemento importante das culturas espanhola e latino-americana e envolve uma preocupação com o bem-estar social dos outros (Markus e Lin, 1999; Rodríguez-Arauz et al., 2019; Sanchez-Burks et al., 2000). As cinco culturas no estudo conduzido por Levine e colegas que valorizavam a *simpatia* tenderam a apresentar taxas mais altas de ajuda do que as culturas que não a valorizavam.

De acordo com a análise da Charities Aid Foundation (2018) de várias medidas de ajuda de 146 países, os Estados Unidos tiveram a segunda maior taxa geral de ajuda do mundo de 2013 a 2017 (ver ▲ Tabela 10.4). Esse resultado contrasta fortemente com o fraco desempenho dos Estados Unidos nos estudos de campo internacionais de Robert Levine discutidos anteriormente. Essa discrepância reflete como diferentes medidas de ajuda podem produzir resultados muito diferentes. Ainda que uma das medidas empregadas no relatório da Charities Aid Foundation se referisse a ajudar um estranho, as outras envolviam doar dinheiro e tempo de voluntariado. Como pode ser visto na ▲ Tabela 10.4, há muitos tipos diferentes de países e culturas representados entre os mais prestativos. Alguns dos países mais ricos estão no topo da lista, por exemplo, mas alguns dos mais ricos não apenas não conseguiram ficar entre os 16 primeiros, como se classificaram nas piores posições.

Um recente estudo de campo extraordinariamente ambicioso – que supostamente levou três anos e mais de meio milhão de dólares para ser concluído (Cara, 2019) – também demonstra a ampla variação nas taxas de ajuda ao redor do mundo com uma consistência bastante surpreendente. Alain Cohn et al. (2019) contaram com uma equipe de pesquisadores que visitou 355 cidades em 40 países em todos os continentes, exceto a Antártica, e deixou 17.303 carteiras com estranhos para verificar o que eles fariam. Mais especificamente, um assistente de pesquisa entrava em correios, hotéis, bancos, museus e outros lugares semelhantes, se aproximava de alguém na recepção e dizia: "Oi, encontrei isto [apontando para a carteira] na esquina. Alguém deve ter perdido. Estou com pressa. Você pode cuidar disso?". O assistente então ia embora sem deixar nenhuma informação.

As carteiras eram transparentes para que o conteúdo fosse visto facilmente. O conteúdo incluía um conjunto de cartões de visita com o nome e o endereço de e-mail de um homem, uma lista de compras manuscrita e uma chave. (O nome do homem era comum na área, e as informações estavam escritas no idioma nativo.) Em metade das carteiras, não havia dinheiro. Nas demais, havia o valor equivalente a $ 13,45 em moeda local. A grande questão era: quem recebeu a carteira entraria em contato com a pessoa que aparentemente a havia perdido?

A ● Figura 10.12 mostra a grande variação ao redor do mundo na probabilidade de fazer contato com o aparente proprietário da carteira. Alguns países – particularmente na Escandinávia e em locais próximos – foram especialmente pró-sociais, e outros muito menos. No entanto, um padrão era notavelmente consistente e surpreendente: basicamente em todos os países, as pessoas foram muito mais propensas a devolver a carteira se houvesse dinheiro nela! A taxa média saltou de 40% se não houvesse dinheiro para 51% se tivesse. Os pesquisadores ficaram surpresos o suficiente com esses resultados para tentar replicá-los, mas acrescentando ainda mais dinheiro à mistura. Na Polônia, no Reino Unido e nos Estados Unidos, eles refizeram o estudo, mas acrescentaram uma terceira condição de "muito dinheiro" em que quase $ 100

• **FIGURA 10.12**

Relatando o encontro de uma carteira perdida em 40 países

Indivíduos em 40 países ao redor do mundo receberam uma carteira "perdida" e tiveram a oportunidade de enviar um e-mail para o seu dono, relatando que havia sido encontrada. Metade dessas carteiras não tinha dinheiro e a outra metade sim. Houve uma grande variação entre os países nas taxas de informação sobre as carteiras. Em quase todos, no entanto, as pessoas eram mais propensas a informar sobre a carteira se houvesse dinheiro (pontos pretos) que se não houvesse (pontos cinzas).

De Cohn et al. (2019)

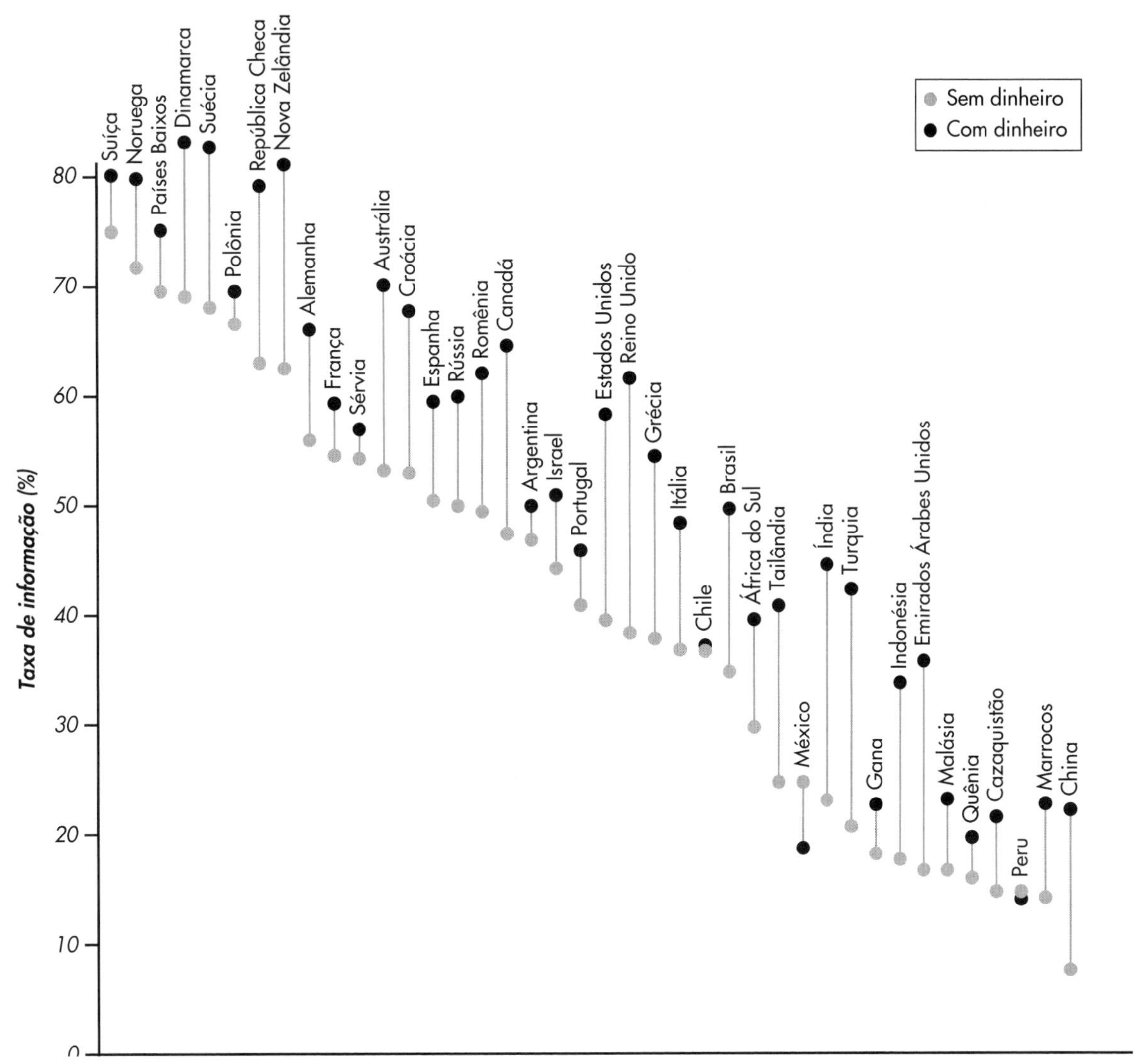

estavam na carteira. Os resultados foram ainda mais dramáticos. Enquanto 46% informaram a respeito da carteira sem dinheiro, 61% o fizeram quando tinha aproximadamente $ 13 e 72% quando o valor era de quase $ 100.

Nem pessoas comuns nem economistas acadêmicos previram esse resultado quando o estudo foi descrito. Por que, então, os indivíduos de todo o mundo que participaram desse estudo fizeram a coisa nobre e entraram em contato para devolver a carteira se havia dinheiro nela em vez de apenas embolsá-la e fingir que nada aconteceu? Os pesquisadores descartaram uma série de possíveis explicações, como a possível vigilância de câmeras próximas. Eles concluíram que as pessoas não queriam pensar em si mesmas na posição de subtrair o dinheiro de outra e, portanto, quando o dinheiro estava na carteira, elas se sentiam especialmente motivadas a estender a mão para a pessoa que o havia perdido. O fato de isso ser verdadeiro em 38 dos 40 locais estudados aponta para o poder universal dessa norma.

Finalmente, você pode achar surpreendente saber que o coletivismo não foi um indicador de ajuda nos estudos que discutimos nesta seção. A pesquisa sobre a relação entre individualismo ou coletivismo e comportamento pró-social, no entanto, é bastante confusa. Essa inconsistência decorre em parte das diferenças nos tipos de ajuda estudados. Em comparação com os individualistas, os coletivistas tendem a ser mais propensos a ajudar os membros do grupo, mas menos propensos a ajudar membros de grupos externos ou a ajudar em situações mais abstratas (Conway et al., 2001; Fiedler et al., 2018; Knafo et al., 2009). Para reforçar esse ponto, Peter Smith (2019) descobriu que as culturas coletivistas nas quais os valores individualistas – como o endosso da escolha pessoal e a tolerância à diversidade – tornaram-se mais difundidos nos últimos tempos também mostraram ganhos mais recentes nas taxas de voluntariado.

A pressão dos pares ou tipos semelhantes de influência social pode desempenhar um papel especialmente importante em afetar o comportamento de ajuda em culturas coletivistas, nas quais há fortes pressões para se conformar às normas. Em um estudo que examinou a intervenção de espectadores no bulling na Itália (uma cultura relativamente individualista) e em Cingapura (uma cultura relativamente coletivista), os pesquisadores pediram que participantes relatassem o quanto achavam que os colegas esperavam que eles interviessem em situações de bulling. Em ambos os países os alunos foram mais propensos a relatar intervenções quando sentiam mais pressão dos colegas, mas essa relação foi mais forte para os alunos em Cingapura (Pozzoli et al., 2012).

10-4 Influências interpessoais: a quem as pessoas oferecem ajuda?

Agora deixamos de nos concentrar na questão de saber se algumas pessoas são mais prestativas que outras para chegar à nossa questão final do capítulo: algumas pessoas têm mais probabilidade de *receber* ajuda que outras? Também exploramos alguns dos aspectos interpessoais da ajuda.

10-4a Características percebidas da pessoa necessitada

Ainda que muitas características de uma pessoa em dificuldade possam afetar sua possibilidade de receber ajuda, os pesquisadores prestaram atenção especial a duas: quanto atraente essa pessoa necessitada é e se parece responsável por estar na posição de precisar de ajuda.

Atratividade No Capítulo 9, descrevemos as vantagens sociais de que desfrutam os indivíduos fisicamente atraentes. O preconceito pela beleza também afeta a ajuda. Pessoas atraentes têm mais probabilidade de receber ajuda e cooperação em vários ambientes diferentes, seja pedindo informações no *campus*, em um jogo competitivo ou cooperativo ou solicitando dinheiro para uma emergência de saúde (Farrelly et al., 2007; West e Brown, 1975; Wilson, 1978). Além da atratividade física, a atratividade interpessoal é importante; pessoas que parecem particularmente agradáveis, sociáveis ou felizes, por exemplo, são mais propensas a receber ajuda, mesmo para atos aparentemente tão banais como segurar a porta para alguém (Hauser et al., 2014; Siem et al., 2014; Stürmer et al., 2005).

> As pessoas atraentes têm mais chances que as pouco atraentes de obter ajuda quando precisam.
> **VERDADEIRO**

Também no Capítulo 9, discutimos o papel que o peso pode desempenhar nas percepções das pessoas sobre a atratividade. O peso pode influenciar a probabilidade de alguém ser ajudado por outras pessoas. Por exemplo, Jason Randall et al. (2017) descobriram em uma série de estudos que a probabilidade de os participantes ajudarem alguém (como apoiar um evento de caridade que estavam promovendo ou preencher uma pesquisa dada por um colega estudante) era menor se considerassem a pessoa robusta.

Atribuições de responsabilidade É mais provável que as pessoas ajudem alguém em necessidade se acharem que a pessoa não deve ser responsabilizada por sua situação. A pessoa ao ser culpada por sua situação, é menos provável que receba ajuda. Esses efeitos podem ser constatados em questões bastante mundanas, como pedidos para fazer anotações para um colega (Barnes et al., 1979), ou em questões de vida ou morte, como intervir em um caso de violência doméstica (Gracia et al., 2009) ou ajudar alguém muito doente. Este último caso foi ilustrado na pesquisa de Michelle Lobchuk et al. (2008), que descobriram que cuidadores de pessoas com câncer de pulmão tinham mais emoções negativas e davam menos ajuda se julgassem que o paciente fosse o principal responsável por sua doença. Do mesmo modo, estudos descobriram que a equipe médica e de enfermagem em um pronto-socorro e estudantes de medicina mostram mais raiva e são menos solícitos com pacientes cujos ferimentos eles achavam serem mais controláveis e evitáveis (Mackay e Barrowclough, 2005; Nazione e Silk, 2013). Jean Decety et al. (2010) descobriram que, quando os participantes foram informados sobre a dor de indivíduos com aids, eles mostraram atividade cerebral o que indicou maior sensibilidade quando pensavam que os indivíduos contraíram aids por meio de uma transfusão de sangue em vez do uso de drogas.

■ 10-4b Uma pequena ajuda para nossos amigos e outras pessoas como nós

Não surpreendentemente, as pessoas geralmente são mais solícitas e se preocupam com aqueles que conhecem que com estranhos ou simples conhecidos, mas o tipo de relacionamento que as pessoas mantêm entre si pode afetar as normas de ajuda (Clark e Mills, 2012; Stewart-Williams, 2008). Pessoas em uma relação de troca (como conhecidos ou parceiros de negócios) ajudam com a expectativa de receber benefícios comparáveis de volta – "Se eu ajudar você a mover a mobília, seria bom que me desse uma carona até o aeroporto". Em comparação às pessoas em um relacionamento de troca, as em um relacionamento *comunal* (como amigos próximos ou parceiros românticos) sentem-se mais responsáveis pelas necessidades umas das outras e são mais propensas a ajudar e menos preocupadas em manter o controle custo-benefício.

Quer sejam amigos ou estranhos, é mais provável que ajudemos os semelhantes. Todos os tipos de semelhança – desde roupas até atitudes e nacionalidade – aumentam nossa disposição de ajudar e os sinais de dissimilaridade a diminuem (Batson et al., 2005; Dovidio, 1984). É muito mais provável que as pessoas ajudem outros membros do grupo que de um grupo externo. Os resultados de uma metanálise de 212 estudos afirmam a confiabilidade desse viés intergrupal e também sugerem que se baseia mais em pessoas serem especialmente úteis aos membros do grupo em comparação a membros externos (Balliet et al., 2014).

Mark Levine et al. (2005) demonstraram esse ponto em um perspicaz estudo de campo baseado na pesquisa de intervenção do espectador discutida anteriormente neste capítulo. Os participantes eram estudantes universitários britânicos torcedores de determinado time de futebol. Depois de responderem a algumas perguntas sobre o apoio à equipe (que serviram para evidenciar a identificação com ela), os participantes deveriam caminhar até outro prédio do *campus*, supostamente para assistir a um vídeo da próxima etapa do estudo. No caminho, eles se deparavam com um corredor (na verdade, um confederado) que caía e aparentava estar com dores no tornozelo. Para alguns dos participantes, este corredor estava vestindo a camisa do time favorito. Para outros, ele aparecia vestindo uma camisa de um time rival ou uma camisa neutra, sem o logotipo do time. A camisa do corredor afetaria a oferta de ajuda pelos participantes?

Como você pode constatar na • Figura 10.13, a camisa fez uma grande diferença. Os participantes foram muito mais propensos a oferecer ajuda a uma pessoa que vestisse a camisa do time favorito – um membro do grupo – que a ajudar uma pessoa com uma camisa neutra ou de um time rival. Neste estudo,

> **• FIGURA 10.13**
>
> **Ajudando membros do grupo interno**
> Os participantes que eram fãs de determinado time de futebol britânico (futebol) se depararam com um corredor caído que parecia estar com dor. Eles eram mais propensos a oferecer ajuda a esse corredor se ele vestisse uma camisa do time favorito dos participantes que se vestisse a de um time rival ou uma camisa neutra.
> Baseado em Levine et al. (2005)
>
> [Gráfico de barras: Grupo interno ≈ 92%, Neutro ≈ 33%, Grupo externo ≈ 30%. Eixo X: Camisa do corredor. Legenda: % de quem ajudou]

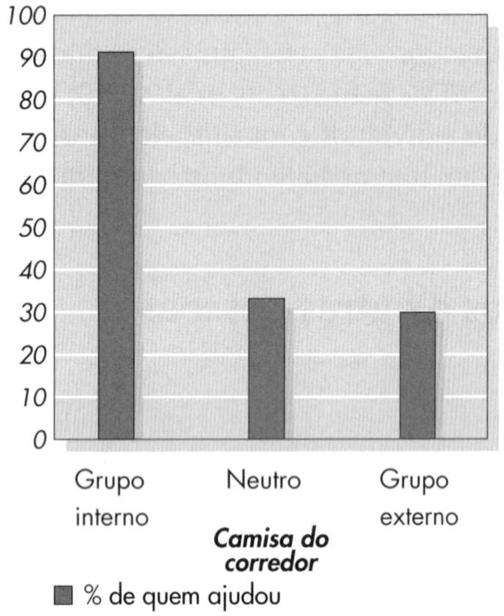

vestir a camisa de um time rival não reduziu as chances do corredor de obter ajuda em comparação a usar uma camisa neutra; apenas o uso dela representava um vínculo que levava a um aumento na oferta de ajuda.

A similaridade com base na religião e na cultura também pode ser importante. Um estudo de campo mais recente, realizado por Dongyhun Choi et al. (2019), foi conduzido na Alemanha enquanto as pessoas esperavam por um trem. A cena foi essa: na frente de vários espectadores, uma confederada recebe uma ligação e, enquanto fala ao telefone, acidentalmente deixa cair uma sacola que carregava, espalhando o conteúdo, o que incluia várias laranjas rolando (ver • Figura 10.14). Alguém a ajudaria a recuperar os itens? Essa cena foi repetida 1.614 vezes em 29 estações de trem em três estados alemães, diante de um total de 7.142 espectadores. A principal descoberta foi que os espectadores alemães foram menos propensos a ajudar a confederada se ela estivesse com um *hijab* que se não estivesse. O *hijab* parecia marcar a mulher como membro do grupo externo para a maioria dos espectadores, levando as pessoas menos dispostas a ajudá-la.

Mais uma vez, a empatia parece desempenhar um papel importante aqui. Vários estudiosos mencionam uma "lacuna de empatia" nas relações intergrupais. Ou seja, as pessoas demonstram consistentemente maior empatia pelas necessidades e pelo sofrimento dos membros do grupo interno que dos externos. O que foi demonstrado de vários modos, até por meio de estudos de imagens cerebrais – parecemos literalmente sentir mais a dor de um membro do grupo que de um de um grupo externo (Cikara et al., 2014; Eres e Molenberghs, 2013; Gutsell e Inzlicht, 2012; Krautheim et al., 2019; Weisz e Zaki, 2018).

A intensidade com que as pessoas se sentem conectadas a um grupo interno pode influenciar a disposição de ajudar outros membros. William Swann e Michael Buhrmester (2015) relatam que as pessoas que experimentam a **fusão de identidade** com um grupo – isto é, um forte senso de "unidade" e identidade compartilhada com um grupo e os membros individuais – são mais propensas a ajudar os membros, até mesmo a ponto de arriscar ou sacrificar a vida no processo. Os grupos aos quais as pessoas se sentem fundidas podem até ser relativamente grandes e abstratos. Buhrmester et al. (2015) mediram como uma amostra de norte-americanos se sentia fundida com o país. Os pesquisadores não podiam saber desse aspecto, é claro, mas uma semana depois, houve um atentado terrorista durante a Maratona de Boston de 2013. Dois dias depois do ataque, os pesquisadores entraram em contato com os participantes novamente e perguntaram quais ações, se fosse o caso, haviam tomado para ajudar as vítimas do bombardeio. Quanto maior a sensação de fusão dos participantes com o país, maior a probabilidade de eles terem tomado medidas para oferecer apoio às vítimas.

Os efeitos da similaridade e do *status* do grupo na assistência sugerem que os membros da mesma etnia devem ajudar uns aos outros mais que ajudam membros de etnias diferentes. No entanto, em uma metanálise de mais de 30 estudos, Donald Saucier et al. (2005) não encontraram nenhuma relação geral consistente entre semelhança étnica e assistência. O que explica essas inconsistências? Em primeiro lugar, embora ajudar possa ser uma resposta compassiva a outra pessoa, também pode ser visto como sinal de superioridade sobre a pessoa que precisa de assistência, e esse fator pode complicar demasiadamente a decisão de ajudar

> **fusão de identidade** Forte senso de "unidade" e de identidade compartilhada com um grupo e seus membros individuais.

● FIGURA 10.14

Laranjas, você vai ajudar?

Foto da cena em uma estação ferroviária alemã, na qual uma confederada, participante de um experimento de campo realizado por Choi et al. (2019), deixa cair um saco de itens, incluindo laranjas que rolam diante de testemunhas. O fato de ela estar com um *hijab* influenciaria a probabilidade de as pessoas oferecerem ajuda?

De Choi et al. (2019)

alguém (Nadler e Halabi, 2015; Sandstrom et al., 2019; Täuber e van Zomeren, 2012). Dada a possibilidade de ajudar alguém poder parecer ameaçador ou condescendente, pode ser mais difícil prever quando a ajuda em virtude do grupo étnico interno ou externo ocorrerá ou não. Em segundo lugar, as exibições públicas de preconceito racial arriscam a desaprovação social, e os indivíduos preconceituosos podem se esforçar (pelo menos em público) para evitar parecer tendenciosos.

10-4c Gênero e ajuda

Aqui está um teste rápido de uma pergunta: Quem mais ajuda, homens ou mulheres? Antes de responder, considere as seguintes situações:

> As mulheres procuram ajuda com mais frequência que os homens.
>
> **VERDADEIRO**

A. Dois desconhecidos caminham pela rua. De repente, um deles precisa de ajuda que pode apresentar risco. Outras pessoas estão assistindo.

B. Duas pessoas têm um relacionamento íntimo. De vez em quando, uma delas precisa de assistência que demanda tempo e energia, mas não é fisicamente perigosa. Ninguém mais está por perto para notar se a ajuda é prestada.

A sua resposta difere nas duas situações? É provável que sim. A situação A é um cenário clássico de ajuda masculina. Como grande parte das pesquisas sobre ajuda costumava concentrar em situações de emergência, como nos estudos de intervenção de espectadores, revisões mais antigas tendiam a descobrir que, em média, os homens são mais prestativos do que as mulheres e que as mulheres recebem mais ajuda que

"Você está me dizendo que não vai mesmo pedir instruções ao sistema de navegação computadorizado?"

Os homens são menos propensos a procurar ajuda que as mulheres, possivelmente porque seja mais ameaçador para a autoestima.

os homens (Eagly e Crowley, 1986). Os homens também podem ajudar de modo intenso quando se sentem em competição com outro homem. Frank McAndrew e Carin Perilloux (2012) descobriram que se houver a oportunidade de parecer mais heroico do que outro homem aos olhos de uma mulher que os observe, eles podem tornar-se especialmente propensos a se oferecer para suportar a dor para beneficiar o restante do grupo.

A situação B, por sua vez, é o cenário clássico da ajuda feminina. Todos os dias, milhões de pessoas apoiam os amigos e entes queridos, e algumas avaliações indicam que as mulheres são mais propensas a fornecer esse tipo de ajuda que os homens (Eagly, 2009; Hyde, 2014). Ainda que não tenha o dramatismo de uma intervenção emergencial, esse tipo de ajuda, denominado "apoio social", desempenha um papel crucial na qualidade de nossas vidas.

Para tipos de ajuda que não se enquadram facilmente em nenhuma dessas categorias, a evidência de diferenças de gênero não é forte ou confiável. De modo geral, então, não parece haver uma diferença geral e consistente de gênero em quem tem maior probabilidade de ajudar os outros. E quanto ao outro lado da moeda: há uma diferença em quem provavelmente buscará ajuda? Nesse caso, o estereótipo é verdadeiro: os homens pedem ajuda com menos frequência que as mulheres – uma diferença replicada em vários países ao redor do mundo (Chang, 2007; Mackenzie et al., 2006; Murray et al., 2008; Sherer, 2007). A busca de ajuda é menos aceitável socialmente para os homens e é mais ameaçadora para sua autoestima e *status* (Rosette et al., 2015; Wills e DePaulo, 1991).

■ 10-4d Cultura e quem recebe ajuda

As normas culturais variam quanto a como e quando procurar ajuda. Heejung Kim et al. (2012), por exemplo, observaram que asiáticos e asiático-americanos relatam buscar menos apoio social que os norte-americanos descendentes de europeus. Essa maior resistência em buscar ajuda entre pessoas de origem asiática pode ser devida a maiores preocupações com a vergonha, as críticas e com prejudicar o relacionamento com uma ou mais pessoas a quem pediriam ajuda. Na verdade, Shelley Taylor et al. (2007) descobriram que buscar e receber apoio social de pessoas próximas é mais estressante – tanto psicológica como fisiologicamente – para estudantes de origem asiática que para estudantes de origem europeia. Os estudantes asiáticos se beneficiaram mais com o que os pesquisadores chamaram *apoio social implícito* – apoio que se origina apenas de pensar em outras pessoas próximas, mas que não envolve realmente buscar ou receber ajuda para lidar com eventos estressantes.

■ 10-4e A conexão de ajuda

Um tema aparece repetida e consistentemente neste capítulo: um senso de conexão estimula a ajuda. Ao longo do capítulo, essa conexão assumiu várias formas – parentesco genético, preocupação empática, senso de responsabilidade por alguém, semelhança percebida, pertencimento a um mesmo grupo e assim por diante. A relação entre ajuda e conexão interpessoal funciona como um laço promissor em grande parte da pesquisa sobre ajuda:

Anos após o altruísmo heroico demonstrado pelos bombeiros da Ladder Company 6 em 11 de setembro de 2001, os membros dessa empresa – e de inúmeras outras como ela – continuam arriscando as vidas para salvar outras pessoas. Nesta foto, Jose Ortiz, o bombeiro da Company 6, recebe uma medalha por bravura do prefeito de Nova York, Bill de Blasio, em junho de 2014.

- As pessoas tendem a ajudar os parentes, membros do grupo e pessoas com quem têm um relacionamento íntimo ou recíproco.
- Dois tipos de conexões estão no cerne da hipótese de empatia-altruísmo: a conexão cognitiva da tomada de perspectiva e a conexão emocional da preocupação empática.
- Em uma emergência, é mais provável que os presentes que conheçam a vítima ou se conheçam entre si intervenham.
- Pessoas que respondem com empatia ao sofrimento de outras e consideram a situação dos outros em seu próprio raciocínio moral são mais propensas a ajudar que as demais.
- A similaridade percebida aumenta a ajuda.

"Para mudar o mundo, devemos ser bons com aqueles que não podem nos retribuir."

– Papa Francisco

Tomados como um todo, esses pontos sugerem que ajudar requer o reconhecimento de seres humanos individuais com os quais podemos ter uma conexão significativa. O que nos traz de volta à Ladder Company 6 e a tantos outros que arriscaram e até perderam as vidas naquele dia tentando salvar outras pessoas. A maioria das pessoas não conhecia quem estava ajudando. No entanto de repente, de modo terrível, o destino os uniu, e suas vidas passaram a importar profundamente. Sentiram-se responsáveis uns pelos outros. Muitos dos que oferecem ajuda enfrentando um grave perigo podem nunca ter lido as palavras que o poeta inglês John Donne escreveu há quase 400 anos. Porém as teriam entendido:

Nenhum homem é uma ilha, por si só. Cada homem é um pedaço do continente, uma parte do continente. Se um torrão for arrastado pelo mar, a Europa será menor, tanto como se fosse um promontório, como se fosse um feudo dos teus amigos ou dos teus. A morte de qualquer homem me diminui, porque estou envolvido com a humanidade. E, portanto, nunca mande saber por quem os sinos dobram; eles dobram por ti.

10-5 Revisão

Os 10 principais pontos-chave do Capítulo 10

1. Entre os fatores que ajudaram a promover a evolução do altruísmo e da empatia estão a seleção de parentesco (na qual os indivíduos protegem os próprios genes ajudando parentes próximos), o altruísmo recíproco (em que aqueles que dão também recebem) e as vantagens de sobrevivência da cooperação intragrupal e o cuidado com a prole.

2. Ajudar os outros geralmente faz que o ajudante se sinta bem, pode aliviar sentimentos negativos, como culpa, e pode melhorar a saúde física e mental. A ajuda de longo prazo ou de alto risco, entretanto, pode custar caro para a saúde e o bem-estar de quem a oferece.

3. De acordo com a hipótese de empatia-altruísmo, assumir a perspectiva de uma pessoa percebida como necessitada cria a emoção orientada para o outro de preocupação empática, que por sua vez produz o motivo altruísta para reduzir sua angústia.

4. Metas de interesse próprio para atos de ajuda de longo prazo, como o voluntariado, podem promover um compromisso com o comportamento de ajuda na medida em que tais metas sejam alcançadas.

5. O efeito espectador, por meio do qual a presença de outras pessoas inibe a ajuda, pode ocorrer devido a obstáculos em qualquer uma das cinco etapas do caminho para ajudar. A difusão de responsabilidade pode ser um fator subjacente a esse efeito especialmente importante.

6. Bom humor geralmente aumenta a prestatividade; mau humor pode aumentá-la ou diminuí-la, dependendo do contexto.

7. Descobriu-se que os modelos pró-sociais e a influência social aumentam a oferta de ajuda.

8. As diferenças individuais que predizem comportamentos de ajuda incluem amabilidade, humildade, raciocínio moral avançado e, especialmente, empatia.

9. Indivíduos atraentes e membros de um grupo interno são mais propensos a receber ajuda que aqueles que são menos atraentes ou membros de um grupo externo.

10. Diferenças culturais foram encontradas em relação a quanto os indivíduos diferenciam entre ajudar membros de seus grupos internos e externos e se e como procuram a ajuda de outras pessoas.

Colocando o SENSO COMUM à prova

Fatores evolutivos e motivacionais: por que as pessoas ajudam?

As pessoas são mais propensas a ajudar alguém em uma emergência se as recompensas potenciais parecerem altas e os custos potenciais, baixos.

Ⓥ **Verdadeiro** *Tanto para situações de emergência quanto para uma ajuda bem planejada e de longo prazo, os comportamentos de ajuda das pessoas são determinados em parte por uma análise da relação custo-benefício.*

Influências situacionais: quando as pessoas ajudam?

Em uma emergência, uma pessoa que precise de ajuda terá muito mais chance de obtê-la se três outras pessoas estiverem presentes que se apenas uma delas.

Ⓕ **Falso** *De várias maneiras, a presença de outras pessoas inibe a ajuda.*

As pessoas têm muito mais probabilidade de prestar ajuda quando estão de bom humor.

Ⓥ **Verdadeiro** *Comparado com o humor neutro, o bom humor tende a provocar mais ajuda e outros comportamentos pró-sociais.*

As pessoas têm muito menos probabilidade de prestar ajuda quando estão de mau humor.

Ⓕ **Falso** *Comparados aos estados de ânimo neutros, os estados negativos costumam suscitar mais comportamentos de ajuda e pró-sociais. Esse efeito depende de vários fatores, incluindo se as pessoas assumem a responsabilidade por seu mau humor ou culpam os outros; no entanto, em muitas circunstâncias, sentir-se mal leva a fazer o bem.*

Influências interpessoais: a quem as pessoas ajudam?

As pessoas atraentes têm mais chances que as pouco atraentes de obter ajuda quando precisam.

Ⓥ **Verdadeiro** *É mais provável que as pessoas ajudem quem é atraente.*

As mulheres procuram ajuda com mais frequência que os homens.

Ⓥ **Verdadeiro** *Pelo menos para problemas relativamente pequenos, os homens pedem ajuda com menos frequência que as mulheres.*

Palavras-chave

altruísmo recíproco (412)
altruísmo relutante (435)
altruísta (418)
comportamentos pró-sociais (410)
difusão de responsabilidade (426)

efeito espectador (424)
egoísta (418)
empatia (414)
fusão de identidade (444)
hipótese de empatia-altruísmo (419)

ignorância pluralística (424)
modelo de alívio do estado negativo (417)
seleção de parentesco (411)
vergonha do público (426)

Nota da revisão técnica

1. No Brasil, segundo o Código Penal Brasileiro, deixar de prestar assistência, quando possível fazê-lo sem risco pessoal, à criança abandonada ou extraviada, ou à pessoa inválida ou ferida, ao desamparo ou em grave e iminente perigo; ou não pedir, nesses casos, o socorro da autoridade pública, configura como crime de omissão de socorro.

Agressividade

Neste capítulo, examinamos um aspecto conturbado do comportamento humano: a agressividade. Primeiro, perguntamos: "O que é agressividade?" e refletimos sobre a definição. Depois de descrever como a agressividade pode variar entre culturas, gêneros e diferenças individuais, examinamos as várias origens dela. Em seguida, exploramos fatores situacionais que influenciam quando as pessoas estão propensas a se comportar de modo agressivo. A seguir, enfocamos os efeitos da mídia sobre a agressividade, o que inclui as consequências da exposição à violência e à pornografia. Concluímos por discutir maneiras de reduzir a agressividade e a violência.

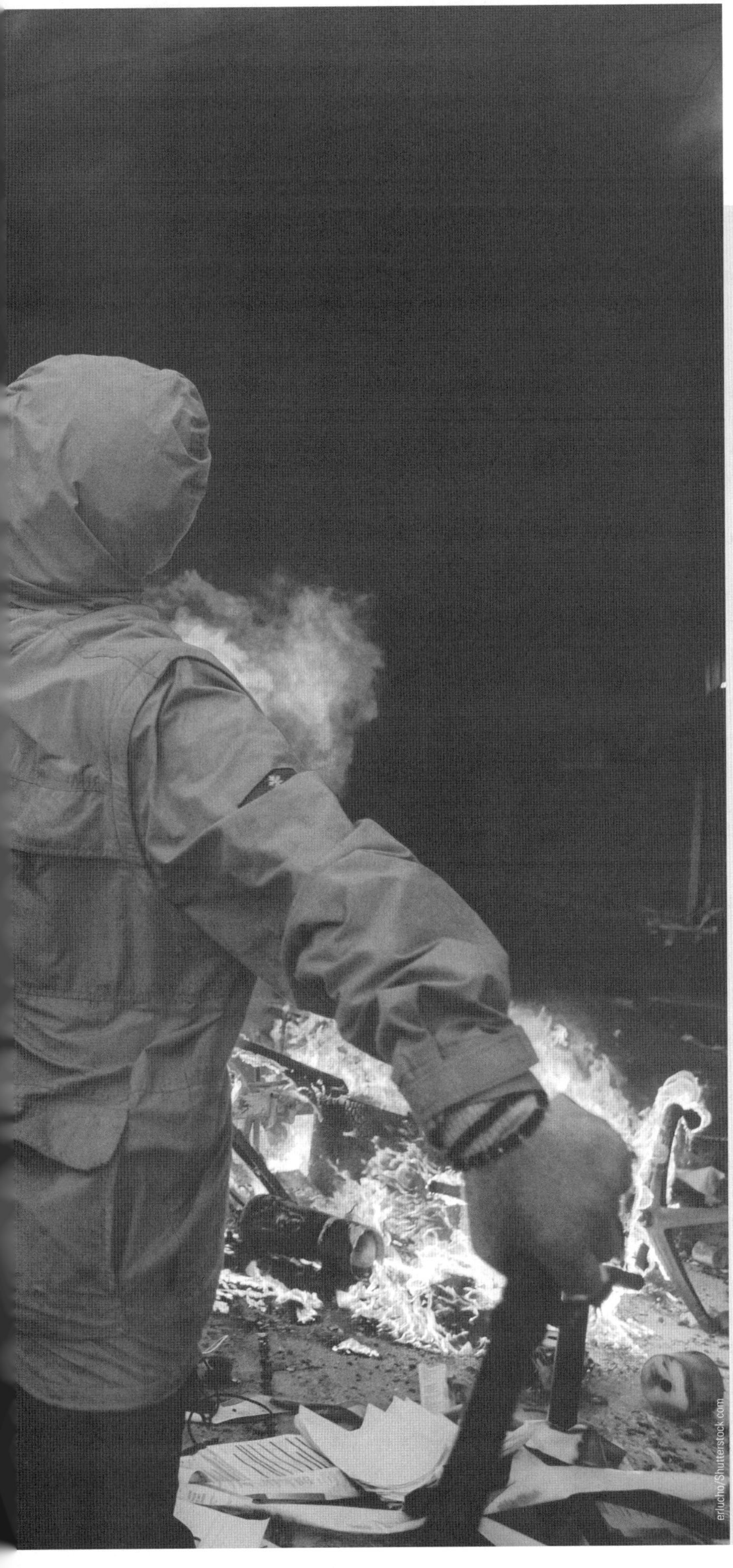

11

- 11-1 O que é agressividade? | 453
- 11-2 Cultura, gênero e diferenças individuais | 454
  - 11-2a Cultura e agressividade
  - 11-2b Gênero e agressividade
  - 11-2c Diferenças individuais
- 11-3 Origens da agressividade | 464
  - 11-3a Psicologia evolutiva
  - 11-3b Genes, hormônios e o cérebro
  - 11-3c Como a agressividade é aprendida?
  - 11-3d Cultura e honra
- 11-4 Influências situacionais na agressividade | 474
  - 11-4a A hipótese de frustração-agressividade
  - 11-4b A hipótese de frustração-agressividade: as evidências a sustentam?
  - 11-4c Efeito negativo
  - 11-4d Excitação
  - 11-4e Pensamento: automático e deliberado
  - 11-4f A luta pelo autocontrole: ruminação, álcool e outros fatores
  - 11-4g Influências situacionais: juntando tudo
- 11-5 Efeitos da mídia | 482
  - 11-5a Violência na mídia popular: a vida imita a arte?
  - 11-5b Pornografia
  - 11-5c Objetificação e desumanização
- 11-6 Reduzindo a agressividade e a violência | 489
  - 11-6a Pensamentos, sentimentos e autocontrole
  - 11-6b Abordagens socioculturais
  - 11-6c Abordagens de múltiplos níveis: programas para prevenir a violência e o bullying
- 11-7 Revisão | 498

É uma peculiaridade curiosa da natureza humana que tantos amem entrar juntos em

uma sala escura e para sentir medo. Pagamos uma quantia significativa para assistir à violência exibida em detalhes vívidos e cores intensas à nossa frente e ouvir sons de catástrofe ao redor. Porém, quando vamos ao cinema para assistir a super-heróis que lutam contra supervilões, agimos assim com a compreensão de que, de fato, estamos bastante seguros. É uma emoção vicária que buscamos, uma fuga do cotidiano para um universo fictício. Então, quando aquela divisão segura entre o universo ficcional na tela e o mundo real parece ser ameaçada, algo deu terrivelmente errado em como havia sido previsto.

Antes da estreia do filme *Coringa* (*Joker*), em outubro de 2019, havia um sentimento verdadeiro de medo entre muitas pessoas nos Estados Unidos como se fossem realmente cidadãos de Gotham e estivessem à mercê do adversário mais pitoresco do Batman. O medo não era do personagem fictício, porém da propensão real para a agressividade e violência de quem assistia ao filme. Com tiroteios em massa acontecendo com regularidade surpreendente, os norte-americanos estavam preocupados com a possibilidade de que a vida imitasse a arte e a fúria na tela extrapolasse pelos cinemas ou pelas ruas. Departamentos de polícia, o Exército dos Estados Unidos, o FBI e o Departamento de Segurança Interna foram colocados em alerta máximo sobre essa possibilidade com a estreia do filme (Gonzales, 2019).

Um dos cinemas que não exibiram o filme localizado em Aurora, Colorado, onde sete anos antes, durante a estreia de *O Cavaleiro das Trevas Ressurge* (*The Dark Knight Rises*), distinto do universo ficcional de Batman, um jovem carregado com granadas de gás lacrimogêneo e armas de fogo ataca e, mata 12 pessoas e fere outras 58. Os detalhes do ataque – e de algumas das tentativas heroicas de várias das vítimas de proteger amigos e entes queridos ao barrar os tiros – foram comoventes.

Felizmente, o medo de a violência aumentar com a estreia de *Coringa* não se confirmou e o filme foi um grande sucesso comercial. Porém, o fato de tantos terem tamanha preocupação reflete quanto vulneráveis muitas pessoas se sentem diante da violência que prevalece na sociedade. Quando *Coringa* foi lançado, em 4 de outubro de 2019, já haviam ocorrido mais de 300 tiroteios em massa nos Estados Unidos naquele ano, de acordo com o Gun Violence Archive (2019). Estima-se que os *assassinatos* em massa tenham ocorrido uma vez a cada duas semanas, em média, nos Estados Unidos em 2019 (Keneally, 2019). Várias agências definem e contam esses incidentes de maneira diferente, então os números podem variar, mas qualquer que seja a contagem, a quantidade e a frequência de tal violência são chocantes. A prevalência de tiroteios em massa levanta questões profundamente importantes sobre as causas da agressividade e da violência e sobre como reduzir sua frequência.

Ainda que esses incidentes de grande repercussão recebam maior atenção, todos os dias ocorrem inúmeros atos de agressividade e violência que também devem levantar a urgência dessas questões. Por exemplo, houve bem mais de um *milhão* de crimes violentos e mais de 15 mil assassinatos apenas nos Estados Unidos em 2018. Multiplique cada um desses crimes pelo número de amigos e entes queridos que sofrem com as vítimas, e você pode começar a ter ideia do enorme preço cobrado pela violência. E, depois de considerar esses dados, pense no seguinte: esses números são, na verdade, muito mais baixos que há algumas décadas. A taxa de homicídios, por exemplo, caiu pela *metade* desde meados da década de 1990!

Colocando o SENSO COMUM à prova

Circule sua resposta

- V F Em quase todas as culturas, os homens são mais violentos que as mulheres.

- V F Em quase todas as categorias de agressão, os homens são mais agressivos que as mulheres.

- V F Crianças que são espancadas ou recebem castigos físicos (mas não sofrem abusos) por se comportarem de modo agressivo tendem a se tornar menos agressivas.

- V F Liberar a tensão por meio de atividades seguras, mas agressivas (como esportes), torna as pessoas menos propensas a atitudes agressivas posteriormente.

- V F Há mais violência atualmente que na maioria dos períodos anteriores da história humana.

Agressividade 453

Na estreia de *Coringa*, em outubro de 2019, tinha havido tantos tiroteios em massa recentes que muitas pessoas temeram que o filme viesse a desencadear mais violência no mundo real.

O sofrimento causado pela agressividade não se limita aos crimes violentos, é claro. Todos os dias, crianças em idade escolar são intimidadas, pessoas espalham fofocas maliciosas e pais ferem os filhos com agressões físicas ou verbais. É evidente, então, que a agressividade e a violência não se limitam a uma porção de indivíduos enlouquecidos que confundem ficção com realidade ou cujas frustrações com a vida acarretam explosões de violência em massa. É ainda mais importante, portanto, que tentemos compreender as causas e os gatilhos situacionais da agressividade, e esse é o objetivo deste capítulo. Concentra-se principalmente na agressividade de indivíduos. A agressividade por grupos, como turbas furiosas, foi discutida no Capítulo 8. Este capítulo também discute os fatores que reduzem a agressividade.

11-1 O que é agressividade?

Ainda que haja várias maneiras de definir **agressividade**, a definição que melhor representa a pesquisa atual é que agressividade é um comportamento que visa prejudicar o outro. Os comportamentos agressivos originam-se de diversos modos. Palavras, assim como ações, podem ser agressivas. Casais que pretendem magoar um ao outro com comentários maldosos durante uma briga comportam-se de modo agressivo. Espalhar um boato maldoso sobre alguém é outro tipo de agressividade. Mesmo a omissão pode ser agressiva se tiver a intenção de magoar alguém, como não ajudar a evitar algo que sabe possa ser humilhante.

Para distingui-los de comportamentos menos prejudiciais, os atos extremos de agressividade são chamados *violência*. Alguns outros termos da linguagem da agressividade referem-se a emoções e atitudes. A *raiva* consiste em fortes sentimentos de desprazer em resposta a uma lesão percebida; a natureza exata desses sentimentos (por exemplo, indignação, ódio ou irritação) depende de cada situação específica. *Hostilidade* é uma atitude negativa e antagônica em relação a outra pessoa ou a outro grupo.

agressividade Comportamento com a intenção de prejudicar outro indivíduo.

Em Portland, Oregon, durante um protesto contra o setor bancário, um policial lança spray de pimenta no rosto de uma jovem. O uso de spray de pimenta pelo policial foi uma instância de agressão proativa para restaurar a ordem e prevenir uma ocorrência mais violenta? Ou uma agressão reativa, em que as frustrações do policial com os manifestantes vieram à tona e levaram a um ataque contra alguns deles? Às vezes, as linhas entre essas duas categorias de agressão podem ser bastante confusas.

A agressividade na qual o dano é infligido como meio para um fim desejado é chamada **agressividade proativa**, prejudicar alguém com o objetivo de conseguir ganho pessoal, atenção ou mesmo se defender se encaixa nessa definição. Se o agressor acreditar que há uma maneira mais fácil de atingir o objetivo, a agressividade não ocorrerá. Alguns pesquisadores denominam esse tipo de comportamento *agressividade instrumental*. O dano infligido para o próprio bem, por sua vez, é chamado **agressividade reativa**. Alguns pesquisadores denominam esse tipo de comportamento como *agressividade emocional*. A agressividade reativa é frequentemente impulsiva, que acontece no calor do momento. O amante ciumento tem um ataque de fúria; torcedores de times esportivos rivais enfrentam-se em violentos confrontos. A agressividade reativa, entretanto, também pode ser calma, fria e calculista. A vingança, diz o ditado, é um prato que se come frio. Às vezes, é difícil distinguir entre agressividade proativa e reativa.

O que leva um lutador frustrado a dar uma cabeçada ou a morder a orelha do oponente – uma tentativa deliberada e furtiva de ganhar vantagem ou simplesmente a perda do controle e que leva a um ataque irracional devido à frustração? O limiar entre os dois tipos de agressividade e os motivos às vezes pode ser confuso.

agressividade proativa Comportamento agressivo, pelo qual o dano é infligido como meio para um fim desejado (também chamado agressão instrumental).

agressividade reativa Comportamento agressivo, no qual o meio e o fim coincidem; o dano é infligido em próprio benefício.

■ 11-2 Cultura, gênero e diferenças individuais

Assim como nem todos os tipos de agressividade são similares, nem todos os grupos de pessoas são iguais na agressividade. Para entender melhor as causas da agressividade e o que pode ser feito a respeito, precisamos considerar as diferenças culturais, de gênero e individuais.

■ 11-2a Cultura e agressividade

As culturas apresentam diferenças de proporção em como – e em quanto – os membros se agridem. Podemos ver essa variação entre sociedades e grupos específicos, ou subculturas, em uma sociedade.

Comparações entre sociedades: assassinatos e crimes violentos Os Estados Unidos tiveram diminuições drásticas nas taxas de crimes violentos nas últimas décadas, mas continua sendo um país extremamente brutal (ver ▲ Tabela 11.1). O número de homicídios está entre os mais altos nas nações industrializadas politicamente estáveis, muito pior que os índices de Canadá, Austrália, Nova Zelândia e grande parte da Europa Ocidental. No entanto, vários países da Europa Oriental, da África, da Ásia e das Américas têm taxas piores que os Estados Unidos. As • Figuras 11.1 e 11.2 ilustram algumas das variações nos índices de homicídio em todo o mundo. Vários fatores contribuem para essa tendência, incluindo pobreza, tráfico de drogas, acesso a armas, instabilidade política e social e assim por diante. Países com grande disparidade de renda têm taxas de homicídio quase quatro vezes maiores que sociedades com distribuição de renda mais igualitária.

▲ **TABELA 11.1**

O relógio do crime violento

Ainda que as taxas de crimes violentos nos Estados Unidos tenham diminuído nos últimos anos, ainda são perturbadoramente altas, como ilustram essas estatísticas médias, e estão muito mais altas que há várias décadas.

Nos Estados Unidos, em 2018, havia, em média:

Um ASSASSINATO	a cada 32,4 minutos
Um ESTUPRO	a cada 3,8 minutos
Uma OCORRÊNCIA GRAVE	a cada 65,1 segundos
Um CRIME VIOLENTO	a cada 43,6 segundos

Com base nas estatísticas do Federal Bureau of Investigation (FBI)

Os modos que a violência normalmente assume e as atitudes das pessoas em relação a vários tipos de agressividade também diferem internacionalmente. A frequência com que um indivíduo entra em um local público como uma escola e atira em um grande número de pessoas sem motivo aparente parece ser especialmente alta nos Estados Unidos e, de acordo com vários relatos, tem crescido ou se mantido estável nos últimos anos, embora o índice geral de assassinatos e crimes violentos tenha diminuído. A violência nos Estados Unidos também tende a envolver indivíduos em vez de grupos de pessoas.[1] Ataques em grupo contra outros grupos em confrontos políticos, étnicos, tribais ou conflitos institucionalizados são vistos em todo o mundo, mas estão particularmente associados a lugares do Oriente Médio, da África, da Europa Oriental e da América do Sul. A violência relacionada ao tráfico de drogas é especialmente alta na América do Sul. E multidões violentas de torcedores de futebol não são incomuns na Inglaterra e em outras partes da Europa – comportamento raramente visto em eventos esportivos norte-americanos.

Em relação à maior parte do mundo, os Estados Unidos têm altíssimos índices de violência relacionada a armas de fogo. A • Figura 11.3 ilustra a taxa de homicídio nos Estados Unidos em comparação à média dos outros 28 países classificados pela Organização para a Cooperação e Desenvolvimento Econômico como nações de alta renda. Para homicídios que não envolvem armas de fogo, a taxa nos Estados Unidos é 2,5 vezes maior que nos demais países da lista. Para homicídios envolvendo armas de fogo, no entanto, a taxa nos Estados Unidos é 25 vezes maior (Grinshteyn e Hemenway, 2019)!

Esses dados indicam que os Estados Unidos é um país excepcionalmente violento no que diz respeito ao uso de armas, mas não necessariamente no que se refere à violência no geral. De fato, embora a taxa de homicídios seja *muito* maior nos Estados Unidos que em países com os quais compartilha muito culturalmente, como o Reino Unido e o Canadá (ver • Figura 11.1 novamente), a taxa de crimes violentos é muitas vezes menor nos Estados Unidos que nos outros dois países.

Comparações entre sociedades: atitudes e práticas Outra diferença entre os países diz respeito a como as culturas individualistas ou coletivistas tendem a funcionar. Conforme discutido ao longo deste livro, as culturas individualistas colocam mais ênfase nos valores de independência, autonomia e autossuficiência, enquanto as culturas coletivistas enfatizam mais a interdependência, a cooperação e a harmonia social. Gordon Forbes et al. (2009, 2011) levantaram a hipótese de que pessoas de culturas individualistas seriam mais propensas a escolher respostas diretas e agressivas diante de um conflito que aquelas de culturas coletivistas.

Para examinar essa ideia, eles pediram que estudantes universitários na China (uma cultura altamente coletivista) e nos Estados Unidos (uma cultura altamente individualista) respondessem a perguntas sobre como provavelmente reagiriam em uma situação de conflito específica. Os pesquisadores descobriram

Psicologia social

● FIGURA 11.1

Assassinatos em todo o mundo

Esses números indicam o número relatado de homicídios dolosos registrados por 100 mil pessoas em cada um dos vários países em 2018 ou no ano mais recente para o qual há dados disponíveis, de acordo com estatísticas das Nações Unidas publicadas em 2019. Os números devem ser interpretados com muita cautela, pois há grandes diferenças nas práticas de reportagem e registro nos vários países, mas o ponto básico é claro: há uma grande variação na frequência de assassinatos ao redor do mundo.

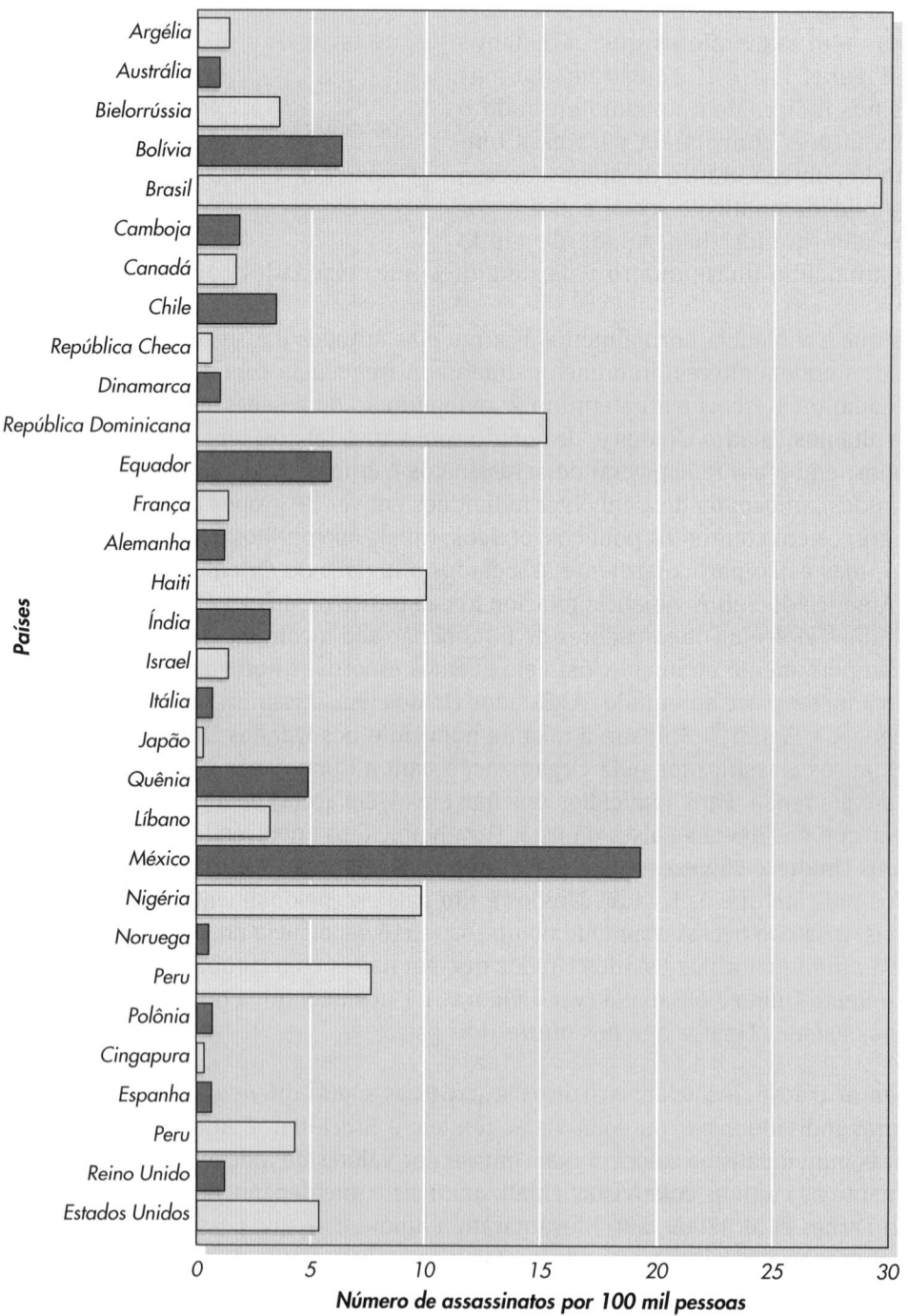

que os homens nos Estados Unidos eram significativamente mais propensos a defender respostas agressivas abertas em comparação aos homens na China; as respostas das mulheres não diferiram muito entre as culturas. Caren Günsoy et al. (2015) encontraram um padrão semelhante de resultados comparando participantes dos Estados Unidos a participantes de culturas mais coletivistas em Gana e na Turquia. É importante notar, no entanto, que as culturas coletivistas não estão imunes à agressividade e à violência. Por exemplo, as taxas de homicídio na Índia e na Coreia (culturas relativamente coletivistas) tendem a ser muito mais altas que no Reino Unido ou na França (culturas relativamente individualistas).

As culturas também diferem em suas atitudes em relação à agressividade. Em um estudo envolvendo alunos de 36 universidades em 19 países ao redor do mundo, houve uma variação considerável em quanto aceitável os alunos consideraram diferentes ações, como um marido dar um tapa na esposa ou vice-versa (Douglas e Straus, 2006). Por exemplo, quase 80% dos entrevistados de uma universidade na Índia não apresentaram grande desaprovação a um marido que desse um tapa na esposa, em comparação a apenas 24% dos estudantes de uma universidade nos Estados Unidos. De acordo com um relatório do Unicef (2012), a maioria dos adolescentes de ambos os sexos, na Índia e no Nepal, acredita que é aceitável um homem bater na esposa (Sinha, 2012). Em geral, mais entrevistados europeus que australianos e neozelandeses aprovaram que um marido desse um tapa na esposa, estes últimos, por sua vez, apresentaram maior tendência a aprovar tal atitude que os norte-americanos. Mesmo em uma mesma região, as diferenças culturais podem levar a atitudes e comportamentos muito diferentes em relação à agressividade entre homens e mulheres. Um estudo com jovens israelenses revelou que as taxas de violência em namoros eram muito mais altas entre os israelenses de origem árabe que entre os de origem judaica, aparentemente refletindo as normas tão diferentes entre as duas culturas (Sherer, 2009).

Mais evidências do poder das normas vêm da pesquisa de Alexandra Lysova e Murray Straus (2019). Eles mediram o quanto as pessoas em 32 países aprovavam o uso da agressividade em várias situações, como bater nos filhos com força e responder a um insulto com agressividade. Os pesquisadores descobriram que, quanto mais as

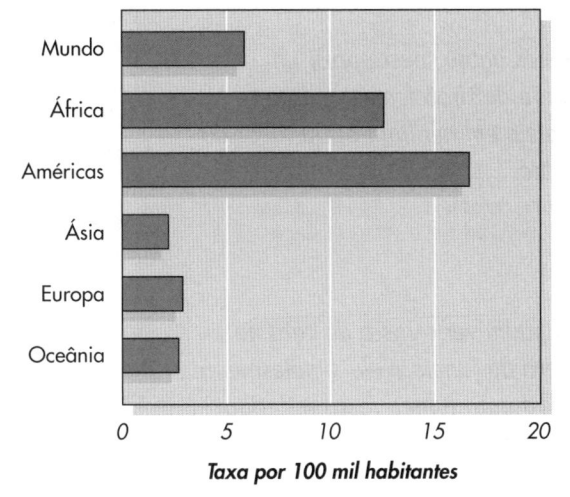

• FIGURA 11.2

Assassinato por região mundial

Número de vítimas de homicídios dolosos por 100 mil habitantes na população, em cada região do mundo povoado em 2017.
Escritório das Nações Unidas sobre Drogas e Cultura (2019)

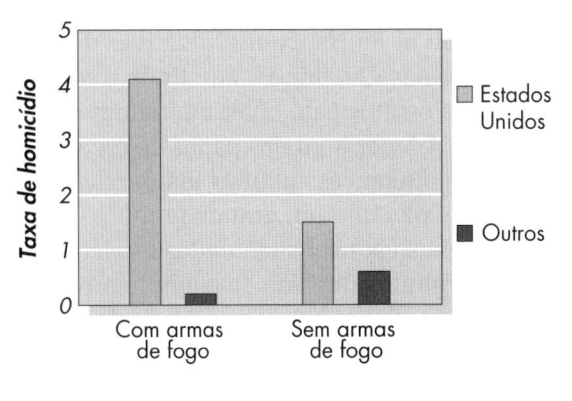

• FIGURA 11.3

Taxas de homicídio em países de alta renda: com e sem armas

Taxa de assassinatos – com ou sem o uso de armas de fogo – por 100 mil pessoas nos Estados Unidos *versus* a média dos outros 28 países classificados como de alta renda pela Organização para Cooperação e Desenvolvimento Econômico (OCDE) para os quais os dados mais recentes estavam disponíveis. Os Estados Unidos se destacam com taxas extraordinariamente altas de homicídios envolvendo armas de fogo.
Baseado em Grinshteyn e Hemenway (2019)

normas de um país aceitavam o uso da agressividade, maiores eram as taxas de violência praticada pelo parceiro íntimo.

O que é considerado agressivo e inaceitável em relação às crianças também pode diferir entre as culturas. Por exemplo, durante anos, o Japão tem lidado com o problema persistente de empresários japoneses que apalpam colegiais no transporte público (Ryall, 2015), uma prática que seria considerada agressiva e inaceitável em muitas outras culturas, incluindo nos Estados Unidos, um país muito mais violento. Nos últimos anos, essa prática, muitas vezes chamada *chikan*, foi amplamente criticada no Japão e várias medidas foram tomadas para reduzi-la, mas o problema persiste (Dayman, 2018; Ryall, 2018). De fato, o chefe de uma unidade policial especial criada para combater esse problema foi preso em 2014 por supostamente apalpar uma estudante em frente a uma estação de trem (Ryall, 2014). Algumas companhias ferroviárias em Tóquio introduziram vagões só para mulheres para protegê-las do assédio, embora várias ocorrências de homens insistindo em embarcar nesses vagões tenham sido relatadas (Brasor, 2018).

> *"Temos agora, neste país, um padrão de tiroteios em massa sem paralelo em nenhum outro lugar do mundo."*
> – Barack Obama, após um tiroteio em massa na Califórnia, em 2 de dezembro de 2015

> *"Eu podia ver o rosto do cara no reflexo da janela e ele simplesmente olhava para o meu rosto refletido, sem nenhuma expressão. Era como um filme de terror."*
> – Uma mulher que descreve como foi apalpada em um trem lotado no Japão (Dayman, 2018)

Por razões semelhantes, foi anunciado um programa de reserva de vagões do metrô para mulheres em Seul, na Coreia do Sul, mas o plano foi rejeitado devido a uma enxurrada de críticas (Jung-Yoon, 2011; Kiong, 2011). Em um videogame 3-D japonês chamado *Rape-Lay*, os jogadores simulam o estupro de uma mulher e as duas filhas "estudantes virgens" em um metrô. Houve um alvoroço internacional em fevereiro de 2009, quando descobriu-se que o jogo estava à venda (temporariamente) na Amazon.com (Fennelly, 2009). Numerosos sites, DVDs e até clubes fetichistas no Japão permitem que homens assistam ou representem as fantasias apalpando garotas em vagões de trem.

Outro exemplo de variação cultural em atitudes e definições de agressividade diz respeito à mutilação genital feminina – qualquer um dos vários procedimentos em que, de acordo com algumas estimativas, os órgãos genitais de vários milhares de meninas são cortados por dia em muitos países, especialmente em partes da África e da Ásia. Estima-se que mais de 200 *milhões* de meninas e mulheres vivas atualmente foram submetidas a esse procedimento, principalmente na infância e muitas vezes sem anestesia ou técnicas estéreis (Organização Mundial da Saúde, 2018). As culturas que o praticam consideram um ritual sagrado importante, mas as culturas que o condenam consideram um ato de violência desumano e perigoso e pedem vigorosamente pela proibição mundial (Brady et al., 2019; Evans, 2019; Neilson, 2019).

Bullying ao redor do mundo Uma forma de agressividade que pode ser vista em praticamente todas as culturas é o bullying (Fanti et al., 2019; Koyanagi et al., 2019). Crianças e adolescentes em todo o mundo sofrem bullying físico, sexual ou emocional advindo dos colegas. O bullying envolve danos intencionais (físicos ou psicológicos), repetição (a vítima é alvo das agressões várias vezes) e um desequilíbrio de poder (os agressores abusam de seu poder sobre a vítima). A ocorrência relatada de bullying varia muito entre os estudos de pesquisa, com estimativas de envolvimento variando de 10% a 70% ou mais de crianças em idade escolar. Quando Wendy Craig e colegas (2000; Pepler et al., 2004) instalaram câmeras de vídeo e microfones ocultos para obter um retrato real da agressividade, viram episódios de bullying ocorrendo a uma taxa de 4,5 por hora nos pátios de escolas de médio porte no Canadá.

Algumas diferenças culturais foram relatadas sobre como e onde ocorre o bullying. O bullying na sala de aula e envolvendo um grande grupo (como uma classe inteira) tendo uma única criança como alvo parece ser mais característico do leste asiático que dos países ocidentais, enquanto o bullying no pátio e envolvendo alunos que não se conhecem bem parece ser mais comum nas culturas ocidentais (Sittichai e Smith, 2015). Pesquisas comparando dados a respeito de bullying entre países e culturas encontraram taxas particularmente altas de bullying em alguns países, como Grécia e Argentina, mas como a prática é definida e relatada pode variar entre países e culturas, dificultando comparações precisas (Pörhölä et al., 2019; Samara et al., 2019).

O bullying é visto por muitos simplesmente como atitudes comuns da infância, mas pode levar a um sofrimento gigantesco – incluindo sentimentos de pânico, nervosismo e distração na escola; memórias recorrentes de abuso; depressão e ansiedade que podem durar até a idade adulta; e até suicídio (Brendgen et al., 2019; Hatchel et al., 2019; Huang e Cornell, 2019). É importante notar que em muitos casos de tiroteios em escolas durante as últimas décadas, talvez na maioria, os atiradores haviam sido intimidados ou perseguidos por seus colegas. Indivíduos que se identificam como algo diferente de heterossexual são especialmente propensos a serem alvo de bullying, e os efeitos do bullying em indivíduos LBGTQ podem ser particularmente prejudiciais, especialmente quando há falta de apoio social de amigos e familiares (Elipe et al., 2018; Wang et al., 2018).

Cyberbullying – bullying por meio de dispositivos eletrônicos e redes sociais – é uma versão do século XXI de um problema antigo.[2] Pesquisa recente feita nos Estados Unidos indica que 59% dos adolescentes relatam ter sido alvos de cyberbullying (Anderson, 2018). O problema tornou-se tão difundido e sério no Instagram (incluindo histórias trágicas de jovens que cometeram suicídio depois de serem atacados no site) que em 2019 a plataforma começou a implementar algumas ferramentas antibullying (Lee, 2019; Yurief, 2019). Projetou-se uma ferramenta para detectar uma possível postagem de bullying e perguntar ao usuário: "Tem certeza de que deseja postar isso?". Outra ferramenta permite que os usuários restrinjam quem pode ver os comentários que determinado indivíduo faz em suas postagens.

O bullying não se limita aos jovens. No local de trabalho, a prática também é um problema mundial. Mehwish Majeed e Saima Naseer (2019) observam quanto prejudicial o bullying no local de trabalho pode ser para os trabalhadores e descrevem a prática como "uma epidemia global que afeta igualmente todos os funcionários, independentemente de sua formação educacional e *status* de trabalho".

O bullying continua sendo um problema comum em países de todo o mundo.

Entre os norte-americanos, 59% dos adolescentes relatam ter sido vítimas de cyberbullying *e 35% dos adultos relatam ter sido vítimas de* bullying *no local de trabalho (Anderson, 2018; Majeed e Naseer, 2019)*

Culturas não violentas Ainda que a violência pareça estar em todos os lugares, algumas sociedades se destacam como exceções não violentas. Bruce Bonta, Douglas Fry e seus colegas identificaram uma série de sociedades em todo o mundo que são quase completamente livres de violência (Bonta, 2013; Fry, 2012). Por exemplo, os Chewong, que vivem nas montanhas da Península Malaia, nem mesmo têm palavras em sua língua para designar brigas, lutas, agressividade ou guerra. O ato de agressividade mais grave observado durante um ano entre os Ifaluk, que vivem em um pequeno atol nos Estados Federados da Micronésia, envolveu um homem que "tocou no ombro de outro com raiva, uma ofensa que resultou em uma multa pesada". Os amish, os huteritas e os menonitas são sociedades que residem nos Estados Unidos que é relativamente violento (assim como no Canadá), mas permanecem notavelmente não violentos.

A ▲ Tabela 11.2 lista algumas outras sociedades que esses pesquisadores identificaram como não violentas. O que torna essas sociedades tão pacíficas? Bonta (2013) enfatiza que elas prezam pela paz, que se tornou parte central da identidade deles. Muitas dessas sociedades têm razões religiosas ou mitológicas para permanecerem pacíficas, o que parece ter ajudado mesmo em face do contato violento com outras pessoas.

▲ **TABELA 11.2**

Sociedades não violentas

Além daquelas apresentadas no texto, esta tabela apresenta outras sociedades identificadas como não violentas pelos pesquisadores.

Sociedade	Comentários
Balinêsa (ilha indonésia de Bali)	Um pesquisador que esteve lá durante quatro anos relata nunca ter visto dois meninos brigando.
Paliyan (sul da Índia)	Um homem disse: "Se for agredido em um lado do rosto, vire o outro lado em direção ao atacante."
Batek (península da Malásia)	Eles acreditam que doenças são causadas quando uma pessoa está com raiva de outra.
Glwi (deserto central do Kalahari da África meridional)	Abominam a violência e sentem prazer em acontecimentos felizes apenas se estiverem na companhia de membros do grupo.
Ladakhis (norte da Índia)	Os aldeões relatam não se lembrar de nenhuma luta na aldeia.
Zapoteca (sul do México)	Em contraste com outras comunidades próximas, onde a luta e o machismo prevalecem, eles têm valores muito fortes, que se opõem à violência.

Baseado em Bonta, 1997, 2013; Miklikowska e Fry, 2010

A paz de uma dessas comunidades não violentas foi destruída na manhã de 2 de outubro de 2006, quando um homem chamado Charles Roberts invadiu uma escola Amish na Pensilvânia e metodicamente atirou e matou cinco meninas e feriu gravemente outras cinco. Os detalhes do massacre são um verdadeiro horror. E, no entanto, em uma demonstração notável do compromisso desta comunidade com seus princípios de paz e perdão, as famílias das crianças assassinadas e feridas ofereceram orações pelo assassino e sua família. De acordo com alguns relatos, na própria noite dos assassinatos, alguns Amish "ficaram na cozinha da família do assassino, abraçados ao seu pai chorando, e disseram: 'Vamos perdoar o Charlie'". Um membro da comunidade sugeriu que o perdão demonstrado pelos Amish neste incidente poderia ser "um presente para o mundo. Talvez haja algo para aprender sobre como as nações podem tratar umas às outras" (Dueck, 2006, p. A25).

Subculturas em um país Há variações importantes na agressividade dentro de sociedades específicas em função de idade, classe, etnia e região. Por exemplo, adolescentes e jovens adultos têm uma taxa muito maior de envolvimento em crimes violentos – tanto como criminosos quanto como vítimas – que qualquer outra faixa etária. E quanto à etnia? Apesar das histórias que chamam mais a atenção nas notícias, a maioria dos assassinatos é intrarracial, e não inter-racial. Entre os incidentes em que a etnia do assassino foi identificada nos Estados Unidos, em 2018, mais de 90% das vítimas negras de assassinato foram mortas por criminosos negros e mais de 80% das vítimas brancas foram assassinadas por criminosos brancos. No entanto, os afro-americanos vivem em uma América muito mais violenta que os brancos. A proporção de afro-americanos – especialmente do sexo masculino – perpetradores ou vítimas de homicídio é notavelmente muito maior que a de outros grupos étnicos. Dados confiáveis sobre as taxas de homicídios entre outros grupos étnicos ou étnicos são muito mais limitados.

As diferenças regionais também são marcantes. Nos Estados Unidos, a taxa de homicídios é consistentemente mais alta no Sul, geralmente seguida pelo Oeste. Em 2018, por exemplo, quase metade de todos os assassinatos relatados no país haviam ocorrido no Sul. Alguns estudiosos atribuíram a maior violência no Sul e no Oeste a uma *cultura da honra* que prevalece entre os homens brancos nessas regiões. A cultura da honra incentiva respostas violentas a ameaças percebidas contra o *status* de um homem honrado e poderoso (Brown et al., 2018; Cohen et al., 1998; Souza et al., 2017; Vandello et al., 2013). Outros estudiosos acreditam que as taxas notavelmente altas de assassinatos e crimes violentos no Sul se devem ao clima quente (Anderson et al., 2000). Vamos nos concentrar mais na cultura da honra e na relação entre o calor e a agressividade mais adiante neste capítulo.

11-2b Gênero e agressividade

Apesar de toda a variação entre as culturas, um fato é universal: os homens são mais violentos que as mulheres. O que foi percebido em praticamente todas as culturas estudadas ao redor do mundo. Quase 90% dos assassinos identificados nos Estados Unidos em 2018 eram do sexo masculino e 80% das vítimas de homicídio, também. Apesar da variação significativa no que se refere à violência total de um país para outro, a diferença de gênero permanece bastante estável ao longo do tempo e da localização: os homens cometem a maioria dos homicídios e constituem a maioria das vítimas de assassinato. Na onda de tiroteios em massa nos Estados Unidos nos últimos anos, basicamente todos os perpetradores eram jovens. De outro modo, em todo o mundo, a maioria das pessoas mortas por um parceiro íntimo – como um membro da família ou um parceiro ou ex-parceiro romântico atual – são mulheres.

> Em quase todas as culturas, os homens são mais violentos que as mulheres.
> **VERDADEIRO**

E a agressividade em geral em oposição à violência? Em metanálises que envolvem centenas de amostras de vários países, John Archer (2004) e Noel Card e colegas (2008) descobriram que os homens eram consistentemente mais agressivos fisicamente que as mulheres. Esse dado se confirmou em todas as idades e culturas estudadas. As mulheres eram tão propensas quanto os homens a sentir raiva, mas muito menos a agir de maneira agressiva pela raiva. Mesmo entre as crianças de 1 a 6 anos, os meninos apresentam maiores índices de agressividade física que as meninas.

Então, tudo isso significa que o estereótipo de que os homens são mais agressivos que as mulheres está correto? Não necessariamente. A maior parte das pesquisas anteriores sobre esse assunto enfocou a forma de agressividade típica dos homens: a física. Porém pense em nossa definição de agressividade: trata-se de intenção de causar dano. Há muitas maneiras de prejudicar alguém, além dos meios físicos. Os resultados de pesquisas que adotaram essa abordagem mais abrangente desafiam a noção de que os homens são mais agressivos que as mulheres. As descobertas podem ser resumidas pela observação de crianças pelos pesquisadores Britt Galen e Marion Underwood (1997): "Os meninos podem usar os punhos para brigar, mas ao menos acaba rapidamente; as meninas usam a língua e permanece para sempre" (p. 589).

> Em quase todas as categorias de agressão, os homens são mais agressivos que as mulheres.
> **FALSO**

Essa pesquisa revela que, embora os meninos sejam mais *abertamente* agressivos que as meninas, eles não tendem a ser mais agressivos que as meninas no que diz respeito à agressividade *indireta* ou *relacional*. De fato, para esses tipos de agressividade, as meninas às vezes são mais agressivas que os meninos. As formas indiretas de agressividade incluem atos como mentir para colocar alguém em apuros ou impedir a pessoa de realizar as atividades desejadas. A agressividade relacional é um tipo de agressividade indireta que visa particularmente os relacionamentos e o *status* social de uma pessoa, como ameaçar terminar uma amizade, envolver-se em fofoca e calúnia e tentar levar os outros a não gostarem de determinado alvo.

Os resultados das metanálises (Archer, 2004; Card et al., 2008; Casper e Card, 2017) que revisaram a vasta literatura de pesquisa de todo o mundo sobre as diferenças de gênero em diversos tipos de agressividade descobriram que meninos se envolvem em mais episódios de agressividade direta física e verbal, e meninas, mais em episódios de agressividade indireta (ver ● Figura 11.4). Ao reforçar esses resultados estão as descobertas recentes sobre cyberbullying. Levando-se em conta grandes conjuntos de dados de todo o mundo, Peter Smith e outros (2019) descobriram que os meninos tendem a se envolver em bullying mais que as meninas, mas essa diferença de gênero é reduzida e às vezes revertida quando se considera o bullying realizado on-line em vez de pessoalmente.

Por que as meninas são pelo menos tão agressivas quanto os meninos nas formas relacionais (mas não físicas) de agressividade? Os pesquisadores acreditam que uma das razões é porque as mulheres geralmente se preocupam mais com relacionamentos e intimidade que os homens e, portanto, podem acreditar que ferir alguém socialmente seja particularmente eficaz. Outra razão pode ser que as normas estabelecidas incentivam os meninos a atitudes de agressividade física, mas essas mesmas normas desencorajam as meninas a fazê-lo (Crick et al., 1999; Cutrín et al., 2017; Jung et al., 2019).

Além das diferenças de gênero, pode haver diferenças nos tipos de agressividade que as pessoas apresentam em razão da orientação sexual. Mark Sergeant et al. (2006), por exemplo, descobriram que os homens gays relataram níveis significativamente mais baixos de agressividade física que os heterossexuais, mas não houve diferença entre os dois grupos nas taxas autorreferidas de agressividade indireta.

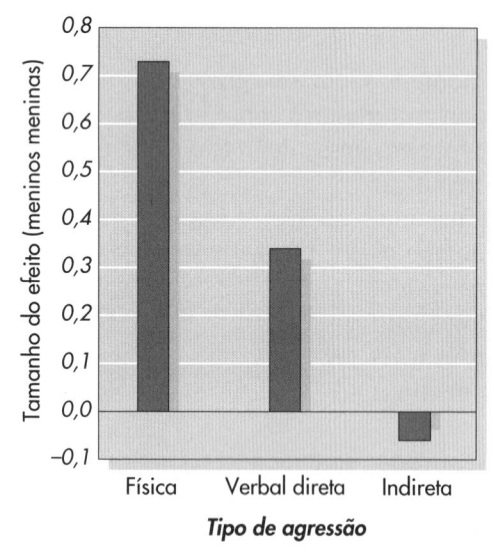

● FIGURA 11.4

Gênero e tipos de agressão

Os resultados de uma metanálise de 148 estudos que envolveram crianças e adolescentes em vários países indicam que a magnitude e a direção das diferenças de gênero em agressividade dependem do tipo de agressão. Neste gráfico, quanto mais alta a barra, mais agressividade é mostrada pelos meninos em relação às meninas. Eles tendem a ser muito mais agressivos fisicamente que elas, e também verbalmente (embora essa diferença seja menor). Em relação à agressão indireta, no entanto, as meninas tendem a ser mais agressivas que os meninos – uma diferença pequena, mas estatisticamente confiável em todo o conjunto de estudos.

Baseado em Card et al. (2008)

Ressalta-se que ainda não há pesquisas suficientes sobre indivíduos que não se identificam como homens ou mulheres, embora certamente esse aspecto venha a ser mais explorado em pesquisas futuras.

Uma descoberta das pesquisas que geralmente é recebida com grande surpresa e ceticismo é que não há diferença confiável de gênero na porcentagem de mulheres e homens que agridem fisicamente os parceiros íntimos. Ou seja, as mulheres são pelo menos tão propensas a agredir os parceiros íntimos quanto os homens. O que já foi relatado em mais de 300 estudos nas últimas décadas (Straus, 2011; Straus e Gozjolko, 2014). Esses resultados não apenas desafiam as expectativas e os estereótipos da maioria das pessoas, mas também não correspondem às estatísticas da polícia ou de agências envolvidas em ajudar pessoas que sofrem violência por parceiro íntimo.

Pesquisadores nessa área explicam que a razão para essa discrepância é que os homens têm muito menos probabilidade que as mulheres de denunciar à polícia ou a várias agências que suas parceiras agrediram-nos fisicamente. As normas desempenham um papel nisso, é claro, já que muitas pessoas consideram muito mais aceitável uma mulher bater no parceiro que um homem bater na parceira. Outra razão importante, de certa forma relacionada, é que as consequências da agressividade e da violência estão longe de ser iguais. As mulheres são mais frequentemente mortas, gravemente feridas ou abusadas sexualmente durante as brigas domésticas que os homens (Straus e Gozjolko, 2014). Como disse Barbara Morse (1995), "as mulheres são mais frequentemente vítimas de agressões e ferimentos graves do parceiro, não porque os homens batem com mais frequência, mas porque agridem com mais força" (p. 251). Mesmo no cyberbullying, esse padrão de diferença de gênero é evidente: Heather Zapor et al. (2017) descobriram que a frequência de formas moderadas de cyberbullying é semelhante em ambos os sexos, mas os homens são mais propensos que as mulheres a se envolver em modos graves de cyberbullying. As taxas de agressividade e violência na forma de agressividade sexual diferem muito por gênero, com os homens sendo esmagadoramente mais propensos a serem perpetradores e as mulheres, a vítima.

■ 11-2c Diferenças individuais

As diferenças culturais e de gênero influenciam a agressividade, mas e as diferenças individuais? Alguns indivíduos são simplesmente mais agressivos que outros, ao longo do tempo e em diferentes contextos e, em caso afirmativo, quais traços de personalidade estão associados a isso? As evidências relacionadas à primeira parte da pergunta, sobre a estabilidade ao longo do tempo e em diferentes contextos, são claras: embora as variáveis situacionais (como veremos mais adiante neste capítulo) certamente influenciem se e como alguém vai agir com agressividade, há algumas diferenças individuais estáveis em tal comportamento. A agressividade na infância prediz a agressividade na adolescência e na idade adulta (junto à criminalidade adulta, o abuso de álcool e outros comportamentos antissociais), embora a força dessa relação possa variar em virtude da educação da criança (Ehrenreich et al., 2014; Masud et al., 2019; Meter et al., 2019).

Que tipos de personalidades tendem a ser associadas à agressividade? Os pesquisadores costumam identificar as personalidades dos indivíduos com base nos chamados "Cinco Grandes" fatores – cinco dimensões responsáveis por uma grande variabilidade nas personalidades das pessoas no que se refere gênero e cultura. Essas cinco dimensões são (1) afabilidade (afabilidade, confiança, cooperação), (2) consciência (responsabilidade, ordenação, confiabilidade), (3) abertura para a experiência (intelectual, pensamento independente, gosto pela novidade), (4) extroversão (extroversão, energia, assertividade) e (5) neuroticismo (perturbação fácil, instabilidade emocional). Destes cinco fatores, ter um baixo grau de afabilidade é um preditor particularmente forte de agressividade; baixo grau de abertura e alto de neuroticismo também estão associados à agressividade (Barlett e Anderson, 2012; Hyatt et al., 2019; Lynam e Miller, 2019).

Algumas características associadas à agressividade tendem a prever sua manifestação de modo confiável apenas sob condições em que há provocação, ou seja, situações em que o indivíduo se sente ameaçado, insultado ou estressado (Bettencourt, Talley, et al., 2006; Dinic' e Wertag, 2018). Entre essas características estão a *suscetibilidade emocional* (tendência a se sentir angustiado, inadequado e vulnerável a ameaças percebidas), a *personalidade Tipo A* (tendência a ser motivado por sentimentos de inadequação para tentar se afirmar por meio de realizações pessoais), a *impulsividade* (ser relativamente incapaz de controlar os próprios pensamentos e comportamentos), e ter um baixo grau de *afabilidade*. Quando não provocados, os indivíduos com essas características não apresentam propensão significativamente maior que outros a se comportar de modo agressivo. A provocação, entretanto, pode disparar gatilhos desses indivíduos, levando à explosão potencial de agressividade.

O filme *Meninas Malvadas* (*Mean Girls*), estrelado por Lindsay Lohan e Rachel McAdams, retratou garotas do ensino médio engajadas em uma batalha crescente de agressividade relacional indireta.

"Achei que gostaria de escrever um filme sobre o que eles chamam 'agressão relacional' entre as meninas."

– Tina Fey, sobre a origem do filme *Meninas Malvadas* (Stack, 2014)

Muitas pessoas presumem que indivíduos com baixa autoestima são mais propensos à agressividade que pessoas com autoestima média ou alta. As evidências sobre esse aspecto são, na melhor das hipóteses, mistas (Bushman et al., 2009; Hiemstra et al., 2019; Tsaousis, 2016). A relação entre autoestima e agressividade também pode ser bastante diferente entre as culturas; uma metanálise de estudos conduzidos na China descobriu que uma autoestima *elevada* estava moderadamente associada a maior agressividade (Teng et al., 2015). Ainda que a autoestima não seja um grande preditor de agressividade, o *narcisismo* claramente é. O narcisismo envolve ter uma percepção aumentada de valor e amor próprios, ter pouca empatia pelos outros, tender a focar em si mesmo em vez de nos outros e ser especialmente sensível aos insultos percebidos. O narcisismo tem uma relação positiva com a agressividade em resposta à provocação, particularmente se esta for pública e não privada (Hart et al., 2019; Hyatt et al., 2019; Lambe et al., 2018; Rasmussen, 2016).

O narcisismo é uma das três características que alguns pesquisadores chamam **Tríade Negra** (que admitimos soar como o nome

Tríade Negra Conjunto de três características associadas a níveis mais elevados de agressividade: maquiavelismo, psicopatia e narcisismo.

dos vilões do próximo filme de *Guerra nas Estrelas*). As outras duas características da Tríade Negra são o maquiavelismo (caracterizado pela manipulação) e a psicopatia (caracterizada por impulsividade, falta de autocontrole e de empatia). As características da Tríade Negra estão associadas a maior agressividade de vários tipos e em todo o mundo (Balakrishnan et al., 2019; Dinic' e Wertag, 2018; Knight et al., 2018; Moor e Anderson, 2019; Moshagen et al., 2018).

Um fator que tem uma relação muito clara e consistente com a agressividade é o autocontrole. O autocontrole deficiente é parte da psicopatia característica da Tríade Negra. Indivíduos com forte autocontrole podem resistir aos impulsos e agir de maneira consistente com seus padrões pessoais e sociais de comportamento adequado. Crianças com baixo autocontrole tendem a ser mais agressivas quando adultos jovens, e um autocontrole deficiente é um dos mais fortes indicadores de crimes, cyberbullying e agressividade em relação a estranhos e parceiros românticos (Chen et al., 2019; Johnson et al., 2019; Li et al., 2019; Vazsonyi e Javakhishvili, 2019).

11-3 Origens da agressividade

A agressividade tem sido uma parte predominante da interação humana ao longo da história e em todo o mundo. De onde isso vem? *Nascemos* agressivos ou somos *ensinados* a ser agressivos? Muitos argumentaram a favor de um lado ou do outro do debate "natureza-criação" – o lado "natureza" sustenta que a agressividade é uma característica inata dos seres humanos e o lado "criação", que é aprendida através da experiência. A realidade, entretanto, é que tanto a natureza quanto a criação desempenham seus respectivos papéis. Os efeitos da aprendizagem não são contestados; a agressividade é, pelo menos até certo ponto, "criada" pela experiência. Tampouco há dúvidas de que na agressividade, como em todo comportamento humano, a biologia e o meio ambiente interagem. Na verdade, a pesquisa contemporânea sobre agressividade está prestando cada vez mais atenção às interações entre genes e meio ambiente.

Ainda que outros possam continuar a discutir o debate natureza-criação, a pesquisa em psicologia social deixa claro que as origens da agressividade humana representam uma interação profunda de mecanismos evoluídos e fatores ambientais e sociais. Nesta seção, revisamos algumas das perspectivas mais importantes no rastreamento das origens da agressividade humana. Ao revisar cada perspectiva, podemos constatar quanto pode explicar a prevalência geral da agressividade, bem como as diferenças culturais e de gênero que discutimos.

11-3a Psicologia evolutiva

A psicologia evolutiva faz uso de princípios da evolução para compreender as raízes e os padrões contemporâneos da agressividade humana. Por exemplo, em seu livro *The Most Dangerous Animal: Human Nature and the Origins of War*, David Livingstone Smith (2007) enfatiza que a guerra humana se originou não apenas para obter recursos valiosos, mas também para atrair parceiros e criar vínculos intragrupais. Smith argumenta que, embora nossos ancestrais de longa data se colocassem em risco ao entrar em combates e guerras, também aumentavam as chances de atrair parceiros e alcançar *status* em um grupo. Portanto, os indivíduos que podiam e queriam lutar tinham maiores chances de sucesso reprodutivo, e passariam essas tendências para os descendentes, que tenderiam a fazer o mesmo, e assim por diante. O maior sucesso reprodutivo dos guerreiros sobre os pacifistas teria resultado na evolução das tendências à agressividade e à guerra ao se tornar parte da natureza humana.

A evolução deveria ter favorecido a inibição da agressividade contra aqueles que são geneticamente relacionados a nós. Ao confirmar essa hipótese, Martin Daly e Margo Wilson (1996, 2005) relatam que os pais biológicos têm muito menos probabilidade de agredir ou assassinar os filhos que os padrastos. Em duas amostras estudadas, crianças em idade pré-escolar que viviam com padrasto ou pai adotivo tiveram 70 a 100 vezes mais probabilidade de sofrer agressões fatais que as que viviam com ambos pais biológicos.

"O som mais persistente que reverbera na história dos homens é o bater de tambores de guerra."

– Arthur Koestler

O que pode explicar as diferenças de gênero na agressividade explícita? De acordo com uma perspectiva evolutiva, os machos competem uns com os outros porque as fêmeas selecionam machos de alto *status* para o acasalamento, e a agressividade é um meio pelo qual os machos são capazes de atingir e manter o *status*. Como afirmou o pesquisador Vladas Griskevicius em uma entrevista sobre seu trabalho a respeito desse tópico, "Para os homens... não se importar com o *status*, o que pode estar implícito ao evitar um conflito, pode ser suicídio evolucionário" (*Science Daily*, 2008).

Do mesmo modo, Joseph Vandello e Jennifer Bosson (2013) argumentam que, para muitos homens, a *masculinidade* é um *status* frágil. Em outras palavras, a masculinidade deve ser conquistada e mantida repetidamente por meio da ação. Situações que ameaçam esse *status* aumentam a probabilidade e a aceitabilidade de comportamentos agressivos (Berke et al., 2019; Kroeper et al., 2014; Mescher e Rudman, 2014). Também estão de acordo com relatos evolutivos as estatísticas de crimes que indicam que a violência de homem contra homem é mais provável de ocorrer quando um deles é percebido como um risco ao *status* ou poder social do outro, e a violência de homem contra mulher é desencadeada principalmente por ciúme sexual (Buss, 2018; Buss e Duntley, 2014; Wilson e Daly, 1996).

Sarah Ainsworth e Jon Maner (2014) levantaram a hipótese de que, quando as motivações dos homens heterossexuais relacionadas ao acasalamento são ativadas, eles devem se tornar mais agressivos com outros homens que consideram uma ameaça potencial à sua capacidade de atrair mulheres. Para testar essa ideia em um de seus experimentos, os pesquisadores fizeram participantes heterossexuais do sexo masculino verem fotos de 10 rostos femininos. Para os homens na condição *primordial de acasalamento*, essas fotos eram muito atraentes. Para os homens na condição de *controle*, as fotos eram menos atraentes. Em seguida, os participantes viram uma foto e leram a descrição de um confederado do sexo masculino que pensaram ser seu oponente em uma futura competição. Para os participantes na condição de *parceiro médio*, a descrição do confederado o apresentava como um tanto nerd e não ameaçador, e não dizia nada sobre namoro. Para os participantes da condição de *parceiro dominante*, o confederado era descrito como alguém atlético, de alto *status*, e que gostava de ir a encontros sempre que possível.

Os pesquisados, então, participaram de um jogo de tempo de reação no computador contra seu suposto oponente (na verdade, o jogo havia sido programado pelos experimentadores). O vencedor de cada rodada poderia explodir o perdedor com algum som desagradável nos fones de ouvido dele. A agressividade foi medida pela intensidade com que os participantes definiam a intensidade do som que o oponente aparentemente escutaria. Como pode ser visto na • Figura 11.5, os resultados apoiaram a hipótese de que as motivações relacionadas ao acasalamento desencadeariam maior agressividade contra um homem que representa uma ameaça potencial a essa motivação. Os participantes foram especialmente agressivos quando essa motivação havia sido preparada e o confederado parecia ter um *status* social relativamente dominante.

É claro, como observado anteriormente, as mulheres também são agressivas. De uma perspectiva evolutiva, o sucesso reprodutivo depende da sobrevivência da prole. Como as mulheres são bem mais limitadas que os homens em relação ao número de filhos que podem ter, a evolução provavelmente

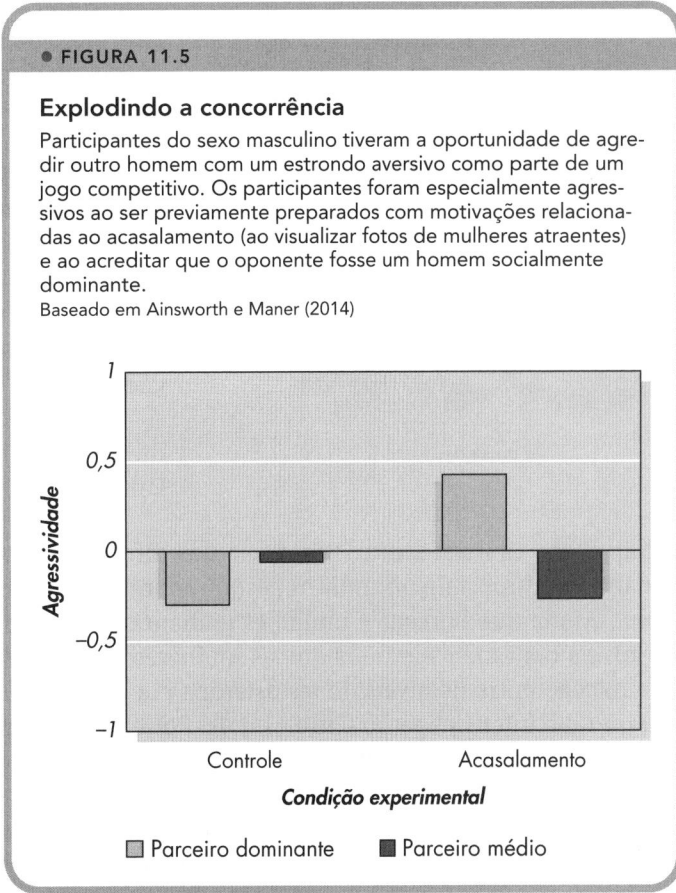

• FIGURA 11.5

Explodindo a concorrência

Participantes do sexo masculino tiveram a oportunidade de agredir outro homem com um estrondo aversivo como parte de um jogo competitivo. Os participantes foram especialmente agressivos ao ser previamente preparados com motivações relacionadas ao acasalamento (ao visualizar fotos de mulheres atraentes) e ao acreditar que o oponente fosse um homem socialmente dominante.

Baseado em Ainsworth e Maner (2014)

favoreceu as mulheres comprometidas com a proteção dos filhos. Na verdade, muitas pesquisas sobre agressividade em mulheres concentraram-se na agressividade materna, por meio da qual as mulheres atacam para defender os filhos contra ameaças de outras pessoas. Por exemplo, as fêmeas de diferentes espécies atacam machos estranhos que chegam muito perto de sua prole (Holschbach et al., 2018; Muroi e Ishii, 2019). Na mesma direção, Anne Campbell (1999) propôs que as fêmeas tendem a dar mais valor à proteção das próprias vidas – novamente, a fim de proteger os filhos. Essa hipótese pode explicar não apenas por que os homens se envolvem com mais frequência em comportamentos de risco e potencialmente autodestrutivos, mas também por que as mulheres, quando agridem, são mais propensas a usar meios menos óbvios e, portanto, menos perigosos – como agressividade indireta ou relacional em vez de agressividade física aberta (Griskevicius et al., 2009; Vaillancourt, 2005).

■ 11-3b Genes, hormônios e cérebro

Quaisquer que sejam as raízes evolutivas, é claro que os fatores biológicos desempenham papéis muito importantes na agressividade humana contemporânea. Examinamos vários desses fatores nesta seção.

Genes Já discutimos que a agressividade é uma característica de personalidade relativamente estável; crianças com índices consideravelmente altos de agressividade têm maior probabilidade de ser agressivas mais tarde na vida. Esse tipo de personalidade agressiva pode ser devido aos genes? Para responder a essa pergunta, os pesquisadores costumam comparar gêmeos monozigóticos (que são idênticos em sua composição genética) com gêmeos dizigóticos (que compartilham apenas parte de seus genes). Em qualquer característica hereditária, gêmeos monozigóticos serão mais semelhantes que gêmeos dizigóticos. Os pesquisadores também conduzem estudos com crianças que são adotadas – quando uma característica é hereditária, as crianças adotadas se parecem mais com os pais biológicos que com os pais adotivos.

"É coisa de homem."

As análises desses tipos de estudos sugerem que a hereditariedade explica de um terço a metade das variações na agressividade em crianças. A força dessa relação pode variar, no entanto, dependendo do tipo de agressividade estudada, como agressividade física ou relacional (Bezdjian et al., 2011; Lubke et al., 2018; Slawinski et al., 2019). Os pesquisadores também estão se concentrando na identificação de quais genes específicos ou padrões de genes podem estar especialmente envolvidos na agressividade humana. Variações no gene da monoamina oxidase A (*monoamine oxidase A* – MAO-A), por exemplo, foram associadas a comportamento agressivo em uma série de estudos (Godar et al., 2016; Palumbo et al., 2018; Wagels et al., 2019).

O papel da testosterona Por causa das diferenças sexuais persistentes na agressividade física entre humanos e outros animais, muitos pesquisadores se perguntaram sobre o papel desempenhado pela testosterona. Ainda que homens e mulheres tenham esse "hormônio sexual masculino", os homens geralmente têm níveis bem mais elevados que as mulheres. Pesquisas feitas com diversos animais encontraram uma forte relação entre os níveis de testosterona e a agressividade. Algumas pesquisas com humanos também relatam uma intensa ligação entre os dois. Por exemplo, um estudo descobriu que as fraternidades universitárias cujos membros tendiam a ter níveis mais altos de testosterona eram mais indisciplinadas e exibiam um comportamento mais agressivo que outras. Por sua vez, as fraternidades cujos membros tinham níveis mais baixos de testosterona tendiam a apresentar maior sucesso acadêmico e responsabilidade social, e os membros sorriam mais (Dabbs et al., 1996). Alguns estudos também mostraram uma relação positiva entre testosterona e agressividade ou comportamentos relacionados à agressividade (como competitividade) em mulheres (Cashdan, 2003; Dabbs e Dabbs, 2000; Probst et al., 2018).

Ainda que muitos estudos tenham apoiado essa ligação entre testosterona e agressividade, outras pesquisas sugerem que a associação entre testosterona e agressividade humana é mais fraca e menos confiável que o esperado. Um fator complicador é que, embora a testosterona possa contribuir para a agressividade, a agressividade também pode causar aumento da testosterona. Outro ponto complexo vem da interação da testosterona com outros hormônios. Por exemplo, algumas pesquisas sugerem que a combinação entre níveis altos de testosterona e baixos de cortisol é o que prevê agressividade, talvez particularmente a agressividade no contexto de busca de *status* ou comportamentos de dominância (Denson, Ronay, et al., 2013; Mehta e Prasad, 2015; Pfattheicher, 2017).

O papel da serotonina Outro fator biológico ligado à agressividade humana é o neurotransmissor serotonina (Chang et al., 2018; da Cunha-Bang et al., 2017; Ficks e Waldman, 2014; Glick, 2015). A serotonina parece funcionar como um mecanismo de freio para conter atos impulsivos e reativos de agressividade. Baixos níveis de serotonina no sistema nervoso de humanos e de muitos animais estão associados a altos níveis de agressividade. As drogas que aumentam a atividade da serotonina podem diminuir a agressividade com uma série de outros comportamentos impulsivos e socialmente desviantes.

Cérebro e funcionamento executivo Além de hormônios e neurotransmissores, o lobo frontal do cérebro é outro tópico importante na pesquisa sobre os fundamentos biológicos da agressividade humana. Com o uso de diferentes técnicas, pesquisadores encontraram evidências que ligam anormalidades nas estruturas do lobo frontal com tendências para comportamentos agressivos e violentos (de Almeida et al., 2015; Raine, 2013; Reznikova et al., 2015). Em particular, em relação ao córtex pré-frontal. O processamento pré-frontal prejudicado pode interromper o que é chamado **funcionamento executivo**: habilidades e processos cognitivos que permitem aos humanos planejar ou inibir as ações. O funcionamento executivo permite que as pessoas respondam às situações de maneira racional e flexível, em vez de serem impulsionadas puramente por estímulos externos (Hoaken et al., 2007). Um crescente corpo de pesquisas encontra uma ligação entre mau funcionamento executivo e alta agressividade (Baker et al., 2019; Buckholtz, 2015; O'Toole et al., 2019; Sorge et al., 2015; Verlinden et al., 2014).

Uma descoberta digna de nota diz respeito à atividade cerebral em resposta à observação de alguém com dor (Decety et al., 2009). Ao assistir a situações em que uma pessoa inflija dor intencionalmente a outra, adolescentes saudáveis exibiam atividade cerebral associada à empatia. Os adolescentes altamente agressivos, por sua vez, exibiam um padrão de atividade cerebral associado a experiências de recompensas, sugerindo que gostavam de ver os outros sentirem dor infligida por alguém intencionalmente. Além disso, os adolescentes agressivos mostraram menos ativação em áreas associadas à autorregulação e ao raciocínio moral ao ver alguém infligir dor a outra pessoa que os adolescentes não agressivos.

Recentemente, muita atenção tem sido dedicada à questão das contusões – especialmente nos esportes – e à ligação entre contusões e agressividade com outros comportamentos impulsivos. Ruma Goswami et al. (2016), por exemplo, examinaram os cérebros (por meio de varreduras de fMRI) e as tendências agressivas e impulsivas de um grupo de jogadores aposentados da Liga de Futebol Canadense com histórico de múltiplas concussões. Os pesquisadores descobriram que o dano ao fascículo uncinado, que conecta o córtex orbitofrontal com o lobo temporal anterior, estava associado a mais agressividade e impulsividade e ao comprometimento do funcionamento executivo. A ● Figura 11.6 ilustra essa região do cérebro.

■ 11-3c Como a agressividade é aprendida?

Além dos fatores genéticos e biológicos, é claro que o comportamento agressivo é fortemente afetado pela aprendizagem (Bandura, 1973). As recompensas obtidas pela agressividade hoje aumentarão seu uso amanhã. Essas recompensas vêm de duas formas: *reforço positivo*, quando a agressividade produz resultados desejados, e *reforço negativo*, quando a agressividade impede ou interrompe resultados

> **funcionamento executivo** Habilidades e processos cognitivos que permitem aos humanos planejar ou inibir suas ações.

"Nenhuma sociedade que alimente os filhos com histórias de violência bem-sucedida pode esperar que eles não acreditem que, no final, a violência será recompensada."

– Margaret Mead

indesejáveis. A criança que consegue um brinquedo ao agredir seu possuidor provavelmente baterá novamente. Do mesmo modo, a criança que consegue impedir outras de provocá-las empurrando-as aprendeu a lição fatídica de que a agressividade vale a pena. Crianças que veem a agressividade produzindo mais resultados positivos e menos resultados negativos são mais agressivas que outras crianças (Guerra, 2012; Krahé e Busching, 2014).

As recompensas são parte da equação do aprendizado, mas e quanto à punição? A punição é frequentemente promovida como modo de reduzir o comportamento agressivo. A pesquisa sugere que a punição tem mais probabilidade de diminuir a agressividade quando (1) é aplicada imediatamente o comportamento agressivo, (2) é forte o suficiente para deter o agressor e (3) é aplicada de modo consistente e percebida como justa e legítima pelo agressor. No entanto, essas condições estritas raramente são atendidas e, quando não são, o resultado pode ser o oposto (Berkowitz, 1998).

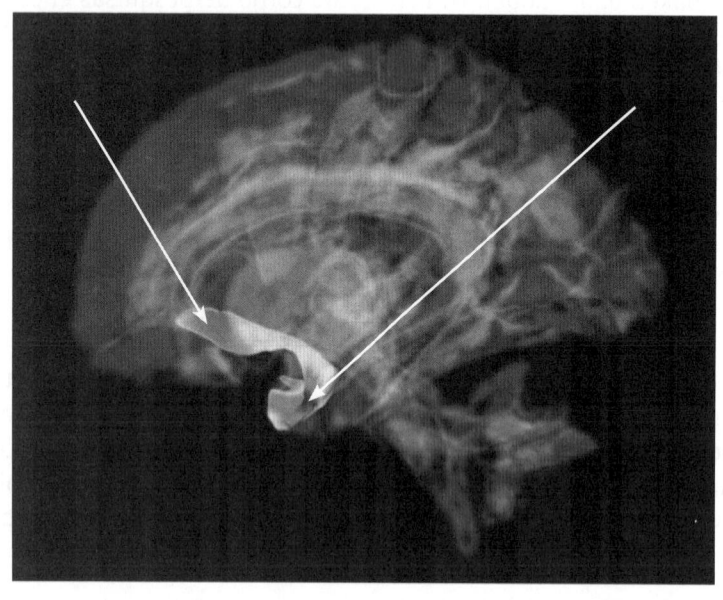

• FIGURA 11.6

Concussões, funcionamento do cérebro e agressividade

Retirada de um estudo de Ruma Goswami et al. (2016), esta imagem fMRI de ex-jogadores de futebol americano profissional com um histórico de concussões destaca o fascículo uncinado, que conecta o córtex orbitofrontal com o lobo temporal anterior. As áreas indicadas apontam diferenças no funcionamento entre os jogadores de futebol e os participantes do controle, e essas diferenças foram associadas a mais agressividade, impulsividade e comprometimento do funcionamento executivo. A imagem em cores está disponível ao final do livro.

De Goswami et al. (2016)

Punição física Em 4 de novembro de 2014, Adrian Peterson, astro do time de futebol americano Minnesota Vikings, alegou "não contestar" a acusação de bater no filho de 4 anos com um galho de árvore (conhecido como "switch"), o que causou ferimentos em várias partes do corpo do menino. Peterson, um cristão religioso que costuma tweetar versículos da Bíblia e é conhecido por ser incomumente paciente e acessível aos fãs, inicialmente ficou chocado com as acusações e a indignação generalizada que as pessoas em todo o país tiveram com as ações dele em relação ao filho. Peterson alegou que simplesmente estava sendo um pai responsável ao disciplinar o garoto e que tinha feito algo comum na cultura e criação dele. Certamente, a intensidade da surra dada por Peterson no filho foi extrema, mas o caso levanta algumas questões mais gerais sobre a ética e a eficácia do uso de força física para disciplinar crianças.

A **punição física** continua sendo amplamente defendida e frequentemente aplicada para punir crianças por mau comportamento. A prática pode ser definida como o uso da força física (uma surra ou soco) com a intenção de causar dor a uma criança, mas não ferir, com o objetivo de controlar ou corrigir o comportamento dela. Ainda que seja menos comum atualmente, a maioria das crianças em todo o mundo, incluindo os Estados Unidos, apanham e sofrem outras formas de punição física (Cuartas et

punição física Força física (como surras ou socos) com a intenção de causar dor a uma criança – mas não ferir – com o objetivo de controlar ou corrigir o comportamento dela.

al., 2019; Finkelhor et al., 2019; Lapré e Marsee, 2016; Lee et al., 2015; Wolf e Kepple, 2019).

Portanto, o castigo físico é bastante comum. Porém funciona? Mais especificamente, apanhar ou receber outras formas de punição física reduz os atos subsequentes de agressividade e o comportamento antissocial de uma criança? Bater em uma criança geralmente resulta em obediência imediata ao adulto e em uma rápida redução da agressividade ou outro mau comportamento. No entanto, a longo prazo, de acordo com um grande corpo de pesquisas, a prática não só não funciona como tende a sair pela culatra: quanto mais punição física, maior a associação com atos de agressividade posteriores. O castigo físico parece ensinar à criança que a força física é eficaz e adequada para lidar com os problemas. Elizabeth Gershoff (2002) conduziu uma metanálise de 88 estudos realizados ao longo de seis décadas e envolveu mais de 36 mil pessoas. A análise do estudo revelou fortes evidências de uma correlação positiva entre punição física e várias categorias de comportamentos antissociais subsequentes, como agressividade na infância, na vida adulta e comportamento criminoso.

Estudos e revisões mais recentes continuam a encontrar evidências da relação entre punição física e problemas posteriores de agressividade, violência, criminalidade, abuso de drogas, violência em relacionamentos afetivos e problemas de saúde mental (Del Hoyo-Bilbao et al., 2018; MacKenzie et al., 2015; Saunders, 2019; Straus, 2010; Vaughan-Eden et al., 2018). Ainda que algumas pesquisas sugiram que os efeitos negativos do castigo físico possam ser menos evidentes em contextos ou culturas específicos (LG Simons et al., 2013), em geral, a evidência é convincente em mostrar que a prática tende a ser mais prejudicial que benéfica para reduzir agressividade futura e comportamento antissocial (Grogan-Kaylor et al., 2018). A Academia Americana de Pediatria aconselha veementemente os pais e outros adultos que cuidam de crianças a não usarem punições físicas (Sege e Siegel, 2018).

> *"Eu me oponho à violência porque quando parece fazer o bem, o bem é apenas temporário; o mal que faz é permanente."*
> – Mahatma Ghandi

> Crianças que são espancadas ou recebem castigos físicos (mas não sofrem abusos) por se comportarem de modo agressivo tendem a se tornar menos agressivas.
> **FALSO**

Teoria da aprendizagem social Um dos autores deste livro lembra-se de muitas tardes frias, quando era adolescente, jogava futebol americano e hóquei e competia com os amigos. Ambos os jogos eram disputados sem equipamento de proteção e bastante brutos, mas, entre os dois, o futebol era o mais agressivo fisicamente. No entanto, apesar do fato de que praticamente todas as jogadas culminavam em uma pilha de meninos pulando sobre o corpo comprimido de um oponente, era muito raro que uma briga realmente ocorresse. De outro modo quando esse mesmo grupo de amigos jogava hóquei, praticamente todos os jogos que disputavam apresentavam pelo menos uma briga. Por quê? Ainda que estivesse anos longe de sua primeira aula de psicologia social, esse futuro psicólogo social tinha certeza de que ele e seus amigos se baseavam em modelos de comportamento. Raramente tinham visto jogadores de futebol profissional pararem e brigarem no campo. Porém, era incomum assistir a um jogo de hóquei profissional em que não acontecesse.

O poder dos modelos para modificar o comportamento é um princípio crucial da teoria de aprendizagem social de Albert Bandura (1977). A **teoria da aprendizagem social** enfatiza que aprendemos com o exemplo dos outros, bem como com nossa experiência direta com recompensas e punições. Os modelos influenciam o comportamento pró-social e útil descrito no Capítulo 10. Também afetam o comportamento antissocial e agressivo. Em um estudo clássico, Bandura e colegas (1961) observaram o comportamento de crianças ligeiramente frustradas. Aquelas que já haviam visto um adulto atirar em um boneco inflável – conhecido como boneco Bobo, em alusão ao personagem representado –, foram mais agressivos ao socá-lo e chutá-lo quando, mais tarde, brincaram com o boneco Bobo que aqueles que viram um adulto quieto e moderado. Essas crianças seguiram o exemplo do modelo adulto não apenas no grau de agressividade, mas também nos tipos de agressividade que exibiram.

> **teoria da aprendizagem social**
> Teoria de que o comportamento é aprendido por meio da observação de outras pessoas, bem como pela experiência direta de recompensas e punições.

No Iraque, os meninos brincam com armas de brinquedo, imitando o comportamento adulto que observaram em seu país dilacerado pela guerra. Quando tropas norte-americanas patrulharam regularmente a área, as armas de brinquedo foram trocadas por canetas para tirá-los das ruas.

Pesquisas posteriores demonstraram amplamente que diversos modelos de agressividade podem provocar diferentes reproduções. Além disso, esses modelos não precisam estar presentes; as pessoas na TV – até mesmo personagens de desenhos animados – podem servir como modelos poderosos de agressividade (Bandura, 1983; Baron e Richardson, 1994; Berkowitz, 1993). Este último ponto – que as crianças podem aprender a agressividade ao vê-la representada por personagens de desenhos animados – provou ser um prenúncio que eventualmente se tornou uma enorme quantidade de pesquisas realizadas sobre os efeitos da observação da violência na mídia. Discutiremos esse grande corpo de pesquisa um pouco mais tarde, mas suas raízes podem ser rastreadas na versão pioneira do boneco Bobo da pesquisa de Bandura.

As pessoas aprendem mais que comportamentos agressivos específicos com modelos agressivos. Elas também desenvolvem atitudes e crenças mais positivas sobre a agressividade em geral e constroem "roteiros" agressivos que servem como guias de como se comportar e resolver problemas sociais. Esses scripts podem ser ativados automaticamente em várias situações, levando a respostas agressivas rápidas e muitas vezes sem reflexão que apenas seguem o que foi aprendido (Bennett et al., 2005; Huesmann, 1998). Aprender esses scripts dos pais é uma das razões pelas quais existem correlações positivas entre testemunhar pais se comportando de modo agressivo ou violento durante conflitos e a agressividade subsequente dos indivíduos quando adolescentes e adultos (Besemer et al., 2017; O'Leary et al., 2014; Zarling et al., 2013). Quando os pais usam a força física para disciplinar os filhos, eles também podem estar ensinando um caminho para lidar com conflitos.

Considere os meninos descritos anteriormente, que brigavam durante os jogos de hóquei, mas durante os de futebol. Será que o comportamento se deve a algo sobre o hóquei em si, ou aprenderam roteiros agressivos ao observar como jogadores profissionais de hóquei usavam a força para lidar com frustrações e provocações? Um estudo interessante de Chris Gee e Larry Leith (2007) apoia a hipótese de aprendizagem social. Gee e Leith analisaram os registros de penalidades de 200 jogos da National Hockey League (NHL). A NHL é a principal liga profissional de hóquei na América do Norte e inclui os melhores jogadores de vários países ao redor do mundo. Quando se tornaram jogadores de hóquei, os nascidos na América do Norte eram muito mais propensos a terem sido expostos a modelos de agressividade e brigas que os jogadores nascidos na Europa, onde o confronto é muito mais raro e não incentivado.

Uma vez que esses atletas jogavam na NHL, estavam, é claro, jogando o mesmo esporte no mesmo conjunto de equipes, mas Gee e Leith descobriram que os jogadores nascidos na América do Norte eram mais propensos a marcarem faltas graves que os nascidos na Europa (ver • Figura 11.7). Além disso, de todas as infrações cometidas pelos norte-americanos, mais de 32% envolviam briga ou "violência", enquanto apenas 16% das penalidades aplicadas a jogadores europeus foram por essas infrações particularmente agressivas.

Os scripts de agressividade ou violência desempenham papéis importantes na vida de muitos rapazes e moças que cometem crimes violentos. Em uma análise minuciosa de 416 jovens infratores violentos de dois bairros de Nova York, Deanna Wilkinson e Patrick Carr (2008) descobriram que 93% haviam visto alguém ser espancado gravemente, 75% haviam presenciado alguém ser esfaqueado, 92% haviam estado presentes quando alguém levou um tiro, e 77% haviam visto alguém ser morto. Mais de três quartos desses criminosos violentos relataram que um amigo próximo tinha sido morto de modo violento. Wilkinson e Carr coletaram relatos impressionantes desses indivíduos, muitos dos quais ilustraram como a exposição precoce à violência ensinou a eles a triste lição de que é o modo apropriado de lidar com conflitos e alcançar uma posição de destaque na vizinhança.

Esses efeitos dos modelos de agressividade às vezes podem levar ao desfecho trágico conhecido como **ciclo da violência**. Crianças que testemunham violência parental ou que são vítimas de abusos têm maior probabilidade, quando adultos, de infligir abusos em parceiros íntimos ou filhos ou de serem vítimas de violência doméstica (Augsburger et al., 2019; Barnett et al., 2018; Braga et al., 2018; Rima et al., 2019; Yount et al., 2016). O ciclo da violência também pode ser evidente em vários tiroteios em massa. Jillian Peterson e James Densley (2019) analisaram todos os tiroteios em massa nos Estados Unidos de 1966 a 2019 e descobriram que entre as poucas coisas que muitos atiradores tinham em comum estavam a exposição à violência e ao trauma na infância e o conhecimento de roteiros violentos de outros atiradores.

Felizmente, assim como os modelos agressivos podem aumentar esse tipo de comportamento, os modelos não agressivos podem diminuí-lo. Observar uma resposta não agressiva a uma situação de conflito ensina uma alternativa pacífica e fortalece as restrições existentes contra a agressividade. Além disso, observar alguém que é calmo e razoável pode ajudar uma pessoa nervosa a se acalmar em vez de atacar. A não violência e o comportamento pró-social podem, assim como a agressividade, ser contagiosos (Donnerstein e Donnerstein, 1976; Gibbons e Ebbeck, 1997).

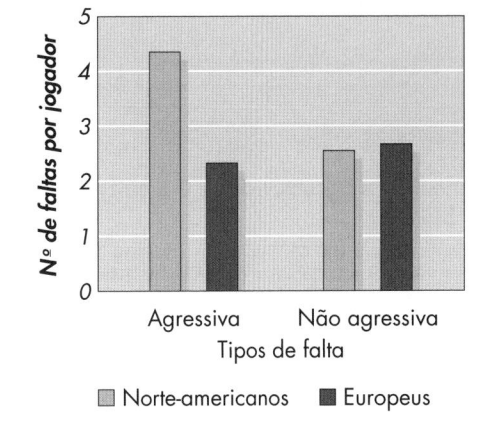

● **FIGURA 11.7**

Aprendizagem social da agressividade no hóquei: América do Norte *versus* Europa

Os pesquisadores examinaram todas as penalidades aplicadas contra jogadores da National Hockey League nascidos na América do Norte ou na Europa durante 200 jogos. Os jogadores norte-americanos, provavelmente, foram expostos a modelos de papéis mais agressivos e a reforço positivo para luta e agressão no hóquei que seus colegas europeus. Consistente com esse ponto, os resultados aqui descritos mostram que os norte-americanos eram mais propensos a cometerem faltas agressivas (mas não faltas não agressivas) que os europeus.

Baseado em Gee e Leith (2007)

Para explicar as diferenças de gênero na agressividade, as abordagens de aprendizagem social enfatizam que homens e mulheres aprendem lições diferentes sobre tal comportamento. Os meninos são mais propensos que as meninas a aprender que a agressividade física é uma forma apropriada e recompensadora de lidar com conflitos ou manipular outras pessoas, enquanto a agressividade relacional é recompensada para as meninas tanto ou talvez mais que para os meninos (Bosson e Vandello, 2011; Bowker e Etkin, 2014; Crick e Rose, 2000; Werner e Grant, 2009). Por exemplo, em um estudo com alunos das terceira e quarta séries em uma escola fundamental urbana na Filadélfia, Tracy Evian Waasdorp et al. (2013) descobriram que a agressividade explícita foi associada a mais popularidade para meninos e a menos popularidade para meninas, enquanto a agressividade relacional foi mais fortemente associada à popularidade para meninas que para meninos.

A teoria de aprendizagem social de Bandura tem sido uma das abordagens psicossociais mais importantes para o estudo da agressividade humana desde os primeiros experimentos clássicos no início dos anos 1960. A simplicidade dessa teoria não deve obscurecer o fato de que pode ajudar a explicar grande parte do comportamento humano. Daniel Batson e Adam Powell (2003) escreveram que a teoria da aprendizagem social "provavelmente chegou mais perto [do objetivo de contabilizar a maioria dos fatos com o mínimo de princípios] que qualquer outra teoria na história da psicologia social" (p. 466).

11-3d Cultura e honra

A socialização da agressividade também varia de cultura para cultura. Por exemplo, Giovanna Tomada e Barry Schneider (1997)

ciclo da violência Transmissão da violência doméstica entre gerações.

relataram que meninos adolescentes em vilas tradicionais na Itália eram encorajados a comportamentos agressivos como indicação de suas proezas sexuais e como preparação para seu papel dominante no lar. Esses autores argumentaram que é por isso que o bullying escolar entre meninos do ensino fundamental é significativamente maior no centro e sul da Itália que em países como Noruega, Inglaterra, Espanha ou Japão. Do mesmo modo, alguns pesquisadores acreditam que o *machismo* – que em sua caracterização mais estereotipada prescreve que desafios, abusos e mesmo as diferenças de opinião "devem ser enfrentados com força física ou outras armas" (Ingoldsby, 1991, p. 57) – contribui para o fato de que as taxas de violência são maiores entre os homens latino-americanos que entre os homens europeus (Harris, 1995).

O machismo pode representar um comportamento que os antropólogos chamam **cultura da honra**, que enfatiza a honra e o *status* social, especialmente para os homens, e o papel da agressividade na proteção dessa honra. Mesmo conflitos ou disputas menores são frequentemente vistos como desafios ao *status* social e à reputação e, portanto, podem desencadear respostas agressivas. Várias dessas subculturas existem em todo o mundo (e os fãs de *Star Trek* podem reconhecer o império Klingon como um exemplo intergaláctico da cultura da honra).

> **cultura da honra** Comportamento que enfatiza a honra e o *status* social, especialmente para os homens, e o papel da agressão na proteção dessa honra.

Em uma extensa série de estudos, Dov Cohen, Richard Nisbett, Joseph Vandello e seus colegas examinaram várias culturas da honra. O foco original estava nos homens brancos no sul dos Estados Unidos (Nisbett e Cohen, 1996).

As taxas de violência são consistentemente mais altas no Sul que nas outras regiões do país – uma diferença notável. Os sulistas têm maior probabilidade que os nortistas de concordar que "um homem tem o direito de matar" para defender a família e a casa, e aceitam mais o uso da violência para proteger a própria honra que as pessoas de outras partes do país. (Observe, no entanto, que os sulistas *não* são mais propensos que outros norte-americanos a aceitar a violência não relacionada à proteção da honra.)

Dados de pesquisas de opinião, experimentos de campo e de laboratório sugerem que essa cultura da honra promove comportamentos agressivos e violentos. Em uma série de experimentos, Cohen et al. (1996) investigaram como estudantes brancos norte-americanos do sexo masculino que cresceram no Norte ou no Sul respondiam a insultos. Os experimentos, conduzidos em um grande *campus* do Meio-Oeste, envolveram um encontro entre um participante e um confederado passando por um corredor estreito (ver • Figura 11.8). O confederado não dava passagem ao participante, esbarrava nele e o insultava (com uma palavra que rima com fusão). Em comparação aos nortistas, os sulistas foram mais propensos a sentir a masculinidade ameaçada, exibiram maiores sinais fisiológicos de aborrecimento, pareceram mais fisiologicamente preparados

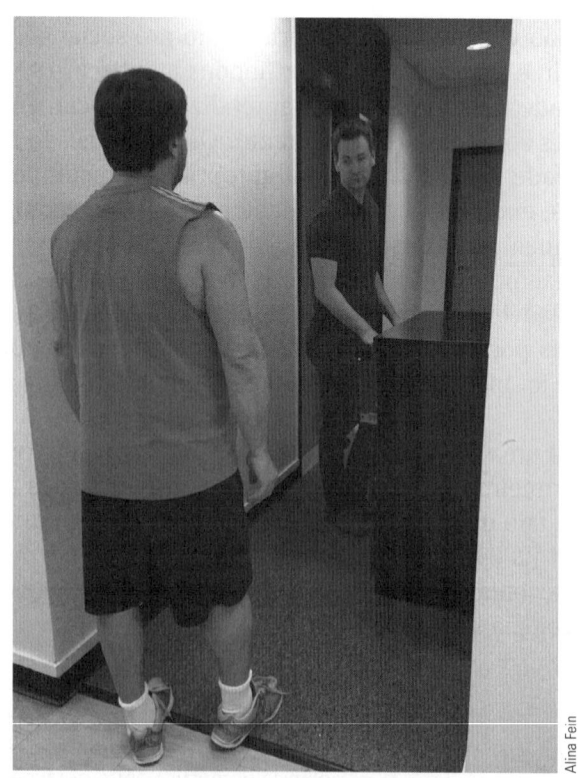

• **FIGURA 11.8**

O insulto, a agressividade e a cultura da honra do Sul

O confederado (de camisa azul) visto aqui fica irritado por ter de se mover para deixar o participante (de camisa vermelha) passar por ele no corredor estreito. Essa configuração replica a situação empregada em uma série de estudos por Dov Cohen e colegas (1996). Ao ter de ceder pela segunda vez para que o participante passasse, o confederado esbarrou nele e o insultou. Dos participantes, os homens brancos do Sul foram mais afetados e reagiram mais agressivamente em resposta a esse insulto que os do Norte.

para o confronto (os níveis de testosterona aumentaram) e apresentaram um comportamento subsequente mais agressivo e dominante – como dar apertos de mão mais firmes e não estar mais dispostos a dar espaço a um novo confederado enquanto caminhavam um em direção ao outro em um corredor muito estreito.

Mais recentemente, Ryan Brown et al. (2018) descobriram que as taxas de estupro e homicídio doméstico por homens brancos nos Estados Unidos eram mais altas em estados associados à cultura da honra que nos demais. Brown e seus colegas (2009) também descobriram que esses estados tinham mais de duas vezes mais tiroteios *per capita* em escolas que outros estados e os alunos do ensino médio desses estados eram significativamente mais propensos a levar uma arma para a escola. Irshad Altheimer (2013) avaliou o grau em que um conjunto muito diverso de 51 nações e descobriu que os países com graus mais elevados de cultura da honra tinham as taxas de homicídio mais altas. (Devemos observar que, nesses estudos que comparam várias regiões ou países, os pesquisadores controlam estatisticamente outros fatores que podem estar relacionados a essas variáveis, como diferenças nas condições econômicas, de modo que os resultados que relatam provavelmente não são devidos a esses outros fatores.)

As instituições apoiam normas sobre a aceitabilidade da violência baseada na honra. Cohen e Nisbett (1997) ilustraram esse comportamento em um experimento perspicaz no qual enviaram cartas de um candidato a emprego fictício que admitiu ter sido condenado por um crime a empregadores nos Estados Unidos. Para metade dos empregadores, o requerente relatou que havia impulsivamente matado um homem que estava relacionando-se com a noiva dele e havia o insultado em um bar lotado. Para a outra metade, o candidato relatou que havia roubado um carro porque precisava do dinheiro para saldar dívidas. Empregadores do Sul e do Oeste (que possuem uma cultura da honra semelhante à do Sul) foram mais propensos que os do Norte a responder de modo compreensivo e solidário à carta do assassino condenado – mas não à carta do ladrão de automóveis.

Joseph Vandello e Dov Cohen (2003) examinaram a cultura da honra no Brasil em outras pesquisas. Vandello e Cohen descobriram que a infidelidade de uma esposa prejudicava a reputação de um homem mais aos olhos dos estudantes brasileiros que aos dos estudantes do norte dos Estados Unidos. Em um estudo relacionado, Vandello et al. (2009) fizeram com que participantes do Chile (uma cultura que enfatiza a honra) ou do Canadá (uma cultura neutra em relação à honra) ouvissem um áudio de um homem que descrevia como ele se comportara violentamente com a esposa durante uma briga. Em uma condição, o conflito foi desencadeado quando o marido acreditou que ela estivesse flertando com outro homem em uma festa. Em outra, o conflito foi desencadeado por algo que nada tinha a ver com ciúme ou ameaças à honra do homem. Os participantes chilenos avaliaram a violência como mais aceitável e o marido de modo mais positivo em várias dimensões que os participantes canadenses quando o conflito estava relacionado ao ciúme, mas não houve diferença cultural quando a situação não estava relacionada ao ciúme ou à honra (ver • Figura 11.9).

Culturas da honra existem em culturas individualistas e coletivistas, mas podem enfatizar diferentes tipos de ameaças. Ayse Uskul et al. argumentam que as pessoas na cultura coletivista da Turquia se concentram

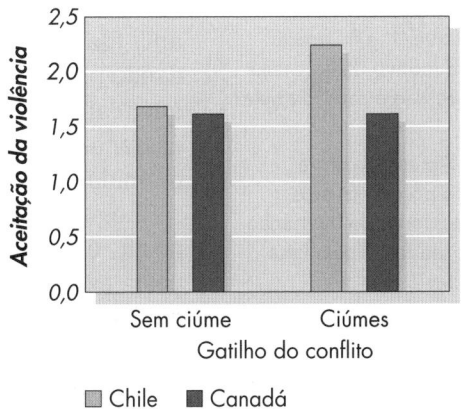

• FIGURA 11.9

Cultura da honra e atitudes em relação à violência doméstica

Participantes do Chile (uma cultura que enfatiza a honra) ou do Canadá (uma cultura neutra em relação à honra) ouviram um áudio de um homem descreveu o comportamento violento dele em relação à esposa durante um conflito. Se o conflito não tivesse sido desencadeado por uma questão relacionada à honra, o grau de aceitação da violência por chilenos e canadenses não diferia. No entanto, se o conflito tivesse acontecido em razão de o marido ter percebido a esposa flertando com outro em uma festa, os chilenos aceitaram significativamente mais a violência que os canadenses.
Baseado em Vandello et al. (2009)

mais em proteger a honra da família e de outras pessoas próximas, enquanto as pessoas em culturas mais individualistas enfatizam a honra focada no indivíduo (Uskul et al., 2012, 2014, 2015). Patricia Rodriguez Mosquera et al. (2014) encontraram uma diferença semelhante na ênfase dada à honra baseada na família entre os paquistaneses (uma cultura mais coletivista) e os norte-americanos descendentes de europeus.

11-4 Influências situacionais na agressividade

Quaisquer que sejam as origens fundamentais da agressividade, é claro que fatores situacionais específicos e imediatos podem promovê-la ou inibi-la. Nesta seção, examinaremos de perto vários desses fatores, que vão desde a frustração e o calor até o pensamento de ordem superior.

11-4a A hipótese de frustração-agressividade

Em 1939, o ano em que a Segunda Guerra Mundial começou, John Dollard e colegas publicaram *Frustation and Aggression*, que rapidamente ganhou enorme influência na teoria e na pesquisa sobre agressividade. Este livro apresentou duas proposições principais que, tomadas em conjunto, foram chamadas **hipótese de frustração-agressividade**: (1) a frustração – que é produzida pela interrupção do progresso de uma pessoa em direção a um objetivo esperado – sempre provocará o motivo para agredir, e (2) toda agressividade é causada por frustração.

Dollard e colegas afirmaram que o motivo da agressividade é um impulso psicológico que se assemelha a impulsos fisiológicos como a fome. De acordo com essa teoria, assim como a privação de comida provoca um impulso de fome, a frustração provoca um impulso agressivo. Assim como o impulso de fome estimula a busca por comida, o impulso agressivo estimula a tentativa de ferir. Porém, e se não formos capazes de agredir a fonte de nossa frustração? Afinal, não podemos bater no chefe, nem podemos atacar abstrações, como problemas de saúde ou contratempos financeiros. Dollard e colegas acreditavam que, em tais casos, o impulso agressivo pode vazar como **deslocamento**. Aqui, a inclinação para a agressividade é desviada do alvo real para um substituto. Depois de um dia ruim no trabalho ou na escola, você às vezes chega em casa e grita com o primeiro alvo disponível – seja amigo, parceiro ou animal de estimação?

Com base na ideia antiga de **catarse**, Dollard e colegas acreditavam que deslocar a agressividade nessas direções pode ser eficaz para reduzir ainda mais o impulso de agredir. Uma vez que Dollard e colegas definiram agressividade de modo bastante amplo – incluindo fazer piadas hostis, contar histórias violentas, xingar e observar a agressividade real ou fictícia – eles mantinham a expectativa de que buscar drenar a agressividade de maneira relativamente inofensiva pudesse diminuir mais tendências violentas.

11-4b A hipótese de frustração-agressividade: as evidências a sustentam?

Obviamente, há uma conexão entre frustração e agressividade. Fure uma fila de supermercado ou interrompa um aluno que esteja estudando para uma prova, e você verá por si mesmo. Muitos dos jovens que realizaram tiroteios em massa nos últimos anos alegaram estar passando por enormes frustrações sociais, como serem rejeitados ou intimidados.

Logo depois que a teoria da frustração-agressividade foi proposta, entretanto, os críticos apontaram que o grupo de Dollard havia exagerado. No início, Neal Miller (1941), um dos criadores da hipótese, reconheceu que a frustração nem sempre produz inclinações agressivas. O outro absoluto, que toda agressividade é causada pela frustração, de imediato foi derrubado também. Os conceitos de deslocamento e catarse também foram submetidos a exame

---

hipótese de frustração-agressividade Ideia de que (1) a frustração sempre provoca o motivo da agressão e que (2) toda agressão é causada pela frustração.

deslocamento Agressão contra um alvo substituto porque os atos agressivos contra a fonte da frustração são inibidos pelo medo ou pela falta de acesso.

catarse Redução do motivo à agressão que se diz resultar de qualquer ato de agressão imaginado, observado ou real.

minucioso. Ainda que tenha havido algumas descobertas inconsistentes em relação ao deslocamento ao longo dos anos, uma metanálise de 49 artigos publicados encontrou evidências significativas de agressividade deslocada em resposta à provocação (Marcus-Newhall et al., 2000). Os indivíduos provocados são especialmente propensos a deslocar a agressividade contra outras pessoas de quem não gostam ou outros que são membros de grupos externos (Pedersen et al., 2008).

Porém e a catarse? Dollard e colegas descreveram a catarse como uma sequência de duas etapas. Primeiro, a agressividade reduz o nível de excitação fisiológica. Depois, como a excitação é reduzida, as pessoas ficam menos irritadas e menos propensas a seguir com o comportamento agressivo. Parece lógico e muitos acreditam nesse argumento. No entanto, quando posta à prova, a catarse não correspondeu à teoria. A maioria dos pesquisadores concluiu que a ideia da catarse é um mito. O comportamento agressivo pode, às vezes, reduzir a probabilidade de mais agressões imediatas, mas também pode deixar a frustração simplesmente se dissipar com o tempo. Nesse sentido, uma resposta incompatível com a agressividade, como a gentileza ou o humor, pode ser mais eficaz (Baron, 1993; Krahé et al., 2018; Lutz e Krahé, 2018). No longo prazo, atitudes agressivas bem-sucedida podem preparar o terreno para mais agressividade posterior (Bushman, 2002; Geen e Quanty, 1977).

> Liberar a tensão por meio de atividades seguras, mas agressivas (como esportes), torna as pessoas menos propensas a atitudes agressivas posteriormente.
>
> **FALSO**

■ 11-4c Efeito negativo

Agora está claro que a hipótese original de frustração-agressividade tinha muitas falhas. Porém, Leonard Berkowitz (1989) apresentou uma maneira diferente de pensar sobre a frustração como um gatilho de agressividade com mais mérito. Berkowitz propôs que a frustração é apenas uma das muitas experiências desagradáveis que podem levar à agressividade ao criar sentimentos negativos e desagradáveis. São esses sentimentos negativos, não a frustração em si, que podem desencadear a agressividade.

Diversos estímulos nocivos e sentimentos ruins podem aumentar o comportamento agressivo: barulho, aglomeração, dor física, autoestima ameaçada, sentimentos de ciúme, rejeição social, odores ruins, poluição do ar, o time favorito perder um jogo importante, ou ser provocado ou insultado por alguém (Berkowitz, 1998; Burkhardt et al., 2019; Chester et al., 2018; DeBono e Muraven, 2014; Leary et al., 2006; Lewon et al., 2019). As reações a uma condição desagradável muito comum, o clima quente, são especialmente intrigantes. Muitas pessoas presumem que a temperatura e o temperamento aumentam juntos, enquanto outros pensam que é apenas um mito. Quem está certo?

"De longe, a pior coisa do depósito era o calor. Ficou muito, muito quente lá dentro nas últimas semanas de filmagem. Não tínhamos ar-condicionado, e quanto mais quente ficava, mais irritados ficávamos."

– Jason, uma das pessoas que morava no depósito em *The Real World: Boston*, a série de televisão da MTV

Um jogador da Liga Principal de Beisebol ataca um arremessador após ser atingido por um arremesso, provocando uma briga. Pesquisas indicam que a emoção negativa causada pelo calor e pela frustração pode aumentar esse tipo de agressividade.

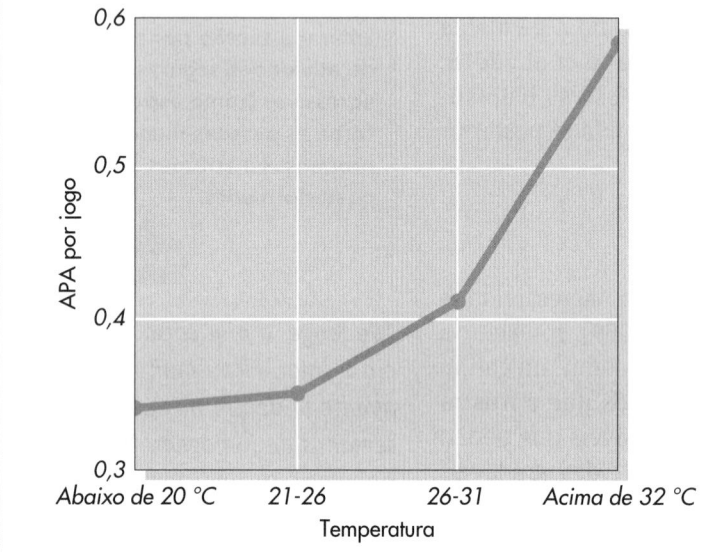

● FIGURA 11.10

Temperamento e temperatura no beisebol

Esta figura mostra o número médio de jogadores atingidos por arremessos (APA) por jogo durante três temporadas da Liga Principal de Beisebol. À medida que a temperatura aumentava, também aumentava a probabilidade de os arremessadores acertarem os batedores (com bolas muitas vezes lançadas a mais de 140 quilômetros por hora e muitas vezes na cabeça do batedor). A selvageria ou a fadiga geral dos jogadores, medida por caminhadas, arremessos, bolas passadas e erros, não aumentaram com a temperatura, sugerindo que a correlação calor-APA talvez fosse em razão de temperaturas mais altas que levaram a temperamentos mais quentes.
De Reifman, Larrick e Fein (1991)

Calor e agressividade: perdendo a calma Craig Anderson et al. conduziram uma extensa pesquisa sobre se o calor leva à agressividade, e os dados ao longo do tempo, de culturas e metodologias (incluindo experimentos para estabelecer um vínculo causal) apoiam fortemente a noção de que as pessoas perdem a calma em altas temperaturas e se comportam de modo mais agressivo (Anderson, 2001, 2012; Anderson et al., 2000; Stevens et al., 2019). Crimes mais violentos ocorrem no verão que no inverno, nos anos mais quentes que nos mais frios e nas cidades quentes que nas cidades mais frias em qualquer época do ano. Todos os anos, nos Estados Unidos, o número de levantes políticos, motins, homicídios, agressões, estupros e relatos de violência atinge o pico nos meses de verão.[3]

Alan Reifman et al. (1991) descobriram que, à medida que a temperatura aumenta, os arremessadores da Liga Principal de Beisebol têm maior probabilidade de acertar arremessos nos rebatedores. Não é que fiquem mais agressivos no geral (como no número de bases que desistem ou arremessos fortes que lançam) – eles apenas têm mais probabilidade de acertar os rebatedores (ver ● Figura 11.10). Estudos mais recentes replicaram essa descoberta no beisebol, bem como em pesquisas relacionadas a faltas graves no futebol, juntamente com a identificação de alguns fatores contextuais que também podem ser importantes (Craig et al., 2016; Krenzer e Splan, 2018; Larrick et al., 2011).

Temperaturas mais altas foram até mesmo associadas a maior hostilidade nas respostas à pesquisas de opinião. Alexander Cohen e James Kruger (2016) descobriram que, quando a temperatura ultrapassava os 23 °C, os entrevistados expressavam atitudes mais hostis em relação à imigração e às políticas de ação afirmativa.

Com a mudança climática, o potencial de aumento das temperaturas nos próximos anos, alguns estudiosos especularam sobre os efeitos que essas alterações possam ter sobre a agressividade e a violência. Matthew Ranson (2014), por exemplo, conduziu uma análise sofisticada de 30 anos de dados mensais sobre temperatura e taxas de criminalidade em torno de 3 mil condados nos Estados Unidos. Com base nessas análises, ele estima que o aquecimento global causará mais 22 mil assassinatos, 1,2 milhão de agressões graves e uma série de outros comportamentos criminosos no restante do século, tendo um custo financeiro de mais de $ 100 bilhões.

Dada a discussão anterior sobre a cultura da honra e a alta incidência de violência no sul dos Estados Unidos, você pode se perguntar se é a cultura ou o calor que contribui para a violência. Nesse ponto, as evidências indicam que ambas são importantes. Cada uma delas provavelmente tenha efeitos independentes sobre a agressividade. Além disso, podem interagir entre si. Por exemplo, as temperaturas relativamente altas da região podem reforçar normas agressivas (Anderson et al., 2000; Nisbett e Cohen, 1996).

11-4d Excitação

No Capítulo 9, descrevemos o processo de *transferência de excitação*, no qual a excitação criada por um estímulo pode intensificar a resposta emocional de um indivíduo a outro estímulo. Por exemplo, os homens que praticaram exercícios vigorosos foram mais tarde atraídos por uma mulher atraente que os que não se exercitaram (White et al., 1981). O exercício físico é uma experiência altamente estimulante, mas emocionalmente neutra. Pode aumentar a agressividade, assim como a atração? A pesquisa de Dolf Zillmann (1983, 2003) sugere que sim. O escopo da transferência de excitação não se limita ao exercício físico. Ruídos, filmes violentos, música estimulante – fatores que demonstraram aumentar a agressividade.

11-4e Pensamento: automático e deliberado

Passo a passo, estamos em direção a uma teoria abrangente das influências sociais e situacionais sobre a agressividade, particularmente a agressividade reativa. Examinamos vários tipos de experiências desagradáveis (frustração, calor, provocação e rejeição social) que geram efeitos negativos. Acabou-se por identificar como a excitação pode contribuir para a agressividade. A próxima etapa é adicionar a todos esses aspectos a cognição. As pessoas não apenas sentem; também pensam. Esses pensamentos podem ser tão primitivos como associações inconscientes automáticas, ou podem ser deliberações conscientes de ordem superior.

Pistas agressivas Como já afirmamos, nenhum outro país estável e relativamente rico do mundo aproxima-se dos Estados Unidos em relação à frequência do uso de armas de fogo em crimes violentos. As armas, é claro, apenas são instrumento – as pessoas que puxam o gatilho. Porém, o psicólogo social Leonard Berkowitz indagou se as armas, de fato, eram totalmente neutras. Ele formulou a hipótese de que a presença de uma arma pode atuar como pista situacional que dispara automaticamente pensamentos e sentimentos agressivos, o que aumenta a probabilidade de comportamentos agressivos. De modo geral, qualquer objeto ou característica externa associada a uma ação agressiva bem-sucedida pode servir como pista situacional para intensificar a agressividade (Berkowitz, 1993, 1998, 2008).

Em um estudo clássico desenvolvido para testar a ideia de que as armas podem atuar como sinal de agressividade, Berkowitz e Anthony LePage (1967) levaram um confederado a provocar participantes do sexo masculino que posteriormente poderiam responder com choques elétricos no confederado (embora na realidade o confederado não os tenha recebido). Em uma mesa perto do equipamento de choque havia apenas alguns objetos espalhados, supostamente deixados por um experimento anterior.

Para metade dos participantes, esses objetos eram um revólver e um rifle e, para a outra, raquetes de badminton e petecas. Berkowitz e LePage descobriram que os participantes aplicaram mais choques ao confederado diante da presença das armas que de raquetes de badminton e petecas. Em outras palavras, embora as armas não estivessem sendo usadas, a mera presença pareceu tornar os participantes mais agressivos. Essa tendência de a presença de armas de fogo aumentar a agressividade passou a ser conhecida como **efeito de armas**. Como disse Berkowitz (1968), "O dedo puxa o gatilho, mas o gatilho também pode estar puxando o dedo" (p. 22).

Mais recentemente, diferentes estudos descobriram que a mera presença de uma arma induz pensamentos e direção mais agressivos entre adultos e comportamento mais agressivo entre crianças (Bushman, 2018; Bushman et al., 2017; Zhang et al., 2016). É importante reconhecer, entretanto, que os indivíduos podem diferir nas associações que possuem com as várias armas. Bruce Bartholow et al. (2005) descobriram que os caçadores têm menor propensão que os não caçadores a associar armas de caça à agressividade. Os caçadores fazem associações mais positivas com armas de caça; por exemplo, associam-nas ao esporte e às experiências prazerosas que tiveram ao caçar com amigos e familiares. Os não caçadores não apenas tinham pensamentos mais negativos e agressivos após a exposição a armas de caça que os caçadores, como também se comportavam de modo mais agressivo ao realizar uma tarefa subsequente. No entanto, a exposição a armas usadas em assaltos teve efeito bem diverso: os caçadores fizeram associações mais negativas

> **efeito de armas** Tendência de que a probabilidade de agressão aumente pela mera presença de armas.

e agressivas em relação a armas e comportaram-se com maior agressividade que os não caçadores após a exposição a elas. Em outras palavras, os caçadores diferenciavam cognitivamente as armas de caça das armas de assalto mais que os não caçadores, então esses dois tipos de armas desencadeavam efeitos muito diferentes a eles.

Jennifer Klinesmith et al. (2006) descobriram que as armas tiveram efeito nos níveis de testosterona dos homens, bem como na agressividade. Estudantes universitários do sexo masculino neste experimento manusearam uma arma de fogo ou brincaram com um jogo infantil por 15 minutos. Em relação aos alunos que interagiram com o jogo, os que manusearam a arma mostraram níveis aumentados de testosterona e exibiram maior agressividade (ao adicionar bastante molho de pimenta a um copo de água que acreditavam que outra pessoa fosse beber!). Quanto maior o aumento na testosterona em resposta à arma, mais molho picante os alunos adicionaram à bebida da outra pessoa.

Cognição de ordem superior As associações automáticas podem influenciar o comportamento agressivo, mas o processamento de informações de ordem superior mais cuidadoso também desempenha papel importante em determinar se e como as pessoas vão manifestar a agressividade. Por exemplo, se você está com raiva, pode se abster de agir agressivamente se perceber que os custos potenciais do confronto parecem muito altos. Pessoas que acreditam que a agressividade é inadequada em uma situação particular ou cujos valores e princípios morais exigem um comportamento não violento podem perceber que existem alternativas melhores à agressividade (Huesmann e Guerra, 1997). Considerar o comportamento de outras pessoas na situação imediata também pode influenciar as considerações de um indivíduo. Se outras pessoas estão reagindo agressivamente à situação, a agressividade pode ser contagiosa (Freeman et al., 2011; Levy e Nail, 1993).

Os pensamentos das pessoas sobre as intenções das demais podem determinar se tendem a responder agressivamente. Alguns indivíduos exibem uma **tendência à atribuição hostil**, pois tendem a perceber uma intenção hostil dos outros. Um grande corpo de pesquisas – incluindo várias metanálises de centenas de estudos – descobriu que a tendência à atribuição hostil está associada à agressividade física e relacional em crianças e adultos (Heimstra et al., 2019; Klein Tuente et al., 2019; Kokkinos e Voulgaridou, 2018; Martinelli et al., 2018; Quan, Yang et al., 2019; Thomas e Weston, 2019; Verhoef et al., 2019). Por exemplo, crianças cronicamente agressivas e rejeitadas por seus colegas veem intenções hostis onde outras não as percebem. Essas percepções, então, aumentam a agressividade e os colegas reagem rejeitando-as com mais intensidade, aprisionando essas crianças em um círculo vicioso cada vez maior.

Adultos cronicamente agressivos também tendem a esperar e perceber hostilidade nos motivos e comportamentos dos outros (Wegrzyn et al., 2017). Michael Schönenberg e Aiste Jusyte (2014) levaram um grupo de agressores violentos do sexo masculino em uma penitenciária na Alemanha a visualizarem fotos de rostos. Esses homens avaliaram que emoção a pessoa retratada estava experimentando. Algumas das fotos eram ambíguas – eram uma mistura de medo e raiva ou de felicidade e raiva (ver ● Figura 11.11). Em comparação com um grupo de controle de participantes (da mesma idade e nível educacional), os prisioneiros foram muito mais propensos a interpretar os rostos ambíguos como zangados. Esse resultado demonstra a tendência dos homens violentos de perceber relativamente mais hostilidade nos outros, o que provavelmente, por sua vez, desencadeia respostas mais agressivas.

11-4f A luta pelo autocontrole: ruminação, álcool e outros fatores

É claro que nem todos os insultos, frustrações ou outros gatilhos situacionais levam a comportamentos agressivos. Na maioria das vezes, controlamos nossos impulsos e restringimos nosso desejo de vingança às nossas fantasias. É bastante claro que a capacidade do autocontrole é vital para a inibição da agressividade. Também é bastante claro que por trás da maioria dos atos agressivos e violentos está o fracasso do autocontrole (Denson, DeWall e Finkel, 2012; DeWall, Finkel e Denson, 2011).

Já discutimos neste capítulo o papel do funcionamento executivo e do córtex pré-frontal em permitir que as pessoas exibam autocontrole e resistam à agressividade. No entanto, vários fatores

> **tendência à atribuição hostil**
> Tendência de perceber intenções hostis nos outros.

• **FIGURA 11.11**

Predisposto à hostilidade
O rosto do meio é perfeitamente ambíguo em termos da emoção expressa – uma combinação do rosto zangado à esquerda com o rosto feliz à direita. Michael Schönenberg e Aiste Jusyte (2014) descobriram que homens com histórico de violência eram muito mais propensos a perceber como zangados os rostos com expressão ambígua (o do meio) que os participantes de controle. Imagens enviadas aos autores por Michael Schönenberg, 2015.
Originais de Langner et al. (2010)

situacionais podem prejudicar nosso autocontrole. Um desses fatores é a **ruminação**. No contexto de raiva e agressividade, a ruminação envolve pensar repetidamente e reviver um evento que induz à raiva, focalizando pensamentos e sentimentos e talvez até mesmo planejando ou imaginando vingança. A ruminação com raiva pode reter um fator situacional menor que, de outra forma, poderia ter desaparecido após alguns minutos, mantendo a força para causar raiva e comportamentos agressivos por um longo período.

A evidência das pesquisas sobre o assunto é clara: a ruminação contribui para a agressividade direta e deslocada, para a excitação e para o aumento da pressão arterial, do efeito negativo e de cognições agressivas (Beames et al., 2019; Denson, 2013; Li et al., 2019; Quan, Zhu et al., 2019; Smith et al., 2016). A ruminação também reduz a capacidade de autocontrole das pessoas, portanto, esta é outra maneira pela qual contribui para a agressividade – ao prejudicar a capacidade das pessoas de inibir a agressividade (ver • Figura 11.12).

ruminação No contexto da agressividade, a ruminação envolve pensar repetidamente e reviver um evento que induz a raiva ao focalizar pensamentos e sentimentos de raiva e, talvez, até mesmo planejando ou imaginando vingança.

• **FIGURA 11.12**

O caminho da provocação à agressão: os papéis da ruminação e do autocontrole
Pesquisa de Thomas Denson et al. (2011, 2013; Denson, DeWall e Finkel, 2012) mostrou que uma provocação, como um insulto ou uma rejeição social, pode desencadear uma ruminação raivosa, o que, por sua vez, reduz o autocontrole, que, por sua vez, aumenta a probabilidade e a gravidade da agressão.
Denson et al. (2011)

Provocação indutora de raiva → Ruminação raivosa → Redução do autocontrole → Agressão

"Eu poderia tê-la matado com um pedaço de pau, mas, em vez disso, a mordi porque estava com raiva."

– Um nepalês, explicando por que mordeu até a morte uma cobra que o picou em agosto de 2012

Algumas outras condições tornam mais difícil o envolvimento com a cognição de ordem superior e os mecanismos de autocontrole que podem inibir os impulsos agressivos. A alta excitação, por exemplo, prejudica o controle cognitivo da agressividade (Zillmann et al., 1975). Quando você está alterado emocionalmente e com raiva, é difícil se concentrar em qualquer outra coisa ou ser tão razoável quanto gostaria normalmente. Exemplo incomum dessa condição pode ser a história de um homem no Nepal que foi picado por uma naja em agosto de 2012. Ele perseguiu a cobra e a mordeu! Por que ele matou a cobra dessa maneira tão peculiar e perigosa? "Eu poderia tê-la matado com um pedaço de pau, mas usei os dentes, porque estava com raiva", explicou ele ("Homem nepalês morde cobra em um ataque de vingança", 2012).

O álcool é um obstáculo evidente ao autocontrole. A substância está implicada em grande porcentagem de crimes violentos, suicídios, acidentes automobilísticos e agressões sexuais entre estudantes universitários. Uma metanálise constatou a relação do álcool com metade dos assassinatos em nove países diferentes estudados (Kuhns et al., 2014). Aaron Duke et al. (2018) concluíram recentemente uma revisão massiva de estudos (basicamente, uma metanálise de 32 metanálises diferentes!) e descobriram que as evidências são bastante claras a esse respeito: o consumo de álcool é um fator de risco significativo para o comportamento agressivo.

Por trás da maioria dos atos agressivos está o fracasso do autocontrole. O álcool é um fator chave para prejudicar o funcionamento executivo e o autocontrole das pessoas, levando a brigas como esta, que aconteceu do lado externo de um pub em Bristol, na Inglaterra.

No entanto, como o *álcool* aumenta a agressividade? Como muitas pessoas que bebem sabem, o álcool pode diminuir as inibições até mesmo contra a agressividade, o que certamente facilita os comportamentos agressivos (Ito et al., 1996). A substância prejudica a capacidade das pessoas de regular as emoções e também prejudica o funcionamento executivo – o que, como discutimos anteriormente, envolve processos cognitivos que permitem o planejamento ou a inibição de ações. Tanto a regulação emocional prejudicada como o funcionamento executivo, por sua vez, aumentam a agressividade (Giancola et al., 2012; Kirwin et al., 2019; Parrott et al., 2017; Vitoria-Estruch et al., 2018).

Outro modo pelo qual a bebida pode levar à agressividade é por meio que Claude Steele e Robert Josephs (1990) chamaram *miopia do álcool*. Ou seja, o álcool estreita o foco de atenção das pessoas. Pessoas embriagadas respondem a informações iniciais e destacadas sobre a situação, mas muitas vezes perdem detalhes posteriores, mais sutis. Elas podem, portanto, concentrar-se em uma provocação percebida, como um insulto ou ameaça à posição de alguém, e deixar de ver ou pensar sobre informações que explicariam essa provocação ou de considerar os problemas de longo prazo de uma retaliação, como lesão, culpa, ou prisão. Esse foco estreito pode, portanto, tornar a agressividade muito mais provável de ocorrer, a menos que a pessoa intoxicada possa ter o foco desviado em direção a algo mais seguro (Eckhardt et al., 2015; Hicks et al., 2015; Massa et al., 2019).

11-4g Influências situacionais: juntando tudo

Alguns pesquisadores tentaram fundir todos os fatores discutidos que influenciam a agressividade reativa e colocá-los em um modelo abrangente. Craig Anderson et al. produziram o especialmente influente modelo de agressividade geral (Allen et al., 2018; DeWall, Anderson et al., 2011). Os fundamentos desse modelo propõem:

1. Várias experiências aversivas (como frustração ou calor), pistas situacionais (como armas) e diferenças individuais (como tendência à atribuição hostil) podem criar efeito negativo, alta excitação e/ou pensamentos agressivos, e todos contribuem para um comportamento agressivo.
2. A probabilidade de ocorrer um comportamento agressivo depende em parte do resultado do pensamento de ordem superior, que pode inibir a agressividade (por exemplo, reconhecer o perigo da situação ou o que parecia uma provocação foi, na verdade, apenas um acidente) ou facilitá-la (como perceber que a agressividade é incentivada pelos colegas ou que uma provocação foi intencional).

Eli Finkel et al. (Finkel, 2014; Finkel e Hall, 2018) propuseram o que denominam teoria I3 (pronuncia-se "teoria do I ao cubo"). Essa teoria enfatiza o papel do autocontrole na agressividade, que acabamos de discutir na seção anterior. Os três Is nessa teoria significam:

1. *Instigação* – fatores sociais que costumam desencadear impulsos agressivos, como provocação ou rejeição social
2. *Impelência* – fatores de personalidade e situacionais que promovem o desejo de agressividade ao encontrar fatores instigantes, como ruminação com raiva ou traço de agressividade
3. *Inibição* – os vários fatores de autocontrole que descrevemos na seção anterior

"A violência é o último refúgio do incompetente."

Isaac Asimov

Essa teoria opõe as forças de instigação e impelência, de um lado, contra o poder de inibição, de outro, para determinar a probabilidade de comportamentos agressivos. Por exemplo, forte provocação associada a ruminação raivosa pode sobrepujar as habilidades de autocontrole de uma pessoa que tenha consumido álcool, resultando em uma probabilidade elevada de agressividade.

A • Figura 11.13 apresenta um diagrama que inclui aspectos do Modelo de agressividade Geral e do modelo I3, com alguns outros fatores que discutimos neste capítulo. A probabilidade de que um gatilho de agressividade potencial contra alguém resulte em um comportamento agressivo real é aumentada pelos tipos de fatores listados no lado esquerdo da figura e reduzida pelos fatores listados, no direito.

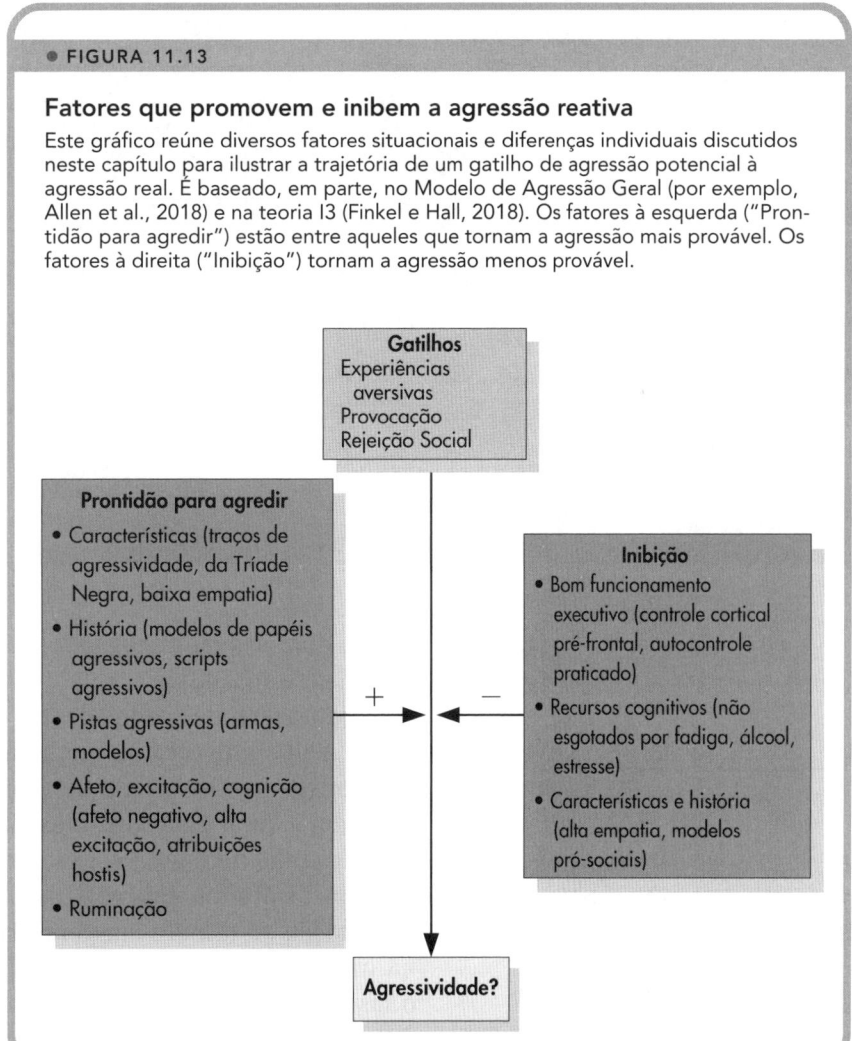

• FIGURA 11.13

Fatores que promovem e inibem a agressão reativa

Este gráfico reúne diversos fatores situacionais e diferenças individuais discutidos neste capítulo para ilustrar a trajetória de um gatilho de agressão potencial à agressão real. É baseado, em parte, no Modelo de Agressão Geral (por exemplo, Allen et al., 2018) e na teoria I3 (Finkel e Hall, 2018). Os fatores à esquerda ("Prontidão para agredir") estão entre aqueles que tornam a agressão mais provável. Os fatores à direita ("Inibição") tornam a agressão menos provável.

11-5 Efeitos da mídia

A violência retratada na mídia tem sido alvo de ataques e contra-ataques há décadas. No entanto, a quantidade, a intensidade e a natureza gráfica da violência continuaram a aumentar. De acordo com um relatório da Academia Americana de Pediatria (2019), as crianças norte-americanas passam em média sete horas por dia expostas à mídia, e muito dessa exposição inclui atos de violência. Mais de 90% das crianças e dos adolescentes do mundo desenvolvido jogam videogame, e a maioria relata jogar jogos violento (Groves et al., 2020; Przybylski e Weinstein, 2019). Imagens violentas em letras e vídeos de música popular também são muito comuns. Se os consumidores não gostassem da violência retratada na TV, em filmes, músicas, vídeos e videogames, esta não seria apresentada pela mídia. Então, esse fator pode ser realmente prejudicial? Vamos explorar essa questão nas seções a seguir.

11-5a Violência na mídia popular: a vida imita a arte?

As pessoas são estimuladas à violência pelo que veem na mídia? Frequentemente parece que sim. Considere os dados a seguir, que são apenas uma amostra de muitos incidentes semelhantes relatados.

(1) Em 31 de maio de 2014, duas meninas de 12 anos esfaquearam o amigo 19 vezes, supostamente inspiradas por um personagem sobrenatural de fan-fiction chamado Slender Man, que era popular em alguns fóruns da internet. (2) Dylan Klebold e Eric Harris eram grandes fãs do violento videogame *Doom* quando em 1999 atacaram a Columbine High School a tiros, e relatos indicam que eles basearam os planos para o massacre no jogo. (3) Anders Behring Breivik, que matou 77 pessoas em ataques com bombas e tiros na Noruega em 2011, disse que jogava videogames violentos como *Call of Duty: Modern Warfare 2* e *World of Warcraft* para fins de treinamento antes dos ataques. Ele afirmou que jogou esses jogos durante 16 horas por dia em 2006, fazendo pouco mais que jogar e dormir durante o ano todo (Gibbs e Koranyi, 2012; Pancevski, 2012; Paterson, 2012).

Jogos violentos de videogame podem levar crianças e jovens a se tornar mais agressivos e violentos? Um crescente corpo de pesquisas tem explorado essa questão controversa.

As pessoas me perguntaram: "Nossa, como você se sente ao ter sangue nas mãos?"

– Danny Ledonne, depois de saber que o atirador da escola do Dawson College, em 2006, era fã do videogame que ele havia postado na internet

Vejamos um desses incidentes detalhadamente. Em 13 de setembro de 2006, Kimveer Gill, um homem de 25 anos, dirigiu até o Dawson College, em Montreal, no Canadá, sacou três armas do carro e começou a atirar em estudantes. No total, Gill atirou em 20 pessoas. Ele não tinha nenhuma conexão ou disputa aparente com a escola ou com os alunos. Em vez disso, parecia ter intensa hostilidade em relação ao mundo em geral. Havia escrito inúmeras postagens na internet sobre o sentimento de ódio pela humanidade e sobre o fascínio dele por armas, morte e videogames violentos. "A vida é um videogame. Você tem de morrer algum dia", escreveu ele em um blog (Struck, 2006, p. A12). Essas são as mesmas palavras que outro jovem assassino fez uso depois de matar policiais no Alabama em 2003, em uma cena semelhante à retratada no jogo favorito do assassino (Kampis, 2005).

De acordo com um relatório, quando Danny Ledonne soube do tiroteio no Dawson College em Montreal, ele desmoronou. Ledonne, que morava no Colorado, não tinha conexão com Kimveer Gill ou as vítimas, mas soube que o assassino era um grande fã do videogame extremamente violento que havia postado na internet chamado *Super Columbine Massacre*. O jogo foi baseado no massacre na Columbine High School, no qual dois alunos do último ano mataram 12 alunos e um professor e feriram muitos outros. Gill ficou fascinado com as imagens, tanto do evento real como da versão do videogame. "Quando eu soube do tiroteio em Dawson", disse Ledonne, "as pessoas me perguntaram: 'Nossa. Como você se sente ao ter sangue nas mãos?'" (Gerson, 2006, p. A12).

No entanto, ninguém pode provar que uma representação ficcional específica foi a causa primária de determinado ato de violência. Há sempre outras possibilidades. E, é claro, para cada uma dessas histórias horríveis, há inúmeras outras em que as pessoas consomem grande quantidade de violência pela mídia e não cometem atos violentos.

Pesquisas sobre os efeitos da violência na mídia No entanto, o que a pesquisa em psicologia social menciona sobre esse assunto? Muitas pesquisas têm sido desenvolvidas sobre essa questão nas últimas décadas, e há evidências suficientes de que várias sociedades profissionais importantes nos Estados Unidos – a Associação Americana de Psicologia, a Academia Americana de Pediatria, a Academia Americana de Pediatria Infantil e da Adolescência,, a Associação Médica Americana, a Academia Americana de Médicos da Família, a Associação Americana de Psiquiatria e o US Surgeon General – chegaram à mesma conclusão: as pesquisas confirmam que a violência na mídia aumenta a probabilidade de comportamento agressivo (Anderson, Bushman, et al., 2017). Porém, como veremos em breve, alguns pesquisadores discordam veementemente dessa conclusão.

Qual é a evidência por trás dessa conclusão? A melhor maneira de investigar a questão da violência na mídia é fazer uso de vários métodos, cada um com diferentes conjuntos de pontos fortes e fracos. É exatamente o que os pesquisadores dessa área têm feito. Em estudos longitudinais, os pesquisadores examinam a exposição dos indivíduos à mídia violenta no início da vida e, em seguida, a agressividade deles no mundo real posteriormente. Os pesquisadores também conduzem pesquisas transversais, em que examinam a relação entre a exposição dos indivíduos à mídia violenta e o comportamento agressivo deles em um único momento. Finalmente, também são conduzidos

> "De acordo com pesquisas nacionais, 90% dos adolescentes norte-americanos e 43% dos adultos jogam videogame. Seis em cada dez adultos dizem que a violência armada em videogames contribui muito ou de forma justa para a violência armada no país hoje."
>
> – Perrin, 2018

> "Há um público composto por pessoas que amam esse gênero e que não são violentas. Na verdade, elas meio que usam isso para extravasar sua natureza violenta, para que não tenham que encená-la na vida real."
>
> – Atriz Jamie Lee Curtis, estrela de Halloween e algumas de suas sequências, defendendo o sangue nos filmes de terror

Cosplayers adolescentes vestidos como personagens violentos a caminho de uma convenção de quadrinhos e jogos na Itália.

experimentos nos quais indivíduos são designados aleatoriamente a assistir programas de mídia ou participar de jogos que envolvam ou não violência e, em seguida, pensamentos, sentimentos e comportamentos agressivos subsequentes deles são medidos.

Várias metanálises que revisam e combinam os resultados de dezenas ou mesmo centenas de estudos de países ao redor do mundo encontraram nesses tipos de pesquisa uma ligação significativa entre mídia violenta e pensamentos e comportamentos agressivos reais (Anderson et al., 2010; Greitemeyer, 2019; Greitemeyer e Mügge, 2014; Prescott et al., 2018).

Em um estudo longitudinal clássico, por exemplo, a quantidade de exposição de crianças de 8 anos de idade a programas violentos na TV previu a agressividade e criminalidade deles quando adultos, mesmo quando estatisticamente controlando outros fatores, como *status* socioeconômico e práticas parentais (Huesmann et al., 2003). Mais recentemente, Tobias Greitemeyer e Dirk Mügge (2014) revisaram 100 estudos diferentes especificamente sobre jogos violentos ou pró-sociais que envolvem 40 mil participantes. Como pode ser visto na • Figura 11.14 jogar videogames violentos estava associado a um aumento do comportamento, cognição e afeto agressivos, e diminuição do comportamento pró-social e afeto, ao passo que jogar jogos pró-sociais apresentava o padrão oposto.

A violência física não é o único tipo de agressividade retratado na mídia. Sarah Coyne e John Archer (2004) encontraram exemplos de agressividade indireta ou relacional em 92% dos programas de televisão britânicos populares entre adolescentes, uma taxa muito superior à da agressividade física. Comparados aos agressores físicos, os agressores indiretos nesses programas tendiam a ser mais recompensados por sua agressividade e eram mais propensos a serem mulheres e atraentes. Os resultados de um experimento que Coyne

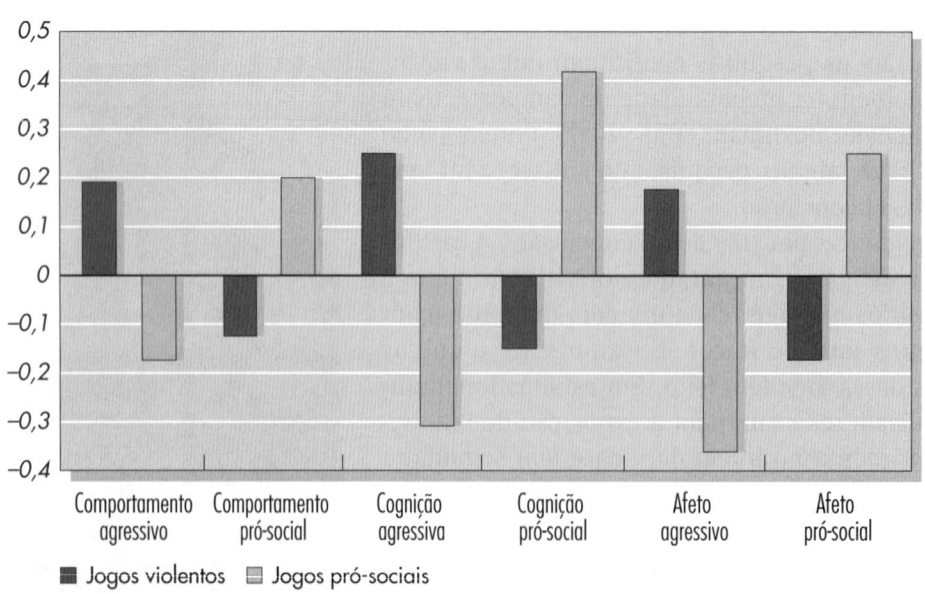

• FIGURA 11.14

Jogar videogames violentos e pró-sociais: links com pensamentos, sentimentos e ações

Uma metanálise de 98 estudos que envolveu 37 mil participantes em vários países encontrou relações significativas entre jogar videogames violentos ou pró-sociais e uma série de resultados. Os tamanhos das barras neste gráfico representam a magnitude das relações entre jogar videogame e essas outras variáveis; barras em uma direção positiva indicam uma relação positiva; barras em uma direção negativa indicam uma relação negativa. Jogar videogame violento (barras azuis) foi associado a um aumento de comportamento agressivo, cognição e afeto, e diminuição do comportamento pró-social e de afeto. Jogar jogos pró-sociais (barras vermelhas) tinha o padrão oposto.

Baseado em Greitemeyer e Mügge (2014)

e seus colegas (2004) conduziram sugeriram que a exposição à agressividade indireta na televisão teve efeitos imediatos sobre os adolescentes, como diminuir o comportamento de ajuda, avaliar os outros de modo mais negativo e defender a agressividade indireta em resposta a uma situação ou comportamento ambíguos.

Em uma série de estudos subsequentes, Coyne et al. (2008, 2012) designaram aleatoriamente estudantes universitárias para assistir a trechos de filmes que envolviam agressividade física (*Kill Bill*), agressividade relacional (*Meninas Malvadas*) ou nenhuma agressividade (*Revelação*). Ainda que os diferentes clipes produzissem graus iguais de estímulo e excitação, os que mostravam agressividade física ou relacional levaram as alunas a se tornarem mais agressivas (ao emitir um ruído doloroso para um confederado) e estimularam mais cognições de agressividade relacionais que o clipe não agressivo. Coyne et al. (2019) também descobriram em um estudo com adolescentes que a exposição à agressividade relacional na televisão estava associada a níveis mais altos de agressividade relacional em mensagens de texto um ano depois – mas apenas para meninas.

Elizabeth Behm-Morawitz et al. (2015) observam também que a agressividade relacional (ou o que esses pesquisadores chamam "agressividade social") é muito comum em reality shows populares na TV. Descobriram que as universitárias que consideram desejável o estilo de vida apresentado nesses programas (como *Keeping Up With the Kardashians* e *The Bachelor*) eram especialmente favoráveis nas atitudes em relação à agressividade relacional.

Os pesquisadores que alertam sobre os efeitos negativos da violência na mídia observam que essa não é uma causa necessária nem suficiente para a agressividade e a violência no mundo real. Em outras palavras, nem todo mundo exposto à violência na mídia necessariamente se tornará mais agressivo, e nem os atos de agressividade no geral são alimentados pela violência presente na mídia. Igualmente, nem todo mundo que fuma tem câncer de pulmão, e nem todo mundo que tem câncer de pulmão fuma. Em vez disso, a exposição frequente à violência na mídia deve ser vista como um fator de risco importante para a agressividade no mundo real, assim como o consumo frequente de álcool é um fator de risco para vários problemas de saúde. Craig Anderson, Kanae Suzuki et al. (2017), por exemplo, examinaram vários fatores de risco de agressividade em sete países (Austrália, China, Croácia, Alemanha, Japão, Romênia e Estados

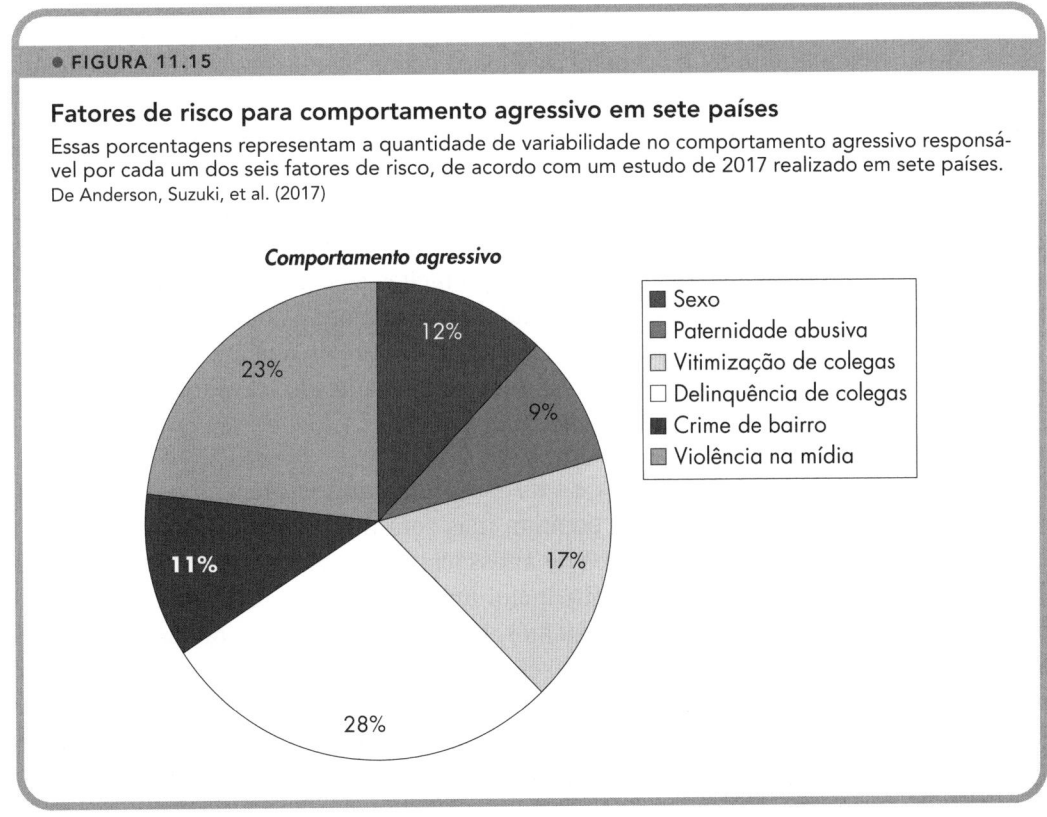

● FIGURA 11.15

Fatores de risco para comportamento agressivo em sete países

Essas porcentagens representam a quantidade de variabilidade no comportamento agressivo responsável por cada um dos seis fatores de risco, de acordo com um estudo de 2017 realizado em sete países.
De Anderson, Suzuki, et al. (2017)

Unidos). A • Figura 11.5 mostra a força relativa da associação entre cada fator e o comportamento agressivo. A violência na mídia teve a segunda associação mais forte com o comportamento agressivo dos seis examinados.

Pesquisa sobre violência na mídia: debates intensos É importante observar que, embora a maioria dos trabalhos publicados apoie a ligação entre a violência na mídia e a agressividade no mundo real, alguns pesquisadores estão convencidos de que é apenas um exagero sem base real. Afirmam que um exame mais cuidadoso de métodos e análises estatísticas usados nessas pesquisas não revela nenhuma ligação confiável entre a violência na mídia e a agressividade ou violência no mundo real. Chris Ferguson, em particular, liderou a acusação, ao criticar muitas das pesquisas que foram publicadas sobre essa questão, relatando, em conjunto com outros pesquisadores, uma série de estudos que não encontraram efeitos da mídia de jogos violentos na agressividade de crianças e adolescentes (Elson e Ferguson, 2014; Ferguson, 2015; Ferguson e Wang, 2019; McCarthy et al., 2016; Przybylski e Weinstein, 2019). Vários dos pesquisadores mais proeminentes sobre agressividade contestaram essas críticas e classificaram os achados como nulos, e esses contra-argumentos foram, por sua vez, refutados por Ferguson et al., e assim por diante.

Então, o que fazer? Temos certeza de que nos próximos anos serão realizados mais trabalhos para esclarecer esse embate. Muitos dos aspectos de controvérsia entre esses estudiosos envolvem questões técnicas de análises estatísticas, visto que diferentes pesquisadores usam abordagens analíticas distintas (e muitas vezes bastante complexas). Conforme os pesquisadores começam a *pré-registrar* o trabalho – isto é, comprometem-se publicamente e com antecedência em relação como irão conduzir o estudo e analisar os dados – devemos ver mais consistência e clareza nesta frente, o que, sem dúvida, será útil.

Nesse ínterim, os muitos estudos publicados que mostram que consumir mídia ou jogar videogames violentos pode aumentar pensamentos, sentimentos e alguns comportamentos agressivos sugerem que pode haver um vínculo causal real. Algumas observações importantes devem ser feitas, no entanto. Em primeiro lugar, algumas pesquisas não encontraram suporte para esse vínculo, e admitimos que, à medida que mais estudos são realizados, nossa conclusão pode vir a mudar nos próximos anos. Em segundo lugar, mesmo que haja uma conexão causal real entre consumir violência na mídia e o comportamento agressivo no mundo real, esses efeitos podem ser bastante pequenos (Mathur e VanderWeele, 2019).

Terceiro, e talvez mais importante, há evidências menos claras de que esses efeitos incluem aumentos significativos em crimes violentos. É importante ter em mente o número relativamente pequeno de pessoas que cometem um crime violento, ainda mais algo tão horrível como um tiroteio em massa. Sim, como afirmamos no início deste capítulo, ocorrem mais de 1 milhão de crimes violentos por ano apenas nos Estados Unidos, e, é claro, é demais. No entanto, em uma nação de mais de 320 milhões de pessoas, esse dado ainda significa que a maioria não são criminosos violentos. Que fatores ajudam a impulsionar a minoria de pessoas que cometem crimes violentos? Álcool e drogas ilícitas desempenham um papel extremamente significativo, e a disponibilidade de armas é em particular relevante para a taxa de homicídios extraordinariamente alta. No momento, não vemos evidências claras o suficiente de que a mídia violenta desempenhe um papel significativo nos crimes violentos. Os estudiosos permanecem travados no debate sobre essas questões, e veremos aonde pesquisas futuras nos levarão.

A mídia pode causar efeitos pró-sociais positivos? Uma enorme atenção e diversas pesquisas se concentraram nos efeitos negativos da mídia popular, mas será que imagens e mensagens positivas da mídia podem produzir efeitos pró-sociais em vez de antissociais? As evidências até agora são animadoras. O Capítulo 10 discute parte desse trabalho, o que inclui uma metanálise de 72 estudos que descobriram que a exposição à mídia pró-social – como videogames, letras de música, programas infantis de televisão, filmes e assim por diante – estava relacionada a níveis mais altos de comportamento pró-social e preocupação empática (Coyne et al., 2018). Além disso, se você voltar à • Figura 11.14 neste capítulo, verá que o gráfico ilustra que jogar videogame pró-social está associado a aumentos no comportamento pró-social e na diminuição do comportamento agressivo (Greitemeyer e Mügge, 2014).

Agressividade 487

11-5b Pornografia

Assim como os efeitos da violência na mídia popular têm sido discutidos e debatidos há décadas, o mesmo acontece com os efeitos da exibição de material sexual pela mídia. Defensores e críticos da pornografia defendem suas posições com veemência. Então, o que a pesquisa em psicologia social afirma?

É importante reconhecer os desafios de conduzir pesquisas sobre um assunto tão controverso e delicado, como os desafios éticos envolvidos na realização de experimentos com uso de pornografia. Até mesmo definir o que se entende por pornografia ou obscenidade raramente é simples. Devido à subjetividade envolvida em tais definições, o termo **pornografia** é empregado aqui para se referir a material sexual explícito, independentemente das qualidades morais ou estéticas. É crucial, no entanto, distinguir entre pornografia não violenta e violenta ao discutir a relação entre exibições pornográficas e agressividade.

Pornografia não violenta e violenta No início deste capítulo, descrevemos como a excitação e o afeto podem influenciar a agressividade. Os resultados das pesquisas sobre pornografia não violenta confirmam a importância desses fatores (Donnerstein et al., 1987). Para muitas pessoas, ver corpos atraentes provoca uma resposta emocional agradável e níveis moderados de excitação sexual. É improvável que essa combinação de efeito positivo e apenas uma excitação moderada desencadeie muita agressividade. Na verdade, não há evidências consistentes na literatura de pesquisa para uma ligação causal direta entre o uso de pornografia não violenta e agressividade sexual, embora possa haver uma ligação mais forte com atitudes hostis em relação às mulheres (Hald et al., 2010; Malamuth et al., 2012; Seto et al., 2001; Wright et al., 2016).

Adicionar violência à pornografia aumenta a possibilidade de efeitos prejudiciais. A pornografia violenta é uma ameaça tripla: traz consigo uma grande excitação; reações emocionais negativas, como choque, alarme e repulsa; e pensamentos agressivos. Numerosos sites on-line – incluindo muitos que são gratuitos e podem ser facilmente vistos por menores – focam especificamente imagens de violência sexual contra mulheres e fazem uso de representações da dor feminina como argumento de venda (Gossett e Byrne, 2002). Estudos sugerem que os efeitos da pornografia violenta são específicos de gênero. A agressividade de homem para homem não é maior após a exposição à pornografia violenta que após a exposição a pornografia altamente excitante, mas não violenta; já a agressividade de homem para mulher é acentuadamente aumentada (Donnerstein e Malamuth, 1997; Linz et al., 1987; Malamuth e Donnerstein, 1982).

pornografia Material sexual explícito.

A combinação de violência, excitação e imagens sexuais é parte do apelo para muitos fãs de luta livre profissional (como nesse evento da World Wrestling Entertainment - WWE). Pesquisas sobre agressividade sugerem que essa combinação também pode ser particularmente potente para contribuir para a agressividade no mundo real entre os espectadores.

▲ TABELA 11.3

Atitudes sobre violência em relação às mulheres e mitos de estupro

Amplamente utilizadas em pesquisas sobre pornografia, essas duas escalas[4] avaliam as atitudes sobre a violência contra as mulheres e as crenças sobre a natureza do estupro. Alguns itens de cada escala são mostrados aqui.

Aceitação da violência interpessoal (em relação às mulheres): Escala AIV (Acceptance of Interpersonal Violence)

1. Maus tratos são sexualmente estimulantes para muitas mulheres.
2. Muitas vezes, a mulher vai fingir que não quer ter relações sexuais para não parecer "fácil", mas ela realmente espera que o homem a force.
3. Um homem nunca tem justificativa para agredir a esposa.

Pontuação: Pessoas com pontuação alta em aceitação da violência contra as mulheres concordam com os itens 1 e 2, mas discordam do item 3.

Aceitação do mito de estupro: Escala RMAS (Rape Myth Acceptance Scale)

1. Se uma mulher troca beijos ou carinhos e perde o controle da situação, é culpa dela se o parceiro assediá-la sexualmente.
2. Qualquer mulher pode ser estuprada.
3. Muitas mulheres têm desejo inconsciente de ser estuprada e podem, então, inconscientemente, criar uma situação na qual provavelmente serão atacadas.
4. Na maioria dos estupros, a vítima é promíscua ou tem má reputação.

Pontuação: Pessoas com pontuação alta na aceitação de mitos de estupro concordam com os itens 1, 3 e 4, mas discordam do item 2.

Baseado em Burt, 1980

Diferenças individuais Nem todos são afetados pela pornografia igualmente. De acordo com uma série de estudos de Neil Malamuth e colegas, os efeitos negativos da pornografia são especialmente prováveis de serem evidentes entre homens que têm níveis relativamente altos de excitação sexual em resposta à pornografia violenta e também expressam atitudes e opiniões que indicam a aceitação de violência contra as mulheres (ver ▲ Tabela 11.3). Esses indivíduos relatam um comportamento mais sexualmente coercitivo no passado e intenções mais sexualmente agressivas no futuro. Homens com pontuação relativamente alta em escalas como essas são mais predispostos à agressividade sexual que os demais. Os efeitos da pornografia sobre a agressividade ou as atitudes negativas em relação às mulheres são mais fortes para esses homens que para os outros (Hald et al., 2010; Malamuth et al., 2012). Outro fator de risco diz respeito às histórias familiares dos homens. Leslie Gordon Simons et al. (2012) relataram que homens que consomem pornografia regularmente e cujos pais frequentemente aplicavam punições físicas severas foram mais propensos a relatar o envolvimento em comportamentos sexualmente coercitivos.

Malamuth sintetizou muito dessa pesquisa no *modelo de confluência da agressividade sexual*. Esse modelo propõe que, para o subconjunto de indivíduos que já apresentam pontuação alta em vários fatores de risco conhecidos de agressividade sexual, consumir pornografia (mesmo que não violenta, especialmente se altamente excitante) adiciona "lenha na fogueira" e aumenta o risco de atitudes e comportamentos agressivos sexualmente (Alexander, 2019; Malamuth, 2018; Malamuth e Hald, 2017). De acordo com tal modelo, a presença de múltiplos fatores de risco ao mesmo tempo – como atitudes hostis e desconfiadas em relação às mulheres, aceitação de mitos de estupro, gratificação sexual de mulheres controladoras, histórico familiar de abuso e uma atitude impessoal em relação às relações sexuais – é particularmente perigoso. Para esses indivíduos especialmente, a pornografia se torna um fator de maior risco para agressividade.

11-5c Objetificação e desumanização

Uma característica de grande parte da pornografia, especialmente da pornografia violenta, é a objetificação das pessoas, principalmente das mulheres. Além da pornografia, a mídia em geral, por meio de filmes, videogames, comerciais de TV, videoclipes e letras de música, muitas vezes retrata vários grupos de pessoas de modo relativamente objetificados ou desumanizados, contando com representações estreitas e estereotipadas. E a mídia não é a única fonte desse problema. Estereótipos, piadas e uma série de maneiras pelas quais algumas pessoas são desvalorizadas podem ser amplamente transmitidas em uma cultura por meio de diversos canais.

Seja qual for a fonte, as consequências são significativas. Como discutimos no Capítulo 5, as pessoas muitas vezes percebem e pensam nos membros de grupos externos como objetos e animais de ordem inferior e não como semelhantes. Essas tendências promovem preconceito e agressividade contra grupos externos. Por exemplo, Laurie Rudman e Kris Mescher (2012) descobriram que os homens que associavam automaticamente as mulheres a animais ou objetos mostraram uma inclinação mais intensa ao assédio sexual ou ao estupro. Rita Seabrook et al. (2019) descobriram que o consumo masculino de reality shows ou pornografia estava associado a maior objetificação das mulheres, o que, por sua vez, estava associado a maior aceitação do mito do estupro e a atos mais frequentes de mentiras sexuais (como mentir sobre a própria identidade ou sentimentos para fazer sexo com alguém).

A desumanização é um subproduto extremamente comum de conflitos e guerras entre grupos. Não apenas o enfrentamento promove uma perspectiva tendenciosa do outro grupo, mas a desumanização, por sua vez, torna o envolvimento na violência mais tolerável e aparentemente necessário. Ainda que possa ser uma ferramenta de guerra necessária, também reduz as restrições contra ultrapassar a linha ética do abuso e da tortura. Além disso, torna mais difícil encontrar a paz, pois os dois lados podem ter demonizado o inimigo de tal modo que não conseguem ter confiança suficiente para mediar o fim do conflito.

Como o romancista George Orwell (1942) descobriu durante a Guerra Civil Espanhola, a cura para a desumanização é restaurar a conexão humana. Avistando um soldado inimigo segurando as calças com as mãos enquanto corria ao lado de uma trincheira próxima, Orwell não conseguiu dar o tiro fácil: "Eu vim aqui para atirar em 'Fascistas'; mas um homem que está segurando as calças não é um 'fascista', ele é visivelmente um semelhante, semelhante a você, e você não tem vontade de atirar nele" (p. 254).

11-6 Reduzindo a agressividade e a violência

Nesta grande seção final do capítulo, uma questão-chave permanece: como podemos reduzir toda essa agressividade que estamos discutindo? Temos algum motivo para esperar que as taxas de agressividade e violência possam diminuir? Somos simplesmente animais agressivos destinados a continuar se machucando e matando uns aos outros? Felizmente, há motivos para sermos otimistas. Por que acreditamos que as taxas de agressividade e violência podem diminuir? Porque já diminuíram.

Um livro intrigante e abrangente do psicólogo Steven Pinker (2011), *The Better Angels of Our Nature: Why Violence Has Declined*, afirma que estamos vivendo em uma época menos violenta e mais pacífica que qualquer período da história humana. Ele diz que essa redução da violência talvez seja "a coisa mais importante que aconteceu na história humana" e que "nenhum aspecto da vida é intocado pelo recuo da violência" (p. xxi). Essa afirmação vai de encontro ao modo como as pessoas tendem a perceber o mundo contemporâneo como extremamente violento. As razões para essa percepção incluem a tendência das pessoas de se concentrar em eventos recentes, a tendência a divulgar as notícias mais chocantes e perturbadoras, e assim por diante. No entanto, em seu livro, Pinker apresenta diversos gráficos que demonstram uma redução dramática da violência ao longo dos séculos. Por exemplo, ver • Figura 11.16 as taxas de homicídio na Europa Ocidental de 1300 a 2000 e na Inglaterra e na Nova Inglaterra ao longo de vários séculos.

• FIGURA 11.16

O declínio da violência: taxas de homicídio ao longo de vários séculos

No primeiro gráfico, estão representadas as taxas de homicídio por 100 mil pessoas por ano em cinco regiões da Europa Ocidental no período de 1300 a 2000, e no segundo gráfico encontram-se essas mesmas taxas para a Inglaterra (de 1300 a 1925) e a Nova Inglaterra (de 1630 a 1914).
De Pinker (2011)

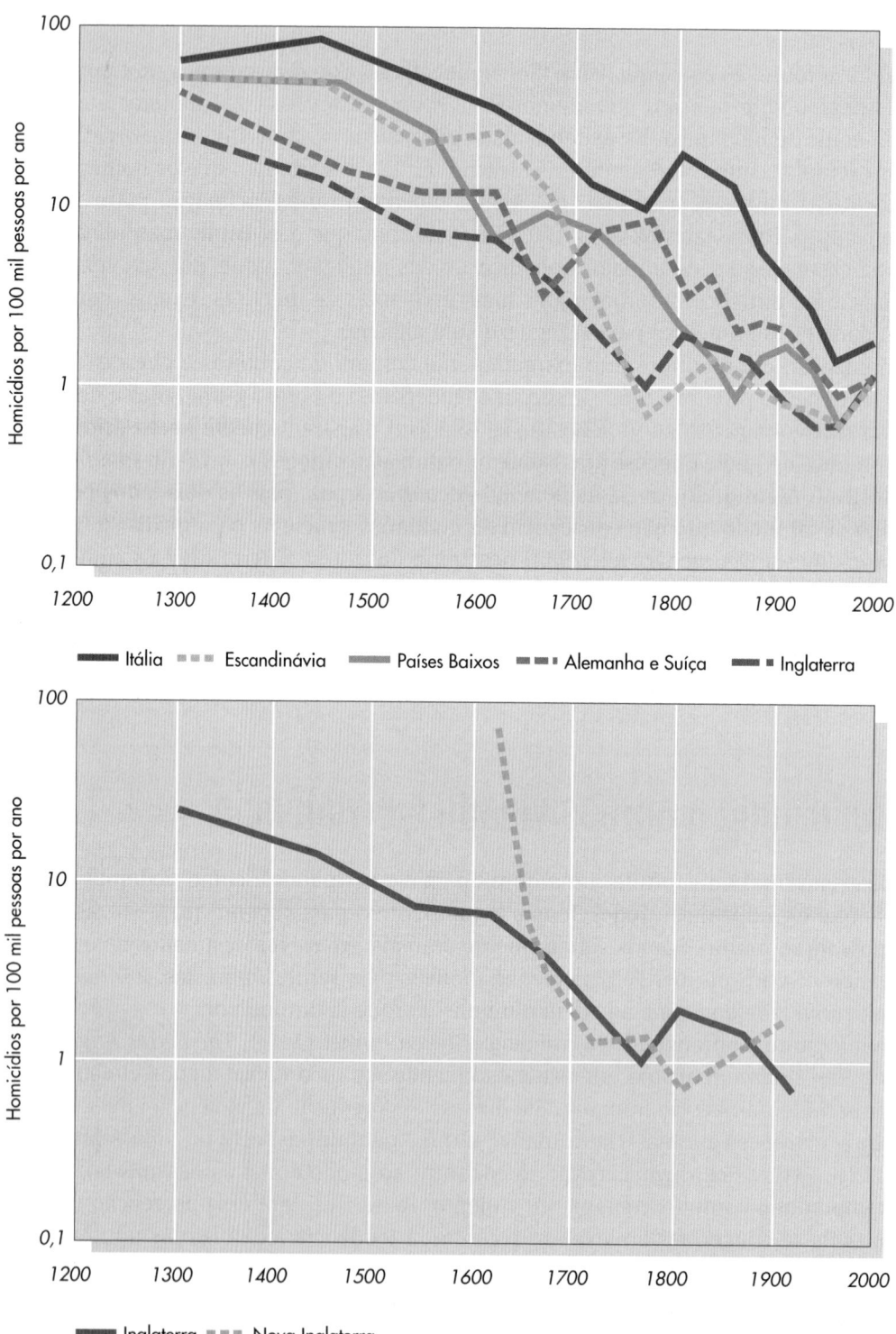

Então, como nos afastamos de nossos demônios internos e vamos em direção aos "melhores anjos de nossa natureza"? (Esta frase, aliás, é do encerramento do primeiro discurso de posse de Abraham Lincoln.) Há inúmeras causas, como deve haver, para mudanças tão grandes. Entre elas estão melhor educação e maior poder de raciocínio, incluindo raciocínio moral, que nos ajuda a ver além de nossas necessidades e circunstâncias imediatas e a pensar em termos mais abstratos e universais. As normas mudaram drasticamente para desencorajar a agressividade. Não é mais aceitável na maioria das sociedades modernas, como já foi, responder a um insulto com o desafio de um duelo até a morte, por exemplo, ou tratar outros humanos como propriedade. Pinker et al. também argumentam que as motivações e habilidades das pessoas para praticar o autocontrole de impulsos agressivos são mais intensos hoje e, como vimos neste capítulo, o autocontrole desempenha papel crucialmente importante na moderação da agressividade.

> As taxas de violência diminuíram em comparação com os séculos anteriores ou apenas 30 ou 40 anos atrás.
> **FALSO**

A história, portanto, é animadora, assim como as grandes quedas mais recentes nas taxas de homicídio e crimes violentos nos Estados Unidos desde o início da década de 1990. Porém, o melhor de nós ainda enfrenta forte concorrência de nossos demônios internos, como os numerosos estudos e histórias relatados ao longo deste capítulo deixam claro. Então, o que podemos fazer para reduzir a agressividade e a violência em nossas vidas nos dias de hoje? Passaremos a examinar essa questão no restante deste capítulo.

11-6a Pensamentos, sentimentos e autocontrole

Vamos começar com a educação, a inteligência e o raciocínio aprimorado que Pinker propõe terem ajudado a diminuir a violência nos últimos séculos. Melhorias contínuas nessas áreas podem claramente abrir caminho para comportamentos mais pró-sociais e menos antissociais. Com a educação e a razão – especialmente o raciocínio moral – vem a empatia. Conforme discutido no Capítulo 10, a empatia desempenha um papel vital na promoção de um comportamento útil e cooperativo. A falta de empatia contribui muito para inúmeras formas de agressividade e violência, incluindo bullying, agressividade sexual e abuso de animais (Bussey et al., 2015; Dryburgh e Vachon, 2019; Ferriz et al., 2018; Schwartz et al., 2012; Wang et al., 2019). Melhorar a educação e o raciocínio moral provavelmente aumenta a empatia. Além disso, vários programas e intervenções são projetados especificamente para ensinar os indivíduos a serem mais empáticos, treinando-os para ver as coisas da perspectiva dos outros por meio de vários exercícios, atribuições e dramatizações. Vários desses programas tiveram muito sucesso na redução da agressividade (Ryzin e Roseth, 2019; Sahin, 2012; van Berkhout e Malouff, 2015; Wu e Kim, 2019). Voltaremos a esse assunto no final deste capítulo, em uma discussão sobre a prevenção do bullying.

O raciocínio moral aprimorado é parte da fórmula por trás que é conhecido como *treinamento de reposição de agressividade*. Os outros dois componentes são o treinamento de competência social e o controle da agressividade. Esses temas são ensinados com instruções guiadas e dramatização, normalmente ao longo de sessões duas vezes por semana durante 10 semanas. Por exemplo, os adolescentes do programa passam por exercícios elaborados para ajudá-los a detectar quando estão prestes a sentir raiva e são ensinados a pensar e a se comportar em resposta a esses sentimentos de maneira a afastá-los da agressividade. Eles também aprendem habilidades sociais, como fazer contato visual e desenvolver confiança interpessoal. Vários estudos sobre a eficácia do treinamento de substituição de agressividade relataram resultados muito promissores (Ensafdaran et al., 2019; Glick e Gibbs, 2011; Koposov et al., 2014; Kowalski, 2019).

> *"Uma vez que a guerra começa na mente dos homens, é na mente dos homens que as defesas da paz devem ser construídas."*
> – Constituição da Unesco

Thomas Denson (2015) identifica quatro tipos de intervenções como as mais promissoras para reduzir a agressividade reativa. Essas intervenções bem-sucedidas enfatizam o autocontrole, a reavaliação cognitiva, o controle cognitivo e a atenção plena (ver • Figura 11.17). Intervenções de autocontrole fornecem aos indivíduos técnicas e práticas para a exigente tarefa de controlar impulsos simples. Os programas de

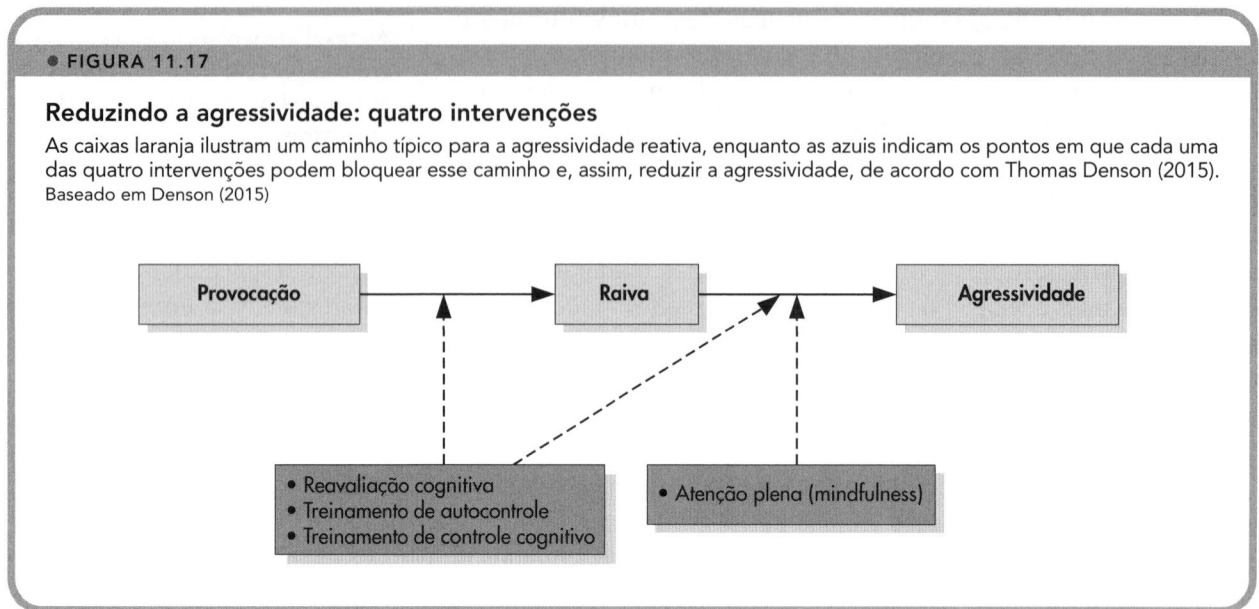

FIGURA 11.17

Reduzindo a agressividade: quatro intervenções

As caixas laranja ilustram um caminho típico para a agressividade reativa, enquanto as azuis indicam os pontos em que cada uma das quatro intervenções podem bloquear esse caminho e, assim, reduzir a agressividade, de acordo com Thomas Denson (2015).
Baseado em Denson (2015)

reavaliação cognitiva treinam os indivíduos a interpretar provocações em termos mais neutros e menos emocionais, pensando sobre os eventos a partir de uma perspectiva objetiva e não pessoal. O controle cognitivo está relacionado ao autocontrole, mas as intervenções que visam o controle cognitivo se concentram mais especificamente no treinamento da regulação das emoções, como a raiva, em resposta a estímulos emocionalmente relevantes. Finalmente, o treinamento da atenção plena envolve levar as pessoas a um estado não crítico e não reativo, no qual simplesmente aceitam com mais facilidade as experiências físicas e mentais.

Denson revisou as evidências em apoio a cada uma dessas abordagens (embora as evidências da eficácia da atenção plena sejam as menos claras neste ponto) na redução da agressividade. A eficácia, sem dúvida, decorre do fato de que cada um visa alguns aspectos do funcionamento executivo, os quais, como dissemos anteriormente neste capítulo, desempenham papel fundamentalmente importante na moderação da agressividade reativa.

Indivíduos com problemas incomumente graves de autocontrole, impulsos agressivos, habilidades sociais, falta de empatia e outros fatores que discutimos provavelmente precisarão de mais que apenas programas de educação e treinamento, o que requer terapia e tratamento mais abrangentes. Tratamentos que usam *modificação de comportamento*, por exemplo, são frequentemente empregados para tentar alterar o comportamento de indivíduos por meio de princípios de aprendizagem que reforçam ações não agressivas. Também podem ser usados medicamentos, como os que equilibram os níveis de serotonina, para ajudar no controle dos impulsos.

11-6b Abordagens socioculturais

Além de educar, treinar e tratar os indivíduos, o que pode ser feito em um nível mais amplo? Para esse fim, uma melhor economia, condições de vida mais saudáveis e apoio social reduziriam a frustração, o sentimento e o pensamento negativos que alimentam muitas agressões. Melhorias nessas frentes provavelmente teriam uma cascata de efeitos positivos. Por exemplo, de acordo com Peter Sidebotham e Jon Heron (2006), "A associação entre pobreza e maus-tratos infantis é uma das observações mais consistentes na pesquisa publicada" (p. 499). Assim, proteger as famílias da violência também significa oferecer aos membros oportunidades educacionais e de emprego. Além disso, como o abuso de álcool e de outras drogas muitas vezes leva à violência familiar, uma melhor educação sobre os efeitos de tais substâncias, bem

Uma estudante enxuga as lágrimas durante uma discussão sobre *bullying* que faz parte do programa *antibullying* de uma escola. Muitos programas escolares para combater tal prática, como os descritos no texto, produziram resultados promissores.

como apoio para quem precisa de ajuda para lidar com elas, seria um investimento valioso não só para essas pessoas, mas também para aquelas ao seu redor.

Diversas linhas de pesquisa sugerem que a redução da presença de armas de fogo na sociedade – particularmente armas associadas à violência e não ao esporte – pode ter vários efeitos benéficos. Ao mesmo tempo, ensinar e modelar respostas não violentas às frustrações e problemas sociais – e encorajar respostas incompatíveis com a raiva, como humor e relaxamento – estão entre as coisas mais eficazes que podemos fazer pela nossa sociedade e uns pelos outros.

Uma longa história de pesquisa em psicologia social estabeleceu que fomentar a cooperação e o compartilhamento de objetivos entre os grupos é um método eficaz para reduzir hostilidades e agressões intergrupais. Mudar as compensações de custo-benefício associadas à agressividade em uma cultura também deve trazer benefícios. As práticas de socialização que recompensam o comportamento pró-social em vez do antissocial têm o potencial de reduzir bastante a tendência de se envolver em bullying, brigas e outros comportamentos agressivos. De outro modo, quando a agressividade explícita ou indireta é legitimada, os riscos tornam-se maiores.

A mídia, é claro, desempenha papel importante em legitimar – e até glorificar – a violência. O que, então, podemos fazer a respeito? Se os pais puderem ajudar os filhos a selecionar programas e jogos que forneçam modelos pró-sociais atraentes e vívidos, os efeitos podem ser fortes. As pesquisas sobre os efeitos dos programas de televisão e dos videogames pró-sociais nas crianças são bastante animadoras nesse sentido. Os pais também são aconselhados a assistir televisão com os filhos, monitorar o uso de videogames, ensiná-los como a violência retratada na TV e nos videogames difere da vida real e explicar como a imitação de personagens fictícios pode produzir resultados indesejáveis.

"Guerras são péssimas talhadeiras para a criação de um amanhã de paz."

– Martin Luther King Jr.

Barbara Krahé e Robert Busching (2015) realizaram um estudo de intervenção na mídia em que alunos de várias escolas em Berlim, Alemanha, foram orientados a monitorar e a reduzir o uso da tecnologia, como em um "fim de semana sem tecnologia", e incentivados a substituir esse tempo por outras atividades. Em cinco sessões semanais durante as aulas, os pesquisadores informaram os alunos sobre os tipos de questões discutidas neste capítulo, incluindo como a violência é frequentemente recompensada na mídia ou como a exposição a ela pode levar à dessensibilização. Os pais dos alunos também receberam orientações sobre o uso sensato das mídias e sobre os efeitos potencialmente prejudiciais da exposição à violência. Os resultados do programa foram impressionantes. A intervenção reduziu significativamente o consumo de mídia violenta pelos alunos, de acordo com medidas tomadas dois anos depois. Além disso, para alunos cujas taxas de agressividade antes do estudo eram relativamente altas, a intervenção reduziu consideravelmente os índices de agressividade física e relacional.

11-6c Abordagens de múltiplos níveis: programas para prevenir a violência e o bullying

Diversos fatores contribuem para a agressividade e a violência – e, como vimos, o impacto de qualquer um deles frequentemente envolve outros simultaneamente. As estratégias mais eficazes para reduzir a agressividade reconhecem essa complexidade e atuam em vários níveis.

Terapia multissistêmica Um dos programas de tratamento mais bem-sucedidos para delinquentes juvenis violentos é a *terapia multissistêmica* (*multisystemic therapy* – MST). Essa abordagem trata os problemas individuais em vários níveis diferentes, incluindo as necessidades dos adolescentes e os diversos contextos nos quais eles estão inseridos, como família, grupo de colegas, escola e vizinhança (Borduin et al., 2009; Curtis et al., 2009; Henggeler et al., 2009; Letourneau et al., 2009; Timmons-Mitchell e Bender, 2006).

Um estudo de caso de um menino de 14 anos chamado Luke ilustra essa abordagem (Wells et al., 2010). Luke estava se envolvendo em alguns comportamentos antissociais graves. Em vez de apenas tratá-lo com terapia individual, o terapeuta que aplicou o MST queria entender a dinâmica familiar em que Luke vivia. Isso permitiu que o terapeuta percebesse uma falta de rotina ou regras domésticas e que o mau comportamento era frequentemente recompensado (com atenção e dinheiro) e que o bom comportamento era ignorado. O terapeuta, portanto, trabalhou com a avó de Luke (responsável por ele) e alguns outros membros próximos da família para ajudar a definir regras, estabelecer rotinas, determinar maneiras melhores e mais consistentes de lidar com as fontes de conflito e recompensar o comportamento positivo em vez do negativo. Essa abordagem de aprender e trabalhar com a família e o ambiente, juntamente com o tratamento individualizado de Luke, produziu uma melhora notável no comportamento e na vida do menino.

Vários estudos que avaliaram a eficácia do MST relataram resultados positivos, especialmente para jovens com menos de 15 anos (Asscher et al., 2018; van der Stouwe et al., 2014). Por exemplo, em um estudo, infratores juvenis com uma média de quase quatro prisões criminais cada foram designados aleatoriamente para MST ou terapia individual durante a adolescência e foram avaliados mais de duas décadas depois. Os adolescentes tiveram quatro vezes menos probabilidade de serem presos por um crime violento durante o período de acompanhamento quando tratados com MST que com terapia individual (Sawyer e Borduin, 2011).

Até mesmo as *famílias* de jovens tratados com MST costumam ser notavelmente beneficiadas. Um estudo descobriu que irmãos de infratores juvenis tratados com MST em vez de terapia individual tinham três vezes menos probabilidade de serem condenados por um crime 25 anos depois (Wagner et al., 2014). Outro estudo descobriu que os responsáveis por jovens que cometeram graves delitos tinham 94% menos crimes e 70% menos contravenções se tivessem sido aleatoriamente designados para MST em vez de terapia individual 20 anos antes (Johnides et al., 2017) (ver • Figura 11.18). Esses resultados ilustram um ponto importante do MST, que, ao tratar a família inteira do infrator, permite que os benefícios se difundam para além do indivíduo.

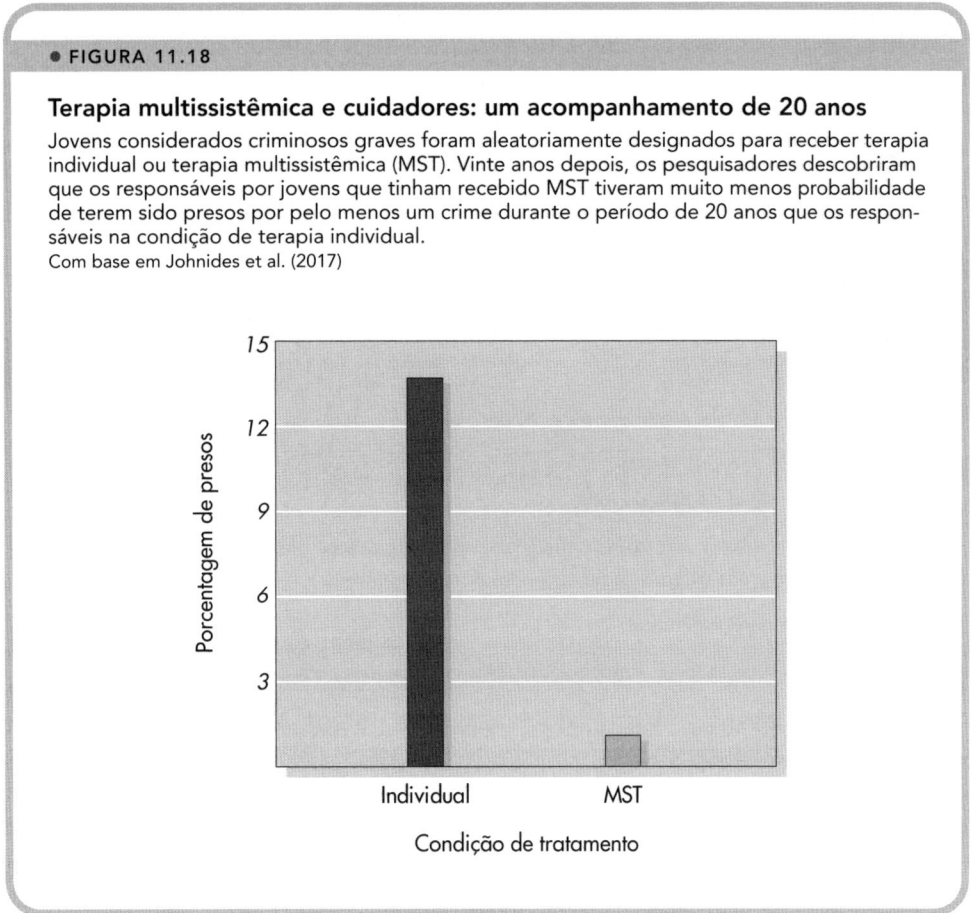

● FIGURA 11.18

Terapia multissistêmica e cuidadores: um acompanhamento de 20 anos

Jovens considerados criminosos graves foram aleatoriamente designados para receber terapia individual ou terapia multissistêmica (MST). Vinte anos depois, os pesquisadores descobriram que os responsáveis por jovens que tinham recebido MST tiveram muito menos probabilidade de terem sido presos por pelo menos um crime durante o período de 20 anos que os responsáveis na condição de terapia individual.
Com base em Johnides et al. (2017)

Ainda que esse tipo de abordagem em vários níveis exija muito tempo e recursos, o dinheiro economizado com a redução significativa das taxas de crimes violentos e com a manutenção desses indivíduos fora da prisão supera em muito os custos. Por exemplo, em um estudo com 176 jovens que cometeram graves infrações, estimou-se que o MST permitiu uma economia entre $ 75.000 e $ 200.000 por participante (Klietz et al., 2010). Alex Dopp et al. (2018) concluíram a partir de um estudo de MST conduzido no Novo México que, para cada dólar gasto pelo estado na abordagem, $ 3,34 foram economizados, somando mais de $ 64 milhões ao longo do estudo.

Prevenção de bullying Programas abrangentes que operam em vários níveis também se mostraram eficazes na redução da incidência de bullying em muitas escolas ao redor do mundo. O interesse em prevenir o bullying aumentou muito nos últimos anos. Há uma geração, o bullying era visto por muitos pais, professores, sistemas escolares e alunos simplesmente como ritos de passagem pelos quais as crianças tinham de passar. Particularmente como consequência de casos notórios de jovens levados ao suicídio por meio do bullying, as atitudes em relação ao comportamento mudaram drasticamente, especialmente entre os administradores de escolas.

Programas antibullying estão sendo implementados em inúmeras escolas ao redor do mundo. Os resultados de uma metanálise de cem estudos que examinaram a eficácia de vários programas de bullying nas escolas indicaram que esses programas reduziram a prática de 20% (Gaffney et al., 2019). Os programas de prevenção de bullying mais bem-sucedidos parecem ser os mais intensivos e duradouros que, como a terapia multissistêmica, envolvem vários níveis e incluem reuniões e treinamento com os pais, métodos disciplinares firmes, melhor supervisão do pátio, conferências escolares, gerenciamento de sala de aula

▲ **TABELA 11.4**

O programa de prevenção de bullying de Olweus

Alguns dos componentes do programa de prevenção do bullying desenvolvido pelo psicólogo Dan Olweus estão relacionados aqui.

Componentes de nível escolar

- Formar um comitê coordenador de prevenção ao bullying.
- Treinar membros e funcionários do comitê.
- Adotar regras em toda a escola contra o bullying.
- Desenvolver consequências positivas e negativas adequadas para o comportamento dos alunos.
- Realizar um evento inicial em toda a escola para lançar o programa.
- Envolver os pais.

Componentes de nível de sala de aula

- Publicar e fazer cumprir as regras contra o bullying em toda a escola.
- Fazer reuniões regulares em sala de aula para discutir o bullying e tópicos relacionados.

Componentes de nível individual

- Certificar-se de que todos os funcionários façam intervenções no local quando for observado bullying.
- Reunir-se com alunos envolvidos em bullying e também com pais deles.
- Desenvolver planos de intervenção individuais para os alunos envolvidos.

Componentes de nível comunitário

- Envolver os membros da comunidade no comitê de coordenação da prevenção do bullying.
- Adultos (dentro e fora da escola): mostrar cordialidade e interesse pelos alunos, usar consequências negativas não físicas e não hostis consistentes quando as regras forem quebradas e funcionar como modelos positivos.

Baseado em Limber et al., 2018; Olweus e Limber, 2010; Olweus et al., 2019.

e trabalho individualizado com os alunos envolvidos em bullying (Hymel et al., 2015; Ttofi e Farrington, 2009; Ttofi et al., 2015).

Provavelmente entre os mais influentes, está o *Programa de Prevenção de Bullying Olweus*. Dan Olweus, professor de psicologia na Noruega, é pioneiro na pesquisa sobre bullying e considerado um dos especialistas mundiais no assunto. A pesquisa dele sobre como reduzir e prevenir o bullying foi implementada pela primeira vez em escolas na Noruega e foi um sucesso de grande repercussão. O Programa de Prevenção de *Bullying* Olweus se espalhou para várias escolas nos Estados Unidos[5] e vários outros países, e também inspirou ou ajudou a moldar outros programas. Diversos estudos em grande escala relatam um forte apoio para a eficácia desse programa na redução do bullying (Limber et al., 2018; Olweus et al., 2019). A ▲ Tabela 11.4 lista alguns dos componentes importantes do Programa de Prevenção de Bullying *Olweus*.

Quer sejam ou não implementados programas intensivos de prevenção ao bullying de vários níveis em determinada escola, outras estratégias mais modestas também podem ajudar a reduzir a prática. Por exemplo, Mustafa Sahin (2012) descobriu que ter alunos em várias escolas fundamentais na Turquia passando por um programa de treinamento de empatia ao longo de 11 semanas reduziu significativamente o comportamento de bullying em comparação com um grupo de controle. Vários outros estudos apoiam o ponto de que a empatia é um componente importante na intervenção de bullying (Malti et al., 2016; Midgett et al., 2017; Ryzin e Roseth, 2019). Outra abordagem que muitas escolas estão adotando é orientar especificamente os espectadores – alunos que testemunham atos de bullying, mas não podem fazer nada para intervir. Inspirados em parte pela pesquisa de intervenção do espectador sobre o comportamento de ajuda discutida no Capítulo 10, esses programas destacam o papel importante que os colegas podem desempenhar tanto para permitir como para desencorajar o bullying (Edwards et al., 2019; Pfetsch et al., 2011; Polanin et al., 2012).

Uma interessante linha de pesquisa de Elizabeth Levy Paluck e Hana Shepherd (2012) teve como alvo pares *específicos*. Esses pesquisadores levantaram a hipótese de que poderiam usar a influência social dos colegas para levar os alunos de uma escola de ensino médio em Connecticut a aceitar menos o assédio e o comportamento de intimidação. Para isso, os pesquisadores fizeram uso de pesquisas com alunos para identificar um conjunto de estudantes mais populares socialmente na escola e que, portanto, tinham maior potencial para difundir a influência social por todo o corpo discente.

Um subconjunto deles selecionado aleatoriamente foi recrutado para participar de um programa de intervenção. Durante duas sessões de treinamento, um facilitador profissional conduziu esses alunos em discussões sobre assédio e bullying na escola e quais papéis vários alunos podem desempenhar nesses comportamentos (como um aliado para os alunos-alvo ou um espectador dos eventos). Esses alunos também se prepararam para ajudar a coordenar uma assembleia na escola sobre o tema. Fizeram uma peça teatral na assembleia e pediram mais tolerância. Os pesquisadores descobriram que os alunos socialmente conectados mudaram de fato as percepções de seus colegas sobre a aceitabilidade do assédio e do bullying e levaram a uma redução em muitos desses comportamentos.

Juntando tudo A ▲ Tabela 11.5 lista algumas das etapas possíveis para reduzir a agressividade e a violência sugeridas pela pesquisa que revisamos neste capítulo. Você pode não concordar que todas essas ações sejam desejáveis ou práticas e pode preferir outras que não sejam mencionadas. O que é importante perceber é que há muitas coisas que podem ser feitas para reduzir a agressividade. E, como a agressividade é causada por múltiplos fatores, é somente por múltiplos caminhos que podemos atingir esse objetivo.

▲ **TABELA 11.5**

Algumas etapas para reduzir a agressividade e a violência

Ainda que possa haver outras razões para endossar ou rejeitar as ideias a seguir, a pesquisa psicossocial sobre a agressividade sugere que cada uma delas tem o potencial para ajudar em sua redução.

- Recompensar o comportamento não agressivo.
- Fornecer modelos atraentes de comportamento pacífico.
- Reduzir todos os tipos de agressividade em nossa sociedade, incluindo a punição física de crianças, as brigas nos esportes, a violência na mídia e a guerra.
- Reduzir a frustração, melhorando a qualidade de vida em moradia, saúde, emprego e creche.
- Fornecer ventiladores e abrigos com ar-condicionado quando estiver quente.
- Reduzir o acesso e a exibição de armas.
- Pedir desculpas quando você irritar alguém e considerá-las um sinal de força, não de fraqueza. Incentive os outros a agirem do mesmo modo.
- Parar e pensar quando sentir que sua "temperatura" está subindo. Controle-a em vez de deixá-la controlar você.
- Desencorajar o consumo excessivo de álcool e apoiar os esforços para fornecer tratamento para o abuso de álcool.
- Desenvolver boas habilidades de comunicação na família e nos relacionamentos, ajudando assim a evitar interpretações errôneas, ciúme e desconfiança.
- Prestar atenção e responder aos sinais de alerta de problemas em adolescentes, incluindo isolamento social, conversa sobre violência e consumo de literatura e outros meios de comunicação repletos de violência.
- Aumentar a educação para promover o desenvolvimento de habilidades que envolvam empatia, autocontrole e como resolver problemas interpessoais com razão em vez de emoção.

11-7 Revisão

Os 10 principais pontos-chave do Capítulo 11

1. Os homens tendem a ser mais agressivos fisicamente que as mulheres, no entanto, elas tendem a ser pelo menos tão – e talvez um pouco mais – indiretamente ou relacionalmente agressivas em comparação com os homens.

2. Indivíduos tendem a ser mais agressivos quando apresentam pouca simpatia e empatia e altos níveis das características da Tríade Negra: maquiavelismo, psicopatia e narcisismo.

3. Deficiências em várias áreas do cérebro, especialmente em regiões associadas ao funcionamento executivo, estão associadas à agressividade, assim como a combinação de testosterona alta e cortisol baixo.

4. A punição física de crianças está associada a aumentos de longo prazo em comportamento agressivo.

5. A teoria da aprendizagem social enfatiza que aprendemos com o exemplo dos outros, bem como com a experiência direta com recompensas e punições; modelos agressivos ensinam não apenas comportamentos específicos, mas também atitudes e ideias mais gerais sobre agressividade e "scripts" agressivos que orientam o comportamento.

6. As culturas da honra promovem a agressividade para proteger o *status* entre os homens em várias partes do mundo.

7. Ampla variedade de experiências e estímulos aversivos pode criar sentimentos negativos e aumentar a agressividade, incluindo frustração, calor, dor e rejeição social.

8. A falha de autocontrole está por trás da maioria dos atos de agressividade e violência; mau funcionamento executivo, ruminação raivosa, excitação elevada e glicose baixa estão entre os fatores que podem prejudicar o autocontrole.

9. Grande número de estudos, que fazem uso de diferentes métodos, mostrou uma relação positiva significativa entre a exposição à violência na mídia e cognições e comportamentos agressivos do mundo real. No entanto, vários acadêmicos e estudos questionam a validade dessa associação e, portanto, a pesquisa deve continuar a examinar essa questão em busca de obter clareza.

10. Programas abrangentes que operam em vários níveis tendem a ser mais eficazes na redução da agressividade e na prevenção do bullying nas escolas.

Colocando o SENSO COMUM à prova

Cultura, gênero e diferenças individuais

Em quase todas as culturas, os homens são mais violentos que as mulheres.

Ⓥ **Verdadeiro** *Em quase todas as culturas e períodos estudados, os homens cometem a maioria dos crimes violentos.*

Em quase todas as categorias de agressão, os homens são mais agressivos que as mulheres.

Ⓕ **Falso** *As meninas tendem a ser um pouco mais indiretamente, ou relacionalmente, agressivas que os meninos.*

Origens da agressividade

Crianças que são espancadas ou recebem castigos físicos (mas não sofrem abusos) por se comportarem de modo agressivo tendem a se tornar menos agressivas.

Ⓕ **Falso** *Evidências indicam que até mesmo o uso de pouca punição física para disciplinar crianças está associado a posterior aumento de comportamento agressivo e antissocial advindo delas, ainda que seja anos mais tarde, embora essa relação possa depender de uma variedade de outros fatores.*

Influências situacionais na agressão

Liberar a tensão por meio de atividades seguras, mas agressivas (como esportes), torna as pessoas menos propensas a atitudes agressivas mais tarde.

Ⓕ **Falso** *Ainda que as pessoas possam ser menos propensas a agredir imediatamente após essas atividades, a agressividade inicial torna a agressividade futura mais – e não menos – provável.*

Reduzindo a agressividade e a violência

Há mais violência atualmente na maioria dos períodos anteriores da história humana.

Ⓕ **Falso** *Ao comparar hoje com os séculos anteriores, ou com apenas 30 ou 40 anos atrás, as taxas de violência diminuíram.*

Palavras-chave

agressividade (453)
agressividade proativa (454)
agressividade reativa (454)
catarse (474)
ciclo da violência (471)
cultura da honra (472)

deslocamento (474)
efeito de armas (477)
funcionamento executivo (467)
hipótese de frustração-agressividade (474)
pornografia (487)

punição física (468)
ruminação (479)
tendência à atribuição hostil (478)
teoria da aprendizagem social (469)
Tríade Negra (463)

Notas da revisão técnica

1. No Brasil, o contrário ocorre; a violência tende a envolver mais grupo de pessoas do que indivíduos.
2. Uma pesquisa feita pela Unicef em 2019 mostrou que 37% dos jovens brasileiros (entre 13 e 24 anos) já foram vítimas de cyberbullying e as redes sociais foram o principal palco. Fonte: disponível em: https://www.unicef.org/brazil/comunicados-de-imprensa/mais-de-um-terco-dos-jovens-em-30-paises-relatam-ser-vitimas-bullying-online. Acesso em: 9 set. 2021.
3. No Brasil não há dados que investigam a correlação de eventos violentos e calor.
4. No Brasil, o uso de testes e escalas por profissionais de psicologia é regulamentado pelo Conselho Federal de Psicologia. A lista de testes e escalas autorizadas pelo Conselho e que é passível de modificações ao longo do tempo pode ser consultada em: https://satepsi.cfp.org.br/.
5. No Brasil existe o programa *Escolas Sem Bullying*, desenvolvido pela Abrace em 2017 e é integrada ao Programa de Prevenção de Bullying Olweus (https://escolasem-bullying.com.br/).

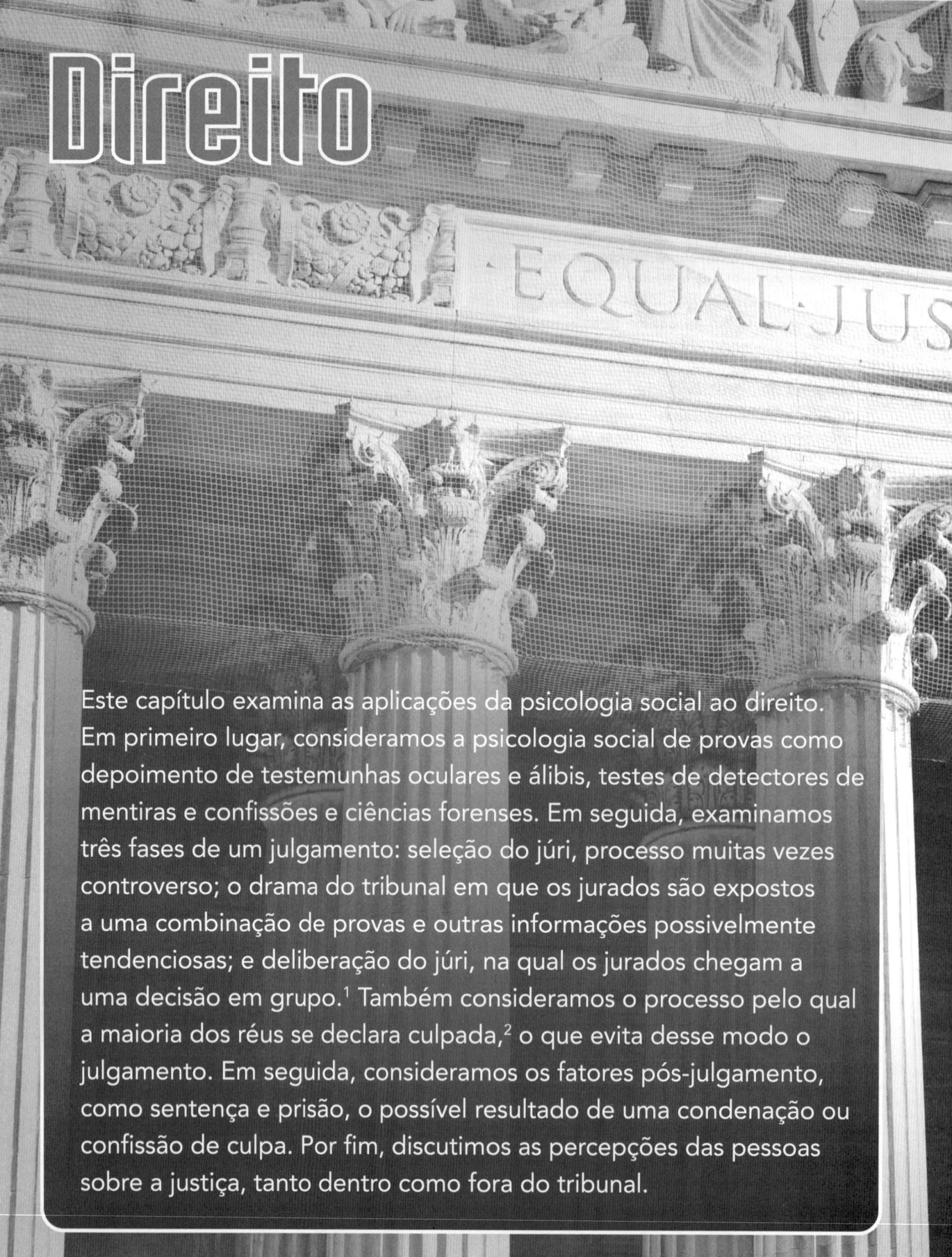

Direito

Este capítulo examina as aplicações da psicologia social ao direito. Em primeiro lugar, consideramos a psicologia social de provas como depoimento de testemunhas oculares e álibis, testes de detectores de mentiras e confissões e ciências forenses. Em seguida, examinamos três fases de um julgamento: seleção do júri, processo muitas vezes controverso; o drama do tribunal em que os jurados são expostos a uma combinação de provas e outras informações possivelmente tendenciosas; e deliberação do júri, na qual os jurados chegam a uma decisão em grupo.[1] Também consideramos o processo pelo qual a maioria dos réus se declara culpada,[2] o que evita desse modo o julgamento. Em seguida, consideramos os fatores pós-julgamento, como sentença e prisão, o possível resultado de uma condenação ou confissão de culpa. Por fim, discutimos as percepções das pessoas sobre a justiça, tanto dentro como fora do tribunal.

12

12-1 Testemunha ocular | 504
- 12-1a A percepção do crime
- 12-1b Armazenamento da memória
- 12-1c Identificação do culpado
- 12-1d Testemunhando em tribunal
- 12-1e Melhorando a justiça das testemunhas oculares
- 12-1f O álibi: testemunha ocular da inocência

12-2 Confissões | 518
- 12.2a Entrevistas com suspeitos: a psicologia da detecção de mentiras
- 12-2b Interrogatórios policiais: influência social sob pressão
- 12-2c Confissões falsas: por que pessoas inocentes confessam
- 12.2d Confissões no tribunal
- 12-2e Alegação de culpa à sombra do julgamento

12-3 Tomada de decisão do júri | 527
- 12.3a Seleção do júri
- 12.3b O julgamento no tribunal
- 12.3c Deliberação do júri

12-4 Penas e prisão pós-julgamento | 542
- 12.4a O processo de condenação
- 12-4b O experimento da prisão

12-5 Percepções de Justiça | 546
- 12.5a Justiça como uma questão de procedimento
- 12-5b Cultura, lei e justiça

12-6 Declaração final | 549

12-7 Revisão | 550

N. E.: Colaborou neste capítulo o Dr. André Casarin, advogado formado pela Pontifícia Universidade Católica, campus Londrina, que atua na Advocacia Cível e Criminal há mais de dez anos.

Parece que as notícias sempre trazem em destaque um crime

o que envolve sexo, violência, dinheiro, paixão ou alguma celebridade e que captura o interesse do público. O caso de Brendan Dassey é um exemplo claro.

Em dezembro de 2015, a Netflix exibiu uma série de documentários intitulada *Making a Murderer*. Essa série de 10 episódios narra a história de Steven Avery, em Wisconsin, condenado por estupro e sentenciado à prisão. No julgamento, Avery apresentou como álibi 16 testemunhas que atestaram a presença dele a aproximadamente 65 quilômetros de distância no momento do crime. No entanto, um júri o condenou após quatro horas de deliberação com base na identificação equivocada de uma testemunha ocular. Em 2003, a condenação de Avery foi anulada. O teste de DNA do kit de estupro original excluiu Avery e identificou o verdadeiro estuprador. Depois de 18 anos de prisão por um crime que não cometera, Avery foi libertado.

Dois anos depois, enquanto processava o condado em que fora injustamente condenado, Avery foi preso pela polícia local pelo assassinato de uma fotógrafa cujo corpo foi encontrado nas proximidades. Ele insistiu que era inocente. Em 2007, entretanto, um júri o considerou culpado com base em polêmicas provas forenses de sangue e em uma confissão extraída do sobrinho de 16 anos, Brendan Dassey. É possível que Avery tenha sido condenado injustamente mais uma vez? Até hoje, essa questão permanece como fonte de controvérsia.

Particularmente, a história de Dassey preocupa milhões de telespectadores. Dassey, que apresentava QI de 73, era um suspeito vulnerável. No filme, descreveu-se como estúpido. "Eles invadiram minha mente", ele confidenciou à mãe. Mesmo assim, o garoto foi interrogado quatro vezes, chamado de mentiroso e levado ao pensamento equivocado de que havia provas contra ele. Eventualmente, ele sucumbiu à pressão e confessou envolvimento no assassinato, o que implicou também Avery. Momentos depois, em uma conversa de cair o queixo que mostra como Dassey tinha pouca noção da situação em que se encontrava, ele perguntou se voltaria para a escola a tempo de entregar um projeto que tinha de apresentar.

Em 2018, a Netflix lançou uma continuação de *Making a Murderer*. Até hoje, no entanto, Avery e Dassey permanecem na prisão. As histórias deles ilustram muitas das questões de interesse para psicólogos sociais que estudam direito – como as influências sociais nas percepções de testemunhas oculares, na memória e no testemunho; testemunhas de álibi que atestam o paradeiro de um réu em um momento específico; entrevistas e a técnica de detecção de mentiras; interrogatórios e confissões policiais; provas científicas forenses analisadas em laboratórios criminais; negociação de confissões,[3] o processo durante o qual a maioria dos réus se declara culpado; seleção do júri, deliberação e tomada de decisão; sentença e prisão; e as percepções das pessoas sobre a justiça como uma questão de processo.

Este caso – como tantos outros retratados em *Serial* e outros podcasts, bem como *The Central Park Five*, *Amanda Knox* e outros documentários – ilustra a profunda relevância da psicologia social em ação no sistema jurídico. Quanto confiáveis são testemunhas oculares, álibis, confissões, especialistas em

---

Colocando o SENSO COMUM à prova

Circule sua resposta

- V F Testemunhas oculares acham relativamente difícil reconhecer membros de uma etnia diferente da delas.

- V F Quanto mais confiante uma testemunha ocular estiver sobre uma identificação, mais precisa será.

- V F Não é possível enganar intencionalmente um teste de detector de mentiras.

- V F Mesmo sem terem sido espancadas ou ameaçadas, pessoas inocentes, às vezes, confessam crimes que não cometeram.

- V F Contrariamente à opinião popular, as mulheres são mais duras como juradas que os homens.

- V F Em geral, é possível prever o veredito final de um júri sabendo a posição individual dos jurados na primeira vez que votam.

 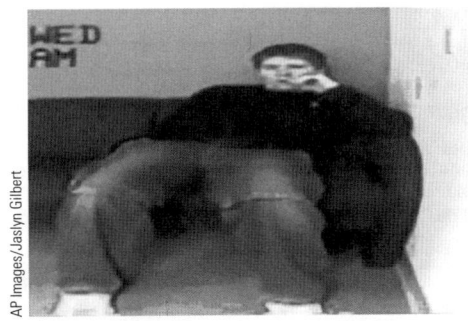

Em *Making a Murderer*, série de documentários de 10 episódios da Netflix, Steven Avery (à esquerda) e o sobrinho de 16 anos, Brendan Dassey (à direita), foram presos, julgados, condenados e agora estão na prisão pelo assassinato da fotógrafa Teresa Halbach. É possível que um ou ambos tenham sido condenados injustamente? Fique atento. Até hoje, os casos deles são objeto de controvérsia.

ciência forense e outros tipos de provas apresentadas no tribunal? Que tipo de pessoa exerce a função como jurado e, quando atua, é possível que deixe de lado seus preconceitos? Os jurados são influenciados por notícias recebidas antes do julgamento e outras informações externas que não estão entre as provas? Então, como um júri chega a um veredito depois de dias, semanas ou meses de apresentações, muitas vezes seguidas por exaustivas deliberações? Neste capítulo, levamos a psicologia social ao âmago do sistema de justiça criminal para responder a essas perguntas.

Uma vez cometido um crime, este deve ser registrado e relatado para ser investigado. Por meio da investigação, a polícia encontra um suspeito e decide se deve prendê-lo. Nesse caso, o suspeito é preso ou a fiança é definida e um juiz ou um júri popular decide se há provas suficientes para uma acusação formal.[4] Se houver provas suficientes, os advogados de acusação e defesa iniciam um longo processo conhecido como "instrução probatória", durante o qual reúnem as provas. A essa altura, nos Estados Unidos, mais de 95% dos réus se declararam culpados como parte de um acordo formal negociado entre os advogados. Nos relativamente poucos casos que vão a julgamento, o tormento não termina com um veredito. Depois da condenação, o juiz de primeira instância impõe a punição na forma de uma sentença e o réu decide se deve recorrer a um tribunal superior. Para os presos, as decisões relativas à sua libertação são tomadas por conselhos de liberdade condicional. Como ilustra a ● Figura 12.1, o aparato da justiça criminal é complexo e os atores nos bastidores são numerosos. Os psicólogos sociais têm muito a dizer sobre vários aspectos do sistema jurídico (Alceste et al., 2019; Bartol e Bartol, 2019; Brewer e Douglass, 2019; Costanzo e Krauss, 2018).

As questões que os psicólogos sociais estudam são variadas e significativas. No momento, os pesquisadores estão analisando uma ampla gama de questões – por exemplo, se a polícia pode dizer quando alguém está mentindo e como é possível fazer esses julgamentos com mais precisão (Granhag et al., 2015; Vrij et al., 2019), como tendências cognitivas interferem nos processos de investigação (Kassin et al., 2013; Kukucka et al., 2017; Simon, 2012), como os júris tomam decisões em ações cíveis que envolvem grandes somas de dinheiro (Bornstein e Greene, 2017; Kovera, 2017), por que as pessoas cooperam com as autoridades e obedecem à lei (Tyler, 2011), como a Suprema Corte dos Estados Unidos recebe argumentos orais e toma decisões (Wrightsman, 2008) e como a psicologia social pode ser empregada para melhorar a experiência na prisão (Haney, 2006) e prevenir a condenação injusta de pessoas inocentes (Cutler, 2011). Nas páginas seguintes, examinaremos a psicologia social das provas, a tomada de decisão do júri, a condenação e a prisão, e as percepções da justiça.

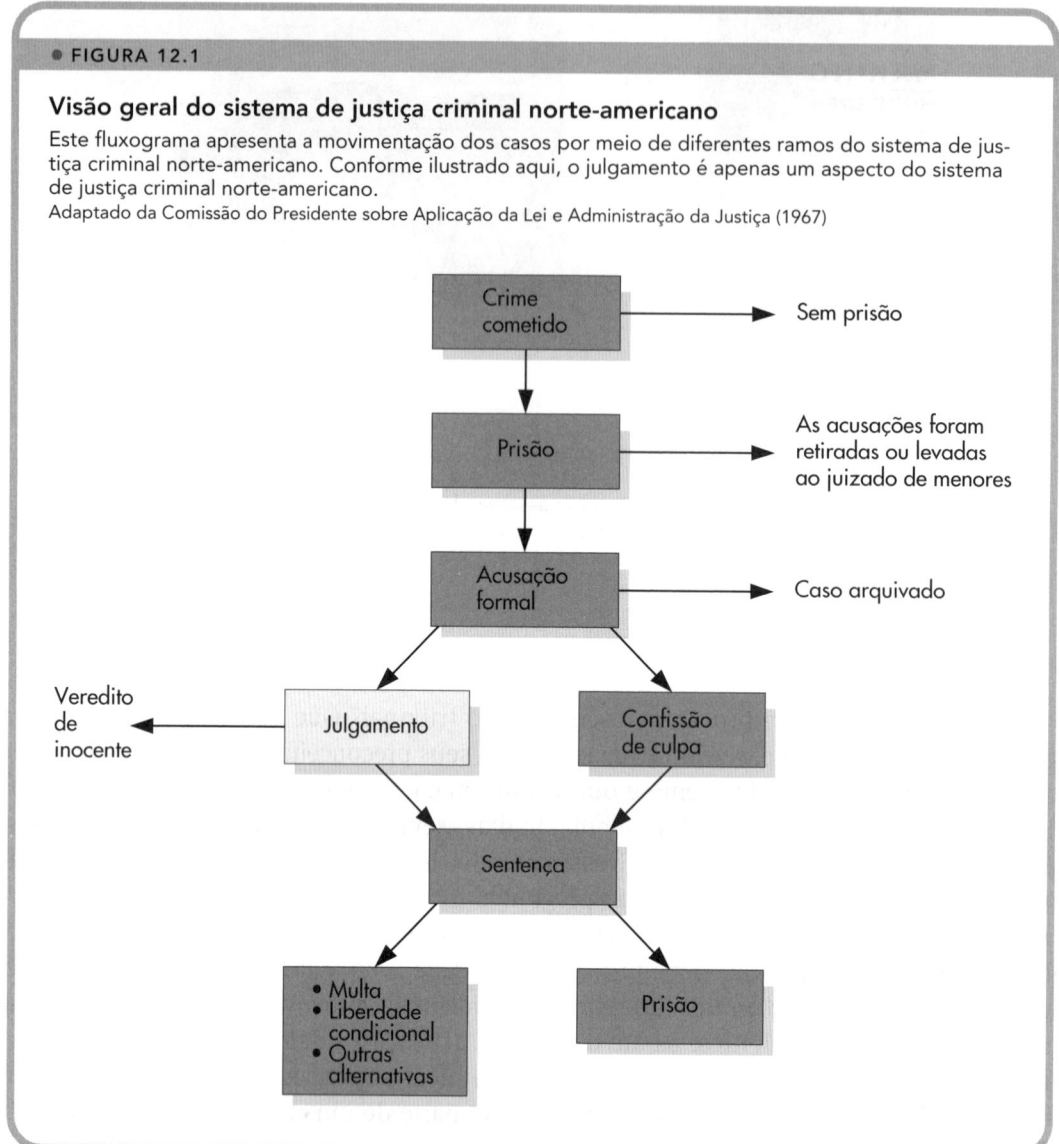

• FIGURA 12.1

Visão geral do sistema de justiça criminal norte-americano
Este fluxograma apresenta a movimentação dos casos por meio de diferentes ramos do sistema de justiça criminal norte-americano. Conforme ilustrado aqui, o julgamento é apenas um aspecto do sistema de justiça criminal norte-americano.
Adaptado da Comissão do Presidente sobre Aplicação da Lei e Administração da Justiça (1967)

12-1 Testemunha ocular

Assim que um crime é descoberto, a polícia inicia uma investigação para identificar o autor. Testemunhas são entrevistadas, suspeitos são interrogados e todos os tipos de provas físicas como impressões digitais, marcas de sapatos, amostras de cabelo, materiais biológicos providos de DNA, balística e resultados de autópsias são coletados e analisados. Resolver crimes não é fácil. Nessa tarefa tão humana, como veremos, algumas das provas mais significativas que a polícia coleta, estão sujeitas a influências sociais e a potencial parcialidade e erro.

"Nunca vou esquecer aquele rosto!" Quando essas palavras são pronunciadas, policiais, juízes e júris percebem. Muitas vezes, porém, as testemunhas oculares cometem erros. Em 8 de março de 2009, o programa *60 Minutes* da CBS exibiu a história de Jennifer Thompson e Ronald Cotton. Uma noite em 1984, na Carolina do Norte, um jovem invadiu o apartamento de Thompson, cortou os fios telefônicos e a estuprou. Ela descreveu-o para a polícia, ajudou a construir um retrato falado e, em seguida, identificou Ronald Cotton como o agressor. Cotton tinha álibis para comprovar o paradeiro dele naquela noite, mas, com base na identificação de Thompson como testemunha, ele foi considerado culpado e condenado à prisão perpétua.

Poole Cotton

Jennifer Thompson ficou traumatizada duas vezes: a primeira, quando foi estuprada; a segunda, quando soube que havia identificado um homem que, dez anos depois, provou ser inocente por testes de DNA. Aqui você pode ver Thompson conversando com Ronald Cotton, o homem que ela escolheu entre os suspeitos. Observe a semelhança entre Cotton e Bobby Poole, o verdadeiro agressor.

Dez anos depois, testes de DNA de manchas de sêmen revelaram que Cotton era inocente e que Bobby Poole, um criminoso conhecido, era o verdadeiro agressor. Em 1995, após dez anos de prisão, Cotton foi libertado e recebeu $ 5 mil de indenização. Desde então, ele juntou os fragmentos de sua vida. Thompson, ao perceber que tinha identificado um homem inocente, disse: "Lembro-me de me sentir mal, mas também lembro-me de ter sentido apenas uma sensação avassaladora de culpa. Eu chorei e chorei e chorei. Fiquei com raiva de mim e me puni por muito tempo". Thompson-Cannino e Cotton (2009) escreveram juntos um livro intitulado *Picking Cotton: our memoir of injustice and redemption*.

Todos os anos, milhares de pessoas são acusadas de crimes apenas com base na **identificação de testemunha ocular**. Muitos desses relatos são precisos, mas muitos não são – razão pela qual os psicólogos se interessam pelo assunto há mais de cem anos (Doyle, 2005). Cerca de vinte anos atrás, o Instituto Nacional de Justiça dos Estados Unidos informou sobre 28 condenações injustas nas quais criminosos condenados provaram ser inocentes por novos testes de DNA após vários anos de prisão. Assim como no caso de Ronald Cotton, todas essas condenações envolviam uma identificação errada (Connors et al., 1996). Agora, mais de 350 exonerações por testes de DNA depois, está claro: o erro da testemunha ocular é a causa mais comum de condenações injustas (Cutler, 2013; Wells et al., 2020).

Em 1999, o Departamento de Justiça dos Estados Unidos deu um passo ousado em resposta a essa descoberta: reuniu um grupo de policiais, promotores, advogados de defesa e pesquisadores de psicologia para elaborar um conjunto de diretrizes de "passo a passo". Liderado pelo psicólogo social Gary Wells, esse Grupo de Trabalho Técnico (1999), trabalhando para o Departamento de Justiça dos Estados Unidos, publicou *Eyewitness Evidence: A Guide For Law Enforcement* (ver Wells et al., 2000). Essas recomendações foram recentemente ampliadas em um relatório intitulado *Identifying the Culprit: Assessing Eyewitness Identification* (National Academy of Sciences, 2014).

Como testemunhas oculares, as pessoas podem ser solicitadas a se lembrar de quase tudo – um rosto, uma arma, um acidente ou uma conversa. Até o momento, centenas de estudos rigidamente controlados de depoimentos de testemunhas oculares foram conduzidos. Com base nessas pesquisas, três conclusões podem ser tiradas: (1) os testemunhos são imperfeitos, (2) certos fatores pessoais e situacionais podem influenciar sistematicamente os depoimentos e (3) juízes, júris e advogados não estão adequadamente informados sobre esses fatores. Parece que até

identificação de testemunha ocular Processo pelo qual uma testemunha decide se alguém que vê em um processo de identificação presencial ou por fotografia é a pessoa que viu cometer um crime anteriormente.

mesmo a Suprema Corte dos Estados Unidos abriga conceitos desatualizados sobre a natureza da memória de testemunhas oculares (Wells e Quinlivan, 2009).

As pessoas tendem a pensar que a memória humana funciona como uma câmera de vídeo – que se você ligar na energia e ajustar o foco da lente, os eventos serão gravados para reprodução subsequente. Infelizmente, não é tão simples. Ao longo dos anos, os pesquisadores descobriram que é útil ver a memória como um processo de três estágios que envolve a *codificação*, o *armazenamento* e a *recuperação* de informações. A primeira dessas etapas, a codificação, refere-se às percepções de uma testemunha no momento do evento em questão. Depois, a testemunha repete e armazena as informações na memória para evitar o esquecimento. Por fim, a testemunha recupera as informações do armazenamento quando necessário. Esse modelo sugere que erros podem ocorrer em três pontos diferentes.

■ 12-1a A percepção do crime

Alguns tipos de pessoas e eventos são mais difíceis de identificar que outros. O senso comum nos diz que um vislumbre rápido, uma iluminação ruim, a longa distância, um disfarce físico e alguma distração podem limitar as percepções de uma testemunha. Em um estudo, por exemplo, Rod Lindsay et al. (2008) fizeram aproximadamente 1.300 participantes observarem uma pessoa-alvo, ao ar livre, em distâncias que variavam de 5 metros a 50 metros. Eles descobriram, primeiro, que as testemunhas não eram precisas ao estimar a distância e, segundo, que, quanto mais distantes estavam do alvo, menos precisas elas eram em identificar a pessoa entre outras logo depois.

A pesquisa revelou outros aspectos da situação de testemunho que podem prejudicar a precisão. Considere os efeitos do estado emocional de uma testemunha. Frequentemente, as pessoas são solicitadas a relembrar um tiroteio sangrento, um acidente de carro ou um assalto – eventos emocionais que desencadeiam altos níveis de estresse. Em um estudo que demonstra os efeitos debilitantes do estresse, Charles Morgan et al. (2004) designaram aleatoriamente alunos em uma escola militar de sobrevivência para serem submetidos a uma simulação realista de interrogatório de alto ou baixo estresse. Vinte e quatro horas depois, descobriram que aqueles em condição de alto estresse tinham dificuldade em identificar os interrogadores em uma fila de pessoas. Em outro estudo, Tim Valentine e Jan Mesout (2009) equiparam visitantes adultos do London Dungeon – uma casa de horrores – com um monitor cardíaco sem fio

Depois do trágico assassinato do presidente John F. Kennedy, dezenas de testemunhas oculares apresentaram-se para descrever o que tinham assistido. Algumas relataram um atirador na janela do sexto andar de um prédio próximo, outras relataram dois ou três atiradores no prédio e outras, ainda, pensaram que os tiros haviam sido disparados do solo. Essas são as armadilhas do testemunho ocular.

e pediram depois que descrevessem e identificassem uma pessoa assustadora que haviam encontrado lá dentro. Quanto mais ansiosos os visitantes estavam durante a atração, menos precisos eram, mais tarde, em descrever e reconhecer a pessoa assustadora em um processo de identificação.

A *embriaguez*, frequentemente comum na prática de crimes, também pode causar problemas. Surpreendentemente, não é raro que testemunhas oculares no mundo real tenham estado sob a influência de álcool. Em um estudo, 75% dos policiais entrevistados relataram que, durante a investigação de crimes, eles rotineiramente encontram testemunhas bêbadas ou sob a influência de outras drogas durante o crime ou no depoimento à polícia (Evans et al., 2009). Em um segundo estudo, uma análise dos arquivos de processos criminais de um procurador distrital – que envolveu estupro, agressão e roubo – revelou que 13% das testemunhas oculares e 28% dos suspeitos estavam sob a influência de álcool ou outras drogas. Além disso, essas testemunhas tinham a mesma probabilidade quanto as que estavam sóbrias de desempenhar um papel na investigação policial (Palmer et al., 2013).

É claro que o álcool pode prejudicar a percepção e a memória de uma testemunha ocular. Quando os participantes de um estudo testemunharam a encenação da reconstituição de um crime, aqueles que haviam consumido suco de frutas anteriormente foram mais precisos nas lembranças que aqueles que haviam recebido bebida alcoólica (Yuille e Tollestrup, 1990). Outra pesquisa mostra que, embora as pessoas possam reconhecer um criminoso apresentado a elas quando estão sob efeitos de substâncias tóxicas, muitas vezes elas fazem falsas identificações quando o verdadeiro criminoso está ausente (Dysart et al., 2002). Uma outra pesquisa mostra que o álcool pode reduzir outros aspectos da memória. Em um estudo, participantes foram abordados em bares – alguns estavam bebendo, outros não – e foram solicitados a assistir e relembrar um crime simulado. Três a cinco dias depois, a memória deles foi testada. Em comparação às testemunhas que estavam sóbrias, as que estavam embriagadas apresentaram menos lembrança e memórias mais imprecisas do evento no geral (van Oorsouw e Merckelbach, 2012).

O **efeito foco na arma** também é um fator importante. Em uma grande variedade de configurações, as pesquisas mostram que, quando um criminoso puxa uma arma, um estilete ou uma faca, as testemunhas são menos capazes de identificar o culpado que se nenhuma arma estiver presente (Fawcett et al., 2016; Steblay 1992)

Há duas razões possíveis. Primeiro, as pessoas ficam agitadas com a visão de um objeto ameaçador, como quando os participantes de um estudo foram abordados por um experimentador que segurava uma seringa ou ameaçava aplicar uma injeção (Maass e Kohnken, 1989).

Em segundo lugar, mesmo em uma situação sem riscos, os olhos de uma testemunha se fixam em uma arma como ímãs, afastando a atenção do rosto (Hope e Wright, 2007). Para demonstrar, Elizabeth Loftus et al. (1987) mostraram a pessoas imagens de um cliente que caminhou até um caixa de banco e sacou uma pistola ou um talão de cheques. Ao rastrear os movimentos dos olhos, esses pesquisadores descobriram que as pessoas passam mais tempo olhando para a arma que para o talão de cheques. O resultado: uma deficiência na capacidade de identificar o criminoso em uma fila de pessoas.

Pesquisas adicionais confirmaram que o efeito foco na arma é causado pela captura da atenção de uma testemunha. Um estudo mostrou que o efeito é eliminado quando o evento testemunhado ocorre em um campo de tiro, onde se espera que armas sejam vistas (Pickel, 1999). Um segundo estudo mostrou que a presença de um objeto novo não ameaçador – não apenas uma arma – tem o mesmo efeito, atraindo a atenção de uma testemunha simulada para longe do culpado e reduzindo a precisão da identificação (Erickson et al., 2014). Um terceiro estudo mostrou que, embora as testemunhas simuladas fossem menos precisas na identificação de um assaltante sendo filmado com uma espingarda em vez dos punhos ou uma garrafa de cerveja, esse efeito foi revertido ao ser colocado um grande adesivo esportivo na bochecha do agressor que redirecionou a atenção das testemunhas para o rosto dele (Carlson e Carlson, 2012).

A *etnia* é outro fator importante. Ao variar a composição racial de participantes e pessoas-alvo em interações em laboratório e na vida real, os pesquisadores descobriram que as pessoas são mais

> **efeito foco na arma** Tendência da presença de uma arma de chamar a atenção e prejudicar a capacidade de uma testemunha na identificação do culpado.

precisas em reconhecer membros do próprio grupo étnico que de uma etnia diferente da delas – um efeito conhecido como **viés de identificação entre etnia** (Malpass e Kravitz, 1969).

Em um estudo de campo, por exemplo, 86 balconistas de lojas de conveniência em El Paso, Texas, foram solicitados a identificar três clientes – um branco, um afro-americano e um mexicano-americano – todos confederados que fizeram compra antes daquele dia. Descobriu-se que os funcionários brancos, negros e mexicanos-americanos tinham maior probabilidade de identificar com precisão os clientes pertencentes ao próprio grupo racial ou étnico (Platz e Hosch, 1988).

A descoberta de que "todos eles se parecem" (referindo-se a membros de outros grupos) é encontrada de forma clara e em muitos grupos raciais e étnicos diferentes. Christian Meissner e John Brigham (2001) combinaram estatisticamente os resultados de 39 estudos que envolveu um total de 5 mil testemunhas simuladas. Eles descobriram que as testemunhas eram consistentemente menos precisas e mais propensas a fazer identificações erradas quando tentavam reconhecer pessoas-alvo de grupos raciais e étnicos diferentes dos deles. Infelizmente, o preconceito entre raças não é mero fenômeno de laboratório. Em muitos casos do mundo real, testemunhas oculares identificaram incorretamente suspeitos inocentes que eram de etnia diferente da delas (Wilson et al., 2013). Paralelamente a essa pesquisa, estudos também mostram que crianças e adultos jovens e idosos têm mais dificuldade em reconhecer outras pessoas de faixa etária diferente da deles (Rhodes e Anastasi, 2012).

> Testemunhas oculares acham relativamente difícil reconhecer membros de etnia diferente da delas.
>
> **VERDADEIRO**

12-1b Armazenamento da memória

As lembranças do passado remoto são confiáveis? Como você pode imaginar, a memória de rostos e eventos tende a diminuir com o passar do tempo. Intervalos mais longos entre um evento e sua recuperação geralmente estão associados a um aumento do esquecimento. Porém nem todas as lembranças desaparecem, e o tempo sozinho não causa perda de memória. Considere a situação de quem testemunha em primeira mão incidentes como atentados terroristas, tiroteios, acidentes de avião ou acidentes fatais de carro. Depois do ocorrido, essas pessoas podem falar sobre o que viram, ler sobre o ocorrido, ouvir o que outros espectadores, investigadores e repórteres têm a dizer. No momento em que as testemunhas desses eventos são oficialmente questionadas, é provável que tenham sido expostas a tantas informações pós-evento que nos perguntamos se a memória original ainda é "pura".

De acordo com Elizabeth Loftus (1996), provavelmente não. Muitos anos atrás, com base nos próprios estudos de depoimentos de testemunhas oculares, Loftus propôs uma teoria agora clássica de memória reconstrutiva. Ela teorizou que, depois de observar um evento, as informações que uma pessoa recebe mais tarde a respeito deles – sejam verdadeiras ou não – tornam-se integradas ao tecido da memória dela. Um experimento inicial de Loftus e Palmer (1974) ilustrou esse ponto. Os participantes assistiram ao filme de um acidente de trânsito e responderam a perguntas, que incluíram "Qual a velocidade aproximada dos carros quando *batem* um no outro?" Outros participantes responderam à mesma pergunta, exceto que o verbo *bater* foi substituído por *arrebentar, colidir, chocar* ou *tocar*. Todos os participantes presenciaram o mesmo acidente, mas a formulação da pergunta afetou seus relatos.

A • Figura 12.2 mostra que os participantes que receberam a pergunta com o verbo "arrebentar" estimaram a velocidade média mais alta e os que responderam à pergunta com o verbo "tocar" estimaram a mais baixa. No entanto, tem mais. Uma semana depois, os participantes foram chamados novamente para mais sondagens. As palavras das perguntas os levaram a reconstruir as memórias do acidente? Sim. Quando questionados se viram vidros quebrados no acidente (algo que não havia), 32% dos participantes que trabalhavam com o verbo "arrebentar" disseram que sim. Como Loftus havia previsto, o que esses participantes lembravam do acidente baseava-se em duas fontes: o próprio evento e as informações pós-evento.

> **viés de identificação entre etnias** Tendência de as pessoas serem mais precisas no reconhecimento de membros do próprio grupo racial que de outros grupos.

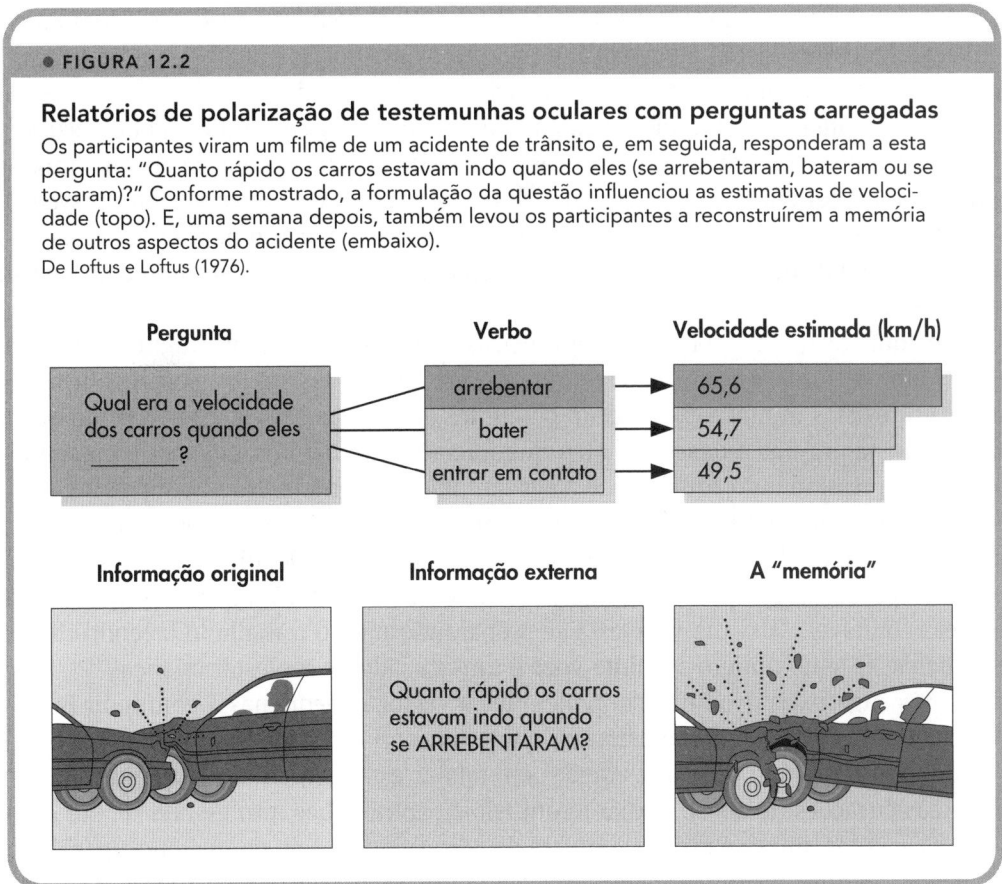

• FIGURA 12.2

Relatórios de polarização de testemunhas oculares com perguntas carregadas

Os participantes viram um filme de um acidente de trânsito e, em seguida, responderam a esta pergunta: "Quanto rápido os carros estavam indo quando eles (se arrebentaram, bateram ou se tocaram)?" Conforme mostrado, a formulação da questão influenciou as estimativas de velocidade (topo). E, uma semana depois, também levou os participantes a reconstruírem a memória de outros aspectos do acidente (embaixo).

De Loftus e Loftus (1976).

Esse **efeito de desinformação** gerou muita controvérsia. É claro que testemunhas oculares podem ser comprometidas quando expostas a informações pós-evento – como quando são informadas, por exemplo, que a pessoa que identificaram ou outra pessoa confessou durante um interrogatório (Hasel e Kassin, 2009). Também agora está claro que as testemunhas que estão sob intenso estresse (Morgan, Southwick, et al., 2013) ou que não estão alertas – por exemplo, porque foram privadas de sono (Frenda et al., 2014) – são especialmente vulneráveis. Somente quando as testemunhas são avisadas com antecedência ou informadas posteriormente que informações incorretas específicas foram apresentadas, os efeitos podem ser evitados (Higham et al., 2017).

Essa informação realmente altera a memória de uma testemunha, tornando impossível recuperá-la? Ou os participantes meramente seguem a sugestão do experimentador, ao deixar a verdadeira memória intacta para recuperação sob outras condições ainda a serem identificadas? De qualquer modo, esteja a memória realmente alterada ou não, é claro que os *relatos* de testemunhas oculares irremediavelmente são tendenciosos por causa de informações pós-evento e que esse efeito pode ser intenso (Frenda et al., 2011).

Em um estudo de laboratório, Craig Stark et al. (2010) mostraram aos participantes uma série de slides em que um homem roubava a carteira de uma mulher e a colocava no bolso da jaqueta. Esses mesmos participantes então ouviram um relato gravado do evento que era preciso ou que informava, erroneamente, que o homem havia escondido a carteira no bolso da calça. Todos foram questionados posteriormente sobre os detalhes do evento enquanto estavam em um scanner de ressonância magnética. Claramente, um número substancial de participantes cujo relato apresentava a informação errada se lembrava, incorretamente, de o ladrão ter colocado a carteira no bolso da calça, não do paletó – e disseram que se lembravam desse detalhe nos slides. Curiosamente, os dados de neuroimagem da ressonância

efeito de desinformação Tendência para a desinformação falsa pós-evento tornar-se integrada na memória que as pessoas têm de um evento.

magnética mostraram que as memórias verdadeiras – aquelas baseadas nos slides – foram acompanhadas por mais ativação do córtex visual do cérebro, enquanto as memórias falsas – aquelas baseadas na gravação de áudio – foram acompanhadas por mais ativação no córtex auditivo.

Esse fenômeno levanta uma questão adicional e preocupante. Se os adultos podem ser enganados por informações pós-evento, o que dizer das crianças? Em 1988, Margaret Kelly Michaels, uma professora de pré-escola de 26 anos, foi considerada culpada de 115 acusações de abuso sexual na Wee Care Nursery School em Nova Jersey. As acusações contra ela eram chocantes. Por um período de mais de 7 meses, foi informado ao júri, ela dançou nua na sala de aula, despiu as crianças e as estuprou com utensílios de cozinha e blocos de Lego.

As histórias contadas pelas crianças eram precisas? Por um lado, houve algumas consistências marcantes nos depoimentos de 19 crianças testemunhas. Por outro, assistentes sociais e investigadores que conduziram as entrevistas muitas vezes faziam perguntas sugestivas às crianças, dizendo que Michaels era uma pessoa má, instaram-nas a descrever atos que inicialmente haviam negado, oferecendo premiações para informações e pressionando aquelas que alegavam não saber nada. Não houve prova física de abuso e nenhuma outra testemunha, embora os atos supostamente tivessem ocorrido em uma sala de aula aberta. Michaels foi considerada culpada e condenada a 47 anos de prisão. Depois de cumprir cinco anos, ela foi libertada quando o tribunal de apelações do estado anulou a condenação, alegando que o testemunho das crianças não era confiável. "Um dia você está se preparando para o trabalho e fazendo café, cuidando da vida", disse Michaels, "e no minuto seguinte você é um acusado de molestar crianças".

Procedimentos sugestivos de entrevista podem levar crianças pequenas a confundir imaginação e realidade? Ao longo dos anos, pesquisas mostraram que muitas crianças são maltratadas em casa e em outros lugares e, ainda assim, relutam por várias razões em relatar essas experiências às autoridades. Ao mesmo tempo, inúmeras acusações de abuso sexual foram feitas contra babás, professores de pré-escola e familiares. À luz desses eventos, juízes e júris lutam para decidir: crianças têm competência para testemunhar ou são sugestionáveis, muito propensas a confundir realidade e fantasia? Para fornecer orientação aos tribunais, os pesquisadores estudaram os fatores que influenciam a memória de crianças testemunhas oculares (Bottoms et al., 2009; Bruck e Ceci, 1999; Lamb et al., 2008).

Essa pesquisa evoluiu em várias etapas. No início, experimentos simples de laboratório mostraram que crianças em idade pré-escolar eram mais propensas que as mais velhas e adultos a incorporar enganosas perguntas "capciosas" a suas memórias de histórias simples (Ceci et al., 1987). Outros estudos mostraram que os entrevistadores podiam levar as crianças a mudar as memórias (ou pelo menos suas respostas) simplesmente repetindo uma pergunta indefinidamente – um comportamento que indica que a resposta dada não é boa o suficiente (Poole e White, 1991). No entanto, as crianças pequenas são igualmente sugestionáveis em relação a experiências estressantes da vida real?

Em um estudo, Leichtman e Ceci (1995) contaram a crianças de uma creche sobre um homem desajeitado chamado Sam Stone que sempre quebrava coisas. Um mês depois, um homem visitou a escola, passou um tempo na sala de aula e saiu. No dia seguinte, as crianças viram um livro rasgado e um ursinho de pelúcia sujo e perguntaram o que havia acontecido. Ninguém disse ter visto Stone causar o estrago. No entanto, durante as dez semanas seguintes, elas receberam perguntas sugestivas ("Será que Sam Stone estava usando calças compridas ou curtas quando rasgou o livro?"). Resultado: quando um novo entrevistador pediu que as crianças contassem o que havia acontecido, 72% delas

"Você jura contar a versão da verdade como a percebe, talvez obscurecida pela passagem do tempo e por noções preconcebidas?"

de 3 e 4 anos culparam Stone pelo estrago e 45% disseram que o viram fazer isso. Uma criança "lembrou" que Stone pegou um pincel e sujou o urso com chocolate derretido. Outros o "viram" derramar café, jogar brinquedos para o alto, rasgar o livro com raiva e mergulhar o livro em água morna até este se desfazer.

É importante perceber que as memórias falsas em crianças não são necessariamente um subproduto de procedimentos ruins de interrogação. Mesmo quando os depoimentos são neutros, relatos falsos podem resultar da exposição das crianças à desinformação de fontes externas como televisão (Principe et al., 2000), pais (Poole e Lindsay, 2001), colegas (Principe e Ceci, 2002) e o uso de bonecos anatômicos e diagramas que os entrevistadores às vezes empregam para fazer as crianças demonstrarem como foram tocadas (Poole et al., 2011).

Para resumir, os estudos indicam que a repetição, a desinformação e as perguntas principais podem influenciar o relato da memória de uma criança e que as em idade pré-escolar são particularmente vulneráveis nesse sentido. De alguma forma, os tribunais devem distinguir entre alegações verdadeiras e falsas caso a caso. Para ajudar neste esforço, tanto para motivar as crianças vítimas de maus-tratos que são relutantes quanto para minimizar os efeitos da sugestionabilidade, os pesquisadores propuseram que diretrizes claras de entrevista sejam estabelecidas para que as futuras crianças testemunhas sejam interrogadas de uma maneira favorável, mas objetiva e não tendenciosa (Hershkowitz et al., 2014; Lamb et al., 2008).

■ 12-1c Identificação do culpado

Para as testemunhas oculares, testemunhar é apenas o último de uma série de esforços em busca de se lembrar que viram. Antes que as testemunhas cheguem ao tribunal, elas são interrogadas pela polícia e pelos advogados, veem uma lista ou fotos de policiais e, possivelmente, até ajudam a criar um retrato do criminoso. No entanto, cada uma dessas experiências pode aumentar o risco de erro e de distorção.

Imagine tentar reconstruir o rosto de um culpado selecionando um par de olhos, um nariz, uma boca, um penteado e assim por diante a partir de uma vasta coleção de opções e, em seguida, combiná-los na composição de um rosto. Pesquisas mostram que esse processo raramente produz um retrato que se pareça com o verdadeiro culpado (Kovera et al., 1997). Para complicar ainda mais, o próprio processo de criação do retrato pode confundir as testemunhas, tornando mais difícil, posteriormente, identificar o culpado. Em um estudo, por exemplo, os participantes foram solicitados a selecionar entre seis fotos a de uma pessoa que haviam visto 2 dias antes. Sessenta por cento fez a identificação correta. Quando tentaram reconstruir seu rosto usando um programa de computador específico, no entanto, a precisão de identificação caiu para 18% (Wells et al., 2005). O maior impacto de uma testemunha ocular em um caso ocorre quando ele ou ela faz uma identificação positiva a partir de uma sequência de fotos ou de pessoas presentes. Depois que a polícia faz uma prisão, é comum chamar as testemunhas para identificar o suspeito entre cinco a sete outros indivíduos. Esse procedimento pode ocorrer horas, dias ou meses após o crime. De qualquer modo, o reconhecimento incorreto resulta em casos trágicos. Com o uso da aplicação de resultados de pesquisas com testemunhas oculares, esse risco pode ser reduzido (Cutler, 2013; Wells et al., 1998, 2020).

Basicamente, quatro fatores podem afetar a identificação nesse estágio. O primeiro é a *seleção* dos suspeitos. Para ser justo, o grupo de suspeitos deve conter de quatro a oito pessoas inocentes, que agem como coadjuvantes, que correspondem à descrição geral da testemunha do culpado. Se a testemunha descreve ter visto um homem branco na casa dos 20 anos com cabelo encaracolado, por exemplo, não devem ser incluídas pessoas mais velhas, não brancas e carecas. Além disso, qualquer característica que diferencie um suspeito dos demais aumenta a chance de ele ser selecionado (Buckhout, 1974). Foi o que aconteceu com Steve Titus, erroneamente acusado de estupro quando a polícia mostrou à vítima a foto dele ao lado de cinco outros homens. Ainda que todos fossem parecidos, Titus destacava-se por ser o menor e o único sorrindo (Loftus e Ketcham, 1991).

As escolhas de testemunhas oculares em uma identificação também podem ser influenciadas pela expressão emocional no rosto de um suspeito em relação aos demais. Em um experimento, por exemplo, suspeitos "inocentes" eram mais propensos a serem identificados em uma sequência de fotos quando a imagem deles retratava uma expressão de fúria, o que os fazia parecer mais com um criminoso, *e* quando os demais não apresentavam expressão de raiva (Flowe et al., 2014).

Além disso, as *instruções* dadas às testemunhas em uma identificação são muito importantes. Em um estudo de Roy Malpass e Patricia Devine (1981), os alunos presenciaram um ato encenado de vandalismo e, depois, participaram de uma identificação. Metade dos alunos recebeu instruções "tendenciosas": foram levados a acreditar que o culpado estivesse entre os suspeitos. Os outros foram informados de que ele poderia ou não estar presente. Os suspeitos eram então apresentados com ou sem o culpado. Quando os alunos receberam instruções tendenciosas, sentiram-se compelidos a identificar *alguém* e muitas vezes escolheram uma pessoa inocente (ver ▲ Tabela 12.1).

Estudos adicionais confirmaram e qualificaram esse resultado básico: quando o criminoso está presente na identificação, instruções tendenciosas não representam um problema. Quando ele não está, no entanto – o que ocorre sempre que quem a polícia considera suspeito é, na verdade, inocente – as instruções tendenciosas aumentam a taxa de identificações erradas consideravelmente (Clark, 2005; Steblay, 1997). Mais uma vez, a história de Steve Titus é um bom exemplo. A polícia disse à vítima para identificar o agressor entre seis suspeitos. Depois de estudar as fotos por vários minutos e balançar a cabeça, confusa, ela foi instada a se concentrar e fazer uma escolha. "Este é o mais parecido", disse ela. "Tem de ser este" (Loftus e Ketcham, 1991, p. 38).

O terceiro fator é talvez o mais sutil, já que se refere aos preconceitos *induzidos pela familiaridade*. Pesquisas mostram que as pessoas geralmente se lembram de um rosto, mas não das circunstâncias em que o viram. Em um estudo, por exemplo, os participantes testemunharam um crime encenado e depois viram uma sequência de fotos. Poucos dias depois, eles foram convidados a participar de uma identificação presencial. O resultado foi surpreendente: os participantes tinham tanta probabilidade de identificar uma pessoa inocente cuja foto havia sido apresentada antes quanto de escolher o verdadeiro criminoso (Brown et al., 1977)! Muitos estudos diferentes mostraram que as testemunhas frequentemente identificam, entre os suspeitos, alguém que viram em outro contexto, incluindo transeuntes inocentes que também estavam na cena do crime (Deffenbacher et al., 2006).

Um quarto fator diz respeito ao uso de um procedimento *duplo-cego*. Sempre existe o risco de que um policial que conduza um processo de identificação de suspeitos – normalmente contendo alguém de quem se suspeita e alguns inocentes – influencie inadvertidamente a decisão da testemunha, muito provavelmente para identificar o suspeito (que pode ou não ser o culpado). Por essa razão, psicólogos sociais defendem um procedimento em que não apenas a testemunha é "cega" em relação a quem é o real suspeito, mas também o policial que conduz o processo.

Em um estudo que abordou especificamente essa questão, Sarah Greathouse e Margaret Bull Kovera (2009) combinaram alunos "testemunhas" de um roubo encenado com alunos "policiais", treinados para conduzir um processo de identificação com fotos simultâneas ou sequenciais usando instruções tendenciosas ou imparciais. Nessas fotos, a do verdadeiro culpado estava presente ou ausente. Metade dos "policiais" foi *informada* de quem era o suspeito; a outra metade não *sabia* a identidade dele.

Os resultados mostraram que, em condições relativamente tendenciosas (divulgação simultânea de fotos e instruções tendenciosas), as testemunhas fizeram mais identificações de suspeitos – mesmo quando este era, na verdade, inocente – quando o "policial"

▲ TABELA 12.1

Efeitos da seleção e das instruções sobre falsas identificações

Depois de testemunhar um crime, os participantes foram informados de que o culpado estava na seleção (instrução tendenciosa) ou que ele poderia ou não estar presente (instrução imparcial). Os participantes, então, viram uma programação em que o verdadeiro culpado estava presente ou ausente. Observe a porcentagem de participantes em cada grupo que identificou uma pessoa inocente. Aqueles que receberam a instrução tendenciosa eram mais propensos a fazer uma identificação falsa, escolhendo uma pessoa inocente em vez de não escolher ninguém, especialmente quando o verdadeiro culpado não estava na seleção.

	Porcentagem de falsas identificações	
	Instruções imparciais	Instruções tendenciosas
Presença do culpado	0	25
Culpado ausente	33	78

De Malpass e Devine (1969).

havia sido informado sobre a identidade do real suspeito. As gravações das sessões mostraram que os alunos que conduziram o processo e haviam sido informados aumentaram inadvertidamente as taxas de identificação, dizendo às testemunhas para olharem com cuidado, pedindo que olhassem novamente quando não conseguissem fazer uma seleção e, em alguns casos, informando que sabiam quem era o suspeito. Essa pesquisa apoia fortemente um ponto de reestruturação, recentemente adotado em vários estados, que pesquisadores de testemunhos oculares há muito defendem: um procedimento duplo-cego em que nem a testemunha nem o policial sabem quem é o real suspeito na identificação (para uma revisão, consulte Kovera e Evelo, 2017).

12-1d Testemunhando no tribunal

Testemunhas oculares podem ser imprecisas, mas esse aspecto é apenas parte do problema. A outra parte é que seu testemunho não é fácil de avaliar. Para examinar como os júris veem o depoimento de testemunhas oculares, Gary Wells, Rod Lindsay et al. conduziram uma série de estudos iniciais nos quais encenaram o roubo de uma calculadora na presença de participantes desavisados da pesquisa que foram, posteriormente, interrogados após tentar identificar o culpado a partir de uma sequência de fotos. Outros participantes, que atuaram como jurados simulados, observaram o interrogatório e julgaram as testemunhas. No geral, os jurados superestimaram a precisão das testemunhas oculares e não puderam distinguir quando as identificações estavam corretas ou incorretas (Lindsay et al., 1981; Wells et al., 1979).

Parece haver dois problemas. Em primeiro lugar, o senso comum não permite que as pessoas conheçam muitos aspectos da percepção e de memória humanas. Brian Cutler et al. (1988) descobriram que os jurados simulados não eram particularmente sensíveis aos efeitos das instruções de identificação, foco na arma e outros aspectos de uma situação de testemunha ocular, como o preconceito entre etnias, na avaliação de seu depoimento. As pessoas conhecem alguns fatores, mas não outros (Desmarais e Read, 2011). O segundo problema é que há a tendência a basear os julgamentos de uma testemunha ocular em grande parte no quanto *confiante* essa testemunha está, algo apenas modestamente preditivo de precisão. Essa afirmação pode parecer surpreendente, mas estudos mostraram que a testemunha que declara "Estou absolutamente certo" não tem, necessariamente, mais probabilidade de estar certa que aquela que parece menos segura (Penrod e Cutler, 1995; Sporer et al., 1995). Resumindo muitos anos de pesquisa, Wixted e Wells (2017) concluíram que, embora a segurança da testemunha ocular possa sinalizar de modo confiável a precisão quando a identificação é conduzida de maneira justa e imediata, indica menos precisão quando é realizada uma identificação tendenciosa ou há a chance da interferência de outras influências.

O problema é que os níveis de segurança podem ser aumentados e reduzidos por fatores que não afetam a precisão da identificação. Para demonstrar, Elizabeth Luus e Wells (1994) encenaram um roubo diante de duplas de participantes e, em seguida, fizeram com que cada um identificasse separadamente o culpado com base em uma fotografia. Depois de fazerem suas identificações, os experimentadores levaram os participantes a acreditar que o parceiro, uma cotestemunha, havia escolhido a mesma pessoa, uma outra pessoa de aparência semelhante, uma outra pessoa de aparência diferente ou disse que o ladrão não estava entre os suspeitos. Os participantes foram questionados por um policial que perguntou: "Em uma escala de 1 a 10,

Em março de 2009, o psicólogo social Gary Wells apresentou-se no noticiário da CBS *60 Minutes*, no qual explicou de que maneira vários aspectos de uma seleção, tais como as fotografias são apresentadas e como as testemunhas são instruídas, podem influenciar a tendência de as pessoas fazerem identificações corretas ou incorretas.

quanto seguro você está de sua identificação?". Resultado: os participantes ficaram mais seguros quando haviam sido informados de que uma cotestemunha havia escolhido a mesma pessoa ou uma delas com aparência diferente e menos confiantes quando informados de que a cotestemunha havia escolhido uma pessoa parecida ou nenhuma opção. Outros estudos também mostraram que as testemunhas oculares podem ser influenciadas pelos relatos das cotestemunhas (Gabbert et al., 2003; Skagerberg, 2007).

Outros estudos mostram que a confiança de uma testemunha pode ser influenciada por outros tipos de informações. John Shaw (1996) descobriu que testemunhas simuladas que são repetidamente questionadas sobre suas observações tornam-se cada vez mais confiantes com o tempo – embora não se tornem mais precisas. Demonstrando o que chamaram "efeito insucesso", Steve Charman e colegas (2011) descobriram que a confiança de uma testemunha ocular em uma identificação equivocada é inflada pela presença na identificação de pessoas sem semelhanças com o criminoso. Em oposição a essas opções, a escolha da testemunha parece mais próxima e correta.

Particularmente problemático quando se trata do nível de confiança declarado de uma testemunha é o *efeito de feedback pós-identificação*, demonstrado pela primeira vez por Gary Wells e Amy Bradfield (1998). Esses pesquisadores descobriram que as testemunhas oculares que fizeram identificações incorretas e depois receberam feedback positivo do experimentador sobre essas identificações passaram não apenas a se tornar mais confiantes, mas também a reconstruir toda a sua memória da experiência como testemunha. Em uma série de estudos, eles mostraram aos participantes a gravação de uma câmera de segurança de um homem que atirou em um guarda seguida por um conjunto de fotos que não continham o próprio atirador (em outras palavras, todas as identificações feitas eram falsas). O experimentador então disse a algumas testemunhas (mas não a outras): "Que bom. Você identificou o verdadeiro culpado do assassinato." Quando as testemunhas foram posteriormente questionadas sobre toda a experiência, aqueles que receberam o feedback de confirmação "lembraram" que prestaram mais atenção ao evento, tiveram uma visão melhor do culpado e acharam mais fácil fazer a identificação (ver • Figura 12.3). Depois de

• FIGURA 12.3

Os efeitos de polarização do feedback pós-identificação

Os participantes viram um atirador em uma fita de vídeo e, em seguida, tentaram fazer a identificação valendo-se de um conjunto de fotos em que ele estava ausente. Posteriormente, o experimentador deu algumas provas, mas não outras, confirmando o feedback sobre sua seleção. Como mostrado, aqueles que receberam o feedback de confirmação lembraram que prestaram mais atenção ao evento, tiveram uma visão melhor dele, puderam distinguir detalhes do rosto do culpado e acharam mais fácil fazer a identificação. Eles também estavam mais dispostos a testemunhar no tribunal.
Wells e Bradfield (1998)

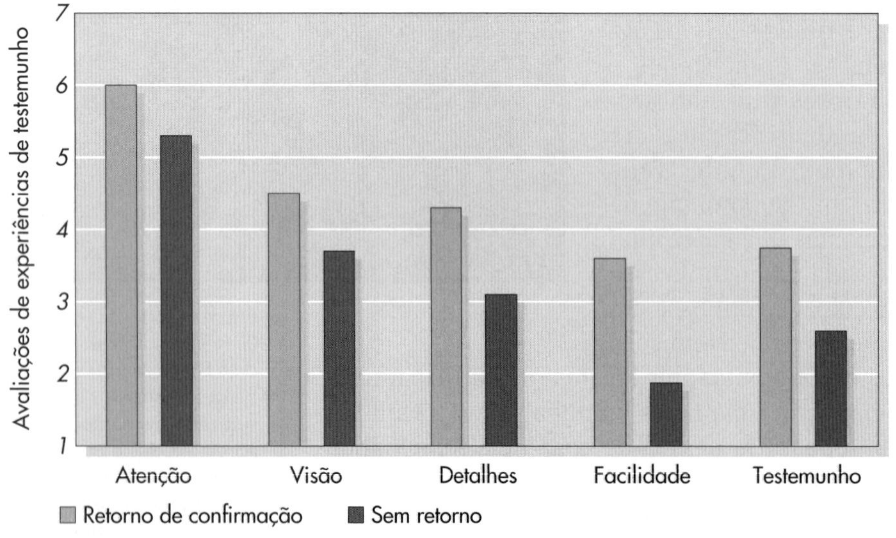

20 estudos envolvendo 20 mil testemunhas simuladas, agora está claro: o feedback positivo pode alterar o relato de uma testemunha ocular sobre o evento testemunhado e aumentar o nível de confiança (Steblay et al., 2014).

Esse efeito de feedback pós-identificação levanta uma questão importante: o aumento da confiança das testemunhas torna ainda mais difícil para o júri discriminar entre depoimentos corretos e incorretos feitos por testemunhas oculares? Para responder a essa pergunta, Laura Smalarz e Gary Wells (2014) conduziram um experimento de laboratório de duas fases. Na primeira, os participantes assistiram a um vídeo de 90 segundos com a simulação de um crime em que um homem, em um aeroporto, trocava a mala dele pela de outro passageiro. Posteriormente, eles foram informados de que a sacola deixada para trás continha uma bomba e que o objetivo do estudo era verificar se eles conseguiam identificar o culpado valendo-se de uma série de fotos. Os participantes, então, fizeram uma identificação correta ou errada e, depois, metade deles, designados aleatoriamente, receberam feedback positivo. Todas as testemunhas deram seus depoimentos diante das câmeras – como se estivessem prestando depoimento.

Na Fase 2 desse estudo, um segundo grupo de participantes assistiu a depoimentos de testemunhas da Fase 1 e indicou se achavam que a identificação feita estava correta ou incorreta. O resultado foi preocupante. Ao observar as testemunhas que não receberam feedback, os participantes da Fase 2 acreditaram que 70% estivessem certas e apenas 36%, erradas – eles perceberam a diferença. Ao observar testemunhas que receberam feedback positivo antes dos depoimentos, no entanto, os participantes da Fase 2 acreditaram que 64% das testemunhas estivessem corretas e 63%, erradas. A ● Figura 12.4 mostra que, ao apoiar as testemunhas que fizeram identificações erradas, o feedback positivo tornou impossível aos observadores externos fazerem distinções precisas. Essas descobertas e outras (Douglass et al., 2010) levaram Smalarz e Wells (2015) a considerar que, no mundo real – onde as testemunhas rotineiramente obtêm feedback positivo –, deve ser especialmente difícil para juízes e júris avaliarem a precisão dos depoimentos.

■ 12-1e Melhorando a justiça das testemunhas oculares

Ao descrever os problemas com as informações obtidas valendo-se do depoimento de testemunhas oculares, os psicólogos sociais estão em posição de colocar o conhecimento em uso de duas maneiras importantes: educar juízes e júris sobre a ciência para que possam avaliar melhor as testemunhas que depõem em tribunal e (2) tornar as próprias provas de identificação feitas pelas testemunhas mais precisas.

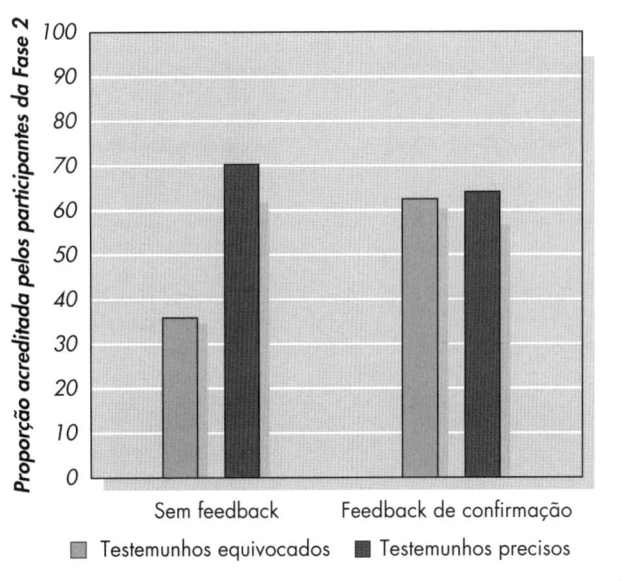

● FIGURA 12.4

Como o feedback pós-identificação para as testemunhas prejudica o júri

Os participantes da Fase 1 assistiram a um vídeo de crime e, a seguir, fizeram uma identificação correta ou incorreta. Aleatoriamente, metade dessas testemunhas recebeu feedback positivo antes de dar o "testemunho" perante a câmera, que, mais tarde, foi visto por um segundo grupo de participantes. Ao observar as testemunhas que não tinham recebido feedback, os participantes da Fase 2 foram capazes de distinguir entre aqueles que eram precisos e os que eram imprecisos (à esquerda). No entanto, ao observar as testemunhas que tinham recebido feedback positivo, os participantes da Fase 2 não conseguiram mais notar a diferença (à direita). Depois de ter recebido feedback positivo, como costuma acontecer no mundo real, testemunhas imprecisas tornaram-se mais confiantes e, portanto, mais verossímeis.
Smalarz e Wells (2014)

Para educar o júri, os psicólogos às vezes depõem como especialistas em testemunhas oculares em julgamentos. Assim como médicos que testemunham sobre a condição física de um paciente, economistas que testemunham sobre monopólios e outras questões antitruste e engenheiros civis que testemunham sobre a integridade estrutural de edifícios, psicólogos são frequentemente chamados por uma ou outra parte para informar o júri sobre aspectos relevantes da percepção, da memória e do comportamento humano (Cutler, 2009).

O que, especificamente, esses especialistas dizem ao júri? Que conclusões apresentam no tribunal? Vários anos atrás, os pesquisadores entrevistaram 64 especialistas em testemunhas oculares, muitos dos quais os estudos são descritos neste capítulo. Os princípios listados na ▲ Tabela 12.2 foram vistos pela maioria dos entrevistados como altamente confiáveis e dignos do testemunho de um especialista (Kassin et al., 2001). O júri precisa ser informado? Em alguns assuntos, sim. A pesquisa mostra que existem certos aspectos da psicologia do depoimento de testemunhas oculares (por exemplo, o fato de que as instruções de identificação e o formato da apresentação dos suspeitos podem afetar a possibilidade de as testemunhas identificarem uma pessoa inocente) que uma pessoa comum não conhece tendo apenas o senso comum como base (Desmarais e Read, 2011).

Nos últimos anos, psicólogos também ajudaram a melhorar a precisão das identificações de testemunhas oculares. Eles fizeram isso ao replicar os experimentos de laboratório em departamentos de polícia, testemunhando não apenas em julgamentos, mas também perante legislaturas estaduais e comissões de justiça criminal, apresentando-se em programas nacionais de notícias, submetendo documentos a

▲ TABELA 12.2

O que os especialistas em testemunhas oculares dizem no tribunal?

Apresentados a uma lista de fatores de testemunhas oculares, 64 especialistas foram questionados sobre quais resultados de pesquisas eram fortes o suficiente para serem apresentados em tribunal. Em ordem de quanto apoio eles obtiveram, os tópicos a seguir estão entre os mais conceituados de depoimentos de especialistas.

Fator de testemunha ocular	Declaração
Redação das perguntas	O depoimento de uma testemunha ocular sobre um evento pode ser afetado pela forma como as perguntas feitas a ela são formuladas.
Instruções de seleção	As instruções da polícia podem afetar a disposição de uma testemunha ocular de fazer uma identificação.
Viés induzido por Mug shot	A exposição a fotos de um suspeito aumenta a probabilidade de que, mais tarde, a testemunha escolha esse suspeito em um processo de identificação.
Maleabilidade de confiança	A confiança de uma testemunha ocular pode ser influenciada por fatores que não estão relacionados com a precisão de uma identificação.
Informação pós-evento	Em geral, o depoimento de uma testemunha ocular sobre um evento reflete não apenas o que ela realmente viu, mas também as informações que obteve posteriormente.
Sugestionabilidade infantil	As crianças pequenas são mais vulneráveis que os adultos às sugestões do entrevistador, às pressões dos colegas e a outras influências sociais.
Intoxicação alcoólica	A intoxicação alcoólica prejudica a capacidade posterior de uma testemunha ocular de se lembrar de pessoas e eventos.
Viés de identificação entre raças	Testemunhas oculares são mais precisas em identificar membros de sua própria raça que de outras.
Foco na arma	A presença de uma arma prejudica a capacidade que uma testemunha ocular tem para identificar com precisão o rosto do agressor.
Confiança na precisão	A confiança de uma testemunha ocular não é um bom indicador da precisão de sua identificação.

De Kassin et al. (2001).

tribunais e inspirando uma onda de reformas — tudo projetado para melhorar os procedimentos usados na obtenção de identificações de suspeitos por testemunhas oculares. Atualmente, por exemplo, um número crescente de departamentos de polícia começou a exigir que os processos sigam uma apresentação justa de suspeitos e sejam feitas de maneira duplo-cegas, que as instruções sejam imparciais, e que a avaliação da segurança de uma testemunha seja imediata (sem feedback) e até mesmo a gravação em vídeo do processo para que este possa ser revisto posteriormente (Wells et al., 2020).

> Quanto mais confiante uma testemunha ocular estiver sobre uma identificação, mais precisa será.
> **FALSO**

12-1f O álibi: testemunha ocular da inocência

"Suponha que, para grande surpresa, você tenha descoberto que foi considerado suspeito em uma investigação criminal. Você é inocente, então, simplesmente tem de informar onde estava na hora do crime. Se você se lembrar onde estava naquele momento, tem um álibi – um álibi é simplesmente uma alegação de que você estava em outro lugar. No entanto, ter um álibi é a parte fácil; provar um álibi é outra história" (Olson e Wells, 2004, p. 157).

Assim como a polícia e os promotores buscam testemunhas oculares para identificar suspeitos e abrir um processo contra eles, os réus frequentemente recorrem às próprias testemunhas, ou álibis, para ajudar a comprovar seu paradeiro no momento do crime. Há várias maneiras de alguém sob suspeita oferecer prova de inocência. Às vezes, provas físicas podem ser usadas – como recibos de caixas eletrônicos, registros de telefone celular ou GPS ou vídeos de vigilância. Em outras ocasiões, outras pessoas são citadas – como cônjuge, amigo, vizinho, caixa ou garçonete.

Intuitivamente, as pessoas consideram alguns álibis mais confiáveis que outros. Em um estudo, os participantes endossaram a crença de que 62% dos álibis biologicamente relacionados mentiriam por um réu, em comparação com 50% dos álibis relacionados por casamento e 32% das testemunhas cuja relação seria meramente social (Hosch et al., 2011). Em um segundo estudo, policiais experientes relataram que os álibis mais verossímeis são aqueles que incluem provas físicas, o que é raro, ou a declaração de um estranho sem relação com o réu, o que também é raro (Dysart e Strange, 2012).

Quanto honestas são as testemunhas do álibi? Elas estão dispostas a mentir por alguém que conhecem e gostam? As memórias delas estão sujeitas à influência de fontes externas? Para responder a essas perguntas, Stephanie Marion e Tara Burke (2013) desenvolveram um experimento engenhoso no qual levaram alunos participantes e alunos confederados contratados para atuar como coparticipantes em várias tarefas no laboratório. No início de cada sessão, determinada por atribuição aleatória, algumas duplas de alunos foram levados a acreditar que os testes de personalidade que haviam feito anteriormente mostravam que eles eram muito semelhantes, então, trabalharam juntos na primeira tarefa e tiveram uma conversa amigável. Outras duplas foram levadas a acreditar que eram diferentes, e, então, os alunos foram separados para trabalhar na primeira tarefa em salas diferentes. Depois de vários minutos de cada sessão, o confederado saia para ir ao banheiro e voltava ao laboratório com dinheiro no bolso, que colocava na carteira, ou sem nenhum sinal de dinheiro.

A certa altura, o experimentador voltava para a sala, anunciava que faltava dinheiro em uma sala de laboratório adjacente e perguntava aos alunos se tinham visto alguma coisa. O confederado dizia imediatamente: "Não, nós dois ficamos aqui o tempo todo". Mais tarde, quando os alunos estavam trabalhando em salas separadas, o experimentador voltou-se para o participante e fez a pergunta sobre o álibi: o confederado havia estado na sala durante todo o experimento? O participante atestaria o álibi do confederado suspeito? No geral, apenas 23% corroboraram o falso álibi do confederado. Na verdade, embora os participantes gostassem mais do confederado que consideravam semelhante que do confederado diferente, não foi mais provável que corroborassem seu álibi. O que importava era se os participantes haviam visto provas físicas de culpa. Em comparação com 36% na condição em que não havia dinheiro, apenas 10% corroborou o álibi quando havia dinheiro envolvido. Pelo menos entre os recém-conhecidos, parece que as testemunhas não estão dispostas a mentir nem mesmo por alguém de quem gostam.

Para complicar, a pesquisa mostra que mesmo testemunhas de álibi honestas e bem-intencionadas podem não ser tão precisas quanto se poderia pensar. Em um experimento recente, Steven Charman et al. (2017) trabalharam com 60 estudantes universitários ("suspeitos inocentes" que mais tarde poderiam precisar de um álibi), cada um interagindo causalmente com um dos 60 trabalhadores no *campus* ("corroboradores do álibi"). Depois de 24 horas, no entanto, e embora os alunos acreditassem que seriam reconhecidos, a maioria dos trabalhadores não conseguiu identificar o aluno em uma fotografia. Esse resultado sugere que suspeitos inocentes que dependem de estranhos para corroborar os álibis podem estar se colocando em risco.

Testemunhas de álibis também podem ser enganadas por provas externas, fazendo com que percam a confiança em suas memórias sobre um suspeito inocente. Em um experimento de laboratório que demonstra esse risco, Marion et al. (2016) reuniram duplas formadas por um participante e um confederado para completar uma série de tarefas de resolução de problemas. O confederado foi posteriormente acusado de roubar dinheiro de uma sala ao lado durante a sessão de estudo. Depois de inicialmente corroborar o álibi do confederado inocente de que ele nunca havia saído da sala, apenas 45% dos participantes mantiveram seu apoio a esse álibi depois de serem levados a acreditar que o confederado havia confessado (95% mantiveram seu relatório inicial quando disseram que o confederado negou envolvimento). Outros pesquisadores também descobriram que uma confissão faz com que algumas testemunhas de álibi percam a confiança em seu apoio a um suspeito – mesmo quando esse suspeito é um amigo (Kienzle e Levett, 2018).

■ 12-2 Confissões[5]

De vez em quando, ocorre algo extraordinário que abala a sua maneira de pensar. Conforme retratado no docudrama da Netflix de 2019 *Olhos que Condenam*, o caso da corredora do Central Park foi um desses eventos. Em 1989, cinco meninos de 14 a 16 anos foram considerados culpados de uma monstruosa agressão seguida de estupro a uma corredora no Central Park de Nova York depois que confessaram o crime (quatro deles em vídeo) em detalhes vívidos. Treze anos depois, um estuprador em série chamado Matias Reyes saiu da prisão e admitiu ter cometido o crime, não os meninos. Para investigar a alegação de Reyes, o promotor distrital testou o DNA do sêmen da cena do crime e pela compatibilidade descobriu que Reyes era o estuprador. Os cinco meninos, agora homens, eram inocentes. Todas as suas confissões foram falsas e as condenações foram retiradas (Burns, 2011).

■ 12-2a Entrevistas com suspeitos: a psicologia da detecção de mentiras

A polícia identifica um suspeito para interrogatório conversando com testemunhas e informantes, obtendo provas físicas na cena do crime ou utilizando outros métodos de investigação. Frequentemente, porém, toma-se a decisão de interrogar uma pessoa em particular com base apenas em um julgamento pessoal que se faz dela, conduzindo uma entrevista especial pré-interrogatório que facilita o engano. Em *Criminal Interrogations and Confessions*, um influente manual de interrogatórios publicado pela primeira vez em 1962 e agora em sua quinta edição, Inbau et al. (2013) propuseram um processo para que a polícia possa distinguir verdades de mentiras. Nessa abordagem, a polícia é aconselhada a fazer perguntas não acusatórias e, em seguida, observar mudanças no comportamento verbal e não verbal do suspeito – observando, por exemplo, contato visual, pausas, postura ou movimentos inquietos – para determinar se ele ou ela está falando a verdade.

Para uma pessoa sob suspeita, o julgamento de um policial nessa fase é crucial porque pode determinar se será considerada mentirosa e interrogada ou se será presumida inocente e enviada para casa. Em teoria, essa abordagem faz sentido. Conforme descrito no Capítulo 4, sobre percepção social, no entanto, as pesquisas mostram consistentemente que a maioria das pistas de comportamento verbais e não verbais sugeridas não apresentam altos níveis de precisão para diferenciar a verdade da mentira (DePaulo et al., 2003; Hartwig e Bond, 2011). Na verdade, as pesquisas mostram que as pessoas, em média, conseguem apenas 54% de precisão, que o treinamento produz pouca ou nenhuma melhoria e que policiais, psiquiatras, inspetores alfandegários, juízes e outros "profissionais" tendem a ter um desempenho apenas ligeiramente melhor (Meissner e Kassin, 2002; Vrij, 2008). À luz dessa falha humana, alguns psicólogos sociais estão agora buscando maneiras de melhorar o desempenho das pessoas ao detectar mentiras – por exemplo, desenvolvendo estratégias de entrevistas destinadas a "enganar os mentirosos" (Granhag et al., 2015).

Outros pesquisadores examinam o uso do **polígrafo**,[6] ou o que a maioria chamaria de teste do detector de mentiras. Um polígrafo é um instrumento eletrônico, comumente usado pela polícia, que registra simultaneamente vários canais de excitação fisiológica. Os sinais são captados por sensores conectados a diferentes partes do corpo. Por exemplo, tubos de borracha são amarrados ao redor do torso de um suspeito para medir a respiração, aparelhos de pressão são colocados ao redor do braço para medir a frequência cardíaca e eletrodos são colocados nas pontas dos dedos para registrar a atividade das glândulas sudoríparas ou a transpiração. Esses sinais são aumentados por amplificadores e convertidos em uma exibição visual.

O polígrafo é empregado para detectar mentira, considerando que, quando alguém mente, torna-se ansioso e fisiologicamente excitado de modo que podem ser medidas. Veja como o teste é conduzido. Depois de convencer um suspeito de que o polígrafo funciona e estabelecer o nível básico de excitação, o examinador faz uma série de perguntas de sim ou não e compara como o suspeito reage a *questões relevantes para o crime* que despertam emoções ("Você roubou o dinheiro?") E *questões de controle*, mas que também despertam emoções, mas não são relevantes para o crime ("Pegou algo que não pertencia a você quando era mais jovem?"). Em teoria, os suspeitos que são inocentes, cujas negações são verdadeiras, deveriam ser exibir mais excitação em resposta às questões de controle; suspeitos culpados, cujas negações são falsas, deveriam ser mais afetados pelas questões relevantes para o crime.

O teste do detector de mentiras realmente funciona? Muitos leigos acreditam que seja infalível, mas a opinião científica está dividida. Alguns pesquisadores relatam taxas de precisão de até 80% a 90%. Outros acreditam que tais afirmações são exageradas. Um problema bem documentado é que pessoas sinceras muitas vezes não passam no teste. Um segundo problema é que as pessoas que entendem o teste podem falsificar os resultados. Estudos mostram que você pode vencer o polígrafo tensionando os músculos, apertando os dedos dos pés ou usando outras "contramedidas" ao responder às perguntas de controle. Ao inflar artificialmente os registros das respostas a perguntas "inocentes" que são usadas como base de comparação, pode-se mascarar o estresse que é gerado ao mentir sobre as questões relevantes para o crime (Honts et al., 2002).

O que, então, devemos concluir? O National Research Council (2003) concluiu que não existe uma resposta simples. Em certas condições – por exemplo, quando o suspeito é ingênuo e o examinador é competente – é possível que o polígrafo registre níveis bastante elevados de precisão na diferenciação entre verdade e mentira. Na verdade, polígrafos de "bolso" têm sido usados para rastrear rapidamente suspeitos de terrorismo em campo. Ainda assim, os problemas identificados pelas pesquisas são difíceis de superar, razão pela qual a Suprema Corte dos Estados Unidos decidiu que os juízes podem se recusar a admitir os resultados do teste do polígrafo como prova (*Estados Unidos* v. *Scheffer*, 1998).

Em busca de alternativas, os pesquisadores estão tentando desenvolver testes que distinguem a verdade da mentira por meio do uso de um teste de polígrafo modificado, com diferentes tipos de perguntas (Ben-Shakhar e Elaad, 2003); a medição da atividade elétrica involuntária no cérebro (Meixner e Rosenfeld, 2014); a dilatação da pupila quando a pessoa testada é solicitada a mentir, o que requer mais esforço cognitivo que dizer a verdade (Dionisio et al., 2001); o Teste de Associação Implícita, que mostra que as pessoas são mais rápidas em responder a afirmações verdadeiras que a falsas (Sartori et al., 2008); o uso de fMRI para medir os níveis de oxigênio no sangue em áreas do cérebro que estão ligadas à mentira (Bhatt et al., 2009; Kozel et al., 2005); e câmeras de imagem térmica em aeroportos para detectar mentiras por meio de aumentos na temperatura da pele (Warmelink et al., 2011). À luz da necessidade de coleta de informações de suspeitos de terrorismo, prisioneiros de guerra,

> Não é possível enganar intencionalmente um teste de detector de mentiras.
>
> **FALSO**

> **polígrafo** Instrumento mecânico que registra a excitação fisiológica de vários canais; é frequentemente usado como um teste de detecção de mentiras.

testemunhas e informantes, os pesquisadores também estão trabalhando para melhorar a qualidade dos métodos de entrevista usados na prática (Loftus, 2011).

12-2b Interrogatórios policiais: influência social sob pressão

À medida que os eventos do caso do corredora do Central Park se desenrolavam, as perguntas aumentavam: por que cinco meninos – ou qualquer outra pessoa – confessariam um crime que não cometeram? Que influências sociais afetam os suspeitos interrogados pela polícia? Muitos anos atrás, os detetives policiais usavam força bruta para obter confissões. Entre os métodos coercitivos comumente empregados estão o confinamento prolongado e o isolamento; ameaças explícitas; privação de sono, comida e outras necessidades; desconforto sensorial extremo (por exemplo, ao iluminar o rosto de um suspeito com uma luz estroboscópica brilhante e ofuscante); e formas variadas de violência física (por exemplo, forçar suspeitos a ficar em pé por horas seguidas ou espancá-los com uma mangueira de borracha, que raramente deixava marcas visíveis).

Atualmente, a polícia é obrigada por lei a alertar os suspeitos que estão sob custódia e têm direito ao silêncio e a um advogado. No entanto, nem sempre está claro quando alguém está sob "custódia" e os tribunais não forneceram muita orientação. Para demonstrar quanto subjetivo esse julgamento pode ser, Fabiana Alceste e colegas (2018) encenaram o aparente roubo de uma carteira, momento em que um segurança questionava um participante da pesquisa que por acaso estava na sala no momento do ocorrido. Conforme registrado por uma câmera oculta, o guarda conduzia uma *entrevista* descontraída para coleta de informações ou um tenso *interrogatório* acusatório. O participante "suspeito" estava livre para ir embora? Observadores independentes que mais tarde assistiram a essas gravações, consideraram os suspeitos mais livres para deixar a entrevista amigável que o interrogatório severo. No entanto, os próprios suspeitos não se sentiram livres para abandonar o local em nenhuma das situações – mesmo quando foram explicitamente informados de que poderiam fazê-lo.

Assim que o suspeito é informado do direito de permanecer em silêncio, ao qual a maioria das pessoas renuncia, a polícia inicia um interrogatório empregando táticas de natureza psicológica. Em *Criminal Interrogation and Confessions*, Inbau et al. (2013) aconselham a polícia, uma vez identificado um suspeito que acredita-se estar mentindo, a conduzir um processo de interrogatório. Esse processo começa quando a polícia coloca um suspeito sozinho – sem amigos ou familiares presentes – em uma sala pequena, vazia e à prova de som, um ambiente físico projetado para despertar sentimentos de isolamento social e desconforto. Em seguida, eles seguem um procedimento ativo de nove etapas projetado para levar os suspeitos a confessar (ver ▲ Tabela 12.3).

▲ **TABELA 12.3**

Os nove passos do interrogatório

1. Confrontar o suspeito com afirmações de sua culpa.
2. Desenvolver "temas" que pareçam justificar ou desculpar o crime.
3. Interromper todas as declarações de inocência e negação.
4. Superar todas as objeções do suspeito às acusações.
5. Evitar que o suspeito, cada vez mais passivo, perca a sintonia.
6. Mostrar simpatia e compreensão e incentivar o suspeito a contar tudo.
7. Oferecer ao suspeito uma explicação salvadora para sua ação culpada.
8. Levar o suspeito a recontar os detalhes do crime.
9. Converter essa declaração em uma confissão completa por escrito.

Inbau et al., 2001.

Depois que um suspeito é isolado, esse método de interrogatório oferece duas abordagens. Uma delas é pressioná-lo a se submeter, expressando certeza da culpa e até, às vezes, alegando falsamente ter provas contra o acusado, como impressões digitais ou uma testemunha ocular. Desse modo, o acusado é levado a acreditar que é inútil continuar negando a culpa. Uma segunda abordagem é fazer amizade com o suspeito, oferecer simpatia e conselhos gentis, "minimizando" o ocorrido e oferecendo desculpas que possam livrar a cara do suspeito ou culpando a vítima. Sob estresse, sentindo-se presos, embalados por uma falsa sensação de segurança e levados a esperar indulgência, muitos suspeitos acabam por confessar. Essa abordagem é cuidadosamente projetada para aumentar a ansiedade associada à mentira e reduzir a ansiedade associada à confissão. Pode parecer que o processo de interrogatório surge do roteiro de uma série de TV como *Law e Order*, mas na vida real essas táticas são usadas rotineiramente (para um relato em primeira mão do treinamento, ver Starr, 2013; para uma perspectiva sociopsicológica, ver Davis e O'Donahue, 2004; Kassin, 2015).

Em um estudo observacional de 182 interrogatórios ao vivo e gravados em vídeo, Richard Leo (1996) descobriu que os detetives empregaram uma média de cinco a seis táticas por suspeito. Em uma pesquisa com 631 investigadores da polícia, Kassin et al. (2007) descobriram que as táticas mais comuns relatadas foram o isolamento físico dos suspeitos, a indicação de contradições em seus relatos, o estabelecimento de um relacionamento e o confronto com provas de sua culpa, o apelo ao interesse próprio, e o oferecimento de simpatia e justificativa moral.

Quaisquer que sejam os métodos específicos usados, é claro que ser acusado e questionado incisivamente sobre um crime é uma experiência muito estressante. Em um estudo, os participantes que foram acusados de trapacear em uma tarefa de laboratório – em comparação com aqueles que não foram acusados – foram menos capazes de processar os direitos que receberam de permanecer em silêncio e de ter um advogado presente (Scherr e Madon, 2013).

Depois dos atentados terroristas de 11 de setembro, os interrogadores militares dos Estados Unidos usaram métodos fisicamente dolorosos de persuasão, muitas vezes chamados técnicas de "interrogatório aprimorado", para fins de coleta de dados de inteligência (McKelvey, 2007; O'Mara, 2009). Deixando de lado as questões morais e éticas relativas a esta prática, a teoria psicológica e as pesquisas sugerem que esses métodos duros muitas vezes têm efeito contrário ao desejado, aumentando a resistência em vez de induzindo à cooperação, e podem reduzir a tendência de um suspeito de fornecer relatórios extensos, detalhados e precisos (Vrij et al., 2017).

12-2c Confissões falsas: por que pessoas inocentes confessam

Pode-se argumentar que a mentira e o engano não representam um problema sério durante o interrogatório porque apenas os criminosos confessam. Porém está claro que pessoas inocentes às vezes confessam crimes que não cometeram – o problema das **confissões falsas**.

Por mais difícil que seja de acreditar, vários exemplos assustadores ilustram essa colocação – como no caso da corredora do Central Park, descrito anteriormente, em que cinco confissões falsas foram feitas em uma única investigação. Na verdade, pesquisas mostram que confissões falsas estiveram presentes em mais de 25% de todos os casos que envolveram prisioneiros condenados que posteriormente provaram a inocência por provas de DNA (Garrett, 2011). É importante perceber que essa amostra representa apenas a ponta de um iceberg. Ainda que a maioria dos estudos de caso venha dos Estados Unidos e da Inglaterra, confissões comprovadamente falsas foram documentadas em países de todo o mundo (Kassin et al., 2010). Na verdade, até hoje, Brendan Dassey, de *Making a Murderer*, de 16 anos, entre outros, permanecem na prisão por causa de confissões que fizeram sob pressão e depois foram negadas.

Parece inimaginável. Por que uma pessoa inocente confessaria à polícia um crime que não cometeu? Há duas razões – e dois tipos de confissão falsa. Às vezes, pessoas inocentes sob interrogatório policial concordam em confessar algo como um mero ato de *obediência* – para escapar de uma situação muito estressante. Ao aplicar a psicologia básica de tomada de decisão, Stephanie Madon e colegas observaram que os seres humanos em geral são influenciados mais por recompensas e punições imediatas e certas que por aquelas que virão depois (Madon et al., 2012; Yang et al., 2017, 2019). As pessoas têm particular dificuldade de enxergar a longo prazo quando estão com fome, cansadas, estressadas ou de alguma outra forma fatigadas e incapazes de manter o autocontrole (Davis e Leo, 2012) – por exemplo, tarde da noite ou de manhã (Scherr et al., 2014). Para um suspeito que está sob intenso interrogatório, interromper o processo por meio da confissão pode parecer tão urgente que ele não considera plenamente as consequências futuras de fazê-lo. Madon et al. (2012) demonstraram esse tipo de falta de perspectiva em uma série de experimentos controlados

> **confissões falsas** Admissão de culpa de uma pessoa inocente por um crime que não cometeu.

Em 1989, Kharey Wise, de 16 anos (à esquerda) e quatro outros adolescentes confessaram ter estuprado uma corredora no Central Park de Nova York. Com base apenas em sua confissão, Wise foi condenado e enviado para a prisão. Treze anos depois, Matias Reyes (à direita) admitiu que só ele, e não os meninos, cometeu o crime. Os testes de DNA confirmaram que Reyes era o estuprador. Os meninos, apesar das confissões, eram inocentes.

em que os participantes foram mais propensos a admitir várias transgressões (como comprar álcool antes dos 21 anos, dirigir sem habilitação, baixar música ilegalmente, furtar em lojas ou receber crédito pela ideia de outra pessoa) quando fosse de seu interesse imediato e a consequência negativa viesse mais tarde.

Na vida real, o processo de interrogatório pode ser tão estressante que o benefício de curto prazo da confissão supera o benefício de longo prazo da negação. A experiência dos meninos do caso da corredora do Central Park também ilustra esse ponto. Eles estiveram sob custódia e foram interrogados durante a noite, implacavelmente, por várias horas, antes de confessarem. Esses longos períodos causam fadiga, desespero e privação de sono e outros estados de necessidade. Em ambos os casos, a polícia e os suspeitos discordam sobre o que aconteceu durante os períodos não registrados, por isso não é possível saber ao certo. Em ambos os casos, no entanto, os réus alegaram que se sentiram ameaçados e tiveram dúvidas sobre o que aconteceria caso se recusassem a confessar. Em ambos os casos, os réus tentaram retirar as confissões assim que passou a pressão do interrogatório.

Já nos casos em que pessoas inocentes confessam por um ato de submissão ou obediência à autoridade, às vezes o processo de interrogatório pode levá-las a acreditar que são culpadas do crime. Nesses casos, a falsa confissão demonstra uma intensa influência social conhecida como *internalização*.

O processo de internalização ficou evidente na história de três homens e três mulheres em Beatrice, Nebraska. Em 1989, foram condenados pelo assassinato de uma mulher de 68 anos. Cinco se declararam culpados; quatro deram confissões detalhadas à polícia como resultado de intensos interrogatórios. Vinte anos depois, todos os seis réus foram inocentados depois que o teste de DNA os liberou e identificou o verdadeiro culpado. Depois de uma nova investigação, o Gabinete do Procurador-Geral de Nebraska concluiu que, apesar de todas as confissões, esses indivíduos eram inocentes "acima de qualquer suspeita". Ainda assim, surpreendentemente, alguns deles passaram a internalizar a crença errônea na própria culpa. Uma mulher manteve sua declaração até pouco antes de ser inocentada, quando então disse: "Acho que sofri uma lavagem cerebral" (Hammel, 2008). Essa história surpreendente é contada em um artigo publicado na *The New Yorker* intitulado "Lembrando o assassinato que você não cometeu" (Aviv, 2017).

É realmente possível levar as pessoas a confessar um ato que não cometeram? Com base em casos reais, Kassin e Kiechel (1996) apresentaram a teoria de que dois fatores podem aumentar esse risco: (1) um suspeito não ter uma memória clara do evento em questão e (2) a apresentação de provas falsas. Para testar essa hipótese, eles recrutaram duplas de estudantes universitários para trabalhar em uma tarefa de computador rápida ou lenta. A certa altura, o computador travou e os alunos foram acusados de terem causado os danos ao pressionar uma tecla que haviam sido especificamente instruídos a evitar. Todos os alunos eram realmente inocentes e negaram a acusação. Em metade das sessões, porém, o segundo aluno (que na verdade era um confederado) disse ter visto o outro apertar a tecla proibida.

Ao demonstrar o processo de conformidade, muitos alunos confrontados por essa falsa testemunha concordaram em assinar uma confissão escrita à mão pelo experimentador. Intensificando o processo de internalização, alguns alunos mais tarde "admitiram" a culpa para um estranho (também confederado) depois que o estudo supostamente havia terminado e os dois ficaram sozinhos. Em suma, pessoas inocentes vulneráveis à sugestão podem ser induzidas a confessar e internalizar a culpa valendo-se da apresentação de provas falsas (ver ▲ Tabela 12.4). Essa descoberta, de que as pessoas podem ser induzidas a fazer confissões falsas e internalizar a culpa, foi replicada em muitos tipos diferentes de experimentos (Horselenberg et al., 2003; Nash e Wade, 2009; Perillo e Kassin, 2011; Shaw e Porter, 2015).

▲ **TABELA 12.4**

Fatores que produzem confissões falsas

Enquanto os participantes trabalhavam em uma tarefa de ritmo lento ou rápido, o computador travava e eles eram acusados de causar os danos. Um confederado, então, dizia que tinha ou não visto os participantes apertarem a tecla proibida. Como mostrado, muitos participantes assinaram uma confissão (conformidade), e alguns até "admitiram" sua culpa em particular para outro confederado (internalização). Apesar de sua inocência, muitos participantes da condição de testemunha falsa confessaram em ambas as situações.

	Controle		Falsa testemunha	
	Lento	Rápido	Lento	Rápido
Conformidade	35%	65%	89%	100%
Internalização	0%	12%	44%	65%

De Kassin e Kiechel, 1996.

A prova falsa é uma tática que pode levar pessoas inocentes a confessar. Uma oferta de clemência pode ter o mesmo efeito. Melissa Russano et al. (2005) pediram que os participantes de um estudo resolvessem uma série de problemas, às vezes sozinhos e às vezes com um colega (que na verdade era um confederado). Quando sozinhos, os participantes foram instruídos a não buscar ou dar assistência. Em condição de culpado, o confederado pedia ajuda, induzindo a maioria dos participantes a quebrar a regra. Em uma condição inocente, nenhum pedido era feito. Momentos depois, o experimentador voltava, acusava os dois participantes de trapaça (uma possível violação do código de honra da universidade) e perguntava a todos se haviam trapaceado. Como parte desse interrogatório, o experimentador oferecia leniência para cooperação a alguns participantes, minimizava a gravidade da violação para outros, usava ambas as táticas ou nenhuma. Os alunos assinariam uma confissão de trapaça? Sim. Tanto as promessas quanto a minimização da gravidade aumentaram o número de confissões verdadeiras entre os alunos que infringiram a regra. No entanto, essas mesmas táticas também aumentaram o índice de confissões falsas entre aqueles que não fizeram nada de errado.

Todos concordam que o objetivo de um interrogatório é obter confissões de culpados, não de inocentes. Nesse sentido, as táticas de interrogatório que colocam pessoas inocentes em risco devem ser evitadas, se possível. No entanto, há um problema básico com o interrogatório: é um processo de influência social que a polícia emprega nos suspeitos que acredita serem culpados.

Essa expectativa de culpa pode levar a polícia a usar táticas que favorecem confissões falsas? Para testar essa hipótese, Fadia Narchet et al. (2011) treinaram oito jovens, durante cinco semanas, sobre como conduzir interrogatórios com emprego de várias técnicas.

Em um estudo como o que acabamos de descrever, esses jovens treinados foram solicitados a interrogar participantes culpados e inocentes para determinar se trapacearam na tarefa que deveriam realizar sozinhos. Em alguns casos, os interrogadores foram levados a acreditar que o participante provavelmente fosse culpado e, em outros, que fosse inocente. As expectativas influenciaram os resultados? Sim. A
● Figura 12.5 mostra que os interrogadores obtiveram confissões da maioria dos participantes que realmente trapaceou, independente das expectativas. Porém quando interrogaram participantes inocentes, os interrogadores que acreditavam estar diante de um culpado usaram táticas mais coercitivas e obtiveram alto índice de confissões falsas.

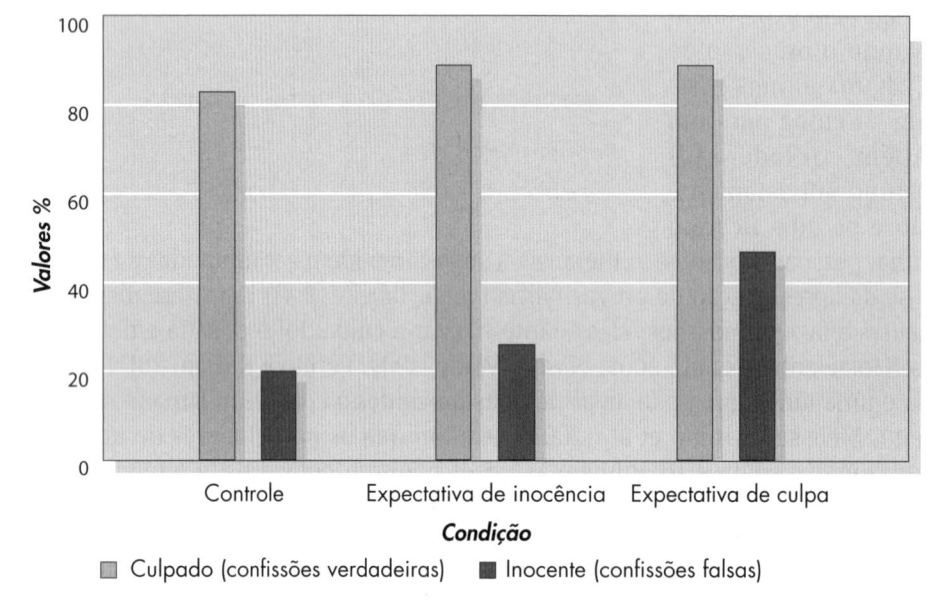

• FIGURA 12.5

O interrogatório como uma profecia autorrealizável: as expectativas de culpa produzem falsas confissões?

Os participantes foram convidados a resolver uma série de problemas, às vezes sozinhos e outras com um confederado. Metade foi induzida a trapacear na tarefa individual, tornando-os culpados de violar a regra; a outra metade não foi induzida a trapacear, tornando-os inocentes. Oito jovens interrogaram os participantes para determinar se haviam trapaceado. Em alguns casos, os interrogadores foram levados a acreditar que o participante provavelmente fosse culpado; em outros, que provavelmente fosse inocente. Como mostrado, os interrogadores conseguiram confissões da maioria dos participantes que trapacearam. Armados com a expectativa da culpa, no entanto, também conseguiram alto índice de confissões falsas de participantes inocentes.
Narchet et al. (2011)

12-2d Confissões no tribunal

Como o sistema legal trata as confissões obtidas pelos interrogatórios policiais? O processo é direto. Sempre que um suspeito confessa, mas depois se retrata, e vai a julgamento, o juiz deve determinar se a declaração foi voluntária ou forçada. Se a confissão foi claramente fruto de coação – como quando um suspeito fica isolado por longos períodos, privado de comida ou sono, é ameaçado ou sofre abuso – é excluída. Se a confissão não tiver sido obtida a partir de coação, é admitida como prova para apreciação do júri.

Nesses casos, os júris são confrontados com um dilema clássico de atribuição: a declaração de um suspeito pode indicar culpa (atribuição pessoal) ou pode simplesmente fornecer ao suspeito um modo de evitar as consequências desagradáveis do silêncio (atribuição situacional). De acordo com a teoria da atribuição, os jurados devem rejeitar todas as confissões feitas em resposta à pressão externa. Porém espere. Lembra do erro fundamental de atribuição? No Capítulo 4, vimos que as pessoas tendem a exagerar na atribuição em relação ao comportamento a outras pessoas e a ignorar a influência das forças situacionais. É igualmente possível, como nos casos da corredora do Central Park, que os jurados considerem culpados suspeitos cujas confissões tenham sido fruto de coação durante o interrogatório?

Para examinar essa questão, Kassin e Sukel (1997) levaram júris simulados a ler uma de três versões de um julgamento por duplo homicídio. Em uma versão de controle que não continha uma confissão, apenas

19% votaram culpado. Em uma versão de baixa pressão em que o réu teria confessado o crime imediatamente no interrogatório, a taxa de condenação aumentou, consideravelmente, para 62%. No entanto, houve uma terceira condição, de alta pressão, em que os participantes foram informados de que o réu havia confessado por medo enquanto as mãos estavam algemadas atrás das costas, causando dor a ele. Como os jurados nessa situação reagiram? De modo sensato, consideraram a confissão forçada e disseram que não ter influenciado os veredito. Ainda assim, a taxa de condenação nessa situação aumentou acentuadamente, dessa vez de 19% para 50%. Aparentemente, as pessoas são fortemente influenciadas pelas provas de uma confissão, mesmo quando reconhecem que esta foi forçada. As confissões são poderosamente incriminadoras não apenas para os leigos. O mesmo padrão de resultado foi encontrado em um estudo que envolveu juízes (Wallace e Kassin, 2012).

Por que os júris são tão fortemente influenciados por uma confissão, mesmo quando o réu se retrata e proclama sua inocência? Há três razões. A primeira é que o senso comum nos leva a confiar nas pessoas que fazem declarações contra os próprios interesses. A maioria das pessoas acredita que nunca confessaria um crime que não tenha cometido – e avaliam que o mesmo vale para os demais (Blandón-Gitlin et al., 2010; Henkel et al., 2008; Leo e Liu, 2009). Uma segunda razão para o impacto das confissões, mesmo quando falsas, é que normalmente apresentam muitos detalhes. Ao analisar 38 confissões comprovadamente falsas, Garrett (2010) descobriu que 95% continham detalhes precisos sobre o crime que o confessor pode ter obtido por meio de fontes de segunda mão. Na verdade, quando Sara Appleby e colegas (2013) analisaram 20 confissões que mais tarde foram provadas falsas, descobriram que muitas delas continham não apenas detalhes sobre o crime, mas uma narrativa completa de quem, o quê, quando, onde e por quê – às vezes até incluindo desculpas e expressões de remorso. Uma terceira razão para o forte efeito das confissões é que a prova da confissão é tão persuasiva que pode corromper outras provas. Levado a acreditar que um réu tenha confessado um crime, por exemplo, as pessoas são mais propensas a reconhecê-lo em um processo de identificação (Hasel e Kassin, 2009) e a associar a caligrafia dele a um bilhete de assalto a banco (Kukucka e Kassin, 2014). Essas provas adicionais servem para "corroborar" a confissão.

E se as confissões forem gravadas em vídeo? Hoje, muitos departamentos de polícia gravam confissões para apresentação no tribunal. Porém, você poderia notar a diferença entre uma confissão verdadeira e uma falsa? Talvez não. Dentro das paredes da prisão, Kassin e colegas (2005) filmaram as confissões completas dos crimes pelos quais presidiários haviam sido condenados e falsas confissões para crimes sugeridos pelos pesquisadores que eles não haviam cometido. Estudantes universitários e investigadores da polícia, então, observaram e julgaram 10 presidiários diferentes, cada um deles havia dado uma confissão verdadeira ou falsa sobre um de cinco crimes. Os resultados mostraram que nenhum dos grupos exibiu altos níveis de precisão.

À luz das falsas confissões recentemente descobertas, vários estados nos Estados Unidos agora exigem que os interrogatórios completos sejam gravados em vídeo. Essa é uma reforma importante para a prática atual, em parte porque a presença de uma câmera inibe a polícia de usar táticas extremas de interrogatório e em parte porque permite que juízes e júris, mais tarde, vejam por si mesmos como uma confissão aconteceu. Para juízes e júris com poderes para avaliar confissões em tribunal, é necessário verificar o processo pelo qual foram obtidas (Kassin e Thompson, 2019). Alguém pode se perguntar: a gravação muda o processo ao inibir os suspeitos? Não. Em um recente estudo de campo, a polícia informou aleatoriamente alguns suspeitos, mas não outros, que eles estavam sendo gravados. Em última análise, não foram encontradas diferenças no que se refere aos suspeitos renunciarem a seus direitos, falarem com a polícia ou se incriminarem (Kassin et al., 2019).

Em um mundo em que os interrogatórios policiais são gravados em vídeo, como eles devem ser realizados? Em uma série de estudos, Daniel Lassiter e colegas (2001) gravaram confissões falsas com a câmera em três ângulos diferentes para que o suspeito, o interrogador ou ambos fossem visíveis. Os participantes no geral ouviram as mesmas palavras, mas aqueles que observaram os suspeitos viram as situações como menos coercitivas que aqueles que se concentraram apenas nos interrogadores. Pesquisas de acompanhamento mostraram que mesmo as percepções de juízes experientes são influenciadas por essas variações na perspectiva da câmera (Lassiter et al., 2007). As implicações políticas práticas são claras: quando a câmera direciona todos os olhos para o acusado, os jurados provavelmente subestimam a quantidade de pressão exercida pelo interrogador "oculto".

Por fim, é importante notar que as pessoas hoje parecem mais dispostas a aceitar o fenômeno contraintuitivo das confissões falsas que no passado. Como possível resultado de trágicas histórias de condenações ilícitas regularmente no noticiário, estudos científicos de alto perfil, podcasts como *Serial and Wrongful Conviction* e documentários de crimes verdadeiros como *John Grisham's The Innocent Man*, Amelia Mindthoff et al. (2018) fizeram uma pesquisa on-line com quase mil adultos e relataram um aumento mensurável na consciência pública em relação a pesquisas anteriores. Esse é um avanço encorajador que deve permitir que os júris sejam mais criteriosos nos casos que envolvem confissões como provas.

■ 12-2e Alegação de culpa à sombra do julgamento

Frequentemente, os réus fazem uma forma especial de confissão fora da delegacia de polícia com o promotor e frequentemente com a presença do advogado de defesa. Essa confissão envolve declarar-se culpado, normalmente em troca de acusações menores e uma sentença mais branda.[7]

Todos os dias, milhares de réus decidem se declarar culpados. Na verdade, cerca de 97% dos réus condenados no sistema de justiça criminal federal dos Estados Unidos resolvem seus casos dessa maneira. Para os sistemas jurídicos em todo o mundo, esse processo representa uma alternativa de "atalho" para o julgamento que resulta em uma enorme economia de tempo, dinheiro e outros recursos (Rauxloh, 2012).

É claro que as pessoas têm muito mais probabilidade de se declarar culpadas se tiverem cometido o crime pelo qual foram acusadas que se não for esse o caso. No entanto, com tantos casos sendo resolvidos fora do tribunal, como parte de um acordo entre promotor e réu, os tribunais se perguntam se há um "problema de inocência" – se pessoas inocentes que temem a condenação final e uma sentença dura às vezes se declaram culpadas "à sombra do julgamento" (Bibas, 2004; para revisões, ver Edkins e Redlich, 2019; Redlich et al., 2017).

Em um artigo intitulado "Why Innocent People Plead Guilty", o juiz federal Jed Rakoff (2014) descreveu como uma pessoa inocente toma a decisão racional de se declarar culpada – assim como uma pessoa inocente faz uma confissão à polícia – após analisar o crime do qual é acusada, a força das provas, as alternativas de pena e as pressões exercidas sobre o processo: "Se o réu quiser se declarar culpado, o promotor vai oferecer uma acusação consideravelmente menor, mas somente se for acordado anteriormente". Considerando que essas decisões são "tomadas" pela pressão do promotor – uma figura de autoridade em posição de obter um alto nível de obediência (Milgram, 1974) – a decisão de se declarar culpado é muitas vezes tomada na presença de poderosas influências sociais (Bordens e Bassett, 1985).

Não se sabe a frequência de falsas confissões de culpa nos Estados Unidos (Tor et al., 2010). Estudos de laboratório que envolveram simulações em resposta a cenários hipotéticos ou nos quais os participantes tomam decisões que acreditam ter uma consequência real, mostraram que muitas pessoas inocentes aceitam uma falsa confissão de culpa – em taxas de até 33% (Gregory et al., 1978), 41% (Wilford e Wells, 2018), 43% (Russano et al., 2005) e 56% (Dervan e Edkins, 2012). Em um estudo, apenas 4% dos estudantes universitários participantes falsamente acusados de trapacear em uma tarefa experimental estavam inclinados a se declarar culpados em vez de evitar um "julgamento" por desonestidade acadêmica. Ainda assim, entre aqueles que foram aconselhados por um confederado a se confessar culpados que se passou por um "advogado estudantil", 58% seguiram a orientação. Sob estresse, mesmo os inocentes são vulneráveis à influência social (Henderson e Levett, 2018).

O problema de pessoas inocentes muitas vezes se sentirem pressionadas a se declarar culpadas não foi encontrado apenas no laboratório. Aproximadamente 10% a 15% das pessoas inocentes injustamente condenadas nos Estados Unidos se declararam culpadas em vez de correr o risco de serem condenadas por acusações mais graves. Como você também pode imaginar, nem todos os réus correm o mesmo risco. As pesquisas mostram que a taxa de confissões falsas de culpa autorrelatadas é particularmente alta entre adolescentes – 18% (Malloy et al., 2014) – e réus com doenças mentais – 37% (Redlich et al., 2010).

Certos tipos de casos também podem criar problemas. Em estudos com advogados em exercício, os pesquisadores descobriram que suas recomendações hipotéticas de confissão foram previsivelmente influenciadas pelo quanto evidente era a prova contra o réu (Kramer et al., 2007; Pezdek e O'Brien, 2014). Parece que a etnia do réu também pode ser relevante. Em um estudo de simulação, advogados de defesa em exercício recomendaram acordos de confissão mais duros para réus negros que para réus brancos – mesmo quando o crime e as provas eram os mesmos (Edkins, 2011).

> Mesmo sem terem sido espancadas ou ameaçadas, pessoas inocentes, às vezes, confessam crimes que não cometeram.
>
> **VERDADEIRO**

12-3 Tomada de decisão do júri

O sistema de justiça criminal é complexo. Apesar de tudo, o julgamento – um evento relativamente raro, mas altamente dramático – é o coração e a alma do sistema. A ameaça de julgamento é o que motiva as partes a reunir provas e, posteriormente, negociar um acordo de confissão de culpa.[8] E, quando termina, o julgamento consolida a base para as decisões de condenação e apelação. Nesta seção, examinamos as três etapas de um julgamento em países democráticos: (1) a seleção do júri; (2) a apresentação de provas, argumentos e instruções; e (3) os processos pelos quais os júris deliberam para chegar a um veredito.

12-3a Seleção do júri[9]

Quem é acusado de um crime ou se envolve em um processo judicial na maioria dos países democráticos tem o direito constitucional de ser julgado por um júri imparcial de sua comunidade. Esse direito é considerado essencial para fazer justiça em uma democracia. No entanto, sempre que o resultado é um veredito controverso em um caso de destaque, as pessoas, certas ou erradas, culpam os indivíduos que constituíram o júri. Por isso é importante saber como os jurados são selecionados.

A seleção do júri é um processo de três etapas. Primeiro, o tribunal usa listas de eleitores, listas telefônicas e outras fontes para compilar uma lista-mestre de cidadãos elegíveis que vivem na comunidade. Depois, para que uma amostra representativa possa ser obtida, um determinado número de pessoas da lista é sorteado e convocado aleatoriamente. Se você já foi convocado, sabe o que acontece a seguir. Antes de as pessoas que comparecem ao tribunal sejam colocadas em um júri, elas são submetidas ao que é conhecido como ***voir dire***, uma entrevista pré-julgamento em que o juiz e os advogados questionam os possíveis jurados em busca de sinais de parcialidade. Se alguém conhece uma das partes, tem interesse no resultado do caso, ou já formou uma opinião, o juiz vai liberar essa pessoa "por justa causa". Na verdade, se for possível provar que toda uma comunidade é tendenciosa, talvez por causa da publicidade pré-julgamento, o julgamento pode ser adiado ou transferido para outro local.

Ainda que o procedimento pareça simples, há mais nessa história. Além de liberar indivíduos claramente tendenciosos, os advogados podem exercer **contestações peremptórias**. Ou seja, podem rejeitar certo número limitado de jurados em potencial, mesmo que pareçam adequados e imparciais, e podem fazer isso sem ter que apresentar razões ou obter a aprovação do juiz. Por que um advogado retiraria do júri alguém que parece ser imparcial? O que orienta as decisões dos advogados de aceitar alguns jurados e rejeitar outros? Essas questões tornam o processo de *voir dire* particularmente interessante para psicólogos sociais (Kovera e Cutler, 2013; Vidmar e Hans, 2007).

Os advogados de julgamento como psicólogos intuitivos
Rumores dizem que os advogados de julgamento fazem uso de alguns métodos não convencionais para selecionar os júris. Sob pressão para fazer escolhas rapidamente e sem muitas informações, eles contam com teorias e estereótipos implícitos da personalidade. Uma teoria implícita da personalidade é um conjunto de suposições que as pessoas fazem sobre como certos atributos estão relacionados entre

> ***voir dire*** Exame preventivo de jurados em potencial pelo juiz ou pelos advogados para descobrir sinais de parcialidade.
>
> **contestação peremptória** Meio pelo qual os advogados podem excluir um número limitado de jurados em potencial sem a aprovação do juiz.

si e com o comportamento. Quando acreditamos que os membros de um grupo compartilham os mesmos atributos, essas teorias implícitas são chamadas estereótipos.

No que diz respeito à prática do julgamento, os livros de instruções afirmam que o advogado astuto pode prever o veredito de um jurado levando em conta sexo, etnia, idade, e outros dados demográficos simples. Foi sugerido, por exemplo, que atletas necessitam de simpatia por vítimas frágeis e feridas, que engenheiros não têm emoção, que os homens com barbas resistem à autoridade e que os marceneiros são tão meticulosos no trabalho que jamais ficam completamente satisfeitos com as provas. Clarence Darrow, um dos advogados mais proeminentes do século XX, sugeriu que os jurados descendentes do sul da Europa favoreciam a defesa, enquanto os da Escandinávia favoreciam a acusação. Outros advogados teorizaram que as mulheres são mais céticas como juradas que os homens, especialmente em resposta a testemunhas atraentes. Outros ainda oferecem conselhos de seleção com base em rostos, expressões faciais, linguagem corporal e roupas. Talvez a regra prática mais interessante seja também a mais simples: "Se você não vai com a cara de um jurado, é provável que ele também não vá com a sua!" (Wishman, 1986, p. 72-73).

A abordagem intuitiva para a seleção do júri pode apresentar histórias interessantes no tribunal, mas as consequências desse tipo de estereótipo para a justiça podem ser preocupantes por dois motivos. Em primeiro lugar, se os advogados abordarem um jurado em potencial com um conjunto de expectativas, digamos, com base em estereótipos, provavelmente farão perguntas destinadas a confirmar suas crenças, o que aumenta a probabilidade desse comportamento acontecer. Como vimos no Capítulo 4, vários estudos de psicologia social demonstraram que esse tipo de viés de confirmação pode produzir uma profecia autorrealizável. Na seleção do júri, o mesmo processo ocorre. Em um estudo de julgamento simulado, advogados praticantes foram solicitados a preparar uma estratégia de *voir dire* com base nos perfis dos jurados. Os resultados mostraram que formularam teorias, fizeram perguntas para testar essas teorias e, por fim, tiraram conclusões tendenciosas com base nas perguntas que fizeram (Otis et al., 2014).

Outro contratempo de confiar em estereótipos para a seleção do júri é: e se um promotor fizesse uso de contestações peremptórias para excluir do júri brancos, negros, latinos ou asiáticos ou os homens ou as mulheres, possivelmente retirando do júri os que se assemelham ao réu? Nos últimos anos, a Suprema Corte dos Estados Unidos limitou pela primeira vez o uso de contestações peremptórias para evitar que os advogados excluíssem sistematicamente os jurados em potencial com base na etnia. De acordo com o tribunal, os juízes podem agora exigir que advogados suspeitos desse tipo de discriminação expliquem a base de suas contestações (*Batson* v. *Kentucky*, 1986; *Miller-El* v. *Dretke*, 2005).

Citando pesquisas em psicologia social sobre estereótipos e preconceitos, Samuel Sommers e Michael Norton (2008) apontam dois problemas: (1) A influência de estereótipos raciais conscientes e inconscientes nas percepções sociais é prevalente e provavelmente influencia os advogados no tribunal e (2) esses preconceitos raciais são difíceis de identificar em casos específicos porque os advogados, como todo mundo, normalmente não reconhecem ter sido influenciados por tais estereótipos. Em um estudo que ilustrou ambos os pontos, Sommers e Norton (2007) apresentaram a estudantes universitários, estudantes de direito e advogados um resumo de um processo criminal que envolveu um réu negro e pediu que escolhessem entre dois jurados em potencial com várias características – um branco, o outro negro. Como previsto, os grupos, geralmente, foram mais propensos a excluir o jurado negro em vez do branco, mas muito poucos citaram a etnia como um fator para suas decisões.

A abordagem intuitiva para a seleção do júri às vezes leva à discriminação com base na etnia e em outras características. Essa abordagem também não é muito eficaz. Assim, embora alguns advogados experientes orgulhem-se de suas habilidades de seleção de jurados, as pesquisas mostram que a maioria não pode prever efetivamente como os jurados votarão, seja com base em suas regras práticas intuitivas (Olczak et al., 1991) ou confiando em como jurados em potencial respondem a perguntas durante o *voir dire* (Kerr et al., 1991; Zeisel e Diamond, 1978). Aparentemente, uma característica do jurado prevê vereditos dependendo das especificidades de cada caso. Assim, surgiu uma nova indústria de serviços: a seleção científica do júri.

> Contrariamente à opinião popular, as mulheres são mais duras como juradas que os homens.
> **FALSO**

Seleção científica do júri Em um programa de TV da CBS intitulado *Bull*, o ator Michael Weatherly interpreta Jason Bull, psicólogo e consultor de júri da Trial Analysis Corporation, uma empresa fictícia. Nos episódios, Bull faz uso de suas habilidades para selecionar júris para o julgamento de seus clientes e, em seguida, para decidir o melhor modo de defender o caso para esse mesmo júri. Em um episódio, ele monitora as reações fisiológicas simuladas dos jurados por meio de dispositivos de leitura da mão. Em outro, afirma saber como os jurados vão votar ao analisar o comportamento não verbal deles.

Essa descrição da consultoria de júri é em grande parte uma obra de ficção, não uma realidade. No entanto, tem verdade como base. Em vez de confiar em palpites, investidores bem-sucedidos do mercado de ações, dirigentes esportivos e jogadores de pôquer apostam nas probabilidades sempre que possível. Agora, muitos advogados judiciais fazem o mesmo. Nos últimos anos, a "arte" da seleção do júri se transformou em uma espécie de "ciência" (Lieberman e Sales, 2007).

Esse uso de consultores de júri iniciou-se na década de 1970, durante a era da Guerra do Vietnã, quando o governo federal processou um grupo de ativistas antiguerra conhecido como Harrisburg Seven. O caso contra os réus era de importância, e o julgamento seria realizado na conservadora cidade de Harrisburg, Pensilvânia. Para ajudar a defesa a selecionar o júri, o sociólogo Jay Schulman e colegas (1973) pesquisaram a comunidade local entrevistando 840 residentes. Dois tipos de informação foram obtidos de cada residente: demográfica (por exemplo, sexo, etnia, idade e grau de instrução) e atitudes relevantes para o julgamento (por exemplo, atitudes em relação ao governo, à guerra e à dissidência política). Ao correlacionar essas variáveis, a equipe de Schulman criou um perfil do jurado de defesa ideal: "uma mulher, democrata, sem preferência religiosa e um emprego administrativo ou operacional qualificado" (p. 40). Orientada por esse resultado, a defesa escolheu o júri. O resto é história: contra todas as probabilidades, o julgamento terminou com um júri que não conseguiu chegar a um veredito, dividido em 10 a 2 a favor da absolvição.

Atualmente, a técnica conhecida como **seleção científica do júri** é empregada com frequência, especialmente em julgamentos criminais e cíveis de destaque, nos quais grandes somas de dinheiro estão em jogo. Pesquisas mostram, por exemplo, que os jurados têm predisposição diferente quando confrontados com casos que colocam indivíduos contra grandes corporações, com algumas pessoas favorecendo as grandes empresas e outras abrigando uma tendência anticorporativa (Hans, 2000). Como é feita a seleção científica do júri? Quais são os métodos usados? O procedimento é simples. Como os advogados muitas vezes não têm permissão para fazer perguntas intrusivas e pessoais aos jurados, eles tentam determinar as atitudes e as tendências de veredito valendo-se de informações conhecidas sobre suas origens. A relevância dessas informações pode ser determinada por meio de grupos de interesse, júris simulados ou pesquisas em toda a comunidade, nas quais se buscam relações estatísticas entre fatores demográficos gerais e atitudes relevantes para um caso específico. Então, durante o *voir dire*, os advogados perguntam aos jurados em potencial sobre as origens deles e aplicam contestações peremptórias para excluir aqueles cujos perfis estão associados a atitudes desfavoráveis. Como você pode imaginar, a seleção científica do júri é uma prática controversa.

Por lei, os consultores não têm permissão para se comunicar ou abordar os jurados em potencial. No entanto, quão eficazes são as técnicas empregadas? É difícil dizer. Por um lado, os advogados que recorreram à seleção científica do júri ostentam uma impressionante porcentagem de vitórias. Por outro, é impossível saber até que ponto essas vitórias podem ser atribuídas às pesquisas de seleção do júri (Strier, 1999). Então, a seleção científica do júri funciona? Ainda que mais dados sejam necessários para avaliar as alegações feitas, parece que as atitudes podem influenciar veredicos em alguns casos e que a pesquisa pré-julgamento pode ajudar os advogados a identificá-las (Lieberman, 2011; Seltzer, 2006). Como veremos em breve, a ligação entre atitudes e veredictos é particularmente significativa em casos que envolvem pena de morte.

Antes de concluir nossa revisão da seleção científica do júri, vamos considerar uma questão ética: a justiça é aprimorada ou prejudicada pela intervenção de consultores de júri profissionais? O objetivo real dos advogados é eliminar jurados tendenciosos ou criar júris tendenciosos a seu favor? Aqueles que praticam a seleção

> **seleção científica do júri** Método de seleção de júris por meio de pesquisas que geram correlações entre dados demográficos e atitudes relevantes para o ensaio.

No programa de TV *Bull*, o ator Michael Weatherly interpreta Dr. Jason Bull, psicólogo e consultor de julgamento especializado em seleção de júri. Quer ele avalie as respostas corporais de um jurado em potencial às informações, analise o comportamento não verbal, investigue o passado de um jurado como Sherlock Holmes ou especule sobre motivos inconscientes, a representação da consultoria do júri é mais mítica que real.

científica de júris argumentam que escolher júris de acordo com os resultados da pesquisa é simplesmente uma versão mais refinada que os advogados têm permissão para fazer por intuição. Se há um problema, dizem eles, não é na ciência, mas na lei que permite que os advogados usem contestações peremptórias para excluir jurados que não são obviamente tendenciosos. Em resposta, os críticos argumentam que a seleção científica do júri inclina a balança da justiça em favor dos clientes ricos, que podem pagar pelo serviço, um resultado que amplia ainda mais a distância socioeconômica existente nos tribunais. Portanto, Neil e Dorit Kressel (2002), autores de *Stack and Sway: The New Science of Jury Consulting*, argumentam que as contestações peremptórias, que permitem que advogados e seus consultores eliminem jurados que não são claramente tendenciosos, devem ser abolidos.

Júris em preto e branco: a etnia importa? Até que ponto a etnia de um jurado influencia sua tomada de decisão? A pesquisa sugere que não há uma resposta simples. Em um estudo, Norbert Kerr et al. (1995) testaram a hipótese mais intuitiva de todas, de que os jurados favorecem réus que são semelhantes a eles. Eles apresentaram a grupos de diferentes etnias um caso com provas fortes ou fracas que envolveu um réu negro ou branco e descobriram que, quando as provas eram fracas, os participantes foram mais tolerantes nos veredítos para com o réu da mesma etnia. No entanto, quando as provas eram fortes, foram mais duros contra o réu semelhante, como se estivessem se distanciando do delito.

Em um segundo estudo, Sommers e Ellsworth (2001) testaram a noção popular de que os jurados demonstram preferência por outros de seu grupo étnico quando um crime envolve raça, como no caso de um crime de ódio ou quando os advogados fazem uso da etnia como argumento para o júri. No entanto, encontraram o padrão oposto. Quando raça não era uma questão que estava "no radar", os jurados brancos previsivelmente tratavam o réu de maneira mais favorável quando ele era branco que quando era negro. No entanto, quando a etnia se tornava uma questão proeminente no julgamento, os jurados brancos faziam de tudo para não parecerem preconceituosos e não discriminar. Outra pesquisa mostrou que os jurados podem, às vezes, ser motivados a observar tendências racistas em si mesmos, levando-os a processar as informações do julgamento com ainda mais cuidado quando o réu é negro que quando é branco (Sargent e Bradfield, 2004). Mesmo jurados com tendências racistas mensuráveis exibem menos preconceito nos veredítos quando a etnia é exposta (Cohn et al., 2009).

O potencial de cada jurado exibir preconceito racial também pode depender da composição do júri com quem esperam deliberar. Em um tribunal localizado em Ann Arbor, Michigan, Sommers (2006) mostrou na *Court TV* o resumo de um julgamento de agressão sexual no qual o réu era afro-americano. Um total de 200 habitantes locais participaram de 29 júris de simulação de seis pessoas após um *voir dire* que levantou ou não a questão racial. Em última análise, os júris eram formados apenas por brancos ou heterogêneos, consistindo em quatro brancos e dois negros. Depois do resumo do julgamento, gravado em vídeo, mas, antes que os grupos deliberassem, cada jurado foi solicitado a indicar seu voto. Observe a • Figura 12.6

e verá que os jurados foram influenciados pela composição étnica de seus grupos como um todo. Em diversos grupos, 34% dos jurados brancos consideraram o réu culpado, em comparação à 23% dos jurados negros – uma pequena diferença. Nos grupos formados apenas por brancos, no entanto, 51% dos jurados votaram culpado, o que representou um salto significativo em comparação aos negros e brancos nos grupos diversificados.

Qualificação de morte Em 21 de setembro de 2011, Troy Davis, de 43 anos, foi executado por injeção letal pelo assassinato do policial Mark MacPhail, em 1989, quando este estava fora de serviço em Savannah, Geórgia. Davis foi condenado com base em várias testemunhas oculares e informantes que disseram tê-lo ouvido confessar. Com o passar dos anos, porém, muitas testemunhas modificaram os depoimentos, ao afirmar que foram pressionadas a prestá-lo. Novas provas pareciam implicar outra pessoa. Os tribunais não ficaram convencidos. Seja qual for a verdade, a execução de Davis foi altamente controversa e gerou protestos e críticas em todo o mundo. Em suas últimas palavras, Davis manteve a declaração de inocência: "Bem, antes de mais nada, gostaria de me dirigir à família MacPhail. Gostaria de informar a todos, apesar da situação – sei que vocês ainda estão convencidos de que sou a pessoa que matou seu pai, seu filho e seu irmão –, que sou inocente".

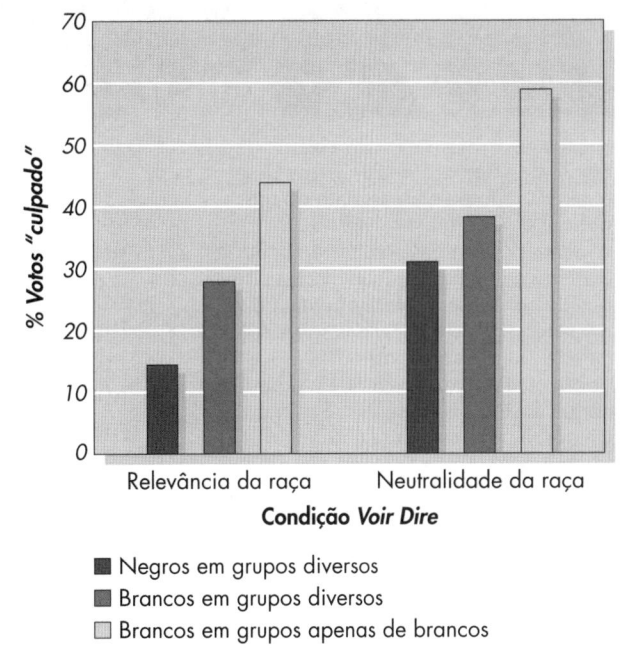

● FIGURA 12.6

Efeitos da diversidade racial no Júri
Júris simulados de seis pessoas assistiram ao julgamento de um réu afro-americano em grupos homogêneos (todos brancos) ou diversificados (quatro brancos, dois negros). Em alguns casos, a questão da raça foi levantada durante o *voir dire*; em outros, não. De qualquer forma, os jurados brancos em grupos homogêneos tinham maior probabilidade de votar culpado que jurados brancos em grupos diversificados, que, por sua vez, tinham maior probabilidade de votar culpado que jurados negros em grupos diversificados. Parece que jurados individuais são influenciados em suas decisões pela composição racial de seus grupos.
Sommers (2006)

Ao longo dos anos, a pena de morte estimulou um acalorado debate público nos Estados Unidos (Bedau e Cassell, 2004). Pense nisso: se tivesse que condenar alguém à morte, você conseguiria? Nem todos respondem a esta pergunta da mesma maneira. No entanto, sua resposta pode significar a diferença entre a vida e a morte para um réu condenado por homicídio. Atualmente, a maioria dos estados dos Estados Unidos permite a pena de morte. Entre aqueles que praticam, o júri tende a decidir não apenas o veredito, mas também a sentença. O uso de júris nesse modelo pode ser o modo mais "cauteloso" de proceder. Em uma análise do caso capital em Delaware, que mudou do uso de júris para juízes, uma comparação sugeriu que os júris são mais relutantes em votar pela morte que os juízes (Hans et al., 2015).

Nesses casos, não é surpreendente que as decisões de condenação sejam influenciadas não apenas pelos fatos de um caso específico, mas também pelas atitudes gerais dos jurados em relação à pena de morte. Kevin O'Neil e colegas (2004) descobriram que essas atitudes são compostas de várias crenças, como na legitimidade da retribuição e vingança ("Há alguns assassinos cuja morte me daria uma sensação de satisfação pessoal"), na dissuasão ("A pena de morte leva os criminosos a pensar duas vezes antes de cometer assassinato") e no custo ("Executar um assassino é mais barato que mantê-lo na prisão pelo resto da vida"). Monica Miller e David Hayward (2008) descobriram que as pessoas que defendem a pena de morte são mais propensas a ter visões religiosas fundamentalistas e uma crença na interpretação literal da Bíblia. Brooke

Em 21 de setembro de 2011, Troy Davis foi executado pelo assassinato de um policial da Geórgia em 1989. Ele foi condenado com base em testemunhas oculares e informantes que disseram tê-lo ouvido confessar. Posteriormente, novas evidências lançaram dúvidas sobre sua culpa, levando apoiadores de Davis e oponentes da pena de morte a protestar contra a execução dele. Nos Estados Unidos, a pena de morte é permitida e fonte recorrente de controvérsia.

Butler e Gary Moran (2007) constataram que as pessoas que defendem a pena de morte também tendem a nutrir crenças autoritárias e a acreditar que o mundo seja um lugar justo no qual as pessoas recebem o que merecem e merecem o que recebem.

Em casos que envolvem crimes que podem ser punidos com a morte e nos quais o júri toma ambas as decisões, uma prática especial de seleção de júri conhecida como **qualificação de morte** é normalmente aplicada. Por meio da qualificação de morte, os juízes podem excluir todos os jurados em potencial que disserem que se recusariam a votar na pena de morte. Geralmente, esses jurados são excluídos do julgamento. Para garantir que as decisões de *condenação* sejam imparciais, faz sentido excluir aqueles que admitem ter uma opinião fechada. No entanto, essa mesma prática de seleção inclina a balança para a acusação quando se trata do *veredito*? Em outras palavras, os júris qualificados para a morte são propensos a condenar?

Em uma série de estudos, Phoebe Ellsworth, Craig Haney et al. examinaram essa questão. Os resultados mostraram que, em comparação às pessoas que se opõem à pena de morte, aqueles que a apoiam tendem à acusação em uma série de questões. Por exemplo, eles estão mais preocupados com o crime, confiam mais na polícia, são mais céticos em relação aos advogados de defesa e menos tolerantes com os procedimentos que visam proteger o acusado (Fitzgerald e Ellsworth, 1984; Haney et al., 1994).

Quando se trata de vereditos de julgamento, a diferença pode ser substancial. Em um estudo, 288 pessoas assistiram a um julgamento de assassinato em vídeo e depois participaram de júris simulados. Os resultados mostraram que os jurados que disseram estar dispostos a impor a pena de morte tinham mais probabilidade de votar culpado antes e depois de deliberar que aqueles que teriam sido excluídos por se recusarem a impor a pena de morte (Cowan et al., 1984).

Resultados semelhantes foram encontrados em estudos com jurados reais (Moran e Comfort, 1986). Na verdade, Haney (1984) descobriu que ouvir a qualificação de morte sobre questões terríveis é tendencioso porque essas questões presumem a culpa do réu e comunicam aos jurados em potencial que os tribunais consideram a morte um modo desejável de punição. Em seus estudos, mesmo jurados simulados selecionados aleatoriamente tinham maior probabilidade de votar pela condenação – e pela pena de morte – quando expostos a tais questões durante o *voir dire* que quando não.

À medida que as provas das pesquisas aumentavam, os tribunais norte-americanos tiveram de enfrentar uma perspectiva preocupante. Centenas de prisioneiros no corredor da morte foram julgados por júris tendenciosos contra eles? No caso de *Lockhart* vs. *McCree* (1986), a Suprema Corte dos Estados Unidos considerou essa questão. Para ajudar a orientar a Corte, a Associação Americana de

qualificação de morte Procedimento de seleção de júri empregado em casos de pena capital que permite aos juízes excluir candidatos a jurados que dizem que não votariam na pena de morte.

Psicologia apresentou uma revisão exaustiva da literatura (Bersoff e Ogden, 1987) – mas sem sucesso. Em uma decisão que decepcionou muitos psicólogos sociais, o tribunal rejeitou a pesquisa e decidiu que a qualificação de morte não viola o direito do réu a um julgamento justo.

A Suprema Corte deveria ter sido persuadida pelos resultados da pesquisa de psicólogos sociais? De qualquer modo, é importante conceber métodos alternativos e não prejudiciais que possam ser usados para selecionar júris de crimes passíveis de pena de morte. Por exemplo, a pesquisa mostra que muitas pessoas que seriam excluídas devido a uma oposição *geral* à pena de morte, também admitem que considerariam a punição para réus *específicos* considerados culpados de cometer atos atrozes de violência – sugerindo que talvez esses indivíduos não devam ser removidos do júri (Cox e Tanford, 1989). Essa questão continua a despertar interesse e preocupação entre os psicólogos sociais (Costanzo, 1997) e é especialmente relevante agora, à luz das revelações preocupantes trazidas por testes de DNA, que mostram que muitos prisioneiros, incluindo muitos no corredor da morte, não cometeram os crimes pelos quais foram condenados (Baumgartner et al., 2008).

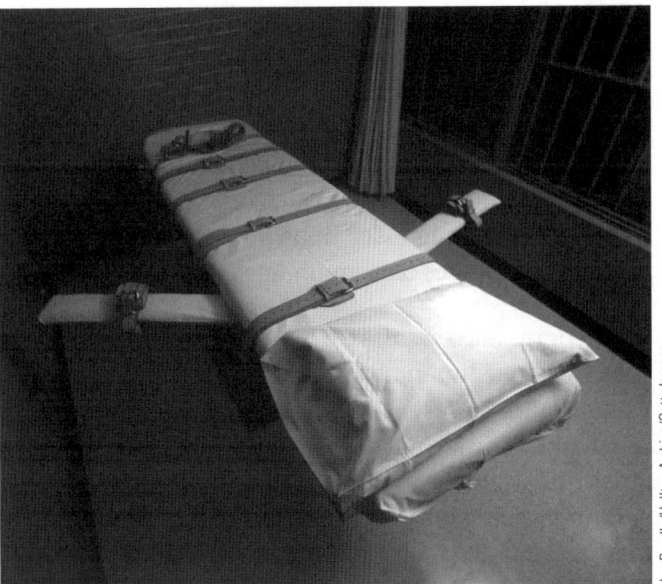

Em todo o mundo, os métodos mais comuns de execução são enforcamento, tiro e decapitação. Nos Estados Unidos, os métodos mais comumente empregados são eletrocussão, injeção letal e gás venenoso – conforme fornecido nesta câmara de gás. Para obter mais informações sobre a pena de morte, como listas atualizadas de prisioneiros no corredor da morte, visite http://www.deathpenaltyinfo.org/home.

■ 12-3b O julgamento no tribunal

Uma vez que o júri é escolhido, o julgamento começa oficialmente e as provas previamente reunidas ganham vida. As provas produzidas no tribunal podem variar muito, de testemunhas oculares, informantes, álibis e confissões de DNA a outros tipos de provas físicas decorrentes da investigação da cena do crime, exames médicos, amostras de caligrafia, diários, impressões digitais, fotografias e documentos comerciais. O julgamento é um evento bem orquestrado. Os advogados de ambos os lados fazem as argumentações iniciais. As testemunhas então respondem a perguntas sob juramento. Os advogados apresentam os argumentos finais. O juiz instrui o júri. No entanto, há muitos problemas nesse empreendimento demasiadamente humano: as provas podem não ser precisas ou confiáveis, os jurados podem abrigar conceitos errôneos ou preconceitos, as instruções dos juízes podem não ser seguidas e o processo de deliberação pode levar alguns jurados a votar em um veredito que contradiga as crenças deles. A psicologia social da tomada de decisão do júri é envolvente e fascinante (Bornstein e Greene, 2011; Kovera, 2017; Lieberman e Krauss, 2009; Vidmar e Hans, 2007). Nesta seção, identificamos alguns dos problemas e das possíveis soluções.

Ao longo dos anos, psicólogos e outros cientistas sociais têm procurado avaliar a competência dos júris de julgamento para chegar a vereditos precisos. No *The American Jury*, Henry Kalven e Hans Zeisel (1966) pesquisaram 550 juízes que presidiram 3.576 julgamentos de júris criminais nos Estados Unidos. Enquanto cada júri deliberava, os juízes foram solicitados a indicar qual seria o veredito deles. Uma comparação de suas respostas com os vereditos reais dados pelos júri revelou que juízes e júris concordaram com um veredito em 78% dos casos (em um estudo separado de casos cíveis, normalmente que envolveu disputas por dinheiro, uma taxa de concordância de 78% também foi observada). Entre os 22% dos casos em que houve desacordo, foi porque o júri votou pela absolvição de um réu que os juízes consideraram culpado. Este último resultado sugere que os júris são mais tolerantes que os juízes.

Os júris são competentes, objetivos e precisos em seus veredídos? Não existe uma maneira simples de responder a essa pergunta. Como regra geral, a pesquisa mostrou que os júris são tomadores de decisões sólidas, mesmo em casos que contêm provas complexas, e que os veredítos do júri são baseados em grande parte na consistência das provas apresentadas durante o julgamento (Devine et al., 2016; Diamond e Rose, 2005; Eisenberg et al., 2005). Ainda assim, como vimos antes, os júris tendem a aceitar identificações de testemunhas oculares e confissões – muitas vezes sem uma análise suficiente sobre as situações e o método em que esses tipos de provas foram obtidas. Para ajudar a orientar os júris nesses casos, os psicólogos às vezes testemunham como peritos (Cutler e Kovera, 2011).

Influências não probatórias Julgamento é um evento bem orquestrado que segue regras estritas de prova e procedimento. O objetivo é garantir que os jurados baseiem os veredítos apenas em provas e testemunhos apresentados no tribunal – não em rumores, histórias de jornais, aparência física de um réu e outras informações. A questão é: até que ponto esse objetivo é alcançado, e até que ponto os veredítos do júri são contaminados por influências não probatórias? Antes de Amanda Knox ser julgada por assassinato em Perugia, Itália, em 2007, jornais e redes sociais – não apenas na Itália, mas também nos Estados Unidos, na Grã-Bretanha e em outras partes do mundo – estavam saturados de histórias sobre Knox, seu passado, o namorado italiano, sua suposta confissão e testemunhas que afirmaram tê-la visto perto da cena do crime. Quando Knox foi a julgamento, o júri já havia sido exposto a todos os tipos de informações que não faziam parte das provas.

Muitos casos importantes chegam a jornais e outros meios de comunicação de massa muito antes de aparecerem no tribunal. Nesses casos, o sistema legal luta com esse dilema: a exposição a notícias pré-julgamento corrompe o potencial grupo de jurados? Pesquisas de opinião pública mostram consistentemente que, quanto mais as pessoas sabem sobre um caso, mais provável é que presumam que o réu é culpado, mesmo quando alegam ser imparciais (Kovera, 2002; Moran e Cutler, 1991). Não há nada de misterioso nesse resultado. As informações nos noticiários geralmente são oriundos da polícia e do Ministério Público, portanto, muitas vezes apresentam informações desfavoráveis à defesa (Bakhshay e Haney, 2018). A questão é se esses relatórios têm impacto sobre os júris que vão ouvir as provas no tribunal e deliberar sobre um veredíto.

Para examinar os efeitos da publicidade pré-julgamento, Geoffrey Kramer e colegas (1990) apresentaram uma reconstituição em vídeo de um julgamento por assalto à mão armada para centenas de pessoas que participaram de 108 júris fictícios. Antes de assistir à fita, os participantes foram expostos a notícias sobre o caso. Alguns leram notícias neutras. Outros, informações incriminatórias – por exemplo, revelando que o réu tinha passagem anterior pela polícia ou implicando o réu em um acidente de atropelamento e fuga em que uma criança havia sido morta. Ainda que os participantes tenham sido instruídos a basear as decisões apenas nas provas, a publicidade pré-julgamento teve efeito marcante. Entre aqueles expostos a material neutro, 33% votaram culpado após deliberação em um júri. Entre os expostos ao material incriminatório, esse número subiu para 48%. O que é pior, nem os juízes nem os advogados de defesa puderam identificar em um *voir dire* simulado quais jurados foram influenciados pela publicidade. Conforme mostrado na • Figura 12.7, 48% dos jurados que foram questionados e considerados imparciais – aqueles que disseram não ter sido afetados – votaram culpado (Kerr et al., 1991).

Tendo em vista nosso acesso constante a notícias pela internet, o problema da exposição dos júris à publicidade pré-julgamento nunca foi tão urgente. Estudos mais recentes serviram apenas para reforçar a conclusão de que esse problema pode ter consequências no julgamento. Em um estudo, Tarika Daftary-Kapur e colegas (2014) recrutaram jurados simulados na cidade de Nova York durante e antes de um julgamento de assassinato proeminente que foi notícia local. O julgamento envolveu três policiais que atiraram em um afro-americano desarmado chamado Sean Bell. À medida que o julgamento avançava, esses participantes recebiam atualizações periódicas do julgamento da sala do tribunal e respondiam às perguntas como se estivessem no júri.

Com base em sua exposição natural a artigos de jornais locais, que divulgaram ao longo de suas várias semanas de participação, e no conteúdo desses artigos, as análises mostraram que a exposição mais natural dos participantes a notícias pró-promotoria em relação a notícias pró-defesa, aumentou a probabilidade de eles verem os réus como culpados – do início ao fim do julgamento, independentemente da instrução que receberam do juiz para desconsiderar informações externas. Acompanhando o mesmo caso, os mesmos resultados foram replicados em um experimento controlado com júri simulado, conduzido em Boston.

A publicidade pré-julgamento é potencialmente perigosa em dois aspectos. Em primeiro lugar, muitas vezes divulga informações, incluindo rumores não comprovados, que não são aceitas, posteriormente, como provas no julgamento. O segundo é a questão do tempo. Como muitas notícias precedem o julgamento real, os jurados ficam sabendo de certos fatos antes mesmo de entrar no tribunal. Pelo que se sabe sobre o poder das primeiras impressões, as consequências são claras. Se os jurados receberem notícias negativas sobre um réu antes do julgamento, essas informações distorcerão a maneira como vão interpretar os fatos do caso (Hope et al., 2004). Na verdade, uma análise de deliberações do júri, gravadas secretamente, mostrou que a exposição à publicidade pré-julgamento foi discutida abertamente e interferiu de modo explícito nas considerações sobre o réu e sobre as provas, embora o juiz os tenha alertado para desconsiderar tais informações (Ruva e Guenther, 2015; Ruva e LeVasseur, 2012). Então, há uma solução? Uma vez que os efeitos de polarização persistem apesar das práticas de seleção do júri, a apresentação de provas concretas, palavras de advertência do juiz e deliberações abertas do júri, a justiça pode exigir que casos altamente divulgados sejam adiados ou seus julgamentos transferidos para comunidades menos informadas (Steblay et al., 1999; Studebaker e Penrod, 1997).

É possível que os júris sejam influenciados por publicidade pré-julgamento de natureza mais geral que não está relacionada ao seu caso específico? Talvez você tenha assistido ao popular seriado de televisão *CSI* (Crime Scene Investigation, ou "investigação da cena do crime"), que se concentra no processo pelo qual os investigadores da polícia coletam e analisam impressões digitais, fluidos corporais e outros tipos de provas forenses (o original é ambientado em Las Vegas; spin-offs foram mais tarde rodados em Miami e Nova York). Muitos comentaristas jurídicos especulam que a exposição do público a esse programa influencia os veredictos de júris; eles o chamam "efeito CSI".

O temor é que os programas de televisão levem os jurados a ter expectativas irrealistas, que os levam a votar cautelosamente pela absolvição, porque consideram as provas reais insuficientes para apoiar um

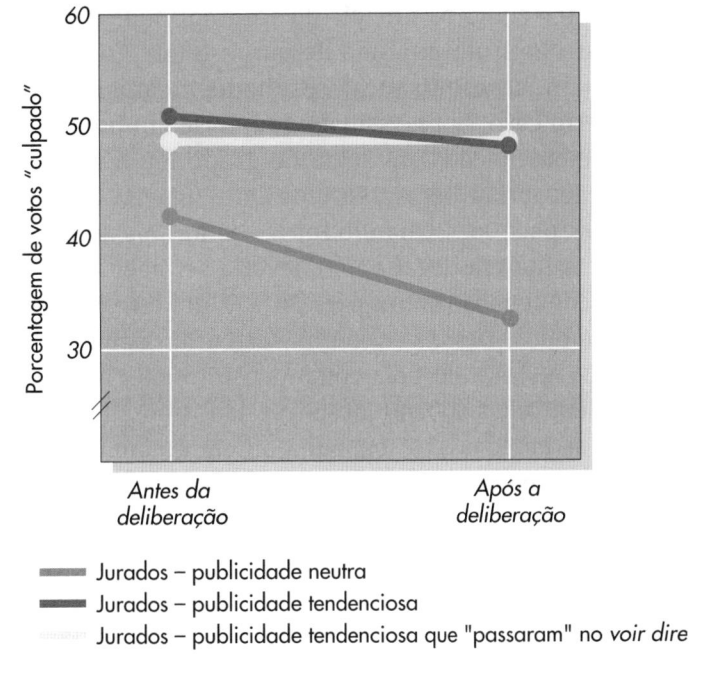

• **FIGURA 12.7**

Efeitos contaminantes da publicidade pré-julgamento

Nesse estudo, os participantes foram expostos a notícias preconceituosas ou neutras sobre um réu, assistiram a um julgamento em vídeo e votaram antes e depois de participar de uma simulação de deliberação do júri. Como mostrado, a publicidade pré-julgamento aumentou o índice de condenação antes e depois da deliberação, mesmo entre os participantes considerados imparciais por juízes e advogados.
De Kerr et al. (1982)

veredito de culpado. Se for verdade, o efeito CSI representaria um tipo especial de publicidade pré-julgamento, potencialmente influenciando uma população inteira de júris. Tom Tyler (2006a) é rápido em observar, entretanto, que, embora a hipótese seja plausível, não há atualmente nenhuma evidência concreta para apoiá-la. Assim como os jurados são influenciados pelas notícias, ocasionalmente recebem informações extralegais no próprio julgamento. Se uma testemunha revelar boatos que não sejam considerados confiáveis ou deixar escapar algo sobre o passado do réu que os tribunais consideram prejudicial – em qualquer dos casos, informações que o júri não deve ouvir –, o que acontece? Normalmente, o advogado adversário fará uma objeção e o juiz vai sustentá-la, instruindo o júri a desconsiderar a informação.

Se algo parecer errado com essa série de eventos, você deve saber que se trata de um roteiro frequentemente reproduzido no tribunal. No entanto, as pessoas podem realmente apagar informações de suas mentes como os oficiais do tribunal podem apagá-las dos registros? As pessoas em um júri podem resistir ao fruto proibido de um testemunho a ser desconsiderado? Ainda que o senso comum sugira que não, a pesquisa traz resultados mistos. Em um estudo, um grupo de jurados simulados leu sobre certo caso de assassinato com base em provas tão inconsistentes que nem um único jurado votou pela condenação. Um segundo grupo leu o mesmo caso, exceto que a promotoria introduziu uma gravação obtida ilegalmente de uma ligação telefônica feita pelo réu: "Finalmente consegui o dinheiro para pagá-lo... Quando for ler os jornais amanhã, saberá o que quero dizer". A defesa argumentou que a fita era ilegal e não deveria ser aceita como prova, mas o juiz discordou. Nesse ponto, o índice de condenação subiu para 26%. Num terceiro grupo, como no segundo, a fita foi apresentada e a defesa se opôs. Dessa vez, o juiz sustentou a objeção e disse aos jurados para desconsiderar a fita. Resultado: 35% votaram pela condenação (Sue et al., 1973). Outros estudos também revelam que os jurados muitas vezes não são desencorajados por "instruções limitantes" (Steblay et al., 2006).

Por que as pessoas não seguem a ordem de um juiz de desconsiderar provas irregulares? Há várias explicações possíveis (Lieberman e Arndt, 2000). Imagine-se compondo do júri e três razões se tornarão claras. Primeiro, a instrução dada chama a atenção para as informações irregulares. É como ouvir que não devemos pensar em ursos brancos. Como vimos no Capítulo 3, tentar suprimir um pensamento específico aumenta a tendência de que se intrometa em nossa consciência (Wegner, 1994). Uma segunda razão é que a instrução de um juiz para desconsiderar uma prova, assim como a censura, restringe a liberdade de decisão do jurado. Como resultado, pode ter o efeito contrário, aumentando a reatância. Portanto, quando um juiz enfatiza a decisão *proibindo* os jurados de usar determinadas informações ("Você não tem escolha a não ser desconsiderá-las"), tornam-se ainda *mais* prováveis de serem utilizadas (Wolf e Montgomery, 1977). A terceira razão é a mais fácil de entender. Os jurados querem chegar à decisão certa. Se tropeçarem em informações relevantes, querem usá-las, quer atendam às normas técnicas da lei ou não (Kassin e Sommers, 1997).

As instruções do juiz Um dos rituais mais importantes em qualquer julgamento são as instruções do juiz ao júri. É por meio dessas instruções que os júris são orientados sobre os conceitos jurídicos relevantes, informados sobre as opções de veredito, advertidos a desconsiderar fatores extralegais e orientados sobre como conduzir as deliberações. Para levar os veredito a cumprir a lei, os júris devem seguir essas instruções. A tarefa parece bastante simples, mas há problemas.

Para começar, a competência intelectual do júri foi posta em questão. Por anos, os tribunais duvidaram que os jurados entendessem as instruções. Um juiz cético foi direto quando disse que "essas palavras também podem ser faladas em uma língua estrangeira" (Frank, 1949, p. 181). Ele pode estar certo. Quando as instruções reais são testadas com jurados simulados da comunidade, os resultados revelam altos níveis de mal-entendidos – um problema sério à luz do fato de que os jurados parecem ter muitos preconceitos sobre crimes e os requisitos da lei. No entanto, há motivos para ter esperança. As pesquisas mostram que, quando as instruções convencionais – que são mal estruturadas e cheias de termos jurídicos complexos – são reescritas em inglês simples, as taxas de compreensão aumentam acentuadamente (Elwork et al., 1982). Complementar as instruções de um juiz com fluxogramas, animações de computador e outros recursos audiovisuais também é eficaz (Brewer et al., 2004).

Nesse tribunal de Detroit, o Dr. Jack Kevorkian foi julgado por suicídio assistido. Ainda que o suicídio assistido por médico seja ilegal em Michigan, o júri, nesse caso, "anulou" a lei em favor das próprias concepções de justiça e votou inocente. No entanto, Kevorkian acabou sendo condenado e enviado para a prisão.

A falta de compreensão é um dos motivos pelos quais a instrução de um juiz pode ter pouco impacto. No entanto, há um segundo motivo: às vezes, os júris discordam da lei, levantando assim a polêmica questão da **anulação do júri**. Como os júris deliberam em particular, podem optar por desconsiderar ou "anular" as instruções do juiz. As páginas da história estão repletas de exemplos comoventes. Considere o caso de alguém julgado por eutanásia ou "morte por misericórdia". Por lei, é assassinato. Porém para o réu pode ser um ato nobre em nome de um ente querido. Diante desse tipo de conflito – uma questão moral explosiva em que a opinião pública está nitidamente dividida – os júris costumam avaliar a questão em termos humanos, usar noções pessoais de justiça e de bom senso e votar pela absolvição, apesar da lei (Finkel, 1995; Niedermeier et al., 1999). Essa tendência de anulação é particularmente provável de ocorrer quando jurados que discordam da lei são informados do direito de anulá-la (Meissner et al., 2003). Nesses casos, a pesquisa sugere a possibilidade de que uma instrução de anulação pode desencadear uma forma de "caos", liberando os jurados para seguir suas emoções em um caso com alta carga emocional (Horowitz et al., 2006).

A anulação do júri aconteceu em casos relativos a suicídio assistido por médicos, como os praticados pelo patologista Jack Kevorkian. Durante a década de 1990, Kevorkian auxiliou mais de 130 mortes. Por três desses incidentes, ele foi julgado por assassinato, e os júris, simpáticos à sua situação, praticaram a anulação e o absolveram. Em seguida, ele injetou uma dose letal de drogas em um homem com doença terminal, filmou a morte, deu a fita para a CBS News e novamente desafiou as autoridades a levá-lo ao tribunal. Eles o fizeram, e em 1999, depois de ter desafiado a lei com mais ousadia, Kevorkian foi considerado culpado. Ele era o prisioneiro nº 284797 em uma prisão estadual de Michigan até ser libertado em liberdade condicional em junho de 2007. Kevorkian morreu quatro anos depois, aos 83 anos.

■ 12-3c Deliberação do júri

Qualquer pessoa que tenha visto o filme original de 1957, *Doze homens e uma sentença* (*Twelve Angry Men*), pode apreciar o quanto intensa pode ser a deliberação de um júri. Esse clássico do cinema inicia-se com um júri ansioso para condenar um jovem por assassinato – sem questões ou dúvidas. O grupo seleciona um porta-voz e faz uma votação levantando os braços. O resultado é uma maioria de 11 contra 1, com o ator Henry Fonda sendo o único dissidente. Depois de muitos momentos tensos, Fonda consegue

anulação do júri Poder do júri de desconsiderar ou "anular" a lei quando esta entra em conflito com concepções pessoais de justiça.

No clássico filme *Doze homens e uma sentença*, o ator Henry Fonda interpreta um jurado solitário que, sozinho, converte seus 11 pares culpados em votar pela absolvição. Às vezes, a vida imita a arte; neste caso, não. A pesquisa mostra que as maiorias na primeira votação do júri costumam prevalecer no veredito final.

converter os colegas, e o júri vota por unanimidade pela absolvição.[10]

Costuma-se dizer que o poder único do júri decorre da sabedoria que emerge quando os indivíduos se reúnem em particular como um *grupo*. Essa suposição é justificada? *Doze homens e uma sentença* é uma obra de ficção, mas será que retrata de modo realista o que acontece na sala do júri? E como o sistema jurídico influencia a dinâmica do grupo? Ao entrevistar os jurados após os julgamentos e ao recrutar pessoas para participar de júris simulados e, em seguida, registrar suas deliberações, os pesquisadores aprenderam muito sobre como os júris tomam suas decisões.

Liderança na sala do júri Em teoria, todos os jurados são iguais. Na prática, entretanto, hierarquias de dominância tendem a se desenvolver. Como em outros grupos de tomada de decisão, alguns indivíduos lideram a discussão, enquanto outros participam com uma taxa menor ou assistem de fora, falando apenas para dar seu voto (Hastie et al., 1983). É quase como se houvesse um júri dentro do júri. A questão é: que tipo de pessoa surge como líder?

Frequentemente, presume-se que o porta-voz é o líder. Afinal, o porta-voz pede votos, atua como elo de ligação entre o juiz e o júri e anuncia o veredito no tribunal. Parece uma posição importante, mas o processo de seleção é muito rápido e casual. É interessante que a seleção do porta-voz siga um padrão previsível (Stasser et al., 1982). Pessoas com *status* profissional superior ou com experiência anterior em júri são frequentemente escolhidas. De modo que, também, a primeira pessoa a falar é frequentemente escolhida para ser o porta-voz (Strodtbeck et al., 1957). E, quando os jurados deliberam em torno de uma mesa retangular, aqueles que se sentam nas cabeceiras da mesa têm maior probabilidade de serem escolhidos que aqueles sentados no meio (Bray et al., 1978; Strodtbeck e Hook, 1961).

Se essas desigualdades parecem incômodas, não se preocupe: os porta-vozes podem atuar como líderes nominais, mas não exercem mais que sua cota justa de influência sobre o grupo. Na verdade, embora gastem mais tempo que outros jurados discutindo questões processuais, eles gastam menos tempo expressando opiniões sobre o veredito (Hastie et al., 1983). Assim, pode ser mais correto pensar no porta-voz não como o líder do júri, mas como moderador. Em *Doze homens e uma sentença*, o ator Martin Balsam – não Henry Fonda – foi o porta-voz. Ele também estava entre os membros menos influentes do júri.

A dinâmica da deliberação Se as paredes da sala do júri pudessem falar, diriam-nos que o processo de tomada de decisão normalmente passa por três estágios (Hastie et al., 1983; Stasser et al., 1982). Como outros grupos de solução de problemas, os júris começam em um período de *orientação* descontraído, durante o qual definem uma agenda, conversam abertamente, levantam questões e exploram os fatos. Então, uma vez que as diferenças de opinião são reveladas (geralmente após a primeira votação), formam-se as divisões e o grupo muda abruptamente para um período de *conflito aberto*. Com as linhas de batalha bem definidas, a discussão assume um tom mais focado e argumentativo. Juntos, os jurados examinam as provas, constroem histórias para dar conta delas e discutem as instruções do juiz (Pennington e Hastie, 1992). Se todos os jurados concordarem, chegam a um veredito. Do contrário, a maioria tenta chegar a um consenso, convertendo os que resistem por meio da informação e da pressão social. Se a unanimidade for alcançada, o grupo entra em um período de *reconciliação* durante o qual os conflitos são suavizados e a satisfação com o resultado é afirmada. Se os resistentes continuarem a discordar, o júri é suspenso. Este processo está diagramado na • Figura 12.8.

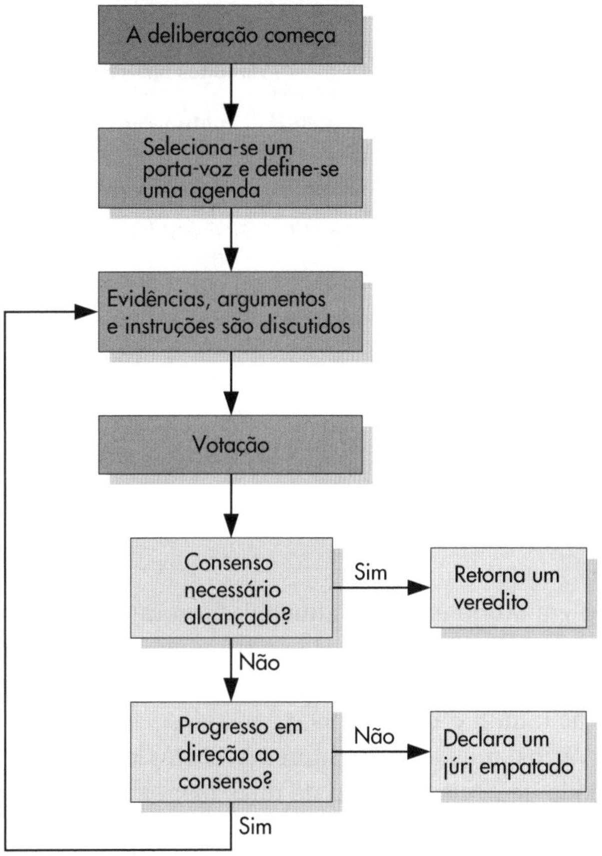

Quando se trata de *resultados* de tomada de decisão, as deliberações seguem um curso previsível. Ao entrevistar os membros de 225 júris, Kalven e Zeisel (1966) procuraram reconstruir como esses júris se dividiram na primeira votação. Dos 215 júris que foram abertos com uma maioria inicial, 209 chegaram a um veredito final consistente com a primeira votação. Essa descoberta – que foi posteriormente reforçada pelos resultados de estudos de júri simulado (Kerr, 1981; Stasser e Davis, 1981; ver ▲ Tabela 12.5) – levou Kalven e Zeisel (1966) a concluir que "o processo de deliberação pode muito bem ser comparado ao da revelação de um filme; o revelador produz a imagem, mas o resultado é predeterminado" (p. 489). Deixando de lado o heroísmo de Henry Fonda em *12 Homens e uma Sentença* (*Twelve Angry Men*), geralmente é possível prever o veredito final sabendo os primeiros votos dos jurados. Os júris geralmente não estão mais ou menos sujeitos a preconceitos que os indivíduos que constituem grupos (Kerr et al., 1999). Portanto, as "regras da maioria" parecem descrever o que acontece não apenas nos júris, mas também na maioria dos pequenos grupos de tomada de decisão (Hastie e Kameda, 2005).

• **FIGURA 12.8**

Deliberações do júri: o processo

Os júris realizam várias tarefas até chegar a um veredito. Eles começam definindo e revisando o caso. Se todos os jurados concordam, eles chegam a um veredito; caso contrário, continuam a discutir o caso até conseguirem um consenso. Se os dissidentes se recusam a votar com a maioria, o júri fica em um beco sem saída.

Há uma exceção a essa regra de vitória por maioria na sala do júri. Em julgamentos criminais, a deliberação tende a produzir um **viés de leniência** que favorece o réu. Todos os outros fatores sendo iguais, jurados são mais propensos a votar pela culpa independentemente que em um grupo; eles também são mais propensos a condenar antes das deliberações que depois (MacCoun e Kerr, 1988; Kerr e MacCoun, 2012). Observe novamente a ▲ Tabela 12.5, e você verá que os júris que estão igualmente divididos em seu voto inicial provavelmente retornarão veredictos declarando inocência. Talvez seja mais fácil para os jurados levantar uma "dúvida razoável" na mente de outras pessoas que apagar todas as dúvidas. A esse respeito, é interessante notar que em seu estudo clássico, conforme descrito anteriormente, Kalven e Zeisel descobriram que os júris são mais tolerantes que os juízes costumam ser. Talvez essa diferença se deva, em parte, ao fato de que a decisão dos júris é coletiva e a dos juízes, individual.

viés de leniência Tendência para a deliberação do júri tender à absolvição.

▲ TABELA 12.5

O caminho para o acordo: de votos individuais a um veredito em grupo

Pesquisas mostram como os vereditos são alcançados por júris simulados que começam com diferentes combinações de votos iniciais. Você pode ver que os resultados apoiam a regra de vitória por maioria. Mas observe também a evidência de um viés de leniência: quando a votação inicial é dividida, os júris tendem à absolvição (Kerr, 1981, conforme citado em Stasser et al., 1982).

Votos iniciais (culpado – não culpado)	Vereditos finais do júri (%)		
	Culpa	Absolvição	Suspensão
6-0	100	0	0
5-1	78	7	16
4-2	44	26	30
3-3	9	51	40
2-4	4	79	17
1-5	0	93	7
0-6	0	100	0

Saber que a maioria tende a prevalecer não nos explica como os júris resolvem divergências para chegar a um veredito. A partir dos estudos de conformidade discutidos no Capítulo 7, sabemos que há duas possibilidades. Às vezes, as pessoas se conformam porque, por meio de um processo de *influência informacional*, são genuinamente persuadidas pelo que os outros dizem. Em outras ocasiões, elas cedem às pressões da *influência normativa*, mudando o comportamento de acordo com a maioria, mesmo que, em particular, discordem.

A justiça exige que os júris cheguem a um consenso por meio de uma vigorosa troca de opiniões e informações, não como resultado de forte pressão social. Porém é assim que funciona? As pesquisas mostram que os júris alcançam a unanimidade não por um processo ou pelo outro, mas pela combinação de ambos (Kaplan e Schersching, 1981). Estudos também mostram que certos fatores podem perturbar o delicado equilíbrio entre as influências informativas e normativas. A pressão social é aumentada, por exemplo, em júris cujos votos são registrados em uma lista pública ou levantando as mãos (Davis et al., 1989) e em júris em impasse que são chamados de volta ao tribunal e instados, pelo juiz, a resolver suas diferenças (Smith e Kassin, 1993).

Vários anos atrás, a Suprema Corte dos Estados Unidos abordou questões relativas à dinâmica de tomada de decisão do júri de duas maneiras. Nas páginas a seguir, examinaremos essas questões importantes e o que significam.

Tamanho do júri: quanto pequeno é muito pequeno? Quantas pessoas são necessárias para formar um júri? Seguindo a tradição britânica, 12 é o número mágico. Então, no caso *Williams vs. Florida* (1970), o réu foi condenado por assalto à mão armada por um júri composto por seis pessoas e apelou do veredito para a Suprema Corte dos Estados Unidos, mas perdeu. Como resultado desse precedente, os tribunais norte-americanos agora têm permissão para cortar custos de julgamento com júris de seis pessoas em casos que não envolvem a pena de morte. Júris compostos por menos de seis não são permitidos (*Ballew v. Georgia*, 1978).

Qual é o impacto de passar de 12 para seis jurados? A Suprema Corte dos Estados Unidos abordou essa questão como um psicólogo social faria. Procurou determinar se a mudança afetaria o processo de tomada de decisão. Infelizmente, o tribunal interpretou tão mal as pesquisas disponíveis que Michael Saks (1974) concluiu que "não seria aprovado em uma aula de psicologia do ensino médio" (p. 18). Considerando se uma redução no tamanho do júri afeta a capacidade dos membros da minoria votante de resistir às pressões normativas, a Suprema Corte achou que não. Citando os estudos de conformidade de Asch (1956), o tribunal argumentou que a resistência de um jurado depende do tamanho *proporcional* da maioria. Porém é verdade? O dissidente solitário em uma relação de

> Em geral, é possível prever o veredito final de um júri sabendo a posição dos jurados individuais na primeira vez que votam.
>
> **VERDADEIRO**

5 para 1 está tão bem isolado da norma do grupo quanto em uma divisão de 10 para 2? O Tribunal argumentou que essas divisões de 83% a 17% são psicologicamente idênticas. No entanto, espere. A pesquisa de Asch mostrou exatamente o oposto – que a mera presença de um único aliado permite que os dissidentes mantenham a independência melhor que qualquer outra coisa.

Os estudos mostram que o tamanho de um júri também tem outros efeitos. Michael Saks e Molli Marti (1997) conduziram uma metanálise de estudos que envolveu 15 mil jurados simulados que deliberaram em mais de 2 mil júris de seis ou 12 pessoas. No geral, eles descobriram que os júris menores foram menos propensos a representar segmentos minoritários da população. Também foi mais provável que chegassem a um veredito unânime e o fizessem enquanto deliberavam por períodos mais curtos de tempo. Mesmo em julgamentos cíveis, nos quais os júris têm de tomar decisões complexas sobre quanto dinheiro conceder ao autor, grupos de seis pessoas gastam menos tempo discutindo o caso (Davis et al., 1997).

Vereditos não unânimes O tamanho do júri não é tudo o que mudou. Em 1972, a Suprema Corte dos Estados Unidos votou se os estados podem aceitar vereditos do júri que não sejam unânimes. Em uma decisão, dois réus foram condenados por vereditos do júri que não foram unânimes – um por uma votação de 11 a 1, o outro por 10 a 2 (*Apodaca v. Oregon*, 1972). Em uma segunda decisão, um veredito de culpa foi determinado por uma margem de 9 para 3 (*Johnson v. Louisiana*, 1972). Em ambas, o Supremo Tribunal manteve as condenações.

O tribunal ficou dividido em sua avaliação sobre esses casos. Cinco juízes argumentaram que uma regra permitindo vereditos que não sejam unânimes não afetaria adversamente o júri; quatro juízes acreditavam que reduziria a intensidade das deliberações e minaria o potencial de influência das minorias. A ▲ Tabela 12.6 apresenta esses pontos de vista conflitantes. Qual você acha mais convincente? Imagine-se em um júri que precisa apenas de uma maioria de 9 a 3 para retornar um veredito. Você começa pesquisando o grupo e descobre que já tem os nove votos necessários. Qual é o próximo passo? De acordo com um roteiro, o grupo continua a argumentar vigorosa e abertamente. De acordo com o cenário alternativo, o grupo começa a deliberar, mas os dissidentes são rapidamente postos de lado porque os votos deles não são necessários. Novamente, qual cenário parece mais realista?

▲ **TABELA 12.6**

Johnson v. Louisiana (1972): Vistas contrastantes

"Observe os pontos de vista contrastantes na decisão da Suprema Corte dos Estados Unidos de permitir vereditos do júri que não sejam unânimes. O juiz White escreveu a opinião da maioria e o juiz Douglas escreveu a dissidência. A decisão foi alcançada por uma votação de 5 a 4."

Sr. Juiz White, pela Maioria

"Não temos motivos para acreditar que os jurados que votaram com maioria, cientes de sua responsabilidade e poder sobre a liberdade do réu, simplesmente se recusariam a ouvir os argumentos apresentados a eles em favor da absolvição, encerrariam a discussão e dariam um veredito. Pelo contrário, é muito mais provável que um jurado que apresente um argumento fundamentado a favor da absolvição e que possa ter suas considerações respondidas ou levar outros jurados com ele para evitar a condenação. A maioria cessará a discussão e será obtida maioria somente depois que a discussão fundamentada deixar de ter efeito persuasivo ou de servir a qualquer outro propósito – isto é, quando uma minoria continua a insistir na absolvição sem ter razões persuasivas para apoiar sua posição."

Sr. Juiz Douglas, pela Minoria

"Os júris não unânimes não precisam debater e deliberar tão detalhadamente como a maioria dos júris unânimes. Assim que a maioria necessária é alcançada, nenhuma consideração adicional é exigida por Oregon ou por Louisiana, embora os jurados dissidentes possam, se tiverem a chance, conseguir convencer a maioria. [...] O esforço coletivo para montar o quebra-cabeça da verdade histórica... é interrompido assim que a maioria necessária é alcançada em Oregon e Louisiana. [...] Diz-se que não há evidências de que os jurados que votaram com a maioria se recusariam a ouvir os dissidentes cujos votos são desnecessários para a condenação. No entanto, a experiência humana ensina que uma conversa educada e acadêmica não substitui o argumento sério e robusto necessário para alcançar a unanimidade."

Para responder a essa pergunta, Reid Hastie et al. (1983) recrutaram mais de 800 pessoas da área de Boston para participar de 69 júris simulados. Depois de assistir a uma reconstituição de um julgamento de assassinato, os grupos foram instruídos a chegar a um veredito por uma margem de 12 a 0, 10 a 2 ou 8 a 4. As diferenças foram marcantes. Em comparação com júris que precisavam de decisões unânimes, os demais gastaram menos tempo discutindo o caso e mais tempo votando. Depois de atingir o número necessário de votos, frequentemente rejeitaram os impedimentos, encerraram a discussão e chegaram a um veredito. Posteriormente, os participantes dos júris não unânimes classificaram seus pares como tendo a mente mais fechada e eles mesmos como menos informados e menos confiantes sobre o veredito. O que é pior, a equipe de Hastie verificou nas fitas das deliberações que os júris de maioria geralmente adotaram "um estilo mais forte, agressivo e persuasivo" (1983, p. 112). Depois de ter permissão para filmar 50 júris cíveis não unânimes no Arizona, Shari Diamond e colegas (2006) observaram, de modo similar, que minorias ponderadas eram às vezes "marginalizadas" por maiorias que tinham o poder de ignorá-las.

Hoje, apenas dois estados permitem veredictos não unânimes em julgamentos criminais. Um número substancialmente maior promulgam para casos cíveis. As pesquisas mostram que esse procedimento enfraquece os jurados que estão na minoria votante, cria uma opinião fechada, causa um curto-circuito na discussão e deixa muitos jurados inseguros sobre a decisão. Ainda assim, em abril de 2014, diante de uma apelação de um veredito não unânime na Louisiana, a Suprema Corte dos Estados Unidos se recusou a rever a questão. *Henry Fonda, afaste-se. O júri chegou ao veredito.*

12-4 Penas e prisão pós-julgamento

A condenação de Brendan Dassey em *Making a Murderer* é fonte de controvérsia. Nenhuma prova física o ligou ao assassinato pelo qual foi condenado, e não havia testemunhas. A única prova contra Dassey, que tinha 16 anos na época e uma limitação intelectual, foi uma confissão que a polícia tirou dele depois de horas de um interrogatório repleto de influência social. Os advogados de Dassey apelaram do veredito ao Supremo Tribunal dos Estados Unidos, mas, em 2018, o tribunal se recusou a reconsiderar o caso. Como resultado, ele deve permanecer na prisão pelo menos até o ano de 2048. Como esse caso ilustra, as decisões de condenação são julgamentos humanos de grandes consequências. A questão é: o que influencia esses julgamentos?

12-4a O processo de condenação[11]

Os réus considerados inocentes têm liberdade para voltar para casa. Para os condenados, no entanto, o veredito do júri é seguido por uma segunda decisão para determinar a natureza e a extensão da punição. A decisão da sentença geralmente é tomada por juízes, não pelos júris, e muitas vezes são controversas. Uma razão para a controvérsia é que muitas pessoas consideram os juízes muito brandos (Stalans e Diamond, 1990). Outra é que as pessoas discordam sobre os objetivos da prisão. Para muitos juízes, o objetivo de uma sentença de prisão é prático: incapacitar os infratores e impedi-los de cometer crimes futuros. Para muitos cidadãos, entretanto, há um motivo mais forte: a retribuição, ou a vingança, contra os crimes cometidos. Estudos mostram que as pessoas são movidas por esse motivo de "merecimento", recomendando sentenças de maior severidade para crimes mais graves, independentemente de ser percebida a possibilidade de o agressor atacar novamente e independentemente de tais sentenças dissuadirem o crime ou servirem a outros fins úteis (Carlsmith, 2006; Carlsmith et al., 2002; Darley e Pittman, 2003; Darley et al., 2000). Curiosamente, pesquisas mostram que, embora as pessoas pensem que a "doce vingança" contra alguém faça mal levando-as a se sentir melhor, às vezes o efeito é oposto (Carlsmith et al., 2008).

Os juízes também discordam sobre questões relacionadas à sentença. Assim, uma reclamação pública recorrente é que há muita **disparidade de sentenças** – que as punições são inconsistentes de um juiz para o outro. Para documentar primeiro o problema, Anthony Partridge e William Eldridge (1974) compilaram conjuntos idênticos de arquivos de 20 casos reais e os enviaram a 50 juízes federais para recomendações de sentenças. Eles encontraram grandes disparidades nas sentenças que os juízes imporiam. Em um caso, por exemplo, os juízes leram sobre um homem que foi condenado por extorsão e sonegação de impostos. Um juiz recomendou uma sentença de prisão de três anos, enquanto outro recomendou 20 anos de reclusão e multa de $ 65 mil. É difícil acreditar que esses dois juízes leram o mesmo caso. No entanto, outros estudos descobriram diferenças semelhantes.

Alguns juízes são excepcionalmente criativos nas sentenças determinadas a criminosos condenados. Por exemplo, um juiz em Houston ordenou que um professor de piano que molestou dois alunos doasse o piano dele para uma escola local, um juiz de Dakota do Sul sentenciou ladrões de gado a remover estrume por uma semana e um juiz da Flórida ordenou que motoristas bêbados exibissem um adesivo em seus carros que dizia "condenado por dirigir alcoolizado" (Greene et al., 2007). Para minimizar essas disparidades e trazer maior consistência ao processo, o governo federal e muitos governos estaduais criaram diretrizes de condenação que são usadas até hoje (United States Sentencing Commission, 2018).

Apesar das diretrizes, as decisões de condenação podem ser influenciadas por fatores irrelevantes. Por exemplo, Birte Englich et al. (2006) teorizaram que os juízes seriam influenciados pelo conhecido "efeito de ancoragem" – a tendência de usar um fato como uma "âncora", ou ponto de referência, ao julgar um segundo. Em uma série de estudos realizados na Alemanha, esses pesquisadores apresentaram a profissionais do direito – a maioria juízes – materiais sobre um caso criminal. Todos os participantes receberam o mesmo material, exceto que alguns arquivos sugeriam sentenças curtas (1 ano) e outros, altas (3 anos). Independentemente de o número ter sido apresentado como uma recomendação do promotor, uma pergunta de um jornalista ou um lance aleatório de dados, aqueles que foram expostos ao ponto de ancoragem alto atribuíram sentenças mais duras que aqueles expostos ao ponto de ancoragem baixo.

Algumas influências nesse processo de tomada de decisão humana são ainda mais perturbadoras. Ao vasculhar as estatísticas da pena de morte nos Estados Unidos, os pesquisadores descobriram há muito tempo que as decisões de condenação consistentemente são tendenciosas em relação a etnia: tudo o mais sendo igual, assassinos condenados têm maior probabilidade de serem condenados à morte se forem negros ou se a vítima for branca (Baldus et al., 1990). Com base nos estudos de estereotipagem racial que vimos no Capítulo 5, Jennifer Eberhardt e colegas (2006) revisitaram uma série de casos capitais envolvendo réus negros, dessa vez procurando um efeito ainda mais sutil. Para cada caso, obtiveram uma fotografia do réu e pediram que estudantes universitários classificassem o grau do estereótipo negro de sua aparência – por exemplo, nariz largo, lábios grossos e pele escura. Com essas classificações, eles descobriram que, quando a vítima era negra, a aparência do réu não tinha relação com a sentença. Quando a vítima era branca, no entanto, as chances de pena de morte eram previsíveis pelo tanto que a aparência do réu negro era estereotipada (24% entre os menos estereotipados e 58% entre os mais estereotipados). Parece que há tons da pele negra que influenciam se os juízes e júris consideram os réus "dignos de morte".

Levando o problema um passo adiante, Rebecca Hetey e Eberhardt (2014) questionaram se as percepções das pessoas sobre a composição racial de um sistema prisional afetariam sua opinião em relação à necessidade de reformas. Em um estudo conduzido na Califórnia, eleitores brancos registrados que esperavam em uma estação de trem assistiram a um breve vídeo em um iPad sobre o sistema prisional estadual. Alguns participantes viram uma amostra de fotos de policiais nas quais muito poucos dos presos retratados eram negros; outros viram uma amostra em que quase metade era composta de negros. Posteriormente, os participantes foram informados sobre uma lei de condenação estadual que era alta e frequentemente injusta em termos de punições e, em seguida, foram solicitados a assinar uma petição para alterar essa lei. Conforme previsto, a decisão de assinar a petição foi influenciada pela percepção da composição racial da população carcerária: enquanto 52% assinaram a petição ao ver menos negros, apenas 27% concordaram em fazê-lo na condição em que as imagens mostravam mais negros. Esses pesquisadores concluíram: "Assim como o tom da pele de determinado réu pode aumentar o desejo das pessoas de puni-lo, também a cor da população das instituições penais pode aumentar a aceitação das pessoas de políticas punitivas" (p. 1950).

disparidade de sentença Inconsistência de sentenças para o mesmo delito de um juiz para outro.

12-4b O experimento da prisão

Não é segredo para ninguém que a população carcerária nos Estados Unidos cresceu ao longo dos anos, um problema muitas vezes referido como "encarceramento em massa" (National Academy of Sciences, 2014; Simon, 2014) e que muitas prisões estão superlotadas e que a situação piorou como resultado do endurecimento das diretrizes de condenação. Também não é segreque a vida na prisão pode ser cruel, violenta e degradante. O cenário é altamente opressor e controlado, muitos guardas prisionais são abusivos e muitos presos caem em um estado de desespero (Paulus, 1988). Muitos têm problemas psicológicos e precisam de tratamento que não recebem (Kupers, 1999); ou ficam socialmente isolados em confinamento solitário por longos períodos, uma prática que pode ter efeitos psicológicos devastadores (Haney, 2018).

Obviamente, nem os prisioneiros nem seus guardas são representativos da população como um todo. Ainda assim, é natural que os psicólogos sociais se perguntem: há algo na *situação* carcerária que os leva a se comportar como se comportam? O restante de nós reagiria igualmente? Por razões éticas, obviamente não se pode colocar os participantes da pesquisa em uma prisão real. Portanto, muitos anos atrás, uma equipe de pesquisadores da Universidade de Stanford fez uma experiência mais semelhante: construiu uma prisão simulada no porão do prédio do departamento de psicologia (Haney e Zimbardo, 1998; Haney et al., 1973; Zimbardo et al., 1973). Completa, com celas com barras de ferro, uma solitária e uma área de recreação para guardas, a instalação abrigava 21 participantes – todos homens saudáveis e estáveis com idades entre 17 e 30 anos que responderam a um anúncio de jornal prometendo $ 15 por dia por um estudo de 2 semanas da vida na prisão. Aleatoriamente, metade dos participantes foi designada a atuar como guardas e a outra metade, como prisioneiros. Nenhum dos grupos foi informado especificamente sobre como cumprir seu papel.

No primeiro dia, cada um dos prisioneiros foi inesperadamente "preso" em casa, autuado, teve as impressões digitais registradas e foi conduzido à prisão simulada por policiais do departamento de polícia local. Em seguida, esses prisioneiros foram despidos, revistados e vestidos com uniformes largos com um número de identificação, meia de náilon para cobrir os cabelos e sandálias de borracha. Uma corrente foi presa ao tornozelo de cada prisioneiro. Os guardas estavam vestidos com uniformes cáqui e munidos de cassetetes, algemas, óculos de sol refletores, chaves e apitos. As regras especificavam que os prisioneiros deveriam ser chamados pelos números, fazer fila rotineiramente para serem contados, receber três refeições leves e ir três vezes por dia ao banheiro, com supervisão. O palco estava montado. Resta ver com que seriedade os participantes assumiriam seus papéis e reagiriam uns aos outros nesse novo cenário.

Os eventos dos dias seguintes foram surpreendentes. Tomados por uma sensação de poder e autoridade, alguns guardas tornaram-se progressivamente mais abusivos. Eles perseguiram os internos, forçaram-nos a ficar em celas lotadas, acordaram-nos durante a noite e os sujeitaram a trabalhos forçados e confinamento solitário. Esses guardas eram particularmente cruéis quando pensavam estar sozinhos com um prisioneiro. Os próprios prisioneiros foram rebeldes no início, mas seus esforços foram recebidos com retaliação. Logo todos se tornaram passivos e desmoralizados. Depois de 36 horas, os pesquisadores tiveram de libertar o primeiro prisioneiro, que sofria de depressão aguda. Nos dias subsequentes, outros prisioneiros tiveram de ser libertados. No sexto dia, aqueles que permaneceram ficaram tão abalados com a experiência que o estudo foi encerrado. É reconfortante, senão notável, que depois de uma série de sessões de devolutiva, os participantes pareciam não mostrar sinais de sofrimento duradouro.

Esse estudo foi imediatamente criticado por motivos metodológicos e éticos (Banuazizi e Movahedi, 1975; Savin, 1973). Mesmo assim, os resultados são incríveis. Em um breve período, sob condições relativamente brandas e com um grupo de homens sem tendências violentas, o estudo de Stanford recriou alguns dos comportamentos de prisioneiros e guardas realmente encontrados dentro dos muros das prisões. Porém esse comportamento ocorreria nos dias de hoje, no século XXI?

Para descobrir, os psicólogos sociais Steve Reicher e Alex Haslam (2006) trabalharam em 2002 com a British Broadcasting Corporation, ou BBC, para criar um reality show de sobrevivência chamado *The*

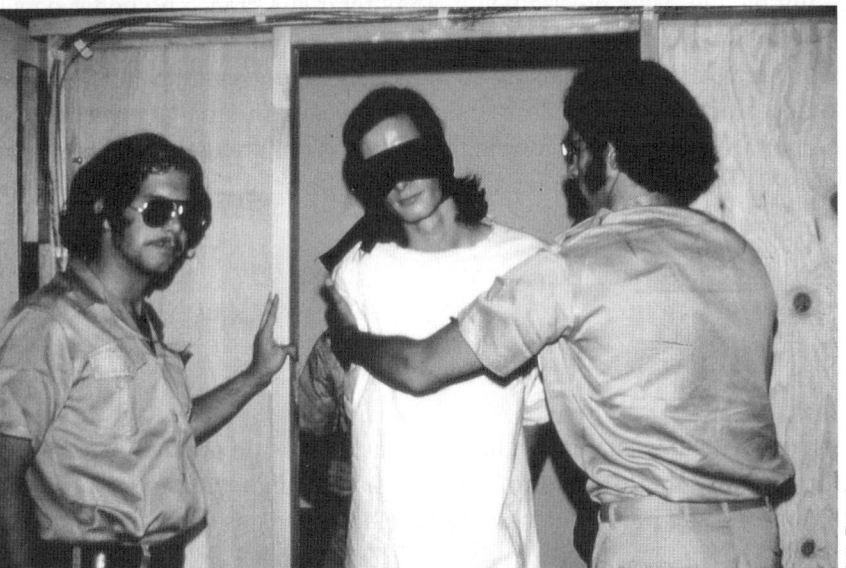

Neste estudo de simulação do comportamento em uma prisão, os participantes foram aleatoriamente designados para serem prisioneiros ou guardas. Policiais locais prenderam os prisioneiros, que foram levados para uma prisão construída na Universidade de Stanford. Depois de vários dias, os guardas assumiram atitudes cruéis e autoritárias que desmoralizaram os prisioneiros a tal ponto que o experimento foi encerrado.

Experiment, inspirado no estudo de Zimbardo. Exibido em quatro episódios, o especial de televisão reuniu 15 homens, todos cuidadosamente selecionados, advertidos de que seriam expostos a adversidades e atribuídos aleatoriamente a papéis de prisioneiros e guardas. Determinados a estabelecer limites, monitorar eventos de perto e aderir às diretrizes éticas para pesquisas com seres humanos, Haslam e Reicher alteraram de modo significativo as condições do estudo original (imitando um reality show, por exemplo, eles conectaram participantes com microfones, entrevistaram durante o estudo e disseram a eles que a experiência estava sendo gravada em vídeo para transmissão pública). No final das contas, Reicher e Haslam não observaram os mesmos tipos de brutalidade dos guardas. Em sua opinião, essas descobertas desafiam a conclusão de que pessoas normais podem ser desumanizadas por mera atribuição a papéis institucionais. À luz das mudanças feitas nas condições do estudo original, discordamos.

Uma outra questão profunda surgiu em relação ao estudo da prisão de Stanford, a mesma questão que muitas vezes é levantada sobre os experimentos de obediência de Milgram: o comportamento dos guardas refletia o poder da situação em que se encontravam ou eram homens com tendências violentas? Buscando uma resposta a essa pergunta, Thomas Carnahan e Sam McFarland (2007) postaram dois anúncios de jornal – um, como o de Zimbardo, para um estudo sobre a vida na prisão; o outro, idêntico em todos os sentidos, exceto que omitiu as palavras "vida na prisão". Aqueles que se voluntariaram para o estudo da prisão pontuaram mais alto em testes que medem agressividade, autoritarismo e narcisismo e mais baixo em testes que medem empatia e altruísmo. Refletindo sobre as diferenças, esses pesquisadores sugeriram que talvez o estudo da prisão de Stanford tenha atraído indivíduos propensos a comportamentos antissociais. Em resposta, Haney e Zimbardo (2009) observam que os voluntários no estudo original também foram testados e que nenhuma diferença de personalidade foi encontrada entre eles e a população em geral. Mais importante, eles observam, nenhuma diferença foi encontrada entre aqueles atribuídos às funções de prisioneiro e guarda no experimento.

Nos últimos anos, uma tempestade de críticas injustificadas foi lançada de fora do campo, as quais Zimbardo (2018) abordou em um blogue. Mais precisamente, ao reiterar sua crença no poder da situação, ele observa os paralelos impressionantes entre os comportamentos observados em sua prisão simulada e os abusos sádicos de prisioneiros reais em 2004, mais de 30 anos depois, por guardas militares na Prisão de Abu Ghraib, no Iraque. Ao observar que vários fatores psicossociais geram uma "tempestade perfeita" que leva pessoas boas a se comportarem de modo incorreto, Zimbardo (2007) refere-se a essa infeliz transformação como o "efeito Lúcifer", nomeado em homenagem ao anjo favorito de Deus, Lúcifer, que caiu em desgraça e se tornou Satanás.

12-5 Percepções de justiça

As pessoas tendem a medir o sucesso de um sistema jurídico pela capacidade de produzir resultados justos e precisos. Mas isso é tudo que se espera da justiça? Vamos recuar por um momento das especificidades e questionar se é possível definir a justiça de modo que não esteja relacionada aos resultados.

12-5a Justiça como uma questão de procedimento

Em um livro intitulado *Justiça Processual* (1975), John Thibaut e Laurens Walker propuseram que nossa satisfação de como as disputas jurídicas e outras são resolvidas depende não apenas dos resultados, mas também dos procedimentos usados para alcançá-los. Dois aspectos dos procedimentos são importantes a esse respeito: um é o *controle de decisão* – se um procedimento confere às partes envolvidas o poder de aceitar, rejeitar ou de outra forma influenciar a decisão final. O outro é o *controle do processo* – se as partes têm a oportunidade de apresentar seu caso a um terceiro tomador de decisões. No tribunal, é claro, os disputantes são limitados em seu controle de decisão. Assim, sua satisfação deve depender de sentirem que tiveram a chance de expressar seus pontos de vista.

Há duas maneiras de examinar os efeitos do controle do processo nas percepções de justiça. Originalmente, pensava-se que as pessoas desejam uma oportunidade para expressar suas opiniões apenas porque ter voz no processo aumenta as chances de chegar a uma decisão favorável. Nessa visão, o controle de processo é satisfatório apenas porque aumenta o controle de decisão (Thibaut e Walker, 1978). No entanto, pesquisas sugerem que as pessoas valorizam a chance de apresentar seu lado da história a um tomador de decisões imparcial, mesmo quando não é a sua perspectiva que prevalece no resultado final. Em outras palavras, o controle do processo é mais que apenas um meio instrumental para um fim. Quando as pessoas acreditam ter voz no processo, ser tratadas com respeito e julgadas por um tomador de decisões imparcial, o controle do processo pode ser um fim em si mesmo (Lind et al., 1990).

Esse aspecto do sistema legal é importante porque faz o sistema parecer justo e legítimo e promove a cooperação – é por isso que muitos psicólogos sociais estudam as percepções das pessoas sobre a justiça (Tornblom e Vermunt, 2007; Tyler, 2011). O que significa, por exemplo, que independentemente de as pessoas concordarem ou discordarem com o desenrolar de um caso, elas podem encontrar consolo no fato de que ambos os lados tiveram seu "dia no tribunal", pelo menos quando o tomador de decisão é visto como imparcial. No entanto, certos membros da comunidade jurídica são abertamente críticos desse dia no tribunal. Como disse o professor de direito Alan Dershowitz: "Ninguém realmente quer justiça. Vencer é a única coisa para a maioria dos participantes do sistema de justiça criminal, assim como para os atletas profissionais" (1982, p. xvi).

O ceticismo de Dershowitz está centrado em algo que muitos de nós temos como certo: o **modelo adversarial** de justiça. No sistema adversarial (praticado na América do Norte, na Grã-Bretanha e em alguns outros países), a acusação e a defesa se opõem, cada uma apresentando um lado da história para obter um veredito favorável. Outros países usam um **modelo inquisitorial** em que um investigador neutro reúne as provas de ambos os lados e apresenta as conclusões no tribunal. Com dois métodos tão diferentes de fazer justiça, os psicólogos sociais não resistiram à tentação de compará-los (van Koppen e Penrod, 2003).

Interessado em saber qual abordagem as pessoas preferem, Laurens Walker et al. (1974) construíram uma simulação de negócios na qual duas empresas competiam por um prêmio em dinheiro. Os participantes designados para o cargo de presidente de uma empresa foram informados de que alguém de sua equipe havia sido acusado de espionar a concorrência. Para resolver a disputa, foi realizado um "julgamento". Em alguns casos, o julgamento seguiu um procedimento adversarial em que as duas partes foram apresentadas por estudantes de direito escolhidos pelos participantes e cujo pagamento dependia da vitória. Outros casos seguiram um modelo inquisitorial em que um único estudante de direito, indicado pelo experimentador e pago independentemente do resultado, apresentava os dois lados. Independentemente de terem ganho ou perdido o veredito, os participantes que participaram de um julgamento adversarial ficaram mais satisfeitos que aqueles que participaram de um julgamento inquisitorial. Até mesmo observadores imparciais preferiam os procedimentos adversariais.

Outros pesquisadores encontraram resultados semelhantes, não apenas nos Estados Unidos e na Grã-Bretanha, onde os cidadãos estão acostumados ao sistema adversarial, mas também na França e na Alemanha (Lind et al., 1978). Essa percepção de justiça processual não se limita aos métodos adversariais de resolução de disputas judiciais. Em vez disso, parece que qualquer método que ofereça aos participantes voz no processo, incluindo métodos que não sejam adversariais, é visto como mais justo – não apenas na lei, mas também nos negócios, na política, no ambiente escolar e nos relacionamentos íntimos.

Também é importante, a esse respeito, que as pessoas percebam que tiveram tanta "voz" quanto os demais (Van Prooijen et al., 2006) e que o tomador de decisão era imparcial, não agindo puramente por interesse próprio (De Cremer, 2004). Em questões de justiça, as pessoas em todo o mundo são motivadas não apenas pelo desejo de ganho pessoal, mas também pela necessidade de serem reconhecidas, respeitadas e tratadas com justiça por pessoas imparciais. A pesquisa mostra, portanto, que para aceitar a lei e cumprir sentenças de que não gostam, as pessoas devem ver os procedimentos de tomada de decisão como justos (Mazerolle et al., 2014; Tyler, 2006b; Tyler, Goff, e MacCoun, 2015).

■ 12-5b Cultura, lei e Justiça

Quando se trata dos fundamentos do comportamento humano, grande parte da pesquisa neste capítulo pode ser aplicada universalmente. No depoimento de uma testemunha ocular, os problemas e as limitações da memória humana – conforme vistos em nossa

> **modelo adversarial** Sistema de resolução de disputas no qual a acusação e a defesa apresentam lados opostos da história.
>
> **modelo inquisitorial** Sistema de resolução de disputas em que um investigador neutro reúne evidências de ambos os lados e apresenta as conclusões no tribunal.

capacidade de codificar, armazenar e recuperar com precisão certos tipos de informações – são universais. Em entrevistas e interrogatórios policiais, suspeitos em todo o mundo, incluindo alguns inocentes, têm maior probabilidade de confessar quando estão isolados e sob intensa pressão que quando não é esse o caso. Nos tribunais, onde quer que sejam usados júris, a tomada de decisão invariavelmente refletirá as influências conjuntas das disposições pessoais, das informações que recebem no tribunal e da dinâmica de conformidade que se apodera de pequenos grupos. Por fim, histórias recorrentes de abusos em prisões mostraram que esse é um ambiente social que tende a trazer à tona o pior dos guardas e dos prisioneiros – onde quer que estejam.

Ainda que as semelhanças sejam claras, não devem mascarar diferenças culturais significativas. Como as culturas têm diferentes normas, costumes e valores, também criam diferentes leis para regular o comportamento dos cidadãos. É claro que certos valores universais evoluíram entre os humanos e são passados de uma geração à outra, como proibições contra violência física, contra a tomada da propriedade de alguém sem consentimento e a mentira em transações importantes. De outro modo, no entanto, os grupos culturais e religiosos do mundo diferem acentuadamente nos comportamentos que desprezam e procuram regular. Em alguns países, mas não em outros, é contra a lei fazer sexo fora do casamento, ter mais de um marido ou esposa, ajudar no suicídio, jogar, comer carne ou beber álcool. Com base na crença na vida após a morte, algumas religiões proíbem autópsias. Outras impõem códigos de vestimenta rígidos, especialmente para mulheres.

Em diversas populações, como nos Estados Unidos, essas práticas culturais podem colocar governos e culturas em conflito uns com os outros. Em um caso amplamente divulgado, uma mulher japonesa que vivia na Califórnia foi processada por afogar os dois filhos no Oceano Pacífico antes de ser resgatada enquanto tentava se afogar. No julgamento, ela testemunhou que tentou cometer *oyaku-shinju*, um costume japonês de suicídio entre pais e filhos, depois de saber que o marido estava vivendo um caso extraconjugal. O motivo, disse ela, era salvar os filhos da vergonha que o pai deles havia trazido para a família. Em um segundo caso, um réu Navajo foi processado por usar o alucinógeno peiote, uma substância ilegal nos Estados Unidos. Ele argumentou que a substância é usada para alcançar a exaltação espiritual e deve ser protegida pela liberdade de religião. (Imigrantes do Iêmen, do Quênia e da Somália também foram presos por mascar folhas de *khat* em reuniões sociais, como os americanos mascam tabaco, embora o efeito seja comparável a beber três expressos.) Em um terceiro caso, dois imigrantes cambojanos foram processados por tentarem comer um cachorrinho de 4 meses, uma prática aceitável na terra natal deles, mas não nos Estados Unidos. Como esses exemplos ilustram, juízes e júris às vezes são solicitados a considerar *defesas culturais* na tomada de decisão (Renteln, 2004).

Assim como as nações diferem nas leis criminais estabelecidas, o estudo do *direito comparado* mostra que também diferem nos processos empregados para fazer com que estas sejam cumpridas. É importante notar, por exemplo, que as nações diferem no uso de júris (Kaplan e Martin, 2006). Na Grã-Bretanha, nos Estados Unidos, no Canadá e na Austrália, o acusado tem o direito de ser julgado por um júri composto de concidadãos. Na França, na Rússia e no Brasil, esse direito é reservado apenas para os crimes mais graves. Na Índia e em toda a Ásia, os réus são julgados por juízes profissionais, não por júris. Ainda assim, a China introduziu recentemente painéis mistos compostos de um juiz e dois jurados da comunidade. A partir de 2009, o Japão também começou a usar um sistema similar ao de júri, chamado *saiban-in*, no qual três juízes formados em direito e seis cidadãos locais escolhidos por sorteio se reúnem para proferir veredictos e sentenças por maioria de votos. Desde que os júris foram abolidos no Japão durante a Segunda Guerra Mundial, os réus japoneses foram julgados por painéis de três juízes; quase todos foram condenados, normalmente após confessar para diminuir a pena e minimizar o constrangimento para a família.

Para as pessoas julgadas culpadas por crimes graves, as consequências também podem variar de um país a outro. Conforme observado anteriormente, "fazer justiça" muitas vezes significa punir aqueles que violam as regras como modo de buscar retribuição. No entanto, as pessoas estarem ofendidas o suficiente para buscar vingança depende, em parte, do poder das normas individualistas e coletivistas dentro da cultura. Por exemplo, pesquisas mostram que estudantes universitários norte-americanos se desrespeitados mais quando os direitos pessoais são violados – como quando um colega de trabalho rouba o crédito pela ideia –, enquanto estudantes coreanos se sentem mais desrespeitados quando o senso de dever e obrigação é violado – como quando um colega de trabalho deixa de fazer a parte dele em um esforço cooperativo (Shteynberg et al., 2009).

Ao tratar de punição, a diferença cultural mais notável diz respeito à pena de morte. Quando o ex-presidente do Iraque, Saddam Hussein, foi executado por enforcamento em dezembro de 2006, muitos líderes mundiais, incluindo muitos dos inimigos de Hussein, aproveitaram a oportunidade para condenar a execução e, de modo mais geral, a pena capital. De acordo com a Anistia Internacional (2012), há fortes diferenças de opinião e prática em todo o mundo em relação à pena de morte. Atualmente, 97 países proíbem a pena de morte para todos os crimes (Austrália, Áustria, Bélgica, Canadá, Colômbia, Dinamarca, Inglaterra, França, Alemanha, Grécia, Irlanda, Itália, México, Holanda, Noruega, Portugal, Espanha, Suécia, Suíça, Turquia e Venezuela são exemplos proeminentes), oito proíbem a pena de morte em geral, mas permitem-na para crimes excepcionais, como espionagem, ou crimes cometidos em circunstâncias excepcionais (Brasil, Chile, Israel e Peru são alguns exemplos), 36 países permitem a pena de morte na lei, mas, na prática, não a executam (Argélia, Quênia, Marrocos e Rússia são alguns exemplos), e 57 países permitem e usam a pena de morte (além dos Estados Unidos, os outros incluem China, Cuba, Egito, Irã, Iraque, Índia, Japão, Paquistão, Arábia Saudita e Tailândia). Em questões de crime e punição, é claro que as influências culturais são substanciais.

12-6 Declaração final

Este capítulo tem como foco a justiça criminal, desde a coleta de provas de testemunhas e suspeitos até os vários estágios de um julgamento com júri, sentença e prisão. No entanto, apenas arranhamos a superfície. Nos últimos anos, cada vez mais juízes, advogados e formuladores de políticas passaram a reconhecer que a psicologia social pode trazer contribuições importantes para o sistema jurídico. Assim, psicólogos sociais são chamados com cada vez mais frequência para aconselhamento especializado dentro e fora dos tribunais e citados nas sentenças escritas por juízes. Claramente, a coleta, a apresentação e a avaliação de provas são empreendimentos humanos imperfeitos e sujeitos a preconceitos. No entanto, por meio de uma compreensão da psicologia social, podemos identificar os problemas – e até mesmo algumas soluções.

12-7 Revisão

Os 10 principais pontos-chave do Capítulo 12

1. Pelo que ilustra sobre as falhas nas provas humanas e no processo de julgamento, a condenação e a absolvição final de Amanda Knox, na Itália, demonstra algumas das maneiras pelas quais a psicologia social é relevante para o sistema jurídico.

2. Erros de testemunhas oculares – uma parte comum para condenações errôneas – são causados por limitações de percepção e memória que surgem quando as pessoas estão estressadas, distraídas, foram enganadas por informações divergentes ou tentam identificar membros de uma etnia diferente.

3. Por meio de pesquisas, psicólogos sociais encontraram maneiras de minimizar os erros de testemunhas oculares nos processos de identificação – por exemplo, garantindo que o suspeito não se destaque, que as testemunhas sejam informadas de que o verdadeiro agressor pode não estar entre os participantes do processo de identificação e que o oficial que conduz a identificação não sabe quem é o verdadeiro suspeito.

4. Ainda que a polícia muitas vezes identifique suspeitos durante uma entrevista destinada a determinar se a pessoa está mentindo, a pesquisa mostra que, como as outras pessoas, os julgamentos sobre a verdade e a mentira não são precisos.

5. A polícia faz uso de vários métodos de interrogatório para levar os suspeitos a confessar, mas muitos casos de condenação injusta e pesquisas de laboratório mostraram que pessoas inocentes podem ser induzidas por certas táticas a realizar falsas confissões de crimes que não cometeram.

6. Ainda que a seleção do júri deva garantir que estes sejam representativos e imparciais, os advogados podem dispensar certo número de jurados em potencial com base em teorias pessoais e estereótipos – ou pelo aconselhamento de consultores contratados que conduzem pesquisas de "seleção científica de júri".

7. Os júris são conscientes em suas decisões, mas pesquisas mostram que podem ser influenciados por publicidade pré-julgamento, testemunhos irregulares e as próprias concepções pessoais de justiça, muitas vezes desrespeitando as instruções do juiz.

8. Nos Estados Unidos, nas deliberações do júri, os membros da maioria votante convencem os outros a aderirem a um veredito unânime de 12 pessoas por meio de informações e influências sociais – embora em alguns estados sejam permitidos júris de seis pessoas ou vereditos não unânimes.

9. No estudo de Stanford, pesquisadores construíram uma prisão simulada e recrutaram jovens para atuarem como guardas e prisioneiros. Para demonstrar o poder dos papéis situacionais, eles descobriram que alguns guardas foram abusivos, os prisioneiros tornaram-se passivos e o estudo teve de ser encerrado.

10. Nosso senso de justiça não se baseia apenas em ganhar ou perder, mas na justiça dos procedimentos – portanto, pessoas das culturas, em geral, preferem modelos de justiça que ofereçam voz no processo e um tomador de decisões imparcial.

Colocando o SENSO COMUM à prova

Testemunhas oculares acham relativamente difícil reconhecer membros de uma etnia diferente.

Ⓥ **Verdadeiro** *Pesquisadores observaram esse viés de identificação entre etnias em ambientes de laboratório e de campo.*

Quanto mais confiante uma testemunha ocular estiver sobre uma identificação, mais precisa será.

Ⓕ **Falso** *Estudos têm mostrado que a confiança de uma testemunha ocular não prediz de forma confiável a precisão, em parte porque a confiança é influenciada por fatores pós-identificação.*

Não é possível enganar intencionalmente um teste de detector de mentiras.

Ⓕ **Falso** *É possível vencer um teste de detector de mentiras elevando a excitação quando perguntas "inocentes" são feitas, mas não tentando suprimir a excitação em resposta a perguntas "culpadas".*

Mesmo sem terem sido espancadas ou ameaçadas, pessoas inocentes, às vezes, confessam crimes que não cometeram.

Ⓥ **Verdadeiro** *Às vezes, suspeitos inocentes confessam, seja para escapar de uma situação desagradável ou porque são levados a acreditar que cometeram um crime do qual não conseguem se lembrar.*

Contrariamente à opinião popular, as mulheres são mais duras como juradas que os homens.

Ⓕ **Falso** *Fatores demográficos como gênero não predizem consistentemente os veredictos dos jurados; os homens podem ser mais duros em alguns casos e as mulheres, em outros.*

Em geral, é possível prever o veredito final de um júri sabendo a posição dos jurados individuais na primeira vez que votam.

Ⓥ **Verdadeiro** *Como resultado das influências informativas e normativas do grupo, a preferência da maioria votante inicial costuma prevalecer.*

Palavras-chave

anulação do júri (537)
confissões falsas (521)
contestação peremptória (527)
disparidade de sentença (543)
efeito de desinformação (509)
efeito foco na arma (507)

identificação de testemunha ocular (505)
modelo adversarial (547)
modelo inquisitorial (547)
polígrafo (519)
qualificação de morte (532)

seleção científica do júri (529)
viés de identificação entre etnias (508)
viés de leniência (539)
voir dire (527)

Notas da revisão técnica

1. No Brasil, os jurados não chegam em uma decisão em grupo; a votação no Brasil é sigilosa.
2. No Brasil o mesmo não ocorre. Se o réu se declarar culpado, terá um atenuante da pena. O artigo 65, inciso III, alínea d, do Código Penal diz que o fato do réu confessar espontaneamente, perante a autoridade, a autoria de um crime, conduz sempre à atenuação da sua pena.
3. Não existe negociação de confissão no Brasil.
4. No Brasil é o juiz que determina a fiança e se há provas suficientes para ir para o júri popular.
5. No Brasil, as confissões são usadas como atenuantes da pena.
6. O uso do polígrafo não é admitido no Brasil. O polígrafo é bastante utilizado nos Estados Unidos em acusações criminais, cíveis e trabalhistas (inclusive há uma Associação Americana do Polígrafo). No Brasil, a Polícia Civil gaúcha é a única que utiliza o software de fabricação israelense denominado Analisador de Voz Multicamadas.
7. No Brasil não existe esta forma especial de confissão direto com o promotor para ter acusação menor ou sentença mais branda; no Brasil, se você confessar o crime vai ter um atenuante de pena.
8. No Brasil não há negociação de acordo de confissão de culpa.
9. O artigo 447 da Lei nº 11.689/2008 – Código de Processo Penal (CPP) – descreve que o Tribunal do Júri é composto por um juiz togado, seu presidente e 25 jurados sorteados, sendo que 7 constituirão o Conselho de Sentença em cada sessão de julgamento. O nome dos jurados será depositado em uma urna e os advogados de defesa e de acusação sortearão 7 jurados. Os advogados têm o direito de recusar 3 nomes sem justificativa. Caso haja outros nomes recusados com justificativa, o Juiz da sessão analisará e decidirá o pedido. A escolha dos jurados não é feita aleatoriamente. Caso tenha menos de 15 jurados presentes, a sessão do Plenário do Tribunal do Júri é adiada.
No Brasil, não é possível entrevistar os jurados, tampouco avaliar suas opiniões, gostos e reações a determinados assuntos. O advogado, no entanto, pode confirmar os dados pessoais do jurado sorteado diretamente com ele, dando solidez ao advogado na decisão de aceitá-lo ou dispensá-lo sem ou com justificativa. Saiba mais sobre o assunto a partir da leitura do texto "A escolha dos jurados no Tribunal do Júri", de Roberto Parentoni, disponível em: https://parentoni.jusbrasil.com.br/artigos/377586539/a-escolha-dos-jurados-no-tribunal-do-juri. Acesso em: 14 set. 2021.
10. No Brasil, a votação do juri é diferente do EUA, pois o voto no Brasil é sigiloso.
11. Nos EUA podem ocorrer julgamentos pelo Júri em causas cíveis e penais, o que não ocorre no Brasil (aqui ocorrem julgamentos pelo Júri apenas em causas criminais relativas a crimes dolosos contra a vida). Saiba mais a partir da leitura do texto "O júri no Brasil e nos Estados Unidos", de Wanderlei José dos Reis. Disponível em: https://webcache.googleusercontent.com/search?q=cache:0jmxGlZSjmQJ:https://jus.com.br/artigos/23474/o-juri-no-brasil-e-nos-estados-unidos+&cd=1&hl=pt-BR&ct=clnk&gl=br. Acesso em: 10 set. 2021.

Negócios

Este capítulo examina o lado social dos negócios – especificamente, o papel dos fatores sociais no local de trabalho e sua influência nas decisões econômicas. Primeiro, examinamos as influências sociais na seleção de pessoal e nas avaliações de desempenho feitas nas organizações. Em seguida, analisamos a liderança e a motivação do trabalhador. Por fim, exploramos a tomada de decisões econômicas, o mercado de ações e outros ambientes de negócios.

13

13-1 Seleção de pessoal | 557
- 13-1a A típica entrevista de trabalho
- 13-1b Alternativas "científicas" às entrevistas tradicionais
- 13-1c Ação afirmativa
- 13-1d Cultura e diversidade organizacional

13-2 Avaliações de desempenho | 568
- 13-2a Avaliações de supervisores
- 13-2b Autoavaliações
- 13-2c Métodos novos e melhorados de avaliação
- 13-2d Considerações do devido processo

13-3 Liderança | 571
- 13-3a A abordagem clássica de identificação de características
- 13-3b Modelos de contingência de liderança
- 13-3c Liderança transacional
- 13-3d Liderança transformacional
- 13-3e Liderança entre mulheres e minorias
- 13-3f Influências culturais na liderança

13-4 Motivação no Trabalho | 580
- 13-4a Modelos de recompensa econômica
- 13-4b Bônus, propina e motivação intrínseca
- 13-4c Considerações de equidade
- 13-4d A disparidade salarial de gênero
- 13-4e O princípio de progresso

13-5 Tomada de decisões econômicas | 588
- 13-5a O poder simbólico do dinheiro
- 13-5b Influências sociais no mercado de ações
- 13-5c Compromisso, armadilhas e escalada

13-6 Revisão | 594

A foto que abre este capítulo

é uma icônica imagem histórica, um símbolo do espírito do trabalhador americano. "Lunch Atop a Skyscraper" mostra onze ferreiros sentados em uma viga de aço que se projeta sobre o horizonte do centro de Manhattan. Esta foto foi tirada em 1932, no auge da Grande Depressão. A centenas de metros de altura, esses trabalhadores, que participavam da construção o Rockefeller Center, estavam fazendo uma pausa. O que a maioria das pessoas não sabe é que essa foto é que ela foi encenada, e os trabalhadores posaram para divulgar o novo prédio (Contrera, 2019).

Sempre que dois adultos se encontram pela primeira vez, o início da conversa é previsível: "Então, o que você faz?" "Oh, eu sou um (psicólogo social). E você?" Para muitas pessoas, o trabalho é parte integrante de sua identidade pessoal. Claro, a maioria de nós preferiria passar a manhã da próxima segunda-feira em uma praia ensolarada e agradável, lendo um livro e tomando uma bebida tropical, mas a maior parte dos norte-americanos passa mais tempo trabalhando que se divertindo. Em grande parte, trabalhamos para ganhar dinheiro. Mas os empregos também nos fornecem atividade, um senso de propósito e uma comunidade social. Imagine que você acabou de ganhar $ 10 milhões na loteria. Você continuaria trabalhando? Em 2013, quando os pesquisadores da Gallup fizeram essa pergunta, 68% dos norte-americanos disseram que continuariam trabalhando, fosse em seu emprego atual ou em outro lugar. Este foi o número mais alto já registrado pela Gallup desde que fez a pergunta pela primeira vez, em 1997. Portanto, é importante identificar as influências sociais nessa significativa experiência humana.

A importância do trabalho tem um lado B: o desemprego. Enquanto escrevemos este livro, a Secretaria de Estatísticas Trabalhistas dos Estados Unidos (Bureau of Labor Statistics) indicava uma baixa taxa de desemprego nos EUA, de 3,5% (a taxa mais alta do mundo está no Congo, com 46%; a taxa de desemprego global é de cerca de 5%). Se você tem um emprego, é uma parte importante da sua vida; se não tem um emprego e deseja ter, esse fato também se torna uma parte importante da sua vida (para aprender sobre a experiência individual do desemprego, ver Wanberg, 2012).

> **psicologia industrial/organizacional (I/O)** O estudo do comportamento humano nos negócios e em outros ambientes organizacionais.

Este capítulo considera as aplicações da psicologia social nos negócios. Primeiro, vamos olhar para a **psicologia industrial/organizacional (I/O)**, o estudo do comportamento humano no local de trabalho. Essa subdisciplina da psicologia é ampla e inclui entre seus estudiosos psicólogos sociais e não sociais que fazem pesquisas, ensinam em escolas de negócios ou universidades e trabalham no governo e na indústria privada. Qualquer que seja o cenário, a psicologia I/O levanta questões práticas importantes sobre entrevistas de emprego, avaliações, promoções, liderança, motivação e outros aspectos da vida no local de trabalho. A seguir, examinaremos algumas influências sociais na tomada de decisões econômicas no mercado de ações e em outras partes do mundo dos negócios.

O impacto dos fatores psicossociais no local de trabalho foi reconhecido pela primeira vez há muitos anos – graças, por incrível que pareça, a um estudo de iluminação industrial. O ano era 1927. Calvin Coolidge era presidente, a lenda do beisebol Babe Ruth acertou 60 home runs, Charles Lindbergh

---

Colocando o SENSO COMUM à prova

Circule sua resposta

- V F Embora falhas, as entrevistas de emprego contribuem consistentemente para melhores decisões de contratação.

- V F O problema de fazer os trabalhadores avaliarem seu próprio desempenho no trabalho é que as autoavaliações acabam sendo excessivamente positivas.

- V F O tipo de líder mais eficaz é aquele que sabe como obter apoio por meio de recompensas.

- V F Pessoas que se sentem bem remuneradas trabalham mais duramente que aquelas que consideram seu salário apenas adequado.

- V F Pessoas que perdem dinheiro em um investimento tendem a reduzir suas perdas em vez de manter o investimento.

Essas mulheres estavam entre as operárias da montadora que participaram dos clássicos estudos de Hawthorne sobre produtividade no local de trabalho.

cruzou o Atlântico pela primeira vez e a economia dos EUA parecia sólida, embora o mercado de ações logo tenha vindo a quebrar, desencadeando a Grande Depressão. Nos arredores de Chicago, a fábrica Hawthorne da Western Electric Company empregava 30.000 homens e mulheres que fabricavam telefones e equipamentos para escritórios. Como em outras empresas, a administração queria aumentar a produtividade. O resultado final era importante.

No início, os gerentes pensaram que poderiam tornar os trabalhadores da fábrica mais produtivos, alterando os níveis de iluminação da mesma. Seguindo a lógica, eles aumentaram a iluminação para um grupo de trabalhadores em uma sala especial de teste, mantiveram a mesma iluminação em uma sala de controle e compararam os efeitos. Para sua surpresa, as taxas de produtividade aumentaram em ambas as salas. Nesse momento, uma equipe de psicólogos foi contratada para variar as demais condições da fábrica. Nos cinco anos seguintes, grupos de funcionários de vários departamentos foram selecionados para fazer seu trabalho em uma sala de teste onde, em diferentes momentos, tiveram mais períodos de descanso, intervalos para café, um lanche grátis no meio da manhã, jornadas e semanas mais curtas, um novo local, horas extras, incentivos financeiros, luzes reguláveis ou apenas um método de pagamento diferente. Em dado momento, os pesquisadores restabeleceram as condições originais do pré-estudo dentro da sala de teste. No entanto, independentemente das mudanças feitas, os níveis de produtividade sempre aumentaram.

O projeto Hawthorne, descrito em um livro clássico intitulado *Management and the Worker* (Roethlisberger e Dickson, 1939), teve um grande impacto no estudo do comportamento no local de trabalho. No início, os pesquisadores ficaram perplexos e desanimados. Com efeitos positivos observados entre todos os trabalhadores da sala de teste (mesmo com as condições originais de pré-estudo), parecia que o projeto havia falhado. Pondere os resultados, no entanto, e você verá por que esses estudos são tão importantes. Com uma consistência impressionante, os trabalhadores tornaram-se mais produtivos – não por causa de qualquer uma das mudanças específicas feitas, mas porque receberam uma atribuição especial. Muitos pesquisadores criticaram os métodos usados neste estudo e as formas como os resultados foram interpretados (Adair, 1984; Chiesa e Hobbs, 2008; Parsons, 1974). Ainda assim, o fenômeno que ficou conhecido como **efeito Hawthorne** lançou uma base para a psicologia I/O.

A fábrica de Hawthorne não existe mais, mas o estudo que foi conduzido ajudou os psicólogos a entender o profundo impacto das

efeito Hawthorne A constatação de que os trabalhadores que receberam atenção especial aumentaram sua produtividade, independentemente das mudanças reais feitas no ambiente de trabalho.

"E a fraca iluminação fluorescente tem como objetivo enfatizar a ausência geral de esperança."

influências sociais no local de trabalho. Interessados nas condições que afetam a satisfação, a motivação e o desempenho do trabalhador, os pesquisadores de hoje estudam todos os aspectos da vida no local de trabalho, incluindo os efeitos do monitoramento da atividade dos trabalhadores no computador (Alge, 2001); os benefícios do descanso (Davidson et al., 2010); como obter o máximo das pausas durante o dia de trabalho (Hunter e Wu, 2016); os efeitos dos programas contra assédio sexual (Dobbin e Kalev, 2019); a relação entre horário de verão, sono e acidentes de trabalho (Barnes e Wagner, 2009); quem faz e quem sofre *bullying* (Glaso et al., 2009); os efeitos da sabotagem, da vingança, do humor sexista e de outras formas de comportamentos insidiosos (Greenberg, 2010); e as causas e efeitos do ostracismo social no trabalho (Howard et al., 2019).

Todos nós três que escrevemos este livro trabalhamos em *campi* universitários entre alunos, professores e administradores. Passamos a maior parte do nosso tempo em salas de aula, escritórios e laboratórios de pesquisa. Para mulheres e homens com outras profissões – balconistas, operários, fazendeiros, carpinteiros, médicos, web designers, professores, contadores, bombeiros, soldados, donos de lojas e pilotos de avião – o local de trabalho é muito diferente. No entanto, apesar da diversidade de funções e ambientes, surgem certas preocupações comuns: Como os candidatos são selecionados para os empregos? Como o desempenho é avaliado? O que torna um líder eficaz? O que motiva as pessoas a trabalharem duro e se sentirem satisfeitas com esse aspecto de suas vidas? E que fatores influenciam os tipos de decisões econômicas que as pessoas tomam? Vamos entrar no local de trabalho e abordar essas questões importantes.

As pessoas têm flexibilidade para ganhar a vida trabalhando por conta própria, longe de um "local de trabalho" tradicional. Em vez de um emprego convencional, por exemplo, é possível administrar uma fazenda ou um rancho, como faz esta família de Iowa, ou alugar uma casa para estranhos no Airbnb.

13-1 Seleção de pessoal

Para todos os tipos de organizações, o segredo do sucesso em nosso mundo cada vez mais competitivo começa com o recrutamento e o desenvolvimento de uma equipe de trabalho competente. Por esse motivo, a seleção de pessoal é um importante primeiro passo (Highhouse et al., 2016; Picardi, 2020; Schmitt, 2012).

13-1a A típica entrevista de trabalho

Se você já se candidatou a um emprego que desejava, sabe que às vezes é preciso vencer obstáculos para conseguir a posição. A rotina é conhecida: você envia ou publica on-line um currículo, preenche um formulário e, se tiver sorte, talvez possa apresentar exemplos do seu trabalho ou faça um teste padronizado para medir várias habilidades, traços de personalidade ou honestidade. Você pode até ser colocado na "berlinda" em uma entrevista cara a cara. Em uma entrevista típica, um agente da empresa e um candidato se encontram pessoalmente ou on-line, proporcionando uma oportunidade bidirecional para que o candidato e o empregador avaliem um ao outro. Que dilema de percepção social esta oportunidade apresenta! Como candidato, você tem apenas cerca de meia hora para causar uma boa impressão. Como entrevistador, você tem o mesmo breve período de tempo para se atentar à autoapresentação do candidato enquanto mostra a empresa sob uma luz favorável.

Muitos poucos empregadores considerariam contratar um completo estranho para uma posição de responsabilidade sem uma entrevista. E você? Como a maioria de nós, você provavelmente confia em sua capacidade de avaliar as pessoas. Mas você deveria? As entrevistas promovem contratações sólidas ou decisões tendenciosas por características pessoais irrelevantes para o trabalho? As leis de direitos civis proíbem explicitamente os empregadores de discriminar com base em sexo, raça, idade, religião, nacionalidade ou deficiência. O próprio processo de entrevista intensifica ou diminui essas fontes de preconceito?

Concentrando-se na possibilidade de preconceitos de raça e origem étnica, a raça às vezes pode determinar se um candidato será entrevistado em primeiro lugar. Para testar essa hipótese, pesquisadores enviaram currículos fictícios para anúncios de empregos em jornais de Boston e Chicago. Em geral, os candidatos com currículos idênticos tinham 50% mais probabilidade de receber um retorno de empresas se chamassem Emily ou Greg em vez de Lakisha ou Jamal (Bertrand e Mullainathan, 2004).

Para quem sobrevive a esta primeira etapa, há avaliações de preconceito racial na fase de entrevista? Alguns pesquisadores relataram boas notícias. Ao combinar estatisticamente os resultados de 31 estudos envolvendo mais de 11 mil candidatos a empregos, Allen Huffcutt e Philip Roth (1998) descobriram que candidatos negros e hispânicos recebem classificações de entrevista apenas ligeiramente mais baixas, em média, que as obtidas por seus colegas brancos. Talvez as interações face a face proporcionadas pelas entrevistas humanizem os candidatos, trazendo à tona seu interesse pelo trabalho, suas habilidades sociais e outros atributos relevantes que não aparecem no papel. Essa relativa falta de preconceito também parece caracterizar avaliações subjetivas de desempenho no trabalho – onde as avaliações do supervisor (e de seus colegas) de trabalhadores negros, brancos e hispânicos são mais semelhantes entre si, e não menos, que as medidas "objetivas" de desempenho (Roth et al., 2003).

Hoje, muitos candidatos a emprego e empresas se encontram on-line por meio de sites como o LinkedIn. Pesquisas recentes mostram que as avaliações de funcionários em potencial com base em seus perfis do LinkedIn são estáveis ao longo do tempo e preditivas de sucesso na carreira. Perfis mais completos, que contêm foto e têm mais conexões, são avaliados de forma mais positiva (Roulin e Levashina, 2019).

Embora a maioria dos empregadores tenha aprendido a se proteger contra práticas discriminatórias de contratação, algumas fontes de influência são difíceis de regular. Considere a aparência física. Exceto para certos tipos de trabalho (como trabalho de modelo), a beleza não é relevante para o desempenho da função. No entanto, as pessoas em geral tendem a favorecer aquelas que são atraentes. Essa tendência também é válida em situações de contratação? Para responder a essa pergunta, Cynthia Marlowe et al. (1996) apresentaram um conjunto de fichas de candidatura a empregos – incluindo currículos e fotos – para 112 gerentes de ambos os sexos de uma instituição financeira. Acreditando estar avaliando funcionários em potencial, cada gerente avaliou quatro candidatos com qualificações equivalentes: dois homens e duas mulheres, sendo um de cada sexo altamente atraente. O resultado: a aparência física teve um grande impacto, com 62% dos gerentes selecionando um candidato atraente como sua primeira escolha. Outra pesquisa confirmou que os profissionais de recursos humanos mostram preferência por candidatos atraentes. Na verdade, um candidato pode ser adversamente afetado apenas por uma cicatriz ou mancha no rosto – o que rouba a atenção, distrai o entrevistador e resulta em resultados menos positivos (Madera e Hebl, 2012).

As diferenças culturais apresentam outra fonte potencial de preconceito. Pesquisas mostram que enquanto os norte-americanos valorizam emoções positivas de alta estimulação (excitação, entusiasmo, vigor), os asiáticos valorizam emoções positivas de baixa excitação (tranquilidade, calma, serenidade). Que efeito essa diferença cultural pode ter em uma entrevista de emprego? Em uma série de estudos, Lucy Bencharit et al. (2018) descobriram que os norte-americanos buscam transmitir mais entusiasmo, usar palavras mais estimulantes e dar sorrisos mais intensos em vídeos para hipotéticas entrevistas de emprego em comparação com participantes chineses de Hong Kong. Por sua vez, esses pesquisadores examinaram se esses estilos contrastantes podem influenciar as decisões de contratação. Eles mostraram entrevistas em vídeo de candidatos igualmente qualificados para estudantes de MBA norte-americanos e chineses de Hong Kong. Em um vídeo, o candidato estava animado; com um grande sorriso; e falava enfaticamente. Em outro, o candidato estava calmo, tinha um sorriso mais suave e falava com mais suavidade. Em comparação com seus colegas chineses de Hong Kong, os participantes norte-americanos disseram que teriam maior probabilidade de contratar o candidato mais animado.

Semelhanças e diferenças culturais podem ser uma fonte de preconceito bastante invisível. Depois de entrevistar 120 gerentes de contratação, Lauren Rivera (2012) concluiu que a semelhança cultural desempenha um papel no processo de contratação – semelhanças em interesses externos, experiências e estilos de autoapresentação. Como disse um consultor: "Você quer alguém que o faça se sentir confortável, com quem gostaria de sair" (p. 1007). Em um teste de laboratório a esse respeito, Jøri Gytre Horverak et al. (2012) apresentaram a gerentes na Noruega um candidato a contratação nativo de seu país ou um imigrante descrito como completamente adaptado, interessado em explorar ou desinteressado na cultura local. Refletindo o fato de que todas as qualificações dos candidatos eram idênticas, os gerentes classificaram todos como igualmente aptos para o cargo. Ainda assim, o imigrante que não estava interessado na cultura local foi classificado como o menos desejável.

Embora as entrevistas frequentemente resultem na seleção correta de novos funcionários, às vezes elas não têm validade preditiva (Eder e Harris, 1999). Parte do problema é que a maioria dos candidatos a empregos usa táticas de gerenciamento de impressão para se apresentarem sob uma luz positiva, como esperado, e que alguns se autopromovem mais que outros – geralmente com resultados positivos (Barrick et al., 2010). Alguns alunos do último ano da faculdade que entram no mercado de trabalho também são mais confiantes em suas habilidades de entrevista que outros, e a confiança prediz o sucesso meses depois (Tay et al., 2006). Até mesmo o aperto de mão de um candidato (conforme sua força, firmeza, duração e se é acompanhado por contato visual) prevê o quão bem ele será avaliado após uma entrevista simulada de uma hora (Stewart et al., 2008).

"Mentir" em uma entrevista de emprego – algo que ocorre sempre que um candidato a emprego se apresenta conscientemente de maneira distorcida para criar uma impressão favorável – pode comprometer a validade preditiva do processo. Por esse motivo, pesquisadores procuraram, recentemente, desenvolver um questionário que mede essas atitudes. Em uma série de estudos, Julia Levashina e Michael Campion (2007) pediram a centenas de universitários ativos no mercado de trabalho que classificassem anonimamente o grau em que se engajaram em vários comportamentos falsos durante suas entrevistas mais recentes. Alguns dos comportamentos envolviam mentir abertamente ("Afirmei que tenho habilidades que não tenho"); outros envolviam formas de exagero ("Exagerei minhas responsabilidades em empregos anteriores"), de bajulação ("ria das piadas do entrevistador mesmo quando não eram engraçadas") e de proteção de imagem ("Quando questionado diretamente, não mencionei alguns problemas que tive em empregos anteriores").

Assim como alguns indivíduos são mais propensos a mentir que outros, certas situações de emprego costumam aumentar essas tendências. Em um estudo de dramatização, por exemplo, os pesquisadores pediram a estudantes universitários que se imaginassem no mercado de trabalho e descobriram que quanto mais concorrentes ouviam que existiam e quanto menor a proporção de contratados, mais estudantes indicavam a intenção de mentir (Ho et al., 2019). Em um segundo estudo, os alunos indicaram uma maior intenção de mentir quando o trabalho foi apresentado como particularmente atraente (Buehl e Melchers, 2018).

Quando os riscos são altos e um emprego é desejável, é tentador tentar apresentar-se de maneira excessivamente positiva – especialmente "fingindo para se encaixar" na cultura e nos valores da organização (Roulin e Krings, 2019). Mas atenção: apesar de os entrevistadores muitas vezes não consigam detectar as tentativas de mentira de um candidato (Roulin et al., 2015), a pesquisa de Celia Moore et al. (2017) mostra que, embora os candidatos mais fracos possam precisar ser cautelosos ao revelar seu verdadeiro eu em uma entrevista, os mais fortes têm maior probabilidade de serem contratados apresentando-se com autenticidade e franqueza.

> Embora falhas, as entrevistas de emprego contribuem consistentemente para melhores decisões de contratação.
> FALSO

Mesmo quando os candidatos são completamente honestos em suas apresentações, os empregadores costumam ter preconceitos que podem prejudicar o processo. Em um estudo de campo que ilustrou o problema, Amanda Phillips e Robert Dipboye (1989) pesquisaram 34 gerentes de diferentes filiais de uma grande empresa e 164 candidatos a emprego que eles haviam entrevistado. Os pesquisadores descobriram que as expectativas dos gerentes antes da entrevista – baseadas em materiais escritos de inscrição – influenciaram o tipo de entrevista que conduziram, bem como seus resultados: quanto mais altas suas expectativas, mais tempo gastaram "recrutando" em vez de "avaliando" e mais provável a decisão favorável de contratação. Da mesma forma, Thomas Dougherty et al. (1994) descobriram que os entrevistadores com expectativas positivas em vez de negativas pareciam mais amigáveis, mais extrovertidos e mais alegres. Eles também deram mais informações e passaram mais tempo promovendo a empresa. Parece que as entrevistas de emprego podem se tornar parte de um ciclo ou de uma profecia autorrealizável. Sem perceber, os empregadores usam a oportunidade para criar realidades que reforçam suas crenças preexistentes (ver • Figura 13.1).

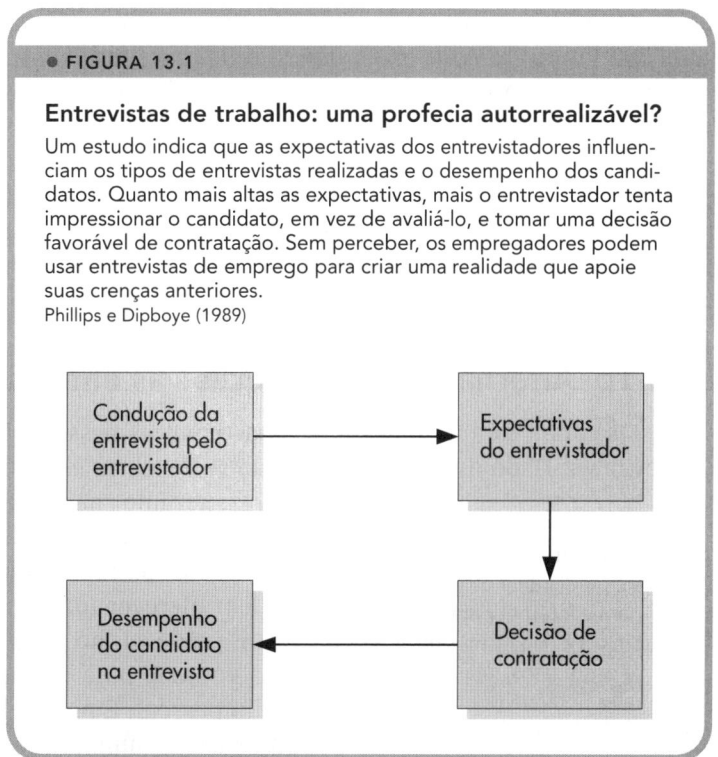

• FIGURA 13.1

Entrevistas de trabalho: uma profecia autorrealizável?
Um estudo indica que as expectativas dos entrevistadores influenciam os tipos de entrevistas realizadas e o desempenho dos candidatos. Quanto mais altas as expectativas, mais o entrevistador tenta impressionar o candidato, em vez de avaliá-lo, e tomar uma decisão favorável de contratação. Sem perceber, os empregadores podem usar entrevistas de emprego para criar uma realidade que apoie suas crenças anteriores.
Phillips e Dipboye (1989)

Cybervetting As pessoas tendem a pensar que, quando se candidatam a um emprego, as informações que enviam por meio de inscrições, currículos, transcrições, cartas de recomendação e outras credenciais relacionadas ao trabalho determinam em grande parte se serão entrevistadas e contratadas. Não é mais assim. Se você tem uma página no Facebook ou no Twitter, se postou fotos suas no Instagram ou vídeos no YouTube, ou se expressou opiniões em blogues, saiba que esses rastros virtuais da sua vida podem muito bem ser examinados ao se candidatar a um emprego.

Nos últimos anos, surgiu uma nova questão no processo de seleção de pessoal. Em parte porque os empregadores temem que os candidatos não se apresentem de maneira totalmente honestas e à luz do fato de que mais de 4,5 bilhões de pessoas estão na internet, a maioria dos empregadores se envolve em **cybervetting** – usando a internet para obter dados informais e não institucionais sobre os candidatos que estes optaram por não compartilhar (Berkelaar, 2017; Berkelaar e Buzzanell, 2015). *Cybervetting* agora é uma parte comum da prática de seleção. Apesar das preocupações sobre a ética de se "espionar" candidatos dessa maneira, os empregadores argumentam que apenas procuram sinais honestos sobre habilidade, caráter e "adequação" de um candidato – informações que são difíceis de falsificar (Bangerter et al., 2012; Roulin e Bangerter, 2013). Para aumentar as preocupações éticas, algumas empresas pedem aos candidatos suas senhas de redes sociais para poderem acessar ainda mais informações privadas (Levinson, 2011).

Duas questões podem ser levantadas sobre *cybervetting*: (1) Que tipo de informação os empregadores procuram e obtêm na internet em suas buscas sobre candidatos? (2) Quais são os efeitos dessa nova abordagem de seleção de pessoal sobre quem é contratado? Em um esforço para responder à primeira pergunta, Brenda Berkelaar e Patrice Buzzanell (2015) entrevistaram 45 empregadores de empresas dos setores de serviços financeiros, educação, direito, tecnologia da informação, mídia, manufatura e outros sobre suas práticas de seleção. A maioria dos empregadores relatou pesquisar os perfis de bons candidatos que haviam recebido currículos. Especificamente, mais de 90% disseram que usaram informações visuais (avatares, designs de sites e "definitivamente fotos" – então, sim, os candidatos que postaram imagens "desagradáveis" ou obscenas foram eliminados), 75% usaram informações textuais (com foco no conteúdo, nas habilidades de comunicação, na ortografia, nos erros de digitação e na gramática), mais de 50% usaram informações referentes ao uso da tecnologia (como a aparência profissional de uma página do Facebook ou o tempo gasto em jogos em redes sociais) e 50% usaram informações relacionais (número e perfil de amigos e contatos dentro da indústria). Ironicamente, metade dos empregadores disse que a completa ausência de perfis on-line fez que sua avaliação de um candidato diminuísse.

Quais são os efeitos da *cybervetting* na qualidade das decisões de contratação? A persona on-line de um indivíduo retrata com precisão a pessoa a ser contratada e as percepções sociais dos empregadores são preditivas do desempenho no trabalho ou estão sujeitas a preconceitos e erros? Apesar da prevalência da prática, não há pesquisas sobre essas questões fundamentais. Mas e quanto à prática polêmica, proibida em alguns estados dos EUA, de exigir que os candidatos revelem suas senhas de redes sociais? Isso já aconteceu com você? Como você responderia? Em um estudo recente, Travis Schneider et al. (2015) apresentaram essa situação hipotética para 892 participantes canadenses, pedindo-lhes que imaginassem que se candidataram a um emprego que desejavam muito, mas que o gerente de contratação exigia suas senhas. Nesse ponto, eles foram questionados sobre o que fariam. É uma decisão difícil. Como você responderia? No geral, 58% dos entrevistados de ambos os sexos disseram que se recusariam a fornecer suas senhas. É importante ressaltar que 72% dos asiáticos, 79% dos gays e 77% daqueles sem religião definida também. Com base nesses resultados, parece que esses grupos seriam desproporcionalmente prejudicados por esse requisito.

■ 13-1b Alternativas "científicas" às entrevistas tradicionais

Entrevistas cara a cara deixam claras características pessoais relevantes para o trabalho e também as não tão relevantes. Dado que o processo é tão variável, as entrevistas devem ser eliminadas? Elas deveriam, talvez, ser informatizadas, deixando os candidatos interagirem com as empresas por meio de uma sequência programada de perguntas e respostas administradas por computador? As entrevistas on-line podem oferecer um fórum para uma triagem inicial dos candidatos. É provável, no entanto, que muitas pessoas não fossem se sentir à vontade para tomar decisões importantes na vida de maneira tão impessoal. É possível, então, preservar o toque humano de uma entrevista e eliminar preconceitos e erros?

> **cybervetting** Uma prática nova e controversa, mediante a qual empregadores usam a internet para obter dados informais e não institucionais a respeito de candidatos, informações estas que eles optaram por não compartilhar.

Testes padronizados Hoje, muitas empresas usam testes escritos padronizados no processo de seleção de pessoal. Três tipos gerais de teste são usados para esse propósito. Os testes de inteligência são projetados para medir as habilidades intelectuais e cognitivas, conhecimentos e habilidades específicas da função, ou "esperteza" e bom senso, todos os quais podem contribuir para o sucesso no trabalho. No que diz respeito às medidas de inteligência geral, o uso de testes de capacidade cognitiva no local de trabalho é um assunto controverso. Com base em uma extensa pesquisa, alguns psicólogos acreditam que os testes de capacidade cognitiva são úteis porque são preditivos de sucesso no trabalho em ambientes profissionais de alto padrão (Gottfredson, 2002; Schmidt, 2002) – importante, sem discriminar as minorias e outros que não têm recursos para pagar cursos preparatórios para exames (Kuncel e Hezlett, 2010; Sackett et al., 2008).

Os benefícios preditivos dos testes de capacidade cognitiva no local de trabalho foram amplamente demonstrados. Ainda assim, alguns pesquisadores alertam que, embora a inteligência geral seja um fator relevante, ela não é totalmente avaliada por testes padronizados e que outros fatores também devem ser considerados na seleção de pessoal. Quando Kevin Murphy et al. (2003) pesquisaram mais de 700 profissionais da área, portanto, descobriram que a maioria concordava que a inteligência não é totalmente avaliada por testes padronizados, que diferentes trabalhos requerem diferentes habilidades cognitivas e que tanto as habilidades cognitivas quanto as não cognitivas devem ser consideradas na seleção.

Muitas empresas dos Estados Unidos também usam *testes de personalidade* para medir características que predizem resultados relacionados ao trabalho, como liderança, produtividade, prestatividade, faltas e desvios (Cha, 2005). Por exemplo, a pesquisa mostra que pessoas com pontuação alta em meticulosidade – o que tende a torná-las mais orientadas para a realização, confiáveis, organizadas e cautelosas – têm mais probabilidade, em geral, de apresentar um bom desempenho no trabalho (Dudley et al., 2006). Outro exemplo: pessoas que pontuam como extrovertidas em vez de introvertidas têm uma probabilidade superior de conseguir sucesso como gerentes de negócios e vendedores (Hurtz e Donovan, 2000; Salgado, 1997). Pesquisas mostram que jovens com alta autoestima, autoconfiança e senso de controle tendem a buscar trabalhos mais desafiadores e, como resultado, ficam mais satisfeitos com seus empregos mais tarde na vida (Judge et al., 2000). Estudos também indicam que quem tem alta pontuação em medidas de honestidade e humildade – definidas como uma tendência a ser justo, sincero e genuíno ao lidar com os outros e a não ser manipulador – tem menos probabilidade de se envolver em comportamentos contraproducentes no local de trabalho, como faltas ou atrasos, sair mais cedo ou intimidar ou sabotar outras pessoas (Lee et al., 2019). Essas descobertas são claras. Mas isso significa que as empresas devem testar todos os candidatos a empregos e contratar aqueles com personalidades desejáveis? Refletindo essa tendência, um redator do *U.S. News e World Report* explica "por que um psicólogo pode estar em sua próxima entrevista" (Wolgemuth, 2009). Mas isso é um passo concreto no mundo prático da seleção de pessoal? Não de acordo com cinco editores de periódicos de pesquisa que publicaram muito dessa pesquisa sobre personalidade. Em um artigo que escreveram coletivamente, esses editores concluíram que, embora certos fatores de personalidade possam estar relacionados ao desempenho no trabalho, os pesquisadores precisariam criar testes que fossem mais preditivos – testes que não dependessem do autorrelato do candidato motivado e, portanto, não pudessem ser facilmente falsificados (Morgeson et al., 2007).

Terceiro, várias empresas usam **testes de integridade** – questionários elaborados especificamente para avaliar a honestidade e o caráter de um candidato, fazendo perguntas diretas sobre uso de drogas ilícitas, furtos em lojas, pequenos furtos e outras transgressões. Os testes são fáceis de administrar e as respostas são analisadas por computador. Perfis narrativos são fornecidos, e pontuações arbitrárias de corte são frequentemente usados para determinar se um candidato foi aprovado ou reprovado (Camara e Schneider, 1994).

Os testes de integridade são úteis para prever o desempenho no trabalho? Uma grande preocupação com os testes de integridade – e também com os testes de personalidade – é que os candidatos podem manipulá-los por conta própria ou com a ajuda de treinamento. Especificamente, a preocupação é que os candidatos usem os testes para se apresentarem de maneira excessivamente positiva

> **testes de integridade** Questionários elaborados para testar a honestidade e o caráter de um candidato a emprego.

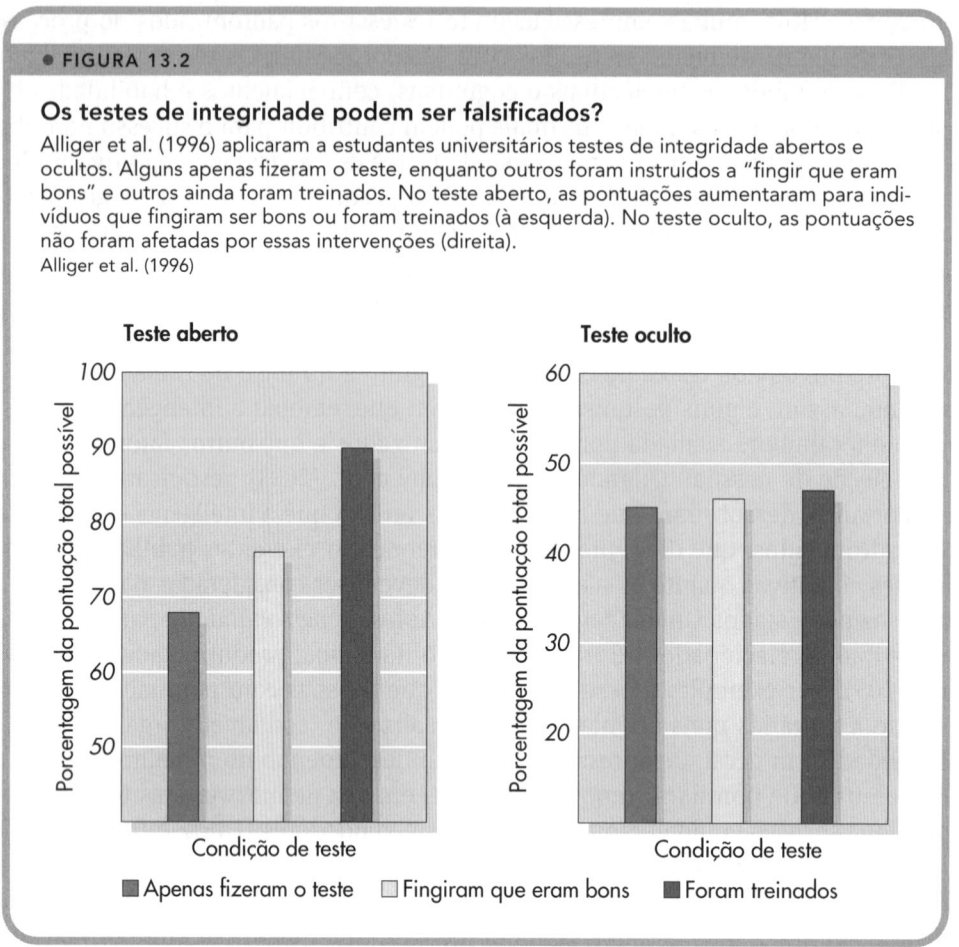

• FIGURA 13.2

Os testes de integridade podem ser falsificados?
Alliger et al. (1996) aplicaram a estudantes universitários testes de integridade abertos e ocultos. Alguns apenas fizeram o teste, enquanto outros foram instruídos a "fingir que eram bons" e outros ainda foram treinados. No teste aberto, as pontuações aumentaram para indivíduos que fingiram ser bons ou foram treinados (à esquerda). No teste oculto, as pontuações não foram afetadas por essas intervenções (direita).
Alliger et al. (1996)

– por exemplo, como altamente estáveis, meticulosos, agradáveis ou extrovertidos (Schmitt e Oswald, 2006). Mas acontece o mesmo com os testes de integridade? Eles podem ser falsificados?

Vamos considerar os dois tipos diferentes de testes de integridade que são usados: (1) *testes abertos*, nos quais o propósito é óbvio para o candidato, e (2) *testes ocultos*, nos quais são medidas características gerais de personalidade que não estão claramente relacionadas ao trabalho. Para examinar a suscetibilidade desses testes a mentiras, George Alliger et al. (1996) aplicaram testes abertos e ocultos a estudantes universitários. Alguns foram instruídos a apenas fazer os testes, outros, a "fingir que eram bons" e outros, ainda, foram treinados e receberam estratégias específicas para ir bem nos testes. A • Figura 13.2 mostra como os alunos se saíram. No teste aberto, as pontuações aumentaram para aqueles instruídos a fingir que eram bons e depois aumentaram novamente entre aqueles que foram receberam treinamento. Ainda assim, no teste oculto de personalidade, as pontuações não foram afetadas por essas intervenções. Outros estudos também reforçam o ponto: quando se trata de mentiras, os testes ocultos, literalmente, passam no teste (Alliger e Dwight, 2000). Mas esses instrumentos são suficientemente válidos para serem usados na seleção de pessoal? Esta é uma questão de muito debate. Embora haja motivos para ceticismo, experimentos controlados sugerem que ambos os tipos de testes predizem vários comportamentos relacionados ao trabalho (Berry et al., 2007). Quão úteis são os testes de integridade na prática? Deniz Ones et al. (1993) conduziram uma metanálise de testes feitos por milhares de trabalhadores e descobriram que os resultados eram bastante preditivos do desempenho no trabalho e de comportamentos contraproducentes, como desvios, faltas, atrasos e outros problemas disciplinares. Pesquisas subsequentes mostraram que os testes de integridade também podem ser preditivos de comportamentos contraproducentes de soldados nas forças armadas (Fine et al., 2016). Neste ponto, parece claro que os testes de integridade têm valor para uso na seleção de pessoal; quanto valor ainda não está claro (Sackett e Schmitt, 2012).

Entrevistas estruturadas Outra maneira de melhorar as decisões de seleção de pessoal é por meio do uso de **entrevistas estruturadas**. Uma entrevista estruturada é muito parecida com um teste padronizado, pois as mesmas informações são obtidas na mesma situação de todos os candidatos, que são comparados em um conjunto comum de dimensões relevantes. Ao fazer exatamente as mesmas perguntas ou usar as mesmas tarefas, os empregadores podem parar de conduzir involuntariamente entrevistas tendenciosas que apenas confirmam suas concepções preexistentes (Levashina et al., 2014; Pettersen e Durivage, 2008).

Estudos têm mostrado que as entrevistas estruturadas são mais informativas que as convencionais na seleção de agentes de seguros, vendedores e outros trabalhadores (Wiesner e Cronshaw, 1988). Elas também são mais preditivas que os testes de personalidade com lápis e papel (Huffcutt et al., 2001) – talvez porque sejam mais difíceis de falsificar (Van Iddekinge et al., 2005). Na verdade, entrevistas estruturadas podem ser conduzidas por telefone e posteriormente avaliadas a partir de uma transcrição, fornecendo informações que podem ser usadas para prever a taxa de frequência de um futuro trabalhador, sua produtividade e estabilidade no emprego (Schmidt e Rader, 1999).

A entrevista estruturada elimina completamente o elemento humano presente nas entrevistas convencionais? Parece que a resposta é não. As entrevistas estruturadas geralmente são precedidas por uma recepção na qual o entrevistador e o candidato conversam um pouco para se familiarizarem antes do início do questionamento oficial. À luz da pesquisa de psicologia social que mostra que as pessoas formam as primeiras impressões rapidamente com base nas aparências e em uma fina fatia de comportamento, Murray Barrick et al. (2010) examinaram se essa "pré-entrevista" prevê os resultados que se seguem. Em um estudo de entrevista simulada de estudantes universitários de contabilidade, eles descobriram que as impressões que os entrevistadores formaram na recepção – incluindo sua opinião sobre a competência dos candidatos – foram altamente preditivas das avaliações pós-entrevista e se os candidatos, mais tarde, receberam ofertas de estágio de firmas reais de contabilidade.

Para criar um ambiente mais estruturado e multidimensional para fins de seleção e avaliação, muitas organizações usam **centros de avaliação**, nos quais vários candidatos participam de um grupo de atividades, como testes escritos, testes situacionais e exercícios de interpretação de papéis, que são monitorados por um grupo de avaliadores. Em vez de um método (uma entrevista) e um avaliador (um entrevistador), vários métodos e avaliadores são usados. Os centros de avaliação são considerados mais eficazes que as entrevistas tradicionais na identificação de candidatos que serão bem-sucedidos em determinada posição (Thornton e Rupp, 2006). Quando as empresas lutam para cortar custos de contratação, as avaliações às vezes são simplificadas para envolver menos avaliadores, menos exercícios, exercícios mais breves e outros tipos de cortes. Ainda assim, as pesquisas mostram que esta abordagem multidimensional é uma boa maneira de tomar decisões de contratação que, em última análise, são bastante preditivas do desempenho no trabalho (Arthur et al., 2003; Hoffman et al., 2015; Sackett et al., 2017).

Nos últimos anos, o mundo dos negócios se tornou mais global, mais competitivo e mais dependente da tecnologia para contratar os melhores talentos e, ao mesmo tempo, cortar custos. Centenas de corporações multinacionais – como Google, Toyota, Walmart, Nestlé, Ericsson, Nike, Apple, Audi, Samsung, Barclays e Heineken, para citar apenas algumas – com instalações fora de seu país são um bom exemplo. Diante dessas mudanças, o centro de avaliação clássico deve ampliar seu alcance. Para tanto, Alex Howland et

> **entrevista estruturada** Uma entrevista em que cada candidato a emprego responde a um conjunto padrão de perguntas e é avaliado de acordo com os mesmos critérios.
>
> **centro de avaliação** Ambiente estruturado, no qual os candidatos a empregos são exaustivamente testados e julgados por vários avaliadores.

Hoje, cada vez mais empresas têm usado plataformas de videoconferência para entrevistar candidatos a empregos que se encontram em um local remoto.

al. (2015), olhando para o futuro, propuseram um centro de avaliação virtual (*virtual assessment center* – VAC). Impulsionado por tecnologias emergentes, um VAC dependeria do LinkedIn e de outras redes sociais para recrutamento; de salas de aula de e-learning para treinamento e desenvolvimento profissional; da facilitação do compartilhamento de documentos em toda a empresa, digamos, para fins de teste, usando serviços baseados em nuvem; da realização de reuniões e avaliações por meio de plataformas de videoconferência; e do uso de realidade virtual imersiva, quando disponível, para simular situações reais de trabalho. No momento, não há pesquisas sobre esses vários aspectos de um VAC e se eles fornecerão um substituto comparável para as práticas existentes. Fique atento. O trabalho nessa frente provavelmente ocorrerá em um ritmo rápido.

Seleção de pessoal como uma via de mão dupla Por muitos anos, os pesquisadores se concentraram em como os diferentes procedimentos de seleção de pessoal atendem aos empregadores. No entanto, como observamos anteriormente, o processo de contratação é uma via de mão dupla em que organizações e candidatos avaliam uns aos outros. Como os candidatos a uma vaga se sentem sobre os métodos que acabamos de descrever? Em geral, as pessoas veem os testes concretos e específicos do trabalho e as situações de entrevista como os mais justos, e não gostam de testes padronizados e impessoais de inteligência, personalidade e integridade (Rosse et al., 1994; Rynes e Connerly, 1993).

Até o formato de uma entrevista pode deixar marcada uma impressão. Por mais falha que seja, como a entrevista face a face se compara às sessões mediadas por computador? Hoje, entrevistadores e candidatos a empregos geralmente estão separados geograficamente, o que exige viagens caras ou entrevistas mediadas por computador. Quão eficazes são essas mídias? No centro de recrutamento do campus de uma grande universidade canadense, 970 alunos que enviaram currículos para vagas publicadas na internet foram entrevistados por 346 organizações. Estas foram entrevistas reais. A maioria foi presencial, mas algumas foram conduzidas por telefone ou videoconferência. Quando questionados sobre a experiência, posteriormente, os alunos que haviam participado das entrevistas pessoais viram o processo como mais justo, o resultado como mais favorável e foram mais propensos a aceitar o emprego se oferecido (Chapman et al., 2003; ver também Sears et al., 2013). Aparentemente, pode ser difícil substituir a conexão e o cuidado sinalizados pelo contato pessoal.

■ 13-1c Ação afirmativa

A ação afirmativa é uma política – nos Estados Unidos, no Brasil e em outras partes do mundo – que privilegia especialmente mulheres e membros de grupos minoritários sub-representados nas decisões de recrutamento, contratação, admissão e promoção. Esta política está entre as questões sociais que mais despertam reações emocionais de nosso tempo. De um lado do debate está o argumento de que o tratamento preferencial é necessário tanto para superar as desigualdades históricas quanto para trazer os benefícios da diversidade para o local de trabalho, o que contribui para a prosperidade econômica. Do outro, está a alegação de que a política resulta em discriminação reversa injusta, na qual alguns indivíduos recebem preferência sobre outros, independente da qualificação.

Há muito, pesquisas mostram que os americanos estão divididos sobre o assunto: as mulheres apoiam a política mais que os homens, e os afro e latino-americanos, mais que os brancos (Crosby et al., 2006; Shteynberg et al., 2011). Em uma pesquisa recente do Gallup, no entanto, em que 6.502 adultos de todos os 50 estados dos EUA foram entrevistados por telefone, 65% disseram ser a favor de ações afirmativas para as mulheres e 61% se declararam a favor de tais programas para minorias. Esses números marcam um aumento em relação aos anos anteriores em que foi feita a mesma pergunta (Norman, 2019; ver ● Figura 13.3).

Os defensores das ações afirmativas frequentemente acusam os críticos de nutrir preconceitos conscientes ou inconscientes. Já os oponentes argumentam que apoiam um sistema de justiça de mérito independente da identidade, no qual todos recebem oportunidades iguais e as recompensas são equiparadas às contribuições. Em apoio a esse raciocínio, Ramona Bobocel et al. (1998) estudaram as atitudes de ação afirmativa e descobriram que a oposição estava associada a uma forte crença no princípio do mérito, não a medidas de preconceito racial. Então, esses oponentes seriam a favor de procedimentos de seleção preferencial para retificar a injustiça de um local de trabalho contaminado pela discriminação?

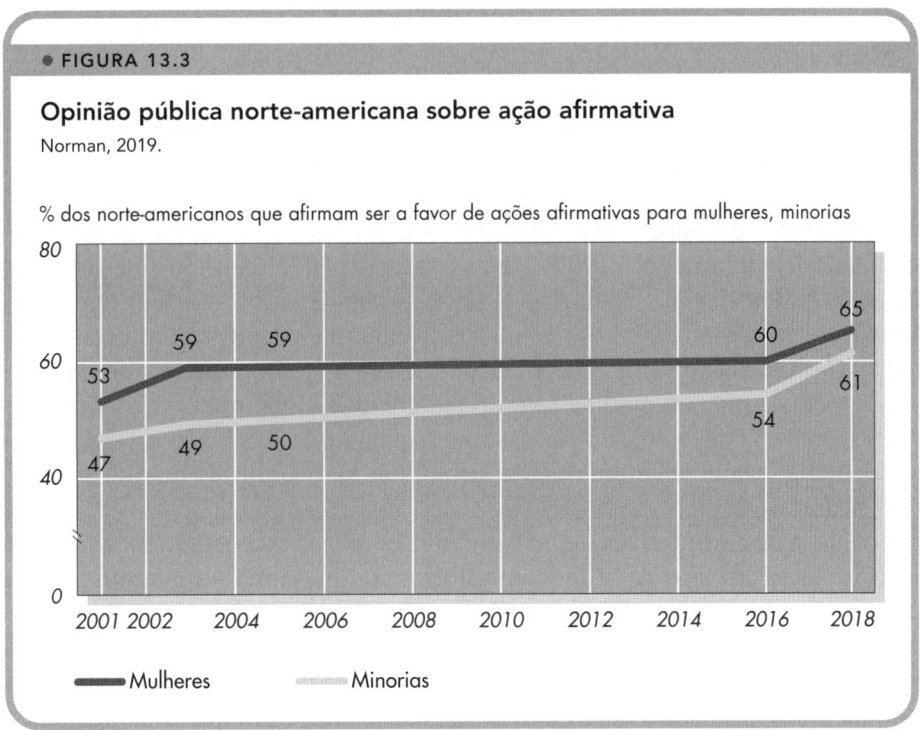

• FIGURA 13.3

Opinião pública norte-americana sobre ação afirmativa
Norman, 2019.

% dos norte-americanos que afirmam ser a favor de ações afirmativas para mulheres, minorias

Mulheres: 53 (2001), 59 (2002), 59 (2004), 60 (2016), 65 (2018)
Minorias: 47 (2001), 49 (2002), 50 (2004), 54 (2016), 61 (2018)

Parece que muitos o fariam. Quando os oponentes das ações afirmativas foram levados a ver as mulheres e as minorias como alvos de discriminação, o que por si só mina o princípio do mérito, tornaram-se mais favoráveis a um sistema de tratamento preferencial (Son Hing et al., 2002).

Para complicar ainda mais a questão do mérito, temos a questão de se todas as minorias são vistas como membros de pleno direito de seu grupo e têm os mesmos direitos. Em um artigo intitulado "Are You Minority Enough?", Diana Sanchez e George Chavez (2010) descrevem um estudo no qual apresentaram aos participantes da pesquisa um candidato latino para um programa de seleção de estágio muito concorrido e destinado a minorias. O currículo do candidato era forte e incluía experiência em pesquisa e negócios, habilidades em computação, experiência voluntária e uma média alta de notas na faculdade. Para alguns participantes, o currículo do candidato indicava fluência em espanhol e inglês; para outros, ele era fluente apenas em inglês (de acordo com o U.S. Census Bureau, 78% dos latino-americanos falam espanhol). Em suas avaliações, os participantes viram o candidato de língua espanhola como sendo mais representativo de uma minoria latina que o candidato que falava inglês, como mais adequado para a ação afirmativa e como mais merecedor do estágio. Curiosamente, os participantes latinos de um segundo estudo compartilharam essas percepções. E em um estudo de acompanhamento, Jessica Good et al. (2013) descobriram que as pessoas não percebem os outros de ascendência birracial negra/branca – por causa de sua ascendência branca – como "minorias" dignas de ação afirmativa.

Depois de anos de pesquisa sobre políticas de ação afirmativa, agora está claro que, embora haja diferenças de opinião, as reações das pessoas dependem de como esta é implementada. Não existe uma abordagem única. Faye Crosby et al. (2006) observam que as políticas de ação afirmativa variam de formas "suaves", como programas de extensão projetados para identificar, recrutar ou treinar especialmente candidatos de grupos sub-representados, a formas "duras", que dão preferência à contratação de candidatos de grupos-alvo que sejam tão ou menos qualificados que outros.

Com base em uma metanálise de 126 estudos envolvendo 29.000 entrevistados, David Harrison et al. (2006) descobriram que as pessoas são mais favoráveis a formas mais suaves de ação afirmativa e menos favoráveis a cotas e outras políticas rígidas que favoreçam alguns candidatos em relação a outros, independentemente de suas qualificações. Ao descrever diferentes programas de ação afirmativa para alunos de escolas de negócios, Ariel Levi e Yitzhak Fried (2008) descobriram não apenas que as pessoas preferem uma política de ação afirmativa suave, mas também que apoiam mais uma política que influencia a contratação e o treinamento de novos funcionários e menos uma política que afeta promoções e demissões de funcionários existentes.

Existem três explicações para o motivo pelo qual as políticas de seleção preferencial podem provocar uma reação negativa. Primeiro, as pessoas percebem um procedimento como injusto se ele exclui aqueles que são qualificados simplesmente por não pertencerem a um grupo (Barnes Nacoste, 1994; Heilman et al., 1996). Em segundo lugar, os beneficiários tornam-se menos capazes de atribuir o sucesso no trabalho às suas próprias habilidades e esforços, levando tanto eles quanto seus colegas de trabalho a ter dúvidas sobre sua competência (Heilman et al., 1992; Major et al., 1994). Terceiro, a seleção preferencial é vista como uma forma de assistência, situação que pode levar os beneficiários a se sentirem estigmatizados pelo que presumem ser as percepções negativas dos outros (Heilman e Alcott, 2001). Com base em uma metanálise de pesquisas sobre essas questões, Lisa Leslie et al. (2014) concluíram que quando os indivíduos são contratados por meio de um processo de seleção preferencial, uma infeliz cadeia de eventos é iniciada: Baseando-se em estereótipos existentes, outros assumem que esses indivíduos carecem de competência ou calor social; esse estigma leva esses indivíduos a questionar suas próprias qualificações e essas dúvidas aumentam o risco de fracasso.

Os beneficiários de ações afirmativas estão condenados a se sentir estigmatizados como cidadãos de segunda classe? Não necessariamente. Vimos anteriormente que a maneira como as pessoas tendem a reagir a um procedimento de seleção preferencial depende de como ele é estruturado e com que propósito. Estudos mostram que as pessoas fazem inferências negativas sobre si mesmas e sobre as outras quando as seleções são feitas *exclusivamente* com base em sexo, cor da pele ou origem étnica. Mas as reações seriam mais favoráveis a um processo de seleção preferencial que deixasse claro que as competências também são consideradas e que o selecionado é competente e qualificado para o cargo?

Para descobrir, Heilman et al. (1998) reuniram novamente participantes de ambos os sexos para tomar parte em uma tarefa em duplas que exigia um líder e um seguidor. Como em experimentos anteriores, os pesquisadores administraram um falso teste de qualificação e designaram as mulheres para o papel de liderança. Alguns participantes foram informados de que a nomeação se baseava estritamente no *mérito* (que a pessoa com a pontuação mais alta no teste havia sido selecionada como líder). Outros foram informados de que o processo favorecia a mulher de um padrão de *equivalência preferencial* (que ela seria escolhida apenas quando sua pontuação fosse semelhante à de seu parceiro), *padrão mínimo preferencial* (que ela seria escolhida apenas se fosse minimamente qualificada), ou *preferência absoluta* (escolhida independentemente de seu mérito). O resultado: as líderes nomeadas, posteriormente, avaliaram seu próprio desempenho e habilidades de liderança de forma mais favorável e viram o processo como mais justo quando sua nomeação foi baseada no mérito, não no gênero (ver • Figura 13.4). Também é importante o fato de não terem desvalorizado seu desempenho ou considerado injusto o processo seletivo na condição de equivalência preferencial, onde seu mérito foi claramente levado em conta. Da mesma forma, nem os coparticipantes do sexo masculino nem os observadores se incomodaram com esse tipo de processo de seleção preferencial. A chave, claramente, é que as pessoas precisam saber que foram selecionadas com base no mérito (Unzueta et al., 2010).

■ 13-1d Cultura e diversidade organizacional

Por muitos anos, o estudo do comportamento organizacional foi "cego e limitado pela cultura" (Gelfand et al., 2007). Como resultado de duas mudanças históricas dramáticas, os pesquisadores agora olham para o local de trabalho de forma mais ampla. A primeira mudança resultou de programas de ação afirmativa, que aumentam o número de mulheres e minorias presentes na maioria das organizações. A segunda é a tendência mundial em direção à globalização, que trouxe pessoas de culturas diferentes a terem contato diário umas com as outras como colegas de trabalho.

Georgia Chao e Henry Moon (2005) observaram que cada trabalhador possui uma identidade multidimensional que pode ser inserida em um *mosaico cultural*. Este mosaico consiste em vários "blocos" de grupos demográficos de uma pessoa (como idade, sexo, raça e herança étnica), contexto geográfico (como país de origem, região, clima e densidade populacional) e associações pessoais (como religião, profissão e posição política). De certa forma, todos são semelhantes; em outros aspectos, não existem duas pessoas

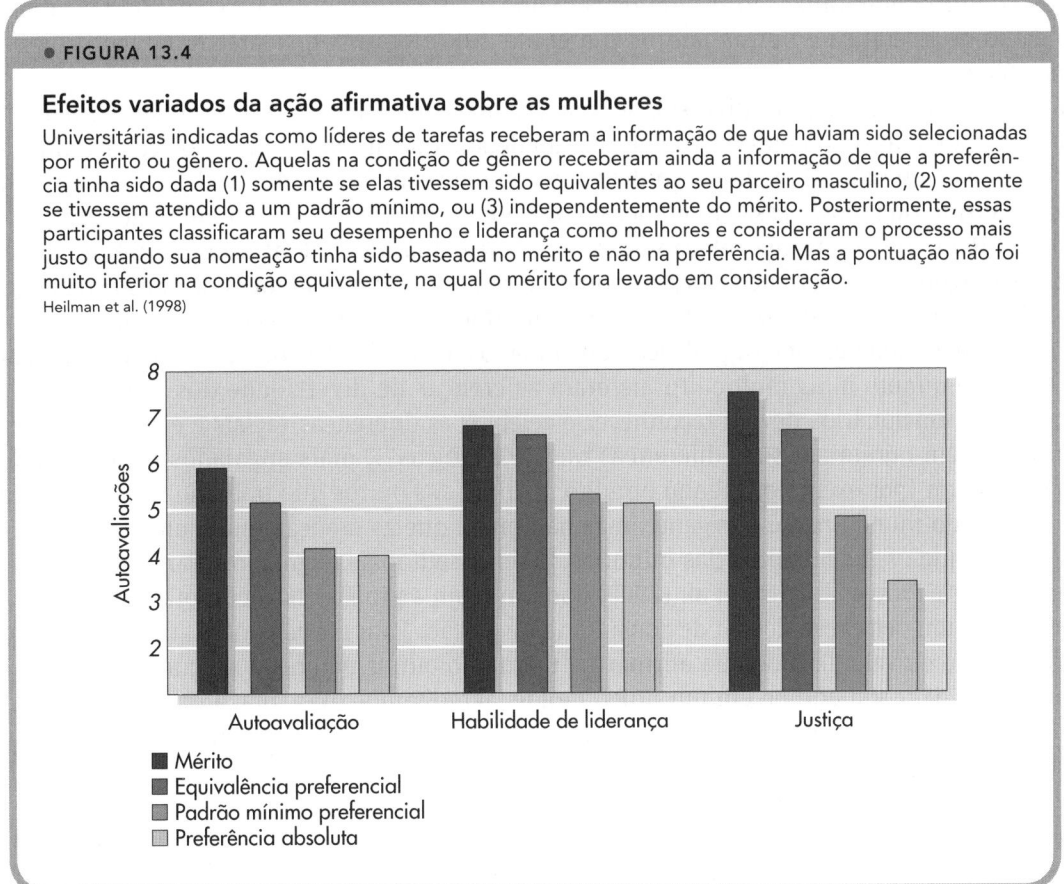

FIGURA 13.4

Efeitos variados da ação afirmativa sobre as mulheres

Universitárias indicadas como líderes de tarefas receberam a informação de que haviam sido selecionadas por mérito ou gênero. Aquelas na condição de gênero receberam ainda a informação de que a preferência tinha sido dada (1) somente se elas tivessem sido equivalentes ao seu parceiro masculino, (2) somente se tivessem atendido a um padrão mínimo, ou (3) independentemente do mérito. Posteriormente, essas participantes classificaram seu desempenho e liderança como melhores e consideraram o processo mais justo quando sua nomeação tinha sido baseada no mérito e não na preferência. Mas a pontuação não foi muito inferior na condição equivalente, na qual o mérito fora levado em consideração.

Heilman et al. (1998)

iguais. Para os pesquisadores que estudam o comportamento organizacional, o desafio é representar plenamente a complexidade que advém de um ambiente de trabalho diversificado, a fim de identificar possíveis problemas e soluções (Bond e Haynes, 2014).

À medida que a diversidade se tornou um fato da vida, os pesquisadores buscaram entender que efeito essa mudança está tendo sobre a motivação, o moral e o desempenho no local de trabalho. A diversidade gera divisão e conflito, tornando as equipes de trabalho menos eficazes? Ou a diversidade aumenta perspectivas e habilidades utilizadas em um problema, aumentando a produtividade e a resolução criativa de problemas? Nos últimos anos, pesquisadores começaram a avaliar essas questões (Roberson, 2019).

Existem evidências que apoiam ambos os resultados. Uma metanálise sugere que a diversidade pode causar maior conflito e menos integração social em um grupo, mas também pode levar a maior criatividade e satisfação geral (Stahl et al., 2010). Quanto ao resultado final, alguns estudos sugerem que ter uma força de trabalho diversificada pode ser realmente rentável para as organizações. Em uma análise de mais de 500 empresas nos Estados Unidos, Cedric Herring (2009) descobriu que as que tinham maior diversidade racial e de gênero obtiveram maior receita e lucros que aquelas com menos diversidade. Essas descobertas são meramente correlacionais, no entanto, e não podem ser usadas para inferir causa e efeito. Então, outros pesquisadores realizaram um teste experimental dessa hipótese. Eles designaram aleatoriamente alunos em um programa de empreendedorismo para grupos de trabalho de diversidade de gênero. A tarefa de cada grupo era administrar um negócio falso no qual tinham que produzir, comercializar e vender produtos; vender ações; e dividir tarefas e deveres. Os grupos tiveram melhor desempenho, maior número de vendas e maior lucro quando havia números iguais de homens e mulheres em uma equipe que quando a divisão por gênero era mais unilateral (Hoogendoorn et al., 2013).

No momento, não há uma resposta única ou conclusiva para as questões levantadas sobre os efeitos da diversidade nos negócios. O efeito tende a depender da natureza da diversidade, se semelhanças ou diferenças são acentuadas, a proporção da maioria em relação à minoria, se existe uma cultura de integração harmoniosa dentro da organização, o tipo de trabalho a ser concluído, a capacidade e a motivação do grupo, o estilo de liderança e outros fatores (Lu et al., 2017; Mannix e Neale, 2005; van Knippenberg e Schippers, 2007).

Uma empresa pode buscar ter diversidade, por exemplo, mas seu sucesso pode muito bem depender da filosofia e da abordagem da mesma. Refletindo um debate que abrange toda a sociedade, muitas empresas lutam com esta questão: É melhor reconhecer as diferenças do grupo no local de trabalho, celebrando o multiculturalismo ou ignorar essas diferenças e incentivar, em vez disso, um ambiente uniforme e cego à identidade? Para ver se há uma relação entre as crenças mantidas dentro de uma empresa e o quão engajados os trabalhadores pertencentes a minorias se sentem, Victoria Plaut et al. (2009) realizaram uma "pesquisa de clima de diversidade" on-line com 5 mil funcionários brancos e integrantes de minorias de 18 departamentos de uma grande organização de cuidados de saúde. Ao comparar os departamentos, eles descobriram que quanto mais multiculturais eram as crenças de diversidade dos funcionários brancos (endossando "os funcionários devem reconhecer e celebrar as diferenças raciais e étnicas" em vez de "os funcionários devem minimizar suas diferenças raciais e étnicas"), mais engajados os trabalhadores das minorias se sentiam (por exemplo, "Tenho orgulho de dizer aos outros que trabalho nesta organização").

A correlação do mundo real é intrigante, mas não prova que as crenças multiculturais dentro da organização *fizeram* que os funcionários das minorias se sentissem mais engajados. Para testar essa hipótese diretamente, Valerie Purdie-Vaughns et al. (2008) apresentaram a profissionais corporativos afro-americanos um folheto sobre uma empresa fictícia de consultoria de gestão. Para participantes atribuídos a uma condição de diversidade de valor, a brochura afirmava: "Enquanto outras empresas de consultoria tentam equivocadamente encaixar sua equipe em um único molde, acreditamos que abraçar a diversidade enriquece nossa cultura". Para outros, o folheto afirmava: "Enquanto outras empresas se concentram erroneamente na diversidade de sua equipe, treinamos nossa força de trabalho diversificada para abraçar suas semelhanças." Os participantes afro-americanos, com experiência no mundo corporativo, sentiram-se confortáveis com esta empresa? Se as fotografias do folheto mostrassem um alto nível de representação minoritária, sim. Se as fotos mostravam um baixo nível de representação minoritária, no entanto, seu nível de conforto dependia das crenças da empresa em relação à diversidade. Nesse caso, eles confiaram na empresa multicultural, que celebrava a diversidade e a diferença, mais que na empresa que buscava minimizá-la.

13-2 Avaliações de desempenho

Mesmo após a contratação de uma pessoa, o processo de avaliação continua. Ninguém gosta de ser avaliado por um chefe ou qualquer outra pessoa. Ainda assim, a **avaliação de desempenho** – processo de avaliar o trabalho de um funcionário e comunicar os resultados a essa pessoa – é um fato inevitável na vida profissional. As avaliações de desempenho fornecem uma base para decisões de colocação, transferências, promoções, aumentos e cortes de salários, bônus e demissões. Elas também fornecem *feedback* aos funcionários sobre a qualidade de seu trabalho e seu status na organização. A avaliação de desempenho também é, às vezes, assunto de debates sobre políticas – como em questões levantadas recentemente sobre como os professores devem ser avaliados e recompensados (Gollan, 2011). Por todas essas razões, os pesquisadores examinaram vários aspectos desse processo (DeNisi e Murphy, 2017; Murphy et al., 2018).

Seria fácil se o desempenho de um trabalhador pudesse ser medido por critérios puramente *objetivos* e quantificáveis – como quando os pesquisadores são julgados pelo número de artigos que publicam, arremessadores de beisebol pela relação de acertos/erros cometidos e home runs, gestores de fundos de hedge pelo valor de dinheiro que ganham, revendedores de automóveis pelo número de carros que vendem e professores universitários pelos alunos em suas aulas. No entanto, esses tipos de medidas quantitativas muitas vezes não estão disponíveis e não levam em consideração a qualidade do trabalho. Por necessidade, então, as avaliações de desempenho são frequentemente baseadas em medidas subjetivas, em relação aos funcionários de acordo com as percepções de supervisores, colegas de trabalho e, às vezes, até dos próprios funcionários.

> **avaliação de desempenho** O processo de avaliação do trabalho de um funcionário dentro da organização.

13-2a Avaliações de supervisores

Partindo do pressuposto de que os supervisores se mantêm informados sobre o desempenho de seus subordinados, muitas vezes eles são chamados para fazer avaliações. Essas avaliações são importantes. Mas as classificações são precisas? E o processo é justo? Esse processo tem vantagens e desvantagens. Por um lado, a pesquisa mostra que os supervisores são influenciados mais por conhecimento, habilidade e confiabilidade no trabalho de um profissional que por fatores menos relevantes, como a simpatia (Borman et al., 1995). Por outro lado, como veremos, os avaliadores são previsivelmente vítimas dos preconceitos de percepção social descritos em outras partes deste livro.

Com o passar dos anos, vários problemas relacionados às avaliações foram identificados. Muitas pesquisas identificaram vários tipos de erros de classificação. Um exemplo proeminente é o *efeito halo* – uma falha em discriminar entre aspectos diferentes e distintos do desempenho de um mesmo trabalhador (Cooper, 1981). No Capítulo 4, vimos que as impressões das pessoas sobre as outras são guiadas por teorias de personalidade implícitas, os preconceitos que elas têm sobre as relações entre diferentes características. Por acreditar que alguém é afetuoso, presumimos que também seja generoso e de boa índole. De maneira semelhante, os supervisores que acreditam que um trabalhador é improdutivo também podem classificá-lo de forma negativa no que diz respeito ao trabalho em equipe, à independência, à criatividade e a outras dimensões distintas. Os efeitos halo são mais pronunciados quando os avaliadores classificam alguém que não conhecem bem ou quando um já se passou tempo suficiente para que sua memória de desempenho diminua (Koslowski et al., 1986; Murphy e Balzer, 1986).

Uma ilustração do efeito halo diz respeito aos estereótipos que as pessoas têm sobre os trabalhadores que começam o dia cedo ou tarde. Nos últimos anos, em parte pelo aumento do número de mulheres com filhos no local de trabalho, práticas flexíveis de trabalho tornaram-se mais comuns – incluindo alguma medida de flexibilidade nos horários de trabalho em relação ao expediente mais tradicional, das nove às seis. A flexibilidade das práticas de trabalho aumentam a satisfação e a produtividade dos funcionários. Mas será que os supervisores têm estereótipos sobre os trabalhadores que chegam atrasados no início do dia?

Kai Chi Yam et al. (2014) questionaram 149 duplas, de diferentes setores, de funcionários em tempo integral e seus supervisores. Em sua amostra, os funcionários relataram horários de início do expediente que variavam de 5h a 9h45. Mesmo que os funcionários trabalhassem no mesmo número total de horas, os supervisores consideraram os primeiros funcionários mais esmerados e deram notas mais altas ao seu desempenho no trabalho. Em um estudo de acompanhamento, estudantes universitários leram sobre um trabalhador fictício cuja jornada de trabalho de 8 horas começava cedo ou tarde, e eles também favoreceram em relação ao que entrava mais cedo.

Um segundo problema é que os avaliadores diferem nas notas médias que dão aos avaliados. Por causa que é conhecido como *problema de restrição de alcance*, algumas pessoas fornecem classificações uniformemente altas e tolerantes; outros tendem a realizar avaliações mesquinhas e notas baixas; e ainda existem os que gravitam pelo centro da escala numérica. Em todos os casos, pessoas com um alcance restrito não conseguem fazer distinções adequadas. Às vezes, as diferenças entre os avaliadores são consideráveis, como foi visto em um estudo de gerentes empregados em várias organizações (Scullen et al., 2000) – em parte por causa das diferenças em sua personalidade. Indivíduos que têm personalidades agradáveis tendem a ser tolerantes em suas avaliações dos outros, enquanto aqueles que são altamente meticulosos tendem a ser mais severos (Bernardin et al., 2000). Em uma metanálise de 25 estudos, John Georgesen e Monica Harris (1998) também descobriram que as pessoas que estão no poder, em comparação com aquelas que não estão no poder, consistentemente atribuem classificações de desempenho mais baixas a outras que estão em posições subordinadas.

Além de problemas relacionados a erros e tendências nas avaliações, os supervisores podem distorcer intencionalmente seus relatórios, dependendo de seus objetivos (Murphy et al., 2004). Avaliando alunos em um curso de gestão de recursos humanos, por exemplo, os avaliadores deram notas mais altas em geral quando seu objetivo era encorajar a harmonia do grupo, para garantir justiça e precisão, ou para motivar os alunos, que quando o objetivo era meramente ajudar a identificar pontos fortes e fracos (Wang et al., 2010). No local de trabalho, a avaliação de desempenho não é apenas um processo de medição, mas também serve a propósitos sociais e de comunicação.

13-2b Autoavaliações

Embora as avaliações de desempenho sejam normalmente feitas por supervisores, muitas vezes são solicitadas informações de colegas de trabalho, subordinados, clientes e outras pessoas cujas opiniões são relevantes. Você pode não perceber, mas, ao preencher pesquisas de avaliação de cursos na faculdade, pode ter influenciado as decisões de manutenção e promoção de seus próprios professores. Como quando os trabalhadores são solicitados a avaliar seus gerentes, essas avaliações fornecem "*feedback* ascendente" valioso.

Uma fonte de informação particularmente interessante vem das autoavaliações. Se você já teve que se descrever em um processo de seleção, sabe que a autoavaliação não é um exercício de modéstia. A maioria das pessoas se vê de forma excessivamente lisonjeira, assumindo crédito pelo sucesso, negando culpa pelo fracasso, tendo um senso inflado de controle e exibindo um otimismo irreal quanto ao futuro. Além disso, as pessoas querem se apresentar favoravelmente, e não é nenhuma surpresa que as autoavaliações no local de trabalho sejam consistentemente mais positivas que as avaliações feitas pelos supervisores (Campbell e Lee, 1988) – e menos preditivas do sucesso (Shore et al., 1992). Em um retrato simples, estudos mostraram que os trabalhadores tendem a subestimar o número de vezes que faltaram em comparação com os colegas de trabalho (Harrison e Shaffer, 1994; Johns, 1994).

Outra razão pela qual as autoavaliações devem ser analisadas com cautela é que existem diferenças na tendência a se apresentar de maneira positiva. Pesquisas mostram que quanto mais poder as pessoas têm em uma organização, mais altas são suas autoavaliações (Georgesen e Harris, 1998). Da mesma forma, os homens em geral são mais propensos que as mulheres a superestimar seu próprio desempenho (Beyer, 1990). Mesmo em um estudo com estudantes universitários em um estágio de negócios, os pesquisadores observaram que, quando os alunos e seus supervisores diferiam em suas avaliações, era porque as estagiárias se atribuíam notas mais baixas, enquanto os estagiários se atribuíam notas mais altas (Marks et al., 2018).

> O problema de fazer os trabalhadores avaliarem seu próprio desempenho no trabalho é que as autoavaliações acabam sendo excessivamente positivas.
>
> **VERDADEIRO**

13-2c Métodos novos e melhorados de avaliação

As avaliações de desempenho nem sempre são confiáveis. Quando medidas mais objetivas de produção não estão disponíveis, no entanto, as organizações não têm escolha a não ser confiar em juízes humanos imperfeitos e, às vezes, preconceituosos. Para os pesquisadores, o desafio é encontrar formas de aumentar a precisão das avaliações feitas.

Uma solução diz respeito ao momento das avaliações em relação à observação do desempenho. As avaliações são menos sujeitas a erros quando feitas logo após o que está sendo avaliado que dias, semanas ou meses depois. Como alternativa, os avaliadores devem tomar notas e manter registros claros de suas observações, talvez usando listas de verificação comportamental. Parte do problema é que, uma vez que a memória para os detalhes começa a desaparecer, os avaliadores recorrem a estereótipos e outros preconceitos (Murphy e Balzer, 1986; Sanchez e De La Torre, 1996).

Uma segunda solução possível é ensinar aos avaliadores algumas das habilidades necessárias para fazer avaliações precisas. Ao longo dos anos, vários programas de treinamento foram desenvolvidos, e pesquisas sugerem que a precisão pode ser aumentada alertando os avaliadores sobre os vieses da percepção social, focando sua atenção em comportamentos relevantes para o trabalho, aprimorando suas habilidades de memória, informando-os das normas de desempenho que servem como um quadro de referência dentro da organização, e fornecendo-lhes prática e *feedback* no uso de escalas de avaliação (Day e Sulsky 1995; Hedge e Kavanagh, 1988).

Terceiro, atualmente muitas organizações coletam e combinam classificações de vários avaliadores em um processo conhecido como avaliação de desempenho de 360 graus, ou "multifonte". Como nos centros de avaliação, um sistema de múltiplos avaliadores em que uma avaliação final representa a média das classificações feitas por fontes independentes, com diferentes perspectivas, é mais completo que a abordagem convencional de um único avaliador (Conway e Huffcutt, 1997; Lepsinger e Lucia, 2009).

Em uma avaliação típica de 360 graus, o desempenho de um funcionário é avaliado por superiores, colegas, subordinados, pelos próprios funcionários e, às vezes, até por partes interessadas externas, como clientes, alunos e pacientes. Dessa forma, qualquer tendência idiossincrática que um único indivíduo traz para suas avaliações pode ser compensada pelos demais. Embora haja debate sobre como combinar, comparar e contrastar diferentes fontes, esta abordagem é uma melhoria em relação aos métodos de um único avaliador (Craig e Hannum, 2006; Morgeson et al., 2005). À luz das tendências da globalização no século XXI, das corporações multinacionais e da realidade de que toda organização está inserida em uma cultura mais ampla, os pesquisadores também se interessaram pelos aspectos culturais da avaliação de desempenho (Atwater et al., 2009; Peretz e Fried, 2012).

13-2d Considerações do devido processo

No empreendimento humano da avaliação de desempenho, a precisão não é a única preocupação. Outra preocupação é *a percepção de justiça*. É justo que um professor seja efetivo enquanto outro não, ou que um trabalhador seja demitido enquanto outro é contratado e um terceiro é promovido? Precisamente porque as consequências das decisões pessoais, as avaliações de desempenho podem ser tendenciosas ou mesmo deliberadamente distorcidas por aqueles motivados por agendas políticas e egoístas. Particularmente no nível executivo, a política do escritório é um fato organizacional da vida (Gioia e Longnecker, 1994).

Para aumentar a percepção de justiça, Robert Folger et al. (1992) propuseram um modelo de "devido processo" de avaliação de desempenho. Em geral, esse modelo visa resguardar os direitos dos empregados da mesma forma que o sistema de justiça criminal busca proteger os acusados. O modelo consiste em três princípios. O primeiro é que deve haver um *aviso adequado* – isto é, padrões de desempenho claros que os funcionários possam entender e questionar. O segundo é que os funcionários devem receber uma avaliação justa, sendo avaliados por um supervisor que conhece seu trabalho e receber *feedback* adequado, bem como a oportunidade de apresentar seu próprio caso. O terceiro princípio é que as avaliações devem ser baseadas em *evidências* de desempenho no trabalho, não em preconceitos, corrupção ou considerações externas. Conforme indicado pela pesquisa sobre como as pessoas reagem a aumentos e cortes salariais, promoções, demissões e implementação de políticas de ação afirmativa, a justiça processual (*como* as decisões são tomadas) pode ser tão importante para as pessoas quanto um resultado favorável (*quais* decisões são tomadas). Assim, os trabalhadores insatisfeitos com seu salário são mais propensos a retaliar (por exemplo, ligando para dizer que estão doentes, roubando ou desperdiçando suprimentos da empresa ou danificando equipamentos) quando acreditam que os procedimentos usados para determinar seu pagamento são injustos e quando não foram consultados sobre a decisão (Skarlicki e Folger, 1997).

Pesquisas mostram que as pessoas julgam a justiça organizacional de acordo com diversos critérios – como a transparência e a justiça dos procedimentos usados; até que ponto os procedimentos usados e os resultados que eles produzem são explicados; até que ponto os trabalhadores afetados são tratados com dignidade, educação e respeito; e os resultados da tomada de decisão pelos quais os salários, promoções e outros recursos são alocados. Juntos, a combinação desses tipos específicos de justiça influencia a satisfação das pessoas, o comprometimento e o desempenho no local de trabalho (Ambrose e Schminke, 2009). Na verdade, uma metanálise de 83 estudos revelou que as percepções dos funcionários sobre injustiça no local de trabalho estavam associadas a aumentos de estados emocionais negativos, estresse, esgotamento e problemas de saúde física e mental (Robbins et al., 2012).

13-3 Liderança

Independentemente de onde você trabalha, a experiência profissional depende em grande parte da qualidade da liderança na organização. Um líder é alguém que pode guiar um grupo de pessoas em direção a um objetivo comum. Pode ser um chefe de estado, o reitor de uma faculdade ou universidade, o investigador principal de uma equipe de pesquisa, o diretor executivo de uma empresa, um cientista ou engenheiro com uma visão voltada para o futuro, ou o dirigente ou treinador principal de uma equipe esportiva.

Em diferentes ambientes da vida, os pesquisadores há muito se perguntam: quais fatores pessoais e situacionais contribuem para uma liderança eficaz? Não existe uma fórmula única. Alguns líderes têm sucesso conquistando apoiadores; outros lideram derrubando barreiras, unindo rivais, negociando acordos, construindo coalizões, resolvendo problemas ou estimulando emoções (ver ▲ Tabela 13.1). Seja qual for a estratégia, há um denominador comum: boa liderança tem a ver com influência social (Avolio et al., 2014; Bass e Bass, 2008; Goethals et al., 2004; Lord et al., 2017; Northouse, 2019).

■ 13-3a A abordagem clássica de identificação de características

Uma abordagem para o estudo da liderança é identificar os traços que caracterizam os líderes "natos", aqueles que têm "o que é preciso". De acordo com a Teoria dos Grandes Homens da história, indivíduos excepcionais são determinantes para o curso dos eventos humanos. Essa abordagem teve algum apoio ao longo dos anos, uma vez que certas características – como ambição, inteligência, necessidade de poder, autoconfiança, alto nível de energia e capacidade de ser flexível e se adaptar às mudanças – são típicas das pessoas que se tornar líderes (Hogan et al., 1994; Kenny e Zaccaro, 1983). Até a altura física pode desempenhar um papel. A esse respeito, é impressionante que, em todo o século XX, o candidato mais alto para presidente dos Estados Unidos tenha vencido surpreendentes 23 das 25 eleições, ou seja, 92% das vezes (1972 e 1976 foram as únicas exceções).

Com base em pesquisas anteriores, Shelley Kirkpatrick e Edwin Locke (1991) argumentaram que certas características estáveis estão associadas à liderança bem-sucedida entre executivos de negócios. Em particular, eles apontaram para a importância da *capacidade cognitiva* (inteligência e capacidade de processar rapidamente grandes quantidades de informações), *motivação interna* (necessidade de realização, ambição e um alto nível de energia), *motivação de liderança* (desejo de influenciar os outros para atingir um objetivo comum), *expertise* (conhecimento específico de questões técnicas relevantes para a organização), *criatividade* (capacidade de gerar ideias originais), *autoconfiança* (fé nas próprias habilidades e ideias), *integridade* (confiabilidade, honestidade e um estilo de comunicação aberto) e *flexibilidade* (capacidade de adaptação às necessidades dos subordinados e a mudanças). "Independentemente de os líderes nascerem ou serem feitos", dizem eles, "é inequivocamente claro que os líderes não são como as outras pessoas" (p. 58).

▲ **TABELA 13**

Conceitos de liderança notáveis

"O propósito de todos os governantes é o bem-estar daqueles que eles governam."
– Santo Agostinho

"A qualidade mais importante de um líder é ser reconhecido como tal."
– Andre Maurois

"Eu sou um líder por omissão, apenas porque a natureza não permite um vácuo."
– Bispo Desmond Tutu

"Se a pessoa tiver sorte, uma fantasia solitária pode transformar-se totalmente em um milhão de realidades."
– Maya Angelou

"Quando o líder eficaz termina seu trabalho, as pessoas dizem que aconteceu naturalmente."
– Lao Tse

"Nunca diga às pessoas como fazer as coisas. Diga-lhes o que fazer e eles o surpreenderão com sua engenhosidade."
– General George Patton

"Devemos nos tornar a mudança que queremos ver."
– Mahatma Gandhi

"O teste final de um líder é que ele deixa para trás, em outros homens, a convicção e a vontade de continuar."
– Walter J. Lippmann

"A liderança deve nascer da compreensão das necessidades daqueles que seriam afetados por ela."
– Marian Anderson

"Nenhum homem será um grande líder se quiser fazer tudo sozinho ou receber todo o crédito por isso."
– Andrew Carnegie

"A tarefa do líder é levar seu povo de onde ele está para onde nunca esteve."
– Henry Kissinger

Locke (2000) abordou esse tema centrado no indivíduo em *The Prime Movers*, um livro no qual ele descreve as características que "grandes produtores de riqueza" (referindo-se a multimilionários e bilionários) parecem ter em comum. Outros notaram que os líderes que exibem mais emoções positivas que negativas são mais eficazes, sugerindo que "um líder feliz é um bom líder" (Joseph et al., 2015). É importante notar que Zaccaro (2007) acrescenta que vários aspectos da liderança podem ser mais previsíveis não apenas por aspectos isolados, mas por combinações únicas de atributos – como capacidades cognitivas, motivação, valores e habilidades sociais (Zaccaro et al., 2018).

Em contraste com essa abordagem das características, teorias orientadas para a situação foram introduzidas com base na noção de que o surgimento de um líder depende do tempo, do lugar e das circunstâncias – que diferentes situações exigem diferentes tipos de líderes (Vroom e Jago, 2007). À medida que necessidades, expectativas e recursos de um grupo mudam, também muda a pessoa mais adequada para liderá-lo. Estudos sobre liderança presidencial, em particular, podem ser usados para ilustrar esse ponto (Goethals, 2005). Por exemplo, David Winter (1987) descobriu que os candidatos a presidente têm maior probabilidade de serem eleitos e reeleitos quando sua motivação principal de vida – seja conquista, poder ou conexão – corresponde ao que os americanos mais desejam naquele momento. Uma alternativa à perspectiva clássica das características, então, é a visão de que a liderança é o produto de uma interação única entre a pessoa e a situação do momento.

Em abril de 2018, Mark Zuckerberg, o fundador e CEO do Facebook, testemunhou perante o Congresso dos Estados Unidos como o Facebook rastreou e vendeu os dados de navegação dos usuários sem seu consentimento informado e serviu como um veículo para propaganda política. O Facebook passou a notificar milhões de clientes de que seus dados foram "obtidos indevidamente" e pediu desculpas por isso. Mas o que as decisões tomadas pelo alto escalão nos dizem sobre a escolha que os líderes empresariais costumam fazer entre a ética e os resultados financeiros? "Liderança ética" é um tópico relativamente novo e importante no estudo da liderança (Ng e Feldman, 2015; Stouten et al., 2012).

As situações podem ditar o sucesso de um determinado estilo de liderança. Em Liderança: A Inteligência Emocional na Formação do Líder de Sucesso (*Primal Leadership*), Daniel Goleman, Richard Boyatzis e Annie McKee (2002) argumentam que o trabalho principal da liderança é emocional e que grandes líderes são dotados de inteligência emocional – uma capacidade de saber como as pessoas estão se sentindo e como usar essa informação para guiar suas próprias ações. Grandes líderes são homens e mulheres que exalam interesse, entusiasmo e outras emoções positivas de energia contagiante. Precisamente porque as demandas mudam de acordo com o momento, a situação e a organização, no entanto, os líderes com inteligência emocional são, por natureza, flexíveis em seu estilo, servindo como visionários, apoiadores, treinadores, determinadores de ritmo e assim por diante, conforme necessário.

■ 13-3b Modelos de contingência de liderança

O **modelo contingencial de liderança** de Fred Fiedler (1967) ilustra uma perspectiva internacional. Fiedler argumentou que uma diferença fundamental entre os líderes é se eles são principalmente *orientados para a tarefa* (focados exclusivamente no trabalho) ou *orientados para as relações* (preocupados com os sentimentos dos funcionários). A quantidade de controle que um líder possui determina qual tipo de liderança é mais eficaz. Os líderes desfrutam de *alto controle situacional* quando têm boas relações com sua equipe,

modelo contingencial de liderança A teoria de que a eficácia da liderança é determinada tanto pelas características pessoais dos líderes quanto pelo controle proporcionado pela situação.

uma posição de poder e uma tarefa claramente estruturada. Por outro lado, exibem *baixo controle situacional* quando têm relações ruins com sua equipe, poder limitado e uma tarefa que não está claramente definida.

Combinando esses componentes pessoais e situacionais, os estudos de vários grupos de trabalho sugerem que os líderes orientados para a tarefa são mais eficazes em situações claras que são de baixo ou alto controle e que os líderes orientados para as relações têm um melhor desempenho em situações que proporcionam um grau moderado de controle. Em situações de baixo controle, os grupos precisam de orientação, que os líderes orientados para a tarefa fornecem ao permanecerem focados no trabalho. Em situações de alto controle, onde as condições já são favoráveis, esses mesmos líderes mantêm uma postura relaxada e discreta. Os líderes voltados para o relacionamento são diferentes. Eles oferecem muito pouca orientação em situações de baixo controle e se intrometem demais em situações de alto controle. Em situações ambíguas, no entanto, os líderes voltados para as relações – precisamente por causa de seu estilo social aberto e participativo – motivam os trabalhadores a resolver problemas de maneiras criativas.

Estudos de unidades militares, equipes esportivas, escolas, hospitais e outras organizações geralmente apoiam o modelo de Fiedler. Embora esse apoio esteja longe de ser unânime, o ponto principal é bem aceito: uma boa liderança requer uma correspondência entre o estilo pessoal de um indivíduo e as demandas de uma situação específica (Fiedler e Chemers, 1984). Uma incompatibilidade – ou seja, o tipo errado de pessoa para a situação – pode ter consequências negativas para o líder e para a organização. Por exemplo, Martin Chemers et al. (1985) pesquisaram gestores de faculdades para determinar seu estilo de liderança e seu controle situacional. Eles descobriram que as incompatibilidades estavam associadas ao aumento do estresse no trabalho, doenças relacionadas ao estresse e faltas, sintomas que diminuem a produtividade e a competência de um líder (Fiedler e Garcia, 1987; Fiedler et al., 1992).

Tomar decisões é uma das tarefas mais importantes para qualquer líder. Na via de mão dupla entre líderes e subordinados, entretanto, muitas vezes é importante pedir a opinião de outras pessoas. Qual espaço para participação os líderes devem abrir? De acordo com o **modelo normativo de liderança** proposto por Victor Vroom e Philip Yetton (1973), esse aspecto é variável. Alguns líderes são altamente autocráticos e diretivos (não pedem nenhum *feedback* dos trabalhadores), enquanto outros são altamente participativos (frequentemente buscam e usam sugestões dos trabalhadores). Para uma liderança eficaz de longo prazo, o segredo é abrir apenas o espaço certo para a participação do trabalhador – não muito (o que muitas vezes não é eficiente) e não muito pouco (o que pode diminuir o moral). Quanto ao que significa esse espaço certo, Vroom e Yetton argumentam que depende de vários fatores, como a clareza do problema, as informações disponíveis para o líder e seus subordinados, e se é mais importante que a decisão seja certa ou que se tenha apoio.

Embora o líder ideal seja aquele que adapta seu estilo para enfrentar a situação, as pessoas geralmente preferem líderes que as envolvam em decisões importantes. Estudos mostram que a tomada de decisão participativa aumenta o moral, a motivação e a produtividade do trabalhador e reduz as taxas de rotatividade e de faltas. Benefícios como esses foram encontrados especialmente em situações em que os funcionários desejam contribuir (Vroom e Jago, 1988) e quando estão envolvidos na tomada de decisões diretamente, e não por meio de representantes eleitos (Rubenowitz et al., 1983).

13-3c Liderança transacional

Embora os modelos de contingência levem em conta a pessoa e a situação, Edwin Hollander (1985) criticou essas visões "de cima para baixo" de liderança nas quais os trabalhadores são retratados como criaturas inertes, passivas e sem rosto a serem mobilizadas a critério da administração. Em vez disso, ele vê a liderança como uma troca social de mão dupla envolvendo uma influência mútua e recíproca entre um líder e os funcionários. De acordo com Hollander, um bom **líder transacional** é aquele que obtém conformidade e apoio dos trabalhadores estabelecendo objetivos claros para eles, oferecendo recompensas tangíveis, fornecendo assistência e

---

modelo normativo de liderança Teoria de que a eficácia da liderança é determinada pela quantidade de *feedback* e participação que os líderes provocam nos trabalhadores.

líder transacional Líder que obtém conformidade e suporte dos seguidores principalmente por meio do estabelecimento de metas e do uso de recompensas.

atendendo a necessidades psicológicas em troca de um nível esperado de desempenho no trabalho. A liderança transacional, portanto, depende da vontade e da capacidade do líder de recompensar os subordinados que cumprem sua parte do acordo e de corrigir aqueles que não o fazem.

Os líderes transacionais não aspiram a mudar ou transformar seus seguidores ou o futuro. Este tipo de liderança é eficaz em situações de crise e emergência ou para concluir projetos específicos de curto prazo. Eles fazem isso estabelecendo metas, fazendo acordos claros e definindo as condições para recompensa e punição (Odumeru e Ogbonna, 2013; Vera e Crossan, 2004).

13-3d Liderança transformacional

Pense em alguns dos maiores líderes dos últimos 100 anos, aqueles que foram capazes de transformar o *status* quo fazendo seus apoiadores acreditarem que tudo era possível. Martin Luther King Jr. representou esse tipo de líder. Assim como Abraham Lincoln, Franklin D. Roosevelt, Eleanor Roosevelt, Mahatma Gandhi, Indira Gandhi, John F. Kennedy e Nelson Mandela. Em seu livro clássico *In Search of Excellence*, Thomas Peters e Robert Waterman (1982) estudaram 62 das melhores empresas da América e descobriram que seu sucesso se deveu em grande parte à capacidade dos líderes de obter esforços extraordinários de seres humanos comuns.

Liderando a revolução tecnológica dos últimos 50 anos, que transformou completamente a vida moderna, os dois modelos mais proeminentes dessa liderança foram Bill Gates, da Microsoft, e o falecido Steve Jobs, da Apple – cofundadores das duas empresas de tecnologia mais importantes do mundo. Em 1975, Gates saiu de Harvard e foi cofundador que então era uma pequena empresa com o nome de Microsoft. Muito antes de parecer possível, ele imaginou um dia em que haveria um PC em cada casa e escritório. Então, quando ficou claro que o futuro residiria no ciberespaço, ele chocou o mundo dos negócios ao redirecionar a Microsoft para a internet. Aposentado da Microsoft, ele e sua esposa Melinda estão entre os maiores filantropos do mundo.

Em 1973, Steve Jobs, como Gates, também abandonou a faculdade. Ele logo fundou a Apple e ajudou a popularizar e inovar o "Mac", introduzindo o mouse, que agora consideramos natural, um design elegante e outros elementos criativos. As inovações mais recentes de Jobs, antes de sua morte em outubro

Um pioneiro da revolução tecnológica, Steve Jobs (1955-2011), cofundador da Apple, foi um dos líderes empresariais mais visionários e transformadores de nosso tempo (à esquerda). Jeff Bezos, fundador e CEO da Amazon.com, também é considerado um dos líderes mais prospectivos de nosso tempo – sua gigantesca empresa de varejo on-line vende mais produtos em todo o mundo, de longe, que qualquer outra (direita).

Em seu famoso discurso "Eu tenho um sonho" em Washington, D.C., em agosto de 1963, Martin Luther King Jr. foi um líder transformacional que inspirou mudanças massivas ao fazer seus apoiadores acreditarem que tudo era possível.

líder transformacional Um líder que inspira seguidores a transcender suas próprias necessidades no interesse de uma causa comum.

de 2011, foram o iPod, iPad e iPhone – o gadget tudo-em-um. Em um setor que exige a capacidade de antecipar o futuro, adaptar-se rapidamente às mudanças, assumir grandes riscos e obter o apoio de outras pessoas, tanto Gates quanto Jobs foram líderes transformacionais.

O que os líderes de sucesso têm de especial? Com base no trabalho do cientista político James MacGregor Burns (1978, 2003), Bernard Bass (1998; Bass e Riggio, 2006) os chama de **líderes transformacionais**. Os líderes transformacionais motivam os outros a transcender suas necessidades pessoais por uma causa comum, especialmente em tempos de crescimento, mudança e crise. Por meio da conscientização e da inspiração emocional pura, eles articulam uma visão clara para o futuro e, em seguida, mobilizam outras pessoas para aderir a essa visão. Ao longo dos anos, Bass e seus colegas pediram a pessoas que trabalhavam para vários gerentes e executivos, oficiais militares, diretores de escolas, chefes de bombeiros, burocratas do governo e donos de lojas para descrever os líderes mais destacados que conheciam (Bass e Avolio, 1990). Conforme mostrado na ▲ Tabela 13.2, as descrições dadas revelaram quatro atributos: carisma, motivação inspiradora, estimulação intelectual e consideração pelos indivíduos. Outros estudos mostraram que os líderes transformacionais também são mais extrovertidos que a média (Bono e Judge, 2004) – e mais propensos a exibir emoções positivas (Joseph et al., 2015).

▲ **TABELA 13.2**

Características dos líderes transformacionais

Quando se pede às pessoas que descrevam os melhores líderes que conhecem, quatro características são citadas com mais frequência: carisma, capacidade de inspirar outras pessoas, estímulo intelectual e consideração individualizada. Esses atributos são evidentes nas autodescrições fornecidas aqui.

Característica	Descrição	Itens de exemplo
Carisma	Tem visão; conquista respeito, confiança e segurança; e promove uma forte identificação dos subordinados.	Tenho um senso de missão que comunico a eles. Eles têm orgulho de estarem associados a mim.
Inspiração	Faz palestras estimulantes, aumenta o otimismo e o entusiasmo e desperta emoção nas comunicações.	Apresento uma visão para estimulá-los. Uso símbolos e imagens para incentivar seus esforços.
Estímulo intelectual	Incentiva ativamente um reexame dos valores e premissas existentes e estimula a criatividade e o uso da inteligência.	Eu os capacito a pensar sobre velhos problemas de novas maneiras. Enfatizo fortemente a resolução cuidadosa dos problemas antes de agir.
Atenção individualizada	Dá atenção pessoal a todos os membros, atua como conselheiro e dá *feedback* de maneiras fáceis de aceitar, entender e usar para o desenvolvimento pessoal.	Treino pessoas que precisam disso. Expresso minha gratidão quando fazem um bom trabalho.

Baseado em Bass e Avolio, 1990.

Para medir até que ponto os indivíduos possuem os atributos dos estilos de liderança transacional e transformacional, Bass (1985) elaborou o *Multifactor Leader Questionnaire* (MLQ). Usando esse instrumento, os pesquisadores estudaram a liderança em diferentes culturas e em diferentes tipos de organizações, incluindo fabricantes de automóveis, empresas de entrega rápida, corporações multinacionais, bancos, agências governamentais e grupos militares. Outros têm variado o uso dos diferentes estilos de liderança em ambientes controlados de laboratório. Indicando que a inspiração é universalmente um motivador mais poderoso que a recompensa, os resultados mostraram que os líderes transformacionais são mais eficazes que os líderes transacionais (Bass, 1998; Lowe et al., 1996) e exercem influência, fazendo que outros se identifiquem com eles e com o grupo que representam (Kark et al., 2003). À luz de sua capacidade de exercer influência, não é surpreendente que em um estudo com 39 gerentes e 130 funcionários de seis empresas, aqueles que se destacaram como líderes transformacionais no MLQ também tivessem mais contatos sociais dentro de suas organizações (Bono e Anderson, 2005)

> O tipo de líder mais eficaz é aquele que sabe como obter apoio por meio de recompensas.
>
> **FALSO**

As pessoas são atraídas como ímãs por líderes transformacionais que têm o que é preciso. Mas espere. Isso significa que ditadores poderosos e implacáveis eram líderes da mesma linha de Lincoln, Gandhi, Roosevelt, Kennedy e Mandela? Existe um "lado negro da liderança transformacional" (Tourish, 2013)? Seria de se esperar que não. Para separar o mal humano da virtude, Bass e Steidlmeier (1999) procuraram distinguir entre o que eles chamam de líderes pseudotransformacionais, que apelam para emoções em vez de raciocinar e manipulam seguidores ignorantes para promover seus próprios interesses pessoais, e líderes transformacionais autênticos, que elevam moralmente seguidores e os ajudam a transformar suas visões coletivas em realidades.

■ 13-3e Liderança entre mulheres e minorias

O fato de os americanos terem elegido Barack Obama o primeiro presidente afro-americano dos Estados Unidos em 2008 foi notável tanto no contexto histórico quanto no atual. Olhe para os líderes das empresas dos EUA da Fortune 500 em meados de 2019 e perceberá que apenas 6,6% dos CEOs são mulheres – a maior porcentagem de todos os tempos (o número é um pouco mais alto no setor de saúde, no governo ou em instituições educacionais). Observe a porcentagem de afro-americanos, latino-americanos e asiáticos nas primeiras posições das mesmas organizações e você verá que eles não se saem melhor (em 2019, havia apenas três CEOs afro-americanos, menos de 1%).

Apesar do progresso conquistado em cargos de nível inicial e médio, as mulheres e as minorias que buscam posições de liderança ainda não romperam totalmente o "teto de vidro" – uma barreira tão sutil que é transparente, mas tão forte que as impede de alcançar o topo da hierarquia (Barreto et al., 2009; Morrison e Von Glinow, 1990). Na verdade, as mulheres também podem encontrar "paredes de vidro" que as impedem de se mover lateralmente dentro de uma organização – por exemplo, de posições em relações públicas para aquelas em áreas centrais, como produção, marketing e vendas (Lopez, 1992). Outros ainda caracterizam o caminho das mulheres para a liderança como um labirinto – um labirinto organizacional no qual as mulheres devem navegar por um caminho indireto, complexo e incerto em direção à liderança (Eagly e Carli, 2007; Samuelson et al., 2019).

Muitas mulheres são altamente qualificadas para cargos de poder. Pesquisas mostram que gerentes do sexo masculino e do sexo feminino têm aspirações, habilidades, valores e habilidades relacionadas ao trabalho muito semelhantes. Revisando o que agora é uma grande quantidade de literatura de pesquisa sobre diferenças entre os sexos na liderança, Alice Eagly e Linda Carli (2007) descobriram que as mulheres em posição de liderança no local de trabalho são tão orientadas para as tarefas quanto seus colegas homens e que os líderes de ambos os sexos, em geral são igualmente eficazes. A única diferença parece ser que os homens são mais controladores e as mulheres mais democráticas em suas abordagens. Como resultado, os homens podem ser mais eficazes como líderes em posições que exigem um estilo mais diretivo (por exemplo, nas forças armadas), enquanto as mulheres podem ser mais eficazes em ambientes gerenciais que exigem abertura e cooperação. Quando estudantes universitários de um estudo foram designados para participar de grupos de trabalho de longo prazo, estruturas de liderança centralizadas surgiram com o

> *"Se você fosse aceitar um novo emprego e pudesse escolher seu chefe, preferiria trabalhar para um homem ou uma mulher?" De acordo com uma pesquisa Gallup de 2017, que fez essa pergunta a mais de 1.000 americanos, 55% deles afirmaram não ter preferência; os outros estavam igualmente divididos.*
>
> – Brenan, 2017

tempo em grupos exclusivamente masculinos, enquanto estruturas de liderança descentralizadas, mais equilibradas, surgiram em grupos femininos (Berdahl e Anderson, 2005).

Esse retrato das mulheres como líderes está de acordo com a observação de Judy Rosener (1995) de que as líderes de hoje se valem de qualidades tradicionalmente vistas como femininas. Também é consistente com a observação de Sally Helgesen (1995) de que as gestoras interagem mais com os subordinados, convidando-as a participar do processo de tomada de decisão, compartilhar informações e poder e criar redes mais extensas, ou "teias de inclusão" – um estilo de liderança que ela vê como uma vantagem feminina. A pesquisa mostra que homens e mulheres diferem em seu estilo, não na capacidade de liderança. Uma metanálise de 45 estudos comparativos sugere que as líderes femininas podem ser um pouco mais transacionais e transformacionais que os homens (Eagly et al., 2003). Outros pesquisadores são rápidos em advertir que todas as alegações de uma vantagem de gênero em favor de homens ou mulheres são baseadas em estereótipos e são exageradas (Vecchio, 2002).

Se as mulheres são competentes para servir como líderes, por que relativamente poucas conseguiram chegar ao topo em cargos executivos? Conforme observado anteriormente, para as mulheres, é como se o caminho para o poder – de sua entrada no mercado de trabalho até recrutamento, contratação e ascensão na escala de promoção – estivesse cheio de obstáculos (Ragins e Sundstrom, 1989) – ou, como Eagly e Carli (2007) colocaria, fosse um labirinto.

Três conjuntos de dificultadores foram identificados. Um deles é que muitas mulheres vivem um profundo conflito por ter que conciliar carreira e família e muitas vezes sentem que precisam escolher uma ou outra (Halpern e Cheung, 2008). Um segundo aspecto é que algumas mulheres fogem de posições hierárquicas altamente competitivas que oferecem o potencial de liderança em favor de profissões que envolvem ajudar pessoas (Pratto et al., 1997). O terceiro é social. Estereótipos persistentes retratam as mulheres como subordinadas, não como tendo as características de liderança comumente associadas à masculinidade. Como resultado, algumas pessoas ficam preocupadas com as mulheres em cargos de liderança (Hoffmann e Musch, 2019) – particularmente mulheres que são orientadas para a tarefa ou que ocupam posições "masculinas", como nos negócios (Eagly e Karau, 2002; Koenig et al., 2011). Sugerindo um possível meio de superar esse problema, Shaki Asgari et al. (2012) realizaram uma série de experimentos mostrando que expor as mulheres a líderes femininas com quem podem se identificar aumenta seu autoconceito de liderança.

Em uma pesquisa com 100 executivos corporativos de ambos os sexos, Karen Lyness e Donna Thompson (2000) descobriram que, embora os homens e mulheres fossem igualmente bem-sucedidos, as mulheres tiveram que superar mais barreiras para chegar aonde estavam – como serem excluídas confraternizações, preteridas para vagas de realocação, e não se adaptarem à cultura corporativa. Para complicar ainda mais as coisas, pesquisas mostram que as pessoas em geral exibem um preconceito contra a maternidade quando se trata de recomendar mulheres com filhos para promoções (Heilman e Okimoto, 2008).

As estatísticas mostram que as minorias também travam uma difícil batalha por posições de liderança. O presidente Barack Obama foi uma exceção extraordinária. No mundo dos negócios, em meados de 2019, apenas três empresas americanas na lista Fortune 500 tinham um CEO afro-americano: Kenneth Frazier da Merck, Roger Ferguson Jr. da TIAA e Marvin Ellison da J.C. Penney. A pesquisa não deixa claro se as avaliações dos funcionários apresentam preconceito de raça (Roth et al., 2003; Sackett e DuBois, 1991; Stauffer e Buckley, 2005; Waldman e Avolio, 1991). Ainda assim, à luz que os psicólogos sociais descobriram sobre as sutilezas do preconceito implícito, conforme descrito no Capítulo 5, os líderes empresariais devem estar atentos às maneiras sutis pelas quais as minorias são prejudicadas na busca pela liderança. Anos atrás, por exemplo, muitos afro-americanos no setor bancário diziam se sentir excluídos socialmente dos encontros informais de seus grupos de trabalho, não estar "conectados em rede" e não ter os modelos necessários para o avanço em uma organização (Irons e Moore, 1985). Da mesma forma, um estudo com graduados em administração revelou que os homens afro-americanos e hispânicos eram menos propensos que outros a ter relacionamentos de mentoria em suas respectivas empresas (Dreher e Cox, 1996).

Superando os obstáculos, algumas minorias conseguem romper a divisão racial em posições de liderança. Como esses indivíduos – e outros que chegaram a cargos executivos – fizeram isso? Em *Breaking Through*, David Thomas e John Gabarro (1999) estudaram as trajetórias e experiências de carreira de 54 gerentes e executivos em três grandes empresas. Referindo-se à escada da carreira corporativa como um torneio, eles descobriram que os executivos afro-americanos, asiático-americanos e hispano-americanos bem-sucedidos estudados subiram lentamente no início para cargos de gerência intermediária, mas foram rapidamente transferidos em relação a seus pares brancos para postos executivos. Os gerentes das minorias precisam construir uma base sólida desde o início, sugeriram, "porque são promovidos apenas depois de se provarem repetidamente". Em cada etapa desse processo de desenvolvimento, eles descobriram o papel fundamental dos mentores – abrindo portas, oferecendo funções desafiadoras e patrocinando-as para recrutamento para cargos importantes e de alto nível. Em *Diversity and Leadership*, Jean Lau Chin e Joseph Trimble (2015) são rápidos em acrescentar que a liderança minoritária em empresas americanas continua a ficar para trás, mesmo hoje, apesar do aumento da diversidade étnica na população como um todo.

■ 13-3f Influências culturais na liderança

Praticamente todas as pesquisas sobre liderança que discutimos focaram nas culturas ocidentais. Mas o significado de liderança assume a mesma forma em todo o mundo? Um bom líder tem a mesma aparência nos Estados Unidos e na China, no México, na Itália ou na Grécia?

Em uma visão geral dos estudos sobre liderança e cultura, Marcus Dickson et al. (2012) observam que, embora existam aspectos universais da liderança, também existem os que são específicos da cultura. Por exemplo, Mansour Javidan e Dale Carl (2005) pediram a funcionários taiwaneses e canadenses que descrevessem seus superiores. Eles descobriram que os gerentes canadenses eram vistos como visionários – tinham visões realistas do futuro, transmitiam um claro senso de direção e definiam metas realistas. Já os gerentes taiwaneses eram vistos mais como mobilizadores – ajudavam a tornar o trabalho desafiador e davam *feedback* e elogios construtivos. Esses pesquisadores especulam que, na cultura mais individualista do Canadá, onde os funcionários buscam o progresso pessoal, um líder visionário pode facilitar seus objetivos criando um forte senso de direção. Ainda assim, na cultura mais coletivista de Taiwan, onde se valoriza a cooperação, o pertencimento e a harmonia interpessoal, os funcionários preferem um líder mobilizador que crie um ambiente de trabalho positivo.

Após um pouso forçado de uma aeronave que matou dois passageiros e feriu vários outros, o CEO da Asiana Airlines, Yoon Young-doo (quarto a partir da direita) e outros membros do conselho se desculparam durante uma entrevista coletiva em Seul, na Coreia do Sul. Essa reação mostra que líderes paternalistas de culturas coletivistas sentem o peso da responsabilidade pelo grupo.

Bor-Shiuan Cheng et al. (2004) sugeriram que o estilo paternalista de liderança são dominantes nos contextos do Leste Asiático. O estilo paternalista de liderança deriva dos ideais confucionistas caracterizados pelo autoritarismo, a benevolência e o caráter moral. O autoritarismo é uma forma de liderança na qual os superiores têm controle, poder e autoridade para exigir obediência e respeito dos subordinados. Em troca, bons líderes mostram benevolência – uma preocupação gentil e carinhosa por aqueles que estão sob seus cuidados. O líder do Leste Asiático também deve servir como um modelo ético, demonstrando virtudes que os outros devem seguir. Entrevistas com funcionários na China, no Japão, na Coreia do Sul e em Taiwan indicam que um estilo de liderança paternalista prevalece nos quatro países (Cheng et al., 2014).

Líderes de culturas coletivistas também carregam o peso da responsabilidade pelo grupo. Considere duas tragédias – o acidente de avião da Asiana Airlines em 2013 e a crise nuclear em uma usina da Tokyo Electric Power Company (TEPCO) após o terremoto e tsunami de 2011. Embora nenhum dos líderes dessas empresas fosse diretamente responsável por seus incidentes, ambos se desculparam publicamente. O presidente da TEPCO também renunciou, dizendo: "Assumo a responsabilidade por este acidente, que minou a confiança na segurança nuclear e trouxe muita dor e medo à sociedade" (Tabuchi, 2011).

Esse tipo de resposta é universal ou é um fenômeno cultural? Como vimos em outros lugares, as culturas do Leste Asiático enfatizam o grupo em detrimento dos indivíduos, portanto, seria de se esperar que os grupos fossem responsabilizados por resultados bons e ruins. Uma vez que o líder serve como representante do grupo como um todo, Yuriko Zemba et al. (2006) teorizaram que as pessoas nas culturas do Leste Asiático atribuíam mais culpa ao líder de uma empresa por acidentes no local de trabalho – e mais crédito por um ato de heroísmo.

Em um estudo, participantes japoneses e norte-americanos leram uma breve história de um aluno que sofreu de intoxicação alimentar na escola. Embora o diretor não tenha tido envolvimento direto no incidente, os participantes japoneses atribuíram mais culpa a ele que os norte-americanos (Zemba et al., 2006). Em um segundo estudo, os participantes leram sobre um incidente em que um funcionário de uma empresa ajudou a salvar a vida de alguém. Mais uma vez, embora o presidente da empresa não estivesse diretamente envolvido, os participantes japoneses deram-lhe mais crédito que os participantes norte-americanos (Zemba e Young, 2012). Esses estudos sugerem que as pessoas em culturas coletivistas percebem os líderes como representantes do grupo pelo qual são responsáveis – por resultados bons e ruins.

A cultura molda nossas expectativas em relação aos líderes também de outras maneiras. Em um estudo com estudantes de MBA de 46 países, Daniel Effron et al. (2018) descobriram que os participantes disseram que confiam menos em gestores cujas palavras e ações não estejam alinhadas – não praticando o que pregam. Curiosamente, no entanto, este efeito de "hipocrisia" foi mais forte entre os participantes de culturas ocidentais independentes (onde se espera que o self se mantenha consistente em todas as situações) que entre aqueles de culturas mais interdependentes (onde se espera que o self varie em resposta às situações).

13-4 Motivação no trabalho

Durante o verão de 2015, o *New York Times* publicou uma exposição intitulada "Por dentro da Amazon: lutando contra grandes ideias em um local de trabalho contundente" (Kantor e Streitfeld, 2015). Fundada em 1994, a Amazon.com se tornou uma das maiores histórias de sucesso empresarial da história norte-americana. No entanto, o artigo descreve uma cultura altamente competitiva, onde os funcionários, chamados de Amazonians, são monitorados a cada minuto do dia usando várias métricas de produtividade e onde são incentivados a trabalhar até tarde, criticar as ideias uns dos outros e enviar *feedback* uns dos outros aos chefes. Esse local de trabalho representa uma meritocracia estrita em que grande número de funcionários sai e é demitido, produzindo um padrão de "queima e rotatividade" em termos de recursos humanos. O fundador e CEO da Amazon, Jeff Bezos, respondeu defendendo o ambiente de trabalho como intenso, mas amigável. Em uma carta aberta aos trabalhadores, ele disse: "Não reconheço esta Amazon e espero que você também não."

Essa história gerou um debate sobre a cultura da empresa e como encontrar um equilíbrio. Quase ao mesmo tempo em que a história da Amazon estourou, a American Psychological Association publicou um livro intitulado *The Psychological Healthy Workplace* (Grawitch e Ballard, 2015). Com capítulos escritos por diferentes especialistas, este livro pergunta: Como uma organização pode criar e manter um ambiente de trabalho psicologicamente saudável sem sacrificar os resultados financeiros, otimizando o bem-estar de funcionários e acionistas? Para chegar a um equilíbrio, são levantadas questões sobre o envolvimento dos funcionários na empresa e sua tomada de decisão; equilíbrio entre trabalho e vida pessoal, o que muitas vezes significa fornecer aos funcionários um horário de trabalho flexível; e desenvolvimento e reconhecimento de funcionários, que envolve prêmios monetários e não monetários por realizações significativas.

O que motiva as pessoas a trabalhar arduamente e bem? O que determina sua satisfação no trabalho? Mesmo antes dos estudos do efeito Hawthorne, 100 anos de pesquisas mostraram consistentemente que as atitudes das pessoas em relação a seus empregos podem impactar positiva e negativamente seu afeto, sua lealdade, sua produtividade, seu desempenho e seu comprometimento (Judge et al., 2017).

Você é movido estritamente pelo dinheiro ou tem outras necessidades pessoais a satisfazer? Não existe uma resposta única. No trabalho, como no resto da vida, nosso comportamento muitas vezes resulta da convergência de muitos motivos diferentes. Portanto, os psicólogos I/O descobriram que a satisfação das pessoas no trabalho depende de uma série de fatores, econômicos e outros – como a qualidade da liderança, um senso de justiça, relações sociais e comparações e as oportunidades de progresso. Mesmo a mera novidade de um trabalho pode ser revigorante. Em um estudo longitudinal de um ano com novos trabalhadores, Wendy Boswell et al. (2009) descobriram que a satisfação atinge o pico durante um período inicial de lua de mel antes de cair e se estabelecer.

13-4a Modelos de recompensa econômica

Por necessidade, as pessoas trabalham para ganhar a vida. Ainda assim, em termos estritamente econômicos, a questão do pagamento é complicada. Para começar, a satisfação geral de alguém com sua remuneração depende não apenas do salário (renda bruta e salário líquido), mas também dos aumentos (mudanças para cima no pagamento e como essas mudanças são determinadas), como a renda é distribuída (o número de pagamentos recebidos ou diferenças salariais dentro da empresa), e quais benefícios um empregador oferece (opções de ações, créditos de matrícula, academia no local, férias, licença médica, seguro saúde, pensões e outros serviços). Cada um desses fatores constitui parte de uma fórmula de satisfação (Heneman e Schwab, 1985; Judge e Welbourne, 1994). Na verdade, muitas recompensas não são monetárias, mas simbólicas – como títulos, tamanho do escritório, localização, carpete, móveis, janelas e a capacidade de regular o acesso de terceiros (Sundstrom, 1986).

teoria da expectativa A teoria de que os trabalhadores ficam motivados quando acreditam que seus esforços produzirão resultados valiosos.

Talvez a teoria mais básica da motivação do trabalhador seja a **teoria da expectativa** de Victor Vroom (1964). De acordo com Vroom, somos tomadores de decisão racionais que analisam os benefícios e os custos dos possíveis cursos de ação. Assim, disse ele, os trabalhadores ficam motivados e se esforçam quando acreditam que (1) seu esforço resultará em um desempenho melhorado, (2) seu desempenho será reconhecido e recompensado e (3) as recompensas monetárias e simbólicas oferecidas são valiosos e desejáveis. Ao longo dos anos, essa teoria foi usada com algum sucesso para prever a frequência, a produtividade e outros comportamentos do trabalhador relacionados ao trabalho (Mitchell, 1974; Van Eerde e Thierry, 1996).

O estabelecimento de metas é particularmente importante para a motivação. A pesquisa mostra que as pessoas têm um desempenho melhor no trabalho e são mais produtivas quando recebem metas específicas e padrões claros para o sucesso e o fracasso que quando simplesmente lhes dizem para "dar o seu melhor" (Locke e Latham, 1990). Os incentivos financeiros, em particular, podem de fato aumentar a produtividade do trabalhador sem comprometer a qualidade do trabalho (Jenkins et al., 1998). Com base em pesquisas anteriores, Edwin Locke

A Starbucks, maior empresa de cafeteria do mundo, com mais de 30 mil lojas em 80 países, é conhecida por fornecer aos trabalhadores pacotes de benefícios personalizáveis – "Special Blend" – além do salário, os quais podem incluir bônus, opções de ações, descontos em produtos, assistência para adoção, assistência universitária, licenças sabáticas e cobertura de saúde.

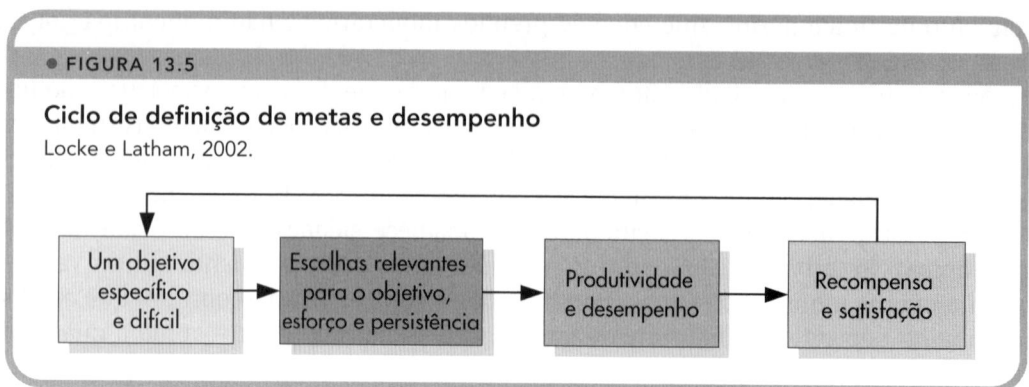

FIGURA 13.5

Ciclo de definição de metas e desempenho
Locke e Latham, 2002.

Um objetivo específico e difícil → Escolhas relevantes para o objetivo, esforço e persistência → Produtividade e desempenho → Recompensa e satisfação

e Gary Latham (2002) apresentam uma teoria prática de definição de metas. A chave, eles sustentam, é que as pessoas estabeleçam *metas específicas e difíceis* para si mesmas ou para os outros. Essa prática aumenta a escolha, o esforço e a persistência relacionados ao objetivo; aumenta a produtividade e outros aspectos do desempenho; traz recompensa e satisfação; e desencadeia a vontade de assumir novos desafios e definir novas metas, colocando em movimento um ciclo de autoperpetuação de alto desempenho (ver • Figura 13.5).

O valor do estabelecimento de metas no local de trabalho não pode ser exagerado. Nos últimos anos, muitas organizações passaram do foco no indivíduo para equipes de trabalho. Refletindo essa mudança na prática, os pesquisadores se perguntaram se o estabelecimento de metas funciona para grupos da mesma forma que funciona para os indivíduos. Uma metanálise recente desta pesquisa indica que sim: Para grupos, bem como para indivíduos, é melhor definir metas que sejam específicas e difíceis (Kleingeld et al., 2011).

13-4b Bônus, propina e motivação intrínseca

As pessoas podem se esforçar para obter recompensas, mas dinheiro é mais que apenas uma questão econômica e motivação mais que um contracheque. Fatores psicossociais também devem ser considerados. Sob certas condições, sistemas de recompensa que aumentam a *motivação extrínseca* podem minar a *motivação intrínseca*. Como vimos no Capítulo 3, as pessoas são consideradas extrinsecamente motivadas quando se envolvem em uma atividade por dinheiro, reconhecimento ou outras recompensas tangíveis. Por outro lado, diz-se que as pessoas estão intrinsecamente motivadas quando atuam por uma questão de interesse, desafio ou puro prazer. Os líderes empresariais desejam que os funcionários se sintam intrinsecamente motivados e comprometidos com seu trabalho. Então, onde se encaixam a teoria da expectativa e os programas de incentivos? A recompensa tangível é o resultado final ou não?

Pesquisas mostram que, quando as pessoas começam a receber por uma tarefa de que já gostam, às vezes perdem o interesse por ela. Na primeira demonstração desse efeito, Edward Deci (1971) recrutou estudantes universitários para trabalhar em três sessões de uma hora com quebra-cabeças, algo que acharam interessante. Durante a primeira e terceira sessões, todos os participantes foram tratados da mesma maneira. Na segunda sessão, porém, metade recebeu $ 1 para cada quebra-cabeça que completou. Para medir a motivação intrínseca, Deci deixou os participantes sozinhos durante um intervalo na primeira e na terceira sessões e registrou o tempo que eles gastaram nos quebra-cabeças em vez de em outras atividades disponíveis. Em comparação com os participantes do grupo não recompensado, aqueles que foram pagos, na sessão posterior, quando o dinheiro não estava mais disponível, mostraram menos interesse pelos quebra-cabeças (ver • Figura 13.6).

Essa descoberta paradoxal de que as recompensas minam a motivação intrínseca foi observada por muitos anos em estudos de laboratório e de campo (Deci e Ryan, 1985; Lepper e Greene, 1978; Tang e Hall, 1995). Ao fazer as pessoas se sentirem controladas em vez de autônomas, vários fatores extrínsecos comumente encontrados no local de trabalho – prazos, punição, supervisão rigorosa, avaliação e competição – também têm efeitos adversos sobre a motivação e o desempenho. Assim, Teresa Amabile (1996) descobriu que quem era pago por atividades artísticas, em comparação com quem não era, produziu trabalhos que mais tarde foram considerados menos criativos por avaliadores independentes. Para atingirem o máximo da produtividade, as pessoas devem sentir um impulso interno e não se sentir compelidas por forças externas.

Mas espere. Se o dinheiro mina a motivação intrínseca, os empregadores deveriam deixar de usar incentivos monetários? Isso significa que os programas de bônus por desempenho frequentemente usados pelas empresas estão fadados ao fracasso? Isso certamente está implícito no título do livro de Alfie Kohn (2018), *Punished by Rewards: The Trouble With Gold Stars, Incentive Plans, A's, Praise, and Other Bribes*. Para responder a essas perguntas, é importante perceber que qualquer recompensa pode ser interpretada de duas maneiras, dependendo de como é apresentada. Por um lado, receber uma oferta em dinheiro pode fazer a pessoa se sentir subornada, comprada e controlada, o que pode resultar nos efeitos prejudiciais que acabamos de descrever. Por outro, as recompensas geralmente fornecem às pessoas um *feedback* positivo sobre a qualidade de seu desempenho, como quando alguém ganha um bônus, uma bolsa de estudo e elogios verbais de outras pessoas que respeita.

Como vimos no Capítulo 3, a pesquisa mostra que, embora as recompensas de controle tendam a diminuir a motivação intrínseca, as recompensas informativas podem ter um efeito oposto e positivo na motivação (Eisenberger e Cameron, 1996) e na criatividade (Eisenberger e Rhoades, 2001). Na verdade, para pessoas que estão altamente focadas na realização de certos objetivos no trabalho ou em outro lugar, os incentivos tangíveis tendem a aumentar a motivação intrínseca (Durik e Harackiewicz, 2007; Harackiewicz e Elliot, 1993). Em outras palavras, estudos sugerem que a *motivação intrínseca* aumenta a produção criativa em trabalhadores orientados principalmente para a aprendizagem, enquanto as *recompensas extrínsecas* tendem a aumentar a criatividade em trabalhadores orientados para o *desempenho* (Malik et al., 2019).

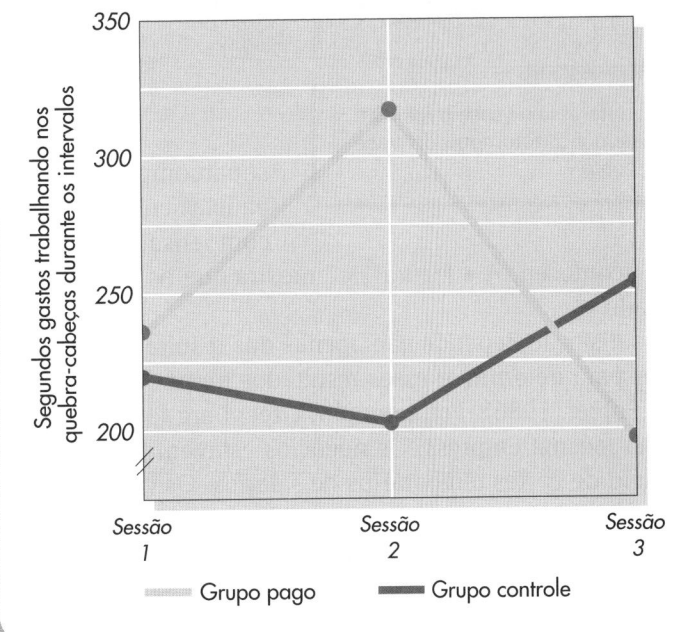

● FIGURA 13.6

O efeito do pagamento na motivação intrínseca: transformando jogo em trabalho

Neste estudo, os participantes trabalharam três vezes em quebra-cabeças que acharam interessantes. Após cada sessão, a quantidade de tempo livre que os participantes gastaram nos quebra-cabeças serviu como um registro de sua motivação intrínseca. Durante a segunda sessão, metade dos participantes foi paga por quebra-cabeças que completasse e a outra metade não. Posteriormente, os que foram pagos na segunda sessão mostraram menos interesse nos quebra-cabeças quando o dinheiro não estava mais disponível.
Deci (1971).

■ 13-4c Considerações de equidade

Um segundo aspecto do pagamento que influencia a motivação é a percepção de que é justo. De acordo com a *teoria da equidade*, apresentada no Capítulo 9, as pessoas desejam que as recompensas sejam equitativas. Em outras palavras, a proporção entre pagamento e resultados deve ser a mesma para todos. Em relação aos colegas de trabalho, então, quanto mais esforço você exerce e quanto mais contribui, mais dinheiro deve ganhar. Se você se sentir seu pagamento foi superior ou inferior, no entanto, sentirá angústia e tentará aliviá-la (1) restaurando o patrimônio real, digamos, trabalhando menos ou obtendo um aumento, ou (2) convencendo-se de que o patrimônio já existe (Cropanzano, 1993).

A teoria da equidade tem algumas implicações fascinantes para o comportamento no local de trabalho. Considere o estudo de Jerald Greenberg (1988) sobre funcionários de uma grande seguradora. Para a realização de uma reforma, quase 200 trabalhadores tiveram que ser transferidos temporariamente de

"Seu interesse no salário me faz pensar quão 'automotivado' você realmente é."

um escritório para outro. Os trabalhadores foram designados aleatoriamente para escritórios que geralmente pertenciam a outras pessoas de posição superior, inferior ou igual. Previsivelmente, os ocupantes de cargos mais altos tinham um escritório mais espaçoso, com menos gente e uma mesa maior. As atribuições aleatórias influenciaram o desempenho no trabalho? Acompanhando o número de casos de seguro processados e avaliando a complexidade dos casos e a qualidade das decisões tomadas, Greenberg foi capaz de derivar uma medida de desempenho no trabalho para cada trabalhador antes, durante e depois da troca de escritório. Para restaurar a equidade, ele raciocinou, os trabalhadores designados para escritórios de status superior se sentiriam supercompensados e melhorariam seu desempenho no trabalho, e aqueles enviados para escritórios de status inferior se sentiriam subcompensados e diminuiriam seu desempenho. Isso foi exatamente o que aconteceu. A • Figura 13.7 mostra que os resultados ofereceram um suporte sólido para a teoria da equidade.

A satisfação depende não apenas dos resultados de equidade, mas também da crença de que os meios usados para determinar esses resultados foram justos e claramente comunicados (Brockner e Wiesenfeld, 1996; Folger, 1986). Por exemplo, Greenberg (1990) estudou trabalhadores em três fábricas integrantes de uma mesma empresa. Os negócios estavam fracos, então a empresa reduziu sua folha de pagamento por meio de cortes temporários de salários. Os cortes fariam os trabalhadores se sentirem mal pagos? Em caso afirmativo, como eles restaurariam seu patrimônio? Temendo que a política pudesse desencadear desvios por parte dos funcionários, Greenberg variou aleatoriamente as condições nas três fábricas. Em

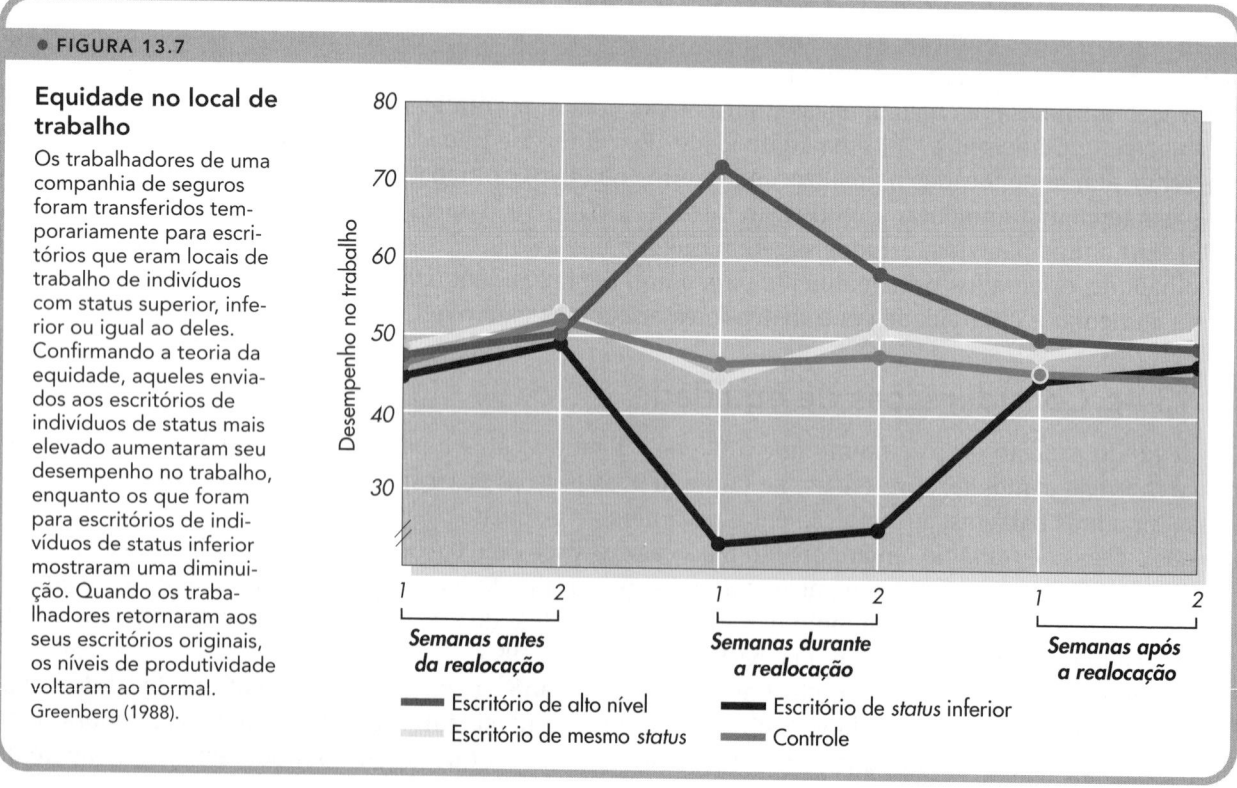

• FIGURA 13.7

Equidade no local de trabalho

Os trabalhadores de uma companhia de seguros foram transferidos temporariamente para escritórios que eram locais de trabalho de indivíduos com status superior, inferior ou igual ao deles. Confirmando a teoria da equidade, aqueles enviados aos escritórios de indivíduos de status mais elevado aumentaram seu desempenho no trabalho, enquanto os que foram para escritórios de indivíduos de status inferior mostraram uma diminuição. Quando os trabalhadores retornaram aos seus escritórios originais, os níveis de produtividade voltaram ao normal. Greenberg (1988).

uma delas, os funcionários foram informados, sem explicação, que receberiam um corte de 15% no pagamento por dez semanas. Na segunda planta, o mesmo corte salarial foi acompanhado por uma explicação e expressões de pesar. Na terceira, os salários não foram cortados. Ao acompanhar os estoques das dez semanas antes, durante e depois dos cortes salariais, Greenberg foi capaz de estimar a taxa de desvios realizados funcionários. Resultado: os trabalhadores cujo pagamento foi reduzido roubaram mais da empresa, presumivelmente para restaurar o patrimônio, mas apenas quando não lhes foi fornecida uma explicação adequada para sua perda. Quando se trata de ser pago, elogiado e tratado com respeito, as pessoas se dedicam mais ao trabalho quando acreditam que estão sendo tratadas com justiça (Folger e Cropanzano, 1998).

As pessoas são tão sensíveis a injustiças, pagamentos insuficientes e maus-tratos que esses sentimentos podem causar estresse e comprometer sua saúde. Em uma pesquisa com mais de 3.500 trabalhadores, Bennett Tepper (2001) descobriu que aqueles que se sentiram vitimados pela injustiça no local de trabalho também relataram mais fadiga, ansiedade e depressão. A combinação entre se sentir mal pago e tratado injustamente é particularmente estressante. Com base na teoria de que as pessoas perderiam o sono com essas preocupações, Greenberg (2006) estudou 467 enfermeiros em quatro hospitais privados, dois deles reduziram os salários desses profissionais em 10% e dois não. Em um hospital de cada grupo, ele ensinou supervisores de enfermagem a ajudar a promover sentimentos de justiça organizacional. Ao longo de um período de 6 meses, os participantes relataram periodicamente seus padrões de sono noturno. Os resultados mostraram dois padrões interessantes: (1) enfermeiros mal remunerados relataram mais sintomas de insônia que aqueles cujos salários não foram alterados e (2) este problema foi reduzido entre enfermeiros mal pagos cujos supervisores foram treinados para tratá-los de forma justa (ver • Figura 13.8).

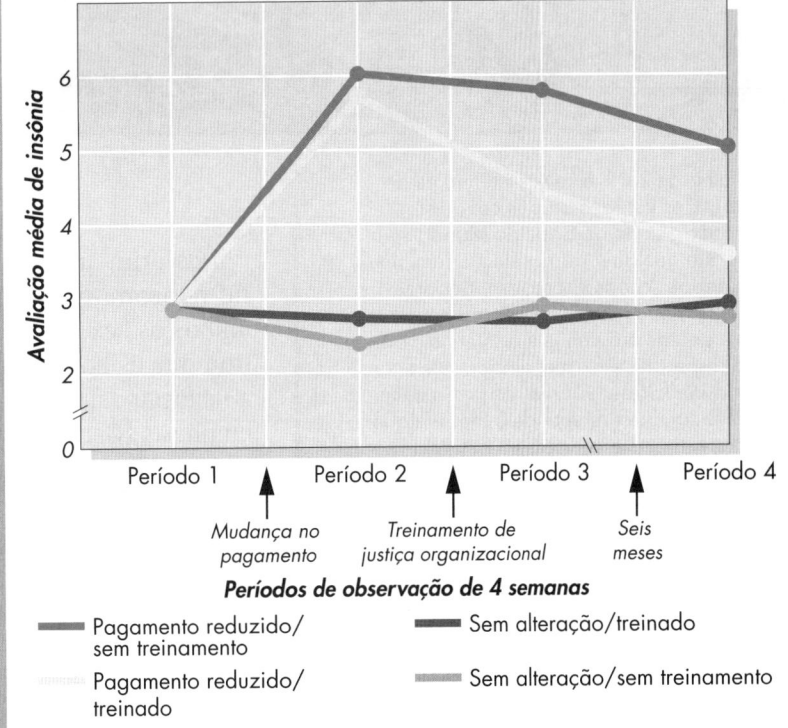

• FIGURA 13.8

Perdendo o sono por falta de pagamento e injustiça organizacional

Foram estudados enfermeiros em quatro hospitais – dois que reduziram seus salários e dois que não o fizeram. Em um hospital de cada grupo, os supervisores foram treinados para promover sentimentos de justiça organizacional. Durante 6 meses, os enfermeiros participantes relataram seus padrões de sono noturno. Como mostrado, aqueles cujos salários foram cortados relataram mais perda de sono que os outros, mas o problema foi reduzido entre os enfermeiros cujos supervisores foram treinados para tratá-los com justiça.
Greenberg (2006)

13-4d A disparidade salarial de gênero

A igualdade no local de trabalho é importante – e pode significar coisas diferentes para homens e mulheres. Em todo o mundo industrializado, observando os tipos de empregos, parece que as mulheres recebem menos que os homens pelo tempo que gastam na realização do mesmo trabalho.

Em julho de 2019, a seleção feminina de futebol dos Estados Unidos conquistou seu quarto título da Copa do Mundo – mais que qualquer outra seleção feminina de futebol. A cada vitória, as jogadoras provavam que estavam recebendo menos que a equipe masculina em salários e bônus. Essa disparidade existia, embora, de acordo com o *Wall Street Journal*, os jogos delas obtivessem mais receita de bilheteria que os dos homens e vendessem mais camisetas e outras mercadorias. Desde então, as mulheres entraram com um processo contra a Federação de Futebol dos Estados Unidos.

Uma explicação para a disparidade salarial de gênero é que os homens são menos assertivos na negociação dos salários iniciais. Em estudos de laboratório de alocação de recompensas, os participantes são levados a acreditar que eles e um parceiro estão trabalhando em uma tarefa pela qual serão pagos. Eles trabalham separadamente, recebem *feedback* falso sobre seu desempenho e então são informados de que devem decidir como dividir uma recompensa conjunta. Nessa situação, as mulheres normalmente pagam menos a si mesmas que os homens e reagem com menos força quando são mal pagas por outras pessoas (Major e Deaux, 1982).

Os primeiros estudos de resultados fora do laboratório reforçaram esse ponto. Um estudo com graduados de ambos os sexos do curso de negócios da Ivy League mostrou que os homens eram mais propensos que as mulheres a negociar salários iniciais maiores que os oferecidos pelas empresas (Gerhart e Rynes, 1991). Outra pesquisa reforçou o ponto de que os homens negociam mais agressivamente que as mulheres – ou, dito de outra forma "As mulheres não pedem" (Babcock e Laschever, 2003).

É verdade que a disparidade salarial de gênero tem diminuído nos últimos anos, mas não foi totalmente superada. De acordo com a Secretária de Estatísticas Trabalhistas dos Estados Unidos (Bureau of Labor Statistics), as mulheres norte-americanas em 1980 ganhavam apenas 60 centavos para cada dólar pago aos homens. Em 1990, o número subiu ligeiramente, para 72 centavos. Em 2006, havia subido para 81 centavos. Em 2012 e 2018, ele estabilizou em 82 centavos.

Muitas explicações possíveis foram propostas para essa diferença salarial. Uma é que as mulheres esperam salários menores que os homens, mesmo quando são igualmente qualificadas – uma expectativa que pode resultar de uma longa história de discriminação (Major e Konar, 1984). Em segundo lugar, as mulheres às vezes se preocupam menos com dinheiro e mais com os relacionamentos interpessoais (Crosby, 1982). Terceiro, as mulheres podem ficar satisfeitas com menos dinheiro porque se comparam com outras mulheres, em vez de seus colegas homens mais bem pagos (Bylsma et al., 1995). Quarto, as mulheres, em média, tendem a se classificar de forma menos favorável que os homens, portanto, mesmo quando trabalham mais e têm melhor desempenho, sentem-se menos qualificadas (Major et al., 1984). Quinto, homens e mulheres podem estar sujeitos a um padrão duplo. Em um estudo, os consumidores foram solicitados a avaliar o rótulo de uma nova cerveja artesanal, um produto classificado como masculino, ou *cupcakes*, um produto classificado como feminino. Quem acreditava que a cerveja artesanal tinha sido produzida por mulher tinha menor expectativa de qualidade e dizia que pagaria menos por ela. No entanto, com os *cupcakes*, fazia pouca diferença se ele havia sido feito por um homem ou por uma mulher (Tak et al., 2019). Seja qual for a explicação, é claro que a diferença de gênero nos salários está profundamente enraizada na história – e que pode ser atribuída a diferenças que surgem antes da vida adulta, já que meninos adolescentes recebem mais que meninas por trabalhos simples, seja como babá, cortando grama, entregando jornais, trabalhando como caixa em uma loja ou servindo sorvete (Besen-Cassino, 2018).

É possível que essa situação esteja mudando? Em uma tentativa recente e única de revisitar essa questão, conforme relatado em um artigo intitulado "Do Women Ask?", Benjamin Artz et al. (2018) citaram respostas de uma pesquisa de relações no local de trabalho realizada na Austrália. Eles selecionaram aleatoriamente aproximadamente 4.600 trabalhadores em tempo integral e parcial, divididos igualmente por gênero, em 840 locais de trabalho. Em resposta à pergunta se eles já haviam pedido uma promoção ou aumento, não houve diferença significativa de gênero. Ainda assim, em resposta à questão de saber se eles conseguiram atingir o objetivo de seu pedido, as mulheres relataram menos sucesso que os homens. Como em outros países, a Austrália apresenta disparidades salariais entre homens e mulheres. É possível que as normas de gênero estejam mudando, pelo menos em algumas partes do mundo? Fique atento. Diante dos debates atuais sobre o tema, esta é uma questão importante para futuras pesquisas.

> Pessoas que se sentem bem remuneradas trabalham mais duramente que aquelas que consideram seu salário apenas adequado.
>
> **VERDADEIRO**

■ 13-4e O princípio de progresso

Muitas pesquisas têm se concentrado nos efeitos das recompensas intrínsecas e extrínsecas. Não há dúvida de que as pessoas trabalham principalmente para ganhar a vida e que o dinheiro é uma poderosa força motivadora. Mas a remuneração de alguém é a chave para a satisfação no trabalho? Por meio de uma metanálise de 92 estudos que relataram correlações entre salário e vários aspectos da satisfação no trabalho, Timothy Judge et al. (2010) descobriram que, embora a correlação seja maior que zero, o nível de satisfação das pessoas no trabalho estava apenas fracamente correlacionado com o quanto recebiam. No que diz respeito às implicações, eles concluíram: "Se tivessem escolha, os indivíduos estariam em melhor situação se pesassem mais outros atributos do trabalho que o salário" (p. 163).

Claramente, a motivação no local de trabalho vai além do dinheiro – pelo menos para algumas pessoas. Mas o que isso significa? Em um artigo da *Harvard Business Review* intitulado "O que realmente motiva os trabalhadores", Teresa Amabile e Steven Kramer (2010) pesquisaram mais de 600 gerentes de dezenas de empresas para classificar o impacto de vários fatores na motivação dos funcionários. Eles classificaram o "reconhecimento pelo bom trabalho" como número um – mesmo à frente de incentivos financeiros. "Infelizmente", observam Amabile e Kramer, "esses gerentes estão errados".

Em um enorme estudo plurianual descrito em seu livro *The Progress Principle*, Amabile e Kramer (2011) rastrearam 238 "profissionais do conhecimento" de diferentes áreas por meio de entradas em um diário estruturado que eles enviaram por e-mail para os pesquisadores no final de cada dia de trabalho (um profissional do conhecimento é alguém que pensa para viver, como engenheiros de software, arquitetos, cientistas, escritores e advogados). A cada dia, os trabalhadores relatavam suas atividades, emoções e níveis de motivação. Por meio de quase 12 mil entradas, os resultados mostraram que a sensação das pessoas de que fizeram um progresso significativo em seu trabalho era o aspecto do dia mais frequentemente associado a humor positivo; sentimentos de alegria e orgulho; percepção de apoio; sentimento de realização; e alto nível de motivação. Como disse um programador: "Eu resolvi aquele bug que estava me frustrando há quase uma semana. Isso pode não ser um acontecimento para você, mas eu vivo uma vida muito monótona, então estou muito empolgado".

No geral, os participantes notaram progresso em 76% de seus melhores dias e apenas 25% de seus piores dias. A associação entre progredir e se sentir bem é uma correlação que pode ser interpretada de diferentes maneiras. Com base nessa associação, no entanto, Amabile e Kramer oferecem conselhos sobre como

"A produtividade aumentou nove por cento desde que fiz com que todos se tornassem vice-presidentes."

colocar esse processo positivo em movimento. Os gerentes, eles observam, podem motivar os trabalhadores não apenas por meio de incentivos financeiros – raramente mencionados nas anotações do diário – mas também facilitando o progresso. Eles podem fazer isso fornecendo mais tempo, recursos, incentivo e assistência; removendo obstáculos desnecessários, distrações e demandas; mantendo uma lista diária de verificação de progresso; e então celebrando os avanços incrementais ou as "pequenas vitórias" que acontecem ao longo do caminho. Mais pesquisas são necessárias, mas até agora o Princípio do Progresso mostra-se uma grande promessa (Fink, 2013).

13-5 Tomada de decisões econômicas

As pessoas são intensamente focadas no dinheiro, desejam ter mais e sentem medo de ficar sem ele. De maneiras poderosas e simbólicas, o dinheiro desperta emoções, ativa o pensamento e motiva a ação. Fizemos uma pesquisa no Google pela palavra *dinheiro* no outono de 2019 e descobrimos que havia 6,8 bilhões de entradas, excedendo os 856 milhões de entradas geradas pela palavra *felicidade*. (Como psicólogos sociais, achamos interessante descobrir que o *amor* venceu ambos com 15,3 bilhões de entradas.)

> *"Dinheiro é poder, liberdade, um amortecedor, a raiz de todo o mal, a soma das bênçãos."*
> – Carl Sandburg

13-5a O poder simbólico do dinheiro

Embora o ator e comediante W. C. Fields tenha dito uma vez que um homem rico nada mais é que um homem pobre com dinheiro, o bom senso e pesquisas recentes sugerem que o dinheiro pode mudar as pessoas de maneiras interessantes. Pense nisso. Se você tivesse uma fortuna, seria financeiramente independente. Como isso faria você se sentir?

Em uma série de experimentos de laboratório, Kathleen Vohs et al. (2006) descobriram que quando os estudantes universitários eram meramente estimulados a pensar sobre dinheiro, tornavam-se mais autossuficientes, mais autônomos e menos sociais em relação aos outros. Nos estudos, os pesquisadores despertaram o pensamento sobre dinheiro em alguns participantes, mas não em outros, de maneiras sutis – por exemplo, apresentando-lhes frases embaralhadas relacionadas a dinheiro, fazendo-os contar uma pilha de notas do Banco Imobiliário ou colocando-os diante de um computador com uma tela protetor que apresentava imagens de notas flutuantes. Em geral, aqueles que foram expostos a essas pistas mais tarde se mostraram mais independentes. Colocados em uma situação social, preferiram trabalhar sozinhos que em equipe, distanciaram-se mais de outros participantes, buscaram menos ajuda em um quebra-cabeça que não conseguiam resolver e ofereceram menos ajuda a quem precisava. Refletindo sobre essas descobertas, Vohs especula que "o dinheiro muda as pessoas em um nível básico" e que "ter dinheiro faz com que as pessoas se sintam menos conectadas e mais independentes, enquanto ter pouco dinheiro faz com que você se sinta mais interdependente em relação aos outros" (Carpenter, 2005, p. 27).

Vamos levar essa especulação um passo adiante. Se o dinheiro nos leva a nos sentir mais autossuficientes, isso diminui nossa necessidade de aprovação e atenua a dor da rejeição social? E após a rejeição, atribuímos maior valor ao dinheiro? Por meio de pesquisa realizada na China, Xinyue Zhou et al. (2009) buscaram responder a essas questões. Em um estudo, eles reuniram um punhado de estudantes universitários para uma conversa. Os alunos foram então separados e solicitados a escolher alguém do grupo com o qual gostariam de trabalhar. Nesse ponto, por atribuição aleatória, todos os alunos foram informados de que deveriam ser dispensados – ou porque todos os haviam selecionado (aceitação social) ou porque ninguém o havia feito (rejeição social). Posteriormente, eles concluíram um conjunto de tarefas relacionadas ao dinheiro. Aqui está a parte interessante: quando solicitados a desenhar uma moeda chinesa de memória, os alunos na condição de rejeição desenharam moedas maiores. Eles também disseram que estavam mais dispostos a desistir permanentemente de prazeres como chocolate, sol e praia em troca do equivalente a $ 1,4 milhão. A rejeição aumentou o valor subjetivo do dinheiro.

Em um segundo estudo, os alunos realizaram o que pensaram ser uma tarefa de "destreza dos dedos": contaram 80 folhas de papel ou 80 notas de $ 100. Em seguida, jogaram um jogo on-line de arremessos de bola, presumivelmente com três outros alunos. Na condição normal, o jogo transcorreu sem intercorrências. Na condição de rejeição, porém, os demais logo começaram a excluir o participante do arremesso. Mais tarde, quando questionados sobre como haviam se sentido a respeito do jogo, aqueles que haviam sido rejeitados e que haviam contado papel ficaram mais angustiados que aqueles que haviam contado dinheiro. De alguma forma, o dinheiro serviu para proteger os alunos da angústia normalmente causada pela rejeição social (ver • Figura 13.9).

Há agora uma riqueza de pesquisas (trocadilhos) sobre o poder simbólico do dinheiro para "preparar" pensamentos, sentimentos e motivações das pessoas. Na última contagem, 165 estudos em 18 países sugeriram que investir dinheiro tem dois efeitos sobre nós. Primeiro, as pessoas tornam-se menos sintonizadas interpessoalmente, menos pró-sociais em relação aos outros, menos atenciosas e menos interdependentes. Em segundo lugar, as pessoas motivadas pelo dinheiro começam a se concentrar em questões de preço, comércio, economia e as virtudes de um mercado livre; elas exibem uma ética de trabalho elevada, colocando mais esforço em tarefas desafiadoras; e se tornam mais propensas a ter sucesso (Caruso et al., 2013; Vohs, 2015; ver também Lodder et al., 2019).

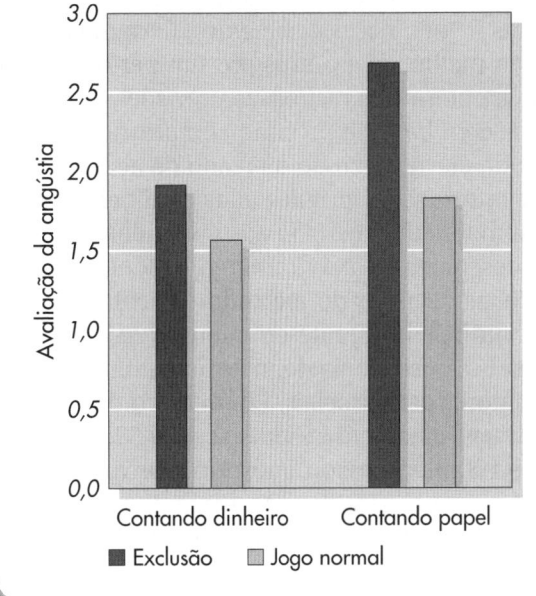

• FIGURA 13.9

Relações entre dinheiro e rejeição social

Depois de contar pedaços de papel em branco ou dinheiro, alguns participantes da pesquisa, mas não outros, foram informados de que outros participantes os haviam excluído de um jogo de arremessos de bola on-line. Como pode ser visto em termos de como se sentiram sobre o jogo, os participantes excluídos que contaram papel ficaram mais angustiados que antes (direita), mas aqueles que contaram dinheiro, não (esquerda). Parece que o dinheiro e a autossuficiência que ele simboliza podem silenciar os efeitos adversos da rejeição social.

Zhou et al. (2009)

■ 13-5b Influências sociais no mercado de ações

Apesar de todos os seus benefícios tangíveis e simbólicos, e embora a motivação humana seja complexa, o dinheiro desempenha um papel proeminente. Por isso, os psicólogos sociais estão interessados em como as pessoas tomam decisões econômicas, por exemplo, quando investem na bolsa de valores. O mercado de ações pode ser notavelmente volátil – subindo, despencando e subindo lentamente de forma semelhante a uma montanha-russa. Por que o mercado às vezes flutua tanto? Hoje, parte do movimento é causado por negociações de alta frequência, um sistema automatizado usado por grandes bancos de investimento e fundos de hedge em que os computadores são pré-programados para transacionar ordens muito grandes, em alta velocidade, com base em vários movimentos de preços. Esse aspecto do mercado é explicado no best-seller de Michael Lewis (2015), *Flash Boys*.

Passando dos computadores para as pessoas que tomam decisões sobre o mercado de ações, perguntamos: as empresas em que investimos são tão imprevisíveis como vemos nas notícias do dia a dia, com fortunas diminuindo e fluindo trimestralmente, ou fatores psicossociais também têm sua participação? Até que ponto as oscilações diárias de preços são determinadas por indicadores econômicos racionais, como produto interno bruto, taxas de juros, inflação, confiança do consumidor, estatísticas de emprego, tendências da indústria, ganhos específicos da empresa, incertezas políticas e preços de ações que estão muito altos ou muito baixos e precisam de correção? Por outro lado, até que ponto o mercado de ações é influenciado por medo, ganância, falsas crenças, analistas financeiros que aparecem na TV, rumores que se espalham pela internet, pressões de conformidade e outras influências sociais, tudo agravado pelo volume e pela velocidade com que é possível comprar e vender ações on-line? À luz dessas várias influências, a psicologia da tomada de decisão neste cenário de investimentos de alto risco é fascinante e complexa (Crosby, 2018; Nofsinger, 2018).

As chances de ganhar dinheiro no mercado de ações são maiores que nas máquinas encontradas em cassinos. Historicamente, a maioria dos investidores saiu na frente. De muitas maneiras, no entanto, escolher ações é uma forma de jogo. Em *A Random Walk Down Wall Street*, publicado pela primeira vez em 1981, o economista Burton Malkiel (2007) relatou que, no longo prazo, as carteiras de fundos compiladas por especialistas não apresentam desempenho melhor que grupos de ações selecionados aleatoriamente. Assim, quando a *Consumer Reports*, vários anos atrás, avaliou o conselho dado por analistas profissionais, concluiu que "um macaco jogando dardos nas listas de ações... provavelmente poderia se sair tão bem no desempenho geral do investimento, talvez até melhor" (Shefrin e Statman, 1986, p. 52).

Mas alguns profissionais não obtêm um lucro maior que outros? E se os preços das ações sobem e caem em reação às condições de mercado e ao sucesso de uma empresa em relação aos seus concorrentes, o investidor astuto ou de curto prazo não pode tirar vantagem dessas relações? A resposta a ambas as perguntas é "não necessariamente". Certamente é verdade que alguns analistas e operadores têm um desempenho melhor que outros por um período, talvez até por alguns anos. Isso pode ser visto na TipRanks, uma empresa que rastreia as previsões dos analistas ao longo do tempo e, em seguida, atribui pontuações a eles com base na precisão comprovada de suas recomendações (https://www.tipranks.com). As previsões de curto prazo do mercado de ações estão repletas de erros. A única forma de garantir lucro é ter e usar informações privilegiadas confidenciais, o que é ilegal. No entanto, estudos mostram que a pessoa comum tem uma certa fé nos investidores profissionais, superestimando sua taxa de sucesso em relação ao seu desempenho real (Törngren e Montgomery, 2004).

Se as decisões do mercado de ações não são tomadas em bases estritamente econômicas, em que se baseiam? Conforme descrito em *Greed and Fear*, o livro de Hersh Shefrin (2006) sobre finança comportamental e a psicologia do investimento, as previsões do futuro em Wall Street são fortemente influenciadas por fatores psicossociais. Em outubro de 1987, por exemplo, o mercado de ações dos EUA quebrou, resultando em uma perda estimada de $ 500 bilhões. Pouco depois, o economista ganhador do Prêmio Nobel, Robert Shiller, enviou questionários a um grande grupo de operadores ativos para tentar determinar o que causou a crise. Para os cerca de mil investidores que responderam, o evento-chave foi a divulgação de notícias sobre o próprio mercado, incluindo uma queda acentuada ocorrida na manhã do crash. Em outras palavras, os movimentos de preços no mercado de ações foram desencadeados não por informações econômicas objetivas, mas por outros movimentos de preços no mercado. Shiller descreve este trabalho em *Animal Spirits: How Human Psychology Drives the Economy, and Why It Matters for Global Capitalism* (Akerloff e Shiller, 2009).

Este fenômeno lembra alguma coisa? Estudos sobre os processos de comparação e conformidade social mostraram que, quando as pessoas sentem que não podem medir sua própria opinião de maneira clara e concreta, elas se voltam para os outros em busca de orientação. Talvez seja por isso os investidores sejam mais influenciados por notícias e dicas do mercado de ações durante os períodos de alta ou queda dos preços que durante os períodos de relativa estabilidade (Schachter et al., 1985).

Assim como em jogos de cara ou coroa ou outros eventos fortuitos, os jogadores frequentemente presumem que as ondas de sorte são devidas ao azar e vice-versa. Ainda assim, quando se trata de jogos de habilidade, como basquete, as pessoas costumam fazer suposições opostas, de que uma sequência de acertos prevê sucesso contínuo e que um período de fracassos prediz falha. Ambas as suposições estão incorretas. Um evento não implica outro. Mas e os altos e baixos do mercado de ações? Alguma dessas crenças influencia as decisões que os investidores tomam?

Para explorar essa questão, Stanley Schachter et al. (1987) apresentaram a estudantes universitários históricos recentes de preços de ações que subiram, caíram ou permaneceram estáveis em um período de três semanas. A sabedoria convencional em Wall Street, é claro, é que os investidores devem comprar na baixa e vender na alta. Mesmo assim, a maioria dos participantes indicou que compraria ações que haviam subido e venderia ações que haviam caído. Em um estudo de acompanhamento, decisões muito semelhantes foram tomadas por alunos mais sofisticados que frequentavam a escola de negócios da Universidade de Columbia.

As pessoas sempre seguem o fluxo do mercado ou às vezes resistem à tendência de comprar na baixa e vender na alta? Paul Andreasson (1987) argumentou que a resposta depende de atribuições. De acordo com Andreasson, os investidores podem seguir a sabedoria convencional. Mas, ele perguntou, e as mudanças de preço para as quais existe uma explicação? E se um aumento no preço de uma ação for atribuído a determinada empresa ou eventos mundiais? No que diz respeito ao mercado de ações, atribuições como essas podem produzir profecias autorrealizáveis, levando os investidores a acreditar que as mudanças persistirão – que os preços em alta continuarão a subir ou que os preços em queda continuarão a cair.

O pregão de uma bolsa de valores é um ambiente repleto de influências sociais, desencadeando uma série de emoções que podem afetar a tomada de decisões.

Para testar sua hipótese, Andreasson simulou um mercado de ações no computador e descobriu que, sem notícias para explicar as flutuações, os participantes da pesquisa presumiram que os preços gravitariam para os níveis anteriores. Resultado: eles compraram ações quando o preço estava baixo e venderam quando o preço estava alto. No entanto, aqueles que também receberam explicações do *Wall Street Journal* para as mudanças seguiram a estratégia menos lucrativa, comprando ações que estavam subindo (com base na suposição de que continuariam subindo) e vendendo aquelas que estavam em declínio (com base no mesmo pressuposto de continuidade).

Mesmo rumores não publicados podem ter esse efeito. Nicholas DiFonzo e Prashant Bordia (1997) conduziram uma simulação do mercado de ações na qual rumores não confirmados de empresas vazaram para alguns participantes, mas não para outros. Curiosamente, os participantes disseram que achavam que os rumores não eram confiáveis e, portanto, não influenciavam suas decisões. No entanto, eles consideraram esses rumores como se fossem fatos concretos em suas negociações. Não é exagero ver como todas essas descobertas podem se relacionar com o comportamento real no mercado de ações. Diante de movimentos ascendentes e descendentes, a mídia de notícias financeiras frequentemente aproveita os eventos atuais para uma explicação rápida. Em alguns casos, os rumores se espalham rapidamente pela comunidade empresarial. Se a notícia é verdadeira ou falsa, é irrelevante. De qualquer maneira, pode transformar uma subida inicial em uma alta e uma queda inicial em um mergulho íngreme. Por esse motivo, os pesquisadores estão usando simulações de laboratório para imitar as tomadas de decisões que causam bolhas, quedas e outros fenômenos no mercado de ações (Porter e Smith, 2003). A pesquisa também se concentrou em como as influências sociais nas negociações do mercado de ações podem ser influenciadas por fatores externos, como a apresentação das flutuações de preços na forma de gráficos visuais (Duclos, 2015).

Às vezes, fatores emocionais podem nos desencaminhar. Contrariando as teorias racionais da tomada de decisão econômica, pesquisas mostram que as pessoas são vítimas do **efeito dotação**, uma tendência de aumentar o valor dos objetos que já possuem (Thaler, 1980). Em um estudo que demonstra esse ponto, as pessoas exigiram um preço mais alto por uma caneca que haviam ganhado que por uma caneca semelhante que não possuíam (Kahneman et al., 1990). Em um segundo estudo, os pesquisadores observaram as ordens feitas por investidores australianos no mercado de ações e descobriram que os vendedores valorizavam suas próprias ações mais que os compradores, independentemente do preço de mercado atual (Furche e Johnstone, 2006).

Como investidores, há muito tempo parece que as pessoas também são vítimas do *efeito disposição*, uma tendência das pessoas de vender ações que subiram muito cedo e de manter ações que caíram

efeito dotação A tendência das pessoas a aumentar o valor de objetos, bens ou serviços que já possuem.

por muito tempo (Shefrin e Statman, 1985). Experimentos confirmaram esse padrão e mostraram que as pessoas valorizam ganhos e perdas em relação ao preço que pagaram por suas ações. Usando o preço de compra como ponto de referência, temos mais probabilidade de correr riscos para evitar possíveis perdas que maximizar nossos ganhos (Barberis e Xiong, 2009; Weber e Camerer, 1998).

■ 13-5c Compromisso, armadilhas e escalada

O comportamento do mercado de ações, assim como outras decisões de negócios que indivíduos, pequenos grupos e organizações tomam, é influenciado por outro fator social. Shefrin e Meir Statman (1985) argumentaram que muitos investidores não têm o autocontrole necessário para decisões sólidas de investimentos. Como acabamos de observar, as pessoas que possuem ações em alta geralmente vendem muito cedo para que possam desfrutar do rápido prazer de obter lucro. Essa tendência é fácil de entender. Mas quando as pessoas possuem ações que estão caindo, muitas vezes esperam muito tempo antes de vender, na esperança de evitar perdas financeiras. Por que as pessoas continuam resistindo em uma situação de fracasso – uma falha de tomada de decisão que Shefrin (2006) chama de "Get-Evenitis"? Quando está claro que o cenário não está positivo, por que agravar o problema desperdiçando ainda mais dinheiro?

Em *Too Much Invested to Quit*, Alan Teger (1980) descreveu um jogo de leilão de dólares que ilustra parte do dilema. Imagine-se nesta situação: o leiloeiro diz a você e a outros participantes que uma nota de $ 1 está para ser vendida. Como em um leilão típico, o licitante com lance mais alto receberá o dólar em troca do valor do lance. No entanto, ao contrário da convenção, o segundo maior lance também deve pagar o valor do lance e não receberá nada em troca. Você e os outros participantes não devem se comunicar, e o lance mínimo de abertura é de cinco centavos. Então, antes que você perceba, o leilão começa. Em experimentos de laboratório, dois participantes competem no leilão. Eles recebem uma pequena quantia de dinheiro que devem ficar com eles e são livres para encerrar o experimento a qualquer momento. O resultado pode parecer surpreendente. Algumas duplas optam razoavelmente por pegar o dinheiro e não fazer um único lance. Outras, no entanto, se envolvem na guerra de lances. De acordo com Teger, o lance pelo dólar frequentemente sobe para a faixa de $ 5 – mais que o valor alocado para o jogo pelo experimentador. Em uma ocasião, o leiloeiro teve que encerrar o jogo depois que os dois participantes deram um lance de $ 24,95 e $ 25!

O leilão de dólares nos ajuda a entender como podemos ficar sobrecarregados financeiramente na vida real. No Capítulo 8, vimos que indivíduos e grupos podem ser *aprisionados* por seus próprios compromissos iniciais ao tentarem justificar ou salvar os investimentos que já fizeram. Nos negócios, as condições econômicas em que um investimento é feito às vezes justificam o comprometimento contínuo. Quando há uma probabilidade razoável de sucesso e os ganhos potenciais são altos em relação aos custos adicionais necessários, pode valer a pena persistir. Com certos investimentos de longo prazo, custos iniciais consideráveis devem ser suportados antes que os lucros possam se concretizar. Como no leilão de dólares, no entanto, a armadilha pode surgir quando as condições econômicas não fornecem uma base para otimismo.

Por que investidores, executivos de negócios e outros que perdem dinheiro em um investimento em queda com tanta frequência "aguentam firme", apenas perdendo cada vez mais? Por que os supervisores que recomendam que um trabalhador seja contratado mais tarde superestimam o desempenho desse trabalhador em comparação com outros na empresa que não estiveram envolvidos na contratação (Schoorman, 1988)? Por que as equipes da NBA continuam a escalar jogadores considerados as melhores apostas mesmo quando não têm um bom desempenho (Staw e Hoang, 1995)? Uma explicação para esses **efeitos de escalonamento** é que, embora as pessoas normalmente evitem assumir grandes riscos financeiros para ganhar dinheiro, muitas vezes estão dispostas a correr riscos para não perder dinheiro. Quando é oferecida uma escolha hipotética entre um certo ganho de $ 1.000 e uma chance de 50–50 de um ganho de $ 2.500, a maioria das pessoas escolhe a alternativa garantida menor. Ainda assim, quando foi oferecida a escolha entre uma perda certa de $ 1.000 e uma chance de 50-50 em uma perda de $ 2.500, a maioria das pessoas aceitou o risco (Kahneman e Tversky, 1979).

> **efeito de escalonamento**
> A tendência de as pessoas persistirem em investimentos em fracasso para evitar perdas, o que faz que as perdas aumentem.

Nossa aversão à perda é responsável por parte do problema, mas está claro que fatores psicossociais também contribuem fortemente para o efeito de escalada. Estudos mostram que os indivíduos que tomam decisões que levam à perda têm mais probabilidade que outros de persistir ou mesmo de investir mais quando se sentem pessoalmente responsáveis. Por quê? Há duas razões, ambas fazem sentido (Moon, 2001). Uma delas é que as pessoas são treinadas para terminar o que começaram – um desejo de conclusão que pode levar a uma boa perda de dinheiro seguindo um caminho equivocado (Garland e Conlon, 1998). A segunda, de acordo com Barry Staw (1997), é que às vezes as pessoas permanecem comprometidas com um curso de ação falho para justificar suas decisões anteriores, proteger sua autoestima ou não passar vergonha na frente dos outros. Assim, Staw descobriu que os bancos eram menos propensos a cortar suas perdas em maus negócios e empréstimos imobiliários quando os executivos que haviam financiado esses empréstimos ainda estavam com a instituição que quando não estavam. Zhang e Baumeister (2006) descobriram que participantes cuja autoestima havia sido ameaçada eram mais propensos a ficarem presos em um jogo de laboratório em que fracassavam, perdendo mais dinheiro como resultado. Especialmente em grupos, as pessoas não querem admitir que desperdiçaram dinheiro em algo que não compensa, então dobram o investimento errado na esperança de reverter o resultado (Sleesman et al., 2012; Wieber et al., 2015).

Nas organizações, os efeitos do escalonamento podem ser minimizados excluindo os indivíduos que fizeram o investimento inicial da tomada de decisão posterior. Felizmente, os investidores individuais também podem aprender a usar várias estratégias de redução de escalonamento projetadas para torná-los mais responsivos às evidências disponíveis e impedi-los de jogar um bom dinheiro no lixo (Simonson e Staw, 1992). Em um estudo, por exemplo, Richard Larrick et al. (1990) descobriram que as pessoas frequentemente violam o **princípio do custo irrecuperável** da economia, que afirma que apenas custos e benefícios futuros, não compromissos passados, ou "custos irrecuperáveis", devem ser considerados ao fazer uma decisão.

Para avaliar as consequências práticas, imagine que você comprou um ingresso de $ 75 para um jogo de beisebol com semanas de antecedência. Agora, no dia do jogo, você não se sente bem, está nevando e seu jogador favorito está lesionado. Você ainda vai ao jogo para garantir o uso do ingresso? Não querendo "desperdiçar" o dinheiro, muitos de nós iríamos embora o dinheiro já tivesse sido gasto mesmo que tivéssemos que arcar com os custos adicionais de adoecer, dirigir em mau tempo e assistir a um jogo chato. Para ver se existe uma escolha econômica mais racional, pergunte a si mesmo: Você iria ao jogo se alguém ligasse no dia do jogo e oferecesse um ingresso grátis? Se você dissesse que iria se tivesse pago pelo ingresso, mas não se fosse de graça, então – como investidores que não sabem quando cortar suas perdas – você caiu na armadilha dos custos irrecuperáveis e deveria ter ficado em casa.

Repetidamente, estudos têm mostrado que adultos humanos são vítimas do viés dos custos irrecuperáveis, permitindo que suas decisões econômicas sejam afetadas por investimentos anteriores de tempo, dinheiro e esforço, uma tendência não adaptativa que, curiosamente, não é exibida por crianças ou animais de laboratório (Arkes e Ayton, 1999). Felizmente, somos treináveis. Em um estudo com professores universitários, Larrick et al. (1990) descobriram que os economistas da pesquisa eram mais propensos que seus colegas em outras disciplinas a usar o princípio do custo irrecuperável – não apenas em problemas hipotéticos, mas também em decisões pessoais. Mais importante, eles descobriram que outras pessoas também podem ser ensinadas a aplicar este conceito. De fato, após um mês inteiro de exposição a uma breve sessão de treinamento, estudantes universitários tenderam a relatar que estavam usando a regra em suas próprias vidas.

É possível promover uma redução do comprometimento com os custos irrecuperáveis sem treinamento profissional? Felizmente, sim, parece que as pessoas podem aprender com as experiências de vida. Em um estudo, os pesquisadores testaram e compararam pessoas de diferentes idades e descobriram que os adultos mais velhos eram menos propensos a cair na armadilha do custo irrecuperável que os mais jovens (Strough et al., 2008). Em um segundo estudo, pesquisadores compararam americanos e descendentes de indianos em várias situações de custo irrecuperável e descobriram que os participantes indianos eram menos propensos a cometer o erro de custo

---

princípio do custo irrecuperável
A regra econômica de que apenas os custos e benefícios futuros, e não os compromissos passados, devem ser considerados na tomada de decisão.

irrecuperável, talvez porque sua orientação coletivista aumentou sua necessidade de justificar suas decisões originais (Yoder et al., 2014). Em uma terceira série de estudos, os pesquisadores buscaram desviar a mente por meio da meditação *mindfulness*, um meio de focalizar a consciência no momento presente e limpar a mente de outros pensamentos, inclusive os do passado. De forma consistente, descobriram que os participantes treinados em meditação *mindfulness* tinham quase o dobro de probabilidade de resistir ao viés do custo irrecuperável em relação aos participantes em um grupo de controle orientado a "deixar a mente livre" (Hafenbrack et al., 2014). Uma outra pesquisa ainda demonstrou que as pessoas podem resistir à armadilha dos custos irrecuperáveis quando são encorajadas a pensar no presente e no futuro, não no passado (Molden e Hui, 2011).

> Pessoas que perdem dinheiro em um investimento tendem a reduzir suas perdas em vez de manter o investimento.
>
> **FALSO**

13-6 Revisão

Os 10 principais pontos-chave do Capítulo 13

1. Estudos clássicos das décadas de 1920 e 1930 revelaram o efeito Hawthorne, a descoberta de que os trabalhadores escolhidos para receber atenção especial, sabendo que estão sendo observados, aumentam sua produtividade.

2. Entrevistas de emprego tradicionais muitas vezes dão origem a decisões de seleção insatisfatórias porque os entrevistadores as expectativas pré-entrevista em relação aos candidatos interferem no processo, além de estes se apresentam de maneira não muito sincera.

3. Para melhorar a seleção de pessoal, os empregadores usam testes padronizados, entrevistas estruturadas, centros de avaliação e até mesmo *cybervetting* – a prática de usar a internet para obter informações sobre os candidatos que eles optaram por não compartilhar.

4. A ação afirmativa, a imigração e a globalização dos negócios se combinam para aumentar a diversidade no local de trabalho – uma condição que pode aprimorar o desempenho da equipe, aumentando a gama de perspectivas apresentadas a um problema.

5. Embora o desempenho do funcionário às vezes possa ser avaliado por medidas objetivas (por exemplo, números de vendas), a subjetividade representa um problema comum – como quando as avaliações de um supervisor são influenciadas por expectativas e outras tendências pessoais e quando as autoavaliações são infladas pelo conceito do funcionário sobre si mesmo.

6. A pesquisa apoia diferentes abordagens de liderança – incluindo a abordagem clássica para identificar as características pessoais de grandes líderes; modelos de contingência, nos quais diferentes tipos de liderança são necessários para atender às demandas situacionais; líderes transacionais, que obtêm influência pelo uso de recompensas; e líderes transformacionais, que motivam e inspiram subordinados a trabalhar por uma causa comum.

7. Apesar das conquistas obtidas nos últimos anos, as mulheres e as minorias ainda estão, por várias razões sociais, sub-representadas em cargos de liderança no mercado profissional.

8. Além de ser influenciada por recompensas econômicas, a motivação no local de trabalho também é influenciada por fatores sociais – como quando os trabalhadores se tornam mais produtivos quando se sentem supercompensados e menos produtivos quando se sentem subcompensados.

9. O efeito da recompensa no comportamento depende de como ela é apresentada – quando apresentada como uma propina para se engajar em uma tarefa, a motivação intrínseca na atividade recompensada diminui; quando apresentado como um bônus pelo desempenho de qualidade, a motivação intrínseca aumenta.

10. Pesquisas sobre a tomada de decisões econômicas mostram que as pessoas muitas vezes ficam presas a seus compromissos iniciais, levando-as a seguir um curso de ação falho e jogar dinheiro fora.

Colocando o SENSO COMUM à prova

Seleção de pessoal
Embora falhas, as entrevistas de emprego contribuem consistentemente para melhores decisões de contratação.

(F) **Falso** Embora as entrevistas possam diminuir a tendência entre os empregadores de fazer julgamentos estereotipados simples, elas, em geral, carecem de validade preditiva.

Avaliações de desempenho
O problema de fazer os trabalhadores avaliarem seu próprio desempenho no trabalho é que as autoavaliações acabam sendo excessivamente positivas.

(V) **Verdadeiro** As autoavaliações de desempenho no trabalho não apenas são mais positivas que as avaliações feitas por outros, mas também menos preditivas de sucesso.

Liderança
O tipo de líder mais eficaz é aquele que sabe como obter apoio por meio de recompensas.

(F) **Falso** Grandes líderes articulam uma visão e, em seguida, inspiram outros a aderir a essa visão e trabalhar por uma causa comum.

Motivação no Trabalho
Pessoas que se sentem bem remuneradas trabalham mais duramente que aquelas que consideram seu salário apenas adequado.

(V) **Verdadeiro** As pessoas que se sentem muito bem remuneradas trabalham mais para restaurar seu senso de igualdade.

Tomada de decisão econômica
Pessoas que perdem dinheiro em um investimento tendem a reduzir suas perdas em vez de manter o investimento.

(F) **Falso** As pessoas costumam se manter comprometidas com um curso de ação falho a fim de justificar a decisão inicial para si mesmas e para os outros.

Palavras-chave

avaliação de desempenho (568)
centro de avaliação (563)
cybervetting (560)
efeito de escalonamento (592)
efeito dotação (591)
efeito Hawthorne (555)

entrevista estruturada (563)
líder transacional (574)
líder transformacional (576)
modelo contingencial de liderança (573)
modelo normativo de liderança (574)

princípio do custo irrecuperável (593)
psicologia industrial/organizacional (I/O) (554)
teoria da expectativa (581)
testes de integridade (561)

Saúde e bem-estar

Este capítulo explora a psicologia social da saúde física. Concentramo-nos primeiro nas relações entre estresse e saúde. Quatro perguntas são feitas a esse respeito: O que causa estresse, como afeta o corpo, como avaliamos as situações potencialmente estressantes e quais alguns modos de lidar com elas? A seguir, discutiremos algumas das influências sociais no tratamento e na prevenção. Em seguida, concluímos com uma observação positiva, com o olhar voltado para as raízes da felicidade.

14

- **14-1 Estresse e saúde | 599**
- **14-2 O que causa estresse? | 600**
  - 14-2a Crises e catástrofes
  - 14-2b Grandes eventos da vida
  - 14-2c Microestressores: os aborrecimentos da vida cotidiana
- **14-3 Como o estresse afeta o corpo? | 606**
  - 14-3a A síndrome de adaptação geral
  - 14-3b Como o estresse afeta o coração
  - 14-3c Como o estresse afeta o sistema imunológico
  - 14-3d As relações entre estresse e doença
  - 14-3e A conexão social
- **14-4 Processos de avaliação | 615**
  - 14-4a Atribuições e estilos explicativos
  - 14-4b A capacidade humana de resiliência
  - 14-4c Saúde de Pollyanna
- **14-5 Maneiras de lidar com o estresse | 621**
  - 14-5a Enfrentamento focado no problema
  - 14-5b Enfrentamento focado na emoção
  - 14-5c Enfrentamento proativo
  - 14-5d Cultura e enfrentamento
- **14-6 Tratamento e prevenção | 634**
  - 14-6a Tratamento: os ingredientes "sociais"
  - 14-6b Prevenção: transmitindo a mensagem
- **14-7 A busca pela felicidade | 637**
  - 14-7a Dinheiro compra felicidade?
  - 14-7b Ciência emergente sobre como aumentar a felicidade
- **14-8 Revisão | 646**

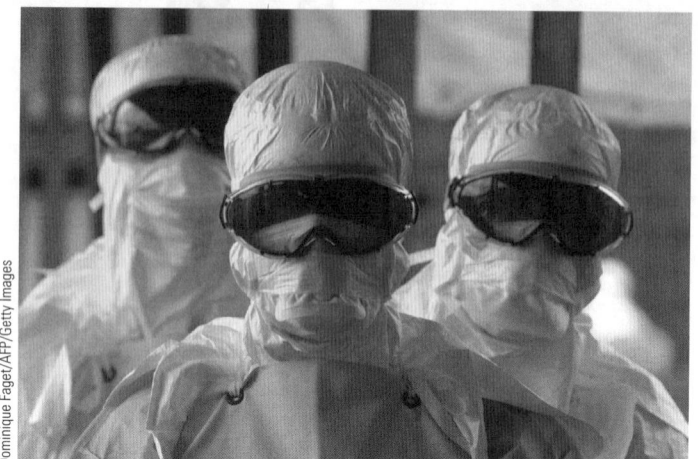

Às vezes, saúde e doença são de natureza inerentemente social. O altamente contagioso vírus Ebola, que eclodiu em 2014, tornou-se rapidamente a maior epidemia de Ebola da história, afetando toda a África Ocidental. Para prevenir a transmissão de pessoa para pessoa, os profissionais de saúde desse hospital na Libéria e em outros lugares tiveram de usar roupas de proteção. No total, 28.000 casos foram identificados, 15.000 foram confirmados e 11.314 resultaram em óbito.

Quando Laurence Sterne, um romancista inglês do século XVIII, avaliou o valor da boa saúde, ele concluiu que estava "acima de todo ouro e tesouro". A maioria concordaria – e é por isso que os temas de saúde são tão importantes para todos e os debates políticos, morais, econômicos e jurídicos sobre os cuidados de saúde são sempre um tópico controverso. Esse longo e complexo debate demonstra claramente a intensidade dos sentimentos sobre essa questão. Em questões de vida ou morte, todos se preocupam profundamente, incluindo psicólogos sociais.

As razões pelas quais os psicólogos sociais estudam *saúde mental* e transtornos como ansiedade e depressão são óbvias. Os seres humanos são criaturas inerentemente sociais, e nosso bem-estar psicológico pode ser prejudicado e reparado por nossos relacionamentos com outras pessoas. No entanto, os psicólogos sociais também estão interessados na *saúde física*, um domínio normalmente associado à medicina. Ao trabalhar em universidades, escolas de medicina, hospitais e agências governamentais, muitos psicólogos sociais estão envolvidos na área relativamente nova da **psicologia da saúde** – a aplicação da psicologia à promoção da saúde física e à prevenção e ao tratamento de doenças (Gurung, 2019; Sarafino e Smith, 2017; Straub, 2017; Taylor, 2018).

Você pode se perguntar: o que a psicologia social tem a ver com contrair um resfriado, uma doença infecciosa ou ter um ataque cardíaco? Se você pudesse voltar no tempo alguns anos e fazer essa pergunta ao seu médico, a resposta dele seria "nada". No passado, a doença física era considerada um evento puramente biológico. No entanto, essa perspectiva médica estreita deu lugar a um modelo mais amplo, que sustenta que a saúde é um produto conjunto de fatores biológicos, psicológicos e sociais.

Parte da razão para essa visão expandida é que os padrões de doença ao longo dos anos mudaram de maneira significativa. No ano de 1900, as principais causas de morte nos Estados Unidos eram doenças contagiosas, como poliomielite, varíola, tuberculose, febre tifoide, malária, gripe e pneumonia. Atualmente, nenhuma dessas doenças infecciosas estão entre as principais causas de morte. E quando há um surto de doença altamente contagiosa, como no vírus ebola na África

---

Colocando o SENSO COMUM *à prova*

Circule sua resposta

- V F O acúmulo de aborrecimentos diários contribui mais para deixar as pessoas doentes que catástrofes ou grandes mudanças na vida.

- V F Assim como os humanos, as zebras também têm úlceras.

- V F O estresse pode enfraquecer o coração, mas não pode afetar o sistema imunológico.

- V F Quando se trata de saúde física, a pesquisa não apoia crenças populares sobre o poder do pensamento positivo.

- V F Pessoas que têm muitos amigos são mais saudáveis e vivem mais que aquelas que levam uma vida mais isolada.

- V F Nos países e nos níveis de riqueza em geral, quanto mais dinheiro as pessoas possuem, mais felizes elas são.

Ocidental em 2014 ou no coronavírus global de 2020, o isolamento social das pessoas infectadas torna-se um meio necessário de contenção.

Os norte-americanos[1] hoje têm maior probabilidade de morrer (em ordem de risco) de doenças cardíacas, câncer, acidentes, doenças respiratórias crônicas e derrames (o suicídio é o décimo da lista; a aids não está entre os dez primeiros nos Estados Unidos, mas é o sexto no mundo). Curiosamente, essas doenças às vezes podem ser evitadas por meio de mudanças no estilo de vida, na perspectiva e no comportamento das pessoas. À luz de pesquisas úteis conduzidas nos últimos anos, este capítulo enfoca primeiro o estresse: o que causa, o que provoca e como avaliamos as situações estressantes para enfrentá-las. A seguir, veremos algumas influências sociais no tratamento e na prevenção de doenças. Por fim, consideramos a busca pela felicidade e a satisfação com a vida.

14-1 Estresse e saúde

Estresse é um estado de excitação que surge quando percebemos que as demandas de uma situação ameaçam a capacidade de enfrentá-la com eficácia. Ninguém sabe a extensão precisa do problema, mas o estresse pode ser um poderoso assassino invisível. Independentemente de quem você seja, de quando nasceu ou de onde mora, sem dúvida já passou por situações de estresse. Ficar parado no trânsito na hora do rush, preparar uma mudança, participar de uma competição atlética importante ou de uma entrevista de emprego, ser preso, organizar um casamento ou se divorciar, discutir com um amigo próximo, preocupar-se com a saúde e lutar para dar conta das despesas financeiras são exemplos de tensões que todos enfrentamos.

Claramente, o que estressa uma geração ou população pode ser influenciado por eventos mundiais. Em uma pesquisa com mais de 3 mil homens e mulheres dos Estados Unidos, relatada em *Stress in America*, a American Psychological Association (2017) pediu que os entrevistados indicassem as fontes de estresse em suas vidas. No geral, em uma escala de dez pontos (onde 1 = pouco ou nenhum e 10 = muito), os norte-americanos relataram uma média de 4,9, que foi menos que os 6,2 relatados 10 anos antes, quando essa pesquisa anual foi iniciada. No entanto, nem todo mundo está bem. Sessenta e dois por cento dos norte-americanos citaram o dinheiro como a principal fonte de estresse em suas vidas. Depois disso, 61% citaram questões de trabalho, 60% questões de saúde, 57% o "clima político atual" e 51% violência e crimes. Particularmente alarmantes foram os níveis de estresse acima da média relatados pelos entrevistados da Geração Z entre as idades de 15 e 21 anos. Os efeitos sobre a saúde e o bem-estar são claros. Entre os sintomas mais comumente relatados estão irritabilidade e raiva, nervosismo, falta de energia e motivação, fadiga, sensação de opressão e tristeza e depressão.

Do ponto de vista demográfico, parece que alguns tipos de pessoas são mais propensos a relatar que se sentem estressados que outros. Analisando pesquisas nacionais realizadas de 1983 a 2009, Sheldon Cohen e Denise Janicki-Deverts (2012) descobriram que os relatos de estresse são consistentemente mais frequentes entre mulheres em relação aos homens, entre representantes de minorias em relação aos brancos, entre desempregados em relação aos que estão empregados, entre os que estão empregados em relação aos aposentados, e entre pessoas em geral que são mais jovens, têm menor nível de educação e rendas mais baixas.

Seja o estresse imediato ou de longo prazo, intenso ou leve, e apesar dessas diferenças de grupos, ninguém está imune e não há

De acordo com a Organização Mundial da Saúde, em 2019, a expectativa média de vida desde o nascimento variava de um mínimo de 51 anos na Namíbia e na África do Sul a um máximo de 86 anos no Japão e 89 anos em Mônaco. (A expectativa de vida média é de 79 anos nos Estados Unidos e de 82 anos no Canadá.) Para números atualizados, você pode visitar a Organização Mundial da Saúde (https://www.who.int) e o National Center for Health Statistics (http://www.cdc.gov/nchs).

psicologia da saúde Estudo da saúde física e da doença por psicólogos de várias áreas de especialização.

estresse Estado de excitação no qual as pessoas percebem as demandas de um evento como algo desgastante ou excedendo sua capacidade de satisfazê-las ou alterá-las.

como escapar. Porém existem maneiras para lidar com o problema. De acordo com Richard Lazarus e Susan Folkman (1984), o processo de estresse e enfrentamento é uma transação contínua entre os indivíduos e seu ambiente. Diante de um evento que pode se mostrar ameaçador, nossa **avaliação** subjetiva da situação determina como vamos vivenciar o estresse e quais estratégias de **enfrentamento** usaremos – em outras palavras, quais pensamentos, sentimentos e comportamentos vamos empregar para tentar reduzir o estresse. Às vezes, as pessoas tomam medidas proativas para evitar que um evento potencialmente estressante ocorra. Como veremos, o enfrentamento eficaz ajuda a manter uma boa saúde; já o enfrentamento ineficaz pode causar danos (Cohen et al., 2019; Folkman, 2011; Harrington, 2013; Monat et al., 2007).

Anthony Robbins oferece uma fórmula simples, em duas etapas, para lidar com o estresse: (1) não se preocupe com as pequenas coisas e (2) lembre-se de que são coisas pequenas.

Nas próximas duas seções, examinamos duas questões que são relevantes para a saúde e o bem-estar: (1) O que causa estresse e (2) como "invade" o corpo? Em seguida, examinamos a avaliação e o enfrentamento, processos que explicam por que um evento que afeta uma pessoa pode ser inofensivo à outra. À medida que todas as peças se juntam, veremos que as respostas a essas perguntas fornecem um modelo amplo e útil do processo de estresse e enfrentamento (ver • Figura 14.1).

14-2 O que causa estresse?

Faça uma lista dos estressores em sua própria vida e você, provavelmente, descobrirá que os itens na lista podem ser classificados em três categorias principais: catástrofes, eventos importantes da vida e aborrecimentos diários. Antes de considerarmos essas causas de estresse psicológico, no entanto, vamos dar um passo atrás e fazer uma pergunta de pesquisa mais básica: Como um psicólogo pode saber o grau de estresse que uma pessoa está enfrentando? Como pode ser medido? Há muitas fontes diferentes de estresse, ou **estressores**, e os efeitos podem ser definidos de diferentes maneiras (Cohen et al., 2007).

Ao longo dos anos, dois tipos diferentes de abordagens foram adotados. Com o uso de *autorrelato*, muitos pesquisadores pediram que pesquisados indicassem eventos que aconteceram nas vidas deles em uma lista de estressores conhecidos, outros pediram que mantivessem diários nos quais relatassem experiências estressantes à medida que estas ocorressem, e outros ainda realizaram entrevistas pessoais para obter informações mais detalhadas sobre a fonte e a

• **FIGURA 14.1**

O processo de estresse e enfrentamento

Esse processo envolve um evento potencialmente estressante, a avaliação desse evento e as tentativas de enfrentá-lo. Praticado contra uma variedade de fatores de fundo exclusivos de cada indivíduo, o processo de estresse e de enfrentamento influencia os resultados de saúde.

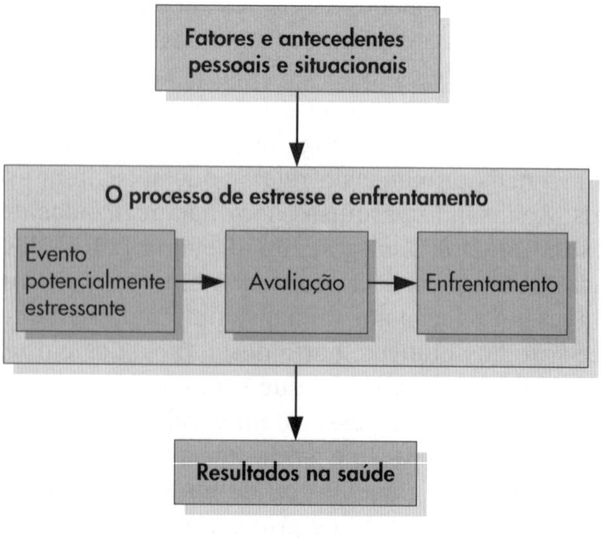

Fatores e antecedentes pessoais e situacionais
↓
O processo de estresse e enfrentamento
Evento potencialmente estressante → Avaliação → Enfrentamento
↓
Resultados na saúde

avaliação Processo pelo qual as pessoas fazem julgamentos sobre as demandas de eventos potencialmente estressantes e a capacidade de atendê-las.

enfrentamento Esforços para reduzir o estresse.

estressor Qualquer coisa que cause estresse.

extensão do estresse. Ao examinar o estresse como uma resposta corporal à ameaça percebida, outros pesquisadores fazem uso de *medidas fisiológicas* para analisar os níveis de hormônio do estresse no sangue, na urina ou em amostras de saliva ou registram a excitação autonômica através das frequências cardíaca e respiratória, da pressão sanguínea ou da atividade das glândulas sudoríparas. Pode até ser possível avaliar os efeitos do estresse no corpo ao longo do tempo. Nos últimos anos, os pesquisadores observaram que os níveis acumulados de cortisol (um hormônio do estresse) encontrados em amostras de cabelo estão associados à exposição ao estresse – sugerindo que o cortisol do cabelo pode fornecer um "biomarcador" para o estresse da vida (Russell et al., 2012).

14-2a Crises e catástrofes

"Estamos fugindo da onda e podemos ver a água bem atrás de nós. Corremos em direção ao outro lado da ilha. Quando chegamos na metade do caminho, encontramos pessoas correndo e gritando na outra direção. Então, também vemos a água à nossa frente. As ondas se encontram e estamos debaixo d'água." (Dittmann, 2005, p. 36)

Em 26 de dezembro de 2004, um dos piores desastres naturais da história se espalhou pelo sudeste asiático, Índia, Indonésia e África. Tudo começou quando um potente terremoto atingiu as profundezas do Oceano Índico, provocando enormes *tsunamis* que destruíram cidades, comunidades litorâneas e resorts. Aproximadamente 320 mil pessoas em uma dezena de países foram mortas; milhares de sobreviventes ficaram feridos e traumatizados.

Oito meses depois, o furacão Katrina chegou à costa do Golfo dos Estados Unidos com ventos de até 280 quilômetros, devastando áreas na Flórida, no Mississippi, no Alabama e na Louisiana e matando quase 2 mil pessoas. Em Nova Orleans, a água derrubou os diques, inundando 80% das cidades vizinhas. O que causou danos estimados em $ 81 bilhões, o furacão Katrina se tornou o desastre natural mais caro da história dos Estados Unidos. Claro que não foi o último. Inundações, tornados, *tsunamis*, terremotos e incêndios incontroláveis fazem parte da vida em muitas regiões do mundo.

O intenso estresse que as catástrofes naturais impõem a uma população também pode ser causado pelo ser humano. Às vezes, o desastre que ocorre é acidental – como no enorme derramamento de óleo da BP em 2010 que derramou milhões de litros de óleo no Golfo do México, exterminando a vida selvagem e causando bilhões de dólares em danos. Em outras ocasiões, desastres causados por humanos resultam de ações perniciosas. O ataque terrorista ao World Trade Center e ao Pentágono em 11 de setembro de 2001 foi um tipo diferente de tragédia que ninguém com idade para testemunhar esquecerá. Norte-americanos em todo o mundo encararam o ataque como algo pessoal e ficaram tocados pelo acontecimento, estivessem presentes ali ou não. Em uma pesquisa nacional por telefone com 560 adultos conduzida no fim daquela semana, 90% disseram que estavam experimentando alguns sintomas de estresse e 44% relataram sintomas "substanciais",

No outono de 2019, o sul da Califórnia foi atingido por incêndios florestais rápidos quando os ventos de Santa Ana trouxeram rajadas de até 130 quilômetros por hora e umidade do ar perigosamente baixa. Nessa encosta, perto de Somis, o incêndio expandiu-se para 32 quilômetros quadrados durante a primeira noite. Centenas de residentes foram forçados a evacuar as casas.

como pensamentos, sonhos e memórias recorrentes; dificuldade para adormecer ou permanecer dormindo; dificuldade de concentração no trabalho; e acessos de raiva sem motivo (Schuster et al., 2001). Esses problemas eram muito mais comuns entre os nova-iorquinos que entre as pessoas que viviam em outras áreas (Schlenger et al., 2002). Mesmo em Manhattan, os pesquisadores descobriram que, quanto mais perto os residentes viviam do Ground Zero, mais traumatizados eles haviam ficado com a experiência. Os mais afetados foram aqueles que trabalhavam nas torres ou nas proximidades, aqueles que tinham amigos e familiares nas proximidades e as equipes de resgate que foram chamadas ao local (Galea et al., 2002).

Os efeitos nocivos dos estressores catastróficos sobre a saúde foram documentados há muito tempo. Paul Adams e Gerald Adams (1984) examinaram os registros públicos em Othello, Washington, antes e depois da erupção do vulcão Mount St. Helens em 1980, que expeliu espessas camadas de cinzas por toda a área. Depois da erupção, eles observaram aumentos nas ligações feitas para uma linha de apoio à saúde mental, nos relatórios policiais de violência doméstica, nos encaminhamentos para um centro local de tratamento de alcoólicos e nas visitas ao pronto-socorro.

Posteriormente, houve um terremoto que abalou San Francisco em 1989. Casas ruíram, estradas cederam, viadutos desabaram, canos de água estouraram e incêndios descontrolados se espalharam, deixando milhares de pessoas desabrigadas. Por coincidência, Susan Nolen-Hoeksema e Jannay Morrow (1991) haviam administrado algumas medidas relevantes para o trauma a um grupo de estudantes da Universidade de Stanford duas semanas antes do terremoto. Avaliações de acompanhamento depois de dez dias e, novamente, após seis semanas forneceram a essas investigadoras uma análise do enfrentamento antes e depois do ocorrido. Elas descobriram que quem estava inicialmente mais angustiado e quem havia estado em maior perigo durante o terremoto experimentou mais sofrimento psicológico posteriormente.

Os efeitos nefastos de desastres de grande escala são indiscutíveis. Com base em uma revisão de 52 estudos, Anthony Rubonis e Leonard Bickman (1991) descobriram que altas taxas de transtornos psicológicos são comuns entre residentes de áreas que foram atingidas por esses eventos catastróficos. Em um estudo de desastres envolvendo 377 condados, uma equipe de pesquisadores descobriu que, em comparação aos anos anteriores a cada evento, a taxa de suicídio aumentou 14% após inundações, 31% após furacões e 63% após terremotos (Krug et al., 1998). Outros eventos que podem ter efeitos traumáticos semelhantes incluem combates militares, acidentes de carro e de avião, crimes violentos, abuso físico ou sexual e a morte de um ente querido (Kubany et al., 2000).

A guerra, em particular, deixa cicatrizes psicológicas profundas e permanentes. Os soldados em combate são treinados pela experiência para acreditar que devem matar ou morrer. Eles sofrem intensa ansiedade e veem ferimentos horríveis, morte e destruição, o que os deixa com imagens e emoções que não desaparecem. Dado esse nível de estresse, não é surpreendente que, muito depois do fim da guerra, alguns veteranos continuem sofrendo. Na Primeira Guerra Mundial, o problema foi chamado de "choque de bomba". Na Segunda Guerra Mundial, de "fadiga de combate". Agora, o problema é visto como um modo específica de **transtorno de estresse pós-traumático (TSPT, ou *posttraumatic stress disorder* – PTSD)** e é identificado por sintomas persistentes como ansiedade recorrente, insônia, pesadelos, pensamentos ruins intrusivos, flashbacks, problemas de atenção e retraimento social. O que é pior, famílias muitas vezes são despedaçadas quando um ente querido retorna da guerra e parece diferente, como se ainda estivesse preso em um combate (McCarty-Gould, 2000).

Isoladamente o tempo não cura as feridas do TSPT induzido pela guerra. Em um estudo longitudinal com 88 mil soldados norte-americanos que voltaram da guerra no Iraque, os pesquisadores descobriram que os soldados tiveram mais problemas de saúde mental três a seis meses após o retorno que imediatamente depois, com o número de casos relatados de TSPT aumentando de 49% para 59% (Milliken et al., 2007). Soldados que foram expostos a muitos combates, dispararam uma arma e testemunharam alguém ser ferido ou morto eram especialmente vulneráveis (Xue et al., 2015). Indivíduos propensos a pensamentos negativos também correm risco. Em um estudo com 79.438 soldados na ativa destacados para o Iraque ou o Afeganistão, aqueles que concordaram com declarações que expressavam pensamentos catastróficos (como "Quando coisas ruins acontecem comigo, não consigo parar de pensar em

> **transtorno de estresse pós-traumático (TSPT)** Condição em que uma pessoa apresenta sintomas físicos e psicológicos duradouros após um evento extremamente estressante.

como as coisas vão ficar piores") apresentaram 29% mais probabilidade de desenvolver TSPT que soldados sem semelhante propensão. Na verdade, soldados afetados por pensamentos catastróficos e exposição intensa ao combate tinham 274% mais probabilidade de desenvolver TSPT que soldados com baixa exposição a ambas as condições (Seligman et al., 2019).

A guerra também pode traumatizar as populações civis. Em Israel, 16% dos adultos foram pessoalmente expostos a um ataque terrorista e 37% tiveram um amigo próximo ou membro da família exposto (Bleich et al., 2003). No que diz respeito às consequências para a saúde mental, um estudo com 905 cidadãos judeus e palestinos revelou que a exposição ao terrorismo estava associada a sintomas de TSPT em ambos os grupos – mais ainda entre os cidadãos palestinos, membros de uma minoria étnica que têm menos recursos de enfrentamento aos quais recorrer quando em perigo (Hobfoll et al., 2006).

Este soldado, como milhares de outras tropas, esteve nas recentes guerras no Iraque e no Afeganistão. Há muito tempo, pesquisas têm revelado que o combate deixa cicatrizes psicológicas e aumenta o risco de transtorno de estresse pós-traumático.

Ao longo dos anos, psicólogos clínicos estudaram o TSPT e as experiências de vida que precipitam seu início (Friedman et al., 2014). Com base em uma pesquisa nacional com 6 mil norte-americanos com idades entre 15 e 54 anos, Ronald Kessler e outros (1995) estimaram que 8% da população (5% dos homens e 10% das mulheres) sofre de TSPT ao longo da vida e que os sintomas geralmente persistem por muitos anos. Entre as experiências que produziram esses traumas estão presenciar um assassinato ou ferimento, a morte de um ente querido, acidentes com risco de morte, doenças graves, guerras, incêndios e desastres naturais, agressões físicas e sexuais e prisão. Valendo-se de uma metanálise de 290 estudos que envolveu milhares de participantes, fica claro que o TSPT é mais prevalente entre as mulheres que entre os homens – embora os homens sejam mais propensos a experimentar eventos potencialmente traumáticos (Tolin e Foa, 2006).

■ 14-2b Grandes eventos da vida

Algumas pessoas têm a sorte de não presenciar grandes catástrofes. No entanto, ninguém pode evitar completamente o estresse. Até certo ponto, a própria mudança pode causar estresse, forçando-nos a nos adaptar a novas circunstâncias. Essa hipótese foi proposta pela primeira vez por Thomas Holmes e Richard Rahe (1967), que entrevistaram pacientes de hospitais e descobriram que as doenças deles costumavam ser precedidas por grandes mudanças em alguns aspectos da vida. Algumas das mudanças foram negativas (ferimentos, divórcio ou demissão), mas outras foram positivas (casamento, promoção ou ter um filho). Para medir o estresse da vida, Holmes e Rahe desenvolveram a Escala de Avaliação de Reajuste Social, uma lista de verificação de 43 eventos importantes da vida, em que a cada um é atribuído determinado valor numérico com base na quantidade de reajuste necessário. Entre os eventos amostrados (e os valores numéricos a eles atribuídos) estavam morte do cônjuge (100), divórcio (73), prisão (63), casamento (50), perda do emprego (47), gravidez (40), transferência escolar (20) e até férias (13).

Esperar na fila do Aeroporto O'Hare de Chicago, um fato comum em dias de maior segurança, é o tipo de microestressor que atormenta os viajantes aéreos diariamente (topo). As ruas de Calcutá, na Índia – uma cidade com 14,8 milhões de habitantes – estão lotadas de vendedores, pedestres e táxis. Hoje, existem 35 "megacidades" no mundo com populações de mais de 10 milhões, muitas em países em desenvolvimento, onde as áreas urbanas absorvem a população crescente – e o estresse (parte inferior).

A simples noção de que a mudança é inerentemente estressante tem um alerta intuitivo. Porém a mudança em si, seja positiva ou negativa, é necessariamente prejudicial? Há dois problemas com essa ideia. Em primeiro lugar, embora haja uma ligação estatística entre eventos negativos e doenças, a pesquisa não apoia com igualdade a afirmação de que "fatores estressantes" positivos, como tirar férias, formar-se, ganhar na loteria, começar uma nova carreira ou se casar, também sejam prejudiciais (Stewart et al., 1986). A felicidade não é a ausência de angústia, nem a angústia é a ausência de felicidade. Uma pessoa pode experimentar ambas as emoções simultaneamente (Carver e Scheier, 1990), e as consequências para a saúde são diferentes (Taylor, 1991).

O segundo fator complicador é que o impacto de qualquer mudança depende de quem é a pessoa e de como a mudança é interpretada. Mudar-se para um novo país, por exemplo, é menos estressante para os imigrantes que falam a nova língua que para os que não falam (Berry et al., 1992); vítimas de agressão física que se perguntam "e se?" demoram mais para se recuperar emocionalmente que aqueles que não se fazem essa pergunta (El Leithy et al., 2006). E os trabalhadores que têm empregos estressantes lidam melhor quando relaxam fora do trabalho que quando negligenciam (Sonnentag e Fritz, 2015). Resumindo: a mudança na vida de uma pessoa pode fornecer uma estimativa grosseira do estresse e da saúde futura, mas a equação preditiva costuma ser complicada por outros fatores.

■ 14-2c Microestressores: os aborrecimentos da vida cotidiana

Pense novamente sobre o estresse em sua vida e catástrofes e outros eventos excepcionais virão à mente. No entanto, a fonte mais comum de estresse está nos aborrecimentos que nos irritam todos os dias.

Fatores ambientais, como aglomeração, barulho alto, calor ou frio extremo e fumaça de cigarro, são todos fontes de estresse. De fato, à luz desses efeitos, descrevendo esse problema em uma escala global, Gary Evans (2019) projeta os riscos comportamentais e de saúde da mudança climática global, que é acompanhada por aumentos de temperatura, eventos climáticos extremos e poluição do ar. Os efeitos potenciais são numerosos – começando com o fato empírico bem estabelecido de que temperaturas desconfortavelmente altas estão associadas a aumentos no conflito interpessoal e na agressividade (Burke et al., 2015; Hsiang et al., 2013).

Além do ambiente físico, uma série de outros "Microestressores" – como conflitos em redes sociais, espera em filas, dias ruins no trabalho, problemas financeiros, atrasos em aeroportos e conexões Wi-Fi interrompidas – colocam pressão constante sobre nós. Infelizmente, não há nada de "micro" no impacto desses estressores na saúde e no bem-estar. Estudos sugerem que o acúmulo de aborrecimentos diários contribui mais para o adoecimento que eventos importantes da vida (Kohn et al., 1991). Os conflitos interpessoais são os mais perturbadores de nossos estressores diários e têm impacto particularmente duradouro (Bolger et al., 1989).

No local de trabalho, muitas pessoas sofrem com o estresse ocupacional (Barling et al., 2005). Um tipo de reação é o *esgotamento* – uma resposta prolongada ao estresse no trabalho, caracterizada por exaustão emocional, cinismo, desinteresse e falta de realização pessoal. Professores, médicos, enfermeiros, policiais, assistentes sociais e outros profissionais que lidam com contato humano estão especialmente em risco. Diante das pressões implacáveis do trabalho, aqueles que chegam ao esgotamento descrevem sentir-se frustrados, endurecidos, apáticos e com falta de energia e motivação (Leiter et al., 2014; Maslach, 1982). No Japão, a cultura do excesso de trabalho é tão predominante que a língua tem uma palavra que significa "morte por excesso de trabalho" – *karoshi*. Felizmente, o governo japonês implementou recentemente políticas para limitar as horas extras. Desde então, o número anual de horas de trabalho no Japão caiu para abaixo da média entre os países desenvolvidos (Organização para Cooperação e Desenvolvimento Econômico, 2019).

No início, a pesquisa sugeriu que o esgotamento é uma experiência que aflige mais as mulheres que os homens. Agora parece que o papel do gênero é mais complexo. Uma análise de 183 estudos mostrou que tanto homens quanto mulheres são potencialmente suscetíveis ao esgotamento em circunstâncias adversas – mas os sintomas são diferentes. As mulheres têm 8% mais probabilidade que os homens de chegar à *exaustão emocional* no trabalho, sentindo-se sobrecarregadas e fisicamente esgotadas. No entanto, os homens têm 14% mais chances de se *despersonalizarem*, retraindo-se e distanciando-se de clientes e colegas de trabalho (Purvanova e Muros, 2010).

Outra forma de estresse diário é decorrente do deslocamento para o trabalho. De acordo com o U.S. Census Bureau, um norte-americano gasta em média 27 minutos para ir ou voltar do trabalho de carro ou transporte público. Tanto o número de trabalhadores que se deslocam diariamente quanto a quantidade de tempo que gastam têm aumentado constantemente ao longo dos anos (Ingraham, 2019). Pesquisas mostram que dirigir para o trabalho costuma ser estressante (Gimenez-Nadal e Molina, 2019; Koslowsky et al., 1995). Viajar por longas distâncias de transporte público pode ter o mesmo efeito. Em um estudo com passageiros que viajavam de trem regularmente de suas casas no subúrbio de Nova Jersey para trabalhar em Manhattan, Evans e Wener (2006) descobriram que, quanto mais longo o trajeto, mais estresse eles relatavam sentir, menos cuidadosos eram em uma tarefa de revisão simples, e mais alto era o nível de cortisol – um hormônio do estresse medido pela coleta de amostras de saliva após as viagens matinais.

No âmbito doméstico, a pressão financeira é uma fonte de estresse particularmente comum e dramática (American Psychological Association, 2017). Vários anos atrás, um estudo de 3 anos com mais de 400 casais norte-americanos mostrou que aqueles oprimidos por um orçamento apertado e com dificuldade em pagar as contas experimentam mais sofrimento e conflito nos casamentos (Conger et al., 1999). Um acompanhamento de famílias afro-americanas mostrou que as dificuldades econômicas significam sofrimento emocional para os pais e problemas de adaptação para os filhos (Conger et al., 2002).

Nos últimos anos, os psicólogos da saúde perceberam que o *status socioeconômico* é um poderoso indicador dos aborrecimentos da vida cotidiana. Em diferentes aspectos relacionados à saúde, indivíduos com menos escolaridade, empregos de *status* inferior e ganham menos ou nenhuma renda têm mais probabilidade de sofrer de problemas de saúde que aqueles que estão em melhor situação (Adler et al., 1994). Há duas razões para essa associação. Em primeiro lugar, moradores de bairros de baixa renda estão invariavelmente sujeitos a maior exposição a ruído, aglomeração, crime, dieta pobre e outros fatores de estresse. Em segundo lugar, as pessoas com baixo *status* socioeconômico têm menos recursos tangíveis para ajudá-las a enfrentar esses desafios diários. Para crianças que crescem em famílias de baixo status socioeconômico, as influências podem se acumular com o tempo e perdurar (Matthews e Gallo, 2011).

> O acúmulo de aborrecimentos diários contribui mais para deixar as pessoas doentes que catástrofes ou grandes mudanças na vida.
>
> **VERDADEIRO**

14-3 Como o estresse afeta o corpo?

O termo *estresse* foi popularizado pela primeira vez pelo endocrinologista Hans Selye (1936). Como um jovem estudante de medicina, Selye percebeu que os pacientes hospitalizados por muitas doenças diferentes frequentemente apresentavam sintomas semelhantes, como fraqueza muscular, perda de peso e apetite e falta de motivação e pensou que talvez esses sintomas fossem parte de uma resposta generalizada a um ataque ao corpo. Na década de 1930, Selye testou essa hipótese expondo ratos de laboratório a vários fatores de estresse, incluindo calor, frio, exercícios pesados, substâncias tóxicas, privação de comida e choques elétricos. Como previsto, todos os diferentes estressores produziram uma resposta fisiológica semelhante: glândulas adrenais aumentadas, linfonodos encolhidos e úlceras estomacais. Tomando emprestado um termo da engenharia, Selye deu à reação o nome de *estresse* – palavra que rapidamente tornou-se parte da linguagem cotidiana.

14-3a A síndrome de adaptação geral

De acordo com Selye, o corpo responde naturalmente ao estresse em um processo de três estágios que ele chamou **síndrome de adaptação geral** (ver • Figura 14.2). Estimulado pelo reconhecimento de uma ameaça – como um predador, um soldado inimigo, um carro em alta velocidade ou um vírus – o corpo tem uma reação inicial de *alerta*. Para enfrentar o desafio, adrenalina e outros hormônios são despejados na corrente sanguínea, criando uma excitação fisiológica. A frequência cardíaca, a pressão arterial e a frequência respiratória aumentam, enquanto as funções mais lentas e de longo prazo, como o crescimento, a digestão e o funcionamento do sistema imunológico, são inibidas. Nesse estágio, o corpo mobiliza todos os seus recursos para afastar a ameaça. Em seguida, vem um estágio de *resistência*, durante o qual o corpo permanece desperto e em estado de alerta. Há liberação contínua de hormônios do estresse e as defesas locais são ativadas. No entanto, se o estresse persistir por um período prolongado, o

> **síndrome de adaptação geral**
> Processo de três estágios (alarme, resistência e exaustão) pelo qual o corpo responde ao estresse.

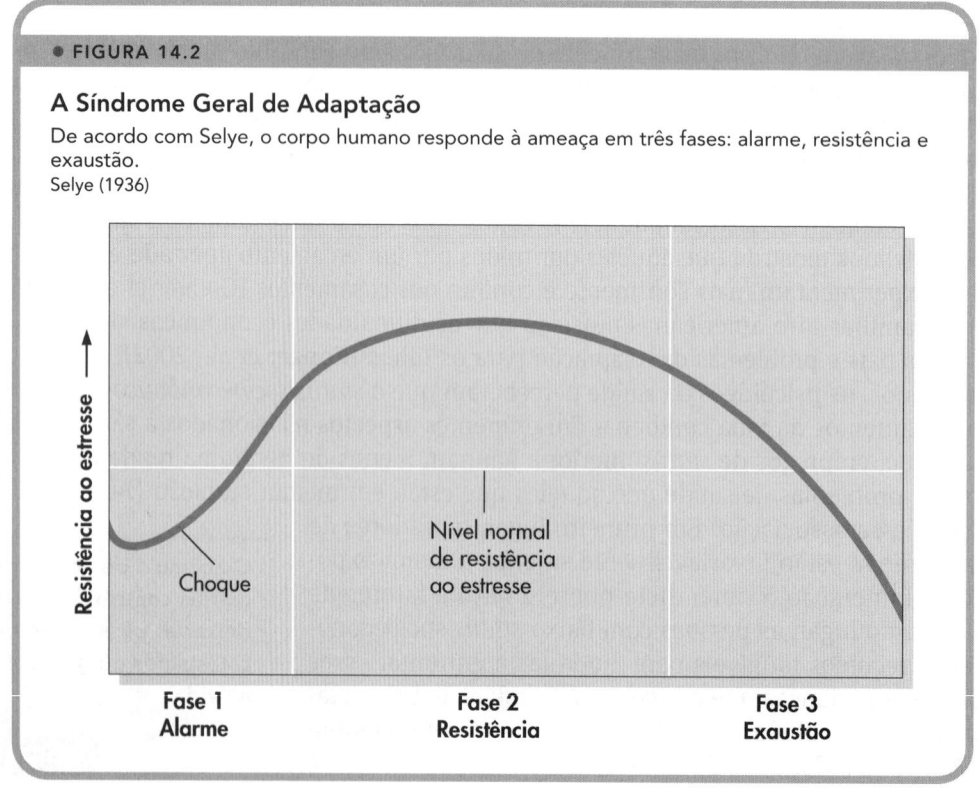

• FIGURA 14.2

A Síndrome Geral de Adaptação
De acordo com Selye, o corpo humano responde à ameaça em três fases: alarme, resistência e exaustão.
Selye (1936)

corpo entrará em um estágio de *exaustão*. Selye acreditava que nossos recursos antiestresse são limitados. Na verdade, porém, a exaustão ocorre não porque nossos recursos sejam limitados, mas porque o uso excessivo dele faz com que outros sistemas do corpo entrem em colapso, o que nos coloca em risco de adoecer e até morrer. O modelo básico de Selye, portanto, apresenta um ponto importante: o estresse pode ser uma reação adaptativa de curto prazo à ameaça, mas com o tempo ele compromete a saúde e o bem--estar (Contrada e Baum, 2011).

A resposta ao estresse é encontrada em todos os mamíferos. Então, por que, pergunta o neurocientista Robert Sapolsky (2004), zebras não têm úlceras? Sapolsky observa que a resposta ao estresse fisiológico é incrivelmente projetada através da evolução para ajudar os animais a se mobilizarem para lutar ou escapar em situações de emergência. Para a zebra, isso ocorre quando um leão faminto salta de um arbusto e corre em alta velocidade pela savana. Para os humanos, ocorre durante o combate ou em esportes competitivos e talvez até mesmo nos primeiros encontros e em entrevistas de emprego. Porém pense na lista de situações que você considera estressantes e verá que as pessoas ficam ansiosas com coisas que não fariam sentido para uma zebra. "Nós, humanos, vivemos bem e por bastante tempo, e somos inteligentes o suficiente para gerar todos os tipos de eventos estressantes puramente em nossas cabeças", diz Sapolsky. Do ponto de vista da evolução do reino animal, observa ele, o estresse psicológico é uma "invenção recente" (p. 5). A razão pela qual o estresse causa úlceras e outras doenças, então, é que a resposta é projetada para emergências físicas agudas, ainda que a ativemos com frequência e por períodos prolongados de tempo enquanto nos preocupamos com impostos, financiamentos, apresentações orais, mercado de trabalho, problemas no casamento e a inevitabilidade da morte.

Os humanos, no geral, respondem fisicamente ao estresse, que é o que nos permite criar uma defesa. Fisiologicamente, o sistema nervoso simpático é ativado e mais adrenalina é secretada, o que aumenta a frequência cardíaca e a excitação. Então, de repente, o fígado despeja açúcar extra na corrente sanguínea para obter energia, as pupilas dilatam para deixar entrar mais luz, a respiração acelera para obter mais oxigênio, a transpiração aumenta para resfriar o corpo, o sangue coagula mais rápido para curar feridas, o fluxo de saliva é inibido e a digestão fica mais lenta para desviar o sangue para o cérebro e os músculos esqueléticos. Diante da ameaça, o corpo se prepara para a ação. No entanto, qual é, comportamentalmente, a natureza da defesa?

Muitos anos atrás, Walter Cannon (1932) descreveu o corpo como preparado para "lutar ou fugir". É verdade que os homens costumam atacar agressivamente quando estão sitiados. Porém as mulheres respondem do mesmo modo? Em seu livro *The Tending Instinct*, Shelley Taylor (2002) argumentou que, enquanto os homens frequentemente exibem a clássica reação de luta ou fuga ao estresse, as mulheres são mais propensas a exibir uma resposta de "cuidar e fazer amizade". Preparadas pela evolução, a fim de aumentar a sobrevivência dos filhos, ela observou, as mulheres se adaptam às adversidades ao cuidar dos filhos e procurar outras pessoas que possam ajudá-las. Em apoio a esse argumento, os estudos mostraram que, sob estresse, as mulheres se tornam mais protetoras que os homens – e mais vinculadas. Curiosamente, estudos com animais e humanos mostram que quando as mulheres estão isoladas, sem apoio e em sofrimento social, exibem níveis elevados do hormônio oxitocina, o que, por sua vez, aumenta a tendência delas de buscar contato social (Taylor, 2012).

> Assim como os humanos, as zebras também têm úlceras.
>
> FALSO

14-3b Como o estresse afeta o coração

A doença cardíaca é a principal causa de morte nos Estados Unidos, tanto para homens quanto para mulheres. Todos os anos, 735 mil americanos têm um ataque cardíaco – 525 mil pela primeira vez. Um terço das pessoas que sofrem um ataque cardíaco não sobrevive.

A doença cardíaca coronária (DCC) é um estreitamento dos vasos sanguíneos que transportam oxigênio e nutrientes para o músculo cardíaco. De acordo com a American Heart Association, cerca de 80 milhões de adultos norte-americanos (um em cada três) sofrem de DCC. Para muitos, o resultado é um ataque cardíaco, que ocorre quando o precioso suprimento de sangue ao coração é bloqueado. O que causa uma sensação desconfortável de pressão, aperto ou dor no centro do peito – e às vezes sudorese, tontura, náusea, desmaio e falta de ar.

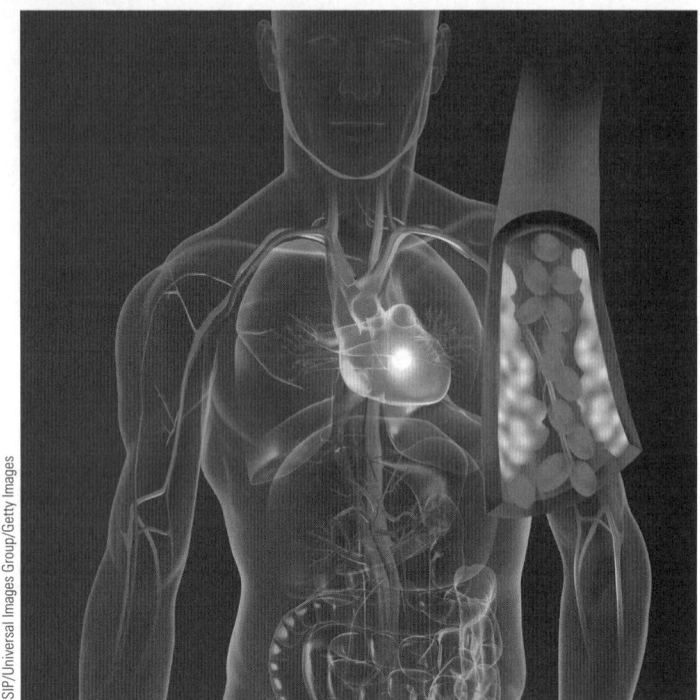

Para pessoas com DCC, a placa se acumula nas artérias, fazendo com que elas se estreitem, o que restringe o fluxo de sangue. As placas também podem se romper, causando a formação de coágulos sanguíneos que podem bloquear a artéria, levando a um ataque cardíaco (https://newsnetwork.mayoclinic.org/discussion/mayo-clinic-q-and-a-coronary-artery-disease-prevention-and-early-warning-signs).

Vários fatores são conhecidos por aumentar o risco de DCC. Os três mais importantes são hipertensão, tabagismo e colesterol alto. (Outros fatores de risco incluem história familiar de DCC, dieta rica em gorduras, obesidade, diabetes e sedentarismo.) Quem apresenta um dos principais fatores de risco tem duas vezes mais chances de desenvolver DCC; quem apresenta dois tem três vezes e meia mais probabilidade, e aqueles com todos os três são seis vezes mais vulneráveis. Essas estatísticas são convincentes e não devem ser subestimadas. Combinadas, no entanto, essas variáveis respondem por menos da metade dos casos conhecidos de DCC. O que está faltando na equação é o quarto principal fator de risco: o estresse psicológico (Gallo e Matthews, 2003; Hjemdahl et al., 2012; Matthews, 2005).

Em 1956, os cardiologistas Meyer Friedman e Ray Rosenman estudaram a relação entre o colesterol e a DCC. Depois de perceber que os maridos eram mais propensos que as esposas a ter DCC, especularam que o estresse relacionado ao trabalho poderia ser a razão (na época, a maioria das mulheres não trabalhava fora de casa). Para testar essa hipótese, Friedman e Rosenman entrevistaram 3 mil homens saudáveis de meia-idade. Aqueles que pareciam mais obstinados, competitivos, impacientes, preocupados com o tempo e que se irritavam rapidamente foram classificados como **personalidade Tipo A** (também chamado padrão de comportamento propenso a doença coronariana – um rótulo mais otimista, pois é mais fácil de mudar um padrão de comportamento que uma personalidade). Aproximadamente um número igual de homens descontraídos, relaxados e tranquilos foram classificados como personalidade Tipo B. Curiosamente, de 258 homens que tiveram ataques cardíacos nos nove anos seguintes, 69% foram classificados como Tipo A e apenas 31% como Tipo B (Rosenman et al., 1975).

O padrão de comportamento Tipo A, ou propenso a doença coronariana, é composto de um conjunto de características, incluindo impulso competitivo, senso de urgência de tempo e uma mistura perigosa de raiva, cinismo e hostilidade (Friedman e Booth-Kewley 1987; Matthews, 1988). Em entrevistas e questionários escritos, as pessoas de Tipo A relataram andar e falar rápido, trabalhar até tarde, interromper os oradores no meio da frase, detestar esperar nas filas, acelerar no farol amarelo, atacar os outros quando se sentem frustrados, se esforçar para vencer a todo custo e economizar tempo realizando mais de uma tarefa por vez. De outro modo, "há aqueles que passam o dia tão felizes quanto guardas-florestais – apesar de ter prazos, filhos, carro quebrado, trabalho de caridade e a carrancuda tia Agnes morando no quarto de hóspedes" (Carey, 1997, p. 75).

No início da década de 1980, a influência do padrão de comportamento do Tipo A na DCC era amplamente aceita. Um painel de cientistas renomados reunidos pelo National Heart, Lung e Blood Institute concluiu que o padrão Tipo A era um fator de risco para DCC, comparável aos riscos mais tradicionais, como hipertensão, tabagismo, colesterol alto e obesidade. No entanto, a ciência, como o tempo, segue em frente. Estudos posteriores relacionando o Tipo A e

personalidade Tipo A Padrão de comportamento caracterizado por extremos de competitividade por realizações, um senso de urgência de tempo, hostilidade e agressão.

a DCC obtiveram resultados mais fracos, que variaram dependendo de como o Tipo A foi medido e do tipo de população estudada. A certeza sobre os efeitos negativos da "doença da pressa" e "vício em trabalho" começou a desmoronar.

Uma questão que surgiu foi a medição. Especificamente, a força da relação entre o comportamento do Tipo A e a DCC depende de como as pessoas são diagnosticadas. No estudo original, Friedman e Rosenman classificaram os homens por meio de uma entrevista estruturada na qual puderam observar seu comportamento verbal e não verbal. Posteriormente, porém, muitos psicólogos – na pressa de seguir essa linha vital de pesquisa – tentaram identificar as pessoas do Tipo A usando questionários rápidos e fáceis de responder que não foram tão preditivos. Aparentemente, o padrão Tipo A é mais evidente no *comportamento* das pessoas em entrevistas (se de modo constante verificam o horário, falam rapidamente, interrompem o entrevistador e se movimentam inquietamente) que em *relatos pessoais*. Quando as entrevistas são empregadas para diagnóstico, 70% dos homens que têm DCC também apresentam um padrão de comportamento do Tipo A – em comparação a apenas 46% dos que são saudáveis (Miller et al., 1991).

O padrão de comportamento do Tipo A também foi refinado conceitualmente, e uma nova linha de investigação surgiu. Essa pesquisa mostrou que o principal ingrediente tóxico na DCC é a *hostilidade* – como visto em pessoas que estão constantemente com raiva, ressentidas, cínicas e desconfiadas (ver ▲ Tabela 14.1). Aparentemente, quem está sempre em um estado emocional negativo e explode rapidamente é assediado pelo estresse. Porque o coração é apenas uma bomba burra e os vasos sanguíneos são meras mangueiras, o resultado para a saúde é previsível: "A resposta ao estresse cardiovascular consiste basicamente em fazer o sistema trabalhar mais por um tempo, e se você fizer isso regularmente, ele vai se desgastar, assim como qualquer bomba ou mangueiras que você pudesse comprar" (Sapolsky, 1994, p. 42). No longo prazo, a hostilidade e a raiva crônicas podem ser letais (Miller et al., 1996; Siegman e Smith, 1994). Na verdade, as pessoas que sentem muita raiva e a reprimem têm tanta probabilidade de desenvolver pressão alta quanto as que a expressam. É a emoção que é tóxica, não importa se você a contém ou a extravasa (Everson-Rose e Lewis, 2005).

O que mais explica a conexão entre hostilidade e DCC? Uma possibilidade é que pessoas hostis sejam menos preocupadas com a saúde. Elas tendem a fumar mais, consumir mais cafeína e álcool, fazer menos exercícios, dormir menos e comer menos alimentos saudáveis. Também são menos propensas a obedecer aos conselhos médicos (Leiker e Hailey, 1988; Siegler, 1994). Uma segunda explicação é que pessoas hostis são fisiologicamente reativas, portanto, em situações sociais intensas, exibem maiores aumentos na pressão arterial, na frequência cardíaca e na adrenalina, um hormônio que acelera o acúmulo de placas de gordura nas paredes das artérias, causando o endurecimento delas (Krantz e McCeney, 2002). Na verdade, pessoas hostis exibem reações cardiovasculares mais intensas não apenas durante o evento que as deixa com raiva, mas também muito depois, quando solicitadas a revivê-lo (Fredrickson et al., 2000).

Como resultado dessa pesquisa e os muitos desdobramentos, um novo subcampo cresceu e certamente produzirá percepções valiosas nos próximos anos (Hjemdahl et al., 2012; Matthews, 2013). Por exemplo, pesquisadores do desenvolvimento descobriram que uma infância e adolescência pobre aumenta o risco de doença coronariana na idade adulta – mesmo, às vezes, entre quem conseguiu melhorar de nível social quando adultos (Galobardes et al., 2006). Focado na ligação entre estados mentais positivos e saúde cardiovascular, outros pesquisadores descobriram que otimismo, felicidade e o conceito japonês de *ikigai* – que significa "ter uma vida que valha a pena" – estão associados a um

▲ **TABELA 11.2**

Quanto "hostil" é o seu padrão de comportamento?

- Quando está na fila do caixa rápido do supermercado, você costuma contar os itens nas cestas das pessoas à sua frente para ter certeza de que não ultrapassam o limite?

- Quando um elevador não chega tão rápido quanto deveria, seus pensamentos rapidamente se concentram no comportamento imprudente da pessoa em outro andar que o está segurando?

- Quando alguém o critica, você rapidamente começa a se irritar?

- Você costuma se pegar resmungando para a televisão durante um noticiário?

- Quando está preso em uma fila lenta no trânsito, você rapidamente sente o coração bater forte e a respiração acelerar?

Fonte: Williams, 1993.

estilo de vida mais saudável e a uma redução no risco de doenças cardiovasculares (Boehm e Kubzansky, 2012). Testando um modelo biopsicossocial de respostas ao estresse, outros ainda descobriram que orientar as pessoas a pensar em sua excitação fisiológica durante uma tarefa de falar em público como adaptativa pode ter efeitos benéficos em suas respostas ao estresse cardiovascular – uma demonstração da ação da "mente sobre a matéria" (Jamieson et al., 2012).

As pesquisas que demonstram as influências psicológicas sobre a DCC foram ampliadas a partir dos estudos iniciais da personalidade Tipo A. À luz do interesse científico nessas relações entre o coração e a mente, esse novo subcampo foi apropriadamente denominado *psicocardiologia* (Alvarenga e Byrne, 2016) – ou a prática da *psicologia cardíaca* (Allan e Fisher, 2012). Pesquisas recentes nesse novo ramo da ciência estão se mostrando altamente informativas. Os tópicos incluem os efeitos potencialmente adversos do vapor e dos cigarros eletrônicos na saúde cardiovascular (Bold et al., 2018), os efeitos da privação e outros distúrbios do sono nas funções cardiovasculares (Hall et al., 2018) e as relações mente-corpo entre estados psicológicos – como ansiedade, estresse e depressão – e DCC (Davidson et al., 2018).

14-3c Como o estresse afeta o sistema imunológico

O estresse psicológico produz diversos efeitos no corpo, incluindo aumento nos riscos de dor crônica nas costas, diabetes, apendicite, infecções respiratórias, artrite, herpes, doenças gengivais, resfriados comuns e alguns tipos de câncer. Como o estresse pode produzir uma gama tão ampla de efeitos incapacitantes? Resposta: Ao comprometer o sistema imunológico do corpo, a primeira linha de defesa contra doenças (Ader, 2007).

O **sistema imunológico** é um sistema de vigilância complexo que combate bactérias, vírus, parasitas e outras substâncias "estranhas" que invadem o corpo. O sistema contém mais de um trilhão de glóbulos brancos especializados chamados *linfócitos* que circulam pela corrente sanguínea e secretam anticorpos. Essas células de busca e destruição, semelhantes a tubarões, nos protegem 24 horas por dia, patrulhando o corpo e atacando invasores. O sistema imunológico também é equipado com grandes células necrófagas que se concentram em vírus e tumores cancerígenos. Servindo como um "sexto sentido" para invasores, o sistema imunológico se renova continuamente. Por exemplo, durante os poucos segundos que levou para ler esta frase, seu corpo produziu dez milhões de novos linfócitos.

Hoje, muitos psicólogos da saúde especializados em **psiconeuroimunologia (*psychoneuroimmunology* – PNI)** (*psico* para a mente, *neuro* para o sistema nervoso e *imunologia* para o sistema imunológico), estudam as conexões entre cérebro, comportamento, estados psicológicos, sistema imunológico, saúde e doença. Antes de

sistema imunológico Sistema de vigilância biológica que detecta e destrói substâncias "estranhas" que invadem o corpo.

psiconeuroimunologia (PNI) Subcampo da psicologia que examina as ligações entre os fatores psicológicos, o cérebro e o sistema nervoso e o sistema imunológico.

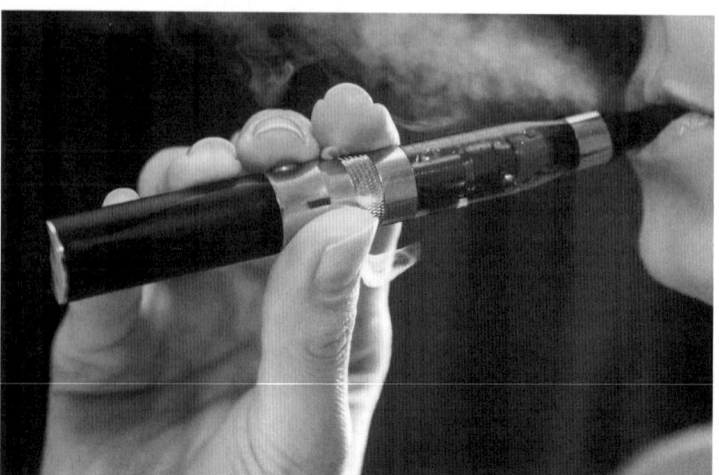

Os cigarros eletrônicos (e-cigarros ou canetas vaporizadoras) são vaporizadores operados por bateria usados para fornecer nicotina, agentes aromatizantes e outras substâncias. Introduzido pela primeira vez nos Estados Unidos em 2007, eles são agora o tipo de consumo de tabaco mais comumente usado entre os jovens norte-americanos. No fim de 2019, um surto de centenas de doenças pulmonares relacionadas com o cigarro eletrônico, algumas fatais, servem para nos lembrar que os efeitos adversos à saúde ainda são desconhecidos.

abordarmos alguns resultados fascinantes, vamos fazer uma pausa e considerar três dos métodos que esses pesquisadores fazem uso para observar as operações do sistema imunológico. Um método é coletar amostras de sangue de participantes animais ou humanos expostos a vários graus de estresse e contar o número de linfócitos e outros glóbulos brancos que circulam na corrente sanguínea. Outro é extrair sangue, adicionar células tumorais cancerosas à mistura e medir até que ponto as células assassinas naturais destroem os tumores. Um terceiro método é "desafiar" o organismo vivo injetando um agente estranho na pele e medindo o inchaço que surge no local da injeção. Quanto mais inchaço houver, mais potente é a reação imunológica (Ader, 2007; Daruna, 2012; Segerstrom, 2012).

Agora está claro que o estresse pode afetar o sistema imunológico, pelo menos temporariamente. A comunidade médica costumava rejeitar a ideia completamente, mas não mais. O que mudou? Primeiro, experimentos com animais mostraram que ratos expostos a ruído, superlotação ou choques inevitáveis e primatas separados de seus companheiros sociais exibem uma queda na atividade das células imunológicas em comparação a animais não expostos a tais fatores (Coe, 1993; Moynihan e Ader, 1996). Uma relação também foi observada em humanos. Intrigados com o fato de que as pessoas frequentemente adoecem e morrem logo após ficarem viúvas, R. W. Barthrop e outros (1977) coletaram amostras de sangue de 26 homens e mulheres cujos cônjuges haviam morrido recentemente. Comparados a controles não viúvos, esses cônjuges aflitos exibiram uma resposta imunológica enfraquecida. Essa foi a primeira demonstração do tipo.

Estudos adicionais, em seguida, revelaram respostas imunológicas enfraquecidas em astronautas da Nasa após a reentrada na atmosfera e caída na água, em pessoas privadas de sono por um período prolongado, em alunos em fase de exames finais, em homens e mulheres recentemente divorciados ou separados, em pessoas que cuidam de um membro da família com doença de Alzheimer, pessoas com fobia de cobras expostas a uma cobra viva e trabalhadores que acabaram de perder o emprego. Mesmo no laboratório, as pessoas que recebem problemas aritméticos complexos para resolver ou estímulos dolorosos para tolerar exibem mudanças na atividade das células imunológicas que duram uma hora ou mais depois que o estresse diminui (Cohen e Herbert, 1996).

Em um estudo intrigante, Arthur Stone e outros (1994) pagaram 48 voluntários para tomar uma nova e inofensiva pílula de proteína diariamente durante 12 semanas – uma substância que levaria o sistema imunológico a responder produzindo um anticorpo. Todos os dias, os participantes preenchiam um diário no qual relatavam os humores e experiências no trabalho, em casa, nas questões financeiras, no lazer e nas relações sociais com amigos, cônjuges e filhos. Os participantes também deram amostras de saliva diariamente, que mais tarde foram usadas para medir a quantidade de anticorpos produzidos. Os resultados foram surpreendentes, assim como as consequências: quanto mais eventos positivos os participantes

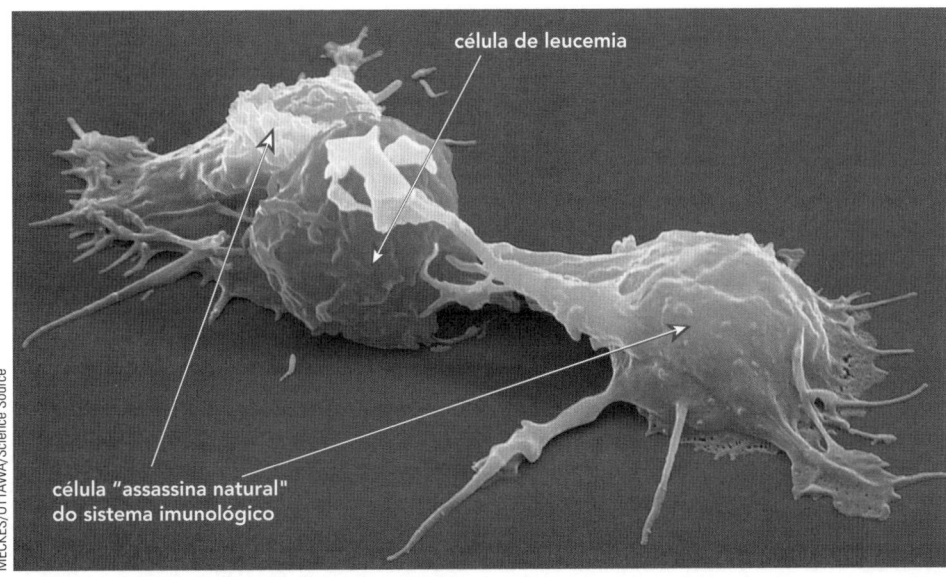

Esta imagem microscópica mostra duas células do sistema imunológico, "assassinas naturais", envolvendo e destruindo uma célula de leucemia. O sistema imunológico humano contém mais de 1 trilhão de glóbulos brancos especializados.

A imagem em cores está disponível ao final do livro.

experimentaram em determinado dia, mais anticorpos foram produzidos. Quanto mais eventos negativos eles experimentaram, menos anticorpos foram produzidos.

Agora está claro que as experiências negativas e as emoções que provocam podem enfraquecer a capacidade do sistema imunológico de nos proteger de lesões, infecções e de diferentes doenças (Kiecolt-Glaser et al., 2002). Em um experimento que ilustra bem esse ponto de ação, os pesquisadores levaram voluntários saudáveis de ambos os sexos para um laboratório de pesquisa clínica, aplicaram uma bateria de questionários, injetaram uma agulha nos braços deles e, em seguida, usaram uma bomba de vácuo para levantar uma bolha. Em visitas de acompanhamento durante os próximos oito dias, os pesquisadores mediram a velocidade com que as feridas estavam cicatrizando. Eles descobriram que os participantes cujos questionários indicaram problemas de controle da raiva secretaram mais do hormônio do estresse cortisol em resposta ao procedimento de formação de bolhas e a ferida cicatrizou mais lentamente (Gouin et al., 2008).

Conforme ilustrado na • Figura 14.3, há duas maneiras pelas quais os estados psicológicos podem "entrar" no sistema imunológico. Em primeiro lugar, as pessoas que estão sob intenso estresse tendem a fumar mais, ingerir mais álcool e drogas, dormir menos, fazer menos exercícios e ter dietas mais precárias, comportamentos que podem comprometer o sistema imunológico. Por exemplo, um estudo mostrou que quando adultos saudáveis do sexo masculino foram mantidos acordados das 3h00 às 7h00, a atividade das células imunológicas diminuiu e voltou ao normal apenas após uma noite inteira de sono ininterrupto (Irwin et al., 1994). Além disso, o estresse desencadeia a liberação de adrenalina e outros hormônios do estresse na corrente sanguínea que suprimem diretamente a atividade das células imunológicas. O resultado é uma redução temporária da resistência do corpo (Cohen e Williamson, 1991).

Qualquer que seja o mecanismo em ação, centenas de estudos mostram que os efeitos do estresse no sistema imunológico são complexos. Estressores breves (como um ataque de tubarão, uma entrevista estressante ou uma lesão física) podem melhorar a resposta imunológica de modo adaptativo a curto prazo, mas estressores crônicos da vida (como um trabalho de alta pressão, a pobreza ou uma doença familiar) podem suprimir a resposta imune ao longo do tempo, colocando o organismo em risco (Segerstrom e Miller, 2004).

O efeito adverso do estresse crônico é particularmente evidente em mulheres que experimentam altos níveis de estresse durante a gravidez. Uma equipe de pesquisa descobriu que mulheres grávidas de diversas origens dão à luz bebês mais cedo e com baixo peso quando passam por situações de estresse durante a gravidez – digamos, por causa de problemas de saúde, preocupações com os pais, tensões de relacionamento e outros problemas relacionados – que quando isso não ocorre (Lobel et al., 2008). Outros estudos também contribuem para uma percepção crescente de que o nível de estresse de uma futura mãe durante a gravidez pode ter efeitos adversos em sua saúde e aumentar a probabilidade de um parto prematuro e os riscos associados a ele (Christian, 2015; Dunkel Schetter, 2011).

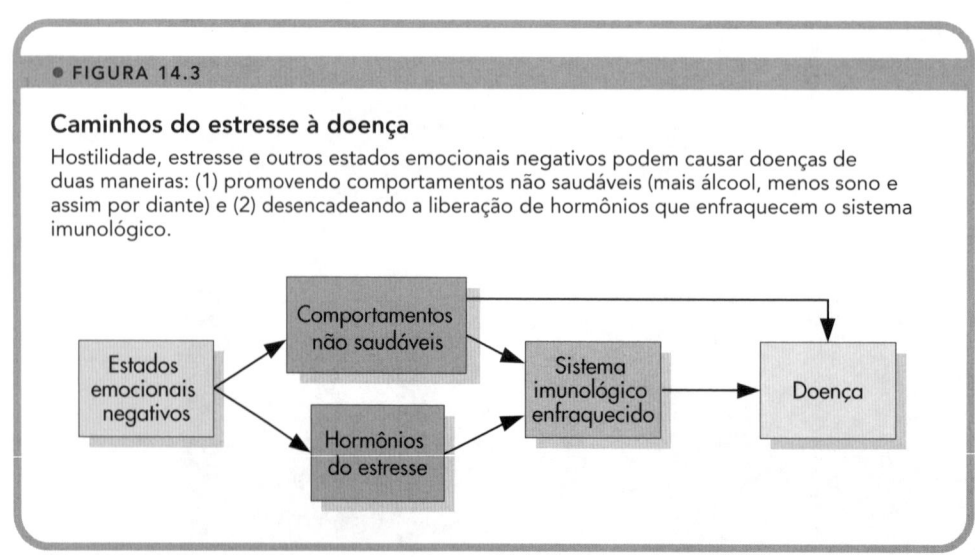

• FIGURA 14.3

Caminhos do estresse à doença

Hostilidade, estresse e outros estados emocionais negativos podem causar doenças de duas maneiras: (1) promovendo comportamentos não saudáveis (mais álcool, menos sono e assim por diante) e (2) desencadeando a liberação de hormônios que enfraquecem o sistema imunológico.

Saúde e bem-estar

14-3d As relações entre estresse e doença

Se o estresse crônico pode enfraquecer o sistema imunológico, as pessoas estressadas têm maior probabilidade de adoecer? Poderiam algumas pessoas, por exemplo, ser psicologicamente mais suscetíveis que outras a pegar gripe? Sheldon Cohen e colegas (1993) conduziram um estudo fascinante e elaborado para ajudar a responder a essa pergunta. Eles pagaram 420 voluntários para passar nove dias em um experimento médico e correr o risco de exposição a um vírus de resfriado comum. Nos primeiros dois dias, os participantes preencheram vários questionários, incluindo um que mediu experiências estressantes recentes em suas vidas. Eles também fizeram exames físicos, incluindo um exame de sangue. Então, para simular a transmissão de um vírus de pessoa para pessoa, os pesquisadores colocaram uma solução líquida transparente no nariz de cada participante. Aqueles designados aleatoriamente para o grupo de controle receberam uma solução salina. Outros, menos afortunados, receberam o vírus do resfriado em doses que tendem a produzir taxas de doença de 20% a 60%.

Na semana seguinte, os participantes foram colocados em quarentena em grandes apartamentos, onde foram examinados diariamente por um enfermeiro que media a temperatura, coletou amostras de muco e procurou sinais de resfriados, como espirros, olhos lacrimejantes, nariz entupido e dor de garganta. (Os participantes não perceberam, mas o enfermeiro também registrava a quantidade de lenços de papel que haviam usado.) No geral, os participantes estavam saudáveis no início do projeto, e nenhum do grupo de controle com solução salina desenvolveu resfriado. Ainda assim, entre aqueles expostos ao vírus, 82% foram infectados e 46% destes contraíram resfriado, desenvolvendo sintomas. Um vírus é um vírus, então frequentemente não há como escapar. O mais interessante, entretanto, é que o estresse da vida fez a diferença. Entre aqueles que foram infectados, os participantes com alto nível de estresse foram mais propensos a contrair resfriado que os com baixo nível – 53% em comparação com 40%. Em suma, pessoas cujas vidas são muito estressantes são particularmente vulneráveis a doenças contagiosas.

Em um acompanhamento desse experimento, Cohen e outros (1998) entrevistaram 276 voluntários sobre os estressores da vida recente, infectaram-nos com o vírus do resfriado e mediram se desenvolveram a doença. Eles descobriram que alguns tipos de estresse foram mais tóxicos que outros. Especificamente, quem sofria com estressores *crônicos* há mais de um mês (como problemas conjugais contínuos ou desemprego) foi mais propenso a ter um resfriado que quem sofria com estresse *agudo* de curto prazo (como uma briga com um cônjuge ou uma reprimenda no trabalho). A • Figura 14.4 mostra que, quanto mais tempo um estressor durou, maior foi a probabilidade de a pessoa adquirir um resfriado. Com o tempo, o estresse destrói o sistema imunológico do corpo.

Os efeitos do estresse são claros. Porém certas características pessoais e circunstâncias de vida podem proteger as pessoas contra seus efeitos adversos à saúde. Em outro estudo de desafio viral, Cohen e colegas (2006) descobriram que, quanto mais sociáveis as pessoas eram na vida, mais resistentes eram para desenvolver o resfriado induzido em laboratório. Com o mesmo método, também descobriram que quanto mais apoio social as pessoas têm na vida – medido, por exemplo, pelo fato de dizerem que alguém as abraçou durante o dia – menor a probabilidade de serem infectadas pelo vírus (Cohen et al., 2015).

Esses estudos com base no resfriado comum são importantes porque demonstram não só que o estresse pode enfraquecer o sistema imunológico, mas também pode nos deixar vulneráveis a doenças como resultado desse enfraquecimento. O estresse tem efeitos

• FIGURA 14.4

Duração do estresse e doença

Duzentos e setenta e seis voluntários foram entrevistados sobre o estresse recente da vida e, depois, infectados com o vírus do resfriado. Como se vê no gráfico, quanto mais meses durou um estressor, maior a probabilidade de uma pessoa pegar um resfriado. Com o tempo, o estresse destrói o sistema imunológico do corpo.
Cohen et al. (1998)

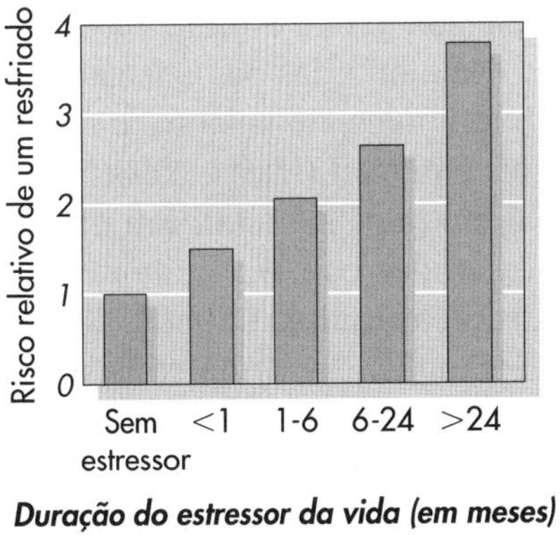

Duração do estressor da vida (em meses)

semelhantes em doenças mais graves? Pode, por exemplo, acelerar a disseminação do HIV/AIDS ou do câncer? Em um teste inicial dessa hipótese, Madeline Visintainer e outros (1982) implantaram células cancerosas tumorais em ratos de laboratório, alguns dos quais foram expostos repetidamente a choques dos quais não podiam escapar. Após um mês, 50% dos animais não submetidos ao choque morreram de câncer. No entanto, em relação a essa linha de base, a taxa de mortalidade subiu para 73% entre aqueles sujeitos aos choques. Esse estudo foi um dos primeiros a mostrar que estados psicológicos, como uma sensação de desamparo, podem influenciar a disseminação do câncer.

O crescimento de tumores em ratos de laboratório indefesos é interessante, mas o mesmo princípio se aplica às pessoas? Por razões éticas óbvias, os pesquisadores não podem encher os humanos de desespero ou injetar tumores letais em seus corpos para testar a cadeia de causa e efeito diretamente. No entanto, podem examinar os registros médicos de pessoas cujas vidas foram atingidas pela doença. Investigações desse tipo revelaram que o câncer aparece com mais frequência que o normal em pessoas propensas a um estado emocional negativo (Sklar e Anisman, 1981). Em um estudo em grande escala, foram pesquisados 2 mil funcionários do sexo masculino da Western Electric Company em Chicago, cujas personalidades foram avaliadas em 1958. Naquela época, os resultados dos testes mostraram que alguns dos homens tinham baixa autoestima, estavam infelizes e deprimidos. O resultado: cerca de 20 anos depois, esses homens apresentaram mais probabilidade que os colegas de trabalho de morrer de câncer (Persky et al., 1987).

Vamos ser claros sobre o que esses resultados significam. Ninguém contesta que o câncer é causado por fatores genéticos e outros fatores biológicos, bem como pela exposição a substâncias tóxicas. Porém os indivíduos que estão clinicamente deprimidos ou sob grande estresse têm sistemas imunológicos enfraquecidos e uma suscetibilidade elevada a agentes infecciosos, o que, em alguns casos, pode resultar em maior taxa de mortalidade por câncer e também por outras doenças (Cohen et al., 2007; Kiecolt-Glaser, 2009; Miller et al., 2009).

14-3e A conexão social

Nós, humanos, somos criaturas tão inerentemente sociais que nossos relacionamentos mais íntimos podem ter efeitos terapêuticos – ou devastadores – em nossa saúde. Em um artigo intitulado "Casamento, divórcio e o sistema imunológico", Janice Kiecolt-Glaser (2018) integra anos de pesquisa envolvendo recém-casados e casais mais velhos. Essa pesquisa indica que um relacionamento problemático é "depressogênico", que o sofrimento conjugal pode provocar depressão, o que, por sua vez, pode causar conflito no relacionamento – especialmente para as mulheres. Em um fluxograma que lembra a • Figura 14.3, Kiecolt-Glaser e Wilson (2017) observam que todos esses fatores comprometem o sistema imunológico por duas vias: (1) desencadeando comportamentos inadequados (como perda de sono, dieta pobre e uso de álcool e drogas) e (2) por causar inflamação, que pode aumentar o risco de doenças físicas (como doenças cardiovasculares, diabetes, asma e outras condições).

Considere alguns fatos empíricos. Para as pessoas casadas, o divórcio é uma experiência particularmente angustiante. Nos Estados Unidos, aproximadamente 40% dos primeiros casamentos terminam em divórcio (Tejada-Vera e Sutton, 2009). Esse processo é logística, financeira, social e emocionalmente perturbador. A maioria das pessoas gerencia a transição e se adapta à mudança (Amato, 2010). Para alguns homens e mulheres, no entanto, o divórcio é um estressor agudo que pode ter efeitos duradouros em sua saúde física e mental (Lucas, 2005; Sbarra e Nietert, 2009).

O divórcio pode ser fatal? Em uma metanálise, David Sbarra e colegas (2011) combinaram os resultados de 32 estudos com 6,5 milhões de homens e mulheres, 755 mil divórcios e 160 mil mortes em onze países (Estados Unidos, Canadá, Grã-Bretanha, Japão, Suécia, Alemanha, Finlândia, Noruega, Rússia, Israel e Holanda). De forma consistente com pesquisas anteriores que mostravam que o divórcio está associado ao aumento do consumo de álcool, da insônia e de outros comportamentos negativos à saúde, os resultados foram preocupantes. Em relação às suas contrapartes casadas, as pessoas que se divorciaram no início dos estudos prospectivos apresentaram 23% mais probabilidade de morrer prematuramente por todas as causas de morte durante as avaliações de acompanhamento. Esse risco foi mais elevado para homens e pessoas com menos de 65 anos de idade. Em questões de causa e efeito e sobre como interpretar essas associações, mais pesquisas são necessárias. O que está claro, no entanto, é que, embora a maioria das pessoas seja resiliente, o divórcio é um evento estressante na vida, frequentemente com consequências adversas para a saúde, a vida e o bem-estar (Sbarra et al., 2015).

> O estresse pode enfraquecer o coração, mas não pode afetar o sistema imunológico.
>
> **FALSO**

14-4 Processos de avaliação

Há cerca de 2.500 anos, um autor anônimo escreveu um poema extraordinário sobre o sofrimento humano: o Livro de Jó. Quando o poema começa, um homem piedoso e próspero, Jó logo sofre com grandes calamidades. Ele perde a propriedade, os filhos e sua saúde. Jó e os amigos tentam entender como essas coisas terríveis podem acontecer. Os amigos dele argumentam que a situação de Jó deve ser uma punição enviada por Deus e dizem que ele deve se arrepender. Por acreditar que seus sofrimentos excedem em muito qualquer transgressão de sua parte, Jó não pode aceitar essa explicação. Em desespero, ele duvida de sua capacidade de suportar as dificuldades contínuas e anseia pela morte. No entanto, eventualmente, Jó encontra força e paz por meio da confiança na vontade de Deus.

Da perspectiva do modelo de estresse e enfrentamento mostrado na • Figura 14.1, Jó e os amigos estavam envolvidos no processo de avaliação. Eles consideraram possíveis explicações para o sofrimento de Jó e criaram expectativas sobre a capacidade dele de lidar com a situação. Esses mesmos temas são encontrados em pesquisas sobre estresse e enfrentamento.

14-4a Atribuições e estilos explicativos

A depressão é um transtorno de humor caracterizado por sentimentos de tristeza, pessimismo, apatia e processos lentos de pensamento. Outros sintomas incluem distúrbios nos padrões de sono e alimentação e redução do interesse por sexo. Todos os anos, entre 6% e 7% da população dos Estados Unidos experimenta uma grande depressão. Muitos outros sofrem de ataques mais breves e suaves. Às vezes considerada o "resfriado comum" dos distúrbios psicológicos, a depressão é universal e generalizada (Gotlib e Hammen, 2009).

Cerca de duas vezes mais mulheres que homens procuram tratamento para a depressão. Ao longo da vida, estima-se que 12% dos homens norte-americanos e 21% das mulheres sofrerão de depressão grave (Kessler et al., 1994). Essa diferença de gênero começa a aparecer na adolescência, embora a disparidade seja um pouco menor nas nações menos desenvolvidas (Culbertson, 1997). Ainda que a depressão tenha muitas causas, alguns pesquisadores se concentraram no valor dado pelas pessoas a eventos positivos e negativos ocorridos em suas vidas.

Martin Seligman (1975) argumentou que a depressão resulta de um sentimento de **desamparo aprendido**, a expectativa adquirida de que não se pode controlar resultados importantes. Em uma série clássica de experimentos, Seligman descobriu que cães amarrados a um arreio e expostos a choques elétricos dolorosos logo se tornavam passivos e desistiam de tentar escapar, mesmo em novas situações em que a fuga fosse possível. Já os cães que não receberam choques aprenderam rapidamente a rotina de fuga. Aplicado a humanos, esse achado sugere que a exposição prolongada a eventos incontroláveis pode causar apatia, inatividade, perda de motivação e pessimismo. Em humanos, participantes de pesquisas, aqueles expostos a barulhos altos, em uma situação posterior, não conseguiram se proteger quando o ruído poderia ser facilmente evitado. Seligman foi rápido em notar que as pessoas expostas a eventos incontroláveis tornam-se, de muitas maneiras, indivíduos deprimidos: desanimados, pessimistas sobre o futuro e sem iniciativa. Assim, ele viu a depressão como uma forma de impotência aprendida.

desamparo aprendido Fenômeno no qual a experiência com um evento incontrolável cria um comportamento passivo em face de ameaças subsequentes ao bem-estar.

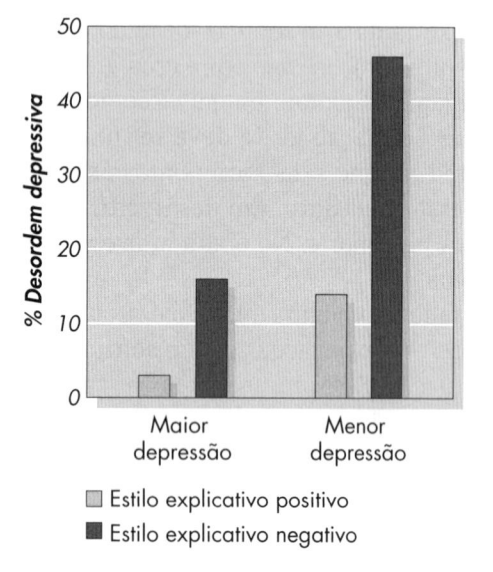

FIGURA 14.5

Usando estilos de atribuição para prever a depressão

Neste estudo, pesquisadores mediram os estilos explicativos de estudantes universitários do primeiro ano. Dois anos depois, como veteranos, aqueles que tinham um estilo negativo em vez de positivo em seu primeiro ano eram mais propensos a sofrer de um transtorno depressivo maior ou menor.
Alloy et al. (2006)

Lynn Abramson e colegas (1989) mais tarde propuseram que a depressão é um estado de *desesperança* causado pelas autoatribuições negativas que as pessoas fazem para o fracasso. Na verdade, algumas pessoas têm um **estilo explicativo depressivo** – uma tendência a atribuir eventos ruins a fatores que são internos em vez de externos ("A culpa é minha"), estáveis em vez de instáveis ("Não vai mudar"), e globais em vez que específico ("Isso abrange todos os aspectos da minha vida"). As pesquisas apoiam essa proposição. Estejam tentando explicar a rejeição social, uma derrota no esporte, notas baixas ou a incapacidade de resolver um quebra-cabeça, aqueles que estão deprimidos são mais propensos que outros a culpar fatores que estão dentro de si, improváveis de mudar e amplos o suficiente para prejudicar outros aspectos da vida. O resultado: desesperança e desespero (Abramson et al., 1989; Metalsky et al., 1993).

Essa maneira de pensar pode sinalizar uma vulnerabilidade à depressão futura. De fato, quando Lauren Alloy e colegas (2006) mediram os estilos explicativos de estudantes universitários recém-ingressados e não deprimidos e, em seguida, acompanharam esses alunos no primeiro ano, descobriram que aqueles com um estilo explicativo negativo no primeiro ano – em comparação com os colegas de classe com um estilo mais positivo – tiveram muito mais propensão a sofrer de um transtorno depressivo de maior ou menor grau (ver • Figura 14.5).

14-4b A capacidade humana de resiliência

O estresse afeta as pessoas de maneiras diferentes, uma observação que primeiro levou Suzanne Kobasa e outros (1982) a se perguntar por que alguns de nós são mais resistentes que outros diante do estresse. Kobasa estudou cerca de 200 executivos sob estresse. Muitos relataram ficar doentes frequentemente, reforçando a relação entre estresse e doenças; outros conseguiam se manter saudáveis. Os dois grupos eram semelhantes em termos de idade, educação, situação profissional, renda e origem étnica e religiosa. No entanto ficou claro, a partir de vários testes, que diferiam nas atitudes em relação a si mesmos, aos empregos e às pessoas em suas vidas. Com base nessas diferenças, Kobasa identificou um estilo de personalidade que chamou de *resistência* e concluiu que pessoas resistentes têm três características: (1) compromisso – um senso de propósito em relação a trabalho, família e outros domínios; (2) desafio – uma abertura para novas experiências e um desejo de abraçar a mudança; e (3) controle – a crença de que se tem o poder de influenciar resultados futuros importantes.

Pesquisas apoiam o ponto geral de que a resiliência, ou a resistência, serve como um amortecedor contra o estresse (Funk, 1992). Como você pode imaginar, a maioria das pessoas é exposta a pelo menos um evento altamente traumático durante o curso da vida. No entanto, enquanto muitos desenvolvem transtorno de estresse pós-traumático (TSPT), outros mantêm o equilíbrio e a saúde mental: "Cerca de 50 a 60% da população dos Estados Unidos está exposta ao estresse traumático, mas apenas 5 a 10% desenvolvem TSPT" (Ozer et al., 2003, p. 54). Assim, tanto Ann Masten (2001) quanto George Bonanno (2004) argumentam que a maioria dos seres humanos é altamente resiliente e exibe uma capacidade

estilo explicativo depressivo
Tendência habitual de atribuir eventos negativos a causas estáveis, globais e internas.

notável de prosperar apesar de eventos altamente adversos. Vicki Helgeson e colegas (2006) observaram que muitas pessoas que enfrentam ataques cardíacos, câncer, divórcio, guerras e outros traumas frequentemente encontrarão maneiras de aceitar, beneficiar-se e crescer com a experiência.

Pessoas com personalidades diferentes lidam com o estresse de maneiras diferentes (Carver e Connor-Smith, 2010; Friedman e Kern, 2014). Quais são as características específicas de resistência, resiliência e capacidade de encontrar benefícios na perda? Em entrevistas longitudinais de duas partes feito com judeus e árabes israelenses durante um período de intensos ataques terroristas e aéreos, Steven Hobfoll e outros (2009) descobriram que 64% dos entrevistados experimentaram sofrimento crônico ou retardado, enquanto 36% foram resistentes ou completamente resilientes. As comparações dos dois grupos mostraram que a resiliência nessa população era mais comum entre os homens que entre as mulheres; entre os judeus, que são a maioria da população, que entre os árabes, uma minoria étnica; e entre pessoas em geral com mais educação, mais dinheiro e mais apoio social de amigos. Essas descobertas podem ser específicas para as populações e eventos de Israel. No entanto, é mais provável que nos digam algo mais geral sobre as características da resiliência. Vamos ver.

Autoeficácia Quando Kobasa e outros (1982) identificaram a resistência como um traço adaptativo, eles – e outros pesquisadores – rapidamente perceberam que a percepção de controle é um ingrediente importante (Florian et al., 1995). No início, a pesquisa mostrou que os efeitos nocivos de aglomerações, ruídos, calor e outros fatores de estresse são reduzidos quando as pessoas pensam que podem exercer controle sobre esses aspectos ambientais (Glass e Singer, 1972). A percepção de controle é especialmente significativa para quem tem a vida regulada por outras pessoas. Por exemplo, idosos residentes em casas de repouso que receberam mais controle sobre as rotinas diárias tornaram-se mais felizes e mais ativos (Langer e Rodin, 1976; Schulz, 1976). Outros estudos mostram que pacientes com doenças cardíacas, câncer e aids se ajustavam melhor emocionalmente quando sentiam que poderiam influenciar o curso de sua doença (Helgeson, 1992; Rodin, 1986; Thompson et al., 1993).

A percepção de controle refere-se à expectativa de que nossos comportamentos podem produzir resultados satisfatórios. Porém as pessoas também diferem na medida em que acreditam poder executar esses comportamentos. Esses conceitos parecem relacionados, mas na verdade se referem a crenças diferentes, ambas necessárias para que possamos sentir que controlamos resultados importantes em nossas vidas (Skinner, 1996). Segundo Albert Bandura (1997), essas últimas expectativas são baseadas em sentimentos de competência, ou **autoeficácia**. Alguns indivíduos podem ser geralmente mais confiantes que outros, diz Bandura, mas a autoeficácia é um estado de espírito que varia de uma tarefa e situação específica à outra. Em outras palavras, você pode ter alta autoeficácia para conhecer novas pessoas, mas não para melhorar suas notas. Ou você pode ter alta autoeficácia para resolver um problema de matemática, mas não para escrever um artigo.

Pesquisas sobre autoeficácia mostraram que, quanto mais você tem em uma tarefa específica, mais provável é que você cumpra essa tarefa, se esforce, persista diante do fracasso e seja bem-sucedido. As consequências para a saúde mental e física são particularmente impressionantes. Por exemplo, indivíduos com alta autoeficácia em questões relacionadas à saúde são mais propensos, se quiserem, a permanecer fisicamente em forma, se abster de álcool e tolerar as dores da artrite, do parto e da enxaqueca (Maddux, 1995) – e até mesmo a parar de fumar (Baldwin et al., 2006) ou perder peso (Linde et al., 2006).

Ocasionalmente, ter forte senso de autoeficácia pode significar literalmente a diferença entre a vida e a morte. Em um estudo recente, Urmimala Sarkar e colegas (2009) recrutaram 1.024 pacientes com doença cardíaca e monitoraram a saúde deles ao longo do tempo. No início do estudo, os participantes preencheram uma Escala de Autoeficácia Cardíaca na qual indicaram o grau de confiança na capacidade de manter as atividades normais, de se envolver em atividades sexuais e de fazer exercícios aeróbicos. Nos anos seguintes, 124 dos pacientes foram hospitalizados e 235 morreram. Quando os pacientes foram classificados em quatro categorias de autoeficácia – das pontuações mais altas às mais baixas – os resultados mostraram que, quanto maior a autoeficácia no início do estudo, maior a probabilidade de sobreviverem à hospitalização anos depois (ver • Figura 14.6).

> **autoeficácia** Crença de uma pessoa de que é capaz de ter o comportamento específico necessário para produzir o resultado desejado em uma determinada situação.

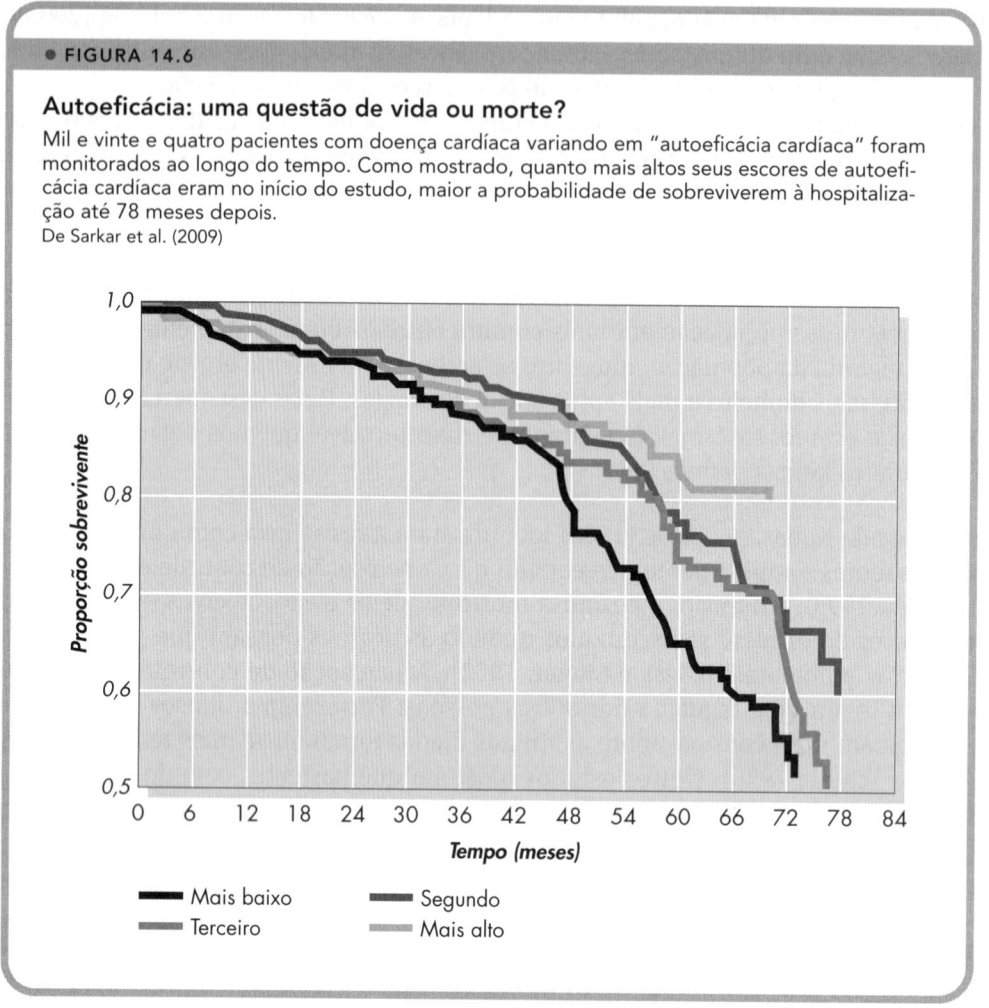

● FIGURA 14.6

Autoeficácia: uma questão de vida ou morte?
Mil e vinte e quatro pacientes com doença cardíaca variando em "autoeficácia cardíaca" foram monitorados ao longo do tempo. Como mostrado, quanto mais altos seus escores de autoeficácia cardíaca eram no início do estudo, maior a probabilidade de sobreviverem à hospitalização até 78 meses depois.
De Sarkar et al. (2009)

Otimismo disposicional A razão pela qual é importante entender o valor que damos a resultados passados e nossas percepções de controle em situações presentes é que ambos influenciam nossa perspectiva sobre o futuro. Em *Learned Optimism*, Seligman (1991) argumentou que uma tendência generalizada de esperar resultados positivos é caracterizada por um estilo explicativo não depressivo. De acordo com Seligman, os otimistas tendem a atribuir o fracasso a fatores externos, temporários e específicos, e a creditar o sucesso a fatores internos, permanentes e globais.

Pesquisas mostram que, embora o otimismo disposicional seja parcialmente herdado, também é fortemente moldado por experiências pessoais, influências sociais e pelo curso de desenvolvimento no decorrer da vida. Acompanhando quase 10 mil adultos ao longo de quatro anos, por exemplo, os pesquisadores descobriram que o otimismo aumentou progressivamente dos 50 aos 70 anos, depois diminuiu (Chopik et al., 2015). Dada a nossa capacidade de mudança e à luz das vantagens que o otimismo traz, Suzanne Segerstrom (2006a), assim como Seligman, observa que mesmo os pessimistas podem se treinar para pensar de maneira otimista.

Considere a própria visão do futuro. Você é o eterno otimista que vê o lado bom e geralmente espera que coisas boas aconteçam, ou tende a acreditar na lei de Murphy, de que, se algo pode dar errado, dará? Ao fazer perguntas como essas, Michael Scheier e Charles Carver (1985) categorizaram os estudantes universitários de acordo com essa dimensão e descobriram que os otimistas disposicionais relataram menos sintomas de doenças durante o semestre que os pessimistas. As correlações entre otimismo e saúde são consistentes. Os otimistas são mais propensos a adotar uma abordagem ativa focada no problema ao lidar com o estresse (Nes e Segerstrom, 2006). Em um estudo com 1.306 homens adultos saudáveis da área de

Boston, aqueles que relataram altos níveis de otimismo em vez de pessimismo tiveram metade da probabilidade de ter DCC dez anos depois (Kubzansky et al., 2001). Em um estudo com 5 mil funcionários municipais na Finlândia, aqueles que eram mais otimistas também eram mais saudáveis e faltavam menos dias ao trabalho se sofressem com luto ou doença grave na família nos próximos cinco anos (Kivimaki et al., 2005).

"O otimista proclama que vivemos no melhor dos mundos possíveis; o pessimista teme que isso seja verdade."
— James Cabell

No decorrer da vida, passa-se por contratempos. Porém uma disposição otimista pode ajudar-nos a enfrentar as tempestades e, consequentemente, manter-nos mais saudáveis. Em um estudo, pesquisadores coletaram ensaios pessoais escritos na década de 1940 por 99 homens que haviam acabado de se formar em Harvard e, em seguida, esses dados foram analisados para determinar qual tinha sido o estilo explicativo de cada um deles na juventude. Trinta e cinco anos depois, aqueles que na juventude tinham uma perspectiva otimista eram mais saudáveis que os colegas mais pessimistas (Peterson et al., 1988).

Como esses resultados podem ser explicados? Há duas possibilidades: uma biológica, a outra comportamental. Em pesquisas que apoiam uma explicação biológica, a análise de amostras de sangue demonstra que os otimistas exibem uma resposta imunológica mais resistente ao estresse que os pessimistas (Kamen-Siegel et al., 1991; Segerstrom et al., 1998). Em uma pesquisa que apoia uma explicação comportamental, Christopher Peterson e outros (1988) pontuaram os estilos explicativos de 1.528 jovens adultos saudáveis valendo-se de questionários preenchidos entre 1936 e 1940. Surpreendentemente, após 50 anos, os otimistas (especificamente, aqueles que haviam feito atribuições globais em vez de específicas para bons eventos) tinham menos probabilidade de ter sofrido uma morte acidental, imprudente ou violenta. À luz do volume de pesquisas sobre o assunto, parece que ambas as explicações estão corretas (Scheier e Carver, 2014).

"O mais importante na doença é nunca desanimar."
— Nikolai Lenin

Há um velho ditado: "Onde há vida, há esperança". Talvez o oposto também seja verdadeiro: "Onde há esperança, há vida". Em uma impressionante ilustração dessa possibilidade, Susan Everson e outros (1996) estudaram 2.428 homens de meia-idade na Finlândia. Com base na medida em que concordaram com duas afirmações simples ("Sinto que é impossível alcançar os objetivos pelos quais gostaria de lutar" e "Não parece haver esperança para o futuro e não posso acreditar que as coisas estão mudando para melhor"), os homens foram inicialmente classificados como tendo um senso de desesperança alto, médio ou baixo. Quando os pesquisadores verificaram os registros de óbitos seis anos depois, descobriram que, quanto mais desesperançados os homens estavam no início, maior a probabilidade de terem morrido por várias causas – mesmo quando apresentavam a mesma idade e o mesmo estado de saúde anteriormente. Em comparação com aqueles menos desesperançados, os com níveis mais altos de desesperança tiveram mais de duas vezes mais chances de morrer de câncer e quatro vezes mais chances de morrer de doenças cardiovasculares (ver • Figura 14.7). Esses resultados trazem à vida o que Norman Cousins (1989) descreveu como "a biologia da esperança", lembrando-nos de que "expectativas positivas podem ser autorrealizáveis" (Peterson, 2000).

14-4c Saúde de Pollyanna

Pollyanna é a heroína otimista criada pela escritora norte-americana Eleanor Porter. Apesar de costumar ser criticada pela crença ilimitada de que, mesmo a pior das situações tem um lado bom, as pesquisas sugerem que Pollyanna deveria ser uma pessoa extraordinariamente saudável.

Vamos ser claros sobre o que essas pesquisas significam. A mente é uma ferramenta poderosa que pode ser usada para ferir, curar e proteger o corpo (Ray, 2004). No entanto, nenhum cientista confiável acredita que nossas atribuições, percepções de controle, otimismo ou outras fontes de resiliência são os únicos determinantes de uma vida longa. Uma perspectiva positiva não pode garantir nada. Portanto, embora devamos valorizar os poderes da mente para influenciar o corpo, seria um erro cruel culpar vítimas de doenças por terem uma visão negativa da vida. Em *The Self-Healing Personality*, Howard Friedman

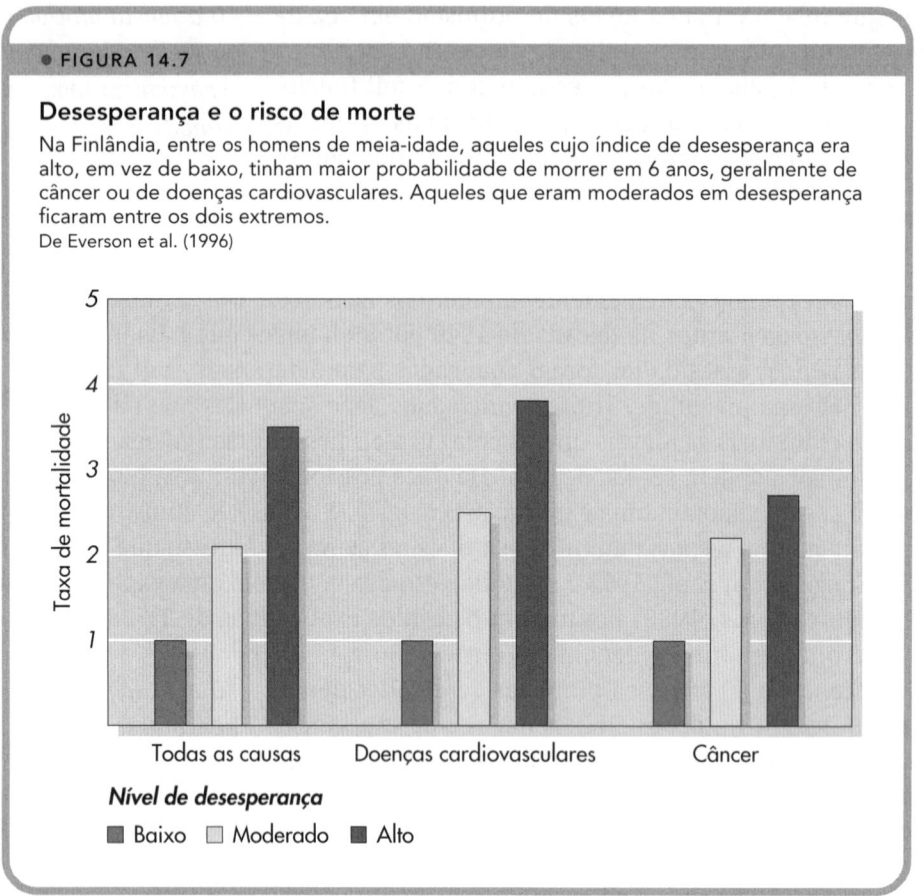

● FIGURA 14.7

Desesperança e o risco de morte
Na Finlândia, entre os homens de meia-idade, aqueles cujo índice de desesperança era alto, em vez de baixo, tinham maior probabilidade de morrer em 6 anos, geralmente de câncer ou de doenças cardiovasculares. Aqueles que eram moderados em desesperança ficaram entre os dois extremos.
De Everson et al. (1996)

(1991) disse: "Devemos caminhar sobre uma linha tênue entre culpar os pacientes, por um lado, e absolvê-los de qualquer papel em sua saúde, por outro" (p. 96).

Esse sentimento animou um recente debate nos Annals of Behavioral Medicine. De um lado, Lisa Aspinwall e Richard Tedeschi (2010a) defendem a aplicação da pesquisa em psicologia da saúde para auxiliar na luta contra certas doenças, especialmente a DCC. James Coyne e Howard Tennen (2010) argumentam que nenhuma pesquisa apoia afirmações exageradas de que o pensamento positivo pode prevenir o câncer e, de fato, que fazer tais afirmações é irresponsável. Em uma tréplica parcialmente intitulada "Of Babies and Bathwater", Aspinwall e Tedeschi (2010b) concordam que muitas afirmações duvidosas chegaram à imprensa popular. Eles ressaltam, no entanto, que as evidências das pesquisas são significativas no que diz respeito às influências psicológicas sobre a doença coronariana e algumas outras condições. Nas palavras deles, "é irresponsável ignorar, denegrir ou negar a veracidade das experiências de quem relata benefícios e crescimento enquanto enfrenta doenças fatais e outros traumas, e abrir mão da oportunidade de encontrar maneiras de facilitar e melhorar essas experiências".

Também é importante reconhecer que o pensamento positivo pode apresentar aspectos negativos, especialmente se este nos leva a ver a nós mesmos e aos eventos a nosso redor de maneira totalmente irreal. Como vimos no Capítulo 3, quem se vê de modo excessivamente positivo às vezes não é apreciado pelos amigos e é visto como arrogante, sem consideração e hipersensível a críticas (Colvin et al., 1995; Heatherton e Vohs, 2000). Também pode ser prejudicial acreditar que se tem controle sobre determinados eventos quando não se tem. Em um estudo com pacientes que sofriam de perda da função renal, aqueles que sentiam que tinham controle sobre a saúde ficaram mais deprimidos, não menos, após um transplante que não tenha sido bem-sucedido (Christensen et al., 1991). Em um estudo com estudantes de direito do primeiro ano, os otimistas exibiram uma resposta imunológica mais potente que os pessimistas quando a transição para a faculdade de direito foi fácil, mas uma resposta imunológica mais fraca quando a transição foi difícil (Segerstrom, 2006b). Diante de alguns contratempos, a sensação de controle pode nos ajudar a nos recuperar. No entanto, definir expectativas de controle muito altas pode ser mais prejudicial que benéfico diante de resultados negativos.

O que nos remete a Jó. No fim desse relato bíblico, Jó recupera a saúde, a propriedade e a prosperidade da família. Ele não recupera, entretanto, o senso de controle pessoal e o otimismo de que desfrutava antes de ter sido atingido pela calamidade. Em vez disso, a serenidade duramente conquistada por Jó é baseada na crença de que a vida tem sentido e propósito. Pollyanna tem seu charme, mas Jó é um herói da condição humana.

> Ao tratar de saúde física, a pesquisa não apoia crenças populares sobre o poder do pensamento positivo.
> FALSO

14-5 Maneiras de lidar com o estresse

Sair de casa. Estudar para os exames finais. Treinar para uma competição atlética. Romper um namoro. Trabalhar noites longas – ou não trabalhar. Esperar em longas filas de segurança no aeroporto. Ter filhos. Criar filhos. Lutar para cumprir o prazo de conclusão de um livro didático. O estresse é inevitável. Ninguém pode evitá-lo. O melhor que podemos fazer é minimizar seus efeitos nocivos. Dependendo da pessoa e do estressor, é possível lidar com a tentativa de resolver o problema conversando com amigos, se distraindo, dormindo ou bebendo muito para escapar, orando, meditando, desabafando, atacando, rindo, pedindo ajuda, fingindo que está tudo bem – ou surtando. Combinando todas as teorias psicológicas e pesquisas, parece que há 400 maneiras específicas de lidar com o estresse (Skinner et al., 2003). Em uma recente pesquisa nacional, homens e mulheres foram questionados sobre como administram o estresse em suas vidas. Como você pode conferir na • Figura 14.8, as pessoas utilizam uma ampla variedade de maneiras – algumas saudáveis, outras nem tanto (American Psychological Association, 2017).

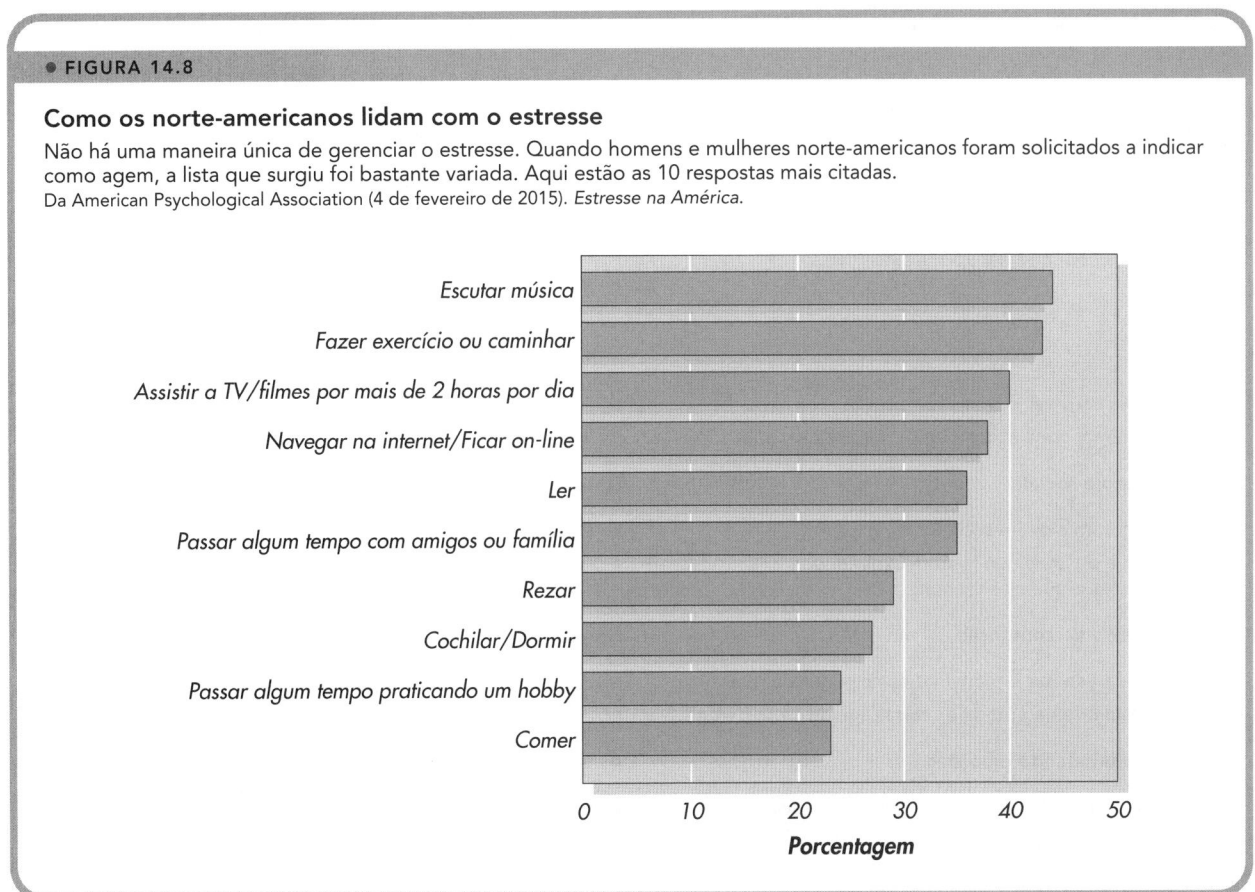

• FIGURA 14.8

Como os norte-americanos lidam com o estresse

Não há uma maneira única de gerenciar o estresse. Quando homens e mulheres norte-americanos foram solicitados a indicar como agem, a lista que surgiu foi bastante variada. Aqui estão as 10 respostas mais citadas.
Da American Psychological Association (4 de fevereiro de 2015). *Estresse na América*.

Ao agrupar estratégias específicas semelhantes, os pesquisadores estudam diferentes tipos gerais de enfrentamento. Com base nos autorrelatos de um grande número de pessoas, Charles Carver e outros (1989) construíram um questionário multidimensional que chamaram COPE (Coping Orientation to Problems Experienced), que mede 12 métodos distintos de enfrentamento (ver ▲ Tabela 14.2).

Observando que as pessoas podem usar diferentes estratégias de enfrentamento, Lazarus e Folkman (1984) as distinguiram em dois tipos gerais. O primeiro é o **enfrentamento focado no problema**, que se refere a esforços cognitivos e comportamentais para reduzir o estresse, superando a fonte do problema. Problemas na escola? Estude mais, contrate um professor particular ou reduza a carga de trabalho. Casamento em crise? Converse ou consulte um psicólogo. Problemas para encontrar trabalho? Procure um estágio, expanda sua busca ou experimente um novo local. Conforme indicado em vários dos itens da ▲ Tabela 14.2, o objetivo é atacar a fonte de estresse.

Uma segunda abordagem é o **enfrentamento focado na emoção**, que consiste em esforços para controlar nossas reações emocionais aos estressores, em vez de tentar mudá-los. Se você tem dificuldades na escola, no trabalho ou em um relacionamento, pode não demonstrar suas emoções, aceitar o que está acontecendo, desligar-se ou dar vazão às suas emoções. De acordo com Lazarus e

> **enfrentamento focado no problema** Esforços cognitivos e comportamentais para alterar uma situação estressante.
>
> **enfrentamento focado na emoção** Esforços cognitivos e comportamentais para reduzir o sofrimento produzido por uma situação estressante.

▲ **TABELA 14.2**

Maneiras de lidar com o estresse

As declarações a seguir descrevem algumas estratégias de enfrentamento relatadas pelas pessoas. As estratégias estão relacionadas na ordem das relativamente comuns às menos comuns.

Planejamento/Enfrentamento ativo	Supressão de atividades concorrentes
• Tento inventar uma estratégia sobre o que fazer. • Adoto medidas adicionais para tentar me livrar do problema.	• Coloco outras atividades de lado para me concentrar na situação. • Se necessário, deixo outras coisas passarem um pouco.
Reinterpretação positiva	**Desengajamento mental**
• Procuro algo de bom no que está acontecendo. • Tento fazer com que pareça mais positivo.	• Volto-me para o trabalho, a fim de tirar minha mente das coisas. • Vou ao cinema ou assisto à TV para pensar menos na situação.
Aceitação	**Voltando-se para a religião**
• Aprendo a conviver com a situação. • Aceito que tal coisa aconteceu e não pode ser alterada.	• Busco a ajuda de Deus. • Tento encontrar conforto em minha religião.
Buscando apoio social	**Desengajamento comportamental**
• Converso com alguém sobre como me sinto. • Pergunto a pessoas que tiveram experiências semelhantes o que elas fizeram.	• Desisto de tentar conseguir o que quero. • Admito para mim mesmo que não posso lidar com isso.
Enfrentamento de contenção	**Negação**
• Forço-me a esperar o momento certo para fazer algo. • Certifico-me de não piorar as coisas agindo cedo demais.	• Recuso-me a acreditar que tal coisa aconteceu. • Finjo que realmente não aconteceu.
Focando/Desabafando emoções	**Álcool e drogas**
• Fico chateado e deixo minhas emoções se esvair. • Deixo meus sentimentos se esvair.	• Consumo bebidas alcoólicas ou drogas para pensar menos na situação.

Fonte: Carver et al., 1989.

Folkman, tendemos a adotar uma abordagem ativa e focada no problema quando pensamos que podemos superar um estressor, mas recuamos em assumir uma abordagem focada na emoção quando percebemos que o problema está fora de nosso controle.

Lisa Aspinwall e Shelley Taylor (1997) observaram que há uma terceira alternativa: o **enfrentamento proativo**, que consiste em esforços para evitar ou modificar o início de um evento estressante. Como veremos, o enfrentamento é um processo contínuo pelo qual tentamos prevenir – não apenas reagir – aos solavancos e hematomas da vida.

14-5a Enfrentamento focado no problema

O enfrentamento focado no problema parece ser o principal candidato a um papel de destaque na guerra contra o estresse. Certamente, nossos esforços mais ativos e assertivos estão associados a uma saúde melhor (Aspinwall e Taylor, 1992). E, claramente, muitas vezes nos beneficiamos ao enfrentar um estressor de frente em vez de evitá-lo. Considere algo de que todos somos culpados ocasionalmente: a procrastinação – um atraso proposital no início ou na conclusão de uma tarefa, muitas vezes acompanhado por sentimentos de desconforto (Ferrari et al., 1995). Em um estudo longitudinal com estudantes universitários matriculados em uma aula de psicologia da saúde, Dianne Tice e Roy Baumeister (1997) aplicaram um questionário no início do semestre que avaliava até que ponto as pessoas tendiam a procrastinar. Fiel à sua palavra, os alunos que eram procrastinadores entregaram os trabalhos de conclusão de curso depois que os colegas de classe e receberam notas mais baixas. Mais interessante foi a relação com relatos diários de estresse e saúde física. No início, enquanto os procrastinadores estavam no estágio de "adiamento" de um projeto, eles estavam relativamente livres de estresse em comparação aos outros. No fim do semestre, no entanto, conforme o prazo se aproximava e passava, os procrastinadores estavam sob maior estresse e relatavam ter mais sintomas de doenças. No fim, os benefícios de curto prazo da fuga foram superados pelos custos de longo prazo.

Ao lidar com tarefas essenciais, é melhor confrontar e controlar que fugir. Porém essa é sempre uma abordagem benéfica? Há duas razões pelas quais, às vezes, não. Primeiro, para exercer controle, uma pessoa deve permanecer vigilante, alerta e ativamente engajada, o que é fisiologicamente desgastante (Light e Obrist, 1980). Em segundo lugar, uma orientação controladora pode causar problemas se nos levar a desenvolver um padrão de comportamento do Tipo A supercontrolador e indutor de estresse – quer signifique sempre ter a última palavra em uma discussão, "dirigir" do banco de trás de um carro, ou planejar cada detalhe de uma viagem de férias. Nem todos os eventos estão sob nosso controle ou são importantes o suficiente para nos preocuparmos. Há momentos em que é melhor simplesmente deixar fluir (Friedland et al., 1992; Wright et al., 1990).

Quando usamos a palavra *controle*, geralmente temos em mente esforços ativos para administrar algo. Porém o controle vem em muitos disfarces. O conhecimento, por exemplo, é uma forma de controle. Saber por que algo acontece aumenta a chance de ter certeza de que tudo correrá do seu jeito – se não agora, então na próxima vez. Às vezes, podemos enfrentar as tragédias de maneira eficaz, culpando os responsáveis. Nessas situações, responsabilizar outras pessoas pode forçar uma resposta útil, como compensação financeira ou proteção policial.

Porém e quando a culpa é nossa? É sempre adaptável lidar com uma situação ruim culpando a si mesmo? De acordo com Ronnie Janoff-Bulman (1979), depende se você se culpa pelo seu comportamento ou a si mesmo como pessoa. As pessoas podem mudar o próprio comportamento, ela observa, então, culpar-se em termos comportamentais abre caminho para o controle em um esforço para reduzir o estresse atual ou evitar o estresse futuro. No entanto, culpar as próprias características pessoais duradouras, que são mais difíceis de mudar, não apresenta a mesma adaptabilidade, ela avisa.

Janoff-Bulman (1992) posteriormente corrigiu essa hipótese, observando que pode levar algum tempo para que se percebam os benefícios de culpar os próprios comportamentos para a saúde mental. Essa previsão foi testada em estudos sobre como mulheres vítimas de estupro se adaptaram ao trauma. De modo consistente, tanto culpar seus comportamentos quanto características foram associados a um aumento na angústia. Ao contrário

> **enfrentamento proativo** Esforços iniciais para evitar ou modificar o início de um evento estressante.

que se previa, as vítimas de estupro que culpam o próprio comportamento pelo que aconteceu *não* lidam melhor que aquelas que culpam o caráter (Frazier e Schauben, 1994; Hall et al., 2003).

À luz de pesquisas anteriores, Patricia Frazier (2003) oferece uma perspectiva um pouco mais complexa sobre culpa, controle e enfrentamento. Claramente, ela observa, pode ser adaptativo para as vítimas de estupro e outros traumas possuir um senso de controle futuro (Carver et al., 2000; Frazier et al., 2004). No entanto, observando que culpar o próprio comportamento por um trauma passado não garante a prevenção de traumas futuros, ela distingue o controle do passado, do presente e do futuro – e o que cada um implica sobre a temida possibilidade de uma recorrência futura.

Em um estudo longitudinal com mulheres vítimas de estupro que compareceram a um pronto-socorro, Frazier avaliou atribuições de culpa e responsabilidade, percepções de controle e sentimentos de angústia periodicamente de duas semanas a um ano depois. No geral, as mulheres culparam mais o estuprador que a si mesmas, uma tendência que se fortaleceu com o tempo. Como em outros estudos, no entanto, aquelas que atribuíram mais culpa ao estuprador ou a si próprias ficaram mais angustiadas. Aparentemente, o problema de culpar os próprios comportamentos, antes considerada uma prática adaptativa, é que não engendra sentimentos de segurança futura. Nesse sentido, o senso de controle mais útil era sobre o *presente*: as mulheres que acreditavam poder se ajudar a melhorar e facilitar a própria recuperação eram mais otimistas quanto ao futuro e menos aflitas.

Há mais um fator complicador quando se trata das atribuições de culpa que as pessoas fazem quando coisas ruins acontecem a elas. Em um estudo que envolveu 5.991 meninos e meninas do ensino médio de 26 escolas públicas, Hannah Schacter e Jaana Juvonen (2015) pediram que eles imaginassem que foram humilhados diante dos colegas. Posteriormente, eles foram questionados sobre até que ponto se culpariam ("foi minha culpa e não posso mudar isso") ou seu comportamento naquela situação ("Eu deveria ter sido mais cuidadoso"). Curiosamente, as atribuições dependiam do contexto mais amplo da escola. Em escolas onde os níveis de bullying eram altos, os participantes culparam o comportamento; entretanto, em escolas onde o bullying não era comum, onde não podiam culpar tão facilmente a situação, eles se culpavam. Essas descobertas apresentam essa consequência contraintuitiva: "Quando as escolas conseguem diminuir o bullying, os poucos que permanecem vitimizados precisam de apoio adicional para prevenir formas não adaptativas de autoacusação" (p. 841).

14-5b Enfrentamento focado na emoção

O estresse é, por definição, uma experiência desagradável e estimulante que nos enche de emoções negativas e prejudiciais à saúde. Alguns mecanismos de enfrentamento enfocam esse aspecto emocional da adversidade?

Emoções positivas: blocos de construção de enfrentamento focado na emoção Depois dos ataques terroristas de 11 de setembro, muitos norte-americanos relataram em pesquisas de opinião pública que se sentiram tristes, com raiva, com medo, ansiosos e enojados. Em condições tão trágicas, não se esperaria que as pessoas sentissem emoções positivas. Porém é possível que sentimentos positivos e negativos coexistam – como quando encontramos consolo na perda ou uma fresta de esperança nas densas nuvens cinzentas (Folkman e Moskowitz, 2000)?

Pessoas que lidam bem e são resilientes tendem a experimentar emoções positivas apesar do estresse – uma capacidade comum que Ann Masten (2001) chamou "magia comum". Como as emoções positivas funcionam como mágica? Com base em vários estudos, Barbara Fredrickson (2009) observa que as emoções positivas ajudam as pessoas a *ampliar* a perspectiva em tempos de estresse para que possam lidar com a adversidade – em parte fornecendo uma bem-vinda distração da raiva, do medo e de outros estados negativos que aumentam a pressão arterial e a excitação e restringem o foco da atenção.

Para testar a hipótese de que a emoção positiva é adaptativa nesse sentido, dias após 11 de setembro de 2001, Fredrickson e colegas (2003) contataram 46 estudantes universitários que haviam participado anteriormente de um estudo sobre estresse e enfrentamento. Em geral, os alunos demonstraram sentir raiva, tristeza e medo; e também desprezo pelos criminosos. No entanto, muitos também expressaram sentimentos positivos de gratidão (por estar vivo), amor (um apreço renovado pelos entes queridos) e interesse (pelo desenrolar dos acontecimentos mundiais). Na verdade, aqueles que apresentaram mais resiliência antes da crise foram, mais tarde, mais propensos a ter essas emoções positivas e menos propensos a sofrer de depressão após a crise. Ao lidar com emoções positivas sequencialmente, Fredrickson (2009) sugere que as pessoas *constroem* recursos pessoais – aprendendo, por exemplo, como permanecer calmas, focadas, no controle e capazes de dar e receber apoio emocional.

As emoções positivas podem servir melhor ao processo de enfrentamento que as emoções negativas, mas todas as emoções positivas são igualmente adaptativas? Talvez não. Sarah Pressman e Sheldon Cohen (2012) analisaram a linguagem usada por 88 influentes psicólogos falecidos em seus escritos. Especificamente, categorizaram e contaram as palavras positivas ou negativas e de alta ou baixa excitação usadas. Essas distinções resultaram em quatro tipos de palavras de emoção: excitação positiva alta (*animação, entusiasmo, energia*), excitação positiva baixa (calma, pacifismo, satisfação), excitação negativa alta (*tensão, medo, raiva*) e excitação negativa baixa (*solidão, sonolência, cansaço*). Em média, os psicólogos da amostra viveram 79 anos. Mesmo depois de controlar os possíveis efeitos do sexo, do ano de nascimento e outros fatores, Pressman e Cohen descobriram que, quanto mais palavras de alta excitação positiva os psicólogos usavam em seus escritos, mais tempo viveram – em média cinco anos. O uso de palavras com emoção positiva e baixa excitação não foi similarmente associado à longevidade.

A pesquisa sobre emoções positivas nos lembra de não intelectualizar excessivamente o processo de enfrentamento, subestimando o valor do enfrentamento focado na emoção. Retome a ▲ Tabela 14.2 e verá muitos exemplos de enfrentamento focado na emoção, como aceitação, negação, foco ou desabafo, desengajamento mental e comportamental ou busca pela religião. De modo geral, veremos que há duas outras maneiras gerais de lidar com os aspectos emocionais do estresse: desligando-se e abrindo-se. Vamos examinar os efeitos de cada uma dessas estratégias na saúde.

Desligando-se: suprimindo pensamentos indesejáveis Frequentemente, reagimos ao estresse nos fechando e tentando negar ou suprimir os pensamentos e sentimentos desagradáveis. Um modo específico de enfrentamento é a distração. Considere o que acontece quando terroristas tomam como reféns vítimas inocentes. A polícia cerca o local e as negociações começam. Algumas maneiras de lidar com essa situação assustadora são particularmente eficazes? Para ajudar a responder a essa pergunta, 57 funcionários de companhias aéreas participaram voluntariamente de um notável exercício de treinamento conduzido pela Equipe de Operações Especiais e Pesquisa da Academia do FBI (Auerbach et al., 1994; Strentz e Auerbach, 1988). Alguns voluntários receberam treinamento em técnicas de enfrentamento focadas no problema, como ajudar uns aos outros, interagir com os captores e reunir informações. Outros foram treinados para utilizar técnicas focadas na emoção destinadas a diminuir a ansiedade, como distração, respiração profunda e relaxamento muscular. Os voluntários em condição de controle não receberam nenhuma instrução específica.

Depois do treinamento, os voluntários foram "sequestrados" por agentes do FBI que agiam como terroristas. Armas automáticas foram disparadas (com balas falsas), e ferimentos graves foram simulados. Os voluntários foram então "mantidos em cativeiro", isolados em uma sala, com fronhas colocadas sobre suas cabeças. Alguns "reféns" cooperativos foram libertados. Quatro dias depois, outros agentes do FBI "invadiram" o prédio e "resgataram" os reféns restantes. O exercício foi conduzido de maneira realista e os voluntários acharam a experiência extremamente estressante. Aqueles que receberam treinamento para usar técnicas de controle da ansiedade lidaram melhor com a situação que aqueles que receberam treinamento para resolver problemas ou não receberam treinamento. Nesse tipo de situação, em que os indivíduos têm pouco controle real sobre os eventos, a distração e outras técnicas focadas na emoção foram mais eficazes na redução do sofrimento que os esforços focados no problema em busca de exercer controle.

Ainda que potencialmente eficaz, a supressão de pensamentos indesejados também pode ter efeito peculiar e paradoxal. Conforme descrito no Capítulo 3, Daniel Wegner (1997) conduziu uma série de estudos nos quais disse às pessoas para não pensarem em um urso branco e descobriu que elas não podiam evitar que a imagem viesse à mente. Além disso, ele descobriu que entre os participantes que mais tarde tiveram permissão para pensar no urso, aqueles que haviam tentado suprimir a imagem anteriormente estavam incomumente preocupados com ela, fornecendo evidências de um efeito rebote. Às vezes, quanto mais você tenta não pensar em algo, menor a probabilidade de sucesso (Wegner et al., 1998).

A solução: distração focada. Quando os participantes foram instruídos a imaginar um minúsculo carrinho vermelho toda vez que o urso proibido invadisse a consciência, o efeito rebote desapareceu (Wenzlaff e Wegner, 2000).

O que ursos brancos e carros vermelhos têm a ver com enfrentamento? Muito. Quando as pessoas tentam bloquear da consciência pensamentos estressantes, o problema pode piorar. É aí que entra a distração focada. Em um estudo de tolerância à dor, Delia Cioffi e James Holloway (1993) pediram que participantes que colocassem uma das mãos em um balde de água gelada e a mantivesse lá até que não pudessem mais suportar a dor. Um grupo foi instruído a evitar pensar sobre a sensação. O segundo grupo foi instruído a formar uma imagem mental da casa dele. Depois do episódio, aqueles que enfrentaram a supressão demoraram mais para se recuperar da dor que aqueles que fizeram uso da distração focada. Para controlar o estresse – seja causado por dor física, um romance tenso, exames finais ou problemas no trabalho – a distração ("pense em ficar deitado na praia") é uma estratégia de enfrentamento melhor que a mera supressão ("não pense na dor").

Manter segredos e controlar emoções fortes também pode ser fisicamente desgastante. No laboratório, James Gross e Robert Levenson (1997) mostraram a estudantes do sexo feminino vídeos engraçados, tristes e neutros. Metade das vezes, disseram às alunas para não deixarem os sentimentos transparecerem. Através de uma câmera oculta, as gravações confirmaram que, quando solicitadas a não revelar os sentimentos, elas foram menos expressivas. Porém os registros fisiológicos revelaram que, enquanto assistiam aos filmes engraçados e tristes, as alunas exibiam uma resposta cardiovascular maior quando tentavam inibir os sentimentos que quando não o faziam. Fisiologicamente, o esforço para suprimir a demonstração de emoção teve efeito reverso. Também no laboratório, Michael Slepian e colegas (2012) descobriram que quem guardava segredos importantes (por exemplo, sobre mentiras ou orientação sexual) consideravam as distâncias mais longas, as colinas mais íngremes e as tarefas físicas como mais duras – Sugerindo que, "como acontece com os fardos físicos, os segredos pesam" (p. 619).

Um estudo da vida real feito por Steve Cole e colegas (1996) levou esse ponto um passo adiante. Esses pesquisadores identificaram 80 homens gays na área de Los Angeles que haviam sido infectados pelo HIV recentemente, mas não apresentavam sintomas e administraram vários testes psicológicos e monitoraram o progresso deles a cada seis meses durante nove anos. Eles descobriram que em homens que estavam parcialmente "no armário" – em comparação com aqueles que eram abertos sobre a homossexualidade – a infecção se espalhou mais rapidamente, levando-os à morte mais precocemente. Essa correlação provocativa não prova que "se assumir" é mais saudável que "ficar no armário". Em um experimento de laboratório controlado, no entanto, os participantes que foram instruídos a suprimir em vez de expressar pensamentos emocionais turbulentos exibiram uma diminuição temporária na atividade de certas células imunológicas (Petrie et al., 1998). Pelo menos nas culturas ocidentais que encorajam a autoexpressão, ocultar ativamente os pensamentos e sentimentos mais íntimos pode ser perigoso para a saúde.

Abrindo-se: confrontando os próprios demônios A pesquisa que acabamos de descrever sugere que, assim como se desligar pode ter benefícios, o mesmo pode acontecer com a forma oposta de enfrentamento: abrir-se. Há dois aspectos nesse modo emocional de lidar com o estresse. O primeiro é reconhecer e compreender nossas reações emocionais a eventos importantes; o segundo é expressar esses sentimentos internos para nós mesmos e para os outros (Stanton et al., 2000).

De acordo com James Pennebaker (1997), psicoterapia, grupos de autoajuda e vários rituais religiosos têm algo em comum: oferecem uma chance para as pessoas confiarem em alguém, expor-se, confessar-se e falar livremente sobre os problemas – talvez pela primeira vez. Para testar o poder curativo da abertura, Pennebaker conduziu uma série de estudos controlados nos quais levou estudantes universitários a um laboratório e pediu que gravassem ou escrevessem por 20 minutos sobre traumas passados ou eventos diários triviais. Enquanto falavam ou escreviam, os alunos ficavam chateados e fisiologicamente excitados. Muitos relataram, entre lágrimas, acidentes, fracassos, casos de abuso físico ou sexual, solidão, a morte ou o divórcio dos pais, relacionamentos destruídos e os medos sobre o futuro. Logo esses alunos se sentiram como nunca. Pennebaker descobriu que, quando eles se abriram, os níveis de pressão arterial sistólica aumentaram, mas depois caíram abaixo dos níveis pré-experimentais. Os alunos até exibiram um declínio no número de vezes que visitaram o centro de saúde do *campus* nos seis meses seguintes.

Outros estudos também mostraram que guardar segredos pessoais pode ser estressante e que "expô-los" pode ter efeitos terapêuticos na saúde física e mental. Esses efeitos são especialmente fortes quando os participantes se sentem confortáveis ao contá-los, quando são contados em várias sessões e quando os eventos descritos são recentes e traumáticos (Frattaroli, 2006; Lepore e Smyth, 2002).

Parece que se expor pode ser bom para o corpo e também para a alma. Porém por que se abrir ajuda? Por que *você* às vezes sente a necessidade de falar sobre seus problemas? Uma possibilidade, reconhecida há um século por Sigmund Freud, é que a experiência proporciona uma tão necessária *catarse*, uma descarga de tensão – como tirar a tampa de uma panela de água fervente para diminuir a ebulição. Pessoas que passam por traumas – seja uma luta contra o câncer, a morte de alguém próximo, um acidente, um desastre natural ou a exposição à violência – muitas vezes são assombradas por imagens intrusivas do estressor que vêm à mente e não podem ser evitadas. Nesses casos, a exposição pode trazer um fechamento emocional.

Outra explicação para os benefícios de se abrir, preferida por Pennebaker, é que falar sobre um problema pode ajudar a organizar os pensamentos, entender melhor o problema e ter *insights*, em termos cognitivos. Seja qual for o motivo, é claro que se abrir, talvez para outra pessoa, pode ser terapêutico – desde que o ouvinte seja confiável. Esse último ponto é crucial: apesar do potencial de ganho, se abrir também pode causar grande angústia quando as pessoas em quem confiamos reagem com rejeição ou dão conselhos indesejados ou, pior, contam o que foi dito aos outros (Kelly e McKillop, 1996).

Ao indicar a importância da parte "para quem" nos abrimos, Stephen Lepore e colegas (2000) expuseram estudantes universitários a imagens perturbadoras do Holocausto nazista. Depois, foram divididos aleatoriamente em grupos e solicitados a falar sobre as reações deles isoladamente em uma sala, diante de um confederado que sorria e concordava ou de um confederado que evitava o contato visual e discordava que era dito. Um grupo adicional não teve oportunidade de falar a respeito. Conforme relatado dois dias depois, os alunos que falaram sozinhos ou com um confederado que os validava – em comparação com os que não falaram – disseram ter tido menos pensamentos intrusivos sobre o Holocausto no período intermediário e ficaram menos estressados quando expostos novamente às imagens originais. No entanto, para alunos que falaram com um confederado que não os validava, os benefícios da exposição foram silenciados. Essa descoberta apoia nossa conclusão anterior: é melhor expor os demônios que ocultá-los – mas o tamanho do benefício depende de com quem falamos nos apoiar. Não é surpreendente, então, que as pessoas tenham mais probabilidade de ingressar em grupos de apoio mútuo, tanto ao vivo quanto on-line, quando sofrem de doenças estigmatizantes como aids, alcoolismo, câncer de mama e câncer de próstata que quando têm doenças menos constrangedoras, mas igualmente graves, como doenças cardíacas e diabetes (Davison et al., 2000).

Autofoco: ficar preso *versus* libertar-se No Capítulo 3, vimos que as pessoas passam pouco tempo realmente pensando em si mesmas – e quando pensam, desejam estar fazendo outra coisa (Csikszentmihalyi e Figurski, 1982). De acordo com a teoria da autoconsciência, o autofoco revela nossas deficiências pessoais da mesma forma que olhar no espelho atrai nossa atenção para cada mancha no rosto. Não é nenhuma surpresa, então, que o autofoco pareça intensificar algumas das consequências mais indesejáveis do enfrentamento focado na emoção. Aqui está o script.

O estado de autoconsciência pode ser induzido por estímulos externos, como espelhos, câmeras e plateias. O humor também desempenha um papel no processo. Peter Salovey (1992) descobriu que, em comparação com um estado de humor neutro, tanto o humor positivo quanto o negativo aumentam a consciência de si mesmo. Assim, quando ocorre um evento estressante, os sentimentos negativos que surgem aumentam o autofoco. O que acontece a seguir depende da autoestima da pessoa, pois quem tem um autoconceito negativo experimenta humores mais negativos quando focado em si mesmo que quem tem um autoconceito positivo (Sedikides, 1992). O resultado final é um ciclo de feedback que se autoperpetua: estar de mau humor desencadeia o autofoco, que nas pessoas com baixa autoestima piora ainda mais o humor. Esse

Distrações saudáveis, como exercícios, são uma boa maneira de escapar da armadilha da depressão autocentrada.

círculo vicioso forma a base de um modelo de depressão autocentrada, segundo o qual lidar com o estresse prestando atenção aos próprios sentimentos só faz as coisas piorarem (Mor e Winquist, 2002; Pyszczynski e Greenberg, 1992).

Pesquisas mostram que os indivíduos que respondem ao sofrimento ruminando pensamentos repetitivos – fixando-se constantemente em si mesmos, em seus sentimentos, em seus sintomas e na fonte de seu sofrimento – têm maior probabilidade de ficar ansiosos e deprimidos que aqueles que se permitem distrair (Nolen-Hoeksema, 1991; Nolen-Hoeksema et al., 2008). Ainda que alguns tipos de autofoco possam ser úteis, como quando reagimos a um evento estressante concentrando-nos em aspectos positivos ou nos preocupando de modo a planejar ou resolver problemas de forma adaptativa, os efeitos adversos são claros (Watkins, 2008). Ao longo dos anos e em diferentes culturas, pesquisas mostram que meninas e mulheres em particular têm tendência a ruminar, enquanto meninos e homens recorrem ao álcool e outras drogas, atividade física, comportamento antissocial e outros meios de distração. Como regra geral, as mulheres que estão chateadas tendem a meditar; os homens tendem a atuar (Culbertson, 1997; Nolen-Hoeksema e Girgus, 1994).

Felizmente, há alternativas mais saudáveis. Para desviar a atenção de si mesmo, atividades como exercícios aeróbicos, jardinagem, ouvir música ou ler um livro são muito úteis. É aqui que entra a prática da meditação. Historicamente enraizada no hinduísmo e depois no budismo, a meditação descreve uma gama de práticas que têm em comum focar a atenção para promover o relaxamento e uma elevada sensação de bem-estar. Na *Meditação de Atenção Focada*, você escolhe um objeto externo e tenta focar por um período determinado (Lutz et al., 2008). Na *Meditação de Atenção Plena*, o objetivo é direcionar a atenção para o que está acontecendo aqui e agora, sem julgamento ou avaliação (Kearney e Simpson, 2020). Ainda que a atenção plena e outras práticas contemplativas tenham historicamente desempenhado papel importante nas culturas orientais e, embora seja atualmente popular no mundo ocidental, mais pesquisas científicas ainda são necessárias para definir precisamente como funciona, os efeitos transitórios que apresenta sobre a atividade fisiológica e quais são as consequências para a função imunológica e a saúde ao longo do tempo (Van Dam et al., 2018).

Com raízes históricas nas religiões orientais, as diferentes formas de meditação permitem que as pessoas canalizem a atenção para promover o relaxamento e maior sensação de bem-estar.

14-5c Enfrentamento proativo

De acordo com Lisa Aspinwall e Shelley Taylor (1997), as pessoas geralmente beneficiam-se do *enfrentamento proativo*, que consiste em esforços para evitar ou modificar o início de um evento estressante. Conforme ilustrado na • Figura 14.9, o enfrentamento pode ser visto como um processo contínuo pelo qual tentamos prevenir e também reagir aos solavancos e hematomas da vida diária. Também como mostrado, a primeira linha de defesa envolve o acúmulo de recursos – pessoais, financeiros, sociais e outros – que podem mais tarde, se necessário, servir como uma proteção contra o estresse. Nesta seção, examinamos dois recursos possíveis: apoio social e religião.

Apoio social Se o mundo ao seu redor está desabando, o que você faz? Tenta pará-lo? Tenta controlar suas emoções? Ou tenta obter ajuda de outras pessoas? Ao longo deste livro, vimos que nenhum homem ou mulher é uma ilha, que os seres humanos são animais sociais, que pessoas precisam de pessoas e que, para sobreviver, você precisa da ajuda de amigos. No entanto, nossa natureza social e nossas conexões com os outros têm algo a ver com saúde? Laços familiares próximos, amantes, amigos, grupos de apoio on-line e relacionamentos no trabalho funcionam como uma proteção contra o estresse? A resposta é sim. A evidência de que o **apoio social** tem efeitos terapêuticos em nosso bem-estar físico e psicológico é esmagadora (Cohen, 2004; Uchino, 2009).

David Spiegel, da Escola de Medicina da Universidade de Stanford, começou a apreciar o valor das conexões sociais há muitos anos, quando organizou grupos de apoio para mulheres com câncer de mama avançado. Os grupos se reúnem semanalmente em sessões

> **apoio social** Recursos úteis de enfrentamento fornecidos por amigos e outras pessoas.

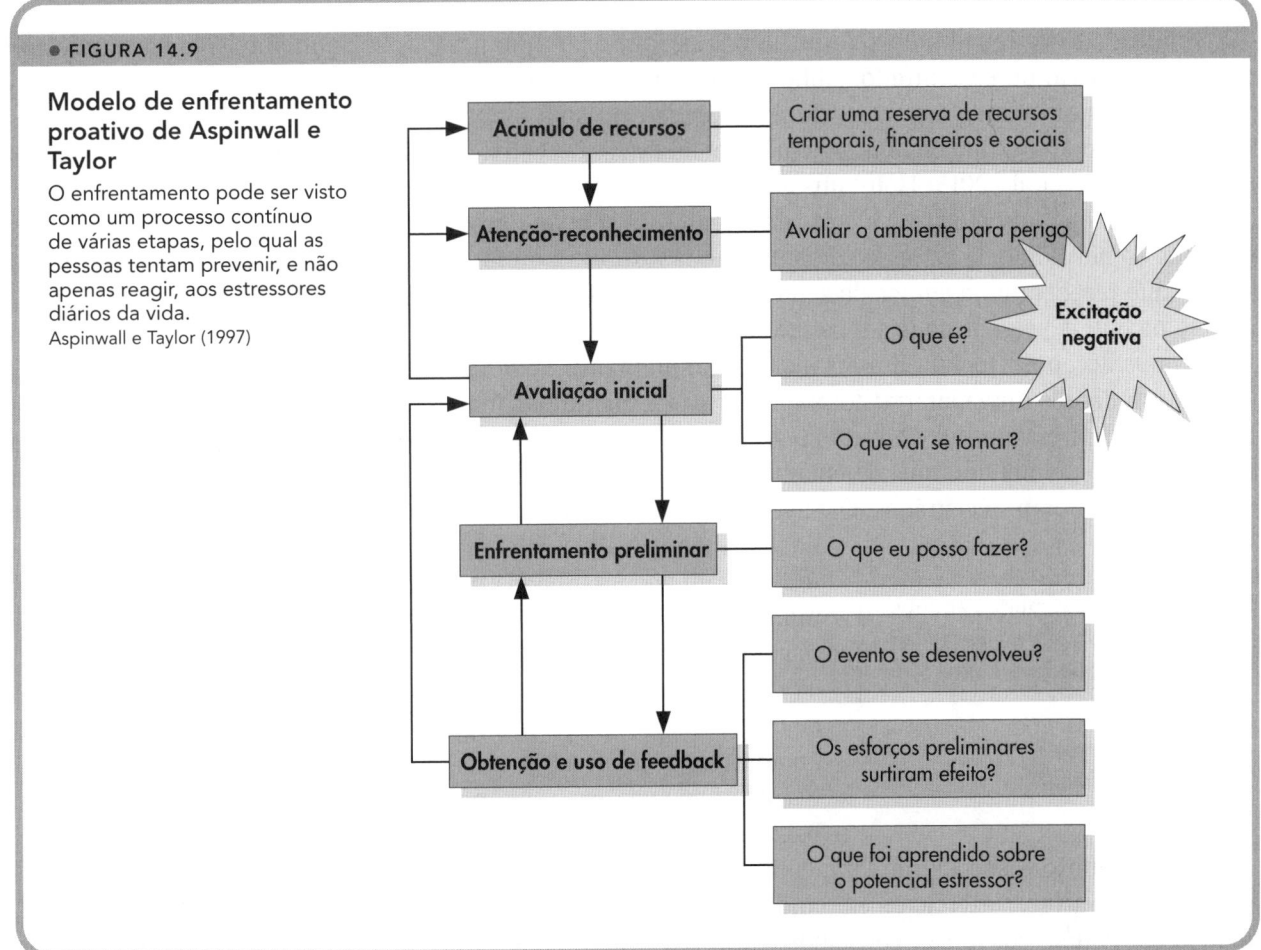

• FIGURA 14.9

Modelo de enfrentamento proativo de Aspinwall e Taylor

O enfrentamento pode ser visto como um processo contínuo de várias etapas, pelo qual as pessoas tentam prevenir, e não apenas reagir, aos estressores diários da vida.
Aspinwall e Taylor (1997)

de 90 minutos para rir, chorar, compartilhar histórias e discutir modos de enfrentamento. Spiegel esperava que as mulheres se beneficiassem emocionalmente da experiência. No entanto, ele descobriu outra coisa que não esperava: essas mulheres viveram em média 18 meses a mais que outras semelhantes que não frequentaram os grupos. De acordo com Spiegel (1993), "O tempo de sobrevida adicional foi maior que qualquer medicamento ou outro tratamento médico conhecido poderia fornecer para mulheres com câncer de mama avançado" (p. 331-332).

Descobertas semelhantes foram feitas por outros pesquisadores. Em um estudo, Lisa Berkman e Leonard Syme (1979) pesquisaram 7 mil residentes do condado de Alameda, Califórnia, e acompanharam durante nove anos as taxas de mortalidade. Eles descobriram que, quanto mais contatos sociais as pessoas tinham, mais tempo viviam. O que era verdade tanto para homens quanto para mulheres, jovens e velhos, ricos e pobres, e pessoas de todas as origens raciais e étnicas. James House e outros (1988) estudaram 2.754 adultos entrevistados durante as consultas médicas. Eles descobriram que os homens mais socialmente ativos tinham duas a três vezes menos probabilidade de morrer dentro de nove a 12 anos que outros da mesma idade que estavam mais isolados. De acordo com House, o isolamento social era estatisticamente tão preditivo de uma morte prematura quanto fumar ou ter colesterol alto.

Resultados de pesquisas como esses são comuns. Por exemplo, pessoas casadas têm mais probabilidade que as solteiras, divorciadas ou viúvas de sobreviver ao câncer por cinco anos (Taylor, 1990), gays infectados com HIV têm menos probabilidade de pensar em suicídio se tiverem laços próximos que se não os tiverem (Schneider et al., 1991), quem sofre um ataque cardíaco é menos propenso a sofrer um segundo se morar com alguém que se viver sozinho (Case et al., 1992), e pessoas que já foram casadas, mas estão separadas ou divorciadas há muito tempo têm risco aumentado de morte prematura (Sbarra e Nietert, 2009). Com base nesse tipo de pesquisa, Bert Uchino (2006) concluiu que, em tempos de estresse, ter apoio social diminui a pressão arterial, diminui a secreção de hormônios do estresse e fortalece as respostas imunológicas.

O outro lado da moeda, de acordo com as pesquisas, é que pessoas socialmente isoladas, conforme medição objetiva, ou se sentindo solitárias, conforme os próprios relatos, correm o risco de exibir mais problemas comportamentais (como fumar, não sair do sofá e dormir mal) e fatores de risco biológicos (como pressão alta e funções imunológicas mais fracas). O efeito final é uma expectativa de vida mais curta (Cacioppo et al., 2015; Holt-Lunstad et al., 2015). Por exemplo, um estudo com estudantes universitários do primeiro ano mostrou que os sentimentos de solidão durante o semestre estavam ligados a níveis elevados do hormônio do estresse cortisol e a uma resposta imunológica enfraquecida a uma vacina contra a gripe que receberam na clínica de saúde da universidade (Pressman et al., 2005). Não há dúvidas: estar isolado de outras pessoas pode ser perigoso para a saúde.

O valor do apoio social para a saúde foi amplamente demonstrado em laboratório. Em um experimento, estudantes universitárias foram instruídas a mergulhar uma das mãos em um recipiente de água gelada por até três minutos. A cada 20 segundos, elas avaliaram como se sentiam e a tolerância geral à dor foi medida pelo tempo que aguentaram. Ao longo da sessão, a pressão arterial e a frequência cardíaca das estudantes foram registradas. Os níveis de cortisol, um hormônio do estresse, foram medidos a partir de amostras de saliva coletadas após a sessão. Algumas participantes estavam acompanhadas por um colega, na verdade um confederado, que proporcionou muito apoio. Outras foram acompanhadas por um confederado neutro ou não tiveram companhia. Os benefícios do apoio social – mesmo vindo de um desconhecido – foram claros: as participantes acompanhadas por um confederado que as apoiou, em relação às demais, apresentaram pressão arterial mais baixa, frequência cardíaca mais baixa, reatividade de cortisol mais baixa e índices de dor mais baixos (Roberts et al., 2015).

> Pessoas que têm muitos amigos são mais saudáveis e vivem mais que aquelas que levam uma vida mais isolada.
>
> **VERDADEIRO**

Nossas conexões sociais são terapêuticas por muitos motivos. Os amigos podem nos encorajar a sair, a comer bem, a fazer exercícios e a cuidar de nós mesmos. Eles também oferecem simpatia, confiança, alguém com quem conversar, conselhos e uma segunda opinião. Há, no entanto, uma exceção notável a essa regra. Das redes sociais que nos apoiam, as parcerias românticas, como no casamento, são as mais fortes. Porém, ainda que homens e mulheres casados e felizes vivam mais que aqueles que são solteiros ou divorciados, o conflito conjugal gera estresse, pressão arterial elevada, úlceras, depressão, abuso de álcool e drogas, alterações na função imunológica e outros efeitos prejudiciais, especialmente para as mulheres (Kiecolt-Glaser e Newton, 2001).

Os benefícios do apoio social para a saúde mostram como é importante conectar-se com outras pessoas. Há desvantagens em uma vida social ativa? É possível, por exemplo, que quanto mais pessoas virmos em um dia – como família, amigos, colegas de classe, de equipe, de trabalho e vizinhos – mais expostos estaremos a resfriados ou gripes? Natalie Hamrick e outros (2002) perguntaram a adultos de 18 a 30 anos sobre eventos estressantes recentes e sobre as vidas sociais deles e, em seguida, levaram-nos a manter um diário de saúde durante três meses. Com base em pesquisas anteriores, eles esperavam que os participantes sob alto estresse adoecessem mais que aqueles sob baixo estresse. Mas e quanto às pessoas com altos e baixos níveis de contato social? O que você acha? As conexões sociais os tornariam vulneráveis a doenças ou os protegeria? Depende. Verifique a • Figura 14.10, e você verá que, para pessoas sob baixo estresse, as conexões sociais não importavam. Para pessoas sob alto estresse, no entanto, aqueles com altos níveis de contato social foram *mais* propensos a contrair um resfriado ou gripe. É saudável ser popular, exceto, talvez, durante a temporada de gripe.

A conexão religiosa Finalmente, a religião fornece uma fonte profundamente importante de apoio social e emocional para muitas pessoas. Há mais de 7,7 bilhões de pessoas na Terra que pertencem a centenas de religiões – as mais populares, em ordem, sendo o cristianismo, o islamismo, o hinduísmo e o budismo (o judaísmo e outros têm muito menos adeptos). Apenas cerca de 15% a 20% da população mundial não é vinculada a um grupo religioso. Nos Estados Unidos, dois terços de todos os adultos descrevem a religião como uma parte muito importante de suas vidas. Existe uma relação entre religiosidade e saúde?

Essa é uma questão interessante, mas controversa. Por um lado, as pesquisas populacionais sugerem que quem relata frequentar cultos religiosos regularmente vive mais que quem não o faz (McCullough et al., 2000). Uma análise recente de mais de 1.500 obituários nos Estados Unidos mostrou que, em média, depois de controlar estatisticamente as diferenças nas taxas de gênero e casamento, as pessoas cujos obituários mencionaram a religiosidade viveram 3,82 anos mais (Wallace et al., 2019).

Quando pensamos sobre o assunto, essa correlação faz algum sentido intuitivo. A fé religiosa pode encher as pessoas de esperança e otimismo, em vez de desespero, oferecer os benefícios fisiológicos do relaxamento com base na oração, fornecer um suporte social comunitário para evitar o isolamento e promover um modo de vida seguro e saudável ao desencorajar hábitos tóxicos como beber e fumar. Depois de analisar 30 anos de dados de saúde de 2.600 adultos da Califórnia, por exemplo, William Strawbridge e outros (2001) descobriram que homens e mulheres que frequentavam cultos religiosos regularmente bebiam menos, fumavam menos e se exercitavam mais.

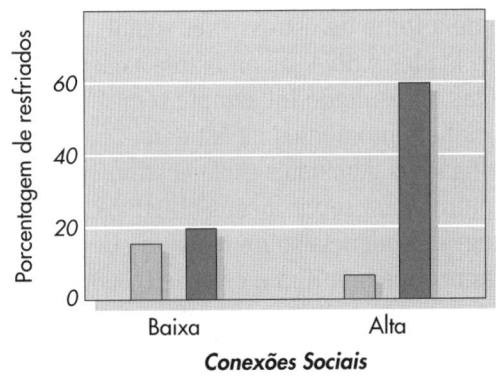

● FIGURA 14.10

Ser popular sempre promove a saúde?

Jovens adultos foram questionados sobre eventos estressantes recentes e sobre as vidas sociais deles, e então mantiveram um diário de saúde por três meses. Como se pode ver, o contato social não fez diferença para pessoas que se encontravam sob baixo estresse. No entanto, para pessoas sob alto estresse, aquelas com vida social ativa tinham maior probabilidade de adoecer. O contato social aumenta a exposição a agentes infecciosos, podendo trazer doenças para aqueles cuja resistência está comprometida pelo estresse.
Hamrick et al. (2002)

Por outro lado, as correlações entre religiosidade e longevidade são modestas e podem ser interpretadas de outras maneiras. É possível, por exemplo, que não fumantes, abstêmios e outros que regularmente evitam comportamentos prejudiciais à saúde sejam mais propensos a adotar a religião como parte de suas vidas que quem fuma, bebe e se coloca em risco e que a sobrevivência venha de quem eles são, não da participação em cultos religiosos (Sloan et al., 1999).

Nesse ponto, a pesquisa é sugestiva, mas não conclusiva: um modo de vida religioso está associado a benefícios fisiológicos, saúde e longevidade, mas a base para essas correlações – e a questão causal final de se tornar religioso melhora a saúde – é uma questão que ainda precisa ser determinada (Miller e Thoresen, 2003; Plante e Thoresen, 2007; Powell et al., 2003; Seeman et al., 2003).

14-5d Cultura e enfrentamento

No mundo todos sentem estresse ao longo da vida. Seja resultado de um desastre natural, da morte de um ente querido, do rompimento de um relacionamento, da guerra, de uma doença grave, de um acidente ou dos vários microestressores crônicos decorrentes de estudar, trabalhar e tentar sobreviver, o estresse é parte universal da experiência humana. No entanto, pessoas de diferentes culturas têm diferentes *mentalidades de saúde* (por exemplo, muitos norte-americanos acolhem a perspectiva de que saúde é definida como ausência de doença).

Nossa mentalidade de saúde pode influenciar como lidamos com o estresse. Considere nossas teorias implícitas sobre o assunto. Ainda que situações estressantes sejam inevitáveis, Alia Crum e colegas (2013) descobriram que a maioria das pessoas encara o estresse como algo debilitante, prejudicial e que deve ser evitado. No entanto, o estresse também pode melhorar o funcionamento da nossa mente e do nosso corpo. Como vemos o estresse determina quão bem lidamos com ele? Em um estudo, esses pesquisadores disseram aos funcionários de uma empresa que estava reduzindo o quadro de funcionários que o estresse poderia ajudá-los em vez de prejudicá-los. A seguir, esses funcionários exibiram menos sintomas de depressão e ansiedade, mais otimismo e melhor desempenho no trabalho em comparação a um grupo de controle. Em outro estudo, a adoção de uma mentalidade "o estresse é positivo" produziu ótimas respostas fisiológicas, marcadas por níveis moderados de cortisol. À luz desses resultados, é importante compreender como diferentes grupos culturais e étnicos enxergam saúde e doença (Conner et al., 2019).

Muitas das pesquisas sobre enfrentamento são realizadas com pessoas de culturas ocidentais, nas quais o individualismo e a independência são altamente valorizados. As pessoas de culturas coletivistas que valorizam a interdependência usam os mesmos mecanismos de enfrentamento listados na Tabela 14.2? A resposta pode não ser tão óbvia quanto parece. Em vista das diferenças entre as culturas oriental e ocidental, por exemplo, pode-se prever que os asiáticos são mais propensos que os norte-americanos a lidar com o estresse recorrendo a outras pessoas em busca de apoio. Mesmo assim, Shelley Taylor e colegas (2004) descobriram que, quando pediram que estudantes universitários descrevessem o que faziam para aliviar o estresse, apenas 39% dos sul-coreanos (em comparação a 57% dos norte-americanos) disseram que procuraram apoio social. Pesquisas adicionais confirmaram essa surpreendente diferença cultural. Independentemente de a fonte de estresse ser social, acadêmica, financeira ou relacionada à saúde; entre grupos de diferentes idades e diversas amostras asiáticas que incluíram participantes chineses, japoneses, coreanos e vietnamitas, o resultado foi sempre o mesmo: pessoas de culturas asiáticas são menos propensas a buscar apoio social em momentos de estresse.

Investigações adicionais esclareceram essa diferença. Em culturas individualistas, as pessoas costumam usar os outros para servir a seus objetivos pessoais. Ainda assim, nas culturas coletivistas, onde os grupos sociais têm precedência sobre o self, as pessoas relutam em prejudicar os relacionamentos ao pedir ajuda. Sendo assim, Heejung Kim e colegas (2008) distinguiram entre *apoio social explícito* (revelar a angústia aos outros e buscar conselho, ajuda ou conforto) e *suporte social implícito* (simplesmente pensar a respeito ou se aproximar, sem pedir ajuda abertamente). Em um estudo pediu que participantes se imaginassem em uma dessas duas situações, os norte-americanos descendentes de asiáticos reagiram com mais estresse à situação de suporte social explícito, enquanto os descendentes de europeus acharam a situação implícita, mais contida, mais estressante (Taylor et al., 2007).

Pode haver uma exceção importante a essa diferença cultural. Outra pesquisa sugere que os norte-americanos de origem asiática, em tempos de necessidade, são mais propensos a procurar colegas, cujo apoio é "arbitrário", que membros da família, cujo apoio é "obrigatório". Em ambos os casos, eles se beneficiam mais quando veem o apoio social que recebem *como* mútuo em vez de algo unilateral (Wang e Lau, 2015). Parece também que, embora os asiáticos do leste e os que vivem nos Estados Unidos sejam menos propensos a procurar pessoas em momentos de necessidade, é diferente quando o apoio social vem sem aviso. Comparando os efeitos do apoio social solicitado e não solicitado, as pesquisas mostram que, para os norte-americanos de origem asiática, o apoio reduziu o estresse e aumentou as emoções positivas – quando não foi solicitado (Mojaverian e Kim, 2013).

Para entender melhor o "estilo de enfrentamento coletivista", Paul Heppner e outros (2006) aplicaram extensos questionários a mais de 3 mil estudantes universitários asiáticos em Taiwan, muitos dos quais sofreram os tipos de eventos traumáticos descritos neste capítulo (os três mais frequentes foram separações, pressão acadêmica e morte ou doença de um ente querido). A ▲ Tabela 14.3 mostra cinco formas de enfrentamento que foram identificadas. Em ordem de frequência com que são usadas, as estratégias são (1) aceitação, reenquadramento e esforço; (2) fuga e distanciamento; (3) apoio familiar; (4) religião e espiritualidade; e (5) saídas emocionais privadas. Das cinco estratégias, os participantes classificaram a aceitação como a mais útil. Esses resultados descrevem como os adultos taiwaneses lidam com o estresse? E quanto aos asiáticos da Coreia, do Japão, da China e de outros lugares? Existe um crescente interesse por essas questões e, de modo mais geral, pelas interseções da psicologia social com a cultura e a saúde está crescendo (Gurung, 2019).

Uma pesquisa recente de Jacqueline Chen e outros (2012) lança alguma luz sobre essas questões. Esses pesquisadores observaram que o apoio social pode assumir uma variedade de formas – mais nitidamente, suporte para solução de problemas (oferecendo insights, conselhos, dinheiro e outros recursos tangíveis para ajudar a resolver o motivo responsável pelo estresse) e suporte focado na emoção (fornecendo conforto, segurança e um reforço para a autoestima). Em um estudo, universitários dos Estados Unidos e do Japão foram solicitados a descrever a interação social deles mais recente com alguém de quem eram próximos e, em seguida, indicar se haviam feito algo para tentar ajudar essa pessoa. No geral, os participantes norte-americanos tiveram duas vezes mais probabilidade que os participantes japoneses de relatar espontaneamente dar apoio social em suas interações. Porém a ● Figura 14.11 mostra que os dois grupos também diferiram no que se refere a tipos de apoio social que ofereciam: os norte-americanos deram apoio mais

▲ **TABELA 14.3**

Estilos de enfrentamento coletivistas

As afirmações exemplificadas a seguir descrevem cinco tipos comuns de estilos de enfrentamento, em ordem de frequência de uso, que emergiram de estudos em Taiwan

Aceitação, reenquadramento e esforço 91%

- Tentei aceitar o trauma pelo que ele me ofereceu
- Acreditei que cresceria sobrevivendo ao evento traumático
- Percebi que o trauma serviu a um propósito importante na minha vida

Fuga e distanciamento 71%

- Mantive as aparências por não contar a ninguém
- Fingi estar bem
- Mantive meus sentimentos em meu íntimo para não preocupar meus pais

Apoio familiar 66%

- Compartilhei meus sentimentos com minha família
- Sabia que poderia pedir ajuda à minha família
- Segui a orientação dos mais velhos

Religião e espiritualidade 40%

- Encontrei conforto na minha religião ou espiritualidade
- Encontrei orientação na minha religião
- Encontrei conforto por meio de orações ou outros rituais religiosos

Saídas emocionais privadas 30%

- Mantive as aparências ao procurar o conselho de um profissional que não conhecia
- Conversei com pessoas sobre o trauma na internet
- Comi em excesso

Fonte: Heppner et al., 2006.

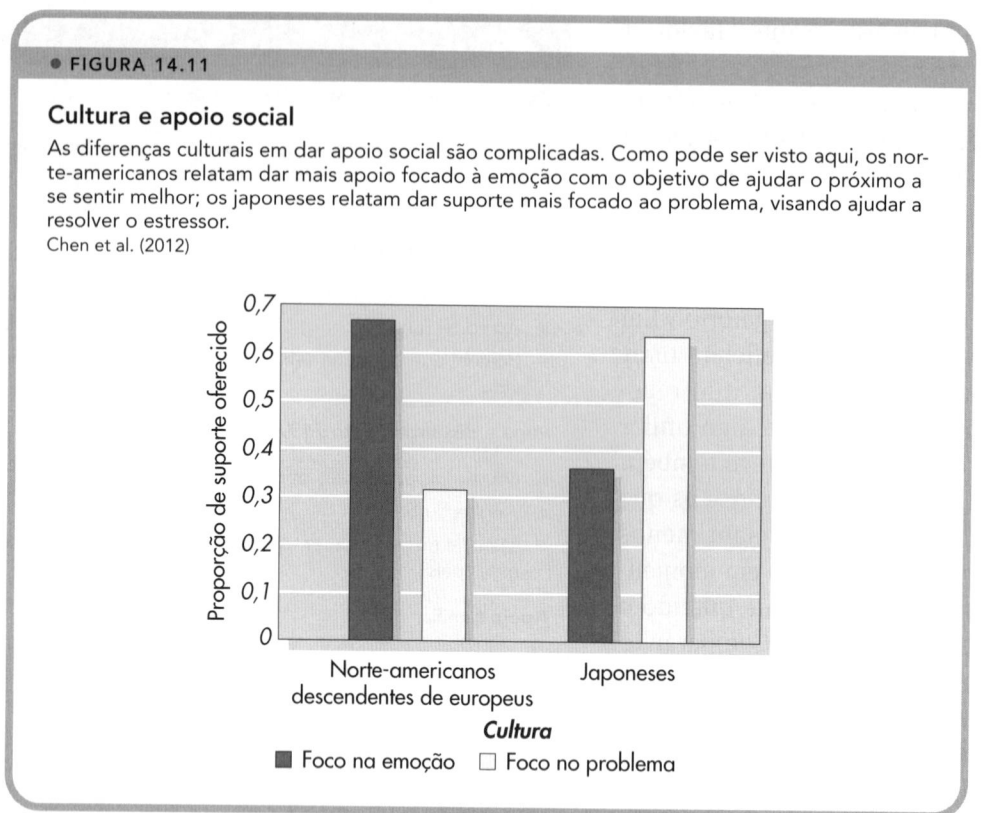

FIGURA 14.11

Cultura e apoio social
As diferenças culturais em dar apoio social são complicadas. Como pode ser visto aqui, os norte-americanos relatam dar mais apoio focado à emoção com o objetivo de ajudar o próximo a se sentir melhor; os japoneses relatam dar suporte mais focado ao problema, visando ajudar a resolver o estressor.
Chen et al. (2012)

focado na emoção com o objetivo de ajudar o outro a se sentir melhor consigo mesmo enquanto os japoneses deram um suporte mais focado no problema com o objetivo de ajudar a resolver a causa do estresse.

14-6 Tratamento e prevenção

Compreender o que é e como funciona o apoio social é importante no estudo da saúde, porque muitos dos nossos problemas ocorrem em um contexto social e muitos dos nossos esforços para lidar com eles envolvem outras pessoas. Na verdade, como veremos nesta seção, os psicólogos da saúde tentam encontrar maneiras pelas quais as influências sociais podem ser usadas para melhorar o desenvolvimento de programas de tratamento e prevenção.

14-6a Tratamento: os ingredientes "sociais"

Muitas vezes, o que nos aflige pode ser tratado por meio de intervenção médica. Os tratamentos variam muito – desde uma simples mudança na dieta até suplementos de vitaminas e minerais, aspirina, antibióticos, cirurgias e assim por diante. A medicina é vital para a saúde. Além disso, o tratamento tem um componente social, o que o médico de família costumava chamar "comportamento à beira do leito". Quais são os ingredientes sociais ativos?

Para começar a responder a essa pergunta, vamos considerar a pesquisa sobre os benefícios da psicoterapia. Ao longo dos anos, estudos mostraram que, embora existam escolas de pensamento e técnicas muito diferentes de psicoterapia, as abordagens, no geral, costumam ser eficazes e, surpreendentemente, todas costumam ser equivalentes (Smith et al., 1980; Wampold, 2019). Aparentemente, apesar das diferenças superficiais, as formas de psicoterapias têm muito em comum em um nível mais profundo, e esses fatores comuns – mais que as técnicas específicas usadas – fornecem os ingredientes ativos necessários para a mudança. Quais são alguns desses fatores?

Em primeiro lugar, todos os profissionais da saúde – independentemente de serem médicos, psicólogos ou outros – fornecem *apoio social*, um relacionamento humano próximo caracterizado por cordialidade, expressões de preocupação, um ombro para chorar e alguém com quem conversar. Anteriormente, discutimos os benefícios para a saúde e a longevidade de ter contatos sociais. Na psicoterapia, estudos têm mostrado que, quanto melhor for o "vínculo de trabalho" entre o terapeuta e o paciente, mais favorável deverá ser o resultado (Luborsky e Luborsky, 2006). Como disse o psicoterapeuta Hans Strupp (1996), "A verdade simples e incontestável é que se você está ansioso ou deprimido, ou se está passando por dificuldades com pessoas importantes em sua vida, é provável que se sinta melhor se falar com alguém em quem possa confiar" (p. 1017).

Em segundo lugar, todas as terapias oferecem um raio de *esperança* a quem está doente, desmoralizado, infeliz ou com dor. Em todos os aspectos da vida, as pessoas são motivadas por expectativas otimistas e positivas. Ainda que alguns de nós sejam mais otimistas que outros, o otimismo é uma expectativa específica que pode ser aumentada ou diminuída em certas situações (Armor e Taylor, 1998). Na verdade, os tratamentos, no geral, comunicam expectativas positivas. Foi sugerido que esse otimismo por si só pode desencadear mudanças, mesmo quando não é justificado (Prioleau et al., 1983). Essa sugestão é consistente com o conhecido efeito placebo na medicina, em que os pacientes melhoram após receberem um medicamento ou tratamento inativo. A fé pode ajudar isso a acontecer, e foi assim que curandeiros, xamãs e feiticeiros em todo o mundo conseguiram realizar "curas milagrosas" com rituais elaborados. Até a medicina moderna explora o poder da esperança. Como Walter Brown (1998) coloca, "os símbolos e rituais de cura – o consultório médico, o estetoscópio, o exame físico – oferecem garantias" (p. 91).

Um terceiro ingrediente importante é a *escolha*. Permitir que os pacientes façam escolhas significativas, como decidir sobre um tipo de tratamento, aumenta a eficácia dos tratamentos para alcoolismo (Miller, 1985) e obesidade (Mendonça e Brehm, 1983). A escolha de se submeter a um tratamento complexo ou caro é particularmente benéfica nesse aspecto. A pessoa que voluntariamente paga em tempo, dinheiro ou desconforto precisa justificar esse investimento para si mesma – uma situação que certamente acarretará em uma dissonância cognitiva. Como visto no Capítulo 6, uma maneira de reduzir a dissonância é aumentar a motivação para o sucesso: "Por que escolhi fazer isso? Porque eu realmente quero melhorar". Talvez porque indivíduos altamente motivados sejam mais cuidadosos e minuciosos na realização do tratamento prescrito, eles tendem a melhorar mais.

Danny Axsom (1989) testou essa proposição específica em um estudo sobre fobia de cobra. Os participantes, altamente fóbicos a cobras, tiveram ou não uma escolha explícita sobre a realização de um tratamento que foi descrito como exigindo "esforço extremo" ou sendo "fácil". Entre as quatro condições experimentais, os participantes que fizeram uma escolha explícita sobre continuar um tratamento árduo relataram a maior motivação para mudar o comportamento fóbico e chegaram mais perto de uma cobra de um metro e meio de comprimento, usada para medir o comportamento de aproximação.

14-6b Prevenção: transmitindo a mensagem

Vivemos no que poderia ser apropriadamente descrito como a era da prevenção, em que muitas ameaças graves à saúde podem ser evitadas. Basta assistir à TV, folhear uma revista ou navegar na internet: existem programas de prevenção da aids, campanhas para persuadir os fumantes a abandonar o hábito, filtros solares que protegem a pele dos raios nocivos, avisos sobre alimentos com alto teor de açúcar e gordura e sobre obesidade. Em grande medida, sabemos o que fazer para garantir uma boa saúde e evitar doenças e lesões. No entanto, como podemos convencer a nós mesmos e aos outros a transformar esses conhecimentos em ação?

Esse problema ganhou urgência entre as pessoas que sofrem de aids. No início do capítulo, observamos que ataques cardíacos, câncer, derrames e acidentes são causas mais comuns de morte que doenças infecciosas. Porém a aids, a primeira epidemia verdadeiramente global, apareceu e depois se espalhou a

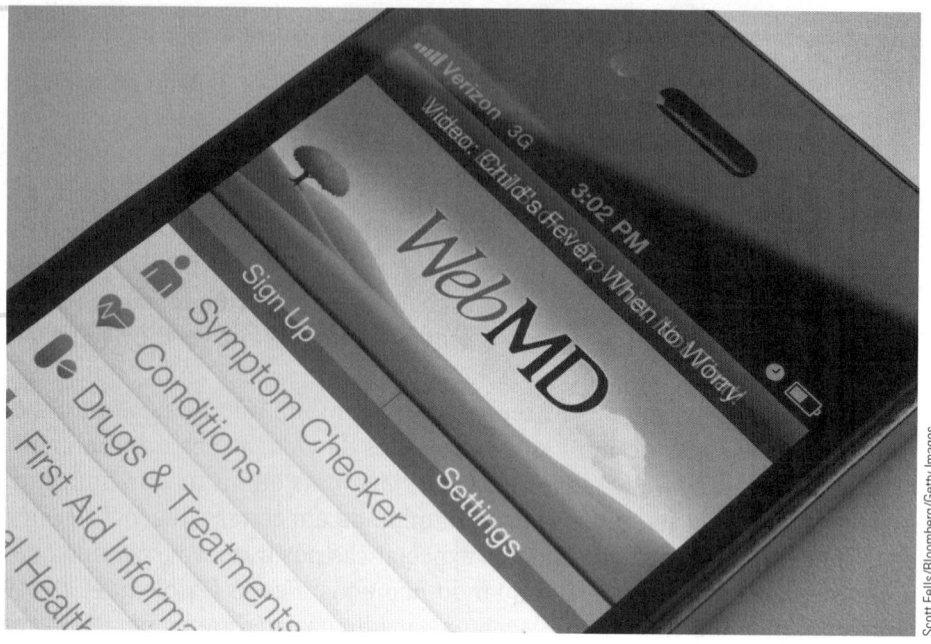

Hoje, as pessoas podem encontrar todos os tipos de informações e conselhos sobre questões relacionadas à saúde no WebMD e em outros sites da internet. Este aplicativo é exibido em um dispositivo móvel.

um ritmo alarmante. Anos atrás, a aids era descrita como uma bomba-relógio microbiológica. Em 1981, cinco homens gays na América do Norte foram diagnosticados com aids, estando entre os 189 casos relatados naquele ano. Em 1996, o número de casos na América do Norte havia disparado para três quartos de milhão e incluía homens, mulheres e crianças heterossexuais (Mann, 1992). Em 2019, a Organização Mundial da Saúde estimou que 38 milhões de pessoas em todo o mundo estivessem infectadas com o HIV; estima-se que 770 mil morreram apenas naquele ano. No mundo, ambos os números estão abaixo dos anos anteriores. No entanto, o número de novas infecções continua a aumentar, especialmente na África, no Oriente Médio, na Europa Oriental e em partes da Ásia.

O vírus da aids é transmitido de uma pessoa à outra através de sangue infectado, sêmen e secreções vaginais. Pessoas HIV-positivo podem não apresentar sintomas por vários anos e podem nem perceber que estão infectadas. Eventualmente, no entanto, o vírus atacará o sistema imunológico, destruindo os linfócitos, que ajudam a evitar doenças. O que é assustador sobre a aids é que pode ser fatal. Ainda que medicamentos antirretrovirais possam ser usados para controlar o vírus e apesar dos muitos anos de testes, ainda não existe uma vacina que possa prevenir a ocorrência (Stine, 2014).

A maneira mais eficaz de retardar a propagação da aids é alterar crenças, motivações e comportamentos de risco das pessoas (Fisher e Fisher, 1992; Kalichman, 2006) – e é aí que entra a psicologia social. Em uma gama de perspectivas, várias passos básicos emergem (ver • Figura 14.12). Para os psicólogos sociais, o desafio de lidar com a crise do HIV é converter a ciência em uma prática que funcione. Em um excelente exemplo, Jeffrey Fisher e colegas (2002) teorizaram que a prevenção do HIV em escolas urbanas, que é essencial para controlar o número de adolescentes recém-infectados, requer um ataque em três frentes. Em seu modelo, os alunos devem ter *informações* precisas sobre a transmissão do HIV e como evitá-la, *motivação* pessoal e social para se envolverem em comportamentos preventivos e as *habilidades comportamentais* necessárias para seguir adiante – obviamente, usando preservativos.

De acordo com esse modelo, esses investigadores estabeleceram programas de prevenção do HIV em quatro escolas secundárias, criaram um grupo de controle que necessitava desses "ingredientes ativos" e descobriram que o programa, quando administrado pelos professores em sala de aula, mudava o comportamento de prevenção do HIV, aumentando uso de preservativo até um ano depois – tudo por um custo estimado de $ 2,22 por aluno. Outros esforços com orientação semelhante foram desenvolvidos, também com bastante sucesso (Albarracín et al., 2005). A parte de habilidades comportamentais do programa é

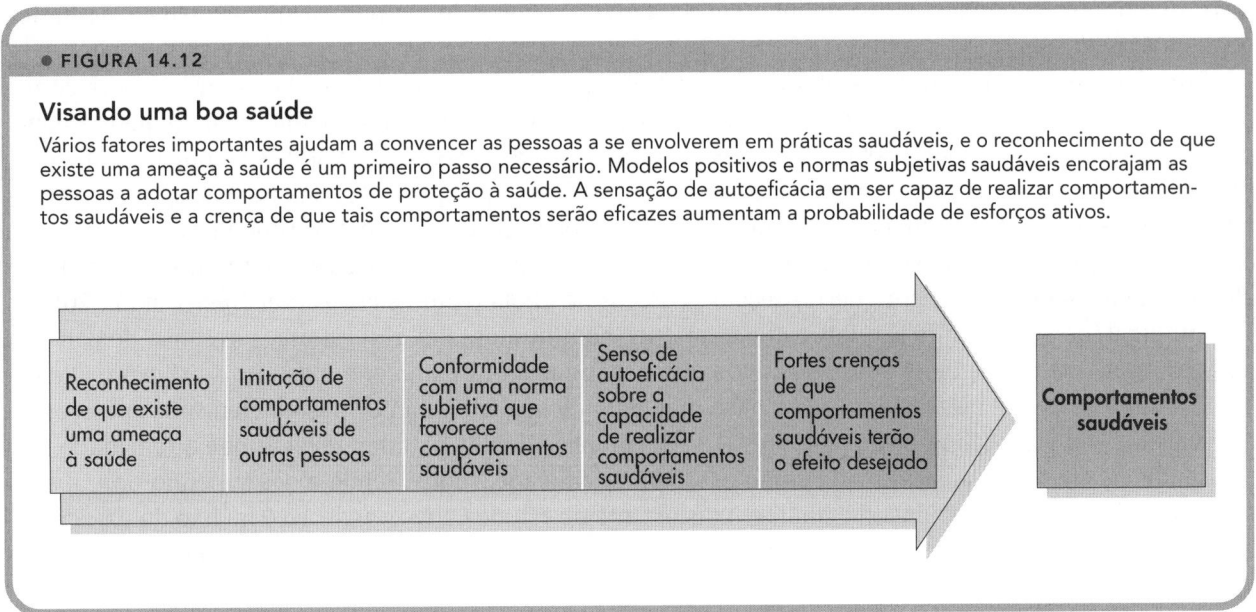

● FIGURA 14.12

Visando uma boa saúde
Vários fatores importantes ajudam a convencer as pessoas a se envolverem em práticas saudáveis, e o reconhecimento de que existe uma ameaça à saúde é um primeiro passo necessário. Modelos positivos e normas subjetivas saudáveis encorajam as pessoas a adotar comportamentos de proteção à saúde. A sensação de autoeficácia em ser capaz de realizar comportamentos saudáveis e a crença de que tais comportamentos serão eficazes aumentam a probabilidade de esforços ativos.

complicada pelo fato de que o comportamento em questão requer a cooperação de duas pessoas. Por esse motivo, estudos mostram que, quanto mais os adolescentes se comunicam com seus parceiros sobre sexo, maior é a probabilidade de usarem preservativo (Widman et al., 2014).

14-7 A busca pela felicidade

Muito antes do surgimento da psicologia social, os filósofos consideravam a felicidade como o último estado de ser. Na Declaração de Independência dos Estados Unidos, Thomas Jefferson citou a vida, a liberdade e "a busca da felicidade" como os direitos humanos mais valorizados. Porém o que é felicidade e como é alcançada? Aristóteles disse que felicidade era a recompensa de uma vida ativa. Freud a vinculou ao trabalho e ao amor. Outros sugeriram de várias maneiras que a felicidade requer dinheiro e poder, saúde e boa forma, religião, beleza, a satisfação das necessidades básicas e a capacidade de obter prazer dos acontecimentos da vida cotidiana.

Em um artigo publicado na *American Psychologist*, Martin Seligman e Mihaly Csikszentmihalyi (2000) introduziram o termo **psicologia positiva** para impulsionar "uma ciência da experiência subjetiva positiva, traços individuais positivos e instituições positivas" que promete melhorar a qualidade de vida (p. 5). O objetivo era estudar o que faz a vida valer a pena. De acordo com o cerne dessa psicologia positiva recém-surgida, os psicólogos sociais nos últimos anos aplicaram suas teorias e métodos para entender melhor esse motivo humano mais básico: a busca da felicidade (Gilbert, 2006; Haidt, 2006; Lynn et al., 2015; Lyubomirsky, 2013; Myers e Diener, 2018; Seligman, 2011).

Para estudar a felicidade – ou o **bem-estar subjetivo**, como os psicólogos sociais gostam de chamá-la – é preciso ser capaz de medi-la. Como os pesquisadores sabem se alguém está feliz? Simples: eles fazem a pergunta. Melhor ainda, usam questionários, como a Escala de Satisfação com a Vida, em que as pessoas respondem a afirmações como "Se eu pudesse viver minha vida, não mudaria quase nada" (Diener et al., 1984; Pavot e Diener, 1993). Como disse Marco Aurélio: "Nenhum homem é feliz se não se vê assim". Vale ressaltar,

psicologia positiva Estudo científico de como as pessoas podem construir uma vida feliz, significativa e com propósito.

bem-estar subjetivo Felicidade de alguém, ou satisfação com a vida, medida por autorrelatos.

aliás, que homens e mulheres não diferem em seus níveis médios de bem-estar subjetivo (Batz-Barbarich et al., 2018).

Com base em autorrelatos, as pesquisas mostram que 75% dos adultos norte-americanos se consideram felizes e que, em 86% das nações amostradas, as avaliações são, em média, mais frequentemente positivas que neutras (Diener, 2000). Uma pesquisa mais recente do Gallup World Poll com 1,5 milhão de pessoas de 166 países ajuda a esclarecer essa avaliação. Nessa pesquisa, apenas 60% dos entrevistados nesses países avaliaram a satisfação com a vida como mais positiva que neutra. Uma possível razão para essa diminuição é que a pesquisa mais recente entrevistou pessoas de países mais pobres – incluindo alguns que haviam passado por guerras recentes, surtos de Ebola e outras crises (ver Diener et al., 2018).

Em geral, as pessoas que são felizes tendem a ter bom humor, alta autoestima, um senso de controle pessoal, mais memórias de eventos positivos que negativos e otimismo sobre o futuro (Myers e Diener, 1995). Ainda mais que beleza física ou riqueza material, a felicidade está por trás da crença das pessoas de que vale a pena viver (King e Napa, 1998). Uma metanálise de 225 estudos revelou que a felicidade traz resultados positivos em áreas da vida como casamento, amizade, saúde, renda e desempenho no trabalho (Lyubomirsky et al., 2005). Uma metanálise mais recente de estudos envolvendo 1,26 milhão de participantes de todo o mundo mostrou ainda que o bem-estar subjetivo também é preditivo de uma expectativa de vida mais longa (Martín-María et al., 2017).

Não é nenhum segredo que nossa perspectiva de vida torna-se otimista assim que você vence um jogo, se apaixona, consegue um ótimo emprego ou ganha dinheiro e que o mundo parece sombrio logo após você perder, romper um relacionamento ou sofrer um acidente pessoal ou revés financeiro. Previsivelmente, os eventos da vida cotidiana provocam flutuações no humor. Por exemplo, a pesquisa mostra que, mesmo depois que outros fatores são levados em consideração, moradores da cidade são mais felizes quando vivem perto de espaços onde há parques, árvores e outras áreas verdes (White et al., 2013). As pessoas são mais felizes às sextas e sábados e menos felizes às segundas e terças-feiras (Larsen e Kasimatis, 1990). Mesmo durante o dia, os níveis de felicidade flutuam com um relógio. David Watson e outros (1999) pediram que estudantes universitários classificassem seus estados de humor uma vez por dia durante 45 dias, sempre em um horário diferente. Em média, descobriram que os alunos se sentiam melhor no meio do dia (meio-dia às 18h) e pior no início da manhã e no fim da noite.

No entanto, o que determina nossa satisfação a longo prazo, e por que alguns de nós são mais felizes que outros? Buscando as raízes da felicidade, os pesquisadores descobriram logo no início que o bem-estar subjetivo não está relacionado de forma significativa ou consistente a fatores demográficos como idade, sexo, origem racial e étnica, QI, nível de escolaridade ou atratividade física. Ao contrário da crença popular, as pessoas não são menos felizes durante os chamados anos de crise da meia-idade ou na velhice que durante a juventude. Homens e mulheres não diferem nessa medida e, nos Estados Unidos, os afro-americanos e hispano-americanos são tão felizes quanto os brancos. É claro que pessoas com diferentes estilos de vida têm maneiras de se fazerem felizes. Em uma pesquisa com "buscadores de felicidade on-line", Acacia Parks e outros (2012) descobriram que a maioria cita atividades como o envolvimento em atos de bondade, a busca por objetivos importantes, a expressão de gratidão, a permanência do otimismo, a prática de exercícios físicos e o desenvolvimento de relacionamentos sociais.

No geral, existem três preditores principais de felicidade: *relações sociais* (pessoas com uma vida social ativa, amigos próximos e um casamento feliz são mais satisfeitas que quem não possui essas conexões íntimas), *emprego* (independentemente da renda, pessoas empregadas são mais felizes que as desempregadas) e *saúde física e mental* (pessoas saudáveis são mais felizes que aquelas que não são). Refletindo o impacto desses fatores, pesquisas em todo o mundo têm mostrado consistentemente que os níveis de felicidade variam de um país a outro (Diener e Suh, 2000).

Ainda que as classificações específicas variem um pouco de uma pesquisa para a outra, as classificações nacionais de felicidade são consistentemente mais altas em alguns países do mundo que em outros. Em uma pesquisa massiva encomendada pela Assembleia Geral da ONU, o *World Happiness Report 2019* – publicado pela primeira vez em 2012 e revisado e atualizado três vezes posteriormente – revelou que os países mais felizes do mundo estão agrupados no norte da Europa, com pontuações médias de avaliação de vida de

71 em uma escala de 0 a 10 pontos. Os países menos felizes tendem a ser encontrados na África Subsaariana, com pontuações médias de avaliação de vida que variam de 3 a 4. Refletindo a pesquisa de 2015, a "Geografia da Felicidade" é apresentada na • Figura 14.13. O relatório observa que, embora a riqueza relativa diferencie claramente as nações da lista, "Liberdade política, redes sociais fortes e ausência de corrupção são, juntas, mais importantes que a renda para explicar as diferenças de bem-estar entre os países de topo e de base" (Helliwell et al., 2015).

É importante observar que os níveis de satisfação podem aumentar e diminuir nos países ao longo do tempo. Conforme descrito no relatório mais recente, por exemplo, a felicidade entre os norte-americanos caiu no nível mais baixo, colocando os Estados Unidos em 19º lugar no mundo (Helliwell et al., 2019). Jean Twenge, coautor do relatório, culpa o uso excessivo de smartphones e outras mídias digitais e o declínio correspondente das interações face a face. O coautor Jeffrey Sachs aponta para a prevalência de vícios nos Estados Unidos – incluindo o uso de redes sociais, opioides e outras substâncias, videogames e compras compulsivas.

O *World Happiness Report* mais recente (ver Helliwell et al., 2019) revelou que a Finlândia ultrapassou Dinamarca, Noruega, Islândia e Holanda como o país mais feliz do mundo (os Estados Unidos estão em 19º). Esta imagem pitoresca mostra uma vista aérea de Helsinki, capital da Finlândia, no outono.

■ 14-7a Dinheiro compra felicidade?

Ao longo dos anos, uma das relações estatísticas mais interessantes é entre renda e bem-estar subjetivo. Conhecemos o ditado que diz que "dinheiro não traz felicidade", embora algumas pessoas (especialmente aquelas que estão em dificuldades financeiras) não acreditem nisso. No entanto, a riqueza é realmente a chave para a felicidade? Até certo ponto, sim, mas a razão é mais complexa que você imagina. Ed Diener e Martin Seligman (2004) observaram que multimilionários da lista da Forbes dos 400 norte-americanos mais ricos relatam altos níveis de satisfação com a vida (5,8 em uma escala de 7 pontos), mas o mesmo acontece com os Masai, um povo pastor na África Oriental sem eletricidade ou água corrente que mora em cabanas feitas de esterco (5,7 na mesma escala).

Conforme visto na enorme disparidade de riqueza entre os países mais felizes do norte da Europa e os países mais infelizes da África Subsaariana, estudos transnacionais revelam uma forte associação positiva entre a riqueza de uma nação e o bem-estar subjetivo de seu povo. Há algumas exceções. Porém, como regra geral, quanto mais dinheiro um país tem, mais felizes são seus cidadãos (Ng e Diener, 2014). Em qualquer país,

O cantor Pharrell Williams apresenta "Happy", seu hit de 2014. A letra da música diz o seguinte:

*"Aí vêm as más notícias falando isso e aquilo
Sim, me dê tudo o que você tem, não se segure
Sim, provavelmente devo avisá-lo de que vou ficar bem
Sim, sem querer ofendê-lo, mas não perca seu tempo
Aqui está o porquê – porque estou feliz."*

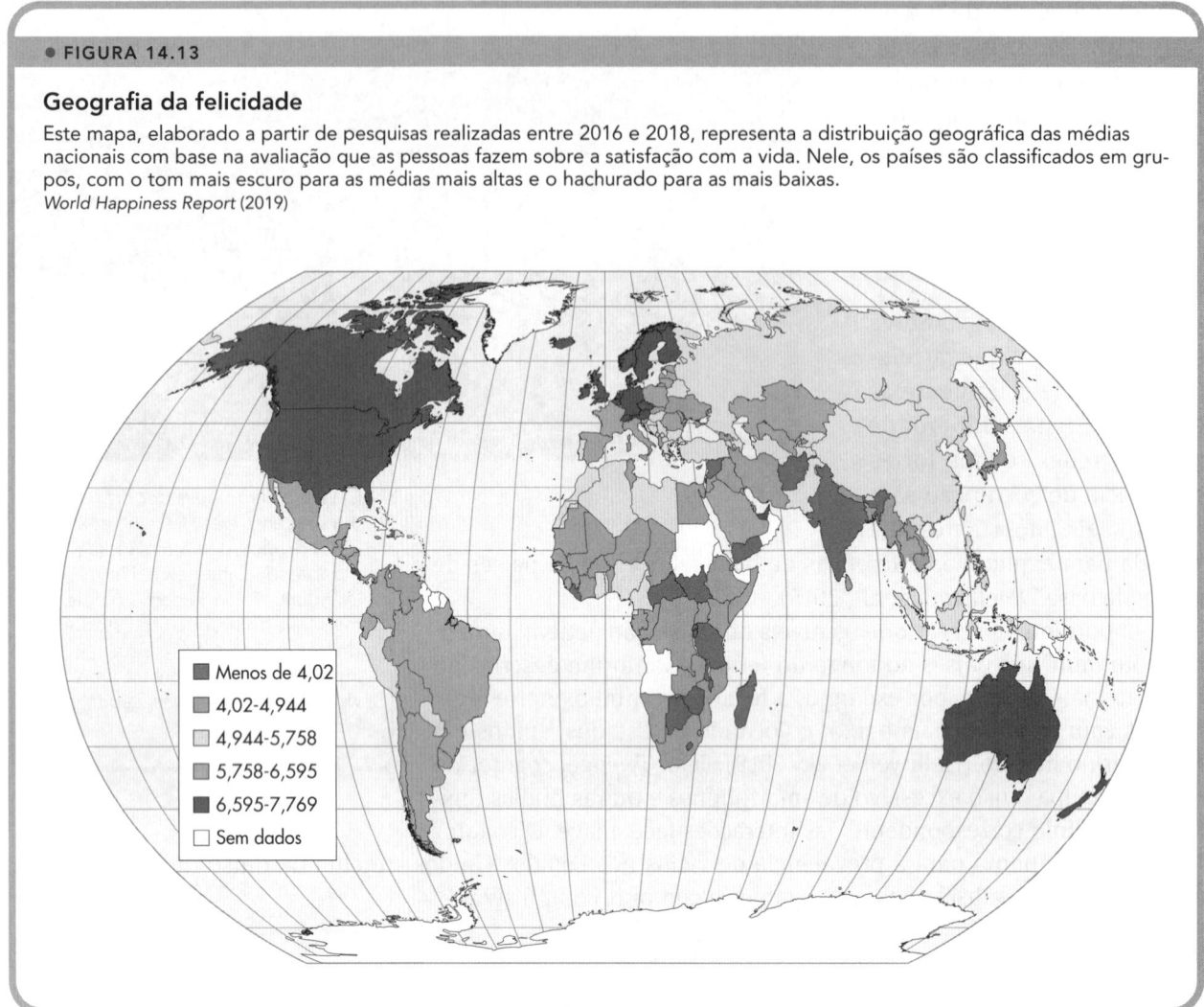

• FIGURA 14.13

Geografia da felicidade
Este mapa, elaborado a partir de pesquisas realizadas entre 2016 e 2018, representa a distribuição geográfica das médias nacionais com base na avaliação que as pessoas fazem sobre a satisfação com a vida. Nele, os países são classificados em grupos, com o tom mais escuro para as médias mais altas e o hachurado para as mais baixas.
World Happiness Report (2019)

A imagem em cores está disponível ao final do livro.

entretanto, as diferenças entre pessoas ricas e de renda média são mais modestas. Em uma pesquisa, por exemplo, um grupo de norte-americanos ricos disse que era feliz 77% do tempo, o que era apenas moderadamente superior aos 62% relatados por pessoas de renda média. As comparações em uma única cultura ao longo do tempo também mostram que não há relação entre riqueza e felicidade. Em média, os norte-americanos são duas a três vezes mais ricos agora que há 50 anos – antes de termos computadores, smartphones equipados com câmeras digitais, aplicativos de compras e sistemas GPS que conduzem nossas viagens. Ainda assim, o número de entrevistados que disseram estar "muito felizes" era de 35% em 1957 e de apenas 32% em 1998 (ver • Figura 14.14).

Então, o que devemos concluir? Nesse ponto, parece que ter abrigo, alimentação, segurança e proteção é essencial para o bem-estar subjetivo. A pobreza não traz felicidade. Porém, uma vez que as necessidades básicas são atendidas, especialmente em uma sociedade já próspera, incrementos adicionais na riqueza não aumentam significativamente os níveis de felicidade. À medida que a renda aumenta, sua contribuição adicional para a satisfação com a vida torna-se menor. Por quê? Uma razão é que nossas percepções de riqueza não são absolutas, mas, em vez disso, são relativas a certos padrões definidos pessoalmente (Parducci, 1995). Esses padrões são derivados de duas fontes: outras pessoas e nosso próprio passado.

De acordo com a *teoria da comparação social*, conforme descrito no Capítulo 3, as pessoas tendem a se comparar naturalmente com as outras e se sentirem satisfeitas ou privadas, dependendo do resultado dessa comparação. Para demonstrar esse ponto, Ladd Wheeler e Kunitate Miyake (1992) fizeram

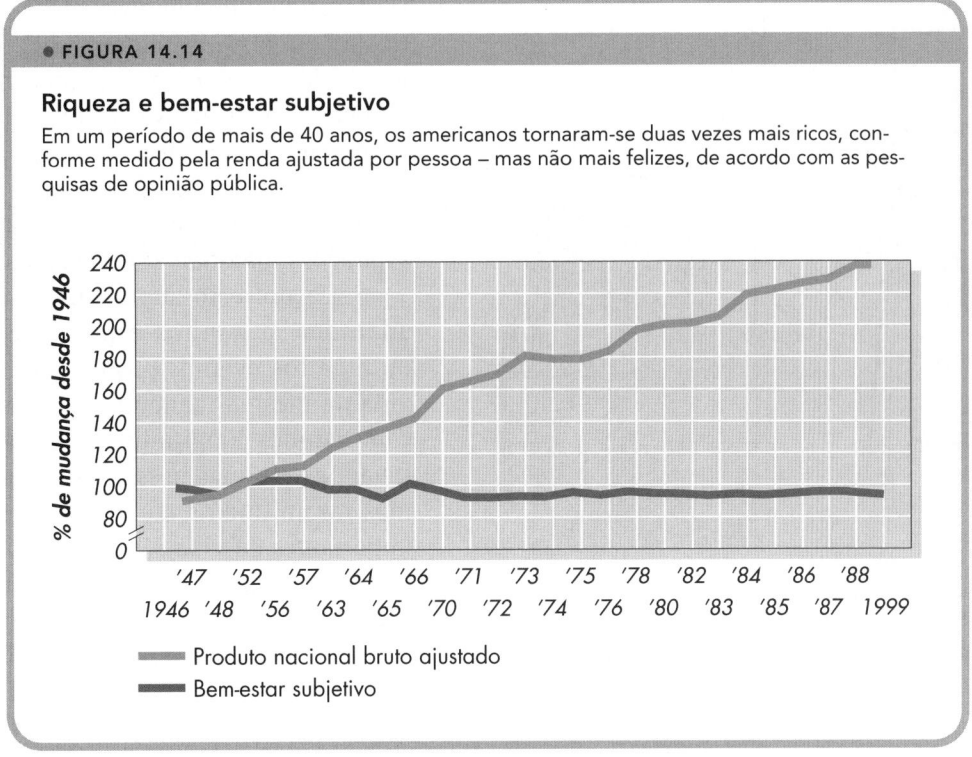

● FIGURA 14.14

Riqueza e bem-estar subjetivo
Em um período de mais de 40 anos, os americanos tornaram-se duas vezes mais ricos, conforme medido pela renda ajustada por pessoa – mas não mais felizes, de acordo com as pesquisas de opinião pública.

estudantes universitários manterem por duas semanas um registro escrito de cada vez que compararam mentalmente suas notas, aparência, habilidades, posses ou características de personalidade com as de outra pessoa. De forma consistente, esses diários revelaram que fazer "comparações ascendentes" (com que estava em melhor situação) gerou sentimentos negativos, enquanto fazer "comparações descendentes" (com quem estava em pior situação) desencadeou sentimentos positivos. É por isso que o trabalhador de classe média, cujos vizinhos não podem pagar as contas, sente-se afortunado, mas o alpinista social de classe alta que se acotovela com os ricos e famosos se sente desprovido. Essa relatividade também pode ajudar a explicar por que existem apenas relações modestas entre felicidade, renda real e a percepção da situação financeira (Johnson e Krueger, 2006).

"Pouco importa se alguém é rico ou pobre, bem-sucedido ou malsucedido, bonito ou comum: a felicidade é completamente relativa... O prazer de qualquer experiência particular depende de sua relação com um contexto de outras experiências, reais ou imaginárias."

– Allen Parducci

Também é natural que as pessoas usem o próprio passado recente como base de comparação. De acordo com a *teoria do nível de adaptação*, nossa satisfação com o presente depende do nível de sucesso a que estamos acostumados. Case-se, compre uma casa nova ou carro zero, ou consiga o emprego que almejava ou uma promoção, e com certeza desfrutará de uma onda de euforia. Em pouco tempo, no entanto, o encanto vai passar e você se adaptará a essa melhor situação e seu padrão de comparação aumentará. Esse fenômeno é conhecido como *adaptação hedônica*. De fato, quando Philip Brickman e outros (1978) entrevistaram 22 pessoas que ganharam entre $ 50 mil e $ 1 milhão na loteria, eles descobriram que essas pessoas não se consideravam mais felizes que no passado. Em comparação a outros de origens semelhantes, os vencedores disseram que agora obtinham menos prazer em atividades rotineiras, como fazer compras, ler e conversar com um amigo.

Talvez, quanto mais dinheiro você tiver, mais seja preciso para permanecer feliz. Os resultados de uma pesquisa de opinião pública em Chicago sugerem que esse é o caso: enquanto quem ganhava menos de $ 30 mil por ano disse que $ 50 mil seriam suficientes para realizar seus sonhos, aqueles que ganhavam mais de $ 100 mil disseram que seriam necessários $ 250 mil para ficarem felizes (Csikszentmihalyi, 1999).

"Lembra que eu disse que era mais feliz quando não tínhamos nada?"

Destacando um lado obscuro do "sonho americano", a pesquisa mostra que, quanto mais materialistas as pessoas são, menos satisfeitas elas parecem estar (Nickerson et al., 2003). Os economistas, portanto, passaram a considerar que nossa sensação de bem-estar decorre, em parte, da lacuna entre nossa renda e nossas aspirações materiais (Stutzer, 2004).

Seria um erro supor que as pessoas "se adaptam" a ganhos e perdas em dinheiro ou a outros eventos positivos e negativos da vida da mesma maneira e na mesma proporção. Estudos longitudinais recentes que rastreiam as mesmas pessoas ao longo do tempo mostraram que os efeitos de alguns eventos importantes da vida são mais persistentes que outros. Por exemplo, as pessoas tendem a se adaptar rapidamente, normalmente dentro de dois anos, ao impulso inicial de felicidade que vem do casamento – e o divórcio costuma ser seguido por um aumento na satisfação com a vida à medida que as pessoas se adaptam depois que a provação termina. No entanto, o impacto da deficiência, do desemprego e do luto que segue a morte de um cônjuge tende a durar mais – e o parto é seguido por uma série de padrões conflitantes – positivos e negativos – (Lucas, 2007; Luhmann et al., 2012).

Há uma outra explicação possível e intrigante sobre a razão pela qual o dinheiro em si e outros eventos importantes da vida não são mais preditivos de felicidade ao longo do tempo: talvez cada um de nós, como resultado de fatores biológicos e ambientais, tenha um nível básico de felicidade, um "Ponto de ajuste" para o qual nos direcionamos. Essa noção é apoiada por duas descobertas. Uma delas é que as classificações de felicidade são mais altas entre gêmeos idênticos que entre gêmeos fraternos – levando os pesquisadores a sugerir que existe um componente genético disposicional em ter um determinado nível de contentamento (Bartels, 2015; Lykken, 2000). A segunda descoberta é que as flutuações de humor que acompanham os eventos positivos e negativos da vida tendem a se dissipar com o tempo. Por exemplo, Eunkook Suh e outros (1996) estudaram os participantes de sua pesquisa por um período de dois anos e descobriram que apenas as experiências ocorridas nos últimos três meses se correlacionavam com relatos de bem-estar subjetivo. Noivar ou casar, terminar um relacionamento, começar um novo emprego e ser hospitalizado são os tipos de experiências de alto impacto que as pessoas presumem ter efeitos duradouros, senão permanentes, nos níveis de felicidade (Gilbert et al., 1998). Na verdade, esses impactos costumam ser temporários.

> Em todos os países e em todos os níveis de riqueza, quanto mais dinheiro as pessoas têm, mais felizes elas são.
>
> FALSO

14-7b Ciência emergente sobre como aumentar a felicidade

A busca da felicidade é um motivo humano poderoso que não é totalmente compreendido. Cada um de nós pode muito bem ser predisposto pela natureza a determinado padrão, mas é claro que nossa felicidade não está totalmente gravada na pedra. Em um estudo longitudinal de 17 anos com indivíduos na Alemanha, os pesquisadores descobriram que 24% dos entrevistados tinham níveis significativamente mais altos ou mais baixos de satisfação com a vida nos últimos cinco anos do estudo que nos primeiros cinco anos (Fujita e Diener, 2005). Em pesquisas nacionais que duraram de 1981 a 2007, outros pesquisadores descobriram que as classificações médias de felicidade aumentaram em 45 dos 52 países nos quais várias pesquisas foram administradas ao longo do tempo – um aumento que estava vinculado ao aumento da democratização nesses países (Inglehart et al., 2008).

Ao perceber que a felicidade é maleável, tanto para indivíduos quanto para grandes populações, os psicólogos sociais estão tentando descobrir como as pessoas podem produzir aumentos sustentáveis no bem-estar subjetivo (Lyubomirsky et al., 2005). Considere essa pergunta: Se você tivesse dinheiro para gastar, preferiria gastá-lo com uma experiência ou comprando um objeto material? Algum tipo de compra o deixaria mais feliz? Leaf Van Boven e Thomas Gilovich (2003) conduziram uma pesquisa telefônica nacional em que perguntaram a pessoas de diferentes níveis de renda sobre uma época em que compraram uma experiência (na maioria das vezes nomeavam ingressos para um show ou teatro, uma viagem, um jantar ou um dia no spa) ou um objeto material (na maioria das vezes roupas, joias, um computador ou equipamento eletrônico) para se fazerem felizes. Os entrevistados foram então solicitados a indicar qual compra, caso houvesse, os deixou mais felizes. A • Figura 14.15 mostra que, exceto nos níveis de renda mais baixos, onde as pessoas têm que satisfazer as necessidades materiais básicas, as experiências que adquiriram – graças, em parte, às memórias que permaneceram – tornaram-nas mais felizes que os objetos materiais (ver Van Boven, 2005).

Quanto a outros usos do dinheiro que consideramos particularmente satisfatórios, há esse feliz comentário sobre a natureza humana: Em um estudo que envolveu 136 países no mundo, os pesquisadores descobriram que gastar dinheiro com outras pessoas – *gastos pró-sociais* – está associado a maior felicidade que gastar dinheiro consigo mesmo (Aknin et al., 2013). Dar presentes e fazer outras pessoas felizes nos traz um caloroso brilho – não apenas entre os adultos, mas também entre as crianças. Se parar para pensar, no contexto da psicologia social, faz sentido. Os humanos são seres sociais; gastar com outras pessoas com quem nos importamos satisfaz a necessidade básica de pertencimento (Dunn et al., 2014).

A pesquisa também descobriu outras maneiras de aumentar os níveis de felicidade. Por exemplo, pessoas que são solicitadas por atribuição aleatória a escrever cartas de gratidão, saborear uma memória feliz ou se envolver em atos de bondade apresentam aumento no bem-estar subjetivo em comparação a outras em um grupo de controle (Sin e Lyubomirsky, 2009). Quanto ao fato de que as pessoas tendem a se "adaptar" a uma mudança positiva, acostumar-se a ela e voltar aos próprios níveis básicos, uma outra

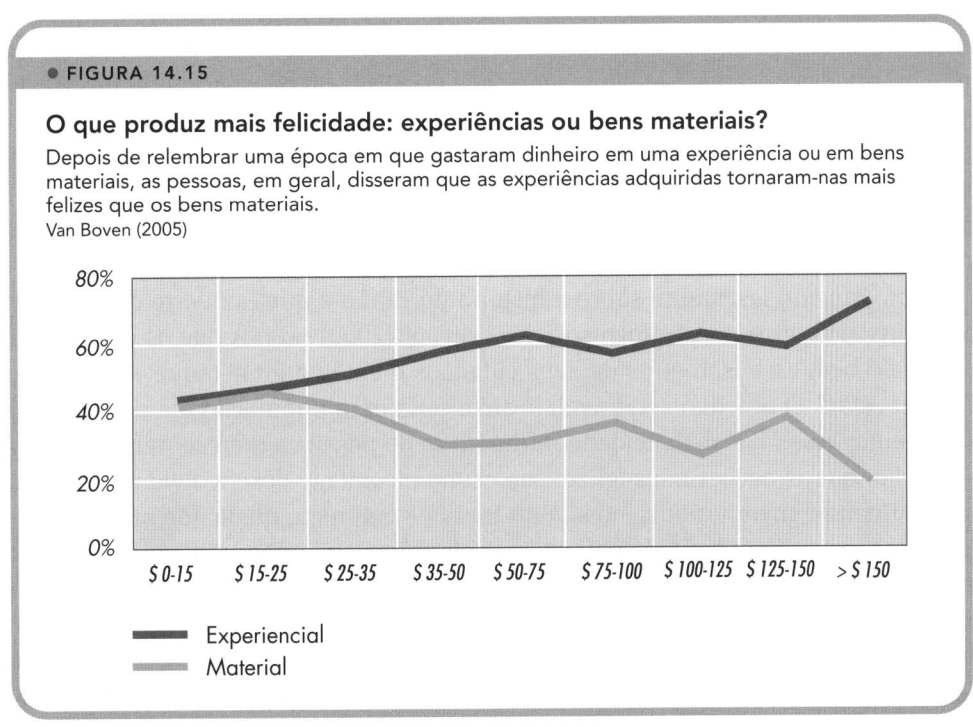

• FIGURA 14.15

O que produz mais felicidade: experiências ou bens materiais?
Depois de relembrar uma época em que gastaram dinheiro em uma experiência ou em bens materiais, as pessoas, em geral, disseram que as experiências adquiridas tornaram-nas mais felizes que os bens materiais.
Van Boven (2005)

O Butão é um pequeno país budista situado no alto das montanhas do Himalaia, entre a Índia e o Tibete. Em um programa projetado para priorizar o bem-estar subjetivo sobre a riqueza material, o governo define a "Felicidade Interna Bruta" (FIB) como sua meta nacional e busca aumentar a FIB de sua população.

questão entra em jogo: uma vez que o nível de felicidade é elevado, há uma maneira para garantir que ele continue assim? É necessária investigação para responder a esta pergunta (Sheldon e Lyubomirsky, 2012).

À parte dos desenvolvimentos na ciência psicológica ocidental está a questão de como, se é que é o caso, os governos poderiam tentar promover a felicidade de seus cidadãos. Considere o Reino do Butão – um pequeno país budista isolado e sem litoral, aninhado no alto das montanhas do Himalaia e na fronteira com a Índia e o Tibete. Em 1972, o rei do Butão adotou a "Felicidade Interna Bruta" (FIB) como meta nacional no lugar do produto interno bruto – escolhendo a felicidade em vez da riqueza. Todos os anos, desde então, o governo mede sistematicamente o FIB e formula políticas destinadas a sustentá-lo. Em oposição ao foco da medição ocidental nas avaliações das pessoas sobre o próprio bem-estar subjetivo, a felicidade no FIB é um conceito multidimensional que mede muitos aspectos da qualidade da vida material, física, social e espiritual de uma pessoa. Ao rastrear esses indicadores ao longo do tempo e em várias comunidades, o FIB é usado para fazer avançar as políticas governamentais de forma a aumentar a felicidade de quem "ainda não está feliz". Os indicadores que compõem o FIB aparecem na • Figura 14.16 (para um fascinante estudo de caso sobre o FIB no Butão, ver Ura et al., 2012).

O que é particularmente fascinante sobre a história do Butão é que faz parte de uma nova tendência internacional. Vários anos atrás, o psicólogo social Ed Diener (2000) propôs que os países deveriam coletar informações sobre o bem-estar subjetivo de seus cidadãos e então adotar o que ele chamou de "Contas Nacionais de Bem-estar". O objetivo seria avaliar quão feliz uma população é e criar políticas nacionais destinadas a aumentar esse nível de felicidade. A literatura de pesquisa oferece muitas orientações – mostrando, por exemplo, que as nações mais felizes são economicamente desenvolvidas e têm regras jurídicas sólidas, direitos humanos, governos eficientes, altas taxas de emprego, qualidade ambiental, programas de segurança de renda e garantem liberdade política e saúde física. Hoje, Diener e colegas (2015) apresentam uma lista em ordem alfabética de 43 países do mundo nos quais são coletadas estatísticas sobre bem-estar subjetivo dos cidadãos.

A pesquisa descrita nesta seção oferece alguns conselhos concretos sobre como é possível aumentar os níveis de felicidade. Os psicólogos sociais e as nações deveriam fazer uso dessa pesquisa para buscar

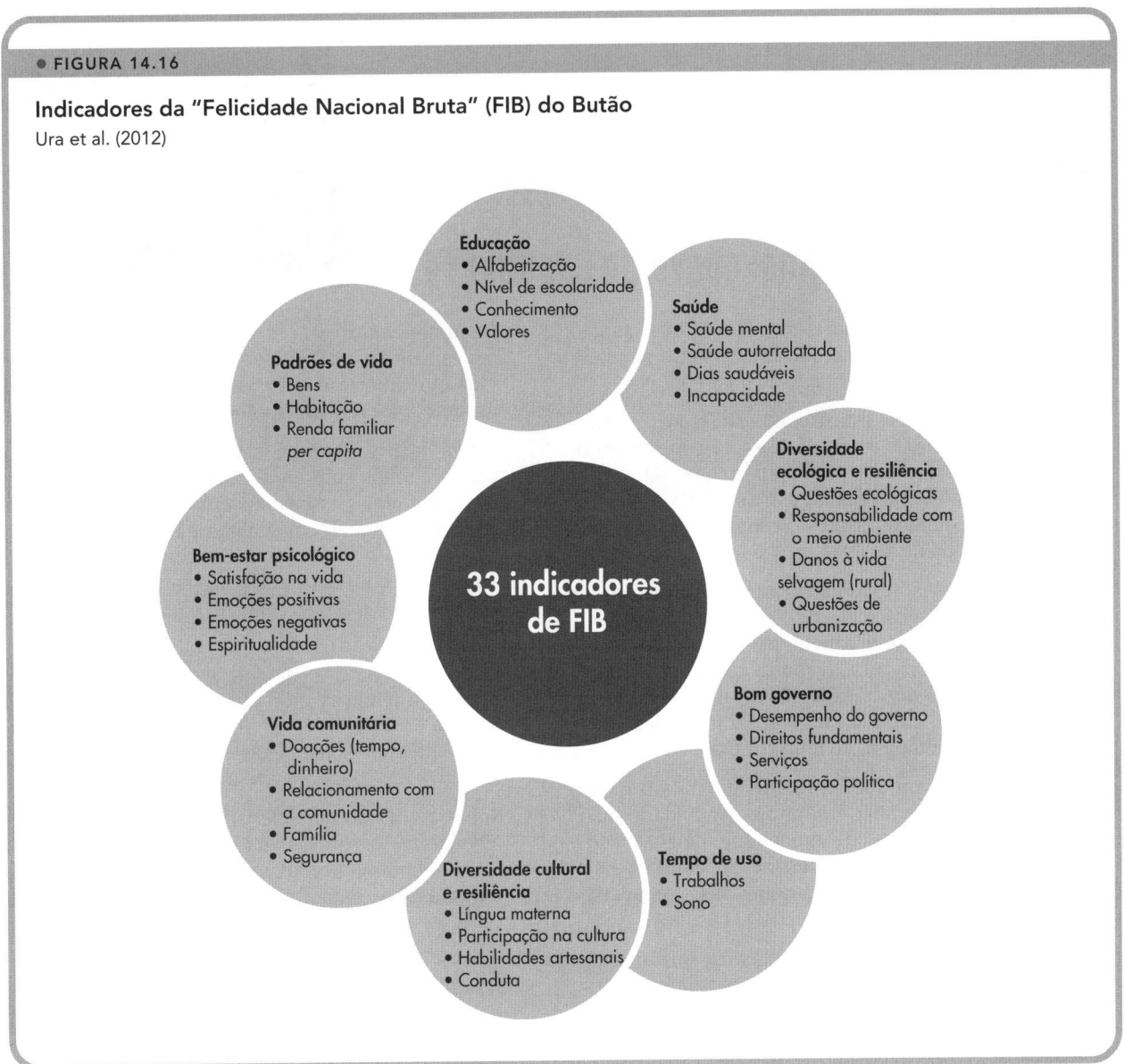

FIGURA 14.16

Indicadores da "Felicidade Nacional Bruta" (FIB) do Butão
Ura et al. (2012)

potencializar os níveis de felicidade de uma população? À luz dos benefícios indiscutíveis de ser feliz, essa questão dificilmente parece controversa. No entanto, vamos pensar a respeito. Preocupada com a possibilidade de haver um lado escuro na *busca* da felicidade, Iris Mauss e colegas (2011) perguntaram: "A busca pela felicidade pode tornar as pessoas infelizes?" Ecoando essa preocupação, June Gruber e outros (2011) sugeriram que às vezes ser "muito feliz" não é adaptativo porque o excesso de emoções positivas pode levar as pessoas a se envolverem em comportamentos de risco e não prestar atenção suficiente a possíveis ameaças (consumir álcool, fazer sexo com estranhos ou dirigir muito rápido). Além disso, algumas situações exigem medo, raiva ou um estado emocional mais sóbrio para fins de enfrentamento. Eles também observam que, embora a maioria das pessoas diga que está razoavelmente feliz, muitas relatam querer ser ainda mais felizes – um estado de desejo que pode ter efeitos paradoxais: "Quanto mais as pessoas se esforçam para conquistar a felicidade, mais provável é que fiquem desapontadas com como se sentem"(p. 226). Como quem é feliz tende a se contentar com o que tem, em vez de se concentrar no que falta, este último ponto é particularmente instigante. É possível estar *focado demais* em ser feliz? É possível ser *feliz demais*? Fique ligado em pesquisas futuras sobre essas provocativas questões.

14-8 Revisão

Os 10 principais pontos-chave do Capítulo 14

1. O estresse é um estado desagradável que surge quando as pessoas sentem que as exigências de uma situação excedem a capacidade de lidar com ela.

2. Há muitas causas de estresse, ou estressores – com destaque para desastres naturais e catástrofes, como a guerra; eventos negativos importantes da vida, como uma morte na família; e aborrecimentos cotidianos ou "Microestressores", como barulho, trânsito e uma vida de pobreza.

3. Ainda que o corpo responda ao estresse de situações pontuais de emergência (por exemplo, liberando adrenalina na corrente sanguínea, criando uma excitação fisiológica), esta "resposta ao estresse" chegará a um período de exaustão e fará com que o corpo entre em colapso porque não foi construído para situações crônicas de longo prazo.

4. Pesquisas mostram que o estresse aumenta o risco de doença coronariana e suprime a atividade das células imunológicas, de modo que pessoas sob estresse têm maior probabilidade de contrair um resfriado quando expostas a um vírus – e talvez também outras doenças.

5. Algumas pessoas são mais resilientes que outras diante do estresse – em particular, é adaptativo acreditar que se tem controle sobre o próprio destino e ter uma visão geral otimista do futuro.

6. Em geral, há três maneiras de lidar com o estresse: *enfrentamento focado no problema* (tentando superar a fonte), *enfrentamento focado na emoção* (tentando controlar a turbulência emocional), e *enfrentamento proativo* (estabelecendo um estilo de vida que amortece o estresse antes do início, como ter uma forte rede de apoio social ou ser religioso).

7. Ainda que o estresse seja universal, a maneira como lidamos com ele é influenciada pela cultura; por exemplo, pessoas de culturas individualistas tendem a confiar em amigos para apoio social e, não querendo forçar relacionamentos "arbitrários", aqueles de culturas coletivistas são mais propensos a recorrer a família, religião e saídas emocionais privadas.

8. A maioria das pessoas relata ser relativamente feliz, mas há diferenças individuais e transnacionais na felicidade, ou bem-estar subjetivo, sendo os principais ingredientes as relações sociais, o emprego e a saúde.

9. Sobre a questão de saber se o dinheiro compra felicidade, as pesquisas são controversas e mostram que, embora as nações mais ricas tenham, em média, cidadãos mais felizes que as nações mais pobres, as correlações entre renda e felicidade dentro das populações e ao longo do tempo são modestas.

10. Reconhecendo a maleabilidade da felicidade, pesquisadores – e nações – começaram a se concentrar em como aumentar os níveis de felicidade e descobriram, por exemplo, que as pessoas se tornam mais felizes quando gastam dinheiro em experiências em vez de objetos materiais e quando gastam dinheiro com os outros, em vez de consigo.

Colocando o SENSO COMUM à prova

O que causa estresse?
O acúmulo de aborrecimentos diários contribui mais para deixar as pessoas doentes que catástrofes ou grandes mudanças na vida.

Ⓥ **Verdadeiro** *Problemas com o carro, discussões com amigos e outros "microestressores" contribuem mais para nossos níveis de estresse que fatores de estresse maiores, mas menos frequentes.*

Como o estresse afeta o corpo?
Assim como os humanos, as zebras também têm úlceras.

Ⓕ **Falso** *O estresse causa úlceras em humanos, não em zebras. Isso ocorre porque a resposta ao estresse é projetada para emergências agudas, mas nas pessoas essa resposta é ativada com frequência e por longos períodos.*

O estresse pode enfraquecer o coração, mas não pode afetar o sistema imunológico.

Ⓕ **Falso** *Pesquisas recentes mostraram que o estresse e outros estados psicológicos podem alterar a atividade dos glóbulos brancos no sistema imunológico e afetar nossa resistência a doenças.*

Processos de avaliação
Quando se trata de saúde física, a pesquisa não apoia crenças populares sobre o poder do pensamento positivo.

Ⓕ **Falso** *Em geral, pessoas otimistas – e situações que promovem otimismo – estão associadas a melhores resultados de saúde.*

Maneiras de lidar com o estresse
Pessoas que têm muitos amigos são mais saudáveis e vivem mais que aquelas que levam uma vida mais isolada.

Ⓥ **Verdadeiro** *Em uma série de estudos, os pesquisadores descobriram que o apoio social está fortemente associado a resultados positivos de saúde.*

A procura da felicidade
Em todos os países e em todos os níveis de riqueza, quanto mais dinheiro as pessoas têm, mais felizes elas são.

Ⓕ **Falso** *Os resultados da pesquisa são complexos, mas está claro que, uma vez que as pessoas tenham dinheiro suficiente para satisfazer suas necessidades básicas, a riqueza adicional não produz mais felicidade.*

Palavras-chave

apoio social (629)
autoeficácia (617)
avaliação (600)
bem-estar subjetivo (637)
desamparo aprendido (615)
enfrentamento (600)
enfrentamento focado na emoção (622)
enfrentamento focado no problema (622)
enfrentamento proativo (623)
estilo explicativo depressivo (616)
estresse (599)
estressor (600)
personalidade Tipo A (608)
psicologia da saúde (599)
psicologia positiva (637)
psiconeuroimunologia (PNI) (610)
síndrome de adaptação geral (606)
sistema imunológico (610)
transtorno de estresse pós-traumático (TSPT) (602)

Nota da revisão técnica

1. Segundo dados da Secretária de Vigilância em Saúde, as 10 principais causas de morte no Brasil são: doença isquêmica do coração, doença cerebrovascular, infecção das vias áreas inferiores, doença de Alzheimer e outras demências, violência interpessoal, diabetes mellitus, acidente de trânsito, doença renal crônica, e cirroses e outras doenças hepáticas crônicas. Saiba mais em: http://svs.aids.gov.br/dantps/centrais-de-conteudos/paineis-de-monitoramento/mortalidade/gbd-brasil/principais-causas/. Acesso em 10 set. 2021.

Glossário

acordo integrativo Uma resolução negociada para um conflito, na qual todas as partes obtêm resultados superiores aos que teriam obtido de uma divisão igual dos recursos contestados.

agressividade Comportamento com a intenção de prejudicar outro indivíduo.

agressividade proativa Comportamento agressivo, pelo qual o dano é infligido como um meio para um fim desejado (também chamado de agressão instrumental).

agressividade reativa Comportamento agressivo, no qual o meio e o fim coincidem; o dano é infligido em seu próprio benefício.

altruísmo recíproco Altruísmo que envolve um indivíduo ajudando outro (apesar de algum risco ou custo imediato) e tornando-se mais propenso a receber ajuda de outro em troca.

altruísmo relutante Tipo de comportamento altruísta que resulta da pressão de colegas ou de outras fontes de influência social direta.

altruísta Motivado pelo desejo de melhorar o bem-estar de outra pessoa.

ameaça de estereótipo A experiência de preocupação em ser avaliado com base em estereótipos negativos sobre seu próprio grupo.

amor apaixonado Amor romântico, caracterizado por grande excitação, atração intensa e medo da rejeição.

amor companheiro Uma parceria segura, confiável e estável.

amostragem aleatória Um método de seleção de participantes para um estudo de modo que todos em uma população tenham chances iguais de participar do mesmo.

amostragem tendenciosa A tendência de os grupos gastarem mais tempo discutindo informações compartilhadas (informações já conhecidas por todos ou pela maioria dos membros do grupo) do que informações não compartilhadas (informações conhecidas por apenas um ou por alguns membros do grupo).

anulação do júri O poder do júri de desconsiderar ou "anular" a lei quando ela entra em conflito com concepções pessoais de justiça.

apoio social Os recursos úteis de enfrentamento fornecidos por amigos e outras pessoas.

aproveitar o sucesso alheio Aumentar a autoestima associando-se com outras pessoas que têm sucesso.

atitude Uma reação positiva, negativa ou mista em relação a uma pessoa, objeto ou ideia.

atitude implícita Uma atitude, como o preconceito, que a pessoa não sabe que tem.

atribuição aleatória Um método de atribuir participantes às várias condições de um experimento de modo que cada uma tenha iguais chances de estar em qualquer uma das condições.

atribuição disposicional Atribuição às características internas de um indivíduo, como habilidade, personalidade, humor ou esforço.

atribuição situacional Atribuição a fatores externos a um indivíduo, como a tarefa, outras pessoas ou a sorte.

autoapresentação Estratégias que as pessoas usam para moldar o que os outros pensam delas.

autoboicote Comportamentos concebidos para sabotar o próprio desempenho, a fim de fornecer uma desculpa subsequente para o fracasso.

autoconceito A soma total das crenças de um indivíduo sobre seus próprios atributos pessoais.

autoconsciência privada Uma característica de personalidade de indivíduos que são introspectivos, que costumam perceber seus próprios estados internos.

autoconsciência pública Uma característica da personalidade de indivíduos que se focam em si mesmos como objetos sociais, na forma como são vistos pelos outros.

autocontrole Processo pelo qual as pessoas controlam seus pensamentos, sentimentos ou comportamento para atingir um objetivo pessoal ou social.

autoeficácia A crença de uma pessoa de que é capaz de ter o comportamento específico necessário para produzir o resultado desejado em determinada situação.

autoesquema Uma crença que as pessoas têm sobre si mesmas que orienta o processamento de informações relevantes para elas.

autoestima Um componente afetivo do *self*, que consiste nas autoavaliações positivas e negativas de uma pessoa.

autoexposição Revelações sobre si mesma que uma pessoa faz para os outros.

automonitoramento A tendência de mudar o comportamento em resposta ao contexto de autoapresentação da situação.

avaliação O processo pelo qual as pessoas fazem julgamentos sobre as demandas de eventos potencialmente estressantes e sua capacidade de atender às mesmas.

avaliação de desempenho O processo de avaliação do trabalho de um funcionário dentro da organização.

bem-estar subjetivo A felicidade de alguém, ou satisfação com a vida, medida por autorrelatos.

brainstorming Uma técnica que tenta aumentar a produção de ideias criativas, encorajando os membros do grupo a falar livremente, sem criticar suas próprias contribuições ou as dos outros.

características centrais Características que exercem uma influência poderosa nas impressões gerais.

catarse Uma redução do motivo à agressão que se diz resultar de qualquer ato de agressão imaginado, observado ou real.

categorização social A classificação de pessoas em grupos com base em atributos comuns.

centro de avaliação Ambiente estruturado, no qual os candidatos a empregos são exaustivamente testados e julgados por vários avaliadores.

ciclo da violência A transmissão da violência doméstica entre gerações.

ciência aberta Um movimento para tornar os materiais, métodos, hipóteses e dados de pesquisa mais transparentes, acessíveis e facilmente compartilhados com pesquisadores de outros laboratórios.

coeficiente de correlação Uma medida estatística da força e da direção da associação entre duas variáveis.

coesão de grupo Até que ponto as forças aproximam os membros do grupo, como por meio de sentimentos de intimidade, unidade e comprometimento com os objetivos do grupo.

cognição social O estudo de como as pessoas percebem, lembram e interpretam informações sobre si mesmas e sobre outras pessoas.

coletivismo Uma orientação cultural em que a interdependência, a cooperação e a harmonia social têm prioridade sobre os objetivos pessoais.

comparação social descendente A tendência defensiva de nos compararmos com outras pessoas que estão em pior situação do que nós.

comportamento não verbal Comportamento que revela os sentimentos de uma pessoa sem palavras, mas por meio de expressões faciais, linguagem corporal e dicas vocais.

comportamentos pró-sociais Ações destinadas a beneficiar terceiros.

concordância Mudanças no comportamento que são provocadas por solicitações diretas.

condicionamento avaliativo O processo pelo qual formamos uma atitude em relação a um estímulo neutro por causa de sua associação com uma pessoa, lugar ou coisa positiva ou negativa.

confederado Cúmplice de um experimentador que, ao lidar com os participantes reais de um experimento, age como se também fosse um participante.

confiabilidade entre avaliadores O grau em que diferentes observadores concordam em suas observações.

confissões falsas A admissão de culpa de uma pessoa inocente por um crime que não cometeu.

conformidade A tendência de mudar nossas percepções, opiniões ou comportamento de maneiras que sejam consistentes com as normas sociais ou de grupo.

conformidade privada A mudança de crenças que ocorre quando uma pessoa aceita de forma privada a posição assumida por outros.

conformidade pública Uma mudança superficial no comportamento manifesto sem uma mudança correspondente de opinião, produzida por pressão de grupo real ou imaginária.

consentimento informado A decisão deliberada e voluntária de um indivíduo de participar de uma pesquisa, com base na descrição do pesquisador sobre o que será necessário durante essa participação.

contestação peremptória Um meio pelo qual os advogados podem excluir um número limitado de jurados em potencial sem a aprovação do juiz.

correlação ilusória Uma superestimativa da associação entre variáveis que são apenas ligeiramente ou nada correlacionadas.

créditos de idiossincrasia "Créditos" interpessoais que uma pessoa ganha por seguir as normas do grupo.

crença em um mundo justo A crença de que os indivíduos obtêm o que merecem na vida, orientação que leva as pessoas a menosprezar as vítimas.

cultura Um sistema de significados, crenças, valores, suposições, instituições e práticas duradouras compartilhados por um grande grupo de pessoas e transmitidos de uma geração para a outra.

cultura da honra Uma cultura que enfatiza a honra e o *status* social, especialmente para os homens, e o papel da agressão na proteção dessa honra.

cybervetting Uma prática nova e controversa, mediante a qual empregadores usam a internet para obter dados informais e não institucionais a respeito de candidatos, informações estas que eles optaram por não compartilhar.

definição operacional Os procedimentos específicos para manipular ou medir uma variável conceitual.

desamparo aprendido Um fenômeno no qual a experiência com um evento incontrolável cria um comportamento passivo em face de ameaças subsequentes ao bem-estar.

desindividuação A perda do senso de individualidade de uma pessoa e a redução das restrições normais contra o comportamento divergente.

deslocamento Agressão contra um alvo substituto porque os atos agressivos contra a fonte da frustração são inibidos pelo medo ou pela falta de acesso.

devolutiva Uma divulgação, feita aos participantes após a conclusão dos procedimentos da pesquisa, em que o pesquisador explica o propósito do experimento, tenta solucionar quaisquer sentimentos negativos e enfatiza a contribuição científica feita pelo envolvimento dos participantes.

dialetismo Um sistema oriental de pensamento que aceita a coexistência de características contraditórias dentro de uma única pessoa.

difusão de responsabilidade A crença de que outros assumirão ou deverão assumir a responsabilidade de prestar assistência a uma pessoa necessitada.

dilema do prisioneiro Um tipo de dilema em que uma parte deve fazer movimentos cooperativos ou competitivos em relação a outra parte. O dilema, normalmente, é projetado para que o movimento competitivo pareça ser por interesse próprio, mas se ambas as partes fizerem esse movimento, ambas sofrerão mais do que se tivessem cooperado.

dilema social Uma situação em que uma escolha egoísta de todos criará o pior resultado para todos.

dilemas de recursos Dilemas sociais relacionados à maneira como duas ou mais pessoas compartilharão um recurso limitado.

discriminação Comportamento dirigido contra pessoas devido ao fato de pertencer a determinados grupos.

disparidade de sentença Inconsistência de sentenças para o mesmo delito de um juiz para outro.

dissuasão insuficiente Uma condição na qual as pessoas se abstêm de se envolver em uma atividade desejável, mesmo quando ameaçadas apenas por uma punição leve.

economia comportamental Um subcampo interdisciplinar que se concentra em como a psicologia – particularmente a psicologia social e cognitiva – se relaciona com a tomada de decisões econômicas.

efeito adormecido Um aumento de atraso no impacto persuasivo de uma fonte não confiável.

efeito de armas A tendência de que a probabilidade de agressão aumente pela mera presença de armas.

efeito de desinformação A tendência para a desinformação falsa pós-evento tornar-se integrada na memória que as pessoas têm de um evento.

efeito de escalonamento A tendência de as pessoas persistirem em investimentos em fracasso para evitar perdas, o que faz com que as perdas aumentem.

efeito de homogeneidade do exogrupo A tendência de supor que há maior semelhança entre membros de exogrupos do que entre membros de endogrupos.

efeito de primazia A tendência de as informações apresentadas no início de uma sequência terem mais impacto nas impressões do que as apresentadas posteriormente.

efeito de superjustificação A tendência de a motivação intrínseca diminuir quando atividades se tornam associadas a recompensa ou a outros fatores extrínsecos.

efeito difícil de obter A tendência de preferir pessoas que são altamente seletivas em suas escolhas sociais em vez daquelas que estão mais prontamente disponíveis.

efeito do falso consenso A tendência de as pessoas de superestimar até que ponto os outros compartilham suas opiniões, seus atributos e seus comportamentos.

efeito dotação A tendência das pessoas a aumentar o valor de objetos, bens ou serviços que já possuem.

efeito espectador O efeito pelo qual a presença de outras pessoas inibe a ajuda.

efeito foco na arma A tendência da presença de uma arma de chamar a atenção e prejudicar a capacidade de uma testemunha na identificação do culpado.

efeito *hawthorne* A constatação de que os trabalhadores que receberam atenção especial aumentaram sua produtividade, independentemente das mudanças reais feitas no ambiente de trabalho.

efeitos da expectativa do experimentador Os efeitos produzidos quando as expectativas de um experimentador sobre os resultados de um experimento afetam seu comportamento em relação a um participante e, portanto, influenciam as respostas do mesmo.

egoísmo implícito Uma forma inconsciente de autopromoção.

egoísta Motivado pelo desejo de melhorar o próprio bem-estar.

elaboração O processo de pensar e examinar os argumentos contidos em uma mensagem persuasiva.

eletromiógrafo facial Instrumento eletrônico que registra a atividade dos músculos faciais associada a emoções e atitudes.

empatia Compreender ou experienciar indiretamente a perspectiva de outro indivíduo e sentir simpatia e compaixão por ele.

endogrupos Grupos com os quais um indivíduo sente identificação, pertencimento e identidade.

enfrentamento Esforços para reduzir o estresse.

enfrentamento focado na emoção Esforços cognitivos e comportamentais para reduzir o sofrimento produzido por uma situação estressante.

enfrentamento focado no problema Esforços cognitivos e comportamentais para alterar uma situação estressante.

enfrentamento proativo Esforços iniciais para evitar ou modificar o início de um evento estressante.

entrevista estruturada Uma entrevista em que cada candidato a emprego responde a um conjunto padrão de perguntas e é avaliado de acordo com os mesmos critérios.

erro fundamental de atribuição A tendência de se concentrar no papel das causas pessoais e subestimar o impacto das situações no comportamento de outras pessoas.

escala de atitude Um questionário de vários itens projetado para medir a atitude de uma pessoa em relação a algum objeto.

estereótipo Uma crença ou associação que relaciona um grupo inteiro de pessoas com certos traços ou características.

estereótipo o que é bonito é bom A crença de que indivíduos fisicamente atraentes também possuem características de personalidade desejáveis.

estigmatizado Ser persistentemente estereotipado, percebido como errado e desvalorizado na sociedade por pertencer a determinado grupo social ou por causa de uma característica específica.

estilo de apego A maneira como uma pessoa costuma interagir com outras pessoas importantes.

estilo explicativo depressivo Uma tendência habitual de atribuir eventos negativos a causas estáveis, globais e internas.

estresse Um estado de excitação no qual as pessoas percebem as demandas de um evento como algo desgastante ou excedendo sua capacidade de satisfazê-las ou alterá-las.

estressor Qualquer coisa que cause estresse.

exogrupos Grupos com os quais um indivíduo não sente identificação, pertencimento ou identidade.

experimento Uma forma de pesquisa que pode demonstrar relações causais porque (1) o experimentador tem controle sobre os eventos que ocorrem e (2) os participantes são aleatoriamente atribuídos às condições.

facilitação social Um processo pelo qual a presença de outras pessoas melhora o desempenho em tarefas fáceis, mas o prejudica em tarefas difíceis.

falácia da taxa base A descoberta de que as pessoas são relativamente insensíveis às informações de consenso apresentadas na forma de referências numéricas.

favoritismo intragrupal A tendência de discriminar exogrupos em favor de endogrupos.

formação de impressões O processo de integrar informações sobre uma pessoa para formar uma impressão coerente.

funcionamento executivo As habilidades e os processos cognitivos que permitem aos humanos planejar ou inibir suas ações.

fusão de identidade Um forte senso de "unidade" e de identidade compartilhada com um grupo e seus membros individuais.

ganho de processo O aumento no desempenho grupal, de forma que o grupo supere os indivíduos que o compõem.

genética comportamental Um subcampo da psicologia que examina o papel dos fatores genéticos no comportamento.

grupo Um conjunto de indivíduos que interagem ao longo do tempo e compartilham destino, objetivos ou identidade.

heurística da disponibilidade A tendência de estimar a probabilidade de um evento ocorrer pela facilidade com que exemplos dele vêm à mente.

hipótese Uma previsão testável sobre as condições sob as quais um evento ocorrerá.

hipótese de contato A teoria de que o contato direto entre grupos hostis, sob certas condições, pode reduzir o preconceito intergrupal.

hipótese de correspondência A proposição de que as pessoas são atraídas por aqueles que são semelhantes em atratividade física.

hipótese de empatia-altruísmo A proposição de que a preocupação empática por uma pessoa necessitada produz uma motivação altruísta para ajudar.

hipótese de frustração-agressividade A ideia de que (1) a frustração sempre provoca o motivo da agressão e que (2) toda agressão é causada pela frustração.

hipótese de inoculação A ideia de que a exposição a versões fracas de um argumento persuasivo aumenta a resistência posterior a esse argumento.

hipótese do *feedback* facial A hipótese de que mudanças na expressão facial podem levar a mudanças correspondentes nas emoções.

identificação de testemunha ocular O processo pelo qual uma testemunha decide se alguém que vê em um processo de identificação presencial ou por fotografia é a pessoa que viu cometer um crime anteriormente.

ignorância pluralística O estado em que as pessoas em um grupo pensam erroneamente que seus próprios pensamentos, sentimentos ou comportamentos individuais são diferentes daqueles dos outros membros do grupo.

ilusão No contexto da pesquisa, um método que fornece informações falsas aos participantes.

individualismo Uma orientação cultural em que a independência, a autonomia e a autossuficiência têm prioridade sobre as afinidades do grupo.

influência informativa Influência que produz conformidade quando uma pessoa acredita que os outros estão corretos em seus julgamentos.

influência minoritária O processo pelo qual dissidentes produzem mudanças dentro de um grupo.

influência normativa Influência que produz conformidade quando uma pessoa teme as consequências sociais negativas de parecer divergente.

inteligência coletiva A habilidade geral de um grupo ter um bom desempenho em uma ampla gama de tarefas diferentes.

justificativa insuficiente Uma condição na qual as pessoas executam livremente um comportamento discrepante da atitude sem receber uma grande recompensa.

líder transacional Um líder que obtém conformidade e suporte dos seguidores principalmente por meio do estabelecimento de metas e do uso de recompensas.

líder transformacional Um líder que inspira seguidores a transcender suas próprias necessidades no interesse de uma causa comum.

lowballing Uma técnica de concordância em duas etapas, na qual o influenciador garante a concordância com uma solicitação, mas aumenta o tamanho dessa solicitação, revelando custos ocultos.

memória transativa Um sistema compartilhado para a lembrança de informações que permite que várias pessoas juntas se lembrem de informações de forma mais eficiente do que poderiam fazê-lo sozinhas.

mensagem subliminar Um método de apresentação de estímulos de forma tão sutil ou rápida que as pessoas não tomam consciência de terem sido expostas a eles.

mera presença A proposição de que a mera presença de outros é suficiente para produzir efeitos de facilitação social.

mero efeito da exposição O fenômeno pelo qual quanto mais as pessoas são expostas a um estímulo, mais positivamente elas avaliam esse estímulo.

metanálise Um conjunto de procedimentos estatísticos usados para revisar um corpo de evidências, combinando os resultados de estudos individuais para medir a confiabilidade geral e a força de efeitos específicos.

método *jigsaw* Um método de aprendizagem cooperativa usado para reduzir o preconceito racial por meio da interação em esforços de grupo.

modelo adversarial Um sistema de resolução de disputas no qual a acusação e a defesa apresentam lados opostos da história.

modelo contingencial de liderança A teoria de que a eficácia da liderança é determinada tanto pelas características pessoais dos líderes quanto pelo controle proporcionado pela situação.

modelo de alívio do estado negativo A proposição de que as pessoas ajudam os outros a fim de neutralizar seus próprios sentimentos de tristeza.

modelo de conteúdo de estereótipos Um modelo que propõe que o *status* relativo e a competição entre grupos influenciam os estereótipos de grupo em termos de competência e cordialidade.

modelo de esforço coletivo A teoria de que os indivíduos se esforçam em uma tarefa coletiva na medida em que acham que seus esforços individuais serão importantes, relevantes e significativos para alcançar os resultados que valorizam.

modelo de identidade social dos efeitos de desindividuação Um modelo de comportamento coletivo que explica os efeitos de desindividuação como resultado de uma mudança da identidade pessoal para a identidade social.

modelo inquisitorial Um sistema de resolução de disputas em que um investigador neutro reúne evidências de ambos os lados e apresenta as conclusões no tribunal.

modelo normativo de liderança A teoria de que a eficácia da liderança é determinada pela quantidade de *feedback* e participação que os líderes provocam nos trabalhadores.

necessidade de cognição Uma variável de personalidade que distingue as pessoas com base em quanto elas gostam de atividades cognitivas de esforço.

necessidade de conexão O desejo de estabelecer e manter muitos relacionamentos interpessoais gratificantes.

neurociência social O estudo da relação entre os processos neurais e sociais.

obediência Mudança de comportamento produzida por comandos de autoridade.

objetivo superior Um objetivo compartilhado que só pode ser alcançado por meio da cooperação entre indivíduos ou grupos.

ociosidade social Uma redução gerada em grupo no rendimento individual em tarefas nas quais as contribuições são conjuntas.

orientação à dominação social Um desejo de ver seu endogrupo como dominante sobre outros grupos e uma disposição para adotar valores culturais que facilitem a opressão sobre os mesmos.

orientação sexual A preferência de uma pessoa por membros do mesmo sexo (homossexualidade), do sexo oposto (heterossexualidade), de ambos os sexos (bissexualidade) ou de nenhum (assexualidade).

pensamento contrafactual A tendência de imaginar eventos ou resultados alternativos que poderiam ter ocorrido, mas não ocorreram.

pensamento de grupo Um estilo de tomada de decisão em grupo que se caracteriza pela tendência excessiva entre os membros do grupo de buscar a concordância.

percepção de estados mentais O processo pelo qual as pessoas atribuem estados mentais semelhantes aos humanos a vários objetos animados e inanimados, incluindo outras pessoas.

percepção social Um termo geral para os processos pelos quais as pessoas passam a se entender umas às outras.

perda de processo A redução no desempenho do grupo em razão de obstáculos criados pelos processos do grupo, como problemas de coordenação e motivação.

perseverança de crença A tendência de manter as crenças mesmo depois de terem sido provadas equivocadas.

personalidade tipo A Um padrão de comportamento caracterizado por extremos de competitividade por realizações, um senso de urgência de tempo, hostilidade e agressão.

perspectiva interacionista Uma ênfase na forma como a personalidade de um indivíduo e as características ambientais influenciam o comportamento.

persuasão O processo pelo qual as atitudes são alteradas.

pesquisa aplicada Pesquisa cujo objetivo é produzir aplicações para o mundo e contribuir para a solução de problemas sociais.

pesquisa básica Pesquisa cujo objetivo é melhorar a compreensão do comportamento humano, muitas vezes testando hipóteses baseadas em uma teoria.

pesquisa correlacional Pesquisa destinada a medir a associação entre variáveis que não são manipuladas pelo pesquisador.

pesquisa multicultural Pesquisa projetada para examinar grupos raciais e étnicos dentro das culturas.

pesquisa transcultural Pesquisa projetada para comparar e contrastar pessoas de diferentes culturas.

polarização de grupo O exagero das tendências iniciais no pensamento dos membros do grupo por meio da discussão coletiva.

polígrafo Um instrumento mecânico que registra a excitação fisiológica de vários canais; é frequentemente usado como um teste de detecção de mentiras.

polígrafo falso Um detector de mentiras falso, que às vezes é usado para fazer os entrevistados darem respostas verdadeiras a perguntas delicadas.

pornografia Material sexual explícito.

preconceito Sentimentos negativos em relação a alguém com base no fato de pertencer a determinados grupos.

pré-registro A prática de pesquisadores de relatar a estrutura de sua pesquisa, suas previsões e seus planos para as análises de dados antes de conduzir o estudo.

previsão afetiva O processo de prever como alguém se sentiria em resposta a eventos emocionais futuros.

priming A tendência de palavras ou ideias usadas ou percebidas recentemente virem à mente com facilidade e influenciar a interpretação de novas informações.

princípio da covariação Um princípio da teoria da atribuição que sustenta que as pessoas atribuem comportamento a fatores que estão presentes quando um comportamento ocorre e que estão ausentes quando não ocorre.

princípio do custo irrecuperável A regra econômica de que apenas os custos e benefícios futuros, e não os compromissos passados, devem ser considerados na tomada de decisão.

privação relativa Sentimentos de descontentamento suscitados pela crença de que um se sai mal em comparação com os outros.

profecia autorrealizável O processo pelo qual as expectativas de uma pessoa sobre outra acabam levando essa pessoa a se comportar de maneiras que confirmem essas expectativas da primeira.

psicologia da saúde O estudo da saúde física e da doença por psicólogos de várias áreas de especialização.

psicologia evolutiva Um subcampo da psicologia que usa os princípios da evolução para compreender o comportamento social humano.

psicologia industrial/organizacional O estudo do comportamento humano nos negócios e em outros ambientes organizacionais.

psicologia positiva O estudo científico de como as pessoas podem construir uma vida feliz, significativa e com propósito.

psicologia social O estudo científico de como os indivíduos pensam, sentem e se comportam em um contexto social.

psiconeuroimunologia Um subcampo da psicologia que examina as ligações entre os fatores psicológicos, o cérebro e o sistema nervoso e o sistema imunológico.

punição física Força física (como surras ou socos) com a intenção de causar dor a uma criança – mas não ferir – com o objetivo de controlar ou corrigir o comportamento dela.

qualificação de morte Um procedimento de seleção de júri usado em casos de pena capital que permite aos juízes excluir candidatos a jurados que dizem que não votariam na pena de morte.

racismo Preconceito e discriminação com base na origem racial de alguém ou práticas institucionais e culturais que promovam o domínio de um grupo racial sobre outro.

racismo aversivo Racismo que diz respeito à ambivalência entre atitudes e crenças justas, por um lado, e sentimentos e crenças preconceituosos inconscientes e não reconhecidos, por outro.

racismo implícito Racismo que opera de forma inconsciente e não intencional.

racismo moderno Uma forma de preconceito que surge de maneiras sutis quando é seguro, socialmente aceitável e fácil de justificar.

realismo experimental O grau em que os procedimentos experimentais envolvem os participantes e os levam a se comportar de maneira natural e espontânea.

realismo mundano O grau em que a situação experimental se assemelha a lugares e eventos no mundo real.

reatância psicológica A teoria de que as pessoas reagem contra ameaças à sua liberdade afirmando-se e percebendo a liberdade ameaçada como mais atraente.

reciprocidade Troca mútua entre o que damos e o que recebemos – por exemplo, gostar de quem gosta de nós.

relação de troca Uma relação na qual os participantes esperam e desejam reciprocidade estrita em suas interações.

relacionamento comunal Um relacionamento no qual os participantes esperam e desejam resposta mútua às necessidades uns dos outros.

relacionamento íntimo Um relacionamento íntimo entre dois adultos envolvendo apego emocional, satisfação de necessidades psicológicas ou interdependência.

replicação Repetir um estudo de pesquisa para ver se os resultados são semelhantes aos encontrados no estudo original.

rota central para a persuasão O processo pelo qual uma pessoa pensa cuidadosamente sobre uma mensagem e é influenciada pela força de seus argumentos.

rota periférica para a persuasão O processo pelo qual uma pessoa não pensa cuidadosamente sobre uma mensagem e é influenciada por informações superficiais.

ruminação No contexto da agressividade, a ruminação envolve pensar repetidamente e reviver um evento que induz a raiva, focalizando pensamentos e sentimentos de raiva e, talvez, até mesmo planejando ou imaginando vingança.

seleção científica do júri Um método de seleção de júris por meio de pesquisas que geram correlações entre dados demográficos e atitudes relevantes para o ensaio.

seleção de parentesco Ajuda preferencial a parentes genéticos, o que resulta na maior probabilidade de sobrevivência de genes em comum.

sexismo Preconceito e discriminação com base no gênero de alguém ou práticas institucionais e culturais que promovam o domínio de um gênero sobre o outro.

sexismo ambivalente Uma forma de sexismo caracterizada por atitudes em relação às mulheres que refletem tanto crenças e sentimentos negativos e ressentidos quanto crenças e sentimentos afetuosos e cavalheirescos, mas potencialmente paternalistas.

síndrome de adaptação geral Um processo de três estágios (alarme, resistência e exaustão) pelo qual o corpo responde ao estresse.

sistema imunológico Um sistema de vigilância biológica que detecta e destrói substâncias "estranhas" que invadem o corpo.

sistemas de apoio a grupos Programas de computador interativos especializados que são usados para orientar reuniões, trabalho colaborativo e processos de tomada de decisões coletivas.

solidão Um sentimento de privação a respeito das relações sociais existentes.

técnica "e não é só isso" Uma técnica de concordância em duas etapas, na qual o influenciador começa com uma solicitação exagerada e, em seguida, diminui seu tamanho aparente, oferecendo um desconto ou bônus.

técnica "pé na porta" Uma técnica de concordância em duas etapas, na qual um influenciador prepara o terreno para a solicitação real, fazendo, primeiro, com que uma pessoa atenda a uma solicitação muito menor.

técnica "porta na cara" Uma técnica de concordância em duas etapas, na qual um influenciador introduz a solicitação real com um pedido tão grande que, naturalmente, é rejeitado.

técnica polígrafo falso Um procedimento no qual os participantes da pesquisa são (falsamente) levados a acreditar que suas respostas serão verificadas por um detector de mentiras infalível.

tendência à atribuição hostil A tendência de perceber intenções hostis nos outros.

teoria Um conjunto organizado de princípios usados para explicar fenômenos observados.

teoria da apreensão da avaliação Teoria segundo a qual a presença de outras pessoas produzirá efeitos de facilitação social apenas quando estas forem vistas como avaliadores em potencial.

teoria da aprendizagem social A teoria de que o comportamento é aprendido por meio da observação de outras pessoas, bem como por meio da experiência direta de recompensas e punições.

teoria da atribuição Um grupo de teorias que descrevem como as pessoas explicam as causas do comportamento.

teoria da autoconsciência A teoria de que a atenção focada em si mesmo leva as pessoas a perceberem as discrepâncias do *self*, motivando assim uma fuga da autoconsciência ou uma mudança no comportamento.

teoria da autopercepção A teoria de que, quando as pistas internas são difíceis de interpretar, as pessoas se percebem observando seu próprio comportamento.

teoria da comparação social A teoria de que as pessoas avaliam suas próprias habilidades e opiniões comparando-se a outras.

teoria da dissonância cognitiva Teoria que sustenta que cognições inconsistentes despertam tensão psicológica que as pessoas se tornam motivadas a reduzir.

teoria da equidade A teoria de que as pessoas estão mais satisfeitas com um relacionamento quando a proporção entre benefícios e contribuições é semelhante para ambos os parceiros.

teoria da expectativa A teoria de que os trabalhadores ficam motivados quando acreditam que seus esforços produzirão resultados valiosos.

teoria da gestão do terror A teoria de que os humanos enfrentam o medo da própria morte construindo visões de mundo que ajudam a preservar sua autoestima.

teoria da identidade social A teoria de que as pessoas favorecem os endogrupos em relação aos exogrupos a fim de aumentar sua autoestima.

teoria da integração de informações A teoria de que as impressões são baseadas em (1) disposições do observador e (2) uma média ponderada das características de uma pessoa-alvo.

teoria da justificação do sistema Uma teoria que propõe que as pessoas são motivadas (pelo menos em parte) a defender e justificar as condições sociais, políticas e econômicas existentes.

teoria da troca social Uma perspectiva que vê as pessoas motivadas a maximizar os benefícios e a minimizar os custos em seus relacionamentos com outras pessoas.

teoria do comportamento planejado A teoria de que as atitudes em relação a um comportamento específico combinam com normas subjetivas e controle percebido para influenciar as ações de uma pessoa.

teoria do conflito de distração Teoria segundo a qual a presença de outras pessoas produzirá efeitos de facilitação social apenas quando estas se distraírem da tarefa e criarem conflito de atenção.

teoria do conflito realístico A teoria de que a hostilidade entre grupos é causada pela competição direta por recursos limitados.

teoria do impacto social A teoria de que a influência social depende da força, do imediatismo e do número de pessoas-fonte em relação a pessoas-alvo.

teoria do papel social A teoria de que pequenas diferenças de gênero têm sua percepção ampliada pelos papéis sociais contrastantes ocupados por homens e mulheres.

teoria do sociômetro A teoria de que a autoestima é um indicador que monitora nossas interações sociais e nos envia sinais se nosso comportamento é aceitável para os outros.

teoria dos dois fatores da emoção A teoria de que a experiência da emoção é baseada em dois fatores: estimulação fisiológica e uma interpretação cognitiva desse estímulo.

teoria triangular do amor Uma teoria que propõe que o amor tem três componentes básicos – intimidade, paixão e compromisso – que podem ser combinados para produzir oito subtipos.

teste de associação implícita Uma medida velada de atitudes inconscientes derivadas da velocidade com a qual as pessoas respondem a pares de conceitos, tais como preto ou branco com bom ou ruim.

testes de integridade Questionários elaborados para testar a honestidade e o caráter de um candidato a emprego.

transferência de excitação O processo pelo qual a excitação causada por um estímulo é adicionada à de um segundo estímulo, sendo a excitação combinada atribuída ao segundo estímulo.

transtorno de estresse pós-traumático Uma condição em que uma pessoa apresenta sintomas físicos e psicológicos duradouros após um evento extremamente estressante.

tríade negra Um conjunto de três características associadas a níveis mais elevados de agressividade: maquiavelismo, psicopatia e narcisismo.

validade de construto A extensão na qual as medidas usadas em um estudo medem as variáveis que foram projetadas para medir e as manipulações manipulam as variáveis para as quais foram pensadas.

validade externa O grau em que pode haver razoável confiança de que os resultados de um estudo seriam obtidos para outras pessoas e em outras situações.

validade interna O grau em que pode haver certeza razoável de que as variáveis independentes em um experimento causaram os efeitos obtidos nas variáveis dependentes.

variável de confusão Um fator diferente da variável independente que varia entre as condições de um experimento, colocando assim em questão o que causou quaisquer efeitos na variável dependente.

variável dependente Em um experimento, fator que os experimentadores medem para ver se é afetado pela variável independente.

variável independente Em um experimento, fator que os experimentadores manipulam para ver se afeta a variável dependente.

variável sujeito Uma variável que caracteriza diferenças preexistentes entre os participantes de um estudo.

vergonha do público Relutância em ajudar por medo de causar má impressão aos observadores.

viés de confirmação A tendência de buscar, interpretar e criar informações que confirmem as crenças existentes.

viés de identificação entre raças A tendência de as pessoas serem mais precisas no reconhecimento de membros de seu próprio grupo racial do que de outros grupos.

viés de leniência A tendência para a deliberação do júri à absolvição.

voir dire O exame preventivo de jurados em potencial pelo juiz ou pelos advogados para descobrir sinais de parcialidade.

Referências

Abelson, R. P. (1981). Psychological status of the script concept. *American Psychologist, 36*, 715-729.

Abelson, R. P., Aronson, E., McGuire, W. J., Newcomb, T. M., Rosenberg, M. J., & Tannenbaum, P. H. (1968). *Theories of cognitive consistency: A sourcebook*. Chicago: Rand McNally.

Abramson, L. Y., Metalsky, G. I., & Alloy, L. B. (1989). Hopelessness depression: A theory-based subtype of depression. *Psychological Review, 96*, 358-372.

Acevedo, B. P., & Aron, A. (2009). Does a long-term relationship kill romantic love? *Review of General Psychology, 13*, 59-65.

Acevedo, B. P., Aron, A., Fisher, H. E., & Brown, L. L. (2012). Neural correlates of long-term intense romantic love. *Social Cognitive and Affective Neuroscience, 7*, 145-159.

Acker, M., & Davis, M. H. (1992). Intimacy, passion, and commitment in adult romantic relationships: A test of the triangular theory of love. *Journal of Social and Personal Relationships, 9*, 21-50.

Ackerman, J. M., Griskevicius, V., & Li, N. P. (2011). Let's get serious: Communicating commitment in romantic relationships. *Journal of Personality and Social Psychology, 100*, 1079-1094.

Adair, J. G. (1984). The Hawthorne effect: A reconsideration of the methodological artifact. *Journal of Applied Psychology, 69*, 334-345.

Adair, W. L., & Brett, J. M. (2005). The negotiation dance: Time, culture, and behavioral sequences in negotiation. *Organization Science, 16*, 33-51.

Adams, J. S. (1965). Equity in social exchange. *Advances in Experimental Social Psychology, 2*, 267-299.

Adams, J., Parkinson, L., & Sanson-Fisher, R. W. (2008). Enhancing self-report of adolescent smoking: The effects of bogus pipeline and anonymity. *Addictive Behaviors, 33*, 1291-1296.

Adams, P. R., & Adams, G. R. (1984). Mount Saint Helens's ash-fall: Evidence for a disaster stress reaction. *American Psychologist, 39*, 252-260.

Ader, R. (Ed.). (2007). *Psychoneuroimmunology* (4th ed.). Burlington, MA: Elsevier.

Adherents.com. (2019). Major religions of the world ranked by number of adherents. http://www.adherents.com/Religions_By_Adherents.html.

Adler, N. E., Boyce, T., Chesney, M. A., Cohen, S., Folkman, S., Kahn, R. L., et al. (1994). Socioeconomic status and health: The challenge of the gradient. *American Psychologist, 49*, 15-24.

Adorno, T., Frenkel-Brunswik, E., Levinson, D., & Sanford, R. N. (1950). *The authoritarian personality*. New York: Harper.

Agarwal, U. (2019). Impact of supervisors' perceived communication style on subordinate's psychological capital and cyberloafing. *Australasian Journal of Information Systems*, in press.

Aggarwal, I., Woolley, A. W., Chabris, C. F., & Malone, T. W. (2019). The impact of cognitive style diversity on implicit learning in teams. *Frontiers in Psychology, 10*, Article 112.

Aggarwal, P., & O'Brien, C. L. (2008). Social loafing on group projects: Structural antecedents and effect on student satisfaction. *Journal of Marketing Education, 30*, 255-264.

Aguiar, P., Vala, J., Correia, I., & Pereira, C. (2008). Justice in our world and in that of others: Belief in a just world and reactions to victims. *Social Justice Research, 21*, 50-68.

Aharon, I., Etcoff, N., Ariely, D., Chabris, C. F., O'Connor, E., & Breiter, H. C. (2001). Beautiful faces have variable reward value: fMRI and behavioral evidence. *Neuron, 32*, 537-551.

Ahn, T. K., Loukas, B., Batsaikhan, M., Campos-Ortiz, F., Putterman, L., & Sutter, M. (2018). Trust and communication in a property rights dilemma. *Journal of Economic Behavior & Organization, 149*, 413-433.

Ainsworth, M., Blehar, M. C., Waters, E., & Wall, S. (1978). *Patterns of attachment: A psychological study of the strange situation*. Hillsdale, NJ: Erlbaum.

Ainsworth, S. E., & Maner, J. K. (2014). Assailing the competition: Sexual selection, proximate mating motives, and aggressive behavior in men. *Personality and Social Psychology Bulletin, 40*, 1648-1658.

Aitken, J., Ruffman, T., & Taumoepeau, M. (2019). Toddlers' self-recognition and progression from goal- to emotion-based helping: A longitudinal study. *Child Development*, in press.

Ajzen, I. (1991). The theory of planned behavior. *Organizational Behavior and Human Decision Processes, 50*, 179-211.

Ajzen, I., & Fishbein, M. (1977). Attitude-behavior relations: A theoretical analysis and review of empirical research. *Psychological Bulletin, 84*, 888-918.

Ajzen, I., & Fishbein, M. (2005). The influence of attitudes on behavior. In D. Albarracín, B. T. Johnson, & M. P. Zanna (Eds.), *The handbook of attitudes* (pp. 173-221). Hillsdale, NJ: Erlbaum.

Ajzen, I., & Kruglanski, A. W. (2019). Reasoned action in the service of goal pursuit. *Psychological Review*.

Akerloff, G. A., & Shiller, R. J. (2009). *Animal spirits: How human psychology drives the economy, and why it matters for global capitalism*. Princeton, NJ: Princeton University Press.

Aknin, L. B., Barrington-Leigh, C. P., Dunn, E. W., Helliwell, J. F., Burns, J., Biswas-Diener, R., et al. (2013). Prosocial spending and well-being: Cross-cultural evidence for a psychological universal. *Journal of Personality and Social Psychology, 104*, 635-652.

Aknin, L. B., Broesch, T., Hamlin, J. K., Van de Vondervoort, J. W. (2015). Prosocial behavior leads to happiness in a small-scale rural society. *Journal of Experimental Psychology: General, 144*, 788-795.

Albarracín, D., & Shavitt, S. (2018). Attitudes and attitude change. *Annual Review of Psychology, 69*, 299-327.

Albarracín, D., Gillette, J. C., Earl, A. N., Glasman, L. R., Durantini, M. R., & Ho, M.-H. (2005). A test of major assumptions about behavior change: A comprehensive look at the effects of passive and active HIV-prevention interventions since the beginning of the epidemic. *Psychological Bulletin, 131,* 856-897.

Albarracín, D., Johnson, B. T., Fishbein, M., & Muellerleile, P. A. (2001). Theories of reasoned action and planned behavior as models of condom use: A meta-analysis. *Psychological Bulletin, 127,* 142-161.

Albarracín, D., Wilson, K., Durantini, M. R., Sunderrajan, A., & Livingood, W. (2016). A meta-intervention to increase completion of an HIV-prevention intervention: Results from a randomized controlled trial in the state of Florida. *Journal of Consulting and Clinical Psychology, 84*(12), 1052-1065.

Alceste, F., Amrom, A., Hellgren, J., & Kassin, S. (2019). Social psychology and law. In K. O'Doherty & D. Hodgetts (Eds.), *Sage handbook of applied social psychology* (pp. 559-582). Newbury Park, CA: Sage.

Alceste, F., Luke, T. J., & Kassin, S. M. (2018). Holding yourself captive: Perceptions of custody during interviews and interrogations. *Journal of Applied Research in Memory and Cognition, 7,* 387-397.

Alessandri, G., Vecchione, M., Eisenberg, N., & Łaguna, M. (2015). On the factor structure of the Rosenberg (1965) General Self- Esteem Scale. *Psychological Assessment, 27,* 621-635.

Alexander, A. A. (2019). Confluence model of sexual aggression in college males: Examining polyvictimization. *Violence and Gender, 6,* 139-141.

Alexander, G. M. (2003). An evolutionary perspective of sex-typed toy preferences: Pink, blue, and the brain. *Archives of Sexual Behavior, 32,* 7-14.

Alexander, G. M., & Hines, M. (2002). Sex differences in response to children's toys in nonhuman primates (*Cercopithecus aethiops sabaeus*). *Evolution and Human Behavior, 23,* 467-479.

Alge, B. J. (2001). Effects of computer surveillance on perceptions of privacy and procedural justice. *Journal of Applied Psychology, 86,* 797-804.

Alkadi, R., Jiang, G., & Aldamer, S. (2019). A regression analysis of motivations for Saudi university male student volunteers. *Journal of Social Service Research, 45,* 701-714.

Allan, R., & Fisher, J. (Eds.). (2012). *Heart and mind: The practice of cardiac psychology* (2nd ed.). Washington, DC: American Psychological Association.

Allen, J. B., Kenrick, D. T., Linder, D. E., & McCall, M. A. (1989). Arousal and attribution: A response-facilitation alternative to misattribution and negative-reinforcement models. *Journal of Personality and Social Psychology, 57,* 261-270.

Allen, J. J., Anderson, C. A., & Bushman, B. J. (2018). The General Aggression Model. *Current Opinion in Psychology, 19,* 75-80.

Allen, J., Weinrich, M., Hoppitt, W., & Rendell, L. (2013). Network- based diffusion analysis reveals cultural transmission of lobtail feeding in humpback whales. *Science, 340,* 485-488.

Allen, V. L. (1965). Situational factors in conformity. *Advances in Experimental Social Psychology, 2,* 133-175.

Allen, V. L., & Levine, J. M. (1969). Consensus and conformity. *Journal of Experimental Social Psychology, 5,* 389-399.

Allen, V. L., & Levine, J. M. (1971). Social support and conformity: The role of independent assessment of reality. *Journal of Experimental Social Psychology, 7,* 48-58.

Alliger, G. M., & Dwight, S. A. (2000). A meta-analytic investigation of the susceptibility of integrity tests to faking and coaching. *Educational and Psychological Measurement, 60,* 59-72.

Alliger, G. M., Lilienfeld, S. O., & Mitchell, K. E. (1996). The susceptibility of overt and covert integrity tests to coaching and faking. *Psychological Science, 7,* 32-39.

Alloy, L. B., Abramson, L. Y., Whitehouse, W. G., Hogan, M. E., Panzarella, C., & Rose, D. T. (2006). Prospective incidence of first onsets and recurrences of depression in individuals at high and low cognitive risk for depression. *Journal of Abnormal Psychology, 115,* 145-156.

Allport, F. H. (1924). *Social psychology*. Boston: Houghton Mifflin. Allport, F. H., Allport, G. W., Babcock, C., Bernard, V. W., Bruner, J. S., Cantril, H., et al. (1953). The effects of segregation and the consequences of desegregation: A social science statement. *Minneapolis Law Review, 37,* 429-440.

Allport, G. W. (1954). *The nature of prejudice*. Reading, MA: Addison-Wesley.

Allport, G. W. (1985). The historical background of social psychology. In G. Lindzey & E. Aronson (Eds.), *The handbook of social psychology* (Vol. 1, 3rd ed.). New York: Random House.

Allport, G. W., & Postman, L. J. (1947). *The psychology of rumor*. New York: Holt.

Alquist, J. L., Ainsworth, S. E., Baumeister, R. F., Daly, M., & Stillman, T. F. (2015). The making of might-have-beens: Effects of free will belief on counterfactual thinking. *Personality and Social Psychology Bulletin, 41,* 268-283.

Alterovitz, S. S.-R., & Mendelsohn, G. A. (2009). Partner preferences across the life span: Online dating by older adults. *Psychology and Aging, 24,* 513-517.

Altheimer, I. (2013). Cultural processes and homicide across nations. *International Journal of Offender Therapy and Comparative Criminology, 57,* 842-863.

Altman, I. (1973). Reciprocity of interpersonal exchange. *Journal for Theory of Social Behavior, 3,* 249-261.

Altman, I., & Taylor, D. A. (1973). *Social penetration: The development of interpersonal relationships*. New York: Holt, Rinehart and Winston.

Alvarenga, M. E., & Byrne, D. (Eds.). (2016). *Handbook of psychocardiology*. New York: Springer.

Alvidrez, A., & Weinstein, R. S. (1999). Early teacher perceptions and later student academic achievement. *Journal of Educational Psychology, 91,* 731-746.

Alwin, D. F. (1990). Cohort replacement and changes in parental socialization values. *Journal of Marriage and the Family, 52,* 347-360.

Alyoubi, B. A. (2015). Decision support system and knowledge-based strategic management. In V. Snasel et al. (Eds.), *International Conference on Communications, Management, and Information Technology, 65,* 278-284.

Amabile, T. M. (1996). *Creativity in context*. Boulder, CO: Westview.

Amabile, T. M., & Kramer, S. J. (2010). What really motivates workers. *Harvard Business Review, 88,* 44-45.

Amabile, T. M., & Kramer, S. J. (2011). *The Progress Principle: Using small wins to ignite joy, engagement, and creativity at work*. Cambridge, MA: Harvard Business Press.

Amabile, T. M., Hill, K. G., Hennessey, B. A., & Tighe, E. M. (1994). The work preference inventory: Assessing intrinsic and extrinsic motivation orientations. *Journal of Personality and Social Psychology, 66,* 950-967.

Amato, P. R. (2010). Research on divorce: Continuing trends and new developments. *Journal of Marriage and Family, 72,* 650-666.

Ambady, N. (2010). The perils of pondering: Intuition and thin slice judgments. *Psychological Inquiry, 21,* 271-278.

Ambady, N., & Rosenthal, R. (1993). Half a minute: Predicting teacher evaluations from thin slices of nonverbal behavior and physical attractiveness. *Journal of Personality and Social Psychology, 64,* 431-441.

Ambrose, M. L., & Schminke, M. (2009). The role of overall justice judgments in organizational justice research: A test of mediation. *Journal of Applied Psychology, 94,* 491-500.

American Academy of Pediatrics. (2019). Media violence. *Pediatrics, 108,* 1222-1226.

American Psychological Association. (2015, February 4). Stress in America: Paying with our health. Washington, DC: American Psychological Association. http://www.apa.org/news/press/releases/stress/2014/highlights.aspx.

American Psychological Association. (2017). Ethical principles of psychologists and code of conduct. https://www.apa.org/ethics/code.

American Psychological Association. (2017). *Stress in America: The state of our nation.* Washington, DC: American Psychological Association. http://dx.doi.org/10.1037/e515932017-001.

Amidio, D. M. (2019). Social cognition 2.0: An interactive memory systems account. *Trends in Cognitive Sciences, 23,* 21-33.

Amnesty International. (2012). *Choice and prejudice: Discrimination against Muslims in Europe.* London: Amnesty International.

Amodio, D. M. (2014). The neuroscience of prejudice and stereotyping. *Nature Reviews Neuroscience, 15,* 670-682.

Andersen, S. M., & Chen, S. (2002). The relational self: An interpersonal social-cognitive theory. *Psychological Review, 109,* 619-645.

Anderson, C. A. (2001). Heat and violence. *Current Directions in Psychological Science, 10,* 33-38.

Anderson, C. A., & Sechler, E. S. (1986). Effects of explanation and counter-explanation on the development and use of social theories. *Journal of Personality and Social Psychology, 50,* 24-34.

Anderson, C. A., Anderson, K. B., Dorr, N., DeNeve, K. M., & Flanagan, M. (2000). Temperature and aggression. In M. P. Zanna (Ed.), *Advances in experimental social psychology* (Vol. 32, pp. 63-133). San Diego, CA: Academic Press.

Anderson, C. A., Bushman, B. J., Bartholoq, B. D., Cantor, J., Christakis, D., Coyne, S. M., et al. (2017). Screen violence and youth behavior. *Pediatrics, 140,* S142-S147.

Anderson, C. A., Lepper, M. R., & Ross, L. (1980). Perseverance of social theories: The role of explanation in the persistence of discredited information. *Journal of Personality and Social Psychology, 39,* 1037-1049.

Anderson, C. A., Shibuya, A., Ihori, N., Swing, E. L., Bushman, B. J., Sakamoto, A., et al. (2010). Violent video game effects on aggression, empathy, and prosocial behavior in Eastern and Western countries: A meta-analytic review. *Psychological Bulletin, 136,* 151-173.

Anderson, C. A., Suzuki, K., Swing, E. L., Groves, C. L., Gentile, D. A., Prot, S., et al. (2017). Media violence and other aggression risk factors in seven nations. *Personality and Social Psychology Bulletin, 43,* 986-998.

Anderson, C. J., Bahník, Š., Barnett-Cowan, M., Bosco, F. A., Chandler, J., Chartier, C. R., et al. (2016). Response to Comment on "Estimating the reproducibility of psychological science." *Science, 351*(6277).

Anderson, J. L., Crawford, C. B., Nadeau, J., & Lindberg, T. (1992). Was the Duchess of Windsor right? A cross-cultural review of the socioecology of ideals of female body shape. *Ethology and Sociobiology, 13,* 197-227.

Anderson, J. R., Kuroshima, H., Takimoto, A., & Fujita, K. (2013). Third-party social evaluation of humans by monkeys. *Nature Communications, 4,* 1561.

Anderson, M. (2018). A majority of teens have experienced some form of cyberbullying. *Pew Research Center.* http://www.pewinternet.org/2018/09/27/a-majority-of-teens-have-experienced-some-form-of-cyberbullying.

Anderson, N. H. (1968). Likableness ratings of 555 personality-trait words. *Journal of Personality and Social Psychology, 9,* 272-279.

Anderson, N. H. (1981). *Foundations of information integration theory.* New York: Academic Press.

Anderson, N. H., & Hubert, S. (1963). Effects of concomitant verbal recall on order effects in personality impression formation. *Journal of Verbal Learning and Verbal Behavior, 2,* 379-391.

Andreasson, P. B. (1987). On the social psychology of the stock market: Aggregate attributional effects and the regressiveness of prediction. *Journal of Personality and Social Psychology, 53,* 490-496.

Andrighetto, L., Baldissarri, C., Lattanzio, S., Loughnan, S., & Volpato, C. (2014). Humanitarian aid? Two forms of dehumanization and willingness to help after natural disasters. *British Journal of Social Psychology, 53,* 573-584.

Ansari, A., & Klinenberg, E. (2015, June 13). How to make online dating work. *New York Times.*

Apaydin, E., Chen, P. G. C., & Friedberg, M. W. (2019). Differences in physician income by gender in a multiregion study. *Journal of General Internal Medicine, 33,* 1574-1581.

Apodaca v. Oregon, 406 U.S. 404 (1972).

Appleby, S. C., Hasel, L. E., & Kassin, S. M. (2013). Police-induced confessions: An empirical analysis of their content and impact. *Psychology, Crime and Law, 19,* 111-128.

Archer, J. (2004). Sex differences in aggression in real-world settings: A meta-analytic review. *Review of General Psychology, 8,* 291-322.

Arendt, H. (1963). *Eichmann in Jerusalem: A report on the banality of evil.* New York: Viking.

Arieli, S., Amit, A., & Mentser, S. (2019). Identity-motivated reasoning: Biased judgments regarding political leaders and their actions. *Cognition, 188,* 64-73.

Arkes, H. R., & Ayton, P. (1999). The sunk cost and Concorde effects: Are humans less rational than lower animals? *Psychological Bulletin, 125,* 591-600.

Arkin, R. M. (1981). Self-presentation styles. In J. T. Tedeschi (Ed.), *Impression management theory and social psychological research* (pp. 311-333). New York: Academic Press.

Arluke, A. (2012). Interpersonal barriers to stopping animal abuse: Exploring the role of adolescent friendship norms and breeches. *Journal of Interpersonal Violence, 27,* 2939-2958.

Armor, D. A., & Taylor, S. E. (1998). Situated optimism: Specific outcome expectancies and self-regulation. *Advances in Experimental Social Psychology, 30,* 309-379.

Arnocky, S., Ribout, A., Mirza, R., & Knack, J. M. (2014). Perceived mate availability influences intrasexual competition, jealousy and mate guarding behavior. *Journal of Evolutionary Psychology, 12,* 45-64.

Aron, A., & Westbay L. (1996). Dimensions of the prototype of love. *Journal of Personality and Social Psychology, 70,* 535-551.

Aron, A., Dutton, D. G., Aron, E. N., & Iverson, A. (1989). Experiences of falling in love. *Journal of Social and Personal Relationships, 6,* 243-257.

Aron, A., Norman, C. C., Aron, E. N., McKenna, C., & Heyman, R. E. (2000). Couples' shared participation in novel and arousing activities and experienced relationship quality. *Journal of Personality and Social Psychology, 78,* 273-284.

Aronson, E. (1969). The theory of cognitive dissonance: A current perspective. *Advances in Experimental Social Psychology, 4,* 1-34.

Aronson, E. (1992). Stateways can change folkways. In R. M. Baird & S. E. Rosenbaum (Eds.), *Bigotry, prejudice, and hatred: Definitions, causes, and solutions* (pp. 185-201). Buffalo, NY: Prometheus.

Aronson, E. (1999). Dissonance, hypocrisy, and the self-concept. In E. Harmon-Jones & J. Mills (Eds.), *Cognitive dissonance: Progress on a pivotal theory in social psychology* (pp. 103-126). Washington, DC: American Psychological Association.

Aronson, E. (2004). Reducing hostility and building compassion: Lessons from the jigsaw classroom. In A. G. Miller (Ed.), *The social psychology of good and evil* (pp. 469-488). New York: Guilford Press.

Aronson, E. (2011). Reducing prejudice and building empathy in the classroom. In M. A. Gernsbacher et al. (Eds.), *Psychology and the real world: Essays illustrating fundamental contributions to society* (pp. 230-236). New York: Worth.

Aronson, E., & Carlsmith, J. M. (1963). Effect of severity of threat on the devaluation of forbidden behavior. *Journal of Abnormal and Social Psychology, 66,* 584-588.

Aronson, E., & Carlsmith, J. M. (1968). Experimentation in social psychology. In G. Lindzey & E. Aronson (Eds.), *Handbook of social psychology* (2nd ed., Vol. 2, pp. 1-79). Reading, MA: Addison-Wesley.

Aronson, E., & Cope, V. (1968). My enemy's enemy is my friend. *Journal of Personality and Social Psychology, 8,* 8-12.

Aronson, E., & Linder, D. (1965). Gain and loss of esteem as determinants of interpersonal attractiveness. *Journal of Experimental Social Psychology, 1,* 156-172.

Aronson, E., & Mills, J. (1959). The effect of severity of initiation on liking for a group. *Journal of Abnormal and Social Psychology, 59,* 177-181.

Aronson, E., Blaney, N., Stephan, C., Sikes, J., & Snapp, M. (1978). *The jigsaw classroom.* Beverly Hills, CA: Sage.

Aronson, J., Lustina, M. J., Good, C., Keough, K., Steele, C. M., & Brown, J. (1999). When white men can't do math: Necessary and sufficient factors in stereotype threat. *Journal of Experimental Social Psychology, 35,* 29-46.

Arslan, R. C., Schilling, K. M., Gerlach, T. M., & Penke, L. (2019). Using 26,000 diary entries to show ovulatory changes in sexual desire and behavior. *Journal of Personality and Social Psychology,* in press.

Arthur, W., Day, E. D., McNelly, T. L., & Edens, P. S. (2003). A meta- analysis of the criterion-related validity of assessment center dimensions. *Personnel Psychology, 56,* 125-154.

Artz, B., Goodall, A. H., & Oswald, A. J. (2018). Do women ask? *Industrial Relations, 57,* 611-636.

Asch, S. E. (1946). Forming impressions of personality. *Journal of Abnormal and Social Psychology, 41,* 258-290.

Asch, S. E. (1951). Effects of group pressure upon the modification and distortion of judgments. In H. Guetzkow (Ed.), *Groups, leadership, and men* (pp. 177-190). Pittsburgh, PA: Carnegie Press.

Asch, S. E. (1956). Studies of independence and conformity: A minority of one against a unanimous majority. *Psychological Monographs, 70,* 416.

Asch, S. E., & Zukier, H. (1984). Thinking about persons. *Journal of Personality and Social Psychology, 46,* 1230-1240.

Asgari, S., Dasgupta, N., & Stout, J.G. (2012). When do counterstereotypic ingroup members inspire versus deflate? The effect of successful professional women on young women's leadership self-concept. *Personality and Social Psychology Bulletin, 38,* 370-383.

Askenasy, H. (1978). *Are we all Nazis?* Secaucus, NJ: Lyle Stuart.

Aspinwall, L. G., & Taylor, S. E. (1992). Modeling cognitive adaptation: A longitudinal investigation of the impact of individual differences and coping on college adjustment and performance. *Journal of Personality and Social Psychology, 63,* 989-1003.

Aspinwall, L. G., & Taylor, S. E. (1993). The effects of social comparison direction, threat, and self-esteem on affect, self- evaluation, and expected success. *Journal of Personality and Social Psychology, 64,* 708-722.

Aspinwall, L. G., & Taylor, S. E. (1997). A stitch in time: Self-regulation and proactive coping. *Psychological Bulletin, 121,* 417-436.

Aspinwall, L. G., & Tedeschi, R. G. (2010a). The value of positive psychology for health psychology: Progress and pitfalls in examining the relation of positive phenomena to health. *Annals of Behavioral Medicine, 39,* 4-15.

Aspinwall, L. G., & Tedeschi, R. G. (2010b). Of babies and bathwater: A reply to Coyne and Tennen's views on positive psychology and health. *Annals of Behavioral Medicine, 39,* 27-34.

Asscher, J. J., Dekovic´, M., Van den Akker, A. L., Prins, P. J. M., & Van der Laan, P. H. (2018). Do extremely violent juveniles respond differently to treatment? *International Journal of Offender Therapy and Comparative Criminology, 62,* 958-977.

Atran, S., & Norenzayan, A. (2004). Religion's evolutionary landscape: Counterintuition, commitment, compassion, communion. *Behavioral and Brain Sciences, 27,* 713-770.

Attrill, A. (2015). *The manipulation of online self-presentation: Create, edit, re-edit and present.* New York: Palgrave Macmillan.

Atwater, L., Wang, M., Smither, J. W., & Fleenor, J. W. (2009). Are cultural characteristics associated with the relationship between self and others' ratings of leadership? *Journal of Applied Psychology, 94,* 876-886.

Auerbach, S. M., Kiesler, D. J., Strentz, T., Schmidt, J. A., & Serio, C. D. (1994). Interpersonal impacts and adjustment to the stress of simulated captivity: An empirical test of the Stockholm syndrome. *Journal of Social and Clinical Psychology, 13,* 207-221.

Augsburger, M., Basler, K., & Maercker, A. (2019). Is there a female cycle of violence after exposure to childhood maltreatment? A meta-analysis. *Psychological Medicine, 49,* 1776-1786.

Avery, D. (2019, April 4). 71 countries where homosexuality is illegal. *Newsweek,* https://www.newsweek.com/73-countries-where-its-illegal-be-gay-1385974.

Aviezer, H., Hassin, R. R., Ryan, J., Grady, C., Susskind, J., Anderson, A., et al. (2008). Angry, disgusted, or afraid? Studies on the malleability of emotion perception. *Psychological Science, 19,* 724-732.

Aviv, R. (2017, June 19). Remembering the murder you didn't commit. *The New Yorker.* https://www.newyorker.com/magazine/2017/06/19/remembering-the-murder-you-didnt-commit.

Avolio, B. J., Walumbwa, F. O., & Day, D. V. (Eds.). (2014). *The Oxford handbook of leadership and organizations.* New York: Oxford University Press.

Axsom, D. (1989). Cognitive dissonance and behavior change in psychotherapy. *Journal of Experimental Social Psychology, 25,* 234-252.

Axsom, D., & Cooper, J. (1985). Cognitive dissonance and psychotherapy: The role of effort justification in inducing weight loss. *Journal of Experimental Social Psychology, 21,* 149-160.

Axtell, R. E. (1993). *Do's and taboos around the world* (3rd ed.). New York: Wiley.

Ayalew, M., Workicho, A., Tesfaye, E., Hailesilasie, H., & Abera, M. (2019). Burden among caregivers of people with mental illness at Jimma University Medical Center, Southwest Ethiopia: A cross-sectional study. *Annals of General Psychiatry, 18,* Article 10.

Babcock, L., & Laschever, S. (2003). *Women don't ask: Negotiation and the gender divide.* Princeton, NJ: Princeton University Press.

Bachrach, D. G., Lewis, K., Kim, Y., Patel, P. C., Campion, M. C., & Thatcher, S. M. B. (2019). Transactive memory systems in context: A meta-analytic examination of contextual factors in transactive memory systems development and team performance. *Journal of Applied Psychology, 104,* 464-493.

Back, M. D., Schmukle, S. C., & Egloff, B. (2008). Becoming friends by chance. *Psychological Science, 19,* 439-440.

Back, M. D., Stopfer, J. M., Vazire, S., Gaddis, S., Schmukle, S. C., Egloff, B., et al. (2010). Facebook profiles reflect actual personality, not self-idealization. *Psychological Science, 21,* 372-374.

Bagemihl, B. (1999). *Biological exuberance: Animal homosexuality and natural diversity.* New York: St. Martin's Press.

Bahrick, H. P., Hall, L. K., & Berger, S. A. (1996). Accuracy and distortion in memory for high school grades. *Psychological Science, 7,* 265-271.

Bailey, J. M., & Pillard, R. C. (1991). A genetic study of male sexual orientation. *Archives of General Psychiatry, 48,* 1089-1096.

Bailey, J. M., & Zucker, K. J. (1995). Childhood sex-typed behavior and sexual orientation: A conceptual analysis and quantitative review. *Developmental Psychology, 31,* 43-55.

Bailey, J. M., Dunne, M. P., & Martin, N. G. (2000). Genetic and environmental influences on sexual orientation and its correlates in an Australian twin sample. *Journal of Personality and Social Psychology, 78,* 524-536.

Bailey, J. M., Pillard, R. C., Neale, M. C., & Agyei, Y. (1993). Heritable factors influence sexual orientation in women. *Archives of General Psychiatry, 50,* 217-223.

Bailey, J. O., & Bailenson, J. N. (2015). Virtual reality and collaboration. In R. A. Calvo et al. (eds.), *The Oxford handbook of affective computing* (pp. 494-502). New York: Oxford University Press.

Baker, E. R., Jensen, C. J., & Tisak, M. S. (2019). A closer examination of aggressive subtypes in early childhood: Contributions of executive function and single-parent status. *Early Child Development and Care, 189,* 733-746.

Bakhshay, S., & Haney, C. (2018). The media's impact on the right to a fair trial: A content analysis of pretrial publicity in capital cases. *Psychology, Public Policy, and Law, 24,* 326-340.

Balakrishnan, V., Khan, S., Fernandez, T., & Arabnia, H. R. (2019). Cyberbullying detection on twitter using Big Five and Dark Triad features. *Personality and Individual Differences, 141,* 252-257.

Balcetis, E., & Cardenas, S. A. (2018). Visual experience in self and social judgment: How a biased majority claim a superior minority. *Self and Identity, 18,* 363-377.

Balcetis, E., & Dunning, D. (2006). See what you want to see: Motivational influences on visual perception. *Journal of Personality and Social Psychology, 91,* 612-625.

Balcetis, E., & Dunning, D. (2007). Cognitive dissonance and the perception of natural environments. *Psychological Science, 18,* 917-921.

Balcetis, E., & Dunning, D. (2010). Wishful seeing: More desired objects are seen as closer. *Psychological Science, 21,* 147-152.

Baldus, D. C., Woodworth, G., & Pulaski, C. A. (1990). *Equal justice and the death penalty: A legal and empirical analysis.* Boston: Northeastern University Press.

Baldwin, A. S., Rothman, A. J., Hertel, A. W., Linde, J. A., Jeffery, R. W., Finch, E. A., et al. (2006). Specifying the determinants of the initiation and maintenance of behavior change: An examination of self-efficacy, satisfaction, and smoking cessation. *Health Psychology, 25,* 626-634.

Baldwin, M., & Landau, M. J. (2014). Exploring nostalgia's influence on psychological growth. *Self and Identity, 13,* 128-147.

Baldwin, M., Biernat, M., & Landau, M. J. (2015). Remembering the real me: Nostalgia offers a window to the intrinsic self. *Journal of Personality and Social Psychology, 108,* 128-147.

Bales, R. F. (1958). Task roles and social roles in problem-solving groups. In E. E. Maccoby, T. M. Newcomb, & E. L. Hartley (Eds.), *Readings in social psychology* (3rd ed., pp. 437-447). New York: Holt.

Ballew v. Georgia, 435 U.S. 223 (1978).

Balliet, D., Wu, J., & De Dreu, C. W. (2014). Ingroup favoritism in cooperation: A meta-analysis. *Psychological Bulletin, 140,* 1556-1581.

Baltzer Nielsen, S., Stanislaus, S., Saunamäki, K., Grøndahl, C., Banner, J., & Jørgensen, M. B. (2019). Can acute stress be fatal? A systematic cross-disciplinary review. *Stress: The International Journal on the Biology of Stress,* in press.

Banaji, M. A., & Greenwald, A. G. (2013). *Blindspot: Hidden biases of good people.* New York: Delacorte Press.

Banaji, M. R., & Steele, C. M. (1989). Alcohol and self-evaluation: Is a social cognition approach beneficial? *Social Cognition, 7,* 137-151.

Bandura, A. (1973). *Aggression: A social learning analysis.* Englewood Cliffs, NJ: Prentice Hall.

Bandura, A. (1977). *Social learning theory.* Englewood Cliffs, NJ: Prentice Hall.

Bandura, A. (1983). Psychological mechanisms of aggression. In R. Geen & E. I. Donnerstein (Eds.), *Aggression: Theoretical and empirical reviews: Vol. 1. Theoretical and methodological issues* (pp. 1-40). New York: Academic Press.

Bandura, A. (1997). *Self-efficacy: The exercise of control.* New York: Freeman.

Bandura, A., Ross, R., & Ross, S. (1961). Transmission of aggression through imitation of aggressive models. *Journal of Abnormal and Social Psychology, 63,* 575-582.

Bangerter, A., Roulin, N., & König, C. J. (2012). Personnel selection as a signaling game. *Journal of Applied Psychology, 97,* 719-738.

Banuazizi, A., & Movahedi, S. (1975). Interpersonal dynamics in a simulated prison: A methodological analysis. *American Psychologist, 30,* 152-160.

Banyard, V. L. (2011). Who will help prevent sexual violence: Creating an ecological model of bystander intervention. *Psychology of Violence, 1*, 216-229.

Banyard, V. L., Edwards, K. M., Moschella, E. A., Seavey, K. M. (2019). "Everybody's really close-knit": Disconnections between helping of intimate partner violence and more general helping in rural communities. *Violence Against Women, 25*, 337-358.

Barberis, N., & Xiong, W. (2009). What drives the disposition effect? An analysis of a long-standing preference-based explanation. *Journal of Finance, 64*, 751-784.

Bargh, J. (2018). *Before you know it: The unconscious reasons we do what we do*. New York: Atria.

Bargh, J. A., & Chartrand, T. L. (1999). The unbearable automaticity of being. *American Psychologist, 54*, 462-479.

Bargh, J. A., & McKenna, K. Y. A. (2004). The internet and social life. *Annual Review of Psychology, 55*, 1-20.

Bargh, J. A., & Pietromonaco, P. (1982). Automatic information processing and social perception: The influence of trait information presented outside of conscious awareness on impression formation. *Journal of Personality and Social Psychology, 43*, 437-449.

Bargh, J. A., Chaiken, S., Govender, R., & Pratto, F. (1992). The generality of the automatic attitude activation effect. *Journal of Personality and Social Psychology, 62*, 893-912.

Bargh, J. A., Chen, M., & Burrows, L. (1996). Automaticity of social behavior: Direct effects of trait construct and stereotype activation on action. *Journal of Personality and Social Psychology, 71*, 230-244.

Bargh, J. A., Lombardi, W. J., & Higgins, E. T. (1988). Automaticity of chronically accessible constructs in person × situation effects on person perception: It's just a matter of time. *Journal of Personality and Social Psychology, 55*, 599-605.

Barkan, R., Ayal, S., Gino, F., & Ariely, D. (2012). The pot calling the kettle black: Distancing response to ethical dissonance. *Journal of Experimental Psychology: General, 141*, 757-773.

Barlett, C. P., & Anderson, C. A. (2012). Direct and indirect relations between the Big 5 personality traits and aggressive and violent behavior. *Personality and Individual Differences, 52*, 870-875.

Barling, J., Kelloway, K., & Frone, M. (2005). *Handbook of occupational stress*. Los Angeles: Sage.

Barnes Nacoste, R. (1994). If empowerment is the goal . . . : Affirmative action and social interaction. *Basic and Applied Social Psychology, 15*, 87-112.

Barnes, C. M., & Wagner, D. T. (2009). Changing to daylight saving time cuts into sleep and increases workplace injuries. *Journal of Applied Psychology, 94*, 1305-1317.

Barnes, R. D., Ickes, W., & Kidd, R. F. (1979). Effects of the perceived intentionality and stability of another's dependency on helping behavior. *Personality and Social Psychology Bulletin, 5*, 367-372.

Barnett, W., Halligan, S., Heron, J., Fraser, A., Koen, N., Zar, H. J., et al. (2018). Maltreatment in childhood and intimate partner violence: A latent class growth analysis in a South African pregnancy cohort. *Child Abuse & Neglect, 86*, 336-348.

Barnier, A. J., Klein, L., & Harris, C. B. (2018). Transactive memory in small, intimate groups: More than the sum of their parts. *Small Group Research, 49*, 62-97.

Baron, R. A. (1993). Reducing aggression and conflict: The incompatible response approach, or, Why people who feel good usually won't be bad. In G. G. Brannigan & M. R. Merrens (Eds.), *The undaunted psychologist: Adventures in research* (pp. 203-217). Philadelphia: Temple University Press.

Baron, R. A. (1997). The sweet smell of helping: Effects of pleasant ambient fragrance on prosocial behavior in shopping malls. *Journal of Personality and Social Psychology, 23*, 498-503.

Baron, R. A., & Richardson, D. R. (1994). *Human aggression* (2nd ed.). New York: Plenum.

Baron, R. S. (1986). Distraction-conflict theory: Progress and problems. In L. Berkowitz (Ed.), *Advances in experimental social psychology* (Vol. 19, pp. 1-40). Orlando, FL: Academic Press.

Baron, R. S. (2005). So right it's wrong: Groupthink and the ubiquitous nature of polarized group decision making. In M. P. Zanna (Ed.), *Advances in experimental social psychology* (pp. 219-253). San Diego, CA: Elsevier Academic Press.

Baron, R. S., Hoppe, S. I., Kao, C. F., Brunsman, B., Linneweh, B., & Rogers, D. (1996). Social corroboration and opinion extremity. *Journal of Experimental Social Psychology, 32*, 537-560.

Barreto, M., Ryan, M. K., & Schmitt, M. T. (Eds.). (2009). *The glass ceiling in the 21st century: Understanding barriers to gender equality*. Washington, DC: American Psychological Association.

Barrett, H. C., Todd, P. M., Miller, G. F., & Blythe, P. W. (2005). Accurate judgments of intention from motion cues alone: A cross-cultural study. *Evolution and Human Behavior, 26*, 313-331.

Barrett, L. F., Mesquita, B., & Gendron, M. (2011). Emotion perception in context. *Current Directions in Psychological Science, 20*, 286-290.

Barrick, M. R., Swider, B. W., & Stewart, G. L. (2010). Initial evaluations in the interview: Relationships with subsequent interviewer evaluations and employment offers. *Journal of Applied Psychology, 95*, 1163-1172.

Barron, L. G., & Hebl, M. (2013). The force of law: The effects of sexual orientation antidiscrimination legislation on interpersonal discrimination in employment. *Psychology, Public Police, and Law, 19*, 191-205.

Bartal, I. B., Decety, J. & Mason, P. (2011). Empathy and pro-social behavior in rats. *Science, 334*, 1427-1430.

Bartels, M. (2015). Genetics of wellbeing and its components satisfaction with life, happiness, and quality of life: A review and meta-analysis of heritability studies. *Behavior Genetics, 45*, 137-156.

Bartholow, B. D., Anderson, C. A., Carnagey, N. L., & Benjamin, J., Jr. (2005). Interactive effects of life experience and situational cues on aggression: The weapons priming effect in hunters and nonhunters. *Journal of Experimental Social Psychology, 41*, 48-60.

Bartholow, B. D., Henry, E. A., Lust, S. A., Saults, J. S., & Wood, P. K. (2012). Alcohol effects on performance monitoring and adjustment: Affect modulation and impairment of evaluative cognitive control. *Journal of Abnormal Psychology, 121*, 173-186.

Barthrop, R. W., Lazarus, L., Luckhurst, E., Kiloh, L. G., & Penny, R. (1977). Depressed lymphocyte function after bereavement. *Lancet, 1*, 834-839.

Bartlett, T. (2011, November 3). The fraud who fooled (almost) everyone. *Chronicle of Higher Education*. https://www.chronicle.com/blogs/percolator/the-fraud-who-fooled-almost-everyone/27917.

Bartol, C. R., & Bartol, A. M. (2019). *Psychology and law: Research and practice* (2nd ed.). Thousand Oaks, CA: Sage.

Bass, B. M. (1985). *Leadership and performance beyond expectations*. New York: Free Press.

Bass, B. M. (1998). *Transformational leadership: Industry, military, and educational impact*. Mahwah, NJ: Erlbaum.

Bass, B. M., & Avolio, B. J. (1990). *Manual: The multifactor leadership questionnaire*. Palo Alto, CA: Consulting Psychologists Press.

Bass, B. M., & Bass, R. (2008). *The Bass handbook of leadership: Theory, research, and managerial applications* (4th ed.). New York: Free Press.

Bass, B. M., & Riggio, R. E. (2006). *Transformational leadership* (2nd ed.). Mahwah, NJ: Erlbaum.

Bass, B. M., & Steidlmeier, P. (1999). Ethics, character, and the authentic transformational leadership behavior. *Leadership Quarterly, 10,* 181-217.

Bassili, J. N. (2003). The minority slowness effect: Subtle inhibitions in the expression of views not shared by others. *Journal of Personality and Social Psychology, 84,* 261-276.

Bassili, J. N., & Provencal, A. (1988). Perceiving minorities: A factor-analytic approach. *Personality and Social Psychology Bulletin, 14,* 5-15.

Bates, J. A., & Lanza, B. A. (2013). Conducting psychology student research via the Mechanical Turk crowdsourcing service. *North American Journal of Psychology, 15,* 385-394.

Bates, T. C., & Gupta, S. (2017). Smart groups of smart people: Evidence for IQ as the origin of collective intelligence in the performance of human groups. *Intelligence, 60,* 46-56.

Bateson, M., Nettle, D., & Roberts, G. (2006). Cues of being watched enhance cooperation in a real-world setting. *Biology Letters, 2,* 412-414.

Batson v. Kentucky, 476 U.S. 79 (1986).

Batson, C. D. (1991). *The altruism question*. Hillsdale, NJ: Erlbaum. Batson, C. D. (2009). These things called empathy: Eight related but distinct phenomena. In J. Decety & W. Ickes (Eds.), *The social neuroscience of empathy* (pp. 3-15). Cambridge, MA: MIT Press.

Batson, C. D. (2011). *Empathy in humans*. New York: Oxford University Press.

Batson, C. D. (2012). A history of prosocial behavior research. In A. W. Kruglanski & W. Stroebe (Eds.), *Handbook of the history of social psychology* (pp. 243-264). New York: Psychology Press.

Batson, C. D. (2017). The empathy-altruism hypothesis: What and so what? In E. M. Seppälä, E. Simon-Thomas, S. L. Brown, M. C. Worline, C. D. Cameron, & J. R. Doty (Eds.), *The Oxford handbook of compassion science* (pp. 27-40). New York: Oxford University Press.

Batson, C. D., & Powell, A. A. (2003). Altruism and prosocial behavior. In T. Millon & M. J. Lerner (Eds.), *Handbook of psychology: Personality and social psychology* (Vol. 5, pp. 463-484). New York: Wiley.

Batson, C. D., Lishner, D. A., Cook, J., & Sawyer, S. (2005). Similarity and nurturance: Two possible sources of empathy for strangers. *Basic and Applied Social Psychology, 27,* 15-25.

Batson, D. (2018). Empathy, altruism, and helping: Conceptual distinctions, empirical relations. In N. Roughley & T. Schramme (Eds.), *Forms of fellow feeling: Empathy, sympathy, concern and moral agency* (pp. 59-77). New York: Cambridge University Press.

Batz-Barbarich, C., Tay, L., Kuykendall, L., & Cheung, H. K. (2018). A meta-analysis of gender differences in subjective well-being: Estimating effect sizes and associations with gender inequality. *Psychological Science, 29,* 1491-1503.

Bauer, I., Wrosch, C., & Jobin, J. (2008). I'm better off than most other people: The role of social comparisons for coping with regret in young adulthood and old age. *Psychology and Aging, 23,* 800-811.

Bauer, T. N., Maertz, C. P., Dolen, M. R., & Campion, M. A. (1998). Longitudinal assessment of applicant reactions to employment testing and test outcome feedback. *Journal of Applied Psychology, 83,* 892-903.

Baumeister, R. F. (1982). A self-presentational view of social phenomena. *Psychological Bulletin, 91,* 3-26.

Baumeister, R. F. (1991). *Escaping the self*. New York: Basic Books.

Baumeister, R. F. (2000). Gender differences in erotic plasticity: The female sex drive as socially flexible and responsive. *Psychological Bulletin, 126,* 347-374.

Baumeister, R. F., Bratslavsky, E., Finkenauer, C., & Vohs, K. D. (2001). Bad is stronger than good. *Review of General Psychology, 5,* 323-370.

Baumeister, R. F., & Leary, M. R. (1995). The need to belong: Desire for interpersonal attachments as a fundamental human motivation. *Psychological Bulletin, 117,* 497-529.

Baumeister, R. F., & Scher, S. J. (1988). Self-defeating behavior patterns among normal individuals: Review and analysis of common self-destructive tendencies. *Psychological Bulletin, 104,* 3-22.

Baumeister, R. F., & Tice, D. M. (1984). Role of self-presentation and choice in cognitive dissonance under forced compliance: Necessary or sufficient causes? *Journal of Personality and Social Psychology, 46,* 5-13.

Baumeister, R. F., Campbell, J. D., Krueger, J. I., & Vohs, K. D. (2003). Does high self-esteem cause better performance, interpersonal success, happiness, or healthier lifestyles? *Psychological Science in the Public Interest, 4,* 1-44.

Baumgartner, F. R., De Bouf, S. L., & Boydstun, A. E. (2008). *The decline of the death penalty and the discovery of innocence*. New York: Cambridge University Press.

Bavishi, A., Madera, J. M., & Hebl, M. R. (2010). The effect of professor ethnicity and gender on student evaluations: Judged before met. *Journal of Diversity in Higher Education, 3,* 245-256.

Baxter, L. A. (1987). Self-disclosure and disengagement. In V. J. Derleg & J. H. Berg (Eds.), *Self-disclosure: Theory, research, and therapy* (pp. 155-174). New York: Plenum.

Bayer, P., Casey, M., Ferreira, F., & McMillan, R. (2017). Racial and ethnic price differentials in the housing market. *Journal of Urban Economics, 102,* 91-105.

Bazerman, M. H., & Gino, F. (2012). Behavioral ethics: Toward a deeper understanding of moral judgment and dishonesty. *Annual Review of Law and Social Science, 8,* 85-104.

Bazerman, M. H., & Neale, M. A. (1992). *Negotiating rationally*. New York: Free Press.

Bazerman, M. H., & Tenbrunsel, A. E. (2011). *Blind spots: Why we fail to do what's right and what to do about it*. Princeton, NJ: Princeton University Press.

Bazzini, D., Curtin, L., Joslin, S., Regan, S., & Martz, D. (2010). Do animated Disney characters portray and promote the beauty-goodness stereotype? *Journal of Applied Social Psychology, 40,* 2687-2709.

Beaman, A. L., Klentz, B., Diener, E., & Svanum, S. (1979). Objective self-awareness and transgression in children: A field study. *Journal of Personality and Social Psychology, 37,* 1835-1846.

Beaman, A., Barnes, P., Klentz, B., & McQuirk, B. (1978). Increasing helping rates through information dissemination: Teaching pays. *Personality and Social Psychology Bulletin, 4,* 406-411.

Beames, J. R., O'Dean, S. M., Grisham, J. R., & Moulds, M. L. (2019). Anger regulation in interpersonal contexts: Anger experience, expressive behavior, and cardiovascular reactivity. *Journal of Social and Personal Relationships, 36,* 1441-1458.

Beaton, E. A., Schmidt, L. A., Schulkin, J., Antony, M. M., Swinson, R. P., & Hall, G. B. (2008). Different neural responses to stranger and personally familiar faces in shy and bold adults. *Behavioral Neuroscience, 122,* 704-709.

Bebbington, K., MacLeod, C., Ellison, T. M., & Fay, N. (2017). The sky is falling: Evidence of a negativity bias in the social transmission of information. *Evolution and Human Behavior, 38,* 92-101.

Becker, J. C., & Swim, J. K. (2011). Seeing the unseen: Attention to daily encounters with sexism as way to reduce sexist beliefs. *Psychology of Women Quarterly, 35,* 227-242.

Becker, J. C., Butz, D. A., Sibley, C. G., Barlow, F. K., Bitacola, L. M., Christ, O., et al. (2017). What do national flags stand for? An exploration of associations across 11 countries. *Journal of Cross- Cultural Psychology, 48,* 335-352.

Beckerman, S., & Valentine, P. (Eds.). (2002). *Cultures of multiple fathers: The theory and practice of partible paternity in lowland South America.* Gainesville: University Press of Florida.

Bedau, H., & Cassell, P. (Eds.). (2004). *Debating the death penalty: Should America have capital punishment?* New York: Oxford University Press.

Bednarik, P., Linnerooth-Bayer, J., Magnuszewski, P., & Dieckmann, U. (2019). A game of common-pool resource management: Effects of communication, risky environment, and worldviews. *Ecological Economics, 156,* 287-292.

Beer, J. S. (2015). Cognitive neuroscience of social behavior. In B. Gawronski & G. V. Bodenhausen (Eds.), *Theory and explanation in social psychology* (pp. 183-204). New York: Guilford Press.

Bégin, C., Turcotte, O., & Rodrigue, C. (2019). Psychosocial factors underlying symptoms of muscle dysmorphia in a nonclinical sample of men. *Psychiatry Research, 272,* 319-325.

Behm-Morawitz, E., Lewallen, J., & Miller, B. (2016). Real mean girls? Reality television viewing, social aggression, and gender- related beliefs among female emerging adults. *Psychology of Popular Media Culture, 5,* 340-355.

Beidler, E., & Durso, S. (2019). Broken heart syndrome: Takotsubo cardiomyopathy in a grieving widow. *Journal of the American Geriatrics Society, 6,* S23.

Beigi, M., Shirmohammadi, M., & Otaye, E. L. (2019). Half a century of work-nonwork interface research: A review and taxonomy of terminologies. *Applied Psychology: An International Review, 68,* 449-478.

Beilock, S. L., & Carr, T. H. (2001). On the fragility of skilled performance: What governs choking under pressure? *Journal of Experimental Psychology: General, 130,* 701-725.

Bekafigo, M. A., Stepanova, E. V., Eiler, B. A., Noguchi, K., & Ramsey, K. L. (2019). The effect of group polarization on opposition to Donald Trump. *Political Psychology, 40,* 1163-1178.

Bell, A. P., Weinberg, M. S., & Hammersmith, S. K. (1981). *Sexual preference: Its development in men and women.* Bloomington: Indiana University Press.

Belletier, C., Normand, A., & Huguet, P. (2019). Social-facilitation- and-impairment effects: From motivation to cognition and the social brain. *Current Directions in Psychological Science, 28,* 260-265.

Belluck, P. (2019. August 29). *Many genes influence same-sex sexuality, not a single "gay gene."* https://www.nytimes.com/2019/08/29/science/gay-gene-sex.html.

Belmore, S. M. (1987). Determinants of attention during impression formation. *Journal of Experimental Psychology: Learning, Memory, and Cognition, 13,* 480-489.

Bem, D. J. (1965). An experimental analysis of self-persuasion. *Journal of Experimental Social Psychology, 1,* 199-218.

Bem, D. J. (1967). Self-perception: An alternative interpretation of cognitive dissonance phenomena. *Psychological Review, 74,* 183-200.

Bem, D. J. (1972). Self-perception theory. *Advances in Experimental Social Psychology, 6,* 1-62.

Bem, D. J. (1996). Exotic becomes erotic: A developmental theory of sexual orientation. *Psychological Review, 103,* 320-335.

Bem, D. J. (2000). Exotic becomes erotic: Interpreting the biological correlates of sexual orientation. *Archives of Sexual Behavior, 29,* 531-548.

Bencharit, L. Z., Ho, Y. W., Fung, H. H., Yeung, D. Y., Stephens, M., Romero-Canyas, R., et al. (2018). Should job applicants be excited or calm? The role of culture and ideal affect in employment settings. *Emotion, 19,* 377-401.

Ben-Hur, S., Kinley, N., & Jonsen, K. (2012). Coaching executive teams to reach better decisions. *Journal of Management Development, 31,* 711-723.

Benjamin, L. T., & Simpson, J. A. (2009). The power of the situation: The impact of Milgram's obedience studies on personality and social psychology. *American Psychologist, 64,* 12-19.

Bennett, S., Farrington, D. P., & Huesmann, L. R. (2005). Explaining gender differences in crime and violence: The importance of social cognitive skills. *Aggression and Violent Behavior, 10,* 263-288.

Benozio, A., & Diesendruck, G. (2015). From effort to value: Preschool children's alternative to effort justification. *Psychological Science, 26,* 1423-1429.

Ben-Shakhar, G., & Elaad, E. (2003). The validity of psychophysiological detection of information with the Guilty Knowledge Test: A meta-analytic review. *Journal of Applied Psychology, 88,* 131-151.

Bensley, D. A., Crowe, D. S., Bernhardt, P., Buckner, C., & Allman, L. (2010). Teaching and assessing critical thinking skills for argument analysis in psychology. *Teaching of Psychology, 37,* 91-96.

Ben-Zeev, T., Fein, S., & Inzlicht, M. (2005). Arousal and stereotype threat. *Journal of Experimental Social Psychology, 41,* 174-181.

Berg, J. H., & McQuinn, R. D. (1986). Attraction and exchange in continuing and noncontinuing dating relationships. *Journal of Personality and Social Psychology, 50,* 942-952.

Berglas, S., & Jones, E. E. (1978). Drug choice as a self-handicapping strategy in response to noncontingent success. *Journal of Personality and Social Psychology, 36,* 405-417.

Bergsieker, H. B., Shelton, J. N., & Richeson, J. A. (2010). To be liked versus respected: Divergent goals in interracial interactions. *Journal of Personality and Social Psychology, 99,* 248-264.

Berke, D. S., Reidy, D. E., Gentile, B., & Zeichner, A. (2019). Masculine discrepancy stress, emotion-regulation difficulties, and intimate partner violence. *Journal of Interpersonal Violence, 34,* 1163-1182.

Berkelaar, B. L. (2017). Different ways new information technologies influence conventional organizational practices and employment relationships: The case of cybervetting for personnel selection. *Human Relations, 70,* 1115-1140.

Berkelaar, B. L., & Buzzanell, P. M. (2015). Online employment screening and digital career capital: Exploring employers' use of online information for personnel selection. *Management Communication Quarterly, 29,* 84-113.

Berkman, L., & Syme, S. L. (1979). Social networks, host resistance, and mortality: A nine-year follow-up study of

Alameda County residents. *American Journal of Epidemiology, 109,* 186-204.

Berkowitz, L. (1968). Impulse, aggression, and the gun. *Psychology Today, 2,* 18-22.

Berkowitz, L. (1989). Frustration-aggression hypothesis: Examination and reformulation. *Psychological Bulletin, 106,* 59-73.

Berkowitz, L. (1993). *Aggression: Its causes, consequences, and control.* New York: McGraw-Hill.

Berkowitz, L. (1998). Affective aggression: The role of stress, pain, and negative affect. In R. G. Geen & E. Donnerstein (Eds.), *Human aggression: Theories, research, and implications for social policy* (pp. 49-72). San Diego, CA: Academic Press.

Berkowitz, L. (2008). On the consideration of automatic as well as controlled psychological processes in aggression. *Aggressive Behavior, 34,* 117-129.

Berkowitz, L., & Donnerstein, E. (1982). External validity is more than skin deep: Some answers to criticisms of laboratory experiments. *American Psychologist, 37,* 245-257.

Berkowitz, L., & LePage, A. (1967). Weapons as aggression-eliciting stimuli. *Journal of Personality and Social Psychology, 7,* 202-207.

Bermeitinger, C., Goelz, R., Johr, N., Neumann, M., Ecker, U., & Doerr, R. (2009). The hidden persuaders break into the tired brain. *Journal of Experimental Social Psychology, 45,* 320-326.

Bernardin, H. J., Cooke, D. K., & Villanova, P. (2000). Conscientiousness and agreeableness as predictors of rating leniency. *Journal of Applied Psychology, 85,* 232-236.

Berns, G. S., Chappelow, J., Zink, C. F., Pagnoni, G., Martin-Skurski, M. E., & Richards, J. (2005). Neurobiological correlates of social conformity and independence during mental rotation. *Biological Psychiatry, 58,* 245-253.

Bernstein, M. J., Young, S. G., Brown, C. M., Sacco, D. F., & Claypool, H. M. (2008). Adaptive responses to social exclusion: Social rejection improves detection of real and fake smiles. *Psychological Science, 19,* 981-983.

Bernsten, D., & Rubin, D. C. (Eds.). (2012). *Understanding autobiographical memory: Theories and approaches.* New York: Cambridge University Press.

Berry, C. M., Sackett, P. R., & Wiemann, S. (2007). A review of recent developments in integrity test research. *Personnel Psychology, 60,* 271-301.

Berry, D. S., & Zebrowitz-McArthur, L. (1986). Perceiving character in faces: The impact of age-related craniofacial changes in social perception. *Psychological Bulletin, 100,* 3-18.

Berry, J. W. (1979). A cultural ecology of social behavior. *Advances in Experimental Social Psychology, 12,* 177-206.

Berry, J. W., Poortinga, Y. H., Segall, M. H., & Dasen, P. R. (1992). *Cross-cultural psychology: Research and application.* Cambridge: Cambridge University Press.

Berscheid, E. (2010). Love in the fourth dimension. *Annual Review of Psychology, 61,* 1-25.

Berscheid, E., & Meyers, S. A. (1996). A social categorical approach to a question about love. *Personal Relationships, 3,* 19-43.

Berscheid, E., & Regan, P. (2004). *The psychology of interpersonal relationships.* Upper Saddle River, NJ: Prentice Hall.

Berscheid, E., & Reis, H. T. (1998). Attraction and close relationships. In D. Gilbert, S. Fiske, & G. Lindzey (Eds.), *Handbook of social psychology* (4th ed., pp. 193-281). New York: McGraw-Hill.

Berscheid, E., & Walster, E. (1974). A little bit about love. In T. Huston (Ed.), *Foundations of interpersonal attraction* (pp. 355-381). New York: Academic Press.

Berscheid, E., Dion, K., Walster, E., & Walster, G. W. (1971). Physical attractiveness and dating choice: A test of the matching hypothesis. *Journal of Experimental Social Psychology, 7,* 173-189.

Berscheid, E., Snyder, M., & Omoto, A. M. (1989). The relationship closeness inventory: Assessing the closeness of interpersonal relationships. *Journal of Personality and Social Psychology, 57,* 792-807.

Berscheid, E., Walster, E., & Campbell, R. (1972). *Grow old along with me.* Unpublished manuscript, Department of Psychology, University of Minnesota.

Bersoff, D. N., & Ogden, D. W. (1987). In the Supreme Court of the United States: *Lockhart v. McCree. American Psychologist, 42,* 59-68.

Bertrand, M., & Mullainathan, S. (2004). Are Emily and Greg more employable than Lakisha and Jamal? A field experiment on labor market discrimination. *American Economic Review, 94,* 991-1013.

Besbris, M., Faber, J. W., & Sharkey, P. (2019). Disentangling the effects of race and place in economic transactions: Findings from an online field experiment. *City and Community, 18,* 529-555.

Besemer, S., Ahmad, S. I., Hinshaw, S. P., & Farrington, D. P. (2017). A systematic review and meta-analysis of the intergenerational transmission of criminal behavior. *Aggression and Violent Behavior, 37,* 161-178.

Besen-Cassino, Y. (2018). *The cost of being a girl.* Philadelphia, PA: Temple University Press.

Bessenoff, G. R. (2006). Can the media affect us? Social comparison, self-discrepancy, and the thin ideal. *Psychology of Women Quarterly, 30,* 239-251

Betancur, L., Rottman, B. M., Votruba-Drzal, E., & Schunn, C. (2019). Analytical assessment of course sequencing: The case of methodological courses in psychology. *Journal of Educational Psychology, 111,* 91-103.

Bettencourt, B. A., Talley, A., Benjamin, A. J., & Valentine, J. (2006). Personality and aggressive behavior under provoking and neutral conditions: A meta-analytic review. *Psychological Bulletin, 132,* 751-777.

Beu, D. S., & Buckley, M. R. (2004). This is war: How the politically astute achieve crimes of obedience through the use of moral disengagement. *Leadership Quarterly, 15,* 551-568.

Beyer, S. (1990). Gender differences in the accuracy of self-evaluations of performance. *Journal of Personality and Social Psychology, 59,* 960-970.

Bezdjian, S., Tuvblad, C., Raine, A., & Baker, L. A. (2011). The genetic and environmental covariation among psychopathic personality traits, and reactive and proactive aggression in childhood. *Child Development, 82,* 1267-1281.

Bhatt, S., Mbwana, J., Adeyemo, A., Sawyer, A., Hailu, A., & VanMeter, J. (2009). Lying about facial recognition: An fMRI study. *Brain and Cognition, 69,* 382-390.

Bibas, S. (2004). Plea bargaining outside the shadow of trial. *Harvard Law Review, 117,* 2463-2547.

Bickman, L. (1974). The social power of a uniform. *Journal of Applied Social Psychology, 4,* 47-61.

Biesanz, J. C., & Human, L. J. (2010). The cost of forming more accurate impressions: Accuracy motivated perceivers see the personality of others more distinctively but less normatively. *Psychological Science, 21,* 589-594.

Bilali, R., & Staub, E. (2016). Interventions in real-world settings: Using media to overcome prejudice and promote intergroup reconciliation in Central Africa. In C. G. Sibley & F. K. Barlow (Eds.), *The Cambridge handbook of the psychology of prejudice* (pp. 607-631). New York: Cambridge University Press.

Bilali, R., Vollhardt, J. R., & Rarick, J. R. D. (2017). Modeling collective action through media to promote social change and positive intergroup relations in violent conflicts. *Journal of Experimental Social Psychology, 68*, 200-211.

Bilton, N. (2014, October 29). Tinder, the fast-growing dating app, taps an age-old truth. *New York Times*.

Birtel, M. D., Di Bernardo, G. A., Stathi, S., Crisp, R. J., Cadamuro, A., & Vezzali, L. (2019). Imagining contact reduces prejudice in preschool children. *Social Development*, in press.

Bizer, G., Krosnick, J., Holbrook, A., Wheeler, S., Rucker, D., & Petty, R. E. (2004). The impact of personality on cognitive, behavioral, and affective political processes: The effects of need to evaluate. *Journal of Personality, 72*, 995-1027.

Black, J., Kim, K., Rhee, S., Wang, K., & Sakcutchawan, S. (2019). Self-efficacy and emotional intelligence: Influencing team cohesion to enhance team performance. *Team Performance Management, 25*, 100-119.

Blair, I. V., Dasgupta, N., & Glaser, J. (2015). Implicit attitudes. In M. Mikulincer, P. R. Shaver, E. Borgida & J. A. Bargh (Eds.), *APA handbook of personality and social psychology: Vol. 1. Attitudes and social cognition* (pp. 665-691). Washington, DC: American Psychological Association.

Blair, I. V., Park, B., & Bachelor, J. (2003). Understanding intergroup anxiety: Are some people more anxious than others? *Group Processes and Intergroup Relations, 6*, 151-169.

Blanchard, B. (2011). Chinese girl dies in hit-and-run that sparked outrage. *Reuters*, October 21.

Blandón-Gitlin, I., Sperry, K., & Leo, R. A. (2010). Jurors believe interrogation tactics are not likely to elicit false confessions: Will expert witness testimony inform them otherwise? *Psychology, Crime, & Law, 17*, 239-260.

Blank, H., Ziegler, R., & de Bloom, J. (2012). Self-monitoring and linguistic adaptation. *Social Psychology, 43*, 67-80.

Blanken, I., van de Ven, N., & Zeelenberg, M. (2015). A metaanalytic review of moral licensing. *Personality and Social Psychology Bulletin, 41*, 540-558.

Blanton, H., Jaccard, J., Klick, J., Mellers, B., Mitchell, G., & Tetlock, P. E. (2009). Strong claims and weak evidence: Reassessing the predictive validity of the IAT. *Journal of Applied Psychology, 94*, 567-582.

Blascovich, J. (2014). Challenge, threat, and social influence in digital immersive virtual environments. In J. Gratch, S. Marsella, Gratch, & S. Marsella (Eds.), *Social emotions in nature and artifact* (pp. 44-54). New York: Oxford University Press.

Blass, T. (1991). Understanding behavior in the Milgram obedience experiment: The role of personality, situations, and their interactions. *Journal of Personality and Social Psychology, 60*, 398-413.

Blass, T. (1992). The social psychology of Stanley Milgram. *Advances in Experimental Social Psychology, 25*, 227-329.

Blass, T. (1999). The Milgram paradigm after 35 years: Some things we now know about obedience to authority. *Journal of Applied Social Psychology, 25*, 955-978.

Blass, T. (2004). *The man who shocked the world*. New York: Basic Books.

Blass, T. (2009). From New Haven to Santa Clara: A historical perspective on the Milgram obedience experiments. *American Psychologist, 64*, 37-45.

Blass, T. (2012). A cross-cultural comparison of studies of obedience using the Milgram paradigm: A review. *Social and Personality Psychology Compass, 6*, 196-205.

Bleich, A., Gelkopf, M., & Solomon, Z. (2003). Exposure to terrorism, stress-related mental health symptoms, and coping behaviors among a nationally representative sample in Israel. *Journal of the American Medical Association, 290*, 612-620.

Bleidorn, W., Arslan, R. C., Denissen, J. J. A., Rentfrow, P. J., Gebauer, J. E., Potter, J., et al. (2016). Age and gender differences in self-esteem—A cross-cultural window. *Journal of Personality and Social Psychology, 111*, 396-410.

Bloom, P. (2017). Empathy and its discontents. *Trends in Cognitive Sciences, 21*, 24-31.

Blum, R. W., Mmari, K., & Moreau, C. (2017). It begins at 10: How gender expectations shape early adolescence around the world. *Journal of Adolescent Health Care, 61*, S3-S4.

Bobocel, D. R., Son Hing, L. S., Davey, L. M., Stanley, D. J., & Zanna, M. P. (1998). Justice-based opposition to social policies: Is it genuine? *Journal of Personality and Social Psychology, 75*, 653-669.

Bochner, S., & Insko, C. A. (1966). Communicator discrepancy, source credibility, and opinion change. *Journal of Personality and Social Psychology, 4*, 614-621.

Bodenhausen, G. V. (1990). Stereotypes as judgmental heuristics: Evidence of circadian variations in discrimination. *Psychological Science, 1*, 319-322.

Boe, J. L., & Woods, R. J. (2018). Parents' influence on infants' gender-typed toy preferences. *Sex Roles: A Journal of Research, 79*, 358-373.

Boehm, J. K., & Kubzansky, L. D. (2012). The heart's content: The association between positive psychological well-being and cardiovascular health. *Psychological Bulletin, 138*, 655-691.

Bogart, L. M., & Helgeson, V. S. (2000). Social comparisons among women with breast cancer: A longitudinal investigation. *Journal of Applied Social Psychology, 30*, 547-575.

Bold, K. W., Krishnan-Sarin, S., & Stoney, C. M. (2018). E-cigarette use as a potential cardiovascular disease risk behavior. *American Psychologist, 73*, 955-967.

Boldero, J., & Francis, J. (2000). The relation between self-discrepancies and emotion: The moderating roles of self-guide importance, location relevance, and social self-domain centrality. *Journal of Personality and Social Psychology, 78*, 38-52.

Bolger, N., DeLongis, A., Kessler, R. C., & Schilling, E. A. (1989). Effects of daily stress and negative mood. *Journal of Personality and Social Psychology, 57*, 808-818.

Bollich, K. L., Rogers, K. H., & Vazire, S. (2015). Knowing more than we can tell: People are aware of their biased self-perceptions. *Personality and Social Psychology Bulletin, 41*, 918-929.

Bonanno, G. A. (2004). Loss, trauma, and human resilience: Have we underestimated the human capacity to thrive after extremely aversive events? *American Psychologist, 59*, 20-28.

Bond, C. F., Jr., & Titus, L. T. (1983). Social facilitation: A metaanalysis of 241 studies. *Psychological Bulletin, 94*, 265-292.

Bond, C., & DePaulo, B. (2006). Accuracy of deception judgments. *Personality and Social Psychology Review, 10*, 214-234.

Bond, M. A., & Haynes, M. C. (2014). Workplace diversity: A social- ecological framework and policy implications. *Social Issues & Policy Review, 8*, 167-201.

Bond, R., & Smith, P. B. (1996). Culture and conformity: A metaanalysis of studies using Asch's (1952b, 1956) line judgment task. *Psychological Bulletin, 119*, 111-137.

Boninger, D. S., Brock, T. C., Cook, T. D., Gruder, C. L., & Romer, D. (1990). Discovery of reliable attitude change persistence resulting from a transmitter tuning set. *Psychological Science, 1*, 268-271.

Boninger, D. S., Krosnick, J. A., & Berent, M. K. (1995). Origins of attitude importance: Self-interest, social identification, and value relevance. *Journal of Personality and Social Psychology, 68*, 61-80.

Bono, J. E., & Anderson, M. H. (2005). The advice and influence networks of transformational leaders. *Journal of Applied Psychology, 90*, 1306-1314.

Bono, J. E., & Judge, T. A. (2004). Personality and transformational and transactional leadership: A meta-analysis. *Journal of Applied Psychology, 89*, 901-910.

Bonta, B. (2013). Peaceful societies prohibit violence. *Journal of Aggression, Conflict, and Peace Research, 5*, 117-129.

Bonta, B. D. (1997). Cooperation and competition in peaceful societies. *Psychological Bulletin, 121*, 299-320.

Bordens, K. S., & Bassett, J. (1985). The plea bargaining process from the defendant's perspective: A field investigation. *Basic and Applied Social Psychology, 6*, 93-110.

Borduin, C. M., Schaeffer, C. M., & Heiblum, N. (2009). A randomized clinical trial of multisystemic therapy with juvenile sexual offenders: Effects on youth social ecology and criminal activity. *Journal of Consulting and Clinical Psychology, 77*, 26-37.

Borkenau, P., Mauer, N., Riemann, R., Spinath, F. M., & Angleitner, (2004). Thin slices of behavior as cues of personality and intelligence. *Journal of Personality and Social Psychology, 86*, 599-614.

Borman, W. C., White, L. A., & Dorsey, D. W. (1995). Effects of ratee task performance and interpersonal factors on supervisor and peer performance ratings. *Journal of Applied Psychology, 80*, 168-177.

Bornstein, B. H., & Greene, E. (2011). Jury decision making: Implications for and from psychology. *Current Directions in Psychological Science, 20*, 63-67.

Bornstein, B. H., & Greene, E. (2017). *The jury under fire: Myth, controversy, and reform*. New York: Oxford University Press.

Bornstein, R. F. (1989). Exposure and affect: Overview and metaanalysis of research, 1968-1987. *Psychological Bulletin, 106*, 265-289.

Bornstein, R. F., & D'Agostino, P. R. (1992). Stimulus recognition and the mere exposure effect. *Journal of Personality and Social Psychology, 63*, 545-552.

Bos, P. A. (2017). The endocrinology of human caregiving and its intergenerational transmission. *Development and Psychopathology, 29*, 971-999.

Bosak, J., Kulich, C., Rudman, L., & Kinahan, M. (2018). Be an advocate for others, unless you are a man: Backlash against gender-atypical male job candidates. *Psychology of Men & Masculinity, 19*, 156-165.

Bose, U. (2015). Design and evaluation of a group support system supported process to resolve cognitive conflicts. *Computers in Human Behavior, 49*, 303-312.

Bosone, L., Martinez, F., & Kalampalikis, N. (2015). When the model fits the frame: The impact of regulatory fit on efficacy appraisal and persuasion in health communication. *Personality and Social Psychology Bulletin, 41*, 526-539.

Bossard, J. H. S. (1932). Residential propinquity as a factor in marriage selection. *American Journal of Sociology, 38*, 219-224.

Bosson, J. K., & Vandello, J. A. (2011). Precarious manhood and its links to action and aggression. *Current Directions in Psychological Science, 20*, 82-86.

Bosson, J. K., Johnson, A. B., Niederhoffer, K., & Swann, W. B., Jr. (2006). Interpersonal chemistry through negativity: Bonding by sharing negative attitudes about others. *Personal Relationships, 13*, 135-150.

Bosson, J. K., Kuchynka, S. L., Parrott, D. J., Swan, S. C., & Schramm, A. T. (2020). Injunctive norms, sexism, and misogyny network activation among men. *Psychology of Men & Masculinities, 21*, 124-138.

Bosson, J. K., Vandello, J. A., & Buckner, C. E. (2019). *The psychology of sex and gender*. Thousand Oaks, CA: Sage.

Boswell, W. R., Shipp, A. J., Payne, S. C., & Culbertson, S. S. (2009). Changes in newcomer job satisfaction over time: Examining the pattern of honeymoons and hangovers. *Journal of Applied Psychology, 94*, 844-858.

Bottoms, B. L., Najdowski, C. J., & Goodman, G. S. (Eds.). (2009). *Children as victims, witnesses, and offenders: Psychological science and the law*. New York: Guilford Press.

Boucher, H. C., Peng, K., Shi, J., & Wang, L. (2009). Culture and implicit self-esteem: Chinese are "good" and "bad" at the same time. *Journal of Cross-Cultural Psychology, 40*, 24-45.

Bourassa, K. J., Ruiz, J. M., & Sbarra, D. A. (2019). The impact of physical proximity and attachment working models on cardiovascular reactivity: Comparing mental activation and romantic partner presence. *Psychophysiology, 56*, 1-12.

Bowker, J. C., & Etkin, R. G. (2014). Does humor explain why relationally aggressive adolescents are popular? *Journal of Youth and Adolescence, 43*, 1322-1332.

Bowlby, J. (1988). *A secure base*. New York: Basic Books.

Bradbury, T. N. (Ed.). (1998). *The developmental course of marital dysfunction*. New York: Cambridge University Press.

Bradbury, T. N., & Fincham, F. D. (1992). Attributions and behavior in marital interaction. *Journal of Personality and Social Psychology, 63*, 613-628.

Brady, S. S., Connor, J. J., Chaisson, N., Sharif Mohamed, F., & Robinson, B. E. (2019). Female genital cutting and deinfibulation: Applying the theory of planned behavior to research and practice. *Archives of Sexual Behavior*, in press.

Brady, W. J., Gantman, A. P., & Van Bavel, J. J. (2019). Attentional capture helps explain why moral and emotional content go viral. *Journal of Experimental Psychology: General*, in press.

Brady, W. J., Wills, J. A., Buckart, D., Jost, J. T., & Van Bavel, J. J. (2019). An ideological asymmetry in the diffusion of moralized content on social media among political leaders. *Journal of Experimental Psychology: General*, in press.

Braga, T., Cunha, O., & Maia, Â. (2018). The enduring effect of maltreatment on antisocial behavior: A meta-analysis of longitudinal studies. *Aggression and Violent Behavior, 40*, 91-100.

Brambilla, M., & Leach, C. W. (2014). On the importance of being moral: The distinctive role of morality in social judgment. *Social Cognition, 32*, 397-408.

Brambilla, M., Carraro, L., Castelli, L., & Sacchi, S. (2019). Changing impressions: Moral character dominates impression updating. *Journal of Experimental Social Psychology, 82*, 64-73.

Brannon, T. N., Markus, H. R., & Taylor, V. J. (2015). "Two souls, two thoughts," two self-schemas: Double consciousness can have positive academic consequences for African Americans. *Journal of Personality and Social Psychology, 108*, 586-609.

Brasor, P. (2018, March 17). Japan struggles to overcome its groping problem. *Japan Times*. http://www.japantimes.

co.jp/news/2018/03/17/national/media-national/japan-struggles-overcome- groping-problem/#.XanSd5NKhTY.

Bray, R. M., Johnson, D., & Chilstrom, J. T., Jr. (1982). Social influence by group members with minority opinions: A comparison of Hollander & Moscovici. *Journal of Personality and Social Psychology, 43*, 78-88.

Bray, R. M., Struckman-Johnson, C., Osborne, M., McFarlane, J., & Scott, J. (1978). The effects of defendant status on decisions of student and community juries. *Social Psychology, 41*, 256-260.

Brean, H. (1958, March 31). What hidden sell is all about. *Life*, pp. 104-114.

Brehm, J. W. (1956). Post-decision changes in desirability of alternatives. *Journal of Abnormal and Social Psychology, 52*, 384-389.

Brehm, J. W. (1966). *A theory of psychological reactance*. Oxford: Academic Press.

Brehm, S. S., & Brehm, J. W. (1981). *Psychological reactance: A theory of freedom and control*. New York: Academic Press.

Brenan, M. (2017, November 16). Americans no longer prefer male boss to female boss. *Gallup*. https://news.gallup.com/poll/222425/americans-no-longer-prefer-male-boss-female-boss.aspx.

Brendgen, M., Poulin, F., & Denault, A. S. (2019). Peer victimization in school and mental and physical health problems in young adulthood: Examining the role of revictimization at the workplace. *Developmental Psychology, 55*, 2219-2230.

Brescoll, V. L., Dawson, E., & Uhlmann, E. (2010). Hard won and easily lost: The fragile status of leaders in gender-stereotype- incongruent occupations. *Psychological Science, 21*, 1640-1642.

Bressan, P., & Martello, M. F. D. (2002). *Talis Pater, Talis Filius*: Perceived resemblance and the belief in genetic relatedness. *Psychological Science, 13*, 213-218.

Brewer, M. B. (2017). Intergroup discrimination: Ingroup love or outgroup hate? In C. G. Sibley & F. K. Barlow (Eds.), *The Cambridge handbook of the psychology of prejudice* (pp. 90-110). New York: Cambridge University Press.

Brewer, N., & Douglass, A. B. (Eds.). (2019). *Psychological science and the law*. New York: Guilford Press.

Brewer, N., Harvey, S., & Semmler, C. (2004). Improving comprehension of jury instructions with audio-visual presentation. *Applied Cognitive Psychology, 18*, 765-776.

Brickman, P., Coates, D., & Janoff-Bulman, R. J. (1978). Lottery winners and accident victims: Is happiness relative? *Journal of Personality and Social Psychology, 36*, 917-927.

Bridgett, D. J., Burt, N. M., Edwards, E. S., & Deater-Deckard, K. (2015). Intergenerational transmission of self-regulation: A multidisciplinary review and integrative conceptual framework. *Psychological Bulletin, 141*, 602-654.

Briñol, P., & Petty, R. E. (2009). Persuasion: Insights from the self-validation hypothesis. *Advances in Experimental Social Psychology, 41*, 69-118.

Briñol, P., McCaslin, M. J., & Petty, R. E. (2012). Self-generated persuasion: Effects of the target and direction of arguments. *Journal of Personality and Social Psychology, 102*, 925-940.

Brisimis, E., Bebetsos, E., & Krommidas, C. (2018). Does group cohesion predict team sport athletes' satisfaction? *Hellenic Journal of Psychology, 15*, 108-124.

Brockner, J., & Wiesenfeld, B. M. (1996). An integrative framework for explaining reactions to decisions: Interactive effects of outcomes and procedures. *Psychological Bulletin, 120*, 189-208.

Broesch, T., Callaghan, T., Henrich, J., Murphy, C., & Rochat, P. (2011). Cultural variations in children's mirror self-recognition. *Journal of Cross-Cultural Psychology, 42*, 1018-1029.

Brooks, J. E., & Neville, H. A. (2017). Interracial attraction among college men: The influence of ideologies, familiarity, and similarity. *Journal of Social and Personal Relationships, 34*, 166-183.

Brooks, R., & Meltzoff, A. N. (2002). The importance of eyes: How infants interpret adult looking behavior. *Developmental Psychology, 38*, 958-966.

Brown, A. A., & Brunell, A. B. (2017). The "modest mask"? An investigation of vulnerable narcissists' implicit self-esteem. *Personality and Individual Differences, 119*, 160-167.

Brown, E., Deffenbacher, K., & Sturgill, W. (1977). Memory for faces and the circumstances of encounter. *Journal of Applied Psychology, 62*, 311-318.

Brown, J. D. (2012). Understanding the better than average effect: Motives (still) matter. *Personality and Social Psychology Bulletin, 38*, 209-219.

Brown, R. (1986). *Social psychology* (2nd ed.). New York: Free Press.

Brown, R. A. (2010). Perceptions of psychological adjustment, achievement outcomes, and self-esteem in Japan and America. *Journal of Cross-Cultural Psychology, 31*, 51-61.

Brown, R. P., Baughman, K., & Carvallo, M. (2018). Culture, masculine honor, and violence toward women. *Personality and Social Psychology Bulletin, 44*, 538-549.

Brown, R. P., Osterman, L. L., & Barnes, C. D. (2009). School violence and the culture of honor. *Psychological Science, 20*, 1400-1405.

Brown, R., & Kulik, J. (1977). Flashbulb memories. *Cognition, 5*, 73-99.

Brown, W. A. (1998, January). The placebo effect. *Scientific American*, pp. 90-95.

Browne, G. (2019, June 26). Bystander effect: Famous psychology result could be completely wrong. *New Scientist*. http://www.newscientist.com/article/2207693-bystander-effect-famous- psychology-result-could-be-completely-wrong.

Brownell, K. D., & Walsh, B. T. (Eds.). (2017). *Eating disorders and obesity: A comprehensive handbook* (3rd ed.). New York: Guilford Press.

Brownstein, A., Read, S. J., & Simon, D. (2004). Bias at the racetrack: Effects of individual expertise and task importance on predecision reevaluation of alternatives. *Personality and Social Psychology Bulletin, 30*, 891-904.

Bruck, M., & Ceci, S. J. (1999). The suggestibility of children's memory. *Annual Review of Psychology, 50*, 419-439.

Brügger, A., Dorn, M. H., Messner, C., & Kaiser, F. G. (2019). Conformity within the Campbell paradigm: Proposing a new measurement instrument. *Social Psychology, 50*, 133-144.

Bruneau, E., Jacoby, N., Kteily, N., & Saxe, R. (2018). Denying humanity: The distinct neural correlates of blatant dehumanization. *Journal of Experimental Psychology: General, 147*, 1078-1093.

Bruneau, E., Szekeres, H., Kteily, N., Tropp, L. R., & Kende, A. (2019). Beyond dislike: Blatant dehumanization predicts teacher discrimination. *Group Processes and Intergroup Relations*, in press.

Brunell, A. B., & Fisher, T. D. (2014). Using the bogus pipeline to investigate grandiose narcissism. *Journal of Experimental Social Psychology, 55*, 37-42.

Bruner, J. S., & Potter, M. C. (1964). Interference in visual recognition. *Science, 144*, 424-425.

Bruner, J. S., & Tagiuri, R. (1954). Person perception. In G. Lindzey (Ed.), *Handbook of social psychology* (Vol. 2, pp. 634-654). Reading, MA: Addison-Wesley.

Buckholtz, J. (2015). Social norms, self-control, and the value of antisocial behavior. *Current Behavior in Behavioral Sciences, 3,* 122-129.

Buckhout, R. (1974, December). Eyewitness testimony. *Scientific American,* pp. 23-31.

Bucolo, D. O., & Cohn, E. S. (2010). Playing the race card: Making race salient in defense opening and closing statements. *Legal and Criminological Psychology, 15,* 293-303.

Buehl, A.-K., & Melchers, K. G. (2018). Do attractiveness and competition influence faking intentions in selection interviews? *Journal of Personnel Psychology, 17,* 204-208.

Buhrmester, M. D., Fraser, W. T., Lanman, J. A., Whitehouse, H., & Swann, W. J. (2015). When terror hits home: Identity fused Americans who saw Boston bombing victims as "family" provided aid. *Self and Identity, 14,* 253-270.

Bui, N. H. (2012). False consensus in attitudes toward celebrities. *Psychology of Popular Media Culture, 1,* 236-243.

Burger, J. M. (1986). Increasing compliance by improving the deal: The that's-not-all technique. *Journal of Personality and Social Psychology, 51,* 277-283.

Burger, J. M. (1999). The foot-in-the-door compliance procedure: A multiple-process analysis and review. *Personality and Social Psychology Review, 3,* 303-325.

Burger, J. M. (2009). Replicating Milgram: Would people still obey today? *American Psychologist, 64,* 1-11.

Burger, J. M. (2014). Situational features in Milgram's experiment that kept his participants shocking. *Journal of Social Issues, 70,* 489-500.

Burger, J. M., & Caldwell, D. F. (2003). The effects of monetary incentives and labeling on the foot-in-the-door effect: Evidence for a self-perception process. *Basic and Applied Social Psychology, 25,* 235-241.

Burger, J. M., & Caputo, D. (2015). The low-ball compliance procedure: A meta-analysis. *Social Influence, 10,* 214-220.

Burger, J. M., & Petty, R. E. (1981). The low-ball compliance technique: Task or person commitment? *Journal of Personality and Social Psychology, 40,* 492-500.

Burger, J. M., Horita, M., Kinoshita, L., Roberts, K., & Vera, C. (1997). Effects of time on the norm of reciprocity. *Basic and Applied Social Psychology, 19,* 91-100.

Burger, J. M., Messian, N., Patel, S., del Prado, A., & Anderson, C. (2004). What a coincidence! The effects of incidental similarity on compliance. *Personality and Social Psychology Bulletin, 30,* 35-43.

Burkart, J. M., Allon, O., Amici, F., Fichtel, C., Finkenwirth, C., Heschl, A., et al. (2014). The evolutionary origin of human hyper- cooperation. *Nature Communications, 5,* Article 4747.

Burke, M., Hsiang, S. M., & Miguel, E. (2015). Climate and conflict. *Annual Review of Economics, 7,* 577-617.

Burkhardt, J., Bayham, J., Wilson, A., Berman, J. D., O'Dell, K., Ford, B., et al. (2019). The relationship between monthly air pollution and violent crime across the United States. *Journal of Environmental Economics and Policy,* in press.

Burlingame, G. M., McClendon, D. T., & Yang, C. (2018). Cohesion in group therapy: A meta-analysis. *Psychotherapy, 55,* 384-398.

Burnette, J. L., Pollack, J. M., & Forsyth, D. R. (2011). Leadership in extreme contexts: A groupthink analysis of the May 1996 Mount Everest disaster. *Journal of Leadership Studies, 4,* 29-40.

Burns, J. M. (1978). *Leadership.* New York: Harper & Row.

Burns, J. M. (2003). *Transformational leadership.* New York: Atlantic Monthly Press.

Burns, S. (2011). *The Central Park Five: A chronicle of a city wilding.* New York: Knopf.

Burnstein, E., & Schul, Y. (1982). The informational basis of social judgments: The operations in forming an impression of another person. *Journal of Experimental Social Psychology, 18,* 217-234.

Burnstein, E., Crandall, C., & Kitayama, S. (1994). Some neo-Darwinian decision rules for altruism: Weighing cues for inclusive fitness as a function of the biological importance of the decision. *Journal of Personality and Social Psychology, 67,* 773-789.

Burt, M. C. (1980). Cultural myths and supports for rape. *Journal of Personality and Social Psychology, 38,* 217-230.

Bushman, B. J. (1988). The effects of apparel on compliance: A field experiment with a female authority figure. *Personality and Social Psychology Bulletin, 14,* 459-467.

Bushman, B. J. (2002). Does venting anger feed or extinguish the flame? Catharsis, rumination, distraction, anger, and aggressive responding. *Personality and Social Psychology Bulletin, 28,* 724-731.

Bushman, B. J. (2018). Guns automatically prime aggressive thoughts, regardless of whether a "good guy" or "bad guy" holds the gun. *Social Psychological and Personality Science, 9,* 727-733.

Bushman, B. J., Baumeister, R. F., Thomaes, S., Ryu, E., Begeer, S., & West, S. G. (2009). Looking again, and harder, for a link between low self-esteem and aggression. *Journal of Personality, 77,* 427-446.

Bushman, B. J., Kerwin, T., Whitlock, T., & Weisenberger, J. M. (2017). The weapons effect on wheels: Motorists drive more aggressively when there is a gun in the vehicle. *Journal of Experimental Social Psychology, 73,* 82-85.

Buss, A. H. (1980). *Self-consciousness and social anxiety.* San Francisco: Freeman.

Buss, D. M. (1989). Sex differences in human mate preferences: Evolutionary hypotheses tested in 37 cultures. *Behavioral and Brain Sciences, 12,* 1-14.

Buss, D. M. (2003). *The evolution of desire: Strategies of human mating* (Rev. ed.). New York: Basic Books.

Buss, D. M. (2018). Sexual and emotional infidelity: Evolved gender differences in jealousy prove robust and replicable. *Perspectives on Psychological Science, 13,* 155-160.

Buss, D. M. (2019). *Evolutionary psychology: The new science of the mind* (6th ed.). New York: Routledge.

Buss, D. M., & Duntley, J. D. (2014). Intimate partner violence in evolutionary perspective. In T. K. Shackelford & R. D. Hansen (Eds.), *The evolution of violence* (pp. 1-21). New York: Springer.

Buss, D. M., & Schmitt, D. P. (1993). Sexual strategies theory: An evolutionary perspective on human mating. *Psychological Review, 100,* 204-232.

Buss, D. M., & Schmitt, D. P. (2019). Mate preferences and their behavioral manifestations. *Annual Review of Psychology, 70,* 77-110.

Buss, D. M., & Shackelford, T. K. (1997). From vigilance to violence: Mate retention tactics in married couples. *Journal of Personality and Social Psychology, 72,* 346-361.

Buss, D. M., Larsen, R. J., Westen, D., & Semmelroth, J. (1992). Sex differences in jealousy: Evolution, physiology, and psychology. *Psychological Science, 3,* 251-255.

Bussey, K., Quinn, C., & Dobson, J. (2015). The moderating role of empathic concern and perspective taking on the relationship between moral disengagement and aggression. *Merrill-Palmer Quarterly, 61,* 10-29.

Butler, B., & Moran, G. (2007). The impact of death qualification, belief in a just world, legal authoritarianism, and locus of control on venirepersons' evaluations of aggravating and mitigating circumstances in capital trials. *Behavioral Sciences & the Law, 25*, 57-68.

Butz, D. A., & Yogeeswaran, K. (2011). A new threat in the air: Macroeconomic threat increases prejudice against Asian Americans. *Journal of Experimental Social Psychology, 47*, 22-27.

Bylsma, W. H., Major, B., & Cozzarelli, C. (1995). The influence of legitimacy appraisals on the determinants of entitlement beliefs. *Basic and Applied Social Psychology, 17*, 223-237.

Byrne, D. (1971). *The attraction paradigm*. New York: Academic Press.

Byrne, D. (1997). An overview (and underview) of research and theory within the attraction paradigm. *Journal of Social and Personal Relationships, 14*, 417-431.

Byrne, D., & Clore, G. L. (1970). A reinforcement model of evaluative processes. *Personality: An International Journal, 1*, 103-128.

Byrne, D., Clore, G. L., & Smeaton, G. (1986). The attraction hypothesis: Do similar attitudes affect anything? *Journal of Personality and Social Psychology, 51*, 1167-1170.

Byrne, R. M. J., & McEleney, A. (2000). Counterfactual thinking about actions and failures to act. *Journal of Experimental Psychology: Learning, Memory, and Cognition, 26*, 1318-1331.

Cacioppo, J. T., & Petty, R. E. (1982). The need for cognition. *Journal of Personality and Social Psychology, 42*, 116-131.

Cacioppo, J. T., Cacioppo, S., & Petty, R. E. (2017). The neuroscience of persuasion: A review with an emphasis on issues and opportunities. *Social Neuroscience, 13*, 129-172.

Cacioppo, J. T., Cacioppo, S., Capitanio, J. P., & Cole, W. W. (2015). The neuroendocrinology of social isolation. *Annual Review of Psychology, 66*, 733-767.

Cacioppo, J. T., Crites, S. L., Berntson, G. G., & Coles, M. G. H. (1993). If attitudes affect how stimuli are processed, should they not affect the event-related brain potential? *Psychological Science, 4*, 108-112.

Cacioppo, J. T., Gardner, W. L., & Bernston, G. G. (1997). Beyond bipolar conceptualizations and measures: The case of attitudes and evaluative space. *Personality and Social Psychology Review, 1*, 3-25.

Cacioppo, J. T., Petty, R. E., & Morris, K. (1983). Effects of need for cognition on message evaluation, recall, and persuasion. *Journal of Personality and Social Psychology, 45*, 805-818.

Cacioppo, J. T., Petty, R. E., Feinstein, J. A., & Jarvis, W. B. G. (1996). Dispositional differences in cognitive motivation: The life and times of individuals varying in need for cognition. *Psychological Bulletin, 119*, 197-253.

Camara, W. J., & Schneider, D. L. (1994). Integrity tests: Facts and unresolved issues. *American Psychologist, 49*, 112-119.

Cameron, C. D., Hutcherson, C. A., Ferguson, A. M., Scheffer, J. A., Hadjiandreou, E., & Inzlicht, M. (2019). Empathy is hard work: People choose to avoid empathy because of its cognitive costs. *Journal of Experimental Psychology: General, 148*, 962-976.

Cameron, J. J., Stinson, D. A., Gaetz, R., & Balchen, S. (2010). Acceptance is in the eye of the beholder: Self-esteem and motivated perceptions of acceptance from the opposite sex. *Journal of Personality and Social Psychology, 99*, 513-529.

Cameron, J., & Pierce, W. D. (1994). Reinforcement, reward, and intrinsic motivation: A meta-analysis. *Review of Educational Research, 64*, 363-423.

Cameron, J., Pierce, W. D., Banko, K. M., & Gear, A. (2005). Achievement-based rewards and intrinsic motivation: A test of cognitive mediators. *Journal of Educational Psychology, 97*, 641-655.

Campbell, A. (1999). Staying alive: Evolution, culture, and women's intra-sexual aggression. *Behavioral and Brain Sciences, 22*, 203-252.

Campbell, D. J., & Lee, C. (1988). Self-appraisal in performance evaluation: Development versus evaluation. *Academy Management Review, 13*, 302-313.

Campion, M. A., Palmer, D. K., & Campion, J. E. (1997). A review of structure in the selection interview. *Personnel Psychology, 50*, 655-703.

Cannon, W. B. (1932). *The wisdom of the body*. New York: Norton.

Capozza, D., & Brown, R. (2000). *Social identity processes: Trends in theory and research*. London: Sage.

Caprara, G., Alessandri, G., & Eisenberg, N. (2012). Prosociality: The contribution of traits, values, and self-efficacy beliefs. *Journal of Personality and Social Psychology, 102*, 1289-1303.

Caputo, A., Ayoko, O. B., Amoo, N., & Menke, C. (2019). The relationship between cultural values, cultural intelligence and negotiation styles. *Journal of Business Research, 99*, 23-36.

Cara, E. (2019, June 20). Researchers "lost" 17,000 wallets in hundreds of cities to see what people would actually return. *Gizmodo*. http://gizmodo.com/researchers-lost-17-000-wallets-in-hundreds-of-cities-t-1835666685.

Card, N. A., Stucky, B. D., Sawalani, G. M., & Little, T. D. (2008). Direct and indirect aggression during childhood and adolescence: A meta-analytic review of gender differences, intercorrelations, and relations to maladjustment. *Child Development, 79*, 1185-1229.

Cárdenas, R. A., & Harris, L. J. (2006). Symmetrical decorations enhance theattractiveness of faces and abstract designs. *Evolution and Human Behavior, 27*, 1-18.

Carey, B. (1997, April). Don't face stress alone. *Health*, pp. 74-76, 78.

Carey, H. R., & Laughlin, P. R. (2012). Groups perform better than the best individuals on letters-to-numbers problems: Effects of induced strategies. *Group Processes & Intergroup Relations, 15*, 231-242.

Carlsmith, K. M. (2006). The roles of retribution and utility in determining punishment. *Journal of Experimental Social Psychology, 42*, 437-451.

Carlsmith, K. M., Darley, J. M., & Robinson, P. H. (2002). Why do we punish? Deterrence and just deserts as motives for punishment. *Journal of Personality and Social Psychology, 83*, 284-299.

Carlsmith, K. M., Wilson, T. D., & Gilbert, D. T. (2008). The paradoxical consequences of revenge. *Journal of Personality and Social Psychology, 95*, 1316-1324.

Carlson, C. A., & Carlson, M. A. (2012). A distinctiveness-driven reversal of the weapon-focus effect. *Applied Psychology in Criminal Justice, 8*, 36-53.

Carlson, E. N., Vazire, S., & Furr, R. M. (2011). Meta-insight: Do people really know how others see them? *Journal of Personality and Social Psychology, 101*, 831-841.

Carlson, M. (2008). I'd rather go along and be considered a man: Masculinity and bystander intervention. *Journal of Men's Studies, 16*, 3-17.

Carnahan, T., & McFarland, S. (2007). Revisiting the Stanford Prison Experiment: Could participant self-selection have led to the cruelty? *Personality and Social Psychology Bulletin, 33*, 603-614.

Carnegie, D. (1936). *How to win friends and influence people.* New York: Simon & Schuster.

Carpenter, C. J. (2013). A meta-analysis of the effectiveness of the "but you are free" compliance gaining technique. *Communication Studies, 64,* 6-17.

Carpenter, S. (2005). The rich science of economic choice. *APS Observer, 18*(4), 21-27.

Carr, P. B., Dweck, C. S., & Pauker, K. (2012). "Prejudiced" behavior without prejudice? Beliefs about the malleability of prejudice affect interracial interactions. *Journal of Personality and Social Psychology, 103,* 452-471.

Carr, R. M., Prestwich, A., Kwasnicka, D., Thøgersen-Ntoumani, C., Gucciardi, D. F., Hall, L. H., et al. (2019). Dyadic interventions to promote physical activity and reduce sedentary behavior: Systematic review and meta-analysis. *Health Psychology Review, 13,* 91-109.

Carroll, J. M., & Russell, J. A. (1996). Do facial expressions signal specific emotions? Judging emotion from face in context. *Journal of Personality and Social Psychology, 70,* 205-218.

Carswell, K. L., & Finkel, E. J. (2018). Can you get the magic back? The moderating effect of passion decay beliefs on relationship commitment. *Journal of Personality and Social Psychology, 115,* 1002-1033.

Carter, G. G., Wilkinson, G. S., & Page, R. A. (2017). Food-sharing vampire bats are more nepotistic under conditions of perceived risk. *Behavioral Ecology, 28,* 565-569.

Cartwright, D., & Zander, A. (1960). Group cohesiveness: Introduction. In D. Cartwright & A. Zander (Eds.), *Group dynamics: Research and theory* (2nd ed., pp. 69-94). Evanston, IL: Row, Peterson.

Caruso, E. M., Vohs, K. D., Baxter, B., & Waytz, A. (2013). Mere exposure to money increases endorsement of free-market systems and social inequality. *Journal of Experimental Psychology: General, 142,* 301-306.

Carver, C. S., & Connor-Smith, J. (2010). Personality and coping. *Annual Review of Psychology, 61,* 679-704.

Carver, C. S., & Scheier, M. F. (1981). *Attention and self-regulation: A control-theory approach to human behavior.* New York: Springer-Verlag.

Carver, C. S., & Scheier, M. F. (1990). Origins and functions of positive and negative affect: A control-process view. *Psychological Review, 97,* 19-35.

Carver, C. S., & Scheier, M. F. (1998). *On the self-regulation of behavior.* New York: Cambridge University Press.

Carver, C. S., Harris, S. D., Lehman, J. M., Durel, L. A., Antoni, M. H., Spencer, S. M., et al. (2000). How important is the perception of personal control? Studies of early stage breast cancer patients. *Personality and Social Psychology Bulletin, 26,* 139-149.

Carver, C. S., Scheier, M. F., & Weintraub, J. K. (1989). Assessing coping strategies: A theoretically based approach. *Journal of Personality and Social Psychology, 56,* 267-283.

Casale, S., Gemelli, G., Calosi, C., Giangrasso, B., & Fioravanti, G. (2019). Multiple exposure to appearance-focused real accounts on instagram: Effects on body image among both genders.
Current Psychology: A Journal for Diverse Perspectives on Diverse Psychological Issues, in press.

Cascio, J., & Plant, E. A. (2015). Prospective moral licensing: Does anticipating doing good later allow you to be bad now? *Journal of Experimental Social Psychology, 56,* 110-116.

Case, R. B., Moss, A. J., Case, N., McDermott, M., & Eberly, S. (1992). Living alone after myocardial infarction: Impact on prognosis. *Journal of the American Medical Association, 267,* 515-519.

Cashdan, E. (2003). Hormones and competitive aggression in women. *Aggressive Behavior, 29,* 107-115.

Casper, D. M., & Card, N. A. (2017). Overt and relational victimization: A meta-analytic review of their overlap and associations with social-psychological adjustment. *Child Development, 88,* 466-483.

Caspi, A. (2000). The child is the father of man: Personality continuities from childhood to adulthood. *Journal of Personality and Social Psychology, 78,* 158-172.

Cassidy, J., & Shaver, P. R. (Eds.). (1999). *Handbook of attachment: Theory, research, and clinical applications.* New York: Guilford Press.

Cassidy, J., Kirsh, S. J., Scolton, K. L., & Parke, R. D. (1996). Attachment and representations of peer relationships. *Developmental Psychology, 32,* 892-904.

Cassidy, K. A., & McIntyre, R. T. (2016). Do gray wolves (*Canis lupus*) support pack mates during aggressive inter-pack interactions? *Animal Cognition, 19,* 939-947.

Castaño, N., Watts, T., & Tekleab, A. G. (2013). A reexamination of the cohesion-performance relationship meta-analyses: A comprehensive approach. *Group Dynamics: Theory, Research, and Practice, 17,* 207-231.

Castelli, L., Zogmaister, C., & Tomelleri, S. (2009). The transmission of racial attitudes within the family. *Developmental Psychology, 45,* 586-591.

Ceccarini, F., & Caudek, C. (2013). Anger superiority effect: The importance of dynamic emotional facial expressions. *Visual Cognition, 21,* 498-540.

Ceci, S. J., & Williams, W. M. (2018). Who decides what is acceptable speech on campus? Why restricting free speech is not the answer. *Perspectives on Psychological Science, 13,* 299-323.

Ceci, S. J., Ross, D. F., & Toglia, M. P. (1987). Suggestibility of children's memory: Psycholegal implications. *Journal of Experimental Psychology, 116,* 38-49.

Cesarani, D. (2004). *Eichmann: His life and crimes.* London: Heinemann.

Cesario, J., & Higgins, E. T. (2008). Making message recipients "feel right": How nonverbal cues can increase persuasion. *Psychological Science, 19,* 415-420.

Cesario, J., Grant, H., & Higgins, E. T. (2004). Regulatory fit and persuasion: Transfer from "feeling right." *Journal of Personality and Social Psychology, 86,* 388-404.

Cesario, J., Plaks, J. E., & Higgins, E. T. (2006). Automatic social behavior as motivated preparation to interact. *Journal of Personality and Social Psychology, 90,* 893-910.

Cha, A. E. (2005, March 27). Employers relying on personality tests to screen applicants. *Washington Post,* p. A01.

Chaiken, S. (1979). Communicator physical attractiveness and persuasion. *Journal of Personality and Social Psychology, 37,* 1387-1397.

Chaiken, S. (1980). Heuristic versus systematic information processing and the use of source versus message cues in persuasion. *Journal of Personality and Social Psychology, 39,* 752-766.

Chaiken, S. (1987). The heuristic model of persuasion. In M. P. Zanna, J. M. Olson, & C. P. Herman (Eds.), *Social influence: The Ontario symposium* (Vol. 5, pp. 3-39). Hillsdale, NJ: Erlbaum.

Chaiken, S., & Baldwin, M. W. (1981). Affective-cognitive consistency and the effect of salient behavioral information on the self-perception of attitudes. *Journal of Personality and Social Psychology, 41,* 1-12.

Chakroff, A., & Young, L. (2015). Harmful situations, impure people: An attribution asymmetry across moral domains. *Cognition, 136*, 30-37.

Chambers, J. R., & De Dreu, C. W. (2014). Egocentrism drives misunderstanding in conflict and negotiation. *Journal of Experimental Social Psychology, 51*, 15-26.

Chambers, J. R., Swan, L. K., & Heesacker, M. (2015). Perceptions of U.S. social mobility are divided (and distorted) along ideological lines. *Psychological Science, 26*, 413-423.

Chandrashekaran, M., Walker, B. A., Ward, J. C., & Reingen, P. H. (1996). Modeling individual preference evolution and choice in a dynamic group setting. *Journal of Marketing Research, 33*, 211-223.

Chang, H. (2007). Psychological distress and help-seeking among Taiwanese college students: Role of gender and student status. *British Journal of Guidance & Counselling, 35*, 347-355.

Chang, H., Yan, Q., Tang, L., Huang, J., Ma, Y., Ye, X., et al. (2018). Association of genetic variations in the serotonin and dopamine systems with aggressive behavior in the Chinese adolescent population: Single- and multiple-risk genetic variants. *Journal of Affective Disorders, 225*, 374-380.

Chao, G. T., & Moon, H. (2005). The cultural mosaic: A metatheory for understanding the complexity of culture. *Journal of Applied Psychology, 90*, 1128-1140.

Chapdelaine, A., Kenny, D. A., & LaFontana, K. M. (1994). Matchmaker, matchmaker, can you make me a match? Predicting liking between two unacquainted persons. *Journal of Personality and Social Psychology, 67*, 83-91.

Chapman, D. S., Uggerslev, K. L., & Webster, J. (2003). Applicant reactions to face-to-face and technology-mediated interviews: A field investigation. *Journal of Applied Psychology, 88*, 944-953.

Charities Aid Foundation. (2018). *World Giving Index 2018: A global view of giving trends*. West Malling, UK.

Charlesworth, T., & Banaji, M. R. (2019). Patterns of implicit and explicit attitudes: Long-term change and stability from 2007 to 2016. *Psychological Science, 30*, 174-192.

Charman, S. D., Reyes, A., Villalba, D. K., & Evans, J. R. (2017). The (un)reliability of alibi corroborators: Failure to recognize faces of briefly encountered strangers puts innocent suspects at risk. *Behavioral Sciences & the Law, 35*, 18-36.

Charman, S. D., Wells, G. L., & Joy, S. W. (2011). The dud effect: Adding highly dissimilar fillers increases confidence in lineup identifications. *Law and Human Behavior, 35*, 479-500.

Chartrand, T. L., & Bargh, J. A. (1999). The chameleon effect: The perception-behavior link and social interaction. *Journal of Personality and Social Psychology, 76*, 893-910.

Chartrand, T. L., & Lakin, J. L (2013). The antecedents and consequences of human behavioral mimicry. *Annual Review of Psychology, 64*, 285-308.

Chartrand, T. L., & van Baaren, R. (2009). Human mimicry. *Advances in Experimental Social Psychology, 41*, 219-274.

Chatard, A., & Selimbegovic, L. (2011). When self-destructive thoughts flash through the mind: Failure to meet standards affects the accessibility of suicide-related thoughts. *Journal of Personality and Social Psychology, 100*, 587-605.

Chen, F. F., & Kenrick, D. T. (2002). Repulsion or attraction: Group membership and assumed attitude similarity. *Journal of Personality and Social Psychology, 83*, 111-125.

Chen, J. M., Kim, H. S., Mojaverian, T., & Morling, B. (2012). Culture and social support provision: Who gives what and why. *Personality and Social Psychology Bulletin, 38*, 3-13.

Chen, R., Austin, J. P., Miller, J. K., & Piercy, F. P. (2014). Chinese and American individuals' mate selection criteria: Updates, modifications, and extensions. *Journal of Cross-Cultural Psychology, 46*, 101-118.

Chen, S., & Chaiken, S. (1999). The heuristic-systematic model in its broader context. In S. Chaiken & Y. Trope (Eds.), *Dual-process theories in social psychology* (pp. 73-96). New York: Guilford Press.

Chen, X., Wang, L., & Wang, Z. (2009). Shyness-sensitivity and social, school, and psychological adjustment in rural migrant and urban children in China. *Child Development, 80*, 1499-1513.

Chen, X., Zhang, G., Yin, X., Li, Y., Cao, G., Gutiérrez-García, C., et al. (2019). The relationship between self-efficacy and aggressive behavior in boxers: The mediating role of self-control. *Frontiers in Psychology, 10*, Article 212.

Cheng, B.-S., Chou, L.-F., Wu, T.-Y., Huang, M.-P., & Farh, J.-L. (2004). Paternalistic leadership and subordinate responses: Establishing a leadership model in Chinese organizations. *Asian Journal of Social Psychology, 7*, 89-117.

Cheng, B.-S., Boer, D., Chou, L.-F., Huang, M.-P., Yoneyama, S., Shim, D., et al. (2014). Paternalistic leadership in four East Asian societies: Generalizability and cultural differences of the triad model. *Journal of Cross-Cultural Psychology, 45*, 82-90.

Cheng, C. M., & Chartrand, T. L. (2003). Self-monitoring without awareness: Using mimicry as a nonconscious affiliation strategy. *Journal of Personality and Social Psychology, 85*, 1170-1179.

Cherry, E. C. (1953). Some experiments on the recognition of speech, with one and with two ears. *Journal of the Acoustical Society of America, 25*, 975-979.

Chester, D. S., Lynam, D. R., Milich, R., & DeWall, C. N. (2018). Neural mechanisms of the rejection-aggression link. *Social Cognitive and Affective Neuroscience, 13*, 501-512.

Cheung, W. Y., Wildschut, T., Sedikides, C., Hepper, E. G., Arndt, J., & Vingerhoets, A. J. (2013). Back to the future: Nostalgia increases optimism. *Personality and Social Psychology Bulletin, 39*, 1484-1496.

Chiao, J. Y. (2011). Towards a cultural neuroscience of empathy and prosociality. *Emotion Review, 3*, 111-112.

Chib, V. S., Adachi, R., & O'Doherty, J. P. (2018). Neural substrates of social facilitation effects on incentive-based performance. *Social Cognitive and Affective Neuroscience, 13*, 391-403.

Chiesa, M., & Hobbs, S. (2008). Making sense of social research: How useful is the Hawthorne effect? *European Journal of Social Psychology, 38*, 67-74.

Chin, J. L., & Trimble, J. E. (2015). *Diversity and leadership*. Thousand Oaks, CA: Sage.

Chivers, M. L., Rieger, G., Latty, E., & Bailey, J. M. (2004). A sex difference in the specificity of sexual arousal. *Psychological Science, 15*, 736-744.

Choi, D. D., Poertner, M., & Sambanis, N. (2019). Parochialism, social norms, and discrimination against immigrants. *Proceedings of the National Academy of Sciences of the United States of America, 116*, 16274-16279.

Chopik, W. J., & Edelstein, R. S. (2014). Age differences in romantic attachment around the world. *Social Psychological and Personality Science, 5*, 892-900.

Chopik, W. J., Kim, E. S., & Smith, J. (2015). Changes in optimism are associated with changes in health over time among older adults. *Social Psychological and Personality Science, 6*, 814-822.

Chopik, W. J., O'Brien, E., & Konrath, S. H. (2017). Differences in empathic concern and perspective taking across 63 countries. *Journal of Cross-Cultural Psychology, 48*, 23-38.

Christensen, A. J., Turner, C. W., Smith, T. W., Holman, J. M., Jr., & Gregory, M. C. (1991). Health locus of control and depression in end-stage renal disease. *Journal of Counseling and Clinical Psychology, 59*, 419-424.

Christensen, A., & Heavey, C. L. (1993). Gender differences in marital conflict: The demand/withdraw interaction pattern. In S. Oskamp & M. Costanzo (Eds.), *Gender issues in contemporary society* (pp. 113-141). Newbury Park, CA: Sage.

Christian, L. M. (2015). Stress and immune function during pregnancy: An emerging focus in mind-body medicine. *Current Directions in Psychological Science, 24*, 3-9.

Chua, R. J., Morris, M. W., & Mor, S. (2012). Collaborating across cultures: Cultural metacognition and affect-based trust in creative collaboration. *Organizational Behavior and Human Decision Processes, 118*, 116-131.

Chuapetcharasopon, P., Neville, L., Adair, W. L., Brodt, S. E., Lituchy, T. R., & Racine, A. A. (2018). Cultural mosaic beliefs as a new measure of the psychological climate for diversity: Individual distinctiveness and synergy in culturally diverse teams. *International Journal of Cross Cultural Management, 18*, 7-32.

Chung, J. M., Robins, R. W., Trzesniewski, K. H., Noftle, E. E., Roberts, B. W., & Widaman, K. F. (2014). Continuity and change in self-esteem during emerging adulthood. *Journal of Personality and Social Psychology, 106*, 469-483.

Cialdini, R. (2016). *Pre-suasion: A revolutionary way to influence and persuade.* New York: Simon & Schuster.

Cialdini, R. B. (2009). *Influence: Science and practice* (5th ed.). New York: Pearson.

Cialdini, R. B., & Ascani, K. (1976). Test of a concession procedure for inducing verbal, behavioral, and further compliance with a request to give blood. *Journal of Applied Psychology, 61*, 295-300.

Cialdini, R. B., & De Nicholas, M. E. (1989). Self-presentation by association. *Journal of Personality and Social Psychology, 57*, 626-631.

Cialdini, R. B., & Goldstein, N. J. (2004). Social influence: Compliance and conformity. *Annual Review of Psychology, 55*, 591-621.

Cialdini, R. B., Cacioppo, J. T., Bassett, R., & Miller, J. A. (1978). Low-ball procedure for producing compliance: Commitment then cost. *Journal of Personality and Social Psychology, 36*, 463-476.

Cialdini, R. B., Schaller, M., Houlihan, D., Arps, K., Fultz, J., & Beaman, A. L. (1987). Empathy-based helping: Is it selflessly or selfishly motivated? *Journal of Personality and Social Psychology, 52*, 749-758.

Cialdini, R. B., Trost, M. R., & Newsom, J. T. (1995). Preference for consistency: The development of a valid measure and the discovery of surprising behavioral implications. *Journal of Personality and Social Psychology, 69*, 318-328.

Cialdini, R. B., Vincent, J. E., Lewis, S. K., Catalan, J., Wheeler, D., & Darby, B. L. (1975). Reciprocal concessions procedure for inducing compliance: The door-in-the-face technique. *Journal of Personality and Social Psychology, 31*, 206-215.

Cikara, M. (2015). Intergroup Schadenfreude: Motivating participation in collective violence. *Current Opinion in Behavioral Science, 3*, 12-17.

Cikara, M., & Van Bavel, J. J. (2014). The neuroscience of intergroup relations: An integrative review. *Perspectives on Psychological Science, 9*, 245-274.

Cikara, M., Bruneau, E., Van Bavel, J. J., & Saxe, R. (2014). Their pain gives us pleasure: How intergroup dynamics shape empathic failures and counter-empathic responses. *Journal of Experimental Social Psychology, 55*, 110-125.

Cikara, M., Van Bavel, J. J., Ingbretsen, Z. A., & Lau, T. (2017). Decoding "us" and "them": Neural representations of generalized group concepts. *Journal of Experimental Psychology: General, 146*, 621-631.

Cioffi, D., & Holloway, J. (1993). Delayed costs of suppressed pain. *Journal of Personality and Social Psychology, 64*, 274-282.

Clark, D. M. T., Loxton, N. J., & Tobin, S. J. (2015). Declining loneliness over time: Evidence from American colleges and high schools. *Personality and Social Psychology Bulletin, 41*, 78-89.

Clark, J. K., & Evans, A. T. (2014). Source credibility and persuasion: The role of message position in self-validation. *Personality and Social Psychology Bulletin, 40*, 1024-1036.

Clark, J. K., & Wegener, D. T. (2013). Message position, information processing, and persuasion: The discrepancy motives model. *Advances in Experimental Social Psychology, 47*, 189-232.

Clark, J. K., Wegener, D. T., Habashi, M. M., & Evans, A. T. (2012). Source expertise and persuasion: The effects of perceived opposition or support on message scrutiny. *Personality and Social Psychology Bulletin, 38*, 90-100.

Clark, M. S. (1984). Record keeping in two types of relationships. *Journal of Personality and Social Psychology, 47*, 549-557.

Clark, M. S., & Mills, J. (1979). Interpersonal attraction in exchange and communal relationships. *Journal of Personality and Social Psychology, 37*, 12-24.

Clark, M. S., & Mills, J. (1993). The difference between communal and exchange relationships: What it is and is not. *Personality and Social Psychology Bulletin, 19*, 684-691.

Clark, M. S., & Mills, J. R. (2012). A theory of communal (and exchange) relationships. In P. M. Van Lange, A. W. Kruglanski, & E. T. Higgins (Eds.), *Handbook of theories of social psychology* (Vol. 2, pp. 232-250). Thousand Oaks, CA: Sage.

Clark, R. D., III, & Maass, A. (1990). The effects of majority size on minority influence. *European Journal of Psychology, 20*, 99-117.

Clark, R. D., III. (2001). Effects of majority defection and multiple minority sources on minority influence. *Group Dynamics, 5*, 57-62.

Clark, S. E. (2005). A re-examination of the effects of biased lineup instructions in eyewitness identification. *Law and Human Behavior, 29*, 395-424.

Clifford, M. M., & Walster, E. H. (1973). The effect of physical attractiveness on teacher expectations. *Sociology of Education, 46*, 248-258.

Clobert, M., Saroglou, V., & Hwang, K. (2015). Buddhist concepts as implicitly reducing prejudice and increasing prosociality. *Personality and Social Psychology Bulletin, 41*, 513-525.

Clobert, M., Sims, T. L., Yoo, J., Miyamoto, Y., Markus, H. R., Karasawa, M., & Levine, C. S. (2020). Feeling excited or taking a bath: Do distinct pathways underlie the positive affect-health link in the US and Japan? *Emotion, 20*, 164-178.

Coe, C. L. (1993). Psychosocial factors and immunity in nonhuman primates: A review. *Psychosomatic Medicine, 55*, 298-308.

Coenders, M., Lubbers, M., Scheepers, P., & Verkuyten, M. (2008). More than two decades of changing ethnic attitudes in the Netherlands. *Journal of Social Issues, 64,* 269-285.

Cogsdill, E. J., Todorov, A. T., Spelke, E. S., & Banaji, M. R. (2014). Inferring character from faces: A developmental study. *Psychological Science, 25,* 1132-1139.

Cohen, A. H., & Krueger, J. S. (2016). Rising mercury, rising hostility: How heat affects survey response. *Field Methods, 28,* 133-152.

Cohen, D., & Nisbett, R. E. (1997). Field experiments examining the culture of honor: The role of institutions in perpetuating norms about violence. *Personality and Social Psychology Bulletin, 23,* 1188-1199.

Cohen, D., Nisbett, R. E., Bowdle, B. F., & Schwarz, N. (1996). Insult, aggression, and the southern culture of honor: An "experimental ethnography." *Journal of Personality and Social Psychology, 70,* 945-960.

Cohen, D., Vandello, J., & Rantilla, A. K. (1998). The sacred and the social: Cultures of honor and violence. In P. Gilbert & B. Andrews (Eds.), *Shame: Interpersonal behavior, psychopathology, and culture* (pp. 261-282). Cambridge: Oxford University Press.

Cohen, G. L. (2003). Party over policy: The dominating impact of group influence on political beliefs. *Journal of Personality and Social Psychology, 85,* 808-822.

Cohen, G. L., Steele, C. M., & Ross, L. D. (1999). The mentor's dilemma: Providing critical feedback across the racial divide. *Personality and Social Psychology Bulletin, 25,* 1302-1318.

Cohen, S. (2004). Social relationships and health. *American Psychologist, 59,* 676-684.

Cohen, S., & Herbert, T. (1996). Health psychology: Psychological factors and physical disease from the perspective of human psychoneuroimmunology. *Annual Review of Psychology, 47,* 113-142.

Cohen, S., & Janicki-Deverts, D. (2012). Who's stressed? Distributions of psychological stress in the United States in probability samples from 1983, 2006, and 2009. *Journal of Applied Social Psychology, 42,* 1320-1334.

Cohen, S., & Williamson, G. (1991). Stress and infectious disease in humans. *Psychological Bulletin, 109,* 5-24.

Cohen, S., Doyle, W. J., Turner, R., Alper, C. M., & Skoner, D. P. (2006). Sociability and susceptibility to the common cold. Psychological *Science, 14,* 389-395.

Cohen, S., Frank, E., Doyle, W. J., Skoner, D. P., Rabin, B. S., & Gwaltney, J. M. (1998). Types of stressors that increase susceptibility to the common cold in healthy adults. *Health Psychology, 17,* 214-223.

Cohen, S., Janicki-Deverts, D., & Miller, G. E. (2007). Psychological stress and disease. *Journal of the American Medical Association, 298,* 1685-1687.

Cohen, S., Janicki-Deverts, D., Turner, R. B., & Doyle, W. J. (2015). Does hugging provide stress-buffering social support? A study of susceptibility to upper respiratory infection and illness. *Psychological Science, 26,* 135-147.

Cohen, S., Murphy, M. L. M., & Prather, A. A. (2019). Ten surprising facts about stressful life events and disease risk. *Annual Review of Psychology, 70,* 577-597.

Cohen, S., Tyrrell, D. A. J., & Smith, A. P. (1993). Negative life events, perceived stress, negative affect, and susceptibility to the common cold. *Journal of Personality and Social Psychology, 64,* 131-140.

Cohn, A., Maréchal, M. A., Tannenbaum, D., & Zünd, C. L. (2019). Civic honesty around the globe. *Science, 365,* 70-73.

Cohn, E. S., Bucolo, D., Pride, M., & Sommers S. R. (2009). Reducing White juror bias: The role of race salience and racial attitudes. *Journal of Applied Social Psychology, 39,* 1953-1973.

Coker, A. L., Bush, H. M., Brancato, C. J., Clear, E. R., & Recktenwald, E. A. (2018). Bystander program effectiveness to reduce violence acceptance: RCT in high schools. *Journal of Family Violence, 34,* 153-164.

Colarelli, S. M., McDonald, A. M., Christensen, M. S., & Honts, C. (2017). A companion dog increases prosocial behavior in work groups. *Anthrozoös, 30,* 77-89.

Cole, S. W., Kemeny, M. E., Taylor, S. E., Visscher, B. R., & Fahey, J. (1996). Accelerated course of human immunodeficiency virus infection in gay men who conceal their homosexual identity. *Psychosomatic Medicine, 58,* 219-231.

Coles, N. A., Larsen, J. T., & Lench, H. C. (2019). A meta-analysis of the facial feedback literature: Effects of facial feedback on emotional experience are small and variable. *Psychological Bulletin, 145,* 610-651.

Collins, H., & Evans, R. (2018). A sociological/philosophical perspective on expertise: The acquisition of expertise through socialization. In K. A. Ericsson, R. R. Hoffman, A. Kozbelt, & A. Williams (Eds.), *The Cambridge handbook of expertise and expert performance* (2nd ed., pp. 21-32). New York: Cambridge University Press.

Collins, N. L., & Feeney, B. C. (2000). A safe haven: An attachment theory perspective on support seeking and caregiving in intimate relationships. *Journal of Personality and Social Psychology, 78,* 1053-1073.

Collins, N. L., & Miller, L. C. (1994). Self-disclosure and liking: A meta-analytic review. *Psychological Bulletin, 116,* 457-475.

Columb, C., & Plant, E. (2011). Revisiting the Obama Effect: Exposure to Obama reduces implicit prejudice. *Journal of Experimental Social Psychology, 47,* 499-501.

Colvin, C. R., Block, J., & Funder, D. C. (1995). Overly positive self-evaluations and personality: Negative implications for mental health. *Journal of Personality and Social Psychology, 68,* 1152-1162.

Cone, J., & Ferguson, M. J. (2015). He did what? The role of diagnosticity in revising implicit evaluations. *Journal of Personality and Social Psychology, 108,* 37-57.

Cone, J., & Rand, D. G. (2014). Time pressure increases cooperation in competitively framed social dilemmas. *PLoS ONE, 10,* e115756.

Cone, J., Flaharty, K., & Ferguson, M. J. (2019). Believability of evidence matters for correcting social impressions. *Proceedings of the National Academy of Sciences, 116,* 9802-9807.

Cone, J., Mann, T. C., & Ferguson, M. J. (2017). Changing our implicit minds: How, when, and why implicit evaluations can be rapidly revised. *Advances in Experimental Social Psychology, 56,* 131-199.

Conger, R. D., Reuter, M. A., & Elder, G. H., Jr. (1999). Couple resilience to economic pressure. *Journal of Personality and Social Psychology, 76,* 54-71.

Conger, R. D., Wallace, L. E., Sun, Y., Simons, R. L., McLoyd, V. C., & Brody, G. H. (2002). Economic pressure in African American families: A replication and extension of the family stress model. *Developmental Psychology, 38,* 179-193.

Conner, A. L., Boles, D. Z., Markus, H. R., Eberhardt, J. L., & Crum, A. J. (2019). Americans' health mindsets: Content, cultural patterning, and associations with physical and mental health. *Annals of Behavioral Medicine, 53,* 321-332.

Conner, M., Godin, G., Sheeran, P., & Germain, M. (2013). Some feelings are more important: Cognitive attitudes, affective attitudes, anticipated affect, and blood donation. *Health Psychology, 32,* 264-272.

Connor, R. A., & Fiske, S. T. (2018). Warmth and competence: A feminist look at power and negotiation. In C. B.

Travis, J. W. White, A. Rutherford, W. S. Williams, S. L. Cook, & K. F. Wyche (Eds.), *APA handbook of the psychology of women: History, theory, and battlegrounds* (Vol. 1, pp. 321-342). Washington, DC: American Psychological Association.

Connors, E., Lundregan, T., Miller, N., & McEwen, T. (1996). *Convicted by juries, exonerated by science: Case studies in the use of DNA evidence to establish innocence after trial.* Washington, DC: U.S. Department of Justice.

Contrada, R. J., & Baum, A. (Eds.). (2011). *The handbook of stress science: Biology, psychology, and health.* New York: Springer.

Contrera, J. (2019, September 1). *One of the most iconic photos of American workers is not what it seems. Washington Post.* https://www.washingtonpost.com/history/2019/09/01/one-most-iconic-photos-american-workers-is-not-what-it-seems.

Conway, A. R., Cowan, N., & Bunting, M. F. (2001). The cocktail party phenomenon revisited: The importance of working memory capacity. *Psychonomic Bulletin & Review, 8,* 331-335.

Conway, J. M., & Huffcutt, A. I. (1997). Psychometric properties of multi-source performance ratings: A meta-analysis of subordinate, supervisor, peer, and self-ratings. *Human Performance, 10,* 331-360.

Conway, L. G., III, & Schaller, M. (2005). When authorities' commands backfire: Attributions about consensus and effects on deviant decision making. *Journal of Personality and Social Psychology, 89,* 311-326.

Conway, M. A. (1995). *Flashbulb memories.* Mahwah, NJ: Erlbaum.

Conway, M. A., & Pleydell-Pearce, C. W. (2000). The construction of autobiographical memories in the self-memory system. *Psychological Review, 107,* 261-288.

Conway, M. A., Wang, Q., Hanyu, K., & Haque, S. (2005). A cross-cultural investigation of autobiographical memory: On the universality and cultural variation of the "Reminiscence Bump." *Journal of Cross-Cultural Psychology, 36,* 739-749.

Cook, T. D., & Campbell, D. T. (1979). *Quasi-experimentation: Design and analysis issues for field settings.* Chicago: Rand McNally.

Cooley, C. H. (1902). *Human nature and the social order.* New York: Schocken Books.

Cooley, E., Winslow, H., Vojt, A., Shein, J., & Ho, J. (2018). Bias at the intersection of identity: Conflicting social stereotypes of gender and race augment the perceived femininity and interpersonal warmth of smiling Black women. *Journal of Experimental Social Psychology, 74,* 43-49.

Cooper, J. (2019). Cognitive dissonance: Where we've been and where we're going. *International Review of Social Psychology, 32.* Article ID 7.

Cooper, J., & Fazio, R. H. (1984). A new look at dissonance theory. In L. Berkowitz (Ed.), *Advances in experimental social psychology* (Vol. 17, pp. 229-267). New York: Academic Press.

Cooper, J., & Hogg, M. (2007). Feeling the anguish of others: A theory of vicarious dissonance. *Advances in Experimental Social Psychology, 39,* 359-403.

Cooper, J., & Neuhaus, I. M. (2000). The "hired gun" effect: Assessing the effect of pay, frequency of testifying, and credentials on the perception of expert testimony. *Law and Human Behavior, 24,* 149-171.

Cooper, J., Zanna, M. P., & Goethals, G. R. (1974). Mistreatment of an esteemed other as a consequence affecting dissonance reduction. *Journal of Experimental Social Psychology, 10,* 224-233.

Cooper, M. L., Frone, M. R., Russell, M., & Mudar, P. (1995). Drinking to regulate positive and negative emotions: A motivational model of alcohol use. *Journal of Personality and Social Psychology, 69,* 990-1005.

Cooper, W. H. (1981). Ubiquitous halo. *Psychological Bulletin, 90,* 218-224.

Coopersmith, S. (1967). *The antecedents of self-esteem.* San Francisco: Freeman.

Copeland, J. T. (1994). Prophecies of power: Motivational implications of social power for behavioral confirmation. *Journal of Personality and Social Psychology, 67,* 264-277.

Correll, J., Hudson, S. M., Guillermo, S., & Ma, D. S. (2014). The police officer's dilemma: A decade of research on racial bias in the decision to shoot. *Social and Personality Psychology Compass, 8,* 201-213.

Correll, J., Park, B., Judd, C. M., & Wittenbrink, B. (2002). The police officer's dilemma: Using ethnicity to disambiguate potentially threatening individuals. *Journal of Personality and Social Psychology, 83,* 1314-1329.

Correll, J., Park, B., Judd, C. M., & Wittenbrink, B. (2007). The influence of stereotypes on decisions to shoot. *European Journal of Social Psychology, 37,* 1102-1117.

Corrington, A., Nittrouer, C. L., Trump-Steele, R. C. E., & Hebl, M. (2019). Letting him b: A study on the intersection of gender and sexual orientation in the workplace. *Journal of Vocational Behavior,* in press.

Corriveau, K. H., & Harris, P. L. (2010). Preschoolers (sometimes) defer to the majority in making simple perceptual judgments. *Developmental Psychology, 46,* 437-445.

Corriveau, K. H., Fusaro, M., & Harris, P. L. (2009). Going with the flow: Preschoolers prefer nondissenters as informants. *Psychological Science, 20,* 372-377.

Cose, E. (1997). *Color-blind: Seeing beyond race in a race-obsessed world.* New York: HarperCollins.

Costanzo, M. (1997). *Just revenge: Costs and consequences of the death penalty.* New York: St. Martin's Press.

Costanzo, M., & Krauss, D. (2018). *Forensic and legal psychology: Psychological science applied to law* (3rd ed.). New York: Macmillan Learning.

Costello, K., & Hodson, G. (2014). Explaining dehumanization among children: The interspecies model of prejudice. *British Journal of Social Psychology, 53,* 175-197.

Cousins, N. (1989). *Headfirst: The biology of hope.* New York: Dutton.

Cowan, C. L., Thompson, W. C., & Ellsworth, P. C. (1984). The effects of death qualification on jurors' predisposition to convict and on the quality of deliberation. *Law and Human Behavior, 8,* 53-80.

Cowley, G. (1996, June 3). The biology of beauty. *Newsweek,* pp. 61-69.

Cox, A., & Adam, A. (2018). The bystander effect in non-emergency situations: Influence of gender and group size. *Modern Psychological Studies, 23,* Article 3.

Cox, M., & Tanford, S. (1989). An alternative method of capital jury selection. *Law and Human Behavior, 13,* 167-183.

Coyne, J. C., & Tennen, H. (2010). Positive psychology in cancer care: Bad science, exaggerated claims, and unproven medicine. *Annals of Behavioral Medicine, 39,* 16-26.

Coyne, S. M., & Archer, J. (2004). Indirect aggression in the media: A content analysis of British television programs. *Aggressive Behavior, 30,* 254-271.

Coyne, S. M., Archer, J., & Eslea, M. (2004). Cruel intentions on television and in real life: Can viewing indirect aggression increase viewers' subsequent indirect aggression? *Journal of Experimental Child Psychology, 88,* 234-253.

Coyne, S. M., Ehrenreich, S. E., Holmgren, H. G., & Underwood, M. K. (2019). "We're not gonna be friends anymore": Associations between viewing relational aggression on television and relational aggression in text messaging during adolescence. *Aggressive Behavior, 45,* 319-326.

Coyne, S. M., Linder, J. R., Nelson, D. A., & Gentile, D. A. (2012). "Frenemies, fraitors, and mean-em-aitors": Priming effects of viewing physical and relational aggression in the media on women. *Aggressive Behavior, 38,* 141-149.

Coyne, S. M., Linder, J. R., Rasmussen, E. E., Nelson, D. A., & Birkbeck, V. (2016). Pretty as a princess: Longitudinal effects of engagement with Disney Princesses on gender stereotypes, body esteem, and prosocial behavior in children. *Child Development, 87,* 1909-1925.

Coyne, S. M., Nelson, D. A., Lawton, F., Haslam, S., Rooney, L., Titterington, L., et al. (2008). The effects of viewing physical and relational aggression in the media: Evidence for a cross-over effect. *Journal of Experimental Social Psychology, 44,* 1551-1554.

Coyne, S. M., Padilla-Walker, L. M., Holmgren, H. G., Davis, E. J., Collier, K. M., Memmott-Elison, M. K., et al. (2018). A meta- analysis of prosocial media on prosocial behavior, aggression, and empathic concern: A multidimensional approach. *Developmental Psychology, 54,* 331-347.

Coyne, S. M., Padilla-Walker, L. M., Holmgren, H. G., Davis, E. J., Collier, K. M., Memmott-Elison, M. K., et al. (2018). A meta- analysis of prosocial media on prosocial behavior, aggression, and empathic concern: A multidimensional approach. *Developmental Psychology, 54,* 331-347.

Cracco, E., Bardi, L., Desmet, C., Genschow, O., Rigoni, D., De Coster, L., et al. (2018). Automatic imitation: A meta-analysis. *Psychological Bulletin, 144,* 453-500.

Craig, C., Overbeek, R. W., Condon, M., Rinaldo, S. B. (2016). A relationship between temperature and aggression in NFL football penalties. *Journal of Sport and Health Science, 5,* 205-210.

Craig, S. B., & Hannum, K. (2006). Research update: 360-degree performance assessment. *Consulting Psychology Journal: Practice and Research, 58,* 117-124.

Craig, W. M., Pepler, D., & Atlas, R. (2000). Observations of bullying in the playground and in the classroom. *School Psychology International, 21,* 22-36.

Crano, W. D. (2000). Milestones in the psychological analysis of social influence. *Group Dynamics: Theory, Research, and Practice, 4,* 68-80.

Crano, W. D., & Prislin, R. (Eds.). (2014). *Attitudes and attitude change.* New York: Psychology Press.

Crano, W. D., & Seyranian, V. (2009). How minorities prevail: The context/comparison-leniency contract model. *Journal of Social Issues, 65,* 335-363.

Crespo-Llado, M. M., Vanderwert, R., Roberti, E., & Geangu, E. (2018). Eight-month-old infants' behavioral responses to peers' emotions as related to the asymmetric frontal cortex activity. *Scientific Reports, 8,* Article 17152.

Crick, N. R., & Rose, A. J. (2000). Toward a gender-balanced approach to the study of social-emotional development: A look at relational aggression. In R. G. Geen & E. Donnerstein (Eds.), *Human aggression: Theories, research, and implications for social policy* (pp. 153-168). San Diego, CA: Academic Press.

Crick, N. R., Werner, N. E., Casas, J. F., O'Brien, K. M., Nelson, D. A., Grotpeter, J. K., et al. (1999). Childhood aggression and gender: A new look at an old problem. In D. Bernstein (Ed.), *Gender and motivation* (pp. 75-141). Lincoln: University of Nebraska Press.

Crocker, J., & Park, L. E. (2004). The costly pursuit of self-esteem. *Psychological Bulletin, 130,* 392-414.

Crocker, J., Voelkl, K., Testa, M., & Major, B. (1991). Social stigma: The affective consequences of attributional ambiguity. *Journal of Personality and Social Psychology, 60,* 218-228.

Croizet, J. C., & Claire, T. (1998). Extending the concept of stereotype and threat to social class: The intellectual underperformance of students from low socioeconomic backgrounds. *Personality and Social Psychology Bulletin, 24,* 588-594.

Cronbach, L. J. (1955). Processes affecting scores on "understanding of others" and "assumed similarity." *Psychological Bulletin, 52,* 177-193.

Cropanzano, R. (Ed.). (1993). *Justice in the workplace: Approaching fairness in human resource management.* Hillsdale, NJ: Erlbaum.

Crosby, D. (2018). *The behavioral investor.* Hampshire: Harriman House.

Crosby, F. (1982). *Relative deprivation and working women.* New York: Oxford University Press.

Crosby, F. J., Iyer, A., & Sincharoen, S. (2006). Understanding affirmative action. *Annual Review of Psychology, 57,* 585-611.

Cross, E. J., Overall, N. C., Low, R. S. T., & McNulty, J. K. (2019). An interdependence account of sexism and power: Men's hostile sexism, biased perceptions of low power, and relationship aggression. *Journal of Personality and Social Psychology, 117,* 338-363.

Croyle, R., & Cooper, J. (1983). Dissonance arousal: Physiological evidence. *Journal of Personality and Social Psychology, 45,* 782-791.

Crozier, W. R. (Ed.). (2001). *Shyness: Development, consolidation, and change.* London: Routledge.

Crozier, W. R., & Alden, L. E. (Eds.). (2005). *The essential handbook of social anxiety for clinicians.* New York: Wiley.

Crum, A. J., Salovey, P., & Achor, S. (2013). Rethinking stress: The role of mindsets in determining the stress response. *Journal of Personality and Social Psychology, 104,* 716.

Crutchfield, R. S. (1955). Conformity and character. *American Psychologist, 10,* 195-198.

Cruz, D. (2019, September 27). More accolades for Kingsbridge Road subway heroes. *Norwood News.* https://www.norwoodnews.org/id=29632&story=more-accolades-for-kingsbridge-road-subway- heroes.

Cryder, C. E., Springer, S., & Morewedge, C. K. (2012). Guilty feelings, targeted actions. *Personality and Social Psychology Bulletin, 38,* 607-618.

Csikszentmihalyi, M. (1999). If we are so rich, why aren't we happy? *American Psychologist, 54,* 821-827.

Csikszentmihalyi, M., & Figurski, T. J. (1982). Self-awareness and aversive experience in everyday life. *Journal of Personality, 50,* 15-28.

Cuartas, J., McCoy, D. C., Rey-Guerra, C., Britto, P. R., Beatriz, E., & Salhi, C. (2019). Early childhood exposure to non-violent discipline and physical and psychological aggression in low- and middle-income countries: National, regional, and global prevalence estimates. *Child Abuse & Neglect, 92,* 93-105.

Cuddy, A. J. C., Fiske, S. T., & Glick, P. (2008). Warmth and competence as universal dimensions of social perception: The stereotype content model and the BIAS map. *Advances in Experimental Social Psychology, 40,* 61-149.

Culbertson, F. M. (1997). Depression and gender: An international review. *American Psychologist, 52,* 25-31.

Cunningham, M. R. (1979). Weather, mood, and helping behavior: Quasi experiments with the sunshine Samaritan. *Journal of Personality and Social Psychology, 37,* 1947-1956.

Cunningham, M. R., Roberts, A. R., Wu, C., Barbee, A. P., & Druen, P. B. (1995). "Their ideas of beauty are, on the whole, the same as ours": Consistency and variability in the cross-cultural perception of female physical attractiveness. *Journal of Personality and Social Psychology, 68,* 261-279.

Cunningham, W. A., Johnson, M. K., Gatenby, J. C., Gore, J. C., & Banaji, M. R. (2003). Neural components of social evaluation. *Journal of Personality and Social Psychology, 85,* 639-649.

Curry, O. S., Rowland, L. A., Van Lissa, C. J., Zlotowitz, S., McAlaney, J., & Whitehouse, H. (2019). Happy to help? A systematic review and meta-analysis of the effects of performing acts of kindness on the well-being of the actor. *Journal of Experimental Social Psychology, 76,* 320-329.

Curtis, N. M., Ronan, K. R., Heiblum, N., & Crellin, K. (2009). Dissemination and effectiveness of multisystemic treatment in New Zealand: A benchmarking study. *Journal of Family Psychology, 23,* 119-129.

Curtis, R. C., & Miller, K. (1986). Believing another likes or dislikes you: Behaviors making the beliefs come true. *Journal of Personality and Social Psychology, 51,* 284-290.

Cutler, B. L. (Ed.). (2009). *Expert testimony on the psychology of eyewitness identification*. New York: Oxford University Press.

Cutler, B. L. (Ed.). (2011). *Convictions of the innocent: Lessons from psychological research*. Washington, DC: American Psychological Association.

Cutler, B. L. (Ed.). (2013). *Reform of eyewitness identification procedures*. Washington, DC: American Psychological Association.

Cutler, B. L., & Kovera, M. B. (2011). Expert psychological testimony.
Current Directions in Psychological Science, 20, 53-57.

Cutler, B. L., Penrod, S. D., & Stuve, T. E. (1988). Juror decision making in eyewitness identification cases. *Law and Human Behavior, 12,* 41-55.

Cutler, J., & Campbell-Meiklejohn, D. (2019). A comparative fMRI meta-analysis of altruistic and strategic decisions to give. *NeuroImage, 184,* 227-241.

Cutrín, O., Gómez-Fraguela, J. A., & Sobral, J. (2017). Gender differences in the influence of parenting on youth antisocial behavior through deviant peers. *Spanish Journal of Psychology, 20,* Article e58.

Cymek, D. H. (2018). Redundant automation monitoring: Four eyes don't see more than two, if everyone turns a blind eye. *Human Factors, 60,* 902-921.

da Cunha-Bang, S., Hjordt, L. V., Perfalk, E., Beliveau, V., Bock, C., Lehel, S., et al. (2017). Serotonin 1B receptor binding is associated with trait anger and level of psychopathy in violent offenders. *Biological Psychiatry, 82,* 267-274.

Dabbs, J. M., & Dabbs, M. G. (2000). *Heroes, rogues, and lovers: Testosterone and behavior*. New York: McGraw-Hill.

Dabbs, J. M., Jr., Hargrove, M. F., & Heusel, C. (1996). Testosterone differences among college fraternities: Well-behaved vs. rambunctious. *Personality and Individual Differences, 20,* 157-161.

Daftary-Kapur, T., Penrod, S. D., O'Connor, M., & Wallace, B. (2014). Examining pretrial publicity in a shadow jury paradigm: Issues of slant, quantity, persistence and generalizability. *Law and Human Behavior, 38,* 462-477.

Daly, M., & Wilson, M. (1996). Violence against stepchildren. *Current Directions in Psychological Science, 5,* 77-81.

Daly, M., & Wilson, M. (2005). The "Cinderella effect" is no fairy tale: Comment. *Trends in Cognitive Sciences, 9,* 507-508.

Dang, J., Liu, L., & Du, Y. (2019). Benefits of a highly entitative class for adolescents' psychological well-being in school. *School Mental Health: A Multidisciplinary Research and Practice Journal*, in press.

Darley, J. M., & Batson, C. D. (1973). From Jerusalem to Jericho: A study of situational and dispositional variables in helping behavior. *Journal of Personality and Social Psychology, 27,* 100-108.

Darley, J. M., & Fazio, R. (1980). Expectancy confirmation processes arising in the social interaction sequence. *American Psychologist, 35,* 867-881.

Darley, J. M., & Gross, P. H. (1983). A hypothesis-confirming bias in labeling effects. *Journal of Personality and Social Psychology, 44,* 20-33.

Darley, J. M., & Latané, B. (1968). Bystander intervention in emergencies: Diffusion of responsibility. *Journal of Personality and Social Psychology, 8,* 377-383.

Darley, J. M., & Pittman, T. S. (2003). The psychology of compensatory and retributive justice. *Personality and Social Psychology Review, 7,* 324-336.

Darley, J. M., Carlsmith, K. M., & Robinson, P. H. (2000). Incapacitation and just deserts as motives for punishment. *Law and Human Behavior, 24,* 659-684.

Daruna, J. H. (2012). *Introduction to psychoneuroimmunology* (2nd ed.). San Diego, CA: Academic Press.

Darwin, C. (1872). *The expression of the emotions in man and animals*. London: John Murray.

Dasgupta, N., Scircle, M. M., & Hunsinger, M. (2015). Female peers in small work groups enhance women's motivation, verbal participation, and career aspirations in engineering. *Proceedings of the National Academy of Sciences of the United States of America, 112,* 4988-4993.

David, N., Bewernick, B. H., Cohen, M. X., Newen, A., Lux, S., Fink, G. R., et al. (2006). Neural representations of self versus other: Visual-spatial perspective taking and agency in a virtual ball-tossing game. *Journal of Cognitive Neuroscience, 18,* 898-910.

Davidson, A. R., & Jaccard, J. J. (1979). Variables that moderate the attitude-behavior relation: Results of a longitudinal survey. *Journal of Personality and Social Psychology, 37,* 1364-1376.

Davidson, A. R., Yantis, S., Norwood, M., & Montano, D. E. (1985). Amount of information about the attitude object and attitude- behavior consistency. *Journal of Personality and Social Psychology, 49,* 1184-1198.

Davidson, K. W., Alcántara, C., & Miller, G. E. (2018). Selected psychological comorbidities in coronary heart disease: Challenges and grand opportunities. *American Psychologist, 73,* 1019-1030.

Davidson, O. B., Eden, D., Westman, M., Cohen-Charash, Y., Hammer, L. B., Kluger, A. N., et al. (2010). Sabbatical leave: Who gains and how much? *Journal of Applied Psychology, 95,* 953-964.

Davies, K., Tropp, L. R., Aron, A., Pettigrew, T. F., & Wright, S. C. (2011). Cross-group friendships and intergroup attitudes: A meta-analytic review. *Personality and Social Psychology Review, 15,* 332-351.

Davies, P. G., Spencer, S. J., Quinn, D. M., & Gerhardstein, R. (2002). Consuming images: How television commercials that elicit stereotype threat can restrain women academically and professionally. *Personality and Social Psychology Bulletin, 28*, 1615-1628.

Davis, B. P., & Knowles, E. S. (1999). A disrupt-then-reframe technique of social influence. *Journal of Personality and Social Psychology, 76*, 192-199.

Davis, D., & Leo, R. A. (2012). Interrogation-related regulatory decline: Ego-depletion, failures of self-regulation and the decision to confess. *Psychology, Public Policy, and Law, 18*, 673-704.

Davis, D., & O'Donahue, W. (2004). The road to perdition: Extreme influence tactics in the interrogation room. In W. O'Donahue (Ed.), *Handbook of forensic psychology* (pp. 897-996). San Diego, CA: Academic Press.

Davis, J. H., Au, W. T., Hulbert, L., Chen, X., & Zarnoth, P. (1997). Effects of group size and procedural influence on consensual judgments of quantity: The example of damage awards and mock civil juries. *Journal of Personality and Social Psychology, 73*, 703-718.

Davis, J. H., Kameda, T., Parks, C., Stasson, M., & Zimmerman, S. (1989). Some social mechanics of group decision-making: The distribution of opinion, polling sequence, and implications for consensus. *Journal of Personality and Social Psychology, 57*, 1000-1012.

Davis, J. L., & Rusbult, C. E. (2001). Attitude alignment in close relationships. *Journal of Personality and Social Psychology, 81*, 65-84.

Davis, S. (1990). Men as success objects and women as sex objects: A study of personal advertisements. *Sex Roles, 23*, 43-50.

Davison, K. P., Pennebaker, J. W., & Dickerson, S. S. (2000). Who talks? The social psychology of illness support groups. *American Psychologist, 55*, 205-217.

Dawes, R. M. (1980). Social dilemmas. *Annual Review of Psychology, 31*, 169-193.

Dawkins, R. (1976). *The selfish gene*. Oxford: Oxford University Press. Dawkins, R. (2006). *The selfish gene* (30th anniversary ed.). Oxford: Oxford University Press.

Day, D. D., & Sulsky, L. M. (1995). Effects of frame-of-reference training and information configuration on memory organization and rating accuracy. *Journal of Applied Psychology, 80*, 158-167.

Day, D. V., Shleicher, D. J., Unckless, A. L., & Hiller, N. J. (2002). Self-monitoring personality at work: A meta-analytic investigation of construct validity. *Journal of Applied Psychology, 87*, 390-401.

Dayan, M., Ozer, M., & Almazrouei, H. (2017). The role of functional and demographic diversity on new product creativity and the moderating impact of project uncertainty. *Industrial Marketing Management, 61*, 144-154.

Dayman, L. (2018, May 8). Groped, scared, disgusted: Stories of dealing with chikan in Japan. *Savvy Tokyo*. savvytokyo.com/groped-scared-disgusted-women-share-stories-of-dealing-with-chikan-in-japan.

de Almeida, R. M., Cabral, J. C., & Narvaes, R. (2015). Behavioural, hormonal and neurobiological mechanisms of aggressive behaviour in human and nonhuman primates. *Physiology & Behavior, 143*, 121-135.

De Cremer, D. (2004). The influence of accuracy as a function of leader's bias: The role of trustworthiness in the psychology of procedural justice. *Personality and Social Psychology Bulletin, 30*, 293-304.

De Dreu, C. K. W., Beersma, B., Steinel, W., & Van Kleef, G. A. (2007). The psychology of negotiation: Principles and basic processes. In A. W. Kruglanski & E. T. Higgins (Eds.), *Social psychology: Handbook of basic principles* (2nd ed., pp. 608-629). New York: Guilford Press.

De Dreu, C., & De Vries, N. (Eds.). (2001). *Group consensus and minority influence: Implications for innovation*. London: Blackwell.

de Hoog, N., Stroebe, W., & de Wit, J. B. F. (2007). The impact of vulnerability to and severity of a health risk on processing and acceptance of fear-arousing communications: A meta-analysis. *Review of General Psychology, 11*, 258-285.

De Houwer, J. D. (2014). A propositional model of implicit evaluation. *Social and Personality Psychology Compass, 8*, 342-353.

De Houwer, J., Teige-Mocigemba, S., Spruyt, A., & Moors, A. (2009). Implicit measures: A normative analysis and review. *Psychological Bulletin, 135*, 347-368.

De Raad, B. (2000). *The big five personality factors: Theory and applications*. Boston: Hogrefe & Huber.

De Steno, D. A., & Salovey, P. (1996). Evolutionary origins of sex differences in jealousy? Questioning the "fitness" model. *Psychological Science, 7*, 367-372.

De Veer, M. W., Gallup, G. G., Theall, L. A., van den Bos, R., & Povinelli, D. J. (2003). An 8-year longitudinal study of mirror self-recognition in chimpanzees (*Pan troglodytes*). *Neuropsychologia, 41*, 229-234.

de Waal, F. (2019). *Mama's last hug: Animal emotions and what they tell us about ourselves*. New York: Norton.

de Waal, F. B. M. (2008). Putting the altruism back into altruism: The evolution of empathy. *Annual Review of Psychology, 59*, 279-300.

Deaux, K., & Emswiller, T. (1974). Explanations for successful performance on sex-linked tasks: What is skill for the male is luck for the female. *Journal of Personality and Social Psychology, 29*, 80-85.

DeBono, A., & Muraven, M. (2014). Rejection perceptions: Feeling disrespected leads to greater aggression than feeling disliked. *Journal of Experimental Social Psychology, 55*, 43-52.

DeBono, K. G., Leavitt, A., & Backus, J. (2003). Product packaging and product evaluation: An individual difference approach. *Journal of Applied Social Psychology, 33*, 513-521.

Decety, J. (2015). The neural pathways, development, and functions of empathy. *Current Opinion in Behavioral Sciences, 3*, 1-6.

Decety, J., & Cowell, J. M. (2015). The equivocal relationship between morality and empathy. In J. Decety & T. Wheatle (Eds.), *The moral brain: A multidisciplinary perspective* (pp. 279-302). Cambridge, MA: MIT Press.

Decety, J., & Svetlova, M. (2012). Putting together phylogenetic and ontogenetic perspectives on empathy. *Developmental Cognitive Neuroscience, 2*, 1-24.

Decety, J., Echols, S., & Correll, J. (2010). The blame game: The effect of responsibility and social stigma on empathy for pain. *Journal of Cognitive Neuroscience, 22*, 985-997.

Decety, J., Meidenbauer, K. L., & Cowell, J. M. (2018). The development of cognitive empathy and concern in preschool children: A behavioral neuroscience investigation. *Developmental Science, 21*, 1-12.

Decety, J., Michalska, K. J., Akitsuki, Y., & Lahey, B. B. (2009). Atypical empathic responses in adolescents with aggressive conduct disorder: A functional MRI investigation. *Biological Psychology, 80*, 203-211.

Deci, E. L. (1971). Effects of externally mediated rewards on intrinsic motivation. *Journal of Personality and Social Psychology, 18*, 105-115.

Deci, E. L., & Ryan, R. M. (1985). *Intrinsic motivation and self-determination in human behavior*. New York: Plenum.

Deffenbacher, K. A., Bornstein, B. H., & Penrod, S. D. (2006). Mugshot exposure effects: Retroactive interference, mugshot commitment, source confusion, and unconscious transference. *Law and Human Behavior, 30,* 287-307.

Del Hoyo-Bilbao, J., Gámez-Guadix, M., & Calvete, E. (2018). Corporal punishment by parents and child-to-parent aggression in Spanish adolescents. *Anales de Psicología, 34,* 108-116.

DeMaris, A. (2007). The role of relationship inequity in marital disruption. *Journal of Social and Personal Relationships, 24,* 177-195.

Demiray, B., & Janssen, S. M. J. (2015). The self-enhancement function of autobiographical memory. *Applied Cognitive Psychology, 29,* 49-60.

DeNisi, A. S., & Murphy, K. R. (2017). Performance appraisal and performance management: 100 years of progress? *Journal of Applied Psychology, 102,* 421-433.

Denissen, J. A., Penke, L., & Schmitt, D. P. (2008). Self-esteem reactions to social interactions: Evidence for sociometer mechanisms across days, people, and nations. *Journal of Personality and Social Psychology, 95,* 181-196.

Dennehy, T. C., Smith, J. S., Moore, C., & Dasgupta, N. (2018). Stereotype threat and stereotype inoculation for underrepresented students in the first year of college. In R. S. Feldman (Ed.), *The first year of college: Research, theory, and practice on improving the student experience and increasing retention* (pp. 309-344). New York: Cambridge University Press.

Dennis, A. R., Minas, R. K., & Williams, M. I. (2019). Creativity in computer-mediated virtual groups. In P. B. Paulus & B. A. Nijstad (Eds.), *The Oxford handbook of group creativity and innovation*. New York: Oxford University Press (in press).

Denrell, J. (2005). Why most people disapprove of me: Experience sampling in impression formation. *Psychological Review, 112,* 951-978.

Denson, T. F. (2013). The multiple systems model of angry rumination. *Personality and Social Psychology Review, 17,* 103-123.

Denson, T. F. (2015). Four promising interventions for reducing reactive aggression. *Current Opinion in Behavioral Science, 3,* 136-141.

Denson, T. F., Capper, M. M., Oaten, M., Friese, M., & Schofield, T. P. (2011). Self-control training decreases aggression in response to provocation in aggressive individuals. *Journal of Research in Personality, 45,* 252-256.

Denson, T. F., DeWall, C., & Finkel, E. J. (2012). Self-control and aggression. *Current Directions in Psychological Science, 21,* 20-25.

Denson, T. F., Ronay, R., von Hippel, W., & Schira, M. M. (2013). Endogenous testosterone and cortisol modulate neural responses during induced anger control. *Social Neuroscience, 8,* 165-177.

Denworth, L. (2019, August 12). Debate arises over teaching "growth mindsets" to motivate students. *Scientific American.* https://www.scientificamerican.com/article/debate-arises-over-teaching-growth-mindsets-to-motivate-students.

DePaulo, B. (2018). Toward a positive psychology of single life. In D. S. Dunn (Ed.), *Positive psychology: Established and emerging issues* (pp. 251-275). New York: Routledge/Taylor & Francis.

DePaulo, B. M., & Morris, W. L. (2005). Singles in society and in science. *Psychological Inquiry, 16,* 57-83.

DePaulo, B. M., Lindsay, J. J., Malone, B. E., Muhlenbruck, L., Charlton, K., & Cooper, H. (2003). Cues to deception. *Psychological Bulletin, 129,* 74-112.

Derlega, V. J., Metts, S., Petronio, S., & Margulis, S. T. (1993). *Self-disclosure.* Newbury Park, CA: Sage.

Derlega, V. J., Wilson, M., & Chaikin, A. L. (1976). Friendship and disclosure reciprocity. *Journal of Personality and Social Psychology, 34,* 578-587.

Dershowitz, A. M. (1982). *The best defense.* New York: Vintage Books.

Dervan, L., & Edkins, V. A. (2012). The innocent defendant's dilemma: An innovative empirical study of plea bargaining's innocence problem. *Journal of Criminal Law and Criminology, 103,* 1-48.

Désert, M., Préaux, M., & Jund, R. (2009). So young and already victims of stereotype threat: Socio-economic status and performance of 6 to 9 years old children on Raven's progressive matrices. *European Journal of Psychology of Education, 24,* 207-218.

Desilver, D. (2018). Few women lead large U.S. companies, despite modest gains over past decade. *Pew Research Center,* https://www.pewresearch.org/fact-tank/2018/09/26/few-women-lead-large-u-s-companies-despite-modest-gains-over-past-decade.

Desmarais, S. L., & Read, J. D. (2011). After 30 years, what do we know about what jurors know? A meta-analytic review of lay knowledge regarding eyewitness factors. *Law and Human Behavior, 35,* 200-210.

DeSteno, D. (2015). Compassion and altruism: How our minds determine who is worthy of help. *Current Opinion in Behavioral Sciences, 3,* 80-83.

Deters, F. G., & Mehl, M. R. (2013). Does posting Facebook status updates increase or decrease loneliness? An online social networking experiment. *Social Psychological & Personality Science, 4,* 579-586.

Deutsch, M., & Gerard, H. B. (1955). A study of normative and informational social influences upon individual judgment. *Journal of Abnormal and Social Psychology, 51,* 629-636.

Devine, D. J., Krouse, P. C., Cavanaugh, C. M., & Basora, J. C. (2016). Evidentiary, extraevidentiary, and deliberation process predictors of real jury verdicts. *Law and Human Behavior, 40,* 670-682.

Devine, P. G. (1989). Stereotypes and prejudice: Their automatic and controlled components. *Journal of Personality and Social Psychology, 56,* 5-18.

Devine, P. G., Forscher, P. S., Cox, W. T. L., Kaatz, A., Sheridan, J., & Carnes, M. (2017). A gender bias habit-breaking intervention led to increased hiring of female faculty in STEMM departments. *Journal of Experimental Social Psychology, 73,* 211-215.

DeWall, C. N., Maner, J. K., & Rouby, D. A. (2009). Social exclusion and early-stage interpersonal perception: Selective attention to signs of acceptance. *Journal of Personality and Social Psychology, 96,* 729-741.

DeWall, C., Anderson, C. A., & Bushman, B. J. (2011). The general aggression model: Theoretical extensions to violence. *Psychology of Violence, 1,* 245-258.

DeWall, C., Finkel, E. J., & Denson, T. F. (2011). Self-control inhibits aggression. *Social and Personality Psychology Compass, 5,* 458-472.

Diamond, L. M. (2003). Was it a phase? Young women's relinquishment of lesbian/bisexual identities over a 5-year period. *Journal of Personality and Social Psychology, 84,* 352-364.

Diamond, L. M. (2007). A dynamical systems approach to female same-sex sexuality. *Perspectives on Psychological Science, 2,* 142-161.

Diamond, M. (1993). Homosexuality and bisexuality in different populations. *Archives of Sexual Behavior, 22,* 291-310.

Diamond, S. S., & Rose, M. R. (2005). Real juries. *Annual Review of Law and Social Science, 1,* 255-284.

Diamond, S. S., Rose, M. R., & Murphy, B. (2006). Revisiting the unanimity requirement: The behavior of the non-unanimous civil jury. *Northwestern Law Review, 100,* 201-230.

Dickson, M. W., Castaño, N., Magomaeva, A., & Den Hartog, D. N. (2012). Conceptualizing leadership across cultures. *Journal of World Business, 47,* 483-492.

Dickter, C. L., & Newton, V. A. (2013). To confront or not to confront: Non-targets' evaluations of and responses to racist comments. *Journal of Applied Social Psychology, 43,* 262-275.

Dickter, C. L., Forestell, C. A., Gupta, N., & Blass, J. J. (2019). Manipulating entitativity affects implicit behavioral and neural attentional biases toward gay couples. *Group Processes & Intergroup Relations, 22,* 271-287.

Diener, E. (1980). Deindividuation: The absence of self-awareness and self-regulation in group members. In P. B. Paulus (Ed.), *Psychology of group influence* (pp. 209-242). Hillsdale, NJ: Erlbaum.

Diener, E. (2000). Subjective well-being: The science of happiness, and a proposal for a national index. *American Psychologist, 55,* 34-43.

Diener, E., & Seligman, M. E. P. (2004). Beyond money: Toward an economy of well-being. *Psychological Science in the Public Interest, 5,* whole no. 1 issue.

Diener, E., & Suh, E. M. (Eds.). (2000). *Culture and subjective well-being.* Cambridge, MA: MIT Press.

Diener, E., Emmons, R. A., Larsen, R. J., & Griffin, S. (1984). The Satisfaction with Life Scale. *Journal of Personality Assessment, 49,* 71-75.

Diener, E., Fraser, S. C., Beaman, A. L., & Kelem, R. T. (1976). Effects of deindividuation variables on stealing among Halloween trick-or-treaters. *Journal of Personality and Social Psychology, 33,* 178-183.

Diener, E., Oishi, S., & Lucas, R. E. (2015). National accounts of subjective well-being. *American Psychologist, 70,* 234-242.

Diener, E., Seligman, M. E. P., Choi, H., & Oishi, S. (2018). Happiest people revisited. *Perspectives on Psychological Science, 13,* 176-184.

Diener, E., Wolsic, B., & Fujita, F. (1995). Physical attractiveness and subjective well-being. *Journal of Personality and Social Psychology, 69,* 120-129.

DiFonzo, N., & Bordia, P. (1997). Rumor and prediction: Making sense (but losing dollars) in the stock market. *Organizational Behavior and Human Decision Processes, 71,* 329-353.

Dijksterhuis, A., & Aarts, H. (2003). Of wildebeests and humans: The preferential detection of negative stimuli. *Psychological Science, 14,* 14-18.

Dijksterhuis, A., & Bargh, J. A. (2001). The perception-behavior expressway: Automatic effects of social perception on social behavior. *Advances in Experimental Social Psychology, 33,* 1-40.

Dimberg, U., Thunberg, M., & Elmehed, K. (2000). Unconscious facial reactions to emotional facial expressions. *Psychological Science, 11,* 86-89.

Dindia, K., & Allen, M. (1992). Sex differences in self-disclosure: A metaanalysis. *Psychological Bulletin, 112,* 106-124.

Dinero, R. E., Conger, R. D., Shaver, P. R., Widaman, K. F., & Larsen- Rife, D. (2008). The influence of family of origin and adult romantic partners on romantic attachment security. *Journal of Family Psychology, 22,* 622-632.

Dinic´, B. M., & Wertag, A. (2018). Effects of Dark Triad and HEXACO traits on reactive/proactive aggression: Exploring the gender differences. *Personality and Individual Differences, 123,* 44-49.

Dion, K. K., & Dion, K. L. (1996). Cultural perspectives on romantic love. *Personal Relationships, 3,* 5-17.

Dion, K. K., Berscheid, E., & Walster, E. (1972). What is beautiful is good. *Journal of Personality and Social Psychology, 24,* 285-290.

Dion, K. L., & Dion, K. K. (1976). Love, liking and trust in heterosexual relationships. *Personality and Social Psychology Bulletin, 2,* 187-190.

Dionisio, D. P., Granholm, E., Hillix, W. A., & Perrine, W. F. (2001). Differentiation of deception using pupillary responses as an index of cognitive processing. *Psychophysiology, 38,* 205-211.

Dittmann, M. (2005). After the wave. *APA Monitor on Psychology, 36*(3), 36.

Ditto, P. H., Liu, B. S., Clark, C. J., Wojcik, S. P., Chen, E. E., Grady, R. H., et al. (2019). At least bias is bipartisan: A meta-analytic comparison of partisan bias in liberals and conservatives. *Perspectives on Psychological Science, 14*(2), 273-291.

Dizikes, C., & Sobol, R. R. (2012, August 6). Pediatric surgeon raced to save boys in lake despite his kids' concerns. *Chicago Tribune.* http://articles.chicagotribune.com/2012-08-06/news/chi-pediatric-surgeon-dies-saving-two-children-from-drowning- in-lake-michigan-20120805_1_compassionate-surgeon-and-one- pediatric-surgeon-liu.

Dobbin, F., & Kalev, A. (2019). The promise and peril of sexual harassment programs. *Proceedings of the National Academy of Sciences of the United States of America, 116,* 12255-12260.

Dolinski, D. (2016). *Techniques of social influence: The psychology of gaining compliance.* New York: Routledge.

Dolin´ski, D., Grzyb, T., Folwarczny, M., Grzybała, P., Krzyszycha, K., Martynowska, K., et al. (2017). Would you deliver an electric shock in 2015? Obedience in the experimental paradigm developed by Stanley Milgram in the 50 years following the original studies. *Social Psychological and Personality Science, 8,* 927-933.

Dollard, J., Doob, L. W., Miller, N. E., Mowrer, O. H., & Sears, R. R. (1939). *Frustration and aggression.* New Haven, CT: Yale University Press.

Dominus, S. (2012, March 7). What happened to the girls in Le Roy. *New York Times Magazine,* p. 28.

Dommeyer, C. J. (2012). A new strategy for dealing with social loafers on the group project: The segment manager method. *Journal of Marketing Education, 34,* 113-127.

Donnerstein, E., & Donnerstein, M. (1976). Research in the control of interracial aggression. In R. G. Geen & E. C. O'Neal (Eds.), *Perspectives on aggression* (pp. 133-168). New York: Academic Press.

Donnerstein, E., & Malamuth, N. (1997). Pornography: Its consequences on the observer. In L. B. Schlesinger & E. Revitch (Eds.), *Sexual dynamics of anti-social behavior* (2nd ed., pp. 30-49). Springfield, IL: Charles C Thomas.

Donnerstein, E., Linz, D., & Penrod, S. (1987). *The question of pornography.* New York: Free Press.

Donovan, B. M., Semmens, R., Keck, P., Brimhall, E., Busch, K. C., Weinding, M., et al. (2019). Toward a more humane genetics education: Learning about the social and quantitative complexities of human genetic variation research could reduce racial bias in adolescent and adult properties. *Science Education, 103*, 529-560.

Dopp, A. R., Coen, A. S., Smith, A. B., Reno, J., Bernstein, D. H., Kerns, S. E. U., & Altschul, D. (2018). Economic impact of the statewide implementation of an evidence-based treatment: Multisystemic therapy in New Mexico. *Behavior Therapy, 49*, 551-566.

Dornburg, C. C., Stevens, S. M., Hendrickson, S. L., & Davidson, G. S. (2009). Improving extreme-scale problem solving: Assessing electronic brainstorming effectiveness in an industrial setting. *Human Factors, 51*, 519-527.

Dornbusch, S. M., Hastorf, A. H., Richardson, S. A., Muzzy, R. E., & Vreeland, R. S. (1965). The perceiver and the perceived: Their relative influence on categories of interpersonal perception. *Journal of Personality and Social Psychology, 1*, 434-440. Dougherty, T. W., Turban, D. B., & Callender, J. C. (1994). Confirming first impressions in the employment interview: A field study of interviewer behavior. *Journal of Applied Psychology, 79*, 659-665.

Douglas, E. M., & Straus, M. A. (2006). Assault and injury of dating partners by university students in 19 countries and its relation to corporal punishment experienced as a child. *European Journal of Criminology, 7*, 293-318.

Douglass, A. B., Neuschatz, J. S., Imrich, J., & Wilkinson, M. (2010). Does post-identification feedback affect evaluations of eyewitness testimony and identification procedures? *Law and Human Behavior, 34*, 282-294.

Dover, T. L., Major, B., Kunstman, J. W., & Sawyer, P. J. (2015). Does unfairness feel different if it can be linked to group membership? Cognitive, affective, behavioral and physiological implications of discrimination and unfairness. *Journal of Experimental Social Psychology, 56*, 96-103.

Dovidio, J. F. (1984). Helping behavior and altruism: An empirical and conceptual overview. In L. Berkowitz (Ed.), *Advances in experimental social psychology* (Vol. 17, pp. 361-427). New York: Academic Press.

Dovidio, J. F., Brigham, J. C., Johnson, B. T., & Gaertner, S. L. (1996). Stereotyping, prejudice, and discrimination: Another look. In C. N. Macrae, C. Stangor, & M. Hewstone (Eds.), *Stereotypes and stereotyping* (pp. 276-319). New York: Guilford Press.

Dovidio, J. F., Gaertner, S. L., & Pearson, A. R. (2017). Aversive racism and contemporary bias. In C. G. Sibley & F. K. Barlow (Eds.), *The Cambridge handbook of the psychology of prejudice* (pp. 267-294). New York: Cambridge University Press.

Dovidio, J. F., Gaertner, S. L., Shnabel, N., Saguy, T., & Johnson, J. (2010). Recategorization and prosocial behavior: Common in-group identity and a dual identity. In S. Stürmer & M. Snyder (Eds.), *The psychology of prosocial behavior: Group processes, intergroup relations, and helping* (pp. 191-207). Wiley-Blackwell.

Dovidio, J. F., Piliavin, J., Schroeder, D. A., & Penner, L. (2006). *The social psychology of prosocial behavior*. Mahwah, NJ: Erlbaum.

Downs, A. C., & Lyons, P. M. (1991). Natural observations of the links between attractiveness and initial legal judgments. *Personality and Social Psychology Bulletin, 17*, 541-547.

Doyle, J. M. (2005). *True witness: Cops, courts, science, and the battle against misidentification*. New York: Palgrave Macmillan.

Dreher, G. F., & Cox, T. H., Jr. (1996). Race, gender, and opportunity: A study of compensation attainment and the establishment of mentoring relationships. *Journal of Applied Psychology, 81*, 297-308.

Drigotas, S. M., & Rusbult, C. E. (1992). Shall I stay or should I go? A dependence model of breakups. *Journal of Personality and Social Psychology, 62*, 62-87.

Drigotas, S. M., Rusbult, C. E., & Verette, J. (1999). Level of commitment, mutuality of commitment, and couple well-being. *Personal Relationships, 6*, 389-409.

Druckman, D., & Koeszegi, S. T. (2017). Electronic mediation. In A. Georgakopoulos (Ed.), *The mediation handbook: Research, theory, and practice* (pp. 55-64). New York: Routledge/Taylor & Francis.

Dryburgh, N. S. J., & Vachon, D. D. (2019). Relating sex differences in aggression to three forms of empathy. *Personality and Individual Differences, 151*, in press.

Duck, S., & Wright, P. H. (1993). Reexamining gender differences in same-gender friendships: A close look at two kinds of data. *Sex Roles, 28*, 709-727.

Duckitt, J., & Mphuthing, T. (1998). Group identification and intergroup attitudes: A longitudinal analysis in South Africa. *Journal of Personality and Social Psychology, 74*, 80-85.

Duclos, R. (2015). The psychology of investment behavior: (De) biasing financial decision-making one graph at a time. *Journal of Consumer Psychology, 25*, 317-325.

Dudley, N. M., Orvis, K. A., Lebiecki, J. E., & Cortina, J. M. (2006). A meta-analytic investigation of conscientiousness in the prediction of job performance: Examining the intercorrelations and the incremental validity of narrow traits. *Journal of Applied Psychology, 91*, 40-57.

Dueck, L. (2006, November 3). There's a lot we can learn from the Amish. *The Globe and Mail*, p. A25.

Duke, A. A., Smith, K. M. Z., Oberleitner, L. M. S., Westphal, A., & McKee, S. A. (2018). Alcohol, drugs, and violence: A meta-meta- analysis. *Psychology of Violence, 8*, 238-249.

Dulebohn, J. H., & Hoch, J. E. (2017). Virtual teams in organizations. *Human Resource Management Review, 27*, 569-574.

Dunham, Y., Chen, E. E., & Banaji, M. R. (2013). Two signatures of implicit intergroup attitudes: Developmental invariance and early enculturation. *Psychological Science, 24*, 860-868.

Dunkel Schetter, C. (2011). Psychological science on pregnancy: Stress processes, biopsychosocial models, and emerging research issues. *Annual Review of Psychology, 62*, 531-558.

Dunn, D. S. (2019). Only connect: The social psychology of disability. In L. A. Brenner, S. A. Reid-Arndt, T. R. Elliott, R. G. Frank, & B. Caplan (Eds.), *Handbook of rehabilitation psychology* (3rd ed., pp. 143-156). Washington, DC: American Psychological Association.

Dunn, E. W., Aknin L. B., & Norton, M. I. (2014). Prosocial spending and happiness: Using money to benefit others pays off. *Current Directions in Psychological Science, 23*, 41-47.

Dunn, E. W., Aknin, L. B., & Norton, M. I. (2008). Spending money on others promotes happiness. *Science, 319*, 1687-1688.

Dunning D., & Balcetis, E. (2013). Wishful seeing: How preferences shape visual perception. *Current Directions in Psychological Science, 22*, 33-37.

Dunning, D. (2005). *Self-insight: Roadblocks and detours on the path to knowing thyself*. New York: Psychology Press.

Dunning, D. (2015). Motivated cognition in self and social thought. In M. Mikulincer, P. R. Shaver, E. Borgida, & J. A. Bargh (Eds.), *APA handbook of personality and social psychology, Volume 1: Attitudes and social cognition* (pp. 777-803). Washington, DC: American Psychological Association.

Dunning, D., & Sherman, D. A. (1997). Stereotypes and tacit inference. *Journal of Personality and Social Psychology, 73*, 459-471.

Dunning, D., Griffin, D. W., Milojkovic, J. D., & Ross, L. (1990). The over-confidence effect in social prediction. *Journal of Personality and Social Psychology, 58*, 568-581.

Dunning, D., Heath, C., & Suls, J. M. (2004). Flawed self-assessment: Implications for health, education, and the workplace. *Psychological Science in the Public Interest, 5*, 69-106.

Dunning, D., Johnson, K., Ehrlinger, J., & Kruger, J. (2003). Why people fail to recognize their own incompetence. *Current Directions in Psychological Science, 12*, 83-87.

Dunton, B. C., & Fazio, R. H. (1997). An individual difference measure of motivation to control prejudiced reactions. *Personality and Social Psychology Bulletin, 23*, 316-326.

Dupree, C. H., & Fiske, S. T. (2019). Self-presentation in interracial settings: The competence downshift by White liberals. *Journal of Personality and Social Psychology, 117*, 579-604.

Durak, H. Y. (2019). Cyberloafing in learning environments where online social networking sites are used as learning tools: Antecedents and consequences. *Journal of Educational Computing Research*, in press.

Durik, A. M., & Harackiewicz, J. M. (2007). Different strokes for different folks: Individual interest as a moderator of the effects of situational factors on task interest. *Journal of Educational Psychology, 99*, 597-610.

Dutton, D. G., & Aron, A. P. (1974). Some evidence for heightened sexual attraction under conditions of high anxiety. *Journal of Personality and Social Psychology, 30*, 510-517.

Dutton, K. (2010). *Split-second persuasion: The ancient art and new science of changing minds*. New York: Houghton Mifflin Harcourt.

Duval, S., & Wicklund, R. A. (1972). *A theory of objective self-awareness*. New York: Academic Press.

Dweck, C. S. (2012). Implicit theories. In P. M. Van Lange, A. W. Kruglanski, & E. Higgins (Eds.), *Handbook of theories of social psychology* (Vol. 2, pp. 43-61). Thousand Oaks, CA: Sage.

Dweck, C. S. (2019). The choice to make a difference. *Perspectives on Psychological Science, 14*, 21-25.

Dweck, C. S., & Yeager, D. S. (2019). Mindsets: A view from two eras. *Perspectives on Psychological Science, 14*, 481-496.

Dysart, J. E., & Strange, D. (2012). Beliefs about alibis and alibi investigations: A survey of law enforcement. *Psychology, Crime & Law, 18*, 11-25.

Dysart, J. E., Lindsay, R. C. L., MacDonald, T. K., & Wicke, C. (2002). The intoxicated witness: Effects of alcohol on identification accuracy from showups. *Journal of Applied Psychology, 87*, 170-175.

Dzokoto, V., Wallace, D. S., Peters, L., & Bentsi-Enchill, E. (2014). Attention to emotion and non-western faces: Revisiting the facial feedback hypothesis. *Journal of General Psychology, 141*, 151-168.

Eagly, A. H. (1987). *Sex differences in social behavior: A social-role interpretation*. Hillsdale, NJ: Erlbaum.

Eagly, A. H. (2009). The his and hers of prosocial behavior: An examination of the social psychology of gender. *American Psychologist, 64*, 644-658.

Eagly, A. H., & Carli, L. L. (1981). Sex of researchers and sex-typed communications as determinants of sex differences in influenceability: A meta-analysis of social influence studies. *Psychological Bulletin, 90*, 1-20.

Eagly, A. H., & Carli, L. L. (2007). *Through the labyrinth: The truth about how women become leaders*. Boston: Harvard Business School Publishing.

Eagly, A. H., & Crowley, M. (1986). Gender and helping behavior: A meta-analytic review of the social psychological literature. *Psychological Bulletin, 100*, 283-308.

Eagly, A. H., & Karau, S. J. (2002). Role congruity theory of prejudice toward female leaders. *Psychological Review, 109*, 573-598.

Eagly, A. H., & Wood, W. (2012). Social role theory. In P. M. Van Lange, A. W. Kruglanski, & E. T. Higgins (Eds.), *Handbook of theories of social psychology* (Vol. 2, pp. 458-476). Thousand Oaks, CA: Sage.

Eagly, A. H., Ashmore, R. D., Makhijani, M. G., & Longo, L. C. (1991). What is beautiful is good, but . . . : A meta-analytic review of research on the physical attractiveness stereotype. *Psychology Bulletin, 110*, 107-128.

Eagly, A. H., Johannesen-Schmidt, M. C., & van Engen, M. L. (2003). Transformational, transactional, and laissez-faire leadership styles: A meta-analysis comparing women and men. *Psychological Bulletin, 129*, 569-591.

Eagly, A. H., Mladinic, A., & Otto, S. (1994). Are women evaluated more favorably than men? An analysis of attitudes, beliefs, and emotions. *Psychology of Women Quarterly, 15*, 203-216.

Eagly, A. H., Nater, C., Miller, D. I., Kaufmann, M., & Sczesny, S. (2019). Gender stereotypes have changed: A cross-temporal meta-analysis of US public opinion polls from 1946 to 2018. *American Psychologist*, in press.

Eagly, A. H., Wood, W., & Chaiken, S. (1978). Causal inferences about communicators and their effect on opinion change. *Journal of Personality and Social Psychology, 36*, 424-435.

Earle, A., & Heymann, J. (2012). The cost of caregiving: Wage loss among caregivers of elderly and disabled adults and children with special needs. *Community, Work & Family, 15*, 357-375.

Early, D. W., Carrillo, P. E., & Olsen, E. O. (2019). Racial rent differences in U.S. housing markets: Evidence from the housing voucher program. *Journal of Regional Science*, in press.

Easton, J., Schipper, L., & Shackelford, T. (2007). Morbid jealousy from an evolutionary psychological perspective. *Evolution and Human Behavior, 28*, 399-402.

Eastwick, P. W., & Finkel, E. J. (2008). Sex differences in mate preferences revisited: Do people know what they initially desire in a romantic partner? *Journal of Personality and Social Psychology, 94*, 245-264.

Eastwick, P. W., Finkel, E. J., Mochon, D., & Ariely, D. (2007). Selective versus unselective romantic desire: Not all reciprocity is created equal. *Psychological Science, 18*, 317-319.

Eastwick, P. W., Luchies, L. B., Finkel, E. J., & Hunt, L. L. (2014). The many voices of Darwin's descendants: Reply to Schmitt (2014). *Psychological Bulletin, 140*, 673-681.

Eaton, A. A., & Rose, S. (2011). Has dating become more egalitarian? A 35 year review using *Sex Roles*. *Sex Roles, 64*, 843-862.

Eberhardt J. L. (2019). *Biased: Uncovering the hidden prejudice that shapes what we see, think, and do*. New York: Viking.

Eberhardt, J. L., Davies, P. G., Purdie-Vaughns, V. J., & Johnson, S. L. (2006). Looking deathworthy: Perceived stereotypicality of black defendants predicts capital-sentencing outcomes. *Psychological Science, 17*, 383-386.

Eberly-Lewis, M. B., & Coetzee, T. M. (2015). Dimensionality in adolescent prosocial tendencies: Individual differences in serving others versus serving the self. *Personality and Individual Differences, 82*, 1-6.

Ebstein, R. P., Israel, S., Chew, S. H., Zhong, S., & Knafo, A. (2010). Genetics of human social behavior. *Neuron, 65*, 831-844.

Eckhardt, C. I., Parrott, D. J., & Sprunger, J. G. (2015). Mechanisms of alcohol-facilitated intimate partner violence. *Violence Against Women, 21*, 939-957.

Eden, C., & Ackermann, F. (2014). "Joined-up" policy-making: Group decision and negotiation practice. *Group Decision and Negotiation, 23*, 1385-1401.

Eden, D. (1990). Pygmalion without interpersonal contrast effects: Whole groups gain from raising manager expectations. *Journal of Applied Psychology, 75*, 394-398.

Eder, R. W., & Harris, M. M. (Eds.). (1999). *The employment interview handbook* (2nd ed.). Thousand Oaks, CA: Sage.

Edkins, V. A. (2011). Defense attorney plea recommendations and client race: Does zealous representation apply equally to all? *Law and Human Behavior, 35*, 413-425.

Edkins, V. A., & Redlich, A. D. (Eds.). (2019). *A system of pleas: Social sciences contributions to the real legal system.* New York: Oxford University Press.

Edlund, J. E., & Sagarin, B. J. (2017). Sex differences in jealousy: A 25-year retrospective. *Advances in Experimental Social Psychology, 55*, 259-302.

Edwards, K. M., Sessarego, S. N., Mitchell, K. J., Chang, H., Waterman, E. A., & Banyard, V. L. (2019). Preventing teen relationship abuse and sexual assault through bystander training: Intervention outcomes for school personnel. *American Journal of Community Psychology*, in press.

Edwards, K., & Smith, E. E. (1996). A disconfirmation bias in the evaluation of arguments. *Journal of Personality and Social Psychology, 71*, 5-24.

Effron, D. A., Markus, H. R., Jackman, L. M., Muramoto, Y., & Muluk, H. (2018). Hypocrisy and culture: Failing to practice what you preach receives harsher interpersonal reactions in independent (vs. interdependent) cultures. *Journal of Experimental Social Psychology, 76*, 371-384.

Egebark, J., & Ekström, M. (2018). Liking what others "Like": Using Facebook to identify determinants of conformity. *Experimental Economics, 21*, 793-814.

Ehrenreich, S. E., Beron, K. J., Brinkley, D. Y., & Underwood, M. K. (2014). Family predictors of continuity and change in social and physical aggression from ages 9 to 18. *Aggressive Behavior, 40*, 421-439.

Ehrlichman, H., & Eichenstein, R. (1992). Private wishes: Gender similarities and differences. *Sex Roles, 26*, 399-422.

Ehrlinger, J., Gilovich, T., & Ross, L. (2005). Peering into the bias blind spot: People's assessments of bias in themselves and others. *Personality and Social Psychology Bulletin, 31*, 680-692.

Eichstaedt, J. C., Schwartz, H. A., Kern, M. L., Park, G., Labarthe, D. R., Merchant, R. M., et al. (2015). Psychological language on Twitter predicts county-level heart disease mortality. *Psychological Science, 26*, 159-169.

Eichstaedt, J., & Silvia, P. J. (2003). Noticing the self: Implicit assessment of self-focused attention using word recognition latencies. *Social Cognition, 21*, 349-361.

Eisenberg, N., Guthrie, I. K., Cumberland, A., Murphy, B. C., Shepard, S. A., Zhou, Q., et al. (2002). Prosocial development in early adulthood: A longitudinal study. *Journal of Personality and Social Psychology, 82*, 993-1006.

Eisenberg, N., Spinrad, T. L., & Knafo-Noam, A. (2015). Prosocial development. In M. E. Lamb & R. M. Lerner (Eds.), *Handbook of child psychology and developmental science: Vol. 3. Socioemotional processes* (7th ed., pp. 610-656). Hoboken, NJ: Wiley.

Eisenberg, T., Hannaford-Agor, P. L., Hans, V. P., Mott, N. L., Munsterman, G. T., Schwab, S. J., et al. (2005). Judge-jury agreement in criminal cases: A partial replication of Kalven & Zeisel's The American Jury. *Journal of Empirical Legal Studies, 2*, 171-206.

Eisenberger, N. I. (2015). Social pain and the brain: Controversies, questions, and where to go from here. *Annual Review of Psychology, 66*, 601-629.

Eisenberger, N. I., Inagaki, T. K., Muscatell, K. A., Haltom, K. E. B., & Leary, M. R. (2011). The neural sociometer: brain mechanisms underlying state self-esteem. *Journal of Cognitive Neuroscience, 23*, 3448-3455.

Eisenberger, N. I., Lieberman, M. I., & Williams, K. D. (2003). Does rejection hurt? An fMRI study of social exclusion. *Science, 302*, 290-292.

Eisenberger, R., & Cameron, J. (1996). Detrimental effects of reward: Reality or myth? *American Psychologist, 51*, 1153-1166.

Eisenberger, R., & Rhoades, L. (2001). Incremental effects of reward on creativity. *Journal of Personality and Social Psychology, 81*, 728-741.

Eisenberger, R., Cotterell, N., & Marvel, J. (1987). Reciprocation ideology. *Journal of Personality and Social Psychology, 53*, 743-750.

Ekman, P., & Friesen, W. V. (1974). Detecting deception from the body or face. *Journal of Personality and Social Psychology, 29*, 288-298.

Ekman, P., & O'Sullivan, M. (1991). Who can catch a liar? *American Psychologist, 46*, 913-920.

Ekman, P., Friesen, W. V., O'Sullivan, M., Chan, A., Diacoyanni-Tarlatzis, I., Heider, K., et al. (1987). Universals and cultural differences in the judgments of facial expressions of emotion. *Journal of Personality and Social Psychology, 53*, 712-717.

El Leithy, S., Brown, G. P., & Robbins, I. (2006). Counterfactual thinking and posttraumatic stress reactions. *Journal of Abnormal Psychology, 115*, 629-635.

El Zein, M., Bahrami, B., & Hertwig, R. (2019). Shared responsibility in collective decisions. *Nature Human Behaviour, 3*, 554-559.

Elfenbein, H. A., & Ambady N. (2002). On the universality and cultural specificity of emotion recognition: A meta-analysis. *Psychological Bulletin, 128*, 203-235.

Elfenbein, H. A., & Ambady, N. (2003). When familiarity breeds accuracy: Cultural exposure and facial emotion recognition. *Journal of Personality and Social Psychology, 85*, 276-290.

Elipe, P., de la Oliva Muñoz, M., & Del Rey, R. (2018). Homophobic bullying and cyberbullying: Study of a silenced problem. *Journal of Homosexuality, 65*, 672-686.

Elkin, R. A., & Leippe, M. R. (1986). Physiological arousal, dissonance, and attitude change: Evidence for a dissonance-arousal link and a "don't remind me" effect. *Journal of Personality and Social Psychology, 51*, 55-65.

Ellemers, N. (2018). Gender stereotypes. *Annual Review of Psychology, 69*, 275-298.

Elliot, A. J., & Devine, P. G. (1994). On the motivational nature of cognitive dissonance: Dissonance as psychological discomfort. *Journal of Personality and Social Psychology, 67*, 382-394.

Elliot, A. J., & Niesta, D. (2008). Romantic red: Red enhances men's attraction to women. *Journal of Personality and Social Psychology, 95*, 1150-1164.

Elliot, A. J., & Pazda, A. D. (2012). Dressed for sex: Red as a female sexual signal in humans. *PLoS ONE, 7*, e34607.

Elliot, A. J., Greitemeyer, T., & Pazda, A. D. (2013). Women's use of red clothing as sexual signal in intersexual interaction. *Journal of Experimental Social Psychology, 49*, 599-602.

Elms, A. C. (2009). Obedience lite. *American Psychologist, 64*, 32-36.

Elms, A., & Milgram, S. (1966). Personality characteristics associated with obedience and defiance toward authoritative command. *Journal of Experimental Research in Personality, 1*, 282-289.

Elson, M., & Ferguson, C. J. (2014). Twenty-five years of research on violence in digital games and aggression: Empirical evidence, perspectives, and a debate gone astray. *European Psychologist, 19*, 33-46.

Elwork, A., Sales, B. D., & Alfini, J. J. (1982). *Making jury instructions understandable*. Charlottesville, VA: Miche.

Emerson, M. O., Kimbro, R., & Yancey, G. (2002). Contact theory extended: The effects of prior racial contact on current social ties. *Social Science Quarterly, 83*, 745-761.

Enders, A. M., & Armaly, M. T. (2019). The differential effects of actual and perceived polarization. *Political Behavior*, in press.

Enders, W., Pecorino, P., & Souto, A. C. (2019). Racial disparity in U.S. imprisonment across states over time. *Journal of Quantitative Criminology, 35*, 365-292.

Engelhardt, C. R., Bartholow, B. D., Kerr, G. T., & Bushman, B. J. (2011). This is your brain on violent video games: Neural desensitization to violence predicts increased aggression following violent video game exposure. *Journal of Experimental Social Psychology, 47*, 1033-1036.

Englich, B., Mussweiler, T., & Strack, F. (2006). Playing dice with criminal sentences: The influence of irrelevant anchors on experts' judicial decision making. *Personality and Social Psychology Bulletin, 32*, 188-200.

English, T., & Chen, S. (2007). Culture and self-concept stability: Consistency across and within contexts among Asian Americans and European Americans. *Journal of Personality and Social Psychology, 93*, 478-490.

Ensafdaran, F., Krahé, B., Njad, S. B., & Arshadi, N. (2019). Efficacy of different versions of Aggression Replacement Training (ART): A review. *Aggression and Violent Behavior, 47*, 230-237.

Eom, K., Kim, H. S., Sherman, D. K., & Ishii, K. (2016). Cultural variability in the link between environmental concern and support for environmental action. *Psychological Science, 27*, 1331-1339.

Eply, N., & Whitchurch, E. (2008). Mirror, mirror on the wall: Enhancement in self-recognition. *Personality and Social Psychology Bulletin, 34*, 1159-1170.

Erber, R., & Erber, M. W. (2018). *Intimate relationships: Issues, theories, and research* (3rd ed.). New York: Routledge.

Erdogan, I., Ozcelik, H., & Bagger, J. (2019). Roles and work-family conflict: How role salience and gender come into play. *International Journal of Human Resource Management*, in press.

Eres, R., & Molenberghs, P. (2013). The influence of group membership on the neural correlates involved in empathy. *Frontiers in Human Neuroscience, 7*, Article 176.

Ericksen, J. A., & Steffen, S. A. (1999). *Kiss and tell: Surveying sex in the twentieth century*. Cambridge, MA: Harvard University Press.

Erickson, W. B., Lampinen, J. M., & Leding, J. K. (2014). The weapon focus effect in target-present and target-absent line-ups: The roles of threat, novelty, and timing. *Applied Cognitive Psychology, 28*, 349-350.

Ernst, H. M., Kuhlmann, B. G., & Vogel, T. (2019). The origin of illusory correlations: Biased judgments converge with inferences, not with biased memory. *Experimental Psychology, 66*, 195-206.

Erol, R. Y., & Orth, U. (2011). Self-esteem development from age 14 to 30 years: A longitudinal study. *Journal of Personality and Social Psychology, 101*, 607-619.

Er-rafiy, A., & Brauer, M. (2013). Modifying perceived variability: Four laboratory and field experiments show the effectiveness of a ready-to-be-used prejudice intervention. *Journal of Applied Social Psychology, 43*, 840-853.

Erreygers, S., Vandebosch, H., Vranjes, I., Baillien, E., & Witte, H. (2019). Feel good, do good online? Spillover and crossover effects of happiness on adolescents' online prosocial behavior. *Journal of Happiness Studies: An Interdisciplinary Forum on Subjective Well-Being, 20*, 1241-1258.

Eschleman, K. J., Bowling, N. A., & Judge, T. A. (2015). The dispositional basis of attitudes: A replication and extension of Hepler and Albarracín (2013). *Journal of Personality and Social Psychology, 108*, e1-e15.

Espinoza, P., da Luz Fontes, A. A., & Arms-Chavez, C. J. (2014). Attributional gender bias: Teachers' ability and effort explanations for students' math performance. *Social Psychology of Education, 17*, 105-126.

Espinoza, R. E., & Willis-Esqueda, C. (2015). The influence of mitigation evidence, ethnicity, and SES on death penalty decisions by European American and Latino venire persons. *Cultural Diversity and Ethnic Minority Psychology, 21*, 288-299.

Evans, G. W. (2019). Projected behavioral impacts of global climate change. *Annual Review of Psychology, 70*, 449-474.

Evans, G. W., & Wener, R. E. (2006). Rail commuting duration and passenger stress. *Health Psychology, 25*, 408-412.

Evans, J. R., Schreiber Compo, N., & Russano, M. B. (2009). Intoxicated witnesses and suspects: Procedures and prevalence according to law enforcement. *Psychology, Public Policy, and Law, 15*, 194-221.

Evans, R. (2019). Teaching about female genital mutilation/cutting in Africa: Complex questions of "development" and human rights. *Journal of Geography in Higher Education*, in press.

Everett, J. A. C., Ingbretsen, Z., Cushman, F., & Cikara, M. (2017). Deliberation erodes cooperative behavior—Even towards competitive out-groups, even when using a control condition, and even when eliminating selection bias. *Journal of Experimental Social Psychology, 73*, 76-81.

Everly, B. A., Shih, M. J., & Ho, G. C. (2012). Don't ask, don't tell? Does disclosure of gay identity affect partner performance? *Journal of Experimental Social Psychology, 48*, 407-410.

Evers, A., & Sieverding, M. (2014). Why do highly qualified women (still) earn less? Gender differences in long-term predictors of career success. *Psychology of Women Quarterly, 38*, 93-106.

Everson, S. A., Goldberg, D. E., Kaplan, G. A., Cohen, R. D., Pukkala, E., Tuomiletho, P., et al. (1996). Hopelessness and risk of mortality and incidence of myocardial infarction and cancer. *Psychosomatic Medicine, 58*, 113-121.

Everson-Rose, S. A., & Lewis, T. T. (2005). Psychosocial factors in cardiovascular diseases. *Annual Review of Public Health, 26*, 469-500.

Eyal, T., & Epley, N. (2017). Exaggerating accessible differences: When gender stereotypes overestimate actual group differences. *Personality and Social Psychology Bulletin, 43,* 1323-1336.

Fagin-Jones, S., & Midlarsky, E. (2007). Courageous altruism: Personal and situational correlates of rescue during the Holocaust. *Journal of Positive Psychology, 2,* 136-147.

Falk, C. F., & Heine, S. J. (2015). What is implicit self-esteem, and does it vary across cultures? *Personality and Social Psychology Review, 19,* 177-198.

Fan, A., Shen, H., Wu, L., Mattila, A. S., & Bilgihan, A. (2018). Whom do we trust? Cultural differences in consumer responses to online recommendations. *International Journal of Contemporary Hospitality Management, 30,* 1508-1525.

Fang, Y., Dong, Y., & Fang, L. (2019). Honesty-humility and prosocial behavior: The mediating roles of perspective taking and guilt- proneness. *Scandinavian Journal of Psychology, 60,* 386-393.

Fanti, K. A., Kokkinos, C. M., Voulgaridou, I., & Hadjicharalambous, M. (2019). Investigating the association between callous- unemotional traits with relational bullying and victimization: A cross-national study. *Social Development,* in press.

Farley, S. D., Kelly, J., Singh, S., Thornton, C., & Young, T. (2019). "Free to say no": Evoking freedom increased compliance in two field experiments. *Journal of Social Psychology, 159,* 482-489.

Farrell, W., & Gray, J. (2018). *The boy crisis: Why our boys are struggling and what we can do about it.* Dallas, TX: BenBella Books.

Farrelly, D., Lazarus, J., & Roberts, G. (2007). Altruists attract. *Evolutionary Psychology, 5,* 313-329.

Fawcett, J. M., Peace, K. A., & Greve, A. (2016). Looking down the barrel of a gun: What do we know about the weapon focus effect? *Journal of Applied Research in Memory and Cognition, 5,* 257-263.

Fay, R. E., Turner, C. F., Klassen, A. D., & Gagnon, J. H. (1989). Prevalence and patterns of same-gender sexual contact among men. *Science, 243,* 343-348.

Fazio, R. H. (1990). Multiple processes by which attitudes guide behavior: The MODE model as an integrative framework. In M. P. Zanna (Ed.), *Advances in experimental social psychology* (Vol. 23, pp. 75-109). New York: Academic Press.

Fazio, R. H., & Olson, M. A. (2003). Implicit measures in social cognition research: Their meaning and use. *Annual Review of Psychology, 54,* 297-327.

Fazio, R. H., & Towles-Schwen, T. (1999). The MODE model of attitude-behavior processes. In S. Chaiken & Y. Trope (Eds.), *Dual-process theories in social psychology* (pp. 97-116). New York: Guilford Press.

Fazio, R. H., & Zanna, M. P. (1981). Direct experience and attitude- behavior consistency. In L. Berkowitz (Ed.), *Advances in experimental social psychology* (Vol. 14, pp. 162-202). New York: Academic Press.

Fazio, R. H., Ledbetter, J. E., & Towles-Schwen, T. (2000). On the costs of accessible attitudes: Detecting that the attitude object has changed. *Journal of Personality and Social Psychology, 78,* 197-210.

Fazio, R. H., Zanna, M. P., & Cooper, J. (1977). Dissonance and self perception: An integrative view of each theory's proper domain of application. *Journal of Experimental Social Psychology, 13,* 464-479.

Federal Bureau of Investigation. (2018, Fall). Hate crime statistics 2017. *Uniform Crime Report.* Washington, DC: U.S. Department of Justice.

Fehr, B., & Russell, J. A. (1991). The concept of love viewed from a prototype perspective. *Journal of Personality and Social Psychology, 60,* 425-438.

Fein, E., & Schneider, S. (1996). *The rules: Time-tested secrets for capturing the heart of Mr. Right.* New York: Warner Books.

Fein, S., & Spencer, S. J. (1997). Prejudice as self-image maintenance: Affirming the self through derogating others. *Journal of Personality and Social Psychology, 73,* 31-44.

Fein, S., Goethals, G. R., & Kugler, M. B. (2007). Social influence on political judgments: The case of presidential debates. *Political Psychology, 28,* 165-192.

Fein, S., Hoshino-Browne, E., Davies, P. G., & Spencer, S. J. (2003). Self-image maintenance goals and sociocultural norms in motivated social perception. In S. J. Spencer, S. Fein, M. P. Zanna, & J. M. Olson (Eds.), *Motivated social perception: The Ontario symposium* (Vol. 9, pp. 21-44). Mahwah, NJ: Erlbaum.

Fein, S., Morgan, S. J., Norton, M. I., & Sommers, S. R. (1997). Hype and suspicion: The effects of pretrial publicity, race, and suspicion on jurors' verdicts. *Journal of Social Issues, 53,* 487-502.

Feinberg, T. E., & Keenan, J. P. (Eds.). (2005). *The lost self: Pathologies of the brain and identity.* New York: Oxford University Press.

Feingold, A. (1988). Matching for attractiveness in romantic partners and same-sex friends: A meta-analysis and theoretical critique. *Psychological Bulletin, 104,* 226-235.

Feingold, A. (1992a). Gender differences in mate selection preferences: A test of the parental investment model. *Psychological Bulletin, 112,* 125-139.

Feingold, A. (1992b). Good-looking people are not what we think. *Psychological Bulletin, 111,* 304-341.

Feinstein, B. A., Hershenberg, R., Bhatia, V., Latack, J. A., Meuwly, N., & Davila, J. (2013). Negative social comparison on Facebook and depressive symptoms: Rumination as a mechanism. *Psychology of Popular Media Culture, 2,* 161-170.

Feitosa, J., Grossman, R., & Salazar, M. (2018). Debunking key assumptions about teams: The role of culture. *American Psychologist, 73,* 376-389.

FeldmanHall, O., Dalgleish, T., Evans, D., & Mobbs, D. (2015). Empathic concern drives costly altruism. *Neuroimage, 105,* 347-356.

Fenigstein, A. (2009). Private and public self-consciousness. In M. R. Leary & R. H. Hoyle (Eds.), *Handbook of individual differences in social behavior* (pp. 495-511). New York: Guilford Press.

Fenigstein, A., & Abrams, D. (1993). Self-attention and the egocentric assumption of shared perspectives. *Journal of Experimental Social Psychology, 29,* 287-303.

Fenigstein, A., Scheier, M. F., & Buss, A. H. (1975). Public and private self-consciousness: Assessment and theory. *Journal of Consulting and Clinical Psychology, 43,* 522-527.

Fennelly, G. (2009, February 12). Amazon selling rape simulation game. *Belfast Telegraph,* https://www.belfasttelegraph.co.uk/business/technology/exclusive-amazon-selling-rape-simulation- game-rapelay-28533501.html.

Ferguson, C. J. (2015). Do Angry Birds make for angry children? A meta-analysis of video game influences on children's and adolescents' aggression, mental health, prosocial behavior, and academic performance. *Perspectives on Psychological Science, 10,* 646-666.

Ferguson, C. J., & Wang, J. C. K. (2019). Aggressive video games are not a risk factor for future aggression in youth:

A longitudinal study. *Journal of Youth and Adolescence, 48,* 1439-1451.

Ferguson, M. (2007). On the automatic evaluation of end-states. *Journal of Personality and Social Psychology, 92,* 596-611.

Ferguson, M. J., Mann, T. C., Cone, J., & Shen, X. (2019). When and how implicit first impressions can be updated. *Current Directions in Psychological Science, 28,* 331-336.

Ferrari, J. R. (2010). *Still procrastinating? The no-regrets guide to getting it done.* New York: Wiley.

Ferrari, J. R., Diaz-Morales, J. F., O'Callaghan, J., Diaz, K., & Argumedo, D. (2007). Frequent behavioral delay tendencies by adults: International prevalence rates of chronic procrastination. *Journal of Cross-Cultural Psychology, 38,* 458-464.

Ferrari, J. R., Johnson, J. A., & McCowan, W. G. (1995). *Procrastination and task avoidance: Theory, research, and treatment.* New York: Plenum.

Ferriz, L., Sobral, J., & Gomez-Fraguela, J. A. (2018). Empathy and juvenile delinquency: A meta-analytic review. *Revista Iberoamericana de Psicologia y Salud, 9,* 1-16.

Festinger, L. (1950). Informal social communication. *Psychological Review, 57,* 271-282.

Festinger, L. (1954). A theory of social comparison processes. *Human Relations, 7,* 117-140.

Festinger, L. (1957). *A theory of cognitive dissonance.* Stanford, CA: Stanford University Press.

Festinger, L., & Carlsmith, J. M. (1959). Cognitive consequences of forced compliance. *Journal of Abnormal and Social Psychology, 58,* 203-210.

Festinger, L., Pepitone, A., & Newcomb, T. (1952). Some consequences of de-individuation in a group. *Journal of Abnormal and Social Psychology, 47,* 382-389.

Festinger, L., Schachter, S., & Back, K. W. (1950). *Social pressures in informal groups: A study of human factors in housing.* New York: Harper.

Fetterolf, J. (2017, January 19). Many around the world say women's equality is very important. Pew. Research Center, https://www.pewresearch.org/fact-tank/2017/01/19/many-around-the-world-say-womens-equality-is-very-important.

Ficks, C. A., & Waldman, I. D. (2014). Candidate genes for aggression and antisocial behavior: A meta-analysis of association studies of the 5HTTLPR and MAOA-uVNTR. *Behavior Genetics, 44,* 427-444.

Fiedler, F. E. (1967). *A theory of leadership effectiveness.* New York: McGraw-Hill.

Fiedler, F. E., & Chemers, M. M. (1984). *Improving leadership effectiveness: The leader match concept* (2nd ed.). New York: Wiley.

Fiedler, F. E., & Garcia, J. E. (1987). *Leadership: Cognitive resources and performance.* New York: Wiley.

Fiedler, F. E., Murphy, S. E., & Gibson, F. W. (1992). Inaccurate reporting and inappropriate variables: A reply to Vecchio's (1990) examination of cognitive resource theory. *Journal of Applied Psychology, 77,* 372-374.

Fiedler, S., Hellmann, D. M., Dorrough, A. R., & Glöckner, A. (2018). Cross-national in-group favoritism in prosocial behavior: Evidence from Latin and North America. *Judgment and Decision Making, 13,* 42-60.

Fiedler, S., Hellmann, D. M., Dorrough, A. R., & Glöckner, A. (2018). Cross-national in-group favoritism in prosocial behavior: Evidence from Latin and North America. *Judgment and Decision Making, 13,* 42-60.

Filindra, A., & Pearson-Merkowitz, S. (2013). Together in good times and bad? How economic triggers condition the effects of intergroup threat. *Social Science Quarterly, 94,* 1328-1345.

Fincham, F. D. (2003). Marital conflict, correlates, structure, and context. *Current Directions in Psychological Science, 12,* 23-27.

Fincham, F. D., Harold, G. T., & Gano-Phillips, S. (2000). The longitudinal association between attributions and marital satisfaction: Direction of effects and role of efficacy expectations. *Journal of Family Psychology, 14,* 267-285.

Fincham, F., Beach, S., & Davila, J. (2007). Longitudinal relations between forgiveness and conflict resolution in marriage. *Journal of Family Psychology, 21,* 542-545.

Fine, M. A., & Harvey, J. H. (Eds.). (2006). *Handbook of divorce and relationship dissolution.* Hillsdale, NJ: Erlbaum.

Fine, M. A., & Sacher, J. A. (1997). Predictors of distress following relationship termination among dating couples. *Journal of Social and Clinical Psychology, 16,* 381-388.

Fine, S., Goldenberg, J., & Noam, Y. (2016). Integrity testing and the prediction of counterproductive behaviours in the military. *Journal of Occupational and Organizational Psychology, 89,* 198-218.

Fingerhut, A. W., & Peplau, L. A. (2013). Same-sex romantic relationships. In C. J. Patterson & A. R. D'Augelli (Eds.), *Handbook of psychology and sexual orientation* (pp. 165-178). New York: Oxford University Press.

Fink, A. A. (2013). Review of "The Progress Principle": Using small wins to ignite joy, engagement, and creativity at work. *Personnel Psychology, 66,* 292-294.

Finkel, E. J. (2014). The I^3 model: Metatheory, theory, and evidence. *Advances in Experimental Social Psychology, 49,* 1-104. Finkel, E. J. (2019). Complementing the sculpting metaphor: Reflections on how relationship partners elicit the best or the worst in each other. *Review of General Psychology, 23,* 127-132.

Finkel, E. J., & Eastwick, P. W. (2008). Speed-dating. *Current Directions in Psychological Science, 17,* 193-197.

Finkel, E. J., & Hall, A. N. (2018). The I^3 model: A metatheoretical framework for understanding aggression. *Current Opinion in Psychology, 19,* 125-130.

Finkel, E. J., Eastwick, P. W., Karney, B. R., Reis, H. T., & Sprecher, S. (2012). Online dating: A critical analysis from the perspective of psychological science. *Psychological Science in the Public Interest, 13,* 3-66.

Finkel, E. J., Rusbult, C. E., Kumashiro, M., & Hannon, P. A. (2002). Dealing with betrayal in close relationships: Does commitment promote forgiveness? *Journal of Personality and Social Psychology, 82,* 956-974.

Finkel, E. J., Simpson, J. A., & Eastwick, P. W. (2017). The psychology of close relationships: Fourteen core principles. *Annual Review of Psychology, 68,* 383-411.

Finkel, N. J. (1995). *Commonsense justice: Jurors' notions of the law.* Cambridge, MA: Harvard University Press.

Finkelhor, D., Turner, H., Wormuth, B. K., Vanderminden, J., & Hamby, S. (2019). Corporal punishment: Current rates from a national survey. *Journal of Child and Family Studies, 28,* 1991-1997.

Fischer, P., & Greitemeyer, T. (2013). The positive bystander effect: Passive bystanders increase helping in situations with high expected negative consequences for the helper. *Journal of Social Psychology, 153,* 1-5.

Fischer, P., Krueger, J. I., Greitemeyer, T., Vogrincic, C., Kastenmüller, A., Frey, D., et al. (2011). The bystander-effect: A meta-analytic review on bystander intervention in dangerous and non- dangerous emergencies. *Psychological Bulletin, 137,* 517-537.

Fishbein, M., & Ajzen, I. (1972). Attitudes and opinions. *Annual Review of Psychology, 23*, 487-544.

Fisher, A. D., Ristori, J., Morelli, G., & Maggi, M. (2018). The molecular mechanisms of sexual orientation and gender identity. *Molecular and Cellular Endicrinology, 467*, 3-13.

Fisher, H. (2015, May/June). Casual sex may be improving America's marriages. *Nautilus.* http://nautil.us/issue/22/slow/casual-sex-is-improving-americas-marriages.

Fisher, H. E. (2004). *Why we love: The nature and chemistry of romantic love.* New York: Henry Holt.

Fisher, H. E., Xu, X., Aron, A., & Brown, L. L. (2016). Intense, passionate, romantic love: A natural addiction? How the fields that investigate romance and substance abuse can inform each other. *Frontiers in Psychology, 7,* Article ID 687.

Fisher, J. D., & Fisher, W. A. (1992). Changing AIDS-risk behavior. *Psychological Bulletin, 111*, 455-474.

Fisher, J. D., Fisher, W. A., Bryan, A. D., & Misovich, S. J. (2002). Information-motivation-behavioral skills model-based HIV risk behavior change intervention for inner-city high school youth. *Health Psychology, 21,* 177-186.

Fiske, A. P. (1992). The four elementary forms of sociality: Framework for a unified theory of social relations. *Psychological Review, 99,* 689-723.

Fiske, S. T. (2015). Intergroup biases: A focus on stereotype content. *Current Opinion in Behavioral Sciences, 3,* 45-50.

Fiske, S. T. (2018). Stereotype content: Warmth and competence endure. *Current Directions in Psychological Science, 27,* 67-73.

Fiske, S. T., & Markus, H. R. (Eds.). (2012). *Facing social class: How societal rank influences interaction.* New York: Russell Sage Foundation.

Fiske, S. T., & Neuberg, S. L. (1990). A continuum model of impression formation: From category-based to individuating processes: Influence of information and motivation on attention and interpretation. In M. P. Zanna (Ed.), *Advances in experimental social psychology* (Vol. 23, pp. 1-74). San Diego, CA: Academic Press.

Fiske, S. T., & Tablante, C. B. (2015). Stereotyping: Processes and content. In M. Mikulincer, P. R. Shaver, E. Borgida, & J. A. Bargh (Eds.), *APA handbook of personality and social psychology: Vol. 1. Attitudes and social cognition* (pp. 457-507). Washington, DC: American Psychological Association.

Fitzgerald, C. J. (2009). Altruism and reproductive limitations. *Evolutionary Psychology, 7,* 234-252.

Fitzgerald, C. J., & Colarelli, S. M. (2009). Altruism and reproductive limitations. *Evolutionary Psychology, 7,* 234-252.

Fitzgerald, C. J., Thompson, M. C., & Whitaker, M. B. (2010). Altruism between romantic partners: Biological offspring as a genetic bridge between altruist and recipient. *Evolutionary Psychology, 8,* 462-476.

Fitzgerald, J. M. (1988). Vivid memories and the reminiscence phenomenon: The role of self-narrative. *Human Development, 31,* 261-273.

Fitzgerald, R., & Ellsworth, P. C. (1984). Due process vs. crime control: Death qualification and jury attitudes. *Law and Human Behavior, 8,* 31-52.

FitzGibbon, L., Moll, H., Carboni, J., Lee, R., & Dehghani, M. (2019). Counterfactual curiosity in preschool children. *Journal of Experimental Child Psychology, 183,* 146-157.

Fivush, R., & Haden, C.A. (Eds.). (2003). *Autobiographical memory and the construction of a narrative self: Developmental and cultural perspectives.* Mahwah, NJ: Erlbaum.

Florian, V., Mikulincer, M., & Taubman, O. (1995). Does hardiness contribute to mental health during a stressful real-life situation? The roles of appraisal and coping. *Journal of Personality and Social Psychology, 68,* 687-695.

Flory, J. D., Raikkonen, K., Matthews, K. A., & Owens, J. F. (2000). Self-focused attention and mood during everyday social interactions. *Personality and Social Psychology Bulletin, 26,* 875-883.

Flowe, H. D., Klatt, T., & Colloff, M. F. (2014). Selecting fillers on emotional appearance improves lineup identification accuracy. *Law and Human Behavior, 38,* 509-519.

Folger, R. (1986). Rethinking equity theory: A referent cognitions model. In H. W. Bierhoff, R. L. Cohen, & J. Greenberg (Eds.), *Justice in social relations* (pp. 145-162). New York: Plenum.

Folger, R., & Cropanzano, R. (1998). *Organizational justice and human resource management.* Thousand Oaks, CA: Sage.

Folger, R., Konovsky, M. A., & Cropanzano, R. (1992). A due process metaphor for performance appraisal. *Research in Organizational Behavior, 14,* 129-177.

Folkman, S. (2011). *The Oxford handbook of stress, health, and coping.* New York: Oxford University Press.

Folkman, S., & Moskowitz, J. T. (2000). Positive affect and the other side of coping. *American Psychologist, 55,* 647-654.

Follett, M. P. (1942). Constructive conflict. In H. C. Metcalf & L. Urwick (Eds.), *Dynamic administration: The collected papers of Mary Parker Follett* (pp. 30-49). New York: Harper.

Forbes, G. B., Collinsworth, L. L., Zhao, P., Kohlman, S., & LeClaire, J. (2011). Relationships among individualism-collectivism, gender, and ingroup/outgroup status, and responses to conflict: A study in China and the United States. *Aggressive Behavior, 37,* 302-314.

Forbes, G., Zhang, X., Doroszewicz, K., & Haas, K. (2009). Relationships between individualism-collectivism, gender, and direct or indirect aggression: A study in China, Poland, and the US. *Aggressive Behavior, 35,* 24-30.

Forgas, J. P. (Ed.). (2000). *Feeling and thinking: Affective influences on social cognition.* New York: Cambridge University Press.

Forgas, J. P., & Bower, G. H. (1987). Mood effects on person perception judgments. *Journal of Personality and Social Psychology, 53,* 53-60.

Forgas, J. P., & Locke, J. (2005). Affective influences on causal inferences: The effects of mood on attributions for positive and negative interpersonal episodes. *Cognition and Emotion, 19,* 1071-1081.

Forgas, J. P., Baumeister, R. F., & Tice, D. M. (Eds.). (2009). *Psychology of self-regulation: Cognitive, affective, and motivational processes.* New York: Psychology Press.

Forscher, P. S., Cox, W. T. L., Brauer, M., & Devine, P. G. (2019). Little race or gender bias in an experiment of initial review of NIH R01 grant proposals. *Nature Human Behavior,* in press.

Forscher, P. S., Lai, C. K., Axt, J. R., Ebersole, C. R., Herman, M., Devine, P. G., & Nosek, B. A. (2019). A meta-analysis of procedures to change implicit measures. *Journal of Personality and Social Psychology, 117,* 522-559.

Fortuna, K., & Knafo, A. (2014). Parental and genetic contributions to prosocial behavior during childhood. In L. M. Padilla-Walker & G. Carlo (Eds.), *Prosocial development: A multidimensional approach* (pp. 70-89). New York: Oxford University Press.

Foster, C. A., Witcher, B. S., Campbell, W. K., & Green, J. D. (1998). Arousal and attraction: Evidence for automatic and controlled processes. *Journal of Personality and Social Psychology, 74,* 86-101.

Fosterling, F. (1992). The Kelley model as an analysis of variance analogy: How far can it be taken? *Journal of Experimental Social Psychology, 28*, 475-490.

Fowler, F. J., Jr. (2014). *Survey research methods*. Thousand Oaks, CA: Sage.

Fowler, K. A., Lilienfeld, S. O., & Patrick, C. J. (2009). Detecting psychopathy from thin slices of behavior. *Psychological Assessment, 21*, 68-78.

Fox, E., Russo, R., & Dutton, K. (2002). Attentional bias for threat: Evidence for delayed disengagement from emotional faces. *Cognition and Emotion, 16*, 355-379.

Frank, J. (1949). *Courts on trial*. Princeton, NJ: Princeton University Press.

Frantz, C. M., Cuddy, A. J. C., Burnett, M., Ray, H., & Hart, A. (2004). A threat in the computer: The race Implicit Association Test as a stereotype threat experience. *Personality and Social Psychology Bulletin, 30*, 1611-1624.

Frattaroli, J. (2006). Experimental disclosure and its moderators: A meta-analysis. *Psychological Bulletin, 132*, 823-865.

Frazier, P. A. (2003). Perceived control and distress following sexual assault: A longitudinal test of a new model. *Journal of Personality and Social Psychology, 84*, 1257-1269.

Frazier, P., & Schauben, L. (1994). Causal attributions and recovery from rape and other stressful events. *Journal of Social and Clinical Psychology, 13*, 1-14.

Frazier, P., Greer, C., Gabrielsen, S., Tennen, H., Park, C., & Tomich, P. (2013). The relation between trauma exposure and prosocial behavior. *Psychological Trauma: Theory, Research, Practice, and Policy, 5*, 286-294.

Frazier, P., Steward, J., & Mortensen, H. (2004). Perceived control and adjustment to trauma: A comparison across events. *Journal of Social and Clinical Psychology, 23*, 303-324.

Frear, K. A., Paustian, U. S. C., Heggestad, E. D., & Walker, L. S. (2019). Gender and career success: A typology and analysis of dual paradigms. *Journal of Organizational Behavior, 40*, 400-416.

Frederickson, B. L., Maynard, K. E., Helms, M. J., Haney, T. L., Siegler, I. C., & Barefoot, J. C. (2000). Hostility predicts magnitude and duration of blood pressure response to anger. *Journal of Behavioral Medicine, 23*, 229-243.

Fredrickson, B. L. (2009). *Positivity: Groundbreaking research reveals how to embrace the hidden strength of positive emotions, overcome negativity, and thrive*. New York: Crown Books.

Fredrickson, B. L., Tugade, M. M., Waugh, C. E., & Larkin, G. R. (2003). What good are positive emotions in crisis? A prospective study of resilience and emotions following the terrorist attacks on the United States on September 11th, 2001. *Journal of Personality and Social Psychology, 84*, 365-376.

Freeberg, T. M., Krama, T., Vrublevska, J., Krams, I., & Kullberg, C. (2014). Tufted titmouse (*Baeolophus bicolor*) calling and risk-sensitive foraging in the face of threat. *Animal Cognition, 17*, 1341-1352.

Freedman, G., Green, M. C., Flanagan, M., Fitzgerald, K., & Kaufman, G. (2018). The effect of gender on attributions for women's anxiety and doubt in a science narrative. *Psychology of Women Quarterly, 42*, 178-191.

Freedman, J. L., & Fraser, S. C. (1966). Compliance without pressure: The foot-in-the-door technique. *Journal of Personality and Social Psychology, 4*, 195-202.

Freedman, J. L., & Sears, D. O. (1965). Warning, distraction, and resistance to influence. *Journal of Personality and Social Psychology, 1*, 262-266.

Freeman, K., Hadwin, J. A., & Halligan, S. L. (2011). An experimental investigation of peer influences on adolescent hostile attributions. *Journal of Clinical Child and Adolescent Psychology, 40*, 897-903.

Frenda, S. J., Nichols, R. M., & Loftus, E. F. (2011). Current issues and advances in misinformation research. *Current Directions in Psychological Science, 20*, 20-23.

Frenda, S. J., Patihis, L., Loftus, E. F., Lewis, H. C., & Fenn, K. M. (2014). Sleep deprivation and false memories. *Psychological Science, 25*, 1674-1681.

Freud, S. (1905). *Fragments of an analysis of a case of hysteria. Collected papers* (Vol. 3). New York: Basic Books. (Reprinted in 1959)

Frey, K. S., Hirschstein, M. K., Edstrom, L. V., & Snell, J. L. (2009). Observed reductions in school bullying, nonbullying aggression, and destructive bystander behavior: A longitudinal evaluation. *Journal of Educational Psychology, 101*, 466-481.

Friedland, N., Keinan, G., & Regev, Y. (1992). Controlling the uncontrollable: Effects of stress on illusory perceptions of controllability. *Journal of Personality and Social Psychology, 63*, 923-931.

Friedman, H. S. (1991). *The self-healing personality*. New York: Henry Holt.

Friedman, H. S., & Booth-Kewley, S. (1987). The "disease-prone personality": A meta-analytic view of the construct. *American Psychologist, 42*, 539-555.

Friedman, H. S., & Kern, M. L. (2014). Personality, well-being, and health. *Annual Review of Psychology, 65*, 719-742.

Friedman, M. J., Keane, T. M., & Resick, P. A. (Eds.). (2014). *Handbook of PTSD: Science and practice* (2nd ed.). New York: Guilford Press.

Friedrich, J., Fethersonhaugh, D., Casey, S., & Gallagher, D. (1996). Argument integration and attitude change: Suppression effects in the integration of one-sided arguments that vary in persuasiveness. *Personality and Social Psychology Bulletin, 22*, 179-191.

Friend, R., Rafferty, Y., & Bramel, D. (1990). A puzzling misinterpretation of the Asch "conformity" study. *European Journal of Social Psychology, 20*, 29-44.

Fry, D. P. (2012). Life without war. *Science, 336*, 879-884.

Fry, R. (2019). U.S. women near milestone in the college-educated labor force. *Pew Research Center*, https://www.pewresearch.org/fact-tank/2019/06/20/u-s-women-near-milestone-in-the-college-educated-labor-force.

Fujita, F., & Diener, E. (2005). Life satisfaction set point: Stability and change. *Journal of Personality and Social Psychology, 88*, 158-164.

Funk, S. C. (1992). Hardiness: A review of theory and research. *Health Psychology, 11*, 335-345.

Furche, A., & Johnstone, D. (2006). Evidence of the endowment effect in stock market order placement. *Journal of Behavioral Finance, 7*, 145-154.

Furnham, A. (2003). Belief in a just world: Research progress over the past decade. *Personality and Individual Differences, 34*, 795-817.

Furnham, A., Simmons, K., & McClelland, A. (2000). Decisions concerning the allocation of scarce medical resources. *Journal of Social Behavior and Personality, 15*, 185-200.

Gabbert, F., Memon, A., & Allan, K. (2003). Memory conformity: Can eyewitnesses influence each other's memories for an event? *Applied Cognitive Psychology, 17*, 533-543.

Gaertner, S. L., & Dovidio, J. F. (1986). The aversive form of racism. In J. F. Dovidio & S. L. Gaernter (Eds.), *Prejudice, discrimination, and racism* (pp. 61-89). San Diego, CA: Academic Press.

Gaertner, S. L., & Dovidio, J. F. (2010). Common ingroup identity model. In J. M. Levine & M. A. Hogg (Eds.), *Encyclopedia of group processes and intergroup relations* (Vol. 1, pp. 119-122). Thousand Oaks, CA: Sage.

Gaertner, S. L., & Dovidio, J. F. (2012). The common ingroup identity model. In P. M. Van Lange, A. W. Kruglanski, & E. T. Higgins (Eds.), *Handbook of theories of social psychology* (Vol. 2, pp. 439-457). Thousand Oaks, CA: Sage.

Gaertner, S. L., Dovidio, J. F., Guerra, R., Hehman, E., & Saguy, T. (2016). A common ingroup identity: Categorization, identity, and intergroup relations. In T. D. Nelson (Ed.), *Handbook of prejudice, stereotyping, and discrimination* (2nd ed., pp. 433-454). New York: Psychology Press.

Gaesser, B., Shimura, Y., & Cikara, M. (2019). Episodic simulation reduces intergroup bias in prosocial intentions and behavior. *Journal of Personality and Social Psychology*, in press.

Gaffney, H., Ttofi, M. M., & Farrington, D. P. (2019). Evaluating the effectiveness of school-bullying prevention programs: An updated meta-analytical review. *Aggression and Violent Behavior, 45*, 111-133.

Gailliot, M., Baumeister, R., DeWall, C., Maner, J., Plant, E., Tice, D., et al. (2007). Self-control relies on glucose as a limited energy source: Willpower is more than just a metaphor. *Journal of Personality and Social Psychology, 92*, 325-336.

Gaither, J. R., Gordon, K., Crystal, S., Edelman, E. J., Kerns, R. D., Justice, A. C., et al. (2018). Racial disparities in discontinuation of long-term opioid therapy following illicit drug use among Black and White patients. *Drug and Alcohol Dependence, 192*, 371-376.

Galanter, M. (1999). *Cults: Faith, healing, and coercion* (2nd ed.). New York: Oxford University Press.

Galea, S., Ahern, J., Resnick, H., Kilpatrick, D., Bucuvalas, M., Gold, J., et al. (2002). Psychological sequelae of the September 11 terrorist attacks in New York City. *New England Journal of Medicine, 346*, 982-987.

Galen, B. R., & Underwood, M. K. (1997). A developmental investigation of social aggression among children. *Developmental Psychology, 33*, 589-600.

Galinsky, A. D., Stone, J., & Cooper, J. (2000). The reinstatement of dissonance and psychological discomfort following failed affirmations. *European Journal of Social Psychology, 30*, 123-147.

Galinsky, A. D., Todd, A. R., Homan, A. C., Phillips, K. W., Apfelbaum, E. P., Sasaki, S. J., et al. (2015). Maximizing the gains and minimizing the pains of diversity: A policy perspective. *Perspectives on Psychological Science, 10*, 742-748.

Galinsky, A. D., Todd, A. R., Homan, A. C., Phillips, K. W., Apfelbaum, E. P., Sasaki, S. J., et al. (2019). Self-recognition in animals: Where do we stand 50 years later? Lessons from cleaner wrasse and other species. *Psychology of Consciousness: Theory, Research, and Practice*, in press.

Gallo, L. C., & Matthews, K. A. (2003). Understanding the association between socioeconomic status and physical health: Do negative emotions play a role? *Psychological Bulletin, 129*, 10-51.

Gallup, G. G., Jr. (1977). Self-recognition in primates: A comparative approach to the bidirectional properties of consciousness. *American Psychologist, 32*, 329-337.

Gallup. (2019). https://news.gallup.com/poll/1687/Race-Relations.aspx.

Galobardes, B., Smith, G. D., & Lynch, J. W. (2006). Systematic review of the influence of childhood socioeconomic circumstances on risk for cardiovascular disease in adulthood. *Annals of Epidemiology, 16*, 91-104.

Game, F., Carchon, I., & Vital-Durand, F. (2003). The effect of stimulus attractiveness on visual tracking in 2- to 6-month-old infants. *Infant Behavior & Development, 26*, 135-150.

Gamson, W. A., Fireman, B., & Rytina, S. (1982). *Encounters with unjust authority*. Homewood, IL: Dorsey.

Gangestad, S. W. (1993). Sexual selection and physical attractiveness: Implications for mating dynamics. *Human Nature, 4*, 205-235.

Gangestad, S. W., & Simpson, J. A. (2000). The evolution of human mating: Trade-offs and strategic pluralism. *Behavioral and Brain Sciences, 23*, 573-587.

Gangestad, S. W., & Snyder, M. (2000). Self-monitoring: Appraisal and reappraisal. *Psychological Bulletin, 126*, 530-555.

Ganna, A., Verweij, K. J. H., Nivard, M. G., Maier, R., Wedow, R., Busch, A. S., et al. (2019). Large-scale GWAS reveals insights into the genetic architecture of same-sex sexual behavior. *Science, 365*, Issue 6456, eaat7693.

Gardikiotis, A. (2011). Minority influence. *Social and Personality Psychology Compass, 5*, 679-693.

Gardner, W. L., & Knowles, M. L. (2008). Love makes you real: Favorite television characters are perceived as "real" in a social facilitation paradigm. *Social Cognition, 26*, 156-168.

Garland, H., & Conlon, D. E. (1998). Too close to quit: The role of project completion in maintaining commitment. *Journal of Applied Social Psychology, 28*, 2025-2048.

Garnero, A., Kampelmann, S., & Rycx, F. (2014). The heterogeneous effects of workforce diversity on productivity, wages, and profits. *Industrial Relations: A Journal of Economy & Society, 53*, 430-477.

Garrett, B. L. (2010). The substance of false confessions. *Stanford Law Review, 62*, 1051-1119.

Garrett, B. L. (2011). *Convicting the innocence: When criminal prosecutions go wrong*. Cambridge, MA: Harvard University Press.

Gaucher, D., Friesen, J., & Kay, A. C. (2011). Evidence that gendered wording in job advertisements exists and sustains gender inequality. *Journal of Personality and Social Psychology, 101*, 109-128.

Gawronski, B., & Bodenhausen, G. V. (2006). Associative and propositional processes in evaluation: An integrative review of implicit and explicit attitude change. *Psychological Bulletin, 132*, 692-731.

Geary, D. C. (2000). Evolution and proximate expression of human paternal investment. *Psychological Bulletin, 126*, 55-77.

Gee, C. J., & Leith, L. M. (2007). Aggressive behavior in professional ice hockey: A cross-cultural comparison of North American and European born NHL players. *Psychology of Sport and Exercise, 8*, 567-583.

Geen, R. G. (1991). Social motivation. *Annual Review of Psychology, 42*, 377-399.

Geen, R. G., & Quanty, M. B. (1977). The catharsis of aggression: An evaluation of a hypothesis. In L. Berkowitz (Ed.), *Advances in experimental social psychology* (Vol. 10, pp. 1-37). New York: Academic Press.

Gehlbach, H., Robinson, C. D., & Vriesema, C. C. (2019). Leveraging cognitive consistency to nudge conservative climate change beliefs. *Journal of Environmental Psychology, 61*, 134-137.

Geiger, A. W., & Parker, K. (2019). For women's history month, a look at gender gains—and gaps—in the U.S. *Pew Research Center*, https://www.pewresearch.org/fact-tank/2018/03/15/for-womens- history-month-a-look-at-gender-gains-and-gaps-in-the-u-s.

Geis, F. L., Brown, V., Jennings (Walstedt), J., & Porter, N. (1984). TV commercials as achievement scripts for women. *Sex Roles, 10*, 513-525.

Geiselman, R. E., Haight, N. A., & Kimata, L. G. (1984). Context effects in the perceived physical attractiveness of faces. *Journal of Experimental Social Psychology, 20*, 409-424.

Gelfand, M. J., Brett, J., Gunia, B. C., Imai, L., Huang, T.-J., & Hsu, B.-F. (2013). Toward a culture-by-context perspective on negotiation: Negotiating teams in the United States and Taiwan. *Journal of Applied Psychology, 98*, 504-513.

Gelfand, M. J., Erez, M., & Aycan, Z. (2007). Cross-cultural organizational behavior. *Annual Review of Psychology, 58*, 479-514.

Gelfand, M. J., Harrington, J. R., & Jackson, J. C. (2017). The strength of social norms across human groups. *Perspectives on Psychological Science, 12*, 800-809.

Gelfand, M. J., Severance, L., Lee, T., Bruss, C. B., Lun, J., Abdel, L. A., et al. (2015). Culture and getting to yes: The linguistic signature of creative agreements in the United States and Egypt. *Journal of Organizational Behavior, 36*, 967-989.

Gentile, B., Grabe, S., Dolan-Pascoe, B., Twenge, J. M., Wells, B. E., & Maitino, A. (2009). Gender differences in domain-specific self- esteem: A meta-analysis. *Review of General Psychology, 13*, 34-45.

Georgeac, O. A. M., Rattan, A., & Effron, D. A. (2019). An exploratory investigation of Americans' expression of gender bias before and after the 2016 presidential election. *Social Psychological and Personality Science, 10*, 632-642.

Georgesen, J. C., & Harris, M. J. (1998). Why's my boss always holding me down? A meta-analysis of power effects on performance evaluations. *Personality and Social Psychology Review, 2*, 184-195.

Gerard, H. B., Whilhelmy, R. A., & Connolley, R. S. (1968). Conformity and group size. *Journal of Personality and Social Psychology, 8*, 79-82.

Gerber, J. P., Wheeler, L., & Suls, J. (2018). A social comparison theory meta-analysis 60 + years on. *Psychological Bulletin, 144*, 177-197.

Gerber, J., & Wheeler, L. (2009). On being rejected: A meta-analysis of experimental research on rejection. *Perspectives on Psychological Science, 4*, 468-488.

Gergen, K. J. (1973). Social psychology as history. *Journal of Personality and Social Psychology, 26*, 309-320.

Gerhart, B., & Rynes, S. (1991). Determinants and consequences of salary negotiations by male and female MBA graduates. *Journal of Applied Psychology, 76*, 256-262.

Gershoff, E. T. (2002). Corporal punishment by parents and associated child behaviors and experiences: A meta-analytic and theoretical review. *Psychological Bulletin, 128*, 539-579.

Gerson, J. (2006, September 21). Montreal shootings disturb Columbine game creator. *Toronto Star*, p. A12.

Gervais, W. M., & Norenzayan, A. (2012). Like a camera in the sky? Thinking about God increases public self-awareness and socially desirable responding. *Journal of Experimental Social Psychology, 48*, 298-302.

Geschke, D., Lorenz, J., & Holtz, P. (2019). The triple-filter bubble: Using agent-based modelling to test a meta-theoretical framework for the emergence of filter bubbles and echo chambers. *British Journal of Social Psychology, 58*, 129-149.

Ghumman, S., & Barnes, C. M. (2013). Sleep and prejudice: A resource recovery approach. *Journal of Applied Social Psychology, 43*, 166-178.

Giancola, P. R., Godlaski, A. J., & Roth, R. M. (2012). Identifying component-processes of executive functioning that serve as risk factors for the alcohol-aggression relation. *Psychology of Addictive Behaviors, 26*, 201-211.

Giancola, P. R., Josephs, R. A., Parrott, D. J., & Duke, A. A. (2010). Alcohol myopia revisited: Clarifying aggression and other acts of disinhibition through a distorted lens. *Perspectives on Psychological Science, 5*, 265-278.

Gibbons, F. X., & McCoy, S. B. (1991). Self-esteem, similarity, and reactions to active versus passive downward comparison. *Journal of Personality and Social Psychology, 60*, 414-424.

Gibbons, F. X., Kingsbury, J. H., Weng, C., Gerrard, M., Cutrona, C., Wills, T. A., et al. (2014). Effects of perceived racial discrimination on health status and health behavior: A differential mediation hypothesis. *Health Psychology, 33*, 11-19.

Gibbons, F. X., Lane, D. J., Gerrard, M., Reis-Bergan, M., Lautrup, C., Pexa, N., et al. (2002). Comparison level preferences after performance: Is downward comparison theory still useful? *Journal of Personality and Social Psychology, 83*, 865-880.

Gibbons, S. L., & Ebbeck, V. (1997). The effect of different teaching strategies on the moral development of physical education students. *Journal of Teaching in Physical Education, 17*, 85-98.

Gibbs, W., & Koranyi, B. (2012, April 20). Mass killer planned bigger attack; tells court he prepared by playing World of Warcraft "a lot." *The Gazette*, p. A17.

Gibson, B., & Sachau, D. (2000). Sandbagging as a self-presentational strategy: Claiming to be less than you are. *Personality and Social Psychology Bulletin, 26*, 56-70.

Giesler, R. B., Josephs, R. A., & Swann, W. B., Jr. (1996). Self-verification in clinical depression: The desire for negative evaluation. *Journal of Abnormal Psychology, 105*, 358-368.

Gigerenzer, G., Hertwig, R., & Pachur, T. (Eds.). (2011). *Heuristics: The foundations of adaptive behavior*. New York: Oxford University Press.

Gilbert, D. (2006). *Stumbling on happiness*. New York: Knopf.

Gilbert, D. T., & Jones, E. E. (1986). Perceiver-induced constraint: Interpretations of self-generated reality. *Journal of Personality and Social Psychology, 50*, 269-280.

Gilbert, D. T., & Malone, P. S. (1995). The correspondence bias. *Psychological Bulletin, 117*, 21-38.

Gilbert, D. T., King, G., Pettigrew, S., & Wilson, T. D. (2016). Comment on "Estimating the reproducibility of psychological science." *Science, 351*(6277).

Gilbert, D. T., McNulty, S. E., Giuliano, T. A., & Benson, J. E. (1992). Blurry words and fuzzy deeds: The attribution of obscure behavior. *Journal of Personality and Social Psychology, 62*, 18-25.

Gilbert, D. T., Pinel, E. C., Wilson, T. D., Blumberg, S. J., & Wheatley, T. (1998). Immune neglect: A source of durability bias in affective forecasting. *Journal of Personality and Social Psychology, 75*, 617-638.

Gilbert, S. J. (1981). Another look at the Milgram obedience studies: The role of the gradated series of shocks. *Personality and Social Psychology Bulletin, 7*, 690-695.

Gillig, P. M., & Greenwald, A. G. (1974). Is it time to lay the sleeper effect to rest? *Journal of Personality and Social Psychology, 29*, 132-139.

Gil-Or, O., Levi-Belz, Y., & Turel, O. (2015). The "Facebook-self": Characteristics and psychological predictors of false self- presentation on Facebook. *Frontiers in Psychology, 6,* Article ID 99.

Gilovich, T., Griffin, D., & Kahneman, D. (Eds.). (2002). *Heuristics and biases: The psychology of intuitive judgment.* New York: Cambridge University Press.

Gilovich, T., Medvec, V. H., & Savitsky, K. (2000). The spotlight effect in social judgment: An egocentric bias in estimates of the salience of one's own actions and appearance. *Journal of Personality and Social Psychology, 78,* 211-222.

Gimenez-Nadal, J. I., & Molina, J. A. (2019). Daily feelings of US workers and commuting time. *Journal of Transport & Health, 12,* 21-33.

Giner-Sorolla, R., & Chaiken, S. (1997). Selective use of heuristic and systematic processing under defensive motivation. *Personality and Social Psychology Bulletin, 23,* 84-97.

Gino, F., Ayal, S., & Ariely, D. (2009). Contagion and differentiation in unethical behavior: The effect of one bad apple on the barrel. *Psychological Science, 20,* 393-398.

Gioia, D. A., & Longnecker, C. O. (1994). Delving into the dark side: The politics of executive appraisal. *Organizational Dynamics, 22,* 47-58.

Giving USA. (2019, June 18). Giving USA 2019: Americans gave $427.71 million to charity in 2018 amid complex year for charitable giving. https://givingusa.org/giving-usa-2019- americans-gave-427-71-billion-to-charity-in-2018-amid-complex- year-for-charitable-giving.

Gladwell, M. (2005). *Blink: The power of thinking without thinking.* New York: Little, Brown.

Glanz, J., & Schwartz, J. (2003, September 26). Dogged engineer's effort to assess shuttle damage. *New York Times,* p. A1.

Glaser, T., Dickel, N., Liersch, B., Rees, J., Süssenbach, P., & Bohner, G. (2015). Lateral attitude change. *Personality and Social Psychology Review, 19,* 257-276.

Glasman, L. R., & Albarracín, D. (2006). Forming attitudes that predict future behavior: A meta-analysis of the attitude-behavior relation. *Psychological Bulletin, 132,* 778-822.

Glaso, L., Nielsen, M. B., & Einarsen, S. (2009). Interpersonal problems among perpetrators and targets of workplace bullying. *Journal of Applied Social Psychology, 39,* 1316-1333.

Glasper, E. R., Kenkel, W. M., Bick, J., & Rilling, J. K. (2019). More than just mothers: The neurobiological and neuroendocrine underpinnings of allomaternal caregiving. *Frontiers in Neuroendocrinology, 53,* Article UNSP 100741.

Glass, D. C., & Singer, J. E. (1972). *Urban stress.* New York: Academic Press.

Glick, A. R. (2015). The role of serotonin in impulsive aggression, suicide, and homicide in adolescents and adults: A literature review. *International Journal of Adolescent Medicine and Health, 27,* 143-150.

Glick, B., & Gibbs, J. C. (2011). *Aggression replacement training: A comprehensive intervention for aggressive youth* (3rd ed., rev. and exp.). Champaign, IL: Research Press.

Glick, P., & Fiske, S. T. (2001). Ambivalent sexism. In M. P. Zanna (Ed.), *Advances in experimental social psychology* (Vol. 33, pp. 115-188). San Diego, CA: Academic Press.

Glick, P., & Fiske, S. T. (2012). An ambivalent alliance: Hostile and benevolent sexism as complementary justifications for gender inequality. In J. Dixon & M. Levine (Eds.), *Beyond prejudice: Extending the social psychology of conflict, inequality and social change* (pp. 70-88). New York: Cambridge University Press.

Glick, P., Fiske, S. T., Mladinic, A., Saiz, J. L., Abrams, D., Masser, B., et al. (2000). Beyond prejudice as simple antipathy: Hostile and benevolent sexism across cultures. *Journal of Personality and Social Psychology, 79,* 763-775.

Global Deception Research Team. (2006). A world of lies. *Journal of Cross-Cultural Psychology, 37,* 60-74.

Godar, S. C., Fite, P. J., McFarlin, K. M., & Bortolato, M. (2016). The role of monoamine oxidase A in aggression: Current translational developments and future challenges. *Progress in Neuro- Psychopharmacology & Biological Psychiatry, 69,* 90-100.

Godfrey, D. K., Jones, E. E., & Lord, C. G. (1986). Self-promotion is not ingratiating. *Journal of Personality and Social Psychology, 50,* 106-115.

Goel, V. (2014, June 30). Facebook tinkers with users' emotions in news feed experiment, stirring outcry. *New York Times,* p. B1.

Goethals, G. R. (2005). Presidential leadership. *Annual Review of Psychology, 56,* 545-570.

Goethals, G. R., & Darley, J. (1977). Social comparison theory: An attributional approach. In J. M. Suls & R. L. Miller (Eds.), *Social comparison processes: Theoretical and empirical perspectives* (pp. 259-278). Washington, DC: Hemisphere.

Goethals, G. R., Cooper, J., & Naficy, A. (1979). Role of foreseen, foreseeable, and unforeseeable behavioral consequences in the arousal of cognitive dissonance. *Journal of Personality and Social Psychology, 37,* 1179-1185.

Goethals, G. R., Sorensen, G., & Burns, J. M. (Eds.). (2004). *Encyclopedia of leadership.* Thousand Oaks, CA: Sage.

Goff, P. A., Eberhardt, J. L., Williams, M. J., & Jackson, M. C. (2008). Not yet human: Implicit knowledge, historical dehumanization, and contemporary consequences. *Journal of Personality and Social Psychology, 94,* 292-306.

Goff, P. A., Jackson, M. C., Di Leone, B. A. L., Culotta, C. M., & DiTomasso, N. A. (2014). The essence of innocence: Consequences of dehumanizing Black children. *Journal of Personality and Social Psychology, 106,* 526-545.

Goff, P. A., Steele, C. M., & Davies, P. G. (2008). The space between us: Stereotype threat and distance in interracial contexts. *Journal of Personality and Social Psychology, 94,* 91-107.

Goffman, E. (1955). On face-work: An analysis of ritual elements in social interaction. *Psychiatry, 18,* 213-231.

Goffman, E. (1959). *The presentation of self in everyday life.* Garden City, NY: Doubleday.

Goldberg, P. (1968). Are women prejudiced against women? *Transaction, 5,* 28-30.

Goldenberg, A., Cohen-Chen, S., Goyer, J. P., Dweck, C. S., Gross, J. J., & Halperin, E. (2018). Testing the impact and durability of a group malleability intervention in the context of the Israeli-Palestinian conflict. *Proceedings of the National Academy of Sciences of the United States of America, 115,* 696-701.

Goldhagen, D. J. (1996). *Hitler's willing executioners: Ordinary Germans and the Holocaust.* New York: Knopf.

Goldhill, O. (2017, December 3). Implicit bias trainings are used to fight racism, but IAT science is flawed. *qz.com.* https:// qz.com/1144504/the-world-is-relying-on-a-flawed-psychological-test-to-fight-racism.

Goldiner, D., & Ganz, J. (2019, August 4). Bloodbath at Texas Walmart. *New York Daily News,* pp. 10-11.

Goleman, D., Boyatzis, R., & McKee, A. (2002). *Primal leadership: Realizing the power of emotional intelligence.* Cambridge, MA: Harvard Business School Press.

Golgowski, N. (2015, April 10). Troy University students charged in Florida spring break gang rape filmed on cell phone. *New York Daily News*. http://www.nydailynews.com/news/national/troy-university-students-charged-spring-break-gang-rape- article-1.2181244.

Gollan, J. (2011, January 21). Rethinking evaluations when almost every teacher gets an "A" *New York Times*. http://www.nytimes.com.

Gonzaga, G., Campos, B., & Bradbury, T. (2007). Similarity, convergence, and relationship satisfaction in dating and married couples. *Journal of Personality and Social Psychology, 93,* 34-48.

Gonzales, D. (2019, October 7). All quiet in Aurora, Colorado, where *Joker* was not invited. *Vanity Fair*. http://www.vanityfair.com/hollywood/2019/10/joker-movie-aurora-colorado.

Gonzalez, A. Q., & Koestner, R. (2006). What Valentine announcements reveal about the romantic emotions of men and women. *Sex Roles, 55,* 767-773.

Good, J. J., Sanchez, D. T., & Chavez, G. F. (2013). White ancestry in perceptions of Black/White biracial individuals: Implications for affirmative action contexts. *Journal of Applied Social Psychology, 43,* E276-E286.

Goodwin, G. P. (2015). Moral character in person perception. *Current Directions in Psychological Science, 24,* 38-44.

Goodwin, G. P., Piazza, J., & Rozin, P. (2014). Moral character predominates in person perception and evaluation. *Journal of Personality and Social Psychology, 106,* 148-168.

Goodwin, K. A., Hannah, P. J., Nicholl, M. C., & Ferri, J. M. (2017). The confident co-witness: The effects of misinformation on memory after collaborative discussion. *Applied Cognitive Psychology, 31,* 225-235.

Goodwin, S. A., Fiske, S. T., Rosen, L. D., & Rosenthal, A. M. (2002). The eye of the beholder: Romantic goals and impression biases. *Journal of Experimental Social Psychology, 38,* 232-241.

Gorchoff, S., John, O., & Helson, R. (2008). Contextualizing change in marital satisfaction during middle age: An 18-year longitudinal study. *Psychological Science, 19,* 1194-1200.

Gordon, R. A., Crosnoe, R., & Wang, X. (2013). Physical attractiveness and the accumulation of social and human capital in adolescence and young adulthood: Assets and distractions. *Monographs of the Society for Research in Child Development, 78,* 1-137.

Gosling, P., Denizeau, M., & Oberlé, D. (2006). Denial of responsibility: A new mode of dissonance reduction. *Journal of Personality and Social Psychology, 90,* 722-733.

Gosling, S. (2008). *Snoop: What your stuff says about you.* New York: Basic Books.

Gosling, S. D., & Mason, W. (2015). Internet research in psychology. *Annual Review of Psychology, 66,* 877-902.

Gossett, J. L., & Byrne, S. (2002). "CLICK HERE": A content analysis of Internet rape sites. *Gender and Society, 16,* 689-709.

Goswami, R., Dufort, P., Tartaglia, M. C., Green, R. E., Crawley, A., Tator, C. H., et al. (2016). Frontotemporal correlates of impulsivity and machine learning in retired professional athletes with a history of multiple concussions. *Brain Structure & Function, 221,* 1911-1925.

Gotlib, I. H., & Hammen, C. L. (Eds.). (2009). *Handbook of depression* (2nd ed.). New York: Guilford Press.

Gottfredson, L. S. (2002). Where and why g matters: Not a mystery. *Human Performance, 15,* 25-46.

Gottman, J. M. (1994). *What predicts divorce?* Hillsdale, NJ: Erlbaum.

Gottman, J. M. (1998). Psychology and the study of marital processes. *Annual Review of Psychology, 49,* 169-197.

Gottman, J. M., & Gottman, J. S. (2018). *The science of couples and family therapy: Behind the scenes at the "love lab."* New York: Norton.

Gottman, J. M., & Levenson, R. W. (1992). Marital processes predictive of later dissolution: Behavior, physiology, and health. *Journal of Personality and Social Psychology, 63,* 221-233.

Gouin, J., Kiecolt-Glaser, J., Malarkey, W., & Glaser, R. (2008). The influence of anger expression on wound healing. *Brain, Behavior, and Immunity, 22,* 699-708.

Gouldner, A. W. (1960). The norm of reciprocity: A preliminary statement. *American Sociological Review, 25,* 161-178.

Goyal, N., & Miller, J. G. (2018). The importance of timing in reciprocity: An investigation of reciprocity norms among Indians and Americans. *Journal of Cross-Cultural Psychology, 49,* 381-403.

Goyer, J. P., Cohen, G. L., Cook, J. E., Master, A., Apfel, N., Lee, W., et al. (2019). Targeted identity-safety interventions cause lasting reductions in discipline citations among negatively stereotyped boys. *Journal of Personality and Social Psychology, 117,* 229-259.

Gracia, E., García, F., & Lila, M. (2009). Public responses to intimate partner violence against women: The influence of perceived severity and personal responsibility. *Spanish Journal of Psychology, 12,* 648-656.

Graham, J., Haidt, J., Motyl, M., Meindl, P., Iskiwitch, C., & Mooijman, M. (2018). Moral foundations theory: On the advantages of moral pluralism over moral monism. In K. Gray & J. Graham (Eds.), *Atlas of moral psychology* (pp. 211-222). New York: Guilford.

Grammer, K., & Thornhill, R. (1994). Human facial attractiveness and sexual selection: The role of averageness and symmetry. *Journal of Comparative Psychology, 108,* 233-242.

Granberg, D., & Bartels, B. (2005). On being a lone dissenter. *Journal of Applied Social Psychology, 35,* 1849-1858.

Granhag, P. A., Vrij, A., & Verschuere, B. (2015). *Detecting deception: Current challenges and cognitive approaches.* Hoboken, NJ: Wiley.

Granhag, P. A., Vrij, A., & Verschuere, B. (Eds.). (2015). *Deception detection: Current challenges and new approaches.* Chichester: Wiley.

Granville, K. (2018, March 19). Facebook and Cambridge Analytica: What you need to know as fallout widens. *New York Times*. https://www.nytimes.com/2018/03/19/technology/facebook- cambridge-analytica-explained.html.

Graupensperger, S., Gottschall, J. S., Benson, A. J., Eys, M., Hastings, B., & Evans, M. B. (2019). Perceptions of groupness during fitness classes positively predict recalled perceptions of exertion, enjoyment, and affective valence: An intensive longitudinal investigation. *Sport, Exercise, and Performance Psychology, 8,* 290-304.

Grawitch, M. J., & Ballard, D. W. (Eds.). (2015). *The psychologically healthy workplace: Building a win-win environment for organizations and employees.* Washington, DC: American Psychological Association.

Gray, H. M., Gray, K., & Wegner, D. M. (2007, February 2). Dimensions of mind perception. *Science, 315,* 619.

Gray, J. (1997). *Men are from Mars, women are from Venus.* New York: HarperCollins.

Gray, K., Ward, A. F., & Norton, M. I. (2014). Paying it forward: Generalized reciprocity and the limits of generosity. *Journal of Experimental Psychology: General, 143,* 247-254.

Gray, R. (2004). Attending to the execution of a complex sensorimotor skill: Expertise differences, choking, and slumps. *Journal of Experimental Psychology: Applied, 10,* 42-54.

Gray-Little, B., & Hafdahl, A. R. (2000). Factors influencing racial comparisons of self-esteem: A quantitative review. *Psychological Bulletin, 126*, 26-54.

Greathouse, S. M., & Kovera, M. B. (2009). Instruction bias and lineup presentation moderate the effects of administrator knowledge on eyewitness identification. *Law and Human Behavior, 33*, 70-82.

Green, J. D., Sedikides, C., & Gregg, A. P. (2008). Forgotten but not gone: The recall and recognition of self-threatening memories. *Journal of Experimental Social Psychology, 44*, 547-561.

Greenaway, K. H., Haslam, S. A., Cruwys, T., Branscombe, N. R., Ysseldyk, R., & Heldreth, C. (2015). From "we" to "me": Group identification enhances perceived personal control with consequences for health and well-being. *Journal of Personality and Social Psychology, 109*, 53-74.

Greenberg, J. (1988). Equity and workplace status: A field experiment. *Journal of Applied Psychology, 73*, 606-613.

Greenberg, J. (1990). Employee theft as a reaction to underpayment inequity: The hidden costs of pay cuts. *Journal of Applied Psychology, 75*, 561-568.

Greenberg, J. (2006). Losing sleep over organizational injustice: Attenuating insomniac reactions to underpayment inequity with supervisory training in interactional justice. *Journal of Applied Psychology, 91*, 58-69.

Greenberg, J. (Ed.). (2010). *Insidious workplace behavior*. New York: Routledge/Taylor & Francis.

Greenberg, J., & Arndt, J. (2012). Terror management theory. In P. M. Van Lange, A. W. Kruglanski, & E. T. Higgins (Eds.), *Handbook of theories of social psychology* (Vol. 1, pp. 398-415). Thousand Oaks, CA: Sage.

Greenberg, J., Landau, M. J., Kosloff, S., Soenke, M., & Solomon, S. (2016). How our means for feeling transcendent of death foster prejudice, stereotyping, and intergroup conflict: Terror management theory. In T. D. Nelson (Ed.), *Handbook of prejudice, stereotyping, and discrimination* (2nd ed., pp. 107-148). New York: Psychology Press.

Greenberg, J., Solomon, S., & Pyszczynski, T. (1997). Terror management theory of self-esteem and cultural worldviews: Empirical assessments and conceptual refinements. *Advances in Experimental Social Psychology, 29*, 61-139.

Greenberg, M. S., & Westcott, D. R. (1983). Indebtedness as a mediator of reactions to aid. In J. D. Fisher, A. Nadler, & B. M. DePaulo (Eds.), *New directions in helping: Vol. 1. Recipient reactions to aid* (pp. 85-112). New York: Academic Press.

Greene, E., Heilbrun, K., Fortune, W. H., & Nietzel, M. T. (2007). *Wrightsman's psychology and the legal system* (6th ed.). Belmont, CA: Wadsworth.

Greenfield, P. M. (2013). The changing psychology of culture from 1800 through 2000. *Psychological Science, 24*, 1722-1731.

Greenwald, A. G. (1968). Cognitive learning, cognitive responses to persuasion, and attitude change. In A. Greenwald, T. Brock, & T. Ostrom (Eds.), *Psychological foundations of attitudes* (pp. 147- 170). New York: Academic Press.

Greenwald, A. G. (1980). The totalitarian ego: Fabrication and revision of personal history. *American Psychologist, 35*, 603-618.

Greenwald, A. G. (1992). New look 3: Unconscious cognition reclaimed. *American Psychologist, 47*, 766-779.

Greenwald, A. G., & Farnham, S. D. (2000). Using the Implicit Association Test to measure self-esteem and self-concept. *Journal of Personality and Social Psychology, 79*, 1022-1038.

Greenwald, A. G., & Pettigrew, T. F. (2014). With malice toward none and charity for some: Ingroup favoritism enables discrimination. *American Psychologist, 69*, 669-684.

Greenwald, A. G., McGhee, D. E., & Schwartz, J. L. K. (1998). Measuring individual differences in implicit cognition: The implicit association test. *Journal of Personality and Social Psychology, 74*, 1464-1480.

Greenwald, A. G., Oakes, M. A., & Hoffman, H. G. (2003). Targets of discrimination: Effects of race on responses to weapons holders. *Journal of Experimental Social Psychology, 39*, 399-405.

Greenwald, A. G., Poehlman, T. A., Uhlmann, E. L., & Banaji, M. R. (2009). Understanding and using the Implicit Association Test: III. Meta-analysis of predictive validity. *Journal of Personality and Social Psychology, 97*, 17-41.

Greenwald, A. G., Pratkanis, A. R., Leippe, M. R., & Baumgardner, M. H. (1986). Under what conditions does theory obstruct research progress? *Psychological Review, 93*, 216-229.

Greenwald, A. G., Spangenberg, E. R., Pratkanis, A. R., & Eskenazi, J. (1991). Double-blind tests of subliminal self-help audiotapes. *Psychological Science, 2*, 119-122.

Gregory, W. L., Mowen, J. C., & Linder, D. E. (1978). Social psychology and plea bargaining: Applications, methodology, and theory. *Journal of Personality and Social Psychology, 36*, 1521-1530.

Greitemeyer, T. (2009). Stereotypes of singles: Are singles what we think? *European Journal of Social Psychology, 39*, 368-383.

Greitemeyer, T. (2014). Article retracted, but the message lives on. *Psychonomic Bulletin & Review, 21*, 557-561.

Greitemeyer, T. (2014). Playing violent video games increases intergroup bias. *Personality and Social Psychology Bulletin, 40*, 70-78.

Greitemeyer, T. (2019). The contagious impact of playing violent video games on aggression: Longitudinal evidence. *Aggressive Behavior, 45*, 635-642.

Greitemeyer, T., & Mügge, D. O. (2014). Video games do affect social outcomes: A meta-analytic review of the effects of violent and prosocial video game play. *Personality and Social Psychology Bulletin, 40*, 578-589.

Greitemeyer, T., & Mügge, D. O. (2015). When bystanders increase rather than decrease intentions to help. *Social Psychology, 46*, 116-119.

Griffiths, S., Murray, S. B., Krug, I., & McLean, S. A. (2018). The contribution of social media to body dissatisfaction, eating disorder symptoms, and anabolic steroid use among sexual minority men. *Cyberpsychology, Behavior, and Social Networking, 21*, 149-156.

Grinshteyn, E., & Hemenway, D. (2019). Violent death rates in the US compared to those of the other high-income countries, 2015. *Preventive Medicine: An International Journal Devoted to Practice and Theory, 123*, 20-26.

Griskevicius, V., Goldstein, N. J., Mortensen, C. R., Cialdini, R. B., & Kenrick, D. T. (2006). Going along versus going alone: When fundamental motives facilitate strategic nonconformity. *Journal of Personality and Social Psychology, 91*, 281-294.

Griskevicius, V., Tybur, J. M., Ackerman, J. M., Delton, A. W., Robertson, T. E., & White, A. E. (2012). The financial consequences of too many men: Sex ratio effects on saving, borrowing, and spending. *Journal of Personality and Social Psychology, 102*, 69-80.

Griskevicius, V., Tybur, J. M., Gangestad, S. W., Perea, E. F., Shapiro, J. R., & Kenrick, D. T. (2009). Aggress to impress: Hostility as an evolved context-dependent strategy. *Journal of Personality and Social Psychology, 96*, 980-994.

Grogan-Kaylor, A., Ma, J., Lee, S. J., Castillo, B., Ward, K. P., & Klein, S. (2018). Using Bayesian analysis to examine associations between spanking and child externalizing behavior across race and ethnic groups. *Child Abuse & Neglect, 86,* 257-266.

Gross, J. J., & Levenson, R. W. (1997). Hiding feelings: The acute effects of inhibiting negative and positive emotion. *Journal of Abnormal Psychology, 106,* 95-103.

Grossman, M., & Wood, W. (1993). Sex differences in intensity of emotional experience: A social role interpretation. *Journal of Personality and Social Psychology, 65,* 1010-1020.

Grossmann, T., Missana, M., & Krol, K. M. (2018). The neurodevelopmental precursors to altruistic behavior in infancy. *PLoS Biology, 16,* e2005281.

Grote, N. K., & Clark, M. S. (2001). Perceiving unfairness in the family: Cause or consequence of marital distress? *Journal of Personality and Social Psychology, 80,* 281-293.

Groves, C. L., Prot, S., & Anderson, C. A. (2020). Violent media use and violent outcomes. In D. Faust, K. Faust, & M. Potenza (Eds.), *How digital technology use can help or harm: Recent developments, treatment considerations, and clinical applications.* Oxford: Oxford University Press.

Gruber, J., Mauss, I. B., & Tamir, M. (2011). A dark side of happiness? How, when, and why happiness is not always good. *Perspectives on Psychological Science, 6,* 222-233.

Guan, F., Chen, J., Chen, O., Liu, L., & Zha, Y. (2019). Awe and prosocial tendency. *Current Psychology: A Journal for Diverse Perspectives on Diverse Psychological Issues, 38,* 1033-1041.

Guan, Y., Chen, S. X., Levin, N., Bond, M. H., Luo, N., Xu, J., et al. (2015). Differences in career decision-making profiles between American and Chinese university students: The relative strength of mediating mechanisms across cultures. *Journal of Cross- Cultural Psychology, 46,* 1-17.

Gudykunst, W., & Bond, M. H. (1997). Intergroup relations across cultures. In J. W. Berry, M. H. Segall, & C. Kagitçibasi (Eds.), *Handbook of cross-cultural psychology: Social behavior and applications* (2nd ed., Vol. 3, pp. 119-161). Needham Heights, MA: Allyn & Bacon.

Guéguen, N., et al. (2013). I'm free but I'll comply with your request: Generalization and multidimensional effects of the evoking freedom technique. *Journal of Applied Social Psychology, 43,* 116-137.

Guerra, N. G. (2012). Can we make violent behavior less adaptive for youth? *Human Development, 55,* 105-106.

Guerrero, L. K., La Valley, A. G., & Farinelli, L. (2008). The experience and expression of anger, guilt, and sadness in marriage: An equity theory explanation. *Journal of Social and Personal Relationships, 25,* 699-724.

Gulker, J. E., Mark, A. Y., & Monteith, M. J. (2013). Confronting prejudice: The who, what, and why of confrontation effectiveness. *Social Influence, 8,* 280-293.

Gump, B. B., & Kulik, J. A. (1997). Stress, affiliation, and emotional contagion. *Journal of Personality and Social Psychology, 72,* 305-319.

Gun Violence Archive. (2019). http://gunviolencearchive.org.

Günaydin, G., Zayas, Y, Selcuk, E., & Hazan, C. (2012). I like you but I don't know why: Objective facial resemblance to significant others influences snap judgments. *Journal of Experimental Social Psychology, 48,* 350-353.

Güngör, D., Karasawa, M., Boiger, M., Dinçer, D., & Mesquita, B. (2014). Fitting in or sticking together: The prevalence and adaptivity of conformity, relatedness, and autonomy in Japan and Turkey. *Journal of Cross-Cultural Psychology, 45,* 1374-1389.

Günsoy, C., Cross, S. E., Uskul, A. K., Adams, G., & Gercek-Swing, B. (2015). Avoid or fight back? Cultural differences in responses to conflict and the role of collectivism, honor, and enemy perception. *Journal of Cross-Cultural Psychology, 46,* 1081-1102.

Guo, Q., Wu, R., & Li, X. (2018). Beneficial effects of prosocial behaviour on physical well-being in Chinese samples. *Asian Journal of Social Psychology, 21,* 22-31.

Gurung, R. A. (2019). *Health psychology: Well-being in a diverse world* (4th ed.). Thousand Oaks, CA: Sage.

Gutsell, J. N., & Inzlicht, M. (2012). Intergroup differences in the sharing of emotive states: Neural evidence of an empathy gap. *Social Cognitive and Affective Neuroscience, 7,* 596-603.

Guyer, J. J., Briñol, P., Petty, R. E., & Horcajo, J. (2019). Nonverbal behavior of persuasive sources: A multiple process analysis. *Journal of Nonverbal Behavior, 43,* 203-231.

Habashi, M. M., Graziano, W. G., & Hoover, A. E. (2016). Searching for the prosocial personality: A big five approach to linking personality and prosocial behavior. *Personality and Social Psychology Bulletin, 42,* 1177-1192.

Hackman, J. R., & Katz, N. (2010). Group behavior and performance. In S. T. Fiske, D. T. Gilbert, & G. Lindzey (Eds.), *Handbook of social psychology* (Vol. 2, 5th ed., pp. 1208-1251). Hoboken, NJ: Wiley.

Hafenbrack, A. C., Kinias, Z., & Barsade, S. G. (2014). Debiasing the mind through meditation: Mindfulness and the sunk-cost bias. *Psychological Science, 25,* 369-376.

Hafer, C. L., & Bègue, L. (2005). Experimental research on just- world theory: Problems, developments, and future challenges. *Psychological Bulletin, 131,* 128-167.

Hagger, M., Wood, C., Stiff, C., & Chatzisarantis, N. L. D. (2010). Ego depletion and the strength model of self-control: A meta-analysis. *Psychological Bulletin, 136,* 495-525.

Haidt, J. (2001). The emotional dog and its rational tail: A social intuitionist approach to moral judgment. *Psychological Review, 108,* 998-1002.

Haidt, J. (2006). *The happiness hypothesis: Finding modern truth in ancient wisdom.* New York: Basic Books.

Haidt, J. J. (2018). *Three stories about capitalism: The moral psychology of everyday life.* New York: Pantheon.

Haines, H., & Vaughan, G. M. (1979). Was 1898 a "great date" in the history of experimental social psychology? *Journal of the History of the Behavioral Sciences, 15,* 323-332.

Halberstadt, J., & Rhodes, G. (2003). It's not just average faces that are attractive: Computer-manipulated averageness makes birds, fish, and automobiles attractive. *Psychonomic Bulletin and Review, 10,* 149-156.

Hald, G., Malamuth, N. M., & Yuen, C. (2010). Pornography and attitudes supporting violence against women: Revisiting the relationship in non-experimental studies. *Aggressive Behavior, 36,* 14-20.

Hall, E. V., Phillips, K. W., & Townsend, S. M. (2015). A rose by any other name? The consequences of subtyping "African-Americans" from "Blacks." *Journal of Experimental Social Psychology, 56,* 183-190.

Hall, J. A., & Goh, J. X. (2017). Studying stereotype accuracy from an integrative social-personality perspective. *Social and Personality Psychology Compass, 11,* 1-10.

Hall, J. A., & Schwartz, R. (2019). Empathy present and future. *Journal of Social Psychology, 159,* 225-243.

Hall, J. A., Horgan, T. G., & Murphy, N. A. (2019). Nonverbal communication. *Annual Review of Psychology, 70,* 271-294.

Hall, M. H., Brindle, R. C., & Buysse, D. J. (2018). Sleep and cardiovascular disease: Emerging opportunities for psychology. *American Psychologist, 73,* 994-1006.

Hall, S., French, D. P., & Marteau, T. M. (2003). Causal attributions following serious unexpected negative events:

A systematic review. *Journal of Social and Clinical Psychology, 22,* 515-536.

Hall, W. J., Chapman, M. V., Lee, K. M., Merino, Y. M., Thomas, T. W., Payne, B. K., et al. (2015). Implicit racial/ethnic bias among health care professionals and its influence on health care outcomes: A systematic review. *American Journal of Public Health, 105,* e60-e76.

Halpern, D. F., & Cheung, F. M. (2008). *Women at the top: Powerful leaders tell us how to combine work and family.* New York: Wiley-Blackwell.

Hamamura, T. (2012). Are cultures becoming individualistic? A cross-temporal comparison of individualism-collectivism in the United States and Japan. *Personality and Social Psychology Review, 16,* 3-24.

Hamamura, T., & Xu, Y. (2015). Changes in Chinese culture as examined through changes in personal pronoun usage. *Journal of Cross-Cultural Psychology, 46,* 930-941.

Hamamura, T., & Xu, Y. (2015). Changes in Chinese culture as examined through changes in personal pronoun usage. *Journal of Cross-Cultural Psychology, 46,* 930-941.

Hamer, D. H., Rice, G., Risch, N., & Ebers, G. (1999). Genetics and male sexual orientation. *Science, 285,* 803.

Hamermesh, D. S. (2013). *Beauty pays: Why attractive people are more successful.* Princeton, NJ: Princeton University Press.

Hamermesh, D. S., & Biddle, J. E. (1994). Beauty and the labor market. *American Economic Review, 84,* 1174-1195.

Hamilton, D. L., & Rose, T. L. (1980). Illusory correlation and the maintenance of stereotypic beliefs. *Journal of Personality and Social Psychology, 39,* 832-845.

Hamilton, W. D. (1964). The genetical evolution of social behavior: I and II. *Journal of Theoretical Biology, 7,* 1-52.

Hamlin, J. K. (2013). Moral judgment and action in preverbal infants and toddlers: Evidence for an innate moral core. *Current Directions in Psychological Science, 22,* 186-193.

Hammel, P. (2008, November 29). Psychologist had dual role in confessions of Beatrice 6. *Omaha World-Herald,* https://web.williams.edu/Psychology/Faculty/Kassin/files/Omaha.com%20-%20Beatrice%206.pdf.

Hammersla, J. F., & Frease-McMahan, L. (1990). University students' priorities: Life goals vs. relationships. *Sex Roles, 23,* 1-14.

Hammond, C. (2018). Who feels lonely? The results of the world's largest loneliness study. https://www.bbc.co.uk/programmes/articles/2yzhfv4DvqVp5nZyxBD8G23/who-feels-lonely-the-results-of-the-world-s-largest-loneliness-study.

Hamrick, N., Cohen, S., & Rodriguez, M. S. (2002). Being popular can be healthy or unhealthy: Stress, social network diversity, and incidence of upper respiratory infection. *Health Psychology, 21,* 294-298.

Han, S., & Shavitt, S. (1994). Persuasion and culture: Advertising appeals in individualistic and collectivistic societies. *Journal of Experimental Social Psychology, 30,* 326-350.

Haney, C. (1984). On the selection of capital juries: The biasing effects of the death-qualification process. *Law and Human Behavior, 8,* 121-132.

Haney, C. (2006). *Reforming punishment: Psychological limits to the pains of imprisonment.* Washington, DC: American Psychological Association.

Haney, C. (2018). Restricting the use of solitary confinement. *Annual Review of Criminology, 1,* 285-310.

Haney, C., & Zimbardo, P. G. (1998). The past and future of U.S. prison policy: Twenty-five years after the Stanford Prison Experiment. *American Psychologist, 53,* 709-727.

Haney, C., & Zimbardo, P. G. (2009). Persistent dispositionalism in interactionist clothing: Fundamental attribution error in explaining prison abuse. *Personality and Social Psychology Bulletin, 35,* 807-814.

Haney, C., Banks, C., & Zimbardo, P. (1973). Interpersonal dynamics in a simulated prison. *International Journal of Criminology and Penology, 1,* 69-97.

Haney, C., Hurtado, A., & Vega, L. (1994). "Modern" death qualification: New data on its biasing effects. *Law and Human Behavior, 18,* 619-633.

Hanniball, K. B., Aknin, L. B., Douglas, K. S., & Viljoen, J. L. (2019). Does helping promote well-being in at-risk youth and ex-offender samples? *Journal of Experimental Social Psychology, 82,* 307-317.

Hans, V. P. (2000). *Business on trial: The civil jury and corporate responsibility.* New Haven, CT: Yale University Press.

Hans, V. P., et al. (2015). The death penalty: Should the judge or jury decide who dies? *Journal of Empirical Legal Studies, 12,* 70-99.

Hansen, C. H., & Hansen, R. D. (1988). Finding the face in the crowd: An anger superiority effect. *Journal of Personality and Social Psychology, 54,* 917-924.

Harackiewicz, J. M., & Elliot, A. J. (1993). Achievement goals and intrinsic motivation. *Journal of Personality and Social Psychology, 65,* 904-915.

Hardin, G. (1968). The tragedy of the commons. *Science, 162,* 1243-1248.

Haritos-Fatouros, M. (2002). *Psychological origins of institutionalized torture.* London: Routledge.

Harkins, S. G., & Petty, R. E. (1981). Effects of source magnification of cognitive effort on attitudes: An information processing view. *Journal of Personality and Social Psychology, 40,* 401-413.

Harkins, S. G., & Petty, R. E. (1987). Information utility and the multiple source effect. *Journal of Personality and Social Psychology, 52,* 260-268.

Harmon-Jones, E. (Ed.). (2019). *Cognitive dissonance: Reexamining a pivotal theory in psychology* (2nd ed.). Washington, DC: American Psychological Association.

Harmon-Jones, E., Brehm, J. W., Greenberg, J., Simon, L., & Nelson, D. E. (1996). Evidence that the production of aversive consequences is not necessary to create cognitive dissonance. *Journal of Personality and Social Psychology, 70,* 5-16.

Harmon-Jones, E., Harmon-Jones, C., & Levy, N. (2015). An action-based model of cognitive-dissonance processes. *Current Directions in Psychological Science, 24,* 184-189.

Harrington, R. (2013). *Stress, health & well-being: Thriving in the 21st century.* Belmont, CA: Wadsworth, Cengage Learning.

Harris, C. R. (2002). Sexual and romantic jealousy in heterosexual and homosexual adults. *Psychological Science, 13,* 7-12.

Harris, C. R. (2003). A review of sex differences in sexual jealousy, including self-report data, psychophysiological responses, interpersonal violence, and morbid jealousy. *Personality and Social Psychology Review, 7,* 102-128.

Harris, C. R. (2005). Male and female jealousy: Still more similar than different: Reply to Sagarin. *Personality and Social Psychology Review, 9,* 76-86.

Harris, C. R., & Christenfeld, N. (1996). Gender, jealousy, and reason. *Psychological Science, 7,* 364-366.

Harris, M. A., & Orth, U. (2020). The link between self-esteem and social relationships: A meta-analysis of longitudinal studies. *Journal of Personality and Social Psychology,* in press.

Harris, M. B. (1995). Ethnicity, gender, and evaluations of aggression. *Aggressive Behavior, 21,* 343-357.

Harris, M. J., & Perkins, R. (1995). Effects of distraction on interpersonal expectancy effects: A social interaction test of the cognitive busyness hypothesis. *Social Cognition, 13,* 163-182.

Harris, M. J., & Rosenthal, R. (1985). Mediation of interpersonal expectancy effects. *Psychological Bulletin, 97,* 363-386.

Harrison, D. A., & Shaffer, M. A. (1994). Comparative examinations of self-reports and perceived absenteeism norms: Wading through Lake Wobegon. *Journal of Applied Psychology, 79,* 240-251.

Harrison, D. A., Kravitz, D. A., Mayer, D. M., Leslie, L. M., & Lev-Arey, D. (2006). Understanding attitudes toward affirmative action programs in employment: Summary and meta-analysis of 35 years of research. *Journal of Applied Psychology, 91,* 1013-1036.

Hart, W., Albarracín, D., Eagly, A. H., Lindberg, M., Lee, K. H., & Brechan, I. (2009). Feeling validated vs. being correct: A meta-analysis of exposure to information. *Psychological Bulletin, 135,* 555-588.

Hart, W., Richardson, K., & Breeden, C. J. (2019). An interactive model of narcissism, self-esteem, and provocation extent on aggression. *Personality and Individual Differences, 145,* 112-118.

Hartwig, M., & Bond, C. F. (2011). Why do lie-catchers fail? A lens model meta-analysis of human lie judgments. *Psychological Bulletin, 137,* 643-659.

Hartwig, M., & Bond, C. F. (2014). Lie detection from multiple cues: A meta-analysis. *Applied Cognitive Psychology, 28,* 661-667.

Harvey, J. H., & Omarzu, J. (2000). *Minding the close relationship: A theory of relationship enhancement.* New York: Cambridge University Press.

Hasel, L. E., & Kassin, S. M. (2009). On the presumption of evidentiary independence: Can confessions corrupt eyewitness identifications? *Psychological Science, 20,* 122-126.

Haslam, S. A., & Reicher, S. (2007). Beyond the banality of evil: Three dynamics of an interactionist social psychology of tyranny. *Personality and Social Psychology Bulletin, 33,* 615-622.

Haslam, S. A., & Reicher, S. D. (2018). A truth that does not always speak its name: How Hollander and Turowetz's findings confirm and extend the engaged followership analysis of harm-doing in the Milgram paradigm. *British Journal of Social Psychology, 57,* 292-300.

Haslam, S. A., Reicher, S. D., & Birney, M. (2014). Nothing by mere authority: Evidence that in an experimental analogue of the Milgram paradigm participants are motivated not by orders but by appeals to science. *Journal of Social Issues, 70,* 473-488.

Hass, R. G. (1981). Effects of source characteristics on the cognitive processing of persuasive messages and attitude change. In R. Petty, T. Ostrom, & T. Brock (Eds.), *Cognitive responses in persuasion* (pp. 141-172). Hillsdale, NJ: Erlbaum.

Hass, R. G. (1984). Perspective taking and self-awareness: Drawing an E on your forehead. *Journal of Personality and Social Psychology, 46,* 788-798.

Hass, R. G., & Eisenstadt, D. (1990). The effects of self-focused attention on perspective-taking and anxiety. *Anxiety Research, 2,* 165-176.

Hass, R. G., & Grady, K. (1975). Temporal delay, type of forewarning, and resistance to influence. *Journal of Experimental Social Psychology, 11,* 459-469.

Hass, R. G., Katz, I., Rizzo, N., Bailey, J., & Moore, L. (1992). When racial ambivalence evokes negative affect, using a disguised measure of mood. *Personality and Social Psychology Bulletin, 18,* 786-797.

Hassan, C. (2017, December 4). Homeless man rescues 2 children from burning building. *CNN.* https://www.cnn.com/2017/12/04/us/las-vegas-fire-hero-trnd/index.html.

Hassett, J. M., Siebert, E. R., & Wallen, K. (2008). Sex differences in rhesus monkey toy preferences parallel those of children. *Hormones and Behavior, 54,* 359-364.

Hassin, R., & Trope, Y. (2000). Facing faces: Studies on the cognitive aspects of physiognomy. *Journal of Personality and Social Psychology, 78,* 837-852.

Hastie, R., & Kameda, T. (2005). The robust beauty of majority rules in group decisions. *Psychological Review, 112,* 494-508.

Hastie, R., Penrod, S. D., & Pennington, N. (1983). *Inside the jury.* Cambridge, MA: Harvard University Press.

Hastings, P. D., Miller, J. G., Kahle, S., & Zahn-Waxler, C. (2014). The neurobiological bases of empathic concern for others. In M. Killen & J. G. Smetana (Eds.), *Handbook of moral development* (2nd ed., pp. 411-434). New York: Psychology Press.

Hatchel, T., Subrahmanyam, K., & Negriff, S. (2019). Adolescent peer victimization and internalizing symptoms during emerging adulthood: The role of online and offline social support. *Journal of Child and Family Studies, 28,* 2456-2466.

Hatemi, P. K., Hibbing, J. R., Medland, S. E., Keller, M. C., Alford, J. R., Smith, K. B., et al. (2010). Not by twins alone: Using the extended family design to investigate genetic influence on political beliefs. *American Journal of Political Science, 54,* 798-814.

Hatfield, E. (1988). Passionate and companionate love. In R. J. Sternberg & M. L. Barnes (Eds.), *The psychology of love* (pp. 191-217). New Haven, CT: Yale University Press.

Hatfield, E., & Rapson, R. L. (1993). *Love, sex, and intimacy: Their psychology, biology, and history.* New York: HarperCollins.

Hatfield, E., Rapson, R. L., & Aumer-Ryan, K. (2008). Social justice in love relationships: Recent developments. *Social Justice Research, 21,* 413-431.

Hatfield, E., Rapson, R. L., & Martel, L. D. (2007). Passionate love and sexual desire. In S. Kitayama & D. Cohen (Eds.), *Handbook of cultural psychology* (pp. 760-779). New York: Guilford Press.

Hauser, C. (2019, August 6). Victoria's Secret casts first openly transgender woman as a model. *New York Times.* https://www.nytimes.com/2019/08/05/business/victoria-secret-transgender-model.html.

Hauser, D. J., & Schwarz, N. (2018). How seemingly innocuous words can bias judgment: Semantic prosody and impression formation. *Journal of Experimental Social Psychology, 75,* 11-18.

Hauser, D. J., Preston, S. D., & Stansfield, R. B. (2014). Altruism in the wild: When affiliative motives to help positive people overtake empathic motives to help the distressed. *Journal of Experimental Psychology: General, 143,* 1295-1305.

Hawkley, L. C., Thisted, R. A., & Cacioppo, J. T. (2009). Loneliness predicts reduced physical activity: Cross-sectional and longitudinal analyses. *Health Psychology, 28,* 354-363.

Hay, D. F., & Cook, K. V. (2007). The transformation of prosocial behavior from infancy to childhood. In C. A. Brownell & C. B. Kopp (Eds.), *Socio-emotional development in the toddler years: Transitions and transformations* (pp. 100-131). New York: Guilford Press.

Haynes, G., & Gilovich, T. (2010). "The ball don't lie": How inequity aversion can undermine performance. *Journal of Experimental Social Psychology, 46*, 1148-1150.

Hays, G. (2008). Central Washington offers the ultimate act of sportsmanship. http://sports.espn.go.com/ncaa/columns/story?columnist5hays_graham&id53372631.

Hays, R. B. (1985). A longitudinal study of friendship development. *Journal of Personality and Social Psychology, 48*, 909-924.

Hazan, C., & Diamond, L. M. (2000). The place of attachment in human mating. *Review of General Psychology, 4*, 186-204.

Hazan, C., & Shaver, P. (1987). Romantic love conceptualized as an attachment process. *Journal of Personality and Social Psychology, 52*, 511-524.

Hearst, P. C. (1982). *Every secret thing*. New York: Doubleday.

Heatherton, T. F., & Polivy, J. (1991). Development and validation of a scale for measuring state self-esteem. *Journal of Personality and Social Psychology, 60*, 895-910.

Heatherton, T. F., & Vohs, K. D. (2000). Interpersonal evaluations following threats to self: Role of self-esteem. *Journal of Personality and Social Psychology, 78*, 725-736.

Hebl, M. R., & Avery, D. R. (2013). Diversity in organizations. In N. W. Schmitt, S. Highhouse, & I. B. Weiner (Eds.), *Handbook of psychology: Vol. 12. Industrial and organizational psychology* (2nd ed., pp. 677-697). Hoboken, NJ: Wiley.

Hebl, M. R., & Heatherton, T. F. (1998). The stigma of obesity in women: The difference is black and white. *Personality and Social Psychology Bulletin, 24*, 417-426.

Hebl, M. R., & Turchin, J. M. (2005). The stigma of obesity: What about men? *Basic and Applied Social Psychology, 27*, 267-275.

Hebl, M., Moreno, C., & King, E. B. (2018). A stigma lens for considering what targets can do. In A. J. Colella & E. B. King (Eds.), *The Oxford handbook of workplace discrimination* (pp. 357-371). New York: Oxford University Press.

Hedge, J. W., & Kavanagh, M. J. (1988). Improving the accuracy of performance evaluations: Comparison of three methods of performance appraiser training. *Journal of Applied Psychology, 73*, 68-73.

Hehman, E., Calanchini, J., Flake, J. K., & Leitner, J. B. (2019). Establishing construct validity evidence for regional measures of explicit and implicit racial bias. *Journal of Experimental Psychology: General, 148*, 1022-1040.

Hehman, E., Flake, J. K., & Calanchini, J. (2018). Disproportionate use of lethal force in policing is associated with regional racial biases of residents. *Social Psychological & Personality Science, 9*, 393-401.

Heider, F. (1958). *The psychology of interpersonal relations*. New York: Wiley.

Heilman, M. E., & Alcott, V. B. (2001). What I think you think of me: Women's reactions to being viewed as beneficiaries of preferential selection. *Journal of Applied Psychology, 86*, 574-582.

Heilman, M. E., & Caleo, S. (2018). Combatting gender discrimination: A lack of fit framework. *Group Processes & Intergroup Relations, 21*, 725-744.

Heilman, M. E., & Okimoto, T. G. (2008). Motherhood: A potential source of bias in employment decisions. *Journal of Applied Psychology, 93*, 189-198.

Heilman, M. E., Battle, W. S., Keller, C. E., & Lee, R. A. (1998). Type of affirmative action policy: A determinant of reactions to sex-based preferential selection? *Journal of Applied Psychology, 83*, 190-205.

Heilman, M. E., Block, C. J., & Lucas, J. A. (1992). Presumed incompetent? Stigmatization and affirmative action efforts. *Journal of Applied Psychology, 77*, 536-544.

Heilman, M. E., McCullough, W. F., & Gilbert, D. (1996). The other side of affirmative action: Reactions of nonbeneficiaries to sex-based preferential selection. *Journal of Applied Psychology, 81*, 346-357.

Heinbach, D., Ziegele, M., & Quiring, O. (2018). Sleeper effect from below: Long-term effects of source credibility and user comments on the persuasiveness of news articles. *New Media & Society, 20*, 4765-4786.

Heine, S. J. (2005). Where is the evidence for pancultural self-enhancement? A reply to Sedikides, Gaertner, & Toguchi (2003). *Journal of Personality and Social Psychology, 89*, 531-538.

Heine, S. J., & Hamamura, T. (2007). In search of East Asian self-enhancement. *Personality and Social Psychology Review, 11*, 1-24.

Heine, S. J., Kitayama, S., Lehman, D. R., Takata, T., Ide, E., Lueng, C., et al. (2001). Divergent consequences of success and failure in Japan and North America: An investigation of self-improving motivations and malleable selves. *Journal of Personality and Social Psychology, 81*, 599-615.

Heine, S. J., Lehman, D. R., Markus, H. R., & Kitayama, S. (1999). Is there a universal need for positive self-regard? *Psychological Review, 106*, 756-794.

Heine, S. J., Takata, T., & Lehman, D. R. (2000). Beyond self-presentation: Evidence for self-criticism among Japanese. *Personality and Social Psychology Bulletin, 26*, 71-78.

Heine, S. J., Takemoto, T., Moskalenko, S., Lasaleta, J., & Henrich, J. (2008). Mirrors in the head: Cultural variation in objective self-awareness. *Personality and Social Psychology Bulletin, 34*, 879-887.

Heinrich, L. M., & Gullone, E. (2006). The clinical significance of loneliness: A literature review. *Clinical Psychology Review, 26*, 695-718.

Helgesen, S. (1995). *Web of inclusion: A new architecture for building great organizations*. New York: Doubleday.

Helgeson, V. S. (1992). Moderators of the relation between perceived control and adjustment to chronic illness. *Journal of Personality and Social Psychology, 63*, 652-666.

Helgeson, V. S., Reynolds, K. A., & Tomich, P. L. (2006). A meta-analytic review of benefit finding and growth. *Journal of Consulting and Clinical Psychology, 74*, 797-816.

Heller, J. F., Pallak, M. S., & Picek, J. M. (1973). The interactive effects of intent and threat on boomerang attitude change. *Journal of Personality and Social Psychology, 26*, 273-279.

Helliwell, J., Layard, R., & Sachs, J. (2019). *World Happiness Report 2019*. New York: Sustainable Development Solutions Network.

Helliwell, J., Layrd, R., & Sachs, J. (Eds.). (2015). *World Happiness Report 2015*. New York: Columbia University, Earth Institute.

Helzer, E. G., Furr, R. M., Hawkins, A., Barranti, M., Blackie, L., & Fleeson, W. (2014). Agreement on the perception of moral character. *Personality and Social Psychology Bulletin, 40*, 1698-1710.

Henchy, T., & Glass, D. C. (1968). Evaluation apprehension and the social facilitation of dominant and subordinate responses. *Journal of Personality and Social Psychology, 10*, 446-454.

Henderlong, J., & Lepper, M. R. (2002). The effects of praise on children's intrinsic motivation: A review and synthesis. *Psychological Bulletin, 128*, 774-795.

Henderson, K. S., & Levett, L. M. (2018). Investigating predictors of true and false guilty pleas. *Law and Human Behavior, 42*, 427-441.

Henderson, L., & Zimbardo, P. (1998). Shyness. In H. S. Friedman (Ed.), *Encyclopedia of mental health*. San Diego, CA: Academic Press.

Henderson-King, D., Henderson-King, E., & Hoffman, L. (2001). Media images and women's self-evaluations: Social context and importance of attractiveness as moderators. *Personality and Social Psychology Bulletin, 27*, 1407-1416.

Heneman, H. G., & Schwab, D. P. (1985). Pay satisfaction: Its multidimensional nature and measurement. *International Journal of Psychology, 20*, 129-141.

Henggeler, S. W., Letourneau, E. J., Chapman, J. E., Borduin, C. M., Schewe, P. A., & McCart, M. R. (2009). Mediators of change for multisystemic therapy with juvenile sexual offenders. *Journal of Consulting and Clinical Psychology, 77*, 451-462.

Henkel, L. A., Coffman, K. A. J., & Dailey, E. M. (2008). A survey of people's attitudes and beliefs about false confessions. *Behavioral Sciences & the Law, 26*, 555-584.

Hennes, E. P., Pietri, E. S., Moss-Racusin, C. A., Mason, K. A., Dovidio, J. F., Brescoll, V. L., et al. (2018). Increasing the perceived malleability of gender bias using a modified Video Intervention for Diversity in STEM (VIDS). *Group Processes & Intergroup Relations, 21*, 788-809.

Hennessey, B. A. (2015). If I were Secretary of Education: A focus on intrinsic motivation and creativity in the classroom. *Psychology of Aesthetics, Creativity, and the Arts, 9*, 187-192.

Henningsen, D. D., & Henningsen, M. L. M. (2018). Does brainstorming promote cohesiveness? How the rules of brainstorming mirror symbolic convergence. *Communication Reports, 31*, 103-114.

Henry, D. B., Kobus, K., & Schoeny, M. E. (2011). Accuracy and bias in adolescents' perceptions of friends' substance use. *Psychology of Addictive Behaviors, 25*, 80-89.

Hepler, J., & Albarracín, D. (2013). Attitudes without objects: Evidence for a dispositional attitude, its measurement, and its consequences. *Journal of Personality and Social Psychology, 104*, 1060-1076.

Heppner, P. P., Heppner, M. J., Lee, D., Wang, Y., Park, H., & Wang, L. (2006). Development and validation of a collectivist coping styles inventory. *Journal of Counseling Psychology, 53*, 107-125.

Herbert, G. (2018). Philly riots: Eagles fans set fires, flip cars after Super Bowl win. http://www.syracuse.com/usnews/2018/02/philly_riots_eafles_fans_super_bowl_victory.htm.

Herdt, G. (1998). *Same sex, different cultures: Exploring gay and lesbian lives*. Boulder, CO: Westview.

Herek, G. M. (2006). Legal recognition of same-sex relationships in the United States: A social science perspective. *American Psychologist, 61*, 607-621.

Herring, C. (2009). Does diversity pay? Race, gender, and the business case for diversity. *American Sociological Review, 74*, 208-224.

Herring, C. (2017). Is diversity still a good thing? *American Sociological Review, 82*, 868-877.

Hershkowitz, I., Lamb, M. E., & Katz, C. (2014). Allegation rates in forensic child abuse investigations: Comparing the revised and standard NICHD protocols. *Psychology, Public Policy, and Law, 20*, 336-344.

Hertz, N., & Wiese, E. (2018). Under pressure: Examining social conformity with computer and robot groups. *Human Factors, 60*, 1207-1218.

Hetey, R. C., & Eberhardt, J. L. (2014). Racial disparities in incarceration increase acceptance of punitive policies. *Psychological Science, 25*, 1949-1954.

Heu, L. C., van Zomeren, M., & Hansen, N. (2019). Lonely alone or lonely together? A cultural-psychological examination of individualism-collectivism and loneliness in five European countries. *Personality and Social Psychology Bulletin, 45*, 780-793.

Hewitt, P. L., Flett, G. L., Sherry, S. B., Habke, M., Parkin, M., Lam, R., et al. (2003). The interpersonal expression of perfection: Perfectionistic self-presentation and psychological distress. *Journal of Personality and Social Psychology, 84*, 1303-1325.

Heyes, C. (2011). Automatic imitation. *Psychological Bulletin, 137*, 463-483.

Hicks, J. A., Fields, S., Davis, W. E., & Gable, P. A. (2015). Heavy drinking, impulsivity and attentional narrowing following alcohol cue exposure. *Psychopharmacology, 232*, 2773-2779.

Hiemstra, W., De Castro, B. O., & Thomaes, S. (2019). Reducing aggressive children's hostile attributions: A cognitive bias modification procedure. *Cognitive Therapy and Research, 43*, 387-398.

Hiemstra, W., Verhulp, E. E., Thomaes, S., & Orobio de Castro, B. (2019). Self-views and aggression in boys referred for disruptive behavior problems: Self-esteem, narcissism, and their interaction. *European Child & Adolescent Psychiatry*, in press.

Hiew, D. N., Halford, W. K., Van de Vijver, F. J. R., & Liu, S. (2015). Relationship standards and satisfaction in Chinese, Western, and Intercultural Chinese-Western couples in Australia. *Journal of Cross-Cultural Psychology, 46*, 684-701.

Higgins, C. A., & Judge, T. A. (2004). The effect of applicant influence tactics on recruiter perceptions of fit and hiring recommendations: A field study. *Journal of Applied Psychology, 89*, 622-632.

Higgins, E. T. (1989). Self-discrepancy theory: What patterns of self- beliefs cause people to suffer? In L. Berkowitz (Ed.), *Advances in experimental social psychology* (Vol. 22, pp. 93-136). New York: Academic Press.

Higgins, E. T. (1999). Self-discrepancy: A theory relating self and affect. In R. F. Baumeister (Ed.), *The self in social psychology* (pp. 150-181). Philadelphia: Psychology Press/Taylor & Francis.

Higgins, E. T., & Rholes, W. S. (1978). "Saying is believing": Effects of message modification on memory and liking for the person described. *Journal of Experimental Social Psychology, 14*, 363-378.

Higgins, E. T., King, G. A., & Mavin, G. H. (1982). Individual construct accessibility and subjective impressions and recall. *Journal of Personality and Social Psychology, 43*, 35-47.

Higgins, E. T., Rholes, C. R., & Jones, C. R. (1977). Category accessibility and impression formation. *Journal of Experimental Social Psychology, 13*, 141-154.

Higgins, L. T., Zheng, M., Liu, Y., & Sun, C. H. (2002). Attitudes to marriage and sexual behaviors: A survey of gender and culture differences in China and the United Kingdom. *Sex Roles, 46*, 75-89.

Higgins, R. L., & Harris, R. N. (1988). Strategic "alcohol" use: Drinking to self-handicap. *Journal of Social and Clinical Psychology, 6*, 191-202.

Higham, P. A., Blank, H., & Luna, K. (2017). Effects of post-warning specificity on memory performance and confidence in the eyewitness misinformation paradigm. *Journal of Experimental Psychology: Applied, 23*, 417-432.

Highhouse, S., Doverspike, D., & Guion, R. M. (2016). *Essentials of personnel selection and assessment* (2nd ed.). New York: Routledge.

Hilbig, B. E., & Hessler, C. M. (2013). What lies beneath: How the distance between truth and lie drives dishonesty. *Journal of Experimental Social Psychology, 49*, 263-266.

Hill, C. A. (1987). Affiliation motivation: People who need people . . . but in different ways. *Journal of Personality and Social Psychology, 52*, 1008-1018.

Hill, C. A. (2009). Affiliation motivation. In M. R. Leary & R. H. Hoyle (Eds.), *Handbook of individual differences in social behavior* (pp. 410-425). New York: Guilford Press.

Hill, C., Memon, A., & McGeorge, P. (2008). The role of confirmation bias in suspect interviews: A systematic evaluation. *Legal & Criminological Psychology, 13*, 357-371

Hills, T. T., & Pachur, T. (2012). Dynamic search and working memory in social recall. *Journal of Experimental Psychology: Learning, Memory, and Cognition, 38*, 218-228.

Hilmert, C. J., Kulik, J. A., & Christenfeld, N. J. S. (2006). Positive and negative outcome modeling: The influence of another's similarity and dissimilarity. *Journal of Personality and Social Psychology, 90*, 440-452.

Hilton, J. L., & Darley, J. M. (1985). Constructing other persons: A limit on the effect. *Journal of Experimental Social Psychology, 21*, 1-18.

Hilton, J. L., & Darley, J. M. (1991). The effects of interaction goals on person perception. *Advances in Experimental Social Psychology, 24*, 235-267.

Hinsz, V. B., Tindale, R. S., Nagao, D. H., Davis, J. H., & Robertson, B. A. (1988). The influence of the accuracy of individuating information on the use of base rate information in probability judgment. *Journal of Experimental Social Psychology, 24*, 127-145.

Hirsch, A. (2012, April 4). Moroccan legal system under fire over women's rights after teenager's suicide: Court ordered marriage of girl, 16, to alleged rapist. *The Guardian* (London), p. 18.

Hirt, E. R., Deppe, R. K., & Gordon, L. J. (1991). Self-reported versus behavioral self-handicapping: Empirical evidence for a theoretical distinction. *Journal of Personality and Social Psychology, 61*, 981-991.

Hitler, A. (1933). *Mein Kampf* (E. T. S. Dugdale, Trans.). Cambridge, MA: Riverside.

Hjemdahl, P., Rosengren, A., & Steptoe, A. (Eds.). (2012). *Stress and cardiovascular disease.* London: Springer-Verlag.

Ho, J. L., Powell, D. M., Barclay, P., & Gill, H. (2019). The influence of competition on motivation to fake in employment interviews. *Journal of Personnel Psychology, 18*, 95-105.

Hoaken, P. N. S., Allaby, D. B., & Earle, J. (2007). Executive cognitive functioning and the recognition of facial expressions of emotion in incarcerated violent offenders, nonviolent offenders, and controls. *Aggressive Behavior, 33*, 412-421.

Hobfoll, S. E., Canetti-Nisim, D., & Johnson, R. J. (2006). Exposure to terrorism, stress-related mental health symptoms, and defensive coping among Jews and Arabs in Israel. *Journal of Consulting and Clinical Psychology, 74*, 207-218.

Hobfoll, S. E., Palmieri, P. A., Johnson, R. J., Canetti-Nisim, D., Hall, J., & Galea, S. (2009). Trajectories of resilience, resistance, and distress during ongoing terrorism: The case of Jews and Arabs in Israel. *Journal of Consulting and Clinical Psychology, 77*, 138-148.

Hodges, B. H., & Geyer, A. L. (2006). A nonconformist account of the Asch experiments: Values, pragmatics, and moral dilemmas. *Personality and Social Psychology Review, 10*, 2-19.

Hoffman, B. J., Kennedy, C. L., LoPilato, A. C., Monahan, E. L., & Lance, C. E. (2015). A review of the content, criterion-related, and construct-related validity of assessment center exercises. *Journal of Applied Psychology, 100*, 1143-1168.

Hoffmann, A., & Musch, J. (2019). Prejudice against women leaders: Insights from an indirect questioning approach. *Sex Roles: A Journal of Research, 80*, 681-692.

Hofling, C. K., Brotzman, E., Dalrymple, S., Graves, N., & Pierce, (1966). An experimental study of nurse-physician relations. *Journal of Nervous and Mental Disease, 143*, 171-180.

Hofmann, S. G., & DiBartolo, P. M. (Eds.). (2014). *Social anxiety: Clinical, developmental, and social perspectives* (3rd ed.). San Diego, CA: Elsevier Academic Press.

Hofmann, W., Baumeister, R. F., Förster, G., & Vohs, K. D. (2012). Everyday temptations: An experience sampling study of desire, conflict, and self-control. *Journal of Personality and Social Psychology, 102*, 1318-1335.

Hofmann, W., De Houwer, J., Perugini, M., Baeyens, F., & Crombez, G. (2010). Evaluative conditioning in humans: A meta-analysis. *Psychological Bulletin, 136*, 390-421.

Hofstede, G. (1980). *Culture's consequences.* Beverly Hills, CA: Sage.

Hogan, R., Curphy, G. J., & Hogan, J. (1994). What we know about leadership: Effectiveness and personality. *American Psychologist, 49*, 493-504.

Hogg, M. A. (2014). From uncertainty to extremism: Social categorization and identity processes. *Current Directions in Psychological Science, 23*, 338-342.

Hoigaard, R., & Ommundsen, Y. (2007). Perceived social loafing and anticipated effort reduction among young football (soccer) players: An achievement goal perspective. *Psychological Reports, 100*, 857-875.

Hollander, E. P. (1958). Conformity, status, and idiosyncrasy credit. *Psychological Review, 65*, 117-127.

Hollander, E. P. (1985). Leadership and power. In G. Lindzey & E. Aronson (Eds.), *Handbook of social psychology* (3rd ed., Vol. 2, pp. 485-537). New York: Random House.

Hollander, M. M., & Turowetz, J. (2018). Multiple compliant processes: A reply to Haslam and Reicher on the engaged followership explanation of "obedience" in Milgram's experiments. *British Journal of Social Psychology, 57*, 301-309.

Holloway, R. A., Waldrip, A. M., & Ickes, W. (2009). Evidence that a simpático self-schema accounts for differences in the self-concepts and social behavior of Latinos versus Whites (and Blacks). *Journal of Personality and Social Psychology, 96*, 1012-1028.

Holmes, T. H., & Rahe, R. H. (1967). The Social Readjustment Rating Scale. *Journal of Psychosomatic Research, 11*, 213-218.

Holschbach, M. A., Vitale, E. M., & Lonstein, J. S. (2018). Serotonin- specific lesions of the dorsal raphe disrupt maternal aggression and caregiving in postpartum rats. *Behavioural Brain Research, 348*, 53-64.

Holt-Lunstad, J., Smith, T. B., Baker, M., Harris, T., & Stephenson, (2015). Loneliness and social isolation as risk factors for mortality: A meta-analytic review. *Perspectives on Psychological Science, 10*, 227-237.

Homan, A. C. (2019). Dealing with diversity in workgroups: Preventing problems and promoting potential. *Social and Personality Psychology Compass, 13*, e12465.

Homan, P. (2019). Structural sexism and health in the United States: A new perspective on health inequality and the gender system. *American Sociological Review, 84,* 486-516.

Homans, G. C. (1961). *Social behavior.* New York: Harcourt, Brace & World.

Hönekopp, J. (2006). Once more: Is beauty in the eye of the beholder? Relative contributions of private and shared taste to judgments of facial attractiveness. *Journal of Experimental Psychology: Human Perception and Performance, 32,* 199-209.

Hong, J., & Chang, H. H. (2015). "I" follow my heart and "We" rely on reasons: The impact of self-construal on reliance on feelings versus reasons in decision making. *Journal of Consumer Research, 41,* 1392-1411.

Hong, S., & Na, J. (2018). How Facebook is perceived and used by people across cultures: The implications of cultural differences in the use of Facebook. *Social Psychological and Personality Science, 9,* 435-443.

Hong, Y., Morris, M. W., Chiu, C., & Benet-Martinez, V. (2000). Multicultural minds: A dynamic constructivist approach to culture and cognition. *American Psychologist, 55,* 709-720.

Hong, Y.-Y., Wyer, R. S., Jr., & Fong, C. P. S. (2008). Chinese working in groups: Effort dispensability versus normative influence. *Asian Journal of Social Psychology, 11,* 187-195.

Honts, C. R., Raskin, D. C., & Kircher, J. C. (2002). The scientific status of research on polygraph techniques: The case for polygraph tests. In D. L. Faigman, D. Kaye, M. J. Saks, & J. Sanders (Eds.), *Modern scientific evidence: The law and science of expert testimony* (pp. 446-483). St. Paul, MN: West.

Hood, B. (2012). *The self illusion: How the social brain creates identity.* New York: Oxford University Press.

Hoogendoorn, S., Oosterbeek, H., & Van Praag, M. (2013). The impact of gender diversity on the performance of business teams: Evidence from a field experiment. *Management Science, 59,* 1514-1528.

Hoorens, V., & Nuttin, J. M. (1993). Overvaluation of own attributes: Mere ownership or subjective frequency? *Social Cognition, 11,* 177-200.

Hope, L., & Wright, D. (2007). Beyond unusual? Examining the role of attention in the weapon focus effect. *Applied Cognitive Psychology, 21,* 951-962.

Hope, L., Memon, A., & McGeorge, P. (2004). Understanding pretrial publicity: Predecisional distortion of evidence by mock jurors. *Journal of Experimental Psychology: Applied, 10,* 111-119.

Hornsey, M. J., & Jetten, J. (2004). The individual within the group: Balancing the need to belong with the need to be different. *Personality and Social Psychology Review, 8,* 248-264.

Hornsey, M. J., & Jetten, J. (2017). Stability and change within groups. In S. G. Harkins, K. D. Williams, & J. M. Burger (Eds.), *The Oxford handbook of social influence* (pp. 299-315). New York: Oxford University Press.

Hornsey, M. J., Wellauer, R., McIntyre, J. C., & Barlow, F. K. (2015). A critical test of the assumption that men prefer conformist women and women prefer nonconformist men. *Personality and Social Psychology Bulletin, 41,* 755-768.

Horowitz, I. A., Kerr, N. L., Park, E. S., & Gockel, C. (2006). Chaos in the courtroom reconsidered: Emotional bias and juror nullification. *Law and Human Behavior, 30,* 163-181.

Horowitz, J. M., Brown, A., & Cox, K. (2019). Race in America 2019. *Pew Research Center,* https://www.pewsocialtrends.org/2019/04/09/race-in-america-2019.

Horselenberg, R., Merckelbach, H., & Josephs, S. (2003). Individual differences and false confessions: A conceptual replication of Kassin and Kiechel (1996). *Psychology, Crime and Law, 9,* 1-18.

Horverak, J. G., Bye, H. H., Sandal, G. M., & Pallesen, S. (2012). Managers' evaluations of immigrant job applicants: The influence of acculturation strategy on perceived person-organization fit (P-O Fit) and hiring outcome. *Journal of Cross-Cultural Psychology, 44,* 46-60.

Hosch, H. M., Culhane, S. E., Jolly, K. W., Chavez, R. M., & Shaw, L. H. (2011). Effects of an alibi witness's relationship to the defendant on mock jurors' judgments. *Law and Human Behavior, 35,* 127-142.

Hoshino-Browne, E., Zanna, A. S., Spencer, S. J., Zanna, M. P., Kitayama, S., & Lackenbauer, S. (2005). On the cultural guises of cognitive dissonance: The case of Easterners and Westerners. *Journal of Personality and Social Psychology, 89,* 294-310.

House, J. S., Landis, K. R., & Umberson, D. (1988). Social relationships and health. *Science, 241,* 540-545.

Hovland, C. I., & Weiss, W. (1951). The influence of source credibility on communication effectiveness. *Public Opinion Quarterly, 15,* 635-650.

Hovland, C. I., Janis, I. L., & Kelley, H. H. (1953). *Communication and persuasion: Psychological studies of opinion change.* New Haven, CT: Yale University Press.

Hovland, C. I., Lumsdaine, A. A., & Sheffield, F. D. (1949). *Experiments on mass communication.* Princeton, NJ: Princeton University Press.

Howard, D. J. (1990). The influence of verbal responses to common greetings on compliance behavior: The foot-in-the-mouth effect. *Journal of Applied Social Psychology, 20,* 1185-1196.

Howard, M. C., Cogswell, J. E., & Smith, M. B. (2019). The antecedents and outcomes of workplace ostracism: A meta-analysis. *Journal of Applied Psychology,* in press.

Howard, P. N., & Hussain, M. (2011). Digital media and the Arab Spring. *Journal of Democracy, 22,* 35-48.

Howard, R. M., & Perilloux, C. (2017). Is mating psychology most closely tied to biological sex or preferred partner's sex? *Personality and Individual Differences, 115,* 83-89.

Howard, S., & Borgella, A. (2018). "Sinking" or sinking? Identity salience and shifts in Black women's athletic performance. *Psychology of Sport and Exercise, 39,* 179-183.

Howe, L. C., & Krosnick, J. A. (2017). Attitude strength. *Annual Review of Psychology, 68,* 327-351.

Howland, A. C., Rembisz, R., Wang-Jones, T. S., Heise, S. R., & Brown, S. (2015). Developing a virtual assessment center. *Consulting Psychology Journal: Practice and Research, 67,* 110-126.

Hsiang, S. M., Burke, M., & Miguel, E. (2013). Quantifying the influence of climate on human conflict. *Science, 341,* 1190-1212.

Hsueh, M., Yogeeswaran, K., & Malinen, S. (2015). "Leave your comment below": Can biased online comments influence our own prejudicial attitudes and behaviors? *Human Communication Research, 41,* 557-576.

Hu, Y. (2019). Why do they help people with AIDS/HIV online? Altruistic motivation and moral identity. *Journal of Social Service Research,* in press.

Huang, C. M., & Park, D. (2013). Cultural influences on Facebook photographs. *International Journal of Psychology, 48,* 334-343.

Huang, F., & Cornell, D. G. (2019). School teasing and bullying after the presidential election. *Educational Researcher,* in press.

Huang, Y., Kendrick, K. M., & Yu, R. (2014). Conformity to the opinions of other people lasts for no more than 3 days. *Psychological Science, 25,* 1388-1393.

Hudson, S. T. J., Cikara, M., & Sidanius, J. (2019). Preference for hierarchy is associated with reduced empathy and increased counter-empathy toward others, especially outgroup targets. *Journal of Experimental Social Psychology, 85,* in press.

Huesmann, L. R. (1998). The role of social information processing and cognitive schema in the acquisition and maintenance of habitual aggressive behavior. In R. G. Geen & Donnerstein (Eds.), *Human aggression: Theories, research, and implications for social policy* (pp. 73-109). San Diego, CA: Academic Press.

Huesmann, L. R., & Guerra, N. G. (1997). Children's normative beliefs about aggression and aggressive behavior. *Journal of Personality and Social Psychology, 72,* 408-419.

Huesmann, L. R., Moise-Titus, J., Podolski, C. P., & Eron, L. D. (2003). Longitudinal relations between children's exposure to TV violence and their aggressive and violent behavior in young adulthood: 1977-1992. *Developmental Psychology, 39,* 201-229.

Huffcutt, A. I., & Roth, P. L. (1998). Racial group differences in employment interview evaluations. *Journal of Applied Psychology, 83,* 179-189.

Huffcutt, A. I., Conway, J. M., Roth, P. L., & Stone, N. J. (2001). Identification and meta-analytic assessment of psychological constructs measured in employment interviews. *Journal of Applied Psychology, 86,* 897-913.

Hughes, B. L., Camp, N. P., Gomez, J., Natu, V. S., Grill-Spector, K., & Eberhardt, J. L. (2019). Neural adaptation to faces reveals outgroup homogeneity effects in early perception. *Proceedings of the National Academy of Sciences of the United States of America, 116,* 14532-14537.

Hull, J. G., & Young, R. D. (1983). Self-consciousness, self-esteem, and success-failure as determinants of alcohol consumption in male social drinkers. *Journal of Personality and Social Psychology, 44,* 1097-1109.

Human Rights Campaign (2018, November 13). New FBI statistics show alarming increase in number of reported hate crimes. https://www.hrc.org/blog/new-fbi-statistics-show-alarming- increase-in-number-of-reported-hate-crimes.

Human, L. J., & Biesanz, J. C. (2011). Through the looking glass clearly: Accuracy and assumed similarity in well-adjusted individuals' first impressions. *Journal of Personality and Social Psychology, 100,* 349-364.

Hung, T., Chi, N., & Lu, W. (2009). Exploring the relationships between perceived coworker loafing and counterproductive work behaviors: The mediating role of a revenge motive. *Journal of Business and Psychology, 24,* 257-270.

Hunter, E. M., & Wu, C. (2016). Give me a better break: Choosing workday break activities to maximize resource recovery. *Journal of Applied Psychology, 101,* 302-311.

Hurtz, G. M., & Donovan, J. J. (2000). Personality and job performance: The Big Five revisited. *Journal of Applied Psychology, 85,* 869-879.

Huston, T. L., Caughlin, J. P., Houts, R. M., Smith, S. E., & George, L. J. (2001). The connubial crucible: Newlywed years as predictors of marital delight, distress, and divorce. *Journal of Personality and Social Psychology, 80,* 237-252.

Hutchison, P., Jetten, J., & Gutierrez, R. (2011). Deviant but desirable: Group variability and evaluation of atypical group members. *Journal of Experimental Social Psychology, 47,* 1155-1161.

Hütter, M., & Tigges, D. (2019). On the external validity of evaluative conditioning: Evaluative responses generalize to modified instances of conditioned stimuli. *Journal of Experimental Social Psychology.* doi:10.1016/j.jesp.2019.103824.

Hyatt, C. S., Sleep, C. E., Lamkin, J., Maples-Keller, J. L., Sedikides, C., Campbell, W. K., et al. (2018). Narcissism and self-esteem: A nomological network analysis. *PLoS ONE, 13,* Article e0198386.

Hyatt, C. S., Zeichner, A., & Miller, J. D. (2019). Laboratory aggression and personality traits: A meta-analytic review. *Psychology of Violence,* in press.

Hyde, J. S. (2014). Gender similarities and differences. *Annual Review of Psychology, 65,* 373-398.

Hymel, S., McClure, R., Miller, M., Shumka, E., & Trach, J. (2015). Addressing school bullying: Insights from theories of group processes. *Journal of Applied Developmental Psychology, 37,* 16-24.

Iati, M. (2019, October 7). A baby elephant died after falling into a waterfall. Another five drowned trying to save it. *Washington Post.* https://www.washingtonpost.com/science/2019/10/07/baby-elephant-died-after-falling-into-waterfall-another-five- drowned-trying-save-it.

Igou, E. R. (2008). "How long will I suffer?" versus "How long will you suffer?" A self-other effect in affective forecasting. *Journal of Personality and Social Psychology, 95,* 899-917.

Imada, T. (2012). Cultural narratives of individualism and collectivism: A content analysis of textbook stories in the United States and Japan. *Journal of Cross-Cultural Psychology, 43,* 576-591.

Inagaki, T. K. (2018). Neural mechanisms of the link between giving social support and health. *Annals of the New York Academy of Sciences, 1428,* 33-50.

Inbau, F. E., Reid, J. E., Buckley, J. P., & Jayne, B. C. (2001). *Criminal interrogation and confessions* (4th ed.). Gaithersburg, MD: Aspen.

Inbau, F. E., Reid, J. E., Buckley, J. P., & Jayne, B. C. (2013). *Criminal interrogation and confessions* (5th ed.). Burlington, MA: Jones & Bartlett.

Ingham, A. G., Levinger, G., Graves, J., & Peckham, V. (1974). The Ringelmann effect: Studies of group size and group performance. *Journal of Experimental Social Psychology, 10,* 371-384.

Inglehart, R., Foa, R., Peterson, C., & Welzel, C. (2008). Development, freedom, and rising happiness: A global perspective (1981-2007). *Current Perspectives on Psychological Science, 3,* 264-285.

Ingoldsby, B. B. (1991). The Latin American family: Familism vs. *machismo. Journal of Comparative Family Studies, 23,* 47-62.

Ingraham, C. (2019, October 7). Nine days on the road: Average commute time reached a new record last year. *Washington Post.* https://www.washingtonpost.com/business/2019/10/07/nine- days-road-average-commute-time-reached-new-record-last-year.

Insko, C. A., Sedlak, A. J., & Lipsitz, A. (1982). A two-valued logic or two-valued balance resolution of the challenge of agreement and attraction effects in p-o-x triads, and a theoretical perspective on conformity and hedonism. *European Journal of Social Psychology, 12,* 143-167.

Insko, C. A., Wildschut, T., & Cohen, T. R. (2013). Interindividual- intergroup discontinuity in the prisoner's dilemma game: How common fate, proximity, and similarity affect intergroup competition. *Organizational Behavior and Human Decision Processes, 120,* 168-180.

Ireland, M. E., & Pennebaker, J. W. (2010). Language style matching in writing: Synchrony in essays, correspondence, and poetry. *Journal of Personality and Social Psychology, 99*, 549-571.

Irons, E. D., & Moore, G. W. (1985). *Black managers: The case of the banking industry.* New York: Praeger.

Irwin, M., Mascovich, S., Gillin, J. C., Willoughby, R., Pike, J., & Smith, T. L. (1994). Partial sleep deprivation reduces natural killer cell activity in humans. *Psychosomatic Medicine, 56*, 493-498.

Isen, A. M. (1984). Toward understanding the role of affect in cognition. In R. S. Wyer & T. K. Srull (Eds.), *Handbook of social cognition* (Vol. 3, pp. 179-236). Hillsdale, NJ: Erlbaum.

Ito, T. A., Friedman, N. P., Bartholow, B. D., Correll, J., Loersch, C., Altamirano, L. J., et al. (2015). Toward a comprehensive understanding of executive cognitive function in implicit racial bias. *Journal of Personality and Social Psychology, 108*, 187-218.

Ito, T. A., Larsen, J. T., Smith, N. K., & Cacioppo, J. T. (1998). Negative information weighs more heavily on the brain: The negativity bias in evaluative categorizations. *Journal of Personality and Social Psychology, 75*, 887-900.

Ito, T. A., Miller, N., & Pollock, V E. (1996). Alcohol and aggression: A metaanalysis on the moderating effects of inhibitory cues, triggering events, and self-focused attention. *Psychological Bulletin, 120*, 60-82.

Jacks, J. Z., & Cameron, K. A. (2003). Strategies for resisting persua- sion. *Basic and Applied Social Psychology, 25*, 145-161.

Jackson, J. M. (1986). In defense of social impact theory: Comment on Mullin. *Journal of Personality and Social Psychology, 50*, 511-513.

Jackson, T., Chen, H., Guo, C., & Gao, X. (2006). Stories we love by: Conceptions of love among couples from People's Republic of China and the United States. *Journal of Cross-Cultural Psychology, 4*, 446-464.

James, W. (1890). *Principles of psychology* (Vols. 1-2). New York: Holt.

Jamieson, J. P., Nock, M. K., & Mendes, W. B. (2012). Mind over matter: Reappraising arousal improves cardiovascular and cognitive responses to stress. *Journal of Experimental Psychology: General, 141*, 417-442.

Janis, I. L. (1968). Attitude change via role playing. In R. Abelson, E. Aronson, W. McGuire, T. Newcomb, M. Rosenberg, & P. Tennenbaum (Eds.), *Theories of cognitive consistency: A sourcebook* (pp. 810-818). Chicago: Rand McNally.

Janis, I. L. (1982). *Groupthink* (2nd ed.). Boston: Houghton Mifflin.

Janis, I. L., & Feshbach, S. (1953). Effects of fear arousing communications. *Journal of Abnormal and Social Psychology, 48*, 78-92.

Janis, I. L., & King, B. T. (1954). The influence of role playing on opinion change. *Journal of Abnormal and Social Psychology, 49*, 211-218.

Janis, I. L., Kaye, D., & Kirschner, P. (1965). Facilitating effects of "eating while reading" on responsiveness to persuasive communications. *Journal of Personality and Social Psychology, 1*, 181-186.

Jankowiak, W. R., & Fischer, E. F. (1992). A cross-cultural perspective on romantic love. *Ethnology, 31*, 149-155.

Janoff-Bulman, R. (1979). Characterological versus behavioral self- blame: Inquiries into depression and rape. *Journal of Personality and Social Psychology, 37*, 1798-1809.

Janoff-Bulman, R. (1992). *Shattered assumptions: Towards a new psychology of trauma.* New York: Free Press.

Jansari, A., & Parkin, A. J. (1996). Things that go bump in your life: Explaining the reminiscence bump in autobiographical memory. *Psychology and Aging, 11*, 85-91.

Jarvis, W. B. G., & Petty, R. E. (1996). The need to evaluate. *Journal of Personality and Social Psychology, 70*, 172-194.

Javidan, M., & Carl, D. (2005). Leadership across cultures: A study of Canadian and Taiwanese executives. *MIR: Management International Review, 45*, 23-44.

Jenkins, G. D., Jr., Mitra, A., Gupta, N., & Shaw, J. D. (1998). Are financial incentives related to performance? A meta-analytic review of empirical research. *Journal of Applied Psychology, 83*, 777-787.

Jepson, C., & Chaiken, S. (1990). Chronic issue-specific fear inhibits systematic processing of persuasive communications. *Journal of Social Behavior and Personality, 5*, 61-84.

Jetten, J., & Hornsey, M. J. (Eds.). (2011). *Rebels in groups: Dissent, deviance, difference and defiance.* Chichester: Wiley-Blackwell.

Jetten, J., & Mols, F. (2014). 50-50 hindsight: Appreciating anew the contributions of Milgram's obedience experiments. *Journal of Social Issues, 70*, 587-602.

Jetten, J., Hornsey, M. J., Spears, R., Haslam, S., & Cowell, E. (2010). Rule transgressions in groups: The conditional nature of newcomers' willingness to confront deviance. *European Journal of Social Psychology, 40*, 338-348.

Jiang, J. (2019). Group identity and partnership. *Journal of Economic Behavior and Organization, 160*, 202-213.

Job, V., Dweck, C. S., & Walton, G. M. (2010). Ego depletion-Is it all in your head? Implicit theories about willpower affect self- regulation. *Psychological Science, 21*, 1686-1693.

Job, V., Walton, G. M., Bernecker, K., & Dweck, C. S. (2015). Implicit theories about willpower predict self-regulation and grades in everyday life. *Journal of Personality and Social Psychology, 108*, 637-647.

Johansson, G., von Hofsten, C., & Jansson, G. (1980). Event perception. *Annual Review of Psychology, 31, 27-53.*

Johnides, B. D., Borduin, C. M., Wagner, D. V., & Dopp, A. R. (2017). Effects of multisystemic therapy on caregivers of serious juvenile offenders: A 20-year follow-up to a randomized clinical trial. *Journal of Consulting and Clinical Psychology, 85*, 323-334.

Johns, G. (1994). Absenteeism estimates by employees and managers: Divergent perspectives and self-serving perceptions. *Journal of Applied Psychology, 79*, 229-239.

Johnson v. Louisiana, 406 U.S. 356 (1972).

Johnson, J. T. (2009). The once and future self: Beliefs about temporal change in goal importance and goal achievement. *Self and Identity, 8*, 94-112.

Johnson, R. D., & Downing, L. L. (1979). Deindividuation and valance of cues: Effects on prosocial and antisocial behavior. *Journal of Personality and Social Psychology, 37*, 1532-1538.

Johnson, R. W., Kelly, R. J., & LeBlane, B. A. (1995). Motivational basis of dissonance: Aversive consequences or inconsistency. *Personality and Social Psychology Bulletin, 21*, 850-855.

Johnson, W. L., Taylor, B. G., Mumford, E. A., & Liu, W. (2019). Dyadic correlates of the perpetration of psychological aggression among intimate partners. *Psychology of Violence*, in press.

Johnson, W., & Krueger, R. F. (2006). How money buys happiness: Genetic and environmental processes linking finances and life satisfaction. *Journal of Personality and Social Psychology, 90, 680-691.*

Jones, B. C., DeBruine, L. M., & Little, A. C. (2007). The role of symmetry in attraction to average faces. *Perception & Psychophysics, 69,* 1273-1277.

Jones, E. E. (1964). *Ingratiation: A social psychological analysis.* New York: Appleton-Century-Crofts.

Jones, E. E. (1990). *Interpersonal perception.* New York: Freeman.

Jones, E. E., & Davis, K. E. (1965). From acts to dispositions: The attribution process in person perception. *Advances in Experimental Psychology, 2,* 219-266.

Jones, E. E., & Harris, V. A. (1967). The attribution of attitudes. *Journal of Experimental Social Psychology, 3,* 1-24.

Jones, E. E., & Pittman, T. S. (1982). Toward a general theory of strategic self presentation. In J. Suls (Ed.), *Psychological perspectives on the self* (pp. 1, 231-262). Hillsdale, NJ: Erlbaum.

Jones, E. E., & Sigall, H. (1971). The bogus pipeline: A new paradigm for measuring affect and attitude. *Psychological Bulletin, 76,* 349-364.

Jones, E. E., Davis, K. E., & Gergen, K. (1961). Role playing variations and their informational value for person perception. *Journal of Abnormal and Social Psychology, 63,* 302-310.

Jones, E. E., Rhodewalt, F., Berglas, S., & Skelton, J. A. (1981). Effects of strategic self-presentation on subsequent self-esteem. *Journal of Personality and Social Psychology, 41,* 407-421.

Jones, E. E., Rock, L., Shaver, K. G., Goethals, G. R., & Ward, L. M. (1968). Pattern of performance and ability attribution: An unexpected primary effect. *Journal of Personality and Social Psychology, 10,* 317-340.

Jones, J. H. (1997a). *Alfred C. Kinsey: A public/private life.* New York: Norton.

Jones, J. M. (1997b). *Prejudice and racism* (2nd ed.). New York: McGraw-Hill.

Jones, J. T., Pelham, B. W., Carvallo, M., & Mirenberg, M. C. (2004). How do I love thee? Let me count the Js: Implicit egotism and interpersonal attraction. *Journal of Personality and Social Psychology, 87,* 665-683.

Jones, R. G. (2015). *Psychology of sustainability: An applied perspective.* New York: Routledge/Taylor & Francis.

Jones, S. S. (2007). Imitation in infancy: The development of mimicry. *Psychological Science, 18,* 593-599.

Joseph, D. L., Dhanani, L. Y., Shen, W., McHugh, B. C., & McCord, M. A. (2015). Is a happy leader a good leader? A meta-analytic investigation of leader trait affect and leadership. *The Leadership Quarterly, 26,* 558-577.

Jost, J. (2018). The IAT is dead, long live the IAT: Context-sensitive measures of implicit attitudes are indispensable to social and political psychology. *Current Directions in Psychological Science, 8,* 10-19.

Jost, J. T. (2019). A quarter century of system justification theory: Questions, answers, criticisms, and societal applications. *British Journal of Social Psychology, 58,* 263-314.

Jost, J. T., van der Linden, S., Panagopoulos, C., & Hardin, C. D. (2018). Ideological asymmetries in conformity, desire for shared reality, and the spread of misinformation. *Current Opinion in Psychology, 23,* 77-83.

Judge, T. A., & Welbourne, T. M. (1994). A confirmatory investigation of the dimensionality of the Pay Satisfaction Questionnaire. *Journal of Applied Psychology, 79,* 461-466.

Judge, T. A., Bono, J. E., & Locke, E. A. (2000). Personality and job satisfaction: The mediating role of job characteristics. *Journal of Applied Psychology, 85,* 237-249.

Judge, T. A., Piccolo, R. F., Podsakoff, N. P., Shaw, J. C., & Rich, B. L. (2010). The relationship between pay and job satisfaction: A meta-analysis of the literature. *Journal of Vocational Behavior, 77,* 157-167.

Judge, T. A., Weiss, H. M., Kammeyer-Mueller, J. D., & Hulin, C. L. (2017). Job attitudes, job satisfaction, and job affect: A century of continuity and of change. *Journal of Applied Psychology, 102,* 356-374.

Jung, J., Busching, R., & Krahé, B. (2019). Catching aggression from one's peers: A longitudinal and multilevel analysis. *Social and Personality Psychology Compass, 13,* Article e12433.

Jung, J., Hogg, M. A., Livingstone, A. G., & Choi, H. (2019). From uncertain boundaries to uncertain identity: Effects of entitativity threat on identity-uncertainty and emigration. *Journal of Applied Social Psychology,* in press.

Jung-Yoon, C. (2011, August 24). Seoul offers women-only subway cars: Effort to reduce cases of abuse draws mixed reviews from potential users. *Vancouver Sun,* p. B9.

Jussim, L. (2012). *Social perception and social reality: Why accuracy dominates bias and self-fulfilling prophecy.* New York: Oxford University Press.

Jussim, L., Crawford, J. T., Anglin, S. M., Chambers, J. R., Stevens, S. T., & Cohen, F. (2016). Stereotype accuracy: One of the largest and most replicable effects in all of social psychology. In T. D. Nelson (Ed.), *Handbook of prejudice, stereotyping, and discrimination* (2nd ed., pp. 31-63). New York: Psychology Press.

Kagan, J. (1994). *Galen's prophecy: Temperament in human nature.* New York: Basic Books.

Kahneman, D. (2011). *Thinking, fast and slow.* New York: Farrar, Straus & Giroux.

Kahneman, D., & Miller, D. T. (1986). Norm theory: Comparing reality to its alternatives. *Psychological Review, 93,* 136-153.

Kahneman, D., & Tversky A. (1979). Prospect theory: An analysis of decisions under risk. *Econometrika, 47,* 263-291.

Kahneman, D., Knetsch, J. L., & Thaler, R. H. (1990). Experimental tests of the endowment effect and the Coase theorem. *Journal of Political Economy, 98,* 1325-1348.

Kahneman, D., Knetsch, J. L., & Thaler, R. H. (2005). Experimental tests of the endowment effect and the Coase theorem. In M. H. Bazerman (Ed.), *Negotiation, decision making and conflict management* (Vols. 1-3, pp. 92-115). Northampton, MA: Edward Elgar.

Kahneman, D., Slovic, P., & Tversky, A. (Eds.). (1982). *Judgment under uncertainty: Heuristics and biases.* New York: Cambridge University Press.

Kalichman, S. C. (Ed.). (2006). *Positive prevention: Reducing HIV transmission among people living with HIV/AIDS.* New York: Springer.

Kallgren, C. A., & Wood, W. (1986). Access to attitude-relevant information in memory as a determinant of attitude-behavior consistency. *Journal of Experimental Social Psychology, 22,* 328-338.

Kalpidou, M., Costin, D., & Morris, J. (2011). The relationship between Facebook and the well-being of undergraduate college students. *Cyberpsychology, Behavior, and Social Networking, 14,* 183-189.

Kalven, H., & Zeisel, H. (1966). *The American jury.* Boston: Little, Brown.

Kamen-Siegel, L., Rodin, J., Seligman, M. E. P., & Dwyer, J. (1991). Explanatory style and cell-mediated immunity in elderly men and women. *Health Psychology, 10,* 229-235.

Kampis, J. (2005, February 15). Lawsuit claims video violence precipitated Fayetteville shootings. *Tuscaloosa News,* https://www.tuscaloosanews.com/news/20050215/lawsuit-claims-video- violence-precipitated-fayette-police-shootings.

Kantor, J., & Streitfeld, D. (2015, August 15). Inside Amazon: Wrestling big ideas in a bruising workplace. *New York Times.* http://www.nytimes.com/2015/08/16/technology/inside-amazon-wrestling-big-ideas-in-a-bruising-workplace.html.

Kaplan, M. F., & Martin, A. M. (Eds.). (2006). *Understanding world jury systems through social psychological research.* New York: Psychology Press.

Kaplan, M. F., & Scherschring, C. (1981). Juror deliberation: An information integration analysis. In B. Sales (Ed.), *The trial process* (pp. 235-262). New York: Plenum.

Kappes, H. B., Balcetis, E., & De Cremer, D. (2018). Motivated reasoning during recruitment. *Journal of Applied Psychology, 103*(3), 270-280.

Karau, S. J., & Williams, K. D. (1993). Social loafing: A meta-analytic review and theoretical integration. *Journal of Personality and Social Psychology, 65,* 681-706.

Karau, S. J., & Williams, K. D. (2001). Understanding individual motivation in groups: The collective effort model. In M. E. Turner (Ed.), *Groups at work: Theory and research. Applied social research* (pp. 113-141). Mahwah, NJ: Erlbaum.

Kardas, M., & O'Brien, E. (2018). Easier seen than done: Merely watching others perform can foster an illusion of skill acquisition. *Psychological Science, 29,* 521-536.

Kark, R., Shamir, B., & Chen, G. (2003). The two faces of transformational leadership: Empowerment and dependency. *Journal of Applied Psychology, 88,* 246-255.

Karney, B. R., & Bradbury, T. N. (1995). The longitudinal course of marital quality and stability: A review of theory, method, and research. *Psychological Bulletin, 118,* 3-34.

Karney, B. R., & Bradbury, T. N. (2000). Attributions in marriage: State or trait? A growth curve analysis. *Journal of Personality and Social Psychology, 78,* 295-309.

Karremans, J. C., Stroebe, W., & Claus, J. (2006). Beyond Vicary's fantasies: The impact of subliminal priming and brand choice. *Journal of Experimental Social Psychology, 42,* 792-798.

Kashima, Y., & Kerekes, A. R. Z. (1994). A distributed memory model of averaging phenomena in person impression formation. *Journal of Experimental Social Psychology, 30,* 407-455.

Kashima, Y., Lyons, A., & Clark, A. (2013). The maintenance of cultural stereotypes in the conversational retelling of narratives. *Asian Journal of Social Psychology, 16,* 60-70.

Kassin, S. (1997). *Psychology* (3rd ed.). Upper Saddle River, NJ: Pearson Education.

Kassin, S. (2004). *Essentials of psychology.* Upper Saddle River, NJ: Pearson Education.

Kassin, S. M. (2015). The social psychology of false confessions. *Social Issues and Policy Review, 9,* 24-49.

Kassin, S. M. (2017). False confessions: How can psychology so basic be so counterintuitive? *American Psychologist, 72,* 951-964.

Kassin, S. M. (2017). The killing of Kitty Genovese: What else does this case tell us? *Perspectives on Psychological Science, 12,* 374-381.

Kassin, S. M., & Kiechel, K. L. (1996). The social psychology of false confessions: Compliance, internalization, and confabulation. *Psychological Science, 7,* 125-128.

Kassin, S. M., & Sommers, S. R. (1997). Inadmissible testimony, instructions to disregard, and the jury: Substantive versus procedural considerations. *Personality and Social Psychology Bulletin, 23,* 1046-1054.

Kassin, S. M., & Sukel, H. (1997). Coerced confessions and the jury: An experimental test of the "harmless error" rule. *Law and Human Behavior, 21,* 27-46.

Kassin, S. M., & Thompson, D. (2019, August 1). Videotape all police interrogations—Justice demands it [Op-ed]. *New York Times.*

Kassin, S. M., Drizin, S. A., Grisso, T., Gudjonsson, G. H., Leo, R. A., & Redlich, A. D. (2010). Police-induced confessions: Risk factors and recommendations. *Law and Human Behavior, 34,* 3-38.

Kassin, S. M., Dror, I., & Kukucka, J. (2013). The forensic confirmation bias: Problems, perspectives, and proposed solutions. *Journal of Applied Research in Memory & Cognition, 2,* 42-52.

Kassin, S. M., Goldstein, C. J., & Savitsky, K. (2003). Behavioral confirmation in the interrogation room: On the dangers of presuming guilt. *Law and Human Behavior, 27,* 187-203.

Kassin, S. M., Leo, R. A., Meissner, C. A., Richman, K. D., Colwell, L. H., Leach, A.-M., et al. (2007). Police interviewing and interrogation: A self-report survey of police practices and beliefs. *Law and Human Behavior, 31,* 381-400.

Kassin, S. M., Meissner, C. A., & Norwick, R. J. (2005). "I'd know a false confession if I saw one": A comparative study of college students and police investigators. *Law and Human Behavior, 29,* 211-227.

Kassin, S. M., Russano, M. B., Amrom, A. D., Hellgren, J., Kukucka, J., & Lawson, V. Z. (2019). Does video recording inhibit crime suspects? Evidence from a fully randomized field experiment. *Law and Human Behavior, 43,* 44-55.

Kassin, S. M., Tubb, V. A., Hosch, H. M., & Memon, A. (2001). On the "general acceptance" of eyewitness testimony research: A new survey of the experts. *American Psychologist, 56,* 405-416.

Katz, D., & Braly, K. (1933). Racial stereotypes of one hundred college students. *Journal of Abnormal and Social Psychology, 28,* 280-290.

Kaufman, D. Q., Stasson, M. F., & Hart, J. W. (1999). Are the tabloids always wrong or is that just what we think? Need for cognition and perceptions of articles in print media. *Journal of Applied Social Psychology, 29,* 1984-1997.

Kawakami, K., Amodio, D. M., & Hugenberg, K. (2017). Intergroup perception and cognition: An integrative framework for understanding the causes and consequences of social categorization. In J. M. Olson (Ed.), *Advances in experimental social psychology* (Vol. 55, pp. 1-80). San Diego, CA: Elsevier Academic Press.

Kay, A. C., & Jost, J. T. (2003). Complementary justice: Effects of "poor but happy" and "poor but honest" stereotype exemplars on system justification and implicit activation of the justice motive. *Journal of Personality and Social Psychology, 85,* 823-837.

Kay, A. C., Jost, J. T., & Young, S. (2005). Victim derogation and victim enhancement as alternate routes to system justification. *Personality and Social Psychology Bulletin, 16,* 240-246.

Kayser, D. N., Greitemeyer, T., Fischer, P., & Frey, D. (2010). Why mood affects help giving, but not moral courage: Comparing two types of prosocial behaviour. *European Journal of Social Psychology, 40,* 1136-1157.

Kearney, D. J., & Simpson, T. L. (2020). *Mindfulness-based interventions for trauma and its consequences.* Washington, DC: American Psychological Association.

Keenan, J. P., Gallup, G. G., & Falk, D. (2003). *The face in the mirror: The search for the origins of consciousness*. New York: HarperCollins/Ecco.

Keillor, J. M., Barrett, A. M., Crucian, G. P., Kortenkamp, S., & Heilman, K. M. (2003). Emotional experience and perception in the absence of facial feedback. *Journal of the International Neurological Society, 8,* 130-135.

Keller, P. A. (1999). Converting the unconverted: The effect of inclination and opportunity to discount health-related fear appeals. *Journal of Applied Psychology, 84,* 403-415.

Kelley, H. H. (1950). The warm-cold variable in first impressions of persons. *Journal of Personality, 18,* 431-439.

Kelley, H. H. (1967). Attribution in social psychology. *Nebraska Symposium on Motivation, 15,* 192-238.

Kelly, A. E., & McKillop, K. J. (1996). Consequences of revealing personal secrets. *Psychological Bulletin, 120,* 450-465.

Kelly, A. E., & Rodriguez, R. R. (2006). Publicly committing oneself to an identity. *Basic and Applied Social Psychology, 28,* 185-191.

Kelman, H. C. (1961). Processes of opinion change. *Public Opinion Quarterly, 25,* 57-78.

Kelman, H. C. (1967). Human use of human subjects: The problem of deception in social psychology experiments. *Psychological Bulletin, 67,* 1-11.

Kelman, H. C., & Hamilton, V. L. (1989). *Crimes of obedience: Toward a social psychology of authority and responsibility.* New Haven, CT: Yale University Press.

Kelman, H. C., & Hovland, C. I. (1953). "Reinstatement" of the communicator in delayed measurement of opinion change. *Journal of Abnormal and Social Psychology, 48,* 327-335.

Keneally, M. (2019, October 1). There have been at least 21 deadly mass shootings in the US so far in 2019. *ABC News.* http://abcnews.go.com/US/deadly-mass-shootings-month-2019/story?id=63449799.

Kenny, D. A., & Acitelli, L. K. (2001). Accuracy and bias of perceptions of the partner in close relationships. *Journal of Personality and Social Psychology, 80,* 439-448.

Kenny, D. A., & Zaccaro, S. J. (1983). An estimate of variance due to traits in leadership. *Journal of Applied Psychology, 68,* 678-685.

Kenny, D. A., Albright, L., Malloy, T. E., & Kashy, D. A. (1994). Consensus in interpersonal perception: Acquaintance and the Big Five. *Psychological Bulletin, 116,* 245-258.

Kenrick, D. T., & Keefe, R. C. (1992). Age preferences in mates reflect sex differences in human reproductive strategies. *Behavioral and Brain Sciences, 15,* 75-133.

Kenrick, D. T., Gabrielidis, C., Keefe, R. C., & Cornelius, J. S. (1996). Adolescents' age preferences for dating partners: Support for an evolutionary model of life-history strategies. *Child Development, 67,* 1499-1511.

Kenrick, D. T., Goldstein, N. J., & Braver, S. L. (2012). *Six degrees of social influence: Science, application, and the psychology of Robert Cialdini.* New York: Oxford University Press.

Kern, J. M., & Radford, A. N. (2018). Experimental evidence for delayed contingent cooperation among wild dwarf mongooses. *Proceedings of the National Academy of Sciences of the United States of America, 115,* 6255-6260.

Kerr, N. L. (1981). Social transition schemes: Charting the group's road to agreement. *Journal of Personality and Social Psychology, 41,* 684-702.

Kerr, N. L., & MacCoun, R. (2012). Is the leniency asymmetry really dead?: Misinterpreting asymmetry effects in criminal jury deliberation. *Group Processes and Intergroup Behavior, 15,* 585-602.

Kerr, N. L., Ao, X., Hogg, M. A., & Zhang, J. (2018). Addressing replicability concerns via adversarial collaboration: Discovering hidden moderators of the minimal intergroup discrimination effect. *Journal of Experimental Social Psychology, 78,* 66-76.

Kerr, N. L., Hymes, R. W., Anderson, A. B., & Weathers, J. E. (1995). Defendant-juror similarity in mock juror judgments. *Law and Human Behavior, 19,* 545-567.

Kerr, N. L., Kramer, G. P., Carroll, J. S., & Alfini, J. J. (1991). On the effectiveness of voir dire in criminal cases with prejudicial pretrial publicity: An empirical study. *American University Law Review, 40,* 665-701.

Kerr, N. L., Niedermeier, K. E., & Kaplan, M. F. (1999). Bias in jurors vs. bias in juries: New evidence from the SDS perspective. *Organizational Behavior and Human Decision Processes, 80,* 70-86.

Kervyn, N. Bergsieker, H. B., & Fiske, S. T. (2012). The innuendo effect: Hearing the positive but inferring the negative. *Journal of Experimental Social Psychology, 48,* 77-85.

Kessler, R. C., McGonagle, K. A., Zhao, S., Nelson, C. B., Hughes, M., Eshleman, S., et al. (1994). Lifetime and 12-month prevalence of DSM-III-R psychiatric disorders in the United States. *Archives of General Psychiatry, 51,* 8-19.

Kessler, R. C., Sonnega, A., Bromet, E., Hughes, M., & Nelson, C. B. (1995). Posttraumatic stress disorder in the National Comorbidity Survey. *Archives of General Psychiatry, 52,* 1048-1060.

Kettrey, H. H., & Marx, R. A. (2019). Does the gendered approach of bystander programs matter in the prevention of sexual assault among adolescents and college students? A systematic review and meta-analysis. *Archives of Sexual Behavior, 48,* 2037-2053.

Key, W. B. (1973). *Subliminal seduction.* Englewood Cliffs, NJ: Signet.

Key, W. B. (1989). *The age of manipulation.* New York: Holt.

Keysar, B., & Henly, A. S. (2002). Speakers' overestimation of their effectiveness. *Psychological Science, 13,* 207-212.

Khosla, N. N., Perry, S. P., Moss-Racusin, C. A., Burke, S. E., & Dovidio, J. F. (2018). A comparison of clinicians' racial biases in the United States and France. *Social Science and Medicine, 206,* 31-37.

Kidder, D. L. (2017). BABO negotiating: Enhancing students' perspective-taking skills. *Negotiation Journal, 33,* 255-267.

Kiecolt-Glaser, J. K. (2009). Psychoneuroimmunology: Psychology's gateway to the biomedical future. *Perspectives on Psychological Science, 4,* 367-369.

Kiecolt-Glaser, J. K. (2018). Marriage, divorce, and the immune system. *American Psychologist, 73,* 1098-1108.

Kiecolt-Glaser, J. K., & Newton, T. L. (2001). Marriage and health: His and hers. *Psychological Bulletin, 127,* 472-503.

Kiecolt-Glaser, J. K., & Wilson, S. J. (2017). Lovesick: How couples' relationships influence health. *Annual Review of Clinical Psychology, 13,* 421-443.

Kiecolt-Glaser, J. K., McGuire, L., Robles, T., & Glaser, R. (2002). Psychoneuroimmunology: Psychological influences on immune function and health. *Journal of Consulting and Clinical Psychology, 70,* 537-547.

Kienzle, M. R., & Levett, L. M. (2018). A novel paradigm for examining alibi corroboration and evidence interaction: Does a confession affect the likelihood of alibi corroboration for friends and strangers? *Psychology, Public Policy, and Law, 24,* 353-364.

Kierein, N. M., & Gold, M. A. (2000). Pygmalion in work organizations: A meta-analysis. *Journal of Organizational Behavior, 21,* 913-928.

Kiesler, C. A. (1971). *The psychology of commitment*. New York: Academic Press.

Kiesler, C. A., & Kiesler, S. B. (1969). *Conformity*. Reading, MA: Addison-Wesley.

Kilham, W., & Mann, L. (1974). Level of destructive obedience as a function of transmitter and executant roles in the Milgram obedience paradigm. *Journal of Personality and Social Psychology, 29*, 696-702.

Kilianski, S. E. (2008). Who do you think I am? Accuracy in perceptions of others' self-esteem. *Journal of Research in Personality, 42*, 386-398.

Kim, H. S., & Moore, M. T. (2019). Symptoms of depression and the discrepancy between implicit and explicit self-esteem. *Journal of Behavior Therapy and Experimental Psychiatry, 63*, 1-5.

Kim, H. S., Mojaverian, T., & Sherman, D. K. (2012). Culture and genes: Moderators of the use and effect of social support. In O. Gillath, G. Adams, & A. Kunkel (Eds.), *Relationship science: Integrating evolutionary, neuroscience, and sociocultural approaches* (pp. 73-90). Washington, DC: American Psychological Association.

Kim, H. S., Sherman, D. K., & Taylor, S. (2008). Culture and social support. *American Psychologist, 63*, 518-526.

Kim, H., & Markus, H. R. (1999). Deviance or uniqueness, harmony or conformity? A cultural analysis. *Journal of Personality and Social Psychology, 77*, 785-800.

King, L. A., & Napa, C. K. (1998). What makes a life good? *Journal of Personality and Social Psychology, 75*, 156-165.

Kinsey, A. C., Pomeroy, W. B., & Martin, C. E. (1948). *Sexual behavior in the human male*. Philadelphia: Saunders.

Kinsey, A. C., Pomeroy, W. B., Martin, C. E., & Gebhard, P. H. (1953). *Sexual behavior in the human female*. Philadelphia: Saunders.

Kiong, L. C. (2011, December 17). Moves to protect women rebuffed in some cities. *The Straits Times*, p. 10.

Kirkpatrick, L. A., & Hazan, C. (1994). Attachment styles and close relationships: A four-year prospective study. *Personal Relationships, 1*, 123-142.

Kirkpatrick, S. A., & Locke, E. A. (1991). Leadership: Do traits matter? *Academy of Management Executive, 5*, 48-60.

Kirtley, E., Chiocchi, J., Cole, J., & Sampson, M. (2019). Stigma, emotion appraisal, and the family environment as predictors of carer burden for relatives of individuals who meet the diagnostic criteria for borderline personality disorder. *Journal of Personality Disorders, 33*, 497-514.

Kirwin, M., Lanni, D. J., Warnke, A., Pickett, S. M., & Parkhill, M. R. (2019). Emotion regulation moderates the relationship between alcohol consumption and the perpetration of sexual aggression. *Violence Against Women, 9*, 1053-1073.

Kitayama, S., & Uchida, Y. (2003). Explicit self-criticism and implicit self-regard: Evaluating self and friend in two cultures. *Journal of Experimental Social Psychology, 39*, 476-482.

Kitayama, S., Duffy, S., Kawamura, T., & Larsen, J. T. (2003). Perceiving an object and its context in different cultures: A cultural look at new look. *Psychological Science, 14*, 201-206.

Kitayama, S., Snibbe, A. C., Markus, H. R., & Suzuki, T. (2004). Is there any "free" choice? Self and dissonance in two cultures. *Psychological Science, 15*, 527-533.

Kite, M. E. (1992). Age and the spontaneous self-concept. *Journal of Applied Social Psychology, 22*, 1828-1837.

Kivimaki, M., Vahtera, J., Elovainio, M., Helenius, H., Singh-Manoux, A., & Pentti, J. (2005). Optimism and pessimism as predictors of change in health after death or onset of severe illness in family. *Health Psychology, 24*, 413-421.

Klein Tuente, S., Bogaerts, S., & Veling, W. (2019). Hostile attribution bias and aggression in adults—A systematic review. *Aggression and Violent Behavior, 46*, 66-81.

Klein, N., & Epley, N. (2015). Group discussion improves lie detection. *Proceedings of the National Academy of Sciences, 112*, 7460-7465. Klein, W. M. (1997). Objective standards are not enough: Affective, self-evaluative, and behavioral responses to social comparison information. *Journal of Personality and Social Psychology, 72*, 763-774.

Kleingeld, A., van Mierlo, H., & Arends, L. (2011). The effect of goal setting on group performance: A meta-analysis. *Journal of Applied Psychology, 96*, 1289-1304.

Kleinke, C. L. (1986). Gaze and eye contact: A research review. *Psychological Bulletin, 100*, 78-100.

Kleinke, C. L., Peterson, T. R., & Rutledge, T. R. (1998). Effects of self-generated facial expressions on mood. *Journal of Personality and Social Psychology, 74*, 272-279.

Klietz, S. J., Borduin, C. M., & Schaeffer, C. M. (2010). Cost-benefit analysis of multisystemic therapy with serious and violent juvenile offenders. *Journal of Family Psychology, 24*, 657-666.

Klinesmith, J., Kasser, T., & McAndrew, F. T. (2006). Guns, testosterone, and aggression: An experimental test of a mediational hypothesis. *Psychological Science, 17*, 568-571.

Kling, K. C., Hyde, J. S., Showers, C. J., & Buswell, B. N. (1999). Gender differences in self-esteem: A meta-analysis. *Psychological Bulletin, 125*, 470-500.

Knafo, A., Schwartz, S. H., & Levine, R. V. (2009). Helping strangers is lower in embedded cultures. *Journal of Cross-Cultural Psychology, 40*, 875-879.

Knapton, H., Espinosa, L., Meier, H. E., Back, E. A., & Bach, H. (2018). Belonging for violence: Personality, football fandom, and spectator aggression. *Nordic Psychology, 70*, 278-289.

Kniffin, K., & Wilson, D. S. (2004). The effect of nonphysical traits on the perception of physical attractiveness: Three naturalistic studies. *Evolution and Human Behavior, 25*, 88-101.

Knight, N. M., Dahlen, E. R., Bullock-Yowell, E., & Madson, M. B. (2018). The HEXACO model of personality and Dark Triad in relational aggression. *Personality and Individual Differences, 122*, 109-114.

Knobloch-Westerwick, S., Johnson, B. K., & Westerwick, A. (2015). Confirmation bias in online searches: Impacts of selective exposure before an election on political attitude strength and shifts. *Journal of Computer-Mediated Communication, 20*, 171-187.

Knowles, E. S. (1983). Social physics and the effects of others: Tests of the effects of audience size and distance on social judgments and behavior. *Journal of Personality and Social Psychology, 45*, 1263-1279.

Knowles, M. L., Lucas, G. M., Baumeister, R. F., & Gardner, W. L. (2015). Choking under social pressure: Social monitoring among the lonely. *Personality and Social Psychology Bulletin, 41*, 805-821.

Knox, R. E., & Inskter, J. A. (1968). Postdecision dissonance at post- time. *Journal of Personality and Social Psychology, 8*, 319-323.

Ko, S. J., Judd, C. M., & Blair, I. V. (2006). What the voice reveals: Within- and between-category stereotyping on the basis of voice. *Personality and Social Psychology Bulletin, 32*, 806-819.

Kobasa, S. C., Maddi, S. R., & Kahn, S. (1982). Hardiness and health: A prospective study. *Journal of Personality and Social Psychology, 42*, 168-177.

Koch, A. J., D'Mello, S. D., & Sackett, P. R. (2015). A meta-analysis of gender stereotypes and bias in experimental simulations of employment decision making. *Journal of Applied Psychology, 100*, 128-161.

Koehler, J. J., Schweitzer, N. J., Saks, M. J., & McQuiston, D. E. (2016). Science, technology, or the expert witness: What influences jurors' judgments about forensic science testimony? *Psychology, Public Policy, and Law, 22*, 401-413.

Koenig, A. M., & Eagly, A. H. (2014). Evidence for the social role theory of stereotype content: Observations of groups' roles shape stereotypes. *Journal of Personality and Social Psychology, 107*, 371-392.

Koenig, A. M., Eagly, A. H., Mitchell, A. A., & Ristikari, T. (2011). Are leader stereotypes masculine? A meta-analysis of three research paradigms. *Psychological Bulletin, 137*, 616-642.

Kohn, A. (1993). *Punished by rewards*. Boston: Houghton Mifflin. Kohn, A. (2018). *Punished by rewards: The trouble with gold stars, incentive plans, A's, praise, and other bribes* (25th ed.). Boston: Houghton Mifflin Harcourt.

Kohn, P. M., Lafreniere, K., & Gurevich, M. (1991). Hassles, health, and personality. *Journal of Personality and Social Psychology, 61*, 478-482.

Kokkinos, C. M., & Voulgaridou, I. (2018). Relational victimization, callous-unemotional traits, and hostile attribution bias among preadolescents. *Journal of School Violence, 17*, 111-122.

Kolditz, T. A., & Arkin, R. M. (1982). An impression management interpretation of the self-handicapping strategy. *Journal of Personality and Social Psychology, 43*, 492-502.

Kong, D. T., & Yao, J. (2019). Advancing the scientific understanding of trust and culture in negotiations. *Negotiation and Conflict Management Research, 12*, 117-130.

Kopelman, S., & Rosette, A. S. (2008). Cultural variation in response to strategic emotions in negotiations. *Group Decision and Negotiation, 17*, 65-77.

Koposov, R., Gundersen, K. K., & Svartdal, F. (2014). Efficacy of aggression replacement training among children from North-West Russia. *The International Journal of Emotional Education, 6*, 14-24.

Korman, J., & Malle, B. F. (2016). Grasping for traits or reasons? How people grapple with puzzling social behaviors. *Personality and Social Psychology Bulletin, 42*, 1451-1465.

Kosloff, S., Irish, S., Perreault, L., Anderson, G., & Nottbohm, A. (2017). Assessing relationships between conformity and meta- traits in an Asch-like paradigm. *Social Influence, 12*, 90-100.

Koslowski, S. W., Kirsch, M. P., & Chao, G. T. (1986). Job knowledge, ratee familiarity, conceptual similarity, and halo error: An exploration. *Journal of Applied Psychology, 71*, 45-49.

Koslowsky, M., Kluger, A., & Reich, M. (1995). *Commuting stress: Causes, effects, and methods of coping*. New York: Plenum Press.

Kouchaki, M., & Smith, I. H. (2014). The morning morality effect: The influence of time of day on unethical behavior. *Psychological Science, 25*, 95-102.

Kovacs, L. (1983). A conceptualization of marital development. *Family Therapy, 3*, 183-210.

Kovera, M. B. (2002). The effects of general pretrial publicity on juror decisions: An examination of moderators and mediating mechanisms. *Law and Human Behavior, 26*, 43-72.

Kovera, M. B. (Ed.). (2017). *The psychology of juries*. Washington, DC: American Psychological Association.

Kovera, M. B., & Cutler, B. L. (2013). *Jury selection*. New York: Oxford University Press.

Kovera, M. B., & Evelo, A. J. (2017). The case for double-blind lineup administration. *Psychology, Public Policy, and Law, 23*, 421-437.

Kovera, M. B., Penrod, S. D., Pappas, C., & Thill, D. L. (1997). Identification of computer-generated facial composites. *Journal of Applied Psychology, 82*, 235-246.

Kowalski, M. A. (2019). Adverse childhood experiences and justice- involved youth: The effect of trauma and programming on different recidivistic outcomes. *Youth Violence and Juvenile Justice, 17*, 354-384.

Kowalski, R. M. (1993). Inferring sexual interest from behavioral cues: Effects of gender and sexually relevant attitudes. *Sex Roles, 29*, 13-36.

Koyanagi, A., Oh, H., Carvalho, A. F., Smith, L., Haro, J. M., Vancampfort, D., et al. (2019). Bullying victimization and suicide attempt among adolescents aged 12-15 years from 48 countries. *Journal of the American Academy of Child & Adolescent Psychiatry, 58*, 907-918.

Kozak, M. N., Marsh, A. A., & Wegner, D. M. (2006). What do I think you're doing? Action identification and mind attribution. *Journal of Personality and Social Psychology, 90*, 543-555.

Kozel, F., Johnson, K., Mu, Q., Grenesko, E., Laken, S., & George, M. (2005). Detecting deception using functional magnetic resonance imaging. *Biological Psychiatry, 58*, 605-613.

Kraft-Todd, G., Yoeli, E., Bhanot, S., & Rand, D. (2015). Promoting cooperation in the field. *Current Opinion in Behavioral Sciences, 3*, 96-101.

Krahé, B., & Busching, R. (2014). Interplay of normative beliefs and behavior in developmental patterns of physical and relational aggression in adolescence: A four-wave longitudinal study. *Frontiers in Psychology, 5*, Article 1146.

Krahé, B., & Busching, R. (2015). Breaking the vicious cycle of media violence use and aggression: A test of intervention effects over 30 months. *Psychology of Violence, 5*, 217-226.

Krahé, B., Lutz, J., & Sylla, I. (2018). Lean back and relax: Reclined seating position buffers the effect of frustration on anger and aggression. *European Journal of Social Psychology, 48*, 718-723.

Kramer, G. M., Wolbransky, M., & Heilbrun, K. (2007). Plea bargaining recommendations by criminal defense attorneys: Evidence strength, potential sentence, and defendant preference. *Behavioral Sciences & the Law, 25*, 575-585.

Kramer, G. P., Kerr, N. L., & Carroll, J. S. (1990). Pretrial publicity, judicial remedies, and jury bias. *Law and Human Behavior, 14*, 409-438.

Krantz, D. S., & McCeney, M. K. (2002). Effects of psychological and social factors on organic disease: A critical assessment of research on coronary heart disease. *Annual Review of Psychology, 53*, 341-369.

Kraus, M. W., Piff, P. K., Mendoza-Denton, R., Rheinschmidt, M. L., & Keltner, D. (2012). Social class, solipsism, and contextualism: How the rich are different from the poor. *Psychological Review, 119*, 546-572.

Kraus, S. J. (1995). Attitudes and the prediction of behavior: A meta-analysis of the empirical literature. *Personality and Social Psychology Bulletin, 21*, 58-75.

Krautheim, J. T., Dannlowski, U., Steines, M., Neziroḡlu, G., Acosta, H., Sommer, J., et al. (2019). Intergroup empathy: Enhanced neural resonance for ingroup facial emotion in a shared neural production-perception network. *NeuroImage, 194*, 182-190.

Kravetz, L. D. (2017). *Strange contagion: Inside the surprising science of infectious behaviors and viral emotions and what they tell us about ourselves*. New York: HarperCollins.

Kravitz, D. A., & Martin, B. (1986). Ringelmann rediscovered: The original article. *Journal of Personality and Social Psychology, 50,* 936-941.

Kray, L. J., George, L. G., Liljenquist, K. A., Galinsky, A. D., Tetlock, P. E., & Roese, N. J. (2010). From what might have been to what must have been: Counterfactual thinking creates meaning. *Journal of Personality and Social Psychology, 98,* 106-118.

Krebs, D. (1987). The challenge of altruism in biology and psychology. In C. Crawford, M. Smith, & D. Krebs (Eds.), *Sociobiology and psychology: Ideas, issues, and applications* (pp. 81-118). Hillsdale, NJ: Erlbaum.

Krendl, A. C., Magoon, N. S., Hull, J. G., & Heatherton, T. F. (2011). Judging a book by its cover: The differential impact of attractiveness on predicting one's acceptance to high or low status social groups. *Journal of Applied Social Psychology, 41,* 2538-2550.

Krenzer, W. L. D., & Splan, E. D. (2018). Evaluating the heat-aggression hypothesis: The role of temporal and social factors in predicting baseball related aggression. *Aggressive Behavior, 44,* 83-88.

Kressel, L. M., & Uleman, J. S. (2015). The causality implicit in traits. Journal *of Experimental Social Psychology, 57,* 51-54.

Kressel, N. J., & Kressel, D. F. (2002). *Stack and sway: The new science of jury consulting.* Boulder, CO: Westview.

Krieg, A., & Dickie, J. R. (2013). Attachment and hikikomori: A psychosocial developmental model. *International Journal of Social Psychiatry, 59,* 61-72.

Kringelbach, M. L., et al. (2008). A specific and rapid neural signature for parental instinct. *PLoS ONE, 3*(2), 1-7.

Krizan, Z., & Windschitl, P. D. (2007). The influence of outcome desirability on optimism. *Psychological Bulletin, 133,* 95-121.

Kroeper, K. M., Sanchez, D. T., & Himmelstein, M. S. (2014). Heterosexual men's confrontation of sexual prejudice: The role of precarious manhood. *Sex Roles, 70,* 1-13.

Krosch, A. R., & Amodio, D. M. (2019). Scarcity disrupts the neural encoding of Black faces: A socioperceptual pathway to discrimination. *Journal of Personality and Social Psychology,* in press.

Krueger, J. (1998). On the perception of social consensus. *Advances in Experimental Social Psychology, 30,* 163-240.

Krueger, J. (2000). The projective perception of the social world: A building block of social comparison processes. In J. Suls & L. Wheeler (Eds.), *Handbook of social comparison: Theory and research* (pp. 323-351). New York: Plenum/Kluwer.

Krueger, J. I., & DiDonato, T. E. (2008). Social categorization and the perception of groups and group differences. *Social and Personality Psychology Compass, 2,* 733-750.

Krug, E. G., Kresnow, M., Peddicord, J. P., Dahlberg, L. L., Powell, K. E., Crosby, A. E., et al. (1998). Suicide after natural disasters. *New England Journal of Medicine, 338,* 373-378.

Kruger, J., & Dunning, D. (1999). Unskilled and unaware of it: How difficulties in recognizing one's own incompetence lead to inflated self-assessments. *Journal of Personality and Social Psychology, 77,* 1121-1134.

Kruger, J., Wirtz, D., & Miller, D. T. (2005). Counterfactual thinking and the first instinct fallacy. *Journal of Personality and Social Psychology, 88,* 725-735.

Kruglanski, A. W., & Freund, T. (1983). The freezing and unfreezing of lay-inferences: Effects on impressional primacy, ethnic stereotyping, and numerical anchoring. *Journal of Experimental Social Psychology, 19,* 448-468.

Krys, K., Capaldi, C. A., van Tilburg, W., Lipp, O. V., Bond, M. H., Vauclair, C.-M., et al. (2018). Catching up with wonderful women: The women-are-wonderful effect is smaller in more gender egalitarian societies. *International Journal of Psychology, 53,* 21-26.

Krys, K., Hansen, K., Xing, C., Szarota, P., & Yang, M. (2014). Do only fools smile at strangers? Cultural differences in social perception of intelligence of smiling individuals. *Journal of Cross- Cultural Psychology, 45,* 314-321.

Krys, K., Vauclair, C. M., Capaldi, C. A., Lun, V. M.-C., Bond, M. H., Domínguez-Espinosa, A., et al. (2016). Be careful where you smile: Culture shapes judgments of intelligence and honesty of smiling individuals. *Journal of Nonverbal Behavior, 40,* 101-116.

Kubany, E. S., Leisen, M. B., Kaplan, A. S., Watson, S. B., Haynes, S. N., Owens, J. A., et al. (2000). Development and preliminary validation of a brief broad-spectrum measure of trauma exposure: The Traumatic Life Events Questionnaire. *Psychological Assessment, 12,* 210-224.

Kubota, J. T., & Ito, T. (2017). Rapid race perception despite individuation and accuracy goals. *Social Neuroscience, 12,* 468-478.

Kubzansky, L. D., Sparrow, D., Vokonas, P., & Kawachi, I. (2001). Is the glass half empty or half full? A prospective study of optimism and coronary heart disease in the Normative Aging Study. *Psychosomatic Medicine, 63,* 910-916.

Kuchynka, S. L., Salomon, K., Bosson, J. K., El-Hout, M., Kiebel, E., Cooperman, C., et al. (2018). Hostile and benevolent sexism and college women's STEM outcomes. *Psychology of Women Quarterly, 42,* 72-87.

Kugler, T., & Bornstein, G. (2013). Social dilemmas between individuals and groups. *Organizational Behavior and Human Decision Processes, 120,* 191-205.

Kuhns, J. B., Exum, M. L., Clodfelter, T. A., & Bottia, M. C. (2014). The prevalence of alcohol-involved homicide offending: A meta-analytic review. *Homicide Studies: An Interdisciplinary & International Journal, 18,* 251-270.

Kukucka, J., & Kassin, S. M. (2014). Do confessions taint perceptions of handwriting evidence? An empirical test of the forensic confirmation bias. *Law and Human Behavior, 38,* 256-270.

Kukucka, J., Kassin, S. M., Zapf, P. A., & Dror, I. E. (2017). Cognitive bias and blindness: A global survey of forensic science examiners. *Journal of Applied Research in Memory and Cognition, 6,* 452-459.

Kulik, J. A., Mahler, H. I. M., & Earnest, A. (1994). Social comparison and affiliation under threat: Going beyond the affiliate-choice paradigm. *Journal of Personality and Social Psychology, 66,* 301-309.

Kumkale, G. T., & Albarracín, D. (2004). The sleeper effect in persuasion: A meta-analytic review. *Psychological Bulletin, 130,* 143-172.

Kuncel, N. R., & Hezlett, S. A. (2010). Fact and fiction in cognitive ability testing for admissions and hiring decisions. *Current Directions in Psychological Science, 19,* 339-345.

Kunda, Z., Sinclair, L., & Griffin, D. (1997). Equal ratings but separate meanings: Stereotypes and the construal of traits. *Journal of Personality and Social Psychology, 72,* 720-734.

Kuntz-Wilson, W., & Zajonc, R. B. (1980). Affective discrimination of stimuli that cannot be recognized. *Science, 207,* 557-558.

Kuo, M., Barnes, M., & Jordan, C. (2019). Do experiences with nature promote learning? Converging evidence of a cause-and-effect relationship. *Frontiers in Psychology, 10,* 305.

Kupers, T. A. (1999). *Prison madness: The mental health crisis behind bars and what we must do about it.* New York: Jossey-Bass.

Kurbat, M. A., Shevell, S. K., & Rips, L. J. (1998). A year's memories: The calendar effect in autobiographical recall. *Memory and Cognition, 26*, 532-552.

Kurdek, L. (2008). Change in relationship quality for partners from lesbian, gay male, and heterosexual couples. *Journal of Family Psychology, 22*, 701-711.

Kurdek, L. A. (1991a). Correlates of relationship satisfaction in cohabiting gay and lesbian couples: Interpretation of contextual, investment, and problem-solving models. *Journal of Personality and Social Psychology, 61*, 910-922.

Kurdek, L. A. (1991b). The dissolution of gay and lesbian couples. Journal *of Social and Personal Relationships, 8*, 265-278.

Kurdek, L. A. (1999). The nature and predictors of the trajectory of change in marital quality for husbands and wives over the first 10 years of marriage. *Developmental Psychology, 35*, 1283-1296.

Kurdek, L. A. (2005). What do we know about gay and lesbian couples? *Current Directions in Psychological Science, 14*, 251-254.

Kurdi, B., Capaldi, C. A., van Tilburg, W., Lipp, O. V., Bond, M. H., Vauclair, C.-M., et al. (2019). Relationship between the Implicit Association Test and intergroup behavior: A meta-analysis. *American Psychologist, 74*, 569-586.

Kush, J. (2019). Conceptual and measurement issues for transactive memory systems: The indicators of TMS. *Group Dynamics: Theory, Research, and Practice, 23*, 104-123.

Kutzner, F. L., & Fiedler, K. (2015). No correlation, no evidence for attention shift in category learning: Different mechanisms behind illusory correlations and the inverse base-rate effect. *Journal of Experimental Psychology: General, 144*, 58-75.

LaCosse, J., Sekaquaptewa, D., & Bennett, J. (2016). STEM stereotypic attribution bias among women in an unwelcoming science setting. *Psychology of Women Quarterly, 40*, 378-397.

Lai, J. M., Lam, L. W., & Lam, S. K. (2013). Organizational citizenship behavior in work groups: A team cultural perspective. *Journal of Organizational Behavior, 34*, 1039-1056.

Laible, D., Carlo, G., Murphy, T., Augustine, M., & Roesch, S. (2014). Predicting children's prosocial and co-operative behavior from their temperamental profiles: A person-centered approach. *Social Development, 23*, 734-752.

Laird, J. D. (1974). Self-attribution of emotion: The effects of expressive behavior on the quality of emotional experience. *Journal of Personality and Social Psychology, 29*, 475-486.

Lakoff, G., & Johnson, M. (1999). *Philosophy in the flesh: The embodied mind and its challenge to western thought*. New York: Basic Books.

Laland, K. N., & Galef, B. G. (Eds.). (2009). *The question of animal culture*. Cambridge, MA: Harvard University Press.

Lalwani, A. K., Shavitt, S., & Johnson, T. (2006). What is the relation between cultural orientation and socially desirable responding? Journal *of Personality and Social Psychology, 90*, 165-178. LaMarre, H. L., Knobloch-Westerwick, S., & Hoplamazian, G. J. (2012). Does the music matter? Examining differential effects of music genre on support for ethnic groups. *Journal of Broadcasting & Electronic Media, 56*, 150-167.

Lamb, M. E., Hershkowitz, I., Orbach, Y., & Esplin, P. W. (2008). *Tell me what happened: Structured investigative interviews of child victims and witnesses*. West Sussex: Wiley.

Lambe, S., Hamilton-Giachritsis, C., Garner, E., & Walker, J. (2018). The role of narcissism in aggression and violence: A systematic review. *Trauma, Violence, & Abuse, 19*, 209-230.

Lamm, C., Decety, J., & Singer, T. (2011). Meta-analytic evidence for common and distinct neural networks associated with direct experienced pain and empathy for pain. *Neuroimage, 54*, 2492-2502.

Lamm, H., & Myers, D. G. (1978). Group-induced polarization of attitudes and behavior. In L. Berkowitz (Ed.), *Advances in experimental social psychology* (Vol. 11, pp. 145-195). New York: Academic Press.

Landau, M. J., Solomon, S., Greenberg, J., Cohen, F., Pyszczynski, T., Arndt, J., et al. (2004). Deliver us from evil: The effects of mortality salience and reminders of 9/11 on support for President George W. Bush. *Personality and Social Psychology Bulletin, 30*, 1136-1150.

Landau, T. (1989). *About faces: The evolution of the human face*. New York: Anchor Books.

Lane, L. W., Groisman, M., & Ferreira, V. S. (2006). Don't talk about pink elephants! Speakers' control over leaking private information during language production. *Psychological Science, 17*, 273-277.

Lang, B. (2015, June 30). Ellen DeGeneres influenced gay rights views more than any other celebrity. *Variety*. http://variety.com/2015/tv/news/ellen-degeneres-gay-rights-gay-marriage-1201531462.

Lange, N. D., Thomas, R. P., Dana, J., & Dawes, R. M. (2011). Contextual biases in the interpretation of auditory evidence. *Law and Human Behavior, 35*, 178-187.

Langer, E. J. (1975). The illusion of control. *Journal of Personality and Social Psychology, 32*, 311-328.

Langer, E. J. (1989). *Mindfulness*. Reading, MA: Addison-Wesley.

Langer, E. J., & Rodin, J. (1976). The effects of choice and enhanced personal responsibility for the aged: A field experiment in an institutional setting. *Journal of Personality and Social Psychology, 34*, 191-198.

Langer, E. J., Blank, A., & Chanowitz, B. (1978). The mindlessness of ostensibly thoughtful action. *Journal of Personality and Social Psychology, 36*, 635-642.

Langer, G., Arndt, C., & Sussman, D. (2004). Primetime Live poll: American sex survey: A peek beneath the sheets. http://abcnews.go.com/Primetime/PollVault/story?id5156921.

Langlois, J. H., & Roggman, L. A. (1990). Attractive faces are only average. *Psychological Science, 1*, 115-121.

Langlois, J. H., Kalakanis, L., Rubenstein, A. J., Larson, A., Hallam, M., & Smoot, M. (2000). Maxims or myths of beauty? A meta-analytic and theoretical review. *Psychological Bulletin, 126*, 390-423.

Langlois, J. H., Ritter, J. M., Roggman, L. A., & Vaughn, L. S. (1991). Facial diversity and infant preferences for attractive faces. *Developmental Psychology, 27*, 79-84.

Langlois, J. H., Roggman, L. A., & Musselman, L. (1994). What is average and what is not average about attractive faces? Psychological *Science, 5*, 214-220.

Langner, O., Dotsch, R., Bijlstra, G., Wigboldus, D. J., Hawk, S. T., & van Knippenberg, A. (2010). Presentation and validation of the Radboud Faces Database. *Cognition and Emotion, 24*, 1377-1388.

Langton, S. R. H., Watt, R. J., & Bruce, V. (2000). Do the eyes have it? Cues to the direction of social attention. *Trends in Cognitive Sciences, 4*, 50-59.

LaPiere, R. T. (1934). Attitudes vs. action. *Social Forces, 13*, 230-237.

Lapré, G. E., & Marsee, M. A. (2016). The role of race in the association between corporal punishment and externalizing problems: Does punishment severity matter? *Journal of Child and Family Studies, 25,* 432-441.

Larrick, R. P., Morgan, J. N., & Nisbett, R. E. (1990). Teaching the use of cost-benefit reasoning in everyday life. *Psychological Science, 1,* 362-370.

Larrick, R. P., Timmerman, T. A., Carton, A. M., & Abrevaya, J. (2011). Temper, temperature, and temptation: Heat-related retaliation in baseball. *Psychological Science, 22,* 423-428.

Larrick, R. P., Timmerman, T. A., Carton, A. M., & Abrevaya, (2011). Temper, temperature, and temptation: Heat-related retaliation in baseball. *Psychological Science, 22,* 423-428.

Larsen, R. J., & Kasimatis, M. (1990). Individual differences in entrainment of mood to the weekly calendar. *Journal of Personality and Social Psychology, 58,* 164-171.

Larson, J. R., Jr., Foster-Fishman, P. G., & Franz, T. M. (1998). Leadership style and the discussion of shared and unshared information in decision-making groups. *Personality and Social Psychology Bulletin, 24,* 482-495.

Lassiter, G. D., Diamond, S. S., Schmidt, H. C., & Elek, J. K. (2007). Evaluating videotaped confessions: Expertise provides no defense against the camera-perspective effect. *Psychological Science, 18,* 224-226.

Lassiter, G. D., Geers, A. L., Munhall, P. J., Handley, I. M., & Beers, M. J. (2001). Videotaped confessions: Is guilt in the eye of the camera? *Advances in Experimental Social Psychology, 33,* 189-254.

Lassiter, G. D., Stone, J. I., & Rogers, S. L. (1988). Memorial consequences of variation in behavior perception. *Journal of Experimental Social Psychology, 24,* 222-239.

Latané, B. (1981). The psychology of social impact. *American Psychologist, 36,* 343-356.

Latané, B., & Darley, J. M. (1968). Group inhibition of bystander intervention. *Journal of Personality and Social Psychology, 10,* 215-221.

Latané, B., & Darley, J. M. (1970). *The unresponsive bystander: Why doesn't he help?* New York: Appleton-Century-Crofts.

Latané, B., & L'Herrou, T. (1996). Spatial clustering in the conformity game: Dynamic social impact in electronic groups. *Journal of Personality and Social Psychology, 70,* 1218-1230.

Latané, B., & Nida, S. (1981). Ten years of research on group size and helping. *Psychological Bulletin, 89,* 308-324.

Latané, B., & Werner, C. (1978). Regulation of social contact in laboratory rats: Time, not distance. *Journal of Personality and Social Psychology, 36,* 1128-1137.

Latané, B., & Wolf, S. (1981). The social impact of majorities and minorities. *Psychological Review, 88,* 438-453.

Latané, B., Liu, J. H., Nowak, A., Bonevento, M., & Zheng, L. (1995). Distance matters: Physical space and social impact. *Personality and Social Psychology Bulletin, 21,* 795-805.

Latané, B., Williams, K., & Harkins, S. (1979). Many hands make light the work: The causes and consequences of social loafing. *Journal of Personality and Social Psychology, 37,* 822-832.

Lau, D. C., & Murnighan, J. K. (2005). Interactions within groups and subgroups: The effects of demographic faultlines. *Academy of Management Journal, 48,* 645-659.

Lau, R. L., & Rovner, I. B. (2009). Negative campaigning. *Annual Review of Political Science, 12,* 285-306.

Laurin, K., Kay, A. C., & Fitzsimons, G. M. (2012). Divergent effects of activating thoughts of God on self-regulation. *Journal of Personality and Social Psychology, 102,* 4-21.

Lavan, N., Lima, C. F., Harvey, H., Scott, S. K., & McGettigan, C. (2015). I thought that I heard you laughing: Contextual facial expressions modulate the perception of authentic laughter and crying. *Cognition and Emotion, 29,* 935-944.

Lavner, J. A., Karney, B. R., & Bradbury, T. N. (2014). Relationship problems over the early years of marriage: Stability or change? *Journal of Family Psychology, 28,* 979-985.

Lawrence, E., Rothman, A., Cobb, R., Bradbury, T., & Rothman, M. (2008). Marital satisfaction across the transition to parenthood. *Journal of Family Psychology, 22,* 41-50.

Lazarus, R. S., & Folkman, S. (1984). *Stress, appraisal, and coping.* New York: Springer.

Le Hénaff, B., Michinov, N., & Le Bohec, O. (2018). Applying the SIDE model to brainwriting: The impact of intergroup comparison and anonymity on creative performance. *Journal of Applied Social Psychology, 48,* 351-359.

Le, B., & Agnew, C. R. (2003). Commitment and its theorized determinants: A meta-analysis of the investment model. *Personal Relationships, 10,* 37-57.

Leap, B. (2019). A new type of (white) provider: Shifting masculinities in mainstream country music from the 1980s to the 2010s. *Rural Sociology,* in press.

Leary, M. R. (Ed.). (2001). *Interpersonal rejection.* New York: Oxford University Press.

Leary, M. R., & Baumeister, R. F. (2000). The nature and function of self-esteem: Sociometer theory. *Advances in Experimental Social Psychology, 32,* 1-62.

Leary, M. R., & Kowalski, R. M. (1995). *Social anxiety.* New York: Guilford Press.

Leary, M. R., & Tangney, J. P. (Eds.). (2003). *Handbook of self and identity.* New York: Guilford Press.

Leary, M. R., Tchividjian, L. R., & Kraxberger, B. E. (1994). Self- presentation can be hazardous to your health: Impression management and health risk. *Health Psychology, 13,* 461-470.

Leary, M. R., Twenge, J. M., & Quinlivan, E. (2006). Interpersonal rejection as a determinant of anger and aggression. *Personality and Social Psychology Review, 10,* 111-132.

LeDoux, J. (2002). *The synaptic self: How our brains become who we are.* New York: Penguin Books.

LeDoux, J. E. (1996). *The emotional brain: The mysterious underpinnings of emotional life.* New York: Simon & Schuster.

LeDoux, J. E. (2014). Coming to terms with fear. *Proceedings of the National Academy of Sciences of the United States of America, 111,* 2871-2878.

Lee, D. (2019, July 8). Instagram now asks bullies: "Are you sure?" *BBC.* http://www.bbc.com/news/technology-48916828.

Lee, J. A. (1988). Love-styles. In R. J. Sternberg & M. L. Barnes (Eds.), *The psychology of love* (pp. 38-67). New Haven, CT: Yale University Press.

Lee, L., Loewenstein, G., Ariely, D., Hong, J., & Young, J. (2008). If I'm not hot, are you hot or not? Physical-attractiveness evaluations and dating preferences as a function of one's own attractiveness. *Psychological Science, 19,* 669-677.

Lee, S. J., Altschul, I., & Gershoff, E. T. (2015). Wait until your father gets home? Mothers' and fathers' spanking and development of child aggression. *Children and Youth Services Review, 52,* 158-166.

Lee, S., & Feeley, T. H. (2017). A meta-analysis of the pique technique of compliance. *Social Influence, 12,* 15-28.

Lee, S., Adair, W. L., & Seo, S. (2013). Cultural perspective taking in cross-cultural negotiation. *Group Decision and Negotiation, 22,* 389-405.

Lee, S., Moon, S.-I., & Feeley, T. H. (2019). The "that's-not-all" compliance-gaining technique: When does it work? *Social Influence, 14,* 25-39.

Lee, V. K., & Harris, L. T. (2014). Dehumanized perception: Psychological and neural mechanisms underlying everyday dehumanization. In P. G. Bain, J. Vaes, & J. Leyens (Eds.), *Humanness and dehumanization* (pp. 68-85). New York: Psychology Press.

Lee, Y., Berry, C. M., & Gonzalez-Mulé, E. (2019). The importance of being humble: A meta-analysis and incremental validity analysis of the relationship between honesty-humility and job performance. *Journal of Applied Psychology, 104*, 1535-1546.

Legault, L., Gutsell, J. N., & Inzlicht, M. (2011). Ironic effects of antiprejudice messages: How motivational interventions can reduce (but also increase) prejudice. *Psychological Science, 22*, 1472-1477.

Legault, L., Gutsell, J. N., & Inzlicht, M. (2012). Ironic effects of antiprejudice messages: How motivational interventions can reduce (but also increase) prejudice. *Psychological Science, 22*, 1472-1477.

Lehman, D. R., Chiu, C.-Y., & Schaller, M. (2004). Psychology and culture. *Annual Review of Psychology, 55*, 689-714.

Lehman, D. R., Lempert, R. O., & Nisbett, R. E. (1988). The effects of graduate training on reasoning: Formal discipline and thinking about everyday-life events. *American Psychologist, 43*, 431-442.

Lei, H., Nguyen, T. T., & Le, P. B. (2019). How knowledge sharing connects interpersonal trust and innovation capability: The effect of leadership support. *Chinese Management Studies, 13*, 276-298.

Leichtman, M. D., & Ceci, S. J. (1995). The effects of stereotypes and suggestions on preschoolers' reports. *Developmental Psychology, 31*, 568-578.

Leigh, B. C., & Stacy, A. W. (1993). Alcohol outcome expectancies: Scale construction and predictive utility in higher-order confirmatory models. *Psychological Assessment, 5*, 216-229.

Leiker, M., & Hailey, B. J. (1988). A link between hostility and disease: Poor health habits? *Behavioral Medicine, 14*, 129-133.

Leiter, M. P., Bakker, A. B., & Maslach, C. (Eds.). (2014). *Burnout at work: A psychological perspective*. New York: Psychology Press.

Leo, R. A. (1996). Inside the interrogation room. *Journal of Criminal Law and Criminology, 86*, 266-303.

Leo, R. A., & Liu, B. (2009). What do potential jurors know about police interrogation techniques and false confessions? *Behavioral Sciences & the Law, 27*, 381-399.

Lepore, L., & Brown, R. (2002). The role of awareness: Divergent automatic stereotype activation and implicit judgment correction. *Social Cognition, 20*, 321-351.

Lepore, S. J., & Smyth, J. M. (2002). *The writing cure: How expressive writing promotes health and emotional well-being*. Washington, DC: American Psychological Association.

Lepore, S. J., Ragan, J. D., & Jones, S. (2000). Talking facilitates cognitive-emotional processes of adaptation to an acute stressor. *Journal of Personality and Social Psychology, 78*, 499-508.

Lepper, M. R., & Greene, D. (Eds.). (1978). *The hidden costs of reward*. Hillsdale, NJ: Erlbaum.

Lepper, M. R., Greene, D., & Nisbett, R. E. (1973). Undermining children's intrinsic interest with extrinsic reward: A test of the "overjustification" hypothesis. *Journal of Personality and Social Psychology, 28*, 129-137.

Lepsinger, R., & Lucia, A. D. (2009). *The art and science of 360-degree feedback* (2nd ed.). New York: Wiley.

Lerner, M. J. (1980). *The belief in a just world: A fundamental delusion*. New York: Plenum.

Lerner, M. J., & Simmons, C. H. (1966). Observers' reaction to the "innocent victim": Compassion or rejection? *Journal of Personality and Social Psychology, 4*, 203-210.

Leslie, L. M., Mayer, D. M., & Kravitz, D. A. (2014). The stigma of affirmative action: A stereotyping-based theory and meta- analytic test of the consequences for performance. *Academy of Management Journal, 57*, 964-989.

Letourneau, E. J., Henggeler, S. W., Borduin, C. M., Schewe, P. A., McCart, M. R., Chapman, J. E., et al. (2009). Multisystemic therapy for juvenile sexual offenders: 1-year results from a randomized effectiveness trial. *Journal of Family Psychology, 23*, 89-102.

Leung, A. K.-Y., & Cohen, D. (2011). Within- and between-culture variation: Individual differences and the cultural logics of honor, face, and dignity cultures. *Journal of Personality and Social Psychology, 100*, 507-526.

Levashina, J., & Campion, M. A. (2007). Measuring faking in the employment interview: Development and validation of an interview faking behavior scale. *Journal of Applied Psychology, 92*, 1638-1656.

Levashina, J., Hartwell, C. J., Morgeson, F. P., & Campion, M. A. (2014). The structured employment interview: Narrative and quantitative review of the research literature. *Personnel Psychology, 67*, 241-293.

LeVay, S. (1991). A difference in hypothalamic structure between heterosexual and homosexual men. *Science, 253*, 1034-1037.

LeVay, S. (2017). *Gay, straight, and the reason why: The science of sexual orientation* (2nd ed.). New York: Oxford University Press.

Leventhal, H. (1970). Findings and theory in the study of fear communications. In L. Berkowitz (Ed.), *Advances in experimental social psychology* (Vol. 5, pp. 119-186). New York: Academic Press.

Leventhal, H., Watts, J. C., & Pagano, F. (1967). Effects of fear and instructions on how to cope with danger. *Journal of Personality and Social Psychology, 6*, 313-321.

Levesque, M. J. (1997). Meta-accuracy among acquainted individuals: A social relations analysis of interpersonal perception and metaperception. *Journal of Personality and Social Psychology, 72*, 66-74.

Levesque, M. J., Nave, C. S., & Lowe, C. A. (2006). Toward an understanding of gender differences in inferring sexual interest. *Psychology of Women Quarterly, 30*, 150-158.

Levi, A. S., & Fried, Y. (2008). Differences between African Americans and Whites in reactions to affirmative action programs in hiring, promotion, training, and layoffs. *Journal of Applied Psychology, 93*, 1118-1129.

Levin, D. T., & Banaji, M. R. (2006). Distortions in the perceived lightness of faces: The role of race categories. *Journal of Experimental Psychology: General, 135*, 501-512.

Levin, S., Pratto, F., Matthews, M., Sidanius, J., & Kteily, N. (2013). A dual process approach to understanding prejudice toward Americans in Lebanon: An extension to intergroup threat perceptions and emotions. *Group Processes & Intergroup Relations, 16*, 139-158.

Levine, J. M. (1989). Reaction to opinion deviance in small groups. In P. B. Paulus (Ed.), *Psychology of group influence* (2nd ed., pp. 187-231). Hillsdale, NJ: Erlbaum.

Levine, J. M. (2018). Socially-shared cognition and consensus in small groups. *Current Opinion in Psychology, 23*, 52-56.

Levine, M., & Manning, R. (2013). Social identity, group processes, and helping in emergencies. *European Review of Social Psychology, 24*, 225-251.

Levine, M., Prosser, A., Evans, D., & Reicher, S. (2005). Identity and emergency intervention: How social group membership and inclusiveness of group boundaries shape helping behavior. *Personality and Social Psychology Bulletin, 31*, 443-453.

Levine, R. A., & Campbell, D. T. (1972). *Ethnocentrism: Theories of conflict, ethnic attitudes, and group behavior*. New York: Wiley.

Levine, R. V., Norenzayan, A., & Philbrick, K. (2001). Cross-cultural differences in helping strangers. *Journal of Cross-Cultural Psychology, 32*, 543-560.

Levine, R. V., Reysen, S., & Ganz, E. (2008). The kindness of strangers revisited: A comparison of 24 US cities. *Social Indicators Research, 85*, 461-481.

Levine, R., Sato, S., Hashimoto, T., & Verma, J. (1995). Love and marriage in eleven cultures. *Journal of Cross-Cultural Psychology, 26*, 554-571.

Levinson, M. (2011). Social networks: New hotbed for hiring discrimination claims. *Computer World*. http://www.cio.com/article/2409045/careers-staffing/social-networks—a-new-hotbed-for-hiring-discrimination-claims.html.

Levy, D. A., & Nail, P. R. (1993). Contagion: A theoretical and empirical review and reconceptualization. *Genetic, Social, and General Psychology Monographs, 119*, 233-284.

Levy, S. R., Apriceno, M., Macdonald, J. L., & Lytle, A. (2020). Ageism. In D. S. Dunn (Ed.), *Oxford bibliographies in psychology*. New York: Oxford University Press, in press.

Lewin, K. (1935). *A dynamic theory of personality*. New York: McGraw-Hill.

Lewin, K. (1947). Group decision and social change. In T. M. Newcomb & E. L. Hartley (Eds.), *Readings in social psychology* (pp. 330-344). New York: Holt.

Lewin, K. (1951). Problems of research in social psychology. In D. Cartwright (Ed.), *Field theory in social science* (pp. 155-169). New York: Harper & Row.

Lewis, M. (2015). *Flash boys*. New York: Norton.

Lewis, M., & Brooks-Gunn, J. (1979). *Social cognition and the acquisition of self*. New York: Plenum.

Lewon, M., Houmanfar, R. A., & Hayes, L. J. (2019). The will to fight: Aversion-induced aggression and the role of motivation in intergroup conflicts. *Perspectives on Behavior Science*, in press.

Li, J.-B., Dou, K., Situ, Q.-M., Salcuni, S., Wang, Y.-J., & Friese, M. (2019). Anger rumination partly accounts for the association between trait self-control and aggression. *Journal of Research in Personality, 81*, 207-223.

Li, M., & Jones, C. D. (2019). The effects of TMT faultlines and CEO-TMT power disparity on competitive behavior and firm performance. *Group and Organization Management, 44*, 874-914.

Li, N. P., & Kenrick, D. T. (2006). Sex similarities and differences in preferences for short-term mates: What, whether, and why. *Journal of Personality and Social Psychology, 90*, 468-489.

Li, N. P., Bailey, J. M., Kenrick, D. T., & Linsenmeier, J. A. W. (2002). The necessities and luxuries of mate preferences: Testing the tradeoffs. *Journal of Personality and Social Psychology, 82*, 947-955.

Li, Y. J., Johnson, K. A., Cohen, A. B., Williams, M. J., Knowles, E. D., & Chen, Z. (2012). Fundamental(ist) attribution error: Protestants are dispositionally focused. *Journal of Personality and Social Psychology, 102*, 281-290.

Li, Y., & Zhao, M. (2019). Effects of the presence of others on prosocial behavior: Perceived face as mediator. *Asian Journal of Social Psychology, 22*, 193-202.

Libby, L. K., & Eibach, R. P. (2002). Looking back in time: Self-concept change affects visual perspective in autobiographical memory. *Journal of Personality and Social Psychology, 82*, 167-179.

Libby, L. K., Valenti, G., Pfent, A., & Eibach, R. P. (2011). Seeing failure in your life: Imagery perspective determines whether self-esteem shapes reactions to recalled and imagined failure. *Journal of Personality and Social Psychology, 101*, 1157-1173.

Liden, R. C., Wayne, S. J., Jaworski, R. A., & Bennett, N. (2004). Social loafing: A field investigation. *Journal of Management, 30*, 285-304.

Lieberman J., & Krauss D. (2009). *Jury psychology: Social aspects of the trial process*. Burlington, VT: Ashgate.

Lieberman, J. D. (2011). The utility of scientific jury selection: Still murky after 30 years. *Current Directions in Psychological Science, 20*, 48-52.

Lieberman, J. D., & Arndt, J. (2000). Understanding the limits of limiting instructions. *Psychology, Public Policy, and Law, 6*, 677-711.

Lieberman, J., & Sales, B. (2007). *Scientific jury selection*. Washington, DC: American Psychological Association.

Lieberman, M. D. (2013). *Social: Why our brains are wired to connect*. New York: Crown.

Liebst, L. S., Philpot, R., Bernasco, W., Dausel, K. L., Ejbye, E. P., Nicolaisen, M. H., et al. (2019). Social relations and presence of others predict bystander intervention: Evidence from violent incidents captured on CCTV. *Aggressive Behavior, 45*, 598-609.

Lifton, R. J. (1986). *The Nazi doctors: Medical killing and the psychology of genocide*. New York: Basic Books.

Light, K. C., & Obrist, P. A. (1980). Cardiovascular response to stress: Effects of opportunity to avoid shock experience, and performance feedback. *Psychophysiology, 17*, 243-252.

Likert, R. (1932). A technique for the measurement of attitudes. *Archives of Psychology, 140*, 1-55.

Limber, S. P., Olweus, D., Wang, W. J., Masiello, M., & Breivik, K. (2018). Evaluation of the Olweus Bullying Prevention Program: A large scale study of U.S. students in grades 3-11. *Journal of School Psychology, 69*, 56-72.

Lin, K., & Lundquist, J. (2013). Mate selection in cyberspace: The intersection of race, gender, and education. *American Journal of Sociology, 119*, 183-215.

Lind, E. A., Erickson, B. E., Friedland, N., & Dickenberger, M. (1978). Reactions to procedural models for adjudicative conflict resolution: A cross national study. *Journal of Conflict Resolution, 22*, 318-341.

Lind, E. A., Kanfer, R., & Farley, P. C. (1990). Voice, control, and procedural justice: Instrumental and noninstrumental concerns in fairness judgments. *Journal of Personality and Social Psychology, 59*, 952-959.

Linde, J. A., Rothman, A. J., Baldwin, A. S., & Jeffery, R. W. (2006). The impact of self-efficacy on behavior change and weight change among overweight participants in a weight loss trial. *Health Psychology, 25*, 282-291.

Lindell, A. K., & Lindell, K. L. (2014). Beauty captures the attention of the beholder. *Journal of Cognitive Psychology, 26*, 768-780.

Linder, D. E., Cooper, J., & Jones, E. E. (1967). Decision freedom as a determinant of the role of incentive magnitude in attitude change. *Journal of Personality and Social Psychology, 6*, 245-254.

Lindsay, R. C. L., Semmler, C., Weber, N., Brewer, N., & Lindsay, M. R. (2008). How variations in distance affect eyewitness reports and identification accuracy. *Law and Human Behavior, 32*, 526-535.

Lindsay, R. C. L., Wells, G. L., & Rumpel, C. M. (1981). Can people detect eyewitness-identification accuracy within and across situations? *Journal of Applied Psychology, 66,* 79-89.

Linville, P. W., & Jones, E. E. (1980). Polarized appraisals of out- group members. *Journal of Personality and Social Psychology, 38,* 689-703.

Linville, P. W., Fischer, G. W., & Fischoff, B. (1992). Perceived risk and decision making involving AIDS. In J. B. Pryor & G. D. Reeder (Eds.), *The social psychology of HIV infection* (pp. 5-38). Hillsdale, NJ: Erlbaum.

Linz, D., Donnerstein, E., & Penrod, S. (1987). The findings and recommendations of the Attorney General's Commission on Pornography: Do the psychological "facts" fit the political fury? *American Psychologist, 42,* 946-953.

Liu, C. H., & Chen, W. F. (2012). Beauty is better pursued: Effects of attractiveness in multiple-face tracking. *Quarterly Journal of Experimental Psychology, 65,* 553-564.

Liu, J., Chen, X., Coplan, R. J., Ding, X., Zarbatany, L., & Ellis, W. (2015). Shyness and unsociability and their relations with adjustment in Chinese and Canadian children. *Journal of Cross- Cultural Psychology, 46,* 371-386.

Liu, M., Zhu, L., & Cionea, I. A. (2019). What makes some intercultural negotiations more difficult than others? Power distance and culture- role combinations. *Communication Research, 46,* 555-574.

Liu, N., & Yu, R. (2018). Social facilitation effect in search and decision- making components of visual inspection. *Human Factors and Ergonomics in Manufacturing & Service Industries, 29,* 224-232.

Liu, S. S., Morris, M. W., Talhelm, T., & Yang, Q. (2019). Ingroup vigilance in collectivistic cultures. *Proceedings of the National Academy of Sciences of the United States of America, 116,* 14538-14546.

Livingston, G. (2017, June 6). The rise of mutliracial and multiethnic babies in the U.S. *Pew Research Center,* https://www.pewresearch.org/fact-tank/2017/06/06/the-rise-of-multiracial-and-multiethnic-babies-in-the-u-s.

Livingston, G., & Brown, A. (2017). Intermarriage in the U.S. 50 years after Loving v. Virginia. *Pew Research Center,* https://www.pewsocialtrends.org/2017/05/18/intermarriage-in-the-u-s-50-years-after-loving-v-virginia.

Lobchuk, M. M., McClement, S. E., McPherson, C., & Cheang, M. (2008). Does blaming the patient with lung cancer affect the helping behavior of primary caregivers? *Oncology Nursing Forum, 35,* 681-689.

Lobel, M., Cannella, D. L., Graham, J. E., DeVincent, C., Schneider, J., & Meyer, B. A. (2008). Pregnancy-specific stress, prenatal health behaviors, and birth outcomes. *Health Psychology, 27,* 604-615.

Locke, E. A. (2000). *The prime movers: Traits of the great wealth creators.* New York: AMACOM.

Locke, E. A., & Latham, G. P. (1990). *A theory of goal setting and task performance.* Englewood Cliffs, NJ: Prentice Hall.

Locke, E. A., & Latham, G. P. (2002). Building a practically useful theory of goal setting and task motivation: A 35-year odyssey. *American Psychologist, 57,* 705-717.

Löckenhoff, C. E., Chan, W., Macrae, R. R., De Fruyt, F., Jussim, L., De Bolle, M., et al. (2014). Gender stereotypes of personality: Universal and accurate? *Journal of Cross- Cultural Psychology, 45,* 675-694.

Lockhart v. McCree, 54 U.S.L.W. 4449 (1986).

Lodder, P., Ong, H. H., Grasman, R. P. P. P., & Wicherts, J. M. (2019). A comprehensive meta-analysis of money priming. *Journal of Experimental Psychology: General, 148,* 688-712.

Loersch, C., Bartholow, B. D., Manning, M., Calanchini, J., & Sherman, J. W. (2015). Intoxicated prejudice: The impact of alcohol consumption on implicitly and explicitly measured racial attitudes. *Group Processes & Intergroup Relations, 18,* 256-268.

Loewenstein, G. F., Weber, E. U., Hsee, C. K., & Welch, N. (2001). Risk as feelings. *Psychological Bulletin, 127,* 267-286.

Loftus, E. F. (1996). *Eyewitness testimony* (Reprint ed.). Cambridge, MA: Harvard University Press.

Loftus, E. F., & Ketcham, K. (1991). *Witness for the defense: The accused, the eyewitness, and the expert who puts memory on trial.* New York: St. Martin's Press.

Loftus, E. F., & Palmer, J. C. (1974). Reconstruction of automobile destruction: An example of the interaction between language and memory. *Journal of Verbal Learning and Verbal Behavior, 13,* 585-589.

Loftus, E. F., Loftus, G. R., & Messo, J. (1987). Some facts about "weapon focus." *Law and Human Behavior, 11,* 55-62.

Loftus, G. R., & Loftus, E. F. (1976). *Human memory: The processing of information.* New York: Taylor & Francis.

Lomas, T. (2018). The flavours of love: A cross-cultural lexical analysis. *Journal for the Theory of Social Behaviour, 48,* 134-152.

Lopes, G., S., & Shackelford, T. K. (2019). Disengaged, exhaustive, benevolent: Three distinct strategies of mate retention. *Journal of Social and Personal Relationships, 36,* 2677-2692.

Lopez, J. A. (1992, March 3). Study says women face glass walls as well as ceilings. *Wall Street Journal,* pp. B1, B8.

Lord, R. G., Day, D. V., Zaccaro, S. J., Avolio, B. J., & Eagly, A. H. (2017). Leadership in applied psychology: Three waves of theory and research. *Journal of Applied Psychology, 102,* 434-451.

Lortie-Lussier, M. (1987). Minority influence and idiosyncrasy credit: A new comparison of the Moscovici and Hollander theories of innovation. *European Journal of Social Psychology, 17,* 431-446.

Losch, M. E., & Cacioppo, J. T. (1990). Cognitive dissonance may enhance sympathetic tonus, but attitudes are changed to reduce negative affect rather than arousal. *Journal of Experimental Social Psychology, 26,* 289-304.

Lott, A. J., & Lott, B. E. (1974). The role of reward in the formation of positive interpersonal attitudes. In T. L. Huston (Ed.), *Foundations of interpersonal attraction* (pp. 171-189). New York: Academic Press.

Loughnan, S., Haslam, N., Sutton, R. M., & Spencer, B. (2014). Dehumanization and social class: Animality in the stereotypes of "white trash," "chavs," and "bogans." *Social Psychology, 45,* 54-61.

Loula, F., Prasad, S., Harber, K., & Shiffrar, M. (2005). Recognizing people from their movement. *Journal of Experimental Psychology: Human Perception & Performance, 31,* 210-220.

Lovenheim, P. (2018). *The attachment effect.* New York: Penguin Books.

Lowe, K., Kroeck, K., & Sivasubramaniam, N. (1996). Effectiveness correlates of transformational and transactional leadership: A meta-analytic review of the MLQ literature. *Leadership Quarterly, 7,* 385-425.

Loyd, A. B., & Gaither, S. E. (2018). Racial/ethnic socialization for White youth: What we know and future directions. *Journal of Applied Developmental Psychology, 59,* 54-64.

Lu, J. G., Hafenbrack, A. C., Eastwick, P. W., Wang, D. J., Maddux, W. W., & Galinsky, A. D. (2017). "Going out" of the box: Close intercultural friendships and romantic relationships spark creativity, workplace innovation, and entrepreneurship. *Journal of Applied Psychology, 102,* 1091-1108.

Lu, L., Li, F., Leung, K., Savani, K., & Morris, M. W. (2017). When can culturally diverse teams be more creative? The role of leaders' benevolent paternalism. *Journal of Organizational Behavior, 39,* 402-415.

Lu, X., Zhou, H., & Chen, S. (2019). Facilitate knowledge sharing by leading ethically: The role of organizational concern and impression management climate. *Journal of Business and Psychology, 34,* 539-553.

Lubke, G. H., McArtor, D. B., Boomsma, D. I., & Bartels, M. (2018). Genetic and environmental contributions to the development of childhood aggression. *Developmental Psychology, 54,* 39-50.

Luborsky, L., & Luborsky, E. (2006). *Research and psychotherapy: The vital link.* Lanham, MD: Jason Aronson.

Lucas, R. E. (2005). Time does not heal all wounds: A longitudinal study of reaction and adaptation to divorce. *Psychological Science, 16,* 945-950.

Lucas, R. E. (2007). Adaptation and the set-point model of subjective well-being: Does happiness change after major life events? *Current Directions in Psychological Science, 16,* 945-950.

Luchies, L. B., Wieselquist, J., Rusbult, C. E., Kumashiro, M., Eastwick, P. W., Coolsen, M. K., et al. (2013). Trust and biased memory of transgressions in romantic relationships. *Journal of Personality and Social Psychology, 104,* 673-694.

Luhmann, M., Hofmann, W., Eid, M., & Lucas, R. E. (2012). Subjective well-being and adaptation to life events: A meta-analysis. *Journal of Personality and Social Psychology, 102,* 592-615.

Lui, P. P., & Quezada, L. (2019). Associations between microaggression and adjustment outcomes: A meta-analytic and narrative review. *Psychological Bulletin, 145,* 45-78.

Luminet, O., & Curci, A. (Eds.). (2009). *Flashbulb memories: New issues and new perspectives.* New York: Psychology Press.

Luo, J. (2018). The neural basis of and a common neural circuitry in different types of pro-social behavior. *Frontiers in Psychology, 27,* 249-256.

Luo, S., & Klohnen, E. C. (2005). Assortative mating and marital quality in newlyweds: A couple-centered approach. *Journal of Personality and Social Psychology, 88,* 304-326.

Lutz, A., Slagter, H. A., Dunne, J. D., & Davidson, R. J. (2008). Attention regulation and monitoring in meditation. *Trends in Cognitive Science, 12,* 163-169.

Lutz, J., & Krahé, B. (2018). Inducing sadness reduces anger-driven aggressive behavior: A situational approach to aggression control. *Psychology of Violence, 8,* 358-366.

Luus, C. A. E., & Wells, G. L. (1994). The malleability of eyewitness confidence: Co-witness and perseverance effects. *Journal of Applied Psychology, 79,* 714-723.

Lydon, J. E. (2010). How to forego forbidden fruit: The regulation of attractive alternatives as a commitment mechanism. *Social and Personality Psychology Compass, 4,* 635-644.

Lykes, V. A., & Kemmelmeier, M. (2014). What predicts loneliness? Cultural difference between individualistic and collectivistic societies in Europe. *Journal of Cross-Cultural Psychology, 45,* 468-490.

Lykken, D. T. (2000). *Happiness: The nature and nurture of joy and contentment.* New York: St. Martin's Press.

Lykken, D. T., & Tellegen, A. (1993). Is human mating adventitious or the result of lawful choice? A twin study of mate selection. *Journal of Personality and Social Psychology, 65,* 56-68.

Lynam, D. R., & Miller, J. D. (2019). The basic trait of antagonism: An unfortunately underappreciated construct. *Journal of Research in Personality, 81,* 118-126.

Lyness, K. S., & Thompson, D. E. (2000). Climbing the corporate ladder: Do female and male executives follow the same route? *Journal of Applied Psychology, 85,* 86-101.

Lynn, S. J., O'Donohue, W. T., & Lilienfeld, S. O. (Eds.). (2015). *Health, happiness, and well-being: Better living through psychological science.* Thousand Oaks, CA: Sage.

Lysova, A., & Straus, M. A. (2019). Intimate partner violence: A multinational test of cultural spillover theory. *Journal of Interpersonal Violence,* in press.

Lyubomirsky, S. (2013). *The myths of happiness: What should make you happy, but doesn't, what shouldn't make you happy, but does.* New York: Penguin.

Lyubomirsky, S., King, L., & Diener, E. (2005). The benefits of frequent positive affect: Does happiness lead to success? *Psychological Bulletin, 131,* 803-855.

Ma, D. S., & Correll, J. (2011). Target prototypicality moderates racial bias in the decision to shoot. *Journal of Experimental Social Psychology, 47,* 391-396.

Maass, A., & Clark, R. D., III. (1984). Hidden impact of minorities: Fifteen years of minority influence research. *Psychological Bulletin, 95,* 428-450.

Maass, A., & Kohnken, G. (1989). Eyewitness identification: Simulating the "weapon effect." *Law and Human Behavior, 13,* 397-408.

Maass, A., D'Ettole, C., & Cadinu, M. (2008). Checkmate? The role of gender stereotypes in the ultimate intellectual sport. *European Journal of Social Psychology, 38,* 231-245.

Maass, A., Volpato, C., & Mucchi-Faina, A. (1996). Social influence and the verifiability of the issue under discussion: Attitudinal versus objective items. *British Journal of Social Psychology, 35,* 15-26.

MacCoun, R. J., & Kerr, N. L. (1988). Asymmetric influence in mock jury deliberation: Jurors' bias for leniency. *Journal of Personality and Social Psychology, 54,* 21-33.

MacDonald, G., & Leary, M. R. (2005). Why does social exclusion hurt? The relationship between social and physical pain. *Psychological Bulletin, 131,* 202-223.

Mace, J. H. (Ed.). (2020). *The organization and structure of autobiographical memory.* New York: Oxford University Press.

Macionis, J. J. (2018). *Sociology* (16th ed.). New York: Pearson.

Mackay, N., & Barrowclough, C. (2005). Accident and emergency staff's perceptions of deliberate self-harm: Attributions, emotions, and willingness to help. *British Journal of Clinical Psychology, 44,* 255-267.

Mackenzie, C. S., Gekoski, W. L., & Knox, V. J. (2006). Age, gender, and the underutilization of mental health services: The influence of help-seeking attitudes. *Aging & Mental Health, 10,* 574-582.

MacKenzie, M. J., Nicklas, E., Brooks-Gunn, J., & Waldfogel, J. (2015). Spanking and children's externalizing behavior across the first decade of life: Evidence for transactional processes. *Journal of Youth and Adolescence, 44,* 658-669.

Mackie, D. M., & Smith, E. R. (2015). Intergroup emotions. In M. Mikulincer, P. R. Shaver, J. F. Dovidio, & J. A. Simpson (Eds.), *APA handbook of personality and social psychology: Vol. 2. Group processes* (pp. 263-293). Washington, DC: American Psychological Association.

Mackie, D. M., & Worth, L. T. (1989). Processing deficits and the mediation of positive affect in persuasion. *Journal of Personality and Social Psychology, 57,* 27-40.

Mackie, D. M., Asuncion, A. G., & Rosselli, F. (1992). Impact of positive affect on persuasion processes. *Review of Personality and Social Psychology, 14,* 247-270.

Mackie, D. M., Worth, L. T., & Asuncion, A. G. (1990). Processing of persuasive in-group messages. *Journal of Personality and Social Psychology, 58,* 812-822.

MacLeod, C., & Campbell, L. (1992). Memory accessibility and probability judgments: An experimental evaluation of the availability heuristic. *Journal of Personality and Social Psychology, 63,* 890-902.

MacNeil, S., & Byers, E. S. (2009). Role of sexual self-disclosure in the sexual satisfaction of long-term heterosexual couples. *Journal of Sex Research, 46,* 3-14.

Maddux, J. E. (1995). *Self-efficacy, adaptation, and adjustment: Theory, research, and application.* New York: Perseus.

Madera, J. M., & Hebl, M. R. (2012). Discrimination against facially stigmatized applicants in interviews: An eye-tracking and face-to-face investigation. *Journal of Applied Psychology, 97,* 317-330.

Madera, J. M., Hebl, M., Dial, H., Martin, R., & Valian, V. (2019). Raising doubt in letters of recommendation for prospective faculty: Gender differences and their impact. *Journal of Applied Psychology, 34,* 287-303.

Madey, S. F., Simo, M., Dillworth, D., Kemper, D., Toczynski, A., & Perella, A. (1996). They do get more attractive at closing time, but only when you are not in a relationship. *Basic and Applied Social Psychology, 18,* 387-393.

Madon, S., Guyll, M., Aboufadel, K., Montiel, E., Smith, A., Palumbo, P., et al. (2001). Ethnic and national stereotypes: The Princeton trilogy revisited and revised. *Personality and Social Psychology Bulletin, 27,* 996-1010.

Madon, S., Guyll, M., Scherr, K., Greathouse, S., & Wells, G. L. (2012). Temporal discounting: The differential effect of proximal and distal consequences on confession decisions. *Law and Human Behavior, 36,* 13-20.

Madon, S., Guyll, M., Spoth, R., Cross, S. E., & Hilbert, S. J. (2003). The self-fulfilling influence of mother expectations on children's underage drinking. *Journal of Personality and Social Psychology, 84,* 1188-1205.

Madon, S., Jussim, L., Guyll, M., Nofziger, H., Salib, E. R., Willard, J., et al. (2018). The accumulation of stereotype-based self-fulfilling prophecies. *Journal of Personality and Social Psychology, 115,* 825-844.

Madon, S., Willard, J., Guyll, M., Trudeau, L., & Spoth, R. (2006). Self-fulfilling prophecy effects of mothers' beliefs on children's alcohol use: Accumulation, dissipation, and stability over time. *Journal of Personality and Social Psychology, 90,* 911-926.

Maeder, E. M., & Yamamoto, S. (2019). Investigating race salience, defendant race, and victim race effects on mock juror decision-making in Canada. *Justice Quarterly, 36,* 929-953.

Maes, M., Nelemans, S. A., Danneel, S., Fernández-Castilla, B., Van den Noortgate, W., Goossens, L., et al. (2019). Loneliness and social anxiety across childhood and adolescence: Multilevel meta-analyses of cross-sectional and longitudinal associations. *Developmental Psychology, 55,* 1548-1565.

Maio, G. R., & Thomas, G. (2007). The epistemic-teleological model of self-persuasion. *Personality and Social Psychology Review, 11,* 46-67.

Maio, G. R., Haddock, G., & Verplanken, B. (2019). *The psychology of attitudes and attitude change* (3rd ed.). Thousand Oaks, CA: Sage.

Maio, G., & Olson, J. M. (Eds.). (2000). *Why we evaluate: Functions of attitudes.* Mahwah, NJ: Erlbaum.

Majeed, M., & Naseer, S. (2019). Is workplace bullying always perceived harmful? The cognitive appraisal theory of stress perspective. *Asia Pacific Journal of Human Resources,* in press.

Major, B., & Crocker, J. (1993). Social stigma: The affective consequences of attributional ambiguity. In D. M. Mackie & D. L. Hamilton (Eds.), *Affect, cognition, and stereotyping: Interactive processes in intergroup perception* (pp. 345-370). New York: Academic Press.

Major, B., & Deaux, K. (1982). Individual differences in justice behavior. In J. Greenberg & R. L. Cohen (Eds.), *Equity and justice in social behavior* (pp. 13-76). New York: Academic Press.

Major, B., & Konar, E. (1984). An investigation of sex differences in pay expectations and their possible causes. *Academy of Management Journal, 27,* 777-792.

Major, B., Carrington, P. I., & Carnevale, P. J. D. (1984). Physical attractiveness and self-esteem: Attributions for praise from an other-sex evaluator. *Personality and Social Psychology Bulletin, 10,* 43-50.

Major, B., Feinstein, J., & Crocker, J. (1994). Attributional ambiguity of affirmative action. *Basic and Applied Social Psychology, 15,* 113-142.

Major, B., Hunger, J. M., Bunyan, D. P., & Miller, C. T. (2014). The ironic effects of weight stigma. *Journal of Experimental Social Psychology, 51,* 74-80.

Major, B., Kunstman, J. W., Malta, B. D., Sawyer, P. J., Townsend, S. S. M., & Mendes, W. B. (2016). Suspicion of motives predicts minorities' responses to positive feedback in interracial interactions. *Journal of Experimental Social Psychology, 62,* 75-88.

Makhanova, A., Miller, S. L., & Maner, J. K. (2015). Germs and the out-group: Chronic and situational disease concerns affect intergroup categorization. *Evolutionary Behavioral Sciences, 9,* 8-19.

Malamuth, N. M. (2018). "Adding fuel to the fire"? Does exposure to non-consenting adult or to child pornography increase risk of sexual aggression? *Aggression and Violent Behavior, 41,* 74-89.

Malamuth, N. M., & Donnerstein, E. I. (1982). The effects of aggressive-pornographic mass media stimuli. In L. Berkowitz (Ed.), *Advances in experimental social psychology* (Vol. 15, pp. 103-136). New York: Academic Press.

Malamuth, N. M., & Hald, G. M. (2017). The confluence mediational model of sexual aggression. In D. P. Boer, A. R. Beech, T. Ward, L. A. Craig, M. Rettenberger, L. E. Marshall, & W. L. Marshall (Eds.), *The Wiley handbook on the theories, assessment, and treatment of sexual offending* (Vols. 1-3, pp. 53-71). New York: Wiley-Blackwell.

Malamuth, N. M., Hald, G., & Koss, M. (2012). Pornography, individual differences in risk and men's acceptance of violence against women in a representative sample. *Sex Roles, 66,* 427-439.

Malik, M. A. R., Choi, J. N., & Butt, A. N. (2019). Distinct effects of intrinsic motivation and extrinsic rewards on radical and incremental creativity: The moderating role of goal orientations. *Journal of Organizational Behavior,* in press.

Malkiel, B. G. (2007). *A random walk down Wall Street: The time-tested strategy for successful investing* (9th ed.). New York: Norton.

Malle, B. F., & Holbrook, J. (2012). Is there a hierarchy of social inferences? The likelihood and speed of inferring intentionality, mind, and personality. *Journal of Personality and Social Psychology, 102,* 661-684.

Malle, B. F., & Knobe, J. (1997). Which behaviors do people explain? A basic actor-observer asymmetry. *Journal of Personality and Social Psychology, 72,* 288-304.

Malloy, L. C., Shulman, E. P., & Cauffman, E. (2014). Interrogations, confessions, and guilty pleas among serious adolescent offenders. *Law and Human Behavior, 38,* 181-193.

Malloy, T. E., & Albright, L. (1990). Interpersonal perception in a social context. *Journal of Personality and Social Psychology, 58,* 419-428.

Malpass, R. S., & Devine, P. G. (1981). Eyewitness identification: Lineup instructions and the absence of the offender. *Journal of Applied Psychology, 66,* 482-489.

Malpass, R. S., & Kravitz, J. (1969). Recognition for faces of own and other race. *Journal of Personality and Social Psychology, 13,* 330-334.

Malti, T., Chaparro, M. P., Zuffianò, A., & Colasante, T. (2016). School-based interventions to promote empathy-related responding in children and adolescents: A developmental analysis. *Journal of Clinical Child and Adolescent Psychology, 45,* 718-731.

Manago, A. M., Taylor, T., & Greenfield, P. M. (2012). Me and my 400 friends: The anatomy of college students' Facebook networks, their communication patterns, and well-being. *Developmental Psychology, 48,* 369-380.

Manata, B., Boster, F. J., Wittenbaum, G. M., & Bergan, D. E. (2019). Assessing the effects of partisan bias at the group level of analysis: A hidden profile experiment. *American Politics Research, 47,* 1283-1302.

Maner, J. K., Kenrick, D. T., Becker, D. V., Delton, A. W., Hofer, B., Wilbur, C. J., et al. (2003). Sexually selective cognition: Beauty captures the mind of the beholder. *Journal of Personality and Social Psychology, 85,* 1107-1120.

Maner, J. K., Miller, S. L., Moss, J. H., Leo, J. L., & Plant, E. (2012). Motivated social categorization: Fundamental motives enhance people's sensitivity to basic social categories. *Journal of Personality and Social Psychology, 103,* 70-83.

Manesi, Z., Van Lange, P. A. M., Van Doesum, N. J., & Pollet, T. V. (2019). What are the most powerful predictors of charitable giving to victims of typhoon Haiyan: Prosocial traits, socio-demographic variables, or eye cues? *Personality and Individual Differences, 146,* 217-225.

Mann, J. M. (1992). AIDS—The second decade: A global perspective. *Journal of Infectious Diseases, 165,* 245-250.

Mann, T. C., & Ferguson, M. J. (2015). Can we undo our first impressions? The role of reinterpretation in reversing implicit evaluations. *Journal of Personality and Social Psychology, 108,* 823-849.

Manning, R., Levine, M., & Collins, A. (2008). The legacy of the 38 witnesses and the importance of getting history right. *American Psychologist, 63,* 562-563.

Mannix, E., & Neale, M. A. (2005). What differences make a difference? The promise and reality of diverse teams in organizations. *Psychological Science in the Public Interest, 6,* 31-55.

Marcus-Newhall, A., Pedersen, W. C., Carlson, M., & Miller, N. (2000). Displaced aggression is alive and well: A meta-analytic review. *Journal of Personality and Social Psychology, 78,* 670-689.

Margolin, G., & Wampold, B. E. (1981). A sequential analysis of conflict and accord in distressed and nondistressed marital partners. *Journal of Consulting and Clinical Psychology, 49,* 554-567.

Marion, S. B., & Burke, T. M. (2013). False alibi corroboration: Witnesses lie for suspects who seem innocent, whether they like them or not. *Law and Human Behavior, 37,* 136-143.

Marion, S. B., Kukucka, J., Collins, C., Kassin, S. M., & Burke, T. M. (2016). Lost proof of innocence: The impact of confessions on alibi witnesses. *Law and Human Behavior, 40,* 65-71.

Mark, D. (2009). *Going dirty: The art of negative campaigning.* Lanham, MD: Rowman & Littlefield.

Markant, J., & Scott, L. S. (2018). Attention and perceptual learning interact in the development of the other-race effect. *Current Directions in Psychological Science, 27,* 163-169.

Markey, P. M. (2000). Bystander intervention in computer-mediated communication. *Computers in Human Behavior, 16,* 183-188.

Marks, J. (2011). *The alternative introduction to biological anthropology.* New York: Oxford University Press.

Marks, M. B., Haug, J. C., & Hu, H. (2018). Investigating undergraduate business internships: Do supervisor and self- evaluations differ? *Journal of Education for Business, 93,* 33-45.

Markus, H. (1977). Self-schemata and processing information about the self. *Journal of Personality and Social Psychology, 35,* 63-78.

Markus, H. R. (2008). Pride, prejudice, and ambivalence: Toward a unified theory of race and ethnicity. *American Psychologist, 63,* 651-670.

Markus, H. R. (2017). American = independent? *Perspectives on Psychological Science, 12,* 855-866.

Markus, H. R., & Conner, A. (2013). *Clash!: 8 cultural conflicts that make us who we are.* New York: Hudson Street Press.

Markus, H. R., & Connor, A. (2013). *Clash! How to thrive in a multicultural world.* New York: Plume.

Markus, H. R., & Kitayama, S. (1991). Culture and the self: Implications for cognition, emotion, and motivation. *Psychological Review, 98,* 224-253.

Markus, H. R., & Lin, L. R. (1999). Conflictways: Cultural diversity in the meanings and practices of conflict. In D. A. Prentice & D. T. Miller (Eds.), *Cultural divides: Understanding and overcoming group conflict* (pp. 302-333). New York: Russell Sage.

Markus, H. R., Uchida, Y., Omoregie, H., Townsend, S. M., & Kitayama, S. (2006). Going for the gold: Models of agency in Japanese and American contexts. *Psychological Science, 17,* 103-112.

Markus, H., Hamill, R., & Sentis, K. P. (1987). Thinking fat: Self- schemas for body weight and the processing of weight-relevant information. *Journal of Applied Social Psychology, 17,* 50-71.

Marlowe, C. M., Schneider, S. L., & Nelson, C. E. (1996). Gender and attractiveness biases in hiring decisions: Are more experienced managers less biased? *Journal of Applied Psychology, 81,* 11-21.

Marsh, A. A., Stoycos, S. A., Brethel-Haurwitz, K. M., Robinson, P., VanMeter, J. W., & Cardinale, E. M. (2015). Neural and cognitive characteristics of extraordinary altruists. *Proceedings of the National Academy of Sciences of the United States of America, 111,* 15036-15041.

Martinelli, A., Ackermann, K., Bernhard, A., Freitag, C. M., & Schwenck, C. (2018). Hostile attribution bias and aggression in children and adolescents: A systematic literature review on the influence of aggression subtype and gender. *Aggression and Violent Behavior, 39,* 25-32.

Martín-María, N., Miret, M., Caballero, F. F., Rico-Uribe, L. A., Steptoe, A., Chatterji, S., et al. (2017). The impact of subjective well-being on mortality: A meta-analysis of longitudinal studies in the general population. *Psychosomatic Medicine, 79,* 565-575.

Marzoli, D., Custodero, M., Pagliara, A., & Tommasi, L. (2013). Sun-induced frowning fosters aggressive feelings. *Cognition and Emotion, 27,* 1513-1521.

Maslach, C. (1979). Negative emotional biasing of unexplained arousal. *Journal of Personality and Social Psychology, 37,* 953-969.

Maslach, C. (1982). *Burnout: The cost of caring.* Englewood Cliffs, NJ: Prentice Hall.

Mason, M. F., Tatkow, E. P., & Macrae, C. N. (2005). The look of love: Gaze shifts and person perception. *Psychological Science, 16,* 236-239.

Mason, T. B., Smith, K. E., Engwall, A., Lass, A., Mead, M., Sorby, M., et al. (2019). Self-discrepancy theory as a transdiagnostic framework: A meta-analysis of self-discrepancy and psychopathology. *Psychological Bulletin, 145,* 372-389.

Massa, A. A., Subramani, O. S., Eckhardt, C. I., & Parrott, D. J. (2019). Problematic alcohol use and acute intoxication predict anger-related attentional biases: A test of the alcohol myopia theory. *Psychology of Addictive Behaviors, 33,* 139-143.

Masson, T., & Fritsche, I. (2019). Loyal peripherals? The interactive effects of identification and peripheral group membership on deviance from non-beneficial ingroup norms. *European Journal of Social Psychology, 49,* 76-92.

Masten, A. S. (2001). Ordinary magic: Resilience processes in development. *American Psychologist, 56,* 227-238.

Masud, H., Ahmad, M. S., Cho, K. W., & Fakhr, Z. (2019). Parenting styles and aggression among young adolescents: A systematic review of literature. *Community Mental Health Journal,* in press.

Masuda, T., & Nisbett, R. E. (2006). Culture and change blindness. *Cognitive Science, 30,* 381-399.

Masuda, T., Gonzalez, R., Kwan, L., & Nisbett, R. E. (2008). Culture and aesthetic preference: Comparing the attention to context of East Asians and Americans. *Personality and Social Psychology Bulletin, 34,* 1260-1275.

Mathur, M. B., & VanderWeele, T. J. (2019). Finding common ground in meta-analysis "wars" on violent video games. *Perspectives on Psychological Science, 14,* 705-708.

Mathur, M., & Chattopadhyay, A. (1991). The impact of moods generated by TV programs on responses to advertising. *Psychology and Marketing, 8,* 59-77.

Mattan, B. D., Kubota, J. T., Li, T., Venezia, S. A., & Cloutier, J. (2019). Implicit evaluative biases toward targets varying in race and socioeconomic status. *Personality and Social Psychology Bulletin,* in press.

Matthes, J., Prieler, M., & Adam, K. (2016). Gender-role portrayals in television advertising across the globe. *Sex Roles: A Journal of Research, 75,* 314-327.

Matthews, K. A. (1988). Coronary heart disease and Type A behaviors: Update on and alternative to the Booth-Kewley and Friedman (1987) quantitative review. *Psychological Bulletin, 104,* 373-380.

Matthews, K. A. (2005). Psychological perspectives on the development of coronary heart disease. *American Psychologist, 60,* 783-796.

Matthews, K. A. (2013). Matters of the heart: Advancing psychological perspectives on cardiovascular diseases. *Perspectives on Psychological Science, 8,* 676-678.

Matthews, K. A., & Gallo, L. C. (2011). Psychological perspectives on pathways linking socioeconomic status and physical health. *Annual Review of Psychology, 62,* 501-530.

Mattingly, V., & Kraiger, K. (2019). Can emotional intelligence be trained? A meta-analytical investigation. *Human Resource Management Review, 29,* 140-155.

Matz, D. C., & Wood, W. (2005). Cognitive dissonance in groups: The consequences of disagreement. *Journal of Personality and Social Psychology, 88,* 22-37.

Mauss, I. B., Tamir, M., Anderson, C. L., & Savino, N. S. (2011). Can seeking happiness make people unhappy? Paradoxical effects of valuing happiness. *Emotion, 11,* 807-815.

Mazar, N., & Zhong, C. B. (2010). Do green products make us better people? *Psychological Science, 21,* 494-498.

Mazar, N., Amir, O., & Ariely, D. (2008). The dishonesty of honest people: A theory of self-concept maintenance. *Journal of Marketing Research, 45,* 633-644.

Mazerolle, L., et al. (2014). *Procedural justice and legitimacy in policing.* New York: Springer.

McAdams, D. P. (1989). *Intimacy: The need to be close.* New York: Doubleday.

McAndrew, F. T., & Perilloux, C. (2012). Is self-sacrificial competitive altruism primarily a male activity? *Evolutionary Psychology, 10,* 50-65.

McArthur, L. A. (1972). The how and what of why: Some determinants and consequences of causal attribution. *Journal of Personality and Social Psychology, 22,* 171-193.

McCabe, M. P., Ricciardelli, L. A., & Holt, K. (2010). Are there different sociocultural influences on body image and body change strategies for overweight adolescent boys and girls? *Eating Behaviors, 11,* 156-163.

McCarthy, E. (2009, April 24). On dating: Shared qualities for a successful relationship. *Washington Post.*

McCarthy, J. (2019, June 27). Americans still greatly overestimate U.S. gay population. https://news.gallup.com/poll/259571/americans-greatly-overestimate-gay-population.aspx.

McCarthy, R. J., Coley, S. L., Wagner, M. F., Zengel, B., & Basham, A. (2016). Does playing video games with violent content temporarily increase aggressive inclinations? A pre-registered experimental study. *Journal of Experimental Social Psychology, 67,* 13-19.

McCarty-Gould, C. (2000). *Crisis and chaos: Life with the combat veteran.* New York: Nova Kroshka Books.

McCrae, R. R., & Costa, P. T., Jr. (2003). *Personality in adulthood: A five-factor theory perspective* (2nd ed.). New York: Guilford Press.

McCullough, M. E., Hoyt, W. T., Larson, D. B., Koenig, H. G., & Thoresen, C. (2000). Religious involvement and mortality: A meta-analytic review. *Health Psychology, 19,* 211-222.

McDougall, W. (1908). *An introduction to social psychology.* London: Methuen.

McElwee, R. O., Dunning, D., Tan, P. L., & Hollmann, S. (2001). Evaluating others: The role of who we are versus what we think traits mean. *Basic and Applied Social Psychology, 23,* 123-136.

McGarty, C., Turner, J. C., Hogg, M. A., David, B., & Wetherell, M. S. (1992). Group polarization as conformity to the prototypical group member. *British Journal of Social Psychology, 31,* 1-19.

McGrath, A. (2017). Dealing with dissonance: A review of cognitive dissonance reduction. *Social and Personality Psychology Compass, 11,* 1-17.

McGuire, W. J. (1964). Inducing resistance to persuasion. In L. Berkowitz (Ed.), *Advances in experimental social psychology* (Vol. 1, pp. 192-229). New York: Academic Press.

McGuire, W. J. (1967). Some impending reorientations in social psychology: Some thoughts provoked by Kenneth Ring. *Journal of Experimental Social Psychology, 3,* 124-139.

McGuire, W. J. (1968). Personality and susceptibility to social influence. In E. F. Borgatta & W. W. Lambert (Eds.),

Handbook of personality theory and research (pp. 1130-1187). Chicago: Rand McNally.

McGuire, W. J. (1969). The nature of attitudes and attitude change. In G. Lindzey & E. Aronson (Eds.), *Handbook of social psychology* (2nd ed., Vol. 3, pp. 136-314). Reading, MA: Addison-Wesley.

McGuire, W. J., & McGuire, C. V. (1988). Content and process in the experience of self. In L. Berkowitz (Ed.), *Advances in experimental social psychology* (Vol. 20, pp. 97-144). New York: Academic Press.

McGuire, W. J., McGuire, C. V., & Winton, W. (1979). Effects of household sex composition on the salience of one's gender in the spontaneous self-concept. *Journal of Experimental Social Psychology, 15,* 77-90.

McKenna, K. Y. A., & Bargh, J. A. (1998). Coming out in the age of the Internet: "Demarginalization" through virtual group participation. *Journal of Personality and Social Psychology, 75,* 681-694.

McKimmie, B. M., Terry, D. J., & Hogg, M. A. (2009). Dissonance reduction in the context of group membership: The role of metaconsistency. *Group Dynamics: Theory, Research, and Practice, 13,* 103-119.

McLeish, K. N., & Oxoby, R. J. (2011). Social interactions and the salience of social identity. *Journal of Economic Psychology, 32,* 172-178.

McMahon, S., & Seabrook, R. C. (2019). Impact of exposure to sexual violence prevention messages on students' bystander behavior. *Health Promotion Practice, 20,* 710-720.

McNatt, D. B. (2000). Ancient Pygmalion joins contemporary management: A meta-analysis of the result. *Journal of Applied Psychology, 85,* 314-322.

Mead, G. H. (1934). *Mind, self, and society*. Chicago: University of Chicago Press.

Mealey, L., Bridgstock, R., & Townsend, G. C. (1999). Symmetry and perceived facial attractiveness: A monozygotic co-twin comparison. *Journal of Personality and Social Psychology, 76,* 151-158.

Medvec, V. H., & Savitsky, K. (1997). When doing better means feeling worse: The effects of categorical cutoff points on counterfactual thinking and satisfaction. *Journal of Personality and Social Psychology, 72,* 1284-1296.

Medvec, V. H., Madey, S. F., & Gilovich, T. (1995). When less is more: Counterfactual thinking and satisfaction among Olympic medalists. *Journal of Personality and Social Psychology, 69,* 603-610.

Meeus, W. H. J., & Raaijmakers, Q. A. W. (1995). Obedience in modern society: The Utrecht studies. *Journal of Social Issues, 51,* 155-175.

Mehta, P. H., & Prasad, S. (2015). The dual-hormone hypothesis: A brief review and future research agenda. *Current Opinion in Behavioral Sciences, 3,* 163-168.

Meineri, S., & Guéguen, N. (2011). "I hope I'm not disturbing you, am I?" Another operationalization of the foot-in-the-mouth paradigm. *Journal of Applied Social Psychology, 41,* 965-975.

Meissner, C. A., & Brigham, J. C. (2001). 30 years of investigating the own-race bias in memory for faces: A meta-analytic review. *Psychology, Public Policy, and Law, 7,* 3-35.

Meissner, C. A., & Kassin, S. M. (2002). "He's guilty!" Investigator bias in judgments of truth and deception. *Law and Human Behavior, 26,* 469-480.

Meissner, C. A., Brigham, J. C., & Pfeifer, J. E. (2003). Jury nullification: The influence of judicial instruction on the relationship between attitudes and juridic decision-making. *Basic and Applied Social Psychology, 25,* 243-254.

Meixner, J. B., & Rosenfeld, J. P. (2014). Detecting knowledge of incidentally acquired, real-world memories using a P300-based concealed-information test. *Psychological Science, 25,* 1994-2005.

Meltzoff, A. N., & Moore, M. K. (1977). Imitation of facial and manual gestures by human neonates. *Science, 198,* 75-78.

Mendes, W. B., Blascovich, J., Lickel, B., & Hunter, S. (2002). Challenge and threat during social interaction with white and black men. *Personality and Social Psychology Bulletin, 28,* 939-952.

Mende-Siedlecki, P., Qu-Lee, J., Backer, R., & Van Bavel, J. J. (2019). Perceptual contributions to racial bias in pain recognition. *Journal of Experimental Psychology: General, 148,* 863-889.

Mendonca, P. J., & Brehm, S. S. (1983). Effects of choice on behavioral treatment of overweight children. *Journal of Social and Clinical Psychology, 1,* 343-358.

Mendoza-Denton, R., & Page-Gould, E. (2008). Can cross-group friendships influence minority students' well-being at historically white universities? *Psychological Science, 19,* 933-939.

Mercier, H., Trouche, E., Yama, H., Heintz, C., & Girotto, V. (2015). Experts and laymen grossly underestimate the benefits of argumentation for reasoning. *Thinking & Reasoning, 21,* 341-355.

Merikle, P., & Skanes, H. E. (1992). Subliminal self-help audiotapes: A search for placebo effects. *Journal of Applied Psychology, 77,* 772-776.

Merolla, D. M., & Jackson, O. (2019). Structural racism as the fundamental cause of the academic achievement gap. *Sociology Compass, 13,* in press.

Merritt, A. C., Effron, D. A., & Monin, B. (2010). Moral self-licensing: When being good frees us to be bad. *Social and Personality Psychology Compass, 4,* 344-357.

Merritt, A. C., Effron, D. A., Fein, S., Savitsky, K. K., Tuller, D. M., & Monin, B. (2012). The strategic pursuit of moral credentials. *Journal of Experimental Social Psychology, 48,* 774-777.

Mescher, K., & Rudman, L. A. (2014). Men in the mirror: The role of men's body shame in sexual aggression. *Personality and Social Psychology Bulletin, 40,* 1063-1075.

Meslec, N., & Curșeu, P. L. (2013). Too close or too far hurts: Cognitive distance and group cognitive synergy. *Small Group Research, 44,* 471-497.

Mesmer-Magnus, J., & DeChurch, L. (2009). Information sharing and team performance: A meta-analysis. *Journal of Applied Psychology, 94,* 535-546.

Messick, D. M., & Cook, K. S. (Eds.). (1983). *Equity theory: Psychological and sociological perspectives*. New York: Praeger.

Meston, C. M., & Frohlich, P. F. (2003). Love at first sight: Partner salience moderates roller-coaster-induced excitation transfer. *Archives of Sexual Behavior, 32,* 537-544.

Mestre, M. V., Carlo, G., Samper, P., Malonda, E., & Mestre, A. L. (2019). Bidirectional relations among empathy related traits, prosocial moral reasoning, and prosocial behaviors. *Social Development, 28,* 514-528.

Metalsky, G. I., Joiner, T. E., Hardin, T. S., & Abramson, L. Y. (1993). Depressive reactions to failure in a naturalistic setting: A test of the hopelessness and self-esteem theories of depression. *Journal of Abnormal Psychology, 102,* 101-109.

Meter, D. J., Ehrenreich, S. E., & Underwood, M. K. (2019). Relations between parent psychological control and parent and adolescent social aggression. *Journal of Child and Family Studies, 28,* 140-151.

Mezulis, A. H., Abramson, L. Y., Hyde, J. S., & Hankin, B. L. (2004). Is there a universal positivity bias in attributions? A meta-analytic review of individual, developmental, and cultural differences in the self-serving attributional bias. *Psychological Bulletin, 130*, 711-747.

Mezzacappa, E. S., Katkin, E. S., & Palmer, S. N. (1999). Epinephrine, arousal, and emotion: A new look at two-factor theory. *Cognition and Emotion, 13*, 181-199.

Mickelson, K. D., Kessler, R. C., & Shaver, P. R. (1997). Adult attachment in a nationally representative sample. *Journal of Personality and Social Psychology, 73*, 1092-1106.

Midgett, A., Doumas, D. M., Trull, R., & Johnson, J. (2017). Training students who occasionally bully to be peer advocates: Is a bystander intervention effective in reducing bullying behavior? *Journal of Child and Adolescent Counseling, 3*, 1-13.

Midlarsky, E., Fagan Jones, S., & Corley, R. P. (2005). Personality correlates of heroic rescue during the Holocaust. *Journal of Personality, 73*, 907-934.

Miklikowska, M., & Fry, D. P. (2010). Values for peace: Ethnographic lessons from the Mardu of Australia and the Semai of Malaysia. *Beliefs and Values, 2*, 124-137.

Mikolajewski, A. J., Chavarria, J., Moltisanti, A., Hart, S. A., & Taylor, J. (2014). Examining the factor structure and etiology of prosociality. *Psychological Assessment, 26*, 1259-1267.

Mikulincer, M., & Shaver, P. R. (2007). *Attachment patterns in adulthood: Structure, dynamics, and change*. New York: Guilford Press.

Miles, J. A., & Greenberg, J. (1993). Using punishment threats to attenuate social loafing effects among swimmers. *Organizational Behavior and Human Decision Processes, 56*, 246-265.

Miles-Novelo, A., & Anderson, C. A. (2019). Climate change and psychology: Effects of rapid global warming on violence and aggression. *Current Climate Change Reports, 5*, 36-46.

Milgram, S. (1963). Behavioral study of obedience. *Journal of Abnormal and Social Psychology, 67*, 371-378.

Milgram, S. (1970). The experience of living in cities. *Science, 167*, 1461-1468.

Milgram, S. (1974). *Obedience to authority: An experimental view*. New York: Harper & Row.

Milgram, S., & Sabini, J. (1978). On maintaining urban norms: A field experiment in the subway. In A. Baum, J. E. Singer, & S. Valins (Eds.), *Advances in environmental psychology* (Vol. 1, pp. 31-40). Hillsdale, NJ: Erlbaum.

Milgram, S., & Toch, H. (1969). Collective behavior: Crowds and social movements. In G. Lindzey & E. Aronson (Eds.), *The handbook of social psychology* (2nd ed., Vol. 4, pp. 507-610). Reading, MA: Addison-Wesley.

Milgram, S., Bickman, L., & Berkowitz, L. (1969). Note on the drawing power of crowds of different size. *Journal of Personality and Social Psychology, 13*, 79-82.

Millar, M. (2002). Effects of guilt induction and guilt reduction on door in the face. *Communication Research, 29*, 666-680.

Miller, A. G. (1986). *The obedience experiments: A case study of controversy in social science*. New York: Praeger.

Miller, A. G., Gordon, A. K., & Buddie, A. M. (1999). Accounting for evil and cruelty: Is to explain to condone? *Personality and Social Psychology Review, 3*, 254-268.

Miller, A. G., Jones, E. E., & Hinkle, S. (1981). A robust attribution error in the personality domain. *Journal of Experimental Social Psychology, 17*, 587-600.

Miller, D. T., & Prentice, D. A. (2016). Changing norms to change behavior. *Annual Review of Psychology, 67*, 339-361.

Miller, G. (2009). *Spent: Sex, evolution, and consumer behavior*. New York: Viking.

Miller, G., Chen, E., & Cole, S. W. (2009). Health psychology: Developing biologically plausible models linking the social world and physical health. *Annual Review of Psychology, 60*, 501-524.

Miller, J. G. (1984). Culture and the development of everyday social explanation. *Journal of Personality and Social Psychology, 46*, 961-978.

Miller, J. G., Das, R., & Chakravarthy, S. (2011). Culture and the role of choice in agency. *Journal of Personality and Social Psychology, 101*, 46-61.

Miller, M. K., & Hayward, R. D. (2008). Religious characteristics and the death penalty. *Law and Human Behavior, 32*, 113-123.

Miller, N. E. (1941). The frustration-aggression hypothesis. Psychological *Review, 48*, 337-342.

Miller, N., & Campbell, D. T. (1959). Recency and primacy in persuasion as a function of the timing of speeches and measurements. *Journal of Abnormal and Social Psychology, 59*, 1-9.

Miller, R. S. (2018). *Intimate relationships* (8th ed.). New York: McGraw-Hill.

Miller, T. Q., Smith, T. W., Turner, C. W., Guijarro, M. L., & Hallet, A. J. (1996). A meta-analytic review of research on hostility and physical health. *Psychological Bulletin, 119*, 322-348.

Miller, T. Q., Turner, C. W., Tindale, R. S., Posavac, E. J., & Dugon, B. (1991). Reasons for the trend toward null findings in research on Type A behavior. *Psychological Bulletin, 110*, 469-485.

Miller, W. R. (1985). Motivation for treatment: A review with special emphasis on alcoholism. *Psychological Bulletin, 98*, 84-107.

Miller, W. R., & Thoresen, C. E. (2003). Spirituality, religion, and health: An emerging research field. *American Psychologist, 58*, 24-35.

Miller-El v. Dretke, 545 U.S. 231 (2005).

Milliken, C. S., Auchterlonie, J. L., & Hoge, C. W. (2007). Longitudinal assessment of mental health problems among active and reserve component soldiers returning from the Iraq war. *Journal of the American Medical Association, 298*, 2141-2148.

Milton, A. C., & Mullan, B. A. (2012). An application of the theory of planned behavior—A randomized controlled food safety pilot intervention for young adults. *Health Psychology, 31*, 250-259.

Milton, G. W., Jr. (2016). *Nasty politics: The 10 most negative presidential campaigns in U.S. history*. New York: Epoch Media.

Mindthoff, A., Evans, J. R., Perez, G., & Woestehoff, S. A. (2018). A survey of potential jurors' perceptions of interrogations and confessions. *Psychology, Public Policy, and Law, 24*, 430-448.

Mintz, A., & Wayne, C. (2014). Group decision making in conflict: From groupthink to polythink in the war in Iraq. In P. T. Coleman, Deutsch, & E. C. Marcus (Eds.), *The handbook of conflict resolution: Theory and practice* (3rd ed., pp. 331-352). San Francisco: Jossey-Bass.

Mitchell, T. R. (1974). Expectancy models of job satisfaction, occupational preference, and effort: A theoretical, methodological, and empirical appraisal. *Psychological Bulletin, 81*, 1096-1112.

Moberg, S. P., Krysan, M., & Christianson, D. (2019). The polls- trends: Racial attitudes in America. *Public Opinion Quarterly*, in press.

Mobius, M. M., & Rosenblat, T. S. (2006). Why beauty matters. *American Economic Review, 96,* 222-235.

Mojaverian, T., & Kim, H. S. (2013). Interpreting a helping hand: Cultural variation in the effectiveness of solicited and unsolicited social support. *Personality and Social Psychology Bulletin, 39,* 88-99.

Molden, D. C., & Hui, C. M. (2011). Promoting de-escalation of commitment: A regulatory-focus perspective on sunk costs. *Psychological Science, 22,* 8-12.

Molenberghs, P., & Louis, W. R. (2018). Insights from fMRI studies into ingroup bias. *Frontiers in Psychology, 9,* Article 1868.

Monat, A., Lazarus, R. S., & Reevy, G. (Eds.). (2007). *The Praeger handbook on stress and coping.* New York: Praeger.

Montañés, P., de Lemus, S., Bohner, G., Megías, J. L., Moya, M., & Garcia-Retamero, R. (2012). Intergenerational transmission of benevolent sexism from mothers to daughters and its relation to daughters' academic performance and goals. *Sex Roles, 66,* 468-478.

Monteith, M. J., & Mark, A. Y. (2009). The self-regulation of prejudice. In T. D. Nelson (Ed.), *Handbook of prejudice, stereotyping, and discrimination* (pp. 507-523). New York: Psychology Press.

Monteith, M. J., Ashburn-Nardo, L., Voils, C. I., & Czopp, A. M. (2002). Putting the brakes on prejudice: On the development and operation of cues for control. *Journal of Personality and Social Psychology, 83,* 1029-1050.

Monteith, M. J., Mark, A. Y., & Ashburn-Nardo, L. (2010). The self- regulation of prejudice: Toward understanding its lived character. *Group Processes & Intergroup Relations, 13,* 183-200.

Monteith, M. J., Parker, L. R., & Burns, M. D. (2016). The self-regulation of prejudice. In T. D. Nelson (Ed.), *Handbook of prejudice, stereotyping, and discrimination* (2nd ed., pp. 409- 432). New York: Psychology Press.

Montoya, R. M., & Horton, R. S. (2013). A meta-analytic investigation into the processes underlying the similarity effect. *Journal of Social and Personal Relationships, 30,* 64-94.

Montoya, R. M., & Horton, R. S. (2014). A two-dimensional model for the study of interpersonal attraction. *Personality and Social Psychology Review, 18,* 59-86.

Montoya, R. M., Horton, R. S., & Kirchner, J. (2008). Is actual similarity necessary for attraction? A meta-analysis of actual and perceived similarity. *Journal of Social and Personal Relationships, 25,* 889-922.

Montoya, R. M., Horton, R. S., Vevea, J. L., Citkowicz, M., & Lauber, E. A. (2017). A re-examination of the mere exposure effect: The influence of repeated exposure on recognition, familiarity, and liking. *Psychological Bulletin, 143,* 459-498.

Moon, H. (2001). Looking forward and looking back: Integrating completion and sunk-cost effects within an escalation-of- commitment progress decision. *Journal of Applied Psychology, 86,* 104-113.

Moon, T. (2013). The effects of cultural intelligence on performance in multicultural teams. *Journal of Applied Social Psychology, 43,* 2414-2425.

Moor, L., & Anderson, J. R. (2019). A systematic literature review of the relationship between dark personality traits and antisocial online behaviours. *Personality and Individual Differences, 144,* 40-55.

Moore, C., Detert, J. R., Treviño, L. K., Baker, V. L., & Mayer, D. M. (2012). Why employees do bad things: Moral disengagement and unethical organizational behavior. *Personnel Psychology, 65,* 1-48.

Moore, C., Lee, S. Y., Kim, K., & Cable, D. M. (2017). The advantage of being oneself: The role of applicant self-verification in organizational hiring decisions. *Journal of Applied Psychology, 102,* 1493-1513.

Moore, T. E. (1982). Subliminal advertising: What you see is what you get. *Journal of Marketing, 46,* 38-47.

Mor, N., & Winquist, J. (2002). Self-focused attention and negative affect: A meta-analysis. *Psychological Bulletin, 128,* 638-662.

Mor, S., Morris, M., & Joh, J. (2013). Identifying and training adaptive cross-cultural management skills: The crucial role of cultural metacognition. *Academy of Management Learning & Education, 12,* 453-475.

Moran, G., & Comfort, C. (1986). Neither "tentative" nor "fragmentary": Verdict preference of impaneled felony jurors as a function of attitude toward capital punishment. *Journal of Applied Psychology, 71,* 146-155.

Moran, G., & Cutler, B. L. (1991). The prejudicial impact of pretrial publicity. *Journal of Applied Social Psychology, 21,* 345-367.

Moran, J. M., Heatherton, T. F., & Kelley, W. M. (2009). Modulation of cortical midline structure by implicit and explicit self-relevance evaluation. *Social Neuroscience, 4,* 197-211.

Moreland, R. L., & Beach, S. R. (1992). Exposure effects in the classroom: The development of affinity among students. *Journal of Experimental Social Psychology, 28,* 255-276.

Moreland, R. L., & Levine, J. M. (2002). Socialization and trust in work groups. *Group Processes and Intergroup Relations, 5,* 185-201.

Morelli, S. A., Lieberman, M. D., & Zaki, J. (2015). The emerging study of positive empathy. *Social and Personality Psychology Compass, 9,* 57-68.

Morelli, S. A., Rameson, L. T., & Lieberman, M. D. (2014). The neural components of empathy: Predicting daily prosocial behavior. *Social Cognitive and Affective Neuroscience, 9,* 39-47.

Morewedge, C. K., Preston, J., & Wegner, D. M. (2007). Timescale bias in the attribution of mind. *Journal of Personality and Social Psychology, 93,* 1-11.

Morgan, C. A., Hazlett, G., Doran, A., Garrett, S., Hoyt, G., Thomas, P., et al. (2004). Accuracy of eyewitness memory for persons encountered during exposure to highly intense stress. *International Journal of Law and Psychiatry, 27,* 265-279.

Morgan, C. A., III, Southwick, S., Steffian, G., Hazlett, G. A., & Loftus, E. F. (2013). Misinformation can influence memory for recently experienced, highly stressful events. *International Journal of Law and Psychiatry, 36,* 11-17.

Morgeson, F. P., Campion, M. A., Dipboye, R. L., Hollenbeck, J. R., Murphy, K., & Schmitt, N. (2007). Reconsidering the use of personality tests in personnel contexts. *Personnel Psychology, 60,* 683-729.

Morgeson, F. P., Mumford, T. V., & Campion, M. A. (2005). Coming full circle: Using research and practice to address 27 questions about 360-degree feedback programs. *Consulting Psychology Journal: Practice and Research, 57,* 196-209.

Moriarty, T. (1975). Crime, commitment, and the responsive bystander: Two field experiments. *Journal of Personality and Social Psychology, 31,* 370-376.

Morr Serewicz, M. C., & Gale, E. (2008). First-date scripts: Gender roles, context, and relationship. *Sex Roles, 58,* 149-164.

Morrison, A. M., & Von Glinow, M. A. (1990). Women and minorities in management. *American Psychologist, 45,* 200-208.

Morrison, A. S., & Heimberg, R. G. (2013). Social anxiety and social anxiety disorder. *Annual Review of Clinical Psychology, 9,* 249-274.

Morrongiello, B. A., & Dawber, T. (2000). Mothers' responses to sons and daughters engaging in injury-risk behaviors on a playground: Implications for sex differences in injury rates. *Journal of Experimental Child Psychology, 76,* 89-103.

Morrongiello, B. A., Zdzieborski, D., & Normand, J. (2010). Understanding gender differences in children's risk taking and injury: A comparison of mothers' and fathers' reactions to sons and daughters misbehaving in ways that lead to injury. *Journal of Applied Developmental Psychology, 31,* 322-329.

Morse, B. J. (1995). Beyond the Conflict Tactics Scale: Assessing gender differences in partner violence. *Violence and Victims, 10,* 251-272.

Moscatelli, S., Albarello, F., Prati, F., & Rubini, M. (2014). Badly off or better off than them? The impact of relative deprivation and relative gratification on intergroup discrimination. *Journal of Personality and Social Psychology, 107,* 248-264.

Moscovici, S. (1980). Toward a theory of conversion behavior. *Advances in Experimental Social Psychology, 6,* 149-202.

Moscovici, S., & Personnaz, B. (1991). Studies in social influence VI: Is Lenin orange or red? Imagery and social influence. *European Journal of Social Psychology, 21,* 101-118.

Moscovici, S., & Zavalloni, M. (1969). The group as a polarizer of attitudes. *Journal of Personality and Social Psychology, 12,* 125-135.

Moscovici, S., Lage, E., & Naffrechoux, M. (1969). Influence of a consistent minority on the responses of a majority in a color perception task. *Sociometry, 32,* 365-380.

Moscovici, S., Mugny, G., & Van Avermaet, E. (Eds.). (1985). *Perspectives on minority influence.* New York: Cambridge University Press.

Moshagen, M., Hilbig, B. E., & Zettler, I. (2018). The dark core of personality. *Psychological Review, 125,* 656-688.

Moskalenko, S., & Heine, S. J. (2003). Watching your troubles away: Television viewing as a stimulus for subjective self-awareness.

Personality and Social Psychology Bulletin, 29, 76-85.

Mosquera, P. R., Tan, L. X., & Saleem, F. (2014). Shared burdens, personal costs on the emotional and social consequences of family honor. *Journal of Cross-Cultural Psychology, 45,* 400-416.

Moss-Racusin, C. A., Dovidio, J. F., Brescoll, V. L., Graham, M. J., & Handelsman, J. (2012). Science faculty's subtle gender biases favor male students. *Proceedings of the National Academy of Sciences of the United States of America, 109,* 16474-16479.

Moss-Racusin, C. A., Pietri, E. S., Hennes, E. P., Dovidio, J. F., Brescoll, V. L., Roussos, G., et al. (2018). Reducing STEM gender bias with VIDS (video interventions for diversity in STEM). *Journal of Experimental Psychology: Applied, 24,* 236-260.

Mostofsky, E., Maclure, M., Sherwood, J. B., Tofler, G. H., Muller, E., & Mittleman, M. A. (2012). Risk of acute myocardial infarction after the death of a significant person in one's life: The determinants of myocardial infarction onset study. *Circulation, 125,* 491-496.

Mottaghi, S., Poursheikhali, H., & Shameli, L. (2019). Empathy, compassion fatigue, guilt, and secondary traumatic stress in nurses. *Nursing Ethics,* in press.

Mouton, J., Blake, R., & Olmstead, J. (1956). The relationship between frequency of yielding and the disclosure of personal identity. *Journal of Personality, 24,* 339-347.

Moynihan, J. A., & Ader, R. (1996). Psychoneuroimmunology: Animal models of disease. *Psychosomatic Medicine, 58,* 546-558.

Mueller, J. H. (1982). Self-awareness and access to material rated as self-descriptive and nondescriptive. *Bulletin of the Psychonomic Society, 19,* 323-326.

Mugny, G., & Perez, J. A. (1991). *Social psychology of minority influence.* Cambridge: Cambridge University Press.

Mullen, B. (1983). Operationalizing the effect of the group on the individual: A self-attention perspective. *Journal of Experimental Social Psychology, 19,* 295-322.

Mullen, B. (1985). Strength and immediacy of sources: A meta-analytic evaluation of the forgotten elements of social impact theory. *Journal of Personality and Social Psychology, 48,* 1458-1466.

Mullen, B., Johnson, C., & Salas, E. (1991). Productivity loss in brainstorming groups: A meta-analytic integration. *Basic and Applied Social Psychology, 12,* 3-23.

Mullen, E., & Monin, B. (2016). Consistency versus licensing effects of past moral behavior. *Annual Review of Psychology, 67,* 363-385.

Munger, K. (2017). Tweetment effects on the tweeted: Experimentally reducing racist harassment. *Political Behavior, 39,* 629-649.

Muraven, M., & Baumeister, R. F. (1998). Self-control as a limited resource: Regulatory depletion patterns. *Journal of Personality and Social Psychology, 74,* 774-789.

Muraven, M., & Baumeister, R. F. (2000). Self-regulation and depletion of limited resources: Does self-control resemble a muscle? *Psychological Bulletin, 126,* 247-259.

Murayama, A., Ryan, C. S., Shimizu, H., Kurebayashi, K., & Miura, (2015). Cultural differences in perceptions of intragroup conflict and preferred conflict-management behavior: A scenario experiment. *Journal of Cross-Cultural Psychology, 46,* 88-100.

Murnen, S. K., Greenfield, C., Younger, A., & Boyd, H. (2016). Boys act and girls appear: A content analysis of gender stereotypes associated with characters in children's popular culture. *Sex Roles: A Journal of Research, 74,* 78-91.

Muroi, Y., & Ishii, T. (2019). Glutamatergic signals in the dorsal raphe nucleus regulate maternal aggression and care in opposing manner in mice. *Neuroscience, 400,* 33-47.

Murphy, K. R., & Balzer, W. K. (1986). Systematic distortions in memory-based behavior ratings and performance evaluation: Consequences for rating accuracy. *Journal of Applied Psychology, 71,* 39-44.

Murphy, K. R., Cleveland, J. N., & Hanscom, M. E. (2018). *Performance appraisal and management.* Thousand Oaks, CA: Sage.

Murphy, K. R., Cronin, B. E., & Tam, A. P. (2003). Controversy and consensus regarding the use of cognitive ability testing in organizations. *Journal of Applied Psychology, 88,* 660-671.

Murphy, K., Cleveland, J., Skattebo, A., & Kinney, T. (2004). Raters who pursue different goals give different ratings. *Journal of Applied Psychology, 89,* 158-164.

Murphy, M. M., Slavich, G. M., Chen, E., & Miller, G. E. (2015). Targeted rejection predicts decreased anti-inflammatory gene expression and increased symptom severity in youth with asthma. *Psychological Science, 26,* 111-121.

Murphy, R. O., & Ackermann, K. A. (2014). Social value orientation: Theoretical and measurement issues in the study of social preferences. *Personality and Social Psychology Review, 18,* 13-41.

Murphy, V (2012, March 28). Woman dies during chat on Facebook. *The Mirror,* p. 14.

Murray, G., Judd, F., Jackson, H., Komiti, A., Wearing, A., Robins, G., et al. (2008). Big boys don't cry: An investigation of stoicism and its mental health outcomes. *Personality and Individual Differences, 44,* 1369-1381.

Murray, S. L., & Holmes, J. G. (1999). The (mental) ties that bind: Cognitive structures that predict relationship resilience. *Journal of Personality and Social Psychology, 77,* 1228-1244.

Murray, S. L., & Holmes, J. G. (2008). The commitment insurance system: Self-esteem and the regulation of connection in close relationships. *Advances in Experimental Social Psychology, 40,* 1-60.

Murray, S. L., & Holmes, J. G. (2011). *Interdependent minds: The dynamics of close relationships.* New York: Guilford Press.

Murray, S. L., Aloni, M., Holmes, J. G., Derrick, J. L., Stinson, D. A., & Leder, S. (2009). Fostering partner dependence as trust insurance: The implicit contingencies of the exchange script in close relationships. *Journal of Personality and Social Psychology, 96,* 324-348.

Murray, S. L., Holmes, J. G., & Collins, N. L. (2006). Optimizing assurance: The risk regulation system in relationships. Psychological *Bulletin, 132,* 641-666.

Murray, S. L., Holmes, J. G., & Griffin, D. W. (1996). The benefits of positive illusions: Idealization and the construction of satisfaction in close relationships. *Journal of Personality and Social Psychology, 70,* 79-98.

Murray, S. L., Holmes, J. G., Griffin, D. W., & Derrick, J. L. (2015). The equilibrium model of relationship maintenance. *Journal of Personality and Social Psychology, 108,* 93-113.

Murstein, B. I. (1986). *Paths to marriage.* Beverly Hills, CA: Sage.

Mussweiler, T., & Damisch, L. (2008). Going back to Donald: How comparisons shape judgmental priming effects. *Journal of Personality and Social Psychology, 95,* 1295-1315.

Mussweiler, T., & Rüter, K. (2003). What friends are for! The use of routine standards in social comparison. *Journal of Personality and Social Psychology, 85,* 467-481.

Myers, D. G., & Diener, E. (1995). Who is happy? *Psychological Science, 6,* 10-19.

Myers, D. G., & Diener, E. (2018). The scientific pursuit of happiness. *Perspectives on Psychological Science, 13,* 218-225.

Myers, D. G., & Lamm, H. (1976). The group polarization phenomenon. *Psychological Bulletin, 83,* 602-627.

Myllyneva, A., & Hietanen, J. K. (2015). There is more to eye contact than meets the eye. *Cognition, 134,* 100-109.

Na, J., & Kitayama, S. (2011). Spontaneous trait inference is cul- ture-specific: Behavioral and neural evidence. *Psychological Sci- ence, 22,* 1025-1032.

Nadler, A., & Halabi, S. (2015). Helping relations and inequality between individuals and groups. In M. Mikulincer, P. R. Shaver, J. F. Dovidio, & J. A. Simpson (Eds.), *APA handbook of personality and social psychology: Volume 2. Group processes* (pp. 371-393). Washington, DC: American Psychological Association.

Narchet, F. M., Meissner, C. A., & Russano, M. B. (2011). Modeling the influence of investigator bias on the elicitation of true and false confessions. *Law and Human Behavior, 35,* 452-465.

Nash, R. A., & Wade, K. A. (2009). Innocent but proven guilty: Using false video evidence to elicit false confessions and create false beliefs. *Applied Cognitive Psychology, 23,* 624-637.

National Academy of Sciences. (2014). *Identifying the culprit: Assessing eyewitness identification.* Washington, DC: National Academies Press.

National Academy of Sciences. (2014). *The growth of incarceration in the United States: Exploring the causes and consequences.* Washington, DC: National Academies Press.

National Research Council, Committee to Review the Scientific Evidence on the Polygraph, Division of Behavioral and Social Sciences and Education. (2003). *The polygraph and lie detection.* Washington, DC: National Academies Press.

Nazione, S., & Silk, K. J. (2013). Patient race and perceived illness responsibility: Effects on provider helping and bias. *Medical Education, 47,* 780-789.

Neilson, S. (2019, June 11). The Queen honors two women who seek to end female genital mutilation. *National Public Radio.* http:// www.npr.org/sections/goatsandsoda/2019/06/11/731768136/the-queen-honors-two-women-who-seek-to-end-female-genital-mutilation.

Nelson, T. D. (2017). *Ageism: Stereotyping and prejudice against older persons.* Cambridge, MA: MIT Press.

Nemeth, C. (1986). Differential contributions of majority and minority influence. *Psychological Review, 93,* 23-32.

Nemeth, C. J. (2016). *Rogues, rebels and dissent: Just because everyone agrees, doesn't mean they're right.* New York: Random House.

Nemeth, C. J., Connell, J. B., Rogers, J. D., & Brown, K. S. (2001). Improving decision making by means of dissent. *Journal of Applied Social Psychology, 31,* 48-58.

Nemeth, C., & Kwan, J. (1987). Minority influence, divergent thinking, and detection of correct solutions. *Journal of Applied Social Psychology, 17,* 788-799.

Nemeth, C., Mayseless, O., Sherman, J., & Brown, Y. (1990). Exposure to dissent and recall of information. *Journal of Personality and Social Psychology, 58,* 429-437.

"Nepali man bites snake to death in revenge attack." (2012, August 23). *Reuters.*

Nes, L. S., & Segerstrom, S. C. (2006). Dispositional optimism and coping: A meta-analytic review. *Personality and Social Psychology Review, 10,* 235-251.

Neuberg, S. L., & Schaller, M. (2016). An evolutionary threat-management approach to prejudices. *Current Opinion in Psychology, 7,* 1-5.

Neumann, R., & Strack, F. (2000). "Mood contagion": The automatic transfer of mood between persons. *Journal of Personality and Social Psychology, 79,* 211-223.

Newcomb, T. M. (1943). *Personality and social change: Attitude formation in a student community.* Fort Worth, TX: Dryden Press.

Newcomb, T. M. (1961). *The acquaintance process.* New York: Holt, Rinehart and Winston.

Newheiser, A., Barreto, M., Ellemers, N., Derks, B., & Scheepers, D. (2015). Regulatory focus moderates the social performance of individuals who conceal a stigmatized identity. *British Journal of Social Psychology, 54,* 787-797.

Newman, A., Le, H., North-Samardzic, A., & Cohen, M. (2019). Moral disengagement at work: A review and research agenda. *Journal of Business Ethics,* in press.

Newman, R. S. (2005). The cocktail party effect in infants revisited: Listening to one's name in noise. *Developmental Psychology, 41,* 352-362.

Newport, F. (2015). In U.S., 87% approve of black-white marriage, vs. 4% in 1958. *Gallup.* http://www.gallup.com/poll/163697/approve-marriage-blacks-whites.

Newport, F. (2018, May 22). In U.S., estimate of LGBT population rises to 4.5%. https://news.gallup.com/poll/234863/estimate- lgbt-population-rises.aspx.

Newtson, D. (1974). Dispositional inference from effects of actions: Effects chosen and effects foregone. *Journal of Experimental Social Psychology, 10,* 487-496.

Newtson, D., Hairfield, J., Bloomingdale, J., & Cutino, S. (1987). The structure of action and interaction. *Social Cognition, 5,* 191-237.

Ng, T. W. H., & Feldman, D. C. (2015). Ethical leadership: Meta- analytic evidence of criterion-related and incremental validity. *Journal of Applied Psychology, 100,* 948-965.

Ng, W., & Diener, E. (2014). What matters to the rich and the poor? Subjective well-being, financial satisfaction, and postmaterialist needs across the world. *Journal of Personality and Social Psychology, 107,* 326-338.

Nicholson, S. P., Coe, C. M., Emory, J., & Song, A. V. (2016). The politics of beauty: The effects of partisan bias on physical attractiveness. *Political Behavior, 38,* 883-898.

Nickerson, C., Schwarz, N., Diener, E., & Kahneman, D. (2003). Zeroing in on the dark side of the American dream: A closer look at the negative consequences of the goal for financial success. Psychological *Science, 14,* 531-536.

Niedenthal, P. M., Barsalou, L. W., Winkielman, P., Krauth-Gruber, S., & Ric, F. (2005). Embodiment in attitudes, social perception, and emotion. *Personality and Social Psychology Review, 9,* 184-211.

Niedermeier, K. E., Horowitz, I. A., & Kerr, N. L. (1999). Informing jurors of their nullification power: A route to a just verdict or judicial chaos? *Law and Human Behavior, 23,* 331-351.

Nieva, V. F., & Gutek, B. A. (1981). *Women and work: A psychological perspective.* New York: Praeger.

Nir, S. M., & Dollinger, A. (2019, September 17). Oceanside stabbing: After a brawl, teenagers gawked as a boy lay dying. *New York Times,* https://www.nytimes.com/2019/09/17/nyregion/ny-teen- murder-oceanside.html.

Nisbett, R. E. (2003). *The geography of thought: How Asians and Westerners think differently . . . and why.* New York: Free Press.

Nisbett, R. E., & Cohen, D. (1996). *Culture of honor: The psychology of violence in the South.* Boulder, CO: Westview.

Nisbett, R. E., & Ross, L. (1980). *Human inference: Strategies and shortcomings of social judgment.* Englewood Cliffs, NJ: Prentice Hall.

Nisbett, R. E., & Wilson, T. D. (1977). Telling more than we can know: Verbal reports on mental processes. *Psychological Review, 84,* 231-259.

Nock, M. K., Park, J. M., Finn, C. T., Deliberto, T. L., Dour, H. J., & Banaji, M. R. (2010). Measuring the suicidal mind: Implicit cognition predicts suicidal behavior. *Psychological Science, 21,* 511-517.

Nock, M., Park, J., Finn, C., Deliberto, T., Dour, H., & Banaji, M. (2010). Measuring the suicidal mind: Implicit cognition predicts suicidal behavior. *Psychological Science, 21,* 511-517.

Nodtvedt, K., B., Sjastad, H., Skard, S. R., Thorbjornsen, H., & Van Bavel, J. (2020). Racial bias in the sharing economy and the role of trust. *SSRN,* in press.

Nofsinger, J. R. (2018). *The psychology of investing* (6th ed.). New York: Routledge.

Nolen-Hoeksema, S. (1991). Responses to depression and their effects on the duration of depressive episodes. *Journal of Abnormal Psychology, 100,* 569-582.

Nolen-Hoeksema, S., & Girgus, J. S. (1994). The emergence of gender differences in depression during adolescence. *Psychological Bulletin, 115,* 424-443.

Nolen-Hoeksema, S., & Morrow, J. (1991). A prospective study of depression and posttraumatic stress symptoms after a natural disaster: The 1989 Loma Prieta earthquake. *Journal of Personality and Social Psychology, 61,* 115-121.

Nolen-Hoeksema, S., Wisco, B. E., & Lyubomirsky, S. (2008). Rethinking rumination. *Perspectives on Psychological Science, 3,* 400-424.

Nook, E. C., Ong, D. C., Morelli, S. A., Mitchell, J. P., & Zaki, J. (2016). Prosocial conformity: Prosocial norms generalize across behavior and empathy. *Personality and Social Psychology Bulletin, 42,* 1045-1062.

Norenzayan, A., & Nisbett, R. E. (2000). Culture and causal cognition. *Current Directions in Psychological Science, 9,* 132-135.

Norman, J. (2019, February 27). Americans' support for affirmative action programs rises. https://news.gallup.com/poll/247046/americans-support-affirmative-action-programs-rises.aspx.

North, A. C., Hargreaves, D. J., & McKendrick, J. (1999). The influence of in-store music on wine selections. *Journal of Applied Psychology, 84,* 271-276.

Northouse, P. G. (2019). *Leadership: Theory and practice* (8th ed.). Thousand Oaks, CA: Sage.

Norton, K. I., Olds, T. S., Olive, S., & Dank, S. (1996). Ken and Barbie at life size. *Sex Roles, 34,* 287-294.

Norton, M. I., Sommers, S. R., Apfelbaum, E. P., Pura, N., & Ariely D. (2006). Color blindness and interracial interaction: Playing the political correctness game. *Psychological Science, 17,* 949-953.

Nosek, B. A., Banaji, M. R., & Greenwald, A. G. (2002). Harvesting implicit attitudes and stereotype data from the Implicit Association Test website. *Group Dynamics, 6,* 101-115.

Nosek, B. A., Hawkins, C. B., & Frazier, R. S. (2011). Implicit social cognition: From measures to mechanisms. *Trends in Cognitive Sciences, 15,* 152-159.

Nosko, A., Tieu, T.-T., Lawford, H., & Pratt, M. W. (2011). How do I love thee? Let me count the ways: Parenting during adolescence, attachment styles, and romantic narratives in emerging adulthood. *Developmental Psychology, 47,* 645-657.

O'Connor, K., Neff, D. M., & Pitman, S. (2018). Burnout in mental health professionals: A systematic review and meta-analysis of prevalence and determinants. *European Psychiatry, 53,* 74-99.

O'Connor, S. C., & Rosenblood, L. K. (1996). Affiliation motivation in everyday experience: A theoretical comparison. *Journal of Personality and Social Psychology, 70,* 513-522.

O'Keefe, D. J., & Figge, M. (1997). A guilt-based explanation of the door-in-the-face influence strategy. *Human Communication Research, 42,* 64-81.

O'Keeffe, G. S., & Clarke-Pearson, K. (2011). The impact of social media on children, adolescents, and families. *Pediatrics, 127,* 800-804.

O'Leary, K. D., Tintle, N., & Bromet, E. (2014). Risk factors for physical violence against partners in the U.S. *Psychology of Violence, 4,* 65-77.

O'Neil, K. M., Patry, M. W., & Penrod, S. D. (2004). Exploring the effects of attitudes toward the death penalty on capital sentencing verdicts. *Psychology, Public Policy, and Law, 10,* 443-470.

O'Neill, A. M., Green, M., & Cuadros, P. (1996, September 2). *People,* p. 72.

O'Toole, S. E., Tsermentseli, S., Humayun, S., & Monks, C. P. (2019). Cool and hot executive functions at 5 years old as predictors of physical and relational aggression between 5 and 6 years old. *International Journal of Behavioral Development, 43,* 157-165.

Obergefell v. Hodges, 576 U.S._____(June 26, 2015).

Obermaier, M., Fawzi, N., & Koch, T. (2016). Bystanding or standing by? How the number of bystanders affects the intention to intervene in cyberbullying. *New Media & Society, 18,* 1491-1507.

Oc, B., Bashshur, M. R., & Moore, C. (2019). Head above the parapet: How minority subordinates influence group outcomes and the consequences they face for doing so. *Journal of Applied Psychology, 104,* 929-945.

Oda, R., Machii, W., Takagi, S., Kato, Y., Takeda, M., Kiyonari, T., et al. (2014). Personality and altruism in daily life. *Personality and Individual Differences, 56,* 206-209.

Odumeru, J. A., & Ogbonna, I. G. (2013). Transformational vs. transactional leadership theories: Evidence in literature. *International Review of Management and Business Research, 2,* 355-361.

Oesch, N., & Dunbar, R. I. M. (2018). Group size, communication, and familiarity effects in foraging human teams. *Ethology, 124,* 483-495.

Oetzel, J. G., & Ting-Toomey, S. (2003). Face concerns in interpersonal conflict: A cross-cultural empirical test of the face negotiation theory. *Communication Research, 30,* 599-624.

Oetzel, J., Garcia, A. J., & Ting-Toomey, S. (2008). An analysis of the relationships among face concerns and facework behaviors in perceived conflict situations: A four-culture investigation. *International Journal of Conflict Management, 19,* 382-403.

Ogilvy, D. (1985). *Ogilvy on advertising.* New York: Vintage Books.

Ohlemacher, S. (2017, May 12). Baby names: Caitlyn plunges on new most-popular list. *Mercury News.* http://www.mercurynews.com/2017/05/12/dont-call-me-caitlyn-baby-name-plunges-in-popularity.

Olczak, P. V., Kaplan, M. F., & Penrod, S. (1991). Attorneys' lay psychology and its effectiveness in selecting jurors: Three empirical studies. *Journal of Social Behavior and Personality, 6,* 431-452.

Oliver, M. G., & Hyde, J. S. (1993). Gender differences in sexuality: A meta-analysis. *Psychological Bulletin, 114,* 29-51.

Olson, E. A., & Wells, G. L. (2004). What makes a good alibi? A proposed taxonomy. *Law and Human Behavior, 28,* 157-176.

Olson, J. M., Vernon, P. A., Harris, J. A., & Jang, K. L. (2001). The heritability of attitudes: A study of twins. *Journal of Personality and Social Psychology, 80,* 845-860.

Olson, M. A., & Fazio, R. H. (2001). Implicit attitude formation through classical conditioning. *Psychological Science, 12,* 413-417.

Olsson, M., & Martiny, S. E. (2018). Does exposure to counterstereotypical role models influence girls' and women's gender stereotypes and career choices? A review of social psychological research. *Frontiers in Psychology, 9,* Article 2264.

Olweus, D., & Limber, S. P. (2010). Bullying in school: Evaluation and dissemination of the Olweus Bullying Prevention Program. *American Journal of Orthopsychiatry, 80,* 124-134.

Olweus, D., Limber, S. P., & Breivik, K. (2019). Addressing specific forms of bullying: A large-scale evaluation of the Olweus Bullying Prevention Program. *International Journal of Bullying Prevention, 1,* 70-84.

Omarzu, J. (2000). A disclosure decision model: Determining how and when individuals will self-disclose. *Personality and Social Psychology Review, 4,* 174-185.

Omoto, A. M., & Packard, C. D. (2016). The power of connections: Psychological sense of community as a predictor of volunteerism. *Journal of Social Psychology, 156,* 272-290.

Omoto, A. M., & Snyder, M. (1995). Sustained helping without obligation: Motivation, longevity of service, and perceived attitude change among AIDS volunteers. *Journal of Personality and Social Psychology, 68,* 671-686.

Ones, D. S., Viswesvaran, C., & Schmidt, F. L. (1993). Comprehensive meta-analysis of integrity test validities: Findings and implications for personnel selection and theories of job performance. *Journal of Applied Psychology, 78,* 679-703.

Ong, D., & Wang, J. (2015). Income attraction: An online dating field experiment. *Journal of Economic Behavior & Organization, 111,* 13-22.

Open Science Collaboration. (2015). Estimating the reproducibility of psychological science. *Science, 349*(6251) aac4716.

Organization for Economic Cooperation and Development. (2019). "Hours worked" (indicator). https://doi.org/10.1787/47be1c78-en.

Orth, U., & Robins, R. W. (2014). The development of self-esteem. *Current Directions in Psychological Science, 23,* 381-387.

Orth, U., Robins, R. W., & Widaman, K. F. (2012). Life-span development of self-esteem and its effects on important life outcomes. *Journal of Personality and Social Psychology, 102,* 1271-1288.

Orth, U., Trzesniewski, K. H., & Robins, R. W. (2010). Self-esteem development from young adulthood to old age: A cohort- sequential longitudinal study. *Journal of Personality and Social Psychology, 98,* 645-658.

Orwell, G. (1942). Looking back on the Spanish War. In S. Orwell & I. Angus (Eds.), *The collected essays, journalism and letters of George Orwell*: Vol. 2. *My country right or left, 1940-1943* (pp. 249-267). New York: Harcourt, Brace & World.

Osborn, A. F. (1953). *Applied imagination.* New York: Scribner.

Oskarsson, S., Dawes, C. T., & Lindgren, K.-O. (2018). It runs in the family: A study of political candidacy among Swedish adoptees. *Political Behavior, 40*(4), 883-908.

Oswald, D. L., Baalbaki, M., & Kirkman, M. (2019). Experiences with benevolent sexism: Scale development and associations with women's well-being. *Sex Roles: A Journal of Research, 80,* 362-380.

Oswald, F. L., Mitchell, G., Blanton, H., Jaccard, J., & Tetlock, P. E. (2015). Using the IAT to predict ethnic and racial discrimination: Small effect sizes of unknown societal significance. *Journal of Personality and Social Psychology, 108,* 562-571.

Oswald, F. L., Mitchell, G., Blanton, H., Jaccard, J., & Tetlock, P. E. (2015). Using the IAT to predict ethnic and racial discrimination: Small effect sizes of unknown societal significance. *Journal of Personality and Social Psychology, 108,* 562-571.

Otis, C. C., Greathouse, S. M., Kennard, J. B., & Kovera, M. B. (2014). Hypothesis testing in attorney-conducted voir dire. *Law and Human Behavior, 38,* 392-404.

Ottoni-Wilhelm, M., Estell, D. B., & Perdue, N. H. (2014). Role-modeling and conversations about giving in the socialization of adolescent charitable giving and volunteering. *Journal of Adolescence, 37,* 53-66.

Overbeek, G., Nelemans, S. A., Karremans, J., & Engels, R. C. (2013). The malleability of mate selection in speed-dating events. *Archives of Sexual Behavior, 42,* 1163-1171.

Owe, E., Vignoles, V. L., Becker, M., Brown, R., Smith, P. B., Lee, S. W., et al. (2013). Contextualism as an important facet of individualism-collectivism: Personhood beliefs across 37 national groups. *Journal of Cross-Cultural Psychology, 44,* 24-45.

Oxley, D. R., Smith, K., Alford, J., Hibbing, M., Miller, J., Scalora, M., et al. (2008). Political attitudes vary with physiological traits. *Science, 321,* 1667-1670.

Oyserman, D., & Lee, S. W. (2008). Does culture influence what and how we think? Effects of priming individualism and collectivism. *Psychological Bulletin, 134,* 311-342.

Oyserman, D., Coon, H. M., & Kemmelmeier, M. (2002). Rethinking individualism and collectivism: Evaluation of theoretical assumptions and meta-analyses. *Psychological Bulletin, 128,* 3-72.

Özgen, E. (2004). Language, learning, and color perception. *Current Directions in Psychological Science, 13,* 95-98.

Pachur, T., Hertwig, R., & Steinmann, F. (2012). How do people judge risks: Availability heuristic, affect heuristic, or both? *Journal of Experimental Psychology: Applied, 18,* 314-330.

Packard, V. (1957). *The hidden persuaders.* New York: Pocket Books. Packer, D. J. (2008). Identifying systematic disobedience in Milgram's obedience experiments. *Perspectives on Psychological Science, 3,* 301-304.

Páez, D., Rimé, B., Basabe, N., Wlodarczyk, A., & Zumeta, L. (2015). Psychosocial effects of perceived emotional synchrony in collective gatherings. *Journal of Personality and Social Psychology, 108,* 711-729.

Page-Gould, E., Mendoza-Denton, R., & Tropp, L. R. (2008). With a little help from my cross-group friend: Reducing anxiety in intergroup contexts through cross-group friendship. *Journal of Personality and Social Psychology, 95,* 1080-1094.

Page-Gould, E., Mendoza-Denton, R., Alegre, J., & Siy, J. (2010). Understanding the impact of cross-group friendship on interactions with novel outgroup members. *Journal of Personality and Social Psychology, 98,* 775-793.

Pager, D., Western, B., & Sugie, N. (2009). Sequencing disadvantage: Barriers to employment facing young Black and White men with criminal records. *Annals of the American Academy of Political and Social Science, 623,* 195-213.

Palmer, F. T., Flowe, H. D., Takarangi, M. K. T., & Humphries, J. E. (2013). Intoxicated witnesses and suspects: An archival analysis of their involvement in criminal case processing. *Law and Human Behavior, 37,* 54-59.

Paluck, E. L. (2009). Reducing intergroup prejudice and conflict using the media: A field experiment in Rwanda. *Journal of Personality and Social Psychology, 96,* 574-587.

Paluck, E. L. (2011). Peer pressure against prejudice: A high school field experiment examining social network change. *Journal of Experimental Social Psychology, 47,* 350-358.

Paluck, E. L., & Shepherd, H. (2012). The salience of social referents: A field experiment on collective norms and harassment behavior in a school social network. *Journal of Personality and Social Psychology, 103,* 899-915.

Paluck, E. L., Shepherd, H., & Aronow, P. M. (2016). Changing climates of conflict: A social network experiment in 56 schools. *Proceedings of the National Academy of Sciences, 113,* 566-571.

Palumbo, S., Mariotti, V., Iofrida, C., & Pellegrini, S. (2018). Genes and aggressive behavior: Epigenetic mechanisms underlying individual susceptibility to aversive environments. *Frontiers in Behavioral Neuroscience, 12,* Article 117.

Pancevski, B. (2012, April 24). Breivik trial exposes mass killer as a lonely loser addicted to tall tales and screen games. *The Australian,* p. 9.

Parducci, A. (1995). *Happiness, pleasure, and judgment: The contextual theory and its applications.* Mahwah, NJ: Erlbaum.

Park, B. (1986). A method for studying the development of impressions of real people. *Journal of Personality and Social Psychology, 51,* 907-917.

Park, B., Choi, J., Koo, M., Sul, S., & Choi, I. (2013). Culture, self, and preference structure: Transitivity and context independence are violated more by interdependent people. *Social Cognition, 31,* 106-118.

Park, S., & Catrambone, R. (2007). Social facilitation effects of virtual humans. *Human Factors, 49,* 1054-1060.

Parks, A. C., Della Porta, M. D., Pierce, R. S., Zilca, R., & Lyubomirsky, S. (2012). Pursuing happiness in everyday life: The characteristics and behaviors of online happiness seekers. *Emotion, 12,* 1222-1234.

Parrott, D. J., & Lisco, C. G. (2015). Effects of alcohol and sexual prejudice on aggression toward sexual minorities. *Psychology of Violence, 5,* 256-265.

Parrott, D. J., Swartout, K. M., Eckhardt, C. I., & Subramani, O. S. (2017). Deconstructing the associations between executive functioning, problematic alcohol use and intimate partner aggression: A dyadic analysis. *Drug and Alcohol Review, 36,* 88-96.

Parsons, C. A., Sulaeman, J., Yates, M. C., & Hamermesh, D. S. (2009). *Strike three: Discrimination, incentives, and evaluation.* Chapel Hill: University of North Carolina Press.

Parsons, H. M. (1974). What happened at Hawthorne? *Science, 183,* 922-932.

Partridge, A., & Eldridge, W. B. (1974). *The second circuit sentencing study: A report to the judges of the second circuit.* Washington, DC: Federal Judicial Center.

Paterson, T. (2012, June 23). Psychotic or not? The experts are still divided; Tony Paterson explained what we've learnt about the man who killed 77 people. *The Independent,* p. 24.

Paulhus, D. L. (1998). Interpersonal and intrapsychic adaptiveness of trait self-enhancement: A mixed blessing? *Journal of Personality and Social Psychology, 74,* 1197-1208.

Paulus, P. B. (1988). *Prison crowding: A psychological perspective.* New York: Springer-Verlag.

Paulus, P. B., & Nijstad, B. A. (Eds.). (2019). *The Oxford handbook of group creativity and innovation.* New York: Oxford University Press.

Paulus, P. B., & van der Zee, K. (2015). Creative processes in culturally diverse teams. In S. Otten, K. van der Zee, & M. B. Brewer (Eds.), *Towards inclusive organizations: Determinants of successful diversity management at work* (pp. 108-131). New York: Psychology Press.

Paulus, P. B., Baruah, J., & Kenworthy, J. B. (2018). Enhancing collaborative ideation in organizations. *Frontiers in Psychology, 9,* Article 2024.

Paulus, P. B., Kohn, N. W., Arditti, L. E., & Korde, R. M. (2013). Understanding the group size effect in electronic brainstorming. *Small Group Research, 44,* 332-352.

Pavitt, C. (1994). Another view of group polarizing: The "reasons for" one-sided oral argumentation. *Communication Research, 21,* 625-642.

Pavlov, I. P. (1927). *Conditioned reflexes: An investigation of the physiological activity of the cerebral cortex* (G. V. Anrep, Trans. and Ed.). London: Oxford University Press.

Pavot, W., & Diener, E. (1993). Review of the Satisfaction with Life Scale. *Psychological Assessment, 5,* 164-172.

Pawlowski, B., Dunbar, R. I. M., & Lipowicz, A. (2000). Evolutionary fitness: Tall men have more reproductive success. *Nature, 403,* 156.

Payne, B. (2001). Prejudice and perception: The role of automatic and controlled processes in misperceiving a weapon. *Journal of Personality and Social Psychology, 81,* 181-192.

Payne, K., & Lundberg, K. (2014). The affect misattribution procedure: Ten years of evidence on reliability, validity, and mechanisms. *Social and Personality Psychology Compass, 8,* 672-686.

Pazda, A. D., Elliot, A. J., & Greitemeyer, T. (2012). Sexy red: Perceived sexual receptivity mediates the red-attraction relation in men viewing woman. *Journal of Experimental Social Psychology, 48,* 787-790.

Pazda, A. D., Prokop, P., & Elliot, A. J. (2014). Red and romantic rivalry: Viewing another woman in red increases perceptions of sexual receptivity, derogation, and intentions to mate-guard. *Personality and Social Psychology Bulletin, 40,* 1260-1269.

Pedersen, W. C., Bushman, B. J., Vasquez, E. A., & Miller, N. (2008). Kicking the (barking) dog effect: The moderating role of target attributes on triggered displaced aggression. *Personality and Social Psychology Bulletin, 34,* 1382-1395.

Pedersen, W. C., Miller, L. C., Putch-Bhagavatula, A. D., & Yang, Y. (2002). Evolved sex differences in the number of partners desired? The long and the short of it. *Psychological Science, 13,* 157-161.

Pelham, B. W. (1995). Self-investment and self-esteem: Evidence for a Jamesian model of self-worth. *Journal of Personality and Social Psychology, 69,* 1141-1150.

Pelham, B. W., Carvallo, M., & Jones, J. T. (2005). Implicit egotism. *Current Directions in Psychological Science, 14,* 106-110.

Pelham, B. W., Mirenberg, M. C., & Jones, J. T. (2002). Why Susie sells sea-shells by the seashore: Implicit egotism and major life decisions. *Journal of Personality and Social Psychology, 82,* 469-487.

Pelham, B., & Carvallo, M. (2011). The surprising potency of implicit egotism: A reply to Simonsohn. *Journal of Personality and Social Psychology, 101,* 25-30.

Pelham, B., & Mauricio, C. (2015). When Tex and Tess carpenter build houses in Texas: Moderators of implicit egotism. *Self and Identity, 14,* 692-723.

Pelto, P. J. (1968). The difference between "tight" and "loose" societies. *Transaction, 5,* 37-40.

Peng, K., & Nisbett, R. E. (1999). Culture, dialectics, and reasoning about contradiction. *American Psychologist, 54,* 741-754.

Pennebaker, J. W. (1997). Writing about emotional experiences as a therapeutic process. *Psychological Science, 8,* 162-166.

Pennebaker, J. W., Dyer, M. A., Caulkins, R. J., Litowitz, D. L., Ackreman, P. L., Anderson, D. B., et al. (1979). Don't the girls get prettier at closing time: A country and western application to psychology. *Personality and Social Psychology Bulletin, 5,* 122-125.

Penner, L. A. (2004). Volunteerism and social problems: Making things better or worse? *Journal of Social Issues, 60,* 645-666.

Penner, L. A., Hagiwara, N., Eggly, S., Gaertner, S. L., Albrecht, T. L., & Dovidio, J. F. (2013). Racial healthcare disparities: A social psychological analysis. *European Review of Social Psychology, 24,* 70-122.

Penner, L. A., Manning, M., Eggly, S., & Albrecht, T. L. (2015). Prosocial behavior in cancer research: Patient participation in cancer clinical trials. In D. A. Schroeder & W. G. Graziano (Eds.), *The Oxford handbook of prosocial behavior* (pp. 653-669). New York: Oxford University Press.

Pennington, N., & Hastie, R. (1992). Explaining the evidence: Tests of the story model for juror decision making. *Journal of Personality and Social Psychology, 62,* 189-206.

Penrod, S. D., & Cutler, B. (1995). Witness confidence and witness accuracy: Assessing their forensic relation. *Psychology, Public Policy, and Law, 1,* 817-845.

Peplau, L. A., & Fingerhut, A. W. (2007). The close relationships of lesbians and gay men. *Annual Review of Psychology, 58,* 405-424.

Peplau, L. A., & Perlman, D. (Eds.). (1982). *Loneliness: A sourcebook of current theory, research, and therapy.* New York: Wiley.

Peplau, L. A., Garnets, L. D., Spalding, L. R., Conley, T. D., & Veniegas, R. C. (1998). A critique of Bem's "Exotic becomes erotic" theory of sexual orientation. *Psychological Review, 105,* 387-394.

Pepler, D., Craig, W., Yuile, A., & Connolly, J. (2004). Girls who bully: A developmental and relational perspective. In M. Putallaz & K. L. Bierman (Eds.), *Aggression, antisocial behavior, and violence among girls: A developmental perspective* (pp. 90-109). New York: Guilford Press.

Peretz, H., & Fried, Y. (2012). National cultures, performance appraisal practices, and organizational absenteeism and turnover: A study across 21 countries. *Journal of Applied Psychology, 97,* 448-459.

Perillo, J. T., & Kassin, S. M. (2011). Inside interrogation: The lie, the bluff, and false confessions. *Law and Human Behavior, 35,* 327-337.

Perilloux, C., & Kurzban, R. (2015). Do men overperceive women's sexual interest? *Psychological Science, 26,* 70-77.

Perilloux, C., Easton, J. A., & Buss, D. M. (2012). The misperception of sexual interest. *Psychological Science, 23,* 146-151.

Perloff, R. M. (2017). *The dynamics of persuasion. Communication and attitudes in the 21st century* (6th ed.). New York: Routledge.

Perrett, D. (2010). *In your face: The new science of human attraction.* London: Palgrave Macmillan.

Perrin, A. (2018). 5 facts about Americans and video games. *Pew Research Center.* http://www.pewresearch.org/fact-tank/2018/09/17/5-facts-about-americans-and-video-games.

Perry, S. P., Skinner, A. L., & Abaied, J. L. (2019). Bias awareness predicts color conscious racial socialization methods among white parents. *Journal of Social Issues,* in press.

Persky, V. W., Kempthorne-Rawson, J., & Shekelle, R. B. (1987). Personality and risk of cancer: 20-year follow-up of the Western Electric Study. *Psychosomatic Medicine, 49,* 435-449.

Peters, T. J., & Waterman, R. H. (1982). *In search of excellence: Lessons from America's best-run companies.* New York: Warner.

Petersen, J. L., & Hyde, J. S. (2010). A meta-analytic review of research on gender differences in sexuality, 1993-2007. *Psychological Bulletin, 136,* 21-38.

Peterson, C. (2000). The future of optimism. *American Psychologist, 55,* 44-55.

Peterson, C., Seligman, M. E., & Vaillant, G. E. (1988). Pessimistic explanatory style is a risk factor for physical illness: A thirty-five-year longitudinal study. *Journal of Personality and Social Psychology, 55,* 23-27.

Peterson, J., & Densley, J. (2019). What school shooters have in common. *Education Week, 29,* 20.

Peterson, K., Sharps, P., Banyard, V., Powers, R. A., Kaukinen, C., Gross, D., et al. (2018). An evaluation of two dating violence prevention programs on a college campus. *Journal of Interpersonal Violence, 33,* 3630-3655.

Petrie, K. J., Booth, R. J., & Pennebaker, J. W. (1998). The immunological effects of thought suppression. *Journal of Personality and Social Psychology, 75,* 1264-1272.

Pettersen, N., & Durivage, A. (2008). *The structured interview.* Quebec: Presses de l'Université du Québec.

Pettigrew, T. F., & Tropp, L. R. (2000). Does intergroup contact reduce prejudice: Recent meta-analytic findings. In S. Oskamp (Ed.), *Reducing prejudice and discrimination: The Claremont Symposium on Applied Social Psychology* (pp. 93-114). Mahwah, NJ: Erlbaum.

Pettigrew, T. F., & Tropp, L. R. (2006). A meta-analytic test of intergroup contact theory. *Journal of Personality and Social Psychology, 90,* 751-783.

Pettigrew, T. F., & Tropp, L. R. (2008). How does intergroup contact reduce prejudice? Meta-analytic tests of three mediators. *European Journal of Social Psychology, 38,* 922-934.

Pettigrew, T. F., Tropp, L. R., Wagner, U., & Christ, O. (2011). Recent advances in intergroup contact theory. *International Journal of Intercultural Relations, 35,* 271-280.

Petty, R. E., & Briñol, P. (2012). The elaboration likelihood model. In
P. Van Lange, A. W. Kruglanski, & E. T. Higgins (Eds.), *Handbook of theories of social psychology* (pp. 224-245). Thousand Oaks, CA: Sage.

Petty, R. E., & Cacioppo, J. T. (1983). The role of bodily responses in attitude measurement and change. In J. Cacioppo & R. Petty (Eds.), *Social psychophysiology: A sourcebook* (pp. 51-101). New York: Guilford Press.

Petty, R. E., & Cacioppo, J. T. (1984). The effects of involvement on response to argument quantity and quality: Central and peripheral routes to persuasion. *Journal of Personality and Social Psychology, 46,* 69-81.

Petty, R. E., & Cacioppo, J. T. (1986). *Communication and persuasion: Central and peripheral routes to attitude change.* New York: Springer-Verlag.

Petty, R. E., & Krosnick, J. A. (Eds.). (1995). *Attitude strength: Antecedents and consequences.* Mahwah, NJ: Erlbaum.

Petty, R. E., & Wegener, D. T. (1998). Attitude change: Multiple roles for persuasion variables. In D. Gilbert, S. Fiske, & G. Lindzey (Eds.), *The handbook of social psychology* (4th ed., pp. 323-390). New York: McGraw-Hill.

Petty, R. E., Briñol, P., & Tormala, Z. L. (2002). Thought confidence as a determinant of persuasion: The self-validation hypothesis. *Journal of Personality and Social Psychology, 82,* 722-741.

Petty, R. E., Cacioppo, J. T., & Goldman, R. (1981). Personal involvement as a determinant of argument-based persuasion. *Journal of Personality and Social Psychology, 41,* 847-855.

Petty, R. E., Schumann, D. W., Richman, S. A., & Strathman, A. J. (1993). Positive mood and persuasion: Different roles for affect under high- and low-elaboration conditions. *Journal of Personality and Social Psychology, 64,* 5-20.

Pew Research Center. (2017, May 18). Intermarriage in the U.S. 50 years after *Loving v. Virginia.* https://www.pewsocialtrends.org/2017/05/18/intermarriage-in-the-u-s-50-years-after-loving-v-virginia.

Pew Research Center. (2019a). Attitudes on same-sex marriage. https://www.pewforum.org/fact-sheet/changing-attitudes-on-gay-marriage.

Pew Research Center. (2019b). Harassment of religious groups steady in 2017, remaining at 10-year high. http://www.pewforum.org/2019/07/15/harassment-of-religious-groups-steady-in-2017- remaining-at-10-year-high.

Pezdek, K., & O'Brien, M. (2014). Plea bargaining and appraisals of eyewitness evidence by prosecutors and defense attorneys. *Psychology, Crime & Law, 20,* 222-241.

Pfattheicher, S. (2017). Illuminating the dual-hormone hypothesis: About chronic dominance and the interaction of cortisol and testosterone. *Aggressive Behavior, 43,* 85-92.

Pfau, M., Kenski, H. C., Nitz, M., & Sorenson, J. (1990). Efficacy of inoculation strategies in promoting resistance to political attack messages: Application to direct mail. *Communication Monographs, 57,* 25-43.

Pfetsch, J., Steffgen, G., Gollwitzer, M., & Ittel, A. (2011). Prevention of aggression in schools through a bystander intervention training. *International Journal of Developmental Science, 5,* 139-149.

Phelan, J. E., Moss-Racusin, C. A., & Rudman, L. A. (2008). Competent yet out in the cold: Shifting criteria for hiring reflect backlash toward agentic women. *Psychology of Women Quarterly, 32,* 406-413.

Phillips, A. G., & Silvia, P. J. (2005). Self-awareness and the emotional consequences of self-discrepancies. *Personality and Social Psychology Bulletin, 31,* 703-713.

Phillips, A. P., & Dipboye, R. L. (1989). Correlational tests of predictions from a process model of the interview. *Journal of Applied Psychology, 74,* 41-52.

Philpot, R., Liebst, L. S., Levine, M., Bernasco, W., & Lindegaard, M. R. (2019). Would I be helped? Cross-national CCTV footage shows that intervention is the norm in public conflicts. *American Psychologist,* in press.

Picardi, C. A. (2020). *Recruitment and selection: Strategies for workforce planning and assessment.* Thousand Oaks, CA: Sage.

Pickel, K. L. (1999). The influence of context on the "weapon focus" effect. *Law and Human Behavior, 23,* 299-311.

Pietri, E. S., Drawbaugh, M. L., Newis, A. N., & Johnson, I. R. (2019). Who encourages Latina women to feel identity-safety in STEM environments. *Journal of Experimental Social Psychology,* in press.

Piff, P. K. (2013). Wealth and the inflated self: Class, entitlement, and narcissism. *Personality and Social Psychology Bulletin, 40,* 34-43.

Pillemer, D. B., Picariello, M. L., Law, A. B., & Reichman, J. S. (1996). Memories of college: The importance of educational episodes. In D. C. Rubin (Ed.), *Remembering our past: Studies in autobiographical memory* (pp. 318-337). New York: Cambridge University Press.

Pinel, E. C., & Long, A. E. (2012). When I's meet: Sharing subjective experience with someone from the outgroup. *Personality and Social Psychology Bulletin, 38,* 296-307.

Pinel, E. C., Long, A. E., Landau, M. J., Alexander, K., & Pyszczynski, T. (2006). Seeing I to I: A pathway to interpersonal connectedness. *Journal of Personality and Social Psychology, 90,* 243-257.

Pinker, S. (2011). *The better angels of our nature: Why violence has declined.* New York: Viking.

Pittarello, A., Leib, M., Gordon-Hecker, T., & Shalvi, S. (2015). Justifications shape ethical blind spots. *Psychological Science, 26,* 794-804.

Pittman, T. S. (1975). Attribution of arousal as a mediator of dissonance reduction. *Journal of Experimental Social Psychology, 11,* 53-63.

Plaks, J. E., Malahy, L., Sedlins, M., & Shoda, Y. (2012). Folk beliefs about human genetic variation predict discrete versus continuous racial categorization and evaluative bias. *Social Psychological and Personality Science, 3,* 31-39.

Plant, E. A., & Devine, P. G. (1998). Internal and external motivation to respond without prejudice. *Journal of Personality and Social Psychology, 75*, 811-832.

Plant, E. A., & Devine, P. G. (2009). The active control of prejudice: Unpacking the intentions guiding control efforts. *Journal of Personality and Social Psychology, 96*, 640-652.

Plante, T. G., & Thoresen, C. E. (Eds.). (2007). *Spirit, science, and health: How the spiritual mind fuels physical wellness*. Westport, CT: Praeger.

Platek, S. M., Wathne, K., Tierney, N. G., & Thomson, J. W. (2008). Neural correlates of self-face recognition: An effect-location meta-analysis. *Brain Research, 1232*, 173-184.

Platz, S. J., & Hosch, H. M. (1988). Cross-racial/ethnic eyewitness identification: A field study. *Journal of Applied Social Psychology, 18*, 972-984.

Plaut, V. C., Cheryan, S., & Stevens, F. G. (2015). New frontiers in diversity research: Conceptions of diversity and their theoretical and practical implications. In M. Mikulincer, P. R. Shaver, E. Borgida, & J. A. Bargh (Eds.), *APA handbook of personality and social psychology: Vol. 1. Attitudes and social cognition* (pp. 593-619). Washington, DC: American Psychological Association.

Plaut, V. C., Thomas, K. M., & Goren, M. J. (2009). Is multiculturalism or color blindness better for minorities? *Psychological Science, 20*, 444-446.

Plaut, V. C., Thomas, K. M., Hurd, K., & Romano, C. A. (2018). Do color blindness and multiculturalism remedy or foster discrimination and racism? *Current Directions in Psychological Science, 27*, 200-206.

Plötner, M., Over, H., Carpenter, M., & Tomasello, M. (2015). Young children show the bystander effect in helping situations. *Psychological Science, 26*, 499-506.

Plotnik, J. M., de Waal, F. B. M., & Reiss, D. (2006). Self-recognition in an Asian elephant. *Proceedings of the National Academy of Sciences, 103*, 17053-17057.

Polanin, J. R., Espelage, D. L., & Pigott, T. D. (2012). A meta-analysis of school-based bulling prevention programs' effects on bystander intervention behavior. *School Psychology Review, 41*, 47-65.

Polivy, J., Garner, D. M., & Garfinkel, P. E. (1986). Causes and consequences of the current preference for thin female physiques. In C. P. Herman, M. P. Zanna, & E. T. Higgins (Eds.), *The Ontario symposium: Vol. 3. Physical appearance, stigma, and social behavior* (pp. 89-112). Hillsdale, NJ: Erlbaum.

Pontari, B. A., & Schlenker, B. R. (2000). The influence of cognitive load on self-presentation: Can cognitive busyness help as well as harm social performance? *Journal of Personality and Social Psychology, 78*, 1092-1108.

Poole, D. A., & White, L. T. (1991). Effects of question repetition on the eyewitness testimony of children and adults. *Developmental Psychology, 27*, 975-986.

Poole, D. A., Bruck, M., & Pipe, M. E. (2011). Forensic interviewing aids: Do props help children answer questions about touching? *Current Directions in Psychological Science, 20*, 11-15.

Poole, D., & Lindsay, D. S. (2001). Children's eyewitness reports after exposure to misinformation from parents. *Journal of Experimental Psychology: Applied, 7*, 27-50.

Pörhölä, M., Cvancara, K., Kaal, E., Knuttu, K. Tampere, K., & Torres, M. B. (2019). Bullying in university between peers and by personnel: Cultural variation in prevalence, forms, and gender differences in four countries. *Social Psychology of Education*, in press.

Pornpitakpan, C. (2004). The persuasiveness of source credibility: A critical review of five decades' evidence. *Journal of Applied Social Psychology, 34*, 243-281.

Porter, D. P., & Smith, V. L. (2003). Stock market bubbles in the laboratory. *Journal of Behavioral Finance, 4*, 7-20.

Posavac, H. D., Posavac, S. S., & Posavac, E. J. (1998). Exposure to media images of female attractiveness and concern with body weight among young women. *Sex Roles, 38*, 187-201.

Post, J. M. (2011). Crimes of obedience: "Groupthink" at Abu Ghraib. *International Journal of Group Psychotherapy, 61*, 49-66.

Povinelli, D. J., Gallup, G. G., Jr., Eddy, T. J., Bierschwale, D. T., Engstrom, M. C., Perilloux, H. K., et al. (1997). Chimpanzees recognize themselves in mirrors. *Animal Behaviour, 53*, 1083-1088.

Powell, L. H., Shahabi, L., & Thoresen, C. E. (2003). Religion and spirituality: Linkages to physical health. *American Psychologist, 58*, 36-52.

Powers, S. I., Pietromonaco, P. R., Gunlicks, M., & Sayer, A. (2006). Dating couples' attachment styles and patterns of cortisol reactivity and recovery in response to a relationship conflict. *Journal of Personality and Social Psychology, 90*, 613-628.

Pozzoli, T., Ang, R. P., & Gini G. (2012). Bystanders' reactions to bullying: A cross-cultural analysis of personal correlates among Italian and Singaporean students. *Social Development, 21*, 686-703.

Pratkanis, A. R. (1992). The cargo-cult science of subliminal persuasion. *Skeptical Inquirer, 16*, 260-272.

Pratkanis, A. R. (2007). *The science of social influence*. New York: Psychological Press.

Pratkanis, A. R., & Turner, M. E. (1994). Nine principles of successful affirmative action: Mr. Branch Rickey, Mr. Jackie Robinson, and the integration of baseball. *Nine: A Journal of Baseball History and Social Policy Perspectives, 3*, 36-65.

Pratkanis, A. R., Greenwald, A. G., Leippe, M. R., & Baumgardner, M. H. (1988). In search of reliable persuasion effects: III. The sleeper effect is dead. Long live the sleeper effect. *Journal of Personality and Social Psychology, 54*, 203-218.

Pratto, F., & John, O. P. (1991). Automatic vigilance: The attention-grabbing power of negative social information. *Journal of Personality and Social Psychology, 61*, 380-391.

Pratto, F., Çidam, A., Stewart, A. L., Zeineddine, F. B., Aranda, M., Aiello, A., et al. (2013). Social dominance in context and in individuals: Contextual moderation of robust effects of social dominance orientation in 15 languages and 20 countries. *Social Psychological and Personality Science, 4*, 587-599.

Pratto, F., Stallworth, L. M., Sidanius, J., & Sieres, B. (1997). The gender gap in occupational attainment: A social dominance approach. *Journal of Personality and Social Psychology, 72*, 37-53.

Prebble, S. C., Addis, D. R., & Tippett, L. J. (2013). Autobiographical memory and sense of self. *Psychological Bulletin, 139*, 815-840.

Prendergast, C. (2019). *Counterfactuals: Paths of the might have been*. London: Bloomsbury Academic.

Prentice, D. A., & Miller, D. T. (1996). Pluralistic ignorance and the perpetuation of social norms by unwitting actors. *Advances in Experimental Social Psychology, 28*, 161-209.

Prentice-Dunn, S., & Rogers, R. W. (1982). Effects of public and private self-awareness on deindividuation and aggression. *Journal of Personality and Social Psychology, 43*, 503-513.

Prentice-Dunn, S., & Rogers, R. W. (1983). Deindividuation in aggression. In R. G. Geen & E. I. Donnerstein (Eds.), *Aggression: Theoretical and empirical reviews: Vol. 2. Issues in research* (pp. 155-171). New York: Academic Press.

Prescott, A. T., Sargent, J. D., & Hull, J. G. (2018). Metaanalysis of the relationship between violent video game play and physical aggression over time. *Proceedings of the National Academy of Sciences of the United States of America, 115*, 9882-9888.

President's Commission on Law Enforcement and Administration of Justice. (1967). *The challenge of crime in a free society.* Washington, DC: U.S. Government Printing Office.

Presidential Commission on the Space Shuttle Challenger Accident. (1986). *Report of the Presidential Commission on the Space Shuttle Challenger Accident.* Washington, DC: U.S. Government Printing Office.

Pressman, S. D., & Cohen, S. (2012). Positive emotion word use and longevity in famous deceased psychologists. *Health Psychology, 31*, 297-305.

Pressman, S. D., Cohen, S., Miller, G. E., Barkin, A., Rabin, B. S., & Treanor, J. J. (2005). Loneliness, social network size, and immune response to influenza vaccination in college freshmen. *Health Psychology, 24*, 297-306.

Prestwich, A., Conner, M. T., Lawton, R. J., Ward, J. K., Ayres, K., & McEachan, R. C. (2012). Randomized controlled trial of collaborative implementation intentions targeting working adults' physical activity. *Health Psychology, 31*, 486-495.

Priester, J. R., & Petty, R. E. (1995). Source attributions and persuasion: Perceived honesty as a determinant of message scrutiny. *Personality and Social Psychology Bulletin, 21*, 637-654.

Priester, J. R., Cacioppo, J. T., & Petty, R. E. (1996). The influence of motor processes on attitudes toward novel versus familiar semantic stimuli. *Personality and Social Psychology Bulletin, 22*, 442-447.

Principe, G. F., & Ceci, S. J. (2002). "I saw it with my own ears": The effects of peer conversations on preschoolers' reports of nonexperienced events. *Journal of Experimental Child Psychology, 83*, 1-25.

Principe, G. F., Ornstein, P. A., Baker-Ward, L., & Gordon, B. N. (2000). The effects of intervening experiences on children's memory for a physical examination. *Applied Cognitive Psychology, 14*, 59-80.

Prioleau, L., Murdock, M., & Brody, N. (1983). An analysis of psychotherapy versus placebo studies. *Behavioral and Brain Sciences, 6*, 275-310.

Probst, F., Golle, J., Lory, V., & Lobmaier, J. S. (2018). Reactive aggression tracks within-participant changes in women's salivary testosterone. *Aggressive Behavior, 44*, 362-371.

Prokosch, M., Coss, R., Scheib, J., & Blozis, S. (2009). Intelligence and mate choice: Intelligent men are always appealing. *Evolution and Human Behavior, 30*, 11-20.

Pronin, E., Berger, J., & Molouki, S. (2007). Alone in a crowd of sheep: Asymmetric perceptions of conformity and their roots in an introspection illusion. *Journal of Personality and Social Psychology, 92*, 585-595.

Pronin, E., Gilovich, T., & Ross, L. (2004). Objectivity in the eye of the beholder: Divergent perceptions of bias in self versus others. *Psychological Review, 111*, 781-799.

Pronin, E., Lin, D. Y., & Ross, L. (2002). The bias blind spot: Perceptions of bias in self versus others. *Personality and Social Psychology Bulletin, 28*, 369-381.

Pronin, E., Wegner, D. M., McCarthy, K., & Rodriguez, S. (2006). Everyday magical powers: The role of apparent mental causation in the overestimation of personal influence. *Journal of Personality and Social Psychology, 91*, 218-231.

Prot, S., Gentile, D. A., Anderson, C. A., Suzuki, K., Swing, E., Lim, K. M., et al. (2014). Long-term relations among prosocial-media use, empathy, and prosocial behavior. *Psychological Science, 25*, 358-368.

Pryor, J. B., & Merluzzi, T. V. (1985). The role of expertise in processing social interaction scripts. *Journal of Experimental Social Psychology, 21*, 362-379.

Pryor, J. B., Reeder, G. D., & Monroe, A. E. (2012). The infection of bad company: Stigma by association. *Journal of Personality and Social Psychology, 102*, 224-241.

Przybylski, A. K., & Weinstein, N. (2019). Violent video game engagement is not associated with adolescents' aggressive behavior: Evidence from a registered report. *Royal Society of Open Science, 6*, Article 171474.

Pugh, B., Ningard, H., Ven, T. V., & Butler, L. (2016). Victim ambiguity: Bystander intervention and sexual assault in the college drinking scene. *Deviant Behavior, 37*, 401-418.

Purdie-Vaughns, V., Steele, C. M., Davies, P. G., Ditlmann, R., & Crosby, J. R. (2008). Social identity contingencies: How diversity cues signal threat or safety for African Americans in mainstream institutions. *Journal of Personality and Social Psychology, 94*, 615-630.

Purvanova, R. K., & Muros, J. P. (2010). Gender differences in burnout: A meta-analysis. *Journal of Vocational Behavior, 77*, 168-185.

Pyrko, I., Eden, C., & Howick, S. (2019). Knowledge acquisition using group support systems. *Group Decision and Negotiation, 28*, 233-253.

Pyszczynski, T. A., Solomon, S., & Greenberg, J. (2002). *In the wake of 9/11: The psychology of terror.* Washington, DC: American Psychological Association.

Pyszczynski, T., & Greenberg, J. (1987). Self-regulatory preservation and the depressive self-focusing style: A self-awareness theory of reactive depression. *Psychological Bulletin, 201*, 122-138.

Pyszczynski, T., & Greenberg, J. (1992). *Hanging on and letting go.* New York: Springer-Verlag.

Pyszczynski, T., Greenberg, J., Solomon, S., Arndt, J., & Schimel, J. (2004). Why do people need self-esteem? A theoretical and empirical review. *Psychological Bulletin, 130*, 435-468.

Pyszczynski, T., Solomon, S., & Greenberg, J. (2015). Thirty years of terror management theory: From genesis to revelation. *Advances in Experimental Social Psychology, 52*, 1-70.

Qian, M. K., Heyman, G. D., Quinn, P. C., Fu, G., & Lee, K. (2019). Differential developmental courses of implicit and explicit biases for different other-race classes. *Developmental Psychology, 55*, 1440-1452.

Qin, P., Duncan, N., & Northoff, G. (2013). Why and how is the self-related to the brain midline regions? *Frontiers in Human Neuroscience, 7*, 909.

Qualter, P., Harris, R., Van Roekel, E., Lodder, G., Bangee, M., et al. (2015). Loneliness across the life span. *Perspectives on Psychological Science, 10*, 250-264.

Qualter, T. H. (1962). *Propaganda and psychological warfare.* New York: Random House.

Quan, F., Yang, R., Zhu, W., Wang, Y., Gong, X., Chen, Y., et al. (2019). The relationship between hostile attribution bias and aggression and the mediating effect of anger rumination. *Personality and Individual Differences, 139*, 228-234.

Quan, F., Zhu, W., Dong, Y., Qiu, J., Gong, X., Xiao, M., et al. (2019). Brain structure links trait hostile attribution bias and attitudes toward violence. *Neuropsychologia, 125*, 42-50.

Quayle, M., & Naidoo, E. (2012). Social risk and attribution: How considering the social risk of attributions can improve the performance of Kelley's ANOVA model in applied research. *Journal of Applied Social Psychology, 42*, 1694-1715.

Quillian, L., Heath, A., Pager, D., Midtboen, A. H., Fleischmann, F., & Hexel, O. (2019). Do some countries discriminate more than others? Evidence from 97 field experiments of racial discrimination in hiring. *Sociological Science, 6*, 467-496.

Quinn, D. M., Kahng, S. K., & Crocker, J. (2004). Discreditable: Stigma effects of revealing a mental illness history on test performance. *Personality and Social Psychology Bulletin, 30*, 803-815.

Radel, R., & Clement-Guillotin, C. (2012). Evidence of motivational influences in early visual perception: Hunger modulates conscious access. *Psychological Science, 23*, 232-234.

Ragins, B. R., & Sundstrom, E. (1989). Gender and power in organizations: A longitudinal perspective. *Psychological Bulletin, 105*, 51-88.

Raine, A. (2013). *The anatomy of violence: The biological roots of crime.* New York: Pantheon/Random House.

Rakoff, J. (2014, November 20). Why innocent people plead guilty. *New York Review of Books.* https://www.nybooks.com/articles/2014/11/20/why-innocent-people-plead-guilty.

Ramírez-Esparza, N., Chung, C. K., Sierra-Otero, G., & Pennebaker, J. W. (2012). Cross-cultural constructions of self-schemas: Americans and Mexicans. *Journal of Cross-Cultural Psychology, 43*, 233-250.

Ramírez-Esparza, N., Gosling, S. D., & Pennebaker, J. W. (2008). Paradox lost: Unraveling the puzzle of Simpatía. *Journal of Cross- Cultural Psychology, 39*, 703-715.

Rand, D. G., Newman, G. E., & Wurzbacher, O. M. (2015). Social context and the dynamics of cooperative choice. *Journal of Behavioral Decision Making, 28*, 159-166.

Randall, J. G., Zimmer, C. U., O'Brien, K. R., Trump-Steele, R. C. E., Villado, A. J., & Hebl, M. R. (2017). Weight discrimination in helping behavior. *European Review of Applied Psychology, 67*, 125-137.

Randall, J. G., Zimmer, C. U., O'Brien, K. R., Trump-Steele, R. C. E., Villado, A. J., & Hebl, M. R. (2017). Weight discrimination in helping behavior. *European Review of Applied Psychology/Revue Européenne de Psychologie Appliquée, 67*, 125-137.

Ranson, M. (2014). Crime, weather, and climate change. *Journal of Environmental Economics and Management, 67*, 274-302.

Rasmussen, K. (2016). Entitled vengeance: A meta-analysis relating narcissism to provoked aggression. *Aggressive Behavior, 42*, 362-379.

Ratliff, K. (2019, August 4). Personal communication.

Rattan, A., & Ambady, N. (2013). Diversity ideologies and intergroup relations: An examination of colorblindness and multiculturalism. *European Journal of Social Psychology, 43*, 12-21.

Rattan, A., & Dweck, C. S. (2018). What happens after prejudice is confronted in the workplace? How mindsets affect minorities' and women's outlook on future social relations. *Journal of Applied Psychology, 103*, 676-687.

Rattan, A., & Georgeac, O. (2017). Mindsets about malleability and intergroup relations. In C. M. Zedelius, B. C. N. Müller, & J. W. Schooler (Eds.), *The science of lay theories: How beliefs shape our cognition, behavior, and health* (pp. 127-156). Cham: Springer International.

Rauxloh, R. (2012). *Plea bargaining in national and international law.* London: Routledge.

Ray, E., & Heyes, C. (2011). Imitation in infancy: The wealth of the stimulus. *Developmental Science, 14*, 92-105.

Ray, O. (2004). How the mind hurts and heals the body. *American Psychologist, 59*, 29-40.

Redlich, A. D., Bibas, S., Edkins, V. A., & Madon, S. (2017). The psychology of defendant plea decision making. *American Psychologist, 72*, 339-352.

Redlich, A. D., Summers, A., & Hoover, S. (2010). Self-reported false confessions and false guilty pleas among offenders with mental illness. *Law and Human Behavior, 34*, 70-90.

Reeder, G. D. (1993). Trait-behavior relations and dispositional inference. *Personality and Social Psychology Bulletin, 19*, 586-593.

Reeder, G. D., & Brewer, M. B. (1979). A schematic model of dispositional attribution in interpersonal perception. *Psychological Review, 86*, 61-79.

Regan, D. T. (1971). Effects of a favor and liking on compliance. *Journal of Experimental Social Psychology, 7*, 627-639.

Regan, D. T., & Kilduff, M. (1988). Optimism about elections: Dissonance reduction at the ballot box. *Political Psychology, 9*, 101-107.

Regan, P. (2011). *Close relationships.* New York: Routledge.

Regan, P. C., & Berscheid, E. (1997). Gender differences in characteristics desired in a potential sexual and marriage partner. *Journal of Psychology and Human Sexuality, 9*, 25-37.

Regan, P. C., & Berscheid, E. (1999). *Lust: What we know about human sexual desire.* Thousand Oaks, CA: Sage.

Regan, P. C., Kocan, E. R., & Whitlock, T. (1998). Ain't love grand! A prototype analysis of the concept of romantic love. *Journal of Social and Personal Relationships, 15*, 411-420.

Reicher, S. D., & Haslam, S. A. (2006). Rethinking the psychology of tyranny: The BBC prison study. *British Journal of Social Psychology, 45*, 1-40.

Reicher, S. D., Haslam, S. A., & Miller, A. G. (2014). What makes a person a perpetrator? The intellectual, moral, and methodological arguments for revisiting Milgram's research on the influence of authority. *Journal of Social Issues, 70*, 393-408.

Reicher, S. D., Haslam, S. A., & Smith, J. R. (2012). Working towards the experimenter: Reconceptualizing obedience within the Milgram paradigm as identification-based followership. *Perspectives on Psychological Science, 7*, 315-324.

Reifman, A. S., Larrick, R. P., & Fein, S. (1991). Temper and temperature on the diamond: The heat-aggression relationship in major-league baseball. *Personality and Social Psychology Bulletin, 17*, 580-585.

Reifman, A., Klein, J. G., & Murphy, S. T. (1989). Self-monitoring and age. *Psychology and Aging, 4*, 245-246.

Reinders Folmer, C. P., Wildschut, T., De Cremer, D., and van Lange, P. A. M. (2019). Coping with noise in social dilemmas: Group representatives fare worse than individuals because they lack trust in others' benign intentions. *Group Processes and Intergroup Relations, 22*, 200-214.

Reinhard, M.-A., Greifeneder, R., & Scharmach, M. (2013). Unconscious processes improve lie detection. *Journal of Personality and Social Psychology, 105*, 721-739.

Reinhard, M.-A., Messner, M., & Sporer, S. L. (2006). Explicit persuasive intent and its impact on success at persuasion: The determining roles of attractiveness and likeableness. *Journal of Consumer Psychology, 16*, 249-259.

Reis, H. T., Maniaci, M. R., Caprariello, P. A., Eastwick, P. W., & Finkel, E. J. (2011). Familiarity does indeed promote attraction in live interaction. *Journal of Personality and Social Psychology, 101,* 557-570.

Reisenzein, R. (1983). The Schachter theory of emotion: Two decades later. *Psychological Bulletin, 94,* 239-264.

Reiss, D., & Marino, L. (2001). Mirror self-recognition in the bottlenose dolphin: A case of cognitive convergence. *Proceedings of the National Academy of the Sciences, 98,* 5937-5942.

Remley, A. (1988, October). The great parental value shift: From obedience to independence. *Psychology Today,* pp. 56-59.

Rendell, L., & Whitehead, H. (2001). Culture in whales and dolphins. *Behavioral and Brain Sciences, 24,* 309-382.

Renteln, A. D. (2004). *The cultural defense.* New York: Oxford University Press.

Reyniers, D., & Bhalla, R. (2013). Reluctant altruism and peer pressure in charitable giving. *Judgment and Decision Making, 8,* 7-15.

Reznikova, T. N., et al. (2015). Functional activity of brain structures and predisposition to aggression in patients with lingering diseases of the CNS. *Human Physiology, 41,* 27-33.

Rhatigan, D. L., & Axsom, D. K. (2006). Using the investment model to understand battered women's commitment to abusive relationships. *Journal of Family Violence, 21,* 153-162.

Rhee, E., Uleman, J. S., Lee, H. K., & Roman, R. J. (1995). Spontaneous self-descriptions and ethnic identities in individualistic and collectivistic cultures. *Journal of Personality and Social Psychology, 69,* 142-152.

Rhode, D. L. (2010). *The beauty bias: The injustice of appearance.* New York: Oxford University Press.

Rhodes, G. (2006). The evolutionary psychology of facial beauty. *Annual Review of Psychology, 57,* 199-226.

Rhodes, G., Simmons, L. W., & Peters, M. (2005). Attractiveness and sexual behavior: Does attractiveness enhance mating success? *Evolution and Human Behavior, 26,* 186-201.

Rhodes, G., Sumich, A., & Byatt, G. (1999). Are average facial configurations attractive only because of their symmetry? *Psychological Science, 10,* 52-58.

Rhodes, G., Zebrowitz, L. A., Clark, A., Kalick, S. M., Hightower, A., & McKay, R. (2001). Do facial averageness and symmetry signal health? *Evolution and Human Behavior, 22,* 31-46.

Rhodes, M. G., & Anastasi, J. S. (2012). The own-age bias in face recognition: A meta-analytic and theoretical review. *Psychological Bulletin, 138,* 146-174.

Rhodes, N., & Wood, W. (1992). Self-esteem and intelligence affect influenceability: The mediating role of message reception. Psychological *Bulletin, 111,* 156-171.

Rhodewalt, F., & Agustsdottir, S. (1986). Effects of self-presentation on the phenomenal self. *Journal of Personality and Social Psychology, 50,* 47-55.

Rholes, W. S., & Simpson, J. A. (Eds.). (2004). *Adult attachment: Theory, research, and clinical implications.* New York: Guilford Press.

Rich, A., Brandes, K., Mullan, B., & Hagger, M. S. (2015). Theory of planned behavior and adherence in chronic illness: A meta- analysis. *Journal of Behavioral Medicine, 38,* 673-688.

Richardson, M. J., Marsh, K. L., & Schmidt, R. C. (2005). Effects of visual and verbal interaction on unintentional interpersonal coordination. *Journal of Experimental Psychology: Human Perception and Performance, 31,* 62-79.

Richman, S. B., Slotter, E. B., Gardner, W. L., & DeWall, C. N. (2015). Reaching out by changing what's within: Social exclusion increases self-concept malleability. *Journal of Experimental Social Psychology, 57,* 64-77.

Riddle, T., & Sinclair, S. (2019). Racial disparities in school-based disciplinary actions are associated with county-level rates of racial bias. *Proceedings of the National Academy of Sciences of the United States of America, 116,* 8255-8260.

Rieger, G., Chivers, M. L., & Bailey, J. M. (2005). Sexual arousal patterns of bisexual men. *Psychological Science, 16,* 579-584.

Rieger, G., Linsenmeier, J. A. W., Gygax, L., & Bailey, J. M. (2008). Sexual orientation and childhood gender nonconformity: Evidence from home videos. *Developmental Psychology, 44,* 46-58.

Riek, B. M., Mania, E. W., & Gaertner, S. L. (2013). Reverse subtyping: The effects of prejudice level on the subtyping of counterstereotypic outgroup members. *Basic and Applied Social Psychology, 35,* 409-417.

Riek, B. M., Mania, E. W., Gaertner, S. L., McDonald, S. A., & Lamoreaux, M. J. (2010). Does a common ingroup identity reduce intergroup threat? *Group Processes & Intergroup Relations, 13,* 403-423.

Riemer, H., Shavitt, S., Koo, M., & Markus, H. (2014). Preferences don't have to be personal: Expanding attitude theorizing with a cross-cultural perspective. *Psychological Review, 121,* 619-648.

Rijnbout, J. S., & McKimmie, B. M. (2012). Deviance in group decision-making: Group-member centrality alleviates negative consequences for the group. *European Journal of Social Psychology, 42,* 915-923.

Rima, D., Gulnar, Z., Batyrbek, S., Orynbassar, T., & Beaver, K. M. (2019). Examining the association between personal victimization in adolescence and intimate partner victimization in adulthood. *International Journal of Offender Therapy and Comparative Criminology, 63,* 2171-2193.

Rind, B., & Strohmetz, D. B. (2001). Effect on restaurant tipping of a helpful message written on the back of customers' checks. *Journal of Applied Social Psychology, 31,* 1379-1384.

Ringelmann, M. (1913). Recherches sur les moteurs animés: Travail de l'homme. *Annales de l'Institut National Agronomique,* 2e série, tom XII, 1-40.

Riniolo, T. C., Johnson, K. C., Sherman, T. R., & Misso, J. A. (2006). Hot or not: Do professors perceived as physically attractive receive higher student evaluations? *Journal of General Psychology, 133,* 19-35.

Rivera, L. A. (2012). Hiring as cultural matching: The case of elite professional service firms. *American Sociological Review, 77,* 999-1022.

Roach, M. (2008). *Bonk: The curious coupling of science and sex.* New York: Norton.

Robbins, J. M., Ford, M. T., & Tetrick, L. E. (2012). Perceived unfairness and employee health: A meta-analytic integration. *Journal of Applied Psychology, 97,* 235-272.

Roberson, Q. M. (2019). Diversity in the workplace: A review, synthesis, and future research agenda. *Annual Review of Organizational Psychology and Organizational Behavior, 6,* 69-88.

Roberts, M. H., Klatzkin, R. R., & Mechlin, B. (2015). Social support attenuates physiological stress responses and experimental pain sensitivity to cold pressor pain. *Annals of Behavioral Medicine, 49,* 557-569.

Robins, R. W., Mendelsohn, G. A., Connell, J. B., & Kwan, V. S. Y. (2004). Do people agree about the causes of behavior? A social relations analysis of behavior ratings and causal attributions. *Journal of Personality and Social Psychology, 86,* 334-344.

Rochat, F., & Blass, T. (2014). Milgram's unpublished obedience variation and its historical relevance. *Journal of Social Issues, 70,* 456-472.

Rocklage, M. D., Rucker, D. D., & Nordgren, L. F. (2018). Persuasion, emotion, and language: The intent to persuade transforms language via emotionality. *Psychological Science, 29,* 749-760.

Rockloff, M. J., Greer, N., & Evans, L. G. (2012). The effect of mere presence on electronic gaming machine gambling. *Journal of Gambling Issues, 27,* 1-14.

Rodgers, K. B., & Hust, S. J. T. (2018). Sexual objectification in music videos and acceptance of potentially offensive sexual behaviors. *Psychology of Popular Media Culture, 7,* 413-428.

Rodin, J. (1986). Aging and health: Effects of the sense of control. *Science, 233,* 1271-1276.

Rodriguez Mosquera, P. M., Fischer, A. H., & Manstead, A. S. R. (2004). Inside the heart of emotion. On culture and relational concerns. In L. Z. Tiedens & C. W. Leach (Eds.), *The social life of emotions* (pp. 187-202). Cambridge: Cambridge University Press.

Rodríguez-Arauz, G., Ramírez-Esparza, N., García-Sierra, A., Ikizer, E. G., & Fernández-Gómez, M. J. (2019). You go before me, please: Behavioral politeness and interdependent self as markers of Simpatía in Latinas. *Cultural Diversity and Ethnic Minority Psychology, 25,* 379-387.

Rodriguez-Seijas, C., Eaton, N. R., & Pachankis, J. E. (2019). Prevalence of psychiatric disorders at the intersection of race and sexual orientation: Results from the National Epidemiologic Survey of Alcohol and Related Conditions-III. *Journal of Consulting and Clinical Psychology, 87,* 321-331.

Roese, N. J. (1997). Counterfactual thinking. *Psychological Bulletin, 121,* 133-148.

Roese, N. J., & Jamieson, D. W. (1993). Twenty years of bogus pipeline research: A critical review and meta-analysis. *Psychological Bulletin, 114,* 363-375.

Roese, N. J., & Summerville, A. (2005). What we regret most ... and why. *Personality and Social Psychology Bulletin, 31,* 1273-1285.

Roethlisberger, F. J., & Dickson, W. J. (1939). *Management and the worker.* Cambridge, MA: Harvard University Press.

Rofé, Y. (1984). Stress and affiliation: A utility theory. *Psychological Review, 91,* 235-250.

Rogers, M., Miller, N., Mayer, F. S., & Duval, S. (1982). Personal responsibility and salience of the request for help: Determinants of the relation between negative affect and helping behavior. Journal *of Personality and Social Psychology, 43,* 956-970.

Rogers, R. W. (1983). Cognitive and psychological processes in fear appeals and attitude change: A revised theory of protection motivation. In J. Cacioppo & R. Petty (Eds.), *Social psychophysiology: A sourcebook* (pp. 153-176). New York: Guilford Press.

Rogers, R. W., & Mewborn, R. C. (1976). Fear appeals and attitude change: Effects of a threat's noxiousness, probability of occurrence, and the efficacy of coping responses. *Journal of Personality and Social Psychology, 34,* 54-61.

Rogers, T., Goldstein, N. J., & Fox, C. R. (2018). Social mobilization. *Annual Review of Psychology, 69,* 357-381.

Rohrer, J. H., Baron, S. H., Hoffman, E. L., & Swander, D. V. (1954). The stability of autokinetic judgments. *Journal of Abnormal and Social Psychology, 49,* 595-597.

Rook, K. S. (1987). Reciprocity of social exchange and social satisfaction among older women. *Journal of Personality and Social Psychology, 52,* 145-154.

Rosenbaum, M. E. (1986). The repulsion hypothesis: On the nondevelopment of relationships. *Journal of Personality and Social Psychology, 51,* 1156-1166.

Rosenberg, B. D., & Siegel, J. T. (2018). A 50-year review of psychological reactance theory: Do not read this article. *Motivation Science, 4,* 281-300.

Rosenberg, S., Nelson, C., & Vivekananthan, P. S. (1968). A multidimensional approach to the structure of personality impressions. *Journal of Personality and Social Psychology, 9,* 283-294.

Rosenbloom, T., Shahr, A., Perlman, A., Estreich, D., & Kirzner, E. (2007). Success on a practical driver's license test with and without the presence of another testee. *Accident Analysis and Prevention, 39,* 1296-1301.

Rosener, J. B. (1995). *America's competitive secret: Utilizing women as a management strategy.* New York: Oxford University Press.

Rosenfeld, M. J. (2014). Couple longevity in the era of same-sex marriage in the United States. *Journal of Marriage and Family, 76,* 905-918.

Rosenfeld, M., Thomas, R. J., & Hausen, S. (2019). Disintermediating your friends: How online dating in the United States displaces other ways of meeting. *Proceedings of the National Academy of Sciences,* in press.

Rosenman, R. H., Brand, R. J., Jenkins, C. D., Friedman, M., Strau, R., & Wurm, M. (1975). Coronary heart disease in the Western Collaborative Group Study: Final follow-up experience of 8 1/2 years. *Journal of the American Medical Association, 233,* 872-877.

Rosenthal, A. M., Sylva, D., Safron, A., & Bailey, M. J. (2012). The male bisexuality debate revisited: Some bisexual men have bisexual arousal patterns. *Archives of Sexual Behavior, 41,* 135-147.

Rosenthal, L., & Levy, S. R. (2013). Thinking about mutual influences and connections across cultures relates to more positive intergroup attitudes: An examination of polyculturalism. *Social and Personality Psychology Compass, 7,* 547-558.

Rosenthal, L., & Levy, S. R. (2016). Endorsement of polyculturalism predicts increased positive intergroup contact and friendship across the beginning of college. *Journal of Social Issues, 72,* 472-488.

Rosenthal, L., & Lobel, M. (2019). Gendered racism and the sexual and reproductive health of Black and Latina women. *Ethnicity and Health,* in press.

Rosenthal, L., Deosaran, A., Young, D., & Starks, T. J. (2019). Relationship stigma and well-being among adults in interracial and same-sex relationships. *Journal of Social and Personal Relationships,* in press.

Rosenthal, L., Earnshaw, V. A., Carroll-Scott, A., Henderson, K. E., Peters, S. M., McCaslin, C., et al. (2015). Weight- and race-based bullying: Health associations among urban adolescents. *Journal of Health Psychology, 20,* 401-412.

Rosenthal, R. (1976). *Experimenter effects in behavioral research.* New York: Irvington.

Rosenthal, R. (1985). From unconscious experimenter bias to teacher expectancy effects. In J. B. Dusek, V. C. Hall, & W. J. Meyer (Eds.), *Teacher expectancies* (pp. 37-65). Hillsdale, NJ: Erlbaum.

Rosenthal, R. (2002). Covert communication in classrooms, clinics, courtrooms, and cubicles. *American Psychologist, 57,* 839-849.

Rosenthal, R., & Jacobson, L. (1968). *Pygmalion in the classroom: Teacher expectation and pupils' intellectual development.* New York: Holt, Rinehart and Winston.

Rosette, A. S., Mueller, J. S., & Lebel, R. D. (2015). Are male leaders penalized for seeking help? The influence of gender and asking behaviors on competence perceptions. *The Leadership Quarterly, 26,* 749-762.

Rosnow, R. L., & Rosenthal, R. (1993). *Beginning behavioral research: A conceptual primer.* New York: Macmillan.

Ross, E. A. (1908). *Social psychology: An outline and source book.* New York: Macmillan.

Ross, L. (1977). The intuitive psychologist and his shortcomings: Distortions in the attribution process. In L. Berkowitz (Ed.), *Advances in experimental social psychology* (Vol. 10, pp. 174-221). New York: Academic Press.

Ross, L. (2018). From the fundamental attribution error to the truly fundamental attribution error and beyond: My research journey. *Perspectives on Psychological Science, 13,* 750-769.

Ross, L., Amabile, T. M., & Steinmetz, J. L. (1977). Social roles, social control, and biases in social-perception processes. *Journal of Personality and Social Psychology, 35,* 485-494.

Ross, L., Bierbrauer, G., & Hoffman, S. (1976). The role of attribution processes in conformity and dissent. *American Psychologist, 31,* 148-157.

Ross, L., Greene, D., & House, P. (1977). The false consensus phenomenon: An attributional bias in self-perception and social- perception processes. *Journal of Experimental Social Psychology, 13,* 279-301.

Rosse, J. G., Miller, J. L., & Stecher, M. D. (1994). A field study of job applicants' reactions to personality and cognitive ability testing. *Journal of Applied Psychology, 79,* 987-992.

Roth, P. L., Huffcutt, A. I., & Bobko, P. (2003). Ethnic group differences in measures of job performance: A new meta-analysis. *Journal of Applied Psychology, 88,* 694-706.

Rothbaum, F., & Tsang, B. Y. (1998). Lovesongs in the United States and China: On the nature of romantic love. *Journal of Cross- Cultural Psychology, 29,* 306-319.

Roulin, N., & Bangerter, A. (2013). Social networking websites in personnel selection: A signaling perspective on recruiters' and applicants' perceptions. *Journal of Personnel Psychology, 12,* 143-151.

Roulin, N., & Krings, F. (2019). Faking to fit in: Applicants' response strategies to match organizational culture. *Journal of Applied Psychology, in press.*

Roulin, N., & Levashina, J. (2019). LinkedIn as a new selection method: Psychometric properties and assessment approach. *Personnel Psychology, 72,* 187-211.

Roulin, N., Bangerter, A., & Levashina, J. (2015). Honest and deceptive impression management in the employment interview: Can it be detected and how does it impact evaluations? *Personnel Psychology, 68,* 395-444.

Routledge, C. Arndt, J., Wildschut, T., Sedikides, C., Hart, C. M., Juhl, J., et al. (2011). The past makes the present meaningful: Nostalgia as an existential resource. *Journal of Personality and Social Psychology, 101,* 638-652.

Routledge, C., & Vess, M. (2019). *Handbook of terror management theory.* San Diego, CA: Elsevier Academic Press.

Routledge, C., & Vess, M. (Eds.). (2019). *Handbook of terror management theory.* London: Academic Press.

Rowatt, W. C., Cunningham, M. R., & Druen, P. B. (1999). Lying to get a date: The effect of facial physical attractiveness on the willingness to deceive prospective dating partners. *Journal of Social and Personal Relationships, 16,* 209-223.

Rozin, P., & Fallon, A. E. (1987). A perspective on disgust. *Psychological Review, 94,* 23-41.

Rozin, P., & Royzman, E. B. (2001). Negativity bias, negativity dominance, and contagion. *Personality and Social Psychology Review, 5,* 296-320.

Różycka-Tran, J. (2017). Love thy neighbor? The effects of religious in/out-group identity on social behavior. *Personality and Individual Differences, 115,* 7-12.

Rubenowitz, S., Norrgren, F., & Tannenbaum, A. S. (1983). Some social psychological effects of direct and indirect participation in ten Swedish companies. *Organization Studies, 4,* 243-259.

Rubin, D. C. (Ed.). (1996). *Remembering our past: Studies in autobiographical memory.* New York: Cambridge University Press.

Rubin, Z. (1973). *Liking and loving.* New York: Holt, Rinehart and Winston.

Rubonis, A. Y, & Bickman, L. (1991). Psychological impairment in the wake of disaster: The disaster-psychopathology relationship. *Psychological Bulletin, 109,* 384-399.

Rudman, L. A., & Mescher, K. (2012). Of animals and objects: Men's implicit dehumanization of women and likelihood of sexual aggression. *Personality and Social Psychology Bulletin, 38,* 734-746.

Rudman, L. A., Fetterolf, J. C., & Sanchez, D. T. (2013). What motivates the sexual double standard? More support for male versus female control theory. *Personality and Social Psychology Bulletin, 39,* 250-263.

Rudman, L. A., Mescher, K., & Moss-Racusin, C. A. (2013). Reactions to gender egalitarian men: Perceived feminization due to stigma- by-association. *Group Processes & Intergroup Relations, 16,* 572-599.

Rudman, L. A., Moss-Racusin, C. A., Phelan, J. E., & Nauts, S. (2012). Status incongruity and backlash effects: Defending the gender hierarchy motivates prejudice against female leaders. *Journal of Experimental Social Psychology, 48,* 165-179.

Ruffle, B. J., & Sosis, R. (2006). Cooperation and the in-group-out- group bias: A field test on Israeli kibbutz members and city residents. *Journal of Economic Behavior and Organization, 60,* 147-163.

Rusbult, C. E., & Buunk, B. P. (1993). Commitment processes in close relationships: An interdependence analysis. *Journal of Social and Personal Relationships, 10,* 175-204.

Rusbult, C. E., Agnew, C. R., & Arriaga, X. B. (2012). The investment model of commitment processes. In P. Van Lange, A. Kruglanski, & E. T. Higgins (Eds.), *Handbook of theories of social psychology* (Vol. 2, pp. 218-231). Thousand Oaks, CA: Sage.

Rusbult, C. E., Martz, J. M., & Agnew, C. R. (1998). The investment model scale: Measuring commitment level, satisfaction level, quality of alternatives, and investment size. *Personal Relationships, 5,* 357-391.

Russano, M. B., Meissner, C. A., Narchet, F. M., & Kassin, S. M. (2005). Investigating true and false confessions within a novel experimental paradigm. *Psychological Science, 16,* 481-486.

Russell, E., Koren, G., Rieder, M., & Van Uum, S. (2012). Hair cortisol as a biological marker of chronic stress: Current status, future directions and unanswered questions. *Psychoneuroendocrinology, 37,* 589-601.

Ruth, N. (2017). "Heal the world": A field experiment on the effects of music with prosocial lyrics on prosocial behavior. *Psychology of Music, 45,* 298-304.

Ruth, N. (2019). "If you wanna make the world a better place": Factors influencing the effects of songs with prosocial lyrics. *Psychology of Music, 47,* 568-584.

Ruva, C. L., & Guenther, C. C. (2015). From the shadows into the light: How pretrial publicity and deliberation affect mock jurors' decisions, impressions, and memory. *Law and Human Behavior, 39,* 294-310.

Ruva, C. L., & LeVasseur, M. A. (2012). Behind closed doors: The effect of pretrial publicity on jury deliberations. *Psychology, Crime & Law, 18*, 431-452.

Ryall, J. (2014, November 4). Head of Japanese police anti-groping unit arrested for allegedly molesting girl. *South China Morning Post*, p. A10.

Ryall, J. (2015, April 21). Japanese police deploy stickers to combat gropers. *The Telegraph*. http://www.telegraph.co.uk/news/worldnews/asia/japan/11551598/Japanese-police-deploy-stickers-to-combat-gropers.html.

Ryall, J. (2018, October 27). Japanese "chikan" perverts use Apple's AirDrop to sexually harass women. *South China Morning Post*. http://www.scmp.com/week-asia/society/article/2170343/japanese-chikan-perverts-use-apples-air-drop-sexually-harass- women.

Ryan, D. A., Singh, M. R., Hentschke, E. A., & Bullock, H. E. (2018). "Minding the gap": Social psychological insights for strengthening interclass relations and advancing economic justice. *Translational Issues in Psychological Science, 4*, 187-197.

Rynes, S. L., & Connerly, M. L. (1993). Applicant reactions to alternative selection procedures. *Journal of Business and Psychology, 4*, 261-277.

Ryzin, M. J., & Roseth, C. J. (2019). Effects of cooperative learning on peer relations, empathy, and bullying in middle school. *Aggressive Behavior, 45*, 643-651.

Saad, G. (2007). *The evolutionary bases of consumption*. Mahwah, NJ: Erlbaum.

Sacco, A. M., de Paula Couto, M. C. P., Dunham, Y., Santana, J. P., Nunes, L. N., & Koller, S. H. (2019). Race attitudes in cultural context: The view from two Brazilian states. *Developmental Psychology, 55*, 1299-1312.

Sachdeva, S., Iliev, R., & Medin, D. L. (2009). Sinning saints and saintly sinners. *Psychological Science, 20*, 523-528.

Sackett, P. R., & DuBois, C. L. Z. (1991). Rater-ratee race effects on performance evaluation: Challenging meta-analytic conclusions. *Journal of Applied Psychology, 76*, 873-877.

Sackett, P. R., & Schmitt, N. (2012). On reconciling conflicting meta-analytic findings regarding integrity test validity. *Journal of Applied Psychology, 97*, 550-556.

Sackett, P. R., Borneman, M. J., & Connelly, B. S. (2008). High- stakes testing in higher education and employment: Appraising the evidence for validity and fairness. *American Psychologist, 63*, 215-227.

Sackett, P. R., Shewach, O. R., & Keiser, H. N. (2017). Assessment centers versus cognitive ability tests: Challenging the conventional wisdom on criterion-related validity. *Journal of Applied Psychology, 102*, 1435-1447.

Sacks, O. (1985). *The man who mistook his wife for a hat*. New York: Summit.

Sagar, H. A., & Schofield, J. W. (1980). Racial and behavioral cues in black and white children's perceptions of ambiguously aggressive acts. *Journal of Personality and Social Psychology, 39*, 590-598.

Sagarin, B. J. (2005). Reconsidering evolved sex differences in jealousy: Comment on Harris (2003). *Personality and Social Psychology Review, 9*, 62-75.

Sahin, M. (2012). An investigation into the efficiency of empathy training program on preventing bullying in primary schools. *Children and Youth Services Review, 34*, 1325-1330.

Saks, M. J. (1974). Ignorance of science is no excuse. *Trial, 10*, 18-20.

Saks, M. J., & Marti, M. W. (1997). A meta-analysis of the effects of jury size. *Law and Human Behavior, 21*, 451-468.

Salgado, J. F. (1997). The five factor model of personality and job performance in the European community. *Journal of Applied Psychology, 82*, 30-43.

Salovey, P. (1992). Mood-induced focus of attention. *Journal of Personality and Social Psychology, 62*, 699-707.

Salovey, P., Mayer, J. D., & Rosenhan, D. L. (1991). Mood and helping: Mood as a motivator of helping and helping as a regulator of mood. In M. S. Clark (Ed.), *Prosocial behavior* (Vol. 12, pp. 215-237). Newbury Park, CA: Sage.

Samara, M., Foody, M., Göbel, K., Altawil, M., & Scheithauer, H. (2019). Do cross-national and ethnic group bullying comparisons represent reality? Testing instruments for structural equivalence and structural isomorphism. *Frontiers in Psychology, 10*, Article 1621.

Sampson, E. E. (2000). Reinterpreting individualism and collectivism: Their religious roots and monologic versus dialogic person-other relationship. *American Psychologist, 55*, 1425-1432.

Samuelson, H. L., Levine, B. R., Barth, S. E., Wessel, J. L., & Grand, J. A. (2019). Exploring women's leadership labyrinth: Effects of hiring and developmental opportunities on gender stratification. *The Leadership Quarterly*, in press.

Samuni, L., Preis, A., Mielke, A., Deschner, T., Wittig, R. M., & Crockford, C. (2018). Social bonds facilitate cooperative resource sharing in wild chimpanzees. *Proceedings of the Royal Society of London. Series B, Biological Sciences, 285*, Article 20181643.

San Martin, A., Schug, J., & Maddux, W. W. (2019). Relational mobility and cultural differences in analytic and holistic thinking. *Journal of Personality and Social Psychology, 116*, 495.

Sanchez, C., & Dunning, D. (2018). Overconfidence among beginners: Is a little learning a dangerous thing? *Journal of Personality and Social Psychology, 114*, 10-28.

Sanchez, D. T., & Chavez, G. (2010). Are you minority enough? Language ability affects targets' and perceivers' assessments of a candidate's appropriateness for affirmative action. *Basic and Applied Social Psychology, 32*, 99-107.

Sanchez, D. T., Young, D. M., & Pauker, K. (2015). Exposure to racial ambiguity influences lay theories of race. *Social Psychological and Personality Science, 6*, 382-390.

Sanchez, J. I., & De La Torre, P. (1996). A second look at the relationship between rating and behavioral accuracy in performance appraisal. *Journal of Applied Psychology, 81*, 3-10.

Sanchez-Burks, J., Nisbett, R. E., & Ybarra, O. (2000). Relational schemas, cultural styles, and prejudice against outgroups. *Journal of Personality and Social Psychology, 79*, 174-189.

Sanders, G. S. (1981). Driven by distraction: An integrative review of social facilitation theory and research. *Journal of Experimental Social Psychology, 17*, 227-251.

Sanderson, C. A., & Evans, S. M. (2001). Seeing one's partner through intimacy-colored glasses: An examination of the processes underlying the intimacy goals-relationship satisfaction link. *Personality and Social Psychology Bulletin, 27*, 463-473.

Sandstrom, G. M., Schmader, T., Croft, A., & Kwok, N. (2019). A social identity threat perspective on being the target of generosity from a higher status other. *Journal of Experimental Social Psychology, 82*, 98-114.

Sandstrom, K. L. Martin, D. D., & Fine, G. A. (2009). *Symbols, selves, and social reality*. New York: Oxford University Press.

Sanford, E. M., Burt, E. R., & Meyers-Manor, J. E. (2018). Timmy's in the well: Empathy and prosocial helping in dogs. *Learning & Behavior, 46*, 374-386

Santos, A. S., Ferreira, A. I., & Costa Ferreira, P. (2019). The impact of cyberloafing and physical exercise on performance: A quasi- experimental study on the consonant and dissonant effects of breaks at work. *Cognition, Technology & Work*, in press.

Santos, M. D., Leve, C., & Pratkanis, A. R. (1994). Hey buddy, can you spare seventeen cents? Mindful persuasion and the pique technique. *Journal of Applied Social Psychology, 24,* 755-764.

Sapolsky, R. M. (1994). *Why zebras don't get ulcers: A guide to stress, diseases, and coping.* New York: Freeman.

Sapolsky, R. M. (2004). *Why zebras don't get ulcers* (3rd ed.). New York: Owl Books.

Sarafino, E. P., & Smith, T. W. (2017). *Health psychology: Biopsychosocial interactions* (9th ed.). New York: Wiley.

Sarat, A. (Ed.). (2005). *Dissent in dangerous times.* Ann Arbor: University of Michigan Press.

Sargent, M. J., & Bradfield, A. L. (2004). Race and information processing in criminal trials: Does the defendant's race affect how the facts are evaluated? *Personality and Social Psychology Bulletin, 30,* 995-1008.

Sarkar, U., Ali, S., & Whooley, M. A. (2009). Self-efficacy as a marker of cardiac function and predictor of heart failure hospitalization and mortality in patients with stable coronary heart disease: Findings from the Heart and Soul Study. *Health Psychology, 28,* 166-173.

Sarnoff, I., & Zimbardo, P. (1961). Anxiety, fear, and social affiliation. *Journal of Abnormal and Social Psychology, 62,* 356-363.

Saroglou, V. (2014). *Religion, personality, and social behavior.* New York: Psychology Press.

Sartori, G., Agosta, S., Zogmaister, C., Ferrara, S. D., & Castiello, U. (2008). How to accurately assess autobiographical events. *Psychological Science, 19,* 772-780.

Saucier, D. A., Miller, C. T., & Doucet, N. (2005). Differences in helping whites and blacks: A meta-analysis. *Personality and Social Psychology Review, 9,* 2-16.

Saunders, B. J. (2019). Physical "discipline," child abuse, and children's rights. In I. Bryce, Y. Robinson, & W. Petherick (Eds.), *Child abuse and neglect: Forensic issues in evidence, impact, and management* (pp. 225-240). San Diego, CA: Elsevier Academic Press.

Savani, K., & Markus, H. R. (2012). A processing advantage associated with analytic perceptual tendencies: European Americans outperform Asians on multiple object tracking. *Journal of Experimental Social Psychology, 48,* 766-769.

Savani, K., Markus, H. R., & Conner, A. L. (2008). Let your preference be your guide? Preferences and choices are more tightly linked for North Americans than for Indians. *Journal of Personality and Social Psychology, 95,* 861-76.

Savin, H. B. (1973). Professors and psychological researchers: Conflicting values in conflicting roles. *Cognition, 2,* 147-149.

Savitsky, K., Epley, N., & Gilovich, T. (2001). Do others judge us as harshly as we think? Overestimating the impact of our failures, shortcomings, and mishaps. *Journal of Personality and Social Psychology, 81,* 44-56.

Savitsky, K., Gilovich, T., Berger, G., & Medvec, V. H. (2003). Is our absence as conspicuous as we think? Overestimating the salience and impact of one's absence from a group. *Journal of Experimental Social Psychology, 39,* 386-392.

Sawaoka, T., & Monin, B. (2018). The paradox of viral outrage. *Psychological Science, 29,* 1665-1678.

Sawyer, A. M., & Borduin, C. M. (2011). Effects of multisystemic therapy through midlife: A 21.9-year follow-up to a randomized clinical trial with serious and violent juvenile offenders. *Journal of Consulting and Clinical Psychology, 79,* 643-652.

Sbarra, D. A., & Nietert, P. J. (2009). Divorce and death: Forty years of the Charleston Heart Study. *Psychological Science, 20,* 107-113.

Sbarra, D. A., Hasselmo, K., & Bourassa, K. J. (2015). Divorce and health: Beyond individual differences. *Current Directions in Psychological Science, 24,* 109-113.

Sbarra, D. A., Law, R. W., & Portley, R. M. (2011). Divorce and death: A meta-analysis and research agenda for clinical, social, and health psychology. *Perspectives on Psychological Science, 6,* 454-474.

Schachter, S. (1951). Deviation, rejection, and communication. *Journal of Abnormal and Social Psychology, 46,* 190-207.

Schachter, S. (1959). *The psychology of affiliation: Experimental studies of the sources of gregariousness.* Stanford, CA: Stanford University Press.

Schachter, S. (1964). The interaction of cognitive and physiological determinants of emotional state. In L. Berkowitz (Ed.), *Advances in experimental social psychology* (Vol. 1, pp. 49-80). New York: Academic Press.

Schachter, S., & Singer, J. (1962). Cognitive, social, and physiological determinants of the emotional state. *Psychological Review, 69,* 379-399.

Schachter, S., & Singer, J. (1979). Comments on the Maslach and Marshall-Zimbardo experiments. *Journal of Personality and Social Psychology, 37,* 989-995.

Schachter, S., Hood, D., Gerin, W., Andreasson, P. B., & Rennert, M. (1985). Some causes and consequences of dependence and independence in the stock market. *Journal of Economic Behavior and Organization, 6,* 339-357.

Schachter, S., Ouellette, R., Whittle, B., & Gerin, W. (1987). Effects of trends and of profit or loss on the tendency to sell stock. *Basic and Applied Social Psychology, 8,* 259-271.

Schacter, H. L., & Juvonen, J. (2015). The effects of school-level victimization on self-blame: Evidence for contextualized social cognitions. *Developmental Psychology, 51,* 841-847.

Scheier, M. F., & Carver, C. S. (1983). Two sides of the self: One for you and one for me. In J. Suls & A. G. Greenwald (Eds.), *Psychological perspectives on the self* (Vol. 2, pp. 123-157). Hillsdale, NJ: Erlbaum.

Scheier, M. F., & Carver, C. S. (1985). Optimism, coping, and health: Assessment and implications of generalized outcome expectancies. *Health Psychology, 4,* 219-247.

Scheier, M. F., & Carver, C. S. (2014). Dispositional optimism. *Trends in Cognitive Sciences, 18,* 293-299.

Schein, S. S., Trujillo, L. T., & Langlois, J. H. (2017). Attractiveness bias: A cognitive explanation. *Behavioral and Brain Sciences, 40,* Article ID e43.

Schellhaas, F. M. H., & Dovidio, J. F. (2016). Improving intergroup relations. *Current Opinion in Psychology, 11,* 10-14.

Scher, S. J., & Cooper, J. (1989). Motivational basis of dissonance: The singular role of behavioral consequences. *Journal of Personality and Social Psychology, 56,* 899-906.

Scherer, A. M., Windschitl, P. D., & Graham, J. (2015). An ideological house of mirrors: Political stereotypes as exaggerations of motivated social cognition differences. *Social Psychological and Personality Science, 6,* 201-209.

Scherr, K. C., & Madon, S. (2013). "Go ahead and sign": An experimental examination of Miranda waivers and comprehension. *Law and Human Behavior, 37,* 208-218.

Scherr, K. C., Miller, J. C., & Kassin, S. M. (2014). "Midnight Confession": The effect of chronotype asynchrony on admissions of wrongdoing. *Basic and Applied Social Psychology, 36,* 321-328.

Schiavone, S. R., & Gervais, W. M. (2017). Atheists. *Social and Personality Psychology Compass, 11,* 1-13.

Schimmack, U., Oishi, S., & Diener, E. (2005). Individualism: A valid and important dimension of cultural differences between nations. *Personality and Social Psychology Review, 9,* 17-31.

Schino, G. (2007). Grooming and agonistic support: A meta-analysis of primate reciprocal altruism. *Behavioral Ecology, 18,* 115-120.

Schlenger, W. E., et al. (2002). Psychological reactions to terrorist attacks: Findings from the National Study of Americans' Reactions to September 11. *Journal of the American Medical Association, 288,* 581-588.

Schlenker, B. R. (1982). Translating actions into attitudes: An identity-analytic approach to the explanation of social conduct. In L. Berkowitz (Ed.), *Advances in experimental social psychology* (Vol. 15, pp. 193-247). New York: Academic Press.

Schlenker, B. R. (2003). Self-presentation. In M. R. Leary & J. P. Tangney (Eds.), *Handbook of self and identity* (pp. 492-518). New York: Guilford Press.

Schlenker, B. R., Weigold, M. F., & Hallam, J. R. (1990). Self-serving attributions in social context: Effects of self-esteem and social pressure. *Journal of Personality and Social Psychology, 58,* 855-863.

Schmader, T., Hall, W., & Croft, A. (2015). Stereotype threat in intergroup relations. In M. Mikulincer, P. R. Shaver, E. Borgida, & J. A. Bargh (Eds.), *APA handbook of personality and social psychology: Vol. 2. Group processes* (pp. 447-471). Washington, DC: American Psychological Association.

Schmeichel, B. J., & Vohs, K. (2009). Self-affirmation and self-control: Affirming core values counteracts ego depletion. *Journal of Personality and Social Psychology, 96,* 770-782.

Schmidt, F. L. (2002). The role of general cognitive ability and job performance: Why there cannot be a debate. *Human Performance, 15,* 187-210.

Schmidt, F. L., & Rader, M. (1999). Exploring the boundary conditions for interview validity: Meta-analytic validity findings for a new interview type. *Personnel Psychology, 52,* 445-464.

Schmitt, D. P. (2003). Universal sex differences in the desire for sexual variety: Tests from 52 nations, 6 continents, and 13 islands. *Journal of Personality and Social Psychology, 85,* 85-104.

Schmitt, M. T., Branscombe, N. R., Postmes, T., & Garcia, A. (2014). The consequences of perceived discrimination for psychological well-being: A meta-analytic review. *Psychological Bulletin, 140,* 921-948.

Schmitt, N. (Ed.). (2012). *The Oxford handbook of personnel assessment and selection.* New York: Oxford University Press.

Schmitt, N., & Oswald, F. L. (2006). The impact of corrections for faking on the validity of noncognitive measures in selection settings. *Journal of Applied Psychology, 91,* 613-621.

Schneider, D. J. (1973). Implicit personality theory: A review. *Psychological Bulletin, 79,* 294-309.

Schneider, M. C., & Bos, A. L. (2014). Measuring stereotypes of female politicians. *Political Psychology, 35,* 245-266.

Schneider, S. G., Taylor, S. E., Hammen, C., Kemeny, M. E., & Dudley, J. (1991). Factors influencing suicide intent in gay and bisexual suicide ideators: Differing models for men with and without human immunodeficiency virus. *Journal of Personality and Social Psychology, 61,* 776-778.

Schneider, T. J., Goffin, R. D., & Daljeet, K. N. (2015). "Give us your social networking site passwords": Implications for personnel selection and personality. *Personality and Individual Differences, 73,* 78-83.

Schneiderman, R. M. (2008, October 30). Do Americans still hate welfare? *New York Times.* https://economix.blogs.nytimes.com/2008/10/30/do-americans-still-hate-welfare/.

Schnierle, J., Christian-Brathwaite, N., & Louisias, M. (2019). Implicit bias: What every pediatrician should know about the effect of bias on health and future directions. *Current Problems in Pediatric and Health Care, 49,* 34-44.

Schönenberg, M., & Jusyte, A. (2014). Investigation of the hostile attribution bias toward ambiguous facial cues in antisocial violent offenders. *European Archives of Psychiatry and Clinical Neuroscience, 264,* 61-69.

Schoorman, F. D. (1988). Escalation bias in performance appraisals: An unintended consequence of supervisor participation in hiring decisions. *Journal of Applied Psychology, 73,* 58-62.

Schroeder, J., Kardas, M., & Epley, N. (2017). The humanizing voice: Speech reveals, and text conceals, a more thoughtful mind in the midst of disagreement. *Psychological Science, 28,* 1745-1762.

Schroeder, J., Risen, J. L., Gino, F., & Norton, M. I. (2019). Handshaking promotes deal-making by signaling cooperative intent. *Journal of Personality and Social Psychology, 16,* 743-768.

Schuldt, J. P., Konrath, S. H., & Schwarz, N. (2011). "Global warming" or "climate change"? Whether the planet is warming depends on question wording. *Public Opinion Quarterly, 75,* 115-124.

Schuldt, J. P., Roh, S., & Schwarz, N. (2015). Questionnaire design effects in climate change surveys: Implications for the partisan divide. *Annals of the American Academy of Political and Social Science, 658,* 67-85.

Schulman, J., Shaver, P., Colman, R., Emrick, B., & Christie, R. (1973, May). Recipe for a jury. *Psychology Today,* pp. 37-44, 77, 79-84.

Schultz, B., Ketrow, S. M., & Urban, D. M. (1995). Improving decision quality in the small group: The role of the reminder. *Small Group Research, 26,* 521-541.

Schulz, R. (1976). Effects of control and predictability on the physical and psychological well-being of the institutionalized aged. *Journal of Personality and Social Psychology, 33,* 563-573.

Schumann, K., Zaki, J., & Dweck, C. S. (2014). Addressing the empathy deficit: Beliefs about the malleability of empathy predict effortful responses when empathy is challenging. *Journal of Personality and Social Psychology, 107,* 475-493.

Schuster, M. A., Stein, B. D., Jaycox, L. H., Collins, R. L., Marshall, G. N., Elliott, M. N., et al. (2001). A national survey of stress reactions after the September 11, 2001, terrorist attacks. *New England Journal of Medicine, 345,* 1507-1512.

Schützwohl, A. (2004). Which infidelity type makes you more jealous? Decision strategies in a forced-choice between sexual and emotional infidelity. *Evolutionary Psychology, 2,* 121-128.

Schwartz, C. E., Wright, C. I., Shin, L. M., Kagan, J., & Rauch, S. L. (2003). Inhibited and uninhibited infants "grow up": Adult amygdalar response to novelty. *Science, 300,* 1952-1953.

Schwartz, R. L., Fremouw, W., Schenk, A., & Ragatz, L. L. (2012). Psychological profile of male and female animal abusers. *Journal of Interpersonal Violence, 27,* 846-861.

Schwartz, S. H., & Gottlieb, A. (1980). Bystander anonymity and reaction to emergencies. *Journal of Personality and Social Psychology, 39,* 418-430.

Schwarz, N. (1990). Feelings as information: Information and motivational functions as affective states. In E. T. Higgins et al. (Eds.), *Handbook of motivation and cognition: Foundations of social behavior* (Vol. 2, pp. 527-561). New York: Guilford Press.

Schwarz, N., Bless, H., & Bohner, G. (1991). Mood and persuasion: Affective states influence the processing of persuasive communications. In M. P. Zanna (Ed.), *Advances in experimental social psychology* (Vol. 24, pp. 161-199). New York: Academic Press.

Schwarz, N., Oyserman, D., & Peytcheva, E. (2010). Cognition, communication, and culture: Implications for the survey response process. In J. Harkness et al. (Eds.), *Survey methods in multinational, multiregional and multicultural contexts* (pp. 177-190). New York: Wiley.

Schwarzwald, J., Raz, M., & Zvibel, M. (1979). The applicability of the door-in-the-face technique when established behavioral customs exist. *Journal of Applied Social Psychology, 9*, 576-586.

Schweinfurth, M. K., Aeschbacher, J., Santi, M., & Taborsky, M. (2019). Male Norway rats cooperate according to direct but not generalized reciprocity rules. *Animal Behaviour, 152*, 93-101.

Schwinger, M., Wirthwein, L., Lemmer, G., & Steinmayr, R. (2014). Academic self-handicapping and achievement: A meta-analysis. *Journal of Educational Psychology, 106*, 744-761.

Science Daily (2008, December 9). Why do people make "a mountain out of a molehill?" Aggression, status, and sex. https://www.sciencedaily.com/releases/2008/12/081208140156.htm.

Scullen, S. E., Mount, M., & Goff, M. (2000). Understanding the latent structure of job performance ratings. *Journal of Applied Psychology, 85*, 956-970.

Seabrook, R. C., Ward, L. M., & Giaccardi, S. (2019). Less than human? Media use, objectification of women, and men's acceptance of sexual aggression. *Psychology of Violence, 9*, 536-545.

Sears, G. J., Zhang, H., Wiesner, W. H., Hackett, R. D., & Yuan, Y. (2013). A comparative assessment of videoconference and face-to-face employment interviews. *Management Decision, 51*, 1733-1752.

Sebag-Montefiore, C. (2015, June 15). Rise of the ripped: With bodies sculpted to look like comic-book heroes, today's muscle men create an impossible template for masculinity. *Aeon*. http://aeon.co/magazine/culture/why-has-buff-become-best-for-men.

Sechrist, G. B., & Milford, L. R. (2007). The influence of social consensus information on intergroup helping behavior. *Basic and Applied Social Psychology, 29*, 365-374.

Sedgewick, J. R., Flath, M. E., & Elias, L. J. (2017). Presenting your best self(ie): The influence of gender on vertical orientation of selfies on Tinder. *Frontiers in Psychology, 8*, Article ID 604.

Sedikides, C. (1992). Attentional effects on mood are moderated by chronic self-conception valence. *Personality and Social Psychology Bulletin, 18*, 580-584.

Sedikides, C., & Anderson, C. A. (1994). Causal perceptions of intertrait relations: The glue that holds person types together. *Personality and Social Psychology Bulletin, 20*, 294-302.

Sedikides, C., & Gregg, A. P. (2008). Self-enhancement: Food for thought. *Perspectives on Psychological Science, 3*, 102-116.

Sedikides, C., & Jackson, J. M. (1990). Social impact theory: A field test of source strength, source immediacy and number of targets. *Basic and Applied Social Psychology, 11*, 273-281.

Sedikides, C., & Spencer, S. J. (Eds.). (2007). *The self*. New York: Psychology Press.

Sedikides, C., Gaertner, L., & Toguchi, Y. (2003). Pancultural self-enhancement. *Journal of Personality and Social Psychology, 84*, 60-79.

Sedikides, C., Gaertner, L., & Vevea, J. L. (2005). Pancultural self-enhancement reloaded: A meta-analytic reply to Heine (2005). *Journal of Personality and Social Psychology, 89*, 539-551.

Seeman, T. E., Dubin, L. F., & Seeman, M. (2003). Religiosity/spirituality and health: A critical review of the evidence for biological pathways. *American Psychologist, 58*, 53-63.

Sege, R. D., & Siegel, B. S. (2018). Effective discipline to raise healthy children. *Pediatrics, 142*, Article e20183112.

Segerstrom, S. C. (2006a). *Breaking Murphy's law: How optimists get what they want from life and pessimists can too*. New York: Guilford Press.

Segerstrom, S. C. (2006b). How does optimism suppress immunity? Evaluation of three affective pathways. *Health Psychology, 25*, 653-657.

Segerstrom, S. C. (Ed.). (2012). *The Oxford handbook of psychoneuroimmunology*. New York: Oxford University Press.

Segerstrom, S. C., & Miller, G. E. (2004). Psychological stress and the human immune system: A meta-analytic study of 30 years of inquiry. *Psychological Bulletin, 130*, 601-630.

Segerstrom, S. C., Taylor, S. E., Kemeny, M. E., & Fahey, J. L. (1998). Optimism is associated with mood, coping, and immune change in response to stress. *Journal of Personality and Social Psychology, 74*, 1646-1655.

Seidman, G., & Miller, O. S. (2013). Effects of gender and physical attractiveness on visual attention to Facebook profiles. *Cyberpsychology, Behavior, and Social Networking, 16*, 20-24. Seih, Y.-T., Buhrmester, M. D., Lin, Y.-C., Huang, C.-L., & Swann, W. B., Jr. (2013). Do people want to be flattered or understood? The cross-cultural universality of self-verification. *Journal of Experimental Social Psychology, 49*, 169-172.

Sekaquaptewa, D., & Thompson, M. (2003). Solo status, stereotype threat, and performance expectancies: Their effects on women's performance. *Journal of Experimental Social Psychology, 39*, 68-74.

Sekaquaptewa, D., Espinoza, P., Thompson, M., Vargas, P., & von Hippel, W. (2003). Stereotypic explanatory bias: Implicit stereotyping as a predictor of discrimination. *Journal of Experimental Social Psychology, 39*, 75-82.

Sela, Y., Shackelford, T. K., Pham, M. N., & Zeigler-Hill, V. (2015). Women's mate retention behaviors, personality traits, and fellatio. *Personality and Individual Differences, 85*, 187-191.

Seligman, M. E. P. (1975). *On depression, development, and death*. San Francisco: Freeman.

Seligman, M. E. P. (1991). *Learned optimism*. New York: Knopf. Seligman, M. E. P. (2011). *Flourish*. New York: Free Press.

Seligman, M. E. P., Allen, A. R., Vie, L. L., Ho, T. E., Scheier, L. M., Cornum, R., et al. (2019). PTSD: Catastrophizing in combat as risk and protection. *Clinical Psychological Science, 7*, 516-529.

Seligman, M., & Csikszentmihalyi, M. (2000). Positive psychology: An introduction. *American Psychologist, 55*, 5-14.

Sellaro, R., Derks, B., Nitsche, M. A., Hommel, B., van den Wildenberg, W. P., van Dam, K., et al. (2015). Reducing prejudice through brain stimulation. *Brain Stimulation, 8*, 891-897.

Sellier, A.-L., Scopelliti, I., & Morewedge, C. K. (2019). Debiasing training improves decision making in the field. *Psychological Science*, in press.

Selterman, D. (2019). Altruistic punishment in the classroom: An update on the tragedy of the commons extra credit question. *Teaching of Psychology, 46,* 153-157.

Selterman, D. F., Apetroaia, A. I., Riela, S., & Aron, A. (2014). Dreaming of you: Behavior and emotion in dreams of significant others predict subsequent relational behavior. *Social Psychological and Personality Science, 5,* 111-118.

Selterman, D., Apetroaia, A., & Waters, E. (2012). Script-like attachment representations in dreams containing current romantic partners. *Attachment and Human Development, 14,* 501-515.

Seltzer, R. (2006). Scientific jury selection: Does it work? *Journal of Applied Social Psychology, 36,* 2417-2435.

Selye, H. (1936). A syndrome produced by diverse nocuous agents. *Nature, 138,* 32.

Senju, A., & Johnson, M. (2009). The eye contact effect: Mechanisms and development. *Trends in Cognitive Sciences, 13,* 127-134.

Sergeant, M. J. T., Dickins, T. E., Davies, M. N. O., & Griffiths, M. D. (2006). Aggression, empathy and sexual orientation in males. *Personality and Individual Differences, 40,* 475-486.

Seto, M. C., Marc, A., & Barbaree, H. E. (2001). The role of pornography in the etiology of sexual aggression. *Aggression and Violent Behavior, 6,* 35-53.

Shackelford, T. K., & Larsen, R. J. (1999). Facial attractiveness and physical health. *Evolution and Human Behavior, 20,* 71-76.

Shackelford, T. K., Voracek, M., Schmitt, D. P., Buss, D. M., Weekes-Shackelford, V. A., & Michalski, R. L. (2004). Romantic jealousy in early adulthood and later life. *Human Nature, 15,* 283-300.

Shackelford, T. K., Weekes-Shackelford, V. A., & Schmitt, D. P. (2005). An evolutionary perspective on why some men refuse or reduce their child support payments. *Basic and Applied Social Psychology, 27,* 297-306.

Shalvi, S., Gino, F., Barkan, R., & Ayal, S. (2015). Self-serving justifications: Doing wrong and feeling moral. *Current Directions in Psychological Science, 24,* 125-130.

Shane, S., & Goel, V. (2017, September 6). Fake Russian Facebook accounts bought $100,000 in political ads. *New York Times.* https://www.nytimes.com/2017/09/06/technology/facebook- russian-political-ads.html.

Shank, D. B., Kashima, Y., Peters, K., Li, Y., Robins, G., & Kirley, M. (2019). Norm talk and human cooperation: Can we talk ourselves into cooperation? *Journal of Personality and Social Psychology, 117,* 99-123.

Shariff, A. F., & Norenzayan, A. (2007). God is watching you: Priming God concepts increases prosocial behavior in an anonymous economic game. *Psychological Science, 18,* 803-809.

Sharp, E. A., & Ganong, L. (2011). "I'm a loser, I'm not married, let's just all look at me": Ever-single women's perceptions of their social environment. *Journal of Family Issues, 32,* 956-980.

Shaver, K. G. (1970). Defensive attribution: Effects of severity and relevance on the responsibility assigned for an accident. *Journal of Personality and Social Psychology, 14,* 101-113.

Shaw, J. S., III. (1996). Increases in eyewitness confidence resulting from postevent questioning. *Journal of Experimental Psychology: Applied, 2,* 126-146.

Shaw, J., & Porter, S. (2015). Constructing rich false memories of committing crime. *Psychological Science, 26,* 291-301.

Sheehan, K. B. (2018). Crowdsourcing research: Data collection with Amazon's Mechanical Turk. *Communication Monographs, 85,* 140-156.

Shefrin, H. (2006). *Greed and fear: Understanding behavioral finance and the psychology of investing.* New York: Oxford University Press.

Shefrin, H. M., & Statman, M. (1985). The disposition to sell winners too early and ride losers too long: theory and evidence. *Journal of Finance, 40,* 777-790.

Shefrin, H. M., & Statman, M. (1986, February). How not to make money in the stock market. *Psychology Today,* pp. 52-57.

Sheldon, K. M., & Lyubomirsky, S. (2012). The challenge of staying happier: Testing the hedonic adaptation prevention model. *Personality and Social Psychology Bulletin, 38,* 670-680.

Shelton, J. N., & Richeson, J. A. (2015). Interacting across racial lines. In M. Mikulincer, P. R. Shaver, E. Borgida, & J. A. Bargh (Eds.), *APA handbook of personality and social psychology: Vol. 2. Group processes* (pp. 395-422). Washington, DC: American Psychological Association.

Shen, H., Wan, F., & Wyer, R. S. (2011). Cross-cultural differences in the refusal to accept a small gift: The differential influence of reciprocity norms on Asians and North Americans. *Journal of Personality and Social Psychology, 100,* 271-281.

Shepela, S. T., Cook, J., Horlitz, E., Leal, R., Luciano, S., Lutfy, E., et al. (1999). Courageous resistance: A special case of altruism. *Theory and Psychology, 9,* 787-805.

Shepperd, J. A. (1993). Student derogation of the Scholastic Aptitude Test: Biases in perceptions and presentations of college board scores. *Basic and Applied Social Psychology, 14,* 455-473.

Shepperd, J. A., Klein, W. M. P., Waters, E. A., & Weinstein, N. D. (2013). Taking stock of unrealistic optimism. *Perspectives on Psychological Science, 8,* 395-411.

Sherer, M. (2007). Advice and help-seeking intentions among youth in Israel: Ethnic and gender differences. *Journal of Sociology & Social Welfare, 34,* 53-76.

Sherer, M. (2009). The nature and correlates of dating violence among Jewish and Arab youths in Israel. *Journal of Family Violence, 24,* 11-26.

Sherif, M. (1936). *The psychology of social norms.* New York: Harper.

Sherif, M. (1966). *In common predicament: Social psychology of intergroup conflict and cooperation.* Boston: Houghton Mifflin.

Sherif, M., Harvey, L. J., White, B. J., Hood, W. R., & Sherif, C. W. (1961). *The Robbers Cave experiment: Intergroup conflict and cooperation.* Middletown, CT: Wesleyan University Press.

Shewach, O. R., Sackett, P. R., & Quint, S. (2019). Stereotype threat effects in settings with features likely versus unlikely in operational test settings: A meta-analysis. *Journal of Applied Psychology,* in press.

Shih, M. J., Pittinsky, T. L., & Ho, G. C. (2012). Stereotype boost: Positive outcomes from the activation of positive stereotypes. In M. Inzlicht & T. Schmader (Eds.), *Stereotype threat: Theory, process, and application* (pp. 141-156). New York: Oxford University Press.

Shore, T. H., Shore, L. M., & Thornton, G. C., III. (1992). Construct validity of self- and peer evaluations of performance dimensions in an assessment center. *Journal of Applied Psychology, 77,* 42-54.

Shotland, R. L., & Stebbins, C. A. (1980). Bystander response to rape: Can a victim attract help? *Journal of Applied Social Psychology, 10,* 510-527.

Shteynberg, G., Gelfand, M. J., & Kim, K. (2009). Peering into the "magnum mysterium" of culture: The explanatory power of descriptive norms. *Journal of Cross-Cultural Psychology, 40,* 46-69.

Shteynberg, G., Leslie, L. M., Knight, A. P., & Mayer, D. M. (2011). But affirmative action hurts us! Racer elated beliefs shape perceptions of White disadvantage and policy unfairness. *Organizational Behavior and Human Decision Processes, 115,* 1-12.

Shulevitz, J. (2018, November). Alexa, should we trust you? *The Atlantic.* https://www.theatlantic.com/magazine/archive/2018/11/alexa-how-will-you-change-us/570844.

Sidebotham, P., & Heron, J. (2006). Child maltreatment in the "children of the nineties": A cohort study of risk factors. *Child Abuse and Neglect, 30,* 497-522.

Siegler, I. C. (1994). Hostility and risk: Demographic and lifestyle variables. In A. W. Siegman & T. W. Smith (Eds.), *Anger, hostility, and the heart* (pp. 199-214). Hillsdale, NJ: Erlbaum.

Siegman, A. W., & Smith, T. W. (1994). *Anger, hostility, and the heart.* Hillsdale, NJ: Erlbaum.

Siem, B., Lotz-Schmitt, K., & Stürmer, S. (2014). To help or not to help an outgroup member: The role of the target's individual attributes in resolving potential helpers' motivational conflict. *European Journal of Social Psychology, 44,* 297-312.

Siemon, D., Becker, F., Eckardt, L., & Robra-Bissantz, S. (2019). One for all and all for one: Towards a framework for collaboration support systems. *Education and Information Technologies, 24,* 1837-1861.

Silverstein, B., Perdue, L., Peterson, B., & Kelly, E. (1986). The role of the mass media in promoting a thin standard of bodily attractiveness for women. *Sex Roles, 14,* 519-532.

Silvestri, A., Morgan, K., Ridley, A. R. (2019). The association between evidence of a predator threat and responsiveness to alarm calls in Australian magpies (*Cracticus tibicen dorsalis*). *PeerJ, 7,* Article e7572.

Silvia, P. (2006). Reactance and the dynamics of disagreement: Multiple paths from threatened freedom to resistance to persuasion. *European Journal of Social Psychology, 36,* 673-685.

Silvia, P. J., & Duval, T. S. (2001). Objective self-awareness theory: Recent progress and enduring problems. *Personality and Social Psychology Review, 5,* 230-241.

Simon, D. (2012). *In doubt: The psychology of the criminal justice process.* Cambridge, MA: Harvard University Press.

Simon, J. (2014). *Mass incarceration on trial.* New York: New Press.

Simon, S., Shaffer, E., Neel, R., & Shapiro, J. (2019). Exploring blacks' perceptions of whites' racial prejudice as a function of intergroup behavior and motivational mindsets. *Social Psychological and Personality Science, 10,* 575-585.

Simons, L. G., Simons, R. L., & Su, X. (2013). Consequences of corporal punishment among African Americans: The importance of context and outcome. *Journal of Youth and Adolescence, 42,* 1273-1285.

Simons, L., Simons, R. L., Lei, M., & Sutton, T. E. (2012). Exposure to harsh parenting and pornography as explanations for males' sexual coercion and females' sexual victimization. *Violence and Victims, 27,* 378-395.

Simonsohn, U. (2011). Spurious? Name similarity effects (implicit egotism) in marriage, job, and moving decisions. *Journal of Personality and Social Psychology, 101,* 1-24.

Simonson, I., & Staw, B. W. (1992). Deescalation strategies: A comparison of techniques for reducing commitment to losing courses of action. *Journal of Applied Psychology, 77,* 419-426.

Simpson, J. A. (1987). The dissolution of romantic relationships: Factors involved in relationship stability and emotional distress. *Journal of Personality and Social Psychology, 53,* 683-692.

Simpson, J. A., & Campbell, L. (Eds.). (2013). *The Oxford handbook of close relationships.* New York: Oxford University Press.

Simpson, J. A., & Karantzas, G. (2019). Special issue: Attachment in adulthood. *Current Opinion in Psychology, 25,* 1-186.

Simpson, J. A., Campbell, B., & Berscheid, E. (1986). The association between romantic love and marriage: Kephart (1967) twice revisited. *Personality and Social Psychology Bulletin, 12,* 363-372.

Simpson, J. A., Rholes, W. S., & Phillips, D. (1996). Conflicts in close relationships: An attachment perspective. *Journal of Personality and Social Psychology, 71,* 899-914.

Sin, N. L., & Lyubomirsky, S. (2009). Enhancing well-being and alleviating depressive symptoms with positive psychology interventions: A practice-friendly meta-analysis. *Journal of Clinical Psychology, 65,* 467-487.

Sinclair, R. C., Hoffman, C., Mark, M. M., Martin, L. M., & Pickering, T. L. (1994). Construct accessibility and the misattribution of arousal: Schachter and Singer revisited. *Psychological Science, 5,* 15-19.

Singh, D. (1995). Female judgment of male attractiveness and desirability for relationships: Role of waist-to-hip ratio and financial status. *Journal of Personality and Social Psychology, 69,* 1089-1101.

Singh, D., Dixson, B. J., Jessop, T. S., Morgan, B., & Dixson, A. F. (2010). Cross-cultural consensus for waist-hip ratio and women's attractiveness. *Evolution and Human Behavior, 31,* 176-181.

Singh, E. (2009). *Caste system in India: A historical perspective.* New Delhi: Kalpaz Publications.

Sinha, K. (2012, April 25). 57% of boys, 53% of girls think wife beating is justified. *The Times of India.* https://timesofindia.indiatimes.com/india/57-of-boys-53-of-girls-think-wife-beating-is-justified/articleshow/12862006.cms.

Sink, A., & Mastro, D. (2018). Mediated contact with gay men as a predictor of modern homonegativity: An analysis of exposure to characters appearing on television between 2000 and 2015. *Communication Reports, 31,* 78-90.

Sistrunk, F., & McDavid, J. W. (1971). Sex variable in conforming behavior. *Journal of Personality and Social Psychology, 17,* 200-207.

Sittichai, R., & Smith, P. K., (2015). Bullying in South-East Asian countries: A review. *Aggression and Violent Behavior.* http:// dx.doi.org/10.1016/j.avb.2015.06.002.

Skagerberg, E. M. (2007). Co-witness feedback in line-ups. *Applied Cognitive Psychology, 21,* 489-497.

Skarlicki, D. P., & Folger, R. (1997). Retaliation in the workplace: The roles of distributive, procedural, and interactional justice. *Journal of Applied Psychology, 82,* 434-443.

Skinner, E. A. (1996). A guide to constructs of control. *Journal of Personality and Social Psychology, 71,* 549-570.

Skinner, E. A., Edge, K., Altman, J., & Sherwood, H. (2003). Searching for the structure of coping: A review and critique of category systems for classifying ways of coping. *Psychological Bulletin, 129,* 216-269.

Skitka, L. J., Mullen, E., Griffin, T., Hutchinson, S., & Chamberlin, B. (2002). Dispositions, scripts, or motivated correction? Understanding ideological differences in explanations for social problems. *Journal of Personality and Social Psychology, 83,* 470-487.

Sklar, L. S., & Anisman, H. (1981). Stress and cancer. *Psychological Bulletin, 89,* 369-406.

Skowronski, J. J., & Carlston, D. E. (1989). Negativity and extremity biases in impression formation: A review of explanations. *Psychology Bulletin, 105,* 131-142.

Slamecka, N. J., & Graff, P. (1978). The generation effect: Delineation of a phenomenon. *Journal of Experimental Psychology: Human Learning and Memory, 4,* 592-604.

Slater, D. (2013). *Love in the time of algorithms: What technology does to meeting and mating.* New York: Current.

Slawinski, B. L., Klump, K. L., & Burt, S. A. (2019). The etiology of social aggression: A nuclear twin family study. *Psychological Medicine, 49,* 162-169.

Sleesman, D. J., Conlon, D. E., McNamara, G., & Miles, J. E. (2012). Cleaning up the big muddy: A meta-analytic review of the determinants of escalation of commitment. *Academy of Management Journal, 55,* 541-562.

Slepian, M. L., Young, S. G., Rule, N. O., Weisbuch, M., & Ambady, N. (2012). Embodied impression formation: Social judgments and motor cues to approach and avoidance. *Social Cognition, 30,* 232-240.

Sloan, R., Bagiella, E., & Powell, T. (1999). Religion, spirituality, and medicine. *Lancet, 353,* 664-667.

Slovic, P. (2000). *The perception of risk.* London: Earthscan.

Smalarz, L., & Wells, G. L. (2014). Post-identification feedback to eyewitnesses impairs evaluators' abilities to discriminate between accurate and mistaken testimony. *Law and Human Behavior, 38,* 194-202.

Smalarz, L., & Wells, G. L. (2015). Contamination of eyewitness self-reports and the mistaken-identification problem. *Current Directions in Psychological Science, 24,* 120-124.

Smart Richman, L., & Leary, M. R. (2009). Reactions to discrimination, stigmatization, ostracism, and other forms of interpersonal rejection: A multimotive model. *Psychological Review, 116,* 365-383.

Smeaton, G., Byrne, D., & Murnen, S. K. (1989). The repulsion hypothesis revisited: Similarity irrelevance or dissimilarity bias? *Journal of Personality and Social Psychology, 56,* 54-59.

Smidt, K. E., & DeBono, K. G. (2011). On the effects of product name on product evaluation: An individual difference perspective. *Social Influence, 6,* 131-141.

Smith, A., & Williams, K. D. (2004). RU there? Ostracism by cell phone text messages. *Group Dynamics: Theory, Research, and Practice, 8,* 291-301.

Smith, A., Jussim, L., & Eccles, J. (1999). Do self-fulfilling prophecies accumulate, dissipate, or remain stable over time? *Journal of Personality and Social Psychology, 77,* 548-565.

Smith, D. G., Rosenstein, J. E., Nikolov, M. C., & Chaney, D. A. (2018). The power of language: Gender, status, and agency in performance evaluations. *Sex Roles, 80,* 159-171.

Smith, D. L. (2007). *The most dangerous animal: Human nature and the origins of war.* New York: St. Martin's Press.

Smith, E. E. (2013). Social connection makes a better brain. *The Atlantic.* http://www.theatlantic.com/health/archive/2013/10/social-connection-makes-a-better-brain/280934/.

Smith, H. J., & Pettigrew, T. F. (2015). Advances in relative deprivation theory and research. *Social Justice Research, 28,* 1-6.

Smith, M. L., Glass, G. V., & Miller, T. I. (1980). *The benefits of psychotherapy.* Baltimore, MD: Johns Hopkins University Press.

Smith, N. K., Cacioppo, J. T., Larsen, J. T., & Chartrand, T. L. (2003). May I have your attention, please: Electrocortical responses to positive and negative stimuli. *Neuropsychologia, 41,* 171-183.

Smith, P. B. (2019). Changes in reported nation-level prosocial behavior frequencies over 6 years: A test of alternative predictors. *Social Indicators Research, 144,* 1195-1208.

Smith, P. B., & Bond, M. H. (1993). *Social psychology across cultures: Analysis and perspective.* New York: Harvester/Wheatsheaf.

Smith, P. K., López-Castro, L., Robinson, S., & Görzig, A. (2019). Consistency of gender differences in bullying in cross-cultural surveys. *Aggression and Violent Behavior, 45,* 33-40.

Smith, S. D., Stephens, H. F., Repper, K., & Kistner, J. A. (2016). The relationship between anger rumination and aggression in typically developing children and high-risk adolescents. *Journal of Psychopathology and Behavioral Assessment, 38,* 515-527.

Smith, S. S., & Richardson, D. (1983). Amelioration of deception and harm in psychological research: The important role of debriefing. *Journal of Personality and Social Psychology, 44,* 1075-1082.

Smith, S., McIntosh, W., & Bazzini, D. (1999). Are the beautiful good in Hollywood? An investigation of the beauty-and-goodness stereotype on film. *Basic and Applied Social Psychology, 21,* 69-80.

Smith, T. W., Snyder, C. R., & Perkins, S. C. (1983). The self-serving function of hypochondriacal complaints: Physical symptoms as self-handicapping strategies. *Journal of Personality and Social Psychology, 44,* 787-797.

Smith, V. L., & Kassin, S. M. (1993). Effects of the dynamite charge on the deliberations of deadlocked mock juries. *Law and Human Behavior, 17,* 625-643.

Smith-Genthôs, K. R., Reich, D. A., Lakin, J. L., & Casa de Calvo, M. P. (2015). The tongue-tied chameleon: The role of nonconscious mimicry in the behavioral confirmation process. *Journal of Experimental Social Psychology, 56,* 179-182.

Smolak, L., & Thompson, J. K. (Eds.). (2009). *Body image, eating disorders, and obesity in youth: Assessment, prevention, and treatment* (2nd ed.). Washington, DC: American Psychological Association.

Snibbe, A. C., Kitayama, S., Markus, H. R., & Suzuki, T. (2003). They saw a game: A Japanese and American (football) field study. *Journal of Cross-Cultural Psychology, 34,* 581-595.

Snowden, E. (2020). *Permanent record.* New York: Metropolitan Books.

Snyder, C. R., & Higgins, R. L. (1988). Excuses: Their effective role in the negotiation of reality. *Psychological Bulletin, 104,* 23-35.

Snyder, C. R., Higgins, R. L., & Stucky, R. J. (1983). *Excuses: Masquerades in search of grace.* New York: Wiley.

Snyder, C. R., Lassegard, M. A., & Ford, C. E. (1986). Distancing after group success and failure: Basking in reflected glory and cutting off reflected failure. *Journal of Personality and Social Psychology, 51,* 382-388.

Snyder, M. (1974). The self-monitoring of expressive behavior. *Journal of Personality and Social Psychology, 30,* 526-537.

Snyder, M. (1987). *Public appearances/private realities: The psychology of self-monitoring.* New York: Freeman.

Snyder, M. (2013). B 5 f (P, S): Perspectives on persons and situations, from Lewin to Bond and beyond. *Asian Journal of Social Psychology, 16,* 16-18.

Snyder, M., & DeBono, K. (1985). Appeals to image and claims about quality: Understanding the psychology of advertising. *Journal of Personality and Social Psychology, 49,* 586-597.

Snyder, M., & Gangestad, S. (1986). On the nature of self-monitoring: Matters of assessment, matters of validity. *Journal of Personality and Social Psychology, 51,* 125-139.

Snyder, M., & Monson, T. C. (1975). Persons, situations, and the control of social behavior. *Journal of Personality and Social Psychology, 32,* 637-644.

Snyder, M., & Omoto, A. (2008). Volunteerism: Social issues perspectives and social policy implications. *Social Issues and Policy Review, 2,* 1-36.

Snyder, M., & Swann, W. B., Jr. (1978). Behavioral confirmation in social interaction: From social perception to social reality. *Journal of Personality and Social Psychology, 36,* 1202-1212.

Snyder, M., Tanke, E. D., & Berscheid, E. (1977). Social perception and interpersonal behavior: On the self-fulfilling nature of social stereotypes. *Journal of Personality and Social Psychology, 35,* 656-666.

Soll, J. B., & Larrick, R. P. (2009). Strategies for revising judgment: How (and how well) people use others' opinions. *Journal of Experimental Psychology: Learning, Memory, and Cognition, 35,* 780-805.

Solomon, B. C., & Vazire, S. (2014). You are so beautiful . . . to me: Seeing beyond biases and achieving accuracy in romantic relationships. *Journal of Personality and Social Psychology, 107,* 516-528.

Solomon, H. E., & Kurtz-Costes, B. (2018). Media's influence on perceptions of trans women. *Sexuality Research & Social Policy: A Journal of the NSRC, 15,* 34-47.

Solomon, S., Greenberg, J., & Pyszczynski, T. (2015). *The worm at the core: On the role of death in life.* New York: Penguin Random House.

Sommers, S. (2006). On racial diversity and group decision making: Identifying multiple effects of racial composition on jury deliberations. *Journal of Personality and Social Psychology, 90,* 597-612.

Sommers, S. (2011). *Situations matter: Understanding how context transforms your world.* New York: Riverhead Books.

Sommers, S. R., & Ellsworth, P. C. (2001). White juror bias: An investigation of racial prejudice against Black defendants in the American courtroom. *Psychology, Public Policy, and Law, 7,* 201-229.

Sommers, S. R., & Ellsworth, P. C. (2009). "Race salience" in juror decision-making: Misconceptions, clarifications, and unanswered questions. *Behavioral Sciences and the Law, 27,* 599-609.

Sommers, S. R., & Norton, M. I. (2007). Race-based judgments, race-neutral justifications: Experimental examination of peremptory use and the Batson challenge procedure. *Law and Human Behavior, 31,* 261-273.

Sommers, S. R., & Norton, M. I. (2008). Race and jury selection: Psychological perspectives on the peremptory challenge debate. *American Psychologist, 63,* 527-539.

Sommerville, J. A., Enright, E. A., Horton, R. O., Lucca, K., Sitch, M. J., & Kirchner-Adelhart, S. (2018). Infants' prosocial behavior is governed by cost-benefit analyses. *Cognition, 177,* 12-20.

Son Hing, L. S., Bobocel, D. R., & Zanna, M. P. (2002). Meritocracy and opposition to affirmative action: Making concessions in the face of discrimination. *Journal of Personality and Social Psychology, 83,* 493-509.

Song, H., & Schwarz, N. (2009). If it's difficult to pronounce, it must be risky: Fluency, familiarity, and risk perception. *Psychological Science, 20,* 135-138.

Song, H., Vonasch, A. J., Meier, B. P., & Bargh, J. A. (2012). Brighten up: Smiles facilitate perceptual judgment of facial lightness. *Journal of Experimental Social Psychology, 48,* 450-452.

Song, J., & Oh, I. (2018). Factors influencing bystanders' behavioral reactions in cyberbullying situations. *Computers in Human Behavior, 78,* 273-282.

Song, R., Over, H., & Carpenter, M. (2015). Children draw more affiliative pictures following priming with third-party ostracism. *Developmental Psychology, 51,* 831-840.

Sonnentag, S., & Fritz, C. (2015). Recovery from job stress: The stressor-detachment model as an integrative framework. *Journal of Organizational Behavior, 36,* S72-S103.

Sorge, G. B., Skilling, T. A., & Toplak, M. E. (2015). Intelligence, executive functions, and decision making as predictors of antisocial behavior in an adolescent sample of justice-involved youth and a community comparison group. *Journal of Behavioral Decision Making, 28,* 477-490.

Souza, M. G. T. C., Souza, B. C., Roazzi, A., & Silva, E. S. da. (2017). Psychocultural mechanisms of the propensity toward criminal homicide: A multidimensional view of the culture of honor. *Frontiers in Psychology, 8,* Article 1872.

Sparkman, G., & Walton, G. M. (2019). Witnessing change: Dynamic norms help resolve diverse barriers to personal change. *Journal of Experimental Social Psychology, 82,* 238-252.

Spears, R., & Postmes, T. (2015). Group identity, social influence, and collective action online: Extensions and applications of the SIDE model. In S. S. Sundar (Ed.), *The handbook of the psychology of communication technology* (pp. 23-46). New York: Wiley-Blackwell.

Speer, M. E., & Delgado, M. R. (2020). The social value of positive autobiographical memory retrieval. *Journal of Experimental Psychology: General,* in press.

Spencer, S. J., Fein, S., Strahan, E. J., & Zanna, M. P. (2005). The role of motivation in the unconscious: How our motives control the activation of our thoughts and shape our actions. In J. P. Forgas, K. D. Williams, & S. M. Laham (Eds.), *Social motivation: Conscious and unconscious processes* (pp. 113-129). New York: Cambridge University Press.

Spencer, S. J., Fein, S., Wolfe, C. T., Fong, C., & Dunn, M. A. (1998). Automatic activation of stereotypes: The role of self-image threat. *Personality and Social Psychology Bulletin, 24,* 1139-1152.

Spencer, S. J., Logel, C., & Davies, P. G. (2016). Stereotype threat. *Annual Review of Psychology, 67,* 415-437.

Spencer, S. J., Steele, C. M., & Quinn, D. M. (1999). Stereotype threat and women's math performance. *Journal of Experimental Social Psychology, 35,* 4-28.

Spencer-Rodgers, J., Boucher, H. C., Mori, S. C., Wang, L., & Peng, K. (2009). The dialectical self-concept: Contradiction, change, and holism in East Asian cultures. *Personality and Social Psychology Bulletin, 35,* 29-44.

Spencer-Rodgers, J., Williams, M. J., & Peng, K. (2012). Culturally based lay beliefs as a tool for understanding intergroup and intercultural relations. *International Journal of Intercultural Relations, 36,* 169-178.

Spiegel, D. (1993). Social support: How friends, family, and groups can help. In D. Goleman & J. Gurin (Eds.), *Mind body medicine: How to use your mind for better health* (pp. 331-350). Yonkers, NY: Consumer Reports Books.

Spielmann, S. S., MacDonald, G., Maxwell, J. A., Joel, S., Peragine, D., Muise, A., et al. (2013). Settling for less out of fear of being single. *Journal of Personality and Social Psychology, 105,* 1049-1073.

Sporer, S. L., Penrod, S. D., Read, J. D., & Cutler, B. L. (1995). Choosing, confidence, and accuracy: A meta-analysis of the confidence-accuracy relation in eyewitness identification studies. *Psychological Bulletin, 118*, 315-327.

Spradley, J. W., McCurdy, D. W., & Shandy, D. (2015). *Conformity and conflict: Readings in cultural anthropology* (15th ed.). New York: Pearson.

Sprecher, S. (1994). Two sides to the breakup of dating relationships. *Personal Relationships, 1*, 199-222.

Sprecher, S. (1999). "I love you more today than yesterday": Romantic partners' perceptions of changes in love and related affect over time. *Journal of Personality and Social Psychology, 76*, 46-53.

Sprecher, S. (2001). Equity and social exchange in dating couples: Associations with satisfaction, commitment, and stability. *Journal of Marriage and the Family, 63*, 599-613.

Sprecher, S., & Hendrick, S. S. (2004). Self-disclosure in intimate relationships: Associations with individual and relationship characteristics over time. *Journal of Social and Clinical Psychology, 23*, 857-877.

Sprecher, S., & Regan, P. C. (1998). Passionate and companionate love in courting and young married couples. *Sociological Inquiry, 68*, 163-185.

Staats, A. W., & Staats, C. K. (1958). Attitudes established by classical conditioning. *Journal of Abnormal and Social Psychology, 57*, 37-40.

Stack, T. (2014, November 5). EW's "Mean Girls" reunion: The cast looks back on the 2004 hit. *Entertainment Weekly.* http://insidemovies.ew.com/2014/11/05/mean-girls-reunion/

Stahl, G. K., Maznevski, M. L., Voigt, A., & Jonsen, K. (2010). Unraveling the effects of cultural diversity in teams: A meta-analysis of research on multicultural work groups. *Journal of International Business Studies, 4*, 690-709.

Stalans, L. J., & Diamond, S. S. (1990). Formation and change in lay evaluations of criminal sentencing: Misperception and discontent. *Law and Human Behavior, 14*, 199-214.

Stalder, D. R. (2008). Revisiting the issue of safety in numbers: The likelihood of receiving help from a group. *Social Influence, 3*, 24-33.

Stamkou, E., Van Kleef, G. A., & Homan, A. C. (2019). Feeling entitled to rules: Entitled individuals prevent norm violators from rising up the ranks. *Journal of Experimental Social Psychology.* 10.1016/j.jesp.2019.03.001.

Stamkou, E., van Kleef, G. A., Homan, A. C., Gelfand, M. J., van de Vijver, F. J. R., van Egmond, M. C., et al. (2019). Cultural collectivism and tightness moderate responses to norm violators: Effects on power perception, moral emotions, and leader support. *Personality and Social Psychology Bulletin, 45*, 947-964.

Stanton, A. L., Kirk, S. B., Cameron, C. L., & Danoff-Berg, S. (2000). Coping through emotional approach: Scale construction and validation. *Journal of Personality and Social Psychology, 78*, 1150-1169.

Stark, C. E. L., Okado, Y., & Loftus, E. F. (2010). Imaging the reconstruction of true and false memories using sensory reactivation and the misinformation paradigms. *Learning and Memory, 17*, 485-488.

Starr, D. (2013, December 9). The interview. *The New Yorker*, pp.42-49.

Starzyk, K., Fabrigar, L., Soryal, A., & Fanning, J. (2009). A painful reminder: The role of level and salience of attitude importance in cognitive dissonance. *Personality and Social Psychology Bulletin, 35*, 126-137.

Stasser, G. (1992). Pooling of unshared information during group discussions. In S. Worchel, W. Wood, & J. A. Simpson (Eds.), *Group process and productivity* (pp. 48-67). Newbury Park, CA: Sage.

Stasser, G., & Davis, J. H. (1981). Group decision making and social influence: A social interaction sequence model. *Psychological Review, 88*, 523-551.

Stasser, G., & Titus, W. (2003). Hidden profiles: A brief history. Psychological *Inquiry, 14*, 304-313.

Stasser, G., Kerr, N. L., & Bray, R. M. (1982). The social psychology of jury deliberations: Structure, process, and product. In N. Kerr & R. Bray (Eds.), *The psychology of the courtroom* (pp. 221-256). New York: Academic Press.

Stasser, G., Stewart, D. D., & Wittenbaum, G. M. (1995). Expert roles and information exchange during discussion: The importance of knowing who knows what. *Journal of Experimental Social Psychology, 31*, 244-265.

Stauffer, J. M., & Buckley, M. R. (2005). The existence and nature of racial bias in supervisory ratings. *Journal of Applied Psychology, 90*, 586-591.

Staw, B. M. (1997). The escalation of commitment: An update and appraisal. In Z. Shapira (Ed.), *Organizational decision making* (pp. 191-215). New York: Cambridge University Press.

Staw, B. M., & Hoang, H. (1995). Sunk costs in the NBA: Why draft order affects playing time and survival in professional basketball. *Administrative Science Quarterly, 40*, 474-493.

Steblay, N. K., Wells, G. L., & Douglass, A. B. (2014). The eyewitness post identification feedback effect 15 years later: Theoretical and policy implications. *Psychology, Public Policy, and Law, 20*, 1-18.

Steblay, N. M. (1992). A meta-analytic review of the weapon-focus effect. *Law and Human Behavior, 16*, 413-424.

Steblay, N. M. (1997). Social influence in eyewitness recall: A meta-analytic review of lineup instruction effects. *Law and Human Behavior, 21*, 283-297.

Steblay, N., Besirevic, J., Fulero, S., & Jiminez-Lorente, B. (1999). The effects of pretrial publicity on juror verdicts: A meta-analytic review. *Law and Human Behavior, 23*, 219-235.

Steblay, N., Hosch, H. M., Culhane, S. E., & McWethy, A. (2006). The impact on juror verdicts of judicial instruction to disregard inadmissible evidence: A meta-analysis. *Law and Human Behavior, 30*, 469-492.

Steele, C. M. (1988). The psychology of self-affirmation: Sustaining the integrity of the self. In L. Berkowitz (Ed.), *Advances in experimental social psychology* (Vol. 21, pp. 261-302). New York: Academic Press.

Steele, C. M. (1997). A threat in the air: How stereotypes shape intellectual identity and performance. *American Psychologist, 52*, 613-629.

Steele, C. M. (1999). Thin ice: "Stereotype threat" and black college students. *Atlantic Monthly, 284*, 44-47, 50-54.

Steele, C. M., & Aronson, J. (1995). Stereotype vulnerability and the intellectual test performance of African Americans. *Journal of Personality and Social Psychology, 69*, 797-811.

Steele, C. M., & Josephs, R. A. (1990). Alcohol myopia: Its prized and dangerous effects. *American Psychologist, 45*, 921-933.

Steele, C. M., Spencer, S. J., & Lynch, M. (1993). Self-image resilience and dissonance: The role of affirmational resources. *Journal of Personality and Social Psychology, 64*, 885-896.

Stefan, S., & David, D. (2013). Recent developments in the experimental investigation of the illusion of control: A meta-analytic review. *Journal of Applied Social Psychology, 43*, 377-386.

Steidle, A., & Werth, L. (2014). In the spotlight: Brightness increases self-awareness and reflective self-regulation. *Journal of Environmental Psychology, 39*, 40-50.

Steiner, I. D. (1972). *Group process and productivity*. New York: Academic Press.

Stelter, M., & Degner, J. (2018). Investigating the other-race effect in working memory. *British Journal of Psychology, 109*, 777-798.

Stephan, W. G. (1986). The effects of school desegregation: An evaluation 30 years after Brown. In M. J. Saks & L. Saxe (Eds.), *Advances in applied social psychology* (Vol. 3, pp. 181-206). Hillsdale, NJ: Erlbaum.

Stephan, W. G. (2014). Intergroup anxiety: Theory, research, and practice. *Personality and Social Psychology Review, 18*, 239-255.

Stephan, W. G., Renfro, C. L., Esses, V. M., Stephan, C. W., & Martin, T. (2005). The effects of feeling threatened on attitudes toward immigrants. *International Journal of Intercultural Relations, 29*, 1-19.

Stephens, N. M., Markus, H. R., & Phillips, L. T. (2014). Social class culture cycles: How three gateway contexts shape selves and fuel inequality. *Annual Review of Psychology, 65*, 611-634.

Stephens, N. M., Townsend, S. S. M., & Dittmann, A. G. (2019). Social-class disparities in higher education and professional workplaces: The role of cultural mismatch. *Current Directions in Psychological Science, 28*, 67-73.

Sternberg, R. J. (1986). A triangular theory of love. *Psychological Review, 93*, 119-135.

Sternberg, R. J. (1997). *Successful intelligence: How practical and creative intelligence determine success in life*. New York: Plume.

Sternberg, R., & Barnes, M. L. (Eds.). (1986). *The psychology of love*. New Haven, CT: Yale University Press.

Sternglanz, R. W., & DePaulo, B. M. (2004). Reading nonverbal cues to emotions: Advantages and liabilities of relationship closeness. *Journal of Nonverbal Behavior, 28*, 245-266.

Stevens, C. K., & Kristof, A. L. (1995). Making the right impression: A field study of applicant impression management during job interviews. *Journal of Applied Psychology, 80*, 587-606.

Stevens, H. R., Beggs, P. J., Graham, P. L., & Chang, H. C. (2019). Hot and bothered? Associations between temperature and crime in Australia. *International Journal of Biometeorology, 63*, 747-762.

Stewart, A. J., Sokol, M., Healy, J. M., Jr., & Chester, N. L. (1986). Longitudinal studies of psychological consequences of life changes in children and adults. *Journal of Personality and Social Psychology, 50*, 143-151.

Stewart, G. L., Dustin, S. L., Barrick, M. R., & Darnold, T. C. (2008). Exploring the handshake in employment interviews. *Journal of Applied Psychology, 93*, 1139-1146.

Stewart, L. H., Ajina, S., Getov, S., Bahrami, B., Todorov, A., & Rees, G. (2012). Unconscious evaluation of faces on social dimensions. *Journal of Experimental Psychology: General, 141*, 715-727.

Stewart-Williams, S. (2007). Altruism among kin vs. nonkin: Effects of cost of help and reciprocal exchange. *Evolution and Human Behavior, 28*, 193-198.

Stewart-Williams, S. (2008). Human beings as evolved nepotists: Exceptions to the rule and effects of cost of help. *Human Nature, 19*, 414-425.

Steyn, R., & Mynhardt, J. (2008). Factors that influence the forming of self-evaluation and self-efficacy perceptions. *South African Journal of Psychology, 38*, 563-573.

Stine, G. J. (2014). *AIDS update 2014*. New York: McGraw-Hill.

Stinson, D. A., Cameron, J. J., Wood, J. V., Gaucher, G., & Holmes, J. (2009). Deconstructing the "reign of error": Interpersonal warmth explains the self-fulfilling prophecy of anticipated acceptance. *Personality and Social Psychology Bulletin, 35*, 1165-1168.

Stinson, D. A., Logel, C., Shepherd, S., & Zanna. M. P. (2011). Rewriting the self-fulfilling prophecy of social rejection: Self- affirmation improves relational security and social behavior up to 2 months later. *Psychological Science, 22*, 1145-1149.

Stock, M. L., Gibbons, F. X., Beekman, J. B., Williams, K. D., Richman, L. S., & Gerrard, M. (2018). Racial (vs self) affirmation as a protective mechanism against the effects of racial exclusion on negative affect and substance use vulnerability among black young adults. *Journal of Behavioral Medicine, 41*, 195-207.

Stocks, E. L., Lishner, D. A., & Decker, S. K. (2009). Altruism or psychological escape: Why does empathy promote prosocial behavior? *European Journal of Social Psychology, 39*, 649-665.

Stoltzfus, N. (1996). *Resistance of the heart: Intermarriage and the Rosen-strasse protest in Nazi Germany*. New York: Norton.

Stone, A. A., Neale, J. M., Cox, D. S., Napoli, A., Valdimarsdottir, H., & Kennedy-Moore, E. (1994). Daily events are associated with a secretory immune response to an oral antigen in men. *Health Psychology, 13*, 440-446.

Stone, J. (2003). Self-consistency for low self-esteem in dissonance processes: The role of self-standards. *Personality and Social Psychology Bulletin, 29*, 846-858.

Stone, J., Lynch, C. I., Sjomeling, M., & Darley, J. M. (1999). Stereotype threat effects on black and white athletic performance. *Journal of Personality and Social Psychology, 77*, 1213-1227.

Stone, J., Wiegand, A. W., Cooper, J., & Aronson, E. (1997). When exemplification fails: Hypocrisy and the motive for self-integrity. *Journal of Personality and Social Psychology, 72*, 54-65.

Stone, W. F., Lederer, G., & Christie, R. (Eds.). (1993). *Strength and weakness: The authoritarian personality today*. New York: Springer-Verlag.

Stouten, J., van Dijke, M., & De Cremer, D. (2012). Ethical leadership: An overview and future perspectives. *Journal of Personnel Psychology, 11*, 1-6.

Strahan, E. J., Spencer, S. J., & Zanna, M. P. (2002). Subliminal priming and persuasion: Striking while the iron is hot. *Journal of Experimental Social Psychology, 38*, 556-568.

Straub, R. O. (2017). *Health psychology* (5th ed.). New York: Worth Publishing.

Strauman, T. J. (1992). Self-guides, autobiographical memory, and anxiety and dysphoria: Toward a cognitive model of vulnerability to emotional distress. *Journal of Abnormal Psychology, 101*, 87-95.

Straus, M. A. (2010). Criminogenic effects of corporal punishment by parents. In M. Herzog-Evans & I. Dréan-Rivette (Eds.), *Transnational criminology manual* (Vol. 1, pp. 373-390). Amsterdam: Wolf Legal Publishing.

Straus, M. A. (2011). Gender symmetry and mutuality in perpetration of clinical-level partner violence: Empirical evidence and implications for prevention and treatment. *Aggression and Violent Behavior, 16*, 279-288.

Straus, M. A., & Gozjolko, K. L. (2014). "Intimate terrorism" and gender differences in injury of dating partners by male and female university students. *Journal of Family Violence, 29*, 51-65.

Straus, S. G., Parker, A. M., Bruce, J. B., & Dembosky, J. W. (2009). *The group matters: A review of the effects of group interaction on processes and outcomes in analytic teams.* Report WR-580-USG. Arlington, VA: Rand Corporation.

Strawbridge, W. J., Shema, S. J., Cohen, R. D., & Kaplan, G. A. (2001). Religious attendance increases survival by improving and maintaining good health behaviors, mental health, and social relationships. *Annals of Behavioral Medicine, 23*, 68-74.

Strentz, T., & Auerbach, S. M. (1988). Adjustment to the stress of simulated captivity: Effects of emotion-focused versus problem-focused preparation on hostages differing in locus of control. *Journal of Personality and Social Psychology, 55*, 652-660.

Strick, M., van Baaren, R. B., Holland, R. W., & van Knippenberg, (2009). Humor in advertisements enhances product liking by mere association. *Journal of Experimental Psychology: Applied, 15*, 35-45.

Strier, F. (1999). Wither trial consulting: Issues and projections. *Law and Human Behavior, 23*, 93-115.

Strodtbeck, F. L., & Hook, L. (1961). The social dimensions of a twelve-man jury table. *Sociometry, 24*, 397-415.

Strodtbeck, F. L., James, R., & Hawkins, C. (1957). Social status in jury deliberations. *American Sociological Review, 22*, 713-719.

Stroebe, W. (2012). The truth about Triplett (1898), but nobody seems to care. *Perspectives on Psychological Science, 7*, 54-57.

Strohmetz, D. B., Rind, B., Fisher, R., & Lynn, M. (2002). Sweetening the till: The use of candy to increase restaurant tipping. *Journal of Applied Social Psychology, 32*, 300-309.

Strough, J., Mehta, C. M., McFall, J. P., & Schuller, K. L. (2008). Are older adults less subject to the sunk-cost fallacy than younger adults? *Psychological Science, 19*, 650-652.

Strube, M. J. (2005). What did Triplett really find? A contemporary analysis of the first experiment in social psychology. *American Journal of Psychology, 118*, 271-286.

Struck, D. (2006, September 15). Gunman's writings presaged rampage; blog described fascination with death, laid out events that would unfold in Montreal. *Washington Post*, p. A12.

Strupp, H. H. (1996). The tripartite model and the Consumer Reports study. *American Psychologist, 51*, 1017-1024.

Studebaker, C. A., & Penrod, S. D. (1997). Pretrial publicity: The media, the law, and common sense. *Psychology, Public Policy, and Law, 3*, 428-460.

Stukas, A. A., Snyder, M., & Clary, E. G. (2016). Understanding and encouraging volunteerism and community involvement. *Journal of Social Psychology, 156*, 243-255.

Stürmer, S., Snyder, M., & Omoto, A. M. (2005). Prosocial emotions and helping: The moderating role of group membership. *Journal of Personality and Social Psychology, 88*, 532-546.

Stutzer, A. (2004). The role of income aspirations in individual happiness. *Journal of Economic Behavior and Organization, 54*, 89-109.

Sudman, S., Bradburn, N. M., & Schwarz, N. (2010). *Thinking about answers: The application of cognitive processes to survey methodology.* New York: Jossey-Bass.

Sue, S., Smith, R. E., & Caldwell, C. (1973). Effects of inadmissible evidence on the decisions of simulated jurors: A moral dilemma. *Journal of Applied Social Psychology, 3*, 345-353.

Suh, E., Diener, E., & Fujita, F. (1996). Events and subjective well- being: Only recent events matter. *Journal of Personality and Social Psychology, 70*, 1091-1102.

Suhay, E. (2015). Explaining group influence: The role of identity and emotion in political conformity and polarization. *Political Behavior, 37*, 221-251.

Sullivan, D., Landau, M. J., Young, I. F., & Stewart, S. A. (2014). The dramaturgical perspective in relation to self and culture. *Journal of Personality and Social Psychology, 107*, 767-790.

Sullivan, J. (2019). The primacy effect in impression formation: Some replications and extensions. *Social Psychological and Personality Science, 10*, 432-439.

Sullivan, J., Moss-Racusin, C., Lopez, M., & Williams, K. (2018). Backlash against gender stereotype-violating preschool children. *PLoS One*, e0195503.

Suls, J. M., & Wheeler, L. (Eds.). (2000). *Handbook of social comparison: Theory and research.* New York: Plenum.

Sun, J., & Vazire, S. (2019). Do people know what they're like in the moment? *Psychological Science, 30*, 405-414.

Sundie, J. M., Kenrick, D. T., Griskevicius, V., Tybur, J. M., Vohs, K. D., & Beal, D. J. (2011). Peacocks, Porsches, and Thorstein Veblen: Conspicuous consumption as a sexual signaling system. *Journal of Personality and Social Psychology, 100*, 664-680.

Sundstrom, E. (1986). *Work places.* New York: Cambridge University Press.

Sunstein, C. R. (2019). *Conformity: The power of social influences.* New York: New York University Press.

Surowiecki, J. (2005). *The wisdom of crowds.* New York: Anchor Books.

Swaine, J., Laughland, O., & Lartey, J. (2015). Black Americans killed by police twice as likely to be unarmed as white people. http://www.theguardian.com/us-news/2015/jun/01/black-americans-killed-by-police-analysis.

Swami, V., & Furnham, A. (2008). *The psychology of physical attraction.* New York: Routledge/Taylor & Francis.

Swann, W. B. Jr., Jetten, J., Gómez, Á., Whitehouse, H., & Bastian, B. (2012). When group membership gets personal: A theory of identity fusion. *Psychological Review, 119*, 441-456.

Swann, W. B., Jr. (1984). Quest for accuracy in person perception: A matter of pragmatics. *Psychological Review, 91*, 457-477.

Swann, W. B., Jr. (1987). Identity negotiation: Where two roads meet. *Journal of Personality and Social Psychology, 53*, 1038-1051.

Swann, W. B., Jr., & Bosson, J. K. (2010). Self and identity. In S. T. Fiske, D. T. Gilbert, & G. Lindzey (Eds.), *Handbook of social psychology* (5th ed., pp. 589-628). New York: McGraw-Hill.

Swann, W. B., Jr., & Ely, R. J. (1984). A battle of wills: Self-verification versus behavioral confirmation. *Journal of Personality and Social Psychology, 46*, 1287-1302.

Swann, W. B., Jr., & Hill, C. A. (1982). When our identities are mistaken: Reaffirming self-conceptions through social interaction. *Journal of Personality and Social Psychology, 43*, 59-66.

Swann, W. B., Jr., Chang-Schneider, C. S., & McClarty, K. L. (2007). Do our self-views matter? Self-concept and self-esteem in everyday life. *American Psychologist, 62*, 84-94.

Swann, W. B., Jr., Hixon, J. G., & De La Ronde, C. (1992). Embracing the bitter "truth": Negative self-concepts and marital commitment. *Psychological Science, 3*, 118-121.

Swann, W. J., & Buhrmester, M. D. (2015). Identity fusion. *Current Directions in Psychological Science, 24*, 52-57.

Sweldens, S., Corneille, O., & Yzerbyt, V. (2014). The role of awareness in attitude formation through evaluative conditioning. *Personality and Social Psychology Review, 18*, 187-209.

Swim, J. K., & Hyers, L. L. (2009). Sexism. In T. D. Nelson (Ed.), *Handbook of prejudice, stereotyping, and discrimination* (pp. 407-430). New York: Psychology Press.

Swim, J. K., & Sanna, L. J. (1996). He's skilled, she's lucky: A meta-analysis of observers' attributions for women's and men's successes and failures. *Personality and Social Psychology Bulletin, 22*, 507-519. t'Hart, P. (1998). Preventing groupthink revisited: Evaluating and reforming groups in government. *Organizational Behavior and Human Decision Processes, 73*, 306-326.

Tabuchi, H. (2011, May 20). Head of Japanese utility steps down after nuclear crisis. *New York Times.* http://www.nytimes.com/2011/05/21/business/global/21iht-tepco21.html.

Tackett, J. L., Herzhoff, K., Kushner, S. C., & Rule, N. (2016). Thin slices of child personality: Perceptual, situational, and behavioral contributions. *Journal of Personality and Social Psychology, 110*, 150-166.

Tadmor, C. T., Galinsky, A. D., & Maddux, W. W. (2012). Getting the most out of living abroad: Biculturalism and integrative complexity as key drivers of creative and professional success. *Journal of Personality and Social Psychology, 103*, 520-542.

Tadmor, C. T., Hong, Y., Chao, M. M., & Cohen, A. (2018). The tolerance benefits of multicultural experiences depend on the perception of available mental resources. *Journal of Personality and Social Psychology, 115*, 398-426.

Tajfel, H. (1982). Social psychology of intergroup relations. *Annual Review of Psychology, 33*, 1-39.

Tajfel, H., Billig, M. G., Bundy, R. P., & Flament, C. (1971). Social categorization and intergroup behavior. *European Journal of Social Psychology, 1*, 149-178.

Tak, E., Correll, S. J., & Soule, S. A. (2019). Gender inequality in product markets: When and how status beliefs transfer to products. *Social Forces.* https://doi.org/10.1093/sf/soy125.

Talaifar, S., & Swann, W. B., Jr. (2018). Identity fusion: The union of personal and social selves. In P. J. Ivanhoe, O. J. Flanagan, V. S. Harrison, H. Sarkissian, & E. Schwitzgebel (Eds.), *The oneness hypothesis: Beyond the boundary of self* (pp. 340-350). New York: Columbia University Press.

Tamaki, S. (2013). *Hikikomori: Adolescence without end* (J. Angles, Trans.). Minneapolis, MN: University of Minnesota Press.

Tamir, M., Schwartz, S. H., Oishi, S., & Kim, M. Y. (2017). The secret to happiness: Feeling good or feeling right? *Journal of Experimental Psychology: General, 146*(10), 1448-1459.

Tan, H. H., & Tan, M.-L. (2008). Organizational citizenship behavior and social loafing: The role of personality, motives, and contextual factors. *Journal of Psychology: Interdisciplinary and Applied, 142*, 89-108.

Tanford, S., & Penrod, S. (1984). Social influence model: A formal integration of research on majority and minority influence processes. *Psychological Bulletin, 95*, 189-225.

Tang, J-H., & Wang, C-C. (2012). Self-disclosure among bloggers: Re-examination of Social Penetration theory. *Cyberpsychology, Behavior, and Social Networking, 15*, 245-250.

Tang, S., & Hall, V. C. (1995). The overjustification effect: A meta- analysis. *Applied Cognitive Psychology, 9*, 365-404.

Tassinary, L. G., & Cacioppo, J. T. (1992). Unobservable facial actions and emotion. *Psychological Science, 3*, 28-33.

Täuber, S., & van Zomeren, M. (2012). Refusing intergroup help from the morally superior: How one group's moral superiority leads to another group's reluctance to seek their help. *Journal of Experimental Social Psychology, 48*, 420-423.

Tay, C., Ang, S., & Linn, V. (2006). Personality, biographical characteristics, and job interview success: A longitudinal study of the mediating effects of interviewing self-efficacy and the moderating effects of internal locus of causality. *Journal of Applied Psychology, 91*, 446-454.

Taylor, L. S., Fiore, A. T., Mendelsohn, G. A., & Cheshire, C. (2011). "Out of my league": A real-world test of the matching hypothesis. *Personality and Social Psychology Bulletin, 37*, 942-954.

Taylor, S. E. (1989). *Positive illusions: Creative self-deceptions and the healthy mind.* New York: Basic Books.

Taylor, S. E. (1990). Health psychology: The science and the field. *American Psychologist, 45*, 40-50.

Taylor, S. E. (1991). Asymmetrical effects of positive and negative events: The mobilization-minimization hypothesis. *Psychological Bulletin, 110*, 67-85.

Taylor, S. E. (2002). *The tending instinct: Women, men, and the biology of nurturing.* New York: Times Books.

Taylor, S. E. (2012). Tend and befriend theory. In P. Van Lange, A. Kruglanski, & E. T. Higgins (Eds.), *Handbook of theories of social psychology* (Vol. 1, pp. 32-49). Thousand Oaks, CA: Sage.

Taylor, S. E. (2018). *Health psychology* (10th ed.). New York: McGraw-Hill.

Taylor, S. E., & Brown, J. D. (1988). Illusion and well-being: A social psychological perspective on mental health. *Psychological Bulletin, 103*, 193-210.

Taylor, S. E., & Fiske, S. T. (1975). Point of view and perceptions of causality. *Journal of Personality and Social Psychology, 32*, 439-445.

Taylor, S. E., & Lobel, M. (1989). Social comparison activity under threat: Downward evaluation and upward contacts. *Psychological Review, 96*, 569-575.

Taylor, S. E., Lerner, J. S., Sherman, D. K., Sage, R. M., & McDowell, N. K. (2003). Portrait of the self-enhancer: Well adjusted and well liked or maladjusted and friendless? *Journal of Personality and Social Psychology, 84*, 165-176.

Taylor, S. E., Sherman, D. K., Kim, H. S., Jarcho, J., Takgi, K., & Dunagan, M. S. (2004). Culture and social support: Who seeks it and why? *Journal of Personality and Social Psychology, 87*, 354-362.

Taylor, S. E., Welch, W. T., Kim, H. S., & Sherman, D. K. (2007). Cultural differences in the impact of social support on psychological and biological stress responses. *Psychological Science, 18*, 831-837.

Taylor, V., & Walton, G. M. (2011). Stereotype threat undermines academic learning. *Personality and Social Psychology Bulletin, 37*, 1055-1067.

Tchalova, K. & Eisenberger, N. I. (2020). The shared neural substrates of physical and social pain. In K. Williams & S. Nida (Eds.), *The handbook of social exclusion.* New York: Psychology Press, in press.

Technical Working Group for Eyewitness Evidence. (1999). *Eyewitness evidence: A guide for law enforcement.* Washington, DC: U.S. Department of Justice, Office of Justice Programs.

Tedeschi, J. T., Schlenker, B. R., & Bonoma, T. V. (1971). Cognitive dissonance: Private ratiocination or public spectacle? *American Psychologist, 26*, 685-695.

Teger, A. (1980). *Too much invested to quit.* New York: Pergamon Press.

Tejada-Vera, B., & Sutton, P. (2009). *Births, marriages, divorces, and deaths: Provisional data for July 2008*

(National Vital Statistics Reports No. 57). Hyattsville, MD: National Center for Health Statistics.

Ten Velden, F. S., Daughters, K., & De Dreu, C. K. W. (2017). Oxytocin promotes intuitive rather than deliberated cooperation with the in-group. *Hormones and Behavior, 92,* 164-171.

Teng, Z., Liu, Y., & Guo, C. (2015). A meta-analysis of the relationship between self-esteem and aggression among Chinese students. *Aggression and Violent Behavior, 21,* 45-54.

Tepper, B. J. (2001). Health consequences of organizational injustice: Tests of main and interactive effects. *Organizational Behavior and Human Decision Processes, 86,* 197-215.

Tesser, A. (1993). The importance of heritability in psychological research: The case of attitudes. *Psychological Review, 100,* 129-142.

Thaler, R. (1980). Toward a positive theory of consumer choice. Journal *of Economic Behavior and Organization, 1,* 39-60.

Thatcher, S. M. B. (2013). Moving beyond a categorical approach to diversity: The role of demographic faultlines. In Q. M. Roberson (Ed.), *The Oxford handbook of diversity and work.* (pp. 52-70). New York: Oxford University Press.

Thibaut, J. W., & Kelley, H. H. (1959). *The social psychology of groups.* New York: Wiley.

Thibaut, J., & Walker, L. (1975). *Procedural justice: A psychological analysis.* Hillsdale, NJ: Erlbaum.

Thibaut, J., & Walker, L. (1978). A theory of procedure. *California Law Review, 66,* 541-566.

Thomas, D. A., & Gabarro, J. J. (1999). *Breaking through: The making of minority executives in corporate America.* Cambridge, MA: Harvard Business School Press.

Thomas, K. A., & Clifford, S. (2017). Validity and Mechanical Turk: An assessment of exclusion methods and interactive experiments. *Computers in Human Behavior, 77,* 184-197.

Thomas, R. A., & Weston, R. (2019). Exploring the association between hostile attribution bias and intimate partner violence in college students: Romantic relationships and friends with benefits. *Journal of Aggression, Maltreatment & Trauma,* in press.

Thompson, L. (2020a). *The mind and heart of the negotiator* (7th ed.). Upper Saddle River, NJ: Prentice Hall, in press.

Thompson, L. (2020b). Win-win negotiation in a global economy. In N. Pfeffermann (Ed.), *New leadership in strategy and communication.* Cham: Springer, in press.

Thompson, S. C., Sobolew-Shubin, A., Galbraith, M. E., Schwankovsky, L., & Cruzen, D. (1993). Maintaining perceptions of control: Finding perceived control in low-control circumstances. *Journal of Personality and Social Psychology, 64,* 293-304.

Thompson-Cannino, J., & Cotton, R. (2009). *Picking cotton: Our memoir of injustice and redemption.* New York: St. Martin's Press.

Thornton, B. (1992). Repression and its mediating influence on the defensive attribution of responsibility. *Journal of Research in Personality, 26,* 44-57.

Thornton, G. C., & Rupp, D. E. (2006). *Assessment centers in human resource management: Strategies for prediction, diagnosis, and development.* Mahwah, NJ: Erlbaum.

Thürmer, J. L., Wieber, F., & Gollwitzer, P. M. (2015). A self-regulation perspective on hidden-profile problems: If-then planning to review information improves group decisions. *Journal of Behavioral Decision Making, 28,* 101-113.

Thurstone, L. L. (1928). Attitudes can be measured. *American Journal of Sociology, 33,* 529-544.

Tice, D. M. (1991). Esteem protection or enhancement? Self-handicapping motives and attributions differ by trait self-esteem. *Journal of Personality and Social Psychology, 60,* 711-725.

Tice, D. M., & Baumeister, R. F. (1997). Longitudinal study of procrastination, performance, stress, and health: The costs and benefits of dawdling. *Psychological Science, 8,* 454-458.

Tiddi, B., Aureli, F., & Schino, G. (2010). Grooming for infant handling in tufted capuchin monkeys: A reappraisal of the primate infant market. *Animal Behaviour, 79,* 1115-1123.

Tiddi, B., Aureli, F., di Sorrentino, E., Janson, C. H., & Schino, G. (2011). Grooming for tolerance? Two mechanisms of exchange in wild tufted capuchin monkeys. *Behavioral Ecology, 22,* 663-669.

Tidwell, N. D., Eastwick, P. W., & Finkel, E. J. (2013). Perceived, not actual, similarity predicts initial attraction in a live romantic context: Evidence from the speed-dating paradigm. *Personal Relationships, 20,* 199-215.

Tiggemann, M., Churches, O., Mitchell, L., & Brown, Z. (2018). Tweeting weight loss: A comparison of #thinspiration and #fitspiration communities on Twitter. *Body Image, 25,* 133-138.

Tilker, H. A. (1970). Socially responsible behavior as a function of observer responsibility and victim feedback. *Journal of Personality and Social Psychology, 14,* 95-100.

Timmons-Mitchell, J., Bender, M. B., Kishna, M. A., & Mitchell, C. C. (2006). An independent effectiveness trial of multisystemic therapy with juvenile justice youth. *Journal of Clinical Child and Adolescent Psychology, 35,* 227-236.

Titlestad, K., Snijders, T. A. B., Durrheim, K., Quayle, M., & Postmes, T. (2019). The dynamic emergence of cooperative norms in a social dilemma. *Journal of Experimental Social Psychology,* in press.

Tobin, S. J., & Raymundo, M. M. (2009). Persuasion by causal arguments: The motivating role of perceived causal expertise. *Social Cognition, 27,* 105-127.

Todd, A. R., Galinsky, A. D., & Bodenhausen, G. V. (2012). Perspective taking undermines stereotype maintenance processes: Evidence from social memory, behavior explanation, and information solicitation. *Social Cognition, 30,* 94-108.

Todorov, A. (2017). *Face value: The irresistible influence of first impressions.* Princeton, NJ: Princeton University Press.

Todorov, A., Olivola, C. Y., Dotsch, R., & Mende-Siedlecki, P. (2015). Social attributions from faces: Determinants, consequences, accuracy, and functional significance. *Annual Review of Psychology, 66,* 519-545.

Todorov, A., Said, C. P., Engell, A. D., & Oosterhof, N. A. (2008). Understanding evaluation of faces on social dimensions. *Trends in Cognitive Sciences, 12,* 455-460.

Tolin, D. F., & Foa, E. B. (2006). Sex differences in trauma and posttraumatic stress disorder: A quantitative review of 25 years of research. *Psychological Bulletin, 132,* 959-992.

Tolstedt, B. E., & Stokes, J. P. (1984). Self-disclosure, intimacy, and the depenetration process. *Journal of Personality and Social Psychology, 46,* 84-90.

Tomada, G., & Schneider, B. H. (1997). Relational aggression, gender, and peer acceptance: Invariance across culture, stability over time, and concordance among informants. *Developmental Psychology, 33,* 601-609.

Tomasello, M. (2018). The normative turn in early moral development. *Human Development, 61,* 248-263.

Top, T. J. (1991). Sex bias in the evaluation of performance in the scientific, artistic, and literary professions: A review. *Sex Roles, 24,* 73-106.

Toppenberg, H. L., Ruiter, R. A. C., & Bos, A. E. R. (2019). HIV status acknowledgment and stigma reduction in virtual reality: The moderating role of perceivers' attitudes. *Journal of Applied Social Psychology*, in press.

Tor, A., Gazal-Ayal, O., & Garcia, S. M. (2010). Fairness and willingness to accept plea bargain offers. *Journal of Empirical Legal Studies, 7*, 97-116.

Tormala, Z. L., & Petty, R. E. (2002). What doesn't kill me makes me stronger: The effects of resisting persuasion on attitude certainty. *Journal of Personality and Social Psychology, 83*, 1298-1313.

Tornblom, K., & Vermunt, R. (Eds.). (2007). *Distributive and procedural justice: Research and social applications*. Burlington, VT: Ashgate.

Törngren, G., & Montgomery, H. (2004). Worse than chance? Performance and confidence among professionals and laypeople in the stock market. *Journal of Behavioral Finance, 5*, 148-153.

Tourangeau, R., Rips, L. J., & Rasinksi, K. (2000). *The psychology of survey response*. New York: Cambridge University Press.

Tourangeau, R., Smith, T. W., & Rasinski, K. A. (1997). Motivation to report sensitive behaviors on surveys: Evidence from a bogus pipeline experiment. *Journal of Applied Social Psychology, 27*, 209-222.

Tourish, D. (2013). *The dark side of transformational leadership: A critical perspective*. New York: Routledge.

Trafimow, D., Silverman, E. S., Fan, R. M. T., & Law, J. S. F. (1997). The effects of language and priming on the relative accessibility of the private self and collective self. *Journal of Cross-Cultural Psychology, 28*, 107-123.

Trafimow, D., Triandis, H. C., & Goto, S. G. (1991). Some tests of the distinction between the private and collective self. *Journal of Personality and Social Psychology, 60*, 649-655.

Trawalter, S., Adam, E. K., Chase-Lansdale, P., & Richeson, J. A. (2012). Concerns about appearing prejudiced get under the skin: Stress responses to interracial contact in the moment and across time. *Journal of Experimental Social Psychology, 48*, 682-693.

Triandis, H. C. (1994). *Culture and social behavior*. New York: McGraw-Hill.

Triandis, H. C. (1995). *Individualism and collectivism*. Boulder, CO: Westview.

Triandis, H., Chen, X. P., & Chan, D. K. (1998). Scenarios for the measurement of collectivism and individualism. *Journal of Cross- Cultural Psychology, 29*, 275-289.

Triplett, N. (1897-1898). The dynamogenic factors in pacemaking and competition. *American Journal of Psychology, 9*, 507-533.

Tripp, C., Jensen, T. D., & Carlson, L. (1994). The effects of multiple product endorsements by celebrities on consumers' attitudes and intentions. *Journal of Consumer Research, 20*, 535-547.

Trivers, R. L. (1971). The evolution of reciprocal altruism. *Quarterly Review of Biology, 46*, 35-57.

Trivers, R. L. (1972). Parental investment and sexual selection. In B. Campbell (Ed.), *Sexual selection and the descent of man* (pp. 136-179). Chicago: Aldine-Atherton.

Trivers, R. L. (1985). *Social evolution*. Menlo Park, CA: Benjamin/Cummings.

Troll, L. E., & Skaff, M. M. (1997). Perceived continuity of self in very old age. *Psychology and Aging, 12*, 162-169.

Trope, Y. (1986). Identification and inferential processes in dispositional attribution. *Psychological Review, 93*, 239-257.

Trope, Y., & Alfieri, T. (1997). Effortfulness and flexibility of dispositional judgment processes. *Journal of Personality and Social Psychology, 73*, 662-674.

Tropp, L. R. (2013). *Handbook of intergroup conflict*. Oxford: Oxford University Press.

Tropp, L. R., & Page-Gould, E. (2015). Contact between groups. In Mikulincer, P. R. Shaver, E. Borgida, & J. A. Bargh (Eds.), *APA handbook of personality and social psychology: Vol. 2. Group processes* (pp. 535-560). Washington, DC: American Psychological Association.

Tropp, L. R., Mazziotta, A., & Wright, S. C. (2017). Recent developments in intergroup contact research: Affective processes, group status, and contact valence. In C. G. Sibley & F. K. Barlow (Eds.), *The Cambridge handbook of the psychology of prejudice* (pp. 463-480). New York: Cambridge University Press.

Trötschel, R., Hüffmeier, J., Loschelder, D. D., Schwartz, K., & Gollwitzer, P. M. (2011). Perspective taking as a means to overcome motivational barriers in negotiations: When putting oneself into the opponent's shoes helps to walk toward agreements. *Journal of Personality and Social Psychology, 101*, 771-790.

Trzesniewski, K. H., Donnellan, M. B., & Robins, R. W. (2003). Stability of self-esteem across the life span. *Journal of Personality and Social Psychology, 84*, 205-220.

Tsaousis, I. (2016). The relationship of self-esteem to bullying perpetration and peer victimization among schoolchildren and adolescents: A meta-analytic review. *Aggression and Violent Behavior, 31*, 186-199.

Tsapelas, I., Aron, A., & Orbuch, T. (2009). Marital boredom now predicts less satisfaction 9 years later. *Psychological Science, 20*, 543-545.

Tsukiura, T., & Cabeza, R. (2011). Shared brain activity for aesthetic and moral judgments: Implications for the beauty-is-good stereotype. *Social Cognitive and Affective Neuroscience, 6*, 138-148.

Ttofi, M. M., & Farrington, D. P. (2009). What works in preventing bullying: Effective elements of anti-bullying programmes. *Journal of Aggression, Conflict and Peace Research, 1*, 13-24.

Ttofi, M. M., Farrington, D. P., Lösel, F., Crago, R. V., & Theodorakis, (2016). School bullying and drug use later in life: A meta- analytic investigation. *School Psychology Quarterly, 31*, 8-27.

Turner, J. C. (1987). *Rediscovering the social group: A self- categorization theory*. Oxford: Basil Blackwell.

Turner, J. C. (1991). *Social influence*. Pacific Grove, CA: Brooks/Cole.

Turner, M. E., & Pratkanis, A. R. (1998). Twenty-five years of groupthink theory and research: Lessons from the evaluation of a theory. *Organizational Behavior and Human Decision Processes, 73*, 105-115.

Tversky, A., & Kahneman, D. (1973). Availability: A heuristic for judging frequency and probability. *Cognitive Psychology, 5*, 207-232.

Twenge, J. M. (2009). Change over time in obedience: The jury's still out, but it might be decreasing. *American Psychologist, 64*, 28-31.

Twenge, J. M., & Crocker, J. (2002). Race and self-esteem: Meta- analyses comparing Whites, Blacks, Hispanics, Asians, and American Indians. *Psychological Bulletin, 128*, 371-408.

Twenge, J. M., Campbell, W. K., & Freeman, E. C. (2012). Generational differences in young adults' life goals, concern for others, and civic orientation, 1966-2009. *Journal of Personality and Social Psychology, 102*, 1045-1062.

Twenge, J. M., Campbell, W. K., & Gentile, B. (2013). Changes in pronoun use in American books and the rise of individualism, 1960-2008. *Journal of Cross-Cultural Psychology, 44*, 406-415.

Twenge, J. M., Sherman, R. A., & Wells, B. E. (2016). Changes in American adults' reported same-sex sexual experiences and attitudes, 1973-2014. *Archives of Sexual Behavior, 45*, 1713-1730.

Tyler, T. R. (2006a). Viewing CSI and the threshold of guilt: Managing truth and justice in reality and fiction. *Yale Law Journal, 115*, 1050-1085.

Tyler, T. R. (2006b). *Why people obey the law.* Princeton, NJ: Princeton University Press.

Tyler, T. R. (2011). *Why people cooperate: The role of social motivations.* Princeton, NJ: Princeton University Press.

Tyler, T. R., Goff, P. A., & MacCoun, R. J. (2015). The impact of psychological science on policing in the United States: Procedural justice, legitimacy, and effective law enforcement. *Psychological Science in the Public Interest, 16*, 75-109.

Tyson, M., Covey, J., & Rosenthal, H. E. S. (2014). Theory of planned behavior interventions for reducing heterosexual risk behaviors: A meta-analysis. *Health Psychology, 33*, 1454-1467.

Uchino, B. N. (2006). Social support and health: A review of physio- logical processes potentially underlying links to disease outcomes. *Journal of Behavioral Medicine, 29*, 377-387.

Uchino, B. N. (2009). Understanding the links between social support and physical health: A life-span perspective with emphasis on the separability of perceived and received support. *Perspectives on Psychological Science, 4*, 236-255.

Ueno, H., Suemitsu, S., Murakami, S., Kitamura, N., Wani, K., Takahashi, Y., et al. (2019). Helping-like behavior in mice towards conspecifics constrained inside tubes. *Scientific Reports, 9*, 1-11.

Uleman, J. S., Rim, S., Saribay, S. A., & Kressel, L. M. (2012). Controversies, questions, and prospects for spontaneous social inferences. *Social and Personality Psychology Compass, 6*, 657-673.

Underwood, J., & Pezdek, K. (1998). Memory suggestibility as an example of the sleeper effect. *Psychonomic Bulletin and Review, 5*, 449-453.

UNICEF. (2012). *Progress for children: A report card on adolescents.* New York: United Nations Children's Fund.

United Nations Office on Drugs and Crime. (2019). *Global study on homicide, 2019.* Vienna: United Nations.

United States Sentencing Commission. (2018). *Guidelines manual 2018-2019.* West Hartford, CT: West Hartford Legal Publishing.

United States v. Scheffer, 523 U.S. 303 (1998).

Unkelbach, C., Forgas, J. P., & Denson, T. F. (2008). The turban effect: The influence of Muslim headgear and induced affect on aggressive responses in the shooter bias paradigm. *Journal of Experimental Social Psychology, 44*, 1409-1413.

Unzueta, M. M., Gutiérrez, A. S., & Ghavami, N. (2010). How believing in affirmative action quotas affects White women's self- image. *Journal of Experimental Social Psychology, 46*, 120-126.

Ura, K., Alkire, S., & Zangmo, T. (2012). Case study: Bhutan: Gross National Happiness and the GNH index. In J. Helliwell, R. Layard, & J. Sachs (Eds.), *World Happiness Report* (pp. 108-145). New York: Columbia University, Earth Institute.

Urbanska, K., & Guimond, S. (2018). Swaying to the extreme: Group relative deprivation predicts voting for an extreme right party in the French presidential election. *International Review of Social Psychology, 31*, Article 26.

Urdan, T., & Midgley, C. (2001). Academic self-handicapping: What we know, what more there is to learn. *Educational Psychology Review, 13*, 115-138.

USA Today High School Sports. (2017, February 3). NJ students taunt player with racist chants. https://usatodayhss.com/2017/video-n-j-students-taunt-player-with-racist-chants.

Uskul, A. K., & Over, H. (2014). Responses to social exclusion in cultural context: Evidence from farming and herding communities. *Journal of Personality and Social Psychology, 106*, 752-771.

Uskul, A. K., Cross, S. E., Alözkan, C., Gerçek-Swing, B., Ataca, B., Günsoy, C., et al. (2014). Emotional responses to honour situations in Turkey and the northern USA. *Cognition and Emotion, 28*, 1057-1075.

Uskul, A. K., Cross, S. E., Günsoy, C., Gercek-Swing, B., Alözkan, C., & Ataca, B. (2015). A price to pay: Turkish and Northern American retaliation for threats to personal and family honor. *Aggressive Behavior, 41*, 594-607.

Uskul, A. K., Cross, S. E., Sunbay, Z., Gercek-Swing, B., & Ataca, B. (2012). Honor bound: The cultural construction of honor in Turkey and the northern United States. *Journal of Cross-Cultural Psychology, 43*, 1131-1151.

Uskul, A. K., Oyserman, D., Schwarz, N., Lee, S. S., & Xu, A. J. (2013). How successful you have been in life depends on the response scale used: The role of cultural mindsets in pragmatic inferences drawn from question format. *Social Cognition, 31*, 222-236.

Uzefovsky, F., & Knafo-Noam, A. (2017). Empathy development throughout the life span. In J. A. Sommerville & J. Decety (Eds.), *Social cognition: Development across the life span* (pp. 71-97). New York: Routledge/Taylor & Francis.

Uzefovsky, F., Paz, Y., & Davidov, M. (2019). Young infants are pro-victims, but it depends on the context. *British Journal of Psychology*, in press.

Uziel, L. (2007). Individual differences in the social facilitation effect: A review and meta-analysis. *Journal of Research in Personality, 41*, 579-601.

Vail, K. E., Courtney, E., & Arndt, J. (2019). The influence of existential threat and tolerance salience on anti-Islamic attitudes in American politics. *Political Psychology*, in press.

Vaillancourt, T. (2005). Indirect aggression among humans: Social construct or evolutionary adaptation? In R. E. Tremblay, W. W. Hartup, & J. Archer (Eds.), *Developmental origins of aggression* (pp. 158-177). New York: Guilford Press.

Vaish, A., Grossmann, T., & Woodward, A. (2008). Not all emotions are created equal: The negativity bias in social-emotional development. *Psychological Bulletin, 134*, 383-403.

Vaish, R., Liao, Q. V., & Bellotti, V. (2018). What's in it for me? Self- serving versus other-oriented framing in messages advocating use of prosocial peer-to-peer services. *International Journal of Human-Computer Studies, 109*, 1-12.

Valdesolo, P., Ouyang, J., & DeSteno, D. (2010). The rhythm of joint action: Synchrony promotes cooperative activity. *Journal of Experimental Social Psychology, 46*, 693-695.

Valentine, T., & Mesout, J. (2009). Eyewitness identification under stress in the London Dungeon. *Applied Cognitive Psychology, 23*, 151-161.

Vallacher, R. R., Read, S. J., & Nowak, A. (2002). The dynamical perspective in personality and social psychology. *Personality and Social Psychology Review, 6*, 264-273.

Van Bavel, J. J., & Cunningham, W. A. (2009). Self-categorization with a novel mixed-race group moderates automatic social and racial biases. *Personality and Social Psychology Bulletin, 35,* 321-335.

van Berkhout, E. T., & Malouff, J. M. (2016). The efficacy of empathy training: A meta-analysis of randomized controlled trials. *Journal of Counseling Psychology, 63,* 32-41.

Van Berkum, J. J. A., Holleman, B., Nieuwland, M. S., Otten, M., & Murre, J. M. (2009). Right or wrong? The brain's fast response to morally objectionable statements. *Psychological Science, 20,* 1092-1099.

van Bommel, M., van Prooijen, J., Elffers, H., & van Lange, P. M. (2014). Intervene to be seen: The power of a camera in attenuating the bystander effect. *Social Psychological and Personality Science, 5,* 459-466.

van Bommel, M., van Prooijen, J.-W., Elffers, H., & Van Lange, P. A. M. (2016). The lonely bystander: Ostracism leads to less helping in virtual bystander situations. *Social Influence, 11,* 141-150.

Van Boven, L. (2005). Experientialism, materialism, and the pursuit of happiness. *Review of General Psychology, 9,* 132-142.

Van Boven, L., & Gilovich, T. (2003). To do or to have? That is the question. *Journal of Personality and Social Psychology, 85,* 1193-1202.

Van Dam, N. T., van Vugt, M. K., Vago, D. R., Schmalzl, L., Saron, C. D., Olendzki, A., et al. (2018). Mind the hype: A critical evaluation and prescriptive agenda for research on mindfulness and meditation. *Perspectives on Psychological Science, 13,* 36-61.

van der Stouwe, T., Asscher, J. J., Stams, G. J., Dekovic´, M., & van der Laan, P. H. (2014). The effectiveness of multisystemic therapy (MST): A meta-analysis. *Clinical Psychology Review, 34,* 468-481.

Van Dyne, L., & Saavedra, R. (1996). A naturalistic minority influence experiment: Effects on divergent thinking, conflict, and originality in work-groups. *British Journal of Social Psychology, 35,* 151-167.

Van Eerde, W., & Thierry, H. (1996). Vroom's expectancy models and work-related criteria: A meta-analysis. *Journal of Applied Psychology, 81,* 575-586.

van Ginkel, W. P., & van Knippenberg, D. (2012). Group leadership and shared task representations in decision making groups. *The Leadership Quarterly, 23,* 94-106.

van Hoorn, A. (2015). Individualist-collectivist culture and trust radius: A multilevel approach. *Journal of Cross-Cultural Psychology, 46,* 269-276.

Van Iddekinge, C. H., Raymark, P. H., & Roth, P. L. (2005). Assessing personality with a structured employment interview: Construct- related validity and susceptibility to response inflation. *Journal of Applied Psychology, 90,* 536-552.

Van Kleef, G. A., Gelfand, M. J., & Jetten, J. (2019). Editorial: The dynamic nature of social norms: New perspectives on norm development, impact, violation, and enforcement. *Journal of Experimental Social Psychology.* https://doi.org/10.1016/j.jesp.2019.05.002.

van Kleef, G. A., Gelfand, M. J., & Jetten, J. (2019). The dynamic nature of social norms: New perspectives on norm development, impact, violation, and enforcement. *Journal of Experimental Social Psychology,* in press.

van Knippenberg, D., & Schippers, M. C. (2007). Work group diversity. *Annual Review of Psychology, 58,* 515-541.

van Koppen, P. J., & Penrod, S. D. (Eds.). (2003). *Adversarial versus inquisitorial justice: Psychological perspectives on criminal justice systems.* New York: Kluwer Academic/Plenum.

van Oorsouw, K., & Merckelbach, H. (2012). The effects of alcohol on crime-related memories: A field study. *Applied Cognitive Psychology, 26,* 82-90.

van Osch, Y., Blanken, I., Meijs, M. H. J., & van Wolferen, J. (2015). A group's physical attractiveness is greater than the average attractiveness of its members: The group attractiveness effect. *Personality and Social Psychology Bulletin, 41,* 559-574.

Van Prooijen, J.-W., Van den Bos, K., Lind, E. A., & Wilke, H. (2006). How do people react to negative procedures? On the moderating role of authority's biased attitudes. *Journal of Experimental Social Psychology, 42,* 632-645.

van Straaten, I., Engels, R., Finkenauer, C., & Holland, R. W. (2009). Meeting your match: Attractiveness similarity affects approach behavior in mixed-sex dyads. *Personality and Social Psychology Bulletin, 35,* 685-697.

Vandello, J. A., & Bosson, J. K. (2013). Hard won and easily lost: A review and synthesis of theory and research on precarious manhood. *Psychology of Men & Masculinity, 14,* 101-113.

Vandello, J. A., & Cohen, D. (2003). Male honor and female fidelity: Implicit cultural scripts that perpetuate domestic violence. *Journal of Personality and Social Psychology, 84,* 997-1010.

Vandello, J. A., Cohen, D., Grandon, R., & Franiuk, R. (2009). Stand by your man: Indirect prescriptions for honorable violence and feminine loyalty in Canada, Chile, and the United States. *Journal of Cross-Cultural Psychology, 40,* 81-104.

Vandello, J. A., Hettinger, V. E., & Michniewicz, K. (2013). Region as culture. In A. Cohen (Ed.), *New directions in the psychology of culture.* Washington, DC: American Psychological Association.

VanderStoep, S. W., & Shaughnessy, J. J. (1997). Taking a course in research methods improves reasoning about real-life events. *Teaching of Psychology, 24,* 122-124.

Varcin, K. J., Grainger, S. A., Richmond, J. L., Bailey, P. E., & Henry, J. D. (2019). A role for affectivity in rapid facial mimicry: An electromyographic study. *Social Neuroscience, 14,* 608-617.

Varnum, M. E. W. (2012). Social class differences in N400 indicate differences in spontaneous trait inference. *Journal of Experimental Psychology, 141,* 518-526.

Varol, F., & Yildirim, E. (2019). Cyberloafing in higher education: Reasons and suggestions from students' perspectives. *Technology Knowledge and Learning, 24,* 129-142.

Vaughan-Eden, V., Holden, G. W., & LeBlanc, S. S. (2018). Commentary: Changing the social norm about corporal punishment. *Child & Adolescent Social Work Journal, 36,* 43-48.

Vazire, S. (2010). Who knows what about a person? The self-other knowledge asymmetry (SOKA) model. *Journal of Personality and Social Psychology, 98,* 281-300.

Vazire, S., & Carlson, E. N. (2011). Others sometimes know us better than we know ourselves. *Current Directions in Psychological Science, 20,* 104-108.

Vazire, S., & Wilson, T. (Eds.). (2012). *Handbook of self-knowledge.* New York: Guilford Press.

Vazsonyi, A. T., & Javakhishvili, M. (2019). The role of infant socialization and self-control in understanding reactive-overt and relational aggression: A 15-year study. *Aggression and Violent Behavior,* in press.

Vecchio, R. P. (2002). Leadership and the gender advantage. *Leadership Quarterly, 13,* 643-671.

Vera, D., & Crossan, M. (2004). Strategic leadership and organizational learning. *The Academy of Management Review, 29,* 222-240.

Verduyn, P., Lee, D. S., Park, J., Shablack, H., Orvell, A., Bayer, J., et al. (2015). Passive Facebook usage undermines affective well-being: Experimental and longitudinal evidence. *Journal of Experimental Psychology: General, 144*, 480-488.

Verhoef, R. E. J., Alsem, S. C., Verhulp, E. E., & De Castro, B. O. (2019). Hostile intent attributions and aggressive behavior in children revisited: A meta-analysis. *Child Development, 90*, 525-547.

Verhulst, M. J., & Rutkowski, A.-F. (2018). Decision-making in the police work force: Affordances explained in practice. *Group Decision and Negotiation, 27*, 827-852.

Verlinden, M., Veenstra, R., Ghassabian, A., Jansen, P. W., Hofman, A., Jaddoe, V. W. V., et al. (2014). Executive functioning and non-verbal intelligence as predictors of bullying in early elementary school. *Journal of Abnormal Child Psychology, 42*, 953-966.

Vetlesen, A. J. (2005). *Evil and human agency*. Cambridge: Cambridge University Press.

Victoroff, J., & Kruglanski, A. W. (Eds.). (2009). *Psychology of terrorism: Classic and contemporary insights*. New York: Psychology Press.

Vidmar, N., & Hans, V. P. (2007). *American juries: The verdict*. Amherst, NY: Prometheus.

Viglione, J., Hannon, L., & DeFina, R. (2011). The impact of light skin on prison time for Black female offenders. *The Social Science Journal, 48*, 250-258.

Vinokur, A., & Burnstein, E. (1974). Effects of partially shared persuasive arguments on group-induced shifts: A group-problem- solving approach. *Journal of Personality and Social Psychology, 29*, 305-315.

Visintainer, M., Volpicelli, J., & Seligman, M. (1982). Tumor rejection in rats after inescapable or escapable shock. *Science, 216*, 437-439.

Visser, P. S., & Mirabile, R. R. (2004). Attitudes in the social context: The impact of social network composition on individual-level attitude strength. *Journal of Personality and Social Psychology, 87*, 779-795.

Vitoria-Estruch, S., Romero-Martínez, A., Lila, M., & Moya-Albiol, L. (2018). Differential cognitive profiles of intimate partner violence perpetrators based on alcohol consumption. *Alcohol, 70*, 61-71.

Vittengl, J. R., & Holt, C. S. (2000). Getting acquainted: The relationship of self-disclosure and social attraction to positive affect. *Journal of Social and Personal Relationships, 17*, 53-66.

Vogel, E. A., Rose, J. P., Roberts, L. R., & Eckles, K. (2014). Social comparison, social media, and self-esteem. *Psychology of Popular Media Culture, 3*, 206-222.

Vohs, K. D. (2015). Money priming can change people's thoughts, feelings, motivations, and behaviors: An update on 10 years of experiments. *Journal of Experimental Psychology: General, 144*, e86-e93.

Vohs, K. D., & Baumeister, R. F. (Eds.). (2016). *Handbook of self- regulation: Research, theory, and applications* (3rd ed.). New York: Guilford Press.

Vohs, K. D., & Finkel, E. J. (Eds.). (2006). *Self and relationships: Connecting intrapersonal and interpersonal processes*. New York: Guilford Press.

Vohs, K. D., & Heatherton, T. F. (2000). Self-regulatory failure: A resource-depletion approach. *Psychological Science, 11*, 249-252.

Vohs, K. D., Baumeister, R. F., & Ciarocco, N. J. (2005). Self- regulation and self-presentation: Regulatory resource depletion impairs impression management and effortful self-presentation depletes regulatory resources. *Journal of Personality and Social Psychology, 88*, 632-657.

Voigt, R., Camp, N. P., Prabhakaran, V., Hamilton, W. L., Hetey, R. C., Griffiths, C. M., et al. (2017). Language from police body camera footage shows racial disparities in officer respect. *Proceedings of the National Academy of Sciences of the United States of America, 114*, 6521-6526.

Vollberg, M. C., & Cikara, M. (2018). The neuroscience of intergroup emotion. *Current Opinion in Psychology, 24*, 48-52.

Vollhardt, J. R., & Staub, E. (2011). Inclusive altruism born of suffering: The relationship between adversity and prosocial attitudes and behavior toward disadvantaged outgroups. *American Journal of Orthopsychiatry, 81*, 307-315.

von Hippel, C., Kalokerinos, E. K., Haanterä, K., & Zacher, H. (2019). Age-based stereotype threat and work outcomes: Stress appraisals and rumination as mediators. *Psychology and Aging, 34*, 68-84.

von Hippel, C., Wiryakusuma, C., Bowden, J., & Shochet, M. (2011). Stereotype threat and female communication styles. *Personality and Social Psychology Bulletin, 37*, 1312-1324.

von Hippel, W. (2018). *The social leap*. New York: HarperCollins.

von Hippel, W., & Trivers, R. (2011). The evolution and psychology of self-deception. *Behavioral and Brain Sciences, 34*, 1-16.

von Hippel, W., Lakin, J. L., & Shakarchi, R. J. (2005). Individual differences in motivated social cognition: The case of self-serving information processing. *Personality and Social Psychological Bulletin, 31*, 1347-1357.

Von Lang, J., & Sibyll, C. (Eds.). (1983). *Eichmann interrogated* (R. Manheim, Trans.). New York: Farrar, Straus & Giroux.

Vonk, R. (1998). The slime effect: Suspicion and dislike of likeable behavior toward superiors. *Journal of Personality and Social Psychology, 74*, 849-864.

Voracek, M., & Fisher, M. L. (2002). Shapely centrefolds? Temporal change in body measures: Trend analysis. *British Medical Journal, 325*, 1447-1448.

Vorauer, J. D. (2003). Dominant group members in intergroup interaction: Safety or vulnerability in numbers? *Personality and Social Psychology Bulletin, 29*, 498-511.

Vorauer, J. D., & Sasaki, S. J. (2012). The pitfalls of empathy as a default intergroup interaction strategy: Distinct effects of trying to empathize with a lower status outgroup member who does versus does not express distress. *Journal of Experimental Social Psychology, 48*, 519-524.

Vorauer, J. D., & Sasaki, S. J. (2014). Distinct effects of imagine-other versus imagine-self perspective-taking on prejudice reduction. *Social Cognition, 32*, 130-147.

Vorauer, J. D., Cameron, J. J., Holmes, J. G., & Pearce, D. G. (2003). Invisible overtures: Fears of rejection and the signal amplification bias. *Journal of Personality and Social Psychology, 84*, 793-812.

Vrij, A. (2008). *Detecting lies and deceit: Pitfalls and opportunities*. Chichester: Wiley.

Vrij, A., & Granhag, P. A. (2012). Eliciting cues to deception and truth: What matters are the questions asked. *Journal of Research in Memory and Cognition, 1*, 110-117.

Vrij, A., Hartwig, M., & Granhag, P. A. (2019). Reading lies: Nonverbal communication and deception. *Annual Review of Psychology, 70*, 295-337.

Vrij, A., Mann, S., Fisher, R., Leal, S., Milne, R., & Bull, R. (2008). Increasing cognitive load to facilitate lie detection: The benefit of recalling an event in reverse order. *Law and Human Behavior, 32*, 253-265.

Vrij, A., Mann, S., Leal, S., & Fisher, R. (2010). "Look into my eyes": Can instruction to maintain eye contact facilitate lie detection? *Psychology, Crime & Law, 16*, 327-348.

Vrij, A., Meissner, C. A., Fisher, R. P., Kassin, S. M., Morgan, C. A., & Kleinman, S. M. (2017). Psychological perspectives on interrogation. *Perspectives on Psychological Science, 12*, 927-955.

Vroom, V. H. (1964). *Work and motivation.* New York: Wiley.

Vroom, V. H., & Jago, A. G. (1988). *Managing participation in organizations.* Englewood Cliffs, NJ: Prentice Hall.

Vroom, V. H., & Jago, A. G. (2007). The role of the situation in leadership. *American Psychologist, 62*, 17-24.

Vroom, V. H., & Yetton, P. W. (1973). *Leadership and decision-making.* Pittsburgh, PA: University of Pittsburgh Press.

Vuletich, H. A., & Payne, B. K. (2019). Stability and change in implicit bias. *Psychological Science, 30*, 854-862.

Waasdorp, T. E., Baker, C. N., Paskewich, B. S., & Leff, S. S. (2013). The association between forms of aggression, leadership, and social status among urban youth. *Journal of Youth and Adolescence, 42*, 263-274.

Wagels, L., Votinov, M., Kellermann, T., Konzok, J., Jung, S., Montag, C., et al. (2019). Exogenous testosterone and the monoamine-oxidase a polymorphism influence anger, aggression and neural responses to provocation in males. *Neuropharmacology, 156*, 1-12.

Wageman, R., Fisher, C. M., & Hackman, J. R. (2009). Leading teams when the time is right: Finding the best moments to act. *Organizational Dynamics, 38*, 192-203.

Wagner, D. V., Borduin, C. M., Sawyer, A. M., & Dopp, A. R. (2014). Long-term prevention of criminality in siblings of serious and violent juvenile offenders: A 25-year follow-up to a randomized clinical trial of multisystemic therapy. *Journal of Consulting and Clinical Psychology, 82*, 492-499.

Walasek, L., Yu, E. C., & Lagnado, D. A. (2018). Endowment effect despite the odds. *Thinking & Reasoning, 24*(1), 79-96.

Waldman, D. A., & Avolio, B. J. (1991). Race effects in performance evaluations: Controlling for ability, education, and experience. *Journal of Applied Psychology, 76*, 897-901.

Waling, A. (2017). "We are so pumped full of shit by the media": Masculinity, magazines, and the lack of self-identification. *Men and Masculinities, 20*, 427-452.

Walker, L., LaTour, S., Lind, E. A., & Thibaut, J. (1974). Reactions of participants and observers to modes of adjudication. *Journal of Applied Social Psychology, 4*, 295-310.

Wallace, D. B., & Kassin S. M. (2012). Harmless error analysis: How do judges respond to confession errors? *Law and Human Behavior, 36*, 151-157.

Wallace, L. E., Anthony, R., End, C. M., & Way, B. M. (2019). Does religion stave off the Grave? Religious affiliation in one's obituary and longevity. *Social Psychological and Personality Science, 10*, 662-670.

Walster, E. (1966). Assignment of responsibility for important events. *Journal of Personality and Social Psychology, 3*, 73-79.

Walster, E., & Festinger, L. (1962). The effectiveness of "overheard" persuasive communications. *Journal of Abnormal and Social Psychology, 65*, 395-402.

Walster, E., Aronson, V., Abrahams, D., & Rottman, L. (1966). The importance of physical attractiveness in dating behavior. *Journal of Personality and Social Psychology, 4*, 508-516.

Walster, E., Walster, G. W., & Berscheid, E. (1978). *Equity: Theory and research.* Boston: Allyn & Bacon.

Walster, E., Walster, G. W., Piliavin, J., & Schmidt, L. (1973). "Playing hard-to-get": Understanding an elusive phenomenon. *Journal of Personality and Social Psychology, 26*, 113-121.

Walton, G. M., & Brady, S. T. (2019). The social-belonging intervention. In G. M. Walton & A. J. Crum (Eds.), *Handbook of wise interventions: How social-psychological insights can help solve problems.* New York: Guilford Press.

Walton, G. M., & Cohen, G. L. (2011). A brief social-belonging intervention improves academic and health outcomes of minority students. *Science, 331*, 1447-1451.

Walton, G. M., Logel, C., Peach, J. M., Spencer, S. J., & Zanna, M. P. (2015). Two brief interventions to mitigate a "chilly climate" transform women's experience, relationships, and achievement in engineering. *Journal of Educational Psychology, 107*, 468-485.

Wampold, B. E. (2019). Research on the effectiveness of psychotherapy. In B. E. Wampold (Ed.), *The basics of psychotherapy: An introduction to theory and practice* (pp. 67-89). Washington, DC: American Psychological Association.

Wanberg, C. R. (2012). The individual experience of unemployment. *Annual Review of Psychology, 63*, 369-396.

Wang, C. S., Lee, M., Ku, G., & Leung, A. K.-Y. (2018). The cultural boundaries of perspective-taking: When and why perspective- taking reduces stereotyping. *Personality and Social Psychology Bulletin, 44*, 928-943.

Wang, C.-C., Lin, H., Chen, M.-H., Ko, N.-Y., Chang, Y.-P., Lin, I.-M., & Yen, C.-F. (2018). Effects of traditional and cyber homophobic bullying in childhood on depression, anxiety, and physical pain in emerging adulthood and the moderating effects of social support among gay and bisexual men in Taiwan. *Neuropsychiatric Disease and Treatment, 14*, 1309-1317.

Wang, H., Masuda, T., Ito, K., & Rashid, M. (2012). How much information? East Asian and North American cultural products and information search performance. *Personality and Social Psychology Bulletin, 38*, 1539-1551.

Wang, M., Wang, J., Deng, X., & Chen, W. (2019). Why are empathic children more liked by peers? The mediating roles of prosocial and aggressive behaviors. *Personality and Individual Differences, 144*, 19-23.

Wang, Q., Yang, X., & Xi, W. (2018). Effects of group arguments on rumor belief and transmission in online communities: An information cascade and group polarization perspective. *Information & Management, 55*, 441-449.

Wang, S., & Lau, A. S. (2015). Mutual and non-mutual social support: Cultural differences in the psychological, behavioral, and biological effects of support seeking. *Journal of Cross-Cultural Psychology, 46*, 916-929.

Wang, X. M., Wong, K. F. E., & Kwong, J. Y. Y. (2010). The roles of rater goals and ratee performance levels in the distortion of performance ratings. *Journal of Applied Psychology, 95*, 546-561.

Ward, L. M., & Friedman, K. (2006). Using TV as a guide: Associations between television viewing and adolescents' sexual attitudes and behavior. *Journal of Research on Adolescence, 16*, 133-156.

Ward, S. J., & King, L. A. (2018). Religion and moral self-image: The contributions of prosocial behavior, socially desirable responding, and personality. *Personality and Individual Differences, 131*, 222-231.

Ware, A., & Kowalski, G. S. (2012). Sex identification and love of sports: BIRGing and CORFing among sport fans. *Journal of Sport Behavior, 35*, 223-237.

Warmelink, L., Vrij, A., Mann, S., Leal, S., Forrester, D., & Fisher, R. (2011). Thermal imaging as a lie detection tool at airports. *Law and Human Behavior, 35*, 40-48.

Warneken, F., & Tomasello, M. (2006). Altruistic helping in human infants and young chimpanzees. *Science, 311*, 1301-1303.

Warner, A. S., & Lehmann, L. S. (2019). Gender wage disparities in medicine: Time to close the gap. *Journal of General Internal Medicine, 34,* 1334-1336.

Warren, B. L. (1966). A multiple variable approach to the assortive mating phenomenon. *Eugenics Quarterly, 13,* 285-298.

Watson, D., Wiese, D., Vaidya, J., & Tellegen, A. (1999). The two general activation systems of affect: Structural findings, evolutionary considerations, and psychobiological evidence. *Journal of Personality and Social Psychology, 76,* 820-838.

Watson, N., Bryan, B. C., & Thrash, T. M. (2016). Self-discrepancy: Long-term test-retest reliability and test-criterion predictive validity. *Psychological Assessment, 28,* 59-69.

Waugh, W., Brownell, C., & Pollock, B. (2015). Early socialization of prosocial behavior: Patterns in parents' encouragement of toddlers' helping in an everyday household task. *Infant Behavior & Development, 39,* 1-10.

Wax, E. (2008, November 22). Can love conquer caste? *Washington Post*.

Waytz, A., & Epley, N. (2012). Social connection enables dehumanization. *Journal of Experimental Social Psychology, 48,* 70-76.

Waytz, A., Gray, K., Epley, N., & Wegner, D. M. (2010). Causes and consequences of mind perception. *Trends in Cognitive Science, 14,* 383-388.

Waytz, A., Heafner, J., & Epley, N. (2014). The mind in the machine: Anthropomorphism increases trust in an autonomous vehicle. Journal *of Experimental Social Psychology, 52,* 113-117.

Weary, G., & Edwards, J. A. (1994). Individual differences in causal uncertainty. *Journal of Personality and Social Psychology, 67,* 308-318.

Weaver, J. R., & Bosson, J. K. (2011). I feel like I know you: Sharing negative attitudes of others promotes feelings of familiarity. *Personality and Social Psychology Bulletin, 37,* 481-491.

Weber, M., & Camerer, C. (1998). The disposition effect in securities trading: An experimental analysis. *Journal of Economic Behavior and Organization, 33,* 167-184.

Weeden, J., & Sabini, J. (2005). Physical attractiveness and health in Western societies: A review. *Psychological Bulletin, 131,* 635-653.

Wegener, D. T., & Petty, R. E. (1994). Mood management across affective states: The hedonic contingency hypothesis. *Journal of Personality and Social Psychology, 66,* 1034-1048.

Wegener, D. T., Petty, R. E., & Smith, S. M. (1995). Positive mood can increase or decrease message scrutiny: The hedonic contingency view of mood and message processing. *Journal of Personality and Social Psychology, 69,* 5-15.

Weger, U. W., Loughnan, S., Sharma, D., & Gonidis, L. (2015). Virtually compliant: Immersive video gaming increases conformity to false computer judgments. *Psychonomic Bulletin & Review, 22,* 1111-1116.

Wegner, D. M. (1994). Ironic processes of mental control. Psychological *Review, 101,* 34-52.

Wegner, D. M. (1997). When the antidote is the poison: Ironic mental control processes. *Psychological Science, 8,* 148-153.

Wegner, D. M., Ansfield, M., & Pilloff, D. (1998). The putt and the pendulum: Ironic effects of the mental control of action. *Psychological Science, 9,* 196-199.

Wegner, D. M., Erber, R., & Raymond, P. (1991). Transactive memory in close relationships. *Journal of Personality and Social Psychology, 61,* 923-929.

Wegrzyn, M., Westphal, S., & Kissler, J. (2017). In your face: The biased judgement of fear-anger expressions in violent offenders. *BMC Psychology, 5,* Article 16.

Weiner, B. (1985). "Spontaneous" causal thinking. *Psychological Bulletin, 97,* 74-84.

Weiner, B. (2008). Reflections on the history of attribution theory and research. *Social Psychology, 39,* 151-156.

Weinstein, N. D. (1980). Unrealistic optimism about future life events. *Journal of Personality and Social Psychology, 39,* 806-820.

Weisz, E., & Zaki, J. (2018). Motivated empathy: A social neuroscience perspective. *Current Opinion in Psychology, 24,* 67-71.

Wells, G. L., & Bradfield, A. L. (1998). "Good, you identified the suspect": Feedback to eyewitnesses distorts their reports of the witnessing experience. *Journal of Applied Psychology, 83,* 360-376.

Wells, G. L., & Petty, R. E. (1980). The effects of overt head-movements on persuasion: Compatibility and incompatibility of responses. *Basic and Applied Social Psychology, 1,* 219-230.

Wells, G. L., & Quinlivan, D. S. (2009). Suggestive eyewitness identification procedures and the Supreme Court's reliability test in light of eyewitness science: 30 years later. *Law and Human Behavior, 33,* 1-24.

Wells, G. L., Charman, S. D., & Olson, E. A. (2005). Building face composites can harm lineup identification performance. *Journal of Experimental Psychology: Applied, 11,* 147-156.

Wells, G. L., Kovera, M. B., Douglass, A. B., Brewer, N., Meissner, C. A., & Wixted, J. T. (2020). Policy and procedure recommendations for the collection and preservation of eyewitness identification evidence. *Law and Human Behavior.,* in press.

Wells, G. L., Lindsay, R. C. L., & Ferguson, T. J. (1979). Accuracy, confidence, and juror perceptions in eyewitness identification. *Journal of Applied Psychology, 64,* 440-448.

Wells, G. L., Malpass, R. S., Lindsay, R. C. L., Fisher, R. P., Turtle, J. W., & Fulero, S. M. (2000). From the lab to the police station: A successful application of eyewitness research. *American Psychologist, 55,* 581-598.

Wells, G. L., Memon, A., & Penrod, S. (2007). Eyewitness evidence: Improving its probative value. *Psychological Science in the Public Interest, 7,* 45-75.

Wells, G. L., Small, M., Penrod, S., Malpass, R. S., Fulero, S. M., & Brimacombe, C. A. E. (1998). Eyewitness identification procedures: Recommendations for lineups and photospreads, *Law and Human Behavior, 22,* 603-648.

Wells, R. (2011). Social network acts to reduce suicide. *The Age (Melbourne, Australia),* p. 5.

Wenzlaff, R. M., & Wegner, D. M. (2000). Thought suppression. *Annual Review of Psychology, 51,* 59-91.

Werner, N. E., & Grant, S. (2009). Mothers' cognitions about relational aggression: Associations with discipline responses, children's normative beliefs, and peer competence. *Social Development, 18,* 77-98.

Wertag, A., & Bratko, D. (2019). In search of the prosocial personality: Personality traits as predictors of prosociality and prosocial behavior. *Journal of Individual Differences, 40,* 55-62.

Wesselmann, E. D., Reeder, G. D., & Pryor, J. B. (2012). The effects of time pressure on controlling reactions to persons with mental illness. *Basic and Applied Social Psychology, 34,* 565-571.

West, S. G., & Brown, T. J. (1975). Physical attractiveness, the severity of the emergency and helping: A field experiment and interpersonal simulation. *Journal of Experimental Social Psychology, 11,* 531-538.

West, T. V., & Kenny, D. A. (2011). The truth and bias model of judgment. *Psychological Review, 118,* 357-378.

Westaway, M. S., Jordaan, E. R., & Tsai, J. (2015). Investigating the psychometric properties of the Rosenberg Self-Esteem Scale for South African residents of greater Pretoria. *Evaluation & the Health Professions, 38,* 181-199.

Westen, D. (2007). *The political brain: The role of emotion in deciding the fate of the nation.* New York: Public Affairs.

Westen, D., Kilts, C., Blagov, P., Harenski, K., & Hamann, S. (2006). The neural basis of motivated reasoning: An fMRI study of emotional constraints on political judgment during the U.S. presidential election of 2004. *Journal of Cognitive Neuroscience, 18,* 1947-1958.

Wheeler, B. C., Fahy, M., & Tiddi, B. (2019). Experimental evidence for heterospecific alarm signal recognition via associative learning in wild capuchin monkeys. *Animal Cognition, 22,* 687-695.

Wheeler, L., & Kim, Y. (1997). What is beautiful is culturally good: The physical attractiveness stereotype has different content in collectivist cultures. *Personality and Social Psychology Bulletin, 23,* 795-800.

Wheeler, L., & Miyake, K. (1992). Social comparison in everyday life. Journal *of Personality and Social Psychology, 62,* 760-773.

Wheeler, L., Koestner, R., & Driver, R. E. (1982). Related attributes in the choice of comparison others. *Journal of Experimental Social Psychology, 18,* 489-500.

Whillans, A. V., Dunn, E. W., Sandstrom, G. M., Dickerson, S. S., & Madden, K. M. (2016). Is spending money on others good for your heart? *Health Psychology, 35,* 574-583.

Whisman, M. A., Gilmour, A. L., & Salinger, J. M. (2018). Marital satisfaction and mortality in the United States adult population. *Health Psychology, 37,* 1041-1044.

Whitbeck, L. B., & Hoyt, D. R. (1994). Social prestige and assortive mating: A comparison of students from 1956 and 1988. *Journal of Social and Personal Relationships, 11,* 137-145.

White, C. J. M., Kelly, J. M., Shariff, A. F., & Norenzayan, A. (2020). Supernatural norm enforcement: Thinking about karma and god reduces selfishness among believers. *Journal of Experimental Social Psychology.* http://dx.doi.org/10.1016/j.jesp.2019.03.008, in press.

White, C. J. M., Norenzayan, A., & Schaller, M. (2019). The content and correlates of belief in Karma across cultures. *Personality and Social Psychology Bulletin, 45,* 1184-1201. http://dx.doi.org/10.1177/0146167218808502.

White, C. J., Norenzayan, A., & Schaller, M. (2019). The content and correlates of belief in Karma across cultures. *Personality and Social Psychology Bulletin, 45,* 1184-1201.

White, G. L., Fishbein, S., & Rutstein, J. (1981). Passionate love: The misattribution of arousal. *Journal of Personality and Social Psychology, 41,* 56-62.

White, M. P., Alcock, I., Wheeler, B. W., & Depledge, M. H. (2013). Would you be happier living in a greener urban area? A fixed- effects analysis of panel data. *Psychological Science, 24,* 920-928.

Whitehead, G. I. (2014). Correlates of volunteerism and charitable giving in the 50 United States. *North American Journal of Psychology, 16,* 531-536.

Whitley, B. E., Jr., & Webster, G. D. (2019). The relationships of intergroup ideologies to ethnic prejudice: A meta-analysis. *Personality and Social Psychology Review, 23,* 207-237.

Whittaker, J. O., & Meade, R. D. (1967). Social pressure in the modification and distortion of judgment: A cross-cultural study. *International Journal of Psychology, 2,* 109-113.

Whorf, B. L. (1956). Science and linguistics. In J. B. Carroll (Ed.), *Language, thought, and reality: Selected writings of Benjamin Lee Whorf* (pp. 207-219). Cambridge, MA: MIT Press.

Wicker, A. W. (1969). Attitudes versus actions: The relationship of verbal and overt behavioral responses to attitude objects. *Journal of Social Issues, 25,* 41-78.

Wicker, B., Keysers, C., Plailly, J., Royet, J. P., Gallese, V., & Rizzolatti, G. (2003). Both of us disgusted in my insula: The common neural basis of seeing and feeling disgust. *Neuron, 40,* 655-664.

Wicklund, R. A. (1975). Objective self-awareness. In L. Berkowitz (Ed.), *Advances in experimental social psychology* (Vol. 8, pp. 233-275). New York: Academic Press.

Widman, L., Noar, S. M., Choukas-Bradley, S., & Francis, D. B. (2014). Adolescent sexual health communication and condom use: A meta-analysis. *Health Psychology, 33,* 1113-1124.

Widmeyer, W. N., & Loy, J. W. (1988). When you're hot, you're hot! Warm-cold effects in first impressions of persons and teaching effectiveness. *Journal of Educational Psychology, 80,* 118-121.

Wieber, F., Thürmer, J. L., & Gollwitzer, P. M. (2015). Attenuating the escalation of commitment to a faltering project in decision- making groups: An implementation intention approach. *Social Psychological and Personality Science, 6,* 587-595.

Wiesner, W. H., & Cronshaw, S. F. (1988). A meta-analytic investigation of the impact of interview format and degree of structure on the validity of the employment interview. *Journal of Occupational Psychology, 61,* 275-290.

Wiggins, J. S. (Ed.). (1996). *The five-factor model of personality: Theoretical perspectives.* New York: Guilford Press.

Wilde, V. K., Martin, K. D., & Goff, P. A. (2014). Dehumanization as a distinct form of prejudice. *TPM-Testing, Psychometrics, Methodology in Applied Psychology, 21,* 301-307.

Wilder, D. A. (1977). Perception of groups, size of opposition, and social influence. *Journal of Experimental Social Psychology, 13,* 253-268.

Wilder, D. A., Simon, A. F., & Myles, F. (1996). Enhancing the impact of counterstereotypic information: Dispositional attributions for deviance. *Journal of Personality and Social Psychology, 71,* 276-287.

Wildschut, T., Sedikides, C., Arndt, J., & Routledge, C. (2006). Nostalgia: Content, triggers, functions. *Journal of Personality and Social Psychology, 91,* 975-993.

Wilford, M. M., & Wells, G. L. (2018). Bluffed by the dealer: Distinguishing false pleas from false confessions. *Psychology, Public Policy, and Law, 24,* 158-170.

Wilken, B., Miyamoto, Y., & Uchida, Y. (2011). Cultural influences on preference consistency: Consistency at the individual and collective levels. *Journal of Consumer Psychology, 21,* 346-353.

Wilkinson, D. L., & Carr, P. J. (2008). Violent youths' response to high levels of exposure to community violence: What violent events reveal about youth violence. *Journal of Community Psychology, 36,* 1026-1051.

Willadsen-Jensen, E., & Ito, T. A. (2015). The effect of context on responses to racially ambiguous faces: Changes in perception and evaluation. *SCAN, 10,* 885-892.

Willard, G. & Gramzow, R. H. (2008). Exaggeration in memory: Systematic distortion of self-evaluative information under reduced accessibility. *Journal of Experimental Social Psychology, 44*, 246-259.

Wille, E., Gaspard, H., Trautwein, U., Oschatz, K., Scheiter, K., & Nagengast, B. (2018). Gender stereotypes in a children's television program: Effects on girls' and boys' stereotype endorsement, math performance, motivational dispositions, and attitudes. *Frontiers in Psychology, 9*, Article 2435.

Willer, R. (2004). The effects of government-issued terror warnings on presidential approval ratings. *Current Research in Social Psychology, 10*, 1-12.

Williams v. Florida, 399 U.S. 78 (1970).

Williams, E. F., Gilovich, T., & Dunning, D. (2012). Being all that you can be: How potential performances influence assessments of self and others. *Personality and Social Psychology Bulletin, 38*, 143-154.

Williams, K. D., & Nida, S. A. (2011). Ostracism: Consequences and coping. *Current Directions in Psychological Science, 20*, 71-75.

Williams, K. D., Govan, C. L., Croker, V., Tynan, D., Cruickshank, M., & Lam, A. (2002). Investigations into differences between social- and cyberostracism. *Group Dynamics: Theory, Research, and Practice, 6*, 65-77.

Williams, M. J., & Eberhardt, J. L. (2008). Biological conceptions of race and the motivation to cross racial boundaries. *Journal of Personality and Social Psychology, 94*, 1033-1047.

Williams, R. (1993). *Anger kills.* New York: Times Books.

Williams, W. M., & Ceci, S. J. (2015). National hiring experiments reveal 2:1 faculty preference for women on STEM tenure track. *Proceedings of the National Academy of Sciences of the United States of America, 112*, 5360-5365.

Willis, J., & Todorov, A. (2006). First impressions: Making up your mind after a 100-ms exposure to a face. *Psychological Science, 17*, 592-598.

Wills, J. A., Hackel, L., Feldman Hall, O., Parnamets, P., & Van Bavel, J. J. (2020). The social neuroscience of cooperation. In D. Poeppel, M. Gazzaniga, & G. R. Mangun (Eds.), *The cognitive neurosciences* (6th ed.). Cambridge, MA: MIT Press, in press.

Wills, T. A. (1981). Downward comparison principles in social psychology. *Psychological Bulletin, 90*, 245-271.

Wills, T. A., & DePaulo, B. M. (1991). Interpersonal analysis of the help-seeking process. In C. R. Snyder & D. R. Forsyth (Eds.), *Handbook of social and clinical psychology: The health perspective* (pp. 350-375). New York: Pergamon Press.

Wilmot, M. P. (2015). A contemporary taxometric analysis of the latent structure of self-monitoring. *Psychological Assessment, 27*, 353-364.

Wilson, A. E., & Ross, M. (2000). The frequency of temporal and social comparisons in people's personal appraisals. *Journal of Personality and Social Psychology, 78*, 928-942.

Wilson, D. W. (1978). Helping behavior and physical attractiveness. *Journal of Social Psychology, 104*, 313-314.

Wilson, J. P., Hugenberg, K., & Rule, N. O. (2017). Racial bias in judgments of physical size and formidability: From size to threat. *Journal of Personality and Social Psychology, 113*, 59-80.

Wilson, M. I., & Daly, M. (1996). Male sexual proprietariness and violence against wives. *Current Directions in Psychological Science, 5*, 2-7.

Wilson, T. D. (2002). *Strangers to ourselves: Discovering the adaptive unconscious.* Cambridge, MA: Belknap Press.

Wilson, T. D., & Gilbert, D. T. (2003). Affective forecasting. *Advances in Experimental Social Psychology, 35*, 345-411.

Wilson, T. D., & Gilbert, D. T. (2013). The impact bias is alive and well. *Journal of Personality and Social Psychology, 105*, 740-748.

Wilson, T. D., Wheatley, T., Meyers, J. M., Gilbert, D. T., & Axsom, D. (2000). Focalism: A source of durability bias in affective forecasting. *Journal of Personality and Social Psychology, 78*, 821-836.

Wilson-Henjum, G. E., Job, J. R., McKenna, M. F., Shannon, G., & Wittemyer, G. (2019). Alarm call modification by prairie dogs in the presence of juveniles. *Journal of Ethology, 37*, 167-174.

Wiltermuth, S. S. (2012). Synchronous activity boosts compliance with requests to aggress. *Journal of Experimental Social Psychology, 48*, 453-456.

Wiltermuth, S. S., & Heath, C. (2010). Synchrony and cooperation. *Psychological Science, 20*, 1-5.

Winch, R. F., Ktsanes, I., & Ktsanes, V (1954). The theory of complementary needs in mate selection: An analytic and descriptive study. *American Sociological Review, 19*, 241-249.

Winter, D. G. (1987). Leader appeal, leader performance, and the motive profiles of leaders and followers: A study of American presidents and elections. *Journal of Personality and Social Psychology, 52*, 41-46.

Wishman, S. (1986). *Anatomy of a jury: The system on trial.* New York: Times Books.

Wittenbrink, B., Judd, C. M., & Park, B. (1997). Evidence for racial prejudice at the implicit level and its relationship with questionnaire measures. *Journal of Personality and Social Psychology, 72*, 262-274.

Wixted, J. T., & Wells, G. L. (2017). The relationship between eyewitness confidence and identification accuracy: A new synthesis. *Psychological Science in the Public Interest, 18*, 10-65.

Wolf, J. P., & Kepple, N. J. (2019). Individual- and county-level religious participation, corporal punishment, and physical abuse of children: An exploratory study. *Journal of Interpersonal Violence, 34*, 3983-3994.

Wolf, S., & Montgomery, D. A. (1977). Effects of inadmissible evidence and level of judicial admonishment to disregard on the judgments of mock jurors. *Journal of Applied Social Psychology, 7*, 205-219.

Wölfer, R., Christ, O., Schmid, K., Tausch, N., Buchallik, F. M., Vertovec, S., et al. (2019). Indirect contact predicts direct contact: Longitudinal evidence and the mediating role of intergroup anxiety. *Journal of Personality and Social Psychology, 116*, 277-295.

Wolgemuth, L. (2009, June 17). Why a psychologist might be at your next interview. *U.S. News & World Report.*

Wong, R. Y.-M., & Hong, Y.-yY. (2005). Dynamic influences of culture on cooperation in the prisoner's dilemma. *Psychological Science, 16*, 429-434.

Wood, J. V. (1989). Theory and research concerning social comparisons of personal attributes. *Psychological Bulletin, 106*, 231-248.

Wood, W., & Quinn, J. M. (2003). Forewarned and forearmed? Two meta-analysis syntheses of forewarnings of influence appeals. *Psychological Bulletin, 129*, 119-138.

Wood, W., Kallgren, C. A., & Preisler, R. M. (1985). Access to attitude-relevant information in memory as a determinant of persuasion: The role of message attributes. *Journal of Experimental Social Psychology, 21*, 73-85.

Wood, W., Lundgren, S., Ouellette, J. A., Busceme, S., & Blackstone, T. (1994). Minority influence: A meta-analytic review of social influence processes. *Psychological Bulletin, 115*, 323-345.

Wood, W., Pool, G. J., Leck, K., & Purvis, D. (1996). Self-definition, defensive processing, and influence: The normative impact of majority and minority groups. *Journal of Personality and Social Psychology, 71*, 1181-1193.

Woolley, A. W., Aggarwal, I., & Malone, T. W. (2015). Collective intelligence and group performance. *Current Directions in Psychological Science, 24*, 420-424.

Woolley, A. W., Chabris, C. F., Pentland, A., Hashmi, N., & Malone, T. W. (2010). Evidence for a collective intelligence factor in the performance of human groups. *Science, 330*, 686-688.

Woolley, A. W., Gerbasi, M. E., Chabris, C. F., Kosslyn, S. M., & Hackman, J. R. (2008). Bringing in the experts: How team composition and collaborative planning jointly shape analytic effectiveness. *Small Group Research, 39*, 352-371.

Woolley, A. W., Hackman, J. R., Jerde, T. E., Chabris, C. F., Bennett, S. L., & Kosslyn, S. M. (2007). Using brain-based measures to compose teams: How individual capabilities and team collaboration strategies jointly shape performance. *Social Neuroscience, 2*, 96-105.

Word, C. O., Zanna, M. P., & Cooper, J. (1974). The nonverbal mediation of self-fulfilling prophecies in interracial interaction. *Journal of Experimental Social Psychology, 10*, 109-120.

World Health Organization. (2019). *Female genital mutilation*. http://www.who.int/news-room/fact-sheets/detail/female-genital-mutilation.

Worth, L. T., & Mackie, D. M. (1987). Cognitive mediation of positive affect in persuasion. *Social Cognition, 5*, 76-94.

Wright, L., von Bussman, K., Friedman, A., Khoury, M., & Owens, F. (1990). Exaggerated social control and its relationship to the Type A behavior pattern. *Journal of Research in Personality, 24*, 258-269.

Wright, P. H. (1982). Men's friendships, women's friendships and the alleged inferiority of the latter. *Sex Roles, 8*, 1-20.

Wright, P. J., Tokunaga, R. S., & Kraus, A. (2016). A meta-analysis of pornography consumption and actual acts of sexual aggression in general population studies. *Journal of Communication, 66*, 183-205.

Wright, R. A., & Contrada, R. J. (1986). Dating selectivity and interpersonal attraction: Toward a better understanding of the "elusive phenomenon." *Journal of Social and Personal Relationships, 3*, 131-148.

Wrightsman, L. S. (2008). *Oral arguments before the Supreme Court: An empirical approach.* New York: Oxford University Press.

Wu, L., & Kim, M. (2019). See, touch, and feel: Enhancing young children's empathy learning through a tablet game. *Mind, Brain, and Education*, in press.

Xie, B., Hurlstone, M. J., & Walker, I. (2018). Correct me if I'm wrong: Groups outperform individuals in the climate stabilization task. *Frontiers in Psychology, 9*, Article 2274.

Xu, H., Bègue, L., & Shankland, R. (2011). Guilt and guiltlessness: An integrative review. *Social and Personality Psychology Compass, 5*, 440-457.

Xue, C., et al. (2015). A meta-analysis of risk factors for combat-related PTSD among military personnel and veterans. *PLoS ONE, 10*, Article e0120270.

Yam, K. C., Fehr, R., & Barnes, C. M. (2014). Morning employees are perceived as better employees: Employees' start times influence supervisor performance ratings. *Journal of Applied Psychology, 99*, 1288-1299.

Yang, Y., Guyll, M., & Madon, S. (2017). The interrogation decision-making model: A general theoretical framework for confessions. *Law and Human Behavior, 41*, 80-92.

Yang, Y., Moody, S. A., Cabell, J. J., & Madon, S. (2019). Why suspects confess: The power of outcome certainty. *Law and Human Behavior, 43*, 468-476.

Yang, Z., Zheng, Y., Yang, G., Li, Q., & Liu, X. (2020). Neural signatures of cooperation enforcement and violation: A coordinate-based meta-analysis. *Social Cognitive and Affective Neuroscience*, in press.

Yao, J., Ramirez-Marin, J., Brett, J., Aslani, S., & Semnani-Azad, Z. (2017). A measurement model for dignity, face, and honor cultural norms. *Management and Organization Review, 13*, 713-738.

Yeager, D. S., Hanselman, P., Walton, G. M., Murray, J. S., Crosnoe, R., Muller, C., et al. (2019). A national experiment reveals where a growth mindset improves achievement. *Nature*, in press.

Yeung, N. C. J., & von Hippel, C. (2008). Stereotype threat increases the likelihood that female drivers in a simulator run over jaywalkers. *Accident Analysis and Prevention, 40*, 667-674.

Yoder, C. Y., Mancha, R., & Agrawal, N. (2014). Culture-related factors affect sunk cost bias. *Behavioral Development Bulletin, 19*, 105-118.

Yopyk, D. J. A., & Prentice, D. A. (2005). Am I an athlete or a student? Identity salience and stereotype threat in student-athletes. *Basic and Applied Social Psychology, 27*, 329-336. York: Psychology Press.

Young, R. K., Kennedy, A. H., Newhouse, A., Browne, P., & Thiessen, D. (1993). The effects of names on perceptions of intelligence, popularity, and competence. *Journal of Applied Social Psychology, 23*, 1770-1788.

Younkin, P., & Kuppuswamy, V. (2018). Discounted: The effect of founder race on the price of new producers. *Journal of Business Venturing, 34*, 389-412.

Yount, K. M., Higgins, E. M., VanderEnde, K. E., Krause, K. H., Minh, T. H., Schuler, S. R., & Anh, H. T. (2016). Men's perpetration of intimate partner violence in Vietnam: Gendered social learning and the challenges of masculinity. *Men and Masculinities, 19*, 64-84.

Yovel, G., & O'Toole, A. J. (2016). Recognizing people in motion. *Trends in Cognitive Sciences, 20*, 383-395.

Yu, D. W., & Shepard, G. H. (1998). Is beauty in the eye of the beholder? *Nature, 296*, 321-322.

Yue, Y., Wang, K. L., & Groth, M. (2017). Feeling bad and doing good: The effect of customer mistreatment on service employee's daily display of helping behaviors. *Personnel Psychology, 70*, 769-808.

Yuille, J. C., & Tollestrup, P. A. (1990). Some effects of alcohol on eyewitness memory. *Journal of Applied Psychology, 75*, 268-273.

Yuki, M. (2003). Intergroup comparison versus intragroup relationships: A cross-cultural examination of social identity theory in North American and East Asian cultural contexts. *Social Psychology Quarterly, 66*, 166-183.

Yurieff, K. (2019, October 2). Instagram rolls out new feature to help fight bullying. *CNN*. http://www.cnn.com/2019/10/02/tech/instagram-restrict-mode/index.html.

Zaccaro, S. J. (2007). Trait-based perspectives of leadership. *American Psychologist, 62*, 6-16.

Zaccaro, S. J., Green, J. P., Dubrow, S., & Kolze, M. (2018). Leader individual differences, situational parameters, and leadership outcomes: A comprehensive review and integration. *The Leadership Quarterly, 29*, 2-43.

Zajonc, R. B. (1965). Social facilitation. *Science, 149*, 269-274.

Zajonc, R. B. (1968). Attitudinal effects of mere exposure. *Journal of Personality and Social Psychology Monograph Supplement, 9*(2), 1-27.

Zajonc, R. B. (1980). Compresence. In P. B. Paulus (Ed.), *Psychology of group influence* (pp. 35-60). Hillsdale, NJ: Erlbaum.

Zajonc, R. B. (1993). Brain temperature and subjective emotional experience. In M. Lewis & J. M. Haviland (Eds.), *Handbook of emotions* (pp. 209-220). New York: Guilford Press.

Zajonc, R. B. (2001). Mere exposure: A gateway to the subliminal. *Current Directions in Psychological Science, 10*, 224-228.

Zajonc, R. B., Heingartner, A., & Herman, E. M. (1969). Social enhancement and impairment of performance in the cockroach. *Journal of Personality and Social Psychology, 13*, 82-92.

Zajonc, R. B., Murphy, S. T., & Inglehart, M. (1989). Feeling and facial efference: Implications of the vascular theory of emotion. *Psychological Review, 96*, 395-416.

Zanna, M. P., & Cooper, J. (1974). Dissonance and the pill: An attribution approach to studying the arousal properties of dissonance. *Journal of Personality and Social Psychology, 29*, 703-709.

Zanon, M., Novembre, G., Zangrando, N., Chittaro, L., & Silani, G. (2014). Brain activity and prosocial behavior in a simulated life-threatening situation. *Neuroimage, 98*, 134-146.

Zapor, H., Wolford-Clevenger, C., Elmquist, J., Febres, J., Shorey, R. C., Brasfield, H., et al. (2017). Psychological aggression committed through technology: A study with dating college students. *Partner Abuse, 8*, 127-145.

Zárate, M. A., Garcia, B., Garza, A. A., & Hitlan, R. T. (2004). Cultural threat and perceived realistic group conflict as dual predictors of prejudice. *Journal of Experimental Social Psychology, 40*, 99-105.

Zarling, A. L., Taber-Thomas, S., Murray, A., Knuston, J. F., Lawrence, E., Valles, N.-L., et al. (2013). Internalizing and externalizing symptoms in young children exposed to intimate partner violence: Examining intervening processes. *Journal of Family Psychology, 27*, 945-955.

Zebrowitz, L. A. (2017). First impressions from faces. *Current Directions in Psychological Science, 26*, 237-242.

Zebrowitz, L. A., & Montepare, J. M. (2005). Appearance DOES Matter. *Science, 308*, 1565-1566.

Zebrowitz, L. A., Luevano, V. X., Bronstad, P. M., & Aharon, I. (2009). Neural activation to babyfaced men matches activation to babies. *Social Neuroscience, 4*, 1-10.

Zebrowitz, L. A., Wang, R., Bronstad, P. M., Eisenberg, D., Undurraga, E., Reyes-García, V., et al. (2012). First impressions from faces among U.S. and culturally isolated Tsimane' people in the Bolivian rainforest. *Journal of Cross-Cultural Psychology, 43*, 119-134.

Zeisel, H., & Diamond, S. (1978). The effect of peremptory challenges on jury and verdict: An experiment in a federal district court. *Stanford Law Review, 30*, 491-531.

Zell, E., & Alicke, M. D. (2009). Self-evaluative effects of temporal and social comparison. *Journal of Experimental Social Psychology, 45*, 223-227.

Zell, E., Alicke, M. D., & Strickhouser, J. E. (2015). Referent status neglect: Winners evaluate themselves favorably even when the competitor is incompetent. *Journal of Experimental Social Psychology, 56*, 18-23.

Zemba, Y., & Young, M. J. (2012). Assigning credit to organizational leaders: How Japanese and Americans differ. *Journal of Cross-Cultural Psychology, 43*, 899-914.

Zemba, Y., Young, M. J., & Morris, M. W. (2006). Blaming leaders for organizational accidents: Proxy logic in collective- versus individual-agency cultures. *Organizational Behavior and Human Decision Processes, 101*, 36-51.

Zentall, T. R. (2012). Perspectives on observational learning in animals. *Journal of Comparative Psychology, 126*, 114-128.

Zentner, M., & Mitura, K. (2012). Stepping out of the caveman's shadow: Nations' gender gap predicts degree of sex differentiation in mate preferences. *Psychological Science, 23*, 1176-1185.

Zhang, J., & Shavitt, S. (2003). Cultural values in advertisements to the Chinese X-generation. *Journal of Advertising, 32*, 23-33.

Zhang, L., & Baumeister, R. F. (2006). Your money or your self-esteem: Threatened egotism promotes costly entrapment in losing endeavors. *Personality and Social Psychology Bulletin, 32*, 881-893.

Zhang, Q., Tian, J., Cao, J., Zhang, D.-J., & Rodkin, P. (2016). Exposure to weapon pictures and subsequent aggression during adolescence. *Personality and Individual Differences, 90*, 113-118.

Zhang, S., & Kline, S. L. (2009). Can I make my own decision? A cross-cultural study of perceived social network influence in mate selection. *Journal of Cross-Cultural Psychology, 40*, 3-23.

Zhang, Y., Crant, J. M., & Weng, Q. (2019). Role stressors and counterproductive work behavior: The role of negative affect and proactive personality. *International Journal of Selection and Assessment*, in press.

Zhong, C. B., Bohns, V. K., & Gino, F. (2010). Good lamps are the best police: Darkness increases dishonesty and self-interested behavior. *Psychological Science, 21*, 311-314.

Zhou, S., Page-Gould, E., Aron, A., Moyer, A., & Hewstone, M. (2019). The extended contact hypothesis: A meta-analysis on 20 years of research. *Personality and Social Psychology Review, 23*, 132-160.

Zhou, X., Vohs, K. D., & Baumeister, R. F. (2009). The symbolic power of money: Reminders after money alter social distress and physical pain. *Psychological Science, 20*, 700-706.

Zhu, D. H. (2014). Group polarization in board decisions about CEO compensation. *Organization Science, 25*, 552-571.

Zhu, Y., McKenna, B., & Sun, Z. (2007). Negotiating with Chinese: Success of initial meetings is key. *Cross Cultural Management: An International Journal, 14*, 354-364.

Zillmann, D. (1983). Arousal and aggression. In R. G. Geen & E. I. Donnerstein (Eds.), *Aggression: Theoretical and empirical reviews: Vol. 1. Theoretical and methodological issues* (pp. 75-101). New York: Academic Press.

Zillmann, D. (1984). *Connections between sex and aggression*. Hillsdale, NJ: Erlbaum. Zillmann, D. (2003). Theory of affective dynamics: Emotions and moods. In J. Bryant, D. Roskos-Ewoldsen, & J. Cantor (Eds.), *Communication and emotion: Essays in honor of Dolf Zillmann* (pp. 533-567). Mahwah, NJ: Erlbaum.

Zillmann, D., Bryant, J., Cantor, J. R., & Day, K. D. (1975). Irrelevance of mitigating circumstances in retaliatory behavior at high levels of excitation. *Journal of Research in Personality, 9*, 282-293.

Zimbardo, P. G. (1969). The human choice: Individuation, reason, and order versus deindividuation, impulse, and chaos. *Nebraska Symposium on Motivation, 17*, 237-307.

Zimbardo, P. G. (1985, June). Laugh where we must, be candid where we can. *Psychology Today*, pp. 43-47.

Zimbardo, P. G. (2007). *The Lucifer effect: How good people turn evil*. New York: Random House. Zimbardo, P. G.

(2018, June 23). Philip Zimbardo's response to recent criticisms of the Stanford Prison Experiment. https://static1.squarespace.com/static/557a07d5e4b05fe7bf112c19/t/5b350e8c88251b84354ce4de/1530203829373/Zimbardo2018-06-23.pdf.

Zimbardo, P. G., Banks, W. C., Haney, C., & Jaffe, D. (1973, April 8). The mind is a formidable jailer: A Pirandellian prison. *New York Times Magazine,* pp. 38-60.

Zimbardo, P. G., LaBerge, S., & Butler, L. D. (1993). Psychophysiological consequences of unexplained arousal: A posthypnotic suggestion paradigm. *Journal of Abnormal Psychology, 102,* 466-473.

Zuckerman, M., DePaulo, B. M., & Rosenthal, R. (1981). Verbal and nonverbal communication of deception. In L. Berkowitz (Ed.), *Advances in experimental social psychology* (Vol. 14, pp. 1-59). New York: Academic Press.

Zuckerman, M., Knee, C. R., Hodgins, H. S., & Miyake, K. (1995). Hypothesis confirmation: The joint effect of positive test strategy and acquiescence response set. *Journal of Personality and Social Psychology, 68,* 52-60.

Zuo, B., Wen, F., Wang, M., & Wang, Y. (2019). The mediating role of cognitive flexibility in the influence of counter-stereotypes on creativity. *Frontiers in Psychology,* Article 105.

Zuwerink, J. R., & Devine, P. G. (1996). Attitude importance and resistance to persuasion: It's not just the thought that counts. *Journal of Personality and Social Psychology, 70,* 931-944.

Índice onomástico

A

Aarts, H., 134
Abelson, R. P., 106, 241
Abrams, D., 78
Abramson, L. Y., 616
Acevedo, B. P., 390
Acitelli, L. K., 146
Acker, M., 390
Ackerman, J. M., 376, 377
Ackermann, F., 340
Ackermann, K. A., 338
Adair, J. G., 555
Adair, W. L., 343
Adam, A., 428
Adams, G. R., 602
Adams, J., 207
Adams, J. S., 382
Adams, P. R., 602
Ader, R., 610
Adler, N. E., 605
Adorno, T., 290
Agarwal, U., 316
Aggarwal, I., 335
Aggarwal, P., 316 Agnew, C. R., 382
Aguiar, P., 130
Agustsdottir, S., 56
Aharon, I., 363
Ahn, T. K., 337
Ainsworth, M., 385
Ainsworth, S. E., 465
Aitken, J., 415
Ajzen, I., 205, 214, 215
Akerloff, G. A., 590
Aknin, L. B., 416, 643
Albarracín, D., 17, 204, 205, 214, 215, 227, 636
Albright, L., 146
Alceste, F., 503, 520
Alcott, V. B., 566
Aldamer, S., 421
Alden, L. E., 349
Alessandri, G., 29
Alexander, G. M., 181, 488
Alfieri, T., 124
Alge, B. J., 556
Alicke, M. D., 89
Alkadi, R., 421
Allan, R., 610
Allen, J., 260
Allen, J. B., 389
Allen, J. J., 481
Allen, M., 391
Allen, V. L., 269, 271
Alliger, G. M., 562
Alloy, L. B., 616
Allport, F., 11
Allport, G. W., 7, 11, 12, 185, 190
Alquist, J. L., 121
Alterovitz, S. S.-R., 375
Altheimer, I., 473
Altman, I., 391
Alvarenga, M. E., 610

Alvidrez, A., 142
Alwin, D. F., 301
Alyoubi, B. A., 333
Amabile, T., 59
Amabile, T. M., 582, 587
Amato, P. R., 614
Ambady, N., 110, 111, 112, 159
Ambrose, M. L., 571
Amodio, D. M., 18, 31, 174
Anastasi, J. S., 508
Andersen, S., 53
Anderson, C. A., 7, 136, 140, 460, 463, 476, 480, 483, 484, 485
Anderson, C. J., 46
Anderson, J. L., 361
Anderson, J. R., 412, 464
Anderson, M., 459
Anderson, M. H., 577
Anderson, N. H., 131, 134, 139
Andreasson, P. B., 591
Andrighetto, L., 174
Anisman, H., 614
Ansari, A., 354
Apaydin, E., 161
Apfelbaum, E. P., 159
Appleby, S. C., 525
Archer, J., 461, 484
Arendt, H., 287
Arieli, S., 15
Arkes, H. R., 593
Arkin, R. M., 87, 94
Arluke, A., 427
Armaly, M. T., 325
Armor, D. A., 635
Arndt, J., 175, 536
Arnocky, S., 376
Aron, A., 371, 387, 390, 401
Aron, A. P., 388
Aronson, E., 42, 169, 193, 199, 244, 249, 370, 371
Aronson, J., 168
Arslan, R. C., 380
Arthur, W., 563
Artz, B., 586
Ascani, K., 284
Asch, S., 13, 42
Asch, S. E., 134, 136, 263, 264, 265, 268, 269, 270, 299, 540
Asgari, S., 578
Askenasy, H., 290
Aspinwall, L. G., 89, 620, 623, 629
Asscher, J. J., 494
Atran, S., 79
Attrill, A., 93
Atwater, L., 571
Auerbach, S. M., 625
Augsburger, M., 471
Avery, D., 151
Avery, D. R., 334
Aviezer, H., 106
Aviv, R., 522
Avolio, B. J., 572, 576, 578

Axsom, D., 244, 635
Axsom, D. K., 382
Axtell, R. E., 106, 112, 276
Ayalew, M., 418
Ayton, P., 593

B

Babcock, L., 586
Bachrach, D. G., 330
Back, M., 95
Back, M. D., 356
Bagemihl, B., 396
Bahrick, H., 64
Bailenson, J. N., 18
Bailey, J. M., 396, 397, 398
Bailey, J. O., 18
Baker, E. R., 467
Bakhshay, S., 534
Balakrishnan, V., 464
Balcetis, E., 15, 128, 245
Baldus, D. C., 543
Baldwin, A. S., 617
Baldwin, M., 65
Baldwin, M. W., 55
Bales, R., 309
Ballard, D. W., 580
Balliet, D., 443
Baltzer Nielsen, S., 18
Balzer, W. K., 569, 570
Banaji, M., 209
Banaji, M. A., 210
Banaji, M. R., 171
Bandura, A., 467, 469, 617
Bangerter, A., 560
Banuazizi, A., 544
Banyard, V. L., 427, 439
Barberis, N., 592
Bargh, J., 15
Bargh, J. A., 131, 132, 216, 261, 265
Barkan, R., 251
Barlett, C. P., 463
Barling, J., 605
Barnes, C. M., 196, 556
Barnes, R. D., 443
Barnes Nacoste, R., 566
Barnett, W., 471
Barnier, A. J., 330
Baron, R. A., 431, 470, 475
Baron, R. S., 269, 314, 328
Barreto, M., 577
Barrett, H. C., 107
Barrett, L. F., 106
Barrick, M. R., 558, 563
Barron, L. G., 199
Barrowclough, C., 443
Bartal, I. B., 414
Bartels, B., 272
Bartels, M., 642
Bartholow, B. D., 196, 477
Barthrop, R. W., 611
Bartlett, T., 46
Bartol, A. M., 503

Bartol, C. R., 503
Bass, B. M., 572, 576, 577
Bass, R., 572
Bassili, J. N., 273
Bates, J. A., 41
Bates, T. C., 335
Bateson, M., 77
Batson, C. D., 414, 415, 419, 427, 432, 443, 471
Batz-Barbarich, C., 638
Bauer, I., 90
Baum, A., 607
Baumeister, R., 72, 73, 77
Baumeister, R. F., 81, 91, 133, 249, 348, 373, 395, 397, 593, 623
Baumgartner, F. R., 533
Bavishi, A., 155
Baxter, L. A., 391
Bayer, P., 153
Bazerman, M. H., 250, 340
Bazzini, D., 364
Beach, S., 357
Beaman, A., 430
Beaman, A. L., 77, 319
Beames, J. R., 479
Beaton, E. A., 352
Bebbington, K., 134
Becker, J. C., 198, 300
Beckerman, S., 379
Bedau, H., 531
Bednarik, P., 337
Beer, J. S., 18
Bégin, C., 184
Bègue, L., 130
Behm-Morawitz, E., 485
Beidler, E., 18
Beigi, M., 309
Beilock, S. L., 83
Bekafigo, M. A., 324
Bell, A. P., 396
Belletier, C., 314
Belluck, P., 397
Belmore, S. M., 136
Bem, D., 55
Bem, D. J., 248, 397
Bencharit, L. Z., 558
Bender, M. B., 494
Ben-Hur, S., 328, 329
Benjamin, L. T., 293
Bennett, S., 470
Benozio, A., 247
Ben-Shakhar, G., 519
Bensley, D. A., 25
Ben-Zeev, T., 169
Berg, J. H., 391
Berglas, S., 87
Bergsieker, H. B., 159
Berke, D. S., 465
Berkelaar, B. L., 560
Berkman, L., 630
Berkowitz, L., 41, 468, 470, 475, 477
Bermeitinger, C., 235
Bernardin, H. J., 569
Berns, G. S., 268
Bernstein, M. J., 267
Bernsten, D., 63
Berry, C. M., 562
Berry, D. S., 105, 277
Berry, J. W., 604
Berscheid, E., 355, 366, 369, 378, 386, 388, 389, 399, 403
Bersoff, D. N., 533
Bertrand, M., 557
Besbris, M., 153
Besemer, S., 470

Besen-Cassino, Y., 586
Bessenoff, G. R., 76
Betancur, L., 25
Bettencourt, B. A., 463
Beu, D. S., 287
Beyer, S., 570
Bezdjian, S., 466
Bhalla, R., 435
Bhatt, S., 519
Bibas, S., 526
Bickman, L., 286, 602
Biddle, J. E., 359
Biesanz, J. C., 146
Bilali, R., 199
Birtel, M. D., 7
Bizer, G., 205
Black, J., 310
Blair, I. V., 158, 160
Blanchard, B., 409
Blandón-Gitlin, I., 525
Blank, H., 97
Blanken, I., 252
Blanton, H., 210
Blascovich, J., 18
Blass, T., 12, 290, 292, 293, 294, 297
Bleich, A., 603
Bleidorn, W., 74, 75
Bloom, P., 420
Blum, R. W., 163
Bobocel, D. R., 564
Bochner, S., 230
Bodenhausen, G. V., 196, 210
Boe, J. L., 182
Boehm, J. K., 610
Bogart, L., 90
Bold, K. W., 610
Boldero, J., 75
Bolger, N., 605
Bollich, K., 54
Bonanno, G. A., 616
Bond, C., 114
Bond, C. F., 518
Bond, C. F., Jr., 313
Bond, M. A., 567
Bond, M. H., 14, 179
Bond, R., 278
Boninger, D. S., 215, 240
Bono, J. E., 576, 577
Bonta, B., 459
Booth-Kewley, S., 608
Bordens, K. S., 526
Bordia, P., 591
Borduin, C. M., 494
Borkenau, P., 112
Borman, W. C., 569
Bornstein, B. H., 503, 533
Bornstein, G., 339
Bornstein, R. F., 357
Bos, A. L., 162, 186
Bos, P. A., 415
Bosak, J., 163
Bose, U., 333
Bosone, L., 237
Bosson, J. K., 50, 95, 160, 177, 394, 465, 471
Boswell, W. R., 581
Bottoms, B. L., 510
Boucher, H. C., 69, 92
Bourassa, K., 18
Bower, G. H., 131
Bowker, J. C., 471
Bowlby, J., 385
Boyatzis, R., 573
Bradbury, T. N., 399, 400, 402
Bradfield, A. L., 514, 530

Brady, S. S., 325, 458
Brady, S. T., 194
Brady, W., 17
Braga, T., 471
Braly, K., 152
Brambilla, M., 137
Brasor, P., 458
Bratko, D., 431
Brauer, M., 198
Bray, R. M., 274, 538
Brean, H., 233
Brehm, J. W., 238, 245, 373
Brehm, S. S., 238, 373, 635
Brendgen, M., 459
Brescoll, V. L., 162
Bressan, P., 139
Brett, J. M., 343
Brewer, M. B., 134, 177
Brewer, N., 503, 536
Brickman, P., 641
Bridgett, D. J., 81
Brigham, J. C., 508
Briñol, P., 219, 220, 241
Brisimis, E., 310
Brockner, J., 584
Broesch, T., 53
Brooks, J. E., 367
Brooks, R., 112
Brooks-Gunn, J., 52
Brown, A., 152
Brown, A. A., 29, 512
Brown, J., 85, 90
Brown, J. D., 92
Brown, R., 64, 177, 187, 297
Brown, R. P., 460, 473
Brown, T. J., 442
Brown, W. A., 635
Browne, G., 429
Brownell, K. D., 366
Brownstein, A., 245
Bruck, M., 510
Brügger, A., 262
Bruneau, E., 174
Brunell, A. B., 29
Bruner, J. S., 134, 138
Buckholtz, J., 467
Buckhout, R., 511
Buckley, M. R., 287, 578
Bucolo, D. O., 154
Buehl, A.-K., 559
Buhrmester, M. D., 444
Bui, N. H., 119
Burger, J. M., 280, 282, 283, 284, 292, 293, 294
Burkart, J. M., 415
Burke, M., 604
Burke, T. M., 517
Burkhardt, J., 475
Burlingame, G. M., 310
Burnette, J. L., 328
Burns, J. M., 576
Burns, S., 518
Burnstein, E., 136, 324, 411
Busching, R., 468, 494
Bushman, B., 463
Bushman, B. J., 286, 475, 477, 483
Buss, A. H., 78
Buss, D. M., 15, 355, 373, 374, 377, 378, 380, 392, 465
Bussey, K., 491
Butler, B., 532
Butz, D. A., 176
Buunk, B. P., 382
Buzzanell, P. M., 560
Byers, E. S., 391

Bylsma, W. H., 586
Byrne, D., 354, 368, 369, 610
Byrne, R. M. J., 121
Byrne, S., 487

C

Cacioppo, J., 207, 218
Cacioppo, J. T., 18, 204, 207, 208, 218, 221, 229, 235, 247, 349, 351, 353, 630
Cacioppo, S., 352
Caldwell, D. F., 282
Caleo, S., 161
Camara, W. J., 561
Camerer, C., 592
Cameron, C. D., 418
Cameron, J., 60, 583
Cameron, J. J., 143
Cameron, K. A., 237
Campbell, A., 466
Campbell, D., 229
Campbell, D. J., 570
Campbell, D. T., 40, 176
Campbell, L., 119, 380
Campbell-Meiklejohn, D., 416
Campion, M. A., 558
Cannon, W. B., 607
Capeza, R., 364
Capozza, D., 177
Caprara, G., 436, 437
Caputo, A., 342
Caputo, D., 283
Cara, E., 440
Card, N. A., 461, 462
Cárdenas, R. A., 361
Cardenas, S. A., 15
Carey, B., 608
Carey, H. R., 321
Carl, D., 579
Carli, L. L., 272, 577, 578
Carlsmith, J. M., 42, 242, 243, 244
Carlsmith, K. M., 542
Carlson, C. A., 507
Carlson, E. N., 53, 57
Carlson, M., 426
Carlson, M. A., 507
Carlston, D. E., 133
Carnahan, T., 546
Carnegie, D., 224
Carpenter, C. J., 279
Carpenter, S., 588
Carr, P. B., 198
Carr, P. J., 470
Carr, R. M., 331
Carr, T. H., 83
Carroll, J. M., 106
Carswell, K. L., 400
Carter, G. G., 411
Cartwright, D., 310
Caruso, E. M., 589
Carvallo, M., 85
Carver, C., 77
Carver, C. S., 79, 81, 604, 617, 618, 619, 622, 624
Casale, S., 184
Cascio, J., 155
Case, Charleen, 351
Case, R. B., 630
Cashdan, E., 467
Casper, D. M., 461
Caspi, A., 352
Cassell, P., 531
Cassidy, J., 384, 385
Cassidy, K. A., 412
Castaño, N., 310
Castelli, L., 180

Catrambone, R., 314
Caudek, C., 111
Ceccarini, F., 111
Ceci, S. J., 161, 328, 510, 511
Cesarani, D., 287
Cesario, J., 133, 236, 237
Cha, A. E., 561
Chaiken, S., 55, 220, 225, 226, 231, 359
Chakroff, A., 116
Chambers, J. R., 130, 340
Chandrashekaran, M., 324
Chang, H., 446, 467
Chao, G. T., 566
Chapdelaine, A., 370
Chapman, D. S., 564
Charlesworth, T., 210
Charman, S. D., 514, 518
Chartrand, T. L., 97, 132, 261
Chatard, A., 77
Chattopadhyay, A., 232
Chavez, G., 565
Chemers, M. M., 574
Chen, F. F., 369
Chen, J. M., 633, 634
Chen, R., 393
Chen, S., 53, 69, 220
Chen, W. F., 359
Chen, X., 352, 464
Cheng, B.-S., 579
Cheng, C. M., 97
Cherry, E. C., 51
Chester, D. S., 475
Cheung, F. M., 578
Cheung, W. Y., 65
Chiao, J. Y., 436
Chib, V. S., 314
Chiesa, M., 555
Chin, J. L., 579
Chivers, M. L., 397
Choi, D. D., 444
Chopik, W. J., 386, 439, 618
Christenfeld, N., 378
Christensen, A., 401
Christensen, A. J., 620
Christian, L. M., 612
Chua, R. J., 333
Chuapetcharasopon, P., 321
Chung, J. M., 71
Cialdini, R., 278
Cialdini, R. B., 88, 247, 259, 265, 281, 282, 283, 284, 285, 417
Cikara, M., 31, 173, 174, 177, 444
Cioffi, D., 626
Claire, T., 169
Clark, D. M. T., 354
Clark, J. K., 223
Clark, M. S., 383, 384, 443
Clark, R. D., III, 274, 275
Clark, S. E., 512
Clarke-Pearson, K., 61
Clement-Guillotin, C., 128
Clifford, M. M., 359
Clifford, S., 41
Clobert, M., 16, 439
Clore, G. L., 354
Coe, C. L., 611
Coenders, M., 176
Coetzee, T. M., 437
Cogsdill, E. J., 103
Cohen, A. H., 476
Cohen, D., 106, 460, 472, 473, 476
Cohen, G. L., 194, 220
Cohen, S., 194, 599, 600, 611, 612, 613, 614, 625, 629
Cohn, A., 440

Cohn, E. S., 154, 530
Coker, A. L., 430
Colarelli, S. M., 411, 432
Cole, S. W., 626
Coles, N., 57
Collins, H., 308
Collins, N. L., 382, 390
Columb, C., 197
Colvin, C. R., 91, 620
Comfort, C., 532
Cone, J., 136, 422
Conger, R. D., 401, 605
Conlon, D. E., 593
Conner, A., 66, 71
Conner, A. L., 632
Conner, M., 215
Connerly, M. L., 564
Connor, R. A., 162
Connors, E., 505
Connor-Smith, J., 617
Contrada, R. J., 371, 607
Contrera, J., 554
Conway, A. R., 51, 442
Conway, J. M., 570
Conway, L. G., III, 298
Conway, M. A., 63, 64
Cook, K. S., 382
Cook, K. V., 436
Cook, T. D., 40
Cooley, C. H., 53, 60
Cooley, E., 166
Cooper, J., 223, 244, 245, 246, 247
Cooper, M. L., 78
Cooper, W. H., 569
Coopersmith, S., 71
Cope, V., 370
Copeland, J. T., 144
Cornell, D. G., 459
Correll, J., 188, 189
Corrington, A., 166
Corriveau, K. H., 264
Cose, E., 166
Costa, P. T., Jr., 133
Costanzo, M., 503, 533
Costello, K., 174
Cotton, R., 504
Cousins, N., 619
Cowan, C. L., 532
Cowell, J. M., 414
Cowley, G., 361
Cox, A., 428
Cox, M., 533
Cox, T. H., Jr., 579
Cox, W. T. L., 161
Coyne, J. C., 620
Coyne, S. M., 183, 434, 484, 485, 486
Cracco, E., 260
Craig, C., 476
Craig, S. B., 571
Crano, W. D., 204, 274, 275
Crespo-Llado, M. M., 415
Crick, N. R., 461, 471
Crocker, J., 73, 75, 166
Croizet, J. C., 169
Cronbach, L. J., 145
Cronshaw, S. F., 563
Cropanzano, R., 583, 585
Crosby, D., 586
Crosby, F. J., 564
Cross, E. J., 160
Crossan, M., 575
Crowley, M., 446
Croyle, R., 247
Crozier, W. R., 349, 352
Crum, A. J., 632

Crutchfield, R. S., 265
Cruz, D., 409
Cryder, C. E., 432
Csikszentmihalyi, M., 76, 627, 637, 641
Cuartas, J., 468
Cuddy, A. J. C., 135
Culbertson, F. M., 615, 628
Cunningham, M., 360
Cunningham, M. R., 431
Cunningham, W. A., 173, 208
Curci, A., 64
Curry, O. S., 416
Curseu, P. L., 321
Curtis, N. M., 494
Curtis, R. C., 371
Cutler, B., 513
Cutler, B. L., 503, 505, 511, 513, 527, 534
Cutler, J., 416
Cutrín, O., 461
Cymek, D. H., 316

D

Dabbs, J. M., 466
Dabbs, J. M., Jr., 467
Dabbs, M. G., 467
da Cunha-Bang, S., 467
Daftary-Kapur, T., 534
D'Agostino, P. R., 357
Daly, M., 464
Damisch, L., 132
Dang, J., 308
Darley, J., 61
Darley, J. M., 138, 143, 144, 423, 424, 425, 427, 430, 542
Daruna, J. H., 611
Darwin, C., 361
Dasgupta, N., 195
David, D., 85
David, N., 52
Davidson, A., 214
Davidson, A. R., 215
Davidson, K. W., 610
Davidson, O. B., 556
Davies, K., 192
Davies, P. G., 30, 183
Davis, B. P., 279
Davis, D., 521
Davis, J. H., 531, 539, 540, 541
Davis, J. L., 368
Davis, K. E., 116
Davis, M. H., 390
Davis, S., 375
Davison, K. P., 627
Dawber, T., 182
Dawes, R. M., 335
Dawkins, R., 410
Day, D. D., 97, 570
Dayan, M., 333
Dayman, L., 458
de Almeida, R. M., 17, 467
Deaux, K., 161, 586
DeBono, A., 475
DeBono, K., 236
DeBono, K. G., 236
Decety, J., 174, 414, 415, 467
DeChurch, L., 329
Deci, E. L., 59, 582, 583
De Cremer, D., 547
De Dreu, C., 275
De Dreu, C. K. W., 338
De Dreu, C. W., 340
Deffenbacher, K. A., 512
Degner, J., 172
de Hoog, N., 231
De Houwer, J., 209

De Houwer, J. D., 205
De La Torre, P., 570
Delgado, M. R., 63
Del Hoyo-Bilbao, J., 469
DeMaris, A., 383
Demiray, B., 64
De Nicholas, M88. E.,
DeNisi, A. S., 568
Denissen, J. A., 349
Dennis, A. R., 323
Denrell, J., 141
Densley, J., 471
Denson, T. F., 467, 478, 479, 491
Denworth, L., 196
DePaulo, B., 114, 165
DePaulo, B. M., 146, 372, 446, 518
De Raad, B., 133
Derlega, V. J., 390, 391
Dervan, L., 526
Désert, M., 169
Desilver, D., 161
Desmarais, S. L., 513, 516
De Steno, D. A., 378, 419
Deters, F. G., 61
Deutsch, M., 265, 269
De Veer, M. W., 52
Devine, P. G., 187, 197, 198, 230, 247, 512, 534
De Vries, N., 275
de Waal, F., 412, 414
de Waal, F. B. M., 414
DeWall, C., 478, 479, 481
DeWall, C. N., 110
Diamond, L. M., 380, 397
Diamond, M., 396
Diamond, S. S., 528, 534, 542
DiBartolo, P. M., 352
Dickie, J. R., 353
Dickson, M. W., 579
Dickson, W. J., 555
Dickter, C. L., 198, 307
DiDonato, T. E., 171
Diener, E., 318, 319, 365, 637, 638, 639, 642, 644
Diesendruck, G., 247
DiFonzo, N., 591
Dijksterhuis, A., 132, 134
Dimberg, U., 110
Dindia, K., 391
Dinero, R. E., 385
Dinic´, B. M., 463
Dion, K. K., 364, 388, 393
Dion, K. L., 388, 393
Dionisio, D. P., 519
Dipboye, R. L., 559
Dittmann, M., 601
Ditto, P. H., 15
Dizikes, C., 418
Dobbin, F., 556
Dolinski, D., 281, 294
Dollard, J., 474
Dollinger, A., 409
Dominus, S., 259
Donnerstein, E., 41, 471, 487
Donnerstein, M., 471
Donovan, B. M., 198
Donovan, J. J., 561
Dopp, A. R., 495
Dornburg, C. C., 323
Dornbusch, S. M., 131
Dougherty, T. W., 559
Douglas, E. M., 457
Douglass, A. B., 503, 515
Dover, T. L., 17
Dovidio, J. F., 152, 154, 193, 418, 436, 443

Downing, L. L., 320
Downs, A. C., 359
Doyle, J. M., 505
Dreher, G. F., 579
Drigotas, S. M., 382
Druckman, D., 340
Dryburgh, N. S. J., 491
DuBois, C. L. Z., 578
Duck, S., 392
Duckitt, J., 176
Duclos, R., 591
Dudley, N. M., 561
Dueck, L., 460
Duke, A. A., 480
Dulebohn, J. H., 333
Dunbar, R. I. M., 4
Dunham, Y., 157
Dunkel Schetter, C., 612
Dunn, D. S., 165
Dunn, E. W., 416, 643
Dunning, D., 15, 54, 84, 128, 129, 145, 185, 245
Duntley, J. D., 465
Dunton, B. C., 197
Dupree, C. H., 159
Durak, H. Y., 316
Durik, A. M., 60, 583
Durivage, A., 563
Durso, S., 18
Dutton, D. G., 388
Dutton, K., 218
Duval, S., 76
Duval, T. S., 76
Dweck, C. S., 27, 118, 196
Dwight, S. A., 562
Dysart, J. E., 507, 517
Dzokoto, V., 57

E

Eagly, A. H., 160, 181, 182, 224, 272, 364, 446, 577, 578
Earle, A., 418
Early, D. W., 153
Easton, J., 377
Eastwick, P. W., 366, 371, 378, 380
Eaton, A. A., 106
Ebbeck, V., 471
Eberhardt, J. L., 15, 26, 31, 155, 156, 172, 173, 198, 543
Eberly-Lewis, M. B., 437
Ebstein, R. P., 436
Eckhardt, C. I., 480
Edelman, E. J., 153
Edelstein, R. S., 386
Eden, C., 340
Eden, D., 143
Eder, R. W., 558
Edkins, V. A., 526, 527
Edlund, J. E., 377
Edwards, J. A., 116
Edwards, K., 230
Edwards, K. M., 430, 497
Effron, D. A., 580
Egebark, J., 265, 270
Ehrenreich, S. E., 463
Ehrlichman, H., 395
Ehrlinger, J., 145
Eibach, R., 65
Eichenstein, R., 395
Eichstaedt, J., 78
Eichstaedt, J. C., 34
Eisenberg, N., 414, 436, 438
Eisenberg, T., 534
Eisenberger, N. I., 4, 18, 72, 308
Eisenberger, R., 60, 280, 286, 583

Eisenstadt, D., 76
Ekman, P., 109, 113, 114
Ekström, M., 265, 270
Elaad, E., 519
Eldridge, W. B., 542
Elfenbein, H. A., 110
Elipe, P., 459
Elkin, R. A., 247
El Leithy, S., 604
Ellemers, N., 160, 171, 181, 184
Elliot, A. J., 60, 247, 363, 583
Ellsworth, P. C., 154, 530, 532
Elms, A., 290
Elms, A. C., 294
Elson, M., 486
Elwork, A., 536
Ely, R. J., 56, 144
El Zein, M., 329
Emswiller, T., 161
Enders, A. M., 153, 325
Engelhardt, C. R., 18
Englich, B., 543
English, T., 69
Ensafdaran, F., 491
Eom, K., 217
Epley, N., 108, 115, 184
Eply, N., 85
Erber, M. W., 380
Erber, R., 380
Erdogan, I., 309
Eres, R., 444
Ericksen, J. A., 394
Erickson, W. B., 507
Ernst, H. M., 185
Erol, R. Y., 71
Er-rafiy, A., 198
Erreygers, S., 432
Eschleman, K. J., 205
Espinoza, P., 186
Espinoza, R. E., 165
Etkin, R. G., 471
Evans, A. T., 223
Evans, G. W., 604, 605
Evans, J. R., 507
Evans, R., 308, 458
Evans, S. M., 382
Evelo, A. J., 513
Everett, J. A. C., 422
Everly, B. A., 160
Evers, A., 161
Everson, S. A., 619, 620
Everson-Rose, S. A., 609
Eyal, T., 184

F

Fagin-Jones, S., 439
Falk, C. F., 91
Fallon, A. E., 111
Fan, A., 179
Fang, Y., 437
Fanti, K. A., 458
Farley, S. D., 279
Farnham, S. D., 92
Farrell, W., 163
Farrelly, D., 442
Fawcett, J. M., 507
Fay, R. E., 396
Fazio, R., 143
Fazio, R. H., 56, 197, 205, 209, 213, 215, 216, 246, 248
Feeley, T. H., 279
Feeney, B. C., 382
Fehr, B., 386
Fein, E., 371
Fein, S., 38, 154, 178, 199

Feinberg, T., 51
Feingold, A., 364, 365, 369
Feinstein, B. A., 61, 89
Feitosa, J., 311
Feldman, D. C., 573
FeldmanHall, O., 438
Fenigstein, A., 78
Fennelly, G., 458
Ferguson, C. J., 486
Ferguson, M., 205
Ferguson, M. J., 136
Ferrari, J. R., 87, 623
Ferriz, L., 491
Feshbach, S., 231
Festinger, L., 13, 61, 224, 241, 242, 243, 245, 246, 265, 310, 318, 356
Fetterolf, J., 164
Fetterolf, J. C., 160
Ficks, C. A., 467
Fiedler, F. E., 573, 574
Fiedler, K., 185
Fiedler, S., 338, 442
Figge, M., 284
Figurski, T. J., 76, 627
Filindra, A., 176
Fincham, F., 402
Fincham, F. D., 401, 402
Fine, M. A., 402, 403
Fine, S., 562
Fingerhut, A. W., 355, 399
Fink, A. A., 588
Finkel, E. J., 50, 355, 366, 371, 378, 382, 400, 478, 481
Finkel, N. J., 537
Finkelhor, D., 469
Fischer, E. F., 392
Fischer, P., 427, 429
Fishbach, A., 337, 338
Fishbein, M., 205, 214, 215
Fisher, A. D., 15
Fisher, H., 386
Fisher, H. E., 389, 392
Fisher, J., 610
Fisher, J. D., 636
Fisher, M. L., 362
Fisher, T. D., 29
Fisher, W. A., 636
Fiske, A. P., 384
Fiske, S. T., 70, 124, 126, 146, 159, 160, 162, 178, 183
Fitzgerald, C. J., 411
Fitzgerald, J. M., 63
Fitzgerald, R., 532
FitzGibbon, L., 121
Fivush, R., 63
Florian, V., 617
Flory, J. D., 76
Flowe, H. D., 512
Foa, E. B., 603
Folger, R., 571, 584, 585
Folkman, S., 600, 622, 623, 624
Follett, M. P., 340
Forbes, G., 455
Forbes, G. B., 455
Forgas, J. P., 81, 131
Forscher, P. S., 161, 190
Forster, E. M., 56
Fortuna, K., 436
Foster, C. A., 389
Fosterling, F., 118
Fowler, F. J., Jr., 206
Fowler, K. A., 112
Fox, E., 110
Francis, J., 75
Frank, J., 536

Frantz, C. M., 169
Fraser, S. C., 282
Frattaroli, J., 627
Frazier, P., 417, 624
Frear, K. A., 161
Frease-McMahan, L., 380, 399
Fredrickson, B. L., 609, 624
Freeberg, T. M., 411
Freedman, G., 186
Freedman, J. L., 237, 282
Freeman, K., 478
Frenda, S. J., 509
Freund, T., 136
Frey, K. S., 31
Fried, Y., 565, 571
Friedland, N., 623
Friedman, H. S., 608, 618, 620
Friedman, K., 183
Friedman, M. J., 603
Friedrich, J., 229
Friend, R., 273
Friesen, W. V., 113
Fritsche, I., 310
Fritz, C., 604
Frohlich, P. F., 388
Fry, D. P., 459
Fry, R., 161
Fujita, F., 642
Funk, S. C., 616
Furche, A., 591
Furnham, A., 130, 324, 359

G

Gabarro, J. J., 579
Gabbert, F., 265, 266, 514
Gaertner, S. L., 154, 193
Gaesser, B., 198
Gaffney, H., 495
Gailliot, M., 82
Gaither, J. R., 158
Gaither, S. E., 180
Galanter, M., 287
Gale, E., 106
Galea, S., 602
Galef, B. G., 260
Galen, B. R., 461
Galinsky, A. D., 250, 334
Gallo, L. C., 605, 608
Gallup, G., 52
Galobardes, B., 609
Game, F., 361
Gamson, W. A., 297
Gangestad, S. W., 96, 373, 378
Ganna, A., 397
Ganong, L., 372
Ganz, J., 151
Garcia, J. E., 574
Gardikiotis, A., 274
Gardner, W. L., 314
Garland, H., 593
Garrett, B. L., 521, 525
Gaucher, D., 32
Gawronski, B., 210
Geary, D. C., 379
Gee, C. J., 470
Geen, R. G., 314, 475
Gehlbach, H., 29
Geiger, A. W., 161
Geis, F. L., 183
Geiselman, R. E., 364
Gelfand, M. J., 310, 342, 566
Gentile, B., 74
Georgeac, O., 198
Georgeac, O. A. M., 160
Georgesen, J. C., 569

Gerard, H. B., 265, 269, 270
Gerber, J., 267
Gerber, J. P., 61
Gergen, K. J., 13
Gerhart, B., 586
Gershoff, E. T., 469
Gerson, J., 483
Gervais, W., 79
Gervais, W. M., 165
Geschke, D., 325
Geyer, A. L., 273
Ghumman, S., 196
Giancola, P. R., 78, 480
Gibbons, F. X., 17, 89
Gibbons, S. L., 471
Gibbs, J. C., 491
Gibbs, W., 482
Gibson, B., 88
Giesler, R. B., 95
Gigerenzer, G., 119
Gilbert, D., 55, 637
Gilbert, D. T., 46, 123, 124, 642
Gilbert, S. J., 292
Gillig, P. M., 227
Gil-Or, O., 93
Gilovich, T., 92, 119, 643
Gimenez-Nadal, J. I., 605
Giner-Sorolla, R., 220
Gino, F., 250, 251
Gioia, D. A., 571
Girgus, J. S., 628
Gladwell, M., 112, 314
Glanz, J., 326, 330
Glaser, T., 213
Glasman, L., 214
Glaso, L., 556
Glasper, E. R., 415
Glass, D. C., 314, 617
Glick, A. R., 467
Glick, B., 491
Glick, P., 160, 163
Godar, S. C., 466
Godfrey, D. K., 94
Goel, V., 45
Goethals, G. R., 61, 246, 572, 573
Goff, P. A., 30, 174, 547
Goffman, E., 92, 97
Goh, J. X., 184
Gold, M. A., 143
Goldberg, P., 160, 161
Goldenberg, A., 198
Goldhagen, D. J., 287
Goldhill, O., 158
Goldiner, D., 151
Goldstein, N. J., 259, 265
Goleman, D., 573
Gollan, J., 568
Gonzaga, G., 370
Gonzales, D., 452
Gonzalez, A. Q., 376
Good, J. J., 565
Goodwin, G. P., 137
Goodwin, K. A., 265, 266
Goodwin, S. A., 146
Gordon, R. A., 359
Gosling, P., 242
Gosling, S., 104
Gosling, S. D., 41
Gossett, J. L., 487
Goswami, R., 467, 468
Gotlib, I. H., 615
Gottfredson, L. S., 561
Gottlieb, A., 429
Gottman, J. M., 401
Gottman, J. S., 401

Gouin, J., 612
Gouldner, A. W., 280
Goyal, N., 281
Goyer, J. P., 9, 195
Gozjolko, K. L., 462
Gracia, E., 443
Grady, K., 238
Graff, P., 240
Graham, J., 17
Grammer, K., 361
Gramzow, R. H., 86
Granberg, D., 272
Granhag, P. A., 115, 503, 519
Grant, S., 471
Granville, K., 45
Graupensperger, S., 308
Grawitch, M. J., 580
Gray, H. M., 107
Gray, J., 163, 393
Gray, K., 434
Gray-Little, B., 74
Greenaway, K. H., 174
Greenberg, J., 72, 76, 175, 231, 316, 556, 583, 584, 585, 628
Greenberg, M. S., 280
Greene, D., 582
Greene, E., 503, 533, 543
Greenfield, P., 69
Greenwald, A., 64
Greenwald, A. G., 92, 157, 178, 209, 210, 211, 219, 227, 233, 234
Gregg, A. P., 84
Gregory, W. L., 526
Greitemeyer, T., 140, 372, 429, 484, 486
Griffiths, S., 184
Grinshteyn, E., 455, 457
Griskevicius, V., 272, 375, 465
Grogan-Kaylor, A., 469
Gross, J. J., 626
Gross, P. H., 138
Grossman, M., 401
Grossmann, T., 438
Grote, N. K., 383
Groves, C. L., 482
Gruber, J., 645
Guan, F., 67, 433
Gudykunst, W., 179
Guéguen, N., 279, 285
Guerra, N. G., 468, 478
Guerrero, L. K., 383
Guimond, S., 176
Gulker, J. E., 198
Gullone, E., 353
Gump, B. B., 351
Günaydin, G., 104
Güngör, D., 278
Günsoy, C., 457
Guo, Q., 416
Gupta, S., 335
Gurung, R. A., 598, 633
Gutek, B. A., 161
Gutsell, J. N., 444
Guyer, J. J., 219

H

Habashi, M. M., 437
Hackman, J. R., 328Haden, C.A., 63
Hafdahl, A., 74
Hafenbrack, A. C., 594
Hafer, C. L., 130
Hagger, M., 81
Haidt, J., 137, 637
Haidt, J. J., 17
Hailey, B. J., 609
Haines, H., 11

Halabi, S., 445
Halberstadt, J., 361
Hald, G., 487, 488
Hall, A. N., 481
Hall, E., 29
Hall, E. V., 158
Hall, J. A., 109, 184, 414
Hall, M. H., 610
Hall, S., 624
Hall, V. C., 59, 582
Halpern, D. F., 578
Hamamura, T., 69, 92, 277
Hamer, D. H., 397
Hamermesh, D. S., 359
Hamilton, D. L., 185
Hamilton, V. L., 287
Hamilton, W. D., 411
Hamlin, J. K., 415
Hammel, P., 522
Hammen, C. L., 615
Hammersla, J. F., 380, 399
Hammond, C., 354
Hamrick, N., 631
Han, S., 239
Haney, C., 44, 503, 532, 534, 544, 546
Hanniball, K. B., 416
Hannum, K., 571
Hans, V. P., 527, 529, 531, 533
Hansen, C. H., 110
Hansen, R. D., 110
Harackiewicz, J. M., 583
Hardin, G., 337
Haritos-Fatouros, M., 287
Harkins, S. G., 229
Harmon-Jones, E., 247, 250, 245
Harrington, R., 600
Harris, C. R., 378, 380
Harris, L. J., 361
Harris, L. T., 174
Harris, M., 74
Harris, M. J., 143, 144, 472, 569, 570
Harris, M. M., 558
Harris, P. L., 264
Harris, R. N., 87
Harris, V. A., 117, 123
Harrison, D. A., 565, 570
Hart, W., 229, 463
Hartwig, M., 114, 518
Harvey, J. H., 390, 402
Hasel, L. E., 509, 525
Haslam, S. A., 287, 295, 544, 545
Hass, R. G., 76, 78, 154, 222, 238
Hassan, C., 409
Hassett, J. M., 182
Hassin, R., 104
Hastie, R., 538, 539, 542
Hastings, P. D., 438
Hatchel, T., 459
Hatemi, P. K., 212
Hatfield, E., 382, 392
Hatfield, E. W., 388
Hauser, C., 165
Hauser, D. J., 442
Hawkley, L. C., 353
Hay, D. F., 436
Haynes, M. C., 567
Hays, G., 419
Hays, R. B., 356, 381
Hayward, R. D., 531
Hazan, C., 380, 384, 385
Hearst, P. C., 240
Heath, C., 297
Heatherton, T. F., 71, 81, 361, 620
Heavey, C. L., 401
Hebl, M., 199

Hebl, M. R., 165, 334, 361, 362, 558
Hedge, J. W., 570
Hehman, E., 158
Heider, F., 116, 117, 124, 370
Heilman, M. E., 161, 566, 578
Heimberg, R. G., 349
Heinbach, D., 228
Heine, S. J., 67, 76, 77, 91, 92, 179
Heinrich, L. M., 353
Helgesen, S., 578
Helgeson, V., 90
Helgeson, V. S., 617
Heller, J. F., 238
Helliwell, J., 639
Helzer, E. G., 137
Hemenway, D., 455, 457
Henchy, T., 314
Henderlong, J., 60
Henderson, K. S., 526
Henderson, L., 352
Henderson-King, D., 184
Hendrick, S. S., 391
Heneman, H. G., 581
Henggeler, S. W., 494
Henkel, L. A., 525
Henly, A. S., 84, 151
Hennes, E. P., 198
Hennessey, B., 60
Henningsen, D. D., 323
Henningsen, M. L. M., 323
Henry, D. B., 271
Hepler, J., 205
Heppner, P. P., 633
Herbert, G., 318
Herbert, T., 611
Herdt, G., 396
Herek, G. M., 355
Heron, J., 492
Herring, C., 334, 567
Hershkowitz, I., 511
Hertz, N., 265
Hessler, C. M., 251
Hetey, R. C., 543
Heu, L. C., 353
Hewitt, P. L., 87
Heyes, C., 260
Heymann, J., 418
Hezlett, S. A., 561
Hicks, J. A., 480
Hiemstra, W., 463
Hietanen, J. K., 112
Hiew, D. N., 393
Higgins, E. T., 75, 78, 131, 132, 237, 241
Higgins, L. T., 393
Higgins, R. L., 87, 94
Higham, P. A., 509
Highhouse, S., 557
Hilbig, B. E., 251
Hill, C., 141, 163
Hill, C. A., 95, 350
Hills, T. T., 120
Hilmert, C. J., 225
Hilton, J. L., 144
Hines, M., 182
Hinsz, V. B., 120
Hirsch, A., 163
Hirt, E. R., 87
Hitler, A., 220
Hjemdahl, P., 608, 609
Ho, J. L., 559
Hoaken, P. N. S., 467
Hoang, H., 592
Hobbs, S., 555
Hobfoll, S. E., 603, 617
Hocj, J. E., 333

Hodges, B. H., 273
Hodson, G., 174
Hoffman, B. J., 563
Hoffmann, A., 578
Hofling, C. K., 291
Hofmann, S. G., 352
Hofmann, W., 81, 213
Hofstede, G., 66, 277
Hogan, R., 572
Hogg, M., 245
Hogg, M. A., 174
Hoigaard, R., 316
Holbrook, J., 116
Hollander, E. P., 274, 574
Hollander, M. M., 296
Holloway, J., 626
Holloway, R., 69
Holmes, J. G., 382, 383
Holmes, T. H., 603
Holschbach, M. A., 466
Holt, C. S., 391
Holt-Lunstad, J., 349, 630
Homan, A. C., 167, 333
Homans, G. C., 381
Hönekopp, J., 361
Hong, J., 239
Hong, S., 67
Hong, Y., 127
Hong, Y.-Y., 317, 338
Honts, C. R., 519
Hood, B., 51
Hoogendoorn, S., 567
Hook, L., 538
Hoorens, V., 85
Hope, L., 507, 535
Hornsey, M. J., 262, 272, 273, 309
Horowitz, I. A., 537
Horowitz, J. M., 151
Horselenberg, R., 523
Horton, R., 355
Horton, R. S., 367
Horverak, J. G., 558
Hosch, H. M., 508, 517
Hoshino-Browne, E., 252
House, J. S., 349, 630
Hovland, C. I., 219, 222, 226, 228
Howard, D. J., 285
Howard, M. C., 556
Howard, P. N., 296
Howard, R. M., 15
Howe, L. C., 215
Howland, A. C., 563
Hoyt, D. R., 356
Hsiang, S. M., 604
Hsueh, M., 199
Hu, Y., 421
Huang, C. M., 127
Huang, F., 459
Huang, Y., 269
Hubert, S., 136
Hudson, S. T. J., 175
Huesmann, L. R., 470, 478, 484
Huffcutt, A. I., 563, 570
Hughes, B. L., 172
Hui, C. M., 594
Hull, J., 78
Human, L. J., 146
Hung, T., 317
Hunter, E. M., 556
Hurtz, G. M., 561
Hussain, M., 296
Hust, S. J. T., 183
Huston, T. L., 399
Hutchison, P., 310
Hütter, M., 213

Hyatt, C. S., 29, 463
Hyde, J. S., 395, 446
Hyers, L. L., 160
Hymel, S., 496

I

Iati, M., 415
Igou, E. R., 55
Inagaki, T. K., 416
Inbau, F. E., 518, 520
Ingham, A., 315
Inglehart, R., 643
Ingoldsby, B. B., 472
Ingraham, C., 605
Insko, C. A., 230, 264, 339
Inskter, J. A., 245
Inzlicht, M., 444
Ireland, M. E., 261
Irons, E. D., 578
Irwin, M., 612
Isen, A. M., 232
Ishii, T., 466
Ito, T., 171
Ito, T. A., 134, 196, 480

J

Jaccard, J., 214
Jacks, J. Z., 237
Jackson, J. M., 300
Jackson, O., 153
Jackson, T., 393
Jacobson, L., 142, 144
Jacoby-Senghor, D., 158
Jago, A. G., 573, 574
James, W., 98
Jamieson, D. W., 207
Jamieson, J. P., 610
Janicki-Deverts, D., 599
Janis, I. L., 231, 232, 240, 326, 327
Jankowiak, W. R., 392
Janoff-Bulman, R., 623
Jansari, A., 63
Janssen, S., 64
Jarvis, W. B. G., 205
Javakhishvili, M., 464
Javidan, M., 579
Jenkins, G. D., 581
Jepson, C., 231
Jetten, J., 262, 273, 293, 309
Jiang, J., 337
Job, V., 82
Johansson, G., 107
John, O. P., 133
Johnides, B. D., 494
Johns, G., 570
Johnson, J. T., 84
Johnson, M., 112, 221
Johnson, R. D., 320
Johnson, R. W., 247
Johnson, W., 641
Johnson, W. L., 464
Johnstone, D., 591
Jones, B. C., 361
Jones, C. D., 334
Jones, E. E., 29, 56, 87, 94, 116, 117, 123, 136, 172, 207, 286
Jones, J. H., 394
Jones, J. M., 152
Jones, J. T., 85
Jones, R. G., 17
Jones, S., 258
Jones, S. S., 261
Joseph, D. L., 573, 576
Josephs, R., 78
Josephs, R. A., 480

Jost, J., 210
Jost, J. T., 130, 175, 325
Judge, T. A., 94, 561, 576, 581, 587
Jung, J., 307, 461
Jung-Yoon, C., 458
Jussim, L., 142, 145, 184
Jusyte, A., 478, 479
Juvonen, J., 624

K

Kagan, J., 352, 398
Kahneman, D., 17, 118, 119, 120, 591, 592
Kalev, A., 556
Kalichman, S. C., 636
Kallgren, C. A., 215
Kalpidou, M., 61
Kalven, H., 533, 539
Kameda, T., 539
Kamen-Siegel, L., 619
Kampis, J., 483
Kantor, J., 580
Kaplan, M. F., 540, 548
Kappes, H. B., 15
Karantzas, G., 384
Karau, S. J., 316, 317, 578
Kardas, M., 85
Kark, R., 577
Karney, B. R., 400, 402
Karremans, J. C., 232
Kashima, Y., 131, 185
Kasimatis, M., 638
Kassin, S. M., 114, 139, 141, 224, 293, 430, 503, 509, 516, 519, 521, 522, 523, 524, 525, 536, 540
Katz, D., 152
Katz, N., 328
Kaufman, D. Q., 236
Kavanagh, M. J., 570
Kawakami, K., 171, 173
Kay, A. C., 130
Kayser, D. N., 432
Kearney, D. J., 628
Keefe, R., 374
Keenan, J., 51
Keillor, J. M., 57
Keller, P. A., 231
Kelley, H. H., 117, 118, 135, 381, 382
Kelly, A. E., 55, 627
Kelman, H. C., 13, 222, 226, 269, 287
Kemmelmeier, M., 353
Keneally, M., 452
Kenny, D. A., 133, 145, 146, 572
Kenrick, D., 374
Kenrick, D. T., 281, 374, 375, 378
Kepple, N. J., 469
Kerekes, A. R. Z., 131
Kern, J. M., 413
Kern, M. L., 617
Kerr, N. L., 177, 528, 530, 534, 535, 539, 540
Kervyn, N., 134
Kessler, R. C., 603, 615
Ketcham, K., 511
Kettrey, H. H., 430
Keysar, B., 84
Khosla, N. N., 155
Kidder, D. L., 340
Kiechel, K. L., 522
Kiecolt-Glaser, J. K., 612, 614, 631
Kienzle, M. R., 518
Kierein, N. M., 143
Kiesler, C. A., 259, 283
Kiesler, S. B., 259
Kilduff, M., 245
Kilham, W., 292

Kilianski, S. E., 91
Kim, H., 68
Kim, H. S., 29, 446, 632, 633
Kim, M., 491
Kim, Y., 364
King, B. T., 240
King, L. A., 29, 638
Kinsey, A. C., 394
Kiong, L. C., 458
Kirkpatrick, L. A., 386
Kirkpatrick, S. A., 572
Kirtley, E., 418
Kirwin, M., 480
Kitayama, S., 66, 92, 125, 126, 253
Kite, M. E., 60
Kivimaki, M., 619
Klein, N., 115
Klein, W. M., 61
Kleingeld, A., 582
Kleinke, C., 58
Kleinke, C. L., 112
Klein Tuente, S., 478
Klietz, S. J., 495
Kline, S. L., 393
Klinenberg, E., 354
Klinesmith, J., 478
Kling, K., 74
Klohnen, E. C., 368, 370
Knafo, A., 436, 442
Knafo-Noam, A., 415
Knapton, H., 174
Kniffin, K., 362
Knight, N. M., 464
Knobe, J., 116
Knobloch-Westerwick, S., 220
Knowles, E. S., 270, 279
Knowles, M. L., 314
Knox, R. E., 245
Ko, S. J., 104
Kobasa, S. C., 616, 617
Koch, A. J., 161
Koehler, J. J., 223
Koenig, A. M., 182, 578
Koestner, R., 376
Koeszegi, S. T., 340
Kohn, A., 60
Kohn, Alfie, 583
Kohn, P. M., 605
Kohnken, G., 507
Kokkinos, C. M., 478
Kolditz, T. A., 87
Konar, E., 586
Kong, D. T., 340
Kopelman, S., 342
Koposov, R., 491
Koranyi, B., 482
Korman, J., 116
Kosloff, S., 265
Koslowski, S. W., 569
Koslowsky, M., 605
Kouchaki, M., 251
Kovacs, L., 399
Kovera, M. B., 503, 511, 512, 513, 527, 533, 534
Kowalski, G. S., 89
Kowalski, M. A., 491
Kowalski, R. M., 349, 352, 395
Koyanagi, A., 458
Kozak, M. N., 107
Kozel, F., 519
Kraft-Todd, G., 435
Krahé, B., 468, 475, 494
Kraiger, K., 334
Kramer, G. M., 527
Kramer, G. P., 534

Kramer, S. J., 587
Krantz, D. S., 609
Kraus, M. W., 70, 126
Kraus, S., 214
Kraus, S. J., 214
Krauss, D., 503, 533
Krautheim, J. T., 444
Kravetz, L. D., 258
Kravitz, D. A., 315
Kravitz, J., 508
Kray, L. J., 121
Krebs, D., 412
Krendl, A. C., 359
Krenzer, W. L. D., 476
Kressel, D. F., 530
Kressel, L. M., 124
Kressel, N. J., 530
Krieg, A., 353
Kringelbach, M. L., 105
Krings, F., 559
Kristof, A. L., 94
Krizan, Z., 86
Kroeper, K. M., 465
Krosch, A. R., 174
Krosnick, J. A., 215
Krueger, J., 119
Krueger, J. I., 171
Krueger, J. S., 476
Krueger, R. F., 641
Krug, E. G., 602
Kruger, J., 122, 145
Kruglanski, A. W., 136, 215, 287
Krys, K., 113, 160, 163
Kubany, E. S., 602
Kubota, J. T., 171
Kubzansky, L. D., 610, 619
Kuchynka, S. L., 160
Kugler, T., 339
Kuhns, J. B., 480
Kukucka, J., 139, 503, 525
Kulik, J., 64
Kulik, J. A., 351
Kumkale, G. T., 227
Kuncel, N. R., 561
Kunda, Z., 185
Kuntz-Wilson, W., 357
Kuo, M., 17
Kupers, T. A., 544
Kuppuswamy, V., 155
Kurbat, M. A., 64
Kurdek, L., 400
Kurdek, L. A., 355, 381, 399, 401
Kurdi, B., 158
Kurtz-Costes, B., 183
Kurzban, R., 395
Kush, J., 330
Kutzner, F. L., 185
Kwan, J., 275

L

LaCosse, J., 186
Lai, C. K., 190
Lai, J. M., 311
Laible, D., 436
Laird, J., 57
Lakin, J. L., 261
Lakoff, G., 221
Laland, K. N., 260
Lalwani, A. K., 92
LaMarre, H. L., 183
Lamb, M. E., 510, 511
Lambe, S., 463
Lamm, C., 415
Lamm, H., 324, 325
Landau, M., 231

Landau, M. J., 65
Landau, T., 361
Lane, L. W., 84
Lang, B., 199
Lange, N. D., 139
Langer, E., 86
Langer, E. J., 278, 279, 617
Langlois, J. H., 359, 360, 361, 362, 365
Langton, S. R. H., 112
Lanza, B. A., 41
LaPiere, R., 213, 214
Lapré, G. E., 469
Larrick, R. P., 321, 476, 593
Larsen, R. J., 361, 638
Larson, J. R., Jr., 330
Laschever, S., 586
Lassiter, G. D., 107, 525
Latané, B., 270, 275, 298, 299, 300, 315, 316, 350, 423, 424, 425, 427, 430
Latham, G., 331
Latham, G. P., 581
Lau, A. S., 633
Lau, D. C., 334
Lau, R. L., 231
Laughlin, P. R., 321
Laurin, K., 80
Lavan, N., 106
Lavner, J. A., 401
Lawrence, E., 399
Lazarus, R. S., 600, 622
Le, B., 382
Leach, C. W., 137
Leap, B., 183
Leary, M. R., 7, 50, 72, 94, 266, 267, 348, 349, 352, 475
LeDoux, J., 51
LeDoux, J. E., 230
Lee, C., 570
Lee, D., 284, 459
Lee, J. A., 386
Lee, L., 360
Lee, S., 279, 343
Lee, S. J., 469
Lee, S. W., 127
Lee, Y., 561
Legault, L., 197
Le Hénaff, B., 320
Lehman, D. R., 25, 179
Lehmann, L. S., 161
Lei, H., 330
Leichtman, M. D., 510
Leigh, B. C., 78
Leiker, M., 609
Leippe, M. R., 247
Leiter, M. P., 605
Leith, L. M., 470
Leo, R. A., 521, 525
LePage, A., 477
Lepore, L., 187
Lepore, S. J., 627
Lepper, M., 59, 60
Lepper, M. R., 60, 582
Lepsinger, R., 570
Lerner, M. J., 129
Leslie, L. M., 566
Letourneau, E. J., 494
Leung, A. K.-Y., 106
Levashina, J., 557, 558, 563
LeVay, S., 396
Levenson, R. W., 401, 626
Leventhal, H., 231
Levesque, M. J., 146, 395
Levett, L. M., 518, 526
Levi, A. S., 565
Levin, D. T., 171

Levine, J. M., 271, 273, 308, 329
Levine, M., 176
Levine, M., 429, 443
Levine, R., 392
Levine, R. A., 176
Levine, R. V., 439, 440
Levinson, M., 560
Levy, D. A., 478
Levy, S. R., 159, 164, 198
Lewin, K., 12, 27
Lewis, M., 52, 589
Lewis, T. T., 609
Lewon, M., 475
L'Herrou, T., 300
Li, J.-B., 464
Li, M., 334
Li, N. P., 374, 378
Li, Y., 429, 479
Li, Y. J., 125
Libby, L., 65
Libby, L. K., 7
Liden, R. C., 316
Lieberman, J., 529
Lieberman, J. D., 529, 536
Lieberman, M. D., 18
Lieberman J., 533
Liebst, L. S., 429
Lifton, R. J., 287
Light, K. C., 623
Likert, R., 206
Limber, S. P., 496
Lin, K., 367
Lin, L. R., 440
Lind, E. A., 546
Linde, J. A., 617
Lindell, A. K., 359
Lindell, K. L., 359
Linder, D., 371
Linder, D. E., 246
Lindsay, D. S., 511, 513
Lindsay, R. C. L., 506
Linville, P. W., 30, 172
Linz, D., 487
Lisco, C. G., 196
Liu, B., 525
Liu, C. H., 359
Liu, J., 352
Liu, M., 341
Liu, N., 314
Liu, S. S., 338
Livingston, G., 152
Lobchuk, M. M., 443
Lobel, M., 90, 166, 612
Locke, E., 331
Locke, E. A., 572, 581
Locke, J., 131
Löckenhoff, C. E., 181
Lodder, P., 589
Loersch, C., 196
Loewenstein, G. F., 120
Loftus, E. F., 507, 508, 511, 512, 520
Loftus, G. R., 508
Lomas, T., 386
Long, A. E., 370
Longnecker, C. O., 571
Lopes, G., S., 15
Lopez, J. A., 577
Lord, R. G., 572
Lortie-Lussier, M., 274
Losch, M. E., 247
Lott, A. J., 354
Lott, B. E., 354
Loughnan, S., 174
Louis, W. R., 174
Loula, F., 107

Lovenheim, P., 384
Lowe, K., 577
Loy, J. W., 135
Loyd, A. B., 180
Lu, J. G., 334
Lu, L., 568
Lu, X., 330
Lubke, G. H., 466
Luborsky, E., 635
Luborsky, L., 635
Lucas, R. E., 403, 614, 642
Luchies, L. B., 382
Lucia, A. D., 570
Luhmann, M., 642
Lui, P. P., 154
Luminet, O., 64
Lundberg, K., 209
Lundquist, J., 367
Luo, J., 416
Luo, S., 368, 370
Lutz, A., 628
Lutz, J., 475
Luus, C. A. E., 513
Lydon, J. E., 382
Lykes, V. A., 353
Lykken, D. T., 368, 642
Lynam, D. R., 463
Lyness, K. S., 578
Lynn, S. J., 637
Lyons, P. M., 359
Lysova, A., 457
Lyubomirsky, S., 637, 638, 643, 644

M

Ma, D. S., 188
Maass, A., 169, 274, 275, 507
MacCoun, R. J., 539
MacDonald, G., 267
Mace, J. H., 63
Macionis, J. J., 367
Mackay, N., 443
Mackenzie, C. S., 443
MacKenzie, M. J., 469
Mackie, D. M., 224, 232
MacLeod, C., 119
MacNeil, S., 391
Maddux, J. E., 617
Madera, J. M., 160, 161, 558
Madey, S. F., 373
Madon, S., 142, 152, 186, 521
Maeder, E. M., 154
Maes, M., 352
Maio, G., 205
Maio, G. R., 204, 241
Majeed, M., 459
Major, B., 166, 167, 170, 365, 566, 586
Makhanova, A., 174
Malamuth, N., 487, 488
Malamuth, N. M., 487
Malik, M. A. R., 583
Malkiel, B. G., 590
Malle, B. F., 116
Malloy, L. C., 526
Malloy, T. E., 146
Malone, P. S., 124
Malouff, J. M., 438
Malpass, R. S., 508, 512
Malti, T., 496
Manago, A. M., 349
Manata, B., 329
Maner, J. K., 174, 359, 465
Manesi, Z., 338
Mann, J. M., 636
Mann, L., 292
Mann, T. C., 136

Manning, R., 429, 430
Mannix, E., 568
Marcus-Newhall, A., 475
Margolin, G., 381
Marino, L., 53
Marion, S. B., 517, 518
Mark, A. Y., 197
Mark, D., 231
Markant, J., 172
Markey, P. M., 431
Marks, J., 171
Marks, M. B., 570
Markus, H., 51, 67, 68
Markus, H. R., 66, 70, 71, 126, 127, 171, 440
Marlowe, C. M., 558
Marsee, M. A., 469
Marsh, A. A., 438
Martello, M. F. D., 139
Marti, M. W., 541
Martin, A. M., 548
Martin, B., 315
Martinelli, A., 478
Martín-María, N., 638
Marx, R. A., 430
Marzoli, D., 57
Maslach, C., 63, 605
Mason, M. F., 112
Mason, T. B., 75
Mason, W., 41
Massa, A. A., 480
Masson, T., 310
Masten, A. S., 616, 624
Mastro, D., 183
Masud, H., 463
Masuda, T., 126
Mathur, M., 232
Mathur, M. B., 486
Mattan, B. D., 166
Matthes, J., 183
Matthew Montoya, R., 355
Matthews, K. A., 605, 608
Mattingly, V., 334
Matz, D. C., 245
Mauricio, C., 85
Mauss, I. B., 645
Mazar, N., 251
Mazerolle, L., 547
McAdams, D. P., 349
McAndrew, F. T., 446
McArthur, L. A., 118
McCabe, M. P., 184
McCarthy, E., 370
McCarthy, J., 396
McCarthy, R. J., 486
McCarty-Gould, C., 602
McCeney, M. K., 609
McCoy, S. B., 89
McCrae, R. R., 133
McCullough, M. E., 631
McDavid, J. W., 272
McDougall, W., 11
McEleney, A., 121
McElwee, R. O., 129
McFarland, S., 546
McGarty, C., 325
McGrath, A., 242
McGuire, C. V., 60
McGuire, W. J., 13, 60, 219, 238
McIntyre, R. T., 412
McKee, A., 573
McKenna, B., 342
McKenna, K. Y. A., 265
McKillop, K. J., 627
McKimmie, B. M., 242, 274
McLeish, K. N., 337

McMahon, S., 430
McNatt, D. B., 143
McQuinn, R. D., 381
Mead, G. H., 53, 64
Meade, R. D., 277
Mealey, L., 361
Medvec, V. H., 122
Meeus, W. H. J., 293
Mehl, M. R., 61
Mehta, P. H., 467
Meineri, S., 285
Meissner, C. A., 114, 508, 519, 537
Meixner, J. B., 519
Melchers, K. G., 559
Meltzoff, A. N., 122, 261
Mendelsohn, G. A., 375
Mendes, W. B., 158
Mende-Siedlecki, P., 158, 173
Mendonca, P. J., 635
Mendoza-Denton, R., 192
Mercier, H., 321
Merckelbach, H., 507
Merikle, P., 233
Merluzzi, T. V., 106
Merolla, D. M., 153
Merritt, A. C., 155, 251
Mescher, K., 162, 174, 465, 489
Meslec, N., 321
Mesmer-Magnus, J., 329
Mesout, J., 506
Messick, D. M., 382
Meston, C. M., 388
Mestre, M. V., 437
Metalsky, G. I., 616
Meter, D. J., 463
Mewborn, R. C., 232
Meyers, S. A., 389
Mezulis, A. H., 86, 129
Mezzacappa, E. S., 62
Mickelson, K. D., 385
Midgett, A., 496
Midgley, C., 88
Midlarsky, E., 439
Mikolajewski, A. J., 436
Mikulincer, M., 384
Miles, J. A., 316
Miles-Novelo, A., 7
Milford, L. R., 434
Milgram, S., 13, 44, 260, 262, 287, 288, 289, 290, 308, 424, 526
Millar, M., 284
Miller, A. G., 123, 125, 290, 292, 294, 296
Miller, D. T., 120, 271
Miller, G., 375, 614
Miller, G. E., 612
Miller, J. D., 463
Miller, J. G., 125, 281
Miller, K., 371
Miller, L. C., 390
Miller, M. K., 531
Miller, N., 229
Miller, N. E., 474
Miller, O. S.., 359
Miller, R. S., 355, 380
Miller, T. Q., 609
Miller, W. R., 632, 635
Milliken, C. S., 602
Mills, J., 244, 384
Mills, J. R., 443
Milton, A. C., 215
Milton, G. W., Jr., 231
Mindthoff, A., 526
Mintz, L., 328
Mirabile, R. R., 215
Mitchell, T. R., 581

Mitura, K., 378
Miyake, K., 640
Moberg, S. P., 152
Mobius, M. M., 359
Mojaverian, T., 633
Molden, D. C., 594
Molenberghs, P., 174, 444
Molina, J. A., 605
Mols, F., 293
Monat, A., 600
Monin, B., 252, 266
Monroe, A. E., 296
Monson, T. C., 97
Montañés, P., 182
Monteith, M. J., 15, 197
Montepare, J. M., 105
Montgomery, D. A., 536
Montgomery, H., 590
Montoya, R. M., 355, 367
Moon, H., 566, 593
Moon, T., 334
Moor, L., 464
Moore, C., 287, 559
Moore, G. W., 578
Moore, M. K., 261
Moore, M. T., 29
Moore, T., 233
Mor, N., 77, 628
Mor, S., 334
Moran, G., 532, 534
Moran, J. M., 52
Moreland, R., 357
Moreland, R. L., 308
Morelli, S. A., 415, 438
Morewedge, C. K., 107
Morgan, C. A., 155, 506
Morgan, C. A., 509
Morgeson, F. P., 561, 571
Moriarty, T., 431
Morris, W. L., 372
Morrison, A. M., 577
Morrison, A. S., 349
Morrongiello, B. A., 182
Morrow, J., 602
Morr Serewicz, M. C., 106
Morse, B. J., 462
Moscatelli, S., 176
Moscovici, S., 274, 275, 324
Moshagen, M., 464
Moskalenko, S., 77
Moskowitz, J. T., 624
Mosquera, P. R., 474
Moss-Racusin, C. A., 161, 162, 198
Mottaghi, S., 420
Mouton, J., 269
Movahedi, S., 544
Moynihan, J. A., 611
Mphuthing, T., 176
Mueller, J. H., 78
Mügge, D. O., 429, 484, 486
Mugny, G., 274
Mullainathan, S., 557
Mullan, B. A., 215
Mullen, B., 270, 300, 322
Mullen, E., 252
Munger, K., 200
Muraven, M., 81, 475
Murayama, A., 311
Murnen, S. K., 183
Murnighan, J. K., 334
Muroi, Y., 466
Muros, J. P., 605
Murphy, K., 569
Murphy, K. R., 561, 568, 570
Murphy, N., 111

Murphy, R. O., 338
Murphy, V., 429
Murray, G., 446
Murray, S. L., 382, 383, 384, 403
Murstein, B. I., 380
Musch, J., 578
Mussweiler, T., 60, 132
Myers, D. G., 324, 325, 637, 638
Myllyneva, A., 112
Mynhardt, J., 61

N
Na, J., 67, 125
Nadler, A., 445
Naidoo, E., 118
Nail, P. R., 478
Napa, C. K., 638
Narchet, F. M., 141, 523
Naseer, S., 459
Nash, R. A., 523
Nazione, S., 443
Neale, M. A., 340, 568
Neilson, S., 458
Nelson, T. D., 164
Nemeth, C., 275
Nes, L. S., 618
Neuberg, S. L., 146, 174
Neuhaus, I. M., 223
Neumann, R., 262
Neville, H. A., 367
Newcomb, T., 42, 212
Newcomb, T. M., 367
Newheiser, A., 160
Newman, A., 287
Newman, R. S., 51
Newport, F., 152, 396
Newton, T. L., 631
Newton, V. A., 198
Newtson, D., 107, 117
Ng, T. W. H., 573
Ng, W., 639
Nicholson, S. P., 362
Nickerson, C., 642
Nida, S., 427
Nida, S. A., 267, 349
Niedenthal, P. M., 221
Niedermeier, K. E., 537
Niesta, D., 363
Nietert, P. J., 614, 630
Nieva, V. F., 161
Nijstad, B. A., 322, 323
Nir, S. M., 409
Nisbett, R., 54, 68
Nisbett, R. E., 119, 125, 126, 145, 472, 473, 476
Nock, M. K., 211
Nodtvedt, K., 153
Nofsinger, J. R., 590
Nolen-Hoeksema, S., 602, 628
Nook, E. C., 434
Norenzayan, A., 79, 80, 126
Norman, J., 564
North, A. C., 233
Northouse, P. G., 572
Norton, K. I., 366
Norton, M. I., 159, 528
Nosek, B. A., 209
Nosko, A., 385
Nuttin, J. M., 85

O
Obermaier, M., 429
O'Brien, C., 316
O'Brien, E., 85
O'Brien, M., 527
Obrist, P. A., 623
Oc, B., 274
O'Connor, K., 420
O'Connor, S., 350
Oda, R., 437
O'Donahue, W., 521
Odumeru, J. A., 575
Oesch, N., 4
Oetzel, J., 342
Oetzel, J. G., 311
Ogbonna, I. G., 575
Ogden, D. W., 533
Ogilvy, D., 225, 229
Oh, I., 429
Ohlemacher, S., 165
O'Keefe, D. J., 284
O'Keeffe, G. S., 61
Okimoto, T. G., 578
Olczak, P. V., 528
O'Leary, K. D., 470
Oliver, M. G., 395
Olson, E. A., 517
Olson, J. M., 205, 212
Olson, M. A., 209, 213
Olweus, D., 496
Omarzu, J., 390
Ommundsen, Y., 316
Omoto, A. M., 421
O'Neil, K. M., 531
O'Neill, A. M., 413
Ones, D. S., 562
Ong, D., 374
Orth, U., 71, 74
Orwell, G., 489
Osborn, A., 322
Oskarsson, S., 15
O'Sullivan, M., 114
Oswald, D. L., 160
Oswald, F. L., 158, 562
Otis, C. C., 528
O'Toole, A. J., 107
O'Toole, S. E., 467
Ottoni-Wilhelm, M., 434
Over, H., 267
Overbeek, G., 380
Owe, E., 179
Oxley, D. R., 212
Oxoby, R. J., 337
Oyserman, D., 66, 127, 338
Özgen, E., 125

P
Pachur, T., 120
Packard, C. D., 421
Packard, V., 233
Packer, D. J., 292
Páez, D., 174
Page-Gould, E., 191, 192
Pager, D., 153
Palmer, F. T., 507
Palmer, J. C., 508
Paluck, E. L., 199, 497
Palumbo, S., 466
Pancevski, B., 482
Parducci, A., 640
Park, B., 131, 216
Park, D., 127
Park, L., 73
Park, S., 314
Parker, K., 161
Parkin, A. J., 63
Parks, B. G., 638
Parrott, D. J., 196, 480
Parsons, C. A., 154
Parsons, H. M., 555
Partridge, A., 542
Paterson, T., 482
Paulhus, D. L., 91
Paulus, P. B., 322, 323, 334, 544
Pavitt, C., 324
Pavlov, I., 212
Pavot, W., 637
Pawlowski, B., 360
Payne, B., 188
Payne, B. K., 158
Payne, K., 209
Pazda, A. D., 363
Pearson-Merkowitz, S., 176
Pedersen, W. C., 380, 475
Pelham, B. W., 71, 85
Pelto, P., 310
Peng, K., 68
Pennebaker, J. W., 26, 261, 373, 626, 627
Penner, L. A., 158, 421, 437
Pennington, N., 539
Penrod, S., 275
Penrod, S. D., 513, 535, 547
Peplau, L. A., 354, 355, 397, 398, 399
Pepler, D., 458
Peretz, H., 571
Perez, J. A., 274
Perillo, J. T., 523
Perilloux, C., 15, 380, 395, 446
Perkins, R., 144
Perlman, D., 354
Perloff, R. M., 204
Perrett, D., 361
Perry, S. P., 180
Persky, V. W., 614
Personnaz, B., 275
Peters, T. J., 575
Petersen, J. L., 395
Peterson, C., 619
Peterson, K., 430
Petrie, K. J., 626
Pettersen, N., 563
Pettigrew, T. F., 176, 179, 191
Petty, R., 207
Petty, R. E., 205, 207, 215, 216, 218, 219, 220, 221, 226, 229, 232, 235, 283
Pezdek, K., 227, 527
Pfattheicher, S., 467
Pfau, M., 238
Pfetsch, J., 497
Phelan, J. E., 162
Phillips, A. G., 76
Phillips, A. P., 559
Philpot, R., 429
Picardi, C. A., 557
Pickel, K. L., 507
Pierce, W. D., 60
Pietri, E. S., 195
Pietromonaco, P., 132
Piff, P. K., 71
Pillard, R. C., 396
Pillemer, D., 63
Pinel, E. C., 370
Pinker, S., 489, 491
Pittarello, A., 251
Pittman, T. S., 94, 247, 542
Plaks, J. E., 171
Plant, E., 197
Plant, E. A., 155, 197
Plante, T. G., 632
Platek, S. M., 52
Platz, S. J., 508
Plaut, V. C., 159, 198, 568
Pleydell-Pearce, C. W., 63
Plötner, M., 428
Plotnik, J. M., 52

Polanin, J. R., 497
Polivy, J., 366
Pontari, B., 93
Poole, D., 511
Poole, D. A., 510
Pörhölä, M., 458
Pornpitakpan, C., 222
Porter, D. P., 591
Porter, S., 523
Posavac, H. D., 366
Post, J. M., 328
Postman, L. J., 185
Postmes, T., 320
Potter, M. C., 138
Povinelli, D. J., 52
Powell, A. A., 471
Powell, L. H., 632
Powers, S. I., 386
Pozzoli, T., 442
Prasad, S., 467
Pratkanis, A. R., 192, 226, 233, 278, 328
Pratto, F., 133, 175, 578
Prebble, S. C., 64
Prendergast, C., 121
Prentice, D. A., 169, 271
Prentice-Dunn, S., 318
Prescott, A. T., 484
Pressman, S. D., 625, 630
Prestwich, A., 331
Priester, J. R., 220, 221
Principe, G. F., 511
Prioleau, L., 635
Prislin, R., 204
Probst, F., 467
Prokosch, M., 380
Pronin, E., 86, 145, 262
Prot, S., 434
Provencal, A., 273
Pryor, J. B., 106, 134
Przybylski, A. K., 482, 486
Pugh, B., 428
Purdie-Vaughns, V., 568
Purvanova, R. K., 605
Pyrko, I., 333
Pyszczynski, T., 73, 76, 231, 628

Q

Qian, M. K., 157
Qin, P., 52
Qualter, P., 354
Qualter, T. H., 220
Quan, F., 478, 479
Quanty, M. B., 475
Quayle, M., 118
Quezada, L., 154
Quinlivan, D. S., 506
Quinn, D. M., 169
Quinn, J. M., 238

R

Raaijmakers, Q. A. W., 293
Radel, R., 128
Rader, M., 563
Radford, A. N., 413
Ragins, B. R., 578
Rahe, R. H., 603
Raine, A., 467
Rakoff, J., 526
Ramírez-Esparza, N., 43
Ramírez-Esparza, R., 69
Rand, D. G., 422
Randall, J. G., 160, 442
Ranson, M., 476
Rapson, R. L., 388
Rasinski, K. A., 206

Rasmussen, K., 454
Ratliff, K., 157
Rattan, A., 27, 159, 198
Rauxloh, R., 526
Ray, E., 261
Ray, O., 619
Raymundo, M. M., 223
Read, J. D., 513, 516
Redlich, A. D., 526
Reeder, G. D., 134, 296
Regan, D. T., 245, 280
Regan, P., 355, 380
Regan, P. C., 378, 389, 390
Reicher, S. D., 287, 293, 295, 296, 544, 545
Reifman, A., 97
Reifman, A. S., 476
Reinders Folmer, C. P., 339
Reinhard, M.-A., 115, 225
Reis, H. T., 358, 399
Reisenzein, R., 62
Reiss, D., 53
Remley, A., 301
Rendell, L., 260
Renteln, A. D., 548
Reyniers, D., 435
Reznikova, T. N., 467
Rhatigan, D. L., 382
Rhee, E., 67
Rhoades, L., 583
Rhode, D. L., 359
Rhodes, G., 361, 364
Rhodes, M. G., 508
Rhodes, N., 219
Rhodewalt, F., 56
Rholes, W. S., 241, 384
Rich, A., 215
Richardson, D., 42
Richardson, D. R., 470
Richardson, M. J., 262
Richeson, J. A., 158
Richman, S., 60
Riddle, T., 158
Rieger, G., 397
Riek, B. M., 186, 193
Riemer, H., 216
Riggio, R. E., 576
Rijnbout, J. S., 274
Rima, D., 471
Rind, B., 280
Ringelmann, M., 11, 315
Riniolo, T. C., 220
Rivera, L. A., 558
Roach, M., 394
Robbins, J. M., 571
Roberson, Q. M., 567
Roberts, M. H., 630
Robins, R. W., 71, 118
Rochat, F., 292
Rocklage, M. D., 230
Rockloff, M. J., 314
Rodgers, K. B., 183
Rodin, J., 617
Rodriguez, R. R., 55
Rodríguez-Arauz, G., 440
Rodriguez Mosquera, P. M., 342
Rodriguez-Seijas, C., 166
Roese, N. J., 121, 207
Roethlisberger, F. J., 555
Rofé, Y., 351
Rogers, M., 432
Rogers, R. W., 231, 232, 318
Rogers, T., 271
Roggman, L. A., 361
Rohrer, J. H., 269
Ronay, R., 467

Rose, A. J., 471
Rose, M. R., 534
Rose, S., 106
Rose, T. L., 185
Rosenbaum, M., 368
Rosenberg, B. D., 238
Rosenberg, S., 135
Rosenblat, T. S., 359
Rosenblood, L., 350
Rosenbloom, T., 314
Rosener, J. B., 578
Rosenfeld, J. P., 519
Rosenfeld, M., 355
Rosenfeld, M. J., 399
Rosenman, R. H., 608
Rosenthal, A. M., 397
Rosenthal, L., 17, 159, 165, 166, 167, 198
Rosenthal, R., 13, 33, 40, 111, 142, 143, 144, 186
Roseth, C. J., 491, 496
Rosette, A. S., 26, 342, 446
Rosnow, R. L., 33
Ross, E., 11
Ross, L., 119, 122, 123, 129, 145, 264
Ross, M., 55, 89
Rosse, J. G., 564
Roth, Philip, 557
Roth, P. L., 557, 578
Rothbaum, F., 393
Roulin, N., 557, 559, 560
Routledge, C., 65, 73, 308
Rovner, I. B., 231
Rowatt, W. C., 366
Róż´ycka-Tran, J., 439
Royzman, E. B., 133
Rozin, P., 111, 133
Rubenowitz, S., 574
Rubin, D. C., 63
Rubin, Z., 388
Rubonis, A. Y, 602
Rudman, L. A., 160, 162, 174, 465, 489
Ruffle, B. J., 179
Rupp, D. E., 563
Rusbult, C. E., 368, 382, 403
Russano, M. B., 523, 526
Russell, E., 601
Russell, J. A., 106, 386
Rüter, K., 60
Ruth, N., 183, 434
Rutkowski, A.-F., 333
Ryall, J., 458
Ryan, D. A., 165
Ryan, R. M., 59, 582
Rynes, S., 586
Rynes, S. L., 564
Ryzin, M. J., 491, 496

S

Saad, G., 375
Saavedra, R., 275
Sabini, J., 262, 380
Sacco, A. M., 157
Sachau, D., 88
Sachdeva, S., 251
Sacher, J. A., 403
Sackett, P. R., 561, 562, 563, 578
Sacks, O., 50
Sagar, H. A., 185
Sagarin, B. J., 377, 378
Sahin, M., 491, 496
Saks, M. J., 540, 541
Sales, B., 529
Salgado, J. F., 561
Salovey, P., 378, 417, 627
Samara, M., 458

Sampson, E. E., 277
Samuni, L., 415
Sanchez, C., 85
Sanchez, D. T., 160, 172, 565
Sanchez, J. I., 570
Sanders, G. S., 314
Sanderson, C. A., 382
Sandstrom, G. M., 445
Sandstrom, K. L., 93
Sanford, E. M., 414
San Martin, A., 125
Sanna, L. J., 161
Santos, A. S., 316
Santos, M. D., 279
Sapolsky, R. M., 607, 609
Sarafino, E. P., 598
Sarat, A., 273
Sargent, M. J., 530
Sarkar, U., 617
Sarnoff, I., 351
Saroglou, V., 439
Sartori, G., 519
Sasaki, S. J., 158
Saucier, D. A., 444
Saunders, B. J., 469
Savani, K., 126, 216
Savin, H. B., 544
Savitsky, K., 92, 122
Sawoka, T., 266
Sawyer, A. M., 494
Sbarra, D. A., 402, 614, 630
Schachter, S., 62, 63, 266, 350, 351, 388, 590
Schacter, H. L., 624
Schaller, M., 174, 298
Schauben, L., 624
Scheier, M., 77
Scheier, M. F., 79, 81, 604, 618
Schein, S. S., 361
Schellhaas, F. M. H., 193
Scher, S., 91
Scher, S. J., 246
Scherer, A. M., 184
Scherr, K. C., 521
Scherching, C., 540
Schiavone, S. R., 165
Schimmack, U., 277
Schino, G., 413
Schippers, M. C., 568
Schlenger, W. E., 602
Schlenker, B. R., 86, 93, 249
Schmader, T., 169
Schmeichel, B. J., 73
Schmidt, F. L., 561, 563
Schminke, M., 571
Schmitt, D. P., 15, 373, 395
Schmitt, M. T., 167
Schmitt, N., 557, 562
Schneider, B. H., 471
Schneider, D. J., 134
Schneider, D. L., 561
Schneider, M. C., 162, 186
Schneider, S., 371
Schneider, S. G., 630
Schneider, T. J., 560
Schneiderman, R. M., 206
Schnierle, J., 158
Schofield, J. W., 185
Schönenberg, M., 478, 479
Schoorman, F. D., 592
Schroeder, J., 109, 340
Schul, Y., 136
Schuldt, J., 29
Schuldt, J. P., 206
Schulman, J., 529
Schultz, B., 329

Schulz, R., 617
Schumann, K., 438
Schuster, M. A., 602
Schützwohl, A., 377
Schwab, D. P., 581
Schwartz, C. E., 352
Schwartz, J., 326, 330
Schwartz, R., 414
Schwartz, R. L., 491
Schwartz, S. H., 429
Schwarz, N., 43, 120, 232
Schwarzwald, J., 284, 286
Schweinfurth, M. K., 412
Schwinger, M., 88
Scott, L. S., 172
Scullen, S. E., 569
Seabrook, R. C., 430, 489
Sears, D. O., 237
Sears, G. J., 564
Sebag-Montefiore, C., 184
Sechler, E. S., 140
Sechrist, G. B., 434
Sedgewick, J., 360
Sedikides, C., 50, 84, 92, 134, 300, 627
Seeman, T. E., 632
Sege, R. D., 469
Segerstrom, S. C., 611, 612, 618, 619, 620
Seidman, G., 359
Seih, Y.-T., 95
Sekaquaptewa, D., 169, 186
Sela, Y., 380
Seligman, M., 637, 639
Seligman, M. E. P., 603, 615, 618
Selimbegovic, L., 77
Sellier, A.-L., 332
Selterman, D., 337
Selterman, D. F., 26
Seltzer, R., 529
Selye, H., 606, 607
Senju, A., 112
Seto, M. C., 487
Seyranian, V., 275
Shackelford, T. K., 15, 361, 377, 380
Shaffer, M. A., 570
Shalvi, S., 251, 252
Shane, S., 45
Shank, D. B., 337
Shariff, A. F., 80
Sharp, E. A., 372
Shaughnessy, J. J., 25
Shaver, K. G., 130
Shaver, P., 385
Shaver, P. R., 384
Shavitt, S., 204, 239
Shaw, J., 523
Shaw, J. S., 514
Sheehan, K. B., 41
Shefrin, H., 590, 592
Shefrin, H. M., 590
Sheldon, K. M., 644
Shelton, J. N., 158
Shen, H., 280, 281
Shepard, G. H., 361
Shepela, S. T., 418
Shepherd, H., 497
Shepperd, J. A., 86
Sherer, M., 446, 457
Sherif, M., 12, 175, 263, 265
Sherman, D. A., 185
Shewach, O. R., 169
Shiller, R. J., 590
Shore, T. H., 570
Shotland, R. L., 431
Shteynberg, G., 549, 564
Shulevitz, J., 108

Sibyll, C., 287
Sidebotham, P., 492
Siegel, B. S., 469
Siegel, J. T., 238
Siegler, I. C., 609
Siegman, A. W., 609
Siem, B., 442
Siemon, D., 333
Sieverding, M., 161
Sigall, H., 29, 207
Silk, K. J., 443
Silverstein, B., 362
Silvestri, A., 411
Silvia, P., 238
Silvia, P. J., 76, 78
Simmons, C. H., 129
Simon, D., 503
Simon, J., 544
Simon, S., 159
Simons, L. G., 469
Simonsohn, U., 85
Simonson, I., 593
Simpson, J. A., 293, 373, 380, 384, 385, 392
Simpson, T. L., 628
Sin, N. L., 643
Sinclair, R. C., 63
Sinclair, S., 158
Singer, J., 62, 63
Singer, J. E., 617
Singh, D., 360
Singh, E., 393
Sinha, K., 457
Sink, A., 183
Sistrunk, F., 272
Sittichai, R., 458
Skaff, M. M., 97
Skagerberg, E. M., 514
Skanes, H. E., 233
Skarlicki, D. P., 571
Skinner, E. A., 617, 621
Skitka, L. J., 129
Sklar, L. S., 614
Skowronski, J. J., 133
Slamecka, N. J., 240
Slater, D., 354
Slawinski, B. L., 466
Sleesman, D. J., 593
Slepian, M. L., 626
Sloan, R., 632
Slovic, P., 120
Smalarz, L., 515
Smart Richman, L., 7, 266, 349
Smeaton, G., 369
Smidt, K. E., 236
Smith, A., 142
Smith, D. G., 32
Smith, D. L., 464
Smith, E. E., 5, 230
Smith, H. J., 176
Smith, I. H., 251
Smith, M. L., 634
Smith, N. K., 134
Smith, P. B., 14, 278, 442
Smith, P. K., 458, 461
Smith, S., 364
Smith, S. D., 479
Smith, S. S., 42
Smith, T. W., 87, 598, 609
Smith, V. L., 540, 591
Smith-Genthôs, K. R., 261
Smolak, L., 366
Smyth, J. M., 627
Snibbe, A. C., 180
Snyder, C. R., 87

Snyder, M., 12, 89, 96, 97, 140, 141, 144, 236, 365, 421
Sobol, R. R., 418
Soll, J. B., 321
Solomon, B. C., 362, 382
Solomon, H. E., 183
Solomon, S., 73, 231
Sommers, S., 122
Sommers, S. R., 154, 159, 528, 530, 536
Sommerville, J. A., 418
Song, H., 105, 120
Song, J., 429
Song, R., 267
Son Hing, L. S., 565
Sonnentag, S., 604
Sorge, G. B., 467
Sosis, R., 179
Southwick, S., 509
Souza, M. G. T. C., 460
Sparkman, G., 199
Spears, R., 320
Speer, M. E., 63
Spencer, S. J., 168, 169, 170, 178, 187
Spencer-Rodgers, J., 69, 180
Spiegel, D., 629
Spielmann, S. S., 371, 372
Splan, E. D., 476
Spradley, J. W., 278
Sprecher, S., 374, 383, 390, 391, 401
Staats, A. W., 213
Staats, C. K., 213
Stacy, A. W., 78
Stahl, G. K., 567
Stalans, L. J., 542
Stalder, D. R., 429
Stamkou, E., 266, 309, 310, 311
Stanton, A. L., 626
Stark, C. E. L., 509
Starzyk, K., 242
Stasser, G., 321, 329, 538, 539, 540
Statman, M., 590, 592
Staub, E., 199, 417, 432
Stauffer, J. M., 578
Staw, B. M., 592, 593
Staw, B. W., 593
Stebbins, C. A., 431
Steblay, N., 535, 536
Steblay, N. K., 515
Steblay, N. M., 507, 512
Steele, C., 78
Steele, C. M., 30, 167, 249, 480
Stefan, S., 86
Steffen, S. A., 394
Steidle, A., 76
Steidlmeier, P., 577
Steiner, I. D., 320, 321
Stelter, M., 172
Stephan, W. G., 160, 176, 190
Stephens, N. M., 70
Sternberg, R. J., 386, 387
Sternglanz, R. W., 146
Stevens, C. K., 94
Stevens, H. R., 476
Stewart, A. J., 604
Stewart, G. L., 558
Stewart, L. H., 103
Stewart-Williams, S., 411, 443
Steyn, R., 61
Stine, G. J., 636
Stinson, D. A., 143
Stock, M. L., 167
Stocks, E. L., 419
Stokes, J. P., 391
Stoltzfus, N., 297
Stone, A. A., 611

Stone, J., 169, 249
Stone, W. F., 290
Stouten, J., 573
Strack, F., 262
Strahan, E. J., 234
Strange, D., 517
Straub, R. O., 598
Strauman, T. J., 75
Straus, M. A., 321, 457, 462, 469
Strawbridge, W. J., 631
Streitfeld, D., 580
Strentz, T., 625
Strier, F., 529
Strodtbeck, F. L., 538
Stroebe, W., 11
Strohmetz, D. B., 280
Strough, J., 593
Struck, D., 483
Strupp, H. H., 635
Studebaker, C. A., 535
Stukas, A. A., 144, 421
Stürmer, S., 442
Stutzer, A., 642
Sudman, S., 206
Sue, S., 536
Suh, E., 642
Suh, E. M., 638
Suhay, E., 325
Sukel, H., 524
Sullivan, D., 93
Sullivan, J., 136, 162
Suls, J. M., 61
Sulsky, L. M., 570
Summerville, A., 121
Sun, J., 53
Sundie, J. M., 375
Sundstrom, E., 578, 581
Sunstein, C. R., 262
Surowiecki, J., 266
Sutton, P., 614
Suzuki, K., 485
Svetlova, M., 415
Swami, V., 359
Swann, W. B., Jr., 50, 56, 73, 74, 94, 95, 140, 141, 144, 146, 174, 337
Swann, W. J., 444
Sweldens, S., 213
Swim, J. K., 160, 161, 198
Syme, S. L., 630

T

Tablante, C. B., 178
Tabuchi, H., 580
Tackett, J. L., 112
Tadmor, C. T., 334
Tagiuri, R., 134
Tajfel, H., 176
Tak, E., 586
Talaifar, S., 174
Talley, A., 463
Tamaki, S., 353
Tan, H. H., 316
Tan, M.-L., 316
Tanford, S., 275, 533
Tang, J-H., 391
Tang, S., 59, 582
Tangney, J. P., 50
Tassinary, L. G., 208
Täuber, S., 445
Tay, C., 558
Taylor, D. A., 391
Taylor, L. S., 369
Taylor, S., 90
Taylor, S. E., 84, 89, 124, 446, 598, 604, 607, 623, 629, 630, 632, 633, 635

Tchalova, K., 4, 18, 308
Tedeschi, J. T., 249
Tedeschi, R. G., 620
Teger, A., 592
Tejada-Vera, B., 614
Tellegen, A., 368
Tenbrunsel, A. E., 251
Teng, Z., 463
Tennen, H., 620
Ten Velden, F. S., 337
Tepper, B. J., 585
Tesser, A., 211
Thaler, R., 591
t'Hart, P., 329
Thatcher, S. M. B., 334
Thibaut, J., 546
Thibaut, J. W., 381
Thierry, H., 581
Thomas, D. A., 579
Thomas, G., 241
Thomas, K. A., 41
Thomas, R. A., 478
Thompson, D., 525
Thompson, D. E., 578
Thompson, J. K., 366
Thompson, L., 340, 341
Thompson, M., 169
Thompson, S. C., 617
Thompson-Cannino, J., 505
Thoresen, C. E., 632
Thornhill, R., 361
Thornton, B., 130
Thornton, G. C., 563
Thürmer, J. L., 331
Tice, D., 88
Tice, D. M., 249, 623
Tiddi, B., 412, 413
Tidwell, N. D., 367
Tiggemann, M., 184
Tigges, D., 213
Tilker, H. A., 292
Timmons-Mitchell, J., 494
Ting-Toomey, S., 311
Titlestad, K., 337
Titus, L. T., 313
Titus, W., 329
Tobin, S. J., 223
Toch, H., 308
Todd, A. R., 30
Todorov, A., 103, 104, 105
Tolin, D. F., 603
Tollestrup, P. A., 507
Tolstedt, B. E., 391
Tomada, G., 471
Tomasello, M., 415
Top, T. J., 161
Toppenberg, H. L., 18
Tor, A., 526
Tormala, Z. L., 216
Tornblom, K., 547
Törngren, G., 590
Tourangeau, R., 207
Tourish, D., 577
Towles-Schwen, T., 216
Trafimow, D., 67, 68
Trawalter, S., 158
Triandis, H. C., 14, 66, 67, 277
Trimble, J. E., 579
Triplett, N., 10, 11, 26
Tripp, C., 223
Trivers, R., 90
Trivers, R. L., 373, 412
Troll, L. E., 97
Trope, Y., 104, 106, 124
Tropp, L. R., 191, 192

Trötschel, R., 340
Trzesniewski, K. H., 71
Tsang, B. Y., 393
Tsaousis, I., 463
Tsapelas, I., 400
Tsukiura, T., 364
Ttofi, M. M., 496
Turchin, J. M., 362
Turner, J. C., 177, 274
Turner, M. E., 192, 328
Turowetz, J., 296
Tversky, A., 119, 592
Twenge, J., 70, 75
Twenge, J. M., 277, 294, 396
Tyler, T. R., 503, 536, 547
Tyson, M., 215

U

Uchida, Y., 92
Uchino, B. N., 629, 630
Ueno, H., 414
Uleman, J. S., 124
Underwood, J., 227
Underwood, M. K., 461
Unkelbach, C., 189
Unzueta, M. M., 566
Ura, K., 644
Urbanska, K., 176
Urdan, T., 88
Uskul, A. K., 43, 267, 473
Uzefovsky, F., 415
Uziel, L., 315

V

Vachon, D. D., 491
Vail, K. E., 175
Vaillancourt, T., 466
Vaish, A., 134, 422
Valdesolo, P., 297
Valentine, P., 379
Valentine, T., 506
Vallacher, R. R., 300
van Baaren, R., 261
Van Bavel, J. J., 173, 174
van Berkhout, E. T., 438, 491
Van Berkum, J. J. A., 137
van Bommel, M., 432, 435
Van Boven, L., 643
Van Dam, N. T., 628
Vandello, J., 471, 472
Vandello, J. A., 106, 460, 465, 471
VanderStoep, S. W., 25
van der Stouwe, T., 494
VanderWeele, T. J., 486
van der Zee, K., 334
Van Dyne, L., 275
Van Eerde, W., 581
van Ginkel, W. P., 330
van Hoorn, A., 179
Van Iddekinge, C. H., 563
Van Kleef, G. A., 263, 309
van Knippenberg, D., 330, 568
van Koppen, P. J., 547
van Oorsouw, K., 507
van Osch, Y., 359
Van Prooijen, J.-W., 547
van Straaten, I., 369
van Zomeren, M., 445
Varcin, K. J., 262
Varnum, M. E. W., 126
Varol, F., 316
Vaughan, G. M., 11
Vaughan-Eden, V., 469
Vazire, S., 53, 56, 57, 362, 382
Vazsonyi, A. T., 464

Vecchio, R. P., 578
Vera, D., 575
Verduyn, P., 61, 89
Verhoef, R. E. J., 478
Verhulst, M. J., 333
Verlinden, M., 467
Vermunt, R., 547
Vess, M., 73, 308
Vetlesen, A. J., 287
Victoroff, J., 287
Vidmar, N., 527, 533
Viglione, J., 156
Vinokur, A., 324
Visintainer, M., 614
Visser, P. S., 215
Vitoria-Estruch, S., 480
Vittengl, J. R., 391
Vogel, E. A., 61, 89
Vohs, K., 73, 81, 93
Vohs, K. D., 50, 81, 588, 589, 620
Voigt, R., 31
Vollberg, M. C., 31
Vollhardt, J. R., 417, 432
 Von Glinow, M. A., 577
von Hippel, C., 169
von Hippel, W., 4, 90, 118
Vonk, R., 94
Von Lang, J., 287
Voracek, M., 362
Vorauer, J. D., 158, 352
Voulgaridou, I., 478
Vrij, A., 114, 115, 503, 519, 521
Vroom, V. H., 573, 574, 581
Vuletich, H. A., 158

W

Waasdorp, T. E., 471
Wade, K. A., 523
Wagels, L., 466
Wageman, R., 332
Wagner, D. T., 553
Wagner, D. V., 494
Walasek, L., 17
Waldman, D. A., 578
Waldman, I. D., 467
Waling, A., 184
Walker, L., 546
Walker, L. S., 162
Wallace, D. B., 525
Wallace, L. E., 631
Walsh, B. T., 366
Walster, E., 130, 224, 369, 371, 382, 383, 388
Walster, E. H., 359
Walton, G., 8
Walton, G. M., 194, 199, 349
Wampold, B. E., 381, 634
Wanberg, C. R., 554
Wang, C-C., 391, 459
Wang, C. S., 198
Wang, H., 127
Wang, J., 374
Wang, J. C. K., 486
Wang, L., 352
Wang, M., 491
Wang, Q., 325
Wang, S., 633
Wang, X. M., 569
Ward, L. M., 183
Ward, S. J., 29
Ware, A., 89
Warmelink, L., 519
Warneken, F., 415
Warner, A. S., 161
Warren, B. L., 367

Waterman, R. H., 575
Watson, D., 638
Watson, N., 75
Waugh, W., 434
Wax, E., 393
Wayne, C., 328
Waytz, A., 108
Weary, G., 116
Weaver, J. R., 177
Weber, M., 592
Webster, G. D., 198
Weeden, J., 380
Wegener, D. T., 220, 223, 232
Weger, U. W., 265
Wegner, D., 83
Wegner, D. M., 330, 536, 625
Wegrzyn, M., 478
Weiner, B., 116
Weinstein, N., 482, 486
Weinstein, N. D., 86
Weinstein, R. S., 142
Weiss, W., 222, 226
Weisz, E., 444
Welbourne, T. M., 581
Wells, G. L., 207, 221, 505, 506, 511, 513, 514, 515, 517, 526
Wells, R., 429
Wener, R. E., 605
Wenzlaff, R. M., 626
Werner, C., 350
Werner, N. E., 471
Wertag, A., 437, 463, 464
Werth, L., 76
Wesselmann, E. D., 196
West, S. G., 442
West, T. V., 145
Westbay L., 387
Westcott, D. R., 280
Westen, D., 209, 218
Weston, R., 478
Wheeler, B. C., 411
Wheeler, L., 61, 267, 364, 640
Whillans, A. V., 416
Whisman, M. A., 399
Whitbeck, L. B., 359
Whitchurch, E., 85
White, C. J., 80
White, C. J. M., 125
White, G. L., 389, 477
White, L. T., 510
White, M. P., 638
Whitehead, G. I., 439
Whitehead, H., 260
Whitley, B. E., Jr., 198
Whittaker, J. O., 277
Whorf, B. L., 124
Wicker, A. W., 213
Wicker, B., 111
Wicklund, R. A., 76
Widman, L., 637
Widmeyer, W. N., 135
Wieber, F., 593
Wiese, E., 265
Wiesenfeld, B. M., 584
Wiesner, W. H., 563
Wiggins, J. S., 133
Wilde, V. K., 174
Wilder, D. A., 186, 270, 271
Wildschut, T., 65
Wilford, M. M., 526
Wilken, B., 216
Wilkinson, D. L., 470
Willard, G., 86
Wille, E., 32
Willer, R., 231

Williams, E. F., 85
Williams, K. D., 267, 316, 317, 349
Williams, M. J., 172, 198
Williams, W. M., 161, 328
Williamson, G., 612
Willis, J., 106
Willis-Esqueda, C., 165
Wills, J. A., 31
Wills, T. A., 89, 446
Wilmot, M. P., 96
Wilson, A. E., 55, 89, 204
Wilson, D. S., 362
Wilson, D. W., 442
Wilson, J. P., 171
Wilson, M., 464
Wilson, M. I., 465
Wilson, S. J., 614
Wilson, T., 53, 54
Wilson, T. D., 204, 508
Wilson-Henjum, G. E., 411
Wiltermuth, S. S., 297
Winch, R. F., 370
Windschitl, P. D., 86
Winquist, J., 77, 628
Winter, D. G., 573
Wishman, S., 528
Wittenbrink, B., 187
Wixted, J. T., 513
Wolf, J. P., 469
Wolf, S., 275
Wolf, S., 536
Wölfer, R., 192
Wolgemuth, L., 561
Wong, R. Y.-M., 338
Wood, J. V., 89
Wood, W., 215, 219, 229, 238, 245, 274, 401
Woods, R. J., 182
Woods, W., 182
Woolley, A. W., 309, 331, 334
Woolley, K., 337, 340
Word, C. O., 186

Worth, L. T., 232
Wright, D., 507
Wright, L., 623
Xu, H., 392
Wright, P. H., 392
Wright, P. J., 487
Wright, R. A., 371
Wrightsman, L. S., 503
Wu, C., 556
Wu, L., 491

X

Xie, B., 321
Xiong, W., 592
Xu, H., 432
Xu, Y., 69, 277
Xue, C., 602

Y

Yam, K. C., 569
Yamamoto, S., 154
Yang, R., 478
Yang, Z., 416
Yao, J., 340, 342
Yeager, D. S., 195
Yetton, P. W., 574
Yildirim, E., 316
Yoder, C. Y., 594
Yogeeswaran, K., 176
Yopyk, D. J. A., 164
Young, L., 116
Young, M. J., 580
Young, R., 78
Young, R. K., 104
Younkin, P., 155
Yount, K. M., 471
Yovel, G., 107
Yu, D. W., 361
Yu, R., 314
Yue, Y., 417, 432
Yuille, J. C., 507
Yuki, M., 180

Yurieff, K., 459

Z

Zaccaro, S. J., 572
Zajonc, R., 58, 312, 313, 357
Zajonc, R. B., 357
Zaki, J., 444
Zander, A., 310
Zanna, M. P., 56, 215, 247
Zanon, M., 438
Zapor, H., 462
Zárate, M. A., 176
Zarling, A. L., 470
Zavalloni, M., 324
Zebrowitz, L. A., 103, 104, 105
Zebrowitz-McArthur, L., 105
Zeisel, H., 528, 533, 539
Zell, E., 89, 128
Zemba, Y., 580
Zentall, T. R., 260
Zentner, M., 378
Zhang, J., 239
Zhang, L., 593
Zhang, Q., 477
Zhang, S., 393
Zhang, Y., 309
Zhao, M., 429
Zhong, C. B., 77, 251
Zhou, S., 192
Zhou, X., 588
Zhu, D. H., 324
Zhu, W., 479
Zhu, Y., 342
Zillmann, D., 388, 477, 480
Zimbardo, P., 63, 318, 351, 352
Zimbardo, P. G., 286, 544, 546
Zucker, K. J., 398
Zuckerman, M., 114, 141
Zukier, H., 136
Zuwerink, J. R., 230

Índice remissivo

Numerações seguidas por *l* indicam legendas; *f* indicam figuras; e *t* indicam tabelas.

A

ABC do self, 50
Aberto dos Estados Unidos, 107f
Abertura à experiência, 133, 463
Abordagem da conduta "daltônica" para a raça, 159
Abordagem intuitiva, na seleção de júri, 528
Aborrecimentos diários, 604-605
"Abrindo-se", 626-627
Abuso infantil, 464
Academia Americana de Médicos de Família, 483
Academia Americana de Pediatria, 469, 482, 483
Academia Americana de Psiquiatria Infantil e da Adolescência, 483
Ação racional, teoria da, 214
Aceitação da mensagem, 219
Acenar e balançar a cabeça, 112, 207, 221
Acidentes, 130
Ação afirmativa, 564-566
   opinião pública dos norte-americanos, 565f
Ações cíveis, 503
Acordo integrativo, 340
Acordo, 340
Ad Council, 231
Adaptação hedônica, 641
Adolescentes
   agressividade, 26, 462-464, 469-471, 482-486
   ajudando outras pessoas, 417-418, 434
   bullying entre, 31
   crimes violentos, 460-461, 470-471
   efeito do espectador, 423
   homossexualidade, 396
   solidão, 352
   uso de álcool, 142
   uso de tecnologia, 494
   videogame, 482-483
Adrenalina, 606, 609, 612
Adulação, 94
Advertência de Miranda, 520
Advogados de julgamentos, 527-528
Advogados, 527-528
Afabilidade, 133, 437, 463
Afeto/emoção negativa
   agressividade e, 476
   ciúmes, 376-377, 380, 465
   impacto sobre o sistema imunológico, 612, 613
   raiva, 110, 453, 478
   reciprocidade, 401
Afinidades, 62, 90, 349-351
Afirmação, 233, 249-250
Afro-americanos, 30f
   atitudes de ações afirmativas, 564-566
   atitudes implícitas, 209-210
   autoconceito, 65
   beleza, 361-362
   cargos de liderança, 578-79
   como perpetradores ou vítimas de homicídios, 460
   crimes de ódio, 151
   crimes violentos, 460
   cultura, 51
   desempenho acadêmico, 169
   discriminação racial, 150, 152-153, 155
   estereótipos, 187
   estigmatização e, 166-167
   IAT e, 156-157
   natureza individualista, 66
   problemas financeiros, 605
   racismo implícito, 156-157
   senso de pertencimento, 194
   vantagem da autoestima, 75
Ágape, 386
Agressão emocional, 454
Agressão física, 461
Agressão sexual, 487-488
   modelo de confluência de, 488
Agressividade contagiosa, 471, 478
Agressividade explícita, 465, 469, 471, 493
Agressividade indireta, 461-462, 463l, 466, 483-486, 493
Agressividade instrumental, 454
Agressividade materna, 466
Agressividade proativa, 454
Agressividade reativa, 454
Agressividade relacional, 461, 463l, 466, 471, 478, 484-485
Agressividade, 450-499
   alterações na pressão arterial, 479
   atitudes das pessoas em relação a vários tipos, 455-458
   atividade cerebral durante, 467, 468f
   autocontrole e, 463-464, 478-480, 491, 492
   bullying, 458-459
   calor e, 476
   cinco grandes fatores e, 463
   como um comportamento aprendido, 467-471
   comparações entre sociedades, 454-459
   consume de álcool e, 28, 42, 480, 483
   crimes violentos e, 32
   cyberbullying, 459
   debate natureza versus criação, 464
   definição, 453
   diferenças culturais, 454-460, 471-474, 494-495
   diferenças de gênero, 460-462, 464-466, 471, 477, 485
   diferenças individuais, 462-464
   efeitos da mídia, 482-486, 493-494
   escopo de transferência da excitação e, 477
   exemplos, 452-453
   explicação da psicologia evolutiva, 464-466
   explícita, 461, 465, 471, 493
   fatores biológicos, 466-467
   física, 461-462
   funcionamento executivo e, 467
   genes e, 466
   genética comportamental, 15
   hipótese da frustração-agressividade, 474
   indireta ou relacional, 461
   influências situacionais, 41, 474-481
   insulto ou rejeição social e, 475
   medição, 28
   microagressão, 154
   modelos de, 469
   mutilação genital feminina e, 458
   na adolescência, 26, 460, 462-464, 469, 471, 482-486
   nas crianças, 461, 462-464, 468-469, 471
   origens, 464-474
   pesquisa, 17-18
   pistas, 477-478
   proativa, 454
   processamento de ordem superior das informações e, 478
   provocação e, 463-464, 479f, 480
   punição corporal e, 468-469
   reativa, 454
   redução, 489-497, 492f
   relacional, 461, 463l, 466, 471, 478, 484, 485
   ruminação e, 478-479
   sentimentos negativos e, 475-476
   serotonina, 467
   sexual, 487-488
   socialização, 471-472
   teoria da aprendizagem social, 469-471
   teorias, 474, 481
   testosterona, 466-467
   tipos, 454
   treinamento de reposição, 491
   videogames e, 18, 36, 36f, 482-486
Aids/HIV, 599, 635-637
   apoio social e taxas de sobrevivência, 630
   estratégias de enfrentamento, 626
   prevenção, 635-637
   risco da autoafirmação, 94
Airbnb, 556l
Ajudar outras pessoas, 408-447
   altruísmo recíproco e, 412-413
   beleza e, 442
   características do observador, 442
   cenários de risco e, 411-412
   cinco etapas para, 425f
   comportamento de ajuda espontânea, 436
   composição genética e, 436
   custo de, 417-418
   decidindo como ajudar e oferecer ajuda, 426-427
   diferenças culturais, 439-442, 446
   diferenças de gênero, 445-446
   efeito do espectador, 423-427
   efeito positivo de, 417
   exemplos, 408-410
   fatores evolucionários, 410-413
   hipótese da empatia-altruísmo, 418-420

humor e, 416-417, 431-433
impacto da mídia, 433-434
inclinação padrão para, 422-423
influências interpessoais, 442-447
influências pessoais, 436-442
influências situacionais, 423-435
modelos, 434-435
motivação, 415-418
papel da empatia, 413-415, 444
perceber e interpretar a necessidade de ajuda, 424-425
personalidade altruísta, 436-439
pressão do tempo, 427
pressão dos pares e influência social para, 435
recompensas, 416-418
seleção de parentesco, 411
sentir-se bem e, 416-417
similaridade e, 443-445
viés intergrupal, 443
voluntariado, 420-422
Ajuste regulatório, 236-237
Alemanha
estudo sobre exposição à violência da mídia, 485, 494
satisfação com a vida, 642-643
Alemanha nazista
Holocausto, 287, 291-292, 436-437, 439
pesquisa psicológica social e, 12, 44
Alexa, 108
Aliados, para discordar, 297
Alívio, atração e, 388-389
Alta empatia, 420
Altruísmo e altruísta
definição, 418
egoísmo versus, 418-422
influências pessoais, 436-439
personalidade, 436-439
recíproco, 412-413
relutante, 435
tecnologia de realidade virtual, 18
Altruísmo recíproco, 412-413
Altruísmo relutante, 435
Alvos, na teoria do impacto social, 298-300
Amabile, Teresa, 582, 587
Amazon Echo, 108
Amazon.com, 575l
cultura de trabalho, 580-581
Amazonians, 580
Ambientes de pesquisa realistas, 42
Ambiguidade e efeito do espectador, 431
Ameaça dos estereótipos, 167-170, 194-196
causas da, 170
prevalência e diversidade da, 169-170
América do Norte, psicólogos sociais na, 14
América latina, comportamento de ajuda, 440
American Heart Association, 607
American Psychologist, 637
Amígdala, 208, 352
Amish, 459
Amizade entre membros de grupos diferentes, 192
Amizade
amor companheiro, 390-392
benefícios para a saúde, 629-631
comportamento de ajuda, 411-412, 443-445
diferenças de gênero, 391-392
e identidades individuais, 4
entre membros de diferentes grupos, 192
Amor apaixonado, 388-390
Amor companheiro, 388, 390-392
Amor erótico, 386
Amor romântico, 388, 389-390, 392
Amor, 376, 386-392
Amostragem aleatória, 33-37

Amostragem tendenciosa, 329-331
Amostras e amostragem, 33, 41, 329-330
Análise de custo-benefício, 418
Análise de difusão baseada em rede, 260
Análise de sonhos, 54
Andreasson, Paul, 591
Animais
altruísmo recíproco, 412-413
autorreconhecimento, 52-53
empatia, 413-415
estados mentais humanos atribuídos a, 107-109
homossexualidade, 396-397
resposta ao estresse, 607
resposta da criação à fofura, 105
Animais sociais, 4
Anistia Internacional, 292, 549
Anonimato, 318
Anorexia nervosa, 366
Ansiedade de falar em público, 349
Ansiedade, 76-77, 158, 349
Antissemitismo, 419
Anulação do júri, 537
Anúncios em revistas, diferenças culturais, 239
Anúncios pessoais, 374
APA (Associação Americana de Psicologia), 44-45, 483, 533, 580
Apalpadas, 457-458
Aparência física, 103-105, 225, 359-366, 372-373
em bares, 373
estereotipagem, 156
formação de impressões, 103-105
percepção social e, 103-104
Apelo ao medo, 230-232
Aplicação da lei
identificação de verdades e mentiras, 113-115
interrogatórios, 518-520, 524
profecia autorrealizável, 142-143
sequência de fotos, 511-513, 516-517
teste de hipótese de confirmação, 140-141
Apodaca versus Oregon, 541
Apoio às crianças, 380
Apoio social implícito, 446
Apoio social
como mecanismo de enfrentamento, 629-631
diferenças culturais, 442, 632-634, 634f
tecnologia de realidade virtual, 18
tipos de, 632-634
Apple, 239l, 575
Aprendizagem, 10, 213, 467-471
Apresentação da mensagem, 229
Aprisionamento, 544-546
Aquecimento global, 29, 206
Áreas urbanas, solidariedade em, 439
Argumento de vendas, 278, 281-285
Aristóteles, 4, 396, 639
Armadilhas, 592-594
Armazenamento da memória, 506, 508-511
Arrependimento, 90, 120-121
Artz, Benjamin, 586
Asgari, Shaki, 578
Asiana Airlines, 579, 580
Asiáticos
apoio social, 632-634, 634f
autoconceito, 65-69
autoestima, 75, 91-92
categorização social, 172
preconceito contra, 176
Assassinato em massa, 452
Assembleia Geral da ONU, 638-639
Assertividade, 259f, 285-286

Assistentes virtuais, 108
Associação Americana de Psicologia (APA), 44-45, 483, 533, 580, 599
Associação Americana de Psiquiatria, 483
Associação Médica Americana, 483
Associação positiva, 213
Astronautas, 611
Ataques cardíacos, 18
Atentado terrorista de 11 de setembro de 2001
ajudando outras pessoas após, 417-418
apoio da política antiterrorismo após, 231
detecção de mentiras, 115
estresse vivenciado após, 601-602
histórias de, 408-410, 417-418, 447l
observando características e expressões faciais após, 112l
percepção social após, 115
resposta emocional, 624-625
Atitudes disposicionais, 205, 211-212
Atitudes implícitas, 209-211
Atitudes políticas e ideologia
aprendizado, 212-213
atribuições e, 128-129
consciente e inconsciente, 210-211
emoções nas, 218
fatores genéticos, 211-212
força das, 215-216
identidades compartilhadas, 193
medidas de, 205-211
persuasão e, 219
Atitudes raciais implícitas, 209
Atitudes, 6-7, 13
acenar e balançar a cabeça, 207
ambiente cultural e, 212
atitudes políticas de alunos da Bennington College, 212
atração e, 367-368
autoestima e, 219
aviso e, 237-238
como um traço herdado, 211-212
comportamento e, 213-217
definição, 204
dimensões positivas e negativas, 204, 207, 212-213
disposicionais, 205
em relação à orientação sexual, mudando, 211f
estudos de EMG, 207-208
fatores psicológicos e, 215
força das, 204-205, 215-216
forma de aprendizagem, 212-213
formação de, 211-213
funções, 205
medição com perguntas únicas, 206
medições de, 205-211
medidas de autoavaliação, 205-207, 213
medidas encobertas de, 207-209
medindo a estimulação fisiológica, 207
mudança de atitude negativa, 238
mudança, 218-239
natureza das disposições, 212-213
necessidade de cognição para mudar, 235
no contexto cultural, 216-217
perspectiva da neurociência social, 208
políticas, 17
produção e redução da dissonância, 247f
raciais implícitas, medindo, 209
reatância psicológica e, 238
similaridade e atração, 367-368
Atividade cerebral, 4-5
Atletas
agressividade, 470-471
ameaça do estereotipo, 169, 170
atribuições, 127
coesão das equipes, 310

Índice remissivo

comportamento de multidão dos fãs, 318, 389l
estado emocional dos medalhistas olímpicos, 122
estereótipos, 184, 187l
fãs de esportes aproveitando o sucesso alheio, 88
hipótese da empatia-altruísmo, 419-420
modelos, 184
necessidade de conexão e, 349-351, 351l
"travar", 82
pensamento contrafactual, 120-122
Atração, 354-380
   atração física e, 359-366
   diferenças culturais, 392-393
   efeito da proximidade, 356
   efeito difícil de obter, 371-373
   estágio de familiarização, 366-373
   fascinação pela, 348
   fator de familiaridade, 355-358
   gostar de quem gosta de nós, 370-371
   mero efeito da exposição, 357-358
   modelo de dois estágios, 369f
   namoro on-line, 355
   seleção de parceiros, 373-380
   similaridade e, 366-371, 378
   tempo e, 373
Atração física
   atração e, 378-379
   comportamento de ajudar e, 442-443
   seleção de funcionários e, 557-560
   viés da beleza, 359-366
Atribuição aleatória, 37
Atribuição pessoal, 116
Atribuição situacional, 116, 116l, 122-126
Atribuições de manutenção de angústia, 402
Atribuições que melhoram os relacionamentos, 409
Atribuições, 115-130
   agressividade, 478
   ajudando outras pessoas e, 442-443
   compra de ações, 591
   definição, 116
   depressão e, 615-616
   diferenças culturais, 124-127
   dissonância cognitiva e, 247
   em relações íntimas, 401-402
   erro fundamental de atribuição, 122-124
   estereótipos e, 186
   estilos explicativos e, 615-616
   manutenção de angústia, 402
   pessoais, 116
   reações do júri a confissões, 524-526
   situacionais, 116
   subtipos e, 186
   viés de positividade, 128
   vieses, 118-124
Aumento do ego, 78
Autoafirmação, 94-95, 95l, 249-250
Autoaperfeiçoamento, 54
Autoapresentação, 92-97, 250, 558-559
   autoafirmação, 94-95
   automonitoramento, 95-97
   efeito holofote, 92
   efeitos sobre a saúde, 95
   estratégica, 93-94
   formas de, 93
   táticas, 94
Autoapresentação estratégica, 93-94
   na entrevista de emprego, 94t
Autoavaliações, 61, 570
Autoboicote, 87-88
Autoconceito negativo, 95, 627
Autoconceito positivo, 95, 627
Autoconceito, 50-71

ameaça da rejeição social e, 72
autoafirmação, 94-95
autoesquemas do, 51, 71
autopercepções tendenciosas, 54
como um conceito social, 53
consciência dupla, 51
de animais, 52-53
definição, 51
diferenças culturais, 65-71
efeito coquetel, 51
esquemático, 51
esquemático, 51
influência de outras pessoas sobre o, 60-63
introspecção, 53-55
memória autobiográfica, 63-65
natureza multifacetada do, 51
negativo, 95, 627-628
positivo, 95, 627-628
processos cerebrais, 51-52
rudimentos do, 51-53
self multifacetado, 97-98
teoria da autopercepção, 55-60
teste do espelho, 53
visão independente do, 66-67
Autoconfiança, 183
Autoconhecimento, 54-55
   introspecção particular, 56
Autoconsciência privada, 78-79
Autoconsciência pública, 78-79
Autoconsciência, 78-79, 79t
   autoconsciência pública e privada, 78-79
   causas e efeitos, 77f
   consequências da vida real, 76-77
   discrepâncias do self, 78-799
   estado mental, 76-78
   imagens do self, 79f
   maneiras de lidar com discrepâncias do self, 76-79
   pensar em Deus e, 79-80, 80f
Autocontrole, 80-82
   como um recurso interno limitado, 81f
   conflitos entre desejos e necessidades, 81
   distração mental e, 84
   efeitos paradoxais das tentativas de, 83
   efeitos paradoxais, 82-84, 83l
   em relação à agressividade, 464, 478-480, 491-492
   em relação a estereótipos e preconceito, 196-197
   limites do, 80-82
   modelo de autorregulação de respostas preconceituosas, 197
Autodefesa, 454
Autodescrição, 60-61
Autoeficácia, 617, 618f
Autoesquemas, 51
Autoestima positiva, 92
Autoestima, 7, 29, 34, 71-92, 251, 475
   agressividade e, 463
   ao longo da carreira universitária, 72f
   aumentando, 177
   autoboicote, 87
   autocontrole e, 80-82
      baixa, 73l
      beleza e, 364
   contexto social, 7
      definição, 71
      desempenho acadêmico e, 167, 190
      diferenças culturais, 91-92
      diferenças de gênero, 74-75, 75f
      diferenças de idade, 75f
      diferenças raciais, 74-75
      efeitos de se aproveitar do sucesso alheio, 88-89
escala de autoestima de Rosenberg, 29

estabilidade ao longo do tempo, 71
estigmatização e, 166-167
   feedback negativo, 178-179
grupos minoritários estigmatizados e, 74-75
   ilusões positivas e, 90-91
   implícita, 85-86
laços sociais e, 349
mecanismos de autoaperfeiçoamento, 84-90
   metanálise da, 74-75
   mudanças na autoestima individual e da população, 71
   necessidade de, 71-74, 128-129
   oriente versus ocidente, 91-92
percepções sociais e, 128-129
   persuasão e, 220, 249-250
   preconceito e, 179f
   resultados da vida e, 90-91
sociômetro e, 72
teoria da autoconsciência, 76-80
teoria da identidade social, 178f
teoria das discrepâncias do self, 75-76
Autoexposição, 390
Autofoco, 77, 627-628
Automonitoramento, 95-97, 236
Automonitores, 236
Autopercepção, 54-55
Autopersuasão, 243, 248-250
   rotas para a, 248-250
   teorias da, 250f
Autopromoção, 94
Autoritarismo, 579-580
Autorreconhecimento, 52-53
Autorrelatos contingentes a eventos, 30
Autorrelatos contingentes a intervalos, 30
Autorrelatos contingentes a sinais, 30
Autorrelatos, 29-30, 205-207, 395, 638
   contingentes a eventos, 30
   contingentes a intervalos, 30
   de estresse, 600-601
   imprecisão, 30
Autossuficiência, 588-589
Avaliação de desempenho de 360 graus, 570
Avaliações
   da situação, 600, 615-621
   de desempenho, 568-571
Avaliações de desempenho, 568-571
   autoavaliações, 570
   avaliação de supervisores, 569
   avaliação de, 570-571
   considerações do devido processo, 571
   justiça em, 571
Avaliações de desempenho objetivas, 568
Avaliações de desempenho subjetivas, 568
Avaliações de supervisores, 569
Avanços tecnológicos, 18-20
Aversão, 111-112
Avery, Steven, 502, 503l
Aviso, 237-238

B

Baby boomers, 70
Bailes, 192l
Baixa empatia, 420
Baleias, 260
Ballew versus Georgia, 540
Bares, estudo sobre atração física, 373
Barrick, Murray, 563
Bass, Bernard, 576
Batson versus Kentucky, 528
BBC, 545-546
Beisebol, 154, 191-192, 476
Beleza, 225, 359-366, 558
   benefícios e custos, 365-366
   bondade e, 364

como qualidade objetiva, 361
definição, 360-362
mito grego de Pigmalião, 364f
pessoas bonitas, percepção sobre, 364
preferências sobre o tamanho do corpo feminino, 361-362
viés para, 363-364, 442
Bem-estar, 206, 639-645
Bem-estar subjetivo, 637
e riqueza, 641f
Bencharit, Lucy, 558
Berkelaar, Brenda, 560
Berkowitz, Leonard, 477
Bezzos, Jeff, 575l, 580
Bissexualidade, 395
Blefe, 113
Blogs, 391
Bobocel, Ramona, 564
Bom humor, 431-432, 432t
Bondade e beleza, 364
Bônus, 582-583
Bordia, Prashant, 591
Bor-Shiuan Cheng, 579
Boswell, Wendy, 581
Boyatzis, Richard, 573
Brainstorming eletrônico, 322-323, 323t
Brainstorming, 322-323, 323t
Brasil, cultura de honra, 473
Breivik, Anders Behring, 482
Brenan, 578l
Brice, Lee, 121l
Brinquedos, preferências das crianças por itens baseados em gênero, 181
Brown versus Board of Education of Topeka, 190
Browning, Elizabeth Barrett, 386
Bulimia nervosa, 366
Bull, 529, 530l
Bullying
cyberbullying, 459
diferenças culturais, 458-459, 472-473
efeitos da vergonha do público, 426-427
estudos observacionais, 31
pesquisa de intervenção do espectador, 429l, 430
prevenção, 495-497
Burns, James MacGregor, 576
Busca por ajuda, diferenças de gênero, 445-446
Bush, George W., 231
Butão, meta de Felicidade Nacional Bruta, 644-645, 645f
Buzzanell, Patrice, 560

C

Cabell, James, 619
Caçadores, 477-478
Calor e agressividade, 460, 476
Cambridge Analytics, 45
Campanhas negativas na política norte-americana, 230-231
Campanhas publicitárias nos EUA, 239
Campion, Michael, 558
Canadá
autoestima, 91
homicídio, 455
norma de reciprocidade, 280
teoria da dissonância cognitiva, 252-253
Câncer de pele, 94
Câncer de pulmão, 232
Câncer
apoio social e taxas de sobrevivência, 629-631
autoafirmação e risco, 94
câncer de mama, 90, 167, 627, 629-630
câncer de pulmão, 231-232
comparações sociais descendentes, 89-90
estresse e, 613-613
Candid Camera, 286
Canetas vaporizadoras, 610l
Cão de Pavlov, 213
Capacidades humanas, 27
Características centrais, 134-135
Características do observador, formação de impressões e, 131
Características e expressões faciais, 54, 57, 81, 106, 528
atratividade, 361
como uma medida da atitude, 208
comportamento não verbal, 109-113, 109l
contexto da situação e, 106, 107f
de exogrupos, 172
diferenças culturais, 110
EMG facial, 207-208, 208f
estado emocional e, 57-58
estudo de imagens cerebrais, 438
exposição da vida e, 110
fertilidade e, 380
identificação de emoções usando, 106, 109-113
identificando o problema da autoavaliação, 207
imitação e, 260-261
mudanças fisiológicas e, 58
observação após os ataques terroristas de 11/09, 112l
percepção de, 105-106
primeiras impressões, 103-105
reconhecimento de emoções primárias a partir de, 109-110, 109f, 110f
sentenças de prisão, 157f
Características infantis, impressão, 105
Carl, Dale, 579
Carli, Linda, 577
Carros autônomos, 108l
Casamento e casais
autoconceito, 95
benefícios para a saúde, 630-631
conflitos em, 401-402
diferenças culturais, 392-393
ênfase no sexo em, 394-395
entre pessoas do mesmo sexo, 399
felicidade conjugal, 399
nomes próprios e, 85
satisfação conjugal ao longo do tempo, 400f
seleção de parceiros, 373-380
similaridade de atitudes, 369
trajetória conjugal, 399-401
trajetória da satisfação, 399-401
Casamento entre pessoas do mesmo sexo, 150
atitudes, 166f
Casamento inter-racial, 153f
Casas de repouso, 617
Caso da corredora do Central Park, 518, 520-521, 522l
Castidade, 392
Castro, Fidel, 117
Catarse, 474, 475, 627
Categorização
atitudes raciais implícitas e, 209
como endogrupos, 172-173
como exogrupos, 172-173
compartilhada, 193
racial, 171f
social, 166, 170-176
Categorização compartilhada, 193
Categorização social, 171-176
Catolicismo, 125
Causalidade, 37
Cautela recíproca, 280
Células do sistema imunológico, 611l
Centro de avaliação virtual, 563-564
Centros de avaliação, 563
CEOs, 577-579
Cérebro humano, 4
imagens do, 18
jogos de videogame violentos, efeitos dos, 18
Cérebro social, 18
Certo, necessidade de estar, 265-266
Challenger, 327, 329
Chao, Georgia, 566-567
Chavez, George, 565
Cheiro, 111, 431-432
Chemers, Martin, 574
Chief executive officers (CEOs), 577-579
Chin, Jean Lau, 579
China e chineses
agressividade, 455, 457
ajudando outras pessoas, 409-410
amor, 392-393
atribuição, 127
autoconceito, 65-66, 68
dinheiro, 588-589
expressões faciais, 110
geração X, 239
natureza coletivista, 66
negociação, 342
norma de reciprocidade, 280-281
objetos centrais e planos de fundo, 127
publicidade, 239
similaridade entre membros de exogrupos, 172
sistema jurídico, 548
Ciclistas, 11l, 26, 311
Ciclo de violência, 471
Ciência
e valores, 46
habilidade, 27
Ciência aberta, 20
Ciência política, 6, 17
Ciência, tecnologia, engenharia ou matemática, 8
Cigarros eletrônicos, 610l
Citações sobre liderança, 572t
Ciúme mórbido, 377
Ciúmes, 376-377, 380, 465
Clareza cognitiva, 351
Classe social
como influência cultural, 70-71, 126
comportamento pró-social, 440-442
Clima, 431, 460, 475-476
Codificação, 506
Coeficiente de correlação, 34-35
Coesão de tarefa, 310
Coesão interpessoal, 310
Coesão, grupos, 308, 310-311
Cognição de ordem superior, 478, 480
Cognição social, 13-14, 135f
Cognição, 14-15
agressividade, 14-15, 477-478, 479-480
autocontrole e, 196
empatia, 414
mudança ao longo do tempo, 197-200
necessidade de, 235
papel da estereotipagem, do preconceito e da discriminação, 170-190
Coleta de dados on-line, 41
Coletivismo e culturas coletivistas, 65l
agressividade e, 455-457
ajudando outras pessoas, 442
atribuições, 125-126
autoconceito, 65-70
autoestima, 91-92

campanhas publicitárias, 239
características, 16
coesão de grupo, 310
conexões e interdependência, 179-180
conformidade e, 277
cultura de honra, 473-474
definição, 277
em sociedades industrializadas complexas, 276-278
enfrentamento, 632-634, 634f
harmonia social e adequação, 277
identidade social, 179-180
negociação, 341
ociosidade social, 316
peso da responsabilidade, 580
valores de independência, autonomia e autoconfiança, 455-458
Columbia, 325, 327
Comitês, 324
Comparações sociais ascendentes, 89-90
Comparações sociais descendentes, 89-90
Comparações sociais
 ascendentes ou descendentes, 89-90
 temporal, 89
Comparações temporais, 89
Compartilhamento de informações, 329-330
Compartilhamento do eu, 370
Compensação social, 317
Competência, 133-134, 176, 222-223, 566
Competição realista, 176
Competição, 176, 335-343
Complexidade da sociedade, 277
Comportamento antissocial, 469, 494
Comportamento arriscado, 182
Comportamento de mentir nas entrevistas de emprego, 558-559
Comportamento de turba, 318, 318l, 389l
Comportamento discrepante, 242, 245, 249
 consequências negativas, 246
 justificando, 242-244
Comportamento egoísta, 418-422
Comportamento humano, 6-7
 comportamentos públicos, 6
 fatores não sociais, efeito dos, 7
Comportamento não verbal, 109-113, 109l, 237
 contato visual, 111-113
 "emoticons" de e-mails, 111f
percepção social, 111
 regras para saudações comuns, 112-113
 variações culturais e, 112-113
Comportamento planejado, teoria do, 214
Comportamento
 atitudes e, 213-217
 como efeitos ou consequências do comportamento de alguém, 116-117
 como o grau de escolha de uma pessoa, 117
 conhecimento do ambiente social e, 106
 de observadores sociais, 119
 de risco, 182, 638
 divisão em unidades, 107
 dos mentirosos, 113-115
 experimento do debate presidencial, 37-38
 feedback facial, 57
 linguagem usada no Twitter, 34
 não verbal, 109-113, 109l
 no laboratório, 40
 orientação motivacional e, 60
 percepção social, 107-113
 perspectiva "dramatúrgica" do comportamento social, 92-93
 perspectiva em primeira pessoa versus em terceira pessoa, 52
 pesquisa correlacional, 34
 pessoas multilíngues, 43
 presença de outros e, 311-320

previsão do, 145-146
princípio da covariação, 118-119
sincronia do, 297
teoria da atribuição, 116-118
Comportamentos de risco, 182, 636
Comportamentos pró-sociais, 410, 469, 471, 484, 484f, 486
Comportamentos saudáveis, 637f
Compra de ações, 591l
Compromisso, 382, 387, 592-594
Computadores
 bancos de dados, 26
 sistemas de apoio a grupos, 332
Comunicação ao acaso, 224
Comunicação on-line, 19
Comunicação
 canais, 113
 durante o processo de negociação, 340-341
 em relações íntimas, 401-402
 não verbal, 109-113, 109l, 237
 redes, 330
Concessões recíprocas, 284
Concessões, 284
Concordância
 definição, 269, 278
 descuido e, 278-279
 em confissões falsas, 521-524
 estratégias de solicitações sequenciais, 281-285
 lowballing, 282-283
 no *continuum* de influência social, 259f
 norma de reciprocidade e, 279-281
 resistência à, 285-286
 técnica "e não é só isso, pessoal!" para, 284-285
 técnica da porta na cara para, 283-284
 técnica do pé na porta para, 281-282
Condenação, 531-533, 542-543
Condenações injustas, 505
Condicionamento avaliativo, 213
Conexão interpessoal, 446-447
Conexão social, 8, 446-447, 588-589
Confederados, 42
Confiabilidade entre avaliadores, 30
Confiabilidade, 103, 222-223
Confiança, 145, 194-196, 337, 513-514
Confissões falsas, 521-524, 525
Confissões, 518-527, 627
 alegação de culpa, 526-527
 detecção de mentiras, 518-520
 falsas, 521-524
 interrogatórios policiais e, 520-521
 no tribunal, 524-526
Conflito
 diferenças culturais, 311
 em grupos, 66, 335-343
 em relações íntimas, 401-402
 resolução de, 340-343
Conformidade privada, 269, 270t, 275
Conformidade pública, 269, 270t, 275
Conformidade, 11, 42, 257-302
 coesão de grupo e, 310-311
 definição, 262
 diferenças de gênero, 272-273
 e normas, 271
 efeitos de conformidade semelhantes aos de Asch, 263-264, 264f
 efeitos prejudiciais, 262
 efeitos sobre a percepção, 268f
 influência da maioria, 270-273
 influência informativa, 265
 influência minoritária, 273-275
 influências culturais, 275-278
 medição da, 275
 medo do ostracismo e, 266-267

motivos para, 265-267
mudanças ao longo do tempo, 301
no *continuum* da influência social, 259f
pesquisa, 28, 263-265
pressões de grupo, 327
privada, 269, 270t
pública, 269, 270t
resistência ao rótulo, 262
tecnologia da realidade virtual, 18
tipos de, 268-270
Conhecimento, 623
Consciência, 133, 216, 463, 561
Conselhos institucionais de revisão, 44-45
Consentimento informado, 44-45
Consentimento on-line, 45
Consequências negativas, 246
Conservadores, 129, 211l
Constrangimento social, 355
Constrangimento, 244, 246, 351
Consultores do júri, 529-530
Consumer Reports, 590
"Contas Nacionais de Bem-Estar", 644
Contato e relações entre grupos, 170-176, 190-192
 amizades, 192
 benefícios, 192
 conflitos, 171-176
 efeito do contato ampliado, 192
 efeito do contato indireto, 192
 experimento do método *jigsaw*, 192-193
 identidades compartilhadas, 193
 "lacuna da empatia", 444
modelo da identidade intergrupal comum, 193
Contato visual, 30, 409, 431, 491, 518, 558, 627
 atitudes e comportamentos sexuais, 395
 no comportamento não verbal, 111-113, 115
Contestação peremptória, 527-528
Contexto social percebido, 9
Contexto, 106, 107f, 214-215
Contextos sociais, 5, 7
 abordagem científica para estudar, 10
 da psicologia social, 6-7, 8-9
 exemplos de poder dos, 8-9
 influência dos, 38
 julgamento, 107f
 ligação entre atitudes e comportamentos em, 214-215
 percebidos, 9
Contos de fadas, 364
Contradições, 180
Contraste perceptivo, 284
Controle de decisões, 546-547
Controle de processos, 546
Controle do experimentador, 40
Controle
 definição, 625
 e percepções de justiça, 546-547
 estresse e, 617, 621-623
 ilusão, 86
 ligação entre atitude e comportamento, 214-215
Conversão (conformidade privada), 269, 275
Convicção em um mundo justo, 129-130
Convicções de autoconveniência, 86-87
Coolidge, Calvin, 554
Cooperação, 175-176, 335-343
Coordenação, 4
Cor, 125, 363
Coreia e coreanos
 autoconceito, 68
 beleza, 364
 publicidade em revistas, 239
Coringa, 452
Correlações ilusórias, 185

Correlações negativas, 34-35, 35f
Correlações positivas, 34, 35f
  possibilidades, 36f
Corrida de cavalos, 246l
Cortisol, 467, 601, 605, 612, 630
Cotton, Ronald, 504
Credibilidade, 222-224, 226
Créditos de idiossincrasia, 274
Crenças das pessoas, efeitos sobre as habilidades humanas, 27
Crenças e preferências relacionadas a estereótipos de gênero, 181
Crenças cármicas, 125
Crenças que justificam o sistema, 175
Crenças religiosas, 125
Criação de filhos, 180, 182, 470, 493-494
Crianças
  agressividade e, 18, 462-464, 469, 470-471
  apego, 384-386
  atratividade, 361
  autorreconhecimento, 53
  como seres sociais, 348
  comportamentos de risco, 180-182
  disciplina, 468, 469
  empatia, 415
  estereótipos de gênero, 181-182
  imitação, 261
  interação inter-racial, 157
  memória da testemunha, 510-511
  orientação sexual, 396
  racismo, 156f
  recompensa e motivação intrínseca, 59-60
  sensibilidade a informações negativas, 134
  socialização, 181-182
  timidez, 352
  travessuras ou gostosuras no Halloween, 319-320, 319f
  viés de atribuição hostil, 478
Crime, 470
Crimes violentos
  agressividade e, 32, 482-486
  assassinato e, 455
  avaliação de documentos, 32
  clima quente e, 460, 476
  diferenças culturais, 454-458
  estatísticas, 452-453, 455
  estudo de documentos, 32
  teoria da aprendizagem social, 470
Crises e estresse, 601-603
Cristerna, Maria Jose, 105l
Cristianismo, 276
Crosby, Faye, 565
Cuba, 328
  crise dos mísseis, 328
  invasão da Baía dos Porcos, 327
Cuidado com crianças, 379
"Cuidar e fazer amizade", 607
Culpa, 154, 197, 284, 432, 623-624
Cultos, 287
Cultura balinêsa, 460t
Cultura de honra, 460, 471-474, 473f
  agressividade e, 471-472
  em culturas individualistas e coletivistas, 473-474
  entre países, 472-473
  no Brasil, 473
  norte versus sul, 472-473, 472f
  violência nas escolas e, 471-472
Cultura frouxa, 310-311
Cultura Glwi, 460t
Cultura Ladakhis, 460t
Cultura rígida, 310-311
Cultura zapoteca, 460tt
Cultura
  autoconceito, 65-71

definição, 15-16
organizacional, 566-568
papel na psicologia social, 15-17
Culturas não violentas, 459-460
Culturas ocidentais
  erro fundamental de atribuição, 127f
  influência cultural sobre atribuições, 126
  redes sociais, 350f
  tomada de decisões, 252
  valorização da independência, 216
Custos de ajudar os outros, 417-418
Cyber ociosidade, 316
Cyberbullying, 459
Cybervetting, 560

D

Dalai Lama, 437
Darrow, Clarence, 528
Darwin, Charles, 109, 110
Dassey, Brendan, 502, 503l, 521, 542
Davis, Troy, 531, 532l
Debate natureza versus criação, 464
Deci, Edward, 582
Decisões de investimento, 589-594
Decisões e tomada de decisões
  econômicas, 588-594
  justificativa para, 244-245
  liderança e, 574
  pela Suprema Corte, 503
  pelo júri, 537-542
  por grupos, 325-358
Declaração de Independência, 637
Defesas culturais, 548
Definição de metas, 176, 331-332, 581-582, 582f
  e ciclo de desempenho, 581-582, 582f
Definição operacional, 28
Deliberação do júri, 537-542
Delinquentes juvenis, programas de tratamento, 494
Democratas, 193, 206, 220
Departamento de Justiça dos Estados Unidos, 505
Departamento de Segurança Interna dos Estados Unidos, 452
Depoimento
  desconsiderado, 536
  testemunha ocular, 18, 264-265, 504-518
Depoimento da testemunha, 18, 265, 504-518
  álibis, o papel dos, 517-518
  efeito da desinformação, 509
  efeito do feedback pós-identificação, 514f, 515f, 514-515
  efeito foco na arma, 507
  embriaguez e, 507
  identificação de culpados, 511-513
  memória e recuperação, 508-511
  percepção do crime, 506-508
  polarização de testemunhas oculares, 509f
  problemas com, 515
  testemunho no tribunal, 513-515
  viés de identificação entre raças, 508
Depressão de Facebook, 61
Depressão, 75-76, 167, 420, 598
Derramamento de petróleo da BP, 601
Dershowitz, Alan, 547
Desagregação, 190-192
Desamparo aprendido, 615
Desastre do ônibus espacial Challenger, 327, 329
Desastre do ônibus espacial *Columbia*, 325, 327
Desastres da Nasa, 325-326, 327-328, 330
Desastres naturais, 601-603
Descuido e conformidade, 278-279

Desculpas, 87-88
Desejo de ver, 128
Desejo, 81, 373-380, 387, 392
Desempenho
  acadêmico, 138-139, 142, 167-168, 168f
  ameaça de estereótipos e, 167
  autoboicote, 87-88
  avaliações, 568-571
  dos grupos, 320-335
  incerteza de funções e, 309
  profecia autorrealizável, 141-144
  síndrome de superioridade ilusória, 85
  vieses de gênero, 160-161
Desempenho acadêmico, 138, 142-143, 168, 168f
Desemprego, 554, 642
Desesperança, 619, 620f
Desigualdade de renda, 455
Desindividuação, 318-320
Desligando-se, 625-626
Deslocamento para o trabalho, 605
Deslocamento, 474
Desobediência, 297-298
Desumanização implícita, 174
Desumanização, 173-174, 173f, 489
Deus, pensando sobre, 79-80
Dever de resgate, 418
Devido processo em avaliações de desempenho, 571
Devolutiva, 45
Dialetismo, 68
Diário prospectivo, 55
Dickson, Marcus, 579
Dieta, 80-81
Diferença salarial entre gêneros, 585-587
Diferença, 225, 368
Diferenças culturais
  agressividade, 454-460
  ajudando outras pessoas, 439-440, 446-447
  amor, 392-393
  assistindo TV, 182
  atitudes, 213
  atração, 392-393
  atribuições, 124-127
  autoconceito, 65-71
  autoestima, 91-92
  autorreconhecimento, 53
  beleza, 359, 361-362
  características e expressões faciais, 109-110
  casamento, 392-393
  classe social e, 70-71
  coesão de grupo, 310
  conflito, 311
  conformidade, 275-278
  contato visual, 112
  culturas rígidas e frouxas, 310-311
  enfrentamento, 632-634
  estereótipos baseados em gênero, 180-182
  exibição clara, 375-376
  felicidade, 639, 640f
  identidade social, 179-180
  lei e justiça, 548-549
  negociação, 340-343
  ociosidade social, 317
  persuasão, 238-239
  pesquisas, 43
  reciprocidade, 280-281
  roteiros sociais, 106
  seleção de parceiros, 373-375, 392-393
  socialização, 180-184
  teoria da dissonância cognitiva, 252-253
  teoria do papel social, 182
Diferenças de gênero
  agressividade, 460-462, 464-466, 471, 478, 485

ajudando outras pessoas, 445-446
amizades, 391-392
amor, 376, 386, 392-393
atração, 354
autoboicote, 87
autoestima, 74-75, 75f
autoexposição, 391-392
casamento, 392-393
ciúmes, 376-377
conflitos em relações íntimas, 401
conformidade, 272-273
depressão, 615-616
esgotamento, 605
estresse, 599-600, 607
exibição clara, 375-376
habilidades com ciências e matemática, 27
homossexualidade, 396-398
liderança, 577-579
negociação salarial, 585-587
ruminação, 628
seleção de parceiros, 373-380
sexualidade, 394-395
violência doméstica, 462
Diferenças de idade
    atribuições, 125, 126f
    autoestima, 75f
    automonitoramento, 97
    memória autobiográfica, 63-65
    padrões de beleza, 361
    seleção de companheiros, 373-375
    solidão, 352
    violência, 460
Diferenças individuais
    agressividade, 462-464
    ajudando outras pessoas, 436
    automonitoramento, 96-97
Diferenças regionais, 460, 471-474
DiFonzo, Nicholas, 591
Difusão de responsabilidade, 426, 427-428
Dignidade, 106
Dilema do prisioneiro, 335-336
Dilemas comuns, 336-337
Dilemas de recursos, 336-337
Dilemas dos bens públicos, 337
Dilemas sociais, 335-339, 339t
Dilemas
    bens públicos, 336-337
    comuns, 336-337
    do prisioneiro, 335-336
    recursos, 336-337
    sociais, 335-339
Dimensões universais da cognição social, 135f
Dinheiro, 278, 588-589, 639-645
    poder simbólico do, 588-589
Dipboye, Robert, 559
Direito comparado, 548
Discrepância de mensagens, 229-230
Discrepâncias do self
    autoconsciência e, 77-78
    formas de reduzir, 77-79
Discriminação
    abordagens para reduzir, 192
    atribuição de feedback negativo para, 167
    autorrelatada, 214
    baseada em gênero, 152, 160-163
    categorização social, 171-176
    contra gays e lésbicas, 160
    contra idosos, 164-166
    contra judeus, 151f
    contra pessoas acima do peso, 164-166
    definição, 152
    exemplos, 150l
    favoritismo intragrupal, 177
    impactante, 155
    na seleção do júri, 528-529
    práticas de contratação, 557-558
Discriminação autorrelatada, 213
Discriminação entre grupos, 178-179
Discriminação por idade, 164-166
Discriminação racial, 17-18
Disparidade de sentenças, 542
Disposições, 115
    agradáveis, 374, 378
    biológicas, 396-398
    otimistas, 618-619
    teoria de inferência correspondente e, 116-117
Dissidente, 273-274, 297-298
Dissonância ética, 250-252
Dissuasão insuficiente, 244
Distância do alvo e memória da testemunha, 506
Distração, 625-626, 628
Distúrbio cerebral orgânico, 50
Diversidade, 333-334, 566-568
Divisão do trabalho, 182
Divórcio, 399, 402-403, 614-615
Doações para instituições de caridade, 435, 439
oença, 612f, 613-614
    e duração do estresse, 613f
Doenças cardíacas, 607-610
    taxas de mortalidade, 34
Doenças psicogênicas em massa, 258-259
Donne, John, 447
Dor, 467
    social, 267
Dor social, 267
Dougherty, Thomas, 559
Doyle, Arthur Conan, 140
Duração da mensagem, 229
Dúvida razoável, 539

E

Eagly, Alice, 577
Economia comportamental, 17
Economia, 6
Educação
    ameaça do estereótipo, 194
    bailes com integração racial, 192l
    desagregação das escolas, 190-191
    desempenho acadêmico, 138, 141-143, 167-168, 168f
    expectativas dos professores em relação aos alunos, 142
    método *jigsaw*, 193
    viés de beleza dos professores, 359
    violência escolar, 453, 455, 458-459, 471-473
Efeito adormecido, 226-227, 228f
Efeito autocinético, 263
Efeito camaleão, 261, 261f
Efeito coquetel, 50-51
Efeito CSI, 535-536
Efeito da desinformação, 509
Efeito da homogeneidade do exogrupo, 172
Efeito da primazia, 136-137, 229
Efeito da proximidade, 356
Efeito da recência, 229
Efeito da superioridade ilusória, 85
Efeito da superjustificação, 59
Efeito das armas, 477
Efeito de ancoragem, no processo de julgamento, 543
Efeito de superioridade da raiva, 110
Efeito difícil de obter, 371
Efeito disposicional, 591-592
Efeito do contato indireto, 192
Efeito do espectador, 423-427, 496
    difusão de responsabilidade e, 426, 428f
    Kitty Genovese, assassinato de, 423, 430
    legado duradouro, 430
    on-line, 428-429
Efeito do falso consenso, 119, 120t
Efeito do feedback pós-identificação, 514-515, 514f, 515f
Efeito do foco na arma, 507
Efeito dotação, 591
Efeito halo, 569
Efeito Hawthorne, 555-556, 555l
Efeito holofote, 92
"Efeito Lúcifer", 546
Efeito placebo, 635
Efeito *priming*
    automático, 132-133
    sobre as impressões das pessoas, 132
    sobre o comportamento social, 132-133, 133f
Efeitos da expectativa do pesquisador, 40
Efeitos da incorporação da atitude, 221
Efeitos de conformidade semelhantes aos de Asch, 263-265, 264f
Efeitos do escalonamento, 592-594
Effron, Daniel, 580
Eficácia da equipe, condições para, 332t
Egoísmo implícito, 85-86
eHarmony, 370
Eichmann, Adolf, 287
Eisenhower, Dwight, 33
Elaboração, 219
Eleições presidenciais nos Estados Unidos
    1936, 33
    1948, 34l
    1956, 33
Eletroencefalografia, 208
Eletromiógrafo facial, 207-208
Ellison, Marvin, 578
e-mail, 111, 300
Emergências, 424-427
Emoção
    agressividade e, 462-464
    ajudando outras pessoas, 417-418
    apelo ao medo, 230-232
    autopercepções, 57-58, 57l
    características e expressões faciais para identificar, 57-58, 105-106, 109-113
    diferenças culturais durante negociações, 343
    efeito do contato visual, 112
    em atitudes políticas, 218-219
    empatia, 414
    estado emocional dos medalhistas olímpicos, 122
    impacto da tomada de decisões econômicas, 591-592
    mudança de atitude, 232-233
    papel da psicologia social, 14-15
    percepção de, 106
    previsão afetiva, 54
    raiva, 110
    reações ao pensamento contrafactual, 121-122
    reconhecimento, 109-111, 109l, 110f
    repulsa, 111
    teoria dos dois fatores da, 62-63, 388
    testemunha ocular e, 507
Emoções positivas, 232-233, 624-625
Emojis, 111, 111f
Emoticons, 111, 111f
Empatia, 174, 413-415, 418-422, 437-439, 467, 491, 492, 496
Empresas da Fortune 500, 577
Empresas, tomada de decisões econômicas em, 588-594

Encarceramento em massa, 544
Endogrupos, 172-173, 444
  ajudar como uma função de, 444-445
  categorização como, 172-173
  definição, 172
  efeitos da rotulagem, 173
  motivo fundamental de, 174-175
  neurociência dos, 173f
  vantagem interna, 110
Enfrentamento focado na emoção, 622-623, 624-628
Enfrentamento focado no problema, 623-624
Enfrentamento proativo, 623, 629-632
  modelo do, 629f
Enfrentamento, 621-634
  abrindo-se, 626-627
  apoio social, 629-631
  autofoco, 627-628
  definição, 600
  desligando-se e suprimindo pensamentos desagradáveis, 625-626
  diferenças culturais, 632-634
  ficar preso versus se libertar, 627-628
  focado no problema, 623-624
  foco na emoção, 622, 624-628
  formas de, 622t
  fórmula de duas etapas, 600
  papel da religião, 631-632
  proativo, 623, 629-632
  processo de, 600f
  teoria da gestão do terror, 72
  viés de previsão afetiva, 54
  visão geral das estratégias, 621-623
Ensan, Hossein, 115l
Enteados, 464
Entrevistas de emprego
  alternativas a, 560-564
  autoapresentação estratégica, 94t
  condução de, 559f
  diferenças culturais, 558
  entrevistas estruturadas, 563-564
  estereótipos estigmatizantes dos entrevistadores, 166-167
  objetivo de, 557
  presenciais versus mediadas por computador, 563-564
  profecia autorrealizável, 185-186
  viés dos empregadores, 557-559
Entrevistas estruturadas, 563-564
Envolvimento pessoal, e persuasão, 226
Epidemia de ebola, 598l
Epinefrina, 62
Equidade
  fórmula, 383
  na remuneração, 583-585, 584f
  teoria, 383, 583-585
  versus igualdade, 382-384
Equilíbrio entre trabalho e família, 580-581
Eros, 386
Erro fundamental de atribuição, 122-124, 125, 524
  como um fenômeno ocidental, 126f
  cultura e, 124-126
  menosprezar vítimas, 129-130
  programa de perguntas e respostas da TV, 123-124, 123f
Escala de autoestima de Rosenberg, 28l, 29
Escala de automonitoramento, 96, 96t
Escala de Avaliação de Reajuste Social, 603
Escala de necessidade de cognição, 235, 236t
Escala de satisfação com a vida, 637
Escala F, 290
Escala Likert, 206
Escalas de atitudes, 206
Escalonamento gradual, 292

Escapismo, 77-78
Escolha, 117, 244-245, 637
Esforços, justificativa dos, 244
Esgotamento, 605
Espaço de trabalho multicultural, 566-568
Especialistas em detecção de mentiras, 114t
Especialistas, 220, 222-223
Espíritos irmãos, 370
Esquimós, 125
Estabilidade emocional, 133
Estados Unidos versus Scheffer, 519
Estágio de exaustão, síndrome de adaptação geral, 606-607
Estágio de recuperação da memória, 506, 511-513
Estágio de resistência, síndrome de adaptação geral, 606
Estatísticas, 120
Estereotipo "o que é bonito é bom", 364
Estereótipos de gênero, 160, 180-183
Estereótipos e estereotipagem, 13, 15
  abordagens para reduzir, 192
  alvos de estereótipos estigmatizantes, 166-167
  ativação automática versus intencional, 186-188, 196-197, 198, 184-186
  atração física, 157, 364-365
  baseados em gênero, 160, 180-182
  categorização social e, 171-176
  confirmação comportamental e, 184-186
  confirmação por comunicação, 186f
  de afro-americanos, 156-158
  definição, 152
  efeitos sobre a percepção dos indivíduos, 184-186
  efeitos sobre alvos do, 166-167, 193
  endogrupos versus exogrupos, 172-173
  estereótipo "o que é bonito é bom", 364-365
  exemplos de, 150l
  fatores sociocognitivos que influenciam, 197-199
  interações inter-raciais, 158-160
  jogadores de futebol australianos, 185
  motivação, papel da, 187-188
  na vida contemporânea, 167
  negativo, 166-167, 177, 178, 185, 193
  nível de competência, 176, 183
  persistência dos, 151-152
  pesquisa de Allport, 12
  por professores, 142
  prescritivos, 160
  profecia autorrealizável e, 142-144
  reforçando, 185
  seleção do júri e, 527-528
  sexo, 182
Estereótipos negativos, 166-167, 178, 185, 194
Estigma por associação, 134
Estigmatização, 166-167, 566
Estilo de apego ansioso, 385
Estilo de apego esquivo, 385
Estilo explicativo depressivo, 616
Estilos de apego, 384-386
Estilos de liderança paternalistas, 579-580
Estimulação magnética transcraniana, 18
Estimulação relacionada à dissonância, 247
Estratégias de solicitação sequenciais, 281-285
Estratégias informacionais, 228-229
Estresse, 599-637
  amortecedor contra, 616-619
  avaliação, 600, 615-621
  catástrofes naturais e, 601-603
  causas de, 600-605
  crises e, 601-603
  definição, 599

desigualdade no local de trabalho e, 583-585, 584f
  doença cardíaca e, 607-610
  doença e, 613-614
  fatores ambientais, 604
  grandes eventos da vida, 603-604
  impacto sobre a saúde, 606-615
  interrogatórios policiais, 520-521, 522
  lidando com, 621-634, 622t
  medidas de, 601
  microestressores, 604-605
  mulheres, 87
  necessidade de afiliação e, 349-351
  pensamento de grupo e, 326
  por ajudar outras pessoas, 446
  prevenção, 635-637
  processo de enfrentamento, 600f
  resiliência, 616-619
  sistema imunológico, efeito sobre, 610-614
  tratamento, 634-637
Estresse em catástrofes, 601-603
Estresse ocupacional, 605
Estressores, 600-605
Estudantes americanos de origem asiática, pesquisas com, 16, 16f
Estudantes seminaristas, 427
Estudo científico, 6
Estudo com baratas, 313
Estudo com caça-palavras, 132
Estudo da prisão da Stanford University, 44, 544-546
Estudo de novelas de Ruanda, 199
Estudo de Robbers Cave, 175-176
Estudo sobre convulsões, 423-424
Estudo sobre travessuras ou gostosuras no Halloween, 319-320
Estudos com bebidas Kool-Aid, 234
Estudos com chimpanzés, 412-415
Estudos com enfermeiras, 113-114, 291, 585
Estudos com gêmeos, 212, 396-397, 436, 466, 642
Estudos com macacos, 52, 411, 412-413
Estudos de adoção, 396
Estudos de documentos, 32
  código da APA, 44
  vantagens, 32
Estudos sobre a tendência a atirar, 188-190, 189f
Estupro
  ajudando vítimas de, 422, 426-427
  diferenças culturais, 458
  diferenças de gênero, 462
  pornografia violenta e, 487, 488
  vítimas de, 623-624
Etnia, categorização social por, 172
Eu esperado, 75
Eu verdadeiro, 75
Eventos importantes da vida, 603-604, 642
Evidências comportamentais da percepção social, 107-113
  comportamento não verbal, 109-113, 109l
  percepção da mente, 107-109
Evidências confusas, 139-140, 140f
Evidências
  confissões, 518-520
  descoberta, 503
  provas falsas, 522-523
  testemunha ocular, 18, 264-265, 504-518
  testemunho desconsiderado, 536
Evolução, 4-5
Excitação
  agressividade e, 477, 479
  amor e, 388-390
  apelo ao medo, 230-232
  desindividuação, 318

estresse, 606-607
facilitação social, 311-315
interpretação cognitiva, 62
na teoria dos dois fatores da emoção, 62-63
pornografia, 487
redução da dissonância cognitiva, 246
videogames e, 484f
Exercícios, 389
e perda de peso, 332f
para curar depressão, 628l
Exército dos Estados Unidos, 452
Exibição clara, 375-376
Exogrupos, 172-175
ajudar como uma função de, 444-445
categorização como, 172-173
definição, 172
desconfiança de, 174
desumanização de, 173-174
efeitos da rotulagem, 173
empatia, 174
homogêneos, 172
maldade em relação a, 178-179
neurociência de, 173f
Expectativa de vida, 599
Expectativa do comportamento, 117
Expectativas
confissões falsas e, 523-524
dos pesquisadores, 13
e primeiras impressões, 138f, 139
e profecia autorrealizável, 141-144
Experiência de exclusão social, 60-61
Experiências, semelhança das, 370
Experimentos
atribuição aleatória, 37
características, 36-37
condições, 37
decepção, 42
definição, 36
demorados, 41
efeitos da expectativa do pesquisador, 40
estudo "cego", 41
experimento do debate presidencial, 37-38, 39f
experimentos de campo, 319-320
experimentos laboratoriais, 40
grupos de controle, 40
manipulação de experimentos, 36-37
meta-análises, 42-43
pertencimento social, 8-9
pesquisa de Milgram sobre obediência, 13, 44, 287-293, 546
pesquisador e, 36-37
questões éticas, 13, 44-46
replicação, 39-40
significância estatística, 39-40
sobre efeitos de drogas, 62
sobre músculos faciais, 57-58
teste de degustação, 128-129, 128f
validade externa, 41-42
validade interna, 40-41
variáveis de sujeito, 39
variáveis dependentes versus independentes, 38-39
variável de confusão, 40
Experimento com o Boneco Bobo, 469
Experimentos laboratoriais, 13, 40
efeito do contato visual, 112
Exposição Internacional de Tatuagem, México, 105l
Extroversão, 93, 133, 140-141, 143-144, 463, 561, 576

F

Facebook, 45, 93, 95

como um local para comparação social, 61
uso ativo versus passivo, 61
uso na seleção de pessoal, 559-560
Facilitação social, 311-315
efeitos da, 314-315
explicações para, 314-315
pesquisas atuais, 313-314
solução de Zajonc para, 312-313, 312f
teoria da apreensão da avaliação, 314
teoria do conflito de distrações, 314
Falácia da taxa base, 120
Falácia do primeiro instinto, 121-122
Falha, 82-83, 87-88
Familiaridade, 355-358
Fase de lua de mel dos relacionamentos, 381
Fatias finas, 111-113
Fatores de grupos, 6
Fatores genéticos
agressividade, 465
ajudando outras pessoas, 410-412, 436
formação de atitudes, 211-212
homossexualidade, 396-397
Fatores não sociais, efeitos sobre o comportamento humano, 7
Fatores situacionais
agressividade, 474-481
ajudando outras pessoas, 423-427
da percepção social, 106, 116, 122-125
liderança, 572-574
Favoritismo intragrupal, 177
Federação de futebol dos Estados Unidos, 586l
Federal Bureau of Investigation (FBI), 32, 452, 625
Feedback de confirmação de estereótipos, 170
Feedback facial, 57-58
Feedback negativo, 167, 178-179
Felicidade
autorrelatos de, 638
busca da, 637-645
conjugal, 399-401
diferenças culturais, 638-639, 640f
dinheiro e, 639-645
e estresse, 603-604
estratégias para aumentar, 642-645
ilusões positivas e, 90-91
nível básico, 642
persuasão e, 232-233
pessoas bonitas, 365-366
previsão afetiva, 54-55
previsores de, 638
Fenômeno "sempre soube", 9
Ferguson, Chris, 486
Ferguson, Roger, Jr., 578
Fertilidade, 380
Festival FYRE, 5-6, 5f
Fiedler, Fred, 573
Fields, W. C., 588
Fisionomia de bebê, 105
Fisionomia, 104
Flash mobs, 258-260
Fobias, 635
Fofoca, 177
Folger, Robert, 571
Fonda, Henry, 538, 538l
Fonte
na comunicação persuasiva, 221-228
teoria do impacto social, 298
Força de vontade, 82
teorias implícitas sobre, 82, 82f
Forças armadas, 143
Formação de impressão, 130-137
aparência física e, 103-105
características do alvo e, 133-134
características do observador, 131
definição, 130

efeitos da perseverança das crenças, 137-140
efeitos da primazia, 136-137
efeitos do *priming*, 132-133
erro fundamental de atribuição e, 122-124
fatores situacionais, 106
hipótese da mudança de significado e, 136
impacto da formação dos traços, 134-135
impressões equivocadas, 140-141
modelo da somatória, 130-131
modelo de médias, 130-131
pistas comportamentais, 106-113
primeiras impressões e, 91, 104t, 134-135, 136-139, 141, 142-146, 229, 536, 563
teorias da personalidade implícitas, 134-135
teorias, 131
vieses de confirmação e, 137-144
Fraude corporativa, 287
Fraude, 46
Frazier, Kenneth, 578
Frenologia, 104
Freud, Sigmund, 113, 627, 637
Fridlund, Alan J., 105
Fried, Yitzhak, 565
Funcionamento executivo, 467, 478-479
Funções em grupos, 309
Funt, Allen, 286
Furacão Katrina, 601
Fusão de identidade, 174
Futebol americano, 469

G

Gabarro, John, 579
Gall, Franz, 104
Gallup, 33, 223
pesquisadores, 33
World Poll, 638
Ganância, 337
Gandhi, Mahatma, 469
Ganhadores da loteria, 641
Ganhos de processos, 321
Gastos pró-sociais, 643
Gates, Bill, 437, 575
Gene "egoísta", 410-412
Genética comportamental, 15
Genocida, 11
Genovese, Kitty, 423, 430
Gentileza, 134-135
Geografia da felicidade, 640f
Georgesen, John, 569
Geração "eu", 70
Geração "nós", 70
Geração Z, 599
Gill, Kimveer, 482-483
Globalização, 566
Goleman, Daniel, 573
Golfinhos, 52
Good, Jessica, 565
Google Assistente, 107
Google Scholar, 26
Google, 45
Gorilas, 413, 415
Gostar, 366-371
de pessoas parecidas, 366-370
de pessoas que gostam de nós, 370-371
Grande Depressão, 141, 554
Gravações em vídeo, de interrogatórios policiais, 525-526
Greenberg, Jerald, 583
Grisham, John, 526
Grupinhos, 333
Grupos, 304-343
aspectos positivos e negativos dos, 306-307
brainstorming, 322-323, 323t

características, 326-327
categorização social por, 171-176
coesão de, 310-311, 327
conflito e resolução de conflitos, 311, 335-343
contato e relações entre grupos, 158-159, 171-176, 190-192
cooperação e competição em, 335-343
definição, 307
desindividuação, 318-319
desobediência, 297
diferenças culturais, 310-311
diversidade e, 333-334
efeito do espectador, 423-427
efeitos da facilitação social, 310-315
efeitos sobre indivíduos, 311-320
fusão de identidade com, 444
influência majoritária, 270-273
influência minoritária, 273-275
inteligência coletiva e, 334-335
metas e planejamento, 331-332
normas, 309-310
ociosidade social, 315-316
papéis, 309
papel expressivo, 309
papel instrumental de, 309
pensamento de grupo, 325-328
perdas e ganhos de processos, 320-321
perdas e ganhos, 320-321
polarização de grupos e, 324-325
razões para participar, 308
sistemas de apoio, 332-333
socialização, 308-309
treinamento, 332-333
uniformidade, 310
uso de informações e habilidades, 329-331
violações das normas, 308-310
violência por, 320
Grupos culturalmente diversos, 333-334
Grupos de apoio, 629-631
Grupos de autoajuda, 626
Grupos de controle, 40
  em ambientes naturais, 40
  em laboratórios, 40
Grupos diversos, 333-334
Grupos mínimos, 177
Grupos nominais, 322
Guerra do Iraque, 602
Guerra e operações militares, 464-466, 602-603

H

Habilidades matemáticas, 27, 168
Habilidades profissionais, 161
Hadid, Gigi, 225l
Harris, Eric, 482
Harris, Josephine, 408, 417
Harris, Monica, 569
Harrison, David, 565
Hearst, Patty, 240
Helgesen, Sally, 578
Heródoto, 124
Herring, Cedric, 567
Heterogeneidade, 277
Heurística cognitiva, 119-120
Heurística da disponibilidade, 119-120
Hipertensão, 608
Hipnose, 54
Hipócrates, 104
Hipótese complementar, 370
Hipótese da empatia-altruísmo, 418-422
Hipótese da frustração-agressividade, 474
Hipótese da inoculação, 238
Hipótese da mudança de significado, 136
Hipótese de autovalidação, 220

Hipótese de consistência da influência da minoria, 274-275
Hipótese de contato, 190, 191t
Hipótese de correspondência, 369
Hipótese de desconsideração de informações, 226
Hipótese do feedback facial, 57
Hipóteses, 26-27
  teste de, 140-141
Hitler, Adolf, 11
Hnegripitrom, 120
Hollander, Edwin, 574
Holocausto, 287, 291, 437, 439
Holtman, Mallory, 418-149
Homens
  autoboicote, 87
  autoestima, 74
  estereótipos, 160, 180-182
  pornografia e comportamento sexualmente agressivo, 488
Homicídio
  culposo, 102
  diferenças de gêneros, 460
  diferenças entre países, 455-459
  diferenças regionais, 460
  estatísticas, 456f, 489, 490f, 491
Homicídio culposo, 102
Homogeneidade, 277
Homossexualidade, 151
  agressividade, 462-463
  no armário versus assumida, 626
  teorias, 395-399
Honestidade, 46, 113-115, 559
Honra, culturas de, 106, 460, 471-474, 473f
Hóquei, 469
Hormônios, 17-18, 466-467
Horverak, Jøri Gytre, 558
Hostilidade, 274, 453
  e doenças cardíacas, 609
Huffcutt, Allen, 557
Humanização, 107-109
Humildade, 437
Humor
  ajudando outras pessoas, 417, 431-433
  autoconsciência e, 76
  e autofoco, 627-628
  felicidade e, 638
  formação de impressões e, 131
  natureza contagiosa do, 262
  persuasão e, 232-233
Hussein, Saddam, 549
Hyman, Misty, 127

I

Ideias para pesquisas e métodos de pesquisa, 26
  hipóteses, formulação de, 26-27
  manipulação e medição de variáveis, 29-31
  método de tentativa e erro, 28
  pesquisa básica e aplicada, 27
  teorias, contribuição das, 27
  teste de, 31-43
  variáveis conceituais, 28-29
Identidade pessoal, 177, 320
Identidade social, 176-179
Identidades compartilhadas, 193
Identificação por parte da testemunha, 505, 515, 534
Ideologia da reciprocidade, 280
Idosos, 132-133, 164-165, 169, 617
Ignorância pluralística, 424-425
Igualdade versus equidade, 382-384
Ikigai, 610
Ilusões positivas, 90-91

Imagem corporal, 76, 184, 365-366
Imagem por ressonância magnética funcional (fMRI), 18, 19f
  atratividade, 363-364
  autoconceito, 51-52
  detecção de mentiras, 519-520
  medição de atitude, 208-209
  timidez, 352
  uso de, 18, 19f
Imagem pública, 95-97
Imediatismo, 298-299
Imigrantes e imigração, 604
Imitação, 261-262
  benefícios sociais da, 261
  impulso humano de imitar os outros, 262
Imitação automática, 260
Imitação, 260
Impelência, 481
Impressões equivocadas, 140-141
Impulsividade, 463
Incêndios florestais causados pelos ventos de Santa Ana, 601l
Independência, 259f, 272-273, 588
Índia e asiáticos que vivem na Índia
  agressividade, 457
  casamento, 392-393
Individualismo e culturas individualistas, 65l
  agressividade e, 454-455
  ajudando outras pessoas, 442
  atribuições, 125-126
  autoconceito, 66-69
  autoestima, 91-93
  características, 16
  conformidade e, 277
  cultura de honra, 473-474
  definição, 277
  enfrentamento, 632-634, 634f
  identidade social, 179-180
  negociação, 340-342
  ocidente versus oriente, 65-70
  ociosidade social, 316
  realização pessoal, 67
  respostas de dilemas sociais, 337-338
  valores de independência, autonomia e autoconfiança, 455-458
Indústria do entretenimento
Infelicidade, 645
Infidelidade emocional, 376, 378
Infidelidade sexual, 377-378
Infidelidade, 376-377
Influência informacional, 265, 540
Influência maioritária, 270-273
Influência minoritária, 273-274
Influência normativa, 265-266, 540
Influência social, 5-6, 260-262, 497
  continuum da, 259f, 298-300
  definição, 259
  diferenças de gênero, 272-273
  estudos de Sherif e Asch, 265-270
  liderança como, 572-573
  natureza automática da, 260-262
  no mercado de ações, 589-592
  normas, 271
  pesquisa de Sherif, 11-12
  processos e resultados da influência minoritária, 274-275
  sobre comportamento pró-social, 434-435
  tamanho do grupo e, 270-271
  teoria de Moscovici, 274
Influência subliminar, 233
Influenciadores sociais, 5-6
Informação de consenso, 118
Informação de consistência, 118
Informação de distinção, 118
Inibição, 480

Insight, 53-55, 627
Instigação, 481
Instituto Kinsey, 396
Instituto Nacional de Justiça dos Estados Unidos, 505
Instrução probatória, 503
Ínsula, 111
Integração da informação, 130-131
Inteligência coletiva, 334-335
Inteligência emocional, 573
Inteligência, 219, 364, 380
Intenção, 215
Interações inter-raciais, 30, 158-160
  conduta "daltônica", 159
Interdependência, 16
Interesse próprio, 175, 223-224
Internalização, 522, 523
Internet
  autoexposição, 391-392
  cyber ociosidade, 316
  cybervetting, 559-560
  desindividuação e, 319
  efeito do espectador, 428-429
  estudos de conformidade, 264-265
  redes sociais, 92-93, 296-297, 349, 428-429
  serviços de relacionamentos, 355, 366-367, 369
  uso na seleção de pessoal, 560
Interpretação, em situações de emergência, 424-426
Interrogações, 520-521, 525
Intimidade, 384
Intoxicação por álcool, efeitos, 28, 42
  desligar o eu, 78
Introspecção, 53-55
Introversão, 93, 140, 561
Invasão da Baía dos Porcos, 327
Investimento, em relacionamentos íntimos, 382
Ioga, 54
iPhone, 108
Irmãos, 411-412
Isolamento social, 630
Isolamento, em interrogatórios policiais, 520
Israel e israelitas, 143, 343, 457, 603, 617

J

Japão e japoneses
  agressividade, 458
  apoio social, 632-634, 634f
  atribuição, 126-127
  autoconceito, 65, 69l
  autoconsciência, 76
  autoestima, 91
  conscienciosidade, 436-438
  culturas coletivistas, 65, 579-580
  desumanização de, 174
  dissonância após a decisão, 252-253
  hikikomori, 353
  mídia japonesa, 127
  objetos centrais e planos de fundo, 126-127
  persistência, 91
  práticas de criação de crianças, 65
  saudações comuns, 113
  semelhança entre membros de exogrupos, 172
  sistema judicial, 548
  suicídio entre pais e filhos, 548
  teoria da dissonância cognitiva, 252-253
James, LeBron, 7, 224l
Javidan, Mansour, 579
J.C. Penney, 578
Jefferson, Thomas, 637
Jenner, Kendall, 5, 5f

Jó, Livro de, 615, 621
Jobs, Steve, 575, 575l
Jogadores de basquete, 31, 32l, 33f
Jogadores de pôquer, 113, 115l
Jogadores profissionais, probabilidade de errar lances-livres, 31-32, 32l
Jogo de lançamento de bola na Internet, 267
Jogo de leilão de dólares, 592
Jogos de azar, 86, 313
Jogos Olímpicos, 122, 127, 128
Jolie, Angelina, 437
Jones, Jim, 287
Jovens adultos, solidão, 353
Judeus e judaísmo
  assédio, 151f
  Holocausto, 287, 291-292, 436-437, 439
  socialização, 180
  Judge, Timothy, 587
Juízes, 536-537, 542543
Julgamentos, 103-106, 109-111, 113-115, 527-542
  condenação, 531-533, 542-543
  deliberação do júri, 537-542
  instruções do juiz para o júri, 536-537
  publicidade antes do, 503, 527, 534-536, 535f
  seleção do júri, 527-533
  testemunho desconsiderado, 536
  tribunal, 533-537
  veredito, 532-533
Jurados
  ações cíveis, 503
  deliberação, 537-542
  evidência de confissão, 525
  influência do público antes do julgamento, 534-536
  influência minoritária, 274
  instruções do juiz para os, 536-537
  liderança, 538
  precisão do veredito, 533-534
  racismo, 154
  seleção, 527-533
  tamanho, 540-541
  testemunha especialista, 223, 534
  veredito não unânimes, 541
Justiça processual, 546-547
Justiça, 546-549, 571
  na avaliação de desempenho, 570-571
Justificativa insuficiente, 244
Justificativa, 242-245

K

Kahneman, Daniel, 118
Kai Chi Yam, 569
Kennedy, John F., 64, 306, 337, 506l, 575
Kennedy, Robert, 327
Kevorkian, Jack, 537l, 537
Khat, 548
King, Martin Luther, Jr., 575, 576l
Kirkpatrick, Shelley, 572
Klebold, Dylan, 482
Knox, Amanda, 502, 534
Kohn, Alfie, 583
Kramer, Steven, 587
Ku Klux Klan, 320

L

Lacuna salarial entre gêneros, 585-587
Landon, Alfred, 33
Larrick, Richard, 593
Last National Bank, 141
Latham, Gary, 582
Latino-americanos
  conceito de simpático, 69

natureza coletivista, 66, 69
vantagem da autoestima, 75
Latinos
  ações afirmativas, 565-566
  coletivismo, 66
  comportamento não verbal, 112-113
  simpático, 69
Ledonne, Danny, 483
Lei da redução de rendimento, 270
Lei de Murphy, 618
Leis do Bom Samaritano, 418
Leniência, ofertas de, em interrogatórios policiais, 523
Lenin, Nikolai, 619
Leslie, Lisa, 566
Levashina, Julia, 558
Levi, Ariel, 565
Lewis, Michael, 589
Liberais, 129, 211
Licença moral, 251
Liderança, 571-580
  abordagem clássica dos traços, 572-573
  citações, 572t
  compartilhamento de informações, 330
  estilos paternalistas, 579-580
  habilidades sociais, 129
  influências culturais, 579-580
  jurados, 538
  minorias, 577-579
  modelos de contingência, 573-574
  mulheres, 577-579
  pensamento de grupo, 328-329
  transacional, 574-575
  transformacional, 575-577
Líderes de colegas, 199, 496-497
Líderes orientados para tarefas, 573-574
Líderes para as relações, 573
Líderes transacionais, 574-575
Líderes transformacionais, 575-577
  características de, 576t
Lieberman, Matthew, 5
Liga Principal de Beisebol, 154
Limitação de ideias, 301
  coesão de grupo e, 310
Lindberg, Charles, 554
Lindsay, Rod, 506
Linfócitos, 610
Linguagem corporal, 109-113
Linguagem, 43, 124-126, 275-276
LinkedIn, 557l
Liu, Donald, 418
Livre arbítrio, 121
Livro dos Recordes Guinness, 105l
Lobo frontal, 467
Local de trabalho, 552-594
  avaliações de desempenho, 568-571
  deslocamento, 605
  discriminação de gênero, 161
  diversidade, 566-568
  esgotamento, 604-605
  habilidades profissionais, 161
  liderança, 571-580
  motivação, 580-588
  seleção de pessoal, 557-568
Locke, Edwin, 572, 581
Luta livre professional, 487l
"Luta ou fuga", 607
Lyness, Karen, 578

M

Machismo, 472
MacPhail, Mark, 531
Mães
  expectativas das mães, 142-143

intervenções em comportamentos de risco dos filhos, 182, 182t
sobre traços de personalidade preferidos dos filhos, 301
Magreza, 366
Malkiel, Burton, 590
Malkovich, John, 108
Mandela, Nelson, 575
Manter as aparências, 342
Maquiavelismo, 464
Marcas de aspirina, 25
Marcas, 213
Marlowe, Cynthia, 558
Maroney, McKayla, 122l
Masculinidade, 465, 472
Masuda, Takahiko, 126
Materialismo, 642, 643
e felicidade, 643f
Mau humor, 432-433, 432t
McDonald's, 295l
McKee, Annie, 573
Mecanismo social adaptativo, 133
Mecanismos de autoaperfeiçoamento, 84-90
aproveitar-se do sucesso alheio, 88-89
autoboicote, 87-88
comparações sociais descendentes, 89-90
convicções de autoconveniência, 86-87
efeito da superioridade ilusória, 85
egoísmo implícito, 85-86
Mechanical Turk, 41
Média ponderada, 131
Medidas de atitudes por autorrelatos, 205-207, 214
Medidas encobertas das atitudes, 207-209
Medidas fisiológicas do estresse, 600-601
Meditação de atenção plena, 628
Meditação por atenção focada, 628
Meditação, 54, 628, 628l
Medo, 337
Membros da geração X, 70
Membros de fraternidades, 466-467
Memória
autobiográfica, 63-65
da testemunha ocular, 506-511
efeito adormecido e, 226-227
flashbulb, 64
processo de três estágios, 506
representação e, 240
transativa, 333
Memória reconstrutiva, 507
Memória transativa, 330
Memórias autobiográficas, 63-65
Memórias *flashbulb*, 64
Meninas malvadas, 463l
Menonitas, 459
Menosprezar vítimas, 130
Mensagem, 227f, 228-235
Mensagens antipreconceito, 197, 198f
Mensagens subliminares, 187, 233-235
Mente fechada, 327
Mentira
detecção, 113-115
em entrevistas de emprego, 559
em experimentos, 42
interrogatórios policiais, 502, 503, 518-520
percepção de, 113-115
pistas comportamentais, 113-115
técnica do polígrafo falso, 29
vantagem adaptativa, 90
Mentirosos, 113-115
versus quem fala a verdade, 114-115
Mentoria, 579
Mera presença, 314
Mercado de ações, 589-592

decisões de investimentos, 5590-594
influência social no, 589-592
Merck, 578
Mero efeito da exposição, 357-358
Merton, Robert, 141
Metacognição cultural, 334
Metaestereótipos, 158
Meta-insight, 53
Metanálise, 42-43
benefícios do contato entre grupos, 192
compartilhamento de informações, 329
da autoestima, 74-75
da cooperação de reciprocidade, 413
em grupos de *brainstorming*, 322
gênero e agressividade, 463
no *brainstorming* eletrônico, 323
ociosidade social, 317
resistência à persuasão, 238
Método científico, 6
Método *jigsaw*, 192-193
Michaels, Margaret Kelly, 510
Microagressão, 154
Microestressores, 604-605
Mídia
agressividade e, 482-486, 493-484
comportamento pró-social e, 433-434
pornografia, 487, 489
redes sociais, 93, 296-297, 349, 428-429
redução do uso da, 493-494
socialização, 183-184
tamanho do corpo, 365-366
viés de beleza, 363-365
violência na, 482-486
Mill, James, 63
Millingville, Cartwright, 141
Mimetismo social, 261
Minorias
ações afirmativas, 564-566
autoestima, 75
diversidade no local de trabalho, 568
estresse, 599
identidade bicultural, 127
liderança, 577-579
Miopia do álcool, 480
Mito grego de Pigmalião, 365
Modelagem, 434, 469-470
Modelo adversarial de justiça, 547
Modelo clássico dos traços da liderança, 572-573
Modelo da soma da formação de impressões, 130-131
Modelo de agressividade geral, 480-481
Modelo de alívio do estado negativo, 417
Modelo de assimetria de conhecimento self-outro, 56, 56f
Modelo de Assimetria de Conhecimento Self-Outro, 56, 56f
Modelo de contingência da liderança, 573-574
Modelo de identidade intergrupal comum, 193
Modelo de identidade social dos efeitos de desindividuação, 320
Modelo de média da formação de impressões, 130-131
Modelo do conteúdo do estereótipo, 183
Modelo do devido processo em avaliações de desempenho, 571
Modelo do esforço coletivo, 316-317
Modelo inquisitorial da justiça, 547
Modelo normativo de liderança, 574
Modelos de comportamento, 182, 469
Modelos de recompensas econômicas da motivação para o trabalho, 581-582
Modificação do comportamento, 492
Monroe, Marilyn, 360l, 362

Moon, Henry, 566
Moore, Celia, 559
Morte
causas principais, 598
desesperança e risco da, 619, 620f
medo da, 72-73, 174-175
qualificação, 531-533
Morte por misericórdia, 537
Mosaico cultural, 566
Motivação, 14-15, 197-200
ajudando outras pessoas, 415-418
ativação de estereótipos e, 187-188
autopercepções da, 58-60
controle do preconceito e, 196-197
interna, 197
intrínseca versus extrínseca, 58-60
laços sociais e, 349
local de trabalho, 580-588
mudanças ao longo do tempo, 198-199
na mensagem persuasiva, 221
papel da psicologia social, 14-15
persuasão e, 236-237
teoria da equidade, 583-585
viés de grupo, 174-175
Motivação extrínseca, 58-60, 582-583
Motivação intrínseca, 58-60, 187-188, 582-583, 583f
recompensas e, 59-60, 59f
Motivação para realização, 132
Motivações relacionadas ao acasalamento, agressividade e, 464-466
Motivos ideológicos, 129-130
Motivos mistos, 335-339
Movimento #MeToo, 5, 5f
Movimento, 106-107
Movimentos sociais e redes sociais, 4-5
Muçulmanos, 151, 189, 276, 392
Mudança de atitude negativa, 238
Mudança, estresse causado por, 603-604
Mudanças climáticas globais, 604
Mudanças climáticas, 29, 206
Mulher Vampira, 105l
Mulheres
ações afirmativas, 564-566, 565f
ameaça do estereótipo e, 168-170
atração masculina, 362
autoboicote, 87
autoestima, 74
como objetos sexuais, 161
desempenho em testes semelhantes a vestibulares, 136
desvalorização das, 161
discriminação contra, 160-161
disparidade salarial, 585-587
estereótipos, 160, 181, 577-579
habilidades avançadas em matemática, 168-169
imagem corporal, 76
liderança, 577-579
no ambiente de trabalho, 160-161
objetificação, 160-163
ociosidade social, 317
retrato na mídia, 183
tamanho do corpo "ideal", 361, 365-366
trabalho e avanço na carreira, 162f
Mulheres grávidas, estresse sentido por, 612
Multiculturalismo, 159, 198
Multidões
comportamento de multidão, 318, 318l
desindividuação, 318-319
efeito do espectador, 423-427
sabedoria das, 266
Murphy, Kevin, 561
Mutilação genital feminina, 458
Mutombo, Dikembe, 437

N

Nacionalistas brancos, 150l
Namoro
  conflitos, 401-402
  estilos de apego e, 385-386
  roteiro do primeiro encontro, 106
  semelhança de atitude e, 369
  serviços de namoro on-line, 355, 367, 369
  speed dating, 366, 378, 395
  violência, 457, 469
Não violência, 459-460, 460t, 471
  pornografia e, 487
Narcisismo, 463
Natureza humana, 301
  agonia da solidão, 351-354
  necessidade de conexão, 349-351
  necessidade de pertencimento, 348-354
Natureza social, 18
  do animal humano, 4
Necessidade de cognição, 235
Necessidade de conexão, 349-350
Necessidade de pertencimento, 348-349
Negociação, 340, 585-587
Negros, 30f
Neurociência social, 17
Neurociência, intersecção da psicologia social e a, 17
Neuroticismo, 463
Neurotransmissores, 17, 467
New England Journal of Medicine, 258
New York Times, 45, 137, 580
Nível de comparação, 381-382
Nível de comparação para alternativas, 382
Nomes próprios, 85-86, 104
Norma da reciprocidade, 279-281
Normas sociais
  ajudando outras pessoas, 434
  comportamento e, 214
  conformidade e, 262
  diferenças culturais, 276
  grupos, 309-310
  mudanças ao longo do tempo, 198
  reciprocidade, 279-281
Normas subjetivas, 214
Normas, 271
Norte-americanos com origem asiática
  concepções sobre o self, 66-69
  estilo de pensamento dialético, 68-69
  natureza coletivista, 65-66
  preconceito contra, 176
  testes de autoestima, desempenho, 91-92
  vantagem da autoestima, 75
Norte-americanos com origem europeia, 169
  apoio social, 632-634
  autoconceito, 68-69
  comportamento violento, 471-472
  cultura coletivista, 473-474
  estereotipagem de, 155-156, 157
  impacto da mídia sobre, 183-184
  norma da reciprocidade, 280
  pesquisas sobre, 16
  senso de pertencimento, 194
  teste de autoestima, desempenho, 91-92
  versus origem asiática, 16, 168
Norte-americanos com origem irlandesa, 171
Noruega, tiroteio no acampamento da juventude do Partido Trabalhista, 482
Nostalgia, 65
Nota do vestibular, 86, 136
Notas mais altas, 64, 64f
Notas, pertencimento social e, 8-9, 9f
Nova York
  criminalidade, 470
  tragédia de Diallo, 188

O

Obama, Barack, 577-578
  eleição de, 150
Obediência, 11, 286-298
  crimes de, 287
  definição, 286
  destrutiva, 13, 287-293
  fatores que influenciam, 291f
  no *continuum* de influência social, 259f
  pesquisa de Milgram, 44, 287-293
  pesquisas do século 21, 293-295
  poder da autoridade sobre a, 290-291
  rebeldia, 296-298
Obediência cega, 286, 295
Obediência destrutiva, 13, 287-293
Objetificação, 160-163
Objetivos superiores, 176
Obscenidade, 487
Observações, 30, 31-32
  interações inter-raciais, 30
  vantagem das, 30
Ociosidade social, 315-317, 330
  cultura e, 317
  modelo do esforço coletivo, 316-317
Ocupações, 162f
Odores, 431
Ogburn, Louise, 295l
Olhar, 112
  desvio, 112
Olhos que condenam, 518
Ondas cerebrais, 208
Ones, Deniz, 562
Opinião pública, 205-207
Oração, 631
Organização Mundial da Saúde (OMS), 458, 599, 636
Organização para a Cooperação e o Desenvolvimento Econômico, 455
Orgulho, 342
Orientação à dominação social, 175
Orientação cultural norte-americana
  aspectos culturais do self, 68
  diferenças entre gerações, 69-70, 70f
  em termos dialéticos, 68
Orientação sexual, 380, 395-399
Orientações culturais, 277
"Os opostos se atraem", 367-368, 370
Ostracismo, medo do, 266-267
Otimismo disposicional, 620-621
Otimismo, 618-619, 635
Outras pessoas
  comparações sociais descendentes, 89-90
  influência do autoconceito, 60-63
  presença de processos grupais, 311-320
Oxitocina, 337, 415, 607
Oyaku-shinju, 548

P

Pacientes com câncer de mama, 90, 167, 629, 631
Padrão de interação demanda/fuga, 401
Pagamento insuficiente, 584-585, 585f
Pais, cuidado com os filhos, 379
Paixão, 387-388
Palavras relevantes para si mesmos, 52
Papéis de gênero, 164-166
Papel do grupo expressivo, 309
Papel instrumental de grupo, 309
Parábola do Bom Samaritano, 427
Paralisia facial bilateral, 57
Parducci, Allen, 641
Peiote, 548
Pena de morte, 156, 531-532, 540, 543, 549
Penalidades agressivas, 470

Pensamento contrafactual, 120-122
  estado emocional dos medalhistas olímpicos, 121-122
  fatores desencadeantes, 121
  tipos de, 121
Pensamento de grupo, 325-329
  coesão e, 327
  como uma doença social, 327
  desastre do *Challenger*, 327
  impedindo, 328
  invasão norte-americana em Cuba, 326
  pesquisas sobre, 328-329
  teoria de Janis, 326-328
  tragédia do *Columbia*, 325
Pensamento positivo, 619-621
Pensamento repetitivo, 628
Pensamento social, 4
Pensamento, sistemas do, 118-119
Pensamentos indesejados, 625-626
Percepção de estados mentais, 107-108
Percepção em situações de emergência, 424
Percepção social, 102-146
  aparência física e, 103-105
  competência como observadores sociais, 146
  da moralidade, 137
  das situações, 106
  definição, 102
  diferenças comportamentais e, 184-186
  elementos da, 103-115
  evidências comportamentais, 106-113
  formação de impressões, 130-137
  heurística da disponibilidade e, 119-120
  introdução, 102-103
  parceiros íntimos, 382
  precisão da, 144-146
  processo da, 144-146
  teoria da atribuição, 115-118, 119
  teoria da autopercepção, 55-60, 248, 250f
  verdade versus mentira, 113-115
  viés de confirmação, 137-144
Percepção visual, 128, 128f, 263-265
Perdas de processos, 320-321, 330
Perfeccionismo, 87
Perguntas enganosas, 510
Perguntas orientadas para introvertidos, 140
Periodicidade
  ajudando outras pessoas e, 427
  da mensagem, 229
  das avaliações de desempenho, 570-571
Períodos de transição, 63
Perseverança das crenças, 138-140
Persistência, 91
Personalidade
  agressividade e, 462-464, 466-467
  ajudando outras pessoas e, 442-443
  beleza e, 364
  características centrais, 134-135
  "Cinco Grandes" fatores, 463
  escolhas das mães para os filhos, 301
  estudo de classificação de cartões, 135f
  formação de impressões e, 133-134
  liderança e, 572-573
  obediência e, 290
  risco de doenças cardíacas, 608-609
  teoria da personalidade implícita, 134-135
  timidez, 352
Personalidade autoritária, 290
Personalidade gentil, 134
Personalidade Tipo A, 463, 608-609
Personalidade Tipo B, 608
Perspectiva "quente", 14-15
Perspectiva da primeira pessoa versus da terceira pessoa, 52
Perspectiva fria, 14-15

Perspectiva interacionista, 12
Perspectivas culturais, 15-17
Perspectivas internacionais, 14
Perspectivas multiculturais, 14
Perspectivas socioculturais, seleção de parceiros, 377-380
Persuasão autogerada, 241
Persuasão e comunicação persuasiva, 218-240
  ajuste regulatório, 236-237
  apelo ao medo, 230-232
  aspecto de motivação da, 221
  autoestima e, 249-250
  caminhos, 222f
  confiabilidade, 222-223
  credibilidade da, 222-224
  definição, 218
  diferenças culturais, 238-239
  discrepância nas mensagens, 229-230
  dissonância ética e, 250-252
  efeito adormecido, 226
  efeitos da incorporação de atitude, 221
  estado emocional positivo e, 232-233
  estratégias informacionais, 228-229
  estratégias para resistir à persuasão, 237-238, 237t
  exemplos da vida real, 225-226
  fatores da, 220-221
  fonte, 221-228
  força da atitude e, 215-216
  hipótese da autovalidação, 220
  hipótese do automonitoramento, 236
  mensagem, 228-235
  mensagens subliminares, 233-235
  modelo de processo duplo da, 218
  pelas próprias ações, 240-253
  público, 235-238
  regra do interesse próprio e, 223-224
  representação e, 240-241
  rota central para a persuasão, 218-221
  rota periférica para a persuasão, 219, 220-221, 226
  rotas para, 218-221
  simpatia, 224-225
  teoria da autopercepção, 248
  teoria da dissonância cognitiva, 241-253
  teoria do gerenciamento de impressões, 249, 250f
Pertencimento, 194-196, 195f, 348-349
Pesquisa aplicada, 27
Pesquisa básica, 27
Pesquisa correlacional, 34-36
  desvantagens, 35-36
  experimentos versus, 36-37, 37t
  relação de causa e efeito, 35-36
  significância estatística da variável, 39-40
  vantagens da, 35-36
Pesquisa de Milgram sobre obediência, 13, 44, 287-293, 424, 546
  autoridade, 290-291
  descobertas, 294
  participante obediente, 290
  participantes, 287-290
  procedimento, 292-293
  protestos na, 289t
  replicação da, 294-295
  vítima, 291-292
Pesquisa descritiva, 31-33
  estudos de documentos, 32
  estudos observacionais, 31-32
  questionários, 32-33
Pesquisa e métodos de pesquisa, 24-47
  autorrelatos, 29-30
  avanços tecnológicos, 18-19, 31
  consentimento informado, 44-45
  definição e medição de variáveis, 27-31

definição e medição de variáveis, 27-31
devolutiva, 45
estudos de documentos, 32
ética e valores, 44-46
hipóteses, 26-27
ideias para, 26
introdução, 24
metanálise, 42-43
motivos para aprender sobre, 25
na psicologia, 25
novos padrões e práticas para, 20
observações, 30
padrões, 46
pesquisa aplicada, 27
pesquisa básica, 27
pesquisa correlacional, 34-36
pesquisa descritiva, 31-33
pesquisa transcultural, 13, 16, 41
pré-registro, 46
projetos, 31-43
questionários, 32-33
questões, 26, 29-30
teorias, 26-27
Pesquisa interdisciplinar, 15, 17
Pesquisa longitudinal, 483-484
Pesquisa multicultural, 16
Pesquisa psicossocial transcultural, 7
Pesquisa social psicológica, 38l
Pesquisa transcultural, 13, 14l, 16, 41, 43, 53
  pessoas multilíngues, 43
Pesquisas de opinião, 32, 205-207
Pesquisas sobre sexo, 394
Pesquisas, 32-33
  desafios da condução de, 32-33
  pesquisas da Gallup, 33
  procedimentos aleatorizados, 33
Pessoas
  como foco da psicologia social, 6
  contexto social, 11
  experimentos de Milgram, 13
  papel dos genes, 15
  pesquisa de Ringelmann, 11
Pessoas acima do peso, 164-166
Pessoas biculturais, 127
Pessoas de baixa renda, experiências de estresse por, 605
Pessoas do leste asiático, 632-634, 634f
  arte, 127f
  aspectos do self, 69
  autoestima, 92
  culturas, 69, 127, 216, 252, 317, 343, 458
  estilos de liderança, 579-580
  individualismo e culturas individualistas, 67-68
  valorização da independência, 216
Pessoas matutinas, 196
Pessoas notívagas, 196
PET (tomografia por emissão de pósitron), 18, 51-52
Peters, Thomas, 575
Peterson, Adrian, 468
Philadelphia Eagles, 318, 318l
Phillips, Amanda, 559
Picking Cotton: Our Memory of Injustice and Redemption (Thompson-Cannino e Cotton), 505
Pinóquio, 113-114, 113l
Pistas agressivas, 477-478
Pistas, agressividade, 477-478
Pistorius, Oscar, 102-103, 103l, 116
Pitágoras, 104
Placas, 608l
Planejamento de grupos, 331-332
Plasticidade erótica, 397
Plaut, Victoria, 568

Playboy, 362
Pluralismo, 13-14
  na psicologia social, 13-14
Poder econômico, 378
Poder, 144
Polarização de grupos, 324-325
Polarização, grupos, 324-325
Polígrafo falso, 29, 207
Polígrafo, 519-520
Política norte-americana, 218, 245
  campanhas negativas, 230-231
  debate presidencial de 1984 entre Ronald Reagan e Walter Mondale, 38, 39f
  efeitos relativos da primazia e recência, 22
  eleição de Barack Obama, 150
  eleição presidencial de 1936, 33
  felicidade dos eleitores, 55
  opinião dos eleitores sobre candidatos da oposição e, 213
  previsões da pesquisa da Gallup para a vitória de Dwight Eisenhower, 33
Políticos, 218
Pollyanna, 619-621
"Pontos cegos" no julgamento ético, 251
Poole, Bobby, 505
População, identificação para pesquisas, 32-33
Popularidade e saúde, 631, 631f
Pornografia, 487-488
Porta-voz, 537-538
Porter, Eleanor, 619
Posições extremas, 229-230
Potencial relacionado a eventos, 18
Povo Chewong, 459
Povo Ifaluk, 459
Povo Massai, 639
Povo Tsimané, 105
Povos nativo-americanos, 75, 548
Precisão, 15
Preconceito, 11-13, 18-19, 28, 74, 150-152, 318, 445, 570-571
  abordagens para reduzir, 192
  amizade entre grupos e, 192
  amizade, papel na redução da, 192
  autocontrole de ações preconceituosas, 196-197
  autoestima e, 179f
  autorrelatada, 214
  baseada em gênero, 152
  categorização social e, 180-184
  consciente ou inconsciente, 204, 564
  contra idosos, 164-166
  contra mulheres, 160-161
  contra pessoas acima do peso, 164-166
  definição, 152
  exemplos de, 150l, 151-152
  inconsciente, 204
  modelo de autorregulação de respostas preconceituosas, 197
  persistência da, 151-170
  pesquisa de Allport, 12, 190
  pesquisa psicológica social, 528
  respostas cardiovasculares ao estresse, 167
  seleção do júri, 527-528
Preconceito contra muçulmanos, 151
Preconceito étnico, 85
Preconceito racial, 156, 156f, 157-158, 173, 180, 185-187, 528, 530-531
Preocupação empática, 414
Pré-registro, 46
Presença de outras pessoas, impacto sobre o comportamento dos indivíduos, 311-320
Preservativos, 30
Previsão afetiva, 54
Primavera Árabe, 297
Primeira Guerra Mundial, 602

Primeira impressão negativa, 141-142
Primeiras impressões, 91, 103-105, 104t, 122-124, 140-141, 143, 145, 563
　efeitos da primazia sobre, 136-137
　fatores de influência, 104
　impacto das informações de traços e, 134-135
　negativas, 141-143
　poder das, 535
　prematuras, 145
　significância das, 229
　velocidade da formação, 104, 563
Primeiro encontro, 106
Priming automático do comportamento, 132-133
Priming, 132-133
Princípio da covariação, 118
Princípio do custo irrecuperável, 593-594
Princípio do progresso, 587-588
Prisão de Abu Ghraib, 546
Prisioneiros de guerra, 328
Prisões e prisioneiros, 156, 157f, 544-546
Prisões, 503
Privação relativa, 176
Problema de restrição de alcance, 569
Problemas financeiros, 607
Processamento cognitivo de ordem superior, 478
Processamento de informações, 219-221
Processo de autoperpetuação, 76
Processo direto, 27
Processos automáticos
　agressão, 478
　concordância e, 278-279
　estereótipos como, 186-188
　influência social, 260-262
Processos cerebrais
　agressão, 467, 468f
　ajudando outras pessoas, 415-416, 443
　amor apaixonado, 390
　autoconceito, 51-52
　beleza, 364
　desumanização, 172-174, 173f
　homossexualidade, 396
　informação negativa, 133-134
　medição de atitudes, 206-207
　odores fétidos, 111
　rejeição social ou perda, 17-18, 268-269
　testemunha ocular, 509
　timidez, 352
Processos duplo-cegos, 517
Processos mentais paradoxais, 82-84, 84f
Procrastinação, 87, 623
Produtividade, do trabalhador, 554-555
Produtos de autoajuda, 233
Profecia autorrealizável, 141-144, 184-186, 364-365
　como um processo de três etapas, 143-144, 143f
　em organizações militares, 143-144
　em um nível pessoal, 143-144
　expectativas dos professores em relação aos alunos, 142
　Forças de Defesa de Israel, estudo das, 143-144
Profecia de rejeição, 143
Profecias de poder, 144
Professores, 142-143, 359
Profissionais de saúde, psicologia social e, 7
Programa de Prevenção de *bullying* de Olweus, 496, 496t
Programa de TV de perguntas e respostas, erro fundamental de atribuição em, 123-124, 123f
Progresso racial, 153-154

Promiscuidade, 378l, 379, 395
Propaganda política negativa, 230-231, 238
Propaganda, 220
Propina, 582-583
Proporção cintura-quadril, 360
Protestantes, 125
Provas falsas, 522-523
Provocação, 463-464, 479f, 480
Psicocardiologia, 610
Psicologia
　descrição, 10
Psicologia cardíaca, 610
Psicologia cognitiva, 13
Psicologia da saúde, 598, 599
Psicologia evolutiva e perspectiva
　agressividade, 464-466
　ajudando outras pessoas, 410-413
　atração, 354-355
　ciúmes, 373-377
　definição, 15
　endogrupos versus exogrupos, 172-173
　expressões de amor, 376
　mentir para si mesmo, 90
　participação em grupos, 308
　reconhecimento de expressões faciais, 109-110
　rejeição social, 267
　seleção de parceiros, 373-380
Psicologia I/O (industrial/organizacional), 554
Psicologia industrial/organizacional (I/O), 554
Psicologia positiva, 637
Psicologia social, 9-10, 37-38, 636-637
　cursos de, 8
　perspectivas culturais, 15-17
　tendências atuais, 14-20
　emoção e motivação, perspectivas da, 14-15
　contexto individual, 6
　meados de 1970 a 2000, 13-14
　neurociência e, 17
　1960 a meados da década de 1970, 13
　perspectivas, 12
　pluralismo na, 13-14
　relevância, 6
　como ciência, 6
　avanços tecnológicos, 18-20
　tecnologia de realidade virtual e, 18-19
　introdução, 4-5
　definição, 6-7
　questões e aplicações, 7, 8t
　e psicologia cognitiva, 13, 17
　contexto social, 6-7, 8-9
　bom senso e, 9-10
　história da, 10-14
　1880 a 1920, 10-11
　1930 a 1950, 11-13
Psiconeuroimunologia, 610
Psicoterapia, 54, 244, 626, 634-635
PsycINFO, 26
Publicidade de serviços públicos, 231
Publicidade pré-julgamento, 503, 527, 534-535, 535f
Publicidade
　avaliação crítica, 25l
　beleza, 225
　credibilidade, 223-224
　diferenças culturais, 238-239
　emoções positivas, 232-233
　mensagens subliminares, 233-235
　por apelos, 230-232
　preferências de marca, 213
　representação por celebridades, 223-225
Público orientado para a prevenção, 237
Público orientado para a promoção, 236-237
Público, 235-238
Punição, 244, 468-469, 542-543, 548-549

　corporal, 468-469
Punição corporal, 468-469
Purdie-Vaughns, Valerie, 568

Q

Quem quer ser milionário?, 266
Questões "com quem", 61
Questões "e se", 121
Questões éticas
　conselhos institucionais de revisão, 44-45
　consentimento informado, 44-45
　consentimento on-line, 45
　debates e controvérsias, 44
　devolutiva, 45
　ilusão, 42
　na pesquisa experimental, 13
　seleção do júri científico, 529
　valores morais, 46
Questões "quando", 61
Questões orientadas a extrovertidos, 140
Questões para pesquisa, 26, 29-30

R

Raça e diferenças raciais
　atitudes a respeito de, 209
　autoestima, 74-75
　beleza, 361-362
　categorização social por, 171f
　comportamento de ajudar e, 444-445
　condenação à pena de morte e, 543
　seleção do júri e, 528, 530-531
　testemunha ocular e, 507-508
　violência, 460
Raciocínio crítico, 329
Raciocínio moral, 437, 439, 467, 491
Racismo
　antissemitismo, 418-419
　aversivo, 154-156
　de jurados, 530-531
　definição, 151
　desumanização, 173-174
　exemplos de, 152
　formas ambivalentes de, 154-156
　formas atuais e desafios, 152-160
　implícito, 154-156, 161
　interações inter-raciais e, 158-160
　ligação entre atitude e comportamento, 213-214
　moderno, 154-156, 444-445
　pena de morte e, 543
　sistêmico, 152
Racismo aversivo, 154-156
Racismo implícito, 154-156
Racismo moderno, 154-156
Racismo sistêmico, 152
Raiva, 110, 453, 478
Reação de alarme, 606
Realidade virtual, 18
Realidade, percepções da, 90
Realismo, 91
　experimental, 42
　mundano, 42
Realismo experimental, 42
　e ilusão, 42
　pesquisa de Milgram, 44
Realismo mundano, 42
Reatância psicológica, 238, 373
Reatância psicológica, 238, 373
Rebeldia, 259f, 296-298
Recebimento da mensagem, 219
Reciprocidade, 279-281
　afeto negativo, 401
　altruísmo, 412-413
　autoexposição, 391

definição, 371
  gostar de outras pessoas, 370-371
Recompensas
  da agressividade, 467-468
  da atração, 355
  da beleza, 363-364
  de ajudar outras pessoas, 415-418
  de relacionamentos íntimos, 381-382, 402
  do comportamento discrepante da atitude, 243-244
  econômicas, 581-582
  intrínseca ou extrínseca, 577
  local de trabalho, 581, 592
  motivação intrínseca e, 59-60, 59f, 582-583
  teoria da aprendizagem social e, 469
Reconstrução do rosto, 511
Recordações, 65
Redes sociais, 4-5, 93, 296, 349, 350f, 428-429
  movimentos sociais e, 5f
Reforço negativo, 467-468
Reforço positivo, 467
"Regras da maioria", 539
Regras práticas, 220
Reino Unido, taxa de homicídio, 455
Rejeição social
  agressividade e, 475
  conformidade e, 265
  dinheiro e, 588-589, 589f
  necessidade de pertencimento e, 348-349
  por interesses românticos, 371
  processos cerebrais, 18
Relação de causa e efeito, 35-36
  atribuição aleatória, 37
  experimentos, 36-42
Relação vermelho-sexo, estudo da, 363
Relacionamentos, 346-404
  atribuições de manutenção da angustia em, 402
  atribuições que melhoram o relacionamento em, 402
  autoexposição em, 390-391
  benefícios para o parceiro, 382-383
  comunais, 384
  desenvolvimento de um relacionamento íntimo, 381-382
  ênfase em sexo, 394-395
  estágio de familiarização, 366-373
  estilos de apego em, 384-386
  felicidade e, 637-639
  necessidade de conexão, 349-351
  necessidade de pertencimento, 348-354
  no casamento, 399-401
  orientação sexual e, 395-399
  padrão de interação demanda/fuga, 401
  problemas de comunicação, 401-402
  reciprocidade de afeto negativo em, 401
  solidão e, 351-354
  teoria da equidade, 382-384
  teoria da troca social, 381-382
  tipos de, 384-386
  troca, 384
  variações culturais em, 392-393
Relacionamentos entre pessoas do mesmo sexo, 151, 399
Relacionamentos íntimos, 380-403
  ciúmes, 380-382
  componentes de, 380
  comportamento de ajudar, 410-411
  comunicação em, 401-402
  conflitos em, 401-402
  definição, 380
  diferenças culturais, 392-393
  entre pessoas do mesmo sexo, 399
  estágio da familiarização, 366-373
  estágios de, 380-381

expressões de amor, 376
  proximidade dos, 402-403
  recompensas de, 381-382
  rompimento, 402-403
  seleção de parceiros, 373-380
  teoria da equidade, 383
  teoria da troca social, 381-382
  tipos de amor, 386-392
  tipos de, 384-386
Relações comunais, 384, 443
Relações de troca, 384, 443
Relações sociais, 4
Relaxamento focado, 628
Relaxamento, 628
Religião, 79-80, 276, 631-632
Relógio do crime violento, 455t
Remuneração, 580-588
Renda, 639-645
Replicação, 39-40, 46
Representação por celebridades, 223-224
Representação, 240-241
Republicanos, 193, 206, 220
Repulsa, 111
Reputação, 220, 226
Resiliência, 616-619
Resistência à persuasão, 237-238
Resistência corajosa, 418
Resistência, 616-619
Responsabilidade, 75, 318, 624
  atribuição de, 443
  compartilhamento, 316
  culturas coletivistas e, 579-580
  de ajudar alguém, 431
  difusão de, 426
  pessoais, 242, 246, 292-293
Responsabilidade pessoal, 246
  desindividuação e, 318-319
  e obediência, 292-293
  efeito do espectador e, 426
  prevenção ao pensamento de grupo e, 328-329
  teoria da dissonância cognitiva, 246
Resposta corporal ao estresse, 607
Resposta fisiológica ao estresse, 607
Respostas de estresse cardiovascular, 626
  ao preconceito, 167
  desesperança e, 619, 620f
  gatilho de sexismo, 167
  interações inter-raciais e, 158-159
Retrato, 511
Retribuição, 548
Reyes, Matias, 518, 522l
Rickey, Branch, 191, 192
Ringelmann, Max, 11
Riqueza, 277, 639-642
Riqueza, 375-376, 378, 639-645
Risco, 120, 324
Rivera, Lauren, 558
Robbers Cave State Park, estudo de campo sobre conflitos entre grupos, 175-176
Robbins, Anthony, 600
Roberts, Charles, 460
Robinson, Jackie, 191, 192
Robôs com inteligência artificial, 108l
Rompimento, relacionamento, 402-403
Roosevelt, Franklin D., 33, 575
Rosener, Judy, 578
Rosto humano, percepção social do, 104-105
Rostos raivosos, 110
Rostos sorridentes, 111, 111f
Rota central para a persuasão, 218, 219-220, 222f
Rota periférica para a persuasão, 218-219, 222f, 226
Roteiros sociais, 106

Roteiros, 106, 470-471
Roth, Philip, 557
Ruído, 477
Ruminação, 479, 628
Rumores, 453, 589, 591
Ruth, Babe, 554

§

Sachs, Jeffrey, 639
Saiban-in, 548
Salários, 162-163, 164f, 359, 585-587
Sanchez, Diana, 565
Sandburg, Carl, 588
Sapir, Edward, 124
Satisfação com a vida, 402f, 639-645
Satisfação no trabalho, 581-582, 587
Saudações, 113
Saúde
  ajudando outras pessoas, 418-419
  ameaça de estereótipos e, 170
  ataque cardíaco por "coração partido", 18
  autoeficácia e, 617, 618f
  benefícios da amizade, 18
  comparações sociais descendentes e, 89-90
  estigmatização e, 167
  felicidade e, 637-638
  laços sociais e, 349
  otimismo disposicional, 618-619
  religião e, 631-632
  ruminação e, 478-480
Saúde física, 598
Saúde mental
  ameaça dos estereótipos, 170
  depressão, 76, 420, 615-616
  discriminação, 165
  e estresse após catástrofes, 602
  estigmatização e, 166-167
  estudo dos psicólogos sociais, 598
  tratamento, 244, 634-637
Saúde preventiva, 635-637
Schachter, Stanley, 590
Schindler, Oskar, 436
Schneider, Travis, 560
Segredos, mantendo, 626
Segregação, 190-192
Segunda Guerra Mundial, 11-13, 44, 286, 474, 548, 602
  pesquisa de Milgram, 13
Seguradoras
  funcionários e desempenho no trabalho, 583-585, 584f
  igualdade de remuneração, 583-585, 584f
Segurança ao dirigir, 232
Seleção científica do júri, 529-530
Seleção de parceiros, 373-380, 392-393
  estudo multicultural de, 392-393
  exibição clara, 375-376
  expressões românticas de amor e afeição e, 376
  motivações do homem heterossexual relacionadas ao acasalamento, 465
  motivações relacionadas ao acasalamento, 464-466
  perspectivas socioculturais, 377-380
  preferências, 373-375, 379f
  reações de ciúmes e, 376-377
Seleção de parentesco, 411
Seleção de pessoal, 557-568
  ações afirmativas, 564-566
  como uma via de mão dupla, 564
  cultura e diversidade organizacional, 566-568
  em centros de avaliação, 563
  na entrevista de emprego, 557-559

prática de *cybervetting*, 559-560
reação dos candidatos, 564
testes de integridade, 561-562, 562f
testes de personalidade, 560-562
testes padronizados, 561-562
usando entrevistas estruturadas, 563-564
Self ideal, 75
Self multifacetado, 97-98
Self social, 50-98
 ABC do, 50
 autoapresentação, 92-98
 autoconceito, 50-71
 autoestima, 71-92
 introdução, 50
 multifacetado, 98-99
Self, modelo do
 independente, 66-67, 67f
 interdependente, 66-67, 67f
Self-espelho, 53, 60
Selye, Hans, 606
Semelhança demográfica, 367
Senso comum, psicologia social e, 10
Sentimento antiocidental, 155
Sentimento de culpa, 623-624
Sequência de fotos, 511-513, 516-517
Serial and Wrongful Conviction, 526
Serotonina, 467
Sexismo ambivalente, 160
Sexismo benevolente, 160
Sexismo hostil, 160
Sexismo
 ambivalente, 160
 associado ao apoio à desigualdade de gênero, 160
 definição, 152
 formas atuais, 160
 mulheres como objetos sexuais, 160-161
 objetificação, 160-163
 respostas cardiovasculares no, 167
Sexo e sexualidade
 amor, 389-390
 atração e, 380
 expressões de amor e, 376
 orientação sexual, 395-399
 pesquisa, 394-395
 pornografia, 487-488
 práticas sexuais nos Estados Unidos, 394
Shakespeare, William, 92
Shefrin, Hersh, 590
Sheldon, William, 104
Shiller, Robert, 590
Shopping center, 431
Significância estatística, 39-40
Similaridade, 35l
 ajudando outras pessoas e, 443-445
 atração e, 366-370, 378-379
 demográfica, 367
 persuasão e, 224-225
 poder persuasivo da, 224-225
Simpatia, 224-225, 362, 439-440
Sinais de atenção, 319
Sinais de responsabilidade, 318
Sincronia do comportamento, 297
Síndrome da torta fixa, 340
Síndrome de adaptação geral, 606-607, 606f
Sinergia, 321
Siri, 108
Sistema de justiça criminal, 500-549
 aprisionamento, 544-546
 confissões, 518-527
 percepções de justiça, 546-549
 processo de julgamento, 531-533, 542-544
 regra de interesse próprio, 223-224
 testemunha ocular, 504-518
 visão geral, 504f

Sistema de justiça criminal dos Estados Unidos, 502-503
 confissões, 518-527
 experimento da prisão, 544-546
 julgamento no tribunal, 533-537
 justiça como questão de procedimento, 546-547
 práticas culturais e, 547-549
 processo de condenação, 542-543
 testemunha ocular, 504-518
 tomada de decisão do júri, 527-542
Sistema imunológico, 610-614, 619, 620-621
Sistema seguro-confiança, 384
Sistemas de apoio a grupos, 332-333
Sistemas de suporte à decisão grupal, 333-334
Situação de livre escolha, 247
Situações, percepção das, 106
Sobrecarga de estímulos, 424
"Socialidade" da psicologia social, 7
Socialização de gênero, 180-182
Socialização, 180-184, 308, 471-474
Sociedades não violentas, 460t
Society for the Psychological Study of Social Issues, 11
Sociologia, 6, 7
Sociômetro neural, 72
Solidão, 28l, 351-354
 coletiva, 352
 íntima, 352
 relacional, 352
Solidão coletiva, 352
Solidão íntima, 352
Solidão relacional, 352
Solução de Zajonc para a facilitação social, 312-313, 312f
Soluços, cura para, 32
"Sonho americano", 642
Sonhos, 26
Sono, 196-197
Sorriso, 57-58
Speed dating, 367, 378, 395
Springsteen, Bruce, 437l
Stalin, Joseph, 120l
Starbucks, 581l
Statman, Meir, 592
Status social, 461
Status socioeconômico e estresse, 605, 609
Staw, Barry, 593
Steenkamp, Reeva, 102
Sterne, Laurence, 598
Subculturas, variações da agressividade, 460
Subestimadores, 177
Subtipagem, 186
Sugestionabilidade, 263f
Suicídio assistido por médico, 537l, 537
Suicídio e pensamentos suicidas
 após desastres naturais, 602
 assistido por médico, 536-537, 537l
 autoconsciência e, 77-78
 bullying e, 459
 diferenças culturais, 548-549
 efeito do espectador on-line, 428-429
 testes de associação implícita, 211
Sul dos Estados Unidos, 460, 472-474
Super Columbine Massacre, 483
Superconfiança, 145
Superestimadores, 177
Suprema Corte da África do Sul, 102
Suprema Corte
 deliberação do júri, 537-542
 limites de contestações peremptórias, 527
 padrões de votação, 272, 272t
 qualificação de morte, 532
 tomada de decisão, 503

Supressão de pensamentos indesejados, 625-626
Surras, 468
Suscetibilidade emocional, 463

T

Taiwan, cultura coletivista, 579
Takahashi, Naoko, 127
Tamanho do corpo, ideal, 360, 361, 366
Tarefa de pesquisa visual, 110
Tarefas aditivas, 321
Tarefas conjuntas, 321
Tarefas disjuntivas, 321
Táticas de retenção de companheira, 377
Taxa de homicídio nos Estados Unidos, 455, 456f
Taxas de aprovação presidencial, 230-231
Técnica "e não é só isso, pessoal!", 284-285, 285t
Técnica da porta na cara, 283-284, 285t
Técnica do pé na porta, 281-282, 285t
Tecnologia de imagens cerebrais, 31, 51-52, 105, 208
Tecnologia de rastreamento ocular, 31
Tecnologia, 31
 seleção de pessoal usando, 563-564
Teger, Alan, 592
Televisão
 agressividade indireta e, 483-485
 e discrepâncias do self, 77-78
 efeitos da facilitação social, 313-314
 estudo do programa de perguntas e respostas, 123-124, 123f
 imagem corporal e, 76
 socialização e, 183
 violência na, 482-486, 493
Temperatura e agressividade, 460, 475-476
Tendência egoísta, 128
Tensões raciais, 154
Teoria da ação racional, 214-215
Teoria da apreensão de avaliação, 314
Teoria da aprendizagem social, 469-471
Teoria da atribuição, 116, 117, 119, 124
 teoria da covariação de Kelley, 117-118
 teoria da inferência correspondente de Jones, 116-117
Teoria da autoconsciência, 76-80, 627-628
Teoria da autopercepção
 da motivação, 58-60
 das emoções, 57-58, 57l
 definição, 55
 hipótese de Twain, 58, 249, 250f
 limites da, 55
Teoria da comparação social, 60-61, 89-90, 640-641
Teoria da discrepância do self, 75-76
Teoria da dissonância cognitiva, 241-250
 alternativas, 248-250
 definição, 241
 influências culturais, 252-253
 nova pesquisa, 245-248
 pesquisa clássica, 241-245
Teoria da expectativa, 581
Teoria da gestão do terror, 72, 174, 231
Teoria da identidade social, 176-179, 178f, 308, 320
 aumentando a autoestima, 177
 previsões da, 177-178
Teoria da inferência correspondente, 116-117
Teoria da integração da informação, 130-131
Teoria da justificativa do sistema, 175
Teoria da orientação sexual "exótico passa a ser erótico", 397-398
Teoria da penetração social, 391

Teoria da personalidade implícita, 134-135, 527-528, 569
Teoria da troca social, 381-382
Teoria de Moscovici, 274
Teoria do comportamento planejado, 214-215
Teoria do conflito de distração, 314
Teoria do conflito realista, 176
Teoria do estímulo-valor-papel, 380
Teoria do gerenciamento de impressões, 249, 250f
Teoria do impacto social, 298-300
Teoria do nível de adaptação, 641
Teoria do papel social, 182-183
Teoria do sociômetro, 72
Teoria dos argumentos persuasivos, 324
Teoria dos dois fatores da emoção, 62-63, 388
Teoria dos Grandes Homens da História, 572
Teoria I3 da agressividade, 481
Teoria psicanalítica, 394
Teoria estímulo-valor-papel, 380
Teoria triangular do amor, 386, 387f
Teorias do estágio, 380-381
Teorias, 26-27
Tepper, Bennett, 585
Terapia multissistêmica, 494-495
Terremotos, 601-603
Terrorismo, 120, 519, 520, 521
Teste de associação implícita, 156-158, 164, 209-211, 519-520
  atitudes implícitas no, 209-211
  para prever comportamentos sociais, 210-211
  preconceitos inconscientes e, 210-211
Teste de detecção de mentiras, 519
Teste de hipótese de confirmação, 140-141
Teste do espelho, 53
Teste do peixe, 127
Testemunha especialista, 222-223, 516
Testemunhas
  efeito do espectador, 423-424
  especialistas, 222-223, 516
  oculares, 18, 264-265, 504-518
Testemunho desconsiderado, 536
Testes abertos, 562
Testes cognitivos, 560-562
Testes de DNA, 502, 504-506, 518, 522, 533
Testes de emprego, 560-564
Testes de habilitação, 313-314
Testes de integridade, 561-562, 562f
Testes de inteligência, 168f, 169, 560-562
Testes de personalidade, 561-562
Testes ocultos, 562
Testes padronizados, 561-562
Testosterona, 466-467, 478
Teto de vidro, 161, 577
The Bachelor, 4
The Experiment, 545
The Innocent Man, 526
Thomas, David, 579
Thompson, Donna, 578
Thompson, Jennifer, 504, 505l
TIAA, 578
"Tide Pod Challenge", 5
#TimesUp, 5
Timidez, 352
Tipos de justificativa antes e depois da violação, 251-252, 252f
TipRanks, 590
Tiroteio na Columbine High School, 482-483
Tiroteio na Dawson College, 482-483
Tiroteio no cinema Aurora, 452
Titus, Steve, 511, 512
Tokyo Electric Power Company (TEPCO), 580
Tolerância, 310
  com desvios do padrão, 306t

Tomada de decisões econômicas, 588-594
Tomada de perspectiva, 414
Tomografia por emissão de pósitrons (PET), 18, 51-52
Too Much Invested to Quit (Teger), 592
Toque, 113
Tortura, 287
Trabalhar por conta própria, 556f
Trabalho voluntário, 409, 420-421, 439-442
Traços de personalidade
  características centrais, 134-135
  características morais, 137
  teste de, 56-57
Traços gentis e frios, 134-135
Traços morais, 137
Tradução, 43
Tragédia de Diallo, 188
Tragédia dos comuns, 337
Traição, 377
Transferência de excitação, 388, 477
Transtorno de ansiedade social, 349
Transtornos alimentares, 94, 183-184, 366
Transtornos relacionados à ansiedade, 75
Tratamento preferencial, 564-565
"Travar", 82-83, 83l
Trebek, Alex, 124l
Treinamento, 332-333
  evitar decisões tendenciosas, 333f
Tríade negra, 463-464
Tribo Bari, 378l
Trimble, Joseph, 579
Triplett, Norman, 10
Trocas na mesma moeda, 401
Trote, 244
Tsunami, sudeste asiático (2004), 601-602
Tucholsky, Sara, 419
Tumores e estresse, 613-614
Twain, Mark, 129
Twenge, Jean, 639

U

Unicef, 457
Unidade, senso de, 174
Universidades
  ações afirmativas, 564-566
  pertencimento social, 8-9
Uso e abuso de álcool
  adolescentes, 142
  agressividade e, 28, 42, 480, 492
  autoconsciência e, 76-77
  testemunha ocular, 507
Uso e abuso de drogas, 87, 94

V

Validade
  de construto, 28-29
  interna versus externa, 40-42
Validade de constructo, 28-29
Validade externa, 41-42
Validade interna, 40-41
Valor absoluto do número, 34
Valores, 198-199
  e ciência, 46
Vandalismo, 512
Vaporizadores, 610l
Variáveis
  conceituais, 28-29
  de sujeito, 39
  dependentes, 38-39
  independentes, 38-39, 40
  medição de, 29-31
  na pesquisa correlacional, 34-36
Variáveis conceituais, 28-29
Variáveis dependentes, 38-39

Variáveis do sujeito, 39
Variáveis independentes, 38, 40-41
Variável de confusão, 40
Veículos autônomos, 108
Verdade, 113-115
Verdadeira aceitação (conformidade privada), 269, 270t, 274
Vereditos unanimes, 541-542
Vereditos, 532, 538-542
Vergonha do público, 426
Vergonha, 342, 446
Videoconferência para entrevistas de emprego, 563l, 564
Videogames
  jogos pró-sociais, 433-434
  estupro retratado em, 458
  estatísticas de vendas, 484
  violência em, 482-486
  agressividade e, 18, 36, 36f, 482-486
Viés de atribuição hostil, 478
Viés de confirmação, 137-144, 184-186
  estudos sobre, 139-140
Viés de identificação entre raças, 507-508
Viés de impacto, 55
Viés de leniência, 539
Viés de negatividade do traço, 133
Viés de negatividade, 133-134
Viés induzido pela familiaridade, 512
Viés motivacional, 128-130
Viés otimista, 86
Viés
  atribuição hostil, 478
  autoaperfeiçoamento, 84-90
  autopercepções, 54-55
  baseado em estereótipos, 188-190, 189f
  beleza, 359-365, 558
  confirmação, 137-144, 184-186
  de grupos, 325, 329-330
  de leniência, 539-540
  do atirador, 188-190, 189f
  em entrevistas de emprego, 557-558
  étnico, 85
  falso consenso, 119, 120t
  gênero, 160-163
  identificação entre raças, 508
  impacto, 55
  implícito, 190
  induzido pela familiaridade, 512
  motivacional, 128-130
  mudança de atitude, 220
  na amostragem de experimentos, 141
  na previsão afetiva, 54-55
  na seleção do júri, 527
  nas avaliações de desempenho, 569-580
  nas pesquisas, 46
  negatividade dos traços, 133
  negatividade, 133
  otimista, 86
  racial, 156, 156f, 158, 173, 179-180, 185-186, 528, 530
  status socioeconômico, 165
  tendência ao egoísmo, 129
  teoria da inferência correspondente, 116-117
Violência, 11
  assassinatos ao redor do mundo, 456f
  assassinatos por região do mundo, 457f
  ciclo de, 471
  definição, 453
  diferenças culturais, 454-458
  diferenças de gênero, 460-462
  em culturas de honra, 460, 471-474, 473f
  em relacionamentos, 457, 469
  física, 484-485
  homicídio culposo, 102
  na mídia, 482-486

nas escolas, 453, 455, 458, 459, 473, 482
no cinema, 452
norte-americanos com origem europeia versus latino-americanos, 471-472
nos Estados Unidos, 454-458
pornografia e, 487
prevenção, 489-497
relacionada a armas de fogo, 455, 457f, 477-478, 493
roteiros de violência e, 470
terapia multissistêmica para, 494-495
Violência doméstica
   ciclo de, 471
   ciúmes e, 380-381, 465
   cultura de honra, 473, 473f
   diferenças culturais, 458
   diferenças de gênero, 462
   vítimas que permanecem nos relacionamentos, 382
Violência relacionada a armas de fogo, 455, 457f, 477-478, 493
Vírus do resfriado, 613
Vírus, 613-614, 636

Visão independente do self, 66-67, 67f
Visão interdependente do self, 66-67, 67f
Visões de mundo, 72-73, 174
Vítimas, 130, 291-292, 423-427, 460
Vitimização, 88
Vizinhos, 300
Vohs, Kathleen, 588
Voir dire, 527-531
Votação, 245
Voz, 104
Vroom, Victor, 574, 581
Vulcão Mount St. Helens (1980), 602

W

Wall Street Journal, 586l, 591
Waterman, Robert, 575
Weatherly, Michael, 529, 530l
WebMD, 636l
Wells, Gary, 505, 513, 513l
Western Electric Company, 555, 614
Why Innocent People Plead Guilty, 526
Williams versus Florida, 540
Williams, Pharrell, 639l

Williams, Serena, 107l
Winfrey, Oprah, 7l
Winter, David, 573
Wise, Kharey, 522l
Woods, Tiger, 221, 224
World Happiness Report 2019, 638, 639l
World Series of Poker, 115l

X

Xadrez, 169
Xinyue Zhou, 588

Y

Yale Communication and Attitude Change Program, 219
Yetton, Philip, 574
Yoon Yooung-doo, 579l
YouTube, 5

Z

Zelmanowitz, Abraham, 417
Zemba, Yuriko, 580
Zuckerberg, Mark, 573l

Psicologia Social
Capítulo 7
■ Figura p. 276

As culturas diferem em normas únicas e, em geral, pitorescas. Na Nigéria, é comum pedir que os convidados que usem roupas com cores combinadas, chamadas "aso ebi", em eventos sociais, como este casamento em Lagos (no alto, à esquerda). Em Mumbai, na Índia, um homem maquia o rosto de uma mulher com pós de cores vivas no festival de Holi, que marca o início da primavera (no alto, à direita). Na Espanha, os foliões de Pamplona erguem suas bandanas antes da festa de San Fermin, durante a qual seis touros correm pelas ruas movimentadas do centro da cidade (embaixo, à esquerda).

Capítulo 9
■ Figura p. 356

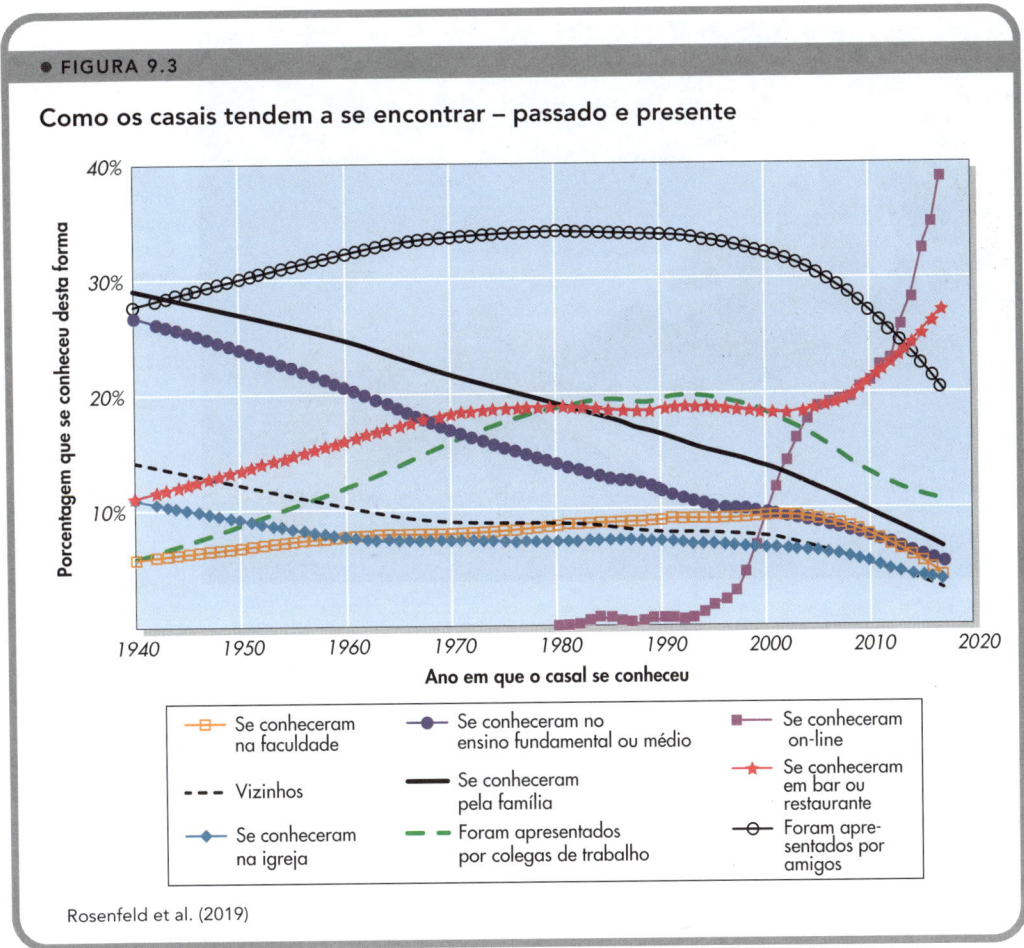

• FIGURA 9.3

Como os casais tendem a se encontrar – passado e presente

Rosenfeld et al. (2019)

Capítulo 11
■ Figura p. 468

• FIGURA 11.6

Concussões, funcionamento do cérebro e agressividade

Retirada de um estudo de Ruma Goswami et al. (2016), esta imagem fMRI de ex-jogadores de futebol americano profissional com um histórico de concussões destaca o fascículo uncinado, que conecta o córtex orbitofrontal com o lobo temporal anterior. As áreas indicadas apontam diferenças no funcionamento entre os jogadores de futebol e os participantes do controle, e essas diferenças foram associadas a mais agressividade, impulsividade e comprometimento do funcionamento executivo.

De Goswami et al. (2016)

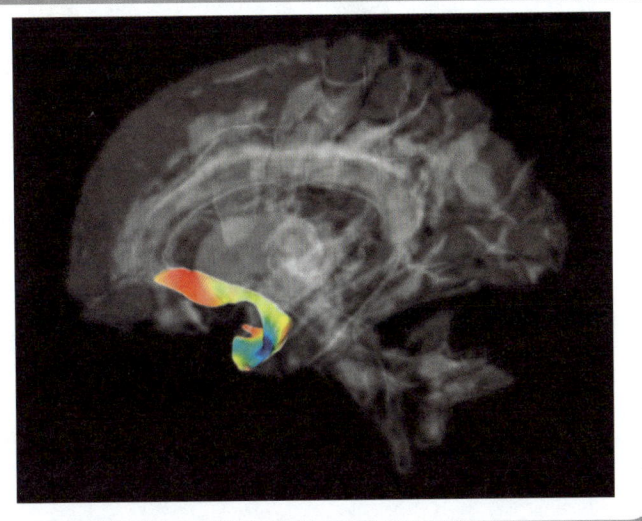

Capítulo 14

■ **Figura p. 611**

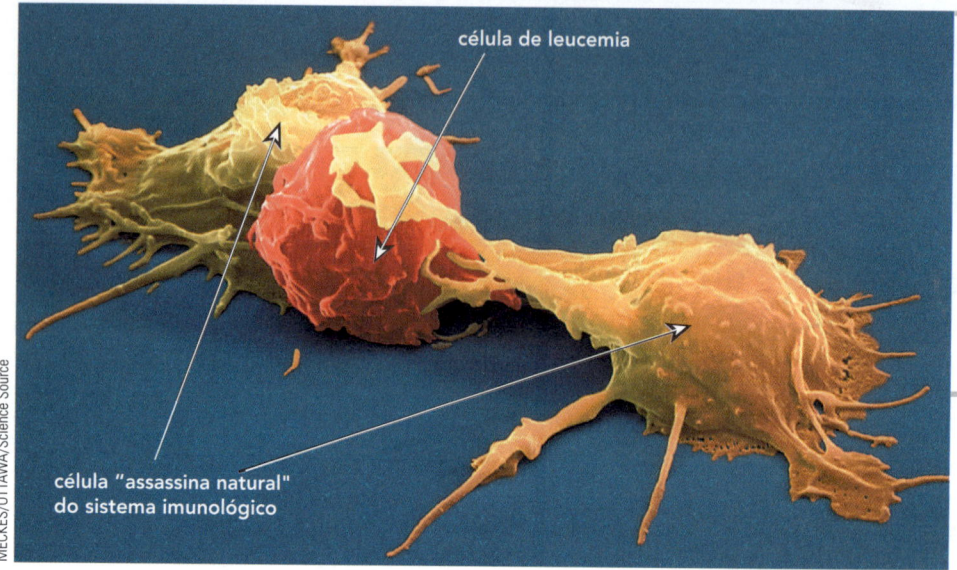

célula de leucemia

célula "assassina natural" do sistema imunológico

Esta imagem microscópica mostra duas células do sistema imunológico, "assassinas naturais", envolvendo e destruindo uma célula de leucemia. O sistema imunológico humano contém mais de 1 trilhão de glóbulos brancos especializados.

■ **Figura p. 640**

● FIGURA 14.13

Geografia da felicidade

Este mapa, elaborado a partir de pesquisas realizadas entre 2016 e 2018, representa a distribuição geográfica das médias nacionais com base na avaliação que as pessoas fazem sobre a satisfação com a vida. Nele, os países são classificados em grupos, com o tom mais escuro para as médias mais altas e o hachurado para as mais baixas.
World Happiness Report (2019)

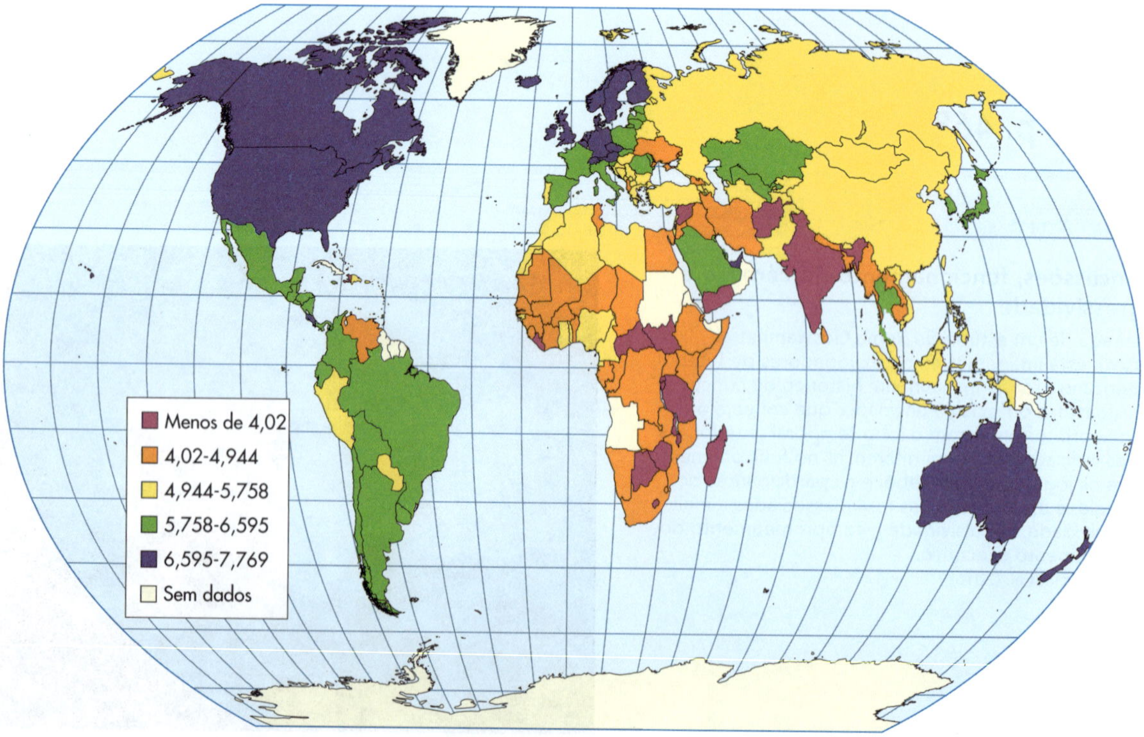

- Menos de 4,02
- 4,02-4,944
- 4,944-5,758
- 5,758-6,595
- 6,595-7,769
- Sem dados